Joecks/Jäger/Randt
Steuerstrafrecht

Steuerstrafrecht

mit Zoll- und Verbrauchsteuerstrafrecht

KOMMENTAR

§§ 369–412 AO; § 32 ZollVG

bearbeitet von

Prof. Dr. Wolfgang Joecks
o. Professor an der
Universität Greifswald

Prof. Dr. Markus Jäger
Richter am BGH
Honorarprofessor an der TU Dresden

Dr. Karsten Randt
Rechtsanwalt
FA für Steuerrecht und Strafrecht

Dr. Markus Ebner, LL.M.
Staatsanwalt
Wiss. Mitarbeiter am BFH

Dr. Anne Lipsky
Richterin am FG

begründet von

Dr. Klaus Franzen
Staatsrat a.D., vormals
MinDirg am BMF Bonn

Dr. Brigitte Gast-deHaan
Rechtsanwältin
FAin für Steuerrecht

8., völlig überarbeitete Auflage 2015

C.H.BECK

Bearbeiterverzeichnis

Es wurden bearbeitet von

Prof. Dr. Wolfgang Joecks
Einleitung
§§ 369, 370, 371, 375–378, 393, 394, 398–403, 405–407, 412

Prof. Dr. Markus Jäger
§§ 370, 372–374, 379–382, 384, 396, 397; § 32 ZollVG

Dr. Anne Lipsky
§§ 383, 383a, 395, 408–411

Dr. Karsten Randt
§§ 370, 385–392, 404

Dr. Markus Ebner, LL.M.
§§ 380–382

Paragrafenangaben ohne Normangaben sind solche der Abgabenordnung (AO).

www.beck.de

ISBN 978 3 406 65094 9

Wilhelmstraße 9, 80801 München
Druck und Bindung: Beltz Bad Langensalza GmbH
Neustädter Straße 1–4, 99947 Bad Langensalza
Satz: Druckerei C. H. Beck Nördlingen
Umschlaggestaltung: Druckerei C. H. Beck Nördlingen

Gedruckt auf säurefreiem, alterungsbeständigem Papier
(hergestellt aus chlorfrei gebleichtem Zellstoff)

Vorwort zur 8. Auflage

Das Steuerstrafrecht bleibt im Fokus des Gesetzgebers, der Strafverfolgungsbehörden und der Öffentlichkeit. Prominente Steuerstraftäter und angekaufte Steuerdaten-CDs bescherten vor allem in jüngerer Vergangenheit der Beraterschaft und den Gerichten viel Arbeit. In der allgemeinen Wahrnehmung hat die Steuerhinterziehung ihren Charakter als Kavaliersdelikt längst verloren und reiht sich gleichwertig in die Kategorien der herkömmlichen Wirtschaftsdelikte ein. Die veränderte Gesetzgebung und Strafverfolgungspraxis ist daher nicht zuletzt auch Ausdruck eines gesellschaftlichen Wandels, der der Steuergerechtigkeit einen höheren Stellenwert beimisst.

Dazu gehört vor allem die Einschränkung der Rückkehr in die Steuerehrlichkeit mittels Selbstanzeige nach § 371 AO. Die Straffreiheit oder das Absehen von Strafverfolgung muss über erhebliche Zuschläge erkauft werden und ist an diverse Voraussetzungen geknüpft, die die Handhabe und Rechtssicherheit erheblich einschränken. Die ehemals goldene Brücke zurück in die Steuerehrlichkeit stellt sich heute als schwer zu beschreitender Weg dar, der mit einer Vielzahl von Fallstricken gespickt ist.

Aber auch im Unternehmensteuerrecht sind veränderte Rahmenbedingungen spürbar, auch wenn hier die Ausgangslage eine andere ist. Die Komplexität der Veranlagung in Unternehmensstrukturen ist aus rechtlicher und tatsächlicher Sicht fehleranfällig, weswegen stets Anpassungen in Betriebsprüfungen oder durch den Steuerpflichtigen selbst vorzunehmen sind. Die strafrechtliche Relevanz des Erklärungsverhaltens wird dabei zunehmend in den Blick genommen, was ebenso zu veränderten Klimabedingungen führt. Das gilt auch auf der Ebene des Ordnungswidrigkeitenrechts, das die Finanzbehörden neu für sich entdeckt haben. Das Strafrecht ist im Steuerrecht allgegenwärtig, weswegen Risiko-Vorsorge und Tax Compliance weiter an Bedeutung gewinnen.

Die Erläuterung und kritische Würdigung dieser gesetzgeberischen Maßnahmen, die Entwicklung der Rechtsprechung sowie die Auswertung der neueren Literatur sowohl auf nationaler als auch auf europäischer Ebene ist das Anliegen dieses Kommentars, der nunmehr in der 8. Auflage vorgelegt wird. Mit dem Wechsel der namengebenden Herausgeberschaft von „Franzen/Gast/Joecks" in „Joecks/Jäger/Randt" wollen wir uns den gegenwärtigen und neuen Problemlagen des Steuerstrafrechts widmen und die verschiedenen Blickwinkel von Wissenschaft, Rechtsprechung und Verteidigung weiter fortführen.

Die Manuskripte zu der vorliegenden Neuauflage wurden im August 2015 abgeschlossen. Die Schwerpunkte der Bearbeitung sind:

- Einarbeitung der aktuellen Gesetzgebung und Rechtsprechung im Tatbestand der Steuerhinterziehung; insbesondere die Behandlung der Hinterziehung verschiedener Steuerarten wurde deutlich erweitert;
- Berücksichtigung der Änderungen der strafbefreienden Selbstanzeige zum Mai 2011 und zum Januar 2015, einschließlich der Regelung über die Einstellung nach Selbstanzeige (§ 398a AO);
- Aktualisierung der §§ 372–374, 379 ff. AO, insbesondere wegen zahlreicher Änderungen in Umsetzung europarechtlicher Vorgaben und der aktuellen Rechtsprechung;
- Entwicklungen bei der Amts- und Rechtshilfe (§ 399 AO);
- Einführung in den Zollkodex der EU;
- Fortschreibung der Erläuterungen zu den Aufgaben und Befugnissen der Steuerfahndung (§ 404 AO).

Der Leser ist gerne aufgefordert, kritische Hinweise und Anregungen an steuerrecht@beck.de zu senden.

Im August 2015 *Verlag und Autoren*

Vorwort zur 1. Auflage

Das Steuerstrafrecht umfasst ein Grenzgebiet, auf dem sich das Strafrecht und das Steuerrecht überschneiden. Aus dem Blickwinkel des Strafrechts und des Steuerrechts erscheint es jeweils als eine besonders schwierige und unübersichtliche Materie.

Eine bleibende Schwierigkeit rührt daher, dass die Zuwiderhandlungen gegen Steuergesetze in Blankettvorschriften normiert sind, die durch das Steuerrecht ausgefüllt werden müssen. Zudem wurde das Steuerstrafrecht bis zu dem Urteil des Bundesverfassungsgerichts vom 6. Juni 1967 (BGBl. I 625) vorwiegend von den Finanzbehörden im Verwaltungsstrafverfahren praktiziert, das dem Einblick der Öffentlichkeit entzogen war. Es ist daher verständlich, dass die öffentliche Meinung über die Handhabung des Steuerstrafrechts in starkem Maße von gefühlsbetonten Vorstellungen bestimmt war und dass die besonderen Probleme des Steuerstrafrechts durch die Rechtsprechung bisher nur unvollständig erhellt werden konnten.

Nach dem Inkrafttreten der Gesetze zur Änderung strafrechtlicher Vorschriften der Reichsabgabenordnung vom 10. August 1967 (BGBl. I 877) und vom 12. August 1968 (BGBl. I 953) sowie des neuen Gesetzes über Ordnungswidrigkeiten vom 24. Mai 1968 (BGBl. I 481) wird das Steuerstrafrecht deutlicher in das Blickfeld der Öffentlichkeit rücken und mit zunehmender Zahl der veröffentlichten Entscheidungen vielleicht auch der Rechtswissenschaft einen stärkeren Anreiz bieten.

Durch die Gesetzesänderungen ist manche überkommene Streitfrage gegenstandslos geworden. Anderseits hat die Einführung von Steuerordnungswidrigkeiten neue Fragen hervorgerufen.

Wir hoffen, dass die durch die Reform zunächst ausgelöste Rechtsunsicherheit bald überwunden wird und das vorgelegte Erläuterungswerk sich hierbei als zuverlässiges Hilfsmittel bewährt. Mit Rücksicht auf die unterschiedlichen Belange eines mehr strafrechtlich und eines mehr steuerrechtlich vorgebildeten Benutzers haben wir über den Wortlaut der §§ 391–409 AO hinaus auch die Grundbegriffe und Grundsätze des allgemeinen Strafrechts und des Steuerrechts kurz erläutert und das weiterführende Schrifttum aus beiden Bereichen so ausführlich angegeben, wie dies im vorgegebenen Rahmen vertretbar war.

Das Manuskript wurde am 1. April 1969 abgeschlossen; nach diesem Stichtag konnten Gesetzgebung, Rechtsprechung und Schrifttum nur noch vereinzelt berücksichtigt werden.

Die Einleitung und die §§ 391–401, 404 AO sind von Klaus Franzen, die §§ 402, 405–409 AO von Dr. Brigitte Gast bearbeitet worden.

Verbesserungsvorschläge werden wir stets dankbar begrüßen.

Bonn und Köln, im Mai 1969

KLAUS FRANZEN BRIGITTE GAST

Inhaltsverzeichnis

2. Unterabschnitt. Ermittlungsverfahren

I. Allgemeines

II. Verfahren der Finanzbehörde bei Steuerstraftaten

III. Stellung der Finanzbehörde im Verfahren der Staatsanwaltschaft

IV. Steuer- und Zollfahndung

V. Entschädigung der Zeugen und der Sachverständigen

3. Unterabschnitt. Gerichtliches Verfahren

4. Unterabschnitt. Kosten des Verfahrens

Vierter Abschnitt. Bußgeldverfahren

Abkürzungs- und Literaturverzeichnis

aA	anderer Ansicht
aaO	am angegebenen Ort
Abg.	Abgeordneter
Abk.	Abkommen
ABl.	Amtsblatt
abl.	ablehnend
ABl. EG/ABl. EU	Amtsblatt der Europäischen Gemeinschaften/der Europäischen Union
Abramowski 1991	Abramowski, Die strafbefreiende Selbstanzeige – eine verfassungswidrige Privilegierung?, 1991
Abs.	Absatz
AbschG	Abschöpfungserhebungsgesetz
Abschn.	Abschnitt
abw.	abweichend
AbwAG	Abwasserabgabengesetz
aE	am Ende
AEAO	Anwendungserlass zur Abgabenordnung
aF	alter Fassung
AfA	Absetzung(en) für Abnutzung
AG	Aktiengesellschaft; Amtsgericht; Ausführungsgesetz
ähnl.	ähnlich
AktG	Aktiengesetz
Aktuelle Fragen	Aktuelle Fragen des materiellen Steuerstrafrechts, 13 Vorträge, hrsg. vom Bundesminister der Finanzen, 1959
allgM	allgemeine Meinung
AltölG	Altölgesetz
aM	anderer Meinung
AMG	Arzneimittelgesetz
ÄndG	Änderungsgesetz
Anh.	Anhang
Anm.	Anmerkung
AntBewV	Anteilsbewertungsverordnung
AnVNG	Angestelltenversicherungs-Neuregelungsgesetz
AnwBl.	Anwaltsblatt
AO	Abgabenordnung
AO-Handbuch	Handbuch des steuerlichen Verwaltungs- und Verfahrensrechts
AOAnpG	Landesgesetz(e) zur Anpassung von Gesetzen an die Abgabenordnung
AOAnwG	Landesgesetz(e) zur Anwendung der Abgabenordnung
AöR	Zeitschrift „Archiv für öffentliches Recht"
AO-StB	Zeitschrift „AO-Steuerberater"
AOStrafÄndG	Gesetz zur Änderung strafrechtlicher Vorschriften der Reichsabgabenordnung und anderer Gesetze v. 10.8.1967
AOStrafÄndG 2	Zweites Gesetz zur Änderung strafrechtlicher Vorschriften der Reichsabgabenordnung und anderer Gesetze v. 12.8.1968
ArbG	Arbeitgeber
ArbN	Arbeitnehmer
arg.	dies folgt aus
ARSt	Aufsichtsratsteuer
Art.	Artikel
ASB	Anweisungen für das Straf- und Bußgeldverfahren
AStBV	Anweisungen für das Straf- und Bußgeldverfahren (Steuer) 2014
AStG	Gesetz über die Besteuerung bei Auslandsbeziehungen (Außensteuergesetz)
AufenthaltG/EWG	Gesetz über Einreise und Aufenthalt von Staatsangehörigen der Mitgliedstaaten der Europäischen Wirtschaftsgemeinschaft

Abkürzungs- und Literaturverzeichnis

aufgeh.	aufgehoben
Aufl.	Auflage
AÜG	Arbeitnehmerüberlassungsgesetz
ausf.	ausführlich
AuslG	Ausländergesetz
ausschl.	ausschließlich
AWD	Außenwirtschaftsdienst der Zeitschrift „Betriebs-Berater", ab 1975 „Recht der internationalen Wirtschaft"
AWG	Außenwirtschaftsgesetz
AWRundsch	Zeitschrift „Deutsche Außenwirtschafts-Rundschau"
AWV	Außenwirtschaftsverordnung
AZO	Allgemeine Zollordnung (außer Kraft seit 1.1.1994)
Bachmann 1993	Bachmann, Vorsatz und Rechtsirrtum im allgemeinen Strafrecht und im Steuerstrafrecht, Diss. Kiel 1993
Bad	Badisch
BadWürtt	Baden-Württembergisch
BAföG	Bundesausbildungsförderungsgesetz
BAGE 9, 243	Entscheidung des Bundesarbeitsgerichts, Bd. 9, S. 243
BAnz	Bundesanzeiger
BAFin	Bundesanstalt für Finanzdienstleistungsaufsicht
Barske/Gapp	Barske/Gapp, Steuerstrafrecht und Steuerstrafverfahrensrecht, 3. Aufl. 1959
Baumann-Festschr.	Festschrift für Jürgen Baumann zum 70. Geburtstag, 1992
Baumann/Weber/ Mitsch	Baumann/Weber/Mitsch, Strafrecht, Allgemeiner Teil, 11. Aufl. 2003
Bay	Bayerisch
BayBS	Bereinigte Sammlung des bayerischen Landesrechts
BayObLG	Bayerisches Oberstes Landesgericht
BayObLGSt 1975, 15	Entscheidung des Bayerischen Obersten Landesgerichts in Strafsachen, 1975, S. 15
BayVBl.	Bayerische Verwaltungsblätter
BB	Zeitschrift „Betriebs-Berater"
BBG	Bundesbeamtengesetz
BBiG	Berufsbildungsgesetz
Bd.	Band
BdF	Bundesminister der Finanzen
BdF v. 31.5.1982	Erlass des Bundesministers der Finanzen v. 31.5.1982
BDG	Bundesdisziplinargesetz
BDH	Bundesdisziplinarhof
BDSG	Bundesdatenschutzgesetz
BeamtVG	Beamtenversorgungsgesetz
Beermann/Gosch	Beermann/Gosch, Abgabenordnung (Losebl.), 2015
BefStG	Beförderungssteuergesetz
Begr.	amtliche Begründung
Beil.	Beilage
Bek.	Bekanntmachung
Bender/Möller/ Retemeyer	Bender/Möller/Retemeyer, Steuerstrafrecht – Mit Schwerpunkt Zoll- und Verbrauchsteuerstrafrecht (Losebl.), Stand: Juni 2014
ber./Ber.	berichtigt/Berichtigung
BergPG	Gesetz über Bergmannsprämien
Berl.	Berliner
BerlinFG	Berlinförderungsgesetz
Berthold 1993	Berthold, Der Zwang zur Selbstbezichtigung aus § 370 Abs. 1 AO und der Grundsatz des nemo tenetur, 1993
Beschl.	Beschluss
betr.	betreffend
BetrVG	Betriebsverfassungsgesetz
BewachV	Verordnung über das Bewachungsgewerbe

BewDV .... Durchführungsverordnung zum Bewertungsgesetz
BewG .... Bewertungsgesetz
Bf. .... Beschwerdeführer(in)
BfF .... Bundesamt für Finanzen
BFH .... Bundesfinanzhof
BFHE 135, 95 .... Entscheidungen des Bundesfinanzhofs, Bd. 135, S. 95
BFH/NV .... Sammlung amtlich nicht veröffentlichter Entscheidungen des Bundesfinanzhofs
BFHGrS .... Bundesfinanzhof, Großer Senat
BGB .... Bürgerliches Gesetzbuch
BGBl. I, II .... Bundesgesetzblatt Teil I, II
BGH .... Bundesgerichtshof
BGHGrS .... Bundesgerichtshof, Großer Senat in Strafsachen
BGHR .... Sammlung „Rechtsprechung des Bundesgerichtshofs"
BGHSt 5, 27 .... Entscheidungen des Bundesgerichtshofs in Strafsachen, Bd. 5, S. 27
BGHZ 11, 181 .... Entscheidungen des Bundesgerichtshofs in Zivilsachen, Bd. 11, S. 181
BGS .... Bundesgrenzschutz
BHO .... Bundeshaushaltsordnung
BierSt .... Biersteuer
BierStG .... Biersteuergesetz
BierStV .... Biersteuerverordnung
BImSchG .... Bundes-Immissionsschutzgesetz
BImSchV 8 .... Achte Verordnung zur Durchführung des Bundes-Immissionsschutzgesetzes
Birk .... Birk, Allgemeines Steuerrecht I, 2. Aufl. 1994
BJagdG .... Bundesjagdgesetz v. 29.9.1976
BK-*Bearbeiter* .... Streck, Berater-Kommentar zur Steueramnestie, 2004
BKA .... Bundeskriminalamt
BKGG .... Bundeskindergeldgesetz
Blei .... Strafrecht, Bd. I: Allgemeiner Teil, 18. Aufl. 1983; Bd. II: Besonderer Teil, 12. Aufl. 1983
BlStA .... Zeitschrift „Blätter für Steuerrecht, Sozialversicherung und Arbeitsrecht"
Blumers/Göggerle ..... Blumers/Göggerle, Handbuch des Verteidigers und Beraters im Steuerstrafverfahren, 2. Aufl. 1989
Blümich .... Blümich, Einkommensteuergesetz (Losebl.), Stand: März 2015
BMF .... Bundesminister(ium) der Finanzen
BMI .... Bundesminister(ium) des Innern
BMJ .... Bundesminister(ium) der Justiz und für Verbraucherschutz
BML .... Bundesminister(ium) für Ernährung und Landwirtschaft
BMWi .... Bundesminister(ium) für Wirtschaft
BNatSchG .... Bundesnaturschutzgesetz
BND .... Bundesnachrichtendienst
BNotO .... Bundesnotarordnung
BO .... Brennereiordnung
BörsG .... Börsengesetz
BörsUSt .... Börsenumsatzsteuer
BPersVG .... Bundespersonalvertretungsgesetz
BpO (St) .... Allgemeine Verwaltungsvorschrift für die Betriebsprüfung – Betriebsprüfungsordnung vom 15. März 2000 (BStBl. I, S. 369)
BPolBG .... Bundespolizeibeamtengesetz
BPolG .... Gesetz über die Bundespolizei
BPräs. .... Bundespräsident
BR .... Bundesrat
BR-Drs. 420/66 .... Drucksache des Bundesrates Nr. 420 aus 1966
BranntwMonAB ...... Ausführungsbestimmungen zum Gesetz über das Branntweinmonopol
BranntwMonG .... Gesetz über das Branntweinmonopol
BranntwSt .... Branntweinsteuer
BrStV .... Branntweinsteuerverordnung
BRAO .... Bundesrechtsanwaltsordnung
BRD .... Bundesrepublik Deutschland
BReg .... Bundesregierung

Abkürzungs- und Literaturverzeichnis

Brem.	Bremisch
Breyer 1999	Breyer, Der Inhalt der strafbefreienden Selbstanzeige, 1999
v. Briel/Ehlscheid	Steuerstrafrecht, 2. Aufl. 2001
BRRG	Beamtenrechtsrahmengesetz
BSeuchG	Bundes-Seuchengesetz
BSHG	Bundessozialhilfegesetz
BStBl.	Bundessteuerblatt Teil III, ab 1.1.1968 Teil II, Entscheidungen des Bundesfinanzhofs
BStBl. I	Bundessteuerblatt Teil I, Veröffentlichungen des Bundesministers der Finanzen und der obersten Finanzbehörden der Länder
BT	Bundestag
BT-Drs. 14/189	Drucksache des Bundestages – 14. Wahlperiode – Nr. 189
BTierÄrzteO	Bundes-Tierärzteordnung
BtMAHV	Betäubungsmittel-Außenhandelsverordnung
BtMG	Betäubungsmittelgesetz
BtMVV	Betäubungsmittel -Verschreibungsverordnung
Buchholz 1990	Buchholz, Der Betroffene im parlamentarischen Untersuchungsausschuß, 1990
Bühler-Festschr.	Probleme des Finanz- und Steuerrechts, Festschrift für Ottmar Bühler, 1954
BuW	Zeitschrift „Bauen und Wirtschaft"
BVerfG	Bundesverfassungsgericht
BVerfGE 22, 49	Entscheidungen des Bundesverfassungsgerichts, Bd. 22, S. 49
BVerfGG	Gesetz über das Bundesverfassungsgericht
BVerwG	Bundesverwaltungsgericht
BVerwGE 9, 22	Entscheidungen des Bundesverwaltungsgerichts, Bd. 9, S. 22
BVFG	Bundesvertriebenengesetz
BVG	Bundesversorgungsgesetz
BWahlG	Bundeswahlgesetz
BZBl.	Bundeszollblatt
BZRG	Bundeszentralregistergesetz
BZSt	Bundeszentralamt für Steuern
ChemG	Chemikaliengesetz
Dannecker 1984	Dannecker, Steuerhinterziehung im internationalen Wirtschaftsverkehr, 1984
DB	Zeitschrift „Der Betrieb"
DBA	Doppelbesteuerungsabkommen
ddz	Zeitschrift „Der deutsche Zollbeamte"
Dencker 1977	Dencker, Verwertungsverbote im Strafprozeß, 1977
DepotG	Gesetz über die Verwahrung und Anschaffung von Wertpapieren
DGStZ	Deutsche Gemeindesteuer-Zeitung (ab 1980: Zeitschrift für Kommunalfinanzen)
dh	das heißt
Dibbert 1999	Dibbert, Ermittlungen in Großunternehmen, 1999
Diss.	Dissertation
DJ	Zeitschrift „Deutsche Justiz"
DJZ	Deutsche Juristen-Zeitung
DNotZ	Deutsche Notar-Zeitschrift
DOG	Deutsches Obergericht für das Vereinigte Wirtschaftsgebiet der amerikanischen und britischen Besatzungszone
Dorsch	Dorsch, Zollrecht (Losebl.), Stand: 2015
DÖV	Zeitschrift „Die Öffentliche Verwaltung"
DR	Zeitschrift „Deutsches Recht"
Dreher-Festschr.	Festschrift für Eduard Dreher zum 70. Geburtstag, 1977
Dreßler	Dreßler, Gewinn- und Vermögensverlagerungen in Niedrigsteuerländer und ihre steuerliche Überprüfung, 4. Aufl. 2007
DRiG	Deutsches Richtergesetz
DRiZ	Deutsche Richterzeitung
DStJG 2, 6	Veröffentlichungen der Deutschen Steuerjuristischen Gesellschaft e. V., Bd. 2, S. 6

DStR	bis 1961: „Deutsche Steuer-Rundschau" ab 1962: „Deutsches Steuerrecht"
DStRE	Zeitschrift „Deutsches Steuerrecht Entscheidungen"
DStZ	Deutsche Steuer-Zeitung, Ausgabe A
DStZ/B	Deutsche Steuer-Zeitung, Ausgabe B, Eildienst
DüngeV	Düngeverordnung
Dünnebier-Festschr.	Festschrift für Hanns Dünnebier zum 75. Geburtstag, 1982
DV	Durchführungsverordnung
DVBl.	Deutsches Verwaltungsblatt
DVR	Deutsche Verkehrsteuer-Rundschau
E 1936	Entwurf eines Strafgesetzbuches 1936
E 1960	Entwurf eines Strafgesetzbuches 1960 (BT-Drs. III/2150)
E 1962	Entwurf eines Strafgesetzbuches 1962 (BT-Drs. IV/650, V/32)
EAG	Europäische Atomgemeinschaft
EAO 1974	Entwurf einer Abgabenordnung (AO 1974), BT-Drs. VI/1982
EBO	Eisenbahn-Bau- und Betriebsordnung
EbSchmidt I, II, III	Eberhard Schmidt, Lehrkommentar zur Strafprozeßordnung und zum Gerichtsverfassungsgesetz Teil I, 2. Aufl. 1964, Teil II 1957, Teil III 1960, Nachtrag Bd I 1967, Bd II 1970
EbSchmidt-Festschr.	Festschrift für Eberhard Schmidt zum 70. Geburtstag, 1961
EFTA	Europäische Freihandelsassoziation
EF-VO	Einreise-Freimengen-Verordnung
EFG	Entscheidungen der Finanzgerichte
EG	Einführungsgesetz; Europäische Gemeinschaft; EG-Vertrag
EG-EStRG	Einführungsgesetz zum Einkommensteuerreformgesetz
EGAO	Einführungsgesetz zur Abgabenordnung
EGFinSchG	EG-Finanzschutzgesetz
EGGVG	Einführungsgesetz zum Gerichtsverfassungsgesetz
EGKS	Europäische Gemeinschaft für Kohle und Stahl
EGKStRG	Einführungsgesetz zum Körperschaftsteuerreformgesetz
EGMR	Europäischer Gerichtshof für Menschenrechte
EGOWiG	Einführungsgesetz zum Gesetz über Ordnungswidrigkeiten
EGRealSt	Einführungsgesetz zu den Realsteuergesetzen
EGStGB	Einführungsgesetz zum Strafgesetzbuch
EGStPO	Einführungsgesetz zur Strafprozeßordnung
Ehlers	Ehlers in: Ehlers/Lohmeyer, Steuerstraf- und Steuerordnungswidrigkeitenrecht, 5. Aufl. 1982 (vergriffen)
EigZulG	Eigenheimzulagengesetz
einhM	einhellige Meinung
Einl 98	Einleitung Randnummer 98
einschl.	einschließlich
EnergieStG	Energiesteuergesetz
EnSichG	Energiesicherungsgesetz
EntwLStG	Entwicklungsländer-Steuergesetz
Erbs/Kohlhaas/ *Bearbeiter*	Erbs/Kohlhaas, Strafrechtliche Nebengesetze (Losebl.), Stand: Oktober 2014
ErbSt	Erbschaftsteuer
ErbStDV	Erbschaftsteuer-Durchführungsverordnung
ErbStG	Erbschaftsteuer- und Schenkungsteuergesetz
ErgAbg	Ergänzungsabgabe zur Einkommen- und/oder Körperschaftsteuer
Erl.	Erlass
ESt	Einkommensteuer
EStDV	Einkommensteuer-Durchführungsverordnung
EStG	Einkommensteuergesetz
EStR	Einkommensteuer-Richtlinien
EU	Europäische Union
EuGH	Gerichtshof der Europäischen Union
EUR	Euro
EUSt	Einfuhrumsatzsteuer

EUStBV	Einfuhrumsatzsteuer-Befreiungsordnung
ev.	evangelisch
EW	Einheitswert
EWG	Europäische Wirtschaftsgemeinschaft
Externe RechVUVO	Verordnung über die Rechnungslegung von Versicherungsunternehmen
F	Fach (in der Zeitschrift „Neue Wirtschafts-Briefe"); Fachteil (in der Zeitschrift „Der deutsche Zollbeamte")
FA	Finanzamt
FA-FS	Festschrift Der Fachanwalt für Steuerrecht im Rechtswesen, 1999
FAG	Gesetz über Fernmeldeanlagen
FahrlG	Fahrlehrergesetz
FamRZ	Zeitschrift für das gesamte Familienrecht
F/D/G-*Bearbeiter*	Flore/Dörn/Gillmeister, Steuerfahndung und Steuerstrafverfahren, 2. Aufl. 2002
FertigpackV	Verordnung über Fertigpackungen
Festg.	Festgabe
Festschr.	Festschrift
Fett-MeldeV	Fett-Meldeverordnung
FeuerschSt	Feuerschutzsteuer
FeuerschStG	Feuerschutzsteuergesetz
FFG	Filmförderungsgesetz
FG	Finanzgericht
FGO	Finanzgerichtsordnung
FinB	Finanzbehörde
FinMin	Finanzministerium
FinN	Finanznachrichten des Bundesministeriums der Finanzen
Fischer	Strafgesetzbuch mit Nebengesetzen und Verordnungen, 62. Aufl. 2015
Fissenewert 1993	Fissenewert, Der Irrtum bei der Steuerhinterziehung, 1993
FT-*Bearbeiter*	Flore/Tasambikakis, Steuerstrafrecht, 2013
FR	Finanz-Rundschau
Frank	Frank, Das Strafgesetzbuch für das Deutsche Reich, 18. Aufl. 1931
Frees 1991	Frees, Die steuerrechtliche Selbstanzeige, Frankfurt 1991
FS	Festschrift
Fuchs	Fuchs, Handbuch des Steuerstrafrechts und des Steuerstrafverfahrensrechts, 1949
Fuhrhop 1979	Fuhrhop, Der Steuervorteilsbegriff i. S. des § 370 AO, Diss. Kiel 1979
Fußn.	Fußnote
FuttmG	Futtermittelgesetz
FuttmV	Futtermittelverordnung
FVG	Gesetz über die Finanzverwaltung
G + V-Rechnung	Gewinn- und Verlustrechnung
G, Ges.	Gesetz(e)
GA	Zeitschrift „Goltdammers Archiv für Strafrecht"
Gallas-Festschr.	Festschrift für Wilhelm Gallas zum 70. Geburtstag, 1973
GastG	Gaststättengesetz
GBl.	Gesetzblatt
GbR	Gesellschaft bürgerlichen Rechts
geänd.	geändert
GedS	Gedächtnisschrift
gem.	gemäß
GenG	Gesetz betreffend die Erwerbs- und Wirtschaftsgenossenschaften
GenTG	Gesetz zur Regelung der Gentechnik
GesSt	Gesellschaftsteuer
GewArch	Zeitschrift „Gewerbearchiv"
GewO	Gewerbeordnung
GewSt	Gewerbesteuer
GewStDV	Gewerbesteuer-Durchführungsverordnung
GewStG	Gewerbesteuergesetz

GewStR .... Gewerbesteuer-Richtlinien
GFlAusnV .... Geflügelfleischausnahmeverordnung
GG .... Grundgesetz für die Bundesrepublik Deutschland
ggf. .... gegebenenfalls
GKG .... Gerichtskostengesetz
glA .... gleicher Ansicht
GmbH .... Gesellschaft mit beschränkter Haftung
GmbHG .... Gesetz betreffend die Gesellschaften mit beschränkter Haftung
GmbHR .... GmbH-Rundschau
GMBl. .... Gemeinsames Ministerialblatt
Göggerle/Müller .... Göggerle/Müller, Fallkommentar zum Steuerstraf- und Steuerordnungswidrigkeitenrecht, 2. Aufl. 1987
Göhler/*Bearbeiter* .... Göhler, Ordnungswidrigkeitengesetz, 16. Aufl. 2012
Gräber/*Bearbeiter* .... Gräber, Finanzgerichtsordnung, 7. Aufl. 2010
Gräfe/Lenzen/Schmeer .... Gräfe/Lenzen/Schmeer, Steuerberaterhaftung, 5. Aufl. 2014
GJW/*Bearbeiter* .... Graf/Jäger/Wittig, Wirtschafts- und Steuerstrafrecht, 2011
GrESt .... Grunderwerbsteuer
GrEStG .... Grunderwerbsteuergesetz
GrSt .... Grundsteuer
GrStG .... Grundsteuergesetz
GrStR .... Grundsteuer-Richtlinien
GrStRG .... Gesetz zur Reform des Grundsteuerrechts
GS .... Preußische Gesetzes-Sammlung; Zeitschrift „Der Gerichtssaal“
GüKG .... Güterkraftverkehrsgesetz
GüKTV .... Verordnung über die Tarifüberwachung nach dem Güterkraftverkehrsgesetz
GüKWV .... Verordnung über Beförderungs- und Begleitpapiere, zusammenfassende Übersichten und die statistische Erfassung der Beförderungsleistungen im Güterverkehr
GVBl. .... Gesetz- und Verordnungsblatt
GVG .... Gerichtsverfassungsgesetz
GVL .... Gasöl-Verwendungsgesetz-Landwirtschaft
GWB .... Gesetz gegen Wettbewerbsbeschränkungen
GwG .... Geldwäschegesetz
GWG .... Geringwertiges Wirtschaftsgut
GZT .... Gemeinsamer Zolltarif der Europäischen Gemeinschaft gem. VO Nr. 2658/87 über die zolltarifliche und statistische Nomenklatur sowie den gemeinsamen Zolltarif

HAG .... Heimarbeitsgesetz
Hagedorn 1991 .... Hagedorn, Steuerhinterziehung und Finanzpolitik, 1991 (zugl. Diss. Hagen 1991)
Halbs. .... Halbsatz
HandwO .... Handwerksordnung
Hardtke 1995 .... Hardtke, Steuerhinterziehung durch verdeckte Gewinnausschüttung, 1995 (zugl. Diss. Greifswald 1994)
Hartung .... Hartung, Steuerstrafrecht, 3. Aufl. 1962
HeimG .... Heimgesetz
HeimsicherungsV ...... Verordnung über die Pflichten der Träger von Altenheimen, Altenwohnheimen und Pflegeheimen für Volljährige im Fall der Entgegennahme von Leistungen zum Zweck der Unterbringung eines Bewohners oder Bewerbers
Heinitz-Festschr. .... Festschrift für Ernst Heinitz zum 70. Geburtstag, 1972
HeizölkennzV .... Heizölkennzeichnungsverordnung
Hellmann 1995 .... Hellmann, Das Neben-Strafverfahrensrecht der Abgabenordnung, 1995
Herzog/*Bearbeiter* .... Herzog, Geldwäschegesetz, 2. Aufl. 2014
Hess. .... Hessisch
HESt .... Höchstrichterliche Entscheidungen, Sammlung von Entscheidungen der Oberlandesgerichte und der obersten Gerichte in Strafsachen (1948/50)
HFR .... Zeitschrift „Höchstrichterliche Finanzrechtsprechung“
HGA .... Hypothekengewinnabgabe

Abkürzungs- und Literaturverzeichnis

HGB	Handelsgesetzbuch
HhBG	Haushaltsbegleitgesetz
HHR-*Bearbeiter*	Herrmann/Heuer/Raupach, Einkommensteuer- und Körperschaftsteuergesetz (Losebl.), Stand: April 2015
HHSp-*Bearbeiter*	Bearbeiter in: Hübschmann/Hepp/Spitaler, Abgabenordnung, Finanzgerichtsordnung (Losebl.), Stand: Februar 2015
HK-OWiG-*Bearbeiter*	Lemke/Mosbacher, Ordnungswidrigkeitengesetz, 2. Aufl. 2005
HK-StPO-*Bearbeiter*	Heidelberger Kommentar, Gercke/Julius/Temming/Zöller (Hrsg.), Strafprozessordnung, 5. Aufl. 2012
hL	herrschende Lehre
hl	Hektoliter
hM	herrschende Meinung
Hmb	Hamburgisch
Hoffschmidt 1988	Hoffschmidt, Über die Rechtfertigung der strafbefreienden Selbstanzeige im Steuerstrafrecht (§ 371 AO), Diss. Bielefeld 1988
Hofmann 1998	Hofmann, Die Ausschlußtatbestände der Selbstanzeige bei Steuerhinterziehung, 1998
Holper 1981	Holper, Die steuerrechtliche Selbstanzeige – ein Sonderfall des Rücktritts vom vollendeten Delikt, Diss. Würzburg 1981
Honig-Festschr.	Festschrift für Richard M. Honig zum 80. Geburtstag, 1970
HRR	Höchstrichterliche Rechtsprechung, Beilage zur „Juristischen Rundschau" (bis 1942)
Hrsg.	Herausgeber
HZA	Hauptzollamt
HZAZustV	Verordnung über die Übertragung von Zuständigkeiten auf Hauptzollämter für den Bereich mehrerer Hauptzollämter
iE	im Einzelnen
idF	in der Fassung
idR	in der Regel
IHKG	Gesetz zur vorläufigen Regelung des Rechts der Industrie- und Handelskammern
II. WoBauG	Zweites Wohnungsbaugesetz
INF, InF	Zeitschrift „Die Information über Steuer und Wirtschaft für Industrie, Handel, Handwerk und Gewerbe"
InfStW	Zeitschrift „Info aus Steuer und Wirtschaft"
insbes.	insbesondere
InsO	Insolvenzordnung
Interne RechVUVO	Verordnung über die Rechnungslegung von Versicherungsunternehmen gegenüber dem Bundesaufsichtsamt für das Versicherungswesen
InvZul	Investitionszulage
InvZulG	Investitionszulagengesetz
IRG	Gesetz über die internationale Rechtshilfe in Strafsachen
iS, iSd, iSv	im Sinne, im Sinne des, im Sinne von
IStR	Zeitschrift „Internationales Steuerrecht"
iVm	in Verbindung mit
JA	Zeitschrift „Juristische Arbeitsblätter"
Jakobs	Jakobs, Strafrecht, Allgemeiner Teil, 2. Aufl. 1993
JbFSt	Jahrbuch der Fachanwälte für Steuerrecht
JBlSaar	Justizblatt des Saarlandes
Jescheck-Festschr.	Festschrift für Hans-Heinrich Jescheck zum 70. Geburtstag, 1985
Jescheck/Weigend	Jescheck/Weigend, Lehrbuch des Strafrechts, Allgemeiner Teil, 5. Aufl. 1996
Jg.	Jahrgang
JGG	Jugendgerichtsgesetz
JMBl. NW	Justizministerialblatt für Nordrhein-Westfalen
Joecks 1998	Joecks, Praxis des Steuerstrafrechts, 1998
Joecks StGB	Joecks, Strafgesetzbuch, 11. Aufl. 2014
Joecks StPO	Joecks, Strafprozessordnung, 4. Aufl. 2015

JStG	Jahressteuergesetz
JStErgG	Jahressteuer-Ergänzungsgesetz
JR	Zeitschrift „Juristische Rundschau“
JuMoG	Justizmodernisierungsgesetz
Jura	Zeitschrift „Juristische Ausbildung“
JurBüro	Zeitschrift „Das juristische Büro“
JuS	Zeitschrift „Juristische Schulung“
Justiz	Die Justiz, Amtsblatt des Justizministeriums Baden-Württemberg
JustizentlG	Gesetz zur Entlastung der Rechtspflege
JVEG	Justizvergütungs- und Entschädigungsgesetz
JVKostO	Verordnung über die Kosten im Bereich der Justizverwaltung
JW	Zeitschrift „Juristische Wochenschrift“
JZ	Zeitschrift „Juristenzeitung“
KaffeeSt	Kaffeesteuer
KaffeeStDV	Kaffeesteuer-Durchführungsverordnung
KaffeeStG	Kaffeesteuergesetz
KAG	Kommunalabgabengesetz
Kap.	Kapitel
KapErhStG	Gesetz über steuerrechtliche Maßnahmen bei Erhöhung des Nennkapitals aus Gesellschaftsmitteln
KapSt	Kapitalertragsteuer
kath.	katholisch
KBV	Kleinbetragsverordnung
KF-VO	Kleinsendungs-Einfuhrfreimengen-Verordnung
Kfz	Kraftfahrzeug
KfzSt	Kraftfahrzeugsteuer
KG	Kammergericht; Kommanditgesellschaft
KGA	Kreditgewinnabgabe
KGaA	Kommanditgesellschaft auf Aktien
KHBV	Krankenhaus-Buchführungsverordnung
Kiel 1989	Kiel, Die Verjährung bei der vorsätzlichen Steuerverkürzung, Diss. Kiel 1989
Kirchhof-*Bearbeiter*	Bearbeiter in Kirchhof, Einkommensteuergesetz, 14. Aufl. 2015
Kissel	Kissel, Gerichtsverfassungsgesetz, 3. Aufl. 2000
KiSt	Kirchensteuer
KiStG	Kirchensteuergesetz
KiStO	Kirchensteuerordnung
KiStRG	Kirchensteuerrahmengesetz
KK-StPO/*Bearbeiter*	Bearbeiter in Karlsruher Kommentar zur Strafprozessordnung und zum Gerichtsverfassungsgesetz, 7. Aufl. 2013
KK-OWiG/*Bearbeiter*	Bearbeiter in Kommentar zum Ordnungswidrigkeitengesetz, 4. Aufl. 2014
Klein 1989	Klein, Die Auswirkungen der unterschiedlichen Beweislast im Steuerrecht und im Strafrecht, Diss. Köln 1989
Klein/*Bearbeiter*	Klein (Hrsg.), Abgabenordnung, 12. Aufl. 2014
Klug-Festschr.	Festschrift für Ulrich Klug zum 70. Geburtstag, 1983
KMR-*Bearbeiter*	Kommentar zur Strafprozessordnung und zum Gerichtsverfassungs- und Ordnungswidrigkeitengesetz, begründet von Kleinknecht, Müller und Reitberger (Losebl.), Stand: Mai 2015
Koch/Scholtz	Koch/Scholtz, Abgabenordnung, 5. Aufl. 1996
Koenig/*Bearbeiter*	Koenig, Abgabenordnung, 3. Aufl. 2014
Kohlmann/*Bearbeiter*	Kohlmann, Steuerstrafrecht (Losebl.), Stand: Dezember 2014
Kohlmann-Festschr.	Festschrift für Günter Kohlmann zum 70. Geburtstag, 2003
Köln-Festschr.	Festschrift der Rechtswissenschaftlichen Fakultät zur 600-Jahr-Feier der Universität zu Köln, 1988
KÖSDI	Zeitschrift „Kölner Steuerdialog“
Korn-Festschr.	Carlé/Stahl/Strahl, Gestaltung und Abwehr im Steuerrecht, Festschrift für Klaus Korn zum 65. Geburtstag, 2005
KraftStDV	Kraftfahrzeugsteuer-Durchführungsverordnung
KraftStG	Kraftfahrzeugsteuergesetz
Krause-Festschr.	Festschrift für Friedrich-Wilhelm Krause zum 70. Geburtstag, 1990

KRG .... Kontrollratsgesetz
KriegswaffG .... Gesetz über die Kontrolle von Kriegswaffen
krit. .... kritisch
Kruse .... Kruse, Lehrbuch des Steuerrechts, Allgemeiner Teil, 1991
KrWaffKontrG .... Gesetz über die Kontrolle von Kriegswaffen
KrWG .... Kreislaufwirtschaftsgesetz
KSM .... Kirchhof, Söhn, Mellinghoff, Einkommensteuergesetz, (Losebl.), Stand: Dezember 2014
KSt .... Körperschaftsteuer
KStDV .... Körperschaftsteuer-Durchführungsverordnung
KStG .... Körperschaftsteuergesetz
KStR .... Körperschaftsteuer-Richtlinien
KStZ .... Zeitschrift „Kommunale Steuerzeitung"
KSVG .... Künstlersozialversicherungsgesetz
Kühn/v. Wedelstädt ... Kühn/v. Wedelstädt, Abgabenordnung und Finanzgerichtsordnung, 19. Aufl. 2008
KVGKG .... Kostenverzeichnis, Anlage zum Gerichtskostengesetz
KVStG .... Kapitalverkehrsteuergesetz
KWG .... Gesetz über das Kreditwesen
KWKG .... Gesetz über die Kontrolle von Kriegswaffen

Lackner/Kühl .... Lackner/Kühl, Strafgesetzbuch mit Erläuterungen, 28. Aufl. 2014
Lackner-Festschr. ...... Festschrift für Karl Lackner zum 70. Geburtstag, 1987
LAG .... Lastenausgleichsgesetz
Lammerding .... Lammerding/Hackenbroch, Steuerstrafrecht, 8. Aufl. 2004
Lange-Festschr. .... Festschrift für Richard Lange zum 70. Geburtstag, 1976
Leise, Einleitung .... Leise, Die Einleitung der Untersuchung im Verwaltungs-Steuerstrafverfahren, 1962
Lemcke 1995 .... Lemcke, Die Sicherstellung gem. § 94 StPO und deren Förderung durch die Inpflichtnahme Dritter als Mittel des Zugriffs auf elektronisch gespeicherte Daten, 1995
Lenz .... Lenz in: Lenz/Borchardt (Hrsg.), EU- und EG-Vertrag, 3. Aufl. 2003
Leopold/Madle/Rader/ *Bearbeiter* .... Leopold/Madle/Rader, AO-Praktikerkommentar (Losebl.), Stand: Januar 2015
LeuchtmSt .... Leuchtmittelsteuer
LFA .... Landesfinanzamt (heute: Oberfinanzdirektion)
LG .... Landgericht
li. Sp. .... linke Spalte
Littmann .... Littmann/Bitz/Pust, Das Einkommensteuerrecht (Losebl.), Stand: Februar 2015
LK-Bearbeiter .... Strafgesetzbuch, Leipziger Kommentar, 10. Aufl. ab 1978 hrsg. von Jescheck, Russ, Willms; 11. Aufl. ab 1992 hrsg. von Jähnke, Laufhütte, Odersky, 12. Aufl. ab 2007 hrsg. von Laufhütte, Rissing-van Saan, Tiedemann
LKV .... Landes- und Kommunalverwaltung; Verwaltungsrechts-Zeitschrift für die Länder Berlin, Brandenburg, Mecklenburg-Vorpommern, Sachsen, Sachsen-Anhalt und Thüringen
LM .... Entscheidungen des Bundesgerichtshofs im Nachschlagewerk des BGH von Lindenmaier/Möhring
LMBG .... Lebensmittel- und Bedarfsgegenständegesetz
LMRG .... Gesetz zur Gesamtreform des Lebensmittelrechts
Löffler 1992 .... Löffler, Grund und Grenzen der steuerstrafrechtlichen Selbstanzeige, 1992
Losebl. .... Loseblattausgabe
Löwe-Krahl 1989 ...... Löwe-Krahl, Steuerstrafrechtliche Risiken typischer Banktätigkeiten, Diss. Kiel 1989
Löwe-Krahl 2000 ...... Löwe-Krahl, Steuerhinterziehung bei Bankgeschäften, 2. Aufl. 2000
LR-*Bearbeiter* .... Bearbeiter in: Löwe/Rosenberg, Die Strafprozeßordnung und das Gerichtsverfassungsgesetz, 26. Aufl. 2006–2014
LSt .... Lohnsteuer
LStDV .... Lohnsteuer-Durchführungsverordnung

LStJA	Lohnsteuerjahresausgleich
LStR	Lohnsteuer-Richtlinien
LT-Drs.	Landtags-Drucksache
Lütt 1988	Lütt, Das Handlungsunrecht der Steuerhinterziehung, Frankfurt 1988
LwG	Landwirtschaftsgesetz
LwVG	Gesetz über das gerichtliche Verfahren in Landwirtschaftssachen
MaBV	Makler- und Bauträgerverordnung
MarkenG	Gesetz über den Schutz von Marken und sonstigen Kennzeichen
Marktordnungswaren-meldeV	Marktordnungswaren-Meldeverordnung
Maschke 1996	Maschke, Die Sanktionierung von Verstößen gegen die Aufsichtspflicht in Betrieben und Unternehmen, 1996
Mat.	Materialien zur Strafrechtsreform, 1954
Mattern I	Mattern, Steuer-Strafrecht I, Leitfaden durch das materielle Steuerstrafrecht, 1949
Mattern II	Mattern, Steuer-Strafrecht II, Leitfaden durch das Steuer-Strafverfahren, 1949
Matzky 1999	Matzky, Zugriff auf EDV im Strafprozeß, 1999
Maunz/Dürig	Maunz/Dürig/Herzog/Scholz, Grundgesetz (Losebl.), Stand: Dezember 2014
Maurach AT/1	Maurach/Zipf, Strafrecht, Allgemeiner Teil, Bd. 1, 8. Aufl. 1992
Maurach AT/2	Maurach/Gössel/Zipf, Strafrecht, Allgemeiner Teil, Bd. 2, 8. Aufl. 2014
Maurach BT/1	Maurach/Schroeder/Maiwald, Strafrecht, Besonderer Teil, Bd. 1, 10. Aufl. 2009
Maurach BT/2	Maurach/Schroeder/Maiwald, Strafrecht, Besonderer Teil, Bd. 2, 10. Aufl. 2013
Maurach-Festschr.	Festschrift für Reinhart Maurach zum 70. Geburtstag, 1977
maW	mit anderen Worten
MDR	Zeitschrift „Monatsschrift für Deutsches Recht“
mE	meines Erachtens
MessEG	Mess- und Eichgesetz
MGS/*Bearbeiter;* Meyer-Goßner/Schmitt/*Bearbeiter*	Meyer-Goßner/Schmitt, Strafprozessordnung, 57. Aufl. 2014
MG-*Bearbeiter*	Müller-Gugenberger/Bieneck, Wirtschaftsstrafrecht, 6. Aufl. 2015
MilchFettG	Milch- und Fettgesetz
MinöStG	Mineralölsteuergesetz
MinöStDV	Mineralölsteuer-Durchführungsverordnung
Mio	Million(en)
MiStra	Anordnung über Mitteilungen in Strafsachen
MitbestG	Mitbestimmungsgesetz
mN	mit Nachweisen
MOG	Gesetz zur Durchführung der gemeinsamen Marktorganisationen
Möller 1996	Möller, Die Berichtigungspflicht nach § 153 I AO und die strafrechtlichen Folgen einer Pflichtverletzung, 1996
Mösbauer	Mösbauer, Steuerstraf- und Steuerordnungswidrigkeitenrecht, 2. Aufl. 2000
Moser	Moser, Das Strafverfahren nach der Reichsabgabenordnung, 2. Aufl. 1942
Mrd.	Milliarde(n)
MRK	Konvention zum Schutze der Menschenrechte und Grundfreiheiten
MschrKrim	Monatsschrift für Kriminologie und Strafrechtsreform
MStbl.	Mitteilungsblatt der Steuerberater
Müller/Wabnitz/Janovsky	Müller/Wabnitz/Janovsky, Wirtschaftskriminalität, 4. Aufl. 1997
MüKoStGB/*Bearbeiter*	Münchener Kommentar zum Strafgesetzbuch, Bd. 1, 2. Aufl. 2011, Bd. 7, 2. Aufl. 2015
MV	Mitteilungsverordnung
M/V	Mecklenburg-Vorpommern
mwN	mit weiteren Nachweisen
mWv	mit Wirkung vom

MZK .... VO (EG) Nr. 450/2008 des Europäischen Parlaments und des Rates zur Festlegung des Zollkodex der Gemeinschaft (Modernisierter Zollkodex)

NBW .... Zeitschrift „Neue Betriebswirtschaft"
Nds. .... Niedersächsisch
NdsFG .... Niedersächsisches Finanzgericht
NdsRpfl .... Zeitschrift „Niedersächsische Rechtspflege"
nF .... neue Fassung
NJW .... Zeitschrift „Neue Juristische Wochenschrift"
NK-StGB/*Bearbeiter* ... Nomos Kommentar zum Strafgesetzbuch, hrsg. v. Kindhäuser/Neumann/Paefgen, 4. Auflage 2013
NotV .... Notverordnung
NRT .... Nettoregistertonne(n)
NStE .... Neue Entscheidungssammlung zum Strafrecht
NStZ .... Zeitschrift „Neue Zeitschrift für Strafrecht" (ab 1981)
NStZ-RR .... Zeitschrift „NStZ-Rechtsprechungsreport"
nv .... nicht veröffentlicht
NVwZ .... Zeitschrift „Neue Zeitschrift für Verwaltungsrecht" (ab 1982)
NW .... Nordrhein-Westfalen, nordrhein-westfälisch
NWB .... Zeitschrift „Neue Wirtschafts-Briefe für Steuer- und Wirtschaftsrecht" (zitiert nach Fach und Seite)

o. V. .... ohne Verfasserangabe
OF-Bezirk .... Oberfinanzbezirk
OFD .... Oberfinanzdirektion
OHG .... offene Handelsgesellschaft
Oldenb .... Oldenburgisch
OLG .... Oberlandesgericht
OLGSt .... Entscheidungen der Oberlandesgerichte in Strafsachen
OR-Geschäft .... Geschäft ohne Rechnung
OrgKG .... Gesetz zur Bekämpfung des illegalen Rauschgifthandels und anderer Erscheinungsformen der Organisierten Kriminalität
OrgStA .... Ordnung über Organisation und Dienstbetrieb der Staatsanwaltschaften
OSL/*Bearbeiter* .... Offenhaus/Söhn/Lange, Umsatzsteuer (Losebl.), Stand: Dezember 2014
ÖsterrBAO .... Bundesgesetz v. 28.6.1961, betreffend allgemeine Bestimmungen und das Verfahren für die von den Abgabenbehörden des Bundes verwalteten Abgaben – Bundesabgabenordnung –
ÖsterrBGBl. .... Bundesgesetzblatt für die Republik Österreich (zitiert nach Jahrgang und laufender Nummer der Gesetze)
ÖsterrFinStG .... Bundesgesetz v. 26.6.1958, betr. das Finanzstrafrecht und das Finanzstrafverfahrensrecht – FinanzstrafG –
OVG .... Oberverwaltungsgericht
OWiG .... Gesetz über Ordnungswidrigkeiten

Palandt/*Bearbeiter* .... Palandt, Bürgerliches Gesetzbuch, 74. Aufl. 2015
PartG .... Parteiengesetz
PassG .... Gesetz über das Passwesen
PatAnwO .... Patentanwaltsordnung
PatG .... Patentgesetz
PBefG .... Personenbeförderungsgesetz
PersonalausweisG .... Gesetz über Personalausweise
Peters-FS .... Einheit und Vielfalt des Rechts, Festschrift für Karl Peters zum 70. Geburtstag, 1974
Pfaff .... Pfaff, Kommentar zur steuerlichen Selbstanzeige, 1977
PfandlV .... Pfandleiherverordnung
Pfeiffer .... Strafprozessordnung und Gerichtsverfassungsgesetz, 5. Aufl. 2005
PflSchG .... Pflanzenschutzgesetz
PflVG, PflVersG .... Gesetz über die Pflichtversicherung für Kraftfahrzeughalter
Pohl 1990 .... Pohl, Steuerhinterziehung durch Steuerumgehung, 1990
PostG .... Gesetz über das Postwesen

PreisstatG .... Gesetz über die Preisstatistik
Preuß. .... Preußisch
PStR .... Zeitschrift „Praxis des Steuerstrafrechts"

QualitätsNV .... Verordnung über Qualitätsnormen für …
Quedenfeld/Füllsack ... Quedenfeld/Füllsack, Verteidigung in Steuerstrafsachen, 4. Aufl. 2012

RA .... Rechtsanwalt
RABgO, RAO .... Reichsabgabenordnung
RAO 1919 .... Reichsabgabenordnung v. 13.12.1919
RAO 1931 .... Reichsabgabenordnung v. 22.5.1931
RAO 1967 .... Vorschriften der Reichsabgabenordnung
RAO 1968 .... Vorschriften der Reichsabgabenordnung idF des 2. AO-StrafÄndG
RBerG .... Rechtsberatungsgesetz
RBewG .... Reichsbewertungsgesetz
RdF .... Reichsminister der Finanzen
ReblausVO .... Verordnung zur Bekämpfung der Reblaus
Rebmann/Roth/
Herrmann .... Rebmann/Roth/Herrmann, Gesetz über Ordnungswidrigkeiten (Losebl.), Stand: Januar 2015
RECHT .... Zeitschrift „Das Recht"
RechtsV .... Rechtsverordnung
RechVersV .... Verordnung über die Rechnungslegung von Versicherungsunternehmen
RegBl. .... Regierungsblatt
RegE .... Regierungsentwurf
Reiß 1987 .... Reiß, Besteuerungsverfahren und Strafverfahren, 1987
RennwLottAB .... Ausführungsbestimmungen zum Rennwett- und Lotteriegesetz
RennwLottG .... Rennwett- und Lotteriegesetz
RennwSt .... Rennwettsteuer
re. Sp. .... rechte Spalte
Reuß 1979 .... Reuß, Grenzen steuerlicher Mitwirkungspflichten, 1979
rev. .... revidiert
RFH .... Reichsfinanzhof
RFHE 11, 104 .... Amtliche Sammlung der Entscheidungen des Reichsfinanzhofs, Bd. 11, S. 104
RFHGrS .... Reichsfinanzhof, Großer Senat
RflSt .... Reichsfluchtsteuer
RG .... Reichsgericht
RGSt 70, 162 .... Entscheidung des Reichsgerichts in Strafsachen, Bd. 70, S. 162
RG-Festg. .... Die Reichsgerichtspraxis im deutschen Rechtsleben, Festgabe der juristischen Fakultät Leipzig zum 50jährigen Bestehen des Reichsgerichts
RGBl. I, II .... Reichsgesetzblatt Teil I, Teil II
RGGrS .... Reichsgericht, Großer Senat
RH-*Bearbeiter* .... Radtke/Hohmann, Strafprozessordnung, 2011
RhldPf .... Rheinland-Pfalz
RiStBV .... Richtlinien für das Strafverfahren und das Bußgeldverfahren
RiVASt .... Richtlinien für den Verkehr mit dem Ausland in strafrechtlichen Angelegenheiten
RIW .... Zeitschrift „Recht der Internationalen Wirtschaft"
RK-*Bearbeiter* .... Rolletsche/Kemper, Steuerstrafrecht, Kommentar (Losebl.), Stand: Juni 2015
RMBl. .... Reichsministerialblatt
Rn. .... Randnummer
Rogall 1977 .... Rogall, Der Beschuldigte als Beweismittel gegen sich selbst, 1977
röm.-kath. .... römisch-katholisch
RöV .... Verordnung über den Schutz vor Schäden durch Röntgenstrahlen
Roxin .... Roxin, Strafrecht, Allgemeiner Teil, Bd. I, 4. Aufl. 2006, Bd. II, 2003
RPf .... Rheinland-Pfälzisch
RPfleger .... Zeitschrift „Der deutsche Rechtspfleger"
RpflEntlG .... Gesetz zur Entlastung der Rechtspflege
RPräs .... Reichspräsident

RReg .... Reichsregierung
Rs. .... Rechtssache
Rspr .... Rechtsprechung
RStBl. .... Reichssteuerblatt
RT-Drs. .... Drucksache des Deutschen Reichstags
Rüping 1981 .... Rüping, Steuerfahndungsergebnisse und ihre Verwertbarkeit, 1981
RVG .... Rechtsanwaltsvergütungsgesetz
RVO .... Reichsversicherungsordnung
RVRV .... Verordnung über den Zahlungsverkehr, die Buchführung und die Rechnungslegung in der Rentenversicherung v. 3.8.1981 (BGBl. I 809)
RWP .... Zeitschrift „Rechts- und Wirtschaftspraxis"
Rz. .... Randziffer
RZBl. .... Reichszollblatt

S. .... Seite; Satz
Schönke/Schröder/*Bearbeiter* .... Schönke/Schröder, Strafgesetzbuch, 29. Aufl. 2014
Saarl. .... Saarländisch
SachBezV .... Sachbezugsverordnung
Sächs. .... Sächsisch
SAM .... Zeitschrift „Steueranwaltsmagazin"
Sauer .... Sauer, Steuerliche Außenprüfung, 1988
Sb. I .... Sammlung des bereinigten niedersächs. Rechts, Bd. I
SchaumBranntwV ..... Verordnung über Schaumwein und Branntwein aus Wein
SchaumwSt .... Schaumweinsteuer
SchaumwStG .... Schaumweinsteuergesetz
SchaumwZwStV .... Verordnung zur Durchführung des Gesetzes zur Besteuerung von Schaumwein und Zwischenerzeugnissen
SchenkSt .... Schenkungsteuer
SchfG .... Schornsteinfegergesetz
SchfV .... Verordnung über das Schornsteinfegerwesen
SchG .... Schöffengericht
SchlH .... Schleswig-Holsteinisch
SchlHA .... Zeitschrift „Schleswig-Holsteinische Anzeigen"
Schlüchter-GedS .... Gedächtnisschrift für Ellen Schlüchter, 2002
Schmidhäuser .... Schmidhäuser, Strafrecht, Allgemeiner Teil, 2. Aufl. 1975
Schmidt/*Bearbeiter* ..... Einkommensteuergesetz, erläutert von Schmidt u. a., 34. Aufl. 2015
Schmitt-Festschr. .... Festschrift für Rudolf Schmitt zum 70. Geburtstag, 1992
Schmitz/Tillmann ..... Schmitz/Tillmann, Das Steuerstrafverfahren, Leitfaden, 1983
Schöll/Leopold/Madle/Rader .... s. Leopold/Madle/Rader/*Bearbeiter*
Schröder-GedS .... Gedächtnisschrift für Horst Schröder, 1978
Schwarz/Pahlke/*Bearbeiter* .... Schwarz/Pahlke, Kommentar zur AO/FGO (Losebl.), 2015
Schwarz/Wockenfoth . Schwarz/Wockenfoth/Rahn, Zollrecht (Losebl.), Stand: März 2015
SchwarzarbG .... Gesetz zur Bekämpfung der Schwarzarbeit
Schweiz .... Schweizerisch
Schwinge-Festschr. .... Festschrift für Erich Schwinge zum 70. Geburtstag, 1973
SDÜ .... Schengener Durchführungsübereinkommen
SeetgbV .... Verordnung über Seetagebücher v. 8.2.1985 (BGBl. I, 306)
SGB .... Sozialgesetzbuch
SGG .... Sozialgerichtsgesetz
Simon/Vogelberg ...... Simon/Vogelberg, Steuerstrafrecht, 3. Aufl. 2011
SK/*Bearbeiter* .... Rudolphi/Horn/Samson, Systematischer Kommentar zum Strafgesetzbuch (Losebl.), Bd. 1, 2 Allgemeiner Teil, Bd. 3–5 Besonderer Teil, Stand: September 2014
SK-StPO/*Bearbeiter* .... Rudolphi/Wolter, Systematischer Kommentar zur Strafprozessordnung und zum Gerichtsverfassungsgesetz (Losebl.), Stand: Oktober 2008
SoldG .... Soldatengesetz
SolZG .... Solidaritätszuschlaggesetz

SortG	Sortenschutzgesetz
SP-*Bearbeiter*	Schaumburg/Peters, Internationales Steuerstrafrecht, 2015
SparPG	Spar-Prämiengesetz
Spendel	Festschrift für Günter Spendel zum 70. Geburtstag, 1992
Spitaler-Festschr.	Gegenwartsfragen des Steuerrechts, Festschrift für Armin Spitaler, 1958
Spitaler-Gedenkschr.	Die Auslegung der Steuergesetze in Wissenschaft und Praxis, Gedenkschrift für A. Spitaler, 1965
SprengG	Sprengstoffgesetz
SprengV 1	Erste Verordnung zum Sprengstoffgesetz
StA	Staatsanwalt(schaft)
StabG	Gesetz zur Förderung der Stabilität und des Wachstums der Wirtschaft
StahlInvZulG	Gesetz über eine Investitionszulage in der Eisen- und Stahlindustrie
StÄndG	Steueränderungsgesetz
StAnpG	Steueranpassungsgesetz
StArch	Zeitschrift „Steuer-Archiv“
StB	Zeitschrift „Der Steuerberater“
StBer	Steuerberater
StBerG	Steuerberatungsgesetz
Stbg	Zeitschrift „Die Steuerberatung“
StBGebV	Steuerberatergebührenverordnung
StbJb	Steuerberater-Jahrbuch
StBp	Zeitschrift „Die steuerliche Betriebsprüfung“
StEK	Steuererlasse in Karteiform
Sten. Ber.	Sitzungsprotokoll des Deutschen Bundestages
StGB	Strafgesetzbuch
StGläubiger	Steuergläubiger
StKRep	Steuer-Kongress-Report
Stock-Festschr.	Festschrift für Ulrich Stock zum 70. Geburtstag, 1966
Stpfl	Steuerpflichtiger
StPO	Strafprozessordnung
StPr	Zeitschrift „Der Steuerpraktiker“
StQ	Zeitschrift „Die Quintessenz des Steuerlichen Schrifttums“
StR	Steuerrecht
str.	streitig
Stratenwerth/Kuhlen	Stratenwerth/Kuhlen, Strafrecht, Allgemeiner Teil, Grundriss, 6. Aufl. 2011
StraBEG	Strafbefreiungserklärungsgesetz
StraBuDV	Dienstvorschrift für Strafsachen- und Bußgeldverfahren (Aufgabenwahrnehmung und Organisation)
StrbEG	Gesetz über die strafbefreiende Erklärung von Einkünften aus Kapitalvermögen und von Kapitalvermögen
Streck	Streck/Spatscheck, Die Steuerfahndung, 4. Aufl. 2006
Stree/Wessels-FS	Festschrift für Walter Stree und Johannes Wessels zum 70. Geburtstag, 1993
StrEG	Gesetz über die Entschädigung für Strafverfolgungsmaßnahmen
StRK	Steuerrechtsprechung in Karteiform, begründet von Mrozek
StrK	Strafkammer
StrlSchV	Strahlenschutzverordnung
StRR	Zeitschrift „Rechtsprechungsreport Strafrecht“
StrRG 1	Erstes Gesetz zur Reform des Strafrechts v. 25.6.1969
StrRG 2	Zweites Gesetz zur Reform des Strafrechts v. 4.7.1969
StrRG 3	Drittes Gesetz zur Reform des Strafrechts v. 20.5.1970
StrRG 4	Viertes Gesetz zur Reform des Strafrechts v. 23.11.1973
StrRG 6	Sechstes Gesetz zur Reform des Strafrechts v. 26.1.1998
StrS	Strafsenat
stRspr	ständige Rechtsprechung
StSchuldner	Steuerschuldner
StStatG	Gesetz über Steuerstatistiken
StuF	Zeitschrift „Steuern und Finanzen“
StuW	Zeitschrift „Steuer und Wirtschaft“, bis 1970 zitiert nach Spalten, ab 1971 zitiert nach Seiten
StV	Zeitschrift „Der Strafverteidiger“

Abkürzungs- und Literaturverzeichnis

StVÄG 1979	Strafverfahrensänderungsgesetz 1979
StVG	Straßenverkehrsgesetz
StVj	Zeitschrift „Steuerliche Vierteljahres-Schrift"
StVollzG	Strafvollzugsgesetz
StVZO	Straßenverkehrs-Zulassungs-Ordnung
StWa	Zeitschrift „Steuer-Warte"
StZBl.	Steuer- und Zollblatt für Berlin
SubvG	Subventionsgesetz
Suhr, Suhr/Naumann/ Bilsdorfer	Suhr/Naumann/Bilsdorfer, Steuerstrafrecht-Kommentar, 4. Aufl. 1986
Suhr 1989	Suhr, Rechtsgut der Steuerhinterziehung und Steuerverkürzung im Festsetzungsverfahren, 1989
SVRV	Sozialversicherungs-Rechnungsverordnung
TabSt	Tabaksteuer
TabStDV	Tabaksteuer-Durchführungsverordnung
TabStG	Tabaksteuergesetz
TÄHAV	Verordnung über tierärztliche Hausapotheken
Terstegen	Terstegen, Steuer-Strafrecht einschl. Verfahrensrecht, 1956
Teske 1987	Teske, Die Abgrenzung der Zuständigkeiten und der Beweisverfahren im Besteuerungsverfahren und im Steuerstrafverfahren unter besonderer Berücksichtigung des § 393 AO de lege lata und de lege ferenda, Diss. Köln 1987
Thür	Thüringen
TierGesG	Tiergesundheitsgesetz
TierSG	Tierseuchengesetz
TierZG	Tierzuchtgesetz
Tipke I	Tipke, Die Steuerrechtsordnung, Bd. 1, 2. Aufl. 2000
Tipke/Lang	Tipke/Lang, Steuerrecht, 22. Aufl. 2015
TK-*Bearbeiter*	Bearbeiter in: Tipke/Kruse, Abgabenordnung (ohne Steuerstrafrecht), Finanzgerichtsordnung (Losebl.), Stand: Juni 2014
Tipke-FS	Lang, J. (Hrsg.), Die Steuerrechtsordnung in der Diskussion. Festschrift für Klaus Tipke, 1995
Troeger/Meyer	Troeger/Meyer, Steuerstrafrecht, 2. Aufl. 1957
Tröndle-Festschr.	Festschrift für Herbert Tröndle zum 70. Geburtstag, 1989
TrZollG	Truppenzollgesetz
TrZollVO	Truppenzollverordnung
Tz.	Textziffer
u. a.	und andere; unter anderem
UHaft	Untersuchungshaft
UmwStG	Umwandlungssteuergesetz
UmwStG 1977	Gesetz über steuerliche Maßnahmen bei Änderung der Unternehmensform
UR	Zeitschrift „Umsatzsteuer-Rundschau" (ab 1985)
Urt.	Urteil
USG	Unterhaltssicherungsgesetz
USt	Umsatzsteuer
UStB	Zeitschrift „Der Umsatzsteuerberater"
USt-BinnenG	Gesetz zur Anpassung des Umsatzsteuergesetzes und anderer Rechtsvorschriften an den EG-Binnenmarkt (Umsatzsteuerbinnenmarktgesetz)
UStDV	Umsatzsteuer-Durchführungsverordnung
UStErstVO	Verordnung über die Erstattung von Umsatzsteuer an ausländische ständige diplomatische Missionen und berufskonsularische Vertretungen sowie an ihre ausländischen Mitglieder
UStG	Umsatzsteuergesetz
UStR	Umsatzsteuer-Richtlinien/Umsatzsteuer-Rundschau (Zeitschrift; jetzt: VR)
uU	unter Umständen
UWG	Gesetz gegen den unlauteren Wettbewerb
UZK	Zollkodex der Union

VA	Vermögensabgabe; Verwaltungsakt
vBpr.	vereidigter Buchprüfer
VerbVerbG	Gesetz zur Überwachung strafrechtlicher und anderer Verbringungsverbote
VerhDJT	Verhandlungen des Deutschen Juristentages
VermBDV	Verordnung zur Durchführung des Fünften Vermögensbildungsgesetzes
VermBG 5	Fünftes Vermögensbildungsgesetz
VersAG	Gesetz über die Beaufsichtigung der privaten Versicherungsunternehmungen
VersSt	Versicherungsteuer
VersStDV	Versicherungsteuer-Durchführungsverordnung
VersStG	Versicherungsteuergesetz
VerstV	Verordnung über gewerbsmäßige Versteigerungen
VersV	Versicherungsordnung
Vfg.	Verfügung
VG	Verwaltungsgericht
vGA	verdeckte Gewinnausschüttung
VGH	Verwaltungsgerichtshof
vgl.	vergleiche
VgnSt	Vergnügungsteuer
VgnStG	Vergnügungsteuergesetz
vH	vom Hundert
VO	Verordnung (nachgestellt auch … V)
Vogler/Wilkitzki	Vogler/Wilkitzki, Gesetz über die internationale Rechtshilfe in Strafsachen, 1992
Vorbem.	Vorbemerkung
VRS	Verkehrsrecht-Sammlung
VSF	Vorschriftensammlung Bundes-Finanzverwaltung
VSichG	Verkehrssicherstellungsgesetz
VSt	Vermögensteuer
VStG	Vermögensteuergesetz
VStR	Vermögensteuer-Richtlinien
VStRG	Vermögensteuerreformgesetz
vT	vom Tausend
VuB	Verbote und Beschränkungen des grenzüberschreitenden Warenverkehrs
VwGO	Verwaltungsgerichtsordnung
VwKostG	Verwaltungskostengesetz
VwVfG	Verwaltungsverfahrensgesetz
VwZG	Verwaltungszustellungsgesetz
VZ	Veranlagungszeitraum
VZollG	Vereinszollgesetz
Wabnitz/Janovsky	Wabnitz/Janovsky/*Bearbeiter,* Handbuch des Wirtschafts- und Steuerstrafrechts, 4. Aufl. 2014
WaffG	Waffengesetz
WaffV 1	Erste Verordnung zum Waffengesetz
WaffV 3	Dritte Verordnung zum Waffengesetz
Wannemacher/*Bearbeiter*	Wannemacher, Steuerstrafrecht, 6. Aufl. 2013
Wassmann 1991	Wassmann, Die Selbstanzeige im Steuerrecht, 1991
WaStrG	Bundeswasserstraßengesetz
WDO	Wehrdisziplinarordnung
WEG	Wohnungseigentumsgesetz
WehrStG	Wehrstrafgesetz
Weidner/Seydel	Weidner/Seydel, Kommentar zum Gesetz über das Branntweinmonopol, 1936
WeinG	Weingesetz
WeinÜberwV	Wein-Überwachungs-Verordnung
WeinV	Wein-Verordnung
WeinwirtG	Weinwirtschaftsgesetz

Welzel	Welzel, Das Deutsche Strafrecht, 11. Aufl. 1969
Welzel-Festschr.	Festschrift für Hans Welzel zum 70. Geburtstag, 1974
Westpfahl 1987	Westpfahl, Die strafbefreiende Selbstanzeige im Steuerrecht, München 1987
WHG	Wasserhaushaltsgesetz
WiGBl.	Gesetzblatt der Verwaltung des Vereinigten Wirtschaftsgebietes
WiKG 1	Erstes Gesetz zur Bekämpfung der Wirtschaftskriminalität
WiKG 2	Zweites Gesetz zur Bekämpfung der Wirtschaftskriminalität
WiSichG	Wirtschaftssicherstellungsgesetz
WiStG	Wirtschaftsstrafgesetz 1954
wistra	Zeitschrift für Wirtschafts- und Steuerstrafrecht
Witte/*Bearbeiter*	Witte, Zollkodex, 6. Aufl. 2013
WiVerw	Wirtschaft und Verwaltung, Vierteljahresbeilage zum Gewerbearchiv
WM	Wertpapier-Mitteilungen, Teil IV B, Rechtsprechung
WoGG	Wohngeldgesetz
WoPDV	Verordnung zur Durchführung des Wohnungsbau-Prämiengesetzes
WoPG	Wohnungsbau-Prämiengesetz
WPg	Zeitschrift „Die Wirtschaftsprüfung“
WpHG	Wertpapierhandelsgesetz
Wpr	Wirtschaftsprüfer
WprO	Wirtschaftsprüferordnung
WSt	Wechselsteuer
WT	Zeitschrift „Der Wirtschaftstreuhänder“, seit 1963 vereinigt mit der Zeitschrift „Die Wirtschaftsprüfung“
WuB	Entscheidungssammlung zum Wirtschafts- und Bankrecht
Württ	Württembergisch
ZAP	Zeitschrift für die Anwaltspraxis
zB	zum Beispiel
ZBl.	Zentralblatt für das Deutsche Reich
ZDG	Zivildienstgesetz
ZerlG	Zerlegungsgesetz
ZFA	Zollfahndungsamt
ZFdG	Zollfahndungsdienstgesetz
ZfK	Zeitschrift für Kommunalfinanzen
ZfZ	Zeitschrift für Zölle und Verbrauchsteuern
ZIP	Zeitschrift für Wirtschaftsrecht; bis 1982 „Zeitschrift für Wirtschaft und Insolvenzpraxis“
Zipf-GedS	Gedächtnisschrift für Heinz Zipf, 1999
zit.	zitiert
ZK	VO (EWG) Nr. 2913/92 des Rates zur Festlegung des Zollkodex der Gemeinschaften
ZKA	Zollkriminalamt
ZKDVO	Verordnung (EWG) Nr. 2454/93 der Kommission mit Durchführungsvorschriften zu der Verordnung (EWG) Nr. 2913/92 des Rates zur Festlegung des Zollkodex der Gemeinschaften
ZKI	Zollkriminal-Institut
ZKredW	Zeitschrift für das gesamte Kreditwesen
ZollbefrVO	Verordnung (EWG) Nr. 918/83 des Rates über das gemeinschaftliche System der Zollbefreiungen
ZollRÄndG	Zollrechtsänderungsgesetz
ZollV	Zollverordnung
ZollVG	Zollverwaltungsgesetz
ZonenRFG	Zonenrandförderungsgesetz
ZPr	Zeitschrift „Die Zollpraxis“; ab 1973 „Zoll aktuell“
ZSchwR	Zeitschrift für Schweizerisches Recht
ZSEG	Gesetz über die Entschädigung von Zeugen und Sachverständigen
ZStW	Zeitschrift für die gesamte Strafrechtswissenschaft
zT	zum Teil
Ztschr.	Zeitschrift
ZuckMeldV	Zuckermeldeverordnung

zust. .... zustimmend
zutr. .... zutreffend
zw. .... zweifelnd
ZWVO .... VO (EWG) Nr. 803/68 über den Zollwert der Waren
zz., zZ .... zurzeit, zur Zeit

Abgabenordnung

In der Fassung der Bekanntmachung vom 1. Oktober 2002
(BGBl. I S. 3866, ber. I 2003 S. 61)

Zuletzt geändert durch das Gesetz zur Anpassung der Abgabenordnung an den Zollkodex der Union und zur Änderung weiterer steuerlicher Vorschriften vom 22.12.2014 (BGBl. I S. 2417) und das Gesetz zur Entlastung insbesondere der mittelständischen Wirtschaft von Bürokratie (Bürokratieentlastungsgesetz vom 28.7.2015, BGBl. I S. 1400)

Achter Teil. Straf- und Bußgeldvorschriften, Straf- und Bußgeldverfahren

Erster Abschnitt: Strafvorschriften

§ 369 Steuerstraftaten

(1) Steuerstraftaten (Zollstraftaten) sind:

1. Taten, die nach den Steuergesetzen strafbar sind,
2. der Bannbruch,
3. die Wertzeichenfälschung und deren Vorbereitung, soweit die Tat Steuerzeichen betrifft,
4. die Begünstigung einer Person, die eine Tat nach den Nummern 1 bis 3 begangen hat.

(2) Für Steuerstraftaten gelten die allgemeinen Gesetze über das Strafrecht, soweit die Strafvorschriften der Steuergesetze nichts anderes bestimmen.

§ 370 Steuerhinterziehung

(1) Mit Freiheitsstrafe bis zu fünf Jahren oder mit Geldstrafe wird bestraft, wer

1. den Finanzbehörden oder anderen Behörden über steuerlich erhebliche Tatsachen unrichtige oder unvollständige Angaben macht,
2. die Finanzbehörden pflichtwidrig über steuerlich erhebliche Tatsachen in Unkenntnis lässt oder
3. pflichtwidrig die Verwendung von Steuerzeichen oder Steuerstemplern unterlässt

und dadurch Steuern verkürzt oder für sich oder einen anderen nicht gerechtfertigte Steuervorteile erlangt.

(2) Der Versuch ist strafbar.

(3) [1] In besonders schweren Fällen ist die Strafe Freiheitsstrafe von sechs Monaten bis zu zehn Jahren. [2] Ein besonders schwerer Fall liegt in der Regel vor, wenn der Täter

1. in großem Ausmaß Steuern verkürzt oder nicht gerechtfertigte Steuervorteile erlangt,
2. seine Befugnisse oder seine Stellung als Amtsträger missbraucht,
3. die Mithilfe eines Amtsträgers ausnutzt, der seine Befugnisse oder seine Stellung missbraucht,
4. unter Verwendung nachgemachter oder verfälschter Belege fortgesetzt Steuern verkürzt oder nicht gerechtfertigte Steuervorteile erlangt, oder
5. als Mitglied einer Bande, die sich zur fortgesetzten Begehung von Taten nach Absatz 1 verbunden hat, Umsatz- oder Verbrauchssteuern verkürzt oder nicht gerechtfertigte Umsatz- oder Verbrauchssteuervorteile erlangt.

(4) [1] Steuern sind namentlich dann verkürzt, wenn sie nicht, nicht in voller Höhe oder nicht rechtzeitig festgesetzt werden; dies gilt auch dann, wenn die Steuer vorläufig oder unter Vorbehalt der Nachprüfung festgesetzt wird oder eine Steueranmeldung einer Steuerfestsetzung unter Vorbehalt der Nachprüfung gleichsteht. [2] Steuervorteile sind auch Steuervergütungen; nicht gerechtfertigte Steuervorteile sind erlangt, soweit sie zu Unrecht ge-

währt oder belassen werden. [3]Die Voraussetzungen der Sätze 1 und 2 sind auch dann erfüllt, wenn die Steuer, auf die sich die Tat bezieht, aus anderen Gründen hätte ermäßigt oder der Steuervorteil aus anderen Gründen hätte beansprucht werden können.

(5) Die Tat kann auch hinsichtlich solcher Waren begangen werden, deren Einfuhr, Ausfuhr oder Durchfuhr verboten ist.

(6) [1]Die Absätze 1 bis 5 gelten auch dann, wenn sich die Tat auf Einfuhr- oder Ausfuhrabgaben bezieht, die von einem anderen Mitgliedstaat der Europäischen Union verwaltet werden oder die einem Mitgliedstaat der Europäischen Freihandelsassoziation oder einem mit dieser assoziierten Staat zustehen. [2]Das Gleiche gilt, wenn sich die Tat auf Umsatzsteuern oder auf die in Artikel 1 Absatz 1 der Richtlinie 2008/118/EG des Rates vom 16. Dezember 2008 über das allgemeine Verbrauchsteuersystem und zur Aufhebung der Richtlinie 92/12/EWG (ABl. L 9 vom 14.1.2009, S. 12) genannten harmonisierten Verbrauchsteuern bezieht, die von einem anderen Mitgliedstaat der Europäischen Union verwaltet werden.

(7) Die Absätze 1 bis 6 gelten unabhängig von dem Recht des Tatortes auch für Taten, die außerhalb des Geltungsbereiches dieses Gesetzes begangen werden.

§ 370a *(aufgehoben)*

§ 371 Selbstanzeige bei Steuerhinterziehung

(1) [1]Wer gegenüber der Finanzbehörde zu allen Steuerstraftaten einer Steuerart in vollem Umfang die unrichtigen Angaben berichtigt, die unvollständigen Angaben ergänzt oder die unterlassenen Angaben nachholt, wird wegen dieser Steuerstraftaten nicht nach § 370 bestraft. [2]Die Angaben müssen zu allen unverjährten Steuerstraftaten einer Steuerart, mindestens aber zu allen Steuerstraftaten einer Steuerart innerhalb der letzten zehn Kalenderjahre erfolgen.

(2) [1]Straffreiheit tritt nicht ein, wenn

1. bei einer der zur Selbstanzeige gebrachten unverjährten Steuerstraftaten vor der Berichtigung, Ergänzung oder Nachholung
   a) dem an der Tat Beteiligten, seinem Vertreter, dem Begünstigten im Sinne des § 370 Absatz 1 oder dessen Vertreter eine Prüfungsanordnung nach § 196 bekannt gegeben worden ist, beschränkt auf den sachlichen und zeitlichen Umfang der angekündigten Außenprüfung, oder
   b) dem an der Tat Beteiligten oder seinem Vertreter die Einleitung des Straf- oder Bußgeldverfahrens bekannt gegeben worden ist oder
   c) ein Amtsträger der Finanzbehörde zur steuerlichen Prüfung erschienen ist, beschränkt auf den sachlichen und zeitlichen Umfang der Außenprüfung, oder
   d) ein Amtsträger zur Ermittlung einer Steuerstraftat oder einer Steuerordnungswidrigkeit erschienen ist oder
   e) ein Amtsträger der Finanzbehörde zu einer Umsatzsteuer-Nachschau nach § 27b des Umsatzsteuergesetzes, einer Lohnsteuer-Nachschau nach § 42g des Einkommensteuergesetzes oder einer Nachschau nach anderen steuerrechtlichen Vorschriften erschienen ist und sich ausgewiesen hat oder
2. eine der Steuerstraftaten im Zeitpunkt der Berichtigung, Ergänzung oder Nachholung ganz oder zum Teil bereits entdeckt war und der Täter dies wusste oder bei verständiger Würdigung der Sachlage damit rechnen musste,
3. die nach § 370 Absatz 1 verkürzte Steuer oder der für sich oder einen anderen erlangte nicht gerechtfertigte Steuervorteil einen Betrag von 25 000 EUR je Tat übersteigt, oder
4. ein in § 370 Absatz 3 Satz 2 Nummer 2 bis 5 genannter besonders schwerer Fall vorliegt.

[2]Der Ausschluss der Straffreiheit nach Satz 1 Nummer 1 Buchstabe a und c hindert nicht die Abgabe einer Berichtigung nach Absatz 1 für die nicht unter Satz 1 Nummer 1 Buchstabe a und c fallenden Steuerstraftaten einer Steuerart.

(2a) [1]Soweit die Steuerhinterziehung durch Verletzung der Pflicht zur rechtzeitigen Abgabe einer vollständigen und richtigen Umsatzsteuervoranmeldung oder Lohnsteueranmeldung begangen worden ist, tritt Straffreiheit abweichend von den Absätzen 1 und 2 Satz 1 Nummer 3 bei Selbstanzeigen in dem Umfang ein, in dem der Täter gegenüber der zuständigen Finanzbehörde die unrichtigen Angaben berichtigt, die unvollständigen Angaben ergänzt oder die unterlassenen Angaben nachholt. [2]Absatz 2 Satz 1 Nummer 2 gilt nicht, wenn die Entdeckung der Tat darauf beruht, dass eine Umsatzsteuervoranmeldung oder Lohnsteueranmeldung nachgeholt oder berichtigt wurde. [3]Die Sätze 1 und 2 gelten nicht für Steueranmeldungen, die sich auf das Kalenderjahr beziehen. [4]Für die Vollständigkeit der Selbstanzeige hinsichtlich einer auf das Kalenderjahr bezogenen Steueranmeldung ist die Berichtigung, Ergänzung oder Nachholung der Voranmeldungen, die dem Kalenderjahr nachfolgende Zeiträume betreffen, nicht erforderlich.

(3) [1]Sind Steuerverkürzungen bereits eingetreten oder Steuervorteile erlangt, so tritt für den an der Tat Beteiligten Straffreiheit nur ein, wenn er die aus der Tat zu seinen Gunsten hinterzogenen Steuern, die Hinterziehungszinsen nach § 235 und die Zinsen nach § 233a, soweit sie auf die Hinterziehungszinsen nach § 235 Absatz 4 angerechnet werden, innerhalb der ihm bestimmten angemessenen Frist entrichtet. [2]In den Fällen des Absatzes 2a Satz 1 gilt Satz 1 mit der Maßgabe, dass die fristgerechte Entrichtung von Zinsen nach § 233a oder § 235 unerheblich ist.

(4) [1]Wird die in § 153 vorgesehene Anzeige rechtzeitig und ordnungsmäßig erstattet, so wird ein Dritter, der die in § 153 bezeichneten Erklärungen abzugeben unterlassen oder unrichtig oder unvollständig abgegeben hat, strafrechtlich nicht verfolgt, es sei denn, dass ihm oder seinem Vertreter vorher die Einleitung eines Straf- oder Bußgeldverfahrens wegen der Tat bekannt gegeben worden ist. [2]Hat der Dritte zum eigenen Vorteil gehandelt, so gilt Absatz 3 entsprechend.

§ 372 Bannbruch

(1) Bannbruch begeht, wer Gegenstände entgegen einem Verbot einführt, ausführt oder durchführt.

(2) Der Täter wird nach § 370 Abs. 1, 2 bestraft, wenn die Tat nicht in anderen Vorschriften als Zuwiderhandlung gegen ein Einfuhr-, Ausfuhr- oder Durchfuhrverbot mit Strafe oder mit Geldbuße bedroht ist.

§ 373 Gewerbsmäßiger, gewaltsamer und bandenmäßiger Schmuggel

(1) [1]Wer gewerbsmäßig Einfuhr- oder Ausfuhrabgaben hinterzieht oder gewerbsmäßig durch Zuwiderhandlungen gegen Monopolvorschriften Bannbruch begeht, wird mit Freiheitsstrafe von sechs Monaten bis zu zehn Jahren bestraft. [2]In minder schweren Fällen ist die Strafe Freiheitsstrafe bis zu fünf Jahren oder Geldstrafe.

(2) Ebenso wird bestraft, wer

1. eine Hinterziehung von Einfuhr- oder Ausfuhrabgaben oder einen Bannbruch begeht, bei denen er oder ein anderer Beteiligter eine Schusswaffe bei sich führt,
2. eine Hinterziehung von Einfuhr- oder Ausfuhrabgaben oder einen Bannbruch begeht, bei denen er oder ein anderer Beteiligter eine Waffe oder sonst ein Werkzeug oder Mittel bei sich führt, um den Widerstand eines anderen durch Gewalt oder Drohung mit Gewalt zu verhindern oder zu überwinden, oder
3. als Mitglied einer Bande, die sich zur fortgesetzten Begehung der Hinterziehung von Einfuhr- oder Ausfuhrabgaben oder des Bannbruchs verbunden hat, eine solche Tat begeht.

(3) Der Versuch ist strafbar.

(4) § 370 Abs. 6 Satz 1 und Abs. 7 gilt entsprechend.

§ 374 Steuerhehlerei

(1) Wer Erzeugnisse oder Waren, hinsichtlich deren Verbrauchsteuern oder Einfuhr- und Ausfuhrabgaben *im Sinne des Artikels 4 Nr. 10 und 11 des Zollkodexes* [***ab 1.5.2016:*** nach Artikel 5 Nummer 20 und 21 des Zollkodex der Union] hinterzogen oder Bannbruch nach § 372 Abs. 2, § 373 begangen worden ist, ankauft oder sonst sich oder einem Dritten verschafft, sie absetzt oder abzusetzen hilft, um sich oder einen Dritten zu bereichern, wird mit Freiheitsstrafe bis zu fünf Jahren oder mit Geldstrafe bestraft.

(2) [1] Handelt der Täter gewerbsmäßig oder als Mitglied einer Bande, die sich zur fortgesetzten Begehung von Straftaten nach Absatz 1 verbunden hat, so ist die Strafe Freiheitsstrafe von sechs Monaten bis zu zehn Jahren. [2] In minder schweren Fällen ist die Strafe Freiheitsstrafe bis zu fünf Jahren oder Geldstrafe.

(3) Der Versuch ist strafbar.

(4) § 370 Absatz 6 und 7 gilt entsprechend.

§ 375 Nebenfolgen

(1) Neben einer Freiheitsstrafe von mindestens einem Jahr wegen

1. Steuerhinterziehung,
2. Bannbruchs nach § 372 Abs. 2, § 373,
3. Steuerhehlerei oder
4. Begünstigung einer Person, die eine Tat nach den Nummern 1 bis 3 begangen hat,

kann das Gericht die Fähigkeit, öffentliche Ämter zu bekleiden, und die Fähigkeit, Rechte aus öffentlichen Wahlen zu erlangen, aberkennen (§ 45 Abs. 2 des Strafgesetzbuchs).

(2) [1] Ist eine Steuerhinterziehung, ein Bannbruch nach § 372 Abs. 2, § 373 oder eine Steuerhehlerei begangen worden, so können

1. die Erzeugnisse, Waren und andere Sachen, auf die sich die Hinterziehung von Verbrauchsteuer oder Einfuhr- und Ausfuhrabgaben *im Sinne des Artikels 4 Nr. 10 und 11 des Zollkodexes* [***ab 1.5.2016:*** nach Artikel 5 Nummer 20 und 21 des Zollkodex der Union], der Bannbruch oder die Steuerhehlerei bezieht, und
2. die Beförderungsmittel, die zur Tat benutzt worden sind,

eingezogen werden. [2] § 74a des Strafgesetzbuchs ist anzuwenden.

§ 376 Verfolgungsverjährung

(1) In den in § 370 Abs. 3 Satz 2 Nr. 1 bis 5 genannten Fällen besonders schwerer Steuerhinterziehung beträgt die Verjährungsfrist zehn Jahre.

(2) Die Verjährung der Verfolgung einer Steuerstraftat wird auch dadurch unterbrochen, dass dem Beschuldigten die Einleitung des Bußgeldverfahrens bekannt gegeben oder diese Bekanntgabe angeordnet wird.

Zweiter Abschnitt: Bußgeldvorschriften

§ 377 Steuerordnungswidrigkeiten

(1) Steuerordnungswidrigkeiten (Zollordnungswidrigkeiten) sind Zuwiderhandlungen, die nach den Steuergesetzen mit Geldbuße geahndet werden können.

(2) Für Steuerordnungswidrigkeiten gelten die Vorschriften des Ersten Teils des Gesetzes über Ordnungswidrigkeiten, soweit die Bußgeldvorschriften der Steuergesetze nichts anderes bestimmen.

§ 378 Leichtfertige Steuerverkürzung

(1) [1]Ordnungswidrig handelt, wer als Steuerpflichtiger oder bei Wahrnehmung der Angelegenheiten eines Steuerpflichtigen eine der in § 370 Abs. 1 bezeichneten Taten leichtfertig begeht. [2]§ 370 Abs. 4 bis 7 gilt entsprechend.

(2) Die Ordnungswidrigkeit kann mit einer Geldbuße bis zu fünfzigtausend Euro geahndet werden.

(3) [1]Eine Geldbuße wird nicht festgesetzt, soweit der Täter gegenüber der Finanzbehörde die unrichtigen Angaben berichtigt, die unvollständigen Angaben ergänzt oder die unterlassenen Angaben nachholt, bevor ihm oder seinem Vertreter die Einleitung eines Straf- oder Bußgeldverfahrens wegen der Tat bekannt gegeben worden ist. [2]Sind Steuerverkürzungen bereits eingetreten oder Steuervorteile erlangt, so wird eine Geldbuße nicht festgesetzt, wenn der Täter die aus der Tat zu seinen Gunsten verkürzten Steuern innerhalb der ihm bestimmten angemessenen Frist entrichtet. [3]§ 371 Absatz 4 gilt entsprechend.

§ 379 Steuergefährdung

(1) [1]Ordnungswidrig handelt, wer vorsätzlich oder leichtfertig

1. Belege ausstellt, die in tatsächlicher Hinsicht unrichtig sind,
2. Belege gegen Entgelt in den Verkehr bringt oder
3. nach Gesetz buchungs- oder aufzeichnungspflichtige Geschäftsvorfälle oder Betriebsvorgänge nicht oder in tatsächlicher Hinsicht unrichtig verbucht oder verbuchen lässt

und dadurch ermöglicht, Steuern zu verkürzen oder nicht gerechtfertigte Steuervorteile zu erlangen. [2]Satz 1 Nr. 1 gilt auch dann, wenn Einfuhr- und Ausfuhrabgaben verkürzt werden können, die von einem anderen Mitgliedstaat der Europäischen Union verwaltet werden oder die einem Staat zustehen, der für Waren aus der Europäischen Union auf Grund eines Assoziations- oder Präferenzabkommens eine Vorzugsbehandlung gewährt; § 370 Abs. 7 gilt entsprechend. [3]Das Gleiche gilt, wenn sich die Tat auf Umsatzsteuern bezieht, die von einem anderen Mitgliedstaat der Europäischen Union verwaltet werden.

(2) Ordnungswidrig handelt, wer vorsätzlich oder leichtfertig

1. der Mitteilungspflicht nach § 138 Abs. 2 nicht, nicht vollständig oder nicht rechtzeitig nachkommt,

1a. entgegen § 144 Absatz 1 oder Absatz 2 Satz 1, jeweils auch in Verbindung mit Absatz 5, eine Aufzeichnung nicht, nicht richtig oder nicht vollständig erstellt,

1b. einer Rechtsverordnung nach § 117c Absatz 1 oder einer vollziehbaren Anordnung auf Grund einer solchen Rechtsverordnung zuwiderhandelt, soweit die Rechtsverordnung für einen bestimmten Tatbestand auf diese Bußgeldvorschrift verweist,

2. die Pflicht zur Kontenwahrheit nach § 154 Abs. 1 verletzt.

(3) Ordnungswidrig handelt, wer vorsätzlich oder fahrlässig einer Auflage nach § 120 Abs. 2 Nr. 4 zuwiderhandelt, die einem Verwaltungsakt für Zwecke der besonderen Steueraufsicht (§§ 209 bis 217) beigefügt worden ist.

(4) Die Ordnungswidrigkeit kann mit einer Geldbuße bis zu fünftausend Euro geahndet werden, wenn die Handlung nicht nach § 378 geahndet werden kann.

§ 380 Gefährdung der Abzugsteuern

(1) Ordnungswidrig handelt, wer vorsätzlich oder leichtfertig seiner Verpflichtung, Steuerabzugsbeträge einzubehalten und abzuführen, nicht, nicht vollständig oder nicht rechtzeitig nachkommt.

(2) Die Ordnungswidrigkeit kann mit einer Geldbuße bis zu fünfundzwanzigtausend Euro geahndet werden, wenn die Handlung nicht nach § 378 geahndet werden kann.

§ 381 Verbrauchsteuergefährdung

(1) Ordnungswidrig handelt, wer vorsätzlich oder leichtfertig Vorschriften der Verbrauchsteuergesetze oder der dazu erlassenen Rechtsverordnungen

1. über die zur Vorbereitung, Sicherung oder Nachprüfung der Besteuerung auferlegten Pflichten,
2. über Verpackung und Kennzeichnung verbrauchsteuerpflichtiger Erzeugnisse oder Waren, die solche Erzeugnisse enthalten, oder über Verkehrs- oder Verwendungsbeschränkungen für solche Erzeugnisse oder Waren oder
3. über den Verbrauch unversteuerter Waren in den Freihäfen

zuwiderhandelt, soweit die Verbrauchsteuergesetze oder die dazu erlassenen Rechtsverordnungen für einen bestimmten Tatbestand auf diese Bußgeldvorschrift verweisen.

(2) Die Ordnungswidrigkeit kann mit einer Geldbuße bis zu fünftausend Euro geahndet werden, wenn die Handlung nicht nach § 378 geahndet werden kann.

§ 382 Gefährdung der Einfuhr- und Ausfuhrabgaben

(1) Ordnungswidrig handelt, wer als Pflichtiger oder bei der Wahrnehmung der Angelegenheiten eines Pflichtigen vorsätzlich oder fahrlässig Zollvorschriften, den dazu erlassenen Rechtsverordnungen oder den Verordnungen des Rates der Europäischen Union oder der Europäischen Kommission zuwiderhandelt, die

1. für die zollamtliche Erfassung des Warenverkehrs über die Grenze des Zollgebiets der Europäischen Union sowie über die Freizonengrenzen,
2. für die Überführung von Waren in ein Zollverfahren und dessen Durchführung oder für die Erlangung einer sonstigen zollrechtlichen Bestimmung von Waren,
3. für die Freizonen, den grenznahen Raum sowie die darüber hinaus der Grenzaufsicht unterworfenen Gebiete

gelten, soweit die Zollvorschriften, die dazu oder die auf Grund von Absatz 4 erlassenen Rechtsverordnungen für einen bestimmten Tatbestand auf diese Bußgeldvorschrift verweisen.

(2) Absatz 1 ist auch anzuwenden, soweit die Zollvorschriften und die dazu erlassenen Rechtsverordnungen für Verbrauchsteuern sinngemäß gelten.

(3) Die Ordnungswidrigkeit kann mit einer Geldbuße bis zu fünftausend Euro geahndet werden, wenn die Handlung nicht nach § 378 geahndet werden kann.

(4) Das Bundesministerium der Finanzen kann durch Rechtsverordnungen die Tatbestände der Verordnungen des Rates der Europäischen Union oder der Europäischen Kommission, die nach den Absätzen 1 bis 3 als Ordnungswidrigkeiten mit Geldbuße geahndet werden können, bezeichnen, soweit dies zur Durchführung dieser Rechtsvorschriften erforderlich ist und die Tatbestände Pflichten zur Gestellung, Vorführung, Lagerung oder Behandlung von Waren, zur Abgabe von Erklärungen oder Anzeigen, zur Aufnahme von Niederschriften sowie zur Ausfüllung oder Vorlage von Zolldokumenten oder zur Aufnahme von Vermerken in solchen Dokumenten betreffen.

§ 383 Unzulässiger Erwerb von Steuererstattungs- und Vergütungsansprüchen

(1) Ordnungswidrig handelt, wer entgegen § 46 Abs. 4 Satz 1 Erstattungs- oder Vergütungsansprüche erwirbt.

(2) Die Ordnungswidrigkeit kann mit einer Geldbuße bis zu fünfzigtausend Euro geahndet werden.

§ 383a Zweckwidrige Verwendung des Identifikationsmerkmals nach § 139a

(1) Ordnungswidrig handelt, wer als nicht öffentliche Stelle vorsätzlich oder leichtfertig entgegen § 139b Abs. 2 Satz 2 Nr. 1 und § 139c Abs. 2 Satz 2 die Identifikationsnummer

nach § 139b oder die Wirtschaftsidentifikationsnummer nach § 139c Abs. 3 für andere als die zugelassenen Zwecke erhebt oder verwendet, oder entgegen § 139b Abs. 2 Satz 2 Nr. 2 seine Dateien nach der Identifikationsnummer für andere als die zugelassenen Zwecke ordnet oder für den Zugriff erschließt.

(2) Die Ordnungswidrigkeit kann mit einer Geldbuße bis zu zehntausend Euro geahndet werden.

§ 384 Verfolgungsverjährung

Die Verfolgung von Steuerordnungswidrigkeiten nach den §§ 378 bis 380 verjährt in fünf Jahren.

Dritter Abschnitt: Strafverfahren

1. Unterabschnitt: Allgemeine Vorschriften

§ 385 Geltung von Verfahrensvorschriften

(1) Für das Strafverfahren wegen Steuerstraftaten gelten, soweit die folgenden Vorschriften nichts anderes bestimmen, die allgemeinen Gesetze über das Strafverfahren, namentlich die Strafprozessordnung, das Gerichtsverfassungsgesetz und das Jugendgerichtsgesetz.

(2) Die für Steuerstraftaten geltenden Vorschriften dieses Abschnitts, mit Ausnahme des § 386 Abs. 2 sowie der §§ 399 bis 401, sind bei dem Verdacht einer Straftat, die unter Vorspiegelung eines steuerlich erheblichen Sachverhalts gegenüber der Finanzbehörde oder einer anderen Behörde auf die Erlangung von Vermögensvorteilen gerichtet ist und kein Steuerstrafgesetz verletzt, entsprechend anzuwenden.

§ 386 Zuständigkeit der Finanzbehörde bei Steuerstraftaten

(1) [1] Bei dem Verdacht einer Steuerstraftat ermittelt die Finanzbehörde den Sachverhalt. [2] Finanzbehörde im Sinne dieses Abschnitts sind das Hauptzollamt, das Finanzamt, das Bundeszentralamt für Steuern und die Familienkasse.

(2) Die Finanzbehörde führt das Ermittlungsverfahren in den Grenzen des § 399 Abs. 1 und der §§ 400, 401 selbständig durch, wenn die Tat

1. ausschließlich eine Steuerstraftat darstellt oder
2. zugleich andere Strafgesetze verletzt und deren Verletzung Kirchensteuern oder andere öffentlich-rechtliche Abgaben betrifft, die an Besteuerungsgrundlagen, Steuermessbeträge oder Steuerbeträge anknüpfen.

(3) Absatz 2 gilt nicht, sobald gegen einen Beschuldigten wegen der Tat ein Haftbefehl oder ein Unterbringungsbefehl erlassen ist.

(4) [1] Die Finanzbehörde kann die Strafsache jederzeit an die Staatsanwaltschaft abgeben. [2] Die Staatsanwaltschaft kann die Strafsache jederzeit an sich ziehen. [3] In beiden Fällen kann die Staatsanwaltschaft im Einvernehmen mit der Finanzbehörde die Strafsache wieder an die Finanzbehörde abgeben.

§ 387 Sachlich zuständige Finanzbehörde

(1) Sachlich zuständig ist die Finanzbehörde, welche die betroffene Steuer verwaltet.

(2) [1] Die Zuständigkeit nach Absatz 1 kann durch Rechtsverordnung einer Finanzbehörde für den Bereich mehrerer Finanzbehörden übertragen werden, soweit dies mit Rücksicht auf die Wirtschafts- oder Verkehrsverhältnisse, den Aufbau der Verwaltungsbehörden oder andere örtliche Bedürfnisse zweckmäßig erscheint. [2] Die Rechtsverordnung erlässt, soweit die Finanzbehörde eine Landesbehörde ist, die Landesregierung, im Übrigen das Bundesministerium der Finanzen. [3] Die Rechtsverordnung des Bundesministeriums der Finanzen

bedarf nicht der Zustimmung des Bundesrates. [4]Die Landesregierung kann die Ermächtigung auf die für die Finanzverwaltung zuständige oberste Landesbehörde übertragen.

§ 388 Örtlich zuständige Finanzbehörde

(1) Örtlich zuständig ist die Finanzbehörde,

1. in deren Bezirk die Steuerstraftat begangen oder entdeckt worden ist,
2. die zur Zeit der Einleitung des Strafverfahrens für die Abgabenangelegenheiten zuständig ist oder
3. in deren Bezirk der Beschuldigte zur Zeit der Einleitung des Strafverfahrens seinen Wohnsitz hat.

(2) [1]Ändert sich der Wohnsitz des Beschuldigten nach Einleitung des Strafverfahrens, so ist auch die Finanzbehörde örtlich zuständig, in deren Bezirk der neue Wohnsitz liegt. [2]Entsprechendes gilt, wenn sich die Zuständigkeit der Finanzbehörde für die Abgabenangelegenheit ändert.

(3) Hat der Beschuldigte im räumlichen Geltungsbereich dieses Gesetzes keinen Wohnsitz, so wird die Zuständigkeit auch durch den gewöhnlichen Aufenthaltsort bestimmt.

§ 389 Zusammenhängende Strafsachen

[1]Für zusammenhängende Strafsachen, die einzeln nach § 388 zur Zuständigkeit verschiedener Finanzbehörden gehören würden, ist jede dieser Finanzbehörden zuständig. [2]§ 3 der Strafprozessordnung gilt entsprechend.

§ 390 Mehrfache Zuständigkeit

(1) Sind nach den §§ 387 bis 389 mehrere Finanzbehörden zuständig, so gebührt der Vorzug der Finanzbehörde, die wegen der Tat zuerst ein Strafverfahren eingeleitet hat.

(2) [1]Auf Ersuchen dieser Finanzbehörde hat eine andere zuständige Finanzbehörde die Strafsache zu übernehmen, wenn dies für die Ermittlungen sachdienlich erscheint. [2]In Zweifelsfällen entscheidet die Behörde, der die ersuchte Finanzbehörde untersteht.

§ 391 Zuständiges Gericht

(1) [1]Ist das Amtsgericht sachlich zuständig, so ist örtlich zuständig das Amtsgericht, in dessen Bezirk das Landgericht seinen Sitz hat. [2]Im vorbereitenden Verfahren gilt dies, unbeschadet einer weitergehenden Regelung nach § 58 Abs. 1 des Gerichtsverfassungsgesetzes, nur für die Zustimmung des Gerichts nach § 153 Abs. 1 und § 153a Abs. 1 der Strafprozessordnung.

(2) [1]Die Landesregierung kann durch Rechtsverordnung die Zuständigkeit abweichend von Absatz 1 Satz 1 regeln, soweit dies mit Rücksicht auf die Wirtschafts- oder Verkehrsverhältnisse, den Aufbau der Verwaltungsbehörden oder andere örtliche Bedürfnisse zweckmäßig erscheint. [2]Die Landesregierung kann diese Ermächtigung auf die Landesjustizverwaltung übertragen.

(3) Strafsachen wegen Steuerstraftaten sollen beim Amtsgericht einer bestimmten Abteilung zugewiesen werden.

(4) Die Absätze 1 bis 3 gelten auch, wenn das Verfahren nicht nur Steuerstraftaten zum Gegenstand hat; sie gelten jedoch nicht, wenn dieselbe Handlung eine Straftat nach dem Betäubungsmittelgesetz darstellt, und nicht für Steuerstraftaten, welche die Kraftfahrzeugsteuer betreffen.

§ 392 Verteidigung

(1) Abweichend von § 138 Abs. 1 der Strafprozessordnung können auch Steuerberater, Steuerbevollmächtigte, Wirtschaftsprüfer und vereidigte Buchprüfer zu Verteidigern gewählt werden, soweit die Finanzbehörde das Strafverfahren selbständig durchführt; im Übrigen können sie die Verteidigung nur in Gemeinschaft mit einem Rechtsanwalt oder einem Rechtslehrer an einer deutschen Hochschule im Sinne des Hochschulrahmengesetzes mit Befähigung zum Richteramt führen.

(2) § 138 Abs. 2 der Strafprozessordnung bleibt unberührt.

§ 393 Verhältnis des Strafverfahrens zum Besteuerungsverfahren

(1) [1] Die Rechte und Pflichten der Steuerpflichtigen und der Finanzbehörde im Besteuerungsverfahren und im Strafverfahren richten sich nach den für das jeweilige Verfahren geltenden Vorschriften. [2] Im Besteuerungsverfahren sind jedoch Zwangsmittel (§ 328) gegen den Steuerpflichtigen unzulässig, wenn er dadurch gezwungen würde, sich selbst wegen einer von ihm begangenen Steuerstraftat oder Steuerordnungswidrigkeit zu belasten. [3] Dies gilt stets, soweit gegen ihn wegen einer solchen Tat das Strafverfahren eingeleitet worden ist. [4] Der Steuerpflichtige ist hierüber zu belehren, soweit dazu Anlass besteht.

(2) [1] Soweit der Staatsanwaltschaft oder dem Gericht in einem Strafverfahren aus den Steuerakten Tatsachen oder Beweismittel bekannt werden, die der Steuerpflichtige der Finanzbehörde vor Einleitung des Strafverfahrens oder in Unkenntnis der Einleitung des Strafverfahrens in Erfüllung steuerrechtlicher Pflichten offenbart hat, dürfen diese Kenntnisse gegen ihn nicht für die Verfolgung einer Tat verwendet werden, die keine Steuerstraftat ist. [2] Dies gilt nicht für Straftaten, an deren Verfolgung ein zwingendes öffentliches Interesse (§ 30 Abs. 4 Nr. 5) besteht.

(3) [1] Erkenntnisse, die die Finanzbehörde oder die Staatsanwaltschaft rechtmäßig im Rahmen strafrechtlicher Ermittlungen gewonnen hat, dürfen im Besteuerungsverfahren verwendet werden. [2] Dies gilt auch für Erkenntnisse, die dem Brief-, Post- und Fernmeldegeheimnis unterliegen, soweit die Finanzbehörde diese rechtmäßig im Rahmen eigener strafrechtlicher Ermittlungen gewonnen hat oder soweit nach den Vorschriften der Strafprozessordnung Auskunft an die Finanzbehörden erteilt werden darf.

§ 394 Übergang des Eigentums

[1] Hat ein Unbekannter, der bei einer Steuerstraftat auf frischer Tat betroffen wurde, aber entkommen ist, Sachen zurückgelassen und sind diese Sachen beschlagnahmt oder sonst sichergestellt worden, weil sie eingezogen werden können, so gehen sie nach Ablauf eines Jahres in das Eigentum des Staates über, wenn der Eigentümer der Sachen unbekannt ist und die Finanzbehörde durch eine öffentliche Bekanntmachung auf den drohenden Verlust des Eigentums hingewiesen hat. [2] § 10 Abs. 2 Satz 1 des Verwaltungszustellungsgesetzes ist mit der Maßgabe anzuwenden, dass anstelle einer Benachrichtigung der Hinweis nach Satz 1 bekannt gemacht oder veröffentlicht wird. [3] Die Frist beginnt mit dem Aushang der Bekanntmachung.

§ 395 Akteneinsicht der Finanzbehörde

[1] Die Finanzbehörde ist befugt, die Akten, die dem Gericht vorliegen oder im Falle der Erhebung der Anklage vorzulegen wären, einzusehen sowie beschlagnahmte oder sonst sichergestellte Gegenstände zu besichtigen. [2] Die Akten werden der Finanzbehörde auf Antrag zur Einsichtnahme übersandt.

§ 396 Aussetzung des Verfahrens

(1) Hängt die Beurteilung der Tat als Steuerhinterziehung davon ab, ob ein Steueranspruch besteht, ob Steuern verkürzt oder ob nicht gerechtfertigte Steuervorteile erlangt

sind, so kann das Strafverfahren ausgesetzt werden, bis das Besteuerungsverfahren rechtskräftig abgeschlossen ist.

(2) Über die Aussetzung entscheidet im Ermittlungsverfahren die Staatsanwaltschaft, im Verfahren nach Erhebung der öffentlichen Klage das Gericht, das mit der Sache befasst ist.

(3) Während der Aussetzung des Verfahrens ruht die Verjährung.

2. Unterabschnitt: Ermittlungsverfahren

I. Allgemeines

§ 397 Einleitung des Strafverfahrens

(1) Das Strafverfahren ist eingeleitet, sobald die Finanzbehörde, die Polizei, die Staatsanwaltschaft, eine ihrer Ermittlungspersonen oder der Strafrichter eine Maßnahme trifft, die erkennbar darauf abzielt, gegen jemanden wegen einer Steuerstraftat strafrechtlich vorzugehen.

(2) Die Maßnahme ist unter Angabe des Zeitpunktes unverzüglich in den Akten zu vermerken.

(3) Die Einleitung des Strafverfahrens ist dem Beschuldigten spätestens mitzuteilen, wenn er dazu aufgefordert wird, Tatsachen darzulegen oder Unterlagen vorzulegen, die im Zusammenhang mit der Straftat stehen, derer er verdächtig ist.

§ 398 Einstellung wegen Geringfügigkeit

[1]Die Staatsanwaltschaft kann von der Verfolgung einer Steuerhinterziehung, bei der nur eine geringwertige Steuerverkürzung eingetreten ist oder nur geringwertige Steuervorteile erlangt sind, auch ohne Zustimmung des für die Eröffnung des Hauptverfahrens zuständigen Gerichts absehen, wenn die Schuld des Täters als gering anzusehen wäre und kein öffentliches Interesse an der Verfolgung besteht. [2]Dies gilt für das Verfahren wegen einer Steuerhehlerei nach § 374 und einer Begünstigung einer Person, die eine der in § 375 Abs. 1 Nr. 1 bis 3 genannten Taten begangen hat, entsprechend.

§ 398a Absehen von Verfolgung in besonderen Fällen

(1) In Fällen, in denen Straffreiheit nur wegen § 371 Absatz 2 Satz 1 Nummer 3 oder 4 nicht eintritt, wird von der Verfolgung einer Steuerstraftat abgesehen, wenn der an der Tat Beteiligte innerhalb einer ihm bestimmten angemessenen Frist

1. die aus der Tat zu seinen Gunsten hinterzogenen Steuern, die Hinterziehungszinsen nach § 235 und die Zinsen nach § 233a, soweit sie auf die Hinterziehungszinsen nach § 235 Absatz 4 angerechnet werden, entrichtet und
2. einen Geldbetrag in folgender Höhe zugunsten der Staatskasse zahlt:
   a) 10 Prozent der hinterzogenen Steuer, wenn der Hinterziehungsbetrag 100 000 Euro nicht übersteigt,
   b) 15 Prozent der hinterzogenen Steuer, wenn der Hinterziehungsbetrag 100 000 Euro übersteigt und 1 000 000 Euro nicht übersteigt,
   c) 20 Prozent der hinterzogenen Steuer, wenn der Hinterziehungsbetrag 1 000 000 Euro übersteigt.

(2) Die Bemessung des Hinterziehungsbetrags richtet sich nach den Grundsätzen in § 370 Absatz 4.

(3) Die Wiederaufnahme eines nach Absatz 1 abgeschlossenen Verfahrens ist zulässig, wenn die Finanzbehörde erkennt, dass die Angaben im Rahmen einer Selbstanzeige unvollständig oder unrichtig waren.

(4) [1]Der nach Absatz 1 Nummer 2 gezahlte Geldbetrag wird nicht erstattet, wenn die Rechtsfolge des Absatzes 1 nicht eintritt. [2]Das Gericht kann diesen Betrag jedoch auf eine wegen Steuerhinterziehung verhängte Geldstrafe anrechnen.

II. Verfahren der Finanzbehörde bei Steuerstraftaten

§ 399 Rechte und Pflichten der Finanzbehörde

(1) Führt die Finanzbehörde das Ermittlungsverfahren auf Grund des § 386 Abs. 2 selbständig durch, so nimmt sie die Rechte und Pflichten wahr, die der Staatsanwaltschaft im Ermittlungsverfahren zustehen.

(2) [1]Ist einer Finanzbehörde nach § 387 Abs. 2 die Zuständigkeit für den Bereich mehrerer Finanzbehörden übertragen, so bleiben das Recht und die Pflicht dieser Finanzbehörden unberührt, bei dem Verdacht einer Steuerstraftat den Sachverhalt zu erforschen und alle unaufschiebbaren Anordnungen zu treffen, um die Verdunkelung der Sache zu verhüten. [2]Sie können Beschlagnahmen, Notveräußerungen, Durchsuchungen, Untersuchungen und sonstige Maßnahmen nach den für Ermittlungspersonen der Staatsanwaltschaft geltenden Vorschriften der Strafprozessordnung anordnen.

§ 400 Antrag auf Erlass eines Strafbefehls

Bieten die Ermittlungen genügenden Anlass zur Erhebung der öffentlichen Klage, so beantragt die Finanzbehörde beim Richter den Erlass eines Strafbefehls, wenn die Strafsache zur Behandlung im Strafbefehlsverfahren geeignet erscheint; ist dies nicht der Fall, so legt die Finanzbehörde die Akten der Staatsanwaltschaft vor.

§ 401 Antrag auf Anordnung von Nebenfolgen im selbständigen Verfahren

Die Finanzbehörde kann den Antrag stellen, die Einziehung oder den Verfall selbständig anzuordnen oder eine Geldbuße gegen eine juristische Person oder eine Personenvereinigung selbständig festzusetzen (§§ 440, 442 Abs. 1, § 444 Abs. 3 der Strafprozessordnung).

III. Stellung der Finanzbehörde im Verfahren der Staatsanwaltschaft

§ 402 Allgemeine Rechte und Pflichten der Finanzbehörde

(1) Führt die Staatsanwaltschaft das Ermittlungsverfahren durch, so hat die sonst zuständige Finanzbehörde dieselben Rechte und Pflichten wie die Behörden des Polizeidienstes nach der Strafprozessordnung sowie die Befugnisse nach § 399 Abs. 2 Satz 2.

(2) Ist einer Finanzbehörde nach § 387 Abs. 2 die Zuständigkeit für den Bereich mehrerer Finanzbehörden übertragen, so gilt Absatz 1 für jede dieser Finanzbehörden.

§ 403 Beteiligung der Finanzbehörde

(1) [1]Führt die Staatsanwaltschaft oder die Polizei Ermittlungen durch, die Steuerstraftaten betreffen, so ist die sonst zuständige Finanzbehörde befugt, daran teilzunehmen. [2]Ort und Zeit der Ermittlungshandlungen sollen ihr rechtzeitig mitgeteilt werden. [3]Dem Vertreter der Finanzbehörde ist zu gestatten, Fragen an Beschuldigte, Zeugen und Sachverständige zu stellen.

(2) Absatz 1 gilt sinngemäß für solche richterlichen Verhandlungen, bei denen auch der Staatsanwaltschaft die Anwesenheit gestattet ist.

(3) Der sonst zuständigen Finanzbehörde sind die Anklageschrift und der Antrag auf Erlass eines Strafbefehls mitzuteilen.

(4) Erwägt die Staatsanwaltschaft, das Verfahren einzustellen, so hat sie die sonst zuständige Finanzbehörde zu hören.

IV. Steuer- und Zollfahndung

§ 404 Steuer- und Zollfahndung

[1]Die Zollfahndungsämter und die mit der Steuerfahndung betrauten Dienststellen der Landesfinanzbehörden sowie ihre Beamten haben im Strafverfahren wegen Steuerstraftaten dieselben Rechte und Pflichten wie die Behörden und Beamten des Polizeidienstes nach den Vorschriften der Strafprozessordnung. [2]Die in Satz 1 bezeichneten Stellen haben die Befugnisse nach § 399 Abs. 2 Satz 2 sowie die Befugnisse zur Durchsicht der Papiere des von der Durchsuchung Betroffenen (§ 110 Abs. 1 der Strafprozessordnung); ihre Beamten sind Ermittlungspersonen der Staatsanwaltschaft.

V. Entschädigung der Zeugen und der Sachverständigen

§ 405 Entschädigung der Zeugen und der Sachverständigen

[1]Werden Zeugen und Sachverständige von der Finanzbehörde zu Beweiszwecken herangezogen, so erhalten sie eine Entschädigung oder Vergütung nach dem Justizvergütungs- und -entschädigungsgesetz. [2]Dies gilt auch in den Fällen des § 404.

3. Unterabschnitt: Gerichtliches Verfahren

§ 406 Mitwirkung der Finanzbehörde im Strafbefehlsverfahren und im selbständigen Verfahren

(1) Hat die Finanzbehörde den Erlass eines Strafbefehls beantragt, so nimmt sie die Rechte und Pflichten der Staatsanwaltschaft wahr, solange nicht nach § 408 Abs. 3 Satz 2 der Strafprozessordnung Hauptverhandlung anberaumt oder Einspruch gegen den Strafbefehl erhoben wird.

(2) Hat die Finanzbehörde den Antrag gestellt, die Einziehung oder den Verfall selbständig anzuordnen oder eine Geldbuße gegen eine juristische Person oder eine Personenvereinigung selbständig festzusetzen (§ 401), so nimmt sie die Rechte und Pflichten der Staatsanwaltschaft wahr, solange nicht mündliche Verhandlung beantragt oder vom Gericht angeordnet wird.

§ 407 Beteiligung der Finanzbehörde in sonstigen Fällen

(1) [1]Das Gericht gibt der Finanzbehörde Gelegenheit, die Gesichtspunkte vorzubringen, die von ihrem Standpunkt für die Entscheidung von Bedeutung sind. [2]Dies gilt auch, wenn das Gericht erwägt, das Verfahren einzustellen. [3]Der Termin zur Hauptverhandlung und der Termin zur Vernehmung durch einen beauftragten oder ersuchten Richter (§§ 223, 233 der Strafprozessordnung) werden der Finanzbehörde mitgeteilt. [4]Ihr Vertreter erhält in der Hauptverhandlung auf Verlangen das Wort. [5]Ihm ist zu gestatten, Fragen an Angeklagte, Zeugen und Sachverständige zu richten.

(2) Das Urteil und andere das Verfahren abschließende Entscheidungen sind der Finanzbehörde mitzuteilen.

4. Unterabschnitt: Kosten des Verfahrens

§ 408 Kosten des Verfahrens

[1]Notwendige Auslagen eines Beteiligten im Sinne des § 464a Abs. 2 Nr. 2 der Strafprozessordnung sind im Strafverfahren wegen einer Steuerstraftat auch die gesetzlichen Gebühren und Auslagen eines Steuerberaters, Steuerbevollmächtigten, Wirtschaftsprüfers oder vereidigten Buchprüfers. [2]Sind Gebühren und Auslagen gesetzlich nicht geregelt, so können sie bis zur Höhe der gesetzlichen Gebühren und Auslagen eines Rechtsanwalts erstattet werden.

Vierter Abschnitt: Bußgeldverfahren

§ 409 Zuständige Verwaltungsbehörde

[1]Bei Steuerordnungswidrigkeiten ist zuständige Verwaltungsbehörde im Sinne des § 36 Abs. 1 Nr. 1 des Gesetzes über Ordnungswidrigkeiten die nach § 387 Abs. 1 sachlich zuständige Finanzbehörde. [2]§ 387 Abs. 2 gilt entsprechend.

§ 410 Ergänzende Vorschriften für das Bußgeldverfahren

(1) Für das Bußgeldverfahren gelten außer den verfahrensrechtlichen Vorschriften des Gesetzes über Ordnungswidrigkeiten entsprechend:

1. die §§ 388 bis 390 über die Zuständigkeit der Finanzbehörde,
2. § 391 über die Zuständigkeit des Gerichts,
3. § 392 über die Verteidigung,
4. § 393 über das Verhältnis des Strafverfahrens zum Besteuerungsverfahren,
5. § 396 über die Aussetzung des Verfahrens,
6. § 397 über die Einleitung des Strafverfahrens,
7. § 399 Abs. 2 über die Rechte und Pflichten der Finanzbehörde,
8. die §§ 402, 403 Abs. 1, 3 und 4 über die Stellung der Finanzbehörde im Verfahren der Staatsanwaltschaft,
9. § 404 Satz 1 und Satz 2 erster Halbsatz über die Steuer- und Zollfahndung,
10. § 405 über die Entschädigung der Zeugen und der Sachverständigen,
11. § 407 über die Beteiligung der Finanzbehörde und
12. § 408 über die Kosten des Verfahrens.

(2) Verfolgt die Finanzbehörde eine Steuerstraftat, die mit einer Steuerordnungswidrigkeit zusammenhängt (§ 42 Abs. 1 Satz 2 des Gesetzes über Ordnungswidrigkeiten), so kann sie in den Fällen des § 400 beantragen, den Strafbefehl auf die Steuerordnungswidrigkeit zu erstrecken.

§ 411 Bußgeldverfahren gegen Rechtsanwälte, Steuerberater, Steuerbevollmächtigte, Wirtschaftsprüfer oder vereidigte Buchprüfer

Bevor gegen einen Rechtsanwalt, Steuerberater, Steuerbevollmächtigten, Wirtschaftsprüfer oder vereidigten Buchprüfer wegen einer Steuerordnungswidrigkeit, die er in Ausübung seines Berufs bei der Beratung in Steuersachen begangen hat, ein Bußgeldbescheid erlassen wird, gibt die Finanzbehörde der zuständigen Berufskammer Gelegenheit, die Gesichtspunkte vorzubringen, die von ihrem Standpunkt für die Entscheidung von Bedeutung sind.

§ 412 Zustellung, Vollstreckung, Kosten

(1) [1]Für das Zustellungsverfahren gelten abweichend von § 51 Abs. 1 Satz 1 des Gesetzes über Ordnungswidrigkeiten die Vorschriften des Verwaltungszustellungsgesetzes auch dann, wenn eine Landesfinanzbehörde den Bescheid erlassen hat. [2]§ 51 Abs. 1 Satz 2 und Absatz 2 bis 5 des Gesetzes über Ordnungswidrigkeiten bleibt unberührt.

(2) [1]Für die Vollstreckung von Bescheiden der Finanzbehörden in Bußgeldverfahren gelten abweichend von § 90 Abs. 1 und 4, § 108 Abs. 2 des Gesetzes über Ordnungswidrigkeiten die Vorschriften des Sechsten Teils dieses Gesetzes. [2]Die übrigen Vorschriften des Neunten Abschnitts des Zweiten Teils des Gesetzes über Ordnungswidrigkeiten bleiben unberührt.

(3) Für die Kosten des Bußgeldverfahrens gilt § 107 Absatz 4 des Gesetzes über Ordnungswidrigkeiten auch dann, wenn eine Landesfinanzbehörde den Bußgeldbescheid erlassen hat; an Stelle des § 19 des Verwaltungskostengesetzes in der bis zum 14. August 2013 geltenden Fassung gelten § 227 und § 261 dieses Gesetzes.

Einleitung

Übersicht

Schrifttum: S. vor Rn. 19, 38, 47, 62, 70, 123.

I. Das Steuerstrafrecht im Rechtssystem

Steuerstrafrecht ist im weitesten Sinne der Sammelbegriff für alle Gesetze, die straf- oder -ordnungswidrigkeitenrechtliche Sanktionen wegen Zuwiderhandlungen gegen Steuergesetze androhen und das Straf- oder Bußgeldverfahren durch Sondervorschriften der Eigenart steuerlicher Zuwiderhandlungen anpassen. Im engeren Sinne umfasst das Steuerstrafrecht die Strafvorschriften der §§ 369–376 AO, § 26c UStG, § 23 RennwLottG sowie die Straftatbestände in den Abgabengesetzen der Länder. In jedem Falle umschreibt der doppeldeutige Begriff einen Grenzbereich, in dem das Strafrecht und das Steuerrecht ineinander übergreifen (Rn. 2). Diese Lage hat zur Folge, dass das Steuerstrafrecht – vom Mittelpunkt des Steuerrechts oder des Strafrechts aus betrachtet – jeweils am Rande des rechtswissenschaftlichen Interesses und der rechtswissenschaftlichen Erkenntnis erscheint. 1

Strafrecht und Steuerrecht sind im Steuerstrafrecht auf mehrfache Weise miteinander verknüpft: 2

1. *historisch* ist das Steuerstrafrecht aus dem Steuerrecht erwachsen und herkömmlich in Steuergesetzen geregelt, auch soweit die angedrohten Sanktionen Kriminalstrafen sind;
2. *rechtspolitisch* dient das Steuerstrafrecht der Sicherung der Steuererträge, auf deren vollständiges Aufkommen Bund, Länder und Gemeinden zur Erfüllung ihrer öffentlichen Aufgaben angewiesen sind;
3. *dogmatisch* sind die Tatbestände des Steuerstrafrechts als Blankettnormen (offene Gesetze) gestaltet, die durch das Steuerrecht ausgefüllt werden müssen;

4. *verfahrensrechtlich* sind die Ermittlung von Steuerstraftaten und die Verfolgung von Steuerordnungswidrigkeiten gem. §§ 386 ff. AO weitgehend Finanzbehörden anvertraut, die durch ihre Tätigkeit im Besteuerungsverfahren Steuerverkürzungen und andere Zuwiderhandlungen gegen Steuergesetze am ehesten entdecken und aufklären können. Andererseits erwachsen gerade aus dem Nebeneinander von Besteuerungsverfahren und Steuerstraf- oder -bußgeldverfahren besondere Abgrenzungsschwierigkeiten (vgl. dazu §§ 393, 397 AO), die in anderen Strafverfahren wegen der getrennten Kompetenzen von Verwaltungs- und Strafverfolgungsbehörden (so) nicht vorkommen.

3 **Die vielfältige Verknüpfung des Steuerstrafrechts mit dem Steuerrecht** hat Vorstellungen hervorgerufen, nach denen das Steuerstrafrecht als ein Bestandteil des Steuerrechts und das Steuerstrafverfahren als ein verlängertes Besteuerungsverfahren anzusehen sei (vgl. zB *Mattern* DStZ 1957, 97 u. ZStW 67 [1955], 365, 368, 375). Bezeichnend ist die abschwächende Meinung von *Moser,* das Steuerstrafrecht sei *auch* Strafrecht, die Steuerstrafsache *auch* Strafsache und das Steuerstrafverfahren *auch* Strafverfahren (DStR 1956, 463). Von dieser Betrachtungsweise hat sich auch die Praxis im früheren Verwaltungsstrafverfahren (Rn. 81 ff.) nicht völlig freihalten können, so dass zB bei der Einleitung oder Einstellung eines Strafverfahrens oder bei der Strafzumessung bisweilen steuerrechtsähnliche Billigkeits- oder fiskalische Zweckmäßigkeitserwägungen angestellt wurden. Nachdem das Spannungsverhältnis zwischen dem Zwang zur Strafverfolgung und dem minder schweren Unrechtsgehalt der früheren Vergehen nach den §§ 402, 406 u. 413 RAO 1931 durch deren Umwandlung in Ordnungswidrigkeiten (vgl. §§ 404–409 RAO 1968, heute §§ 378–382 AO) und das für sie geltende Opportunitätsprinzip (§ 47 OWiG) aufgelöst ist, kann kein Zweifel mehr bestehen, dass die §§ 369–376 AO trotz ihrer engen Beziehungen zum Steuerrecht dem Strafrecht angehören (so schon BFHGrS 10.2.1958, BStBl. III 198 f.). Dies ergibt sich eindeutig aus den angedrohten Strafen und den Verweisungen des § 369 II und des § 385 II AO auf die allgemeinen Gesetze über das Strafrecht und das Strafverfahren.

II. Besonderheiten der Zuwiderhandlungen gegen Steuergesetze

1. Dogmatische Besonderheiten

4 **Zuwiderhandlungen gegen Steuergesetze** sind als Vergehen iSd § 12 II StGB mit Strafe bedroht („Steuerstraftaten" iSd § 369 I AO), zT können sie als Ordnungswidrigkeiten iSd § 1 I OWiG mit Geldbuße geahndet werden („Steuerordnungswidrigkeiten" iSd § 377 I AO). Der Verbrechenstatbestand des § 370a AO ist durch Gesetz vom 21.12.2007 gestrichen worden. Seine Funktion hat teilweise die Neuregelung in § 370 III Nr. 5 AO übernommen (Rn. 561 ff. zu § 370). Mit der Einführung von Steuerordnungswidrigkeiten durch das 2. AOStrafÄndG (Rn. 89) hat der Gesetzgeber einen klaren Trennungsstrich zwischen kriminellem Unrecht und Ordnungsunrecht gezogen. Dem Ordnungsunrecht wurden diejenigen Tatbestände zugeordnet, die vorher ausschließlich mit Geldstrafe bedroht waren (§§ 402, 413 RAO) oder bei denen eine Freiheitsstrafe zwar angedroht war, aber in der Praxis nicht verhängt wurde (§ 406 RAO). Von den verbliebenen Straftatbeständen sind Steuerhinterziehung, Bannbruch und Steuerhehlerei (§§ 370, 372, 374 AO) im Regelfall mit Freiheitsstrafe bis zu 5 Jahren oder mit Geldstrafe (§§ 40–43 StGB) bedroht. Gewerbsmäßiger, gewaltsamer und bandenmäßiger Schmuggel werden seit dem 1.1.2008 mit einer Regelstrafe von sechs Monaten bis zu zehn Jahren geahndet. Für Steuerordnungswidrigkeiten erhellen die Bußgelddrohungen bis zu 50 000 EUR (§§ 378, 383 AO) bzw. bis 5 000 EUR (§§ 379–382 AO) im Vergleich zu der regelmäßigen Geldbuße bis zu 500 EUR (§ 17 OWiG), dass die Zuwiderhandlungen nach den §§ 378–383 AO im Hinblick auf die Bedeutung der Rechtsgutverletzung in den Fällen des § 378 II AO und der Rechtsgutgefährdung in den anderen Fällen zum *oberen* Bereich des Ordnungsunrechts gehören.

Nach der Beschreibung der tatbestandsmäßigen Handlung sind sämtliche Straf- und Bußgeldtatbestände der §§ 369 ff. AO **Blankettvorschriften** (zT anders MüKoStGB/*Schmitz/Wulf* AO § 370 Rn. 13 ff.). Dies gilt besonders für § 370 und § 378 AO, die an eine Steuerverkürzung anknüpfen, desgl. für § 374 AO (Steuerhehlerei), der die Steuerverkürzung eines Vortäters voraussetzt. § 379 I AO (Steuergefährdung) setzt das Ermöglichen einer Steuerverkürzung voraus. In diesen Fällen können die Tatbestandsmerkmale in der Straf- oder Bußgeldvorschrift nicht erschöpfend beschrieben werden, weil Steuerverkürzungen nur anhand aller im Einzelfall einschlägigen Vorschriften des Steuerrechts festgestellt werden können. In den Fällen des § 379 II AO, der u. a. auf § 138 II und § 154 I AO verweist, und des § 383 AO, der sich auf § 46 IV 1 AO bezieht, wäre eine Wiederholung der in Bezug genommenen Vorschriften innerhalb desselben Gesetzes unzweckmäßig. Die §§ 381 und 382 AO greifen zurück auf bestimmte Gebots- und Verbotsnormen der Verbrauchsteuer- und Zollgesetze, sofern diese ihrerseits auf § 381 oder § 382 AO verweisen. Besondere Schwierigkeiten bereiten § 372 AO in Bezug auf die Ein-, Aus- und Durchfuhrverbote, § 380 AO, der an ungenannte Vorschriften über das Steuerabzugsverfahren anknüpft, und § 379 III AO, der das Zuwiderhandeln gegen eine auf Grund § 120 II Nr. 4 AO erlassene Auflage mit Geldbuße bedroht. 5

Die Selbstanzeige nach § 371 AO bietet dem Täter einer Steuerhinterziehung (§ 370 AO) noch nach vollendeter und beendeter Tat die Möglichkeit, durch eine Berichtigungserklärung und die Nachzahlung des verkürzten Steuerbetrags Straffreiheit zu erlangen (vgl. auch § 378 III AO). 6

Die Verjährung der Verfolgung einer Steuerstraftat wird nach § 376 II AO außer durch die allgemeinen Unterbrechungshandlungen nach § 78c I Nr. 1–12 StGB auch dadurch unterbrochen, dass dem Beschuldigten die Einleitung des Bußgeldverfahrens wegen einer Steuer*ordnungswidrigkeit* bekannt gegeben oder diese Bekanntgabe angeordnet wird. Abweichend von dem bislang Üblichen sieht § 376 I AO nF seit dem 25.12.2008 vor, dass sich die Verjährungsfrist von fünf auf zehn Jahre erhöht, wenn die Tat die Voraussetzungen eines benannten Regelbeispiels nach § 370 III 2 erfüllt. 7

2. Das durch die §§ 369 ff. AO geschützte Rechtsgut

Welches Rechtsgut die Steuerhinterziehung schützt, ist umstritten. Nach Ansicht von *Isensee* (NJW 1985, 1008) stellt § 370 AO allein die Zuwiderhandlung gegen Gesetzesbefehle unter Strafe (ähnl. *Kohlmann* Grundfragen S. 19). Andere gehen von einer rein formalen Schutzfunktion aus, die die steuerlichen Offenbarungspflichten (*Schulze* DStR 1964, 416; *Ehlers* FR 1976, 505) bzw. Wahrheitspflichten gegenüber den Finanzbehörden (*Mölinger* S. 380) oder allein den formalen Bestand der Steueransprüche (*Backes* S. 149 f.) schütze. *Salditt* meint, § 370 AO schütze nicht die öffentlichen Kassen, sondern eine gleichmäßige Lastenverteilung (Tipke-FS S. 475, 477 ff.; *ders.* StraFo 1997, 65, ebenso: *Tipke,* Besteuerungsmoral und Steuermoral, 2000 S. 97). Überwiegend wird jedoch davon ausgegangen, dass der Tatbestand der Steuerhinterziehung einen Angriff auf Vermögensinteressen des steuererhebenden Staates darstellt und daher Vermögensdelikt ist (vgl. die Nachweise bei *Suhr* 1988, 12 ff.; *Hardtke* 1995, 62); dieses Modell liegt auch der Rechtsprechung des 5. Strafsenats (BGH 7.11.2001, BGHSt 47, 138 – Hinterziehung von mit dem Grundgesetz unvereinbarer Vermögensteuer) zu Grunde. Dieser Auffassung ist zuzustimmen. Den Schutz steuerlicher Mitteilungs- oder Wahrheitspflichten als Rechtsgut anzusehen, vernachlässigt den Umstand, dass die Steuerhinterziehung neben dem Verstoß gegen diese Pflichten zusätzlich eine Steuerverkürzung als Erfolg voraussetzt (*Suhr* 1988, 177). Dass ein reines Vermögensinteresse, also auch der Schutz der öffentlichen Kasse, durchaus Rechtsgutsqualität besitzt, zeigen entgegen der Auffassung von *Kohlmann* (DStJG 6, 19 f.) schon der Betrugs- und Untreuetatbestand. Die Verletzung der Mitwirkungspflichten ist also lediglich Voraussetzung des tatbestandsmäßigen Verhaltens. Abzulehnen ist auch die These *Salditts,* 8

Rechtsgut sei die gleichmäßige Lastenverteilung. Diese mag ein Leitprinzip der Besteuerung sein (Rn. 10), wird dadurch aber noch nicht zum Rechtsgut.

9 Unklar ist, ob das Steueraufkommen in der jeweiligen Steuerart oder insgesamt geschützt wird. Die hM geht davon aus, es gehe um das Steueraufkommen in der jeweiligen Steuerart (vgl. RG 16.6.1925, RGSt 59, 258; BGH 1.2.1989, BGHSt 36, 102; BGH 16.10.1981, wistra 1982, 31; BayObLG 21.4.1982, wistra 1982, 199; RK-*Rolletschke* 13, Kühn/v.Wedelstädt/*Blesinger* 2 zu § 370; *Kirchhof* NJW 1985, 2981; *Wassmann* ZfZ 1987, 165; *Krieger* 1988, 90; *Hanßen* 1984, 31; *Löffler* 1992, 115). Eine Begründung wird hierfür jedoch nicht gegeben. Offenbar dient das Bemühen, verschiedene Steuerarten isoliert zu betrachten, allein dem – zwischenzeitlich hinfälligen – Bemühen, einen Fortsetzungszusammenhang zwischen der Hinterziehung verschiedener Steuerarten zu vermeiden (vgl. *Suhr* 1988, 32; *Bachmann* 1993, 160; *Hardtke* 1995, 63; jetzt auch Kohlmann/*Ransiek* 55, HHSp-*Hellmann* 43 zu § 370). Allein *Franzen* begründete diese Auffassung mit der Überlegung, die „überaus differenzierte Verteilung von Ertragshoheit, Verwaltungshoheit und Gesetzgebungshoheit bei den verschiedenen Steuern auf Bund, Länder und Gemeinden ..." (DStR 1965, 188; 3. Aufl. Einl. Rn. 8) erfordere ein Abstellen auf die einzelnen Steuerarten. Ein Argument kann dies deshalb nicht sein, weil die Ertragshoheit auch bei den einzelnen Steuern durchaus unterschiedlich ist, also etwa dem Bund und den Ländern zu verschiedenen Teilen zusteht. Dann müsste man jedoch auf das vollständige Aufkommen jedes einzelnen Ertragsanteils abstellen (*Suhr* 1988, 29; *Hardtke* 1995, 64). Bei den Vermögensdelikten wird aus gutem Grund nicht danach differenziert, wer Geschädigter der Straftat ist. Auch bei der Steuerhinterziehung gibt es keinen Anlass, nach Steuerarten zu differenzieren. Im Übrigen war die hM insofern nicht konsequent, als sie etwa eine „Teilidentität" von Körperschaft- und Einkommensteuer annahm, wenn sie in diesem Zusammenhang einen Fortsetzungszusammenhang für möglich hielt (vgl. RG 24.8.1936, RStBl. 947; BayObLG 26.4.1982, wistra 1982, 198; *Hardtke* 1995, 65). Bei dem von § 370 AO geschützten Rechtsgut handelt es sich somit um das staatliche Interesse am vollständigen und rechtzeitigen Aufkommen der Steuern im Ganzen (*Hardtke* 1995, 66). Zu weiteren Konsequenzen siehe Rn. 26 ff. zu § 370.

10 **Das öffentliche Interesse am vollständigen und rechtzeitigen Aufkommen der Steuern ist besonders schutzwürdig,** weil Bund, Länder und Gemeinden sonst nicht in der Lage wären, die ihnen obliegenden öffentlichen Aufgaben zu erfüllen. Die Verwendung der Steuererträge steht nicht im Belieben der StGläubiger, sondern ist ihnen durch die von den Parlamenten beschlossenen Haushaltsgesetze weitgehend vorgeschrieben. Die Höhe der gesetzlich auferlegten Steuern ist einerseits vom Bedarf, andererseits von der Leistungsfähigkeit der Volkswirtschaft und des einzelnen Staatsbürgers abhängig. Aus dem Grundsatz der Steuergerechtigkeit folgt das Gebot der Gleichmäßigkeit der Besteuerung, das bei den sachbezogenen Steuerarten gleiche Steuern und bei den personenbezogenen Steuerarten gleiche Steuern von Schuldnern mit gleicher Leistungsfähigkeit zu fordern gebietet. Die Gleichmäßigkeit der Besteuerung ist nach Art. 3 I GG nicht nur ein verfassungsrechtliches Gebot an die Steuergesetzgeber (vgl. BVerfG 3.12.1958, BVerfGE 9, 3, 9; BVerfG 22.6.1995, BVerfGE 93, 121; BVerfG 9.3.2004, BVerfGE 110, 94), sondern auch ein Gebot an die Finanzverwaltung, bei der Durchführung der Steuergesetze das Interesse der rechtstreuen StSchuldner gegenüber denen zu wahren, die sich der ihnen gesetzlich zugemessenen Steuerlast auf widerrechtliche Weise zu entziehen versuchen (§ 85 AO; BVerfG 27.6.1991, BVerfGE 84, 239, 268).

11 **Das öffentliche Interesse am vollständigen und rechtzeitigen Aufkommen der einzelnen Steuern ist auch besonders schutzbedürftig.** Die Finanzbehörden müssen bei der Ermittlung der Besteuerungsgrundlagen und bei der Festsetzung der Steuern Massenarbeit leisten. Die Möglichkeiten einer durchgreifenden Kontrolle sind begrenzt. Außenprüfungen (§§ 193 ff. AO) können letztlich nur bei Großbetrieben regelmäßig durchgeführt werden, bei anderen, insbesondere bei Klein- und Kleinstbetrieben, finden Prüfungen selten statt. Bei der Unzahl der von einem Stpfl in einem mehrjährigen

Prüfungszeitraum abgewickelten Geschäftsvorfälle muss sich jede Außenprüfung auf Stichproben beschränken. Außerdem ist es zugunsten eines gesunden „Steuerklimas" geboten, nicht jedermann von vornherein mit Misstrauen entgegenzutreten. Diese Umstände sind den Stpfl durchaus bekannt und verstärken die Versuchung, es mit den steuerrechtlichen Pflichten gegenüber den anonymen StGläubigern weniger genau zu nehmen als mit privatrechtlichen Verpflichtungen, die meist auf Grund persönlicher Beziehungen durch Vertrag um einer unmittelbaren Gegenleistung willen begründet werden.

Der durch die Verletzung steuerrechtlicher Pflichten verursachte Schaden geht über das Vorstellungsvermögen der meisten Steuerzahler weit hinaus, andererseits fehlen verlässliche Zahlen (vgl. auch Wabnitz/Janovsky/*Dannecker* Kap. 1 Rn. 16: Blindschätzungen, „d. h. Spekulationen"). Das Hellfeld in Gestalt von Mehrergebnissen der Außenprüfung und der Steuerfahndung ist nur begrenzt geeignet, Erkenntnisse über das Dunkelfeld, also das wirkliche Ausmaß der Steuerhinterziehung zu gewinnen. Überdies zeigen sich dort keine signifikanten, über Inflationseffekte hinaus gehenden Veränderungen (vgl. BT-Drs. 17/14071, 19; zur Außenprüfung: Monatsbericht des BMF September 2014 S. 35). Die Mehrergebnisse der Außenprüfung ergeben sich insbesondere aus der KSt und der Prüfung von Konzernen, auf die 13,4 von 17,2 Mrd. EUR entfiel (Monatsbericht des BMF September 2014, S. 35.). Bei den Mehrergebnissen nach Außenprüfung bei Konzernen mag es sich zudem primär um zeitliche Verlagerungen handeln (vgl. *Neddermeyer* BB 1994 Beil. 10; *ders.* BB 1995, 1378). 12

Schätzungen über das Dunkelfeld und den wirklichen Umfang der Steuerhinterziehung zeigen ein buntes Bild. Dabei muss man darauf achten, dass man nicht Umsatz und Steuer gleichsetzt bzw. Gestaltungen in die Berechnungen einbezieht, die unter dem Stichwort „Harmful tax practices" politisch heftig in der Diskussion sind, aber mit Steuerhinterziehung nichts zu tun haben. Ein Bericht des Bundesrechnungshofes nach § 99 BHO v. 3.9.2003 (BT-Drs. 15/1495, 8) ging für die USt von einem Steuerschaden von über 11 Mrd. EUR pro Jahr aus (vgl. auch BT-Drs. 14/4226 Nr. 68). Das ifo Institut schätzte den Schaden für 2007 auf 14 Mrd. EUR (2005: 18,5 Mrd. EUR; BT-Drs. 16/8662, 1). Waren bisher insbes. Handys und CPUs betroffen, ist es jetzt der Handel mit Verschmutzungsrechten, der zu einem großen Teil mit kriminellen Praktiken abgewickelt wird. Der Kettenbetrug im Baugewerbe soll dazu führen, dass 500 000 Arbeitsplätze und jährlich etwa 64 Mrd. EUR Steuereinnahmen und rd. 56 Mrd. EUR Sozialversicherungsbeiträge verloren gehen (BT-Drs. 15/1495, 10). Ob diese Zahlen aus dem Jahr 2003 damals valide waren und heute vergleichbar Gültigkeit beanspruchen können, ist zweifelhaft. Auch wenn diese Beträge überhöht erscheinen mögen (vgl. auch *Thießen* Wirtschaftsdienst 2011, 194), besteht jedenfalls ein erheblicher Handlungsbedarf für Gesetzgeber, Justiz und Verwaltung. 13

Für die Europäische Union bezifferte der Brite *Richard Murphy* vom Tax Justice Network in einer Untersuchung für das Europaparlament im Jahre 2012 den Gesamtschaden auf eine Billion Euro; dies umfasst aber auch Fälle strafrechtlich nicht relevanter Steuerflucht. Für Deutschland kommt *Murphy* für 2009 auf entgangene Steuereinnahmen in Höhe von 160 Mrd. EUR, *Schneider* auf 65,5 Mrd. EUR. Darin eingerechnet sind auch betrügerische Karussellgeschäfte. Untersuchungen von *Feld* und *Schneider* (2010) gehen davon aus, dass 1,6 bis 2,8 Prozent des Bruttoinlandsproduktes auf Steuerhinterziehung entfallen. Bei einem BIP von 2,74 Billionen EUR wären dies zwischen 33 und 76,7 Mrd. EUR (siehe auch *Enste/Schneider* Wirtschaftsdienst 2006, 185; *Koch* Wirtschaftsdienst 2006, 192). 14

Geht man davon aus, dass der Schattenwirtschaft zu 40 Prozent Schwarzarbeit zugrunde liegt, geht es dort um Ausfälle bei der Umsatzsteuer von bis zu 22 Mrd. EUR, bei der Einkommensteuer von über 20 Mrd. EUR. Der Bundesrechnungshof beziffert die Schäden im Bereich der Karussellgeschäfte neuerdings auf etwa 20 Mrd. EUR. Nimmt man Einkünfte aus Kapitalvermögen hinzu, könnte es um einen Betrag von bis zu 100 Mrd. EUR gehen, wobei durch die Abzugsteuer (und niedrige Zinssätze) die Summe der hinterzogenen Beträge gesunken sein mag. Die Mehrergebnisse der Außenprüfung geben insofern 15 wenig Anhaltspunkte, da sie zwar zu Mehrsteuern führen, aber nicht gesagt ist, was beispielsweise im Rahmen der Körperschaftsteuer durch veränderte Gewinnabgrenzungen und periodische Verschiebungen an Beträgen zusammen kam. Insofern ist Anhaltspunkt allenfalls das, was in den Monatsberichten des Bundesfinanzministeriums jährlich als „Mehrergebnis" der Steuerfahndung dokumentiert ist. Die dort ermittelten Mehrsteuern von bis zu 2,2 Mrd. EUR pro Jahr bestätigen wiederum die Einschätzung, es könne um bis zu 100 Mrd. EUR gehen.

16 Außer dem unmittelbaren Schaden für die Allgemeinheit ist die **demoralisierende Wirkung** von Steuerstraftaten auf andere Stpfl zu beachten, besonders die Wirkung auf steuerehrliche Wettbewerber, die gegenüber einem steuerunehrlichen Konkurrenten entweder Wettbewerbsnachteile in Kauf nehmen oder seinem Beispiel folgen müssen (vgl. Rn. 24 sowie *Terstegen* vor Rn. 12; *Bottke* wistra 1991, 2; Wabnitz/Janovsky/*Dannecker* Kap. 1 Rn. 17). In der Tat besteht die Gefahr einer Sog- oder Spiralwirkung, wenn Bauleistungen zu Dumpingpreisen angeboten werden können, weil Werkunternehmer ihre steuerlichen oder sozialversicherungsrechtlichen Pflichten nicht erfüllen. Die demoralisierende Wirkung mag sich im Übrigen dann verstärken, wenn der die Gesetze Beachtende das Gefühl entwickeln muss, dass die unseriösen Wettbewerber keinerlei Sanktionen zu befürchten haben. Insofern dient es durchaus auch Zielen der positiven Generalprävention, wenn im Zusammenhang mit der Bekämpfung der Schwarzarbeit die zur Kontrolle eingesetzten Kräfte des Zolls deutlich aufgestockt werden (vgl. *Joecks/Randt* Rn. 120 ff.). Die Sozialpsychologie bestätigt, dass das „Klima" die Bereitschaft bestimmt, Steuerhinterziehungen zu begehen. Wer meint, „alle" täten es, wird eher das Nämliche tun, als wenn jemand meint, Steuerhinterziehungen seien eine Ausnahmeerscheinung (vgl. *Franzen* NKP 2008, 98).

17 Andererseits liegt es zum Teil im System begründet, wenn Privatpersonen auf Schwarzarbeit ausweichen. Kleinere Dienst- bzw. Handwerkerleistungen im Haushalt sind am Markt praktisch nicht erhältlich. Wer lediglich einen Baum gefällt und abtransportiert wissen will oder aber eine neue Gardinenleiste montieren lassen möchte, wird legal kaum jemanden finden, der sich für diesen geringen Arbeitsaufwand die Mühe macht, auch nur ein Angebot zu unterbreiten. Insofern ist es nachvollziehbar, wenn Private dann auf eine (bezahlte) „Nachbarschaftshilfe" ausweichen. Im Zusammenhang mit haushaltsnahen Dienstleistungen hat der Gesetzgeber zum Teil über das Haushaltsscheck-Verfahren den Weg in die Legalität erleichtert. Vergleichbares sollte auch für andere Bereiche des wirtschaftlichen Lebens erwogen werden.

18 Will man Steuerhinterziehung nicht nur mit dem stumpfen Schwert härterer Strafdrohungen und härterer Strafen bekämpfen, sind Maßnahmen nötig, mit denen einerseits die vom Bürger „gefühlte" Entdeckungswahrscheinlichkeit erhöht wird, andererseits deutlich gemacht wird, dass der Ehrliche eben nicht der Dumme, sondern der Gute ist.

3. Die kriminologische Eigenart steuerlicher Zuwiderhandlungen

Schrifttum: *Reiwald,* Die Gesellschaft und ihre Verbrecher, 1948; *Sutherland,* White-Collar-Crimes, 1949; *Terstegen,* Unlauterer Wettbewerb durch Steuerhinterziehung, 1958; *ders.,* Die sog. „Weiße-Kragen-Kriminalität", Sonderdruck des BKA 1961, 81–118; *Zirpins/Terstegen,* Wirtschaftskriminalität, 1963; *Strümpel,* Steuermoral und Steuerwiderstand der deutschen Selbständigen, 1966; *Tiedemann,* Die Bekämpfung der Wirtschaftskriminalität als Aufgabe der Gesetzgebung am Beispiel der Steuer- und Subventionsdelinquenz, GA 1974, 1; *Opp,* Soziologie der Wirtschaftskriminalität, 1975; *Tiedemann,* Wirtschaftsrecht und Wirtschaftskriminalität, Bd. 1 Allgemeiner Teil, Bd. 2 Besonderer Teil, 1976; *Heinz,* Die Bekämpfung der Wirtschaftskriminalität mit strafrechtlichen Mitteln, GA 1977, 193 u. 225; *Mönch,* Steuerkriminalität und Sanktionswahrscheinlichkeit, 1978; *Meine,* Das Strafmaß bei der Steuerhinterziehung, MschrKrim 1982, 342; *Liebl,* Das Erscheinungsbild der Steuerhinterziehung in der Wirtschaftskriminalität, wistra 1982, 15, 50; *Martin Müller,* Zolldelikte, 1983; *Otto/Weber,* Konzeption und Grundsätze des Wirtschaftsstrafrechts, Dogmatischer Teil I/II, ZStW 96 [1984] 339/376; *Heinz,* Kriminologischer Teil, ZStW 96 [1984] 455; *Bayer/Reichl,* Ein Verhaltensmodell zur Steuerhinterziehung, 1997; *Schneider,* Steuervermeidung – ein Kavaliersdelikt?, DB 1997, 485; *Müller/Wabnitz/Janovsky,* Wirtschaftskriminalität, 4. Aufl. 1997; *Kirchler/Berger,* Macht die Gelegenheit den Dieb?, in: Jahrbuch der Absatz und Verbrauchsforschung 44 (1998), 439; *Fetchenhauer,* Psychologische Ansätze zur Erklärung von

Steuerhinterziehung, Schwarzarbeit und (Sozial-) Versicherungsbetrug, in: *Lamnek* (Hrsg.), Der Sozialstaat zwischen Markt und Hedonismus, 1999, 404; *Joecks,* Steuergesetzgebung, Kapitalflucht und Gesetzesvollzug, in: Rodi (Hrsg.), Recht und Wirkung, 2002, 157; *Feld,* Rückführung von Fluchtkapital als Voraussetzung für den fiskalischen Erfolg einer Abgeltungssteuer?, in: Schick (Hrsg.), Veranlagung – Abgeltung – Steuerfreiheit, 2003, 43; *Dannecker,* Strafen und Strafzwecke im Deutschen und Österreichischen Steuerstrafrecht/Finanzstrafrecht, in Leitner (Hrsg.), Finanzstrafrecht 2007, 35; *Kirchler/Mühlbacher,* Kontrollen und Sanktionen im Steuerstrafrecht aus Sicht der Rechtspsychologie, in Leitner (Hrsg.), Finanzstrafrecht 2007, 9; *Hofmann,* Steuermoral, 2010; *Schmid,* Steuern, Wahrnehmung und Entscheidungsprozesse, 2012; *Joecks,* Strafen oder Werben?, SAM 2015, 11.

Kriminologisch sind zwei verschiedenartige Gruppen von Zuwiderhandlungen zu unterscheiden: einerseits die mit den physischen Straftaten des allgemeinen Strafrechts vergleichbaren Delikte des Schmuggels und der Schwarzbrennerei; andererseits die den sonstigen Wirtschaftsdelikten nahestehenden, oft mit ihnen zusammentreffenden intellektuellen Begehungsformen. Die Zoll- oder Monopolstraftaten der ersten Gruppe sind anschaulich und tragen unverkennbar den Stempel der Rechtswidrigkeit; denn der Schmuggler an der Grenze und der Schwarzbrenner entfalten eine körperliche Tätigkeit, die sich auf die Beförderung oder Herstellung einer Sache bezieht und wahrnehmbare Spuren hinterlässt oder handgreifliche Beweise erbringt. Ungleich schwieriger erkennbar und erheblich gefährlicher für das angegriffene Rechtsgut (Rn. 8) sind die Erscheinungsformen der intellektuellen Steuerverkürzung. 19

Nach der Art der Tatausführung sind intellektuelle Steuerzuwiderhandlungen dadurch gekennzeichnet, dass ihre Begehung keine physische Anstrengung, daher im Regelfall auch keine körperlichen Werkzeuge oder Hilfsmittel erfordert. Das strafbare Verhalten vollzieht sich hier in Formen, die die rechtswidrige Zielsetzung auch dann nicht ohne Weiteres erkennen lassen, wenn der Täter den Erfolg der Steuerverkürzung *durch positives Tun* anstrebt, zB bei Ertragsteuern durch das Vortäuschen höherer Betriebsausgaben. Selbst wenn derartige Täuschungen durch Absprachen mit Geschäftspartnern und Austausch unrichtiger Belege von langer Hand vorbereitet sind, hinterlassen sie doch wenig Spuren. Überdies erwachsen die meisten intellektuellen Steuerverfehlungen aus *Unterlassungen,* sei es, dass der Stpfl dem FA seine Existenz verheimlicht (vgl. zB OLG Frankfurt 18.10.1961, NJW 1962, 974) oder er nur bestimmte Umsätze oder Einkünfte verschweigt. In solchen Fällen erlaubt der Sachverhalt ohne umfassende Kenntnis der Verhältnisse keinen Schluss auf die objektiven oder subjektiven Voraussetzungen einer Steuerstraftat. Vergleichbar ist die Sachlage bei einem (Subventions-, Versicherungs-, Kredit-) Betrug (§§ 263–265b StGB), bei der Untreue (§ 266 StGB) und bei den Insolvenzstraftaten (§§ 283–283d StGB). Es ist ein gemeinsames Phänomen dieser Delikte, dass hier der oder die potenziellen Täter bekannt sind, aber Tat und Taterfolg ermittelt werden müssen. Die allgemeinen Vermögensdelikte gelangen meist durch Strafanzeigen zur Kenntnis der Strafverfolgungsbehörden, die dann bei ihren Ermittlungen durch sachdienliche Hinweise der Geschädigten unterstützt werden. Dagegen sind FinB und StA bei Zuwiderhandlungen gegen Steuergesetze auf sich gestellt. Auch ist der Erfolg der Steuerverkürzung nicht einfach zu ermitteln, weil hierbei auf die steuererheblichen Tatsachen – vorbehaltlich des § 370 IV 3 AO (Rn. 91 ff. zu § 370) – alle im Einzelfall einschlägigen Normen des Steuerrechts angewendet werden müssen. 20

Freilich unterscheidet sich die Steuerhinterziehung in vielen Konstellationen von den erwähnten Vermögensdelikten. Niemand ist gezwungen, seine Versicherung zu betrügen, aber die meisten Bürger sind verpflichtet, Steuererklärungen einzureichen. Während es beim Betrug klassischerweise darum geht, einen Gewinn zu erzielen, geht es in vielen Fällen der Steuerhinterziehung darum, einen Verlust zu vermeiden. Wer ohnehin eine Steuererstattung zu erwarten hat, wird selten auf die Idee kommen, weitere Ausgaben vorzutäuschen. Wer sich einer beträchtlichen Nachzahlung gegenüber sieht, wird eher dazu neigen, Einnahmen zu verschweigen oder Ausgaben vorzutäuschen. Menschen reagieren risikoavers bei erwarteten Gewinnen und risikofreudig bei erwarteten/befürchteten Verlusten (*Franzen* NKP 2008, 76). 21

22 **Der Täterkreis** ist bei Zuwiderhandlungen gegen Steuergesetze *rechtlich* begrenzt. Dies gilt zunächst für § 378 I AO, der die Amtsträger der Finanzbehörden von dem Vorwurf der leichtfertigen Steuerverkürzung ausnimmt; ebenso gilt dies für die Täterschaft bei Steuerhinterziehung durch Unterlassen (Rn. 30 zu § 370). Im Übrigen ist der Täterkreis namentlich nicht dadurch eingeschränkt, dass Täter einer Zuwiderhandlung nur sein kann, wer als Stpfl oder Vertreter eines Stpfl steuerrechtliche Pflichten im eigenen Interesse verletzt, wenn auch in Wirklichkeit die weitaus meisten Zuwiderhandlungen zum eigenen Vorteil begangen werden.

23 **Zum eigenen Vorteil** kann Steuern nur verkürzen, wer als StSchuldner in Betracht kommt und das Besteuerungsverfahren zu beeinflussen vermag. Dabei ist das Ausmaß an Gelegenheit unterschiedlich: Ist es beim Arbeitnehmer die Zahl der Fahrten bzw. die Entfernung zwischen Wohnung und Arbeitsstätte, die manipuliert wird, haben Gewerbetreibende weitaus mehr Möglichkeiten der Hinterziehung und nutzen diese auch. Innerhalb der gesamten Bevölkerung bilden die Gewerbetreibenden, die freiberuflich Tätigen sowie die Arbeitnehmer mit Kapital- oder Grundvermögen die **soziale Mittelschicht,** seltener Oberschicht (Wabnitz/Janovsky/*Dannecker* Kap. 1 Rn. 19) die typischerweise den Täterkreis im Berich der Wirtschaftskriminalität bildet (vgl. *Kaiser* Kriminologie, 3. Aufl. 1996 § 73 Rn. 5; Wabnitz/Janovsky/*Dannecker* Kap. 1 Rn. 19; Schwind 21/21). Die Täter von Zuwiderhandlungen gegen Steuergesetze können daher zu Recht als *white collar criminals* und die Zuwiderhandlungen selbst als *white collar crimes* bezeichnet werden *(Sutherland),* ohne dass damit behauptet werden soll, die Steuermoral sei in verschiedenen Schichten der Bevölkerung unterschiedlich ausgeprägt (vgl. Rn. 25).

24 Da der Umfang einer Steuerverkürzung von der wirtschaftlichen Potenz des Täters abhängt, scheint auch die Feststellung grundsätzlich berechtigt, dass viele Steuerstraftaten auf das **Motiv des übersteigerten Bereicherungsstrebens** zurückzuführen sind (vgl. Wabnitz/Janovsky/*Kummer* Kap. 18 Rn. 3). Steuerstraftaten gehören zur Wohlstandskriminalität. Die häufig zu hörende Verteidigung eines Beschuldigten, er *„habe es wegen seiner hohen Einkünfte nicht nötig“,* Steuern zu hinterziehen, ist, wie die Beobachtungen in der Praxis bestätigen, im Ansatz verfehlt; denn je höher die Einkünfte eines Stpfl sind, um so stärker ist bei progressivem Steuertarif der Anreiz zu vorsätzlicher Steuerverkürzung. Dem Verfasser bleibt als Beispiel in Erinnerung eine vermögende Altersheimbesitzerin, die beim Einkauf von Waren des täglichen Bedarfs für ihre Heime sämtliche in der Kassenzone von anderen Kunden hinterlassenen Kassenbons einsammeln und erfolgswirksam in der Buchhaltung erfassen ließ. Fälle dieser Art sind vom Schuldvorwurf erheblich ernster zu nehmen als solche, in denen etwa der Stpfl im Rahmen seiner Buchhaltung die Erfassung einzelner Einnahmen „vergisst“. Wie „verbreitet“ Steuerhinterziehung ist, zeigen auch Fälle der jüngeren Vergangenheit. Dies reicht vom Vorstandsvorsitzenden eines großen deutschen Unternehmens, der eine Stiftung in Liechtenstein unterhält, bis hin zu dem Vorsteher eines mittelgroßen Finanzamtes, der über Jahre hinweg unberechtigt eine doppelte Haushaltsführung geltend machte.

25 Andererseits zeigt uns die Sozialpsychologie, dass der Widerstand gegen Steuern dann besonders groß ist, wenn die Steuerzahlungen als Verlust wahrgenommen werden. Menschen sind risikoavers bei Gewinnen und risikofreudig bei Verlusten (vgl. *Schmid,* Steuern, Wahrnehmung und Entscheidungsprozesse, 2012, S. 81 ff.). Dies mag erklären, warum scheinbar selbstständige Unternehmer krimineller sind als Arbeitnehmer (Wabnitz/Janovsky/*Dannecker* Kap. 1 Rn. 19: „special opportunity crimes“). Bei der ersten Gruppe treffen also Risikofreude und Gelegenheit zusammen. Ängstlichere Menschen machen sich nicht selbstständig, sondern werden als nichtselbstständig Beschäftigte ihr Geld verdienen. Bei ihnen wird die Einkommensteuer schon vom Lohn abgezogen, ihr Referenzpunkt für die Frage „Verlust oder Gewinn“ ist das Nettoeinkommen. Bei den „mutigen“ Menschen, die sich selbstständig machen, ist zunächst einmal das Bruttoeinkommen Referenzpunkt, jeder Euro, den sie über die Vorauszahlung hinaus leisten müssen, ist „Verlust“ und bei Verlusten sind Menschen risikofreudiger (vgl. Rn. 32 zu § 371).

Steuerstraftaten aus Not sind hingegen Ausnahmeerscheinungen. Sie kommen als Steuerhinterziehung (§ 370 AO) vor, wenn zahlungsschwache Unternehmer die Entrichtung oder Beitreibung der vom Gewinn unabhängigen USt dadurch verzögern oder zu vermeiden trachten, dass sie die Abgabe der monatlich fälligen Voranmeldungen (§ 18 I 1, II a UStG) unterlassen, die im Vormonat erzielten Umsätze zu niedrig angeben oder das FA im Beitreibungsverfahren mit falschen Angaben hinhalten. Die Ordnungswidrigkeit der Nichtabführung einbehaltener LSt (§ 380 AO) ist kennzeichnend für notleidende Arbeitgeber, die nur noch zur Zahlung der Nettolöhne in der Lage sind und bei dem nach § 38 IV EStG vorgeschriebenen Verfahren (Kürzung der Bruttolöhne soweit, bis die LSt aus den verfügbaren Mitteln abgeführt werden kann, oder Anzeige an das FA, das dann die LSt vom Arbeitnehmer nachfordert) ihre Arbeitnehmer verlieren würden. Dagegen sind bei Anträgen auf Stundung (§ 222 AO) oder Erlass (§ 227 AO) einer Steuer falsche Angaben aus Not besonders selten, weil die geltend gemachte wirtschaftliche Bedrängnis entweder wirklich gegeben ist oder in Wahrheit gerade nicht besteht. 26

Unter einem notlageähnlichen Zwang können Steuerstraftaten begangen werden, wenn ein Stpfl bei scharfem Konkurrenzkampf in den Sog eines steuerunehrlichen Wettbewerbers gerät (Beispiele bei *Terstegen,* Unlauterer Wettbewerb, 1958, sowie in BT-Drs. III/2751 100, 107, 113, 116). Eine vergleichbare Konfliktsituation kann auch innerhalb eines Unternehmens für Angestellte bestehen, deren Chef eine Beteiligung an seinen Steuerverfehlungen verlangt oder sogar die Bereitschaft erwartet, dass ein Angestellter als Strohmann die Verantwortung übernimmt. **Steuerstraftaten aus Staatsverdrossenheit,** aus Unzufriedenheit mit der staatlichen Ausgabenpolitik oder Zweifeln an der Steuergerechtigkeit (vgl. *Strümpel* FR 1966, 339) bilden scheinbar seltene Ausnahmen, wenngleich solche moralisch indifferenten Tatmotive von Beschuldigten ähnlich oft geltend gemacht werden wie *„staatsbürgerliches Verantwortungsbewusstsein"* von Denunzianten eines Steuerhinterziehers, die ihre wirklichen Beweggründe bemänteln möchten. Andererseits scheint die Kompliziertheit des Steuerrechts tatsächlich das Klima für Steuerstraftaten zu schaffen. 27

Das soziale Unwerturteil über Zuwiderhandlungen gegen Steuergesetze steht dabei immer noch in einem krassen Missverhältnis zu der Schärfe der gesetzlichen Straf- und Bußgelddrohungen (Rn. 4) und zu dem Schaden, der durch schuldhafte Steuerverkürzungen verursacht wird (Rn. 12). Die Tatsache, dass der Steuerausfall letzten Endes von den ehrlichen und gewissenhaften Steuerzahlern getragen werden muss, wird allgemein übersehen (dazu pointiert *Schneider* DB 1997, 485). Viele Steuerzahler, die von einer erfolgreichen Steuerhinterziehung erfahren, halten „das Finanzamt", personifiziert durch die Beamten der Finanzverwaltung, oder den allmächtigen, unpersönlichen, stets zahlungsfähigen Staat für geschädigt, keinesfalls aber sich selbst als Glied der Gemeinschaft aller Staatsbürger. Das unmittelbare Verhältnis zwischen den Forderungen und den Leistungen der öffentlichen Hand wird weitgehend verkannt. Den anonymen StGläubigern wird Schadenfreude zuteil, während in Wirklichkeit eine *kollektive Selbstschädigung* (*Opp* MschrKrim 1983, 1, 8 ff.) stattfindet. Ein Mitgefühl gilt eher dem ertappten Täter, dessen äußere Erscheinung sich von der landläufigen Vorstellung von einem Verbrecher deutlich abhebt. Der Steuerhinterzieher wird deshalb in der Sprache des Volkes als *„Steuersünder"* bezeichnet und damit neben den *„Verkehrssünder"* auf die unterste Stufe der Kriminalität gestellt. Zu dieser öffentlichen Meinung hat die bis 1967/68 bestehende Gesetzeslage wesentlich beigetragen, besonders infolge der fehlenden Unterscheidung, teilweise sogar geleugneten Unterscheidbarkeit zwischen kriminellem Unrecht und Ordnungsunrecht (vgl. namentlich *Mattern* ZStW 67 [1955] 368, 375; DStZ 1957, 97 Fußn. 3) und der möglichen Ahndung vorsätzlicher Verkürzung von Steuern in Millionenhöhe durch Unterwerfungsverhandlungen unter Ausschluss der Öffentlichkeit nach § 445 RAO. 28

Das **gesellschaftliche Urteil** über den Steuerhinterzieher, das weithin identisch ist mit der Vorstellung eines *„raffinierten Geschäftsmannes"* (vgl. *Strümpel* FR 1966, 339), hat sich 29 auch nicht dadurch gewandelt, dass nach der Reform des materiellen Steuerstrafrechts durch das 2. AOStrafÄndG (Rn. 86) Steuerstraftaten von Ordnungswidrigkeiten abgehoben sind und nach der Reform des Steuerstrafverfahrens durch das AOStrafÄndG (Rn. 86) die Täter einer Steuerstraftat nur noch von den ordentlichen Gerichten abgeurteilt werden und häufiger als früher auf Freiheitsstrafen erkannt wird (vgl. *Niese* ZStW 70 [1958], 337 u. *Rudolf Müller* NJW 1960, 609). Geldstrafen werden immer noch als Bestätigung dafür aufgefasst, dass es sich bei Steuerstraftaten um „Kavaliersdelikte" handele. Die öffentliche Meinung, deren Verbrecherbild an Mördern und Dieben ausgerichtet ist, hält daran fest, *„daß die Bezahlung einer Geldstrafe, sie mag in die Millionen gehen, keine Schande bedeutet, wohl aber die Verbüßung einer kurzen Freiheitsstrafe für einen kleinen Diebstahl"* (*Reiwald* 1948, 182 f.). *Reiwald* trifft auch den psychologischen Kern der Problematik mit dem Hinweis, dass die Gesellschaft Zuwiderhandlungen gegen Steuergesetze wegen der mangelnden Anschaulichkeit der Tat und ihrer Folgen weit weniger als Aggression empfindet als handgreifliche Straftaten gegen körperliche Rechtsgüter. Diese psychologische Tatsache wird – unabhängig von der jeweiligen steuer- und strafgesetzlichen Gestaltung – stets wirksam bleiben und eine ständige gesellschaftspolitische Aufklärung erfordern.

30 *Der Gesetzgeber* leistete über Jahrzehnte einen nicht unerheblichen Beitrag zur **Verharmlosung von Zuwiderhandlungen** gegen Steuergesetze. Dies betrifft jedenfalls die Versteuerung von Einkünften aus Kapitalvermögen, bei denen aus volkswirtschaftlichen Gründen eine Abschottung von Kreditinstituten über § 30a AO erfolgt und technische Möglichkeiten eines Datenabgleichs nicht genutzt worden sind (vgl. zum ausländischen Recht *Knist* Kapitalvermögen und Steuerhinterziehung, 1996). Andererseits muss der Stpfl erhebliche strafrechtliche Konsequenzen besorgen, wenn seine Hinterziehungen bei den Einkünften aus Kapitalvermögen, sei es nun im Rahmen von Zufallsfunden, sei es im Rahmen von systematischen Ermittlungen bei Großbanken, aufgedeckt werden. Dem *ultima-ratio*-Prinzip wird solch eine Situation nicht gerecht (vgl. den Abschlussbericht der Arbeitsgruppe Steuerausfälle, StB 1994, 399, 446). Allerdings deuten sich im Hinblick auf den Gesetzesvollzug Veränderungen dadurch an, dass die Ermittlungsmöglichkeiten der Zollfahndung verstärkt, der Zoll bei der Bekämpfung der illegalen Beschäftigung stärker eingesetzt und die Nutzung der EDV in der Außenprüfung verbessert werden (vgl. *Joecks/Randt* Rn. 77 ff.). Ein solches Umdenken ist auch mehr als nötig, will man vermeiden, dass das Steuerstrafrecht mangels ordnungsgemäßen Vollzuges nicht für verfassungswidrig erklärt wird. Immerhin hat das BVerfG im Zusammenhang mit der Besteuerung der Kapitaleinkünfte und der Spekulationsgewinne (BVerfG 27.6.1991, BVerfGE 84, 239; BVerfG 9.3.2004, BVerfGE 110, 94) klargestellt, dass eine an sich dem Gleichheitssatz entsprechende Regelung dann verfassungswidrig werden kann, wenn sein Vollzug letztlich zum Zufall verkümmert. Im Steuerstrafrecht ist man von einer solchen Situation nicht mehr weit entfernt (vgl. auch *Joecks* in Rodi 2002, 157).

31 Andererseits ist eine solche „Aufrüstung" der Ermittlungsbehörden nicht unbedingt der entscheidende Schritt. Aus Sicht des Staates gibt es nämlich zwei unterschiedliche Strategien, Steuerpflichtige zur Kooperation zu bewegen: Entweder kann die Macht der staatlichen Behörden gesteigert und Kooperation somit erzwungen werden, oder man versucht, das Vertrauen der Bürger zu gewinnen, um die freiwillige Zuarbeit zu fördern (*Kirchler/Mühlbacher* in Leitner [Hrsg.], Finanzstrafrecht 2007, 9, 12; *Joecks* SAM 2015, 11). Nach den Erkenntnissen der Wirtschaftspsychologie hängt Steuerehrlichkeit zum einen von der Macht des Staates ab, zum anderen vom Vertrauen der Bürger in den Staat und die Steuerbehörden (*Kirchler/Mühlbacher* in Leitner [Hrsg.], Finanzstrafrecht 2007, S. 13). Vor allem Studien aus den USA haben gezeigt, dass Compliance regelmäßig weiterführt als Prävention im Sinne negativer Generalprävention, also Abschreckung. Dabei herrschen in der Bevölkerung ohnehin Vorstellungen, die mit der Wirklichkeit wenig zu tun haben (*Feld/Schneider,* Argumente zu Marktwirtschaft und Politik, Nr. 112, Januar 2011; *Hofmann,* Steuermoral, 2010 S. 15; unten Rn. 117 und Rn. 31 zu § 371).

4. Besonderheiten des Steuerstrafverfahrens

Die besonderen strafverfahrensrechtlichen Befugnisse der Finanzbehörden wurden 1967/68 stark beschränkt. Zunächst hatte das BVerfG mit Urt. v. 6.6.1967 (BVerfGE 22, 49 = BGBl. 1967 I 626) § 421 II und §§ 445, 447 RAO über die Strafgewalt der Finanzbehörden für nichtig erklärt (Rn. 79). Alsdann verloren die Finanzbehörden gem. Art. 1 Nr. 1 AOStrafÄndG die Befugnis, im gerichtlichen Steuerstrafverfahren die Rechte eines Nebenklägers auszuüben (§ 467 I, § 472 I RAO) oder sogar die öffentliche Klage selbst zu erheben (§ 472 II–IV RAO). Schließlich fiel mit dem In-Kraft-Treten des 2. AOStrafÄndG die Befugnis weg, ein Steuerstrafverfahren wegen Geringfügigkeit ohne Zustimmung des Gerichts einzustellen (§ 447 II RAO, Art. 6 § 4 AOStrafÄndG); vgl. jedoch § 432a RAO, eingefügt durch das EGStGB, dem heute § 398 AO entspricht. 32

Nach geltendem Recht haben die Finanzbehörden in *jedem* Strafverfahren wegen einer Steuerstraftat die **Befugnisse der Polizeibehörden und der Ermittlungspersonen** (Rn. 109) **der StA** (§ 402 I iVm § 399 II 2 AO). Unter den Voraussetzungen des § 386 II AO sind sie für das Ermittlungsverfahren mit den Rechten und Pflichten der StA ausgestattet (§ 399 I AO); darüber hinaus können sie in geeigneten Fällen unmittelbar beim Amtsgericht den Erlass eines Strafbefehls beantragen (§ 400 AO) sowie den Antrag stellen, Einziehung oder Verfall selbstständig anzuordnen oder eine Geldbuße gegen eine jur. Person oder eine Personenvereinigung selbstständig festzusetzen (§ 401 AO). *Polizeiliche* Befugnisse haben auf einem sachlich begrenzten Bereich auch Behörden oder Amtsträger anderer Verwaltungszweige, zB Forstbehörden. Ohne Parallele ist dagegen die Übertragung *staatsanwaltschaftlicher* Befugnisse auf Verwaltungsbehörden außerhalb der Justiz. Die Ausnahme zugunsten der Finanzbehörden berücksichtigt die besonderen Bedingungen, unter denen Zuwiderhandlungen gegen Steuergesetze entdeckt werden und ermittelt werden müssen (Rn. 5). Zwar hat die Einschränkung des Ermittlungsmonopols der StA Kritik hervorgerufen (*de With* DRiZ 1963, 397), jedoch hat der Gesetzgeber pragmatischen Gesichtspunkten den Vorrang vor dogmatischen Bedenken eingeräumt. Der Steuerstrafrechtspflege wäre nicht gedient, wenn die ohnehin überlastete StA auf dem schwierigen Gebiet strafbarer Zuwiderhandlungen gegen Abgabengesetze jedes Ermittlungsverfahren selbst führen müsste. Über das frühere Recht hinaus ist seit 1967 von vornherein die StA für die Ermittlungen zuständig, wenn eine Steuerstraftat mit einer anderen Straftat zusammentrifft (§ 386 II AO) oder gegen den Beschuldigten Haftbefehl erlassen ist (§ 386 III AO); ferner kann sie jede Steuer- oder Monopolstrafsache jederzeit an sich ziehen (§ 386 IV 2 AO). 33

Einzelne Sondervorschriften, die grundsätzlich in jedem Steuerstrafverfahren gelten, enthalten: 34

§ 391 AO über die *Konzentration des Gerichtsstandes* in Steuerstrafsachen bei den Amtsgerichten, in deren Bezirk das Landgericht seinen Sitz hat;

§ 392 AO über die *Verteidigung in Steuerstrafsachen* mit der Regelung, dass auch StBer, StBev, Wpr und vBpr in begrenztem Umfang die Befugnisse eines Verteidigers ausüben können;

§ 393 II AO über den verlängerten *Schutz des Steuergeheimnisses* (§ 30 AO) in Bezug auf Tatsachen oder Beweismittel, die der Stpfl der FinB vor Einleitung des Strafverfahrens (§ 397 I AO) in Erfüllung steuerrechtlicher Pflichten offenbart hat;

§ 397 und § 393 I AO über die *Abgrenzung des Steuerstrafverfahrens* vom Besteuerungsverfahren mit Rücksicht darauf, dass das Strafverfahren sich regelmäßig aus einem Besteuerungsverfahren entwickelt und die FinB für beide Verfahren zuständig ist, jedoch das Strafverfahren von anderen Grundsätzen beherrscht wird (vgl. § 136 I, § 136a I, § 163a III, IV StPO) als das Besteuerungsverfahren, in dem der Stpfl zu einer umfassenden Offenbarung seiner steuerlichen Verhältnisse und zur Mitwirkung an der Ermittlung der steuererheblichen Tatsachen verpflichtet ist;

§ 395 AO über die Befugnis der FinB, in jeder Lage des Strafverfahrens *die Akten der StA und des Gerichts* einzusehen und sichergestellte oder beschlagnahmte Sachen zu besichtigen (vgl. 49 OWiG);

§ 396 AO über die Befugnis der FinB, StA oder des Gerichts, *das Strafverfahren auszusetzen,* bis das Besteuerungsverfahren rechtskräftig abgeschlossen ist, falls die Beurteilung der Tat als Steuerhinterziehung davon abhängt, ob ein Steueranspruch besteht, ob Steuern verkürzt oder ob nicht gerechtfertigte Steuervorteile erlangt sind; diese Vorschrift entspricht im Grundsatz dem Vorbild des § 262 II StPO, der über seinen Wortlaut hinaus bei verwaltungs-, arbeits- und sozialrechtlichen Vorfragen entsprechend anzuwenden ist (*Kaiser* NJW 1963, 1190; zust. KK-StPO/*Kuckein* StPO § 262 Rn. 2 und *Meyer-Goßner/Schmitt* StPO § 262 Rn. 10);

§ 398 AO über die Befugnis der StA, *Strafverfahren* in den Fällen von Steuerhinterziehung und Steuerhehlerei sowie Begünstigung wegen Geringfügigkeit ohne Zustimmung des Gerichts *einzustellen* (vgl. § 153 I 2 StPO);

§ 403 AO über die Befugnis der FinB, *an Ermittlungen der Polizei oder der StA wegen einer Steuerstraftat teilzunehmen* und sich zu einer von der StA beabsichtigten Einstellung des Verfahrens zu äußern, sowie

§ 404 AO über die *Befugnisse der Steuer- und Zollfahndung.*

35 **Die Sondervorschriften über das gerichtliche Steuerstrafverfahren** beschränken sich auf

§ 406 AO über *die Mitwirkung der FinB im Strafbefehlsverfahren* und im selbstständigen Verfahren und

§ 407 AO über die *Beteiligung der FinB in sonstigen Fällen,* damit sie in jeder Lage des Strafverfahrens die Gesichtspunkte vorbringen kann, die von ihrem Standpunkt aus für die Entscheidung des Gerichts bedeutsam sind (vgl. § 76 OWiG).

36 **Sondervorschriften für das Verfahren wegen Zuwiderhandlungen gegen Zoll- und Verbrauchsteuergesetze** sind beseitigt bis auf:

§ 394 AO über den *Übergang des Eigentums an Sachen,* die ein unbekannter Schmuggler auf der Flucht zurückgelassen hat – eine Vorschrift, deren praktische Bedeutung zweifelhaft erscheint, und

§ 32 ZollVG über die *Nichtverfolgung* bestimmter Zollstraftaten und Zollordnungswidrigkeiten im *Reiseverkehr* (Rn. 76).

37 **Der ausgewählte Täterkreis bei Zuwiderhandlungen gegen Steuergesetze** (Rn. 22) und die mangelnde Anschaulichkeit des mit Strafe oder Geldbuße bedrohten Verhaltens bereiten der Verfolgung dieser Zuwiderhandlungen in der Praxis besondere Schwierigkeiten. Wer Steuergesetzen zuwiderhandelt, genießt in der Gesellschaft oft hohes Ansehen und verfügt über einflussreiche Beziehungen, die nicht selten zu dem Zweck eingesetzt werden, ein drohendes Strafverfahren von vornherein zu unterbinden. Hauptverhandlungen wegen Steuerstraftaten haben namentlich um des Prestiges willen, das der Angeklagte zu verteidigen hat, die Tendenz, sich zu Monsterprozessen auszuwachsen. Zu Recht bemerkt *Sarstedt,* dass sich unser Strafverfahren zur Aburteilung von Intelligenzverbrechen schlecht eigne; denn *„wo etwa eine umfangreiche Buchführung die Grundlage des Beweises ist, türmt der starre Mündlichkeitsgrundsatz oft schier unüberwindliche Hindernisse auf"* (DRiZ 1960, 260). Strafprozessuale Erleichterungen (etwa das Selbstleseverfahren nach § 249 II StPO) haben hier nicht entscheidend helfen können. Die Praxis namentlich der Landgerichte reagiert auf die Schwierigkeiten durch einen „Handel" mit Gerechtigkeit (§ 404 Rn. 151 ff.).

III. Die geschichtliche Entwicklung des Steuerstrafrechts

1. Rechtszustand vor 1919

Schrifttum: *Ernst Löbe,* Das deutsche Zollstrafrecht, 1./4. Aufl. 1881/1912; *Bonnenberg,* Das Strafverfahren in Zoll- und Steuersachen, 1./2. Aufl. 1899/1902.

38 **a) Materielles Steuerstrafrecht. Bis zur ersten allgemeinen Kodifikation in der RAO 1919** (Rn. 47) war das Steuerstrafrecht – bei aller Verschiedenheit im Einzelnen – in

der Weise geregelt, dass jedem Steuergesetz ein Abschnitt über Straftatbestände und Verfahrensvorschriften angegliedert war. Materiell wurde namentlich zwischen *„absichtlichen"* oder *„wissentlichen"* Steuerverkürzungen (*„Hinterziehung"*, in Württemberg: *„Steuergefährdung"*) und anderen Zuwiderhandlungen (*„Kontrollvergehen"*) unterschieden, vgl. zB den V. Abschnitt des Sächs. Gewerbe- und PersonalStG v. 24.12.1845 (GVBl. 311): *„Von Hinterziehungen und Ordnungswidrigkeiten"*, der in § 69 eine bemerkenswerte Begriffsbestimmung der Steuerhinterziehung enthielt (Rn. 1 zu § 370 AO), in § 70 Geldstrafe in Höhe des 4-fachen Betrages der hinterzogenen Steuer oder – wenn dieser Betrag mit Bestimmtheit nicht zu ermitteln war – nach richterlichem Ermessen 1 bis 50 Thaler androhte. Andere Zuwiderhandlungen waren gem. § 71 nach richterlichem Ermessen mit Ordnungsstrafe von 1 bis 20 Thalern zu ahnden. Die wegen Hinterziehung verwirkte Strafe war *„bei eintretendem Unvermögen in verhältnismäßige Gefängnisstrafe zu verwandeln"*, die Ordnungsstrafe nicht. Nach Art. 25 BayEStG v. 31.5.1856 (GVBl. 49) unterlag, wer eine unrichtige Erklärung seiner Einkünfte abgegeben hatte, einer Geldstrafe, welche dem 3-fachen Betrag der verkürzten Steuer gleichkam. Später wurde die in einem festen Verhältnis zum verkürzten Steuerbetrag stehende Geldstrafe meist durch einen Strafrahmen abgelöst, jedoch blieben die Ausmaße solcher Rahmen jeweils durch ein Vielfaches der verkürzten Steuer begrenzt, zB betrug die Geldstrafe bei Hinterziehung gem. § 63 SächsEStG v. 22.12.1874 (GVBl. 471) *„je nach dem Grad der dabei an den Tag gelegten Böswilligkeit"* das 4- bis 10-fache, desgl. gem. § 66 I PreußEStG v. 24.6.1891 (GS 175), gem. Art. 70 I WürttEStG v. 8.8.1903 (RegBl. 261) das 7- bis 10-fache, gem. § 43 PreußErgänzungsStG v. 14.7.1893 (GS 134) sogar das 10- bis 25-fache des hinterzogenen Steuerbetrages. Dieses **Multiplarstrafensystem** überdauerte in Teilbereichen des Steuerstrafrechts noch die RAO 1919 und wurde im Zollstrafrecht erst durch Gesetz v. 4.7.1939 (RGBl. I 1181) vollends beseitigt (Rn. 67). Freiheitsstrafen waren wegen Steuervergehen in keinem Falle angedroht. Vereinzelt war sogar die Umwandlung nicht beitreibbarer Geldstrafen in Ersatzfreiheitsstrafe ausgeschlossen, zB nach § 64 OldenbStempelStG v. 12.5.1906 (GBl. 793) sowie nach § 76 S. 2 SächsEStG v. 24.7.1900 (GVBl. 562) dann, wenn die Geldstrafe nicht wegen Hinterziehung verhängt worden war. Die drakonisch anmutende Höhe der angedrohten Geldstrafen mag eine hinreichend abschreckende Wirkung entfaltet haben.

Das materielle Zollstrafrecht wurde auf Grund Art. 3 des Staatsvertrages zwischen 39
dem Nordd. Bund, Bayern, Württemberg, Baden und Hessen, die Fortdauer des Zoll- und Handelsvereins betr. v. 8.7.1867 (BGBl. 81) gem. §§ 134 ff. VZollG v. 1.7.1869 (BGBl. 317) einheitlich geregelt und als allgemeines Recht für das gesamte Gebiet des späteren Deutschen Reiches in Kraft gesetzt. Die hauptsächlichen Straftatbestände waren *„Kontrebande"* (= Bannbruch), die gem. § 134 VZollG mit *„Konfiskation"* (= Einziehung) der Bannware und mit Geldstrafe im doppelten Betrag des Warenwertes bedroht war, sowie *„Defraudation"* (= Hinterziehung der Eingangsabgaben), die gem. § 135 VZollG mit Konfiskation der Schmuggelware und mit Geldstrafe in Höhe des 4-fachen Betrages der vorenthaltenen Abgaben bedroht war. Die Geldstrafen wurden gem. § 140 VZollG beim ersten Rückfall verdoppelt; jeder weitere Rückfall zog gem. § 141 VZollG regelmäßig eine Freiheitsstrafe nach sich, die nach der verwirkten Geldstrafe zu bemessen war, jedoch 2 Jahre nicht überschreiten durfte. Die Tathandlungen der Kontrebande und Defraudation waren nach § 136 VZollG in allen Variationen definiert. § 137 I VZollG bestimmte, dass die angedrohten Strafen bereits durch den Nachweis der *objektiven* Tatbestandsmerkmale verwirkt waren; die Schuld wurde kraft Gesetzes *vermutet*. Konnte der Beschuldigte nachweisen, *„daß er eine Kontrebande oder Defraudation nicht habe verüben können oder eine solche nicht beabsichtigt gewesen sei"*, trat nach § 137 II iVm § 152 VZollG an die Stelle der Strafdrohungen eine Ordnungsstrafe bis zu 50 Thalern. Andererseits bestimmten die §§ 144, 145 VZollG Strafschärfungen bei erschwerenden Umständen der Tat, zB Verbergen der Schmuggelware in geheimen Behältnissen oder Verletzen eines amtlichen Warenverschlusses; ferner regelten § 146 VZollG den Bandenschmuggel, § 147 VZollG den Schmuggel *„unter dem Schutz einer Versicherung"* und § 148 VZollG den bewaffneten Schmuggel.

Subsidiär war nach § 152 VZollG *jede* Übertretung einer Vorschrift des VZollG oder der öffentlich bekannt gemachten Verwaltungsvorschriften mit Ordnungsstrafe bis zu 50 Thalern bedroht, desgl. nach § 160 VZollG das Anbieten von Geschenken oder anderen Vorteilen, sofern nicht Bestechung vorlag, sowie nach § 161 VZollG die Widersetzlichkeit gegen Zollbeamte, sofern damit keine Beleidigung oder tätlicher Widerstand verbunden war. Wegen des Strafverfahrens in Zollsachen verwies § 165 VZollG auf die Landesgesetze.

40 **b) Steuerstrafverfahren.** Die Vielfalt der Straftatbestände wurde bis zum In-Kraft-Treten der StPO v. 1.2.1877 am 1.10.1879 (Rn. 46) noch übertroffen durch die verschiedenartigen Gestaltungen des Verfahrensrechts, die in den einzelnen Ländern teils gesondert, teils gleichmäßig für Zuwiderhandlungen gegen Zoll- und Verbrauchsteuergesetze und für Zuwiderhandlungen gegen Besitz- und Verkehrsteuergesetze galten:

41 In **Preußen** war die Ahndung von Steuerdelikten durch Finanzbehörden bereits nach § 45 der VO wegen verbesserter Einrichtung der Provinzialpolizei und Finanzbehörden v. 26.12.1808 (GS 464) vorgesehen. Gem. § 155 der Zoll- und Verbrauchsteuer-Ordnung v. 26.5.1818 (GS 102) wurde ein besonderes Steuerstrafverfahren eingeführt, dem eine besondere Regelung des Verfahrens bei Zollvergehen in dem Gesetz wegen Untersuchung und Bestrafung der Zollvergehen v. 23.1.1838 (GS 78) folgte. Danach war die Strafkompetenz der Zollbehörden auf Geldstrafen beschränkt und dem Beschuldigten das Recht eingeräumt, jederzeit *„auf rechtliches Gehör anzutragen"* und damit die Zuständigkeit der Gerichte herbeizuführen. Dieses Gesetz wurde erst durch das Gesetz betr. das Verwaltungsstrafverfahren wegen Zuwiderhandlungen gegen die Zollgesetze und die sonstigen Vorschriften über indirekte Reichs- und Landesabgaben v. 26.7.1897 (GS 237) abgelöst. Danach waren die Zollbehörden in jedem Falle für die *„vorläufige Feststellung des Sachverhalts im Verwaltungswege zuständig"*. Bei Zuwiderhandlungen, die nur mit Geldstrafe oder Einziehung bedroht waren, oblag ihnen auch die Entscheidung, falls nicht zugleich andere Strafgesetze verletzt waren oder der Beschuldigte wegen der Zuwiderhandlung festgenommen und dem Richter vorgeführt worden war. Innerhalb der Verwaltung war die Entscheidungskompetenz je nach der Strafdrohung zwischen den Hauptzoll- und Hauptsteuerämtern und der Provinzialsteuerbehörde aufgeteilt. Nach § 20 konnte der Beschuldigte, wenn er *„die Zuwiderhandlung und deren Thatbestand an Amtsstelle vorbehaltlos einräumte"*, sich der Strafe *„unter Verzicht auf Erlaß eines Strafbescheids sofort unterwerfen"*, jedoch konnte die Unterwerfung bis zur Genehmigung durch die zuständige Verwaltungsbehörde widerrufen werden. Fand eine Unterwerfung nicht statt oder wurde sie nicht genehmigt, musste die Behörde die Verhandlungen nach Abschluss der Untersuchung an die StA abgeben oder einen Strafbescheid erlassen, gegen den der Beschuldigte entweder Beschwerde ergreifen oder auf gerichtliche Entscheidung antragen konnte. Auf das Preuß. Gesetz von 1897 verwiesen zahlreiche spätere Reichsgesetze, zB § 27 SchaumwStG v. 9.5.1902 (RGBl. 155), § 53 BrauStG v. 7.6.1906 (RGBl. 675), § 32 LeuchtmStG v. 15.7.1909 (RGBl. 880), § 24 WechselstempelStG v. 15.7.1909 (RGBl. 825), § 54 ZuwachsStG v. 14.2.1911 (RGBl. 33), § 39 WeinStG v. 26.7.1918 (RGBl. 831), § 42 ZündwStG v. 10.9.1919 (RGBl. 1629), § 31 SpielkStG v. 10.9.1919 (RGBl. 1643), § 79 TabStG v. 12.9.1919 (RGBl. 1667). Das ZuwachsStG ermächtigte die Landesregierungen zu bestimmen, dass an die Stelle der HZÄ und Zolldirektivbehörden andere Staatsbehörden traten; im Übrigen blieb in Besitz- und Verkehrsteuersachen die Regelung des Strafverfahrens den einzelnen Steuergesetzen vorbehalten. Nach § 70 II PreußEStG v. 24.6.1891 (GS 175) stand die Untersuchung und Entscheidung dem Gericht zu, *„wenn nicht der Beschuldigte die von der Regierung vorläufig festgesetzte Geldstrafe binnen einer ihm bekannt gemachten Frist freiwillig zahlte"*; für das Amtsdelikt der Verletzung des Steuergeheimnisses nach § 69 fand nach § 70 VI nur das gerichtliche Strafverfahren statt.

42 In **Württemberg** hatten die §§ 98, 99 des Verwaltungsediktes für die Gemeinden, Oberämter und Stiftungen v. 1.3.1822 (RegBl. 131) den allgemeinen Verwaltungsbehör-

den eine Strafgewalt in allgemeinen und in Steuerstrafsachen verliehen, die auch kleinere Freiheitsstrafen umfasste. Mit Art. 34 des Zoll-Strafgesetzes v. 15.5.1838 (RegBl. 291) wurde die Möglichkeit einer freiwilligen Unterwerfung unter eine vom HZA festgesetzte Geldstrafe oder Konfiskation eingeführt. Das Gesetz betr. das Verfahren der Verwaltungsbehörden bei Zuwiderhandlungen gegen Zoll- und Steuergesetze v. 25.8.1879 (RegBl. 259) beseitigte die Befugnis der Verwaltungsbehörden, Freiheitsstrafen zu verhängen, und übertrug die Untersuchung und Ahndung der leichteren Zoll- und Steuerdelikte den Zoll- und Steuerbehörden. Nach Art. 11 wurden die Strafbescheide, wenn die Strafe und der Wert der einzuziehenden Sachen zusammen 300 Mark nicht überstiegen, von den Hauptzoll- oder Hauptsteuerämtern, sonst von der vorgesetzten Direktivbehörde erlassen; für Beschwerden gegen Strafbescheide der Hauptämter war die Direktivbehörde, sonst das Finanzministerium zuständig. Ein Unterwerfungsverfahren war nicht vorgesehen.

In **Baden** umfasste die Strafkompetenz der Behörden nach Art. 1 des Gesetzes, das 43
Verfahren in Steuerstrafsachen betr., v. 22.6.1837 (RegBl. 131) festbestimmte Geldstrafen und solche bis zum Betrag von 25 fl., jedoch konnte der Beschuldigte nach Art. 4 jederzeit *„die Untersuchung und Aburteilung in gerichtlichem Wege"* verlangen. Nach Art. 31–35 der in Vollzug des Gesetzes von 1837 erlassenen VO, das Verfahren in Steuer- und Zollstrafsachen betr., v. 22.9.1864 (RegBl. 669) fand ein *„Unterwerfungsverfahren"* statt, *„wenn der Beschuldigte sich dem Ausspruche der Finanzbehörde unter Verzichtleistung auf gerichtliche Verhandlung und Entscheidung, sowie unter Verzichtleistung auf den Rekurs zum Recht unterwerfen zu wollen erklärte"*. Unterwarf der Beschuldigte sich nicht, war nicht etwa ein Strafbescheid zu erteilen, sondern nach Art. 37 die gerichtliche Verfolgung einzuleiten. Gem. §§ 136–143 des Gesetzes zur Einführung der Reichsjustizgesetze v. 3.3.1879 (GVBl. 91) wurde das Verfahren an die StPO angeglichen.

In **Sachsen** gehörte die Untersuchung und Bestrafung der „Hinterziehungen und Ord- 44
nungswidrigkeiten" gem. § 74 Gewerbe- und PersonalStG v. 24.12.1845 (GVBl. 311) in erster Instanz *„vor die ordentliche Obrigkeit des Angeschuldigten"*, dh vor die für ihn zuständige Steuerbehörde, in zweiter und letzter Instanz vor das Finanzministerium. Nach der Neuregelung gem. § 65 EStG v. 22.12.1874 (GVBl. 471) war bei Hinterziehungen gem. Art. 44 I Nr. 4 SächsStPO v. 11.8.1855 (GVBl. 322) stets der Einzelrichter zuständig, dagegen bei Ordnungswidrigkeiten gem. § 69 EStG 1874 iVm dem Gesetz über das Verfahren in Verwaltungsstrafsachen v. 22.4.1873 (GVBl. 291) die Einschätzungskommission. Diese konnte – wie andere Verwaltungsbehörden – gem. §§ 4, 5 des Gesetzes von 1873 durch *„vorläufige Strafverfügung"* Geldstrafen und Haftstrafen bis zu 6 Wochen verhängen. Eine Beschwerde an die vorgesetzte Behörde war nicht gegeben; vielmehr galt nach § 6 III *„jede Äußerung eines Angeschuldigten, durch welche er zu erkennen gab, daß er sich bei der Strafverfügung nicht beruhigen wolle"*, als Antrag auf gerichtliche Entscheidung. Die Aufteilung der Kompetenzen zwischen Justiz und Finanzverwaltung nach dem Unrechtsgehalt der Zuwiderhandlungen stellt ein bemerkenswertes, in der Zwischenzeit vergessenes Vorbild der heutigen, durch die Änderungsgesetze von 1967/68 (Rn. 86) eingeführten Regelung dar; sie wurde jedoch seinerzeit im Hinblick auf die StPO v. 1.2.1877 (Rn. 46) bereits durch § 74 EStG v. 2.7.1878 (GVBl. 129) dahin geändert, dass den Steuerbehörden – wie in anderen Ländern – die Befugnis eingeräumt wurde, auch wegen Steuerhinterziehung Strafbescheide zu erlassen; vgl. auch § 10 des Gesetzes über das Verfahren in Verwaltungsstrafsachen v. 8.3.1879 (GVBl. 87).

In **Bayern** wurden die Strafanträge nach Art. 26 EStG v. 31.5.1856 (GBl. 49) vom StA 45
gestellt und begründet, jedoch die Strafe vom Steuerausschuss gefällt und vom Rentamt vollzogen. Gegen den Strafbeschluss des Steuerausschusses stand dem Beschuldigten und dem StA nach Art. 27 das Recht der Reklamation zu, die nach Art. 28 – wie bei Reklamationen gegen eine Steuerberechnung – von dem erweiterten Steuerausschuss endgültig beschieden wurde; eine Anrufung der Gerichte war nicht vorgesehen. Auf Grund Art. 70 I EStG v. 19.5.1881 (GVBl. 441) richteten sich die Zuständigkeit und das Verfahren

nach dem GVG und der StPO, jedoch war daneben für alle Zuwiderhandlungen gegen Zoll- und Steuergesetze nach Art. 86 ff. des Gesetzes zur Ausführung der Reichs-StPO v. 18.8.1879 (GVBl. 781) ein Verwaltungsstrafverfahren eingerichtet. Nach Art. 89 konnten Zollstrafsachen durch einen Strafbescheid der Zollbehörde erledigt werden, gegen den der Beschuldigte gerichtliche Entscheidung beantragen konnte; eine Beschwerde an die höhere Verwaltungsbehörde war ausgeschlossen. In Steuerstrafsachen stand nach Art. 98 die Untersuchung dem Rentamt und die Bestrafung dem Steuerausschuss zu. Gegen den Strafbeschluss konnte der Beschuldigte nach Art. 99 I wahlweise gerichtliche Entscheidung beantragen oder *„nach Maßgabe der Steuergesetze reclamiren"*. Ein Unterwerfungsverfahren war nicht vorgesehen.

46 **Die im gesamten Reichsgebiet am 1.10.1879 in Kraft getretene StPO v. 1.2.1877** (RGBl. 253) hatte in einem besonderen Abschnitt über das *„Verfahren bei Zuwiderhandlungen gegen die Vorschriften über die Erhebung öffentlicher Abgaben und Gefälle"* (§§ 459–469 StPO) Rahmenvorschriften gesetzt, die zwar den Fortbestand der landesgesetzlichen Vorschriften über das Verwaltungsstrafverfahren erlaubten, sie aber bestimmten Beschränkungen unterwarf. Nach § 459 I StPO durfte durch Strafbescheid einer Verwaltungsbehörde nur Geldstrafe oder Einziehung festgesetzt werden. § 459 II StPO ordnete an, dass der Beschuldigte, wenn er nicht eine nach den Landesgesetzen zugelassene Beschwerde an die höhere Verwaltungsbehörde erhob, gegen den Strafbescheid gerichtliche Entscheidung beantragen konnte, und dass der Strafbescheid die Verjährung der Strafverfolgung unterbrach. Von den §§ 460 ff. StPO über das gerichtliche Verfahren in Steuerstrafsachen regelte § 463 StPO die richterliche Umwandlung einer durch Strafbescheid festgesetzten Geldstrafe in Ersatzfreiheitsstrafe, § 464 StPO räumte der Finanzbehörde eine selbstständige Anklagebefugnis ein und § 467 StPO gab ihr, falls die StA öffentliche Klage erhoben hatte, die Befugnisse eines Nebenklägers. Vorbehaltlich der §§ 453–455, 459–463 StPO blieben die Landesgesetze über das Verwaltungsstrafverfahren nach § 6 II Nr. 3 EGStPO v. 1.2.1877 (RGBl. 346) unberührt. Auch konnten die Landesgesetzgeber innerhalb der Rahmenvorschriften der StPO neue Verfahrensvorschriften einführen, vgl. zB das Hessische Gesetz, die Einführung des Verwaltungsstrafbescheids bei Zuwiderhandlungen gegen die Vorschriften über die Erhebung öffentlicher Abgaben und Gefälle betr., v. 20.9.1890 (GVBl. 193). Nach § 449 S. 1 RAO 1919 wurden die §§ 459–469 StPO für den Anwendungsbereich der RAO außer Kraft gesetzt; sie galten danach nur noch für Strafverfahren wegen der Beeinträchtigung solcher Steuern, auf welche die RAO nicht anwendbar war, insbes. die Gemeindeabgaben. Nach der StPO idF v. 22.3.1924 (RGBl. I 322) erhielten die §§ 459–469 StPO 1877 zunächst mit nahezu unverändertem Wortlaut die Stellung der §§ 419–429 StPO, wurden dann aber gem. § 445 RAO 1919 idF der 3. Teils Kap. IV Art. 1 Nr. 78 der NotV v. 1.12.1930 (RGBl. I 517) außer Kraft gesetzt, soweit die Vorschriften der RAO über das gerichtliche Steuerstrafverfahren anzuwenden waren. Schließlich wurden sie durch Art. 3 Nr. 180 des Gesetzes zur Wiederherstellung der Rechtseinheit v. 12.9.1950 (BGBl. 1950 I 455) aufgehoben. Gleichzeitig bestimmte Art. 3 Nr. 206 durch eine neue Fassung des § 6 II Nr. 2 EGStPO, dass landesrechtliche Vorschriften über das Verfahren bei Zuwiderhandlungen gegen Abgabengesetze nur noch auf die RAO verweisen durften (Schriftl. Ber. zu BT-Drs. I/1138, 71, 73 sowie Sten. Ber. S. 2886).

2. Das Steuerstrafrecht in der RAO 1919 und Änderungen bis 1933

Schrifttum: *Becker,* Die Reichsabgabenordnung, 1./7. Aufl. 1921/30; *Mrozek,* Kommentar zur Reichsabgabenordnung, II. Band, 1./3. Aufl. 1920/24; *Juliusberger,* Steuerstrafrecht, 1921; *Heinrich,* Handbuch des Steuerstrafrechts, 1923; *Simon,* Die Strafvorschriften des Tabaksteuergesetzes, ZfZ 1923, 377; 1924, 24, 30; *Jadesohn,* Das geltende Reichssteuerstrafrecht, ZfZ 1924, 11; *ders.,* Der neueste Stand des Salz-, Zucker-, Leuchtmittel- und Zündwarensteuerstrafrechts, ZfZ 1924, 27; *ders.,* Die Vereinfachung des Steuerstrafrechts durch die Dritte Steuernotverordnung, DStZ 1924, 131; *Lelewer,* Steuer-Strafrecht, 1925; *Cattien,* Reichssteuerstrafrecht und Reichssteuerstrafverfahren, 1./2. Auf. 1925/29; *Nieberl,* Die Reichsabgabenordnung, 1932.

Nachdem bereits das VZollG v. 1.7.1869 (Rn. 39), die §§ 459–469 StPO v. 1.2.1877 (Rn. 46) und das Preuß. Gesetz v. 26.7.1897 (Rn. 41) einzelne Schritte auf dem Wege zu einer reichseinheitlichen Regelung des Steuerstrafrechts darstellten, wurde eine erste, wenn auch unvollständige Zusammenfassung der nach Ländern und Steuerarten überaus zersplitterten Materie im **3. Teil der Reichsabgabenordnung v. 13.12.1919** (RGBl. 1993) vollzogen (Begr. s. Aktenstück Nr. 759 der Verfassunggebenden deutschen Nationalversammlung S. 598 ff.). *Hartung* (I vor § 391 RAO) urteilt, dass diese Tat des Gesetzgebers auf dem Teilgebiet des Steuerstrafrechts ebenso anregend und fruchtbar gewirkt habe wie 50 Jahre vorher die Schaffung des StGB von 1871 für die deutsche Strafrechtswissenschaft überhaupt. In Wirklichkeit ist das Steuerstrafrecht zumindest bis in die siebziger Jahre des letzten Jahrhunderts ein Stiefkind der Rechtswissenschaft geblieben. Aber sicherlich bildete der 3. Teil der RAO 1919 trotz dogmatischer und systematischer Mängel einen bedeutenden Fortschritt gegenüber dem früheren Recht, das zunächst auf Teilgebieten noch weiter galt und durch die spätere Novellengesetzgebung nach und nach abgebaut wurde. Das materielle Zollstrafrecht wurde erst 1939 in die RAO übernommen (Rn. 67). Auch in Strafsachen wegen bestimmter Besitz- und Verkehrsteuern blieb das bisherige Recht bestehen. Eine Reihe von Steuergesetzen war im Ganzen aus dem Anwendungsbereich der §§ 353 ff. RAO 1919 ausgenommen (vgl. §§ 451–453). Hinzu kam, dass die §§ 353 ff. RAO 1919 in einigen Fällen die bisherigen Vorschriften der einzelnen Steuergesetze, vornehmlich wegen der angedrohten Strafen, in Bezug nahmen oder ihnen gegenüber nur subsidiär galten (vgl. §§ 357, 359 I und V, §§ 363, 367 I, § 369 I, § 379), so dass die RAO ursprünglich nur eine lose Klammer um das gesamte Abgabenstrafrecht bildete (*Rahn* ZfZ 1940, 155). In rechtsstaatlicher Hinsicht erscheint die RAO 1919 – wie kaum anders zu erwarten – als ein Kind ihrer Zeit, eher noch als Kodifikation wilhelminischen Denkens. 47

Im materiellen Steuerstrafrecht der §§ 355–384 RAO 1919 war § 359 von besonderer Bedeutung. Diese Vorschrift bestimmte die Tatbestandsmerkmale der Steuerhinterziehung, verwies jedoch wegen der angedrohten Hauptstrafen *„auf die einzelnen Gesetze"*, nach denen das Multiplarstrafensystem (Rn. 38) mit unterschiedlichen Maßstäben weiter galt. Soweit der Betrag der Steuerverkürzung nicht festgestellt werden konnte, war nach § 362 RAO auf eine Geldstrafe von 20 Mark bis zu 1 Mio Mark zu erkennen; desgl. nach § 368 RAO bei Steuerhehlerei. Für Steuerhinterziehung oder -hehlerei im ersten Rückfall drohte § 369 RAO doppelte Geldstrafen sowie Freiheitsstrafen an. Umgekehrt war die fahrlässige Steuerverkürzung unter der missverständlichen Bezeichnung *„Steuergefährdung"* gem. § 367 RAO mit Geldstrafe bedroht, deren Höchstbetrag halb so hoch war wie bei Hinterziehung. Ferner wurden Zuwiderhandlungen gegen bestimmte, im 2. Teil der RAO 1919 geregelte Pflichten mit Geldstrafen bedroht, namentlich 48

- nach § 371 RAO vorsätzliches Zuwiderhandeln gegen das Verbot des § 165 I RAO über das Errichten eines Kontos, das Hinterlegen oder Verpfänden von Wertsachen oder das Mieten eines Schließfachs unter einem falschen oder erdichteten Namen;
- nach § 372 RAO vorsätzliches oder fahrlässiges Zuwiderhandeln gegen die Gebote des § 165 II, III RAO, sich beim Errichten eines Kontos, Annehmen von Wertsachen oder Überlassen eines Schließfachs über die Person des Verfügungsberechtigten zu vergewissern oder bei späterer Erkenntnis eines falschen oder erdichteten Namens das Guthaben, die Wertsachen oder den Inhalt des Schließfachs nur mit Zustimmung des FA an den Berechtigten herauszugeben;
- desgl. das Vernachlässigen der besonderen Mitteilungspflichten des Vorstands einer AG, Bergwerksgesellschaft oder GmbH nach § 187 RAO, der Banken nach § 189 RAO (Mitteilung von Kundenverzeichnissen!) und der Treuhänder, Vertreter oder Pfandgläubiger nach § 190 RAO.

Schließlich war gem. § 373 RAO mit Geldstrafe bis zum Doppelten des verkürzten Steuerbetrags bedroht, wer als Testamentsvollstrecker, Pfleger, Liquidator, Erbschaftsbesitzer, Erwerber eines Unternehmens usw. vorsätzlich die Verpflichtung aus § 97 RAO versäumte,

Steuerverkürzungen eines verstorbenen oder weggefallenen Stpfl oder eines Vorgängers anzuzeigen.

Wegen der Straftaten nach den §§ 359, 367, 371–373 RAO konnte unter den Voraussetzungen des § 374 RAO **strafbefreiende Selbstanzeige** erstattet werden. Dies galt nicht für Straftaten

- nach § 375 RAO, der mit Geldstrafe bis zu 500 Mark bedrohte, *„wer geschäftsmäßig in Angeboten oder Aufforderungen, die an einen größeren Personenkreis gerichtet waren"*, darauf hinwies, *„daß bei Geschäftsabschlüssen in bestimmter Weise außer dem geschäftlichen Zweck noch Ersparungen oder Vorteile bei der Besteuerung erreicht werden konnten"*,
- nach § 376 RAO (Verletzung des Steuergeheimnisses) sowie
- nach § 377 RAO, der Ordnungsstrafe bis 500 Mark jedem androhte, der *„den im Interesse der Steuerermittlung oder Steueraufsicht erlassenen Vorschriften der Steuergesetze oder den dazu ergangenen und öffentlich oder den Beteiligten besonders bekanntgemachten Verwaltungsbestimmungen durch andere als die in den Steuergesetzen unter Strafe gestellten Handlungen oder Unterlassungen zuwiderhandelte."*

49 **Zahlreiche weitere Sühne- und Sicherungsmittel** waren neben den Geld- und Freiheitsstrafen vorgesehen, § 365 I und § 368 S. 2 RAO schrieben bei Steuerhinterziehung und -hehlerei zwingend die **Einziehung** der steuerpflichtigen Erzeugnisse und zollpflichtigen Waren vor, auf welche sich die Tat bezog. Konnte die Einziehung nicht vollzogen werden, musste nach § 365 II RAO auf Wertersatz und, soweit der Wert der Erzeugnisse oder Waren nicht zu ermitteln war, auf Zahlung einer Geldsumme bis zu 300 000 Mark erkannt werden. Außerdem war, wenn ein Herstellungsbetrieb entgegen § 194 I RAO nicht angemeldet war, nach § 365 III RAO die Einziehung *„aller in den Betriebs- und Lagerräumen vorhandenen Vorräte an steuerpflichtigen Erzeugnissen sowie der zur Herstellung dienenden Geräte verwirkt"*. Ferner unterlagen der Einziehung nach § 370 RAO *„steuerpflichtige Erzeugnisse, die im Handel nicht vorschriftsmäßig verpackt oder bezeichnet angetroffen wurden oder nicht vorschriftsmäßig versteuert waren"*. Schließlich konnten nach § 371 II RAO Vermögenswerte eingezogen werden, die mit der Absicht der Steuerhinterziehung unter falschem oder erdichtetem Namen verbucht, hinterlegt, verpfändet oder deponiert waren. Wo *„die Strafe der Einziehung"* vorgesehen war, konnte nach § 379 RAO *„auf Einziehung erkannt werden, gleichviel, wem die Gegenstände gehörten und ob gegen eine bestimmte Person ein Strafverfahren eingeleitet war"*. Einer mehr steuer- als strafrechtlichen Denkweise entstammten die §§ 381, 382 RAO über die **Haftung der Vertretenen, Geschäftsherrn oder Haushaltungsvorstände für Geldstrafen** sowie Kosten des Strafverfahrens und der Strafvollstreckung, die ihren Vertretern, Verwaltern, Bevollmächtigten, Angestellten oder Angehörigen auferlegt worden waren. Diese Vorschriften wurden als §§ 416, 417 AO 1931 erst 1967 durch das AOStrafÄndG aufgehoben. Zu Recht bemerkt *Hartung* (I 1 zu §§ 416, 417 RAO 1931), dass hier *„das rein fiskalische Interesse an der Einbringung der Geldstrafe dem Gesetzgeber die Feder geführt hat"*.

50 Nach § 363 RAO war auf **öffentliche Bekanntmachung** der Bestrafung zu erkennen, wenn wegen Steuerhinterziehung oder -hehlerei (§ 368 Satz 2) eine Geldstrafe von mehr als 5000 Mark (später: 500 DM) verhängt worden war, und nach § 364 RAO waren bereits neben einer Gefängnisstrafe von mindestens 3 Monaten die **bürgerlichen Ehrenrechte** abzuerkennen (vgl. demgegenüber § 45 StGB). Auch diese als §§ 399, 400 RAO 1931 fortgeltenden Vorschriften wurden erst 1967/68 aufgehoben.

51 **Das Strafverfahren** war nach §§ 385–443 RAO 1919 für Steuer- und Zollstrafsachen gleichmäßig geregelt. Nach § 386 I (= § 421 I RAO 1931) hatten die FÄ (HZÄ) den Sachverhalt einer Steuerzuwiderhandlung selbstständig zu erforschen, wenn nicht der Beschuldigte wegen Steuerhinterziehung festgenommen und dem Richter vorgeführt worden war. Nach § 386 II (= § 421 II RAO 1931) stand dem FA auch die Entscheidung zu, wenn entweder die Zuwiderhandlung nur mit Geldstrafe und/oder Einziehung bedroht war oder das FA nur auf diese Strafen erkennen wollte. Die Ermittlungs- und Entschei-

dungskompetenz der Finanzbehörden bestand nach § 387 (= § 422 RAO 1931) auch dann, wenn dieselbe Handlung zugleich als Steuerzuwiderhandlung und nach einem anderen Gesetz mit Strafe bedroht, die Strafe aber aus dem Steuergesetz zu entnehmen war. Bei begründetem Tatverdacht konnte das FA entweder nach § 411 I 2 (= § 446 I 2 RAO 1931) die Verhandlungen an die StA abgeben oder seine Strafbefugnis nach § 410 (= § 445 RAO 1931) in Form einer Unterwerfungsverhandlung oder nach § 412 (= § 447 RAO 1931) in Form eines Strafbescheids ausüben. Die Unterwerfung stand nach § 410 S. 2 RAO einer rechtskräftigen Verurteilung gleich. Gegen einen Strafbescheid konnte der Beschuldigte nach § 415 (= § 450 RAO 1931) Beschwerde einlegen oder gerichtliche Entscheidung beantragen. Über die Beschwerde entschied das LFA (später: „OFD"), Nicht angefochtene Straf- oder Beschwerdebescheide hatten nach § 423 (= § 458 RAO 1931) die Wirkung eines rechtskräftigen Urteils und waren nach § 424 (= § 459 RAO 1931) von den FÄn zu vollstrecken. Konnte eine Geldstrafe oder Wertersatz nicht beigetrieben werden, war das AG nach § 435 (= § 470 RAO 1931) verpflichtet, die Geldstrafe auf Antrag des FA in Freiheitsstrafe umzuwandeln. Hatte der Beschuldigte gerichtliche Entscheidung beantragt, übermittelte das FA die Verhandlungen nach § 427 (= § 462 RAO 1931) der StA mit dem Antrag, die Entscheidung des Gerichts herbeizuführen; eine Anklageschrift wurde nicht eingereicht. Das Gericht musste auf den Antrag des FA nach § 428 II (= § 463 II RAO 1931) Hauptverhandlung anberaumen. War eine Verurteilung wegen Steuerhinterziehung oder Steuergefährdung (später: *„fahrlässige Steuerverkürzung"*) davon abhängig, ob ein Steueranspruch bestand oder ob und in welcher Höhe ein Steueranspruch verkürzt war, und hatte der RFH über diese Fragen im Rechtsmittelverfahren über den Steuerbescheid entschieden, war der Strafrichter nach § 433 (= § 468 RAO 1931) daran gebunden. War die Steuerfestsetzung ohne Entscheidung des RFH rechtskräftig geworden, musste der Strafrichter, wenn er von der Steuerfestsetzung abweichen wollte, die Entscheidung des RFH einholen und sie seinem Urteil zugrundelegen. Das FA besaß nach §§ 432, 437 (= §§ 467, 472 RAO 1931) die Rechte eines Nebenklägers; hatte die StA einen Antrag auf Verfolgung einer Steuerzuwiderhandlung abgelehnt, konnte das FA die öffentliche Klage sogar selbst erheben und die Funktion der StA ausüben.

Die gesetzliche Regelung des Unterwerfungsverfahrens wurde durch die **VO des RdF über die Unterwerfung im Strafverfahren gemäß § 410 RAO** v. 1.11.1921 (RGBl. 1328) ergänzt. Nach § 2 II–IV dieser Verordnung wurde die Unterwerfung erst mit der Genehmigung durch den Vorsteher des FA oder das LFA wirksam. Dagegen blieb der Beschuldigte bis zum Ablauf einer Frist von 3 Monaten an seine Unterwerfungserklärung gebunden. Diese Vorschrift war für den Beschuldigten ungünstiger als § 20 III Preuß. Gesetz v. 1897 (Rn. 41). 52

Die 3. StNotV v. 14.2.1924 (RGBl. 174) brachte in Art. VIII unter *„Vereinfachung des Steuerstrafrechts"* eine neue Fassung des § 359 I (= § 396 I RAO 1931), nach der die Strafe für Hinterziehung nicht mehr den einzelnen Steuergesetzen zu entnehmen war, sondern – abgesehen vom VZollG, TabStG, WeinStG und BefStG – einheitlich geregelt wurde. Der Höchstbetrag der Geldstrafe war nun unbeschränkt; ihr Mindestbetrag betrug bei Zöllen und Verbrauchsteuern das 4-fache der Steuerverkürzung. Konnte der hinterzogene Betrag nicht festgestellt werden oder waren Besitz- oder Verkehrsteuern hinterzogen, betrug die Geldstrafe gem. § 27 StGB aF mindestens 3 Mark; daneben konnte auf Gefängnis bis zu 2 Jahren erkannt werden. Steuerhinterziehung und -hehlerei waren damit als Vergehen iS des § 1 II StGB aF qualifiziert. Demgemäß wurden die Sondervorschriften in den §§ 360, 361 sowie § 362 RAO 1919 über Versuch, Beihilfe und Begünstigung bei Übertretungen gestrichen. Nach § 363 nF (= § 399 RAO 1931) konnte die Veröffentlichung einer Bestrafung wegen Steuerhinterziehung oder -hehlerei auch im Rahmen einer Unterwerfung angeordnet werden. Für Steuerhinterziehung oder -hehlerei im Rückfall war nach § 369 nF (= § 404 RAO 1931) Gefängnis bis zu 5 Jahren angedroht; nur bei mildernden Umständen konnte allein auf Geldstrafe erkannt werden. Die nach § 367 (= § 402 RAO 1931) für fahrlässige Steuerverkürzung angedrohte Geldstrafe wurde nun – unabhängig von 53 der Hinterziehungsstrafe – einheitlich auf 3 bis 100 000 Mark bemessen, desgl. die Geldstrafe für eine Zuwiderhandlung nach § 373 RAO (s. Rn. 48). In einem neuen § 369a (= § 405 RAO 1931) wurden die zuvor in einzelnen Steuergesetzen (zB EStG, KVStG, WStG) geregelten Steuerzeichenvergehen zusammengefasst, nicht aber die entsprechenden Vorschriften des TabStG und des WeinStG. Im Ganzen hat die 3. StNotV bei einer verschärfenden Tendenz eine Vereinfachung des Strafrechts nur bei bestimmten Steuerarten herbeigeführt; namentlich war das EStG v. 10.8.1925 (RGBl. I 189) von strafrechtlichen Vorschriften völlig entlastet. Gleichzeitig wurde jedoch in § 80 RBewG v. 10.8.1925 (RGBl. I 124) ein neuer Straftatbestand der Irreführung der mit der Wertermittlung befassten Behörden eingeführt, der erst 1930 in die RAO übernommen wurde (Rn. 55). Die Tradition, strafrechtliche Vorschriften im Zusammenhang mit der jeweiligen Steuer zu regeln, war noch einmal stärker gewesen als das Streben nach Zusammenfassung des Steuerstrafrechts in der RAO, obwohl diese durch Art. V G v. 10.8.1925 (RGBl. I 241) ohnehin geändert wurde, insbes. § 427 II RAO, nach dessen Neufassung auf Antrag des FA zur Hauptverhandlung vor dem Schöffengericht ein zweiter Amtsrichter zugezogen werden musste.

54 Die strafrechtlichen Sondervorschriften des **WeinStG** bestanden nur noch kurze Zeit fort, da das WeinStG in seiner letzten Fassung v. 10.8.1925 (RGBl. I 248) durch Art. VII des **Gesetzes über Steuermilderungen zur Erleichterung der Wirtschaftslage v. 31.3.1926** (RGBl. I 185) aufgehoben wurde. Das durch Art. VIII desselben Gesetzes erlassene **SchaumwStG** enthielt in § 12 einen neuen Straftatbestand. Für das Unterlassen der Anmeldung eines Herstellungsbetriebes, das Aufbewahren unversteuerten Schaumweins außerhalb genehmigter Lagerräume oder den Gewahrsam an Schaumwein ohne Steuerzeichen wurde eine Ordnungsstrafe angedroht, die mindestens das 4-fache der beeinträchtigten Steuer betrug. Andererseits war das SchaumwStG das erste Verbrauchsteuergesetz, das eine Bestrafung wegen *vermuteten Verschuldens* nicht mehr gestattete; anders noch § 100 II TabStG idF des Art. II Nr. 13 G v. 10.8.1925 (RGBl. I 244).

55 Einen weiteren Schritt zur Zusammenfassung der Straftatbestände in der RAO vollzog der RTag (RT-Drs. IV/1506) durch das **Gesetz zur Änderung des TabStG v. 22.12.1929** (RGBl. I 234), nach dessen Art. VI Nr. 12 die Strafvorschriften der §§ 56, 57, 60–68, 70, 72–75, 77–81 TabStG v. 12.9.1919 (RGBl. 1667) gestrichen wurden. Bestehen blieben jedoch § 58 TabStG *(„Die Tabaksteuerhinterziehung wird insbesondere dann als vorliegend angenommen, wenn …")* und § 59 TabStG *(„Der Tabaksteuerhinterziehung wird gleichgeachtet, wenn …")*. Indessen wurde § 453 RAO 1919 aufgehoben, der die Fortgeltung materieller Strafvorschriften bestimmter Steuergesetze angeordnet hatte; ausf. *Jancke* ZfZ 1930, 23, 27.

56 Umfassende Änderungen der RAO 1919 brachte der 3. Teil Kap. IV Art. 1 **der NotV des RPräs zur Sicherung von Wirtschaft und Finanzen v. 1.12.1930** (RGBl. I 517, 545), die jedoch das Steuerstrafrecht nahezu unberührt ließ. Hervorzuheben ist außer der Übernahme des § 80 II RBewG in § 360 (= § 397 RAO 1931) die Änderung des § 376 I (= § 412 RAO 1931), durch die wegen des Tatbestandes der Verletzung des Steuergeheimnisses auf § 10 II, III (= § 22 RAO 1931) verwiesen und die Begrenzung der Geldstrafe auf 3000 Mark aufgehoben wurde. Auf Grund Art. 5 § 4 wurde der RdF ermächtigt, den Wortlaut der RAO mit fortlaufender Paragraphenfolge neu bekanntzumachen. Nach der Bek. v. 22.5.1931 (RGBl. I 161) waren die §§ 355–361 RAO 1919 fortan als §§ 391–398, die §§ 363–439 RAO 1919 fortan als §§ 399–474 und die §§ 441–443 RAO 1919 fortan als §§ 475–477 bezeichnet.

57 **Kennzeichnend für die Finanzlage des Reiches** war die der RReg in Kap. VII des 3. Teils der NotV 1930 erteilte Ermächtigung zu einer Steueramnestie, durch die Steuerhinterzieher nicht nur von Strafe, sondern auch von der Nachzahlungspflicht befreit werden sollten, wenn sie verheimlichte Vermögensgegenstände oder Einkünfte der Steuerbehörde anzeigten. Die RReg machte von dieser Ermächtigung keinen Gebrauch, jedoch wurde eine entsprechende Regelung im Rahmen der selbstständigen **SteueramnestieV des RPräs v. 23.8.1931** (RGBl. I 449) erlassen. Die SteueramnestieV verfolgte zunächst das

Ziel, die Vermögenswerte zu erfassen, die einer Familienstiftung im Ausland zugewendet worden waren; sie begründete hierfür – rückwirkend – eine Steuerpflicht im Inland und eine Anzeigepflicht, deren vorsätzliche Verletzung gem. § 8 SteueramnestieV mit der Strafe für Steuerhinterziehung und darüber hinaus in besonders schweren Fällen mit Zuchthaus bis zu 10 Jahren bedroht wurde. Die gleiche Strafe galt für die Verletzung besonderer Anzeigepflichten über Beteiligungen an einer Gesellschaft im Ausland (§ 13) sowie für die Verletzung der Pflicht zur Anzeige des Vermögens im Rahmen der allgemeinen Vermögenserklärung auf den 1.1.1931 (§ 14). Auf der anderen Seite wurde nach §§ 15 ff. SteueramnestieV von Strafe (auch Disziplinarstrafe) und von der Pflicht zur Nachzahlung von VSt, ESt, KSt, GewSt, USt, ErbSt und SchenkSt befreit, wer bisher verheimlichte Besteuerungsgrundlagen in der Zeit vom 18.7. bis 16.9.1931 nachmeldete, falls ihm nicht schon vor dem 18.7.1931 eröffnet worden war, dass die Steuerbehörde Kenntnis von den Werten hatte. Durch die **2. SteueramnestieV v. 19.9.1931** (RGBl. I 493) wurde die Frist bis zum 15.10.1931 verlängert und darüber hinaus angeordnet, dass die straf- und steuerbefreiende Wirkung der Amnestie außer durch Selbstanzeige auch durch fristgerechte Zeichnung und Bezahlung der steuerfreien Reichsbahn-Anleihe 1931 erlangt werden konnte; vgl. auch § 6 Nr. 2 ArbeitsspendenG v. 1.6.1933 (RGBl. I 324). Zugleich wurde der Straftatbestand des § 14 II der 1. SteueramnestieV durch § 15 der 2. SteueramnestieV ersetzt, der für besonders schwere Fälle ebenfalls Zuchthaus bis zu 10 Jahren androhte. Infolge der Steueramnestie wurden 1931 Vermögenswerte von 2093 Mio RM und Einkommen von 132 Mio RM nachträglich angemeldet (StW 1932, 895).

Die §§ 1–4 der VO des RPräs gegen die Kapital- und Steuerflucht v. 18.7.1931 58
(RGBl. I 373) begründeten die Pflicht, ausländische Zahlungsmittel oder Forderungen in ausländischer Währung der Reichsbank anzubieten, Zuwiderhandlungen waren mit Gefängnis, in besonders schweren Fällen mit Zuchthaus bis zu 10 Jahren bedroht, daneben mit Geldstrafe in unbeschränkter Höhe, Einziehung der zurückbehaltenen Werte und Bekanntmachung der Bestrafung (§ 5). Ähnliches galt für die Verletzung der Pflicht zur Anzeige von Beteiligungen an einer Gesellschaft, an der nicht mehr als 5 Personen oder deren Angehörige zusammen zu mehr als der Hälfte beteiligt waren (§ 6). Die Amnestievorschrift des § 8 stellte – dem Vorbild der SteueramnestieV (Rn. 57) folgend – bei rechtzeitiger Erfüllung der auferlegten Pflichten Straf- und Steuerfreiheit in Aussicht.

Die 4. VO des RPräs zur Sicherung von Wirtschaft und Finanzen und zum 59
Schutze des inneren Friedens v. 8.12.1931 führte im 7. Teil, Kap. III, 1. Abschnitt (RGBl. I 699, 731) für Reichsangehörige, die nach dem 31.3.1931 ihren Wohnsitz im Inland aufgegeben hatten oder aufgaben, eine **Reichsfluchtsteuer** ein, die ein Viertel des gesamten steuerpflichtigen Vermögens betrug, im Zeitpunkt der Aufgabe des inländischen Wohnsitzes entstand, gleichzeitig fällig wurde und ohne besondere Anforderung zu entrichten war; ein Steuerbescheid wurde nur auf Antrag erteilt. Wurde die RflSt bei Fälligkeit nicht gezahlt, war für jeden halben Monat ein Zuschlag von 5 vH des Rückstandes verwirkt. Hatte der Stpfl binnen 2 Monaten weder die Steuer entrichtet noch nachgewiesen, dass er wieder im Inland wohnte, war er nach § 9 Nr. 1 wegen Steuerflucht mit Gefängnis nicht unter 3 Monaten und mit Geldstrafe zu bestrafen; der Höchstbetrag der Geldstrafe war unbeschränkt. Nach § 9 Nr. 2 musste das FA gegen den Stpfl einen **„Steuersteckbrief"** erlassen, der die Aufforderung enthielt, den Stpfl vorläufig festzunehmen und ihn dem Amtsrichter vorzuführen. Konnte der Stpfl dem Amtsrichter weder die Entrichtung der RflSt noch die Wiederbegründung eines Wohnsitzes im Inland nachweisen, hatte der Amtsrichter den Stpfl gem. § 11 III der Polizei zu übergeben. Die Polizeihaft endete, wenn Haftbefehl erging oder das Gericht über das Vergehen der Steuerflucht entschieden oder das FA die Entlassung angeordnet hatte. Ferner hatte das FA nach § 9 Nr. 3 zur Sicherung der Steuer, der Zuschläge, der Geldstrafe und Kosten *das gesamte inländische Vermögen des Stpfl zu beschlagnahmen*. Die vorgeschriebene Bekanntmachung des Steuersteckbriefes und der Vermögensbeschlagnahme enthielt auch das Verbot an alle Schuldner, Zahlungen an den Stpfl zu bewirken, und die Aufforderung, dem FA die dem

Stpfl zustehenden Forderungen anzuzeigen. Wer die Anzeige vorsätzlich oder fahrlässig nicht erstattete, war nach § 10 V, sofern nicht Steuerhinterziehung (§ 396 RAO) oder Steuergefährdung (§ 402 RAO) vorlag, wegen einer Steuerordnungswidrigkeit iS des § 413 RAO 1931 zu verfolgen. Die Vorschriften über die RflSt wurden gem. Art. 1 des 4. Teils der VO v. 23.12.1932 (RGBl. I 571) zunächst bis zum 31.12.1934 verlängert (s. weiterhin Rn. 65).

60 **In der VO des RPräs zur Anpassung einiger Gesetze und Verordnungen an die veränderte Lage von Wirtschaft und Finanzen v. 23.12.1931** (RGB1. I 779) wurde im 2. Teil „Bekämpfung des Schmuggels" unter § 1 Nr. 4 in §§ 134, 154 VZollG zusätzlich die Einziehung der Beförderungsmittel vorgeschrieben, die der Täter zur Tat benutzt hatte, *„gleichviel, wem diese gehörten und ob gegen eine bestimmte Person ein Strafverfahren eingeleitet wurde."*

61 **Die VO des RPräs über Maßnahmen auf dem Gebiete der Finanzen, der Wirtschaft und der Rechtspflege v. 18.3.1933** (RGBl. I 109) brachte in Kap. II unter „Bekämpfung des Schmuggels" einzelne Änderungen des VZollG und der RAO. In § 134 II VZollG und § 401 I 2 RAO wurde die Ausnahme von der Einziehung der Beförderungsmittel, die dem allgemeinen Verkehr dienten, auf Fahrzeuge beschränkt, *die unabhängig von den Weisungen des Fahrgastes oder Benutzers verkehrten,* um die Einziehung von Kraftdroschken, die zum Schmuggeln benutzt wurden, zu ermöglichen. Durch einen neuen § 158 II VZollG wurde das Verhältnis zwischen Bannbruch und Zollhinterziehung in der Weise geregelt, dass bei tateinheitlichem Zusammentreffen nur wegen Zollhinterziehung zu bestrafen war. Im Zusammenhang damit wurde durch einen neuen § 396 VI RAO klargestellt, dass Zollhinterziehung auch hinsichtlich solcher Waren begangen werden konnte, deren Ein-, Aus- oder Durchfuhr verboten war (vgl. heute § 370 V AO; vorher bejahend RFH 7.3.1928, RFHE 23, 162, 163 ff., verneinend RG 15.4.1926, RGSt 60, 171, 172 ff.).

3. Änderungen des Steuerstrafrechts durch die nationalsozialistische Gesetzgebung

Schrifttum: *Voß,* Steuern im Dritten Reich, 1995.

62 Auf dem Gebiet des Steuerstrafrechts begann die nat.-soz. Gesetzgebung mit dem **Gesetz gegen Verrat der Deutschen Volkswirtschaft v. 12.6.1933** (RGBl. I 360), nach dem Vermögenstücke im Wert von mehr als 1000 RM, die sich am 1.6.1933 im Ausland befanden, aber dem FA nicht angegeben worden waren, und Devisen im Wert von mehr als 200 RM, die der Reichsbank nicht angeboten worden waren, dem FA bis zum 31.8.1933 angezeigt werden mussten. Nach § 7 trat bei fristgerechter Anzeige für die bereits vollendeten Steuer- oder Devisenzuwiderhandlungen Straffreiheit ein, jedoch mussten die verkürzten Steuern nachgezahlt werden. Reichsangehörige, welche die Anzeigepflicht vorsätzlich vernachlässigten, waren nach § 8 *„wegen Verrats der Deutschen Volkswirtschaft"* mit Zuchthaus nicht unter 3 Jahren zu bestrafen; selbst bei mildernden Umständen war Zuchthaus bis zu 10 Jahren (!) angedroht. Bei fahrlässiger Versäumung der Anzeigepflicht war die Strafe Gefängnis nicht unter einem Jahr. Gegen vorsätzlich oder fahrlässig handelnde Täter, die nicht Reichsangehörige waren, musste auf Gefängnis innerhalb der allgemeinen Grenzen erkannt werden. Für die Aburteilung waren Sondergerichte zuständig, die auf Grund der VO v. 21.3.1933 (RGBl. I 136) in einem vereinfachten Verfahren zu entscheiden hatten, zB konnte das Sondergericht eine Beweiserhebung ablehnen, *„wenn es die Überzeugung gewonnen hatte, daß die Beweiserhebung für die Aufklärung der Sache nicht erforderlich war".* Gegen die Urteile der Sondergerichte war kein Rechtsmittel gegeben. Die Auswirkungen dieser maßlosen Regelung müssen selbst für die damaligen Machthaber erschreckend gewesen sein; denn bereits kurze Zeit nach dem Anlaufen zahlreicher Sondergerichtsverfahren führte das

63 **Steueranpassungsgesetz v. 16.10.1934** (RGBl. I 925; Begr. RStBl. 1398) gewisse Milderungen des Volksverratsgesetzes herbei. Zunächst wurde gem. § 22 StAnpG die

Anzeigefrist bis zum 31.12.1934 verlängert. Wurde auch die verlängerte Frist versäumt, konnte gem. § 23 Nr. 5 StAnpG bei verschwiegenen Vermögenstücken und Devisen im Gesamtwert unter 10 000 DM die Strafe bei mildernden Umständen so bemessen werden, *„als habe der Täter eine Steuerhinterziehung begangen"*. Für solche Fälle wurde nach § 23 Nr. 6 StAnpG die Straffestsetzung dem FA im Verfahren nach den §§ 420 ff. RAO übertragen, falls das FA mildernde Umstände bejahte und auf Geldstrafe erkennen wollte. Auf Grund §§ 28 ff. StAnpG wurden die wegen Zuwiderhandlungen gegen das Volksverratsgesetz bereits anhängigen Strafverfahren eingestellt und die bereits erkannten Freiheits- und Geldstrafen, soweit sie noch nicht vollstreckt waren, erlassen. Einstellungen des Strafverfahrens oder Straferlass wurden hinfällig, wenn sich später herausstellte, dass der Täter seiner Anzeigepflicht auch bis zum Ablauf der verlängerten Frist nicht nachgekommen war.

Von den zahlreichen Änderungen der RAO durch § 21 StAnpG war das Steuerstrafrecht **64**
kaum betroffen. Dem § 395 RAO über Irrtum wurde ein neuer Absatz 2 angefügt, wonach wegen Fahrlässigkeit strafbar war, wer die Tat aus Mangel an Sorgfalt für erlaubt gehalten hatte. In einen neuen Absatz 3 des § 419 RAO wurde aus § 22 WStG v. 12.7.1930 (RGBl. I 219) die Vorschrift übernommen, dass bei WSt-Vergehen die Verfolgungsverjährung erst mit Ablauf des Jahres begann, in dem der Wechsel fällig geworden war; dagegen blieb der Straftatbestand des § 21 WStG gem. § 45 III Nr. 5 StAnpG bestehen. In dem Abschnitt über das Strafverfahren wurde § 430 RAO um Vorschriften über die Beschlagnahme in einem militärischen Dienstgebäude oder auf einem Kriegsschiff und § 439 RAO um eine Vorschrift über die vorläufige Festnahme von Soldaten ergänzt.

Die Regelung der RflSt (Rn. 59) war durch das **Gesetz über Änderung der Vor- 65**
schriften über die RflSt v. 18.5.1934 (RGBl. I 392) noch verschärft worden (vgl. *Voß* 1995, 146 ff.). Nach § 7 nF konnte das FA Sicherheitsleistung schon dann verlangen, wenn sie nach seinem Ermessen erforderlich war, um künftige Ansprüche auf RflSt, deren Entstehung *„wahrscheinlich"* war, zu sichern. Nach § 9 nF traten die Voraussetzungen der Strafbarkeit, des Steuersteckbriefes und der Vermögensbeschlagnahme schon dann ein, wenn der Stpfl nicht die gesamte RflSt binnen eines Monats entrichtet hatte; auch konnte die einmal entstandene Steuerpflicht nicht mehr dadurch beseitigt werden, dass der Stpfl in das Inland zurückkehrte. Gem. § 43 I StAnpG wurde die Geltung der Vorschriften über die RflSt bis zum 31.12.1937 verlängert; vgl. wegen weiterer Verlängerungen das Gesetz v. 19.12.1937 (RGBl. I 1385) und wegen der Einführung in Österreich Abschn. II der VO v. 14.4.1938 (RGBl. I 389). Es besteht kein Zweifel, dass die nat.-soz. Machthaber die 1933 vorgefundenen Vorschriften über die RflSt als ein willkommenes Mittel ansahen, um sich an den von ihnen aus politischen oder rassischen Gründen bedrohten Auswanderern zu bereichern. Hier sei nur auf die Steuersteckbriefe gegen *Arnold Zweig* (RStBl. 1934, 128), *Alfred Döblin* (RStBl. 1934, 227) und *Otto Klemperer* (RStBl. 1934, 840) hingewiesen; nicht wenige andere mögen sich wegen der drakonischen Ausgestaltung der RflSt zu spät zur Flucht entschlossen haben. Weitere Vorschriften, wie zB die VO über die Anmeldung des Vermögens von Juden v. 26.4.1938 (RGBl. I 414), die VO über eine Sühneleistung der Juden v. 12.11.1938 (RGBl. I 1579) mit DV v. 21.11.1938 (RGBl. I 1638) und die VO über den Einsatz des jüdischen Vermögens v. 3.12.1938 (RGBl. I 1709), reichen über den Rahmen des Steuerstrafrechts hinaus, da sie bereits unmittelbar auf Entziehung, nicht mehr auf bloße Besteuerung des Vermögens abzielten.

Nach Abschn. III der VO v. 14.4.1938 (RGBl. I 389) wurde mit der RAO 1931 das **66**
reichsdeutsche Steuerstraf- und -verfahrensrecht auch in **Österreich** eingeführt, wo es bis zum Erlass des Bundesgesetzes v. 26.6.1958, betr. das Finanzstrafrecht und das Finanzstrafverfahrensrecht (Österr. BGBl. Nr. 129) in Kraft blieb.

Bedeutsame Änderungen des Steuerstrafrechts brachte das **Gesetz zur Änderung der 67**
Reichsabgabenordnung v. 4.7.1939 (RGBl. I 1181). Im Zusammenhang mit den 1938/39 auf Grund G v. 8.9.1939 (RGBl. I 1162) neu bekannt gemachten Verbrauchsteuergesetzen wurde das Zoll- und Verbrauchsteuerstrafrecht nunmehr nahezu vollständig in der RAO zusammengefasst; Ausnahmen: Steuerzeichenvergehen nach § 79 TabStG idF v.

4.4.1939 (RGBl. I 721) und verbotswidrige Verwendung vergällten Salzes nach § 9 II SalzStG idF v. 23.12.1938 (RGBl. I 26). Zugleich wurden die Schuldvermutungstatbestände (vgl. *Hänselmann* ZfZ 1926, 103) und die Multiplarstrafen (Rn. 38) beseitigt, die oft in keinem Verhältnis zu der Tat standen und *„dem Ansehen der Strafrechtspflege abträglich waren“* (*Rahn* ZfZ 1940, 157). An die Stelle des bisherigen § 134 VZollG trat der neue § 401a RAO (Bannbruch), an die Stelle der §§ 146–148 VZollG der neue § 401b RAO (schwerer Schmuggel). Nach § 403 RAO nF (Steuerhehlerei) konnte als Vortat auch Bannbruch in Betracht kommen; ferner wurde der Wortlaut dem § 259 StGB (Sachhehlerei) angepasst. Die Änderungen des § 404 RAO (Rückfall) und des § 410 RAO (Selbstanzeige) waren nur durch die Gleichstellung des Bannbruchs mit der Steuerhinterziehung bedingt. § 394 RAO, der ermöglicht hatte, dass Betriebsinhaber die strafrechtliche Verantwortung für Verbrauchsteuern auf Betriebsleiter übertragen konnten, wurde in Angleichung an das allgemeine Strafrecht gestrichen. § 406 über die Einziehung bestimmter verbrauchsteuerpflichtiger Erzeugnisse wurde durch die neuen §§ 200, 200a RAO über die Sicherstellung von Waren, Erzeugnissen und Geräten im Aufsichtswege ersetzt. Die Straftatbestände der §§ 407–409 und 411 RAO wurden teils ersatzlos aufgehoben, teils durch § 413 RAO nF ersetzt, Steuerordnungswidrigkeiten iS des § 413 RAO waren mit Geldstrafe bis zu 10 000 RM bedroht, wurden jedoch nach § 3 II StRegV nicht in das Strafregister eingetragen. Der allgemeine Begriff *„Steuerzuwiderhandlungen“* wurde mit Rücksicht auf § 1 StGB aF in *„Steuervergehen“* umgewandelt. Im Ganzen enthielt das Gesetz von 1939 hoffnungsvolle Ansätze zu einer Entrümpelung des Steuerstrafrechts, die leider erst lange Zeit nach dem Kriege fortgeführt wurde (Rn. 86 ff.).

68 Die auf Grund des **Gesetzes über die Bestrafung von Zuwiderhandlungen gegen die Zollvorschriften und die Ein-, Aus- und Durchfuhrbestimmungen benachbarter Zollgebiete v. 15.8.1943** (RGBl. I 539) erlassene VO über die Bestrafung von Zuwiderhandlungen gegen die niederländischen Zollvorschriften v. 28.9.1943 (RZBl. 242) erscheint im Hinblick auf § 370 VI AO erwähnenswert, weil schon hiernach das deutsche Steuerstrafrecht *ausländische* Abgaben und *ausländische* Verbote und Beschränkungen des grenzüberschreitenden Warenverkehrs schützen sollte; vgl. *Zweck* ZfZ 1943, 129.

4. Partielle Änderungen in der Nachkriegszeit

69 Während der ersten Nachkriegsjahre 1945/48 wurde das Steuerstrafrecht nicht geändert. Erst kurz vor Verabschiedung des GG wurde § 410 RAO gem. Abschn. II § 4 des **2. Gesetzes zur vorläufigen Neuordnung von Steuern v. 20.4.1949** (WiGBl. 69) für den Bereich des Vereinigten Wirtschaftsgebietes der amerikanischen und britischen Besatzungszone neu gefasst, insbes. die Selbstanzeige durch den Wegfall der Worte *„... ohne dazu durch eine unmittelbare Gefahr der Entdeckung veranlaßt zu sein“* erleichtert (Rn. 4 zu § 371). Außerdem wurde die strafbefreiende Wirkung einer Selbstanzeige auf Zuwiderhandlungen gegen Art. IX (Bestandsaufnahme) des Anhangs zum G Nr. 64 v. 20.6.1948 (ABl. der Militärregierung, Ausgabe K, S. 10) und gegen die Preis- und Bewirtschaftungsbestimmungen ausgedehnt, wenn der Täter an das FA einen *„Reuezuschlag“* in Höhe von 10 vH der verkürzten Steuern oder – wenn größer – 10 vH des Mehrerlöses entrichtete, den er durch die Tat erzielt hatte. Andererseits wurde in Abschn. III unter der Überschrift *„Verschärfung der Steuerstrafen“* § 396 I RAO dahin geändert, dass Steuerhinterziehung in erster Linie mit Gefängnis, daneben mit Geldstrafe bedroht war und nur bei mildernden Umständen allein auf Geldstrafe erkannt werden konnte. Die Strafdrohung des § 404 RAO wurde bereits für den *ersten* Rückfall auf Gefängnis nicht unter 3 Monaten verschärft. Ferner konnte die Berufsausübung nach § 42 I StGB aF verboten werden. Gleichlautende Änderungsvorschriften wurden einen Tag vor dem Zusammentritt des ersten BTages in Rheinland-Pfalz gem. Abschn. 2 und 3 des Landesgesetzes zur vorläufigen Neuordnung von Steuern v. 6.9.1949 (GVBl. 469) erlassen. Die genannten Gesetze wurden gem. Art. 125 I GG partiell geltendes Bundesrecht. In Berlin, Baden u. Württemberg-Hohenzollern blieb es bei dem früheren Wortlaut der §§ 396, 404 u. 410 RAO, denn von der Überleitungsmöglichkeit des Art. 127 GG wurde kein Gebrauch gemacht.

5. Änderungsvorhaben und Änderungen von 1950 bis 1965

Schrifttum: *Franzen,* Die Steuergesetzgebung der Nachkriegszeit in Westdeutschland (1945–1961), 1995.

In der 1. Legislaturperiode des BTages zielte die erste Änderung des Steuerstrafrechts mit 70 dem **Gesetz zur Änderung des § 410 RAO v. 7.12.1951** (BGBl. I 941) darauf ab, die bei der Reform dieser Vorschrift durch das Gesetz v. 20.4.1949 (Rn. 69) begangenen Fehler auszumerzen. Das Konzept, durch Verminderung der Voraussetzungen für die strafbefreiende Selbstanzeige und gleichzeitige Verschärfung der Strafdrohungen *„die Steuermoral zu heben"* (BT-Drs. I/2395), hatte nicht nur die erhoffte Wirkung verfehlt (vgl. OLG Stuttgart 17.7.1950, DStZ/B 1950, 440), sondern geradezu das Gegenteil bewirkt. Deshalb wurde nach § 410 RAO nF die Straffreiheit versagt, wenn die Selbstanzeige erst nach dem Erscheinen eines Prüfers der Finanzbehörde oder nach Bekanntgabe der Einleitung einer steuerstrafrechtlichen Untersuchung oder dann erstattet worden war, wenn der Täter wusste oder damit rechnen musste, dass die Tat bereits entdeckt war. In einem neuen Absatz 4 des § 410 RAO wurde die *„Einleitung der steuerstrafrechtlichen Untersuchung"* definiert (vgl. heute § 397 AO). Ferner wurde in einem neuen § 411 RAO die Selbstanzeige unter erleichterten Voraussetzungen für fahrlässige Steuerverkürzung nach § 402 RAO gesondert geregelt. Fälle schweren Schmuggels iS des § 401b RAO wurden aus dem Kreis der selbstanzeigefähigen Steuerstraftaten wieder ausgeschieden. Insgesamt führte das Gesetz v. 7.12.1951, in Berlin übernommen durch Gesetz v. 28.2.1952 (GVBl. 125), zu einer bundeseinheitlichen Fassung der Vorschriften über die Selbstanzeige, die sich im Wesentlichen bewährt hat (Rn. 20 ff. zu § 371 AO).

Ein Antrag des Zentrums v. 7.11.1950, die Rückfallvoraussetzungen nach § 404 S. 1 71 RAO zu mildern und sie den Rückfallvorschriften des StGB anzupassen (BT-Drs. I/1572), wurde der BReg als Material überwiesen (Sten. Ber. S. 4568). Tatsächlich hatten im BMF bereits Vorarbeiten für eine Änderung der §§ 391 ff. RAO begonnen, die hauptsächlich darauf abzielten, der nach der Währungsreform beobachteten Steigerung der Steuerstraftaten entgegenzuwirken (statistische Angaben s. 1. Aufl. Einl 55). Als Gegenmaßnahme wurde in Aussicht genommen, bereits nach einmaliger Bestrafung wegen Steuerhinterziehung ein Berufsverbot durch die OFD zu ermöglichen, jedoch wurde ein dahingehender Entwurf zur Änderung des § 198 RAO in der Kabinettsitzung am 2.8.1951 wegen verfassungsrechtlicher Bedenken zurückgestellt.

Die weiteren Erörterungen zwischen den Ressorts führten zu dem **Regierungsentwurf** 72 **eines Gesetzes zur Änderung von steuerstrafrechtlichen Vorschriften der RAO und anderer Steuergesetze v. 21.10.1952** (BR-Drs. 430/52). Danach sollte der Tatbestand der Steuerhinterziehung bei gemilderter Strafdrohung unverändert bleiben. Im Vorfeld der Hinterziehung sollte durch einen neuen Tatbestand der Steuergefährdung Geldstrafe bis zu 100 000 DM sowie Gefängnis bis zu 2 Jahren demjenigen angedroht werden, der Bücher oder Aufzeichnungen unrichtig führte, unrichtige Belege ausstellte oder Bücher, Aufzeichnungen oder Belege beseitigte und sich dabei bewusst war, dass infolge seines Verhaltens eine Steuerverkürzung eintreten konnte (vgl. den späteren § 406 RAO, Rn. 74). Für besonders schwere Fälle gewerbsmäßigen, bandenmäßigen oder gewaltsamen Schmuggels oder Steuerzeichenfälschung war Zuchthaus bis zu 10 Jahren vorgesehen. Durch gerichtliches Straferkenntnis wegen Steuerhinterziehung, Bannbruch oder Steuerhehlerei sollte dem Verurteilten bis zu 5 Jahren untersagt werden können, seinen Beruf oder sein Gewerbe fortzusetzen, *„wenn er bei Begehung der Straftat seinen Beruf oder sein Gewerbe mißbraucht hatte, wenn er steuerliche Pflichten, die ihm kraft seines Berufes oder … Gewerbes oblagen, grob verletzt hatte, oder wenn die Straftat sich auf Steuern bezog, die im Zusammenhang mit Beruf oder Gewerbe zu leisten waren, und der Täter durch die Tat eine besonders gemeinschädliche Haltung bekundet hatte"*. Die Strafschärfung wegen Rückfalls sollte weiterhin beim ersten Rückfall eingreifen, jedoch sollte *„bei nur geringer Schuld"* die Mindeststrafe von 3 Monaten Gefängnis unterschritten oder nur Geldstrafe verhängt werden können. Im Abschnitt über das Steuerstrafverfahren waren Vorschriften über die Wiederaufnahme eines Verwaltungsstrafverfahrens vorgesehen. Zur Zusammenfassung der Steuerstrafsachen bei bestimmten Gerichten war – über den späteren § 476a RAO (Rn. 67) und den heutigen § 391 AO hinaus – vorgesehen, dass bei sachlicher Zuständigkeit des LG alle Steuerstrafsachen innerhalb eines OLG-Bezirks bei einer Strafkammer konzentriert werden sollten.

73 Die **Begründung des Entwurfs** hatte einleitend hervorgehoben, dass *„Klarheit und Systematik des Steuerstrafrechts verbessert", „seine Vorschriften dem allgemeinen Strafrecht stärker angepaßt"* und *„in mancher Beziehung die rechtsstaatlichen Gesichtspunkte stärker betont"* werden müssten. Aber gerade unter diesen Aspekten konnte der Entwurf nur Enttäuschung hervorrufen. Von den überkommenen Institutionen wurden – mit Ausnahme der Strafbarkeit des Zuwiderhandelns gegen Verfügungen der Steuerbehörden – auch solche nicht angetastet, die systemwidrig waren und sich obendrein als entbehrlich erwiesen hatten, wie zB die Strafhaftung gem. §§ 416, 417 RAO oder die Befugnis des FA, gem. § 472 II–IV RAO anstelle der StA die öffentliche Klage selbst zu erheben und in der Hauptverhandlung zu vertreten (vgl. weiterhin *Münn* DRiZ 1953, 220). In den Ausschussberatungen des BR wurden gegen das unverändert beibehaltene Verwaltungsstrafverfahren im Hinblick auf Art. 92 und 19 IV GG verfassungsrechtliche Bedenken geltend gemacht und dem Plenum vorgeschlagen, das Steuerstrafrecht dem WiStG 1949 anzugleichen. Ein entsprechender Antrag von Bayern fand jedoch in der 96. Sitzung des BR am 12.11.1952 keine Mehrheit. Der BR ließ es dabei bewenden, mehr als 70 einzelne Änderungen des Entwurfs vorzuschlagen (Sitzungsbericht S. 546 ff.). Infolge neuer Meinungsverschiedenheiten zwischen BMF, BMJ und BMWi, die sich auf die Beibehaltung des § 472 II–IV RAO und des § 477 I RAO sowie auf die Einführung einer Vorschrift bezogen, nach der Einstellungen des Steuerstrafverfahrens nach § 153 III StPO von der Zustimmung des FA abhängen sollten, konnte die Gegenäußerung der BReg zur Stellungnahme des BR erst Ende Mai 1953 beschlossen werden. Der Entwurf wurde zwar noch am 10.6.1953 im BT eingebracht, aber nicht mehr beraten.

74 **Zu Beginn der 2. Legislaturperiode** wurde der verfallene Entwurf von vornherein auf besonders vordringliche und rechtspolitisch unstreitige Gegenstände beschränkt. Obwohl die Begründung (BT-Drs. II/1593) hierzu nur auf die Strafrechtsreform hinwies, war für die Beschränkung wohl auch die Besorgnis maßgebend, der BT könne auch auf dem Gebiet des Steuerstrafrechts Ordnungswidrigkeiten iS des OWiG v. 25.3.1952 (BGBl. 1952 I 177) einführen oder sich die aufkeimenden Bedenken gegen die Verfassungsmäßigkeit des Verwaltungsstrafverfahrens (Rn. 81 ff.) zu eigen machen (vgl. *Mattern* DStZ 1953, 21). Aus dem ersten Grunde wurde der Begriff *Steuerordnungswidrigkeiten* für Vergehen nach § 413 RAO beseitigt und der Tatbestand der fahrlässigen Steuerverkürzung nach § 402 RAO auf *leichtfertiges* Verhalten beschränkt. Aus dem zweiten Grunde wurde von Änderungen der Vorschriften über das Steuerstrafverfahren, mit Ausnahme eines neuen § 476a RAO über die Konzentration der Zuständigkeit der Gerichte, abgesehen. Unter diesen Umständen war der Gesetzgeber nicht genötigt, eine die Strafbefugnis der FinB bestätigende Vorschrift in seinen Willen aufzunehmen. In der Hauptsache zielte der Entwurf darauf ab, für Steuerhinterziehung und -hehlerei (§§ 396, 403 RAO) eine bundeseinheitliche, gegenüber dem Rechtszustand im Vereinigten Wirtschaftsgebiet und in Rheinland-Pfalz mildere Strafdrohung einzuführen (Rn. 3 zu § 370) und durch eine Neufassung des § 404 RAO für *„leichte Fälle"* einer Rückfalltat die Möglichkeit zu eröffnen, dass allein auf Geldstrafe erkannt werden konnte. Zur Bekämpfung des Belegschwindels wurde unter der Bezeichnung *„Steuergefährdung"* der neue Tatbestand des § 406 RAO geprägt, der jedoch in der Praxis, wenn man die Zahl der Bestrafungen (jährlich unter 40) zum Maßstab nimmt, die von ihm erhoffte Wirkung nicht entfaltet hat, namentlich ist die angedrohte Gefängnisstrafe bis 1966 in keinem einzigen Fall verhängt worden. Der Entwurf wurde ohne nennenswerte Diskussion (Schriftl. Ber. zu BT-Drs. II/1731) in der 136. Sitzung des BT am 21.3.1956 (Sten.

Ber. S. 7046) verabschiedet und als Gesetz zur Änderung des Dritten Teiles der Reichsabgabenordnung v. 11.5.1956 (BGBl. I 418) verkündet; vgl. *Gossrau* GA 1956, 333; *Mattern* DStR 1956, 265, 289; DStR 1956, 328 u. StbJb 1955/56, 459; *Terstegen* FR 1956, 357; *Wittneben* DStZ 1956, 185.

Nach widerstreitenden Entschließungen des BT v. 21.3.1956 (Sten. Ber. S. 7046 u. 75
7062), des BR v. 20.4.1956 (BR-Drs. 110/56) und des BT v. 29.8.1957 (Sten. Ber. S. 13 521) und kontroversen Äußerungen im Schrifttum (Rn. 81) und angesichts des unverminderten Zuspruchs, den die Betroffenen – aus welchen Motiven auch immer – dem Verwaltungsstrafverfahren zuteil werden ließen, sah sich die BReg zwischen Skylla und Charybdis gestellt, zumal die Entschließungen des BT in Wirklichkeit durchaus nicht einen einmütigen Willen des Parlaments wiedergaben. Sofern die BReg in den folgenden 10 Jahren im BT an die Reform des Steuerstrafverfahrens gemahnt wurde, geschah dies ausschließlich von Seiten der Opposition; vgl. die Fragen des Abg. *Dr. Arndt* vom 24.6.1960 (Sten. Ber. S. 6925 D) und des Abg. *Jahn-Marburg* vom 17.5.1966 (Sten. Ber. S. 1786 D). In dieser Lage beschränkte die BReg ihre Initiative zur Gesetzgebung längere Zeit auf einzelne Gegenstände des Steuerstrafrechts, die mehr am Rande des rechtspolitischen Interesses lagen.

Das neue Zollgesetz v. 14.6.1961 (BGBl. I 737) brachte in § 80 ZG eine strafver- 76
fahrensrechtliche Vorschrift, nach der die *„im Reiseverkehr über die Grenze"* begangenen Zollvergehen nicht verfolgt werden, wenn sich die Tat auf Waren bezieht, die weder zum Handel noch zur gewerblichen Verwendung bestimmt und insgesamt nicht mehr als 200 DM wert sind; gem. § 57 VII ZG konnte in solchen Fällen ein Zollzuschlag bis zur Höhe der Eingangsabgaben, jedoch mindestens 3 und höchstens 100 DM, erhoben werden. In der Begründung wurde ausgeführt, dass der Täter im Reiseverkehr *„außerhalb seiner normalen Lebens- und Berufsverhältnisse in die Rolle des Stpfl gerät";* Tatmotiv sei weniger die Geldersparnis, sondern *„der bekannte Reiz, dem Zoll ein Schnippchen zu schlagen"* (BT-Drs. III/ 2201 S. 76 u. 65). Der Anwendungsbereich des § 80 ZG wurde durch das 2. VerbrauchStÄndG v. 16.8.1961 (BGBl. I 1323), durch Art. 1 Nr. 25 des 11. UStÄndG v. 16.8.1961 (BGBl. I 1330) und schließlich hinsichtlich der BierSt durch Art. 4 Nr. 3 G v. 23.4.1963 (BGBl. I 197) auf die anderen Eingangsabgaben ausgedehnt. Dank des § 80 ZG ging die Zahl der Unterwerfungsverhandlungen, Strafbescheide und Abgaben an die StA in Zoll- und Verbrauchsteuerstrafsachen von 26 438 im Jahre 1960 auf 9009 im Jahre 1962 zurück. Die Regelung wurde erst mit Wirkung v. 1.1.1994 durch § 32 ZollVG abgelöst.

Den Regierungsentwurf eines StÄndG 1961 (BT-Drs. III/2573) nahm der BT zum 77
Anlass für eine **Änderung der Einziehungsvorschriften** (Schriftl. Ber. zu BT-Drs. III/ 2706). Nach dem Vorbild der §§ 113, 115, 119 E 1960 (BT-Drs. III/2150), das bereits in §§ 39–41 AWG und §§ 24, 25 KriegswaffG verwirklicht war, wurden durch Art. 17 Nr. 16 ff. **StÄndG 1961** v. 13.7.1961 (BGBl. I 981, 994) die zwingenden Vorschriften der §§ 401, 401a II 2, 403 II 2 RAO über die Einziehung von Schmuggelgut und Schmugglerfahrzeugen durch die Ermessensvorschrift des § 414 RAO ersetzt, durch § 414a RAO über Wertersatz ergänzt und in § 414b RAO eine Entschädigung an Drittberechtigte eingeführt; vgl. *Rümelin* ZfZ 1961, 206; *Buschmann* BlStA 1961, 353.

Durch Art. 2 Nr. 17 des **Gesetzes zur Änderung des FVG, der RAO und anderer** 78
Steuergesetze v. 23.4.1963 (BGBl. I 197) wurde § 413 I Nr. 1c RAO an das ZollG v. 14.6.1961 angepasst; Begr. BT-Drs. IV/ 352, 6 f. Über den Einfluss der „kleinen Strafprozessreform" gem. **StPÄG v. 19.12.1964** (BGBl. I 1067) auf das Steuerstrafverfahren vgl. *Bode* FR 1965, 250; *Gehre* DStR 1965, 250; *Oswald* MDR 1966, 644; *Lohmeyer* JR 1967, 87.

Für die Zumessung von Geldstrafen wegen Steuerhinterziehung ist bedeutsam, dass der 79
BT auf Initiative seines Finanzausschusses (Schriftl. Ber. zu BT-Drs. IV/3189, 12) gem. Art. 5 StÄndG 1965 v. 14.5.1965 (BGBl. I 377, 384) in einem neuen § 4a StSäumG mit Wirkung ab 1.1.1966 die **Verzinsung hinterzogener Steuern** anordnete, um den Nutznießern einer Steuerhinterziehung den durch die Tat erlangten Zinsvorteil wieder zu entziehen (krit. Rn. 118).

80 Nur vorübergehende Bedeutung hatte die **Vereinfachung des § 468 RAO 1931** über die Pflicht des Strafrichters zur Anrufung des BGH und seine Bindung an steuerrechtliche Vorentscheidungen, die auf Initiative des Rechtsausschusses des BT (Schriftl. Ber. zu BT-Drs. IV/3523, 15) gem. § 162 Nr. 52 FGO v. 6.10.1965 (BGBl. I 1477) im Vorgriff auf die Reform des Steuerstrafrechts vollzogen wurde (vgl. *Hartung* NJW 1966, 484). Bereits durch das AOStrafÄndG (Rn. 86) wurde die Vorschrift auf die Aussetzung des Strafverfahrens reduziert (vgl. heute § 396 AO).

6. Der Verfassungsstreit um das Verwaltungsstrafverfahren

81 **Im Schrifttum** wurde schon kurze Zeit nach In-Kraft-Treten des GG erörtert, ob die gem. §§ 420ff. RAO 1931 von den Finanzbehörden ausgeübte Strafgewalt mit der Verfassung vereinbar sei. Zunächst wurde die Frage allgemein bejaht, vgl. *Bühler* (Rosenfeld-Festschr. 1949, 203), *Friesenhahn* (Thoma-Festschr. 1950, 21), *Maunz* (Deutsches Staatsrecht, 1. Aufl. 1951, S. 152). Erst nachdem 1952 im BR (Rn. 72) und 1956/57 im BT (Rn. 75) Zweifel laut geworden waren, wurde in vielfachen Veröffentlichungen geltend gemacht, dass die §§ 420ff. RAO 1931 sowie die §§ 34ff. PostG v. 28.10.1871 (RGBl. 1871, 347), gemessen am Rechtsstaatsprinzip, an Art. 20 II, Art. 92 und 101 I 2 GG, verfassungswidrig seien; ferner verstoße § 445 RAO 1931 wegen der Unanfechtbarkeit der Unterwerfungsverhandlung gegen Art. 19 IV GG sowie § 470 RAO 1931 wegen der Bindung des Strafrichters gegen Art. 104 II 1 GG (ausf. 1. Aufl. Einl 66). Geltend gemacht wurde auch, dass die strafrechtliche Entscheidungsbefugnis der FinB mit Art. 6 I MRK unvereinbar sei, so zB v. *Weber* ZStW 65 (1953) 337; MDR 1955, 386; *Woesner* NJW 1961, 1381; aM etwa *Echterhölter* JZ 1956, 145.

82 **Die Bundesregierung** hatte 1957 auf die Entschließungen des BT (s. Rn. 75) ein Rechtsgutachten von *Friedrich Klein* eingeholt und sich fortan dessen Meinung, das Verwaltungsstrafverfahren sei als *„Vorschaltverfahren"* rechtmäßig, angeschlossen; zu den Stellungnahmen gegenüber dem BT s. Rn. 88 sowie in fortschreitend abgeschwächter Form Begr. zu den Entwürfen eines AO-StPO-ÄG (BT-Drs. IV/2476 S. 15) und eines AOStrafÄndG (BT-Drs. V/1812 S. 18). Unterdessen veröffentlichten die obersten FinB des Bundes und der Länder Erlasse betr. *Durchführung des Unterwerfungsverfahrens nach § 445 AO 1931* (BZBl. 1956, 570, 668; 1960, 324; BStBl. II 1956, 71; BStBl. II 1960, 127), betr. *Abgabe von Steuerstrafverfahren an die StA* (BZBl. 1960, 378; BStBl. II 1960, 161) und betr. *Wiederaufnahme von Verwaltungs-Steuerstrafverfahren* (BZBl. 1960, 333; BStBl. II 1960, 127), die rechtsstaatliche Erfordernisse stärker hervorkehren sollten.

83 **Die Rechtsprechung** hatte mit Urt. des BFH v. 7.4.1954 (BStBl. III 1954, 165) zunächst geklärt, dass mit Rücksicht auf Art. 19 IV GG – abw. vom Wortlaut des § 450 II 1 RAO 1931 – auch gegen Beschwerdebescheide der OFD gerichtliche Entscheidung beantragt werden konnte. Die ursprüngliche Auffassung des BFH, dass der Rechtsweg zu den *Finanz*gerichten führe, wurde nach heftiger Kritik im Schrifttum durch Urt. des BFHGrS v. 10.2.1958 (BStBl. 198) zugunsten der ordentlichen Gerichte geändert. Diese Entscheidung wurde auch von den ordentlichen Gerichten gebilligt (OLG Karlsruhe 25.4.1958, ZfZ 1958, 245; BGH 21.4.1959, BGHSt 13, 102). In der grundsätzlichen Frage der Verfassungsmäßigkeit der Strafgewalt der FinB folgte der 1. StrS des BGH 21.4.1959, BGHSt 13, 102, der Auffassung von *Friedrich Klein* (s. Rn. 82). Obwohl das Urteil im Schrifttum überwiegend abgelehnt wurde (zB *A. Arndt* NJW 1959, 1230; *Bettermann* DÖV 1959, 761), blieb es für die Rspr der ordentlichen Gerichte richtungweisend (BGH 20.7.1960, BGHSt 15, 73; OLG Hamm 10.11.1961, NJW 1962, 827; OLG Frankfurt 23.9.1964, NJW 1965, 261; OLG Oldenburg 23.10.1964, MDR 1965, 219; zw. BVerwG 13.6.1959, BVerwGE 12, 322, 325; OLG Köln 15.7.1966, NJW 1966, 2229).

84 **Das Bundesverfassungsgericht** war mit der Prüfung des Verwaltungsstrafverfahrens erst seit 1960 befasst, und zwar mit den Verfassungsbeschwerden 2 BvR 53 u. 375/60 gegen Strafbescheide eines FA, der Verfassungsbeschwerde 2 BvR 18/65 gegen eine Unterwer-

fungsverhandlung und dem Vorlagebeschluss 2 BvL 1/62 des AG Kassel (DB 1962, 1161), der jedoch unzulässig war (ausf. 1. Aufl. Einl 69). Auf die Verfassungsbeschwerden erkannte das BVerfG durch Urt. v. 6.6.1967 (BVerfGE 22, 49):

„Kriminalstrafen können nach Art. 92 erster Halbsatz GG nur durch die Richter verhängt werden. **85** *Sie dürfen deshalb auch bei minder gewichtigen strafrechtlichen Unrechtstatbeständen nicht in einem Verwaltungsvorverfahren ausgesprochen werden. §§ 421 II, 445 und 447 I [RAO 1931], nach denen die Finanzämter Kriminalstrafen verhängen können, sind deshalb mit dem Grundgesetz unvereinbar und daher nichtig“* (Leitsätze). In den Gründen wurde ferner ausgesprochen, dass *„diejenigen Vorschriften der RAO, die sich auf die nichtigen Bestimmungen beziehen, vorab § 470 RAO, gegenstandslos werden“*. Die Entscheidung war, soweit sie sich auf das Strafbescheidsverfahren bezog, mit 4 gegen 3 Stimmen, soweit sie die Unterwerfung betraf, einstimmig ergangen; krit. *Schmidt-Bleibtreu* BB 1967, 832; *Cordier* NJW 1967, 2141. Über die in der Zeit zwischen der Verkündung des Urt. des BVerfG vom 6.6.1967 (BGBl. 1967 I 625) und dem In-Kraft-Treten des AOStrafÄndG (Rn. 91) am 13.8.1967 bestehende Rechtslage vgl. BdF v. 15.6.1967 u. FinB Hamburg v. 26.6.1967, DStZ/B 274, 298, sowie *Franzen* DStR 1967, 433.

7. AOStrafÄndG 1967/68 und OWiG 1968

Angesichts der rechtspolitischen und verfassungsrechtlichen Kritik an der Strafbefugnis **86** der FinB hatte das BMF bereits seit 1959 eine Reform des Steuerstrafverfahrens vorbereitet (ausf. 1. Aufl. Einl 73), die schließlich am 13.5.1964 als **Entwurf eines Gesetzes zur Änderung strafrechtlicher Vorschriften der Reichsabgabenordnung sowie zur Änderung der Strafprozeßordnung und anderer Gesetze (AO-StPO-ÄG)** am 13.5.1964 von der BReg beschlossen wurde (BR-Drs. 227/64). Wesentlicher Inhalt war im 1. Teil die Abschaffung des Verwaltungsstrafverfahrens und die Aufhebung einzelner Vorschriften des materiellen Steuerstrafrechts, die gegenstandslos waren oder mit allgemeinen Grundsätzen des Strafrechts nicht mehr in Einklang standen, im 2. Teil eine Reform der Vorschriften der StPO über das Einziehungsverfahren (ausf. *Göhler* Beilage zum BAnz 138/64). Nach Beschlussfassung des BR am 5.6.1964 (Sitzungsbericht S. 97) wurde der Entwurf am 18.7.1964 im BT eingebracht (BT-Drs. IV/2476) und am 16.10.1964 federführend dem Finanzausschuss überwiesen (Sten. Ber. S. 6905 D), der im letzten Jahr der 4. Legislaturperiode jedoch nicht mehr in der Lage war, die Beratungen aufzunehmen. In der Öffentlichkeit hatte der Entwurf zwiespältige Aufnahme gefunden, namentlich in Kreisen der Wirtschaft und der steuerberatenden Berufe, die an einer Beibehaltung des Unterwerfungsverfahrens interessiert waren (Schrifttum s. 1. Aufl. Einl 73).

Zu Beginn der 5. Legislaturperiode brachte die BReg im Oktober 1966 die Ent- **87** würfe eines neuen OWiG (BT-Drs. V/1269) und eines EGOWiG (BT-Drs. V/1319) ein. Der Entwurf des OWiG ermöglichte es, die Reform des Steuerstrafrechts auf die materiellen Vorschriften auszudehnen und bestimmte Zuwiderhandlungen, die bis dahin mit Strafe bedroht waren, in Ordnungswidrigkeiten umzuwandeln. Dieses Vorhaben entsprach einer alten Forderung des BT (Rn. 75) und dem mit der Strafrechtsreform von Anfang an verfolgten Bestreben der BReg, im gesamten Bereich des Strafrechts eine Trennung zwischen kriminellem Unrecht und Ordnungsunrecht vorzunehmen. Bei der Unterscheidung der Zuwiderhandlungen gegen Steuergesetze wurde als maßgebend erachtet, welche Handlungen mit Taten vergleichbar waren, die auch nach dem E 1962 mit krimineller Strafe bedroht bleiben sollten. Demgemäß blieben in dem neuen **Entwurf eines Gesetzes zur Änderung strafrechtlicher Vorschriften der Reichsabgabenordnung und anderer Gesetze (AOStrafÄndG)** Steuerhinterziehung, Bannbruch, Steuerhehlerei, Steuerzeichenfälschung und die Verletzung des Steuergeheimnisses dem kriminellen Unrecht zugeordnet. Andererseits sollten leichtfertige Steuerverkürzung, Steuergefährdung iS des § 406 RAO 1956 (Rn. 74) und die Vergehen nach § 413 RAO 1956 zu Steuerordnungswidrigkeiten herabgestuft werden. Die Vorschriften über das Steuerstrafverfahren wurden aus dem verfallenen Entwurf eines AO-StPO-ÄG (Rn. 86) übernommen. Zur Regelung des Bußgeldverfahrens wegen Steuerordnungswidrigkeiten wurde weitgehend auf die Vorschriften des OWiG-Entwurfs verwiesen. Der Entwurf des AOStrafÄndG wurde am 30.5.1967 im BT eingebracht (BT-Drs. V/1812) und am 9.6.1967 ohne Aussprache an die zuständigen Ausschüsse überwiesen (Sten. Ber. S. 5553 A).

88 Der Entschließung des BR (BT-Drs. V/1812, 47), die endgültige Entscheidung über die Beseitigung des Unterwerfungsverfahrens bis zur Entscheidung des BVerfG über die anhängigen Verfassungsbeschwerden (Rn. 84) zurückzustellen und das Unterwerfungsverfahren beizubehalten, falls das BVerfG dies zulasse, widersprach die BReg in ihrer Gegenäußerung wie folgt: *„Nach Auffassung der BReg würde es rechtsstaatlichen Grundsätzen zuwiderlaufen, wenn trotz der … Trennung des Ordnungsunrechts vom Kriminalunrecht die Ahndungsbefugnis der FÄ bei den verbleibenden Straftaten beibehalten würde … Die Ahndung von kriminellem Unrecht sollte den Gerichten vorbehalten bleiben. Zu berücksichtigen ist außerdem, daß die Vorschriften über die Strafbefugnis der FÄ ohnehin auf die Dauer nicht fortgelten könnten, weil sie mit dem künftigen Tagessatzsystem des Entwurfs eines neuen StGB … unvereinbar sind. Es besteht im übrigen kein unabweisbares Bedürfnis dafür, das Unterwerfungsverfahren beizubehalten … Das Verfahren kann … dadurch abgeschlossen werden, daß an die Stelle der bisher notwendigen Genehmigung der Unterwerfungsverhandlung der Erlaß des richterlichen Strafbefehls tritt. Bei den Steuerordnungswidrigkeiten kann das Verfahren künftig noch einfacher zum Abschluß gebracht werden …“* (BT-Drs. V/1812, 50).

89 Der Entwurf wurde nach dem Urt. des BVerfG 6.6.1967 (Rn. 85) bereits am 21./23.6.1967 von den Ausschüssen beraten (Schriftl. Ber. BT-Drs. V/1941) und in der Plenarsitzung am 28.6.1967 verabschiedet (Sten. Ber. S. 5781). Dabei mussten diejenigen Teile, welche die Einführung von Steuerordnungswidrigkeiten betrafen, wegen ihrer Verzahnung mit dem noch nicht zu Ende beratenen OWiG-Entwurf abgetrennt werden. Aus dem Abschnitt über das Strafverfahren wurde – nach lebhafter Debatte und mit knapper Mehrheit – die Vorschrift über die Nebenklagebefugnis des FA gestrichen. Abgelehnt wurde ferner eine Vorschrift, nach der eine Durchsicht der Geschäftspapiere des von einer Durchsuchung Betroffenen – abw. von § 110 StPO aF – auch der StA und dem FA zustehen sollte (krit. *Franzen* DStR 1967, 437), sowie eine dem § 468 RAO idF der FGO (Rn. 80) wörtlich entsprechende Vorschrift über die Bindung des Strafrichters an Entscheidungen des BFH über steuerrechtliche Vorfragen. Nachdem die Mehrheit der Länder im BR am 14.7.1967 einen Antrag von Nordrhein-Westfalen, den Vermittlungsausschuss anzurufen, nicht unterstützt hatte, wurde das **AOStrafÄndG v. 10.8.1967** am 12.8.1967 verkündet (BGBl. 1967 I 877) und trat am 13.8.1967 in Kraft (vgl. *Göhler* Beil. zum BAnz 152/67; *Franzen* DStR 1967, 433, 533, 564; *Loose* DStZ 1967, 277; krit. *Naumann* FR 1967, 395; *Scheuffele* BB 1967, 953; *Skuhr* JR 1967, 370; *Rössler* MDR 1968, 288 u. StW 1968, 139).

90 **Die Beratungen des BT über das OWiG und das EGOWiG** wurden im März 1968 abgeschlossen (Schriftl. Ber. BT-Drs. V/2600 u. 2601). Die Gesetze wurden vom BT am 27.3.1968 verabschiedet (Sten. Ber. S. 8484). Gegen beide Gesetze rief der BR am 26.4.1968 den Vermittlungsausschuss an (Sitzungsbericht S. 96), dessen Vorschlägen (BT-Drs. V/2888/89) der BT am 10.5.1968 (Sten. Ber. S. 9249), der BR am 10.5.1968 (Sitzungsbericht S. 113) zustimmte. **OWiG und EGOWiG v. 24.5.1968** (BGBl. I 481, 503) traten am 1.10.1968 in Kraft (vgl. *Göhler* JZ 1968, 583, 613).

91 **Die Beratungen des BT über die Einführung von Steuerordnungswidrigkeiten** wurden im Mai 1968 abgeschlossen (Schriftl. Ber. BT- Drs. V/2928). Die hierzu erforderlichen Vorschriften wurden mit wenigen Änderungen aus dem AOStrafÄndG-Entwurf (Rn. 87) übernommen und zu dem **2. AOStrafÄndG** zusammengefasst, das der BT am 31.5.1968 (Sten. Ber. S. 9680) verabschiedete. Die vom BR am 14.6.1968 durch Anrufung des Vermittlungsausschusses erhobenen Bedenken richteten sich hauptsächlich gegen den vom BT eingefügten § 448 RAO, nach welchem gegen Rechtsanwälte und steuerliche Berater wegen einer in Ausübung ihres Berufes begangenen Steuerordnungswidrigkeit ein Bußgeldbescheid erst erlassen werden durfte, wenn das ehren- oder berufsgerichtliche Verfahren in der sachgleichen Angelegenheit zu einer Maßnahme gegen den Berufsangehörigen geführt hatte (vgl. heute § 411 AO). Der BR wies darauf hin, dass diese Regelung den Gleichheitssatz des Art. 3 I GG verletze und mit anderen Gesetzen nicht übereinstimme, nach denen das ehren- oder berufsgerichtliche Verfahren hinter das allgemeine Verfahren zurücktritt (BT-Drs. V/3013). Indessen blieb gerade § 448 RAO nach den Vorschlägen des Vermittlungsausschusses bestehen, während anderen Anträgen des BR entsprochen wurde, namentlich der Erhöhung des Höchstbetrages der Geldstrafen gem. § 392 I RAO u. § 122 I BranntwMonG von 1 Mio auf 5 Mio DM. Den Antrag, die Verjährungsfrist für alle Steuerordnungswidrigkeiten auf 5 Jahre zu verlängern, berücksichtigte der Vermittlungsausschuss nur in Bezug auf die §§ 405 u. 406 RAO, obwohl Zuwiderhandlungen nach § 406 RAO stets innerhalb kurzer Zeit entdeckt werden und Zuwiderhandlungen nach § 405 RAO binnen 2 Jahren regelmäßig in eine mindestens versuchte Steuerhinterziehung übergehen. Den Vorschlägen des Vermittlungsausschusses (BT-Drs. V/3042) stimmten der BT am 26.6.1968 (Sten. Ber. S. 9920) und der BR am 5.7.1968 (Sitzungsbericht S. 180) zu. Das **2. AOStrafÄndG v. 12.8.1968** (BGBl. I 953) trat am 1.10.1968 – gleichzeitig mit dem OWiG und EGOWiG – in Kraft (vgl. *Bock* DB 1968, 1326; *Henneberg* BB 1968, 906; *Loose* DStZ 1968, 265; *Lohmeyer* GA 1969, 257; *Stobbe* ZfZ 1969, 193, 229, 264). Die Verfassungsmäßigkeit einzelner Vorschriften des neuen Rechts wurde wiederum in Zweifel gezogen, jedoch von den Gerichten letzten Endes bestätigt (ausf. 2. Aufl. Einl 74).

8. Einflüsse der Strafrechtsreform und anderer Gesetzesänderungen

Art. 64 des 1. StrRG v. 25.6.1969 (BGBl. I 645, 672) änderte § 401 I RAO, um diese 92
Vorschrift über die Aberkennung der Amtsfähigkeit und der Wählbarkeit als Nebenfolgen einer Freiheitsstrafe von mindestens einem Jahr wegen bestimmter Steuerstraftaten an die Neufassung des § 45 StGB anzupassen (1. Schriftl. Ber. BT-Drs. V/4094, 58).

Durch § 24 II VwKostG v. 23.6.1970 (BGBl. I 821) wurde § 449 III RAO eingefügt, 93
der über die Kosten des Bußgeldverfahrens wegen Steuerordnungswidrigkeiten eine dem heutigen § 412 III AO entsprechende Regelung traf (BR-Drs. 530/69, 6, BT-Drs. VI/330, 20, 22, Schriftl. Ber. BT-Drs. VI/605, 12).

Art. 5 AStG v. 8.9.1972 (BGBl. I 1713) erweiterte den Bußgeldtatbestand des § 405 II 94
RAO auf Zuwiderhandlungen gegen den neu eingefügten § 165d III RAO über die Pflicht, bestimmte Auslandsbeziehungen dem FA zu melden (Begr. BT-Drs. VI/2883, 34; heute § 379 II Nr. 1 iVm § 138 II AO).

Durch Art. 8 I des 1. StVRG v. 9.12.1974 (BGBl. I 3393, 3413) wurde § 438 II 95
RAO wie § 169b StPO über das Schlussgehör gestrichen und § 439 S. 2 RAO an die geänderte Fassung des § 110 I StPO über die Befugnis zur Durchsicht der Papiere des von der Durchsuchung Betroffenen sowie § 447 I Nr. 6 RAO an die geänderte Fassung des § 438 RAO angepasst (Begr. BT-Drs. 7/551, 1 13; Ausschussbericht BT-Drs. 7/2600, 15, 71).

Das 2. StrRG v. 4.7.1969 (BGBl. I 717) sollte die Reform des Allgemeinen Teils des 96
StGB abschließen und ursprünglich am 1.10.1973 in Kraft treten. Wegen der Schwierigkeiten, außer dem Besonderen Teil des StGB mehr als 300 sonstige Gesetze zu diesem Zeitpunkt anzupassen, musste das In-Kraft-Treten durch G v. 30.7.1973 (BGBl. I 909) auf den 1.1.1975 hinausgeschoben werden. Indessen ging das **EGStGB v. 2.3.1974** (BGBl. I 469) über eine bloße Anpassung hinaus und änderte in Art. 18 seinerseits wieder Vorschriften des 2. StrRG, bevor sie in Kraft getreten waren. In der **Neufassung des StGB v. 2.1.1975** (BGBl. I 2) erscheint der Allgemeine Teil in neuer Paragraphenfolge. Eine bedeutsame sachliche Änderung bildet die Bemessung der Geldstrafe nach Tagessätzen gem. § 40 StGB (Rn. 137 zu § 369). Auch wenn das Gesetz – wie zB § 373 AO – nur Freiheitsstrafe androht, kann das Gericht unter den Voraussetzungen des § 41 StGB *neben* der Freiheitsstrafe eine Geldstrafe verhängen oder unter den Voraussetzungen des § 47 II StGB *anstelle* einer kurzen Freiheitsstrafe allein auf Geldstrafe erkennen.

97 **Die Vorschriften des 3. Teils der RAO** wurden gem. Art. 161 EGStGB den Änderungen des StGB mWv 1.1.1975 angepasst (Antrag des Sonderausschusses für die Strafrechtsreform, BT-Drs. 7/1232, 272; Ausschussbericht BT-Drs. 7/1261, 51 f.). Zahlreiche Änderungen betrafen nur den Sprachgebrauch, vor allem den Austausch der Begriffe *„Steuervergehen"* und *„Zollvergehen"* durch *„Steuerstraftaten"* und *„Zollstraftaten"*. In systematischer Hinsicht wurde die Steuerzeichenfälschung (§ 399 RAO 1968) als eigenständiger Straftatbestand aufgehoben und durch die neuen §§ 148, 149 StGB über Wertzeichenfälschung und deren Vorbereitung ersetzt; der Straftatbestand der Verletzung des Steuergeheimnisses (§ 400 RAO 1968) wurde als § 355 StGB in das Strafgesetzbuch übernommen. Während auf die Verfolgung der Wertzeichenfälschung, soweit sie Steuerzeichen betrifft, auf Grund § 391 I Nr. 3 RAO idF des EGStGB (heute § 369 I Nr. 3 AO) wegen ihrer Eigenschaft als Steuerstraftat die Sondervorschriften über das Steuerstrafverfahren anzuwenden sind, hat die Verletzung des Steuergeheimnisses die formale Eigenschaft einer Steuerstraftat verloren, so dass für die Verfolgung – wie bei der Verletzung des Dienst- oder des Post- und Fernmeldegeheimnisses nach den §§ 206, 353b StGB – nur noch die Vorschriften der StPO und des GVG gelten. Die Tatbestände der Steuerhinterziehung, der leichtfertigen Steuerverkürzung und der Steuergefährdung wurden durch Ergänzungen des § 392 V und des § 405 I 2 RAO (heute § 370 VI, § 379 I 2 AO) auf Eingangsabgaben der Mitglieder der europäischen Freihandelsassoziation und die mit ihr assoziierten Staaten ausgedehnt; gleichzeitig wurde § 392 V 2 RAO 1968 (Wahrung der Gegenseitigkeit sowie des Grundsatzes *ne bis in idem* in dem anderen Staat) aufgegeben, da diese Voraussetzung bei keinem EG-Staat gegeben war und § 392 V RAO aF deshalb keine praktische Bedeutung erlangt hatte (*Donhauser* ZfZ 1974, 94). In der Fassung des EGStGB berücksichtigt § 392 V 2 RAO (heute § 370 VI AO) die Ablösung des Personalprinzips durch das Territorialprinzip nach § 3 StGB idF des 2. StrRG. § 398 RAO über Steuerhehlerei wurde hinsichtlich der Tathandlung an § 259 StGB über Sachhehlerei angepasst. § 402 I RAO wurde aufgehoben im Hinblick auf § 78 III Nr. 4 StGB. Die Verweisungsvorschriften des § 404 IV, des § 405 IV und des § 406 III RAO wurden ersetzt durch § 410 RAO (heute § 384 AO), der für die Verfolgung aller Steuerordnungswidrigkeiten eine 5-jährige Verjährungsfrist bestimmte. Der neue § 432a RAO (heute § 398 AO) eröffnete die Möglichkeit, bei geringwertiger Steuerverkürzung von der Verfolgung einer Steuerhinterziehung oder -hehlerei ohne Zustimmung des Gerichts abzusehen. Aufgehoben wurden § 429 RAO 1967 über die Rückgabe sichergestellter oder beschlagnahmter Sachen mit Rücksicht auf die allgemeine Regelung in § 111c VI StPO idF des Art. 19 Nr. 29 EGStGB sowie § 443 RAO 1967 über Besonderheiten des Abwesenheitsverfahrens, das durch Art. 19 Nr. 75 EGStGB allgemein beseitigt wurde (1. Antrag und 1. Bericht des Sonderausschusses für die Strafrechtsreform, BT-Drs. 7/1232, 273 f. und BT-Drs. 7/1261, 51); ausf. *Henneberg* BB 1974, 705.

98 **Durch das 3. ÄndGStBerG v. 24.6.1975** (BGBl. I 1509) wurde § 107a RAO über die Befugnis zur *geschäftsmäßigen Hilfeleistung in Steuersachen,* der durch Art. 2 RBerG v. 13.12.1935 (RGBl. I 1478) in die RAO eingefügt worden war, aus systematischen Gründen in das StBerG übernommen, da die Vorschrift dem Zweck der AO, das Besteuerungsverfahren zu regeln, nur mittelbar dient (Begr. BT-Drs. 7/2852, 29). Der Bußgeldtatbestand des § 409 RAO 1968 wurde durch § 160 StBerG idF v. 4.11.1975 (BGBl. 1975 I 2735) ersetzt und gleichzeitig erweitert auf Zuwiderhandlungen gegen das *Verbot der Werbung* nach § 8 StBerG. Im Bußgeldverfahren waren nach § 164 StBerG wegen der Zuständigkeit der FinB für die Ausführung des StBerG (Begr. BT-Drs. 7/2852, 29, 46) §§ 446, 447 I Nr. 1, 2, 5–8 und II sowie § 449 RAO (heute §§ 409, 4101 Nr. 1, 2, 6, 8, 9, 11 und II sowie § 412 AO) entsprechend anzuwenden.

99 Durch § 159 III 1 RAO idF des Art. 2 Nr. 3 des 3. ÄndGStBerG (heute § 46 IV 1 AO) wurde der *geschäftsmäßige Erwerb von Steuererstattungs- und Vergütungsansprüchen* zum Zwecke der Einziehung oder sonstigen Verwertung auf eigene Rechnung verboten und gem. § 409a RAO (heute § 383 AO) mit Geldbuße bis zu 100 000 DM bedroht. Damit soll der

Praxis unseriöser „Kreditgeber" begegnet werden, Erstattungsansprüche gegen eine vorbehaltlose Abtretung mit geringen Beträgen „vorzufinanzieren" und dabei die Unkenntnis mancher Arbeitnehmer, namentlich der damals so genannten Gastarbeiter, über die tatsächliche Höhe einer voraussichtlichen LSt-Erstattung auszunutzen (Begr. BT-Drs. 7/2852, 47).

9. Reform der Reichsabgabenordnung

Zu Beginn der 6. Legislaturperiode hatte Bundeskanzler *Brandt* bereits in seiner Regie- **100**
rungserklärung vom 28.10.1969 eine umfassende Reform der RAO angekündigt (Sten. Ber. S. 24). Der Regierungsentwurf einer „AO 1974" wurde am 19.3.1971 im BT eingebracht (BT-Drs. VI/1982), in einer Arbeitsgruppe „AO-Reform" des Finanzausschusses weitgehend beraten, jedoch wegen der vorzeitigen Auflösung des BT am 22.9.1972 nicht mehr verabschiedet. Zu Beginn der 7. Legislaturperiode wurde der Entwurf in unveränderter Fassung am 25.1.1973 aus der Mitte des BT von den Fraktionen der SPD und FDP erneut eingebracht (BT-Drs. 7/79), am 1.2.1973 dem Finanzausschuss federführend sowie dem Innen- und Rechtsausschuss mitberatend überwiesen (Sten. Ber. S. 424) und nach 25 Sitzungen eines Unterausschusses „AO-Reform" und weiteren 12 Sitzungen des Finanzausschusses am 27.11.1975 vom BT beschlossen (Bericht und Antrag des Finanzausschusses BT-Drs. 7/4292, Sten. Ber. S. 14 032ff.). Der BR rief am 18.12.1975 wegen verschiedener steuerrechtlicher Punkte (Sitzungsbericht S. 442) den Vermittlungsausschuss an, dessen Vorschlägen (BT-Drs. 7/4664) der BT am 12.2.1976 (Sten. Ber. S. 15 407ff.) und der BR am 20.2.1976 (Sitzungsbericht S. 38f.) zustimmten. Als **Abgabenordnung (AO 1977) v. 16.3.1976** (BGBl. I 613) trat das Gesetz am 1.1.1977 in Kraft; vorweg traten die Ermächtigungsvorschriften (u. a. § 382 IV, § 387 II, § 391 II AO) gem. § 415 II AO bereits am 24.3.1976 in Kraft (krit. *Hübner* JR 1977, 58).

Der 8. Teil der AO 1977 enthält die §§ 369–384 AO über Steuerstraftaten und Steuer- **101**
ordnungswidrigkeiten sowie die §§ 385–412 AO über das Straf- und Bußgeldverfahren. Gliederung und Wortlaut der Vorschriften entsprechen weitgehend dem Rechtszustand am 1.1.1975 (Rn. 96ff.). Bedeutsame Änderungen birgt die neue Fassung der *Steuerhinterziehung.* § 370 I AO unterscheidet 3 Begehungsformen: unrichtige oder unvollständige Angaben über steuerlich erhebliche Tatsachen, pflichtwidriges In-Unkenntnis-Lassen der FinB über steuerlich erhebliche Tatsachen sowie pflichtwidriges Unterlassen der Verwendung von Steuerzeichen oder Steuerstemplern; das ungeschriebene Tatbestandsmerkmal der Steuerunehrlichkeit (1. Aufl. Rn. 39ff. zu § 392 RAO) ist gegenstandslos geworden. § 370 III AO verschärft die Strafdrohung auf Freiheitsstrafe von 6 Monaten bis zu 10 Jahren für *besonders schwere Fälle,* für die das Gesetz vier Beispiele anführt. § 370 IV AO definiert die Steuerverkürzung und bestimmt als maßgebenden Zeitpunkt die Festsetzung, und zwar gegenüber einer bisher unsicheren Rspr auch die *vorläufige* Steuerfestsetzung (so schon BGH 1.1.1966, DStZ/B 1967, 32; zw. BGH 20.7.1965, ZfZ 1966, 23; BFH 12.11.1975, DB 1976, 468; aM BayObLG 27.5.1964, NJW 1964, 2172; OLG Hamm 25.3.1960, NJW 1960, 1830). § 370 II AO erklärt – wie § 393 I RAO – den Versuch der Steuerhinterziehung für strafbar; der bisherige § 393 II RAO, der bei bestimmten Steuern die Irreführung der mit der Wertermittlung befassten Behörden dem Versuch der Steuerhinterziehung gleichsetzte, ist weggefallen. Weggefallen ist ferner die Gleichsetzung der Strafdrohung für eigennützige Begünstigung mit der Strafdrohung für Steuerhinterziehung. § 371 AO regelt die *Selbstanzeige* bei Steuerhinterziehung wie vorher § 395 RAO mit der Änderung, dass die Nachzahlung der hinterzogenen Steuern als Voraussetzung der Straffreiheit im Hinblick auf eine kriminalpolitisch unerwünschte Auslegung (BayObLG 27.4.1972, BayObLGSt 1972, 105) statt auf *„die Steuern, die er schuldet"* auf *„die zu seinen Gunsten hinterzogenen Steuern"* bezogen wird. Der Tatbestand des *schweren Schmuggels* wurde bei gewerbsmäßigem Bannbruch nach § 373 I AO abw. von § 397 I RAO beschränkt auf Zuwiderhandlungen gegen Monopolvorschriften; die Strafvorschriften des § 373 II Nr. 1–3 AO über gewaltsame und bandenmäßige Begehungsweise wurden an entsprechend qualifizierte Tatbestände

des schweren Diebstahls nach § 244 I Nr. 1–3 StGB idF des 1. StrRG und des schweren Raubes nach § 250 I Nr. 1, 2 u. 4 StGB idF des EGStGB angepasst.

102 **Die Vorschriften über das Straf- und Bußgeldverfahren** wurden nur vereinzelt geändert. Der neue § 385 II AO berücksichtigte die Rspr des BGH, der – abw. von der in 1. Aufl., Rn. 176 zu § 392 RAO vertretenen Auffassung – das Vorspiegeln eines Sachverhalts, um Steuererstattungen oder -vergütungen zu erlangen, als Betrug nach § 263 StGB beurteilt hatte (BGH 11.4.1972, NJW 1972, 1287; BGH 17.10.1973, ZfZ 1974, 148); das Gesetz bestimmt nun für die Verfolgung solcher Straftaten jedenfalls die Anwendung der Vorschriften über das Steuerstrafverfahren mit Ausnahme von § 386 II und §§ 399–401 AO (vgl. aber Rn. 36 zu § 385). Die Möglichkeit der Aussetzung des Steuerstrafverfahrens bis zum rechtskräftigen Abschluss des Besteuerungsverfahrens, die nach § 442 RAO nur für das gerichtliche Verfahren gegeben war, wurde durch Einordnung des neuen § 396 AO in die allgemeinen Vorschriften auf das Ermittlungsverfahren ausgedehnt. § 405 AO regelt die Entschädigung der Zeugen und Sachverständigen, die bereits im Ermittlungsverfahren von einer FinB zu Beweiszwecken herangezogen werden. Abw. von dem bisher geltenden Recht und dem Vorschlag des Entwurfs, eine dem § 448 RAO 1967 (Rn. 91) entsprechende Vorschrift beizubehalten, hat sich der BT der Auffassung des BR angeschlossen, dass es – auch unter dem Gesichtspunkt des Gleichheitsgrundsatzes – nicht zu vertreten ist, den Erlass eines Bußgeldbescheides gegen einen Angehörigen der steuerberatenden Berufe wegen einer Steuerordnungswidrigkeit von einer vorherigen ehren- oder berufsgerichtlichen Maßnahme oder von einer Rüge der Berufskammer abhängig zu machen, jedoch ist – gegen das Votum des Rechtsausschusses – nach § 411 AO in diesen Fällen vor Erlass eines Bußgeldbescheides der zuständigen Berufskammer Gelegenheit zu geben, die Gesichtspunkte vorzubringen, die aus ihrer Sicht für die Entscheidung von Bedeutung sind (BT-Drs. 7/4292, 8, 9 u. 48).

103 Die übrigen Verfahrensvorschriften entsprechen meist wörtlich den §§ 420 ff. RAO mit der Änderung, dass der Begriff *„Finanzamt"* mit Rücksicht auf die im Steuerstrafverfahren tätigen Hauptzollämter, die Zollfahndungsämter und die mit der Steuerfahndung betrauten Dienststellen der Landesfinanzbehörden jeweils durch den allgemeinen Begriff *„Finanzbehörde"* ersetzt worden ist. Im 4. Teil der AO 1977, der die Vorschriften über die Durchführung der Besteuerung enthält, bestimmt der neue § 208 AO die Aufgaben und Befugnisse der Steuer- und Zollfahndung; § 404 und § 410I Nr. 9 AO regeln ihre besonderen Befugnisse im Steuerstraf- und Bußgeldverfahren (vgl. § 439 RAO 1967 und § 19 FVG aF).

104 **Durch das EGAO v. 14.12.1976** (BGBl. I 3341) wurden die Bundesgesetze einzeln an die AO 1977 angepasst. Abw. vom alten Recht bestimmen Art. 5, 50, 74, 82 und 83 EGAO durch die Vorschriften des § 29a BerlinFG, des § 8 II WoPG, des § 5b II SparPG (bis 31.12.1999), des § 5a BergPG und des § 14 III des 5. VermbG, dass für Arbeitnehmerzulage in Berlin (West), Wohnungsbauprämie, Sparprämie, Bergmannsprämie und Arbeitnehmer-Sparzulage die Vorschriften der AO über Steuervergütungen sowie insbes. die Strafvorschriften des § 370 I–IV, der §§ 371, 375 I und des § 376 bzw. die Bußgeldvorschriften der §§ 378, 379 I, IV und des [§ 383 und] § 384 AO entsprechend gelten; ferner gelten in diesen Fällen und bei Begünstigung nach § 257 StGB für das Strafverfahren die §§ 385–408 bzw. für das Bußgeldverfahren die §§ 409–412 AO. Das Erschleichen oder leichtfertige Erwirken einer Zulage oder Prämie ist also wie Steuerhinterziehung nach § 370 AO strafbar bzw. wie leichtfertige Steuerverkürzung nach § 378 AO mit Geldbuße bedroht, wobei der Täter durch Selbstanzeige nach § 371 bzw. § 378 III AO Straf- oder Bußgeldfreiheit erlangen kann (vgl. ferner § 35 I MOG idF der Bekanntmachung vom 20.9.1995 (BGBl. I 1146) sowie § 14 AbwAG). Diese Ausdehnung des Anwendungsbereichs von Vorschriften des 8. Teils der AO auf Zulagen und Prämien, bei denen bisher nur (vorsätzliches) Erschleichen als Betrug nach § 263 StGB strafbar war, beruht im Wesentlichen auf der Initiative des BT (Antrag und Bericht des Finanzausschusses BT-Drs. 7/5456 u. BT-Drs. 7/5458, 1 sowie 6); der Regierungsentwurf des EGAO hatte sie nur für die Arbeitnehmerzulage nach § 29 BerlinFG, darüber hinaus aber auch für die Investitionszulagen nach dem InvZulG

und nach § 19 BerlinFG vorgesehen (BT-Drs. 7/261, 38, 53, u. 55). Die vom Gesetzgeber getroffene Unterscheidung zwischen Subventionen, deren Erschleichung nach § 264 StGB strafbar ist, und Zulagen und Prämien, deren Erschleichung nach § 370 AO strafbar ist, richtet sich danach, ob es sich um Leistungen der öffentlichen Hand zur Förderung der Wirtschaft oder um Leistungen auf dem sozialen Sektor handelt (Begr. zum 1. WiKG, BT-Drs. 7/3441, 23 f., sowie Bericht und Antrag des Sonderausschusses für die Strafrechtsreform, BT-Drs. 7/5291, 10 ff.). Für die Verfolgung der Erschleichung einer Investitionszulage sowie einer Begünstigung – strafbar nach § 264 StGB bzw. § 257 iVm § 264 StGB – schreiben § 20 BerlinFG und § 8 InvZulG 1999 die entsprechende Anwendung der §§ 385–408 AO über die Verfolgung von Steuerstraftaten vor, da die Gewährung der Investitionszulagen von den Finanzbehörden verwaltet wird, die auf dem betreffenden Gebiet auch für die Gewährung von indirekten Subventionen in Form von Steuervergünstigungen zuständig sind (Begr. BT-Drs. 7/ 3441, 48, Bericht und Antrag des Sonderausschusses für die Strafrechtsreform, BT-Drs. 7/5291, 24).

10. Weitere Änderungen

Durch Art. 5 **StVÄG 1979 v. 5.10.1978** (BGBl. I 1645, 1653) wurde § 391 III AO mit Rücksicht auf § 74c I Nr. 3 und § 74e GVG beschränkt auf die Konzentration der Zuständigkeit für Steuerstraftaten beim Amtsgericht; gleichzeitig wurde in § 400 AO der Begriff *„Strafrichter"* der Änderung des § 408 StPO entsprechend durch *„Richter"* ersetzt (Begr. BT-Drs. 8/976, 70 f.). Durch Art. 5 **G zur Neuordnung des Betäubungsmittelrechts v. 28.7.1981** (BGBl. I 681, 702) wurde die Ausnahmevorschrift des § 391 IV Hs. 2 AO, nach der die gem. § 391 I 1 AO für den Regelfall vorgeschriebene Konzentration der Zuständigkeit unterbleibt, auf diejenigen Fälle ausgedehnt, in denen mit der Steuerstraftat eine Straftat nach dem BtMG zusammentrifft, um die *„Kenntnis der örtlichen Verhältnisse, insbesondere der örtlichen Drogenszene"* zu nutzen (Begr. BR-Drs. 546/79, 39, BT-Drs. 8/ 3551, 48 u. 54). 105

Art. 17 SteuerreformG 1990 v. 25. Juli 1988 (BGBl. I 1093, 1128) unternahm mit dem Gesetz über die strafbefreiende Erklärung von Einkünften aus Kapitalvermögen und von Kapitalvermögen (StrbEG) einen erneuten Versuch (vgl. Rn. 56), mittels einer Steueramnestie unbekannte Steuerquellen zu erschließen. Bis zum 31. Dezember 1990 befristet, wurde eine Möglichkeit geschaffen, durch die Nacherklärung von Einkünften und Vermögensteilen für bestimmte Jahre nicht nur Straffreiheit zu erlangen, sondern auch entgegen §§ 169 II 2, 173 I Nr. 1 AO eine Änderung für Altjahre zu verhindern (dazu *Joecks* Die neue Verwaltungsregelung zum Steueramnestiegesetz, 1989). Art. 2 des USt-BinnenG v. 25.8.1992 (BGBl. I 1548) führte zu einer Änderung des § 370 VI 2–4, VII, § 372 I, § 379 II 3 und zu einer Erweiterung der deutschen Strafgewalt bei der Verkürzung von Steuern ausländischer Staaten (Rn. 39 ff. zu § 370 AO). Einer weiteren Anpassung diente das 3. Gesetz zur Änderung des Steuerbeamten-Ausbildungsgesetzes v. 21.12.1992 (BGBl. 1992 I 2118). Schließlich brachte Art. 8 des Verbrauchsteuer-Binnenmarktgesetzes v. 21.12.1992 (BGBl. I 2150, 2203) eine weitere Änderung des § 370 VI AO zur Anpassung an den Binnenmarkt. Ein dem Gesetzgeber insoweit unterlaufener Fehler wurde mit dem EGFinSchG v. 10.9.1998 (BGBl. II 2322) zwischenzeitlich korrigiert (vgl. Rn. 47 zu § 370). Mit Art. 4 des Grenzpendlergesetzes v. 24.6.1994 (BGBl. I 1395) wurde in § 382 Abs. 1 eine Anpassung an die durch die Aufhebung des Zollgesetzes und die zum 1.1.1994 wirksam gewordene Einführung des § 31 ZollVG bzw. § 30 ZollVO vorgenommen. Endlich wurde § 32 ZollVG in seinem Wortlaut durch das ZollVÄndG v. 20.12.1996 (BGBl. I 2030) der großzügigen Durchführung in der Praxis angepasst (vgl. *Bender* ZfZ 1997, 110). 106

Im Zuge der Einführung des Euro wurde durch Gesetz vom 19.12.2000 (BGBl. I 1790) in den Bußgeldtatbeständen der AO mWv 1.1.2002 jeweils der DM-Betrag auf EUR umgestellt. Durch das Steuerverkürzungsbekämpfungsgesetz (StVBG) v. 19.12.2001 (BGBl. I 107

3922) wurde ein Verbrechenstatbestand der gewerbsmäßigen oder bandenmäßigen Steuerhinterziehung als § 370a in die Abgabenordnung eingestellt; zugleich wurden mit den §§ 26b, 26c UStG ein Ordnungswidrigkeiten- und ein Straftatbestand eingeführt, der die Nichtzahlung von Umsatzsteuer unter bestimmten Voraussetzungen sanktioniert. Der vordergründig auf die Bekämpfung der Umsatzsteuerkarussellgeschäfte ausgerichtete § 370a wurde wenig später mit Wirkung v. 28.7.2002 im Zusammenhang mit dem 5. Gesetz zur Änderung des Steuerbeamtenausbildungsgesetzes wiederum geändert und erhielt die bis 28.12.2007 geltende Fassung (BGBl. I 2715, 2722; vgl. Rn. 14 zu § 370).

108 Durch Art. 1 des Gesetzes zur Förderung der Steuerehrlichkeit wurde ein Strafbefreiungserklärungsgesetz (StraBEG) eingeführt (Gesetz v. 23.12.2003, BGBl. I 2928; BStBl. I 2004 22). Die Regelungen des Strafbefreiungserklärungsgesetzes treten neben die der Selbstanzeige und sehen eine pauschale Nachversteuerung vor, die für den Regelfall deutlich günstiger ist als die Nachzahlung im Rahmen des § 371 III AO. Das StraBEG ist im Anhang 2 der 6. Aufl. kommentiert.

109 Durch das 1. JuMoG vom 24.8.2004 (BGBl. I 2198) wurde § 152 Abs. 1 GVG dahingehend geändert, dass der Begriff des Hilfsbeamten durch den der Ermittlungsperson ersetzt wurde. Folgeänderungen ergaben sich hierfür bei den §§ 392, 397, 399, 404 AO (Art. 12g Abs. 11, BGBl. I 2208). Das Gesetz ist am 1.9.2004 in Kraft getreten.

110 Durch Art. 3 des Gesetzes zur Neuregelung der Telekommunikationsüberwachung und anderer verdeckter Ermittlungsmaßnahmen sowie zur Umsetzung der RL 2006/24/EG vom 21.12.2007 wurde mWv 1.1.2008 § 370a gestrichen. Gleichzeitig wurden der besonders schwere Fall in § 370 III 2 Nr. 1 AO modifiziert und eine neue Nummer 5 eingeführt. Siehe dazu auch Rn. 14 zu § 370.

111 Durch das JStG 2009 wurde eine bedeutsame Änderung der Verfolgungsverjährung vorgenommen. Die bisher geltende fünfjährige Verjährungsfrist wurde für Fälle, die als benannte Regelbeispiele im § 370 III 2 AO enthalten sind, von fünf auf 10 Jahre verlängert (vgl. Rn. 16 ff. zu § 376).

112 Durch das Schwarzgeldbekämpfungsgesetz wurde mWv 3.5.2011 die strafbefreiende Selbstanzeige (§ 371) grundlegend umgestaltet und erschwert, Teilselbstanzeigen gibt es nicht mehr; für Hinterziehungen großen Ausmaßes gibt es nur noch die Möglichkeit einer obligatorischen Einstellung nach Zahlung eines Zuschlags (§ 398a). Mit einem Gesetz v. 19.12.2014 wurden die Anforderungen an den zeitlichen Umfang der Selbstanzeige erhöht, der Schwellenbetrag für die Selbstanzeige gesenkt und zugleich die Möglichkeit wiedereröffnet, trotz laufender Außenprüfung für nicht in den Prüfungszeitraum fallende Jahre eine Selbstanzeige zu erstatten.

11. Organisatorische Entwicklung

113 **In der Finanzverwaltung** hatte eine fortschreitende Konzentration der Ermittlung, Verfolgung und Ahndung von Steuerverfehlungen bereits in den 50 er Jahren begonnen, und zwar mit der Organisation von Steuerfahndungsstellen und von Gemeinsamen Strafsachenstellen für den Bereich mehrerer FÄ. Die Gemeinsamen Strafsachenstellen nahmen zunächst nur eine zusammenfassende Sachbearbeitung der Steuerstrafsachen wahr; das für den jeweiligen Einzelfall zuständige FA blieb „Herr des Verfahrens" (Rn. 6 zu § 387). Später wurde durch RechtsVOen auf Grund § 422 II RAO 1967 (heute: § 387 II AO 1977) die Zuständigkeit zur Ausübung der gesetzlichen Befugnisse im Steuerstraf- und -bußgeldverfahren auf bestimmte FÄ und HZÄ konzentriert (Rn. 6 ff. zu § 387). Für die Fahndungsaufgaben wurden in der Bundesfinanzverwaltung auf Grund § 1 Nr. 4, § 12 I FVG seit 1971 als örtliche Behörden neben den HZÄ besondere *Zollfahndungsämter* gebildet. Demgegenüber ist die Steuerfahndung in den Finanzverwaltungen der Länder unterschiedlich organisiert. Überwiegend ist die Steuerfahndung als Dienststelle eines FA organisiert. Spezielle FÄ für Fahndung und Strafsachen gibt es in Berlin, Niedersachsen und Nordrhein-Westfalen (RK-*Roth* 28 zu § 404). In Hamburg sind Strafsachenstelle und

Steuerfahndung in sog. Einheitssachgebieten in einem FA für Strafsachen und Prüfungsdienste zusammengefasst (vgl. o. V. AO-StB 2007, 137). Zum gegenwärtigen Rechtszustand vgl. § 387 Rn. 6.

Durch Verwaltungsvereinbarung der Länder, in Hamburg ratifiziert durch G v. 16.1.1978 (GVBl. 1978, 25), wurde beim FA Wiesbaden II eine *Informationszentrale für den Steuerfahndungsdienst* eingerichtet; sie hat die Aufgabe, Informationen der mit Ermittlungen in Steuerstrafsachen betrauten Dienststellen der Landesfinanzbehörden in einer Steuerstraftäterkartei zu sammeln und den genannten Dienststellen hieraus Auskünfte zu geben; damit soll insbes. die Aufklärung der Fälle erleichtert werden, in denen Täter ständig den Wohnsitz wechseln und an mehreren Orten des Bundesgebietes oder in verschiedener Weise tätig werden (FinN 42/76). Für den Informationsaustausch mit ausländischen Steuerverwaltungen, der idR im Rahmen von DBA vereinbart wird (Rn. 157 ff. zu § 399), ist auf Grund § 5 I Nr. 5 u. 6 FVG das *Bundeszentralamt für Steuern* in Bonn zuständig. Für den Bereich der Zölle und Verbrauchsteuern hat der BdF seine Befugnisse zum Verkehr mit ausländischen Behörden in Anwendung der zwischenstaatlichen Vereinbarungen über die gegenseitige Unterstützung der Zollverwaltungen (Rn. 172 zu § 399 sowie RiVASt Anlage zu Anhang II) teilweise auf das *Zollkriminalamt* in Köln (früher: Zollkriminalinstitut) als Zentrale des Zollfahndungsdienstes übertragen (dazu Wabnitz/Janovsky/*Wamers* Kap. 20 Rn. 217 ff.); vgl. auch die Empfehlung des Rates der EWG für die Zusammenarbeit auf dem Gebiete des Zollwesens zur zentralen Erfassung von Auskünften über Zollhinterziehungen v. 3.11.1978 (BGBl. II 1366). 114

Von den Justizverwaltungen der Länder wurden erst geraume Zeit nach der Beseitigung des Verwaltungsstrafverfahrens (Rn. 86 ff.) Schwerpunktstaatsanwaltschaften zur wirksamen Bekämpfung der Wirtschaftskriminalität eingerichtet und mit bilanzkundigem Personal ausgestattet (vgl. *Schwind/Gehrich* JR 1980, 228). Demgegenüber hatte eine Spezialisierung der Gerichtsbarkeit für Steuerstrafsachen bereits auf Grund des § 476a RAO 1956 (Rn. 1 zu § 391 AO) mit der konzentrierten Zuständigkeit einer Abteilung *eines* AG in jedem LG-Bezirk und *einer* Strafkammer beim jeweiligen LG begonnen; vgl. später § 426 RAO 1967 und § 391 AO 1977. Die Regelung in der RAO gab das Vorbild für eine allgemeine Konzentration der Wirtschaftsstrafsachen bei *einem* LG für den Bereich mehrerer LGe durch RechtsV auf Grund der Ermächtigungsnorm des § 74c I Nr. 4 GVG, die durch Art. 1 G v. 8.9.1971 (BGBl. I 1513) eingeführt und zB in Nordrhein-Westfalen durch die VO über die Zusammenfassung der Wirtschaftsstrafsachen v. 7.8.1972 (GV. 1972, 255) alsbald genutzt wurde. Auf Grund des § 74c I Nr. 3 GVG in der durch Art. 6 Nr. 1 des 1. WiKG v. 29.7.1976 (BGBl. I 2034) geänderten Fassung wurde bei den LG die Bildung von *Wirtschaftsstrafkammern* vorgeschrieben (vgl. ferner Art. 2 Nr. 7 StVÄG 1979, Rn. 104). Besondere Steuerstrafkammern waren fortan entbehrlich (Rn. 4 zu § 391 AO); demgemäß wurde § 391 III AO auf *Steuerstrafabteilungen beim Amtsgericht* reduziert (Rn. 105). 115

Welchen Einfluss die **Finanzministerien** des Bundes und der Länder in Steuerstrafsachen nehmen dürfen, ist ungeklärt. Sicher ist zunächst, dass dieser nicht weiter reichen darf als der der Justizministerien in allgemeinen Strafverfahren (vgl. dazu *Kurzrock,* Die Zulässigkeit politischer Einflussnahme auf Strafverfahren, 2003). Die in Steuerstrafsachen tätigen Organe der FinB (Strafsachenstelle, Steuerfahndung) sind aber primär im justiziellen Bereich tätig, so dass schon fraglich ist, ob Anweisungen generalisierender Art wie etwa die für das Straf- und Bußgeldverfahren überhaupt eine Ermächtigungsgrundlage besitzen. Soweit darüber hinaus die Finanzverwaltung Merkblätter erarbeitet, die für den strafrechtlichen Bereich Verbindlichkeit beanspruchen, mangelt es an dieser. Äußerungen des Bundesfinanzministeriums, mögen sie auch mit den FinMin der Länder abgestimmt sein, haben im strafrechtlichen Bereich nicht mehr Aussagekraft als solche in der Literatur (*Joecks/Randt* DStR 2004, 337). 116

12. Ausblick

Über die inzwischen vollzogenen Änderungen des Steuerstrafrechts hinaus hat die von der BReg eingesetzte Kommission zur Bekämpfung der Wirtschaftskriminalität 117 vorgeschlagen, die Steuerstraftatbestände in das StGB zu übernehmen (Beschlüsse v. 1.–5.4.1974, zit. bei *Tiedemann,* Wirtschaftsstrafrecht 1 S. 17). Diese Maßnahme wäre zwar geeignet, die Sozialschädlichkeit der Steuerstraftaten zu unterstreichen und ihrer Einschätzung als Kavaliersdelikte entgegenzuwirken, jedoch überwiegen die systematischen Nachteile und die Erschwernisse einer abermaligen Gesetzesreform für die Praxis. Stattdessen liegt es nahe, die Steuerhinterziehung nach dem Vorbild der §§ 263 ff. StGB als *„Steuerbetrug"* zu bezeichnen. Abzuraten ist auch von der weiteren Empfehlung, die leichtfertige Steuerverkürzung mit Strafe zu bedrohen, soweit der Normadressat aufzeichnungspflichtig ist und zwischen Tathandlung und Aufzeichnungspflicht ein Zusammenhang besteht. Eine Kriminalisierung der leichtfertigen Steuerverkürzung hätte zwar den verfahrensökonomischen Vorteil, dass eine Tat, die sich von § 370 AO – je nach Ausgestaltung des § 378 AO – lediglich oder hauptsächlich in subjektiver Hinsicht unterscheidet, nach denselben Verfahrensvorschriften zu verfolgen wäre. Dieser Vorteil und der in der Praxis häufig begründete, oft aber nicht beweisbare Verdacht, dass der Täter in Wirklichkeit vorsätzlich gehandelt hat, dürfen jedoch nicht dazu verleiten, den Unrechtsgehalt einer wirklich nur leichtfertig verursachten Steuerverkürzung zu überschätzen (vgl. demgegenüber die bewusst höhere Bewertung der leichtfertigen Subventionsschädigung nach § 264 I Nr. 1, 2, III StGB idF des 1. WiKG, Begr. BT-Drs. 7/3441, 27; krit. SK-*Hoyer* 95 zu § 264 StGB). Wenn in der Praxis die Möglichkeiten des geltenden § 378 AO ausgeschöpft werden, fehlt auch ein kriminalpolitisches Bedürfnis für die empfohlene Verschärfung des Gesetzes. Wer als Aufzeichnungspflichtiger einmal durch ein Bußgeldverfahren und eine Geldbuße nach § 378 AO belehrt und gewarnt worden ist, wird bei wiederholter Tat kaum damit gehört werden können, dass er wieder ohne Vorsatz gehandelt habe.

118 **Ein Anreiz zu vorübergehenden Steuerverkürzungen** geht – je nach Niveau des Marktzinses – von der Regelung aus, dass *hinterzogene* Steuern nach § 235 AO nur mit 0,5 vH monatlich = 6 vH jährlich zu verzinsen sind. Von einer umfassenden Verzinsung aller Steuerschulden und Steuerguthaben hatte der Finanzausschuss des BT mit Rücksicht auf den unterschiedlichen Stand einer automatisierten Steuerfestsetzung und -erhebung in den Steuerverwaltungen der Länder zunächst abgesehen (BT-Drs. 7/4292, 7). Die mit Art. 15 Steuerreformgesetz 1990 v. 25.7.1988 (BGBl. 1988 I 1093) mWv 1.1.1989 eingeführte Vollverzinsung umfasst lediglich einen 4-Jahres-Zeitraum, der überdies erst 15 Monate nach Entstehung der Steuer beginnt, so dass die von *Franzen* in der 3. Aufl. (Rn. 82) angesprochenen Widersprüche nicht nur für die Fälle leichtfertiger Steuerverkürzung immer noch bestehen (vgl. aber Rn. 35 zu § 377). Die Regelung bleibt in sich widersprüchlich und erhöht den Anreiz, die Festsetzung und damit die Fälligkeit einer Steuer auf rechtswidrige Weise hinauszuschieben und darauf zu hoffen, dass der Verdacht vorsätzlichen Handelns nicht bewiesen werden kann. Überdies ist der Zinssatz für hinterzogene Steuerbeträge – zeitweise erheblich – niedriger als die üblichen Bankzinsen für kurzzeitige Überziehungskredite (krit. auch TK-*Loose* 1 zu § 235 AO mwN). Systematisch wie kriminalpolitisch erscheint es geboten, § 235 AO auf leichtfertig verkürzte Steuern auszudehnen und jedenfalls für vorsätzlich oder leichtfertig verkürzte Beträge einen Zinssatz in angemessener Höhe über dem jeweiligen Diskont- bzw. Basiszinssatz (vgl. etwa Art. 45 Nr. 2 ScheckG und § 247 BGB) vorzuschreiben. Es ist kaum nachvollziehbar, dass derjenige, der vorsätzlich unrichtige Steueranmeldungen abgibt, mit dem maßvollen Zinssatz des § 238 AO belastet wird, hingegen derjenige, der wahrheitsgemäß erklärt, gegebenenfalls von den Säumniszuschlägen in Höhe von 1 vH für jeden angefangenen Monat (§ 240 I AO) getroffen wird.

119 Schließlich sollte überlegt werden, inwiefern die Definition des Verkürzungserfolges in § 370 IV 1 AO nicht teilweise gegen das Übermaßverbot verstößt und einer Einschränkung bedürfte. Mit der Regelung wird eine Vielzahl von Fällen erfasst (vgl. Rn. 68 f. zu § 370). Das Spektrum reicht von dem Unternehmer, der planvoll, ohne dem FA bekannt zu sein, Geschäfte tätigt und steuerliche Pflichten nie erfüllt bis hin zu demjenigen, der als Unternehmer bekannt ist und sich der vollendeten Umsatzsteuerhinterziehung schuldig macht, wenn er die gesetzlich vorgeschriebene Voranmeldung nicht bis zum gesetzlichen Fälligkeitstag eingereicht hat. Hier wäre zu überlegen, ob man wirklich bei bekannten Stpfl immer gleich eine Straftat annehmen muss. Die jetzige Praxis ist überaus gekünstelt. Eine Vielzahl von Stpfl überschreitet bei der Abgabe von Anmeldungen bzw. Voranmeldungen den gesetzlichen Fälligkeitstermin, die verspätet abgegebene Anmeldung wird als strafbefreiende Selbstanzeige behandelt (Rn. 93 ff. zu § 371). Reicht der bekannte Stpfl eine Voranmeldung nicht ein, wird das FA ggf. aktiv werden. Zu erwägen wäre, diese Fälle aus dem § 370 IV 1 AO herauszunehmen und eine Ahndung im Rahmen einer dem § 26a UStG entsprechenden Regelung vorzusehen. Ähnliches könnte für die Nichtabgabe sonstiger Steuererklärungen solcher Stpfl vorgesehen werden, die beim FA erfasst sind, also mit Hilfe von Zwangsmitteln zur Abgabe der Steuererklärung angehalten bzw. geschätzt werden könnten (vgl. für Österreich *Plückhahn* wistra 1988, 1 ff.). Dass die Praxis sich zu helfen weiß, zeigt anschaulich der Umstand, dass man für verspätete Anmeldungen bzw. Voranmeldungen bei der Lohnsteuer und Umsatzsteuer contra legem im Verwaltungswege die Neuregelung insofern nicht anwenden will, als entsprechende verspätete Anmeldungen nicht als Selbstanzeigen behandelt und den Strafsachenstellen zugeleitet werden sollen, weil es sonst dort zum Stillstand der Rechtspflege käme. Dem trägt der zum 1.1.2015 eingefügte § 371 IIa jetzt Rechnung (Rn. 351 zu § 371).

Vor dem Hintergrund des defizitären Gesetzesvollzuges stellt sich im Übrigen die Frage, **120** inwiefern es nicht vernünftiger wäre, die Rechtslage der Wirklichkeit anzupassen. Wenn die wenigsten Fälle zu Urteilen, Strafbefehlen oder Bußgeldbescheiden führen, sondern nach § 153a StPO erledigt werden, könnte es angemessen sein, auf ein Ordnungswidrigkeitenrecht mit Multiplarstrafensystem umzustellen und den Tatbestand der Steuerhinterziehung den wirklich gravierenden Fällen vorzubehalten. Zur Zeit gibt es auf der einen Seite ein überaus scharfes Strafrecht, auf der anderen Seite den Rechtsanwender, der mit dessen Hilfe eine Drohkulisse aufbaut und den Stpfl ggf. zu tatsächlichen Verständigungen bewegt, die mit der Steuerrechtslage nicht in Übereinstimmung stehen. Insofern mag es allen Beteiligten helfen, wenn zB § 370 AO auf Wiederholungsfälle oder solche Täter beschränkt wird, die besonders schwere Fälle im Sinne des § 370 III AO begangen haben.

Demgegenüber scheint der 1. Strafsenat des BGH, auf den die Zuständigkeit in Steuer- **121** strafsachen zum 1.8.2008 übergegangen ist, der Auffassung zu sein, durch die verschärfende Auslegung steuerstrafrechtlicher Normen und die Verhängung höherer Strafen könne im Sinne einer negativen Generalprävention der Begehung von Steuerstraftaten entgegengewirkt werden (Rn. 573 zu § 370). Eine solche negative Generalprävention findet aber nach den Erkenntnissen der empirischen Sozialforschung gerade nicht statt (s. schon oben Rn. 25). Aktuelle Untersuchungen zeigen, dass eher im Sinne von Compliance agiert werden muss, wenn man der Steuerhinterziehung entgegentreten will. Die wirtschaftspsychologische Analyse von *Hofmann* (Steuermoral, 2010) zeigt deutlich, dass zwar die Kontrollwahrscheinlichkeit, nicht aber die Strafhöhe Einfluss auf die Begehung von Steuerhinterziehungen hat (*Hofmann,* Steuermoral, 2010, S. 15; siehe auch *Klein,* Steuermoral und Steuerrecht, 1997, S. 81 f.). Ähnliche Ergebnisse zeigt eine Untersuchung, die *Feld* und *Schneider* 2009 für die Stiftung Marktwirtschaft durchgeführt haben (Argumente zu Marktwirtschaft und Politik, Nr. 112, Januar 2011). Die der Untersuchung zu Grunde liegende Befragung von mehr als 2000 Bürgern zeigt überdies, dass diese eine sehr diffuse Vorstellung von der Sanktionspraxis nach Steuerhinterziehung haben. Die „Wahrscheinlichkeitsgewichtungsfunktion" führt dazu, dass Menschen geringe Risiken zu hoch bewerten, große Wahrscheinlichkeiten zu gering (*Schmidt* 2012 S. 99 f.).

Die Anforderungen des 1. Strafsenats führen in der Praxis namentlich der Großen **122** Strafkammern zu erheblichen Mehrbelastungen, denen man auch mit Absprachen nur begrenzt begegnen kann. Steuerhinterziehungen werden um des Geldes willen begangen. Wenn überhaupt, kann die Angst vor der persönlichen Insolvenz und der Armut abschreckend wirken. Im Übrigen sprechen die Ergebnisse der Steuerfahndung nicht dafür, dass die rigide Rechtsprechung des 1. Strafsenats an der Basis angekommen ist.

IV. Rechtsquellen und Schrifttum

1. Steuerstraf- und Steuerbußgeldrecht

Schrifttum: Neues Schrifttum: *Bender/Möller/Retemeyer,* Das Zoll- und Verbrauchsteuerstrafrecht, Leitfaden (Losebl.), Stand: Juni 2014; *v.Briel/Ehlscheid,* Steuerstrafrecht, 1997; *Schwarz,* Abgabenordnung, Kommentar (Losebl.) Stand: Mai 2015; *Ehlers/Lohmeyer,* Steuerstraf- und Steuerordnungswidrigkeitenrecht einschließlich Verfahrensrecht, 5. Aufl. *1982; Flore/Tsambikakis,* Steuerstrafrecht, Kommentar, 2013; *Graf/Jäger/Wittig,* Wirtschafts- und Steuerstrafrecht, Kommentar, 2011; *Hübner, Engelhardt, Hellmann u. Rüping* in *Hübschmann/Hepp/Spitaler,* Kommentar zur Abgabenordnung (Losebl.), Stand: Mai 2015; *Joecks,* Praxis des Steuerstrafrechts, 1998; *Joecks/Miebach* (Hrsg.), Münchener Kommentar zum Strafgesetzbuch Band VII, 2. Aufl. 2015; *Koch/Scholtz,* Kommentar zur Abgabenordnung, 5. Aufl. 1996; *Klein,* Abgabenordnung, Kommentar, 12. Aufl. 2014; *Kohlmann,* Steuerstrafrecht, Kommentar (Losebl.), Stand: Dezember 2014; *Kühn/v. Wedelstädt,* Kommentar zur Abgabenordnung 20. Aufl. 2011; *Müller-Gugenberger/Bieneck,* Wirtschaftsstrafrecht. 5. Aufl. 2011; *Rolletschke,* Steuerstrafrecht, 3. Aufl. 2012; *Rolletschke/Kemper,* Steuerverfehlungen, Kommentar (Losebl.), Stand: Juni 2015; *Hadamitzky/Senge* in *Erbs/Kohlhaas,* Strafrechtliche Nebengesetze, Kurzkommentar (Losebl.), Bd. 1, Stand: August 2014; *Suhr/Naumann/Bilsdorfer,* Steuerstrafrecht-Kommentar, 4. Aufl. 1986; *Wabnitz/Janovsky,* Handbuch des Wirtschafts- und Steuerstrafrechts, 3. Aufl. 2007; *Wannemacher,* Steuerstrafrecht, 4. Aufl. 1999.

Zu älterem Schrifttum s. die 6. Aufl. Einl vor Rn. 102

Zum StGB und JGG s. vor Rn. 1 u. 149 zu § 369, **zum OWiG** s. vor Rn. 1 zu § 377.

123 **Das materielle Steuerstrafrecht** ist hinsichtlich der Steuern, auf welche die AO anzuwenden ist, hauptsächlich im 1. Abschn. des 8. Teils der AO (§§ 369–376) geregelt; ergänzend gelten die §§ 1–79b StGB sowie bei Jugendlichen und Heranwachsenden die §§ 1–32, 105, 106 JGG und bei Soldaten die §§ 1–14a WehrStG. § 369 I Nr. 3 AO verweist wegen der Fälschung von Steuerzeichen und deren Vorbereitung auf die §§ 148, 149 StGB, und § 369 I Nr. 4 AO nimmt wegen der Begünstigung einer Person, die eine Steuerstraftat begangen hat, auf § 257 StGB Bezug. Steuerstraftatbestände des Bundesrechts außerhalb der AO enthalten § 26c UStG und § 23 RennwLottG. Das materielle **Monopolstrafrecht,** in den §§ 119–124 BranntwMonG besonders geregelt, wurde durch G v. 19.12.1985 (BGBl. 1985 I 2436) aufgehoben, jedoch verweist § 128 BranntwMonG für Vorspiegelungstaten auf die §§ 385 ff. AO.

124 **Steuerordnungswidrigkeiten** sind im 2. Abschn. des 8. Teils der AO (§§ 377–384) geregelt; ergänzend gelten die §§ 1–34 OWiG. Die einzelnen Steuergesetze des Bundesrechts enthalten mit Ausnahme des § 26a UStG 1991, des § 26b UStG 1999 und des § 50e EStG keine Bußgeldtatbestände, die das Steueraufkommen schützen; § 24 BierStG und § 30a TabStG enthalten nur noch eine Verweisung auf § 381 AO. Das Monopolrecht enthält Bußgeldtatbestände in § 126 BranntwMonG.

125 **Die Sondervorschriften über das Steuerstrafverfahren** sind mit Ausnahme des § 32 ZollVG im 3. Abschn. des 8. Teils der AO (§§ 385–408) zusammengefasst; ergänzend gelten das GVG und die StPO. Bei Strafverfahren gegen Jugendliche und Heranwachsende sind vorrangig die §§ 33–81, 102–104 sowie 107–109 und 112 JGG anzuwenden. § 32 ZollVG enthält eine Sondervorschrift über die Nichtverfolgung von Bagatellstraftaten im Reiseverkehr über die Grenze. Für das Strafverfahren wegen Monopolstraftaten in Vorspiegelungsfällen (Rn. 106) werden die §§ 385–408 AO mit Ausnahme von § 386 II, 399–401 gem. § 128 BranntwMonG in Bezug genommen.

126 Die **Anweisungen für das Straf- und Bußgeldverfahren (Steuer)** – AStBV(St) – erläutern aus Verwaltungssicht strafverfahrensrechtliche Fragen, die sich auch aus den Befugnissen der FinB nach Maßgabe der StPO ergeben. Eine Bindungswirkung für Gerichte oder StA ergibt sich hieraus nicht; überdies ist der Erlass solcher Anweisungen durch die Länder rechtswidrig (vgl. Rn. 16 zu § 385 und oben Rn. 116).

127 **Die Sondervorschriften über das Bußgeldverfahren** wegen Steuerordnungswidrigkeiten bilden mit den §§ 409–412 AO den 4. Abschn. des 8. Teils der AO. § 410 I AO verweist grundsätzlich auf die §§ 35–110 OWiG, die durch die AO nur in Einzelheiten

ergänzt oder abgewandelt werden. Auf die §§ 409, 410 und 412 AO verweist § 129 II BranntwMonG wegen des Verfahrens bei Monopolordnungswidrigkeiten.

Zum Schutz der Landes- und Gemeindesteuern, für die nach § 1 AO die AO unmittelbar nicht gilt, verweisen die Gesetze der Länder vielfach auf die §§ 369 ff. AO. Die allgemeinen Verweisungen beziehen sich in Niedersachsen auch auf die KiSt. Neben allgemeinen Verweisungen enthält das Steuerrecht der Länder noch besondere Straf- und Bußgeldvorschriften (z. B. KAG-SH §§ 16, 18), in denen zum Teil auf Vorschriften der AO verwiesen wird. So enthält § 16 KAG-SH zwar einen eigenen Straftatbestand, verweist für die Geltung des Kompensationsverbotes (§ 370 Abs. 4), die Selbstanzeige und die Verjährung aber auf die AO (§ 16 Abs. 1 Satz 2 KAG-SH). Solche Lösungen finden sich auch in zahlreichen anderen Kommunalabgabengesetzen (vgl. Rn. 50 zu § 371). **128**

2. Steuerrecht

Die Tatbestände der §§ 370, 373, 374, 378 und 379 I AO nehmen mit dem Merkmal der Steuerverkürzung auf das gesamte materielle und formelle Steuerrecht Bezug. Andere Vorschriften regeln die Ahndung von Zuwiderhandlungen gegen bestimmte steuerrechtliche Pflichten, die entweder im Bußgeldtatbestand selbst (§ 379 II, III, § 383 AO) oder durch Verweisungen der pflichtbegründenden Vorschriften auf die Bußgeldtatbestände (§§ 381, 382 AO) bezeichnet werden. In allen Vorschriften greift das materielle Steuerstraf- und -bußgeldrecht auf das Steuerrecht zurück. Zu bedenken ist dabei, dass steuerliche Beweislastregeln, Vermutungen und Fiktionen im Strafrecht nicht von Bedeutung sind (Rn. 73 zu § 370). **129**

Im Rahmen der blankettausfüllenden Normen gewinnt auch das Europarecht an Bedeutung. Im Bereich der Zölle tut es dies ohnehin (vgl. Rn. 18 f. zu § 382). Bei den harmonisierten Verbrauchsteuern gibt es mittelbare Einflüsse (vgl. § 370 VI). Der Kommission fehlt zwar eine Rechtsetzungskompetenz für strafrechtliche Fragen, dennoch ist eine Entwicklung deutlich, jedenfalls insoweit Einfluss zu nehmen, als finanzielle Interessen der EU tangiert sind (vgl. *Böse* GA 2006, 211; *Dannecker* Jura 1998, 79; *Jung* JuS 2000, 417; *Otto* Jura 2000, 98; *Zieschang* EuZW 1997, 78). Zu weiteren Tendenzen siehe *Wolffgang,* Rechtsfragen der europäischen Marktordnungen, 1998, 209, 239 ff. **130**

Die unterschiedlichen Fassungen eines Steuergesetzes gelten jeweils nur für bestimmte Zeiträume *(„Steuerabschnitte", „Veranlagungszeiträume").* Nach § 2 IV StGB bleibt für die Feststellung einer Steuerverkürzung oder einer Zuwiderhandlung gegen bestimmte steuerrechtliche Pflichten regelmäßig dasjenige Steuergesetz maßgebend, das bei Erfüllung des Steuertatbestandes gegolten hat (Rn. 22 ff. zu § 369). **131**

Heftig umstritten war die Anwendbarkeit des § 2 StGB für den Fall, dass das BVerfG eine steuerrechtliche Norm für mit dem Grundgesetz unvereinbar erklärt, zugleich aber ihre weitere (befristete) Anwendung anordnet, wie dies das Bundesverfassungsgericht mit seiner Entscheidung vom 22.7.1995 (NJW 1995, 2615) im Hinblick auf das VStG vorsah. Siehe hierzu Rn. 30 zu § 369 und Rn. 491 zu § 370. **132**

Achter Teil. Straf- und Bußgeldvorschriften, Straf- und Bußgeldverfahren

Erster Abschnitt. Strafvorschriften

§ 369 Steuerstraftaten

(1) **Steuerstraftaten (Zollstraftaten) sind:**

1. **Taten, die nach den Steuergesetzen strafbar sind,**
2. **der Bannbruch,**
3. **die Wertzeichenfälschung und deren Vorbereitung, soweit die Tat Steuerzeichen betrifft,**
4. **die Begünstigung einer Person, die eine Tat nach den Nummern 1 bis 3 begangen hat.**

(2) **Für Steuerstraftaten gelten die allgemeinen Gesetze über das Strafrecht, soweit die Strafvorschriften der Steuergesetze nichts anderes bestimmen.**

Schrifttum zum allgemeinen Strafrecht: *Fischer,* Strafgesetzbuch mit Nebengesetzen und Verordnungen, 61. Aufl. 2014; *Jakobs,* Strafrecht, Allgemeiner Teil, 2. Aufl. 1991; *Jescheck/Weigend,* Lehrbuch des Strafrechts, Allgemeiner Teil, 5. Aufl. 1996; *Kühl,* Lehrbuch des Strafrechts, Allgemeiner Teil, 7. Aufl. 2012; *Lackner/Kühl,* Strafgesetzbuch mit Erläuterungen, 28. Aufl. 2014; Leipziger Kommentar zum Strafgesetzbuch [LK], 10. Aufl. 1978-88 herausgegeben von *Jescheck, Ruß* und *Willms,* 11. Aufl. 1992 ff., herausgegeben von *Jähnke, Laufhütte* und *Odersky;* 12. Aufl. 2006 ff., herausgegeben von *Laufhütte, Rissing-van Saan* und *Tiedemann; Maurach/Zipf,* Strafrecht, Allgemeiner Teil, Teilband 1 [AT/1], 8. Aufl. 1992; *Maurach/Gössel/Zipf,* Allgemeiner Teil, Teilband 2 [AT/2], 7. Aufl. 1989; *Maurach/Schroeder/Maiwald,* Besonderer Teil, Teilband 1 [BT/1], 10. Aufl. 2009; Münchener Kommentar zum Strafgesetzbuch [MüKoStGB], Band I, 2. Aufl. 2011, herausgegeben von *Joecks* und *Miebach; Roxin,* Strafrecht, Allgemeiner Teil I, 4. Aufl. 2006, Allgemeiner Teil II, 2003; *Schäfe/Sander/van Gemmeren,* Praxis der Strafzumessung, 5. Aufl. 2012; *Schönke/Schröder,* Strafgesetzbuch, 28. Aufl. 2010; *Stratenwerth/Kuhlen,* Strafrecht, Allgemeiner Teil, 6. Aufl. 2011; Systematischer Kommentar zum Strafgesetzbuch [SK]. Band I: Allgemeiner Teil, Band II: Besonderer Teil, jeweils 7./8. Aufl. (Losebl.), bearbeitet von *Rudolphi, Horn, Günther, Hoyer, Rogall, Sinn, Stein, Wolter* und *Wolters; Welzel,* Das Deutsche Strafrecht, 11. Aufl. 1969.

Übersicht

I. Allgemeines

1. Entstehungsgeschichte

§ 369 AO 1977 geht zurück auf § 391 RAO idF des Art. 1 Nr. 3 des 2. AO-StrafÄndG v. 12.8.1968 (BGBl. I 953), der die §§ 391, 392 RAO 1931 zusammengefasst hatte. § 391 I RAO entsprach § 356 RAO 1919, der zunächst mit unverändertem Wortlaut als § 392 RAO 1931 neu bekannt gemacht worden war. In der Neufassung gem. Art. I Nr. 10 und 26 v. 4.7.1939 (RGBl. I 1181) war die Vorschrift um den aus dem VZollG in die RAO übernommenen Tatbestand des Bannbruchs (§ 401a RAO) erweitert und der Begriff *„Steuerzuwiderhandlungen"* durch *„Steuervergehen"* ersetzt worden. § 369 I AO spricht nunmehr nicht von Steuer- und Zollvergehen, sondern von Steuerstraftaten und Zollstraftaten. Eine terminologische Änderung enthält Nr. 1, die nicht wie § 391 RAO *„strafbare Zuwiderhandlungen gegen Steuergesetze"* erfasst, sondern *„Taten, die nach den Steuergesetzen strafbar sind"*. Neu aufgenommen wurde in Nr. 3 die Wertzeichenfälschung, soweit sie Steuerzeichen betrifft. Dies wurde erforderlich, nachdem die Steuerzeichenfälschung nach § 399 RAO aus der AO herausgenommen wurde und nunmehr vom Tatbestand der Wertzeichenfälschung nach §§ 148 ff. StGB erfasst wird. Nr. 4 entspricht § 391 Nr. 3 RAO. Eine inhaltliche Veränderung hat sich jedoch durch das EGStGB ergeben, da nach § 257 StGB als Begünstigung nur noch die früher sog. sachliche Begünstigung bestraft wird. Die früher sog. persönliche Begünstigung wird von § 258 StGB jetzt als Strafvereitelung bezeichnet. Mangels einer entsprechenden Verweisung in Nr. 4 ist die Strafvereitelung in Fällen von Steuerhinterziehung jetzt keine Steuerstraftat mehr (Rn. 12). Auch Geldwäsche als Anschlussdelikt der Steuerhinterziehung ist nicht in der Auflistung enthalten. 1

§ 369 II AO stimmt im Wortlaut mit § 391 II RAO überein, bis auf die Verwendung des Begriffs *„Steuerstraftat"* statt *„Steuervergehen"*. § 391 II RAO ging auf § 391 RAO 1931 (= § 355 RAO 1919) zurück und enthielt nur die Abweichung, dass mit Rücksicht auf das JGG nicht mehr allein auf das StGB, sondern auf die *„allgemeinen Gesetze über das Strafrecht"* verwiesen wurde. Andererseits wurde der Vorbehalt, *„soweit die Steuergesetze nichts Abweichendes vorschreiben"*, auf die *„Strafvorschriften der Steuergesetze"* beschränkt. 2

2. Zweck der Vorschrift

§ 369 I AO entlastet die Gesetzestechnik durch Einführung einer Sammelbezeichnung für Straftaten nach den §§ 370, 372–374 AO. Die Sammelbezeichnung umfasst auch den Straftatbestand des (allzu unbestimmten; MüKoStGB/*Schmitz* AO § 369 Rn. 11) § 23 RennwLottG (Vertrieb unversteuerter ausländischer Lose) sowie § 26c UStG (Gewerbs- 3 mäßige oder bandenmäßige Schädigung des Umsatzsteueraufkommens). Durch den Begriff *„Steuerstraftaten"* werden die allgemeinen Vorschriften des materiellen Steuerstrafrechts im 1. Abschn. und die Vorschriften über das Steuerstrafverfahren im 3. Abschn. des 8. Teils der AO auf die genannten Straftaten bezogen, ohne dass sie jeweils im Einzelnen angeführt zu werden brauchen. Dasselbe gilt für andere Gesetze, die auf die für Steuerstraftaten geltenden Vorschriften verweisen, zB § 128 BranntwMonG.

4 **Die rückgreifende Verweisung des § 369 II AO auf die allgemeinen Gesetze über das Strafrecht** bringt – abw. von § 391 RAO – zum Ausdruck, dass außer den Vorschriften des StGB auch die materiellen Vorschriften des JGG für Steuerstraftaten gelten. Die Vorschrift hat nur deklaratorische Bedeutung (GJW/*Allgayer* AO § 369 Rn. 2, 15). Ohne sie würde nichts anderes gelten, da die §§ 370–376 AO offensichtlich keine vollständige Regelung des materiellen Steuerstrafrechts darstellen, sondern außer den einzelnen Straftatbeständen nur wenige Vorschriften enthalten, die von den allgemeinen Gesetzen über das Strafrecht abweichen. Andere strafrechtliche Nebengesetze verzichten auf eine dem § 369 II AO entsprechende Vorschrift (Ausnahme: § 3 WehrStG). Eine ausdrückliche Verweisung mit dem Vorbehalt des § 369 II Halbs. 2 AO ist jedoch zweckmäßig; sie klärt das Verhältnis zwischen den allgemeinen Vorschriften der Steuergesetze und der Strafgesetze in dem Sinne, dass nur die Strafvorschriften der Steuergesetze gegenüber den allgemeinen Strafgesetzen spezieller sind (Kohlmann/*Ransiek* 10 zu § 369 AO).

II. Begriff der Steuerstraftat

1. Natürliche Steuerstraftaten (§ 369 I Nr. 1 AO)

5 **§ 369 I Nr. 1 AO weicht von § 391 Nr. 1 RAO erheblich ab.** Nach altem Recht waren Steuervergehen strafbare Zuwiderhandlungen gegen Steuergesetze. Daraus konnte geschlossen werden, es genüge für die Einordnung als Steuervergehen die Verletzung einer steuerlichen Pflicht, gleichgültig ob der Straftatbestand selbst ein Steuergesetz war. Da der Gesetzgeber den Bruch des Steuergeheimnisses, der eine Zuwiderhandlung gegen ein Steuergesetz (§ 30 AO) ist, nicht als Steuerstraftat einordnen wollte, hat er die jetzt geltende Fassung von § 369 I Nr. 1 AO gewählt. Der Bruch des Steuergeheimnisses sei nunmehr keine Steuerstraftat mehr, da er nicht nach einem Steuergesetz, sondern nach § 355 StGB strafbar ist. Die neue Regelung bereitet jedoch deshalb erhebliche Schwierigkeiten, weil die gesonderte Nennung des Bannbruchs in § 369 I Nr. 2 AO darauf hindeutet, dass eine Strafbarkeit nach einem Steuergesetz nicht schon dann gegeben ist, wenn der Straftatbestand wie § 372 AO (Bannbruch) – in einem Steuergesetz (der AO) enthalten ist. Daraus entsteht folgendes Dilemma: Versteht man die Strafbarkeit nach einem Steuergesetz iS von § 369 I Nr. 1 AO – formal – als Ansiedlung des Tatbestandes in einem Steuergesetz, dann ist § 369 I Nr. 2 AO überflüssig, da der Bannbruch nach diesem Kriterium schon gem. Nr. 1 Steuerstraftat ist. Interpretiert man dagegen die „Strafbarkeit nach einem Steuergesetz" derart im materiellen Sinne, dass der Tatbestand dem Schutz des Steueraufkommens zu dienen bestimmt sein muss, dann kann der Bruch des Steuergeheimnisses entgegen den Absichten des Gesetzgebers doch wieder als Steuerstraftat bezeichnet werden, sofern § 355 StGB als Steuergesetz im materiellen Sinne verstanden werden muss. Eine Lösung des Problems ist nur auf folgendem Weg möglich: Dasjenige Gesetz, das die Strafbarkeit der Tat begründet, muss Steuergesetz sein. Eine Strafnorm ist nur dann Steuergesetz iS von § 369 I Nr. 1 AO, wenn sie Verhaltensweisen erfasst, die das Steueraufkommen *unmittelbar* verringern oder gefährden. Dazu gehören die Tatbestände in den §§ 370, 373, 374 AO. Dagegen sind die §§ 353 und 355 StGB keine Steuergesetze, da die entsprechenden Taten das Steueraufkommen allenfalls *mittelbar* gefährden (ähnlich Schwarz/Pahlke/*Dumke* 1a zu § 369 AO, Erbs/Kohlhaas/*Hadamitzky/Senge* AO § 369 Rn. 2).

Strafbare Verletzungen von Steuergesetzen sind zu unterscheiden von Zuwiderhandlungen, die als Steuerordnungswidrigkeiten mit Geldbuße geahndet werden können (§ 377 I AO) oder die besonderen steuerrechtlichen Sanktionen unterliegen, wie zB Verspätungszuschläge (§ 152 AO), Säumniszuschläge (§ 240 AO) oder Zwangsmittel (§§ 328 ff. AO). Erfüllt dasselbe Verhalten zugleich die Merkmale einer Steuerstraftat und einer Steuerordnungswidrigkeit, wird nach § 21 I OWiG nur das Strafgesetz angewendet. Dagegen ist die Konkurrenz zwischen der straf- oder bußrechtlichen Ahndung einer Zuwiderhandlung und einer besonderen steuerrechtlichen Sanktion nicht geregelt; auch hat die Rspr noch nicht geklärt, ob und ggf. unter welchen Umständen eine Häufung der Sanktionen rechtsstaatlich unbedenklich ist (vgl. TK-*Seer* 4 zu § 152 AO). Immerhin erscheint gesichert, dass in Fällen, in denen über eine Geldbuße der wirtschaftliche Vorteil des Täters abgeschöpft werden soll (§ 17 IV OWiG), den Vorteil kompensierende Umstände berücksichtigt werden müssen (Rn. 33 zu § 377). **6**

Der Übergang vom Begriff „Steuervergehen" zu „Steuerstraftaten" soll der Sprachvereinheitlichung dienen und lediglich die Abgrenzung von Straftaten und Ordnungswidrigkeiten leisten (Art. 161 EGStGB). **7**

Zollstraftaten sind solche Steuerstraftaten, die sich auf Zölle beziehen. Da Zölle gem. § 3 I 2 AO unter den Steuerbegriff der AO fallen, hätte der Begriff „Zollstraftaten" in § 369 I AO nicht erwähnt zu werden brauchen. Eine Klarstellung erschien jedoch zweckmäßig, weil andere Gesetze auf die *„für Zollstraftaten geltenden Vorschriften"* verweisen. Steuerhehlerei (§ 374 AO) ist eine Zollstraftat, falls hinsichtlich der gehehlten Sache Zölle oder Einfuhr-/Ausfuhrabgaben hinterzogen worden sind. **8**

2. Bannbruch (§ 369 I Nr. 2 AO)

Bannbruch (§ 372 AO) wird durch § 369 I Nr. 2 AO konstitutiv zu einer Steuerstraftat iS der straf- und strafverfahrensrechtlichen Vorschriften der AO erklärt. Ohne § 369 I Nr. 2 AO wäre Bannbruch keine Steuerstraftat (glA Klein/*Jäger* AO § 369 Rn. 5, Erbs/Kohlhaas/*Hadamitzky/Senge* AO § 369 Rn. 5; abl. MüKoStGB/*Schmitz* AO § 369 Rn. 8; zT anders Kohlmann/*Ransiek* 31 zu § 369 AO), da Zuwiderhandlungen gegen die in nichtsteuerlichen Gesetzen aus steuerfremden Gründen, etwa zum Schutz der Gesundheit von Menschen, Tieren und Pflanzen (Rn. 2, 43 ff. zu § 372), erlassenen Ein-, Aus- und Durchfuhrverbote die Besteuerung nicht beeinträchtigen, wenn nicht – wie oft – zugleich der Straftatbestand der Steuerhinterziehung (§ 370 AO) erfüllt wird. Das häufige Zusammentreffen von Zuwiderhandlungen gegen ein Einfuhrverbot mit der Hinterziehung von Eingangsabgaben (Abgaben für die Aus- oder Durchfuhr von Waren werden zz. nicht erhoben) und die Tatsache, dass die Zollbehörden zugleich über die Einhaltung der steuerlichen Vorschriften und der Verbote und Beschränkungen des grenzüberschreitenden Warenverkehrs zu wachen haben, bildet den Grund, den Bannbruch kraft Gesetzes den natürlichen Steuerstraftaten gleichzustellen. Auf diese Weise wird gewährleistet, dass die Zollbehörden für beiderlei Zuwiderhandlungen dieselben strafverfahrensrechtlichen Befugnisse haben (s. jedoch Rn. 97 ff. zu § 372). **9**

Unter den Begriff des Bannbruchs iS des § 369 I Nr. 2 AO fallen nur Taten, die *mit Strafe bedroht sind,* sei es unmittelbar nach § 372 II iVm § 370 I, II AO (Rn. 83 zu § 372 AO) oder nach außersteuerlichen Gesetzen (Rn. 43 zu § 372) oder unter erschwerenden Umständen nach § 373 AO (Rn. 10 zu § 373). Dagegen erfasst § 369 I Nr. 2 AO diejenigen Taten nicht, die zwar die Begriffsbestimmung des § 372 I AO erfüllen, aber nur mit Geldbuße geahndet werden können. Bloße Ordnungswidrigkeiten können keine Steuer*straftaten* sein (Klein/*Jäger* AO § 369 Rn. 5, MüKoStGB/*Schmitz* AO § 369 Rn. 14). **10**

3. Wertzeichenfälschung (§ 369 I Nr. 3 AO)

Durch Art. 161 Nr. 5 EGStGB wurde der besondere Tatbestand der Steuerzeichenfälschung in § 399 RAO aufgehoben. Gleichzeitig wurde in § 391 Nr. 3 RAO die Wert- **11** zeichenfälschung, soweit sie Steuerzeichen betrifft, zur Steuerstraftat erklärt (vgl. Erbs/Kohlhaas/*Hadamitzky/Senge* AO § 369 Rn. 6). Die Fälschung von Steuerzeichen und deren Vorbereitung wird seit dem 1.1.1975 durch die neu geschaffenen Vorschriften in den §§ 148 ff. StGB (Wertzeichenfälschung) erfasst. Einzelheiten zur Wertzeichenfälschung s. Rn. 155 ff.

4. Begünstigung (§ 369 I Nr. 4 AO)

12 Das StGB von 1975 unterscheidet zwischen Begünstigung (§ 257 StGB) und Strafvereitelung (§ 258 StGB); vorher waren in § 257 StGB aF beide Tatbestände unter dem Oberbegriff Begünstigung zusammengefasst. Da § 369 I Nr. 4 AO (ebenso schon § 391 I Nr. 4 RAO idF von Art. 161 Nr. 1 EGStGB) nur von Begünstigung spricht, ist die Strafvereitelung iS von § 258 StGB keine Steuerstraftat mehr (HHSp-*Rüping* 7, Kohlmann/*Ransiek* 52, RK-*Schützeberg* 8, Erbs/Kohlhaas/*Hadamitzky/Senge* AO § 369 Rn. 7). Steuerstraftat ist daher nur noch die (früher sog. sachliche) Begünstigung iS von § 257 StGB, sofern die Vortat eine Steuerstraftat iS von § 369 I Nr. 1–3 AO ist. Begünstigung begeht, wer einem anderen, der eine rechtswidrige Tat begangen hat, in der Absicht Hilfe leistet, ihm die Vorteile der Tat zu sichern; ausf. s. Rn. 182 ff. Dagegen begeht keine Steuerstraftat, wer die Bestrafung oder die Unterwerfung eines anderen unter eine Maßnahme ganz oder zum Teil vereitelt (§ 258 StGB).

III. Geltung der allgemeinen Gesetze (§ 369 II AO)

1. Umfang der Verweisung

13 **Allgemeine Gesetze über das Strafrecht** iS des § 369 II AO sind in erster Linie die Vorschriften des Allgemeinen Teils des StGB, aber auch allgemeine Bestimmungen, die im Besonderen Teil des StGB erscheinen, zB § 357 StGB über die Verleitung von Untergebenen zu strafbaren Handlungen und § 358 StGB über die in diesem Falle mögliche Nebenfolge der Amtsunfähigkeit. Danach unterliegt zB der Vorsteher eines FA, der wissentlich die Beteiligung eines Amtsangehörigen an einer Steuerhinterziehung geschehen lässt, nach § 357 StGB iVm § 370 AO der Strafe aus § 370 AO und der Nebenfolge aus § 358 StGB (vgl. FT-*Gaede* 39 zu § 369). Zu den allgemeinen Gesetzen über das Strafrecht gehören ferner die §§ 1–32, 105 und 106 JGG (Rn. 152 ff.) sowie § 1 I, II, § 2 Nr. 2, §§ 3, 5, 7, 12, 14 WehrStG (s. auch Rn. 154).

14 Die Verweisung des § 369 II AO bezieht sich auf das StGB, die materiellen Vorschriften des JGG und die allgemeinen Bestimmungen des WehrStG **in ihrem jeweiligen Bestand,** nicht nur auf die Vorschriften, die zz. des In-Kraft-Tretens des § 369 AO am 1.1.1977 gegolten haben; sie ist deklaratorisch (Erbs/Kohlhaas/*Hadamitzky/Senge* AO § 369 Rn. 8). Künftige Änderungen des StGB usw. wirken sich daher ohne weiteres auch auf das Steuerstrafrecht aus.

15 Über die positiven Vorschriften hinaus umfasst die Verweisung des § 369 II AO auch diejenigen **allgemeinen Lehren,** die Rspr und Rechtslehre zum Strafrecht entwickelt haben, zB zur Wahlfeststellung (Rn. 130 f.), zum Irrtum (Rn. 100 ff.), zur Konkurrenzlehre (Rn. 110 ff.), oder die künftig noch entwickelt werden. Neue Auslegungsgrundsätze zum Nachteil des Täters widersprechen nicht dem Verbot des Art. 103 II GG über die Rückwirkung von Strafgesetzen (vgl. auch BVerfG 11.11.1964, BVerfGE 18, 224, 240 f.).

16 **Strafvorschriften der Steuergesetze, die** gegenüber den allgemeinen Vorschriften über das Strafrecht **etwas anderes bestimmen,** sind nur noch § 371 AO über die strafbefreiende Selbstanzeige bei Steuerhinterziehung und § 376 AO im Verhältnis zu §§ 78, 78c StGB über die Dauer der Strafverfolgungsverjährung und ihre Unterbrechung durch die Bekanntgabe der Einleitung eines Bußgeldverfahrens. Dagegen machen § 375 I

AO (Verlust der Amtsfähigkeit und der Wählbarkeit) und § 375 II AO (Einziehung) lediglich von den in § 45 II und § 74 IV StGB vorgesehenen Möglichkeiten Gebrauch.

2. Geltung des Strafgesetzbuches

Da das Steuerstrafrecht keinen speziellen Allgemeinen Teil enthält, § 369 II AO vielmehr auf die allgemeinen Gesetze über das Strafrecht verweist, ist die Anwendung der Steuerstrafrechtssätze auf einen konkreten Fall nur bei Berücksichtigung der gesamten Regeln des Allgemeinen Strafrechts möglich. Gerade die Grundsätze des Allgemeinen Strafrechts sind jedoch gesetzlich nur in sehr geringem Umfange geregelt und weitgehend von Rspr und Strafrechtswissenschaft entwickelt worden. Angesichts der immer noch erheblichen Lückenhaftigkeit des StGB findet sich im Allgemeinen Teil des Strafrechts eine Fülle von Streit- und Zweifelsfragen, die eine umfassende Darstellung im Rahmen des Steuerstrafrechts unmöglich macht. Die folgende Erörterung des Allgemeinen Strafrechts muss sich daher in mehrfacher Hinsicht beschränken. Sie kann das allgemeine Strafrecht nur darstellen, soweit es für das Steuerstrafrecht bedeutsam ist. Aber auch in diesem verengten Rahmen ist nur eine Wiedergabe der Grundzüge möglich. Ihre Darstellung kann nur einen ersten Überblick verschaffen und Hinweise für weitere Überlegungen geben. 17

a) Auslegung, Analogie, zeitliche und räumliche Geltung der Strafgesetze. 18
aa) Nulla poena sine lege. Die für das gesamte Strafrecht grundlegende Vorschrift findet sich in § 1 StGB, der mit Art. 103 II GG identisch ist.

§ 1 StGB Keine Strafe ohne Gesetz

Eine Tat kann nur bestraft werden, wenn die Strafbarkeit gesetzlich bestimmt war, bevor die Tat begangen wurde.

§ 1 StGB enthält den Grundsatz: *„Nulla poena sine lege scripta, stricta, certa, praevia."* Jede Bestrafung einer Tat setzt demnach ein zur Tatzeit geltendes *(praevia),* seinem Wortlaut nach auf die Tat anwendbares *(stricta),* geschriebenes *(scripta)* und hinreichend bestimmtes *(certa)* Gesetz voraus. Damit enthält § 1 StGB: Das Analogieverbot und das Verbot von Gewohnheitsrecht: Der Richter darf nur nach geschriebenem Gesetz und nicht nach Gewohnheitsrecht oder auf Grund von Analogie verurteilen. Das Bestimmtheitsgebot: Der Gesetzgeber darf nur solche Strafgesetze erlassen, die das strafbare Verhalten hinreichend genau beschreiben. Das Rückwirkungsverbot: Der Gesetzgeber darf die Anwendung von Strafgesetzen nicht auf Taten anordnen, die vor der Geltung des Strafgesetzes begangen wurden. Der Richter darf ein Strafgesetz nicht auf eine vor Geltung des Strafgesetzes begangene Tat anwenden (umfassend FT-*Gaede* 50 ff. zu § 369).

Das Analogieverbot verbietet die Ausdehnung eines Strafgesetzes auf einen vom Gesetz nicht geregelten Fall, auch wenn dieser Fall dem vom Gesetz geregelten Fall so sehr ähnelt, dass eine Anwendung des Gesetzes als sinnvoll erscheint (krit. zum Analogieverbot: *Sax* Das strafrechtliche Analogieverbot, 1953, *Jakobs* AT 4/35 ff.). Die Schwierigkeiten des Analogieverbots bestehen in der Abgrenzung der Analogie von der Auslegung (vgl. auch HHSp-*Rüping* 22 zu § 369). Auslegung ist die Ermittlung der Reichweite einer Norm unter Berücksichtigung von Wortlaut, Entstehungsgeschichte, Systematik und Zweck (Schönke/Schröder/*Eser/Hecker* StGB § 1 Rn. 36 ff.; *Roxin* AT 5/26 ff.). Der Bereich auch im Strafrecht gebotener Auslegung wird überschritten, wenn der mögliche Wortsinn des Gesetzes das Ergebnis nicht mehr deckt. Dann handelt es sich um Analogie (BGH 12.3.1953, BGHSt 4, 144, 148; *Jescheck/Weigend* S. 134 f.; SK-*Rudolphi* 22 u. Schönke/Schröder/*Eser/Hecker* StGB § 1 Rn. 25). § 1 StGB verbietet die Analogie im Strafrecht nicht generell, sondern nur dann, wenn sie die Norm über den Wortlaut hinaus *zum Nachteil* des Täters ausdehnt. Weiterhin darf eine Verurteilung nicht auf (ungeschriebenes) Gewohnheitsrecht gestützt werden. Freilich ist Gewohnheitsrecht anwendbar, soweit es den Täter begünstigt; zu den Einzelheiten s. Schönke/Schröder/*Eser/Hecker* StGB § 1 Rn. 8 ff. 19

20 Demgegenüber will *Jakobs* (AT 4/41) eine Überschreitung der Wortlautgrenze unter vier Voraussetzungen zulassen. Nötig sei eine Kontinuität der Begriffsentwicklung, eine ansonsten bestehende Wertungswillkür, eine gleichrangige Regelungsbedürftigkeit sowie die Geeignetheit zur Problemerledigung. Mit Hilfe dieser Kriterien sei zB zulässig, einen „Lastwagen" unter den Begriff des „bespannten Fuhrwerks" zu subsumieren. *Roxin* (AT 5/39) hat hiergegen zu Recht eingewandt, damit sei jede Begrenzungswirkung dahin.

21 **Das Bestimmtheitsgebot** wird jedenfalls dann verletzt, wenn der Strafgesetzgeber ohne Not Generalklauseln verwendet und damit die Bestimmung des strafbaren Verhaltens nicht mehr selbst vornimmt, sondern dem Richter überlässt (BGH 18.11.1969, BGHSt 23, 167, 171; *Grünwald* ZStW 76 [1966], 16; *Lenckner* JuS 1968, 305; Schönke/Schröder/*Eser*/*Hecker* StGB § 1 Rn. 17 ff.). Die Tatbestände der §§ 370 ff. AO sind insoweit unbedenklich, da sie zwar durch die Normen des Steuerrechts ausgefüllt werden müssen (Blankett-Tatbestände), diese aber regelmäßig hinreichend bestimmt sind (vgl. BGH 27.1.1982, wistra 1982, 108, zu § 42 AO sowie Rn. 199 zu § 370). Problematisch ist allerdings die Verjährungsregelung in § 376 I. Zum **Rückwirkungsverbot** siehe Rn. 22 ff.

bb) Die zeitliche Geltung der Strafgesetze ergibt sich aus:

§ 2 StGB Zeitliche Geltung

22 (1) Die Strafe und ihre Nebenfolgen bestimmen sich nach dem Gesetz, das zur Zeit der Tat gilt.

(2) Wird die Strafdrohung während der Begehung der Tat geändert, so ist das Gesetz anzuwenden, das bei Beendigung der Tat gilt.

(3) Wird das Gesetz, das bei Beendigung der Tat gilt, vor der Entscheidung geändert, so ist das mildeste Gesetz anzuwenden.

(4) [1] Ein Gesetz, das nur für eine bestimmte Zeit gelten soll, ist auf Taten, die während seiner Geltung begangen sind, auch dann anzuwenden, wenn es außer Kraft getreten ist. [2] Dies gilt nicht, soweit ein Gesetz etwas anderes bestimmt.

(5) Für Verfall, Einziehung und Unbrauchbarmachung gelten die Absätze 1 bis 4 entsprechend.

(6) Über Maßregeln der Besserung und Sicherung ist, wenn gesetzlich nichts anderes bestimmt ist, nach dem Gesetz zu entscheiden, das zur Zeit der Entscheidung gilt.

Für die gesetzliche Beschreibung einer strafbaren Handlung und die angedrohte Strafe ist nach § 2 I StGB grundsätzlich *das Gesetz maßgebend, das zur Tatzeit gilt.* Eine Tat ist in dem Zeitpunkt begangen, in dem der Täter die für die Verwirklichung des Tatbestandes entscheidende Handlung ausgeführt hat oder in dem er – bei einer pflichtwidrig unterlassenen Handlung – spätestens hätte handeln müssen; auf den Eintritt eines zum Tatbestand gehörenden Erfolges kommt es nicht an (§ 8 StGB). Für Dauerdelikte gilt § 2 II StGB. Maßgeblich ist hinsichtlich der Strafdrohung die Beendigung der Tat. Tatteile, die vor In-Kraft-Treten des neuen Gesetzes straflos waren, dürfen jedoch nicht nach dem neuen Gesetz bestraft werden (SK-*Rudolphi* 3 f. zu § 2 StGB). Sind an einer Tat mehrere Personen beteiligt, ist die Tatzeit für den Tatbeitrag jedes Teilnehmers selbstständig zu beurteilen.

23 **Bei Verschiedenheit der Gesetze von der Tat bis zur Aburteilung** ist nach § 2 III StGB das mildeste Gesetz anzuwenden. Demgemäß tritt ohne ausdrückliche Vorschrift des ÄndG abw. von § 2 I StGB zugunsten des Täters eine Rückwirkung des späteren Gesetzes ein, wenn es *„für den Einzelfall nach seinen besonderen Umständen die mildere Beurteilung zuläßt"* (stRspr, BGH 5.3.1991, wistra 1991, 213; BGH 28.1.2010, BGHSt 55, 11; BGH 3.5.2011, NStZ 2012, 44; BGH 7.3.2012, wistra 2012, 235). Dabei kommt es auf den *gesamten* Rechtszustand an; auch blankettausfüllende Normen sind zu berücksichtigen (BGH 8.1.1965, BGHSt 20, 177zu § 396 RAO iVm § 8 MinöStG abw. von dem früheren Urt. desselben Senats in BGH 5.4.1955, BGHSt 7, 294 f. und der stRspr des RG, vgl. RG 28.2.1916, RGSt 49, 410, 413); wegen der Ausnahme für blankettausfüllende Zeitgesetze s. Rn. 25. Nicht zulässig ist es, teils das alte, teils das neue Gesetz anzuwenden (BGH 8.9.1964, BGHSt 20, 22, 29 f.). Allerdings soll es nach Ansicht des BVerfG (BVerfG 29.11.1989, BVerfGE 81, 132) das Rückwirkungsverbot nicht verletzen, dass die Tat

zwischen ihrer Begehung und der Entscheidung vorübergehend nicht mit Strafe oder Geldbuße bedroht war. Auch für eine nachträgliche Verlängerung einer Verjährungsfrist gilt § 2 StGB nicht, soweit die ursprüngliche Frist bei Inkrafttreten der Regelung noch nicht abgelaufen war (Rn. 18 zu § 376).

Wird ein Straftatbestand nach der Tat in einen Bußgeldtatbestand umgewandelt, gilt § 2 StGB entsprechend (BGH 24.11.1958, BGHSt 12, 148, 153). Aus diesem Grunde enthielt Art. 12 des 2. AOStrafÄndG keine materiellrechtliche Übergangsvorschrift für Zuwiderhandlungen gegen die früheren Straftatbestände der §§ 402, 406, 413 RAO aF, die vor dem In-Kraft-Treten des ÄndG begangen, jedoch bis zum 1.10.1968 noch nicht rechtskräftig abgeurteilt waren. 24

Für Zeitgesetze schließt § 2 IV den § 2 III StGB aus, dh bei Strafgesetzen, die Zeitgesetze sind, bestimmt sich die Strafe stets nach dem Gesetz, das zur Tatzeit gilt, auch wenn vor der Aburteilung der Tat ein milderes Gesetz erlassen worden ist. Zeitgesetz *„ist nicht nur ein Gesetz, das kalendermäßig begrenzt ist, sondern auch ein solches, das, mag es auch nicht ausdrücklich nur vorübergehend Geltung beanspruchen, nach seinem Inhalt eine nur als vorübergehend gedachte Regelung für wechselnde Zeitverhältnisse treffen will"* (BGH 2.11.1951, NJW 1952, 72; vgl. auch BGH 9.3.1954, BGHSt 6, 30, 37; BGH 27.8.2010, wistra 2011, 70; *Laaths* Das Zeitgesetz gem. § 2 Abs. 4 StGB, 1995). Der Grundsatz der Rückwirkung des mildesten Rechts nach § 2 II StGB beruht auf dem Gedanken, dass in dem neuen Gesetz eine geänderte Rechtsauffassung zum Durchbruch gelangt ist. Dieser Gedanke trifft nicht zu, wenn Gebote und Verbote wegen besonderer tatsächlicher Verhältnisse nur für eine vorübergehende Zeit erlassen oder verschärft und später wegen Änderung dieser Verhältnisse wieder gemildert oder außer Kraft gesetzt werden (Schönke/Schröder/*Eser/Hecker* StGB § 2 Rn. 37; krit. *Tiedemann* Peters-FS S. 200 ff.). In solchen Fällen darf auch eine gemilderte Strafnorm oder ihre Aufhebung nicht zurückwirken, da Zeitgesetze sonst *„gegen Ende ihrer Geltungszeit an Wirksamkeit verlören und Beschuldigte dem Versuch unterliegen könnten, das Verfahren zu verzögern"* (Begr. zu § 2 E 1962, BT-Drs. IV/650, 107). Ob eine Gesetzesänderung auf einem Wandel der Rechtsüberzeugung beruht (und deshalb § 2 III StGB anzuwenden ist) oder ob die Gesetzesänderung einer Änderung der tatsächlichen Verhältnisse folgt (und deshalb § 2 IV StGB gilt), ist oft nicht einfach zu entscheiden. Zweifelsfrei beruht jedoch die Neufassung der §§ 369 ff. AO auf einer gewandelten Rechtsüberzeugung. 25

Für die Blankett-Tatbestände des Steuerstrafrechts ergibt sich die besondere Frage, ob § 2 III StGB auch bei einer Änderung der blankettausfüllenden Vorschriften des Steuerrechts mit der Folge anzuwenden ist, dass eine Einschränkung der Besteuerungsgrundlagen oder eine Ermäßigung des Steuertarifs strafrechtlich berücksichtigt werden muss. Die Rspr hatte diese Frage früher verneint, wenn nur die ergänzenden Normen geändert wurden und die Strafvorschrift selbst unverändert blieb (RG 28.2.1916, RGSt 49, 410, 413 mwN sowie BGH 5.4.1955, BGHSt 7, 291, 294). Später hat der BGH erkannt, dass sich mit dem Wechsel der ausfüllenden Norm ein wesentliches Element des Strafgesetzes ändert, das bei der Beurteilung des mildesten Strafgesetzes iS des § 2 III StGB nicht unberücksichtigt bleiben darf (BGH 8.1.1965, BGHSt 20, 177, 181). Zugleich hat der BGH (BGH 8.1.1965, BGHSt 20, 177, 181) aber festgestellt, dass die blankettausfüllende Norm des § 8 MinöStG idF v. 5.12.1957 (BGBl. I 1833) ein Zeitgesetz war (ebenso Schönke/Schröder/*Eser/Hecker* StGB § 2 Rn. 38; speziell für die Abzugsfähigkeit von Parteispenden *Franzheim* NStZ 1982, 137; *Schäfer* wistra 1983, 170; *Tiedemann* 1985, 30 ff.; aM MüKoStGB/*Schmitz* StGB § 2 Rn. 48). Auch *Kunert* (NStZ 1982, 276) stimmt dem BGH im Grundsatz zu, meint aber, die Vorschriften über die steuerliche Behandlung von Parteispenden seien keine Zeitgesetze, sondern angesichts der verfassungsgerichtlichen Rspr zu diesem Problemkreis ein Musterbeispiel für eine *lex aeterna* (vgl. auch Schwarz/Pahlke/*Dumke* 35 zu § 369). 26

Die Rechtslage ist jedoch weitaus differenzierter zu beurteilen (ausf. *Samson* wistra 1983, 235; vgl. auch Schönke/Schröder/*Eser/Hecker* StGB § 2 Rn. 37). Wird ein Steuergesetz aufgehoben oder durch ein anderes (milderes) Steuergesetz abgelöst, ist zunächst durch 27

Auslegung zu ermitteln, ob dies nach dem Willen des Gesetzgebers tatsächlich zur Folge haben soll, dass die alte Vorschrift außer Kraft tritt. Bei Steuergesetzen, die nicht das Verfahren (s. dazu Rn. 28), sondern Grund und Höhe von staatlichen Steueransprüchen betreffen, ist das keinesfalls selbstverständlich. Werden solche Vorschriften geändert, hat das eher regelmäßig zur Folge, dass die alte, den Steueranspruch betreffende Vorschrift für die zurückliegenden Veranlagungszeiträume gültig bleibt und die neue Vorschrift nur für die folgenden Veranlagungszeiträume gelten soll. Da die Steuerhinterziehung nach § 370 AO ebenso wie die leichtfertige Steuerverkürzung nach § 378 AO einen Angriff auf einen bestehenden Steueranspruch des Staates darstellt, wird die tatbestandsmäßige Verkürzung eines in einem bestimmten VZ bestehenden Steueranspruchs nicht dadurch beseitigt, dass in einem folgenden VZ ein solcher Anspruch nicht mehr entstehen könnte (*Samson,* Hypothetische Kausalverläufe, 1972 S. 238). Eine Steuerhinterziehung kann in einer solchen Lage sogar noch in einem Zeitpunkt begangen werden, in dem die neue (mildere) Vorschrift bereits in Kraft getreten ist. Wird zB ein Besteuerungstatbestand mWv 1.1.2009 abgeschafft, ist dennoch in der Steuererklärung für 2008 der alte Besteuerungstatbestand zu berücksichtigen und im Steuerbescheid in Ansatz zu bringen, selbst wenn erst in den folgenden Jahren die Erklärung abgegeben und der Bescheid erteilt wird. Man kann daher § 2 III StGB schon deshalb nicht anwenden, weil das (Besteuerungs-)Gesetz für den maßgeblichen VZ gar nicht beseitigt worden ist (zust. SK-*Rudolphi* 8c zu § 2 StGB; vgl. auch BGH 28.1.1987, wistra 1987, 139; *Koch/Scholtz/Scheurmann-Kettner* 19/2 zu § 369 AO). Deutlich wird dies auch am Beispiel der Vermögensteuer, die mangels Vereinbarkeit mit dem Grundgesetz auslief; die Besteuerungsvorschriften blieben aber bis zum faktischen Außerkrafttreten wirksam, die Verkürzung von Vermögensteuer blieb strafbar (unten Rn. 30; Rn. 492 zu § 370).

28 Anders mag das bei Vorschriften sein, die das **Verfahren** im weitesten Sinne betreffen. Würde zB die Berichtigungspflicht nach § 153 I AO beseitigt oder eingeschränkt, käme eine Rückwirkung der milderen Vorschrift durchaus in Betracht, sofern die Änderung auf einer gewandelten Rechtsüberzeugung und nicht auf einer Veränderung der tatsächlichen Verhältnisse beruht.

29 **Erklärt das BVerfG** eine blankettausfüllende Norm des Steuerrechts vor der Entscheidung des Strafrichters für nichtig, kann der Beschuldigte – wenn die Steuerpflicht ganz wegfällt – nicht wegen Steuerhinterziehung bestraft werden. Nachdem der 2. Senat des BVerfG mit Urt. v. 9.3.2004 (BVerfGE 110, 94) entschieden hat, dass die Besteuerung von Spekulationsgeschäften mit Wertpapieren in den Veranlagungszeiträumen 1997 und 1998 nichtig ist, können entsprechende Straftaten nicht mehr verfolgt werden. Auch ein strafbarer Versuch kommt nicht in Betracht, wenngleich der Täter geglaubt haben mag, einen Steueranspruch zu verkürzen. Da es diesen Steueranspruch nicht gab, liegt ein strafloses Wahndelikt vor (Rn. 108 f.). Im Übrigen hat das BVerfG in seinem Urteil klargestellt, dass *„die Verfassungswidrigkeit der vorgelegten Norm … die Geltung der verlängerten Festsetzungsfrist nach § 169 Abs. 2 Satz 2 AO für Fälle* [ausschließt], *in denen allein Spekulationsgewinne unzulänglich deklariert worden sind."*

30 Reduziert sich der Schuldvorwurf, muss dies im Rahmen der Strafzumessung berücksichtigt werden. So führen etwa die Beschlüsse des BVerfG zu Grund- und Kinderfreibetrag (BVerfG 29.5.1990, BVerfGE 82, 60) zu einer partiellen Verfassungswidrigkeit des EStG, die auch strafrechtliche Relevanz hat (*Gast-de Haan* DB 1991, 2490; *Sdrenka* StB 1991, 452). Gleiches gilt im Hinblick auf die Entscheidung des BVerfG zu den Spekulationsgewinnen (Rn. 29). Ergeht die Entscheidung des BVerfG *nach* rechtskräftiger Verurteilung des Beschuldigten, kann dieser auf Grund § 79 I BVerfGG die Wiederaufnahme des Strafverfahrens beantragen. Dies gilt nach Auffassung des BGH entgegen § 363 I StPO auch dann, wenn allein der Zweck verfolgt wird, eine andere Strafbemessung herbeizuführen (BGH 9.5.1963, BGHSt 18, 339). Folgerichtig hat das BVerfG (BVerfG 8.11.2006, wistra 2007, 60) eine Revisionsentscheidung des BayObLG (BayObLG 11.3.2003, wistra 2003, 315) verworfen, in der das Gericht eine Verurteilung wegen Hinterziehung von ESt auf

Spekulationsgewinne des Jahres 1997 bestätigt hatte. Mittlerweile ist höchstrichterlich und verfassungsrechtlich geklärt, dass für die Jahre ab 1999 verfassungsrechtliche Bedenken nach Einführung des Kontenabrufverfahrens nicht mehr bestehen (BFH 29.11.2005, wistra 2006, 154; BVerfG 10.1.2008, DStR 2008, 197; BGH 9.10.2007, wistra 2008, 21). Demgegenüber hatte das LG Augsburg (wistra 2007, 272) angenommen, die spätere Entwicklung im Hinblick auf das Kontenabrufverfahren könne keine Rückwirkung für bereits abgeschlossene Besteuerungszeiträume dergestalt entfalten, dass die Strafbarkeit wieder auflebte (*Joecks* wistra 2006, 401; aM *Allgayer* wistra 2007, 133). Nachdem das BVerfG eine Verfassungsbeschwerde gegen die BGH-Entscheidung vom 9.10.2007 nicht angenommen hat (BGH 7.5.2008, wistra 2008, 461), ist Klarheit geschaffen. Die Jahre ab 1999 sind auch strafrechtlich verfolgbar.

Zweifelhaft war die Anwendbarkeit des § 2 StGB, wenn das BVerfG eine blankettausfül- **31**
lende Norm des Steuerrechts nicht für nichtig, sondern für mit dem GG **unvereinbar** erklärt, die (befristete) weitere Anwendbarkeit der steuerrechtlichen Vorschrift anordnet und der Gesetzgeber innerhalb der ihm gesetzten Frist keine verfassungskonforme Neuregelung schafft, so dass die Norm mit Ablauf der Frist gänzlich hinfällig wird. So geschehen ist dies mit der Tarifvorschrift des § 10 VStG. Der BGH hat zutreffend entschieden, dass die Hinterziehung von Vermögensteuer für Besteuerungszeiträume bis zum 31.12.1996 strafbar bleibt (BGH 7.11.2001, BGHSt 47, 138). Hier liegt entweder schon kein Fall des § 2 StGB vor (vgl. SK-*Rudolphi* 8c zu § 2 StGB) oder aber es handelt sich insoweit um ein Zeitgesetz (vgl. Rn. 492 zu § 370).

Über Maßregeln der Besserung und Sicherung iS des § 61 StGB, von denen bei **32**
Steuerstraftaten namentlich die Anordnung des Berufsverbots nach § 70 StGB in Betracht kommen kann, ist gem. § 2 VI StGB stets nach demjenigen Gesetz zu entscheiden, das zz. der Entscheidung gilt (krit. MüKoStGB/*Schmitz* StGB § 2 Rn. 52). Denn solche Maßnahmen erfüllen keinen Sühnezweck, sondern dienen der Gefahrenabwehr (vgl. jedoch Art. 301, 303 und 305 EGStGB, die für die durch das EGStGB bewirkten Änderungen eine Sonderregelung treffen). Der Grundsatz des § 2 VI StGB gilt daher auch für andere strafrechtliche Maßnahmen mit Sicherungszweck, zB für die Einziehung von Gegenständen, wenn sie *„nach ihrer Art und den Umständen die Allgemeinheit gefährden oder wenn die Gefahr besteht, daß sie der Begehung rechtswidriger Taten dienen werden"* (§ 74 II Nr. 2 StGB; vgl. auch SK-*Rudolphi* 18 zu § 2 StGB).

cc) Die räumliche Geltung des deutschen Strafrechts. Das sog. internationale **33**
Strafrecht behandelt die Frage, wann deutsches Strafrecht auf Taten mit Auslandsbeziehungen anzuwenden ist. Das StGB ist am 1.1.1975 vom Personalprinzip zum Territorialprinzip übergegangen. Das deutsche Strafrecht ist daher nicht mehr auf jede Tat eines Deutschen anzuwenden, gleichgültig wo er sie begangen hat (so das Personalprinzip), sondern auf jede in Deutschland begangene Tat, gleichgültig ob sie von einem Deutschen oder einem Ausländer begangen wurde (Territorialprinzip). Zu den Prinzipien des internationalen Strafrechts s. SK-*Hoyer* 8 ff. und Schönke/Schröder/*Eser* StGB § 3 Rn. 11 ff. Für das Steuerstrafrecht bedeutsam sind folgende Vorschriften:

§ 3 StGB Geltung für Inlandstaten

Das deutsche Strafrecht gilt für Taten, die im Inland begangen werden.

§ 4 StGB Geltung für Taten auf deutschen Schiffen und Luftfahrzeugen

Das deutsche Strafrecht gilt, unabhängig vom Recht des Tatorts, für Taten, die auf einem Schiff oder in einem Luftfahrzeug begangen werden, das berechtigt ist, die Bundesflagge oder das Staatszugehörigkeitszeichen der Bundesrepublik Deutschland zu führen.

§ 9 StGB Ort der Tat

(1) Eine Tat ist an jedem Ort begangen, an dem der Täter gehandelt hat oder im Falle des Unterlassens hätte handeln müssen oder an dem der zum Tatbestand gehörende Erfolg eingetreten ist oder nach der Vorstellung des Täters eintreten sollte.

(2) [1] Die Teilnahme ist sowohl an dem Ort begangen, an dem die Tat begangen ist, als auch an jedem Ort, an dem der Teilnehmer gehandelt hat oder im Falle des Unterlassens hätte handeln müssen oder an dem nach seiner Vorstellung die Tat begangen werden sollte. [2] Hat der Teilnehmer an einer Auslandstat im Inland gehandelt, so gilt für die Teilnahme das deutsche Strafrecht, auch wenn die Tat nach dem Recht des Tatorts nicht mit Strafe bedroht ist.

34 Bei Taten mit Auslandsbeziehungen empfiehlt sich folgende **Prüfungsreihenfolge:** Zunächst ist zu untersuchen, ob der deutsche *Tatbestand überhaupt erfüllt* ist (Schönke/Schröder/*Eser* StGB § 3 Rn. 31, SK-*Hoyer* 7 zu § 3 StGB). Das ist bei den Tatbeständen des Steuerstrafrechts grundsätzlich nur dann der Fall, wenn sich die Tat auf inländische Steuern (§§ 370, 373, 374 AO) oder auf inländische Ein-, Aus- und Durchfuhrverbote bezieht (§ 373 AO). Eine Ausnahme von diesem Grundsatz findet sich nur in § 370 VI, § 373 IV, § 374 IV u. § 379 I 2 AO, die Eingangsabgaben bestimmter europäischer Staaten bzw. Umsatzsteuern und harmonisierte Verbrauchsteuern mit einbeziehen. Durch die Streichung des Gegenseitigkeitserfordernisses in § 370 VI 3 AO wird sich die Bedeutung der Regelung deutlich erhöhen. Dagegen wird die Hinterziehung von anderen ausländischen Steuern oder Zöllen und die Verletzung ausländischer Ein-, Aus- und Durchfuhrverbote von den Tatbeständen der §§ 370 ff. AO schon nicht erfasst.

35 Steht fest, dass die Tat einen Tatbestand der §§ 370 ff. AO erfüllt, ist weiter zu prüfen, ob der *Tatbestand* nach den Regeln der §§ 3 ff. StGB auf die Tat *anzuwenden* ist. Nach § 3 StGB ist das der Fall, wenn die Tat im Inland begangen wurde; zum Streit um den völkerrechtlichen und den sog. funktionellen Inlandsbegriff s. *Fischer* StGB vor § 3 Rn. 12 ff., Schönke/Schröder/*Eser* vor § 3 StGB Rn. 44 ff. und SK-*Hoyer* 3 ff. zu § 3 StGB, jeweils mwN. Nach § 9 I StGB ist eine Tat überall dort begangen, wo der Täter gehandelt hat, wo er beim Unterlassungsdelikt hätte handeln müssen, wo der tatbestandsmäßige Erfolg eingetreten ist oder nach der Tätervorstellung eintreten sollte. Bei der **Steuerhinterziehung** tritt die Steuerverkürzung als tatbestandsmäßiger Erfolg stets im Inland ein, so dass § 370 AO nach den §§ 3, 9 StGB immer dann anzuwenden ist, wenn die Tat sich auf eine inländische Steuer bezieht (vgl. Rn. 49 zu § 370). Mit der Bejahung des Tatbestandes steht daher zugleich seine Anwendbarkeit iS des internationalen Strafrechts fest. Das Gleiche gilt für den **Bannbruch.** Die verbotswidrige Ein-, Aus- und Durchfuhr berührt immer inländisches Gebiet. Für die Hinterziehung ausländischer Eingangsabgaben findet sich in § 370 VI 2 AO eine Ausnahme vom Territorialprinzip. Das deutsche Strafrecht gilt bezüglich dieser Tat unabhängig vom Tatort. § 374 II Halbs. 2 AO trifft die entsprechende Regelung für die Steuerhehlerei. Probleme können nur bei der **Steuerhehlerei** iS von § 374 I AO auftreten. Wenn der Täter die in § 374 I AO bezeichneten Erzeugnisse oder Waren im Ausland ankauft, sich verschafft, sie absetzt oder abzusetzen hilft, ist § 374 I AO nach den §§ 3, 9 I StGB nicht anwendbar, da weder die Handlung noch der tatbestandsmäßige Erfolg im Inland angesiedelt sind. Die Anwendung von § 374 I AO kann jedoch über § 5 Nr. 12 und 13 StGB erfolgen, wenn die Tat von einem deutschen Amtsträger oder für den öffentlichen Dienst besonders Verpflichteten während eines dienstlichen Aufenthalts oder in Beziehung auf den öffentlichen Dienst oder von einem Ausländer als Amtsträger usw. begangen wird. Die Anwendung von § 374 I AO über § 7 II StGB kommt zwar theoretisch in Betracht, wird aber wohl nicht praktisch werden, da § 7 II StGB voraussetzt, dass die Steuerhehlerei in Bezug auf inländische Steuern usw. von dem ausländischen Tatortrecht erfasst wird.

b) Die Elemente der Straftat. Ein Verhalten kann nur dann bestraft werden, wenn es tatbestandsmäßig, rechtswidrig und schuldhaft ist.

36 **aa) Die Tatbestandsmäßigkeit.** Ein Verhalten ist tatbestandsmäßig, wenn es diejenigen Merkmale aufweist, die in einem Strafgesetz abstrakt beschrieben werden. Die einzelnen im Strafgesetz enthaltenen Begriffe (zB *„Behörde“, „Steuer“, „verkürzen“* in § 370 I AO) werden als **Tatbestandsmerkmale,** die konkreten Elemente der Tat (wie zB das FA in X, die Einkommensteuererklärung des Herrn Y) werden als Sachverhaltselemente oder **Tat-**

umstände bezeichnet. Weist ein konkretes Verhalten Tatumstände auf, die sämtliche Merkmale eines Tatbestandes erfüllen, so wird das Verhalten als tatbestandsmäßig bezeichnet.

Der Tatbestand beschreibt in abstrakter Weise das Verhalten, das verboten und 37 unter den weiteren Voraussetzungen der Rechtswidrigkeit und der Schuld strafbar ist. Der Tatbestand hat dabei einmal die Funktion, Typen verbotenen Verhaltens in möglichst anschaulicher Weise zu beschreiben *(Leitbildfunktion);* er hat darüber hinaus die Aufgabe, in Erfüllung des Bestimmtheitsgebots in Art. 103 II GG und § 1 StGB den Bereich des verbotenen vom Bereich des erlaubten Verhaltens möglichst genau abzugrenzen *(Garantiefunktion).* Leitbild- und Garantiefunktion zwingen den Gesetzgeber, die Vielfalt des strafrechtlich missbilligten Verhaltens nicht in generalklauselartigen Regeln von höchster Abstraktion zusammenzufassen, sondern auf mittlerer Abstraktionsstufe in einer Mehrzahl von Einzelvorschriften zu beschreiben. Das geschieht auf zwei verschiedenen Wegen. Im Besonderen Teil bildet der Gesetzgeber unterschiedliche Typen strafbaren Verhaltens in Form der einzelnen Strafgesetze. So wäre zB die Formulierung einer einzigen Vorschrift mit dem Inhalt: *„Wer das inländische Steueraufkommen gefährdet …"* im Hinblick auf das Bestimmtheitsgebot unzulässig. Stattdessen unterscheidet das Gesetz zwischen Steuerhinterziehung und Steuerhehlerei sowie im Bereich der Ordnungswidrigkeiten zwischen leichtfertiger Steuerverkürzung und verschiedenen Gefährdungstatbeständen. Auf einem zweiten Weg erfolgt die Auffächerung des verbotenen Verhaltens durch den Allgemeinen Teil des Strafrechts, dessen Vorschriften nicht nur die Definition einzelner Merkmale der Tatbestände des Besonderen Teils, sondern auch deren Abwandlungen enthalten. So ergibt sich aus den §§ 25 ff. StGB, dass zB Steuerhinterziehung in der Form der Alleintäterschaft, der Mittäterschaft, der mittelbaren Täterschaft, der Anstiftung und der Beihilfe begangen werden kann. Abwandlungen finden sich auch in § 13 StGB, aus dem sich ergibt, dass die Tatbestände nicht nur durch Handeln, sondern auch durch Unterlassen erfüllt werden können, und aus § 22 StGB, der die Voraussetzungen des strafbaren Versuchs beschreibt.

bb) Die Rechtswidrigkeit. Mit der Tatbestandsmäßigkeit eines Verhaltens steht nur 38 fest, dass das Verhalten ein solches ist, das typischerweise verboten ist, also das fragliche Tun oder Unterlassen im Widerspruch zum Recht steht (vgl. Schönke/Schröder/*Eisele* StGB vor § 13 Rn. 46). Auf der Stufe der Rechtswidrigkeit ist zu prüfen, ob das konkrete Verhalten auch tatsächlich verboten war. Das Gesetz bedient sich dabei der Regel-Ausnahme-Technik. Ein tatbestandsmäßiges Verhalten ist auch konkret rechtswidrig (= verboten), wenn kein Rechtfertigungsgrund eingreift. Die Rechtfertigungsgründe finden sich zum Teil im StGB, können aber der gesamten Rechtsordnung entnommen werden; s. Rn. 95 ff.

cc) Die Schuld. Der Täter kann nur bestraft werden, wenn er die konkret rechtswidrige 39 Tat schuldhaft begangen hat. Schuld ist Vorwerfbarkeit. Die Tat ist vorwerfbar, wenn der Täter sie nach den Regeln des StGB hätte vermeiden können. Das setzt mindestens voraus, dass er in der Lage war, das Unrecht seines Verhaltens einzusehen und sich nach dieser Einsicht zu richten (ausf. s. Rn. 98 ff.).

c) Das vorsätzliche vollendete Delikt. Die Grundform deliktischen Verhaltens ist die 40 durch Handlung begangene vorsätzliche vollendete Straftat des Alleintäters. Unterlassung, Versuch, Fahrlässigkeit und Beteiligung mehrerer sind Abwandlungen dieser Grundform.

aa) Die Handlung. Tatbestandsmäßiges Verhalten setzt nach jeder Auffassung eine 41 Handlung im weiteren Sinne voraus. Damit ist aber lediglich gesagt, dass die Straftat eine willkürliche menschliche Reaktion auf die Außenwelt als die Mindestvoraussetzung verlangt. Wer eine unbeherrschbare Reflexbewegung vornimmt, handelt ebensowenig wie der, der als Bewusstloser Pflichten nicht erfüllt (SK-*Rudolphi* 19 ff. vor § 1 StGB; *Stratenwerth/Kuhlen* 6/5 ff.). Ob die Handlung darüber hinaus weitere Elemente enthält, ist zwischen **kausaler** und **finaler Handlungslehre** (zu weiteren Lehren *Roxin* 8/26 ff.)

umstritten. Der Streit betrifft im Wesentlichen das Problem, ob die Handlung den Vorsatz iS bewussten Einsatzes von Körperbewegungen zur Erreichung eines bestimmten Zieles voraussetzt. Dies behauptet die finale Handlungslehre, während die kausale Handlungslehre sich mit der Willkürlichkeit der Körperbewegung begnügt und die Ansteuerung bestimmter Ziele nicht als Handlungselement anerkennt (ausf. *Roxin* 8/10 ff. und SK-*Rudolphi* 25 ff. vor § 1 StGB jeweils mwN). Der Streit hat ausschließlich systematische Bedeutung. Für die finale Handlungslehre gehört der Vorsatz zur Handlung und ist damit Tatbestandselement; die kausale Handlungslehre meint demgegenüber, Vorsatz und Fahrlässigkeit seien verschiedene Schuldformen. Die Argumente der streitenden Meinungen können hier nicht ausgebreitet und erörtert werden. Die weitere Darstellung folgt der finalen Handlungslehre, nach der Vorsatz und Fahrlässigkeit Tatbestandsmerkmale sind. Unterschiede in den praktischen Ergebnissen bestehen zwischen kausaler und finaler Handlungslehre nicht.

42 **bb) Der objektive Tatbestand.** Der objektive Tatbestand des Begehungsdeliktes setzt zunächst eine Handlung im engeren Sinne im Unterschied zur Unterlassung voraus. Über die manchmal schwierige Abgrenzung zur Unterlassung ausf. Rn. 88.

43 In vielen Tatbeständen genügt jede beliebige Handlung. So liegt es bei den reinen Verursachungsdelikten: Den Tatbestand erfüllt hier jede Handlung, die den tatbestandsmäßigen Erfolg verursacht. Die Tatbestände des Steuerstrafrechts sind sämtlich anders konstruiert; sie beschreiben die vorausgesetzte Handlung in bestimmter Weise. § 370 I AO verlangt, dass der Täter unrichtige oder unvollständige Angaben macht; § 372 AO, dass er Gegenstände ein-, aus- oder durchführt; § 374 I AO, dass er Erzeugnisse oder Waren ankauft, sich verschafft, absetzt oder abzusetzen hilft. Wann diese Handlungsmodalitäten erfüllt sind, ist eine Frage des Besonderen Teils, s. dazu die Erläuterungen bei den einzelnen Tatbeständen. Jedoch ist zu beachten, dass sämtliche Tathandlungen der Straftatbestände in Verursachungen zerlegt werden können. Falsche Angaben macht, wer verursacht, dass der Behörde unrichtige Tatsachen vorgespiegelt werden; einen Gegenstand führt nicht nur derjenige ein, der ihn selbst über die Grenze trägt, sondern auch derjenige, der die Einfuhr durch einen anderen verursacht, vorausgesetzt, er ist nach § 25 StGB Täter.

44 Soweit der Tatbestand neben einer bestimmten Handlung noch den **Eintritt eines bestimmten Erfolges** voraussetzt, muss die Handlung den Erfolg verursacht haben. § 370 I Nr. 1 AO ist nicht schon dann erfüllt, wenn der Täter die unrichtige Steuererklärung abgibt und die Steuer zu niedrig festgesetzt wird. Die Festsetzung muss außerdem durch die unrichtige Erklärung verursacht worden sein. Daran mag es fehlen, wenn der zuständige Finanzbeamte die Unrichtigkeit erkennt und die Steuer aus anderen Gründen, sei es aus Gefälligkeit oder auf Grund eines Rechenfehlers, zu niedrig festsetzt (Rn. 275 zu § 370).

45 So wird die **Kausalität** zum vordergründig-zentralen Merkmal der Erfolgsdelikte. Nach der Äquivalenztheorie ist jede Bedingung eines Erfolges gleichermaßen Ursache. Alle Ursachen sind gleichwertig; zwischen bedeutsamen und nebensächlichen Ursachen wird nicht unterschieden. Die Äquivalenztheorie bedient sich als Erkenntnishilfe der sog. *conditio-sine-qua-non-Formel.* Nach ihr ist Ursache jede Bedingung, die nicht hinweggedacht werden kann, ohne dass der Erfolg in seiner konkreten Gestalt entfiele (BGH 28.9.1951, BGHSt 1, 332; BGH 27.11.1951, BGHSt 2, 20, 24 ; BGH 25.1.1955, BGHSt 7, 112, 114; SK-*Rudolphi* 39 ff. vor § 1 StGB; Schönke/Schröder/*Eisele* StGB vor § 13 Rn. 73 ff.; *Stratenwerth/Kuhlen* 8/17). Danach verursacht nicht nur derjenige eine Steuerverkürzung, der den Finanzbeamten durch geschickte Manipulationen täuscht, sondern auch der, der eine für jeden Kundigen durchschaubar unrichtige Erklärung abgibt, sofern wider alle Erfahrung ein besonders leichtgläubiger, nachlässiger oder unerfahrener Beamter sich täuschen lässt. Damit wird der Rahmen möglicher strafrechtlicher Haftung außerordentlich weit gezogen. Dementsprechend werden in Rspr u. Literatur einschränkende Kriterien gesucht.

46 So will die **Adäquanztheorie** den Kreis der durch die Äquivalenztheorie bestimmten Ursachen in einem zweiten Schritt einschränken, indem sie *besonders unwahrscheinliche*

Kausalverläufe ausscheidet. Sie bedient sich dabei des Instruments eines gedachten Beobachters der Situation, den sie – in einem Gedankenexperiment – mit dem Tatsachenwissen eines sorgfältigen Beobachters und dem höchstmöglichen Erfahrungswissen ausstattet. Wenn dieser gedachte Beobachter vor Ablauf der Kausalkette erklärt hätte, der Erfolg werde nicht eintreten, dann ist die Bedingung keine Ursache iS der Adäquanztheorie. Diese im Zivilrecht herrschende Kausalitätstheorie wird im Strafrecht nur von wenigen vertreten (s. auch *Maurach/Zipf* AT/1 S. 249 ff.), da sie wegen der Ungenauigkeit der Kriterien häufig keine eindeutigen Aussagen ermöglicht.

Die **Relevanztheorie** differenziert zwischen der mit Hilfe der Bedingungstheorie zu ermittelnden Kausalität eines bestimmten Verhaltens und der davon zu unterscheidenden normativen Frage nach der rechtlichen Relevanz des konkreten erfolgsverursachenden Geschehens (vgl. SK-*Rudolphi* 56 vor § 1). Maßgeblich sind dabei im Gegensatz zur Adäquanztheorie nicht (nur) Erfahrungs- und Wahrscheinlichkeitsurteile, sondern ausschließlich normative Gesichtspunkte, so der Sinn und Zweck des jeweiligen Straftatbestandes und die allgemeinen Grundsätze der tatbestandlichen Unrechtslehre. 47

Die Lehre von der objektiven Zurechnung stimmt mit den Ergebnissen der Relevanztheorie, soweit diese präzise genug fassbar sind, überwiegend überein (vgl. SK-*Rudolphi* 57 vor § 1). Danach ist ein durch menschliches Verhalten verursachter Unrechtserfolg nur dann objektiv zurechenbar, wenn dieses Verhalten eine rechtlich missbilligte Gefahr des Erfolgseintritts geschaffen hat und diese Gefahr sich auch tatsächlich in dem konkreten erfolgsverursachenden Geschehen realisierte (*Roxin* 11/41; SK-*Rudolphi* 57 vor § 1; *Jescheck/Weigend* 286 f.; *Puppe* JuS 1982, 660; Schönke/Schröder/*Eisele* StGB vor § 13 Rn. 92). Ähnlich spricht *Otto* (Maurach-FS 92 ff.) von einem Prinzip der „Steuerbarkeit" bzw. einem „Risikoerhöhungsprinzip", und *Jakobs* von der „Verwirklichung der Modellgefahr" (ZStW 89 [1977], 1 ff.; Lackner-FS 53). Dementsprechend besteht das tatbestandsmäßige Verhalten in der Vornahme einer unerlaubt gefährlichen Handlung (SK-*Rudolphi* 57 vor § 1). Die in diesem Kontext erörterten Fallgruppen (Übersicht bei *Roxin* 11/47 ff.) haben für das Steuerstrafrecht unterschiedliche Relevanz. Bedeutsam kann sein der Ausschluss der Zurechnung bei Risikoverringerung (*Roxin* 11/47 f.), der Ausschluss der Zurechnung in den Fällen des erlaubten Risikos (*Roxin* 11/65 ff.) und das Prinzip der Zuordnung zum fremden Verantwortungsbereich (*Roxin* 11/137 ff.), und zwar namentlich für die Frage der Strafbarkeit der Teilnahme (dazu Rn. 511 ff. zu § 370). 48

cc) Der subjektive Tatbestand. Der subjektive Tatbestand setzt nach der finalen Handlungslehre **Vorsatz** und nach jeder Auffassung etwa erforderliche weitere **subjektive Unrechtselemente** voraus. Der hier geforderte Tatvorsatz ist die subjektive Beziehung zwischen dem Täter und den Tatumständen. Im Einzelnen ist zwischen Gegenstand und Intensität des Vorsatzes zu unterscheiden. 49

Die geläufige Formulierung, Vorsatz sei Wissen und Wollen der Tatumstände, ist im Hinblick auf die verschiedenen Vorsatzformen zu unpräzise. Immerhin drückt sie zutreffend aus, dass der Vorsatz ein **intellektuelles** und ein **voluntatives Element** enthält. Im Einzelnen sind **drei Vorsatzformen** zu unterscheiden: *dolus directus* 1. Grades, *dolus directus* 2. Grades und *dolus eventualis.* 50

Der direkte Vorsatz 1. Grades (*dolus directus* 1. Grades oder Absicht) wird durch das voluntative Element bestimmt. Diese Vorsatzform liegt vor, wenn der Täter einen Erfolg als End- oder Zwischenziel anstrebt, er also um dieses Zieles willen handelt (BGH 12.2.1953, BGHSt 4, 107, 109; BGH 28.11.1962, BGHSt 18, 151, 155; BGH 26.7.1967, BGHSt 21, 283 f.; *Welzel* NJW 1962, 20; *Oehler* NJW 1966, 1634; SK-*Rudolphi/Stein* 40 zu § 16 StGB). **Direkter Vorsatz 2. Grades** (*dolus directus* 2. Grades) liegt hinsichtlich solcher Tatumstände vor, deren Existenz oder Verursachung der Täter für sicher oder für mit einem Ziel notwendig verbunden hält (SK-*Rudolphi/Stein* 42 zu § 16 StGB; *Stratenwerth/Kuhlen* 8/107; Schönke/Schröder/*Sternberg-Lieben/Schuster* StGB § 15 Rn. 68 f.). Über die Definition des **Eventualvorsatzes** *(dolus eventualis)* besteht Streit. Einig ist man sich noch darüber, 51 dass diese Vorsatzform im intellektuellen Bereich wenigstens voraussetzt, dass der Täter die Existenz oder den Eintritt des betreffenden Tatumstandes für möglich hält.

52 Ob darüber hinaus eine **voluntative Beziehung** bestehen muss, ist streitig. Die Literatur hält dies zT für nicht erforderlich, sondern präzisiert das intellektuelle Moment in dem Sinne, dass sie ein konkretes Für-möglich-Halten fordert (*Schmidhäuser* GA 1957, 305 ff.; 1958, 161 ff.; Schönke/Schröder/*Sternberg-Lieben/Schuster* StGB § 15 Rn. 84) oder fordert, dass der Täter den möglichen Erfolgseintritt ernst genommen hat (*Jescheck/Weigend* S. 240; *Roxin* JuS 1964, 61; vgl. auch *Stratenwerth/Kuhlen* 8/112 ff.). Der **BGH** hat einmal gemeint, der Täter müsse außerdem den Erfolgseintritt billigen (BGH 22.11.1957, zit. bei *Schmidhäuser* GA 1958, 163 ff.). An anderer Stelle hat er jedoch ausgeführt, ein *„Billigen im Rechtssinne"* liege immer dann vor, wenn der Täter den Erfolgseintritt für möglich halte und dennoch handele (BGH 22.4.1955, BGHSt 7, 363, 369). Später hat der BGH (BGH 13.7.1978, GA 1979, 107) doch wieder ein voluntatives Moment für erforderlich gehalten, ohne dies freilich zu präzisieren. Keinen Eventualvorsatz habe, wer *„mit der als möglich erkannten Folge nach seiner Willensrichtung nicht einverstanden sei … und deshalb auf ihren Nichteintritt vertraut."* Zwei Jahre später wieder anders (BGH 16.7.1980, JZ 1981, 35 m. krit. Anm. *Köhler*): *„Die Annahme von Billigung liegt nahe, wenn der Täter sein Vorhaben trotz äußerster Gefährlichkeit durchführt, ohne auf einen glücklichen Ausgang vertrauen zu können, und wenn er es dem Zufall überläßt, ob sich die von ihm erkannte Gefahr verwirklicht oder nicht."* Schließlich will *Herzberg* eine Abgrenzung zwischen *dolus eventualis* und bewusster Fahrlässigkeit allein im Rahmen des objektiven Tatbestandes als möglich ansehen. Sie habe nach der Qualität der vom Täter erkannten Gefahr zu erfolgen. Entscheidend sei, ob der Täter die Gefahr „abgeschirmt" habe. Bei der Umsetzung dieser Erklärungsmodelle im Steuerstrafrecht ist zu bedenken, dass die Definitionen durchweg am Beispiel von Tötungsdelikten entwickelt worden sind. Ebenso wie bei der Untreue dürfte man sich auch im sonstigen Wirtschaftsstrafrecht darauf einigen können, dass die für die Abgrenzung zwischen gefährlicher Körperverletzung mit Todesfolge und vorsätzlicher Tötung entwickelten Kriterien nur mit Vorsicht zu übertragen sind (vgl. auch BGH 16.4.2008, wistra 2008, 342).

53 Was den **Gegenstand des Vorsatzes** angeht, so wird von der überwiegenden Auffassung zwischen **normativen** und **deskriptiven Tatbestandsmerkmalen** unterschieden. Deskriptive Merkmale seien aus der Umgangssprache entnommene Merkmale. Bei ihnen genüge es für den Vorsatz, wenn der Täter diejenigen tatsächlichen Umstände kenne, die das Tatbestandsmerkmal erfüllten. Wer einen Hund verbotswidrig einführt, hat den Vorsatz bezüglich des Merkmals Gegenstand auch dann, wenn er meint, Hunde könnten weder Sachen noch Gegenstände sein. Eine zutreffende rechtliche Einordnung (Subsumtion) ist nicht erforderlich (Schönke/Schröder/*Sternberg-Lieben/Schuster* StGB § 15 Rn. 43 ff.; SK-*Rudolphi/Stein* 15 zu § 16 StGB). Anders ist die Situation bei den sogenannten normativen Merkmalen, die der Rechtssprache entnommen sind, wie zB Behörde, Steuer, Steuerverkürzung. Bei diesen Merkmalen hat der Täter nur dann Vorsatz, wenn er die tatsächlichen Umstände kennt, die den Begriff erfüllen, und ungefähr weiß, dass diese Umstände das bestimmte Merkmal ausfüllen. Es ist also erforderlich, dass er den Begriffskern des normativen Merkmals laienhaft erfasst hat, sog. *Parallelwertung in der Laiensphäre* (BGH 28.10.1952, BGHSt 3, 248; BGH 24.9.1953, BGHSt 4, 347, 352; Schönke/Schröder/*Sternberg-Lieben/Schuster* StGB § 15 Rn. 43a; SK-*Rudolphi/Stein* 15a zu § 16 StGB). Wer unrichtige Angaben gegenüber einer FinB macht, muss also die steuerliche Erheblichkeit der Tatsache zwar nicht steuerrechtlich präzise, aber doch in dem Sinne erkannt haben, dass er weiß, die Tatsache werde – möglicherweise *(dolus eventualis)* – für seine Steuerschuld von Bedeutung sein (BGH 13.11.1953, BGHSt 5, 90, 92; vgl. auch BGH 10.11.1999, wistra 2000, 137; BGH 23.2.2000, wistra 2000, 217, 219; vgl. auch OLG Köln 4.3.2004, NJW 2004, 3504). Ob diese sog. „Steueranspruchstheorie" auf Dauer in der Rechtsprechung des BGH Bestand haben wird, ist zweifelhaft (Rn. 502 zu § 370; vgl. BGH 8.9.2011, wistra 2011, 465; Klein/*Jäger* AO § 370 Rn. 172).

Nach **§ 15 StGB** ist eine Tat nur dann strafbar, wenn der Täter vorsätzlich handelt, es sei denn, das Gesetz bedroht fahrlässiges Handeln ausdrücklich mit Strafe. Sämtliche Steuerstraftaten können nur vorsätzlich begangen werden. Soweit Leichtfertigkeit mit einer Sanktion bedroht ist, handelt es sich um Ordnungswidrigkeiten. In **§ 16 StGB** ist festgelegt, dass der Täter nur dann vorsätzlich handelt, wenn er sämtliche Umstände kennt, die zum gesetzlichen Tatbestand gehören. Nach § 16 II StGB werden dem Täter auch nur solche strafverschärfenden Umstände zugerechnet, hinsichtlich derer er Vorsatz hatte; zum Irrtum s. Rn. 100 ff. 54

Sonstige subjektive Unrechtselemente sind solche Merkmale, die eine subjektive Lage des Täters voraussetzen, die keine Entsprechung im objektiven Tatbestand zu haben braucht. Es handelt sich dabei um sog. Delikte mit überschießender Innentendenz. So setzt zB die Steuerhehlerei in § 374 I AO die Bereicherungsabsicht als subjektives Unrechtselement voraus. Es genügt, wenn der Täter die Bereicherung will. Ob sie tatsächlich eintritt, ist für die Erfüllung des Merkmals unerheblich. Bei Steuerstraftaten werden solche Absichten im Sinne überschießender Innentendenz vorausgesetzt; bei § 374 I AO: *„um sich oder einen Dritten zu bereichern"*; § 148 I Nr. 1 StGB: *„in der Absicht …, daß sie als echt verwendet oder in Verkehr gebracht werden oder daß ein solches Verwenden oder Inverkehrbringen ermöglicht werde"*; § 148 I Nr. 2 StGB: wie Nr. 1; § 257 StGB: *„Absicht …, ihm die Vorteile der Tat zu sichern"*. Bei den Absichten im Sinne überschießender Innentendenz genügt regelmäßig nicht *dolus eventualis,* vielmehr ist teilweise *dolus directus* 1. Grades, teilweise *dolus directus* 2. Grades vorausgesetzt; Einzelheiten s. bei den Tatbeständen. 55

dd) Kongruenz. Objektiver Tatbestand und Vorsatz müssen darüber hinaus in dem Sinne kongruent sein, dass der Täter sich diejenigen konkreten Tatumstände vorstellt, die den objektiven Tatbestand erfüllen. Es sind Fälle denkbar, in denen der objektive Tatbestand durch einen Tatumstand A erfüllt wird und der Täter sich einen anderen Tatumstand B vorstellt, der den objektiven Tatbestand auch erfüllt hätte, wenn er gegeben wäre. Diese Konstellationen werden – wenn nicht nach den Regeln über die objektive Zurechnung (Rn. 48) – unter den Stichworten *„Abweichung des Kausalverlaufs", „error in objecto"* und *„aberratio ictus"* behandelt (SK-*Rudolphi/Stein* 36 ff. zu § 16 StGB mwN). Bei Steuerstraftaten sind sie jedoch kaum relevant. Zu denken wäre etwa an eine Verwechslung des Steuergläubigers. Wer KfzSt hinterzieht und meint, das Aufkommen stünde trotz der Änderung zum 1.7.2009 nicht dem Bund, sondern „seinem" Bundesland zu, unterläge einem unbeachtlichen *error in persona.* 56

d) Das versuchte Delikt

§ 22 StGB Begriffsbestimmung

Eine Straftat versucht, wer nach seiner Vorstellung von der Tat zur Verwirklichung des Tatbestandes unmittelbar ansetzt.

aa) Kein Taterfolg. Hat der Täter nicht sämtliche Merkmale des objektiven Tatbestandes verwirklicht, so kommt Versuch in Betracht. Nach § 23 I StGB ist der Versuch des Verbrechens immer, der **Versuch** des Vergehens nur dann **strafbar,** wenn das Gesetz dies ausdrücklich bestimmt. Sämtliche Steuerstraftaten sind Vergehen (§ 12 II StGB). Der Versuch ist kraft ausdrücklicher Anordnung strafbar bei Steuerhinterziehung (§ 370 II AO), Bannbruch (§§ 372 II iVm 370 II AO), schwerem Schmuggel (§ 373 AO enthält keine ausdrückliche Bestimmung, stellt jedoch lediglich eine Strafrahmenerhöhung für bestimmte Fälle nach §§ 370 und 372 AO dar), Steuerhehlerei (§ 374 I iVm § 370 II AO) und Wertzeichenfälschung (§ 148 III StGB). Nicht strafbar ist der Versuch bei Begünstigung (§ 257 StGB; s. aber Rn. 182). 57

bb) Subjektiver Tatbestand. Der Versuch setzt zunächst den gesamten **subjektiven Tatbestand** des Deliktes voraus. Der Täter muss also Vorsatz und ggf. sonstige subjektive Unrechtselemente aufweisen, s. Rn. 55 ff. 58

59 **cc) Objektiver Tatbestand.** Der objektive Tatbestand des Versuchs erfordert nach § 22 StGB *unmittelbares* Ansetzen zur Verwirklichung des Tatbestandes. Mit dieser Formel wollte der Gesetzgeber gegenüber der bisherigen Rspr eine Einschränkung der Versuchsstrafbarkeit erreichen (E 1962, Begr. S. 144; *Stratenwerth/Kuhlen* 11/35; Schönke/Schröder/*Eser/Bosch* StGB § 22 Rn. 25). Dennoch bereitet die Abgrenzung des grundsätzlich *straflosen Vorbereitungsstadiums* von der *strafbaren Versuchshandlung* auch heute noch erhebliche Schwierigkeiten. Indem das Gesetz ein unmittelbares Ansetzen zur Tatbestandsverwirklichung verlangt, trägt es den Gesichtspunkten der formell-objektiven Theorie Rechnung, die die unmittelbare Nähe zur im Tatbestand beschriebenen Handlung für maßgeblich hält und jede Vorverlegung des Versuchsbeginns als rechtsstaatlich bedenkliche Auflösung der Tatbestandsgrenzen bezeichnet (*Stratenwerth/Kuhlen* 11/30; Schönke/Schröder/*Eser/Bosch* StGB § 22 Rn. 26 u. SK-*Rudolphi* 9 zu § 22 StGB). Die gesetzliche Formulierung ist jedoch weiter als die formell-objektive Theorie, weil sie nicht den Beginn der tatbestandsmäßigen Handlung selbst voraussetzt, sondern sich mit vorhergehenden Handlungen begnügt. Welche dies sind, ergibt sich aus der von *Frank* gebildeten Formel der materiell-objektiven Theorie. Danach gehören alle diejenigen Handlungen zum Versuch, *„die vermöge ihrer notwendigen Zusammengehörigkeit mit der Tatbestandshandlung für die natürliche Auffassung als deren Bestandteil erscheinen"* (*Frank* II 2b zu § 43 StGB aF). Die Präzisierung dieser Formel versucht das Gesetz, indem es ein unmittelbares Ansetzen verlangt. Als Versuch ist daher diejenige Handlung zu bezeichnen, die *„derjenigen Handlung unmittelbar vorgelagert ist, die ein Tatbestandsmerkmal erfüllt"*. Ob ein solcher Zusammenhang besteht, ist nach dem Täterplan zu beurteilen (individuell-objektive Theorie); so die heute hM (SK-*Rudolphi* 11 zu § 22 StGB u. *Lackner/Kühl* StGB § 22 Rn. 4; *Stratenwerth/Kuhlen* 11/36 ff.; BGH 16.9.1975, BGHSt 26, 201 ff.).

60 Der in Rspr und Lehre bisher mehrfach verwendete Gedanke *der unmittelbaren Gefährdung des Rechtsgutes* und die Bestimmung der Versuchsgrenze nach tatsächlichen oder vermeintlichen kriminalpolitischen Bedürfnissen (BGH 20.12.1951, NJW 1952, 514; BGH 7.2.1952, BGHSt 2, 380; BGH 10.9.1953, BGHSt 4, 333 f.; BGH 25.10.1955, BGHSt 9, 62 f.; Schönke/Schröder/*Eser/Bosch* StGB § 22 Rn. 42 ff.) lässt sich auf der Grundlage von § 22 StGB nicht mehr halten (vgl. auch *Stratenwerth/Kuhlen* 11/41).

61 Auch die Formel vom unmittelbaren Ansetzen liefert nur eine ungefähre Leitlinie, die der **Präzisierung** bedarf. Dem am Tatbestand ausgerichteten Ansatzpunkt entsprechend lässt sich diese Präzisierung jedoch nur anhand der einzelnen in den Tatbeständen beschriebenen Tathandlungen gewinnen (SK-*Rudolphi* 13 zu § 22 StGB). Von gewisser allgemeiner Bedeutung sind jedoch folgende Konstellationen: Hat der Täter alles seinerseits Erforderliche getan, so dass nach seiner Vorstellung das Geschehen ohne weiteres Zutun des Täters seinen Lauf nehmen wird (sog. *beendeter Versuch*), dann soll nach verbreiteter Auffassung jedenfalls auch das Versuchsstadium erreicht sein (LK-*Busch* 33a zu § 43 StGB aF). Wie *Roxin* (Maurach-FS. 213 ff.) gezeigt hat, ist dies jedoch nicht zutreffend. Beim sog. beendeten Versuch sind nämlich zwei Fallvarianten auseinanderzuhalten: Hat der Täter die Kausalkette derart in Gang gesetzt, dass sie seinen Einflussbereich bereits verlassen hat, dann liegt Versuch vor. Ist dies jedoch nicht der Fall, kann der Täter vielmehr auf die in seinem Bereich noch befindliche Kausalkette jederzeit inhibierend einwirken, so befindet er sich noch nicht im Versuchsstadium. Das ist vielmehr erst dann der Fall, wenn die Kausalkette seinen Bereich verlassen hat (*Roxin* in Maurach-FS. 213 ff., SK-*Rudolphi* 19 u. Schönke/Schröder/*Eser/Bosch* StGB § 22 Rn. 42). Wer unrichtige Buchungen vornimmt, so dass ohne sein weiteres Zutun von seinem gutgläubigen Angestellten später eine unrichtige Steuererklärung abgegeben werden wird, hat zwar alles seinerseits Erforderliche getan. Da die Kausalkette seinen Obhutsbereich jedoch noch nicht verlassen hat, liegt noch kein Versuch der Steuerhinterziehung vor, selbst wenn es nicht seiner eigenen Unterschrift unter der Erklärung bedarf. Das ist erst dann der Fall, wenn die Steuererklärung abgesandt worden ist (vgl. *A. Müller* AO-StB 2005, 28, 30). Die Fälschung eines Belegs zum Zwecke der Vorsteuererschleichung ist zwar strafbare Urkundenfälschung, aber ebenso wenig Versuch

der Steuerhinterziehung (aM offenbar *Sell/Schencking/Derlien* S. 37) wie die Beantragung einer Steuernummer (BGH 27.9.2002, wistra 2003, 20). Der Eintritt in Kaufverhandlungen zum Erwerb von Schmuggelgut ist bei der Steuerhehlerei ein unmittelbares Ansetzen zur Verwirklichung des Tatbestandsmerkmals des Ankaufens nur dann, wenn sich die Übergabe der Waren oder Erzeugnisse an den Käufer sofort anschließen kann und soll, sobald eine Einigung über den Kaufpreis zustande gekommen ist, und die Verhandlung so der Verschaffung der Verfügungsgewalt unmittelbar vorgelagert ist (BGH 7.11.2007, wistra 2008, 105, 106). Ebenso beginnt mit dem versuchten Bannbruch noch nicht, wer im Pkw seines gutgläubigen Freundes Waren versteckt. Der Versuch beginnt frühestens, wenn der gutgläubige Fahrer aus dem Zugriffsbereich des Täters entlassen wird bzw. sich auf den Weg zur Grenze begibt (vgl. Rn. 539 ff. zu § 370).

dd) Untauglicher Versuch. Der untaugliche Versuch ist strafbar. § 23 III StGB sieht 62 jedoch die Möglichkeit vor, von Strafe abzusehen oder die Strafe zu mildern (§ 49 II StGB), wenn der Täter aus grobem Unverstand verkannt hat, dass die Tat wegen der Art des Objekts oder des Tatmittels überhaupt nicht vollendet werden konnte. Dies wird allerdings nur in seltenen Ausnahmefällen gegeben sein (BGH 25.10.1994, NStZ 1995, 120; vgl. auch OLG Stuttgart 7.6.2001, NStZ-RR 2001, 370).

Zur Abgrenzung von **Versuch und Wahndelikt** s. Rn. 108 f. 63

ee) Rücktritt, § 24 StGB. Ist die Tat noch nicht vollendet, so kann sich der Täter gem. 64 § 24 StGB Straffreiheit verdienen. Über die Einordnung des Rücktritts als persönlichen Strafausschließungsgrund oder als Entschuldigungsgrund besteht Streit, der jedoch nur systematische und keine praktische Bedeutung besitzt (SK-*Rudolphi* 6 zu § 24 StGB mwN).

Das Verhältnis von § 371 AO zu § 24 StGB ist zum Teil umstritten. Einigkeit besteht 65 noch darüber, dass der Täter einer Steuerhinterziehung sich auch schon im Versuchsstadium Straffreiheit über § 371 AO verdienen kann (Kohlmann/*Schauf* 32 zu § 371; BGH 20.7.1965, BB 1966, 107 = BeckRS 1965, 31178336; s. auch BGH 13.5.1983, wistra 1983, 197). Zum Teil wird die Ansicht vertreten, § 24 StGB greife *nur beim unbeendeten Versuch* ein, während § 371 AO beim beendeten Versuch den Rücktritt nach § 24 StGB ausschließe (*Hartung* VIII zu §§ 410, 411 RAO 1951). Andere wollen *auch beim beendeten Versuch* Rücktritt und Selbstanzeige mit der Wirkung nebeneinander anwenden, dass dem Täter die jeweils günstigste Norm zugute kommt (Kohlmann/*Kohlmann* 267 zu § 371). Der Streit ist deshalb von Bedeutung, weil § 371 AO im Versuchsstadium teilweise enger und teilweise weiter als § 24 StGB ist. § 24 StGB ist für den Täter günstiger als § 371 AO, weil er materiell Freiwilligkeit voraussetzt und nicht schon dann ausgeschlossen wird, wenn der Täter bei verständiger Würdigung der Sachlage mit der Entdeckung rechnen musste. Andererseits ist § 24 StGB für den Täter ungünstiger als § 371 AO, weil jeder beliebige Umstand die Freiwilligkeit auszuschließen vermag, während § 371 II Nr. 1–2 AO „Unfreiwilligkeit" nur bei den dort aufgezählten Umständen unterstellt (Kohlmann/*Kohlmann* 266 zu § 371 AO). Allerdings ist ein Rücktritt auch bei einer geplanten Verkürzung großen Ausmaßes (§ 371 II Nr. 3) grundsätzlich denkbar.

Die These, § 371 AO verdränge § 24 StGB für den Fall des beendeten Versuchs, ist 66 unhaltbar. Sie beruht letztlich auf der Verkennung des Begriffs des beendeten Versuchs. Ein beendeter Versuch liegt – vorbehaltlich der bei Rn. 60 dargestellten Ausnahmen – immer dann vor, wenn der Täter glaubt, alles für die Vollendung der Tat Erforderliche getan zu haben. Der Versuch der Steuerhinterziehung ist danach schon dann beendet, wenn der Täter die unrichtige Steuererklärung oder den Antrag auf Gewährung eines Steuervorteils in den Briefkasten geworfen oder dem Boten mit auf den Weg gegeben hat (vgl. aber Rn. 541 zu § 370). Zu entsprechenden Beispielen bei Bannbruch und Schmuggel s. Rn. 418 zu § 371. Warum in diesen Fällen Straflosigkeit nicht schon dadurch verdient werden kann, dass der Brief von der Post oder dem Boten wieder zurückgeholt wird, sondern eine Berichtigungserklärung erforderlich sein soll, ist nicht einzusehen. Nachdem der BGH zunächst Bedenken geäußert hatte (BGH 13.5.1983, wistra 1983, 197), hat er zwischenzeitlich seine Auffassung im hier vertretenen Sinne geändert (BGH 19.3.1991, BGHSt 37, 340). Auch in der Literatur dürfte es mittlerweile herrschende Meinung sein, dass § 371 AO die Anwendung der Vorschriften des Allgemeinen Teils des StGB über den Rücktritt vom Versuch nicht ausschließt (Kohlmann/*Kohlmann* 267, HHSp-*Rüping* 226, Kühn/v.Wedelstädt/*Blesinger* 3 zu § 371). Andererseits ist § 371 AO auch in solchen Fällen anwendbar, in denen ein Rücktritt vom Versuch an der Freiwilligkeit scheitert (vgl. Kohlmann/*Kohlmann* 266 zu § 371 sowie *Brauns* wistra 1985, 171). Eine andere Frage ist, ob in solchen Fällen nicht schon die Sperrwirkung des § 371 II AO eingetreten ist; vgl. auch Rn. 415 ff. zu § 371.

67 Hat der Täter noch nicht alles getan, was er für die Herbeiführung des Erfolges für erforderlich hält, so genügt es, wenn er die weiteren Tätigkeitsakte unterlässt. Hat er dagegen alles getan, dann muss er den Erfolgseintritt verhindern.

68 Für den **(vollendeten) Rücktritt** nach § 24 I 1 StGB ist erforderlich, dass das Täterverhalten für das Ausbleiben des Erfolges kausal wird. Demgegenüber behandelt § 24 I 2 StGB den **versuchten Rücktritt:** Sofern der Erfolg ausbleibt, ohne dass der Täter dafür die Ursache gesetzt hat, genügt es für die Strafbefreiung, wenn er sich bemüht hat, den Erfolg zu vermeiden. In allen Fällen ist Freiwilligkeit erforderlich. Freiwilligkeit liegt jedenfalls dann nicht vor, wenn der Täter erkennt, dass er den Erfolg nicht herbeiführen kann (Schönke/Schröder/*Eser/Bosch* StGB § 24 Rn. 46 mwN). Darüber hinaus handelt der Täter auch dann unfreiwillig, wenn er glaubt, die Situation habe sich gegenüber seinem Plan derart nachteilig geändert, dass das Entdeckungsrisiko zu groß oder die aus der Tat erwarteten Vorteile zu gering oder zu unwahrscheinlich geworden sind, eine Abstandnahme von der Tat also der „Verbrechervernunft" entspricht (SK-*Rudolphi* 25 zu § 24 StGB mwN). In allen anderen Fällen autonomer Entscheidung ist der Rücktritt freiwillig.

§ 24 II StGB trifft eine Sonderregelung für den **Rücktritt bei Beteiligung mehrerer Personen;** dazu *Walter/Schneider* JA 2008, 262; *Scheinfeld* JuS 2006, 397.

69 **e) Die Beteiligung. aa) Formen der Beteiligung.** Wirken bei der Tat mehrere Personen mit, so werden sie vom Gesetz je nach dem Gewicht ihrer Beteiligung unterschiedlich behandelt. Unter dem Begriff der **Beteiligung** werden *Täterschaft* und *Teilnahme* zusammengefasst (§ 28 II StGB). Bei der **Täterschaft** werden *Alleintäter, Mittäter* und *mittelbare* Täter (§ 25 StGB) unterschieden. **Teilnahme** ist *Anstiftung* oder *Beihilfe* (§ 28 I StGB).

70 **bb) Die Täterschaft.** Der Täter muss den gesamten Tatbestand erfüllen. Er muss insbesondere die Tathandlung vornehmen. Da jedoch die Tathandlungen jedenfalls der Steuerstraftaten in Verursachungen zerlegt werden können (Rn. 43) und andererseits auch der Teilnehmer den tatbestandsmäßigen Erfolg mitverursachen muss, entstehen Schwierigkeiten bei der Abgrenzung von Täterschaft und Teilnahme, sofern mehrere Personen an der Tat beteiligt sind.

71 Über die **Abgrenzung von Täterschaft und Teilnahme** streiten heute im Wesentlichen nur noch die sogenannte *animus*-Theorie und die Tatherrschaftslehre.

72 **Die Rspr und ein Teil der Lehre bevorzugen die animus-Theorie.** Danach unterscheiden sich Täterschaft und Teilnahme im Prinzip nicht im objektiven Bereich. Täter und Teilnehmer verursachen den tatbestandsmäßigen Erfolg gleichermaßen. Da nach der im Strafrecht herrschenden Äquivalenztheorie alle Ursachen eines Erfolges gleichwertig sind, komme eine Differenzierung der Beteiligungsformen je nach dem objektiven Tatbeitrag nicht in Betracht. Maßgeblich sei vielmehr allein der Wille. Der Täter habe Täterwillen *(animus auctoris),* der Teilnehmer Teilnehmerwillen *(animus socii).* Der Täter wolle die Tat als eigene, der Teilnehmer wolle die Tat als fremde. Der Täterwille ergebe sich aus dem Interesse am Taterfolg sowie aus dem Willen zur Tatherrschaft (BGH 12.2.1952, BGHSt 2, 150, 151 ff.; BGH 8.1.1952, BGHSt 2, 169 f.; BGH 25.6.1954, BGHSt 6, 226 f.; BGH 21.6.1955, BGHSt 8, 70, 73; BGH 19.10.1962, BGHSt 18, 87 ff.; BGH 16.3.1982, NStZ 1982, 243; BGH 14.11.1984, NStZ 1985, 165; BGH 12.11.1987, wistra 1988, 106; vgl.

aber BGH 8.1.1992, wistra 1992, 181). Deutlich ist mittlerweile die Tendenz, innerhalb einer „wertenden Gesamtbetrachtung" aller Umstände des Einzelfalls stärker auch auf objektive Kriterien abzustellen (vgl. BGH 20.1.1998, StV 1998, 540).

Demgegenüber will die im Schrifttum inzwischen überwiegend vertretene **Tatherrschaftslehre** die Beteiligungsformen primär nach *objektiven* Kriterien unterscheiden. Neben der für alle Beteiligungsformen erforderlichen Mitverursachung des tatbestandsmäßigen Erfolges setze die Täterschaft noch Tatherrschaft voraus (*Jescheck/Weigend* S. 531 ff.; *Maurach/Gössel/Zipf* AT 2 S. 247; *Stratenwerth/Kuhlen* 12/16 f.; SK-*Hoyer* 10 ff. zu § 25 StGB). Dabei werden mehrere Tatherrschaftsformen unterschieden: Tatherrschaft in der Form der *Handlungsherrschaft* besitze, wer die tatbestandsmäßige Handlung selbst vornehme (Alleintäter, s. Rn. 75). *Tatherrschaft kraft überlegenen Wissens oder Willens* übe aus, wer (als mittelbarer Täter, s. Rn. 76) einen anderen durch Täuschung oder Zwang für seine Ziele einsetze. Schließlich besitze *funktionale Tatherrschaft,* wer mit wenigstens einem anderen auf Grund gemeinsamen Tatentschlusses die Tat arbeitsteilig begehe (Mittäter, s. Rn. 77). Wer sich dagegen an einer Tat beteilige, ohne Tatherrschaft zu besitzen, sei nur Teilnehmer (Rn. 78 ff.). Dabei ist die Tatherrschaftslehre in der jüngeren Literatur etwa von *Jakobs* (AT 21/3, 16, 33 ff.) bzw. *Stein* (Die strafrechtliche Beteiligungsformenlehre, 1988, 238 ff.), zT kritisiert, zT modifiziert, zT fundiert worden. 73

Die Tatherrschaftslehre ist der *animus*-Theorie im Wesentlichen aus drei Gründen vorzuziehen: Wenn das Gesetz in § 25 I StGB als Täter denjenigen bezeichnet, der die Tat selbst begeht, dann ist damit die Grundthese der animus-Theorie, es könne auch derjenige bloß Teilnehmer sein, der alle Tatbestandsmerkmale selbst erfülle, vom Gesetz zurückgewiesen (Schönke/Schröder/*Heine/Weißer* StGB vor § 25 Rn. 57). Die animus-Theorie widerspricht ihrer Ausgangsthese, die Beteiligungsformen seien wegen der Gleichwertigkeit aller Ursachen im objektiven Bereich nicht zu unterscheiden (*Baumann* JuS 1963, 90; NJW 1963, 562), durch die Annahme eines Tatherrschaftswillens selbst. Wenn es Tatherrschaftswillen gibt, muss es auch Tatherrschaft geben können, und damit sind die Beteiligungsformen doch nach objektiven Kriterien unterscheidbar. Schließlich ist die animus-Theorie rechtsstaatlich bedenklich, da sie die Unterscheidung von Täterschaft und Teilnahme weitgehend ins Belieben des Richters stellt (*Stratenwerth/Kuhlen* 12/13; *SK-Hoyer* 8 f. zu § 25 StGB). 74

Täter ist nach der 1. Alternative des § 25 I StGB, wer die Tat *selbst* begeht, dh die tatbestandsmäßige Handlung selbst vornimmt. Wer täuscht, den Gegenstand selbst über die Grenze bringt oder die Sache ankauft, ist immer Täter der Steuerhinterziehung, des Bannbruchs oder der Steuerhehlerei, gleichgültig ob er die Tat „als eigene will" oder nicht. 75

Mittelbarer Täter ist, wer die Tat *durch einen anderen* begeht. Dies setzt voraus, dass er die tatbestandsmäßige Handlung von einem anderen vornehmen lässt, den er kraft überlegenen Wissens oder Willens beherrscht. Überlegenes Wissen besitzt der Hintermann jedenfalls dann, wenn das Werkzeug einzelne Tatumstände nicht kennt, der Steuerberater zB vom Klienten getäuscht, gutgläubig falsche Angaben in einer Steuererklärung macht. Überlegenheit besitzt jedenfalls derjenige, der einen Schuldunfähigen verwendet, indem er zB ein Kind oder gutgläubige Spediteure (vgl. BGH 27.11.2002, BGHSt 48, 108) für den Schmuggel benutzt oder das Werkzeug unter massiver Drohung oder Zwang (vgl. § 35 StGB) im Rahmen von § 25 StGB einsetzt (*Stratenwerth/Kuhlen* 12/46 ff.; SK-*Hoyer* 42 ff. zu § 25 StGB). Wieweit darüber hinaus mittelbare Täterschaft möglich ist, ist umstritten (*Stratenwerth/Kuhlen* 12/46 ff.; *Roxin* Lange-FS S. 173 ff.). 76

Mittäterschaft setzt zunächst einen gemeinsamen Tatentschluss voraus. Ob der Mittäter darüber hinaus auch noch einen wesentlichen Tatbeitrag leisten muss oder ob auch geringfügige und für die Tat unwesentliche Beiträge genügen, ist umstritten. Wer nach subjektiven Kriterien die Täterschaft bestimmt, wird jeden Beitrag genügen lassen können (BGH 23.1.1958, BGHSt 11, 268, 271; BGH 10.3.1961, BGHSt 16, 12 f.; vgl. aber BGH 5.5.1981, wistra 1982, 28; BGH 26.11.1986, wistra 1987, 106; BGH 15.7.1999, wistra 1999, 386). Die Tatherrschaftslehre kann sich damit nicht begnügen. Nach ihr 77 muss jeder Mittäter im Gesamtplan einen wesentlichen, die Tat erst ermöglichenden Beitrag leisten (*Stratenwerth/Kuhlen* 12/91 ff.; SK-*Hoyer* 109 zu § 25 StGB). Dabei ist umstritten, ob eine Abwesenheit bei der eigentlichen Tatbegehung durch die intensive Mitwirkung in der Planungs- bzw. Vorbereitungsphase der Tat kompensiert werden kann (*Stratenwerth/Kuhlen* 12/93 f.; MüKoStGB/*Joecks* StGB § 25 Rn. 168 ff.). Zur sukzessiven Beteiligung s. Rn. 80.

78 **cc) Die Teilnahme.** Die Teilnahme setzt eine **vorsätzliche und rechtswidrige Haupttat** voraus. Vor Prüfung der Teilnahme ist daher zunächst festzustellen, dass ein anderer einen Straftatbestand vorsätzlich als Täter und rechtswidrig verwirklicht hat. Dagegen braucht der Haupttäter nicht schuldhaft gehandelt zu haben (§ 29 StGB). Die früher streitige Frage, ob Teilnahme an unvorsätzlicher Haupttat möglich ist, ist durch das Gesetz entschieden worden, das in §§ 26, 27 StGB eine vorsätzliche Haupttat voraussetzt. Als Haupttat genügt auch ein (strafbarer) Versuch. Der Teilnehmer ist dann wegen Anstiftung oder Beihilfe zum versuchten Delikt zu bestrafen.

79 Der Teilnehmer muss die Haupttat **mitverursacht** haben. Der **Anstifter** verursacht die Haupttat, indem er den Vorsatz des Haupttäters hervorruft. Der **Gehilfe** verursacht die Haupttat auf sonstige Weise mit. Zentrales Problem ist die Qualität der Beziehung zwischen Gehilfenhandlung und Haupttat. Was nämlich unter **Kausalität der Beihilfe** zu verstehen ist, ist umstritten. Die hM in der Literatur meint, der Gehilfe müsse für die Haupttat iS der Äquivalenztheorie ursächlich geworden sein (*Jescheck/Weigend* S. 694; *Kühl* AT 20/214; SK-*Hoyer* 9 ff. zu § 27 StGB; *Samson* Peters-Festschr. S. 132; *Dreher* MDR 1972, 555 f.). Das kann durch physische wie auch psychische Kausalität geschehen. **Physische Beihilfe** begeht, wer den Pkw für den Schmuggel zur Verfügung stellt, die unrichtige Steuererklärung zum Finanzamt bringt oder unrichtige Belege ausstellt. **Psychische Beihilfe** begeht jedenfalls, wer durch seine Ratschläge die Tat ermöglicht oder erleichtert. So leistet psychische Beihilfe zur Steuerhinterziehung, wer als Steuerberater Hinweise für die günstigsten und am wenigsten riskanten Manipulationen gibt oder wer den ungefährlichsten Weg über die grüne Grenze empfiehlt (zur bloßen Anwesenheit vgl. BGH 20.12.1995, wistra 1996, 184). Die Rspr will darüber hinaus Beihilfe auch dann annehmen, wenn die Haupttat nicht mitverursacht, sondern lediglich gefördert wurde (BGH 1.8.2000, BGHSt 46, 107, 109; ausf. MüKoStGB/*Joecks* StGB § 27 Rn. 41 ff.). Sie gelangt auf diese Weise zu der nicht unbedenklichen Form der psychischen Beihilfe durch **Stärkung des Tatentschlusses.** Es leiste daher auch Beihilfe, wer dem Täter die letzten Bedenken ausrede oder ihn in seinem Entschluss bestärke (RG 10.2.1941, RGSt 75, 112; BGH 16.12.1954, VRS 8 (1955) 199, 201; BGH 10.1.1956, BGHSt 8, 390 f.; BGH 15.6.1962, VRS 23 (1962) 207, 209; krit. dazu *Stratenwerth/Kuhlen* 12/159). Zwischenzeitlich verlangt der BGH freilich besonders sorgfältige Feststellungen, dass sich der bloß psychische Gehilfenbeitrag auch wirklich auf die Haupttat ausgewirkt hat (vgl. BGH 20.12.1995, wistra 1996, 184; BGH 3.5.1996, wistra 1996, 259; BGH 15.7.1999, wistra 1999, 387). Darüber hinaus meinen einige Autoren, Gehilfe sei schon, wer die Tat chancenreicher mache, gleichgültig, ob er für die Tatausführung tatsächlich ursächlich werde (*Schaffstein* Honig-FS. 173 ff.; weitere Modifizierungen bei *Herzberg* GA 1971, 7 f.; *Vogler* Honig-FS. 309 ff.). Diese Lehre von der Risikoerhöhung macht jedoch die straflose versuchte Beihilfe auf unzulässige Weise zur vollendeten Beihilfe (*Samson* Peters-FS. S. 130 ff.). Zur Einschränkung der Beihilfe nach der Lehre von der objektiven Zurechnung vgl. Rn. 248 ff. zu § 370.

80 Nach überwiegender Auffassung soll Beihilfe noch **nach Vollendung der Tat bis zu ihrer Beendigung** möglich sein (BGH 24.6.1952, BGHSt 3, 40, 43 zum Bannbruch; BGH 8.7.1954, BGHSt 6, 248, 251; BGH 6.5.1960, BGHSt 14, 280; BGH 30.6.1964, BGHSt 19, 323, 325; *Jescheck/Weigend* S. 551; Schönke/Schröder/*Heine/Weißer* StGB § 27 Rn. 20). Dabei wird als Beendigung der Tat derjenige Zeitpunkt verstanden, an dem die materielle Rechtsgutverletzung eingetreten ist. Zum Teil versteht man unter Beendigung

aber auch die Realisierung einer etwa vorhandenen überschießenden Innentendenz (Rn. 55). So kann nach dieser Auffassung Beihilfe auch begehen, wer nach Anweisung der Steuervergütung tätig wird und dadurch bewirkt, dass die Zahlung beim Täter auch tatsächlich ankommt. Diese Auffassung ist abzulehnen, da sie einerseits die Grenzen des Tatbestandes durch das unsichere Kriterium der Tatbeendigung sprengt und andererseits die strafwürdigen Fälle durch den Tatbestand der Begünstigung erfasst werden können (*Isenbeck* NJW 1965, 2326; SK-*Hoyer* 18 zu § 27 StGB; *Stratenwerth/Kuhlen* 12/133).

Der Teilnehmer muss **Vorsatz** bezüglich der Haupttat und seiner Mitverursachung haben. Hinsichtlich der Haupttat ist bedeutsam, dass er deren Vollendung wollen muss. Wer die Vollendung der Haupttat nicht will, ist strafloser *agent provocateur* (*Plate* ZStW 84 [1972], 294; *Küper* GA 1974, 321). Dabei sind die Anforderungen an den Vorsatz bezüglich der Haupttat bei der Beihilfe geringer als bei der Anstiftung (BGH 15.5.1996, wistra 1996, 232). 81

Wer durch den Haupttäter verwirklichte **qualifizierende Umstände** nicht kennt, wird nur wegen Teilnahme am Grunddelikt bestraft. Begeht der Haupttäter einen Bannbruch mit Waffen iS des § 373 II Nr. 1 AO, so wird der Gehilfe nur wegen Beihilfe zum einfachen Bannbruch bestraft, wenn er nicht weiß, dass der Haupttäter eine Schusswaffe bei sich hat. 82

Von dem Grundsatz, dass dem Teilnehmer diejenigen vom Haupttäter realisierten Umstände zugerechnet werden, die er kennt *(Akzessorietät),* macht § 28 II StGB eine Ausnahme. Die dort näher beschriebenen Umstände werden dem Teilnehmer nur und schon dann zugerechnet, wenn er sie selbst aufweist (sog. *Limitierung der Akzessorietät*). § 28 II StGB schreibt dies für modifizierende (straferhöhende, strafmildernde und strafausschließende) persönliche, täterbezogene Merkmale vor. Der Begriff der **„besonderen Merkmale"** ist noch nicht hinreichend sicher geklärt (*Herzberg* ZStW 88 [1976], 68 ff.; *Langer* Lange-FS S. 241; *Vogler* Lange-FS S. 265). Bei Steuerstraftaten sind Merkmale nach § 28 II StGB die Gewerbsmäßigkeit nach § 373 AO (Rn. 14 zu § 373 AO), die Bandenzugehörigkeit nach § 370 III 2 Nr. 5 und § 373 II Nr. 3 AO (Rn. 38 zu § 373) bzw. § 26c UStG. § 28 II StGB hat folgende Auswirkungen: Begeht der Haupttäter eine einfache Steuerhehlerei nach § 374 I AO, so wird der Gehilfe wegen Beihilfe zur gewerbsmäßigen Steuerhehlerei bestraft, sofern er selbst gewerbsmäßig handelt. Handelt der Haupttäter gewerbsmäßig, nicht aber der Gehilfe, so wird der Haupttäter wegen gewerbsmäßiger Steuerhehlerei, der Gehilfe wegen Beihilfe zur einfachen Steuerhehlerei bestraft. 83

Der **Anstifter** wird gem. § 26 StGB wie der Haupttäter bestraft. Gem. § 27 S. 2 StGB kann die Strafe des Gehilfen nach den Grundsätzen des § 49 I StGB gemildert werden. Eine obligatorische Strafmilderung sieht § 28 I StGB für den Fall vor, dass der Gehilfe ein strafbegründendes persönliches Merkmal nicht aufweist. Im Bereich des Steuerstrafrechts sind solche Merkmale die Pflicht iS von § 370 I Nr. 2, 3 AO (zu den Garantenpflichten allgemein wie hier LK-*Schünemann* 58 zu § 28 StGB; *Fischer* StGB § 28 Rn. 5a u. SK-*Hoyer* 35 zu § 28 StGB; *Vogler* Lange-FS S. 265; *Langer* Lange-FS S. 241 S. 262; aM *Geppert* ZStW 82 [1970], 40; *Jescheck/Weigend* S. 620 f.) und die Bereicherungsabsicht in § 374 AO (zur Bereicherungsabsicht allgemein wie hier SK-*Hoyer* 35 zu § 28 StGB; wohl auch BGH 20.5.1969, BGHSt 22, 375, 380 v.; BGH 15.7.1969, BGHSt 23, 39 f.; aM *Maurach* JuS 1969, 254; *Stratenwerth/Kuhlen* 12/196; *Herzberg* ZStW 88 [1976], 90). Wird der Stpfl angestiftet, die Steuererklärung nicht abzugeben, so wird der Stpfl als Haupttäter nach § 370 I Nr. 2 AO und der Anstifter nach § 370 I Nr. 2 AO iVm § 26 StGB mit obligatorischer Strafmilderung nach § 28 I, § 49 I StGB bestraft, da er das strafbegründende persönliche Merkmal der Pflichtigkeit nicht selbst aufweist. Demgegenüber geht der BGH (BGH 25.1.1995, wistra 1995, 189) davon aus, die in § 370 I Nr. 2 AO angesprochene Pflicht sei kein besonderes persönliches Merkmal iS des § 28 I StGB. Das Argument des BGH, die Steuergesetze bestimmten, wer zur Abgabe einer Steuererklärung verpflichtet sei und die steuerrechtlichen Pflichten knüpften an objektive Vorgänge des täglichen Lebens an, trägt dies nicht. Gleiches gilt für die Erwägung, die Pflichten träfen jeden, bei dem die tatsächlichen Voraussetzungen vorlägen, an die das Gesetz eine Erklärungspflicht anknüpfe. 84

Nicht anders ist es bei der Untreue, wo derjenige erfasst wird, der eben eine bestimmte Pflichtenstellung hat. Deutlich wird die Schwäche der Argumentation auch in dem obiter dictum des BGH, wonach Gleiches gelten soll für die Pflicht des Arbeitgebers, Lohnsteuern anzumelden.

85 **f) Das fahrlässige Delikt.** Wegen vorsätzlicher Begehung kann nur bestraft werden, wer alle Tatumstände (Rn. 36) in seinen Vorsatz aufgenommen hat und sich rechtfertigende Umstände nicht vorstellt (Rn. 103). Irrt der Täter auch nur über **einen** Tatumstand, scheidet das Vorsatzdelikt aus, da es an dessen vollem Handlungsunrecht fehlt. Nach § 15 StGB setzt die Bestrafung Vorsatz voraus, es sei denn, das Gesetz bedroht fahrlässiges Handeln ausdrücklich mit Strafe. Steuerstraftaten können mangels entsprechender ausdrücklicher Anordnung nicht fahrlässig begangen werden. Die leichtfertige Begehung ordnet die AO in einigen Fällen als Ordnungswidrigkeit ein. Nur bei § 382 AO genügt einfache Fahrlässigkeit. Zur leichtfertigen Begehung s. § 378 AO.

86 **g) Das Unterlassungsdelikt. aa) Überblick.** Die Tatbestände der Strafgesetze erfassen in erster Linie menschliches *Handeln.* Unter bestimmten Voraussetzungen ist aber auch das *Unterlassen* mit Strafe bedroht. Die Strafbarkeit des Unterlassens kann sich auf zwei Wegen ergeben. Am eindeutigsten ist die Situation dann, wenn das Gesetz einen besonderen Unterlassungstatbestand selbst aufstellt. Das ist zB in § 370 I Nr. 2 AO (unterlassene Aufklärung der Finanzbehörden) und Nr. 3 (unterlassene Verwendung von Steuerzeichen oder Steuerstemplern) geschehen. Eine Bestrafung des Unterlassens kommt aber auch dann in Betracht, wenn das Gesetz keinen besonderen Unterlassungstatbestand enthält. § 13 StGB sieht nämlich vor, dass – freilich mit fakultativer Strafmilderung nach § 49 I StGB – aus dem Tatbestand eines Begehungsdeliktes auch bestraft werden kann, wer es unter bestimmten Umständen unterlässt, den im Tatbestand beschriebenen Erfolg abzuwenden. § 13 StGB schreibt dafür zweierlei vor: Der Täter muss rechtlich dafür einzustehen haben, dass der Erfolg nicht eintritt (Garantenstellung), und das Unterlassen muss der Tatbestandsverwirklichung durch ein Tun entsprechen (Gleichwertigkeit). Rspr und Schrifttum verwenden in diesem Zusammenhang die Begriffe *„echte" und „unechte" Unterlassungsdelikte,* deren Definition streitig ist. Zum Teil werden die Begriffe „echt" und „unecht" iS von erfolgsfreien und erfolgsbezogenen verstanden (*Jescheck/Weigend* AT, 605). Nach einer anderen Terminologie, der hier gefolgt werden soll, werden diejenigen Delikte, die in besonderen Unterlassungstatbeständen erfasst sind, als echte Unterlassungsdelikte bezeichnet. Unter unechten Unterlassungsdelikten versteht man dagegen solche Unterlassungsdelikte, deren Strafbarkeit sich über § 13 StGB aus einem Begehungstatbestand ergibt (*Armin Kaufmann,* Die Dogmatik der Unterlassungsdelikte, 1959, S. 206 ff.).

87 **Die Unterscheidung von echten und unechten Unterlassungsdelikten** hat auch für die Steuerhinterziehung erhebliche Bedeutung, obwohl § 370 I Nr. 2 und 3 AO die Unterlassung gesondert unter Strafe stellt. Es sind nämlich Fälle der Steuerhinterziehung durch Unterlassen denkbar, in denen das Unterlassen des Täters nicht oder nur mühsam durch Nr. 2 erfasst werden kann, so dass ein unechtes Unterlassungsdelikt nach § 370 I Nr. 1 AO, § 13 StGB in Betracht kommt, s. Rn. 153 ff. zu § 370. Praktische Bedeutung hat das unechte Unterlassungsdelikt auch im Bereich der Begünstigung, s. Rn. 192.

88 **bb) Unterscheidung von Begehen und Unterlassen.** Jedenfalls für den Bereich der unechten Unterlassungsdelikte ist die Unterscheidung von Begehung und Unterlassung von erheblicher praktischer Bedeutung, da das Unterlassen nur unter den einschränkenden Voraussetzungen von § 13 StGB strafbar ist. Zu der heftig umstrittenen Frage werden im Wesentlichen zwei Grundpositionen vertreten. Die Rspr und ein Teil des Schrifttums wollen bei mehrdeutigen Handlungen danach unterscheiden, wo der *„Schwerpunkt der Vorwerfbarkeit"* liegt (BGH 17.2.1954, BGHSt 6, 46, 59; *Mezger* JZ 1958, 281). Die im Schrifttum überwiegende Ansicht hält dieses Kriterium für unbrauchbar, da es auf einem Zirkelschluss beruht. Ob der Schwerpunkt der Vorwerfbarkeit beim Handeln oder beim

Unterlassen liegt, lässt sich erst feststellen, nachdem geklärt wurde, ob der Täter tatbestandsmäßig gehandelt oder unterlassen hatte, da die Vorwerfbarkeit die Erfüllung eines Tatbestandes voraussetzt (*Roxin* ZStW 74 [1962], 418; SK-*Rudolphi/Stein* 6 vor § 13 StGB). Welche Kriterien die Unterscheidung von Handeln und Unterlassen stattdessen tragen sollen, ist äußerst umstritten. Einige meinen, der Handelnde setze Energie ein, während der Unterlassende den gebotenen Energieeinsatz nicht vornehme (*Engisch* Gallas-Festschr. S. 171 ff.; *Rudolphi/Stein* 6 vor § 13 StGB). Andere halten für entscheidend, dass zwar Handeln und Unterlassen gleichermaßen für den Erfolg ursächlich seien, dass jedoch die Existenz des Täters selbst beim Handeln, nicht jedoch beim Unterlassen den Erfolg verursache (*Jescheck/Weigend* S. 603, *Kühl* AT 18/15; *Samson* Welzel-FS 1974, S. 579; ähnl. *Stratenwerth/Kuhlen* 13/3).

cc) Der Tatbestand des Unterlassungsdeliktes. Der Tatbestand jedes Unterlassungsdeliktes setzt die Nichtvornahme einer bestimmten Handlung voraus. Hier erfolgt die Abgrenzung zum Begehungsdelikt. Eine Handlung unterlässt nur, wer zu ihrer Vornahme wenigstens physisch in der Lage war. Wer handlungsunfähig ist, unterlässt nicht. Soweit der Tatbestand einen Erfolg verlangt, muss dieser eingetreten und durch das Unterlassen verursacht worden sein. Die Kausalität zwischen Unterlassung und Erfolg – die vielfach auch als hypothetische oder Quasikausalität bezeichnet wird – ist dann gegeben, wenn der Erfolg bei Vornahme der Handlung ausgeblieben wäre; zur Frage, ob es für die Erfolgszurechnung genügt, wenn die Handlung das Risiko des Erfolgseintritts vermindert hätte, s. SK-*Rudolphi/Stein* 24 vor § 13 StGB. Der Tatbestand setzt weiterhin diejenigen Umstände voraus, die die Handlungspflicht des Täters begründen; auf sie muss sich auch der Vorsatz erstrecken (BGH 29.5.1961, BGHSt 16, 155, 157 f.; SK-*Rudolphi/Stein* 15 vor § 13 StGB mwN). Nach § 370 I Nr. 2 und 3 AO sind das die tatsächlichen Umstände, die das Unterlassen zu einem *„pflichtwidrigen"* iS von § 370 I Nr. 2, 3 AO machen (Rn. 235 ff. zu § 370). Soweit ein Unterlassen gem. § 13 StGB ein Begehungsdelikt erfüllt, handelt es sich um diejenigen Umstände, die den Täter zum Garanten machen, sog. **Garantenstellungen.** Diese Garantenstellungen sind von Rspr und Literatur in Form des Gewohnheitsrechts entwickelt worden. Die den Garantenstellungen entsprechenden gewohnheitsrechtlich geltenden Garantenpflichten werden nach zwei verschiedenen Kriterien geordnet. 89

Die sog. **Rechtsquellenlehre** unterscheidet die Garantenpflichten nach formalen Gesichtspunkten und kennt Garantenpflichten aus: 1. Gesetz oder Verordnung, 2. Vertrag oder tatsächlicher Übernahme, 3. konkreten Lebensbeziehungen und 4. vorangegangenem gefährdenden rechtswidrigen Verhalten (sog. Ingerenz, s. *Jescheck/Weigend* S. 625 f.; SK-*Rudolphi/Stein* 24 zu § 13 StGB mwN). Die im Vordringen begriffene **materielle (Funktionen-) Lehre** unterscheidet dagegen nach dem Inhalt der Garantenpflichten. Auf einer ersten Stufe unterscheidet sie zwischen dem *„Hütergaranten"* und dem *„Überwachergaranten"*. Der Hütergarant ist zum Schutz des betreffenden Rechtsgutes verpflichtet, während der Überwachergarant zur Eindämmung bestimmter Gefahrenquellen verpflichtet ist (*Jescheck/Weigend* S. 626 f.; SK-*Rudolphi/Stein* 26 ff. zu § 13 StGB). So beruht die Garantenpflicht eines Behördenangestellten, der bei festgestellter Steuerhinterziehung nichts unternimmt, um dem Steuerpflichtigen die Vorteile der Tat zu entziehen, nach der formalen Rechtsquellenlehre auf Gesetz (§ 116 I AO); nach der materiellen Einteilung ist er kraft Gesetzes Hütergarant und als solcher zur Anzeige verpflichtet (Begünstigung durch Unterlassen, §§ 257, 13 StGB). Zu den Garantenpflichten ausf. SK-*Rudolphi/Stein* 23 ff. zu § 13 StGB mwN sowie die Erläuterungen zu den einzelnen Tatbeständen. 90

Der Vorsatz des Täters muss sich auf alle Tatumstände beziehen. Er muss also wissen, dass der Erfolgseintritt droht und dass er zur Abwendung des Erfolges in der Lage ist. Nach Rspr und hL gehört zum Vorsatz auch die Kenntnis derjenigen Umstände, die die Garantenpflicht begründen. Dagegen ist die Kenntnis der Pflicht selbst für den Vorsatz nicht erforderlich (BGH 29.5.1961, BGHSt 16, 155; SK-*Rudolphi/Stein* 36 vor § 13 StGB). 91

92 **Die Äquivalenz von Handeln und Unterlassen** wird von § 13 I StGB gesondert vorausgesetzt: *„... und wenn das Unterlassen der Verwirklichung des gesetzlichen Tatbestandes durch ein Tun entspricht"*. Die Formulierung des Gesetzes wird überwiegend so interpretiert, dass zwischen **Handlungs- oder Bewirkungsäquivalenz** und **Modalitätenäquivalenz** unterschieden wird. Die Handlungsäquivalenz wird durch die Garantenstellung hergestellt. Beim reinen Verursachungsdelikt ist die Nichtabwendung eines Erfolges durch Unterlassen der Verursachung durch aktives Tun bereits dann gleichwertig, wenn der Unterlassende Garant war. Eine weitere Prüfung der Gleichstellung erübrigt sich dann. Bei denjenigen Delikten, die nicht jede Erfolgsverursachung durch beliebiges Tun, sondern nur bestimmte Handlungsmodalitäten erfassen, ist auf einer zweiten Stufe zu prüfen, ob das Unterlassen auch der bestimmten im Tatbestand beschriebenen Handlung gleichwertig ist, sog. Modalitätenäquivalenz (SK-*Rudolphi/Stein* 10 und Schönke/Schröder/*Stree/Bosch* StGB § 13 Rn. 4; *Jescheck/Weigend* S. 600 f.). Die Modalitätenäquivalenz wird bedeutsam bei der Steuerhinterziehung durch Unterlassen in den Fällen des § 370 I Nr. 1 AO (Rn. 159 zu § 370).

93 **dd) Die Beteiligung durch Unterlassen und am Unterlassen. Die Beteiligung durch Unterlassen und am Unterlassen** ist lebhaft umstritten (ausf. SK-*Rudolphi/Stein* 54 ff. vor § 13 StGB). Bei der *Beteiligung durch Unterlassen* (insbesondere am Begehungsdelikt) ist str., ob und nach welchen Kriterien zwischen Täterschaft und Teilnahme unterschieden werden kann. Während die Rspr (BGH 12.2.1952, BGHSt 2, 150 f.; BGH 15.5.1959, BGHSt 13, 162, 166; BGH 5.7.1960, NJW 1960, 1821) Täterschaft und Teilnahme auch hier nach den allgemeinen Kriterien der animus-Theorie (Rn. 72) unterscheiden will, vertritt die Literatur überwiegend abweichende Auffassungen. Zum Teil wird auf die Kriterien der Tatherrschaftslehre zurückgegriffen (*Jescheck/Weigend* S. 696), zum Teil wird nach der Art der Garantenstellung unterschieden (Schönke/Schröder/*Heine/Weißer* StGB vor § 25 Rn. 95 ff.). Demgegenüber weist eine andere Gruppe von Autoren darauf hin, dass diejenigen Kriterien, die beim Begehungsdelikt zur Unterscheidung von Täterschaft und Teilnahme verwendet werden, wegen der ganz andersartigen Struktur des Unterlassens auf das Unterlassungsdelikt nicht übertragen werden könnten. Daraus wird zum Teil geschlossen, es gebe überhaupt keine Teilnahme durch Unterlassen, der unterlassende Garant sei immer Täter (*Welzel* S. 222; ähnl. *Grünwald* GA 1959, 110); andere Autoren folgen dem nur grundsätzlich und halten den unterlassenden Garanten nur dann für einen Teilnehmer, wenn er nicht sämtliche für die Täterschaft erforderlichen Tatbestandsmerkmale erfüllt (*Roxin,* Täterschaft, S. 459 ff.; SK-*Rudolphi/Stein* 61 vor § 13 StGB). Die **Teilnahme durch Handeln** am Unterlassungsdelikt wird überwiegend für möglich gehalten und nach den allgemeinen Kriterien von der Täterschaft abgegrenzt (SK-*Rudolphi/Stein* 62 vor § 13 StGB mwN). Abweichend meint *Welzel* (S. 206 f.), der Handelnde sei hier immer Täter.

94 **ee) Der Versuch der Unterlassung.** Nach hM können Unterlassungsdelikte die Stadien der Vorbereitung, des **Versuchs** und der Vollendung durchlaufen (*Jescheck/Weigend* S. 637; *Maurach/Gössel/Zipf* AT/2 S. 33; SK-*Rudolphi/Stein* 63 vor § 13 StGB). Die Abgrenzung von Vorbereitung und Versuch ist beim Unterlassungsdelikt umstritten. Einige halten den Versuch schon dann für gegeben, wenn der Täter die erste Erfolgsabwendungsmöglichkeit nicht ergreift (*Maihofer* GA 1958, 297; *Maurach/Gössel/Zipf* AT/2 S. 24), nach anderer Auffassung beginnt der Versuch erst, wenn der Täter die letzte Handlungsmöglichkeit verstreichen lässt (*Welzel* S. 221). Man wird aber mit einer dritten Meinung den Versuch des Unterlassungsdeliktes schon, aber auch erst dann beginnen lassen müssen, wenn der Täter eine Handlungsmöglichkeit verstreichen lässt, die nach seiner Vorstellung für die Erfolgsabwendung aussichtsreicher ist als die dann noch verbleibenden Handlungsmöglichkeiten (*Jescheck/Weigend* 638; Schönke/Schröder/*Eser/Bosch* StGB § 22 Rn. 50; SK-*Rudolphi/Stein* 65 vor § 13 StGB; *Stratenwerth/Kuhlen* 14/4). Dennoch will die hM in den Fällen des § 370 I Nr. 2 AO den Versuchsbeginn schon annehmen, wenn der Täter den Zeitpunkt

verstreichen lässt, bis zu dem er seine Erklärung noch innerhalb der Erklärungsfrist dem Finanzamt zustellen kann (vgl. Rn. 543 zu § 370).

h) Rechtswidrigkeit. Die Tat ist regelmäßig dann rechtswidrig, wenn der Tatbestand erfüllt ist und **keine Rechtfertigungsgründe** eingreifen. Die Rechtswidrigkeitsprüfung beschränkt sich also auf die Untersuchung, ob ein Rechtfertigungsgrund gegeben ist. Lediglich bei den sog. offenen Tatbeständen muss die Rechtswidrigkeit positiv festgestellt werden. Offene Tatbestände (zB § 240 StGB: Nötigung; § 253 StGB: Erpressung) gibt es im Bereich der Steuerstraftaten jedoch nicht. 95

Rechtfertigungsgründe finden sich teilweise im StGB, können aber der gesamten Rechtsordnung entnommen werden. Im Bereich der Steuerstraftaten spielen Rechtfertigungsgründe keine besondere Rolle. Insbesondere ist darauf hinzuweisen, dass der **rechtfertigende Notstand nach § 34 StGB** eine Steuerhinterziehung auch dann nicht zu rechtfertigen vermag, wenn die unrichtige Steuererklärung abgegeben wurde, um den Betrieb des Stpfl. und die damit verbundenen Arbeitsplätze zu erhalten. Zwar ist eine Tat nach § 34 StGB dann gerechtfertigt, wenn sie ein Interesse verletzt, um ein erheblich höherwertiges Interesse zu bewahren (SK-*Günther* 1 f. zu § 34 StGB mwN). Diese Voraussetzungen mögen im Einzelfall gegeben sein. Nach § 34 S. 2 StGB muss die Tat jedoch ein *angemessenes* Mittel sein, die Gefahr abzuwenden. Tatbestandsmäßiges Verhalten ist immer dann kein angemessenes Mittel iS von § 34 S. 2 StGB, wenn Verfahrensgesetze die Art regeln, in der Gefahren abgewendet werden dürfen (SK-*Günther* 52 zu § 34 StGB; *Maurach/Zipf* AT/1 S. 387; *Stratenwerth/Kuhlen* 9/110; ähnl. Schönke/Schröder/*Perron* StGB § 34 Rn. 35). Gegenüber den aus hohen Steuerschulden drohenden Gefahren sind die allein angemessenen Abwehrmittel in den §§ 218 ff. AO geregelt. Kommen zB Stundung (§ 222 AO), Zahlungsaufschub (§ 223 AO) oder Erlass (§ 227 AO) nicht in Betracht, so sind die aus der Vollstreckung entstehenden Nachteile hinzunehmen. Eine Steuerhinterziehung kann insoweit nicht gem. § 34 StGB gerechtfertigt werden. Das bedeutet freilich nicht, dass § 34 StGB auf Steuerstraftaten nie anzuwenden wäre. Soweit der Täter andere als die durch die Zahlung der Steuer entstehenden Gefahren abwenden will, kann in Ausnahmefällen eine Rechtfertigung aus § 34 StGB in Betracht kommen, zB wenn die Unterlassung nach § 370 I Nr. 2 oder 3 AO durch Drohung eines Dritten erzwungen wird oder wenn ein Bannbruch nach § 372 I AO begangen wird, weil die Grenze zur Rettung eines lebensgefährlich Verletzten ohne die an sich gebotene Anzeige möglichst schnell überschritten werden muss. 96

Bei Unterlassungsdelikten greifen grundsätzlich dieselben Rechtfertigungsgründe ein wie bei Begehungsdelikten; lediglich der rechtfertigende Notstand (dann: sog. Pflichtenkollision) erfährt geringfügige Modifizierungen (SK-*Rudolphi/Stein* 42 vor § 13 StGB). 97

i) Schuld. Die rechtswidrige Tat ist schuldhaft begangen, wenn sie dem Täter vorgeworfen werden kann. Die Vorwerfbarkeit setzt zunächst die Schuldfähigkeit voraus. Schuldfähigkeit fehlt gem. § 19 StGB dem zur Tatzeit noch nicht 14 Jahre alten Kind; sie fehlt gem. § 20 StGB weiterhin demjenigen, der bei Begehung der Tat wegen einer krankhaften Störung, wegen einer tiefgreifenden Bewusstseinsstörung oder wegen Schwachsinns oder einer anderen schweren seelischen Abartigkeit unfähig ist, das Unrecht der Tat einzusehen oder nach dieser Einsicht zu handeln (ausf. Schönke/Schröder/*Perron/Weißer* StGB § 20; SK-*Rudolphi* 1 ff. vor § 19 StGB). Die Vorschrift wird durch § 17 StGB in Bezug auf den allgemeinen Verbotsirrtum ergänzt und modifiziert (Rn. 101 ff.). Schließlich kann die Schuld durch Schuldausschließungsgründe im Einzelfall aufgehoben sein. Die in den §§ 33, 35 StGB geregelten Fälle der Entschuldigung sind aber für das Steuerstrafrecht ohne praktische Bedeutung. 98

Besondere Beachtung verdient der bei Unterlassungsdelikten eingreifende Entschuldigungsgrund der **Unzumutbarkeit.** Er liegt vor, wenn dem Täter die Erfüllung der Handlungspflicht wegen der damit verbundenen Aufopferung eigener billigenswerter Interessen nicht zugemutet werden kann (BGH 18.3.1952, BGHSt 2, 194, 204; BGH 17.2.1954, BGHSt 6, 46, 57; BGH 14.11.1957, BGHSt 11, 135, 137; *Welzel* JZ 1958, 494; SK- 99

Rudolphi/Stein 51 vor § 13 StGB). Unstreitig ist der Entschuldigungsgrund dann gegeben, wenn der Täter durch das Unterlassen andere – geringerwertige, sonst § 34 StGB – Güter rettet und seine Motivationsfreiheit wegen des eigenen Interesses stark eingeschränkt ist. Umstritten ist vor allem die – auch für das Steuerstrafrecht praktisch bedeutsame – Frage, ob die **Gefahr einer Strafverfolgung** zur Entschuldigung führen kann (dafür bei Gefahr eigener Strafverfolgung: *Welzel* JZ 1958, 495; *Geilen* FamRZ 1964, 386; aM BGH 14.11.1957, BGHSt 11, 136; SK-*Rudolphi/Stein* 52 u. Schönke/Schröder/*Stree/Bosch.* StGB vor § 13 Rn. 155f; vgl. auch OLG Hamburg 7.5.1996, wistra 1996, 239). Sofern die Vornahme der gebotenen Handlung Angehörige in die Gefahr der Strafverfolgung versetzt, neigt auch der BGH zur Annahme von Unzumutbarkeit (BGH 17.2.1954, BGHSt 6, 57; BGH 14.11.1957, BGHSt 11, 136 f.); s. ausf. Rn. 36 ff. zu § 393. Im Übrigen tendiert der 1. StrS dazu, Zumutbarkeit gegebenenfalls durch die Annahme eines Beweisverwertungs- oder Beweisverwendungsverbotes „herzustellen" (BGH 17.3.2009, BGHSt 53, 210).

100 **k) Irrtum. aa) Erscheinungsformen des Irrtums.** Die Frage, wie ein Irrtum des Täters über strafrechtlich erhebliche Umstände zu behandeln ist, weist viele verzweigte Einzelprobleme auf, die ihrerseits vielfach umstritten sind. Dabei sind die Grundstrukturen des Problems noch einfach nachvollziehbar. Zunächst muss zwischen dem Irrtum und dem umgekehrten Irrtum unterschieden werden. Der **einfache Irrtum** (auch *Irrtum zugunsten* genannt) liegt dann vor, wenn sich der Täter eine Lage vorstellt, die für ihn günstiger als die Wirklichkeit ist. Der **umgekehrte Irrtum** (auch *Irrtum zuungunsten*) ist gegeben, wenn die vom Täter vorgestellte Lage ungünstiger als die Wirklichkeit ist. Der Irrtum kann ein vorsatzausschließender Tatumstandsirrtum oder Verbotsirrtum sein; der umgekehrte Irrtum führt zum Versuch oder zum (straflosen) sog. Wahndelikt. Umstritten ist sowohl die Abgrenzung von Tatumstands- und Verbotsirrtum wie auch die Unterscheidung von Versuch und Wahndelikt.

101 **bb) Tatumstandsirrtum und Verbotsirrtum.** Der Irrtum über einen Tatumstand beseitigt nach § 16 I 1 StGB den Tatvorsatz. In Betracht kommt dann nur noch Fahrlässigkeit, soweit diese mit Strafe bedroht ist, s. Rn. 85. Der Verbotsirrtum beseitigt dagegen nicht den Vorsatz, sondern betrifft die Schuld. Seine Regelung findet sich in § 17 StGB. Gem. § 17 S. 1 StGB handelt der Täter ohne Schuld und ist daher straflos, wenn er den Irrtum nicht vermeiden konnte; zur Vermeidbarkeit s. SK-*Rudolphi* 24 ff. zu § 17 StGB. Der **Verbotsirrtum** ist **vermeidbar,** wenn der Täter bei Anspannung seines Gewissens (BGH 18.3.1952, BGHSt 2, 194, 201) und bei Ausschöpfung der ihm zur Verfügung stehenden Erkenntnismittel (BGH 23.12.1952, BGHSt 4, 1, 5; Schönke/Schröder/*Sternberg-Lieben/Schuster* StGB § 17 Rn. 14 mwN) in der Lage ist, das Unrecht der Tat einzusehen. Gerade im Nebenstrafrecht kann dies für die Vermeidbarkeit aber nicht genügen. Der Täter muss vielmehr einen *Anlass* haben, sich um die rechtliche Erheblichkeit seines Verhaltens zu kümmern, sei es, dass er an der Rechtmäßigkeit zweifelt (SK-*Rudolphi* 31 zu § 17 StGB; Schönke/Schröder/*Sternberg-Lieben/Schuster* StGB § 17 Rn. 14), sei es, dass er sich in einem rechtlich geregelten Bereich bewegt und er wenigstens dies weiß (Schönke/Schröder/*Sternberg-Lieben/Schuster* StGB § 17 Rn. 14 ff. mwN). Befand er sich dagegen im vermeidbaren Verbotsirrtum, so bleibt die Schuld des vorsätzlichen Delikts erhalten, jedoch kann die Strafe nach § 49 I StGB gemildert werden.

102 Wegen der damit gegebenen strengeren Behandlung des Verbotsirrtums kommt der **Abgrenzung von Tatumstandsirrtum und Verbotsirrtum** erhebliche praktische Bedeutung zu. Da der Vorsatz sich auf alle Tatumstände zu beziehen hat, liegt ein vorsatzausschließender Irrtum nach § 16 StGB immer dann vor, wenn der Täter einen Tatumstand nicht gekannt hat, der zur Erfüllung eines Tatbestandsmerkmals erforderlich ist. Der Verbotsirrtum kommt dagegen erst in Betracht, wenn ein vorsatzausschließender Irrtum nicht vorliegt (SK-*Rudolphi* 18 zu § 17 StGB). Der Verbotsirrtum ist dann gegeben, wenn der Täter bei Kenntnis aller Tatumstände die Rechtswidrigkeit seines Verhaltens nicht erkannt hat, also nicht wusste, dass seine Handlung verboten oder die unterlassene Handlung

geboten war. Zweifelhaft ist dabei, ob ein Verbotsirrtum schon dann ausscheidet, wenn der Täter immerhin weiß, dass es ihm vom Recht verboten ist, unrichtige Steuererklärungen abzugeben, aber nicht glaubt, seine Pflichtwidrigkeit sei strafbar. Überwiegend wird für eine solche Konstellation der Verbotsirrtum abgelehnt (SK-*Rudolphi* 5 und Schönke/Schröder/*Sternberg-Lieben/Schuster* StGB § 17 Rn. 4; aM MüKoStGB/*Joecks* StGB § 17 Rn. 4).

Streit besteht über die Behandlung **rechtfertigender Umstände.** Die von der Rspr und der hL vertretene eingeschränkte Schuldtheorie lässt bei irriger Annahme rechtfertigender Umstände den Vorsatz entfallen und kommt nur dann zum Verbotsirrtum, wenn der Täter die Existenz oder den Umfang eines Rechtfertigungsgrundes zu seinen Gunsten verkennt (BGH 6.6.1952, BGHSt 3, 105 f.; BGH 1.7.1952, BGHSt 3, 194 f.; SK-*Rudolphi/Stein* 10 zu § 16 StGB mwN). Demgegenüber wollen einige Autoren nach der sog. strengen Schuldtheorie auch den Irrtum über rechtfertigende Umstände (auch Erlaubnistatbestandsirrtum genannt) als Verbotsirrtum behandeln (*Welzel* S. 168 f.; *Hirsch,* Die Lehre von den negativen Tatbestandsmerkmalen, 1960, S. 314 ff.). 103

Nach hM entfällt beim unechten Unterlassungsdelikt der Vorsatz sofern der Täter diejenigen Umstände nicht kennt, die die Garantenpflicht begründen. Dagegen führt die isolierte Unkenntnis der Garantenpflicht selbst nur zum Gebotsirrtum, der nach § 17 StGB zu behandeln ist (BGH 29.5.1961, BGHSt 16, 155 ff.; SK-*Rudolphi/Stein* 36 vor § 13 StGB). 104

Trotz der prinzipiell klaren Abgrenzung von Tatumstandsirrtum und Verbotsirrtum bestehen im Einzelnen zahlreiche Schwierigkeiten. Sie betreffen vor allem die **normativen Tatbestandsmerkmale** und die **Blankett-Tatbestände.** Festzuhalten ist zunächst, dass es für die Grenzziehung keinesfalls auf die früher bedeutsam gewesene Unterscheidung von Rechts- und Tatsachenirrtum ankommt. Der Vorsatz kann vielmehr sowohl auf Grund eines Tatsachen- wie auch auf Grund eines Rechtsirrtums entfallen. Der Vorsatz der Steuerhinterziehung fehlt daher nicht nur demjenigen, der nicht weiß, dass er bestimmte Einkünfte hatte, sondern auch demjenigen, der die Einkünfte zwar kennt, aber glaubt, er brauche sie nicht zu versteuern. Der Vorsatz entfällt in beiden Fällen, weil den Tätern die Existenz eines Steueranspruchs nicht bekannt ist. Ob der Tatrichter ihm glaubt, ist eine andere Frage (vgl. BGH 23.2.2000, wistra 2000, 217). 105

Kommt demnach ein Verbotsirrtum nur dann in Betracht, wenn der Täter alle Tatumstände kennt und lediglich die Rechtswidrigkeit seines Verhaltens nicht erkennt, dann bereiten diejenigen Tatbestände Schwierigkeiten, in denen einzelne Merkmale die Rechtswidrigkeit des Verhaltens selbst kennzeichnen. Der Irrtum über normative Tatbestandsmerkmale ist überwiegend nach den oben (Rn. 53) dargestellten Grundsätzen zu lösen. Der Täter hat keinen Vorsatz, wenn er die **Parallelwertung in der Laiensphäre** nicht leistet. Hat er den konkreten Umstand jedoch in seiner rechtlichen Begrifflichkeit ungefähr erfasst und meint er dennoch, er erfülle ein bestimmtes Tatbestandsmerkmal nicht **(Subsumtionsirrtum),** so ist dies unerheblich, es sei denn, der Täter hält sein Verhalten deshalb nicht für rechtswidrig. In diesem Fall unterliegt er einem Verbotsirrtum. 106

Die Verweisung strafrechtlicher Tatbestände auf andere Rechtsnormen geschieht in vielfältiger Weise. Soweit diese Verweisung derart vorgenommen wird, dass der anderen Norm nur ein Teil des Straftatbestandes zu entnehmen ist, handelt es sich bei der Verweisung um ein normatives Tatbestandsmerkmal, das nach den oben (Rn. 105) dargestellten Grundsätzen zu behandeln ist. Schwieriger wird die Beurteilung echter **Blankett-Tatbestände,** die durch eine Verweisung dazu zwingen, die gesamte Rechtswidrigkeit der Ausfüllungsnorm zu entnehmen (für diesen engen Begriff des Blankett-Tatbestandes auch Schönke/Schröder/*Sternberg-Lieben/Schuster* StGB § 15 Rn. 103). Beispiele im Steuerstrafrecht sind die Pflichtwidrigkeit in § 370 I Nr. 2 AO, die dazu nötigt, die Handlungspflicht anderen Normen zu entnehmen, und die Ein-, Aus- und Durchfuhrverbote beim Bannbruch gem. § 372 AO, die den Tatbestand des Bannbruches selbst enthalten. Zum Irrtum über die Blankett-Tatbestände wird heute – auf der Grundlage von § 17 StGB – überwiegend die Ansicht vertreten, dass der Vorsatz des Täters grundsätzlich lediglich die 107 einzelnen Merkmale der Ausfüllungsnorm umfassen müsse und dass die Unkenntnis der Ausfüllungsnorm selbst nur zum Verbotsirrtum führe (Schönke/Schröder/*Sternberg-Lieben/Schuster* StGB § 15 Rn. 100 ff.; SK-*Rudolphi/Stein* 18a zu § 16 StGB; *Maurach/Zipf* AT/1 S. 541 ff.). Freilich könne sich im Einzelfall durch Auslegung des jeweiligen Tatbestandes ergeben, dass der Gesetzgeber Vorsatzstrafe nur bei positiver Unrechtskenntnis anordnen und daher eine Ausnahme von § 17 StGB machen wollte (*Sternberg-Lieben/Bosch* aaO u. SK-*Rudolphi/Stein* 18a zu § 16 StGB ; *Jescheck/Weigend* S. 458 f.). Dies wird beim Bannbruch gem. § 372 AO der Fall sein. Zur Steuerhinterziehung s. Rn. 501 ff. zu § 370.

108 **cc) Versuch und Wahndelikt.** Die beim umgekehrten Irrtum erforderliche Unterscheidung zwischen Versuch und Wahndelikt erfolgt prinzipiell ebenso wie die Unterscheidung zwischen Tatumstandsirrtum und Verbotsirrtum. Nimmt der Täter irrig tatsächlich nicht gegebene Tatumstände an, so kommt Versuch in Betracht; erkennt er alle Umstände zutreffend, glaubt er aber irrig, er verhalte sich rechtswidrig, so bleibt er straflos, sog. Wahndelikt (Schönke/Schröder/*Eser/Bosch* StGB § 22 Rn. 78 ff.; *Maurach/Gössel/Zipf* AT/2 S. 45 f.; SK-*Rudolphi* 30 zu § 22 StGB; krit. zu diesem Umkehrschluss *Engisch* Heinitz-FS S. 185; *Baumann* NJW 1962, 16; *Roxin* JZ 1996, 985). Das bedeutet zB für den Bannbruch, dass die irrige Vorstellung eines nicht existenten Einfuhrverbots zum straflosen Wahndelikt führt. Dagegen begeht einen versuchten Bannbruch nach § 372 II, § 370 II AO, wer irrig annimmt, in seinem Lkw befänden sich Waren, die tatsächlich unter ein Einfuhrverbot fielen. Insofern greift es zu kurz, wenn *A. Müller* (AO-StB 2005, 28, 30) meint, es begehe ein bloßes Wahndelikt, wer keine Steuererklärung einreicht, obwohl er sich für steuerpflichtig hält oder eine Ware irrtümlich als zu verzollen ansieht. Wenn der Täter sich irrtümlich einen Sachverhalt vorstellt, der zur Steuerpflicht führte oder die Ware zur zu verzollenden machte, begeht er einen Versuch. Geht er irrtümlich von einer Zollpflicht der als solche richtig erkannten, mitgeführten Ware aus, verbleibt es beim Wahndelikt (Rn. 537 f. zu § 370). Zur vermeintlichen Verkürzung verfassungswidriger Steuern vgl. Rn. 29 f.

109 **Beim Unterlassungsdelikt** ist zu unterscheiden: Hält der Täter irrig garantenpflichtbegründende Umstände für gegeben, so begeht er einen Versuch. Glaubt er dagegen bei zutreffender Erkenntnis der äußeren Umstände, aus ihnen ergebe sich für ihn eine Handlungspflicht, die in Wahrheit jedoch nicht besteht, so liegt ein strafloses Wahndelikt vor (BGH 29.5.1961, BGHSt 16, 155, 160; SK-*Rudolphi* 33 zu § 22 StGB). Das bedeutet für das Merkmal der Pflichtigkeit in § 370 I Nr. 2 AO: Der Täter begeht einen Versuch nach § 370 I Nr. 2, II AO, wenn er eine Berichtigung nach § 153 I AO nicht vornimmt, obwohl er sich irrig für den Erben des Stpfl hält. Dagegen begeht ein strafloses Wahndelikt, wer nach Ablauf der Festsetzungsfrist erkennt, dass er eine unrichtige Erklärung abgegeben hat, und die Berichtigung unterlässt, obwohl er sich nach § 153 I AO für verpflichtet hält (vgl. auch die problematische Entscheidung des KG 9.9.1981, wistra 1982, 196 zur Nichtabgabe von ESt-Erklärungen für die Jahre 1977–1979).

110 **l) Konkurrenzlehre. aa) Überblick.** Bei der Grundform des strafbaren Verhaltens erfüllt eine Handlung des Täters die Merkmale nur eines Tatbestandes. Es sind aber auch Fälle häufig, in denen der Täter durch eine Handlung mehrere Tatbestände oder durch mehrere Handlungen mehrere Tatbestände erfüllt. Das Gesetz regelt in den §§ 52 ff. StGB, wie in solchen Fällen zu verfahren ist. Die Anwendung dieser Vorschriften setzt mehrere gedankliche Operationen voraus. Zunächst ist zu klären, ob der Täter **eine oder mehrere Handlungen** begangen hat, s. Rn. 108 ff. Sodann ist zu untersuchen, ob er durch die eine oder die mehreren Handlungen nur **ein oder mehrere Gesetze** verletzt hat. Hat der Täter durch eine oder durch mehrere Handlungen nur ein Gesetz verletzt, so ist dieses Gesetz anzuwenden. Hat er dagegen mehrere Gesetze verletzt, so greifen die allgemeinen Regeln der Konkurrenzlehre (§§ 52 ff. StGB) ein. Hat der Täter durch eine Handlung mehrere Gesetze verletzt (durch Überschreiten der Grenze begeht er Zollhinterziehung und Bannbruch), so liegt Idealkonkurrenz oder Handlungseinheit vor. Verletzt der Täter durch

mehrere Handlungen mehrere Gesetze, so handelt es sich um Realkonkurrenz oder Handlungsmehrheit. Von der Frage, ob der Täter mehrere Gesetze verletzt hat, ist die Frage zu unterscheiden, ob er die Merkmale mehrerer Tatbestände erfüllt hat. Es kann nämlich ein Täterverhalten mehrere Tatbestände erfüllen, ohne dass eine mehrfache Gesetzesverletzung vorliegt. Wer gewerbsmäßig Bannbruch begeht, erfüllt den Tatbestand in § 372 AO und § 373 AO. Anwendbar ist jedoch nur § 373 AO als das speziellere Gesetz. Hat der Täter mehrere Tatbestände erfüllt, von denen jedoch nur einer anzuwenden ist, so handelt es sich um eine scheinbare Konkurrenz, die Gesetzeskonkurrenz genannt wird, s. Rn. 118 ff. Es ist also für alle Konkurrenzfragen jeweils zu klären, erstens, *ob der Täter eine oder mehrere Handlungen begangen hat,* und zweitens, *ob er ein Gesetz oder mehrere Gesetze verletzt hat.*

bb) Handlungseinheit. Als Fälle *einer* Handlung werden herkömmlich bezeichnet: die Handlungseinheit im natürlichen Sinne, die natürliche Handlungseinheit und die tatbestandliche Handlungseinheit. Die Figur der Fortsetzungstat hat sich nach entsprechenden Entscheidungen des Großen Senats und des 5. Strafsenats erledigt (Rn. 115). **111**

(1) **Handlungseinheit im natürlichen Sinne** ist gegeben, wenn der Täter *eine* Körperbewegung auf Grund *eines* Willensentschlusses vorgenommen hat. Gleichgültig ist dann, wieviele Erfolge er dadurch verursacht und wieviele Gesetze er durch sie verletzt (BGH 5.1.1951, BGHSt 1, 20, 21 f.; BGH 3.8.1962, BGHSt 18, 26 f.; SK-*Jäger* 46 vor § 52 StGB). **112**

(2) Die Rspr kennt daneben den Begriff der **natürlichen Handlungseinheit.** Diese Form der Handlungseinheit soll vorliegen, wenn der Täter mehrere Körperbewegungen vornimmt, die jedoch *„bei natürlicher Betrachtungsweise"* als eine Einheit angesehen werden müssen. Die Rspr hält dafür zT den engen räumlichen und zeitlichen Zusammenhang zwischen den Einzelakten (BGH 27.3.1953, BGHSt 4, 219 f.), zT aber den einheitlichen zugrunde liegenden Tatentschluss für maßgeblich (BGH 20.12.1956, BGHSt 10, 129 f.; BGH 23.1.1957, BGHSt 10, 230 f.). Im Schrifttum wird der Begriff der natürlichen Handlungseinheit – zumindest in dieser Weite – überwiegend abgelehnt (*Jescheck/Weigend* S. 713; *Maurach/Gössel/Zipf* AT/2 S. 411; Schönke/Schröder/*Sternberg/Lieben/Bosch* StGB vor § 52 Rn. 22; vgl. auch SK-*Jäger* 47 ff. vor § 52 StGB). **113**

(3) **Tatbestandliche Handlungseinheit** liegt dann vor, wenn ein Tatbestand mehrere Körperbewegungen zu einer rechtlichen Bewertungseinheit zusammenfasst. Das ist zunächst bei mehraktigen oder zusammengesetzten Delikten eindeutig, wie zB beim Raub, der Gewalt und Wegnahme oder bei der Vergewaltigung, die Gewalt und Beischlaf voraussetzt (LK-*Rissingvan Saan* 16 und SK-*Jäger* 13 vor § 52 StGB). Eine tatbestandliche Handlungseinheit ist aber auch dann gegeben, wenn der Täter auf Grund gleicher Motivationslage durch mehrere Einzelakte, die in engem räumlichen und zeitlichen Zusammenhang stehen, das tatbestandliche Unrecht intensiviert (*R. Schmitt* ZStW 75 [1963], 46; *Jescheck/Weigend* S. 711 f.; SK-*Jäger* 22 vor § 52 StGB). Ein solcher Fall liegt zB vor, wenn der Täter durch mehrere Einzelakte unmittelbar nacheinander mehrere Steuerzeichen fälscht. Auch das Dauerdelikt ist ein Fall tatbestandlicher Handlungseinheit. Im **Dauerdelikt** werden solche natürlichen Handlungen zu einer rechtlichen Handlungseinheit verbunden, die der Täter vornimmt, um einen rechtswidrigen Zustand herzustellen und aufrechtzuerhalten (zB bei Freiheitsberaubung, § 239 StGB). Dauerdelikte werden mit der Begründung des rechtswidrigen Zustands vollendet, aber erst mit seiner Aufhebung beendet. Die Möglichkeit *fahrlässiger* Begehung eines Dauerdelikts wird zwar allgemein bejaht, auch für die aus dauernder Unachtsamkeit unterlassene Abgabe von Steuererklärungen (RG 12.2.1942, RGSt 76, 68, 70). Abgelehnt wird die Möglichkeit eines fahrlässigen Dauerdelikts von der hM jedoch für die leichtfertige Abgabe mehrerer unrichtiger Steuererklärungen, weil der Täter bei jeder einzelnen abgegebenen Steuererklärung *„auf Grund jedesmal neuer Sachlagen die Frage (seiner Steuerpflicht) von neuem zu prüfen und einen neuen Entschluß zu fassen"* habe (RG 12.2.1942, RGSt 76, 68, 70; BGH 17.3.1953, bei *Herlan* GA 1954, 58; BGH **114**

22.12.1959; DStZ/B 1960, 130; OLG Bremen 17.8.1960, ZfZ 1960, 371; aM *Suhr* 1977, S. 316 f.).

115 (4) In der **fortgesetzten Handlung** fasste die Rspr natürliche Handlungen und Handlungseinheiten (BGH 30.6.1964, BGHSt 19, 323, 325) zu einer **Handlung im Rechtssinne** zusammen, wenn die Einzelakte im Wesentlichen gleichartig waren und dasselbe Rechtsgut beeinträchtigten und wenn sie auf einem einheitlichen Entschluss *(„Gesamtvorsatz")* beruhten (vgl. 3. Aufl. 103–105 zu § 369 AO sowie SK-*Jäger* 29 ff. vor § 52 StGB). Für die Steuerhinterziehung bedeutete die Annahme der fortgesetzten Handlung insbesondere, dass die Verjährung erst mit Beendigung des letzten Teilaktes begann. Dabei hatte in der Vergangenheit die Rechtsprechung die Figur zunächst ganz erheblich ausgeweitet, bis sie dann Ende der 80 er Jahre zu Restriktionen zurückfand, insbesondere verlangte, dass der Täter mit einem Gesamtvorsatz handelte, der von vornherein sämtliche Teile der Handlungsreihe als Teilstücke eines einheitlichen Geschehens so umfassen musste, dass die einzelnen Teilakte als unselbstständige Bestandteile einer Tat erschienen (vgl. den Überblick und die Nachweise bei *R. Schmitz* wistra 1993, 127).

116 Der Große Senat des BGH hat mit Beschluss v. 3.5.1994 (BGHSt 40, 138) das Institut jedoch praktisch aufgegeben. Eine Einordnung eines Verhaltens als fortgesetzte Handlung sei nur denkbar, *„wenn dies zur sachgerechten, dh dem Sinn des Gesetzes entsprechenden Erfassung des durch die mehreren Verwirklichungen des Tatbestandes begangenen Unrechts und der Schuld unumgänglich ist"* (BGHSt 40, 138, 190). Ausdrücklich bezog sich diese Entscheidung auf die §§ 174, 176 StGB sowie den Tatbestand des Betruges (§ 263 StGB). Wenig später hat der 5. Strafsenat mit Entscheidung vom 20.6.1994 (BGHSt 40, 195) ebenfalls die Anwendbarkeit der fortgesetzten Handlung im Rahmen des § 370 AO verneint. Auch bei anderen Steuerstraftaten ist insofern ein Fortsetzungszusammenhang kaum denkbar.

117 Die Änderung der Rechtsprechung ist nur teilweise akzeptabel (*Arzt* JZ 1994, 1002: *„tabula rasa"*). Zu begrüßen ist sie, soweit damit die unerträglichen Konsequenzen für die Verjährung beseitigt werden. Hierzu hätte es aber nicht der Aufgabe der Figur der fortgesetzten Handlung bedurft, sondern genügt, auch bei Fortsetzungszusammenhang den Beginn der Verjährung für jeden Einzelakt gesondert zu berechnen. Abzulehnen ist die Entscheidung insofern, als mit ihr in der Praxis erhebliche Schwierigkeiten verbunden sind, weil der Staatsanwalt und der Tatrichter gezwungen sind, nunmehr jeden „Einzelakt" gesondert zu beschreiben und ggf. auch insoweit eine Strafe zuzumessen, und die Gefahr besteht, dass es über die Gesamtstrafenbildung zu deutlich höheren Strafen kommt. Namentlich für eine langwährende Hinterziehung von Umsatzsteuern, bei denen sowohl unrichtige Umsatzsteuervoranmeldungen als auch Jahreserklärungen abgegeben werden, führt dies zu erheblichen praktischen Schwierigkeiten, teilweise auch zu einer Erhöhung der Strafen, denen der BGH offenbar dadurch entgegentreten will, dass er für die Strafzumessung bei Serienstraftaten präzise Kriterien entwickelt (BGH 22.3.1995, wistra 1995, 221) bzw. die Figur der Bewertungseinheit – am Beispiel des Betäubungsmittelhandels – „erfindet" (BGH 6.10.1995, wistra 1996, 139; BGH 2.12.1999, NStZ 2000, 207; BGH 11.2.2000, NStZ 2000, 322; zuletzt BGH 4.9.2012, wistra 2012, 473; *Erb* NStZ 1998, 253). Zur Frage des Fortsetzungszusammenhangs in Fällen der Umsatzsteuerverkürzung vgl. Rn. 655 zu § 370.

118 **cc) Gesetzeskonkurrenz. Bei Gesetzeskonkurrenz** treffen auf eine Straftat dem Wortlaut nach *mehrere* Strafgesetze zu, jedoch ergibt sich aus dem Verhältnis der Vorschriften zueinander, dass in Wirklichkeit nur *eine* von ihnen anwendbar ist.

119 (1) **Bei Spezialität** geht das besondere dem allgemeinen Gesetz vor, zB § 373 AO (gewerbsmäßiger Schmuggel) dem § 372 AO (Bannbruch).

120 (2) **Bei Subsidiarität** tritt dasjenige Gesetz zurück, das auf Grund einer ausdrücklichen Vorschrift (Subsidiaritätsklausel) oder sonst erkennbar nur für den Fall gelten soll, dass kein anderes Gesetz eingreift, zB § 372 AO (Bannbruch) gegenüber § 29 I Nr. 1 BtMG, § 74 I Nr. 2 TierSG usw. (Rn. 43 zu § 372).

(3) **Mitbestrafte Nachtat** ist eine Handlung, die nicht besonders bestraft wird, weil (und soweit) sie sich in der Sicherung oder Auswertung einer durch die Vortat erlangten Position erschöpft, zB Hehlereihandlungen iS des § 374 AO mit selbst geschmuggelten Waren. Eine Nachtat ist nicht straflos, wenn sie einen neuen, andersartigen Schaden verursacht (BGH 4.2.1954, BGHSt 5, 295, 297), zB Betrug (§ 263 StGB) durch Verkauf gefälschter Steuerzeichen (§ 148 StGB) an einen ahnungslosen Abnehmer oder wenn sie den durch die Vortat entstandenen Schaden erweitert (BGH 22.4.1954, BGHSt 6, 67). Ebenso liegt keine straflose Nachtat vor, wenn in einer Umsatzsteuerjahreserklärung nur die Angaben aus den unrichtigen Umsatzsteuervoranmeldungen wiederholt werden. Dasselbe gilt, wenn nach unterlassenen oder unrichtigen Umsatzsteuervoranmeldungen keine Umsatzsteuerjahreserklärung abgegeben wird (BGH 10.12.1991, wistra 1992, 93). 121

Ob die Nachtat straflos ist, wenn die Vortat nicht bestraft werden kann, weil sie nicht erweislich ist oder weil ihrer Aburteilung verfahrensrechtliche Hindernisse entgegenstehen, zB Verjährung, ist umstritten (dagegen [für Strafbarkeit] BGH 11.1.1955, zit. bei *Dallinger* MDR 1955, 269; BGH 23.8.1968, NJW 1968, 2115; BGH 22.7.1970, GA 1971, 83; OLG Braunschweig 28.6.1963, NJW 1963, 1936; OLG Frankfurt a. M. 11.7.2005, wistra 2006, 198; LK-*Rissing-van Saan* StGB vor § 52 Rn. 145 f., aM Schönke/Schröder/*Sternberg/Lieben/Bosch* StGB vor § 52 Rn. 136 mwN, *Schneider* wistra 2001, 408). 122

(4) **Mitbestrafte Vortat** ist zB eine Vorbereitungshandlung (vgl. § 149 StGB) oder ein Versuch (vgl. § 370 AO) gegenüber dem später vollendeten Vergehen oder eine Anstiftung im Verhältnis zu einer Tat, an der sich der Anstifter später als Mittäter beteiligt. 123

dd) Tateinheit. Tateinheit (= Idealkonkurrenz) liegt vor, wenn *eine* Handlung (Rn. 111 ff.) *mehrere* Gesetze verletzt, die gleichzeitig anwendbar sind (Rn. 117 ff.). Die Mehrheit kann durch mehrmalige Verletzung desselben Gesetzes durch *eine* Handlung, zB Hinterziehung mehrerer Steuern durch *eine* unrichtige Erklärung (gleichartige Tateinheit) oder durch Verletzung verschiedener Gesetze, zB § 370 AO und § 267 StGB (ungleichartige Tateinheit) gebildet werden. Die Tateinheit regelt: 124

§ 52 StGB Tateinheit

(1) Verletzt dieselbe Handlung mehrere Strafgesetze oder dasselbe Strafgesetz mehrmals, so wird nur auf eine Strafe erkannt.

(2) [1]Sind mehrere Strafgesetze verletzt, so wird die Strafe nach dem Gesetz bestimmt, das die schwerste Strafe androht. [2]Sie darf nicht milder sein, als die anderen anwendbaren Gesetze es zulassen.

(3) Geldstrafe kann das Gericht unter den Voraussetzungen des § 41 neben Freiheitsstrafe gesondert verhängen.

(4) [1]Läßt eines der anwendbaren Gesetze die Vermögensstrafe zu, so kann das Gericht auf sie neben einer lebenslangen oder einer zeitigen Freiheitsstrafe von mehr als zwei Jahren gesondert erkennen. [2]Im Übrigen muß oder kann auf Nebenstrafen, Nebenfolgen und Maßnahmen (§ 11 Abs. 1 Nr. 8) erkannt werden, wenn eines der anwendbaren Gesetze sie vorschreibt oder zuläßt.

Für die Verletzung mehrerer Gesetze durch dieselbe Handlung (oder Handlungseinheit) ist erforderlich und genügend, dass die Ausführungshandlungen beider Straftaten mindestens teilweise identisch sind (BGH 11.1.1955, BGHSt 7, 149, 151; RG 26.9.1932, RGSt 66, 359, 362 zu TabSt-Hinterziehung und Warenzeichenvergehen). Werden mehrere unrichtige Steuererklärungen in einem Briefumschlag in den Briefkasten des Finanzamts geworfen, werden mehrere Steuerhinterziehungen durch eine Handlung auf den Weg gebracht (Rn. 654 zu § 370; GJW/*Allgayer* AO § 369 Rn. 18). Einheitlicher Entschluss zu mehreren Handlungen (RG 18.3.1924, RGSt 58, 113, 116), einheitlicher Zweck oder Beweggrund (BGH 11.1.1955, BGHSt 7, 149, 151) oder Handeln an demselben Ort und zu derselben Zeit (BGH 31.8.1962, BGHSt 18, 29, 32 f.; BGH 1.9.1982, wistra 1982, 226) reichen nicht aus. Das Prinzip der Verklammerung durch Identität in einem Punkt der Tatausführung gilt nur dann nicht, wenn bei dem Zusammentreffen mehrerer Handlungseinheiten derjenige Teilakt, der das Bindeglied bildet, im Unrechtsgehalt hinter den übrigen Teilen der Handlungseinheit zurückbleibt (BGH 3.8.1962, BGHSt 18, 26, 28 f.; BGH 125

16.10.1962, NJW 1963, 57). Unter den genannten Voraussetzungen ist Tateinheit auch möglich zwischen vorsätzlicher und fahrlässiger Tat (BGH 13.7.1951, BGHSt 1, 278, 280).

126 **Nach dem Absorptionsprinzip des § 52 StGB** ist bei ungleichartiger Tateinheit (Rn. 124) immer auch aus dem milderen Gesetz zu verurteilen, die Strafe aber dem Gesetz zu entnehmen, das die schwerste Strafe androht. Bei dem Vergleich der Strafdrohungen gilt nicht die abstrakte Betrachtungsweise des § 12 StGB; vielmehr sind die im konkreten Fall erfüllten gesetzlichen Strafschärfungs- und -milderungsgründe mit ihren besonderen Strafrahmen zu berücksichtigen (RG 28.11.1940, RGSt 75, 14; RG 10.12.1940, RGSt 75, 19). Für die Schwere der angedrohten Strafe kommt es auf das abstrakte Höchstmaß der Hauptstrafe, bei gleicher Art und Schwere der Hauptstrafe auf Nebenstrafen und erst dann auf das Mindestmaß der Strafe an. Das mildere Gesetz bleibt insofern bedeutsam, als es bei der Strafzumessung schärfend ins Gewicht fallen kann (OLG Hamburg 14.3.1950, JR 1951, 86; OLG Köln 3.4.1956, MDR 1956, 374), sein Mindestmaß nicht unterschritten werden darf (§ 52 II 2 StGB; BGH 24.4.1951, BGHSt 1, 152, 156) und auf Nebenstrafen, Nebenfolgen und Maßnahmen erkannt werden kann oder muss, wenn nur das mildere Gesetz sie vorschreibt oder zulässt (§ 52 IV StGB; RG 22.3.1939, RGSt 73, 148, 150); denn es darf dem Täter nicht zum Vorteil gereichen, dass er durch seine Tat nicht nur eine, sondern mehrere Strafvorschriften verletzt hat (BGH 11.2.1955, BGHSt 7, 307, 312).

127 **ee) Tatmehrheit. Tatmehrheit** (= Realkonkurrenz) liegt vor, wenn mehrere Handlungen (Handlungseinheiten) mehrere Gesetze verletzen, sei es mehrmals dasselbe Gesetz (gleichartige Tatmehrheit) oder verschiedene Gesetze (ungleichartige Tatmehrheit). Die gesetzliche Regelung der Tatmehrheit enthalten die §§ 53–55 StGB, namentlich:

§ 53 StGB Tatmehrheit

(1) Hat jemand mehrere Straftaten begangen, die gleichzeitig abgeurteilt werden, und dadurch mehrere Freiheitsstrafen oder mehrere Geldstrafen verwirkt, so wird auf eine Gesamtstrafe erkannt.

(2) [1] Trifft Freiheitsstrafe mit Geldstrafe zusammen, so wird auf eine Gesamtstrafe erkannt. [2] Jedoch kann das Gericht auf Geldstrafe auch gesondert erkennen; soll in diesen Fällen wegen mehrerer Straftaten Geldstrafe verhängt werden, so wird insoweit auf eine Gesamtgeldstrafe erkannt.

(3) [1] Hat der Täter nach dem Gesetz, nach welchem § 43a Anwendung findet, oder im Fall des § 52 Abs. 4 als Einzelstrafe eine lebenslange oder eine zeitige Freiheitsstrafe von mehr als zwei Jahren verwirkt, so kann das Gericht neben der nach Absatz 1 oder 2 zu bildenden Gesamtstrafe gesondert eine Vermögensstrafe verhängen; soll in diesen Fällen wegen mehrerer Straftaten Vermögensstrafe verhängt werden, so wird insoweit auf eine Gesamtvermögensstrafe erkannt. [2] § 43a Abs. 3 gilt entsprechend.

(4) § 52 Abs. 3 und 4 Satz 2 gilt sinngemäß.

§ 54 StGB Bildung der Gesamtstrafe

(1) [1] Ist eine der Einzelstrafen eine lebenslange Freiheitsstrafe, so wird als Gesamtstrafe auf lebenslange Freiheitsstrafe erkannt. [2] In allen übrigen Fällen wird die Gesamtstrafe durch Erhöhung der verwirkten höchsten Strafe, bei Strafen verschiedener Art durch Erhöhung der ihrer Art nach schwersten Strafe gebildet. [3] Dabei werden die Person des Täters und die einzelnen Straftaten zusammenfassend gewürdigt.

(2) [1] Die Gesamtstrafe darf die Summe der Einzelstrafen nicht erreichen. [2] Sie darf bei zeitigen Freiheitsstrafen fünfzehn Jahre, bei Vermögensstrafen den Wert des Vermögens des Täters und bei Geldstrafe siebenhundertzwanzig Tagessätze nicht übersteigen; § 43a Abs. 1 Satz 3 gilt entsprechend.

(3) Ist eine Gesamtstrafe aus Freiheits- und Geldstrafe zu bilden, so entspricht bei der Bestimmung der Summe der Einzelstrafen ein Tagessatz einem Tag Freiheitsstrafe.

128 **Nach dem Asperationsprinzip der §§ 53, 54 StGB** führt das Zusammentreffen mehrerer selbstständiger Handlungen nicht zu einer Häufung der verwirkten Freiheitsstrafen, sondern zu einer Verschärfung der verwirkten schwersten Einzelstrafe; anders beim Zusammentreffen von zeitiger Freiheitsstrafe und Geldstrafe, bei dem das Gericht gem. § 53 II StGB zwischen der Bildung einer Gesamt(freiheits)strafe und der Kumulierung von Freiheits- und Geldstrafe wählen kann. Soweit das Asperationsprinzip gilt, sind zunächst für

alle Taten die konkret verwirkten Einzelstrafen festzusetzen. Alsdann ist die schwerste Einzelstrafe als Einsatzstrafe zur Bildung der Gesamtstrafe zu erhöhen, und zwar bei Freiheitsstrafe um mindestens eine Einheit nach § 39 StGB. Zur Kollision von § 54 und § 39 StGB s. SK-*Jäger* 7 zu § 54 StGB. Nach oben muss die Gesamtstrafe um mindestens eine Einheit Freiheitsstrafe hinter der Summe der Einzelstrafen zurückbleiben. Innerhalb dieses Rahmens muss der Richter die Gesamtstrafe nach pflichtgemäßem Ermessen bestimmen (BGH 6.10.1955, BGHSt 8, 205, 210 f.; BGH 7.4.1994, StV 1994, 425; BGH 12.4.1994, StV 1994, 424). Die in der Gesamtstrafe aufgehenden Einzelstrafen sind in den Urteilsgründen aufzuführen. Im Rechtsmittelverfahren bleibt jede Einzelstrafe von der Aufhebung der Gesamtstrafe und anderer Einzelstrafen idR unberührt.

Eine nachträgliche Gesamtstrafenbildung schreibt vor: 129

§ 55 StGB Nachträgliche Bildung der Gesamtstrafe

(1) [1]Die §§ 53 und 54 sind auch anzuwenden, wenn ein rechtskräftig Verurteilter, bevor die gegen ihn erkannte Strafe vollstreckt, verjährt oder erlassen ist, wegen einer anderen Straftat verurteilt wird, die er vor der früheren Verurteilung begangen hat. [2]Als frühere Verurteilung gilt das Urteil in dem früheren Verfahren, in dem die zugrundeliegenden tatsächlichen Feststellungen letztmals geprüft werden konnten.

(2) [1]Vermögensstrafen, Nebenstrafen, Nebenfolgen und Maßnahmen (§ 11 Abs. 1 Nr. 8), auf die in der früheren Entscheidung erkannt war, sind aufrechtzuerhalten, soweit sie nicht durch die neue Entscheidung gegenstandslos werden. [2]Dies gilt auch, wenn die Höhe der Vermögensstrafe, auf die in der früheren Entscheidung erkannt war, den Wert des Vermögens des Täters zum Zeitpunkt der neuen Entscheidung übersteigt.

Taten, die bei gleichzeitiger Aburteilung gem. §§ 53, 54 StGB behandelt worden wären, sollen gem. § 55 StGB bei getrennter Aburteilung durch Einbeziehung in das alte Urteil genauso behandelt werden (BGH 11.2.1988, BGHSt 35, 215),

1. sofern die durch die frühere Verurteilung verhängte Strafe noch nicht vollstreckt, verjährt oder erlassen ist (vgl. BGH 28.10.1958, BGHSt 12, 94) und
2. die neue Tat (wenn auch nur möglicherweise, vgl. OLG Oldenburg 12.2.1959, GA 1960, 28) vor der früheren Verurteilung begangen worden ist.

Unter diesen Voraussetzungen soll der Täter nach § 55 StGB durch den verfahrensrechtlichen Zufall gemeinsamer oder getrennter Aburteilung seiner mehreren Straftaten weder besser noch schlechter gestellt werden (BGH 16.12.1954, BGHSt 7, 180, 182; BGH 6.3.1962, BGHSt 17, 173, 175). Je nach den Umständen kann es nach § 55 StGB erforderlich sein, eine frühere Gesamtstrafe wieder aufzulösen (BGH 24.1.1956, BGHSt 9, 5) und für diejenigen Einzelstrafen, bei denen die Voraussetzungen der Zusammenfassung vorliegen, eine neue Gesamtstrafe zu bilden (BGH 11.1.1963, GA 1963, 374).

ff) Wahlfeststellung. § 2b StGB, der durch Art. 2 G v. 28.6.1935 (RGBl. I 839) 130
eingefügt worden war, lautete: „Steht fest, daß jemand gegen eines von mehreren Strafgesetzen verstoßen hat, ist aber eine Tatfeststellung nur wahlweise möglich, so ist der Täter aus dem mildesten Gesetz zu bestrafen."

Nach Aufhebung der Vorschrift durch Art. 1 KRG Nr. 11 v. 30.1.1946 (ABl. 55) hat die Rspr im Anschluss an den Beschluss der Vereinigten StrS des RG 2.5.1934 (RGSt 68, 257) **wahldeutige Verurteilungen für zulässig erachtet,** wenn

1. nach Ausschöpfung aller Ermittlungsmöglichkeiten (RG 11.11.1938, JW 1939, 221) bzw. Erkenntnismittel (BGH 7.11.1957, BGHSt 11, 100) und des Grundsatzes in *dubio pro reo* eine eindeutige Tatfeststellung nicht getroffen werden kann (BGH 4.12.1958, BGHSt 12, 386, 388; BGH 11.11.1966, BGHSt 21, 152). Lassen die Feststellungen nur die Möglichkeit offen, dass der Angeklagte Täter oder Gehilfe ist, muss er wegen Beihilfe verurteilt werden (BayObLG 9.11.1966, NJW 1967, 361);
2. jede der in Frage kommenden tatsächlichen Möglichkeiten – und zwar unter Ausschluss jeder weiteren Möglichkeit (BGH 4.12.1958, BGHSt 12, 386) – zusammen mit dem eindeutig festgestellten Sachverhalt ein Strafgesetz verletzt und

3. bei Verschiedenheit der möglicherweise verletzten Strafgesetze die aus ihnen folgenden Schuldvorwürfe rechtsethisch und psychologisch gleichwertig sind, dh wenn ihnen im allgemeinen Rechtsempfinden eine gleiche oder ähnliche sittliche Bewertung zuteil wird und wenn die seelische Beziehung des Täters zu den mehreren in Frage stehenden Verhaltensweisen einigermaßen gleichartig ist (stRspr seit BGH 15.10.1956, BGHSt 9, 390, 394; vgl. BGH 11.11.1966, BGHSt 21, 152). Diese Voraussetzungen fehlen zB im Verhältnis zwischen einer Steuerstraftat und einer Rauschtat (§ 323a StGB). Die Rauschtat ist dann Auffangtatbestand.

Als gleichwertig anerkannt sind bislang:

131 Alleintäterschaft und Mittäterschaft (RG 27.11.1902, RGSt 36, 18 f.) sowie Täterschaft und Anstiftung (BGH 19.4.1951, BGHSt 1, 127) oder Täterschaft und Beihilfe (BayObLG 9.11.1966, NJW 1967, 361) in Bezug auf dasselbe Delikt;

Steuerhinterziehung (§ 370 AO) und Steuerhehlerei (§ 374 AO) (RK-*Schützeberg* 48 zu § 369 AO), und zwar auch bei gewerbsmäßiger Begehungsweise (BGH 16.4.1953, BGHSt 4, 128; BGH 20.2.1974, NJW 1974, 803).

Ob an dieser Rechtsprechung festgehalten werden kann, wird die nahe Zukunft zeigen. Die Diskussion um die verfassungsrechtliche Zulässigkeit des Instituts (vgl. *Ceffinato* Jura 2014, 655) wird durch einen Anfragebeschluss des 2. Strafsenats des BGH neue Impulse bekommen. Nach Auffassung des Senats (Beschl. des BGH 28.1.2014, wistra 2014, 345) verstößt die richterrechtlich entwickelte Rechtsfigur der ungleichartigen Wahlfeststellung gegen Art. 103 Abs. 2 GG. Daher sei eine wahldeutige Verurteilung wegen (gewerbsmäßigen) Diebstahls oder gewerbsmäßiger Hehlerei unzulässig. Mittlerweile haben der 1. Strafsenat (Beschluss vom 24. Juni 2014 – 1 ARs 14/14) und der 5. Strafsenat (Beschluss vom 16. Juli 2014 – 5 ARs 39/14) entschieden, dass sie an ihrer bisherigen Rechtsprechung festhalten wollen. So könnte es demnächst eine Entscheidung des Großen Senats in Strafsachen geben.

Im Tenor der Entscheidung sind beide alternativ verletzten Gesetze anzuführen. Die Strafe ist dem Gesetz zu entnehmen, das bei konkreter Betrachtung die geringste Strafe zulässt (BGH 10.1.1957, zit. bei *Dallinger* MDR 1957, 397).

132 **m) Strafen und Strafzumessung. aa) Allgemeines. Strafe** iS des StGB ist die Zufügung eines Übels, hauptsächlich in Form einer Freiheitsentziehung oder Zahlungspflicht, die eine missbilligende Antwort der Rechtsgemeinschaft auf schuldhaft begangenes Unrecht ist (LK-*Jescheck/Weigend* Einl. Rn. 23). Sie dient den Zwecken der Spezial- und Generalprävention. Sie wird in ihrer Höhe durch das Maß der Schuld begrenzt, darf dieses Maß aber unterschreiten, soweit spezialpräventive Bedürfnisse dies notwendig machen und generalpräventive Mindesterfordernisse dem nicht entgegenstehen (*Roxin* AT 3/55). Das Schuldprinzip (keine Strafe ohne Schuld) hat Verfassungsrang (BVerfG 15.10.1966, BVerfGE 20, 323). Der Gesetzgeber ist daher verpflichtet, Mindest- und Höchststrafen so festzusetzen, dass die möglichen Schuldstufen einer Tat berücksichtigt werden können. Nach hM besteht angesichts der Unmöglichkeit, jeden Grad der Schuld in einer absolut bestimmten Strafe auszudrücken, innerhalb der gesetzlichen Strafrahmen für den Richter ein gewisser Spielraum, innerhalb dessen jede Strafe noch als schuldangemessen angesehen werden kann (BGH 24.6.1954, NJW 1954, 1416; BGH 10.11.1954, BGHSt 7, 28, 32; BGH 7.11.2007, wistra 2008, 58; *Maurach/Gössel/Zipf* AT/2 S. 537 ff.; LK-*Gribbohm,* 9, 326 zu § 46 StGB). Nur in diesem Spielraum können der Zweck einer Abschreckung der Allgemeinheit (Generalprävention) und einer erzieherischen Einwirkung auf den Täter (Spezialprävention) und weitere Umstände bei der Strafzumessung berücksichtigt werden (vgl. BGH 8.4.1957, BGHSt 10, 259, 264 f.). Nach abw. Meinungen hat der Richter keinen Spielraum, sondern muss für eine bestimmte Tat die einzige schuldangemessene Strafe finden (*Eb. Schmidt* SJZ 1946, 209) oder jedenfalls in einem schöpferischen Akt die Strafe bestimmen, die nach seiner Auffassung die gerechte ist, ohne dass er für sich in Anspruch nehmen kann, die einzige gerechte Strafe gefunden zu haben (*Dreher* JZ 1968,

211). Hiernach bildet der gesetzliche Strafrahmen eine kontinuierliche Schwereskala möglicher Tatbestandsverwirklichungen, in die der Richter seinen Fall richtig einzuordnen hat, so dass auch die angedrohte Höchststrafe für jede konkrete Tatbestandsverwirklichung bedeutsam ist, weil sie den Maßstab mitbestimmt, an dem der Einzelfall zu messen ist.

bb) Strafrahmen der Steuerstraftaten. Die AO 1977 hat die Strafrahmen für Steuerstraftaten beibehalten, die durch das EGStGB eingeführt worden sind. Sämtliche Steuerstraftaten werden mit Freiheitsstrafe allein oder wahlweise mit Freiheitsstrafe oder Geldstrafe bedroht. Über die Nebenfolge der Aberkennung der Amtsfähigkeit und Wählbarkeit s. Rn. 16 zu § 375, über die Einziehung und den Verfall s. Rn. 28 zu § 375. 133

Allein mit Freiheitsstrafe sind die Steuerhinterziehung in einem besonders schweren Fall (§ 370 III AO), der gewerbsmäßige usw. Schmuggel (§ 373 AO) und die gewerbsmäßige Steuerhehlerei (§§ 374, 373 AO) bedroht. Gem. § 47 I StGB darf eine Freiheitsstrafe unter sechs Monaten jedoch nur verhängt werden, wenn besondere Umstände in der Tat oder der Täterpersönlichkeit dies *„zur Einwirkung auf den Täter oder zur Verteidigung der Rechtsordnung unerläßlich machen"*. Kommt danach eine Freiheitsstrafe von wenigstens sechs Monaten nicht in Betracht, so hat das Gericht auch dann zu Geldstrafe zu verurteilen, wenn eine solche nicht angedroht ist. Dieser Fall kann bei § 370 III AO (Mindeststrafe 6 Monate) nicht eintreten. Zur Geldstrafe neben Freiheitsstrafe s. Rn. 142. Für die anderen Steuerstraftaten droht das Gesetz ausnahmslos in erster Linie Freiheitsstrafe und wahlweise Geldstrafe an. Damit sind die Strafrahmen der Steuerstraftaten dem allgemeinen Strafrahmensystem angepasst. Besonderheiten wie die Androhung von Geldstrafe in erster Linie oder die Androhung von Freiheitsstrafe und kumulativer Geldstrafe bestehen nicht mehr; zum Rechtszustand vor dem 1.1.1975 s. 1. Aufl. Rn. 37 ff. zu § 391 RAO. 134

cc) Freiheitsstrafe. Die zeitige Freiheitsstrafe beträgt nach den allgemeinen Vorschriften mindestens einen Monat und höchstens fünfzehn Jahre (§ 38 II StGB). Für die Steuerstraftaten ist das Höchstmaß der Freiheitsstrafe jedoch: zehn Jahre bei der Steuerhinterziehung in einem besonders schweren Fall (§ 370 III AO) und (seit 22.12.2007) bei gewerbsmäßigem Schmuggel (§ 373) und bei gewerbsmäßiger Steuerhehlerei (§ 374 II), fünf Jahre bei Steuerhinterziehung (§ 370 I AO), Bannbruch (§ 372 AO), gewerbsmäßigem Schmuggel im minder schweren Fall (§ 373 I 2 AO), Steuerhehlerei (§ 374 AO), gewerbs- oder bandenmäßiger Schädigung des Umsatzsteueraufkommens (§ 26c UStG), Wertzeichenfälschung (§ 148 StGB) und Begünstigung (§ 257 StGB) und zwei Jahre bei der einfachen Vorbereitung einer Wertzeichenfälschung (§ 149 StGB). Gem. § 39 StGB ist die kleinste Einheit bei Freiheitsstrafe unter einem Jahr eine Woche, sonst ein Monat. Die Mindesthöhe der Freiheitsstrafe wird für Steuerstraftaten erhöht auf sechs Monate bei Steuerhinterziehung in einem besonders schweren Fall (§ 370 III AO) und bei gewerbsmäßigem Schmuggel (§ 373 AO) und gewerbsmäßiger Steuerhehlerei (§ 374 II AO). Modifizierungen dieser Strafrahmen ergeben sich aus § 49 I StGB, dessen Anwendung auf die Beihilfe (§ 27 S. 2 StGB) und bei Fehlen strafbegründender persönlicher Merkmale (§ 28 I StGB) sowie in § 35 II StGB *vorgeschrieben* und bei unechten Unterlassungsdelikten (§ 13 II StGB), Verbotsirrtum (§ 17 StGB), verminderter Schuldfähigkeit (§ 21 StGB) und Versuch (§ 23 II StGB) *zugelassen* ist. 135

Strafaussetzung zur Bewährung kann gem. § 56 I StGB bei Freiheitsstrafe bis zu einem Jahr, unter besonderen Umständen – die bei Ersttätern einer Steuerhinterziehung idR gegeben sind – gem. § 56 II StGB auch bei Freiheitsstrafe bis zu zwei Jahren gewährt werden. Die Vollstreckung einer Freiheitsstrafe von sechs Monaten bis zu einem Jahr ist nur dann geboten, wenn *„eine Aussetzung der Strafe zur Bewährung im Hinblick auf schwerwiegende Besonderheiten des Einzelfalls für das allgemeine Rechtsempfinden unverständlich erscheinen müßte und dadurch das Vertrauen der Bevölkerung in die Unverbrüchlichkeit des Rechts erschüttert werden könnte"* (BGH 11.1.2001, wistra 2001, 216). Generalpräventive Erwägungen dürfen nicht dazu führen, bestimmte Tatbestände oder Tatbestandsgruppen unter diesem Gesichtspunkt von der Möglichkeit einer Strafaussetzung auf Bewährung auszuschließen. 136

137 **dd) Geldstrafe.** Die Geldstrafe wird gem. § 40 StGB nach **Tagessätzen** verhängt. Dieses durch das EGStGB zum 1.1.1975 eingeführte Geldstrafensystem will durch verbesserte Anpassung an die Leistungsfähigkeit des Verurteilten eine gerechtere Geldstrafenbemessung erreichen. Grundsätzlich erfolgt die Festsetzung der Geldstrafe in zwei Schritten (Schönke/Schröder/*Stree/Kinzig* StGB § 40 Rn. 2ff. u. SK-*Horn/Wolters* 2ff. zu § 40 StGB).

138 In einem ersten Schritt wird die **Zahl der Tagessätze** festgelegt. Sie beträgt mindestens 5 und höchstens 360 Tagessätze, sofern das Gesetz nichts anderes bestimmt (§ 40 I 2 StGB). Bei der Gesamtstrafenbildung ist das Höchstmaß der Geldstrafe 720 Tagessätze (§ 54 II 2 StGB). Abweichungen finden sich für die Steuerstraftaten nicht. Bei der Bestimmung der Zahl der Tagessätze hat das Gericht sämtliche gem. § 46 StGB für die Strafzumessung erheblichen Umstände zu berücksichtigen. In der Praxis erfolgt zumindest bei Ersttätern oftmals eine Orientierung an speziellen Formeln oder Tabellen, mit deren Hilfe unter Berücksichtigung der Höhe der verkürzten Steuern die Zahl der Tagessätze ermittelt wird (vgl. RK-*Schützeberg* 56 zu § 369 AO).

139 Nachdem die Zahl der Tagessätze bestimmt wurde, hat das Gericht in einem zweiten Schritt die **Höhe der einzelnen Tagessätze** zu bestimmen. Dabei hat es grundsätzlich nur die Leistungsfähigkeit des Täters zu berücksichtigen. Nach § 40 II 2 StGB geht es von dem Nettoeinkommen aus, das der Täter an einem Tag durchschnittlich hat oder haben könnte. Ein Tagessatz beträgt mindestens 1 und höchstens 30 000 EUR (§ 40 II 3 StGB). Die Bestimmung des Nettoeinkommens bereitet Schwierigkeiten, insbes. die Frage, welche Zahlungsverpflichtungen des Angeklagten von seinem tatsächlichen Einkommen abzuziehen sind (Schönke/Schröder/*Stree/Kinzig* StGB § 40 Rn. 8ff; *Grebing* JZ 1976, 745; *Frank* NJW 1976, 2329). Dem Grundgedanken des Tagessatzsystems widerspricht es, bei der Bestimmung der Tagessatzhöhe Strafzumessungsgesichtspunkte wie die Höhe der Schuld oder spezial- oder generalpräventive Aspekte zu berücksichtigen (*Zipf* ZStW 86 [1974], 523; *Horn* NJW 1974, 628; krit. Schönke/Schröder/*Stree/Kinzig* StGB § 40 Rn. 6ff.; *Tröndle* ZStW 86 [1974], 554ff.). Diese Umstände dürfen nur bei der Bestimmung der Tagessatzzahl herangezogen werden. Ebenfalls unzulässig ist es, das Produkt aus Tagessatzzahl und Tagessatzhöhe abzumildern, weil der absolute Betrag der Geldstrafe bezogen auf den verkürzten Betrag „unverhältnismäßig" erscheint. Hat ein schwerreicher Steuerpflichtiger 5 000 EUR Steuern hinterzogen und sollte dies eine Geldstrafe von 10 Tagessätzen rechtfertigen, wird eben ein Höchsttagessatz von 30 000 EUR angewandt und eine Geldstrafe von 300 000 EUR verhängt. Dies ist vom Gesetz so gewollt.

140 Die **Beiziehung der Steuerakten** zur Ermittlung der Einkommens- und Vermögensverhältnisse ist unzulässig (*Wieczorek* wistra 1987, 173; aM Koch/Scholtz/*Scheurmann-Kettner* 57 zu § 369; vgl. auch den Hinweis in BGH 30.9.1992, wistra 1993, 19, 21). Im Rahmen der Reform des Geldstrafensystems zum 1.1.1975 war die in § 49 III 2 StGB-AE vorgesehene Möglichkeit der Beiziehung der Steuerakten ausdrücklich verworfen worden (vgl. LK-*Häger* 75 zu § 40 StGB). Diese gesetzgeberische Entscheidung kann nicht dadurch unterlaufen werden, dass unter Berufung auf § 30 IV Nr. 1 AO die Beiziehung der (aktuellen) Steuerakten für zulässig erachtet wird (so aber Koch/Scholtz/*Scheurmann-Kettner* 57 zu § 369). Die Anweisungen für das Straf- und Bußgeldverfahren enthalten in der neuen Fassung vom 18.12.2003 (BStBl. I 654) einen entgegenstehenden Hinweis nicht mehr (vgl. AStBV 112 III 2 aF).

141 Bei uneinbringlicher Geldstrafe wird **Ersatzfreiheitsstrafe** vollstreckt, bei der ein Tag Freiheitsstrafe einem Tagessatz entspricht (§ 43 StGB).

142 Hat sich der Täter durch die Tat bereichert oder zu bereichern versucht, kann gem. § 41 StGB eine **Geldstrafe** auch **neben Freiheitsstrafe** verhängt werden, gleichgültig ob das Gesetz Geldstrafe androht oder nicht.

143 **ee) Strafzumessungserwägungen.** Maßgeblich für die Strafzumessung bei Steuerhinterziehung sind gem. § 369 II AO die in § 46 II StGB aufgeführten Kriterien. Diese

Bestimmung enthält eine Vielzahl von Aspekten, die bei der Abwägung durch das Gericht zu berücksichtigen sind. Abgesehen von der zum Teil allzu schematischen Zumessung von Geldstrafen enthält das Steuerstrafrecht eine Besonderheit dergestalt, dass sich aus seiner Materie teilweise besondere Gesichtspunkte ergeben, die der Beachtung bedürfen.

Nach dem Wechsel der Zuständigkeit in Steuerstrafsachen vom 5. zum 1. Strafsenat des BGH mit Wirkung vom 1.8.2008 deutet sich, zumindest auf höchstrichterlicher Ebene, eine Verschärfung der Sanktionspraxis an. Bereits wenige Monate nach dem Zuständigkeitswechsel hatte der 1. Strafsenat eingefordert, bei Steuerhinterziehung in Millionenhöhe Freiheitsstrafen zur Bewährung nur noch ausnahmsweise zu verhängen (BGH 2.12.2008, BGHSt 53, 71). Diese Linie hat der Senat in der Folgezeit fortgesetzt und zugleich klargestellt, dass damit nicht etwa gesagt wäre, dass bei Steuerhinterziehungen in Nicht-Millionenhöhe keine Freiheitsstrafe über zwei Jahre verhängt werden dürfte (Rn. 574 zu § 370). 144

Bislang wurde auch eine **rechtsstaatswidrige Verfahrensverzögerung** als bedeutsamer Strafzumessungsfaktor eingeordnet (6 Jahre zwischen Geständnis und Aburteilung; BGH 16.5.2002, wistra 2002, 299 mwN.; EGMR 2.10.2003, wistra 2004, 177 m. Anm. *Gaede* wistra 2004, 166). Mit der Entscheidung des Großen Senats vom 17.1.2008 (wistra 2008, 137) hat die Rechtsprechung in Fällen der rechtsstaatswidrigen Verfahrensverzögerung aber vom Strafzumessungsmodell auf das sog. „Anrechnungsmodell" umgestellt. Damit wird jetzt jeweils eine Strafe festgesetzt, bei der die rechtstaatswidrige Verfahrenverzögerung ausgeblendet wird. Sodann wird in einem zweiten Schritt festgesetzt, dass ein beziffter Teil der verhängten Strafe als vollstreckt gilt. 145

Eine gesamtschuldnerische Haftung des Angeklagten gem. § 71 AO konnte nach der bisherigen Rechtsprechung zu einer Strafmilderung führen (BGH 24.10.2002, wistra 2003, 100). Anders soll es sein, wenn eine Inanspruchnahme angesichts der Vermögenslosigkeit des Täters unwahrscheinlich ist (BGH 25.9.2012, wistra 2013, 67 Rn. 61 f.). Eine auf Zeit geplante Verkürzung ist deutlich weniger gewichtig als eine solche auf Dauer (vgl. BGH 21.1.1998, wistra 1998, 146). 146

Bei Hinterziehung von **Umsatzsteuer** ist die Korrekturmöglichkeit von Scheinrechnungen im Rahmen der Strafzumessung zu berücksichtigen (BGH 11.7.2002, BGHSt 47, 343). – Andererseits ist bei einem USt-Karussell der durch das System verursachte Gesamtschaden zu ermitteln und in die Strafzumessung einzustellen, wenn den einzelnen Beteiligten die Struktur und die Funktionsweise des Karussells bekannt sind (BGH 11.7.2002, BGHSt 47, 343; vgl. auch BGH 11.12.2002, wistra 2003, 140). 147

Bei der Hinterziehung von **Branntweinsteuer** ist es bei der Strafzumessung im Hinblick auf die verschuldeten Auswirkungen der Tat (§ 46 II 2 StGB) in gesamtwirtschaftlicher Betrachtung zu berücksichtigen, wenn verkürzte Steuerforderungen des deutschen Steuerfiskus nur aus formalen Gründen entstanden sind (BGH 24.10.2002, wistra 2003, 100, 108 mAnm *Bender* wistra 2003, 147): Im konkreten Fall wäre keine Branntweinsteuer angefallen, wenn der Alkohol nicht falsch deklariert, sondern ordnungsgemäß in dem dafür vorgesehenen innergemeinschaftlichen Versandverfahren unter Steueraussetzung ausgeführt worden wäre. 148

3. Geltung des Jugendgerichtsgesetzes

Schrifttum: *Brunner/Dölling,* Jugendgerichtsgesetz, Kommentar, 12. Aufl. 2011; *Eisenberg,* Jugendgerichtsgesetz, Kommentar, 15. Aufl. 2012; *Diemer/Schoreit/Sonnen,* Jugendgerichtsgesetz, Kommentar, 6. Aufl. 2011; *Eisenberg,* Jugendgerichtsgesetz, 16. Aufl. 2013; *Ostendorf,* Kommentar zum Jugendgerichtsgesetz, 9. Aufl. 2013; *Schaffstein/Beulke/Swoboda,* Jugendstrafrecht, 15. Aufl. 2014; ferner *Schefold,* Der jugendliche Steuersünder, StW 1944, 321; *Mattern,* Steuerstrafrecht und Jugendliche, DStR 1953, 249; *Böckmann,* Das Zusammentreffen von Jugendstrafrecht und Steuerstrafrecht, Diss. Münster 1964.

a) Inhalt und Bedeutung der Verweisung auf das JGG. Allgemeine Gesetze über das Strafrecht iS des § 369 II AO sind auch die materiellen Vorschriften der §§ 1–32, 105, 106 und 112a JGG, die ihrerseits gem. § 2 JGG die allgemeinen Vorschriften des StGB 149 verdrängen. Nach § 2 II JGG gelten die *„allgemeinen Vorschriften"* nur, soweit das JGG, *„nichts anderes bestimmt"*. Zu den allgemeinen Vorschriften iS des § 2 II JGG gehören alle Rechtsnormen, die keine Rücksicht auf das Alter nehmen (*Dallinger/Lackner* 3 zu § 2 JGG, *Eisenberg* JGG § 2 Rn. 1), also auch alle Vorschriften des Steuerstrafrechts (*B. Goetzeler* NJW 1960, 1656), das keine Sondervorschriften über Steuerstraftaten Jugendlicher enthält. Auf die Vorschriften der §§ 33–104, 107 ff. JGG über die Jugendgerichtsverfassung, das Jugendstrafverfahren, den Vollzug usw. verweist § 385 I AO.

150 **Steuerstraftaten durch jugendliche oder heranwachsende Täter** kommen nicht selten vor, beschränken sich aber meist auf die Hinterziehung von Eingangsabgaben und Steuerhehlerei durch jugendliche Grenzgänger oder Seeleute und die Hinterziehung von ESt durch unrichtige Angaben im Rahmen einer Antragsveranlagung gem. § 46 II Nr. 8 EStG.

151 **b) Persönlicher Anwendungsbereich des JGG.** Das JGG gilt, wenn ein **Jugendlicher** oder **Heranwachsender** eine Verfehlung begeht, die nach den allgemeinen Vorschriften (Rn. 149) mit Strafe bedroht ist (§ 1 I JGG). Jugendlicher ist, wer zZ der Tat 14, aber noch nicht 18, Heranwachsender, wer zZ der Tat 18, aber noch nicht 21 Jahre alt ist (§ 1 II JGG). Ein Jugendlicher ist strafrechtlich verantwortlich, wenn er zZ der Tat nach seiner sittlichen und geistigen Entwicklung reif genug ist, das Unrecht der Tat einzusehen und nach dieser Einsicht zu handeln (§ 3 S. 1 JGG). Die Verfehlung eines Heranwachsenden ist nach dem Jugendstrafrecht zu beurteilen, *„wenn*

1. *die Gesamtwürdigung der Persönlichkeit des Täters bei Berücksichtigung auch der Umweltbedingungen ergibt, daß er zur Zeit der Tat nach seiner sittlichen und geistigen Entwicklung noch einem Jugendlichen gleichstand, oder*
2. *es sich nach der Art, den Umständen oder den Beweggründen der Tat um eine Jugendverfehlung handelt" (§ 105 I JGG).*

Das Jugendstrafrecht (§§ 3–32, 105 JGG) gilt im Ganzen auch für die Dauer des Wehrdienstverhältnisses eines Jugendlichen oder Heranwachsenden; wegen einzelner Abweichungen vgl. § 112a JGG.

152 **c) Die Sanktionen des Jugendstrafrechts.** Anstelle der für Straftaten Erwachsener angedrohten Freiheits- und Geldstrafen (Rn. 132 ff.) sieht das Jugendstrafrecht vor, dass aus Anlass der Straftat eines Jugendlichen **Erziehungsmaßregeln** angeordnet werden können und nur dann, wenn diese nicht ausreichen, die Straftat mit **Zuchtmitteln** oder mit **Jugendstrafe** geahndet wird (§ 5 I, II JGG). Erziehungsmaßregeln sind gem. § 9 JGG die Erteilung von Weisungen (vgl. §§ 10, 11 JGG), Erziehungsbeistandschaft und Fürsorgeerziehung (vgl. § 12 JGG iVm §§ 30, 34 SGB VIII). Mit Zuchtmitteln ahndet der Richter die Straftat, wenn einerseits Erziehungsmaßregeln nicht ausreichen (§ 5 II JGG), andererseits *„Jugendstrafe nicht geboten ist, dem Jugendlichen aber eindringlich zum Bewußtsein gebracht werden muß, daß er für das von ihm begangene Unrecht einzustehen hat"* (§ 13 JGG). Zuchtmittel sind gem. § 13 II JGG die Verwarnung (§ 14 JGG), die Erteilung von Auflagen (§ 15 JGG) und der Jugendarrest, der als Freizeitarrest höchstens 2 Freizeiten, als Kurzarrest höchstens 4 Tage und als Dauerarrest höchstens 4 Wochen betragen darf (§ 16 JGG). Seit 7.3.2013 kann Jugendarrest auch neben einer zur Bewährung ausgesetzten Jugendstrafe quasi als „Warnschussarrest" angeordnet werden (§ 16a JGG; dazu *Kinzig/Schnierle* JuS 2014, 210). Zuchtmittel haben nach § 13 III JGG nicht die Rechtswirkungen einer Strafe und werden nicht in das Strafregister eingetragen. Jugendstrafe (= Freiheitsentzug in einer Jugendstrafanstalt) wird verhängt, *„wenn wegen der schädlichen Neigungen des Jugendlichen, die in der Tat hervorgetreten sind, Erziehungsmaßregeln oder Zuchtmittel zur Erziehung nicht ausreichen oder wenn wegen der Schwere der Schuld Strafe erforderlich ist"* (§ 17 II JGG). Ohne Rücksicht auf die Strafrahmen des allgemeinen Strafrechts beträgt die Jugendstrafe mindestens 6 Monate und idR höchstens 5 Jahre (vgl. § 18 I JGG).

Von den Nebenfolgen darf auf Verlust der Amtsfähigkeit und Wählbarkeit (vgl. § 375 I AO) gegen einen Jugendlichen nicht erkannt werden (§ 6 JGG). Dagegen ist die Einziehung (vgl. § 375 II AO) durch das JGG nicht ausgeschlossen. Die Einziehung widerspricht nicht den Erziehungsgrundsätzen des Jugendstrafrechts und ist daher bei Jugendlichen und Heranwachsenden zulässig (BGH 13.7.1954, BGHSt 6, 258). 153

4. Geltung des Wehrstraf- und des Zivildienstgesetzes

Schrifttum: *Schölz/Lingens,* Wehrstrafgesetz, Kommentar, 4. Aufl. 2000

Das WehrStG idF v. 24.5.1974 (BGBl. I 1213), zuletzt geändert durch VO vom 22.4.2005 (BGBl. I 1106), gilt nach seinem § 1 I für **alle Straftaten, die Soldaten der Bundeswehr begehen,** sowie nach § 1 II auch für Straftaten, durch die militärische Vorgesetzte, die nicht Soldaten sind, ihre Pflichten verletzen. Praktische Bedeutung für das Steuerstrafrecht hat namentlich: 154

§ 10 WehrStG Geldstrafe bei Straftaten von Soldaten

Bei Straftaten von Soldaten darf Geldstrafe nicht verhängt werden, wenn besondere Umstände, die in der Tat oder der Persönlichkeit des Täters liegen, die Verhängung von Freiheitsstrafe zur Wahrung der Disziplin gebieten.

Die Wahrung der Disziplin kann eine Freiheitsstrafe insbesondere bei Schmuggelvergehen erfordern, dh Hinterziehung von Einfuhr- oder Ausfuhrabgaben (§ 370 I AO) oder Bannbruch (§ 372 AO), die im Zusammenhang mit Kommandierungen eines Soldaten ins Ausland begangen werden. Darüber hinaus kann die militärische Disziplin eine Freiheitsstrafe auch erfordern, wenn zwischen der Straftat und dem Dienstverhältnis als Soldat kein Zusammenhang besteht, zB wenn Soldaten einer grenznahen Garnison sich in ihrer Freizeit als Schmuggler betätigen (krit. *Peschke* NZW 1987, 159). Eine scheinbar entsprechende Regelung enthält § 56 ZDG für Zivildienstleistende; sie bezieht sich aber nur auf Straftaten nach dem ZDG (GJW/*Allgayer* AO § 369 Rn. 14).

IV. Wertzeichenfälschung

§ 148 StGB Wertzeichenfälschung

(1) Mit Freiheitsstrafe bis zu fünf Jahren oder mit Geldstrafe wird bestraft, wer

1. amtliche Wertzeichen in der Absicht nachmacht, daß sie als echt verwendet oder in Verkehr gebracht werden oder daß ein solches Verwenden oder Inverkehrbringen ermöglicht werde, oder amtliche Wertzeichen in dieser Absicht so verfälscht, daß der Anschein eines höheren Wertes hervorgerufen wird,
2. falsche amtliche Wertzeichen in dieser Absicht sich verschafft oder
3. falsche amtliche Wertzeichen als echt verwendet, feilhält oder in Verkehr bringt.

(2) Wer bereits verwendete amtliche Wertzeichen, an denen das Entwertungszeichen beseitigt worden ist, als gültig verwendet oder in Verkehr bringt, wird mit Freiheitsstrafe bis zu einem Jahr oder mit Geldstrafe bestraft.

(3) Der Versuch ist strafbar.

§ 149 StGB Vorbereitung der Fälschung von Geld und Wertzeichen

(1) Wer eine Fälschung von Geld oder Wertzeichen vorbereitet, indem er

1. Platten, Formen, Drucksätze, Druckstöcke, Negative, Matrizen, Computerprogramme oder ähnliche Vorrichtungen, die ihrer Art nach zur Begehung der Tat geeignet sind,
2. Papier, das einer solchen Papierart gleicht oder zum Verwechseln ähnlich ist, die zur Herstellung von Geld oder amtlichen Wertzeichen bestimmt und gegen Nachahmung besonders gesichert ist, oder
3. Hologramme oder andere Bestandteile, die der Sicherung gegen Fälschung dienen,

herstellt, sich oder einem anderen verschafft, feilhält, verwahrt oder einem anderen überläßt, wird, wenn er eine Geldfälschung vorbereitet, mit Freiheitsstrafe bis zu fünf Jahren oder mit Geldstrafe, sonst mit Freiheitsstrafe bis zu zwei Jahren oder mit Geldstrafe bestraft.

(2) Nach Absatz 1 wird nicht bestraft, wer freiwillig
1. die Ausführung der vorbereiteten Tat aufgibt und eine von ihm verursachte Gefahr, daß andere die Tat weiter vorbereiten oder sie ausführen, abwendet oder die Vollendung der Tat verhindert und
2. die Fälschungsmittel, soweit sie noch vorhanden und zur Fälschung brauchbar sind, vernichtet, unbrauchbar macht, ihr Vorhandensein einer Behörde anzeigt oder sie dort abliefert.

(3) Wird ohne Zutun des Täters die Gefahr, daß andere die Tat weiter vorbereiten oder sie ausführen, abgewendet oder die Vollendung der Tat verhindert, so genügt an Stelle der Voraussetzungen des Absatzes 2 Nr. 1 das freiwillige und ernsthafte Bemühen des Täters, dieses Ziel zu erreichen.

§ 150 StGB Erweiterter Verfall und Einziehung

(1) In den Fällen der §§ 146, 148 Abs. 1, der Vorbereitung einer Geldfälschung nach § 149 Abs. 1, der §§ 152a und 152b ist § 73d anzuwenden, wenn der Täter gewerbsmäßig oder als Mitglied einer Bande handelt, die sich zur fortgesetzten Begehung solcher Taten verbunden hat.

(2) Ist eine Straftat nach diesem Abschnitt begangen worden, so werden das falsche Geld, die falschen oder entwerteten Wertzeichen und die in § 149 bezeichneten Fälschungsmittel eingezogen.

§ 152 StGB Geld, Wertzeichen und Wertpapiere eines fremden Währungsgebiets

Die §§ 146 bis 151 sind auch auf Geld, Wertzeichen und Wertpapiere eines fremden Währungsgebiets anzuwenden.

1. Entstehungsgeschichte

155 **§ 148 StGB wurde durch das EGStGB eingeführt,** um verschiedene Einzelregelungen über Wertzeichenfälschungen in einer Vorschrift zusammenzufassen (Einl. Rn. 91). Soweit § 148 StGB auch die Fälschung von Steuerzeichen regelt, ersetzt er § 399 RAO, in dem die Steuerzeichenfälschung gesondert behandelt worden war. § 148 StGB wird im Folgenden nur insoweit behandelt, wie dies für Steuerzeichen bedeutsam ist. Soweit sich eine Tat nach den §§ 148, 149 StGB auf Steuerzeichen bezieht, ist sie gem. § 369 I Nr. 3 AO Steuerstraftat.

2. Zweck, Anwendungsbereich und Bedeutung

156 Die §§ 148, 149 StGB dienen (auch) dem Schutz des Rechtsverkehrs mit Steuerzeichen und mittelbar dem Schutz des Aufkommens derjenigen Steuern, die ohne besondere Festsetzung des Steueranspruchs durch die Verwendung und Entwertung (§ 35 I TabStV) von Steuerzeichen entrichtet werden. Es handelt sich dabei um TabSt, die nach § 17 I TabStG dadurch entrichtet wird, dass **Tabaksteuerbanderolen** entwertet und an den Kleinverkaufspackungen angebracht werden, bevor die Tabakerzeugnisse aus dem Herstellungsbetrieb entfernt oder zum Verbrauch im Herstellungsbetrieb entnommen werden. Börsenumsatzsteuer- und Wechselsteuermarken (dazu 3. Aufl. Rn. 134 zu § 369 AO) gibt es seit der Aufhebung des KVStG und des WStG nicht mehr. Damit ist die Bedeutung des § 148 StGB für das Steuerstrafrecht weiter gesunken (Rn. 155).

157 **Für Steuerzeichen besteht ein besonderes Schutzbedürfnis,** da sie keine Urkunden iS der §§ 267, 348 StGB darstellen (RG 18.6.1928, RGSt 62, 203, 204 ff.) und als eine besondere Art von Beweiszeichen auch nicht dem Schutz des § 275 StGB unterliegen (RG 22.11.1921, RGSt 56, 240). Andererseits sind auch Steuerzeichen mit öffentlicher Autorität ausgestellt (RG 13.1.1930, RGSt 63, 380 f.). Ihre (Ver-)Fälschung liegt kriminologisch in der Nähe der Geld- und der Urkundenfälschung. Daher ist auch ein weitreichender Schutz gegen Vorbereitungshandlungen zur Fälschung von Steuerzeichen erforderlich, den § 149 StGB gewährleistet (Rn. 171 ff.).

158 **Allein nach § 370 AO** wäre der strafrechtliche Schutz der TabSt wegen der geringen Steuerbeträge oft wirkungslos, obwohl wegen der besonderen Art des Besteuerungsverfahrens (Rn. 156) ein besonderes Schutzbedürfnis besteht. Die TabSt ist zwar relativ hoch (vgl.

§ 2 TabStG), jedoch ist der auf die einzelne Kleinverkaufspackung entfallende Steuerbetrag gering.

3. Fälschen von Steuerzeichen (§ 148 I Nr. 1 StGB)

Echte Steuerzeichen werden nur von den zuständigen Finanzbehörden ausgegeben; sie dienen dann auf Kleinverkaufspackungen von Tabakwaren zum Beweis dafür, dass die Steuer bezahlt worden ist. Das **Fälschen** in seinen beiden Erscheinungsformen des Nachmachens oder der Verfälschung besteht darin, dass ein falscher Anschein über die Herkunft, dh über den Ausgeber des Zeichens, hervorgerufen wird. Das falsche oder verfälschte Zeichen gibt sich den Anschein, als sei es von der dazu befugten Finanzbehörde hergestellt und gegen Zahlung des auf ihm vermerkten Entgelts ausgegeben worden. In Wirklichkeit ist es entweder überhaupt nicht von der zuständigen Stelle ausgegeben worden, oder es stammt zwar von ihr, ist aber in seinem rechtserheblichen Inhalt, etwa der Angabe über den Steuerbetrag oder über die Menge der versteuerten Tabakwaren, von unbefugter Seite verändert worden. Im ersten Fall ist das Zeichen *„nachgemacht,"* im zweiten Fall ist es *„verfälscht"*. 159

Nachmachen liegt immer dann vor, wenn dem Täter die Befugnis zur Herstellung des Steuerzeichens fehlt. Deshalb ist § 148 I Nr. 1 StGB auch erfüllt, wenn ein Unbefugter Steuerzeichen mittels echter Platten oder Papiere herstellt, die er sich beschafft hat. Nachmachen ist auch das sog. *„Schnippeln"* von Steuerzeichen, die aus Teilen verschiedener bereits verwendeter Zeichen zu einem anscheinend vollständigen Zeichen zusammengesetzt werden (RG 2.10.1930, JW 1931, 321). Ein Nachmachen ist auch darin erblickt worden, dass außer Kurs gesetzte Steuerzeichen mit einem Kleinverkaufspreis versehen und verwendet worden sind (RG 6.1.1939, HRR Nr. 297), jedoch ist ein Steuerzeichen nur dann *unecht,* wenn das bei seiner Herstellung nachgeahmte Vorbild zur Zeit der Nachbildung amtliche Geltung hat (RG 8.4.1924, JW 1925, 262). 160

Verfälschen eines echten Steuerzeichens liegt zB vor, wenn der die Preisangabe enthaltende Teil eines bereits verwendeten Steuerzeichens durch einen eine höhere Preisangabe enthaltenden Ausschnitt aus einem anderen Steuerzeichen überklebt oder ersetzt wird (vgl. RG 14.1.1929, RGSt 62, 427, 428 f.; RG 2.10.1930, JW 1931, 321; RG 26.2.1931, RGSt 65, 180; KG 1.10.1937, JW 1938, 172). Bloßes Unkenntlichmachen der Wertbezeichnung oder der Inhaltsangabe ist kein Verfälschen, sondern ein Vernichten des Steuerzeichens, das mangels einer entsprechenden Strafvorschrift straflos ist (RG 14.11.1923, RZBl. 1924, 42 f.). Das verfälschte Wertzeichen muss den Anschein eines höheren Wertes hervorrufen. 161

Das Fälschen von Steuerzeichen ist nur strafbar, wenn der Täter mit der **Absicht** handelt, dass das Steuerzeichen als echt verwendet oder in Verkehr gebracht oder dass ein solches Verwenden oder Inverkehrbringen ermöglicht werde. Die Tathandlung muss also darauf gerichtet sein, die durch den steuerbaren Vorgang ausgelöste oder auf dem Erzeugnis ruhende Steuer zu ersparen und damit das Steueraufkommen zu beeinträchtigen (RG 8.4.1924, JW 1925, 262; vgl. auch RG 2.10.1930, JW 1931, 321). Ob der Täter beabsichtigt hat, das falsche Steuerzeichen *selbst* zu verwenden oder ob nach seiner Vorstellung ein Dritter von der Fälschung Gebrauch machen sollte, ist belanglos (RG 10.1.1922, RGSt 56, 275 f. zu § 66 I TabStG 1919); erforderlich ist nur, dass er überhaupt mit der rechtswidrigen Absicht tätig geworden ist, das Steuerzeichen zur Täuschung über die ordnungsmäßige Versteuerung der Tabakware zu verwenden. § 148 I Nr. 1 StGB greift aber auch ein, wenn die falschen Steuerzeichen nicht ihrer bestimmungsgemäßen Verwendung zugeführt, sondern sonst in Verkehr gebracht werden sollen. § 148 I Nr. 1 StGB erfasst daher anders als § 399 I RAO auch den Fall, in dem der Täter die Verwendung nach dem Inverkehrbringen nur für möglich hält (Schönke/Schröder/*Sternberg-Lieben* StGB § 148 Rn. 6), dagegen nicht den Fall, in dem jemand lediglich um zu „renommieren" falsche Steuerzeichen eines besonders hohen Wertes herstellt und damit ordnungsmäßig versteuerte, billigere Erzeug- 162 nisse versieht, um sie Gästen oder Kunden unentgeltlich anzubieten und dabei in ihnen die Vorstellung von einem höheren Wert der Gabe zu erwecken (RG 25.3.1929, JW 1929, 2431, zu § 399 I RAO). Soll auf diese Weise zB ein Sammler über den Wert der Ware getäuscht werden, kommt neben § 148 I Nr. 1 StGB (Schönke/Schröder/*Sternberg-Lieben* StGB § 148 Rn. 6, zT aM MüKoStGB/*Erb* StGB § 148 Rn. 10) der Straftatbestand des Betruges nach § 263 StGB in Betracht (vgl. auch BGH 10.5.1983, BGHSt 31, 380).

163 **Vollendet ist das Vergehen nach § 148 I Nr. 1 StGB,** wenn die Fälschung derart gelungen ist, dass sie von arglosen, nicht besonders sachkundigen Betrachtern übersehen werden könnte, falls die mit dem falschen oder verfälschten Steuerzeichen versehenen Urkunden oder Erzeugnisse in den Verkehr gebracht werden (RG 18.4.1932, RGSt 66, 217 f.). Nicht erforderlich ist, dass auch sachkundige Steuerbeamte oder branchenkundige Kaufleute getäuscht werden können (vgl. BGH 4.10.1951, NJW 1952, 311; BGH 17.12.1953, NJW 1954, 564). Dass allein der Täter die Fälschung für gelungen erachtet, reicht für die Vollendung der Tat nicht aus. Der Versuch der Steuerzeichenfälschung ist nach § 148 III StGB strafbar.

4. Weitere Tathandlungen

164 **a) Sichverschaffen. Dem Steuerzeichenfälscher steht gleich,** wer sich falsche Steuerzeichen verschafft und dabei mit der Absicht nach § 148 I Nr. 1 StGB (Rn. 162) handelt. **Sich verschaffen** heißt, falsche Steuerzeichen bewusst in Besitz zu nehmen (BGH 10.1.1952, BGHSt 2, 116 f. zu § 147 StGB), und zwar zur *eigenen* Verfügung. Diese Voraussetzung fehlt bei einem bloßen Verteilungsgehilfen, der den Gewahrsam für einen anderen ausübt (BGH 19.9.1952, BGHSt 3, 154, 156 zu § 147 StGB); dieser kann daher nur wegen Beihilfe zu § 148 I Nr. 2 StGB bestraft werden. Im Übrigen genügt jeder Erwerb von Steuerzeichen, der sich in Kenntnis der Unechtheit vollzieht, auch ein Erwerb durch Fund, Diebstahl oder Unterschlagung (RG 4.11.1937, JW 1937, 3301); *abgeleiteter* Erwerb ist nicht erforderlich (RGSt 67, 294, 296 zu § 148 StGB). Für die Kenntnis, dass die erworbenen Steuerzeichen gefälscht oder verfälscht sind, genügt *bedingter* Vorsatz (BGH 10.1.1952, BGHSt 2, 116; OLG Köln 7.3.1950, DRZ 1950, 453; aM RG 9.2.1925, RGSt 59, 79 f. – sämtl. zu § 147 StGB).

165 **b) Als echt verwenden.** Als echt verwendet werden falsche oder verfälschte Steuerzeichen dann, wenn sie zur Täuschung über die Entrichtung der Steuerschuld in der von den Steuergesetzen vorgeschriebenen Weise (Rn. 159) auf Kleinverkaufspackungen von Tabakwaren angebracht werden. Wer *versehentlich* verwendete Steuerzeichen wieder ablöst und auf einer anderen Packung verwendet, begeht keine tatbestandsmäßige Handlung, da durch die versehentlich verklebte Marke noch keine fällige Steuerschuld getilgt worden ist (BGH 18.5.1954, LM § 405 RAO aF Nr. 1; zw. *Troeger/Meyer* S. 90). TabSt-Banderolen sind verwendet, sobald die mit ihnen versehenen Kleinverkaufspackungen den Herstellungsbetrieb verlassen haben (BGH 18.5.1954, LM § 405 RAO aF Nr. 1).

166 **c) Feilhalten.** Feilhalten ist das Bereithalten zum Verkauf (BGH 24.6.1970, BGHSt 23, 290 zu § 4 LebmG). Der feilgehaltene Gegenstand braucht nicht unbedingt bereits fertig vorhanden zu sein. Ein Feilhalten kann auch in einem Anbieten der alsbaldigen Herstellung und Lieferung liegen und auch schon durch ein einzelnes Angebot gegenüber einem einzelnen Interessenten erfüllt werden (BGH 29.3.1960, NJW 1960, 1154, zu § 6 PatG). In jedem Falle muss der Täter die ernsthafte Absicht des Verkaufs haben (OLG Celle 11.5.1967, GA 1968, 56, zu § 4 Nr. 2 LebmG). Der BGH (BGH 24.6.1970, BGHSt 23, 286, 292) neigt dazu, Eventualvorsatz hinsichtlich eines möglichen Verkaufs für ausreichend zu halten.

167 **Ob der Täter das falsche Steuerzeichen als echt ausgibt** oder offenbart, dass es falsch ist, macht keinen Unterschied. Die Worte *„als echt"* gehören nur zu *„verwendet,"* nicht auch zu *„feilhalten oder in Verkehr bringen"* (glA *Hartung* II 2b und *Kohlhaas* – beide zu § 405

RAO 1931 im Anschluss an BGH 17.4.1951, BGHSt 1, 143 zu § 147 StGB; BGH 5.8.1980, BGHSt 29, 311; Schönke/Schröder/*Sternberg-Lieben* StGB § 146 Rn. 22, § 147 Rn. 5; aM OLG Stuttgart 26.3.1980, NJW 1980, 2089; vgl. aber *Prittwitz* NStZ 1989, 10; *Puppe* JZ 1986, 994).

d) In Verkehr bringen. Dies heißt, die Steuerzeichen an andere mit dem (mindestens bedingten) Willen abzugeben, dass diese sie (in Kenntnis oder Unkenntnis der mangelnden Echtheit, s. Rn. 167) für steuerliche Zwecke verwenden. Unerheblich ist, ob die Abgabe entgeltlich oder unentgeltlich erfolgt. Die Absicht, sich zu bereichern oder einen anderen zu schädigen, kann fehlen (Schönke/Schröder/*Sternberg-Lieben* StGB § 146 Rn. 21). Auch ist für die Tatbestandsmäßigkeit der Handlung gleichgültig, ob der Täter die falschen Steuerzeichen selbst angefertigt oder sich von dem Fälscher oder einem Mittelsmann verschafft hat. Die Gefährdungshandlung des Inverkehrbringens verliert jedoch ihre selbstständige Bedeutung dann, wenn der Täter sich selbst der Fälschung der abgegebenen Steuerzeichen nach § 148 I Nr. 1 StGB schuldig gemacht hat (Rn. 159). **168**

5. Wiederverwenden von Steuerzeichen (§ 148 II StGB)

Tatobjekt sind bereits verwendete Steuerzeichen, von denen das Entwertungszeichen beseitigt worden ist. Das Entwertungszeichen braucht nicht völlig beseitigt zu sein; es genügt, wenn es durch ein anderes Entwertungszeichen unkenntlich gemacht worden ist. Dabei ist es gleichgültig, ob das alte Entwertungszeichen vom Täter oder von einem Dritten beseitigt wurde. Den Tatbestand erfüllt, wer das Steuerzeichen als gültig verwendet oder in Verkehr bringt. Das Steuerzeichen wird als gültig verwendet, wenn es am neuen Platz den Eindruck erweckt, als sei es erstmalig verwendet worden. Es wird in Verkehr gebracht, wenn es vom Täter anderen Personen zugänglich gemacht wird. Dafür ist nicht Voraussetzung, dass es als Steuerzeichen eingesetzt wird; vielmehr genügt es, wenn es an einen Sammler weitergegeben wird. Insofern ist § 148 II StGB erheblich weiter als § 399 II RAO (BT-Drs. 7/550, 228). Demgegenüber erfasst § 148 II StGB nicht mehr das *„sich verschaffen"* und *„feilhalten"*. **169**

6. Der Versuch

sämtlicher Taten nach § 148 I und II StGB ist strafbar (§ 148 III StGB). Dies ist angesichts der Tatsache, dass § 149 StGB sogar Vorbereitungshandlungen erfasst, nur konsequent. **170**

7. Vorbereitung der Fälschung von Steuerzeichen (§ 149 StGB)

§ 149 StGB erfasst die Vorbereitung der Fälschung von Geld und Wertzeichen in einem Tatbestand. Gegenüber der Vorbereitung der Geldfälschung (Freiheitsstrafe bis zu 5 Jahren oder Geldstrafe) droht das Gesetz für die Vorbereitung der Wertzeichenfälschung, welche die Steuerzeichenfälschung mit umfasst, nur Freiheitsstrafe bis zu 2 Jahren oder Geldstrafe an. § 149 StGB erfasst nur echte Vorbereitungshandlungen, wie sich aus einem Vergleich mit § 148 III StGB und § 127 OWiG ergibt. Das bedeutet im Einzelnen: § 149 StGB unterscheidet sich von § 127 OWiG allein dadurch, dass § 149 StGB Vorbereitung einer Fälschung voraussetzt. Wer also die Tathandlungen nach § 149 StGB, § 127 OWiG vornimmt, ohne dass er den Fälschungsvorsatz hat, begeht nur eine Ordnungswidrigkeit nach § 127 OWiG. Hat er Fälschungsvorsatz, so erfüllt er den Tatbestand nach § 149 StGB. Setzt er darüber hinaus gem. § 22 StGB zum Fälschen unmittelbar an, so verlässt er den Bereich von § 149 StGB und begeht einen Versuch nach § 148 III iVm §§ 22 ff. StGB. **171**

Gegenstand der Tat sind nach § 149 I Nr. 1 StGB Platten, Formen, Drucksätze, Druckstöcke, Negative und ähnliche Vorrichtungen. Durch Gesetz vom 22.8.2002 (BGBl. 2002 I 3387) wurden Computerprogramme und Hologramme hinzugefügt. Ansonsten handelt es sich durchgehend um solche Gegenstände, von denen das gefälschte Steuerzei- **172**

chen unmittelbar abgenommen werden kann. Dagegen genügen nicht Platten usw., die erst noch bearbeitet werden müssen. Andererseits ist es nicht erforderlich, dass der Täter bereits alle zur Fälschung erforderlichen Geräte beisammen hat (Schönke/Schröder/*Sternberg-Lieben* StGB § 149 Rn. 3). Die Vorrichtungen müssen zur Steuerzeichenfälschung tatsächlich geeignet sein (vgl. BGH 25.10.1993, NStZ 1994, 124); es genügt nicht, wenn der Täter dies nur annimmt.

173 Als **Tathandlungen** nennt das Gesetz das Herstellen, das sich oder einem anderen Verschaffen (Rn. 164), das Feilhalten (Rn. 166), das Verwahren und das einem anderen Überlassen. Die Vorrichtung ist hergestellt, wenn sie bis auf geringe Ergänzungen gebrauchsfertig ist (Schönke/Schröder/*Sternberg-Lieben* StGB § 149 Rn. 6). Die Vorrichtung verwahrt, wer an ihr Gewahrsam hat. Überlassen heißt, einem anderen die Verfügungsgewalt derart zu übertragen, dass der Empfänger in die Lage versetzt wird, die Sache zum Zweck der Fälschung zu gebrauchen (KG 25.3.1953, NJW 1953, 1274, zu § 281 I StGB).

174 Der Täter muss durch die Handlung **eine Fälschung vorbereiten,** wobei es gleichgültig ist, ob er oder ein anderer die Fälschung begehen will. Die Fälschung muss aber bereits in groben Umrissen konkretisiert sein (Schönke/Schröder/*Sternberg-Lieben* StGB § 149 Rn. 7).

175 **Der Rücktritt** von einer Tat nach § 149 StGB ist in § 149 II, III StGB gesondert geregelt, weil bei formeller Vollendung der Tat § 24 StGB nicht in Betracht kommt, das Delikt materiell jedoch nur Vorbereitungshandlung ist. § 149 II, III StGB entspricht weitgehend der Rücktrittsregelung nach § 24 StGB (Rn. 64 ff.), freilich mit der Besonderheit, dass der Täter über die Voraussetzungen des § 24 StGB hinaus gem. § 149 II Nr. 2 StGB die noch brauchbaren Fälschungsmittel entweder unbrauchbar macht, sie der Behörde abliefert oder ihr Vorhandensein dort anzeigt.

8. Die Einziehung

176 der unechten oder wiederverwendeten Steuerzeichen sowie der Fälschungsmittel (§ 149 StGB) schreibt § 150 II StGB zwingend vor; sie erfolgt gem. § 74 II–IV StGB. Über die Voraussetzungen der Einziehung s. Rn. 33 ff. zu § 375 AO. Zu den Fällen des § 150 I StGB vgl. *Fischer* StGB § 150 Rn. 2.

9. Geltung für Auslandstaten

177 Nach § 152 StGB gelten die §§ 148, 149 StGB auch für Auslandstaten. Abgesehen von der Sinnhaftigkeit einer solchen Regelung für ausländische Steuerzeichen ist jedenfalls eine Anwendbarkeit des § 370 AO außerhalb der Grenzen des § 370 VI AO in diesen Fällen ausgeschlossen (vgl. FT-*Gaede* 15 zu § 369).

10. Konkurrenzfragen

178 **Verwirklicht jemand mehrere Tatbestände der §§ 148, 149 StGB nacheinander,** geht nach den Regeln der Gesetzeskonkurrenz (Rn. 118 ff.) ein Vergehen der Vorbereitung (§ 149 StGB) in dem Vergehen der höheren Stufe der Gefährdung (sich verschaffen, § 148 I Nr. 2 StGB) sowie eine Gefährdungshandlung in dem Vergehen der Fälschung (§ 148 I Nr. 1 StGB) oder der Verwendung usw. (§ 148 I Nr. 3 StGB) oder Wiederverwendung usw. (§ 148 II StGB) auf (RG 18.4.1932, RGSt 66, 217 f.; RG 28.11.1933, RGSt 67, 401, 406). Tatmehrheit (§ 53 StGB) kommt nur in Betracht, wenn derselbe Täter mehrere Taten nach den §§ 148, 149 StGB begeht, die nicht im Zusammenhang aufeinander folgen.

179 **Auch mehrfaches Verwirklichen gleichstufiger Tatbestandshandlungen** ist nur eine einzige Straftat (BGH 14.1.1954, BGHSt 5, 381, 383 zu § 184 I Nr. 1 StGB aF mwN). Wer zB falsche Steuerzeichen herstellt und diese zT selbst verwendet und zT verkauft, begeht nur *ein* Vergehen nach § 148 I StGB. Tatmehrheit (§ 53 StGB) liegt jedoch

zB dann vor, wenn jemand sowohl falsche Steuerzeichen herstellt als auch bereits verwendete echte Steuerzeichen wiederverwendet.

Werden die Verletzungstatbestände der Fälschung oder der Wiederverwendung von Steuerzeichen verwirklicht, trifft das Vergehen nach § 148 I oder II StGB regelmäßig in Tateinheit mit **Steuerhinterziehung** nach § 370 AO, nämlich mit Hinterziehung derjenigen Steuer zusammen, die durch vorschriftsmäßige Verwendung von Steuerzeichen hätte entrichtet werden müssen (RG 19.3.1928, RGSt 62, 78, 81). 180

Verschafft sich jemand gefälschte Steuerzeichen zum Zwecke der Verwendung oder bereits verwendete Steuerzeichen zum Zwecke der Wiederverwendung durch **Diebstahl** nach § 242 StGB, **Unterschlagung** nach § 246 StGB oder **Untreue** nach § 266 StGB, so treffen diese Tatbestände mit § 148 StGB in Tateinheit zusammen. 181

V. Begünstigung

§ 257 StGB – Begünstigung

(1) Wer einem anderen, der eine rechtswidrige Tat begangen hat, in der Absicht Hilfe leistet, ihm die Vorteile der Tat zu sichern, wird mit Freiheitsstrafe bis zu fünf Jahren oder mit Geldstrafe bestraft.

(2) Die Strafe darf nicht schwerer sein als die für die Vortat angedrohte Strafe.

(3) [1] Wegen Begünstigung wird nicht bestraft, wer wegen Beteiligung an der Vortat strafbar ist. [2] Dies gilt nicht für denjenigen, der einen an der Vortat Unbeteiligten zur Begünstigung anstiftet.

(4) [1] Die Begünstigung wird nur auf Antrag, mit Ermächtigung oder auf Strafverlangen verfolgt, wenn der Begünstiger als Täter oder Teilnehmer der Vortat nur auf Antrag, mit Ermächtigung oder auf Strafverlangen verfolgt werden könnte. [2] § 248a gilt sinngemäß.

1. Begünstigung als Steuerstraftat

§ 391 I Nr. 3 RAO bezeichnete als Steuervergehen die Begünstigung einer Person, die ein natürliches Steuervergehen oder einen Bannbruch begangen hatte; § 394 RAO ordnete für die Begünstigung in Vorteilsabsicht die Strafe der Steuerhinterziehung an. Nunmehr ist Steuerstraftat nach § 369 I Nr. 4 AO die Begünstigung einer Person, die eine Tat nach Nr. 1–3 begangen hat; § 394 RAO ist ersatzlos weggefallen. 182

Die Neuregelung hat folgende Konsequenzen: Da das EGStGB die früher sog. persönliche Begünstigung als Strafvereitelung in § 258 StGB gesondert erfasst und als Begünstigung in § 257 StGB nur noch die früher sog. sachliche Begünstigung regelt, ist Steuerstraftat iS von § 369 I Nr. 4 AO nur noch die sachliche Begünstigung. Die persönliche Begünstigung (jetzt: Strafvereitelung, § 258 StGB) kann dagegen nicht mehr als Steuerstraftat begangen werden (Rn. 12). Wegen der ersatzlosen Streichung von § 394 RAO gilt jetzt uneingeschränkt die Strafdrohung nach § 257 I, II StGB. Die Strafe kann daher niedriger sein als die der Steuerhinterziehung (Rn. 200). 183

Soweit die Begünstigung tateinheitlich mit Strafvereitelung zusammentrifft, ist für die Verfolgung die Staatsanwaltschaft zuständig (Koch/Scholtz/*Scheurmann-Kettner* 11 zu § 369; Rn. 14 zu § 386). 184

2. Die Rechtsnatur der Begünstigung

Obwohl die (sachliche) Begünstigung die Absicht des Täters voraussetzt, dem Vortäter die Vorteile der Tat zu sichern, ist sie kein Vermögensdelikt (so aber *Bockelmann* NJW 1951, 621). Sie erfasst vielmehr gegen die Rechtsordnung gerichtete Handlungen, die die Restitution des rechtmäßigen Zustandes vereiteln sollen (BGH 16.6.1971, BGHSt 24, 166; BGH 24.10.1989, BGHSt 36, 277; BFH 26.10.1998, wistra 1999, 103; Schönke/Schröder/*Stree/Hecker* StGB § 257 Rn. 1). Das liegt daran, dass die Begünstigung als Vortat nicht ein Vermögensdelikt voraussetzt und daher zB auch in Bezug auf einen Bannbruch begangen werden kann. 185

3. Der objektive Tatbestand

186 Der objektive Tatbestand setzt voraus, dass ein anderer eine rechtswidrige Tat begangen hat und dass der Begünstiger ihm Beistand leistet.

187 **a) Die Vortat muss eine rechtswidrige Tat iS von § 11 I Nr. 5 StGB sein.** Die Vortat muss daher den objektiven und subjektiven Tatbestand eines Strafgesetzes erfüllen und rechtswidrig sein. Soweit die Begünstigung *Steuer*straftat ist, kommen als Vortaten nur vorsätzliche Taten in Betracht, da die in § 369 I Nr. 1–3 AO bezeichneten Taten nur bei vorsätzlicher Begehung strafbar sind. Dagegen ist es gleichgültig, ob der Vortäter ohne Schuld handelt oder wegen eines persönlichen Schuldausschließungsgrundes straflos ist (Schönke/Schröder/*Stree/Hecker* StGB § 257 Rn. 3). Die im allgemeinen Strafrecht streitige Frage, ob die Vortat Vermögensdelikt sein muss, ist für das Steuerstrafrecht bedeutungslos, da § 369 I Nr. 1–3 AO die geeigneten Vortaten verbindlich bezeichnet, nämlich gem. § 369 I Nr. 1 AO die natürlichen Steuerstraftaten (Rn. 5), den Bannbruch (Nr. 2) sowie die Wertzeichenfälschung, soweit sie Steuerzeichen betrifft (Nr. 3). Die Vortat braucht nicht vollendet zu sein, auch ein strafbarer Versuch kommt als Vortat in Betracht. Praktisch wird dies selten der Fall sein, da der Vortäter dann den Vorteil bereits aus dem Versuch erlangt haben müsste (Schönke/Schröder/*Stree/Hecker* StGB § 257 Rn. 5; siehe aber BGH 3.12.2013, wistra 2014, 219).

188 **b) Abgrenzung.** Umstritten ist die **Abgrenzung von Begünstigung und Beihilfe** zur Vortat.

Dies gilt zunächst hinsichtlich der sog. **vorgeleisteten Begünstigung,** bei der der Täter vor Beginn der Vortat handelt, der begünstigende Erfolg aber nach Vollendung eintreten soll. Hier lehnt die überwiegende Ansicht Begünstigung zu Recht ab (*Class* Stock-FS S. 117; Kohlmann/*Ransiek* 67 zu § 369 AO), da es für § 257 StGB als Unternehmenstatbestand nicht auf den Erfolg, sondern auf die Handlung des Beistandleistens ankommt.

189 Das Verhältnis von Beihilfe und Begünstigung ist auch im Bereich **zwischen Versuch und Beendigung** der Vortat umstritten. *Stree/Hecker* (in Schönke/Schröder StGB § 257 Rn. 7) wollen nur Beihilfe zulassen, während die hM Beihilfe und Begünstigung je nach der Willensrichtung des Handelnden für möglich hält. Wolle er die Vollendung der Haupttat fördern, liege Beihilfe vor; Begünstigung sei gegeben, wenn er die Sicherung der Vorteile der Vortat erstrebe (BGH 23.4.1953, BGHSt 4, 132 f.; LK-*Ruß* 6 zu § 257 StGB). Wer die wohl noch überwiegend vertretene Auffassung, Beihilfe sei im Stadium zwischen Vollendung und Beendigung der Haupttat möglich, nicht teilt (Rn. 79), kann in diesem Bereich lediglich eine Begünstigung annehmen. Zwischen Versuch und Vollendung ist dagegen sowohl Beihilfe als auch Begünstigung möglich. Maßgeblich ist dafür, ob der Beitrag des Handelnden den tatbestandsmäßigen Erfolg der Haupttat fördert (dann Beihilfe) oder ohne Einfluss auf ihn bleibt und lediglich die Vorteile der Vortat sichern soll (dann Begünstigung; vgl. auch Kohlmann/*Ransiek* 68 zu § 369 AO; *Geppert* Jura 1994, 441 ff.; BGH 1.9.1999, NStZ 2000, 31). Nach Beendigung der Tat kommt nur noch § 257 StGB in Betracht (BGH 1.10.2007, wistra 2008, 20; BGH 16.4.2014, wistra 2014, 391).

190 **c) Tathandlung. Die begünstigende Tathandlung** besteht darin, dass der Täter dem Vortäter Hilfe leistet. Unterschiedlich beantwortet wird die Frage, ob die Handlung objektiv *geeignet* sein muss, die Lage des Vortäters zu verbessern (so RG 20.11.1923, RGSt 58, 13, 15; RG 28.4.1942, RGSt 76, 122 f.; BGH 30.4.1953, BGHSt 4, 221, 225; BGH 26.10.1998, wistra 1999, 103; Schönke/Schröder/*Stree/Hecker* StGB § 257 Rn. 11; *Maurach/Schroeder/Maiwald* BT/2 S. 437; Koch/Scholtz/*Scheurmann-Kettner* 11 zu § 369 AO) oder ob sie sogar die Lage des Vortäters *tatsächlich* verbessert haben muss (so RG 1.7.1929, RGSt 63, 240 f.; RG 15.1.1942, RGSt 76, 31, 34; BGH 20.5.1952, BGHSt 2, 375 f.) oder ob der Handlung des Begünstigers *weder abstrakt noch im konkreten Falle* eine solche Eignung innewohnen muss (so RG 23.4.1917, RGSt 50, 364). Die zuletzt genannte Auffassung erblickt in § 257 StGB

einen sog. Unternehmenstatbestand, der Vollendung und Versuch auf eine Stufe stellt. Für sie spricht, dass § 258 StGB (Strafvereitelung) und § 258a StGB (Strafvereitelung im Amt) abw. von § 257 StGB ausdrücklich auf den Erfolg abheben *(„Wer ... vereitelt“)* und den Versuch ausdrücklich für strafbar erklären (*Schröder* NJW 1962, 1038). Hiernach genügt für § 257 StGB, dass der Täter mit irgendeiner Handlung das Ziel anstrebt, die Lage des Vortäters in Bezug auf den Tatvorteil zu verbessern, ohne dass es darauf ankommt, ob der erstrebte Erfolg eintritt oder nach den Umständen des konkreten Falles eintreten kann. Aber auch nach der hier vertretenen Meinung muss die Handlung sinnvoll sein. Ein von vornherein unnötiges oder unnützes (zB Gebet) oder geradezu zweckwidriges Verhalten, das unter keinen Umständen eine „Hilfe“ bedeuten kann, wird vom Tatbestand der Begünstigung nicht erfasst (ebenso Kohlmann/*Ransiek* 62 zu § 369 AO).

Begünstigende Hilfe kann zB geleistet werden durch Zupacken bei der Bergung von Schmuggelgut, durch falsche Angaben über den Aufenthaltsort einer geschmuggelten Sache (RG 7.11.1919, RGSt 54, 41), durch Mitwirken beim Absatz (BGH 15.5.1952, BGHSt 2, 362, 363 f.), beim Verbergen oder beim Überbringen an einen Dritten (BGH 1.4.1953, BGHSt 4, 122, 124), beim „Waschen“ von Geldern (BGH 26.10.1998, wistra 1999, 103) und durch anonymen Geldtransfer ins Ausland (BGH 1.8.2000, BGHSt 46, 107), sofern der Zweck verfolgt wird, den Zugriff der Behörde zu erschweren. 191

Durch Unterlassen kann Hilfe nur geleistet werden, sofern eine besondere Rechtspflicht zum Handeln verletzt wird (*Fischer* StGB § 257 Rn. 8). Eine solche Rechtspflicht kann aus einer *amtlichen Stellung* erwachsen, zB ist ein Zugführer, der zugleich Bahnpolizeibeamter ist, zur Meldung eines von ihm entdeckten Schmuggels verpflichtet (RG 3.10.1918, RGSt 53, 108 für den Fall eines Diebstahls). *Dienstvorgesetzte* in der Finanzverwaltung sind zur Strafanzeige verpflichtet, wenn ihnen zur Kenntnis kommt, dass ein Steuer- oder Zollbeamter an einer Steuerhinterziehung oder an einer anderen Steuerstraftat mitgewirkt hat. Zu beachten ist, dass angesichts des gewandelten Verständnisses der Garantenstellungen die ältere Rechtsprechung zT überholt ist (vgl. auch Kohlmann/*Ransiek* 62 zu § 369 AO). 192

4. Der subjektive Tatbestand

Der Täter muss zunächst **Vorsatz** hinsichtlich der Vortat und der Hilfeleistung haben. Insoweit genügt Eventualvorsatz (Rn. 51). Der Begünstiger muss wissen, dass der Vortäter eine rechtswidrige Tat begangen und dadurch einen Vorteil erlangt hat; die Art der Tat und des Vorteils braucht er nicht zu kennen (RG 15.1.1942, RGSt 76, 31, 34; Schönke/Schröder/*Stree/Hecker* StGB § 257 Rn. 20). Wer zB für einen Flüchtigen, von dem er weiß, dass *„die Polizei hinter ihm her ist“*, eine Kassette in Verwahrung nimmt, braucht nicht zu wissen, ob der Inhalt gestohlen oder geschmuggelt ist oder ob er aus Edelsteinen, Gold oder Rauschgift besteht. Der Begünstiger muss weiter wenigstens für möglich halten, dass seine Hilfe geeignet ist, die Lage des Vortäters zu verbessern. Dieser Vorsatz kann fehlen, wenn die irrig vorgestellte Vortat nach der Vorstellung des Begünstigers den tatsächlich geleisteten Beitrag als ungeeignet erscheinen lässt (ähnl. BGH 30.4.1953, BGHSt 4, 221, 224; s. dazu *Hartung* JZ 1954, 694). 193

Ferner muss der Begünstiger die **Absicht** haben, dem Täter die Vorteile der Tat zu sichern. Unter Absicht ist hier *dolus directus* 1. und 2. Grades (Rn. 51) zu verstehen (Schönke/Schröder/*Stree/Hecker* StGB § 257 Rn. 17). Entgegen der herrschenden Meinung, die nur direkten Vorsatz 1. Grades ausreichen lassen will (BGH 12.2.1953, BGHSt 4, 108; BGH 30.1.1985, StV 1985, 505; LK-*Ruß* 18 und SK-Hoyer 28 zu § 257 StGB) muss *dolus directus 2. Grades,* also das sichere Wissen um den Begünstigungseffekt genügen, weil die Vorteilssicherung als Restitutionsvereitelung die eigentliche Rechtsgutverletzung darstellt (zust. Schwarz/Pahlke/*Webel* 113 zu § 369). Die Voraussetzung ist auch dann gegeben, wenn es dem Täter letztlich nur darauf ankommt, aus der Erhaltung des Vorteils zugunsten des Vortäters für sich selbst einen Vorteil herauszuschlagen. In jedem Falle muss es Vorsatz 194 des Täters sein, dem Vortäter die Vorteile gegen ein Entziehen zugunsten des Verletzten zu sichern (BGH 22.5.1958, NJW 1958, 1244); eine Handlung, die nur der Erhaltung der durch die Vortat erlangten Sache gegen Naturgewalten, Diebstahl eines Dritten usw. dient, genügt nicht (RG 15.1.1942, RGSt 76, 31, 33; RG 14.2.1938, JW 1938, 793). In der Mitwirkung beim Verkauf oder Verzehr geschmuggelter Sachen liegt nur dann eine Begünstigung, wenn damit ein drohender Zugriff der Strafverfolgungsbehörde vereitelt werden soll (BGH 15.5.1952, BGHSt 2, 362, 364; BGH 1.4.1953, BGHSt 4, 122, 123 ff. für Fälle eines Diebstahls). Ausreichend ist der Wille, einen solchen Zugriff zu *erschweren* (RG 19.4.1934, HRR Nr. 1422).

195 **Als Vorteil iS des § 257 I StGB** kommen nicht nur Vermögensvorteile in Betracht (hM, RG 7.3.1918, RGSt 54, 132, 134; *Maurach/Schroeder/Maiwald* BT/2 S. 438; Schönke/Schröder/*Stree/Hecker* StGB § 257 Rn. 18). Es muss jedoch ein Rechtsanspruch darauf bestehen, dem Vortäter die Vorteile zu entziehen. Daher kann sich die begünstigende Handlung nur auf Vorteile beziehen, die *unmittelbar* durch die Vortat erlangt worden sind (RG 21.5.1920, RGSt 55, 18 f.). Kein Vorteil iS des § 257 I StGB ist, was zB durch Verkauf oder Tausch einer geschmuggelten Sache erworben ist. Demgegenüber ist ein solcher „Vorteil", was der Täter durch die Erschleichung einer Steuererstattung erlangt hat.

196 Das Geld, das der Vortäter durch **unversteuerte Geschäfte** eingenommen hat, wurde zunächst ausgeschieden, da dieser Erwerb die Steuerpflicht erst begründet habe und nicht schon durch die Steuerhinterziehung erlangt worden sei (BGH 13.11.1952, bei *Dallinger* MDR 1953, 147). Später hat der BGH (BGH 26.10.1998, wistra 1999, 103) angenommen, ein hinreichender Vorteil iSd § 257 StGB könne auch in einer zu niedrigen Steuerfestsetzung liegen, dh in der tatsächlichen „Ersparnis" von Abgaben. Danach ist auch ein Konto, auf das unversteuerte Gelder eingezahlt werden, dann (aber auch erst dann) ein solches, das „Vorteile" birgt, wenn der Täter die entsprechenden Einnahmen verschweigt und es daher zu einer zu niedrigen (oder gar keiner) Festsetzung kommt. Das Erfordernis der Unmittelbarkeit wird teilweise aufgegeben (vgl. auch BGH 27.8.1986, NStZ 1987, 22; BGH 24.10.1989, BGHSt 36, 277; Kühn/v.Wedelstädt/*Blesinger* 8, Kohlmann/*Ransiek* 60 f., Erbs/Kohlhaas/*Hadamitzky/Hadamitzky/Senge* AO § 369 Rn. 7 u. Schwarz/Pahlke/*Webel* 109 zu § 369 AO). Ähnlich wie bei § 261 StGB lässt es der BGH praktisch genügen, dass der Gegenstand aus der Vortat „herrührt" (unten Rn. 216 ff.). Konsequent müssten dann auch Teile unversteuerter Zinsen auf Auslandskonten solche Vorteile sein können.

197 Fraglich ist schon, ob deliktisch „erlangt", wer deliktisch „behält". Im vom BGH zu entscheidenden Fall hätte angesichts der Vermögenssituation des Vortäters die Steuerschuld nur mit Mitteln von diesem Konto beglichen werden können. Die Lösung führt aber zu kaum überwindbaren Schwierigkeiten, wenn der Täter über weiteres Geldvermögen verfügt. Wer Kapitaleinkünfte aus dem Ausland nicht erklärt, ist nicht verpflichtet, darauf entfallende Steuern mit den auf dem Auslandskonto verfügbaren Beträgen zu entrichten. Unklar ist auch, wie zu verfahren ist, wenn der Täter zwischenzeitlich Abhebungen (gar iVm weiteren „sauberen" Einzahlungen) vornimmt. Wird dann zunächst der Vorteil entnommen, der „saubere" Teil oder jeweils beides quotal? Die Entscheidung des BGH erweckt den Eindruck, es käme lediglich darauf an, dass überhaupt noch Vermögen vorhanden ist (vgl. auch Kohlmann/*Ransiek* 60 zu § 369).

198 Die Auffassung des BGH mag akzeptabel sein, wenn es um Beträge geht, die letztlich das gesamte Geldvermögen des Täters ausmachen, weil dann die (verkürzte) Steuer von eben diesem Konto beglichen worden wäre und der Steueranteil mit der Vollendung der Tat zur „Beute" derselben wird (zust. Kohlmann/*Ransiek* 60 zu § 369). In allen anderen Fällen ist – wenn es an einem konkreten Surrogat fehlt, das die Existenz der „Beute" nachvollziehbar macht (vgl. BGH 24.10.1989, BGHSt 36, 277, 282) – der Vorteil kein solcher, der *durch* die Tat iSd § 257 StGB erlangt ist.

199 Der Vortäter muss noch im Besitz des durch die Tat erlangten Vorteils sein (BGH 24.10.1989, BGHSt 36, 281; BGH 16.11.1993, NStZ 1994, 187, 188; *Fischer* StGB § 257 Rn. 6).

5. Strafen

Die Begünstigung ist gemäß § 257 I StGB mit Freiheitsstrafe bis zu 5 Jahren oder mit Geldstrafe bedroht. Gem. § 257 II StGB darf die Strafe jedoch nicht schwerer sein als die für die Vortat angedrohte Strafe. Sofern die für die Vortat angedrohte Höchststrafe niedriger ist als 5 Jahre Freiheitsstrafe, reduziert sich die Höchststrafe für die Begünstigung auf diese Höhe. Im Steuerstrafrecht kann ein solcher Fall nur bei der Begünstigung zu einem Bannbruch eintreten, sofern der Bannbruch nicht nach § 372 II iVm § 370 AO, sondern aus dem besonderen Strafgesetz bestraft wird. Im Übrigen sind die Vortaten nach § 369 I Nr. 1–3 AO regelmäßig ebenfalls mit Freiheitsstrafe bis zu 5 Jahren bedroht. Sofern die Vortat mit einer höheren Mindest- oder Höchststrafe bedroht ist (§ 370 III AO), hat dies für den Strafrahmen der Begünstigung keine Bedeutung. 200

6. Straffreiheit

Die im Folgenden zusammenfassend behandelten Fälle der Straflosigkeit einer Begünstigung weisen dogmatisch erhebliche Unterschiede auf. 201

Die Selbstbegünstigung erfüllt schon den Tatbestand in § 257 I StGB nicht, da dort die Begünstigung eines *anderen* vorausgesetzt wird. Der Tatbestandsausschluss beruht auf dem Gedanken der mitbestraften Nachtat (vgl. Schönke/Schröder/*Stree/Hecker* StGB § 257 Rn. 25; Rn. 121). 202

Da der Vortäter durch die Selbstbegünstigung keinen Tatbestand erfüllt, ist auch die **Teilnahme** eines Außenstehenden **an der Selbstbegünstigung** mangels Haupttat (Rn. 78) keine Teilnahme. Die Veranlassung des Vortäters zu einer Selbstbegünstigung ist daher nicht etwa Anstiftung zu einer Tat nach § 257 StGB (Schönke/Schröder/*Stree/Hecker* StGB § 257 Rn. 15). Leistet der Beteiligte dagegen Hilfe, so ist zu unterscheiden: Sofern sein Beitrag nur Beihilfe ist, bleibt er mangels Haupttat straflos; sofern er jedoch Täter ist, erfüllt er den Tatbestand nach § 257 StGB selbst. Die Abgrenzung von Täterschaft und Beihilfe ist gem. § 25 StGB vorzunehmen. Da für § 257 StGB jede irgendwie geeignet erscheinende Handlung genügt, begründet der helfende Beitrag jedoch regelmäßig Handlungsherrschaft iS der 1. Alternative des § 25 I StGB (Rn. 73; ebenso Schönke/Schröder/*Stree/Hecker* StGB § 257 Rn. 15). 203

Der Beteiligte an der Vortat wird gem. § 257 III 1 StGB nicht bestraft, sofern er wegen der Vortat strafbar ist. Nach dem Gedanken der straflosen Nachtat wird hier jedoch nicht die Tatbestandsmäßigkeit oder Rechtswidrigkeit ausgeschlossen; die Vorschrift hebt für diesen Fall lediglich die Strafdrohung auf (Schönke/Schröder/*Stree/Hecker* StGB § 257 Rn. 25). § 257 III 1 StGB setzt die Strafbarkeit des Begünstigers wegen Beteiligung an der Vortat, sei es als Täter oder Teilnehmer, voraus. Dagegen sind die verfahrensrechtlichen Voraussetzungen einer Bestrafung nicht erforderlich. 204

Davon macht § 257 III 2 StGB für den Fall eine Ausnahme, dass der an der Vortat Beteiligte die Begünstigung durch **Anstiftung eines an der Vortat nicht Beteiligten** leistet. Die – problematische – Vorschrift beruht auf dem Gedanken der Korrumpierung des sonst Unbeteiligten; dies ist weder dogmatisch sachgemäß noch kriminalpolitisch geboten (Schönke/Schröder/*Stree/Hecker* StGB § 257 Rn. 27). Dementsprechend ist die Vorschrift eng auszulegen (Schönke/Schröder/*Stree/Hecker* StGB § 257 Rn. 27; SK-*Hoyer* 34 zu § 257 StGB). 205

Durch Selbstanzeige nach § 371 AO kann Straffreiheit wegen Begünstigung zu einer Steuerstraftat im Allgemeinen nicht erworben werden. Dies folgt zwingend aus dem Wortlaut des § 371 AO *(„in den Fällen des § 370")* und daraus, dass die Begünstigung einen selbstständigen Tatbestand und nicht eine besondere Form der Teilnahme an der Steuerhinterziehung bildet (s. auch Rn. 45 zu § 371; ebenso Kohlmann/*Schauf* 34 zu § 371 AO). Wenn dagegen die vor der Steuerhinterziehung gemachte Zusage der Begünstigung als psychische Beihilfe (Rn. 79) zu werten ist, dann ist auf sie § 371 AO anwendbar. Solange 206 die Selbstanzeige noch nicht erfolgt ist, besteht die Strafbarkeit der Beihilfe, so dass die nachfolgende Begünstigung gem. § 257 III 1 StGB straflos ist (Rn. 204). Begünstigt der Gehilfe freilich nach erklärter Selbstanzeige, liegen die Voraussetzungen von § 257 III 1 StGB nicht vor, und die Begünstigung ist nach § 257 I StGB strafbar (vgl. aber Rn. 240 zu § 371 AO). Allerdings ist ein solcher Fall kaum denkbar, da § 371 III AO dem Betreffenden regelmäßig zu sichernde Vorteile entziehen wird.

207 Ob nach wirksamer Selbstanzeige die vor dieser begangene Begünstigung verfolgbar ist, ist zweifelhaft. Zu denken ist an den Fall, dass jemand einem anderen hilft, seine „Beute" aus der Erschleichung von Umsatzsteuererstattungen zu verbergen und dieser danach eine strafbefreiende Selbstanzeige erstattet. Bezogen auf die nunmehr nachzuentrichtende Umsatzsteuer ist wegen § 371 Abs. 3 AO eine Begünstigung kaum denkbar. Im Hinblick auf die vor Erstattung der Selbstanzeige geleistete Hilfe dürfte § 257 I StGB aber anwendbar bleiben. Insoweit mag aber die Anwendung des § 46a StGB naheliegen (vgl. Rn. 29 zu § 398).

7. Konkurrenzfragen

208 **Eine mehrfache Unterstützung** desselben Vortäters ist nur unter den Voraussetzungen der natürlichen Handlungseinheit (Rn. 112) und der tatbestandlichen Handlungseinheit (Rn. 114) eine einheitliche Handlung. Zwischen Begünstigung zur Hinterziehung von Einfuhr-/Ausfuhrabgaben und Verbrauchsteuern einerseits und **Steuerhehlerei** (§ 374 AO) andererseits kann Tateinheit (§ 52 StGB) bestehen (RG 14.6.1928, RGSt 47, 221 f.).

VI. Anhang: Geldwäsche nach Steuerhinterziehung

§ 261 StGB Geldwäsche; Verschleierung unrechtmäßig erlangter Vermögenswerte

(1) [1] Wer einen Gegenstand, der aus einer in Satz 2 genannten rechtswidrigen Tat herrührt, verbirgt, dessen Herkunft verschleiert oder die Ermittlung der Herkunft, das Auffinden, den Verfall, die Einziehung oder die Sicherstellung eines solchen Gegenstandes vereitelt oder gefährdet, wird mit Freiheitsstrafe von drei Monaten bis zu fünf Jahren bestraft. [2] Rechtswidrige Taten im Sinne des Satzes 1 sind

1. Verbrechen,
2. Vergehen nach
   a) den §§ 108e, 332 Absatz 1 und 3 sowie § 334,
   b) § 29 Abs. 1 Satz 1 Nr. 1 des Betäubungsmittelgesetzes und § 19 Abs. 1 Nr. 1 des Grundstoffüberwachungsgesetzes,
3. Vergehen nach § 373 und nach § 374 Abs. 2 der Abgabenordnung, jeweils auch in Verbindung mit § 12 Abs. 1 des Gesetzes zur Durchführung der Gemeinsamen Marktorganisationen und der Direktzahlungen,
4. Vergehen
   a) nach den §§ 152a, 181a, 232 Abs. 1 und 2, § 233 Abs. 1 und 2, §§ 233a, 242, 246, 253, 259, 263 bis 264, 266, 267, 269, 271, 284, 326 Abs. 1, 2 und 4, § 328 Abs. 1, 2 und 4 sowie § 348,
   b) nach § 96 des Aufenthaltsgesetzes, § 84 des Asylverfahrensgesetzes, nach § 370 der Abgabenordnung, nach § 38 Absatz 1 bis 3 und 5 des Wertpapierhandelsgesetzes sowie nach den §§ 143, 143a und 144 des Markengesetzes, den §§ 106 bis 108b des Urheberrechtsgesetzes, § 25 des Gebrauchsmustergesetzes, den §§ 51 und 65 des Designgesetzes, § 142 des Patentgesetzes, § 10 des Halbleiterschutzgesetzes und § 39 des Sortenschutzgesetzes,

   die gewerbsmäßig oder von einem Mitglied einer Bande, die sich zur fortgesetzten Begehung solcher Taten verbunden hat, begangen worden sind, und
5. Vergehen nach den §§ 89a und 89c und nach den §§ 129 und 129a Abs. 3 und 5, jeweils auch in Verbindung mit § 129b Abs. 1, sowie von einem Mitglied einer kriminellen oder terroristischen Vereinigung (§§ 129, 129a, jeweils auch in Verbindung mit § 129b Abs. 1) begangene Vergehen.

[3]Satz 1 gilt in den Fällen der gewerbsmäßigen oder bandenmäßigen Steuerhinterziehung nach § 370 der Abgabenordnung für die durch die Steuerhinterziehung ersparten Aufwendungen und unrechtmäßig erlangten Steuererstattungen und -vergütungen sowie in den Fällen des Satzes 2 Nr. 3 auch für einen Gegenstand, hinsichtlich dessen Abgaben hinterzogen worden sind.

(2) Ebenso wird bestraft, wer einen in Absatz 1 bezeichneten Gegenstand

1. sich oder einem Dritten verschafft oder
2. verwahrt oder für sich oder einen Dritten verwendet, wenn er die Herkunft des Gegenstandes zu dem Zeitpunkt gekannt hat, zu dem er ihn erlangt hat.

(3) Der Versuch ist strafbar.

(4) [1]In besonders schweren Fällen ist die Strafe Freiheitsstrafe von sechs Monaten bis zu zehn Jahren. [2]Ein besonders schwerer Fall liegt in der Regel vor, wenn der Täter gewerbsmäßig oder als Mitglied einer Bande handelt, die sich zur fortgesetzten Begehung einer Geldwäsche verbunden hat.

(5) Wer in den Fällen des Absatzes 1 oder 2 leichtfertig nicht erkennt, daß der Gegenstand aus einer in Absatz 1 genannten rechtswidrigen Tat herrührt, wird mit Freiheitsstrafe bis zu zwei Jahren oder mit Geldstrafe bestraft.

(6) Die Tat ist nicht nach Absatz 2 strafbar, wenn zuvor ein Dritter den Gegenstand erlangt hat, ohne hierdurch eine Straftat zu begehen.

(7) [1]Gegenstände, auf die sich die Straftat bezieht, können eingezogen werden. [2]§ 74a ist anzuwenden. [3]§ 73d ist anzuwenden, wenn der Täter gewerbsmäßig oder als Mitglied einer Bande handelt, die sich zur fortgesetzten Begehung einer Geldwäsche verbunden hat.

(8) Den in den Absätzen 1, 2 und 5 bezeichneten Gegenständen stehen solche gleich, die aus einer im Ausland begangenen Tat der in Absatz 1 bezeichneten Art herrühren, wenn die Tat auch am Tatort mit Strafe bedroht ist.

(9) [1]Nach den Absätzen 1 bis 5 wird nicht bestraft, wer

1. die Tat freiwillig bei der zuständigen Behörde anzeigt oder freiwillig eine solche Anzeige veranlaßt, wenn nicht die Tat in diesem Zeitpunkt ganz oder zum Teil bereits entdeckt war und der Täter dies wußte oder bei verständiger Würdigung der Sachlage damit rechnen mußte, und
2. in den Fällen des Absatzes 1 oder 2 unter den in Nummer 1 genannten Voraussetzungen die Sicherstellung des Gegenstandes bewirkt, auf den sich die Straftat bezieht.

[2]Nach den Absätzen 1 bis 5 wird außerdem nicht bestraft, wer wegen Beteiligung an der Vortat strafbar ist.

Schrifttum: *Hetzer,* Geldwäsche und Steuerhinterziehung, WM 1999, 1306; *Marx,* Geldwäsche als „Vortat" der Steuerhinterziehung, DStR 2000, 2045; *Spatschek/Wulf,* „Gewerbsmäßige Steuerhinterziehung" als Vortat zu Geldwäsche, DB 2001, 2572; *Hetzer,* Umsatzsteuerbetrug und Geldwäsche, ZfZ 2002, 38; *Heerspink,* Steuerhinterziehung als Vortat zur Geldwäsche, AO-StB 2002, 130; *Spatschek/Wulf,* „Schwere Steuerhinterziehung" und Geldwäsche, DB 2002, 392; *Bittmann,* Die gewerbs- oder bandenmäßige Steuerhinterziehung und die Erfindung des gegenständlichen Nichts als geldwäscherelevante Infektionsquelle, wistra 2003, 161; *Harms,* Steuerliche Beratung im Dunstkreis des Steuerstrafrechts, Stbg 2005, 12; *Bittmann,* Telefonüberwachung im Steuerstrafrecht und Steuerhinterziehung als Vortat der Geldwäsche seit dem 1.1.2008, wistra 2010, 125; *Rüping/Ende,* Neue Probleme von schweren Fällen der Hinterziehung, DStR 2008, 13; *Wulf,* Telefonüberwachung und Geldwäsche im Steuerstrafrecht, wistra 2008, 321; *Wulf,* Zur Reform der bandenmäßigen und gewerbsmäßigen Steuerhinterziehung, Steueranwalt 2008/2009, 163; *Joecks,* Geldwäsche nach Steuerhinterziehung, SAM 2013, 170.

1. Geldwäsche als Anschlussdelikt

Der Tatbestand der Geldwäsche (§ 261 StGB) gehört nicht zu den Steuerstraftaten; § 369 I AO führt die Geldwäsche nicht auf, obwohl sie seit 2008 ebenso als Anschlussdelikt einer Steuerhinterziehung in Betracht kommt wie die in § 369 I Nr. 4 AO aufgeführte Begünstigung. **209**

Zunächst waren in Abs. 1 Satz 2 Nr. 3 lediglich die Zolldelikte der AO als Vortaten aufgeführt (SSW-*Jahn* 23 zu § 261 StGB). Schon 1998 war eine dem Abs. 1 Satz 3 vergleichbare Formulierung enthalten, so dass der geschmuggelte Gegenstand aus der Vortat „herrührte". Nunmehr werden durch die Steuerhinterziehung bloß eingesparte Finanzmittel („ersparte Aufwendungen") in Ausnahme vom Herkunftsprinzip selbst zum Tatobjekt (SSW-*Jahn* 24 zu § 261 StGB). **210**

211 Während zunächst neben dem gewerbsmäßigen Schmuggel (§ 261 I Nr. 3 StGB) der zwischenzeitlich gestrichene Verbrechenstatbestand nach § 370a AO als Vortat der Geldwäsche in § 261 I Nr. 1 StGB erfasst war, bezieht sich die Geldwäsche jetzt schlechthin auf Fälle der Steuerhinterziehung nach § 370 AO, wenn diese gewerbsmäßig oder von einem Mitglied einer Bande, die sich zur fortgesetzten Begehung solcher Taten verbunden hat, begangen worden sind. Angesichts der Weite des Begriffs der Gewerbsmäßigkeit (Rn. 775 zu § 370) tritt der Tatbestand der Geldwäsche daher in vielen Fällen neben den der Begünstigung, ist aber in seiner Reichweite deutlich weiter: Eine Vorteilssicherungsabsicht (Rn. 194 ff.) ist nicht erforderlich, es kann sogar leichtfertiges Verhalten bestraft werden (§ 261 V StGB).

212 **a) Rechtsgut.** § 261 schützt die inländische Rechtspflege in ihrer Aufgabe, die Wirkungen von Straftaten zu beseitigen. Insofern bestehen Parallelen zum Tatbestand der Strafvereitelung (§ 258 StGB). In Abs. 2 werden Interessen auch des Verletzten erfasst, insofern ergibt sich eine deutliche Nähe zu § 257 StGB (vgl. auch *Joecks* StGB § 261 Rn. 1).

213 **b) Zur zeitlichen Anwendbarkeit der Vorschrift.** Die Strafvorschrift ist auf alle Geldwäschehandlungen nach gewerbs- oder bandenmäßiger Steuerhinterziehung anwendbar, die seit der **Änderung zum 1.1.2008** erfolgt sind. Nicht nötig ist, dass die Vortat (gewerbsmäßige/bandenmäßige Steuerhinterziehung) selbst nach Inkrafttreten der Regelung begangen worden ist. Damit bezieht sich § 261 StGB auch auf solche Hinterziehungen, die Jahre zurückliegen (vgl. nur BGH 8.10.1998, wistra 1999, 23). Entscheidend ist allein, dass noch ein Anspruch des Fiskus auf die Steuer besteht. Damit schlägt die Festsetzungsfrist nach § 169 II 2 AO hier durch, so dass Steuerhinterziehungen für den Veranlagungszeitraum 2004 noch geeignete Geldwäschevortaten auch im Jahre 2015 sind.

2. Der objektive Tatbestand

214 Der objektive Tatbestand setzt das Begangensein einer gewerbs- oder bandenmäßigen Steuerhinterziehung voraus und knüpft an die in § 261 Abs. 1 u. 2 StGB genannten Tathandlungen an.

215 **a) Anforderungen an die Vortat.** Die Steuerhinterziehung muss **banden- oder gewerbsmäßig** begangen worden sein. Da Gewerbsmäßigkeit schon dann anzunehmen ist, wenn der Täter in der Absicht handelt, sich durch wiederholte Begehung von Straftaten der fraglichen Art eine fortlaufende Einnahmequelle (von einigem Gewicht) zu verschaffen (vgl. Rn. 31 ff. zu § 373; Rn. 775 zu § 370), kann von einer gewerbsmäßigen Begehung schon dann ausgegangen werden, wenn etwa ein Gastwirt systematisch von ihm durchgeführte entgeltliche Familienfeiern nicht in der Buchhaltung erfasst und daher jeden Monat eine unrichtige, weil zu niedrige Umsatzsteuervoranmeldung abgibt. Zur bandenmäßigen Begehung vgl. Rn. 549 ff. zu § 370. Wegen § 261 VIII StGB kann nach Entfallen des § 370 VI 3 AO auch eine Auslandstat im Bereich etwa bzgl. der USt ausreichen.

216 **b) Der Beziehungsgegenstand. Gegenstand** im Sinne des § 261 Abs. 1 StGB sind nicht nur Sachen, sondern auch Rechte, etwa Forderungen gegen eine Bank aus einer Kapitalanlage. Dieser „Gegenstand" muss aus einer gewerbsmäßigen oder bandenmäßigen Steuerhinterziehung „herrühren". Was unter Herrühren zu verstehen ist, ist auch mehr als zwanzig Jahre nach Inkrafttreten der 1. Fassung des § 261 StGB nicht geklärt.

217 **Erschleicht jemand eine Umsatzsteuererstattung** und legt das entsprechende Geld auf einem Konto an, ist der Fall relativ einfach. Diese Beträge rühren, wenn denn Gewerbsmäßigkeit usw. vorlag, aus einer Katalogtat im Sinne des § 261 I Nr. 4b StGB her. Da anders als bei der Begünstigung eine Unmittelbarkeit des Vorteils nicht vorausgesetzt ist, setzt sich das Herrühren fort, wenn etwa der Täter die auf dem Girokonto eingegangenen Erstattungen auf ein Auslandskonto überweist und von dort auf weitere Konten verteilt. Die Beträge bleiben kontaminiert.

Wie es mit der **Vermischung solcher Beträge** mit „sauberem" Geld steht, ist jedoch ungeklärt. Nach Auffassung des BGH (BGH 18.5.2009, BGHSt 53, 205 mAnm *Kuhlen* JR 2010, 271; siehe auch *Fahl* JZ 2009, 747) ist es ausreichend, wenn ein Gegenstand sich bei wirtschaftlicher Betrachtungsweise im Sinne eines Kausalzusammenhangs auf die Vortat zurückführen lässt (krit. *Fischer* StGB § 261 Rn. 7). Der notwendige Kausalzusammenhang zwischen Vortat und Surrogat soll vorliegen, wenn der Ersatzgegenstand einer unmittelbaren Beziehung zum Täter entstammt (BGH 26.11.2009, wistra 2010, 146; *Lackner/Kühl* StGB § 261 Rn. 5). Bei Vermischung von schmutzigem mit sauberem Geld soll es nach einem Teil der Literatur und obergerichtlichen Rspr darauf ankommen, ob der inkriminierte Anteil aus wirtschaftlicher Sicht nicht völlig unerheblich ist, der einheitliche Ersatzgegenstand, seine Teile oder Teilsurrogate sollen dann insgesamt als bemakelt anzusehen sein (*Lackner/Kühl* StGB § 261 Rn. 5; OLG Karlsruhe 20.1.2005, NJW 2005, 767, 768; OLG Frankfurt 10.3.2005, NJW 2005, 1727). 218

Damit bleibt unklar, ob ein Konto, auf dem legale und illegale Einnahmen liegen, insgesamt kontaminiert ist oder nicht. Zu vernünftigen Ergebnissen kommt man, wenn man mit *Hoyer* (SK-*Hoyer* 14 zu § 261 StGB; siehe auch SSW-*Jahn* 31 zu § 261 StGB) darauf abstellt, ob auf dem Konto so viel Guthaben verbleibt, dass Opferinteressen nicht berührt werden. Solange also auf dem Konto so viel Geld verbleibt, dass die verkürzte Steuer gezahlt werden kann, verschafft sich der Empfänger der Gutschrift nicht Kapital, das aus einer solchen Straftat „herrührt". Eine gänzliche Kontamination mit der Vermischung anzunehmen hätte die Konsequenz, dass ein Täter mit einem „Zwei-Konten-Modell" handlungsfähiger bleibt als jemand, der gutes und schlechtes Geld vermischt. Überdies würde eine völlige Kontamination, die letztlich bis zum Ablauf der steuerlichen Festsetzungsfrist währen würde, gegen das Übermaßverbot verstoßen. 219

Ersparte Aufwendungen im Zusammenhang mit Steuerhinterziehung sind offenbar die auf die erzielten Einkünfte oder Umsätze nicht gezahlten Steuern. Insofern mag der Nachweis des Herrührens zu führen sein, wenn der betroffene Unternehmer dem Finanzamt unbekannt ist, nur ein Konto hat, auf dem die entsprechenden Schwarzeinnahmen eingezahlt werden, und daher auch nur von diesem Konto ESt, GewSt und USt hätte bezahlen können. 220

Die Verortung ersparter Aufwendungen ist aber kaum möglich, wenn der Betreffende etwa mehrere Auslandskonten hat, deren Erträge nicht ordnungsgemäß erklärt und versteuert werden. Nach dem Modell des Gesetzes erwächst mit der fiktiven Veranlagung für den entsprechenden Veranlagungszeitraum ein Teil des Geldes in „kontaminierte" ersparte Aufwendungen. Damit wäre theoretisch das gesamte Geldvermögen betroffen, wenn man annähme, dass der auf dem dem Finanzamt unbekannten Konto ungeschmälert verbleibende Betrag kontaminiert wäre (so etwa *Vogelberg* PStR 2002, 243, 244; dagegen Herzog/*Nestler* StGB § 261 Rn. 75; siehe auch NK-StGB/*Altenhain* StGB § 261 Rn. 83). 221

Zu bedenken ist aber, dass anders als im Fall der Erschleichung von Erstattungen (oben Rn. 217) die Beträge nicht aus der Tat herrührende producta sceleris sind, sondern als Beziehungsgegenstand „definiert" werden. Eine Infektion des gesamten Vermögens wäre willkürlich und unverhältnismäßig (vgl. NK-StGB/*Altenhain* StGB § 261 Rn. 149; *Wulf* wistra 2008, 328; AG Tiergarten v. 6.5.2013 – 241 Js 757/12 38/13). Angesichts des Wortlauts der Regelung ist das kontaminierte Vermögen auf den Betrag der hinterzogenen Steuern beschränkt (*Löwe-Krahl* in Achenbach/Ransiek, Handbuch Wirtschaftsstrafrecht, 3. Aufl. 2012, 13/28), die Vorschrift führt nicht zur Verkehrsunfähigkeit der Steuerquelle selbst (*Bittmann* wistra 2003, 161, 167). Wo aber die Aufwendungen „erspart" wurden, ist damit noch nicht gesagt. *Bittmann* sprach insofern von der Erfindung des „gegenständlichen Nichts" (*Bittmann* wistra 2003, 161, 167; siehe auch SSW-*Jahn* 24 zu § 261 StGB). 222

Angesichts der Probleme mit den ersparten Aufwendungen meint etwa *Löwe/Krahl* (in Achenbach/Ransiek, Handbuch Wirtschaftsstrafrecht, 3. Aufl. 2012, 13/30), dass sich wegen der unüberwindlichen Hindernisse bei der Rechtsanwendung wohl nie ein Fall des § 261 I 3 StGB nach einer Ertragssteuerhinterziehung abspielen werde. *Bittmann* plädiert 223 dafür, dass eine Steuerverkürzung nicht einzelne Vermögensgegenstände kontaminiere, sondern ausschließlich das Tätervermögen in seiner Gesamtheit (wistra 2003, 161, 168). Sein Ergebnis: Die Geldwäschehandlung ist nur dann strafbar, wenn sie sich entweder auf das gesamte Vermögen des gewerbs- oder bandenmäßigen Vortäters bezieht oder jedenfalls auf solch einem hohen Anteil von dessen Vermögen, dass der unberührte Teil wertmäßig niedriger liegt als die im Wege des § 370 AO ersparten Steuern. Eine Bestrafung scheidet aus, wenn der Wert des Restvermögens die Höhe des Steuervorteils erreicht oder sie überschreitet (wistra 2003, 161, 168).

224 Nach diesen Maßstäben wird der Tatbestand der Geldwäsche insbesondere in solchen Fällen anwendbar sein, in denen konkrete Gegenstände durch die Hinterziehung von Abgaben kontaminiert sind (Schmuggel, Steuerhehlerei) und in solchen, in denen der Täter praktisch die **Hinterziehung als Gewerbe** betrieben hat (vgl. *Joecks* wistra 2002, 201 ff.), also „von der Steuer" lebte. In den Fällen ersparter Aufwendungen gilt dies analog dann, wenn etwa die betreffende Kapitalanlage sich in der Sammlung „ersparter Aufwendungen" erschöpft.

225 **§ 261 I 3 StGB** weitet bei einer Vortat nach Satz 2 Nr. 3 – nach dem eindeutigen Wortlaut nicht bei einer Vortat nach § 370 AO (NK-StGB/*Altenhain* StGB § 261 Rn. 84; *Bittmann* wistra 2003, 161, 167) – den Anwendungsbereich des § 261 auf Gegenstände aus, hinsichtlich derer Abgaben hinterzogen worden sind (zB Schmuggelgut, gehehlte unverzollte Ware, BGH 20.9.2000, NJW 2000, 3725). Erfasst werden damit Beziehungsgegenstände (BGH 30.10.1995, wistra 1995, 30). Sie unterliegen der Einziehung (§ 375 II AO), ohne aus der Vortat herzurühren.

226 **c) Tathandlungen.** Die in Abs. 1 genannten Tathandlungen erfassen klassische Fälle der Geldwäsche und sind etwa dann einschlägig, wenn wie in dem vom BGH zur Begünstigung entschiedenen Fall (oben Rn. 196 f.) ein Rechtsanwalt oder Steuerberater sich bemüht, Spuren des Geldes zu verwischen. Abs. 1 enthält drei verschiedene Tatbestandsvarianten, den Verschleierungstatbestand, den Vereitelungs- und Gefährdungstatbestand und den Isolierungstatbestand (SSW-*Jahn* 33 zu § 261 StGB). Verbergen (Abs. 1 S. 1 Alt. 1) ist jede Tätigkeit, die mittels einer nicht üblichen örtlichen Unterbringung oder einer den Gegenstand verdeckenden Handlung ohne Ortsveränderung den Zugang zum Tatobjekt tatsächlich erschwert (MüKoStGB/*Neuheuser* StGB § 261 Rn. 61). Das Verschleiern der Herkunft besteht in einem Verhalten, durch das die Ermittlung der Herkunft des Gegenstandes aus der Vortat für die Strafverfolgungsbehörden erschwert wird. Ob das Bemühen zu einem aus Sicht der Strafverfolgungsbehörden zumindest vorübergehenden Erfolg geführt haben muss, ist umstritten (vgl. SSW-*Jahn* 36 zu § 261 StGB). Vereiteln (Abs. 1 S. 1 Var. 3) setzt voraus, dass der Zugriff der Strafverfolgungsbehörden auf den bemakelten Gegenstand endgültig oder für einen nicht unerheblichen Zeitraum unmöglich gemacht wird (SSW-*Jahn* 38 zu § 261 StGB).

227 In der **Variante des Isolierungstatbestandes** (Abs. 2) genügt jedes Sich- oder einem Dritten verschaffen (Abs. 2 Nr. 1) ebenso wie das Verwahren (Abs. 2 Nr. 2 Alt. 1) und das Verwenden (Abs. 2 Nr. 2 Alt. 2). Verschaffen meint, dass der Täter bzw. ein Dritter die alleinige Verfügungsgewalt über den bemakelten Gegenstand erlangt und damit faktisch in die Lage versetzt wird, über diesen nach Belieben zu verfügen (vgl. SSW-*Jahn* 41 zu § 261 StGB; BGH 4.2.2010, BGHSt 55, 36; BGH 17.7.1997, BGHSt 43, 149, 151 f.; BGH 29.10.2009, NStZ 2010, 222). Wer sich von einem kontaminierten Konto als Berater honorieren lässt, verschafft sich aus der Tat herrührende Beträge.

228 **Verwahren** ist das Ausüben der tatsächlichen Sachherrschaft bzw. bei Rechten die mit der Besitzerstellung vergleichbare Ausübungsbefugnis, etwa eine Kontovollmacht (vgl. SSW-*Jahn* 42 zu § 261 StGB). Ein Verwahren wird in Fällen der Steuerhinterziehung eher im Bereich des Schmuggels vorkommen, Verwenden bedeutet den bestimmungsgemäßen Gebrauch des Tatobjekts zu eigenen oder fremden Zwecken. Wer geschmuggelte Ziga-

retten ankauft, verschafft sie sich, wer sich geschmuggelte Zigaretten anbieten lässt und sie raucht, verwendet sie.

d) Dazwischentreten Dritter. Abs. 6 schränkt nach dem Willen des Gesetzgebers den Anwendungsbereich des ansonsten übermäßig weiten Isolierungstatbestand zum Schutz des allgemeinen Rechts- und Wirtschaftsverkehrs ein (vgl. BT-Drs. 12/989, 28; SSW-*Jahn* 45 zu § 261 StGB). Im Bereich des Steuerstrafrechts erhellt sich der Anwendungsbereich nicht ohne Weiteres. Im Übrigen sind Bagatellgeschäfte des täglichen Lebens nicht generell vom Tatbestand des § 261 StGB ausgenommen (vgl. nur BGH 4.7.2001, BGHSt 47, 68, 74; MüKoStGB/*Neuheuser* StGB § 261 Rn. 72 u. SSW-*Jahn* 50 zu § 261 StGB). 229

3. Der subjektive Tatbestand

Bedingter Vorsatz genügt. Hält der Täter nicht für möglich, dass der inkriminierte Gegenstand aus einer Katalogtat herrührt, fehlt ihm der Vorsatz. Es kommt leichtfertige Geldwäsche in Betracht. Dabei muss der Täter nicht nur die Steuerhinterziehung erkennen (können), sondern auch, dass diese banden- oder gewerbsmäßig begangen wurde (vgl. BGH 26.1.2012, wistra 2012, 188; KG 13.6.2012, BeckRS 2012, 20283). Zum Versuch siehe SSW-*Jahn* 64 zu § 261 StGB. 230

4. Privilegien für bestimmte Berufsgruppen

Ob es Privilegien für bestimmte Berufsgruppen gibt, ist zweifelhaft. Analog der Diskussion um die „neutrale Beihilfe" (Rn. 478 f. zu § 370) wird gefragt, ob bestimmte Berufsgruppen, die besonders geldwäschegefährdet sind (Steuerberater, Finanzdienstleister, Notare) herauszunehmen sind. Das Bundesverfassungsgericht hat für den Bereich der berufsmäßigen Strafverteidigung die Auffassung des BGH gebilligt, dass bei Strafverteidigern Leichtfertigkeit oder bedingter Vorsatz nicht ausreicht (BVerfG 30.3.2004, BVerfGE 110, 226 zu BGH 4.7.2001, BGHSt 47, 68, 71 ff.). Ob dies auch für andere Berufsgruppen gilt, ist ungeklärt. 231

§ 370 Steuerhinterziehung

(1) Mit Freiheitsstrafe bis zu fünf Jahren oder mit Geldstrafe wird bestraft, wer

1. den Finanzbehörden oder anderen Behörden über steuerlich erhebliche Tatsachen unrichtige oder unvollständige Angaben macht,
2. die Finanzbehörden pflichtwidrig über steuerlich erhebliche Tatsachen in Unkenntnis lässt oder
3. pflichtwidrig die Verwendung von Steuerzeichen oder Steuerstemplern unterlässt

und dadurch Steuern verkürzt oder für sich oder einen anderen nicht gerechtfertigte Steuervorteile erlangt.

(2) Der Versuch ist strafbar.

(3) [1] In besonders schweren Fällen ist die Strafe Freiheitsstrafe von sechs Monaten bis zu zehn Jahren. [2] Ein besonders schwerer Fall liegt in der Regel vor, wenn der Täter

1. in großem Ausmaß Steuern verkürzt oder nicht gerechtfertigte Steuervorteile erlangt,
2. seine Befugnisse oder seine Stellung als Amtsträger missbraucht,
3. die Mithilfe eines Amtsträgers ausnutzt, der seine Befugnisse oder seine Stellung missbraucht,
4. unter Verwendung nachgemachter oder verfälschter Belege fortgesetzt Steuern verkürzt oder nicht gerechtfertigte Steuervorteile erlangt, oder
5. als Mitglied einer Bande, die sich zur fortgesetzten Begehung von Taten nach Absatz 1 verbunden hat, Umsatz- oder Verbrauchssteuern verkürzt oder nicht gerechtfertigte Umsatz- oder Verbrauchssteuervorteile erlangt.

(4) [1] Steuern sind namentlich dann verkürzt, wenn sie nicht, nicht in voller Höhe oder nicht rechtzeitig festgesetzt werden; dies gilt auch dann, wenn die Steuer vorläufig oder unter Vorbehalt der Nachprüfung festgesetzt wird oder eine Steueranmeldung einer Steuerfestsetzung unter Vorbehalt der Nachprüfung gleichsteht. [2] Steuervorteile sind auch Steuervergütungen; nicht gerechtfertigte Steuervorteile sind erlangt, soweit sie zu Unrecht gewährt oder belassen werden. [3] Die Voraussetzungen der Sätze 1 und 2 sind auch dann erfüllt, wenn die Steuer, auf die sich die Tat bezieht, aus anderen Gründen hätte ermäßigt oder der Steuervorteil aus anderen Gründen hätte beansprucht werden können.

(5) Die Tat kann auch hinsichtlich solcher Waren begangen werden, deren Einfuhr, Ausfuhr oder Durchfuhr verboten ist.

(6) [1] Die Absätze 1 bis 5 gelten auch dann, wenn sich die Tat auf Einfuhr- oder Ausfuhrabgaben bezieht, die von einem anderen Mitgliedstaat der Europäischen Union verwaltet werden oder die einem Mitgliedstaat der Europäischen Freihandelsassoziation oder einem mit dieser assoziierten Staat zustehen. [2] Das Gleiche gilt, wenn sich die Tat auf Umsatzsteuern oder auf die in Artikel 1 Absatz 1 der Richtlinie 2008/118/EG des Rates vom 16. Dezember 2008 über das allgemeine Verbrauchsteuersystem und zur Aufhebung der Richtlinie 92/12/EWG (ABl. L 9 vom 14.1.2009, S. 12) genannten harmonisierten Verbrauchsteuern bezieht, die von einem anderen Mitgliedstaat der Europäischen Union verwaltet werden.

(7) Die Absätze 1 bis 6 gelten unabhängig von dem Recht des Tatortes auch für Taten, die außerhalb des Geltungsbereiches dieses Gesetzes begangen werden.

Schrifttum: S. Einl. vor Rn. 116; Monographien und Aufsätze s. vor Rn. 1, 33, 72, 91, 110, 123, 151, 176, 192, 210, 246, 250, 259, 268, 291, 300, 311, 331, 351, 371, 376, 441, 481, 501, 511, 531, 561, 601, 611, 621, 626, 641, 643, 671, 682, 685, 701, 706, 721, 737, 741.

Übersicht

I. Allgemeines

1. Entstehungsgeschichte

Schrifttum: *Schneider,* Die historische Entwicklung des Straftatbestandes der Steuerhinterziehung, Diss. Köln 1987.

Vor 1919 enthielt jedes einzelne Steuergesetz der Länder und des Reiches eine Strafvorschrift gegen *absichtliche* oder *wissentliche* Steuerverkürzung. Der frühzeitig verwendete Begriff *„Hinterziehung"* (in Württemberg: „Steuergefährdung", in Zoll- und Verbrauchsteuergesetzen lange Zeit noch: *„Defraudation"*) war vorwiegend, aber nicht ausschließlich auf vorsätzliche Taten beschränkt. Eine der Entwicklung vorauseilende Begriffsbestimmung bietet § 69 des Sächs. Gewerbe- und PersonalStG v. 24.12.1845 (GVBl. 31 1): 1

„Eine Hinterziehung der Gewerbe- und Personalsteuer begeht,

1. *wer den Betrieb eines Steuerpflichtigen Gewerbes oder die Eigenschaft, welche ihn zur Personalsteuer verpflichtet, auf Befragen ableugnet und hierdurch der Steuer entweder gänzlich sich entzieht oder einen geringeren Ansatz veranlaßt, als von ihm, den gesetzlichen Vorschriften nach, zu entrichten gewesen wäre;*
2. *wer über den Umfang seines Gewerbebetriebes oder über sonstige Verhältnisse, von welchen die Bestimmung des Steuerbeitrags abhängig ist, sich erwiesener Maßen wissentlich unrichtige*

Angaben hat zu Schulden kommen lassen, durch welche das Steuerinteresse verkürzt worden ist, oder, falls die Unrichtigkeit nicht entdeckt worden wäre, verkürzt worden sein würde …"

2 Im Übrigen waren meist nur einzelne bestimmte Handlungen oder Unterlassungen, namentlich in Bezug auf die Abgabe einer Steuererklärung, mit Strafe bedroht, vgl. zB Art. 26 BadEStG v. 20.6.1884 (GVBl. 321). Soweit die Strafvorschriften bereits an das Verursachen der Steuerverkürzung anknüpften und als Erfolgsdelikte ausgestaltet waren, hatte der Gesetzgeber ihnen oft umfangreiche Kataloge beispielhafter Tathandlungen beigegeben, insbes. in den Zoll- und Verbrauchsteuergesetzen, vgl. zB § 136 VZollG; §§ 28, 29 BrauStG v. 31.5.1872 (RGBl. 153); Art. 34, 35 BadWeinStG v. 19.5.1882 (GVBl. 137); §§ 43, 44 ZuckStG v. 27.5.1896 (RGBl. 117); § 17 ZigarrettenStG v. 3.6.1906 (RGBl. 620); §§ 22, 24 WeinStG und §§ 42, 44, 45 BierStG v. 26.7.1918 (RGBl. 831, 863). Bei Besitz- und Verkehrsteuern wurde die Tathandlung im Lauf der Entwicklung stärker abstrahiert und zunächst auf unrichtige, unvollständige oder unterlassene Angaben gegenüber der Steuerbehörde bezogen, vgl. § 66 PreußEStG v. 24.6.1891 (GS 175); § 79 I PreußKAG v. 14.7.1893; §§ 49, 50 ErbStG v. 3.6.1906 (RGBl. 654); § 50 ZuwachsStG v. 14.2.1911 (RGBl. 33); § 56 WehrbeitragsG und § 76 BesitzStG v. 3.7.1913 (RGBl. 505, 524); § 33 KriegsStG v. 21.6.1916 (RGBl. 561). Am Ende dieser Entwicklung wurde ganz davon abgesehen, die Tathandlung näher zu umschreiben, vgl. zB § 38 I 1 UStG v. 26.7.1918 (RGBl. 779): *„Wer vorsätzlich die Umsatzsteuer hinterzieht oder einen ihm nicht gebührenden Steuervorteil erschleicht, wird … bestraft."*

3 **Für vollendete Hinterziehung** verlangten die meisten Gesetze, dass eine Steuerverkürzung bereits eingetreten war, also „keine Steuer oder zu wenig Steuer in Ansatz gebracht oder ein Steuerabgang oder Rückersatz zur Ungebühr festgestellt wurde", so zB Art. 26 BadEStG v. 20.6.1884 (GVBl. 321); zT genügte es, dass unrichtige oder unvollständige Angaben „zur Verkürzung der Steuer zu führen geeignet" waren, so zB Art. 65 BayEStG v. 19.5.1881 (GVBl. 441); ähnl. Art. 70 III WürttEStG v. 8.8.1903 (RegBl. 261).

4 **Die Strafdrohungen** waren ursprünglich auf Geldstrafen beschränkt, sei es mit oder ohne die Möglichkeit einer Umwandlung in Ersatzfreiheitsstrafe, vgl. einerseits § 76 SächsEStG v. 24.7.1900 (GVBl. 562) und Art. 80 IV BayEStG v. 14.8.1900 (GVBl. 493), andererseits § 64 OldenbStempelStG v. 12.5.1906 (GVBl. 793). Bemessen waren die Geldstrafen stets in einem Vielfachen der verkürzten Steuer (Multiplarstrafen, s. Einl Rn. 38). Nur für den Fall, dass der verkürzte Steuerbetrag nicht ermittelt werden konnte, waren zahlenmäßig begrenzte Höchstbeträge, zB 5000 Mark gem. Art. 74 IV 2 BayEStG v. 14.8.1910 (GVBl. 493), oder Mindestbeträge, zB 100 Mark gem. § 66 I PreußEStG v. 24.6.1891 (GS 175), bestimmt. In Bayern war bis 1910 vorgeschrieben, dass die verhängten Geldstrafen dem Armenfonds der Gemeinde zufielen. in welcher der Stpfl wohnte, vgl. Art. 47 BayGewStG v. 1.7.1856 (GBl. 139) und Art. 75 BayEStG v. 9.6.1899 (GVBl. 227).

5 Die fakultative Anordnung einer Freiheitsstrafe (Gefängnis bis zu 6 Monaten) enthielten erstmalig § 57I WehrbeitragsG sowie § 77 BesitzStG v. 3.7.1913 (RGBl. 505, 524) für den Fall, dass der gefährdete Steuerbetrag nicht weniger als 10 vH der geschuldeten Steuer, mindestens aber 300 Mark ausmachte, oder der Stpfl wegen Besitzsteuerhinterziehung bereits vorbestraft war. § 34 I KriegsStG v. 21.6.1916 (RGBl. 561) drohte neben Geldstrafe Gefängnisstrafe bis zu einem Jahr an, neben der auch die bürgerlichen Ehrenrechte aberkannt werden konnten. Schließlich wurde gem. § 22 I SteuerfluchtG v. 26.7.1918 (RGBl. 951) Gefängnis nicht unter 3 Monaten zwingend vorgeschrieben.

6 **Mit § 359 RAO 1919 wurde erstmalig eine allgemeine Vorschrift über vorsätzliche Steuerverkürzung eingeführt,** die dem Vorbild des § 38 I 1 UStG (Rn. 2) entsprach (Begr. s. Aktenstück Nr. 759 der Verfassungsgebenden Nationalversammlung S. 598). § 359 I AO 1919 unterschied sich von den späteren Straftatbeständen nur durch die Strafdrohung, derentwegen zunächst auf die „in den einzelnen Gesetzen (für Hinterziehung) angedrohten Strafen" verwiesen und der Mindestbetrag einer Geldstrafe auf 20 Mark bemessen wurde. Die Absätze 2–4 entsprachen dem späteren § 396 II–IV AO 1931. Ab-

satz 5 lautete: *„Die Vorschriften der Zoll- und Verbrauchsabgabengesetze, nach denen eine Bestrafung wegen Steuerhinterziehung eintritt, ohne daß der Vorsatz der Hinterziehung festgestellt zu werden braucht, bleiben unberührt."*

Nach mehrfacher Änderung der Mindeststrafen durch die Gesetzgebung der Inflationszeit wurde in § 359 I AO 1919 die Strafdrohung gem. Art. VIII Nr. 1 der 3. **StNotV** v. 14.2.1924 (RGBl. I 74) wie folgt gefasst: *„… wird wegen Steuerhinterziehung mit Geldstrafe bestraft. Der Höchstbetrag der Geldstrafe ist unbeschränkt. Bei Zöllen und Verbrauchsteuern ist die Geldstrafe mindestens auf das Vierfache des hinterzogenen Betrags zu bemessen, falls der Betrag der Steuerverkürzung oder des Steuervorteils festgestellt werden kann. Neben der Geldstrafe kann auf Gefängnis bis zu zwei Jahren erkannt werden."* Zugleich wurde dem Absatz 5 folgender Satz 2 angefügt: *„Auf Gefängnis kann jedoch nur erkannt werden, wenn der Vorsatz der Hinterziehung festgestellt wird."* Mit diesem Wortlaut wurde die Vorschrift als **§ 396 RAO 1931** neu bekanntgemacht. Durch Kap. II Art. 2 Nr. 1 der VO v. 18.3.1933 (RGBl. I 109) wurde als Absatz 6 der heutige Absatz 5 angefügt. Gemäß Art. I Nr. 12 des **Gesetzes v. 4.7.1939** (RGBl. I 1181) wurden Absatz 1 Satz 3 über die Bemessung der Geldstrafe bei Hinterziehung von Zöllen und Verbrauchsteuern sowie Absatz 5 über die Schuldvermutung bei Zoll- und Verbrauchsteuerhinterziehung gestrichen; Absatz 6 wurde Absatz 5. 7

Durch § 9 Nr. 1 des **2. Gesetzes zur vorläufigen Neuordnung von Steuern** v. 20.4.1949 (WiGBl. 69) sowie § 9 Nr. 1 des gleichlautenden Gesetzes von Rheinland-Pfalz v. 6.9.1949 (GVBl. 496) wurde die Strafdrohung in Absatz 1 wie folgt verschärft: *„… wird wegen Steuerhinterziehung mit Gefängnis bestraft. Neben der Gefängnisstrafe ist auf Geldstrafe zu erkennen. Der Höchstbetrag der Geldstrafe ist unbeschränkt. Bei mildernden Umständen, insbesondere bei geringen Vergehen, kann ausschließlich auf Geldstrafe erkannt werden."* In Baden, Württ.-Hohenzollern und Berlin blieb es bei der Fassung von 1939 (Rn. 6 aE). 8

Nach der bundeseinheitlichen Neufassung des § 396 I RAO gemäß Art. 1 Nr. 1 des Gesetzes v. 11.5.1956 (BGBl. I 418) wurde die Strafdrohung auf *„Geldstrafe oder Gefängnis und Geldstrafe"* gemildert (Begr. s. BT-Drs. II/1593, 4). 9

Durch Art. 1 Nr. 4 des **2. AOStrafÄndG** v. 12.8.1968 (BGBl. 1968 I 953) wurde die Vorschrift umnumeriert und mit der Überschrift versehen. Der bisherige Absatz 4 über Steuerumgehung wurde gestrichen; Absatz 5 wurde Absatz 4 (Begr. BT-Drs. V/1812, 22). Die im RegE vorgesehene Begrenzung der Geldstrafe auf 1 Mio DM in § 392 RAO wurde auf Antrag des BRates (BT-Drs. V/3013), dem der Vermittlungsausschuss zustimmte (BT-Drs. V/3042), auf 5 Mio DM erhöht. Die Fassung des neu angefügten Absatzes 5 über die Hinterziehung von Eingangsabgaben anderer EWG-Staaten wurde durch den BTag um die Nr. 2 ergänzt, damit Doppelbestrafungen derselben Tat in der BRD und dem steuerberechtigten anderen Staat ausgeschlossen sind (2. Schriftl. Ber. zu BT-Drs. V/2928). **Durch Art. 161 EGStGB** v. 2.3.1974 (BGBl. 1974 I 469) wurde mWv 2.1.1975 **§ 392 RAO** an den neuen Allgemeinen Teil des StGB angepasst. Die Anpassung betraf im besonderen die Androhung von Geldstrafe (Einl 91). Im Übrigen erhielt die Ausdehnung des Tatbestandes auf die Eingangsabgaben europäischer Staaten im Wesentlichen ihre jetzige Form (Einl 87). 10

In der AO 1977 hat § 370 AO eine völlige Neufassung gegenüber § 392 RAO erfahren. Die wesentlichen Veränderungen bestehen in der grundlegenden Umgestaltung des Tatbestandes der Steuerhinterziehung in § 370 I AO, der sich von § 392 RAO vor allem durch die Aufgliederung in verschiedene Verhaltensmodalitäten unterscheidet. Neu ist die Einführung besonders schwerer Fälle in § 370 III AO, die dem Vorbild des StGB folgt. Schließlich enthält § 370 IV AO eine Erweiterung insoweit, als nunmehr klargestellt wird, dass der Steuerfestsetzung auch die Steuerfestsetzung unter Vorbehalt der Nachprüfung, die vorläufige Steuerfestsetzung sowie bestimmte Steueranmeldungen gleichstehen (krit. *Hübner* JR 1977, 58). 11

Mit der Schaffung des EG-Binnenmarktes zum 1.1.1993 wurde § 370 Abs. 6 erheblich umgestaltet (USt-BinnenmarktG vom 25.8.1992 – BGBl. I, 1548). Der frühere § 370 VI 2 wurde zu Absatz 7, neue Sätze 2 bis 4 wurden angefügt. § 370 VI 2 AO wurde erneut geändert durch das VerbrSt-BinnenmarktG v. 21.12.1992 (BGBl. 1992 I 2150). Mit 12 dem EGFinSchG hat der Gesetzgeber mWv 22.9.1998 (BGBl. 1998 II 2322) in Absatz 7 eine „Klarstellung“ vorgenommen (Rn. 49).

13 Das StÄndG 2001 (BGBl. I, 3794) brachte Änderungen des § 370 VI 1, § 373 I, II Nr. 1–3, §§ 374, 375 II 1 Nr. 1, § 378 I 2 AO. Dabei wurde im Interesse einer Vereinheitlichung der Terminologie (Klein/*Jäger* AO § 373 Rn. 2) der Begriff der Eingangsabgaben durch die Wörter „Einfuhr- oder Ausfuhrabgaben“ ersetzt.

14 Art. 3 des Gesetzes zur Neuregelung der Telekommunikationsüberwachung und anderer verdeckter Ermittlungsmaßnahmen sowie zur Umsetzung der Richtlinie 2006/24/EG vom 21.12.2007 (Einl Rn. 110) brachte eine Veränderung des § 370 III 2 Nr. 1 AO. Da mit dem nämlichen Gesetz § 370a AO gestrichen wurde, übernimmt die Neuregelung in § 370 III 2 Nr. 5 AO teilweise seine Funktion.

15 Mit dem JStG 2010 ist das Erfordernis der Gegenseitigkeit in § 370 VI 3 gestrichen worden. Welche Konsequenzen dies für Sachverhalte hat, die vor Inkrafttreten der Änderung verwirklicht wurden, ist zweifelhaft (vgl. *Tully/Merz* wistra 2011, 121 und Rn. 47).

2. Bedeutung der Steuerhinterziehung

16 Schätzungen über Schäden durch Steuerhinterziehung differieren und liegen zwischen 40 und 130 Milliarden EUR pro Jahr (*Kuhlen* S. 72; MüKoStGB/*Schmitz/Wulf* AO § 370 Rn. 29). Die empirische Dunkelfeldforschung stößt an ihre Grenzen (*Kuhlen* S. 73). **Die Statistiken des BMF** (vgl. etwa wistra 2002, 94, 132; 2003, 214, 332; 2004, 135; s. auch *Ebner* wistra 2008, 298; Voraufl. § 370 Rn. 6) lassen nur begrenzt Erkenntnisse über den Umfang von Steuerhinterziehungen zu, da sie lediglich entdeckte Taten dokumentieren und Rückschlüsse auf das Dunkelfeld kaum möglich sind (Einl. Rn. 12 ff.). Bezeichnenderweise wurde die Veröffentlichung dieser Statistiken 2003 eingestellt (vgl. MüKoStGB/*Schmitz/Wulf* AO § 370 Rn. 31), es gibt allerdings noch Statistiken über die Ergebnisse der Steuerfahndung, so etwa für die Jahre 2010 bis 2012 (Monatsbericht des BMF v. 21.10.2013). Danach ist die Zahl bestandskräftiger Mehrsteuern zwischen 2002 (1,5 Mrd. EUR) und 2012 (3,1 Mrd. EUR) um über 50 Prozent gestiegen. Dabei war 2002 die Einkommensteuer noch fast doppelt so wichtig wie die Umsatzsteuer, mittlerweile hat die Umsatzsteuer die Einkommensteuer überholt (2012: 2 Mrd. EUR zu 620 Mio. EUR). Zu befürchten ist, dass es sich hier überwiegend um nicht einbringliche Mehrsteuern nach Prüfung von Karussell-Geschäften usw. handelt.

17 Die mitgeteilten Freiheitsstrafen mit einem Vergleich der Jahre 2002 – 2011 lassen im Bereich der Freiheitsstrafen zwar einen deutlichen Anstieg von 2002 – 2007 erkennen; in den Folgejahren ist aber offenbar die Rechtsprechung des 1. Strafsenats zur Verhängung von Freiheitsstrafen in der Praxis noch nicht angekommen. Die Auswertung der Statistiken über Strafverfolgung (Statistisches Bundesamt Fachserie 10/Reihe 3) und der Staatsanwaltschaft in (Statistisches Bundesamt Fachserie 10/Reihe 2.6) helfen nicht viel weiter. Immerhin zeigt sich, dass es insbes. im Jahre 2007 zu einem deutlichen Anstieg der Verurteilungen kam (MüKoStGB/*Schmitz/Wulf* AO § 370 Rn. 32). Hier mag es vor dem Hintergrund der Grundsatzentscheidung des 1. Strafsenats v. 1.12.2008 weitere Veränderungen zu Gunsten der Freiheitsstrafe geben (vgl. Rn. 603 f. und MüKoStGB/*Schmitz/Wulf* AO § 370 Rn. 32).

18 Die Beträge der finanziellen Sanktionen stiegen kontinuierlich an (Voraufl. Rn. 6a zu § 370 AO). Der Monatsbericht des BMF v. 21.10.2013 weist zwar eine Stagnation bei den Geldstrafen und Geldauflagen nach § 153a StPO aus, dokumentiert aber auch deutliche Anstiege bei Geldbußen (2003: 2,1 Mio.; 2012: 53 Mio.).

19 **Im Bereich der Zollstraftaten** bzw. Straftaten im Zuständigkeitsbereich des Zollfahndungsdienstes ist eine Analyse noch schwieriger (vgl. wistra 1995, 136; wistra 1999, 457; wistra 2000, 52; wistra 2002, 132; wistra 2003, 332; wistra 2004, 135), da sich der Aufgabenbereich in den vergangenen Jahren erheblich verändert hat. Dies zeigt auch die Jahresstatistik 2014 der Zollverwaltung (s. auch Voraufl. § 370 Rn. 7). Eine große Zahl an

Verfahren betrifft die Bekämpfung der Schwarzarbeit mit etwa 100.000 eingeleiteten Ermittlungsverfahren pro Jahr (Jahresstatisik 2014 S. 18). Dort soll es um Schäden in der Größenordnung von etwa einer halben Milliarde Euro pro Jahr gehen. Dem stehen 13.000 bis 15.000 Ermittlungsverfahren wegen Zolldelikten im engeren Sinne gegenüber (Jahresstatisik 2014 S. 11). Deutlich ist, dass in Zollstrafsachen erheblich häufiger Freiheitsstrafen verhängt werden als bei reinen Steuerstraftaten und dass die Einstellung gegen Geldauflagen bzw. die Ahndung mit Geldstrafe keine so entscheidende Bedeutung hat (vgl. wistra 2000, 53 f.; wistra 2002, 94 f.; wistra 2003, 214 f.; wistra 2004, 315 f.).

Nahe liegt dabei, dass sich im Zweifel die Schwerpunkte der Straftaten in den vergangenen Jahren vor dem Hintergrund veränderter steuerrechtlicher Rahmenbedingungen verschoben haben. So sind die Zeiten einer Steuerhinterziehung unter Einschaltung ausländischer Domizilgesellschaften (Rn. 313) vorbei. Die Steuerhinterziehung in Bezug auf Einkünfte aus Kapitalvermögen hat sich dadurch in erheblichem Umfange reduziert, dass zum einen durch erhöhte Freibeträge nicht unerhebliche Geldvermögen letztlich von der Steuerpflicht freigestellt sind, zum anderen bewirkt der Zinsabschlag, dass sich der Schaden des Fiskus in Grenzen hält. Die Möglichkeit einer Amnestierung nach dem StraBEG und die intensive Verfolgung der Luxemburg-Transfers mögen für die Zukunft solche Taten verhindern, andererseits dürfte die Reduzierung des Sparerfreibetrags um die Hälfte (HBeglG 2004 v. 29.12.2003, BGBl. I 3076, ab 1.1.2004 auf 1 370 bzw 2 740 EUR) zumindest jene „inspiriert" haben, die bislang immer nur Einkünfte „unter Freibetrag" deklariert hatten. Die Einführung einer abgeltenden Quellensteuer wird für eine Vielzahl der Sparer die Begehung von Steuerhinterziehungen verhindern. Freilich bleibt der Bodensatz derer, die ihre Kapitaleinkünfte aus dem Ausland nicht erklären oder die Voraussetzungen einer abgeltenden Wirkung lediglich vortäuschen. Zunehmen wird die Steuerhinterziehung im gewerblichen Bereich durch das Ansteigen von Geschäften im sog. E-Commerce, der den nationalen Steuerverwaltungen wenig Ansatzpunkte für Kontrollen bietet (vgl. *Schmitz* in Strunk (Hrsg.), Steuern und Electronic Commerce, 2000, S. 348 ff.). Insbesondere der Handel im Internet führt nicht nur zu zahlreichen Strafverfahren wegen Betruges zum Nachteil getäuschter Käufer, sondern auch zum Steuerstrafverfahren. – Siehe zur Thematik noch *Hagedorn* Steuerhinterziehung und Finanzpolitik, 1991. 20

II. Grundfragen

1. Systematik des Gesetzes

§ 370 AO fasst die Vorschriften in §§ 392, 393 RAO zusammen und modifiziert sie in verschiedener Hinsicht. Die Vorschrift enthält nicht nur den Grundtatbestand der Steuerhinterziehung, sondern eine Fülle ergänzender Regelungen. 21

Der Grundtatbestand der Steuerhinterziehung findet sich in § 370 I AO. Ergänzungen des Grundtatbestandes enthalten die Absätze 4 bis 7. Absatz 4 definiert und ergänzt den tatbestandsmäßigen Erfolg der Steuerhinterziehung. Absatz 5 stellt klar, dass Steuer- und Zollhinterziehung auch dann begangen werden können, wenn die die Steuerpflicht auslösende Einfuhr, Ausfuhr oder Durchfuhr von Waren verboten ist. Absatz 6 schließlich dehnt den Tatbestand auf die Eingangsabgaben bestimmter europäischer Länder aus. Absatz 7 enthält eine Abweichung vom Territorialitätsprinzip (Rn. 33 zu § 369). 22

Die Versuchsstrafbarkeit (früher § 393 RAO) ist in § 370 II AO angeordnet. Absatz 3 führt eine Strafrahmenerhöhung für **besonders schwere Fälle** ein. Das Gesetz enthält hier eine Neuerung gegenüber der RAO und verwendet dabei in Satz 2 Nr. 1 bis 5 die im StGB vielfach verwendete Regelbeispieltechnik. 23

Der Grundtatbestand der Steuerhinterziehung ist in § 370 I AO gegenüber § 392 I RAO im Bereich der **Tathandlung** stärker ausdifferenziert worden. Das Gesetz bedient sich bei der Bestimmung des Tatbestandes einer bemerkenswerten Kombinationstechnik, bei der es 24 drei Verhaltensweisen mit zwei Erfolgen – jeweils alternativ – kombiniert. Den Tatbestand erfüllt, wer einen der beiden Erfolge durch eine der drei Verhaltensweisen erfüllt. Auf diese Weise enthält das Gesetz zumindest theoretisch **sechs Tatbestandsvarianten** (ähnl. FT-*Flore* 12 zu § 370). Tatsächlich sind es eher fünf, da ein Erschleichen von Steuervorteilen durch das Unterlassen der Verwendung von Steuerzeichen kaum denkbar ist.

25 Auf der Erfolgsseite wird die Verkürzung von Steuern und die Erlangung nicht gerechtfertigter Steuervorteile unterschieden. Auf der Verhaltensseite bemüht sich der Gesetzgeber, das unter der Geltung von § 392 RAO entwickelte ungeschriebene Tatbestandsmerkmal der **Steuerunehrlichkeit** zu erfassen. Das Gesetz enthält in Absatz 1 Nr. 1 den Begehungstatbestand und regelt in Nr. 2 und 3 zwei Unterlassungsfälle. Durch diese Ausdifferenzierung auf der Verhaltensseite gewinnt die Vorschrift an inhaltlicher Bestimmtheit; gleichzeitig tritt jedoch die mit der Tatbestandsbestimmtheit notwendig verbundene Gefahr von Strafbarkeitslücken auf (Rn. 137 ff.).

2. Rechtsgut

26 **Welches Rechtsgut die Steuerhinterziehung schützt,** ist umstritten (Übersicht bei *Suhr* 1989, 18 ff.). Nach Ansicht von *Isensee* (NJW 1985, 1008) stellt § 370 AO allein die Zuwiderhandlung gegen Gesetzesbefehle unter Strafe (ähnl. *Kohlmann* DStJG 6, 19). Andere gehen von einer rein formalen Schutzfunktion aus, die allein die steuerlichen Offenbarungspflichten (*Schulze* DStR 1964, 416; *Ehlers* FR 1976, 505) bzw. Wahrheitspflichten gegenüber den FinB (*Möllinger,* Abgabenordnung, 1977, S. 380) oder allein den formalen Bestand der Steueransprüche (*Backes,* Zur Problematik der Abgrenzung von Tatbestands- und Verbotsirrtum im Steuerstrafrecht, Diss. Köln 1981, S. 149 f.) schütze. *Salditt* (Tipke-FS 1995 S. 475, 477 ff.; *ders.* StraFo 1997, 65; *ders.* in FT Einführung Rn. 4) meint, § 370 AO schütze nicht die öffentlichen Kassen, sondern eine gleichmäßige Lastenverteilung. Überwiegend wird jedoch davon ausgegangen, dass der Tatbestand der Steuerhinterziehung einen Angriff auf Vermögensinteressen des steuererhebenden Staates darstellt und daher Vermögensdelikt ist (vgl. die Nachweise bei *Suhr* 1989, S. 12 ff.; *Hardtke* 1995, S. 62). Dieser Auffassung ist zuzustimmen (vgl. Einl Rn. 8). Den Schutz steuerlicher Mitteilungs- oder Wahrheitspflichten als Rechtsgut anzusehen, vernachlässigt den Umstand, dass die Steuerhinterziehung neben dem Verstoß gegen diese Pflichten zusätzlich eine Steuerverkürzung als Erfolg voraussetzt (*Suhr* 1988, S. 177). Dass ein reines Vermögensinteresse, also auch der Schutz der öffentlichen Kasse, durchaus Rechtsgutsqualität besitzt, zeigen entgegen der Auffassung von *Kohlmann* (DStJG 6, 19 f.) schon der Betrugs- und Untreuetatbestand. Die Verletzung der Mitwirkungspflichten ist also lediglich Voraussetzung des tatbestandsmäßigen Verhaltens. Andererseits darf die Einordnung als Straftatbestand zum Schutz öffentlicher Kassen nicht dazu verleiten, allzu große Parallelen zum Betrugstatbestand zu sehen (Rn. 571 f.).

27 Die Steuerhinterziehung ist zwar Erfolgsdelikt, jedoch **nicht notwendig Verletzungsdelikt** (ebenso Kohlmann/*Ransiek* 57 zu § 370). Der Erfolg der Steuerhinterziehung – die Steuerverkürzung – setzt bei Taten im Festsetzungsverfahren nicht die wirkliche Verletzung des Steueranspruches oder die wirkliche Beeinträchtigung des Steueraufkommens voraus. Wegen der Legaldefinition des Erfolges in § 370 IV AO begnügt sich der Tatbestand damit, dass die Durchsetzung des Steueranspruchs gefährdet ist (krit. HHSp-*Hellmann* 58 zu § 370). Diese Gefährdung besteht im Besteuerungsverfahren kraft gesetzlicher Definition immer dann, wenn die Steuerfestsetzung nicht rechtzeitig oder nicht in voller Höhe erfolgt ist. *Hellmanns* (HHSp 57 ff. zu § 370) Versuche, § 370 AO als Verletzungsdelikt einzuordnen, ändern an der Richtigkeit dieser Auffassung nichts. Er begründet seine Auffassung damit, dass bereits dann eine Steuerverkürzung vorläge, wenn der rechtmäßige Steueranspruch ungünstiger gestaltet werde, seine Verwirklichung behindert, erschwert oder gefährdet würde. Im Ergebnis bedeutet diese Argumentation, dass bereits die ungünstige Einwirkung auf das Tatobjekt – den Steueranspruch – über die Klassifizierung eines Tat-

bestandes als Verletzungs- oder Gefährdungsdelikts entscheide. Entscheidend sein kann aber nicht allein die Einwirkung auf das Tatobjekt, sondern primär die auf das Rechtsgut (vgl. *Maurach/Gössel/Zipf* AT I § 17 Rn. 26, § 20 Rn. 29 ff.; *Suhr* 1989, S. 38). Außerhalb des Anwendungsbereichs des § 370 IV 1 AO ergibt sich die Verkürzung durch einen Vergleich von Ist- und Soll-Steuer, ähnlich der Schadensberechnung beim Betrug (Klein/*Jäger* AO § 370 Rn. 85).

Wenn auf der anderen Seite das Gesetz als tatbestandsmäßiges Verhalten die Täuschung über steuerlich erhebliche Tatsachen oder die unterlassene Aufklärung über solche Tatsachen erfasst, dann nimmt es damit Bezug auf die in der AO und in den besonderen Steuergesetzen vorgenommene **Verteilung von Aufklärungs- und Mitwirkungspflichten** zwischen dem Stpfl einerseits und dem die Besteuerungsgrundlagen ermittelnden Staat andererseits. Nur soweit der Staat nicht selbst in der Lage ist, die Besteuerungsgrundlagen zu ermitteln, und daher dem Bürger Mitwirkungspflichten auferlegt hat, kommt eine Steuerhinterziehungshandlung als Verletzung dieser Mitwirkungspflichten in Betracht. Damit wird zwar die Mitwirkungspflicht nicht zum Rechtsgut des Tatbestandes; ihre Verletzung ist jedoch Voraussetzung jedes tatbestandsmäßigen Verhaltens. 28

Ob das **Steueraufkommen** in der jeweiligen Steuerart oder insgesamt geschützt wird, ist damit noch nicht geklärt. Die bislang hM ist der Auffassung, es gehe um das Steueraufkommen in der jeweiligen Steuerart (vgl. RG 16.6.1925, RGSt 59, 258; BGH 1.2.1989, BGHSt 36, 102; BGH 16.10.1981, wistra 1982, 31; BGH 6.6.2007, BGHSt 51, 356 ; BayObLG 21.4.1982, wistra 1982, 199; Kohlmann/*Ransiek* 40, HHSp-*Hellmann* 40, RK-*Rolletschke* 13, Kühn/v.Wedelstädt/*Blesinger* 2 zu § 370; *Kirchhof* NJW 1985, 2981; *Wassmann* ZfZ 1987, 165; *Krieger* 1988, S. 90; *Hanßen* 1984 S. 31; *Löffler* 1992 S. 115). Eine Begründung wird hierfür jedoch nicht gegeben. Offenbar dient das Bestreben, verschiedene Steuerarten isoliert zu betrachten, allein dem seit 1994 hinfälligen Bemühen, einen Fortsetzungszusammenhang zwischen der Hinterziehung verschiedener Steuerarten zu vermeiden (vgl. *Suhr* 1989, S. 32; *Bachmann* 1993, S. 160; *Hardtke* 1995, S. 63). Allein *Franzen* (DStR 1965, 188; 3. Aufl. Einl Rn. 8) begründete diese Auffassung mit der Überlegung, die *„überaus differenzierte Verteilung von Ertragshoheit, Verwaltungshoheit und Gesetzgebungshoheit bei den verschiedenen Steuern auf Bund, Länder und Gemeinden …“* erfordere ein Abstellen auf die einzelnen Steuerarten. Ein Argument kann dies deshalb nicht sein, weil die Ertragshoheit auch bei den einzelnen Steuern durchaus unterschiedlich ist, also etwa dem Bund und den Ländern zu verschiedenen Teilen zusteht. Dann müsste man jedoch auf das vollständige Aufkommen jedes einzelnen Ertragsanteils abstellen (*Suhr* 1988, S. 29; *Hardtke* 1995, S. 64). Bei den Vermögensdelikten wird aus gutem Grund nicht danach differenziert, wer Geschädigter der Straftat ist (ebenso HHSp-*Hellmann* 43 zu § 370). Auch bei der Steuerhinterziehung gibt es keinen Grund, nach Steuerarten zu differenzieren. Im Übrigen war die hM insofern nicht konsequent, als sie etwa eine „Teilidentität“ von KSt und ESt annahm, wenn sie in diesem Zusammenhang einen Fortsetzungszusammenhang für möglich hielt (vgl. RG 24.8.1936, RStBl. 1936, 947; BayObLG 21.4.1982, wistra 1982, 198; *Hardtke* 1995, S. 65). Bei dem von § 370 AO geschützten Rechtsgut handelt es sich somit um das staatliche Interesse am vollständigen und rechtzeitigen Aufkommen der Steuern im Ganzen (*Hardtke* 1995, S. 66; MüKoStGB/*Schmitz/Wulf* AO § 370 Rn. 6 ff.). Dies führt freilich nicht dazu, dass es für das Vorliegen einer Steuerverkürzung auf eine globale Betrachtung der Situation des konkreten Stpfl ankäme; dem steht § 370 IV 3 AO entgegen (Rn. 103 f.). 29

3. Täter

Eine Begrenzung des Täterkreises erfolgt lediglich bei den Unterlassungsvarianten des Tatbestandes (vgl. BGH 12.11.1986, wistra 1987, 147; BGH 9.4.2013, BGHSt 58, 218). Da das jeweilige Unterlassen nach Absatz 1 Nr. 2 und 3 pflichtwidrig sein muss, kann Täter der Steuerhinterziehung durch Unterlassen nur derjenige sein, den eine besondere Pflicht zur Aufklärung der FinB (Nr. 2) oder zur Verwendung von Steuerzeichen oder Steuer- 30 stemplern trifft (Nr. 3). Das Merkmal „pflichtwidrig" in § 370 Abs. 1 Nr. 2 AO bezieht sich allein auf das Verhalten des Täters, nicht auf dasjenige eines anderen Tatbeteiligten. Damit kommt eine Zurechnung fremder Pflichtverletzungen auch dann nicht in Betracht, wenn sonst nach allgemeinen Grundsätzen Mittäterschaft vorliegen würde. Eine eigene Rechtspflicht zur Aufklärung über steuerlich erhebliche Tatsachen trifft gemäß § 35 AO auch den Verfügungsberechtigten. Verfügungsberechtigter im Sinne dieser Vorschrift kann auch ein steuernder Hintermann sein, der ihm gegenüber weisungsabhängige „Strohleute" im Rechtsverkehr nach außen im eigenen Namen auftreten lässt (BGH 9.4.2013, BGHSt 58, 218; dazu *Höll* wistra 2014, 455). Einzelheiten zur Handlungspflicht s. Rn. 230 ff. Demgegenüber kann der Täter der Begehungsvariante des Tatbestandes jedermann sein. Das ergibt sich für den Fall der Steuerverkürzung schon daraus, dass eine besondere Vorteilsabsicht nicht vorausgesetzt wird. Im Fall der Erlangung ungerechtfertigter Steuervorteile genügt es, wenn der Täter diese Vorteile für sich oder einen anderen erlangt. Demgegenüber kann Täter einer leichtfertigen Steuerverkürzung (Ordnungswidrigkeit) nach § 378 AO nicht jedermann sein, sondern nur, wer Stpfl ist oder die Angelegenheiten eines Stpfl wahrnimmt (Rn. 9 ff. zu § 378).

31 **Als Täter einer Steuerhinterziehung** durch Handeln kommt demnach jeder in Betracht, der tatsächlich in der Lage ist, auf die Festsetzung, Erhebung oder Vollstreckung der gesetzlich geschuldeten Steuer zum Nachteil des jeweiligen StGläubigers einzuwirken (Klein/*Jäger* AO § 370 Rn. 25). Nach der Rechtsprechung kann Täter sein, wer handelt (oder unterlässt)

- *als Berater des Stpfl* (RG 15.1.1931, JW 2311; RG 26.11.1934, RGSt 68, 411; RG 7.6.1943, RGSt 77, 87, 97; BGH 1.11.1966, DStZ/B 1967, 32);
- *als Angestellter des Stpfl* (BGH 24.4.1952, DStR 1952, 445; OLG Frankfurt (Kassel) 8.7.1954, DStZ/B 424); und zwar ohne Rücksicht darauf, ob die jeweilige Hilfsperson des Stpfl nur in untergeordneter Position tätig ist, zB als Buchhalter, und ob sie nach außen – dem FA gegenüber – hervortritt oder nicht (RG 15.1.1931, JW 1931, 2311; BGH 24.4.1952, DStR 1952, 445; BGH 20.3.2002, wistra 2002, 221; BGH 7.11.2006, wistra 2007, 112; BGH 28.3.2007, wistra 2007, 261);
- *als Steuerbeamter* (RG 17.12.1936, RGSt 70, 396, 399; BGH 26.11.1954, NJW 1955, 192, ausf. ZfZ 1955, 90; LG Detmold 13.11.1958 – 2 KLs 14/58 , zit. bei *Suhr* 1977, S. 518); ob der Steuerbeamte Täter ist oder Gehilfe (wie in den Fällen des OLG Bremen 10.8.1950, ZfZ 367, und BGH 11.1.1955, BGHSt 7, 149), ist Tatfrage;
- *als Schiffsoffizier,* der einen Schmuggel duldet, den die Mannschaft begeht (RG 12.4.1937, RGSt 71, 176 ff.);
- *als Auskunftspflichtiger* (§§ 93 f.) oder Sachverständiger (§ 96) und sogar
- *als außerhalb eines Besteuerungsverfahrens stehender Dritter,* der gleichsam nur „zufällig" in der Lage ist, die Feststellung der Besteuerungsgrundlagen zu beeinflussen, wie zB der Verwalter einer Quarantäneanstalt, der bei der Verwiegung von Importvieh durch bestimmte Handgriffe ein zu niedriges Zollgewicht vortäuscht (RG 19.10.1931, RGSt 65, 407, 409 f.).

Dabei ist zu beachten, dass es sich zT um Fälle des Unterlassens handelt und eine Garantenstellung der Betreffenden vor dem Hintergrund der neueren Strafrechtsdogmatik (Rn. 89 ff. zu § 369) kaum noch bejaht werden dürfte.

III. Erfolg der Steuerhinterziehung

1. Überblick

32 Die Steuerhinterziehung ist ein **Erfolgsdelikt.** Das Delikt ist also erst dann vollendet, wenn der im Tatbestand beschriebene Erfolg eingetreten ist. Solange dies noch nicht geschehen ist, kommt nur Versuch in Betracht. Das Gesetz unterscheidet zwischen zwei

verschiedenen Erfolgen, von denen der Täter des vollendeten Delikts wenigstens einen verursacht haben muss: Die Steuerverkürzung und die Erlangung eines nicht gerechtfertigten Steuervorteils. Die praktisch größte Bedeutung besitzt der Erfolg der Steuerverkürzung. Dementsprechend finden sich bei ihm auch die meisten Kontroversen in Schrifttum und Rspr. Ergänzende Vorschriften finden sich in Absatz 4, der die Steuerverkürzung für das Festsetzungsverfahren definiert, in Absatz 6, der Taten gegen Eingangsabgaben, Umsatzsteuern und harmonisierte Verbrauchsteuern bestimmter europäischer Länder in den Tatbestand mit einbezieht, sowie in Absatz 4 S. 3, der die Begriffe der Steuerverkürzung und der Erlangung von Steuervorteilen für eine bestimmte Fallgruppe modifiziert.

2. Steuerverkürzung

Schrifttum: *Ehlers,* Zum Begriff der Steuerverkürzung – Versuch einer Entwirrung, FR 1958, 455; *Plückebaum,* Zur Frage der Abgrenzung zwischen Versuch und Vollendung bei der Steuerhinterziehung, DStZ 1959, 66; *Franzen,* Zur schuldgerechten Aufteilung der Steuerverkürzung (§§ 396, 402 AO), DStR 1964, 380; *ders.,* Zur Vollendung der Steuerverkürzung (§§ 396, 402 AO), DStR 1965, 187; *Henke,* Wird bei einer vorläufigen Steuerfestsetzung nur eine versuchte Verkürzung von Steuereinnahmen bewirkt?, DStR 1965, 195; *Ulmer,* Vollendung der Steuerverkürzung bei vorläufiger Veranlagung, FR 1965, 247; *v. Witten,* Steuerverkürzung bei vorläufiger Steuerfestsetzung, DStZ 1965, 232; *Kötting,* BGH-Urteil zur Steuerverkürzung bei vorläufiger Steuerfestsetzung, DStZ 1967, 285; *Lohmeyer,* Der Vorteilsausgleich nach § 396 Abs. 3 Halbsatz 2 AO, Inf 1968, 267; *Depiereux,* Die strafrechtlichen Folgen der Nichtabgabe von Steuererklärungen, DStR 1970, 55 I; *Schleeh,* Der tatbestandsmäßige Erfolg der Verkürzung von Steuereinnahmen, FR 1971, I 18; *ders.,* Rechtsgut und Handlungsobjekt beim Tatbestand der Steuerverkürzung, NJW 1971, 739; *ders.,* Die Steuerhinterziehung nach dem Entwurf einer Abgabenordnung (AO 1974), StW 1972, 310; *Henneberg,* Strafrechtliche Begriffe im steuerstrafrechtlichen Gewand in der höchstrichterlichen Rechtsprechung, DStR 1972, 551; *Göggerle,* Zur Frage des geschützten Rechtsguts im Tatbestand der Steuerhinterziehung, BB 1982, 1851; *Hartmann/Christians,* Grundstruktur der Steuerhinterziehung und der leichtfertigen Steuerverkürzung, DB 1985, 1909; *Suhr,* Rechtsgut der Steuerhinterziehung und Steuerverkürzung im Festsetzungsverfahren, 1989; *Gribbohm/Utech,* Probleme des allgemeinen Steuerstrafrechts, NStZ 1990, 209; *Gast-deHaan,* Steuerstrafrechtliche Konsequenzen der Entscheidungen des Bundesverfassungsgerichts zum Familienlastenausgleich, BB 1991, 2490; *Hagedorn,* Steuerhinterziehung und Finanzpolitik, 1991 (zugleich Diss. Hagen 1991); *Weyand,* Internationales Steuerstrafrecht, Inf 1993, 461; *Rönnau,* Die Verkürzung von Kirchensteuern – ein Betrug ohne Folgen?, wistra 1995, 47; *Hardtke,* Steuerhinterziehung durch verdeckte Gewinnausschüttung, 1995; *Keßeböhmer/Schmitz,* Hinterziehung ausländischer Steuern und Steuerhinterziehung im Ausland, wistra 1995, 1; *Hardtke/Leip,* Strafverfolgungsverjährung bei Steuerhinterziehung infolge verdeckter Gewinnausschüttung, NStZ 1996, 217; *Döllel,* Zur Anwendbarkeit von § 370 AO bei Beihilfehandlungen auf einem unter deutscher Flagge fahrenden Schiff, wistra 1998, 70; *Kohlmann,* Zur Ahndung grenzüberschreitender Steuerhinterziehungen, Hirsch-FS 1999, 577; *Bender,* Rechtsfragen um den Transitschmuggel mit Zigaretten, wistra 2001, 161; *Schmitz/Wulf,* Erneut: Steuerhinterziehung ausländischer Steuern und Steuerhinterziehung im Ausland, § 370 Abs. 6, 7 AO, wistra 2001, 361; *Harms,* Von Transactien, ordonnances de non-lieu und anderen europäischen Besonderheiten – der lange Weg zu einer europäischen Strafrechtsordnung, Rieß-FS 2002, 725; *Schmitz,* Versuchsbeginn, Vollendung und Beginn der Verfolgungsverjährung bei ausgebliebener Steuerfestsetzung, Kohlmann-FS 2003, 517; *Niehaus,* Blankettnormen und Bestimmtheitsgebot vor dem Hintergrund zunehmender europäischer Rechtssetzung, wistra 2004, 206; *Sorgenfrei,* Steuerhinterziehung in mittelbarer Täterschaft bei Publikumsgesellschaften, wistra 2006, 370; *Weidemann,* Ist der Steuerhinterziehungstatbestand ein Blankettgesetz?, wistra 2006, 132; *Klötzer,* Modernisierung des Zollkodex – Der Weg zum europäischen Zollstrafrecht, wistra 2007, 1; *Hentschel,* Braucht die Steuerfahndung noch den § 370 VI 2 und 3 AO?, DStR 2009, 1076; *Jäger,* Die Auswirkungen der Osterweiterung der Europäischen Union auf das deutsche Steuerstrafrecht, Amelung-FS 2009, S 447; *Spatscheck/Höll,* Die Beteiligung an der ausländischen Steuerhinterziehung und ihre Folgen im Inland, SAM 2011, 64; *Tully/Merz,* Zur Strafbarkeit der Hinterziehung ausländischer Umsatz- und Verbrauchsteuern nach der Änderung des § 370 VI AO im JStG 2010, wistra 2011, 121.

a) Gegenstand der Verkürzung. aa) Soll-Einnahmen. Der Begriff der Verkürzung von Steuern ist umstritten. Einige Autoren meinen, der Erfolg der Steuerhinterziehung bestehe in der Verkürzung von Steuereinnahmen (so noch der Wortlaut des § 392 I RAO 1968; 1. Aufl. Rn. 12 zu § 392 RAO). Andere sind der Ansicht, Gegenstand der Verkürzung sei der Steueranspruch (*Welzel* NJW 1953, 486; *Hartung* IV 1 zu § 396 RAO 1931; RG 76, 195 3.7.1942; OLG Hamburg 16.12.1965, NJW 1966, 845). Wer die Steuereinnahmen als Gegenstand der Tat ansieht, weist darauf hin, dass der Steueranspruch als schuldrechtliche Beziehung zwischen Täter und StGläubiger durch die im Gesetz erfassten Tathandlungen in seiner rechtlichen Existenz überhaupt nicht beeinträchtigt 33 werden kann, es gehe vielmehr immer nur darum, dass dem Fiskus diejenigen Einnahmen tatsächlich vorenthalten würden, die ihm rechtlich zustünden. Die Vertreter der Gegenansicht weisen demgegenüber darauf hin, dass unter Einnahmen nur die tatsächlich vereinnahmten Gelder zu verstehen seien. Bei einem solchen Verständnis würde der Tatbestand des § 370 I AO einerseits zu eng, weil Gegenstand der Tat nur noch die tatsächlich geleisteten Geldmittel sein könnten, und andererseits zu weit, weil der Zugriff des ungetreuen Kassenbeamten des Staates auf die bereits vereinnahmten Mittel erfasst würde. Allerdings wird weder die Ansicht vertreten, nur die Beeinträchtigung des rechtlichen Bestandes des Steueranspruchs genüge für § 370 I AO, noch beziehen die Anhänger der Gegenmeinung den Begriff der Steuereinnahme auf die tatsächlich vereinnahmten Gelder.

34 Mit *Hellmann* (HHSp 138 zu § 370) ist nämlich zwischen Ist-Einnahme und Soll-Einnahme zu unterscheiden. Steuerverkürzung ist dann das *Zurückbleiben der Ist-Einnahme hinter der Soll-Einnahme* (ebenso Klein/*Jäger* 90 zu § 370). Diese Aussage betrifft aber nur den Fall, dass es außerhalb des Festsetzungsverfahrens zu einer Steuerverkürzung kommt. Im Rahmen des § 370 IV 1 AO ist hingegen nicht auf die Vereinnahmung abzustellen, sondern auf die Festsetzung. Zu vergleichen ist dann die festgesetzte (Ist-)Steuer mit der festzusetzenden (Soll-)Steuer. Kommt es wegen Untätigkeit des Steuerpflichtigen schon nicht zu einer Steuerfestsetzung, ist die gesamte Soll-Steuer verkürzt. Dabei handelt es sich freilich noch um eine recht pauschale Definition, die erheblicher Verfeinerung bedarf (Rn. 51 ff.). So stellt das Gesetz nicht auf die Vereinnahmung der Steuer, sondern auf deren Festsetzung ab.

35 **bb) Steuern.** Gegenstand der Tat ist zunächst ein Steueranspruch. Die AO definiert den Begriff der Steuer in § 3 AO. Herkömmlich wird gesagt, auch der Solidaritätszuschlag gehöre hierzu (Klein/*Jäger* AO § 370 Rn. 15, FT-*Flore* 21, RK-*Rolletschke* 164 zu § 370). Überzeugend ist dies nicht, da das Gesetz in § 1 SolZG von einer Ergänzungsabgabe spricht. Der Wortlaut steht eine Erfassung hinterzogener Solidaritätszuschläge daher entgegen. Allerdings handelt es sich hier dann oftmals (nur) um ein Problem der Strafzumessung, so dass das Revisionsgericht vielfach ausschließen kann, dass die Höhe der Strafe auf der Einbeziehung des Solidaritätszuschlags beruht. Problematisch ist demgegenüber die Erreichung des Schwellenwertes für das große Ausmaß im Rahmen der Selbstanzeige nach 371 II Nr. 3 und für die verlängerte Verjährungsfrist nach 376 I iVm 370 III 2 Nr. 1.

36 Kraft gesetzlicher Gleichstellung in § 3 I 2 AO sind auch **Zölle und Abschöpfungen** Steuern iS der AO. Keine Steuern sind die steuerlichen Nebenleistungen nach § 3 III AO wie die Verspätungszuschläge (§ 152), Zinsen (§§ 233–237), Säumniszuschläge (§ 240; BayObLG 1.12.1980, NStZ 1981, 147), Zwangsgelder (§ 329) und Kosten (§§ 178, 337–345; BGH 43, 381, 406 19.12.1997; krit. HHSp-*Hellmann* 131 zu § 370; unklar Koch/Scholtz/*Scheurmann-Kettner* 31 zu § 370). Gemäß § 239 I 1 AO sind jedoch auf Zinsen die für die Steuern geltenden Vorschriften entsprechend anzuwenden. Grundsätzlich findet § 370 AO also auch auf Zinsen Anwendung (ebenso HHSp-*Hellmann* 130 zu § 370; MüKoStGB/*Schmitz*/*Wulf* AO § 370 Rn. 55). Demgegenüber meinte der BGH zunächst, wegen des Bestimmtheitsgebots komme eine Auslegung des § 370 AO nicht in Betracht, die erst über § 3 III AO zu einer Strafbarkeit führe (BGH 19.12.1997, BGHSt 43, 381, 406; vgl. Schwarz/Pahlke/*Dumke*/*Webel* 83 zu § 370 AO; krit. HHSp-*Hellmann* 129 zu § 370). Mittlerweile hat aber der BGH Zinsen auf Steuererstattungsbeträge gemäß § 233a AO als Steuervorteil iS des § 370 I AO eingeordnet (BGH 6.6.2007, BGHSt 51, 356). Entscheidend war dabei, dass die Verzinsung von Steuernachforderungen und Steuererstattungen dem Grundsatz der Gleichmäßigkeit der Besteuerung Rechnung tragen und unmittelbar dem zu schützenden Rechtsgut des § 370 AO, nämlich dem Anspruch des Steuergläubigers auf den vollen Ertrag jeder einzelnen Steuer, dienen soll (BGH 6.6.2007, BGHSt 51, 356; siehe zur zinslosen Stundung noch BGH 11.9.2007, wistra 2008, 22).

37 Ob die Einordnung der **Zinsen als Steuervorteil** auch dann gilt, wenn es nicht um die Verzinsung erschlichener Erstattungen geht, ist zweifelhaft. Erklärt der Steuerpflichtige seinen Gewinn bewusst zu hoch, damit er angesichts des niedrigen Marktzinses nach einer

Außenprüfung in den Genuss der Vollverzinsung mit 0,5 vH für jeden vollen Monat kommt, mögen überhöhte Angaben zu den Einnahmen steuerlich erhebliche Tatsachen sein. Dennoch drängt sich nicht auf, dass diese vom Gesetz vorgegebene Folge der Verzinsung strafwürdig sein soll. Im Übrigen wäre dann der Steuerpflichtige endgültig zwischen Skylla und Charybdis: Erklärt er zu wenig, begeht er eine Steuerhinterziehung, erklärt er zu viel und hält dabei für möglich, dass er in den Genuss der Vollverzinsung kommt, erschleicht er einen Steuervorteil. Dies spricht dafür, für die zweite Konstellation § 370 AO nicht anzuwenden (vgl. RK-*Rolletschke* 168 zu § 370).

Kirchensteuern sind nicht Steuern iS des § 370 AO (BGH 17.4.2008, wistra 310). 38
Soweit Art. 4 III EGStGB dem Landesgesetzgeber die Möglichkeit einräumt, die Strafvorschriften der §§ 369 ff. AO für anwendbar zu erklären, hat hiervon lediglich Niedersachsen Gebrauch gemacht (vgl. Rn. 30 zu § 386; *Rönnau* wistra 1995, 47). Dementsprechend findet der Tatbestand des § 370 AO auf die Hinterziehung von Kirchensteuer in Niedersachsen Anwendung, wird aber gemäß § 10 I S. 4 Nds. KiStG nur auf Antrag des Steuerberechtigten, der Religionsgemeinschaft, durchgeführt (zur Anwendbarkeit des § 263 StGB in solchen Fällen vgl. Rn. 30 zu § 386; BGH 17.4.2008, wistra 2008, 310, 312).

cc) Abgaben europäischer Staaten. Nach § 370 VI 1 AO sind die Absätze 1 bis 5 39
auch auf Einfuhr- und Ausfuhrabgaben bestimmter europäischer Länder anzuwenden (StÄndG 2001, BGBl. 2001 I 3794). Die Bedeutung der Vorschrift beruht darauf, dass die §§ 369 ff. AO sich nur auf solche Steuern beziehen, die von der BRD erhoben werden; Steuern ausländischer Staaten werden dagegen nicht geschützt (Rn. 34 zu § 369; vgl. auch HHSp-*Hellmann* 24 zu § 370). § 370 VI 1 AO dehnt die Tatbestände der Steuerhinterziehung auf bestimmte Einfuhr- und Ausfuhrabgaben aus, die nicht von der BRD erhoben werden. Eine entsprechende Regelung in § 374 IV AO verweist für die Steuerhehlerei sowie in § 373 IV AO für den gewerbsmäßigen, gewaltsamen und bandenmäßigen Schmuggel auf § 370 VI AO. § 370 I bis V ist auch anwendbar, wenn sich die Tat auf Umsatzsteuern oder auf bestimmte harmonisierte Verbrauchsteuern bezieht, die von einem anderen Mitgliedstaat der Europäischen Gemeinschaften verwaltet werden (§ 370 VI S. 2). Hier war darüber hinaus bislang (Rn. 40) Voraussetzung, dass die Gegenseitigkeit zur Zeit der Tat verbürgt und dies in einer Rechtsverordnung gemäß § 370 VI S. 4 festgestellt ist. Diese Einschränkung war nach Bedenken des Bundesrates in die Gesetzesfassung aufgenommen worden (vgl. *Keßeböhmer/Schmitz* wistra 1995, 1).

Eingangsabgaben iS des bis 22.12.2001 geltenden **§ 370 VI 1 aF waren** gem. § 1 III 40
ZG der *„Zoll einschließlich der Abschöpfung, die Einfuhrumsatzsteuer und die anderen für eingeführte Waren zu erhebenden Verbrauchsteuern"*. Diese für das Zollrecht geltende Definition wurde allgemein auch auf § 370 VI AO angewendet. Mit dem In-Kraft-Treten des Zollkodex zum 1.1.1994 ist das deutsche Zollgesetz jedoch aufgehoben worden. Soweit der einheitliche Zollkodex Lücken ließ, zB durch die mangelnde Zuständigkeit der Gemeinschaft im organisatorischen Bereich, sollten diese durch das ebenfalls seit 1.1.1994 geltende bundesdeutsche Zollverwaltungsgesetz (ZollVG) geschlossen werden (vgl. *Hohrmann* DStR 1994, 455). Weder im Zollkodex (vgl. Art. 4 Nr. 10 ZK) noch im Zollverwaltungsgesetz (vgl. § 1 I 3 ZollVG) wurde jedoch der Begriff der Eingangsabgaben verwendet. Stattdessen wird jeweils der Begriff der Einfuhrabgaben benutzt (vgl. *Keßeböhmer/Schmitz* wistra 1995, 1). Dabei reicht der Begriff der Einfuhrabgabe weiter, weil darunter gem. Art. 4 Nr. 10 Zollkodex auch *„Abgaben mit gleicher Wirkung bei der Einfuhr der Waren"* erfasst werden (vgl. *Keßeböhmer/Schmitz* wistra 1995, 2; RK-*Rolletschke* 330 zu § 370).

Mit dem StÄndG 20.12.2001 (BGBl. I 3794) verwendet § 370 AO den zollrechtlich 41
korrekten Begriff der **Einfuhr- und Ausfuhrabgaben.** Ausfuhrabgaben sind nach Art. 209–211 ZK möglich, es gibt aber im Zolltarif keine ausfuhrabgabenpflichtigen Waren. Wie der Begriff der Einfuhrabgabe zu verstehen ist, ist umstritten. Teilweise will man den Inhalt beimessen, den Art. 4 Nr. 10 ZK vorgibt (so *Keßeböhmer/Schmitz* wistra 1995, 3; vgl. auch Rn. 5 zu § 373). Demgegenüber wollen *Bender/Möller/Retemeyer* (C 46)

hier § 1 I ZollVG anwenden; dann umfasste der Begriff neben den Einfuhrabgaben nach Gemeinschaftsrecht (Art. 4 Nr. 10, Zölle und zollgleiche Abgaben) auch die nationale EUSt und bei der Einfuhr zu erhebenden Verbrauchsteuern. Für die Anwendung des Absatz 6 ist der Streit unergiebig, da dort nicht nationale Steuern gemeint sind (Rn. 42 aE).

42 **Zölle sind Steuern,** die nach Maßgabe des Zolltarifs der EU beim Warenverkehr über die Grenze erhoben werden (HHSp-*Hellmann* 124 zu § 370). Bis zur Änderung des Absatz 6 durch das StÄndG 2001 (Rn. 13) waren lediglich Einfuhrzölle erfasst, nunmehr gilt die Vorschrift auch für (derzeit nicht erhobene) Ausfuhrzölle. **Abschöpfungen** sind Abgaben, denen die Einfuhr von Waren nach europäischem Recht unterliegt, um den Unterschied zwischen dem niedrigen Weltmarktpreisniveau und dem hohen EU-Preisniveau auszugleichen (vgl. HHSp-*Hellmann* 124 zu § 370). **Einfuhrumsatzsteuer** und sonstige Verbrauchsteuern sind Steuern, die über die Zölle und Abschöpfungen hinaus für die Einfuhr von Waren erhoben werden. Nach Auffassung des BGH (8.11.2000, wistra 2001, 62; vgl. auch BGH 21.2.2001, wistra 2001, 263) handelt es es sich auch bei der Einfuhrumsatzsteuer um eine Abgabe iS des § 370 VI 1 AO. Demgegenüber will ein Teil der Literatur hier § 370 VI 2 AO angewendet wissen (*Bender* wistra 2001, 161, 164; *Schmitz/Wulf* wistra 2001, 361, 368; HHSp-*Hellmann* 135 zu § 370). Da § 370 VI 2 AO mangels Vorliegens einer Rechtsverordnung zur Verbürgung der Gegenseitigkeit (Rn. 47 f.) bislang praktisch leerlief, hätte dies zur Folge, dass die Hinterziehung von Verbrauchsteuern und USt in dieser Variante praktisch in Deutschland straflos war; dies wäre im Hinblick auf den Zigaretten- und Alkoholschmuggel letztlich eine unhaltbare Konsequenz gewesen.

43 § 370 VI AO erfasst nicht die deutschen Verbrauchsteuern *(„von einem anderen Mitgliedstaat der …“);* diese werden vielmehr durch § 370 I–V AO unmittelbar geschützt.

44 Als **Gläubigerstaaten** erfasst § 370 VI AO die anderen Mitgliedstaaten der EU (Belgien, Bulgarien, Dänemark, Estland, Finnland, Frankreich, Großbritannien, Griechenland, Republik Irland, Italien, Kroatien, Lettland, Litauen, Luxemburg, Malta, Niederlande, Österreich, Polen, Portugal, Rumänien, Schweden, Slowakische Republik, Slowenien, Spanien, Tschechische Republik, Ungarn und Zypern) sowie der EFTA (Island, Liechtenstein, Norwegen, Schweiz). Da sich die EU auf Grund der Umstellung ihrer Finanzierung in immer stärkerem Maße aus Abschöpfungen direkt finanziert (Beschluss des Rates der EG v. 21.4.1970, BGBl. 1970 II 1261), die von den Mitgliedstaaten eingezogen werden, genügt es, wenn die Einfuhrabgabe von einem Mitgliedstaat *verwaltet* wird. Die Einfuhrabgabe muss ihm nicht letztlich zustehen. Hinsichtlich der übrigen Staaten kommt es dagegen darauf an, ob die Einfuhrabgaben ihnen zustehen.

45 Soweit § 370 I–V AO auf die Einfuhr- oder Ausfuhrabgaben ausländischer Staaten anzuwenden ist, gilt iE Folgendes: Da es sich um die **Anwendung deutschen Strafrechts** durch den deutschen Richter handelt, sind die deutschen Vorschriften nach den hier geltenden Grundsätzen anzuwenden (BGH 8.11.2000, wistra 2001, 62). Wenn *Schmitz* und *Wulf* (wistra 2001, 361, 365) daraus schließen, damit entfalle in diesen Fällen die Anwendbarkeit des § 370 I Nr. 2 AO, weil ausländische Zoll- oder Finanzämter keine Finanzbehörden iS des § 6 II AO seien, überzeugt dies nicht. Im Rahmen des Abs. 6 S. 1 und 2 sind denknotwendig Angaben ggü. den zuständigen *ausländischen* Behörden gemeint (HHSp-*Hellmann* 89 zu § 370).

46 Für die Beantwortung der Frage, ob eine Einfuhrabgabe geschuldet ist oder ob eine Aufklärungspflicht besteht, kommt es auf die einschlägigen ausländischen Rechtsvorschriften an, da die Eingangsabgaben in dem jeweiligen sich aus dem ausländischen Recht ergebenden Bestand geschützt werden sollen (Schwarz/Pahlke/*Dumke/Webel* 290 zu § 370 AO; vgl. auch BGH 3.6.1987, wistra 1987, 293). Schwierigkeiten können sich insofern ergeben, als in den anderen Staaten Einfuhr-/Ausfuhrabgaben erhoben werden, die in § 1 I 3 ZollVG nicht erwähnt sind.

47 **Umsatzsteuern oder harmonisierte Verbrauchsteuern** werden nach der Neufassung des § 370 VI AO zum 14.12.2010 auch erfasst, soweit sie von einem anderen Mitgliedstaat der EG verwaltet werden. Harmonisierte Verbrauchsteuern sind Steuern auf Energie,

Alkohol, alkoholische Getränke und Tabakwaren. Die Verweisung in § 370 VI 2 AO in ihrer geltenden Fassung wie in ihren früheren Fassungen auf unionsrechtliche Vorschriften dient nach Auffassung des BGH lediglich der begrifflichen Konkretisierung der im Gesetz genannten „harmonisierten Verbrauchsteuern für Waren". Für diesen Zweck komme es auf die Geltung der unionsrechtlichen Vorschrift nicht an (BGH 20.11.2013, wistra 2014, 145). Hier war bislang Voraussetzung, dass die Gegenseitigkeit der Strafverfolgung verbürgt und dies in einer Rechtsverordnung nach § 370 VI 4 AO festgestellt worden war (Vorauf l. Rn. 30 f. zu § 370). Ein solches Erfordernis war auf Drängen des Bundesrates in das Gesetz aufgenommen worden, offenbar um andere Staaten zu motivieren, vergleichbare Regelung zu schaffen (vgl. *Keßeböhmer/Schmitz* wistra 1995, 1). Diese Einschränkung ist durch Gesetz vom 7.12.2011 (BGBl. 2011 I 2592) mWv 14.12.2011 gestrichen worden (vgl. auch Voraufl. Rn. 30 f. zu § 370). Da es sich hier um Verfahrensrecht handelt, wird nach dem Grundsatz „Neues Verfahrensrecht gilt" diese Streichung Konsequenzen auch für Altfälle haben (so *Tully/Merz* wistra 2012, 121). Auch *Jäger* (Klein/*Jäger* AO § 370 Rn. 159) geht davon aus, dass es entgegen der bisher herrschenden Meinung nicht um eine objektive Bedingung der Strafbarkeit ginge (so etwa *Keßeböhmer/Schmitz* wistra 1995, 1, 4; *Walter/Lohse/Dürrer* wistra 2012, 125; *Ransiek* HRRS 2009, 421; Kohlmann/*Ransiek* 557 zu § 370;), sondern um eine Prozessvoraussetzung. Daher könnten seit Aufhebung des Erfordernisses der Verbürgung der Gegenseitigkeit solche Fälle der Hinterziehung im Ausland in Deutschland ohne weiteres verfolgt werden (ebenso *Tully/Merz* wistra 2012, 121, 122 f.; HHSp-*Hellmann* 26a zu § 370). Da mit dem Erfordernis der Gegenseitigkeit nicht etwa ein Vertrauenstatbestand geschaffen werden sollte, sondern lediglich Druck auf andere Staaten ausgeübt werden sollte, vergleichbare Regelungen zu schaffen (BT-Drs. 12/2906, 45), tritt die Strafbarkeit wegen einer (Beteiligung an einer) Steuerhinterziehung im Ausland auch für die Vergangenheit neben die der eigenen Steuerhinterziehung im Inland durch die unberechtigte Behandlung der Lieferung als steuerfreie innergemeinschaftliche (vgl. Schwarz/Pahlke/*Dumke/Webel* 290 zu § 370 AO). Ob dann die Beihilfe zur Tat im Ausland und die eigene Steuerhinterziehung eine Tat im strafprozessualen Sinne bilden (so *Tully/Merz* wistra 2012, 121, 124; siehe auch *Spatscheck/Höll* SAM 2011, 64, 67 f.), ist zweifelhaft.

§ 370 VII AO ordnet für Taten nach Abs. 1–6 **die Geltung des „Weltrechtsprinzips"** 48 an. Soweit sich Verkürzungserfolge im Inland ergeben, ergibt sich die Strafbarkeit des im Ausland Handelnden bereits über § 9 I StGB (Rn. 35 zu § 369), so dass es des § 370 VII AO nicht bedarf, wenn etwa ein im Ausland lebender Stpfl eine unrichtige Festsetzung bezüglich seiner Inlandseinkünfte bewirkt (*Keßeböhmer/Schmitz* wistra 1995, 6; *Kohlmann* Hirsch-FS S. 590 ff.). Entgegen *Keßeböhmer/Schmitz* (wistra 1995, 7) bedarf es eines Rückgriffs auf § 370 VII AO aber auch dann nicht, wenn eine Steuerhinterziehung durch Unterlassen im Raum steht. In diesen Fällen sollte der Verkürzungserfolg im Inland eintreten, was gem. § 9 I StGB ebenfalls ausreicht. Überdies war es die Verpflichtung des Stpfl, seine Erklärung im Inland abzugeben, so dass er *auch* im Inland hätte handeln müssen. Insoweit läuft § 370 VII AO leer.

Für Taten nach § 370 VI AO galt nach seinem ursprünglichen Wortlaut § 370 VII AO 49 zunächst nicht. Hier handelte es sich offenbar um ein Versehen des Gesetzgebers, der aus dem ehemaligen § 370 VI 2 AO, der sich konkret auf den S. 1 desselben Absatzes bezog, einen Absatz 7 machte, ohne die Verweisung auf die Absätze 1–6 vorzusehen (vgl. auch § 379 I S. 2). Die Literatur wollte dennoch § 370 VII AO auf Taten gem. Absatz 6 anwenden (*Koch/Scholtz/Scheurmann-Kettner* 70, Erbs/Kohlhaas/*Hadamitzky/Senge* AO § 370 Rn. 60; *Stoffers* EuZW 1994, 306 f.; *Weyand* INF 1993, 463). Angesichts des Bestimmtheitsgebots des Art. 103 II GG wurde dies hier bereits in der 4. Auflage abgelehnt und auf die Notwendigkeit einer Gesetzesänderung verwiesen. Nachdem in der Rechtsprechung gestritten wurde, ob das gesetzgeberische Versehen übersehen werden darf (LG Kiel 10.6.1997, wistra 1997, 275; OLG Schleswig 17.9.1997, wistra 1998, 30 mit zust. Anm. *Döllel* wistra 1998, 70; BayObLG 28.11.2000, wistra 2001, 233) hat der Gesetzgeber mit dem EGFinSchG mWv 22.9.1998 (BGBl. 1998 II 2322) eine entsprechende „Klarstellung" vorgenommen. Ob allerdings eine Erstreckung des Absatzes 7 auf die Fälle des § 370 VI 2 AO sinnvoll ist (vgl. die Beispiele bei *Keßeböhmer/Schmitz* wistra 1995, 6) erscheint zweifelhaft. Nach der hier vertretenen Auffassung können freilich Taten vor dem 22.9.1998 nicht über die Anordnung des § 370 VII AO bestraft werden (anders Erbs/Kohlhaas/*Hadamitzky/Senge* AO § 370 Rn. 60). Nachdem der BGH (21.2.2001, wistra 2001, 263 mit abl. Anm. *Schmitz/Wulf* wistra 2001, 361) die Auffassung vertreten hatte, dass es sich bei der in § 370 VII AO fehlenden Verweisung auf Abs. 6 um ein „offenkundiges redaktionelles Versehen" gehandelt hat, hat das BVerfG (19.12.2002, wistra 2003, 255) entschieden, dass diese Auslegung den möglichen Wortsinn der Vorschrift sprengt und damit die Grenze verfassungsrechtlich zulässiger Interpretation übersteigt. Eine andere Frage ist, ob nicht aus anderen Gründen deutsches Strafrecht Anwendung finden kann (vgl. OLG Schleswig 17.9.1997, wistra 1998, 30 mit Anm. *Döllel* wistra 1998, 70).

50 Für die Aburteilung der Steuerhinterziehung bezüglich Einfuhr- oder Ausfuhrabgaben ausländischer Staaten gilt in begrenztem Umfang das Verbot der Doppelbestrafung. So ergibt sich aus Art. 54 des Schengener Übereinkommens vom 19.6.1990, insoweit in Kraft ab 15.3.1995, dass keines der Mitgliedsländer eine Straftat mehr verfolgen kann, wenn diese in einem anderen Mitgliedstaat bereits rechtskräftig abgeurteilt (dazu EuGH 5.6.2014, wistra 2015, 140) ist (vgl. LG Hamburg 14.9.1995, wistra 1995, 358; OLG Hamburg 8.3.1996, wistra 1996, 193; BGH 13.5.1997, wistra 1997, 268; BGH 2.2.1999, wistra 1999, 193; BGH 10.6.1999, wistra 1999, 393; BGH 10.6.1999, BGHSt 45, 123; BGH 28.2.2001, BGHSt 46, 307; StrafG Eupen 27.1.1999, wistra 1999, 479; EuGH 18.7.2007, NJW 3412; *Harms* Rieß-FS 2002, 725). Mittlerweile ist Art. 54 SDÜ durch Art. 50 GrCh ergänzt worden. Danach tritt der – unionsweite – Strafklageverbrauch schon ein, wenn der Täter in der Union rechtskräftig verurteilt oder freigesprochen worden ist, während Art. 54 SDÜ darüber hinaus verlangt, dass die Sanktion bereits vollstreckt worden ist (HHSp-*Hellmann* 26b zu § 370). Nach Auffassung des BGH (BGH 25.10.2010, BGHSt 56, 11) wird Art. 54 SDÜ nicht durch Art. 50 GrCh verdrängt, da Art. 52 I 1 GrCh eine gesetzliche Einschränkung der in der GrCh genannten Recht und Freiheiten anerkennt. Art. 54 SDÜ soll eine solche Einschränkung darstellen (vgl. auch Kohlmann/*Ransiek* 563 zu § 370; *Satzger,* Internationales und europäisches Strafrecht, 6. Aufl., § 10 Rn. 68; aA *Böse* GA 2011, 504).

51 **b) Begriff der Verkürzung. aa) Bedeutung des Verkürzungserfolges.** Der Eintritt des Verkürzungserfolges entscheidet nicht nur darüber, ob für die Steuerhinterziehung nur Versuchsstrafe oder Vollendungsstrafe ausgesprochen werden kann, sondern vor allem auch darüber, ob noch ein Rücktritt nach § 24 StGB oder nur eine strafbefreiende Selbstanzeige nach § 371 AO möglich ist (Rn. 65 f. zu § 369).

52 **bb) Die Definition des Verkürzungserfolges.** Das Gesetz definiert in § 370 IV 1 AO, ausgefüllt durch Satz 2 bis 4, den Begriff des Verkürzungserfolges in einer Weise, die nicht zwingend mit einem wirtschaftlichen Schaden des Fiskus verbunden ist. Es stellt nicht eine wirtschaftliche Verkürzung in den Vordergrund, sondern einen Vergleich der festgesetzten Steuern (oben Rn. 33). Angeknüpft wird an eine zu niedrige oder an eine Nicht-Festsetzung. Die Formulierung des Gesetzes deutet darauf hin, dass drei Formen des Erfolgseintritts zu unterscheiden seien (nicht, nicht in voller Höhe und nicht rechtzeitig festgesetzt). In Wahrheit handelt es sich jedoch nur um zwei Erscheinungsformen, da die nicht rechtzeitige Festsetzung auch den Fall der völlig unterbliebenen Festsetzung umfasst. Der Erfolg der Steuerverkürzung tritt nämlich in der Alternative der *„nicht rechtzeitigen"* Festsetzung nicht erst dann ein, wenn die Steuer verspätet festgesetzt wird, sondern bereits in dem Zeitpunkt, in dem die rechtzeitige Festsetzung unterbleibt. Sowohl bei der zu niedrigen Festsetzung wie auch bei der nicht rechtzeitigen Festsetzung sind dann jeweils die verschiedenen Erscheinungsformen der Festsetzung zu unterscheiden.

53 **Die erste Form des Erfolgseintritts** besteht darin, dass die FinB die geschuldete Steuer **zu niedrig** festsetzt. Dass bereits mit der Festsetzung (bzw. deren Wirksamwerden durch Bekanntgabe, § 155 I, § 122) die Tat vollendet ist, ist keine Selbstverständlichkeit (gegen den Ausnahmecharakter der Vorschrift *Franzen,* 1. Aufl., Rn. 23 zu § 392 RAO; vgl. auch *Suhr* 1989, S. 89 ff.). Die zu geringe Vereinnahmung der Steuer steht damit nämlich noch nicht fest, da der StSchuldner die Steuern innerhalb des üblichen Zahlungszeitraums in der zutreffenden Höhe bezahlen kann. Wegen der Legaldefinition in § 370 IV 1 AO verhindert eine solche Zahlung jedoch den Erfolgseintritt nicht mehr, da die Vollendung schon mit der Festsetzung eingetreten ist. Der Täter kann demnach Straffreiheit nur noch durch Selbstanzeige gemäß § 371 AO erlangen. Das Gesetz erfasst daher hier die Vermögensgefährdung als Vermögensschaden. Der vom Gesetz erfasste Grad der Vermögensgefährdung ist aber je nach der Art der Festsetzung ein sehr unterschiedlicher. Zwar kann die durch Täuschung bewirkte endgültige Festsetzung gemäß § 173 I Nr. 1 AO wieder geändert werden. Das Maß der durch die Tat bewirkten Vermögensgefährdung ist jedoch auf der Grundlage der Annahme zu bestimmen, dass die FinB die Täuschung nicht kennt. Dann ist aber die Annahme einer schadensgleichen Gefährdung bei endgültiger Festsetzung unproblematisch. Anders liegt dies bei den übrigen Formen der Festsetzung. Bei der Festsetzung unter dem allgemeinen Vorbehalt der Nachprüfung gemäß § 164 AO ist der Vorgang für die FinB noch nicht endgültig abgeschlossen, so dass die Möglichkeit der Entdeckung der Täuschung näher liegt als bei der endgültigen Festsetzung. Das Maß der Vermögensgefährdung ist dadurch geringer. Noch geringer ist die Vermögensgefährdung bei der vorläufigen Festsetzung gem. § 165 AO, soweit die Vorläufigkeit reicht, da der FinB hier die konkrete Ungewissheit aktuell bewusst ist. Beruht die vorläufige Festsetzung schließlich auf dem Verdacht einer Täuschung durch den StSchuldner, dann ist die Vermögensgefährdung allenfalls noch theoretischer Natur. Soweit schließlich eine Steueranmeldung gemäß § 168 AO einer Festsetzung unter dem Vorbehalt der Nachprüfung ohne Zustimmung der FinB gleichsteht, werden von § 370 IV 1 AO auch Fälle erfasst, in denen überhaupt keine Gefährdung des Vermögens des StGläubigers eingetreten ist. Nach § 370 IV 1 AO ist der steuerverkürzende Erfolg nämlich auch dann eingetreten, wenn der Stpfl eine unrichtige – aber gemäß § 168 S. 1 AO dennoch der Festsetzung gleichstehende – Steueranmeldung abgibt und die FinB die Unrichtigkeit sofort erkennt (s. jedoch Rn. 279 ff.). Das von der Vorschrift erfasste **Maß der Vermögensgefährdung** reicht daher von der schadensgleichen Gefährdung bis zum Fehlen einer konkreten Gefahr.

Bei der zweiten Alternative der unterbliebenen rechtzeitigen Festsetzung ist die Lage nicht anders. So wie die zu niedrige Festsetzung die Vollendung im Bereich der mengenmäßigen Vermögensschädigung (zu geringe Steuereinnahmen) in den Bereich der Gefährdung vorverlegt, so erfasst die nicht rechtzeitige Festsetzung die Gefahr eines Verspätungsschadens. Diese Gleichstellung ist zunächst nur konsequent, da ein Vermögensschaden bei wirtschaftlicher Betrachtung sowohl vorliegt, wenn eine Forderung nicht in voller Höhe realisiert wird, wie auch dann gegeben ist, wenn sie nicht zum hypothetischen Leistungstermin (Rn. 53), sondern später erfüllt wird. Bei der Ermittlung der Festsetzungsverspätung ist ähnlich wie bei der Ermittlung des Verspätungsschadens der Zeitpunkt der tatsächlichen Festsetzung mit dem Zeitpunkt zu vergleichen, an dem die Festsetzung ohne die Täuschung durch den Täter erfolgt wäre. Soweit bei den Veranlagungssteuern die ordnungsgemäßen Steuererklärungen über einen bestimmten Zeitraum bearbeitet werden, ist hypothetischer Festsetzungszeitpunkt daher nach bisherigem Verständnis das Ende der Veranlagungsarbeiten in dem zuständigen Veranlagungsbezirk (Rn. 56 f.). 54

In allen Fällen kommt es nicht darauf an, dass die Steuer nicht bezahlt worden ist und auch nicht darauf, dass der Steuerpflichtige bei korrekter Festsetzung hätte zahlen oder in sein Vermögen hätte vollstreckt werden können (Rn. 62 f.). Die bloße Nichtzahlung ist im Rahmen des § 370 AO irrelevant. Hierfür könnte im Einzelfall § 380 AO bzw. §§ 26b, 26c UStG einschlägig sein (vgl. auch HHSp-*Hellmann* 139 zu § 370). 55

Im Übrigen unterscheidet das Gesetz zwischen Fälligkeitssteuern und Veranlagungssteuern. Soweit gesagt wird, bei Fälligkeitssteuern solle die Steuerverkürzung eingetreten sein, sobald die Steuer am Fälligkeitstermin nicht gezahlt worden ist (BGH 24.9.1953, NJW 1953, 1841; 28.11.1957, ZfZ 1958, 147) ist dies missverständlich. Gibt der Steuerpflichtige 56 rechtzeitig eine vollständige Steueranmeldung ab, macht er sich schon nicht strafbar. Dass er nicht zahlt, hat zunächst einmal nur Säumniszuschläge oder ein Bußgeld nach § 26b UStG zur Folge. Bei den Veranlagungssteuern, bei denen die Fälligkeit erst nach einem Verwaltungsakt des Finanzamts eintritt, kommt es ebenfalls nicht auf das Verstreichenlassen des Fälligkeitstermins an, sondern auf die entsprechende zu niedrige oder Nicht-Festsetzung. Es kommt also zu einem Eintritt eines Verkürzungserfolgs, bevor die entsprechende Steuer fällig ist. Überdies wird eine bedeutsame Ausnahme für den Fall des Unterlassens gemacht. Verhindert der Täter, dass er veranlagt wird, indem er keine Erklärung einreicht, wird seine Steuerschuld mangels Bekanntgabe der Festsetzung auch nicht fällig (§ 220 Absatz 2 Satz 2 AO). Eine Vollendung könnte hier nie eintreten. Um dieses Ergebnis zu vermeiden, nimmt die herrschende Meinung an, dass der Verkürzungserfolg eintritt, wenn die Veranlagung und Festsetzung bei ordnungsgemäßer Abgabe der Steuererklärung erfolgt wäre.

57 Zugunsten des Täters wird dann bislang derjenige Zeitpunkt gewählt, in dem die Veranlagungsarbeiten in dem betreffenden Bezirk „im Großen und Ganzen" abgeschlossen sind (BGH 1.3.1956, BStBl. I 441; BGH 17.7.1979, GA 1980, 219; BGH 28.10.1998, wistra 1999, 385; BGH 7.11.2001, BGHSt 47, 138; OLG Hamm 6.12.1962, FR 1963, 301; OLG Hamburg 16.12.1965, NJW 1966, 845; OLG Düsseldorf 4.4.2005, wistra 2005, 353 mit Anm. *Rolletschke* DStZ 2006, 78; Klein/*Jäger* AO § 370 Rn. 92; HHSp-*Hellmann* 150 und Kohlmann/*Ransiek* 413 zu § 370; *Dörn* DStZ 1998, 165; siehe auch *Schmitz* Kohlmann-FS 2003, 518 f.). Daran ist zunächst richtig, dass für die Ermittlung eines fiktiven Vollendungszeitpunktes der Grundsatz „in dubio pro reo" Anwendung finden muss. Dabei wird man freilich nicht darauf abstellen dürfen, ob die Veranlagungsarbeiten für Stpfl dieser Art und das betreffende Steuerjahr „im Großen und Ganzen" abgeschlossen waren, sondern fragen müssen, wann denn nun wirklich der letzte betreffende Stpfl veranlagt worden ist (*Schmitz* Kohlmann-FS 2003, 519). Eine OFD-Verfügung, mit der praktisch kraft Feststellung des Veranlagungsschlusses der Vollendungszeitpunkt festgelegt wird, ist nicht angängig (vgl. auch *Dörn* wistra 1993, 241).

58 Der **Bundesgerichtshof** (BGH 7.11.2001, BGHSt 47, 138 m. Anm. *Wulf* wistra 2003, 89; siehe auch OLG München 1.10.2001, wistra 2002, 34) nimmt eine für den Beginn der Verfolgungsverjährung maßgebliche Tatbeendigung an, wenn ein Steuerbescheid ergangen ist oder wenn feststeht, dass ein solcher Bescheid nicht mehr ergehen wird. *„Die Hinterziehung einer Veranlagungssteuer durch Unterlassen ist als beendet anzusehen, wenn das zuständige Finanzamt die Veranlagungsarbeiten in dem betreffenden Bezirk für den maßgeblichen Zeitraum allgemein abgeschlossen hat. Erst dann ist regelmäßig nicht mehr mit einer Veranlagung zu rechnen".* Offenbar erwägt der 1. StrS nunmehr, zumindest in einfach gelagerten Fällen eine Vollendung 12 Monate nach Ablauf der Frist anzunehmen und mit diesem Zeitpunkt auch die Verjährung beginnen zu lassen (BGH 19.1.2011, wistra 2012, 484).

59 Wenn das Gesetz auch Steueranmeldungen einer Festsetzung unter dem Vorbehalt der Nachprüfung gleichstellt, lässt sich dies nicht damit begründen, dass in allen Fällen eine Vermögensgefährdung deshalb vorliege, weil die Chancen einer Steuereinnahme zur rechten Zeit und in zutreffender Höhe generell gemindert seien. § 370 IV 1 AO beschreibt gerade nicht ausnahmslos Fälle einer konkreten Vermögensgefährdung. Das Gemeinsame aller in § 370 IV 1 AO erfassten Fälle, von der Steuerfestsetzung ohne Vorbehalt bis zur Steueranmeldung, besteht vielmehr darin, dass der FinB jeweils die erforderliche Vollstreckungsgrundlage fehlt. Bei Veranlagungsteuern tritt gemäß § 220 II 2 AO die für die Vollstreckung gem. § 254 I AO erforderliche Fälligkeit für die Differenz zwischen geschuldeter und zu niedrig festgesetzter Steuer nicht ein. Bei den Fälligkeitsteuern mit Voranmeldung fehlt in Höhe der nicht angemeldeten Steuer die Voranmeldung, die das für die Vollstreckung erforderliche Leistungsgebot gemäß § 254 I 4 AO ersetzen würde. In allen Fällen fehlt also diejenige Vollstreckungsgrundlage, welche die FinB bei ordnungsgemäßem Täterverhalten erlangt hätte. Wenn das Gesetz in § 370 IV 1 AO das Fehlen dieser Vollstreckungsgrundlage für die Vollendung generell und unabhängig davon genügen lässt, ob die Steuereinnahmen tatsächlich gefährdet sind, dann scheint es dadurch den Tatbestand der

Steuerverkürzung jedenfalls im Anwendungsbereich von § 370 IV 1 AO zu einem abstrakten Gefährdungsdelikt zu machen: für die Vollendung genügt der Eintritt eines bestimmten im Gesetz beschriebenen Erfolges, der weder mit einer Vermögensschädigung noch einer Vermögensgefährdung notwendig identisch ist. Da aber der Tatbestand neben dem Täterverhalten und dem steuerverkürzenden Erfolg als Bindeglied zwischen beiden mindestens die dem Täterverhalten entsprechende Unkenntnis der Behörde voraussetzt (Rn. 279 ff.), wird § 370 I AO schließlich doch nicht zu einem abstrakten Gefährdungsdelikt. Unkenntnis der FinB und tatsächliches Fehlen einer Vollstreckungsgrundlage zusammen begründen dann die konkrete Vermögensgefährdung (aM *Suhr* 1989, S. 89 ff.). Grundlegend anders will der BGH auf ein Bindeglied zwischen Tathandlung und Verkürzungserfolg jedenfalls insofern verzichten, als eine Fehlvorstellung der FinB entbehrlich sein soll (BGH 22.8.2012, wistra 2013, 65; BGH 21.11.2012, wistra 2013, 107; unten Rn. 281 f.).

cc) Erscheinungsformen des Verkürzungserfolges. Die Bestimmung des Verkürzungserfolges wird einmal dadurch erschwert, dass der Charakter des Delikts der Steuerhinterziehung als **Verletzungs- oder Gefährdungsdelikt** höchst zweifelhaft ist (s. dazu *Schleeh* FR 1971, 118, 120); vgl. auch *Hardtke* (1995, S. 139), der zutreffend auf die Gefahr hinweist, dass aus der Steuerhinterziehung ein abstraktes Gefährdungsdelikt wird. Zum anderen entstehen Probleme aus der Erfolgsdefinition in § 370 IV 1 AO, die gegenüber § 392 III RAO dadurch vergrößert worden sind, dass das Gesetz bestimmte Steueranmeldungen der Steuerfestsetzung gleichstellt (krit. auch *Schleeh* StW 1972, 310). Eine Lösung ist nur in der Weise möglich, dass der Begriff des Verkürzungserfolges zunächst unabhängig von § 370 IV 1 AO definiert wird. Das ist erforderlich, weil eine Steuerverkürzung auch außerhalb des von § 370 IV 1 AO geregelten Bereichs begangen werden kann. Zum anderen lässt sich die Bedeutung der Regelung in § 370 IV 1 AO nur ermessen, wenn zuvor der allgemeine Begriff der Steuerverkürzung festgelegt worden ist. 60

(1) Allgemeiner Begriff der Steuerverkürzung. Zunächst ist daran festzuhalten, dass im Grundsatz die Steuerverkürzung eine (gedachte) Unterschreitung der Ist-Einnahme unter die Soll-Einnahme darstellt (krit. HHSp-*Hellmann* 141 zu § 370). Dies ist deshalb bedeutsam, weil eine Steuerhinterziehung nicht nur im Zeitraum bis zur Steuerfestsetzung – hier meint „Einnahme" iS des Gesetzes idR nicht die kassenmäßige Vereinnahmung, sondern die Festsetzung, sondern auch noch nach zutreffender Steuerfestsetzung, zB im Vollstreckungsverfahren, möglich ist. In diesem Bereich ist jeweils zu fragen, wann und in welchem Umfange die Steuer ohne das pflichtwidrige Verhalten des Täters bei ordnungsmäßigem Ablauf des Verfahrens vereinnahmt worden wäre. Täuscht der Täter im Vollstreckungsverfahren Zahlungsunfähigkeit vor (RG 11.4.1934, RStBl. 695) oder macht er in der eidesstattlichen Versicherung unrichtige Angaben über die Vermögensstücke (RG 23.8.1938, RStBl. 889; BGH 1.4.1960, BGHSt 14, 348) und unterlässt die FinB deshalb erfolgversprechende Vollstreckungsmaßnahmen, so tritt die Vollendung der Steuerverkürzung in dem Zeitpunkt und Umfang ein, in dem die Vollstreckungsmaßnahmen erfolgreich gewesen wäre (Rn. 485). 61

Die Unterschreitung der Soll-Einnahme kann auf zwei Arten erfolgen: Im ersten Fall sind die tatsächlichen Leistungen des StSchuldners **mengenmäßig niedriger** als die geschuldeten Leistungen. Der Staat erleidet einen echten Vermögensschaden. Der Vermögensschaden wird im Bereich der Steuerhinterziehung nach hM freilich nicht rein wirtschaftlich bestimmt. Es kommt demnach nicht darauf an, ob die tatsächlichen Einnahmen hinter dem zurückbleiben, was faktisch ohne die Täuschung hätte erlangt werden können. Es wird vielmehr der Steueranspruch zum Nennwert eingesetzt und lediglich gefragt, ob die tatsächliche Einnahme hinter der geschuldeten Steuer zurückbleibt. Dementsprechend soll es nicht darauf ankommen, ob der StSchuldner mittellos ist und deshalb auch ohne Täuschung die Steuer nicht hätte beigetrieben werden können (BGH 16.1.1962, zit. bei *Herlan* GA 1963, 67; *Buschmann/Luthmann* S. 14; HHSp-*Hellmann* 144 zu § 370 AO; aM 62

Suhr 1989, 135 ff.). Diese Auffassung kann in undifferenzierter Weise jedenfalls für das Vollstreckungsverfahren nicht akzeptiert werden. Wie immer man den Verkürzungserfolg definiert: Ist der StSchuldner mittellos und wären Vollstreckungsmaßnahmen daher ohnehin erfolglos geblieben, dann fehlt es spätestens an der Kausalität von Täuschung und Verkürzungserfolg (vgl. BGH 19.12.1997, wistra 1998, 180, 184 mit Anm. *Gribbohm* NStZ 1998, 573; unten Rn. 485). Es empfiehlt sich daher, bereits bei der Bestimmung des Verkürzungsbegriffs die wirtschaftliche Betrachtungsweise anzuwenden und im Beispielsfall bereits den Verkürzungserfolg zu verneinen (ähnl. *Göggerle* BB 1982, 1851). Dabei ist allerdings zu berücksichtigen, dass die Vollstreckungsaussichten nicht nur in Bezug auf den konkreten Vollstreckungsversuch zu berechnen sind, sondern in die Betrachtung auch spätere Chancen weiterer Vollstreckungsmaßnahmen einbezogen werden müssen, die durch das täuschende Täterverhalten vereitelt werden können. Weitergehend will *Suhr* (1989, S. 135 ff.) auch im Festsetzungsverfahren eine Steuerverkürzung bei Vermögenslosigkeit des Stpfl verneinen.

63 Der Verkürzungserfolg ist auch dann gegeben, wenn die Steuerpflicht **verspätet erfüllt** und die Steuer verspätet festgesetzt wird. Dabei handelt es sich um einen Verspätungsschaden, der dem mengenmäßigen Schaden grundsätzlich gleichsteht (einhM, vgl. RG 22.4.1926, RGSt 60, 185; OLG Köln 26.9.1958, NJW 1958, 2078; OLG Hamburg 16.12.1965, NJW 1966, 845; OLG Hamburg 27.1.1970, NJW 1970, 1385; und Kohlmann/*Ransiek* 414 zu § 370). Die Schwierigkeiten bestehen hier in der Bestimmung des Soll-Zeitpunktes, der mit dem Ist-Zeitpunkt der Zahlung zu vergleichen ist. Wenn die hM bei den Fälligkeitsteuern den Soll-Zeitpunkt mit dem Fälligkeitszeitpunkt identifiziert (Rn. 54), dann ist dies nicht nur deshalb problematisch, weil bei dieser Betrachtung die Kausalität zwischen Täuschungsverhalten und Überschreitung des Fälligkeitstermins nicht festgestellt werden kann, sondern vor allem auch deshalb kein brauchbarer Ansatz, weil mit ihm Verspätungsschäden im Vollstreckungsverfahren nicht erfasst werden können. Auch kann schließlich nicht diejenige Fallgruppe sinnvoll beurteilt werden, in der auf Grund der Täuschung gerade der Fälligkeitstermin hinausgeschoben wird, zB bei Erschleichung einer Fristverlängerung aufgrund einer Täuschung. Der Verspätungsschaden kann nach alledem nur auf der Grundlage der hier allein angemessenen wirtschaftlichen Betrachtungsweise in der Art bestimmt werden, dass der Zeitpunkt der tatsächlichen Leistung mit demjenigen Zeitpunkt verglichen wird, in dem die Zahlung ohne das täuschende Täterverhalten erfolgt wäre (krit. HHSp-*Hellmann* 141 zu § 370). Bei der Bestimmung dieses hypothetischen Leistungszeitpunktes kann nun freilich nicht generell unterstellt werden, dass der Täter freiwillig geleistet hätte, sondern es ist zu fragen, ob Vollstreckungsmaßnahmen ohne das täuschende Täterverhalten nötig gewesen wären und ob sie zum Erfolg geführt hätten. Diese Interpretation des Soll-Zeitpunktes ist einmal deshalb erforderlich, weil der täuschende Täter seine mangelnde Bereitschaft zu freiwilliger Leistung durch die Tat hinreichend offenbart hat, so dass schon gar nicht die faktische Chance einer früheren Zahlung bestand. Zum anderen hat die Täuschung das Ausbleiben dieser früheren Leistung nicht verursacht. Wenn der Täter nicht getäuscht hätte, hätte er die freiwillige Leistung verweigern und es auf die Vollstreckung ankommen lassen können.

64 **(2) Sonderfragen.** Ob die **einheitliche und gesonderte Feststellung des Gewinns,** zB bei Personengesellschaften, Steuerfestsetzung im Hinblick auf § 370 IV AO ist, könnte zweifelhaft sein wegen § 181 II AO, der festlegt, dass auf diese Feststellungsbescheide die Vorschriften über die Steuerfestsetzung entsprechend anzuwenden sind. Die Frage hat erhebliche Bedeutung insbes. für Publikums-Personengesellschaften (s. *Sorgenfrei* wistra 2006, 370). Die Praxis sah bislang hier nicht die Feststellung des Gewinns der Gesellschaft, sondern erst den Steuerbescheid beim einzelnen Gesellschafter als Steuerfestsetzung und Eintritt der Verkürzung an (BGH 20.6.1980, BB 1090; BGH 7.2.1984, wistra 1984, 142). Daraus folgte für die Strafverfolgung die lästige und zeitraubende Notwendigkeit, sämtliche Steuerbescheide aller Gesellschafter heranzuziehen und für jeden von ihnen den verkürzten

Steuerbetrag zu errechnen. Vergleichbare Probleme stellen sich auch bei der gesonderten Feststellung von Verlusten im Einkommensteuerrecht (§ 10d EStG), sowie im Hinblick auf die gesonderte Feststellung des verwendbaren Eigenkapitals iS des § 47 KStG aF (*Hardtke* 1995, S. 170 ff.; *ders.* AO-StB 2002, 92; unten Rn. 301 ff.).

Auch beginnt die **Verjährungsfrist** erst, wenn der letzte Gesellschafter seinen Steuerbescheid erhalten oder sich der festgestellte Verlust in einem anderen Jahr ausgewirkt hat. 65
Man wird dieser Auffassung de lege lata kaum widersprechen können, da die Feststellung des Gewinns noch keinen unmittelbaren Einfluss auf den Steueranspruch hat, eine Steuerfestsetzung durch ihn gerade nicht stattfindet. Auch steht bei Erlass eines unrichtigen Gewinnfeststellungsbescheides noch keineswegs fest, ob durch ihn tatsächlich Steuern verkürzt werden, da die einzelnen Steueransprüche gegen die Gesellschafter auch von deren übrigen Einkünften abhängen. Aus Gründen der Prozessökonomie dürfte sich jedoch de lege ferenda eine auch steuerstrafrechtliche Gleichstellung der Feststellungsbescheide mit den Festsetzungsbescheiden empfehlen. Überdies ist zweifelhaft, ob nicht zumindest in einigen der in Rede stehenden Fälle mit dem Ergehen eines feststellenden Bescheides bereits ein Steuervorteil erschlichen wurde, so dass beispielsweise bei der gesonderten Verlustfeststellung bereits zu diesem Zeitpunkt eine vollendete Steuerhinterziehung gegeben ist (vgl. *Patzelt* 1990, 107; *Dallmeyer* ZStW124 [2012], 711, 723; *Hardtke/Leip* NStZ 1996, 217, 220; FA Strafrecht/*Hardtke* 6(2 Rn. 52; BGH 10.12.2008, BGHSt 53, 99; zust. BFH 11.10.2013, wistra 2014, 151; aM HHSp-*Hellmann* 299 f. zu § 370;; *Sorgenfrei* wistra 2006, 375; *Blesinger* wistra 2009, 294; siehe auch *Jope* DStZ 2009, 247; MüKoStGB/*Schmitz/Wulf* AO § 370 Rn. 79; *Rolletschke* wistra 2009, 332) und die Verjährung bereits zu diesem Zeitpunkt beginnt (vgl. Rn. 32 zu § 376).

Allerdings meint der BGH, es sei nicht nötig, die entsprechenden Steuervorteile durch 66
Erlangen eines unrichtigen Feststellungsbescheids auch zu quantifizieren (BGH 22.11.2012, BGHSt 58, 50). Dies ist vor dem Hintergrund, dass die verlängerte Verjährungsfrist nach § 376 I und die Sperrwirkung nach § 371 II Nr. 3 an (absolute) Beträge anknüpft, nicht überzeugend (vgl. *Joecks* SAM 2014, 78). Man mag sich im Hinblick auf die Nachzahlungspflicht noch mit der Erkenntnis behelfen, dass es ohne eine Umsetzung des Grundlagenbescheids in Folgebescheiden doch keine Beträge gibt, die sich als „Vorteil" im Sinne des § 371 III darstellen können. Im Hinblick auf die Verjährung muss aber festgestellt werden können, ob etwa ein unberechtigter Verlustvortrag in Höhe von 101 000 EUR zu einem großen Ausmaß im Sinne des § 370 III 2 Nr. 1 führt oder nicht.

Zweifelhaft ist, ob von einer Steuerverkürzung gesprochen werden kann, wenn der Täter 67
zwar in der ESt-Erklärung Kapitaleinkünfte verschwiegen hat, bei der Gutschrift der Kapitalerträge aber soviel **Abzugsteuer einbehalten worden ist,** dass dies die Mehrsteuer abdeckt. Nach Meinung des FG München (10.11.2005, wistra 2006, 470) ist auch in solchen Fällen der (objektive) Tatbestand der Steuerhinterziehung erfüllt. *Rolletschke* (wistra 2006, 471, 472) hat insofern zutreffend darauf hingewiesen, dass mangels Steuerzahllast schon keine Steuerverkürzung gegeben ist und die anrechenbare Kapitalertragsteuer und Körperschaftsteuer auch nicht dem Kompensationsverbot (§ 370 IV 3) unterliegen. Sind also Steueranrechnungsbeträge in entsprechender Höhe vorhanden, wird das durch § 370 AO geschützte Rechtsgut nicht berührt (*Nöhren* 2005, S. 107). Der BFH hat in der Revisionsentscheidung in der Sache (BFH 26.2.2008, DStR 2008, 1281) die Rechtsfrage offen gelassen, sich mit einer teleologischen Auslegung des § 169 II 2 AO begnügt und eine Verlängerung der Festsetzungsfrist verworfen. Andererseits hat der BFH eine Steuerverkürzung für den Fall bejaht, dass der Stpfl dem Zinsabschlag unterliegende Kapitalerträge nicht erklärte und keine entsprechenden Steuerbescheinigungen besaß (BFH 29.4.2008, DStR 2008, 1377). Hier liege eine Steuerverkürzung auch dann vor, wenn der persönliche Steuersatz niedriger war als die Abzugsteuer auf Tafelpapiere in Höhe von 35 vH. Der BFH lässt dabei offen, ob eine Steuerhinterziehung auch dann vorliegt, wenn die Festsetzung zu niedrig ist, die Nachforderung durch die spätere Berücksichtigung der Kapitalerträge aber durch einbehaltene und nachgewiesene Abzugsteuern kompensiert wird. Die Frage wird

man aber verneinen müssen (RK-*Rolletschke* 230 ff. zu § 370). Dem Fiskus ist wirtschaftlich ein Schaden nicht entstanden und § 370 IV 3 AO ist nicht einschlägig, da der Täter die Abzugsbeträge nur in Verbindung mit der Erklärung der Kapitaleinkünfte geltend machen kann.

68 **dd) Zusammenfassend lässt sich folgendes festhalten: Außerhalb des Festsetzungsverfahrens** besteht der Verkürzungserfolg in einem Vermögensschaden, der in einem mengenmäßigen wie auch in einem Verspätungsschaden bestehen kann. Beide Schäden sind nach wirtschaftlicher Betrachtung in der Weise zu bestimmen, dass die tatsächliche Leistung bzw. der tatsächliche Leistungszeitpunkt mit derjenigen Leistung bzw. demjenigen Leistungszeitpunkt verglichen werden, die bei fehlender Täuschung hätten durchgesetzt werden können. Hier weist der Tatbestand der Steuerhinterziehung in Gestalt der Ermittlung der Steuerverkürzung deutliche Parallelen zum (Vermögensschaden beim) Betrug auf.

69 In **§ 370 IV 1 AO** stellt das Gesetz die **Vermögensgefährdung im Festsetzungsverfahren** dem Vermögensschaden gleich. Soweit das Gesetz die nicht rechtzeitige Festsetzung ausreichen lässt, erfasst es durchgehend die konkrete Gefahr von Verspätungsschäden. Soweit die zu niedrige Festsetzung den Verkürzungserfolg ausmacht, werden sowohl konkrete Gefahren des mengenmäßigen wie auch konkrete Gefahren des Verspätungsschadens erfasst. Nicht anders ist es, wenn das Erwirken eines unrichtigen Feststellungsbescheides als das Erschleichen eines Steuervorteils eingeordnet wird.

70 **c) Umfang des Verkürzungserfolges.** Die Unrechts- und damit Schuldhöhe ist maßgeblich von der Größe des erstrebten und erzielten Vermögensschadens abhängig. Das Gericht ist daher verpflichtet, im Einzelfall die Höhe der hinterzogenen Steuer exakt festzustellen (BGH 27.1.1984, StV 1984, 497; BGH 15.3.2005, wistra 2005, 307; BGH 13.10.2005, wistra 2006, 66; BGH 19.4.2007, wistra 2007, 346; OLG Rostock 11.7.2005, StV 2006, 528; OLG Düsseldorf 14.2.1984, wistra 1984, 154; HHSp-*Hellmann* 161 und Kohlmann/*Ransiek* 455 ff. zu § 370; *Franzen* DStR 1964, 380).

71 **Verurteilende Entscheidungen** müssen die tatsächlichen Grundlagen, auf denen die Steuerpflicht beruht, genauso bestimmt und unzweideutig nachweisen wie die sonstigen Merkmale des gesetzlichen Tatbestandes (RG – 4 D 789/37 – 17.12.1937, zit. bei *Hartung* III 4b zu § 396 RAO 1931); sie müssen ferner nicht nur die Summe der vorsätzlich verkürzten Steuern, sondern auch deren Berechnung im Einzelnen enthalten (BayObLG DStZ/B 1963, 112; ebenso OLG Frankfurt ZfZ 1960, 344; OLG Düsseldorf 14.2.1984, wistra 1984, 154; OLG Stuttgart 4.5.1984, wistra 1984, 239; BGH 30.7.1985, wistra 1986, 23; 12.5.1989, wistra 1989, 264; 3.1.1990, wistra 1990, 150; 26.4.2001, wistra 2001, 266; 5.2.2004, wistra 2004, 185; 9.6.2004, wistra 2004, 424; 16.5.2013, wistra 2013, 353; OLG Koblenz 25.1.1996, wistra 1996, 152; Klein/*Jäger* AO § 370 Rn. 461 ff.; Koch/Scholtz/*Scheurmann-Kettner* 37, Kohlmann/*Ransiek* 475, Schwarz/Pahlke/*Dumke*/*Webel* 89 zu § 370 AO; zum Strafbefehl vgl. Rn. 23 zu § 400). Von dem Erfordernis, die für die Steuerschuld maßgebenden Vorschriften des Steuerrechts im Einzelnen anzugeben, kann allenfalls dann abgesehen werden, wenn der Angeklagte die Entstehung der Steuerschuld nicht bestritten (BGH DStR 1954, 470) bzw. eingeräumt hat und selbst sachkundig ist (BGH 25.10.2000, wistra 2001, 22; BGH 13.7.2011 – 1 StR 154/11, BeckRS 2011, 19806; OLG Saarbrücken 23.8.1999, wistra 2000, 38).

aa) Feststellung des Verkürzungserfolges

Schrifttum: *Ball,* In dubio pro fisco, JW 1921, 547; *Suhr,* Bestrafung aus §§ 396, 402 AO bei Schätzung der Besteuerungsgrundlagen wegen Steuerverkürzung, BB 1950, 784; *Hammer,* Schätzung und Indizienbeweis, DStZ 1958, 193; *Lohmeyer,* Schätzungen als Schuldnachweis im Steuerstrafverfahren, NJW 1959, 373; ferner Inf 1962, 21 und WPg 192, 591; *Mittelbach,* Verprobung und Schätzung nach Richtsätzen, BlStA 1964, 51; *M. Weber,* Steuerschätzungen als Beweis in Steuerstrafverfahren, DStR 1968, 272; *Stobbe,* Die Schätzung im Spiegel der höchstrichterlichen Rechtsprechung, StBp 1968, Beil. zu Nr. 11; *Lohmeyer,* Die Bedeutung des § 217 AO für das Strafverfahren, ZfZ 1968, 74; *ders.,* Die Bedeutung der Schätzung von Besteuerungsgrundlagen für den Nachweis einer Verkürzung von Steuereinnahmen, DStZ 1973, 372; *Mittelbach,* Die Schätzung im Steuerrecht, NWB Fach 17, 765 (Stand: 1977); *ders.*, Überprüfung von Schätzungen des Unternehmens bei einer Außenprüfung, StBp 1979, 244; *Wysocki*, Einzelfragen zur Verwendung gebundener Schätzverfahren bei der Stichproben-Inventur, WPg 1980, 28; *Bilsdorfer*, Die Bedeutung von Schätzungen für das Steuerstraf- und -ordnungswidrigkeitenrecht, DStZ 1982, 298; *Pelchen*, Die Verwertung steuerrechtlicher Schätzungen im Strafverfahren, MDR 1982, 10; *Reichel*, Die Abgabenordnung kennt keinen Schätzungszwang, BB 1982, 1981; *Stypmann*, Methoden zur Feststellung der Steuerverkürzung und Schätzung im Steuerstrafverfahren, wistra 1983, 95; *Streck*, Steuerfestsetzung unter Vorbehalt der Nachprüfung und Steuerhinterziehung, NStZ 1985, 17; *Lohmeyer*, Zur Höhe der Steuerverkürzung, Inf. 1985, 5; *Schuhmann, H.*, Schätzung der Besteuerungsgrundlagen unter dem Vorbehalt der Nachprüfung, DStZ 1986, 161; *Spriegel*, Probleme der Schätzung im Steuerstrafverfahren, wistra 1987, 48; *Klein*, Die Auswirkungen der unterschiedlichen Beweislast im Steuerrecht und im Strafrecht, Diss. Köln 1989; *Joecks*, Steuerliche Schätzungen im Strafverfahren, wistra 1990, 52; *Barkmann*, Übertragbarkeit der steuerlichen Schätzungsmethoden in das Steuerstrafverfahren, Diss. Kiel 1991; *Schuhmann*, H., Übernahme strafgerichtlicher Feststellungen durch die Finanzgerichte, DStZ 1993, 115; *Dörn*, Schätzung im Steuerstraf- und im Besteuerungsverfahren, wistra 1993, 1, 50; *Lürssen*, Die §§ 159–161 AO und das Steuerstrafrecht, 1993; *Huchel*, Schätzungen im Steuerstrafverfahren, Diss. Tübingen 1994; *Keßeböhmer*, Beweis steuermindernder Tatsachen im Besteuerungsverfahren und im Steuerstrafverfahren, 1995; *Hild*, Schätzungen im Steuer- und Strafrecht, DB 1996, 2300; *Keßeböhmer*, Nachweispflichten in Steuergesetzen aus steuerrechtlicher und steuerstrafrechtlicher Sicht, wistra 1996, 334; *Dörn*, Eingang von Kontrollmaterial bei Nichtabgabe von Steuererklärungen, DStZ 1997, 73; *Hellmann*, Richterliche Überzeugungsbildung und Schätzung bei der Bemessung strafrechtlicher Sanktionen, GA 1997, 503; *Kahlen*, Nachweis von Erlösen aus Tafelgeschäften, PStR 1998, 43; *KK*, Geltung des „in dubio pro reo" im Steuerstrafrecht, KÖSDI 1998, 11 646; *Krause, D.-M.*, Besonderheiten der Beweislast bei der Feststellung von Steuerdelikten im finanzgerichtlichen Verfahren, DStR 1998, 553; *Kahlen*, Ungeklärte Vermögenszuwächse, PStR 1999, 74, *Volk*, Schätzung im Finanzstrafrecht, Aktuelles zum Finanzstrafrecht 2000, 35; *Harms*, Die Stellung des Finanzbeamten im Steuerstrafverfahren, Schlüchter-GS 2002, 451; *Volk*, Zur Schätzung im Steuerstrafrecht, Kohlmann-FS 2003, 579; *Haas*, Das Verhältnis der Schätzungen im steuerlichen Ermittlungsverfahren zum Steuerstrafverfahren, DAI-FS 2003, 469; *Wessing/Katzung*, Die Schätzung im Steuerstrafverfahren im Überblick, SAM 2008, 21; *Rolletschke*, Steuerhinterziehung trotz überschießender Anrechnungsbeträge?, wistra 2009, 332; *Schützeberg*, Die Schätzung im Besteuerungs- und im Steuerstrafverfahren, Stbg 2009, 33; *Wulf*, Steuerhinterziehung trotz abgeführter Kapitalertragsteuer?, Stbg 2009, 133; *Hild*, Progressionsadäquate Berechnung vorsätzlicher Steuerhinterziehungsbeträge, Stbg 2010, 357; *Gehm*, Problemfeld Schätzung im Steuer- und Steuerstrafverfahren, NZWiSt 2012, 408.

Die **Ermittlung der verkürzten Steuer** erfolgt nach den Regeln des Strafprozessrechts 72
unter Berücksichtigung des Kompensationsverbotes. Konsequenz ist zum einen, dass nicht jedes steuerliche Mehrergebnis eine Verkürzung iS des § 370 AO darstellt, und dass es andererseits Fälle gibt, in denen es trotz fehlenden Mehrergebnisses wegen des Vorteilsausgleichsverbots zu einer Steuerverkürzung gekommen ist.

(1) Steuerliche Beweislastregeln und Schätzung. Der **Strafrichter** ermittelt den 73
Sachverhalt nach den Regeln des Strafprozessrechts. Eine Bindung an bestandskräftige Steuerbescheide besteht nicht (*Barkmann* 1991, S. 71 ff.). Soweit *Kirchhof* (NJW 1985, 2977; *ders.* NJW 1986, 1315) die These vertritt, nicht das Gesetz sei in einem solchen Fall Grundlage für das Erhebungsverfahren, sondern der Steuerbescheid, ist dies nicht überzeugend. Steuerbescheide wirken lediglich deklaratorisch. Ihre Richtigkeit oder Unrichtigkeit ist von einer Vielzahl von Faktoren bestimmt, die sich zum Teil der Sphäre des Stpfl entziehen. Auch die Gefahr einer Divergenz (vgl. § 396) erzwingt eine solche Lösung nicht (*Klein* 1989, S. 29). Der Grundsatz der freien Beweiswürdigung (§ 261 StPO) steht dem entgegen; eine entsprechende Bindung ist bereits 1967 ersatzlos gestrichen worden (vgl. *Klein* 1989, S. 30).

Die **Bedeutung steuerlicher Beweislastregeln** ist umstritten. Gesichert schien zumin- 74
dest, dass steuerliche Nachweiserfordernisse, die materielle Voraussetzung für die gewünschten steuerlichen Folgen sind, auch im Strafrecht ihre Bedeutung haben. So sollte der Ausfuhrnachweis durch Belege materielle Voraussetzung für die Steuerbefreiung von Ausfuhren (BGH 8.2.1983, wistra 1983, 115; s. auch BGH 12.5.2005, wistra 2005, 308 und Rn. 77), das Vorliegen einer ordnungsgemäßen Rechnung Voraussetzung für den Vorsteuerabzug (BayObLG 26.10.1987, wistra 1988, 76) sein. Demgegenüber will *Keßeböhmer* (1995, S. 98 ff.) auch solche materiellen Voraussetzungen wie formale Nachweise behandeln (vgl. auch *Spriegel* wistra 1998, 248).

Geht es lediglich um formale Nachweisanforderungen, also um Fragen der Beweislast, 75
gilt jedoch der Grundsatz „in dubio pro reo" (vgl. BGH 24.6.1987, wistra 1987, 292; *Suhr/*

Naumann/Bilsdorfer 643; *Bender/Möller/Retemeyer* D 13; Kohlmann/*Ransiek* 462, Schwarz/Pahlke/*Dumke/Webel* 87 ff. zu § 370 AO). Während steuerrechtlich von einer Voraussetzung ausgegangen werden kann, die die größte Wahrscheinlichkeit für sich hat, kommt es steuerstrafrechtlich auf die Feststellung solcher Besteuerungsgrundlagen an, die nach der vollen Überzeugung des Strafrichters als erwiesen anzusehen sind (*Joecks* wistra 1990, 54; *Hardtke* 1995, 58; *Volk* Kohlmann-FS 2003, 580).

76 Demgegenüber will *Klein* (Die Auswirkungen der unterschiedlichen Beweislast im Steuerrecht und im Strafrecht, 1989; dagegen *Keßeböhmer* 1995, 85 ff.) differenzieren. Im Rahmen des Taterfolges, dh der Frage, ob Steuern verkürzt sind bzw ob ein Steuervorteil erlangt ist, müsse die jeweils einschlägige steuerliche Beweislastnorm angewandt werden; bezüglich aller übrigen Voraussetzungen gelte der strafrechtliche Grundsatz in dubio pro reo (aaO S. 82 f.). Sein Beispiel in diesem Zusammenhang (aaO S. 83) zeigt jedoch, dass er dabei einem Denkfehler unterliegt. Er erwähnt das Beispiel eines gefälschten Beleges, der in die Buchhaltung einfließt, wobei der Täter für möglich hält, dass dieser Betrag nicht nachweisbar ist und er die Beweislast trägt. Nach Ansicht *Kleins* liegt in diesem Fall eine vollendete Verkürzung vor. Eine Verkennung dieses Umstandes durch die hM zeige eine unzulässige Lösung vom Steuerrecht, da ja das FA *„den entsprechenden Betrag von A nachfordern kann, zumindest soweit nicht die vierjährige Festsetzungsfrist des § 169 Abs. 2 Satz 1 Nr. 2 AO abgelaufen ist …, obwohl nach der hM eine Steuerverkürzung nicht vorliegt."* Die hM konstruiere zwei verschiedene Steueransprüche, einen steuerrechtlichen und einen strafrechtlichen (aaO S. 83). Diese Argumentation trägt jedoch das Ergebnis nicht. Es geht um das „normale" Problem, bei welchem Überzeugungsgrad vom Vorliegen der Schuld des Angeklagten der Strafrichter zu einer Verurteilung kommen kann. So mag der Richter vor dem Hintergrund der Belegfälschung zu dem Ergebnis kommen, dass es eine Betriebsausgabe der vom Stpfl behaupteten Art überhaupt nicht gab. Kann er dies nicht, muss er zugunsten des Angeklagten entscheiden. Im Übrigen führt *Kleins* Lösung zu unerträglichen Ergebnissen, wenn etwa Fragen der Beweiswürdigung im Raum stehen, also zwar gewichtige Indizien für das Vorhandensein einer Betriebsausgabe existieren, aber ein Nachweis durch einen Beleg nicht erbracht werden kann, oder aber die Finanzverwaltung neben den üblichen gesetzlichen Anforderungen – wie etwa bei Vertragsbeziehungen zwischen nahen Familienangehörigen – gesteigerte Nachweisanforderungen aufstellt. Dies bedeutet nicht, dass schon jeder Zweifel des Strafrichters zu einem Freispruch führen muss, sondern dass der Strafrichter das Vorliegen oder Nichtvorliegen steuerlich erheblicher Umstände und damit die Existenz der Steuerverkürzung nach dem Maßstab der üblichen Beweisanforderungen zu beurteilen hat.

77 Ob man dies allerdings auch in den Fällen machen muss, in denen das Gesetz das Vorhandensein bestimmter Nachweise als materielle Voraussetzung ansieht (so *Keßeböhmer* 1995, 98 ff.; wistra 1996, 334), ist zweifelhaft. *Keßeböhmer* ist zuzugeben, dass in vielen Fällen die steuerlichen Folgen ausreichende Sanktion sind. Wer aber die Steuerfreiheit für Ausfuhrlieferungen in Anspruch nimmt, erklärt zugleich, den amtlichen Anforderungen zu genügen und macht ggf. unrichtige Angaben (vgl. aber Kohlmann/*Ransiek* 462 zu § 370). Mit subjektiver Beweislast hat dies nichts zu tun. Allerdings ist auch klar, dass sich die Einordnung eines Nachweiserfordernisses als materielle Voraussetzung ändern kann. Hatte der BFH noch Anfang 2007 (1.2.2007, BFH/NV 2007, 1059) bei Ausfuhrlieferungen den Nachweis iS des § 6a III iVm §§ 17a, 17c UStG als materielles Erfordernisses eingeordnet, hat er wenig später (8.11.2007, DStR 2008, 716) vor dem Hintergrund neuerer Rechtsprechung des EuGH (27.9.2007, DStR 2007, 1811) entschieden, der Nachweis der Ausfuhr sei auch anderweitig möglich (unten Rn. 357).

78 **(2) Schätzung von Besteuerungsgrundlagen. Bei fehlenden oder lückenhaften Erklärungen und Aufzeichnungen des Stpfl** hat die FinB die Besteuerungsgrundlagen zu schätzen:

§ 162 AO Schätzung von Besteuerungsgrundlagen

(1) [1]Soweit die Finanzbehörde die Besteuerungsgrundlagen nicht ermitteln oder berechnen kann, hat sie sie zu schätzen. [2]Dabei sind alle Umstände zu berücksichtigen, die für die Schätzung von Bedeutung sind.

(2) [1]Zu schätzen ist insbesondere dann, wenn der Steuerpflichtige über seine Angaben keine ausreichenden Aufklärungen zu geben vermag oder weitere Auskunft oder eine Versicherung an Eides Statt verweigert oder seine Mitwirkungspflicht nach § 90 Abs. 2 verletzt. [2]Das Gleiche gilt, wenn der Steuerpflichtige Bücher oder Aufzeichnungen, die er nach den Steuergesetzen zu führen hat, nicht vorlegen kann, wenn die Buchführung oder die Aufzeichnungen der Besteuerung nicht nach § 158 zugrunde gelegt werden oder wenn tatsächliche Anhaltspunkte für die Unrichtigkeit oder Unvollständigkeit der vom Steuerpflichtigen gemachten Angaben zu steuerpflichtigen Einnahmen oder Betriebsvermögensmehrungen bestehen und der Steuerpflichtige die Zustimmung nach § 93 Abs. 7 Satz 1 Nr. 5 nicht erteilt. [3]Hat der Steuerpflichtige seine Mitwirkungspflichten nach § 90 Absatz 2 Satz 3 verletzt, so wird widerlegbar vermutet, dass steuerpflichtige Einkünfte in Staaten oder Gebieten im Sinne des § 90 Absatz 2 Satz 3 vorhanden oder höher als die erklärten Einkünfte sind.

(3) bis (5) …

Voraussetzung jeder Schätzung ist eine tatsächliche Ungewissheit über das Ausmaß 79 der verwirklichten Besteuerungsgrundlagen, die das FA im Rahmen seiner Aufklärungspflicht weder durch Ermittlungen beim Stpfl noch bei Dritten beheben kann (vgl. Klein/*Jäger* AO § 370 Rn. 95). Gegenstand der Schätzung sind nur die unbekannten Besteuerungsgrundlagen, nicht der zugrundeliegende Lebenssachverhalt (vgl. FG Rheinland-Pfalz 20.11.2002, DStRE 2004, 86) und nicht die Steuer selbst; diese ist vielmehr aus den geschätzten Besteuerungsgrundlagen zu errechnen. Zu den Besteuerungsgrundlagen, die geschätzt werden können, gehören bei der USt außer der Summe der Umsätze auch die abziehbaren Vorsteuerbeträge (str., glA HessFG 10.3.1976, UStR 1977, 197; *Schuhmann* UStR 1977, 111; *Weiß* UStR 1977, 157; aM FG RPf 26.5.1975, EFG 1975, 608; FG Münster 29.10.1976, UStR 1977, 197; OFD Frankfurt 28.7.1977, BB 1977, 1387; siehe aber BGH 2.11.1995, wistra 1996, 106).

Ziel der steuerlichen Schätzung ist es, auf Grund der bekannten Anhaltspunkte 80 denjenigen Betrag zu bestimmen, welcher der Wirklichkeit am nächsten kommt (BFH 31.8.1967, BStBl. III 686), jedoch kann das FA bei groben Verstößen des Stpfl gegen seine steuerrechtlichen Mitwirkungspflichten innerhalb des Spielraums, den die gegebenen Anhaltspunkte bieten, an die oberste Grenze gehen (BFH 9.3.1967, NJW 1967, 2380). Wenn bei spärlichen Anhaltspunkten eine griffweise Schätzung erforderlich wird, ist es nicht ausgeschlossen, dass der Stpfl trotz der stets gebotenen sorgfältigen Abwägung aller Umstände durch das Ergebnis stärker belastet wird, als es den verwirklichten Besteuerungsgrundlagen entspricht (vgl. BFH 12.10.1961, HFR 1962, 235; zur Berücksichtigung von Schätzungsunschärfen s. BFH 26.4.1983, wistra 1983, 264). Während die steuerrechtliche Schätzung denjenigen Betrag bestimmen soll, der die größte Wahrscheinlichkeit für sich hat, kommt es bei den gleichen Anhaltspunkten im Strafverfahren auf die Feststellung der Beträge an, die nach der vollen Überzeugung des Strafrichters (BGH 11.12.1952, BGHSt 3, 377, 383) als erwiesen anzusehen sind (HHSp-*Hellmann* 167 und Kohlmann/*Ransiek* 486 zu § 370). Aus diesem Grunde war bereits vor Aufhebung des § 468 RAO einhellig anerkannt, dass der Strafrichter an rechtskräftige Bescheide, die auf Schätzungen beruhten, nicht gebunden ist (BGH 1.3.1956, BStBl. I 441; BGH 25.9.1959, ZfZ 1960, 112; BFH 9.5.1963, DB 1963, 984). Die seit 1.8.2009 in § 162 II 3 AO enthaltene widerlegbare Vermutung findet auf das Strafverfahren keine Anwendung; dies schließt aber nicht aus, dass das Gericht im Rahmen der freien Beweiswürdigung aus der Verletzung der Mitwirkungspflichten Schlüsse zieht.

Die erforderliche selbstständige Feststellung des Strafrichters hinsichtlich der 81 Besteuerungsgrundlagen, die für den Grund und den Umfang einer Steuerverkürzung maßgebend sind, steht unter dem Gebot, dass unüberwindbare Zweifel zugunsten des Angeklagten ausschlagen müssen (*Stypmann* wistra 1983, 95; *Joecks* wistra 1990, 54; *Hild* DB 1996, 2303; *Volk* Kohlmann-FS 2003, 586). Dieses Gebot erfordert jedoch nicht, dass dem Angeklagten jeder erdenkliche Einwand abgenommen und der Betrag der von ihm verschwiegenen Einnahmen auf Heller und Pfennig belegt werden müsste (*Dörn* wistra 1993, 50; vgl. auch *Hellmann* GA 1997, 510). Es würde der Gerechtigkeit widersprechen, wenn der Täter einer Steuerstraftat deshalb Straffreiheit beanspruchen könnte, weil die Strafgerichte zu einer genauen Ermittlung der Besteuerungsgrundlagen außerstande sind, obwohl der Täter diesen Mangel, zB durch pflichtwidriges Unterlassen oder durch Vernichten von Aufzeichnungen, selbst herbeigeführt hat (BGH 16.6.1954, NJW 1954, 1819; BGH 26.10.1998, wistra 1999, 106; *Volk,* Aktuelles zum Finanzstrafrecht 2000, 45). Dies bedeutet jedoch nicht, dass hier im Steuerstrafverfahren so etwas wie eine actio illicita in causa eingeführt würde (*Joecks* wistra 1990, 55; vgl. auch *Huchel* 1994, 62 ff.). Der Grundsatz in dubio pro reo wird durch ein Vorverhalten des Beschuldigten nicht eingeschränkt (vgl. HHSp-*Hellmann* 165 zu § 370, zust. *Haas* DAI-FS 2003, 479). Andererseits ist die Schätzung der Lohnsumme unter Anwendung eines Prozentsatzes bezogen auf den Nettoumsatz eines Unternehmens dann zulässig, wenn keine anderweitig verlässlichen Beweismittel zur Verfügung stehen oder nur mit unverhältnismäßigem Aufwand und ohne nennenswertem zusätzlichem Erkenntnisgewinn zu beschaffen sind (BGH 10.11.2009, wistra 2010, 148; Klein/*Jäger* AO § 370 Rn. 96).

82 Der genaue Nachweis einer Steuerverkürzung ist nur möglich anhand eigener Aufzeichnungen des Stpfl oder der Belege seiner Geschäftspartner. Fehlt solches Beweismaterial, ist auch der Strafrichter gehalten, sich seine Überzeugung von dem wirklichen Sachverhalt auf Grund sonstiger Anhaltspunkte zu bilden und den Umfang der verwirklichten Besteuerungsgrundlagen aus Hilfstatsachen zu erschließen. Wenn nicht ein glaubhaftes Geständnis hinsichtlich der vom FA nach § 162 AO festgestellten Steuerverkürzungen vorliegt (BGH 3.6.1959, ZfZ 302), muss der Strafrichter die Besteuerungsgrundlagen selbst schätzen (BGH 1.3.1956, BStBl. I 441; BGH – 4 StR 508/64 – 19.2.1965, zit. bei *Suhr* 1977, S. 530; BGH 4.2.1992, wistra 147; 12.8.1999, wistra 426; zu Schätzungsmethoden FT-*Flore* 434 ff. zu § 370).

83 Unzulässig ist nur eine freie Schätzung ohne zureichende Anhaltspunkte (OLG Celle 27.6.1956, BB 1957, 24; s. auch BGH 19.7.2007, wistra 2007, 470). Geeignete Anhaltspunkte für die strafrichterliche Schätzung können der Verbrauch des Angeklagten und ein Vermögensvergleich sein (BGH 20.12.1954, BStBl. I 1955, 365; BGH 24.5.2007, wistra 2007, 345; OLG Frankfurt 3.3.1953, StP 1954, 436). Allein aus dem Aufwand für die Lebensführung und aus der Vermögensbildung des Angeklagten (Sparguthaben, Wertpapiere, Erwerb und Bebauung von Grundstücken usw.) kann im Vergleich zu den erklärten Einkünften häufig auf einen Mindestbetrag geschlossen werden, den der Angeklagte der Besteuerung entzogen haben muss, wenn sich seine Erklärungen über eine anderweitige Herkunft der Mittel als unrichtig oder als unglaubhaft erweisen (vgl. *Dörn* wistra 1993, 4; über den Nachweis einer Steuerverkürzung durch die sog. Geldverkehrsrechnung s. BFH 2.3.1982, BStBl. II 1984, 504). Auch können bei einer strafrichterlichen Schätzung die Erfahrungssätze vergleichbarer Betriebe herangezogen werden (BGH 1.3.1956, BStBl. I 441; BGH 18.11.1960, BStBl. I 495; BGH 16.5.2013, wistra 2013, 353; BGH 29.1.2014, wistra 2014, 276; BGH 8.10.2014, wistra 2015, 63). Die amtlichen Richtsätze der Finanzverwaltung für die Gewinnermittlung bei nichtbuchführenden Gewerbetreibenden sind Erfahrungssätze, die gebietsweise aus den Ergebnissen von Betriebsprüfungen vergleichbarer buchführender Betriebe für bestimmte Zeitabschnitte und bestimmte Geschäftszweige gewonnen sind. Sie bilden ein brauchbares Hilfsmittel, wenn die Richtsätze nicht als bindend erachtet, sondern auf Grund selbstständiger Prüfung unter Berücksichtigung besonderer Umstände des jeweiligen Gewerbebetriebes übernommen werden (BGH 24.5.2007, wistra 2007, 345; vgl. ferner BFH 18.10.1983, BStBl. I 1984, 88, zur steuerlichen Schätzungsbefugnis bei Unterschreiten des untersten Rohgewinn-Aufschlagsatzes der Richtsatzsammlung; zum Beweiswert eines Chi-Quadrat-Tests vgl. FG Münster 14.8.2003, EFG 2004, 9). Kann sich der Tatrichter auf Grund der vorliegenden Anhaltspunkte trotz Anwendung aller geeigneten Erkenntnismittel nicht davon überzeugen, dass der Angeklagte Besteuerungsgrundlagen in Höhe eines bestimmten Mindestbetrages verschwiegen und mindestens den entsprechenden Steuerbetrag hinterzogen hat, muss er auf Freispruch erkennen, weil es an einer für den Schuldspruch notwendigen Voraussetzung fehlt (OLG Bremen 5.8.1964, ZfZ 1965, 22).

Für eine Verurteilung wegen Umsatzsteuerhinterziehung ist Voraussetzung, dass sich den Urteilsgründen entnehmen lässt, wie sich die Mehrumsätze errechnen, hinsichtlich derer der Angeklagte Umsatzsteuer hinterzogen haben soll. Die angenommenen Summen müssen sich zumindest auf der Grundlage der mitgeteilten Einzelparameter nachvollziehen lassen. Außerdem hat das Tatgericht darzulegen, wie es die erzielten Mehrgewinne errechnet, die Grundlage des Vorwurfs der mehrfachen Einkommen- und Gewerbesteuerhinterziehung sind (BGH 19.11.2013, wistra 2014, 102; vgl. auch BGH 16.5.2013, wistra 2013, 353). 84

bb) Tat- und schuldgerechte Aufteilung der Steuerverkürzung. Haben mehrere Personen unabhängig voneinander zu einer Steuerverkürzung beigetragen, muss der Betrag der Steuerverkürzung für jeden von ihnen gesondert berechnet werden. 85

Beispiel (Stpfl sei ledig):

Einkommen lt. unrichtiger Steuererklärung:	16 000 EUR; ESt: 1 597 EUR
+ vom Stpfl verschwiegene Einkünfte:	2 500 EUR
+ vom Prokuristen verschwiegene Einkünfte:	1 500 EUR
tatsächlich zu versteuerndes Einkommen:	20 000 EUR; ESt: 2 638 EUR.

Die ESt von (16 000 + 2 500 =) 18 500 EUR beträgt 2 236 EUR; also hat der Stpfl (2 236 ./. 1 597 =) 639 EUR verkürzt. Die ESt von (16 000 + 1 500 =) 17 500 EUR beträgt 1 983 EUR; also hat der Prokurist (1 983 ./. 1 597 =) 386 EUR verkürzt. Dass die Summe der individuell verkürzten Beträge von (639 + 386 =) 1 025 EUR hinter der insgesamt verkürzten Steuer von (2 638 ./. 1 597 =) 1 041 EUR zurückbleibt, beruht auf dem progressiven ESt-Tarif (Rn. 86).

Nur vorsätzlich bewirkte Steuerverkürzungen werden vom Tatbestand des § 370 AO erfasst. Beruht der Gesamtbetrag der verkürzten Steuereinnahmen bei einer Steuerart für einen Veranlagungszeitraum nur zT auf vorsätzlichem Verhalten, zT dagegen auf leichtfertig, (leicht) fahrlässig oder schuldlos unrichtigen oder fehlenden Angaben, müssen bei der Berechnung der Steuerverkürzung iS des § 370 AO die nicht vorsätzlich verkürzten Teilbeträge ausgeschieden werden. 86

Beispiel (Stpfl sei ledig):

Einkommen lt. unrichtiger Steuererklärung:	16 000 EUR; ESt: 1 597 EUR
+ vorsätzlich verschwiegene Einkünfte von	1 500 EUR
	17 500 EUR; ESt: 1 983 EUR.
+ leichtfertig abgesetzte Privatausgabe von	250 EUR
+ fahrlässig überhöhte AfA von	2 000 EUR
tatsächlich zu versteuerndes Einkommen:	20 000 EUR; ESt: 2 638 EUR

Von den objektiv verkürzten Steuereinnahmen in Höhe von insgesamt (2 638 ./. 1 597 =) 1 041 EUR beträgt die vorsätzliche Steuerverkürzung nur (1 983 ./. 1 597 =) 386 EUR.

Bei einer Steuer mit progressivem Tarif – wie namentlich der ESt – ist es erforderlich, dass der vorsätzlich verkürzte Teilbetrag einer zusammengesetzten Steuerverkürzung (wie im Beispiel Rn. 85) von denjenigen Besteuerungsgrundlagen aus berechnet wird, die der Täter kannte und in seinen Vorsatz aufgenommen hatte, nicht etwa unter Einschluss weiterer Besteuerungsgrundlagen, aus denen ohne sein Wissen und seinen Willen eine erhöhte Steuerverkürzung erwachsen ist. Unrichtig wäre es, den vorsätzlich verkürzten Steuerbetrag von der Spitze her, von den tatsächlichen Besteuerungsgrundlagen ausgehend, im Beispiel Rn. 85 wie folgt zu berechnen: 87

Tatsächlich zu versteuerndes Einkommen:	20 000 EUR; ESt: 2 638 EUR
./. vorsätzlich verschwiegene Einkünfte von:	500 EUR
zu versteuerndes Einkommen ohne nicht vorsätzliche Fehler:	18 500 EUR; ESt: 2 236 EUR

Unterschiedsbetrag (statt 386 EUR): 402 EUR.

Zu vergleichbaren Fragen bei der Erbschaft- und Schenkungsteuer siehe Rn. 340 f.

einstweilen frei 88–90

cc) Kompensationsverbot (§ 370 IV 3 AO)

Schrifttum: *Ehlers,* Der Begriff der Steuerverkürzung – Versuch einer Entwirrung, FR 1958, 455; *Lohmeyer,* Nachträglich geltend gemachte Ermäßigungsgründe, StBp 1964, 294; *ders.,* Der Vorteilsausgleich nach § 396 Abs. III Halbs. 2 AO, Inf 1968, 267; *Kohlmann/Sandermann,* Die strafrechtliche Bekämpfung von Steuerverkürzung – unlösbare Aufgabe für den Gesetzgeber?, StW 1974, 221; *Haas,* Gleichstellung von Versuch und Vollendung im Steuerstrafrecht?, Ein kritischer Beitrag zu § 370 Abs. IV S. 3 der AO, BB 1980, 1885; *Meine,* Das Vorteilsausgleichsverbot in § 370 Abs. IV S. 3 AO 1977, wistra 1982, 129; *ders.,* Das Vorteilsausgleichsverbot in § 370 Abs. IV S. 3 AO 1977, 1984; *Bublitz,* Der Verlustabzug gemäß § 10d EStG im Steuerstrafrecht, DStR 1985, 653; *Wassmann,* Das Kompensationsverbot gemäß § 370 Abs. 4 Satz 3 AO, ZfZ 1987, 162; *Patzelt,* Ungerechtfertigte Steuervorteile und Verlustabzug im Steuerstrafrecht, Diss. Köln 1990; *Meine,* Zum Streitstand: Das Kompensationsverbot gemäß § 370 Abs. 4 Satz 3 AO, wistra 1991, 127; *Schuhmann,* Verkürzung von Einfuhrumsatzsteuer und Vorsteuerabzug, wistra 1992, 208; *Hardtke,* Steuerhinterziehung durch verdeckte Gewinnausschüttung, 1995; *Beck,* Die Bedeutung der Wahlrechte des materiellen Steuerrechts für die Steuerverkürzung nach § 370 Abs. 4 AO, 1996; *ders.,* Steuerliche Wahlrechte und Steuerverkürzung nach § 370 Abs. 4 AO, wistra 1998, 131; *Lilje/Müller,* Ansparrücklage versus Kompensationsverbot, wistra 2001, 205; *Ott,* Spekulationsverluste und das Kompensationsverbot, PStR 2001, 153; *Meine,* Der Irrtum über das Kompensationsverbot, wistra 2002, 361; *Haas,* Das Verhältnis der Schätzungen im steuerlichen Ermittlungsverfahren zum Steuerstrafverfahren, FA-FS 2003, 469; *A. Müller,* Das Kompensationsverbot, AO-StB 2003, 131; *Schindhelm,* Das Kompensationsverbot im Delikt der Steuerhinterziehung, 2004; *Menke,* Die Bedeutung des so genannten Kompensationsverbots in § 370 AO, wistra 2005, 125; *Stahlschmidt,* Das Kompensationsverbot bei der Steuerhinterziehung, StuB 2005, 361; *Menke,* Folgen unterlassenen Vorsteuerabzugs bei gleichzeitiger Hinterziehung von Umsatzsteuer, wistra 2006, 167; *Rolletschke,* Der Tatbestand der Steuerhinterziehung (§ 370 AO), ZSteu 2006, 33; *Leplow,* Betriebsausgaben und Kompensationsverbot, PStR 2007, 229; *Gaede,* Steuerstrafrecht als Blankettstrafrecht auch bei Steuerhinterziehung zum Nachteil anderer EU-Mitglieder, wistra 2007, 184.

91 **Welcher Steuerbetrag verkürzt worden ist,** ergibt sich im Regelfall (Ausnahmen s. Rn. 92 ff.) aus einem Vergleich der gesetzlich geschuldeten Steuer (= Steueranspruch, vgl. § 37) mit derjenigen Steuer, die das FA infolge der Tathandlung festgesetzt (oder nicht festgesetzt) hat. Die gesetzlich geschuldete Steuer wird durch Anwendung der materiellen Vorschriften des jeweiligen Steuergesetzes auf den wirklichen Sachverhalt ermittelt. Der Steueranspruch stimmt mit den verkürzten Steuereinnahmen überein, falls der Stpfl überhaupt keine Steuererklärung abgegeben und das FA eine Steuerschuld auch nicht rechtzeitig auf Grund einer Schätzung der Besteuerungsgrundlagen (vgl. § 162) festgesetzt hat. Hat der Stpfl eine Steuererklärung abgegeben, liegt eine Steuerverkürzung vor, wenn und soweit der Steuerbetrag, den das FA nach den Angaben des Stpfl festgesetzt hat oder bei richtiger Rechnung (vgl. BGH 1.12.1953, DStR 1954, 470) und richtiger Rechtsanwendung auf den erklärten Sachverhalt hätte festsetzen müssen, hinter der gesetzlich geschuldeten Steuer zurückbleibt. Hat das FA die Besteuerungsgrundlagen wegen fehlender oder unvollständiger Angaben des Stpfl nach § 162 AO zu niedrig geschätzt, entspricht die Steuerverkürzung dem Unterschied zwischen der aufgrund einer Schätzung festgesetzten Steuer und dem Steuerbetrag, den das FA bei vollständiger Kenntnis des steuererheblichen Sachverhalts hätte festsetzen müssen.

92 **§ 370 IV 3 AO** modifiziert diesen Grundsatz durch Einführung des sogenannten Kompensationsverbotes (Vorteilsausgleichsverbot). Danach soll eine Verkürzung auch dann vorliegen, *„wenn die Steuer, auf die sich die Tat bezieht, aus anderen Gründen hätte ermäßigt oder der Steuervorteil aus anderen Gründen hätte beansprucht werden können".* Inhalt und Sinn dieser Vorschrift sind umstritten.

93 **Das RG** hatte die Vorschrift, die seit der RAO 1919 mit im Wesentlichen unverändertem Wortlaut (§ 369 III 2 RAO 1919) existiert, überwiegend so ausgelegt dass unter *„anderen Gründen"* nur solche Steuerermäßigungsgründe zu verstehen seien, die dem Täter zum Zeitpunkt der Tathandlung unbekannt waren. Alle zu diesem Zeitpunkt dem Täter bewussten, in der Steuererklärung aber nicht mitgeteilten Minderungsgründe müssten berücksichtigt werden, da der Täter insoweit nicht den Vorsatz der Steuerverkürzung gehabt habe (RG 6.7.1933, JW 2396; RG 2.12.1935, RGSt 70, 3; zu den übrigen Entscheidungen des RG s. *Meine* 1984, S. 13 ff.).

94 **Der BGH** hat sich von dieser subjektiven Interpretation des RG abgewandt und eine objektive Auslegung der Vorschrift bevorzugt (so schon BGH 3.6.1954, BGHSt 7, 336;

Schindhelm 2004, 59; aM HHSp-*Hellmann* 189 zu § 370). Der BGH meint, die Vorschrift solle bewirken, dass das Strafgericht nicht den gesamten Steuerfall aufrollen müsse. Vielmehr sei der Steueranspruch des Staates so zu berechnen, dass in die Steuererklärung des Täters lediglich anstelle der unrichtigen, die Hinterziehungshandlung darstellenden Angaben, die zutreffenden Angaben eingesetzt würden. Andere, den Täter begünstigende Umstände seien nicht zu berücksichtigen. Hat der Täter zB in seiner USt-Voranmeldung einzelne Umsätze verschwiegen, aber auch abzugsfähige Vorsteuern nicht geltend gemacht, so habe der Strafrichter lediglich die erklärten Umsätze um die Summe der verschwiegenen weiteren Umsätze zu erhöhen, nicht jedoch die in der Erklärung bisher nicht geltend gemachten Vorsteuern abzuziehen (BGH 18.4.1978, GA 1978, 278). Im Verhältnis zu den verschwiegenen Umsätzen handele es sich bei den nicht geltend gemachten Vorsteuern um andere Gründe iS des § 370 IV 3 AO.

Der BGH hält diesen Grundsatz jedoch nicht uneingeschränkt durch. Vielmehr sollen 95
solche den Steueranspruch mindernden, in der Steuererklärung gleichwohl verschwiegenen Umstände zu berücksichtigen sein, die mit den verschwiegenen steuererhöhenden Umständen in einem unmittelbaren wirtschaftlichen Zusammenhang stehen. Ein solcher *„unmittelbarer wirtschaftlicher Zusammenhang"* bestehe zB zwischen nicht gebuchten Erlösen aus dem Verkauf von Gebrauchtwagen einerseits und den Aufwendungen für die Anschaffung dieser Wagen andererseits. Diese Aufwendungen unterlägen deshalb nicht dem Kompensationsverbot (BGH 13.1.1978, GA 1978, 307).

Im Einzelnen hat der BGH ein Kompensationsverbot nach § 370 IV 3 AO 96
bejaht:

im Verhältnis von nicht erklärten Umsätzen zu ebenfalls nicht geltend gemachten Vorsteuern (BGH 31.1.1978, GA 1978, 307; BGH 18.4.1978, GA 1978, 278; BGH 24.10.1990, wistra 1991, 107),

bei Betriebseinnahmen im Verhältnis zu Betriebsausgaben, für die der Empfänger nicht benannt werden kann und daher dem FA eine Ermessensentscheidung nach § 205a RAO = § 160 AO zusteht (BGH 18.11.1960, BStBl. I 1961, 495; BGH 8.5.1979, MDR 1979, 772; vgl. aber Rn. 208),

bei Betriebseinnahmen im Verhältnis zu nachzuholenden oder zu erhöhenden Einlagebuchungen sowie zu nachzuholenden Rückstellungen für Schadensersatzpflichten, obwohl sich diese auf diejenigen Gegenstände beziehen, durch deren Veräußerung die Erlöse erzielt wurden (BGH 28.2.1978, BB 1978, 1302),

bei erschlichenen Ausfuhrvergütungen für nicht erfolgte Ausfuhren im Verhältnis zu nicht beanspruchten Ausfuhrvergütungen für erfolgte andere Ausfuhren (BGH 20.2.1962, NJW 1962, 2311, zu § 16 II UStG 1951).

Demgegenüber wurde ein Kompensationsverbot nach § 370 IV 3 AO verneint: 97

bei Betriebseinnahmen im Verhältnis zu (nachzuholenden) Rückstellungen für die hinterzogenen Umsatz- und Gewerbesteuern (BGH 3.6.1954, BGHSt 7, 336; BGH 31.1.1978, GA 1978, 307; BGH 7.12.1978, HFR 1979, 207; BGH 17.4.2008, wistra 2008, 310; BGH 2.12.2008 – 1 StR 375/08),

bei Betriebseinnahmen im Verhältnis zu den damit zusammenhängenden Betriebsausgaben (BGH 31.1.1978, GA 1978, 307; vgl. auch BGH 17.3.2005, wistra 2005, 311),

in Bezug auf eine nicht geltendgemachte, von Amts wegen vorzunehmende Verteilung von Einnahmen über mehrere Jahre (BGH 23.6.1976, MDR 1976, 770),

bei Betriebseinnahmen im Verhältnis zu einem von Amts wegen zu berücksichtigenden Verlustvortrag (BayObLG 21.4.1982, wistra 1982, 199, für § 10d EStG 1976; anders BGH 26.6.1984, wistra 1984, 183),

bei einer überhöhten Ausfuhrvergütung für das angebliche Bestimmungsland A im Verhältnis zum (niedrigeren) Anspruch auf Ausfuhrvergütung für das wirkliche Bestimmungsland B (BGH 27.8.1974, JZ 1975, 183).

Die Literatur zum Kompensationsverbot meint zum Teil, die Regelung führe zur 98
Annahme einer vollendeten Steuerhinterziehung, obwohl kein Steuerschaden eingetreten

sei *(Ehlers* FR 1958, 458; *Kohlmann/Sandermann* StW 1974, 231). Daraus wird zT geschlossen, die Steuerhinterziehung sei kein Verletzungs-, sondern lediglich ein (abstraktes) Gefährdungsdelikt (vgl. aber HHSp-*Hellmann* 62 zu § 370); *Kohlmann/Sandermann* fordern aaO de lege ferenda die Streichung der Vorschrift. *Meine* (1984, 54 ff. und wistra 1982, 129) will die Vorschrift so wie das RG interpretieren und nur dann anwenden, wenn der Täter die anderen Gründe nicht gekannt habe. Für ihn reduziert sich die Vorschrift auf die Gleichstellung von Versuch und Vollendung im Strafrahmen. *Menke* (wistra 2005, 125, 131) meint, § 370 IV 3 AO habe gar keine materiell-rechtliche Funktion, da sich die Behandlung der *„anderen Gründe"* schon aus dem Umstand ergebe, dass zB Vorsteuern nur zu berücksichtigen seien, wenn sie auch geltend gemacht wurden (ebenso in wistra 2006, 167). Daher sei die USt ohne eine Minderung um Vorsteuerbeträge verkürzt, wenn der Stpfl keine Voranmeldung einreiche (*Menke* wistra 2006, 169).

99 Bei einer Lösung des Problems ist zu differenzieren. Zunächst ergibt sich bereits aus dem Wortlaut der Vorschrift *(„andere Gründe"),* dass vom Kompensationsverbot nur solche Steuerermäßigungsgründe betroffen sein können, die sich von den die Tat ausmachenden Gründen unterscheiden lassen. Bei diesen kann es sich nur um die dem FA erklärten Gründe handeln, da erst mit der Erklärung die Tat der Steuerhinterziehung beginnt. Bereits hieraus folgt, dass das Kompensationsverbot dort nicht eingreifen kann, wo der Täter überhaupt keine Gründe vorgetragen hat; die im Strafverfahren vorgetragenen können in einem solchen Fall schon begrifflich keine *„anderen Gründe"* sein. Das bedeutet, dass § 370 IV 3 AO in den Fällen nicht anzuwenden ist, in denen der Täter die Steuerhinterziehung durch Unterlassen begangen haben soll, also überhaupt keine Erklärung abgegeben hat (so mit Recht *Meine* 1984, S. 70 ff. und wistra 1982, 133 f.; ebenso HHSp-*Hellmann* 187 zu § 370; MüKoStGB/*Schmitz/Wulf* AO § 370 Rn. 159; *Schindhelm* 2004, 110, 158 f.).

100 Soweit der BGH auch in den Fällen der Nichtabgabe von USt-Voranmeldungen den Tatbestand der Steuerhinterziehung auch dann als erfüllt ansieht, *„wenn der anzumeldenden Umsatzsteuer soviel abzugsfähige Vorsteuern entgegenstehen, daß sich eine negative Zahllast ergeben würde"* (Urt. v. 24.10.1990, wistra 1991, 107) wird dies nicht begründet. Auch der BGH wird wohl kaum eine Steuerverkürzung annehmen wollen, wenn der zum Vorsteuerabzug berechtigte Leistungsempfänger die nach § 13b II, § 18 IVa UStG gebotene Anmeldung unterlässt. Zum anderen führt es zu vom BGH offenbar nicht bedachten Konsequenzen. Abgesehen von dem Problem, dass in solchen Fällen besonders sorgfältig zu prüfen ist, ob der Täter auch vorsätzlich handelte (dazu LG Oldenburg 15.4.1994, wistra 1994, 276) müsste dann in Fällen der Nichtabgabe von ESt-Erklärungen nach dem gleichen Maßstab zu verfahren sein. Verkürzt wäre dann nicht mehr die Steuer auf das Einkommen, sondern letztlich eine Steuer auf den Gewinn abzüglich zuordenbarer Betriebsausgaben. Posten, die erst auf dem Weg von dem Gesamtbetrag der Einkünfte hin zum zu versteuernden Einkommen in Abzug zu bringen wären, dürften nicht berücksichtigt werden.

101 Diesem Einwand ist die Lösung von *Menke* (wistra 2005, 125; wistra 2006, 167) in noch stärkerem Maße ausgesetzt. Machte man mit seiner Lösung ernst, würde in Schätzungsfällen die Summe der Einnahmen für die Berechnung der hinterzogenen ESt zu Grunde gelegt werden, die Betriebsausgaben wären erst im Rahmen der Strafzumessung zu betrachten.

102 Insgesamt entspricht es auch praktischen Erwägungen, einen *„anderen Grund"* nur anzunehmen, wenn dem FA tatsächlich Gründe vorgetragen wurden. Eine Anwendung des Kompensationsverbotes kommt aber auch dort nicht in Betracht, wo dem FA in einer Steuererklärung nur ein Saldo, etwa aus Betriebseinnahmen und -ausgaben, ohne weitere Konkretisierung mitgeteilt wird. Beruht diese Mitteilung darauf, dass der Stpfl in der Buchhaltung fingierte Betriebsausgaben gebucht und gleichzeitig tatsächliche Ausgaben nicht gebucht hat, dann sind die tatsächlichen Betriebsausgaben schon deshalb keine *„anderen Gründe",* weil die fingierten Ausgaben dem FA nicht mitgeteilt wurden (anders die Rspr.; s. Rn. 96). Derselbe Gedanke gilt im Verhältnis von Betriebseinnahmen zu Betriebsausgaben und auch dort, wo es um eine Ermessensentscheidung des FA nach § 160 AO geht (anders die ältere Rspr.; s. Rn. 96). Zur Anwendung des Kompensationsverbotes kommt es hier schon deshalb nicht, weil der Täter keine Tathandlung nach § 370 I 1 AO begangen hat (*Meine* 1984, S. 80 ff. und wistra 1982, 132).

Umgekehrt liegt eine Steuerverkürzung vor, wenn sich die Ermäßigungsgründe auf einen anderen Steueranspruch beziehen. Wer einen zu geringen betrieblichen Gewinn erklärt, kann sich im Strafverfahren nicht auf erstattungsfähige Vorsteuern beziehen, weil die ESt durch Vorsteuererstattungsansprüche nicht ermäßigt werden kann. **103**

In den verbleibenden Fällen ist die Anwendung des Kompensationsverbotes zu prüfen. **104** Gäbe es § 370 IV 3 AO nicht, dann könnte folgende Konstellation entstehen: Der Täter, der unter dem Vorbehalt der Nachprüfung veranlagt wird, gibt für das Kalenderjahr 2010 eine ESt-Erklärung mit einem zu niedrigen Gewinn ab und lässt zugleich Werbungskosten bei den Einkünften aus Kapitalvermögen in nämlicher Höhe weg. Er hätte hier – existierte § 370 IV 3 AO nicht – zwar die Tathandlung (Täuschung über steuerlich erhebliche Tatsachen) begangen, jedoch keine Steuerverkürzung verursacht. Beantragt er später, den Steuerbescheid nach § 164 II AO zu ändern und seine Werbungskosten zu berücksichtigen, dann begeht er schon keine Tathandlung; den Verkürzungserfolg führt er jedoch durch Komplettierung des Tatablaufs herbei (vgl. auch MüKoStGB/*Schmitz*/*Wulf* § 370 Rn. 157). Ähnliche Konstellationen lassen sich bei der ESt denken, sofern zB der Verlustvortrag nur auf Antrag des Stpfl stattfindet, und auch dort, wo eine nachträgliche Korrektur des Steuerbescheides auf Antrag möglich ist. Dass dieser Fall nach § 173 I Nr. 2 AO vom Stpfl nicht ohne Schwierigkeiten herbeigeführt werden kann (so *Meine* 1984, S. 61), bedeutet noch nicht, dass er *unmöglich* ist. § 370 IV 3 AO erfasst daher denjenigen Fall, in dem eine Täuschungshandlung noch keinen Steuerschaden herbeiführt, wohl aber die Möglichkeit eröffnet, in einem zweiten Akt den Steuerschaden durch wahrheitsgemäße Anträge zu verursachen. Im ersten Akt bewirkt der Täter durch Herbeiführung dieser Möglichkeit eine Vermögensgefährdung, die angesichts der Tatbestandslosigkeit des zweiten Aktes einem Vermögensschaden gleichgestellt werden kann.

Geht man von diesem **Sinn der Vorschrift** aus, dann kommt es im Einzelfall darauf an, **105** ob die geschilderte Konstellation tatsächlich gegeben ist. Mit seinem Kriterium des „unmittelbaren" wirtschaftlichen Zusammenhanges zwischen Erhöhungs- und Ermäßigungsgründen trifft der BGH durchaus das Richtige. Besteht ein solcher Zusammenhang, dann ist bei nachträglicher Geltendmachung der Ermäßigungsgründe die Gefahr einer Entdeckung der damit zusammenhängenden, in der Erklärung weggelassenen Erhöhungsgründe so groß, dass die Vermögensgefährdung entfällt. Das Kompensationsverbot ist damit ein Fall schadensgleicher Vermögensgefährdung (*Hardtke* 1995, S. 144 mwN; krit. *Haas* DAI-FS 2003, 469). Daher sind Steueranrechnungsbeträge (Körperschaftsteuer, Kapitalertragsteuer) keine *„anderen Gründe"*, denn es ist nicht möglich, diese Abzugsbeträge geltend zu machen, ohne zugleich die entsprechenden Einkünfte zu erklären (oben Rn. 67; vgl. auch *Rolletschke* wistra 2006, 471, 472; *Nöhren* 2005, S. 107). Dies gilt auch für die Vorsteuer aus nicht erklärten innergemeinschaftlichen Erwerben (*Beneke* BB 2015, 410) und für die Anrechnung ausländischer Steuern bei nicht erklärten ausländischen Einkünften. Freilich ist der BGH in der Anwendung des Grundsatzes nicht immer konsequent. So ist insbes. die Entscheidung zu unterlassenen Einlagebuchungen (Rn. 96) vom eigenen Ausgangspunkt des BGH her nicht zutreffend. Im Grundsatz ist der Rspr jedoch zuzustimmen, da sie der Vorschrift eine Interpretation gibt, die sich auf einen vernünftigen Sinn zurückführen lässt. Schon die Möglichkeit, die nichterklärten „anderen Gründe" später gefahrlos nachreichen zu können, stellt bereits eine schadensgleiche Vermögensgefährdung dar (*Hardtke* 1995, S. 144, 148).

Andererseits bemüht der BGH das Kompensationsverbot in einer Konstellation, die mit **106** § 370 IV 3 AO wenig zu tun hat. In dem Fall (BGH 5.2.2004, wistra 2004, 147) hatte der Angeklagte Umsatzsteuer hinterzogen und im Rahmen des laufenden Strafverfahrens, z. T. sogar erst nach der erstinstanzlichen Entscheidung des LG, Bescheinigungen vorgelegt, nach der die von ihm erbrachten Leistungen nach § 4 Nr. 21 Buchst. b UStG 1993 bzw. § 4 Nr. 21 Buchst. a bb UStG 1999 umsatzsteuerfrei seien. Der BGH meinte, einer Berücksichtigung dieser Bescheinigungen stünde das Kompensationsverbot entgegen. Da nicht die Gefahr bestand, dass diese Bescheinigungen ohne einen Zusammenhang mit den Umsätzen vorgelegt werden könnten, reduziert der BGH den Anwendungsbereich des § 370 IV 3 AO auf die Vermeidung von Lästigkeiten, während andererseits die entsprechenden Umstände durchaus bei der Strafzumessung zu berücksichtigen sind (aaO. S. 149). Tatsächlich ist dies kein Fall des § 370 IV 3 AO, weil das Vorliegen einer solchen Bescheinigung materielle Voraussetzung für die Steuerfreiheit der Umsätze ist und diese Frage zum Zeitpunkt der Tat – der Einreichung einer unrichtigen oder der Nichteinreichung der richtigen Voranmeldung – beantwortet werden muss (vgl. auch Rn. 74 zu den materiellen Voraussetzungen des Vorsteuerabzugs).

107 Nach den nämlichen Regeln bestimmt sich die steuerstrafrechtliche **Behandlung steuerlicher Wahlrechte** (Übersicht bei *Beck* 1996, S. 107 ff.). Sie sind nur in Fällen der Steuerhinterziehung durch Unterlassen von Bedeutung (Rn. 99). Deren Ausübung nach der Steuerhinterziehung durch Handeln ist regelmäßig ein *anderer Grund* (ebenso MüKoStGB/*Schmitz/Wulf* AO § 370 Rn. 167). Soweit *Beck* (1996 sowie wistra 1998, 131, 134) hieran Zweifel äußert, sind diese nicht berechtigt. Gerade das von ihm angeführte Beispiel der Ausschöpfung von dem Grunde nach beantragter Sonder-AfA nach Tatentdeckung belegt die Notwendigkeit der Anwendung des § 370 IV 3 AO, weil in diesen Fällen die Gefahr besteht, dass der Täter ohne eine solche Entdeckung später risikolos die AfA in einem anderen Veranlagungszeitraum geltend macht. Gleiches gilt für die Ansparrücklage nach § 7g EStG (*Lilje/Müller* wistra 2001, 205, 209).

108 Die von § 370 IV 3 AO gemeinte Konstellation ist wohl auch gegeben, wenn im Rahmen einer verdeckten Gewinnausschüttung zu prüfen ist, inwiefern diese angesichts der Gliederung der verwendbaren Eigenkapitals steuerfreie Ausschüttungen ermöglicht. Eine steuerlich denkbare Ausschüttung aus dem EK 04 könnte strafrechtlich ein *anderer Grund* sein, weil sonst die Gefahr besteht, dass es zunächst zu einer Täuschungshandlung ohne Verkürzung und dann – ggf. Jahre – später zu einer Verkürzung ohne Tathandlung kommt (Rn. 307).

109 Soweit Ermäßigungsgründe dem Kompensationsverbot unterfallen, sind sie im Rahmen der Strafzumessung zu berücksichtigen. Gegebenenfalls können Vorsteuerbeträge geschätzt werden. Dies gilt aber nur, wenn es zumindest Anhaltspunkte dafür gibt, dass abzugsfähige Vorsteuern entstanden sind (vgl. BGH 8.1.2008, wistra 2008, 153; BGH 11.7.2002, BGHSt 47, 343, 351; BGH 5.2.2004, NStZ 2004, 579, 580).

dd) Steuerverkürzung auf Zeit

Schrifttum: *Franzen,* Zur Vollendung der Steuerverkürzung (§§ 396, 402 AO), DStR 1965, 187; *Fr.-Chr. Schroeder,* Nichtabgabe von Umsatzsteuervoranmeldungen, BB 1966, 519; *Depiereux,* Die strafrechtlichen Folgen der Nichtabgabe von Steuererklärungen, DStR 1970, 551; *Schleeh,* Der tatbestandsmäßige Erfolg der Verkürzung von Steuereinnahmen, FR 1971, 118; *Henneberg,* Bedarf es, insbesondere bei den Fälligkeitssteuern, zum Schutze des Steueranspruchs des Strafbestands „Steuerhinterziehung auf Zeit"?, Inf. 1980, 292; *Göggerle,* Summum ius summa iniuria – Probleme der Strafzumessung bei den Hinterziehungstatbeständen des § 370 AO, DStR 1981, 308; *Kohlmann,* Steuerstrafrecht in der Bewährung, wistra 1982, 2; *Bilsdorfer,* Die Steuerverkürzung auf Zeit, DStJG 6, 155; *Hentschel,* Strafrechtliche Beurteilung der Umsatzsteuerhinterziehung, UR 1999, 476; *Vogelberg,* Die Steuerverkürzung auf Zeit, ZAP 1999, Fach 21, 195; *Lang,* Steuerrecht und Tatbestand der Steuerhinterziehung – Zum 70. Geburtstag von Günter Kohlmann, StuW 2003, 289; *Tiedtke,* Umsatzsteuerbetrug in Theorie und Praxis, UR 2004, 6; *Rolletschke,* Steuerverkürzung auf Zeit/Steuerverkürzung auf Dauer, DStZ 2006, 78.

110 Das Gesetz stellt die **Steuerverkürzung auf Zeit** *(„nicht rechtzeitig")* der Steuerverkürzung der Höhe nach *(„nicht festgesetzt")* ausdrücklich gleich (Rn. 54). Der Umfang des Verkürzungserfolges ist hier jedoch anders zu bestimmen als bei der endgültigen Steuerverkürzung. Während bei dieser die Differenz zwischen festgesetzter und geschuldeter Steuer den Steuerschaden ausmacht, bewirkt der Täter einer zeitlichen Verkürzung lediglich einen Zinsverlust. Das ist auch der Grund dafür, dass von einigen Autoren eine Herausnahme der zeitlichen Verkürzung aus dem Straftatbestand gefordert wird (s. zB *Schleeh* BB

1972, 535; *Tiedemann* NJW 1972, 663 und JZ 1975, 185; *Leise* DStR 1971, 59; *Henneberg* Inf 1980, 292; *Göggerle* DStR 1981, 308; *Kohlmann* wistra 1982, 2).

So einleuchtend die grundsätzliche Differenzierung zwischen zeitlicher und endgültiger Verkürzung ist, so schwer fällt die **Abgrenzung im Detail,** weil der Steueranspruch des Staates auch bei unzutreffender Steuerfestsetzung nicht untergeht, sondern bis zum Ablauf der (bei Steuerhinterziehung verlängerten) Festsetzungsfrist weiterbesteht und noch geltend gemacht werden kann. Der Sache nach kann daher von endgültiger Steuerverkürzung eigentlich erst nach Ablauf der Festsetzungsfrist die Rede sein. Wenn das Gesetz dennoch die unrichtige Festsetzung als endgültige Verkürzung ansieht, dann erfasst es damit auch bloße zeitliche Verkürzungen. Eine Differenzierung kann daher nicht auf der Ebene der gesetzlichen Unterscheidung der Verkürzungserfolge *(„nicht oder nicht rechtzeitig")* erfolgen. Vielmehr geht es allein um eine Quantifizierung des vom Tatvorsatz getragenen Verkürzungserfolges. Hat der Täter lediglich eine spätere Festsetzung gewollt, dann handelt es sich (nur) um eine Verkürzung auf Zeit; wollte er sich der Steuerschuld auf Dauer entziehen, dann ist ihm eine endgültige Verkürzung zuzurechnen (in diesem subjektiven Sinne differenzieren auch *Kohlmann* wistra 1982, 2 und *Bilsdorfer* DStJG 6, 171 ff.; vgl. auch BGH 21.1.1998, wistra 1998, 146; 20.4.1999, wistra 1999, 298; 19.10.1999, wistra 2000, 64 mit Anm. *Carlé* wistra 2000, 99; 10.11.1999, wistra 2000, 139). Die Verkürzung auf Dauer und auf Zeit unterscheiden sich also nicht im Erfolgs-, sondern im Handlungsunrecht durch das entsprechende Vorstellungsbild des Täters (*Suhr* 1989, 122 ff.). **111**

Der **Schaden der zeitlichen Verzögerung** besteht lediglich im Zinsverlust des Staates; er ist dagegen nicht mit der Höhe des Steueranspruchs identisch (BGH 26.9.1978, DB 1979, 1065;BGH 4.2.1997, wistra 1997, 186; vgl. auch BGH 29.4.1997, wistra 1997, 263 und *Bilsdorfer* DStJG 6, 177). Dieser gelegentlich in der Praxis übersehene Umstand zwingt dazu, bei der Berechnung des Verkürzungsschadens den Zinsverlust in Höhe von 6 vH des Steueranspruchs (§§ 235, 238 AO) zu errechnen. **112**

Dennoch darf nicht übersehen werden, dass die Tatbestandsmäßigkeit der zeitlichen Verkürzung besonders bei den Steueranmeldungen zu einer Flut von strafbaren Steuerhinterziehungen führt, deren sich die Praxis nur durch die gekünstelt wirkende Konstruktion einer Selbstanzeige durch Nachholung der Steuer(-vor)anmeldung erwehren kann (Rn. 93 zu § 371). Da die Selbstanzeige mittlerweile voraussetzt, dass der Täter sämtliche unverjährten Jahre einer Steuerart korrigiert, kann man eigentlich nicht so leicht die verspätet eingereichte Voranmeldung als strafbefreiend behandeln. Die Praxis behalf sich bis zur Einfügung eines § 371 IIa AO indem sie contra legem quasi eine nicht vorsätzliche Verhaltensweise vermutete (Rn. 6 zu § 398a; Rn. 351 zu § 371). Insofern ist die Verkürzung auf Zeit kriminalpolitisch in höchstem Maße bedenklich. Gleiches gilt für den Fall, dass das FA einen ihm bekannten Stpfl bewusst zu spät schätzt. Hat das FA Anhaltspunkte aus Vorjahren, ist es problematisch, wenn es die FinB faktisch in der Hand hat, die Tat nur bis zum Versuch oder gar bis zur Vollendung gewähren zu lassen (Einl. 101). **113**

Welche Konsequenzen eine Verkürzung auf Zeit haben kann, zeigt die Entscheidung des BFH vom 15.4.1997 (BStBl. II 1997, 600): Wer mit der Abgabe einer unrichtigen Steuererklärung zu niedrige Vorauszahlungsbescheide für Folgejahre verursacht, begeht auch insoweit eine Hinterziehung. Wer hierzu Hilfe leistet, haftet für den etwaigen Ausfall der Vorauszahlungen nach § 71 AO (krit. *Achenbach* KFR 1997, F. 2 § 370 AO; siehe auch Kohlmann/*Ransiek* 401 zu § 370). Diese Auslegung ist – wie auch sonst oft – von dem Bemühen gekennzeichnet, über die Anwendung des § 370 AO die für Steuerhinterziehung vorgesehenen steuerlichen Konsequenzen zu ziehen, etwa bezüglich der Anwendbarkeit der §§ 71, 169 II 2, § 173 II AO. **114**

Festzuhalten bleibt, dass die Steuerverkürzungen ein schillerndes Bild bieten. Sie reicht von dem Täter, der – einem Betrüger gleich – mit vorgetäuschten Unternehmen und unrichtigen oder gefälschten Rechnungen nicht mehr einbringliche Vorsteuern erschleicht, bis hin zu dem die Umsatzsteuer für eine absolut insolvente Kapitalgesellschaft nicht **115** anmeldet und bei dem das Kompensationsverbot zu einer Strafbarkeit selbst dann führt, wenn entsprechende Vorsteuern die Zahllast auf Null stellen.

116–120 *einstweilen frei*

121 **ee) Die Bedeutung des § 370 V AO.** Die erläuternde Vorschrift des § 370 V AO war 1933 (Rn. 6) als § 396 VI in die RAO 1931 eingefügt worden, um eine seinerzeit zwischen RG und RFH entstandene steuerrechtliche Streitfrage mit verbindlicher Wirkung für die Strafgerichte auszuräumen. Zuvor hatte in stRspr das RG die Auffassung vertreten, dass Zollhinterziehung begrifflich nur beim Schmuggel solcher Sachen möglich sei, deren Einfuhr erlaubt ist (vgl. RG 9.7.1931, RGSt 65, 344 mwN). Hingegen hatte der RFH entschieden, dass die Verbotswidrigkeit der Einfuhr die tarifgesetzlich vorgeschriebene Zollpflichtigkeit nicht berühre (vgl. RFH 30, 210 2.3.1932 mwN). Seit der Ergänzung des Gesetzes ist zweifelsfrei, dass Eingangsabgaben auch dann entstehen und verkürzt werden können, wenn die geschmuggelte Sache nach besonderen Verbotsvorschriften (Rn. 40 ff. zu § 372) nicht hätte eingeführt werden dürfen. In solchen Fällen trifft Bannbruch (§ 372) oder der jeweilige Sondertatbestand regelmäßig in Tateinheit mit der Hinterziehung der Eingangsabgaben zusammen (Rn. 728).

122 **Dem Rechtsgedanken des § 370 V AO** entspricht die allgemeine Vorschrift des

§ 40 AO Gesetz- oder sittenwidriges Handeln

Für die Besteuerung ist es unerheblich, ob ein Verhalten, das den Tatbestand eines Steuergesetzes ganz oder zum Teil erfüllt, gegen ein gesetzliches Gebot oder Verbot oder gegen die guten Sitten verstößt.

Danach können der Steuerpflicht auch Einnahmen unterliegen, die der Stpfl auf strafbare oder sittenwidrige Weise erlangt hat, zB durch Schmuggelgeschäfte (OLG Köln 30.10.1951, MDR 1952, 121), Unterschlagung nach § 246 StGB oder Untreue nach § 266 StGB (BGH 18.10.1956, BStBl. I 1957, 122), Sachhehlerei nach § 259 StGB (OLG Hamburg 20.12.1961, NJW 1962, 754; VG Berlin 12.2.1958, EFG 392) oder Steuerhehlerei nach § 374 AO, Betrug nach § 263 StGB, unlauteren Wettbewerb nach § 12 UWG, Schwarzhandel mit ausländischen Wertpapieren (RG 59, 90 19.2.1925) oder Devisen (BFH 4.10.1956, BStBl. 336), gewerbsmäßige Kuppelei (RFH 3.7.1929, RStBl. 474) oder gewerbsmäßige Unzucht (BFHGrS 23.6.1964, BStBl. III 500; BGH 2.11.1995, wistra 1996, 106); krit. *Jessen* MDR 1959, 453, 534; gegen die Annahme eines steuerrechtlich erheblichen Arbeitsverhältnisses zwischen Bordellwirt und Prostituierter jedoch trotz § 40 AO BGH 18.7.1980, HFR 1981, 83; 20.5.1981, HFR 430; anders für die entgeltliche Aufführung des Geschlechtsverkehrs auf offener Bühne BGH 1.8.1984, wistra 1984, 226. Die Umsätze aus einem illegalen Glücksspiel unterliegen aus europarechtlichen Gründen aber nicht der USt (BGH 17.8.1998, wistra 1998, 344). Auch Bestechungslöhne sind steuerpflichtig (BGH 11.11.2004, wistra 2005, 58, 63; BGH 5.5.2004, wistra 2004, 391). Zweifel mag der Umstand erwecken, dass wegen § 4 V 1 Nr. 10 EStG die FinB die StA über solche Fälle unterrichten muss. § 4 V 1 Nr. 10 EStG betrifft aber nur denjenigen, der bestochen hat, nicht den Empfänger der Zuwendungen. Hier ist das Steuergeheimnis in den Grenzen des § 393 II 2, § 30 IV Nr. 5 AO zu beachten. Insofern stellt sich die Frage nach der Verfassungsmäßigkeit der Durchbrechung des Steuergeheimnisses in § 393 II 2 AO. Siehe auch Rn. 8 zu § 393 AO sowie BVerfG 12.4.1996, wistra 1996, 227.

3. Nicht gerechtfertigte Steuervorteile

a) Begriff des Steuervorteils

Schrifttum: *Herdemerten,* Betrug oder Hinterziehung bei Erschleichung von Umsatzsteuervergütungen, NJW 1962, 781; *A. Vogel,* Erschleichen von Spar-Prämien und Wohnungsbauprämien, BB 1962, 793; *Coring,* Steuerstraftaten im Zusammenhang mit dem Ausfuhrförderungsgesetz, DStR 1962, 7; *Lohmeyer,* Steuerhinterziehung bei Umsatzsteuervergütung, UStR 1963, 54; *v. Canstein,* Der Erstattungsanspruch im Steuerrecht, 1966; *Lohmeyer,* Die Vorteilserschleichung im Steuerstrafverfahren, GA 1967, 321; *Felix,* Konkurrenz zwischen

Betrug und Steuerhinterziehung, NJW 1968, 1219; *Lohmeyer,* Das Verhältnis der Steuerhinterziehung zum Betrug, MDR 1969, 440; *E. Müller,* Betrug und Steuerhinterziehung in Vergütungsfällen, NJW 1977, 746; *Fuhrhop,* Der Steuervorteilsbegriff i. S. des § 370 AO, Diss. Kiel 1979; *Lohmeyer,* Die Vorteilserlangung im Steuerstrafrecht, Inf 1989, 217; *Weiss,* Weitere Ausweitung der Steuerhinterziehung gegenüber dem Betrugstatbestand, UR 1994, 367; *Hardtke,* Steuerhinterziehung durch verdeckte Gewinnausschüttung, 1995; *Streck/Mack/Schwedhelm,* Bei Anträgen auf Herabsetzung von Einkommensteuer-Vorauszahlungen müssen steuerliche Gesamtumstände dargelegt werden, Stbg 1995, 278; *Hentschel,* Strafrechtliche Beurteilung der Umsatzsteuerhinterziehung, UR 1999, 476; *Müller,* Das Erlangen nicht gerechtfertigter Steuervorteile – der Stiefbruder der Steuerverkürzung, DStZ 2001, 613; *Hardtke,* Feststellungsbescheide als Taterfolg der Steuerhinterziehung, AO-Stb 2002, 92; *Rolletschke,* Die Revisionsentscheidung zum „untreuen" Finanzbeamten, wistra 2006, 249; *Sorgenfrei,* Steuerhinterziehung in mittelbarer Täterschaft bei Publikumsgesellschaften, wistra 2006, 370; *Tormöhlen,* Steuerhinterziehung mittels Manipulation von EDV-Eingaben durch einen Finanzbeamten, DStZ 2006, 262; *Blesinger,* Grundlagenbescheide als Gegenstand einer Steuerhinterziehung?, wistra 2009, 294; *Wittig,* Die Rechtsprechung zur Steuerhinterziehung durch Erlangen eines unrichtigen Feststellungsbescheides, ZIS 2011, 660; *Wulf,* Unrichtige Feststellungsbescheide als Taterfolg der Steuerhinterziehung?, Stbg 2011, 418; *Madauß,* Der nichtgerechtfertigte Steuervorteil durch einen (Verlust)feststellungsbescheid und dessen Bewertung im Rahmen der Strafzumessung, NZWiSt 2013, 131; *Wittig,* Zu den verfassungsrechtlichen Anforderungen an die Steuerhinterziehung durch Erlangen eines unrichtigen Feststellungsbescheids, HRRS 2013, 393; *Joecks,* Erschleichung von Steuervorteilen und Bezifferungsgebot, SAM 2014, 78.

aa) Überblick. Eine Steuerhinterziehung begeht auch, wer nicht gerechtfertigte Steuervorteile erlangt. Ob die Erlangung nicht gerechtfertigter Steuervorteile der Sache nach ein Unterfall der Steuerverkürzung ist (so *Hardtke* AO-Stb 2002, 94), kann dahinstehen, da das Gesetz beide Folgen nebeneinanderstellt und eigenständig behandelt. 123

Der Begriff des Steuervorteils bereitet erhebliche Schwierigkeiten. Einerseits wird über die Frage gestritten, in welcher Weise die Erlangung nicht gerechtfertigter Steuervorteile von der Steuerverkürzung abzugrenzen sei. Andererseits ist bzw. war lange Zeit streitig, ob Steuervergütungen auch dann Steuervorteile sind, wenn der gesamte der Vergütung zugrundeliegende Vorgang vom Täter erfunden und vorgetäuscht wurde. Die Definition des Steuervorteils ist insoweit von erheblicher praktischer Bedeutung, wie es um die Abgrenzung von Steuerhinterziehung (§ 370), Betrug (§ 263 StGB) und Subventionsbetrug (§ 264 StGB) geht, da die Merkmale dieser Tatbestände erhebliche Unterschiede aufweisen. 124

Der Begriff des Steuervorteils kann nur in zwei Schritten definiert werden. Da Steuervorteil ein dem Stpfl gewährter Vorteil im Bereich des Steuerrechts ist, muss einerseits geklärt werden, welche Vorteile gemeint sind; zum anderen muss der Bereich des Steuerrechts, innerhalb dessen die Vorteile gewährt werden, abgegrenzt werden. Dabei bestimmt der Vorteilsbegriff die Grenzziehung (innerhalb von § 370) zwischen Steuerverkürzung und Erlangung ungerechtfertigter Steuervorteile. Durch die Definition des Bereichs des Steuerrechts wird § 370 AO vom Betrug und vom Subventionsbetrug abgegrenzt. 125

bb) Vorteile im Bereich des Steuerrechts. Hier ist der Begriff des Steuervorteils von den übrigen staatlichen Leistungen an den Bürger abzugrenzen. Die Notwendigkeit dieser Abgrenzung ergibt sich aus der Tatsache, dass die unberechtigte Inanspruchnahme von staatlichen vermögenswerten Leistungen nicht nur in § 370 AO als Steuerverkürzung, sondern auch in § 263 StGB als Betrug und in § 264 StGB als Subventionsbetrug strafrechtlich erfasst ist. 126

Die umfassende und zugleich engste Regelung findet sich im **Betrugstatbestand** nach § 263 StGB. Der Betrug setzt zunächst eine Täuschungshandlung voraus. Sie muss einen Irrtum in einem anderen hervorrufen. Der Irrende muss über eigenes oder ihm nahestehendes Vermögen verfügen. Die Verfügung muss einen Vermögensschaden herbeiführen. Insoweit muss der Täter Vorsatz aufweisen. Außerdem muss er die Absicht haben, sich oder einen anderen zu Unrecht zu bereichern. § 263 StGB ist nicht nur insoweit enger als § 370 AO, als jeder Anspruch auf die Leistung entweder schon den Schaden oder die Rechtswidrigkeit der Bereicherung beseitigt, während dies bei der Steuerhinterziehung wegen § 370 IV 3 AO nicht der Fall ist. § 263 StGB verlangt auch einen Irrtum des Verfügenden, dies kann bei der Steuerhinterziehung nicht vorausgesetzt werden (Rn. 277 ff.). Anderer- 127 seits besteht beim Betrug nicht die Möglichkeit, Straffreiheit nach Vollendung der Tat zu erlangen, während die strafbefreiende Selbstanzeige nach § 371 AO diesen Weg bei der Steuerhinterziehung eröffnet.

128 **Subventionsbetrug** nach § 264 StGB ist demgegenüber schon dann vollendet, wenn der Täter die Täuschungshandlung vorgenommen hat. Der Tatbestand setzt weder einen Irrtum des getäuschten Beamten voraus (anders § 263 StGB) noch einen Vermögensschaden oder eine Vermögensgefährdung (anders § 263 StGB und § 370 AO). Darüber hinaus ist der leichtfertige Subventionsbetrug gemäß § 264 III StGB als Vergehen strafbar, während der versuchte Subventionsbetrug straflos ist. Demgegenüber ist der Versuch des Betruges (§ 263 II StGB) und der Steuerhinterziehung (§ 370 II) mit Strafe bedroht, während die leichtfertige Steuerhinterziehung gemäß § 378 AO nur eine Ordnungswidrigkeit bildet und der leichtfertige Betrug straflos ist.

129 **Das Verhältnis von §§ 263, 264 StGB zu § 370 AO** wird nach überwiegender Ansicht so bestimmt, dass die Steuerhinterziehung nach § 370 AO gegenüber den anderen Tatbeständen exklusiv ist. Das bedeutet, dass in Bezug auf Steuern und Steuervorteile iS des § 370 AO schon tatbestandlich keine Tat nach §§ 263, 264 StGB begangen werden kann (RG 25.4.1929, RGSt 63, 142; BGH 22.1.1953, ZfZ 1953, 381; BGH 17.4.2008, wistra 2008, 310, 312; SK/*Hoyer* 23 zu § 264 StGB). Gegenüber dem Betrug ist schließlich der Subventionsbetrug spezieller. Das bedeutet, dass bei Erfüllung von § 264 StGB die Betrugsvorschrift nicht mehr anzuwenden ist, dass aber § 263 StGB auch im Hinblick auf Subventionen eingreift, wenn eine der Voraussetzungen von § 264 StGB nicht erfüllt ist (vgl. SK/*Hoyer* 109 zu § 264 StGB).

130 **Die gesetzliche Lage erschwert die Abgrenzung** von Steuervorteil, Subvention und sonstigen Leistungen nach § 263 StGB. Das liegt einmal daran, dass die Legaldefinition der Subvention in § 264 VII StGB dem Wortlaut nach auch auf Steuervorteile jedenfalls insoweit anwendbar ist, als diese in Geldleistungen bestehen (SK/*Hoyer* 22 ff. zu § 264 StGB). Die weitere Schwierigkeit ergibt sich daraus, dass die einzelnen Gesetze, welche die Leistungsvoraussetzungen und das Verfahren regeln, sehr unterschiedliche Beziehungen zu den Strafnormen herstellen.

131 **Eine erste Gruppe von Normen** enthält keinerlei Hinweise auf die strafrechtliche Behandlung der ungerechtfertigten Inanspruchnahme der im Gesetz geregelten Leistung (zur Eigenheimzulage s. BGH 6.6.2007, wistra 2007, 388, 391). Das galt zB für die USt-Vergütungen nach § 18 III 1 UStG 1967. In einer **zweiten Gruppe** von Vorschriften wird erklärt, dass für die Leistung bestimmte Strafvorschriften und Strafverfahrensvorschriften der AO entsprechend gelten. Typisch für diese Gruppe von Vorschriften ist § 5a BergPG, eingefügt durch das EGAO 14.12.1976 (BGBl. 1976 I 3341), *gegenstandslos* seit 1.1.2012:

§ 5a BergPG Anwendung von Vorschriften der Abgabenordnung

(1) …

(2) [1] Für die Bergmannsprämie gelten die Strafvorschriften des § 370 Abs. 1 bis 4, der §§ 371, 375 Abs. 1 und des § 376 sowie die Bußgeldvorschriften der §§ 378, 379 Abs. 1, 4 und des § 384 der Abgabenordnung entsprechend. [2] Für das Strafverfahren wegen einer Straftat nach Satz 1 sowie der Begünstigung einer Person, die eine solche Tat begangen hat, gelten die §§ 385 bis 408, für das Bußgeldverfahren wegen einer Ordnungswidrigkeit nach Satz 1 die §§ 409 bis 412 der Abgabenordnung entsprechend.

Das EGAO hat entsprechende Vorschriften eingefügt für die Arbeitnehmersparzulage in § 14 III VermBG, die Wohnungsbauprämie in § 8 II WoPG, die frühere Sparprämie in § 5b II SparPG und die Arbeitnehmerzulage nach § 28 BerlinFG in § 29a BerlinFG. Schließlich findet sich eine dritte Gruppe von Gesetzen, in denen die entsprechende Geltung der Vorschriften der AO über die Verfolgung von Steuerstraftaten angeordnet wird:

§ 20 BerlinFG 1990 Verfolgung von Straftaten nach § 264 des Strafgesetzbuches

Für die Verfolgung einer Straftat nach § 264 des Strafgesetzbuches, die sich auf die Investitionszulage bezieht, sowie der Begünstigung einer Person, die eine solche Straftat begangen hat, gelten die Vorschriften der Abgabenordnung über die Verfolgung von Steuerstraftaten entsprechend.

Diese und eine wörtlich gleichlautende Vorschrift in § 5a InvZulG wurde durch G 29.7.1976 (BGBl. 1976 I 2034) eingefügt.

Eine Definition des Begriffs des Steuervorteils ist erst möglich, wenn zuvor das Verhältnis zu Subventionen gem. § 264 StGB und sonstigen Leistungen gem. § 263 StGB bestimmt ist. Dabei ist festzustellen, dass die Subvention nur ein Unterfall derjenigen Leistungen darstellt, die vom Betrugstatbestand erfasst sind. Ihre besonderen Merkmale sind in § 264 VII Nr. 1 StGB vom Gesetz festgelegt. Die Subvention ist danach eine Leistung aus öffentlichen Mitteln nach Bundes- oder Landesrecht oder dem Recht der Europäischen Gemeinschaft, die drei Elemente enthält. Die Leistung muss einem Betrieb oder Unternehmen gewährt werden; die Subventionierung Privater wird daher von § 264 StGB nicht erfasst. Sie muss wenigstens teilweise ohne Gegenleistung gewährt werden. Schließlich muss sie den Zweck haben, der Förderung der Wirtschaft zu dienen. Das dritte Merkmal scheidet bei inländischen Subventionen (anders § 264 VII Nr. 2 StGB bei Mitteln der EG) insbes. Sozial-, Kultur- und Forschungssubventionen aus (ausf. zum Subventionsbegriff SK/*Hoyer* 20 ff. zu § 264 StGB). **132**

Über die **Zugehörigkeit eines Vorteils zum Bereich des Steuerrechts** wird am Beispiel der USt-Vergütungen gestritten. Der BGH hielt die USt-Vergütungen grundsätzlich für einen Steuervorteil (BGH 20.2.1962, NJW 1962, 2311, zu § 16 II UStG 1951), meinte jedoch zunächst, die USt-Vergütung sei dann kein Steuervorteil, wenn der gesamte Geschäftsvorgang vorgetäuscht werde; in diesem Fall sei nicht Steuerhinterziehung, sondern Betrug gegeben (BGH 11.4.1972, NJW 1972, 1287, zu § 18 II 5 UStG 1967). Demgegenüber hielt die hM in der Literatur die Steuervergütung schon früh uneingeschränkt für einen Steuervorteil (vgl. *Felix* NJW 1968, 1219 und *Erich Müller* NJW 1977, 746). Der BGH hat später seine Rechtsprechung entsprechend geändert. Nachdem zunächst die Erschleichung von Vorsteuererstattungen im Rahmen einer *inaktiven* GmbH als Steuerhinterziehung qualifiziert worden war (BGH 1.2.1989, wistra 1989, 226) und dies sodann auf den Bereich der Ertragsteuern erweitert wurde (BGH 3.11.1989, wistra 1990, 58), hat der BGH mit Beschluss v. 23.3.1994 (BGHSt 40, 109) einen vollständigen Rechtsprechungswandel vollzogen. *„Fälle, in denen die Existenz eines Unternehmens nur vorgetäuscht wird, für das sodann ohne Bezug auf reale Vorgänge fingierte Umsätze angemeldet und Vorsteuererstattungen begehrt werden, sind nicht als Betrug, sondern als Steuerhinterziehung zu beurteilen."* Diese Veränderung ist zu begrüßen. Soweit *Weiss* (UR 1994, 367) hiergegen Bedenken anmeldet, weil damit Nachteile im Bereich der Rechtshilfe zu besorgen seien, trifft dies nicht; ein Fiskaldelikt lag auch vor, als solche Taten als Betrug qualifiziert wurden (Rn. 128 zu § 399). **133**

Der Streit über die rechtliche Einordnung der Steuervergütungen ist durch **§ 370 IV 2 AO** erledigt, da dort ausdrücklich bestimmt ist, dass Steuervorteile auch Steuervergütungen sind. Die in der Diskussion über die Behandlung der USt-Vergütung behandelten Argumente sind aber auch für die generelle Abgrenzung von Steuervorteil und Vorteil nach §§ 263, 264 StGB von Bedeutung. Die hM definiert Steuervorteile als solche Vorteile, die auf einen Steueranspruch bezogen sind oder wie die Steuervergütung dessen Umkehrung darstellen (Kohlmann/*Ransiek* 426 zu § 370; *Felix* NJW 1968, 1219; *Erich Müller* NJW 1977, 746). Zum Teil wird (auch) darauf abgestellt, dass es um Besserstellungen außerhalb des Festsetzungsverfahrens gehen soll (HHSp-*Hellmann* 168 zu § 370; *Rolletschke* Rn. 86). *Franzen* (1. Aufl. Rn. 176 zu § 392 RAO) hält für maßgeblich, dass die Tat den Ertrag einer Steuer beeinträchtigt und diese Folge auf der Anwendung eines Steuergesetzes beruht. Einigkeit besteht darüber, dass die Wohnungsbauprämie keinen Steuervorteil darstellt (Kohlmann/*Ransiek* 429 zu § 370). **134**

Die angemessene Einordnung der bei Rn. 131 geschilderten Leistungen bereitet deshalb Schwierigkeiten, weil sie zT den Ertrag einer bestimmten Steuer unmittelbar mindern (s. zB § 3 BergPG: Minderung des Ertrags der Lohnsteuer). Bei der Arbeitnehmerzulage nach dem BerlinFG, der Bergmannsprämie und der Arbeitnehmersparzulage könnte darüber hinaus die Ansicht vertreten werden, es handle sich um steuerrechtliche Regelungen, da die vom Arbeitgeber erbrachten Leistungen mit der von ihm abzuführenden Lohnsteuer ver- **135** rechnet werden und ein etwaiger Überschuss an ihn ausgezahlt wird. Man wird aber die von *Franzen* (1. Aufl. Rn. 176 zu § 392 RAO) vertretene Ansicht dennoch halten können: Die Verrechnung der vom Arbeitgeber erbrachten Leistungen erfolgt hier zwar äußerlich nach dem Verfahren des Vorsteuerabzuges bei der USt, dennoch handelt es sich nicht um steuerrechtliche Regelungen. Die Vorschriften sind deshalb nicht Steuergesetze, weil sie nicht die Höhe von Steueransprüchen regeln, sondern lediglich eine Möglichkeit eröffnen, andere Ansprüche mit Steueransprüchen zu verrechnen. Die Anordnung einer entsprechenden Anwendung von § 370 AO auf die Bergmannsprämie ist demnach nicht überflüssig, da solche Leistungen keine Steuervorteile sind. Soweit allerdings der Arbeitgeber durch die Vortäuschung nicht erbrachter Leistungen eine Kürzung der von ihm zu zahlenden Lohnsteuer erwirkt, begeht er eine Steuerhinterziehung in der Form der Steuerverkürzung, da er den gegen ihn gerichteten Steueranspruch beeinträchtigt.

136 Mit *Franzen* (1. Aufl. Rn. 176 zu § 392 RAO) ist also ein *Vorteil dem Bereich des Steuerrechts zuzurechnen, wenn er den Ertrag einer Steuer mindert und dies auf der Anwendung eines Steuergesetzes beruht.*

137 **cc) Begriff des Vorteils.** Der Begriff des Steuervorteils iS des § 370 I 1 AO ist gesetzlich nicht näher bestimmt. Da jeder Verkürzung von Steuereinnahmen zum Nachteil des anspruchsberechtigten StGläubigers ein ungerechtfertigter Vorteil des Stpfl gegenübersteht, kann der Begriff „Steuervorteil“ nur besondere Vorteile kennzeichnen. Aber auch in diesem beschränkten Sinne bereitet eine Begriffsbestimmung wegen der mangelhaften Begriffsdisziplin des Gesetzes erhebliche Schwierigkeiten. Dem Wortlaut des § 370 I 1 AO entsprechen nur §§ 70, 71, 150 VI Nr. 4, § 235 II, § 371 III, § 379 I und § 398 AO; an anderen Stellen spricht das Gesetz von *„Steuervergütungen“* (§§ 1, 32, 37, 43, 46, 69, 73, 74, 75, 80, 85, 155 IV, §§ 169, 169, 170 III, §§ 178, 236, 240 AO), *„Steuererstattungen“* (§§ 32, 37, 46, 69 AO), *„Steuervergünstigungen“* (§§ 50, 51, 58, 59, 60, 63, 64, 67a III, § 153 II, III AO), *„Freistellung von einer Steuer“* (§ 155 I 3 AO) sowie nebeneinander von *„Steuerbefreiung, Steuerermäßigung oder sonstiger Steuervergünstigung“* (§ 153 II AO).

138 **Eine materielle Abgrenzung** des Steuervorteils vom Regelfall der Besteuerung ist nicht möglich, da die zT überaus stark differenzierenden Steuergesetze eine „Normal“-Steuer (vgl. *Terstegen* S. 103; *Hartung* V 2a zu § 396 RAO 1931) nicht festzustellen erlauben, es sei denn, man ginge von einem Sachverhalt aus, dessen Merkmale bei mehreren rechtlichen Möglichkeiten jeweils die höhere oder höchste Steuer auslösen. In diesem Sinne wäre bei der ESt zB die Tatsache, dass ein Stpfl verheiratet ist, bereits als Sonderfall anzusehen, da der Familienstand des Verheirateten gemäß § 32a V EStG die Anwendung des vorteilhaften Splitting-Tarifs begründet.

139 **Das Erfordernis eines förmlichen Antrags** kann ebenfalls nicht als allgemeines Merkmal eines Steuervorteils iS des § 370 AO gelten. Einerseits werden gewisse Vorteile, die das Gesetz an bestimmte Tatsachen knüpft, auch von Amts wegen gewährt, zB die Anwendung des Splitting-Tarifs auf Ehegatten gemäß § 32a V iVm § 26 EStG. Andererseits werden steuermindernde Tatsachen, zB Betriebsausgaben, regelmäßig nur berücksichtigt, falls und soweit sie ausdrücklich geltend gemacht werden. Wäre der Begriff des Steuervorteils auf antragsgebundene Vergünstigungen beschränkt, so würden durch die Veranlagung einer Steuererklärung, die in mehrfacher Hinsicht unrichtig ist, meistens zugleich „Steuern verkürzt“ und „nicht gerechtfertigte Steuervorteile erlangt“ – ein denkbares, systematisch aber wenig sinnvolles Ergebnis (zust. Kohlmann/*Ransiek* 427 zu § 370; *Lohmeyer* Inf 1989, 217; *Müller* DStZ 2001, 614).

140 **Bei einer Abgrenzung nach Verfahrensabschnitten** ist ein Steuervorteil iS des § 370 I AO Inhalt und Gegenstand jeder begünstigenden Verfügung der FinB, die der Stpfl außerhalb einer Steuererklärung (vgl. § 150) erstrebt und die ihm außerhalb eines Steuerfestsetzungsverfahrens erteilt wird (ähnl. bereits *Barske/Gapp* S. 57; vgl. auch Kohlmann/*Ransiek* 428 zu § 370; HHSp-*Hellmann* 173 zu § 370; *Rolletschke* Rn. 86). **Eine begünstigende Verfügung** kann die festgesetzte Steuerschuld mindern oder beseitigen, zB durch

Herabsetzung einer ESt-Vorauszahlung gemäß § 37 III 3 EStG (OLG Stuttgart 21.5.1987, wistra 1987, 263; *Koch/Scholtz/Scheurmann-Kettner* 38 zu § 370), oder durch Erlass gemäß § 227 AO (Rn. 481 f.), oder die Fälligkeit einer Steuer hinausschieben, zB durch Stundung nach § 222 AO (Rn. 482), oder nach § 258 AO die Zwangsvollstreckung einstellen, beschränken oder eine Vollstreckungsmaßnahme aufheben. Auch kann es einen Steuervorteil darstellen, dass die FinB eine belastende Verfügung unterlässt, zB die Festsetzung oder Erhöhung einer Vorauszahlung nach § 37 EStG, die Anforderung einer Sicherheitsleistung nach § 361 II AO, die Pfändung von Sachen oder Forderungen nach den §§ 281 ff. AO (vgl. auch *Hardtke* 1995, 114).

Steuererstattungen bilden dann keinen Steuervorteil iS des § 370 I AO, wenn die Entscheidung über einen Erstattungsanspruch zusammen mit der Festsetzung einer Steuer getroffen wird und nur die kassenmäßige Folge der Tatsache ist, dass die Steuerschuld bei der Veranlagung oder beim LSt-Jahresausgleich niedriger festgesetzt worden ist als die Summe der geleisteten Vorauszahlungen oder der abgeführten LSt. Hier ist die Erstattung nicht Gegenstand einer begünstigenden Verfügung des FA (Rn. 140). Anders liegen dagegen diejenigen Fälle einer Erstattung, über die das FA im Erhebungsverfahren durch einen besonderen Bescheid entscheidet, zB bei Erstattungen auf Grund einer Täuschung des FA darüber, dass ein höherer Betrag als tatsächlich geschehen vorausgezahlt, abgeführt oder beigetrieben worden sei. 141

Steuervergütungen sind gemäß § 370 IV 2 AO stets Steuervorteile iS des § 370 I AO. Abweichend von Steuererstattungen (Rn. 141) setzen Steuervergütungen nicht voraus, dass der Anspruchsberechtigte eine der Vergütung entsprechende Steuer gezahlt hat (vgl. zB §§ 36b ff. EStG und § 16 II UStG). Entscheidend für das Vorliegen einer Steuervergütung ist nur, dass der vergütete Betrag nach steuerrechtlichen Vorschriften bemessen und festgesetzt worden ist. Unter dieser Voraussetzung wird nämlich durch eine – dem Grunde oder der Höhe nach – nicht gerechtfertigte Festsetzung der Vergütung in jedem Falle der Steuerertrag im Ergebnis ebenso gemindert wie in den Fällen einer nicht gerechtfertigten Steuererstattung oder einer unmittelbaren Verkürzung der Steuereinnahmen durch Verschweigen von Besteuerungsgrundlagen (näher s. Rn. 133 ff.). Steuervergütung ist auch das Kindergeld nach Maßgabe des X. Abschnitts des EStG idF des JStG 1996 (vgl. *Haag* ZTR 1999, 12). Keine Steuervergütung ist die Eigenheimzulage, auch wenn sie zu Lasten der ESt-Einnahmen des Staates geht (BGH 6.6.2007, wistra 2007, 391). 142

Begünstigende verfahrensrechtliche Verfügungen können ebenfalls einen Steuervorteil iS des § 370 I AO darstellen, wenn von dem Ergebnis des Verfahrens Grund, Höhe oder Fälligkeit einer Steuerschuld oder die Gewährung einer Steuervergütung abhängen können, zB bei Wiedereinsetzung gemäß § 110 AO (ebenso Klein/*Jäger* AO § 370 Rn. 122; aM OLG Hamm 14.10.2008, wistra 2009, 80; zw. Kohlmann/*Ransiek* 433 zu § 370). 143

b) Nicht gerechtfertigter Steuervorteil. Nicht gerechtfertigt ist ein Steuervorteil, den der Stpfl bei richtiger Rechtsanwendung auf den wirklichen Sachverhalt nicht beanspruchen kann. Steuervorteile, die aus Billigkeitsgründen gewährt werden (zB gemäß §§ 163, 227 oder 258), sind ungerechtfertigt, wenn sie auf Grund unwahrer Angaben rechtswidrig bewilligt werden (RG 25.2.1926, RGSt 60, 97; ebenso HHSp-*Hellmann* 177 zu § 370; Klein/*Jäger* AO § 370 Rn. 125). 144

Macht das Gesetz die Gewährung von Steuervorteilen davon abhängig, dass bestimmte sachliche Voraussetzungen durch besondere Aufzeichnungen oder Verzeichnisse (zB § 6c II EStG; § 7a VIII EStG) nachgewiesen werden, ist der Steuervorteil bei nicht ordnungsmäßiger Buchführung oder fehlenden Sonderaufzeichnungen auch dann nicht gerechtfertigt, wenn die materiellen Voraussetzungen vorliegen (siehe Rn. 72 ff.; vgl. BGH 20.2.1962, NJW 1962, 2311; 29.5.1962, GA 1963, 308; ebenso HHSp-*Hellmann* 179 zu § 370, krit. *Gehre* DStR 1965, 683). Gleiches gilt, wenn das Vorhandensein vorgeschriebener Bescheinigungen, Ausweise oder sonstiger Belege (zB § 6 IV UStG, § 8 UStDV) 145 vorgetäuscht wird (BGH 8.2.1983, wistra 1983, 115). Auch die auf Grund echter Bescheinigungen, Ausweise usw. gewährten Steuervorteile sind nicht gerechtfertigt, falls die Voraussetzungen ihrer Ausstellung fehlen, zB der Begünstigte in Wahrheit nicht Vertriebener, Flüchtling oder politisch Verfolgter ist; hier ist allerdings § 171 X iVm § 175 I Nr. 2 AO zu beachten. Dementsprechend bindet die Bescheinigung, solange sie nicht zurück genommen worden ist (vgl. auch BGH 24.10.2006, wistra 2007, 65). *Flore* (FT-*Flore* 489 zu § 370) hat gegen diese Auffassung eingewandt, steuerstrafrechtlich dürfe eine Verurteilung wegen Steuerhinterziehung in Gestalt der Erlangung eines nicht gerechtfertigten Steuervorteils nicht darauf gestützt werden, dass der Täter eine verfahrensrechtlich gebotene Handlung verabsäumt habe, obwohl ihm materiell-rechtlich der Steuervorteile zustande. Wenn aber ein formalisierter Nachweis notwendige Bedingung für die Gewährung des Steuervorteils ist, steht dem Steuerpflichtigen dieser eben nicht zu. Eine andere Frage ist, ob es vor dem Hintergrund sich lockernder Anforderungen um eine materielle Voraussetzung oder eher um einen formalen Nachweis geht (vgl. Rn. 357 zur Umsatzsteuer).

146 **c) Vollendung der Vorteilserlangung.** Erlangt sind Steuervorteile gemäß § 370 IV 2 Halbs. 2 AO, soweit sie gewährt oder belassen werden. Die hM hat den insoweit gleichlautenden § 392 III RAO in der Weise ausgelegt, dass der Erfolg der Vorteilserlangung nicht erst dann eintritt, wenn die begünstigende Verfügung wirksam geworden (die Steuervergütung oder -erstattung ausgezahlt) ist, sondern bereits mit der Bekanntgabe der Verfügung selbst (HHSp-*Hellmann* 312 zu § 370 AO; *Hartung* VIII 1a zu § 396 RAO 1931; RG 8.10.1925, RGSt 59, 401). Diese Interpretation des Vollendungserfolges ist im Hinblick auf die Terminologie des SubvG, das in § 2 I SubvG zwischen Bewilligung und Gewährung der Subvention unterscheidet, nicht ganz unbedenklich. Wegen der schwierigen Abgrenzung von Steuerverkürzung und Erlangung von Steuervorteilen empfiehlt sich jedoch, das Gewähren eines Steuervorteils iS der Bewilligung auszulegen (vgl. *Hardtke* 1995, S. 130). Die wirksame Verfügung der FinB ist Grundlage für den tatsächlichen Eintritt des Vorteils, so wie die Festsetzung der Steuer Grundlage für deren Vollstreckung ist. Da auch bei der Vorteilserlangung wenigstens Unkenntnis der Behörde vom zutreffenden Sachverhalt hinzukommen muss (Rn. 278 ff.) ist die Steuerhinterziehung auch in der Form der Vorteilserlangung ein konkretes Gefährdungsdelikt (Rn. 59 ff.). Dasselbe gilt für das Belassen eines Steuervorteils.

147–150 *einstweilen frei*

IV. Das tatbestandsmäßige Verhalten

Schrifttum: *Bockelmann,* Betrug verübt durch Schweigen, Eb. Schmidt-FS. 1961, 437; *Lohmeyer,* Zum Tatbestandsmerkmal der Steuerunehrlichkeit, FR 1960, 478; *Stegmaier,* Wann ist man „steuerunehrlich"?, FR 1961, 209; *Lohmeyer,* Zum Begriff der „Steuerunehrlichkeit", DStZ 1963, 107; *Buschmann,* Steuerunehrlichkeit als Tatbestandsmerkmal?, NJW 1964, 2140; *J. Schulze,* Steuerhinterziehung durch Unterlassen, Abgabe von Steuererklärungen – ein Beitrag zur Auslegung des ungeschriebenen Tatbestandsmerkmals der Steuerunehrlichkeit, DStR 1964, 384, 416; *Leise,* Zum ungeschriebenen Tatbestandsmerkmal der „Steuerunehrlichkeit" bei vorsätzlich bewirkter Steuerverkürzung, ZfZ 1965, 193; *Henke,* Kritische Bemerkungen zur Auslegung des § 396 AO, FR 1966, 188; *Lohmeyer,* Steuerunehrlichkeit als Tatbestandsmerkmal der Steuerhinterziehung, BlStA 1966, 209; *Buschmann,* Die steuerstrafrechtliche Pflichtverletzung, NJW 1968, 1613; *Samson/Horn,* Steuerunehrlichkeit und Steuerhinterziehung durch Unterlassen, NJW 1970, 393; *Schleeh,* Das ungeschriebene Tatbestandsmerkmal des steuerunehrlichen Verhaltens, FR 1970, 604; *ders.,* Die Tathandlung des Verkürzens von Steuereinnahmen, BB 1970, 1535; *ders.,* Gibt es zwei verschiedene Tatbestände der Steuerverkürzung?, NJW 1971, 552; *ders.,* Rechtsgut und Handlungsobjekt beim Tatbestand der Steuerverkürzung, NJW 1971, 739; *Samson/Horn,* Nochmals: Zur Steuerhinterziehung durch Unterlassen, NJW 1971, 1686; *Schleeh,* Die Bedeutung der steuerlichen Pflichten für das Steuerstrafrecht, BB 1971, 815; *ders.,* Nochmals: Zum Tatbestand der Steuerverkürzung, NJW 1972, 518; *ders.,* Der Straftatbestand der Steuerverkürzung de lege ferenda, BB 1972, 532; *ders.,* Die Steuerhinterziehung nach dem Entwurf einer Abgabenordnung (AO 1974), StW 1972, 310; *Henneberg,* Steuerstraf- und Bußgeldrecht nach der AO 77, BB 1976, 1554; *Lohmeyer,* Die Straf- und Bußgeldvorschriften der AO 77, DStZ 1976, 239; *Hilgers,* Täuschung und/oder Unkenntnis der Finanzbehörde – notwendige Voraussetzung der Strafbarkeit wegen Steuerhinterziehung?, Diss. Köln 1985; *Borchers,* Steuerhinterziehung nur bei notwendiger Teilnahme und Irrtum des Finanzbeamten?, wistra 1987, 86; *Lütt,* Das Handlungsunrecht der Steuerhinterziehung, 1988; *Weyand,* Steuerhinterziehung unter Beteiligung von Amtsträgern der Finanzbehörde, wistra 1988, 180; *Dörn,* Steuerhinterziehung durch Antrag auf Herabsetzung der Vorauszahlungen?, DStR 1995, 868; *Rößler,* Neue Tatsachen bei Handlungen eines ungetreuen Finanzbeamten, DStZ 1998, 871; *Spatscheck/Mantas,* Strafrechtlich relevante Pflichten bei der Abgabe von Erklärungen, PStR 2000, 101; *Gibhardt,* Hinterziehung von Umsatzsteuer im europäischen Binnenmarkt, 2001; *Wulf,* Handeln und Unterlassen im Steuerstrafrecht, 2001; *Weidemann/Weidemann,* Handeln und Unterlassen im Steuerstrafrecht, wistra 2005, 207.

1. Überblick

Anders als § 392 RAO beschreibt § 370 I AO das tatbestandsmäßige Verhalten des Täters der Steuerhinterziehung ausdrücklich. Das Gesetz erfasst in § 370 I Nr. 1–3 AO eine Handlungs- und zwei Unterlassungsvarianten. Es bemüht sich dabei um die Erfassung des zu § 392 RAO entwickelten ungeschriebenen Tatbestandsmerkmals der Steuerunehrlichkeit. Dagegen hat das Gesetz nicht ausdrücklich geregelt, welcher Zusammenhang zwischen dem Verhalten des Täters und dem Erfolgseintritt bestehen muss. Das farblose *„dadurch"* lässt der Auslegung erheblichen Spielraum (Rn. 278 ff.). 151

2. Allgemeine Problematik

a) Problemfälle. Obwohl § 392 RAO im Tatbestand genügen ließ, dass der Täter bewirkte, dass Steuereinnahmen verkürzt würden, bestand in Rspr und Literatur doch Einigkeit darüber, dass nicht jede Verursachung einer Steuerverkürzung den Tatbestand erfüllte. Nicht tatbestandsmäßig sollte etwa handeln, wer durch Drohung oder Gewalt oder durch eine Vollstreckungsvereitelung die Verkürzung von Steuereinnahmen verursachte oder die Steuer schlicht nicht zahlte (RG 13.5.1937, RGSt 71, 216; RG 3.7.1942, RGSt 76, 198; BGH 11.3.1952, BGHSt 2, 185; BGH 3.4.1952, BGHSt 2, 340; *Samson/Horn* NJW 1970, 593). Dieser Effekt wurde durch Einführung des ungeschriebenen Merkmals der *„Steuerunehrlichkeit"* erreicht. Den Tatbestand erfüllte nach einhelliger Auffassung nur, wer durch steuerunehrliches Verhalten eine Steuerverkürzung bewirkte. Nach umfangreicher kontroverser Diskussion setzte sich die Auffassung durch, dass unter dem Merkmal der Steuerunehrlichkeit nichts anderes zu verstehen sei als das Verursachen der Steuerverkürzung durch Täuschung. In Parallele zum Betrug konnte das Merkmal der Steuerunehrlichkeit vom Begehungstäter durch aktive Täuschung und vom Unterlassungstäter durch Täuschung durch Unterlassen erfüllt werden (*Samson/Horn* NJW 1970, 593). 152

Der Gesetzgeber hat sich dieser Ansicht angeschlossen und in Nr. 1 die **Täuschung durch Handeln** und in den Nrn. 2, 3 bestimmte Formen der **Täuschung durch Unterlassen** erfasst. Das Gesetz trägt der Erkenntnis, dass die Steuerhinterziehung jedenfalls im Bereich des Täterverhaltens dem Betrug (durch Handeln und durch Unterlassen) vollkommen entspricht, in den Nrn. 1–3 jedoch nur in äußerst unvollkommener Weise Rechnung. Daraus entstehen zahlreiche schwierige Probleme (s. auch *Schleeh* StW 1972, 310). 153

Schon *Bockelmann* (Eb. Schmidt-FS. 1961, S. 437) hat in seiner grundlegenden Untersuchung zum Betrug durch Unterlassen aufgezeigt, dass dem aktiven Täuschen zwei verschiedene Varianten des Unterlassens entsprechen können. Es macht zunächst im Tatsächlichen einen Unterschied, ob der Täter pflichtwidrig einen anderen über Tatsachen dadurch nicht aufklärt, dass er ihm bestimmte Informationen nicht übermittelt, oder ob er einen im Entstehen begriffenen Irrtum nicht durch sonstiges Verhalten unterbindet. Für den Betrug kommt *Bockelmann* (Eb. Schmidt-FS. 1961, S. 437) zu dem von der hM (Schönke/Schröder/*Perron* StGB § 263 Rn. 45) abweichenden Ergebnis, dass ein Betrug durch Unterlassen nur dann vorliege, wenn der Täter einen im Entstehen begriffenen Irrtum nicht verhindere. Dagegen scheide Betrug durch Unterlassen aus, wenn der Täter einen bereits vorhandenen Irrtum oder die Unkenntnis des Opfers nicht beseitige. 154

Die Regelung in § 370 I AO hat nun die seltsame Konsequenz, dass als Steuerhinterziehung durch Unterlassen lediglich die eine von *Bockelmann* (Eb. Schmidt-FS. S. 437) herausgearbeitete Unterlassungsvariante erfasst wird. § 370 I Nr. 2 AO regelt nämlich nur denje- 155 nigen Fall, in dem der Täter die FinB pflichtwidrig über steuerlich erhebliche Tatsachen **in Unkenntnis lässt.** Dagegen behandelt das Gesetz nicht den anderen Fall, in dem der Täter **das Entstehen eines Irrtums nicht verhindert.** Die zunächst naheliegend erscheinende Auffassung, es lasse immer pflichtwidrig in Unkenntnis, wer einen im Entstehen begriffenen Irrtum pflichtwidrig nicht verhindere, ist unzutreffend. Das liegt einmal daran, dass die Pflicht zur Aufklärung nicht immer mit der Pflicht zur Verhinderung eines Irrtums identisch ist. Die Regelungslücke ist zwar noch in Fällen unbedenklich, in denen der Stpfl nichts unternimmt, wenn er erkennt, dass sich der Außenprüfer auf Grund unvollständiger Unterlagen oder unübersichtlicher Buchführung zu irren beginnt; in diesen Fällen verletzt der Stpfl wenigstens seine Pflicht zur Mitteilung des wahren Sachverhalts (§ 200 AO). Problematisch wird jedoch die Beurteilung derjenigen Fälle, in denen keine Pflicht zur Aufklärung besteht. Wer mit seinem minderjährigen – zur Zollhinterziehung entschlossenen – Sohn die Grenze zu überschreiten beginnt, hat zwar als Überwachergarant (Rn. 90 zu § 369) die Pflicht, den Sohn vom Schmuggel abzuhalten; er ist jedoch nicht verpflichtet, bei der Zollstelle die bereits im Versuchsstadium steckende Tat des Sohnes anzuzeigen, da insoweit Unzumutbarkeit (Rn. 99 zu § 369) gegeben ist. In diesem Fall scheidet Nr. 2 mangels einer Pflicht zur Mitteilung und wegen Entschuldigung aus. Die Pflicht, den Schmuggel durch Einwirkung auf den Sohn zu unterbinden, scheint aber nach dem Wortlaut von § 370 I AO nicht strafbewehrt zu sein.

156 Die Regelungslücke ist auch dann von Bedeutung, wenn eine Aufklärungspflicht gem. § 370 I Nr. 2 AO besteht. Erkennt der Inhaber eines Unternehmens, dass sein Prokurist unrichtige Steuererklärungen für die Firma abzugeben beginnt, dann ist er verpflichtet, dagegen einzuschreiten. Sind die unrichtigen Erklärungen abgegeben worden, ist er verpflichtet, die wahren Tatsachen mitzuteilen (§ 153 I AO). Die Frage, ob auch die Pflicht zum Einschreiten strafbewehrt ist, entscheidet über den **Versuchsbeginn.** Die Pflicht nach § 370 I Nr. 2 AO wird nicht verletzt, bevor die Erklärungsfrist abläuft (Rn. 94 zu § 369). Die Pflicht zum Einschreiten gegen die Täuschungshandlung des Angestellten beginnt dagegen mit dessen Handlung. Sofern diese zweite Pflicht nicht strafbewehrt ist, verschiebt sich die Versuchsstrafbarkeit (zumindest) bis zum Ablauf der Erklärungsfrist.

157 Die Fassung von § 370 I AO wirft aber auch im **Begehungsbereich** Probleme auf. Wer als nicht zur Abgabe von Erklärungen Verpflichteter den zur Abgabe von Steuererklärungen Verpflichteten daran – sei es durch Täuschung oder Zwang – hindert, erfüllt den Unterlassungstatbestand nach § 370 Nr. 2 AO mangels Pflichtverletzung nicht. Den Begehungstatbestand nach § 370 I Nr. 1 AO erfüllt er aber auch nicht, weil er keine unrichtigen oder unvollständigen Angaben macht. Auch insoweit enthält § 370 AO jedenfalls nach seinem Wortlaut eine Regelungslücke.

158 **b) Lösung.** Da § 370 I Nr. 2 AO nur die eine der beiden möglichen Täuschungen durch Unterlassen, nämlich nur die unterlassene Beseitigung der Unkenntnis des wahren Sachverhalts erfasst, kommt für die Erfassung der anderen Unterlassungsvariante (Nichthinderung des Entstehens eines Irrtums) lediglich die **Anwendung von § 370 I Nr. 1 AO in Verbindung mit § 13 StGB** in Betracht. Das würde voraussetzen, dass die unterlassene Verhinderung des Entstehens eines Irrtums bei vorhandener Garantenstellung dem Täuschen durch aktives Handeln gleichsteht.

159 Was zunächst die sogenannte **Modalitätenäquivalenz** (Rn. 92 zu § 369) angeht, ist festzustellen, dass die Gleichwertigkeit von Handeln und Unterlassen bei der Täuschung des Betruges umstritten ist. Aber selbst nach der engsten, von *Bockelmann* (Eb. Schmidt-FS. 1961, S. 437) vertretenen Auffassung steht es einem aktiven Täuschen gleich, wenn der Täter es unterlässt, einen im Entstehen begriffenen Irrtum zu verhindern. Die Modalitätenäquivalenz kann daher für diese Fallgruppe angenommen werden (Rn. 155).

160 Schwierigkeiten entstehen jedoch daraus, dass das Gesetz in § 370 I Nr. 2 AO einen – anderen – Unterlassungsfall gesondert erfasst. Daraus könnte abgeleitet werden, dass damit der Kreis des strafbaren Unterlassens in § 370 AO **abschließend geregelt** sei. Das würde freilich voraussetzen, dass ein derartiger Wille des Gesetzgebers erkennbar ist. Einerseits spricht aber nichts dafür, dass dem Gesetzgeber die hier behandelte Fallgruppe vor Augen gestanden hat. Zum anderen lassen sich auch aus der Systematik des Gesetzes keine Gesichtspunkte gegen eine strafrechtliche Erfassung dieser Fallgruppe ableiten.

Damit ergibt sich, dass auch **§ 370 I Nr. 1 AO gemäß § 13 StGB durch Unterlassen begangen werden kann** (eine Lösung, die *Schleeh* StW 1972, 312, freilich als „absurde Weiterung" bezeichnet). Ein solcher Fall liegt dann vor, wenn ein Garantenpflichtiger das Entstehen eines Irrtums und die daraus folgende Steuerverkürzung pflichtwidrig nicht abwendet (ebenso Klein/*Jäger* AO § 370 Rn. 41a; *Bülte* BB 2010, 607, 610). Gemäß § 13 II StGB kann die Strafe des § 370I Nr. 1 AO dann nach § 49 I StGB gemildert werden. In den bei Rn. 156 geschilderten Fällen liegt dann regelmäßig Steuerhinterziehung nach § 370 I Nr. 1 AO, § 13 StGB vor. 161

Demgegenüber können die sich aus dem Wortlaut von § 370 I Nr. 1 AO ergebenden **Probleme bei der Begehung** nur teilweise gelöst werden. Wer einen anderen durch Täuschung oder Zwang zur Täuschung der FinB veranlasst, begeht eine Steuerhinterziehung in mittelbarer Täterschaft nach § 370 I Nr. 1 AO iVm § 25 I StGB (Rn. 76 zu § 369). Demgegenüber bereitet die Erfassung desjenigen Schwierigkeiten, der einen anderen durch Täuschung oder Zwang veranlasst, die diesem gebotene Erklärung nicht abzugeben. Zwar verursacht dieser Täter durch Handeln, dass die FinB über steuerlich erhebliche Tatsachen in Unkenntnis bleibt. Den Begehungstatbestand nach § 370 I Nr. 1 AO erfüllt er jedoch auch in mittelbarer Täterschaft nicht, da er gegenüber der FinB keine unrichtigen Angaben macht. Eine Unterlassung nach § 370 I Nr. 2 AO scheidet aus, wenn der Täter zur Aufklärung der FinB nicht selbst verpflichtet ist. 162

Eine teilweise Erfassung dieser Fallgruppe ist über die Teilnahme möglich. Solange der – auf Grund von Täuschung oder Zwang – Unterlassende eine tatbestandsmäßige, rechtswidrige und vorsätzliche Haupttat nach § 370 I Nr. 2 AO begeht, ist der Handelnde wegen Anstiftung nach § 26 StGB zu dieser Tat strafbar. Gehen Täuschung oder Zwang aber so weit, dass dem Unterlassenden der Vorsatz oder (bei absolutem Zwang) die Handlungsmöglichkeit fehlt, liegt keine Haupttat mehr vor, und strafbare Teilnahme des Handelnden scheidet aus (Rn. 78 zu § 369). Eine Lösung dieses Problems – das übrigens auch bei § 370 I Nr. 3 AO auftreten kann – ist auf der Grundlage des Gesetzes nicht möglich. Wie oft der Fall in der Praxis vorkommt, sei hier dahin gestellt. 163

einstweilen frei 164–169

3. Steuerhinterziehung durch Handeln

a) Überblick. Gemäß **§ 370 I Nr. 1 AO** begeht eine Steuerhinterziehung durch Handeln, wer dadurch Steuern verkürzt oder ungerechtfertigte Steuervorteile erlangt, dass er Finanzbehörden oder anderen Behörden über steuerlich erhebliche Tatsachen unrichtige oder unvollständige Angaben macht. Das Gesetz beschreibt mit dieser Formulierung die Täuschungshandlung, die auf weiten Strecken der Täuschungshandlung des Betruges entspricht. 170

b) Angaben machen. Der Täter muss Angaben machen. Darunter ist eine Handlung zu verstehen, die auf die Psyche eines anderen in der Weise einwirkt bzw. einwirken kann, dass in diesem die Vorstellung von Tatsachen entstehen soll. Ob die unrichtige Vorstellung wirklich entsteht, ist hier noch unerheblich (Rn. 278 ff.). Der Täter macht jedenfalls dann Angaben, wenn er eine ausdrückliche – schriftliche oder mündliche – Erklärung abgibt. Auf die Lesbarkeit der Unterschrift kommt es nicht an (BGH 27.9.2002, wistra 2003, 20). 171

Angaben macht auch, wer seine Erklärung durch Datenträger oder durch Datenfernübertragung an das FA übermittelt (SP-*Peters* Rn. 10.57; TK-*Seer* 35 ff. zu § 150; § 150 VI). Insofern bewirkt die Nutzung des Projektes ELSTER auf der Grundlage der Steuerdaten-ÜbermittlungsVO vom 28.1.2003 (BGBl. I 139) keine Veränderung der Strafrechtslage. 172

Problematisch ist allerdings, dass es an einer eigenhändigen Unterschrift fehlt (*Schelling* PStR 2008, 114). Aber auch bei körperlicher Abgabe einer nicht unterschriebenen und damit unwirksamen Steuererklärung werden immerhin Angaben gemacht (BGH 14.1.2015, wistra 2015, 273 Rn. 84). Allerdings werden die Daten vielfach nicht unmittelbar vom Stpfl, sondern vom Steuerberater übermittelt. Insofern mag es im Einzelfall schwierig sein festzustellen, wer die Verantwortung für eine unrichtige Umsatzsteuervoranmeldung oder ähnliches trägt. Es handelt sich aber um ein normales Problem der Ermittlung des Sachverhalts. Im Übrigen sperrt § 370 AO die Anwendbarkeit des Tatbestands des Computerbetruges (§ 263a StGB; BGH 6.6.2007, wistra 2007, 389).

173 Problematisch ist, ob die übrigen Handlungen, die im Bereich des Betruges ebenfalls als Täuschung behandelt werden, als „Machen von Angaben" interpretiert werden können. Die Dogmatik des Betrugstatbestandes stellt neben die ausdrückliche Täuschung, die nicht nur durch wörtliche Erklärungen, sondern auch durch eindeutige Gesten verübt werden kann, zunächst weitere Formen der ausdrücklichen Täuschung. Dazu gehört es, wenn der Täter dem anderen Zeichen zugänglich macht, die kraft Verkehrssitte oder Vereinbarung zur Übermittlung von Gedanken bestimmt sind, zB automatische Aufzeichnungsgeräte wie Kilometerzähler am Kfz oder sonstige Mengenzähler (krit. MüKoStGB/*Hefendehl* StGB § 263 Rn. 92). Ein Teil der Literatur rechnet es auch zur ausdrücklichen Täuschung, wenn der Täter die Beschaffenheit einer sonstigen Sache in der Absicht verändert, dadurch einen Irrtum herbeizuführen, zB durch Verdecken von Unfallschäden am Pkw oder von Mängeln an Gebäuden. Daneben wird schließlich die **konkludente Erklärung** für ausreichend erachtet, bei der das Opfer aus sonstigem Täterverhalten Schlüsse ziehen soll (Schönke/Schröder/*Perron* StGB § 263 Rn. 14 ff.). Die Grenzen zur **Täuschung durch Unterlassen** sind hier freilich fließend.

174 Die Frage nach der **Reichweite der aktiven Täuschungshandlung** ist bei der Steuerhinterziehung nicht von so erheblicher Bedeutung wie beim Betrug. Im Bereich des Steuerfestsetzungsverfahrens werden wegen der Formalisierung der abzugebenden Erklärungen (§ 150 I) nur Fälle der echten ausdrücklichen Täuschung durch Verwendung von schriftlichen oder mündlichen Worten praktisch bedeutsam. Ob Fragen der konkludenten Täuschung und der übrigen ausdrücklichen Täuschungsarten lediglich im Vollstreckungsverfahren und bei der Zollhinterziehung auftreten können (so 6. Aufl. Rn. 121), ist zweifelhaft. Soweit der Täter Stpfl ist, kommt der Abgrenzung keine allzu große Bedeutung zu, da bei Verneinung einer Täuschungshandlung regelmäßig die Verletzung einer Erklärungspflicht nach § 370 I Nr. 2 AO vorliegen wird. Damit bleibt nur noch diejenige Fallgruppe, in der ein nicht zur Erklärung Verpflichteter auf die Angehörigen einer FinB oder einer anderen Behörde durch konkludentes Verhalten einwirkt. Hier sind einige wenige Fälle im Bereich der Vollstreckung konstruierbar.

175 Bedenkt man, dass die praktische Bedeutung der nichtwörtlichen Erklärung sehr gering ist, und berücksichtigt man, dass die Formulierung des Gesetzes („Angaben macht") die nichtwörtliche Erklärung vom Wortsinn her nur mühsam erfasst, dann spricht alles dafür, § 370 I Nr. 1 AO **ausschließlich auf wörtliche** – mündliche oder schriftliche – Erklärungen anzuwenden (im Ergebnis ebenso *Schleeh* StW 1972, 314; vgl. auch *Koch/Scholtz/Scheurmann-Kettner* 22 zu § 370) bzw. auf Erklärungsinhalte, die zu machen der Betroffene nicht verpflichtet war (*Lütt* 1988, 55; *Bachmann* 1993, 192 f.). Die Zweifelsfälle lassen sich regelmäßig über § 370 I Nr. 2 AO erfassen.

c) Angaben über Tatsachen

Schrifttum: *Burchardt,* Fehlerhafte Beratung und steuerstrafrechtliche Verantwortlichkeit, StKRep 1965, 168; *Tipke,* An den Grenzen der Steuerberatung: Steuervermeidung, Steuerumgehung, Steuerhinterziehung, StbJb 1972/73, 509; *Lohmeyer,* Steuerliche Bilanzdelikte und ihre strafrechtliche Würdigung, GA 1972, 302; *ders.,* Umfang und Grenzen der steuerstraf- und bußgeldrechtlichen Haftung der Angehörigen der rechts- und steuerberatenden Berufe, GA 1973, 97; *ders.,* Die steuerstrafrechtliche Verantwortung von Steuerberater und Mandant, 1978; *Leisner,* Die allgemeine Bindung der Finanzverwaltung an die Rechtsprechung, 1981; *Gast-deHaan,* Objektive Steuerverkürzung bei auflösend bedingtem Sonderausgabenabzug?, FR 1982, 588; *Danzer,*

Die strafrechtliche Verantwortlichkeit des steuerlichen Beraters, Grundfragen 1983, 67; *Hanßen,* Steuerhinterziehung und leichtfertige Steuerverkürzung (§§ 370, 378 AO), durch Abweichen von der höchstrichterlichen Finanzrechtsprechung – insbesondere durch Steuerberater?, Diss. Kiel 1984; *ders.,* Steuerhinterziehung und leichtfertige Steuerverkürzung (§§ 370, 378 AO) durch Abweichen von der höchstrichterlichen Finanzrechtsprechung – insbesondere durch Steuerberater?, GA 1985, 582; *Krieger,* Tatbestandsprobleme im Parteispendenverfahren, wistra 1987, 195; *ders.,* Täuschung über Rechtsauffassungen im Steuerstrafrecht, 1987; *Irrgang,* Steuerhinterziehung durch Abweichung von der Auffassung der Finanzverwaltung oder höchstrichterlicher Rechtsprechung?, DB 1988, 781; *Fissenewert,* Das Risiko des Steuerberaters hinsichtlich des Vertretens eigener (abweichender) Rechtsansichten bei der Abgabe von Steuererklärungen, DStR 1992, 1488; *Pipping,* Die „steuerlich erheblichen Tatsachen" im Rahmen der Steuerhinterziehung, Diss. Tübingen 1998; *Spriegel,* Umfang und Erklärungsinhalt von steuerlichen Tatsachenangaben im Sinne des § 370 AO, wistra 1998, 241; *Dörn,* Hinweispflicht bei Abweichung von der Rechtsansicht der Finanzverwaltung, wistra 2000, 334; *Wulf,* Handeln und Unterlassen im Steuerstrafrecht, 2001; *Harms,* Steuerliche Beratung im Dunstkreis des Steuerstrafrechts, Stbg 2005, 12; *Peters,* Betrug und Steuerhinterziehung trotz Erklärung wahrer Tatsachen, 2010; *ders.,* Steuerhinterziehung trotz Erklärung wahrer Tatsachen?, NZWiSt 2012, 361.

Es muss sich um **Angaben über Tatsachen** handeln. Tatsachen sind Umstände der realen Welt; sie sind von Werturteilen und Begriffen zu unterscheiden. Da die Behauptung einer zukünftigen Tatsache ebenfalls ein „Werturteil" ist, wird man ebenso wie bei § 263 StGB nur die Angaben über gegenwärtige Tatsachen ausreichen lassen können (*Gast-deHaan* FR 1982, 588). Dabei ist freilich zu bedenken, dass die Behauptung einer zukünftigen Tatsache regelmäßig die Behauptung einer gegenwärtigen – inneren – Tatsache mitenthält. Die Erklärung, man werde in drei Wochen zahlen, enthält die Behauptung der inneren Tatsache, man sei jetzt zur späteren Zahlung entschlossen und jetzt überzeugt, dass Zahlungsfähigkeit in Zukunft bestehen werde (*Joecks* 31 zu § 263 StGB). Schließlich enthalten Werturteile häufig einen Tatsachenkern. Die Behauptung, man sei Eigentümer einer Sache, enthält die Behauptung derjenigen tatsächlichen Umstände, die zur Begründung des Eigentums geführt haben (s. zum Ganzen Schönke/Schröder/*Perron* StGB § 263 Rn. 8 ff.). 176

Problemlos ist die Abgrenzung dort, wo der Täter die reinen Tatsachen angibt und zusätzlich Werturteile und Rechtsmeinungen äußert: Nur die Tatsachenbehauptungen sind tatbestandlich erheblich. Eine Steuerhinterziehung kann nicht dadurch begangen werden, dass der FinB eine (unrichtige) Rechtsauffassung vorgetragen und von dieser zu Unrecht übernommen wird (vgl. auch *Koch/Scholtz/Scheurmann-Kettner* 23 zu § 370). Der Idee nach hat der Stpfl lediglich Tatsachen zu liefern und die FinB in eigener Verantwortung das Steuerrecht anzuwenden. Mit der Formulierung des Gesetzes („über steuerlich erhebliche Tatsachen") wird diese idealtypische Verteilung der Aufgaben in Bezug genommen. 177

Die **Finanzverwaltung** hat freilich durch die ihr eingeräumte Möglichkeit, die Steuererklärungsformulare zu gestalten (§ 150 I), die Verhältnisse grundlegend umgewandelt. Der weitaus überwiegende Teil der zu beantwortenden Fragen verlangt vom Stpfl umfangreiche Steuerrechtskenntnisse sowie die Ermittlung von Subsumtionsergebnissen. Soweit das Gesetz die Selbstberechnung der Steuer verlangt (§ 150 I 2), trifft den Stpfl sogar eine gesetzliche Pflicht zur Subsumtion unter zuvor von ihm ermittelte Steuerrechtsnormen. 178

Jedenfalls die ältere (überwiegend noch zum Merkmal der Steuerunehrlichkeit entstandene) Literatur und Rspr meint, eine Steuerhinterziehung begehe auch, wer seinen Angaben **unzutreffende Rechtsansichten** zugrunde lege (RG 26.6.1934, RGSt 68, 234; *Burchardt* StKRep 1965, 180; *Leisner* Bindungswirkung S. 111 f.; *Lohmeyer* GA 1972, 306 f.; 1973, 103, 106). Dies wird zum Teil mit praktischen Erwägungen begründet (*Burchardt* aaO). Zum Teil wird erklärt, die höchstrichterliche Rspr stelle den Empfängerhorizont des FA dar, auf ihn habe sich der Erklärende einzustellen und insbes. ausdrücklich darauf hinzuweisen, wenn er eine abweichende Rechtsansicht zugrunde zu legen beabsichtige (*Danzer* Grundfragen S. 94). Die Gegenansicht verweist insbes. auf die fehlende gesetzliche Verpflichtung zur rechtlichen Subsumtion durch den Stpfl (*Tipke* StbJb 1972/73, 526 ff.; *Hanßen* 1984, aaO). *Hanßen* meint daher, die Steuererklärung sei solange zutreffend, wie der Stpfl auch nur irgendeine vertretbare Rechtsansicht seinen Tatsachenangaben zugrunde lege. *Krieger* (1987, S. 106) hält die Täuschung über Rechtsauffassungen insoweit für irrelevant, als das Merkmal „Tatsache" eine Rechtsauffassung nicht umfasst; verkürzte 179

Angaben, die (verdeckt) sowohl Tatsachenbehauptungen als auch Rechtsauffassungen enthielten, könnten daher hinsichtlich der letztgenannten nicht Angaben über Tatsachen sein (aaO S. 106).

180 Diese Auffassungen sind wenig zufriedenstellend. Dass die höchstrichterliche Rspr nicht stets den **Empfängerhorizont** des FA darstellt, zeigt schon die Existenz von Erlassen, in denen die Nichtanwendung von Urteilen des BFH angeordnet wird, wenngleich zu konzedieren ist, dass eine Anklage in einem solchen Fall noch nicht bekannt geworden ist (vgl. RK-*Rolletschke* 77 zu § 370). Konsequent müsste *Danzer* (Grundfragen S. 94) vom Stpfl eigentlich die Ermittlung der Rechtsvorstellungen des konkret zuständigen Finanzbeamten verlangen, da diese den wahren Empfängerhorizont darstellen, an dem der Inhalt der Erklärung gemessen wird. Die Gegenansicht führt praktisch zur Unbrauchbarkeit der Steuererklärungen für die Finanzbehörden. Das Dilemma rührt daher, dass § 370 I AO angesichts seines eindeutigen Wortlautes *(„steuerlich erhebliche Tatsachen")* an ein Modell der Balance von Ermittlung durch das FA und Mitwirkung durch den Stpfl anknüpft, das in der Rechtswirklichkeit so überhaupt nicht existiert.

181 Wegen der **Wortlautbindung** des Strafrechts (Art. 103 I GG) wird man aber trotz aller berechtigter Bedenken solche Erklärungen, die auf vertretbaren, wenn auch unzutreffenden Rechtsansichten beruhen, nicht als Täuschung über Tatsachen iS des § 370 I AO ansehen dürfen. Nur eine unvertretbare Rechtsauffassung ist kein Werturteil mehr, sondern eine – unrichtige – Tatsache (vgl. *Krieger* 1987, S. 32 ff.; *Bachmann* 1993, S. 155; *Hardtke* 1995, S. 33; *Pipping* 1998, S. 120; MüKoStGB/*Schmitz/Wulf* AO § 370 Rn. 235, aM Klein/*Jäger* AO § 370 Rn. 44). Die Berufung auf „interessante Außenseitermeinungen", die im seriösen Schrifttum keine Anerkennung gefunden haben, hilft also nicht weiter (*Harms* Stbg 2005, 12, 14; Kohlmann/*Ransiek* 237 zu § 370).

182 Die damit entstehenden **Strafbarkeitslücken** sind hinnehmbar, weil in der Praxis ohnehin bei Beanstandungen in der Außenprüfung im Hinblick auf vertretbar erscheinende Rechtsauffassungen Strafverfahren regelmäßig nicht durchgeführt werden und der Stpfl, der in der Folge weiterhin die als unzutreffend erkannte Rechtsauffassung seiner Buchhaltung zugrunde legt, über die Unvertretbarkeit seiner Auffassung unterrichtet ist. Im Übrigen wäre daran zu denken, in diesen Fällen zwar den Empfängerhorizont eines „gedachten" Finanzbeamten zugrundezulegen, wie es etwa die Finanzrechtsprechung im Rahmen des § 173 I Nr. 2 AO tut, zugleich aber – ähnlich der Untreue – besonders hohe Anforderungen an die Feststellung des dolus eventualis zu stellen. Die Praxis der Rechtsprechung ist dies jedoch nicht (vgl. etwa BGH 15.11.1994, wistra 1995, 69; BGH 10.11.1999, wistra 2000, 137 mit Anm. *Dörn* wistra 2000, 334: Offenbarungspflicht für Sachverhaltselemente, deren rechtliche Relevanz objektiv zweifelhaft ist).

183 Zweifelhaft ist im Übrigen, inwiefern entsprechend der Rechtsprechung zum Betrug (BGH 26.4.2001, BGHSt 47, 1; BGH 4.12.2003, wistra 2004, 103) durch Behauptung wahrer Tatsachen eine unrichtige Erklärung auch dann vorliegen kann, wenn der Steuerpflichtige zwar insgesamt wahrheitsgemäße Angaben macht, die gesamte Erklärung aber darauf ausgerichtet ist, dass das Finanzamt gegenteilige Schlüsse zieht (dazu *Peters,* Betrug und Steuerhinterziehung trotz Erklärung wahrer Tatsachen, 2010).

184 **d) Unrichtige oder unvollständige Angaben. Eine Angabe ist unrichtig,** wenn die in ihr enthaltene Behauptung mit der Wirklichkeit nicht übereinstimmt. Schwierigkeiten bereitet die unvollständige Angabe. Diese Alternative ist nur dann bedeutsam, wenn die gemachten Angaben als solche richtig sind. Die Frage, ob eine Angabe unvollständig ist, lässt sich nur beantworten, wenn man die tatsächliche Angabe mit einem anderen Maßstab vergleicht. Vergleicht man die tatsächlichen Angaben mit derjenigen Angabe, zu der der Erklärende verpflichtet ist, dann wird die Grenze zu § 370 I Nr. 2 AO verwischt, da dann nicht mehr mit Sicherheit ermittelt werden kann, ob eine unvollständige Angabe aktiv handelnd gemacht wurde oder ob der Täter die Angabe der fehlenden Teile pflichtwidrig unterlassen hat (vgl. *Lütt* 1988, S. 53 ff.). Man wird daher die Vollständigkeit der Angaben

nicht an der Pflicht zur Angabe, sondern an einem anderen Maßstab messen müssen. Dafür bietet sich die ausdrücklich oder konkludent behauptete Vollständigkeit an. Es ist daher im Einzelfall zu ermitteln, ob der Erklärende ausdrücklich oder konkludent mitbehauptet, er habe sämtliche erheblichen Umstände aus einem bestimmten Umkreis vollständig erklärt; das wird bei Steuererklärungen nach § 150 I AO regelmäßig der Fall sein. Ist dies der Erklärung zu entnehmen, dann ist zu prüfen, ob die fehlende Angabe zu dem vom Täter bezeichneten Umkreis gehört. Nur in diesem Fall hat er eine unvollständige Angabe gemacht. Dagegen scheidet die Begehung nach § 370 I Nr. 1 AO aus, wenn er pflichtwidrig Angaben weglässt, seine Angabe aber keine Vollständigkeitserklärung enthält. In diesem Fall unterlässt der Täter nach § 370 I Nr. 2 AO.

Wer in dem Mantelbogen einen **Verlustvortrag** ankreuzt, der durch einen Fehler allein 185
des Finanzamts festgestellt worden ist, macht keine „unrichtige" Angabe (BFH 4.12.2012, BFHE 239, 495). Bei einer anderen Lösung würde überspielt, dass der Stpfl Fehler des Finanzamts nicht korrigieren muss (Rn. 261) und der Feststellungsbescheid das Finanzamt bindet, solange er nicht aufgehoben worden ist. Ob auch eine innere Tatsache miterklärt sein kann ist zweifelhaft. Nach Auffassung des KG soll die rechtmäßige Geltendmachung der Ansparabschreibung nach § 7g Abs. 3 EStG in der Fassung vom 9.12.2004 über die bloße Bezeichnung eines Investitionsvorhabens hinaus den Willen voraussetzen, die Planung tatsächlich umzusetzen (KG 3.12.2012, wistra 2013, 245).

e) Steuerlich erhebliche Tatsachen. Die Tatsachen müssen steuerlich erheblich sein. 186
Tatsachen sind dann steuerlich erheblich, wenn sie zur **Ausfüllung eines Besteuerungstatbestandes** herangezogen werden müssen, also Grund und Höhe des Steueranspruchs oder des Steuervorteils beeinflussen. Darüber hinaus sind aber auch solche Tatsachen steuerlich erheblich, welche die FinB sonst zur Einwirkung auf den Steueranspruch veranlassen können (vgl. *Bachmann* 1993, S. 163; *Hardtke* 1995, S. 30). Dazu gehören zB Angaben, die für die Stundung oder die Fortsetzung der Vollstreckung bedeutsam sind. Zu einem Sonderfall s. Rn. 268 ff.

f) Gegenüber Finanz- oder anderen Behörden. Die Angaben müssen gegenüber 187
Finanzbehörden oder gegenüber anderen Behörden gemacht werden. Mit Hilfe dieses Merkmals werden lediglich Täuschungshandlungen gegenüber Privatpersonen ausgeschieden, die diese zu einem steuerverkürzenden Verhalten unmittelbar veranlassen. So liegt es zB, wenn Sachen, bezüglich derer Vollstreckungsmaßnahmen drohen, an andere veräußert werden. Dagegen genügen Angaben gegenüber Privatpersonen jedenfalls dann, wenn diese die Angaben mit Willen des Täters gutgläubig an Finanz- und andere Behörden, die steuerliche Entscheidungen treffen (Koch/Scholtz/*Scheurmann-Kettner* 21 zu § 370), weitergeben (§ 370 I Nr. 1 AO, § 25 I Alt. 2 StGB, s. Rn. 69 zu § 369). Wer dagegen den Steuerberater veranlassen will, vorsätzlich unrichtige Angaben weiterzuleiten, macht dem Steuerberater gegenüber schon keine unrichtigen Angaben, sondern versucht, diesen zur Steuerhinterziehung anzustiften. Macht der Stpfl Angaben gegenüber einer Behörde, die selbst keine steuerlich erhebliche Entscheidung zu treffen hat, von der aber der Stpfl eine Weiterleitung an die zuständige (Finanz-)Behörde erwartet, liegt ein Fall der mittelbaren Täterschaft vor.

Ob unrichtige **Angaben gegenüber einem Finanzgericht** ausreichen, ist zweifelhaft. 188
Das OLG München hat dies bejaht (24.7.2012, wistra 2012, 490). Die Meinungen in der Literatur sind geteilt. *Ransiek* (Kohlmann/*Ransiek* 253 zu § 370) meint, der Begriff der Behörde in § 6 AO hindere nicht die Anwendbarkeit des § 11 I Nr. 7 StGB. *Schmitz* und *Wulf* (MüKoStGB/*Schmitz/Wulf* § 370 Rn. 254), halten den Rückgriff auf § 11 I Nr. 7 StGB mittlerweile für vertretbar. Immerhin verweist § 369 II AO auf die allgemeinen Gesetze, der Behördenbegriff in § 6 AO ist erkennbar nicht auf das Steuerstrafrecht zugeschnitten. Wenn also nach § 11 I Nr. 7 StGB Behörde auch ein Gericht ist, gilt dies auch im Steuerstrafrecht. Im Übrigen ist zu bedenken, dass in einem finanzgerichtlichen

Verfahren immer auch ein Vertreter der FinB vertreten ist und (ebenfalls) Adressat der Täuschung wird.

189 **g) Einzelfälle der Steuerhinterziehung durch Handeln. aa) Vorbemerkungen. Die Abgabe unrichtiger Steuererklärungen führt zu einer Steuerverkürzung,** wenn der Stpfl einzelne steuerbegründende oder -erhöhende Tatsachen weggelassen oder nicht berücksichtigt hat, zB durch Nichtangabe bestimmter Einkünfte oder zu niedriger Angabe der erzielten Einkünfte, namentlich nach mangelnder Berücksichtigung von Bareinnahmen, oder wenn der Stpfl steuerbefreiende oder -mindernde Tatsachen vorgetäuscht hat, zB durch Absetzen fingierter Betriebsausgaben oder durch Erklären von Sonderausgaben (§§ 10 ff. EStG) oder Aufwendungen als außergewöhnliche Belastung (§§ 33 f. EStG), die er überhaupt nicht oder nicht in der erklärten Höhe oder nicht zu dem angegebenen Zweck oder nicht in dem jeweiligen Veranlagungszeitraum geleistet hat. Unrichtig ist auch eine ESt-Erklärung, mit der wahrheitswidrig das Vorliegen der Voraussetzungen einer Zusammenveranlagung behauptet wird (*Dörn* StB 1997, 198).

190 **Der Zeitfolge nach kann** das Weglassen steuererhöhender Tatsachen oder das Vortäuschen steuermindernder Tatsachen – von der Abgabe der Steuerklärung aus rückwärts betrachtet – entweder erst durch fehlerhaftes Ausfüllen der Erklärungsvordrucke vollzogen werden (Rn. 216 ff.) oder schon durch fehlerhafte oder unterlassene Buchungen und/oder eine entsprechend unrichtige Gewinnermittlung vorbereitet (Rn. 210 ff.) oder noch früher bereits dadurch angebahnt worden sein, dass zum Zweck der Steuerminderung bestimmte Rechtsgeschäfte nur zum Schein vorgenommen waren oder ein wirklicher rechtsgeschäftlicher Wille zur Tarnung gegenüber dem FA durch Missbrauch von Formen und Gestaltungsmöglichkeiten des bürgerlichen Rechts verwirklicht wurde (Rn. 192 ff.).

191 **Die Ermittlung der Fehlerquelle(n)** einer unrichtigen Steuererklärung ist von besonderer Bedeutung für die Erkenntnis und den Beweis der subjektiven Tatmerkmale sowie für die Erkenntnis der Täterpersönlichkeit und die Strafzumessung. Für die Abgrenzung zwischen Versuch und Vollendung der Steuerhinterziehung sind die vor der Abgabe der unrichtigen Steuererklärung vollzogenen Vorgänge ohne Bedeutung (Rn. 540).

bb) Scheingeschäfte und Steuerumgehung

Schrifttum: *Strauß,* Steuerumgehung und Steuerstrafrecht, JW 1931, 275; *Boethke,* Das Wesen der Steuerumgehung nach § 5 RAbgO, JW 1931, 278; *Löhlein,* Der Mißbrauch von Formen und Gestaltungsmöglichkeiten, StW 1948, 681; *Thoma,* Mißbräuchliche Steuerumgehung, StbJb 1950, 57; *ders.,* Grundsätzliches zur Frage des Mißbrauchs von Formen und Gestaltungsmöglichkeiten im Steuerrecht, Bühler-FS. 1954, 233; *Fahrensbach,* Verdeckte Gewinnausschüttung und Steuerumgehungsabsicht, FR 1955, 155; *Böhmer,* Erfüllung und Umgehung des Steuertatbestandes, 1958; *Felix,* Steuerumgehung und Steuereinsparung, StW 1959, 373; *v. Wallis,* Die Bedeutung des § 6 StAnPG, FR 1959, 318; *ders.,* Steuerumgehung, FR 1960, 9; *Horstmann,* Unzulässige Tatbestands- und Rechtsgestaltung im Umsatzsteuer-Vergütungsrecht, UStR 1960, 81; *Tipke/Kruse,* Zur Frage der Steuerumgehung, FR 1961, 29; *Löhlein,* Zur Abgrenzung von Steuerumgehung und Steuerersparung, StW 1962, 385; *v. Wallis,* Gestaltungsmißbrauch, FR 1963, 189; *Blencke,* Gestaltungsfreiheit im Steuerrecht und ihre Grenzen, 1964; *Kottke,* Der rechtsgeschäftliche Wille als Kriterium für die mißbräuchliche Steuerumgehung, WPg 1963, 347; *Oswald,* Steuerumgehung bei der Erbschaft- und Grunderwerbsteuer, DNotZ 1964, 535; *Paulick,* Steuereinsparung und Steuerumgehung, StbJb 1963/64, 372; *Böttcher/Beinert,* Die steuerliche Anerkennung der Gewinnverteilung bei Familien-Personengesellschaften, DB 1965, 373; *Plückebaum,* Angemessenheit der Gewinnverteilung bei Familiengesellschaften, StBp 1965, 63; *Bachmayr,* Der sogenannte Steueroasen-Erlaß, FR 1965, 392; *Eichhorn,* Die legitime Basisgesellschaft, BB 1965, 239; *Haas,* Steuerbasen in Steueroasen, DStR 1965, 245; *Debatin,* Einkommens- und Vermögensverlagerungen in sog. Steueroasenländer unter Ausnutzung des zwischenstaatlichen Steuergefälles, DB 1965, 1022; *Flüge,* Zur Behandlung der sogenannten Basisgesellschaft, BB 1965, 1829; *Hopfenmüller,* Die Basisgesellschaft – Gestaltungsfreiheit oder Mißbrauch?, StbJb 1965/66, 451; *Huber,* Über die Notwendigkeit der §§ 5 und 6 StAnPG, StW 1966, 394; *Oswald,* Zum Problem der Steuerumgehung, namentlich bei Grundstücksgeschäften, JR 1966, 216; *ders.,* Die Mißbrauchsvorschrift des § 6 StAnPG in der Sicht der Rechtsprechung des BFH, DStR 1966, 464; *Huber/Krebs,* Untersuchung einer Konformität zwischen Steuerrecht und Privatrecht unter besonderer Berücksichtigung des Mißbrauchstatbestandes, StW 1967, 98; *Riedel,* Die Steuerumgehung, Diss. Münster, 1968; *Ruppel,* Exzesse des Ehegatten-Arbeitsverhältnisses, FR 1969, 473; *Schuhmann,* Vertragsgestaltung – Gestaltungsmißbrauch, BB 1970, 1493; *Tipke,* An den Grenzen der Steuerberatung: Steuervermeidung, Steuerumgehung, Steuerhinterziehung, StbJb 1972/73, 509; *Kruse,* Steuerumgehung zwischen Steuervermeidung und Steuerhinterziehung, StbJb 1978/79, S. 443; *Danzer,* Die Steuerumgehung, 1981; *Giemulla,* Die Haftung des Steuerberaters bei unzulässiger Steuervermeidung, DStZ 1982, 20; *Piltz,* Steuerumgehung bei ausländischen Betriebstätten und Personengesellschaften, RIW 1982, 414; *Kirchhof,* Steuerumgehung und Auslegungsmethoden, StW 1983, 173; *Schulze-Osterloh,* Unbestimmtes Steuerrecht und strafrechtlicher Bestimmtheitsgrundsatz, Grundfragen 1983, 43; *Ulsenheimer,* Zur Problematik der überlangen Verfahrensdauer und richterlichen Aufklärungspflicht im Strafprozeß sowie zur Frage der Steuerhinterziehung durch Steuerumgehung, wistra 1983, 12; *Wurster,* Der Mißbrauchsbegriff bei der Steuerumgehung, BB 1983, 173; *Kottke,* Das unechte Tatbestandsmerkmal des ungewöhnlichen Weges in § 42 der Abgabenordnung, BB 1983, 1146; *Breitenbach,* Die Eignung der Bauherrenerlasse zur Diagnose von Steuerumgehungen, DB 1983, 1788; *Rauer,* Mißbrauch von Gestaltungsmöglichkeiten des Rechts durch Einschaltung einer Basisgesellschaft, DB 1983, 2276; *Kottke,* Scheingeschäfte und Scheinhandlungen im Steuerrecht, Inf 1984, 553; *Ulmer,* Steuervermeidung, Steuerumgehung, Steuerhinterziehung, DStZ 1986, 292; *Pütz,* Strafbare Steuerumgehung bei der gewerblichen Zwischenvermietung, wistra 1989, 201; *Wagner,* Gewerbliche Zwischenvermietung ist keine strafbare Steuerumgehung, wistra 1989, 321; *Pohl,* Steuerhinterziehung durch Steuerumgehung, 1990; *Meine,* Steuervermeidung, Steuerumgehung, Steuerhinterziehung, wistra 1992, 81; *Lürssen,* Die §§ 159–161 AO und das Steuerstrafrecht, 1993; *Kottke,* Steuerersparung, Steuerumgehung, Steuerhinterziehung, 10. Aufl. 1994; *Klos,* Steuerliche Absetzbarkeit von Darlehenszahlungen an eine ausländische Domizilgesellschaft, BuW 1995; *Fischer,* Die Umgehung des Steuergesetzes, DB 1996, 644; 417; *Kaligin,* Internationale Geschäftsbeziehungen im Blickwinkel der Außenprüfung und Steuerfahndung, Harzburger Steuerprotokoll 1996, 153; *Hundt,* Entwicklung des deutschen Mißbrauchsverständnisses bei grenzüberschreitenden Gestaltungen, Debatin-FS 1997, 153; *Joecks,* Abzugsverbot für Bestechungs- und Schmiergelder – Korruptionsbekämpfung durch Steuerrecht?, DStR 1997, 1025; *Müller-Franken,* Das Verbot des Abzugs der „Zuwendung von Vorteilen" nach dem Jahressteuergesetz 1996, StuW 1997, 3; *Schneider,* Steuervermeidung – ein Kavaliersdelikt ?, DB 1997, 485; *Joecks,* Steuerrechtliche Behandlung der Bestechung, in: Pieth/Eigen (Hrsg.), Korruption im internationalen Geschäftsverkehr, 1998, 373; *Nietzer,* Die rechtliche Behandlung von Schmiergeldzahlungen in den USA („Foreign Corrupt Practises Act") und Deutschland, IStR 1998, 187; *Boldt,* Steuerliche Behandlung von Schmiergeldern, 1999; *Park,* Die Ausweitung des Abzugsverbots für Bestechungs- und Schmiergelder durch das Steuerentlastungsgesetz 1999/2000/2002, DStR 1999, 1097; *Hofmann/Zimmermann,* Steuerliche Behandlung von Schmiergeldern als Hindernis für die effiziente Korruptionsbekämpfung, ZRP 1999, 49; *Spatscheck/Alvermann,* Die Aufforderung zur Gläubiger- oder Empfängerbenennung nach § 160 AO, DStR 1999, 1427; *Stuhr/Walz,* Steuerliche Behandlung von Schmiergeldern, StuB 1999, 118; *Kiesel,* Die Zuwendung an Angestellte und Beauftragte im Ausland und das Abzugsverbot in § 4 Abs. 5 Nr. 10 EStG, DStR 2000, 949; *Quedenfeld,* Die Hinterziehung von Steuern auf Schmiergeldzahlungen, PStR 2000, 54; *Wichterich/Glockemann,* Steuer- und strafrechtliche Aspekte von Schmiergeldzahlungen an Mitarbeiter von Staatsunternehmen, Information StW 2000, 1, 40; *Dannecker,* Die Bedeutung der Pflicht zur Benennung von Gläubigern und Zahlungsempfängern nach § 160 AO, wistra 2001, 241; *Apitz,* Benennung von Gläubigern und Zahlungsempfängern, AO-StB 2003, 97; *Hagen,* Das Empfängerbennenungsverlangen nach § 160 AO, DStZ 2004, 564; *Apitz,* Benennung von Gläubigern und Zahlungsempfängern (§ 160 AO) im Spannungsfeld einer strafrechtlichen Beurteilung, DStZ 2006, 688 *Wirtz,* Das Al Capone-Prinzip – Risiken und Chancen einer „Gewinnabschöpfung durch Besteuerung" nach dem Steuerverkürzungsbekämpfungsgesetz, 2006; *Stetter,* Die Lösung der Fälle mittelbarer Selbstbelastung wegen einer Steuerstraftat durch Erfüllung steuerrechtlicher Erklärungspflichten, 2007; *Birnbaum/Matschke,* Gestaltungsmissbrauch und Steuerhinterziehung, NZWiSt 2013, 446; *Wäger,* Der Kampf gegen die Steuerhinterziehung, UR 2015, 81.

Die Tatbestände eines Scheingeschäfts und einer Steuerumgehung durch Missbrauch von Formen und Gestaltungsmöglichkeiten des bürgerlichen Rechts sind steuerrechtlich geregelt in: 192

§ 41 AO Unwirksame Rechtsgeschäfte

(1) [1] Ist ein Rechtsgeschäft unwirksam oder wird es unwirksam, so ist dies für die Besteuerung unerheblich, soweit und solange die Beteiligten das wirtschaftliche Ergebnis dieses Rechtsgeschäfts gleichwohl eintreten und bestehen lassen. [2] Dies gilt nicht, soweit sich aus den Steuergesetzen etwas anderes ergibt.

(2) [1] Scheingeschäfte und Scheinhandlungen sind für die Besteuerung unerheblich. [2] Wird durch ein Scheingeschäft ein anderes Rechtsgeschäft verdeckt, so ist das verdeckte Rechtsgeschäft für die Besteuerung maßgebend.

§ 42 AO Missbrauch von rechtlichen Gestaltungsmöglichkeiten

(1) [1] Durch Missbrauch von Gestaltungsmöglichkeiten des Rechts kann das Steuergesetz nicht umgangen werden. [2] Ist der Tatbestand einer Regelung in einem Einzelsteuergesetz erfüllt, die der Verhinderung von Steuerumgehungen dient, so bestimmen sich die Rechtsfolgen nach jener Vorschrift. [3] Anderenfalls entsteht der Steueranspruch beim Vorliegen eines Missbrauchs im Sinne des Absatzes 2 so, wie er bei einer den wirtschaftlichen Vorgängen angemessenen rechtlichen Gestaltung entsteht.

(2) [1] Ein Missbrauch liegt vor, wenn eine unangemessene rechtliche Gestaltung gewählt wird, die beim Steuerpflichtigen oder einem Dritten im Vergleich zu einer angemessenen Gestaltung zu einem gesetzlich nicht vorgesehenen Steuervorteil führt. [2] Dies gilt nicht, wenn der Steuerpflichtige für die gewählte Gestaltung außersteuerliche Gründe nachweist, die nach dem Gesamtbild der Verhältnisse beachtlich sind.

193 **Ein Scheingeschäft liegt vor,** wenn eine Willenserklärung einem anderen gegenüber abgegeben wird und **beide Teile** sich darüber einig sind, dass das Erklärte in Wirklichkeit nicht gewollt ist (vgl. BGHZ 2.11.2005, NStZ-RR 2006, 283; BGH 7.11.2006, wistra 2007, 112 mit Anm. *Weidemann* wistra 2007, 425; BGH 6.9.2012, NJW 2012, 3455). Solche Fälle sind recht häufig bei Arbeits- oder Gesellschaftsverträgen zwischen Ehegatten, zwischen Eltern und Kindern oder sonst zwischen nahen Verwandten. Auf den Willen der Beteiligten, ein Rechtsgeschäft nur zum Schein zu tätigen, kann nur aus äußeren Tatsachen geschlossen werden. Dabei ist namentlich zu prüfen, ob klare Vereinbarungen vorliegen, die im Verhältnis der Beteiligten untereinander auch tatsächlich verwirklicht werden (vgl. BVerfG 14.4.1959, BVerfGE 9, 237, 245 f.). Als Scheingeschäft ist zB angesehen worden, dass die Ehefrau ihr bisheriges Haushaltsgeld als „Lohn" ausgezahlt erhält, diesen „*Lohn aber nach dem übereinstimmenden Willen der Eheleute – wie vorher – als Haushaltsgeld zu verwenden hat und auch nicht einen Teil davon zu ihrer freien Verfügung behalten darf* (FG RPf 1.6.1966, EFG 406), oder dass ein 31 jähriger Schreiner den von seinem Vater übernommenen Betrieb seiner 63-jährigen, von Geburt an blinden Tante „überträgt" und den Betrieb als deren „Generalbevollmächtigter" fortführt (FG München 1.3.1967, EFG 592). Zur Scheingründung einer Gesellschaft zwischen Verwandten zu dem alleinigen Zweck, die ESt des Alleininhabers durch eine – in Wahrheit nicht vollzogene – Verteilung des Gewinns zu mindern, vgl. BFH 9.12.1959, BStBl. III 1960, 180. Spektakulär war ein Fall, der vom BGH (BGH 26.7.2012, wistra 2012, 477) zu entscheiden war. Dort hatte der Täter einen ursprünglichen Vertrag mit einem Automobil-Konzern aufheben und durch einen Vertrag ersetzen lassen, der scheinbar mit einer in der Schweiz ansässigen Gesellschaft geschlossen worden war. Der BGH ging von einem Scheingeschäft aus, so dass sich die Frage nach einer Steuerumgehung (§ 42 AO) oder einer Hinzurechnungsbesteuerung nach den §§ 7 ff. AStG nicht stellte (vgl. auch Klein/*Jäger* AO § 370 Rn. 3). Jede vertragliche Regelung, deren Folgen die Parteien nur steuerlich, nicht auch zivilrechtlich gelten lassen wollen, ist als Scheingeschäft zu beurteilen (BGH 18.11.1976, BGHZ 67, 334). Zur Zurechnung erworbener Geschäftsanteile bei formunwirksamer Treuhandvereinbarung vgl. BGH 6.9.2012, BGHSt 58, 1.

194 **Dieselben steuer- und strafrechtlichen Folgen** treten ein, wenn dem FA einzelne Merkmale eines wirklich gewollten Rechtsgeschäfts vorgetäuscht werden. In Betracht kommen namentlich Scheinabreden über den Gewinnverteilungsschlüssel einer Gesellschaft, die Höhe des vereinbarten Arbeitslohnes oder die Höhe des vereinbarten Kaufpreises, der nicht selten durch Vortäuschen eines Beratungshonorars vermindert wird (s. zB BGH 23.2.1983, HFR 1984, 21), ferner den Beginn eines Gesellschafts- oder Arbeitsverhältnisses oder den Zeitpunkt einer Zuwendung. Spektakulär war auch der Fall, der vom BGH am 7.2.2012 zu entscheiden war (BGH 7.2.2012, BGHSt 57, 123). Der Täter hatte zum einen einen Teil seiner Erlöse aus der Veräußerung von Geschäftsanteilen „steuersparend" falsch eingeordnet, zum anderen auf ihn zustehende Tantiemen verzichtet und stattdessen einen Betrag in entsprechender Höhe an Ehefrau und Kinder „schenken" lassen.

195 Die **Rückdatierung von Rechtsgeschäften** ist insbes. dann steuerlich erheblich, wenn dabei die Grenzen eines Veranlagungszeitraums überschritten werden, um Steuerminderungen bereits für einen Zeitraum oder zu einem Zeitpunkt eintreten zu lassen, in dem das jeweilige Rechtsgeschäft noch nicht gewollt war oder noch nicht vollzogen wurde. Im Ergebnis besteht hier kein Unterschied gegenüber sonstigen Handlungen, die dem FA einen Sachverhalt vortäuschen sollen, der hinsichtlich seiner steuererheblichen Merkmale mit der Wirklichkeit nicht übereinstimmt.

196 **Eine Steuerumgehung durch Missbrauch von Formen und Gestaltungsmöglichkeiten des Rechts** iS des § 42 AO liegt vor, wenn die Parteien das wirklich gewollte

Ergebnis eines Rechtsgeschäfts auf einem ungewöhnlichen Wege erreichen wollen. Zwar ist es den Stpfl nicht verwehrt, sich so einzurichten, dass sie möglichst wenig Steuern zu zahlen haben, sog. Steuervermeidung (vgl. BFH 14.10.1964, BStBl. II 667, 669 mwN).

Von einem „Missbrauch" kann aber gesprochen werden, wenn eine den wirtschaftlichen 197
Vorgängen, Tatsachen und Verhältnissen unangemessene Rechtsgestaltung gewählt wird, die von der Rechtsordnung missbilligt wird (näher TK-*Drüen* 30 ff. zu § 42), und wenn die Wahl des unangemessenen Weges auf der nachweisbaren Absicht der Steuerumgehung beruht (BFH 2.3.1966, BStBl. III 509). Dies ist zB in der Rspr angenommen worden für die Konstruktion der „Kettenschenkung" zur Umgehung der Schenkungsteuer (BFH 14.3.1962, BStBl. III 206), die Gründung von Scheinstandorten zur Umgehung der BefSt für den Werkfernverkehr (FG SchlH 24.9.1959, EFG 1960, 46), die Einschaltung eines „Zwischenhändlers" (FG Hamburg 27.10.1955, EFG 1956, 93, bestätigt durch BFH 22.1.1960, BStBl. III 111; FG Kassel 30.11.1959, DStZ/B 1960, 337) oder die Gründung einer „Firma" (BFH 12.2.1964, HFR 1964, 266) eigens zur Erlangung der USt-Ausfuhrhändlervergütung alten Rechts, die Gründung einer Kapitalgesellschaft zwecks Steuerersparung, wenn die Gesellschaft überhaupt keinen eigenen Geschäftsbetrieb entfaltet (RFH 1.10.1935, RStBl. 148), namentlich die Errichtung von bloßen „Briefkastenfirmen" ohne eigenen Geschäftsbetrieb oder sog. „Basisgesellschaften" in einem niedrig besteuernden Land, etwa in einigen Kantonen der Schweiz oder in Liechtenstein, die einem deutschen Stpfl gehören oder vollständig von ihm beherrscht und vom Inland her geleitet werden (vgl. BGH 30.5.1990, wistra 1990, 307; ausf. Rn. 311 ff.).

Die Strafbarkeit einer Steuerumgehung iS des § 42 AO ist durch die Aufhebung des 198
früheren § 396 IV AO 1931 durch das 2. AOStrafÄndG nicht etwa beseitigt oder beschränkt (oder gar erweitert) worden; vielmehr ist sie nunmehr allein nach § 370 I Nr. 1 – 3 AO zu beurteilen. In sachlicher Hinsicht hat sich dadurch nichts geändert. Die Anwendung des Hinterziehungstatbestands auf Fälle der Steuerumgehung ist nicht mehr oder weniger problematisch als vorher. Das allgemeine Erfordernis der Steuerunehrlichkeit, das § 396 IV RAO 1931 hervorgehoben hatte, ist jetzt durch die Verhaltensalternativen in § 370 I Nr. 1–3 AO ersetzt. Die Steuerumgehung ist nicht als solche, sondern nur dann strafbar, wenn der Stpfl oder ein Dritter das FA über die Tatsachen, die ihn zur Wahl einer ungewöhnlichen Gestaltung bewogen haben, oder über einzelne Merkmale dieser Gestaltung und der dadurch geregelten Verhältnisse getäuscht oder bewusst im unklaren gelassen und dadurch dem FA die Möglichkeit der Prüfung versperrt oder erschwert hat, ob die Voraussetzungen des § 42 AO nach den maßgebenden steuerrechtlichen Kriterien vorliegen oder nicht (BFH 1.2.1983, wistra 1983, 202; OLG Düsseldorf 26.8.1988, wistra 1989, 72; OLG Bremen 26.4.1985, StV 1985, 283; *Kruse* StbJb 1978/79, S. 451, *Giemulla* DStZ 1982, 20). Liegen sie vor und hat der Stpfl dem FA die Kenntnis des steuererheblichen Sachverhalts durch ein Verhalten nach § 370 I Nr. 1–3 AO vorsätzlich vorenthalten, ist eine Steuerhinterziehung vollendet, sobald der ohne Anwendung des § 42 AO erlassene Steuerbescheid bekanntgegeben wird. Liegen hingegen die steuerrechtlichen Kriterien des § 42 AO in Wirklichkeit nicht vor, hat jedoch der Stpfl in falscher Einschätzung der Sachlage angenommen, er müsse das FA über den Sachverhalt täuschen oder im unklaren lassen, um die Anwendung des § 42 AO zu vermeiden, kommt (strafbarer) untauglicher Versuch der Steuerhinterziehung in Betracht (Rn. 537).

Gelegentlich geäußerte Bedenken gegen die Übernahme der Steuerumgehung in den 199
Begriff der Steuerverkürzung (*Schulze-Osterloh* DStJG 6, 43; *Ulsenheimer* wistra 1983, 15) sind auch im Hinblick auf das strafrechtliche Bestimmtheitsgebot (Art. 103 II GG, § 1 StGB: nullum crimen, nulla poena sine lege) unbegründet; so auch der BGH (27.1.1982, wistra 1982, 108), freilich mit der fragwürdigen Begründung, die Rspr habe der Vorschrift hinreichend Konturen gegeben (dagegen mit Recht *Ulsenheimer* wistra 1983, 16). Die verfassungsrechtlichen Bedenken beruhen letztlich auf der unzutreffenden Annahme, die Steuerhinterziehung stelle einen echten Blankett-Tatbestand dar, dessen wirklicher Inhalt erst unter Berücksichtigung der blankettausfüllenden Steuerrechtsnormen ermittelt werden

könne. Diese Annahme ist vor allem deshalb unzutreffend, weil das Gesetz den Tatbestand des § 370 I AO als durch Täuschung bewirkte Vermögensschädigung originär und hinreichend bestimmt hat. In derselben Weise knüpft das StGB beim Diebstahl an das fremde Eigentum und beim Betrug an schuldrechtliche Ansprüche unter den Beteiligten an, ohne dass hier ernsthaft die notwendig werdende Berücksichtigung des Sachenrechts und des Schuldrechts (einschl. § 242 BGB) als Verstoß gegen das Bestimmtheitsgebot bezeichnet worden wäre. Der Vorschlag von *Schulze-Osterloh* (DStJG 6, 64 ff.), im Steuerstrafrecht nur die „harten" Normen des Steuerrechts, nicht aber zB die §§ 41, 42 AO anzuwenden, führte dazu, dass das Steuerstrafrecht Steueransprüche schützen würde, die nicht existierten, und dass die existierenden Steueransprüche strafrechtlich nicht geschützt würden. Auch die Einwände, die *Pohl* (1990) erhoben hat, schlagen nicht durch.

200 Soweit § 42 AO mit Wirkung vom 1.1.2008 eine geänderte Fassung erhalten hat, in der der Missbrauch definiert wird (Abs. 2 S. 1) und beim Vorliegen der Voraussetzungen nur dann entfällt, *„wenn der Steuerpflichtige für die gewählte Gestaltung außersteuerliche Gründe nachweist, die nach dem Gesamtbild der Verhältnisse beachtlich sind"*, hat dies nur begrenzt steuerstrafrechtliche Relevanz. Die in Absatz 2 enthaltene gesetzliche Definition des Begriffs „Missbrauch" entspricht im Wesentlichen der bisherigen Definition des BFH (*Mack/Wollweber* DStR 2008, 182, 184). Die in § 42 II 2 AO enthaltene Vermutungsregel dürfte eher ein Fall der Umkehr der objektiven Beweislast sein (*Mack/Wollweber* DStR 2008, 182, 185). Diese kann aber auf das Steuerstrafrecht nicht übertragen werden; hier gilt der Grundsatz in dubio pro reo. Allerdings mag es im Einzelfall so deutlich sein, dass ein Gestaltungsmissbrauch gegeben ist, dass es des Rückgriffs auf den Zweifelsgrundsatz nicht bedarf. Dieser findet nur Anwendung, wo der Tatrichter (zu Recht) Zweifel hat.

201 Sicherlich an der Grenze dessen, was wirtschaftliche Betrachtungsweise im Steuerstrafrecht ausrichten kann, ist der Fall, der der Entscheidung des BGH vom 6.9.2012 zugrunde lag (BGH 6.9.2012, BGHSt 58, 1). Der BGH rechnete dem Angeklagten Gewinnanteile zu, die aus Geschäftsanteilen resultierten, deren Treuhandstellung formunwirksam war.

202 **cc) Unrichtige Gewinnermittlung. Gewinn** ist nach § 4 I EStG der Unterschiedsbetrag zwischen dem Betriebsvermögen am Schluss und am Anfang eines Wirtschaftsjahres, vermehrt um den Wert der Entnahmen und vermindert um den Wert der (Geld- oder Sach-)Einlagen, die der Stpfl dem Betrieb zugeführt hat; Entnahmen sind alle Wirtschaftsgüter (Barentnahmen, Waren, Erzeugnisse, Nutzungen und Leistungen), die der Stpfl dem Betrieb für sich, seinen Haushalt oder andere betriebsfremde Zwecke im Laufe des Wirtschaftsjahres entnommen hat. Die Gewinnermittlung setzt voraus, dass am Anfang und am Schluss des Jahres Vermögensübersichten aufgestellt und die im Laufe des Jahres vorgenommenen Entnahmen und Einlagen aufgezeichnet werden. Dementsprechend können Unrichtigkeiten in einer Bilanz, welche die Grundlage für die Erklärung der Einkünfte aus Gewerbebetrieb bildet, dadurch bewirkt werden, dass Gegenstände des Betriebsvermögens (Aktiva) weggelassen oder zu gering angesetzt oder auf der anderen Seite Verbindlichkeiten (Passiva) vorgetäuscht oder zu hoch angesetzt werden; ferner dadurch, dass Privatentnahmen aus dem Betriebsvermögen nicht vollständig hinzugerechnet oder umgekehrt Einlagen vorgetäuscht oder zu hoch ausgewiesen werden. Diesen Fehlern in der Bilanz entspricht in der G+V-Rechnung das Nichtverbuchen von Betriebseinnahmen oder das Verbuchen von Privatausgaben oder Privatentnahmen als Betriebsausgaben. Strafrechtliche Relevanz erlangen diese Fehler jedoch erst dann, wenn sie in eine konkrete Steuererklärung einfließen und diese dem FA eingereicht wird.

203 **Durch eine zu niedrige Bewertung oder das Weglassen von Aktiva** wird der Gewinn rechtswidrig gemindert, wenn bei Wirtschaftsgütern des Anlagevermögens abw. von den gesetzlichen Bewertungsvorschriften (§§ 6–7k EStG) AfA in einer Höhe vorgenommen werden, für welche die sachlichen oder persönlichen Voraussetzungen fehlen oder gar nicht erst aktiviert wird (vgl. § 6 II 1 EStG). In Betracht kommt namentlich die Berechnung der AfA nach einer voraussichtlichen Nutzungsdauer, die erheblich unterhalb

der allgemeinen Lebenserfahrung liegt und auch den besonderen betrieblichen Verhältnissen des Stpfl nicht entspricht. Für die allgemeinen und die branchengebundenen Wirtschaftsgüter des Anlagevermögens hat der BdF im Benehmen mit den beteiligten Wirtschaftskreisen AfA-Tabellen herausgegeben, welche die betriebsgewöhnliche Nutzungsdauer (§ 7 I 2 EStG) aller möglichen Maschinen und Betriebsvorrichtungen rahmenmäßig bestimmen (vgl. dazu Blümich/*Brandis* EStG § 7 Rn. 351 ff.; *Herrmann/Heuer/Raupach* B III 3, *Littmann/Handzig* 116 ff. zu § 7 EStG), dh der Finanzverwaltung und dem Stpfl als Anhaltspunkt dienen (BFH 8.6.1961, HFR 1962, 78). Ihre Beachtung schließt einen strafrechtlichen Vorwurf gegen den Stpfl unter allen Umständen aus. Der Vorwurf einer Täuschungshandlung ist ferner stets ausgeschlossen, wenn der Stpfl eine abw. höhere AfA dem FA in der Gewinnermittlung oder den beigefügten Anlagen erkennbar macht oder wenn die Abweichung auf Grund besonderer betrieblicher Umstände gerechtfertigt ist. Wer hingegen unerkennbar willkürlich Absetzungen vornimmt, die in einem krassen, dem Stpfl durchaus bewussten Missverhältnis zur Wirklichkeit stehen, zB einen wenig benutzten PKW innerhalb von 2 Jahren abschreibt, handelt steuerrechtswidrig. Ob der Vorwurf vorsätzlicher Handlungsweise begründet ist, hängt in erster Linie von den kaufmännischen und steuerrechtlichen Kenntnissen und Erfahrungen des Stpfl ab. Vorsatz liegt regelmäßig dann vor, wenn ein Stpfl bei früheren Betriebsprüfungen über die Unzulässigkeit seiner Bewertungsmethode aufgeklärt worden ist, der Berichtigung zugestimmt hat oder im Rechtsmittelverfahren unterlegen ist, in der Folgezeit aber sein unrichtiges Bewertungsverfahren trotzdem beibehalten hat (vgl. OFD Hamburg 19.8.1960, FR 1960, 575: s. auch Rn. 181). Ist der Stpfl von der Richtigkeit seiner abweichenden Auffassung überzeugt, steht es ihm frei, diese Auffassung von vornherein offen geltend zu machen und erforderlichenfalls auch vor den Finanzgerichten zu verfechten.

Für die Bewertung von Forderungen gilt, dass die Bewertungsfreiheit des vorsichtigen Stpfl ihre Grenze findet, wo das im Bilanzansatz berücksichtigte Risiko entweder überhaupt nicht besteht, zB bei einer Wertberichtigung hinsichtlich unstreitiger Forderungen gegen die öffentliche Hand, oder wo ein bestehendes Risiko bewusst übertrieben wird; vgl. RG 12.2.1942, RGSt 76, 68 zu einer ungerechtfertigten Abschreibung von Forderungen, die regelmäßig zum größten Teil später doch noch eingingen, über das Konto „Dubio". 204

Auf der Passivseite der Bilanz werden Verbindlichkeiten namentlich in Form von Darlehen – vorzugsweise aus dem Ausland – vorgetäuscht, denen in Wirklichkeit keine Darlehenshingabe zugrunde liegt, sondern das Bestreben des Stpfl, seinen Gewinn zu mindern und womöglich gleichzeitig die aus unverbuchten Einnahmen stammenden Gelder dem Betrieb wieder zuzuführen, um Kreditzinsen zu sparen. Diesem Zweck dient auch die Buchung fingierter Einlagen, bei der die Herkunft der Mittel durchweg mit privaten Verwandtendarlehen oder mit Spielbankgewinnen erklärt wird; vgl. zur Buchung fingierter Darlehen und Einlagen BGH 3.6.1954, BGHSt 7, 336 ff.. Für die Bildung von Rückstellungen, insbes. wegen drohender Inanspruchnahme aus Bürgschaften, Mängelhaftung, Patentverletzung usw., gilt das gleiche wie umgekehrt für die Bewertung von Forderungen (Rn. 204). So nimmt der BFH einen Gestaltungsmissbrauch an, wenn Geld nur kurzfristig in den Betrieb eingelegt wird, um die Hinzurechnung nach § 4 Absatz 4a EStG aF zu umgehen (BFH 21.8.2012, DStR 2012, 2369). 205

Durch Nichtverbuchen von Betriebseinnahmen und Vortäuschen von Betriebsausgaben werden die weitaus häufigsten Fälle vorsätzlicher Steuerhinterziehung bewirkt (vgl. *Dörn* Stbg 1996, 153). Dem Nichtverbuchen von Betriebseinnahmen geht im Verkehr mit anderen buchführungspflichtigen Stpfl oft die Abrede voraus, dass keine Rechnung erteilt wird (sog. OR-Geschäft; zu zivilrechtlichen Folgen OLG Brandenburg 8.2.2007, BauR 2007, 1107) und der Geschäftspartner die entsprechende Ausgabe ebenfalls nicht bucht, damit die Entdeckung des Geschäftsvorfalls durch Kontrollmitteilungen erschwert wird; die Bezahlung erfolgt dann in bar oder durch Barscheck. Dem Vortäuschen von Betriebsausgaben dienen dagegen Gefälligkeitsrechnungen, in denen insbes. Gegenstände, die bereits ihrer Art nach in die Privatsphäre weisen, zB Schmuck, wertvolle Garderobe und 206

Einrichtungsgegenstände, als Werbeartikel, Berufskleidung oder Büromöbel bezeichnet werden (vgl. dazu § 379 I 1).

207 **Gezahlten Betriebsausgaben** kann das FA nach § 160 AO die Abzugsfähigkeit als Betriebsausgaben (§ 4 IV EStG) oder Werbungskosten (§ 9 EStG) versagen, wenn der Stpfl sich auf Verlangen weigert, die Empfänger zu benennen; das gleiche gilt für den Abzug von Schulden und anderen Lasten:

§ 160 AO Benennung von Gläubigern und Zahlungsempfängern

(1) [1] Schulden und andere Lasten, Betriebsausgaben, Werbungskosten und andere Ausgaben sind steuerlich regelmäßig nicht zu berücksichtigen, wenn der Steuerpflichtige dem Verlangen der Finanzbehörde nicht nachkommt, die Gläubiger oder die Empfänger genau zu benennen. [2] Das Recht der Finanzbehörde, den Sachverhalt zu ermitteln, bleibt unberührt.

(2) …

208 **Nach der Rspr ist § 160 AO eine Ermessensvorschrift,** die dem FA – über den Wortlaut hinaus – auch gestattet, den Abzug nur eines Teils der ohne Empfängernachweis gebuchten Zahlungen zu versagen (BFH 5.5.1966, BStBl. II 518; BFH 18.5.1967, BStBl. II 627). Da die genannten Zuwendungen von Natur aus Betriebsausgaben sind und der Stpfl nicht voraussehen kann, ob und in welchem Umfang das FA nach Abgabe der Steuererklärung den Empfängernachweis verlangen und die Abzugsfähigkeit versagen wird, kann allein in der gewinnmindernden Buchung von tatsächlich geleisteten Schmiergeldzahlungen auch dann kein täuschendes Verhalten erblickt werden, wenn der Stpfl den jeweiligen Zahlungsempfänger in seiner Buchführung nicht benennt (vgl. BGH 22.11.1985, wistra 1986, 109; *Dannecker* wistra 2001, 244; *Lürssen* 1993, S. 63 ff.). Anders soll der Sachverhalt jedoch dann zu beurteilen sein, wenn der Stpfl, um eine spätere Anwendung des § 160 AO zu verhindern, es von vornherein unterlässt, die geleisteten Schmiergeldzahlungen und entsprechend hohe Betriebseinnahmen zu buchen (BGH 23.11.1960 – 4 StR 131/6, zit. bei *Lohmeyer* NJW 1968, 389; OLG Karlsruhe 6.3.1985, wistra 1985, 163; vgl. *Troeger/Meyer* S. 47 f.) oder wenn er die Schmiergelder unter irreführenden Bezeichnungen oder auf fingierte Namen bucht (*Suhr* 1977, S. 263, *Lohmeyer* NJW 1968, 389; s. dazu aber Rn. 99).

209 Ob **Bestechungsgelder** bereits von Natur aus keine Betriebsausgaben iS des § 4 IV EStG sind und als Mittel zu vorsätzlichen Straftaten nicht abzugsfähige Ausgaben der privaten Lebensführung iS des § 12 Nr. 1 EStG darstellen (so noch die 3. Aufl. Rn. 115 zu § 370; vgl. die Nachw. bei *Söhn* in Kirchhof/Söhn Q 3 zu § 4 EStG) ist zweifelhaft. Für den BGH galt dies *„auch dann, wenn solche* [strafbaren] *Handlungen im Zusammenhang mit der Tätigkeit in einem Betrieb begangen werden"* (BGH 8.3.1966 – 5 StR 344/65, zit. bei *Lohmeyer* NJW 1968, 389. Fußn. 9). Die gewinnmindernde Buchung von gezahlten Bestechungsgeldern führe daher stets zu einer Steuerverkürzung. Abgesehen davon, dass auch die Zahlung von Schmiergeldern an Angestellte von Privatunternehmen vielfach eine vorsätzliche strafbare Handlung gemäß § 299 StGB nF (§ 12 UWG aF) ist (vgl. BGH 25.5.1976, DB 1976, 1776), ist mit der Neuregelung in § 4 V 2 Nr. 10 EStG klargestellt, dass solche Zahlungen nicht per se dem Abzugsverbot des § 12 EStG unterfallen, sondern Betriebsausgaben darstellen. Eine andere Frage ist, ob es sich hier um *abzugsfähige* Betriebsausgaben handelt, was regelmäßig zu verneinen sein wird (vgl. Rn. 317 ff.).

dd) Veruntreuungen als Ursache einer fehlerhaften Gewinnermittlung

Schrifttum: *Lohmeyer,* Zur Frage der Unzumutbarkeit im Steuerstrafrecht, NJW 1958, 1431; *Suhr,* Abzug nicht belegter Betriebsausgaben und Veruntreuungen als Steuerhinterziehung, DB 1961, 1238; *Schirp,* Steuerstrafrechtliche Folgen von Veruntreuungen durch Angestellte und sonstige dritte Personen, Stbg 1962, 161; *Grunst,* Steuerhinterziehung durch Unterlassen, 1996; *Wulf,* Handeln und Unterlassen im Steuerstrafrecht, 2001.

210 **Untreue oder Unterschlagung durch Angestellte** können das Ergebnis der Gewinnermittlung – je nach den Umständen – verfälschen, aber auch ohne Einfluss bleiben.

Ein *zu hoher Gewinn* wird ermittelt, wenn der Stpfl in Unkenntnis der Veruntreuungen Bestände an Roh- und Hilfsstoffen, Halbfabrikaten, Waren oder Bargeld ausweist, die am Bilanzstichtag bereits unterschlagen oder gestohlen waren, oder wenn Kundenforderungen ausgewiesen werden, die ein ungetreuer Angestellter bereits für sich eingezogen hat (BGH 5.3.1968, JR 1968, 347), oder wenn Lieferantenschulden unberücksichtigt bleiben, die der Stpfl auf Grund unrichtiger Buchungsunterlagen für beglichen hält – vorausgesetzt, dass die jeweilige Schadensersatzforderung aus unerlaubter Handlung (§§ 823, 826 BGB) gegen den ungetreuen Angestellten dubios ist und eine Ersatzforderung gegen eine Versicherung nicht besteht. 211

Ist die **Regressforderung** realisierbar oder besteht eine ausreichende Versicherung, wird der in Unkenntnis der Veruntreuungen ermittelte Gewinn im Ergebnis nicht beeinflusst, da die zu aktivierende Regress- oder Versicherungsforderung die Fehlbestände ausgleicht oder den noch offenen Verbindlichkeiten gegenübersteht. Ist die Regressforderung nicht realisierbar, ist der Gewinn niedriger, eine Steuerverkürzung entfällt ebenfalls. 212

Ein *zu niedriger Gewinn* wird ermittelt, wenn die Tat bereits vor Aufstellung der Bilanz entdeckt worden ist, und zwar die entstandenen Schäden gewinnmindernd berücksichtigt werden, jedoch die Aktivierung einer realisierbaren Regressforderung oder einer Versicherungsforderung unterlassen wird. Hierin kann – je nach der subjektiven Vorstellung des Stpfl – die Ursache einer vorsätzlichen oder leichtfertigen Steuerverkürzung liegen. Gleiches gilt, wenn der Umfang des erlittenen Schadens dem FA gegenüber größer dargestellt wird, als er tatsächlich eingetreten ist. 213

Ist der ungetreue Angestellte innerhalb der Firma selbst für die Gewinnermittlung zuständig, ergibt sich die Frage, ob es ihm zuzumuten ist, durch die steuerrechtlich gebotene Aktivierung der Regressforderung seine eigene strafbare Handlung zu offenbaren. Die gleiche Sachlage kann auch in der Person eines steuerlichen Beraters eintreten, der Untreue, Unterschlagung oder Betrug gegenüber demjenigen Mandanten begangen hat, der ihn mit der Gewinnermittlung beauftragte. Hierzu hat der BGH mit Urt. v. 18.10.1956 (BStBl. I 1957, 122 f.) im Einklang mit der sonstigen Rspr zur Unzumutbarkeit (Rn. 99 zu § 369) ausgeführt: *„Der Angeklagte hätte (die Ersatzforderungen gegen sich) … in den zur Gewinnermittlung nach § 4 I EStG dem FA vorgelegten Bilanzen unter die Außenstände aufnehmen … müssen. Die ihm dadurch drohende Gefahr der Entdeckung entband ihn hiervon nicht. Wenn ihm auch nicht zuzumuten war, sich selbst einer strafbaren Handlung zu bezichtigen, so kann dadurch doch eine zu ihrer Verdeckung verübte weitere Straftat nicht straflos bleiben … Eine so weitgehende Vergünstigung wäre gegenüber dem Rechtsbrecher, der durch eigenes Verschulden in eine Zwangslage geraten ist, aus der er sich nur durch eine neue erhebliche Verletzung der Rechtsordnung befreien zu können glaubt, selbst nach den Grundsätzen der Güter- und Pflichtenabwägung schon aus rechtsstaatlichen Erwägungen nicht zu verantworten."* Als mitbestrafte Nachtat (Rn. 121 zu § 369) kann die Steuerhinterziehung nicht angesehen werden, weil durch sie ein anderes Rechtsgut verletzt wird als durch die vorausgegangene Untreue, Unterschlagung oder den Betrug zum Nachteil des Stpfl (BGH 18.10.1956, BStBl. I 1957, 122 f. unter Hinweis auf BGH 22.4.1954, BGHSt 6, 67). Dieselben Grundsätze hat der BGH durch Urt. v. 18.11.1960 (BStBl. I 1961, 495) für den Fall, dass der kaufmännische Leiter einer Firma Erlöse aus Verkäufen für sich verwendet, bestätigt; vgl. ferner OLG Hamm (20.9.1960, BB 1234) zur Steuerhinterziehung eines steuerlichen Beraters durch Unterschlagung des ihm zur Einzahlung ausgehändigten Steuerbetrags und Nichtabgabe einer USt-Voranmeldung; ebenso BFH 7.11.1973 (DStR 1974, 152). Diese Grundsätze der Rspr sind jedoch in hohem Maße bedenklich; s. dazu Rn. 239 und *Grunst* 1996, 168 ff. 214

Hat der ungetreue Angestellte mit der Gewinnermittlung nichts zu tun, so ist zu unterscheiden: Wird die Tat bis zur Gewinnermittlung (genauer: bis zur Vorlage der Steuererklärung und der Bilanz beim FA) nicht entdeckt, wirkt sich der unbekannte Schaden – je nach der Realisierbarkeit der Regressforderung – entweder gewinnerhöhend oder -neutral aus (Rn. 210 ff.); in diesem Fall tritt ein steuerverkürzender Erfolg nicht ein. Wird dagegen die durch die Tat bewirkte Gewinnminderung, nicht jedoch die Regress- 215 forderung erfasst, so erfolgt zwar eine Steuerverkürzung. Der Täter des Vermögensdelikts ist jedoch auf Grund seines Vorverhaltens allein nicht zur Aufklärung verpflichtet (BFH 7.11.1973, DStR 1974, 152; aM *Lohmeyer* NJW 1958, 1431 sowie *Franzen* in 1. Aufl. Rn. 89 zu § 392 RAO). Wird aber die Tat bereits entdeckt, bevor die Bilanz dem FA vorgelegt wird, kann eine Gewinnminderung nur dadurch herbeigeführt werden, dass der Geschädigte die Tat seinerseits als Basis für eine Steuerhinterziehung benutzt, indem er eine realisierbare Regressforderung oder eine Versicherungsforderung nicht aktiviert oder in seiner Gewinnermittlung einen größeren Schaden vortäuscht, als er dem wirklichen Sachverhalt entspricht. Selbst wenn man in solchen Fällen noch eine Ursächlichkeit zwischen der schadenstiftenden Untreue usw. und der Steuerhinterziehung bejahen wollte, so wird doch regelmäßig ein die Steuerverkürzung umfassender Vorsatz des ungetreuen Angestellten fehlen.

216 **ee) Erklärungsfehler und unrichtige Auskünfte. Auch ohne Vorbereitung durch Scheingeschäfte** (Rn. 193), missbräuchliche und undurchsichtige Rechtsgestaltung (Rn. 192) oder unrichtige Buchführung und Gewinnermittlung (Rn. 210 ff.) können Steuerverkürzungen durch Abgabe unrichtiger Steuererklärungen begangen werden, wenn die Fehler allein in der Erklärung liegen, sei es,

- dass ein buchführungspflichtiger Stpfl keine Bücher oder sonstige Aufzeichnungen geführt hat und in die Steuererklärung Angaben einsetzt, die er vorsätzlich zu niedrig geschätzt hat, oder
- dass ein Stpfl seinen Gewinn zwar auf Grund ordnungsmäßiger Buchführung oder einer Überschussrechnung nach § 4 III EStG ermittelt hat, aber geringere Ergebnisse in die Steuererklärung überträgt und das Vorhandensein von Büchern und Aufzeichnungen leugnet oder ihr Abhandenkommen vortäuscht oder dem FA anstelle der richtigen eine frisierte Gewinnermittlung vorlegt, oder
- dass ein nichtbuchführungspflichtiger Stpfl Einkünfte aus selbstständiger Arbeit, Kapitalvermögen oder Vermietung und Verpachtung vorsätzlich zu niedrig erklärt.

217 **Unmittelbar durch Vorlage einer unrichtigen Buchführung** können Steuereinnahmen verkürzt werden, wenn die Handlung dem Zweck einer erstmaligen Steuerfestsetzung dient. Das ist entweder der Fall, wenn Stpfl, die der Aufgabe einer Gewinnermittlung nicht gewachsen sind, mit ihren Büchern oder Aufzeichnungen beim FA erscheinen und den Sachbearbeiter bitten, aus den mitgebrachten Unterlagen die für die Veranlagung erforderlichen Angaben zu entnehmen, oder wenn die Bücher oder Aufzeichnungen dem Betriebsprüfer vorgelegt werden, damit dieser aus ihnen die Besteuerungsgrundlagen für den letzten Steuerabschnitt des Prüfungszeitraums, für den der Stpfl noch keine Steuererklärung (oder -voranmeldung) abgegeben hatte, entnimmt (einhM, vgl. GJW/*Rolletschke* § 370 Rn. 44; MüKoStGB/*Schmitz/Wulf* AO § 370 Rn. 217; Suhr 1977, S. 248 unter Hinweis auf BGH 28.11.1957, ZfZ 1958, 145, 147 sowie auf BayObLG 4.12.1958 – RReg. 4 St 363/58 und OLG Hamm 22.10.1959 – 2 Ss 782/59).

218 **Unrichtige schriftliche oder mündliche Auskünfte** können ebenfalls die Tathandlung einer Steuerhinterziehung darstellen. In Betracht kommen namentlich Auskünfte, die der Stpfl oder ein anderer Wissensträger (Ehegatte, Angestellter, steuerlicher Berater, Geschäftsfreund usw.) auf Verlangen dem FA im Steuerermittlungsverfahren zur Erläuterung einer in bestimmten Punkten – zunächst unbewusst – unvollständigen oder nicht genügend substantiierten Steuererklärung unrichtig erteilt, um Steuern zum eigenen Vorteil oder gefälligkeitshalber zum fremden Vorteil zu verkürzen.

219 **ff) Angaben außerhalb des Festsetzungs- und Feststellungsverfahrens.** Auskünfte im Rechtsbehelfsverfahren (BGH 1.2.1989, BGHSt 36, 105), in der Außenprüfung oder im Verfahren zur Prüfung der Notwendigkeit einer Änderung des Steuerbescheids (BGH 26.10.1998, wistra 1999, 103) unterfallen dem § 370 I Nr. 1 AO. Dass diese Auskünfte zu einer (unrichtigen/unwirksamen) tatsächlichen Verständigung führen, ändert an der Straf-

barkeit nichts (BGH 26.10.1998, wistra 1999, 103; vgl. auch *Salditt* StuW 1998, 283; SP-*Peters* Rn. 10.62). Zu unrichtigen Angaben im Vollstreckungsverfahren s. Rn. 481 ff.

Unrichtige Angaben über steuerlich erhebliche Tatsachen macht auch, wer eine **Änderung des bestandskräftigen Steuerbescheids** nach § 173 I Nr. 2 AO dadurch zu erreichen versucht, dass er zB bei der Erklärung übersehene, an sich abzugsfähige Werbungskosten nachträglich geltend macht und dabei unrichtig zum groben Verschulden vorträgt, das die Änderung zu seinen Gunsten in der Regel hindert. Zweifelhaft ist in diesen Fällen allein das Vorliegen einer Steuerverkürzung, da der Bescheid ja materiell zum Nachteil des Stpfl unrichtig ist. Andererseits ist der Steueranspruch durch den bestandskräftigen Bescheid „tituliert"; dies spricht dafür, auch das Erwirken der Durchbrechung der Bestandskraft dem § 370 IV 1 AO unterfallen zu lassen (aA OLG Hamm 14.10.2008, wistra 2009, 80). Ansonsten geht es um die Frage, ob der Täuschende Vorsatz hat bzw. ob man solche Fälle wirklich anklagen sollte; der Stpfl ist mit der Bestandskraft des Bescheides idR hinreichend bestraft. Zur Täuschung gegenüber dem Finanzgericht vgl. Rn. 188. 220

einstweilen frei 221–229

4. Steuerhinterziehung durch Unterlassen gem. § 370 I Nr. 2 AO

a) Überblick. Die Steuerhinterziehung durch Unterlassen nach § 370 I Nr. 2 AO kann nur dadurch begangen werden, dass der Täter die FinB über steuerlich erhebliche Tatsachen pflichtwidrig in Unkenntnis lässt. Voraussetzung ist demnach zunächst, dass der FinB steuerlich erhebliche Tatsachen unbekannt sind. Weiterhin muss der Täter in der Lage sein, diese Unkenntnis zu beseitigen, und dies unterlassen. Schließlich muss er zur Beseitigung der Unkenntnis verpflichtet sein. 230

b) Unkenntnis von steuerlich erheblichen Tatsachen. Die einzelnen Elemente dieses Begriffs entsprechen den Merkmalen beim Begehungstatbestand; s. zum Begriff der Tatsache oben Rn. 176, zum Begriff der steuerlichen Erheblichkeit oben Rn. 186. 231

Die Unkenntnis der FinB ist nicht erst dann gegeben, wenn der Behörde der gesamte steuerpflichtige Vorgang unbekannt ist. Unkenntnis liegt auch dann vor, wenn zB die Existenz des Gewerbebetriebes und die Tatsache, dass steuerpflichtige Umsätze gemacht werden, bekannt sind, mangels rechtzeitiger USt-Voranmeldung jedoch die genaue Höhe der steuerpflichtigen Umsätze unbekannt bleibt (ausf. Rn. 246 ff.); zur Schätzungsmöglichkeit in solchen Fällen s. Rn. 277. Dagegen liegt keine Unkenntnis vor, wenn das FA von anderer Seite die erforderliche Information rechtzeitig erhalten hat. Dabei ist es dann unerheblich, dass der Täter selbst keine Erklärung abgegeben hat. Auch fehlt die Unkenntnis, wenn der Stpfl zwar die erforderlichen Angaben gemacht, jedoch pflichtwidrig die Formblätter nicht verwendet hat (§ 150 I). Glaubt er, das FA sei nicht in vollem Umfange informiert, dann kommt Versuch in Betracht. Weiß er, dass die FinB die erforderlichen Umstände kennt, scheidet Steuerhinterziehung ganz aus. 232

Problematisch ist das Merkmal der Unkenntnis dann, wenn zB der für die ESt zuständige Beamte auf Grund zutreffender Angaben zur ESt-Erklärung auch die Höhe des umsatzsteuerpflichtigen Umsatzes kennt, der Täter jedoch keine USt-Erklärung abgegeben hat, so dass sich der für die USt zuständige Beamte in Unkenntnis befindet. Durch die Annahme, dass die **Unkenntnis beim zuständigen Finanzbeamten** zu beseitigen ist (vgl. dazu BayObLG 14.3.2002, wistra 2002, 393), wird der Stpfl nicht unbillig belastet. Glaubt er nämlich, die FinB werde auf Grund innerbehördlicher Kommunikation die Angaben der einen Steuererklärung auch dem Beamten der anderen Abteilung zuleiten, fehlt der Verkürzungsvorsatz, so dass § 370 I AO ausscheidet. Hat der Stpfl diese Vorstellung nicht, dann will er eine Steuerhinterziehung; hier besteht kein Anlass, den Tatbestand nicht anzuwenden. 233

Soweit es dagegen um dieselbe Steuer geht, ist nicht die Unkenntnis desjenigen Beamten maßgeblich, der für die Bearbeitung zuständig ist. Angesichts des jederzeit möglichen Austauschs des Sachbearbeiters ist Kenntnis jedenfalls dann gegeben, wenn sich die Information 234 in den einschlägigen Akten befindet, sei es auf Grund von Kontrollmitteilungen oder auf Grund von Aktenvermerken über private Mitteilungen. Darüber hinaus wird aber auch bei aktenmäßig nicht festgehaltener Kenntnis des zuständigen Beamten der Unterlassungstatbestand ausscheiden müssen. Ist zwar der unmittelbar zuständige Bearbeiter nicht informiert, wohl aber ein in der Behördenhierarchie übergeordneter Amtsträger, der jederzeit in die Entscheidung eingreifen kann, liegt ebenfalls keine Unkenntnis der Behörde vor (vgl. *Koch/Scholtz/Scheurmann-Kettner* 26 zu § 370); zur vergleichbaren Problematik bei der Steuerhinterziehung durch Handeln s. Rn. 278 ff.

235 **c) Unterlassen.** Der Stpfl erfüllt den Tatbestand nur dann, wenn er eine zur Aufklärung geeignete und ihm mögliche Handlung nicht vornimmt (Rn. 89 zu § 369). Vor allem muss ihm **die Aufklärung der FinB möglich sein.** Diese Aufklärung wird ihm nicht schon dadurch unmöglich, dass er aus Nachlässigkeit keine Aufzeichnungen gemacht hat oder die Aufzeichnungen verlorengegangen sind. Er muss dann der FinB diesen Umstand sowie diejenigen Tatsachen bekanntgeben, die eine zutreffende Schätzung ermöglichen.

236 **d) Erklärungspflicht.** Der Stpfl muss **pflichtwidrig** unterlassen haben. Steuerhinterziehung durch Unterlassen kann daher nur begehen, wer **zur Aufklärung besonders verpflichtet** ist. Die hier bedeutsamen steuerlichen Erklärungspflichten sind sämtlich besonders gesetzlich festgelegt (Rn. 244 ff.).

237 **Die allgemeinen Garantenpflichten** spielen nur eine untergeordnete praktische Rolle. Dass die hM Garantenpflichten aus dem Kreis der Hütergarantien (Rn. 90 zu § 369) annimmt, ist nicht unproblematisch, da der behördenfremde Bürger nicht „Hüter" des Steueranspruchs ist (anders für den mit der Gewinnermittlung beauftragten Angestellten und den Steuerberater BFH 7.11.1973, DStR 1974, 152; vgl. auch *Grunst* 1996, S. 188 ff.; weitere Rspr s. Rn. 260) und der zuständige Beamte bei Unterlassung einer Steuerfestsetzung nicht in Unkenntnis bleibt, sondern selbst eine Untreue begeht. Aus dem Kreis der Überwachergaranten kommt lediglich dem Fall praktische Bedeutung zu, dass der Personensorgeberechtigte gegen die Zollhinterziehung des Kindes nicht einschreitet.

238 Die **Garantenpflicht aus vorangegangenem Tun** (Ingerenz) hat für das Steuerrecht in § 153 AO zwar eine Sonderregelung erfahren. Dennoch sind Fälle der Ingerenzgarantenstellung denkbar (vgl. BGH 19.12.1997, wistra 1998, 180, 186; *Grunst* 1996, S. 43; aM offenbar M-G/*Küstner* 36/24). Vorauszusetzen ist ein pflichtwidriges Vorverhalten, mit dem die Position des Fiskus originär verschlechtert wird. Dies ist nicht schon der Fall, wenn der Steuerberater Fehler in den Vorgaben des Mandanten übersieht, sondern erst, wenn sein *eigener* Fehler die Gefahr einer Steuerverkürzung begründet (*Joecks* Inf StW 1997, 21 ff.; *ders.* 1998, 47 ff.; *Harms* Stbg 2005, 13).

239 **Ob die Erklärungspflicht untergeht,** wenn der Täter sich durch ihre Erfüllung selbst einer strafbaren Handlung bezichtigen würde, bedurfte nach dem Gemeinschuldnerbeschluss des BVerfG (BVerfG 13.1.1981, BVerfGE 56, 37) neuer Überlegungen (vgl. auch Rn. 45 ff. zu § 393). Die in Rn. 214 dargestellte Rspr ist sämtlich vor der Entscheidung des BVerfG und in der maßgeblichen Hinsicht mit ungenügendem Problembewusstsein ergangen. Angesichts der grundrechtlichen Verankerung des sog. nemo-tenetur-Prinzips in Art. 2 I GG und in anderen Regelungen (Rn. 8 zu § 393), kann nach der Entscheidung des BVerfG zwar der Gesetzgeber zur Befriedigung der Informationsinteressen Dritter den Straftäter zur Selbstbezichtigung anhalten; er muss dann aber ein Verwertungsverbot oder gar Verwendungsverbot für ein mögliches Strafverfahren konstituieren. Ob dies aber auch dann gilt, wenn der Zwang zur Selbstbezichtigung im staatlichen Interesse begründet werden soll, ist nach der Entscheidung des BVerfG zweifelhaft. Dabei sind zwei Konstellationen zu unterscheiden: In der einen würde der Stpfl sich durch wahrheitsgemäße Angaben eines Allgemeindelikts bezichtigen, das von der FinB wegen § 393 II 2, § 30 IV Nr. 5 AO an die StA übermittelt werden könnte. In der anderen belastet er sich wegen einer Steuerhinterziehung, die ohnehin in den Zuständigkeitsbereich der FinB gehört.

Der BGH hat für den Fall der **Selbstbelastung wegen einer Steuerhinterziehung** zutreffend entschieden, dass die strafbewährte Pflicht zur Abgabe einer Umsatzsteuerjahreserklärung entfällt, wenn wegen der Abgabe unrichtige Steuervoranmeldungen für den nämlichen Zeitraum ein Strafverfahren anhängig ist (BGH 26.4.2001, BGHSt 47, 8 mit Anm. *Salditt* PStR 2001, 141). Ebenso ist eine Verurteilung wegen vollendeter Steuerhinterziehung durch Unterlassen nicht möglich, wenn gegen den an sich Erklärungspflichtigen bereits ein Strafverfahren wegen versuchter Steuerhinterziehung (durch Unterlassen) eingeleitet und bekannt gegeben worden ist (BGH 23.1.2002, wistra 2002, 150; OLG Frankfurt/Main 11.7.2005, wistra 2006, 198; vgl. auch Rn. 45 zu § 393). 240

Anders will der BGH entscheiden, wenn sich die Erklärungspflicht nicht auf ein Jahr bezieht, für das es bereits ein Strafverfahren gibt. In solchen Fällen will der BGH die Pflicht zur Abgabe einer wahrheitsgemäßen Steuererklärung nicht suspendieren (BGH 10.1.2002, wistra 2002, 149). Der nemo-tenetur-Grundsatz erlaube nicht die Begehung neuerlichen Unrechts. Ist also gegen den Stpfl ein Strafverfahren wegen Hinterziehung von Einkommensteuer auf Kapitaleinkünfte für die Jahre 2011 bis 2013 anhängig, muss er die Kapitaleinkünfte für das Jahr 2014 wahrheitsgemäß erklären, auch wenn aus deren Höhe Rückschlüsse für Altjahre möglich sind. Der BGH ließ insoweit offen, inwiefern die in der wahrheitsgemäßen Folgeerklärung enthaltenen Angaben zu Lasten des Stpfl für Altjahre verwendet werden dürfen; er deutete lediglich an, es käme ein Verwendungsverbot in Betracht. Dieses hat er mittlerweile (BGH 12.1.2005, wistra 2005, 148) zu Recht ausdrücklich angenommen. Soweit zutreffende Angaben in den Erklärungen mittelbar zu einer Selbstbelastung des Stpfl hinsichtlich zurückliegender Besteuerungszeiträume oder anderer Steuerarten führen, dürfen diese Angaben nicht gegen seinen Willen in einem Strafverfahren gegen ihn verwendet werden (BGH 12.1.2005, wistra 2005, 148, 149). Insofern dürfte die Erklärung noch nicht einmal als Ermittlungsansatz genutzt werden (Rn. 31 zu § 393). 241

Für den Fall der **Selbstbelastung mit einem Allgemeindelikt** hatte der BGH einen Mittelweg beschreiten wollen (BGH 5.5.2004, wistra 2004, 391). Nach Auffassung des 5. Strafsenats liegt es nahe, in solchen Fällen an die Konkretisierung der gebotenen steuerlichen Erklärungen möglicherweise niedrigere Anforderungen zu stellen als sonst nach § 90 AO geboten. *„Eine solche Reduzierung des Erklärungsumfangs könnte etwa darin bestehen, dass die Einkünfte nur betragsmäßig, nicht aber unter genauer Bezeichnung der Einkunftsquelle zu benennen sein werden"* (BGH 5.5.2004, wistra 2004, 391, 393; BGH 11.11.2004, wistra 2005, 58, 63 f.; vgl. auch BGH 26.10.2006, wistra 2007, 17). Hintergrund ist der Umstand, dass das Steuergeheimnis nur begrenzt vor der Weitergabe von Informationen an die Staatsanwaltschaft wegen eines Allgemeindelikts schützt. Zwar untersagt § 393 I 1 AO die Weitergabe dessen, was der Stpfl in Erfüllung steuerlicher Pflichten offenbart hat. Hiervon macht aber § 393 II 2 AO eine Ausnahme, wenn die Unterrichtung der StA in einem besonderen öffentlichen Interesse liegt. Insofern sollen die Durchbrechungsgründe nach § 30 IV Nr. 5 lit. a, b AO Anwendung finden. Zweifel an der Verfassungsmäßigkeit der Vorschrift hat der BGH nicht (vgl. aber Rn. 97 ff. zu § 393). Der von ihm beschrittene Weg ist aber nur begrenzt gangbar. Es mag Fälle geben, in denen die fehlende Zuordnung von Einkünften zu einer konkreten Einkunftsart noch keine Ermittlungsansätze ermöglicht (vgl. auch *Stetter* 2007, 158 ff.). Wenn aber ein Oberbürgermeister einer großen Stadt, in der es einen Korruptionsskandal gibt, für das konkrete Jahr einen stattlichen sechsstelligen Eurobetrag „diffus" erklärt, ist dies schon ein mittelbares Geständnis (vgl. *Wulf* wistra 2006, 95). Es hilft hier nur, wenn man contra legem ebenso ein Verwendungsverbot bejaht wie es der 5. Strafsenat für Fälle der Selbstbelastung wegen Steuerhinterziehung angenommen hat. 242

Solange diese Frage in Rechtsprechung und Literatur nicht mit der hinreichenden Sicherheit geklärt ist, mag man die Erfüllung der Erklärungspflicht iS der Unterlassungsdogmatik für unzumutbar halten (vgl. Rn. 45 ff. zu § 393; *Berthold* 1993, S. 106 ff.; vgl. auch *Streck/Spatscheck* wistra 1998, 334. 243

244 **e) Einzelfälle der Steuerhinterziehung durch Unterlassen. aa) Nichterfüllung von Erfassungspflichten. Der Erfassung der Stpfl** dient bei Besitz- und Verkehrsteuern in erster Linie die Personenstands- und Betriebsaufnahme, die nach § 134 AO den Gemeinden als Hilfsstellen der FÄ obliegt. Den Gemeinden gegenüber müssen Grundstückseigentümer, Wohnungsinhaber sowie Inhaber von Betriebstätten und Lagerräumen die in § 135 AO bestimmten Angaben machen. Die Stpfl selbst haben die ihnen obliegenden polizeilichen Meldepflichten über Zuzug, Umzug oder Wegzug nach § 136 AO auch im Interesse der Besteuerung zu erfüllen. Unmittelbar dem zuständigen FA müssen juristische Personen nach § 137 AO diejenigen Ereignisse melden, die für die steuerliche Erfassung von Bedeutung sind. Desgl. hat dem zuständigen FA nach § 138 AO zu melden, wer einen land- und forstwirtschaftlichen Betrieb, einen gewerblichen Betrieb oder eine Betriebsstätte eröffnet oder eine freiberufliche Tätigkeit (vgl. § 18 EStG) beginnt. **Der Erfassung der Hersteller verbrauchsteuerbarer Erzeugnisse** bei den zuständigen Zollstellen dienen hauptsächlich die Pflichten zur Anmeldung des Herstellungsbetriebes (vgl. § 139 I 1 AO sowie Koenig/*Cöster* AO § 139 Rn. 2 und TK-*Brandis* 1 zu § 139 AO).

245 **Wer einer Pflicht zur Erfassung als Stpfl nicht nachkommt,** hält die FinB über seine persönliche Steuerpflicht in Unkenntnis (Rn. 232 ff.) und verhindert dadurch von vornherein, dass gegen ihn – soweit gesetzlich vorgesehen – eine Vorauszahlung festgesetzt, die Abgabe einer Steuer(vor)anmeldung oder einer (Jahres-)Steuererklärung gemäß § 328 AO erzwungen oder die gesetzlich geschuldete Steuer auf Grund einer Schätzung der Besteuerungsgrundlagen nach § 162 AO festgesetzt und vollstreckt werden kann. Aus der Rspr vgl. zum Verheimlichen eines Gewerbebetriebs OLG Köln 31.3.1953 (ZfZ 1953, 186), BGH 16.6.1954 (NJW 1954, 1819 betr. Pelztierzucht) und BGH 1.3.1956 (BStBl. I 441), zum Verheimlichen einer freiberuflichen Tätigkeit OLG Frankfurt 18.10.1961 (NJW 1962, 974). In diesen Fällen wird jedoch eine Steuerhinterziehung nur dann gegeben sein, wenn bereits das Nichtmitteilen etwa der Aufnahme der Erwerbstätigkeit ursächlich für den Eintritt einer Steuerverkürzung wird. So wird im Hinblick auf die Umsatzsteuer die Nichtabgabe der Voranmeldung die eigentliche Tathandlung sein (vgl. § 18 I UStG). Anders ist dies, wenn wegen der Aufnahme der gewerblichen Tätigkeit Anlass für das FA besteht, den Erlass von Vorauszahlungsbescheiden zu prüfen. Bei der ESt, KSt und GewSt tritt eine Verkürzung ein, falls und sobald das FA durch das Schweigen des Stpfl davon abgehalten wird, einen Vorauszahlungsbescheid zu erteilen. Gibt der Stpfl, der die Anmeldung eines Gewerbebetriebs oder einer freiberuflichen Tätigkeit usw. unterlassen hat, fristgerecht eine Jahressteuererklärung ab, bevor das FA auf andere Weise von seiner steuerträchtigen Betätigung erfahren hat, beschränkt sich die Steuerverkürzung auf die vermiedenen Vorauszahlungen. Insoweit kann die Abgabe der Jahressteuererklärung als Selbstanzeige gewürdigt werden (str.; Rn. 94 zu § 371), die gemäß § 371 III AO bei fristgerechter Nachzahlung des Betrages, den das FA ohne das steuerunehrliche Verhalten als Vorauszahlung festgesetzt hätte, strafbefreiende Wirkung hat. Gibt der Stpfl keine Jahressteuererklärung ab, wird *dadurch* die gesetzlich entstandene Jahressteuerschuld verkürzt.

bb) Nichtabgabe von Steuervoranmeldungen

Schrifttum: *Leise,* Strafrechtliche Folgen bei verspäteter Abgabe oder bei Nichtabgabe von Umsatzsteuer-Voranmeldung, BB 1949, 79; *Suhr,* Festgesetzte Steuervorauszahlungen und Steuerstrafrecht, BB 1950, 477; *Luther,* Straflose Vortat bei Abgabe falscher Umsatzsteuer- und Beförderungsteuervoranmeldungen, BB 1962, 94; *Fr.-Chr. Schroeder,* Zur Strafbarkeit der Nichtabgabe von Umsatzsteuer-Voranmeldungen, DB 1964, 149; *Henke,* Wann ist ein Umsatzsteuervergehen begangen?, BB 1964, 256; *Leise,* Mitbestrafte Nachtat bei der Umsatzsteuer, StuF 1965, 323 und Inf 1965, 435; *Fischer,* Kritik der strafrechtlichen Rechtsprechung bei Fälligkeitsteuern, DStZ 1965, 375 mit Erwiderungen von *Kulla* DStZ 1966, 42, *Reinisch* DStZ 1966, 72 und *Henke* DStZ 1966, 88; *Fr.-Chr. Schroeder,* Zur Strafbarkeit der Nichtabgabe von Umsatzsteuer-Voranmeldungen, DB 1966, 519; *Herdemerten,* Zur Nichtstrafbarkeit der verspäteten Abgabe von Umsatzsteuervoranmeldungen, DStR 1970, 198; *Depiereux,* Die strafrechtlichen Folgen der Nichtabgabe von Steuererklärungen, DStR 1970, 551; *Herdemerten,* Keine Steuerunehrlichkeit bei verspäteter Abgabe bzw. Nichtabgabe von Steuererklärungen, DStR 1970, 751; *Leise,* Nochmals: Zur Nichtstrafbarkeit der verspäteten Abgabe von Umsatzsteuervoranmeldungen, DStR 1971, 57; *Depiereux,* Keine Steuerunehrlichkeit bei verspäteter Abgabe bzw. Nichtabgabe von Steuererklärungen?, DStR 1971, 59; *Wilke,* Erscheinungsformen der Hinterziehung von Umsatzsteuer, wistra 1989, 295; *Dörn,* Strafverfolgung der Nichtabgabe von Umsatzsteuer-Voranmeldungen, Stbg 1996, 447; *Grunst,* Steuerhinterziehung durch Unterlassen, 1996; *Wulf,* Handeln und Unterlassen im Steuerstrafrecht, 2001; *Obenhaus,* Drohende Strafverfolgung bei unpünktlicher Abgabe von Steueranmeldungen, Stbg 2012, 97.

Steuervoranmeldungen dienen dem Zweck, das FA frühzeitig und fortlaufend über 246 die Grundlagen eines gesetzlich entstandenen Steueranspruchs zu unterrichten. Steuervoranmeldungen sind Steuererklärungen (§ 150 I 2 AO iVm § 18 I UStG) für kürzere Zeiträume als ein Jahr (Monat oder Kalendervierteljahr), an die sich nach Ablauf des Kalenderjahres die Pflicht zur Abgabe einer Jahressteuererklärung anschließt, die gemäß § 168 AO einer Steuerfestsetzung unter Vorbehalt der Nachprüfung gleichsteht.

Die Pflicht zur Abgabe von Steuervoranmeldungen ergibt sich namentlich aus § 18 247 I UStG. Wenn der Stpfl dem FA als Unternehmer bekannt ist und er die Abgabe einer USt-Voranmeldung zum gesetzlichen Termin, dh bis zum 10. eines Monats (bei monatlicher Voranmeldung) oder zum 10. 4., 10. 7., 10. 10. oder 10. 1. (bei vierteljährlicher Voranmeldung) unterlässt, hat das FA die USt nach Ablauf der Voranmeldungsfrist gemäß § 18 I 4 UStG auf Grund geschätzter Besteuerungsgrundlagen festzusetzen.

Eine Steuerverkürzung tritt bereits mit Ablauf des Voranmeldungszeitraumes 248 **ein;** denn bis dahin hätte die voranzumeldende Steuer auch entrichtet werden müssen (vgl. auch *Riehl* wistra 1996, 130). Dies gilt ungeachtet der Höhe des später von Amts wegen festgesetzten Betrages, für dessen Fälligkeit nach § 18 I 4 UStG – wie bei rechtzeitigen Voranmeldung – gleichfalls der 10. Tag nach Ablauf der Voranmeldungsfrist gilt. Wenn die Vorauszahlung von Amts wegen mindestens ebenso hoch festgesetzt wird wie der Betrag, den der Stpfl voranzumelden unterlassen hat, kann die Minderung der Steuereinnahmen durch die um kurze Zeit verzögerte Zahlung oder Beitreibungsmöglichkeit so gering sein, dass sie vernachlässigt werden darf. Dies führt im Hinblick auf § 370 II AO jedoch nicht zur Straffreiheit, wenn der Stpfl auf eine zu niedrige Schätzung und Festsetzung der Vorauszahlung spekuliert hatte. Eine Steuerverkürzung liegt stets vor, wenn die von Amts wegen festgesetzten Beträge niedriger sind als die kraft Gesetzes geschuldeten Beträge. Werden die im Laufe des Jahres entstandenen Unterschiedsbeträge nachträglich, insbes. in einer USt-Jahreserklärung dem FA offenbart, kann der Stpfl dadurch unter den übrigen Voraussetzungen des § 371 AO Straffreiheit erlangen. Werden die Unterschiedsbeträge nur zT nachträglich erklärt, können bis zum April 2011 die Voraussetzungen einer teilweise strafbefreienden Selbstanzeige erfüllt sein (Rn. 383 zu § 371).

Falls der Stpfl auch die Abgabe einer USt-Jahreserklärung unterlässt oder eine 249 unrichtige Jahressteuererklärung abgibt, nach der die Steuerverkürzung der Summe der unterbliebenen oder zu niedrig festgesetzten Vorauszahlungen entspricht, entsteht die Frage nach dem Konkurrenzverhältnis zwischen Voranmeldungen und Jahressteuererklärung. Hierbei ist davon auszugehen, dass die für die einzelnen Voranmeldungszeiträume vorangemeldete oder von Amts wegen festgesetzte USt nur Teilbeträge der USt-Jahresschuld darstellen, die nach Ablauf des Kalenderjahres auf Grund einer Jahreserklärung oder einer Schätzung der Besteuerungsgrundlagen in einer Summe für das ganze Jahr festzusetzen ist. Durch die fortlaufende Nichtabgabe der USt-Voranmeldungen wird daher „etappenweise" bereits die Jahressteuerschuld verkürzt, die nicht größer sein kann als die Summe der Teilbeträge, die monatlich oder vierteljährlich hätten vorangemeldet werden müssen. Unrichtige USt-Voranmeldungen führen vor diesem Hintergrund lediglich zu einer Verkürzung auf Zeit. Eine endgültige Verkürzung auf Dauer wird erst durch die Abgabe einer falschen USt-Jahreserklärung bewirkt, oder dadurch, dass der Stpfl keine Jahreserklärung abgibt. Insofern liegt keine mitbestrafte Nachtat vor (BGH 10.12.1991, BGHSt 38, 165). Dies macht es regelmäßig erforderlich, bei einer angenommenen Verkürzung der Umsatzsteuer auf Dauer auf die Jahreserklärung als Tathandlung abzustellen und die lediglich eine Verkürzung auf Zeit bewirkenden Umsatzsteuervoranmeldungen gemäß § 154 StPO einzustellen (BGH 6.2.2002, wistra 2002, 185; vgl. auch Rn. 117 zu § 369; zur Selbstanzeige s. Rn. 93 ff. zu § 371).

cc) Nichtabgabe von Steuererklärungen oder Steueranmeldungen

Schrifttum: *Hammer,* Hinterziehung im Vollstreckungsverfahren und durch Nichtabgabe von Steuerklärungen, StWa 1957, 98; *Pfaff,* Zur Einleitung des Steuerstrafverfahrens, insbesondere bei Nichtabgabe von Steuererklärungen, WT 1962, 162 und Inf 1962, 455; *Hoffmann,* Die Nichterfüllung der steuerlichen Erklärungspflichten und § 396 AO, FR 1963, 293 und Inf 1963, 203; *Schirp,* Strafrechtliche Folgen bei Nichtabgabe von Steuerklärungen, StB 1963, 141; *Lohmeyer,* Steuerhinterziehung durch Nichtabgabe von Steuererklärungen, NJW 1963, 1191; *Schulze,* Steuerhinterziehung durch Unterlassen der Abgabe von Steuererklärungen, DStR 1964, 384 und 416; *Schuhmann,* Form und Inhalt der Steuererklärungen, BB 1977, 692; *Pfaff,* Vorsteuerabzug in straf- bzw. bußgeldrechtlicher Sicht, DStZ 1978, 435; *Bilsdorfer,* Die Bedeutung des Umsatzsteuerabzugsverfahrens für das Steuerstraf- und Steuerordnungswidrigkeitenrecht, DStZ 1981, 163; *Dietz,* Bestrafung wegen Steuerhinterziehung bei verspäteter Anmeldung und Zahlung von Umsatzsteuer und Lohnsteuer?, DStR 1981, 372; *Ulmer,* Die verspätete Abgabe von Steuererklärungen im Steuerstrafrecht, wistra 1983, 22; *Firgau,* Strafrechtsschutz für überschießende Steuereinnahmen?, wistra 1986, 247; *Ferschel,* Die Abgrenzung versuchter von vollendeter Steuerhinterziehung im Falle des § 370 I Nr. 2 AO bei Ergehen eines Schätzungssteuerbescheides, wistra 1990, 177; *Dörn,* Nochmals: Strafverfolgung der Nichtabgabe von Steuererklärungen, wistra 1991, 10; *ders.,* Nichtabgabe von Steuererklärungen, wistra 1993, 241; *ders.,* Versuch oder Vollendung der Steuerverkürzung durch Nichtabgabe von Steuererklärungen bei Veranlagungssteuern, DStZ 1994, 39; *Grunst,* Steuerhinterziehung durch Unterlassen, 1996; *Hofmann,* Steuerstrafrechtliche Behandlung der Nichtabgabe von Steueranmeldungen und Steuervoranmeldungen durch die Finanzverwaltung, DStR 1997, 1789; *Buse,* Die untätige Finanzbehörde, wistra 2008, 51; s. auch das Schrifttum vor Rn. 110, 246, 501.

250 **Steuererklärungen im engeren Sinne** sind förmliche Erklärungen über die von einem Stpfl in einem bestimmten Zeitraum (Kalenderjahr oder abw. Wirtschaftsjahr) oder – bei einmaligen Steuern – zu einem bestimmten Zeitpunkt verwirklichten Besteuerungsgrundlagen zum Zwecke der Steuerfestsetzung durch das FA. **Steueranmeldungen** sind nach § 150 I 2 AO Steuererklärungen, in denen der Stpfl eine Steuer selbst berechnen muss; eine Festsetzung der Steuer durch Steuerbescheid ist nach § 167 AO nur erforderlich, wenn die Festsetzung zu einer abweichenden Steuer führt.

251 **Pflichten zur Abgabe von Steuererklärungen** ergeben sich namentlich aus § 56 EStDV, § 31 KStG iVm § 56 EStDV, § 25 GewSt-DV, § 31 ErbStG (hier nach vorhergehender Anzeige gemäß § 30 ErbStG iVm §§ 4–11 ErbStDV; vgl. Rn. 334 ff.). Pflichten zur Abgabe von Steueranmeldungen ergeben sich bei den Besitz- und Verkehrsteuern aus § 41a EStG, § 45a I EStG, § 73e S. 1 EStDV, § 8 VersStG; vgl. ferner die Pflichten zur Nachweisung der RennwSt nach § 18 I RennwLottAB. Bei den Verbrauchsteuern bestehen Pflichten zur Abgabe monatlicher Anmeldungen der hergestellten Erzeugnisse und der entstandenen Steuer gemäß § 21 II 3, § 22 II 2, § 23 VI 1, § 33 I, § 39 I EnergieStG, § 12 I KaffeeStG, § 15 SchaumwStG, § 144 BranntwMonG (vgl. BGH 24.10.2002, wistra 2003, 100); vgl. ferner die Pflichten der Brauereien nach § 15 BierStG.

252 **Kraft Gesetzes ist zur Abgabe einer Steuererklärung jeder verpflichtet,** der nach den einzelnen Steuergesetzen einen Steuertatbestand verwirklicht hat. Bei juristischen Personen obliegt die Verpflichtung den zuständigen Organen (§ 34 I 1). Für nicht rechtsfähige Personenvereinigungen und Vermögensmassen haben gemäß § 34 I 1 AO die Geschäftsführer die Erklärungen abzugeben. Fehlt ein Geschäftsführer, so trifft die Pflicht die Gesellschafter oder Mitglieder (§ 34 II).

253 **Eine Steuererklärungspflicht haben ferner:**

- *gesetzliche Vertreter eines Stpfl* (§ 34 I 1), Vermögensverwalter (§ 34 III) einschl. Insolvenzverwalter;
- *Mitglieder einer Erbengemeinschaft* sowie die zur Verwaltung und Verwendung von Zweck- und Sondervermögen oder unselbstständigen Stiftungen bestellten Treuhänder oder Bevollmächtigten (§ 34 I–III);
- *als Bevollmächtigte oder Verfügungsberechtigte auftretende Personen* (§ 35 iVm § 34 I), wenn die Vollmacht oder der Auftrag die Steuererklärungspflicht umfasst. Einen nur allgemein mit der Beratung und Vertretung beauftragten Wpr, StBer oder StBev trifft kraft Gesetzes keine Pflicht zur Abgabe von Steuererklärungen für seinen Mandanten. Auch in Fällen der Verfügungsberechtigung ist im Übrigen zu bedenken, dass eine Vertretung bei der eigenhändigen Unterschrift gemäß § 150 III 1 AO nur in Ausnahmefällen zulässig ist.

Die Vorschrift des § 149 I 2, 3 AO, nach der zur Abgabe einer Steuererklärung über die Vorschriften der einzelnen Steuergesetze hinaus jeder verpflichtet ist, der dazu vom FA individuell oder durch öffentliche Bekanntmachung aufgefordert wird, ist trotz ihrer konstitutiven Bedeutung für das Steuerrecht steuerstrafrechtlich ohne Belang. Wer es entgegen den Vorschriften der einzelnen Steuergesetze unterlässt, dem FA die von ihm verwirklichten Steuertatbestände innerhalb der Frist mitzuteilen, die das jeweilige Steuergesetz vorschreibt, handelt hiernach rechtswidrig und regelmäßig auch mit dem Erfolg einer Steuerverkürzung. Wer hingegen in dem jeweiligen Steuerabschnitt keinen Tatbestand verwirklicht hat, der (bei Berücksichtigung von Freibeträgen, Freigrenzen usw.) gemäß § 38 AO eine Steuerschuld hat entstehen lassen, kann sich einer Steuerhinterziehung auch dann nicht schuldig machen, wenn er eine besondere Aufforderung des FA zur Abgabe einer Steuererklärung vorsätzlich missachtet. Zwar kann ihn das FA durch steuerrechtliche Zwangsmittel nach § 328 AO zur Abgabe einer Steuererklärung anhalten, um eine verbindliche und nachprüfbare Äußerung des Stpfl über seine steuerlichen Verhältnisse zu erlangen. Steuerstrafrechtlich hat eine Aufforderung nach § 149 I 2 AO jedoch nur zur Folge, dass der Stpfl, der einen Steuertatbestand verwirklicht hat, in einem späteren Strafverfahren nicht geltend machen kann, dass er sich seiner gesetzlichen Pflicht zur Abgabe einer Steuererklärung nicht bewusst gewesen sei. 254

In welcher Form eine Steuererklärung abzugeben ist, regelt § 150 I 1 AO in der Weise, dass die Erklärung grundsätzlich auf amtlich vorgeschriebenen Vordrucken zu erfolgen hat, es sei denn, eine mündliche Steuererklärung ist zugelassen. Ferner hat der Stpfl nach § 150 II AO zu versichern, dass er die Angaben in der Steuererklärung nach bestem Wissen und Gewissen gemacht hat. Die Einhaltung der vorgeschriebenen Form und die Abgabe der vorgeschriebenen Versicherung sind jedoch für das Vorliegen einer Steuererklärung nicht wesentlich (vgl. auch BGH 27.9.2002, wistra 2003, 20). Amtliche Vordrucke und Muster sollen nur die Bearbeitung erleichtern und die Vollständigkeit der Erklärungen gewährleisten (RFH 9.7.1931, RStBl. 332). Die Wahrheitsversicherung ist nur ein Aufruf zur Wahrheit, eine Mahnung, den Vordruck sorgfältig auszufüllen (einhM, vgl. *Franzen* DStR 1964, 382; TK-*Seer* 13 zu § 150 AO). Eine Steuererklärung kann zB auch die formlose Mitteilung des Stpfl darstellen, dass er im vergangenen Jahr wegen Krankheit keine Umsätze und Einkünfte erzielt, sondern von Sozialhilfe gelebt habe. Ist eine solche Mitteilung unrichtig, so ist die dadurch bewirkte Steuerverkürzung – wie bei der Abgabe einer förmlichen unrichtigen Erklärung – bereits in dem Zeitpunkt eingetreten, in dem das FA sich entschließt, den Stpfl nicht zu veranlagen (sog. „n. v.-Fall") oder jedenfalls einen Steuerbetrag nicht festzusetzen (sog. „Null-Fall"). 255

Eine durch Nichtabgabe einer Steuererklärung bewirkte Steuerhinterziehung liegt namentlich dann vor, wenn der Stpfl beim FA nicht geführt wird und sich durch das Unterlassen der Abgabe von Steuererklärungen der Besteuerung schlechthin entziehen will. Zum Zeitpunkt der Vollendung der Tat s. Rn. 57. Die häufigsten Fälle dieser Art sind Schwarzarbeiter (vgl. FG Münster 7.9.1966, DStZ/B 1967, 38) und ArbN mit Nebeneinkünften aus Vermietung und Verpachtung, insbes. Zimmervermietung an Studenten, Messebesucher, Kongressteilnehmer usw., oder aus selbstständiger Arbeit, die 410 EUR übersteigen (vgl. § 46 II Nr. 1 EStG), ferner Wandergewerbetreibende, Handelsvertreter ohne festen Wohnsitz oder mit häufig wechselndem Wohnsitz und Sortiment, fliegende Händler, Vermittler von Gelegenheitsgeschäften, Heilpraktiker (vgl. OLG Frankfurt 18.10.1961, NJW 1962, 974), Hellseher, Schausteller, Catcher, Vortragskünstler aller Art, Prostituierte (vgl. BFHGrS 23.6.1964, BStBl. III 500). Eine weitere Gruppe bilden diejenigen Kleingewerbetreibenden, die es bewusst auf eine Schätzung ihrer Umsätze und Gewinne nach § 162 AO ankommen lassen wollen und das Ergebnis dann, wenn die Schätzung zu niedrig ausgefallen ist, hinnehmen, oder aber, wenn sie zu hoch ausgefallen ist, den Steuerbescheid mit detaillierten Angaben anfechten (vgl. RG 21.7.1938, RStBl. 906; OLG Karlsruhe 5.3.1964, BB 1966, 1379). Weitere Beispiele aus der Rspr: BGH 15.11.1951 – 1 StR 159/51 und BGH 16.6.1954 – 3 StR 222/53, zit. bei *Lohmeyer* NJW 1954, 374; OLG Frankfurt 30.3.1960, NJW 1960, 1684; OLG Hamm 6.12.1962, BB 1963, 459. 256

257 **Die verspätete Abgabe einer Steuererklärung** steht einer Nichtabgabe grundsätzlich gleich; denn, vom Merkmal einer Verkürzung der Steuereinnahmen aus betrachtet, besteht nur ein gradueller Unterschied, ob nach dem Ablauf der Steuererklärungsfrist ein mehr oder minder langer Zeitraum vergeht, bis der Stpfl die Besteuerungsgrundlagen doch noch von sich aus erklärt oder ob sie inzwischen durch eine Anzeige oder durch amtliche Ermittlungen zur Kenntnis des FA kommen und dem FA ermöglichen, die gesetzlich geschuldete Steuer nachträglich festzusetzen. Unstreitig ist, dass auch eine vorübergehende Minderung der Steuereinnahmen eine Steuerverkürzung darstellt (Rn. 54 f.), eine unterschiedliche strafrechtliche Beurteilung kann sich jedoch aus folgenden Umständen ergeben.

258 **Hat die zuständige Finanzbehörde die gesetzliche Frist für die Abgabe einer Steuererklärung verlängert** (§ 109), handelt der Stpfl regelmäßig nicht rechtswidrig, wenn er die verlängerte Frist ausschöpft (s. auch Rn. 543). Dies gilt bei allgemeinen Fristverlängerungen ohne Einschränkung und ohne Rücksicht darauf, ob der einzelne Stpfl, der seine Steuererklärung bereits vor Ablauf der verlängerten Frist fertiggestellt hat, sie bis zum letzten Tag der Frist zurückhält, um die erklärungsgemäß zu erwartende Abschlusszahlung hinauszuzögern. Gleiches gilt grundsätzlich auch bei einer individuell gewährten Fristverlängerung. Steuerhinterziehung (durch Handeln) begeht jedoch, wer einen Antrag auf Fristverlängerung mit unwahren Behauptungen begründet hat und dann den Ablauf der erschlichenen Fristverlängerung abwartet, wenn es dadurch zu einer verspäteten Festsetzung kam.

dd) Unterlassene Berichtigung von Erklärungen (§ 153 AO)

Schrifttum: *Lohmeyer,* Zur Frage der Unzumutbarkeit im Steuerstrafrecht, NJW 1958, 1431; *Lohmeyer,* Die Pflicht zur Berichtigung einer Steuererklärung nach § 165e AO, WPg 1963, 442; *v. Witten,* Zur Strafbarkeit der Verletzung der Anzeigepflicht nach § 165e AO, NJW 1963, 567 mit Erwiderung von *Henke* NJW 1963, 1098; *Teichner,* Nacherklärungspflicht des Konkursverwalters im Besteuerungsverfahren?, NJW 1968, 688; *Lohmeyer,* Die Berichtigung von Erklärungen nach § 153 AO, DStZ 1978, 366; *Brenner,* Von der Strafbarkeit des steuerlichen Garanten, DRiZ 1981, 412; *Brenner,* Muß der Steuerberater die Steuererklärung berichtigen, wenn er zugunsten seines Mandanten Steuern verkürzt hat?, BB 1987, 1856; *H. Schuhmann,* Berichtigung von Erklärungen (§ 153 AO) und Selbstanzeige, wistra 1994, 45; *Dörn,* Steuerstraf- oder bußgeldrechtliche Verantwortlichkeit des Steuerpflichtigen oder/und des Steuerberaters?, StBp 1995, 25, 49; *Achenbach,* Der BGH zu den Strafbarkeitsrisiken des nachträglich bösgläubigen Steuerberaters, Stbg 1996, 299; *Dörn,* Vorwurf der Steuerhinterziehung (§ 370 AO) bei Delegation steuerlicher Pflichten, insbesondere bei Beantragung der Herabsetzung von Vorauszahlungen, DStZ 1996, 168; *Grunst,* Steuerhinterziehung durch Unterlassen, 1996; *Möller,* Die Berichtigungspflicht nach § 153 I AO und die strafrechtlichen Folgen einer Pflichtverletzung, 1996; *Joecks,* Berichtigungspflichten des nachträglich bösgläubigen Steuerberaters, Information StW 1997, 21; *Krekeler,* Straf- und bußgeldrechtliche Risiken des steuerlichen Beraters, StraFo 1997, 132; *Dörn,* Steuerstraf- oder bußgeldrechtliche Verantwortlichkeit des Steuerberaters, StB 1998, 157; *Vernekohl,* Berichtigungspflicht des Steuerberaters gem. § 153 AO, PStR 1998, 83; *Hoppe,* Steuerstraf- und bußgeldrechtliche Verantwortung des Steuerberaters, 2000; *Wulf,* Handeln und Unterlassen im Steuerstrafrecht, 2001; *Harms,* Steuerliche Beratung im Dunstkreis des Steuerstrafrechts, Stbg 2005, 12; *J. R. Müller,* Die Berichtigungserklärung nach § 153 AO, SteuerStud 2005, 141; *A. Müller,* Erblasser, Erbe und Steuerstraftat, AO-StB 2006, 239; *Ott,* Schwarzkonten im Erbfall, ErbStbg 2007, 245; *Rolletschke,* Neuere Entwicklung im Steuerstrafrecht, Stbg 2007, 367; *Schwedhelm,* Erben im Visier der Steuerfahndung, FR 2007, 937 mit Erwiderung *Gebhardt* FR 2008, 24; *Bülte,* Die neuere Rechtsprechung des BGH zur Strafbewehrung von § 153 AO, BB 2010, 607; *Weidemann,* Zur Anzeige- und Berichtigungspflicht nach § 153 AO, wistra 2010, 5; *Biesgen/Noel,* Die Berichtigung nach § 153 AO und der Nemo-tenetur-Grundsatz, SAM 2012, 182; siehe auch das Schrifttum vor Rn. 52 zu § 378.

259 **Wer nach Abgabe einer Steuererklärung erkennt,** dass seine Erklärung (zu Vorauszahlungsbescheiden *Dörn* DStZ 1996, 169) unrichtig oder unvollständig ist, unterliegt der besonderen Anzeigepflicht nach:

§ 153 AO Berichtigung von Erklärungen

(1) [1] Erkennt ein Steuerpflichtiger nachträglich vor Ablauf der Festsetzungsfrist,

1. dass eine von ihm oder für ihn abgegebene Erklärung unrichtig oder unvollständig ist und dass es dadurch zu einer Verkürzung von Steuern kommen kann oder bereits gekommen ist oder
2. dass eine durch Verwendung von Steuerzeichen oder Steuerstemplern zu entrichtende Steuer nicht in der richtigen Höhe entrichtet worden ist,

so ist er verpflichtet, dies unverzüglich anzuzeigen und die erforderliche Richtigstellung vorzunehmen. [2]Die Verpflichtung trifft auch den Gesamtrechtsnachfolger eines Steuerpflichtigen und die nach den §§ 34 und 35 für den Gesamtrechtsnachfolger oder den Steuerpflichtigen handelnden Personen.

(2), (3) … (s. Rn. 268)

Bereits vor Einführung des § 165e RAO hatte der GrS des RFH in einem Gutachten v. 4.12.1933 (RStBl. 1934, 24) ausgesprochen, dass derjenige, der eine unrichtige oder unvollständige Erklärung abgegeben habe, sie unverzüglich berichtigen oder ergänzen müsse, sobald er die Mängel erkenne, und zwar auch dann, wenn ihn kein Verschulden treffe. Gleichwohl war es dem Gesetzgeber ratsam erschienen, diese Grundsätze in § 165e I RAO gemäß § 28 Nr. 36 EGRealStG v. 1.12.1936 (RGBl. I 969) zu kodifizieren. Die Neufassung in § 153 I AO entspricht weitgehend § 165e I RAO; sie umreißt den Kreis der Erklärungspflichtigen jedoch präziser und bezieht die unrichtige Verwendung von Steuerzeichen und Steuerstemplern mit ein.

Nach § 153 I AO sind nur der Stpfl (§ 33 I), sein Gesamtrechtsnachfolger sowie die nach 260
§§ 34, 35 AO für beide handelnden Personen zur Berichtigung verpflichtet. Dagegen sind Steuerberater idR nicht berichtigungspflichtig (BGH 20.12.1995, wistra 1996, 184; *Möller* 1996, S. 192; Schwarz/Pahlke/*Dumke/Webel* 61 zu § 370 AO; *Achenbach* Stbg 1996, 299; *Joecks* Inf StW 1997, 21; *Dörn* StB 1998, 159; *Grunst* 1996, S. 117 ff.; *Harms* Stbg 2005, 13); gleiches gilt für Personen, die nach § 33 II AO sonst Auskünfte erteilt haben. Die Pflicht trifft nicht nur den, der selbst die unrichtige Erklärung abgegeben hat, sondern auch denjenigen, für den eine solche Erklärung abgegeben wurde. Die Abgabe einer förmlichen Steuererklärung ist nicht erforderlich. Für das Kindergeld trifft § 68 I EStG eine Sonderregelung.

Inhaltlich beschränkt sich die Anzeigepflicht für jeden von mehreren Beteiligten auf 261
diejenigen Fehler und Lücken, die er selbst verursacht hat; dabei sind Lücken nicht nur anzuzeigen, sondern durch Nacherklärung auszufüllen (arg. *„Richtigstellung"*). Indessen ist niemand verpflichtet, Fehler anzuzeigen, die dem FA bei der Veranlagung einer richtigen Steuererklärung unterlaufen sind (BFH 4.12.2012, BFHE 239, 495; *Möller* 1996, S. 126). Der Stpfl ist auch nicht verpflichtet, dem FA von sich aus Umstände anzuzeigen, die zu einer Erhöhung der Vorauszahlungen Veranlassung geben könnten; dies gilt selbst dann, wenn er zuvor durch seine (zutreffenden) Angaben zur zu niedrigen Festsetzung beigetragen hat (Blümich/*Stuhrmann* EStG § 37 Rn. 35).

Beruht die Unrichtigkeit der ursprünglichen Erklärung auf Leichtfertigkeit, 262
begründet § 153 I AO die Anzeigepflicht bei nachträglicher Erkenntnis der Unrichtigkeit auch dann, wenn die Steuer schon zu niedrig festgesetzt worden ist und das hierfür ursächliche Verhalten des Stpfl als leichtfertige Steuerverkürzung gemäß § 378 AO mit Geldbuße geahndet werden könnte. Noch vor dem 2. AOStrafÄndG hat der BGH im Urt. v. 1.11.1966 (DStZ/B 1967, 32) ausgeführt, dass das vorausgegangene Tun der leichtfertigen Steuerverkürzung nur geringes strafrechtliches Gewicht habe und es in solchen Fällen zumutbar sei, dass der nach § 165e I RAO Verpflichtete den Eintritt weiterer erheblicher Folgen seines Verhaltens selbst auf die Gefahr verhindere, sich dabei einer Strafverfolgung auszusetzen (ebenso vorher KG 27.12.1957 – 1 Ss 393/57, zit. bei *Lohmeyer* NJW 1958, 1431; OLG Hamm 12.1.1959, NJW 1959, 1504 mit zust. Anm. *Hartung* JZ 1960, 98; glA *Barske* DStZ 1958, 25; *Henke* NJW 1963, 1098; *Lohmeyer* ZfZ 1968, 301; *Suhr* 1977, S. 383; abw. *Berger* BB 1951, 304; aM *v. Witten* NJW 1963, 570). Die durch leichtfertiges Verschulden herbeigeführte Zwangslage des Stpfl sei vergleichbar mit der Lage nach einem selbst verschuldeten Verkehrsunfall (*Barske* DStZ 1958, 25), der die Pflicht nicht ausschließe, sich selbst der Feststellung seiner Person usw. zu stellen, wenn der Beteiligte den Vorwurf vorsätzlicher Entfernung vom Unfallort (§ 142 StGB) vermeiden will. Auch das mit Freiheitsstrafe bewehrte Fluchtverbot oder Mitwirkungsgebot des § 142 StGB sei mit dem GG vereinbar (BVerfG 29.5.1963, BVerfGE 16, 191, 193 f.). Überdies bestünde selbst die theoretische Möglichkeit der Festsetzung einer Geldbuße nach § 378 I, II AO im Anschluss an die Erfüllung der Anzeigepflicht des § 153 I AO nur dann, wenn die Voraussetzungen

des § 378 III AO ausnahmsweise nicht vorliegen (so 3. Aufl. Rn. 150). Diese Argumentation wird freilich dem aktuellen Stand der Diskussion um das nemo-tenetur-Prinzip nur bedingt gerecht. Richtig ist, dass von einer Zwangssituation nicht gesprochen werden kann, wenn mit der Berichtigungserklärung iS des § 153 I AO zugleich eine bußgeldbefreiende Selbstanzeige iS des § 378 III AO gegeben ist. In vielen Fällen ist aber zugleich einer der Gefährdungstatbestände der §§ 379 ff. AO erfüllt (*Möller* 1995, S. 137 ff.). Angemessen erscheint es, in diesen Fällen zwar von einem Bestehen der Pflicht iS des § 153 I AO auszugehen, daran aber zwingend die Einstellung des Bußgeldverfahrens gemäß § 47 OWiG zu knüpfen (*Möller* 1996, S. 146 ff.; s. aber auch KG 7.5.1992, wistra 1994, 36, 37; *Dörn* wistra 1995, 7), wenn man nicht ohnehin ein Beweisverwendungsverbot annehmen will.

263 Ob die Berichtigungspflicht besteht, wenn der Steuerpflichtige die Fehlerhaftigkeit seiner Erklärung im Zeitpunkt ihrer Abgabe zwar noch nicht positiv kannte, jedoch diese Möglichkeit und ihre Folgen von vornherein im Sinne des bedingten Vorsatzes in Kauf genommen hatte, ist zweifelhaft (vgl. etwa OLG Hamm 12.1.1959, NJW 1959, 1504; *Witten* NJW 1963, 567). Dagegen spricht, dass dann der mit sicherem Wissen handelnde Täter besser behandelt wird als der mit dolos eventualis (vgl. Voraufl. Rn. 182 zu § 370). Dennoch will der erste Strafsenat des BGH eine Berichtigungspflicht auch nach bedingt vorsätzlicher Steuerhinterziehung annehmen (BGH 17.3.2009, BGHSt 53, 210). Die sich daraus ergebende strafbewehrte Pflicht sei erst suspendiert, wenn für den konkreten Zeitraum die Bekanntgabe des Steuerstrafverfahrens erfolgt sei (vgl. auch BGH 26.4.2001, BGHSt 47, 8). Die Entscheidung mag mit dem Wortlaut des § 153 I AO vereinbar sein (*Bülte* BB 2009, 607), ist zu Recht aber überwiegend auf Ablehnung gestoßen (vgl. Kohlmann/*Ransiek* 337 zu § 370; *Schützeberg* BB 2009, 190; *Weidemann* wistra 2010, 5; siehe auch FT-*Flore* 174 ff. zu § 370; *Rolletschke/Burkard* DStZ 2011, 627). Entgegen der Annahme des 1. Strafsenats macht diese Rechtsprechung den Tatbestand der Steuerhinterziehung partiell zu einem Delikt, indem nicht nur das Erwirken eines unrichtigen Steuerbescheids unter Strafe gestellt ist, sondern auch die Nichtbeseitigung dieses Bescheids (vgl. schon *v. Witten* NJW 1963, 567). Da die Berichtigungspflicht erst mit dem Eintritt der steuerlichen Verjährung endet, verschiebt sich auch die strafrechtliche Verjährung deutlich nach hinten, wenn man nicht annimmt, dass nach dem Erkennen der Unrichtigkeit ein fiktiver Veranlagungszeitpunkt für die Änderungsbescheide auch zum Beginn einer neuen fünf- oder zehnjährigen Verfolgungsjährungsfrist führt. Dabei ist noch zu klären, ob die Berichtigungspflicht an die reguläre Festsetzungsfrist anknüpft oder etwa § 169 II 2 Anwendung findet. Da die Festsetzungsfrist nicht abläuft, bevor die strafrechtliche Verjährungsfrist geendet hat (§ 171 VII), könnte die Verjährung unendlich hinausgeschoben sein. Selbst wenn § 171 VII nicht einschlägig ist, kommt es zu einer Verlängerung der Verjährungsfrist um bis zu fünf oder zehn Jahren, wenn das „Erkennen" erst kurz vor Ablauf der regulären erfolgt, mit der Konsequenz, dass die Festsetzungsfrist ebenfalls nicht abläuft.

264 Dabei erkennt der BGH, dass sich der Täter einem Zwang zur Selbstbelastung ausgesetzt sehen mag, meint aber, der Täter könne regelmäßig durch eine Selbstanzeige Sanktionsfreiheit erlangen (BGH 17.3.2009, BGHSt 53, 210 Rn. 26). Sollte dies einmal nicht möglich sein, weil einer der Sperrgründe des § 371 II vorliege, könne dem durch ein Beweisverwertungs- oder -verwendungsverbot Rechnung getragen werden (BGH 17.3.2009. BGHSt 53, 210 Rn. 27). Sei eine wirksame Selbstanzeige nicht möglich, weil der Steuerpflichtige nicht in der Lage sei, die verkürzten Steuern innerhalb der ihm gesetzten angemessenen Frist nachzuentrichten, komme eine Suspendierung der strafbewehrten Erklärungspflicht nicht in Betracht, wenn der Täter bei fristgemäßer Erfüllung seiner Erklärungspflichten in der Lage gewesen wäre, die Beträge zu bezahlen (BGH 17.3.2009. BGHSt 53, 210 Rn. 29). Dass damit auch wiederum ein Beweisverwertungs- oder -verwendungsverbot eingriffe, wird nicht gesagt, liegt aber eigentlich in der Natur der Sache (vgl. *Schwartz* wistra 2011, 81).

Unverzüglich, also ohne schuldhaftes Zögern, muss die Anzeige nach § 153 I AO erstattet werden. Schuldhaft ist das Verzögern der Anzeige nur solange nicht, wie der Anzeigepflichtige bei bestem Willen nicht in der Lage war, seine Erkenntnis der FinB mitzuteilen. Die ihm zur Verfügung stehende Zeitspanne hängt von den Umständen des Einzelfalles ab, namentlich davon, ob eine Korrektur des Fehlers komplizierte Berechnungen erfordert oder ob die einfache Mitteilung einer einzelnen Tatsache dem Zweck der Anzeige genügt. Nimmt sich der Stpfl unangemessen lange Zeit, kann die verspätete Nacherklärung unter den Voraussetzungen des § 371 II AO noch als rechtzeitige Selbstanzeige wirken und bei bereits eingetretener Steuerverkürzung unter der Voraussetzung des § 371 III AO zur Straffreiheit führen. Überdies ist es in diesen Fällen regelmäßig nur zum Versuch gekommen (Rn. 266). 265

Wer die Anzeigepflicht nach § 153 I AO nicht erfüllt, nachdem er die Unrichtigkeit seiner vorausgegangenen (unverschuldet, fahrlässig oder leichtfertig oder bedingt vorsätzlich [Rn. 263] unrichtigen) Erklärung erkannt hat, macht sich der Steuerhinterziehung schuldig (so schon RFH 47, 204), falls das Unterlassen *„mit dem Vorsatz erfolgt, dadurch weiterhin Steuereinnahmen zu verkürzen"* (so BayObLG 24.8.1961 – RReg. 4 St 205/61 im Anschluss an OLG Hamm 12.1.1959, NJW 1959, 1504; stRspr, vgl. zuletzt BGH 1.11.1966, DStZ/B 1967, 32; grundsätzlich aM nur *v. Witten* NJW 1963, 570). Ob diese Unterlassenstat auch vollendet ist, hängt davon ab, wie spät nach dem „Erkennen" die Tat entdeckt wird. Insobesondere bei einer bloß verzögerlichen Erstattung der Anzeige wird es regelmäßig an einer (fiktiven) Steuerfestsetzung mangeln. Eine leichtfertige Steuerverkürzung durch Unterlassen der Anzeige nach einer vorausgegangenen (unverschuldet oder leicht fahrlässig) unrichtigen Erklärung ist ausgeschlossen, da § 153 I AO die Erkenntnis der Unrichtigkeit voraussetzt. Ein nachträgliches Nichterkennen der Unrichtigkeit genügt auch dann nicht, wenn die mangelnde Erkenntnis auf grober Fahrlässigkeit beruht (im Ergebnis ebenso, aber mit abw. Begründung *v. Witten* NJW 1963, 570; *Lohmeyer* ZfZ 1968, 301). 266

Die Berichtigungspflicht besteht auch dann, wenn es bereits zu einer Steuerfestsetzung gekommen ist, solange die Festsetzungsfrist (§ 169 II) noch nicht abgelaufen ist. Zweifelhaft ist aber, ob dies auch strafrechtlich durchschlägt. Zu dem Zeitpunkt des Erkennens der Unrichtigkeit der Erklärung ist ein Verkürzungserfolg erst einmal eingetreten, eine Vertiefung ist insofern nicht mehr möglich (*Schmitz* wistra 1993, 248; *Möller* 1996, S. 176). Ob man hieraus den Schluss ziehen kann, in solchen Konstellationen sei eine Steuerhinterziehung schlechthin nicht mehr denkbar (vgl. *Samson* wistra 1990, 247; *Möller* 1996, S. 172 ff.), erscheint jedoch zweifelhaft. Richtig ist, dass das Gesetz in § 370 IV 2 AO bei den Steuervorteilen das Gewähren und das Belassen gleichstellt, während es bei der Steuerverkürzung nur die unrichtige Festsetzung der Steuer, nicht aber das Bestehenlassen des unrichtigen Bescheides ausdrücklich erfasst (*Samson* wistra 1990, 247). Konsequenz ist jedenfalls, dass für die Frage, ob in den Fällen der Nichtberichtigung eine Verkürzung eingetreten ist, nicht allein ein Vergleich zwischen Ist- und Sollsteuer anzustellen ist, sondern sich eine Verkürzung nur nach den Regeln ergeben kann, wie sie etwa auch sonst bei Steuerverkürzungen außerhalb des Festsetzungsverfahrens, etwa im Beitreibungsverfahren, gelten (Rn. 481 ff. und *Grunst* 1996, 94 ff.). Es erfolgt also keine bloße Anknüpfung an den nominal verkürzten Betrag; nötig ist die Ermittlung und Bezifferung des dem Fiskus durch die Untätigkeit entstandenen Schaden. 267

ee) Zweckwidrige Verwendung steuerbegünstigter Sachen

Schrifttum: *Lenkewitz,* Zollgut in der Zollgutverwendung und die Pflicht zur vorherigen Anzeige seiner nichtzweckgerechten Verwendung nach § 165e Abs. 2 (§ 396 Abs. 2) der Abgabenordnung, ZfZ 1964, 321; *Samson,* Die Zweckentfremdung (§ 392 Abs. 2 AO), GA 1970, 321; *Lenkewitz,* Gedanken und Überlegungen zu den zweckgebundenen Zollbegünstigungen und zur Sicherung der Zollerhebung bei zweckwidriger Verwendung, ZfZ 1971, 292; *Tiedemann,* Der Versuch der Zweckentfremdung im Steuerstrafrecht, JR 1973, 412; *Columbus,* Zur Problematik des Übergangs der bedingten Mineralölsteuerschuld beim Handel mit steuerbegünstigtem Mineralöl, insbesondere im Heizölstreckengeschäft, ZfZ 1982, 262.

268 Gemäß § 392 II RAO beging auch Steuerhinterziehung, *„wer Sachen, für die ihm Steuerbefreiung oder Steuervorteile gewährt sind, zu einem Zweck verwendet, der der Steuerbefreiung oder dem Steuervorteil, die er erlangt hat, nicht entspricht, und es zum eigenen Vorteil oder zum Vorteil eines anderen unterläßt, dies dem Finanzamt vorher rechtzeitig anzuzeigen"*. Dieser oder ein ähnlicher Tatbestand ist in § 370 AO nicht mehr enthalten. Die sog. „Zweckentfremdung" konnte seit dem 1.1.1977 nur noch durch den allgemeinen Tatbestand der Steuerhinterziehung in § 370 I AO erfasst werden. In Betracht kam hier der Tatbestand der Steuerhinterziehung durch Unterlassen in § 370 I Nr. 2 AO iVm § 153 II, III AO.

§ 153 AO Berichtigung von Erklärungen

(1) … (s. Rn. 259)

(2) Die Anzeigepflicht besteht ferner, wenn die Voraussetzungen für eine Steuerbefreiung, Steuerermäßigung oder sonstige Steuervergünstigung nachträglich ganz oder teilweise wegfallen.

(3) Wer Waren, für die eine Steuervergünstigung unter einer Bedingung gewährt worden ist, in einer Weise verwenden will, die der Bedingung nicht entspricht, hat dies vorher der Finanzbehörde anzuzeigen.

269 Der Anwendungsbereich von § 153 III AO lag im Bereich der **Zölle und Verbrauchsteuern.** Für das Zollrecht gilt die allgemeine Anzeigepflicht des § 153 III AO jedoch nicht mehr. Die Vorschrift ist durch den gemeinschaftsweit geltenden Zollkodex samt ZK-DVO überlagert (vgl. §§ 82 I, 89 I ZK und Kohlmann/*Ransiek* 355 zu § 370). Für die Verbrauchsteuern gilt im Grundsatz

§ 50 AO Erlöschen und Unbedingtwerden der Verbrauchsteuer, Übergang der bedingten Verbrauchsteuerschuld

(1) Werden nach den Verbrauchsteuergesetzen Steuervergünstigungen unter der Bedingung gewährt, dass verbrauchsteuerpflichtige Waren einer besonderen Zweckbestimmung zugeführt werden, so erlischt die Steuer nach Maßgabe der Vergünstigung ganz oder teilweise, wenn die Bedingung eintritt oder wenn die Waren untergehen, ohne dass vorher die Steuer unbedingt geworden ist.

(2) …

(3) Die Steuer wird unbedingt,

1. wenn die Waren entgegen der vorgesehenen Zweckbestimmung verwendet werden oder ihr nicht mehr zugeführt werden können. [2]Kann der Verbleib der Waren nicht festgestellt werden, so gelten sie als nicht der vorgesehenen Zweckbestimmung zugeführt, wenn der Begünstigte nicht nachweist, dass sie ihr zugeführt worden sind,
2. in sonstigen gesetzlich bestimmten Fällen.

270 Die Bedeutung der Bestimmung wurde aber durch das Verbrauchsteuer-Binnenmarktgesetz vom 21.12.1992 (BGBl. I 2150) praktisch auf Null reduziert, da die Verbrauchsteuergesetze nach ihrer Neufassung zum 1.1.1993 auf die Konstruktion bedingt entstandener Verbrauchsteuern verzichten (TK-*Drüen* 1 zu § 50 AO). Die Norm bleibt anwendbar auf Verbrauchsteuern, die vor dem 1.1.1993 entstanden sind (TK-*Drüen* 2 zu § 50 AO) und spielt insofern steuerstrafrechtlich praktisch keine Rolle mehr. Soweit erwogen wurde, die Vorschrift als Auffangtatbestand für Fälle einzusetzen, die in den Verbrauchsteuergesetzen nicht abschließend geregelt sind (vgl. Schwarz/Pahlke/*Wöhner* 2 zu § 50 AO), hat sich dies durch entsprechende Verweisungen auf § 50 AO erledigt (TK-*Drüen* 2 zu § 50 AO). Eine bedingte Steuerschuld als solche gibt es ohnehin nicht mehr (Kohlmann/*Ransiek* 357 zu § 370). In der Bundesrepublik Deutschland existieren Verbrauchsteuergesetze für Mineralöl (EnergieStG, früher MinöStG), Erdgas (EnergieStG) Strom (StromStG), Tabak (TabStG), Branntwein (BranntwMonG), Bier (BierStG), Schaumwein (SchaumwZwStG), Kaffee (KaffeeStG), Alkopops (AlkopopStG) und Wein (für den der Steuersatz allerdings „Null" beträgt). Pflichten zur Anzeige ergeben sich heute jeweils aus den Verbrauchsteuergesetzen (vgl. zB § 15 IV 3 BierStG, 143 IV 3 BranntwMonG, § 30 II 2 EnergieStG, § 8 I TabStG). Erledigt hat sich hiermit auch der Streit, ob die Pflicht zur vorherigen Anzeige nach § 153 III AO überhaupt Relevanz für den Tatbestand der Steuerhinterziehung hat (vgl. 5. Aufl. 189 ff. zu § 370).

Mineralöl kann gemäß § 2 I Nr. 5. 2 EnergieStG zu Heizzwecken und gemäß § 2 II Nr. 5 EnergieStG zum Antrieb von begünstigten Anlagen (§ 3 EnergieStG) steuerbegünstigt verwendet werden. Der Normalsteuersatz entsteht, wenn das Mineralöl zu einem anderen als dem steuerbegünstigten Zweck verwendet wird (§ 20 I EnergieStG). Steuerlich erheblich ist hier die zweckwidrige Verwendung selbst, so dass eine Steuerhinterziehung gemäß § 370 I Nr. 2 AO nicht dadurch begangen werden kann, dass die Absicht zweckwidriger Verwendung nicht angezeigt wird. Da gemäß §§ 20 IV 3, 21 II 4 EnergieStG der Steuerschuldner die zweckwidrige Verwendung (und nicht die darauf bezogene Absicht) unverzüglich anzuzeigen hat, wird eine Steuerhinterziehung durch Unterlassen erst durch Verletzung dieser Pflicht, nicht schon durch die zweckwidrige Verwendung des Mineralöls begangen. Soweit Speiseöl aus dem Supermarkt „verdieselt" wird, was bei einigen Fahrzeugen nach geringfügigen Umbauten möglich sein soll, ist ebenfalls nicht auf die „originelle" Verwendung, sondern auf die Verletzung der Pflicht zur Mitteilung abzustellen (vgl. auch FG Hamburg 27.11.2012, PStR 2013, 120). 271

Ist die **vorübergehende Verwendung persönlicher Gebrauchsgegenstände von Reisenden** gemäß Art. 684 ZK-DVO bewilligt (zu Missbräuchen von Beförderungsmitteln vgl. *Bender/Möller/Retemeyer* C 176), und werden diese Gegenstände etwa veräußert, ist hiervon den Zollbehörden gemäß Art. 87 II ZK Mitteilung zu machen und nach Art. 705 I, 740 ZK-DVO eine Zollanmeldung abzugeben. Auch hier geht es nicht mehr um die Verletzung einer vorherigen Mitteilungspflicht iS des § 153 III AO, sondern darum, dass der Täter nunmehr die FinB über steuerlich erhebliche Tatsachen pflichtwidrig in Unkenntnis lässt (vgl. *Bender/Möller/Retemeyer* C 176, auch zur Entstehung der Zollschuld in Fällen von Diebstählen, Art. 203 ZK). 272

Die Pflicht zur vorherigen Anzeige nach § 153 III AO ist demnach für den Tatbestand der Steuerhinterziehung in seiner jetzigen Fassung und wegen der Änderung der blankettausfüllenden Gesetze praktisch bedeutungslos geworden. Allerdings mag die Verletzung der Anzeigepflicht Auswirkungen auf die steuerrechtliche Haftung haben, zB nach § 69 AO. 273

5. Steuerhinterziehung durch Nichtverwenden von Steuerzeichen und Steuerstemplern (§ 370 I Nr. 3 AO)

Hat der Stpfl eine Steuer ohne Mitwirkung der FinB durch Verwenden von Steuerzeichen oder Steuerstemplern zu entrichten, macht er sich der Steuerhinterziehung schuldig, wenn er es in Kenntnis der Steuerpflicht willentlich unterlässt, die Steuerzeichen vorschriftsmäßig zu verwenden, vgl. BGH 25.9.1959, ZfZ 1960, 112 für die Hinterziehung der TabSt durch Abgabe von Zigaretten zu Überpreisen ohne Verwendung von Steuerzuschlagzeichen (§ 17 TabStG). Über das Zusammentreffen der Steuerhinterziehung mit Steuerzeichenvergehen s. Rn. 180 zu § 369. 274

6. Beziehung zwischen Verhalten und Erfolg

Bei § 392 RAO war streitig, welche Beziehung zwischen dem Verhalten des Täters und dem Erfolg der Steuerverkürzung bzw. der Erlangung nicht gerechtfertigter Steuervorteile bestehen müsse. Während Einigkeit darüber bestand, dass das Täterverhalten den tatbestandsmäßigen Erfolg wenigstens mitverursacht haben musste, wurde darüber gestritten, ob zur Kausalität noch ein weiteres Element hinzukommen müsse. Eine vereinzelt vertretene Meinung forderte als ein derartiges zusätzliches Element den Irrtum des zuständigen Beamten (*Schleeh* BB 1970, 1536; FR 1971, 118 ff.; BB 1972, 532). Demgegenüber war die hM der Auffassung, dies sei jedenfalls nicht iS einer konkreten Fehlvorstellung erforderlich, es genüge vielmehr die Unkenntnis des Beamten (so zB BGH 24.4.1952, DStR 1952, 445; BGH 24.9.1953, NJW 1953, 1841; BGH 20.12.1954, ZfZ 1955, 282; BGH 1.3.1956, BStBl. I 41; BGH 18.11.1960, ZfZ 1961, 268). Der BGH (19.10.1999, wistra 2000, 63 mit Anm. *Carlé* wistra 2000, 99) hält die Kenntnis grundsätzlich für 275 irrelevant, ließ aber zunächst offen, wie zu entscheiden wäre, wenn der FinB die richtigen Daten des Stpfl positiv bekannt sind (aaO S. 64); siehe auch BGH 21.10.1997, wistra 1998, 64; Schwarz/Pahlke/*Dumke/Webel* 74 zu § 370 AO. Der BFH (28.4.1998, BStBl. II 458 m. Anm. *Rößler* DStZ 1998, 871) ging zunächst davon aus, auch ein zuständiger Finanzbeamter könne Steuerhinterziehung durch zu niedrige Festsetzung begehen. Vorauszusetzen sei aber eine Kollusion zwischen dem Beamten und dem begünstigten Stpfl. Später verzichtete der BFH gänzlich auf irgendeinen Irrtum oder eine Kollusion und bejahte die Strafbarkeit des Sachbearbeiters eines FA auch für den Fall, dass er ohne Kenntnisnahme anderer Bediensteter die Erstattung von Vorsteuern bewirkt (BFH 25.10.2005, wistra 2006, 113). Insofern trete in beiden Fällen der Tatbestand der Steuerhinterziehung neben den der Untreue. In beiden Fällen war aber auch evident, dass es darum ging, die steuerrechtlichen Folgen der Steuerhinterziehung nutzbar zu machen (Haftung nach § 71). Der 5. Strafsenat (BGH 6.6.2007, wistra 2007, 388) ist dem für den Fall des „untreuen" Finanzbeamten gefolgt. Die Veranlagung fiktiver Personen sei niemandem innerhalb der Finanzverwaltung zugewiesen. Somit habe der Angeklagte jedenfalls außerhalb seines Zuständigkeitsbereichs gehandelt und seine Kenntnis vom möglichen Sachverhalt stehe einer Tatbestandsverwirklichung nicht entgegen (BGH 6.6.2007, wistra 2007, 388, 390; vgl. Rn. 280). Das Argument des BGH, schon aus 370 III 2 Nr. 2 und 3 AO ergebe sich, dass es auf die Unkenntnis eines Finanzbeamten nicht ankommen könne (vgl. BGH 14.12.2010, wistra 2011, 186; BGH 21.11.2012, wistra 2013, 107), überzeugt nicht (ebenso *Weidemann* wistra 2013, 469). Der Täter muss *dadurch* Steuern verkürzen, dass er täuscht oder pflichtwidrig in Unkenntnis lässt. Wer unmittelbar mechanisch Daten eingibt, täuscht allenfalls einen Computer.

276 **Für die Neufassung** des Tatbestandes in § 370 AO verschärft sich das Problem dadurch, dass § 370 IV 1 AO die Steuerfestsetzung und die Steueranmeldung gleichstellt. Setzt der Erfolg bei den Veranlagungsteuern wenigstens noch eine Reaktion der FinB in Form einer Steuerfestsetzung bzw. ihrer Unterlassung voraus, so dass hier Kausalität zwischen Täterverhalten und Verhalten der FinB erforderlich ist, so scheint bei den Fälligkeitsteuern auch dieses Merkmal überflüssig zu sein, da die vom Täter vorgenommene Steueranmeldung ohne jede Reaktion der FinB den Erfolgseintritt bewirkt (Rn. 279).

277 **Für den Fall der Steuerhinterziehung durch Unterlassen** setzt § 370 I Nr. 2 AO jedoch schon nach seinem Wortlaut voraus, dass der Täter die „Unkenntnis" der FinB nicht beseitigt. Das bedeutet für die Veranlagungsteuern folgendes: Hat die FinB die für die Steuerfestsetzung erforderlichen Kenntnisse – zB auf Grund einer Kontrollmitteilung – selbst, kann die Unterlassung der Aufklärung durch den Täter den objektiven Tatbestand nicht erfüllen. Weiß der Täter nichts von der Kenntnis der FinB, begeht er einen Versuch. Das gilt selbst dann, wenn die Behörde trotz ihrer Kenntnis und nur wegen der unterlassenen Erklärung des Täters eine zu niedrige oder gar keine Steuerfestsetzung vornimmt. Dasselbe muss auch gelten, wenn die FinB in der Lage ist, eine zutreffende oder höhere und rechtzeitige Schätzung nach § 162 AO vorzunehmen, da unter Unkenntnis in § 370 I Nr. 2 AO nur das Fehlen derjenigen Informationen verstanden werden kann, die zur Steuerfestsetzung erforderlich sind. Wenn die Steuerverkürzung bei rechtzeitiger und zutreffender (oder höherer) Schätzung nicht eintritt (HHSp-*Hellmann* 94 f. zu § 370 AO; OLG Celle 10.12.1964, MDR 1965, 504), muss die Unkenntnis als Bindeglied zwischen dem Unterlassen des Täters und dem steuerverkürzenden Erfolg bereits wegfallen, wenn die FinB soviel Kenntnisse besitzt, dass sie wenigstens zutreffend und rechtzeitig schätzen kann. Unterbleibt die an sich mögliche Schätzung, liegt nur ein Versuch vor, sofern der Täter glaubte, die Behörde sei zur Schätzung nicht in der Lage.

278 Nicht anders ist die Lage bei den **Fälligkeitsteuern mit Steueranmeldung.** Freilich bereitet die verunglückte Gesetzesfassung hier Schwierigkeiten in der Konstruktion (krit. auch *Schleeh* StW 1972, 313). Unterlässt der Täter pflichtwidrig die Steueranmeldung, dann kann nicht gut davon gesprochen werden, er habe die FinB durch die Unterlassung der Steueranmeldung in Unkenntnis gehalten und dadurch die Steuerverkürzung in Form des Ausbleibens einer Steueranmeldung bewirkt. Das pflichtwidrige Verhalten (Nichtabgabe

der Steueranmeldung) ist identisch mit dem steuerverkürzenden Erfolg (Fehlen einer Steueranmeldung), daher kann jenes nicht diesen verursacht haben. Da aber § 370 I Nr. 2 iVm V Halbs. 2 AO auch voraussetzt, dass der Täter die FinB in Unkenntnis lässt, ist auch für diese Tatbestandsvariante erforderlich, dass die FinB nicht diejenige Information besitzt, die sie zur eigenen Steuerfestsetzung befähigen würde.

Dasselbe gilt für die **Steuerverkürzung durch Handeln** nach § 370 I Nr. 1 AO. Zwar 279 setzt der Tatbestand hier nur voraus, dass der Täter unrichtige oder unvollständige Angaben macht. Von einem Irrtum der FinB ist nicht die Rede (*Schleeh* StW 1972, 311). Dennoch ist auch hier wenigstens die Unkenntnis der FinB vom wahren Sachverhalt zu verlangen (im Ergebnis ebenso Kohlmann/*Ransiek* 575 zu § 370; SP-*Peters* Rn. 10.60). Verzichtete man darauf und ließe die Täuschungshandlung des Täters und die dadurch verursachte unrichtige Steuerfestsetzung auch dann genügen, wenn die Behörde die unrichtige Festsetzung in Kenntnis des wahren Sachverhalts vornähme, ergäben sich unerträgliche Spannungen zwischen § 370 I Nr. 1 und Nr. 2 AO (vgl. *Lütt* 1988, S. 62 ff.; *Wulf* 2001, S. 54). Je nachdem nämlich, ob man das Täterverhalten als das „Machen unvollständiger Angaben" oder das teilweise „Unterlassen zutreffender Angaben" interpretierte, käme dem Täter einmal die anderweit erlangte Kenntnis der Behörde zugute, ein anderes Mal jedoch nicht. Die Steuerverkürzung durch Handeln setzt demnach bei den Veranlagungsteuern voraus, dass die FinB die Steuerfestsetzung nicht, nicht in zutreffender Höhe oder nicht rechtzeitig vornimmt, weil sie wegen der unrichtigen oder unvollständigen Angaben des Täters zu einer zutreffenden und rechtzeitigen Festsetzung nicht in der Lage ist (ebenso *Schleeh* aaO). Besteht die Möglichkeit einer zutreffenden oder höheren und rechtzeitigen Schätzung, dann fehlt ebenfalls der erforderliche Zusammenhang von Täterhandeln und Erfolgseintritt. Ebenso wie beim Unterlassen setzt die Steuerverkürzung durch Handeln auch bei den Veranlagungsteuern voraus, dass die FinB wegen des Täterverhaltens zur eigenen Steuerfestsetzung nicht in der Lage ist.

Nur bei dieser Interpretation des Tatbestandes lässt sich der Gefahr (s. oben Rn. 59) 280 begegnen, dass aus dem Tatbestand der Steuerhinterziehung ein abstraktes Gefährdungsdelikt wird, das die fiskalischen Interessen des Staates nur noch sehr mittelbar dadurch schützt, dass es den bloßen Ungehorsam des Bürgers erfasst. Erst durch die Einfügung des Merkmals der Unkenntnis der FinB wird § 370 I Nr. 1 AO auf die Vermögensbeschädigung und die konkrete Vermögensgefährdung begrenzt. Wenn der BGH (19.10.1999, wistra 2000, 64; siehe auch *Wulf* 2001, S. 165 ff.) dem entgegenhält, § 370 III Nr. 2 und 3 AO sprächen gegen eine solche Lösung, überzeugt dies nicht. Bezeichnenderweise hatte der Täter in der in Bezug genommenen Entscheidung des Senats v. 21.10.1997 (wistra 1998, 64) gar nicht die Letztentscheidung getroffen. Im Übrigen handelt es sich um ein obiter dictum, da in dem zu entscheidenden Fall allenfalls ein Anfangsverdacht, nicht jedoch positive Kenntnis in Rede stand. Bei zuständigen Amtsträgern hat es mit der Strafbarkeit wegen Untreue (§ 266 StGB) sein Bewenden. Dass es dann an einer Tat iS der §§ 71, 169 II 2, 173 II AO mangelt, ändert hieran nichts. Ist der Amtsträger nicht zuständig, weil es keine Zuständigkeit für erfundene Steuererstattungen gibt (BGH 6.6.2007, wistra 2007, 388, 390), mag man § 370 I AO für anwendbar halten.

Offenbar ist der BGH aber nicht damit zufrieden, in solchen Fällen (lediglich) einen 281 strafbaren Versuch zu sehen: Eine Strafbarkeit wegen vollendeter Steuerhinterziehung gemäß § 370 I Nr. 1 AO aufgrund unrichtiger oder unvollständiger Angaben entfällt nach seiner Auffassung nicht deshalb, weil den zuständigen Finanzbehörden alle für die Steuerfestsetzung bedeutsamen Tatsachen bekannt waren und zudem sämtliche Beweismittel (§ 90 AO) bekannt und verfügbar waren (BGH 14.12.2010, wistra 2011, 186).

Konsequent steht einer vollendeten Steuerhinterziehung dann erst recht nicht entgegen, 282 dass Finanzbehörden zwar einen Tatverdacht hatten, gleichwohl aber aus ermittlungstaktischen Gründen, um den Erfolg äußerst umfangreicher Ermittlungen zur Aufdeckung und Zerschlagung eines groß angelegten Umsatzsteuerhinterziehungssystems nicht zu gefährden, Steuervergütungen gemäß § 168 S. 2 AO zugestimmt haben. Denn Straftäter haben keinen

Anspruch darauf, dass die Finanz- oder Ermittlungsbehörden so rechtzeitig gegen sie einschreiten, dass der Eintritt des Taterfolgs verhindert wird (BGH 21.11.2012, wistra 2013, 107).

283–290 *einstweilen frei*

7. Besonderheiten bei Besitz- und Verkehrsteuern

a) Lohnsteuer

Schrifttum: *Lohmeyer,* Die Strafbarkeit von Lohnsteuervergehen, NJW 1957, 980; *Leise,* Zur Strafbarkeit des Arbeitgebers bei verspäteter Lohnsteuer-Anmeldung und Abführung, Anm. zu OLG Frankfurt, BlStA 1965, 212; *Hoffmann,* Zur Steuerberechnung bei Lohnsteuerdelikten, DStR 1967, 205; *Henneberg,* Anmerkungen zur Verteidigung bei Lohnsteuerverkürzungen, DStR 1980, 63; *Pfaff,* Lohnsteuer-Zuwiderhandlungen, StBp 1983, 9ff; *Meine,* Die Schätzung der Lohnsteuer und der Sozialversicherungsbeiträge in Lohnsteuer- und Beitragsverkürzungsfällen, wistra 1985, 100; *Klaubert,* Rechtliche Stellung des Arbeitgebers beim Lohnsteuerabzug, Diss. Bochum 1988; *Rauch,* Zur Bemessungsgrundlage von Lohnsteuern und Beiträgen zur Gesamtsozialversicherung bei Schwarzlohn, DStZ 1990, 375; *Meine,* Die Berechnung der Lohnsteuer und der Sozialversicherungsbeiträge in Lohnsteuer- und Beitragsverkürzungsfällen, wistra 1991, 205; *Flore/Buhmann,* Ermittlungsverfahren gegen Sportvereine wegen Abgabe unrichtiger LSt-Anmeldungen, PStR 1999, 208; *Gehm,* Der praktische Fall – Steuerstrafrechtliche Klausur – Ärger mit dem Finanzamt, JuS 2001, 1214; *I. M. Meyer,* Steuer(straf)rechtliche Verantwortlichkeit und Haftung des GmbH-Geschäftsführers, PStR 2003, 185; *Spatscheck/Ehnert,* Hinterziehungsgefahr bei Mitarbeiterbeteiligungsmodellen, PStR 2003, 273; *Thum/Selzer,* Die Strafbarkeit des Arbeitgebers bei illegaler Beschäftigung im Lichte der neuen Rechtsprechung des BGH, wistra 2011, 290; *Wulf,* Zum Steuerschaden bei der Lohnsteuerverkürzung, Stbg 2012, 266.

291 **Lohnsteuer ist die Einkommensteuer der Arbeitnehmer** für Einkünfte aus nichtselbstständiger Arbeit (§ 19 EStG), die gemäß § 38 I EStG durch Steuerabzug vom Arbeitslohn erhoben wird. Steuerschuldner ist der Arbeitnehmer; der Arbeitgeber haftet für die Einbehaltung und Abführung der Lohnsteuer (§ 38 III EStG), soweit es sich nicht um eine *„eigene"* Lohnsteuer handelt. Arbeitnehmer ist, wer aus einem gegenwärtigen oder früheren Dienstverhältnis Arbeitslohn bezieht (§ 1 I LStDV). In einem Dienstverhältnis steht, wer dem Arbeitgeber seine Arbeitskraft schuldet (§ 1 II LStDV; BFH 24.11.1961, BStBl. II 1962, 37). Arbeitslohn sind alle (einmaligen oder laufenden) Einnahmen (§ 8 EStG), die dem Arbeitnehmer aus seinem Dienstverhältnis zufließen – gleichgültig, ob ein Rechtsanspruch besteht, unter welcher Bezeichnung oder in welcher Form die Einnahmen gewährt werden. Die Lohnsteuer bemisst sich in der Höhe, dass sie der Einkommensteuer entspricht, die der Arbeitnehmer schuldet, wenn er nur Einkünfte aus nichtselbstständiger Arbeit erzielt (§ 38a II EStG). Bei der Ermittlung der Lohnsteuer werden die Besteuerungsgrundlagen des Einzelfalles durch die Einreihung der Arbeitnehmer in Steuerklassen (§ 38b EStG), die Aufstellung von entsprechenden Lohnsteuer-Tabellen, die Ausstellung von Lohnsteuer-Karten (§ 39 EStG) sowie durch die Feststellung von Freibeträgen berücksichtigt (§ 38a IV EStG). Verkürzungen sind in der Form denkbar, dass entweder vom Arbeitnehmer ein zu niedriger Steuerabzug vom Arbeitslohn verursacht wird, oder aber der Arbeitgeber seiner Verpflichtung, Steuerbeträge anzumelden, nicht nachkommt.

292 **Der Arbeitnehmer macht sich der Lohnsteuer-Hinterziehung schuldig,** wenn er unrichtige Eintragungen auf der Lohnsteuer-Karte herbeiführt, zB über sein Alter, seinen Familienstand, Werbungskosten, Sonderausgaben oder außergewöhnliche Belastungen (vgl. § 39a EStG), und dadurch bewirkt, dass der Arbeitgeber die gesetzlich geschuldete Lohnsteuer nach den in der Lohnsteuer-Karte eingetragenen unrichtigen persönlichen Merkmalen oder zu Unrecht eingetragenen Freibeträgen zu niedrig berechnet, anmeldet und abführt. Hierbei handelt der Arbeitnehmer regelmäßig als mittelbarer Täter (Rn. 76 zu § 369). Bei unrichtigen Eintragungen persönlicher Merkmale in der Lohnsteuer-Karte beginnt der Versuch der Hinterziehung frühestens, wenn der Arbeitnehmer die Lohnsteuer-Karte dem (gutgläubigen) Arbeitgeber vorlegt; bei der Eintragung unberechtigter Freibeträge beginnt der Versuch des Erschleichens eines Steuervorteils bereits mit der Stellung des Antrages beim FA. Im Übrigen kann der Arbeitnehmer entweder Teilnehmer oder Mittäter einer Lohnsteuerhinterziehung durch den Arbeitgeber sein, wenn dieser mit

seinem Wissen oder auf seine Initiative hin nicht den vorgeschriebenen Lohnsteuerabzug vornimmt. Inwiefern in der Person des Arbeitnehmers dann eine Verkürzung auf Dauer oder auf Zeit vorliegt, hängt von seinem Vorstellungsbild ab. Will er im Rahmen der Einkommensteuererklärung korrekte Angaben machen, mithin den verkürzten Betrag nachentrichten, liegt lediglich eine Verkürzung auf Zeit vor, so dass insofern ein erheblich geringerer Schuldumfang zugrunde zu legen ist, als wenn er beabsichtigt, die entsprechenden Vorteile auf Dauer zu behalten.

Der Arbeitgeber macht sich einer Lohnsteuer-Hinterziehung schuldig, wenn er es entgegen § 41a EStG vorsätzlich unterlässt, die von ihm einzubehaltende Lohnsteuer rechtzeitig beim FA anzumelden, oder wenn er vorsätzlich zu niedrige Beträge anmeldet. Einzubehalten ist die Lohnsteuer vom bezahlten Lohn, nicht etwa nur die tatsächlich einbehaltene Lohnsteuer (BGH 12.8.1968, BGHSt 23, 319; aM BayObLG 5.6.1967, GA 1968, 86 f.). Auf den Zeitpunkt der Zahlung der (rechtzeitig und richtig) angemeldeten Lohnsteuer kommt es nicht an (anders § 380), ebensowenig wie bei einer Steuer, die auf Grund einer (rechtzeitig abgegebenen richtigen) Steuererklärung vom FA festgesetzt worden ist (BGH 3.4.1952, BGHSt 2, 338; OLG Frankfurt 8.11.1967, ZfZ 1968, 78). Dabei ist zu beachten, dass zum Teil Bußgeldvorschriften die Anwendbarkeit der §§ 369 ff. AO und damit auch des § 370 AO sperren können (vgl. § 50e EStG idF des Gesetzes zur Intensivierung der Bekämpfung der Schwarzarbeit und damit zusammenhängender Steuerhinterziehung vom 23.7.2004, BGBl. I 1842, 1856; Rn. 4 zu § 378). 293

Durch die verspätete Abgabe der Lohnsteuer-Anmeldung tritt eine vorübergehende Steuerverkürzung in gleicher Weise ein wie bei der verspäteten Abgabe einer sonstigen Steuererklärung (Rn. 247). Auch ist das Merkmal der Unkenntnis (Rn. 275 ff.) nicht davon abhängig, ob dem FA dem Grunde nach bekannt ist, dass der Stpfl einen oder mehrere Arbeitnehmer beschäftigt und zur Abgabe einer Lohnsteuer-Anmeldung verpflichtet ist. Für den Vorsatz genügt es, dass der Arbeitgeber wusste oder damit rechnete, dass und zu welchem Zeitpunkt er zur Abgabe der Lohnsteueranmeldung verpflichtet war (BayObLG 18.6.1964, DB 1964, 1142; OLG Frankfurt 9.9.1964, BlStA 1965, 211). Die Zumutbarkeit normgemäßen Verhaltens kann ausnahmsweise entfallen, wenn der Arbeitgeber an der Erfüllung dieser Pflicht durch Umstände gehindert war, die er auch beim besten Willen nicht abwenden konnte; dies ist bei allgemeiner Arbeitsüberlastung nicht der Fall, geschweige denn bei Zahlungsschwierigkeiten. Belanglos ist auch, dass der Arbeitgeber in dem Glauben gehandelt hat, der Steuergläubiger werde bei Berücksichtigung der verwirkten Säumniszuschläge im Ergebnis nicht geschädigt, wenn die Lohnsteuer erst nach Ablauf des Jahres angemeldet und entrichtet wurde (BayObLG 18.6.1964, DB 1142; *Leise,* BlStA 1965, 211). 294

Nimmt der Arbeitgeber die entsprechenden Lohnzahlungen nicht in eine Lohnsteueranmeldung auf, liegt in der Regel eine Verkürzung auf Dauer vor. So verhält es sich etwa in den Fällen des „Lohnsplitting", bei dem der Arbeitgeber den aus dem Ausland stammenden Arbeitnehmern einen Teil des Lohns als „Auslagenersatz" auf ein ausländisches Konto überweist (FG Hamburg 20.6.2013, NZWiSt 2014, 37; siehe auch FG München v. 11.12.2012 – 12 K 2218/10). Geht der Arbeitgeber davon aus, der Arbeitnehmer werde die entsprechenden Zuflüsse im Rahmen der Einkommensteuererklärung ordnungsgemäß erklären, ändert dies zwar nichts an der Hinterziehung von Lohnsteuer. Da aber die Lohnsteuer als Steuer des Arbeitnehmers faktisch nichts anderes ist als eine besondere Form der Einkommensteuervorauszahlung für nichtselbstständig Beschäftigte, wird man im Rahmen der Strafzumessung davon ausgehen müssen, dass der Arbeitgeber lediglich eine Verkürzung auf Zeit in sein Vorstellungsbild aufgenommen hatte. 295

Hält sich der Arbeitgeber nicht an die Besteuerungsmerkmale der Lohnsteuer-Karte, kommt es ebenfalls zu einer Verkürzung der Steuern, wenn er die zu niedrige Lohnsteuer anmeldet. Dies gilt insbes. dann, wenn der Arbeitnehmer dem Arbeitgeber die Lohnsteuer-Karte nicht vorgelegt hat und dieser es entgegen § 39c EStG unterlässt, die Lohnsteuer solange nach der Steuerklasse VI der Tabelle einzubehalten, anzumelden und 296 abzuführen, bis der Arbeitnehmer ihm die Lohnsteuer-Karte vorlegt oder zurückgibt. Inwiefern der Arbeitnehmer sich insofern nach 370 AO strafbar macht, wenn er mit einem solchen Verhalten des Arbeitgebers rechnet (so die 3. Aufl. Rn. 172 zu § 370), ist zweifelhaft. Im Übrigen bedarf die Frage des Vorsatzes in diesen Fällen besonderer Prüfung.

297 **Die Höhe der Verkürzung** bestimmt sich nach den individuellen Besteuerungsmerkmalen bzw. § 39c EStG. Der BGH hatte in Fällen, in denen Arbeitgeber und Arbeitnehmer einvernehmlich zur Hinterziehung der Lohnsteuer zusammenwirkten, eine Nettolohnvereinbarung gesehen (BGH 24.9.1986, BGHSt 34, 166). In Anknüpfung an die Rechtsprechung des BFH war der BGH davon ausgegangen, dass in solchen Fällen nach der Vereinbarung das Arbeitsentgelt dem Arbeitnehmer mit der Auszahlung auf Dauer ungekürzt verbleiben solle. In der tatsächlichen Gestaltung solcher Lohnabreden und der vom Arbeitgeber selbst herbeigeführten Unmöglichkeit, im späteren Haftungsfall die betreffenden Arbeitnehmer in Regress zu nehmen, hatte der BGH eine „Übernahme" der Lohnabzugsteile durch den Arbeitgeber schon im Zeitpunkt der Lohnzahlung gesehen, so dass eine entsprechende „Hochschleusung" des Steuersatzes erfolgte (zur früheren Diskussion *Hardtke* 1995, S. 106 mwN). Nachdem der BGH in Anknüpfung an die Entscheidung des BFH v. 21.2.1992 (wistra 1992, 196) diese Auffassung ausdrücklich aufgegeben hat (BGH 13.5.1992, BGHSt 38, 285), kann in der einvernehmlichen Steuerverkürzung eine Nettolohnabrede nur noch in seltenen Ausnahmefällen erblickt werden, in denen eine ausdrückliche entsprechende Vereinbarung getroffen wurde (s. aber Rn. 299).

298 Dementsprechend richtet sich die Höhe der verkürzten Lohnsteuer im Regelfall nach den persönlichen Besteuerungsmerkmalen des betroffenen Arbeitnehmers (§ 39c I EStG; BGH 13.5.1992, wistra 1992, 259, 260; 4.2.1997, wistra 1997, 187). Ist aber die genaue Berechnung der endgültig geschuldeten Lohnsteuern nicht möglich, weil die tatsächlichen Verhältnisse der Arbeitnehmer nicht aufklärbar sind, kann von geschätzten (ggf. niedrigeren) Durchschnittssteuersätzen ausgegangen werden (BGH 25.10.2000, wistra 2001, 22; vgl. auch BGH 5.5.2004, wistra 2004, 391). Lag eine Lohnsteuer-Karte nicht vor, ist die Lohnsteuer der Klasse VI zugrunde zu legen (BGH 8.2.2011, BGHSt 56, 153). Gleiches gilt, wenn der Arbeitgeber den Arbeitnehmer fälschlicherweise als Selbständigen behandelt und ihm entsprechend Honorare gezahlt hat, die nur scheinbar dem § 15 oder § 18 EStG unterfielen. Bei der Strafzumessung ist in diesen Fällen aber lediglich von einem Zinsschaden auszugehen, wenn der Arbeitgeber davon überzeugt war, der Arbeitnehmer werde die angeblich „selbstständig" erzielten Honorare in seiner Einkommensteuererklärung ordnungsgemäß angeben.

299 Die Berechnung der **Höhe der Beitragshinterziehung** nach § 266a StGB bei Schwarzarbeit richtet sich seit dem 1.8.2002 (G. v. 24.7.2002, BGBl. 2002 I 2787) nach der Vorgabe in § 14 II 2 SGB IV. Danach gilt die Zahlung des Schwarzlohns nicht mehr wie bisher – für die Berechnung der Sozialversicherungsbeiträge – als Bruttolohnabrede, sondern als Nettolohnabrede, mit der Folge, dass das ausbezahlte Arbeitsentgelt zu einem Bruttolohn hochzurechnen ist. Konsequenz ist, dass der Hinterziehungsbetrag höher ausfällt als bei Annahme einer Bruttolohnabrede. Inwiefern dies auch für die Hinterziehung von LSt Relevanz haben kann, ist zweifelhaft (vgl. BGH 2.12.2008, BGHSt 53, 71). Da eine vergleichbare Regelung im EStG fehlt, verbleibt es zunächst bei der bisherigen Lösung (Rn. 297). Da aber der Arbeitnehmeranteil nach § 14 Abs. 2 Satz 2 SGB IV aufaddiert und der Lohn „hochgeschleust" wird, könnte sich insofern auch die Summe der verkürzten LSt erhöhen.

b) Körperschaftsteuer

Schrifttum: *Utech/Meine,* Das körperschaftsteuerliche Anrechnungsverfahren, wistra 1989, 331; *dies.,* Verdeckte Gewinnausschüttungen, wistra 1989, 241; *Wassermeyer,* Zur Rechtsprechung des Bundesgerichtshofs bei Steuerhinterziehung wegen verdeckter Gewinnausschüttung, BB 1989, 1382; *Merkt,* Die verdeckte Gewinnausschüttung im Steuerstrafrecht, BB 1991, 313; *Flume,* Besteuerung von Untreue, Unterschlagung oder Diebstahl als verdeckte Gewinnausschüttung, DB 1993, 1945; *Wassermeyer,* Unterschlagung als verdeckte Gewinnausschüttung, DB 1993, 1260; *Hardtke,* Steuerhinterziehung durch verdeckte Gewinnausschüttung,

1995; *Gosch,* Steuerhinterziehung – Übernahme von Feststellungen des Strafurteils, Haftung, verdeckte Gewinnausschüttung, StBp 1995, 92; *Hardtke/Leip,* Strafverfolgungsverjährung bei Steuerhinterziehung infolge verdeckter Gewinnausschüttung, NStZ 1996, 217; *Hardtke,* Zur Tathandlung bei Steuerhinterziehung infolge verdeckter Gewinnausschüttung, wistra 1997, 17; *H L,* Steuerhinterziehung durch verdeckte Gewinnausschüttung, DB 1997, 2462; *Weyand,* Verdeckte Gewinnausschüttungen und Steuerhinterziehung, Information StW 1997, 457; *Flore,* Steuerstrafrechtliche Risiken in der GmbH, GmbH-StB 1998, 102; *Mihm,* Strafrechtliche Konsequenzen verdeckter Gewinnausschüttungen, 1998; *Flore,* Steuerhinterziehung durch verdeckte Gewinnausschüttung?, GmbH-StB 1999, 75; *Hardtke,* Die strafrechtliche Gleichstellung von Festsetzungs- und Feststellungsbescheiden als Taterfolg der Steuerhinterziehung, insbesondere bei der Feststellung des verwendbaren Eigenkapitals nach § 47 KStG, FA-FS 1999, 629; *Reck,* Gemeinnützige Vereine und Steuerhinterziehung, D-spezial 1999, Nr. 38, 5; *Schwedhelm,* Verdeckte Gewinnausschüttung und (Steuer-)Strafrecht, StraFo 1999, 361; *Wagner/Hermann,* Verdeckte Gewinnausschüttung bei der Ein-Personen-GmbH, einmal nicht nur steuerrechtlich, BB 1999, 608; *Muhler,* Körperschaftsteuerhinterziehung durch verschwiegene Einnahmen, wistra 2001, 89, 130; *Schindhelm,* Das Kompensationsverbot im Delikt der Steuerhinterziehung, 2004; *Weidemann,* Verdeckte Gewinnausschüttung und das Steuerstrafrecht, wistra 2007, 201; *Madauß,* Verdeckte Gewinnausschüttung und Steuerhinterziehung, NZWiSt 2013, 207.

Körperschaftsteuer ist die Personensteuer vom Einkommen der Körperschaften 300
und bestimmter Vermögensmassen. Steuerschuldner sind die Körperschaften iS der §§ 1–4 KStG, sofern sie nicht nach den §§ 5, 6 KStG persönlich von der Körperschaftsteuer befreit sind. Steuergegenstand ist nach § 7 KStG das Einkommen, das die Stpfl innerhalb eines Kalenderjahres (oder eines davon abweichenden Wirtschaftsjahres) bezogen haben. Die Hinterziehung von Körperschaftsteuer wirft in der Praxis der Justiz erhebliche Probleme auf mit der Folge, dass von den §§ 154, 154a StPO rege Gebrauch gemacht wird.

Eine Verkürzung der Körperschaftsteuer liegt vor, wenn die auf Grund unrichtiger 301
Körperschaftsteuererklärung festgesetzte Körperschaftsteuer niedriger ist als die gesetzlich geschuldete (vgl. *Mihm* 1998, S. 133 ff.). Neben den üblichen Manipulationen bei der Gewinnermittlung bzw. dem Verschweigen von Einnahmen kommt dies insbes. dann in Betracht, wenn in einer Körperschaftsteuererklärung eine verdeckte Gewinnausschüttung nicht entsprechend erklärt worden ist (vgl. BGH 7.11.1988, BGHSt 36, 21; BGH 24.1.1990, wistra 1990, 193; BGH 4.5.1990, wistra 1991, 27). Insofern gibt es keine grundsätzlichen Unterschiede zwischen den Fällen unter der Geltung des Anrechnungsverfahrens und solchen unter dem Halbeinkünfteverfahren, das für Besteuerungszeiträume ab 1.1.2001 gilt. Lediglich die steuerlichen Folgen differieren (*Weidemann* wistra 2007, 201 f.).

Neben diesen Verkürzungserfolg tritt für Taten unter Geltung des Anrechnungsverfah- 302
rens (VZe bis 31.12.2000) ein weiterer Taterfolg in Gestalt einer Steuervorteilserlangung, nämlich der unrichtigen Feststellung der Gliederung des verwendbaren Eigenkapitals iS des § 47 KStG. Beide Taterfolge sind auseinanderzuhalten (im einzelnen *Hardtke* 1995, S. 133).

Eine verdeckte Gewinnausschüttung ist nach überkommenem Verständnis eine Ver- 303
mögensminderung oder verhinderte Vermögensmehrung der Kapitalgesellschaft, die durch das Gesellschaftsverhältnis veranlasst ist, sich auf die Höhe des Einkommens auswirkt und in keinem Zusammenhang mit einer offenen Ausschüttung steht (vgl. BGH 17.4.2008, wistra 2008 311; BGH 24.5.2007, DStRE 2007, 169; BGH 6.7.2004, wistra 2004, 467; BFH 18.11.1980, BStBl. II 1981, 260; BFH 14.11.1984, BStBl. II 1985, 227; BFH 11.2.1987, BStBl. II 461; BFH 22.2.1989, BStBl. II 475; BFH 28.11.2001, BFH/NV 2002, 543; BFH 4.6.2003, DStR 2003, 2260; *Wagner/Hermann* BB 1999, 609). Allerdings erschließt sich die Feststellung einer verdeckten Gewinnausschüttung nach der neueren Rechtsprechung des BFH nicht mehr durch eine Abgrenzung zwischen betrieblicher und gesellschaftlicher Sphäre (*Weidemann* wistra 2007, 201, 203).

Die **Rechtsprechung des BFH** hat für Leistungen an Gesellschafter oder diesen 304
nahestehende Personen Erleichterungen eingeführt, als insofern schon dann eine verdeckte Gewinnausschüttung vorliegen soll, wenn Zahlungen im Rahmen eines Leistungsaustausches erfolgen, ohne dass diesem eine klare, eindeutige und im voraus getroffene Vereinbarung zugrunde läge. Diese Auffassung wird auch vom BGH für bedeutsam

gehalten (BGH 24.5.2007, DStRE 2008, 169), kann aber im Strafrecht kaum gelten. Wenn die Verwaltung etwa davon ausgeht, der Gesellschafter habe den Nachweis zu erbringen, dass eine klare und eindeutige Vereinbarung vorliege und entsprechend dieser Vereinbarung verfahren worden sei (vgl. BFH 24.1.1990, BStBl. II 645), ist dies für das Strafrecht ebensowenig handhabbar wie sonstige steuerliche Beweisregeln (vgl. *Hardtke* 1995, S. 49, 56). Liegt den Zahlungen an den Gesellschafter ein Leistungsaustausch zugrunde, muss der Strafrichter feststellen, ob es sich um ein unangemessenes Entgelt gehandelt hat (vgl. BGH 3.3.1993, wistra 1993, 185; *Schwedhelm* StraFo 1999, 362). Ob die vertraglichen Vereinbarungen den hohen Anforderungen der Finanzverwaltung genügen, kann insofern nicht entscheidend sein (vgl. Rn. 73 f.). In den vom BGH entschiedenen Fällen wurde letztlich auch nie an Nachweiserfordernisse angeknüpft, sondern jeweils festgestellt, dass bewusste Missbräuche stattgefunden hatten (vgl. nur BGH 24.5.2007, DStRE 2008, 169).

305 **Im bis 31.12.2000 geltenden Anrechnungsverfahren** werden verdeckte Gewinnausschüttungen als Ausschüttungen behandelt, für die die Ausschüttungsbelastung herzustellen ist (§ 27 I, III 2, § 28 II 2 KStG). Dementsprechend erhöht sich der Wert des ausgeschütteten Betrages, so dass sich auch der verkürzte Betrag entsprechend erhöht. Dabei erfolgt jedoch nicht eine Addition der Körperschaftsteuer auf den Gewinn und auf die Ausschüttungsbelastung, sondern eine Verrechnung dergestalt, dass die Körperschaftsteuer auf den Gewinn angerechnet wird (vgl. ausführlich *Hardtke* 1995, S. 73 ff., 104 ff.).

306 **Die Bedeutung der Gliederung des verwendbaren Eigenkapitals** bei der Ermittlung der Höhe der Verkürzung in den unter Rn. 305 behandelten Fällen ist zweifelhaft (*Hardtke* 1995, S. 78 ff.). Nach Auffassung des BGH (24.1.1990, wistra 1990, 193; 18.12.1991, wistra 1992, 103) ist diese insoweit zu berücksichtigen. Konsequenz wäre, dass bei einer Kapitalgesellschaft, die trotz der Gewinnerhöhung nach vGA noch ein negatives Ergebnis hat, und die zugleich in ihrer Eigenkapitalgliederung nichts anderes als einen positiven Wert im EK 04 aufweist, eine Verkürzung nicht vorläge und ein Taterfolg sich frühestens dann ergäbe, wenn eine offizielle Ausschüttung aus dem EK 04 vorgenommen wird oder aber die Gesellschaft liquidiert wird und im Rahmen des Erlöses iS des § 17 EStG zu Unrecht zu hohe Anschaffungskosten der Beteiligung angesetzt werden. Dies spricht dafür, in diesen Fällen entweder das Kompensationsverbot (§ 370 IV 3 EStG; vgl. Rn. 108) anzuwenden oder – wie hier – das Erschleichen eines unrichtigen Feststellungsbescheides iS des § 47 KStG als Erschleichen eines Steuervorteils (Rn. 65) anzusehen (*Hardtke* 1995, S. 112 ff., 133; *Hardtke/Leip* NStZ 1996, 217, 219; *Mihm* 1998, S. 184 ff.; abl. *Schindhelm* 2004, 132). Letzteres hätte Konsequenzen für die Verjährung, wenn man für deren Beginn an die Bekanntgabe des unrichtigen Feststellungsbescheids anknüpft (so *Hardtke/Leip* aaO; vgl. Rn. 32 zu § 376).

307 **Auf der Ebene des begünstigten Anteilseigners** löst die verdeckte Gewinnausschüttung Kapitalerträge iS des § 20 EStG aus (vgl. BGH 15.5.1997, wistra 302). Die Dividende als solche unterfällt dem § 20 I Nr. 1 EStG. Für VZe bis einschließlich 2000 ist zweifelhaft, inwiefern auch die Ausschüttungsbelastung zu strafrechtlich relevanten steuerpflichtigen Erträgen führt. Gemäß § 20 I Nr. 3 EStG gilt eine Körperschaftsteuergutschrift als in dem Kalenderjahr bezogen, in dem es zu der (offenen oder verdeckten) Ausschüttung kam. Vorausgesetzt ist dabei auch, dass eine entsprechende Bescheinigung der ausschüttenden Körperschaft vorliegt. Für steuerliche Zwecke mag es zwar angehen, dass einer entsprechende Bescheinigung eine Rückwirkung für die Vergangenheit beigemessen wird und in solchen Fällen ggf. sogar § 175 I Nr. 2 AO Anwendung findet. Für strafrechtliche Zwecke muss aber die Höhe der Verkürzung zum Zeitpunkt des Entstehens der Steuer feststehen, so dass Ereignisse nach dem Ablauf des Kalenderjahres strafrechtlich nicht von Bedeutung sind (*Hardtke* 1995, 105). Überdies ist zu bedenken, dass die Anrechenbarkeit der Körperschaftsteuer bzw. die Erhöhung der Kapitaleinkünfte gemäß § 20 I Nr. 3 EStG bei beherrschenden bzw. wesentlich beteiligten Gesellschaftern davon abhängt, dass die entsprechenden Beträge auch von der Körperschaft entrichtet

worden sind (§ 36a I EStG aF). Dementsprechend hängt in diesen Fällen – wenn man § 20 I Nr. 3 EStG aF auch im Strafrecht anwendet – die Höhe der Verkürzung von zwei späteren Ereignissen ab, nämlich der Steuerbescheinigung sowie der Entrichtung der entsprechenden Beträge durch die GmbH. Ähnlich der Auffassung des BGH zur einvernehmlichen Hinterziehung von Lohnsteuer wird man insofern davon ausgehen müssen, dass der betreffende Täter eben gerade nicht annahm, entsprechende Zuflüsse versteuern zu müssen, so dass spätere, ihn belastende Ereignisse für strafrechtliche Zwecke nicht in den entsprechenden Veranlagungszeitraum zurückwirken können. Strafrechtlich relevanter Ausgangsbetrag für die Berechnung der ESt-Verkürzung ist deshalb allein die Nettodividende (*Merkt* BB 1991, 315; *Hardtke* 1995, 108; *Mihm* 1998, 310; aM *Muhler* wistra 2001, 133).

Der BGH sieht das **Problem der Doppelbelastung.** Wird der Täter als geschäfts- 308
führender Gesellschafter sowohl wegen Hinterziehung von Körperschaftsteuer als auch wegen einer damit korrespondierenden Hinterziehung von Einkommensteuer verurteilt, muss er bei der Strafzumessung wegen Hinterziehung von Einkommensteuer so behandelt werden, als hätte er in Bezug auf die Körperschaftsteuer steuerehrlich gehandelt (BGH 12.1.2005, wistra 2005, 144). Daher sei bei der Bemessung des dem Angeklagten bei der Einkommensteuer strafrechtlich vorzuwerfenden Hinterziehungsbetrages zwar einerseits die Brutto-vGA in Ansatz zu bringen, andererseits aber – fiktiv – der bei steuerehrlichem Verhalten der Gesellschaft beim Gesellschafter abzuziehende Körperschaftsteuerbetrag anzurechnen. Diese fiktive Anrechnung soll entbehrlich sein, wenn der Anteilseigner nur wegen Einkommensteuerhinterziehung und nicht auch wegen Verkürzung der Körperschaftsteuer verurteilt wird (BGH 7.11.2006, wistra 2007, 68).

Sofern unter der **Geltung des Halbeinkünfteverfahrens** verdeckte Gewinnausschüt- 309
tungen erfolgen, hat es zunächst mit der Besteuerung des Mehr an Gewinns auf der Ebene der Körperschaft sein Bewenden. Zugleich unterliegt der zugewendete Betrag zur Hälfte bzw. 60 vH der persönlichen Einkommensteuer des Zuwendungsempfängers (vgl. § 3 Nr. 40 EStG).

Mit der ab 1.1.2009 wirksam gewordenen **Abgeltungsteuer** wird sich die Problematik 310
der verdeckten Gewinnausschüttung kaum ändern. Die in Rede stehenden Personen sind in der Regel an der Kapitalgesellschaft in einem Umfange (> 10 vH) beteiligt, der die Abgeltungsteuer unanwendbar macht. Nahe liegt, dass man teilweise versuchen wird, durch Täuschung in den Genuss der Abgeltungswirkung zu kommen. Denkbar sind auch Fälle, in denen jemand sein Veranlagungswahlrecht in Anspruch nimmt und dabei weitere Einkünfte verschweigt.

c) Steuerhinterziehung bei Auslandsbeziehungen

Schrifttum: *Dannecker,* Steuerhinterziehung im internationalen Wirtschaftsverkehr, 1984; *Gramich,* Erfahrungen bei der Ermittlung von Domizilfirmen, wistra 1993, 41; *Weyand,* Internationales Steuerstrafrecht, Inf. 1993, 461; *Klos,* Steuerliche Absetzbarkeit von Darlehenszahlungen an eine ausländische Domizilgesellschaft, BuW 1995, 417; *Kaligin,* Internationale Geschäftsbeziehungen im Blickwinkel der Außenprüfung und Steuerfahndung, Harzburger Steuerprotokoll 1996, 153; *Hundt,* Entwicklung des deutschen Mißbrauchsverständnisses bei grenzüberschreitenden Gestaltungen, Debatin-FS 1997, 153; *Joecks,* Abzugsverbot für Bestechungs- und Schmiergelder – Korruptionsbekämpfung durch Steuerrecht?, DStR 1997, 1025; *Müller-Franken,* Das Verbot des Abzugs der „Zuwendung von Vorteilen" nach dem Jahressteuergesetz 1996, StuW 1997, 3; *Joecks,* Steuerrechtliche Behandlung der Bestechung, in: Pieth/Eigen (Hrsg.), Korruption im internationalen Geschäftsverkehr, Neuwied 1998, 373; *Dörn,* Steuerhinterziehung bei Einschaltung von Domizilgesellschaften, StB 1998, 74; *Nietzer,* Die rechtliche Behandlung von Schmiergeldzahlungen in den USA („Foreign Corrupt Practises Act") und Deutschland, IStR 1998, 187; *Boldt,* Steuerliche Behandlung von Schmiergeldern, 1999; *Homann/Zimmermann,* Steuerliche Behandlung von Schmiergeldern als Hindernis für die effiziente Korruptionsbekämpfung, ZRP 1999, 49; *Park,* Die Ausweitung des Abzugsverbots für Bestechungs- und Schmiergelder durch das Steuerentlastungsgesetz 1999/2000/2002, DStR 1999, 1097; *Hensel,* Auskunftspflicht bei Guernsey-Trust, IStR 1999, 47; *Spatscheck/Alvermann,* Die Aufforderung zur Gläubiger- oder Empfängerbenennung nach § 160 AO, DStR 1999, 1427; *Stuhr/Walz,* Steuerliche Behandlung von Schmiergeldern, StuB 1999, 118; *Kiesel,* Die Zuwendung an Angestellte und Beauftragte im Ausland und das Abzugsverbot in § 4 Abs. 5 Nr. 10 EStG, DStR 2000, 949; *Quedenfeld,* Die Hinterziehung von Steuern auf Schmiergeldzahlungen, PStR 2000, 54; *Wichterich/Glockemann,* Steuer- und strafrechtliche Aspekte von Schmiergeldzahlungen an

Mitarbeiter von Staatsunternehmen, Information StW 2000, 1, 40; *Randt,* Schmiergeldzahlungen bei Auslandsachverhalten, BB 2000, 1006; *Walter,* Angestelltenbestechung, internationales Strafrecht und Steuerstrafrecht, wistra 2001, 321; *Weidemann,* Zum Abzugsverbot des § 4 V S. 1 Nr. 10 EStG: Erfasst § 299 II StGB auch „Auslandssachverhalte"?, DStZ 2002, 329; *Randt,* Abermals: Neues zur Korruptionsbekämpfung: Die Ausdehnung der Angestelltenbestechung des § 299 StGB auf den Weltmarkt, BB 2002, 2252; *Blumers/Kinzl,* Kapitaltransfer über die Grenze und Vermutung der Steuerhinterziehung, DB 2004, 401; *Dreßler,* Gewinn- und Vermögensverlagerungen in Niedrigsteuerländer und ihre steuerliche Überprüfung, 4. Aufl. 2007; *Biesgen/Noel,* Die aktuelle Entwicklung im grenzüberschreitenden Informationsaustausch, SAM 2014, 5; *Schaumburg/Peters,* Internationales Steuerstrafrecht, 2014.

311 **aa) Verlagerung von Einkünften. Unbeschränkt Steuerpflichtige** (§ 1 I EStG) haben ihr Welteinkommen in der Bundesrepublik Deutschland zu versteuern. Die relativ hohe Steuerbelastung in der BRD schafft dabei Anreize, Einkünfte faktisch oder auch rechtlich dem Zugriff des deutschen Fiskus zu entziehen. Tatsächlich ist dies möglich, weil die Zugriffsmöglichkeiten des deutschen Fiskus in der Regel an der Staatsgrenze enden. Nur im Wege der Amts- und Rechtshilfe können Erkenntnisse über ausländische Einkünfte gewonnen werden, wenn der Stpfl nicht seinerseits entsprechende Informationen liefert oder aber Unterlagen vorhält (vgl. Rn. 125 ff. zu § 399). Rechtlich ist dies möglich, soweit der Stpfl – etwa im gewerblichen Bereich – Konstruktionen wählt, die zu einer Steuerfreistellung im Inland (unter Progressionsvorbehalt) führen, wie dies etwa für die Gewinne ausländischer Betriebsstätten in allen Doppelbesteuerungsabkommen (vgl. die Nachweise in BStBl I 2014, 171) vorgesehen ist. Die Frage, inwiefern das Nichterklären ausländischer Einkunftsquellen und Einkünfte steuerstrafrechtliche Relevanz hat, bestimmt sich zunächst nach rein steuerrechtlichen Regeln, insbes. in Doppelbesteuerungsabkommen.

312 **Ausländische Zinseinkünfte** unterliegen durchweg der deutschen Besteuerung. Soweit die Zinsen aus einem Land zufließen bzw. in einem Land entstehen, mit dem die BRD kein DBA hat, ergibt sich dies unmittelbar aus § 1 I, § 20 EStG. Soweit ein DBA mit dem ausländischen Staat abgeschlossen wurde, sieht dieses durchweg vor, dass der Wohnsitzstaat ein uneingeschränktes Besteuerungsrecht – ggf. unter Anrechnung ausländischer Quellensteuern – hat. Dies gilt für Zinsen wie Dividenden und Lizenzen gleichermaßen. Ob vor dem Hintergrund der aktuellen Diskussion um unseriöse Geschäftspraktiken deutscher und ausländischer Großbanken der Stpfl noch mit der Einlassung gehört wird, er habe gemeint, ausländische Zinsen seien steuerfrei (vgl. BayObLG 30.1.1990, wistra 1990, 202), ist überaus fraglich. Die Problematik dieser Fälle liegt allenfalls darin, dass der deutsche Fiskus es im Verhältnis zu einigen Staaten überaus schwer hat, Informationen über Bankkonten, insbes. Nummernkonten, aus dem Ausland zu erhalten (vgl. Rn. 137 zu § 399).

313 **Steuerverkürzungen im gewerblichen Bereich durch Verlagerung von Einkünften** sind in ihrer strafrechtlichen Relevanz unterschiedlich zu bewerten. Soweit sich der Steuerinländer einer Basisgesellschaft im Ausland (Domizilgesellschaft) bedient, liegen die Probleme in der Regel im Tatsächlichen. Wenn es sich bei der ausländischen Gesellschaft um eine „Briefkastenfirma" handelt (vgl. *Dannecker* 1984, 70; *Dörn* StB 1998, 74; SP-*Schaumburg* Rn. 15.214 ff.) und nur Scheingeschäfte vorliegen (*Dannecker* 1984, 71), ist dies steuerlich nicht anzuerkennen (oben Rn. 193). Die Berücksichtigung angeblich gezahlter Betriebsausgaben in der Steuererklärung bewirkt eine Steuerhinterziehung, soweit der Stpfl vorsätzlich handelt. Erfolgt die Gewinnverlagerung in der Form, dass von Seiten der Briefkastenfirma Rechnungen an Geschäftspartner gestellt werden, obwohl die Leistungen vom Inländer erbracht wurden, liegt ein Scheingeschäft nur vor, wenn der Geschäftspartner ebenfalls über die mangelnde Ernstlichkeit informiert ist. Sonst ist ein Fall der Steuerumgehung (Rn. 196) zu prüfen. Handelt es sich um eine passive Gesellschaft iS des § 8 AStG, bedarf die Prüfung der strafrechtlichen Relevanz solcher Sachverhalte besonderer Sorgfalt. § 8 AStG ist durch eine Vielzahl von Formulierungen gekennzeichnet, die die objektive Beweislast auf den Stpfl verlagern („es sei denn, der Steuerpflichtige weist nach ..."). Da es sich hier um Fragen des formalen Nachweises, nicht aber um materielle Voraussetzungen steuerlicher Rechtsfolgen handelt (Rn. 74),

muss der Strafrichter in diesen Fällen die Möglichkeit der Übernahme steuerlicher Feststellungen besonders sorgfältig prüfen. Eine Verurteilung wird in solchen Fällen nicht schon dann in Betracht kommen, wenn der Stpfl nicht nachweist, dass das ausländische Unternehmen auch mit Dritten Geschäfte in dem von § 8 AStG geforderten Umfang gemacht hat, sondern erst dann, wenn für den Strafrichter sicher feststeht, dass es sich um eine passive Gesellschaft handelt.

Beim Einsatz ausländischer Kapitalgesellschaften ist oftmals fraglich, ob eine Anwendung der §§ 7 ff. AStG nicht schon deshalb entfallen muss, weil sich der Ort der Geschäftsleitung im Inland befindet (vgl. FG Saarland 3.12.2003, EFG 2004, 430). Vor dem Hintergrund der EuGH-Rechtsprechung zur Anerkennung von im Ausland gegründeten Kapitalgesellschaften wird man im Regelfall auch nicht durch diese hindurchschauen und die ausländischen Aktivitäten als Einzelunternehmen bzw. Personengesellschaft einordnen können (vgl. EuGH 9.3.1999, BB 1999, 809; OLG Hamm 1.2.2001, BB 2001, 744; siehe auch EuGH 13.12.2005, Slg. I 2005, 10 805 – „SEVIC Systems AG"). 314

Wird eine ausländische Kapitalgesellschaft in einem DBA-Staat eingesetzt, die mit Hilfe von Schwarzgeld Immobilien erwerben und verwalten soll, bezieht der Stpfl formal Dividendeneinkünfte iS des § 20 EStG, Art. 11 OECD-MA. Oftmals befindet sich in diesen Fällen der Sitz der Geschäftsleitung im Inland, weil der Stpfl die wesentlichen Entscheidungen in der täglichen Geschäftsleitung trifft, so dass eine doppelansässige Gesellschaft vorliegt, der viele Doppelbesteuerungsabkommen mangels Einigung der Vertragstaaten die Abkommensberechtigung verweigern. In diesen Fällen ist zu bedenken, dass bei einem unmittelbaren Halten der Immobilie der Stpfl steuerfreie Einkünfte aus unbeweglichem Vermögen (unter Progressionsvorbehalt) bezöge, bei legalem Verhalten des Stpfl dem Fiskus also ein ungleich geringerer Schaden entstünde als bei der vom Stpfl gewählten gekünstelten Form. Zwar gibt es keinen „umgekehrten" Tatbestand der Steuerumgehung mit der Folge, dass der Stpfl bei ungünstiger Gestaltung von Gesetzes wegen so behandelt werden müsste, als habe er den (für ihn günstigeren) geraden Weg gewählt. Im Rahmen der Strafzumessung wird der Strafrichter aber zu bedenken haben, dass der Fiskus eine so hohe Verkürzung erst deshalb hinnehmen musste, weil der Stpfl offenbar überaus schlecht beraten war (vgl. zur EUSt BGH 18.8.1998, wistra 1998, 345). Soweit die Doppelbesteuerungsabkommen gemäß Art. 6 OECD-MA die ausländischen Einkünfte aus Grundvermögen nicht freistellen, sondern das Anrechnungsverfahren wählen (zB Schweiz, Spanien) sollte im Rahmen der Strafzumessung die persönliche Einkommensteuer des Stpfl unter Berücksichtigung der im Ausland gezahlten, anrechenbaren Steuern (§ 34c EStG) zugrunde gelegt werden. 315

Im Übrigen ist zu bedenken, dass steuerliche Beweiserleichterungen bzw. gesteigerte Mitwirkungspflichten (etwa § 90 II, § 160 AO, § 16f AStG) im Steuerstrafrecht nur eingeschränkte Bedeutung haben (vgl. Rn. 73). 316

bb) Grenzüberschreitende Schmiergelder. Im Zusammenhang mit der Zahlung von Schmiergeldern ins Ausland haben sich – bedingt durch mehrere Änderungen des EStG und des StGB – neue steuerstrafrechtliche Aspekte ergeben. Bislang waren solche Zahlungen primär unter dem Aspekt der **Empfängerbenennung** (§ 160; oben Rn. 300 ff.) bedeutsam. Die Einschränkung des Schmiergeldabzugs zum 1.1.1996 war steuerstrafrechtlich irrelevant, da die Versagung der Abzugsfähigkeit von einer förmlichen Entscheidung der Justiz bzw. einer Verwaltungsbehörde im Hinblick auf die Zahlung vorausgesetzt war (vgl. *Joecks* DStR 1997, 1025). Da überdies praktisch ausschließlich Zahlungen an Inländer erfasst waren, war der Abzug „nützlicher Verwendungen" bei Zahlungen ins Ausland nicht gefährdet (zu den Grenzen vgl. KSM-*Söhn* § 4 EStG Rn. Q 95 ff.). 317

Mit dem Steuerreformgesetz 1999/2000/2002 genügt für die Versagung der Abzugsfähigkeit jedoch, dass sich die Zuwendung als strafbares oder ordnungswidriges Verhalten darstellt (vgl. BMF-Schreiben v. 10.10.2002, BStBl. I 1031). 318

§ 4 V 1 Nr. 10 Satz 1 EStG

Nicht abzugsfähig ist …

„10. die Zuwendung von Vorteilen sowie damit zusammenhängende Aufwendungen, wenn die Zuwendung der Vorteile eine rechtswidrige Handlung darstellt, die den Tatbestand eines Strafgesetzes oder eines Gesetzes verwirklicht, das die Ahndung mit einer Geldbuße zulässt. …"

319 Was mit **„rechtswidriger Tat"** gemeint ist, ergibt sich aus dem Gesetzentwurf der BReg (BT-Drs. 14/23), der einzelne Taten aufführte, nämlich: §§ 108b, 108e, 299, 300, 333, 334, 335 StGB, ergänzt durch Art. 2 §§ 1 und 2 des Gesetzes zum Protokoll zum Übereinkommen über den Schutz der finanziellen Interessen der Europäischen Gemeinschaften vom 10. September 1998 (BGBl. II 2340) und Art. 2 §§ 1 bis 3 des Gesetzes vom 10. September 1998 zu dem Übereinkommen vom 17. Dezember 1997 über die Bekämpfung der Bestechung ausländischer Amtsträger im internationalen Geschäftsverkehr (BGBl. II 2327), § 48 WStG, § 119 I BetrVG, § 21 II in Verbindung mit § 81 I Nr. 1 des Gesetzes gegen den unlauteren Wettbewerb, § 405 III Nr. 3 und 7 AktG, § 152 GenG oder § 23 I Nr. 3 des Gesetzes betreffend die gemeinsamen Rechte der Besitzer von Schuldverschreibungen.

320 Da bereits im September 1998 mit dem **EuBestG** (BGBl. 1998 II 2340) die Anwendbarkeit der deutschen Strafbestimmung über Bestechung und Bestechlichkeit bei Zahlungen an EU-Amtsträger angeordnet war, ist bei Strafbarkeit solcher Zahlungen zugleich die Geltendmachung des Betrages als Betriebsausgabe steuerstrafrechtlich relevant. Wird aus der Steuererklärung nicht erkennbar, dass es sich um eine solche inkriminierte Leistung handelt, ist diese unrichtig (vgl. BGH 13.9.2010, BGHSt 55, 288; Klein/*Jäger* AO § 370 Rn. 415). Die unrichtige Erklärung führt zu einer Steuerverkürzung, so dass der objektive Tatbestand der Steuerhinterziehung erfüllt ist.

321 Mit dem **IntBestG** (Gesetz zu dem Übereinkommen vom 17. Dezember 1997 über die Bekämpfung der Bestechung ausländischer Amtsträger im internationalen Geschäftsverkehr; BGBl. II 2327) ist die Anwendbarkeit deutscher Strafbestimmungen auf sämtliche Zahlungen an ausländische Amtsträger ausgedehnt worden, sofern diese sich nicht nur als Vorteilsgewährung, sondern als Bestechung darstellen. Die entsprechende Bestimmung ist am 15.2.1999 in Kraft getreten, so dass seit diesem Zeitpunkt die Abzugsfähigkeit zu versagen ist und die Geltendmachung danach gezahlter Beträge auch steuerstrafrechtliche Relevanz haben kann. Zu beachten ist dabei, dass Mitarbeiter von Unternehmen in den (ehemaligen) Staatshandelsländern Amtsträger iS des IntBestG sein können (vgl. *Wichterich/ Glockemann,* Inf StW 2000, 1, 40).

322 Bei der **Bestechung von Angestellten** (§ 299 StGB, der durch Art. 1 Nr. 3 des Gesetzes zur Bekämpfung der Korruption vom 13.8.1997 in das StGB eingefügt wurde) war lange Zeit unklar, inwiefern auch Zahlungen an im Ausland Tätige strafbar sind. Die Rechtsprechung zu § 12 UWG aF ging davon aus, dass durchweg nur Inlandssachverhalte erfasst sind, da der inländische Wettbewerb bzw. der Wettbewerb zwischen Inländern geschützt sei (vgl. *Kiesel* DStR 2000, 949, 950). Insoweit waren Zahlungen (nur) gemäß § 299 II StGB strafbar, wenn mehrere inländische Gewerbetreibende im Ausland konkurrieren oder der Wettbewerb zwischen ausländischen und (mehreren) deutschen Mitbewerbern im Ausland besteht. Durch das Anfügen des Absatzes 3 an § 299 StGB ist der Anwendungsbereich der Vorschrift durch Gesetz v. 22.8.2002 (BGBl. I 3387) auf Handlungen im ausländischen Wettbewerb ausgedehnt worden. Mit dieser Ergänzung wurde die gemeinsame Maßnahme der Europäischen Union vom 22.12.1998 betreffend die Bestechung im privaten Sektor (Abl. EG Nr. L 358/2) sowie die Regelung der Art. 7, 8 des strafrechtlichen Korruptionsübereinkommens des Europarats aufgegriffen. Dabei ist der Gesetzgeber deutlich über das hinausgegangen, was ihm von EU-Seite vorgegeben war (vgl. *Randt* BB 2002, 2253; *Schmitz* RIW 2003, 194). Straflos bleibt in diesem Zusammenhang allerdings noch die Zuwendung an den Geschäftsinhaber, so dass insofern auch ein Betriebsausgabenabzug möglich ist. Von besonderem Interesse war die Frage, inwiefern Zahlungen an Gewerkschaften und Berufsverbände wegen eines Verstoßes gegen § 119 I Nr. 1 BetrVG ebenfalls das Abzugsverbot auslösen (so BGH 13.9.2010, BGHSt 55, 288; vgl. auch *Pasewaldt* ZIS 2008, 75).

Zuwendungen an niedergelassene Ärzte unterfallen dem Abzugsverbot nicht, weil sie weder Amtsträger noch Beauftragte des geschäftlichen Betriebes der Krankenkassen sind (BGHGrS 29.3.2012, BGHSt 57, 202 = BeckRS 2012, 13162). Eine entsprechende Änderung strafrechtlicher Vorschriften ist geplant. 323

einstweilen frei 324–330

d) Bauabzugssteuer

Schrifttum: *Hentschel,* Straf- und bußgeldrechtliche Fragen im Zusammenhang mit dem neuen Steuerabzug bei Bauleistungen, InfStW 2002, 6; *Kindshofer,* Bauabzugsteuer: Ein neues Betätigungsfeld für Steuerverkürzung?, PStR 2003, 160.

Die **Nichtabführung der Abzugsteuer** nach § 48a EStG unterfällt als Ordnungswidrigkeit dem § 380 AO (vgl. RK-*Rolletschke* 14a zu § 380). Zweifelhaft ist aber die strafrechtliche Würdigung des Erschleichens einer unrichtigen Freistellungsbescheinigung nach § 48b EStG. Wer als Leistender durch unrichtige Angaben bewirkt, dass eine solche Bescheinigung ergeht und in der Folge durch den Leistungsempfänger in gutem Glauben kein Steuerabzug vorgenommen wird, kann sich wegen Steuerhinterziehung in mittelbarer Täterschaft strafbar machen; der Leistungsempfänger ist sein gutgläubiges Werkzeug (§ 370 I Nr. 1 AO, § 25 I, 2. Alt. StGB). Die Tat ist vollendet, wenn die unrichtige Anmeldung eingereicht worden ist (*Kindshofer* PStR 2003, 160). 331

Ist der Leistungsempfänger eingeweiht, kommt eine Anstiftung oder Mittäterschaft in Betracht. Bewirkt der Leistende aber durch seine Täuschung, dass der Leistungsempfänger schon keine (unrichtige) Anmeldung einreicht, scheidet eine Strafbarkeit nach § 370 I Nr. 2 AO in mittelbarer Täterschaft aus, weil der Leistende nicht selbst Täter sein kann. 332

Möglich wäre aber auch die **Anknüpfung an die Freistellungsbescheinigung.** Dann müsste es sich insofern um einen Steuervorteil handeln, der erschlichen worden ist. *Kindshofer* (PStR 2003, 160) sieht hingegen in dem Erwirken einer unrichtigen Freistellungsbescheinigung eine straflose Vorbereitungshandlung. Der Versuch beginne mit dem Absenden der Rechnung durch den Leistenden an den Leistungsempfänger. Dem ist zuzustimmen, wenn der Leistungsempfänger gutgläubig ist (vgl. Rn. 61 zu § 369). Ist der Leistungsempfänger bösgläubig, beginnt der Versuch erst mit dem unmittelbaren Ansetzen zur Einreichung der unrichtigen Anmeldung nach § 48a EStG bzw. unmittelbar vor Verstreichenlassen des Fälligkeitstermins. 333

h) Hinterziehung von Erbschaft- und Schenkungsteuer

Schrifttum: *Stegmaier,* Die Festsetzungsverjährung im Erbschaft- und Schenkungsteuerrecht, DStZ 1996, 83; *Häfke,* Steuerliche Pflichten, Rechte und Haftung des Testamentsvollstreckers, ZEV 1997, 429; *Theml,* Unterschiedlicher Beginn der Festsetzungsfrist (§ 170 AO) im Erbschaftsteuerrecht für die an einem Erbfall beteiligten Erwerber, DStR 1998, 1118; *Viskorf,* Erbschaftsteuererklärungspflicht des Testamentsvollstreckers, FR 1999, 1257; *Wendt,* Anzeigepflicht und Abgabe einer Erbschaftsteuer-Erklärung, AktStR 1999, 581; *Viskorf,* Verpflichtung des Testamentsvollstrecker zur Abgabe einer Erbschaftsteuererklärung, FR 2000, 404; *Götz,* Lebzeitige Beendigung der Zugewinngemeinschaft als Gestaltungsmittel zur Erlangung rückwirkender Steuer- und Straffreiheit bei unbenannten Zuwendungen, DStR 2001, 417; *Rolletschke,* Die Hinterziehung von Erbschaft-/Schenkungsteuer, wistra 2001, 287; *Kindshofer/Wegner,* Ist die Hinterziehung von Erbschaftsteuer weiterhin strafbar?, PStR 2007, 46; *Sackreuther,* Strafrechtliche Besonderheiten bei Erbschaftsteuerhinterziehung, PStR 2011, 254; *Esskandari/Bick,* Wann beginnt die Verjährung bei der Hinterziehung von Erbschaft- und Schenkungsteuer?, ErbStB 2012, 108.

Die Erbschaft- und Schenkungsteuer betrifft idR einmalige Vorgänge. Soweit ein steuerpflichtiger Vorgang (§ 1 I ErbStG) vorliegt, hat der Begünstigte, zT auch der Schenker, eine Anzeigepflicht (§ 30 ErbStG, §§ 5–15 ErbStDV). Danach prüft das FA, ob eine Steuererklärung angefordert wird (§ 31 ErbStG). In der Praxis spielt die Verfolgung solcher Fälle bislang eine geringe Rolle. Dies beruht auf rechtlichen und tatsächlichen Problemen (*Wannemacher/Seipl* Rn. 881), die im Zusammenhang mit idR ebenfalls vorliegenden Einkommensteuerverkürzungen die Anwendung des § 154 StPO nahelegen. Gegen die An- 334 wendbarkeit des § 370 AO bei der Hinterziehung von Erbschaftsteuer bestehen keine Bedenken. Zu weiteren verfassungsrechtlichen Aspekten vgl. Rn. 492.

335 Die Tat kann dabei in zwei Stufen verwirklicht werden (Klein/*Jäger* AO § 370 Rn. 440). Der Täter kann nämlich schon bei der Anzeige täuschen oder eine solche unterlassen, so dass das Finanzamt schon keine Steuererklärung anfordert. Er hat dann über steuerlich erhebliche Tatsachen unrichtige Angaben gemacht oder das FA pflichtwidrig in Unkenntnis gelassen und dadurch bewirkt, dass es zu einer Steuerfestsetzung nicht kam. Wird der steuerpflichtige Vorgang korrekt angezeigt, begeht eine Steuerhinterziehung, wer nach entsprechender Anforderung einer Erklärung diese mit unrichtigen Angaben einreicht.

336 **Unrichtige Angaben** iS des § 370 I Nr. 1 AO macht, wer eine unrichtige Erbschaft- oder Schenkungsteuererklärung abgibt. Mit der Neuregelung des Erbschaftsteuerrechts zum 1.1.2009 wird es neue Bereiche der Täuschung geben. Ging es bislang insbesondere um das Verschweigen von Vermögen des Erblassers (vgl. BGH 11.9.2007, wistra 2008, 22), werden die neueren Regelungen über die Verschonung von begünstigtem Betriebsvermögen (vgl. §§ 13a ff. ErbStG) kriminogen wirken (Rn. 343). Wird in der Folge die Erbschaftsteuer zu niedrig festgesetzt, kommt es zu einer Steuerverkürzung; die Steuerhinterziehung ist damit vollendet (*Wannemacher/Seipl* Rn. 844).

337 Der Täter lässt das FA iS des § 370 I Nr. 2 AO pflichtwidrig über steuerlich erhebliche Tatsachen **in Unkenntnis,** wenn er der Anzeigepflicht (§ 30 ErbStG, §§ 1–11 ErbStDV) nicht nachkommt. Wegen der vielen Ausnahmen von der Anzeigepflicht bedarf deren Feststellung (objektiv wie subjektiv; FG Köln 23.3.1998, EFG 1998, 1171; FG Düsseldorf 26.3.2000, EFG 2000, 1239; BFH 30.1.2002, BFH/NV 2002, 917) besonderer Sorgfalt. Soweit *Seipl* (*Wannemacher/Seipl* Rn. 853 ff.; ebenso *Rolletschke* wistra 2001, 288) gegen die Anknüpfung an die Anzeigepflicht Bedenken hat und eine Parallele zu § 160 AO zieht, überzeugt dies nicht. Das Unterlassen der Anzeige ist „pflichtwidrig". Der BGH will die Bearbeitungsdauer bei der Finanzbehörde im Rahmen dieser fiktiven Steuerfestsetzung mit einem Monat ansetzen (BGH 25.7.2011, BGHSt 56, 298 Rn. 41). Dass das FA erst nach der Anzeige eine Entscheidung über die Anforderung der Steuererklärung trifft, schadet nicht, da ohnehin zur Überzeugung des Richters feststehen muss, dass nach der Anzeige die Erklärung eingereicht und die Steuer festgesetzt worden wäre. Insofern ist die Situation kaum anders als bei einer Verletzung der Berichtigungspflicht nach § 153 I AO (Rn. 51 zu § 376). Eine Vollendung wird freilich erst dann anzunehmen sein, wenn es zu einer fiktiven Festsetzung der Erbschaftsteuer gekommen wäre. Angesichts der dreimonatigen Frist für die Anzeige der entsprechenden steuerpflichtigen Erwerbe (§ 30 ErbStG), einer Minimalfrist bis zur Abgabe der Steuererklärung (vgl. § 31 ErbStG) und der nötigen Bearbeitungsdauer (vgl. aber § 31 VII ErbStG) lässt sich der entsprechende Zeitpunkt schwer feststellen. In dubio pro reo wird man für die Berechnung der Verjährung auf einen sehr frühen fiktiven Veranlagungszeitpunkt abstellen müssen, für die Frage des Übergangs vom Versuch zur Vollendung auf einen späten (vgl. *Wannemacher/Seipl* Rn. 867; *Simon/Vogelberg* S. 98 sowie Rn. 41 zu § 376). Wie bei anderen Steuerarten fallen auch bei der Verkürzung von ErbSt Vollendung und Beendigung zusammen (vgl. Rn. 40 zu § 376). Zwar beginnt die Festsetzungsfrist etwa bei Schenkungen erst mit Kenntnis der FinB oder dem Tod des Schenkers (§ 170 V Nr. 2); wegen § 171 VII AO würde die Verfolgungsverjährung aber nie eintreten, wenn man eine Beendigung erst mit dem Ablauf der steuerlichen Festsetzungsfrist annähme. Diese Problematik stellte sich früher auch bei der ESt und USt; der BGH hat sie in dem hier vertretenen Sinne gelöst (BGH 11.12.1990, wistra 1991, 215; BGH 10.12.1991, BGHSt 38, 165; Rn. 40 zu § 376).

338 Für den Bereich der Schenkungsteuer geht der BGH von einer Anzeigepflicht aus, die binnen dreier Monate zu erfüllen ist (§ 30 I ErbStG). Er will dann die Veranlagung und deren Bekanntgabe binnen eines weiteren Monats zugrunde legen, so dass vier Monate nach der jeweiligen Schenkung die jeweilige Unterlassungstat vollendet und beendet ist (BGH 25.7.2011, BGHSt 56, 298 Rn. 42).

Die **Zusammenrechnung früherer Erwerbe** (§ 14 ErbStG) ist ebenfalls Gegenstand der Erklärungspflicht iS des § 31 ErbStG. Soweit erstmalig mit einer **zutreffenden** Erbschaftsteuererklärung die Vorerwerbe bekannt werden, sind diese entweder bereits strafrechtlich verjährt oder es liegt insoweit eine Selbstanzeige vor, die unter den Voraussetzungen des § 371 AO zur Straffreiheit führt. Sollte die Selbstanzeige nicht möglich sein, wäre die entsprechende Erbschaftsteuererklärung insoweit unverwertbar (Rn. 45 ff. zu § 393). 339

Werden bei der Abgabe einer Erklärung entsprechende Vorerwerbe **verschwiegen,** hinsichtlich derer bereits eine Steuerhinterziehung durch Unterlassen begangen wurde, liegt eine unrichtige Angabe iS des § 370 I Nr. 1 AO vor. Fraglich ist allerdings, worauf sich der strafrechtliche Vorwurf bezieht. Denkbar wäre folgende Konstruktion: Wer bei einem Todesfall im Jahre 2015 einen seinerzeit nicht erklärten Vorerwerb aus dem Jahre 2006 verschweigt, nimmt der FinB die Möglichkeit, nunmehr noch Schenkungsteuer für das Jahr 2006 festzusetzen. Diese ist steuerlich noch nicht verjährt, da die Festsetzungsfrist erst mit dem Tod des Schenkers oder der Kenntnis der FinB beginnt (§ 170 V Nr. 2). Die seinerzeitige Hinterziehung von Schenkungsteuer wäre strafrechtlich an sich schon mehrere Jahre verjährt (Rn. 337), und selbst mit einer wahrheitsgemäßen Erbschaftsteuererklärung würde bei einem Verschweigen des Vorerwerbs eine neuerliche Steuerhinterziehung für das Jahr 2006 begangen werden. Die Annahme einer straflosen Nachtat hilft nicht weiter, wenn man wie die Rechtsprechung einen Rückgriff auf diese zulässt, wenn die Vortat verjährt ist (vgl. Rn. 7 zu § 376 und BGH 10.2.2015, wistra 2015, 320). Konsequenz wäre eine strafbewehrte Erklärungspflicht, die Jahrzehnte umfassen kann, denn man könnte dann auch argumentieren, dass bei einer Erklärung des Vorerwerbs des Jahres 2006 im Rahmen einer ErbSt-Erklärung für 2006 auch noch (die steuerlich nicht verjährten) Vorerwerbe der Jahre ab 1996 hätten angegeben werden müssen usw. Da dies der gesetzgeberischen Grundwertung (5/10-Jahres-Frist für die Strafverfolgungsverjährung) widerspricht und hier durch die Hintertür die fortgesetzte Tat wieder eingeführt würde, kommt man nur zu einer Lösung, wenn man zwar eine Erklärung der Vorerwerbe fordert, diese aber nur begrenzt auf den aktuellen Steuerfall berücksichtigt (aM BGH 10.2.2015, wistra 2015, 320). Der Vorwurf der Steuerverkürzung durch eine Steuerhinterziehung gemäß § 370 I Nr. 1 AO beschränkt sich dann zunächst auf das nunmehr nicht Erklärte. Da mehrere innerhalb von zehn Jahren von derselben Person anfallende Vermögensvorteile zusammen gerechnet werden (§ 14 I 1 ErbStG; Vorerwerbe) wirkt sich das Geschehen in der Vergangenheit auf die Höhe des Steuersatzes (vgl. § 19 I ErbStG) sowie die mögliche Berücksichtigung von Freibeträgen (§ 16 ErbStG) aus. Dabei ist die für die vorherige Tat geschuldete Erbschaftsteuer auch dann in Abzug zu bringen, wenn sie tatsächlich wegen der Hinterziehung durch Unterlassen nicht festgesetzt und beglichen worden ist. Verkürzt ist also die Steuer auf den neuerlichen Erwerb, nur für den Steuersatz und mögliche Freibeträge kommt es auch auf die Vorerwerbe an. Nämliches gilt für die Steuerhinterziehung durch Unterlassen, bei der die „Kettenreaktion" ebenso denkbar ist. 340

Der **Beginn des Versuchs** ist schwer festzumachen (ebenso *Wannemacher/Seipl* Rn. 861). Soweit eine unrichtige Anzeige nach § 30 ErbStG eingereicht wird, liegt hierin nicht schon ein Anfang der Ausführung, da nach Vorstellung des Täters weitere Schritte – nämlich die Einreichung einer unrichtigen Erklärung – nötig sind. Frühestens mit Abgabe einer unrichtigen Erbschaft- oder Schenkungsteuererklärung liegt ein Anfang der Ausführung iS des § 22 StGB vor. Bei der Steuerhinterziehung durch Unterlassen kommt es durch die Verletzung der Anzeigepflicht, die binnen dreier Monate zu erfüllen ist, noch nicht zu einer Gefährdung des Rechtsgutes. Dieser würde frühestens beginnen, wenn das FA (fiktiv) eine entsprechende Erklärung anfordert und die damit gesetzte Frist ungenutzt verstreicht (Rn. 338). 341

Ist unklar, ob der Erbe bereits bei Abgabe der Steuererklärung um die Unrichtigkeit wusste (§ 370 I Nr. 1) oder dies erst wenig später erkannte (§ 370 I Nr. 2), kann eine Verurteilung auch dann erfolgen, wenn nur die Steuerhinterziehung durch Handeln angeklagt war. Da es um denselben Steueranspruch geht, handelt es sich um eine Tat iS des 342

§ 264 StPO (BGH 11.9.2007, wistra 2008, 22). Dies gilt jedenfalls dann, wenn die Notwendigkeit einer Berichtigung nach § 153 AO dem Erben bereits vor Erlass des Steuerbescheides bewusst war.

343 **Neue Erscheinungsformen der Hinterziehung von Erbschaftsteuer** gibt es, seit für Erbfälle ab 1.1.2009 Verschonungsregelungen für Betriebsvermögen usw. eingeführt wurden. Der Verschonungsabschlag setzt in der gegenwärtigen Fassung voraus, dass über 5 Jahre addiert 400 % einer Ausgangslohnsumme nicht unterschritten werden (§ 13a I ErbStG). Der Erwerber muss – ähnlich der Umsatzsteuer – die Unterschreitung der Ausgangslohnsumme dem Finanzamt innerhalb einer Frist von sechs Monaten nach Ablauf des jeweiligen Wirtschaftsjahres anzeigen (§ 13a VI 1 ErbStG). Da die Vorschriften über die Steueranmeldung gelten und der Steuerpflichtige den Steuerbetrag selbst zu berechnen hat, führt die Nichteinhaltung der Anzeigefrist zu einer vollendeten Steuerhinterziehung.

344 Ein **Verschonungsabschlag** entfällt ebenso rückwirkend wie ein Abzugsbetrag (§ 13a II ErbStG), wenn die Behaltensfrist von sieben Jahren nicht eingehalten wird. Im Hinblick auf diese Frist trifft den Erwerber die Pflicht, den entsprechenden Tatbestand innerhalb einer Frist von einem Monat, nachdem dieser verwirklicht wurde, anzuzeigen. Nach Verstreichen dieser Frist lässt er das FA pflichtwidrig in Unkenntnis (§ 370 I Nr. 2) und es liegt eine versuchte Steuerhinterziehung vor. Ebenso wie bei der unterlassenen Erklärung von Erbschaftsteuer (Rn. 337) wird dann im Schätzungswege der Vollendungszeitpunkt festzustellen sein. Insoweit kommt es darauf an, wann es bei Erfüllung der Anzeigepflicht zu einer Festsetzung von Erbschaftsteuer gekommen wäre.

345 Die Feststellung des Vorsatzes bedarf insbesondere bei den Ersatztatbeständen, aber auch bei der erweiterten unbeschränkten Steuerpflicht (§ 2 mAbs. 1 Nr. 1b ErbStG) besonderer Sorgfalt (vgl. SP-*Schaumburg* Rn. 16.20), wenngleich die Praxis der Strafgerichtsbarkeit nicht eben zurückhaltend ist (vgl. BGH 12.6.2013, wistra 2013, 471).

346 **i) Hinterziehung von Gewerbesteuer.** Ob der Nähe ihrer Bemessungsgrundlage zur steuerlichen Gewinnermittlung wirken sich Fehler dort regelmäßig auch bei der GewSt aus. Besonderheiten mögen sich aus Hinzurechnungen und Kürzungen (§§ 8, 9 GewStG) ergeben. Eine Besonderheit ergibt sich aus dem Zerlegungsverfahren nach § 28 ff. GewStG: Wer in diesem Zusammenhang unrichtige Angaben macht oder gar eine Betriebsstätte verschweigt, begeht eine Steuerhinterziehung zum Nachteil einzelner Gemeinden; dies ist auch dann der Fall, wenn dafür an anderer Stelle zuviel GewSt gezahlt wird. Freilich wird der Vorsatz inder Regel nur nachzuweisen sein, wenn das Vorgehen sich (nur) durch differierende Hebeätze erklären lässt.

347–350 *einstweilen frei*

j) Hinterziehung von Umsatzsteuer

Schrifttum: *Gibhardt,* Hinterziehung von Umsatzsteuer im europäischen Binnenmarkt, 2001; *Hellmann,* Steuerstrafrechtliche Risiken umsatzsteuerfreier innergemeinschaftlicher Lieferungen, wistra 2005, 161; *Nöhren,* Die Hinterziehung von Umsatzsteuer, 2005; *Rolletschke,* Die Strafbarkeit wegen einer unrichtigen strafbefreienden Erklärung, wistra 2005, 410; *Webel,* Schädigung des Umsatzsteueraufkommens, PStR 2005, 259; *Gotzens/Wiese,* Steuerstrafrechtliche Risiken bei Auslandslieferungen, PStR 2006, 151; *Kemper,* Umsatzsteuerkarusselle (§ 370 VO AO und Art. 280 IV EGV), NStZ 2006, 593; *Kußmaul/Hillmer,* Umsatzsteuerbetrug – Ausprägungsformen und bisherige Maßnahmen des Gesetzgebers, SteuerStud 2006, 525; *Tormöhlen,* Steuerstraf- und bußgeldrechtliche Reaktion auf Umsatzsteuer-Karussellgeschäfte, UVR 2006, 207; *Friedrich,* Schädigung des Umsatzsteueraufkommens, PStR 2007, 82; *Bielefeld,* Fortbildung des Umsatzsteuerstrafrechts durch den EuGH?, wistra 2007, 9; *A. Müller,* Die Umsatzsteuerhinterziehung, AO-StB 2008, 80; *Wulf,* Steuerstrafrechtlicher Vorwurf bei innergemeinschaftlichen Lieferungen – grundlegende Änderungen durch die neuere Rechtsprechung, Stbg 2008, 328; *Bülte,* Steuerrechtliche und steuerstrafrechtliche Risiken der Steuerbefreiung innergemeinschaftlicher Lieferungen (§ 6a UStG) im Lichte der neueren Rechtsprechung des EuGH, CCZ 2009, 98; *Hentschel,* Braucht die Steuerfahndung noch den § 370 Abs. 6 Sätze 2, 3 AO?, DStR 2009, 1076; *Moosburger,* Ist seit der EuGH-Entscheidung „Albert Collée“ ein steuerstrafrechtlicher Vorwurf bei innergemeinschaftlichen Lieferungen passe?, Stbg 2009, 260; *Muhler,* Die Umsatzsteuerhinterziehung, wistra 2009, 1; *Ransiek,* § 370 AO und Steuerbefreiungen für innergemeinschaftliche Lieferungen, HRRS 2009, 421; *Sackreuther,* Umsatzsteuerbetrug: Die steuerstrafrechtliche Verantwortung des Unternehmers, PStR 2009, 62; *Sterzinger,* Konsequenzen der missbräuchlichen Geltendmachung der Umsatzsteuerfreiheit bei innergemeinschaftlicher Lieferung, BB

2009, 1563; *Wulf,* Strafbarkeit bei innergemeinschaftlichen Lieferungen – der neue Begründungsansatz des BGH, Stbg 2009, 313; *Bülte,* Das Steuerstrafrecht im Spannungsfeld zwischen der Missbrauchsrechtsprechung des EuGH und dem nullum-crimen-Grundsatz am Beispiel der innergemeinschaftlichen Lieferung, BB 2010, 1759; *Bülte,* Zur Strafbarkeit der Verschleierung von Sanktionsansprüchen als Umsatzsteuerhinterziehung, HRRS 2011, 465; *Jahn/Gierlich,* Strafrechtliche Relevanz umsatzsteuerlicher Nachweispflichten nach dem Urteil des EuGH, SAM 2011, 162; *Gehm,* Steuerliche und steuerstrafrechtliche Aspekte des Umsatzsteuerkarussells, NJW 2012, 1257; *Gehm,* Das Umsatzsteuer-Karussellgeschäft im Licht der aktuellen Rechtsprechung, NWB 2012, 3237; *Walter/Lohse/Dürrer,* Innergemeinschaftliche Lieferung und Mehrwertsteuerhinterziehung in Deutschland und im EU-Ausland, wistra 2012, 125; *Weber,* Die Schuld im Umsatzsteuerkarussell und im Kettengeschäft, BB 2012, 2440; *Madauß,* Aspekte der Umsatzsteuerhinterziehung, NZWiSt 2015, 23.

Die strafrechtliche Beurteilung einer **Hinterziehung von Umsatzsteuer** wirft in den meisten Fällen keine großen Probleme auf. Es handelt sich um eine anzumeldende Fälligkeitsteuer. Wer falsche Angaben im Rahmen einer Voranmeldung macht, wird im Regelfall auch eine Steuerverkürzung verursachen. Wer entgegen seiner Verpflichtung die Voranmeldung nicht einreicht, lässt das FA pflichtwidrig in Unkenntnis und begeht eine Steuerhinterziehung gemäß § 370 I Nr. 2 AO (vgl. RK-*Rolletschke* 200 ff. zu § 370). Dabei stellen nach Auffassung des BGH Vorsteuern insofern einen anderen Grund dar (Rn. 100). Dass trotz der relativ klaren Rechtslage der BGH mit vielen Verfahren befasst wird, mag auch an der Höhe der in solchen Verfahren angesichts der Nähe zum Betrugstatbestand verhängten Strafen liegen. 351

Begangen wird die Hinterziehung von Umsatzsteuer namentlich durch die Abgabe unrichtiger Voranmeldungen, sei es, dass Umsätze verschwiegen, sei es, dass Vorsteuern zu Unrecht in Abzug gebracht werden, oder durch die Nichtanmeldung von Umsätzen. 352

Die **fehlende Berechtigung zum Vorsteuerabzug** ist evident, wenn es sich um eine Scheinrechnung handelt, die Eingang in die Buchhaltung gefunden hat (BGH 16.5.2013, wistra 2013, 353). Gleiches gilt, wenn der Rechnungssteller nur scheinbar ein Unternehmer ist (BGH 22.5.2003, wistra 2003, 344; BGH 6.2.2014, ZWH 2014, 318). „Vorgeschobene" Strohmanngeschäfte zwischen einem „Strohmann" und dem Leistungsempfänger sind umsatzsteuerrechtlich (wie auch zivilrechtlich) unbeachtlich, wenn sie nur zum Schein (vgl. § 41 Abs. 2 AO) abgeschlossen sind, mithin die Vertragsparteien – der „Strohmann" und der Leistungsempfänger – einverständlich oder stillschweigend davon ausgehen, dass die Rechtswirkungen des Geschäfts gerade nicht zwischen ihnen, sondern zwischen dem Leistungsempfänger und dem „Hintermann" eintreten sollen (BGH 5.2.2014, wistra 2014, 191). Weiß der Dritte nicht um die Strohmanneigenschaft des unmittelbar Handelnden, bilden der Strohmann und sein Hintermann nicht etwa eine umsatzsteuerliche Mitunternehmerschaft (vgl. BGH 8.7.2014, wistra 2014, 444), da es eine solche nicht gibt. Gültig ist dann die Feststellung, dass der Hintermann Eigengeschäfte getätigt hat. Im Übrigen kommt es für die Kenntnis um die Hintergründe nicht auf den Zeitpunkt der Voranmeldung, sondern auf den der Leistung an (BGH 1.10.2013, NStZ 2014, 331; BGH 19.11.2014, NStZ-RR 2015, 46; BGH 29.1.2015, wistra 2015, 189). 353

Soweit **Umsatzsteuerkarusselle** (dazu Bericht des BRH 2000, Tz. 68; *Reiß* UR 2002, 561, 565 f.; *Nöhren* 2005 S. 250 ff.; Klein/*Jäger* AO § 370 Rn. 374; *Rolletschke* Rn. 183 ff.) im Raum stehen, liegen die Probleme vielfach im Tatsächlichen, nicht im Rechtlichen. In der Regel werden in diesen Fällen von mehreren Tätern reale oder fingierte Geschäfte abgewickelt: Es wird (scheinbar) aus einem anderen Mitgliedsstaat der EU Ware erworben (innergemeinschaftlicher Erwerb). Der Erwerber („missing trader") veräußert die Ware unter dem Netto-Einstandspreis an einen (mehr oder minder gutgläubigen) Dritten unter offenem USt-Ausweis. Der Dritte veräußert dann weiter – zB wiederum steuerfrei in das Ausland („Distributor") – und zieht die Vorsteuer. Der missing trader meldet die Umsatzsteuer nicht an; die „Beute" wird unter den Akteuren – zB auch mit zwischengeschalteten weiteren Personen („Buffer") – geteilt. Der missing trader macht sich wegen der unterlassenen Anmeldung der Umsatzsteuer strafbar nach § 370 Abs. 1 Nr. 2 AO, andere dolos Beteiligte sind zumindest Teilnehmer an dessen Tat. Ist der missing trader nicht Unternehmer iS des § 2 UStG, begeht eine täterschaftliche Steuerhinterziehung, „wer in Steuer- 354 verkürzungsabsicht Vorsteuer aus Rechnungen geltend macht", die von einer solchen Person gestellt wurden (BGH 22.5.2003, wistra 2003, 344).

355 Wer in einer Rechnung einen höheren als den geschuldeten Steuerbetrag gesondert ausweist (sog. **unrichtiger Steuerausweis**), schuldet nach § 14c I 1 UStG nF den Mehrbetrag. Wer unberechtigt die Steuer ausweist, schuldet gemäß § 14c II 1 UStG nF den ausgewiesenen Betrag (sog. **unberechtigter Steuerausweis;** *Nöhren* 2005, S. 138). Dies betrifft vor allem Kleinunternehmer, bei denen USt nach § 19 I UStG nicht erhoben wird (*Nöhren* 2005, S. 139). Wer solche unberechtigt ausgewiesenen Beträge nicht fristgerecht anmeldet, erfüllt den objektiven Tatbestand der Steuerhinterziehung (*Nöhren* 2005, S. 150). Wer Blankorechnungen ausstellt, die von einem Dritten später vervollständigt werden, erstellt Rechnungen im Sinne des § 14c II 2 UStG. Eine Anmeldepflicht besteht aber erst für den (Vor-) Anmeldungszeitraum, in dem die Rechnung vervollständigt wurde (BGH 15.1.2014, ZWH 2014, 437). Dass er gemäß § 14c II 3 UStG nF die Möglichkeit hat, nach Rückgängigmachung eines Vorsteuerabzugs den entsprechenden Steuerbetrag zu berichtigen, schließt die Strafbarkeit grundsätzlich nicht aus (*Nöhren* 2005, S. 151; BGH 20.3.2002, wistra 2002, 221, 224; BGH 20.2.2001, wistra 2001, 220, 221). Allerdings mag man in der nachträglichen Berichtigung eine Selbstanzeige iS des § 371 AO sehen (*Nöhren* 2005, S. 152; offen gelassen von BGH 11.7.2002, BGHSt 47, 343). Der Verkürzungsschaden in Fällen des unrichtigen oder unberechtigten Steuerausweises ist nach Auffassung des BGH wegen der Berichtigungsmöglichkeit nur ein solcher auf Zeit (BGH 11.7.2002, BGHSt 47, 343, 350). Da aber die Unterscheidung zwischen Verkürzung auf Zeit und auf Dauer grundsätzlich nach dem Vorstellungsbild des Täters erfolgt, ist entscheidend, ob er überhaupt eine Rechnungsberichtigung beabsichtigte (*Nöhren* 2005, S. 153 f.).

356 **Für die Strafzumessung** wird zum Teil gefordert, dass eine vollständige Anrechnung der aus § 14c II UStG nF resultierenden Zahllast auf die Geldstrafe erforderlich sei (*Bornheim/Birkenstock* S. 333; *Klawitter* UR 1997, 83, 87). Tatsächlich wird man im Hinblick auf die verschuldeten Auswirkungen der Tat und die entsprechende Betroffenheit des Zahlungsverpflichteten sicherlich eine solche Entrichtung strafmildernd berücksichtigen, eine pauschale Anrechnung erscheint aber ausgeschlossen (*Nöhren* 2005, S. 155; s. zur Berichtigungsmöglichkeit noch *Rolletschke/Kemper* 233a zu § 370). Allerdings geht der dem Fiskus durch die Erstellung und Verwendung von Scheingutschriften entstandene Steuerschaden in seiner Bedeutung für die Strafzumessung über die Höhe des unberechtigten Vorsteuerabzugs nicht hinaus; der für die Strafzumessung maßgebliche Steuerschaden ist nicht etwa deshalb doppelt so hoch, weil der gemäß § 14c UStG geschuldete Steuerbetrag, der der Möglichkeit eines unberechtigten Vorsteuerabzugs Rechnung tragen sollte, ebenfalls verkürzt wurde. Diesen Zusammenhang zwischen Steuerentstehung gemäß § 14c Abs. 2 Satz 2 UStG und unberechtigtem Vorsteuerabzug muss das Gericht bei der Strafzumessung erkennbar zugunsten des Angeklagten berücksichtigen (BGH 21.8.2014, wistra 2015, 33).

357 In Fällen **innergemeinschaftlicher Lieferungen** war Erfordernis für die Steuerfreiheit zunächst ein formaler Nachweis durch Belege (§ 6a III UStG, § 17a ff. UStDV; vgl. nur BGH 12.5.2005, wistra 2005, 308). Nachdem die Rechtsprechung des Europäischen Gerichtshofes (EuGH 27.9.2007, Rechtsache Collée, DStR 2007, 1811) dieses Erfordernis gelockert hatte, waren die Nachweisanforderungen grundsätzlich keine materiellen Voraussetzungen für die Steuerfreiheit der innergemeinschaftlichen Lieferungen mehr (vgl. auch BFH 6.12.2007, BFHE 219, 496; BGH 19.3.2013, wistra 2013, 463; BFH 21.5.2014, BFH/NV 2014, 1682). Entgegen der Erwartung von *Wulf* (Stbg 2008, 328 ff.; vgl. auch SP-*Peters* Rn. 10.24 ff.) hatte dies aber nicht die Konsequenz, dass die Steuerfreiheit nur noch entfiele, wenn die Ware tatsächlich nicht ins EU-Ausland verbracht wurde oder der Erwerber dort Nichtunternehmer war. Der BGH verneinte eine steuerfreie innergemeinschaftliche Lieferung und nahm eine Steuerpflicht im Inland an, wenn die Lieferung Teil eines Warenkreislaufes war, in dem es darum ging, durch Nutzung der Steuerfreiheit und Ersparnis der Umsatzsteuer die Waren zu verbilligen (BGH wistra 2009, 238). Nachdem der Bundesfinanzhof Zweifel an der Richtigkeit dieser Rechtsauffassung geäußert hatte (BFH

7.7.2009, DStR 2009, 1688), legte der 1. Strafsenat die zu Grunde liegende Rechtsfrage dem europäischen Gerichtshof im Rahmen eines Vorabentscheidungsersuchens vor (BGH wistra 2009, 441). Dieser entschied im Sinne des Bundesgerichtshofs (EuGH 2.12.2012, NStZ 2011, 165) und auch das Bundesverfassungsgericht (BVerfG 16.6.2011, NJW 2011, 3778) hat eine Auslegung für vertretbar gehalten, wonach die Steuerfreiheit einer innergemeinschaftlichen Lieferung entfalle, wenn der Lieferant kollusiv mit dem Erwerber im EU-Staat die dortige Erwerbsbesteuerung vermeide (siehe BGH 20.10.2011, NJW 2011, 3797). Die Strafbarkeit wegen Steuerhinterziehung tritt nach Streichung des § 370 VI 2 und 3 neben die wegen der Beihilfe zur Umsatzsteuerhinterziehung im Empfängerstaat. Eine solche Beihilfe des deutschen Lieferanten kam wegen § 370 VI 2 AO und der fehlenden Rechtsverordnung nach Abs. 6 Satz 4 bislang nicht in Betracht (*Hellmann* wistra 2005, 161, 162).

Eine ähnliche Problematik ergibt sich für den **Vorsteuerabzug,** wenn der Leistungs- 358
empfänger für möglich hält oder gar weiß, dass der Lieferant die in Rechnung gestellte und vereinnahmte USt nicht anmelden und/oder nicht abführen wird. Soweit der EuGH (12.1.2006, wistra 2006, 177) jedem Empfänger einer Leistung den Abzug der Vorsteuern versagt, der weiß oder hätte wissen müssen, dass die Lieferung an ihn in einen Umsatzsteuerbetrug mündet, kann dies strafrechtlich kaum durchschlagen (vgl. *Bielefeld* wistra 2007, 9). Ein Wissenmüssen reicht allemal nicht (vgl. BGH 1.10.2013, wistra 2014, 141). Zweifelhaft ist aber, ob zB das Wissen um die Nichtzahlung trotz Anmeldung, also eines Falls der §§ 26b, 26c UStG, schon das Recht zum Vorsteuerabzug nimmt. Dagegen spricht, dass nach deutschem Verständnis das Nichtzahlen trotz ordnungsgemäßer Anmeldung dem § 370 I Nr. 1 AO nicht unterfällt (*Bielefeld* wistra 2007, 9, 12). Überdies sind die zivilrechtlichen Folgen einer solchen Konstruktion erstaunlich: Der Schuldner/Leistungsempfänger müsste dann ein Zurückbehaltungsrecht hinsichtlich der USt haben. Er löst aber mit der Zahlung schon USt aus dem Nettobetrag aus. Bedenkt man, dass der Gesetzgeber in § 13b UStG die Steuerschuldnerschaft des Leistungsempfängers (abschließend) geregelt hat und die Lösung des EuGH letztlich auf eine solche hinausläuft, spricht alles gegen eine Übertragung dieser Rechtsprechung auf das Steuerstrafrecht. Zum Vorsteuerabzug aus Anzahlungen vgl. BGH 14.1.2015, wistra 2015, 273.

Ob die gesunkenen Nachweisanforderungen (Rn. 357) auch für die Ausfuhr in Dritt- 359
staaten gelten, ist zweifelhaft (dafür offenbar Klein/*Jäger* AO § 370 Rn. 384). Das Europarecht erfordert dies nicht. Aber auch der BGH will bei den Nachweispflichten nicht zwischen innergemeinschaftlichen Lieferungen und Ausfuhrlieferungen differenzieren (BGH 19.8.2009, BGHSt 54, 133). Die alte Rechtsprechung (BGH 8.2.1983, BGHSt 31, 248) wurde aufgegeben.

Die Einreichung einer Umsatzsteuervoranmeldung, in der zum Vorsteuerabzug berechti- 360
gende steuerpflichtige Umsätze statt der tatsächlich vorliegenden, nicht zum Vorsteuerabzug berechtigenden anderen Steuerbeträge (gemäß § 14c Abs. 3 Satz 2 UStG) angemeldet werden, kann als Beihilfe zu einer Steuerhinterziehung des Ausstellers der Gutschriften gewertet werden (BGH 3.12.2013, wistra 2014, 144).

Wird in einer Steuervoranmeldung ein Erstattungsbetrag geltend gemacht, dem die 361
Finanzbehörde nicht zustimmt, liegt nach Auffassung des BGH selbst dann nur eine versuchte Steuerhinterziehung vor, wenn in Wirklichkeit eine hohe Zahllast hätte angemeldet werden müssen (BGH 19.3.2013, wistra 2013, 463; BGH 23.7.2014, wistra 2014, 486; BGH 7.10.2014, wistra 2015, 188). Bei Steueranmeldungen mit Vorsteuerüberschuss tritt der Vollendungserfolg erst mit Zustimmung der Finanzbehörde ein (§ 168 Satz 2 AO). Deshalb muss das tatrichterliche Urteil entsprechende Feststellungen enthalten (BGH 7.10.2014, wistra 2015, 188). Zum Versuchsbeginn bei Einschaltung eines Tatmittlers s. BGH 6.2.2014, wistra 2015, 29.

einstweilen frei 362–370

8. Besonderheiten bei Verbrauchsteuern

Schrifttum: *Rendels,* Schwerpunkte des Verbrauchsteuer-Binnenmarktgesetzes, DStR 1993, 114; *Jatzke,* Das neue Verbrauchsteuerrecht, BB 1993, 41; *Jarsombeck,* Privates Verbringen im verbrauchsteuerrechtlichen Binnenmarkt, AWPrax 2001, 419; *Bender,* Zur Hinterziehung der Branntweinsteuer durch Entziehung der Ware aus dem Steueraussetzungsverfahren, wistra 2003, 147; *Reiche/Reiche,* Entziehen aus dem Steueraussetzungsverfahren im deutschen Verbrauchsteuerrecht – BFH contra BGH?, ZfZ 2003, 146; *Weidemann,* Verbrauchsteuern als Fälligkeit- und Veranlagungsteuern unter dem Blickwinkel des Steuerstrafrechts, ZfZ 2008, 97; *Buse/Bohnert,* Steuerstrafrechtliche Änderungen zur Bekämpfung des Umsatz- und Verbrauchsteuerbetruges, NJW 2008, 618; *Weidemann,* Verbrauchsteuern als Fälligkeit- und Veranlagungsteuern unter dem Blickwinkel des Steuerstrafrechts, ZfZ 2008, 97; *Jäger,* Die Auswirkungen der Osterweiterung der Europäischen Union auf das deutsche Steuerstrafrecht, Festschrift für Knut Amelung zum 70. Geburtstag, 2009 S. 447; *Tully/Bruns* Selbstanzeige und Verbrauchsteuerstrafrecht, ZfZ 2010, 294; *Leplow,* Zoll- und Verbrauchsteuerstrafrecht: BGH-Rechtsprechung von Juni 08 bis Februar 11, PStR 2011, 207; *Möller/Retemeyer,* Neues aus dem Zoll- und Verbrauchsteuerstrafrecht 2011, ZfZ 2011, 288 und 2013, 313; *Tully/Merz* Zur Strafbarkeit der Hinterziehung ausländischer Umsatz- und Verbrauchsteuern nach der Änderung des § 370 VI im JStG 2010, wistra 2011, 121; *Retemeyer/Möller,* Strafrechtlich relevanter Schaden bei der Hinterziehung von Verbrauchsteuern, PStR 2013, 49; *Seer,* Die besonderen Verbrauchsteuern und die Umsatzsteuer – ein unabgestimmtes Konglomerat, ZfZ 2013, 146; *Leplow,* Abweichungen im Zoll- und Verbrauchsteuerstrafrecht vom Besteuerungsverfahren, wistra 2014, 421. Zu den Erscheinungsformen der Steuerhinterziehung im Verbrauchsteuerrecht vgl. auch *Bender/Möller/Retemeyer,* Steuerstrafrecht – Mit Schwerpunkt Zoll- und Verbrauchsteuerstrafrecht, Rn. C 1489 ff.
Weiteres Schrifttum s. vor Rn. 376

371 **a) Begriff und Erscheinungsformen der Verbrauchsteuerhinterziehung.** Der Begriff der Verbrauchsteuerhinterziehung umfasst die Hinterziehung von Verbrauchsteuern mit Ausnahme derjenigen, die als Einfuhrabgaben geschuldet werden (§ 1 I 3 ZollVG); denn für diese gelten die Vorschriften über die Zölle entsprechend (Rn. 445). Die Hinterziehung von harmonisierten Verbrauchsteuern iSv Art. 1 I der Verbrauchsteuersystemrichtlinie 2008/118/EG des Rates vom 16.12.2008 (ABl. EU 2009 Nr. L 9 S. 12, zuletzt geändert durch die Richtlinie 2013/61/EU vom 17.12.2013, ABl. EU Nr. L 353 S. 5), die von einem anderen Mitgliedstaat der EU verwaltet werden, ist gemäß § 370 VI 1 AO ebenfalls mit Strafe bedroht. Die Verweisung auf die Richtlinie dient dabei lediglich der begrifflichen Konkretisierung des Begriffs der Verbrauchsteuern (BGH 20.11.2013, wistra 2014, 145). Eine vorübergebend fehlerhafte Verweisung des Gesetzgebers auf die Vorgängerrichtlinie, die bereits außer Kraft getreten war, konnte daher ebenfalls den Zweck der Begriffskonkretisierung erfüllen; Taten zwischen Aufhebung der Vorgängerrichtlinie und Anpassung der Verweisung an das neue Unionsrecht sind daher verfolgbar (BGH wistra 2014, 145).

372 Große praktische **Bedeutung** hat die Hinterziehung von Verbrauchsteuern bei der Heizölverdieselung (Verkürzung von Energiesteuer) und in Gestalt der Hinterziehung von Tabak-, Branntwein- und Biersteuer. Ein Großteil der Verbrauchsteuern wird dabei im Zusammenhang mit dem Überschreiten von Binnengrenzen der EU verkürzt.

373 Die einzelnen Verbrauchsteuergesetze stellen für die Steuerentstehung nicht allgemein auf den „Verbrauch", sondern auf die **Überführung in den steuerrechtlich freien Verkehr** – und damit auf einen *Realakt* – ab. Verbrauchsteuerpflichtige Waren befinden sich entweder im verbrauchsteuerrechtlich freien Verkehr oder in einem Verfahren der Steueraussetzung bzw in einem zollrechtlichen Nichterhebungsverfahren. Der Straftatbestand der Steuerhinterziehung (§ 370 AO) setzt demgegenüber nicht an dem Realakt der Überführung in den steuerrechtlich freien Verkehr, sondern an der Verletzung von *steuerrechtlichen Erklärungspflichten* an, die der Gesetzgeber an die Steuerentstehung geknüpft hat (vgl. GJW/*Tully* AO § 370 Rn. 517). Bei steuerfreien Verwendungen kommt es nicht zu einer Steuerentstehung. Hierbei handelt es sich um Verwendungen, die entweder von Gesetzes wegen – erlaubnisunabhängig – steuerbefreit sind oder die für die Steuerbefreiung einer allgemeinen Erlaubnis oder einer (statusbegründenden) förmlichen Einzelerlaubnis bedürfen (zu den Einzelheiten vgl *Retemeyer/Möller* PStR 2013, 49). Ist die Verbrauchsteuer – etwa durch Entnahme aus einem Steuerlager, ohne dass sich ein Steueraussetzungsverfahren angeschlossen hat – entstanden, besteht kein Wahlrecht, diesen Vorgang nachträglich in ein

Steueraussetzungsverfahren umzuwandeln, sodass die Steuer wieder wegfiele (vgl BFH 20.2.2012, ZfZ 2013, 27).

Häufige Erscheinungsformen der Verbrauchsteuerhinterziehung sind: 374

- *Entfernen von Waren aus einem Steuerlager* ohne anschließende Erklärung der dabei entstanden Steuer in einer Steuererklärung bzw. Steueranmeldung;
- *Missbrauch steuerbegünstigter Verfahren,* zB zweckwidrige Verwendung von Mineralöl (sog. Heizölverdieselung);
- *Hinterziehung von Branntweinabgaben* durch „Schwarzbrennen" oder Erschleichen eines überhöhten Übernahmegeldes;
- *Entziehung von Waren aus einem Steueraussetzungsverfahren* ohne anschließende Erklärung der dabei entstanden Steuer in einer Steuererklärung bzw. Steueranmeldung;
- *Bezug oder Verbringen verbrauchsteuerpflichtiger Waren (zB Tabakwaren) aus einem anderen EU-Mitgliedstaat* ohne entsprechende Angaben in einer Steuererklärung bzw. Steueranmeldung.

Nicht selten stehen die Taten im **Zusammenhang mit Buchhaltungs- und Urkundendelikten,** mit denen die Steuerverkürzungen verschleiert werden. 375

b) Hinterziehung von Tabaksteuer

Schrifttum: *Hampel,* Steuerhinterziehung bei Verbringen von Tabakwaren aus dem freien Verkehr eines Mitgliedstaates der EU in das Steuergebiet der Bundesrepublik Deutschland, ZfZ 1996, 358; *Allgayer/Sackreuther,* §§ 52 ff. StGB: Konkurrenzen bei der illegalen Einfuhr von Zigaretten, PStR 2009, 44; *Jäger,* Die Auswirkungen der Osterweiterung der Europäischen Union auf das deutsche Steuerstrafrecht, Festschrift für Knut Amelung zum 70. Geburtstag, 2009 S. 447; *Weidemann,* Vorbereitungshandlung und Versuch bei Tabaksteuerhinterziehung, wistra 2009, 174; *Bongartz/Schröer-Schallenberg,* Verbrauchsteuerrecht, 2. Aufl., 2011; *Middendorp,* Verbringen von Tabakwaren des steuerrechtlich freien Verkehrs anderer Mitgliedstaaten, ZfZ 2011, 197; *Höll,* Neufassung des Tabaksteuergesetzes, PStR 2011, 50; *Weidemann,* Tabaksteuerstrafrecht, wistra 2012, 1 und 2012, 49; *Wegner,* Tabaksteuerentstehung beim Zigarettenschmuggel in Privatfahrzeugen, PStR 2013, 188; *Weidemann,* Steuerschuldnerschaft und strafrechtliche Verantwortlichkeit bei Verbringung von Tabakwaren, wistra 2013, 422; *Leplow,* Abweichungen im Zoll- und Verbrauchsteuerstrafrecht vom Besteuerungsverfahren, wistra 2014, 421; *Allgayer/Sackreuther,* Anmerkung zum Beschluss des BFH vom 12.12.2012 (VII R 44/11) – Zu dem Empfängerbegriff im Sinne des Tabakgesetz, NZWiSt 2014, 235; *Weidemann,* Anmerkung zum Urteil des EuGH vom 3 .7. 2014 (C-165/13), wistra 2014, 433; *Rüsken,* Anmerkung zum Urteil des EuGH vom 3 .7. 2014 (C-165/13), ZfZ 2014, 255, 256; *Jäger,* Stellung, Abgrenzung und Sanktionierung der Steuerhinterziehung im Strafrechtssystem, DStJG 38, 29; *Weidemann,* Anm. zum Urteil des BFH v. 11.11.2014 (VII R 44/11), ZfZ 2015, 111.

Erhebliche Steuerausfälle entstehen durch die **Hinterziehung von Tabaksteuer.** 376

Die Tabaksteuer ist durch **Verwendung von Steuerzeichen,** die wie Briefmarken eine geldähnliche Funktion haben, zu entrichten; dies geschieht durch Entwerten und Anbringen der Steuerzeichen an den Kleinverkaufspackungen (spätestens) zum Zeitpunkt der Steuerentstehung (§ 17 I TabStG). 377

§ 17 TabStG Verwendung von Steuerzeichen, Steueranmeldung, Steuererklärung

(1) [1] Für Tabakwaren ist die Steuer durch Verwendung von Steuerzeichen zu entrichten. [2] Die Verwendung umfasst das Entwerten und das Anbringen der Steuerzeichen an den Kleinverkaufspackungen. [3] Die Steuerzeichen müssen verwendet sein, wenn die Steuer entsteht.

(2)–(4) ...

Diese **Erhebungstechnik** ist eine nur im Tabaksteuerrecht vorgesehene Besonderheit. Der entscheidende Wert der Steuerzeichen liegt in ihrer Publizitätswirkung. Sie müssen deshalb bereits vor der Steuerentstehung, dh der Entnahme in den freien Verkehr verwendet sein, auch wenn sie erst danach ihre steuerrechtliche Wirkung entfalten. Im Zeitpunkt der Steuerentstehung wird der Tabaksteueranspruch durch die verwendeten Steuerzeichen innerhalb einer logischen Sekunde sofort mit der Folge des Erlöschens erfüllt (*Bongartz/Schröer-Schallenberg,* Verbrauchsteuerrecht Rn. K50 ff. S. 383 ff.). Für die Erhebung tritt an die Stelle der erloschenen Tabaksteuer die durch den Bezug der Steuerzeichen entstandene Steuerzeichenschuld (*Bongartz/Schröer-Schallenberg,* Verbrauchsteuerrecht Rn. K54 S. 385). Da die 378

Verwendung der Steuerzeichen lediglich die Erhebung der Tabaksteuer betrifft, sind Tabakwaren, für die keine Steuerzeichen verwendet wurden, auch dann „versteuert“, wenn sie einen Steuerentstehungstatbestand (zB bei „Schmuggelware“ gemäß § 23 TabStG) verwirklicht haben (*Bongartz/Schröer-Schallenberg,* Verbrauchsteuerrecht Rn. K55 S. 385). Die Steuerzeichen sind ausschließlich beim Hauptzollamt Bielefeld zu beziehen (§ 32 I TabStV). Bezugsberechtigt sind gemäß § 17 II 1 TabStG der Hersteller und der Einführer sowie nach § 17 II 2 TabStG alle weiteren Personen, die zur Bestimmung des Kleinverkaufspreises berechtigt sind.

379 Die **Steuerentstehung** tritt zum Zeitpunkt der Überführung von Tabakwaren in den steuerrechtlich freien Verkehr ein, es sei denn, es schließt sich eine Steuerbefreiung an (§ 15 I TabStG). Wenn die Tabaksteuer entsteht, müssen die Steuerzeichen angebracht sein (§ 17 I 3 TabStG). Tabakwaren werden in den steuerrechtlich freien Verkehr überführt durch

- **die Entnahme aus einem Steuerlager,** es sei denn, es schließt sich ein weiteres Verfahren der Steueraussetzung an; einer Entnahme steht der Verbrauch im Steuerlager gleich (§ 15 II Nr. 1 TabStG);
- die **Herstellung ohne Erlaubnis** nach § 6 TabStG (§ 15 II Nr. 2 TabStG);
- eine **Unregelmäßigkeit** nach § 14 TabStG **während der Beförderung** unter Steueraussetzung (§ 15 II Nr. 4 TabStG).

Aus anderen Mitgliedstaaten der EU können Tabakwaren von registrierten Empfängern **unter Steueraussetzung** bezogen werden (§ 12 I Nr. 2 Buchst. b, § 7 TabStG). Die Tabaksteuer entsteht dann mit der **Entnahme aus dem Verfahren unter Steueraussetzung** bei Aufnahme in den Betrieb des registrierten Empfängers (§ 15 II Nr. 3 TabStG). Zu diesem Zeitpunkt müssen die Steuerzeichen verwendet sein (§ 17 I 3 TabStG). Eine Verwendung der Steuerzeichen durch den registrierten Empfänger kommt aufgrund des besonderen Steuerzeichensystems somit nicht in Betracht (*Bongartz/Schröer-Schallenberg,* Verbrauchsteuerrecht Rn. K90 S. 398). Zur Steuerentstehung beim gewerblichen Verbringen aus dem steuerrechtlich freien Verkehrs eines anderen EU-Mitgliedstaats s. Rn. 384 ff.

380 Tabaksteuer wird – außer bei der Einfuhr in das Gebiet der Europäischen Union als Einfuhrabgabe (s. dazu Rn. 445) – häufig durch **Unterlassen** hinterzogen.

381 Wer pflichtwidrig die Verwendung von Steuerzeichen unterlässt, handelt tatbestandsmäßig im Sinne von **§ 370 I Nr 3 AO.** Nach dieser Vorschrift macht sich strafbar, wer pflichtwidrig die Verwendung von Steuerzeichen oder Steuerstempeln unterlässt und dadurch Steuern verkürzt. Gemäß § 17 I 1 TabStG ist die Steuer für Tabakwaren durch Verwendung von Steuerzeichen zu entrichten; die Steuerzeichen müssen entwertet und an den Kleinverkaufspackungen angebracht sein, wenn die Steuer entsteht (§ 17 I 2, 3 TabStG). Gemäß § 370 I Nr. 3 AO strafbar ist daher etwa Entnahme von Tabakwaren aus dem Steuerlager durch den Hersteller (Steuerlagerinhaber) ohne vorherige Verwendung von Steuerzeichen (§ 17 I 3 TabStG iVm § 15 II Nr. 1, IV Nr. 1 TabStG).

382 Eine Steuerhinterziehung durch Unterlassen im Sinne von **§ 370 I Nr 2 AO** begeht, wer zB als Steuerschuldner bei einem der nachfolgenden **Steuerentstehungssachverhalte** entgegen einer steuerlichen Erklärungspflicht (zB § 17 III TabStG) als Steuerschuldner keine Steueranmeldung bzw Steuererklärung abgibt:

- *Entfernen von Tabakwaren aus einem Steuerlager* (§ 15 II Nr. 1, IV 1 Nr. 1 iVm § 17 III TabStG);
- *sonstige Entziehung von Tabakwaren aus dem Verfahren der Steueraussetzung* (§ 15 II Nr. 4, IV 1 Nr. 4 iVm § 17 III TabStG);
- *Verbringen von Tabakwaren des freien Verkehrs anderer EU-Mitgliedstaaten* in das Steuergebiet der Bundesrepublik Deutschland (§ 23 I 3 iVm § 17 I TabStG);
- *nachträgliche Änderung des Kleinverkaufspreises* (§ 153 I Nr. 2 AO);
- *steuerfreier Verkauf von Deputaten an* Dritte (§ 30 III TabStG).

383 Werden Zigaretten in einem **Steuerlager** zum Verbrauch entnommen oder aus einem Steuerlager entfernt, ohne dass sich ein weiteres Steueraussetzungsverfahren (zB Beförderungen gemäß §§ 10 ff. TabStG) anschließt, entsteht die Tabaksteuer (§ 15 II Nr 1 TabStG). Im Falle einer unrechtmäßigen Entnahme hat die Person, die die Tabakwaren entnommen hat oder in deren Namen die Tabakwaren entnommen worden sind, sowie jede Person, die an der unrechtmäßigen Entnahme beteiligt war (§ 15 IV 1 Nr. 1 TabStG), unverzüglich eine Steuererklärung abzugeben (§ 17 III TabStG). Erklärungspflichtig ist somit etwa auch ein Dieb. Verletzt er diese Pflicht, ist er gemäß § 370 I Nr. 2 AO strafbar. Der Steuerlagerinhaber, der zur Entnahme berechtigt ist, hat vor der Entnahme Steuerzeichen anzubringen. Tut er dies nicht, ist er gemäß § 370 I Nr. 3 AO strafbar.

Das **Verbringen zu gewerblichen Zwecken** und der Versandhandel aus dem freien 384
Verkehr eines anderen Mitgliedstaats der EU außerhalb eines Verfahrens unter Steueraussetzung werden in § 23 TabStG geregelt; das Verbringen durch eine Privatperson zum Eigenverbrauch ist steuerfrei (§ 22 I TabStG). Das Verbringen ist dabei ein Realakt; auf eine Kenntnis des Handelnden vom Vorhandensein verbrauchsteuerpflichtiger Waren kommt es nicht an (BFH v. 10.10.2007, BFHE 218, 469).

Einfuhrabgaben, auf die die Vorschriften des Zollrechts Anwendung finden, werden 385
beim Überschreiten von EU-Binnengrenzen **nicht verkürzt,** da Einfuhr lediglich das unmittelbare Verbringen von Nichtgemeinschaftsware in das Zollgebiet der EU ist (BGH 27.1.2015 – 1 StR 613/14, wistra 2015, 236). Die gemäß Art. 40 ZK (Art. 139 UZK) für den Eingang von Waren in das Zollgebiet der EU vorgeschriebene Pflicht zur Gestellung der Waren besteht an den EU-Binnengrenze nicht. Ob die verbrauchsteuerpflichtigen Waren in dem anderen Mitgliedstaat legal oder illegal in den steuerrechtlich freien Verkehr gelangt sind, ist ohne Bedeutung. Maßgeblich ist allein, ob sie sich überhaupt in einem Mitgliedstaat der EU im freien Verkehr befunden haben, bevor sie in das Steuergebiet der Bundesrepublik Deutschland verbracht worden sind.

Werden Tabakwaren, an denen keine deutschen Steuerzeichen angebracht sind, zu 386
gewerblichen Zwecken **aus dem steuerrechtlich freien Verkehr eines anderen Mitgliedstaates** der EU in das deutsche Steuergebiet verbracht oder versandt, entsteht die Tabaksteuer, wenn die Tabakwaren in Deutschland erstmals zu gewerblichen Zwecken in Besitz gehalten werden (§ 23 I 1 TabStG). Unerheblich ist dabei, ob der Verbringer oder Versender von den Tabakwaren Kenntnis hatte (vgl. BFH 10.10.2007, DStRE 2008, 380, 382). Steuerschuldner ist, wer die Lieferung vornimmt oder die Tabakwaren in Besitz hält und der Empfänger, sobald er Besitz an den Tabakwaren erlangt hat (§ 23 I 2 TabStG). Der Steuerschuldner handelt pflichtwidrig im Sinne von **§ 370 I Nr. 2 AO,** wenn er nicht gem. § 23 I 3 TabStG iVm § 17 I TabStG unverzüglich eine Steuererklärung abgibt (BGH 8.7.2014, wistra 2014, 486; BGH 28.8.2008, BGHR AO § 370 I Konkurrenzen 20 = wistra 2008, 470; BGH 1.2.2007, wistra 2007, 224; BGH 14.3.2007, wistra 2007, 262, 264 zu § 19 S 3 TabStG aF). Das Erfordernis unverzüglichen Handelns gebietet, das nächstgelegene Hauptzollamt als zuständige Finanzbehörde (§ 6 II Nr. 5 AO) aufzusuchen und dort eine Steuererklärung abzugeben. Der Umstand, dass die Tabakwaren dann gemäß § 23 I 5 TabStG iVm § 215 AO sicherzustellen und gemäß § 216 AO in das Eigentum des Bundes zu überführen sind, macht die Abgabe der Steuererklärung nicht unzumutbar.

Hat sich der Täter bereits mit der Übernahme der Tabakwaren in einem anderen Mit- 387
gliedstaat wegen einer in Deutschland verfolgbaren Steuerhehlerei (§ 374 AO) strafbar gemacht, steht dies auch im Hinblick auf das **Verbot des Zwangs zur Selbstbelastung** (sog. Nemo-tenetur-Grundsatz) seiner strafbewehrten Pflicht zur Abgabe einer Steuererklärung über die Zigaretten nach Verbringen in das deutsche Steuergebiet (§ 370 I Nr. 2 AO iVm § 23 I 3 TabStG) nicht entgegen (vgl. BGH v. 28.8.2008, BGHR AO § 374 Konkurrenzen 3 = wistra 2008, 470). Dasselbe gilt im Hinblick auf eine Strafbarkeit nach § 370 I Nr. 3 AO wegen Nichtverwendung von Steuerzeichen. Denn die Erklärungspflicht aus § 23 I 3 TabStG bezieht sich allein auf die zur Festsetzung der deutschen Tabaksteuer erforderlichen Angaben (vgl. das Formular 1625 der Zollverwaltung: Steuererklärung für Tabakwaren). Angaben zu in einem anderen EU-Mitgliedstaat etwa entstandenen Einfuhrabgaben oder Verbrauchsteuern werden von dieser Erklärungspflicht nicht erfasst. Auch

muss nicht angegeben werden, wann und unter welchen Umständen der Steuerschuldner den Besitz an den nicht mit deutschen Steuerzeichen versehenen Tabakwaren erlangt hat.

§ 23 TabStG Tabakwaren des steuerrechtlich freien Verkehrs anderer Mitgliedstaaten, Versandhandel

388 (1) [1] Werden Tabakwaren in anderen als den in § 22 Absatz 1 genannten Fällen entgegen § 17 Absatz 1 aus dem steuerrechtlich freien Verkehr eines anderen Mitgliedstaats in das Steuergebiet verbracht oder werden diese dorthin versandt (gewerbliche Zwecke), entsteht die Steuer, wenn die Tabakwaren erstmals zu gewerblichen Zwecken in Besitz gehalten werden. [2] Steuerschuldner ist, wer die Lieferung vornimmt oder die Tabakwaren in Besitz hält und der Empfänger, sobald er Besitz an den Tabakwaren erlangt hat. [3] Der Steuerschuldner hat über Tabakwaren, für die die Steuer entstanden ist, unverzüglich eine Steuererklärung abzugeben. [4] Die Steuer ist sofort fällig. [5] Die Tabakwaren sind nach § 215 Abgabenordnung sicherzustellen.

(2)–(4) …

§ 22 TabStG Erwerb durch Privatpersonen

(1) Tabakwaren, die eine Privatperson für ihren Eigenbedarf in anderen Mitgliedstaaten im steuerrechtlich freien Verkehr erwirbt und selbst in das Steuergebiet befördert (private Zwecke), sind steuerfrei.

(2)–(4) …

389 Der Hauptzweck des § 23 TabStG besteht nicht in der Normierung eines Steuerentstehungstatbestands, sondern in einem **Verbot des Verbringens** oder Versendens von Tabakwaren des steuerrechtlich freien Verkehrs **ohne** vorschriftsmäßig verwendete **deutsche Steuerzeichen** (*Bongartz/Schröer-Schallenberg,* Verbrauchsteuerrecht Rn. K96 S. 399). Verbotswidrig ohne deutsche Steuerzeichen nach Deutschland in den steuerrechtlich freien Verkehr verbrachte Tabakwaren sind nach § 215 AO sicherzustellen (§ 23 I 5 TabStG). Dies gilt unabhängig davon, welche Person die Tabakwaren verbracht, versendet oder empfangen hat. Von § 23 TabStG nicht erfasst werden Tabakwaren, die mit deutschen Steuerzeichen versehen sind, etwa weil ein zum Bezug von Steuerzeichen gemäß § 17 II TabStG berechtigter Hersteller Versender ist und die Steuerzeichen verwendet hat.

390 Der Verbringer hat **keine Wahlmöglichkeit,** ob er Steuerzeichen verwendet oder ob er stattdessen die Tabaksteuer unverzüglich nach dem Verbringen bei den Zollbehörden anmeldet. Er muss, will er sich nicht nach § 370 I Nr. 3 AO strafbar machen, vor dem Verbringen der Tabakwaren nach Deutschland Steuerzeichen verwenden. Denn die Anmeldung im Fall des § 23 I 3 TabStG dient nicht der Abfertigung der Tabakwaren für den steuerrechtlich freien Verkehr; sie soll allein die Erhebung der gemäß § 23 I 2 TabStG entstandenen Tabaksteuer und die Sicherstellung (§ 215 AO) und Einziehung der Tabakwaren (§ 375 II AO) der nicht ordnungsgemäß in den steuerrechtlich freien Verkehr überführten Tabakwaren gewährleisten.

391 Im Falle der **Nichtverwendung deutscher Steuerzeichen beim Verbringen** unversteuerter Tabakwaren aus einem anderen EU-Mitgliedstaat nach Deutschland zu gewerblichen Zwecken ist der Verbringer nicht nur Steuerschuldner der Tabaksteuer (vgl. § 23 I 2 TabStG), sondern auch tauglicher Täter einer Steuerhinterziehung gemäß **§ 370 I Nr. 3 AO** (vgl. zu § 19 TabStG aF BFH 9.7.1996 – VII B 14/96, BFH/NV 1996, 934; FG Düsseldorf v. 1.12.1995 – 4 V 5144/95 A [H], ZfZ 1996, 152; *Jäger* Amelung-FS, S. 447, 165). Er muss dafür Sorge tragen, dass für die Tabakwaren beim Eingang in das Steuergebiet der Bundesrepublik Deutschland deutsche Steuerzeichen verwendet sind.

392 Soweit vertreten wird, Täter einer solchen Straftat könne nur derjenige Steuerschuldner sein, der selbst berechtigt ist, deutsche Steuerzeichen zu beziehen (Schreiben des BMF vom 14.6.2007 – III B 7 – S 0701/07/0003; *Hampel* ZfZ 1996, 358; *Weidemann* ZfZ 2008, 97, 99; *Weidemann* wistra 2012, 1, 6), ist dem nicht zu folgen (glA *Middendorp,* ZfZ 2011, 197, 204 mwN; *Allgayer/Sackreuther* PStR 2009, 44, 46). Bei § 370 I Nr. 3 AO handelt es sich um kein Sonderdelikt, das zur Umgrenzung des Täterkreises Statusbezeichnungen verwendet (vgl. dazu MüKoStGB/*Radtke* StGB § 14 Rn. 36); insbesondere enthält dieser

Straftatbestand keine Eingrenzung des Täterkreises auf „berechtigte Bezieher" von Steuerzeichen. Zur Verwendung der Steuerzeichen ist daher auch derjenige verpflichtet, der durch das Verbringen der Tabakwaren in das Steuergebiet gemäß § 23 I 2 TabStG Steuerschuldner wird. Seine Pflicht zur Verwendung von Steuerzeichen ergibt sich aus § 23 I 2 iVm § 17 I 3 TabStG. Gelingt es dem Besitzer der Tabakwaren nicht, Steuerzeichen von einem zur Bestellung von Steuerzeichen Berechtigten anbringen zu lassen, ist ihm regelmäßig zumutbar, das Verbringen der Tabakwaren aus dem anderen Mitgliedstaat zu unterlassen, sofern nicht die Beförderung in einem Steueraussetzungsverfahren erfolgen kann.

Umstritten ist in solchen Fällen das **Konkurrenzverhältnis der Hinterziehungstaten** 393
gemäß § 370 I Nr. 2 AO und § 370 I Nr. 3 AO (vgl. GJW/*Tully* AO § 370 Rn. 524).

Im Hinblick auf die an die Verletzung unterschiedlicher Handlungspflichten anknüpfende 394
Strafbarkeit können beide Straftatbestände nebeneinander verwirklicht werden und **schließen** sie **sich tatbestandlich nicht aus.** Insbesondere handelt es sich bei der Strafnorm des § 370 I Nr. 3 AO auch nicht lediglich um einen Auffangtatbestand, der als subsidiär hinter die Tatbestände des § 370 I Nr. 1 und 2 AO zurücktritt (glA *Middendorp* ZfZ 2011, 197; *Allgayer/Sackreuther* PStR 2009, 44, 46; aA *Hampel* ZfZ 1996, 358).

Angesichts der engen Verzahnung der Pflichten, an deren Verletzung die beiden Straftat- 395
bestände anknüpfen, sowie des Umstandes, dass beide Pflichten der Sicherung des Steueraufkommens für die betroffenen Tabakwaren dienen, spricht vieles für die Annahme von **Tateinheit** (§ 52 StGB; vgl. auch *Middendorp* ZfZ 2011, 197 mwN). Allerdings entstehen die Pflichten zeitlich nacheinander und sind sie auf unterschiedliche Handlungen gerichtet, die sich nicht überschneiden. Die primäre Pflicht ist die Entrichtung der Tabaksteuer durch die Verwendung von Steuerzeichen (Steuerbanderolen) vor Überführung der Tabakwaren in den freien Verkehr. Erst und nur, wenn der Täter seiner Verpflichtung zur Verwendung von Steuerzeichen nicht nachgekommen ist, muss er den Zollbehörden durch die Abgabe einer Steuererklärung die Möglichkeit geben, die geschuldete Tabaksteuer festzusetzen. Damit stellt sich die Unterlassungstat nach § 370 I Nr. 2 AO iVm § 23 I 3 TabStG jedenfalls im Hinblick auf die geschuldete Tabaksteuer als reine Sicherungstat dar, durch die im Ergebnis kein weiterer Steuerschaden entsteht, da dem Staat die Tabaksteuer nicht doppelt zusteht. Dies spricht eher für die Annahme einer Gesetzeskonkurrenz, bei der die Straftat nach § 370 I Nr. 2 AO als **mitbestrafte Nachtat** hinter die Unterlassungstat gemäß § 370 I Nr. 3 AO zurücktritt. Mitbestraft und damit straflos ist eine selbständige strafbare Handlung dann, wenn durch sie der Erfolg einer Vortat nur ausgenutzt oder gesichert wird und ihr gegenüber der Vortat kein eigenständiger weitergehender Unrechtsgehalt zukommt (BGH 10.2.2015, NJW 2015, 2354 Rn. 29 mwN; *Fischer* StGB Vor § 52 Rn. 65 mwN; Schönke/Schröder/*Sternberg-Lieben/Bosch* StGB Vor § 52 Rn. 129 ff.). Zumindest darf aber bei einer Verurteilung in der Strafzumessung nicht außer Betracht bleiben, dass durch die Verletzung der Pflicht zur Abgabe einer Steuererklärung nach § 23 I 3 TabStG trotz neuen Handlungsunrechts im Ergebnis kein weitergehender Steuerschaden entstanden ist. Wird der Täter wegen Steuerhinterziehung gemäß § 370 I Nr. 2 AO (vgl. auch BGH 8.7.2014, wistra 2014, 486) und nicht (auch) nach § 370 I Nr. 3 AO verurteilt, stellt dies für ihn jedenfalls keine Beschwer dar.

Sind Tabakwaren entgegen § 17 I TabStG **ohne Verwendung von deutschen Steuer-** 396
zeichen zu gewerblichen Zwecken aus dem steuerrechtlich freien Verkehr eines anderen Mitgliedstaats der EU in das deutsche Steuergebiet **eingeführt worden,** wird gemäß § 23 I 2 TabStG auch derjenige Steuerschuldner (und damit tauglicher Täter einer Steuerhinterziehung gemäß § 370 I Nr. 2 AO), der die Tabakwaren in Besitz hält und der Empfänger, sobald er Besitz an den Tabakwaren erlangt hat. Als **Besitzer** in diesem Sinn ist ausgehend von der Rechtsprechung des Gerichtshofs der Europäischen Union (EuGH) jede Person anzusehen, welche die Tabakwaren zu gewerblichen Zwecken im Besitz hält, selbst wenn sie nicht die erste Besitzerin im Bestimmungsmitgliedstaat gewesen ist (vgl. EuGH 3.7.2014 – C-165/13, wistra 2014, 433 zu Art. 33 III der Richtlinie 2008/118 des Rates vom 16. Dezember 2008 über das allgemeine Verbrauchsteuersystem und zur Aufhebung der Richtlinie 92/12 [ABl. EU 2009 Nr. L 9, S. 12]).

397 Für die von § 23 I TabStG im Wortlaut abweichende Vorgängervorschrift des *§ 19 Satz 3 TabStG aF* hatte der BGH entschieden, dass in Fällen des unversteuerten Verbringens in das deutsche Steuergebiet als weiterer Steuerschuldner neben dem Verbringer und dem Versender allein derjenige als **Empfänger** der Ware in Betracht kommt, der im Rahmen des Verbringungs- bzw. Versendungsvorgangs selbst den Besitz an den Tabakwaren erlangt hat (BGH 2.2.2010, wistra 2010, 226). Der BFH hatte Zweifel, ob ausgehend von dieser Auslegung § 19 Satz 3 TabStG aF noch mit Art. 9 I der Richtlinie 92/12/EWG des Rates vom 25.2.1992 in Einklang steht, und legte diese Frage deshalb dem EuGH zur Vorabentscheidung vor (BFH 12.12.2012 – VII R 44/11, ZfZ 2013, 138). Der EuGH hat hierauf für die Richtlinie 92/12/EWG entschieden, dass eine Auslegung, mit der die Eigenschaft als Schuldner der Verbrauchsteuer auf den ersten Besitzer der Waren begrenzt würde, im Widerspruch zum Zweck dieser Richtlinie stünde (EuGH 3.7.2014 – C-165/13, wistra 2014, 433 mit Anm. *Rüsken* ZfZ 2014, 255).

398 Der BFH hat hierauf im Verfahren VII R 44/11 abschließend entschieden (BFH 11.11.2014, BFH/NV 2015, 629), dass bei richtlinienkonformer Auslegung des § 19 TabStG aF **der bloße Besitz** verbrauchsteuerpflichtiger Waren zu gewerblichen Zwecken **die Steuerschuldnerschaft begründe.** Eine richtlinienkonforme Auslegung sei dabei auch zulasten des Steuerpflichtigen möglich.

399 Die Rspr des BGH zum **Begriff des Empfängers** in § 19 Satz 3 TabStG aF ist im Steuerstrafrecht gleichwohl weiter anzuwenden. Eine Auslegung, die über den möglichen Wortsinn des Gesetzeswortlauts hinausgeht, ist auch dann unzulässig, wenn sie nach den dem nationalen Gesetz zugrunde liegenden EU-Richtlinien an sich geboten wäre (vgl dazu auch *Allgayer/Sackreuther* NZWiSt 2014, 235; *Weidemann* wistra 2013, 422). Dies wäre hier der Fall. Denn würde für die Steuerschuldnerschaft allein auf das Merkmal des Besitzes abgestellt, verlöre das einschränkende Merkmal „Empfänger" jegliche Bedeutung (glA *Weidemann* wistra 2013, 433; *Leplow* wistra 2014, 421, 423; vgl. auch *Rüsken* ZfZ 2014, 255). Eine abweichende Auslegung im Strafrecht anhand der Maßstäbe des Art. 103 II GG stünde auch nicht im Widerspruch mit der Rspr. des BFH. Er hat ausdrücklich darauf hingewiesen (Urteil v. 11.11.2014, BFH/NV 2015, 629), dass durch sein Urteil keine Entscheidung darüber getroffen sei, ob § 19 TabStG aF im Hinblick auf eine mögliche Strafbarkeit aus § 370 I Nr. 2 AO aus strafrechtlicher Sicht den Anforderungen des Art. 103 II GG entspreche. Bei einer Anknüpfung an den bloßen Besitz wäre dies jedoch nicht der Fall. Zwar kann nach dem allgemeinen Sprachgebrauch als „Empfänger" jede Person verstanden werden, an die etwas Bestimmtes gerichtet ist bzw. an die etwas Bestimmtes übermittelt wird. Der Wortsinn des Wortes „Empfänger" ergibt sich hier aber aus dem Kontext mit den übrigen Formulierungen in § 19 TabStG aF. Danach ist nach einer Steuerentstehung durch Verbringen oder Versenden aus einem anderen Mitgliedstaat der Europäischen Union Steuerschuldner der Tabaksteuer u. a. „der Empfänger, sobald er Besitz an den Tabakwaren erlangt hat". Es kommt somit auf die Besitzerlangung vor Abschluss des Verbringungsverfahrens an. Das Tatbestandsmerkmal „Empfänger" hätte nach der Auslegung durch den Bundesfinanzhof keine eigenständige Bedeutung; maßgeblich wäre allein der bloße Besitz. Jedenfalls für das Strafrecht ist damit eine richtlinienkonforme Auslegung des § 19 TabStG aF nicht möglich (vgl. auch *Jäger* DStJG 38, 29, 39).

400 Eine auf Dauer „gespaltene Auslegung" des Begriffs des „Empfängers" im Steuerrecht und im Steuerstrafrecht ist aber nicht zu befürchten. Denn in Umsetzung der Verbrauchsteuer-System-Richtlinie 2008/118/EG wurde § 19 TabStG aF mit Wirkung vom 1.4.2010 durch die Regelung in § 23 TabStG mit geändertem Wortlaut ersetzt. Zwar wollte der Gesetzgeber mit der Neuregelung insoweit keine inhaltlichen Änderungen vornehmen. Im Hinblick darauf, dass der Besitzer nunmehr ausdrücklich neben dem Empfänger genannt wird, dürfte aber nun eine richtlinienkonforme Auslegung des § 23 I 3 TabStG, dass nach einem Verbringen oder Versenden von Tabakwaren aus einem anderen Mitgliedstaat nicht nur der Empfänger, sondern auch jeder weitere Besitzer (zu gewerblichen Zwecken) Steuerschuldner wird, ohne weiteres mit der Wortlautgrenze des Art. 103

II GG vereinbar sein. Wegen des Anwendungsvorrangs des Unionsrechts ist sie auch vorzunehmen.

Die **Berechnung der verkürzten Tabaksteuer** bestimmt sich nach § 2 TabStG. Die tarifliche Tabaksteuer auf Zigaretten setzt sich aus einem *spezifischen Steueranteil* in Cent je Stück sowie einem wertbezogenen Steueranteil in Prozent des Kleinverkaufspreises zusammen. Zur Gewährleistung eines Mindeststeuerbetrages enthält das TabStG zudem einen Mindeststeuersatz je Stück. Zur Berechnung der Tabaksteuer bedarf es als Bezugsgrößen der Menge an Zigaretten in Stück und des Kleinverkaufspreises der Zigaretten. Für die Berechnung des Mindeststeuersatzes auf Zigarette bedarf es zusätzlich des gewichteten durchschnittlichen Kleinverkaufspreises. 401

Der **Kleinverkaufspreis** von Zigaretten (§ 3 I TabStG) ist derjenige Preis, den der Hersteller oder Einführer als Einzelhandelspreis für Zigaretten je Stück bestimmt. Wird nur der Packungspreis bestimmt, gilt als Kleinverkaufspreis der Preis, der sich aus dem Packungspreis je Stück ergibt. Dieser Kleinverkaufspreis gilt auch für die Tabaksteuer auf gefälschte Markenzigaretten; einem „Schwarzmarktpreis" kommt in diesem Zusammenhang keine Bedeutung zu (BGH 7.6.2004, wistra 348). Der gewichtete durchschnittliche Kleinverkaufspreis (§ 3 VII TabStG) kann dem elektronischen Bundesanzeiger entnommen werden. Das BMF macht dort im Monat Januar eines jeden Jahres mit Wirkung ab 15. Februar desselben Jahres die aus der Geschäftsstatistik (§ 34 TabStG) für das Vorjahr ermittelten gewichteten durchschnittlichen Kleinverkaufspreise für Zigaretten und Feinschnitt für Zwecke der Berechnung der Mindeststeuer auf diese Tabakwaren bekannt. Der gewichtete durchschnittliche Kleinverkaufspreis ist der Preis, der sich aus dem in Abschnitt 1.3 der zusammenfassenden Übersichten der Geschäftsstatistik für das Vorjahr angegebenen Kleinverkaufswert für Zigaretten, geteilt durch die dort angegebene Menge an Zigaretten, berechnet und unter Durchschnittspreise ausgewiesen wird. Abschnitt 1.3 ist der vom Statistischen Bundesamt unter www.destatis.de veröffentlichten Fachserie 14, Reihe 9.1.1. zu entnehmen (https://www.destatis.de/DE/Publikationen/Thematisch/FinanzenSteuern/Steuern/Verbrauchsteuer/AbsatzTabakJ.html; zur Bestimmung des Kleinverkaufspreise s. auch *Bongartz/Schröer-Schallenberg,* Verbrauchsteuerrecht Rn. K 25 S. 378). 402

Für Zigaretten gelten gemäß § 2 TabStG folgende **Tabaksteuersätze:** 403

- Vom 1.1.2015 bis zum 14.2.2016: *Tariflicher Steuersatz:* 9,82 Cent je Stück und 21,69 % des Kleinverkaufspreises; *Mindeststeuersatz:* 19,636 Cent je Stück abzüglich der Umsatzsteuer des Kleinverkaufspreises der zu versteuernden Zigaretten.
- Ab 15.2.2016: *Tariflicher Steuersatz:* 9,82 Cent je Stück und 21,69 % des Kleinverkaufspreises; Mindeststeuersatz: 100 % Prozent der Gesamtsteuerbelastung durch die Tabaksteuer und die Umsatzsteuer auf den gewichteten durchschnittlichen Kleinverkaufspreis für Zigaretten abzüglich der Umsatzsteuer des Kleinverkaufspreises der zu versteuernden Zigarette, mindestens jedoch 19,636 Cent je Stück abzüglich der Umsatzsteuer des Kleinverkaufspreises der zu versteuernden Zigaretten.

Der Zeitpunkt der **Vollendung und Beendigung** einer Hinterziehung von Tabaksteuer hängt von der Begehungsform ab. Liegt die Hinterziehungshandlung in der pflichtwidrigen Nichtverwendung von Steuerzeichen (§ 370 I Nr 3 AO) gilt folgendes: Da die Steuerzeichen verwendet sein müssen, wenn die Steuer entsteht (§ 17 I 3 TabStG), wird die Tabaksteuer mit der pflichtwidrigen, dh ohne Verwendung von Steuerzeichen vorgenommenen, Überführung in den steuerrechtlich freien Verkehr (§ 15 TabStG) verkürzt. 404

Im Übrigen hängt der Zeitpunkt der Vollendung und Beendigung einer Hinterziehung von Tabaksteuer davon ab, ob eine *Steueranmeldung* (§ 150 I 3 AO) oder eine *Steuererklärung* abzugeben war und ob der jeweilige Erklärungspflichtige eine Erklärung abgegeben oder dies unterlassen hat. Insoweit gelten die allgemeinen Grundsätze. Ob eine Steueranmeldung oder eine Steuererklärung abzugeben ist, ergibt sich aus den entsprechenden Bestimmungen des Tabaksteuergesetzes (zB § 17 II 1 TabStG: Steueranmeldung; § 17 III, § 23 I 3 TabStG: Steuererklärung). Die Wirkungen einer Steueranmeldung ergeben sich aus § 168 AO. Da in 405

Fällen, in denen die Tabaksteuer auf eine Steuererklärung hin festzusetzen ist, mangels kontinuierlichem abschnittsbezogenem Veranlagungsverfahren kein allgemeiner Veranlagungsschluss festgestellt werden kann, ist bei einer Hinterziehung durch Unterlassen (§ 370 I Nr 2 AO) die Tat vollendet, wenn bei rechtzeitiger Abgabe einer Steuererklärung mit der Bekanntgabe einer Steuerfestsetzung zu rechnen gewesen wäre. Sofern keine Anhaltspunkte für Besonderheiten ersichtlich sind, ist davon auszugehen, dass die Tabaksteuer unverzüglich nach Eingang der Steuererklärung festgesetzt worden wäre. Mit der Vollendung ist die Hinterziehung der Tabaksteuer in der Regel zugleich beendet. Werden Tabakwaren entgegen § 17 I TabStG ohne gültige Steuerzeichen (Steuerbanderolen) in das deutsche Steuergebiet verbracht, ist nach der Rspr des Bundesgerichtshofs die dabei unter Verstoß gegen die Erklärungspflicht aus § 23 I TabStG begangene Hinterziehung von Tabaksteuer für den Versender oder Verbringer allerdings frühestens dann beendet, wenn die Tabakwaren die „gefährliche" Phase des Grenzübertritts passiert haben und der Verbringer oder Versender sein Unternehmen insgesamt erfolgreich abgeschlossen hat. Dies ist in der Regel dann der Fall, wenn die Tabakwaren ihren Bestimmungsort erreicht haben und dort „zur Ruhe gekommen" sind (vgl. BGH 2.2.2010, wistra 2010, 226 mwN; BGH, Beschluss v. 8.7.2014 – 1 StR 240/14, wistra 2014, 486).

406 Besonderheiten gelten für den **Schwarzhandel mit Zigaretten** in geringerem Umfang. Gemäß § 37 I TabStG handelt lediglich ordnungswidrig, wer vorsätzlich oder fahrlässig Zigaretten in Verpackungen erwirbt, an denen ein gültiges Steuerzeichen nicht angebracht ist, soweit der einzelnen Tat nicht mehr als 1.000 Zigaretten zugrunde liegen. Die §§ 369 bis 374 der Abgabenordnung finden dann keine Anwendung.

407–420 *einstweilen frei*

421 **c) Hinterziehung von Verbrauchsteuern auf Alkohol.** Große Steuerschäden entstehen auch durch die Verkürzung der Verbrauchsteuern auf **Alkohol** (zB Biersteuer, Branntweinsteuer). Die Verbrauchsteuern entstehen, wenn die Erzeugnisse in den steuerrechtlich freien Verkehr überführt werden. Dies geschieht zB durch Entnahme der Waren aus einem Verfahren der Steueraussetzung (etwa die steuerbefreite Beförderung), die – auch unrechtmäßige – Erzeugung von Waren außerhalb eines Verfahrens der Steueraussetzung und jede – auch unrechtmäßige – Einfuhr verbrauchsteuerpflichtiger Waren, sofern sie nicht einem Verfahren der Steueraussetzung unterstellt worden sind. Aufgrund des Gesetzes v. 21. 6 2013 (BGBl. 2013 I 1650) wird das deutsche Branntweinmonopol in zwei Stufen (30.9.2013 und 31.12.2017) vollständig abgeschafft. Ab Januar 2018 werden dann die bisherigen branntweinsteuerrechtlichen Vorschriften im Alkoholsteuergesetz (AlkStG) fortgeführt (BGBl. 2013 I 1650, 1651).

422 Werden die Verbrauchsteuern im Rahmen der **Einfuhr** aus einem Drittland (als Einfuhrabgaben) verkürzt, gelten die Zollvorschriften weitgehend entsprechend (zB § 147 III BranntwMonG; Rn. 445).

423 Beim **Verbringen** von verbrauchsteuerpflichtigen Waren **zu gewerblichen Zwecken** aus dem freien Verkehr eines EU-Mitgliedstaates außerhalb von Beförderungen unter Steuerbefreiung (vgl. zB § 140 BranntwMonG) sind (weil keine Einfuhr vorliegt) die Zollvorschriften nicht anzuwenden. Eine Steuerverkürzung liegt in solchen Fällen dann vor, wenn der Bezieher der Waren nach dem Verbringen in das deutsche Steuergebiet nicht unverzüglich eine Steuererklärung abgibt (vgl. zB § 149 V 1 BranntwMonG). Erzeugnisse, die eine Privatperson für ihren Eigenbedarf in anderen Mitgliedstaaten im steuerrechtlich freien Verkehr erwirbt und selbst in das Steuergebiet befördert (private Zwecke), sind steuerfrei (vgl. zB § 148 I BranntwMonG).

424 Verbrauchsteuern werden auch dadurch verkürzt, dass etwa in Biersteuererklärungen (§ 15 I 1 BierStG) unrichtige Angaben über Bierausgänge gemacht werden oder unter Steueraussetzung transportiertes Bier (§§ 11, 12 BierStG) **dem Steueraussetzungsverfahren entzogen** wird, ohne dass eine entsprechende Steueranmeldung abgegeben wird (§ 15 II BierStG). Dies gilt bei einem Entziehen verbrauchsteuerpflichtiger Waren aus einem Steueraussetzungsverfahren selbst dann, wenn die Waren nicht im deutschen Steuergebiet verbleiben, sondern plangemäß im Ausland (zB in Polen) abgesetzt werden. So entsteht etwa die Branntweinsteuerschuld für Branntwein, der von Frankreich in einem Steueraussetzungsverfahren nach Deutschland transportiert worden ist, gemäß § 143 I, II Nr 5 BranntwMonG bereits dann, wenn die ursprünglichen Beförderungspapiere über Alkohol durch neue Papiere über Chemikalien ersetzt werden. Denn ein Entziehen der Ware aus dem Steueraussetzungsverfahren liegt vor, wenn für die Zollbehörden die bestehende Kontrolle oder Kontrollmöglichkeit über die Waren beseitigt wird, so dass für sie die Eigenschaft der Waren als verbrauchsteuerpflichtig, aber unversteuert nicht mehr erkennbar ist (vgl. BGH 24.10.2002, wistra 2003, 100).

Die Steuer ist **durch Unterlassen** gemäß § 370 I Nr. 2 AO **hinterzogen,** wenn der 425 Steuerschuldner über die Waren, für die die Steuer entstanden ist, nicht unverzüglich eine Steueranmeldung abgibt (zB § 144 II BranntwMonG). Erklärungspflichtiger Steuerschuldner – und damit tauglicher Täter einer Steuerhinterziehung – ist der Versender und derjenige, der die Erzeugnisse aus der Beförderung entnommen hat, sowie jeder, der an der unrechtmäßigen Entnahme aus dem Steueraussetzungsverfahren beteiligt war und wusste oder vernünftigerweise hätte wissen müssen, dass die Entnahme unrechtmäßig war (§ 143 VI Nr. 5 BranntwMonG). Gegenüber der früheren Rechtslage (vgl. dazu BGH 24.10.2002, wistra 2003, 100, 102: nur die Mittäter einer Entziehung der Ware aus dem Steueraussetzungsverfahren) ist der Kreis tauglicher Täter damit deutlich erweitert. Wird also etwa Branntwein, der unter Steueraussetzung zur Ausfuhr zu befördern ist (§ 141 BranntwMonG), unter Beseitigung der Zollplombe von dem Beförderungsfahrzeug abgeladen, ohne dass unverzüglich eine Steueranmeldung abgegeben wird, kommen als Täter einer Steuerhinterziehung durch Unterlassen nicht nur diejenigen Personen in Betracht, die die Abladung vorgenommen oder veranlasst haben, sondern auch der Versender sowie die Fahrer, wenn sie die Entnahme aus dem Steueraussetzungsverfahren ermöglicht haben. Die Entnahme stellt eine Unregelmäßigkeit bei der Beförderung (§ 142 BranntwMonG) dar; die Steuerschuldnerschaft ergibt sich aus § 143 I, II Nr. 5, VI Nr. 5 BranntwMonG, die strafbewehrte (§ 370 I Nr 2 AO) Pflicht zur unverzüglichen Abgabe einer Steueranmeldung aus § 144 II BranntwMonG (vgl. GJW/*Tully* AO § 370 Rn. 520).

d) Hinterziehung von Energiesteuer. Energieerzeugnisse wie etwa Kraft- und Heiz- 426 stoffe unterliegen der Energiesteuer (§ 1 EnergieStG). Für bestimmte Energieerzeugnisse besteht jedoch ein Steueraussetzungsverfahren (§ 4 EnergieStG). Sie dürfen dann mit behördlicher Erlaubnis zu bestimmten Zwecken, nicht aber als Heiz- oder Kraftstoff, steuerfrei verwendet werden (zB §§ 24, 25 EnergieStG). Im Falle einer **zweckwidrigen Verwendung** entsteht die Energiesteuer (zB § 30 EnergieStG). Der Steuerschuldner hat dann unverzüglich eine Steuererklärung abzugeben und darin die Steuer selbst zu berechnen. Kommt er dieser Verpflichtung nicht nach, macht er sich gemäß § 370 I Nr. 2 AO einer Steuerhinterziehung durch Unterlassen strafbar (BGH, Urt. v. 27.1.2015 – 1 StR 142/14, wistra 235 = BeckRS 2015, 05406).

Nichts anderes gilt für den Fall der sog. **Heizölverdieselung.** Denn gemäß § 2 III Nr. 1 427 EnergieStG gilt für ordnungsgemäß gekennzeichnetes Gasöl (= Heizöl) im freien Verkehr ein ermäßigter Steuersatz. Es unterliegt nach § 61 EnergieStG der Steueraufsicht. Wer Heizöl, zB entgegen § 46 EnergieStV als Dieselkraftstoff, zweckwidrig verwendet, hat nach § 21 II 4 EnergieStG für die dabei entstandene Energiesteuer (§ 21 I EnergieStG) unverzüglich eine Steueranmeldung einzureichen. Unterlässt er dies, hinterzieht er iS von § 370 I Nr. 2 AO die durch sein Verhalten entstandene Energiesteuer.

Werden andere Energieerzeugnisse außerhalb eines Steuerlagers mit Energieerzeugnissen 428 iS von § 4 EnergieStG vermischt und entsteht hierdurch als **Gemisch** ein Energieerzeugnis iS von § 4 EnergieStG, entsteht für die hinzugemischten Energieerzeugnisse die Energiesteuer, wenn das Gemisch als Kraft- oder Heizstoff oder als Zusatz oder Verlängerungsmittel hierfür abgegeben oder verwendet wird (§ 23 I Nr. 3 EnergieStG). Wird die beabsichtigte Verwendung nicht vorher dem Hauptzollamt angezeigt, hat der Steuerschuldner die entstandende Energiesteuer unverzüglich anzumelden (§ 23 VI 3 EnergieStG). Kommt er dieser Verpflichtung nicht nach, macht er sich wegen Steuerhinterziehung durch Unterlassen strafbar (BGH, Urt. v. 27.1.2015 – 1 StR 142/14, wistra 235 = BeckRS 2015, 05406).

429–435 *einstweilen frei*

436 **e) Hinterziehung von Kaffeesteuer.** Die deutsche Kaffeesteuer ist unionsrechtlich nicht harmonisiert. Der Steuersatz für Röstkaffee beträgt derzeit 2,19 EUR je Kilogramm und für löslichen Kaffee 4,78 EUR je Kilogramm (§ 2 I KaffeeStG). Hinterziehungsanfällig ist vor allem der Versandhandel mit Kaffee aus dem EU-Ausland an Privatpersonen in Deutschland. Die Kaffeesteuer entsteht in solchen Fällen mit der Auslieferung des Kaffees an den Empfänger (§ 18 II 1, 2 KaffeeStG). Strafrechtlich von Bedeutung sind insbes. folgende Handlungspflichten: Hat der Versandhändler – wozu er verpflichtet ist – die Tätigkeit vorher angezeigt und in Deutschland einen Beauftragten benannt, hat der Beauftragte unverzüglich nach Entstehen der Kaffeesteuer eine Steueranmeldung abzugeben. Wird das Verfahren nicht eingehalten, hat der Versandhändler selbst für die Kaffeesteuer unverzüglich eine Steueranmeldung abzugeben (§ 18 V 5 KaffeeStG; vgl. auch BGH 18.1.2011, wistra 2011, 309).

437 **f) Hinterziehung von Stromsteuer.** Im Stromsteuerrecht gibt es Steuerbefreiungen, Steuerermäßigungen und Steuerentlastungen, insbes. für das produzierende Gewerbe. Werden solche Vergünstigungen in Anspruch genommen, obwohl deren Voraussetzungen ganz oder für Teilmengen nicht vorliegen, kommt eine Steuerhinterziehung durch Verletzung steuerlicher Erklärungspflichten in Betracht (s. dazu ausf. *Bender/Möller/Retemeyer* Rn. C 1754 ff.).

438 **g) Verbrauchsteuerrechtliche Vermutungen.** Verbrauchsteuerrechtliche Vermutungen haben strafrechtlich nur begrenzte Relevanz. Begründet etwa das Vorhandensein von Fehlmengen in einer Brauerei die Vermutung der Steuerschuldentstehung nach § 161 AO, darf im Strafverfahren nicht ohne weiteres von einer entstandenen Steuerschuld ausgegangen werden. Bestehen Zweifel an der Entstehung der Steuerschuld, ist nach dem Grundsatz in dubio pro reo zu verfahren (vgl. *Bender/Möller/Retemeyer* Rn. D 13; RFH RStBl. 19, 287; OLG Braunschweig ZfZ 1958, 116).

439, 440 *einstweilen frei*

9. Einfuhr- und Ausfuhrabgaben

Schrifttum: *Lenkewitz,* Im Zollgrenzbezirk gefundenes Schmuggelgut und die strafrechtlichen Folgen seiner Nichtgestellung, ZfZ 1954, 353; *Stäglich,* Zur steuerstrafrechtlichen Nichtgestellung gefundenen Zollgutes, NJW 1954, 1431; *Reichwald,* „Besatzungsschmuggel" nach Beendigung des Besatzungsregimes, ZPr 1955, 124; *Mann,* Die steuer- und strafrechtlichen Folgen des Truppenschmuggels, ZfZ 1956, 233; *Fuchs,* Einzelfragen zum Truppenvertrag und Truppenzollgesetz, ZfZ 1956, 257; *ders.,* Versuchte und vollendete Steuerverkürzung im Reiseverkehr, ZPr 1957, 121; *Baur,* Beitrag zur Problematik des Truppenschmuggels, ZfZ 1957, 199; *Poschar,* Malzzoll und Zollhinterziehung, FR 1957, 312; *Pfaff,* Steuer-(Zoll-)straftaten und Steuer-(Zoll-)ordnungswidrigkeiten, StBp 1977, 212; *Harbusch/Sauer,* Justiz und Zoll, ZfZ 1978, 138; *Ellinger/Sticker,* Zollrechtliche und steuerstrafrechtliche Aspekte der Betäubungsmittelkriminalität, ZfZ 1978, 294; *Müller/Wabnitz,* Zoll- und Einfuhrumsatzsteuerhinterziehung beim Verbringen von Drittlandware über das Gebiet der DDR in die Bundesrepublik, NJW 1981, 155; *Baumann,* Zur Ahndung von Zollzuwiderhandlungen in EG-Mitgliedstaaten, ZfZ 1982, 226; *Bender,* Die Nichtgestellung im Zollgutversand durch den Warenempfänger als Zollstraftat/-bußtat, ZfZ 1988, 169; *Brenner,* Die Zollhinterziehung durch Unterlassen der Berichtigungspflicht durch den Zolldeklaranten, ZfZ 1988, 66; *Tiedemann,* Der Strafschutz der Finanzinteressen der Europäischen Gemeinschaft, NJW 1990, 2226; *Bender,* Zollhinterziehung nach der BuchmErfVO, ZfZ 1992, 66; *Funck-Brentano,* Gemeinschaftsrecht und Zollhinterziehung, EuZW 1992, 745; *Langer,* Umsatzsteuer im Binnenmarkt – Übergangsregelung ab 1.1.1993, DB 1992, 395; *Rendels,* Schwerpunkte des Verbrauchsteuer-Binnenmarktgesetzes, DStR 1993, 114; *Stumpf,* Das Umsatzsteuer-Binnenmarktgesetz, NJW 1993, 95; *Tiedemann,* Europäisches Gemeinschaftsrecht und Strafrecht, NJW 1993, 23; *Voelcker,* Das Umsatzsteuer-Binnenmarktgesetz in Grundfällen, DStR 1993, 103; *Weidemann,* Steuerhinterziehung durch den Importeur?, wistra 1993, 214; *Keßeböhmer/Schmitz,* Hinterziehung ausländischer Steuern und Steuerhinterziehung im Ausland, § 370 Abs. 6 und 7 AO, wistra 1995, 1; *Anton,* Zum Begriff des Entziehens aus zollamtlicher Überwachung, ZfZ 1995, 2; *Hampel,* Steuerhinterziehung bei Verbringen von Tabakwaren aus dem freien Verkehr eines Mitgliedstaates der EU in das Steuergebiet der Bundesrepublik Deutschland, ZfZ 1996, 358; *Schrömbges/Bahr/Neumann,* Das Verfahren ARGUS – Risikokategorie bei der Warenkontrolle von Erstattungswaren, ZfZ 1996, 362; *Janovsky,* Die Strafbarkeit des illegalen grenzüberschreitenden Warenverkehrs, NStZ 1998, 117; *Bender,* Rechtsfragen um den Transitschmuggel mit Zigaretten, wistra 2001, 161; *Gibhardt,* Hinterziehung von Umsatzsteuer im europäischen Binnenmarkt, 2001; *Bender,* Zur Hinterziehung der Branntweinsteuer durch Entziehung der Ware aus dem Steueraussetzungsverfahren, wistra 2003, 147; *Bender,* Gestellung, Zollanmeldung und Entziehen aus der zollamtlichen Überwachung in der jüngsten Rechtsprechung des BGH, ZfZ 2003, 255; *Bender,* Ist der Zigarettenschmuggel seit dem 4. März 2004 straffrei?, wistra 2004, 368; *Fuchs,* Nicht nur Fahrer und Beifahrer können verbringen und daher gestellungspflichtig sein, ZfZ 2005, 284; *Bender,* Der EuGH und das Zollstrafrecht, wistra 2006, 41; *Klötzer,* Modernisierung des Zollkodex – Der Weg zum europäischen Zollstrafrecht?, wistra 2007, 1; *Weidemann,* Verbrauchsteuern als Fälligkeit- und Veranlagungsteuern unter dem Blickwinkel des Steuerstrafrechts, ZfZ 2008, 97; *Allgayer/Sackreuther,* §§ 52 ff. StGB: Konkurrenzen bei illegaler Einfuhr von Zigaretten, PStR 2009, 44; *Jäger,* Die Auswirkungen der Osterweiterung der Europäischen Union auf das deutsche Steuerstrafrecht, Festschrift für Knut Amelung zum 70. Geburtstag, 2009 S. 447; *Retemeyer/Möller,* Zollstraftaten und Zollordnungswidrigkeiten, AW-Prax 2009, 340; *Leplow,* Zoll- und Verbrauchsteuerstrafrecht: BGH-Rechtsprechung von Juni 08 bis Februar 11, PStR 2011, 207; *Möller,* Europäisches Strafrecht und das Zollstrafrecht, ZfZ 2011, 39; *Möller/Retemeyer,* Neues aus dem Zoll- und Verbrauchsteuerstrafrecht, ZfZ 2011, 288 und 2013, 313; *Weerth,* Das Zollstrafrecht und das Zollordnungswidrigkeitenrecht der EU-27 – ein Vergleich der unterschiedlichen Sanktionierung und ein Ausblick auf den MZK, ZfZ 2012, 173; *Klötzer-Assion,* Zollkodex – Modernisierter Zollkodex – Unionszollkodex – Fortschritt oder Rolle rückwärts im Europäischen Zollrecht?, wistra 2014, 92; *Leplow,* Abweichungen im Zoll- und Verbrauchsteuerstrafrecht vom Besteuerungsverfahren, wistra 2014, 421; *Lux,* Einführung in den Zollkodex der Union (UZK), ZfZ 2014, 178 (Teil I), 243 (Teil II), 270 (Teil III) u. 314 (Teil IV); *Möller,* Hinterziehung von Einfuhrumsatzsteuer, AW-Prax, 2013, 27; *Weidemann,* Unrichtige Angaben in der CN-Erklärung: Strafbarkeit des Versenders?, PStR 2013, 188; *Witte/Wolffgang,* Lehrbuch des Europäischen Zollrechts, 7. Aufl. 2012.

Zu den konkreten Erscheinungsformen der Steuerhinterziehung im Zollrecht vgl. insbes. *Bender/Möller/Retemeyer,* Steuerstrafrecht – Mit Schwerpunkt Zoll- und Verbrauchsteuerstrafrecht, Rn. C 779 ff., sowie Müller, Zolldelikte, 1983.

a) Zölle. Seit Schaffung der Zollunion gibt es in der EU **keine nationalen Zölle der Mitgliedstaaten** mehr (Art. 28, 30 AEUV, früher: Art. 23, 25 EG); Zoll wird an den Binnengrenzen nicht mehr erhoben. Dies geschieht allein an den Außengrenzen der EU auf der Grundlage des Gemeinsamen Zolltarifs und eines EU-einheitlichen Zollrechts, geregelt im **Zollkodex** (VO Nr. 2913/92/EWG des Rates zur Festlegung des Zollkodexes der Gemeinschaften vom 12.10.1992, ABl. EG Nr. L 302/1, zuletzt geänd. durch VO Nr. 925/2013 vom 9.10.2013, ABl. EU Nr. L 269/1) und seinen Durchführungsvorschriften. Das Zollverwaltungsgesetz (ZollVG) hat nur noch eine ergänzende Funktion. Am 23.4.2008 wurde ein **Modernisierter Zollkodex** (MZK) beschlossen (VO Nr. 450/2008/EG des Europäischen Parlaments und des Rates v. 23.4.2008 zur Festlegung des Zollkodexes der Gemeinschaft, ABl. EU Nr. L 145/1), durch den die Rechtsvorschriften des Zollkodexes vereinfacht und die Zollverfahren gestrafft wurden. Bevor der Großteil der Vorschriften des MZK in Kraft treten konnte (vgl. Art. 188 MZK), trat an seine Stelle der **Zollkodex der Union** (VO Nr. 952/2013/EU des Europäischen Parlaments und des Rates vom 9.10.2013 zur Festlegung des Zollkodex der Union, ABl. EU Nr. L 296/1, ber. Nr. L 287/90 = UZK), der allerdings in weiten Teilen erst am 1.5.2016 in Kraft treten wird (vgl. dazu Art. 288 II UZK; zusf. *Klötzer-Assion* wistra 2014, 92). Bis dahin gelten der bisherige Zollkodex (ZK) und die schon in Kraft getretenen Vorschriften des Modernisierten Zollkodexes fort. 441

Zölle werden idR als Wertzölle in Höhe des Produkts aus Zollwert und Zollsatz erhoben. Dabei gibt der Wertzollsatz an, welcher Prozentsatz an Zoll von der Bezugsgröße Zollwert zu erheben ist. Daneben gibt es auch noch spezifische Zölle, deren Bemessungsgrundlage von bestimmten Maßeinheiten abhängig ist. Sie können auch mit Wertzöllen kombiniert sein (Witte/*Alexander* ZK Art. 20 Rn. 60). Der Zollsatz ergibt sich aus der VO Nr. 2658/87/EWG des Rates vom 23.7.1987 über die **zolltarifliche und statistische Nomenklatur** sowie den Gemeinsamen Zolltarif (ABl. EG Nr. L 256/1) und deren Anhängen. Mit dieser Verordnung wurde eine als „Kombinierte Nomenklatur" (KN) bezeichnete Warennomenklatur eingeführt, die sowohl den Erfordernissen des Gemeinsamen Zolltarifs als auch denen der Außenhandelsstatistik der EU entspricht. Zur Gewährleistung der Aktualität bestimmt Art. 12 dieser Verordnung, dass die Europäische Kommission jedes Jahr die vollständige Fassung der Kombinierten Nomenklatur mit den geltenden Zollsätzen zu veröffentlichen hat (s. zB die Durchführungsverordnung Nr. 1101/2014/EU 442 der Kommission vom 16.10.2014 zur Änderung von Anhang I der Verordnung Nr. 2658/87/EWG, ABl. EU Nr. L 312/1). Der elektronische Zolltarif kann über die Internetadresse http://www.ezt-online.de abgerufen werden. Die Ermittlung des Zollwerts bestimmt sich nach Maßgabe der Art. 28 ff. ZK (Art. 40 ff. UZK).

443 Für die **Zollwertermittlung** stehen mehrere Methoden zur Verfügung, die in der vorgegebenen Reihenfolge zu prüfen sind (Art. 29, 30 I, 31 I ZK; Art. 70 ff. UZK). Die vorrangige Grundlage für den Zollwert von Waren ist der Transaktionswert, dh der für die Waren bei einem Verkauf zur Ausfuhr in das Zollgebiet der EU tatsächlich gezahlte oder zu zahlende Preis (Art. 29 ZK; Art. 70 I UZK). Bei dessen Ermittlung kann zB bei Zigarettengeschäften auf die Angaben von an den Geschäften beteiligten Personen, auf sichergestellte Rechnungen oder Verkaufserlöse oder auf Erkenntnisse aus der Telekommunikationsüberwachung zurückgegriffen werden. Kann der Zollwert nicht anhand des Transaktionswerts bestimmt werden, sind nachrangige Methoden der Zollwertbestimmung anzuwenden (Art. 74 UZK). Wenn keine dieser Methoden zur Ermittlung des Zollwerts geführt hat, ist der Zollwert zollrechtlich nach der sog. Schlussmethode, dh auf der Grundlage von in der Gemeinschaft verfügbaren Daten und unter Einsatz „sinnvoller Hilfsmittel" zu bestimmen (Art. 31 ZK; Art. 74 III UZK). Als letzte Methode bleibt damit die *Schätzung.* Anknüpfungspunkte für die Schätzung können mangels besserer Erkenntnisse auch die von der Bundesfinanzdirektion Nord in Abhängigkeit von der Zigarettenmenge festgesetzten „Anhaltswerte" für die zollwertrechtliche Bewertung eingeschmuggelter Zigaretten und eingeschmuggelten Rauchtabak sein (zB für Zigaretten die Werte aus den Verfügungen der Bundesfinanzdirektion Nord vom 28. 6 2012, vom 20.7.2013 und vom 18.6.2014, Z 5302 – 1/12 bzw. 1/13 bzw. 1/14 – ZF 420102: Zollwert je 10 Stück eingeführter Zigaretten: bis 50.000 Zigaretten 0,60 EUR, bis 1 Mio. Zigaretten 0,35 EUR und über 1 Mio. Zigaretten 0,30 EUR). Diese Anhaltswerte sind auch in der Anlage 5 der Dienstvorschrift des Bundesministeriums der Finanzen für Strafsachen- und Bußgeldverfahren (StraBuDV) abgedruckt. Solche Wertansätze der Finanzverwaltung, bei denen abgestuft nach der Menge der eingeführten Zigaretten feste Zollwerte zugrunde gelegt werden sollen, wenn der tatsächlich für die Zigaretten gezahlte Preis nicht nachgewiesen werden kann, dürfen allerdings nicht ungeprüft in das Strafverfahren übernommen werden. Vielmehr sind bei der Schätzung die vom Besteuerungsverfahren abweichenden strafrechtlichen Verfahrensgrundsätze (§ 261 StPO) zu beachten (st. Rspr; vgl. BGH 26.4.2001, wistra 2001, 308/309; BGH 7.6.2004, wistra 2004, 348; BGH 24.5.2007, wistra 2007, 345; BGH 19.7.2007, wistra 2007, 470; BGH 25.3.2010, wistra 2010, 228; BGH 13.7.2011 wistra 28; vgl. auch Klein/*Jäger* AO § 370 Rn 96a mwN).

444 Strafbar ist auch die **Hinterziehung von Antidumpingzöllen** (BGH v. 27.8.2010, wistra 2011, 70 mit Anm. *Möller/Retemeyer* wistra 2011, 143). Antidumpingzölle sind als Zölle Einfuhrabgaben iSv § 3 III (BFH 12.7.2007, BFHE 217, 351). Obwohl es sich bei Antidumpingmaßnahmen um wirtschaftspolitisch motivierte Maßnahmen handelt, ergibt sich ein Verbot der Bestrafung der Hinterziehung solcher Zölle nicht aus dem Allgemeinen Zoll- und Handelsabkommen (GATT 1994); denn die Strafbarkeit knüpft nicht an die Einfuhr, sondern an die unrichtige Anmeldung der aufgrund von EU-Verordnungen entstandenen Antidumpingzölle an (BGH 27.8.2010, wistra 2011, 70). Eine Bestrafung für begangene Verstöße kann auch noch dann erfolgen, wenn die Antidumpingmaßnahmen bereits wieder außer Kraft getreten sind. Zwar verlangt § 2 III StGB, dass das mildeste Gesetz anzuwenden ist, wenn das bei Beendigung der Tat geltende Gesetz – dazu zählen auch blankettausfüllende Normen – vor der Entscheidung geändert worden ist. Diese Norm greift aber nicht ein, weil es sich bei den EU-Verordnungen über Antidumpingmaßnahmen um Zeitgesetze iSv § 2 IV StGB handelt, die auch nach ihrer Aufhebung für den Regelungszeitraum fortgelten (BGH 27.8.2010, wistra 2011, 70).

445 **b) Sonstige Einfuhrabgaben.** Zu den Einfuhrabgaben gehören neben den Zöllen auch die bei der Einfuhr zu erhebenden **Verbrauchsteuern,** wie zB die Tabaksteuer und die Einfuhrumsatzsteuer (Rn. 11 zu § 373 AO). Für den Fall der Steuerentstehung durch

Überführung in den steuerrechtlich freien Verkehr im Wege der **Einfuhr** verweisen die Verbrauchsteuergesetze hinsichtlich Fälligkeit und Steuerverfahren weitgehend auf die für Zölle geltenden Vorschriften (zB § 21 II UStG; § 147 BranntwMonG; § 21 TabStG; § 15 KaffeeStG; § 19b EnergieStG; § 18 SchaumwZwStG). Über die Vorschrift des § 370 VI 1 AO werden auch verkürzte Einfuhrabgaben erfasst, die von dem Mitgliedstaat der Einfuhr verwaltet werden. Maßgeblich sind zB bei Zigarettenschmuggel die Regelungen über die Tabaksteuer und die Umsatzsteuer des Einfuhrstaates. Zwar sind diese Abgaben durch die Mehrwertsteuersystemrichtlinie (Richtlinie 2006/112/EG des Rates v. 28.11.2006 über das gemeinsame Mehrwertsteuersystem, ABl. EU Nr. L 347/1, zuletzt geändert durch Art. 1 ÄndRL 2013/61/EU vom 17.12.2013, ABl. Nr. L 353/5) betreffend die Umsatzsteuer und durch die Tabakstrukturrichtlinie (Richtlinie Nr. 95/59/EG des Rates v. 27.11.1995 über die anderen Verbrauchsteuern auf Tabakwaren als die Umsatzsteuer, ABl. EG Nr. L 291/40, zuletzt geändert durch Art. 21 ÄndRL 2011/64/EU vom 21.6.2011, ABl. Nr. L 176/24) harmonisiert. Ob jedoch die jeweiligen nationalen Steuertatbestände die Erhebung von Einfuhrabgaben im Sinne des § 370 VI 1 AO regeln und ob die Vorschriften als Ausfüllungsnormen für die deutschen Blankettstraftatbestände hinreichend bestimmt sind, ist auf der Grundlage des deutschen Steuerrechts in einer vergleichenden Wertung festzustellen (BGH 25.9.1990, BGHR AO § 370 VI Eingangsabgaben 2 und v. 8.11.2000, wistra 2001, 62). Sofern dies nicht der Fall ist, wird die Verkürzung der ausländischen Abgaben von den deutschen Steuerstraftatbeständen nicht erfasst (vgl. Art. 103 II GG).

Der Umstand, dass die entstandene Einfuhrumsatzsteuer bei der Umsatzsteuer sofort wieder als Vorsteuer abziehbar ist (§ 15 I Nr. 2 UStG), führt nicht dazu, dass die Einfuhrsteuer nicht hinterzogen werden könnte (BGH 26.6.2012, wistra 2012, 440 u. BGH 4.9.2013, wistra 2014, 25).

c) Ausfuhrabgaben. Ausfuhrabgaben werden derzeit in der EU nicht erhoben. Zum **446**
Begriff der Ausfuhrabgaben s. Rn. 11 zu § 373).

d) Zollstraftaten. Zollstraftaten sind solche Steuerstraftaten, die sich auf Einfuhr- und **447**
Ausfuhrabgaben beziehen, also auf die für die Einfuhr und Ausfuhr von Waren zu entrichtenden Abgaben (Art. 4 Nr. 10, 11 ZK bzw. ab 1.5.2016 Art. 5 Nr. 20, 21 UZK), darunter insbesondere die Zölle. § 3 III AO stellt klar, dass Einfuhr- und Ausfuhrabgaben nach Art. 4 Nr. 10, 11 ZK bzw. ab 1.5.2016 nach Art. 5 Nr. 20, 21 UZK Steuern im Sinne der AO sind. Auf sie sind daher – soweit keine zollstrafrechtlichen Sonderregelungen eingreifen – die Vorschriften der §§ 369 ff. AO anwendbar. Zollstrafrechtliche Sondertatbestände im Rahmen der AO sind die §§ 372–374 AO; hinzu kommt als „zollrechtliche" Ordnungswidrigkeit der Tatbestand des § 382 AO (Gefährdung von Einfuhr- und Ausfuhrabgaben). Nach § 370 VI 1 AO sind die Vorschriften des § 370 I–V AO auch dann anwendbar, wenn sich die Tat auf Einfuhr- oder Ausfuhrabgaben bezieht, die von einem anderen Mitgliedstaat der EU verwaltet werden oder die einem Mitgliedstaat der Europäischen Freihandelsassoziation oder einem mit dieser assoziierten Staat zustehen. Da derartige Taten nach § 370 VII AO unabhängig vom Recht des Tatortes strafbar sind, können sie in Deutschland auch dann strafrechtlich verfolgt werden, wenn sie außerhalb Deutschlands begangen worden sind.

e) Erscheinungsformen der Hinterziehung von Einfuhrabgaben. In der Praxis von **448**
Bedeutung sind insbesondere folgende **Erscheinungsformen der Hinterziehung** von Zöllen und anderen Einfuhrabgaben:

- Der Täter verbringt Waren über die Grenze und entzieht sich seiner Gestellungspflicht (Art. 40 ZK; Art. 139 UZK) in der Weise, dass er die Zollstelle umgeht. Er bewirkt dadurch, dass die Zollbehörde von dem Vorgang keine Kenntnis nehmen kann und daher von vornherein nicht in der Lage ist, einen Abgabenbescheid zu erlassen (sog. *Schmuggel über die grüne Grenze*). Insoweit bestehen zwar kriminologische Besonderheiten, aber keine strafrechtlich bedeutsamen Unterschiede gegenüber der Nichtabgabe einer förmlichen Steuererklärung durch einen Stpfl, der dem FA nicht bekannt ist (Rn. 235 ff.).

- Der Täter überschreitet die Grenze zwar an der Zollstelle, verneint aber die Frage des Beamten, ob er etwas zu verzollen habe (vgl. BayObLG 5.11.1996, wistra 1997, 111 m. abl. Anm. *Bender* wistra 1997, 233; typisch für *Schmuggel im Reiseverkehr,* vgl. dazu die Erläuterungen zu § 32 ZollVG, Anh).
- Der Täter gestellt zwar die Ware, macht aber unrichtige Angaben über Menge, Stückzahl, Beschaffenheit oder Zollwert (typisch für *Abgabenhinterziehung im Importhandel,* möglich auch im Reiseverkehr).
- Der Täter gibt bei der Gestellung von Waren eine Zollanmeldung ab, in der versteckte oder durch besonders angebrachte Vorrichtungen *verheimlichte Waren* nicht enthalten sind (vgl. EuGH 4.3.2004 – C-238/02 und C-246/02, wistra 2004, 376 und EuGH 3.3.2005 – C-195/03, ZfZ 2005, 192, 194).
- Der Täter erwirbt im Inland von Angehörigen fremder Truppen Waren, die für die Verwendung durch die Truppe abgabenfrei eingeführt oder aus einem inländischen Herstellungsbetrieb entfernt worden sind, und unterlässt es, sie bei der Zollbehörde zu gestellen (sog. *„Besatzungs-" oder „Truppenschmuggel"*); vgl. dazu insbes. *Mann, Fuchs* u. *Baur* aaO.

449 **Beim „Durchschmuggeln" einfuhrabgabenpflichtiger Waren** sind nationale Besteuerungsinteressen nur dann nicht tangiert, wenn die Waren nicht in den freien Verkehr gelangen. Im freien Verkehr befinden sich die Waren aber schon dann, wenn sie bei der Einfuhr nicht gestellt worden sind und deshalb auch nicht in einem externen Versandverfahren (Art. 91 ZK; Art. 226 UZK) befördert werden. Eine Zollstraftat liegt auch dann vor, wenn die in einem Versandverfahren transportierten Waren der zollamtlichen Überwachung entzogen worden sind (vgl. Art. 203 ZK; Art. 79 UZK). Wird Deutschland in einem unionsrechtlichen Versandverfahren als Transitland genutzt, um verbrauchsteuerpflichtige Waren in ein nicht zur EU gehörendes Drittland zu schmuggeln, tauschen die Täter häufig die Frachtpapiere gegen solche über Waren aus, die dort mit keinen oder geringen Abgaben belastet sind (zB Chemikalien). Hiermit wollen sie verhindern, dass die Zollbehörden diejenigen des Drittlandes (Empfängerstaats) über die tatsächlich beförderte Ware unterrichten können. In solchen Fällen führt der Verstoß gegen die an die Entziehung der Ware aus dem Versandverfahren anknüpfende Erklärungspflicht zu einer Steuerhinterziehung im Sinne des § 370 I Nr. 2 AO; denn beim vorschriftswidrigen Austausch der Begleitdokumente entstehen regelmäßig Einfuhrabgaben (Art. 203 ZK; Art. 79 I Buchst. a UZK), die verkürzt werden, wenn sie nicht fristgemäß (Art. 217 f. ZK; Art. 104 f. UZK) buchmäßig erfasst werden (vgl. BGH 27.11.2002, wistra 2003, 266). Sind die Waren schon bei der Einfuhr in die EU nicht gestellt oder in die Zollanmeldung nicht aufgenommen worden, sind die Einfuhrabgaben wegen vorschriftswidrigen Verbringens der Waren in das Gebiet der EU nach Art. 202 I ZK (bzw. Art. 79 I Buchst. a UZK) entstanden (EuGH v. 3.3.2005, C-195/03, ZfZ 2005, 192, 194). In Fällen des „Durchschmuggelns" ist allerdings der Tatvorsatz bezogen auf eine Steuerhinterziehung in Deutschland besonders zu prüfen, wenn die Transportbehältnisse während des gesamten Transports versiegelt geblieben sind. Ist die Ware nicht umgeladen worden, drängt es sich nicht ohne weiteres auf, dass der Täter davon ausgegangen ist, deutsche Einfuhrabgaben zu hinterziehen. Vielmehr könnte der Vorsatz eher auf die Verkürzung von Einfuhrabgaben des Landes gerichtet gewesen sein, in dem die Ware letztlich in den freien Verkehr gelangen sollte. Für eine Strafbarkeit wegen Steuerhinterziehung genügt jedoch auch hinsichtlich der in Deutschland verkürzten Abgaben bedingter Tatvorsatz.

450 Eine **Zollwertverkürzung** wird namentlich durch sog. Unterfakturierung begangen, dh durch unrichtige Zollanmeldung unter Vorlage fingierter Rechnungen, in denen ein niedrigerer als der in Wirklichkeit vereinbarte Preis ausgewiesen wird (vgl. zB BFH 16.3.1965, BStBl. III 269; LG Hildesheim 27.2.2008 – 15 KLs 5423 Js 68028/05 – betr. Holzimporte aus Russland, bestätigt durch BGH 22.9.2008 – 1 StR 347/08, BeckRS 2008, 20929). Diese Methode wird häufig angewendet bei Postsendungen aus dem Ausland mit Medikamenten, Kosmetika, Zuchtperlen, Werkzeugen, optischen Geräten, Schallplatten, Jagdwaffen usw. an private oder auch gewerbliche Käufer im Inland, die dann mit separatem Brief

richtige Rechnungen erhalten. Eine Ausfertigung doppelter Rechnungen entfällt oft bei der Unterfakturierung von Lieferungen zwischen in- und ausländischen Kapitalgesellschaften, die wirtschaftlich miteinander verbunden sind. Die durch Unterfakturierung beim ausländischen Verkäufer entstehenden Verluste und die beim inländischen Käufer entstehenden Gewinne gleichen sich handelsrechtlich in der Konzernbilanz aus. Auch wird die rechtswidrig erzielte Ersparnis von Einfuhrabgaben regelmäßig nicht durch das zwischen dem Ausland und Deutschland bestehende Ertragsteuergefälle beeinträchtigt. Vielmehr erhöht es den Tatanreiz, wenn die inländische Tochtergesellschaft mit Verlust arbeitet und die ausländische Muttergesellschaft den von ihr zu versteuernden Gewinn (in Höhe der Unterfakturierung) auf die Tochtergesellschaft verlagern kann.

Durch Aufteilung des Rechnungspreises kann der Zollbehörde ein unrichtiger Zoll- 451
wert zB in der Weise vorgespiegelt werden, dass von dem ausgewiesenen Preis bereits Vorauszahlungen abgesetzt sind oder Vertriebskosten (Frachten, Versicherungen, Umschließungen, Provisionen) oder Lizenzgebühren nur auf einer der Behörde verheimlichten besonderen Rechnung erscheinen oder Teile des Kaufpreises als Kosten für Montage, Reparaturen, Marktforschung oder sonstige Dienstleistungen bezeichnet werden (vgl. *Bender/Möller/Retemeyer* Rn. C 932 ff.). Ferner kann die Feststellung des Zollwertes durch das Vortäuschen von Preisnachlässen, Einführungsrabatten usw. beeinträchtigt werden oder dadurch, dass anstelle der tatsächlich begründeten unmittelbaren Rechtsbeziehungen zwischen dem ausländischen Exporteur und dem inländischen Importeur das Eigenhandelsgeschäft eines inländischen Vermittlers vorgetäuscht wird, der die Ware angeblich auf eigene Rechnung zu einem niedrigeren Preis aus dem Ausland erworben und erst dann zu dem (von vornherein vereinbarten) Preis an den inländischen Abnehmer weiterveräußert hat.

Eine falsche Tarifierung kann durch unrichtige Anmeldung tariferheblicher Beschaf- 452
fenheitsmerkmale herbeigeführt werden, zB durch Anmeldung gereinigter Bettfedern als roher Federn, Nickelanoden als Nickelkathoden, haltbarer Konserven als vorübergehend haltbarer usw. (weitere Beispiele aus der Praxis bei *Bender/Möller/Retemeyer* Rn. C 962 ff.). Von doppeltem Interesse sind vorgeblich antike Waren, zB Waffen und Teppiche, mit deren Falschanmeldung der Täter zugleich die Absicht verfolgt, anschließend mit Hilfe der zollamtlich bestätigten Falschanmeldung inländische Interessenten zu betrügen. Gelingt das Vorhaben der Falschanmeldung, so liegt eine mittelbare Falschbeurkundung iS des § 271 StGB nicht vor, da die Beweiskraft des Zollpapiers den Wert und die tarifliche Eigenschaft der Ware nicht umfasst (BGH 6.10.1965, ZfZ 1966, 82).

Wegen der unionsrechtlichen Bezüge muss ggf. ein **Vorabentscheidungsverfahren** 453
beim EuGH durchgeführt werden (vgl. Art. 267 II AEUV). Der BGH als letzte nationale Instanz ist verpflichtet, ein solches Verfahren bei der Auslegung von Unionsrecht durchzuführen (Art. 267 III AEUV), wenn nicht zu entscheidungserheblichen Fragen bereits eine gesicherte Rechtsprechung des EuGH vorliegt oder die richtige Auslegung des Unionsrechts derart offenkundig ist, dass vernünftige Zweifel an der Entscheidung der gestellten Fragen nicht bestehen können (vgl. EuGH 6.10.1982, CILFIT, NJW 1983, 1257 und EuGH 15.9.2005, Intermodal Transports, Slg. 2005, I-8151; BGH 24.10.2002, wistra 2003, 100; BGH 27.11.2002, wistra 2003, 266). Insofern ist der EuGH auch gesetzlicher Richter im Sinne des Grundgesetzes. Wird die Vorlagepflicht missachtet, kann deshalb der verfassungsrechtliche Anspruch auf den gesetzlichen Richter im Sinne von Art. 101 I 2 GG verletzt sein (vgl. BVerfG 12.6.1990, BVerfGE 82, 159, 193 ff.; BVerfG 11.1.2008, BVerfGE 13, 171; *Harms/Heine,* Festschrift für Günter Hirsch, 2008, S. 85, 96).

Beispiele aus der Rechtsprechung

- Zum *Schmuggel über die grüne Grenze:* BGH 1.2.2007, wistra 2007, 224; BGH 16.3.1962, GA 1962, 454
337; BGH 23.11.1954, BGHSt 7, 33; BGH 13.7.1954. BGHSt 6, 260; BGH 10.9.1953, BGHSt 4, 333; BGH 13.2.1953, BGHSt 4, 32; BGH 20.5.1952, NJW 1952, 945; RG v. 19.11.1937, RZBl. 824; RG 8.2.1937, RGSt 71, 49; RG 20.10.1936, RZBl. 376; OLG Köln 18.1.1952, MDR 1952, 438; OLG Köln 12.5.1953, ZfZ 249.

- Zum Schmuggel beim Grenzübergang *an der Zollstelle*
  - durch Verneinen der Frage nach mitgeführten Waren: BGH 15.7.1999, NStZ 1999, 609; BGH 12.8.1999, wistra 1999, 426; BFH 12.8.1959, ZfZ 1960, 23; OLG Köln 4.11.1956, ZfZ 1959, 182; OLG Hamm 20.11.1958, ZfZ 1959, 122; FG Düsseldorf 28.1.1959, ZfZ 1959, 148; BayObLG 22.6.1967, ZfZ 1968, 246; OLG Karlsruhe 17.8.1978, BB 1979, 1134; vgl. auch EuGH 23.9.2004 – C-414/02, Spedition Ulustrans, Slg. 2004, I-8633;
  - durch Anmeldung von Tarnware oder von nach Art und Beschaffenheit anderer Ware: BGH 26.9.2012, wistra 2013, 31; BGH 22.5.2012, wistra 2012, 350; BGH 30.10.2003, wistra 2004, 63; BGH 19.6.2003, wistra 2003, 389; BGH 16.2.1994, wistra 1994, 230; vgl. auch EuGH 4.3.2004, wistra 2004, 376; EuGH 3.3.2005, ZfZ 2005, 192; BFH 20.7.2004, ZfZ 2005, 13;
  - durch Verbergen von Zollgut in einem Kfz: BGH 5.4.1955, BGHSt 7, 291; BGH 21.7.1998, wistra 1998, 348; FG Düsseldorf 12.6.1957, ZfZ 1957, 243; OLG Neustadt 30.11.1962, ZfZ 1963, 22; OLG Köln 2.8.1966, ZfZ 1966, 311; BayObLG 22.6.1967, ZfZ 1968, 246;
  - durch Mitführen von Treibstoff im Kraftstofftank: BGH 8.12.1955, BB 1956, 713; OLG Köln 2.6.1959, ZfZ 1960, 277; BGH 9.10.1959, ZfZ 1960, 272 m. krit. Anm. *Rümelin;*
  - hinsichtlich am Körper verborgener Waren: OLG Bremen 29.9.1954, ZfZ 1954, 380 oder getragener Kleidungsstücke: OLG Hamm 30.6.1958, ZfZ 1960, 314;
  - durch Falschangaben zur Überführung von Nichtgemeinschaftswaren in das Nichterhebungsverfahren der Truppenverwendung (§ 2 III, § 3 TrZollG); vgl. auch BGH 24.6.1952, BGHSt 3, 40, 44 („US-Frachtgut");
- Zum Schmuggel *an der Zollstelle* bei Beendigung eines Versandverfahrens und Abfertigung für den freien Verkehr
  - durch Vorlage zu niedriger Rechnungen bei der Zollanmeldung (Unterfakturierung) bei Holzimporten aus Russland: LG Hildesheim 27.2.2008 – 15 KLs 5423 Js 68028/05, bestätigt durch BGH 11.9.2008 – 1 StR 347/08.
- Zum Schmuggel *in andere EU-Mitgliedstaaten:* BGH 14.3.2007, wistra 262; BGH 1.2.2007, wistra 2007, 224; BGH 22.7.2004, wistra 2004, 475; BGH 30.10.2003, wistra 2004, 63; BGH 21.2.2001, wistra 2001, 263; BGH 8.11.2000, wistra 2001, 62.
- Zur Steuerhinterziehung durch *Entziehen von Nichtunionsware aus zollamtlicher Überwachung:* BGH 20.4.1999, NStZ 1999, 571 (zum Begriff der Bande überholt!); BGH 27.11.2002 , BGHSt 48, 108 mit Anm. *Bender* ZfZ 2003, 255; vgl. auch zur Entziehung aus einem Steueraussetzungsverfahren BGH 24.10.2002, BGHSt 48, 52 mit Anm. *Bender* wistra 2003, 147.
- Zum Schmuggel durch *Nichtgestellen gefundenen Zollguts:* BGH 27.1.1953, BGHSt 4, 36; OLG Oldenburg 16.6.1953, ZfZ 1954, 155.
- Zum *Besatzungs- oder Truppenschmuggel*
  - hinsichtlich geschenkter Tabakwaren: OLG Braunschweig 19.9.1952, ZfZ 1953, 21; BayObLG 17.12.1959, ZfZ 1961, 84;
  - hinsichtlich als Pfand angenommener Tabakwaren: OLG Karlsruhe 30.7.1953, NJW 1954, 246;
  - hinsichtlich Kaffee, Tee, Tabakwaren, Spirituosen oder Lebensmittel, die von Angehörigen fremder Truppen erworben wurden: BGH 22.10.1953, BGHSt 5, 53 unter Ablehnung der abw. Erkenntnisse des OLG Frankfurt 8.8.1951, NJW 1952, 75 und des OLG Oldenburg 4.12.1952, ZfZ 93; ferner OLG Köln 16.7.1965, ZfZ 1966, 50; OLG Frankfurt 30.1.1963, ZfZ 284; OLG Hamm 10.11.1961, ZfZ 1962, 49; BayObLG 2.10.1959, ZfZ 1961, 122; OLG Hamm 25.5.1957, ZfZ 1957, 339; OLG Braunschweig 15.4.1955, ZfZ 1957, 119;
  - durch unbefugtes Benutzen des PKW eines Mitglieds der Streitkräfte: BFH 31.10.1957, ZfZ 1958, 55; durch Aufbewahren von Waren aus Besatzungsbeständen: OLG Köln v. 19.1.1954, ZfZ 1954, 158 und OLG Köln 8.4.1952, ZfZ 1954, 156;
  - durch Diebstahl von Truppengut: BGH 25.11.1959, BGHSt 13, 399; BFH 31.10.1957, ZfZ 1958, 53; OLG Bremen 9.1.1957, ZfZ 1957, 220.

455 Rechtliche Probleme wirft insbesondere der Umstand auf, dass in vielen Fällen der **Hinterziehung von Einfuhrabgaben** lediglich eine Steuerhinterziehung **durch Unterlassen** nach § 370 I Nr. 2 AO in Betracht kommt. Es ist dann die Frage zu klären, wer von den an der Tat Beteiligten verpflichtet war, eine entsprechende steuerliche Erklärung einzureichen (vgl. BGH 9.4.2013, BGHSt 58, 218). So wird extra beim „Schmuggel" über die sog. grüne Grenze keine Erklärung abgegeben. Wird dagegen im normalen grenzüberschreitenden Verkehr die Ladung falsch deklariert, liegt eine Tat nach § 370 I Nr. 1 AO vor. Weiß der das Fahrzeug lenkende Lkw-Fahrer nicht um eine verborgene Zigarettenladung, ist der Hintermann mittelbarer Täter (§ 25 I 2. Alt. StGB) einer Steuerhinterziehung durch aktives Tun.

Schwieriger zu beantworten ist die Frage nach der **Strafbarkeit von Hinterleuten,** wenn die einfuhrabgabenpflichtige Ware – zB Zigaretten – von Fahrern, die von dem Schmuggelgut keine Kenntnis hatten, ohne Gestellung (Art. 4 Nr. 19 ZK bzw. Art. 5 Nr. 33 UZK) und unter Umgehung von Zollstellen, d. h. über die sog. grüne Grenze, in das Zollgebiet der EU eingeführt worden ist. Die aufgrund vorschriftswidrigen Verbringens nach Art. 202 ZK (Art. 79 UZK) entstandenen Einfuhrabgaben sind dann wegen Verletzung der Pflicht zur Gestellung (Art. 40 ZK bzw. Art. 139 UZK) der eingeführten Zigaretten nicht festgesetzt und damit verkürzt worden. In einem solchen Fall hängt die Strafbarkeit der Hinterleute im Wesentlichen von der Art und Weise der Einfuhr sowie von Art und Maß der Kontrolle der Hinterleute über den konkreten Einfuhrvorgang ab (s. dazu BGH 1.2.2007, wistra 2007, 224). Die Fahrer der Transportfahrzeuge sind regelmäßig bereits deswegen als bösgläubig anzusehen, weil sie Waren aus einem Drittland unter bewusster Umgehung der Zollstellen in das Zollgebiet der EU eingeführt haben. Die Hinterleute haben sich damit zumindest als Anstifter oder Gehilfen einer Steuerhinterziehung durch Unterlassen strafbar gemacht. Eine Strafbarkeit wegen täterschaftlicher Steuerhinterziehung kommt nach hergebrachter Dogmatik der Unterlassungsdelikte dagegen nur dann in Betracht, wenn die Hinterleute in eigener Person gestellungspflichtig waren. Denn nach herrschender Meinung kann Täter einer Steuerhinterziehung durch Unterlassen (§ 370 I Nr. 2 AO) nur derjenige sein, den eine besondere Pflicht zur Aufklärung der Finanzbehörden trifft (vgl. BGH 9.4.2013, BGHSt 58, 218; s. auch Rn. 30). 456

Da gemäß Art. 40 ZK (im Gegensatz zu Art. 139 UZK) nur der Verbringer gestellungspflichtig ist, muss bei vor dem 1.5.2016 durchgeführten Einfuhren für jede an einem „Schmuggel" beteiligte Person gesondert geprüft werden, ob sie als Verbringer einzustufen ist. Bei der Auslegung dieses rein unionsrechtlichen Begriffs sind die vom EuGH aufgestellten Grundsätze zu beachten. Den Begriff des „Verbringens" im Sinne von Art. 38 ZK und Art. 40 ZK hat der EuGH für die nationalen Gerichte verbindlich ausgelegt: Danach „verbringen" bei der Einfuhr mit einem Kraftfahrzeug „diejenigen" Personen die Nichtgemeinschaftsware in das Zollgebiet der Gemeinschaft, „die die Herrschaft über das Fahrzeug im Zeitpunkt der Verbringung haben, nämlich u. a. die Fahrer, und zwar derjenige, der das Fahrzeug lenkt, und sein Beifahrer oder Ersatzmann, sofern er sich im Fahrzeug befindet. Ferner ist auch „eine andere im Fahrzeug befindliche Person" Verbringer, wenn nachgewiesen ist, dass sie hinsichtlich der Verbringung der Waren Verantwortung trägt (EuGH 4.3.2004, wistra 2004, 376). Entscheidendes Kennzeichen des in Art. 38 ZK und Art. 40 ZK bezeichneten Verbringers und alleiniger Anknüpfungspunkt für die Gestellungspflicht in Art. 40 ZK ist damit nach dem Wortlaut dieser Entscheidung die Herrschaft über das Fahrzeug bei der Einfuhr. Herrschaft über das Transportfahrzeug haben aber nicht nur der Fahrer, weil er das Fahrzeug steuert, und seine Begleiter im Fahrzeug, sondern kraft ihrer Weisungsbefugnis auch diejenigen Organisatoren des Transports, die beherrschenden Einfluss auf den Fahrzeugführer haben, indem sie die Entscheidung zur Durchführung des Transports treffen und die Einzelheiten der Fahrt (zB Fahrtroute, Ort und Zeit der Einfuhr) bestimmen. 457

Strafbarkeitslücken bestehen im Anwendungsbereich von Art. 40 ZK (dh bei Einfuhren vor dem 1.5.2016) allenfalls in solchen Fallkonstellationen, in denen sich Hintermänner für das Verbringen in das Zollgebiet der EU vorsatzloser Fahrer bedienen, dabei selbst keine unmittelbare Kontrolle über die Einfuhr ausüben, aber regelhafte Abläufe ausnutzen, um die „Schmuggelware" im Zielland wieder entgegennehmen zu können. Ein derartiger Fall liegt etwa dann vor, wenn die Hintermänner in einem Lkw-Anhänger mit besonderen Vorrichtungen ein festes Schmuggelversteck einrichten, dort Zigaretten verbergen und nach Beladung mit Tarnware eine in das Schmuggelvorhaben nicht eingeweihte Spedition mit dem Transport an einen vorgegebenen Zielort im Zollgebiet der EU beauftragen. Bei einem solchen Sachverhalt macht sich bei Zugrundelegung der herrschenden Dogmatik der Unterlassungsdelikte keiner der Beteiligten strafbar, sofern die Einfuhr in das Zollgebiet der EU an einer Stelle vorgenommen wird, an der keine Zollkontrolle stattfindet. 458

459 Im **Anwendungsbereich des Unionszollkodex** (ab 1.5.2016) bestehen die geschilderten Strafbarkeitslücken nicht mehr. Denn Art. 139 UZK enthält eine **erweiterte Gestellungspflicht,** die neben dem Verbringer auch den Auftraggeber des Transports und denjenigen trifft, der die Verantwortung für die Beförderung in das Zollgebiet der Union übernommen hat (insb. den Spediteur).

460 **f) Zollrechtliche Vermutungen und Nachweispflichten.** Zollrechtliche Vermutungen haben ebenso wie Vermutungen im Verbrauchsteuerrecht (s. Rn. 438) strafrechtlich nur begrenzte Relevanz. Wird steuer- bzw. zollrechtlich die Entstehung einer Abgabe vermutet, darf im Strafverfahren nicht ohne weiteres von einer entstandenen Steuerschuld ausgegangen werden. Bestehen Zweifel an der Entstehung der Steuerschuld, ist nach dem Grundsatz *in dubio pro reo* zu verfahren (*Bender/Möller/Retemeyer* Rn. D 13; RFH RStBl. 19, 287; OLG Braunschweig ZfZ 1958, 116).

461 Auch im Hinblick auf die Betragsgrenze für verkürzte Einfuhrabgaben beim sog. **Schmuggelprivileg** des § 32 ZollVG (s. Rn. 28 zu § 32 ZollVG) ist die sog. Schlussmethode nach Art. 31 ZK (dazu Witte/*Reiche* ZK Art. 31 Rn. 3 ff.) bzw. Art. 74 III UZK nur modifiziert anwendbar. Es sind die Grundsätze für die Schätzung im Strafverfahren (dazu o. Rn. 78 ff.) anzuwenden. Die Beschaffenheitsvermutung für alle angemeldeten Waren bei Teilbeschau (Art. 70 I ZK; Art. 190 UZK) gilt im Strafverfahren – unabhängig davon, ob der Anmelder eine zusätzliche Zollbeschau verlangt hat (Art. 70 I Satz 2 ZK; Art. 190 I 2 UZK) – ebenso nicht (so bereits zum früheren § 17 I ZG BGH 24.6.1987, wistra 1987, 292); im Strafverfahren ist die Beweiswürdigung nach strafrechtlichen Grundsätzen vorzunehmen.

462 Dasselbe gilt für zollrechtliche **Nachweispflichten.** Bei diesen handelt es sich um Beweislastregeln, nach denen der betroffene Zollbeteiligte die ihm günstigen Umstände in bestimmter Form belegen muss. Für den strafrechtlichen Vorwurf der Zoll- oder Steuerhinterziehung bedarf es indes der in freier Beweiswürdigung gewonnenen tatrichterlichen Überzeugung, dass Einfuhrabgaben verkürzt worden sind. Die fehlenden Nachweise können dabei allerdings im Rahmen der gebotenen Aufklärung indiziell zur Überzeugungsbildung herangezogen werden (BGH 22.4.1999, NStZ-RR 1999, 280; vgl. auch BGH 13.10.1994, wistra 1995, 67, 69).

463–480 *einstweilen frei*

10. Sonstige Besonderheiten

a) Steuerstraftaten im Erhebungs- und Vollstreckungsverfahren

Schrifttum: *Grote,* Steuerhinterziehung außerhalb des Festsetzungsverfahrens und im Mineralölsteuerverfahren, 1989; *HL,* Steuerhinterziehung im Beitreibungsverfahren, DB 1992, 2065; *Bansemer,* Steuerhinterziehung im Beitreibungsverfahren, wistra 1994, 327; *Gribbohm,* Zur Strafbarkeit der Verkürzung von steuerlichen Nebenleistungen im Beitreibungsverfahren, NStZ 1998, 572; *Kahlen,* Die „Vorteilserschleichung" im Beitreibungsverfahren, PStR 1999, 162; *Kottke,* Steuerhinterziehung im Erhebungs- und Beitreibungsverfahren, StB 1999, 63; *Olbing,* Steuerhinterziehung und Restschuldbefreiung, Stbg 2007, 275; *Kasiske,* Tatbegriff und Zwangsmittelverbot bei wiederholter Steuerhinterziehung, HRRS 2013, 115; *Wulf,* Steuerhinterziehung im Beitreibungsverfahren, Stbg 2013, 116.

481 **Durch wahrheitswidrig begründete Anträge auf Stundung** nach § 222 AO oder nach einer Sondervorschrift, wie zB § 28 ErbStG, wird ein (vorübergehender) Steuervorteil erschlichen, wenn die FinB in Kenntnis der wirklichen Liquiditätsverhältnisse keine Stundung gewährt oder erheblich höhere Raten gefordert hätte. Da gestundete Steuerforderungen zwar mit Zinsen (§ 234) in Höhe von 6 vH (§ 238), jedoch nicht mit Säumniszuschlägen belastet werden (§ 240), bietet die Stundung, je nach Niveau des Marktzinses, einen Anreiz zur billigen Kreditbeschaffung (vgl. BFH 10.8.1961, BStBl. II 488; *Lohmeyer* FR 1964, 170; *Grote* 1989, 18 ff. mwN). Indessen kann von dem „Erschleichen" einer Stundung nur gesprochen werden, wenn der Stpfl die FinB mit unwahren Angaben über seine Zahlungsfähigkeit täuscht (vgl. *Kottke* StB 1999, 64). Die Täuschung kann auch durch

unvollständige Information bewirkt werden, wenn etwa der Stpfl zwar wahrheitsgemäß auf den Rückgang seiner Umsätze hinweist, aber wohlweislich verschweigt, dass die begründete Erwartung besteht, in den nächsten, in den nämlichen Besteuerungszeitraum fallenden Monaten wieder erheblich höhere Umsätze zu erzielen. Kein Fall des § 370 I AO liegt vor, wenn der Stpfl sich eine ESt-Vorauszahlung mit der zutreffenden Begründung stunden lässt, dass die Jahressteuerschuld bereits durch die bisherigen Vorauszahlungen gedeckt ist (vgl. BFH 29.4.1966, BStBl. III 369).

Beim Erschleichen eines Steuererlasses nach § 227 AO liegt zunächst einmal ein 482
wirksamer Verwaltungsakt vor, mit dem der Steueranspruch zum Erlöschen gebracht wird (§ 47). Die Rücknahmemöglichkeit (§ 130 II Nr. 3) ändert hieran nichts (*Bender* Tz 63.3b).

Der Steuerpflichtige erschleicht ebenso einen Steuervorteil, wenn er eine **einstweilige** 483
Einstellung der Zwangsvollstreckung nach § 258 AO erreicht. Irrelevant ist, dass in diesen Fällen die Vollstreckung fortgesetzt werden kann, wenn sie zu einem späteren Zeitpunkt Erfolg verspricht. Gleiches ist auch beim Erlass der Fall, wenn das FA die unrichtigen Angaben des Stpfl erkennt und nach § 130 II Nr. 3 AO verfährt.

Im Zusammenhang mit der Vollstreckung kann Steuerhinterziehung durch jedes 484
täuschende Verhalten begangen werden, das darauf abzielt, die zwangsweise Einziehung einer fälligen Steuer zu vermeiden, das Zwangsverfahren zu verzögern oder das Vollstreckungsergebnis zu schmälern; das Erschleichen einer bestimmten positiven Verfügung der FinB ist nicht erforderlich (RG 16.2.1937, RStBl. 387; BGH 1.3.1956, BStBl. I 441; *Hartung* JR 1956, 383). Es genügt zB die Täuschung der FinB über die wirtschaftliche Lage, das Einkommen oder die Vermögensverhältnisse, oder die Täuschung des Vollziehungsbeamten über das Vorhandensein pfändbarer Sachen. Auch in der Hingabe eines ungedeckten Schecks an die Finanzkasse oder den Vollziehungsbeamten (BGH 19.11.1956 – 2 StR 416/56, zitiert bei *Herlan* GA 1958, 49) kann eine Täuschung liegen, wenn der Aussteller seiner eigenen Erwartung zuwider zum Ausdruck gebracht hat, dass der Scheck bei Vorlage eingelöst werde. Die Hingabe eines Schecks enthält die schlüssige Erklärung, dieser sei bei Begebung gedeckt, oder zumindest bei Vorlage, oder werde jedenfalls trotz mangelnden Guthabens eingelöst (vgl. BGH 25.6.1952, BGHSt 3, 69; *Kottke* StB 1999, 64). Ist der Stpfl davon überzeugt, dass der Scheck bei Vorlage eingelöst wird und lassen unvorhergesehene Umstände den Scheck platzen, etwa eine unerwartete Kontenpfändung durch Dritte, fehlt es nicht erst am Vorsatz, sondern bereits an der Täuschung, weil die vom Stpfl behauptete *innere* Tatsache, der Scheck werde bei Vorlage eingelöst, wahr ist. Ist jemand wegen Steuerhinterziehung rechtskräftig verurteilt worden, löst dies im Hinblick auf Taten der Steuerhinterziehung im Beitreibungsverfahren bezüglich der identischen Steuern keinen Strafklageverbrauch aus (BGH 21.8.2012, wistra 2012, 482).

Ein Erfolg im Sinne des § 370 IV 1 AO liegt in diesen Fällen nicht schon dann vor, 485
wenn die Manipulation des Täters eine Untätigkeit des Fiskus verursacht, sondern setzt voraus, dass damit aussichtsreiche Vollstreckungsmöglichkeiten vereitelt wurden (vgl. BGH 19.12.1997, wistra 1998, 180, 184 mit Anm. *Gribbohm* NStZ 1998, 573; Klein/*Jäger* AO § 370 Rn. 80, 85; FA Strafrecht/*Hardtke* 6/2 Rn. 53). Der Steueranspruch kann hier also nicht mit dem Nennwert angesetzt, sondern muss wirtschaftlich bewertet werden (*Grote* 1989, 62 ff.). Vereitelt der Stpfl die Vollstreckung einer Steuerforderung mit einem Nennwert von 100 zu einem Zeitpunkt, zu dem die pfändbare Habe 30 betrug, liegt nicht ein Schaden von 100, sondern von 30 vor. Die Feststellung eines Verkürzungserfolges setzt also eine Bewertung der pfändbaren Habe unter Beachtung der Schuldnerschutzvorschriften der ZPO voraus (BGH wistra 1998, 180; *Grote* 1989, 62 ff.; *Kottke* StB 1999, 65).

Da Tathandlung und Taterfolg gegeben sein müssen, genügt ein **heimliches Verhalten** 486
ebenso wenig wie die Verzögerung einer aussichtslosen Vollstreckung. An einem täuschenden Verhalten fehlt es, wenn der Stpfl sich einer beabsichtigten Vollstreckungsmaßnahme gewaltsam widersetzt (vgl. RG 12.12.1935, RGSt 70, 10; RG 12.10.1937, RStBl. 1149)

oder sich der Vollstreckung durch Flucht ins Ausland entzieht (*v. Claer* DStZ 1958, 99). Insofern ist Vorsicht bei der Übernahme älterer Rechtsprechung (vgl. 3. Aufl. Rn. 182) geboten. In der Hingabe wertloser Sicherheiten oder eines Schecks, um Vollstreckungsaufschub zu erreichen (RG 15.2.1926, RGSt 60, 97 f.) liegt zwar eine Täuschung, ob aber eine Verkürzung vorliegt, hängt davon ab, ob sonst aussichtsreiche Vollstreckungsmaßnahmen bestanden. Die Freigabe einer bereits gepfändeten Sache oder Forderung ist nur Taterfolg, soweit die gepfändete Sache auch verwertbar oder die Forderung werthaltig war. Ein Erfolg liegt vor bei der Erreichung der Freigabe von Pfandstücken, die das FA versteigern lassen wollte, soweit Rechte Dritter nicht entgegenstanden (vgl. RG 19.10.1936, RStBl. 1060), die Täuschung mag in diesen Fällen darin liegen, dass ein fingierter Sicherungsübereignungsvertrag vorgelegt wird (vgl. RG aaO sowie BGH 22.1.1953 zit. bei *Herlan* GA 1953, 151).

487 **Die Abtretung einer Forderung,** die der Stpfl selbst einzieht, um den Betrag für sich zu verbrauchen, bevor das FA den Drittschuldner benachrichtigen kann (*Krah* StWa 1954, 153) erfüllt den Tatbestand der Steuerhinterziehung nur unter zwei Voraussetzungen. Zunächst einmal muss der Stpfl bereits zum Zeitpunkt der Abtretung der Forderung die Absicht gehabt haben, den Betrag selbst einzuziehen. Zum anderen muss damit die Möglichkeit des Fiskus vereitelt worden sein, die Forderung zu pfänden. Hat der Stpfl den Plan, die Forderung trotz Abtretung selbst einzuziehen, erst später gefasst, ist dies strafrechtlich nicht relevant, weil § 153 I AO außerhalb des Festsetzungsverfahrens keine Anwendung findet (Rn. 259 ff.). Ebenso irrelevant ist die heimliche Veräußerung einer vom FA gepfändeten oder dem FA zur Sicherheit übereigneten Sache (LG Braunschweig 18.3.1953, DStZ/B 280; AG Mannheim 2.1.1964, BB 1965, 233; aM BGH 1.3.1956, BStBl. I 441; LG Kassel 8.3.1954, DStZ/B 1954, 218; *Kessler* DStZ/B 1954, 218; *Henke* NJW 1967, 1006; 3. Aufl. Rn. 182). In diesen Fällen fehlt es an einer Tathandlung, weil der Stpfl im Rahmen der Pfändung keine Erklärung abgibt. Eine Ausnahme wird zu machen sein, wenn der Stpfl bereits im Zeitpunkt der Sicherungsübereignung die Absicht hatte, den Gegenstand zu unterschlagen. Im Übrigen bleibt es in diesen Fällen bei der Strafbarkeit wegen Pfandkehr bzw. Vollstreckungsvereitelung oder Unterschlagung.

488 **Unrichtige Angaben in einer eidesstattlichen Versicherung** nach § 284 AO sind nach den nämlichen Kriterien zu beurteilen (vgl. BGH 21.8.2012, wistra 2012, 482). Wurde durch die Täuschung die Möglichkeit des Fiskus vereitelt, durch Zugriff auf die gegenwärtigen Vermögensgegenstände des Schuldners Steueransprüche zu realisieren (vgl. RG 29.8.1938, RStBl. 889; BGH 1.4.1960, BGHSt 14, 345, 348; BGH 13.2.1958, BGHSt 11, 223, 225 zu Arbeitseinkünften; vgl. auch BGH 15.12.1955, BGHSt 8, 399 f.; BGH 24.7.1968, NJW 1968, 2251), liegt auch ein Erfolg iS des § 370 IV 1 AO vor. Ist dies nicht feststellbar, mag ein Versuch der Steuerhinterziehung gegeben sein bzw. hat es mit der Strafbarkeit nach § 156 StGB sein Bewenden. Dies gilt insbes. dann, wenn der Stpfl nichtpfändbare Vermögensgegenstände verschwiegen hat, wenn nicht in diesen Fällen ohnehin schon die Strafbarkeit nach § 156 StGB entfällt (vgl. BayObLG 10.4.1991, wistra 1991, 230).

489, 490 *einstweilen frei*

b) Hinterziehung „verfassungswidriger" Steuern

Schrifttum: Siehe Voraufl. Vor Rn. 233a.

491 Nach der Entscheidung des BVerfG vom 22.7.1995 (BVerfGE 93, 121) und dem Entfallen der Vermögensteuer zum 1.1.1997 war heftig umstritten, inwiefern die (Bestrafung einer) Hinterziehung von Vermögensteuer überhaupt noch möglich war. Dabei war unstreitig, dass die *Erhebung* von Vermögensteuer für Zeiträume vor 1997 auch noch nach diesem Stichtag möglich ist (BFH 29.7.1998, BStBl. II 632; BVerfG 30.3.1998, NJW 1998, 1854).

Aber auch die Hinterziehung von Vermögensteuer war **weiterhin strafbar** (BGH 7.11.2001, BGHSt 47, 138 mit Anm. *Haass* NStZ 2002, 484; BayObLG 10.9.2002, wistra 2003, 117; HHSp-*Hellmann* 54 zu § 370; vgl. auch *Rolletschke* DStZ 2001, 550; *Schlepp* DStZ 2001, 282; Nds. FG 2.6.2003, EFG 2003, 1279). Wenn die mit dem Grundgesetz unvereinbare Norm nach Anordnung des BVerfG weiterhin gilt und die Steuer zu erheben ist, und Aufgabe des § 370 AO die Sicherung eben der Steuerfestsetzung und Steuererhebung ist, gibt es keinen Grund, auf den Strafschutz für solche Beträge zu verzichten, die dem Fiskus immerhin zustehen. Auch § 2 StGB erfordert keine andere Lösung, da die blankettausfüllenden Vorschriften des besonderen Steuerrechts entweder Zeitgesetze iS des § 2 IV StGB sind oder (so OLG Hamburg 5.12.2000, wistra 2001, 113) dem § 2 StGB schon nicht unterfallen (SK-*Rudolphi* 8 ff. zu § 2 StGB; *Meine* DStR 1999, 2101). Schließlich hilft auch der Hinweis auf § 79 I BVerfGG nicht weiter, da nicht der Straftatbestand, sondern allein die Tarifvorschrift gegen die Verfassung verstößt, gilt allein § 79 II BVerfGG. 492

So weit Zweifel an der Verfassungsmäßigkeit der **Besteuerung von Spekulationsgewinnen** bestanden, haben mehrere Entscheidungen des BFH und des BGH dahingehend Klarheit geschaffen, das für die Jahre ab 1999 diese zu bejahen ist und damit auch eine Bestrafung zulässig ist. Lediglich für die Jahre 1997 und 1998 existiert keine steuerliche Regelung, so dass auch § 370 AO nicht eingreifen kann (Rn. 30 zu § 369). 493

einstweilen frei 494–500

V. Vorsatz, Unrechtsbewusstsein

Schrifttum: *Hartung,* Schuldprobleme im Steuerstrafrecht, Aktuelle Fragen, S. 31 ff.; *Stieler,* Rechtsirrtum im Steuerstrafrecht, SJZ 1950, 527; *Dollinger,* Das Unrechtsbewußtsein im Steuerstrafrecht, BB 1952, 801; *Glöggler,* Irrtumsfragen im Steuerstrafrecht, NJW 1953, 488; *Stieler,* Der Bundesgerichtshof zur Frage des Rechtsirrtums im Steuerstrafrecht, BB 1953, 434; *Welzel,* Irrtumsfragen im Steuerstrafrecht, NJW 1953, 486; *Warda,* Die Abgrenzung von Tatbestands- und Verbotsirrtum bei Blankettstrafgesetzen, 1955; *Welzel,* Der Verbotsirrtum im Nebenstrafrecht, JZ 1956, 238; *Netzler,* Der Verbotsirrtum im Steuerstrafrecht, 1961; *Lohmeyer,* Schuldprobleme im Steuerstrafrecht, GA 1966, 161; *Tiedemann,* Zur legislatorischen Behandlung des Verbotsirrtums im Ordnungswidrigkeiten- und Steuerstrafrecht, ZStW 79 [1969] 869; *Leise,* Irrtumslehre und steuerliches Straf- und Bußgeldrecht, DStR 1972, 556; *Lohmeyer,* Die Schuld bzw. Vorwerfbarkeit bei Zuwiderhandlungen gegen Steuergesetze, DStZ 1974, 426; *Pfaff,* Irrtum im Steuerstraf- und Bußgeldrecht, StBp 1979, 256; *Backes,* Zur Problematik der Abgrenzung von Tatbestands- und Verbotsirrtum im Steuerstrafrecht, Diss. Köln 1981; *ders.,* Die Abgrenzung von Tatbestands- und Verbotsirrtum im Steuerstrafrecht, StW 1982, 253; *Samson,* Irrtumsprobleme im Steuerstrafrecht, Grundfragen 1983, 99; *Lüderssen,* Die Parteispendenproblematik – Vorsatz und Irrtum, wistra 1983, 223; *Schlüchter,* Zur Irrtumslehre im Steuerstrafrecht, wistra 1985, 43 ff.; *F. Meyer,* Der Verbotsirrtum im Steuerstrafrecht, NStZ 1986, 443; *v. d. Heide,* Tatbestands- und Vorsatzprobleme bei der Steuerhinterziehung nach § 370 AO, Diss. Bochum 1986; *Thomas,* Die Steueranspruchstheorie und der Tatbestandsirrtum im Steuerstrafrecht, NStZ 1987, 260; *F. Meyer,* Enthält der Tatbestand der Steuerhinterziehung ein ungeschriebenes Tatbestandsmerkmal, das jeglichen Verbotsirrtum ausschließt?, NStZ 1987, 500; *Reiß,* Tatbestandsirrtum und Verbotsirrtum bei der Steuerhinterziehung, wistra 1987, 161; *Lütt,* Das Handlungsunrecht der Steuerhinterziehung, 1988; *Dörn,* Die Bedeutung der Prüfung von Vorsatz und Leichtfertigkeit im Steuerstraf- und Steuerordnungswidrigkeitenverfahren, Inf. 1990, 488; *Thomas,* Die Anwendung europäischen materiellen Rechts im Strafverfahren, NJW 1991, 2233; *Fissenewert,* Der Irrtum bei der Steuerhinterziehung, 1993; *Bachmann,* Vorsatz und Rechtsirrtum im allgemeinen Strafrecht und im Steuerstrafrecht, 1993; *Hoff,* Das Handlungsinrecht der Steuerhinterziehung, 1999; *Vogelberg,* Bedingter Hinterziehungsvorsatz eines verstorbenen Steuerpflichtigen, PStR 2000, 63; *Reck,* Täter, Irrtum und Vorsatz bei der Steuerhinterziehung im Unternehmen und im privaten Bereich, BuW 2001, 363; *Singer,* Ehegattenverantwortlichkeit im Steuerstrafrecht, StuB 2002, 905; *Haas,* Das Verhältnis der Schätzungen im steuerlichen Ermittlungsverfahren zum Steuerstrafverfahren, DAI-FS 2003, 469; *A. Müller,* Der Vorsatz und sein Nachweis im Steuerrecht und Steuerstrafrecht, AO-StB 2003, 385; *Weidemann,* Ist der Steuerhinterziehungstatbestand ein Blankettgesetz?, wistra 2006, 132; *Höll/Hinghaus,* Vorsatz und Leichtfertigkeit bei Indizienbeweis, PStR 2010, 223; *Weidemann,* Vorsatz und Irrtum bei Lohnsteuerhinterziehung und Beitragsvorenthaltung, wistra 2010, 463; *Ransiek,* Vorsatz des Arbeitgebers bei Vorenthalten von Arbeitsentgelt und Lohnsteuerhinterziehung, PStR 2011, 74; *Thum/Selzer,* Die Strafbarkeit des Arbeitgebers bei illegaler Beschäftigung im Lichte der neuen Rechtsprechung des BGH, wistra 2011, 290; *Ransiek/Hüls,* Zum Eventualvorsatz bei Steuerhinterziehung, NStZ 2011, 678; *Duttge,* Ein neuer Vorsatzbegriff? , HRRS 2012, 359; *Joecks,* Vorsatz und Leichtfertigkeit, SAM 2012, 26; *Löwe-Krahl,* Der subjektive Tatbestand des § 370 AO, PStR 2012, 66; *Ransiek,* Blankettstraftatbestand und Tatumstandsirrtum, wistra 2012, 365; *Wegner,* Verabschiedet sich der Gesetzgeber von der „Leichtfertigkeit“ im Wirtschafts- und Steuerstrafrecht?, HRRS 2012, 510; *Wulf,* Bedingter Vorsatz im Steuerstrafrecht – Abschied von der „Steueranspruchslehre“?, Stbg 2012, 19; *Solka,* Vorsatz und Irrtum bei der Steuerhinterziehung, BLJ 2013, 19.

501 Die Steuerhinterziehung kann **nur vorsätzlich begangen** werden. Das ergibt sich aus § 369 II AO, § 16 StGB. Dem Grundsatz nach muss sich der Vorsatz auf alle diejenigen tatsächlichen Umstände erstrecken, die den Tatbestand erfüllen, sowie bei normativen Tatbestandsmerkmalen die *„Parallelwertung in der Laiensphäre“* enthalten (Rn. 53 zu § 369). Dagegen gehört zum Vorsatz nicht die Kenntnis vom Verbotensein des Verhaltens. Insofern ist Unrechtsbewusstsein nötig, dessen Fehlen als Verbotsirrtum nach § 17 StGB behandelt wird (Rn. 101 zu § 369).

502 Nach der sog. **Steueranspruchstheorie** gehört zum Vorsatz der Steuerhinterziehung, dass der Täter den Steueranspruch dem Grunde und der Höhe nach kennt oder zumindest für möglich hält und ihn auch verkürzen will. Ob dem weiter gefolgt werden kann, wird von *Jäger* (Klein/*Jäger* AO § 370 Rn. 172) neuerdings bezweifelt. In Anknüpfung an *Allgayer* (GJW/*Allgayer* AO § 369 Rn. 26) wendet er ein, dass diese Theorie nicht danach unterscheidet, ob die Unkenntnis vom Steueranspruch auf einem Irrtum hinsichtlich der tatsächlichen Voraussetzungen (Besteuerungsgrundlagen) oder auf einer unzutreffenden Vorstellung hinsichtlich der steuerrechtlichen Zusammenhänge (Besteuerungstatbestand, Steuerschuldnerschaft, Erklärungspflicht) beruhe. Die entsprechenden Bedenken hat der BGH mittlerweile aufgegriffen (BGH 8.9.2011, wistra 2011, 465; siehe auch BGH 13.6.2013, wistra 2013, 471).

503 **Zum Vorsatz der Steuerhinterziehung durch Handeln** gehört das Wissen, dass der Täter eine täuschende Handlung vornimmt, dadurch ein Steueranspruch beeinträchtigt wird, sei es durch zu niedrige oder verspätete Festsetzung oder durch verspätete Beitreibung, bzw. dadurch ein nicht gerechtfertigter Steuervorteil erlangt wird. Hinsichtlich sämtlicher Merkmale muss der Täter die „Parallelwertung in der Laiensphäre“ aufweisen. Er muss insbes. wissen, dass ein Steueranspruch gegen ihn oder einen anderen existiert, auf den er einwirkt. Dagegen muss er nicht exakt die Anspruchsgrundlage kennen oder auch nur genau wissen, um welche Steuerart es sich handelt (vgl. auch *Kindhäuser* GA 1990, 408; *Bachmann* 1993, 43 ff.). Über diese Grundsätze besteht Einigkeit: BGH 13.11.1953, BGHSt 5, 90; *Welzel* NJW 1953, 486; HHSp-*Hellmann* 217 und Kohlmann/*Ransiek* 623 ff. zu § 370; *Lüderssen* wistra 1983, 224; *Samson* Grundfragen S. 105 f.; unklar dagegen OLG Hamm 6.5.1970, ZfZ 1971, 340, das den Irrtum über die Einordnung eines Einfuhrgutes unter eine Warennummer des Zolltarifes ohne Begründung als Verbotsirrtum bezeichnet. Zu Recht verneint der BGH (8.3.1983, wistra 1983, 113) den Hinterziehungsvorsatz bei einem Steuerberater, der durch Vorlage unrichtiger Belege eine vermeintlich unrichtige Rechtsauffassung eines Steuerbeamten überwinden will (s. auch OLG Karlsruhe 17.8.1978, BB 1979, 1134; *Bachmann* 1993, 181; BGH 23.2.2000, wistra 2000, 217).

504 Zum Vorsatz der **Steuerhinterziehung durch Unterlassen** gehört darüber hinaus die Kenntnis derjenigen Tatsachen, die die Pflicht zur Aufklärung der Finanzbehörden begründen (*Bachmann* 1993, 195). Dagegen braucht der Täter die Aufklärungspflicht selbst nicht zu kennen (Rn. 102 zu § 369).

505 **Dem Täter fehlt das Unrechtsbewusstsein,** wenn er die Rechtswidrigkeit seines Verhaltens nicht kennt. Beruht dieser Irrtum nicht auf einem vorsatzausschließenden Tatumstandsirrtum, dann handelt es sich um einen (isolierten) Verbots- oder (bei Unterlassungsdelikten) Gebotsirrtum, der nach § 17 StGB zu behandeln ist. Davon ist der sog. Strafbarkeitsirrtum zu unterscheiden, der strafrechtlich unerheblich sein soll. Weiß der Täter, dass sein Verhalten rechtswidrig ist, glaubt er aber irrig, das Verhalten sei nicht strafbar, so handelt er nach hM mit vollem Unrechtsbewusstsein (vgl. SK-*Rudolphi* 5; aM MüKoStGB/*Joecks* § 17 StGB Rn. 15, Schönke/Schröder/*Sternberg-Lieben*/*Schuster* StGB § 17 Rn. 5). Im Verbotsirrtum befindet sich auch, wer weiß, dass er steuerpflichtige Umsätze macht, aber glaubt, er brauche keine UStVoranmeldung abzugeben (Irrtum über die Garantenpflicht, s. Rn. 91 zu § 369); ebenso *Leise* DStR 1972, 558; vgl. auch *Bachmann*

1993, 194 f. Demgegenüber nimmt die überwiegende Ansicht beim Irrtum über Aufklärungspflichten Vorsatzausschluss an. Danach erfordert der Steuerhinterziehungsvorsatz die Kenntnis von dem Bestehen und dem Umfang der steuerrechtlichen Erklärungs- und Handlungspflichten (OLG Bremen 26.4.1985, StV 1985, 282, 283; *Thomas* NStZ 1987, 260, 263 f.; HHSp-*Hellmann* 235 und Kohlmann/*Ransiek* 665 zu § 370). Begründet wird dies mit der Überlegung, dass die allgemeinen Grundsätze des Strafrechts sich schon deshalb nicht auf die Steuerhinterziehung durch Unterlassen übertragen ließen, weil die Vorschrift in § 370 I Nr. 2 AO die Verletzung der Pflicht ausdrücklich als Voraussetzung des objektiven Tatbestandes bezeichne (HHSp-*Hellmann* 235 zu § 370. Spätestens seit Ersetzung der Steuerunehrlichkeit durch die Tatbestandsbeschreibung in § 370 I Nr. 2 AO ist diese Auffassung jedoch nicht mehr zu halten. Letztlich geht es um die Anforderungen an die Vermeidbarkeit des Gebotsirrtums (MüKoStGB/*Joecks* StGB § 17 Rn. 40 ff.). Vielfach ist jedoch mit der Unkenntnis der Erklärungspflicht auch die Unkenntnis des Steueranspruchs verbunden (ebenso Kohlmann/*Ransiek* 670 zu § 370). In einem solchen Fall fehlt der Verkürzungsvorsatz (*Samson* Grundfragen S. 106 ff.). Demgegenüber ist ein Verbotsirrtum insbes. bei einem Eingreifen des Kompensationsverbotes denkbar (*Bachmann* 1993, 181 f.).

Grundsätzlich genügt Eventualvorsatz; zum Begriff s. Rn. 51 zu § 369. Problematisch ist diese Annahme aber dort, wo die Erfüllung der Erklärungspflicht die Anwendung **506**
von Rechtsnormen voraussetzt (Rn. 179 ff.). Ist eine Steuererklärung deshalb unrichtig, weil der Stpfl von einer objektiv unzutreffenden Rechtsansicht ausgegangen ist, kann für die vorsätzliche Steuerhinterziehung Eventualvorsatz nicht ausreichen, da in erheblichem Umfang und nahezu unvermeidbar jedenfalls der selbstkritische Stpfl für möglich halten wird, dass einzelne von ihm angewendete Rechtssätze auch anders ausgelegt werden können, als er es tut. In einem solchen Fall von Hinterziehungsvorsatz zu sprechen, wäre wenig sinnvoll. Das Problem ist bisher noch kaum erkannt und bedarf weiterer Untersuchungen. Immerhin hat der BGH in zwei aktuellen Entscheidungen deutlich gemacht, dass im Wirtschaftsstrafrecht die Feststellung des bedingten Vorsatzes besonderer Sorgfalt bedarf. Dies gilt namentlich für die voluntative Seite (BGH 20.3.2008, wistra 2008, 343; BGH 16.4.2008, wistra 2008, 342 m. Anm. *Wegner* wistra 2008, 347). Dabei verlangt der BGH nicht, dass der Steuerpflichtige auch Details der Steuerpflicht kennt (BGH 13.6.2013, wistra 2013, 471; siehe auch *Joecks* SAM 2012, 26).

Neben dem Vorsatz setzt die Steuerhinterziehung keinerlei weitere subjektive Merkmale **507**
voraus. Abw. von § 392 II RAO braucht der Täter nicht mehr zum eigenen oder fremden Vorteil zu handeln. Wenn das Gesetz in § 370 I AO für die Vorteilserlangung voraussetzt, dass der Täter den Erfolg für sich oder einen anderen erlangt, dann wird dadurch nur klargestellt, dass Täter nicht nur derjenige sein kann, der sich selbst einen Vorteil verschafft, sondern auch jeder Dritte (vgl. Schwarz/Pahlke/*Dumke* 105 zu § 370 AO).

einstweilen frei **508–510**

VI. Teilnahmehandlungen

Schrifttum: *Reinisch,* Die steuerstrafrechtliche Bedeutung des Mitunterzeichnens der Einkommensteuererklärung durch den Ehegatten, DStR 1965, 589; *Jakobs,* Regreßverbot beim Erfolgsdelikt, ZStW 89 (1977), 1; *Philipowski,* Steuerstrafrechtliche Probleme bei Bankgeschäften, Grundfragen 1983, 131; *Gössel,* Probleme notwendiger Teilnahme bei Betrug, Steuerhinterziehung und Subventionsbetrug, wistra 1985, 125; *Lohmeyer,* Der Steuerberater als Täter oder Teilnehmer einer Steuerzuwiderhandlung, Stbg 1985, 297; *Flücken,* Der Steuerberater als Täter der Steuerhinterziehung (und anderer Straftaten), Stbg. 1987, 294; *Gallandi,* Die strafrechtliche Haftung von Bankangestellten, wistra 1988, 295; *Löwe-Krahl,* Steuerstrafrechtliche Risiken typischer Banktätigkeiten, Diss. Kiel 1989; *Meyer-Arndt,* Beihilfe durch neutrale Handlungen?, wistra 1989, 281; *Gast-deHaan,* Strafrechtliche Risiken der Steuerberatung, Harzburger Protokoll 1992, 25; *App,* Beihilfe zur Steuerhinterziehung, StB 1993, 189; *Streck/Mack,* Steuerpflicht von Zinserträgen aus Luxemburg, Stbg 1993, 25; *App,* Beihilfe zur Steuerhinterziehung durch Sachgebietsleiter, StB 1993, 189; *Dörn,* Fragen des Steuerstraf- und Steuerordnungswidrigkeitenrechts bei Beauftragung eines Steuerberaters, DStZ 1993, 478; *Marx,* Steuerstraf- und bußgeldrechtliche Verantwortung des Steuerberaters, DStR 1993, 1901; *Dörn,* Steuerstraf- oder bußgeldrechtliche Verantwortlichkeit des Steuerberaters, wistra 1994, 290; *Hassemer,* Professionelle

Adäquanz, wistra 1995, 41, 81; *Löwe-Krahl,* Beteiligung von Bankangestellten an Steuerhinterziehungen ihrer Kunden, wistra 1995, 201; *Bilsdorfer,* Aktuelle und permanente Probleme im Spannungsfeld von Bank, Kunden und Finanzamt, DStR 1996, 1953; *Kaligin,* Steuerfahndung bei Banken, WM 1996, 2267; *Dörn,* Ermittlungen des Finanzamts bei dauerndem Getrenntleben von Eheleuten, StB 1997, 197; *Ransiek,* Pflichtwidrigkeit und Beihilfeunrecht, Der Dresdner Bank-Fall und andere Beispiele, wistra 1997, 41; *Rogat,* Die Zurechnung bei der Beihilfe, 1997; *Tag,* Beihilfe durch neutrales Verhalten, JR 1997, 49; *Vahrenbrink,* Die vorgeleistete Begünstigung (§§ 257, 258 StGB) – Zugleich ein Beitrag zur Kausalität der Beihilfe, 1997; *Wohlleben,* Beihilfe durch äußerlich neutrale Handlungen, 1997; *Burkhard,* Ehegattenverantwortlichkeit im Steuerstrafrecht, DStZ 1998, 829; *Joecks,* Die Stellung der Kreditwirtschaft im steuerstrafrechtlichen Ermittlungsverfahren gegen Kunden, WM 1998, Beilage Nr. 1; *Kottke,* Zum Mitunterzeichnen der Einkommensteuererklärung durch den Ehegatten bei nicht deklarierten Bankzinsen, FR 1998, 683; *Voßmeyer,* Von der Weitsicht eines Bankers – Bemerkungen zur Tragweite des Gehilfenvorsatzes, DStR 1998, 842; *Behr,* Die Strafbarkeit von Bankmitarbeitern als Steuerhinterziehungsgehilfen bei Vermögenstransfers ins Ausland, wistra 1999, 245; *Dörn,* Beihilfe des Steuerberaters zur Steuerhinterziehung des Mandanten, BuW 1999, 295; *Kottke,* Tafelgeschäfte, NWB Fach 21, 1357 (10/1999); *Rolletschke,* Die steuerstrafrechtliche Verantwortlichkeit des einen Antrag auf Zusammenveranlagung mitunterzeichnenden Ehegatten, DStZ 1999, 216–219; *Weyand,* Strafbarkeitsrisiko des Steuerberaters: Buchführungs- und Bilanzdelikte im Insolvenzverfahren, StuB 1999, 178; *Harzer/Vogt,* Mitarbeit von Banken an Steuerhinterziehungen – Ein Problem der Beihilfekausalität, StraFo 2000, 39; *Löwe-Krahl,* Steuerhinterziehung bei Bankgeschäften, 2. Aufl. 2000; *Rolletschke,* Nochmals: Die Steuerhinterziehung eines Ehegatten durch Mitunterzeichnung der gemeinsamen Steuererklärung, DStZ 2000, 677; *Samson/Schillhorn,* Beihilfe zur Steuerhinterziehung durch anonymisierten Kapitaltransfer?, wistra 2001, 1; *Rolletschke,* Einmal mehr: Die Steuerhinterziehung eines Ehegatten durch Mitunterzeichnung der gemeinsamen Steuererklärung, wistra 2002, 454; *Burkhard,* Keine Ehegattenverantwortlichkeit im Steuerstrafrecht, DStZ 2002, 750; *Singer,* Ehegattenverantwortlichkeit im Steuerstrafrecht, StuB 2002, 905; *Hillenbrand,* Scheckwechslergeschäfte als Mittel zur Steuerhinterziehung, wistra 2003, 375; *A. Müller,* Ehegatten im Steuerstrafrecht: Mitunterzeichnung der Steuererklärung, AO-StB 2005, 147; *Bielefeld/Prinz,* Riskante Hilfe zur Hinterziehung deutscher Steuern aus dem Ausland, DStR 2008, 1122; *Wulf,* Steuerhinterziehung bei zusammenveranlagten Ehegatten (§ 26b EStG) – Praxisprobleme und Lösungen, Stbg 2009, 165; *Schaaf,* Die mögliche strafrechtliche Verantwortlichkeit des steuerlichen Beraters, AO-StB 2012, 349; *Podewils/Hellinger,* Strafrechtliche Risiken für steuerliche Berater, DStZ 2013, 662.

1. Allgemeines

511 Bei **Anstiftung oder Beihilfe** zur Steuerhinterziehung ist weder der Kreis der möglichen Teilnehmer noch die Art der Teilnahmehandlung durch Besonderheiten des Steuerstrafrechts beschränkt. So kann eine Anstiftung zur Steuerhinterziehung durch Unterlassen auch durch eine Person begangen werden, die selbst nicht die nötige Täterqualität „Steuerpflichtiger“ aufweist (vgl. Rn. 30 f.). Der Anstifter verursacht die Haupttat, indem er den Vorsatz des Haupttäters hervorruft (Rn. 79 zu § 369). Der Gehilfe wirkt an der Haupttat durch psychische oder physische Unterstützung mit, ggf. auch durch Stärkung des Tatentschlusses (Rn. 79 zu § 369). Probleme ergeben sich in diesem Zusammenhang namentlich daraus, dass viele potentielle Teilnehmer sich im Rahmen ihres üblichen Geschäftsgebarens bewegen und sich die Frage stellt, ob nicht wegen sozialadäquaten Verhaltens eine Strafbarkeit entfallen muss. Diese unter dem Stichwort „objektive Zurechnung“ (Rn. 48 zu § 369) in der allgemeinen Strafrechtsdogmatik intensiv erörterte Frage ist noch nicht annähernd beantwortet, so dass auch im steuerstrafrechtlichen Bereich eine Vielzahl offener Fragen existiert.

2. Teilnahmeformen

512 **a) Anstiftung.** Anstifter ist, wer einen anderen zu dessen vorsätzlicher Steuerhinterziehung bestimmt, jedenfalls dann, wenn sein Verhalten nur als Einbindung in einen fremden Verbrechensplan gedeutet werden kann. Der Fall ist dies etwa dann, wenn ein Notar den Vertragschließenden rät, in einem Grundstückskaufvertrag zum Zwecke der „Steuerersparnis“ den Kaufpreis niedriger anzugeben (RG 7.1.1924, RGSt 58, 54 ff.; vgl. auch RG 26.11.1925, RGSt 60, 6, 8; RG 25.11.1926, RGSt 61, 42 f.). Veranlasst ein Arbeitnehmer, der nicht mit der Einbehaltung von Lohnsteuer beauftragt ist, die Lohnbuchhalterin, vom Arbeitslohn eines Kollegen zu wenig Lohnsteuer einzubehalten, so begeht er eine Anstiftung zur Steuerhinterziehung (BayObLG 5.6.1967, GA 1968, 86). Die Lohnbuchhalterin

ist (mittelbare) Täterin (missverständlich 3. Aufl. Rn. 191 unter Berufung auf BGH 5.5.1981, wistra 1982, 28). Anstiftung zur Kfz-Steuer-Hinterziehung begeht ein Händler, der den Käufer eines neuen Pkw veranlasst, das Kennzeichen eines alten Fahrzeugs weiterzuverwenden (OLG Hamm 9.2.1960, ZfZ 1961, 88).

Die Abgrenzung zwischen Mittäterschaft und Anstiftung richtet sich nach den üblichen Kriterien (Rn. 77 zu § 369). Hiernach beurteilt sich auch, inwiefern etwa *„Gestaltungsempfehlungen"* des steuerlichen Beraters als Teilnahme oder Mittäterschaft zu qualifizieren sind (vgl. BGH 24.8.1983, wistra 1983, 252; 8.8.1985, wistra 1986, 27; 18.6.1991, wistra 1991, 343; 28.3.2007, wistra 2007 261; Kohlmann/*Ransiek* 143 zu § 370). 513

Ob auch neutrale Handlungen dem § 26 StGB genügen können, ist zweifelhaft. 514 Empfiehlt etwa ein Bankmitarbeiter einem Kunden, sein Festgeld bei der Luxemburger Tochtergesellschaft anzulegen, um den Zinsabschlag zu sparen, ist dieses Verhalten zunächst einmal bankentypisch auch dann, wenn der Bankangestellte damit rechnet, dass der Kunde diese Empfehlung zum Anlass nehmen wird, nunmehr sämtliche Kapitaleinkünfte nicht mehr in der inländischen Steuererklärung anzugeben (vgl. Rn. 525).

b) Beihilfe. Beihilfe begeht, wer den Erfolg der vorsätzlich-rechtswidrigen Haupttat 515 vorsätzlich verursacht (Rn. 79 zu § 369). Inwiefern jede Ursächlichkeit für die Teilnahmestrafbarkeit ausreicht, ist zweifelhaft und heftig umstritten (vgl. die Zusammenstellung bei *Hassemer* wistra 1995, 41 ff.). Diskutiert wird, ob unter dem Aspekt der objektiven Zurechnung bestimmte Verhaltensweisen auszugrenzen sind bzw. ob Aspekte der Sozialadäquanz oder professionellen Adäquanz eine Rolle spielen (Rn. 518 ff.).

Bei Schmuggel liegt ein Rückgriff auf Aspekte der Sozialadäquanz eher fern. Wer 516 Verstecke in Hohlräumen eines Kfz anfertigt (OLG Köln 20.1.1959, ZfZ 1960, 276), leistet Beihilfe zur Hinterziehung von Einfuhrabgaben. Wer als Zollbeamter einen wahrheitswidrigen Schlussabfertigungsvermerk auf einem Zollbegleitschein erteilt (BGH 11.12.1952, ZfZ 1953, 86; ähnlich BGH 11.1.1959, BGHSt 7, 149) oder unter Verletzung der Garantenpflicht duldet, dass ein Schmuggler über das Zollgitter eines Freihafens klettert (OLG Bremen 10.8.1950, ZfZ 1950, 367), macht sich der Beihilfe zur Steuerhinterziehung schuldig. Aber auch hier stellt sich die Frage der Sozialadäquanz, wenn der Täter Schmuggler zum Eingang des Freihafens befördert und von dort wieder aufnimmt (OLG Bremen 5.10.1955, ZfZ 1955, 371), wenn der Täter Schmuggelware von einem grenznahen Lagerungsort abholt (BGH 21.6.1955, BGHSt 8, 70) oder der Täter es gestattet, dass Schmuggler das Zollgut auf einem grenznahen Anwesen verstecken (BGH 24.5.1955, ZfZ 1955, 256). Die Frage ist, ob sich der entsprechende Täter im Rahmen seiner professionellen Adäquanz bewegt. Handelt es sich beispielsweise bei der Person, die Schmuggler zum Eingang des Freihafens befördert, um einen Taxifahrer, mag die Aussage des OLG Bremen in einem anderen Lichte erscheinen (vgl. Rn. 520 f.).

Bei Besitz- und Verkehrsteuern ist die Grenze zur Strafbarkeit jedenfalls **dort über-** 517 **schritten, wo das Verhalten des Teilnehmers sich nur noch als auf** die Förderung einer fremden Steuerhinterziehung gerichtetes Handeln verstehen lässt. Dies ist etwa der Fall, wenn ein Lieferant mehrere Rechnungen statt einer erteilt, um dem Abnehmer die sofortige Absetzbarkeit der angeschafften Sache nach § 6 II EStG zu ermöglichen (LG Kassel 12.9.1955, NJW 1956, 35) oder Waren ohne Rechnung oder unter falschem Empfängernamen liefert, um solchermaßen das Nichtverbuchen der Eingangsrechnungen zu erleichtern (vgl. OLG Köln 26.9.1958, NJW 1958, 2078; BFH 21.1.2004, wistra 2004, 313; siehe auch FG Rheinland-Pfalz 7.1.2015, wistra 2015, 284).

Nach welchen Regeln die Ausgrenzung bestimmter für den Haupttaterfolg ursächlicher 518 Teilnahmehandlungen zu erfolgen hat, ist zweifelhaft. Die Literatur kennt u. a. eine Unterbrechung der objektiven Zurechnung bei Risikoverringerung (*Roxin* AT 11/47 ff.), fehlender Gefahrschaffung (*Roxin* AT 11/49 ff.), in den Fällen des erlaubten Risikos (*Roxin* AT 11/59 ff.), unter dem Begriff des Schutzzwecks der Norm (*Roxin* AT 11/72 ff.) und die

Zuordnung zum fremden Verantwortungsbereich (*Roxin* AT 11/111 ff.). Weitere Fälle – etwa die Förderung fremder Selbstgefährdung u. ä. – sind für das Steuerstrafrecht nicht von Relevanz. *Hassemer* (wistra 1995, 45) erwähnt als „ausbaufähige Lehren" erlaubtes Risiko, Schutzzweck der Norm und soziale Adäquanz. Insoweit kommt eine Unterbrechung der Zurechnung namentlich in solchen Fällen in Betracht, in denen der Teilnehmer ein äußerlich neutrales, *„unauffälliges"* Verhalten an den Tag legt (*Jakobs* AT S. 762), die Beihilfehandlung von der Haupttat weit entfernt ist, beispielsweise nur auf das rechtmäßige Stadium der Vorbereitung bezogen ist (*Schuhmann* 1986, S. 57 f.), der Handelnde keine Tatherrschaft aufweist (*Hirsch* ZStW 1962, 98), der Gehilfe sich nicht äußerlich erkennbar mit dem Haupttäter solidarisiert hat (*Schuhmann* 1986, 60 ff.) oder die Zurechnung zum Unrecht unverhältnismäßig wäre (*Löwe-Krahl* 1989, 114 ff.; zusammenfassend *Hassemer* wistra 1995, 45). *Hassemer* selbst hat in Zusammenhang mit der Adäquanz banktypischen Handelns den Begriff der „professionellen Adäquanz" geprägt (wistra 1995, 84 ff.). Die „leges professionis" gäben einen Rahmen vor. Indizien für das Verlassen des Bereichs professioneller Adäquanz sei etwa die Umstellung des Angebots auf Leistungen, die für den Bereich der Profession neu seien und fremd blieben und zugleich als Voraussetzungen krimineller Zielverfolgung angesehen werden müssten, der Aufbau eines Systems, dessen Funktion nicht mit neutralen Zielen erklärt werden könne und die Anpassung von Regelungen an fremde deliktische Pläne (wistra 1995, 86). Zu einer objektiven Regelveränderung müsse immer auch die Disposition des Handelnden treten, kriminelle Ziele zu verfolgen (wistra 1995, 86 f.). Auch wenn die Diskussion in diesem Bereich noch nicht abgeschlossen ist, lassen sich aus dieser Vielzahl von Kriterien einige problematische Fälle befriedigend lösen.

519 Der **Bundesgerichtshof** (BGH 20.9.1999, wistra 1999, 459; BGH 1.8.2000, BGHSt 46, 107 mit Anm. *Jäger* wistra 2000, 344; BGH 18.6.2003, wistra 2003, 385; BGH 21.8.2014, StV 2015, 83) vertritt hingegen die Auffassung, dass eine generelle Straflosigkeit von „neutralen", „berufstypischen" oder „professionell adäquaten" Handlungen nicht in Betracht komme. Daher seien die Begriffe auch nicht geeignet, strafbare Beihilfe von erlaubtem Handeln eindeutig abzugrenzen. Die Lösung der Problematik habe auf der Ebene des subjektiven Tatbestandes zu erfolgen. Ziele das Handeln des Haupttäters ausschließlich darauf ab, eine strafbare Handlung zu begehen, und wisse dies der Hilfeleistende, so sei sein Tatbeitrag als Beihilfehandlung zu werten. Halte es der Hilfeleistende hingegen lediglich für möglich, dass sein Tun zur Begehung einer Straftat genutzt werde, so liege regelmäßig keine strafbare Beihilfehandlung vor, es sei denn, *„das von ihm erkannte Risiko strafbaren Verhaltens des von ihm Unterstützten war derart hoch, dass er sich mit seiner Hilfeleistung die Förderung eines erkennbaren tatgeneigten Täters angelegen sein ließ"* (BGH 20.9.1999, wistra 1999, 459). Diese Anknüpfung der Strafbarkeit an ein sicheres Wissen, also den direkten Vorsatz, findet sich auch in einer Entscheidung des BVerfG zur Strafbarkeit von Strafverteidigern durch Entgegennahme von Verteidigerhonorar wegen Geldwäsche nach § 261 StGB (BVerfG 30.3.2004, wistra 2004, 217), in der allerdings bedingt vorsätzliches Verhalten *generell* herausgenommen wird. Wer, wie der BGH, unter bestimmten Voraussetzungen auch den dolus eventualis genügen lassen will, kommt nicht umhin, auf objektive Kriterien der oben (Rn. 518) beschriebenen Art zurückzugreifen, wenn es gilt, festzustellen, ob der bedingt vorsätzlich handelnde „Hilfeleistende" sich die Förderung angelegen sein ließ. Siehe dazu noch Rn. 526.

3. Sonderfragen

520 **a) Teilnahme durch Mitarbeiter/Werkunternehmer/Arbeitgeber/Vermieter. Bei der Mitwirkung von Angestellten** an der Steuerhinterziehung des Arbeitgebers ist die Reichweite des § 27 StGB problematisch. Fertigt eine Sekretärin in Kenntnis der Sach- und Rechtslage die Reinschrift einer unrichtigen steuerlichen Erklärung, die sodann unterzeichnet und eingereicht wird, kann aus dieser Mitwirkung noch nicht auf strafbare Teilnahme geschlossen werden (BGH 13.4.1988, wistra 1988, 261). *„Eine für die Wertung als*

Beihilfe sprechende besondere Sachlage kann aber dann gegeben sein, wenn das ganze Unternehmen, an dem ein Helfer mitwirkt, ausschließlich darauf abzielt, einen Gewinn durch Steuerhinterziehung zu erreichen" (BGH aaO). Der Abschluss eines Werkvertrages macht den Auftraggeber noch nicht zum Gehilfen der von den Werkunternehmern später begangenen Steuerhinterziehung (BGH 23.6.1992, wistra 1992, 299). Wird durch den Abschluss eines Scheinvertrages eine (lohnsteuerpflichtige) Gehaltszahlung verschleiert, so kann darin eine Beihilfe zur Einkommensteuerhinterziehung des Gehaltsempfängers liegen (BGH 20.3.2002, wistra 2002, 221; s. auch BGH 7.11.2006, wistra 2007, 112). Bei einer Beihilfe durch Vermietung einer Garage ist darauf abzustellen, ob diese Räume durch ihre besondere Beschaffenheit oder Lage eine Gefahrenquelle darstellen, die der Vermieter besonders zu sichern oder zu überwachen hätte (BGH 30.9.1992, wistra 1993, 59).

Beihilfe leistet, wer es dem Kolonnenführer ermöglicht, seine Bauleistungen unter Ein- **521** satz nicht ordnungsgemäß bei dem zuständigen Finanzamt und den Sozialversicherungsträgern gemeldeter Arbeitnehmer „schwarz" zu erbringen, indem er eine nur zum Schein als Baufirma auftretende GmbH zur Verfügung stellt, nach Vorgaben des Kolonnenführers unter deren Firma Rechnungen an die Auftraggeber erstellt und nach Eingang der Zahlungen die entsprechenden Beträge nach Abzug einer „Provision" in Höhe von 8 % an den Kolonnenführer weiterreicht, der diese Gelder teils selbst behält, teils zur Auszahlung von Schwarzlöhnen verwendet (BGH 5.6.2013, wistra 2013, 346).

b) Zusammenveranlagung von Ehegatten. Bei der Zusammenveranlagung von Ehe- **522** gatten im Einkommensteuerrecht liegt eine Beihilfe oder gar Mittäterschaft eines Ehegatten nicht schon dann vor, wenn ein Ehegatte die Erklärung unterzeichnet, obwohl er weiß, dass der andere Ehegatte unrichtige Angaben zu seinen – des anderen Ehegatten – Einkünften gemacht hat (vgl. *Reinisch* DStR 1965, 589; HHSp-*Hellmann* 80 zu § 370; aM *Reichle* wistra 1998, 92 und *Rolletschke* DStZ 1999, 216, 218). Zwar lässt sich dieses Ergebnis nicht aus § 30 AO oder aus § 268 ff. AO (Aufteilung einer Gesamtschuld) herleiten (so zu Recht *Samson* 3. Aufl. Rn. 192; aM *Reinisch* DStR 1965, 589). Die Regelung über die Zusammenveranlagung von Ehegatten (§ 26 II EStG) ist jedoch nur der gesetzgeberische Versuch, die Steuersätze beider Ehegatten zu nivellieren (OLG Karlsruhe 16.10.2007, wistra 2008, 35, 36). Die Art der Veranlagung zeigt deutlich, dass auf der Ebene der Ermittlung der Einkünfte an sich jeder Ehegatte selbstständig zu betrachten ist. Der (mit-)unterzeichnende Ehegatte gibt *seine* Steuererklärung ab und stimmt zugleich einer Zusammenveranlagung zu. Erschöpft sich die Unterstützung der Tat des Ehegatten in diesem Antrag, ist die Grenze zur strafbaren Beihilfe noch nicht überschritten (ähnl. HHSp-*Hellmann* 80 zu § 370; *Burkhard* DStZ 1998, 829, 831 ff.; *Kottke* FR 1998, 685; vgl. auch *Grunst* 1996, 104 ff.). Die Kritik *Reichles* (wistra 1998, 91) an dieser Lösung überzeugt nicht. Sie ist deutlich von der Sorge geprägt, aus der hier vertretenen Auffassung könnten sich Probleme für die Durchsuchungspraxis ergeben (vgl. wistra 1998, 92 a. E.) und übersieht, dass die Angaben des anderen nicht in den Verantwortungsbereich des Mitunterzeichnenden fallen (vgl. *Roxin* AT 11/111). Die bloße Mitunterzeichnung ist nicht etwa eine Art Garantieerklärung (vgl. *Burkhard* DStZ 2002, 752). Ein Ehegatte machte nur Angaben zu dem Sachverhalt, der seiner Wissenssphäre zuzurechnen ist (BFH 16.4.2002, BStBl. II 501).

Eine Beteiligung kommt in Betracht, wenn sich das Verhalten als psychische Beihilfe in **523** Form einer Bestärkung des Tatentschlusses des Ehegatten darstellt (so auch FG Köln 6.10.1999, EFG 2000, 201 mit abl. Anm. *Rolletschke* DStZ 2000, 677), oder aber der Mitunterzeichnende ein massives Eigeninteresse an dem Erfolg der Steuerhinterziehung hat (Rn. 72 ff. zu § 369; abl. OLG Karlsruhe 16.10.2007, wistra 2008, 35). Jede andere Interpretation bringt den Ehegatten in große Konfliktlagen: Unterzeichnet etwa ein Ehegatte, der keine eigenen Einkünfte hat, die gemeinsame Steuererklärung nicht, wird entweder das FA hieraus den Schluss ziehen, mit den Angaben des berufstätigen Ehegatten stimme etwas nicht, oder aber der nichtunterzeichnende Ehegatte wird gewärtigen müssen, dass er familienrechtlich gezwungen werden kann, die entsprechende Erklärung mitzuunterzeichnen, wenn er nicht seinen Ehegatten entgegen den Regeln der §§ 101 ff. AO belasten will. Diese Linie verfolgt mittlerweile auch der BFH (16.4.2002, BStBl. II 501 mit Anm. *Rolletschke* wistra 2002, 454), der BGH (17.4.2008, wistra 2008, 310, 313) und das OLG Karlsruhe (16.10.2007, wistra 2008, 35). Soweit das OLG die hier vertretene Auffassung kritisiert, ein massives Eigeninteresse an dem Erfolg der Steuerhinterziehung könne zur Beteiligung führen, wird übersehen, dass mit dem Verweis auf die Erläuterungen zu § 369 AO klargestellt werden soll, dass bei dem entsprechenden Willen zur Beherrschung der Tat regelmäßig auch eine psychische Beihilfe gegeben ist.

524 **c) Teilnahme des steuerlichen Beraters.** Bei Steuerberatern liegt eine Beihilfe zur Steuerhinterziehung nicht schon darin, dass dieser die Daten für die Erklärung zusammenstellt und dem Mandanten ein ausgefülltes Formular liefert, wissend, dass dieser etwa bei den Einkünften aus Kapitalvermögen unrichtige Vorgaben gemacht hat oder die entsprechenden Beträge noch modifizieren wird. Zwar wird der Steuerberater ursächlich für den konkreten, unrichtigen Steuerbescheid. Er hat aber letztlich das Risiko der Tatbegehung reduziert, weil er für die von ihm bearbeiteten Einkunftsarten korrekte Werte vorgegeben hat. Ebenso, wie keine Beihilfe vorliegt, wenn der Rechtsrat eines Anwalts allenfalls zu einer Verringerung, nicht aber zu einer Steigerung der Wahrscheinlichkeit und der Höhe eines etwaigen Betrugsschadens bei Bekunden des Klienten beiträgt (OLG Stuttgart 19.6.1979, NJW 1979, 2573 mit Anm. *Joecks* JA 1980, 127; vgl. auch BGH 20.9.1999, wistra 1999, 459), ist hier die objektive Zurechnung ausgeschlossen. Es handelt sich um eine Handlung des Steuerberaters im Vorfeld der eigentlichen Tathandlung, er bewegt sich im Rahmen der leges professionis und hat kein gesteigertes Interesse an der Tatbegehung. Anders mag es sein, wenn der Steuerberater insbes. deshalb mitwirkt, weil der Mandant ihm in Hinblick auf die verkürzungsbedingte Höhe der Erstattung ein besonders großes Honorar versprochen hat. Zu bedenken ist in diesem Kontext auch, dass der Beratungsvertrag zwischen Mandant und Steuerberater (vgl. OLG Karlsruhe 19.3.1986, wistra 1986, 189) den steuerlichen Berater nicht zum Garanten für den Fiskus macht, so dass die Grenze zur strafbaren Beihilfe in der Regel erst dann überschritten ist, wenn sich der Berater in den konkreten Verbrechensplan einbinden lässt (vgl. FG Nürnberg 10.12.2002, DStRE 2003, 1251). Auch in diesen Fällen ist aber die Grenze zur strafbaren Beihilfe nach Auffassung des BGH (Rn. 519) überschritten wenn der Berater um die Unrichtigkeit der Vorgaben des Mandanten positiv weiß. Auch wenn dieser Nachweis im Einzelfall schwierig sein mag, wird in vielen Fällen zumindest der Anfangsverdacht einer Beihilfe im Raum stehen, so dass u. a. das Beschlagnahmeprivileg nach § 97 StPO entfällt.

Zur Abgrenzung von Beihilfe durch schlüssiges Verhalten und durch Unterlassen vgl. BGH 20.12.1995, wistra 1996, 184 mit Anm. *Achenbach* Stbg 1996, 299 und *Joecks* Inf StW 1997, 21.

525 **d) Verantwortlichkeit von Bankangestellten.** Die strafrechtliche Verantwortung von Bankangestellten (dazu umfassend *Löwe-Krahl,* 2000; *ders.* wistra 1995, 201 ff.) hat in der jüngeren Vergangenheit zu heftigen Diskussionen geführt, die den Eindruck erwecken könnten, es ginge um einen Sonderfall. Tatsächlich bestimmt sich die Strafbarkeit nach den nämlichen Kriterien. Eine Beihilfe liegt nicht schon darin, dass etwa eine Festgeldanlage in dem Wissen hereingenommen wird, dass der Kunde die entsprechenden Kapitaleinkünfte nicht ordnungsgemäß erklären wird (vgl. Rn. 518). Auch die Finanzierung eines kriminellen Geschäfts bewegt sich in der Regel noch im Rahmen der sozialen Adäquanz. Ob dies auch für die Abwicklung von Tafelgeschäften und die Einrichtung von Nummernkonten gilt, ist zweifelhaft. Tafelgeschäfte sind gesetzlich toleriert. Es stellt sich die Frage, inwiefern das befremdliche Verhältnis des deutschen Gesetzgebers zur lückenlosen Erfassung von Einkünften aus Kapitalvermögen zu Lasten der Banken gehen soll, die sich letztlich im Rahmen des seit Jahrzehnten Üblichen bewegen. Bei Nummernkonten hat das BVerfG (23.3.1994, wistra 1994, 221; zur Vorgeschichte der Entscheidung vgl. die Dokumentation in AG 1994, 119) die Auffassung vertreten, solche hätten nur die Funktion, Steuerhin-

terziehungen zu ermöglichen, so dass auch insofern eine Teilnahme nicht fernliege. Dies ist nicht unproblematisch, weil es auch andere (quasi-dolose) Gründe geben mag, auf ein Nummernkonto im Ausland auszuweichen, etwa eine Gläubigerbenachteiligung oder Benachteiligung des Ehegatten im Rahmen eines scheidungsbedingten Zugewinnausgleichs.

Letztlich kann in diesen Fällen die Lösung nur unter Bildung von Fallgruppen und 526
wertender Betrachtung erfolgen (vgl. *Löwe-Krahl* 2000, 47 ff.; *Joecks* WM 1998 Beil. Nr. 1 S. 11 ff.; *Harms* Stbg 2005, 15). Die Grenze zur strafbaren Teilnahme ist jedenfalls überschritten, wenn das Kreditinstitut Depots entgegen § 154 AO unter einem falschen Namen eröffnet. Sozialinadäquat ist es auch, wenn ein Kreditinstitut sich nicht darauf beschränkt, eine quellensteuerfreie Festgeldanlage bei der ausländischen Tochtergesellschaft zu empfehlen, sondern durch die Art und Weise des Geschäftsgebarens zugleich dokumentiert, dass letztlich nicht nur der Liquiditätsvorteil des fehlenden Zinsabschlags genutzt werden soll (so im Fall des BVerfG 23.3.1994, wistra 1994, 221). In diese Richtung tendiert offenbar auch der BGH. Er hat auf die Revision gegen das Urteil des LG Wuppertal (19.5.1999, wistra 1999, 473; dazu *Behr* wistra 1999, 245) klargestellt, dass zwar nicht jede Ursächlichkeit für die spätere Steuerhinterziehung schon als Hilfeleistung genügt, in dem entsprechenden Fall durch Anpassung an die deliktischen Pläne der Kunden aber die Grenze des Sozialadäquaten überschritten wurde (BGH 1.8.2000, BGHSt 46, 107 mit Anm *Jäger* wistra 2000, 344 sowie *Marx* DStR 2001, 96, der eine Strafbarkeit wegen Begünstigung nach § 257 StGB ablehnen will). Dabei ist die vom BGH favorisierte Abgrenzung über den subjektiven Tatbestand nicht unproblematisch (Rn. 519; vgl. auch *Samson/Schillhorn* wistra 2001, 1).

Die mangelnde Nähe zur Begehung der Haupttat und ein mangelndes Tatinteresse 527
wird im Übrigen in der Regel dazu führen, dass subalterne Angestellte trotz Ursächlichkeit für die Haupttat regelmäßig nicht Gehilfen sind. Auch hier wird die Grenze überschritten sein, wenn etwa die Höhe der Bezüge Schlüsse auf eine Einbindung in den Verbrechensplan (*Jakobs* AT S. 762; *Löwe-Krahl* 2000, 46) zulassen (vgl. Rn. 518 und BGH 15.3.2005, wistra 227).

einstweilen frei 528–530

VII. Versuch

Schrifttum: *Schwarz,* Der Verbotsirrtum seit der Steuerstrafrechtsnovelle von 1956, NJW 1956, 1906; *A. Fuchs,* Versuchte und vollendete Steuerverkürzung im Reiseverkehr, ZPr 1957, 121; *Bauerle,* Der Beginn der Ausführungshandlung im Steuerstrafrecht sowie die selbstständig strafbaren Vorbereitungshandlungen, Aktuelle Fragen S. 137; *Henke,* Probleme des Versuchs der Steuerhinterziehung, DStZ 1958, 183; *Busse,* Zum „untauglichen Versuch" von Steuerhinterziehungen, BB 1958, 1306; *Meine,* Die Abgrenzung von Vorbereitungshandlung und Versuchsbeginn bei der Hinterziehung von Veranlagungsteuern unter Zuhilfenahme einer falschen Buchführung, GA 1978, 321; *Herzberg,* Das Wahndelikt in der Rechtsprechung des BGH, JuS 1980, 469; *Burkhardt,* Rechtsirrtum und Wahndelikt, JZ 1981, 681; *ders.,* Zur Abgrenzung von Versuch und Wahndelikt im Steuerstrafrecht, wistra 1982, 19; *Bilsdorfer,* Die Nichtabgabe von Steuererklärungen der Jahre 1976–1979 als Steuerhinterziehung, Inf 1982, 648; *Lammerding,* Nichtabgabe von Jahressteuererklärungen in strafrechtlicher Sicht, BB 1982, 1346; *Samson,* Irrtumsprobleme im Steuerstrafrecht, Grundfragen, 1983, 99; *Höser,* Vorbereitungshandlung und Versuch im Steuerstrafrecht, 1984; *Reiß,* Zur Abgrenzung von Versuch und Wahndelikt am Beispiel der Steuerhinterziehung, wistra 1986, 200; *Roxin,* Die Abgrenzung von untauglichem Versuch und Wahndelikt, JZ 1996, 20; *Eschenbach,* Die Abgrenzung zwischen strafloser Vorbereitungsphase und Versuchsbeginn bei der Steuerhinterziehung nach § 370 AO, DStZ 1997, 851; *Mösbauer,* Aktuelle Rechtsfragen bei der Abgrenzung des Versuchs von der Vorbereitungshandlung im Steuerstrafrecht, DStZ 1997, 577; *Grote,* Versuch oder Vollendung einer Steuerhinterziehung, AW-Prax 1999, 340; *Jäger,* Erklärungspflicht trotz Strafverfahrens?, PStR 2002, 49; *Schmitz,* Versuchsbeginn, Vollendung und Beginn der Verfolgungsverjährung bei ausgebliebener Steuerfestsetzung, Kohlmann-FS 2003, 517; *A. Müller,* Straflose Vorbeitungshandlung oder strafbarer Hinterziehungsversuch?, AO-StB 2005, 28; *Buse,* Die untätige Finanzbehörde, wistra 2008, 51; *Wulf,* Vollendete Steuerhinterziehung trotz voller Sachverhaltskenntnis der Finanzbehörde?, Stbg 2013, 223; *Ceffinato,* Zum Versuchsbeginn bei der Steuerhinterziehung durch Unterlassen, wistra 2014, 88.

1. Allgemeines

531 **Die Strafbarkeit des Versuchs** der Steuerhinterziehung hat § 370 II AO ausdrücklich angeordnet. Dies ist gem. § 23 I StGB erforderlich, weil die Steuerhinterziehung nach § 12 II, III StGB ein Vergehen darstellt (Rn. 57 zu § 369). Bis zum In-Kraft-Treten der AO 1977 war die Versuchsstrafbarkeit in § 393 I RAO geregelt. Die in § 393 II RAO geregelte Irreführung der mit der Wertermittlung befassten Behörden ist ersatzlos entfallen.

532 Der Versuch der Steuerhinterziehung setzt den gesamten subjektiven Tatbestand der Steuerhinterziehung sowie das unmittelbare Ansetzen zur Tat (§ 22 StGB) voraus.

2. Subjektiver Tatbestand

533 **Der Täter muss den Vorsatz der Steuerhinterziehung aufweisen,** also alle diejenigen tatsächlichen Umstände kennen, die den objektiven Tatbestand der Steuerhinterziehung ausfüllen, und darüber hinaus die bei normativen Merkmalen erforderliche *„Parallelwertung in der Laiensphäre"* leisten (501 ff.). Er muss also insbes. wissen, dass er die Verwirklichung eines Steueranspruchs beeinträchtigt oder einen Vorteil erlangt, auf den kein Anspruch besteht. Hinsichtlich der Ansprüche genügt es nicht, wenn er die Umstände kennt, die die anspruchsbegründende Norm ausfüllen. Er muss vielmehr auch wissen, dass ein Anspruch iS eines Fordern-Dürfens besteht bzw. nicht besteht.

534 **Die Abgrenzung zwischen strafbarem Versuch und straflosem Wahndelikt** ist problematisch und umstritten (vgl. auch *Roxin* JZ 1996, 981). Dabei sind zwei Fallkonstellationen zu unterscheiden. Befindet sich der Täter im umgekehrten Irrtum über ein normatives Tatbestandsmerkmal, dann begeht er einen Versuch. Nimmt er dagegen beim Unterlassungsdelikt irrig eine Handlungspflicht an, weil er die Rechtslage verkennt, dann liegt ein strafloses Wahndelikt vor; s. zu diesen Grundsätzen Rn. 108 f. zu § 369.

535 **Bei der Steuerhinterziehung durch Unterlassen** ist die Anwendung dieser Grundsätze jedoch streitig. Wer keine Steuererklärungen abgibt, obwohl er die Erklärungsfristen – irrtümlich – für verbindlich hält, nimmt – irrig – die Existenz einer Erklärungspflicht auf Grund eines reinen Rechtsirrtums an. Nach den allgemeinen Regeln handelt es sich um ein (strafloses) Wahndelikt (s. Rn. 109 zu § 369 sowie *Burkhardt* JZ 1981, 681 und wistra 1982, 196; *Samson* Grundfragen S. 99). Zum Teil wird aber auch strafbarer Versuch angenommen (KG 9.9.1981, wistra 1982, 196). Das KG meint, die allgemeine Unterscheidung von Versuch und Wahndelikt beim Irrtum über Garantenpflichten (Rn. 109 zu § 369) könne nur dort angewandt werden, wo es sich um eine Pflicht handele, die sich aus dem Straftatbestand selbst, ggf. iVm § 13 StGB, ergebe, nicht jedoch dort, wo sich die Pflicht – „im Vorfeld des Straftatbestandes" – aus anderen Normen – hier den Steuergesetzen – ergebe. Es folgt damit einer von *Herzberg* (JuS 1980, 472) ausf. begründeten Theorie. Im Ergebnis behandelt das Gericht damit das Merkmal „pflichtwidrig" in § 370 I Nr. 2 AO wie ein normatives Tatbestandsmerkmal.

536 Diese Einordnung kann jedoch nicht akzeptiert werden. Sie knüpft nämlich an äußerliche, zufällige und beliebig veränderbare Formulierungen des Gesetzes an (so überzeugend *Burkhardt* JZ 1981, 681; wistra 1982, 178). Entscheidend muss vielmehr sein, ob der Täter sich über die ihn treffende Handlungspflicht selbst oder über einzelne ihrer Voraussetzungen geirrt hat. Beim isolierten Irrtum über die Handlungspflicht selbst (in der Entscheidung des KG: Erklärungspflicht) liegt ein strafloses Wahndelikt vor.

537 **Bei irriger Annahme einer Steuerschuld** (Steuerverkürzung als normatives Merkmal) ist zu unterscheiden. Glaubt der Täter irrig, es liege ein tatsächlicher Umstand vor, der einen Steueranspruch wirklich begründen würde (meint der Täter zB, er habe bestimmte Einkünfte gehabt, die jedoch in Wahrheit ausgeblieben sind), dann hat er den Vorsatz der Steuerhinterziehung; Versuch nach § 370 I, II AO ist möglich (vgl. *Reiß* wistra 1986, 195). Der Irrtum kann aber auch darin bestehen, dass der Täter bei zutreffender Tatsachenkenntnis ein Steuergesetz unrichtig auslegt. Er nimmt zB eine steuerfreie Ausfuhrlieferung nicht

in seine Umsatzsteuervoranmeldung auf, obwohl er glaubt, auch solche Lieferungen seien steuerpflichtig (vgl. § 4 Nr. 1, § 6 UStG). Dabei handelt es sich um einen Fall der umgekehrten unrichtigen Parallelwertung in der Laiensphäre (Rn. 108 zu § 369). Die Behandlung dieses Irrtums (zu Ungunsten) ist umstritten. BGH (BGH 17.10.1961, BGHSt 16, 285) und BayObLG (9.8.1955, NJW 1955, 1568) nehmen Versuch an; andere meinen, es handele sich lediglich um ein strafloses Wahndelikt (Rn. 108 zu § 369; RG 30.6.1930, JW 1931, 317; HHSp-*Hellmann* 262 f. und Kohlmann/*Ransiek* 684 zu § 370; *v. Briel/Ehlscheid* 1/19).

Letztlich geht es um die Frage, welche Anforderungen man an den Vorsatz in Bezug auf normative Tatbestandsmerkmale stellt. Wer wie *Burkhardt* (JZ 1981, 681; wistra 1982, 178) die Auffassung vertritt, zum Vorsatz im Bezug auf die Steuerverkürzung gehöre die Vorstellung von Tatsachen, die einen Steueranspruch – wirklich – begründen sowie die Vorstellung der Steuerschuld in laienhafter Parallelwertung, wird in solchen Fällen ein Wahndelikt annehmen. Wer meint, ein hinreichender Vorsatz liege vor, wenn der Täter die rechtliche Beziehung beeinträchtigen wolle, ohne sich überhaupt konkrete Umstände vorzustellen, durch die die Steuerschuld zustande gekommen ist, wird zu einem (untauglichen) Versuch neigen (vgl. 6. Aufl. Rn. 259). Für Letzteres wird angeführt, auch der Dieb müsse nur wissen, dass die fremde Sache einem anderen gehöre, und sich nicht konkrete Entstehungsgründe des fremden Eigentums vorstellen (vgl. *Samson* Grundfragen S. 109). Andererseits ist zu bedenken, dass es dann mit der von der eingeschränkten Schuldtheorie als Argument herangezogenen Appell- bzw. Warnfunktion der Tatumstandskenntnis nicht mehr weit her ist. Denn würde der Täter, der eine umgekehrt-unrichtige Parallelwertung in der Laiensphäre leistet, dies zum Anlass nehmen, sich bei einem Rechtskundigen zu informieren, würde ihn dieser auf die strafrechtliche Irrelevanz seines Vorhabens hinweisen. Dies könnte für die Annahme eines Wahndelikts sprechen. Das Problem ist freilich auch im allgemeinen Strafrecht noch nicht gelöst (s. Rn. 108 zu § 369 sowie *Baumann* NJW 1962, 16; *Maurach* NJW 1962, 716; *Traub* JuS 1967, 113). 538

3. Objektiver Tatbestand

Der Täter erfüllt gemäß § 22 StGB den objektiven Tatbestand des Versuchs dann, wenn er **nach seiner Vorstellung von der Tat** zur Verwirklichung des Tatbestandes unmittelbar ansetzt. Das Gesetz hat mit dieser Formulierung die Bedeutung von Gefährlichkeitserwägungen zu reduzieren versucht und die enge zeitliche und räumliche Beziehung des Versuchsbeginns zur im Tatbestand beschriebenen Handlung hervorgehoben (Rn. 59 ff. zu § 369). Der BGH ist diesen Absichten des Gesetzgebers gefolgt (BGH 16.9.1975, BGHSt 26, 203: *„In der strikten Anknüpfung des Unmittelbarkeitserfordernisses an die tatbestandsmäßige Handlung kann ein Gewinn an Rechtssicherheit liegen“;* ebenso BGH 10.5.1977, MDR 1977, 679). Die vor dem In-Kraft-Treten des „neuen“ Allgemeinen Teils des StGB (1.1.1975) ergangenen Entscheidungen sind daher kritisch zu würdigen. 539

Bei der Hinterziehung von Veranlagung- und Fälligkeitsteuern gehört in den Bereich der (noch nicht strafbaren) Vorbereitung jede Handlung, die der Stpfl vor dem Termin zur Abgabe einer Steuererklärung (= Steuer[vor]anmeldung) unternimmt, um die tatbestandsmäßige Handlung zu ermöglichen oder zu erleichtern (RG 7.3.1932, RGSt 66, 154), zB Absprachen mit Lieferanten oder Kunden über den Austausch unrichtiger Rechnungen oder die Nichterteilung von Rechnungen (OR-Geschäfte) zum Zwecke einer wechselseitig unrichtigen oder unterlassenen Buchung von Geschäftsvorfällen, die sich beim Abschluss umsatz-, ertrags- und gewinnmindernd auswirkt, oder die unrichtige oder unterlassene Aufzeichnung von Betriebsvorgängen, die ein unzutreffendes Bild über Art oder Menge der Herstellung verbrauchsteuerpflichtiger Erzeugnisse vermittelt. Diese Abgrenzung wird bestätigt durch den Bußgeldtatbestand des § 379 I AO, der – jedenfalls für vorsätzliches Tun oder Unterlassen – überflüssig wäre, wenn das jeweilige Verhalten bereits den mit Strafe bedrohten Versuch eines Steuervergehens darstellen würde (vgl. auch *Mösbauer* DStZ 1997, 540

578). Vorbereitungshandlungen sind ferner die unrichtige, unvollständige oder ganz unterlassene Aufnahme von Gegenständen des Anlage- oder Umlaufvermögens bei der Bestandsaufnahme zum Bilanzstichtag, die Aufstellung bewusst unrichtiger Bilanzen. G + V-Rechnungen oder Einnahmeüberschussrechnungen und schließlich das bewusst unrichtige Ausfüllen von Steuererklärungsvordrucken. Sämtliche derartigen Tätigkeiten stellen den Anfang einer Steuerhinterziehung so lange nicht dar, bis ihre Ergebnisse der FinB zum Zwecke einer zu niedrigen Steuerfestsetzung förmlich oder formlos erklärt oder auch nur zur Kenntnisnahme unterbreitet oder zugänglich gemacht werden. Mit jeder derartigen Handlung wird bei Veranlagungsteuern die Schwelle zwischen Vorbereitung und Versuch überschritten und bei Fälligkeitsteuern sogar unmittelbar die Vollendung der Steuerhinterziehung bewirkt. Der BGH (22.3.1979, BB 1980, 1032 mit zust. Anm. *Meine)* will den Versuch der Hinterziehung von Veranlagungsteuern bereits dann annehmen, wenn die Erklärungen zur ESt usw. zwar noch nicht abgegeben, wohl aber schon unzutreffende Buchungen vorgenommen und ihnen entsprechende unrichtige USt-Voranmeldungen eingereicht wurden (zust. Schwarz/Pahlke/*Dumke* 143 zu § 370 AO). Der Stpfl habe sich dadurch schon auf die – spätere – Durchführung der Hinterziehung von Veranlagungsteuern festgelegt (ähnl., aber noch weitergehend *Meine* GA 1978, 321). Die Entscheidung verstößt gegen § 22 StGB und stellt eine Wiederaufnahme von Gefährdungsgesichtspunkten dar. Zur Tathandlung der Täuschung bzw. der Veranlagungsteuern hatte der Täter gerade noch nicht unmittelbar angesetzt. Der Versuch beginnt frühestens mit Einreichung der Steuererklärung (vgl. *Eschenbach* DStZ 1997, 855; Schwarz/Pahlke/*Dumke* 142 zu § 370 AO).

541 Ob der Versuch bei der **Steuerhinterziehung durch Handeln** bereits beginnt, wenn der Stpfl die unrichtige Steuererklärung einreicht, ist zweifelhaft. Dabei ist ggf. nach Erklärungsarten zu differenzieren. So vertritt *Eschenbach* (DStZ 1997, 855) die Auffassung, so früh sei im Feststellungsverfahren der notwendige Grad an konkreter Gefährdung noch nicht erreicht, denn der Amtsträger müsse noch den Sachverhalt überprüfen und den Feststellungsbescheid erlassen. Der Versuch beginne erst, wenn dem Veranlagungsfinanzamt Mitteilung über den Erlass des Grundlagenbescheids gemacht werde. Käme es auf die Gefährdung an, wäre fraglich, ob nicht nämliches auch für normale Steuererklärungen, etwa bzgl. der Ertragsteuern, gelten müsste. Betrachtet man die Steuerhinterziehung als einen Fall unmittelbarer Täterschaft, ist richtig, dass der Versuch grundsätzlich jedenfalls dann begonnen hat, wenn der Täter nach seiner Vorstellung von der Tat alles getan hat, was seinerseits zur Herbeiführung des Taterfolges nötig ist (beendeter Versuch). Der Bundesgerichtshof hat aber in der jüngeren Vergangenheit für einen solchen Fall („Apotheker-Fall", BGH 12.8.1997 , BGHSt 43, 180 mit Anm. *Otto* NStZ 1998, 243; *Joecks* Rn. 55 zu § 25 StGB) anders entschieden. So könnte man – unabhängig von der Täterschaftsform – voraussetzen, dass das Verhalten des Täters nicht nur seinerseits abgeschlossen ist, sondern zugleich schon zu einer konkreten Gefährdung für das geschützte Rechtsgut geführt hat (vgl. *Wessels/Beulke/Satzger* Rn. 614). Weiß der Täter, dass zwischen der fristgemäßen Abgabe der Erklärung zum 31. 5. des Jahres und seiner Veranlagung regelmäßig mehr als sechs Monate liegen, wirkt es gekünstelt, einen Versuchsbeginn bereits mit dem 1. 6. des Jahres anzunehmen. Hinzuweisen ist noch darauf, dass diese Auffassung relativ wenig praktische Konsequenzen haben würde, da es sich im Regelfall um Täter handelt, die über mehrere Jahre hinterzogen haben, so dass lediglich ein Teilvorwurf von mehreren entfiele. Im Übrigen ist durch die Entscheidung des BGH, dass das Erwirken eines unrichtigen Feststellungsbescheids Erschleichen eines Steuervorteils sein kann (BGH 10.12.2008, BGHSt 53, 99; zust. BFH 11.10.2013, wistra 2014, 151; s. Rn 65), der Streit um den Versuchsbeginn im Feststellungsverfahren in gewisser Weise entschieden.

542 **Versuch durch positives Tun** liegt auch dann vor, wenn der Stpfl die Besteuerungsgrundlagen zwar zutreffend aufgezeichnet, zusammengestellt und in die Steuererklärung übertragen hat, jedoch beim FA mit einer wahrheitswidrigen Begründung eine Verlängerung der Frist zur Abgabe der Steuererklärung beantragt, um die zu erwartende Nachzahlung hinauszuzögern. Bedient sich der Täter eines Steuerberaters als gutgläubiges Werk-

zeug, beginnt der Versuch bereits mit der Übergabe unrichtiger Belege an den Steuerberater, wenn dies ohne Zwischenakte in die Tatbestandserfüllung münden soll, der Steuerberater also ohne weitere Rückfragen letztlich nur noch die Umsetzung Steuerbeträge aus Eingangs- und Ausgangsrechnungen aufaddieren und in den Steuererklärungen eintragen soll, um diese an das Finanzamt zu übermitteln (BGH 6.2.2014, wistra 2015, 29).

Verhält sich der Stpfl dem FA gegenüber untätig, sei es in der Erwartung, dass die Verwirklichung eines Steuertatbestandes dem FA unbekannt bleiben werde, oder mit dem Willen, durch eine Verzögerung der Abgabe der Steuererklärung eine entsprechend spätere Veranlagung und Fälligkeit der Nachzahlung zu erreichen, oder mit der Absicht, es auf eine – womöglich zu niedrige – Schätzung der Besteuerungsgrundlagen gem. § 162 AO ankommen zu lassen, soll der Versuch der Steuerhinterziehung in dem Zeitpunkt beginnen, zu dem der Stpfl bei pflichtgemäßem Verhalten die Steuererklärung hätte abgeben müssen (vgl. Rn. 94 zu § 369). Zweifelhaft ist jedoch, wann dies der Fall ist. Hier einfach an den 31. 5. des Folgejahres als „regulären" Abgabezeitpunkt anzuknüpfen, erscheint überaus problematisch. Zum einen gilt diese Frist nicht für solche Personen, die steuerlich beraten werden. Zum anderen ist diese Frist auch bei Privatpersonen bis zum 30. 9. in der Regel zu verlängern, bei steuerlich beratenen Stpfl sind Verlängerungen bis zum 31.12.02 (VZ: 01) ohne Schwierigkeiten möglich. Des weiteren ist zu bedenken, dass die im allgemeinen Strafrecht hM zu Recht zwischen der Pflicht zu retten, und dem Gebotensein der Rettung in einer konkreten Situation differenziert (vgl. *Jescheck/Weigend* S. 620 ff.). 543

§ 22 StGB, der gem. § 369 II AO auch für das Steuerstrafrecht gilt, stellt darauf ab, ob – die Richtigkeit der Vorstellung des Täters unterstellt – sein Verhalten bzw. seine Untätigkeit schon zu einer Gefährdung des Rechtsgutes führt. Dies ist nicht schon mit Ablauf des 31. 5. oder 30. 9. der Fall, sondern erst, wenn „durch Verzögerung" … „eine unmittelbare Gefahr für das geschützte Handlungsobjekt entsteht" (so *Jescheck/Weigend* S. 521 zum Versuchsbeginn beim unechten Unterlassungsdelikt), in der Regel also erst dann, wenn sich der Zeitlauf dem Zeitpunkt genähert hat, in dem die Veranlagungsarbeiten im großen und ganzen (vgl. Rn. 57 ff.) abgeschlossen sind. Dementsprechend erscheint es geboten, den Versuchsbeginn erst mit dem 31.12.02 (vgl. BStBl. I 2006, 234) anzunehmen, so dass – in Abhängigkeit von der Erledigungspraxis des konkreten Finanzamtes – zwischen Versuchsbeginn und Vollendung ein relativ kurzer Zeitraum liegt (ähnl. *Ceffinato* wistra 2014, 90). 544

Schmitz (Kohlmann-FS 2003, 527) hat gegen diese Lösung eingewandt, ihr wäre nur dann zuzustimmen, wenn sich die individuelle Erklärungspflicht allgemein erst mit Ablauf des 31.12.02 (VZ: 01) konkretisieren würde. Zwar sei es für jeden Angehörigen der steuerberatenden Berufe ohne Probleme möglich, eine Verlängerung der Abgabefrist bis zu diesem Termin zu erhalten, jedoch nur auf Antrag. Werde er gestellt und Fristverlängerung gewährt, sei der Aufschub der Erklärungspflicht selbstverständlich. Die (lediglich) bestehende Möglichkeit, eine solche individuelle Fristverlängerung zu erhalten, sei aber nicht gleichbedeutend mit der tatsächlich erfolgten Fristverlängerung. Werde die Möglichkeit nicht genutzt, konkretisiere sich die Gebotserfüllungspflicht bereits mit Ablauf der allgemeinen Frist. Diese will er auf den 30. 9. des Folgejahres festlegen. Ähnlich stellen *Rolletschke/Kemper* (22a zu § 376) hinsichtlich des Versuchsbeginns bei Fristverlängerungen auf den Zeitpunkt der Tatentdeckung ab: Werde die Tat vor dem 30. 9. des Folgejahres entdeckt, dann läge – zumindest bei entsprechender Einlassung des Täters – kein Versuch vor. Werde die Tat nach dem 30. 9. des Folgejahres entdeckt, so könne sich der steuerlich nicht geführte Täter nicht auf die an sich noch möglichen Fristverlängerungen berufen. Anders sei dies nur, wenn er einen Steuerberater mit der Erstellung der Steuererklärungen bzw. der Stellung eines Fristverlängerungsantrags beauftragt hätte (zust. Kohlmann/*Ransiek* 718 zu § 370). *Schmitz* und *Wulf* haben gegen diese Lösung eingewandt, der Gesetzgeber habe im Steuerrecht durch die Festlegung bestimmter Erklärungspflichten den Zeitpunkt des Gebotenseins einer Handlung (der Steuererklärung) ausdrücklich bestimmt (MüKoStGB/*Schmitz/Wulf* AO § 370 Rn. 439). Demgegenüber will *Flore* (FT-*Flore* 523 zu § 370) auf die wirkliche Gefährdung des geschützten Rechtsguts abstellen und im Hinblick auf das 545

Bestimmtheitsgebot (Art. 103 II GG) auf den Zeitpunkt des Abschlusses der Veranlagungsarbeiten zurückgreifen (FT-*Flore* § 525 zu § 370).

546 Die Kritik an der hier vertretenen Lösung übersieht, dass der vorgeschlagene Termin (31.12.02) nicht unmittelbar an die potentielle Fristverlängerung anknüpft, sondern „willkürlich" insofern ist, als es gilt, irgendeinen Termin ins Auge zu fassen, zu dem der Versuch beginnen könnte. Hintergrund ist also nicht die potentielle Fristverlängerung, sondern der Umstand, dass der Versuch des Unterlassungsdelikts erst dann beginnen kann, wenn ein weiteres Untätigbleiben des Pflichtigen die Gefahr für das zu schützende Rechtsgut erhöht hat (insofern zust. MüKoStGB/*Schmitz/Wulf* AO § 370 Rn. 440). Dies ist aber ernsthaft erst dann der Fall, wenn die Gefahr besteht, dass die Veranlagungsarbeiten „im Großen und Ganzen" abgeschlossen werden, bevor die Steuererklärung eingereicht worden ist.

547 Kündigt der Stpfl das Mandat nach dem 31. 5. des Jahres, muss er nicht sofort eine Steuererklärung einreichen; ihm ist eine angemessene Frist zu setzen (BGH 12.6.2013, wistra 2013, 430).

548 **Mit der Ausführung der Steuerhinterziehung hat noch nicht begonnen,** wer eine falsche Urkunde zum Zwecke einer Täuschung der FinB herstellt (vgl. RG 15.1.1917, RGSt 51, 341, 342 ff. zu § 263 StGB) oder eine Urkunde verfälscht, zB die polizeilichen Kennzeichen zweier Kraftfahrzeuge austauscht, um auf diese Weise die Zulassungsbehörde und anschließend das FA zu täuschen (RG 3.7.1936, RStBl. 831);

wer gefälschte Steuerzeichen in Hinterziehungsabsicht erwirbt (RG 15.3.1923, RGSt 57, 183, 184 f.);

wer zur Hinterziehung der GrESt einen Vertrag abschließt, der den Kaufpreis zu niedrig angibt. Hier wird mit der Ausführung der Tat begonnen, sobald der Stpfl den inhaltlich unrichtigen Kaufvertrag oder eine entsprechend unrichtige Veräußerungsanzeige dem FA einreicht oder einreichen lässt (§§ 19 f. GrEStG), und zwar ohne Rücksicht darauf, wann der GrESt-Anspruch entsteht (stRspr: RG 23.3.1922, RGSt 56, 316 f.; RG 7.1.1924, RGSt 58, 54 f.; RG 26.11.1925, RGSt 60, 6, 7 ff.; RG 22.11.1928, RGSt 62, 362, 363 f.).

549 **Bei der Hinterziehung von Einfuhr- und Ausfuhrabgaben** und bei Bannbruch (§ 372) gehören zur bloßen Vorbereitung die Leerfahrt des Schmugglers über die Grenze, das Beschaffen der Schmuggelware oder der zur Tarnung bei geladenen Waren jenseits der Grenze, das Beschaffen gefälschter Begleitpapiere und das Verbringen der Schmuggelware in Grenznähe, falls sich das Überschreiten der Grenze noch nicht in einem Zuge anschließen soll. Die **Ausführungshandlung** beginnt regelmäßig erst mit Erreichen der Hoheitsgrenze oder der vor ihr eingerichteten Zollstelle (BGH 6.9.1989, BGHSt 36, 249, 250; vgl. auch BGH 21.1.1983, BGHSt 31, 215), also nicht schon dann, wenn die Schmuggelware zur Grenze hin in Bewegung gesetzt wird. Weitergehend hat das RG (RG 1.10.1918, RGSt 53, 45) den Anfang eines Ausfuhrschmuggels bereits in der Übergabe der Schmuggelware zur Verpackung und Beförderung erblickt. Ähnlich weitgehend hat später der BGH (19.1.1965, BGHSt 20, 150 ff.) mit Rücksicht auf kriminalpolitische Bedürfnisse als Anfang einer verbotenen Ausfuhr bereits das Verladen der Ware angesehen und es als unerheblich beurteilt, ob die Täter nach der Beladung unmittelbar zur Grenze fahren oder noch einen Umweg machen wollten, um andere Waren zuzuladen. Diese Ansicht ist unter der Geltung von § 22 StGB nicht mehr vertretbar (Rn. 539). Denkbar ist ein Versuchsbeginn durch Verladung nur, wenn der Transporteur gutgläubig ist und sogleich losfahren soll (vgl. BGH 15.5.1990, StV 408 zum Einchecken eines Koffers). Zu einem Spezialfall (Erschleichung eines überhöhten Kraftstoffausweises bei der Ausreise) s. BayObLG 26.1.1977, ZfZ 1977, 182. Im Übrigen ist bei der Übernahme von Rechtsprechung zum Versuchsbeginn vor dem In-Kraft-Treten des § 22 StGB am 1.1.1975 Vorsicht geboten. So erachtet der BGH einen Versuch verbotener Einfuhr für gegeben, *„wenn das Schmuggelgut in unmittelbare Nähe der Grenze zum Inland (4 km) geschafft ist und die Täter sich (vom Inland her) erfolglos an den Übergangsort begeben haben"* (BGH 29.5.1953, ZfZ 1954, 54), *„wenn der Schmuggler zum Grenzübertritt ansetzt"* (BGH 10.9.1953, BGHSt 4, 333) oder *„wenn die Schmuggler das Schmuggelgut in Richtung auf die Zollgrenze so in Bewegung setzen, daß sie bei natürlicher*

Betrachtungsweise schon als zu dem Vorgang des Grenzübergangs gehörig gezählt werden müssen" (BGH 5.4.1955, BGHSt 7, 291 f.). Tatsächlich kann bei einer Entfernung von 4 km noch nicht von einem unmittelbaren Ansetzen gesprochen werden. Erst kurz vor Erreichen des Grenzübergangs oder der davor eingerichteten Zollstelle beginnt der Versuch (zur unerlaubten Einfuhr von Betäubungsmitteln vgl. BGH 6.9.1989, BGHSt 36, 249, 250; s. auch BGH 21.1.1983, BGHSt 31, 215).

4. Zum Rücktritt vom Versuch (§ 24 StGB)

… und zum Verhältnis von Rücktritt und Selbstanzeige s. Rn. 64 ff. zu § 369 und Rn. 415 ff. zu § 371. 550

einstweilen frei 551–560

VIII. Besonders schwere Fälle (§ 370 III AO)

Schrifttum: *Schröder,* Gesetzliche und richterliche Strafzumessung, Mezger-FS 1954, 415; *Blei,* Die Regelbeispielstechnik der schweren Fälle und §§ 243, 244 StGB, Heinitz-FS 1972, 419; *Wessels,* Zur Problematik der Regelbeispiele für „schwere" und „besonders schwere Fälle", Maurach-FS. 1972, 295; *Maiwald,* Bestimmtheitsgebot, tatbestandliche Typisierung und die Technik der Regelbeispiele, Gallas-FS 1973, 137; *Callies,* Die Rechtsnatur der „besonders schweren Fälle" und Regelbeispiele im Strafrecht, JZ 1975, 112; *Maiwald,* Zur Problematik der „besonders schweren Fälle" im Strafrecht, NStZ 1984, 433; *Fabry,* Der besonders schwere Fall der verursachten Tat, NJW 1986, 15; *Felix,* Steuerhinterziehung in besonders schweren Fällen, KÖSDI 1986, 6295; *Weyand,* Steuerhinterziehung unter Beteiligung von Amtsträgern der Finanzbehörde, wistra 1988, 180; *Bender,* Rechtsfragen um den Transitschmuggel mit Zigaretten, wistra 2001, 161; *Bender,* Neuigkeiten im Zoll- und Verbrauchsteuerstrafrecht, ZfZ 2008, 145; *Buse/Bohnert,* Änderungen zur Bekämpfung des Umsatzsteuer- und Verbrauchsteuerbetrugs, NJW 2008, 618; *Rüping/Ende,* Neue Probleme bei schweren Fällen der Steuerhinterziehung, DStR 2008, 13; *Rolletschke,* §§ 370, 370a AO: Neue Gesetzeslage, Stbg 2008, 49; *Spatscheck,* Steuerhinterziehung nach § 370 Abs. 3 AO n. F. und Geldwäschestrafbarkeit, SAM 2008, 82; *v. Wedelstädt,* Neuerungen und Änderungen im Umkreis der Abgabenordnung, DB 2008, 16; *Lübbersmann,* Indizwirkung „versuchter" Regelbeispiele für § 370 III AO, PStR 2010, 238; *Steinberg/Burghaus,* Versuchte Steuerhinterziehung „in großem Ausmaß" nach § 370 Absatz 3 Satz 2 Nr. 1, ZIS 2011, 578; *Wulf,* Wann liegt eine Steuerverkürzung „in großem Ausmaß" vor?, Stbg 2011, 366; *Flaum,* Keine „Neujustierung" der Steuerhinterziehung „großen Ausmaßes", wistra 2012, 376; *Ochs/Wargowske,* Zum „großen Ausmaß" bei der Steuerhinterziehung – § 370 Absatz 3 Satz 2 Nr. 1 AO, NZWiSt 2012, 369; *Rolletschke/Roth,* Neujustierung der Steuerhinterziehung „großen Ausmaßes" (§ 370 Absatz 3 Satz 2 Nr. 1 AO) aufgrund des Schwarzgeldbekämpfungsgesetzes?, wistra 2012, 216; *Stam,* Das „große Ausmaß" – Ein unbestimmbarer Rechtsbegriff, NStZ 2013, 144; *Wulf,* Steuerhinterziehung „in großem Ausmaß" – Ein Zwischenfazit, SAM 2013, 132.

1. Allgemeines

Die Strafrahmenerhöhung für besonders schwere Fälle auf Freiheitsstrafe von sechs 561 Monaten bis zu zehn Jahren in § 370 III AO stellte mit der Einführung zum 1.1.1977 für das Steuerstrafrecht eine Neuerung dar. Das Gesetz verwendet hier eine Methode der Strafrahmenerweiterung, die im StGB bereits mit dem 1.1.1975 eingeführt worden war. Inhaltlich ist die ursprüngliche Fassung des § 370 III AO der entsprechenden Vorschrift beim Subventionsbetrug in § 264 II StGB angepasst. Die vom Gesetz verwendete sog. **Regelbeispieltechnik** für besonders schwere Fälle kombiniert das Prinzip der unbenannten Strafschärfungen mit der tatbestandlichen Bestimmtheit von Qualifizierungen. Die Regelbeispiele sind jedoch selbst nicht Tatbestandsqualifikationen, bei denen der erhöhte Strafrahmen uneingeschränkt angewendet werden muss, sofern die Qualifikation erfüllt ist. Sie sind elastischer. Ist ein Regelbeispiel erfüllt, dann stellt dies nur ein Indiz für das Vorliegen eines besonders schweren Falles dar, das entkräftet werden kann. Dazu sind sämtliche Umstände heranzuziehen, die das Unrecht oder die Schuld gemindert erscheinen lassen (BGH 1.12.1964, BGHSt 20, 125; BGH 21.4.1970, BGHSt 23, 257; BGH 2.12.2008, BGHSt 53, 71 Rn. 41 ff.). Umgekehrt kann ein besonders schwerer Fall aber auch dann vorliegen, wenn ein Regelbeispiel nicht erfüllt ist. Welche Umstände für diese Entscheidung maßgeblich sind, ist lebhaft umstritten (vgl. zusammenfassend: SK-*Hoyer* 9 ff.

zu § 243 StGB; s. auch *Rüping/Ende* DStR 2008, 13, 17). Für die Strafzumessung beim Teilnehmer kommt es darauf an, ob er selbst die Voraussetzungen des § 370 III AO erfüllt (BGH 4.1.1983, wistra 1983, 116; 3.11.1999, wistra 2000, 55; BGH 22.9.2008, wistra 2009, 156; BGH 27.1.2015, wistra 2015, 235).

562 Nach dem 31.12.2007 gilt § 370 III AO in der Fassung des Gesetzes zur Neuregelung der Telekommunikationsüberwachung und anderer verdeckter Ermittlungsmaßnahmen sowie zur Umsetzung der Richtlinie 2006/24/EG (BGBl. 2007 I 3198; Einl Rn. 110). Seitdem ist zum einen die neu eingefügte Nr. 5, zum anderen die modifizierte Regelung in Nr. 1 anwendbar.

563 Die Bedeutung des § 370 III AO wird in Zukunft deutlich größer werden. Dies beruht nicht nur auf der Änderung der Nr. 1 und der Einfügung der Nr. 5, sondern insbesondere auf der Änderung des § 376. Mit der Neuregelung in dessen Abs. 1 verlängert sich die Verjährungsfrist in den in S. 2 genannten Fällen von fünf auf zehn Jahre (vgl. Rn. 16 ff. zu § 376).

2. Die einzelnen Regelbeispiele

564 **a) § 370 III Nr. 1 AO.** Das Regelbeispiel setzt für Taten vor dem 1.1.2008 (Rn. 562) voraus, dass der Täter **aus grobem Eigennutz** *(subjektive Voraussetzung)* **in großem Ausmaß** *(objektive Voraussetzung)* Steuern verkürzt oder nicht gerechtfertigte Steuervorteile erlangt (vgl. BGH 27.3.1994, wistra 1994, 228). Anders als bei § 264 II 2 Nr. 1 StGB (SK-*Hoyer* 84 zu § 264 StGB) ist hier nicht erforderlich, dass der Steuervorteil beim Täter bereits eingegangen ist. Es genügt vielmehr derjenige Erfolg, der für die Vollendung der Steuerhinterziehung ausreicht (Rn. 51 ff., 146).

565 **Grob eigennützig** soll handeln, wer sich bei seinem Verhalten von dem Streben nach eigenem Vorteil in besonders anstößigem Maße leiten lässt (BGH 20.11.1990, wistra 1991, 106; BGH 24.7.1985, wistra 1985, 228), mit ausgeprägter Gewinnsucht handelt (BGH 7.11.1986, wistra 1987, 71), wenn er sich in guten finanziellen Verhältnissen befindet und aus reiner Geldgier handelt (Kohlmann/*Schauf* 1098 zu § 370). Erforderlich sein soll eine Gesamtbetrachtung der Tatumstände, in die die vom Täter gezogenen Vorteile, Art, Häufigkeit und Intensität der Aktivitäten ebenso einzubeziehen sind wie der Zweck der Tat (BGH 13.1.1993, wistra 1993, 109). Entscheidend ist, ob sich der Angeklagte gerade hinsichtlich der verkürzten Steuern von besonders anstößigem Gewinnstreben hat leiten lassen (BGH 13.6.2013, wistra 2013, 471). Bei einer Steuerhinterziehung durch Unterlassen wird dies kaum je der Fall sein (vgl. Einl. Rn. 19).

566 Ein **großes Ausmaß** der Steuerhinterziehung ist zahlenmäßig nicht zu beschreiben. Möglich soll sein, dass das Ausmaß sich deutlich aus dem noch als durchschnittlich häufig vorkommenden Verkürzungsumfang heraushebt, ein „Täuschungsgebäude großen Ausmaßes" vorliegt (BGH 7.11.1986, wistra 1987, 71). Hiervon wird man erst bei Beträgen ab 500 000 EUR ausgehen können. Im Übrigen mag von Bedeutung sein, ob die Steuer auf Zeit oder endgültig verkürzt werden sollte (vgl. *Felix* KÖSDI 1986, 6298).

567 Nach Auffassung des BGH soll grober Eigennutz auch dann vorliegen, wenn sich der Täter durch seine Straftat (Erschleichung von Vorsteuerabzugsbeträgen) Mittel zum Ausgleich derjenigen Steuerschulden beschaffen will, denen er sich durch Ausstellung von Scheinrechnungen iS des § 14 III UStG aF ausgesetzt hat (BGH 17.12.1986, wistra 1987, 148; Kohlmann/*Schauf* 1098 zu § 370; Erbs/Kohlhaas/*Hadamitzky/Senge* AO § 370 Rn. 88). Dem wird man mit der Einschränkung zustimmen können, dass es darauf ankommt, ob der Täter ohne die Verkürzung in der Lage gewesen wäre, die entsprechenden Beträge zu begleichen, oder aber hiermit überhaupt erst die Mittel erlangte, um die entsprechenden Beträge zu entrichten.

568 Im Übrigen ist dieses Merkmal ein Musterbeispiel für eine Leerformel. Nicht sehr viel bestimmter ist das Merkmal des „groben" Eigennutzes, bei dem nur sicher ist, dass nicht jede Eigennützigkeit ausreicht (vgl. *Koch/Scholtz/Scheurmann-Kettner* 59 zu § 370). Nicht ohne Grund ist dieses Merkmal in § 180 StGB gestrichen worden. Die Neuregelung des Abs. 3 S. 2 Nr. 1 (Rn. 562) verzichtet daher zu recht auf dieses Erfordernis.

Der BGH will bei der Bestimmung des großen Ausmaßes nach Verzicht auf das Erfordernis **569** des groben Eigennutzes für Taten seit dem 1.1.2008 betragsmäßig differenzieren. Bereits in seiner Entscheidung vom 2.12.2008 (BGHSt 53, 71) hatte er einen grundsätzlichen Wert von 50 000 EUR favorisiert, dabei aber unterscheiden wollen. Wer Erstattungen erschleicht und einen wirklichen Vermögensverlust herbeiführt, unterfällt der Grenze von 50 000 EUR (BGH 2.12.2008, BGHSt 53, 71). Wer nur etwas nicht erklärt, also geschuldete Steuern behalten will, unterfällt einer Grenze von 100 000 EUR, weil hier letztlich nur eine Gefährdung des Steueranspruchs vorliegen soll (BGH 2.12.2008, BGHSt 53, 71 Rn. 39). Eine Verrechnung mit anderen Steueransprüchen soll einer Auszahlung gleichstehen (BGH 15.12.2011, wistra 2012, 191). Dabei war die Besonderheit, dass angebliche Umsatzsteuer-Guthaben mit Zahlungsverpflichtungen aus anderen Steuerarten verrechnet wurden. Der BGH dürfte kaum so verstanden werden wollen, dass die 50 000 EUR-Grenze gilt, wenn jemand bei einer Umsatzsteuer-Zahllast von einer Million EUR 50 001 EUR zu viel Vorsteuern in Abzug gebracht hat.

Ob mit den Entscheidungen des BGH (vgl. auch BGH 14.12.2010, wistra 2011, 186) „für **570** die Praxis Rechtssicherheit" geschaffen wurde (*Rolletschke/Roth* wistra 2012, 216, 217; FT-*Flore* 560 zu § 370) mag bezweifelt werden, solange nicht das Schicksal des Kompensationsverbots bei diesen Betrachtungen bedacht worden ist. Schon der Betrag von 50 000 EUR überzeugt nicht. Die zugrunde liegende Rechtsprechung zum Betrug (BGH 7.10.2003, BGHSt 48, 360; BGH 4.2.2004, wistra 2004, 262, 263) liegt auch schon einige Jahre zurück. Im Übrigen geht *Jäger* (Klein/*Jäger* AO § 370 Rn. 282) davon aus, dass das Fehlen einer Bereicherungsabsicht und andere Unterschiede zum Betrug es nicht rechtfertigen, an die Erfüllung des Merkmals (großes Ausmaß) höhere Anforderungen zu stellen (gegen *Rolletschke* Stbg 2008, 49). Freilich will er zwischen der Bejahung des großen Ausmaßes und der Bejahung der Indizwirkung des Regelbeispiels unterscheiden (Klein/*Jäger* AO § 370 Rn. 282).

Diese verschärfte Judikatur zum Begriff des großen Ausmaßes ist nicht auf eine Änderung **571** des Gesetzes, sondern eine Veränderung in der rechtspolitischen Bewertung der Steuerhinterziehung durch den BGH zurückzuführen (*Kuhlen* S. 152). Ob diese Bewertung Zustimmung verdient, hängt entscheidend vom Grad der Ähnlichkeit zwischen Steuerhinterziehung und Betrug ab (*Kuhlen* S. 153). Tatsächlich ist die These, die Steuerhinterziehung sei dem Betrug nach ihrem Unwertgehalt gleichzusetzen, ebenso verfehlt wie die Gleichschaltung für das große Ausmaß bei beiden Delikten (*Kuhlen* S. 153). Die Fälle, die § 370 AO als vollendete Steuerhinterziehung erfasst, sind zu heterogen für starre Grenzen und Beträge.

Der vom BGH mehrfach bemühte Ansatz, die Steuerhinterziehung sei dem Betrug **572** ähnlich, wird der Problematik aus mehreren Gründen nicht wirklich gerecht. Der Geschädigte ist anonym, insofern zeigen sich Parallelen etwa zu Betrügereien zum Nachteil von Versicherungen. Der Schädiger empfindet vielfach das Zahlen von Steuern als ungerecht (*Franzen* NKP 2008, 28). Während in den Fällen der Erschleichung von Umsatzsteuererstattungen Habgier das Motiv ist, ist es bei denjenigen, die ihre Geschäftsvorfälle unzureichend erfassen und versteuern, ein Steuerbelastungsgefühl (*Franzen* NKP 2008, 72, 75) oder Behaltegier. Niemand wird bestraft, wenn er einen Versicherungsfall nicht geltend macht, wer seine Umsätze nicht anmeldet und sein Einkommen nicht deklariert, begeht hingegen eine Steuerhinterziehung. Insofern ist die Differenzierung des 1. StrS bei der Definition des großen Ausmaßes im Ansatz richtig: wer mit vorgetäuschten Unternehmen und unrichtigen oder gefälschten Rechnungen Vorsteuern erschleicht, könnte ebenso wegen Betruges bestraft werden. Wer die Umsatzsteuer für eine absolut insolvente Kapitalgesellschaft nicht anmeldet, ist hingegen nicht nur dann weit von der Strafbarkeit wegen Betruges entfernt, wenn das Kompensationsverbot zu einer Strafbarkeit selbst dann führt, wenn entsprechende Vorsteuern die Zahllast auf Null stellen. Während man beim Betrugstatbestand bemüht ist, den Gefährdungsschaden in den Griff zu bekommen, kennt der Tatbestand der Steuerhinterziehung Erfolge, die eher an Verwaltungsunrecht erinnern. Diese Fälle über einen Kamm zu scheren, ist überaus problematisch. Dies gilt auch, soweit an das große Ausmaß im Rahmen einer Verlängerung der Verjährungsfrist angeknüpft wird.

573 Zweifelhaft ist, inwiefern bei **Hinterziehung durch verschiedene Tathandlungen** bzw. verschiedener Steuerarten die verursachten Steuerschäden addiert werden können. So will *Bittmann* (wistra 2003, 121, 124 zu § 370a aF) darauf abstellen, welcher Steuerschaden „durch alle (bekannten) gewerbs- oder bandenmäßig begangenen Steuerdelikte desselben Täters“ verursacht worden ist, also die Verkürzungsbeträge addieren. Gegen diese Lösung sprechen aber gewichtige Gründe. Zunächst einmal führt dies zu unvernünftigen Konsequenzen, insbes. dann, wenn man wie *Bittmann* ein großes Ausmaß auch bei § 370a AO aF bereits bei 50 000 EUR bejahte. Da gewerbsmäßig handelnde Täter in der Regel für einen strafrechtlich nicht verjährten 5-Jahreszeitraum verfolgt werden, wäre praktisch jede Verkürzung in einem Unternehmen erfasst, aber auch der gutverdienende Luxemburg-Anleger, der Erträge von über 20 000 EUR p. a. nicht erklärt. Eine Addition der Verkürzungsbeträge bei einer Mehrzahl von Taten kann aber nicht gemeint sein, sonst hinge das Eingreifen des § 370 III Nr. 1 AO davon ab, wann welche Einzeltaten entdeckt und wie sie angeklagt und abgeurteilt werden (vgl. auch *Vogelberg* PStR 2002, 227, 229). Die Problematik verschärft sich noch angesichts der Verlängerung der Verjährungsfrist durch § 376 I nF, da bei einer Addition von Beträgen im vierstelligen Bereich über zehn Jahre schnell der Wert von 50 000 EUR überschritten wird. Entscheidend kann daher allein die einzelne zu beurteilende Tat im Sinne des § 52 StGB bzw. § 264 StPO sein (BGH 28.10.2004, wistra 2005, 30; BGH 2.12.2008, BGHSt 53, 71 Rn. 40; LG Saarbrücken v 10.5.2005, wistra 2005, 355; OLG Saarbrücken 9.12.2005, wistra 2006, 117; *Bender/Möller/Retemeyer* C 101; s. auch Kühn/v. Wedelstädt/*Blesinger* 114 zu § 370). Dies gilt selbst dann, wenn – schon im Hinblick auf die Gewerbsmäßigkeit – die Mehrzahl von Einzeltaten auf einem vorgefassten Plan beruht, da anderenfalls die (abgeschaffte; Rn. 113 zu § 369) Figur der fortgesetzten Handlung wiederbelebt würde.

574 Damit bleibt die Frage, ob bei einer **Hinterziehung mehrerer Steuerarten durch dieselbe Handlung** im Sinne des § 52 StGB eine Addition der Einzelbeträge erfolgen muss, oder insofern ebenfalls jede Gesetzesverletzung für sich betrachtet werden muss. Wer als Unternehmer einen Brutto-Umsatz von 100 000 EUR nicht in der Buchhaltung erfasst und dementsprechend Steuern verkürzt, bewirkt eine Verkürzung von Umsatzsteuer in Höhe von 15 966 EUR (19 % aus 100 000) und (bei einer Versteuerung in der oberen Proportionalzone) Einkommensteuer von etwa 36 500 EUR, so dass der Betrag von 50 000 EUR bereits überschritten wäre. Da es sich bei der gleichzeitigen Abgabe der beiden unrichtigen Steuererklärungen um eine Handlung im Sinne des § 52 StGB handelt, ist es vertretbar, eine solche Addition vorzunehmen (so BGH 2.12.2008, BGHSt 53, 71 Rn. 40). Hiergegen spricht aber der Zweck des § 370 III Nr. 1 AO, „besonders“ schwere Fälle zu erfassen (vgl. auch LG Saarbrücken 10.5.2005, wistra 2005, 355; Kohlmann/*Schauf* 1099.3 zu § 370). Dementsprechend sollte allein auf die Verkürzung bezüglich der einzelnen Steuerart abgestellt werden. Erst wenn der für die einzelne Steuerart verkürzte Betrag den Schwellenwert von 50 000 EUR übersteigt, kann insoweit eine Hinterziehung „in großem Ausmaß“ vorliegen. Hierfür spricht auch, dass sonst der Unterlassungstäter, bei dem im Hinblick auf mehrere Steuerarten immer Tatmehrheit vorliegt (Rn. 723), besser behandelt wird und dass die Einstufung als besonders schwerer Fall mit den massiven Konsequenzen für die strafrechtliche Verjährung kaum davon abhängen kann, ob die Erklärungen in einem oder drei Umschlägen eingereicht wurden (vgl. Rn. 723).

575 Im Übrigen muss mit der Änderung des Abs. 3 Nr. 1 nicht notwendig eine Verschärfung der Strafen verbunden sein. Auch beim Vorliegen eines Regelbeispiels bleibt eine Einstellung nach den §§ 153, 153a StPO möglich (vgl. Rn. 14 zu § 398). Überdies muss nicht notwendig der gesamte Strafrahmen ausgeschöpft werden. Im Regelfall sind ohnehin mehrere Taten begangen worden, so dass es zu einer Gesamtstrafenbildung (Rn. 128 zu § 369) kommt.

b) § 370 III Nr. 2 AO. Dieses Regelbeispiel setzt voraus, dass der Täter **seine Befugnisse oder seine Stellung als Amtsträger missbraucht.** Da die Steuerhinterziehung wenigstens Unkenntnis des zuständigen Beamten verlangt (Rn. 278 ff.), kann hier nur derjenige Fall gemeint sein, dass der Täter als Amtsträger auf den entscheidenden – zuständigen – Beamten einwirkt oder einzuwirken bereit ist (vgl. BGH 21.10.1997, wistra 1998, 64; krit. zu dieser Alternative *Schleeh* FR 1971, 121; aM BGH 19.10.1999, wistra 2000, 63; vgl. Rn. 292). Sinn und Zweck des § 370 III AO setzen voraus, dass nur Amtsträger einer Finanz- oder einer sonst mit Steuerangelegenheiten befassten Behörde in Betracht kommen (vgl. Kohlmann/*Schauf* 1100 zu § 370; *Weyand* wistra 1988, 180). Die Amtsträgereigenschaft ergibt sich für § 370 III Nr. 2 AO wegen § 369 II AO nicht aus § 11 I Nr. 2 StGB, sondern aus § 7 AO. Auf das Problem, ob ein Finanzgericht eine Behörde ist (Rn. 188), kommt es hier nicht an. Da die Definitionen aber fast wörtlich übereinstimmen, besteht in der Sache kein Unterschied. Zum Amtsträgerbegriff s. Schönke/Schröder/*Eser*/*Hecker* StGB § 11 Rn. 14 ff. und SK-*Rudolphi*/*Stein* 7 ff. zu § 11 StGB. Ist der Steuerschaden geringwertig (vgl. § 248a StGB), spricht viel dafür, die Indizwirkung des Regelbeispiels zu verneinen (OLG Brandenburg 3.3.2005, wistra 2005 315; aM offenbar Klein/*Jäger* AO § 370 Rn. 285). 576

c) § 370 III Nr. 3 AO. Der Täter muss die **Mithilfe eines Amtsträgers,** der nach § 370 III Nr. 2 AO handelt, **ausnutzen.** Der Täter selbst ist demnach nicht Amtsträger der FinB; er begeht jedoch die Steuerhinterziehung unter Mithilfe eines Amtsträgers. Dieser kann Mittäter oder Teilnehmer sein. Will der Täter den Amtsträger beherrschen, meint er also, dieser werde die Unrichtigkeit oder Unvollständigkeit seiner Angaben nicht bemerken, greift § 370 III Nr. 3 nicht ein (LG Saarbrücken 14.7.1987, wistra 1988, 202). 577

d) § 370 III Nr. 4 AO. Der Täter muss **nachgemachte oder verfälschte Belege verwenden.** Darunter sind ausschließlich unechte Urkunden zu verstehen (vgl. BGH 16.8.1989, wistra 1990, 26). Unecht ist eine Urkunde, wenn die in ihr enthaltene Erklärung nicht von demjenigen herrührt, der sich aus ihr als Aussteller ergibt (Schönke/Schröder/*Heine*/*Schuster* StGB § 267 Rn. 48 ff.). Dagegen ist die bloß inhaltlich unwahre Urkunde als schriftliche Lüge keine nachgemachte oder verfälschte Urkunde (Koch/Scholtz/*Scheurmann-Kettner* 62 zu § 370). Weiter muss der Täter unter Verwendung der Urkunden zur Täuschung (BGH 25.1.1983, BGHSt 31, 225) **fortgesetzt Steuern verkürzen.** Für die vergleichbare Formulierung der „fortgesetzten Begehung" in § 244 I Nr. 2 StGB und § 373 II Nr. 3 AO vertrat die hM und Rspr bereits vor Aufgabe der Figur der fortgesetzten Handlung die Auffassung, dass eine fortgesetzte Tat iS der Konkurrenzlehre (Rn. 115 ff. zu § 369) weder erforderlich noch ausreichend sei (Rn. 67 zu § 373). Dasselbe muss auch hier gelten. In Abweichung zu den Qualifikationen in § 244 I Nr. 2 StGB, § 373 II Nr. 3 und § 374 II AO ist hier jedoch erforderlich, dass der Täter bereits mehrere (mindestens zwei) Steuerhinterziehungen begangen hat (BGH 12.10.1988, BGHSt 35, 347; BGH 16.8.1989, wistra 1990, 26; BGH 21.4.1998, wistra 1998, 265; Klein/*Jäger* AO § 370 Rn. 296; Kohlmann/*Schauf* 1121 zu § 370). Ein Verwenden liegt nicht schon dann vor, wenn ein gefälschter Beleg Eingang in die Buchhaltung und damit in das Zahlenwerk der Steuererklärung findet (BGH 25.1.1983, wistra 1983, 116; BGH 5.4.1989, wistra 1998, 228; 12.10.1988, wistra 1989, 107; BGH 24.1.1989, wistra 1989, 190; Kohlmann/*Schauf* 1118 zu § 370); nötig ist die Vorlage gegenüber der FinB (BGH 12.10.1988, BGHSt 35, 374). Denkbar ist jedoch, dass dann ein besonders schwerer Fall der Steuerhinterziehung außerhalb der Regelbeispiele vorliegt (vgl. BGH 24.1.1989, wistra 1989, 190; BGH 5.4.1989, wistra 1989, 228; Klein/*Jäger* AO § 370 Rn. 297; Kohlmann/*Schauf* 1117 zu § 370). 578

e) § 370 III Nr. 5 AO. § 370 III Nr. 5 AO wurde zum 1.1.2008 in die Abgabenordnung eingefügt (Rn. 562) und ersetzt teilweise den aufgehobenen Verbrechenstatbestand der schweren banden- und gewerbsmäßigen Steuerhinterziehung gemäß § 370a AO aF. 579

580 **Täter des Regelbeispiels** kann nur das Mitglied einer Bande sein. Bande iS der Nr. 5 ist eine Gruppe von Personen, die sich ausdrücklich oder stillschweigend zu fortgesetzter (Rn. 581) Begehung von (Steuer-) Straftaten im Hinblick auf Umsatz- oder Verbrauchsteuern verbunden hat (vgl. *Fischer* StGB § 244 Rn. 36). Auch die Rechtsprechung geht seit der Entscheidung des Großen Senats für Strafsachen vom 22.3.2001 (BGH 46, 321) davon aus, dass mehr als zwei Personen nötig sind (vgl. zur früheren Rechtsprechung *Sowada* Schlüchter-GS 2002, 383). Irgendein Mindestmaß konkreter Organisation oder festgelegter Strukturen ist ebenso wenig erforderlich wie ein „gefestigter Bandenwille" (BGH 11.9.2003, NStZ 2004, 398, 399) oder ein Tätigwerden in einem „übergeordneten Bandeninteresse" (BGH 4.2.2004, wistra 2004, 262; BGH 27.5.2004, NStZ 2005, 230, 231). Eine Bandenabrede kann selbst dann vorliegen, wenn ein Beteiligter bei allen Bandentaten nur Gehilfe sein soll (BGH 15.1.2002, BGHSt 47, 214, 218; *Bender/Möller/Retemeyer* C 483; *Fischer* StGB § 244 Rn. 39; aM *Lackner/Kühl* 6 zu § 244 StGB). Theoretisch sind damit auch das dolose Ehepaar und ihr Steuerberater drei Personen, die eine Bande bilden können. Allerdings kann gegen die Annahme einer Bande sprechen, dass sich die Beteiligten zunächst nur aus persönlichen Gründen zusammengeschlossen haben und es erst im weiteren Verlauf zu gemeinsamen Begehungen von Straftaten kommt (*Fischer* StGB § 244 Rn. 37; BGHR § 244 I Nr. 3 Bande 3 19.5.1998). Familiäre Verbindungen der handelnden Person stehen der Annahme einer Bande allerdings nicht entgegen (BGH 12.7.2006, NStZ 2007, 339; FT-*Flore* 593 zu § 370), so dass auch das dolose Ehepaar und ihre erwachsenen Kinder eine Bande bilden könnten.

581 Eine **fortgesetzte Begehung** ist geplant, wenn die Bande mehrere selbstständige, im Einzelnen ggf. noch ungewisse Taten begehen will. Es muss nicht eine fortgesetzte Tat im überkommenen Sinne (Rn. 115 zu § 369) gegeben sein. Eine auf wenige Stunden begrenzte Verabredung genügt nicht (OLG Hamm 29.4.1981, NJW 1981, 2207; *Fischer* StGB § 244 Rn. 40 zu § 244 StGB). Ist eine solche fortgesetzte Begehung geplant, ist bereits die erste Tat für die daran Beteiligten eine bandenmäßige (BGH 17.6.2004, NJW 2004, 2840, 2842; *Bender/Möller/Retemeyer* C 487; aM *Buse/Bohnert* NJW 2008, 618, 621). Demgegenüber macht eine nach Begehung einer ersten gemeinsamen Tat gefasste Bandenabrede für die Zukunft die erste Tat nicht nachträglich zur Bandentat (vgl. BGH 5.8.2005, NStZ 2006, 176).

582 Die Tat muss **als Bandenmitglied** begangen sein. Die Tat muss also in die Gesamtabrede der Bande einbezogen sein (vgl. *Fischer* StGB § 244 Rn. 41; *Bender/Möller/Retemeyer* C 488). Anders als etwa § 244 I Nr. 2 StGB verzichtet § 370 III Nr. 5 AO darauf, dass die Tat unter Mitwirkung eines anderen Bandenmitglieds begangen sein muss.

583 Die Tat muss zur **Verkürzung von Umsatz- oder Verbrauchsteuern** geführt haben bzw. muss der Täter nicht gerechtfertigte Umsatz- oder Verbrauchsteuervorteile erlangt haben. Damit werden vor allem Umsatzsteuerkarusselle erfasst. Zum Begriff der Verbrauchsteuer vgl. Rn. 371 ff. Da die Fälle bandenmäßiger Hinterziehung von Alkopopsteuern seltener sein werden, wird insbes. der Fall der Hinterziehung von Branntweinsteuer nach dem BranntwMonG und von Tabaksteuer nach dem TabStG Gegenstand des Regelbeispiels sein.

584 Nicht nötig ist, dass es sich bei jedem Bandenmitglied um einen Stpfl handelt (BT-Drs. 16/5846, 75; Klein/*Jäger* AO § 370 Rn. 298). Ebenfalls unerheblich ist es, ob die Bande vom Ausland aus operiert. Entscheidend ist, dass der Erfolg in Deutschland eintritt (vgl. § 9 I StGB; Rn. 35 zu § 369). Es bleibt allerdings bei dem generellen Erfordernis, dass sich die Tat – soweit es nicht um Einfuhr- oder Ausfuhrabgaben geht – auf das vom deutschen Fiskus verwaltete Steueraufkommen beziehen muss (BT-Drs. 16/5846, 75). Nach der Streichung des § 370 VI S. 3 und 4 AO kommt allerdings auch eine bandenmäßigen Begehung zum Nachteil anderer EU-Staaten Betracht.

3. Allgemeine Lehren

585 **Der Vorsatz** muss sich auf diejenigen Umstände erstrecken, die den besonders schweren Fall begründen. Dieser Vorsatz muss zum Zeitpunkt der Tathandlung, regelmäßig also der

Abgabe der unrichtigen Steuererklärung oder des Verstreichenlassens des Abgabetermins für die Erklärung, vorhanden sein (vgl. SK-*Hoyer* 47 zu § 243 StGB).

Da § 370 III AO keinen eigenständigen Tatbestand, sondern nur eine **Strafzumessungsregel** enthält, muss die Versuchsstrafbarkeit nicht gesondert angeordnet werden. Legt man die Auffassung des BGH zu § 243 StGB zu Grunde, kommt ein Versuch im Hinblick auf § 370 III AO in zweierlei Weise in Betracht: Der Täter vollendet die Steuerhinterziehung, das Regelbeispiel versucht er nur zu verwirklichen. Hier handelt es sich um eine vollendete Steuerhinterziehung in einem versuchten besonders schweren Fall. Oder der Täter versucht die Steuerhinterziehung, wobei er das Regelbeispiel realisiert oder zu realisieren versucht. Dann begeht er eine versuchte Steuerhinterziehung in einem besonders schweren Fall. In beiden Konstellationen ist die Kann-Milderung nach §§ 23, 49 StGB auf den Strafrahmen nach § 370 III AO anzuwenden. **586**

§ 370 III AO enthält keine Tatbestandsmerkmale; der **Versuch** der Steuerhinterziehung beginnt daher nicht schon, wenn der Täter mit der Verwirklichung eines Regelbeispiels beginnt, also zB den Amtsträger zu gewinnen versucht, sondern erst dann, wenn er zu der Tat nach § 370 I AO unmittelbar ansetzt (SK-*Rudolphi* 18 zu § 22 StGB). **587**

Der Versuch eines Regelbeispiels ist dann möglich, wenn der Täter sowohl zur Verwirklichung des Tatbestands als auch des Regelbeispiels unmittelbar angesetzt hat (BGH 28.7.2010, wistra 2010, 449; Klein/*Jäger* AO § 370 Rn. 277a). Dabei ist fraglich, in welchen Fällen man die Indizwirkung wirklich bejahen kann. Der BGH will hier entscheidend auf die subjektive Tatseite abstellen, dies liegt bei einem Versuch auf der Hand. **588**

einstweilen frei **589–600**

IX. Strafen und Nebenfolgen

1. Strafen

Schrifttum: *Kopacek,* Die Freiheitsstrafe bei schweren Steuervergehen in der Praxis, FR 1960, 611; *Bockelmann,* Strafe und Buße als Mittel der Erziehung zu Steuerehrlichkeit, Steuerkongreßreport 1969, 291; *Buschmann,* Steuerstrafen und Steuerbußen, BlStA 1973, 91; *Volk,* Die Parteispenden-Problematik – materielles Steuerstrafrecht nach geltendem Recht, wistra 1983, 219; *Meine,* Die Schätzung der Lohnsteuer und der Sozialversicherungsbeiträge in Lohnsteuer- und Beitragsverkürzungsfällen, wistra 1985, 100; *Meine,* Die Strafzumessung bei der Steuerhinterziehung, 1990; *v. Selle,* Die Vermögensstrafe – eine strafrechtsdogmatische Annäherung, wistra 1993, 216; *Joecks,* Erledigung von Strafverfahren, StraFo 1997, 2; *I. M. Meyer,* Erledigung von Steuerstrafverfahren außerhalb einer Hauptverhandlung, DStR 2005, 1477; *Bilsdorfer,* Klare Strafzumessungsregeln bei Steuerhinterziehung, NJW 2009, 476; *Wulf,* Die Verschärfung des Steuerstrafrechts zum Jahreswechsel 2008/2009, DStR 2009, 459; *Rolletschke,* Strafzumessung bei Kettengeschäften, HRRS 2009, 455; *Rolletschke/Jope,* Die Grundsatzentscheidung des BGH zur Strafhöhe bei Steuerhinterziehung, wistra 2009, 219; *Spatscheck,* Neue Strafzumessungsentscheidung bei der Steuerhinterziehung?, SAM 2009, 122; *Rolletschke,* Die Strafzumessung bei Steuerhinterziehung (§ 370 AO), StRR 2011, 355; *Höll,* Strafzumessung im Steuerstrafrecht – Rechnen statt Abwägen?, PStR 2012, 251; *Jäger,* Strafzumessung im Steuerstrafrecht, DStZ 2012, 736; *Matschke,* Strafzumessung im Steuerstrafrecht, wistra 2012, 457; *Peters,* Strafzumessung bei Steuerhinterziehung in Millionenhöhe, NZWiSt 2012, 201; *Reichling,* Die neuere Rechtsprechung des 1. Strafsenats des BGH zum Steuerstrafrecht, StraFo 2012, 316; *Rolletschke,* Rechtsprechungsgrundsätze zur Strafzumessung bei Steuerhinterziehung, NZWiSt 2012, 18.

Die Strafdrohung des § 370 I AO weist keinerlei Besonderheiten gegenüber den Vergehen des StGB mehr auf, nachdem schon das EGStGB (Einl 87) die Voranstellung der Geldstrafe beseitigt hatte. Die Tat kann jetzt mit Freiheitsstrafe bis 5 Jahren oder mit Geldstrafe bestraft werden. Nach § 47 StGB kann Freiheitsstrafe unter 6 Monaten nur in Ausnahmefällen verhängt werden (Rn. 124 zu § 369). Gem. § 41 StGB kann das Gericht neben Freiheitsstrafe auch Geldstrafe verhängen, wenn der Täter sich durch die Tat bereichert oder zu bereichern versucht hat. Der Strafrahmen wird schließlich durch § 370 Abs. 3 AO auf Freiheitsstrafe von sechs Monaten bis zu zehn Jahren angehoben. **601**

Im Regelfall der Steuerhinterziehung wird bei einem nicht vorbestraften Täter und erfolgter Schadenswiedergutmachung das Verfahren gegen Zahlung einer Auflage nach **602**

§ 153a StPO eingestellt oder eine Geldstrafe verhängt (vgl. Rn. 137 ff. zu § 369). Die Strafzumessung richtet sich dabei nicht zuletzt nach der Höhe der verkürzten Steuer (vgl. *Rolletschke/Kemper* 63 ff. zu § 369; *Köpp* DStR 1984, 367; *Theil,* BB 1984, 2181; *Meine,* Strafzumessung bei der Steuerhinterziehung, 1990; *Joecks* 1998 S. 170 ff.; *ders.*, StraFo 1997, 2 ff.).

603 **Die Grundsatzentscheidung des 1. Strafsenats** (BGH 2.12.2008, BGHSt 53, 71; siehe auch Rn. 569) mag allerdings ebenso wie Folgeentscheidungen bewirken, dass die Großzügigkeit, mit der auch bei Hinterziehungen in Millionenhöhe Freiheitsstrafen zur Bewährung ausgesetzt wurden, ein Ende haben wird. Andererseits sind die Ausführungen in der Entscheidung so, dass auch bei an sich verschärften Anforderungen der „klassische" Fall, dass der Täter geständig ist und die verkürzten Steuern nachentrichtet (BGH 2.12.2008, BGHSt 53, 71 Rn. 45), noch zu einer Bewährungsstrafe führen kann. Dabei stellt der Senat nicht zuletzt darauf ab, in welcher Relation die verkürzten Steuern zu den sonst erklärten und bezahlten stehen (BGH 2.12.2008, BGHSt 53, 71 Rn. 45). Wenn es dann auch noch darauf ankommen kann, wie es mit der Lebensleistung des Täters steht (BGH 2.12.2008, BGHSt 53, 71 Rn. 45; siehe auch LG München II 13.3.2014, wistra 2015, 77), wird klar, dass für einen Manager, der erhebliche Steuern zahlt und ein Auslandskonto „vergessen" hat, auch bei siebenstelligen Beträgen noch eine Freiheitsstrafe mit Strafaussetzung zur Bewährung in Betracht kommen mag, wenn er (frühzeitig) gesteht und die hinterzogenen Steuern nachentrichtet wurden. Zu höheren Strafen mag es bei solchen Tätern kommen, die das Finanzamt „als Bank" (BGH 2.12.2008, BGHSt 53, 71 Rn. 46) betrachteten oder die Steuerhinterziehung in sonstiger Weise gewerbsmäßig oder gar „als Gewerbe" betrieben. Gleiches gilt auch für den Aufbau eines aufwändigen Täuschungssystems, die systematische Verschleierung von Sachverhalten und die Erstellung oder Verwendung unrichtiger oder verfälschter Belege zu Täuschungszwecken (BGH 2.12.2008, BGHSt 53, 71 Rn. 46). Namentlich bei den sog. Umsatzsteuerkarussellgeschäften, bei Kettengeschäften unter Einschaltung sog. „Serviceunternehmen" und im Bereich der illegalen Arbeitnehmerüberlassung will der BGH regelmäßig strafschärfende Gründe bejahen (BGH 2.12.2008, BGHSt 53, 71 Rn. 47).

604 Der BGH hat seine Auffassung zur Strafzumessung bei Steuerhinterziehung „in Millionenhöhe", auch im Bereich der gewerbsmäßigen Hinterziehung von Einfuhr- oder Ausfuhrabgaben, in der Folgezeit fortgesetzt (vgl. BGH 7.2.2012, BGHSt 57, 123; BGH 22.5.2012, wistra 2012, 350) und zugleich klargestellt, dass eine Hinterziehung in Nicht-Millionen-Höhe die Verhängung einer nicht aussetzbaren Freiheitsstrafe nicht hindert.

2. Strafrechtliche Nebenfolgen

605 Wird die Steuerhinterziehung im Zusammenhang mit der Führung eines Kraftfahrzeuges begangen, so kann das Gericht gem. § 44 StGB ein Fahrverbot erlassen oder die Fahrerlaubnis gem. § 69 StGB entziehen (vgl. BGH 7.2.1961, BGHSt 15, 316 ff.; BGH 17.4.1962, BGHSt 17, 218; Kohlmann/*Schauf* 1131 zu § 370 AO). Voraussetzung ist nach neuerer Rechtsprechung, dass der Täter bereit ist, die Sicherheit des Straßenverkehrs seinen eigenen kriminellen Interessen unterzuordnen (BGHGrS 27.4.2005, BGHSt 50, 93). Dies wird nicht schon dann der Fall sein, wenn er die unrichtige Steuererklärung mit seinem PKW in das Finanzamt gebracht hat, sondern allenfalls dann in Betracht kommen, wenn etwa das Kraftfahrzeug zu größeren Schmuggeltransporten eingesetzt wurde (vgl. zu Btm-Beschaffungsfahrten BGH 23.6.1992, NStZ 1992, 586; *Fischer* StGB § 69 Rn. 43 f.).

606 Ein Berufsverbot (§ 70 StGB) kann angeordnet werden, *„wenn die Gesamtwürdigung des Täters und die Tat die Gefahr erkennen lässt, dass er bei weiterer Ausübung des Berufs, Berufszweiges, Gewerbes oder des Gewerbezweiges erhebliche rechtswidrige Taten der bezeichneten Art begehen wird."* Weiterhin ist Voraussetzung, dass die Steuerhinterziehung unter Missbrauch des Berufs oder Gewerbes oder unter grober Verletzung der mit ihnen verbundenen Pflichten begangen wurde (§ 70 I Satz 1 StGB). Die Pflicht, Umsatz-, Einkommen- und Gewerbesteuer zu

zahlen, ist keine Berufspflicht in diesem Sinne (KG JR 1980, 247; *Fischer* StGB § 70 Rn. 7). Denkbar ist dies allenfalls, wenn die unternehmerische Tätigkeit auf die systematische Hinterziehung von Lohn- und Umsatzsteuern angelegt ist (vgl. BGH 12.9.1994, wistra 1995, 22; aM Erbs/Kohlhaas/*Hadamitzky/Senge* AO § 370 Rn. 86). Die Entwicklung eines „Steuermodells" für einen Mandanten durch einen Rechtsanwalt (Fachanwalt für Steuerrecht) und vereidigten Buchprüfer, das diesem ermöglichte, unter Verwendung überhöhter Rechnungen in der Buchhaltung über einen längeren Zeitraum eine Verkürzung von Körperschafts-, Gewerbe-, Umsatz- und Einkommensteuer herbeizuführen, ist grundsätzlich geeignet, ein Berufsverbot für die Berufe Rechtsanwalt und vereidigter Buchprüfer auszulösen (vgl. BGH 20.2.2001, wistra 2001, 220).

Der Täter muss den Beruf oder das Gewerbe bei Begehung der Tat tatsächlich ausgeübt **607**
haben. Es genügt insoweit nicht, dass er im Rahmen einer vorgetäuschten Berufs- oder Geschäftstätigkeit handelt (BGH 22.6.2000, wistra 2001, 59).

einstweilen frei **608–610**

3. Steuerrechtliche Nebenfolgen

a) Haftung für hinterzogene Steuerbeträge

Schrifttum: *Felix,* Die steuerliche Haftung des Steuerhinterziehers und Steuerhehlers, FR 1958, 458; *Giemulla,* Die Haftung des Steuerberaters bei unzulässiger Steuervermeidung, DStZ 1982, 20; *Gast-deHaan,* Steuerverfehlungen als Grundlage von steuerlichen und anderen Verwaltungseingriffen, DStJG 6, 187; *Mösbauer,* Die Haftung im Steuerrecht bei Steuerhinterziehung und Steuerhehlerei, NWB F 13, 678 (1985); *Pump,* Psychische Beihilfe des Auftragnehmers oder Subunternehmers als Grundlage der Haftung gem. § 71 AO, StBp 1986, 282; *Joecks,* Haftung des Steuerhinterziehers, wistra 1987, 248; *Bilsdorfer,* Folgen einer steuerlichen Verfehlung, NWB F 13, 741 (1989); *Lausen,* Die Haftung des Vertretenen gem. § 70 AO, wistra 1989, 338; *Spriegel/Jokisch,* Die steuerrechtliche Haftung des GmbH-Geschäftsführers und der Grundsatz der anteiligen Tilgung, DStR 1990, 433; *Buß,* Die Haftung des Steuerhinterziehers nach § 71 AO, Diss. Kiel 1991; *Schmidt/Troschke,* Anteilige Haftung bei Steuerhinterziehung, StB 1994, 9; *Gosch,* Steuerhinterziehungs-Übernahme von Feststellungen des Strafurteils, Haftung, verdeckte Gewinnausschüttung, StBp 1995, 92; *Ludwig,* Die Haftung bei Steuerhinterziehung, PStR 1998, 216; *Gast-deHaan,* Ausgewählte Probleme der Haftung und straf-(bußgeld-)rechtlichen Verantwortlichkeit in Fällen unrichtiger Spendenbestätigungen, Festschrift 50 Jahre Fachanwalt für Steuerrecht, 1999, S. 619; *Gehm,* Haftung des Steuerhinterziehers und des Steuerhehlers nach § 71 AO, BuW 2000, 361; *Rödel,* Geschäftsführerhaftung für Sozialversicherungsbeiträge trotz Nichtzahlung der Löhne, INF 2000, 722; *Dißars,* Verfahrensrechtliche Folgen einer Steuerstraftat oder Steuerordnungswidrigkeit, StB 2001, 169; *Pelz,* Die Haftung von Banken für von Kunden hinterzogene Steuern, WM 2003, 1661; *Ehrig,* Haftung des GmbH-Geschäftsführers für Umsatzsteuerrückstände, GmbHR 2003, 1174; *Müller,* In dubio pro reo im Steuerrecht und Steuerstrafrecht, AO-StB 2004, 156; *Schuhmann,* Die Umsatzsteuerhaftung des GmbH-Geschäftsführers, GmbHR 2006, 529; *Stahl,* Steuerliche Folgen aus Steuerstraftaten und Steuerordnungswidrigkeiten, KÖSDI 2006, 15 021; *Pflaum,* Zu den Voraussetzungen der Haftung des Steuerhinterziehers, § 71 AO, wistra 2010, 368; *Jope,* Haftung des Täters und des Gehilfen einer Steuerhinterziehung nach § 71 AO, Stbg 2010, 299.

§ 69 AO Haftung der Vertreter

[1] Die in den §§ 34 und 35 bezeichneten Personen haften, soweit Ansprüche aus dem Steuerschuldverhältnis (§ 37) infolge vorsätzlicher oder grob fahrlässiger Verletzung der ihnen auferlegten Pflichten nicht oder nicht rechtzeitig festgesetzt oder erfüllt oder soweit infolgedessen Steuervergütungen oder Steuererstattungen ohne rechtlichen Grund gezahlt werden. [2] Die Haftung umfasst auch die infolge der Pflichtverletzung zu zahlenden Säumniszuschläge.

§ 70 AO Haftung des Vertretenen

(1) Wenn die in den §§ 34 und 35 bezeichneten Personen bei Ausübung ihrer Obliegenheiten eine Steuerhinterziehung oder eine leichtfertige Steuerverkürzung begehen oder an einer Steuerhinterziehung teilnehmen und hierdurch Steuerschuldner oder Haftende werden, so haften die Vertretenen, soweit sie nicht Steuerschuldner sind, für die durch die Tat verkürzten Steuern und die zu Unrecht gewährten Steuervorteile.

(2) [1] Absatz 1 ist nicht anzuwenden bei Taten gesetzlicher Vertreter natürlicher Personen, wenn diese aus der Tat des Vertreters keinen Vermögensvorteil erlangt haben. [2] Das Gleiche gilt, wenn die Vertretenen denjenigen, der die Steuerhinterziehung oder die leichtfertige Steuerverkürzung begangen hat, sorgfältig ausgewählt und beaufsichtigt haben.

§ 71 AO Haftung des Steuerhinterziehers und des Steuerhehlers

Wer eine Steuerhinterziehung oder eine Steuerhehlerei begeht oder an einer solchen Tat teilnimmt, haftet für die verkürzten Steuern und die zu Unrecht gewährten Steuervorteile sowie für die Zinsen nach § 235.

§ 72 AO Haftung bei Verletzung der Pflicht zur Kontenwahrheit

Wer vorsätzlich oder grob fahrlässig der Vorschrift des § 154 Abs. 3 zuwiderhandelt, haftet, soweit dadurch die Verwirklichung von Ansprüchen aus dem Steuerschuldverhältnis beeinträchtigt wird.

611 Für den **Täter einer Steuerhinterziehung oder -hehlerei** begründet § 71 AO eine steuerrechtliche Haftung für die hinterzogenen Steuerbeträge und die Hinterziehungszinsen, um Fällen gerecht zu werden, in denen der Täter zum Vorteil eines anderen gehandelt hat oder sich nicht feststellen lässt, welcher von mehreren Tatbeteiligten als Steuerschuldner in Betracht. kommt. Die Haftung bedeutet keine zusätzliche Strafsanktion, sondern soll den durch die Hinterziehungshandlung verursachten Vermögensschaden des Fiskus ausgleichen (BFH 11.2.2002, BFH/NV 2002, 891). § 71 AO normiert eine Haftung für Fälle der Steuerhinterziehung oder -hehlerei. Die Vorschrift greift somit grundsätzlich nicht ein für Subventionsbetrug (ebenso FG Nürnberg 13.10.1995, EFG 1996, 626; TK-*Kruse/Loose* 5 zu § 71 AO; aA BFH 27.4.1999, BStBl. 670; Klein/*Rüsken* AO § 71 Rn. 4). Anderes gilt nach bisherig verbreiteter Ansicht (BFH 27.4.1999, BStBl. II 670; TK-*Loose 5* zu § 71 AO; Klein/*Rüsken* AO § 71 Rn. 4; FT-*Webel* 11 zu § 71 AO) für die zu Unrecht gewährte Investitionszulage im Wesentl. aufgrund der Verweisung des InvZulG auf die Steuervergütungsvorschriften der AO (§ 14 1 InvZulG (2010) = § 7 I 1 InvZulG (1993) = § 5 V 1 InvZulG (1982). Der BFH deutet mit Beitrittsaufforderung an das BMF 5.7.2012, BFH/NV 2012, 1761, die Abkehr von dieser Rechtsprechung an, insbes. da es sich bei der Investitionszulage um keine Steuer iS des § 3 I AO handelt und das „Erschleichen" der Zulage strafrechtlich als Subventionsbetrug (§§ 263f StGB) und nicht als Steuerhinterziehung geahndet wird. Die Haftung kann vor allem Angestellte treffen, die für den Stpfl. tätig sind, wie zB Geschäftsführer, Prokuristen usw., aber auch den Steuerberater (dazu ausf. *Giemulla* DStZ 1982, 20). Nach der Rechtsprechung bestehen keine Bedenken dagegen, dass das FA den Haftungsbescheid in der Einspruchsentscheidung statt der ursprünglich angenommenen Geschäftsführerhaftung (§§ 34, 69 AO) auf Hinterzieherhaftung gem. § 71 AO stützt (BFH 8.11.1994, BFH/NV 1995, 657). Als Haftenden bestimmt § 71 AO nicht nur den Täter einer Steuerhinterziehung oder -hehlerei, sondern auch den *Teilnehmer.* Die Haftung eines Gehilfen setzt auch die Feststellung voraus, dass dessen Beihilfehandlung für den eingetretenen Erfolg einer Steuerverkürzung mindestens mitursächlich gewesen ist (BFH 26.8.1992, BStBl. II 1993, 8). Wer Barverkaufsrechnungen ohne Empfängerbezeichnung ausstellt, haftet gem. § 71 AO für den aufgrund der Steuerhinterziehung des Kunden entstandenen Schaden (FG Münster 11.12.2001, EFG 2002, 655). Eine Mitwirkung an der Erstellung von Scheinrechnungen, auf denen die unberechtigte Inanspruchnahme von Vorsteuerbeträgen beruht, kann für die Folgen kausal sein (BFH 11.2.2002, BFH/NV 2002, 891). Die bloße Mitunterzeichnung gemeinsamer Steuererklärungen von Ehegatten löst keine Haftungsfolgen aus (BFH 16.4.2002, BFHE 198, 66; BFH 19.2.2008, BFH/NV 2008, 1158; vgl. auch Rn. 522). Zum Nachweis des (mindestens bedingten) Vorsatzes gehört zwingend die Anhörung vor Erlass eines Haftungsbescheides. Durch Unterlassen eines Hinweises nach § 201 II AO kann sich die FinB die Möglichkeit der erforderlichen zeitnahen Sachverhaltsaufklärung „verbauen" (FG BadWürtt 13.6.1996, EFG 1996, 1134). Das Fehlen eines die Strafbarkeit begründenden persönlichen Merkmals schließt die Haftung des Teilnehmers nicht aus (BFH 27.5.1986, BFH/NV 1987, 10). Die Heranziehung eines Teilnehmers, vorliegend eines Bankmitarbeiters, nach § 71 AO scheidet aus, wenn der mutmaßliche Haupttäter nicht ermittelt werden kann und folglich nicht festgestellt werden kann, ob eine Haupttat überhaupt begangen wurde bzw. welche Steuer konkret hinterzogen worden ist (glA FT-*Webel* 12 zu § 71 AO; *Sahan/Ruhmannseder* IStR 2009, 715; vgl. BFH 16.7.2009, BFHE

226, 30). Wer Steuerschuldner ist, ist nicht zugleich Haftender (BFH 12.5.1970, BStBl. II 606). Das gilt jedoch nicht bei einer Mehrheit von Abgabeschuldnern, zB im Falle des § 57 ZollG (BFH 26.6.1990, BFHE 161, 225; HessFG 24.10.1981, EFG 1982, 272). Die Haftung greift auch dann ein, wenn der Täter oder Teilnehmer selbst keinen steuerlichen Vorteil aus der Tat erlangt hat (glA *Bilsdorfer* NWB F 13, 741). Wahlfeststellung zwischen Täterschaft und einer anderen Teilnahmeform sowie zwischen den verschiedenen Teilnahmeformen ist zulässig (TK-*Kruse/Loose* 6 zu § 71 AO). Eine strafgerichtliche Verurteilung setzt § 71 AO nicht voraus. Vielmehr müssen die Finanzbehörden und -gerichte die objektiven und subjektiven Tatbestandsmerkmale des § 370 AO oder des § 374 AO selbstständig feststellen, und zwar nicht nach strafprozessualen Regelungen, sondern nach den Vorschriften der AO unter Beachtung des Grundsatzes in dubio pro reo (BFHGrS 5.3.1979, BStBl. II 570; BFH 20.6.2007, BFH/NV 2007, 2057; *Müller* AO-StB 2008, 196; aA TK-*Loose* 9 f. zu § 71 AO). Die Finanzbehörde ist an die Rechtsauffassung und die tatsächlichen Feststellungen des Strafgerichts nicht gebunden (BFH 10.10.1972, BStBl. II 1973, 68; FG Sachsen-Anhalt 6.8.2007, EFG 2007, 1830). Im Aussetzungsverfahren werden ernstliche Zweifel an der Rechtmäßigkeit eines angefochtenen Verwaltungsakts (§ 361 AO, § 69 FGO) nicht schon durch hinreichenden Tatverdacht iS des § 203 StPO ausgeschlossen (BFHGrS 5.3.1979, BStBl. II 570). Das FG kann sich strafgerichtliche Feststellungen zu eigen machen (BFH 8.11.1994, BFH/NV 1995, 657). Einwendungen gegen deren Verwendung müssen substantiiert vorgetragen werden (BFH 10.1.1978, BStBl. II 311 u. BFH 21.6.1988, BStBl. II 841). Feststellungen der Steuerfahndung oder der Bußgeld- und Strafsachenstelle, auf denen zB ein Strafbefehl beruht, sind selbst dann keine strafgerichtlichen Feststellungen, wenn der Strafbefehl (ohne Rechtsmittel oder nach Rücknahme des Einspruchs) rechtskräftig wird. Um divergierende Entscheidungen zu vermeiden, kann die Aussetzung nach § 363 AO oder § 74 FGO zweckmäßig sein (vgl. Rn. 12 zu § 396 AO). Bei Einstellungen nach § 153a StPO ist das FG wegen der Unschuldsvermutung daran gehindert, allein aus der Zustimmung des Beschuldigten auf den Nachweis der Steuerstraftat zu schließen (BFH 20.12.2000, BFH/NV 2001, 639). Gleiches gilt für die Einstellung gemäß § 153 II StPO nach Erhebung der Anklage; diese sieht zwar keine Auflage/Weisung wie § 153a StPO zur Beseitigung des an sich bestehenden öffentlichen Interesses an der Strafverfogung vor, setzt jedoch ebenfalls die Zustimmung des Beschuldigten zur Einstellung des Verfahrens in diesem Stadium voraus.

Die Einstellung des Verfahrens aufgrund § 398a AO (Absehen von Verfolgung) löst zwangsläufig keine Haftung für den 10%igen bzw. einen höheren Zuschlag nach § 71 AO aus, hiergegen spricht bereits der Wortlaut, der die Haftung auf Steuern, Steuervorteile und Zinsen beschränkt und eine Zahlung nach § 398a Nr. 2 AO – selbst wenn ihre Rechtsnatur umstritten ist (Kohlmann/*Schauf* 9 zu § 398a mwN) – dem nicht unterfällt. Die Nichtbegleichung einer (festgesetzten) Zahlung nach § 398a AO hat lediglich die Unwirksamkeit der Selbstanzeige zur Folge, es entsteht keine „unbeglichene Schuld“, welche Voraussetzung für die Haftung nach § 71 AO ist.

Der **Umfang der Haftung** des Steuerhinterziehers ist beschränkt auf die Quote der 612
sonstigen Gläubigerbefriedigung (BFH 26.8.1992, BStBl. II 1993, 8; BFH 11.2.2002, BFH/NV 2002, 891). Haftungsvorschriften erschließen keine zusätzlichen Einnahmequellen (*Gast-deHaan* wistra, 1988, 298). Der Charakter des § 71 AO als Schadenersatznorm (BFH 8.11.1988, BStBl. II 1989, 118) verbietet es, den Täter/Teilnehmer für Beträge heranzuziehen, die dem Steuergläubiger auch bei steuerehrlichem Verhalten nicht zugeflossen wären (BFH 13.7.1994, HFR 1995, 189; *Joecks* wistra 1987, 248). Die Vorschrift soll auch nicht etwa neben der Verpflichtung zum Schadensersatz und zusätzlich zu den Strafnormen der §§ 370 ff. AO eine weitere Sanktion begründen (BFH 26.2.1991, BFH/NV 1991, 504). Die Haftungsschuld wegen Lohnsteuerhinterziehung ist – falls keine Nettolohnvereinbarung getroffen worden ist – nach dem Bruttosteuersatz zu berechnen (BFH 29.10.1993, BStBl. II 1994, 197 betr. Arbeitgeberhaftung, NdsFG 7.12.1994, EFG 1995, 698 betr. Geschäftsführerhaftung).

613 Die **Festsetzungsfrist für Haftungsbescheide** beträgt zehn Jahre (§ 191 III 2 AO). Das gilt auch bei der Haftung für Hinterziehungszinsen (FG Nürnberg 20.7.1999, EFG 1999, 1209; TK-*Loose* 19 zu § 71 AO). Die Frist beginnt mit Ablauf des Kalenderjahres, in dem der Tatbestand verwirklicht worden ist, an den das Gesetz die Haftungsfolge knüpft (§ 191 III 3 AO). Bei der Ausstellung einer unrichtigen Spendenbescheinigung (Rn. 18 zu § 379) beginnt also die Frist für die Geltendmachung einer Haftung nach § 10b IV EStG bereits mit Ausstellung der Bescheinigung, nicht erst mit der Vorlage dieser Bescheinigung im Rahmen der Steuererklärung des Spenders (vgl. *Gast-deHaan,* Festschrift 50 Jahre Fachanwalt für Steuerrecht S. 619).

614 **Vertretene** haften gem. § 70 AO, wenn ihre Vertreter (§ 34 AO) oder Verfügungsberechtigten (§ 35 AO) bei Ausübung ihrer Obliegenheiten eine Steuerhinterziehung oder eine leichtfertige Steuerverkürzung begehen oder an einer Steuerhinterziehung teilnehmen und hierdurch Steuerschuldner oder –haftende werden. Versuchte Steuerhinterziehung und Steuerhehlerei lösen keine Haftung aus. Der Vorschrift des § 70 AO liegt der Gedanke zugrunde, dem Vertretenen das Verhalten des Vertreters zuzurechnen. Ob dieser Grundgedanke eine einschränkende Interpretation des Tatbestandsmerkmales „bei Ausübung ihrer Obliegenheiten" sowie des Begriffes „Verfügungsberechtigter" gebietet (so *Lausen* wistra 1989, 338), erscheint zweifelhaft; eine sinnvolle Haftungsbeschränkung dürfte bereits über § 70 II 1 AO zu erreichen sein.

615–621 *einstweilen frei*

b) Verlängerte Festsetzungsfrist

Schrifttum: *Brandis,* Zinsen bei Hinterziehung von Einkommensteuer-Vorauszahlungen, DStR 1990, 510; *Guth,* Verlängerung der Festsetzungsfrist durch unwirksame Bescheide? DStZ 1990, 538; *Gast-deHaan,* Keine verlängerten Festsetzungsfristen für Kirchenlohnsteuer bei Lohnsteuerhinterziehung, DStZ 1992, 525; *Hummert,* Die Verlängerung der Festsetzungsfrist gemäß § 169 Abs. 2 Satz 2 AO und § 191 Abs. 3 Satz 2 AO für Kirchensteuer bei Steuerhinterziehung DStZ 1993, 112; *Rößler,* Zehnjährige Festsetzungsfrist bei Vorliegen eines Schuldausschließungsgrundes, DStZ 1998, 872; *Bornheim,* Verfassungswidrige Steuern und Verlängerung der Festsetzungsverjährung aufgrund Steuerhinterziehung gem. § 169 Abs. 2 S. 2 AO, Stbg 1998, 549; *ders.,* Hinterziehung von Vermögensteuer – Strafrechtliche Aspekte, Verlängerung der Festsetzungsfrist nach § 169 Abs. 2 S. 2 AO und Festsetzung von Hinterziehungszinsen nach § 235 AO, Stbg 1999, 310; *Resing,* Auswirkungen des Vermögensteuerbeschlusses des BVerfG auf verlängerte Festsetzungsverjährungsfristen und die Festsetzung von Hinterziehungszinsen, DStZ 1999, 922.

§ 169 AO Festsetzungsfrist

(1) [1] Eine Steuerfestsetzung sowie ihre Aufhebung oder Änderung sind nicht mehr zulässig, wenn die Festsetzungsfrist abgelaufen ist. [2] Dies gilt auch für die Berichtigung wegen offenbarer Unrichtigkeit nach § 129. [3] Die Frist ist gewahrt, wenn vor Ablauf der Festsetzungsfrist

1. der Steuerbescheid den Bereich der für die Steuerfestsetzung zuständigen Finanzbehörde verlassen hat oder
2. bei öffentlicher Zustellung die Benachrichtigung nach § 10 Abs. 2 Satz 1 des Verwaltungszustellungsgesetzes bekannt gemacht oder veröffentlicht wird.

(2) [1] Die Festsetzungsfrist beträgt:

1. ein Jahr
   für Verbrauchsteuern und Verbrauchsteuervergütungen,
2. vier Jahre
   für Steuern und Steuervergütungen, die keine Steuern oder Steuervergütungen im Sinne der Nummer 1 oder Einfuhr- und Ausfuhrabgaben *im Sinne des Artikels 4 Nr. 10 und 11 des Zollkodexes* [***ab 1.5.2016:*** nach Artikel 5 Nummer 20 und 21 des Zollkodex der Union] sind.

[2] Die Festsetzungsfrist beträgt zehn Jahre, soweit eine Steuer hinterzogen, und fünf Jahre, soweit sie leichtfertig verkürzt worden ist. [3] Dies gilt auch dann, wenn die Steuerhinterziehung oder leichtfertige Steuerverkürzung nicht durch den Steuerschuldner oder eine Person begangen worden ist, deren er sich zur Erfüllung seiner steuerlichen Pflichten bedient, es sei denn, der Steuerschuldner weist nach, dass er durch die Tat keinen Vermögensvorteil erlangt hat und dass sie auch nicht darauf beruht, dass er die im Verkehr erforderlichen Vorkehrungen zur Verhinderung von Steuerverkürzungen unterlassen hat.

§ 170 AO Beginn der Festsetzungsfrist

(1) Die Festsetzungsfrist beginnt mit Ablauf des Kalenderjahrs, in dem die Steuer entstanden ist oder eine bedingt entstandene Steuer unbedingt geworden ist.

(2) [1] Abweichend von Absatz 1 beginnt die Festsetzungsfrist, wenn

1. eine Steuererklärung oder eine Steueranmeldung einzureichen oder eine Anzeige zu erstatten ist, mit Ablauf des Kalenderjahrs, in dem die Steuererklärung, die Steueranmeldung oder die Anzeige eingereicht wird, spätestens jedoch mit Ablauf des dritten Kalenderjahrs, das auf das Kalenderjahr folgt, in dem die Steuer entstanden ist, es sei denn, dass die Festsetzungsfrist nach Absatz 1 später beginnt,
2. eine Steuer durch Verwendung von Steuerzeichen oder Steuerstemplern zu zahlen ist, mit Ablauf des Kalenderjahrs, in dem für den Steuerfall Steuerzeichen oder Steuerstempler verwendet worden sind, spätestens jedoch mit Ablauf des dritten Kalenderjahrs, das auf das Kalenderjahr folgt, in dem die Steuerzeichen oder Steuerstempler hätten verwendet werden müssen.

[2] Dies gilt nicht für Verbrauchsteuern, ausgenommen die Energiesteuer auf Erdgas und die Stromsteuer.

(3) Wird eine Steuer oder eine Steuervergütung nur auf Antrag festgesetzt, so beginnt die Frist für die Aufhebung oder Änderung dieser Festsetzung oder ihrer Berichtigung nach § 129 nicht vor Ablauf des Kalenderjahrs, in dem der Antrag gestellt wird.

(4) Wird durch Anwendung des Absatzes 2 Nr. 1 auf die Vermögensteuer oder die Grundsteuer der Beginn der Festsetzungsfrist hinausgeschoben, so wird der Beginn der Festsetzungsfrist für die folgenden Kalenderjahre des Hauptveranlagungszeitraums jeweils um die gleiche Zeit hinausgeschoben.

(5) Für die Erbschaftsteuer (Schenkungsteuer) beginnt die Festsetzungsfrist nach den Absätzen 1 oder 2

1. bei einem Erwerb von Todes wegen nicht vor Ablauf des Kalenderjahrs, in dem der Erwerber Kenntnis von dem Erwerb erlangt hat,
2. bei einer Schenkung nicht vor Ablauf des Kalenderjahrs, in dem der Schenker gestorben ist oder die Finanzbehörde von der vollzogenen Schenkung Kenntnis erlangt hat,
3. bei einer Zweckzuwendung unter Lebenden nicht vor Ablauf des Kalenderjahrs, in dem die Verpflichtung erfüllt worden ist.

(6) Für die Steuer, die auf Kapitalerträge entfällt, die

1. aus Staaten oder Territorien stammen, die nicht Mitglieder der Europäischen Union oder der Europäischen Freihandelsassoziation sind, und
2. nicht nach Verträgen im Sinne des § 2 Absatz 1 oder hierauf beruhenden Vereinbarungen automatisch mitgeteilt werden,

beginnt die Festsetzungsfrist frühestens mit Ablauf des Kalenderjahres, in dem diese Kapitalerträge der Finanzbehörde durch Erklärung des Steuerpflichtigen oder in sonstiger Weise bekannt geworden sind, spätestens jedoch zehn Jahre nach Ablauf des Kalenderjahres, in dem die Steuer entstanden ist.

Die ab dem 1.1.2015 neu eingefügte Anlaufhemmung für verschwiegene Kapitaleinkünfte kann im Ergebnis dazu führen, dass Steueransprüche erst in 20 Jahren verjähren (10 + 10). Betroffen davon sind Länder, die nicht Mitglieder der Europäischen Union oder Europäischen Freihandelszone sind und sich nicht dem automatischen Informationsaustausch angeschlossen haben. Anwendung findet die Vorschrift für alle nach dem 31.12.2014 beginnenden Festsetzungsfristen, Art. 97 § 10 Abs. 13 EGAO. Im Rahmen des Gesetzgebungsverfahrens ist im Finanzausschuss darauf hingewiesen worden, dass alle Erträge im Sinne von § 43 EStG darunter fallen sollen, und zwar unabhängig von der Zuordnung zu einer Einkunftsart (BT-Drs. 18/9439). Daher sind neben klassischen Kapitaleinkünften auch Dividenden oder Veräußerungsgewinne erfasst. Fraglich ist allerdings, ob die Vorschrift verfassungsgemäß ist. Das Besteuerungsrecht derart auszudehnen, steht nicht im Einklang mit dem Übermaßverbot, zudem ist fraglich, ob nicht eine Verletzung des Gleichheitsgebotes vorliegt.

§ 171 AO Ablaufhemmung

(1)–(4) …

(5) [1] Beginnen die Zollfahndungsämter oder die mit der Steuerfahndung betrauten Dienststellen der Landesfinanzbehörden vor Ablauf der Festsetzungsfrist beim Steuerpflichtigen mit Ermittlungen der

Besteuerungsgrundlagen, so läuft die Festsetzungsfrist insoweit nicht ab, bevor die auf Grund der Ermittlungen zu erlassenden Steuerbescheide unanfechtbar geworden sind; Absatz 4 Satz 2 gilt sinngemäß. [2]Das Gleiche gilt, wenn dem Steuerpflichtigen vor Ablauf der Festsetzungsfrist die Einleitung des Steuerstrafverfahrens oder des Bußgeldverfahrens wegen einer Steuerordnungswidrigkeit bekannt gegeben worden ist; § 169 Abs. 1 Satz 3 gilt sinngemäß.

(6) …

(7) In den Fällen des § 169 Abs. 2 Satz 2 endet die Festsetzungsfrist nicht, bevor die Verfolgung der Steuerstraftat oder der Steuerordnungswidrigkeit verjährt ist.

(8) …

(9) Erstattet der Steuerpflichtige vor Ablauf der Festsetzungsfrist eine Anzeige nach den §§ 153, 371 und 378 Abs. 3, so endet die Festsetzungsfrist nicht vor Ablauf eines Jahres nach Eingang der Anzeige.

(10) – (15) …

§ 173 AO Aufhebung oder Änderung von Steuerbescheiden wegen neuer Tatsachen oder Beweismittel

(1) …

(2) [1]Abweichend von Absatz 1 können Steuerbescheide, soweit sie auf Grund einer Außenprüfung ergangen sind, nur aufgehoben oder geändert werden, wenn eine Steuerhinterziehung oder eine leichtfertige Steuerverkürzung vorliegt. [2]Dies gilt auch in den Fällen, in denen eine Mitteilung nach § 202 Abs. 1 Satz 3 ergangen ist.

622 Die Verlängerung der Festsetzungsfrist für hinterzogene Steuerbeträge auf 10 Jahre (bzw. 5 Jahre bei Leichtfertigkeit) berücksichtigt, dass die Steuerhinterziehung oft erst lange Zeit nach der Entstehung der Steuer, dem Ablauf einer Anmeldungs- oder Erklärungsfrist oder der Abgabe einer unrichtigen Erklärung entdeckt wird. Solche Fälle sind schwer aufzuklären, und die FinB sind oft nicht in der Lage, die entsprechenden Steueransprüche innerhalb der normalen Festsetzungsfrist geltend zu machen. Deshalb hat der Gesetzgeber hierfür die Frist grundsätzlich auf 10 bzw. 5 Jahre verlängert (BFH 31.1.1989, BStBl. II 442). Bei Vorliegen eines Schuldausschließungsgrundes greift die verlängerte Festsetzungsfrist nicht ein, denn § 169 II 2 AO berücksichtigt nicht nur die Schwierigkeiten einer Tatentdeckung, sondern auch den unterschiedlichen Unrechtsgehalt vorsätzlicher und leichtfertiger Verkürzungen (BFH 2.4.1998, BStBl. II 530; im Ergebnis zustimmend *Rößler,* DStZ 1998, 811). Dass die verlängerten Festsetzungsfristen im Hinblick auf die Rechtsprechung des BVerfG zur Verfassungswidrigkeit der VSt (BVerfG 22.6.1995, BVerfGE 93, 121) auch bei der Festsetzung von VSt für die Stichtage vor dem 1.1.1997 gelten, ist inzwischen geklärt (bejahend BFH 24.5.2000, HFR 2000, 630 – BVerfG 1 BvR 1242/00; FG Münster 23.8.1999, EFG 2000, 297; FG BadWürtt. 3.1.2000 – BFH II B 13/0 –, EFG 2000, 297 zweifelnd NdsFG 8.6.2000, DStRE 2000, 940 – BFH II B 84/00 ; aA *Niebler* Stbg 2001, 117). Ist die hinterzogene oder verkürzte Steuer festgesetzt, ist kein Grund für eine Verlängerung der Zahlungsfrist ersichtlich. Diese beträgt auch für hinterzogene und verkürzte Steuern fünf Jahre (§ 228 S. 2 AO). Die verlängerte Festsetzungsfrist gilt für alle Steuern (§ 3 AO). Auf die Rückforderung zu Unrecht gewährter Investitionszulagen soll die verlängerte Festsetzungsfrist ebenfalls anwendbar sein (BFH 27.4.1999, BStBl. II 670; krit. Rn. 611). Ansprüche auf vorsätzlich vorenthaltene Sozialversicherungsbeiträge verjähren in 30 Jahren nach Ablauf des Kalenderjahres, in dem sie fällig geworden sind (§ 25 I 2 SGB IV). Bedingter Vorsatz genügt, jedoch reichen Zweifel an der Versicherungsfreiheit nicht aus (BSG 13.8.1996, SozR 3–2400 § 25 SGB IV Nr. 6). Die Nacherhebung von Zöllen ist in Art. 221 ZK geregelt. Die regelmäßige 3-Jahresfrist ersetzt die Festsetzungsfrist nach §§ 169 ff. AO. Bei vorsätzlicher Zollhinterziehung greift jedoch die nationale Regelung, also die 10-Jahresfrist, ein (Art. 221 III 2 ZK). Leichtfertige Verkürzung verlängert diese Festsetzungsfrist nicht (TK-*Kruse* 11 vor § 169). Die verlängerte Festsetzungsfrist gilt gem. § 169 II 3 AO grundsätzlich auch dann, wenn die Steuerhinterziehung nicht durch den StSchuldner selbst begangen worden ist (BFH 31.1.1989 BStBl. II 442; Hess.FG 12.9.2001, wistra 2002, 115). Steuerhinterziehung kann auch in *mittelbarer Täterschaft* begangen werden (dazu BFH 13.12.1989, BStBl. II 1990, 340). Steuerhehlerei (§ 374 AO) verlängert die Festsetzungsfrist nicht (TK-*Kruse* 16 zu § 169 AO mwN). Die verlängerte Frist greift nur ein, „soweit" Steuern hinterzogen sind (BFH v. 19.11.1959, BStBl. III 1960, 30). Ggf. muss die Steuer also in hinterzogene (verkürzte) und nicht hinterzogene (verkürzte) Beiträge aufgeteilt werden (FG Nürnberg 12.7.1984, EFG 1984, 592; SaarlFG 11.12.1985, EFG 1986, 158), mit der Folge, dass hinsichtlich derselben Steuerart desselben Veranlagungszeitraums unterschiedliche Verjährungsfristen bestehen. Verfahrensrechtlich gelten dieselben Grundsätze wie für § 71 AO (Rn. 611). § 169 II 2 AO findet keine Anwendung, wenn der Täter zwar in der ESt-Erklärung Kapitaleinkünfte verschwiegen hat, bei der Gutschrift der Kapitalerträge aber soviel Abzugsteuer einbehalten worden ist, dass dies die Mehrsteuer abdeckt (BFH 26.2.2008, DStR 2008, 1281 gegen FG München 10.11.2005, wistra 2006, 470; BFH 23.4.2009, BFH/NV 2009, 1397; s. auch *Rolletschke* wistra 2006, 471, 472). Vermögensvorteil iS des § 169 II 3 AO ist nicht nur der spezifische Steuervorteil (§ 370 AO), sondern jede Verbesserung der Vermögenslage, die ohne die Tat nicht eingetreten wäre (BFH 31.1.1989, BStBl. II 442).

Die Vorschriften des § 171 V, VII und IX AO sollen verhindern, dass die Fest- 623
setzungsfrist ablaufen kann, bevor das Strafverfahren abgeschlossen oder eine Selbstanzeige ausgewertet ist. Wird der Umfang einer Fahndungsprüfung nachträglich auf zusätzliche Veranlagungszeiträume erweitert, so wird der Ablauf der Festsetzungsfrist für diese Veranlagungszeiträume nur gehemmt, wenn der Steuerpflichtige die Erweiterung bis zum Ablauf der Frist erkennen konnte (BFH 24.4.2002, BStBl. II 586). Die Ablaufhemmung gem. § 171 AO endet mit dem *Tod des Steuerhinterziehers* (BFH 2.12.1977, BStBl. II 1978, 359). § 171 IX AO ist lex specialis zu § 171 V AO, so dass aufgrund der Selbstanzeige eingeleitete Ermittlungen oder Verfahren keine Hemmung der Festsetzungsfrist über § 171 IX AO hinaus zur Folge haben. Andernfalls liefe die Vorschrift des § 171 IX AO im Regelfall leer.

einstweilen frei 624, 625

c) Hinterziehungszinsen

Schrifttum: *Gast-deHaan,* Berechnung von Hinterziehungszinsen, wistra 1988, 298; *Scheurmann-Kettner,* Werbungskostenabzug von Hinterziehungszinsen, BB 1989, 531; *Krabbe,* Verzinsung hinterzogener Steuern. NWB F2, 5252 (1989); *Teske,* Die Bedeutung der Unschuldsvermutung bei Einstellungen gem. §§ 153, 153a StPO im Steuerstrafverfahren, wistra 1989, 131; *Bublitz,* Neue Aspekte bei Hinterziehungszinsen, DStR 1990, 438; *Brandis,* Zinsen bei Hinterziehung von Einkommensteuer-Vorauszahlungen, DStR 1990, 510; *Gast-deHaan,* Verfassungswidrigkeit des Abzugsverbots für Hinterziehungszinsen gem. § 4 Abs. 5 Nr. 8a EStG nF? StVj 1990, 76; *Hild/Hild,* Keine Inanspruchnahme von GmbH-Geschäftsführern als Schuldner von Hinterziehungszinsen, BB 1991, 2344; *Streck,* Beratungswissen zu Steuerzinsen, DStR 1991, 369; *Fuchsen,* Verfahrensfragen zur Festsetzung von Hinterziehungszinsen auf hinterzogene Gewerbesteuer, DStR 1992, 1307; *Diebold,* Zinsen und Sämmniszuschläge bei Haftungsschulden, BB 1992, 470; *Klos,* Probleme mit Hinterziehungszinsen, StB 1995, 374; *Müller,* Die Auswirkungen der Steuerstraftat im Besteuerungsverfahren, DStZ 1998, 449; *Vernekohl,* Erhebung von Hinterziehungszinsen gegen Erben, PStR 1998, 40; *Dahlmann,* Festsetzungsverjährung bei Hinterziehungszinsen nach Einstellung des Steuerstrafverfahrens wegen Stratverfolgungsverjährung, DStR 1998, 1246; *Bornheim,* Hinterziehung von Vermögensteuer – Strafrechtliche Aspekte, Verlängerung der Festsetzungsfrist nach § 169 Abs. 2 S. 2 AO und Festsetzung von Hinterziehungszinsen nach § 235 A0. Stbg 1999, 310; *Bilsdorfer,* Die Entwicklung des Steuerstraf- und Steuerordnungswidrigkeitenrechts, NJW 1999, 1675; *Gast-deHaan,* Erlass von Hinterziehungszinsen aus sachlichen Billigkeitsgründen in den sog. Bankenfällen? DB 1999, 2441; *Vogelberg,* Bedingter Hinterziehungsvorsatz eines verstorbenen Steuerpflichtigen, PStR 2000, 63; *Krieger,* Verjährung von Hinterziehungszinsen, DStR 2002, 750; *Müller,* Die Hinterziehungszinsen, AO-StB 2003, 28.

Die **Verpflichtung zur Zahlung von Zinsen auf hinterzogene Steuerbeträge** gem. 626
§§ 235, 238 AO hat zur Folge, dass der aus einer vorsätzlichen Steuerverkürzung gezogene Zinsgewinn bereits steuerrechtlich abgeschöpft wird, sofern nicht der individuelle Zinsgewinn des StSchuldners oder die von ihm durch die Tat ersparten Kreditzinsen über den gesetzlichen Zinssatz von 6 vH/Jahr hinausgegangen sind. Die Erhebung von Hinterziehungszinsen hat keinen Strafcharakter; sie berührt nicht Art. 6 und Art. 7 I EMRK (EGMR 16.3.2006 – 77792/01; BFH 1.8.2001, BFH/NV 2002, 155). Die Vorschrift des § 235 AO bezweckt vielmehr, beim Nutznießer einer Steuerhinterziehung dessen Zins-

vorteil abzuschöpfen (BFH 27.8.1991, BStBl. II 1992, 9). Die Frage, ob die Entscheidungen des BVerfG über die Verfassungswidrigkeit der Vermögensteuer (BVerfG 22.6.1995, BVerfGE 93, 121) der Festsetzung von Hinterziehungszinsen entgegenstehen, hat die Rechtsprechung inzwischen negativ beantwortet (vgl. Rn. 622). Hinterziehungszinsen fallen nicht an, soweit Steuern, die Gegenstand einer Hinterziehung bilden, trotz der Straftat rechtzeitig entrichtet worden sind, zB in Form von KapSt auf nicht erklärte Einkünfte aus Kapitalvermögen (FG München 29.11.1983, EFG 1984, 267). Bannbruch (§ 372 AO), Steuerhehlerei (§ 374 AO), leichtfertige Steuerverkürzung (§ 378 AO) sowie Steuergefährdung (§ 379 AO) lösen keine Zinspflicht aus (*Müller* AO-StB 2003, S. 29). Es muss eine *vollendete* Steuerhinterziehung vorliegen; Versuch genügt nicht (BFH 12.11.1975, BStBl. II 1976, 260; BFH 27.8.1991, BStBl. II 1992, 9), ebensowenig Anstiftung oder Beihilfe (glA TK-*Loose* 4 zu § 235 AO; FT-*Webel* 9 zu § 235 AO; *Beermann/Gosch-Kögel* 12 zu § 235 AO; aA bezogen auf die Beihilfe zur Hinterziehung von Grunderwerbssteuer BFH 6.11.1974, BStBl. II 1975, 129). Voraussetzung der Verzinsung ist, dass der Tatbestand der Steuerhinterziehung in objektiver und subjektiver Hinsicht erfüllt ist (BFH 13.12.1989, BStBl. II 1990, 340; FG Bremen 3.11.1998, DStRE 1999, 349). Bedingter Vorsatz reicht aus (BFH 19.3.1998, BStBl. II 466). Sind die Steuern im Festsetzungsverfahren geschätzt worden, können sie bei der Anforderung von Hinterziehungszinsen nicht ohne weiteres als verkürzt angesehen werden. Auch hier gilt der Grundsatz *in dubio pro reo* (BFH 14.8.1991, BStBl. II 1992, 128; FG München 8.10.2009, DStRE 2011, 518). Rechtfertigungs- und Schuldausschließungsgründe schließen die Festsetzung von Hinterziehungszinsen aus (BFH 27.8.1991, BStBl. II 1992, 9), nicht hingegen Strafausschließungs- und Strafaufhebungsgründe (FG Düsseldorf 24.5.1989, EFG 1989, 491; FG Bremen 3.11.1998, DStRE 1999, 350), wie zB die Selbstanzeige (BFH 29.4.2008, BFHE 222, 1). Eine Verurteilung ist nicht erforderlich (BFH 7.11.1973, BStBl. II 1974, 125). Über das Vorliegen der Steuerhinterziehung entscheiden FinB und FG selbstständig (dazu krit. *Gast-deHaan* DStJG 6, 187). Das FG kann sich aber die tatsächlichen Feststellungen, Beweiswürdigungen und die rechtliche Beurteilung des Strafverfahrens jedenfalls dann zu eigen machen, wenn keine substantiierten Einwendungen gegen das Strafurteil erhoben werden (BFH 14.10.1999, DB 2000, 258 mwN). Das FG Berlin bejaht die Bindung an ein verurteilendes Strafurteil, verneint sie aber für den Fall eines Freispruchs (FG Berlin 27.1.1999, EFG 1999, 680 § 71 AO). Eine „automatische" Zinsfestsetzung nach Einstellung des Verfahrens gem. § 153a StPO (so vielfach die Praxis der Finanzverwaltung) ist unzulässig (BFH 20.12.2000, BFH/NV 2001, 639; *Teske* wistra 1989, 131). Die Unschuldsvermutung verlangt den rechtskräftigen Nachweis der Schuld, bevor diese im Rechtsverkehr allgemein vorgehalten werden kann (BVerfG 26.3.1987, StV 325; BVerfG 29.5.1990, NJW 1990, 2741). Eine strafbefreiende Erklärung löst kraft Gesetzes keine Hinterziehungszinsen aus (§ 8 I 1 StrabEG iVm § 3 IV AO). Die Feststellung, ob Steuern iS des § 235 AO hinterzogen worden sind, kann auch noch nach dem Tod des Stpfl erfolgen (FG München 22.2.1988, EFG 1988, 545; BFH 27.8.1991, BStBl. II 1992, 9; *Vernekohl* PStR 1998, 40; aM *Streck/Raine,* StuW 1979, 267). Bei der Feststellung einer Steuerhinterziehung sollte jedoch berücksichtigt werden, dass ein Verstorbener sich nicht wehren kann *(Vogelberg* PStR 2000, 63). Etwaige Zweifel am subjektiven Tatbestand der Steuerhinterziehung seitens des Erblassers gehen zu Lasten der Finanzbehörde (FG Köln 7.6.1990, EFG 1991, 107), zB wenn gesicherte Indizien für die Kenntnis der Zinsdeklarierungspflicht fehlen *(Klos* StB 1995, 374).

627 **Zinsschuldner** ist derjenige, zu dessen Vorteil die Steuern hinterzogen worden sind (§ 235 I 2 AO). Einen Vorteil im Sinne dieser Vorschrift erlangt der Schuldner der hinterzogenen Steuern auch dann, wenn er an der Steuerhinterziehung nicht mitgewirkt hat (BFH 11.5.1982, BStBl. II 689). Gegen einen gutgläubigen Tatmittler, der aufgrund fingierter Rechnungen unberechtigt Vorsteuer in Anspruch genommen hat, können Hinterziehungszinsen festgesetzt werden (BFH 31.7.1996, BStBl. II 354). Maßgebend ist aber nicht irgendein wirtschaftlicher, sondern nur ein steuerlicher Vorteil (BFH 19.4.1989, BStBl. II 596; BFH 27.6.1991, BStBl. II 822). Bei einer Pauschalierung der Lohnsteuer gem. § 40 I 1 Nr. 2 EStG ist der ArbG nicht Schuldner der Hinterziehungszinsen (BFH 5.11.1993, HFR 1994, 338). Der Stpfl schuldet Hinterziehungszinsen auch dann, wenn ein Dritter (zB Steuerberater) die Hinterziehung begangen und die hinterzogenen Beträge veruntreut hat (BFH 27.6.1991, BStBl. II 822). Zinsschuldner kann auch der überlebende Ehegatte sein, wenn er im Rahmen der Zusammenveranlagung niedrigere Steuern zu entrichten hatte, wodurch ihm ein Zinsvorteil entstanden ist (NdsFG 13.4.1994, StB 1995, 113). Der GmbH-Geschäftsführer, der Steuern zum Vorteil der GmbH hinterzieht, ist nicht Schuldner der Hinterziehungszinsen (BFH 18.7.1991, BStBl. II 781); Schuldner ist die GmbH (BFH 12.9.1991, BFH/NV 1992, 363).

Gegenstand der Verzinsung sind die hinterzogenen Steuern (§ 235 I 1 AO). Über die 628
Zinsberechnung bei Steuerverkürzung auf Zeit vgl. Rn. 54. Für die Feststellung der Bemessungsgrundlage sind aber nicht die Grundsätze des § 370 AO maßgebend. Zinsen sind laufzeitabhängiges Entgelt für Kapitalnutzung (BFH 20.5.1987, BStBl. II 1988, 229) und damit von dem Bestehen einer Steuerschuld abhängig. Folglich gilt das Kompensationsverbot des § 370 IV 3 AO hier nicht (FG Köln 25.5.1988, wistra 1988, 316; glA *Beermann/Gosch-Kögel* 21; HHSp-*Heuermann* 20; Klein/*Rüsken* AO § 235 Rn. 19; aA offenbar TK-*Kruse/Loose* 10 zu § 235 AO; nicht eindeutig BFH 12.10.1993, StRK AO 1977 § 235 R. 10). Der Zinsschuldner kann ohne Rücksicht auf strafgerichtliche Verurteilungen im Zinsfestsetzungsverfahren alle Tatsachen geltend machen, die zu einer Verminderung der „hinterzogenen Steuer" im Verkürzungszeitraum führen.

Der **Zinslauf beginnt mit dem Eintritt der Verkürzung** (vgl. Rn. 52) und **endet** 629
mit der Zahlung der hinterzogenen Steuern (§ 235 II u. III AO). Wären die hinterzogenen Beträge ohne die Hinterziehung erst nach der Vollendung fällig geworden (zB bei einer Abschlusszahlung) verschiebt sich der Beginn des Zinslaufs auf den späteren Zeitpunkt (§ 235 II AO). Die Festsetzungsfrist beträgt 1 Jahr (§ 239 I 1 AO); bei Geltendmachung von Hinterziehungszinsen durch Haftungsbescheid jedoch 10 Jahre (FG Nürnberg 20.7.1999, EFG 1999, 1209; Rn. 613). In den Fällen des § 239 I 3 AO beginnt die Festsetzungsfrist bei Mittäterschaft nicht bevor alle eingeleiteten Strafverfahren rechtskräftig abgeschlossen worden sind (BFH 13.7.1994, BFHE 175, 13). Zweifelhaft kann allerdings sein, wie das Tatbestandsmerkmal „rechtskräftiger Abschluss des Strafverfahrens" (§ 239 I 2 Nr. 3 AO) auszulegen ist, wenn der Abschluss nicht durch ein rechtskräftiges Urteil (Strafbefehl) erfolgt. Da eine Einstellungsverfügung nicht vorgesehen, also mehr oder weniger vom Zufall abhängig ist, sollte insoweit (vgl. auch 170 VII AO) auf den Eintritt der Verfolgungsverjährung abgestellt werden (glA *Dahlmann* DStR 1998, 1246). Die Festsetzung von Hinterziehungszinsen liegt nicht im Ermessen der FinB. Betr. das Verfahren der Zinsfestsetzung vgl. Nr. 6 AEAO zu § 235 AO v. 21.12.2010. Die Geltendmachung der Haftung für Hinterziehungszinsen zur Gewerbesteuer setzt nicht voraus, dass vorher ein Grundlagenbescheid („Zinsmessbescheid") erlassen wird (BVerwG 16.9.1997, BVerwGE 105, 223).

Hinterziehungszinsen gehören nicht zu den abzugsfähigen Betriebsausgaben 630
(§ 4 V 1 Nr. 8a EStG, § 10 Nr. 2 KStG). Das Abzugsverbot ist verfassungsrechtlich unbedenklich und rückwirkend anwendbar (BFH 7.12.1994, StRK KStG 1977 § 10 Nr. 2 Rn. 8). Unterbleibt die sofortige Festsetzung der verkürzten Steuer nach Selbstanzeige, so laufen die (nicht abzugsfähigen) Hinterziehungszinsen weiter, bei sofortiger Festsetzung entstünden ab diesem Zeitpunkt abzugsfähige Aussetzungszinsen. Der entsprechende Schaden könnte nach Amtshaftungsgrundsätzen auszugleichen sein (glA *Streck* DStR 1991, 369).

Sind an der Hinterziehung **mehrere Personen beteiligt,** so sind die für die Zinsfest- 631
setzung maßgebenden Besteuerungsgrundlagen einheitlich und gesondert festzustellen (BFH 13.7.1994, BFHE 175, 13; ferner betr. GewSt. OVG NRW 10.2.1995 – 22 B 13/95 nv; *Fuchsen* DStR 1992, 1307 u. DStR 1996, 214; *Schwedhelm/Olgemöller* DStR 1995, 1263 betr. GewSt).

Die **Festsetzungsfrist** beim Zinsschuldner beträgt 1 Jahr (§ 239 I AO). Ein Strafver- 632
fahren hat nur dann Einfluss auf die Festsetzungsfrist, wenn es bis zum Ablauf des Jahres

eingeleitet wird, in derer die hinterzogenen Steuern unanfechtbar festgesetzt wurden (BFH 24.8.2001, BStBl. II 782). Ein nach diesem Zeitpunkt eingeleitetes Strafverfahren führt hinsichtlich der Hinterziehungszinsen zu keiner Ablaufhemmung der Festsetzungsfrist. § 171 V 2 AO ist in diesem Fall nicht entsprechend anwendbar (FG BadWürtt 4.7.2002, EFG 2002, 1273).

633–640 *einstweilen frei*

d) Hinterzogene Steuern bei Einheitsbewertung und in der Bilanz

Schrifttum: *Fichtelmann,* Zur Abzugsfähigkeit hinterzogener Steuern bei der Einheitsbewertung des Betriebsvermögens und bei der Vermögensteuer, BB 1971, 471; *Schneeweiß,* Abzug von hinterzogenen Steuern bei der Vermögensteuer, BB 1971, 471; *Niemann,* Zur stichtagsgerechten Berücksichtigung hinterzogener Steuern bei der Einheitsbewertung und der Vermögensteuerfestsetzung, DB 1993, 1444.

641 Schulden können bei der Ermittlung des Gesamt- oder des Betriebsvermögens abgezogen werden, wenn sie am maßgebenden Stichtag bereits entstanden und noch nicht erlassen sind und eine wirtschaftliche Belastung darstellen (BFH 7.5.1971, BStBl. II 681; BFH 12.12.1975, BStBl. II 1976, 209). Hinterzogene Steuern können nach ständiger Rechtsprechung vor Aufdeckung der Hinterziehung nicht als (Betriebs-)Schulden abgezogen werden. Eine Ausnahme kann gegeben sein, wenn der Stpfl nichts von der Hinterziehung durch einen Dritten zu seinen Gunsten weiß (FG Rheinland-Pfalz 1.10.1999, PStR 2000, 97). Weil der Hinterzieher die Steuerschulden bewusst verheimlicht und auch weiterhin verheimlichen will, rechnet er vor der Aufdeckung der Hinterziehung an den jeweiligen Stichtagen nicht damit, vom FA in Anspruch genommen zu werden. Daher stellen hinterzogene Steuern keine (ernst zu nehmende) wirtschaftliche Belastung dar (RFH 24.6.1937, RStBl. 798; BFH 8.12.1993, BStBl. II 1994, 216 mwN). Das gilt auch dann, wenn bei dem Stpfl wegen Unregelmäßigkeiten schon einmal eine Fahndungsprüfung durchgeführt wurde und damit zu rechnen ist, dass weitere steueraufsichtliche Maßnahmen erforderlich werden, mit denen die Hinterziehungen aufgedeckt werden können (BFH 18.9.1975, BStBl. II 1976, 87). Das Abzugsverbot hat keinen Sanktionscharakter und verstößt somit nicht gegen Art. 103 III GG (BFH 27.1.1999, PStR 1999, 666). Das Abzugsverbot gilt nur für den steuerunehrlichen Steuerschuldner selbst. Es greift nicht ein, wenn ein Angestellter die Tat ohne Wissen des Steuerschuldners begangen hat (FG Münster 27.9.1990, EFG 1991, 235), wohl aber, wenn ein Organ der Gesellschaft (zB der GmbH-Geschäftsführer) gehandelt hat. Steuerhinterziehungen durch einen von mehreren Gesellschaftern einer OHG zugunsten der Gesellschaft muss sich die Gesellschaft zurechnen lassen (BFH 8.12.1993, BStBl. II 1994, 216). Leichtfertig verkürzte Steuern sind abzugsfähig. Die abweichende Beurteilung leichtfertig verkürzter Steuern verstößt nicht gegen das Gleichbehandlungsgebot des Art. 3 GG, weil es sich um andere Sachverhalte handelt. Bei der leichtfertigen Steuerverkürzung will der Steuerpflichtige die Festsetzung zu niedriger Steuern nicht. Die Verpflichtung zur Zahlung leichtfertig verkürzter Steuern bedeutet daher eine wirtschaftliche Belastung zum maßgebenden Zeitpunkt (BFH 27.1.1999, PStR 1999, 666; BFH 13.1.2005, BStBl. II 451). Hinterzogene Lohnsteuer ist vom Arbeitgeber in dem Zeitpunkt zu passivieren, in dem er mit seiner Haftungsinanspruchnahme ernsthaft rechnen muss. Für Hinterziehungszinsen auf Lohnsteuer kann regelmäßig keine Rückstellung gebildet werden (BFH 16.2.1996, BStBl. II 592).

642 *einstweilen frei*

e) Geldstrafen, Geldbußen, Schmiergelder und Strafverfahrenskosten

Schrifttum: *Tanzer,* Die Behandlung von Geldstrafen, Bußen und Nebenfolgen einer Straftat im Ertragsteuerrecht, wistra 1984, 159; *Kuhlmann;* Zur Abzugsfähigkeit von Strafverfahrenskosten, DB 1985, 1613; *Meyer-Arndt,* Steuerliche Behandlung von Zahlungen zur Erfüllung von Auflagen oder Weisungen gem. § 153a StPO, BB 1986, 36; *Streck/Schwedhelm,* Kosten der Strafverteidigung als Steuerberatungskosten im Sinn von § 10 Abs. 1 Nr. 6 EStG, FR 1987, 461; *Depping,* Strafverteidigungskosten als Betriebsausgaben, DStR 1994, 1487; *Eilers/Schneider,* Steuerliche Abzugsfähigkeit von Kartellbußen, DStR 2007, 1507; *Joecks,* Abzugsverbot für Bestechungs- und Schmiergelder, DStR 1997, 1025; *Döm;* Grenzbereich der Betriebsausgaben –

Zahlungen im Ausland, Bargeschäfte, Bestechungs- und Schmiergelder, BuW 1998, 455; *Brief/Ehlscheid,* Steuerliche Berücksichtigung von Kosten im Steuerstrafverfahren, BB 1999, 2539; *Park,* Die Ausweitung des Abzugsverbots für Bestechungs- und Schmiergelder durch das Steuerentlastungsgesetz 1999/2000/2002, DStR 1999, 1097; *Randt,* Schmiergeldzahlungen bei Auslandssachverhalten, BB 2000, 1006; *Kiesel,* Die Zuwendung an Angestellte und Beauftragte im Ausland und das Abzugsverbot des § 4 Abs. 5 Nr. 10 EStG, DStR 2000, 949; *Stapf,* Steuerliche Folgen der Zuwendung korrumpierender Vorteile ab 1999, DB 2000, 1092; *Achenbach,* Die steuerliche Absetzbarkeit mehrerlösbezogener Kartellgeldbußen, BB 2000, 1116; *Herspink,* Zum Konflikt zwischen der steuerlichen Mitteilungspflicht des § 4 Abs. 5 Nr. 10 EStG und dem nemo-tenetur-Prinzip, wistra 2001, 441; *Weidemann,* Zum Abzugsverbot des § 4 Abs. 5 S. 1 Nr. 10 EStG: Erfasst § 299 Abs. 2 StGB auch Auslandssachverhalte? DStZ 2002, 329; *Schmitz,* Kosten des Strafverfahrens und der Strafverteidigung, StB 2003, 122; *Burchert,* Das Abzugsverbot für Bestechungs- und Schmiergelder i. S. des § 4 Abs. 5 S. 1 Nr. 10 EStG, INF 2003, 260; *Kohlmann,* Steuerstrafrecht, Kommentar, Band I, Stand 11/2012; *Bruschke,* Das steuerliche Abzugsverbot für Sanktionen, DStZ 2009, 489.

Geldbußen, Ordnungsgelder und Verwarnungsgelder, die von einem inländischen 643
Gericht oder einer inländischen Behörde oder von Organen der EG festgesetzt werden, dürfen nicht als Betriebsausgaben (Werbungskosten) abgezogen werden (§ 4 V 1 Nr. 8, § 9 V EStG). Dasselbe gilt für Leistungen zur Erfüllung von Auflagen oder Weisungen, die in einem berufsgerichtlichen Verfahren erteilt werden, soweit die Auflagen oder Weisungen nicht lediglich der Wiedergutmachung des durch die Tat verursachten Schadens dienen. Der BFH hielt diese Vorschrift für verfassungswidrig, soweit sie den auf die Abschöpfung des wirtschaftlichen Vorteils (§ 17 IV OWiG) entfallenden Teil der Geldbußen vom Abzug als Betriebsausgabe ausschließt (Vorlagebeschl. v. 21.10.1986, BStBl. II 1987, 212). Das BVerfG ist dem jedoch nicht gefolgt (BVerfG 23.1.1990, BVerfGE 81, 228). Danach war es den Betroffenen überlassen, im Rechtsbehelfsverfahren gegen den Bußgeldbescheid eine verfassungswidrige Bemessung der Geldbuße nach dem Bruttobetrag des Mehrerlöses zu rügen. Eine etwaige doppelte Erfassung des wirtschaftlichen Vorteils (Mehrerlös) konnte daher nur im Billigkeitswege erreicht werden (BFH 24.7.1990, BFHE 161, 509). Nach § 4 V 1 Nr. 8 S. 4 EStG idF des StÄndG 1992 (BGBl. I 297) gilt das Abzugsverbot für Geldbußen nicht, soweit der wirtschaftliche Vorteil, der durch den Gesetzesverstoß erlangt wurde, abgeschöpft worden ist, wenn die Steuern vom Einkommen und Ertrag, die auf den wirtschaftlichen Vorteil entfallen, nicht abgezogen worden sind (vgl. dazu BFH 9.6.1999, BStBl. II 658). Bestehen Abzugsverbote, dürfen keine Rückstellungen gebildet werden. Soweit Ausnahmen zulässig sind (§ 4 V 1 Nr. 8 S. 4 EStG) müssen die Voraussetzungen dafür am Bilanzstichtag vorliegen (BFH 9.6.1999, BStBl. II 656). Zu den Geldbußen zählen alle Sanktionen, die gesetzlich so bezeichnet werden. In Betracht kommen Geldbußen nach dem OWiG, auch soweit sie gegen juristische Personen, Personenvereinigungen oder Personenhandelsgesellschaften festgesetzt worden sind (§ 30 OWiG). Außerdem sind auch diejenigen Geldbußen gemeint, die nach den Disziplinargesetzen des Bundes und der Länder und nach den berufsgerichtlichen Gesetzen festgesetzt werden können (BR-Drs. 117/84 S. 6). Als Geldbußen, die von Organen der EU festgesetzt werden, kommen vor allem Geldbußen nach Art. 101 ff. AEUV iVm der Verordnung (EG) Nr. 1/2003 in Betracht. Geldbußen der Europäischen Kommission wegen Verstößen gegen das EU-Wettbewerbsrecht sind in vollem Umfang nach § 4 V 1 Nr. 8 S. 1 EStG nicht abzugsfähig, da sie „rein bestrafender Natur sind und nicht als vorteilsabschöpfend gesehen werden können“ (BayLfSt vom 5.11.2010 – S 2145.1.1–5/4 St32, zitiert Schreiben der Europäischen Kommission v. 20.5.2010; aA *Eilers/Schneider* DStR 2007, 1507).

Sofern im Zuge der Verhängung einer Geldbuße wegen Kartellordnungswidrigkeiten bei der Abschöpfung des wirtschaftlichen Vorteils die darauf entfallende Ertragsteuer bei deren Festsetzung nicht berücksichtigt wurde, ist der erlangte Mehrerlös in jenem Umfang, in dem er sich mit dem erlangten wirtschaftlichen Vorteil vor Ertragsteuern deckt, nach Maßgabe von § 4 V 1 Nr. 8 S. 4 EStG als Betriebsausgabe abziehbar (BFH 9.6.1999, BFHE 189, 79; BFH 9.6.1999, BFHE 189, 75 u. BFH 23.3.2011, BFH/NV 2011, 460). Darauf, dass sich der abschöpfende Teil der einheitlichen Geldbuße eindeutig abgrenzen lässt, kommt es nicht an (BFH 9.6.1999, BFHE 189, 79). Im Falle, dass die kartellrechtliche Geldbuße (ausnahmsweise) reinen Ahndungscharakter hat und damit nicht „mehrerlösbezogen" festgesetzt wurde, greift das Abzugsverbot nach § 4 V 1 Nr. 8 S. 4 EStG ein (BFH 11.1.2012, BFH/NV 2012, 784; *Wegner* PStR 2011, 89).. Betrieblich veranlasste Geldbußen, die von Gerichten oder Behörden anderer Staaten festgesetzt werden, sind abzugsfähig. Das Abzugsverbot gilt nicht für **Nebenfolgen** vermögensrechtlicher Art, wie zB die Einziehung von Gegenständen, weil hierbei kaum zwischen Nebenfolgen, die ahndungsähnlichen Charakter haben, und anderen Nebenfolgen unterschieden werden kann. **Ordnungsgelder** sind Unrechtsfolgen, die vor allem in den Verfahrensordnungen vorgesehen sind, zB gegen einen Zeugen nach § 890 ZPO. **Zwangsgelder** fallen nicht unter das Abzugsverbot. **Verwarnungsgelder** sind namentlich die in § 56 OWiG so bezeichneten geldlichen Einbußen, die dem Betroffenen aus Anlass einer Ordnungswidrigkeit mit seinem Einverständnis auferlegt werden können. **Leistungen zur Erfüllung von Auflagen oder Weisungen,** die in einem berufsgerichtlichen Verfahren erteilt werden, sind den Geldbußen gleichgestellt (§ 4 V 1 Nr. 8 S. 2 EStG). **Wiedergutmachungsleistungen** sind Betriebsausgaben, wenn sie betrieblich veranlasst sind (§ 4 V 1 Nr. 8 S. 2, § 12 Nr. 4 EStG). Geldbeträge, die in Erfüllung einer Auflage gem. § 153a StPO geleistet werden, gehören gem. § 12 Nr. 4 EStG zu den nichtabzugsfähigen Kosten der Lebensführung. Aufwendungen zur Erfüllung von Auflagen und Leistungen nach § 153a StPO können auch nicht als außergewöhnliche Belastung berücksichtigt werden (BFH 19.12.1995, BB 1996, 937). Die **Übernahme von Geldbußen,** Verwarnungsgeldern, Geldstrafen etc., die gegen Beschäftigte verhängt wurden, kann beim Unternehmer betrieblich veranlasster Aufwand sein (*Saller* DStR 1996, 534).

644 Ein **Abzugsverbot für Schmiergelder** wurde mit dem Jahressteuergesetz 1996 (v. 11.10.1995, BGBl. I 1250) in das EStG eingeführt (§ 4 V 1 Nr. 10 EStG). Nach dieser von 1996–1998 (§ 52 XII EStG) geltenden Vorschrift durften Bestechungs- und Schmiergelder dann nicht als Betriebsausgaben abgezogen werden, wenn der Zuwendende oder der Zuwendungsempfänger rechtskräftig bestraft, das Verfahren nach den §§ 153–154e StPO eingestellt oder eine Geldbuße gegen ihn verhängt worden ist. Durch Art. 1 Nr. 5c StEntlG 1999/2000/2002 v. 24.3.1999 (BGBl. I 442) wurde das Abzugsverbot des § 4 V 1 Nr. 10 EStG neu gefasst. Es gilt erstmals für Zuwendungen, die ab 1.1.1999 geleistet werden und erfasst alle Aufwendungen, wenn die Zuwendung der Vorteile eine rechtswidrige Handlung ist, die den Tatbestand eines Strafgesetzes oder eines Gesetzes verwirklicht, das die Ahndung mit einer Geldbuße zulässt. Nach geltendem Recht ist also eine rechtskräftige Ahndung nicht mehr Tatbestandsmerkmal. Der Gesetzgeber hielt diese Erweiterung des Abzugsverbots für erforderlich, weil sich die frühere Regelung als ungeeignet erwiesen hatte, die Korruption wirksam zu bekämpfen. Außerdem sollten auch Leistungen an ausländische Amtsträger erfasst werden (BT-Drs. 14/23; 14/265; BR-Drs. 910/98). Durch Art. 2 §§ 1 und 2 des Gesetzes vom 10.9.1998 zu dem Übereinkommen vom 17.12.1997 über die Bekämpfung der Bestechung ausländischer Amtsträger im internationalen Geschäftsverkehr (BGBl. II 1998, 2327) werden auch die Bestechung ausländischer Amtsträger und Richter, die sich auf eine künftige richterliche Handlung oder Diensthandlung bezieht und die begangen wird, um sich oder einem Dritten einen Auftrag oder einen unbilligen Vorteil im internationalen geschäftlichen Verkehr zu verschaffen oder zu sichern, sowie die Bestechung ausländischer Abgeordneter im Zusammenhang mit internationalem geschäftlichen Verkehr unter Strafe gestellt. Diese Vorschriften treten zusammen mit dem Übereinkommen selbst in Kraft. Nach Art. 2 § 1 des Gesetzes zum Protokoll zum Übereinkommen über den Schutz der finanziellen Interessen der Europäischen Gemeinschaften vom 10.9.1998 (BGBl. II 2340) werden dabei Amtsträger aus den EU-Mitgliedstaaten bei Bestechungshandlungen den inländischen Amtsträgern gleichgestellt. Der Amtsträgerbegriff des Art. 2 § 1 Nr. 2 des Gesetzes vom 10.9.1998 zu dem Übereinkommen vom 17.12.1997 über die Bekämpfung der Bestechung ausländischer Amtsträger im internationalen Geschäftsverkehr bestimmt sich nicht nach § 11 I Nr. 2 StGB. Er ist autonom auf der Grundlage des Übereinkommens über die Bekämpfung der Bestechung ausländischer Amtsträger auszulegen (BGH 29.8.2008, NStZ 2009, 95). Die Anwendung des neuen § 4 V 1 Nr. 10 EStG

setzt kein Verschulden und auch keinen Strafantrag voraus. Die Aufdeckung von Korruptionstaten wird regelmäßig im Rahmen einer Betriebsprüfung erfolgen. Mit der Prüfung der Frage, ob eine rechtswidrige Handlung vorliegt, die den Tatbestand eines Strafgesetzes verletzt (§ 11 I Nr. 5 StGB), dürfte der Betriebsprüfer vermutlich überfordert sein *(Randt* BB 2000, 1006 mwN). Das gilt erst recht für Schmiergeldzahlungen mit Auslandsbezug (dazu eingehend *Stapf* DB 2000, 1092). Für Korruptionstaten mit Auslandsbezug hat der BGH festgestellt, dass § 299 Abs. 2 StGB in der bis zum 29.8.2002 geltenden Fassung nur solche Handlungen im ausländischen Wettbewerb erfasste, die sich auch gegen deutsche Mitbewerber richteten (BGH 29.8.2008, vgl. *Randt* BB 2000, 1009). Waren also durch Zuwendungen an ausländische Angestellte oder Beauftragte eines Unternehmens nur ausländische Wettbewerbsinteressen berührt, so war § 299 StGB und mithin § 4 V 1 Nr. 10 EStG nicht anwendbar. Mit der seit dem 30.8.2002 geltenden Fassung des § 299 III StGB werden deutsche wie ausländische Wettbewerbsinteressen durch § 299 StGB gleichermaßen geschützt. Bis zum 30.8.2002 waren Zuwendungen an ausländische Angestellte oder Beauftragte eines Unternehmens nicht vom Tatbestand des § 299 StGB erfasst (*Randt* BB 2000, 1008; glA *Rönnau* JZ 2007, 1084, aA LG Darmstadt 14.5.2007, CCZ 2008, 37). Seit der Einführung des § 299 III StGB (BT-Drs. 14/8998, 9) sind derartige Zuwendungen nunmehr strafbar und fallen daher auch unter § 4 V 1 Nr. 10 EStG (vgl. Kohlmann/*Ransiek*/*Schauf* Rn. 1159 zu § 370). Aber auch bei der Auslandsbestechung ist ein Bezug zur deutschen Wirtschaft zu fordern, da sonst der Schutzbereich des § 299 StGB nicht greift (*Randt* BB 2000, 1009).

Gerichte, Staatsanwaltschaften oder Verwaltungsbehörden haben – über § 116 AO hinaus – Tatsachen, die sie dienstlich erfahren und die den Verdacht einer rechtswidrigen Straftat begründen, der Finanzbehörde für Zwecke des Besteuerungsverfahrens und zur Verfolgung von Steuerstraftaten und Steuerordnungswidrigkeiten mitzuteilen und die Finanzbehörde über den Ausgang eines Verfahrens zu unterrichten (§ 4 V 1 Nr. 10 S. 2 EStG). Eine Mitteilungspflicht der Finanzbehörde folgt aus § 4 V 1 Nr. 10 S. 3 EStG. Der die jeweilige Mitteilungspflicht auslösende Verdacht bestimmt sich nach strafrechtlichen Grundsätzen (BFH 14.7.2008, BFHE 220, 348). Es müssen also zureichende tatsächliche Anhaltspunkte für eine Tat nach § 4 V 1 Nr. 10 S. 1 EStG vorliegen. Begründen Tatsachen den Verdacht einer Tat, die den Straftatbestand einer rechtswidrigen Zuwendung von Vorteilen iS des § 299 II StGB erfüllt, so ist die Finanzbehörde ohne eigene Prüfung, ob eine strafrechtliche Verurteilung in Betracht kommt, verpflichtet, die erlangten Erkenntnisse an die Strafverfolgungsbehörden weiterzuleiten, insbesondere muss die Finanzbehörde nicht vor Übermittlung der den Tatverdacht begründenden Tatsachen prüfen, ob hinsichtlich der festgestellten Zuwendungen Strafverfolgungsverjährung eingetreten ist oder Verwertungsverbote bzw. Verwendungsverbote vorliegen (BFH 14.7.2008, BFHE 220, 348). Eine Mitteilungspflicht besteht im Regelfall nicht schon dann, wenn das Abzugsverbot nicht anwendbar ist, insbesondere bei privat mitveranlassten Aufwendungen (BMF-Schr. v. 10.10.2002, BStBl. I 1031). Wird der Steuerpflichtige aufgefordert, an der Aufklärung eines Sachverhalts mitzuwirken, der vermutete Schmiergeldzahlungen zum Gegenstand hat, ist er zu belehren (§ 393 I AO). Ein Verstoß gegen die Belehrungspflicht hat regelmäßig ein strafrechtliches Verwertungsverbot zur Folge *(Burchert* INF 2003, 260).

Geldstrafen, die in einem Strafverfahren festgesetzt werden, sowie sonstige Rechtsfolgen 645
vermögensrechtlicher Art, bei denen der Strafcharakter überwiegt, dürfen weder bei den einzelnen Einkunftsarten noch vom Gesamtbetrag der Einkünfte abgezogen werden (§ 12 Nr. 4 EStG). Die Vorschrift erfasst, im Gegensatz zu § 4 V 1 Nr. 8 EStG, auch die im Ausland verhängten Geldstrafen. Der Gesetzgeber hielt die unterschiedliche Behandlung von Geldstrafen mit Rücksicht auf das mit einer Geldstrafe für kriminelles Unrecht verbundene Unwerturteil für gerechtfertigt. Bei ausländischen geldlichen Sanktionen unterhalb der Schwelle des kriminellen Unrechts sollten die Verwaltungen nicht mit Ermittlungen überfordert werden (BT-Drs. 10/1634 S. 9). Die Differenzierung erscheint jedoch nicht gerechtfertigt (glA *Lang,* StuW 1985, 10, 23). Zwar soll der Ausschluss der Abzugsfähigkeit auslän-

discher Geldstrafen gem. § 12 Nr. 4 EStG insoweit nicht gelten, als ausländische Sanktionen wesentlichen Grundsätzen der deutschen Rechtsordnung widersprechen würden (BR-Drs. 117/84, 10; ebenso BFH 31.7.1991, BStBl. 1992, 85; HHR-*Fissenewert* 150 zu § 12 EStG). Denkbar ist aber auch, dass mit einer ausländischen Strafe nach deutscher Rechtsvorstellung kein kriminelles Unwerturteil verbunden ist. Der Stpfl müsste also geltend machen, die ausländische „Strafe" falle nicht unter § 12 Nr. 4 EStG und werde mithin auch durch das Abzugsverbot des § 4 V 1 Nr. 8 EStG nicht erfasst. Zu den sonstigen Rechtsfolgen vermögensrechtlicher Art, bei denen der Strafcharakter überwiegt, gehört zB die Einziehung von Gegenständen gem. § 74 II Nr. 1 oder § 76a StGB. Unerheblich ist, ob die Anordnung neben der Hauptstrafe oder nachträglich nach § 76 StGB oder unter den Voraussetzungen des § 76a StGB selbstständig erfolgt ist. Die Anordnung des Verfalls von Gegenständen (§ 73 StGB) dient in erster Linie dem Ausgleich von rechtswidrig erlangten Vermögensvorteilen und hat daher keinen Strafcharakter (ausf. FG Hamburg 18.6.2012; EFG 2012, 2093). Siehe zum Verhältnis von Abzugsverbot nach § 4 Abs. 5 Satz 1 Nr. 10 EStG und den verfallsrechtlichen Vorschriften BFH 14.5.2014 – X R 23/12, BStBl. II 2014, 684.

646 **Verfahrens- oder Verteidigungskosten** können als Betriebsausgaben (Werbungskosten) abzugsfähig sein, und zwar auch bei Vorsatztaten. Voraussetzung ist ein ursächlicher Zusammenhang des Strafverfahrens mit einem betrieblichen Vorgang (BFH 22.7.1986, BStBl. II 845; BFH 13.12.1994, BStBl. II 1995, 457; BFH 18.10.2007, BStBl. II 2008, 223; BFH 9.6.2011, BFH/NV 2011, 1530). Eine Tat, die nur „bei Gelegenheit" einer beruflichen Tätigkeit begangen wurde, führt nicht zum Betriebs- oder Werbungskostenabzug der Verteidigungsaufwendungen (BFH 12.6.2002, BFH/NV 2002, 1441; FG Hamburg 17.12.2010, DStRE 2012, 271; FG Münster 19.8.2011, PStR 2011, 302). Auch ein Abzug als außergewöhnliche Belastung nach § 33 Abs. 1 EStG kommt regelmäßig dann nicht in Betracht (BFH 16. 4 2013 – IX R 5/12). Anders der VI. Senat, der einen Abzug zulassen will, wenn sich die Unausweichlichkeit von Prozesskosten daraus ergibt, dass der Steuerpflichtige zur Durchsetzung seines Rechts den Rechtsweg bestreiten muss (BFH 12.5.2011 – VI R 42/10). Strafverteidigungskosten eines Beamten sind nicht deswegen Werbungskosten, weil der Betreffende als Beamter zusätzlich mit disziplinarrechtlichen Folgen, insbesondere Gehaltskürzungen, rechnen muss (BFH 8.9.2003, BFH/NV 2004, 42). Nicht betrieblich veranlasst ist die Hinterziehung betrieblicher Steuern, wenn die Minderung der Steuerschuld darauf beruht, dass betriebliche Mittel privat vereinnahmt oder für private Zwecke verwendet wurden (BFH 20.9.1989, BStBl. II 1990, 20). Vorsteuern aus Strafverteidigungskosten sind nach Auffassung des EuGH nicht abzugsfähig (EuGH 21.2.2013 – C-104/12). Da die Verteidigung insbesondere der Vermeidung der Bestrafung diene, seien unmittelbar die privaten Interessen betroffen. Die Entscheidung betrifft den Fall des Vorsteuerabzuges des Organs eines Unternehmens (Vorinstanz FG Köln 30.6.2009 – 8 K 1265/07, EFG 2011, 192). Allerdings erscheint die Abgrenzung, ob die Anwaltsdienstleistungen unmittelbar oder nur mittelbar den privaten Interessen dienen, wenig handhabbar (*Winter* MwStR 2013, 522). Auch darf die dem Stpfl vorgeworfene Tat nicht aus dem Rahmen seiner üblichen beruflichen Tätigkeit fallen (HessFG 1.2.1994, EFG 1994, 1043, betr. eine Kriminalbeamtin, die Rauschgift aus dienstlicher Verwahrung entwendet hatte). Für die Zuordnung einer Handlung zum betrieblichen Bereich ist die Schuldform unerheblich (*Kuhlmann* DB 1985, 1613). Auf Grund einer Vergütungsvereinbarung geleistete Aufwendungen, sofern als betriebliche bzw. berufliche Aufwendungen entstanden, sind als Betriebsausgaben (Werbungskosten) nicht der Höhe nach begrenzt (BFH 18.10.2007, BFHE 219, 197).

647 Beratungskosten für eine Selbstanzeige können zwar Betriebsausgaben, Werbungskosten oder Sonderausgaben (nur für Altfälle, § 10 1 Nr. 6 EStG aF) sein. Kapitaleinkünfte unterliegen seit 2009 jedoch einer pauschalen Besteuerung durch die Abgeltungssteuer, so dass ein Abzug ausscheidet (näheres *Findeis/Karlstedt* BB 2011, 2075). Auch für die Jahre vor 2009 scheidet regelmäßig ein Abzug nachträglicher Kosten aus (BFH 2.12.2014, BStBl. II 2015, 387). Die Kosten im Zusammenhang mit der Erstellung einer strafbefreienden Erklärung sind nach herrschender Meinung in der Literatur abzugsfähig, da es sich bei dem

Amnestiegesetz dem Grunde nach um eine aufgewertete Selbstanzeige handelt (*Derlien/Schencking* DStR 2006, 553; *Eilers/Schneider* DStR 2007, 1507; *Preising/Kiesel* PStR 2006, 41; *Randt/Schauf* DStR 2006, 537). Die Gegenauffassung will die Beratungskosten bereits in dem pauschalen Bewertungsabschlag des Gesetzes abgegolten sehen (BFH 20.11.2012 – VIII R 29/10 ; vorausg. FG Köln 22.12.2009, EFG 2010, 892; OFD Frankfurt 10.10.2005, DB 2005, 2495; OFD Münster 14.9.2006, DB 2006, 2091). Der BFH (20.11.2012 – VIII R 29/10) begründet die Nichtabzugsfähigkeit dieser Beratungskosten darüber hinaus mit deren Ähnlichkeit zu Steuerstrafverteidigungskosten. Angesichts des bereits verwirklichten Steuerdelikts seien diese auf denselben nichtsteuerlichen privaten Zweck wie bei einer Straf-verteidigung ausgerichtet und fänden daher keine einkommensmindernde Berücksichtigung.

Kosten eines Wiederaufnahmeverfahrens sind regelmäßig auch dann keine Werbungs- 648
kosten, wenn· disziplinarrechtliche Folge der strafrechtlichen Verurteilung die Entfernung aus dem Dienst war (BFH 13.12.1994, BStBl. II 1995, 457). Ist der strafrechtliche Schuldvorwurf privat veranlasst, so können die Verteidigungskosten im Falle eines Freispruchs sowie Verteidigungskosten in einem Bußgeld- oder Ordnungsgeldverfahren im Falle einer förmlichen Einstellung unter den Voraussetzungen des § 33 EStG außergewöhnliche Belastungen sein (BFH 15.11.1957, BStBl. III 1958, 105), sofern es sich nicht um Aufwendungen auf der Grundlage einer Honorarvereinbarung handelt (BFH 18.10.2007, BFHE 219, 197). Zumindest krit. ist die Begr. des BFH zu sehen, der ein über den Gebührensätzen des RVG liegendes Anwaltshonorar nicht als „unabdingbare Voraussetzung für eine effiziente und qualifizierte Steuerverteidigung“ bewertet; im Einzelfall kann dies bspw. aufgrund der Umfang und Schwere des Sachverhalts abweichend beurteilt werden. Auch Strafverfahrenskosten eines Stpfl., der vor Eintritt der Rechtskraft eines Urteils stirbt, können nach § 33 EStG abziehbar sein (BFH 21.6.1989, BStBl. II 831). Bei einer Einstellung des Verfahrens nach § 153a StPO sollen Strafverteidigungskosten nicht zwangsläufig und damit keine außergewöhnliche Belastung sein (BFH 19.12.1995, BStBl. II 1996, 197). Es sind aber durchaus Gründe denkbar, die für eine Zwangsläufigkeit sprechen (*v. Briel/Ehlscheidt* BB 2000, 2539). Ob Strafverteidigungskosten als Steuerberatungskosten iS des § 10 1 Nr. 6 EStG abzugsfähig sein können, war streitig (verneinend BFH 20.9.1989, BStBl. II 1990, 20; bejahend vor allem *Streck-Schwedhelm* FR 1987, 461; *Offerhaus* StBp 1990, 21; *App* DStZ 1990, 424). Dieser Sonderausgabenabzug wurde 2006 aufgehoben. Für die Praxis empfiehlt sich, über die Ermittlung der Besteuerungsgrundlagen und über die Steuerstrafverteidigungskosten getrennte Honorarvereinbarungen zu treffen (*Depping* DStR 1994, 1487; *Hemmelrath* NWB Blickpunkt Steuern 2/90, 4).

einstweilen frei 649–670

4. Verwaltungsrechtliche Nebenfolgen

a) Untersagung der Gewerbeausübung

Schrifttum: *Landmann/Rohmer,* Gewerbeordnung und ergänzende Vorschriften, Band I Gewerbeordnung, Kommentar (Losebl.); *Marcks,* Die Untersagungsvorschrift des § 35 Gewerbeordnung, München 1986; *Heß,* Die Gewerbeuntersagung nach § 35 GewO, Neuwied 1987; *Schaeffer,* Der Begriff Unzuverlässigkeit in § 35 Abs. 1 GewO, WiVerw 1982, 100; *Meier,* Verletzung des Steuergeheimnisses (§ 30 AO) im Rahmen des gewerberechtlichen Untersagungsverfahrens gem. § 35 GewO?, GewArch 1985, 319; *Arndt,* Steuergeheimnis, steuerliche Unzuverlässigkeit und gewerberechtliches Untersagungsverfahren, GewArch 1988, 281; *Müller,* Berücksichtigung der Verletzung steuerlicher Pflichten im gewerberechtlichen Verfahren, GewArch 1988, 84; *App,* Einkommensteuerfolgen einer Gewerbeuntersagung, GewArch 1990, 315; *Fischer/Schaaf,* Offenbarung steuerlicher Daten gegenüber Gewerbeuntersagungsbehörden, GewArch 1990, 337; *App,* Auskünfte der Finanzämter an die Gewerbebehörden mit dem Ziel einer Gewerbeuntersagung, LKV 1993, 192; *Heß,* Gewerbeuntersagung und Vertretungsberechtigung, GewArch 1994, 360; *Hofmann,* Gewerbeuntersagung wegen steuerlicher Unzuverlässigkeit, DStR 1999, 201; *ders.,* Gewerbeuntersagung bei Begehung von Steuerdelikten, PStR 1999, 33; *Forkel,* § 35 Abs. 1 GewO: Zur Unzuverlässigkeit insbesondere wegen Steuerrückständen, GewArch 2004, 53; *Kohlmann,* Steuerstrafrecht, Kommentar, Band I, Stand 11/2012; *Fehn,* Die Novellierung des Schwarzarbeitsbekämpfungsgesetzes, ZfZ 2004, 218; Carlé, Verwaltungs- und berufsrechtliche Nebenfolgen der Steuerhinterziehung, AO-StB 2004, 453; *Tettinger/Wank/Ennuschat* Kommentar zur Gewerbeordnung, 8. Aufl. 2011.

§ 35 GewO Gewerbeuntersagung wegen Unzuverlässigkeit

(1) [1]Die Ausübung eines Gewerbes ist von der zuständigen Behörde ganz oder teilweise zu untersagen, wenn Tatsachen vorliegen, welche die Unzuverlässigkeit des Gewerbetreibenden oder einer mit der Leitung des Gewerbebetriebes beauftragten Person in bezug auf dieses Gewerbe dartun, sofern die Untersagung zum Schutze der Allgemeinheit oder der im Betrieb Beschäftigten erforderlich ist. [2]Die Untersagung kann auch auf die Tätigkeit als Vertretungsberechtigter eines Gewerbetreibenden oder als mit der Leitung eines Gewerbebetriebes beauftragte Person sowie auf einzelne andere oder auf alle Gewerbe erstreckt werden, soweit die festgestellten Tatsachen die Annahme rechtfertigen, daß der Gewerbetreibende auch für diese Tätigkeiten oder Gewerbe unzuverlässig ist. [3]Das Untersagungsverfahren kann fortgesetzt werden, auch wenn der Betrieb des Gewerbes während des Verfahrens aufgegeben wird.

(2) …

(3) [1]Will die Verwaltungsbehörde in dem Untersagungsverfahren einen Sachverhalt berücksichtigen, der Gegenstand der Urteilsfindung in einem Strafverfahren gegen einen Gewerbetreibenden gewesen ist, so kann sie zu dessen Nachteil von dem Inhalt des Urteils insoweit nicht abweichen, als es sich bezieht auf

1. die Feststellung des Sachverhalts,
2. die Beurteilung der Schuldfrage oder
3. die Beurteilung der Frage, ob er bei weiterer Ausübung des Gewerbes erhebliche rechtswidrige Taten im Sinne des § 70 des Strafgesetzbuches begehen wird und ob zur Abwehr dieser Gefahren die Untersagung des Gewerbes angebracht ist.

[2]Absatz 1 Satz 2 bleibt unberührt. [3]Die Entscheidung über ein vorläufiges Berufsverbot (§ 132a der Strafprozeßordnung), der Strafbefehl und die gerichtliche Entscheidung, durch welche die Eröffnung des Hauptverfahrens abgelehnt wird, stehen einem Urteil gleich; dies gilt auch für Bußgeldentscheidungen, soweit sie sich auf die Feststellung des Sachverhalts und die Beurteilung der Schuldfrage beziehen.

(3a) (weggefallen)

(4) [1]Vor der Untersagung sollen, soweit besondere staatliche Aufsichtsbehörden bestehen, die Aufsichtsbehörden, ferner die zuständige Industrie- und Handelskammer oder Handwerkskammer und, soweit es sich um eine Genossenschaft handelt, auch der Prüfungsverband gehört werden, dem die Genossenschaft angehört. [2]Ihnen sind die gegen den Gewerbetreibenden erhobenen Vorwürfe mitzuteilen und die zur Abgabe der Stellungnahme erforderlichen Unterlagen zu übersenden. [3]Die Anhörung der vorgenannten Stellen kann unterbleiben, wenn Gefahr im Verzuge ist; in diesem Falle sind diese Stellen zu unterrichten.

(5) –(7) …

(7a) [1]Die Untersagung kann auch gegen Vertretungsberechtigte oder mit der Leitung des Gewerbebetriebes beauftragte Personen ausgesprochen werden. [2]Das Untersagungsverfahren gegen diese Personen kann unabhängig von dem Verlauf des Untersagungsverfahrens gegen den Gewerbetreibenden fortgesetzt werden. [3]Die Absätze 1 und 3 bis 7 sind entsprechend anzuwenden.

(8) [1]Soweit für einzelne Gewerbe besondere Untersagungs- oder Betriebsschließungsvorschriften bestehen, die auf die Unzuverlässigkeit des Gewerbetreibenden abstellen, oder eine für das Gewerbe erteilte Zulassung wegen Unzuverlässigkeit des Gewerbetreibenden zurückgenommen oder widerrufen werden kann, sind die Absätze 1 bis 7a nicht anzuwenden. [2]Dies gilt nicht für Vorschriften, die Gewerbeuntersagungen oder Betriebsschließungen durch strafgerichtliches Urteil vorsehen.

(9) Die Absätze 1 bis 8 sind auf Genossenschaften entsprechend anzuwenden, auch wenn sich ihr Geschäftsbetrieb auf den Kreis der Mitglieder beschränkt; sie finden ferner Anwendung auf den Handel mit Arzneimitteln, mit Losen von Lotterien und Ausspielungen sowie mit Bezugs- und Anteilscheinen auf solche Lose und auf den Betrieb von Wettannahmestellen aller Art.

671 Die **Untersagung der Gewerbeausübung** schreibt § 35 Abs. 1 GewO unabhängig von § 70 StGB vor (BVerwG 6.8.1959, NJW 1959, 2324); jedoch bestehen verfahrensrechtliche Abhängigkeiten nach § 35 III GewO. Gewerbetreibender iS des § 35 I GewO kann auch ein Unternehmensberater sein (VG Darmstadt 17.7.1996, GewArch 1996, 476). *Steuerrückstände* können einen Gewerbetreibenden als gewerberechtlich unzuverlässig erweisen (BVerwG 23.9.1991, GewArch 1992, 22; BVerwG 1.2.1994, GewArch 1995, 116;

BVerwG 17.9.1996, GewArch 1996, 411; BVerwG 9.4.1997, GewArch 1999, 72; VG Stuttgart 26.8.2002, GewArch 2003, 36; VG Mecklenburg-Vorpommern 25.11.2002, GewArch 2002, 340; VG Gießen 8.4.2002, GewArch 2003, 253). Das kann schon bei Steuerrückständen in der Höhe von 13 000 EUR der Fall sein (VG München 3.6.2014 – M 16 K 13.5120). Zum Begriff der Steuerrückstände im Rahmen der Beurteilung der gewerberechtlichen Zuverlässigkeit vgl. BVerwG 30.3.1992, GewArch 1992, 298). Wer in Deutschland als „Inlandsbevollmächtigter" und Leiter einer Zweigstelle einer ausländischen Gesellschaft auftritt, kann sich nicht darauf berufen, wegen seiner Abhängigkeit von Weisungen der Muttergesellschaft nicht für Steuerschulden der Gesellschaft im Inland verantwortlich zu sein (VG Darmstadt 3.4.2001, GewArch 2001, 338). Die Einleitung eines Untersagungsverfahrens gegen den Geschäftsführer einer GmbH (§ 35 VII a GewO) setzt voraus, dass auch gegen die Gesellschaft ein Gewerbeuntersagungsverfahren geführt wird. Eine verfahrensmäßige Verbindung beider Verfahren ist nicht vorgeschrieben (BVerwG 19.12.1995, BVerwGE 100, 187). § 35 VII a GewO ermächtigt unmittelbar nur zur Untersagung einer etwaigen zukünftigen selbstständigen Ausübung des bisher als Vertretungsberechtigter unselbstständig betriebenen Gewerbes (OVG Münster 20.11.1995, DÖV 1996, 521). Die Untersagung gem. § 35 I GewO liegt nicht im Ermessen der Behörde („ist"); anders im Falle des § 35 VII a GewO. Maßgebend ist insoweit der Grad der Wahrscheinlichkeit des Ausweichens in die selbstständige Gewerbeausübung (BVerwG 19.12.1995, BVerwGE 100, 187). Dass die Gewerbebehörde lange Zeit auf steuerliche Pflichtverletzungen nicht mit einer Untersagungsverfügung reagiert, begründet bei dem Gewerbetreibenden kein schutzwürdiges Vertrauen und befreit die Behörde auch nicht von ihrer Pflicht, gegen unzuverlässige Gewerbetreibende vorzugehen (BVerwG 25.3.1992, GewArch 1992, 232). Steuerrückstände können auch aus unverschuldeten Schwierigkeiten erwachsen. Die Annahme einer gewerberechtlichen Unzuverlässigkeit ist jedoch – wegen der objektiven Fassung dieses Tatbestandsmerkmals – nicht von einem Verschulden abhängig (*Tettinger/Wank/Ennuschat* Rn. 28 ff. zu § 35 mwN). Im Einzelfall kann in diesen Fällen eine Untersagung mE ermessenswidrig sein. Steuerstraftaten hingegen begründen ohne weiteres eine gewerberechtliche Unzuverlässigkeit (BVerwG 12.10.1960, DVBl. 1961, 133; BadWürttVGH 9.7.1969, GewArch 1970, 32; BadWürttVGH 31.5.1972, GewArch 1973, 62). Auch Haftungsschulden eines Gewerbetreibenden (§§ 69, 34, 191 AO) können für die gewerberechtliche Unzuverlässigkeit relevant sein (Hess. VGH 8.6.1994, GewArch 1994, 473). Steuerliche Unzuverlässigkeit kann nicht nur zusammen mit der Nichtabführung von Sozialversicherungsbeiträgen, sondern auch für sich allein die Annahme der Unzuverlässigkeit im gewerberechtlichen Sinne rechtfertigen (OVG Hamburg 8.7.1980, GewArch 1980, 373). Zum ordnungsgemäßen Betrieb eines Gewerbes gehört u. a. jedoch, dass der Gewerbetreibende die mit der Gewerbeausübung zusammenhängenden steuerlichen Zahlungs- und Erklärungspflichten sowie auch die sozialversicherungsrechtlichen Pflichten erfüllt (OVG Saarland 21.6.2010, PStR 2010, 271). Die *Nichtabgabe von Steuererklärungen* begründet für sich allein eine steuerliche Unzuverlässigkeit nur dann, wenn die Erklärungen trotz Erinnerung hartnäckig über längere Zeit nicht abgegeben werden. Etwaige Steuerrückstände müssen, gemessen an den Verhältnissen des jeweiligen Betriebes, erheblich sein. Beträge unter 2 500 EUR reichen regelmäßig nicht aus (BdF 17.12.1987, zuletzt geänd. am 18.10.2001, BStBl. I 743). Nach der Rechtsprechung kann die Gewerbeuntersagung wegen beachtlicher Steuerrückstände nur dadurch abgewendet werden, dass der Steuerpflichtige ein tragfähiges Sanierungskonzept vorlegt (BVerwG 8.2.1982, GewArch 1982, 294; BVerwG 5.3.1997, GewArch 1997, 244; HessVGH 26.11.1996, GewArch 1997, 151). Unzuverlässig iS des § 35 GewO ist aber nur derjenige, der nicht die Gewähr dafür bietet, dass er in Zukunft sein Gewerbe ordnungsgemäß ausüben werde (BVerwG 29.3.1966, GewArch 1966, 200). Die Behörde trifft also eine Prognoseentscheidung, indem sie aus dem Fehlverhalten in der Vergangenheit auf ein künftig zu erwartendes Fehlverhalten schließt *(Tettinger/Wank/Ennuschat,* Rn. 34 zu § 35 mwN). Entscheidend ist folglich nicht, ob alte Steuerrückstände getilgt werden, sondern ob eine Untersagung geboten ist, um neue Rückstände zu verhindern. Die Entstehung künftiger Steuerschulden ist nach der gewerberechtlich erforderlichen Prognose nicht davon abhängig, dass ein Konzept zur Begleichung alter Steuerschulden vorgelegt wird. Die Rückführung alter Rückstände ist vielmehr Aufgabe des Vollstreckungsrechts (*Forkel* GewArch 2004, 53). Daher liegt keine Unzuverlässigkeit vor, wenn der Steuerpflichtige durch geeignete Maßnahmen, zB durch Einschaltung eines steuerlichen Beraters, nachprüfbar sicherstellt, dass er seinen öffentlich-rechtlichen Verpflichtungen in Zukunft nachkommt. Für diese Ansicht spricht auch § 21 InsO (vgl. *Forkel* GewArch 2004, 53; aA VG Gießen 8.4.2003, GewArch 2003, 253). Für die Beurteilung der Rechtmäßigkeit einer Untersagungsverfügung ist der Zeitpunkt der letzten Verwaltungsentscheidung maßgebend (BVerwG 16.6.1995, GewArch 1996, 24). *Sondervorschriften* für Rücknahme und Widerruf von gewerblichen Konzessionen enthalten § 15 GastG, § 21 FahrlG, § 3 V GüKG, § 25 PBefG. Die nach § 33c Abs. 1 Satz 1 GewO erforderliche Erlaubnis für das gewerbsmäßige **Aufstellen von Gewinnspielgeräten** ist zu versagen, wenn Tatsachen die Annahme rechtfertigen, dass der Antragsteller die erforderliche Zuverlässigkeit nicht besitzt. Nach § 33c Abs. 2 GewO gehört die Steuerhinterziehung nicht zu den dort genannten Katalogtaten. Gleichwohl kann eine Versagung auch auf § 35 GewO gestützt werden, wenn der Gewerbetreibende nach dem Gesamtbild seines Verhaltens keine Gewähr dafür bietet, dass er sein Gewerbe künftig ordnungsgemäß betreibt. Eine erweiterte Gewerbeuntersagung nach § 35 Abs. 1 Satz 2 GewO, die sich auf das Verbot jedweder gewerblicher Tätigkeiten beziehen kann, ist nach ständiger Rechtsprechung des BVerwG dann möglich, wenn Tatsachen vorliegen, die darauf hindeuten, dass eine Unzulässigkeit auch für die weiteren Tätigkeiten anzunehmen ist und der Gewerbetreibende dahin ausweicht (BVerwGE 65, 9).

672 Ob und inwieweit die Offenbarung steuerlicher Daten mit dem **Schutz des Steuergeheimnisses** (§ 30 AO) zu vereinbaren ist, ist umstritten. BVerwG und BFH bejahen übereinstimmend die Offenbarungsbefugnis, soweit dafür ein zwingendes öffentliches Interesse (§ 30 IV Nr. 5 AO) besteht, dh wenn die zu offenbarenden Tatsachen entscheidend dartun, dass der Gewerbetreibende unzuverlässig iS des Gewerberechts ist (BVerwG 2.2.1982, BVerwGE 65, 1; BVerwG 23.9.1991, StRK AO 1977 § 30 R. 11; BFH 10.2.1987, BStBl. II 545; aM *Krause/Steinbach* DÖV 1985, 550; *Gast-deHaan* DStJG 6, 187; *Arndt* GewArch 1988, 281 und StRK-Anm. AO 1977 § 30 R. 7; *Hofmann* DStR 1999, 201 und PStR 1999, 33); wobei das zwingende öffentliche Interesse grundsätzlich nur vorliegt, soweit es sich um Steuern handelt, die durch die gewerbliche Tätigkeit ausgelöst wurden, insbesondere Lohn- und Umsatzsteuer (BFH 10.2.1987, BStBl. II 545). Bei Personensteuern (insbesondere Einkommen- und Kirchensteuern) oder Erbschaft- bzw. Grunderwerbsteuern für ein privates Objekt besteht ein solcher Zusammenhang nur, soweit diese Steuern durch die gewerbliche Tätigkeit ausgelöst wurden (BMF IV A 3–S 0130/10/1001 v. 14.12.2010; *Carlé* AO-StB 2004, 453). Rechtskräftige Bußgeldentscheidungen wegen einer Steuerordnungswidrigkeit werden dem Gewerbezentralregister mitgeteilt, wenn die Geldbuße mehr als 200 EUR beträgt (§ 149 II Nr. 3 GewO). § 30 AO steht diesen Mitteilungen durch Gerichte und Behörden nicht entgegen (§ 153a I 12 GewO; vgl. auch § 3 V GüKG). Die FinB muss insoweit eine Vorbeurteilung vornehmen. Mitteilungen über Steuerrückstände sind unzulässig, wenn sie der Finanzbehörde lediglich als Druckmittel dienen, den Gewerbetreibenden zur Zahlung seiner Steuern anzuhalten (BFH 10.2.1987, BStBl. II 545). Ein Gewerbeuntersagungsverfahren soll von der FinB nur dann angeregt werden, wenn die steuerliche Unzuverlässigkeit derart schwerwiegt, dass sich aus ihr allein die gewerberechtliche Unzuverlässigkeit ergibt (BMF v. 14.12.2010, IV A 3–S 0130/10/1001; vgl auch Nr. 8.1 AEAO zu § 30 AO v. 21.12.2010).

673 Die **Untersagung von Branntweingewerbebetrieben** wegen Unzuverlässigkeit (§ 51a BrannwMonG) liegt im Ermessen der OFD; ebenso die Untersagung einer **Beschäftigung im Freihafen** durch die Zollbehörden (Art. 172 III ZK).

674–679 *einstweilen frei*

b) Widerruf Gaststättenerlaubnis

Eine Gaststättenerlaubnis ist bei festzustellender Unzuverlässigkeit des Gewerbetreibenden nach § 15 Abs. 1 Nr. 1 GastG zu widerrufen. So ist der Widerruf zB dann rechtmäßig, wenn dieser vor dem Hintergrund einer Hinterziehungssumme von 1,1 Mio. EUR erfolgt (BayVGH 2.7.2014 – 22 CS 14.1186). Für die Entscheidung spielen auch Erkenntnisse aus Vorverfahren eine Rolle. Eine positive Prognose lässt sich nicht allein wegen ergriffener Compliance-Maßnahmen aufstellen. Siehe auch VG Ansbach 17.10.2012 – AN 4 K 12.01085, BeckRS 2012, 60344; VG Koblenz 17.6.2008 – 1 K 1956/07, PStR 2008, 181. 680

c) Ausschluss von öffentlichen Aufträgen

§ 21 SchwarzArbG Ausschluss von öffentlichen Aufträgen

(1) [1] Von der Teilnahme an einem Wettbewerb um einen Bauauftrag der in § 98 Nr. 1 bis 3 und 5 des Gesetzes gegen Wettbewerbsbeschränkungen genannten Auftraggeber sollen Bewerber bis zu einer Dauer von drei Jahren ausgeschlossen werden, die oder deren nach Satzung oder Gesetz Vertretungsberechtigte nach

1. § 8 Abs. 1 Nr. 2, §§ 9 bis 11,
2. § 404 Abs. 1 oder 2 Nr. 3 des Dritten Buches Sozialgesetzbuch,
3. §§ 15, 15a, 16 Abs. 1 Nr. 1, 1b oder 2 des Arbeitnehmerüberlassungsgesetzes oder
4. § 266a Abs. 1 bis 4 des Strafgesetzbuches

zu einer Freiheitsstrafe von mehr als drei Monaten oder einer Geldstrafe von mehr als neunzig Tagessätzen verurteilt oder mit einer Geldbuße von wenigstens zweitausendfünfhundert Euro belegt worden sind. [2] Das Gleiche gilt auch schon vor Durchführung eines Straf- oder Bußgeldverfahrens, wenn im Einzelfall angesichts der Beweislage kein vernünftiger Zweifel an einer schwerwiegenden Verfehlung nach Satz 1 besteht. [3–6] …

(2) …

Im Falle des Verstoßes gegen die genannten Vorschriften droht ein Ausschluss von der Teilnahme an öffentlichen Wettbewerben. Bedenklich erscheint Abs. 1 S. 2 der Regelung, der einen Verstoß gegen die Unschuldsvermutung darstellt (glA Kohlmann/*Ransiek/Schauf* 1169 zu § 370; *Fehn* ZfZ 2004, S. 218 (222)). 681

d) Ausweisung von Ausländern

Schrifttum: *Hailbronner,* Ausländerrecht (Losebl. ab 1991); *Renner,* Ausländerrecht, 9. A 2011; *Huber,* Aufenthaltsgesetz, 1. Aufl. 2010; *Westphal/Stoppa,* Straftaten im Zusammenhang mit der unerlaubten Einreise und dem unerlaubten Aufenthalt vor Ausländern nach dem Ausländergesetz, NJW 1999, 2137; *Karl,* Die Strafbarkeit des Arbeitgebers bei illegaler Beschäftigung ausländischer Arbeitnehmer, StV 2003, 696.

§ 53 AufenthG Zwingende Ausweisung

Ein Ausländer wird ausgewiesen, wenn er

1. wegen einer oder mehrerer vorsätzlicher Straftaten rechtskräftig zu einer Freiheits- oder Jugendstrafe von mindestens drei Jahren verurteilt worden ist oder wegen vorsätzlicher Straftaten innerhalb von fünf Jahren zu mehreren Freiheits- oder Jugendstrafen von zusammen mindestens drei Jahren rechtskräftig verurteilt oder bei der letzten rechtskräftigen Verurteilung Sicherungsverwahrung angeordnet worden ist,
2. wegen einer vorsätzlichen Straftat nach dem Betäubungsmittelgesetz, wegen Landfriedensbruches unter den in § 125a Satz 2 des Strafgesetzbuches genannten Voraussetzungen oder wegen eines im Rahmen einer verbotenen öffentlichen Versammlung oder eines verbotenen Aufzugs begangenen Landfriedensbruches gemäß § 125 des Strafgesetzbuches rechtskräftig zu einer Jugendstrafe von mindestens zwei Jahren oder zu einer Freiheitsstrafe verurteilt und die Vollstreckung der Strafe nicht zur Bewährung ausgesetzt worden ist oder
3. …

§ 54 AufenthG Ausweisung im Regelfall

Ein Ausländer wird in der Regel ausgewiesen, wenn

1. er wegen einer oder mehrerer vorsätzlicher Straftaten rechtskräftig zu einer Jugendstrafe von mindestens zwei Jahren oder zu einer Freiheitsstrafe verurteilt und die Vollstreckung der Strafe nicht zur Bewährung ausgesetzt worden ist,

2. …
3. er den Vorschriften des Betäubungsmittelgesetzes zuwider ohne Erlaubnis Betäubungsmittel anbaut, herstellt, einführt, durchführt oder ausführt, veräußert, an einen anderen abgibt oder in sonstiger Weise in Verkehr bringt oder mit ihnen handelt oder wenn er zu einer solchen Handlung anstiftet oder Beihilfe leistet,

4.–7. …

§ 55 AufenthG Ermessensausweisung

(1) Ein Ausländer kann ausgewiesen werden, wenn sein Aufenthalt die öffentliche Sicherheit und Ordnung oder sonstige erhebliche Interessen der Bundesrepublik Deutschland beeinträchtigt.

(2) Ein Ausländer kann nach Absatz 1 insbesondere ausgewiesen werden, wenn er

1. …
2. einen nicht nur vereinzelten oder geringfügigen Verstoß gegen Rechtsvorschriften oder gerichtliche oder behördliche Entscheidungen oder Verfügungen begangen oder außerhalb des Bundesgebiets eine Straftat begangen hat, die im Bundesgebiet als vorsätzliche Straftat anzusehen ist,

3.–11. …,

(3) …

§ 46 AufenthG Ordnungsverfügungen

(1) …

(2) [1] Einem Ausländer kann die Ausreise in entsprechender Anwendung des § 10 Abs. 1 und 2 des Passgesetzes untersagt werden. [2] Im Übrigen kann einem Ausländer die Ausreise aus dem Bundesgebiet nur untersagt werden, wenn er in einen anderen Staat einreisen will, ohne im Besitz der dafür erforderlichen Dokumente und Erlaubnisse zu sein. [3] Das Ausreiseverbot ist aufzuheben, sobald der Grund seines Erlasses entfällt.

682 Das am **1.1.2005 in Kraft getreten Zuwanderungsgesetz v. 30.7.2004** (BGBl. I 1950) löste u. a. das . das Ausländergesetz v. 9.7.1990 (BGBl. I 1354), zuletzt geändert durch Gesetz v. 23.7.2004 (BGBl. I 1842) ab (Art. 15 III 1 Zuwanderungsgesetz). Das neue Recht unterscheidet – ebenso wie das AuslG – zwischen zwingender Ausweisung (§ 53 AufenthG), Ausweisung im Regelfall (§ 54 AufenthG) und Ermessensausweisung (§ 55 AufenthG).

683 Eine **Ausweisung** nach § 55 II Nr. 2 AufenthaltG dürfte bei steuerlichen Verfehlungen nur in Ausnahmefällen in Betracht kommen (§ 10 I Nr. 4 AuslG idF v. 28.4.1965, BGBl. I 353, setzte lediglich einen „Verstoß" gegen eine „Vorschrift des Steuerrechts" voraus). Eine Verurteilung ist nicht erforderlich (OVG Münster 1.10.1997, InfAuslR 1998, 175). Die Ausweisungstatbestände des § 54 AufenthaltG stellen allein auf eine rechtskräftige strafgerichtliche Verurteilung ab. Ob der Betroffene tatsächlich eine Straftat begangen hat, braucht nicht geprüft zu werden (BVerwG 24.2.1998, InfAuslR 1998, 221). Einem Ausländer kann die **Ausreise** untersagt werden, wenn Tatsachen die Annahme rechtfertigen, dass er sich seinen steuerlichen Verpflichtungen entziehen oder den Vorschriften des Zoll- und Monopolrechtes oder des Außenwirtschaftsrechts zuwiderhandeln oder schwerwiegende Verstöße gegen Einfuhr-, Ausfuhr-, Durchfuhr-Verbote oder -Beschränkungen begehen will (§ 46 II AufenthaltG, § 10 II PassG, § 7 I Nr. 4 PassG). Die Vorschrift ist eng auszulegen (OVG Münster 19.8.1980, NJW 1981, 838). Massenhafter Zigarettenschmuggel kann ein Ausweisungsgrund iS des § 46 AufenthaltsG sein (Renner aaO Rz 31 zu § 55 AufenthaltG). Personenbezogene Daten, die gem. § 30 AO dem Steuergeheimnis unterliegen, dürfen übermittelt werden, wenn der Ausländer gegen eine Vorschrift des Steuerrechts verstoßen hat und wegen dieses Verstoßes ein strafrechtliches Ermittlungsverfahren eingeleitet oder eine Geldbuße von mindestens 500 EUR verhängt worden ist (§ 88 III AufenthaltsG).

684 *einstweilen frei*

e) Pass- und Personalausweisrecht

Schrifttum: *Friauf,* Passversagung aus steuerlichen Gründen, Schwinge-Festschr. 1973, 247; *Gast-deHaan,* Steuerverfehlungen als Grundlage von steuerlichen und anderen Verwaltungseingriffen, DStJG 6, 188; *Weyand,* Passversagung und -entziehung aus steuerlichen Gründen, INF 1989, 361.

§ 6 PAuswG Gültigkeitsdauer; vorzeitige Beantragung; räumliche Beschränkungen

(1)–(6) …

(7) Unter den Voraussetzungen des § 7 Abs. 1 des Passgesetzes kann die zuständige Behörde im Einzelfall anordnen, dass der Ausweis nicht zum Verlassen Deutschlands berechtigt.

(8) Anordnungen nach Absatz 7 dürfen im polizeilichen Grenzfahndungsbestand gespeichert werden.

§ 7 PaßG Paßversagung

(1) [1]Der Paß ist zu versagen, wenn bestimmte Tatsachen die Annahme begründen, daß der Paßbewerber

1. …
2. sich einer Strafverfolgung oder Strafvollstreckung oder der Anordnung oder der Vollstreckung einer mit Freiheitsentziehung verbundenen Maßregel der Besserung und Sicherung, die im Geltungsbereich dieses Gesetzes gegen ihn schweben, entziehen will;
3. …
4. sich seinen steuerlichen Verpflichtungen entziehen oder den Vorschriften des Zoll- und Monopolrechts oder des Außenwirtschaftsrechts zuwiderhandeln oder schwerwiegende Verstöße gegen Einfuhr-, Ausfuhr- oder Durchfuhrverbote oder -beschränkungen begehen will;

5.–10. …

(2) [1]Von der Paßversagung ist abzusehen, wenn sie unverhältnismäßig ist, insbesondere wenn es genügt, den Geltungsbereich oder die Gültigkeitsdauer des Passes zu beschränken. [2]Die Beschränkung ist im Paß zu vermerken. [3]Fallen die Voraussetzungen für die Beschränkung fort, wird auf Antrag ein neuer Paß ausgestellt.

(3), (4) …

§ 8 PaßG Paßentziehung

Ein Paß oder ein ausschließlich als Paßersatz bestimmter amtlicher Ausweis kann dem Inhaber entzogen werden, wenn Tatsachen bekanntwerden, die nach § 7 Abs. 1 die Paßversagung rechtfertigen würden.

§ 10 PaßG Untersagung der Ausreise

(1) [1]Die für die polizeiliche Kontrolle des grenzüberschreitenden Verkehrs zuständigen Behörden haben einem Deutschen, dem nach § 7 Abs. 1 ein Paß versagt oder nach § 8 ein Paß entzogen worden ist oder gegen den eine Anordnung nach § 6 Abs. 7 des Personalausweisgesetzes ergangen ist, die Ausreise in das Ausland zu untersagen. [2]Sie können einem Deutschen die Ausreise in das Ausland untersagen, wenn Tatsachen die Annahme rechtfertigen, daß bei ihm die Voraussetzungen nach § 7 Abs. 1 vorliegen oder wenn er keinen zum Grenzübertritt gültigen Paß oder Paßersatz mitführt. [3]Sie können einem Deutschen die Ausreise in das Ausland auch untersagen, wenn Tatsachen die Annahme rechtfertigen, daß der Geltungsbereich oder die Gültigkeitsdauer seines Paßes nach § 7 Abs. 2 Satz 1 zu beschränken ist.

(2), (3) …

Die Vorschriften über **Passversagung und Passentzug** dienen der Sicherung des staatlichen Steueranspruchs (BVerwG 29.8.1968, DÖV 1969, 74). Diese Beschränkung der allgemeinen Handlungsfreiheit (Art. 2 I GG) ist verfassungsrechtlich nicht zu beanstanden (BadWürttVGH 28.11.1988, RIW 1989, 77; ebenso zu der gleichlautenden Vorschrift des § 7 lit. c PassG aF: BVerwG 1.2.1971, NJW 1971, 820 mwN). Da jedoch die Ausreisefreiheit grundgesetzlich geschützt ist (BVerfG 16.1.1957, NJW 1957, 297), ist die Vorschrift des § 7 I Nr. 4 PassG eng auszulegen (OVG Münster 19.8.1980, NJW 1981, 838; *Gast-deHaan* DStJG 6, 209 f.). Einer rechtskräftigen Festsetzung bedarf es nicht; es genügt, wenn die Annahme der Behörde durch bestimmte Tatsachen begründet ist. Für die Annahme von Steuerschulden reicht es aus, dass vollstreckbare Steuerbescheide ergangen sind, die nicht offenbar rechtswidrig sind (BadWürttVGH 28.11.1988, RIW 1989, 77; OVG Berlin-Brandenburg 11.9.2007 – 5 S 56/07). Passversagung oder -entzug dürfen nur auf Tatsachen gestützt werden; bloße Vermutungen, der Steuerpflichtige werde seinen Wohnsitz ins Ausland verlegen, reichen nicht aus (VGH München 26.7.1995, BayVerwBl. 1996, 50). Zwischen den steuerlichen Verpflichtungen und dem angestrebten Aufenthalt im Ausland 685 muss ein Kausalzusammenhang in dem Sinne bestehen, dass Tatsachen die Annahme rechtfertigen, der Passbewerber wolle sich seinen Verpflichtungen entziehen (BVerwG 16.10.1989, DÖV 1990, 787; OVG Münster 2.1.1996, DVBl. 576). Dass der Passinhaber seine Steuerrückstände nicht zahlt, rechtfertigt nicht ohne weiteres die Annahme, der Betroffene wolle sich seinen steuerlichen Verpflichtungen entziehen (BVerwG 1.2.1971, NJW 1971, 820). Es genügt jedoch zB, wenn der Erwerber im Ausland über namhaftes Vermögen verfügt, sich im Zuge der Ermittlungen ins Ausland absetzt und jegliche Auskünfte über seine Vermögenssituation verweigert (Bad-WürttVGH 28.11.1988, RIW 1989, 77). Ebenso kann aus der (erheblichen) Höhe der Steuerrückstände neben weiteren Umständen, wie das Verhalten des Passinhabers, auf das Vorliegen eines Steuerfluchtwillens geschlossen werden (OVG Berlin-Brandenburg 7.11.2011, PStR 2012, 27; OVG Lüneburg 4.11.2008, NJW 2009, 1988; OVG Münster 2.1.1996, DVBl. 576). Die Behörde ist für den Steuerfluchtwillen *beweispflichtig* (BadWürttVGH 28.11.1988, RIW 1989, 77). Passversagung und -entziehung dürfen nicht als Druckmittel eingesetzt werden *(Gast-deHaan,* aaO mwN). Andererseits lässt sich kaum bestreiten, dass die Versagung eines Passes wohl stets einen gewissen Druck auf die Zahlungswilligkeit des betreffenden Stpfl. ausübt, was auch dem Zweck der §§ 7, 8 PassG entsprechen dürfte. Nach dem *Grundsatz der Verhältnismäßigkeit* muss die Maßnahme aber nicht nur geeignet, sondern auch erforderlich sein, um den angestrebten Erfolg herbeizuführen (BVerwG 16.10.1989, DÖV 1990, 788; VGH München 26.7.1995, BayVerwBl. 1996, 50). Daher kann die Passversagung zB dann nicht gerechtfertigt sein, wenn die Steuerschulden gering oder im Inland ausreichend abgesichert sind. Unter den Voraussetzungen des § 7 I PassG kann die zuständige Behörde im Einzelfall anordnen, dass ein *Personalausweis* nicht zum Verlassen des Gebietes des Geltungsbereichs des Grundgesetzes über eine Auslandsgrenze berechtigt (§ 6 VII PAuswG). Gem. § 1 Abs. 1 Satz 1 PAuswG bzw. § 1 Abs. 1 Satz 1 PassG hat jeder Deutsche die Pflicht, einen Ausweis zu besitzen, um diesen bei der Einreise nach Deutschland vorlegen zu können. Gem. Satz 3 des § 1 Abs. 1 PAuswG darf vom Ausweisinhaber nicht verlangt werden, den Gewahrsam am Personalausweis aufzugeben. Gem. § 66 III VollstrA ist die zuständige Behörde um die Entziehung des Passes zu ersuchen, wenn Tatsachen die Annahme rechtfertigen, dass der Vollstreckungsschuldner das Inland verlassen will.

686 Die **Ausstellung eines Passes** ist zu versagen, wenn die Voraussetzungen des § 7 PassG vorliegen. Im Gegensatz dazu liegt die Entziehung unter den gleichen Voraussetzungen gem. § 8 PassG im Ermessen der zuständigen Behörde.

687–689 *einstweilen frei*

690 **f) Waffenrecht.** Eine **Waffenbesitzkarte ist zu versagen** (§ 4 WaffG) oder zu widerrufen (§ 45 II WaffG), wenn Tatsachen die Annahme rechtfertigen, dass der Betreffende die erforderliche Zuverlässigkeit nicht besitzt. Die erforderliche Zuverlässigkeit besitzen gem. § 5 II 1a WaffG regelmäßig Personen nicht, die zu einer Freiheitsstrafe, Jugendstrafe, Geldstrafe von mindestens 60 Tagessätzen oder mindestens zweimal zu einer geringeren Geldstrafe rechtskräftig verurteilt worden sind oder bei denen die Verhängung von Jugendstrafe ausgesetzt worden ist, wenn seit dem Eintritt der Rechtskraft der letzten Verurteilung fünf Jahre noch nicht verstrichen sind. Steuerhinterziehung ist eine derartige Straftat. Eine entsprechende Verurteilung begründet daher in der Regel die Unzuverlässigkeit des Inhabers einer Waffenbesitzkarte (noch zur aF des § 5 WaffG: BVerwG 24.4.1990, DVBl. 1990, 1043; OVG Münster 8.12.1981, AgrarR 1983, 106 mwN u. v. 12.3.1986 – 20 A 2158/84 nv. Zur nF siehe VG Münster 5.3.2010, PStR 2010, 213; VG Berlin 4.5.2011, PStR 2011, 223). Ein starkes soziales Engagement rechtfertigt die Rücknahme des Widerrufs nicht (VG Münster 20.8.2001 – I K 2141/00 nv).

691 **g) Jagdschein.** Neben der Entziehung der Waffenbesitzkarte droht im Falle der Steuerhinterziehung zusätzlich der Verlust des Jagdscheines nach § 17 Abs. 1 Nr. 2 iVm Abs. 4 BJagdG. Dies ist der Fall, sofern die Tat zu einer rechtskräftigen Verurteilung zu einer Freiheitsstrafe oder einer Geldstrafe von mindestens 60 Tagessätzen geführt hat. Zudem ist

im Falle der zweimaligen Verurteilung innerhalb von fünf Jahren zu einer geringeren Geldstrafe eine Versagung ebenfalls möglich.

einstweilen frei 691–700

5. Zivilrechtliche Folgen

Schrifttum: *Kruse,* Steuerdruck und Steuergerichte, Rechtsgeschäfte im Spannungsfeld zwischen Privat- und Steuerrecht, NJW 1970, 2185; *Klunzinger,* Nichtigkeitsfolgen bei Rechtsgeschäften mit steuerverkürzender Wirkung, FR 1972, 181, *Kothe/Ahrens/Grote,* Restschuldbefreiung und Verbraucherinsolvenzverfahren, 3. Auflage, 2006).

Verträge, mit denen eine Steuerhinterziehung verbunden ist, sind nach stRspr 701
nicht ohne weiteres, sondern nur dann nach den §§ 134, 138 BGB nichtig, wenn Hauptzweck des Vertrages die Steuerhinterziehung ist (BGH 9.6.1954, BGHZ 14, 25, 31; BGH 8.11.1968, DNotZ 1969, 350; BGH 23.3.1973, WM 1973, 576; BGH 23.10.1975, WMF 1279, 1281; OLG Koblenz 22.2.1979, DB 1979, 833; weitergehend OLG Celle 15.2.1966 – 8 U 98/65, zit. bei *Klunziger* FR 1972, 183). Ein Grundstücksveräußerungsvertrag, in dem aus Gründen der Steuerersparnis ein niedrigerer als der mündlich vereinbarte Kaufpreis beurkundet wurde, ist als Scheinvertrag gemäß § 117 BGB nichtig (BGH 15.5.1970 NJW 1970, 1541). Die Veräußerung eines GmbH-Geschäftsanteils, bei der die Vertragsparteien einen Teil des Kaufpreises zum Gegenstand eines Scheingeschäfts gemacht haben, um die Höhe des Kaufpreises vor dem Finanzamt zu verschleiern, verstößt hingegen weder gegen ein gesetzliches Verbot, noch gegen die guten Sitten (BGH 23.2.1983, HFR 1984, 21). Nichtig ist dagegen ein Darlehen zum Ankauf unversteuerter Zigaretten (OLG Köln 29.5.1956, MDR 1957, 34), die Einrichtung eines Bankkontos zu dem Hauptzweck, die eingezahlten Beträge der Besteuerung zu entziehen (RG 29.9.1934, JW 1935, 420 m. zust Anm. *Boesebeck),* ein Kaufvertrag mit einer Ohne-Rechnung-Abrede, wenn diese die Preisvereinbarung beeinflusst hat (BGH 3.7.1968, MDR 1968, 843, sowie OLG Celle aaO), ein Beitrittsvertrag zur Beteiligung an einer KG, wenn die Beitrittserklärung zwecks Verlustzuweisung rückdatiert wurde (*Staudinger/Sack* (2003) § 134 Rn 287). Nichtig ist auch ein Werkvertrag, bei dem Unternehmer und Besteller gegen das SchwarzarbG verstoßen (BGH 23.9.1982, BGHZ 85, 39, 42 ff.), nicht aber dann, wenn nur der Unternehmer gegen das Gesetz verstößt und der Besteller diesen Gesetzesverstoß nicht kennt (BGH 20.12.1984, NJW 1985, 2403). Eine Vereinbarung, den Arbeitslohn „schwarz" auszuzahlen, führt regelmäßig nicht zur Nichtigkeit des Arbeitsvertrages. Soll die Abführung von Steuern und Beiträgen vereinbarungsgemäß teilweise unterbleiben, ist nur diese Abrede und nicht ein Teil der Vergütungsvereinbarung nichtig (BAG 26.2.2003, DB 2003, 1581). Ein Arbeitgeber, der die Schwarzarbeit seines Arbeitnehmers fördert, indem er auf seine Rechnung Material erwirbt und „über seine Bücher laufen lässt", kann aus einer entsprechenden Vereinbarung keine Rechte herleiten (ArbG Wetzlar 26.1.1993, BB 1993, 943). Im Falle eines nichtigen Schwarzarbeitsvertrages kann der vorleistende Schwarzarbeiter gem. §§ 812, 181 II BGB Wertersatz verlangen (BGH 31.5.1990, NJW 1990, 2542). Ein Beratervertrag, der abgeschlossen wird, um das Versprechen eines zusätzlichen Kaufpreises abzudecken, ist nicht nichtig, wenn er eine echte unterstützende Beratung sichern soll (BGH 23.2.1983, NJW 1983, 1843). Allein der Umstand, dass ein Architekt oder Handwerker ohne Rechnungslegung bezahlt wird, führt nicht zur Nichtigkeit des Vertrages (BGH 21.12.2000, BB 2001, 385). Verpflichtet sich ein Jagdpächter, neben der Jagdpacht jährlich eine Spende für gemeinnützige Zwecke zu leisten, ist der Jagdpachtvertrag nichtig, weil ein wesentliches Element der Schriftform fehlt (BGH 24.3.1994, NJW-RR 1994, 778). Der Mandant, gegen den wegen einer Steuerordnungswidrigkeit ein Bußgeld verhängt worden ist, hat keinen zivilrechtlichen Schadenersatz- oder Erstattungsanspruch dieses Betrages gegen seinen Steuerberater, wenn dieser seine Beratungs- und Sorgfaltspflichten nicht verletzt hat oder ein etwaiges Fehlverhalten nicht ursächlich für die Steuerordnungswidrigkeit war (OLG Stuttgart 30.1.1989, StB 200). Geht ein Anleger ein Geschäft so an, dass eine Umge-

hung von Steuerpflichten offenkundig geplant ist, und fördert die Bank dieses Vorgehen bereitwillig, so ist das Wertpapiergeschäft sittenwidrig (OLG Jena 6.6.1995, OLG-NL 1995, 193). Eine Steuerhinterziehung begründet keine Forderung des FA aus unerlaubter Handlung; § 370 AO ist kein Schutzgesetz iS des § 823 II BGB (BFH 24.10.1996, DStRE 1998, 29).

702 Die **Bezahlung einer Geldstrafe** durch einen Dritten erfüllt nicht den Tatbestand der Strafvereitelung. Dabei ist es gleichgültig, ob ein Dritter eine Geldstrafe sogleich bezahlt, sie dem Verurteilten später erstattet oder ob er ein Darlehen gewährt, dessen Rückzahlung er erlässt (BGH 7.11.1990, wistra 1991, 103).

Im **Insolvenzverfahren** droht die Versagung der Restschuldbefreiung gemäß § 290 InsO. Nach § 290 I Nr. 2 InsO ist diese zu versagen, *wenn der Schuldner in den letzten drei Jahren vor dem Antrag auf Eröffnung des Insolvenzverfahrens oder nach diesem Antrag vorsätzlich oder grob fahrlässig schriftlich unrichtige oder unvollständige Angaben über seine wirtschaftlichen Verhältnisse gemacht hat, um (...) Leistungen an öffentliche Kassen zu vermeiden.* Darunter fällt die Steuerhinterziehung (*Kothe/Ahrens/Grote* Rn. 27a zu § 290). Die Voraussetzungen des § 290 I Nr. 2 liegen auch dann vor, wenn zwar eine Selbstanzeige vorliegt, der Schuldner aber neue Steuerschulden hat auflaufen lassen (AG Celle 16.4.2003, ZVI 2003, 367).

703–705 *einstweilen frei*

6. Berufsrechtliche Folgen

Schrifttum: *Hoffmann/Wißmann,* Verurteilung durch Strafbefehl und berufsrechtliche Konsequenzen, PStR 2000, 279; *Wessing,* Nebenfolgen der Selbstanzeige, SAM 2010, 99; *Schmuck/Huber,* Berufs- und vertragsarztrechtliche Konsequenzen nach dem Strafverfahren – Ein Überblick, NJOZ 2011, 1793.

706 Ein **Beamtenverhältnis** endet, wenn der Beamte durch rechtskräftiges Urteil eines deutschen Gerichts wegen einer vorsätzlichen (Steuer-)Straftat zu einer Freiheitsstrafe von mindestens einem Jahr verurteilt worden ist (§ 41 I Nr. 1 BBG). Mit dem Verlust der Rechtsstellung hat der frühere Beamte keine Ansprüche auf Dienstbezüge und Versorgung (§ 41 II BBG). Ruhestandsbeamten droht die Kürzung oder Aberkennung des Ruhegehalts (OVG Lüneburg 1.12.2005, PStR 2006, 53; BVerwG 6.6.2000, DÖD 2000, 290). Unter denselben Voraussetzungen verlieren Berufssoldaten und Soldaten auf Zeit ihre Rechtsstellung (§§ 48, § 54 II Nr. SoldG). Ein Beamter begeht ein Dienstvergehen, wenn er schuldhaft die ihm obliegenden Pflichten verletzt (§ 77 I 1 BBG). Außerdienstliche Pflichtverletzungen sind als Dienstvergehen beurteilen, wenn das Verhalten nach den Umständen des Einzelfalles in besonderem Maße geeignet ist, Achtung und Vertrauen in einer für das Amt oder das Ansehen des Beamtentums bedeutsamen Weise zu beeinträchtigen (§ 77 I 2 BBG). Das VG Münster hat die Entfernung eines im Justizdienst beschäftigten Beamten bestätigt, der wegen einer Steuerhinterziehung zu einer Gesamtfreiheitsstrafe von 10 Monaten auf Bewährung verurteilt worden ist (VG Münster 8.4.2013 – 13 K 2731/12.0). Die Entfernung aus dem Beamtenverhältnis bzw. die Aberkennung des Ruhegehaltes kommt grds. in Betracht, wenn der Hinterziehungsbetrag einen siebenstelligen EUR-Betrag erreicht (BVerwG 28.7.2011 – 2 C 16/10). **Steuerhinterziehungen eines Finanzbeamten** in eigener Sache können daher als Dienstvergehen disziplinarrechtlich verfolgt werden (glA *Wannemacher/Grötsch* Rn. 1187; OVG Mecklenburg-Vorpommern 11.10.2011, PStR 2012, 161). Die Einleitung liegt im Ermessen der zuständigen Behörde (§§ 14, 21, 22 BDG). Eine **Selbstanzeige schließt ein Disziplinarverfahren nicht aus,** da § 371 AO nur die strafrechtliche nicht aber die disziplinarrechtliche Verfolgung verbietet (vgl. BVerwG 6.6.2000, DÖD 2000, 290; BFH 15.1.2008, NVwZ 2008, 1160). Die Mitteilung an Disziplinarstellen zur Durchführung dienstrechtlicher Maßnahmen bei Beamten und Richtern sowie für sonstige Angehörige der Finanzverwaltung ist in zwei BMF-Schreiben geregelt (BMF-Schreiben 12.3.2010, BStBl. I. 222; v. 20.6.2011, BStBl. I. 574). Ein relevanter Verstoß, der das Vertrauen der Öffentlichkeit in die Integrität der Verwaltung erschüttert, liegt im Falle der Steuerhinterziehung bei der Finanzverwaltung vor. Für die

Prüfung des Verstoßes ist nicht allein der Umfang der Steuerhinterziehung, sondern auch Art und Dauer der Straftat(en) zu berücksichtigen. Entgegen der alten Erlasslage soll es jetzt nicht mehr starr auf die Verkürzungsbeträge ankommen. So wurde ein öffentliches Interesse stets angenommen, wenn die Verkürzung pro Veranlagungszeitraum 5.000 DM (bzw. 2 500 EUR) überschritten hatte (BMF v. 10.5.2000, IV A 4 – S 0130 – 19/00, BStBl. I,. 494). Daher sollte z. B. eine Mitteilung auch bei einer höheren Hinterziehung im privaten Bereich bei nicht deklarierten Erbschaften bzw. deren Erträge möglich sein, wenn sich die Tathandlung in einem Untätigbleiben erschöpft. Diese Hinterziehung tangiert nicht mehr den Kernbereich der dienstlichen Pflichten. Im Einzelfall kann aber die Freiwilligkeit der Selbstanzeige ein maßgeblicher Milderungsgrund sein, der dazu führen kann, dass ein endgültiger Vertrauensverlust nicht festzustellen ist und daher eine Entfernung aus dem Dienst unterbleiben kann (OVG Rheinland-Pfalz 15.4.2005, PStR 2006, 54; Bad-WürttVGH 27.1.2011, PStR 2011, 276). § 49 BeamtStG, § 125c BRRG (gilt für Richter entsprechend, § 46 DRiG) und Nr. 15 MiStra begründet Mitteilungspflichten für Gerichte und Staatsanwaltschaften, und zwar auch insoweit, als sie Daten betreffen, die dem Steuergeheimnis (§ 30 AO) unterliegen. Umfasst hiervon ist die Übermittlung der Anklageschrift, der Antrag auf Erlass eines Strafbefehls sowie die einen Rechtszug abschließende Entscheidung (§ 49 I1 BeamtStG, § 125c I1 BRRG). Darüber hinaus in einem Strafverfahren erlangte und dem Steuergeheimnisse unterliegende Erkenntnisse dürfen gemäß § 49 IV iVm VI2 BeamtStG sowie nach § 125c IV iVm VI 2 BRRG unter den Voraussetzungen des § 30 IV Nr. 5 AO mitgeteilt werden. Ein zwingendes öffentliches Interesse an der Übermittlung iS von § 30 Abs. 4 Nr. 5 AO besteht insbes wenn die mitteilende Stelle zur Überzeugung gelangt ist, dass ein schweres Dienstvergehen vorliegt, der Sachverhalt mithin geeignet erscheint, eine im Disziplinarverfahren zu verhängende Maßnahme von Gewicht, dh grundsätzlich eine Zurückstufung oder die Entfernung aus dem Dienst, zu tragen (vgl. BVerfG 6.5.2008, NJW 2008, 3489). Die Steuerhinterziehung in erheblicher Höhe durch Angestellte einer Finanzbehörde ist als „wichtiger Grund „zur fristlosen Kündigung auch dann geeignet, wenn der Angestellte die Hinterziehung gemäß § 371 AO selbst angezeigt hat (BAG 21.6.2001, NJW 2002, 2582). Dagegen hat zwischenzeitlich das BVerwG eine Einschränkung vorgenommen. Danach kommt bei einem Hinterziehungsbetrag in siebenstelliger Höhe die Entfernung aus dem Beamtenverhältnis oder die Aberkennung des Ruhegehaltes in Betracht. Allerdings kann trotz der enormen Höhe des Hinterziehungsbetrages die höchste Disziplinarmaßnahme nicht verhängt werden, wenn der Milderungsgrund der freiwilligen Offenbarung (Selbstanzeige aus freien Stücken) greift (BVerwG 11.8.2001, wistra 2012, 27).

Bevor gegen einen Rechtsanwalt, Steuerberater, Wirtschaftsprüfer oder vereidigten **707**
Buchprüfer wegen einer Steuerordnungswidrigkeit, die er in Ausübung seines Berufs bei der Beratung in Steuersachen begangen hat, ein Bußgeldbescheid erlassen wird, ist der zuständigen Berufskammer Gelegenheit zur Stellungnahme zu geben (§ 411 AO). Berufspflichtverletzungen (zB §§ 57 ff. StBerG, §§ 43 ff. WPO, §§ 43 ff. BRAO, §§ 14 ff. BNotO) können der zuständigen Berufskammer mitgeteilt werden (§ 10 StBerG). Nicht jede berufliche Fehlleistung ist eine Berufspflichtverletzung (Einzelheiten Gleich lautende Erlasse der Obersten Finanzbehörden der Länder v. 23.1.2012, BStBl. I 205). Während diese Mitteilung im pflichtgemäßen Ermessen der Finanzbehörde liegt (§ 164a I StBerG, § 5 AO), begründen Nr. 24 u. 26 MiStra für bestimmte Angehörige der freien Berufe eine Mitteilungspflicht. Schwere Pflichtverletzungen, zu denen auch Steuerhinterziehungen gehören können, rechtfertigen im Einzelfall Sanktionen bis hin zum Berufsausschluss (BGH 6.8.1993, DStR 1994, 479). § 14 EGGVG erlaubt die Übermittlung personenbezogener Daten des Beschuldigten, die den Gegenstand eines Strafverfahrens betreffen, wenn diese Daten auf eine Berufspflichtverletzung schließen lassen. Steuerliche Verfehlungen durch **Bankmitarbeiter** können die Aufhebung der Erlaubnis nach dem Kreditwesengesetz zur Folge haben (§ 33 I Nr. 2, 3 KWG iVm § 35 II Nr. 3 KWG).

708 Die **ärztliche Approbation** ist gemäß § 5 BÄO zu widerrufen, wenn nachträglich die Voraussetzung nach § 3 I 1 Nr. 2 BÄO weggefallen ist, also der Arzt sich eines Verhaltens schuldig gemacht hat, aus dem sich seine Unwürdigkeit oder Unzuverlässigkeit zur Ausübung des ärztlichen Berufs ergibt (gleichlautend für den zahnärztlichen Beruf § 4 II iVm § 2 I 1 Nr. 2 ZHG). Ein solcher Eingriff in die durch Art. 12 I1 GG verfassungsrechtlich gewährleistete Freiheit der Berufswahl rechtfertigt das wichtige Gemeinschaftsgut der Gesundheitsversorgung (BVerwG 16.9.1997, NJW 1998, 2757). Die unbestimmten Rechtsbegriffe „Unzuverlässigkeit" und „Unwürdigkeit" werden nicht allein durch eine Straftat ausgefüllt; der Begriff der „Unzuverlässigkeit" wird im Berufsrecht durch die Prognose gekennzeichnet, ob der Betroffene in Zukunft seine beruflichen Pflichten zuverlässig erfüllen wird, „Unwürdigkeit" liegt vor, wenn der Arzt durch sein Verhalten nicht mehr das zur Ausübung des ärztlichen Berufs erforderliche Ansehen und Vertrauen besitzt (BVerwG 9.1.1991, NJW 1991, 1557 mwN). Die strafrechtliche Verurteilung wegen im Zusammenhang mit der Berufsausübung stehender (vorliegend gemeinschaftlichen) Steuerhinterziehung sowie wegen Vorenthaltens von Sozialversicherungsbeiträgen rechtfertigt die Annahme eines schwerwiegenden Fehlverhaltens bei der Einhaltung der beruflichen Verpflichtung als Arzt neben der prognostischen negativen Einschätzung für eine künftige ordnungsgemäße Ausübung des Arztberufes (zur Unzuverlässigkeit; OVG NRW 31.3.2010, PStR 2011, 62). Nicht jedes Steuervergehen führt zur Annahme der Unwürdigkeit iS des § 3 I 1 Nr. 2 BÄO, da Steuervergehen unmittelbar weder einen Rückschluss auf die berufliche Tätigkeit eines Arztes zulassen, noch das Wohlergehen der dem Arzt in besonderer Weise anvertrauten Gesundheit von Menschen betreffen (OVG Lüneburg 4.12.2009, PStR 2010, 34). Vielmehr rechtfertigt nur ein schwerwiegendes, beharrliches Fehlverhalten die Annahme, der Arzt setze sich aus eigenem finanziellen Interesse in einem solchen Maße auch über strafbewehrte, im Interesse der Allgemeinheit bestehende Bestimmungen hinweg, dass er schon deshalb als Arzt untragbar ist (OVG Lüneburg 4.12.2009, PStR 2010, 34; OVG NRW 25.5.1993, MedR 1994, 72).

709–720 *einstweilen frei*

X. Konkurrenzfragen

1. Die Hinterziehung mehrerer Steuern

Schrifttum: *v. Bonin,* Die Hinterziehung mehrerer Steuern, ZfZ 1940, 131; *Bauerle,* Fortsetzungszusammenhang und Dauerdelikt im Steuerstrafrecht, Aktuelle Fragen S. 201; *Henke,* Tatmehrheit, Tateinheit und fortgesetzte Handlung, DStZ 1959, 337; *Meine,* Tateinheit bei gleichzeitig eingereichten Steuererklärungen?, BB 1978, 1309; *Giemulla,* Konkurrenzen im Steuerstrafrecht, Inf 1979, 292; *Arendt,* Fortsetzungszusammenhang zwischen positivem Tun und Unterlassen bei Steuerhinterziehung, ZfZ 1982, 299; *Bilsdorfer,* Fortsetzungszusammenhang bei Nichtabgabe und Abgabe von unrichtigen Steuererklärungen, DStR 1982, 132; *Stahlschmidt,* Steuerhinterziehung, Beitragsvorenthaltung und Betrug im Zusammenhang mit illegaler Beschäftigung, wistra 1984, 209; *Kohlmann,* Vorschnelle Annahme von Fortsetzungszusammenhang im Steuerstrafrecht?, FR 1985, 517; *Kniffka,* Aspekte der Tateinheit bei Steuerhinterziehung, wistra 1986, 89; Klein, Die negativen Rechtsfolgen des fortgesetzten Delikts im Strafrecht unter besonderer Berücksichtigung des Steuerstrafrechts, Diss. Köln 1986; *Montenbruck,* Steuerhinterziehung und gewerbsmäßiger Schmuggel, wistra 1987, 7; *Bongartz,* Der Fortsetzungszusammenhang im Steuerstrafrecht, 1990; *Stree,* Probleme der fortgesetzten Tat, Krause-FS 1990, 3057; *Timpe,* Fortsetzungszusammenhang und Gesamtvorsatz, JA 1991, 13; *Ditges/Graß,* Rechtsprechungsänderung zur fortgesetzten Steuerhinterziehung – Konsequenzen für Straf- und Besteuerungsverfahren, DStR 1992, 1001; *Geppert,* Die „fortgesetzte Tat" im Spiegel jüngerer Rechtsprechung und neuerer Literatur, Jura 1993, 649; *Schmitz,* Die fortgesetzte Steuerhinterziehung in der Rechtsprechung des BGH, wistra 1993, 127; *Erb,* Die Reichweite des Strafklageverbrauchs bei Dauerdelikten und fortgesetzten Taten, GA 1994, 265; *Hamm,* Das Ende der fortgesetzten Handlung, NJW 1994, 1636; *Zschockelt,* Die praktische Handhabung nach dem Beschluß des Großen Senats für Strafsachen zur fortgesetzten Handlung, NStZ 1994, 361; *Bohnert,* Zur Feststellung des Tatumfangs bei Serientaten, die nicht mehr als fortgesetzte Handlung gewertet werden dürfen, NStZ 1995, 460; *Dannecker,* Die Rechtsprechungsänderung zur fortgesetzten Handlung und ihre Konsequenzen für Steuerstrafsachen, Finanzstrafrechtliche Tagung, 1997, S. 9; *Kalf,* Muß die Veränderung der Konkurrenzverhältnisse die Strafe beeinflussen?, NStZ 1997, 66; *Wankel,* Strafklageverbrauch und materiellrechtliche Konkurrenzlehre, JA 1997, 231; *Zschockelt,* Die Auswirkungen der Entscheidung des Großen Senats für Strafsachen zum Fortsetzungszusammenhang, JA 1997, 411; *Bender,* Erweiterte Ermittlungsbefugnisse der Finanzbehörden im allgemeinstrafrechtlichen Bereich?, wistra 1998, 93; *Satzger,* Zum strafrechtlichen Prinzip des Verklammerns und Entklammerns selbstständiger Taten, JR 1998, 518 *Geppert,* Grundzüge der Konkurrenzlehre, Jura 2000, 598, 651; *Walter,* Zur Lehre von den Konkurrenzen, JA 2004, 133; *Rolletschke,* Die Konkurrenz zwischen Beitragsbetrug und Lohnsteuerhinterziehung, wistra 2005, 211; *Leplow,* Konkurrenzen beim Erlangen nicht gerechtfertigter Steuervorteile, PStR 2008, 13; *Salditt,* Die Tat bei der Hinterziehung von Einkommensteuer, FS Volk 2009, 637; *Rolletschke/Steinhart,* Die steuerstrafrechtliche Konkurrenzlehre und ihre Auswirkungen; insbesondere auf das Selbstanzeigerecht, NZWiSt 2015, 71.

Die Abgabe jeder einzelnen unrichtigen Steuererklärung bildet grundsätzlich eine selbstständige Tat (BGH 28.10.2004, wistra 2005, 30; BGH 2.4.2008, wistra 2008, 266). Treffen in derselben Steuererklärung mehrere unrichtige Teilerklärungen zusammen, zB falsche Angaben über die Höhe der Einkünfte aus Gewerbebetrieb und über die Sonderausgaben, wird von der hM eine Handlung angenommen, nicht etwa mehrere, in Tateinheit begangene Handlungen (krit. *Franzen* DStR 1964, 382); so für mehrere Leistungen in demselben USt-Voranmeldungszeitraum BGH 21.8.1980, NJW 1980, 2591. 721

Tateinheit liegt vor (Rn. 114 zu § 369), wenn durch ein und dieselbe unrichtige Steuererklärung mehrere Steuerarten verkürzt werden, zB ESt und die hiervon abhängige KiSt, sofern diese als Steuerhinterziehung strafbar ist (Rn. 30 zu § 386); USt, GewSt und ESt, wenn der Stpfl nur eine USt-Erklärung abgibt und erklärt, dass sein Gewinn 10 vH des (zu niedrig) erklärten Umsatzes betrage und das FA daraufhin USt, GewSt und ESt zu niedrig festsetzt (vgl. *Suhr* 1977, S. 192 sowie RG 9.5.1933, RStBl. 577; RG 15.1.1936, RStBl. 114; RG 3.11.1936, RStBl. 1090; BGH 28.11.1957, ZfZ 1958, 145). Desgleichen liegt Tateinheit vor, wenn durch eine Täuschungshandlung, die nicht in der Abgabe einer unrichtigen Steuererklärung besteht, mehrere Steuerarten zugleich verkürzt werden, zB bei einem wahrheitswidrig begründeten Stundungs- oder Erlassantrag, der sich auf verschiedenartige Steuerrückstände bezieht (*Henke* DStZ 1959, 337; vgl. auch OLG Saarbrücken 25.2.1999, wistra 1999, 276, zur Verletzung der Gestellungspflicht). 722

Bei der Abgabe mehrerer unrichtiger Erklärungen zu verschiedenen Steuerarten, zB USt und ESt, besteht grundsätzlich Tatmehrheit (OLG Neustadt 29.5.1957, DB 1957, 706; Erbs/Kohlhaas/*Hadamitzky/Senge* AO § 370 Rn. 99). Dasselbe gilt, wenn GewSt- und ESt-Hinterziehung oder USt- und ESt-Hinterziehung durch Nichtabgabe von Steuererklärungen begangen werden (BGH 23.7.2014, wistra 2014, 443; OLG Hamm 6.12.1962, BB 1963, 459; BayObLG 24.1.1963, DStZ/B 1963, 112; BayObLG StB 1992, 462; Erbs/Kohlhaas/*Hadamitzky/Senge* AO § 370 Rn. 99). Tateinheit kann jedoch dann vorliegen, wenn mehrere Erklärungen, zB zur GewSt und ESt, durch dieselbe körperliche Handlung abgegeben werden (BGH 28.2.1978, BB 1302; BGH 21.3.1985, wistra 1985, 189; BGH 26.5.1993, wistra 1993, 222; BGH 12.9.1995, wistra 1995, 22; BGH 20.9.1995, wistra 1996, 62; BGH 5.3.1996, wistra 1996, 231; aM *Meine* BB 1978, 1309). Die Abgabe zum selben Zeitpunkt genügt jedoch ebenso wenig wie der Umstand, dass mehrere, durch verschiedene Handlungen eingereichte Steuererklärungen teilweise übereinstimmende unrichtige Angaben enthalten. 723

Wenn der BGH (23.7.2014, wistra 2014, 443; ähnlich Klein/*Jäger* AO § 370 Rn. 231; Erbs/Kohlhaas/*Hadamitzky/Senge* AO § 370 Rn. 100; siehe auch *Rolletschke/Steinhart* NZWiSt 2015, 71) für das Vorliegen von Tateinheit nicht die Abgabe einer Erklärung durch eine einheitliche Handlung genügen lässt, sondern darüber hinaus verlangt, dass die Unrichtigkeit der Angaben jedenfalls teilidentisch ist, entspricht dies nicht den sonst üblichen Anforderungen. Eine einzige **Ausführungs**handlung begründet **immer** Tateinheit (vgl. *Lackner/Kühl* 3 vor § 52 StGB). Dass die elektronische Übermittlung von Steueranmeldungen und -erklärungen mehrere Handlungen erfordert, führt zwar dazu, dass es keine Mehrzahl von Erklärungen „in einem Umschlag" mehr gibt; das Problem bleibt dennoch. So kann durch eine Anweisung des mittelbaren Täters eine Mehrzahl von Steuerhinterziehungen auf den Weg gebracht werden, für die § 52 StGB gilt (vgl. BGH 27.6.1996, wistra 1996, 303; BGH 19.7.2001. wistra 2001, 378; BGH 28.5.2003, wistra 2003, 342). Ebenso 724 kann durch eine Handlung Beihilfe zu mehreren Haupttaten eines anderen geleistet werden (BGH 27.10.1999, NStZ 2000, 83). Werden in derselben Nacht 456 verschiedene Firmen betreffende Umsatzsteuervoranmeldungen in den gleichen Briefkasten geworfen und zur Versendung gebracht werden, will der BGH Tatmehrheit annehmen und eine natürliche Handlungseinheit ablehnen (BGH 24.11.2004, wistra 2005, 56). Letzteres mag richtig sein, Ersteres nur, wenn die Umschläge einzeln eingeworfen wurden. Festgestellt war aber nur, dass die Täter zwei Fahrten zu einem Postbriefkasten unternahmen. Insgesamt ist die Auffassung des BGH schon deshalb nicht überzeugend, weil sie der ständigen Rechtsprechung etwa zum Betrug deutlich widerspricht: Wer einmalig organisiert, dass seine Vertreter Kunden täuschen, begeht nur eine Handlung (BGH 23.5.2013, wistra 2013, 389), ohne dass bislang jemand vorausgesetzt hätte, Tatmittler oder Kunden müssten eine Beziehung zueinander aufweisen.

725 Eine wiederholte (fortgesetzte) Tatbegehung begründet keine Tateinheit. Soweit die Rechtsprechung bislang einen Fortsetzungszusammenhang auch im Rahmen der Steuerhinterziehung für möglich hielt (vgl. Rn. 115 zu § 369 AO; 3. Aufl. Rn. 270 ff. zu § 370), wurde dies für bestimmte Delikte durch den Beschluss des Großen Senates vom 3. Mai 1994 (BGHSt 40, 138) und ihm folgend vom 5. Senat (BGH 20.6.1994, BGHSt 40, 195) ausdrücklich aufgegeben. Dies ist insofern zu begrüßen, als die unerträglichen Konsequenzen für die Verjährung der Steuerhinterziehung damit abgestellt wurden, führt aber zu einer Reihe schwieriger Probleme (vgl. 115 ff. zu § 369) und zwingt den Richter in Einzelfällen zu einer überaus mühseligen Darstellung insbes. der Strafzumessung. Namentlich bei der Umsatzsteuerhinterziehung wird man jedoch entgegen der Auffassung des 5. Senats an der Figur der fortgesetzten Tat festhalten können; der Große Senat lässt die Einordnung eines Verhaltens als fortgesetzte Handlung dann noch zu, *„wenn dies zur sachgerechten, dh dem Sinn des Gesetzes entsprechenden Erfassung des durch die mehreren Verwirklichungen des Tatbestandes begangenen Unrechts und der Schuld unumgänglich ist“*. Maßgeblich sein soll der spezielle Deliktscharakter (BGH 3.5.1994, wistra 1994, 191). Unrecht und Schuld der Umsatzsteuerhinterziehung können aber nur in ihrer Gesamtheit als Summe aus unrichtigen Voranmeldungen und Jahreserklärung erfasst werden, so dass hier eine fortgesetzte Tat denkbar bleibt. Für die Lohnsteuerhinterziehung gilt dies nicht, weil hier jede Lohnsteueranmeldung eine isolierte ist und nicht etwa Teil auf dem Weg zu einer Jahreserklärung.

726 Da zwischen Umsatzsteuervoranmeldung und Jahreserklärung Fortsetzungszusammenhang möglich ist (Rn. 725), gilt nämliches auch zwischen dem Unterlassen der Abgabe der Voranmeldungen und der Umsatzsteuer-Jahreserklärung (vgl. BGH 11.5.1982, wistra 1982, 145). Gibt der Stpfl dagegen im Anschluss an fortlaufend unrichtige Voranmeldungen eine Jahreserklärung ab, die neue Unrichtigkeiten enthält, wird ein Fortsetzungszusammenhang nur angenommen werden können, wenn dies bereits zu Beginn der Einreichung unrichtiger Voranmeldungen so geplant war (Gesamtvorsatz). Anders nimmt der BGH 13 selbstständige Taten an, wobei die unrichtigen Umsatzsteuervoranmeldungen lediglich zu einer Steuerverkürzung auf Zeit führten, während die (endgültige) Verkürzung auf Dauer erst durch die Abgabe einer falschen Jahreserklärung bzw. durch Nichtabgabe einer Jahreserklärung bewirkt werde. Die Abgabe einer unrichtigen Jahreserklärung sei keine mitbestrafte Nachtat (BGH 2.11.1995, wistra 1996, 106; vgl. auch BGH 10.12.1991, BGHSt 38, 165, 171), so dass ggf. die Steuerhinterziehung durch unrichtige Voranmeldungen gemäß § 154 StPO eingestellt werden muss, soll der Prozessstoff beschränkt werden (vgl. BGH 6.2.2002, wistra 2002, 185). Die USt-Voranmeldungen eines Jahres und die anschließende USt-Jahreserklärung des nämlichen Jahres bilden eine einheitliche Tat iS des § 264 StPO (BGH 24.11.2004, wistra 2005, 66). Demgegenüber sind die LSt-Hinterziehung des ArbG und die ESt-Hinterziehung des ArbN zwei Taten iS des § 264 StPO (OLG Zweibrücken 29.4.2005, PStR 2005, 207).

727 **Mehrere selbstständige Steuerhinterziehungen** werden auch begangen, wenn zB ein Schmuggler eine selbst eingeschwärzte Ware veräußert und die erzielten Einnahmen nicht versteuert. Auch ist es nicht ausgeschlossen, dass derselbe Stpfl hinsichtlich desselben Steuerbetrages nacheinander mehrmals Steuerhinterziehung begeht, zB zunächst durch Abgabe einer unrichtigen Steuererklärung und später – nach Entdeckung dieser Tat – durch Vereiteln der Vollstreckung der festgesetzten Nachzahlung.

2. Verhältnis des § 370 AO zu anderen Steuerstraf- und -bußgeldtatbeständen

Steuerhinterziehung und Bannbruch (§ 372) treffen regelmäßig in Tateinheit zusammen, wenn bei der Einfuhr einer Sache zugleich gegen ein Ein- oder Durchfuhrverbot verstoßen und eine Einfuhr- oder Ausfuhrabgabe verkürzt wird (vgl. § 370 V sowie Rn. 84 zu § 372). 728

Steuerhinterziehung und Steuerhehlerei (§ 374) haben keine gemeinsamen Merkmale; sie werden daher stets in *Tatmehrheit* begangen. Begeht derselbe Täter erst Steuerhinterziehung, dann Steuerhehlerei, zB durch das Absetzen einer selbst geschmuggelten Ware, ist die Steuerhehlerei im Verhältnis zur Steuerhinterziehung *mitbestrafte Nachtat* (s. Rn. 121 zu § 369 und Rn. 81 zu § 374). Folgt dagegen umgekehrt auf die Steuerhehlerei eine Steuerhinterziehung, kann weder Fortsetzungszusammenhang angenommen noch die Steuerhinterziehung als mitbestrafte Nachtat der Steuerhehlerei gewürdigt werden, da hierbei verschiedene Steuerarten beeinträchtigt werden (Rn. 83 zu § 374). Über die Möglichkeit der Wahlfeststellung zwischen Steuerhinterziehung und -hehlerei s. Rn. 95 zu § 374. 729

Steuerhinterziehung und Steuerzeichenfälschung werden bei dem Verwenden gefälschter (§ 148 I StGB) oder Wiederverwenden echter Steuerzeichen (§ 148 II StGB) in Tateinheit begangen (Rn. 180 zu § 369). 730

Erfüllt eine Handlung zugleich die Tatbestände des § 370 AO und einer (Steuer-) Ordnungswidrigkeit, wird gemäß § 21 OWiG nur das Strafgesetz angewendet (Rn. 37 zu § 377). Dies gilt namentlich dann, wenn der Stpfl durch die Abgabe einer unrichtigen Steuererklärung teils vorsätzlich, teils leichtfertig (vgl. § 378) Steuern verkürzt (BGH 17.3.1953, NJW 1953, 1561), aber auch dann, wenn jemand durch unerlaubte Hilfeleistung in Steuersachen (vgl. § 160 StBerG) zum Vorteil seines Auftraggebers Steuern hinterzieht. 731

Ist eine Steuerordnungswidrigkeit bereits abgeschlossen, bevor die Ausführung der Steuerhinterziehung beginnt, so gilt der allgemeine Grundsatz, dass *„die geringere Gefährdung eines und desselben Rechtsgutes nur berücksichtigt wird, wenn die Handlung nicht zu einer stärkeren Gefährdung des Rechtsgutes oder zu seiner Verletzung führt"* (BGH 12.8.1954, BGHSt 6, 308, 311); zur mitbestraften Vortat s. Rn. 123 zu § 369 AO. Nach diesem allgemeinen Grundsatz ist nur § 370 AO anzuwenden. 732

Zwischen unbefugter Hilfeleistung in Steuersachen (§ 160 StBerG) und Steuerhinterziehung, begangen durch Verheimlichen der durch die Hilfeleistung erzielten Einnahmen, besteht Tatmehrheit, so dass die Hilfeleistung nach § 160 StBerG als Ordnungswidrigkeit und die Hinterziehung nach § 370 AO als Straftat jeweils für sich zu beurteilen sind. Das gleiche gilt für das Verheimlichen eigener Einnahmen aus Schwarzarbeit nach § 1 SchwarzarbG. Wegen des persönlichen Zusammenhangs kann die StA gemäß § 42 OWiG auch die Verfolgung der jeweiligen Ordnungswidrigkeit übernehmen, wenn sie die Straftat nach § 370 AO verfolgt. Ist jedoch die unbefugte Hilfeleistung zugleich Beihilfe zur Steuerhinterziehung, liegt Tateinheit vor (vgl. Rn. 731). 733

3. Verhältnis des § 370 AO zu § 263 StGB

Allgemein zum Verhältnis zwischen §§ 263, 264 StGB und § 370 AO s. Rn. 127 ff. 734

Gesetzeskonkurrenz besteht, wenn sich der Erfolg einer Handlung, welche zugleich die Merkmale des § 370 AO und des § 263 StGB erfüllt, in der Verkürzung von Steuereinnahmen erschöpft. In diesem Fall geht das Sondergesetz des § 370 AO dem § 263 StGB mit der Folge vor, dass allein § 370 AO anzuwenden ist (einhM seit RG 25.4.1929, RGSt 735

63, 139, 142; vgl. BGH 22.1.1953, ZfZ 1953, 381; BGH 22.5.1957, zit. bei *Herlan* GA 1958, 49).

736 **Tateinheit oder Tatmehrheit kann** – je nach den Umständen – zwischen Steuerhinterziehung und Betrug vorliegen, wenn der Täter mit einer unrichtigen Steuererklärung, dem ihm erteilten unrichtigen Steuerbescheid oder einer von ihm hervorgerufenen unrichtigen Bescheinigung des FA unter den Voraussetzungen des § 263 StGB einen sonstigen Vermögensvorteil zum Nachteil der öffentlichen Hand erschleicht, zB in Bezug auf die Grundsicherung für Arbeitssuchende nach dem SGB II, Prozesskostenhilfe nach §§ 114 ff. ZPO usw. Desgleichen können private Gläubiger mit Hilfe unrichtiger Steuerbescheide betrogen werden, zB Miterben oder Mitgesellschafter, unterhaltsberechtigte (ehemalige) Ehegatten, ferner Angestellte, Vermieter oder Verpächter bei umsatz- oder gewinnabhängigen Tantiemen, Mieten oder Pachten, oder auch Gläubiger einkommensabhängiger Schadensersatzansprüche oder Kreditgeber. Tateinheit mit Betrug ist insbesondere in solchen Fällen denkbar, in denen die nämliche Handlung Auswirkungen nicht nur auf eine Steuer hat, sondern auf andere Vermögensvorteile, die dem § 370 nicht unterfallen. Der Fall war dies etwa bei der Eigenheimzulage, bei der durch unrichtige Angaben zu Höhe der Einkünfte einerseits eine Steuerverkürzung eintreten konnte, andererseits die Eigenheimzulage zu Unrecht gewährt wurde. Für Letztere ist der Betrugstatbestand einschlägig.

4. Verhältnis des § 370 AO zu sonstigen Straftatbeständen

Schrifttum: *Glöggler,* Die Bestrafung der Kfz-Steuervergehen bei Zusammentreffen mit anderen Strafbestimmungen, SJZ 1950, 689; *Dünnebier,* Welchem Gesetz ist die Strafe bei Tateinheit von Diebstahl mit Steuerhinterziehung zu entnehmen?, ZfZ 1952, 70; *Lenkewitz,* Tateinheit oder Tatzusammentreffen von Zollhinterziehung und Warenverbringungsvergehen, ZfZ 1953, 166; *Schnitzler,* Kraftstoffausweise als öffentliche Urkunden, MDR 1960, 813.

Beispiele für Tateinheit:

737 – *Widerstand gegen Vollstreckungsbeamte* (§ 113 StGB) durch gewaltsames Durchbrechen von Straßensperren mit Schmuggelfahrzeugen, bei dem das Leben von Zollbeamten gefährdet wird (OLG Köln 12.5.1953, ZfZ 1953, 249), oder durch Gewaltanwendung gegen einen Vollziehungsbeamten (OLG Hamm 24.5.1960, ZfZ 1960, 279);
– *Pfandsiegelbruch* (§ 136 II StGB) oder Verstrickungsbruch (§ 136 StGB), wenn durch das Beiseiteschaffen der gepfändeten Sachen zugleich Steuern hinterzogen werden (BGH 1.3.1956, BStBl. I 441);
– *Falsche Versicherung an Eides Statt* (§ 156 StGB) durch Verschweigen eines Vermögenswertes bei Leistung der Versicherung nach § 284 AO vor dem FA (RG 29.8.1938, JW 1938, 2899);
– *Verleumdung* (§ 187 StGB) der Beamten eines bestimmten Postamts durch die Behauptung, sie hätten einen Brief mit LSt-Anmeldungen, den der Stpfl in Wirklichkeit gar nicht abgesandt hatte, unterschlagen (RG 30.8.1938, RStBl. 865 f.);
– *Diebstahl* (§ 242 StGB) von zoll- und verbrauchsteuerpflichtigen Waren (OLG Frankfurt 16.1.1952, JZ 1952, 314; BGH 25.11.1959, BGHSt 13, 399);
– *Unterschlagung* (§ 246 StGB) und Untreue (§ 266 StGB) eines StBer, der auftragswidrig für seinen Mandanten keine USt-Voranmeldungen abgibt und sich die ihm zur Einzahlung bei der Finanzkasse übergebenen Geldbeträge zueignet (OLG Hamm 20.9.1960, BB 1960, 1234; vgl. auch BGH 22.1.1953, ZfZ 1953, 381);
– *Untreue* (§ 266 StGB) eines Finanzbeamten durch pflichtwidrige Bearbeitung der eigenen (BGH 26.11.1954, NJW 1955, 192) oder einer fremden Steuersache (BGH 21.10.1997, wistra 1998, 64; BayObLG 29.4.1997, wistra 1997, 313);
– *Betrug* (§ 263 StGB) und Urkundenfälschung (§ 267 StGB) durch einen kinderlos verheirateten Gastarbeiter, der mit gefälschten Papieren Kindergeld und Kinderfreibeträge erschleicht (SchG Hagen 12.5.1964 – 11 Ms 9/64, zit. bei *Suhr* 1977, S. 197);
– *Urkundenfälschung* (§ 267 StGB) durch Gebrauch falscher Urkunden gegenüber dem FA zum Zwecke der Steuerhinterziehung (RG 3.1.1935, RStBl. 131) oder durch Vorlage einer zu demselben Zweck verfälschten LStKarte an den ArbG (RG 22.3.1926, RGSt 60, 161 ; RG 14.8.1941, RStBl. 1942, 267) oder zum Zwecke der Verschleierung von Hinterziehungshandlungen dadurch, dass ein Schwarzhändler mit Treibstoffen zur Tarnung Quittungen verfälscht und sie seinen Kunden als Ausgabenbelege überlässt (OLG Neustadt 20.3.1963, NJW 2180 mit abl. Anm. *Henke* sowie abl.

Anm. *Kulla* NJW 1964, 168). Das bloße Herstellen falscher Urkunden ist unter dem Blickwinkel des § 370 AO nur straflose Vorbereitungshandlung; kommt es dann zur versuchten oder vollendeten Steuerhinterziehung, ohne dass von den gefälschten Urkunden Gebrauch gemacht würde, stehen Urkundenfälschung und Steuerhinterziehung zueinander im Verhältnis der Tatmehrheit (vgl. BGH 25.1.1983, BGHSt 31, 225).

- *Mittelbare Falschbeurkundung* (§§ 271, 272 StGB) dadurch, dass Zollbeamte bei der Ausreise mit Landkraftfahrzeugen zum Ausstellen unrichtiger Kraftstoffausweise (§ 69 I Nr. 33 ZG 1939) veranlasst werden, mit deren Hilfe der Täter bei der Wiedereinreise Abgaben hinterziehen will (OLG Köln 2.6.1959, ZfZ 1960, 277; 18.10.1963, JMBl. NW 1964, 106; krit. *Schnitzler* MDR 1960, 813). Keine öffentliche Urkunde ist der Überweisungszettel, durch den die bezeichnete Ware als zollamtlich abgefertigt erklärt wird (OLG Bremen 25.8.1965, ZfZ 1966, 83);
- *Aktive Bestechung* (§ 333 StGB aF) durch Zahlen von Schmiergeld an den Buchhalter einer Finanzkasse, der Steuerrückstände durch Falschbuchungen scheinbar verringert (BGH 1.12.1953, DStR 1954, 470);
- *Vergehen nach § 6 PflVersG* durch widerrechtliches Benutzen eines nicht versteuerten und nicht versicherten Kfz (OLG Frankfurt 16.1.1963, NJW 1963, 1072 mit zust. Anm. *Leise);* illegaler Grenzübertritt nach § 11 I Nr. 1 PassG durch Ein- und Ausreise eines Schmugglers, der sich nicht ausweist (BayObLG 16.12.1953, ZfZ 1954, 285).

Beispiele für Tatmehrheit:

- *Sachhehlerei* (§ 259 StGB) bei Nichtversteuerung der Einnahmen aus der Veräußerung gehehlter Waren (OLG Hamburg 20.12.1961, NJW 1962, 754; Erbs/Kohlhaas/*Hadamitzky/Senge* AO § 370 Rn. 103); **738**
- **Regelmäßig auch** *Bestechung* (Ausnahmen s. Rn. 735), da die Entgegennahme des Vorteils und die durch Bestechung erwirkte Amtshandlung nicht identisch sind (BGH 11.1.1955, BGHSt 7, 149, 151);
- **Unterlassen der** *Abführung von Sozialversicherungsbeiträgen/Beitragsvorenthaltung* und gleichzeitiges Unterlassen der LSt-Anmeldung, da mehrere, wenn auch gleichartige Handlungspflichten gegenüber verschiedenen Verwaltungsbehörden verletzt werden (BGH 24.7.1987, BGHSt 35, 14 ; BayObLG 26.11.1985, wistra 1986, 119; AO; aM OLG Düsseldorf 2.12.1986, wistra 1987, 191; vgl. auch *Stahlschmidt* wistra 1984, 210; BGH 30.5.1963, BGHSt 18, 376, 379 zu § 170b StGB in Abkehr von RG 28.6.1934, HRR 1935 Nr. 96; RG 4.11.1935, JW 1936, 515).

einstweilen frei **739, 740**

Anhang: §§ 26b, 26c UStG

§ 26b UStG Schädigung des Umsatzsteueraufkommens

(1) Ordnungswidrig handelt, wer die in einer Rechnung im Sinne von § 14 ausgewiesene Umsatzsteuer zu einem in § 18 Abs. 1 Satz 4 oder Abs. 4 Satz 1 oder 2 genannten Fälligkeitszeitpunkt nicht oder nicht vollständig entrichtet.

(2) Die Ordnungswidrigkeit kann mit einer Geldbuße bis zu fünfzigtausend Euro geahndet werden.

§ 26c UStG Gewerbsmäßige oder bandenmäßige Schädigung des Umsatzsteueraufkommens

Mit Freiheitsstrafe bis zu fünf Jahren oder mit Geldstrafe wird bestraft, wer in den Fällen des § 26b gewerbsmäßig oder als Mitglied einer Bande, die sich zur fortgesetzten Begehung solcher Handlungen verbunden hat, handelt.

Schrifttum: *Joecks,* Steuerstrafrechtliche Risiken in der Praxis. Ermittlungsschwerpunkte und Verschärfung der Rechtslage, DStR 2001, 2184; *Bender,* Neuigkeiten im Steuerstrafrecht 2002 für die Zollverwaltung, ZfZ 2002, 146; *Gotzens/Wegner,* Das Steuerverkürzungsbekämpfungsgesetz: Eine erste Einschätzung, PStR 2002, 32; *Heerspink,* Änderungen durch das Steuerverkürzungsbekämpfungsgesetz. Verlust der Selbstanzeige kontraproduktiv?, AO-StB 2002, 88; *ders.,* Steuerhinterziehung als Vortat zur Geldwäsche, AO-StB 2002, 132; *Heil,* Das Steuerverkürzungsbekämpfungsgesetz, StuB 2002, 221; *Hillmann-Stadtfeld,* Umsatzsteuernachschau und Verschärfung der Strafrechtslage durch das Steuerverkürzungsbekämpfungsgesetz, DStR 2002, 434; *dies.,* Die strafrechtlichen Neuerungen nach dem Steuerverkürzungsbekämpfungsgesetz (StVBG), NStZ 2002, 242; *Joecks,* Strafvorschriften im Steuerverkürzungsbekämpfungsgesetz, wistra 2002, 201; *Kruhl,* Reichen die Maßnahmen des Steuerverkürzungsbekämpfungsgesetzes zur Betrugsbekämpfung aus oder ist eine Änderung des Umsatzsteuersystems notwendig?, BB 2002, 1018; *Lührs,* Auswirkungen des Steuerverkürzungsbekämpfungsgesetzes (StVBG) auf die strafrechtliche Praxis, BuW 2002, 711; *Maier/Weigl,* Steuerverkürzungsbekämpfungsgesetz, WPg 2002, 461; *Nieskens,* Die Änderungen in der Umsatzsteuer zum 1.1.2002, UStB 2002, 46; *ders.*, Steueränderungsgesetz 2001 und Steuerverkürzungsbekämpfungsgesetz, UR 2002, 53; *Stahl*, Steuerverkürzungsbekämpfungsgesetz: Umsatzsteuerhaftung, Nachschau, Steuerhinterziehung als Verbrechenstatbestand, KÖSDI 2002, 13 204; *Weyand*, Neue Strafgeldtatbestände und Bußgeldtatbestände infolge des Steuerverkürzungsbekämpfungsgesetzes, Information StW 2002, 183; *Widmann*, Die umsatzsteuerrechtlichen Rechtsänderungen zum 1.1.2002, DB 2002, 166; *Bielefeld*, Schützen die §§ 26b, 26c UStG das Umsatzsteueraufkommen?, BB 2004, 2441; *Nöhren*, Die Hinterziehung von Umsatzsteuer, 2005; *Webel*, Schädigung des Umsatzsteueraufkommens, PStR 2005, 259; *Wilhelm*, Schutz des Umsatzsteueraufkommens durch §§ 26b, 26c UStG, UR 2005, 474; *Kußmaul/Hillmer*, Umsatzsteuerbetrug – Ausprägungsformen und bisherige Maßnahmen des Gesetzgebers, SteuerStud 2006, 525; *Tormöhlen*, Steuerstraf- und bußgeldrechtliche Reaktion auf Umsatzsteuer-Karussellgeschäfte, UVR 2006, 207; *Friedrich*, Schädigung des Umsatzsteueraufkommens, PStR 2007, 82; *Wessing*, Steuerordnungswidrigkeiten – Gefahr und Chance für die Verteidigung, SAM 2007, 9; *A. Müller*, Die Umsatzsteuerhinterziehung, AO-StB 2008, 80. *Gaede*, Leerlauf der gewerbs- oder bandenmäßigen Schädigung des Umsatzsteueraufkommens?, PStR 2011, 233.

1. Allgemeines

741 **a) Entstehungsgeschichte.** Die §§ 26b, 26c UStG sind – gemeinsam mit § 370a AO aF – durch das Gesetz zur Bekämpfung von Steuerverkürzungen bei der Umsatzsteuer und zur Änderung anderer Steuergesetze (Steuerverkürzungsbekämpfungsgesetz – StVBG) 19.12.2001 (BGBl. 2001 I 3922) in das UStG eingefügt worden und zum 1.1.2002 in Kraft getreten (Art. 9 II StVBG). Im Gesetzentwurf der Bundesregierung 10.9.2001 (BT-Drs. 14/6883) waren die Regelungen noch nicht enthalten. Wie bei § 370a AO aF wurden die Bestimmungen dann auf Initiative des Bundesrates bzw. im Finanzausschuss in das Gesetzesvorhaben aufgenommen (BT-Drs. 14/7085, 14/7470, 14/7471).

742 **b) Zweck und Gegenstand der Regelung.** Das bloße **Nichtzahlen von Steuern** war bislang regelmäßig nicht als Ordnungswidrigkeit zu erfassen und erst recht nicht strafbar. Eine Ausnahme stellte die Ordnungswidrigkeit des § 380 AO für den Bereich der LSt dar (vgl. § 380 Rn. 2 ff.). Dabei ist zu bedenken, dass die einbehaltene LSt als ESt der Arbeitnehmer praktisch vom Arbeitgeber treuhänderisch einbehalten wird. Die nunmehr getroffene Sanktionierung der Nichtentrichtung einer eigenen Steuerschuld ist ein Novum im deutschen Steuerrechtsgefüge (OSL/*Blesinger* 3 zu § 26b UStG). Bislang begnügte sich der Gesetzgeber bei säumigen Steuerzahlern mit der Erhebung eines Säumniszuschlags (§ 240 AO). Dass § 26b UStG damit § 240 AO überlagert, wurde im Gesetzgebungsverfahren von den Vertretern der Opposition im Finanzausschuss thematisiert (BT-Drs. 14/7471, 5). Die Ausschussmehrheit verwies dann lediglich auf die Möglichkeit, das Verfahren nach dem Opportunitätsprinzip einzustellen, *„wobei auch die in § 266a Abs. 5 StGB genannten Umstände als Maßstab für die diesbezüglichen Ermessensentscheidungen in Betracht kommen können"* (BT-Drs. 14/7471, 8).

743 Die Fälle, in denen durch **Nichtzahlung der Umsatzsteuer** Liquidität geschöpft wird, sind unterschiedlich. In einer ersten Fallgruppe werden USt-Voranmeldungen eingereicht, die unzutreffende Angaben zur Höhe der Umsätze bzw. zur Höhe der Vorsteuer enthalten. Hier ist im Regelfall schon der Tatbestand des § 370 AO erfüllt (OSL/*Blesinger* 6 zu § 26b UStG). Gleiches gilt, wenn schon keine Anmeldung der Steuer erfolgt (§ 370 Rn. 246 ff.). Bei den Karussellgeschäften (dazu *Reiß* UR 2002, 561, 565) ist in der Regel ebenfalls § 370 I AO einschlägig, weil entweder schon keine Ware bewegt wird und damit unberechtigt Vorsteuern erschlichen werden oder der sog. *missing trader* die Umsätze nicht anmeldet.

744 **Lücken** enthält allein die Konstellation, dass der Unternehmer Leistungen erbringt, die entsprechenden Anmeldungen korrekt einreicht, aber die betreffenden Beträge nicht entrichtet. Hier soll § 26b bzw. § 26c UStG eingreifen (BT-Drs. 14/7471, 6; OSL/*Blesinger* 7 zu § 26b UStG). Dabei geht es nicht um das bloße Nichtzahlen von USt schlechthin. Der Gesetzgeber wollte verhindern, dass eine wirksame Rechnung im Sinne des § 14 UStG den Leistungsempfänger zum Vorsteuerabzug berechtigt, während andererseits die in Rechnung gestellte (und idR vereinnahmte) USt nicht entrichtet wird. Die damit vorgegebene

Anknüpfung an in Rechnung gestellte USt führt zu einer erheblichen, aber sinnvollen Einschränkung des Anwendungsbereichs des Tatbestandes (unten Rn. 762 ff.).

Erfolgt die Nichtzahlung von in Rechnung gestellter Umsatzsteuer gewerbsmäßig oder im Rahmen einer Bande, wird aus der Ordnungswidrigkeit ein **Straftatbestand,** der mit Freiheitsstrafe bis zu fünf Jahren bestraft wird (§ 26c UStG; dazu unten Rn. 770, auch zum Bedürfnis nach einer Sanktionierung solcher Verhaltensweisen). 745

c) Verhältnis zu § 370 AO. Wird die entsprechende Steuer schon nicht ordnungsgemäß angemeldet, unterfällt der Täter § 370 I Nr. 2 AO. Wenn nicht angemeldet wird, wird zugleich nicht gezahlt. Ob dies dazu führt, dass §§ 26b, 26c UStG immer auch in Fällen der vorsätzlichen Steuerhinterziehung anwendbar sind und sich das Verhältnis erst auf Konkurrenzebene (vgl. Rn. 785) klärt, ist zweifelhaft. Die Frage wird insbesondere dann aktuell, wenn der Täter durch Nachholung der entsprechenden Voranmeldung (und Zahlung der verkürzten Steuer) nach § 371 AO Straffreiheit erlangt. Ob ein Bußgeld nach § 26b UStG verhängt werden kann, hängt davon ab, ob der Bußgeldtatbestand in diesen Fällen überhaupt erfüllt wurde. Sollte der Täter iSd § 26c UStG „gewerbsmäßiger Nichtzahler" sein, drohte ihm trotz einer im Hinblick auf die Tat nach § 370 Abs. 1 Nr. 2 AO wirksamen Selbstanzeige eine Freiheitsstrafe bis zu fünf Jahren. 746

Das **Verhältnis zu § 370 AO** ist umstritten. So meint *Blesinger,* mangels Anmeldung werde die hinterzogene Steuer i. S. des § 26b UStG gar nicht fällig (vgl. OSL/*Blesinger* 29 ff. zu § 26b UStG). Demgegenüber will *Fahl* (wistra 2003, 10, 11, zust. *Rolletschke/Kemper* 65 zu § 26c UStG) differenzieren: Die Abschlusszahlung werde erst einen Monat nach Anmeldung fällig, mangels Anmeldung könne insofern also § 26b (und § 26c) UStG gar nicht einschlägig sein (wistra 2003, 10, 11). Demgegenüber werde die Voranmeldung unabhängig von der Einreichung einer entsprechenden Erklärung mit dem 10. des Folgemonats fällig und § 26b UStG sei einschlägig. 747

Die Auffassung von *Blesinger,* § 26b UStG erfasse nur solche Beträge, die auch **regulär angemeldet** worden sind, wird vom Gesetzeswortlaut nicht gefordert. Das Gesetz bestraft nicht die Nichtzahlung fälliger Beträge, sondern sanktioniert denjenigen, der die Steuer zu einem in § 18 I 3 oder IV 1 oder 2 UStG genannten Fälligkeitszeitpunkt nicht oder nicht vollständig entrichtet. Damit ist der Tatbestand offenbar nicht davon abhängig, dass die betreffende Steuer bereits angemeldet worden ist. §§ 26b, 26c UStG soll aber nach den insofern deutlichen Gesetzesmaterialien lediglich die Lücken schließen, die sich ergeben, wenn der Täter zwar Steuerbeträge ordnungsgemäß anmeldet, aber nicht an das FA abführt (BT-Drs. 14/7471 S. 6: *„Damit soll eine Gesetzeslücke für die Fälle geschlossen werden, in denen eine Bestrafung gemäß § 370 AO mangels Erfüllung der objektiven Tatbestandsmerkmale nicht möglich ist."*). Dies spricht dafür, die Bestimmungen nur anzuwenden, wenn es zu einer Anmeldung der Steuer gekommen ist (aM GJW/*Bülte* UStG §§ 26a, 6b Rn. 19 UStG); ansonsten hat es mit § 370 AO sein Bewenden. Dagegen gibt es keine Anhaltspunkte dafür, dass der Gesetzgeber mit der Einführung des § 26c UStG die Möglichkeit der strafbefreienden Selbstanzeige für den Bereich der USt einschränken wollte. Schließlich werden mit dieser Lösung auch verfassungsrechtliche Probleme vermieden. 748

Wer als neu beginnender Unternehmer dem FA unbekannt war und von vornherein keine Voranmeldungen eingereicht hatte, sich aber eines Tages besser besinnt, kann zwar durch die Nachholung der Voranmeldung nach § 371 AO Straffreiheit für § 370 I Nr. 2 AO durch Selbstanzeige erlangen, belastete sich aber selbst, weil er zugleich eine Straftat nach § 26c UStG offenbaren würde. Vor dem Hintergrund der Rechtsprechung des Bundesgerichtshofs zur Suspendierung der Erklärungspflicht bei Gefahr der Selbstbelastung im Rahmen der USt spricht viel dafür, dass in Fällen der Selbstanzeige jedenfalls ein Verwertungs- bzw. Verwendungsverbot für eine Verfolgung der Tat nach § 26c UStG bestünde (vgl. BGH 10.1.2002, wistra 149). Insofern ist es insgesamt sachgerecht, die Vorschriften nur auf Fälle der angemeldeten Steuer anzuwenden (ebenso *Nöhren* 2005, 68 f.; FT-*Gaede* 16, zu § 370a; Klein/*Jäger* AO § 370a Rn. 483). 749

750 Wenn der Steuerpflichtige einen Teil der Umsätze nicht erklärt und die erklärten Beträge nicht zahlt, begeht er im Hinblick auf die nicht erklärten Umsätze eine Steuerhinterziehung nach 370 I Nr. 1, zugleich erfüllt er den Bußgeldtatbestand (RK-*Kemper* 66f. zu § 26b UStG). Ob insofern § 21 OWiG Anwendung findet, ist zweifelhaft.

751 In der Literatur werden Restriktionen gefordert. So will *Stadie* (4 zu §§ 26b, 26c UStG) als ungeschriebenes Tatbestandsmerkmalvoraussetzung, dass der Unternehmer die entsprechende Umsatzsteuer zum Fälligkeitszeitpunkt auch als Teil der Gegenleistung vereinnahmt hatte. *Küffner* (Hartmann/Metzenmacher-*Küffner* 10f zu § 26b UStG) sieht als Voraussetzung, dass das Umsatzsteueraufkommen tatsächlich geschädigt sein muss dadurch, dass der Leistungsempfänger den Vorsteuerabzug in Anspruch genommen hat. Dem Gesetz sind solche Einschränkungen jedoch nicht zu entnehmen (ebenso FT-*Gaede* 26 zu § 26b UStG). Dass die Regelung neben der zum Säumniszuschlag ohnehin nicht besonders sinnhaft ist, wurde bereits ausgeführt (Rn. 742).

2. Der Ordnungswidrigkeitentatbestand

752 **a) Objektiver Tatbestand.** § 26b enthält ein **Unterlassungsdelikt.** Der Vorwurf geht dahin, jemand habe die in einer Rechnung im Sinne des § 14 UStG ausgewiesene Steuer bei Fälligkeit nicht oder nicht vollständig entrichtet (OSL/*Blesinger* 13 zu § 26b). Dieser Vorwurf kann nur erhoben werden, wenn der Täter auch in der Lage war, die entsprechenden Beträge zu bezahlen (Rn. 760); dies entspricht der einhelligen Auffassung zu § 266a StGB (vgl. nur *Fischer* StGB § 266a Rn. 30 mwN.). Dabei bezieht sich der Vorwurf nicht auf die Bezahlung der in der Anmeldung enthaltenen Zahllast als dem Saldo aus Umsatz- und Vorsteuern, sondern lediglich auf die im Sinne von § 14 UStG in Rechnung gestellten Beträge.

753 **aa) In Rechnungen ausgewiesene Umsatzsteuer.** Der Täter muss im Vorfeld der Nichtentrichtung Umsatzsteuer in einer **Rechnung** im Sinne des § 14 UStG ausgewiesen haben. Nach § 14 IV 1 UStG aF ist Rechnung „jede Urkunde, mit der ein Unternehmer oder in seinem Auftrag ein Dritter über eine Lieferung oder sonstige Leistung gegenüber dem Leistungsempfänger abrechnet, gleichgültig, wie diese Urkunde im Geschäftsverkehr bezeichnet wird" (§ 14 I 1 UStG nF: „jedes Dokument, mit dem über eine Lieferung oder sonstige Leistung abgerechnet wird, gleichgültig, wie dieses Dokument im Geschäftsverkehr bezeichnet wird"). Nach § 14 V UStG gilt als Rechnung auch eine Gutschrift, „mit der ein Unternehmer über eine steuerpflichtige Lieferung oder sonstige Leistung abrechnet, die an ihn ausgeführt wird" (§ 14 II 3 nF „... kann unbeschadet der Verpflichtung nach Satz 2 eine Rechnung von einem dort bezeichneten Leistungsempfänger für Lieferungen oder sonstige Leistungen des Unternehmers ausgestellt werden, sofern dies vorher vereinbart wurde [Gutschrift]").

754 Ob solche Anforderungen an eine Rechnung iS des § 26b UStG zu stellen sind, ist zweifelhaft. Legt man diesen Rechnungsbegriff zu Grunde, ist der Tatbestand des § 26b (und damit des § 26c) UStG relativ weit. Daher will *Blesinger* (OSL/*Blesinger* 16 zu § 26b UStG) nur solche Abrechnungsurkunden einbeziehen, die über die Definition des § 14 IV UStG aF hinaus allen inhaltlichen Anforderungen des § 14 I UStG aF genügen und die geeignet sind, vom Rechnungsempfänger zum Zweck des Vorsteuerabzugs eingesetzt zu werden (ähnlich *Rau/Dürrwächter/Nieskens* 17 und *Hartmann/Metzenmacher/Küffner* 16 zu § 26b UStG). Der vom Gesetzgeber hergestellte Zusammenhang zwischen offenem Steuerausweis einerseits und Nichtzahlung dieser Steuer andererseits belege, dass nur die Fälle als sanktionswürdig angesehen würden, in denen sich Nichtzahlung der Steuer und Vorsteuerabzug unausgeglichen gegenüberstünden (*Blesinger* aaO; *Reiß* UR 2002, 561, 567). Dabei ist freilich zu bedenken, dass jedem Abrechnungspapier, das auch nur als Rechnung im Sinne des § 15 UStG missverstanden werden könnte, dieses Gefährdungspotential schon zukommt (so auch *Blesinger* aaO Rn. 16; FT-*Gaede* 10, Hartmann/*Metzenmacher/Küffner* 16 zu § 26b UStG; Klein/*Jäger* AO § 370 Rn. 474; *Nöhren* 2005, 79). Dies spricht dafür, an

den Begriff in § 14 IV UStG (§ 14 I UStG nF) anzuknüpfen (vgl. auch RK-*Kemper* 29 zu § 26b UStG; abl. GJW/*Bülte* 11 zu §§ 26a, 6b UStG).

Rechnung ist auch eine mit einer qualifizierten elektronischen Signatur mit Anbieter-Akkreditierung nach § 15 I Signaturgesetz versehene elektronische Abrechnung (OSL/*Blesinger* 18 zu § 26b UStG). Weiterhin unterfallen dem Rechnungsbegriff auch der offene Vorsteuerausweis durch Kleinunternehmer (§ 14 II UStG aF, § 14c I Satz 1 UStG nF) und der Fall der Falschabrechnung. **755**

Wird mit einer **Abdeckrechnung** eine Leistung in Rechnung gestellt, die so nicht erbracht wurde, entsteht die Steuerschuld nach § 14 III UStG aF (§ 14c II UStG nF). Ob für die abgedeckte Leistung nach § 1 I Nr. 1 UStG bereits eine Steuer entstanden ist oder nicht, ist insofern gleichgültig, als für diese Leistung keine Rechnung iS des § 14 UStG ausgestellt wurde. Es handelt sich insofern um ein rechnungsloses Geschäft. Solche Geschäfte ohne Rechnung sind aber stets trotz Nichtzahlung der Steuer sanktionslos, wenn und soweit der Unternehmer die geschuldete Steuer anmeldet; sonst greift bereits § 370 I Nr. 1 oder 2 AO ein. **756**

Eine **Berichtigung der Rechnung** lässt die Pflicht zur Abführung des Betrages unberührt und kann daher nur dann den Vorwurf der Ordnungswidrigkeit entfallen lassen, wenn die Korrektur bereits vor Fälligkeit der Steuer erfolgt (OSL/*Blesinger* 20 zu § 26b UStG). **757**

Zweifelhaft ist, ob eine andere Urkunde iS des § 14 III 2 UStG aF (§ 14c Abs. 2 Satz 2 UStG nF) Rechnung im Sinne des § 26b UStG ist. *Blesinger* (aaO Rn. 23) will die Anwendbarkeit des § 26b UStG in diesen Fällen zu Recht ablehnen. **758**

bb) Nichtentrichtung der Umsatzsteuer. Die in einer Rechnung ausgewiesene Steuer ist vom Unternehmer zu dem in § 18 I Satz 1 genannten Zeitpunkt anzumelden und nach § 18 I Satz 3 am zehnten Tag nach Ablauf des Voranmeldungszeitraums **fällig.** Ob die Zahlung rechtzeitig erfolgt ist, richtet sich nach den §§ 224 ff. AO. Im Falle einer Aufrechnung nach § 226 AO muss die Aufrechnungslage im Zeitpunkt der Fälligkeit der Steuer bestanden haben (OSL/*Blesinger* 26 zu § 26b UStG). Die Schonfrist des § 240 III 1 AO hat keinen Einfluss auf die Fälligkeit und beseitigt nicht die Ordnungswidrigkeit einer Fristüberschreitung (OSL/*Blesinger* 27 zu § 26b UStG; aM FT-*Gaede* 23 zu § 26b UStG). Im Falle einer nach § 46 UStDV gewährten Dauerfristverlängerung verschieben sich die Anmeldungs- und Zahlungsfristen um einen Monat (OSL/*Blesinger* 28 zu § 26b UStG). **759**

Ist der Unternehmer **nicht in der Lage,** die in Rechnung gestellte Umsatzsteuer bei Fälligkeit zu entrichten, handelt er schon nicht tatbestandsmäßig (vgl. OLG Hamm 7.10.2002, wistra 2003, 73 zu § 266a StGB). Sanktionswürdiges Unrecht liegt nur dann vor, wenn der Unternehmer tatsächlich fähig ist bzw. war, die Steuer bei Fälligkeit zu tilgen (OSL/*Blesinger* 44 und *Rolletschke/Kemper* 49 zu § 26b UStG; GJW/*Bülte* UStG § 26b Rn. 23; *Nöhren* 2005, 81). Dabei ist im Rahmen des § 380 AO geklärt, dass der Arbeitgeber ggf. aus § 38 IV EStG heraus verpflichtet ist, die (Brutto-) Löhne zu kürzen, um so die Mittel zur Tilgung der entstandenen Lohnsteuer zu erhalten (vgl. § 380 Rn. 39; HHSp-*Rüping* 31 zu § 380 AO; vgl. auch Klein/*Jäger* AO § 380 Rn. 3). Inwiefern diese Regel auf § 26b UStG übertragen werden kann, ist zweifelhaft. § 38 IV EStG enthält eine explizite Regelung, die im Umsatzsteuerrecht fehlt. Der Unternehmer ist zur Erstellung einer Rechnung mit offenem Steuerausweis bereits zivilrechtlich verpflichtet (§ 14 I 1 UStG). Insofern kann der Vorwurf nicht schon lauten, man habe eine Rechnung mit offenem Steuerausweis erteilt, wissend, dass man die damit entstandene Steuer (bei Besteuerung nach vereinbarten Entgelten) nicht werde entrichten können. Ein Vorwurf kann also nur erhoben werden, wenn der Stpfl keine Möglichkeit zu pflichtgemäßem Alternativverhalten hatte und auch sein Unvermögen nicht vorwerfbar herbeigeführt hat (OSL/*Blesinger* 46 zu § 26b UStG). **760**

Inwiefern die für § 69 AO entwickelten Grundsätze über die **quotale Befriedigung** aller Gläubiger auch für § 26b UStG Anwendung finden können, ist zweifelhaft. Im Rahmen der Geschäftsführerhaftung nach § 69 AO gilt der – mittlerweile allgemein **761** anerkannte – Grundsatz, dass ein Geschäftsführer nur dann haftet, wenn er es versäumt, die Steuern aus den vorhandenen Mitteln in etwa gleicher Weise zu tilgen, wie die Forderungen anderer Gläubiger (OSL/*Blesinger* § 26b UStG Rn. 59). *Blesinger* (aaO) will dieses Prinzip nicht auf § 26b UStG übertragen, da nach dem Sinn des Bußgeldtatbestandes des § 26b UStG „sich ein Vertreter nicht auf das Fehlen ausreichender liquider Mittel zur Tilgung aller Verbindlichkeiten berufen" könne. Daran ist richtig, dass den Stpfl regelmäßig eine Mittelvorsorgepflicht trifft (BFH 7.9.2007, BFH/NV 2007, 2233; vgl. auch BFH 5.2.1985, BFH/NV 1987, 2; BFH 4.3.1986, BStBl. II 577; BFH 5.11.1991, BFH/NV 1992, 575). Eine absolute Priorität der Bedienung der USt ist aber allenfalls dann anzunehmen, wenn der Stpfl die Beträge nicht nur in Rechnung gestellt hat, sondern auch die entsprechenden Beträge vereinnahmt hat. Die Aussage *Blesingers* wird man also nur für die Versteuerung nach vereinnahmten Entgelten bzw. dann akzeptieren können, wenn dem Unternehmer der Steuerbetrag auch zugeflossen ist (ebenso *Nöhren* 2005, S. 85). Wäre mit der Einführung des § 26b UStG entsprechend § 266a StGB die Normierung einer vorrangig zu befriedigenden Verbindlichkeit beabsichtigt worden, hätte dies im gesetzlichen Tatbestand, zumindest aber in den Gesetzesmaterialien deutlich zum Ausdruck kommen müssen (vgl. *Ehrig* GmbHR 2003, 1177).

762 **cc) Bedeutung der Zahllast.** § 26b UStG stellt – anders als § 240 AO – nicht schlechthin auf die Nichtzahlung von (Umsatz-)Steuern ab, sondern knüpft explizit nur an die *in Rechnung gestellte* USt an. Der Unternehmer meldet aber zum Fälligkeitszeitpunkt nicht die Umsatzsteuer als solche an, sondern dass Ergebnis seiner Steuerberechnung, bei der er eine Saldierung mit Vorsteuern (§ 15 UStG) vornimmt. Mangels Anknüpfung an die Zahllast ist damit der Fall denkbar, dass der in Rechnung gestellten Umsatzsteuer Vorsteuerbeträge in nämlicher Höhe entgegenstehen, die die Zahllast auf Null bringen oder gar zu einem Erstattungsanspruch führen. Von einer in der Gesetzesüberschrift angesprochenen „Schädigung des Umsatzsteueraufkommens" kann dann nicht die Rede sein; überdies muss der Unternehmer dann auch nicht „entrichten".

763 Relevant werden die **Vorsteuerbeträge** aber auch dann, wenn sie zwar nicht zu einem Erstattungsanspruch des Stpfl führen, wohl aber den Teil der Umsatzsteuer kompensieren, die von dem Unternehmer in Rechnung gestellt worden ist. Hat ein Gastwirt durchweg Regelumsätze zu 19 %, so ist doch nur für einen geringen Teil der Umsätze eine Rechnung im Sinne des § 14 UStG erstellt worden. Wenn nun der Gastwirt seine Umsätze zwar ordnungsgemäß anmeldet, aber nichts bezahlt, stellt sich die Frage, mit welchen Steuerbeträgen die vorhandenen Vorsteuern verrechnet werden sollen: mit den Beträgen, für die eine Rechnung im Sinne des § 14 UStG ausgestellt wurde, oder aber mit denen, für die es keine Rechnungen und damit auch keine Gefahr des Vorsteuerabzugs durch den Leistungsempfänger gab. Im Hinblick auf das allgemeine „Lästigkeitsprinzip" wird man eine vorrangige Saldierung mit den in Rechnung gestellten Beträgen vornehmen müssen (ebenso *Rolletschke/Kemper* 41 zu § 26b UStG; *Nöhren* 2005, S. 80; ähnlich *Reiß* UR 2002, 561, 567; FT-*Gaede* 23, *Hartmann/Metzenmacher/Küffner* 21 zu § 26b UStG). Der Unternehmer „entrichtet" mit den geltend gemachten Vorsteuern also zunächst solche Umsatzsteuerbeträge, die aus Rechnungen iSd. § 14 UStG stammen. Die Richtigkeit dieses Ansatzes zeigt folgende Kontrollüberlegung: Hat ein Unternehmer keine Vorsteuer und USt von 100 zu entrichten, von denen die Hälfte auf „Rechnungsgeschäfte" entfällt, und nur Mittel zur Zahlung von 50, dann wird im Zweifel der bußgeldbewehrte Teil der Schuld getilgt, nicht die Schuld aus den „rechnungslosen" Geschäften.

764 Damit greift § 26b UStG erst und nur dann ein, wenn die Summe der USt, die formal in Rechnung gestellt wurde, die der ordnungsgemäßen Vorsteuern übersteigt. Dies bedarf im Einzelfall der Aufklärung, so dass nicht schlechthin an die ausgewiesenen Umsätze der Voranmeldung angeknüpft werden kann.

765 **b) Subjektiver Tatbestand.** Der subjektive Tatbestand erfordert Vorsatz (§ 10 OWiG, § 377 AO). Dolus eventualis genügt. Der Täter muss also zumindest für möglich halten,

dass ein Umsatzsteuer-Anspruch besteht, fällig ist und von ihm nicht im Fälligkeitszeitpunkt beglichen wird. Weiterhin muss er vorsätzlich insoweit handeln, als diesem Anspruch eine Rechnung zu Grunde liegt, in der die Steuer offen ausgewiesen wurde (GJW/*Bülte* UStG § 26b Rn. 25; OSL/*Blesinger* 41 zu § 26b UStG). Ggf. kann bei fehlendem Vorsatz nach § 130 OWiG vorgegangen werden (OSL/*Blesinger* 43 zu § 26b UStG; siehe auch Rn. 53 ff. zu § 377).

c) Sanktionen. Die Ordnungswidrigkeit kann mit einer **Geldbuße bis zu 50 000 EUR** geahndet werden. Eine Überschreitung dieses Rahmens ist möglich, wenn dies nötig ist, um die wirtschaftlichen Vorteile der Tat abzuschöpfen (§ 17 IV OWiG); wegen § 240 I AO ist dieser Fall allerdings kaum denkbar. **766**

Täter einer Ordnungswidrigkeit nach § 26b UStG ist jeder, der durch sein Verhalten dazu beiträgt, dass die Ordnungswidrigkeit begangen wird. Anders als im Strafrecht gilt der Einheitstäterbegriff (Rn. 22 zu § 377). Jeder, der vorsätzlich an einer nicht nur von ihm allein begangenen vorsätzlichen Tat mitwirkt, ist Beteiligter (Rn. 23 zu § 377). § 9 OWiG ist zu beachten (vgl. Rn. 25 zu § 377). So trifft den Insolvenzverwalter nach § 34 III AO nur die Pflicht, Steuern nach Maßgabe der insolvenzrechtlichen Regelungen abzuführen. Insofern hat § 251 II AO ggf. Vorrang. **767**

Nach Maßgabe des § 30 OWiG kann auch eine juristische Person oder Personenhandelsgesellschaft mit einem Bußgeld belegt werden. Dabei ist zu beachten, dass § 30 (und § 29) OWiG durch Gesetz vom 22.8.2002 (BGBl. I, 33, 87) mit Wirkung vom 30.8.2002 geändert worden ist. Nunmehr sind sämtliche rechtsfähigen Personengesellschaften erfasst, also auch eine BGB-Außengesellschaft (vgl. *Achenbach* wistra 2002, 441, 443). Überdies ist das Höchstmaß der Geldbuße auch bei einer fahrlässigen Tat auf 500 000 EUR angehoben worden. **768**

d) Verfahren. Zuständig für das Bußgeldverfahren ist nach § 409 iVm § 387 I AO die FinB, deren Aufgaben regelmäßig bei Straf- und Bußgeldsachenstellen bzw. bei besonderen Finanzämtern für Steuerstrafsachen und Steuerfahndung konzentriert sind. Rechtsbehelf gegen den Bußgeldbescheid ist der Einspruch nach § 67 OWiG, der innerhalb von zwei Wochen nach Zustellung eingelegt werden muss. **769**

3. Der Straftatbestand

Die Ordnungswidrigkeit nach § 26b UStG wird zur Straftat, wenn die Tat gewerbsmäßig begangen wird oder der Betroffene als Mitglied einer Bande handelt, die sich zur fortgesetzten Begehung solcher Handlungen verbunden hat (§ 26c UStG). Die Vorschrift ist die einzige, die der Überschrift „Steuerverkürzungsbekämpfungsgesetz" wirklich gerecht wird. Bis zu ihrem Inkrafttreten am 1.1.2002 gab es Fälle, in denen Täter im Rahmen von sogenannten Umsatzsteuerkarussellen die betreffende Steuer korrekt anmeldeten, aber nicht entrichteten und vor entsprechenden Vollstreckungsmaßnahmen unerkannt verschwanden. Damit war das Verhalten zumindest auf der Seite des Rechnungsausstellers im Grundsatz nicht strafbar. Zu einer Strafbarkeit konnte man allenfalls kommen, wenn man in den Antrag auf Erstattung der Vorsteuern durch den *missing trader* die Erklärung hinein interpretierte, er sei auch zur Entrichtung der aus späteren Umsätzen resultierenden Steuer jetzt bereit und entschlossen (vgl. *Reiß* UR 2002, 561, 566). Denkbar war auch, das Verschwinden des *missing traders* mit der vereinnahmten Steuer, also der Beute, unter dem Aspekt des § 283 II StGB (Herbeiführung der Überschuldung) zu betrachten, weil spätestens mit der Aufteilung der Umsatzsteuer im Zweifel ein Insolvenzgrund herbeigeführt wird (vgl. BGH 22.2.2001, wistra 2001, 306 zur Privatinsolvenz). **770**

Eine andere Frage war die **Teilnahme an der Tat des Rechnungsempfängers,** wenn es tatsächlich nicht zur Ausführung vom Umsätzen kam und daher der dort vorgenommene Vorsteuerabzug unberechtigt und die Geltendmachung der Vorsteuern strafbare Steuerhinterziehung war (vgl. auch BGH 11.7.2002, wistra 2002, 384). Nicht erfasst war bei an sich **771** ordnungsgemäßen Umsätzen die Nichtzahlung nach Anmeldung. Insofern schließt § 26c UStG eine Lücke. Allerdings ist die Gesetzgebungstechnik nicht wirklich glücklich. Zwar ist es nicht ungewöhnlich, dass bestimmte besondere persönliche Merkmale aus einer Ordnungswidrigkeit einen Straftatbestand machen, allerdings ist § 26b UStG in seiner Berechtigung zweifelhaft (oben Rn. 742). Das gesetzgeberische Ziel, die Verkürzung von USt effizienter zu bekämpfen, wäre auch möglich gewesen, wenn man es bei einem Straftatbestand des Nichtzahlens in Rechnung gestellter USt belassen hätte.

772 **a) Die Qualifikationsmerkmale.** Die Merkmale, die aus der Ordnungswidrigkeit des § 26b UStG eine Straftat machen, entsprechen denen des § 370 III Nr. 5 AO. Freilich sind die dort üblichen Definitionen nur begrenzt verwendbar.

773 **aa) Bandenmäßige Begehung.** Die bandenmäßige Begehung setzt wie auch sonst die Beteiligung von mindestens drei Personen voraus. Diese Personen müssen sich „zur fortgesetzten Begehung solcher Handlungen verbunden" haben. Gemeint ist damit also eine Tätergruppe, die sich darauf „spezialisiert" hat, Rechnungen im Sinne des § 14 UStG auszustellen und die entsprechenden Steuerbeträge nicht zu entrichten. Wer Rechnungen fälscht, um Vorsteuererstattungen zu erschleichen, unterfällt bereits dem § 370 I Nr. 1 AO. Gemeint sind also Täter, die „ordentliche" Rechnungen schreiben, die entsprechende Umsatzsteuer vereinnahmen und für sich verbrauchen wollen. Erfasst werden damit insbesondere Karussell-Geschäfte, bei denen die Täter immerhin die Umsätze erklärt haben; die bloße Nichtzahlung war in diesen Fällen vor dem 1.1.2002 straflos.

774 Die Begehung solcher Taten muss zumindest Nebenzweck der Bande sein (OSL/*Blesinger* 20 zu § 26c UStG). Im Übrigen wird auf die Erläuterungen zu § 370 III Nr. 5 AO (Rn. 579 ff.) verwiesen.

775 **bb) Gewerbsmäßiges Handeln.** Herkömmlich wird **Gewerbsmäßigkeit** definiert als ein Handeln in der Absicht, sich durch wiederholte Begehung von Straftaten der fraglichen Art eine fortlaufende Einnahmequelle (von einigem Gewicht) zu verschaffen (vgl. Rn. 11 zu § 373; BGH 8.11.1951, BGHSt 1, 383 f.; BGH 10.9.1986, wistra 1987, 30; HHSp-*Engelhardt* 30 zu § 373; Kühn/v.Wedelstädt/*Blesinger* 3 zu § 373; Schönke/Schröder/*Stree* StGB vor § 52 Rn. 95; Klein/*Jäger* AO § 373 Rn. 16; Kohlmann/*Hilgers-Klautzsch* 35 zu § 373). Die Übertragung dieser Definition auf den § 26c UStG ist problematisch. Die „Einnahmequelle", die die Definition erfordert, ist nämlich nicht das Nichtabführen der Umsatzsteuer, sondern das Vereinnahmen von in Rechnung gestellten Umsatzsteuerbeträgen. Damit würde die Norm freilich dahingehend interpretiert werden müssen, dass es verboten ist, eine Rechnung auszustellen, wenn man zugleich nicht die Absicht hat, die in Rechnung gestellte (und vereinnahmte) Umsatzsteuer ordnungsgemäß (anzumelden und) abzuführen. Diese Norm wäre jedenfalls dann sinnlos, wenn der Betreffende tatsächlich eine Leistung erbracht hat und nach § 14 I UStG verpflichtet ist, dem Leistungsempfänger eine ordnungsgemäße Rechnung zu erteilen. Daher wird man § 26c UStG auf solche Fälle beschränken müssen, in denen der Kern des Vorwurfs letztlich darin liegt, dass der Täter gezielt das Mehrwertsteuersystem zur Liquiditätsschöpfung ausnutzt. Dies wird man nicht schon dann annehmen können, wenn lediglich eine Verkürzung auf Zeit geplant ist, sondern erst dann, wenn der Täter – wie in den Fällen der Umsatzsteuerkarusselle üblich – nie beabsichtigt hat, die in Rechnung gestellte USt zu entrichten. Letztlich geht es also um Fälle, in denen eine „Wertschöpfung" durch Umsatzsteuer zum Gewerbe gemacht wird (vgl. auch *Joecks* wistra 2002, 201 ff.). Gewerbsmäßigkeit liegt damit vor, wenn der Täter sich durch die wiederholte Nichtzahlung eine fortlaufende Einnahmequelle von einiger Dauer verschaffen will (OSL/*Blesinger* 12 zu § 26c UStG). Dass der Täter sich dadurch Wettbewerbsvorteile verschaffen will (so *Hartmann/Metzenmacher/Küffner* 20 zu § 26c UStG), ist nicht erforderlich.

776 **b) Subjektiver Tatbestand.** Der subjektive Tatbestand erfordert nach § 369 II AO, § 15 StGB vorsätzliches Handeln. Der Täter muss insofern zunächst die objektiven und sub-

jektiven Voraussetzungen des § 26b UStG erfüllt haben (Rn. 749 ff.). Überdies müssen (als subjektive Merkmale) die Voraussetzungen der Gewerbsmäßigkeit auch im Vorstellungsbild des Täters vorhanden sein bzw. die Umstände, die das Vorgehen zu einem bandenmäßigen machen.

c) Rechtsfolgen. Rechtsfolge ist eine Freiheitsstrafe bis zu fünf Jahren oder Geldstrafe. **777** Der Strafrahmen entspricht damit dem der einfachen Steuerhinterziehung nach § 370 I AO.

Inwiefern in diesen Fällen durch die Nachentrichtung der Steuer Straffreiheit nach Maßgabe des § 371 AO erlangt werden kann, ist zweifelhaft. **778** Entscheidend ist zunächst einmal die Vorfrage, ob man (§ 26b und) § 26c UStG anwenden will, wenn es schon nicht zu einer Anmeldung der Steuer gekommen ist (oben Rn. 747 ff.). Lehnt man die Anwendbarkeit des § 26c UStG in solchen Fällen ab, ist allein § 370 I AO einschlägig und der Täter kann durch Nacherklärung und Nachentrichtung Straffreiheit erlangen. Hält man das Erfülltsein der §§ 26b, 26c UStG auch dann für möglich, wenn schon keine Steuererklärung eingereicht wurde, dann stellt sich die Frage nach der Reichweite der befreienden Selbstanzeige. Da dieses Problem im Gesetzgebungsverfahren bezüglich der Änderung des § 370a AO nicht angesprochen wurde, spricht nichts dagegen, die insoweit bestehende Lücke durch eine analoge Anwendung des § 371 AO zu schließen (ebenso FT-*Gaede* 33 zu § 26c UStG). Die praktische Bedeutung wird zwar gering sein; immerhin sprechen auch verfassungsrechtliche Aspekte (oben Rn. 748) für eine solche entsprechende Anwendung der Bestimmung über die strafbefreiende Selbstanzeige.

d) Täterschaft und Teilnahme. Da § 26c UStG das Unterlassen der Zahlung unter **779** Strafe stellt, kann nur **Täter** sein, wer zu dieser Zahlung (selbst) verpflichtet ist. Dies ist zunächst einmal der Schuldner der entsprechenden USt. Soweit es sich um eine juristische Person handelt, ist entscheidend, wer diese vertritt (§ 34 AO; § 14 StGB; OSL/*Blesinger* 31 ff. zu § 26 UStG).

Teilnahme (Anstiftung oder Beihilfe) ist nach allgemeinen Grundsätzen möglich. Anders **780** als bei § 370a AO aF handelt es sich bei den Merkmalen der Gewerbsmäßigkeit und der bandenmäßigen Begehung nicht um strafmodifizierende Merkmale, sondern um **strafbegründende Merkmale,** da der zu Grunde liegende Tatbestand des § 26b UStG lediglich eine Ordnungswidrigkeit enthält. Damit gilt § 28 I StGB, soweit der Teilnehmer selbst nicht Mitglied der Bande ist oder seinerseits gewerbsmäßig handelt (ebenso *Rolletschke/Kemper* 16 zu § 26c UStG). Seine Bestrafung setzt also zunächst einmal nur voraus, dass er um die gewerbs- oder bandenmäßige Begehung der Haupttat weiß. Sodann ist seine Strafe nach § 28 I, § 49 I StGB zu mildern. Für den Gehilfen bedeutet dies eine doppelte Strafmilderung, da die Reduzierung nach § 27 II StGB hinzukommt.

e) Verjährung. Die Verjährung beginnt mit dem Verstreichenlassen des Fälligkeitster- **781** mins, nicht erst, wenn die Pflicht zur Entrichtung (durch Zahlung oder zahlungsgleiche Vorgänge) erloschen ist (so aber OSL/*Blesinger* 50 zu § 26c UStG). Sicher ist dies nicht, weil man – analog anderen Fällen des echten Unterlassungsdelikts – die Auffassung vertreten könnte, dass die Zahlungspflicht erst mit Eintritt der Zahlungsverjährung endet (§ 47), und damit auch erst die Tat im Sinne der §§ 78 ff. StGB beendet ist. Zur Konsequenz hätte dies, dass erst fünf Jahre nach Verstreichenlassen des Fälligkeitstermins die Steuerschuld erlischt (§ 228 Satz 2 AO). Erst dann würde die wiederum fünfjährige Verjährungsfrist nach § 78 III Nr. 4 StGB beginnen. Dies würde aber dazu führen, dass der Zahlungsanspruch, der leichter durchsetzbar ist, länger geschützt wird als der Anspruch auf Festsetzung und Erhebung der entsprechenden Steuer. Daher sollte auch in diesem Fall die Verjährung bereits mit dem Verstreichenlassen des Fälligkeitstermins taggenau beginnen.

f) Verhältnis zu anderen Vorschriften. § 26b UStG ist als Ordnungswidrigkeit sub- **782** sidiär, wenn die Tat sich gleichzeitig als Straftat darstellt (§ 21 I OWiG). Dann wird nur das Strafgesetz angewendet. Als anwendbares Strafgesetz kommt hier § 26c UStG in Betracht.

783 **Tateinheit** liegt nach § 19 I OWiG vor, wenn dieselbe Handlung ein Gesetz mehrmals verletzt oder mehrere Gesetze, nach denen sie als Ordnungswidrigkeit geahndet werden kann. In diesen Fällen wird nur eine einzige Geldbuße festgesetzt (vgl. Rn. 37 zu § 377). Beim Vorliegen mehrerer Handlungen (Tatmehrheit) wird hingegen nach § 20 OWiG für jede Gesetzesverletzung eine Geldbuße selbständig festgesetzt.

784 Unterlässt der Stpfl mehrmals die Begleichung fälliger Umsatzsteuerverbindlichkeiten, handelt es sich um einen Fall von **Tatmehrheit.** Da der Vorwurf sich jeweils auf einen konkreten Zeitraum bezieht und die verletzte Pflicht nicht durch eine Handlung zu erfüllen gewesen wäre, liegt ein Fall des § 20 OWiG vor (vgl. auch OSL/*Blesinger* 66 zu § 26b UStG). Dabei ist zu beachten, dass bei mehrmaliger Nichtentrichtung auch der Straftatbestand des § 26c UStG eingreifen kann.

785 Sollte man von einem Nebeneinander des § 370 AO und des § 26b UStG ausgehen, stellt sich die Frage, wie es mit der Anwendbarkeit des § 26b UStG steht, wenn der Täter die Erklärung später nachholt und damit eine strafbefreiende Selbstanzeige erstattet. Dann ist die sonst vorrangige Tat der Steuerhinterziehung nicht mehr verfolgbar. Fraglich ist, ob die typische Begleittat nach § 26b UStG dann Anwendung finden kann. § 26b UStG kennt keine den §§ 371, § 378 III AO entsprechende Regelung. Andererseits bietet das in § 47 OWiG niedergelegte Opportunitätsprinzip die Möglichkeit, in diesen Fällen das Verfahren einzustellen.

§ 371 Selbstanzeige bei Steuerhinterziehung

(1) [1]Wer gegenüber der Finanzbehörde zu allen Steuerstraftaten einer Steuerart in vollem Umfang die unrichtigen Angaben berichtigt, die unvollständigen Angaben ergänzt oder die unterlassenen Angaben nachholt, wird wegen dieser Steuerstraftaten nicht nach § 370 bestraft. [2]Die Angaben müssen zu allen unverjährten Steuerstraftaten einer Steuerart, mindestens aber zu allen Steuerstraftaten einer Steuerart innerhalb der letzten zehn Kalenderjahre erfolgen.

(2) [1]Straffreiheit tritt nicht ein, wenn

1. bei einer der zur Selbstanzeige gebrachten unverjährten Steuerstraftaten vor der Berichtigung, Ergänzung oder Nachholung
   a) dem an der Tat Beteiligten, seinem Vertreter, dem Begünstigten im Sinne des § 370 Absatz 1 oder dessen Vertreter eine Prüfungsanordnung nach § 196 bekannt gegeben worden ist, beschränkt auf den sachlichen und zeitlichen Umfang der angekündigten Außenprüfung, oder
   b) dem an der Tat Beteiligten oder seinem Vertreter die Einleitung des Straf- oder Bußgeldverfahrens bekannt gegeben worden ist oder
   c) ein Amtsträger der Finanzbehörde zur steuerlichen Prüfung erschienen ist, beschränkt auf den sachlichen und zeitlichen Umfang der Außenprüfung, oder
   d) ein Amtsträger zur Ermittlung einer Steuerstraftat oder einer Steuerordnungswidrigkeit erschienen ist oder
   e) ein Amtsträger der Finanzbehörde zu einer Umsatzsteuer-Nachschau nach § 27b des Umsatzsteuergesetzes, einer Lohnsteuer-Nachschau nach § 42g des Einkommensteuergesetzes oder einer Nachschau nach anderen steuerrechtlichen Vorschriften erschienen ist und sich ausgewiesen hat oder
2. eine der Steuerstraftaten im Zeitpunkt der Berichtigung, Ergänzung oder Nachholung ganz oder zum Teil bereits entdeckt war und der Täter dies wusste oder bei verständiger Würdigung der Sachlage damit rechnen musste,
3. die nach § 370 Absatz 1 verkürzte Steuer oder der für sich oder einen anderen erlangte nicht gerechtfertigte Steuervorteil einen Betrag von 25 000 Euro je Tat übersteigt, oder
4. ein in § 370 Absatz 3 Satz 2 Nummer 2 bis 5 genannter besonders schwerer Fall vorliegt.

[2]Der Ausschluss der Straffreiheit nach Satz 1 Nummer 1 Buchstabe a und c hindert nicht die Abgabe einer Berichtigung nach Absatz 1 für die nicht unter Satz 1 Nummer 1 Buchstabe a und c fallenden Steuerstraftaten einer Steuerart.

(2a) [1]Soweit die Steuerhinterziehung durch Verletzung der Pflicht zur rechtzeitigen Abgabe einer vollständigen und richtigen Umsatzsteuervoranmeldung oder Lohnsteueranmeldung begangen worden ist, tritt Straffreiheit abweichend von den Absätzen 1 und 2 Satz 1 Nummer 3 bei Selbstanzeigen in dem Umfang ein, in dem der Täter gegenüber der zuständigen Finanzbehörde die unrichtigen Angaben berichtigt, die unvollständigen Angaben ergänzt oder die unterlassenen Angaben nachholt. [2]Absatz 2 Satz 1 Nummer 2 gilt nicht, wenn die Entdeckung der Tat darauf beruht, dass eine Umsatzsteuervoranmeldung oder Lohnsteueranmeldung nachgeholt oder berichtigt wurde. [3]Die Sätze 1 und 2 gelten nicht für Steueranmeldungen, die sich auf das Kalenderjahr beziehen. [4]Für die Vollständigkeit der Selbstanzeige hinsichtlich einer auf das Kalenderjahr bezogenen Steueranmeldung ist die Berichtigung, Ergänzung oder Nachholung der Voranmeldungen, die dem Kalenderjahr nachfolgende Zeiträume betreffen, nicht erforderlich.

(3) [1]Sind Steuerverkürzungen bereits eingetreten oder Steuervorteile erlangt, so tritt für den an der Tat Beteiligten Straffreiheit nur ein, wenn er die aus der Tat zu

seinen Gunsten hinterzogenen Steuern, die Hinterziehungszinsen nach § 235 und die Zinsen nach § 233a, soweit sie auf die Hinterziehungszinsen nach § 235 Absatz 4 angerechnet werden, innerhalb der ihm bestimmten angemessenen Frist entrichtet. [2]In den Fällen des Absatzes 2a Satz 1 gilt Satz 1 mit der Maßgabe, dass die fristgerechte Entrichtung von Zinsen nach § 233a oder § 235 unerheblich ist.

(4) **[1]Wird die in § 153 vorgesehene Anzeige rechtzeitig und ordnungsmäßig erstattet, so wird ein Dritter, der die in § 153 bezeichneten Erklärungen abzugeben unterlassen oder unrichtig oder unvollständig abgegeben hat, strafrechtlich nicht verfolgt, es sei denn, dass ihm oder seinem Vertreter vorher die Einleitung eines Straf- oder Bußgeldverfahrens wegen der Tat bekannt gegeben worden ist. [2]Hat der Dritte zum eigenen Vorteil gehandelt, so gilt Absatz 3 entsprechend.**

Vgl. § 29 ÖsterrFinStrG und *Scheil* Die Selbstanzeige nach § 29 FinStrG, 1995; wegen Rücktritts vom Versuch, Berichtigung falscher Aussagen usw. s. Rn. 19 ff.

Schrifttum: Zu § 410 RAO 1951 und zu § 395 RAO 1968 siehe die 7. Aufl.

Zu § 371 AO 1977: *Gesamtdarstellungen/Monographien: Pfaff,* Kommentar zur steuerlichen Selbstanzeige, 1977; *Holper,* Die steuerrechtliche Selbstanzeige – ein Sonderfall des Rücktritts vom vollendeten Delikt, 1981; *Hoffschmidt,* Über die Rechtfertigung der strafbefreienden Selbstanzeige im Steuerstrafrecht (§ 371 AO), 1988; *Westpfahl,* Die strafbefreiende Selbstanzeige im Steuerrecht, 1987; *Abramowski,* Die strafbefreiende Selbstanzeige – eine verfassungswidrige Privilegierung?, 1991; *Wassmann,* Die Selbstanzeige im Steuerrecht, 1991; *Frees,* Die steuerrechtliche Selbstanzeige, 1991; *Löffler,* Grund und Grenzen der steuerstrafrechtlichen Selbstanzeige, 1992; *Scheil,* Die Selbstanzeige nach § 29 FinStrG, 1995; *Breyer,* Der Inhalt der strafbefreienden Selbstanzeige, 1999; *Grötsch,* Persönliche Reichweite der Sperrwirkung im Rahmen des § 371 Abs. 2 AO unter besonderer Berücksichtigung von Personen- und Kapitalgesellschaften, 2003; *Stahl,* Selbstanzeige und strafbefreiende Erklärung, 2. Aufl. 2004.

Aufsätze: Maiwald, Zur Selbstanzeige bei Hinterziehung von Einfuhrumsatzsteuer gegenüber dem Finanzamt, UStR 1979, 41; *Eggesiecker/Latz,* Die strafbefreiende Selbstanzeige, Stbg 1980, 214; *Pfaff,* Straf- und Bußgeldfreiheit bei Steuerzuwiderhandlungen, DStZ 1982, 361; *Kratzsch,* Die Schwierigkeiten im Umgang mit der Selbstanzeige, Grundfragen, 1983, 283; *Theil,* Probleme beim Umgang mit der Selbstanzeige in der Praxis, BB 1983, 1274; *Lenckner/Schumann/Winkelbauer,* Grund und Grenzen der strafrechtlichen Selbstanzeige im Steuerrecht und das Wiederaufleben der Berichtigungsmöglichkeit im Fall der Außenprüfung, wistra 1983, 123, 172; *Bilsdorfer,* Aktuelle Probleme der Selbstanzeige, wistra 1984, 93, 131; *Garbers,* Selbstanzeige durch Einreichung der Umsatzsteuerjahreserklärung?, wistra 1984, 49; *Zöbeley,* Zur Verfassungsmäßigkeit der strafbefreienden Selbstanzeige bei Steuerhinterziehung, DStZ 1984, 198; *Mösbauer,* Straffreiheit trotz Steuerhinterziehung, DStZ 1985, 325; *Brauns,* Die Auslegung des § 371 AO im Spannungsfeld strafrechtlicher und steuerpolitischer Zielsetzung – Grundsätze für den Ausgleich eines Zielkonflikts, wistra 1985, 171; *Ziervogel/Lauppe-Assmann,* Die Umsatzsteuerjahreserklärung als Selbstanzeige, wistra 1985, 142; *Wrenger,* Probleme der Selbstanzeige nach §§ 371, 378 III AO, DB 1987, 2325; *Zacharias/Rinnewitz/Spahn,* Zu den Anforderungen an eine strafbefreiende Selbstanzeige iSd § 371 AO unter besonderer Berücksichtigung des Grundsatzes der Vollständigkeit der selbstangezeigten hinterzogenen Beträge, DStZ 1988, 391; *Stahl,* Aktuelle Erkenntnisse zur Selbstanzeige, KÖSDI 1988, 7431; *Joecks,* Die neue Verwaltungsregelung zum Steuer-Amnestiegesetz, 1989; *Teske,* Die neuere Rechtsprechung zur Selbstanzeige, wistra 1990, 139; *Abramowski,* Gibt es eine strafbefreiende Selbstanzeige auch im Steuerstrafrecht der USA?, DStZ 1991, 744; *Neufang,* Aktuelle Probleme bei der Erstattung der Selbstanzeige, Inf. 1991, 21; *Abramowski,* Die strafbefreiende Selbstanzeige (§ 371 AO) im internationalen Vergleich, DStZ 1992, 300; *ders.,* Verfassungswidrigkeit des steuerlichen Selbstanzeigeprivilegs?, DStZ 1992, 460; *Brauns,* Materiell-strafrechtliche Wertaspekte der Selbstanzeige (§ 371 AO), wistra 1987, 233; *Lüttger,* Die Selbstanzeige im Steuerstrafrecht, StB 1993, 372; *Schuhmann,* Zur Selbstanzeige bei der Umsatzsteuer, wistra 1994, 253; *ders.,* Berichtigung von Erklärungen und Selbstanzeige, wistra 1994, 45; *Bilsdorfer,* Möglichkeiten der Straffreiheit durch Selbstanzeige von Bankkunden und Bankmitarbeitern, Inf 1995, 6; *Streck,* Die Selbstanzeige – Beratungssituation, DStR 1996, 288; *App,* Checkliste zur Erstattung einer Selbstanzeige nach Steuerhinterziehung, DB 1996, 1009; *Gußen,* Die rechtzeitige Selbstanzeige als Mittel zur Vermeidung des Steuerstrafverfahrens, Möglichkeiten und Grenzen der Selbstanzeige, StB 1997, 358, 404; *Bilsdorfer,* Beratungsempfehlungen für Steuerberater zur Selbstanzeige des Mandanten, Information StW 1998, 330, 362; *Marschall,* Die Selbstanzeige im Umfeld steuerlicher Beratung, BB 1998, 2496, 2553; *Burkhard,* Zum Umgang mit selbstanzeigeunwilligen Mandanten, InfStW 2002, 437; *Heerspink,* Selbstanzeige – Neues und Künftiges, BB 2002, 910; *Elbs/Birke,* Grundzüge des Steuerstrafrechts – Die Selbstanzeige, SteuerStud 2003, 501; *Kohlmann,* Die Selbstanzeige – und was daraus geworden ist, Bochumer Beiträge, 2003, S. 79; *Günther,* Die Selbstanzeige, StWK Gruppe 2, 137 (12/2005), *Peter,* Die Selbstanzeige – Wirksamkeitsvoraussetzungen zur Erlangung der Straffreiheit und Problemfelder, SteuerStud 2005, 557; *Salditt,* Menschenwürde und Steuerpflicht, StuW 2005, 367; *Stahl,* Zum Verfassungsrang der Selbstanzeige, Korn-FS 2005, 757; *Wenzler,* Zulässigkeit und Voraussetzungen der „gestuften“ Selbstanzeige, SAM 2005, 130; *Weyand,* Belehrungspflichten und die Selbstanzeige beim Zusammentreffen von Steuerstrafverfahren und Betriebsprüfung, Information

StW 2005, 717; *v. Briel,* Die Bedeutung der subjektiven Tatseite für die steuerstrafrechtliche Selbstanzeigemöglichkeit, SAM 2006, 42; *Eidam,* Neuere Entwicklungen um den Grundsatz der Selbstbelastungsfreiheit und des Rechtsinstituts der Selbstanzeige im Steuerstrafverfahren, wistra 2006, 11; *Hagemeier/Hunsmann,* Strafbefreiende Selbstanzeige, NWB Fach 13, 1085 (4/2006); *Rolletschke,* Die Selbstanzeige im Steuerstrafrecht, ZSteu 2006, 270; *Bilsdorfer,* Selbstanzeige, LSW Gruppe 4/283, 1 (1/2007); *Schwedhelm,* Erben im Visier der Steuerfahndung, FR 2007, 937 mit Anm. *Gebhardt,* FR 2008, 24; *Webel,* Die „gestufte Selbstanzeige", PStR 2007, 213; *Wenzler,* Prävention im Steuerstrafrecht – Straffreiheit durch Selbstanzeige, SAM 2007, 60; *Wagenführ,* Die Selbstanzeige im Rahmen der Steuerstrafverteidigung, ZAP Fach 20, 499 (2008); *Wegner,* Checkliste: Selbstanzeigenberatung, PStR 2008, 68; *Randt/Schauf,* Selbstanzeige und Liechtenstein-Affäre, DStR 2008, 489; *Salditt,* Liechtenstein: Fragen und Argumente, PStR 2008, 84; *Hüls/Reichling,* Die Selbstanzeige nach § 371 AO im Spannungsfeld zum Insolvenzrecht, wistra 2010, 327; *Bülte,* Der strafbefreiende Rücktritt vom vollendeten Delikt: Partielle Entwertung der strafbefreienden Selbstanzeige gemäß § 371 AO durch § 261 StGB?, ZStW 122 (2010), 550; *Gehm,* Die strafbefreiende Selbstanzeige gemäß § 371 AO in der Diskussion, ZRP 2010, 169; *Habammer,* Die neuen Koordinaten der Selbstanzeige, DStR 2010, 2425; *Joecks,* Aktuelle Fragen der Selbstanzeige, SAM 2010, 144; *Ransiek/Hinghaus,* Tatbegriff und Selbstanzeige nach § 371 AO, StV 2010, 711; *Rolletschke/Jope,* Das neue „Selbstanzeigerecht", StRR 2010, 288; *Roth/Schützeberg,* Der BGH macht reinen Tisch, PStR 2010, 214; *Rüping,* Selbstanzeige und Steuermoral, DStR 2010, 1768; *Tully/Bruns,* Selbstanzeige und Verbrauchsteuerstrafrecht, ZfZ 10, 294; *Webel,* Die Grundsatzentscheidung des BGH zu § 371 AO – Fragen über Fragen, PStR 2010, 189; *Wessing,* Nebenfolgen der Selbstanzeige, SAM 2010, 99; *Wulf,* Auf dem Weg zur Abschaffung der strafbefreienden Selbstanzeige?, wistra 2010, 286.

Zu § 371 ab 3. Mai 2011: *Beckemper/Schmitz/Wegner/Wulf,* Zehn Anmerkungen zur Neuregelung der strafbefreienden Selbstanzeige durch das „Schwarzgeldbekämpfungsgesetz", wistra 2011, 281; *Bruschke,* Reform der Selbstanzeige durch das Schwarzgeldbekämpfungsgesetz, StB 2012, 39; *Erb/Schmitt,* Ausschluss der Selbstanzeige bei Hinterziehungsbeträgen über 50 000 EUR, PStR 2011, 144; *Füllsack/Bürger,* Die Neuregelung der Selbstanzeige, BB 2011, 1239; *Habammer,* Die Neuregelung der Selbstanzeige nach dem Schwarzgeldbekämpfungsgesetz, StBW 2011, 310; *Heuel/Beyer,* Problemfelder der „neuen Selbstanzeige" – 13 neue Fragen mit Antworten, StBW 2011, 315; *Hunsmann,* Die Novellierung der Selbstanzeige durch das Schwarzgeldbekämpfungsgesetz, NJW 2011, 1482; *Mack,* Kritische Stellungnahme zu den geplanten Einschränkungen der Selbstanzeige im Schwarzgeldbekämpfungsgesetz, Stbg 2011, 162; *Obenhaus,* Verschärfung der Selbstanzeige, Stbg 2011, 166; *Pegel,* Neue Haftungsfalle für Steuerberater durch Änderungen bei der strafbefreienden Selbstanzeige, Stbg 2011, 348; *Prowatke/Felten,* Die „neue" Selbstanzeige, DStR 2011, 899; *Rolletschke,* Die neue Selbstanzeige, StRR 2011, 254; *Rolletschke/Roth,* Selbstanzeige: Verschärfte Anforderungen durch das Schwarzgeldbekämpfungsgesetz, Stbg 2011, 200; *Schwartz,* Zur Geringfügigkeitsgrenze bei § 371 AO nF, PStR 2011, 122; *Zanzinger,* Die Einschränkungen der Selbstanzeige durch das Schwarzgeldbekämpfungsgesetz – Klärung erster Zweifelsfragen, DStR 2011, 1397; *Bürger,* Bagatellabweichungen bei Selbstanzeigen, BB 2012, 34; *Jope,* Der Anknüpfungspunkt „geringfügiger Abweichungen" bei der Selbstanzeige: materieller Tatbegriff contra Berichtigungsverbund, NZWiSt 2012, 59; *Gehm,* Die Selbstanzeige gem. § 371 AO – aktuelle Änderung durch das Schwarzgeldbekämpfungsgesetz, Jura 2012, 531; *Mintas,* Die Novellierung der strafbefreienden Selbstanzeige, DB 2011, 2344; *Patzschke,* Die Selbstanzeige als Strafaufhebungsgrund des allgemeinen Strafrechts, 2012; *Prowatke/Kelterborn:* Zur Wirksamkeit von Selbstanzeigen bei „geringfügiger" Unvollständigkeit, DStR 2012, 640; *Spatscheck,* Fallstricke der Selbstanzeige, DB 2013, 1073; *Kemper,* Wieder ein neuer § 371 AO?, DStR 2014, 928; *Patzschke,* Selbstanzeige gemäß § 371 AO und Einspruch gegen den Steuerbescheid, StB 2013, 78; *Helml,* Die Reform der Selbstanzeige im Steuerstrafrecht, 2014; *Schmoeckel,* Die strafbefreiende Selbstanzeige: Missverständnisse aus der historischen Perspektive, StuW 2014, 67; *Wittig,* Die Selbstanzeige bei Steuerstraftaten, Jura 2014, 567.

Zu § 371 ab 1. Januar 2015: *Habammer/Pflaum,* Bleibt die Selbstanzeige noch praktikabel?, DStR 2014, 2267; *Joecks,* Der Regierungsentwurf eines Gesetzes zur Änderung der Abgabenordnung und des Einführungsgesetzes zur Abgabenordnung, DStR 2014, 2261; *Kemper,* Wieder ein neuer § 371 AO?, DStR 2014, 928; *Talaska,* Zur geplanten Verschärfung der Selbstanzeige, Stbg 2014, 462; *Thonemann-Micker/Kanders,* Verschärfung der Selbstanzeige und Handlungsempfehlungen zur Jahreswende, DB 2014, 2125; *Zipfel/Holzner,* Novellierung der strafbefreienden Selbstanzeige im Steuerrecht – Der Regierungsentwurf zur Änderung der Abgabenordnung, BB 2014, 2459; *Buse,* Die Selbstanzeige ab dem 1.1.2015, DB 2015, 89; *Gehm,* Eckpunkte der strafbefreienden Selbstanzeige, StBW 2015, 105; *Hunsmann,* Neuregelung der Selbstanzeige im Steuerstrafrecht, NJW 2015, 113; *Madauß,* Gesetzliche Klarstellungen, fortbestehende und neue Probleme der Selbstanzeige iSd § 371 AO nF – der Versuch einer Bestandsaufnahme, NZWiSt 2015, 41; *Rolletschke,* Die „Klippen" des neuen Selbstanzeigerechts, StRR 2014, 331; *Beneke,* Die Reform der strafbefreienden Selbstanzeige, BB 2015, 407; *Bruschke,* Selbstanzeige nach dem Gesetz zur Änderung der Abgabenordnung, StB 2015, 75; *Burkhard,* Die Selbstanzeige ab dem 1.1.2015, StraFo 2015, 95; *Schuster,* Die strafbefreiende Selbstanzeige im Steuerstrafrecht – Auslaufmodell oder notwendige Brücke in die Steuerehrlichkeit?, JZ 2015, 27; *Stahl,* Die neue Selbstanzeige ab 2015, KÖSDI 2015, 19167; *Wulf,* Reform der Selbstanzeige – Neue Klippen auf dem Weg zur Strafbefreiung, wistra 2015, 161.

Weiteres Schrifttum s. vor Rn. 54, 90, 107, 116, 124, 140, 200, 301, 341, 354, 400, 415, 423, 427.

Übersicht

I. Allgemeines

1. Entstehungsgeschichte

Vorläufer des heutigen § 371 AO waren bereits in den einzelnen Steuergesetzen der deutschen Länder vor der Jahrhundertwende vorhanden (zu weiteren Vorläufern *Scheil* 1995, S. 5 ff.). So bestimmte etwa Art. 30 des Bad.KapitalrentenStG v. 29.6.1874 (GVBl. 361): *„Wird die unterbliebene oder zu niedrig abgegebene Erklärung späterhin nachgetragen oder berichtigt, bevor das Vergehen … angezeigt worden ist, so fällt jede Strafe weg“.* Vgl. auch § 63 II SächsEStG v. 22.12.1874 (GVBl. 1874, 471): *„Die Strafe tritt nicht ein, falls der Schuldige, bevor die Sache zur Untersuchung an das Gericht abgegeben ist, seine Angaben an der zuständigen Stelle berichtigt oder vervollständigt“;* Art. 66 II BayEStG v. 19.5.1881 (GVBl. 1881, 441): *„Werden … die unrichtigen oder unvollständigen Angaben … noch vor der Einleitung eines Strafverfahrens bei dem einschlägigen Rentamte berichtigt oder ergänzt, so tritt anstatt der Hinterziehungsstrafe eine Ordnungsstrafe bis zu 100 Mark ein“;* § 66 III PreußEStG v. 24.6.1891 (GS 175): *„Derjenige Steuerpflichtige, welcher, bevor eine Anzeige erfolgt oder eine Untersuchung eingeleitet ist, seine Angaben an zuständiger Stelle berichtigt oder ergänzt bzw. das verschwiegene Einkommen angibt und die vorenthaltene Steuer in der ihm gesetzten Frist entrichtet, bleibt straffrei“;* Art. 73 Württ-EStG v. 8.8.1903 (RegBl. 261): *„Die Verfehlung … ist straffrei zu lassen, wenn von dem Steuerpflichtigen oder seinem verantwortlichen Vertreter oder Bevollmächtigten, bevor eine Anzeige der Verfehlung bei der Behörde gemacht wurde oder ein strafrechtliches Einschreiten erfolgte, die unrichtige oder unvollständige Angabe bei einer mit der Anwendung dieses Gesetzes befaßten Behörde berichtigt oder ergänzt oder das verschwiegene Einkommen angegeben und hierdurch die Nachforderung der sämtlichen nichtverjährten … Steuerbeträge ermöglicht wird“;* Art. 67 IV OldenbEStG v. 12.5.1906 (GBl. 1906, 833): *„Derjenige Steuerpflichtige, welcher, bevor eine Anzeige erfolgt oder eine Untersuchung eingeleitet ist, seine Angabe an zuständiger Stelle berichtigt oder ergänzt bzw. die verschwiegenen Erträge angibt und die vorenthaltene Steuer in der ihm gesetzten Frist berichtigt, bleibt straffrei“* (vgl. auch *Breyer* 1999, 90 ff.). 1

Die landesrechtlichen Vorschriften waren Vorbild für entsprechende Regelungen in den Steuergesetzen des Reiches, vgl. § 50 II ErbStG v. 3.6.1906 (RGBl. 1906, 654): *„Eine Bestrafung findet nicht statt, wenn der Verpflichtete vor erfolgter Strafanzeige oder bevor eine Untersuchung gegen ihn eingeleitet ist, aus freien Stücken seine Angaben berichtigt“;* ähnlich § 50 III ZuwachsStG v. 24.2.1911 (RGBl. 33), § 59 WehrbeitragsG und § 79 BesitzStG v. 3.7.1913 (RGBl. 505, 524), § 35 KriegsStG v. 21.6.1916 (RGBl. 561), § 29 KriegsabgabenG v. 10.9.1919 (RGBl. 1579); sachlich abw. § 25 S. 1 SteuerfluchtG v. 26.7.1918 (RGBl. 951): *„Werden die hinterzogenen Steuerbeträge nebst Zinsen … gezahlt …, bevor eine zwangsweise Beitreibung stattgefunden hat, so tritt Straffreiheit für Täter und Teilnehmer ein; ist eine Verurteilung bereits erfolgt, so unterbleibt die weitere Vollstreckung“.* 2

Mit § 374 RAO 1919 wurde erstmalig eine allgemeine Vorschrift über Straffreiheit in das Steuerstrafrecht eingeführt, die ohne sachliche Änderungen als § 410 RAO 1931 mit folgender Fassung neu bekanntgemacht wurde: 3

„(1) Wer in den Fällen der §§ 396, 402, 407–409, bevor er angezeigt oder eine Untersuchung gegen ihn eingeleitet ist (§ 441 II), unrichtige oder unvollständige Angaben bei der Steuerbehörde, ohne dazu durch eine unmittelbare Gefahr der Entdeckung veranlaßt zu sein, berichtigt oder ergänzt oder unterlassene Angaben nachholt, bleibt insoweit straffrei. Sind in den Fällen der §§ 396, 407 Steuerverkürzungen bereits eingetreten oder Steuervorteile gewährt oder belassen, so tritt die Straffreiheit nur ein, wenn der Täter die Summe, die er schuldet, nach ihrer Festsetzung innerhalb der ihm bestimmten Frist entrichtet; das gleiche gilt im Falle des § 402.

(2) Wird die im § 117 vorgeschriebene Anzeige rechtzeitig und ordnungsgemäß erstattet, so werden diejenigen, welche die dort bezeichneten Erklärungen abzugeben unterlassen oder unrichtig oder unvollständig abgegeben haben, deshalb nicht strafrechtlich verfolgt, es sei denn, daß vorher gegen sie Strafanzeige erstattet oder eine Untersuchung eingeleitet worden ist.“

Aus den Motiven (Verhandlungen der Nationalversammlung Band 331, S. 4136 ff. v. 17.12.1919) ergibt sich, dass Hintergrund der Regelung die Erschließung solcher Steuerquellen sein sollte, die sonst der Finanzbehörde verborgen blieben, zugleich sollte ein Appell zur Rückkehr zur Steuerehrlichkeit ergehen. Hintergrund war offenbar auch die Hilflosigkeit der Finanzbehörden bei der Aufdeckung von Steuerhinterziehungen (vgl. *Breyer* 1999, 96 f.).

4 § 410 RAO 1931 wurde gem. Art. I Nr. 19 des Gesetzes v. 4.7.1939 (RGBl. I 1181) neu gefasst. Anstelle der aufgehobenen §§ 407–409 RAO 1931 wurden die nach Art. I Nr. 15 in die RAO übernommenen Tatbestände des § 401a RAO (Bannbruch) und des § 401b RAO (Schmuggel unter erschwerenden Umständen) in den Kreis der selbstanzeigefähigen Straftaten einbezogen. Die strafbefreiende Wirkung der Selbstanzeige blieb jeweils ausgeschlossen, wenn der Täter bereits angezeigt oder die Untersuchung gegen ihn eingeleitet worden war oder wenn *„eine unmittelbare Gefahr der Entdeckung"* ihn zur Selbstanzeige veranlasst hatte.

5 Nach der Neufassung des § 410 RAO durch Abschn. II § 4 des 2. Gesetzes zur vorläufigen Neuordnung von Steuern v. 20.4.1949 (WiGBl. 69) und Abschn. II § 4 des gleichlautenden Gesetzes von Rheinland-Pfalz v. 6.9.1949 (GVBl. 469) war die Straffreiheit nur noch versagt, wenn dem Täter bereits *„die Einleitung der Untersuchung gegen ihn durch die Steuerbehörde eröffnet"* worden war. In Baden, Württemberg-Hohenzollern und Berlin verblieb es bei der Fassung von 1939.

6 Die bundeseinheitliche Neufassung des § 410 RAO erfolgte durch Art. I Nr. 1 des Gesetzes v. 7.12.1951 (BGBl. 1951 I 941), in Berlin übernommen durch Gesetz v. 28.2.1952 (GVBl. 125); Begr. BT-Drs. I/2395. Aus dem Kreis der selbstanzeigefähigen Straftaten wurde § 401b RAO wieder ausgeschieden; ferner wurde nach § 410 I S. 2 RAO nF die strafbefreiende Wirkung bereits versagt, wenn die Selbstanzeige nach dem Erscheinen eines Prüfers der FinB oder nach Bekanntgabe der Einleitung einer steuerstrafrechtlichen Untersuchung erstattet worden war, sowie aufgrund des neu eingefügten Abs. 2, wenn der Täter wusste oder damit rechnen musste, dass die Tat bereits entdeckt war. Abs. 3 nF entsprach § 410 I 2 RAO aF. Als neuer Abs. 4 wurde eine Legaldefinition der „Einleitung der steuerstrafrechtlichen Untersuchung" eingefügt. Abs. 5 nF entsprach Abs. 2 aF.

7 Durch Art. 6 Nr. 2 StÄndG 1965 v. 14.5.1965 (BGBl. I 377) wurden im § 410 III RAO die Worte *„die Summe, die er schuldet"* durch die Worte *„die verkürzten Steuern"* ersetzt, um klarzustellen, dass die strafbefreiende Wirkung der Selbstanzeige von der Zahlung der durch Art. 5 StÄndG 1965 eingeführten Hinterziehungszinsen nicht abhängen sollte (Schriftl. Ber. BT-Drs. zu IV/3189, 12).

8 Durch Art. 1 Nr. 6 AO StrafÄndG v. 10.8.1967 (BGBl. I 877) wurde § 410 IV RAO 1951 im Hinblick auf § 432 I RAO 1967 gestrichen und § 410 I 2 sowie IV (vorher V) dem Wortlaut des § 432 I RAO 1967 angepasst (Schriftl. Ber. zu BT-Drs. V/1941, 1 f.).

9 Durch Art. 1 Nr. 8 des 2. AO StrafÄndG v. 12.8.1968 (BGBl. I 953) wurde § 410 RAO 1951 als § 395 RAO bezeichnet, mit einer Überschrift versehen und teilweise neu gefasst. In § 395 I RAO 1968 wurde der Bannbruch aus dem Anwendungsbereich der Selbstanzeige herausgenommen. In § 395 II RAO 1968 wurden sämtliche Fälle verspäteter Selbstanzeige (vorher § 410 I 2, Abs. II RAO 1951) zusammengefasst. In § 395 III RAO 1968 wurde hinter den Worten *„die verkürzten Steuern"* der Satz *„die er schuldet"* wieder eingefügt (Rn. 7), um klarzustellen, dass die strafbefreiende Wirkung der Selbstanzeige eines Täters, der fremde Steuern hinterzogen hat, nicht davon abhängt, dass der Täter die zum Vorteil eines anderen hinterzogenen Steuern nachzahlt (Begr. BT-Drs. V/1812, 24).

10 In der AO 1977 entspricht § 371 I, II Nr. 1 wörtlich dem § 395 I, II Nr. 1 RAO 1968. In § 371 II Nr. 2 AO wurde auf Antrag des Finanzausschusses des BTages klargestellt, dass es für die Rechtzeitigkeit einer Selbstanzeige in erster Linie darauf ankommt, dass die Tat objektiv noch nicht entdeckt war (BT-Drs. 7/4292, 44). In der neuen Fassung des § 371 III AO wurden die Worte *„Steuern, die er schuldet"* durch die Worte *„die zu seinen Gunsten hinterzogenen Steuern"* ersetzt. Die Straffreiheit soll also auch dann von der fristgerechten

Nachzahlung abhängen, wenn der Anzeigeerstatter zwar nicht der Steuerschuldner ist, die Steuer aber dennoch zum eigenen Vorteil hinterzogen hat (Begr. BT-Drs. VI/1982, 195). Auf diesem Gedanken beruht auch die mit der AO 1977 eingeführte Vorschrift des § 371 IV 2 AO.

11 Die Motive zu den verschiedenen Regelungen der Partikulargesetze bzw. der AO lassen präzise Schlüsse auf die Vorstellungen des historischen Gesetzgebers über den Grund der Regelung nicht zu. Wie sich aus den Untersuchungen von *Frees* (1991, S. 32 ff.) ergibt, enthalten die Gesetzesmaterialien praktisch keine Begründungen. Lediglich im Hinblick auf zwei Steueramnestiegesetze lassen sich Rückschlüsse ziehen (Wehrbeitragsgesetz: *„Damit nicht die Furcht vor Strafe, Vermögens- und sonstigen Nachteilen die Beitragspflichtigen abhalte, ihr Vermögen wahrheitsgemäß anzugeben, ist … vorgesehen, daß Beitragspflichtige, die bisher Vermögen … der direkten Besteuerung … entzogen haben, von … Strafe und der Verpflichtung zur Nachzahlung … freibleiben“*; RT-Verhandlung, Anlageband 301, Aktenstück 871 S. 22). Im Hinblick auf § 1 des Gesetzes über Steuernachsicht ergibt sich aus den Ausführungen des Berichterstatters (Verhandlungen der Nationalversammlung Bd. 331, S. 4136 ff. – 132. Sitzung v. 17.12.1919), dass über die Amnestierung solche Steuerquellen erschlossen werden sollen, die den Behörden ohne Zutun der Stpfl verborgen blieben. Hintergrund war also offenbar die Erhöhung der Steuereinnahmen und die Hilflosigkeit der Steuerbehörden gegenüber den Tätern, da die Steuerhinterziehung häufig gar nicht erkannt werde. Nach skeptischen Anmerkungen von Abgeordneten der sozialdemokratischen Oppositionsparteien (*Löpel, Cohn* RT-Verhandlung, S. 4137 f.) wurde neben den fiskalischen Interessen auch auf die Hilfe zur Rückkehr zur Steuerehrlichkeit, die das Gesetz enthalte, hingewiesen (*Löpel, Cohn* RT-Verhandlung, S. 4139).

12 Durch das Schwarzgeldbekämpfungsgesetz erfuhr die Regelung mWv 3.5.2011 eine grundlegende Umgestaltung. Eine Teil-Selbstanzeige führt nicht mehr zur teilweisen Straffreiheit, die Sperrgründe wurden verschärft und u. a. um die Bekanntgabe der Prüfungsanordnung erweitert, bei Hinterziehungen großen Ausmaßes (mehr als 50 000 EUR) ist eine Selbstanzeige nicht mehr möglich; stattdessen ist nach Zahlung der hinterzogenen Steuern und eines Zuschlags eine Einstellung obligatorisch (§ 398a). Zu den zunächst erwogenen Änderungen auch bei der Selbstanzeige nach leichtfertiger Steuerverkürzung (§ 378 III AO) ist es nicht gekommen (Rn. 68 zu § 378).

13 Mit dem JStG 2015 wurden die Anforderungen an die Selbstanzeige weiter verschärft. So müssen mittlerweile auch die entsprechenden Hinterziehungszinsen nachgezahlt werden, um Straffreiheit zu erlangen. Die Fälle, in denen eine Selbstanzeige allenfalls zu einer Einstellung führen kann, wurden durch Absenkung des Betrages von 50 000 EUR auf 25 000 EUR erweitert (Rn. 341). Andererseits ist mit der Neuregelung wieder möglich, trotz einer laufenden Außenprüfung Selbstanzeige für solche Jahre zu erstatten, die nicht selbst Gegenstand der Außenprüfung sind (unten Rn. 350). Die Ungenauigkeiten/Unklarheiten der Neuregelung haben sogleich die FinVerw dazu animiert, im Verwaltungswege für etwas Klarheit zu sorgen (FinMin NRW 26.1.2015, DB 2015, 280).

2. Begriff und Systematik des § 371 AO

14 **Der Begriff „Selbstanzeige“** – erstmals 1939 durch das RAOÄndG in die Gesetzessprache eingeführt (*Breyer* 1999, 99) – ist zwar nicht umfassend, da im Regelfall die Straffreiheit nach § 371 III AO zusätzlich von einer fristgerechten Nachzahlung der hinterzogenen Steuern abhängt, trifft aber den Kern der Sache, da § 371 I AO in jedem Falle eine Anzeige voraussetzt, die vom Stpfl selbst veranlasst sein muss. Der Begriff ist insofern missverständlich, als das Gesetz (bislang, Rn. 79) nicht voraussetzt, dass der Täter sich ausdrücklich einer Straftat bezichtigt (Rn. 91). Die von *Kratzsch* (Grundfragen S. 293 Fn. 47) – ohne eigenen Vorschlag – am Begriff „Selbstanzeige“ geübte Kritik *(„Missgriff des Gesetzgebers“)* überzeugt nicht. Der Gesetzgeber hat lediglich diejenige Bezeichnung übernommen, die sich im Sprachgebrauch durchgesetzt hatte. Demgegenüber hat sich die

Bezeichnung „Selbstberichtigung" (*Vogt* FR 1951, 44; OLG Frankfurt DStZ/B 1954, 58) ebenso wenig durchgesetzt, wie die der „strafbefreienden Wiedergutmachung" (*Terstegen* S. 120). Freilich trifft der Begriff der strafbefreienden Wiedergutmachung den Kern des § 371 AO sehr genau (unten Rn. 24 ff.). Er ist trotzdem insofern unzureichend, als eine vollständige Schadenswiedergutmachung vom § 371 AO bis zum 1.1.2015 nicht vorausgesetzt war, da etwa die Zahlung von Hinterziehungszinsen (§ 235) nicht notwendige Bedingung für das Erlangen von Straffreiheit war. Überdies ist die reine Schadenswiedergutmachung, zB durch stillschweigende Verlagerung von steuerbegründenden oder -erhöhenden Merkmalen in Erklärungen über spätere Steuerabschnitte oder durch anonyme Nachzahlung der verkürzten Steuern, nicht ausreichend. Andererseits ist nach § 371 III AO eine Nachzahlung der verkürzten Steuer nicht erforderlich, wenn und soweit jemand zugunsten eines Dritten gehandelt hat (Rn. 142 ff.). Die Bezeichnung „tätige Reue" (RG 27.6.1940, RStBl. 1940, 650; BVerwG 11.11.1959, BVerwGE1960, 788) ist irreführend, da es auf das ethische Motiv der Reue bei der Selbstanzeige nach § 371 AO ebenso wenig ankommt, wie beim Rücktritt vom Versuch einer Straftat nach § 24 StGB (RG 4.1.1927, RGSt 61, 115, 117; *Terstegen* S. 120; Kohlmann/*Schauf* 2 zu § 371; *Kopacek* BB 1961, 42; aM *Susat* DStR 1951, 397, der zwischen „sittlicher" und „egoistischer" Reue unterscheiden will).

15 Bei einem systematischen Überblick über die Gliederung des § 371 AO ist zu unterscheiden zwischen solchen Voraussetzungen, die zur Erlangung der Straffreiheit positiv gegeben sein müssen („positive Wirksamkeitsvoraussetzungen"), und solchen, die die strafbefreiende Wirkung des Verhaltens des Täters oder Teilnehmers ausschließen („negative Wirksamkeitsvoraussetzungen", vgl. *Maaßen* FR 1954, 293).

16 **Die positiven Wirksamkeitsvoraussetzungen der Selbstanzeige ergeben sich aus § 371 I, III AO** sowie – für einen Sonderfall – aus § 371 IV AO. Nach Absatz 1 wird straffrei, wer unrichtige oder unvollständige Angaben berichtigt oder ergänzt oder unterlassene Angaben nachholt. Diese Handlungen (Selbstanzeige) und ihr Ergebnis lassen sich unter dem Begriff der „Berichtigung" zusammenfassen. Der im Regelfall einer Steuerhinterziehung erforderlichen Berichtigung nach Absatz 1 entspricht im Sonderfall des Absatzes 4, dass eine nach § 153 AO (Rn. 400) vorgeschriebene Anzeige rechtzeitig und ordnungsgemäß erstattet wird. Weitere Wirksamkeitsvoraussetzung ist, dass bei vollendeter Tat nach Absatz 3 die im Zeitpunkt der Berichtigungserklärung bereits vorsätzlich verkürzten Steuerbeträge fristgerecht nachgezahlt werden; bei Selbstanzeigen ab dem 1.1.2015 müssen auch die darauf entfallenden Hinterziehungszinsen beglichen werden.

17 **Die negativen Wirksamkeitsvoraussetzungen der Selbstanzeige** (Ausschließungsgründe) sind in § 371 II AO zusammengefasst. Danach versagt das Gesetz trotz umfassender Berichtigungserklärung und vollständiger Nachzahlung der verkürzten Steuern dem Verhalten des Täters die strafbefreiende Wirkung, wenn dies unter bestimmten Rahmenbedingungen geschieht. So tritt eine Sperrwirkung ein, wenn bei dem Anzeigeerstatter ein Amtsträger der FinB zur steuerlichen Prüfung oder zur Ermittlung einer Steuerstraftat oder einer Steuerordnungswidrigkeit erschienen ist, oder wenn ihm die Anordnung einer Außenprüfung oder die Einleitung eines Straf- oder Bußgeldverfahrens bekanntgegeben worden ist, oder wenn die Tat bereits entdeckt ist und der Anzeigeerstatter dies wusste oder damit rechnen musste. Nach § 371 II Nr. 3 nF ist eine Selbstanzeige ausgeschlossen, wenn die Tat zu einer Verkürzung von mehr als 50 000 EUR geführt hat, seit 1. Januar 2015 gilt ein Schwellenbetrag von 25 000 EUR. Überdies wurde die Sperrwirkung auf die besonders schweren Fälle nach § 370 III 2 Nr. 2 bis 5 ausgedehnt. Im Sonderfall der Fremdanzeige nach Absatz 4 ist die strafbefreiende Wirkung der Selbstanzeige hingegen nur ausgeschlossen, wenn dem Anzeigeerstatter zuvor die Einleitung des Strafverfahrens bekanntgegeben worden war.

18 **Die Freiwilligkeit des selbstanzeigenden Verhaltens** ist weder eine allgemeine positive Voraussetzung der Straffreiheit, noch bildet umgekehrt mangelnde Freiwilligkeit einen allgemeinen Ausschließungsgrund für die strafbefreiende Wirkung einer Selbstanzeige, die

der Täter unter dem Zwang der Umstände erstattet. Die im Gesetz einzeln angeführten Ausschließungsgründe sind abschließend (Rn. 200 ff.).

Die Tendenz, die Freiwilligkeit einer Selbstanzeige zu einem ungeschriebenen Erfordernis der strafbefreienden Wirkung zu erklären (*Susat* DStR 1952, 33; *Troeger/Meyer* S. 258; *Hartung* V 3b zu §§ 410, 411 RAO 1951; *List* S. 45; *Kopacek* BB 1961, 45, DStR 1965, 106 und Straf- und Bußgeldfreiheit S. 174 f.; *Ehlers* DStR 1974, 696 f.; vgl. auch OLG Hamm 26.10.1962, BB 1963, 459) ist jedenfalls seit der Neufassung des § 410 RAO durch G v. 7.12.1951 (Rn. 6) verfehlt. Seinerzeit hat der Gesetzgeber es bewusst unterlassen, eine Regelung dahingehend zu treffen, dass mangelnde Freiwilligkeit einer Selbstanzeige die Straffreiheit nähme. Vielmehr hat der Gesetzgeber die Ausschließungsgründe noch stärker als vorher konkretisiert; eine erweiternde Auslegung der Regelungen zu Lasten der Täter von Steuerhinterziehungen wäre unzulässig (*Lenckner* u. a., wistra 1983, 123 f.). Eine solche Interpretation würde gegen Art. 103 II GG verstoßen (FT-*Wessing* 12). Letztlich kommt in der Forderung nach einer Freiwilligkeit bzw. Nicht-Unfreiwilligkeit des Verhaltens des Täters ein unbegründetes Unbehagen an der Existenz der Regelung zum Ausdruck (vgl. Rn. 21 ff.). **19**

3. Grund und Verfassungsmäßigkeit der Regelung

a) Grund der Regelung. Rechtfertigung und Zweck der Selbstanzeige sind seit Jahrzehnten umstritten. So ist zweifelhaft, ob die Regelung mit steuerpolitischen oder kriminalpolitischen Erwägungen zu begründen ist, ob sie sich mangels Vereinbarkeit mit anderen Bestimmungen des deutschen Strafrechts als „Ausnahmeerscheinung" darstellt (BayObLG 23.1.1985, wistra 1985, 117) oder gar ein „Fremdkörper" ist (*Westpfahl* 1987, S. 13). An der Beantwortung dieser Fragen hängt zum einen die Auslegung der verschiedenen Merkmale des § 371 AO, zum anderen die Frage nach der Verfassungsmäßigkeit oder Verfassungswidrigkeit einer solchen „Ausnahmeregelung". **20**

aa) Steuerpolitische Ziele. Überwiegend soll Einigkeit darüber bestehen, dass die Gründe für die Selbstanzeigeregelung in erster Linie in der steuerpolitischen Zielrichtung des § 371 AO und in den kriminologisch äußerst ungünstigen Bedingungen des Steuerstrafrechts gesucht werden müssen (so Kohlmann/*Kohlmann* 10 ff. zu § 371). Es gehe dem Gesetz um die nachträgliche Erfüllung der steuerlichen Pflichten, um die „Erschließung bisher verheimlichter Steuerquellen" (vgl. RG 8.6.1923, RGSt 57, 313; RG 9.11.1936, RGSt 70, 350, 351; RG 10.6.1942, RGBl. 1942, 865, 867; BGH 11.11.1958, BGHSt 12, 100 f.; BGH 13.10.1998, wistra 1999, 28; BayObLG 7.10.1953, NJW 1954, 244; BayObLG 27.4.1972, DStZ/B 1972, 287; *Bilsdorfer* wistra 1984, 93; *Danzer* AG 1982, 57, 68; Koch/Scholtz/*Scheurmann-Kettner* 3, Kohlmann/*Kohlmann* 18, Schwarz/Pahlke/*Webel* 3 zu § 371 AO; *Wassmann* 1991, S. 23; *Wannemacher/Vogelberg* Rn. 1381). **21**

Darüber hinaus soll § 371 AO dem Zweck dienen, dem Stpfl die Rückkehr zur Steuerehrlichkeit zu erleichtern (vgl. BGH 13.11.1952, BGHSt 3, 373, 375; BGH 13.5.1983, wistra 1983, 197; BGH 24.10.1984, wistra 1985, 74; *Franzen* 3. Aufl., 14 zu § 371; *Mattern* NJW 1951, 937; *Danzer* AG 1982, 57, 68; *Westpfahl* 1987, S. 22; vgl. auch *Lenckner u. a.* wistra 1983, 123, 124). Um dem Täter einen Anreiz zur Selbstanzeige zu geben, biete § 371 AO ihm – unter Zurückstellung der an sich geltenden Strafdrohung – in großzügiger Weise Straffreiheit für den Fall seiner Mitwirkung und damit einen unter Umständen sehr bedeutsamen Vorteil an. § 371 AO strebe in erster Linie einen psychischen Effekt auf den Täter an (vgl. RG 8.6.1923, RGSt 57, 313, 315.; RG 4.1.1927, RGSt 61, 115, 118; RG 10.6.1942, RStBl. 1942, 865, 867; BGH 13.11.1952, BGHSt 3, 373, 375; BGH 11.11.1958, BGHSt 12, 100 f.; BayObLG 7.10.1953, NJW 1954, 244; BayObLG 24.2.1972, BB 1972, 524; BayObLG 23.1.1985, wistra 1985, 117; *Bilsdorfer* wistra 1984, 93; *Kratzsch,* Grundfragen S. 291; *Franzen* 3. Aufl., 13 zu § 371; *Streck* DStR 1985, 9; Kohlmann/*Kohlmann* 12 zu § 371; Erbs/Kohlhaas/*Hadamitzky/Senge* AO § 371 Rn. 1). Die **22**

Regelung schaffe einen gesetzlichen Anreiz zur Selbstanzeige und eröffne die Rückkehr zur Steuerehrlichkeit (so *Franzen* 3. Aufl., Rn. 15 zu § 371).

23 **bb) Strafrechtliche Ziele.** Ein Teil der neueren Literatur versucht demgegenüber, Grund und Grenzen des § 371 AO allein oder überwiegend mit **strafrechtlichen Prinzipien** zu erklären. Dies erfolgt zumeist durch einen Rückgriff auf Erklärungsansätze, die im Bereich der Rechtfertigung des Rücktritts vom Versuch (§ 24 StGB) bzw. der Vorschriften über die tätige Reue angeführt werden. So gehen etwa *Löffler* (1992 S. 104 ff.) unter Rückgriff auf das Reichsgericht (RG 11.5.1922, RGSt 56, 385; RG 8.6.1923, RGSt 57, 313, 315; RG 2.3.1925, RGSt 59, 115, 117; RG 4.1.1927, RGSt 61, 115, 117) und Teile der Literatur (*Schröder* Mayer-FS 1966 S. 377 Fn. 1; *Enno Becker* RAO § 374 Anm. 2; *Wagelaar* RAO § 410 Fn 1; *Bauerle* BB 1953, 28; *Rüffelmacher,* 1956, S. 46 ff., 53; *Grötsch* 2003, S. 21 ff.; siehe auch Kühn/v.Wedelstädt/*Blesinger* 1 zu § 371; *Schuster* JZ 2015, 27, 30) davon aus, die Selbstanzeige könne ohne weiteres in die Rücktrittssystematik eingeordnet werden (vgl. S. 165). Die Rücktrittsregelungen des StGB, aus verschiedenen Epochen der Rechtsentwicklung stammend, stellten kein in sich geschlossenes System mit klaren Strukturprinzipien dar. Insbes. vor dem Hintergrund der modernen Diskussion um „Wiedergutmachung statt Strafe" habe die Selbstanzeige ihren Platz „im offenen System" (*Bottke* Methodik, S. 689 f.) der Rücktrittsvorschriften des allgemeinen Strafrechts (vgl. auch *Frees* 1991 S. 103 ff.).

24 **Die Gleichwertigkeit fiskalischer und kriminalpolitischer Zielsetzungen** betont *Brauns* (wistra 1987, 233). Für ihn ist die Auslegung des § 371 AO ein Problem des Ausgleichs eines Konflikts zwischen strafrechtlichen und steuerpolitischen Zielsetzungen (so schon wistra 1985, 171 ff.). Je mehr man auf den verhaltenssteuernden Effekt der Straffreiheitsverbürgung setze und einen Anreiz zur Offenbarung von Steuerhinterziehung schaffen wolle, desto eher würde man durch eine großzügige Auslegung die Möglichkeit der Selbstanzeige erweitern. Wenn man hingegen die Straffreiheitsverbürgung nur als unliebsamen Fremdkörper werte, würde man bestrebt sein, die Anforderungen so hoch zu schrauben, dass sich der Anwendungsbereich der Norm verenge. Dass strafrechtliche und finanzpolitische Aspekte nebeneinander stehen, wird beispielsweise auch von *Rüping* (HHSp-*Rüping* 25 zu § 371) anerkannt, der freilich dabei den steuerpolitischen Aspekten den Vorrang einräumen will.

25 **cc) Gesamtwürdigung.** Die nach dem Gesetzeswortlaut unter § 371 AO fallenden Sachverhalte sind nicht homogen. Die Legitimation der Vorschrift ergibt sich aus steuerpolitischen, kriminalpolitischen und strafrechtlichen Erwägungen, wobei kriminalpolitische und strafrechtliche Aspekte die größere Bedeutung haben. Sie ist mitnichten ein Fremdkörper im deutschen Strafrecht, wie eine Zusammenstellung auf eine Kleine Anfrage zeigt (BT-Drs. 17/14071, 6 f.). Dort sind sechs Regelungen im StGB und drei im Nebenstrafrecht aufgeführt, darunter § 31d PartG, der eine Selbstanzeige bei unrichtigen Rechenschaftsberichten von Parteien vorsieht. Neuerdings kennt auch das Außenwirtschaftsrecht eine Selbstanzeige für fahrlässige Verstöße (§ 22 Abs. 4 AWG; dazu *Pelz/Hofschneider* wistra 2014, 1).

26 Die Steuerhinterziehung ist ebenso wie die Vermögensdelikte des Strafgesetzbuches insgesamt dadurch ausgezeichnet, **dass die Rechtsgutsverletzung vollständig reparabel ist** (*Löffler* 1992, 124; vgl. auch *Rüffelmacher* S. 52; *Samson* wistra 1983, 235, 240; *Jakobs* JZ 1988, 519, 520). Dieser Umstand hat in anderen Rechtsordnungen zu umfassenden Regelungen über die Beachtlichkeit tätiger Reue nach Vollendung bzw. Beendigung der Tat geführt (vgl. die Nachweise bei *Abramowski* 1991, S. 14 ff.). So sieht etwa das österreichische Strafrecht (§ 167 ÖStGB) für die meisten Eigentums- und Vermögensdelikte die Möglichkeit vor, durch freiwillige und vollständige Wiedergutmachung Straffreiheit zu erlangen (*Abramowski* 1991, S. 18 f.; vgl. auch *Breyer* 1999, 160 und *Leitner/Toifl/Brandl* Rn. 382 ff.). Mit § 46a StGB hat der Gesetzgeber erstmals eine umfassende Regelung in das Strafgesetzbuch eingestellt. Die strafrechtliche Diskussion (Nachweise bei *Löffler* S. 130ff,; vgl. auch *Albrecht* u. a., Strafrecht – ultima ratio, Empfehlungen der Niedersächsischen Kommission zur Reform des Strafrechts und des Strafverfahrensrechts, 1992; *Albrecht/Hassemer/Voß,*

Rechtsgüterschutz durch Entkriminalisierung, Vorschläge der hessischen Kommission „Kriminalpolitik" zur Reform des Strafrechts, 1992) zeigt, dass die Wiedergutmachung in der Lage ist, den Strafzwecken zu genügen und als Sanktionsmittel ausreichend sein kann.

Den Blick auf den strafrechtlichen Gehalt der Selbstanzeigevorschrift hat das Element der **„Freiwilligkeit",** wie es in § 24 StGB als Voraussetzung für den strafbefreienden Rücktritt vom Versuch vorgesehen ist, eingeführt. Tatsächlich zeigen die Untersuchungen von *Löffler* (1992) und anderen deutlich, dass das seit 1975 im Strafgesetzbuch explizit aufgeführte Moment der *„Freiwilligkeit"*, dessen genaue Definition in Rechtsprechung und Literatur umstritten ist, in vorhergehenden Bestimmungen nicht unbedingt Vorläufer findet. Dass § 371 II AO nicht sauber zwischen autonomen und heteronomen Motiven für die Erstattung der Selbstanzeige trennt, ist kein Argument gegen eine strafrechtliche Ableitung der Bestimmung. Die in § 371 II Nr. 1 und 2 AO enthaltene Regelung definiert Freiwilligkeit iS einer Berechenbarkeit der strafrechtlichen Folgen berichtigender Erklärungen abschließend (vgl. Rn. 202). Überdies ist mit dem neuen Abs. 2 Nr. 1 a), der bereits die Bekanntgabe einer Prüfungsanordnung als Sperrgrund ausreichen lässt, ein deutlicher Schritt auch in Richtung der Freiwilligkeit getan, denn bei der bisherigen Regelung konnte man nicht wirklich annehmen, dass Selbstanzeigen (unmittelbar) vor einer Außenprüfung ein Ausdruck einer autonomen Entscheidung gewesen wären. 27

§ 371 AO schafft damit die Möglichkeit zur Rückkehr in die Steuerehrlichkeit. Dass dabei „unbekannte Steuerquellen zu sprudeln beginnen" (so der fiskalpolitische Ansatz) ist angenehme Nebenfolge, aber vom Gesetz nicht vorausgesetzt. Auch eine Selbstanzeige für eine in Insolvenz geratene GmbH ist nach allgM möglich, obwohl ein angestellter Geschäftsführer noch nicht einmal die verkürzten Steuern nachentrichten muss, um Straffreiheit zu erlangen (unten Rn. 142). Bei der Berichtigung einer Schenkungsteuererklärung im Rahmen der erweiterten unbeschränkten Steuerpflicht (vgl. BGH 13.6.2013, wistra 2013, 471) zweifelt niemand an der Möglichkeit einer Selbstanzeige, auch wenn für die Zukunft nichts „sprudeln" wird. 28

Mithin ist § 371 AO eine **„moderne" Vorschrift** (zust. MüKoStGB/*Kohler* AO § 371 Rn. 18). Sie entspricht dem Zurückdrängen der absoluten Straftheorien und der Erkenntnis, dass die „Einsicht des Täters" und eine Schadenswiedergutmachung zu honorieren sind. Insbes. handelt es sich, wie *Breyer* gezeigt hat (*Breyer* 1999, 23 ff.) durchaus nicht um einen „Fremdkörper" im deutschen Strafrecht. Dieser Wiedergutmachungsaspekt erklärt in vielen Fällen die Straffreiheit des Selbstanzeigeverhaltens des Täters. Er stößt jedoch an Grenzen der Erklärung in den Fällen, in denen eine Straffreiheit trotz eingetretener Steuerverkürzung ohne Nachzahlung der verkürzten Steuern möglich ist, weil der Täter nicht „zu seinen Gunsten" hinterzogen hat (s. Rn. 143). Konsequent müsste ein solcher Ansatz die Straffreiheit im Übrigen nicht nur von der Nachzahlung der verkürzten Steuern, sondern auch von der der Hinterziehungszinsen (§ 235) abhängig machen; dies war aber bislang nicht der Fall. Ebenso wie der fiskalpolitische Ansatz, scheitert die Begründung allein mit dem Aspekt der „Schadenswiedergutmachung" zudem daran, dass nach dem klaren Gesetzeswortlaut die bloße „Reparatur" des Steuerschadens nicht ausreicht, insbes. also die anonyme Begleichung einer Steuerschuld nach dem Wortlaut nicht zur Straffreiheit führt. Dieser Ansatz kann also lediglich erklären, wieso zur Straffreiheit über die Mitteilung der korrekten Besteuerungsgrundlagen hinaus auch die Entrichtung der verkürzten Steuer, mithin die Schadenswiedergutmachung, gehört. 29

Diese **Schadenswiedergutmachung** beseitigt jedoch lediglich das Erfolgsunrecht iS eines Ausfalls des Fiskus. Das in der Abgabe einer unrichtigen Steuererklärung bzw. in der Nichtabgabe einer solchen liegende weitere Unrecht wird erst beseitigt, wenn der Stpfl nunmehr seinen Verpflichtungen, die sich aus den Einzelsteuergesetzen ergeben (vgl. Rn. 221 zu § 370), nachkommt. Aus dieser Verpflichtung zur Abgabe wahrheitsgemäßer Erklärungen ergibt sich eine weitere Legitimation für die Vorschrift des § 371 AO. Wie *Lütt* (1988, 60 f.) herausgearbeitet hat, besteht das Handlungsunrecht der Steuerhinterziehung in den Fällen des § 370 I Nr. 1 und 2 AO darin, dass der Täter der FinB nicht wahrheits- 30 gemäße Angaben macht. Auch in den Fällen der Steuerhinterziehung durch Handeln liegt der Vorwurf (in der Regel) nicht darin, dass der Täter wahrheitswidrige Angaben gemacht hat, sondern dass er wahrheitsgemäße Angaben unterlassen hat; § 370 I Nr. 1 AO enthält wie die Nr. 2 ein Unterlassungsdelikt. Wer unrichtige Angaben korrigiert, kommt damit seiner ursprünglichen Verpflichtung nach, das FA über steuerlich erhebliche Tatsachen in Kenntnis zu setzen. Damit wird das Handlungsunrecht kompensiert.

31 Schließlich gibt es Konstellationen, in denen erst die **Möglichkeit der strafbefreienden Selbstanzeige** dem Täter die Möglichkeit eröffnet, in der Zukunft steuerehrlich zu sein (zust. Kohlmann/*Kohlmann* 19 zu § 371; *Hoffmann* 1998, 25; *Breyer* 1999, 62; ähnl. *Schuster* JZ 2015, 27, 31). Wer bislang ein eher bescheidenes Einkommen erklärt hatte, wird angesichts der Kontrollmechanismen in der FinB kaum in der Lage sein, Kapitalerträge aus unversteuerten Honoraren ordnungsgemäß zu erklären, ohne dass von Seiten der Finanzverwaltung die bereits begangene Verkürzung entdeckt würde. Wer die Quelle der Erträge dem FA nicht offenbart hat, ist ohne die Möglichkeit der Selbstanzeige gezwungen, künftig die Erträge dieser Quelle dem FA zu verschweigen, will er sich nicht mit einer wahrheitsgemäßen Erklärung selbst belasten (vgl. *Breyer* 1999, 67 ff.). Insbes. bei der Einkommensteuer muss der Täter immer wieder dem FA seine Einkünfte offenbaren. Bei Strafe ist es ihm geboten, wahrheitsgemäße Angaben zu machen; ohne die Möglichkeit der Selbstanzeige würde er dann bei Strafe gezwungen, sich selbst einer Steuerhinterziehung zu bezichtigen. In dieser Situation hat der Gesetzgeber von Verfassungs wegen nur geringe Spielräume. Belässt er es bei einer strafbewehrten Erklärungspflicht, muss er im Hinblick auf die Selbstbelastung für vergangene Zeiträume ein Verwertungs- oder gar Verwendungsverbot akzeptieren (vgl. BVerfG 13.1.1981, BVerfGE 56, 37 ff.; BGH 12.2.2005, wistra 2005, 148; BGH 17.3.2009, BGHSt 53, 210, Rn. 27; Rn. 8 ff., 51 zu § 393), oder aber schlicht darauf verzichten, in diesen Fällen die Nichterfüllung von Erklärungspflichten zu sanktionieren. Mit § 371 AO nutzt das Gesetz einen Mittelweg, da hierdurch dem liquiden Stpfl die Erfüllung von Erklärungspflichten zumutbar wird (vgl. BVerfG 21.4.1988, wistra 1988, 302).

32 Verfehlt wäre es, von einer Abschaffung der Selbstanzeige irgendwelche „Wunder" zu erwarten. Konsequenz wäre lediglich, dass bei wahrheitsgemäßen Erklärungen für Folgejahre ein Verwendungsverbot eingreift und dem Steuerpflichtigen die Sicherheit genommen würde, die mit der Selbstanzeige – jedenfalls bei Beträgen unter 25 000 EUR – verbunden ist. Der immer wieder bemühte Vergleich mit den Vermögensdelikten trägt nicht, weil in den meisten Fällen der Täter das Finanzamt nicht „betrügt" um etwas zu bekommen, sondern handelt, um einen Verlust zu verringern bzw. zu vermeiden. Erkenntnisse der Sozialpsychologie zeigen aber deutlich, dass Menschen in Erwartung von Verlusten deutlich risikofreudiger sind. Wenn man die Selbstanzeige auf ein Maß reduzieren will, die nicht mehr als „Fremdkörper" wirkt, dann sollte man sich auf Selbstanzeigen beschränken, in denen jemand seine „Ersparnisse" dem Finanzamt offenbart und lediglich die Erschleichung von Steuervorteilen wirklich pekuniärer Art ausgrenzen.

33 **Erkenntnisse der Sozialpsychologie** dazu zeigen explizit, dass Bürger eher resignieren, wenn der Staat ihnen mit Härte gegenüber tritt (vgl. *Joecks* SAM 2015, 11). In den vergangenen knappen vier Jahrzehnten hat auch der Staat wiederholt mit öffentlichen Kampagnen versucht, menschliches Verhalten zu beeinflussen. Vorbehalte gegen die Gurtpflicht wurden so abgebaut, ebenso wie eine Sensibilisierung für die Aids-Prävention durch große Kampagnen erreicht wurde. Plakatwerbung entlang den Bundesfernstraßen im Auftrag des Bundesverkehrsministeriums und des deutschen Verkehrssicherungsrates sollen für Sicherheit auf deutschen Straßen sorgen.

34 Wir kennen aus Tempo-30-Zonen Smileys, die fröhlich lachen, wenn man nicht schneller als 30 und böse gucken, wenn man schneller fährt. Die Erfahrungen mit diesen Geräten sind extrem gut. Es geht durchaus nicht darum, durch „Nudging" Menschen zu manipulieren; es ist aber zynisch, Menschen zu bestrafen, ohne wirklich ihrem Verhalten entgegen zu wirken. Vielversprechend ist der Ansatz des Verfassungsrechtlers *Cass Sunstein* und des

Ökonomen *Richard Thaler* mit ihrem Buch über libertären Paternalismus (Nudge; Wie man kluge Entscheidungen anstößt, 4. Aufl. 2014). Wenn es auch nur gelänge, fünf Prozent der zweifelnden Steuerpflichtigen für das Unternehmen Bundesrepublik Deutschland zu gewinnen, könnte der Staat vier bis fünf Milliarden Euro jährlich mehr einnehmen. Immerhin scheinen Erkenntnisse der Sozialpsychologie nunmehr auch im Bundeskanzleramt angekommen zu sein. Presseberichten war zu entnehmen, dass dort im Herbst 2014 drei Verhaltensforscher eingestellt wurden.

Soweit mit dem **Gesetz über die strafbefreiende Erklärung** (Einl Rn. 100) einer 35
solchen strafbefreiende Wirkung auch insoweit beigemessen wurde, als es zu einem Verbot der Änderung von Steuerbescheiden für vor dem Jahre 1984 liegende Zeiträume kam (vgl. *Joecks* 1989, Rn. 66 ff.), hat freilich allein das fiskalpolitische Interesse, bisher verborgene Steuerquellen zu entdecken, den Ausschlag gegeben. Immerhin handelte es sich hier faktisch um ein Amnestiegesetz, zu dessen Anwendbarkeit es allerdings noch eines Tätigwerdens des Stpfl bedurfte. Der Unterschied zur strafbefreienden Selbstanzeige bestand aber nicht zuletzt darin, dass bei der Selbstanzeige eine Rückgabe der in (noch) strafbarer Weise erlangten Vorteile Voraussetzung für das Erlangen von Straffreiheit ist.

Der Selbstanzeige ähnlich ausgestaltet war das **Gesetz über die strafbefreiende Erklärung** vom 19.12.2003 (Art. 1 des Gesetzes zur Förderung der Steuerehrlichkeit, BGBl. 36
2003 I 2928), das bis zum 31.3.2005 neben der Selbstanzeige stand. Sein besonderer „Reiz“ für den Stpfl lag darin, dass strafbefreiende Erklärungen nach § 1 StraBEG einem deutlich reduzierten Pauschalsteuersatz unterlagen, die strafbefreiende Wirkung auch Personen erfassen konnte, die nicht selbst eine Erklärung eingereicht oder gezahlt hatten, und überdies Steueransprüche verjährten, die vor dem 1.1.1993 entstanden waren (vgl. die Kommentierung im Anhang II der 6. Aufl.). Hintergrund des Gesetzes waren zum einen fiskalische Gründe – man rechnete mit Mehreinnahmen von 5 Milliarden EUR –, zum anderen ging es um den Versuch eines resignierenden Gesetzgebers, Gutwillige in die Reihen der Steuerehrlichkeit zurückzuholen, um der Vielzahl zu erwartender Ermittlungsverfahren Herr zu werden (vgl. 6. Aufl. vor § 1 StraBEG Rn. 14 ff.).

b) Verfassungsmäßigkeit der Regelung. Angesichts der für die Regelung der Selbst- 37
anzeige ins Feld zu führenden Gründe sind **Zweifel an der Verfassungsmäßigkeit** dem Grunde nach unberechtigt (vgl. *Helml* 2014, S. 24; HHSp-*Rüping* 26 zu § 371; Erbs/Kohlhaas/*Hadamitzky/Senge* AO § 371 Rn. 2; Kühn/v.Wedelstädt/*Blesinger* 3 zu § 371; *Zöbeley* DStZ 1984, 198; *Breyer* 1999, 64 ff.). Das AG Saarbrücken hielt § 371 I und III AO für verfassungswidrig, weil die Regelung gegen Art. 3 I und Art. 20 GG verstieße (AG Saarbrücken 2.12.1982, wistra 1983, 84). Das BVerfG hat die Vorlage als unzulässig zurückgewiesen, der BGH (13.5.1983, wistra 1983, 197) hält die Bedenken des AG Saarbrücken für unbegründet. In der Tat ist die Argumentation des AG nicht überzeugend. Soweit das AG verlangt, *„dass jeder Straftäter, der die von ihm tatbestandsmäßig, rechtswidrig und schuldhaft begangene Straftat vor Entdeckung anzeigt, von Bestrafung frei bleibt oder bestraft wird“*, ist diese Argumentation wenig glücklich. Hier ist immerhin zu unterscheiden zwischen solchen Rechtsgutsverletzungen, die reparabel sind, und solchen die irreparabel sind. Nur bei reparablen (Eigentums- und Vermögens-)Schäden stellt sich die Frage nach der strafrechtlichen Relevanz einer Schadenswiedergutmachung. Soweit das AG davon ausgeht, die der Regelung zugrunde liegenden finanziellen und fiskalischen Interessen seien *„sachfremde Erwägungen, die sich mit der Gerechtigkeit, wie sie das GG versteht, nicht vereinbaren“* ließen, verkennt es, dass es auch unter strafrechtlichen Aspekten gute Gründe gibt, im Hinblick auf das Strafrecht als ultima ratio auf eine Sanktion bei Schadenswiedergutmachung unter gleichzeitiger Beseitigung des Erfolgsunrechts zu verzichten. Im Übrigen hat *Franzen* bereits in der 2. Aufl. (§ 371 Rn. 16; zustimmend *Hein* StB 1983, 145) zutreffend darauf hingewiesen, dass eine staatspolitische Entscheidung des Gesetzgebers einer strafrechtssystematischen Rechtfertigung nicht bedarf. Dass es eine solche jedoch gibt, wurde bereits dargelegt (Rn. 23 ff.).

38 **c) Konsequenzen.** Die Konsequenzen einer vorrangig strafrechtlichen Begründung der Regelung des § 371 AO sind vielgestaltig. Sie hat insbes. Auswirkungen für den Umfang der Nachzahlungspflicht bei Selbstanzeige (§ 371 III), die Auslegung der Sperrwirkungsgründe (§ 371 II), aber auch für die Drittanzeige iS des § 371 IV AO (vgl. Rn. 400 ff.).

4. Rechtsnatur

39 **Die Selbstanzeige bildet einen persönlichen Strafaufhebungsgrund** (BGH 8.10.1957 – 1 StR 150/57 nv; BayObLG 7.10.1953, NJW 1954, 244 f.; BayObLG 27.4.1972, DStZ/B 1972, 288; OLG Hamburg 27.1.1970, NJW 1970, 1386; OLG Celle 15.7.1971, DStZ/B 1971, 406; OLG Karlsruhe 18.4.1974, NJW 1974, 1577; HHSp-*Rüping* 27, Kohlmann/*Schauf* 26, Kühn/v.Wedelstädt/*Blesinger* 2, RK-*Kemper* 25 zu § 371; Klein/*Jäger* AO § 371 Rn. 1, Erbs/Kohlhaas/*Hadamitzky/Senge* AO § 371 Rn. 2; *Bender/Möller/Retemeyer* H 1; *Westpfahl* 1987, 8). Die zum Teil vorgenommene Kennzeichnung als Strafausschließungsgrund (BGH 13.11.1952, NJW 1953, 476; BGH 25.9.1959, DStZ/B 1959, 500; OLG Celle 27.4.1953, DStZ/B 1953, 516; BFH 14.8.1963, HFR 1964, 183; *Lohmeyer* ZfZ 1972, 174; *Tiedemann* JR 1975, 387) entspricht nicht der herrschenden Systematik. Strafausschließungsgründe kommen nur in Betracht, wenn die strafbefreienden Umstände bereits zum Zeitpunkt der Tat vorliegen (*Fischer* StGB vor § 32 Rn. 17; Schönke/Schröder/*Lenckner/Perron* StGB vor § 32 Rn. 133; SK-*Rudolphi* 14 vor § 19 StGB). Durch die Selbstanzeige jedoch wird der bereits entstandene Strafanspruch rückwirkend wieder beseitigt (arg. aus Abs. 1 aF: *„wird straffrei"*). Die Neuregelung des § 371 I enthält zwar eine andere Formulierung, in der Sache hat sich dadurch aber nichts geändert.

40 Da es sich um einen *persönlichen* Strafaufhebungsgrund handelt, sind die Voraussetzungen des § 371 AO **bei jedem Beteiligten selbständig zu prüfen.** Grundsätzlich kommt sie nur dem Täter oder Teilnehmer selbst zugute, der sie erstattet (HHSp-*Rüping* 29 zu § 371) und der die sonstigen Voraussetzungen des § 371 AO (Nachzahlung usw.) erfüllt. Zur Bevollmächtigung siehe unten Rn. 107 ff.

41 **Aus der Rechtsnatur als Strafaufhebungsgrund** folgt weiter,

– *dass die Feststellung der Voraussetzungen des § 371 AO* in der Hauptverhandlung nicht zur Einstellung des Verfahrens, sondern zum Freispruch des Täters führt (Rn. 429; OLG Frankfurt 18.10.1961, NJW 1962, 974; HHSp-*Rüping* 27, Kohlmann/*Schauf* 30 zu § 371);
– *dass die positiven Voraussetzungen des § 371 AO objektiv vorliegen müssen.* Ein Irrtum des Anzeigeerstatters ist unbeachtlich (BGH 14.12.1976, BB 1978, 698), ebenso sein Unvermögen zur fristgerechten Nachzahlung (§ 371 III; OLG Karlsruhe 18.4.1974, BB 1974, 1514) oder das Verschulden eines vom Täter beauftragten Vertreters (*Kratzsch,* Grundfragen 1983, S. 288 f.). Davon unberührt bleibt die Frage, ob im konkreten Fall überhaupt eine Nachzahlungspflicht bestand (unten Rn. 142) oder die Strafe nicht im Hinblick auf die Wertung des § 46a StGB zumindest gemildert werden muss;
– *dass das Analogieverbot des Art. 103 II GG, § 1 StGB und der Grundsatz in dubio pro reo Anwendung finden* (Kohlmann/*Schauf* 28 f. zu § 371; *Simon/Vogelberg* S. 161). Insbes. lässt sich aus dem (angeblichen) Ausnahmecharakter der Vorschrift nicht etwa herleiten, dass der Zweifelsgrundsatz allein bei den negativen Wirksamkeitsvoraussetzungen des § 371 II AO Anwendung finden könnte (so aber offenbar *Wannemacher/Vogelberg* Rn. 1392). Eine andere Frage ist, ob man die Einlassung des Beschuldigten, er habe schriftlich beim FA Selbstanzeige erstattet, als bloße Schutzbehauptung ansieht oder Zweifel beim Rechtsanwender verbleiben.

42 Zwar begründet das Gesetz keine Pflicht zur Selbstanzeige (*Seltmann* StB 1972, 234), dennoch kann eine solche durchaus *in Erfüllung steuerlicher Pflichten* erfolgen (zust. Kohlmann/*Kohlmann* 24 zu § 371). Diese Frage ist nicht zuletzt deshalb von Bedeutung, weil die Wahrung des Steuergeheimnisses unter anderem davon abhängt, ob der Täter steuerliche Verhältnisse iS des §§ 30, 393 AO ohne Verpflichtung oder aber in Erfüllung einer solchen

offenbart. Allerdings scheint der Bundesfinanzhof offenbar eine solche Pflicht zur Selbstanzeige statuieren zu wollen (vgl. BFH 1.2.2012, wistra 2012, 218).

Pflichten können sich aus den steuerrechtlichen Vorschriften ergeben, die der Täter bei der Begehung der nunmehr zur Selbstanzeige gebrachten Tat verletzt hat. Deutlich ist dies etwa beim Unterlassen der Abgabe einer Steuererklärung: Der Umstand, dass sich der Täter durch Nichtabgabe einer Steuererklärung der Steuerhinterziehung durch Unterlassen schuldig gemacht hat (§ 370 I Nr. 2, IV 1), beseitigt seine Erklärungspflicht ebensowenig wie etwa die Rettungspflicht des die Hilfeleistung Unterlassenden (§ 323c StGB), wenn nur Handlungsmöglichkeiten zur Verfügung stehen. Zwar ist auch bei einer Steuerhinterziehung durch Unterlassen die den Verjährungsbeginn auslösende Beendigung mit Vollendung der Tat gegeben; dies ändert jedoch nichts am Fortbestehen steuerlicher Verpflichtungen. Nämliches gilt bei der Steuerhinterziehung durch Begehen (§ 370 I Nr. 1), denn die Pflicht zur wahrheitsgemäßen Erklärung erlischt erst, wenn der Steueranspruch zum Erlöschen gebracht worden ist. Angesichts der verlängerten Festsetzungsfrist des § 169 II 2 AO und der Ablaufhemmung des § 171 VII AO ist dies erst viele Jahre später der Fall. Dass strafrechtlich bereits zu einem früheren Zeitpunkt Verjährung eingetreten sein kann (vgl. Rn. 27 ff. zu § 376), lässt lediglich die Strafbewehrung der Pflicht, nicht jedoch die Pflicht als solche entfallen. Dies entspricht der herkömmlichen Dogmatik des Strafrechts. Auch bei unterlassener Insolvenzantragstellung (§ 15a InsO) fällt die Handlungspflicht erst mit dem Entfallen der Insolvenzantragspflicht fort (BGH 4.4.1979, BGHSt 28, 379 f.; s. auch BGH 28.10.2008, wistra 2009, 117; vgl. auch § 266a StGB, BGH 27.9.1991, wistra 1992, 23). Im Übrigen geht es auch nicht um die Frage, ob eine strafrechtliche Pflicht im Rahmen der Erstattung der Selbstanzeige erfüllt wird, sondern ob die Selbstanzeige in Erfüllung *steuerlicher* Pflichten gegeben ist. Deren Existenz ist aber nicht davon abhängig, ob die Nichterfüllung dieser Pflichten (noch) strafbar ist. Schließlich ist zu bedenken, dass eine Pflichterfüllung auch in den Fällen gegeben ist, in denen der Stpfl eine korrekte Einkommensteuererklärung für das Jahr 2012 nur dann ohne die Gefahr einer Selbstbelastung und Strafverfolgung für davorliegende Zeiträume abgeben kann, wenn er zugleich unrichtige Erklärungen für strafrechtlich noch nicht verjährte Zeiträume (etwa 2007 bis 2011) korrigiert (vgl. Rn. 76 zu § 393). 43

5. Der sachliche Anwendungsbereich des § 371 AO

Nach der Überschrift des § 371 AO und dem Wortlaut des Abs. 1 wirkt die Selbstanzeige strafbefreiend nur bei Steuerhinterziehung (§ 370). Ist die Tat lediglich versucht (§ 370 II), tritt die strafbefreiende Selbstanzeige neben die Möglichkeit des Rücktritts nach § 24 StGB (vgl. HHSp-*Rüping* 226 § 371). Die Regelung findet ebenfalls auf Anstifter und Gehilfen (§§ 26, 27 StGB) und bei Selbstanzeigen vor dem 1.1.2015 in besonders schweren Fällen der Steuerhinterziehung – unter Begrenzung durch § 371 II Nr. 3 – Anwendung (vgl. HHSp-*Rüping* 39, RK-*Kemper* 45 zu § 371). Letzteres wird nunmehr durch § 371 II Nr. 4 ausgeschlossen. 44

Für die Begünstigung des Täters oder Teilnehmers an einer Steuerhinterziehung gilt § 371 AO nicht, denn die Begünstigung iS des § 257 StGB bildet einen *selbständigen* Straftatbestand (Schönke/Schröder/*Stree*/*Hecker* StGB vor § 257 ff. Rn. 2; HHSp-*Rüping* 31 zu § 371). Der Vorschlag von *Hartung* (III 4d zu §§ 410, 411 RAO 1951), die Straffreiheit nach § 371 AO durch einen Analogieschluss zugunsten des Beschuldigten zu begründen, ist angesichts des eindeutigen Wortlauts nur als Anregung für eine Änderung des Gesetzes aufzufassen, die der Gesetzgeber nicht berücksichtigt hat, die er allerdings vor dem Hintergrund der zunehmenden Bedeutung einer Schadenswiedergutmachung gegebenenfalls aufgreifen sollte. Nur wer infolge seiner Selbstanzeige, wegen Beteiligung an der Steuerhinterziehung, zB als Mittäter oder Gehilfe, straffrei wird, kann nach § 257 II 1 StGB auch nicht mehr wegen Begünstigung bestraft werden. 45

46 **Nicht anzuwenden ist § 371 AO** auf Steuerstraftaten, deren Tathandlung nicht durch § 370 AO umschrieben wird. Bei Steuerhehlerei (§ 374) und Steuerzeichenfälschung (§§ 148, 149 StGB iVm § 369 I Nr. 3 AO) ist ein Berichtigen, Ergänzen oder Nachholen unrichtiger, unvollständiger oder verspäteter Angaben, das § 371 AO erfordert, nicht einmal möglich, da diese Tatbestände nicht durch unrichtige Angaben gegenüber der FinB erfüllt werden (RG 26.5.1921, RGSt 56, 6, 11 zu § 368 RAO 1919; vgl. auch HHSp-*Rüping* 31 zu § 371). Bei *Bannbruch* ist dies zwar denkbar, jedoch fehlt in § 371 I AO eine Verweisung auf § 372 AO, wie sie vor dem 2. AO StrafÄndG (Rn. 9) in § 410 I RAO 1951 enthalten war. Für die Fälle schweren Schmuggels (§ 373) – sei der Grundtatbestand Steuerhinterziehung oder Bannbruch – war die strafbefreiende Wirkung einer Selbstanzeige schon vorher ausgeschlossen (vgl. 3. Aufl., Rn. 20 zu § 371). Hiervon zu unterscheiden ist jedoch die Steuerhinterziehung durch unterlassene oder unrichtige Verwendung von Steuerzeichen (unten Rn. 67).

47 Ausdrücklich für anwendbar erklärt ist § 371 AO auf die Bergmannsprämie (§ 5a II 1 BergPG – außer Kraft seit 1.1.2012), die Abwasserabgabe nach § 1 Abwasserabgabengesetz (§ 14 AbwAG), die Wohnungsbauprämie (§ 8 II WoPG), die Arbeitnehmer-Sparzulage (§ 14 III 5. VermBG), und die Zulage für Berliner Arbeitnehmer (§ 29a I BerlinFG 1990). Die Regelung findet auf Investitionszulagen (vgl. § 20 BerlinFG, § 8 InvZulG 1999) sowie auf das Erschleichen von sonstigen Subventionen iS des § 264 StGB keine Anwendung (arg. § 264 IV StGB; vgl. *Bilsdorfer* DStZ 1981, 98; HHSp-*Rüping* 31 zu § 371).

48 **Bei Abgaben zu Marktordnungszwecken** gilt § 371 AO über § 12 I 1 MOG. § 128 BranntwMonG idF vom 16.8.2001 sieht in Abs. 1 vor, dass die für das Strafverfahren wegen Steuerstraftaten geltenden Vorschriften der Abgabenordnung, mit Ausnahme des § 386 II AO sowie der §§ 399 bis 401 AO, bei einer Straftat, die unter Vorspiegelung monopolrechtlich erheblicher Tatsachen auf die Erlangung von Vermögensvorteilen gerichtet ist und kein Steuerstrafgesetz verletzt, entsprechend anzuwenden sind, so dass § 371 AO einschlägig ist (vgl. auch HHSp-*Rüping* 33 zu § 371). Allerdings spricht die Regelung von den für das Strafverfahren geltenden Vorschriften. Ob man daraus schließen kann, dass auch der Tatbestand der Selbstanzeige und nicht nur die §§ 385 ff. AO anwendbar sind, ist zweifelhaft.

49 Kraft der Verweisung des § 378 III 2 AO gilt § 371 III, IV AO für die Selbstanzeige einer leichtfertigen Steuerverkürzung entsprechend. Zur Wirkung auf andere Steuerordnungswidrigkeiten siehe unten Rn. 381.

50 **Bei der Hinterziehung von Abgaben der Länder** ist § 371 AO – soweit nicht unmittelbar Bundesrecht gilt – anzuwenden auf Kommunalabgaben aufgrund ausdrücklicher Verweisungen in Baden-Württemberg (§ 7 I 2 des BadWürttKAG), in Bayern (Art. 14 I 2 BayKAG), in Brandenburg (§ 14 I 2 BraKAG), in Hessen (§ 5 I 2 HessKAG), in Mecklenburg-Vorpommern (§ 16 I 2 M-VKAG), in Niedersachsen (§ 16 III NdsKAG), in Nordrhein-Westfalen (§ 17 I 2 NWKAG), in Rheinland-Pfalz (§ 15 I 2 RPfKAG), im Saarland (§ 13 I 2 SaarlKAG), in Sachsen (§ 5 I 2 SächsKAG), in Sachsen-Anhalt (§ 15 III S.-AnhKAG), in Schleswig-Holstein (§ 16 I 2 SchlHKAG) und in Thüringen (§ 16 I 2 ThürKAG).

51 Ob § 371 AO für die Verletzung nichtsteuerlicher Strafgesetze in keinem Fall bedeutsam ist (so *Franzen,* 3. Aufl., Rn. 24 zu § 371), ist zweifelhaft. Richtig ist zunächst, dass dann, wenn eine Steuerhinterziehung mit einer allgemeinen Straftat tateinheitlich oder tatmehrheitlich zusammentrifft, die Wirkung des § 371 AO sich nicht auf die nichtsteuerliche Straftat erstreckt (BGH 11.11.1958, BGHSt 12, 100; HHSp-*Rüping* 32; *Suhr/Naumann/Bilsdorfer* 418 zu § 371). Wenn und soweit jedoch der Stpfl mit der Erstattung der Selbstanzeige steuerliche Pflichten erfüllt, steht einer Weitergabe der über andere Delikte erhaltenen Informationen das Steuergeheimnis (§ 30) entgegen (siehe Rn. 76 zu § 393; zust. Kohlmann/*Schauf* 35.1, ähnlich HHSp-*Rüping* 32 zu § 371). Wird eine unrichtige LSt-Anmeldung korrigiert, lässt dies eine Strafbarkeit wegen Vorenthaltens von Arbeitnehmerbeiträgen zur Sozialversicherung nach § 266a I oder § 263 I StGB unberührt (Kohlmann/

Schauf 35.2 zu § 371). Eine Verwertung der Angaben im Strafverfahren kann jedoch allenfalls unter den Voraussetzungen des § 30 IV, V iVm § 393 II 2 erfolgen (vgl. *Klos* NJW 1996, 2340).

Auf die Kirchensteuer findet § 371 AO ebenso wie der Tatbestand der Steuerhinterziehung (§ 370) lediglich in Niedersachsen Anwendung (vgl. FT-*Webel* 52 zu § 371 mwN). Aus dieser ausdrücklichen Nichtanwendbarkeit der §§ 369 ff. bei im Übrigen angeordneter Geltung der Vorschriften der Abgabenordnung ergibt sich die Straflosigkeit der Kirchensteuerhinterziehung; ansonsten müsste man im Hinblick auf die §§ 30, 393 AO, sollte man den Betrugstatbestand bei der Hinterziehung von Kirchensteuer für anwendbar halten (vgl. Rn. 30 zu § 386; BGH 17.4.2008, wistra 2008, 310, 312), ggf. zu einem Verwendungsverbot der strafbefreienden Selbstanzeige hinsichtlich der Einkommensteuer gelangen (vgl. Rn. 76 zu § 393). 52

6. Der zeitliche Anwendungsbereich der Vorschrift

Für Selbstanzeigen vor dem 3.5.2011 gilt das alte Recht der Selbstanzeige. Dabei ist zu bedenken, dass der Bundesgerichtshof (BGH 20.5.2010, BGHSt 55, 180) entschieden hatte, dass eine Selbstanzeige vollständig richtigstellen muss, um wirksam zu sein (unten Rn. 76). Dieses Erfordernis des „reinen Tisches" hatte der BGH allerdings anders als die Gesetz gewordene Fassung auf das einzelne Steuerjahr bezogen, also tatbezogen verwendet (Klein/*Jäger* AO § 371 Rn. 16). Diese Rechtsprechung ist durch das EGAO bis zum 29.4.2011 suspendiert worden, so dass das Erfordernis des tatbezogenen „reinen Tisches" nur für wenige Tage gilt. Für davor erstattete Selbstanzeigen gilt also das alte Recht, in dem eine Teil-Selbstanzeige anerkannt war. Für Selbstanzeigen nach dem 31.12.2014 gilt die Neuregelung namentlich des § 371 I, II; sie hat zum Teil eine positive Rückwirkung auf Altfälle (Rn. 239). 53

II. Die Berichtigung nach § 371 I AO

Schrifttum: *Mattern,* Die „Berichtigung" iSd § 410 AO, DStZ 1950, 352; *Oswald,* Zur „Berichtigungspflicht" bei § 410 AO (Selbstanzeige), StP 1953, 182; *Maaßen,* Selbstanzeige und Auskunftspflicht bei OR-Geschäften, FR 1956, 460; *Lohmeyer,* Die Anwendung von Zwangsmitteln in den Fällen der §§ 410, 411 AO, NJW 1961, 2245; *ders.,* Die nachträgliche Änderung der Berichtigungserklärung in den Fällen der Selbstanzeige (§§ 410, 411 AO), FR 1965, 485; *Henneberg,* „Selbstanzeige dem Grunde nach" und der Verlust der strafbefreienden Wirkung durch verspätete Ergänzung der Angaben, Inf. 1972, 271; *Pfaff,* Wirksame Selbstanzeige auch bei schätzungsweiser Berichtigung infolge nicht ordnungsgemäßer Buchführung, DStR 1975, 622; *Bilsdorfer,* Die Bedeutung von Schätzungen für das Steuerstraf- und -ordnungswidrigkeitenrecht, DStZ 1982, 298; *Zacharias/Rinnewitz/Spahn,* Zu den Anforderungen an eine strafbefreiende Selbstanzeige iSd § 371 AO unter besonderer Berücksichtigung des Grundsatzes der Vollständigkeit der selbstangezeigten hinterzogenen Beträge, DStZ 1988, 391; *Hofmann,* Mandantenberatung bei der steuerlichen Selbstanzeige, DStR 1998, 399; *Breyer,* Der Inhalt der strafbefreienden Selbstanzeige, 1999; *Rolletschke,* § 371 Abs. 1 AO: Die Reichweite der Offenbarungspflicht, DStZ 1999, 566; *Schmitz,* Aktueller Leitfaden zur Selbstanzeige bei Steuerhinterziehung unter Berücksichtigung neuester Rechtsprechung und Literatur, DStR 2001, 1821; *Rolletschke,* Die gestufte Selbstanzeige, wistra 2002, 17; *Webel,* Die „gestufte Selbstanzeige", PStR 2007, 213; *Gehm,* Die strafbefreiende Selbstanzeige gemäß § 371 AO in der Diskussion, ZRP 2010, 169; *Habammer,* Die neuen Koordinaten der Selbstanzeige, DStR 2010, 2425; *Ransiek/Hinghaus,* Tatbegriff und Selbstanzeige nach § 371 AO, StV 2010, 711; *Rolletschke/Jope,* Das neue „Selbstanzeigerecht", StRR 2010, 288; *Roth/Schützeberg,* Der BGH macht reinen Tisch, PStR 2010, 214; *Rüping,* Selbstanzeige und Steuermoral, DStR 2010, 1768; *Tully/Bruns,* Selbstanzeige und Verbrauchsteuerstrafrecht, ZfZ 2010, 294; *Webel,* Die Grundsatzentscheidung des BGH zu § 371 AO – Fragen über Fragen, PStR 2010, 189; *Wulf,* Auf dem Weg zur Abschaffung der strafbefreienden Selbstanzeige?, wistra 2010, 286; *Beckemper/Schmitz/Wegner/Wulf,* Zehn Anmerkungen zur Neuregelung der strafbefreienden Selbstanzeige durch das „Schwarzgeldbekämpfungsgesetz", wistra 2011, 281; *Füllsack/Bürger,* Die Neuregelung der Selbstanzeige, BB 2011, 1239; *Habammer,* Die Neuregelung der Selbstanzeige nach dem Schwarzgeldbekämpfungsgesetz StBW, 2011, 310; *Heuel/Beyer,* Problemfelder der „neuen Selbstanzeige" – 13 neue Fragen mit Antworten, StBW 2011, 315; *Hunsmann,* Die Novellierung der Selbstanzeige durch das Schwarzgeldbekämpfungsgesetz, NJW 2011, 1482; *Obenhaus,* Verschärfung der Selbstanzeige, Stbg 2011, 166; *Prowatke/Felten,* Die „neue" Selbstanzeige, DStR 2011, 899; *Rolletschke,* Die neue Selbstanzeige, StRR 2011, 254; *Rolletschke/Roth,* Selbstanzeige: Verschärfte Anforderungen durch das

Schwarzgeldbekämpfungsgesetz, Stbg 2011, 200; *Schwartz,* Zur Geringfügigkeitsgrenze bei § 371 AO nF, PStR 2011, 122; *Zanzinger,* Die Einschränkungen der Selbstanzeige durch das Schwarzgeldbekämpfungsgesetz – Klärung erster Zweifelsfragen, DStR 2011, 1397; *Habammer/Pflaum,* Bleibt die Selbstanzeige noch praktikabel?, DStR 2014, 2267; *Joecks,* Der Regierungsentwurf eines Gesetzes zur Änderung der Abgabenordnung und des Einführungsgesetzes zur Abgabenordnung, DStR 2014, 2261; *Kemper,* Wieder ein neuer § 371 AO?, DStR 2014, 928; *Zipfel/Holzner,* Novellierung der strafbefreienden Selbstanzeige im Steuerrecht – Der Regierungsentwurf zur Änderung der Abgabenordnung, BB 2014, 2459; *Wulf/Ruske,* Versuchte Steuerhinterziehung und Vollständigkeitsgebot des § 371 AO, PStR 2015, 14.

1. Die Berichtigungserklärung

54 **Die Selbstanzeigehandlung** besteht nach § 371 I AO darin, dass jemand *„unrichtige oder unvollständige Angaben … berichtigt oder ergänzt oder unterlassene Angaben nachholt“.* Diese Formulierung bezieht sich offensichtlich in erster Linie auf eine vorausgegangene Verletzung von Steuererklärungspflichten nach den §§ 149 ff. AO iVm den einschlägigen Vorschriften der einzelnen Steuergesetze, zB §§ 56 ff. EStDV. Der Wortlaut des § 371 I AO deckt jedoch auch die Fälle ab, in denen der Stpfl einer FinB gegenüber unrichtige Angaben außerhalb einer förmlichen Steuererklärung gemacht hat, die eine Steuerverkürzung zur Folge haben können, zB um eine Stundung nach § 222 AO oder einen Erlass nach § 227 AO zu erschleichen oder um Vollstreckungsmaßnahmen nach den §§ 249 ff. AO zu vereiteln oder zu verzögern (vgl. *Breyer* 1999, 60 ff.). Auch können unrichtige Angaben erst im Verfahren über einen Rechtsbehelf oder gar im Klageverfahren vorgetragen worden sein, um die Behörde oder das Gericht über den wirklichen Sachverhalt zu täuschen und eine den Tatsachen entsprechende Entscheidung zu verhindern (Rn. 197 f. zu § 370).

55 **Nur für eine bereits verübte Straftat** gewährt § 371 AO Straffreiheit. Die Steuerhinterziehung muss also im Zeitpunkt der Selbstanzeige schon vollendet oder wenigstens versucht worden sein; denn etwas berichtigen oder ergänzen kann nur, wer es zuvor unrichtig oder unvollständig dargestellt hat, nachholen kann man nur, was man vorher versäumt hat. Durch die Anzeige einer *beabsichtigten* Steuerhinterziehung sichert sich der Anzeigende nicht gegen Bestrafung; im Voraus gewährt § 371 AO keine Straffreiheit (BGH 20.7.1965, DStR 1966, 150). Insbes. in Fällen der Steuerhinterziehung durch Unterlassen (§ 370 I Nr. 2) kann sich dann allerdings die Frage stellen, ob die unterlassene Steuerfestsetzung auf einer Unkenntnis der FinB beruht (vgl. Rn. 203 f. zu § 370). Geht es um mehrere Taten, die jeweils unterschiedliche Veranlagungszeiträume betreffen, musste sich die Selbstanzeige schon nach bisherigem Recht tunlichst auf alle erstrecken, für die Strafverfolgungsverjährung noch nicht eingetreten ist, da zu besorgen ist, dass die FinB entsprechende Ermittlungen anstellt und die Bekanntgabe der Verfahrenseinleitung einer späteren Selbstanzeige die Wirksamkeit nimmt. Die Neuregelung des § 371 I AO verlangt, dass nicht nur eine einzelne Tat korrigiert wird, sondern sämtliche unverjährten Taten einer Steuerart. Kommt eine zehnjährige Verjährungsfrist nach § 376 I AO nF in Betracht, sollten auch länger zurückliegende Taten berichtigt werden.

56 **Berichtigen** heißt, unrichtige, unvollständige oder fehlende Angaben durch die richtigen und vollständigen zu ersetzen (BGH 24.9.1954, BStBl. I 1954, 528). Jede Berichtigungserklärung erfordert wahrheitsgemäße Angaben über steuerlich erhebliche Tatsachen (BGH 13.11.1952, BGHSt 3, 373, 375 f.). Soweit hierbei im Anschluss an *Mattern* (DStZ 1950, 137, 353; NJW 1951, 940) nicht nur vom Erfordernis der „Materiallieferung“, sondern darüber hinaus von der Lieferung eines „neuen“ Materials gesprochen wird, ist dies mit dem Gesetzeswortlaut so nicht vereinbar (zutr. Kohlmann/*Schauf* 57 zu § 371). § 371 I AO setzt lediglich die (objektive) Berichtigung voraus. Inwiefern die der FinB gegebene Information für diese *neu* ist, kann allenfalls im Rahmen der negativen Wirksamkeitsvoraussetzungen (§ 371 II) Bedeutung gewinnen.

57 **Die Berichtigung muss sich auf steuerlich erhebliche Tatsachen erstrecken.** Regelmäßig sind Zahlenangaben zu machen. Ausnahmen sind etwa dann denkbar, wenn die Zuordnung von Besteuerungsgrundlagen, deren Umfang das FA bereits kennt, zu

bestimmten Personen oder Vermögensmassen zu berichtigen ist. Die Erklärung, es seien bei einer von mehreren Tochtergesellschaften noch *„Beträge nachzuaktivieren"*, dies werde *„in der Abschlussbilanz des laufenden Jahres geschehen"*, reicht hierfür nicht aus (BGH 20.7.1965, DStR 1966, 150 f.).

Der Inhalt der Berichtigungserklärung muss grundsätzlich denselben Anforderungen genügen, denen der Anzeigeerstatter bei ordnungsgemäßer Erfüllung seiner steuerrechtlichen Offenbarungspflichten schon früher hätte entsprechen müssen (vgl. BGH 11.11.1958, BGHSt 12, 100 f.). So ist es Sache des Stpfl, dem FA die von ihm verwirklichten Besteuerungsgrundlagen nach Art und Umfang darzulegen. Die steuerrechtliche Beurteilung ist Sache des FA, zugleich steht es dem Stpfl frei, den wahrheitsgemäß offenbarten Sachverhalt rechtlich in anderer Weise als die Rechtsprechung und Finanzverwaltung zu würdigen (aM offenbar LG Heidelberg 16.11.2012, wistra 2013, 78). **58**

Für den Inhalt gelten keine strengeren Maßstäbe, als sie das FA im Veranlagungsverfahren angelegt hätte, wenn der Stpfl sich von vornherein nach bestem Wissen und Gewissen bemüht hätte, seine Erklärungen richtig und rechtzeitig abzugeben (zust. Koch/Scholtz/*Scheurmann-Kettner* 11, Kohlmann/*Schauf* 60 zu § 371). Auch für eine Berichtigung kommt es darauf an, welche genauen Angaben dem jeweiligen Anzeigeerstatter nach den Umständen des Einzelfalls zugemutet werden können (BGH 14.12.1976, BB 1978, 698; LG Hamburg 18.6.1986, wistra 1988, 120). Der Stpfl muss seine Fehler nach Art und Umfang offenbaren und mit seinen Auskünften und den beigefügten oder bezeichneten greifbaren Unterlagen den steuerlichen Zugriff ermöglichen (RG 2.3.1925, RGSt 59, 115, 118; BGH 13.11.1952, NJW 1953, 475; BGH 5.9.1974, NJW 1974, 2293). **59**

Ob das FA aufgrund der wahrheitsgemäßen Angaben des Anzeigeerstatters in der Lage sein muss, die Steuern ohne langwierige eigene Nachforschungen richtig festzusetzen (so BGH 13.11.1952, BGHSt 3, 373, 376), ist zweifelhaft. Zutreffend ist, dass das FA mit Hilfe der Selbstanzeige in die Lage versetzt sein muss, den Sachverhalt **ohne die weitere gutwillige Mithilfe des Anzeigeerstatters** aufzuklären (vgl. BGH 20.7.1965, DStR 1966, 150 f.; LG Stuttgart 21.8.1989, wistra 1990, 72; *Zacharias/Rinnewitz/Spahn* DStZ 1988, 391; Kohlmann/*Kohlmann* 62 zu § 371). Die Anzeige muss aber nicht sämtliche zahlenmäßigen Angaben derart erschöpfend enthalten, dass das FA die (Berichtigungs-) Veranlagung auf der Stelle durchführen kann (ständige Rspr, vgl. BGH 5.9.1974, NJW 1974, 2293 f.). Der Stpfl verliert den Anspruch auf Straffreiheit nicht schon dadurch, dass die zahlenmäßige Berechnung der Steuer noch eine gewisse eigene Aufklärung durch das FA erfordert, zB durch Beiziehung von Steuerakten oder Anfragen bei Stellen, die dem FA gegenüber zur Auskunft verpflichtet oder zweifellos dazu bereit sind (RG 9.11.1936, RG 70, 350, 352 zur Angabe der Bankkonten, aus deren Bewegungen ohne weiteres das verschwiegene Kapitalvermögen für die steuerlich erheblichen Stichtage abgelesen werden konnte). Die Erklärung, es seien „Lohnsteuern von etwa 8.000 DM nachträglich anzumelden und abzuführen", reicht aus, wenn sich der Zeitraum aus den Gesamtumständen ergibt (OLG Köln 28.8.1979, StB 1980, 283, mit zust. Anm. *Lohmeyer;* wegen einer Fehleinschätzung um 600 DM siehe Rn. 76). **60**

Unschädlich sind Ermittlungen, die das FA anstellt, um die Richtigkeit und Vollständigkeit einer Selbstanzeige zu prüfen, sofern diese Prüfung gegenüber den Angaben des Stpfl keine neuen steuerlich erheblichen Tatsachen zutage fördert, deren Entdeckung für sich allein eine Strafverfolgung erforderlich machen würde. Bei geringfügigen Abweichungen liegt eine Anwendung des § 398 AO bzw. § 153 StPO nahe (Rn. 423). **61**

Ist der Stpfl wegen *fehlender Aufzeichnungen* nicht in der Lage, genaue zahlenmäßige Angaben über die Besteuerungsgrundlagen zu machen, muss er dem FA jedenfalls diejenigen Tatsachen mitteilen, die eine Schätzung (§ 162) ermöglichen, oder einen eigenen Schätzungsvorschlag mit bestimmten Angaben begründen, zB über Umsatz oder über Wareneinsatz und Aufschläge oder über Materialeinsatz, Löhne und Aufschläge oder jedenfalls über den Verbrauch und den Vermögenszuwachs innerhalb der fraglichen Steuerabschnitte. Anhand solcher Angaben ist eine annähernd zutreffende (Berichtigungs-)Ver- **62** anlagung auch dann möglich, wenn die Buchführung derart im Argen liegt, dass die Einnahmen und Ausgaben nicht rekonstruiert werden können (BGH 5.9.1974, NJW 1974, 2293; RK-*Kemper* 109; *Suhr* 1977, S. 370; *Terstegen* S. 121; *Bilsdorfer* DStZ 1982, 302f; aM OLG Köln 20.12.1957, ZfZ 1959, 312; *Kratzsch* StW 1974, 72 f.; vgl. auch Klein/*Jäger* AO § 371 Rn. 21).

63 Soweit etwa *Brenner* die Auffassung vertritt, wer keine oder keine ordnungsgemäße Buchführung habe, könne auch keine ordnungsgemäße Anzeige iS des § 371 I AO erstatten (ZfZ 1979, 141; dagegen zutr. *Wendt/Heyn* ZfZ 1979, 232), geht dies am Gesetzeswortlaut vorbei. § 370 AO sanktioniert nicht die mangelhafte oder fehlerhafte Buchführung – dies tun §§ 283 ff. StGB, §§ 331 ff. HGB –, sondern die auf einer bestimmten Tathandlung beruhende unrichtige oder fehlende Steuerfestsetzung (zust. Kohlmann/*Schauf* 71, MüKoStGB/*Kohler* AO § 371 Rn. 75). Soweit der Stpfl mit seinen Angaben diese zutreffende Steuerfestsetzung ermöglicht, genügt dies auch dem § 371 AO (so auch Kohlmann/*Schauf* 60, 70 zu § 371; vgl. auch HHSp-*Rüping* 78 zu § 371). Sofern die Angaben des Stpfl bei Unterlassen der Nachzahlung für eine Verurteilung nach § 370 AO ausreichten, genügen sie auch für eine Selbstanzeige nach § 371 AO (*Theil* BB 1983, 1277; *Gußen* StB 1997, 362; Kohlmann/*Schauf* 69 f. zu § 371). Soweit die Schätzung von der FinB verworfen wird, ist zu differenzieren: Wenn aus steuerrechtlichen Erwägungen Sicherheitszuschläge gemacht werden, oder auf der Basis des bekannten Umsatzes mit Gewinnen gerechnet wird, die den oberen Werten der Richtsatzsammlung oder Ähnlichem entsprechen, hat dies zunächst einmal nur steuerrechtliche Relevanz. Für die Selbstanzeige ist in jedem Falle ausreichend, dass solche Tatsachen übermittelt werden, die eine Schätzung nach strafprozessualen Maßstäben (vgl. *Joecks* wistra 1990, 54 ff.) rechtfertigten (zust. Kohlmann/*Schauf* 71 zu § 371). Die Grenze ist erst dort erreicht, wo sich die Berichtigungserklärung des Stpfl in der bloßen Aufforderung zur Schätzung durch das FA erschöpft.

64 **Insoweit genügt für eine Berichtigung nicht,**

- *dass der Steuerpflichtige die Unrichtigkeit seiner früheren Erklärungen anerkennt,* ohne sie gleichzeitig durch die richtigen Angaben zu ersetzen (RG 2.3.1925, RGSt 59, 115, 118);
- *dass er das Finanzamt nur auffordert, seine frühere Erklärung „ad acta zu legen"* (LG Frankfurt 12.3.1954, StP 1954, 360), oder einfach mitteilt, die eingereichten Steuererklärungen seien unzutreffend; allerdings bleibt hier eine Anwendung des § 24 StGB denkbar;
- *dass er ohne nähere Angaben erklärt, „Selbstanzeige erstatten zu wollen"* (*Henneberg* Inf 1972, 493);
- *dass er eine Außenprüfung beantragt* (Rn. 100) oder das von einem Prüfer der Finanzbehörde erarbeitete Ergebnis lediglich anerkennt (BGH 24.9.1954, NJW 1954, 2293; OLG Frankfurt 17.11.1960, BB 1961, 628; OLG Düsseldorf 27.5.1981, wistra 1982, 119);
- *dass er bei Erhalt einer Prüfungsanordnung erklärt: „Vorsorglich erstatten wir im Hinblick auf alle sich aus der Betriebsprüfung ergebenden Mehrsteuern Selbstanzeige"* (*Felix* StQ 1977, 465); eine solche inhaltslose Erklärung kann allenfalls die Wirkung haben, den Prüfer besonders zu motivieren (*Bilsdorfer* wistra 1984, 96);
- *dass der Steuerpflichtige die Ergebnisse der Außenprüfung anerkennt* (BGH 16.6.2005, wistra 2005, 381);
- *dass er angibt, die Steuer „für noch größere Mengen" an Heizöl hinterzogen zu haben* (BGH 4.3.1970, GA 1971, 115);
- *dass er die Besteuerungsgrundlagen frei oder griffweise schätzt;* in einer Erklärung wie „mein Umsatz beträgt 80 bis 100 Tausend DM jährlich" liegt nach hM keine Berichtigung, Ergänzung oder Nachholung von Angaben (BayObLG 24.1.1963, DStZ/B 1963, 112, 114; *Bilsdorfer* DStZ 1982, 303 und wistra 1984, 95 f.). Allerdings kommt es darauf an, ob die vom Stpfl vorgenommene Schätzung ohne jegliche Mitteilung von Tatsachen erfolgt (Rn. 63);
- *dass er die verkürzten Steuerbeträge ohne berichtigende Erläuterung nachzahlt* (Rn. 101);

– *dass der Steuerpflichtige Außenstände statt bei Rechnungsstellung erst im Folgejahr nachbilanziert* (BGH 18.10.1956, BStBl. I 1957, 122);
– *dass der Steuerpflichtige die Finanzbehörde über die Stellung eines Insolvenzantrags unterrichtet* (BGH 13.10.1992, wistra 1993, 68; Kohlmann/*Kohlmann* 63 zu § 371).

Ob die Überlassung von Bestandteilen der Buchführung, aus denen der Veranla- 65
gungsbeamte nur mit erheblichem Zeitaufwand die richtigen Besteuerungsgrundlagen entwickeln könnte, als Berichtigungserklärung genügt, ist zweifelhaft (so aber *Franzen* 3. Aufl., Rn. 39 zu § 371; zw. Kohlmann/*Kohlmann* 63, 64.7 zu § 371). Im Hinblick auf § 151 AO ist diese Möglichkeit zu bejahen: Wenn dem Stpfl die Abgabe einer schriftlichen Steuererklärung nach seinen persönlichen Verhältnissen nicht zugemutet werden kann, darf die Steuererklärung sogar bei der zuständigen Finanzbehörde zur Niederschrift erklärt werden, insbes. wenn der Stpfl nicht in der Lage ist, eine gesetzlich vorgeschriebene Selbstberechnung der Steuer vorzunehmen oder durch einen Dritten vornehmen zu lassen. Dies gilt etwa dann, wenn dem Stpfl die entsprechenden finanziellen Mittel fehlen (vgl. *Tipke/Kruse* Anm. zu § 151). Wenn aber schon die Abgabe einer Steuererklärung auf diesem Wege möglich ist, kann erst recht die nicht formgebundene (Rn. 90) Selbstanzeige durch bloße Lieferung von Material erstattet werden (vgl. *Breyer* 1999, 187 f. mwN). Eine Grenze wird dort zu ziehen sein, wo der Stpfl sich darauf beschränkt, sämtliche Unterlagen ohne eine Bezeichnung der strafbefangenen Bereiche dem FA einzureichen (vgl. auch *Bender/Möller/Retemeyer* H 71, die offenbar meinen, aus der Selbstanzeige müsse sich auch vor dem 1.1.2015 das Begangensein einer Steuerstraftat ergeben; unten Rn. 92).

Ist eine Materiallieferung nicht möglich, ist unerheblich, ob der Stpfl die Lücken 66
oder Fehler einer unbrauchbaren oder mangelhaften „Berichtigung“ verschuldet hat oder nicht (einhM, zB LG Hamburg 18.6.1986, wistra 1988, 120; BGH 14 12. 1996, DB 1977, 1347 mwN).

Wurde die Steuerhinterziehung durch das pflichtwidrige Unterlassen der Verwendung 67
von Steuerzeichen oder Steuerstemplern begangen (§ 370 I Nr. 3), unterscheidet sich die Berichtigungserklärung nicht von anderen Fällen. Weder muss die Selbstanzeige hier durch eine Anzeige nach § 153 AO erfolgen, noch genügt eine bloße Nachzahlung der verkürzten Steuerbeträge. Auch wird die Selbstanzeige nicht etwa durch das nachträgliche Aufbringen von Steuerzeichen erstattet, sondern durch schlichte Anzeige (Schwarz/Pahlke/*Webel* 61 zu § 371 AO). Dabei müssen die Besteuerungsgrundlagen gegenüber der FinB richtiggestellt werden, zB durch Angaben über Art und Menge der nicht ordnungsgemäß banderolierten Tabakwaren (zutr. *List* S. 25, glA Kohlmann/*Kohlmann* 64.5 u. Schwarz/Pahlke/*Webel* 61 zu § 371 AO; *Breyer* 1999, 169, sowie HHSp-*Rüping* 30 zu § 371).

Nur auf unrichtige eigene Angaben muss sich die Berichtigung iS einer Materialliefe- 68
rung beziehen (*Spitaler* FR 1955, 75; *Fließbach* StW 1955, 276 zu BFH 24.11.1954, BStBl. III 1955, 30; *Firnhaber* S. 77 ff.; zw. BFH 24.11.1954, BStBl. III 1955, 30), dh auf Angaben, die der Stpfl entweder persönlich gemacht hat oder die jedenfalls von seinem Vorsatz erfasst waren. Der Stpfl verliert die Anwartschaft auf Straffreiheit nicht, wenn er sich weigert, zusätzliche Angaben zu machen, die die steuerlichen Verhältnisse eines Dritten betreffen, an deren Verschleierung er nicht beteiligt war (vgl. *Maaßen* FR 1956, 460). Hat der Stpfl OR-Geschäfte angezeigt, die regelmäßig von beiden Geschäftspartnern nicht verbucht werden, genügt für die strafbefreiende Wirkung der Berichtigungserklärung, dass der Anzeigeerstatter die in seinen eigenen Steuererklärungen nicht erfassten Besteuerungsgrundlagen nachmeldet, ohne den Namen des Geschäftspartners anzugeben. Soweit er allerdings als Mittäter, Anstifter oder Gehilfe (§ 25 II, §§ 26, 27 StGB) auch für die Steuerhinterziehung des Geschäftspartners mitverantwortlich ist, kann er *insoweit* Straffreiheit – wenn überhaupt (Rn. 66) – nur durch Benennung des Geschäftspartners erlangen (zust. Kohlmann/*Kohlmann* 64.1 zu § 371; missverständlich *Lüttger* StB 1993, 373). Im Übrigen darf die FinB den Anzeigeerstatter nicht mit Zwangsmitteln (§§ 328 f., 331 f., 334) zu Offenbarungen zwingen, wenn sich daraus eine (nicht strafbefreiend wirkende) Selbst-

belastung ergeben könnte. Liegen dagegen die Voraussetzungen einer Mittäterschaft oder Teilnahme des Anzeigeerstatters an der Steuerhinterziehung des Geschäftspartners *nicht* vor, kann eine Begünstigung (§ 257 StGB) in Betracht kommen; ob dies schon wegen der verweigerten Auskunft möglich ist (so *Franzen* 3. Aufl., Rn. 41 zu § 371), hängt vom Vorliegen einer Garantenstellung ab.

69 Ob auch in anderen Fällen zur ordnungsgemäßen Selbstanzeige die Beschreibung der Einzelheiten von Geschäftsvorfällen gehört, ist umstritten. Dies betrifft zB die Frage, ob der Kapitaleinkünfte Nacherklärende auch mitteilen muss, bei welcher Bank er sein Kapital angelegt und die Erträge erzielt hat (dafür: *Marschall* BB 1998, 2502; *Rolletschke* DStZ 1999, 566; dagegen: *Hofmann* DStR 1998, 399). Tatsächlich kann es nur darauf ankommen, ob die Nichtbenennung des Geschäftspartners in der Weise zur Tathandlung gehörte, dass durch sie ein Merkmal des Tatbestandes erfüllt wurde (*Breyer* 1999, 240). Da dies idR nicht der Fall ist, gehört die Benennung nicht zum notwendigen Inhalt der Selbstanzeige.

70 **Auch dritte Personen,** sogar Amtsträger einer Finanzbehörde, können sich durch unrichtige, unvollständige oder pflichtwidrig unterlassene Angaben im Besteuerungs-, Erhebungs- oder Vollstreckungsverfahren oder als Auskunftspersonen oder Sachverständige im Verfahren über einen Rechtsbehelf an einer Steuerhinterziehung beteiligt haben und ihre irreführenden Angaben nach § 371 I AO berichtigen. Für die Berichtigung eines Mittäters oder eines Teilnehmers (Anstifters oder Gehilfen) an einer Steuerhinterziehung gilt grundsätzlich nichts anderes als für die Berichtigung eines Alleintäters (Kohlmann/*Kohlmann* 65 zu § 371).

71 **Für die Selbstanzeige des Gehilfen** hatte demgegenüber das OLG Hamburg (v. 21.11.1985, wistra 1986, 116 f. m. abl. Anm *Bublitz*) entschieden, dass dieser bereits dann wirksam eine solche erstatten kann, wenn er dem FA lediglich mitteilt, dass bestimmte Steuererklärungen unrichtig sind, und er faktisch nicht in der Lage ist, dem FA die zutreffenden Besteuerungsgrundlagen zu offenbaren (zust. Kohlmann/*Kohlmann* 65.1, MüKoStGB/*Kohler* AO § 371 Rn. 90 u. HHSp-*Rüping* 89 zu § 371; offen gelassen von BGH 18.6.2003, wistra 2003, 385). Die Unmöglichkeit, dem FA die zutreffenden Besteuerungsgrundlagen zu offenbaren, hindert aber auch sonst die Möglichkeit der strafbefreienden Selbstanzeige (oben Rn. 61) und ist zugleich insbes. beim Anstifter ein Problem (so zutr. HHSp-*Rüping* 91 zu § 371). Andererseits ist zu bedenken, dass der vom OLG Hamburg entschiedene Fall dadurch gekennzeichnet war, dass der Gehilfe ein Steuerberater war, der mangels Lieferung von Daten durch seinen Mandanten „gegriffene" Beträge in die Voranmeldung einsetzte und dem FA übermittelte. Wenn er nunmehr dem FA diesen Umstand mitteilt, macht er eben den Schaden wieder gut, den er zuvor angerichtet hat; insofern erscheint die Entscheidung des OLG Hamburg vertretbar (so auch Schwarz/Pahlke/*Webel* 60 und Kohlmann/*Kohlmann* 65.1 zu § 371 AO, der darauf abstellt, ob ein [Mit-]Täter die nötigen Auskünfte verweigert).

72 **Ob und warum der Mittäter oder Teilnehmer der Steuerhinterziehung nicht in der Lage ist,** die konkreten Besteuerungsgrundlagen mitzuteilen, ist grundsätzlich irrelevant. Bedeutsam ist demgegenüber, welchen Beitrag er zu der konkreten Steuerhinterziehung geleistet hat. Entscheidend ist, dass der Mittäter oder Teilnehmer den Beitrag eliminiert, den er seinerzeit zur Begehung der versuchten oder vollendeten Steuerhinterziehung geleistet hat. Soweit ein Mittäter oder Teilnehmer nicht selbst für die Steuerverkürzung verantwortlich ist, weil bestimmte Teilbereiche einer Tat seiner Kenntnis und damit auch seinem (Täter-, Anstifter- oder Gehilfen-)Vorsatz entzogen waren, kann von ihm auch keine Berichtigung erwartet werden (im Ergebnis ebenso *List* S. 25 f.; Kohlmann/*Kohlmann* 65.2 zu § 371). Wer als Anstifter bei einem Dritten den Tatentschluss hervorruft, bestimmte Zahlungen an einen Sportverein steuerrechtswidrig als Spenden geltend zu machen, kann Selbstanzeige schon dadurch erstatten, dass er dem FA hiervon Mitteilung macht. Wer als Gehilfe an OR-Geschäften beteiligt war, genügt dem § 371 AO, wenn er nicht nur die Art und Weise seiner Mitwirkung darlegt, sondern auch Angaben über den Umfang seiner Mitwirkung macht, zB über die Höhe der Umsätze aus OR-Geschäften, an denen er beteiligt war (HHSp-*Rüping* 92 zu § 371). Dies ergibt sich aus der Parallele des § 371 AO zu den Rücktrittsregelungen in § 24 StGB. So setzt dort der Rücktritt des Tatbeteiligten nach § 24 II StGB in Fällen der Tatvollendung voraus, dass dieser seinen eigenen Tatbeitrag rückgängig macht bzw. die Vollendung der Tat verhindert. Für den § 371 AO genügt es mithin, dass der Täter oder Teilnehmer durch die Offenbarung seiner Tatbeteiligung die Ermittlung zutreffender Besteuerungsgrundlagen ermöglicht. Dies bedeutet nicht eine „Kronzeugenregelung" im Steuerstrafrecht, insbes. ist die bloße Anzeige der strafbaren Mitwirkung nicht genügend. Es ist aber ausreichend, wenn der Mittäter oder Teilnehmer Art und Umfang seines Tatbeitrages nebst den von ihm konkret verkürzten Beträgen dem FA mitteilt (vgl. BGH 18.6.2003, wistra 2003, 385).

Dementsprechend bestimmt sich die Menge der dem FA zu liefernden Informationen 73
nach dem Grad der Mitwirkung an der begangenen Steuerhinterziehung. Der Mittäter, der die Tat entscheidend mitgestaltet hat (und in den Fällen des § 370 I Nr. 2 sogar selbst Steuerpflichtiger sein muss; siehe Rn. 30 zu § 370) hat mehr zu korrigieren, als der Teilnehmer, der lediglich eine fremde Tat unterstützte oder den Tatentschluss zu dieser hervorrief. Wenn er aber einen erheblichen Beitrag geleistet hat, ist es irrelevant, warum er nunmehr nicht in der Lage ist, die Details zur Rückgängigmachung mitzuteilen. Im Einzelfall mag § 46a StGB helfen (Rn. 423).

Enthält eine Erklärung wieder neue, erhebliche Unrichtigkeiten, soll sie nach der 74
Rspr keine „Berichtigung" darstellen und daher nicht zur Straffreiheit führen (RG 27.6.1938, RStBl. 1938, 1133; RG 12.6.1941, RStBl. 1941, 449; BGH 14.12.1976, DB 1977, 1347). In dem erstgenannten Urteil hatte das Reichsgericht eine erhebliche Unrichtigkeit – trotz unveränderten Steuersatzes – bereits darin erblickt, dass der Stpfl die Zuckermengen, für die er Zuckersteuer hinterzogen hatte, stillschweigend im folgenden Monat zusätzlich anmeldete. Indessen sind solche verschleiernden Erklärungen zu unterscheiden von Angaben, die lediglich dem Ausmaß nach hinter der Wirklichkeit zurückbleiben und deshalb – soweit sie der Wirklichkeit näher kommen – *insoweit* Anspruch auf Straffreiheit begründen (siehe Rn. 76 ff.; aM BGH 14.12.1976, DB 1977, 1347; wie hier *Barske* DB 1978, 2155; *Leise* BB 1978, 698). Da die strafbefreiende Wirkung der Selbstanzeige auch eine korrekte zeitliche Zuordnung der verkürzten Beträge voraussetzt (siehe Rn. 98), liegt im erstgenannten Urteil des Reichsgerichts schon keine Berichtigungserklärung vor. Im Übrigen ist entscheidend, in welchem Maße die vom Stpfl vorgenommene Berichtigung zutreffende Angaben enthält. Dabei ist die strafbefreiende Wirkung nicht ausgeschlossen, wenn der Stpfl sich in der Selbstanzeige zu seinen Ungunsten geirrt hat (BGH 5.9.1974, NJW 1974, 2293).

Erklärt der Anzeigeerstatter bewusst zu wenig („Dolose Teilberichtigung"), lässt dies nach 75
herrschender Meinung zum alten Recht die Wirksamkeit der Selbstanzeige bezüglich der erklärten Beträge unberührt (Kohlmann/*Schauf* 66.2 u. Koch/Scholtz/*Scheurmann-Kettner* 17 zu § 371; *Simon/Vogelberg* S. 172). *Koops* (DB 1999, 2185) hat hiergegen Bedenken jedenfalls in den Fällen, in denen die Tat bereits objektiv entdeckt ist, der Täter hiervon jedoch nichts weiß, und weil er die Aufdeckung befürchtet, eine solche Teil-Selbstanzeige abgibt, um die FinB von weiteren Ermittlungshandlungen abzuhalten. Eine entsprechende Beschränkung ist dem Gesetz aber nicht zu entnehmen. Den „dolosen Plänen" des Täters kann iÜ bei der Strafzumessung für den Teil der Steuerhinterziehung Rechnung getragen werden, der von ihm bewusst nicht erklärt wurde.

Weicht die Selbstanzeige nur geringfügig von den korrekten Besteuerungs- 76
grundlagen ab, soll es nach bisherigem Verständnis dennoch zur völligen Straffreiheit kommen können (OLG Köln 28.8.1979, DB 1980, 57; OLG Frankfurt a. M. 18.10.1961, NJW 1962, 974 mit abl. Anm *Leise;* Kohlmann/*Schauf* 66.2 zu § 371; *Koops* DB 1999, 2184; vgl. auch BGH 13.1.1998, wistra 1999, 27). Als geringfügig hat das OLG Köln (DB 1980, 57) eine Lohnsteuerdifferenz von 600 DM im Verhältnis zu 18 000 DM, das OLG Frankfurt (aaO) eine Umsatzdifferenz von nicht ganz 6 vH angesehen. Tatsächlich erlangt der Täter nur Straffreiheit, *„soweit"* seine Selbstanzeige reicht. Eine andere Frage ist, ob zur

Überzeugung des Gerichts feststeht, der Täter habe auch bezüglich des nicht nachgemeldeten (geringfügigen) Teilbetrags seinerzeit vorsätzlich gehandelt. Überdies liegt es in diesen Fällen – vor dem Hintergrund des § 46a StGB (Rn. 423 sowie Rn. 29 zu § 398) – nahe, von der Strafverfolgung wegen eines geringfügigen Unterschiedsbetrages nach § 398 AO abzusehen oder das Strafverfahren nach § 398 AO oder § 153 II StPO einzustellen (Kohlmann/*Schauf* 66.2 zu § 371).

77 **Nach der Neuregelung** ist allerdings erforderlich, dass der Erstatter der Selbstanzeige für alle unverjährten Taten einer Steuerart vollständig nacherklärt beziehungsweise berichtigt. Vor diesem Hintergrund stellt sich die Frage nach der Bedeutung von geringfügigen Unterschiedsbeträgen neu. Bislang ging es letztlich um die Frage, ob der nach Teil-Selbstanzeige verbleibende geringfügige Rest von der Wirksamkeit der Selbstanzeige umfasst ist oder aber gegebenenfalls nach § 398 AO, §§ 153 ff. StPO erledigt werden kann. Nach neuem Recht ist scheinbar jegliche Abweichung insofern schädlich, als es der Selbstanzeige dann insgesamt an Wirksamkeit mangelt (vgl. aber BT-Drs. 17/5067 [neu], 21: „nicht auf Euro und Cent genau"; *Beyer* AO-StB 2011, 119, 120; *Hechtner* DStZ 2011, 265; *Heuel/Beyer* AO-StB 2011, 315; *Prowatke/Felten* DStR 2011, 899; siehe auch *Adick* HRRS 2011, 197, 199). Der Berichterstatter, MdB *Manfred Kolbe,* sprach im Plenum davon, „Bagatellabweichungen" seien nach wie vor möglich; (PlenProt 17/96 S. 10953). Der BGH (BGH 25.7.2011, wistra 2011, 428) will bei unbeabsichtigten Unvollständigkeiten, die nicht mehr als 5% ausmachen, großzügig sein. Nicht ganz klar ist dabei, ob sich diese 5 vH auf die einzelne Tat, also das einzelne Jahr beziehen, oder aber auf den Selbstanzeigezeitraum, der ja auch Gegenstand der Selbstanzeige(n) ist (vgl. auch *Bürger* BB 2012, 34). Für Letzteres spricht jedenfalls der Fall, dass der Betreffende an den Regeln über die zeitliche Zuordnung scheitert, also Zufluss und Abfluss nicht richtig einordnen konnte (anders offenbar Klein/*Jäger* AO § 371 Rn. 28a).

78 **Bei Selbstanzeigen ab 1.1.2015** müssen nach § 371 I 2 sich die Angaben auf alle unverjährten Steuerstraftaten einer Steuerart erstrecken, mindestens aber auf alle Steuerstraftaten einer Steuerart innerhalb der letzten zehn Kalenderjahre. Der Gesetzgeber will damit eine gewisse Synchronisierung zwischen steuerrechtlicher und strafrechtlicher Verjährungsfrist erreichen. Gelingen kann ihm dies nicht, weil der Verjährungsbeginn unterschiedlich bestimmt wird (vgl. *Joecks* DStR 2014, 2262). Dabei hat er eine Regelung geschaffen, die eine Vielzahl von Fragen aufwirft (*Wulf* wistra 2015, 161: „erschütternd ungenau"). So ist unklar, was mit dem Begriff „Kalenderjahre" gemeint ist. Gemeint sein dürften abgeschlossene/volle Kalenderjahre (vgl. *Joecks* DStR 2014, 2262; MüKoStGB/*Kohler* AO § 371 Rn. 51; siehe auch *Madauß* NZWiSt 2015, 41, 46) wobei es nicht um Zeiträume gehen kann, für die steuerlich bereits Festsetzungsverjährung eingetreten ist (*Beneke* BB 2015, 407; *Leibold* NZWiSt 2015, 76; *Wulf* wistra 2015, 162; vgl. auch BT-Drs. 18/3018 S. 11). Möglich wäre, vom Datum der Selbstanzeige zehn Jahre zurück zu gehen (vgl. *Hunsmann* NJW 2015, 113). Das Gesetz spricht aber nicht von 120 Monaten, sondern von zehn Kalenderjahren. Sinn macht die Regelung nur, wenn man an die zehnjährige Festsetzungsfrist (§ 169 II 2 AO) anküpft, also fragt, ob noch eine Änderung der Steuerbescheide nach § 173 I Nr. 1 AO möglich ist. Soweit diese wegen einer Anlaufhemmung nach § 170 II AO länger als zehn Jahre ist, bleibt es bei einem Bruch, der durch die Ablaufhemmung nach § 170 V AO gemildert wird (vgl. *Wulf* wistra 2015, 166)

79 Mit dieser Ausdehnung der Selbstanzeige, die Ersatz für eine ursprünglich geplante generelle Verlängerung der Verfolgungsverjährung auf zehn Jahre war, verschärft sich die Problematik der unbewusst unvollständigen Selbstanzeige, weil für die weit zurückliegenden Zeiträume eine noch größere Gefahr besteht, dass etwas übersehen werden wird (vgl. auch *Beneke* BB 2015, 407; *Leibold* NZWiSt 2015, 76).

80 Ob bei einer **mehrere Steuersubjekte** betreffenden Steuerart für alle zugleich Selbstanzeige erstattet werden muss, ist zweifelhaft. Die Problematik stellt sich, wenn etwa jemand als Verantwortlicher einer Mehrzahl von Personen- oder Kapitalgesellschaften Steuerhinterziehungen begangen hat (vgl. *Buse* DB 2015, 89). Vieles spricht dafür, die Steuerart

steuersubjektbezogen zu begreifen. Ob dies auch im Hinblick auf das Verhältnis zwischen Feststellungs- und Festsetzungsverfahren so ist (vgl. *Buse* DB 2015, 89), ist zweifelhaft.

Bislang ging man davon aus, dass die Selbstanzeige auch in das **„Kleid" einer Berichtigungserklärung** nach § 153 AO gesteckt werden darf. Ob dies in der Zukunft weiterhin gilt, ist unklar. Immerhin umfasst die Nachzahlungspflicht nunmehr auch die aufgelaufenen Hinterziehungszinsen. Hieraus ließe sich ableiten, dass sich aus der Selbstanzeige nicht nur der Umfang der Nachzahlungspflicht ergeben muss, sondern auch deutlich gemacht sein muss, dass es zur Festsetzung von Hinterziehungszinsen kommen muss. Für Dauersachverhalte stellt sich das Problem so nicht, da ohnehin alle unverjährten Jahre nachgemeldet werden müssen und damit mittelbar die Steuerhinterziehungen zugegeben werden. Virulent wird es aber dann, wenn jemand etwa eine Schenkungsteuererklärung „berichtigt". Da der BGH § 371 AO als Ausnahmevorschrift versteht, die eng auszulegen ist, besteht die Gefahr, dass ein solches Erfordernis der „Selbstbezichtigung" aufgestellt werden wird. 81

einstweilen frei 82–89

2. Die Form der Selbstanzeige

Schrifttum: *Voigt,* Formlose tätige Reue, FR 1951, 44; *Berger,* Selbstanzeige durch Abgabe der Jahressteuererklärung und bei Schätzung des Gewinns durch das Finanzamt, BB 1951, 919; *Henke,* Ist, wer eine Betriebsprüfung beantragt, wirklich gedeckt in dem Sinne, daß er sich nicht strafbar gemacht hat?, DStZ 1960, 188; *Lohmeyer,* Abgabe der Umsatzsteuererklärung als Selbstanzeige, UStR 1962, 129; *Herdemerten,* Selbstanzeige bei verspäteter Abgabe von USt-Voranmeldungen?, DStR 1970, 198; *Kopacek,* Verspätete Abgabe der Lohnsteueranmeldung als strafbefreiende Selbstanzeige, NJW 1970, 2098; *Henneberg,* Verspätete Abgabe der Lohnsteueranmeldung als strafbefreiende Selbstanzeige?, Inf. 1971, 351; *Garbers,* Selbstanzeige durch Einreichung der Umsatzsteuerjahreserklärung, wistra 1984, 49; *Lauppe-Assmann/Ziervogel,* Die Umsatzsteuer-Jahreserklärung als Selbstanzeige, wistra 1985, 142; *Neck,* Selbstanzeige durch Einreichung der Einkommensteuererklärung, DStR 1985, 505; *Wrenger,* Probleme der Selbstanzeige nach §§ 371, 378 Abs. 3 AO, DB 1987, 2325; *Teske,* Die neuere Rechtsprechung zur Selbstanzeige, wistra 1990, 139; *Schuhmann,* Zur Selbstanzeige bei der Umsatzsteuer, wistra 1994, 253; *Koops/Sensburg,* Die BGH-Rechtsprechung zur Wirksamkeit von sog. Teil-Selbstanzeigen, DB 1999, 2183; *Burkhard,* Strafrechtliches Ermittlungsverfahren trotz Selbstanzeige?, PStR 2001, 46; *Rolletschke,* Die gestufte Selbstanzeige, wistra 2002, 17; *Kohlmann,* Die Selbstanzeige (§ 371 AO) – und was daraus geworden ist, Bochumer Beiträge 2003, 79.

Eine bestimmte Form ist für die Selbstanzeige nicht vorgeschrieben, insbes. muss die Selbstanzeige nicht – wie etwa die ursprüngliche oder unterlassene Steuererklärung – auf amtlich vorgeschriebenem Vordruck (§ 150) abgegeben werden (*Bilsdorfer* wistra 1983, 95; *Breyer* 1999, 166). Die Berichtigungserklärung kann schriftlich, aber auch mündlich (OLG Düsseldorf 10.12.1958, DB 1960, 458; OLG Hamm 24.5.1961, DB 1961, 968; OLG Köln 28.8.1979, DB 1980, 57; OLG Hamburg 21.11.1985, wistra 1986, 116) abgegeben werden. Schriftliche Erklärungen müssen nicht unterschrieben sein (BayObLG 7.10.1953, NJW 1954, 244 f.; HHSp-*Rüping* 54, Kohlmann/*Schauf* 50 zu § 371), wenn sich die Identität des Anzeigeerstatters aus dem Inhalt ergibt. Zur Vermeidung von Missverständnissen sollten mündliche Erklärungen unverzüglich protokolliert werden (vgl. RG 4.1.1927, RG 61, 115, 120). Die Übermittlung per Telefax ist ebenso ausreichend wie eine fernmündliche (vgl. *Breyer* 1999, 167; Kohlmann/*Schauf* 50 zu § 371; krit. *Franzen* 3. Aufl., Rn. 44 zu § 371) oder per E-Mail; allerdings sollte der Stpfl sich bewusst sein, dass der Grundsatz *„in dubio pro reo"* nur gilt, *wenn der Tatrichter Zweifel hat* und seine Einlassung, er habe fernmündlich Selbstanzeige erstattet, nicht als bloße Schutzbehauptung abtut. Insofern ist es im Interesse des Stpfl, auf eine entsprechende Dokumentation des Zugangs bei der FinB zu achten. 90

Der Gebrauch des Wortes „Selbstanzeige" oder eine Bezugnahme auf § 371 AO ist jedenfalls bei Selbstanzeigen vor dem 1.1.2015 nicht erforderlich (BGH 13.10.1998, wistra 1999, 28; HHSp-*Rüping* 54, Kohlmann/*Schauf* 51 zu § 371; *Breyer* 1999, 175). Die Berichtigungserklärung kann neutral erscheinen und braucht keinen ausdrücklichen Hinweis auf strafrechtliche Aspekte des vorausgegangenen Verhaltens zu bieten (BGH 13.10.1992, wistra 1993, 66; Kohlmann/*Schauf* 51 u. HHSp-*Rüping* 54 zu § 371, Erbs/Kohlhaas/*Hadamitzky/Senge* AO § 371 Rn. 12). Der Anzeigeerstatter braucht sich weder auf ersichtliche Weise zu der Verkürzung zu bekennen, noch muss er sich einer strafbaren 91

Handlung bewusst sein, geschweige denn mit seiner Berichtigungserklärung ein strafrechtliches Geständnis verbinden (zutr. *Berger* BB 1951, 919; *Troeger/Meyer* S. 262). Ausreichend ist die Mitteilung der richtigen Besteuerungsgrundlagen, ohne dass es der Angabe eines Motivs bedarf (OLG Celle 5.11.1970, DB 1971, 707; LG Stuttgart 21.8.1989, wistra 1990, 72, 73; aM M-G/*Küster* 36/190 ff.).

92 **Ein Bestreiten der Strafbarkeit des Verhaltens ist** jedenfalls bei Selbstanzeigen vor dem 1.1.2015 **unschädlich** (vgl. Rn. 91; Kohlmann/*Schauf* 52 zu § 371). Soweit der BGH (BGH 13.10.1992, wistra 1993, 66, 68) voraussetzt, dass die FinB *„infolge der Anzeige auch in die Lage versetzt"* wird, *„den staatlichen Steueranspruch wegen der hinterzogenen Steuern nunmehr nachträglich vollständig durchzusetzen, dabei inbesondere auch den nach § 69 AO (wie § 71 AO) haftenden Angeklagten persönlich in Anspruch zu nehmen, ihm gegebenenfalls auch eine Nachzahlungsfrist (§ 371 III AO) zu setzen"*, ist dies mit dem Wortlaut des § 371 I AO nicht zu vereinbaren. Ebenso, wie die Zahlung von Hinterziehungszinsen bei Selbstanzeigen vor dem 1.1.2015 nicht Voraussetzung für die Erlangung der Straffreiheit ist, musste die Selbstanzeige bis zur Neuregelung nicht die tatsächlichen Grundlagen für die Festsetzung von Hinterziehungszinsen liefern. Auch der Verweis des BGH auf die Notwendigkeit der Setzung einer Nachzahlungsfrist (§ 371 III) überzeugt nicht. Mit diesem Argument müsste einer Selbstanzeige nicht nur dann die Wirksamkeit abgesprochen werden, wenn in dieser strafbares Verhalten bestritten wird, sondern schon dann, wenn mit der Berichtigungserklärung nicht zugleich die Voraussetzungen der steuerrechtlichen Folgen einer Steuerhinterziehung (verlängerte Festsetzungsfrist gemäß § 169 II 2; Durchbrechung der Änderungssperre nach § 173 II; Haftung des Steuerhinterziehers gemäß § 71; Festsetzung von Hinterziehungszinsen gem. § 235) mitgeteilt werden. Dies wurde von niemandem ernsthaft vorausgesetzt, weil es vom Gesetzeswortlaut schlicht nicht gedeckt war (vgl. auch BGH 13.10.1998, wistra 1999, 28).

93 **Die Abgabe einer Steuererklärung** kann ebenfalls strafbefreiende Selbstanzeige sein. Sie ist jedenfalls dann ausreichend, wenn der Stpfl dem zuständigen FA überhaupt noch nicht bekannt war (vgl. den Sachverhalt zu OLG Frankfurt 18.10.1961, NJW 1962, 974). Hatte der Stpfl für die fraglichen Steuerarten und Steuerabschnitte unrichtige oder unvollständige Steuererklärungen abgegeben, muss in abweichenden späteren Erklärungen sein Wille zum Ausdruck kommen, dass diese an die Stelle der ursprünglichen Erklärungen treten sollen. Dies ergibt sich idR aus dem Umstand, dass der Stpfl eine bereits eingereichte Erklärung durch eine neue (höhere Steuern ergebende) ersetzt.

94 **Die Abgabe einer Jahreserklärung** wurde zu Zeiten des Fortsetzungszusammenhangs (Rn. 115 ff. zu § 369) überwiegend als strafbefreiende Selbstanzeige eingeordnet. Dies betraf zum einen die kommentarlose Abgabe einer Umsatzsteuerjahreserklärung (§ 18 III UStG), die als wirksame Selbstanzeige hinsichtlich unrichtiger monatlicher Umsatzsteuervoranmeldungen (§ 18 I, II UStG) angesehen wurde (Kohlmann/*Kohlmann* 64.2 zu § 371; RG 14.2.1932, RStBl. 1932, 419; OLG Hamburg 27.1.1970, NJW 1970, 1385; LG Hamburg 25.11.1981, wistra 1983, 266; OLG Hamburg 12.2.1985, wistra 1985, 166 ff.; aM *Garbers* wistra 1984, 49, 51; vgl. auch *Ziervogel/Lauppe-Assmann* wistra 1985, 142, 143 f.; *Ulmer* wistra 1983, 22, 24; *Gußen* StB 1997, 405). Ebenso wurde die Einreichung einer ESt-Jahreserklärung als Selbstanzeige hinsichtlich falscher Angaben zu den ESt-Vorauszahlungen gem. § 37 III EStG eingeordnet (OLG Stuttgart 21.5.1987, wistra 1987, 263; Koch/Scholtz/*Scheurmann-Kettner* 12, Kohlmann/*Kohlmann* 64.3 zu § 371; *Neck* DStR 1985, 505, 506 f.; aA LG Stuttgart 25.11.1983, wistra 1984, 197). Inwiefern sich diese Auffassung vor dem Hintergrund der Aufgabe der Figur der fortgesetzten Handlung durch den Großen Senat (vgl. Rn. 116 zu § 369) halten ließ, war zweifelhaft. Da es eine fortgesetzte Tat bei Steuerhinterziehung nach Auffassung des BGH (BGH 20.6.1994, BGHSt 40, 195) nicht mehr gibt, liegt es nicht völlig fern, bei diesen Konstellationen von 13 Taten auszugehen (12 Voranmeldungen, 1 Jahreserklärung), die zueinander im Verhältnis der Tatmehrheit stehen. Immerhin handelt es sich dann um „materiell selbständige Taten, denen eigener Unrechtsgehalt zukommt" (BGH 13.10.1998, wistra 1999, 27; dazu *Koops* DB 1999, 2183).

Aber auch die Umsatzsteuer ist Jahressteuer und mit Ablauf des Veranlagungszeitraums ist eine Aufgliederung der Umsätze nach Monaten oder Kalendervierteljahren entbehrlich. Selbst wenn innerhalb des Veranlagungszeitraums ein geänderter Steuersatz in Kraft getreten ist, sieht schon der Vordruck eine Unterscheidung zwischen alten Umsätzen und neuen, dem höheren Steuersatz unterliegenden, vor. Eine Zuordnung zu einzelnen Monaten (vgl. *Franzen* 3. Aufl., Rn. 47 zu § 371; OLG Hamburg 27.1.1970, NJW 1970, 1385; LG Hamburg 9.5.1983, wistra 1983, 266; siehe auch FinB Hamburg DB 1965, 1159) wäre allein für die Festsetzung von Hinterziehungszinsen relevant. Eine dahin gehende Erklärung ist jedoch von § 371 I AO nicht vorausgesetzt (zust. Kohlmann/*Kohlmann* 64.2 zu § 371; *Simon/Vogelberg* S. 171; aM offenbar *Marschall* BB 1998, 2500). Im Gegenteil sollte bereits mit der Änderung durch das StÄndG 1965 klargestellt werden, dass es auf die Zahlung der zeitgleich eingeführten Hinterziehungszinsen nicht ankommen soll (Rn. 7).

Überdies steht es der FinB frei, ggf. davon auszugehen, dass bereits mit der Voranmeldung **95** für den Monat Januar die entsprechenden, nunmehr nachgemeldeten Beträge verkürzt worden sind, und dies einem etwaigen Zinsbescheid zugrunde zu legen. Eine Zuordnung zu einzelnen Monaten wäre übertriebene Förmelei. Dieser Auffassung hat sich zwischenzeitlich auch der BGH (v. 13.10.1998, wistra 1999, 27; vgl. auch *Kohlmann,* Bochumer Beiträge 2003, S. 93) angeschlossen. Nichts anderes gilt für den Bereich der ESt-Jahreserklärung im Verhältnis zu den Vorauszahlungen (zust. Kohlmann/*Kohlmann* 64.3 zu § 371; aM *Marschall* BB 1998, 2500).

Dass im Hinblick auf die Nachzahlungspflicht gemäß § 371 III AO gegebenenfalls aus **96** der ESt-Abschlusszahlung herauszurechnen ist, in welchem Umfange der Stpfl zuvor den Steuervorteil der Herabsetzung von Vorauszahlung erschlichen hatte, nimmt der Jahreserklärung nicht den Charakter der Selbstanzeige.

Enthält die Einkommensteuerjahreserklärung Einkünfte aus nichtselbständiger Ar- **97** beit, für die Lohnsteuer zu Unrecht nicht einbehalten worden war, oder Einkünfte aus Kapitalvermögen, für die rechtswidrig keine Kapitalertragsteuer bzw. kein Zinsabschlag einbehalten worden war, ist dies nicht ohne weiteres Selbstanzeige zu Gunsten desjenigen, der seiner Abzugsverpflichtung nicht nachgekommen war (zust. Kohlmann/*Kohlmann* 64.3 zu § 371). Abzugsteuer und ESt betreffen verschiedene Steuersubjekte, so dass eine Selbstanzeige nur dann denkbar ist, wenn der die ESt-Jahreserklärung Einreichende für den entsprechenden Täter handelt. Allerdings kann die Aufnahme solcher Beträge in die Steuererklärung des Stpfl ihn von der strafbaren Teilnahme an der Tat des Anderen befreien oder eine strafbefreiende Selbstanzeige im Hinblick auf eine Steuerhinterziehung in mittelbarer Täterschaft (durch Abgabe unrichtiger Freistellungsaufträge; Vorlage einer unrichtigen Lohnsteuerkarte) darstellen. Zudem liegt in solchen Fällen wegen der ordnungsgemäßen Erklärung im Veranlagungsverfahren oftmals nur ein geringer Zinsschaden vor, der eine Anwendung von § 398 AO, §§ 153, 153a StPO nahelegt.

Die Nachholung unterlassener Angaben in einem anderen Steuerabschnitt ist **98** keine Berichtigung iS des § 371 I AO (BGH 18.10.1956, BStBl. I 1957, 122; *Hartung* III zu §§ 410, 411 RAO 1951; *Ehlers* S. 29; *Suhr* 1977, S. 369; *Pfaff* S. 94). Wer die für *einen* Steuerabschnitt unterlassenen Angaben ohne Erläuterung in der für einen *anderen* Steuerabschnitt abgegebenen Steuererklärung nachholt, zB die in einer ESt-Erklärung verschwiegenen Einkünfte stillschweigend in die Steuererklärung für das folgende Jahr aufnimmt, berichtigt nicht für das Jahr, in dem die Verkürzung eingetreten ist. Auch wer Außenstände erst in der Bilanz eines späteren Jahres ausweist als desjenigen, für das sie hätten ausgewiesen werden müssen, nimmt keine Berichtigung vor. Stellt der Stpfl ihm selbst zugeflossene Einnahmen als seiner Ehefrau zugeflossen dar, liegt ebenfalls keine Berichtigung vor. Hier wird es aber regelmäßig an der Vorstellung des Täters fehlen, durch unrichtige Angaben Steuern zu verkürzen. Im Übrigen sollte man in diesen Fällen bei der Strafzumessung nur den tatsächlich hinterzogenen Betrag berücksichtigen.

Demgegenüber meint *Kohlmann,* der Fall sei anders zu beurteilen; entscheidend sei allein, **99** ob für die FinB erkennbar vorhergehende unrichtige Angaben richtig gestellt oder nachgeholt würden und es der FinB ohne weitere langwierige Ermittlungen möglich sei, von sich aus weitere Ermittlungen anzustellen und eine entsprechende Berichtigungsveranlagung vorzunehmen (Kohlmann/*Kohlmann* 64.4 zu § 371). Dies ist zutreffend und kein Widerspruch zu den obigen Ausführungen. Auch *Kohlmann* vertritt offenbar nicht die Auffassung, dass Verstecken eines Zuflusses des Jahres 2013 in der Erklärung für das Jahr 2014 sei schon strafbefreiende Selbstanzeige für das Vorjahr. Ebensowenig erfüllt die Voraussetzungen des § 371 I AO, wer für das Jahr 2010 eine Betriebsausgabe vortäuscht und dafür im Folgejahr eine Betriebsausgabe in ähnlicher Höhe nicht geltend macht. Es mag sich um ein Vorsatzproblem handeln oder um eine Frage der Strafzumessung; schon die Wertung des § 370 IV 3 AO spricht dagegen, hier eine Selbstanzeige anzunehmen.

100 **Ein Antrag auf Vornahme einer Außenprüfung** durch die FinB ist für sich allein keine Berichtigungserklärung, soweit es an materiell berichtigenden Angaben fehlt (OLG Düsseldorf 27.5.1981, wistra 1982, 119). Überdies besteht kein Rechtsanspruch auf ihre Durchführung (BFH 13.8.1970, BStBl. II 1970, 767; BFH 24.10.1972, DStR 1973, 215). Für einen besonders gelagerten Sachverhalt hat der 3. StrS des BGH entschieden, dass ein derartiger Antrag in Verbindung mit dem Hinweis auf die Höhe der Umsätze eines bestimmten gleichartigen Betriebes und sonstigen Auskünften und Aufklärungshilfen als Berichtigung angesehen werden könne (BGH 13.11.1953, BGHSt 3, 373 f.); diese Entscheidung zu § 410 RAO 1949 darf jedoch nicht verallgemeinert werden (*Coring* DStR 1963, 376). In der Regel ist die Anregung eines Stpfl, eine Außenprüfung vorzunehmen, keine Berichtigung (zust. HHSp-*Rüping* 77, Kohlmann/*Kohlmann* 64.6 zu § 371). Vielfach missverstanden wurde das LG Lüneburg (Urt. v. 10.9.1959, DStZ/B 1960, 263), das einen Antrag des Stpfl auf Vornahme einer Betriebsprüfung iVm anderen Hilfstatsachen als Anzeichen dahin gewürdigt hat, dass ein vorsätzliches oder leichtfertiges Bewirken der festgestellten Steuerverkürzung nicht erwiesen sei (zutr. *Henke* DStZ 1960, 188).

101 **Eine stillschweigende Nachzahlung der verkürzten Steuerbeträge** – mit oder ohne Namensangabe – stellt keine Selbstanzeigehandlung dar, denn mit einer bloßen Zahlung werden unrichtige Angaben nicht so berichtigt oder unterlassene Angaben nicht so nachgeholt, wie sie richtigerweise hätten gemacht werden müssen (oben Rn. 14; vgl. BGH 25.9.1959, DStZ/B 1959, 499; HHSp-*Rüping* 77 zu § 371, Erbs/Kohlhaas/*Hadamitzky/Senge* AO § 371 Rn. 12). Allerdings ist bei einfachen Sachverhalten nicht ausgeschlossen, dass eine Berichtigung auch auf einem für die Finanzkasse bestimmten Zahlkartenabschnitt bzw. mit dem Überweisungsträger erfolgt, wenn zB ein Arbeitgeber in dieser Weise erklärt, dass er im vorangegangenen Monat Lohnsteuer in der überwiesenen Höhe zu wenig angemeldet habe (zust. Kohlmann/*Kohlmann* 64.8 zu § 371). Erfolgt jedoch die Nachzahlung ohne jeden erläuternden Hinweis, so ist das FA nicht einmal in der Lage, die für die Verbuchung des eingegangenen Betrages auf einem bestimmten Steuerkonto erforderliche Sollstellung zu berichtigen; es müsste den Betrag in Verwahrung nehmen oder zurücküberweisen.

102 **Eine Teil-Selbstanzeige,** in der die steuerlich erheblichen Tatsachen nicht in vollem Umfang zutreffend offenbart werden, bewirkte bis zum 28.4.2011 Straffreiheit nur, aber immerhin, in dem mitgeteilten Umfang (HHSp-*Rüping* 81 zu § 371). Dies ergibt sich aus dem Wort **„insoweit"** des § 371 I aF, während das Straffreiheitsgesetz 1988 (Einl Rn. 100) eine strafbefreiende Wirkung nur annahm, „wenn" der Stpfl die zutreffenden Angaben machte (vgl. *Joecks* 1989, S. 25). Seit dem 29.4.2011 gibt es eine solche Teil-Selbstanzeige nicht mehr. Bis zum 3.5.2011 muss die Selbstanzeige zumindest eine Tat, also etwa einen Veranlagungszeitraum, vollständig berichtigen, ab dem 3.5.2011 muss sich die Berichtigung auf alle unverjährten Jahre der entsprechenden Steuerart erstrecken. Seit 1.1.2015 muss sie mindestens die Taten der letzten zehn Jahre umfassen.

103 Eine Selbstanzeige kann sich aus **mehreren Erklärungen** des Stpfl und/oder seines Beauftragten zusammensetzen (BGH 13.11.1952, BGHSt 3, 373, 375 f.; Kohlmann/*Schauf* 53 zu § 371). So mag sich etwa aus weiteren Schreiben nicht nur eine quantitative Ergänzung einer ersten Teil-Selbstanzeige ergeben, sondern sogar erst die Qualität der Selbst-

anzeige herleiten lassen. Dieses Ergebnis ist unstreitig, wenn zum Zeitpunkt der Abgabe weiterer (berichtigender) Erklärungen noch keine Sperrwirkung iS des § 371 II AO eingetreten war. Zweifelhaft ist aber, ob eine Sperrwirkung dadurch herbeigeführt werden kann, dass das FA ein erstes Schreiben des Stpfl, welches den Anforderungen des § 371 I AO nicht genügt, zum Anlass nehmen darf, gegen den Stpfl ein Steuerstrafverfahren einzuleiten. Verschiedene Lösungen werden vertreten:

Zum Teil wird für die alte Rechtslage angenommen, die FinB treffe eine **Pflicht, weitere Teil-Erklärungen abzuwarten.** So hatte die BuStra nach Nr 120 I 1 AStBV aF zu prüfen, *„ob die Angaben für eine wirksame Selbstanzeige ausreichen, gegebenenfalls, ob dem Täter Gelegenheit zu geben ist, die Angaben zu vervollständigen"*. Diese Regelung war vor dem Hintergrund des Legalitätsprinzips jedoch überaus problematisch und ist seit der Neufassung der AStBV vom 18.12.2003 (BStBl. I 2003, 654) nicht mehr enthalten. Das entspreche einem allgemeinen Grundgedanken, wie er sich in § 371 III AO manifestiere. Auch nach Auffassung von *Rüping* (HHSp 84 zu § 371) ist dem Stpfl eine angemessene Frist zu setzen und ihm so eine Gelegenheit zur Nachbesserung zu geben. Dies entspreche dem Rechtsgedanken des § 371 III AO. Eine solche in der Literatur so genannte „Nachbesserungsfrist" (*Franzen* 3. Aufl., Rn. 52 zu § 371) ist aber – anders als die Nachzahlungsfrist – dem Gesetz nicht zu entnehmen. Eine Teil-Erklärung genügt dem § 371 I AO nur, *„wenn sie den Sachverhalt so genau beschreibt, dass er hinreichend individualisierbar ist und nicht nachträglich in wesentlichen Punkten verändert werden kann"* (*Zacharias/Rinnewitz/Spahn* DStZ 1988, 391, 394). Insbes. muss der Stpfl angeben, welche tatsächlichen Angaben unrichtig oder unvollständig waren oder unterlassen worden sind sowie auf welche Steuer und auf welchen Zeitraum sie sich bezogen. 104

Andere halten zwar die Einleitung eines Strafverfahrens nach Eingang der Teilerklärung für legitim, bei Erfüllung aller Voraussetzungen des § 371 AO gehe dieser Stpfl dennoch straffrei aus. So meint *Kohlmann* (Bochumer Beiträge 2003, S. 94) unter Hinweis auf eine Entscheidung des OLG Frankfurt (v. 18.10.1961, NJW 1962, 974), die erste Teilerklärung sichere dem Anzeigenden auch dann Straffreiheit, wenn zwischen ihrer Abgabe und der späteren Erklärung ein Ausschlussgrund eintritt. Nach seiner Auffassung ist das Legalitätsprinzip bis zur Überprüfung bzw. Erfüllung der Wirksamkeitserfordernisse iS des § 371 I, III AO außer Kraft gesetzt. Dabei wird allerdings nicht ganz klar, welchen Fall er meint. Erfüllt die abgegebene Erklärung bereits die Voraussetzungen einer Selbstanzeige, ist dem zuzustimmen. Die vorstehenden Ausführungen beziehen sich jedoch auf solche Fälle, in denen mit der „Selbstanzeige" lediglich eine solche *angekündigt* wird, also der Vorfall nur dem Grunde nach beschrieben ist, nicht jedoch soviel Material geliefert wird, dass das FA die korrekten Steuern festsetzen könnte. Dann wird mit der Selbstanzeige der konkrete Verdacht einer Steuerhinterziehung ausgelöst. Da die Erklärung selbst noch nicht (auch nicht rudimentär; vgl. Rn. 60) die Voraussetzungen des § 371 I AO erfüllt, mag die von *Kohlmann* geforderte Überprüfung zu dem negativen Ergebnis einer Verfahrenseinleitung führen (s. auch unten Rn. 116). 105

Bei der **Lösung des Streits** ist zu differenzieren. Kündigt der Stpfl lediglich eine Selbstanzeige an, ohne jede Angabe zu der zu berichtigenden Steuererklärung zu machen, liegt eine Tatentdeckung nicht vor. Auch ein Anfangsverdacht steht noch nicht im Raum, so dass auch das Legalitätsprinzip kein Einschreiten gebietet. Sollte es in der Zeit vor der Spezifizierung der Angaben zu einer Sperrwirkung – etwa durch Anordnung oder Beginn einer Außenprüfung – kommen, ist die Selbstanzeige nicht wirksam. Eine wie auch immer geartete Ankündigung ohne Substanz, an der man den Ankündigenden nicht festhalten kann, kann eine Anwartschaft auf Straffreiheit nicht begründen. Enthält das Ankündigungsschreiben genauere Informationen, liegt oftmals bereits eine wirksame Selbstanzeige vor (vgl. auch *Streck* DStR 1985, 9, 10). Werden mit dem Schreiben die den hinterziehungsrelevanten Sachverhalt individualisierenden Umstände mitgeteilt, so dass die FinB – wenn auch nicht ohne weitere Ermittlungen – die korrekte Steuer herausfinden kann, mag die spätere Konkretisierung zurückwirken (ähnl. *Rolletschke* wistra 2002, 17, 19; RK-*Kemper* 106

121 zu § 371). Hierfür spricht auch, dass der Stpfl mit der Selbstanzeige immerhin steuerliche Pflichten erfüllt (vgl. § 393 I) und die FinB gem. § 89 AO auf sachgerechte Anträge usw. hinwirken muss.

3. Die Person des Anzeigeerstatters

Schrifttum: *Spitaler,* Selbstanzeige und Mandantentreue, MStb 1962, 65; *Lohmeyer,* Erstattung der Selbstanzeige durch Bevollmächtigte, DStR 1964, 446; *ders.,* Erstattung von Selbstanzeigen zugunsten Dritter durch den Steuerberater, Stbg 1987, 348; *Pfaff,* Selbstanzeige des Gehilfen, StBp 1987, 86; *Jäger/Birke,* Selbstanzeige bei Scheinfirmen, PStR 2004, 181; *A. Müller,* Die strafbefreiende Selbstanzeige für einen Dritten, AO-StB 2007, 276.

107 **Aus dem Wortlaut des § 371 AO** *(„Wer ... berichtigt ..., wird insoweit straffrei")* ergab sich, dass die Selbstanzeige einen persönlichen Strafaufhebungsgrund darstellt (Rn. 39). Dies hat sich durch die Neuregelung nicht geändert (Rn. 39). Demzufolge erlangt Straffreiheit nur, wer als Täter einer Steuerhinterziehung oder als Teilnehmer (Rn. 40) die Selbstanzeige persönlich erstattet. Die Berichtigung kann durch einen bevollmächtigten Vertreter erklärt werden, sofern der Täter oder Teilnehmer sie persönlich veranlasst hat (BGH 13.11.1952, BGHSt 3, 373). Die Selbstanzeige zugunsten eines Dritten erfordert danach eine *besondere* Vollmacht und einen *nach der Tat* erteilten ausdrücklichen Auftrag (RG 11.5.1922, RGSt 56, 385, 387; BayObLG 7.10.1953, NJW 1954, 244).

108 **Die von einem Vertreter ohne Vertretungsmacht** oder von einem Geschäftsführer ohne Auftrag abgegebene Erklärung kann für einen Dritten nach hM auch dann keine Rückwirkung entfalten, wenn der Dritte die Selbstanzeige später genehmigt – diese wirkt freilich ex nunc (zust. Kohlmann/*Kohlmann* 44 zu § 371) – oder wenn sie nach der jeweils gegebenen Sachlage seinem mutmaßlichen Willen entsprach (HHSp-*Rüping* 42, Kohlmann/*Kohlmann* 42, Koch/Scholtz/*Scheurmann-Kettner* 8 f. und RK-*Kemper* 34 zu § 371; *Wannemacher/Vogelberg* Rn. 1414; *Kratzsch* StW 1974, 72; *Ehlers* DStR 1974, 695; *Pfaff* DStZ 1982, 361 f.). Entgegen *Senge* (Erbs/Kohlhaas/*Hadamitzky/Senge* AO § 371 Rn. 7; ebenso wohl RK-*Kemper* 35 zu § 371) ist die Selbstanzeige allerdings nicht gänzlich bedeutungslos; eine Genehmigung wirkt aber nicht *ex tunc,* sondern *ex nunc,* so dass es für die Frage nach einem Vorliegen von Sperrwirkungsgründen nicht auf den Zeitpunkt der Erstattung der Selbstanzeige ankommt, sondern der der Genehmigung des vollmachtlosen Vorgehens entscheidend ist. Dass die bloße Selbstanzeige im Interesse auch eines Dritten nicht ausreicht, ergibt sich mittelbar bereits aus § 371 IV AO (vgl. Rn. 400).

109 **Die Berichtigung durch einen bevollmächtigten Vertreter** setzt zwar eine besondere Vollmacht, nicht jedoch deren Schriftform voraus (Erbs/Kohlhaas/*Hadamitzky/Senge* AO § 371 Rn. 7). Auch ein mündlicher Auftrag reicht aus (vgl. BGH 24.10.1984, wistra 1985, 74, 75). Es genügt, dass die Selbstanzeige auf dem Willen des Beteiligten beruht und von ihm veranlasst wurde (so zutr. Kohlmann/*Kohlmann* 39.1 zu § 371). Dennoch ist – selbst wenn die Praxis die Vollmacht in der Regel nicht überprüft (*Bilsdorfer* wistra 1984, 94) – eine schriftliche Vollmacht zu empfehlen (RK-*Kemper* 34 zu § 371). Das Verbot der Mehrfachvertretung (§ 146 StPO) steht der Vertretung mehrerer Steuerpflichtiger bei der Erstattung einer Selbstanzeige nicht entgegen, da die Selbstanzeige noch keine Maßnahme der Verteidigung in einem Strafverfahren ist (HHSp-*Rüping* 48 zu § 371).

110 **Verdeckte Stellvertretung** ist bei Berichtigung durch einen bevollmächtigten Vertreter nach hM zulässig (BayObLG 7.10.1953, NJW 1954, 244; BayObLG 27.4.1972, DStZ/B 1972, 287; HHSp-*Rüping* 43 zu § 371). Nicht nötig soll sein, dass der Anzeigende erkennen lässt, dass er die Anzeige (auch) im Auftrage eines Dritten erstattet (HHSp-*Rüping* 43 zu § 371).

111 Auch in Fällen der Vertretung muss die **Person des Vertretenen** der FinB bekannt werden (BGH 5.5.2004, wistra 2004, 309, 310; Kühn/v.Wedelstädt/*Blesinger* 9 zu § 371). Zwar wird man nicht so weit gehen können wie das RG (RG 8.1.1942, RStBl. 1942, 35), das nicht einmal die Selbstanzeige eines verstorbenen Vaters für den als Teilnehmer angeklagten Sohn wirken lassen wollte. Der Vertretene muss – auch wenn die Vertretungsmacht

zu diesem Zeitpunkt noch nicht offenbart sein muss – der FinB persönlich bekannt werden. Dies gilt jedenfalls in den Fällen, in denen es zu einer Verkürzung von Steuern bereits gekommen ist, weil nur bei namentlichem Bekanntsein des Täters oder Teilnehmers der Steuerhinterziehung es möglich ist, ihm eine entsprechende Frist zu setzen. Ähnlich argumentierte der 5. Strafsenat des BGH in einem Beschluss vom 21. Juni 1994 (ZfZ 1995, 218): *„Selbst wenn die vom Geschäftsführer H erstattete Selbstanzeige auch zugunsten des Angeklagten erfolgte* (vgl. BGH 24.10.1984, StV 1985, 107), *kommt Straffreiheit nach § 371 AO dem Angeklagten nicht zugute. Eine Fristsetzung nach § 371 III AO gegenüber dem Angeklagten kam nicht in Betracht, weil seine Beteiligung dem Finanzamt nicht bekannt war. Der Angeklagte mußte deshalb eine gegenüber dem Geschäftsführer der GmbH gesetzte Frist gegen sich gelten lassen. Eine Zahlung der Steuerschuld ist nicht erfolgt.“* Diese Entscheidung ist zwar insofern abzulehnen, als sie der Fristsetzung gegen einen Mittäter entsprechende Bedeutung für andere Mittäter beimisst, denn § 371 III AO setzt voraus, dass der Täter eine *ihm* gesetzte Frist ungenutzt verstreichen lässt (unten Rn. 162). Im Ergebnis ist die Entscheidung aber zutreffend, weil die Selbstanzeige voraussetzt, dass der Täter oder Teilnehmer dem FA als potentiell Nachzahlungspflichtiger bekannt wird. Dies bedeutet, dass zwar eine verdeckte Stellvertretung zulässig ist, innerhalb dieser aber die Person des Vertretenen bekannt werden muss. Das Vertretungsverhältnis kann später noch überprüft werden. Eine Mitteilung des (verdeckt) Vertretenen ist allerdings nicht nötig, wenn sich die Tat noch im Versuchsstadium befindet, weil dann eine Fristsetzung und Nachzahlung iS des § 371 III AO ohnehin entbehrlich ist (BGH 5.5.2004, wistra 2004, 309, 310).

Demgegenüber will *Franzen* (3. Aufl., Rn. 57, 59 zu § 371) der Selbstanzeige durch Dritte weitergehende Wirkungen beimessen. Die Selbstanzeige eines von mehreren Tätern oder Teilnehmern wirke stets zugleich als Fremdanzeige zum Nachteil der anderen, auch wenn diese einen besonderen Auftrag, die Anzeige auch in ihrem Namen zu erstatten, nicht erteilt hätten. Vielfach nähmen Anzeigeerstatter irrtümlich an, dass eine Selbstanzeige ohne weiteres zu Gunsten ihrer Mittäter und Teilnehmer wirke. Das Erfordernis eines besonderen Auftrags bedeute eine besondere Härte, falls Täter und Teilnehmer zueinander in einem rechtlichen oder tatsächlichen Über- und Unterordnungsverhältnis stünden, zB der Unternehmer im Verhältnis zu tatbeteiligten Angestellten oder Eltern im Verhältnis zu tatbeteiligten Kindern (vgl. RG 8.1.1942, RStBl. 1942, 35). Dementsprechend will er das Erfordernis einer besonderen Vollmacht bzw. eines ausdrücklichen Auftrags auf diejenigen Fälle beschränken, in denen der Anzeigeerstatter an der angezeigten Tat nicht beteiligt war. Dagegen solle in den Fällen der Selbstanzeige durch Mittäter und Teilnehmer die Möglichkeit einer „Geschäftsführung ohne Auftrag“ analog § 677 BGB und einer „Genehmigung“ der Selbstanzeige analog § 184 I BGB anerkannt werden. **112**

Zwar sprechen für diese Auffassung *Franzens* (3. Aufl., Rn. 57, 59 zu § 371) praktische Erwägungen: Insbes. dann, wenn in Unternehmen Selbstanzeigen im Hinblick auf die Verkürzung von Lohnsteuer vorgenommen werden, ist zugleich eine Vielzahl von Arbeitnehmern im Bereich der Einkommensteuer betroffen. Dennoch ist dies von Grund und Wortlaut des § 371 AO nicht gedeckt. Für die auftragslose Fremdanzeige trifft § 371 IV AO eine abschließende Regelung. Vielmehr ist zu differenzieren: Genehmigt der Mittäter oder Teilnehmer die vollzogene Selbstanzeige des Dritten, so ist dies eine Berichtigungserklärung, die zumindest dann strafbefreiend wirkt, wenn nicht zwischenzeitlich eine Sperrwirkung nach § 371 II AO eingetreten ist. Auch eine sonstige „Billigung“ einer bereits eingereichten Berichtigungserklärung genügt unter diesen Voraussetzungen dem § 371 I AO. Eine andere Frage ist, inwiefern § 371 IV AO in diesen Fällen nicht ohnehin zu einem Verfahrenshindernis bezüglich des mitbetroffenen Dritten führen muss. Dies gilt insbes. für den Fall der Zusammenveranlagung von Ehegatten, bei denen Konfliktlagen naheliegen (vgl. HHSp-*Rüping* 46 zu § 371 und unten Rn. 400 ff.; krit. Kohlmann/*Kohlmann* 44 zu § 371). **113**

Im Verhältnis zwischen steuerlichem Berater und Auftraggeber kann sich eine Kollisionslage dann ergeben, wenn der Berater auf die Erstattung einer Selbstanzeige drängt, **114**

der Mandant sich dazu jedoch nicht entschließen kann, weil er die Entdeckungsgefahr geringer einschätzt oder sich nicht in der Lage fühlt, die nach § 371 III AO erforderliche Nachzahlung zu leisten (vgl. HHSp-*Rüping* 45 zu § 371). War der Steuerberater an den Steuerhinterziehungen als Mittäter oder Teilnehmer beteiligt, hindert ihn weder der Aspekt der „Mandantentreue" noch die Pflicht zur Verschwiegenheit nach § 203 StGB daran, für seine Person die erforderliche Berichtigungserklärung abzugeben, denn *„es wäre für ihn unzumutbar, die Interessen seines uneinsichtigen Mandanten vorzuziehen und damit die Gefahr seiner eigenen Bestrafung in Kauf zu nehmen"* (*Spitaler* StB 1962, 65; HHSp-*Rüping* 45, Kohlmann/*Kohlmann* 46 zu § 371; *Bilsdorfer* wistra 1984, 93, 94). Hat sich der Steuerberater (noch) nicht strafbar gemacht, verbietet ihm die strafbewehrte Schweigepflicht (§ 203 StGB) das FA von dem steuerlich zutreffenden Sachverhalt in Kenntnis zu setzen. Ob er das Mandat angesichts der Vorgeschichte niederlegen will, ist keine Frage des Strafrechts. Soweit er im Rahmen seiner künftigen steuerlichen Beratung Fehler zur Vermeidung einer Entdeckung vergangener Verstöße gegen steuerliche Pflichten fortführen müsste, läuft er gegebenenfalls Gefahr, sich als Mittäter oder Gehilfe strafbar zu machen, so dass eine Niederlegung des Mandats gegebenenfalls der einzige Ausweg ist (vgl. HHSp-*Rüping* 45 zu § 371).

115 **Bei Selbstanzeigen für Personen- oder Kapitalgesellschaften** erfasst die Selbstanzeige nach Abs. 1 nur im begrenzten Umfange die von der Tat begünstigten Personen. Eine Selbstanzeige im Hinblick auf eine Körperschaftsteuerhinterziehung durch verdeckte Gewinnausschüttung betrifft zunächst einmal nur das Steuersubjekt Körperschaft. Soll die Selbstanzeige auch für die ESt des begünstigten Gesellschafters erfolgen, muss dieser dem Anzeigeerstatter einen entsprechenden Auftrag geben. Bei Personengesellschaften führt eine Berichtigung einer unzutreffenden Erklärung zur einheitlichen und gesonderten Gewinnfeststellung nur zur Straflosigkeit der Personen, die diese Berichtigung veranlasst haben (vgl. HHSp-*Rüping* 52 zu § 371). Wegen der Bindungswirkung des daraufhin zu ändernden oder zu erlassenden Grundlagenbescheides ist allerdings eine Selbstanzeige bei dem Veranlagungsfinanzamt des einzelnen Beteiligten entbehrlich (vgl. § 171 X, § 175 I Nr. 1), so dass diese sich der Selbstanzeige beim FeststellungsFA anschließen können. Ähnliches gilt im Verhältnis von Gewerbesteuermessbescheid und Gewerbesteuerbescheid.

4. Koordinierte Selbstanzeige

Schrifttum: *Vortmann,* Informationspflicht der Banken im Steuerfahndungsverfahren, WM 1996, 1166; *Feldhausen,* Die konzertierte Selbstanzeige in den Bankenfällen, PStR 1998, 24; *ders.,* Das Monheimer Modell als Instrument des Krisenmanagements, PStR 1998, 175; *Plewka/Heerspink,* Die konzertierte Selbstanzeige bei Bankenprüfungen – ein Königsweg der Straffreiheit?, BB 1998, 1337; *Ditges/Graß,* Zur – kollektiven – Selbstanzeige des Hinterziehungshelfers, BB 1998, 1978; *Rischar,* Die Selbstanzeige im Lichte der Bankdurchsuchungen, BB 1998, 1341; *Voßmeyer/Venn,* Bankenfahndung: Verteidigung zwischen Konfrontation und Anbiederung – Zum sog. Monheimer Modell, Stbg 1998, 260; *Burkhard,* Die Sperrwirkung des § 371 Abs. 2 AO gegenüber Bankmitarbeitern und Bankkunden bei Erscheinen der Steuerfahndung in den sog Bankenfällen, DStZ 1999, 783; *Ransiek,* Die Information der Kunden über strafprozessuale und steuerrechtliche Ermittlungsmaßnahmen bei Kreditinstituten, wistra 1999, 401; *Streck,* Die Banken und Sparkassen in der Spannung zwischen Kundenberatung und Steuerfahndung, WM 1999, 719; *Spatscheck,* Bankenfälle und Selbstanzeigepraxis – ein Zwischenbericht, DB 2000, 492.

116 Im Zusammenhang mit den **Bankenprüfungen** wird die koordinierte bzw. konzertierte Selbstanzeige diskutiert (vgl. etwa *Plewka/Heerspink* BB 1998, 1337; *Ditges/Graß* BB 1998, 1978; *Feldhausen* PStR 1998, 24). Gedacht ist, den in der Bank zur Durchsuchung erscheinenden Beamten anzubieten, die Kunden zu informieren (vgl. auch *Vortmann* WM 1996, 1166) und über die Möglichkeit der Selbstanzeige zu unterrichten. In einigen Fällen fungiert dabei ein Rechtsanwalt als „Selbstanzeigetreuhänder".

117 Konstellationen dieser Art sind letztlich nicht neu. Vergleichbare Probleme stellen sich, wenn in einem Unternehmen Lohnsteuer nacherklärt werden soll und dabei zugleich (aktive wie ausgeschiedene) Mitarbeiter eingebunden werden müssen, um diesen die Möglichkeit zur Korrektur im Hinblick auf die ESt zu geben (zur praktischen Durchführung vgl. *Joecks* 1998, 65). In den Bankenfällen ist der Sinn einer solchen Aktion aber

nicht ohne weiteres ersichtlich. Dass die Banken Kunden über entsprechende Untersuchungsmaßnahmen im Hinblick auf die noch mögliche Selbstanzeige unterrichten dürfen, wird wohl nicht bestritten (vgl. *Ransiek* wistra 1999, 491). Erstattet der Kunde dann eine Selbstanzeige, stellt sich die Frage, inwieweit bereits eine Sperrwirkung nach § 371 II AO eingetreten ist. Dies wird nur bei namentlich bekannten Kunden bereits der Fall sein. Alles andere ist eine Frage des Standes der Ermittlungen. Lässt sich ein Beamter der Fahndung oder Strafsachenstelle auf ein „Moratorium" ein und unterlässt er in dieser Phase des Anfangsverdachts weitere Ermittlungen, liegt der Vorwurf der Strafvereitelung im Amt (§ 258a StGB) nicht fern.

5. Adressat der Selbstanzeige

Nach dem Wortlaut des § 371 I AO ist die Selbstanzeige bei der FinB zu erstatten, vgl. dazu die Definition des

§ 6 AO Behörden, Finanzbehörden

(1) Behörde ist jede Stelle, die Aufgaben der öffentlichen Verwaltung wahrnimmt.

(2) Finanzbehörden im Sinne dieses Gesetzes sind die folgenden im Gesetz über die Finanzverwaltung genannten Bundes- und Landesfinanzbehörden:

1. das Bundesministerium der Finanzen und die für die Finanzverwaltung zuständigen obersten Landesbehörden als oberste Behörden,
2. die Bundesmonopolverwaltung für Branntwein und das Bundeszentralamt für Steuern als Bundesoberbehörden,
3. Rechenzentren als Landesoberbehörden,
4. die Bundesfinanzdirektionen, die Oberfinanzdirektionen und das Zollkriminalamt als Mittelbehörden,

4a. die nach dem Finanzverwaltungsgesetz oder nach Landesrecht an Stelle einer Oberfinanzdirektion eingerichteten Landesfinanzbehörden,

5. die Hauptzollämter einschließlich ihrer Dienststellen, die Zollfahndungsämter, die Finanzämter und die besonderen Landesfinanzbehörden als örtliche Behörden,
6. Familienkassen,
7. die zentrale Stelle im Sinne des § 81 des Einkommensteuergesetzes und
8. die Deutsche Rentenversicherung Knappschaft-Bahn-See (§ 40a Abs. 6 des Einkommensteuergesetzes).

Die engere Begriffsbestimmung des § 386 I 2 AO (Hauptzollamt, Finanzamt, 118 Bundeszentralamt für Steuern und die Familienkasse) gilt ausdrücklich nur für die Vorschriften des 3. Abschnitts des 8. Teils der AO über das Strafverfahren; dort ist eine Begrenzung erforderlich, weil die besonderen strafverfahrensrechtlichen Befugnisse nach den §§ 385 ff. AO nur den besonders bestimmten Finanzbehörden zustehen sollen. Bei der Entgegennahme einer Berichtigungserklärung geht es (noch) nicht um die Ausübung von strafverfahrensrechtlichen Befugnissen, sondern zunächst nur um die Frage, bei welcher Behörde eine Selbstanzeige eingegangen sein muss, damit die strafbefreiende Wirkung eintritt. Ob aber jede FinB iS des § 6 AO unabhängig von ihrer sachlichen und örtlichen Zuständigkeit für die jeweils verkürzte(n) Steuer(n) zur Entgegennahme jeder Selbstanzeige geeignet ist, ist umstritten (vgl. *Berger* BB 1952, 105; *Bilsdorfer* wistra 1984, 96; *Kratzsch* Grundfragen 1983, S. 290; RK-*Kemper* 146 zu § 371; *Streck* S. 135; *Suhr* 1977, S. 346; *Bender/Möller/Retemeyer* H 58; HHSp-*Rüping* 59 und Kühn/v.Wedelstädt/*Blesinger* 12 zu § 371).

Nach einer vielfach vertretenen Auffassung muss die Berichtigungserklärung bei der im 119 Einzelfall **örtlich und sachlich zuständigen FinB** eingegangen sein (RG 15.11.1926, RGSt 61, 10 f.; OLG Bremen 31.1.1951, DStZ/B 1951, 212; OLG Frankfurt 16.1.1954, DStZ/B 1954, 58 mit zust. Anm *Keßler;* OLG Frankfurt 18.10.1961, NJW 1962, 974 mit abl. Anm *Leise;* Koch/Scholtz/*Scheurmann-Kettner* 15 zu § 371). Teilweise wird sogar gefordert, dass die Selbstanzeige bei der zuständigen FinB an Amtsstelle oder bei der zuständigen Veranlagungsstelle eingegangen sein müsse, dass also die Übergabe einer schriftlichen oder die Abgabe einer mündlichen Berichtigungserklärung gegenüber einem Außenbeamten der zuständigen FinB nicht genüge (OLG Frankfurt 18.10.1961, NJW 1962, 974). *Rüping* (HHSp-*Rüping* 60 zu § 371) hält jede FinB für zuständig, die mit der Verwaltung gleichartiger Abgaben befasst ist.

120 Auf diese Fragen kommt es immer dann nicht an, wenn die Selbstanzeige tatsächlich den für die Bearbeitung des Steuerfalles zuständigen Amtsträger erreicht hat, bevor ein Ausschlussgrund iS des § 371 II AO die Wirksamkeit der Selbstanzeige hindert. Allerdings ist dem Gesetzeswortlaut nicht zu entnehmen, dass der Berichtigungserfolg (Kenntnisnahme der FinB von dem mitgeteilten Sachverhalt) eingetreten sein muss, bevor einer der Ausschlussgründe des § 371 II AO eingreift. Wenn die Selbstanzeige das zuvor realisierte Unrecht kompensiert (oben Rn. 26), dann ist diese Voraussetzung der strafbefreienden Selbstanzeige schon dann erfüllt, wenn sich der Stpfl der berichtigenden Erklärung in einer Weise entäußert, die sicherstellt, dass sie den zuständigen Amtsträger erreichen wird (ebenso Kohlmann/*Schauf* 80 f. zu § 371). Da alle Finanzbehörden einander zur Amtshilfe verpflichtet sind (§§ 111 ff.), ist eine Berichtigungserklärung schon dann (rechtzeitig) abgegeben, wenn der Stpfl sie an irgendeine FinB iS des § 6 AO übersendet und sich aus ihr ergibt, welche FinB tatsächlich sachlich und örtlich zuständig ist (ähnlich *Wrenger* DB 1987, 2325; Kohlmann/*Kohlmann* 85 zu § 371). Es mag zwar merkwürdig anmuten, dass die Selbstanzeige im Hinblick auf verkürzte Lohnsteuer auch bei der Bundesmonopolverwaltung für Branntwein möglich sein soll; dies ist aber vom Gesetzeswortlaut durchaus gedeckt. Aus dem Umstand, dass § 371 I AO nicht von der Berichtigung bei „einer" Finanzbehörde, sondern von „der" FinB spricht, ergibt sich nichts anderes.

121 Da auch **Staatsanwaltschaft, Polizei und Gerichte** (§§ 111 ff.) zur Weiterleitung steuererheblicher Informationen an die FinB **verpflichtet** sind, bestehen keine Bedenken, der Auffassung *Kohlmanns* zu folgen, wonach auch dort angebrachte Schreiben als Selbstanzeigen nach § 371 I AO gewertet werden können. Eine andere Frage ist, ob der Stpfl gut daran tut, sich nicht unmittelbar an das ihm bekannte zuständige FA oder Hauptzollamt zu wenden, und wie zu entscheiden ist, wenn der Stpfl den Weg etwa über die Kindergeldkasse deswegen wählt, weil er damit rechnet, dass diese entgegen §§ 111 ff. AO sein Schreiben nicht an das zuständige FA weiterleitet.

122 Dementsprechend genügt jedenfalls die **Selbstanzeige gegenüber einem Betriebsprüfer** und einem Fahndungsbeamten im Außendienst (ebenso OLG Celle 18.9.1957, DStZ/B 1957, 517; *Suhr* 1977, S. 346 f.; Kohlmann/*Kohlmann* 84, RK-*Kemper* 154 zu § 371; Klein/*Jäger* AO § 371 Rn. 34; *Lohmeyer* Stbg 1959, 121). Allerdings muss die Anzeige zu amtlicher Kenntnis bestimmt sein. Eine „private" Mitteilung genügt selbst dann nicht, wenn sie dem zuständigen Sachbearbeiter des FA gemacht wird (RG 4.2.1924, RGSt 58, 83, 85; Kohlmann/*Kohlmann* 85.1 zu § 371). Grund dafür ist, dass der Finanzbeamte bei privater Kenntnisnahme von einer Steuerhinterziehung grundsätzlich nicht verpflichtet ist, die Erkenntnisse intern weiterzugeben (*Joecks* StGB § 258 Rn. 20). Leitet der Beamte dennoch seine Erkenntnisse weiter, liegt eine wirksame Selbstanzeige vor. Überdies ist zweifelhaft, ob nicht bei gravierenden Steuerhinterziehungen mit der Gefahr weiterer Tatbegehung doch eine Anzeigepflicht bestehen kann (vgl. BGH 3.11.1999, NStZ 2000, 147).

123 Nach der hier vertretenen Auffassung lässt sich also nicht allgemein sagen, der Stpfl trage die Gefahr, dass die an eine steuerfremde Behörde adressierte Selbstanzeige nicht oder – im Hinblick auf § 371 II AO – verspätet bei einer FinB eingehe (so *Franzen* 3. Aufl., Rn. 70 zu § 371). Entscheidend ist, ob es sich um eine zur Weiterleitung verpflichtete Stelle handelt (aM RG 4.2.1924, RGSt 58, 83, 85; RG 15.11.1926, RG 61, 12 v.; OLG Frankfurt 16.1.1954, DStZ/B 1954, 58; HHSp-*Rüping* 60 zu § 371) und die Berichtigungserklärung die FinB erreicht. Im Übrigen hat der BFH (BFH 28.2.2008, wistra 2008, 316) für eine Berichtigungsanzeige nach § 153 I AO angenommen, dass die Einreichung bei einem unzuständigen FA zwar ausreiche, zur Berechnung der Ablaufhemmung nach § 171 IX AO jedoch grundsätzlich auf den Eingang beim zuständigen FA abzustellen sei. Dies schließt die hier vertretene Lösung nicht aus, da es dort um Besonderheiten der Verjährung ging, während hier wegen § 116 AO und der zu erwartenden Weiterleitung der Anzeige es mit Einreichung der Selbstanzeige kein (strafloses) „Zurück" des Anzeigeerstatters mehr gibt (Rn. 125).

6. Widerruf der Selbstanzeige

Schrifttum: *Lohmeyer,* Die nachträgliche Änderung der Berichtigungserklärung in den Fällen der Selbstanzeige (§§ 410, 411 AO), FR 1965, 485; *ders.,* Nachträgliche Änderung der Berichtigungserklärung bei Selbstanzeige (§§ 395, 404 III AO), DB 1974, 1838.

Widerruft der Steuerpflichtige die in seiner Selbstanzeige gemachten tatsächlichen Angaben ganz oder zu einem wesentlichen Teil, so entfällt damit nach hM die strafbefreiende Wirkung der Selbstanzeige (RG 12.6.1941, RGSt 75, 261; *Franzen* 3. Aufl., Rn. 54 zu § 371, HHSp-*Rüping* 95, Kohlmann/*Schauf* 75 zu § 371; *Wannemacher/Vogelberg* Rn. 1441; *Lüttger* StB 1993, 374). *Franzen* beruft sich insoweit auf RG 12.6.1941, RGSt 75, 261: *„Ändert der Steuerpflichtige seine Selbstanzeige nachträglich in einem wesentlichen Punkte, so entzieht er ihr damit selbst den Boden; er kann nicht behaupten, sie sei tatsächlich falsch, und zugleich die Vergünstigung beanspruchen, die das Gesetz an die Selbstanzeige knüpft."* Nach Ansicht *Franzens* ist ein Rückgriff auf den Grundsatz von Treu und Glauben (venire contra factum proprium) dabei nicht nötig. Das Ergebnis folge unmittelbar aus § 371 II Nr. 2 AO: Wer eine wahrheitsgemäße Berichtigungserklärung abgegeben habe, wisse, dass damit seine Tat „entdeckt" sei. Wer die Berichtigungserklärung widerrufe oder einschränke, könne auf diese Weise die Tatsache der Entdeckung nicht wieder aus der Welt schaffen. Demgegenüber stellt *Rüping* darauf ab, dass eine widersprüchliche Selbstanzeige – und darum handle es sich, wenn man Anzeige und Widerruf zusammennehme – nicht geeignet sei, dem Finanzamt die Festsetzung der geschuldeten Steuer ohne wesentliche zusätzliche Ermittlungen zu ermöglichen (HHSp-*Rüping* 95 zu § 371; ähnl. Kohlmann/*Schauf* 75 zu § 371). Allerdings sei ein Einspruch gegen einen auf der Grundlage der Selbstanzeige erlassenen Steuerbescheid noch nicht als Widerruf anzusehen (HHSp-*Rüping* 96 zu § 371; *Wannemacher/Vogelberg* Rn. 1441; siehe aber LG Heidelberg 16.11.2012, wistra 2013, 78). Auch bleibe die nachträgliche Änderung von Rechtsausführungen auf die Selbstanzeige ohne Einfluss (Kohlmann/*Schauf* 76 zu § 371). 124

Tatsächlich liegt in den Fällen des Widerrufs einer Selbstanzeige unter Vorbringen unrichtiger Tatsachen eine neuerliche Steuerhinterziehung vor, die sich als versuchte oder vollendete Tat nach § 370 AO darstellen kann. Mit der Berichtigung der unrichtigen Angaben hat der Stpfl die Voraussetzungen des § 371 I AO erfüllt; dieses Anwartschaftsrecht steht zum Zeitpunkt der Abgabe der Berichtigungserklärung fest und wird nicht dadurch *„verwirkt",* dass der Täter später wiederum täuscht. In dieser Täuschung liegt neuerliches Unrecht (vgl. *Breyer* 1999, 236). Das Argument *Franzens,* die Tat sei insoweit „entdeckt" führt im Übrigen nicht zu befriedigenden Ergebnissen. Da zum Inhalt der Berichtigungserklärung nicht notwendig solche Angaben gehören, aus denen sich auf ein vorsätzliches Verhalten des Berichtigenden schließen lässt, ist auch noch nicht in jedem Falle Tatentdeckung iS des § 371 II Nr. 2 AO gegeben (vgl. Rn. 301 ff.). Kohlmann/*Schauf* haben dieser Auffassung entgegengehalten, dass Anwartschaftsrecht der Selbstanzeige stünde unter dem Vorbehalt der inhaltlichen Richtigkeit und ihrem Bestand und erlösche, wenn die Angaben widerrufen würden (Kohlmann/*Schauf* 75.3 zu § 371). Dem Gesetz ist dies freilich nicht zu entnehmen. Hier wird auf die Rechtsgeschäftslehre zurückgegriffen, wo es noch nicht einmal um eine Willenserklärung geht. Da Einvernehmen besteht, dass geänderte Rechtsausführungen im Änderungs- oder Rechtsbehelfsverfahren nicht schädlich sind, solange der Sachverhalt als solcher unberührt bleibt (Kohlmann/*Schauf* 76 zu § 371; *Breyer* 1999, 235), ist der Streit regelmäßig irrelevant. Bedeutsam mag er werden, wenn der Täter sich mit seiner neuen „Version" durchsetzt und erst Jahre später das Ganze entdeckt wird, dann kommt es darauf an, wann die Verjährung begann. Dieser neuerliche Verjährungsbeginn mag der Grund sein, warum Kohlmann/*Schauf* die hier favorisierte Lösung ableh- 125 nen. Zum Teilwiderruf vgl. *Breyer* 1999, 236. – **Zur Täuschung im Rechtsbehelfsverfahren** vgl. BGH 1.2.1989, BGHSt 36, 105. Danach stehen verschiedene Täuschungshandlungen zueinander im Verhältnis der natürlichen Handlungseinheit.

126–139 *einstweilen frei*

III. Das Erfordernis fristgerechter Nachzahlung (§ 371 III AO)

Schrifttum: *Suhr,* Verwirkung des Rechts auf Straffreiheit nach § 410 AO bei nicht fristgemäßer Zahlung, BB 1951, 221; *Maaßen,* Die Bedeutung der Zahlungsfrist in den Fällen der Selbstanzeige nach §§ 410, 411 AO, DStZ 1952, 237; *Wegemer,* Die „Nachzahlung" bei der Selbstanzeige, StP 1952, 576; *Terstegen,* Die Frist nach § 410 III AO, StW 1954, 381; *Lohmeyer,* Die Frist nach § 410 III AO, FR 1963, 567; *Stumpe,* Zur Fristsetzung nach § 410 III AO bei strafbefreiender Selbstanzeige, StBp 1964, 197 mit Erwiderung von *Lohmeyer* StBp 1964, 266; *Kopacek,* Welche Bedeutung hat die Zahlungsfrist nach § 410 III AO?, DStR 1965, 164; *Henneberg,* Rechtsbehelf gegen die Fristsetzung der Nachzahlungsfrist nach Erstattung einer Selbstanzeige, BB 1973, 1301; *Schuhmann,* Rechtsweg bei Fristsetzung nach § 371 III AO 1977, MDR 1977, 371 mit Erwiderung von *Hübner* MDR 1977, 726; *Großmann,* Überprüfung der Nachzahlungsfrist bei der Selbstanzeige einer Steuerhinterziehung, DB 1979, 1201 mit Erwiderung von *Kramer* DB 1980, 853; *Göggerle,* Inwieweit werden Steuerhinterziehungen durch Vertretungsorgane zu ihren Gunsten i. S. des § 371 III AO begangen?, GmbHR 1980, 173; *Bringewat,* Der „Staatssäckel" als Kriterium der Gesetzesauslegung?, JZ 1980, 347; *Bilsdorfer,* Der Nachzahlungspflichtige bei Steuerverkürzungen, BB 1981, 490; *Meine,* Die Nachzahlungspflicht des GmbH-Geschäftsführers bei der Selbstanzeige einer Steuerstraftat nach altem und neuem Recht, wistra 1983, 59; *Franzen,* Selbstanzeige und Nachzahlung fremder Steuern (§ 371 III AO), DStR 1983, 323; *Wassmann,* Zu den Voraussetzungen des § 371 III AO, ZfZ 1990, 40; *Hild/Hild,* Keine Inanspruchnahme von GmbH-Geschäftsführern als Schuldner von Hinterziehungszinsen, wistra 1991, 331; *Hoffmann,* Die Ausschlußtatbestände der Selbstanzeige bei Steuerhinterziehung, 1998; *Rolletschke,* Die Nachzahlungsfrist des § 371 Abs. 3 AO, DStZ 1999, 287; *Zimmermann,* Nachzahlung bei Selbstanzeige, Diss. Greifswald 2000; *App,* Zur Nachzahlung von vorsätzlich oder leichtfertig verkürzten kommunalen Steuern, KKZ 2005, 51; *Albrecht,* Strafbefreiende Selbstanzeige – Höhe der Nachzahlungspflicht bei einer Steuerverkürzung auf Zeit, DB 2006, 1696; *App,* Nachzahlungspflicht und Nachzahlungsfrist im Fall der Selbstanzeige nach Hinterziehung und nach leichtfertiger Verkürzung von Zöllen und Verbrauchsteuern, ZfZ 2006, 364; *ders.,* Zur fristgerechten Nachzahlung von hinterzogenen oder leichtfertig verkürzten Steuerbeträgen nach Selbstanzeige des Steuerpflichtigen, StW 2006, 180; *Blesinger/Schwabe/Albrecht,* Strafbefreiende Selbstanzeige – Höhe der Nachzahlungspflicht bei einer Steuerverkürzung auf Zeit, DB 2007, 485; *Rolletschke,* Die Steuernachentrichtung nach § 371 Abs. 3 AO und der Rechtsgrund zum Behaltendürfen, wistra 2007, 371; *Wenzler,* § 371 Abs. 3 AO bei Insolvenz des Selbstanzeigenerstatters, AO-StB 2007, 308; *Klaproth,* Ausgewählte Auswirkungen der Insolvenz des Beschuldigten auf ein Steuerstrafverfahren, wistra 2008, 175; *Esskandari,* Steuerstrafrecht – Rechtsprechung der Strafgerichte 2006/2007, DStZ 2008, 215; *Hüls/Reichling,* Die Selbstanzeige nach § 371 AO im Spannungsfeld zum Insolvenzrecht, wistra 2010, 327; *Hechtner,* Die strafbefreiende Selbstanzeige nach den Änderungen durch das Schwarzgeldbekämpfungsgesetz, DStZ 2011, 265; *Rolletschke/Roth,* Selbstanzeige: Verschärfte Anforderungen durch das Schwarzgeldbekämpfungsgesetz, Stbg 2011, 200, 204; *Joecks,* Einstellung nach Selbstanzeige (§ 398a AO), SAM 2012, 129; *Weidemann,* Gesonderte Anfechtbarkeit der Fristsetzung nach § 371 Abs. 3 AO?, wistra 2012, 332.

1. Zweck und Reichweite des § 371 III AO

140 **Von der fristgerechten Nachzahlung der hinterzogenen Steuern –** seit 1.1.2015 auch der Hinterziehungszinsen (Rn. 182 f.) – macht § 371 III AO den Anspruch auf Straffreiheit abhängig. Solange die hinterzogenen Beträge nicht nachgezahlt sind, hat der Täter, der eine Berichtigungserklärung rechtzeitig abgegeben hat, nur eine *Anwartschaft auf Straffreiheit* erworben. Der Strafanspruch besteht noch, ist aber *„auflösend bedingt"* (BGH 3.6.1954, BGHSt 7, 336, 341) durch die Nachzahlung der hinterzogenen Steuern innerhalb der gesetzten Frist (vgl. auch BayObLG 3.11.1989, wistra 1990, 159, 162; LG Stuttgart 20.1.1987, wistra 1988, 36; HHSp-*Rüping* 98 zu § 371). In dieser Bedingung äußert sich der Wiedergutmachungseffekt der Selbstanzeige besonders deutlich: Ist der Erfolg der Steuerhinterziehung schon eingetreten, so reicht die Wiedergutmachung durch die Nacherklärung iS des Abs. 1 nicht aus, um bei einem wirtschaftlich Begünstigten das Strafbedürfnis entfallen zu lassen. Erst die Wiedergutmachung auch des Erfolgsunrechts iS des Abs. 3 macht die „Rückkehr ins Recht" vollkommen und rechtfertigt die Aufhebung des staatlichen Strafanspruchs (so zutr. *Löffler* 1992 S. 187).

Dementsprechend entsteht infolge der bloßen Berichtigung ein **Anspruch auf Straffreiheit** – abgesehen von Rn. 144 – nur dann, wenn Steuerverkürzungen (noch) nicht eingetreten sind, dh die Steuerhinterziehung im Zeitpunkt der Berichtigung (noch) nicht vollendet war, sei es, dass die Tat im Versuch steckengeblieben war oder der Täter die Selbstanzeige bereits erstattet hatte, bevor er veranlagt wurde oder – bei Nichtabgabe einer Steuererklärung – veranlagt worden wäre. Durch die Abgabe unrichtiger Vorauszahlungserklärungen oder Umsatzsteuer-Voranmeldungen sind Steuerverkürzungen bereits eingetreten, bevor das FA im Zuge der Veranlagung den Jahressteuerbetrag festsetzt. Bei dem Erschleichen einer Stundung oder eines Erlasses kommt es darauf an, ob das FA dem Antrag bereits stattgegeben hatte oder nicht. 141

Der Erstatter einer Selbstanzeige muss die zu seinen Gunsten hinterzogenen Steuern nachzahlen, um Straffreiheit zu erreichen. Wer von dieser Nachzahlungspflicht getroffen wird, ist umstritten. Unstreitig scheint, dass der Steuerschuldner die innerhalb des eigenen Steuerschuldverhältnisses hinterzogenen Steuern nachentrichten muss. Zweifelhaft ist hingegen, wie weit die Straffreiheit von der Nachzahlung fremder Steuern abhängt. Die Fassung *„zu seinen Gunsten hinterzogen"* in § 371 III AO ist einerseits enger als die Auslegung, die § 410 III RAO 1951 mit den Worten *„Summe, die er schuldet"* und § 395 III RAO mit den Worten *„Steuern, die er schuldet"* durch die Rspr erfahren hatten (vgl. BGH 3.6.1954, BGHSt 7, 336, 340 ff.; BayObLG 27.4.1972, DStZ/B 1972, 287). Daher brauchen die von einem Angestellten „zugunsten der Firma", dh zum Vorteil des Betriebsinhabers hinterzogenen Steuern weder vom Täter, noch von seinem Arbeitgeber entrichtet zu werden, damit die Selbstanzeige des Angestellten wirksam wird. Der Weg zur Straffreiheit ist nicht davon abhängig, dass fremde Steuern fristgerecht nachgezahlt werden. Andererseits ist die ab 1.1.1977 geltende Fassung weiter als die herkömmlich vertretene Auslegung des § 395 RAO 1968, *„wenn der Täter zwar nicht der Steuerschuldner ist, aber gleichwohl zum eigenen Vorteil Steuern hinterzogen hat. Dies ist zum Beispiel der Fall bei der Verbrauchsteuerhinterziehung durch Diebstahl aus einem Herstellungsbetrieb"* (Begründung zu § 354 EAO 1974, BT-Drs. VI/1982, 195). 142

Zu eigenen Gunsten hat der Täter Steuern nicht schon dann hinterzogen, wenn er aus der Tat einen *„Vorteil jeglicher Art"* (so *Meine* wistra 1983, 61) erlangt hat, andererseits muss es sich nicht um einen steuerlichen Vorteil handeln (HHSp-*Rüping* 103, Erbs/Kohlhaas/*Hadamitzky/Senge* AO § 371 Rn. 19). Nach hM genügen auch Vorteile, die sich der Täter angeeignet hat (BGH 4.7.1979, BGHSt 29, 37; zust. BMF 21.9.1981, BStBl. I 1981, 625; *Bender/Möller/Retemeyer* H 136; *Bilsdorfer* BB 1981, 491; *Franzen* DStR 1983, 323; *Kohlmann* wistra 1982, 6; abl. *Brenner* ZfZ 1979, 140; *Bringewat* JZ 1980, 347; *Reiß* NJW 1980, 1291). Hingegen genügen nicht die Beträge, die etwa ein Steuerberater durch Honorierung seiner (strafrechtlich relevanten) Mitwirkung an der Tat erhält; § 371 III AO ist keine verkappte Regelung über die Abschöpfung von Vermögensvorteilen nach der Begehung von Steuerhinterziehungen (vgl. auch *Wrenger* DB 1987, 2327). Vorauszusetzen ist, dass der Täter aus der Steuerhinterziehung einen unmittelbaren wirtschaftlichen Vorteil erlangt, wie es etwa der Fall ist, wenn eine ungetreue Angestellte im internen Rechnungswesen die zutreffenden Zahlen der Voranmeldung zugrunde legt, dem FA aber unrichtige Werte mitteilt und den Differenzbetrag unterschlägt (so BGH 4.7.1979, BGHSt 29, 37). 143

Das Erfordernis des unmittelbaren wirtschaftlichen Vorteils schließt solche Fälle aus, in denen etwa ein Angestellter an der Steuerhinterziehung mitwirkt, um lediglich seinen Arbeitsplatz zu erhalten (BGH 22.7.1987, wistra 1987, 343; Kohlmann/*Kohlmann* 89.5 zu § 371). Nämliches gilt, wenn ein Geschäftsführer Steuern der von ihm geführten GmbH hinterzieht, ohne selbst am Ergebnis der Gesellschaft zu partizipieren. Deshalb hat der BGH einen unmittelbaren wirtschaftlichen Vorteil in einem Fall zu Recht verneint, in dem der angestellte Geschäftsführer einer beherrschenden Gesellschaft, der weder am Gesellschaftsvermögen beteiligt war, noch Tantiemen oder sonstige gewinnabhängige Leistungen erhielt, Abgaben einer abhängigen Gesellschaft hinterzogen hatte (BGH 22.7.1987, wistra 1987, 343; vgl. auch *Joecks* wistra 1985, 152). Insbes. kann aus dem Umstand, dass der 144

Geschäftsführer nach § 69 bzw. § 71 AO für die verkürzten Steuern haftet, nicht darauf geschlossen werden, dass die Tat zu seinem Vorteil begangen worden ist (HHSp-*Rüping* 107, Kohlmann/*Kohlmann* 89.9 zu § 371; *Wassmann* ZfZ 1990, 41; LG Stuttgart 21.8.1989, wistra 1990, 75; aM noch BGH 19.2.1985, wistra 1985, 151 m. abl. Anm. *Joecks* wistra 1985, 152).

145 Wird die **Hinterziehung in einer Ein-Mann-GmbH** durch deren Gesellschafter/Geschäftsführer bewirkt (vgl. BayObLG 27.4.1972, BayObLGSt 1972, 105), erfolgt die Verkürzung zu seinen Gunsten, weil bei wirtschaftlicher Betrachtungsweise das Vermögen der GmbH vorbehaltlich der Kapitalerhaltungsvorschriften dem Gesellschafter zusteht (HHSp-*Rüping* 105 zu § 371); auf eine Entnahme oder Gewinnausschüttung kommt es insoweit nicht an (HHSp-*Rüping* 105 zu § 371; aM *Göggerle* GmbHR 1980, 175 f.). Ähnliches kann sich auch bei einer geringeren Beteiligung des Täters an der Gesellschaft ergeben (OLG Stuttgart 4.5.1984, wistra 1984, 239). Eine andere Frage ist dann der Umfang der nachzuzahlenden Beträge. *Rüping* (HHSp-*Rüping* 160 zu § 371) hat in diesem Zusammenhang zu Recht darauf hingewiesen, dass ein unmittelbarer wirtschaftlicher Vorteil selbst bei beherrschenden Gesellschaftern dann nicht angenommen werden kann, wenn die Gesellschaft überschuldet ist, dem Alleingesellschafter wirtschaftlich also an ihr kein positives Vermögen zusteht und sich auch durch die Steuerhinterziehung daran nichts ändert. Anders mag der Fall zu beurteilen sein, wenn der Täter das Volumen der Haftung nach §§ 32a, 32b GmbHG aF bzw die Haftung nach § 64 GmbHG auf diese Art und Weise reduzieren will.

146 **Kein unmittelbarer Vorteil** ergibt sich aus dem Umstand, dass der (Mit-) Täter Ehegatte des Begünstigten ist und etwa Steuern zugunsten des Betriebsinhabers hinterzieht (HHSp-*Rüping* 106 zu § 371; *Göggerle* GmbHR 1980, 177; vgl. aber auch BGH 4.7.1979, BGHSt 29, 37, 40 f.).

147 **Wie der Betrag der hinterzogenen Steuern,** der nachzuzahlen ist, bestimmt werden soll, ist zweifelhaft. Sicher scheint, dass dieser Betrag nicht übereinstimmen muss mit dem gesamten Betrag der Mehrsteuern, die durch eine (erstmalige oder Berichtigungs-) Veranlagung nachträglich festgesetzt worden sind. Der Mehrsteuerbetrag kann den vorsätzlich verkürzten Betrag übersteigen, wenn bei einer Prüfung der steuerlichen Verhältnisse im Anschluss an die Selbstanzeige weitere Besteuerungsgrundlagen entdeckt werden, die der Stpfl fahrlässig oder ohne Verschulden nicht angegeben hatte. Eine Aufteilung des gesamten Mehrsteuerbetrages in hinterzogene und nichthinterzogene Beträge erfordert auch § 71 AO, ferner § 169 II AO, falls die Festsetzungsfrist von einem, vier oder fünf Jahren für nichthinterzogene Steuerbeträge bereits abgelaufen ist, sowie § 235 I 1 AO (zur Aufteilung ausf. *Franzen* DStR 1964, 383; *Franzen* DStR 1965, 321). Steuerliche Nebenleistungen (§ 3 III) zu den vorsätzlich verkürzten Steuern wurden bis zum 1.1.2015 von § 371 III AO angesichts des klaren Wortlauts nicht erfasst (BayObLG 1.12.1980, NStZ 1981, 147; Kohlmann/*Kohlmann* 91 zu § 371). Damit erstreckt sich die Nachzahlungspflicht nicht auf Verspätungszuschläge (§ 152), Stundungszinsen (§ 234), Hinterziehungszinsen (§ 235) sowie Säumniszuschläge nach § 240 AO (vgl. auch Kohlmann/*Kohlmann* 91 zu § 371). Eine Ausnahme wird man für den Fall machen müssen, dass die steuerlichen Nebenleistungen selbst Gegenstand einer Steuervorteilserschleichung waren. So wäre denkbar, dass mit unrichtigen Angaben der Erlass von Stundungszinsen erreicht wurde (Erschleichung eines Steuervorteils). Wird hier eine Selbstanzeige erstattet, müssen die „verkürzten" Stundungszinsen nachentrichtet werden, um Straffreiheit zu erlangen (vgl. BGH 6.6.2007, BGHSt 51, 356).

148 **Dass jeder von mehreren Tätern oder Teilnehmern an der Tat** zur Erlangung der Straffreiheit nur denjenigen Betrag nachentrichten muss, der seinem Vorteil aus der Steuerhinterziehung entspricht, ist im Grundsatz einhellige Auffassung (vgl. etwa Kohlmann/*Kohlmann* 94 zu § 371, der die §§ 270 bis 273 – Aufteilung einer Gesamtschuld – anwenden will; HHSp-*Rüping* 135 zu § 371; *Löffler* 1992, S. 187 ff.; *Wrenger* DB 1987, 2325, 2327). Insofern weicht die strafrechtliche Vorschrift des § 371 III AO von den

steuerlichen Haftungsvorschriften (etwa §§ 69, 71) ab, nach denen angesichts einer Gesamtschuldnerschaft jeder Haftungsschuldner für den gesamten (hinterzogenen) Steuerbetrag in Anspruch genommen werden kann. So würde bei einer mittäterschaftlichen Verkürzung von 100, von der jeder der vier Mittäter zu 25 partizipierte, jeder der Mittäter steuerlich auf den vollen Wert (100) haften, während die Nachzahlungspflicht sich auf den Betrag beschränkt, von dem er unmittelbar profitierte (25). Tragender Gesichtspunkt ist dabei, *„dass dem Täter nicht seine Beute verbleiben darf, wenn er für sich Strafbefreiung in Anspruch nimmt"* (*Löffler* 1992 S. 189). Seine Straffreiheit setzt voraus, dass er den Schaden wiedergutmacht. Da das Gesetz zusätzlich voraussetzt, dass die entsprechenden Beträge *„zu seinen Gunsten"* hinterzogen wurden, beschränkt sich seine Zahlungspflicht auf die Beträge, von denen er wirtschaftlich unmittelbar profitierte.

Konsequenz ist, dass eine **Anknüpfung an den nominal verkürzten Steuerbetrag** unzulässig ist, die Nachzahlungspflicht also – entgegen *Wassmann* (ZfZ 1990, 42) – nicht durch einen Vergleich der festgesetzten Steuer mit der Steuer, *„die zu erheben gewesen wäre"* ermittelt werden kann. Besteht etwa die Steuerhinterziehung darin, dass der Einzelunternehmer die Umsatzsteuervoranmeldung nicht fristgerecht eingereicht hat, erstreckt sich die Nachzahlungspflicht nicht von vornherein auf die gesamte Zahllast, oder gar die in der Voranmeldung auszuweisenden Umsatzsteuern, sondern richtet sich danach, in welchem Umfange der Täter von der Tat profitierte bzw. in welchem Umfange durch sein Verhalten dem Fiskus ein Schaden entstanden ist. Diese wirtschaftliche Betrachtungsweise, die danach fragt, welche Beträge dem Fiskus bei steuerehrlichem Verhalten zugeflossen wären, ist zwischenzeitlich auch von der Rspr des BFH für die Haftung des Steuerhinterziehers gemäß § 71 AO anerkannt (vgl. Rn. 616 zu § 370). Der BFH stellt in seinem Urteil vom 26.8.1992 (BFHE 169, 13) – freilich beschränkt auf den Bereich der Haftung für Umsatzsteuer – entscheidend darauf ab, dass die Regelung des § 71 AO Schadenersatzcharakter hat. *„Wäre es auch bei pflichtgemäßem Verhalten (zB fristgerechte Abgabe der Umsatzsteuervoranmeldung) zu dem Steuerausfall gekommen, weil keine Zahlungsmittel und auch keine Vollstreckungsmöglichkeiten für das Finanzamt vorhanden waren und hat der Schuldner mit den im Haftungszeitraum insgesamt geleisteten Zahlungen das Finanzamt nicht gegenüber den anderen Gläubigern benachteiligt, so kann auch der Täter oder Teilnehmer einer Steuerhinterziehung nicht mehr als Haftender in Anspruch genommen werden. Die Geltendmachung eines weitergehenden Haftungsanspruchs nach § 71 AO 1977 würde zu einer nicht gerechtfertigten Privilegierung des Steuerfiskus und zu einer mit dem Sinn und Zweck der Haftungsvorschriften nicht zu vereinbarenden zusätzlichen Sanktion gegenüber dem Haftungsschuldner führen"*. 149

Die gleiche Wertung trifft den § 371 III AO (Rn. 143). Hinzu kommt, dass der Nachzahlungspflichtige ansonsten bei einem Eingreifen des Kompensationsverbots Beträge entrichten würde, die der Fiskus sogleich – mangels eines Rechtsgrundes zum Behaltendürfen iS des § 37 AO – wieder zurückerstatten müsste (§ 37 II 1; *Albrecht* DB 2006, 1696; *Blesinger* DB 2007, 487; *Rolletschke* Rn. 638). Insbes. geht es nicht an, § 371 III AO als rechtlichen Grund iS dieser Bestimmung anzusehen. Auch aus dem Grund der Selbstanzeige lässt sich kein anderes Ergebnis herleiten: Wenn es um Schadenswiedergutmachung bzw. um *„Ablieferung der Beute"* (*Löffler* 1992 S. 189) geht, ist diesem Aspekt Genüge getan, wenn der Täter nachzahlungspflichtig in dem Umfange ist, wie er von der Tat profitiert hat (ähnl. Kohlmann/*Kohlmann* 93.2 zu § 371). 150

Dementsprechend reduziert sich auch die **Problematik des Nichtzahlenkönnens** geschuldeter Steuern. Zwar bleibt es bei dem Grundsatz, dass irrelevant ist, warum der Stpfl zur Zahlung nicht in der Lage ist. Eine solche kritische Konstellation wird sich aber in der Regel nur dann ergeben, wenn zum Zeitpunkt der Fälligkeit des Anspruches bzw. zu dem Zeitpunkt, zu dem bei steuerehrlichem Verhalten der Betrag fällig gewesen wäre, noch genug liquide Mittel vorhanden waren, der Täter aber zwischenzeitlich in Vermögensverfall geraten ist. 151

Bei einer Verkürzung auf Zeit will *Albrecht* (DB 2006, 1696) auf den Zinsschaden abstellen, da der Täter den verkürzten Steuerbetrag nicht seinem Vermögen einverleibt 152 habe, sondern nur dessen Nutzungsmöglichkeit auf Zeit. Dagegen zu Recht *Blesinger* DB 2007, 485; *Schwabe* DB 2007, 488.

153 Damit gilt also auch bei einer als solchen geplanten Verkürzung auf Zeit, dass die Nachzahlungspflicht sich auf den Nominalbetrag bezieht, freilich mit der Besonderheit, dass das Vorteilsausgleichsverbot auszublenden ist. Eine andere Lösung hätte die merkwürdige Konsequenz, dass der Hinterzieher von – wirtschaftlich betrachtet – 2 000 EUR USt zunächst 49 000 EUR an das Finanzamt entrichten muss, um dann auf die Erstattung von 47 000 EUR zu warten. Auch *Jäger* (Klein/*Jäger* AO § 371 Rn. 84 f.) will im Rahmen der Nachzahlungspflicht nach § 371 III und § 398a Nr. 1 auf den Nominalbetrag der Steuerschuld abstellen, also das Kompensationsverbot nicht anwenden. Ansonsten müssten Steuerbeträge entrichtet werden, die der Fiskus mangels eines Rechtsgrundes zum Behaltendürfen wieder erstatten müsste (Klein/*Jäger* AO § 371 Rn. 85, MüKoStGB/*Kohler* AO § 371 Rn. 27 u. Schwarz/Pahlke/*Webel* 142 zu § 371 AO).

2. Die Nachzahlungsfrist

154 **Anspruch auf eine Nachzahlungsfrist** hat der Stpfl in jedem Falle. Das Gesetz erfordert eine Fristsetzung aus doppeltem Grunde: Einerseits soll der Stpfl Gelegenheit erhalten, sich auf die Steuernachzahlung in der ermittelten und ihm bekanntgegebenen Höhe einzustellen; andererseits soll durch den Lauf einer bestimmten angemessenen Frist der Schwebezustand zwischen der Anwartschaft auf Straffreiheit und dem Eintritt oder Verlust der Straffreiheit begrenzt werden (vgl. auch HHSp-*Rüping* 116 zu § 371). Dabei ist diese Frist eine strafrechtliche (Erbs/Kohlhaas/*Hadamitzky*/*Senge* AO § 371 Rn. 20), die das Besteuerungsverfahren unberührt lässt, so dass durchaus nach Selbstanzeige ein Änderungsbescheid ergehen kann, der eine Abschlusszahlung einfordert, die binnen eines Monats nach Zugang des Bescheides fällig ist. Angesichts der Vermögenslage des Täters kann andererseits eine Fristsetzung iS des § 371 III durchaus einen erheblich längeren Zeitraum vorsehen (Rn. 157). Ungeachtet dieser Nachzahlungsfrist iS des § 371 III AO kann das FA bereits mit Ablauf des Fälligkeitstages (und der Schonfrist; § 240 III) mit Vollstreckungsmaßnahmen gegen den Steuerschuldner beginnen. Soweit es um eine Nachzahlung durch Dritte geht, ergibt sich aus der Nachzahlungspflicht schlechthin keine unmittelbare Vollstreckungsmöglichkeit. Hierfür wäre ein Haftungsbescheid nötig, der wiederum mit einer Zahlungsaufforderung verbunden sein müsste, für die eine Fristsetzung gemäß § 371 III AO aber entbehrlich sein könnte (LG Stuttgart 20.1.1987, wistra 1988, 36 mit Anm. *Gramich*). An den Ablauf der an die Zahlungsaufforderung gebundenen Frist würden wiederum verwaltungsrechtliche Vollstreckungsmaßnahmen geknüpft.

155 **Auch bei Fälligkeitsteuern** ist eine Nachzahlungsfrist zu setzen (Kohlmann/*Kohlmann* 96 zu § 371; für Vorauszahlungen RG 30.10.1929, RGSt 63, 305, 307; für Lohnsteuer LG Hamburg 27.9.1951, BB 1953, 254). Bei Veranlagungssteuern kann die Frist nach § 371 III AO mit den Monatsfristen übereinstimmen, nach deren Ablauf Nachzahlungen aufgrund der (Berichtigungs-) Bescheide kraft Gesetzes (zB § 36 IV EStG; § 22 I, § 23 VStG; § 20 II GewStG) fällig werden (*Suhr* BB 1951, 221), indessen besteht *rechtlich* keine Abhängigkeit (OLG Celle 24.2.1955, DStR 1955, 228; vgl. auch HHSp-*Rüping* 116 zu § 371).

156 **Eine Frist ist selbst dann zu setzen,** wenn voraussehbar ist, dass der Täter aus eigenen Mitteln zur Nachzahlung nicht imstande sein wird, zB im Insolvenzfall (BFH 17.12.1981, BStBl. II 1982, 352, unter Berufung auf Kohlmann/*Kohlmann* 96 zu § 371; OLG Frankfurt 2.4.1952, BB 1952, 484; vgl. auch LG Wuppertal 6.10.1952, BB 1953, 136), da ihm die Möglichkeit, die Mittel von nahestehenden Personen kreditweise zu beschaffen (Rn. 178), nicht von vornherein versagt werden darf. Selbst wenn diese Möglichkeit ausgeschlossen erscheint, verstößt eine Fristsetzung weder gegen das Willkürverbot des Art. 3 GG noch gegen das Sozialstaatsprinzip des Art. 20 I GG (OLG Karlsruhe 18.4.1974, NJW 1974, 1577 f.; krit. *Coring* BB 1974, 1515 f.). Eine Fristsetzung ist entbehrlich, wenn die entsprechenden Steuerbeträge schon gezahlt worden sind.

Die Bestimmung der Frist muss die FinB im Anschluss an die Steuerfestsetzung nach pflichtgemäßem Ermessen vornehmen (HHSp-*Rüping* 120 f. zu § 371). Dabei haben strafrechtliche, aus dem Zweck der Selbstanzeige abgeleitete Erwägungen den Vorrang vor wirtschaftlichen und steuerpolitischen Gesichtspunkten (BFH 17.12.1981, BStBl. II 1982, 352, 354; OLG Celle 24.2.1955, DStR 1955, 228). Die Kriterien für die Gewährung einer Stundung gelten nicht (vgl. FG Hannover 27.8.1963, DStZ/B 1963, 402; *Henneberg* BB 1976, 1555; *Kratzsch* Grundfragen S. 301). Eine unangemessen lange Fristsetzung würde nicht nur die Wirkung eines verspäteten Strafausspruches in Frage stellen, sondern auch die Gefahr eines Missbrauchs mit sich bringen, nämlich durch Vorspiegelung einer Nachzahlungsabsicht oder angeblich vorübergehender Hinderungsgründe die Strafverfolgung zu verzögern oder im Hinblick auf die Verjährung zu vereiteln (OLG Karlsruhe 18.4.1974, NJW 1974, 1577 im Anschluss an Kohlmann/*Kohlmann* 99 f. zu § 371). Mit der Einräumung einer Zahlungsfrist soll dem Stpfl die tatsächliche Möglichkeit gegeben werden, nachträglich seine Pflichten zu erfüllen (BFH 17.12.1981, BStBl. II 1982, 352; OLG Karlsruhe 18.4.1974, NJW 1974, 1577; LG Koblenz 13.12.1985, wistra 1986, 79; Kohlmann/*Kohlmann* 99, HHSp-*Rüping* 120 zu § 371). Der Zeitraum ist daher so zu bemessen, dass der Stpfl bei gutem Willen in der Lage sein könnte, den benötigten Geldbetrag – sei es auch durch Veräußerung von Anlagevermögen – bereitzustellen (vgl. LG Koblenz 13.12.1985, wistra 1986, 79; Kohlmann/*Kohlmann* 99, HHSp-*Rüping* 120 f. zu § 371; *Lohmeyer* StB 1982, 297, 301). Allerdings ist zu berücksichtigen, dass zwischen Selbstanzeige und Aufforderung zur Nachzahlung der hinterzogenen Steuern bereits ein weiterer Zeitraum vergangen sein kann, so dass der Stpfl sich schon auf die zu erwartende Nachzahlung einrichten konnte (zust. OLG Karlsruhe 18.4.1974, NJW 1974, 1577; LG Hamburg 4.3.1987, wistra 1988, 317; vgl. auch *Mösbauer* DStZ 1985, 330). Dies gilt nicht, wenn zwischen Täter und FA über den Umfang der hinterzogenen Steuern iS des § 371 III AO Streit bestand (vgl. *Coring* BB 1974, 1515). Die Verfügung „Fälligkeit sofort“ reicht als Fristsetzung nicht aus (Kohlmann/*Kohlmann* 102 zu § 371; aM OLG Düsseldorf 26.3.1953, BB 1953, 1001). 157

Durch eine willkürlich zu kurz bemessene Frist darf es dem Stpfl nicht unmöglich gemacht werden, die Nachzahlung rechtzeitig zu leisten (OLG Bremen 27.11.1957, ZfZ 1958, 84). Soweit der Täter offenbar illiquide ist, muss zwar eine Frist gesetzt werden (OLG Karlsruhe 22.12.2006, wistra 2007, 159, 160; Kohlmann/*Kohlmann* 99 zu § 371), dennoch wird eine Frist von mehr als sechs Monaten regelmäßig nicht zu rechtfertigen sein (AG Saarbrücken 21.6.1983, wistra 1983, 268, mit zust. Anm. *Bilsdorfer* DStZ 1983, 415; HHSp-*Rüping* 123 zu § 371). In der Regel ist die auch für Abschlusszahlungen übliche Monatsfrist eine „angemessene“. Unter diese sollte auch in solchen Fällen nicht gegangen werden, in denen der Täter wegen seiner Selbstanzeige sich bereits auf die zu erwartende Nachzahlung einrichten konnte. Unberechtigt ist das Verlangen, die Frist so zu bemessen, dass die Nachzahlung ratenweise aus den laufenden Einkünften geleistet werden kann (AG Saarbrücken 21.6.1983, wistra 1983, 268; *Bilsdorfer* DStZ 1983, 415; *Terstegen* StW 1954, 383 f.). 158

Weitere belastende Anordnungen darf die FinB mit einer Fristsetzung nach § 371 III AO nicht verknüpfen, namentlich nicht die Auflage, die Straffreiheit sei davon abhängig, dass der Stpfl neben den hinterzogenen Steuern die laufenden Steuern rechtzeitig entrichte (*Maaßen* DStZ 1952, 237). Das steuerrechtliche Verlangen einer Sicherheitsleistung für die verkürzten Steuern macht eine Fristsetzung für die Nachzahlung nach § 371 III AO weder entbehrlich (glA *Kopacek* S. 141), noch steht eine Sicherheitsleistung der Nachzahlung gleich, wenn sie nicht durch Hinterlegung von Zahlungsmitteln nach § 241 I 1 AO erfolgt (str., siehe Rn. 175). 159

Ist die Frist unangemessen kurz, so ist sie unbeachtlich (LG Koblenz 13.12.1985, wistra 1986, 79, 81; Kohlmann/*Kohlmann* 102, Schwarz/Pahlke/*Webel* 158 zu § 371 AO). Eine unangemessen kurze Frist verlängert sich nicht automatisch auf die zutreffende. Es muss eine neue, angemessene Frist gesetzt werden, wobei insofern allerdings berücksichtigt werden kann, dass wiederum einige Zeit verstrichen ist (siehe Rn. 167). 160

161 **Eine Belehrung über die Folgen** einer nicht fristgerechten Nachzahlung schreibt das Gesetz nicht vor (RG 27.11.1939, RGSt 73, 368, 369; Kohlmann/*Kohlmann* 105 zu § 371; aM *Ehlers* S. 42 und *Lohmeyer,* der meint, ohne Belehrung würde die Frist nicht in Lauf gesetzt, siehe StB 1982, 301). Ein Hinweis auf die Bedeutung des § 371 III AO ist jedoch ein *nobile officium* (RK-*Kemper* 420 zu § 371) der FinB und in der Praxis üblich und angebracht (*Maaßen* DStZ 1952, 238). Ob die Aufnahme der Belehrung in Nr. 120 II 1 AStBV aus dem nobile officium der Behörde eine Dienstpflicht macht (so HHSp-*Rüping* 117 zu § 371 mit Fußn. 9), ist angesichts der mangelnden Weisungsbefugnisse der Finanzministerien in steuerstrafrechtlichen Angelegenheiten zweifelhaft.

162 **Erst mit positiver Kenntnis** des Täters wird die Fristsetzung wirksam (OLG Bremen 27.11.1957, ZfZ 1958, 86 f.; LG Hamburg 4.3.1987, wistra 1988, 317, 319; HHSp-*Rüping* 117 und Kohlmann/*Kohlmann* 104 zu § 371). Ist der Aufenthalt des Täters auf Dauer unbekannt, hilft auch eine öffentliche Zustellung des Bescheids über die Fristsetzung (analog § 40 StPO, § 15 VwZG) kaum weiter, wenngleich ansonsten gegen eine öffentliche Zustellung keine Bedenken bestehen (Rn. 169; zw. Kohlmann/*Kohlmann* 104 zu § 371 und abl. Erbs/Kohlhaas/*Hadamitzky/Senge* AO § 371 Rn. 24).

163 Welche Behörde für die Fristsetzung **sachlich zuständig** ist, ist umstritten. In der Praxis wird in den meisten Bundesländern zunächst gewartet, ob der Stpfl die nach dem Steuerbescheid zu entrichtende Abschlusszahlung erbringt und erst nach Verstreichenlassen des Fälligkeitszeitpunktes eine ausdrückliche Frist iS des § 371 III AO, regelmäßig durch die Strafsachen- und Bußgeldstellen, gesetzt (vgl. AStBV Nr: 11 IV). Die Meinungen in der Literatur sind geteilt. *Rüping* (HHSp-*Rüping* 125 zu § 371), der die Frist als steuerrechtliche qualifiziert, sieht die Zuständigkeit bei der Finanzbehörde, die für die Verwaltung der hinterzogenen Steuer zuständig ist (ähnl. OLG Braunschweig 26.3.1962, DStZ/B 1962, 246; *Stumpe* StBp 1964, 197). *Kopacek* (S. 129 f.) sieht eine Zuständigkeit sowohl der für die Steuerfestsetzung zuständigen FinB als auch der für die Steuerstrafsache sachlich zuständigen. Die herrschende Meinung geht von einer strafrechtlichen Frist aus, so dass für die Fristsetzung die FinB sachlich zuständig ist, in deren Verantwortungsbereich auch die Steuerstrafsache fällt (OLG Celle 24.2.1955, DStR 1955, 228; FG Hannover 27.8.1963, DStZ/B 1963, 402; AG Saarbrücken 21.6.1983, wistra 1983, 268; OLG Karlsruhe 22.12.2006, wistra 2007, 159, 160; *Terstegen* S. 122; Wabnitz/Janovsky/*Kummer* Kap. 18 Rn. 113; *Esskandari* DStZ 2008, 215; Kohlmann/*Kohlmann* 103 zu § 371; Erbs/Kohlhaas/*Hadamitzky/Senge* AO § 371 Rn. 20). Zu Recht verweist *Kohlmann* (Kohlmann/*Kohlmann* 103 zu § 371) auf den strafrechtlichen Charakter der Fristsetzung und auf den Umstand, dass angesichts des in § 393 I AO festgelegten Nebeneinanders von Besteuerungs- und Steuerstrafverfahren dem Täter jedenfalls kein Nachteil daraus entstehen darf, dass verschiedene Stellen ein und derselben FinB zu unterschiedlichen Fristbestimmungen gelangten.

164 Im Ergebnis ist aber davon auszugehen, dass allein die Strafsachenstelle für die Fristsetzung sachlich zuständig ist. Dies ergibt sich schon daraus, dass allein dort der strafrechtliche Sachverstand vorhanden ist, mit dem aus den im Steuerbescheid insgesamt enthaltenen Nachforderungen die Beträge abgeschichtet werden können, die iS des § 371 III AO als strafbefangene nachzahlungspflichtig sind. Liegt das Ermittlungsverfahren in der Hand der StA, oder ist das Verfahren bereits vor Gericht anhängig, sind StA und Gericht ebenfalls für die Fristsetzung zuständig (OLG Karlsruhe 22.12.2006, wistra 2007, 159, 160; Kohlmann/*Kohlmann* 103, RK-*Kemper* 445 zu § 371).

165 Ob es ein **Rechtsmittel gegen die Fristsetzung** nach § 371 III AO gibt und welcher Rechtsweg eröffnet ist, ist umstritten. § 347 III AO und § 33 II 2 FGO schließen die Anwendung der Vorschriften über das außergerichtliche und das gerichtliche Rechtsbehelfsverfahren auf das Straf- und Bußgeldverfahren ausdrücklich aus (siehe dazu BFH 17.12.1981, BStBl. II 1982, 352; krit. HHSp-*Rüping* 126 ff. zu § 371). Andererseits ist es einhellige Auffassung, dass vor dem Hintergrund des Art. 19 IV GG ein Rechtsmittel gegeben sein muss, welches damit begründet werden kann, dass die Fristsetzung wegen Ermessensfehlgebrauchs nicht rechtswirksam geworden sei (vgl. OLG Braunschweig

26.3.1962, DStZ/B 1962, 246; Kohlmann/*Kohlmann* 109 zu § 371 mwN). Zum Teil wird darauf abgestellt, dass die Angemessenheit allein im anschließenden Strafverfahren beurteilt werden könnte. *Kramer* (DB 1980, 853) hält die Beschwerde nach § 304 StPO für gegeben, falls die Frist nach Erhebung der Anklage durch ein Gericht gesetzt worden sei; Fristsetzungen durch FinB oder StA seien nicht selbständig anfechtbar, sondern nur im Rahmen des Strafverfahrens gerichtlich zu überprüfen.

Bei der Frage nach dem Rechtsweg gehen die Meinungen noch weiter auseinander. **166** Vor dem Hintergrund der Entscheidung des BFH 17.12.1981 (BStBl. II 1982, 352) wird allerdings der Finanzrechtsweg überwiegend als nicht einschlägig angesehen (so aber OLG Braunschweig 26.3.1962, DStZ/B 1962, 246 und *Hübner* MDR 1977, 726; so auch HHSp-*Rüping* 128 f. zu § 371, der den Einspruch nach §§ 347 ff. AO für einschlägig hält; ebenso *Ehlers* DStR 1974, 695). Demgegenüber geht die herrschende Auffassung davon aus, dass der ordentliche Rechtsweg gegeben ist, weil die Frist nach § 371 III AO strafrechtlichen Charakter hat (FG Hannover 27.8.1963, DStZ/B 402; *Lohmeyer* FR 1963, 567, 1964, 171, DStR 1970, 558 und StB 1982, 301; *Kopacek* DStR 1965, 165; Kohlmann/*Kohlmann* 110 f. zu § 371; grundsätzlich auch FG München 25.2.1977, EFG 384; HessFG 8.2.1973, EFG 389; *Suhr* 1977, S. 379; *Henneberg* BB 1973, 1301 und 1976, 1555; *Schuhmann* MDR 1977, 372; *Kramer* DB 1980, 853). Angerufen werden kann der für Steuerstrafsachen zuständige Strafrichter (Rn. 4 ff. zu § 391). Der Rechtsgedanke des § 305 S. 1 StPO steht dem nicht entgegen (insoweit glA *Großmann* DB 1979, 1201; aM *Kratzsch* Grundfragen S. 301), da die Verfügung einer Frist nach § 371 III AO einem Strafverfahren nicht vorausgehen und es nicht vorbereiten soll (*Kopacek* DStR 1965, 165). Die Beschwerde gegen die Fristsetzung hat keine aufschiebende Wirkung, freilich kann diese durch Anordnung des (Steuer-)Strafrichters hergestellt werden (§ 307 II StPO).

Die ordentlichen Gerichte dürfen die **Angemessenheit einer Frist** umfassend über- **167** prüfen (HHSp-*Rüping* 131 zu § 371; LG Hamburg 4.3.1987, wistra 1988, 317, 320). Der Richter ist nicht darauf beschränkt zu prüfen, ob eine pflichtwidrige Ermessensausübung stattgefunden hat (*Esskandari* DStZ 2008, 215; aM OLG Karlsruhe 18.4.1974, NJW 1974, 1577, 1578; *Franzen* 3. Aufl. 147 zu § 371). Das Gericht kann die Frist verlängern, wenn es die ursprünglich gesetzte Frist nicht für angemessen erachtet; dies kann sogar im Verlauf der Hauptverhandlung geschehen. Eine unangemessen kurze Frist verlängert sich nicht automatisch auf die zutreffende (vgl. LG Koblenz 13.12.1985, wistra 1986, 79; HHSp-*Rüping* 124 zu § 371). Ist die Fälligkeit der Steuerschuld durch steuerverwaltungsrechtliche Maßnahmen hinausgeschoben, also Stundung gewährt (§ 222) oder aber die Vollziehung des angefochtenen Steuerbescheides ausgesetzt (§ 361 II), ist der Ablauf der Nachzahlungsfrist iS des § 371 III AO gehemmt. Demgegenüber geht die hM offenbar davon aus, dass steuerrechtliche und strafrechtliche Zahlungsfrist auch insoweit auseinander fallen können, dass die strafrechtliche Frist vor der steuerrechtlichen Fälligkeit abläuft (vgl. *Suhr* BB 1951, 222; *Mattern* DStR 1954, 460; *Kopacek* DStR 1965, 165; *Kratzsch* Grundfragen S. 301). Kohlmann/*Kohlmann* (106 zu § 371) stimmt der hier vertretenen Auffassung für den Fall der Stundung zu, will aber in den Fällen des § 361 II AO nur *„ausnahmsweise"* folgen. Es ist jedoch kein Fall ersichtlich, in dem besondere strafrechtliche Erwägungen es rechtfertigen könnten, auf der Zahlung eines Steuerbetrages zu bestehen, dessen Rechtmäßigkeit ernstlich zweifelhaft ist oder aber dessen Einziehung vor Entscheidung über den Rechtsbehelf eine unbillige Härte darstellen würde (§ 361 II) bzw. in dem trotz Stundungsbedürftigkeit und Stundungswürdigkeit eine Zahlung vor steuerrechtlicher Fälligkeit geboten sein könnte (ähnl. *Franzen* 3. Aufl., Rn. 148 zu § 371). Dementsprechend ist davon auszugehen, dass die Nachzahlungsfrist bis zur Fälligkeit des Steuerbetrages gehemmt ist.

Problematisch ist dies insofern, als vielfach ein **rechtzeitig eingereichter Stundungs-** **168** **antrag** erst nach Fristablauf beschieden, etwa abgelehnt wird. Der Umstand, dass die Praxis hier dem Stpfl regelmäßig mit einer kurzen Nachfrist hilft (so *Franzen* 3. Aufl., Rn. 148a zu § 371), ändert nichts daran , dass die Straffreiheit an sich verwirkt ist. Eine nach Fristablauf gesetzte Nachfrist hat strafrechtlich im Prinzip keine Relevanz. Die gleiche

Problematik stellt sich, wenn der Stpfl einen Antrag auf Aussetzung der Vollziehung stellt, der erst nach der gemäß § 371 III AO gesetzten Frist positiv oder negativ beschieden wird. Die Aussage, bis zur Entscheidung über den Antrag auf Aussetzung der Vollziehung sei auch der Ablauf der Frist nach § 371 III AO gehemmt (so *Franzen* 3. Aufl., Rn. 144 zu § 371; zust. *Wassmann* ZfZ 1990, 44), hilft insofern auch nicht weiter, weil damit strafrechtlich weitergegangen würde als steuerrechtlich. Denn ob eine negative Entscheidung über die Aussetzung der Vollziehung ex tunc oder ex nunc wirkt und eine kurze weitere Nachfrist gesetzt wird, ist eine Entscheidung des Veranlagungsbezirks bzw. der Rechtsbehelfsstelle, die im Hinblick auf die Fristsetzung des § 371 III AO nicht zuständig ist. Andererseits ließe sich argumentieren, dass in die Frage, welche Frist „angemessen" iS des § 371 III AO ist, auch der Aspekt einbezogen werden muss, *wie sicher* es ist, dass der Stpfl die fraglichen Beträge wirklich *„zu seinen Gunsten"* hinterzogen hat. Insofern mag es Fälle geben, in denen es ermessensfehlerhaft ist, eine Frist zu setzen, die so kurz ist, dass eine sachgerechte Entscheidung in dem summarischen Verfahren über die Aussetzung der Vollziehung nicht mehr möglich ist. Dies gilt insbes. dann, wenn der Stpfl angesichts einer Weigerung der FinB das Finanzgericht anrufen muss und dieses nicht innerhalb einer relativ kurzen Frist entscheiden wird. Gleichfalls mag sich eine zunächst scheinbar angemessene Frist als unangemessen kurz herausstellen, wenn der Stpfl vor Ablauf der Rechtsbehelfsfrist Einspruch einlegt und einen Antrag auf Aussetzung der Vollziehung stellt, der ernstliche Zweifel iS des § 361 II AO an der Rechtmäßigkeit der Nachforderung hervorruft. In solchen Fällen ist dann eine *„Nachfrist"* die neue, korrekte Fristsetzung (vgl. auch Kohlmann/*Kohlmann* 106 zu § 371).

3. Die Nachzahlung der verkürzten Steuern

169 Die rechtzeitige Nachzahlung ist – wie die rechtzeitige Berichtigung – eine **objektive Voraussetzung** für den Erwerb des Anspruchs auf Straffreiheit. Es kommt daher nicht darauf an, ob der Stpfl die Frist zur Nachzahlung schuldhaft versäumt hat oder nicht (RG 27.11.1939, RGSt 73, 368, 369). Erforderlich ist jedoch, dass er von der Fristsetzung positive Kenntnis hatte (Rn. 162) und die Frist angemessen war. Bei unverschuldeter Versäumung einer dem Stpfl bekannten angemessenen Frist ist weder Nachsicht gemäß § 110 AO noch Wiedereinsetzung in den vorigen Stand gemäß §§ 44 ff. StPO möglich (RG 27.11.1939, RGSt 73, 368, 369; zust. *Suhr* BB 1951, 222; *Berger* BB 1951, 304). Aus keinem Grunde kann der Stpfl verlangen, dass er so gestellt werden müsse, als wenn er fristgerecht gezahlt hätte (aM *Wegemer* StP 1952, 576 für den Fall eines fehlenden Hinweises auf die Bedeutung der Nachzahlungsfrist).

170 **In welcher Form die Nachforderung getilgt wird,** ist für die Straffreiheit nach § 371 III AO unerheblich. Außer Barzahlung und Überweisung (vgl. § 224 II) kommt auch eine Aufrechnung des Stpfl mit unstreitigen Erstattungs- oder Vergütungsansprüchen in Betracht (vgl. § 226), sofern sich die gegenseitigen Ansprüche innerhalb der Nachzahlungsfrist aufrechenbar gegenüber stehen (HHSp-*Rüping* 138, Kohlmann/*Kohlmann* 112.1 zu § 371). Die Aufrechnung kann auch von der FinB erklärt werden (vgl. RG 2.3.1925, RGSt 59, 115). Wird vom Stpfl ein Verrechnungsantrag gestellt, ohne dass ein Erstattungsanspruch, der mit der Nachzahlung verrechnet werden könnte, bereits fällig wäre, wirkt die Aufrechnung nicht zurück, weil die Verrechnung frühestens zu dem Zeitpunkt erfolgen kann, in dem der Erstattungsanspruch fällig war (vgl. *Tipke/Kruse* 20 zu § 226). Denn in solchem Fall muss der Stpfl nicht nur den Antrag auf Verrechnung stellen, sondern zugleich eine Stundung der Abschlusszahlung bzw. eine Verlängerung der Nachzahlungsfrist zu erreichen versuchen.

171 Bei Zahlung durch Scheck war bislang der Tag des Eingangs bei der FinB maßgebend, soweit dieser später eingelöst wird (§ 224 II Nr. 1 AO aF). Seit der Änderung durch G v. 19.12.2006 (BGBl. 2006 I 2876) gilt die Zahlung erst drei Tage nach Eingang des Schecks als geleistet.

Reichen die innerhalb der gesetzten Nachzahlungsfrist gezahlten Beträge nicht aus, um sämtliche fälligen Steuerschulden zu tilgen, muss das FA grundsätzlich die Zahlungen zunächst auf die hinterzogenen Beträge anrechnen. Dies entspricht dem in § 366 II BGB (vgl. auch § 225) ausgeprägten allgemeinen Rechtsgedanken, dass mangels einer anderen Bestimmung des Schuldners eine Zahlung auf die lästigste Verbindlichkeit des Schuldners anzurechnen ist (BGH 3.6.1954, BGHSt 7, 336, 343; HHSp-*Rüping* 136 zu § 371). Die Lästigkeit wird sich dabei aber nach dem Strafrisiko bestimmen müssen (ebenso Kohlmann/*Schauf* 115 zu § 371). Insofern liegt es nicht fern, Teilbeträge zunächst auf verkürzte Lohnsteuer, sodann auf verkürzte Umsatzsteuer und erst dann auf verkürzte Personensteuern zu verrechnen. Im Hinblick auf die betreffende Steuerart wird sodann der jüngere Betrag zu verrechnen sein, weil – entgegen den üblichen Regeln – vor dem Hintergrund des strafmildernden Zeitablaufs zwischen Tat und Aburteilung die länger zurückliegende Tat „weniger lästig" ist. Dieses Prinzip der „Lästigkeit" wird man auch heranziehen müssen, wenn das FA im Vollstreckungswege vorgeht, etwa nach der Selbstanzeige für die noch nicht strafrechtlich verjährten Zeiträume zugleich eine Änderung solcher Besteuerungszeiträume erfolgt, für die zwar die strafrechtliche Verjährung, nicht jedoch die Festsetzungsfrist abgelaufen ist. Verrechnet hier das FA mit den strafrechtlich verjährten Zeiträumen, und reichen die liquiden Mittel sodann nicht mehr aus, um die noch strafbefangenen Beträge zu entrichten, wird man eine Verrechnung mit strafrechtlich verjährten Zeiträumen als nicht ermessensgerecht iS des § 225 III AO ansehen müssen und für strafrechtliche Zwecke von einer Zahlung für die strafbefangenen Zeiträume ausgehen müssen. 172

Nach neuem Recht wird der Nachzahlende nicht mehr straffrei, *soweit* er bezahlt, sondern nur, *wenn* er die zu seinen Gunsten hinterzogene Steuern nachentrichtet. Wer also auf die einzelnen Jahre nur Teilzahlungen leistet, kommt nicht in den Genuss der Straffreiheit (*Helml* 2014, 151 f.). Da das Gesetz aber von *„der Tat"* und nicht von *„Taten"* spricht, bleibt es möglich, dass z. B. nur die Steuerschuld für vier von fünf Jahren beglichen wird und dann für diese vier Jahre Straffreiheit eintritt (vgl. HHSp-*Rüping* 134, RK-*Kemper* 404 zu 371; MüKoStGB/*Kohler* AO § 371 Rn. 142; *Helml* 2014, 151; *Joecks* SAM 2010, 144; *Hechtner* DStZ 2011, 265, 270; *Rolletschke/Roth* Stbg 2011, 200, 204; aM Kohlmann/*Schauf* 115 zu § 371). 173

Für die Rechtslage ab 1.1.2015 meint allerdings der Finanzausschuss des Bundestages, mit der Erweiterung des Selbstanzeigezeitraumes auf (mindestens) zehn Jahre korrespondiere auch die Pflicht zur Nachzahlung. Daraus folge, *„dass auch bei einfacher Steuerhinterziehung zehn Jahre Steuern nachzuzahlen und zu verzinsen sind"* (BT-Drs. 18/3439, 6). Dies ist zweifellos richtig, damit ist aber noch nicht gesagt, dass die Strafbefreiung für die strafrechtlich noch nicht verjährten Jahre davon abhängt, dass (auch) Steuern und Zinsen für die strafrechtlich bereits verjährten Jahre gezahlt werden. Das Gesetz spricht unverändert von *„der Tat"* und nicht von *„Taten"* (Rn. 173). Die Interpretation des Gesetzgebers kommt im Gesetzeswortlaut nicht zum Ausdruck, eine Stellungnahme des Finanzausschusses kann den Wortlaut der Norm nicht überspielen. Straffreiheit tritt also schon dann ein, wenn die strafrechtlich unverjährten Jahre „bedient" werden (ebenso *Wulf* wistra 2015, 163). Insofern ist die Erweiterung des Zeitraums in § 371 I 2 nF eine *lex imperfecta.* Dies scheint auch der Regierungsentwurf so zu sehen. Er spricht lediglich von einer Ausdehnung der Berichtigungspflicht auf Jahre, die die FinB bislang schätzen musste (BT-Drs. 18/3018, 11). 174

Eine Niederschlagung nach § 261 AO erfüllt die Bedingung des § 371 III AO nicht, da diese keine schuldtilgende Wirkung hat. Gleiches gilt für eine Sicherheitsleistung, da sie kein Zahlungssurrogat darstellt, sondern nur die Sicherheit der Nachforderung gewährleisten soll. Demgegenüber kann eine Ausnahme nur gelten, wenn die Sicherheit durch Hinterlegung von Geld erbracht wird (§ 241 I 1; aM *Wassmann* ZfZ 1990, 42; Kohlmann/*Kohlmann* 112.2 zu § 371). Die Pfändung und Überweisung einer Forderung genügt nicht (RK-*Kemper* 402 zu § 371). 175

176 **Ein Erlass der hinterzogenen Steuern nach § 227 AO** erfüllt wegen der schuldtilgenden Wirkung auch die Bedingung des § 371 III AO (insoweit ebenso Kohlmann/*Kohlmann* 112.4 zu § 371). Allerdings vertritt *Kohlmann* (aaO) die Auffassung, ein Erlass oder Teilerlass verstoße gegen das Bestimmtheitsgebot des Art. 103 II GG, weil die FinB dann in eigenem Ermessen entscheide, ob und inwieweit ein Steuerhinterzieher bestraft werde. Die Frage ist von relativ geringer praktischer Bedeutung, da man entgegen *Franzen* (3. Aufl., Rn. 154 zu § 371) es nicht ausreichen lassen wird, dass der Erlassantrag vor Ablauf der Frist gestellt ist. Da der Erlass ex nunc wirkt, tritt die schuldtilgende Wirkung und damit die fristgerechte Nachzahlung erst dann ein, so dass die Frist in der Regel versäumt ist. Eine andere Frage ist, ob wegen anhängiger, aussichtsreicher Erlassverhandlungen nicht die dem Stpfl gesetzte Frist im Einzelfall zu kurz bemessen war, so dass mangels wirksamer Frist der Erlass doch noch die Voraussetzungen des § 371 III AO erfüllt. Da jedoch in Fällen der Hinterziehung die Erlasswürdigkeit regelmäßig fehlen wird (BFH 29.4.1981, BStBl. II 1981, 726; BFH 17.12.2007, BFH/NV 2008, 338 zum Insolvenzdelikt), dürfte dieser Fall nicht häufig vorkommen.

177 **Wer die Nachzahlung leistet,** ist für die strafbefreiende Wirkung der Selbstanzeige unerheblich. Der Steuerhinterzieher muss die von ihm geschuldete Nachzahlung nicht persönlich aufbringen. Wenn ein Gesamtschuldner fristgerecht zahlt, kommt die Tilgungswirkung der Zahlung auch den anderen Gesamtschuldnern (Tätern oder Teilnehmern an der Steuerhinterziehung) zugute, soweit sie die Berichtigungserklärung rechtzeitig abgegeben haben und die ihnen zur Nachzahlung gesetzte Frist noch nicht abgelaufen ist (BGH 7, 336, 342 v. 3.6.1954; HHSp-*Rüping* 137 zu § 371).

178 **Auch ein unbeteiligter Dritter** kann die nachzuzahlenden Steuern für den Täter der Steuerhinterziehung, der Selbstanzeige erstattet hat, mit strafbefreiender Wirkung entrichten. Selbst im Falle des § 371 III AO liegt in der Zahlung fremder Steuern keine Strafvereitelung iS des § 258 StGB (RK-*Kemper* 409 zu § 371, MüKoStGB/*Kohler* AO § 371 Rn. 141; vgl. zur Zahlung fremder Geldstrafen BGH 7.11.1990, BGHSt 37, 226).

179 Hat ein Steuerpflichtiger für einen Teil seiner eigenen Einkünfte einen **Strohmann** vorgeschoben, sollen nach *Bauerle* (DStZ 1956, 343) im Falle der Selbstanzeige des wirklichen Sachverhalts die von dem Strohmann (vor der Selbstanzeige) entrichteten Steuern auf die von dem Stpfl nachzuzahlenden Steuern nicht angerechnet werden (zust. *Suhr* 1. Aufl. S. 148; zw. *List* S. 34). Diese Auffassung ist so unzutreffend. Entscheidend ist, inwiefern der Steuerbescheid des Strohmanns noch nach Maßgabe des § 173 I Nr. 2, § 174 I AO geändert werden kann, dieser den Erstattungsanspruch formgültig an den Täter abgetreten hat und die Aufrechnung vor dem Ablaufen der Nachzahlungsfrist wirkt oder ein entsprechender Verrechnungsvertrag geschlossen wird. Im Übrigen ist davon auszugehen, dass in diesen Fällen ein Ermessensfehlgebrauch vorläge, würde man die Frist für die Nachzahlung der verkürzten Steuer nicht an die zeitlichen Abläufe der Erstattung beim Strohmann anpassen. Die unterschiedlich langen Bearbeitungszeiten der Selbstanzeige und der Änderung des Steuerbescheides des Strohmannes dürfen nicht zum Nachteil des Stpfl wirken.

180 Gerät der Täter, der eine Selbstanzeige erstattet hat, **in Insolvenz,** kann er die hinterzogenen Steuern nicht nachentrichten. Erfolgt die Zahlung aber durch Dritte, kommt ihm dies zugute. Die Zahlung einer fremden Steuerschuld ist ebenso wenig Strafvereitelung, wie die Bezahlung fremder Geldstrafen (Rn. 178).

181 Zweifelhaft ist aber die Rechtslage, wenn der Täter noch kurz vor Insolvenzeröffnung die Zahlung geleistet hat und der Insolvenzverwalter die Zahlung nach §§ 129 ff. InsO anficht. Da dem FA häufig die Vermögensverhältnisse des Stpfl bekannt sind, werden oftmals die Voraussetzungen der Vorsatzanfechtung nach § 133 InsO vorliegen (*Klaproth* wistra 2008, 174, 175). Im Einzelfall mag die Zahlung der Steuerschuld sogar den Tatbestand der Gläubigerbegünstigung (§ 283c StGB) erfüllen. Nach Auffassung von *Klaproth* (wistra 2008, 174, 175) verbleibt es bei der strafbefreienden Wirkung der Selbstanzeige, wenn die FinB das Geld an den Insolvenzverwalter bzw. die Masse auskehren muss. Andererseits will auch

er eine Selbstanzeige verneinen, wenn der aus der Selbstanzeige resultierende Betrag im Wege des Lastschriftverfahrens vom Konto des Täters eingezogen und später erfolgreich vom Insolvenzverwalter widerrufen wird. Immerhin sei die Zahlung erst dann endgültig wirksam, wenn ihr der Schuldner zugestimmt habe (*Klaproth* wistra 2008, 174, 175 unter Hinweis auf BGH 25.10.2007, ZIP 2007, 2273). Erfolgt die Zahlung durch einen unbeteiligten Dritten, etwa einen nahen Angehörigen, kommt es nicht zu einer Verringerung der Aktivmasse des Schuldners. Insofern wird in solchen Fällen bei direkter Zahlung der Steuern eine Insolvenzanfechtung nicht in Betracht kommen (*Klaproth* wistra 2008, 174, 176).

4. Die Zahlung der Hinterziehungszinsen

Bei Selbstanzeigen ab 1.1.2015 verlangt das Gesetz nicht nur die Nachzahlung verkürzter **182**
Steuern, sondern auch die Zahlung von Hinterziehungszinsen nach § 235. Da sich dieses Erfordernis auf die Verzinsung der Steuern bezieht, die der Täter „zu seinen Gunsten" verkürzt hatte, wird der angestellte Geschäftsführer weiterhin Straffreiheit ohne Zahlungen erlangen können (oben Rn. 144).

Ob sich die Obliegenheit zur Zahlung der Hinterziehungszinsen auch auf solche Jahre **183**
bezieht, die strafrechtlich bereits verjährt sind, nach der Neuregelung des § 371 I aber ebenfalls berichtigt werden müssen, ist zweifelhaft. Der Finanzausschuss (BT-Drs. 18/3439, 6) geht davon aus, dass die Erweiterung des Abs. 1 auch auf solche Altjahre in der Form durchschlägt, dass diese von *„der Nachversteuerungs- bzw. Verzinsungspflicht"* umfasst würden. Tatsächlich gibt der Gesetzeswortlaut eine solche Auslegung nicht her (Rn. 174).

einstweilen frei **184–199**

IV. Negative Wirksamkeitsvoraussetzungen nach § 371 II AO

Schrifttum: *Mattern,* Steuerliche Selbstanzeige und Betriebsprüfung, NJW 1952, 492; *Maaßen,* Negative Wirksamkeitsvoraussetzungen der Selbstanzeige nach § 410 AO, FR 1954, 293; *Kopacek,* Wann tritt Straffreiheit durch Selbstanzeige nicht ein?, BB 1961, 41; *Coring,* Einzelfragen zur Selbstanzeige während der Betriebsprüfung, DStR 1963, 373; *Pfaff,* Erscheinen eines Amtsträgers der Finanzbehörde zur steuerlichen Prüfung oder zur Ermittlung einer Steuerzuwiderhandlung (§ 371 I Nr. 1a AO 1977), StBp 1977, 39; *Brenner,* Erscheinen des Betriebsprüfers – Ausschluß der Selbstanzeige, StBp 1979, 1; *Arens,* Die Selbstanzeige bei der Außenprüfung, StWa 1982, 167; *Zwank,* Zur Prüfung umsatzsteuerlicher Sachverhalte im Rahmen von Lohnsteuer-Außenprüfungen (Prüfungskombination), BB 1982, 982; *Arendt,* Die Ausschlußgründe bei der Selbstanzeige, ZfZ 1985, 267; *Brauns,* Die Auslegung des § 371 AO im Spannungsfeld strafrechtlicher und steuerpolitischer Zielsetzungen, wistra 1985, 171; *Streck,* Praxis der Selbstanzeige, DStR 1985, 9; *Franzen,* Grenzen der strafbefreienden Selbstanzeige, wistra 1986, 210; *Brauns,* Materiell-strafrechtliche Aspekte der Selbstanzeige, wistra 1987, 233; *Joecks,* Möglichkeiten der Selbstanzeige in der Außenprüfung, Stbg 1987, 284; *Teske,* Die Bekanntgabe der Einleitung eines Straf- und Bußgeldverfahrens (§ 371 II Nr. 1b) AO) durch Durchsuchungsbeschlüsse, wistra 1988, 287; *Zacharias,* Zu den Anforderungen an die strafbefreiende Selbstanzeige iSd § 371 AO unter besonderer Berücksichtigung des Grundsatzes der Vollständigkeit der selbstangezeigten hinterzogenen Beträge, DStZ 1988, 391; *Bilsdorfer,* Information der Geschäftspartner bei Ankündigung der Außenprüfung?, StBp 1988, 87; *Weyand,* Selbstanzeige und Betriebsprüfung, StBp 1989, 106; *Stahl,* Aktuelle Erkenntnisse zur Selbstanzeige, KÖSDI 1988, 7431; *Schmidt-Siebig,* Wiederholungsprüfung und Selbstanzeige, StBp 1987, 245; *Mösbauer,* Sperre für die strafbefreiende Selbstanzeige, NStZ 1989, 11; *Wassmann,* Der Ausschlußgrund bei der Selbstanzeige nach § 371 II Nr. 1a AO, ZfZ 1990, 242; *Rainer,* Beratungshinweise zur Selbstanzeige vor und während der Betriebsprüfung oder Steuerfahndung, DStR 1992, 901; *Mösbauer,* Erscheinen in Prüfungsabsicht und Beginn der Außenprüfung, StBp 1997, 57; *Burkhard,* Die Sperrwirkung des § 371 Abs. 2 Nr. 1a AO, wistra 1998, 216, 256; *Hoffmann,* Die Ausschlußtatbestände der Selbstanzeige bei Steuerhinterziehung, 1998; *Mösbauer,* Materiell-rechtliche Folgerungen der Anordnung einer steuerrechtlichen Außenprüfung, StBp 1998, 127; *Burkhard,* Die Sperrwirkung des § 371 Abs. 2 AO gegenüber Bankmitarbeitern und Bankkunden bei Erscheinen der Steuerfahndung in den sog Bankenfällen, DStZ 1999, 783; *Mösbauer,* Das Erscheinen eines Amtsträgers der Finanzbehörde zur steuerlichen (Außen-)Prüfung als Sperre für die Straffreiheit nach § 371 AO, StBp 1999, 225; *Theil,* Selbstanzeige nach § 371 AO: Berichtigung und Erscheinen eines Amtsträgers, StB 1999, 108; *Keller/Kelnhofer,* Die Sperrwirkung des § 371 Abs. 2 AO unter besonderer Berücksichtigung der neuen Rechtsprechung des BGH, wistra 2001, 369; *Meyer,* Steuerstrafrechtliche Probleme bei Betriebsprüfungen, DStR 2001, 461; *Rüping,* Tatausgleich durch Selbstanzeige, wistra 2001, 121; *Crößmann,* Die Umsatzsteuer-Nachschau, StBp 2002, 165; *Heerspink,* Selbstanzeige – Neues und Künftiges – Zugleich eine kritische Betrachtung der Rechtswirklichkeit, BB 2002, 910; *Gast-deHaan,* Ist § 27b UStG verfassungswidrig?, PStR 2002, 264; *Grötsch,* Persönliche Reichweite der Sperrwirkung im Rahmen des § 371 Abs. 2 AO unter besonderer Berücksichtigung von Personen- und Kapitalgesellschaften, 2003; *Rund,* Der Ausschluss der Selbstanzeige – Praktische Prüfungsüberlegungen vor der Abgabe der Selbstanzeige, AO-StB 2003, 207; *Bergmann/Eickmann,* Die Ausschlussgründe der strafbefreienden Erklärung und Selbstanzeige im Vergleich, wistra 2004, 372; *Spatscheck,* Bestimmtheit von Strafverfolgungshandlungen, AO-StB 2004, 262; *Salditt,* Selbstanzeige im Fall rechtswidriger Prüfung?, PStR 2005, 233; *Griesel/Mertes,* Rechte und Pflichten: Wenn der Betriebsprüfer ein Strafverfahren einleitet, PStR 2006, 85; *J. R. Müller,* Löst eine rechtswidrige Betriebsprüfung die Sperrwirkung des § 371 Abs. 2 Nr. 1a AO aus?, Stbg 2006, 137; *Tormöhlen,* Steuerverfahrensrechtliche, steuerstrafrechtliche und verfassungsrechtliche Problemfelder der Umsatzsteuer-Nachschau, UVR 2006, 84; *Wolsfeld,* Wer ist Amtsträger im Sinne des § 371 Abs. 2 Nr. 1a AO?, PStR 2006, 20; *Apitz,* Das Verhältnis einer rechtswidrigen oder nichtigen Prüfungsanordnung/-durchführung zur strafbefreienden Selbstanzeige, StBP 2007, 1; *Rolletschke,* Verfahrenseinleitung aufgrund einer Selbstanzeige, wistra 2007, 89; *Schelling,* Selbstanzeige zwischen Prüfungsanordnung und Betriebsprüfung, PStR 2008, 35; *Kemper,* Der neue Sperrtatbestand der Bekanntgabe einer Prüfungsanordnung in § 371 AO, NZWiSt 2012, 56; *Erdbrügger/Jehke,* Die Erleichterungen bei der strafbefreienden Selbstanzeige im Bereich der Umsatz- und Lohnsteuer zum 1.1.2015 (§ 371 Abs. 2a AO), DStR 2015, 385; *Wulf,* Die „prüfungsbezogenen" Sperrgründe nach der Reform des § 371 Abs. 2 AO, SAM 2015, 16; s. ferner vor Rn. 261, 301, 341 und 354.

1. Grundgedanke der Regelung

200 Das der **Schadenswiedergutmachung** dienende berichtigende Verhalten des Stpfl führt nicht zu Straffreiheit, wenn die Berichtigungserklärung in einer Situation abgegeben wird, in der ein Festhalten an dem ursprünglichen Tatplan offenbar nicht vernünftig wäre (zur Begründung der Freiwilligkeit beim Rücktrit vom Versuch vgl. SK-*Rudolphi* 19 ff. zu § 24 StGB).

201 Wer etwa im Rahmen der laufenden Betriebsprüfung oder Steuerfahndungsprüfung ursprüngliche Erklärungen korrigiert, tut dies regelmäßig unter dem Eindruck des Umstandes, dass der Prüfer die entsprechenden Fehler ohnehin erkennen wird. Wer nach Einleitung des Strafverfahrens die Versäumnisse der Vergangenheit offenbart, tritt lediglich die Flucht nach vorne an und versucht, durch ein rückhaltloses Geständnis seine Position zu verbessern. Auch wer nach Tatentdeckung entsprechende Korrekturen vornimmt, tut dies, weil er erkannt hat, dass ein Festhalten an dem ursprünglichen Plan aussichtslos ist.

202 Insofern ähneln die Ausschlussgründe des § 371 II Nr. 1 und 2 AO dem **Prinzip der Freiwilligkeit,** wie es etwa den Regelungen über den Rücktritt vom Versuch (§ 24 StGB) und der tätigen Reue beim Subventionsbetrug (§ 264 V StGB) zugrunde liegt. Dabei hat es der Gesetzgeber nicht dabei belassen, eine solche Freiwilligkeit als Generalklausel in das Gesetz aufzunehmen, sondern die Situation, in der ein Täter freiwillig oder unfreiwillig handelt, generalisierend und objektivierend beschrieben. So kam es für die Sperrwirkung nach § 371 II Nr. 1a AO aF nicht darauf an, dass der Täter erfahren hat, es werde eine Prüfung stattfinden; erst mit dem Erscheinen des Prüfers war eine strafbefreiende Wirkung der Berichtigungserklärung ausgeschlossen. Unter dem Aspekt der „Freiwilligkeit" mag man zwar schon mit der Ankündigung der Prüfung die Selbstanzeige als weniger wertvoll qualifizieren; es steht dem Gesetzgeber aber frei, hier formalisierte Regelungen aufzustellen. Mit der Neuregelung zum 3.5.2011 hat der Gesetzgeber im Übrigen entschieden, dass bereits die Bekanntgabe der Außenprüfung zu einer Sperre führt. Dabei kommt es nicht darauf an, welche Motivation der Stpfl in concreto hatte; entscheidend ist, dass das Gesetz in bestimmten Situationen die Freiwilligkeit bzw. Unfreiwilligkeit objektivierend annimmt.

203 Soweit man für die Selbstanzeige **fiskalpolitische Erwägungen** in den Vordergrund stellt (vgl. Rn. 21 und Koch/Scholtz/*Scheurmann-Kettner* 22 zu § 371), gilt letztlich nichts anderes: Eine Selbstanzeige ist ausgeschlossen, wenn die Steuerquelle, die der Selbstanzeigende „zum Sprudeln bringen will", bereits von der FinB bemerkt wurde bzw. nach dem normalen Verlauf der Dinge bemerkt würde. Das Gesetz stellt starre Grenzen für die Wirksamkeit der Selbstanzeige auf, die allerdings vor dem Hintergrund der verschiedenen Wirkgründe der Straffreiheit gegebenenfalls eine restriktive Interpretation der Regelungen des § 371 II AO erfordern.

Bei der Regelung der vermuteten Unfreiwilligkeit differenziert das Gesetz: 204

– Nr. 1a, c beschreiben eine *sachbezogene Sperrwirkung,*
– Nr. 1b beschreibt eine tatbezogene Sperrwirkung,
– Nr. 2 beschreibt eine personenbezogene Sperrwirkung.

In diesen Konstellationen vermutet das Gesetz, dass Selbstanzeigehandlungen nicht auf autonomen Motiven beruhen; eine andere Frage ist, ob man nicht im Einzelfall den „Gegenbeweis autonomen Verhaltens" zulassen soll (vgl. auch Rn. 354 ff.). In den Fällen des § 371 II Nr. 3 AO regelt das Gesetz, dass Verkürzungen großen Ausmaßes (mehr als 50 000 EUR, ab 1.1.2015: 25 000 EUR) die Wirksamkeit einer Selbstanzeige hindern. Die Regelung ist Ergebnis eines Kompromisses und insofern wenig glücklich, als sie zum einen nur einen Teil der benannten besonders schweren Fälle erfasst (§ 370 III 2 Nr. 1), und dies auch nicht richtig, weil der 1. Strafsenat zwischen dem „Griff in die Kasse des Staates" (Grenze: 50 000 EUR) und anderen Fällen (Grenze: 100 000 EUR) differenziert (Rn. 539 zu § 370). Diese unglückliche Differenzierung erledigt sich für Selbstanzeigen ab dem 1.1.2015 insofern, als der Betrag in § 371 II Nr. 3 nicht nur auf 25 000 EUR gesenkt wurde, sondern alle anderen besonders schweren Fälle nach § 370 III 2 Nr. 2 – 5 nF ebenfalls einer Sperre unterliegen (§ 371 II 2 Nr. 4).

2. Prüfungsbezogene Sperrgründe

a) Bekanntgabe einer Prüfungsanordnung (§ 371 II Nr. 1a) AO). Während nach 205 altem Recht eine Sperrwirkung im Rahmen der Außenprüfung erst mit dem Erscheinen des Prüfers einsetzte (jetzt Nr. 1c) und soweit reichte wie die Prüfungsanordnung, genügt seit 3.5.2011 die *Bekanntgabe* einer Prüfungsanordnung iSd § 196 AO. Mit der Bekanntgabe wird dem Steuerpflichtigen deutlich gemacht, dass er nunmehr einer intensiveren steuerlichen Überprüfung (vor Ort) entgegensieht. Vor diesem Hintergrund ist eine strafbefreiende Selbstanzeige nicht mehr eine autonome Entscheidung für die Rückkehr zu Steuerehrlichkeit (Rn. 27).

Die Forderung des Bundesrates, bereits die Absendung der Prüfungsanordnung für die 206 Sperrwirkung ausreichen zu lassen (BR-Drs. 138/1/10, 79 f.), ist zu Recht nicht Gesetz geworden. Eine solche Regelung hätte dazu geführt, dass man als Berater kaum noch einem Steuerpflichtigen die Selbstanzeige hätte empfehlen können, da man in der Regel nicht hätte sicher sein können, ob nicht eine Prüfungsanordnung unterwegs ist. Die Befürchtung, nunmehr müssten alle Prüfungsanordnungen mit Postzustellungsurkunde bekannt gegeben werden, scheint sich in der Praxis nicht zu bestätigen. Sollte es in Reaktion auf eine angeblich nicht angekommene Prüfungsanordnung zu einer Selbstanzeige kommen, mag der Betreffende noch einmal davongekommen sein. In seiner Person tritt dann eine Sperrwirkung erst ein, wenn der Finanzbeamte zur steuerlichen Prüfung erscheint (§ 371 II Nr. 1c); Klein/*Jäger* AO § 371 Rn. 39a).

Zum alten Recht ging man davon aus, dass die Außenprüfung nur in dem Umfang 207 sperrt, wie bestimmte Steuerarten und Steuerjahre in der Prüfungsanordnung aufgeführt waren. Bei einer Prüfungsanordnung für die Einkommensteuer 2008 bis 2010 war also eine Selbstanzeige für die Umsatzsteuer 2008 bis 2010 ebenso möglich wie eine Selbstanzeige für die Einkommensteuer vor 2008 und nach 2010. Im Hinblick auf die Möglichkeit der Selbstanzeige für eine andere Steuerart sperrt die Prüfungsanordnung für die ESt weiterhin nicht. Eine Selbstanzeige für andere Jahre der Einkommensteuerhinterziehung war aber nach dem Recht ab 3.5.2011 nicht mehr zulässig, da diese insgesamt gesperrt ist, wenn auch nur für einzelne Zeiträume einer Steuerart Prüfungsanordnungen bekannt gegeben worden sind. Diese gesetzgeberische Entscheidung ist einer teleologischen Reduktion nicht zugänglich (Klein/*Jäger* AO § 371 Rn. 39c; *Joecks* SAM 2011, 128, 131; aA *Stahl* Selbstanzeige 3. Aufl. Rn. 255). Die alte Rechtslage ist aber mit der Änderung des § 371 II mWv 1.1.2015 wieder hergestellt worden (Rn. 350).

208 Ob sich der **Zeitpunkt der Bekanntgabe** nach der Fiktion des § 122 II AO richtet (dafür HHSp-*Rüping* 141a u. RK-*Kemper* 167 zu § 371; *Wulf/Kamps* BB 2011, 1714; *Rolletschke/Roth* Stbg 2011, 200; *Beckemper/Schmitz/Wegner/Wulf* wistra 2011, 208; *Wulf* SAM 2015, 16) oder auf den tatsächlichen Zugang abzustellen ist, ist zweifelhaft. Gegen Letzteres spricht, dass dem Steuerpflichtigen entgegen der gesetzgeberischen Wertung damit noch ein kurzes Fenster verbleibt, indem er zwischen Erhalt der Anordnung und deren förmlichen fingierten Zugang eine Selbstanzeige erstatten kann. Die Verwaltung hat es aber in der Hand, dieses durch förmliche Bekanntgabe mittels Postzustellungsurkunde oder persönliche Abgabe beim Steuerpflichtigen zu vermeiden. Bei bestimmten Beratern wird sie im Zweifel auch so verfahren. Des Weiteren werden solche Selbstanzeigen sicherlich einer besonders intensiven und kritischen Überprüfung unterzogen. Die Drei-Tage-Fiktion ändert auch nichts an der Problematik, dass bei Bestreiten des Zugangs einer Prüfungsanordnung die Beweislast beim Finanzamt liegt (vgl. Klein/*Jäger* AO § 371 Rn. 39b) und dem Steuerpflichtigen ein weiteres Fenster verschafft wird, in dem er bis zum Erscheinen des Prüfers eine Selbstanzeige erstatten kann, wenn nicht schon andere Gründe der Sperrwirkung eingreifen, etwa die Entdeckung der Tat (vgl. RK-*Kemper* 167 zu § 371).

209 Ob die Neuregelung eine **telefonische Terminabsprache** zwischen dem Prüfer einerseits und dem Berater bzw. Steuerpflichtigen andererseits untersagt, ist zweifelhaft. Die Problematik war in der Anhörung des Finanzausschusses am 21.2.2011 von Vertretern der deutschen Industrie gerade im Hinblick auf die Groß- und Konzernbetriebsprüfung thematisiert worden, ohne dass sich entsprechende Äußerungen im Bericht des Finanzausschusses fänden. Teilweise hält man eine solche Absprache nicht mehr für zulässig, weil damit diese Steuerpflichtigen besser gestellt würden als andere Steuerpflichtige (so *Wulf/Kamps* BB 2011, 1711, 1714; RK-*Kemper* 167 zu § 371; vgl. auch *Klaproth* Stbg 2015, 75).

210 Aus dem Gesetz selbst ergibt sich aber ein solches Verbot nicht; in einem Anruf bereits eine versuchte Strafvereitelung zu sehen, wäre überzogen. Überdies sprechen Bedürfnisse der Praxis für eine solche Vorgehensweise. Andererseits ist nicht zu leugnen, dass damit eine Ungleichbehandlung eintritt. Sollte sich herausstellen, dass nach solchen Terminabsprachen in größerem Umfange Selbstanzeigen erstattet werden, wird man in der Verwaltung einfach einen Termin bestimmen und bekannt geben, um dann in der Folge eine entsprechende Absprache über die Änderung des Beginns der Prüfung durchzuführen.

211 Bei der persönlichen Reichweite der Sperrwirkung kommt es darauf an, wann die Selbstanzeige erstattet wurde. Die Sperrwirkung tritt bei Selbstanzeigen vor dem 1.1.2015 nur gegenüber demjenigen ein, der Steuerpflichtiger oder dem Steuerpflichtigen als dessen Organ gleichgestellt ist. Für externe Berater oder nicht vertretungsberechtigte Mitarbeiter des Steuerpflichtigen kann eine Sperrwirkung erst eintreten, wenn ein Prüfer zur steuerlichen Prüfung erschienen ist (HHSp-*Rüping* 141b zu § 371; *Wulf/Kamps* BB 2011, 1711, 1715; *Beckemper/Schmitz/Wegner/Wulf* wistra 2011, 281, 289). Ob es genügt, dass der Berater oder Mitarbeiter von der Bekanntgabe der Prüfungsanordnung in irgendeiner Form Kenntnis erlangt, ist zweifelhaft.

212 Nach der Begründung des Regierungsentwurfs zur Reform der Selbstanzeige per 1.1.2015 soll der Sperrgrund der Prüfungsanordnung allerdings schon dann eingreifen, wenn eine solche auch nur dem „Begünstigten" bekanntgegeben worden ist (BT-Drs. 18/3018, 11). Getroffen werden damit insbesondere ausgeschiedene Mitarbeiter. Ob der Betroffene dann davon Kenntnis hat oder nicht, scheint gleichgültig zu sein (BT-Drs. 18/3018, 11; *Joecks* DStR 2014, 2262; *Madauß* NZWiSt 2015, 41). Ob der 1. Strafsenat des BGH dieser Linie folgen wird, bleibt abzuwarten. Angesichts der Rigidität, mit der er den Anwendungsbereich der Selbstanzeige seit Übergang der Zuständigkeit zum 1.8.2008 eingrenzt, liegt dies nicht fern. Die Regelung wird jedenfalls dazu führen, dass Selbstanzeigen durch ehemalige Mitarbeiter eher Seltenheit sein werden, da diese regelmäßig nicht wissen, ob ein solcher Sperrgrund etwa durch Bekanntgabe der Prüfungsanordnung (bereits) eingetreten ist (*Beneke* BB 2015, 408; *Joecks* DStR 2014, 2263).

Ob die Prüfungsmaßnahme rechtmäßig gewesen sein muss, ist zweifelhaft. Für die Sperrwirkung durch Beginn der Außenprüfung wird teilweise davon ausgegangen, nur eine rechtmäßige Prüfung könne die Sperrwirkung des § 371 II Nr. 1c AO auslösen (Kohlmann/*Schauf* 155.5 zu § 371; *Wassmann* ZfZ 1990, 247; BayObLG 17.9.1986, wistra 1987, 77). Tatsächlich ist insbes. die formale Rechtmäßigkeit einer Außenprüfungsanordnung von so vielen Kriterien abhängig, dass eine Anknüpfung daran nicht sachgerecht scheint (ebenso *Hoffmann* 1998, 176). Naheliegender ist, nach der Verwertbarkeit der Erkenntnisse zu fragen und damit die Lehre von den Verwertungsverboten zu bemühen (HHSp-*Rüping* 153 zu § 371; *Schmidt-Liebig* StBp 1987, 247; *Joecks* Stbg 1987, 287; *Hoffmann* 1998, 176). Entgegen *Rüping* (HHSp-*Rüping* 153 zu § 371) wird man aber nicht darauf abstellen können, inwiefern eine *steuerrechtliche* Verwertbarkeit entfällt, sondern allein strafprozessuale Regeln zugrundelegen können (zust. *Hoffmann* 1998, 176). 213

Leidet hingegen die Prüfungsanordnung an materiellen Mängeln, vermag sie die Sperrwirkung des § 371 II Nr. 1a) AO nicht auszulösen. Eine andere Frage ist, inwiefern infolge der dennoch durchgeführten Prüfungshandlungen Erkenntnisse gewonnen wurden, die strafprozessual verwertbar sind, und die zu einer Tatentdeckung bzw. zu einer Verfahrenseinleitung führten. Der BGH (BGH 16.6.2005, wistra 2005, 381, 383) will die Sperrwirkung nach § 371 II Nr. 1a) AO verneinen, wenn die dem Erscheinen des Amtsträgers zugrunde liegende Prüfungsanordnung nichtig ist. Für Fälle einer bloß rechtswidrigen Prüfungsanordnung will er die Sperrwirkung offenbar ebenfalls bejahen (vgl. auch *Esskandari* DStZ 2006, 722). Dabei ist zu bedenken, dass nach dem ab 1.1.2015 geltenden Recht das Erscheinen des Prüfers neben die Bekanntgabe der Prüfungsanordnung tritt. 214

b) Erscheinen eines Amtsträgers zur steuerlichen Prüfung (§ 371 II Nr. 1c) AO). Sobald *„ein Amtsträger der Finanzbehörde zur steuerlichen Prüfung oder zur Ermittlung einer Steuerstraftat oder einer Steuerordnungswidrigkeit erschienen“* war, hatte nach der bis zum 1.1.2015 geltenden Regelung eine nach § 371 I AO wegen Steuerhinterziehung erstattete Selbstanzeige keine strafbefreiende Wirkung mehr; anders bei Selbstanzeigen nach § 378 III AO wegen leichtfertiger Steuerverkürzung. Mit der Neuregelung wird in Nr. 1c) der Außenprüfer, in Nr. 1d) der Ermittlungsbeamte und in Nr. 1e) der zur Nachschau Erscheinende erfasst. Ist die Prüfung eine solche im Sinne des § 196 AO, tritt schon mit der Bekanntgabe der Prüfungsanordnung die Sperrwirkung ein (Rn. 205 ff.). 215

Bei Vorsatztaten hatte sich die durch Novelle vom 7.12.1951 (Rn. 6) eingeführte Sperre als erforderlich erwiesen, weil der Täter sonst die Entdeckung der Tat durch den Prüfer der FinB abwarten, sich dessen Feststellungen zu eigen machen und sie der FinB als *„Berichtigung“* präsentieren könnte, bevor ihm die Einleitung des Strafverfahrens bekanntgegeben wird (vgl. OLG Stuttgart 17.7.1950, DStZ/B 1950, 440). Es wäre jedoch mit dem rechtspolitischen Zweck des § 371 AO unvereinbar, eine derartige Verhaltensweise mit Straffreiheit zu belohnen. Daher soll der Vorsatztäter keine *„tätige Reue“* mehr üben können, *„wenn die Betriebsprüfung im Hause ist“* (Abg. *Dr. Mießner* in der 174. Sitzung des Bundestages v. 14.11.1951, Stenografische Berichte S. 7161 B). Eine entsprechende Regelung war bislang in Abs. 2 Nr. 1a) enthalten. 216

Der Amtsträger muss **zur steuerlichen Prüfung** erschienen sein. Für die bis zum 1.1.2015 geltende Regelung war heftig umstritten, was mit dieser Wendung gemeint war. Umstritten war insbes. die Einordnung von Richtsatzprüfungen und der USt-Nachschau. **Bei Richtsatzprüfungen,** die von der Finanzverwaltung vorgenommen werden, um für bestimmte Branchen Vergleichszahlen (durchschnittliche Gewinnsätze) zu ermitteln, kommt es darauf an, ob der Richtsatzprüfer sich darauf beschränken soll, die maßgebenden Zahlen ohne nähere Prüfung aus der Buchführung des Richtsatzbetriebs zu entnehmen, oder ob mit der Richtsatzprüfung zugleich eine Betriebsprüfung verbunden werden soll (HHSp-*Rüping* 147, Kohlmann/*Schauf* 136 zu § 371; *Wassmann* ZfZ 1990, 244). Da § 371 II Nr. 1c) nF die Sperrwirkung *„auf den sachlichen und zeitlichen Umfang der Außenprüfung“* 217 beschränkt und die Nachschau ausdrücklich in § 371 II Nr. 1e) geregelt ist, kann mit der steuerlichen Prüfung nur die Außenprüfung gemeint sein.

218 **Amtsträger der Finanzbehörde** ist der Beamte oder Angestellte einer örtlichen Finanzbehörde, einer OFD, des Bundeszentralamts für Steuern oder einer Gemeindesteuerbehörde, der zur steuerlichen Prüfung erscheint (vgl. auch § 7; HHSp-*Rüping* 142f., Kohlmann/*Schauf* 120 zu § 371; *Lüttger* StB 1993, 375). In Betracht kommen nicht nur Amtsträger, die *ständig* im Dienst der Außenprüfung stehen, sondern auch andere Angehörige der Finanzverwaltung, die eine Prüfungsanordnung (§ 196) der zuständigen FinB ausführen wollen oder die im Veranlagungsverfahren als Prüfer tätig werden (BFH 5.4.1984, NJW 1984, 2240).

219 **Amtsträger einer anderen Verwaltungsbehörde** stehen Amtsträgern einer FinB angesichts des Wortlauts auch dann nicht gleich, wenn sie aufgrund eines Amtshilfeersuchens der zuständigen FinB tätig werden (HHSp-*Rüping* 143, *Koch/Scholtz/Scheurmann-Kettner* 24, Kohlmann/*Schauf* 122 zu § 371; *Wassmann* ZfZ 1990, 242; aM *Franzen* 3. Aufl. Rn. 73 zu § 371 *Maaßen* FR 1954, 296; *Kopacek* BB 1961, 42; *Mösbauer* NStZ 1989, 11). Freilich kann bei einem Erscheinen etwa von Polizeibeamten der Ausschlussgrund der Tatentdeckung (Rn. 301 ff.) eingetreten sein.

220 Während man bis zum 3.5.2011 darauf abstellte, auf welche Zeiträume sich die Prüfung (sanordnung) bezog, sperrte nach neuem Recht das Erscheinen etwa zur Überprüfung einer Voranmeldung für die USt für März 2014 schlechthin die Wirksamkeit einer Selbstanzeige bezüglich der USt für alle unverjährten Jahre (unklar Klein/*Jäger* AO § 371 Rn. 52), wenn es sich denn um eine „Prüfung" handelt (zur USt-Nachschau unten Rn. 224). § 371 II Nr. 1 AO bezieht sich auf alle drei Alternativen, also auch auf die des Erscheinens eines Prüfers (*Joecks* SAM 2011, 128, 132).

221 Mit der Neuregelung zum 1.1.2015 ist die bis zum 3.5.2011 geltende Rechtslage wiederhergestellt. Nach § 371 II 2 nF tritt die Sperre nur für die Jahre ein, auf die sich die Außenprüfung erstreckt. Hintergrund für diese Rückkehr zur alten Rechtslage mag sein, dass die Mitwirkungsbereitschaft des Stpfl vergrößert wird, wenn er die Chance hat, zumindest für einige Jahre noch Straffreiheit zu erlangen.

222 **Steuerliche Prüfung** ist nach bislang hM jede (rechtmäßige) Maßnahme der Finanzbehörde, die der Ermittlung und Erfassung der steuerlichen Verhältnisse eines Stpfl dient und das Ziel richtiger und vollständiger Steuerfestsetzung verfolgt (BayObLG 17.9.1986, wistra 1987, 77, 78; HHSp-*Rüping* 147 zu § 371; *Lüttger* StB 1993, 376; *Wassmann* ZfZ 1990, 243) bzw. der Feststellung dient, ob der Stpfl seine steuerlichen Pflichten richtig erfüllt hat (*Terstegen* S. 123). Erfasst sind damit zunächst einmal die Fälle der Außenprüfung iS des § 193 AO, gleichgültig, ob die Prüfung aus besonderem Grund beabsichtigt ist oder ob es sich um eine turnusmäßige Betriebsprüfung handelt (*Burkhard* wistra 1998, 220), ob Gegenstand der Prüfung verschiedene Steuerarten sind oder aber eine Sonderprüfung, etwa im Hinblick auf die Umsatzsteuer stattfinden soll. Ebenso erfasst sind Prüfungen der Steuer- und Zollfahndung iS des § 208 I 1 Nr. 3, II AO (OLG Celle 27.3.2000, wistra 277 m. Anm. *Rüping* wistra 2001, 121; HHSp-*Rüping* 148 zu § 371). Nach hM soll eine Prüfung auch dann gegeben sein, wenn etwa ein Finanzbeamter in den Räumen des Stpfl prüfen soll, ob bestimmte Angaben in Stundungs- oder Erlassanträgen (§§ 222, 227) zutreffen oder ob das von einem Vollstreckungsschuldner im Verfahren nach § 284 AO abgegebene Vermögensverzeichnis oder die von einem Dritten abgebene Drittschuldnerklärung (§ 316) zutreffen (*Franzen* 3. Aufl., Rn. 75 zu § 371). Ebenfalls soll die *„betriebsnahe Veranlagung"* (HHSp-*Rüping* 148 zu § 371) und die Prüfung von Büchern, Geschäftspapieren und sonstigen Urkunden (§ 97) erfasst sein (HHSp-*Rüping* 148 zu § 371 unter Hinweis auf BayObLG 17.9.1986, wistra 1987, 77; *Weyand* StBp 1989, 109). Demgegenüber sollen Liquiditätsprüfungen nicht der steuerlichen Überprüfung des Stpfl dienen, Richtsatzprüfungen nur insoweit, als sie zugleich die Ermittlung von Besteuerungsgrundlagen im Einzelfall zum Gegenstand haben (Kohlmann/*Schauf* 136.2, HHSp-*Rüping* 147 zu § 371; *Mösbauer* StBp 1999, 228). Nicht zur steuerlichen Prüfung soll ein Außenwirtschaftsprüfer

erscheinen, obwohl er zur Betriebsprüfungsstelle der Zollabteilung einer OFD gehört (*Brenner* StBp 1979, 1). Bei Vollziehungsbeamten soll differenziert werden: Erscheine der Vollziehungsbeamte einer FinB mit einem die Überprüfung von Angaben betreffenden Sonderauftrag, soll auch er *„zur steuerlichen Prüfung erschienen"* sein (*Pfaff* StBp 1977, 40). Anders soll es sein, wenn er nur einen Vollstreckungsauftrag ausführen will (vgl. *Wassmann* ZfZ 1990, 244).

Diese Auffassungen erscheinen zum Teil ungereimt (zust. *Hoffmann* 1998, 110). Auch der Vollstreckungsbeamte erscheint zur steuerlichen Prüfung, ob vollstreckbare Habe zur Begleichung von Steuerschulden vorhanden ist. Ebenso würde der Wortlaut des § 371 AO auch solche Fälle erfassen, in denen der Steuerfahnder im Rahmen von Ermittlungen iS des § 208 AO bei einem Stpfl lediglich erscheint, um diesen vor Ort als Zeuge in einem gegen Dritte gerichteten Steuerstrafverfahren zu vernehmen: Auch in diesem Zusammenhang erscheint der Steuerfahndungsbeamte immerhin zu einer steuerlichen Prüfung, wenngleich der der steuerlichen Verhältnisse eines anderen. Diese Ungereimtheiten und die Schwierigkeiten einer Begrenzung der Sperrwirkung in einer Vielzahl von *„Prüfungen"* (siehe unten Rn. 235) sprechen dafür, für den Begriff der Prüfung auf § 171 IV, V AO abzustellen (dazu HHSp-*Banniza* 73 ff. zu § 171) und andere Ermittlungshandlungen iS des § 92 AO schlechthin nicht für die Sperrwirkung nach § 371 II Nr. 1a) und c) AO genügen zu lassen. Eine betriebsnahe Veranlagung sperrt dementsprechend die strafbefreiende Selbstanzeige nicht (ebenso *Marschall* BB 1998, 2553; aM BayObLG 17.9.1986, wistra 1987, 77). Auch für das Erscheinen des Vollziehungsbeamten sind die Differenzierungsbemühungen der hM (Rn. 222) entbehrlich. Eine andere Frage ist, inwiefern die Ermittlungshandlungen iS des § 92 AO zu einer Tatentdeckung bzw. zur Einleitung des Strafverfahrens führten. 223

Die **USt-Nachschau** (vgl. *Crößmann* StBp 2002, 165) soll nach den Gesetzesmaterialien *„keine Prüfung iS der §§ 193 ff. AO"* sein (BT-Drs. 14/6883) und kann schon deshalb nach der hier vertretenen Auffassung (Rn. 223) keine Sperrwirkung nach § 371 I Nr. 1a) AO auslösen (aM Klein/*Jäger* AO § 371 Rn. 57). Überdies ist sie gegenwartsbezogen (*Grötsch* 2003, 39) und zweifelhaft, ob die Bestimmung wegen Verletzung des Zitiergebots des Art. 19 I 2 GG nicht verfassungswidrig ist (*Gast-deHaan* PStR 2002, 264). Wer eine Sperrwirkung bejaht, muss den sachlichen Umfang auf die Umsatzsteuer begrenzen (vgl. Klein/*Jäger* AO § 371 Rn. 57, RK-*Kemper* 235b zu § 371). Eine Sperrwirkung wird ausgelöst, wenn die Nachschau unmittelbar in eine Außenprüfung übergeht (Kohlmann/*Schauf* 136, RK-*Kemper* 236 zu § 371; *Grötsch* 2003, 39; vgl. auch *Crößmann* StBp 2002, 165, 167; *Wallis* UStB 2002, 123; *Braun* PStR 2002, 199 und *Spatscheck/Ehnert* AO-StB 2003, 304). Für Selbstanzeigen ab dem 1.1.2015 enthält § 371 II Nr. 1e) eine ausdrückliche Regelung, wonach Umsatzsteuer-Nachschau (§ 27b UStG), Lohnsteuer-Nachschau (§ 42g EStG) oder eine *„Nachschau nach anderen steuerrechtlichen Vorschriften"* mit dem Erscheinen des Prüfers ebenfalls eine Sperrwirkung auslösen. Damit geht der Gesetzgeber offen davon aus, dass dies bei vergleichbaren Maßnahmen vor dem 1.1.2015 nicht der Fall war (vgl. *Joecks* DStR 2014, 2264; *Madauß* NZWiSt 2015, 41, 42). 224

Ob die Prüfung dem Steuerpflichtigen angekündigt worden ist, oder ob der Amtsträger unvermutet erscheint, ist für den Eintritt der Sperrwirkung gleichgültig. Von dem Erscheinen zur Prüfung ist jedoch die bloße Ankündigung einer Prüfung zu unterscheiden, da sie außerhalb des § 371 II Nr. 1a) die Sperrwirkung noch nicht auslöst (Kohlmann/*Schauf* 131 zu § 371). Dies gilt auch dann, wenn der Prüfer bei dem Stpfl persönlich erscheint, um mit ihm einen Prüfungstermin zu vereinbaren (*Mattern* DStZ 1951, 414; *Maaßen* FR 1954, 296; *Pfaff* DStZ 1982, 361, 362; HHSp-*Rüping* 144, Kohlmann/*Schauf* 131 zu § 371; Klein/*Jäger* AO § 371 Rn. 49). Auch die Vorladung des Stpfl mit seinen Büchern in das FA ist (noch) unschädlich (*Maaßen* DStZ 1951, 414). 225

Zur steuerlichen Prüfung erscheint der Amtsträger, wenn er die ernste Absicht hat, eine Prüfung iS des § 371 II Nr. 1a) AO durchzuführen (*Wassmann* ZfZ 1990, 244). Ist dies der Fall, kommt es nicht darauf an, ob der zur Prüfung erschienene Amtsträger mit der beabsichtigten Prüfung auch beginnt. So greift die Sperrwirkung ein, wenn der zur Prüfung 226 entschlossene Amtsträger in der Wohnung des Stpfl niemanden antrifft (aM *Westpfahl* 1987, 62), dieser ihm nicht öffnet oder sich verleugnen lässt (Kohlmann/*Schauf* 124 zu § 371; OLG Oldenburg 11.3.1958, NJW 1958, 1407) oder die Prüfung wegen *„unzumutbarer Buchhaltung"* zunächst abgebrochen wird (BGH 23.3.1994, wistra 1994, 228). Der Gesetzgeber hat bewusst nicht an den Beginn der Prüfung angeknüpft. Nachdem diese Möglichkeit bei Beratung der Novelle vom 7.12.1951 (Rn. 6) erörtert worden war (*Mattern* NJW 1951, 940), wurde dem Erscheinen zur Prüfung wegen der Beweisklarheit der Vorzug gegeben. Die erforderliche Absicht, mit der Prüfung zu beginnen, wird den Begleitumständen, unter denen der Prüfer erscheint (Tageszeit, Mitbringen der Steuerakten und Hilfsmittel), unschwer zu entnehmen sein. Zweifelhaft ist, ob der Stpfl von dem Erscheinen des Amtsträgers in seinen Betriebs- oder Wohnräumen Kenntnis haben muss (abl. *Maaßen* FR 1954, 296; Kohlmann/*Schauf* 129 zu § 371) oder ob er selbst die Prüfungsabsicht erkennen muss. Überwiegend wird angenommen, dass allein entscheidend sei, ob der erschienene Beamte *erkennbar* den ernsthaften Willen habe, die Prüfung durchzuführen (*Bender/Möller/Retemeyer* H 97; Kohlmann/*Schauf* 129 zu § 371; *Wassmann* ZfZ 1990, 244). Daran fehlt es, wenn der Prüfer lediglich durch eine „Scheinhandlung" die Hemmung der Verjährung nach § 171 IV AO erreichen will und er sich nach kurzem Aufenthalt aus eigenem Antrieb wieder entfernt, ohne eine Prüfungstätigkeit aufgenommen zu haben (zust. *Wassmann* ZfZ 1990, 244). Die von der Rspr entwickelten Grundsätze über eine wirksame Handlung zur Unterbrechung der Strafverfolgungsverjährung gelten sinngemäß; hier wie dort müssen formale Scheinhandlungen ausscheiden (vgl. BGH 13.6.1956, BGHSt 9, 198, 203; BGH 22.5.1958, NJW 1958, 1004; *Coring* DStR 1963, 374; Kohlmann/*Schauf* 131 zu § 371; Schönke/Schröder/*Sternberg-Lieben/Bosch* StGB § 78c Rn. 6, 8).

227 **Wo der Amtsträger erscheinen will,** um den Stpfl an einem geeigneten Ort anzutreffen, muss er nach pflichtgemäßem Ermessen unter prüfungstechnischen Gesichtspunkten selbst entscheiden (OLG Oldenburg 11.3.1958, NJW 1958, 1407). Die Prüfung im Betrieb oder in der Wohnung des Stpfl bildet zwar den Regelfall, die Sperrwirkung tritt jedoch auch dann ein, wenn die Prüfung nach Vereinbarung mit dem Stpfl an einem dritten Ort stattfinden soll und die Beteiligten dort zusammentreffen, zB in den Räumen des steuerlichen Beraters oder des Insolvenzverwalters (HHSp-*Rüping* 161, Kohlmann/*Schauf* 125 zu § 371).

228 **Findet die Prüfung an Amtsstelle statt,** war die Anwendbarkeit des § 371 II Nr. 1a) AO umstritten (vgl. *Grötsch* 2003, 53 ff.; *Hoffmann* 1998, 102 ff.; *Burkhard* wistra 1998, 217). Teilweise wird angenommen, in diesen Fällen sei der Prüfer dann erschienen, wenn der Stpfl oder Steuerberater mit den prüfungsrelevanten Unterlagen im FA das Dienstzimmer des Beamten betritt (RK-*Kemper* 214 zu § 371). Ähnlich will *Jäger* (Klein/*Jäger* AO § 371 Rn. 48) nicht auf das Betreten des Finanzamts abstellen, sondern auf den Kontakt mit dem Prüfer. Kohlmann/*Schauf* bezweifeln schlechthin, dass das Erscheinen des Stpfl mit seinen Geschäftsunterlagen in der FinB die Sperrwirkung auslösen kann (Kohlmann/*Schauf* 126 zu § 371; ebenso *Hoffmann* 1998, 107; *Lüttger* StB 1993, 376; *Merkt* DStR 1987, 712 f.; *Mösbauer* NStZ 1989, 12 und StB 1999, 112). Tatsächlich wird man voraussetzen müssen, dass der Stpfl im FA aufgrund einer Vorladung erscheint (vgl. § 200 II 1) und die Unterlagen mitführt, die als Geschäftsunterlagen für die Prüfung nötig sind (*Westpfahl* 1987, 57). Kohlmann/*Schauf* stimmen dem zu, falls der Stpfl dem Prüfer keinen geeigneten Raum zur Verfügung stellen kann; dann soll er den Eintritt der Sperrwirkung nicht unter Berufung auf diesen Umstand verhindern können (Kohlmann/*Schauf* 126 zu § 371). Tatsächlich tritt die Sperrwirkung auch sonst ein. Ebenso, wie ein Erscheinen des Prüfers in den Räumen des Stpfl nur dann ein Erscheinen zur Prüfung ist, wenn der Prüfer die ernste Absicht der Durchführung einer solchen hat, wird man freilich voraussetzen müssen, dass der Stpfl das FA betritt, um mit der Übergabe der Unterlagen die Prüfung zu ermöglichen. Will der Stpfl jedoch zunächst dem Finanzbeamten eine Berichtigungserklärung übergeben, ist die Sperrwirkung des § 371 II Nr. 1a) AO noch nicht eingetreten. Würde man in diesen Fällen schon das bloße Betreten des Gebäudes der FinB als schädlich ansehen, würde man den

Stpfl praktisch zwingen, zunächst einen Brief an das FA zu senden und der Vorladung nicht Folge zu leisten oder aber die Geschäftsunterlagen zunächst in seinem Pkw zu lassen. Dies wäre eine übertriebene Förmelei (ebenso *Grötsch* 2003, 55).

Leistet der Täter der Vorladung nicht Folge, und übersendet er die entsprechenden 229 Unterlagen per Post, ist zweifelhaft, ob von einem Erscheinen zur Prüfung gesprochen werden kann (vgl. *Hoffmann* 1998, 105). So meint *Hoffmann,* dass der Wortlaut des § 371 II Nr. 1a) AO diese Konstellation nicht erfasse. Das Gesetz setzt aber nicht voraus, dass der Prüfer *bei dem Steuerpflichtigen* erschienen ist, sondern lediglich *„zur steuerlichen Prüfung"*. Zur Prüfung kann der Beamte aber auch dann erscheinen, wenn die Prüfung an Amtsstelle durchgeführt wird, weil Räumlichkeiten beim Stpfl nicht zur Verfügung stehen. In diesen Fällen wird man aber nicht schon auf die Übersendung der Unterlagen per Post abstellen können (zw. RK-*Kemper* 214 zu § 371), sondern voraussetzen müssen, dass sich der Prüfer zur Durchführung der Prüfung mit den ihm übersandten Unterlagen befasst (vgl. auch *Grötsch* 2003, 55).

Hat der Steuerpflichtige mehrere Betriebe, löst das Erscheinen in einem Betrieb die 230 Sperrwirkung auch hinsichtlich einer Steuerhinterziehung aus, die der Stpfl in einem anderen Betrieb begangen hat, es sei denn, die Prüfungsanordnung gilt nur für einen bestimmten Betrieb oder die Prüfung erstreckt sich auf eine Steuerart, die nur in dem Betrieb entstehen kann, in dem der Amtsträger erschienen ist, und die in keinem Zusammenhang mit anderen Steuern steht (HHSp-*Rüping* 163, Kohlmann/*Schauf* 127 zu § 371; *Lüttger* StB 1993, 376; *Wassmann* ZfZ 1990, 242).

Bei einem Konzern schließt das Erscheinen des Prüfers die Selbstanzeige für die 231 Geschäftsführer und die sonstigen Angestellten anderer Gesellschaften allenfalls dann aus, wenn der Prüfer den Auftrag hat, den gesamten Konzern zu prüfen. Bei den einzelnen Unternehmen ist er jedoch nicht schon dann erschienen, wenn er bei der Konzernspitze erscheint (so *Pfaff* S. 112; ähnlich HHSp-*Rüping* 163 zu § 371; missverstanden von Kohlmann/*Schauf* 128 zu § 371). Die Zugehörigkeit zu einem Konzern lässt die selbstständige Steuersubjektsqualität des einzelnen Konzernmitgliedes unberührt (*Wassmann* ZfZ 1990, 245). Entscheidend ist insoweit, wo die Prüfungshandlungen für welche Gesellschaften vorgenommen werden, und von wo aus die Anforderung von Unterlagen für die einzelnen Gesellschaften erfolgen soll. Gibt es im Konzern eine zentrale Steuerabteilung, mag für sämtliche Konzerngesellschaften, die von der Prüfungsanordnung umfasst werden, die Prüfung beginnen, wenn der Prüfer dort erscheint (ebenso *Grötsch* 2003, 92). Erfolgt die Verwahrung von Unterlagen bzw. die Bearbeitung der Steuerangelegenheiten dezentral, tritt eine Sperrwirkung erst und nur mit dem Erscheinen vor Ort ein (zur Reichweite der sachlichen Sperrwirkung s. Rn. 235).

Der persönliche Umfang der Sperrwirkung ist begrenzt. Erscheint der Amtsträger 232 bei einem von mehreren Tätern oder Teilnehmern, ist die strafbefreiende Wirkung einer Selbstanzeige zunächst für denjenigen Beteiligten ausgeschlossen, bei dem der Beamte erschienen ist (HHSp-*Rüping* 150, Kohlmann/*Schauf* 140 zu § 371). Bei einer betriebsbezogenen Tat soll das Erscheinen des Amtsträgers im Betrieb nicht nur gegen den Betriebsinhaber, sondern gegen alle an der Tat beteiligten Betriebsangehörigen, jedoch nicht gegen außenstehende Täter oder Teilnehmer wirken; ihnen gegenüber könne die Sperrwirkung erst nach § 371 II Nr. 2 AO eintreten (vgl. *Franzen* 3. Aufl., Rn. 81 zu § 371; M-G/*Küster* 36/156; *Wassmann* ZfZ 1990. 243). Dasselbe soll, falls der Prüfer zur Prüfung bei einer GmbH erschienen ist, für die persönlichen Steuern eines Gesellschafters gelten, die zwar aus Provisionszahlungen der GmbH herrührten, dort aber ordnungsgemäß verbucht waren und deshalb typischerweise gerade nicht auf Hinterziehung der persönlichen Steuern des Gesellschafters schließen lassen (OLG Düsseldorf 27.5.1981, wistra 1982, 119). Demgegenüber wollen Kohlmann/*Schauf* (144 zu § 371) die Frage nach der Sperrwirkung bei Betriebsangehörigen jeweils im Einzelfall beantworten; *Rüping* (HHSp 150 zu § 371) hält sogar die Selbstanzeige eines Betriebsangehörigen noch während der Außenprüfung generell für möglich.

233 Zwar wäre es denkbar, in diesem Zusammenhang auf die Wertung des § 14 StGB bzw. § 130 II OWiG abzustellen. Vor dem Hintergrund der Funktion des § 371 II AO ist jedoch festzustellen, dass mit dem Erscheinen des Prüfers für sämtliche an der Tat Beteiligten das Entdeckungsrisiko sich in einem Maße konkretisiert hat, dass eine Selbstanzeige nicht mehr als originäre Widergutmachungsleistung des Beteiligten angesehen werden könnte. Andererseits ist dann die Differenzierung zwischen noch im Betrieb tätigen und bereits ausgeschiedenen Betriebsangehörigen (vgl. LG Stuttgart 21.8.1989, NStZ 1990, 189 mit Anm. *Gallandi*) nicht mehr tragfähig. Überdies müsste auch der extern tätige Steuerberater, der als Gehilfe an der Steuerhinterziehung mitgewirkt hat, von der Sperrwirkung betroffen sein. Hier anzunehmen, die Prüfungsanordnung sei an sämtliche zum Zeitpunkt des Erscheinens mit dahingehenden Aufgaben betraute Personen gerichtet (so *Westpfahl* 1987, 83 ff.), widerspricht dem Gesetzeswortlaut.

234 Zu sachgerechten Ergebnissen kommt man, wenn man entscheidend darauf abstellt, ob der betreffende, die Selbstanzeige Erstattende zum Zeitpunkt der Freigabe seiner Berichtigungserklärung **Kenntnis von dem Beginn der Prüfung,** das heißt, dem Erscheinen des Außenprüfers hatte (vgl. *Grötsch* 2003, 92). Der Wortlaut des § 371 II Nr. 1a) AO setzt jedenfalls nicht voraus, dass der Amtsträger der FinB bei der konkreten Person erschienen ist (vgl. aber *Hoffmann* 1998, 165).

235 **Der sachliche Umfang der Sperrwirkung** ist heftig umstritten. Der Wortlaut des Gesetzes ließ die Auslegung zu, dass das Erscheinen jedes Amtsträgers einer FinB die strafbefreiende Wirkung für alle Steuerarten und Steuerabschnitte ausschließt (so etwa *Kopacek* BB 1961, 42; *Coring* DStR 1963, 374; *Kratzsch* StW 1974, 75; *Brenner* StBp 1979, 2 und MDR 1979, 801). Diese Auffassung wird heute indes nicht mehr vertreten und ist mit der gesetzlichen Regelung ab 1.1.2015 nicht vereinbar. Angesichts der starken Untergliederung und Spezialisierung der einzelnen Zweige der Finanzverwaltung erscheint eine differenzierte Betrachtung geboten. Dies beruht nicht zuletzt darauf, dass die einzelnen Prüfungsdienste der Bundes-, Landes- und Gemeindefinanzbehörden jeweils beschränkte Prüfungsaufgaben und Prüfungsmöglichkeiten haben. Auch soweit die Verpflichtung zur Amtshilfe über den Tatbestand der Strafvereitelung im Amt (§ 258a StGB) strafbewehrt ist, ist doch faktisch kaum vorstellbar, dass der auf einem Seeschiff erschienene Zollbeamte feststellt, dass ein Besatzungsmitglied eine ESt-Erstattung erschlichen hat. Insofern besteht heute im Wesentlichen Einvernehmen darüber, dass es unter anderem auf den konkreten Prüfungsauftrag des einzelnen Beamten ankommt (vgl. auch BGH 5.4.2000, wistra 2000, 219 m. Anm. *Jäger,* wistra 2000, 227). Umstritten ist demgegenüber, welche Bedeutung die sachliche Zuständigkeit der entsendenden FinB bzw. ein wie auch immer gearteter Sachzusammenhang hat oder ob es darauf ankommt, welche Steuern tatsächlich von dem Amtsträger geprüft werden.

236 **Die sachliche Zuständigkeit der entsendenden Finanzbehörde** wird als vorrangiges Merkmal für eine sachliche Begrenzung der durch das Erscheinen eines Amtsträgers ausgelösten Sperrwirkung bislang jedenfalls dann anerkannt, wenn eine Prüfungsordnung nach § 196 AO nicht ergangen ist (*Hartung* V 3a zu §§ 410, 411 RAO 1951; *Terstegen* S. 123; *Troeger/Meyer* S. 255), wie insbes. bei Prüfungen der Steuer- oder Zollfahndung.

237 **Die sachliche Zuständigkeit umfasst**

a) *bei den Bundesfinanzbehörden* (§ 1 FVG) die Zölle, Abschöpfungen und die bundesgesetzlich geregelten Verbrauchsteuern einschließlich der EUSt und der Biersteuer (§ 12 II FVG); vgl. wegen der Mitwirkung der Zollstellen und der Grenzkontrollstellen bei der Verwaltung der Umsatzsteuer und der KFZ-Steuer ferner § 18 FVG;

b) *bei den Landesfinanzbehörden* (§ 2 FVG) die Steuern mit Ausnahme der Zölle und Verbrauchsteuern (§ 12 II FVG), soweit die Verwaltung nicht aufgrund Art. 108 IV 1 GG den Finanzbehörden oder aufgrund Art. 108 IV 2 GG den Gemeinden oder Gemeindeverbänden übertragen worden ist (§ 17 II FVG); hinsichtlich der Aufgaben und Befugnisse des Bundeszentralamts für Steuern vgl. §§ 5, 19 FVG;

c) *bei den Gemeindesteuerbehörden* die Realsteuern (§ 3 II), soweit nicht die Landesfinanzbehörden zuständig sind, sowie die Kommunalsteuern.

Eingeschränkt ist die sachliche Zuständigkeit einer FinB und ihrer Amtsträger, soweit durch Rechtsverordnung die Verwaltung bestimmter Steuern für den Bereich mehrerer Finanzbehörden bei einer FinB konzentriert ist, zB in einem FA für Erbschaft- und Verkehrsteuer (siehe im Einzelnen Rn. 18 ff. zu § 387 AO). 238

Darüber hinaus sollte es nach altem Recht in Fällen der Außenprüfung (§ 193) eine Sperrwirkung nach Abs. 2 Nr. 1a) nur für die nach der Anordnung zu prüfenden Steuerarten und die genannten Prüfungszeiträume geben (BGH 15.1.1988, BGHSt 35, 188; BayObLG 23.1.1985, wistra 1985, 117, 118; LG Verden 27.3.1986, wistra 1986, 228; Koch/Scholtz/*Scheurmann-Kettner* 28, Kohlmann/*Schauf* 151 zu § 371; Erbs/Kohlhaas/*Hadamitzky/Senge* AO § 371 Rn. 31; *Westpfahl* 1987, 74). Insbes. die Rspr stellt insoweit nicht mehr auf das Kriterium des Sachzusammenhanges (so *Franzen* 3. Aufl. Rn. 85 ff.; *ders.*, wistra 1986, 210, 211; ähnl. *Brauns* wistra 1987, 240) ab. Weitere Konsequenz dieser Auffassung war, dass im Rahmen von Sonderprüfungen (etwa für USt oder LSt) die Selbstanzeige für nicht betroffene Steuerarten bzw. nicht betroffene Zeiträume selbst dann möglich war, wenn kraft Zusammenhanges die Gefahr der Entdeckung überaus konkret schien. Diese Rspr war dennoch zu begrüßen, weil damit für den Betroffenen eindeutige Grenzen gezogen sind, die ihm ggf. die Rückkehr zur Steuerehrlichkeit erleichtern. Mit dem Recht ab 3.5.2011 ist die Prüfungsanordnung nur noch für die Begrenzung der zu prüfenden Steuerart relevant, der angeordnete Prüfungszeitraum begrenzt die Sperre nicht mehr (oben Rn. 207). Da aber mit der **Neuregelung zum 1.1.2015** die vor dem 3.5.2011 geltende Rechtslage praktisch wiederhergestellt wurde, eine laufende Prüfung oder die Anordnung der Außenprüfung also nicht eine wirksame Selbstanzeige für andere, von der Prüfungsanordnung nicht erfasste Jahre hindert, sind auch in der Zwischenzeit erstattete Selbstanzeigen „neben der Außenprüfung" nur scheinbar durch § 371 II Nr. 1a) gesperrt. Es handelt sich bei der Selbstanzeige um einen Strafaufhebungsgrund, der den Regeln des § 2 III StGB unterliegt, also als für den Täter günstigere Regelung zurückwirkt (*Joecks* DStR 2014, 2266; zust. *Hunsmann* NJW 2015, 118; *Wulf* wistra 2015, 165). 239

Problematisch ist der **Rückgriff auf die Prüfungsanordnung** im Rahmen einer Außenprüfung vor dem 3.5.2011 für die hM jedoch insoweit, als damit Freiräume geschaffen werden, die es (scheinbar) in dieser Form bei anderen Prüfungen ohne Prüfungsanordnung so nicht gibt. So hat *Franzen* (wistra 1986, 210, 211) darauf hingewiesen, dass die Sperrwirkung nach § 371 II Nr. 1a) AO auch bei Prüfungen eintreten kann, die einer ausdrücklichen Prüfungsanordnung nicht bedürfen. In dieser Konsequenz hat etwa das BayObLG (17.9.1986, wistra 1987, 77) eine (unbeschränkte) Sperrwirkung für den Fall einer betriebsnahen Veranlagung anerkannt (vgl. *Joecks* Stbg 1987, 284, 285). Es mutet jedoch seltsam an, dass die Sperrwirkung bei der punktuellen Prüfung einzelner Unterlagen im Rahmen der betriebsnahen Veranlagung bzw. bei der Prüfung von Büchern, Geschäftspapieren und sonstigen Urkunden (vgl. HHSp-*Rüping* 155 zu § 371) weiter reichen soll als die auf systematische Überprüfung ausgerichtete Außenprüfung. Die gleiche Problematik stellt sich im Übrigen im Rahmen der Steuerfahndungs- oder Zollfahndungsprüfung, bei der in der Regel lediglich ein Einleitungsvermerk die Vorwürfe konkretisiert, ohne dass dieser dem Stpfl vorläge. Eine weitere Problematik resultiert daraus, dass die formale Außenprüfungsanordnung die Möglichkeit zu Einzelermittlungsmaßnahmen außerhalb des Prüfungszeitraumes unberührt lässt (vgl. *Papist* DStR 1986, 356), so dass auch im Rahmen der Außenprüfung iS des § 193 AO für den Stpfl immer das Risiko besteht, dass der Prüfer auf weitere, von der Prüfungsanordnung sachlich und zeitlich nicht umfasste Fehler stößt. 240

Trotz dieser Bedenken ist der herrschenden Meinung und Rechtsprechung zuzustimmen. Der Gesetzgeber hat sich für eine vertypte Beschreibung des Entdeckungsrisikos entschieden, insofern ist es durchaus denkbar, ebenso formal den Bereich des Entdeckungsrisikos anhand des Verwaltungsaktes „Prüfungsanordnung" zu beschreiben. Dass es daneben andere 241

Prüfungen gibt, die eine Prüfungsanordnung nicht erfordern, ist nicht unbedingt ein Argument gegen die Rspr des BGH, sondern kann allenfalls Anlass dafür sein, etwa im Falle der Fahndungsprüfung nach Kriterien zu suchen, die denen der formalisierten Außenprüfung entsprechen (vgl. auch HHSp-*Rüping* 152 zu § 371 und unten Rn. 244).

242 **Die betriebsnahe Veranlagung** ist ein „normales" Ermittlungsverfahren, für das ausschließlich die Vorschriften der §§ 93 ff. AO gelten. Zulässig ist nur die Ermittlung einzelner Besteuerungsgrundlagen beim Stpfl im Wege der Augenscheinseinnahme (HHSp-*Schallmoser* 202 zu vor §§ 193–203). Diese sind abgekürzte Außenprüfungen (§ 203), wenn sie aufgrund einer Prüfungsanordnung (§ 196) durchgeführt werden (vgl. AEAO Nr. 3 zu § 85). Ist die betriebsnahe Veranlagung abgekürzte Außenprüfung, so gibt es eine die Sperrwirkung begrenzende Prüfungsanordnung. Dass dann eine betriebsnahe Veranlagung, die noch nicht einmal diese Qualität erreicht, nicht umfassend die Sperrwirkung herbeiführen kann, liegt auf der Hand (zust. *Hoffmann* 1998, 149; *Marschall* BB 1998, 2553; aM *Franzen* wistra 1988, 195; *Weyand* StBp 1989, 109; vgl. auch HHSp-*Rüping* 155 zu § 371). Ob man dann darauf abstellen muss, auf welche Steuern und Veranlagungszeiträume sich die Ermittlungen beziehen (so *Klos* Inf. 1989, 345; zust. HHSp-*Rüping* 155, Kohlmann/*Schauf* 156 zu § 371; *Grötsch* 2003, 36 f.), erscheint zweifelhaft. Näher liegt es, in diesen Fällen überhaupt keine Sperrwirkung anzunehmen, denn wenn der Finanzbeamte nicht im Rahmen der (abgekürzten) Außenprüfung erscheint, erscheint er nicht zur steuerlichen Prüfung, sondern zur (betriebsnahen) Veranlagung (vgl. Rn. 222). Diese Konstellation ist dann vom Wortlaut des § 371 II Nr. 1a) AO nicht erfasst, ggf. kann die Sperre nach § 371 II Nr. 1b), 2 AO eingreifen.

243 **Bei der Nachschau (§ 210)** handelt es sich um eine allgemeine Maßnahme der Steueraufsicht, für die eine schriftliche Prüfungsanordnung nicht besteht bzw. erst dann schriftlich auf einen Übergang zur Außenprüfung hingewiesen wird, wenn Feststellungen bei Ausübung der Steueraufsicht hierzu Anlass geben (§ 210 IV 2). Die Nachschau ist keine Außenprüfung, denn die Außenprüfung ist vergangenheits-, die Nachschau gegenwartsbezogen (HHSp-*Schallmoser* 6 zu § 210; *Wannemacher/Vogelberg* Rn. 1460). Daraus wird man schließen müssen, dass auch die Nachschau nicht zu einer Sperrwirkung gem. § 371 II Nr. 1a) AO aF und einer solchen nach § 371 II Nr. 1c) AO nF führt (Kohlmann/*Schauf* 157, zT anders HHSp-*Rüping* 156 zu § 371), zumal die Nachschau nunmehr explizit in § 371 II Nr. 1e) geregelt ist. Eine Lücke entsteht dadurch insofern nicht, als gegebenenfalls die Sperrwirkungsgründe nach § 371 II Nr. 1b), 2 AO eingreifen können.

244 **Bei Ermittlungen der Steuer- und Zollfahndung** handelt es sich hingegen um eine „steuerliche Prüfung" (bzw. „Ermittlung einer Steuerstraftat") iS des § 371 II Nr. 1a) AO. Da in diesen Fällen ein schriftlicher Prüfungsauftrag nicht existiert, liegt es nicht fern, eine umfassende Sperrwirkung für sämtliche in den sachlichen Zuständigkeitsbereich der betreffenden Fahndungsstelle fallende Steuerarten und sämtliche, strafrechtlich nicht verjährte Zeiträume anzunehmen (so etwa *Weyand* StBp 1989, 109 und offenbar auch Wabnitz/Janovsky/*Kummer* Kap. 18 Rn. 122). Dies wird überwiegend als unbillig empfunden (vgl. Kohlmann/*Schauf* 158.2 zu § 371) und nach Kriterien gesucht, die auch in diesen Fällen die Sperrwirkung begrenzen.

245 *Schauf* stellt zunächst auf den Verdachtsgegenstand ab und fragt, welcher tatsächliche Sachverhalt Anlass für das Erscheinen der Fahndungsbeamten war (Kohlmann/*Schauf* 158.5 zu § 371). Überdies muss die später selbst angezeigte Tat im sachlichen Zuständigkeitsbereich der entsendenden FinB gelegen haben (158.2 zu § 371; vgl. auch OLG Celle 21.12.1984, wistra 1985, 84). Im Falle einer Durchsuchung geht *Schauf* (Kohlmann/*Schauf* 158.2 zu § 371) davon aus, dass der Ausschlussgrund des § 371 I Nr. 1a) AO nicht zum Tragen komme, sondern ausschließlich § 371 I Nr. 1b) AO, da mit der Durchsuchung konkludent die Einleitung eines Steuerstrafverfahrens bekanntgegeben wird. Die Begrenzung ergebe sich dann formal durch den Durchsuchungsbeschluss, der, wenn er zu unbestimmt abgefasst sei, ebensowenig generell die Selbstanzeigemöglichkeit ausschließen, wie die Verjährung unterbrechen könne (vgl. Rn. 66 zu § 376). Zur Bestimmung des Ver-

folgungswillens und damit der sachlichen Reichweite der Sperrwirkung könnten ergänzend vorausgegangene Anträge der StA an das AG bzw. die aktenkundig belegten Einleitungsverfügungen der Bustra herangezogen werden, nicht aber die im Bereich des Subjektiven liegenden möglichen umfassenden Ermittlungsabsichten der Fahndungsbeamten. Die damit vorgegebene Beschreibung der Sperrwirkung mag richtig sein; ein Vorrang des § 371 II Nr. 1b) AO ergibt sich aber aus dem Gesetz nicht, zumal idR auch ein Erscheinen *„zur steuerlichen Prüfung"* gegeben ist. Zudem wird übersehen, dass trotz der rigiden Rechtsprechung des BVerfG (Rn. 22 zu § 399) immerhin noch die Anordnung einer Durchsuchung wegen Gefahr im Verzuge, also ohne eine schriftliche Durchsuchungsanordnung, denkbar ist. In diesen Fällen ist auch bei § 371 II Nr. 1b) AO ein Rückgriff auf den Akteninhalt nötig. Zuzugeben ist Kohlmann/*Schauf,* dass jedenfalls bei einem Zusammentreffen der Sperrwirkung nach § 371 II Nr. 1a) und 1b) die Sperre nach Nr. 1a) regelmäßig nicht weiter reichen kann als die, die sich nach Nr. 1b) ergibt.

Auch der BGH (BGH 5.4.2000, wistra 2000, 219, 225 mit Anm. *Jäger* wistra 2000, 227; 246 ähnl. OLG Celle 27.3.2000, wistra 2000, 277) erkennt bislang die Notwendigkeit an, **die Norm einschränkend auszulegen** und die von ihr ausgehende Sperrwirkung formal zu begrenzen. Der Senat lehnt eine Sperrwirkung für die von späteren Selbstanzeigen erfassten Sachverhalte jedenfalls dann ab, wenn sie zum Zeitpunkt, in dem ein Amtsträger zur Ermittlung einer Steuerstraftat erschienen ist, vom Ermittlungswillen des Amtsträgers nicht erfasst waren. Anders sei es jedoch, wenn die später entdeckten Sachverhalte mit dem bisherigen Ermittlungsgegenstand in engem sachlichen Zusammenhang standen (BGH 5.4.2000, wistra 2000, 219, 225). Hintergrund dieser Einschränkung ist offenbar die Sorge, es drohe sonst ein vom Gesetzgeber nicht gewollter Wettlauf zwischen dem Stpfl, der sich angesichts der bevorstehenden Tatentdeckung durch zügig abgegebene Selbstanzeigen noch eine Straffreiheit verschaffen wolle, und den Ermittlungsbehörden, die durch Überprüfung der steuerlichen Vorgänge die Taten erst noch aufdecken müssten (*Jäger* wistra 2000, 228).

Hieran ist zunächst richtig, dass eine **Sperrwirkung jedenfalls eintritt,** wenn die später 247 selbst angezeigte Tat vom Ermittlungswillen der entsprechenden Beamten erfasst war. Dies ist im Regelfall auch feststellbar. Der Rückgriff auf die Akten lässt unschwer erkennen, wegen welcher Straftaten die Fahndungsbeamten beim Stpfl *„erschienen"* sind (ebenso *Hoffmann* 1998, 179 f.). Erscheint die Steuerfahndung nach dem Akteninhalt lediglich wegen der Einkünfte aus Kapitalvermögen, bleibt demnach eine wirksame Selbstanzeige im Hinblick auf verkürzte Umsatzsteuer noch möglich, soweit es um die Sperrwirkung gem. § 371 II Nr. 1a) AO geht; eine andere Frage ist die Sperre nach § 371 II Nr. 1b) AO, wenn mit dem Erscheinen der Fahndung zugleich die Verfahrenseinleitung bekannt gegeben wird und zwischen beiden Taten Tateinheit besteht (Rn. 286). Unklar bleibt im Übrigen, wann von einem engen unmittelbaren Zusammenhang iS des BGH gesprochen werden kann. Offenbar sollen auch solche Fälle erfasst sein, in denen Zusammenhänge zu anderen Besteuerungszeiträumen bestehen (*Jäger* wistra 2000, 228).

Da insbes. bei **Großbetrieben und Konzernen** ständig irgendwelche steuerlichen 248 Prüfungen stattfinden, wäre es unmöglich, jemals eine wirksame Selbstanzeige zu erstatten, wenn nicht die Sperrwirkung der einzelnen Prüfungshandlungen beschränkt würde. Dementsprechend gilt es, anhand von Kriterien die Reichweite der Sperrwirkung zu beschreiben.

Eine erste Beschränkung der Sperrwirkung ergibt sich aus den Prüfungsanordnungen 249 selbst, so dass etwa bei einer Umsatzsteuersonderprüfung für einen befristeten Zeitraum die Möglichkeit der Selbstanzeige bezüglich der Ertragsteuern besteht. Andererseits unterliegen Großunternehmen bzw. Konzerne der **Anschlussprüfung,** so dass der Prüfungszeitraum fünf Jahre beträgt und in der Regel die Folgeprüfung kurze Zeit nach Abschluss der Vorprüfung beginnt, dh zu einem Zeitpunkt, in dem ggf. noch nicht einmal Steueränderungsbescheide für den bereits geprüften Zeitraum ergangen sind. Zugleich muss das Unternehmen während der laufenden Prüfung Steuererklärungen für Folgejahre abgeben, und kann dabei in die Konfliktlage kommen, entweder weiterhin unrichtige Erklärungen abzugeben, oder aber mit Abgabe einer richtigen Erklärung quasi ein „Geständnis" hinsichtlich der Unrichtigkeit vorangegangener Erklärungen abzulegen. Soweit die Fehler der Vergangenheit lediglich leichtfertig gemacht wurden, hilft § 378 III AO. Sind die Fehler zwar vorsätzlich gemacht worden, wird die Steuerhinterziehung aber von einem selbst nicht beteiligten Organ entdeckt, kann gemäß § 371 IV AO noch durch eine Drittanzeige trotz laufender Außenprüfung ein Verfolgungshindernis herbeigeführt werden (Rn. 400 ff.).

250 Ungelöst bleibt der Fall, in dem das nämliche Organ, das die vorsätzlichen Steuerhinterziehungen zu verantworten hatte, noch Verantwortungsträger im Unternehmen ist. Ihm bleibt wirklich nur die Wahl zwischen Geständnis und Fortführung der Steuerstraftaten, wenn man nicht ein Wiederaufleben der Berichtigungsmöglichkeit bereits vor Ergehen etwaiger Änderungsbescheide oder Mitteilungen nach § 201 AO zulässt (vgl. Rn. 358 ff.).

251 **Zum Wiederaufleben der Berichtigungsmöglichkeit** nach Abschluss der Prüfung siehe unten Rn. 354 ff.

252 **c) Erscheinen eines Amtsträgers zu Ermittlungen (§ 371 II Nr. 1d) AO). Amtsträger der Finanzbehörde** ist der Beamte oder Angestellte, der zur Ermittlung einer mit Strafe oder Geldbuße bedrohten Zuwiderhandlung erscheint (vgl. auch § 7; HHSp-*Rüping* 142 f., Kohlmann/*Schauf* 120 zu § 371; *Lüttger* StB 1993, 375). In Betracht kommen nicht nur Amtsträger, die *ständig* im Dienst der Steuerfahndung oder der Zollfahndung stehen, sondern auch andere Angehörige der Finanzverwaltung, die im Rahmen ihrer dienstlichen Aufgaben und Befugnisse aufgrund eigener Entschließung einschreiten, zB Beamte einer Zollstreife auf einem amtlichen Kontrollgang (OLG Oldenburg 16.6.1953, NJW 1953, 1847; zust. *Hartung* V 3a zu §§ 410, 411 RAO 1951 und *Suhr* 1977, S. 358).

253 **Beamte der Steuerfahndung** sind auch dann „Amtsträger der Finanzbehörde", wenn sie in einem von der StA geführten (Rn. 21 ff. zu § 386) steuerstrafrechtlichen Verfahren weisungsgebunden tätig werden (LG Stuttgart v. 21.8.1989, wistra 1990, 72; Erbs/Kohlhaas *Hadamitzky/Senge* AO § 371 Rn. 31; Kühn/v.Wedelstädt/*Blesinger* 21a zu § 371; *Lüttger* StB 1993, 375). Demgegenüber meint *Schauf* (Kohlmann/*Schauf* 122 zu § 371; ebenso *Felix* BB 1985, 1781, zust. HHSp-*Rüping* 143 zu § 371), in diesen Fällen seien die Beamten bloße Ermittlungspersonen der StA und erfüllten die Voraussetzungen des § 371 II Nr. 1a) AO nicht. Daran ist richtig, dass in solchen Fällen die Beamten der Steuerfahndung nicht *„zur steuerlichen Prüfung"* erscheinen. Sie suchen den Ort aber auf „zur Ermittlung einer Steuerstraftat". Es berührt merkwürdig, dass es darauf ankommen soll, ob dies im Auftrag der StA oder der Strafsachenstelle geschieht. Das Problem relativiert sich, wenn man bedenkt, dass entweder mit dem Erscheinen der Beamten der Ausschlussgrund der Bekanntgabe der Verfahrenseinleitung eintritt (Kohlmann/*Schauf* 122 zu § 371) oder aber die Beamten bei einem sehr begrenzten Personenkreis „erschienen" sind. So führt das Erscheinen eines Steuerfahnders bei dem Kreditinstitut im Rahmen einer Durchsuchung noch nicht zu einer Sperrwirkung nach § 371 II Nr. 1a) AO beim Kunden, weil der Beamte nicht bei „ihm" erschienen ist.

254 **Erschienen** zur Ermittlung einer Steuerstraftat oder Steuerordnungswidrigkeit ist der Amtsträger, sobald er das Grundstück mit den Betriebs- oder Wohnräumen eines Stpfl in der Absicht betritt, den Verdacht einer Zuwiderhandlung gegen Steuergesetze aufzuklären. Die telefonische Ankündigung des Eintreffens reicht ebenso wenig aus wie die Ankündigung, die schriftlich, durch Boten oder persönlich geschieht (HHSp-*Rüping* 144 zu § 371; *Suhr/Naumann/Bilsdorfer* 459; *Westpfahl* 1987, S. 53; Kohlmann/*Schauf* 123; *Lüttger* StB 1993, 376). Optische Wahrnehmbarkeit ist nicht erforderlich (HHSp-*Rüping* 144 zu § 371; *Wassmann* ZfZ 1990, 243). Nötig ist die körperliche Anwesenheit am Prüfungsort (Kohlmann/*Schauf* 123.2 zu § 371; *Lüttger* StB 1993, 376; *Mösbauer* StBp 1997, 57). Dazu ist – je nach den örtlichen Gegebenheiten – das Betreten des Betriebsgrundstückes, das Durchschreiten des Fabriktores oder das Überschreiten der Schwelle zur Eingangstür erforderlich. Die Gegenauffassung, die es genügen lässt, wenn der Prüfer zwar noch nicht am Ort der Prüfung eingetroffen, aber bereits in das Blickfeld des Selbstanzeigenden getreten ist (OLG

Stuttgart 22.5.1989, NStZ 1989, 436; HHSp-*Rüping* 145 zu § 371; wohl auch *Wassmann* ZfZ 1990, 243) ist zwar vom Wortlaut noch gedeckt, bewirkt aber eine zu weite Vorverlagerung der Sperrwirkung (vgl. *Westpfahl* 1987, S. 54).

d) Erscheinen zur USt-Nachschau (§ 371 II Nr. 1e AO). Vgl. oben Rn. 224, 243. 255

einstweilen frei 256–260

3. Bekanntgabe der Einleitung eines Straf- oder Bußgeldverfahrens (§ 371 II Nr. 1b) AO)

Schrifttum: Siehe bei § 397 AO.

Ist dem Täter (ab 1.1.2015: dem an der Tat Beteiligten) oder seinem Vertreter die Einleitung eines Straf- oder Bußgeldverfahrens bekanntgegeben worden, bevor dieser eine Selbstanzeige erstattet hat, tritt die strafbefreiende Wirkung der Selbstanzeige nach § 371 II Nr. 1b) AO nicht ein. Dieser tatbezogene Ausschlussgrund, der – ohne das zusätzliche Erfordernis der Bekanntgabe – bereits in den früheren landes- und reichsgesetzlichen Vorschriften über die Selbstanzeige enthalten war (Rn. 1), entspricht dem Grundgedanken des § 371 AO (Rn. 20 ff.). Wenn ein Straf- oder Bußgeldverfahren eingeleitet ist, ist die Kooperation des Stpfl nicht mehr Ausdruck autonomer Motive, soweit der in der Einleitung enthaltene Vorwurf reicht (siehe Rn. 27). 261

Während nach altem Recht bei der Bekanntgabe der Verfahrenseinleitung für die Jahre 2008 bis 2010 bei der nämlichen Steuerart noch für die Jahre davor und danach eine Selbstanzeige möglich war, wenn nicht andere Sperrgründe (zB Tatentdeckung) vorlagen, lässt das neue Recht es genügen, wenn eine Verfahrenseinleitung und Bekanntgabe auch nur für eines der unverjährten Jahre dieser Steuerart erfolgt ist. Die Verfahrenseinleitung muss freilich in zeitlicher Sicht hinreichend konkretisiert sein (*Blesinger* wistra 1994, 151), die Angabe „in nicht rechtsverjährter Zeit" ist zu ungenau (Klein/*Jäger* AO § 371 Rn. 42). Ist aber die Verfahrenseinleitung in Hinblick auf Steuerart, Besteuerungszeitraum und Steuerpflichtigen hinreichend konkret, greift der Sperrgrund ein. 262

Eingeleitet ist das Strafverfahren wegen einer Steuerstraftat nach § 397 I AO, *„sobald die Finanzbehörde, die Polizei, die Staatsanwaltschaft, einer ihrer Hilfsbeamten oder der Strafrichter eine Maßnahme trifft, die erkennbar darauf abzielt, gegen jemanden wegen einer Steuerstraftat strafrechtlich vorzugehen"*. Für die Einleitung des Bußgeldverfahrens gilt § 397 AO gemäß § 410 I Nr. 6 AO entsprechend. Die Einleitung besteht in einer konkreten Maßnahme (siehe im Einzelnen Rn. 7 ff. und 85 ff. zu § 397). Ein bloßer Vermerk, das Straf- oder Bußgeldverfahren sei eingeleitet, genügt nicht (OLG Köln 1.9.1970, BB 1970, 1335; *Suhr* 1977, S. 354; vgl. auch HHSp-*Rüping* 173 zu § 371). 263

Bekanntgegeben ist die Einleitung eines Strafverfahrens, wenn dem Täter oder seinem Vertreter amtlich mitgeteilt worden ist, dass die Behörde steuerstrafrechtliche Ermittlungen in Gang gesetzt hat. Das Wort *„bekanntgegeben"* ist durch Art. 1 Nr. 8 AO StrafÄndG an die Stelle des Wortes *„eröffnet"* gesetzt worden, um unzutreffende Gedankenassoziationen zwischen der Mitteilung von der Einleitung des Strafverfahrens – also vom Beginn der Erforschung des Sachverhalts – und der Eröffnung des Hauptverfahrens iS der §§ 199 ff. StPO zu unterbinden. 264

Die Bekanntgabe erfordert stets eine **amtliche Mitteilung.** Mitteilungen von privater Seite oder Informationen aus der Finanzverwaltung, die dem Stpfl infolge einer Indiskretion bekannt werden, ohne dass sie von einem Erklärungswillen der Behörde getragen werden, genügen dem Erfordernis einer Bekanntgabe nicht (zust. Kohlmann/*Schauf* 172 zu § 371). Sie können jedoch dem Stpfl die Kenntnis vermitteln, dass seine Tat entdeckt ist, und die strafbefreiende Wirkung seiner Selbstanzeige nach § 371 II Nr. 2 AO ausschließen. 265

Die Form der Bekanntgabe ist gesetzlich nicht bestimmt. Die Bekanntgabe kann durch ein Schreiben der Behörde oder durch die mündliche Erklärung eines mit der Sache befassten Amtsträgers erfolgen (OLG Bremen 31.1.1951, DStZ/B 1951, 212). Fernmündli- 266 che Mitteilungen sind zwar möglich, aber praktisch nicht geeignet, da sie zu Zweifeln Anlass geben können (ähnl. Kohlmann/*Schauf* 173 zu § 371). Andererseits kann bei besonderen Erfahrungen einer Behörde im Einzelfall eine förmliche Zustellung nach §§ 3 ff. VwZG ratsam erscheinen. Jedenfalls gelten irgendwelche Bekanntgabefiktionen nicht. Der Betroffene muss von der Verfahrenseinleitung konkret Kenntnis erlangt haben. Bestreitet er dies, obwohl ihm das Bekanntgabeschreiben förmlich zugegangen ist, handelt es sich um einen normalen Fall der tatrichterlichen Beweiswürdigung.

267 Ob das Steuergeheimnis einer öffentlichen Bekanntmachung (vgl. § 15 VwZG) entgegensteht (so *Franzen* 3. Aufl., Rn. 95 zu § 371, Kohlmann/*Schauf* 174.2 zu § 371) erscheint zweifelhaft, da die Bekanntmachung der Durchführung eines Steuerstrafverfahrens diente (§ 30 IV Nr. 1; zust. RK-*Kemper* 179 zu § 371). Eine andere Frage ist, ob eine solche Form der Bekanntgabe sinnvoll ist, weil sich aus dieser Form der Bekanntgabe kaum der Nachweis führen lässt, wann der Stpfl konkrete Kenntnis von der Verfahrenseinleitung erhalten hat.

268 Die Bekanntgabe der Einleitung eines Strafverfahrens kann auch durch eine **eindeutige Amtshandlung** erfolgen, die unzweifelhaft als strafverfahrensrechtliche Maßnahme zur Ermittlung einer Steuerstraftat erkennbar ist (*Kopacek* BB 1961, 44), namentlich durch eine Verhaftung oder vorläufige Festnahme des Verdächtigen (§§ 114 ff., 127 StPO), bei der Zweifel über den strafrechtlichen Zweck der Maßnahme nicht möglich sind, aber auch durch eine Beschlagnahme von Geschäftspapieren oder von Zollgut und verbrauchsteuerbaren Waren (§§ 94, 98 StPO), durch eine Durchsuchung der Wohnung oder der betrieblich genutzten Räume des Verdächtigen (§ 102 StPO) oder durch seine erste Vernehmung (§ 136 StPO). Vorausgesetzt ist allerdings immer, dass es sich etwa bei der Durchsuchung um eine solche nach § 102 StPO, nicht nach § 103 StPO handelt. Soweit mit dem Beginn der Durchsuchung bei einem Kreditinstitut nach §§ 102, 103 StPO zugleich die Einleitung des Strafverfahrens gegen „teils namentlich bekannte, teils unbekannte Kunden" verbunden ist, kann dies eine Sperrwirkung für den Kunden nicht begründen. Zum einen ist ihm selbst die Verfahrenseinleitung nicht bekannt gegeben worden, zum anderen gibt es in diesem Sinne keine Verfahrenseinleitung „gegen unbekannt".

269 **Bei einer Beschlagnahme** wird dem Stpfl die richterliche Beschlagnahmeanordnung vorgewiesen, aus der sich zugleich der Vorwurf ergibt bzw. ergeben sollte. Wird die Beschlagnahme bei Gefahr im Verzuge durch einen Fahndungsbeamten als Ermittlungsperson der Staatsanwaltschaft (vgl. § 404 S. 2 AO iVm § 98 I StPO) oder durch einen sonst zur Prüfung erschienenen Amtsträger der FinB angeordnet (vgl. § 399 AO iVm § 98 I StPO), ist der Stpfl jedenfalls mündlich über den Zweck der Maßnahme zu unterrichten. Bedarf es einer Beschlagnahme nicht, weil der Gegenstand freiwillig herausgegeben wird (vgl. § 94 II StPO), lässt das Herausgabeverlangen nicht ohne weiteres schon auf die Einleitung eines Straf- oder Bußgeldverfahrens schließen.

270 **Bei einer Durchsuchung** schreibt § 106 II 1 StPO ausdrücklich vor, dass der Zweck dieser Maßnahme (§ 102 StPO: Ergreifung einer verdächtigen Person oder Auffindung von Beweismitteln) dem Inhaber der zu durchsuchenden Räume oder Gegenstände (zB Kraftfahrzeug) oder der in seiner Abwesenheit zugezogenen Person *vor Beginn der Durchsuchung* bekanntgemacht werden muss. Diese Bekanntmachung ist eine Bekanntgabe iS des § 371 II Nr. 1b) AO, wenn der Inhaber oder die zugezogene Person entweder mit dem Beschuldigten identisch ist oder wenn sie als sein Vertreter iS dieser Vorschrift (Rn. 282) angesehen werden kann. Ergeht der Beschluss in einem Ermittlungsverfahren „gegen Verantwortliche des Unternehmens", genügt dies selbst dann nicht, wenn die Person des Verantwortlichen aus den Akten ggf. ersichtlich ist (vgl. *Teske* wistra 1988, 288, 295).

271 **Bei Vernehmungen** ist die Sachlage eindeutig, wenn ein Amtsträger der Steuer- oder Zollfahndung oder der Strafsachenstelle einer FinB dem Beschuldigten nach § 136 I StPO bereits zu Beginn der Befragung eröffnet, welche Tat ihm zur Last gelegt wird und welche Strafvorschriften in Betracht kommen (Kohlmann/*Schauf* 174 zu § 371). Vielfach beginnt die Befragung einer Person durch einen Amtsträger der FinB jedoch zunächst im Besteuerungsverfahren zu dem Zweck, die Besteuerungsgrundlagen festzustellen (vgl. § 199 I). Gewinnt der Amtsträger hierbei den über eine bloße Vermutung hinausgehenden Verdacht, dass eine Steuerstraftat oder Steuerordnungswidrigkeit vorliegt, für die sein Gesprächspartner als (Mit-)Täter oder Teilnehmer (mit-)verantwortlich ist, muss er entweder von einer weiteren Befragung absehen oder unverzüglich klarstellen, dass weitere Ermittlungen (auch) einem Straf- oder Bußgeldverfahren dienen und die Mitwirkung an Feststellungen zu diesem Zweck nicht mehr erzwungen werden kann (§ 393 I); vgl. dazu die Betriebsprüfungsordnung (BpO) v. 15.3.2000 (BStBl. 2000 I 368 ff.):

§ 10 BpO Verdacht einer Steuerstraftat oder -ordnungswidrigkeit

(1) [1] Ergeben sich während einer Außenprüfung zureichende tatsächliche Anhaltspunkte für eine Straftat (§ 152 Abs. 2 StPO), deren Ermittlung der Finanzbehörde obliegt, so ist die für die Bearbeitung dieser Straftat zuständige Stelle unverzüglich zu unterrichten. [2] Dies gilt auch, wenn lediglich die Möglichkeit besteht, dass ein Strafverfahren durchgeführt werden muss. [3] Richtet sich der Verdacht gegen den Steuerpflichtigen, dürfen hinsichtlich des Sachverhalts, auf den sich der Verdacht bezieht, die Ermittlungen (§ 194 AO) bei ihm erst fortgesetzt werden, wenn ihm die Einleitung des Strafverfahrens mitgeteilt worden ist. [4] Der Steuerpflichtige ist dabei, soweit die Feststellungen auch für Zwecke des Strafverfahrens verwendet werden können, darüber zu belehren, dass seine Mitwirkung im Besteuerungsverfahren nicht mehr erzwungen werden kann (§ 393 Abs. 1 AO). [5] Die Belehrung ist unter Angabe von Datum und Uhrzeit aktenkundig zu machen und auf Verlangen schriftlich zu bestätigen (§ 397 Abs. 2 AO).

(2) Absatz 1 gilt beim Verdacht einer Ordnungswidrigkeit sinngemäß.

Für die Prüfung in Zollsachen enthält die Prüfungs-DA VSF S 1310 Nr. 22–26 eine vergleichbare Regelung; dem Betroffenen wird vor Beginn der Prüfung ein Merkblatt ausgehändigt, in dem auch auf die (Gefahr der) Selbstbelastung hingewiesen wird (s. auch StraBuDV VSF S 1885). Danach hat der Prüfer in einem solchen Fall grundsätzlich zu veranlassen, dass weitere Ermittlungen durch das Zollfahndungsamt geführt werden. Wird die Außenprüfung in Richtung auf den verdächtigen Sachverhalt gleichwohl fortgesetzt, so darf dies erst geschehen, nachdem dem Stpfl die Einleitung eines Strafverfahrens eröffnet und er über seine Rechte belehrt worden ist; dies ist unter Angabe von Datum und Uhrzeit aktenkundig zu machen (*Bender/Möller/Retemeyer* D 249). 272

Der Inhalt der Mitteilung muss zweifelsfrei erkennen lassen, dass die Behörde oder (bei mündlicher Bekanntgabe) der mit der Sache befasste Amtsträger den Verdacht geschöpft hat, dass eine bestimmte Person durch ein bestimmtes Verhalten eine Steuerstraftat oder Steuerordnungswidrigkeit begangen hat, und dass die Behörde (der Amtsträger) den Willen hat, den steuerstrafrechtlichen Verdacht aufzuklären. 273

Da die Einleitung des Strafverfahrens nach § 397 I AO eine Maßnahme erfordert, die darauf abzielt, gegen jemanden steuerstrafrechtlich vorzugehen, kann es im Zeitpunkt der Bekanntgabe der Einleitung des Strafverfahrens nicht mehr zweifelhaft sein, dass die Ermittlungen nicht nur auf die Feststellung der Besteuerungsgrundlagen für steuerliche Zwecke abzielen. Die Absicht, strafrechtlich vorzugehen, muss dem Mitteilungsempfänger gegenüber unmissverständlich zum Ausdruck gebracht werden. Mehr oder weniger unbestimmte Andeutungen reichen nicht aus, insbes. nicht ein Vorbehalt in der Schlussbesprechung nach § 201 II AO, dass die strafrechtliche Würdigung der Feststellung einem besonderen Verfahren vorbehalten bleibe (ebenso Kohlmann/*Schauf* 175 zu § 371). In einem solchen Fall dürfte kein (bisher unausgesprochener) konkreter Tatverdacht vorliegen, sonst wäre der Prüfer bereits vor der Schlussbesprechung verpflichtet gewesen, das Strafverfahren einzuleiten (siehe auch Rn. 54 ff. zu § 393). 274

Die Tat muss sachlich so genau bezeichnet werden, wie dies nach dem Stand der Kenntnisse der Behörde (des Amtsträgers) möglich ist (RG 12.2.1940, RStBl. 314), und zwar vornehmlich durch die Angabe der dem Täter zur Last gelegten Handlungsweise (zB die Vornahme von OR-Geschäften oder das Verschweigen von Warenbeständen oder Forderungen), sowie durch einen Hinweis auf die dadurch verkürzten Steuerarten. Eine zeitliche Abgrenzung ist sinnvoll, aber nicht unbedingt erforderlich. Im Gegensatz zur 275

Betriebsprüfung beziehen sich die im Strafverfahren zu treffenden Maßnahmen weniger auf einen bestimmten Zeitraum, als auf einen bestimmten Sachverhalt (*Quenzer* StW 1953, 671). Die in der Verwaltungspraxis vertretene Auffassung, dass in erster Linie die verkürzte Steuerart und der Veranlagungszeitraum anzugeben seien, entspricht eher einer steuerrechtlichen Betrachtungsweise.

276 **Die Angabe einzelner Steuerabschnitte** ist nur zweckmäßig, wenn sich im Zeitpunkt der Bekanntgabe der Einleitung des Strafverfahrens bereits übersehen lässt, dass der Täter die entdeckte Hinterziehungsmethode erst von einem bestimmten Steuerabschnitt an angewendet hat oder angewendet haben kann. In anderen Fällen sollte die Angabe der Steuerabschnitte möglichst umfassend sein, damit der Empfänger der Mitteilung nicht in den Irrtum versetzt wird, das Ermittlungsverfahren werde zeitlich begrenzt, obwohl die FinB beabsichtigt, die Hinterziehungsmethode zurückzuverfolgen, soweit die Tat noch nicht verjährt ist.

277 **Eine Angabe des konkreten Strafgesetzes** und der Schuldform ist nicht erforderlich (missverständlich *Suhr* 1977, S. 357 vgl. aber auch S. 356, der die Auffassung vertritt, aus der Mitteilung müsse sich ergeben, ob ein Straf- oder Bußgeldverfahren eingeleitet sei). Ob eine Steuerverkürzung vorsätzlich oder leichtfertig begangen worden ist, kann in vielen Fällen erst nach dem Abschluss der Ermittlungen zutreffend beurteilt werden (vgl. auch *Teske* wistra 1988, 292; *Marx* wistra 1987, 208; *Weyand* wistra 1987, 284).

278 **Als Adressaten der Mitteilung** bezeichnete das Gesetz bis 1.1.2015 den Täter oder seinen Vertreter. Nach bisher fast einhelliger Auffassung umfasste der Begriff des Täters hier sinngemäß auch den Teilnehmer an der Tat (Anstifter oder Gehilfen; vgl. 5. Aufl. Rn. 177 und Kohlmann/*Kohlmann* 177 zu § 371; *Marschall,* BB 1998, 2555; *Rolletschke* Rn. 609). Demgegenüber meint *Grötsch* (Stbg 1998, 559, 560; *Grötsch* 2003, 143f., 166), angesichts des klaren Wortlautes könnten nur Täter iS des § 25 StGB von der Sperrwirkung erfasst sein. Hieran ist richtig, dass auch im Steuerstrafrecht über § 369 II AO die allgemeinen Regeln über das Strafrecht gelten und § 28 II StGB den Begriff des Beteiligten als Oberbegriff, die Begriffe Täter und Teilnehmer als ausfüllende Begriffe versteht. § 371 AO verwendet in Abs. 2 Nr. 1b) und Nr. 2 aF den Begriff des Täters, während er im Abs. 3 vom *„Beteiligten"* spricht. Angesichts des klaren Wortlautes wird man der Auffassung von *Grötsch* folgen müssen (ebenso FT-*Wessing* 100 zu § 371; MüKoStGB/*Kohler* AO § 371 Rn. 199; *Buse* DB 2015, 98).

279 Gestützt wird diese Auffassung überdies durch den Wortlaut des § 7 Nr. 2 StraBEG, der ausdrücklich von Beteiligten (Täter und Teilnehmer) spricht. **Nur der Täter ist betroffen.** Abhilfe in dieser wenig sinnhaften Situation konnte nur der Gesetzgeber schaffen. *Jäger* (Klein/*Jäger* AO § 371 Rn. 41) begründet die Abweichung vom Wortlaut des Gesetzes mit der Erwägung, es ginge hier um einen verfahrensrechtlichen Täterbegriff. Damit mag man im Rahmen des § 398a argumentieren, der als Einstellungsvorschrift dem Verfahrensrecht zugehörig ist. Hier geht es aber insofern um materielles Recht, als der Wortlaut eines Strafaufhebungsgrundes unterschritten wird. Damit mag Art. 103 II GG tangiert sein.

280 Im Hinblick auf die Frage der Zulässigkeit einer **Unterschreitung des Wortlautes** ist festzustellen, dass § 371 Teil des Normprogramms des § 370 ist. Es geht hier nicht um irgendein Verfahrenshindernis, sondern um einen Strafaufhebungsgrund, und dessen Nichtbeachtung mag dem Art. 103 II GG unterfallen (vgl. *Simon,* Gesetzesauslegung im Strafrecht, 2005, S. 190ff.). Bedenken gegen die Abweichung vom Wortlaut lassen sich auch nicht mit dem Argument vom Tisch wischen, es ginge ja nur um den Allgemeinen Teil. Im Übrigen hat der BGH im Hinblick auf den Wortlaut der Rücktrittsregelung eine solche Wortlautunterschreitung abgelehnt (BGH 14.5.1996, BGHSt 42, 158: „Die … Auffassung, daß trotz formeller Nichtvollendung des Grundtatbestandes im Hinblick auf den Eintritt der schweren Folge bereits die typische Gefahr des Verbrechens eingetreten und es insofern materiell vollendet sei, dehnt die Grenzen der Strafbarkeit zum Nachteil des Angeklagten in einer Weise aus, die mit dem Gesetzlichkeitsprinzip … nicht vereinbar ist. Der Grund-

tatbestand des Raubes kann nicht wegen des Eintritts der schweren Folge durch Auslegung des Gesetzes in ein Unternehmensdelikt umgewandelt werden."). Man mag für eine formal verfahrensrechtliche Vorschrift wie § 398a AO einen verfahrensrechtlichen Täterbegriff vertreten, im Zusammenhang mit einer materiellen Regelung wie § 371 II ist dies nicht angängig.

Die Neuregelung in § 371 II stützt die hier vertretene Auffassung. Immerhin hat der **281** Gesetzgeber nunmehr fast durchweg den Begriff des Täters durch den *an der Tat Beteiligten* ersetzt (bei Nr. 2 wurde dies übersehen).

Die Worte „oder seinem Vertreter" sind durch die Novelle vom 7.12.1951 (Rn. 6) **282** eingefügt worden, ohne dass die Begründung über die Motive Aufschluss gibt. Bei der Auslegung des Gesetzes ist davon auszugehen, dass der Vertreter iS des § 371 II Nr. 1b) AO nur insofern an die Stelle des Täters einer Steuerhinterziehung tritt, als die Bekanntgabe der Einleitung des Strafverfahrens an ihn die strafbefreiende Wirkung einer nachfolgenden Selbstanzeige ebenso ausschließen soll, als wenn die Mitteilung dem Täter persönlich gemacht worden wäre. Unstreitig ist auch, dass eine besondere Vollmacht des Täters zur „Entgegennahme von Erklärungen iS des § 371 II Nr. 1b) AO" (Kohlmann/*Schauf* 185 zu § 371) nicht erforderlich ist, sonst käme die Regelung praktisch nicht zur Anwendung. Im Übrigen ist die Reichweite der Regelung umstritten.

Schauf (Kohlmann/*Schauf* 187 zu § 371) entscheidet danach, ob der *„Vertreter"* zur Sphäre **283** des Täters gehört, *„ob also unter gewöhnlichen Umständen damit gerechnet werden konnte, daß die mündliche oder schriftliche Einleitung des Steuerstraf- oder Bußgeldverfahrens durch die Mittlerperson an den Täter weitergereicht wurde."* Eine generelle Vollmacht zur Wahrung von Geschäften, Entgegennahme von Willenserklärungen pp, insbes. ein Vertretungsverhältnis iS der §§ 164 ff. BGB brauche nicht vorzuliegen (ähnl. *Wannemacher/Vogelberg* Rn. 1480). *Franzen* (3. Aufl., Rn. 105 zu § 371) zählte zu den Vertretern alle Personen, die den Täter kraft Gesetzes oder aufgrund einer Vollmacht ohnehin in rechtlichen oder steuerlichen Angelegenheiten vertreten oder die im gegebenen Falle aufgrund einer engen Beziehung zu dem Täter die Mitteilung der Einleitung des Straf- oder Bußgeldverfahrens für ihn entgegenzunehmen vermögen und dazu bereit sind. Danach wären Vertreter auch der Ehegatte des Täters, andere volljährige Familienangehörige (*Theil* BB 1983, 1278; *Rolletschke* Rn. 605) und Personen seines Vertrauens oder der Dienstvorgesetzte bei einem Angehörigen der Bundeswehr, des Bundesgrenzschutzes oder der Bereitschaftspolizei (vgl. FG Düsseldorf 18.9.1957, DStZ/B 1957, 517, 519).

Vor dem Hintergrund des Gebots der Tatbestandsbestimmtheit wird man mit *Blesinger* **284** (Kühn/v.Wedelstädt/*Blesinger* 21 zu § 371; vgl. auch *Zinn* Stbg 1963, 210) den Vertreterbegriff den §§ 34 und 35 AO entnehmen müssen (zust. FT-*Wessing* 101 zu § 371, MüKoStGB/*Kohler* AO § 371 Rn. 201). Die Unterschiede sind jedoch marginal (zust. Kohlmann/*Schauf* 187 zu § 371). Wird etwa der Ehefrau die Eröffnung eines Steuerstrafverfahrens gegen den Ehemann mitgeteilt, und erstattet dieser in unmittelbarem zeitlichen Zusammenhang damit eine Selbstanzeige, wird der Tatrichter zu würdigen haben, ob dieses zeitliche Zusammentreffen Zufall war oder die Ehefrau ihn über die Mitteilung unterrichtet hatte, so dass auch in seiner Person die Voraussetzung der Bekanntgabe unmittelbar erfüllt ist bzw. ihm die Entdeckung der Tat bekannt war. Immerhin ist die Bekanntgabe eine formfreie amtliche Mitteilung, so dass diese nicht daran scheitert, dass das Schreiben über einen Dritten an den Täter gelangt (vgl. § 6 f. VwZG). Sollte aber der Ehemann gerade auf dem Weg zum FA gewesen sein, als seine Ehefrau von der Einleitung des Strafverfahrens erfuhr, handelte er offenbar aus autonomen Motiven heraus, so dass der Wirksamkeit der Selbstanzeige keine gewichtigen Gründe entgegenstehen.

Der persönliche Umfang der Sperrwirkung beschränkt sich auf diejenige Person, der **285** oder deren Vertreter die Einleitung des Strafverfahrens bekanntgegeben worden ist. Nach hM hat es auf die Sperrwirkung keinen Einfluss, wenn die der Bekanntgabe folgenden Ermittlungen erweisen, dass die in der Mitteilung als Täter angesprochene Person nur als Teilnehmer an der Tat mitgewirkt hat oder die als Teilnehmer angesprochene Person in

Wahrheit als Mittäter oder mittelbarer Täter verantwortlich ist. Wenn man wie hier (Rn. 212 ff.) angesichts des klaren Wortlautes bis zum 1.1.2015 nur die Bekanntgabe der Verfahrenseinleitung *gegenüber dem Täter* als Sperrgrund ansieht, wäre eine nach Bekanntgabe der Verfahrenseinleitung erstattete Selbstanzeige des Gehilfen noch wirksam. Umgekehrt würde der Scheingehilfe, der sich später als Täter der Steuerhinterziehung herausstellt, keine wirksame Selbstanzeige mehr erstattet haben. Auch hier dürften die Unterschiede insofern gering sein, als die Rspr ohnehin bei der Abgrenzung zwischen Mittäterschaft und Beihilfe eher zur Bejahung der Voraussetzungen des § 25 II StGB tendiert (MüKoStGB/*Joecks* StGB § 25 Rn. 21 ff.).

286 **Der sachliche Umfang der Sperrwirkung** für das neue Recht ist klar: Die Bekanntgabe der Verfahrenseinleitung auch nur für ein Jahr sperrt eine Selbstanzeige für die anderen unverjährten Jahre dieser Steuerart. Für Altfälle bleibt der Streit von Bedeutung.

287 *Franzen* (3. Aufl., Rn. 107) wollte auf den Inhalt der Mitteilung abstellen. Je enger die Tat umschrieben sei, um so weiter reiche die Möglichkeit, wegen anderer Steuerstraftaten strafbefreiende Selbstanzeige noch rechtzeitig zu erstatten. *Schauf* (Kohlmann/*Schauf* 191.2 zu § 371) knüpft an den materiell-rechtlichen Tatbegriff an (ebenso LG Hamburg 4.3.1987, wistra 1988, 317; Erbs/Kohlhaas/*Hadamitzky/Senge* AO § 371 Rn. 30); dies ähnelt der Auffassung von *Rüping* (HHSp-*Rüping* 168 f. zu § 371), der zugleich aber bezweifelt, dass zur Tat der gesamte Umfang der abgegebenen Steuererklärung gehöre (so aber *Kawlath* wistra 1989, 219; vgl. auch BGH 6.6.1990, wistra 1990, 308; *Mösbauer* DStZ 1999, 358). Andererseits will auch er die gemachten oder fehlenden Angaben in ein und derselben Steuererklärung im Zusammenhang betrachten (aaO 169). *Marschall* (BB 1998, 2555 f.) will nach Einkunftsarten differenzieren. Die Rechtsprechung hat zum Teil auf den strafprozessualen Tatbegriff iS des § 264 StPO abgestellt (vgl. LG Stuttgart 16.4.1985, wistra 1985, 203), andererseits im Rahmen der Tatentdeckung (§ 371 II Nr. 2) eine Selbstanzeige wegen bislang unentdeckter Einzelakte einer fortgesetzten Tat für möglich gehalten, auch wenn bezogen auf andere Akte eine Tatentdeckung anzunehmen war (BGH 12.8.1987, wistra 1987, 342; BGH 27.4.1988, wistra 1988, 308). Nach Aufgabe der Rechtsprechung zur fortgesetzten Handlung stellte der BGH auf die einzelne Handlung, dh auf die Nichtabgabe bzw. die Abgabe einer unrichtigen Steuererklärung ab. Die einzelne Tat bestimmt sich demnach nach Steuerart, Besteuerungszeitraum und Steuerpflichtigem (BGH 5.4.2000, wistra 2000, 226).

288 An diesen Auffassungen ist zunächst richtig, dass angesichts des materiell-rechtlichen Charakters des § 371 AO der strafprozessuale Tatbegriff (§ 264 StPO) keine Anwendung findet (LG Verden 27.3.1986, wistra 1986, 228). Andererseits ist das Abstellen auf Tateinheit oder Tatmehrheit nicht unproblematisch, weil es zu zufälligen Ergebnissen führen kann. So hängt das Verhältnis der Hinterziehung von GewSt und ESt für den nämlichen Veranlagungszeitraum unter anderem davon ab, ob beide Erklärungen mit demselben Briefumschlag (identische Körperbewegung) an das FA gesandt wurden oder nicht (Rn. 652 zu § 370). Wäre dies nicht der Fall, hinderte eine Verfahrenseinleitung wegen des Verdachts der ESt-Hinterziehung nicht die Selbstanzeige im Hinblick auf die GewSt. Wären beide Erklärungen im nämlichen Umschlag enthalten gewesen, könnte die Einleitung wegen einer der beiden Steuerarten die Selbstanzeige der anderen hindern. Man wird daher auf die einzelne Steuererklärung abstellen müssen (im Ergebnis ebenso Kohlmann/*Schauf* 193 zu § 371; *Frick* DStR 1986, 429; *Scheel* wistra 1989, 344; *Hoffmann* 1998, 210; offengelassen von BGH 4.5.2000, wistra 2000, 226; dazu *Jäger* wistra 2000, 228).

289 Die **Sperrwirkung der Verfahrenseinleitung** ist also zu bemessen nach dem Inhalt der Mitteilung und den darin genannten Steuerarten und Besteuerungszeiträumen. Wird diese Mitteilung ihrer Funktion, den Beschuldigten „ins Bild zu setzen“, nicht gerecht, indem etwa „wegen Steuerhinterziehung in nicht rechtsverjährter Zeit“ eingeleitet wird, ohne nähere Informationen über die Art der Tat zu liefern, kann dies eine Sperrwirkung nicht herbeiführen (ebenso Kohlmann/*Schauf* 192 zu § 371; vgl. zur Parallelproblematik bei der Verjährung Rn. 79 zu § 376).

Für Selbstanzeigen seit dem 3.5.2011 entfällt die Beschränkung auf die in der Einleitung genannten Besteuerungszeiträume, weil die Sperre bereits dann eingreift, wenn die Verfahrenseinleitung auch nur für ein einziges Jahr des unverjährten Zeitraums erfolgt. 290

Die Sperrwirkung tritt seit 1.1.2015 ein, wenn die Bekanntgabe gegenüber *„dem an der Tat Beteiligten"* erfolgt ist. Nach dem RegE (BT-Drs. 18/3018, 11) soll damit eine Selbstanzeige des Gehilfen auch dann ausgeschlossen sein, wenn eine Verfahrenseinleitung gegenüber dem Täter erfolgt ist („Zukünftig kann ein Gehilfe der Steuerhinterziehung keine Selbstanzeige mehr abgeben, wenn die Einleitung eines Straf- oder Bußgeldverfahrens dem Täter bekannt gegeben worden ist"). Das Gesetz spricht aber von „dem", nicht von „irgendeinem" an der Tat Beteiligten (vgl. Rn. 278 ff.). Dies spricht dafür, diesen Sperrgrund weiterhin nicht tat-, sondern personenbezogen zu verstehen (ebenso MüKoStGB/*Kohler* § 371 Rn. 201; *Erb/Erdel* NZWiSt 2014, 329; *Buse* DB 2015, 89; s. auch *Joecks* DStR 2014, 2264; abl. *Hunsmann* NJW 2015, 115). Eine andere Frage ist, ob die Tat des Gehilfen nicht schon entdeckt war. Zum Wiederaufleben der Berichtigungsmöglichkeit nach Abschluss des Verfahrens siehe unten Rn. 354 ff. 291

einstweilen frei 292–300

4. Die Entdeckung der Tat (§ 371 II Nr. 2 AO)

Schrifttum: *Franzen,* Zum Begriff der Entdeckung der Tat im Steuerstrafrecht (§ 410 AO), NJW 1964, 1061; *Leise,* Zum Begriff der Tatentdeckung bei Selbstanzeige, BB 1972, 1500; *Pfaff,* Entdeckung der Tat bei der Selbstanzeige, FR 1972, 415; *ders.,* Entdeckung der Tat nach § 395 AO, StBp 1974, 186, SchlHA 1974, 119 und Inf. 1974, 282; *ders.,* Ausschluß der Straffreiheit wegen Tatentdeckung nach § 371 II Nr. 2 AO n. F., DStZ 1976, 426; *Dietz,* Bestrafung wegen Steuerhinterziehung bei verspäteter Anmeldung und Zahlung von Umsatzsteuer und Lohnsteuer, DStR 1981, 372; *Kohlmann,* Ausgewählte Fragen zum Steuerstrafrecht, WPg 1982, 70, 73 ff.; *Bilsdorfer,* Der Zeitpunkt der Tatentdeckung bei verspäteter Abgabe von Steueranmeldungen, BB 1982, 670; *Baur,* Mangelnde Bestimmtheit von Durchsuchungsbeschlüssen, wistra 1983, 99, 101; *ders.,* Zur „Tatentdeckung" bei der Selbstanzeige, BB 1983, 498 mit Erwiderung von *Dietz* BB 1983, 1207; *Brenner,* Die „Tat-Entdeckung" bei der Selbstanzeige nach BGH und die kriminalistischen Folgerungen, ddz 1984, F 25; *Göggerle/Frank,* Entdeckung der Tat bei der Selbstanzeige gemäß § 371 II Nr. 2 der Abgabenordnung, BB 1984, 398; *Henneberg,* Die Entdeckung der Tat im Steuerstrafrecht, BB 1984, 1679; *Brenner,* Kein Ausschluß der Selbstanzeige, wenn der konkrete Täter noch nicht entdeckt ist, DStZ 1984, 478; *Blumers,* Zur Auslegung des § 371 AO am Beispiel „Tatentdeckung", wistra 1985, 85; *Volk,* Tat und Tatentdeckung bei fortgesetzter Steuerhinterziehung, DStR 1987, 644; *Dörn,* Behandlung von Kontrollmitteilungen in Finanzämtern und Bußgeld- und Strafsachenstellen, DStZ 1991, 747; *Lüttger,* Die Selbstanzeige im Steuerstrafrecht, StB 1993, 377; *Dörn,* Ausschluß der Selbstanzeige durch Tatentdeckung (§ 371 Abs. 2 Nr. 2 AO) nur bei Kenntnis des Täters?, wistra 1998, 175; *Hoffmann,* Die Ausschlußtatbestände der Selbstanzeige bei Steuerhinterziehung, 1998; *Burkhard,* Die Tatentdeckung im Sinn des § 371 Abs. 2 Nr. 2 AO, Stbg 1999, 410; *Mösbauer,* Die Kenntnis des Täters von der Entdeckung der Tat als Sperre für die Straffreiheit nach § 371 AO, StB 1999, 393; *Heerspink,* Selbstanzeige – Neues und Künftiges, BB 2002, 910; *Kohlmann,* Die Selbstanzeige – und was daraus geworden ist, Bochumer Beiträge, 2003, S. 79; *Randt/Schauf,* Selbstanzeige und Liechtenstein-Affäre, DStR 2008, 489; *Schwartz,* Tatentdeckung durch die Abgabe einer (unwirksamen) Teilselbstanzeige, wistra 2011, 82; *Bruschke,* Reform der Selbstanzeige durch das Schwarzgeldbekämpfungsgesetz, StB 2012, 39; *Mückenberger/Iannone,* Steuerliche Selbstanzeige trotz Berichterstattung über den Ankauf von Steuer-CDs, NJW 2012, 3481; *Schöler,* Tatentdeckung beim Ankauf von Steuer-CDs, DStR 2015, 503; *Wulf,* Tatentdeckung durch Berichterstattung über CD-Ankauf?, SAM 2015, 109.

Systematisch ist § 371 II Nr. 2 AO gegenüber den früheren Fassungen der Vorschrift und § 354 II 2 EAO 1974 (BT-Drs. VI/1982) in der Weise verbessert worden, dass zuerst die Entdeckung der Tat und sodann das Wissen oder damit-Rechnen-müssen des Täters angeführt wird. Auf diese Weise wird klargestellt, *„dass es für die Rechtzeitigkeit der Selbstanzeige darauf ankommt, ob die Tat objektiv bereits entdeckt war. Der Täter, der irrtümlich angenommen hatte oder bei verständiger Würdigung der Sachlage damit hätte rechnen müssen, dass die Tat bereits entdeckt war, obwohl dies nicht zutraf, verliert damit noch nicht die Möglichkeit der Selbstanzeige"* (Bericht des Finanzausschusses BT-Drs. 7/4292, 44). Die zur früheren Fassung diskutierte Frage, ob die irrtümliche Annahme der Entdeckung für den Eintritt der Sperrwirkung genüge, ist damit iS der damals herrschenden Meinung (Nachweise siehe 1. Aufl. Rn. 130 zu § 395 RAO) entschieden und gegenstandslos geworden. 301

302 **Entdeckt ist die Tat,** wenn der Amtsträger einer Behörde mindestens einen Teil des wirklichen Tatgeschehens oder der Tatfolgen unmittelbar selbst wahrgenommen hat (zutr. Kohlmann/*Schauf* 201 zu § 371 unter Hinweis auf OLG Hamm 26.10.1962, BB 1963, 459 und BayObLG 4.6.1970, DStR 1971, 87). Durch das Erfordernis der unmittelbaren Selbstwahrnehmung der Tatwirklichkeit unterscheidet sich die Entdeckung der Tat von einem Tatverdacht, der sich zB auch auf Zeugen vom Hörensagen stützen könnte (vgl. LG Flensburg 20.8.1953, DStR 1953, 574 f.). Der Beobachtung des Tatgeschehens steht die Wahrnehmung des entscheidenden Beweismittels, zB der Aufzeichnungen über unverbuchte Geschäftsvorfälle, gleich. Die Kenntnis von Anhaltspunkten, die den Verdacht einer Steuerhinterziehung begründen und bei pflichtgemäßem Verhalten der beteiligten Amtsträger zur Einleitung des Strafverfahrens führt, genügt für die Entdeckung noch nicht (anders 1. Aufl. Rn. 122, übernommen durch OLG Hamburg 27.1.1970, NJW 1970, 1385), denn Entdeckung erfordert mehr als Verdacht (BGH 13.5.1983, wistra 1983, 197, unter Hinweis auf § 371 II Nr. 1b) AO; vgl. auch Kohlmann/*Schauf* 201 zu § 371 sowie *Kratzsch* Grundfragen S. 288 Fußn. 21 und *Theil* BB 1983, 1278). Abzulehnen ist die Auffassung von *Bilsdorfer* (BB 1982, 672) und *Dietz* (DStR 1981, 372), die die Entdeckung als Vorstufe des Verdachts ansehen und damit die Stufenfolge der Erkenntnis umkehren.

303 **Die Tat muss als Straftat entdeckt sein** (siehe aber Rn. 311). Dementsprechend genügt es nicht, dass der die Tat Entdeckende den objektiven Verstoß gegen steuerliche Pflichten bemerkt, also eine Steuerverkürzung entdeckt, sondern es muss auch eine Entdeckung vorsätzlichen Verhaltens gegeben sein. Dies ergibt sich schon aus dem Umstand, dass im Rahmen einer leichtfertigen Steuerverkürzung eine bußgeldbefreiende Selbstanzeige nach Tatentdeckung nicht ausgeschlossen ist (so zu Recht HHSp-*Rüping* 182 zu § 371).

304 **Eine Entdeckungsgefahr** ist ebenso wenig ausreichend wie ein Verdacht oder die *überwiegende* oder *naheliegende Wahrscheinlichkeit* der Entdeckung (aM AG Husum 8.6.1953, DStR 1953, 547 sowie *Pfaff* DStR 1970, 556 und StBp 1982, 90; ähnl. HHSp-*Rüping* 183 zu § 371). Zwar ist nicht nötig, dass die Behörde die Tat bereits in allen Einzelheiten und die Tatfolgen in vollem Umfang zu übersehen vermag (arg.: *„zum Teil entdeckt"*). Der Entdecker muss aber auch von den subjektiven Tatbestandsmerkmalen soviel wahrgenommen haben, dass er die strafrechtliche Bedeutung des objektiven Tatgeschehens in ihrem wesentlichen Kern erkannt hat (vgl. RG 28.5.1937, RGSt 71, 244, 243). Eine Entdeckung liegt danach nach hM erst vor, wenn durch die Kenntnis von der Tat eine solche Lage geschaffen wird, die bei vorläufiger Tatbewertung eine Verurteilung des Betroffenen wahrscheinlich macht (BGH 13.5.1983, wistra 1983, 197; BGH 29.11.1983, wistra 1985, 74 mit Anm. *Blumers* wistra 1985, 85 und *Brauns* StV 1985, 325; BGH 27.4.1988, wistra 1988, 308; OLG Celle 24.1.1984, wistra 1984, 116; BGH 5.4.2000, wistra 2000, 226 mit Anm. *Jäger* wistra 2000, 228; BGH 5.5.2004, wistra 2004, 309; LG Stuttgart 21.8.1989, wistra 1990, 72, 75; HHSp-*Rüping* 183, Kohlmann/*Schauf* 203 zu § 371; Erbs/Kohlhaas/*Hadamitzky/Senge* AO § 371 Rn. 37; *Lüttger* StB 1993, 377; *Volk* DStR 1987, 646).

305 *Dörn* hat in Anknüpfung an *Bilsdorfer* (wistra 1983, 131, 135) diese Definition als zu eng kritisiert (wistra 1993, 170; F/D/G-*Dörn* S. 303 f.). Nicht nachvollziehbar sei, wieso der Entdeckungsbegriff des § 371 II Nr. 2 AO ein anderer sein solle als in den Vorschriften des § 388 I Nr. 1 AO und in § 37 OWiG. Danach sei eine Tat bereits entdeckt, wenn konkrete Umstände es einer zur Strafverfolgung berufenen Stelle nahelegen, wegen des Verdachts eines Steuerdelikts einzuschreiten. Dieses Argument überzeugt nicht, denn ein entscheidender Unterschied besteht darin, dass § 371 II Nr. 1b) die Verfahrenseinleitung erwähnt, die in der Tat bereits bei einem Anfangsverdacht der Straftat erfolgen kann (vgl. Rn. 38 ff. zu § 397). Gewichtiger ist demgegenüber der Einwand, es sei widersprüchlich, dass zum einen ein hinreichender Tatverdacht iS der Wahrscheinlichkeit eines verurteilenden Erkennisses vorauszusetzen sei, andererseits die Person des Täters noch nicht feststehen müsse. Dieser Einwand trifft die hier vertretene Auffassung jedoch nicht, weil in der Tat vorauszusetzen ist, dass der betreffende Täter in der Weise identifizierbar ist, dass lediglich sein Name noch nicht feststehen muss.

Zutreffend ist die Kritik jedoch insofern, als nach der Definition der hM die Tatentdeckung eben das voraussetzt, was letztlich Ergebnis des Ermittlungsverfahrens und Voraussetzung für die Eröffnung des Hauptverfahrens (§ 203 StPO) ist. Hierbei besteht jedoch ein Beurteilungsspielraum (*Meyer-Goßner/Schmitt* StPO § 203 Rn. 23). Insofern kann man von Tatentdeckung nicht erst sprechen, wenn der Fall praktisch „durchermittelt" ist, sondern muss in Abhängigkeit von den vorhandenen Indizien prüfen, ob – bei vorläufiger Tatbewertung – ein verurteilendes Erkenntnis wahrscheinlich ist (vgl. auch BGH 5.4.2000, wistra 2000, 226). Danach richtet sich auch, ob eine Tatentdeckung vorliegt, wenn bei einem Kreditinstitut wegen Verdachts der Beihilfe zu den Taten von Kunden durchsucht worden ist und entsprechende belastende Kundenunterlagen gefunden wurden. Jedenfalls in der frühen Phase der Ermittlungen, wenn den Beamten allenfalls bekannt ist, dass eine natürliche Person Kapitaleinkünfte aus dem Ausland hatte, kann von einer Tatentdeckung nicht die Rede sein. Erst wenn der Person konkrete Beträge zugeordnet sind und ihre steuerliche Nichterfassung festgestellt worden ist, mag man von einem so konkreten Verdacht sprechen, dass eine Tatentdeckung bezüglich einzelner Kunden naheliegt. **306**

Nach den nämlichen Kriterien beantwortet sich die Frage, inwiefern eine Tatentdeckung schon gegeben ist, wenn sich der Name eines Stpfl nebst Details auf einer Daten-CD befindet, die ein ungetreuer Mitarbeiter einer Liechtensteiner Bank der Steuerfahndung überlassen hat (vgl. *Randt/Schauf* DStR 2008, 489; *Schöler* DStR 2015, 503). Da die Tat als solche in ihren wesentlichen Teilen wahrgenommen worden sein muss, reicht ein bloßer Anfangsverdacht nicht aus. Dieser mag durch den Umstand begründet werden, dass sich eine natürliche Person auf der Daten-CD mit Details zu dem in Liechtenstein angelegten Vermögen wieder findet. Eine Tatentdeckung kommt aber erst in Betracht, wenn geprüft worden ist, ob die fraglichen Beträge (keinen) Eingang in die Steuererklärung des Stpfl gefunden haben, also ein Abgleich mit der persönlichen Steuerakte erfolgt ist (HHSp-*Rüping* 186, RK-*Kemper* 330 ff. zu § 371; *Randt/Schauf* DStR 2008, 489, 490; *Gehm* NJW 2010, 2064; *Schöler* DStR 2015, 505), wie es etwa in dem vom AG Kiel (AG Kiel 27.11.2014, SchlHA 2015, 110) entschiedenen Verfahren der Fall war. Überdies ist fraglich, ob die Betroffenen auch mit einer entsprechenden Tatentdeckung rechnen müssen (ebenso RK-*Kemper* 330 zu § 371). Solange der Betreffende nicht weiß, dass auch er auf der Daten-CD aufgeführt ist, wird man solches kaum annehmen können (*Randt/Schauf* DStR 2008, 489, 491; weitergehend AG Kiel 27.11.2014, DStR 2015, 897; dazu *Wulf* SAM 2015, 109). **307**

Einzelfälle zeigen, dass auch die Rechtsprechung den Begriff der „Tatentdeckung" bislang (Rn. 311 f.) äußerst restriktiv interpretiert: **308**

Stößt ein *Veranlagungssachbearbeiter* zufällig auf den Namen eines freiberuflich tätigen Steuerpflichtigen, dessen Anfangsbuchstabe auf die Zugehörigkeit zu seinem Bezirk deutet, so liegt in der Anfrage nach seiner Steuernummer noch keine Entdeckung einer Steuerhinterziehung, wenn auch die Möglichkeit besteht, dass der – in Wirklichkeit überhaupt nicht erfasste – Stpfl bei einem anderen FA geführt wird (OLG Frankfurt 18.10.1962, NJW 1962, 976).

Die Kenntnis von dem fruchtlosen *Ablauf einer steuerlichen Erklärungsfrist* bedeutet noch nicht die (objektive) Entdeckung einer Steuerhinterziehung, weil die Fristversäumnis noch keine Rückschlüsse auf eine Steuerschuld und auf den Vorsatz der Steuerhinterziehung erlaubt (OLG Hamburg 27.1.1970, NJW 1970, 1385 mit zust. Anm. *Herdemerten* ebenda sowie abl. Anm. von *Kopacek* NJW 1970, 2098 und *Henneberg* Inf. 1971, 351; ferner *Dietz* DStR 1981, 372; *Bilsdorfer* BB 1982, 670 und wistra 1984, 132 ff.; *Henneberg* DStR 1980, 66; *Kohlmann* WPg 1982, 73 sowie *Baur* BB 1983, 499 f. mit Erwiderung von *Dietz* BB 1983, 1207; aM Erbs/Kohlhaas/*Hadamitzky/Senge* § 371 Rn. 38). Das gilt insbes. dann, wenn die Pflicht zur Abgabe von USt-Voranmeldungen betriebsintern delegiert ist und der Finanzbeamte bei seiner Rückfrage von einer bloßen Säumigkeit des beauftragten Buchhalters ausgegangen ist (OLG Celle 24.1.1984, wistra 1984, 116).

Der Umstand, dass ein Stpfl es zu *Schätzungen* und zu Haftungsbescheiden kommen lässt, rechtfertigt für sich allein noch nicht die Annahme, dass Steuerhinterziehungen entdeckt sind (BayObLG 4.6.1970, DStR 1971, 87; OLG Celle 24.1.1984, wistra 1984, 116).

Werden bei einer *Grenzkontrolle* Belege über Konten oder Schließfächer bei ausländischen Banken gefunden, mag der Anschein für eine Hinterziehung von Ertragsteuern sprechen. Entdeckt ist eine solche Tat jedoch erst dann, wenn ein für die Steuersache zuständiger Beamter feststellt, dass der Stpfl entsprechende Einnahmen in seinen Steuerklärungen nicht berücksichtigt hat (Rn. 310).

309 *Mahnungen oder die Androhung von Zwangsmitteln* reichen nicht aus (vgl. *Leise* DStR 1971, 58). Kontrollmitteilungen, die beim FA über bestimmte Geschäftsvorfälle eines Stpfl eingehen, schließen eine strafbefreiende Selbstanzeige solange nicht aus, bis das FA erfährt oder selbst feststellt, dass die betreffenden Geschäfte nicht verbucht worden sind (zutr. *Pfaff* DStR 1970, 556, *Theil* BB 1983, 1278, *Göggerle/Frank* BB 1984, 399; HHSp-*Rüping* 186 zu § 371; krit. *Dörn* wistra 1993, 169) und – bei vorläufiger Tatbewertung – vorsätzliches Verhalten naheliegt, so dass eine Selbstanzeige noch rechtzeitig ist, wenn der Stpfl von einem Geschäftsfreund hört, dass der Betriebsprüfer bei ihm eine verfängliche Kontrollmitteilung geschrieben hat (*Eggesiecker/Latz* Stbg 1980, 215).

310 *Veröffentlichungen in einem Nachrichtenmagazin* oder in einer Zeitschrift bieten im Allgemeinen nur Anhaltspunkte für einen Verdacht (Rn. 38 ff. zu § 397). Die weitergehende Annahme einer Entdeckung ist aber nicht ausgeschlossen. Sie hängt davon ab, wie eingehend und schlüssig die Handlungsweise der beteiligten Personen beschrieben, Umfang und Zeitraum der Tat angegeben und wenn möglich Beweismittel benannt oder abgebildet werden.

311 *"Notwendig ist die Kenntnis vom Kern eines geschichtlichen Vorganges, der die tatsächlichen Merkmale des Tatbestandes der Steuerhinterziehung enthält"* (Klein/*Jäger* AO § 371 Rn. 61). Dabei scheint der BGH zu einer strengeren Auslegung der Vorschrift zu tendieren. Zwar hält er formal an der hergebrachten Definition fest, dass bei vorläufiger Tatbewertung die Verurteilung wahrscheinlich sein müsse (BGH 20.5.2010, BGHSt 55, 180; siehe schon BGH 5.4.2000, wistra 2000, 219). Er will aber neuerdings die Anforderungen an die Wahrscheinlichkeitsprognose nicht zu hoch ansetzen, weil sie auf einer noch schmalen Tatsachengrundlage erfolgen müsse (BGH 20.5.2010, BGHSt 55, 180; ebenso Klein/*Jäger* AO § 371 Rn. 60, abl. MüKoStGB/*Kohler* AO § 371 Rn. 212). Ebenso meint der BGH, dass in dieser frühen Situation noch keine Schlüsse auf vorsätzliches Handeln nötig sein müssten (BGH 20.5.2010, BGHSt 55, 180). Es ergebe sich weder aus dem Wortlaut des Gesetzes noch aus dem systematischen Zusammenhang ein Hinweis, dass der Gesetzgeber beim Merkmal der Tatentdeckung allein eine vorsätzliche Steuerhinterziehung vor Augen gehabt hätte (BGH 20.5.2010, BGHSt 55, 180 und Klein/*Jäger* AO § 371 Rn. 61a).

312 Einen solchen systematischen Zusammenhang gibt es aber durchaus: die Regelung betrifft nun einmal eine „Tat" iSd § 370 I AO, also vorsätzliche Steuerhinterziehungen, während die vergleichbare Regelung für die leichtfertige Steuerverkürzung allein den Sperrgrund der Bekanntgabe der Verfahrenseinleitung kennt. Ohne Anhaltspunkte für auch vorsätzliches Verhalten kann von einer „Tat" nicht die Rede sein. Zuzugeben ist dem BGH, dass mit dem Beginn der Ermittlungen noch nicht so viel Wissen da sein kann wie mit dem Abschluss der Ermittlungen. Andererseits hat es die Strafsachenstelle oder die Staatsanwaltschaft in der Hand, bei einem entsprechenden Anfangsverdacht mit dem förmlichen Inkulpationsakt der Bekanntgabe der Verfahrenseinleitung die entsprechende Sperrwirkung herbeizuführen. Da ein Anfangsverdacht, der zu Eingriffen im Ermittlungsverfahren legitimiert, und erst in Verbindung mit dem förmlichen Inkulpationsakt eine Sperrwirkung herbeiführt, auch Anhaltspunkte für den subjektiven Tatbestand enthalten muss (vgl. BVerfG 30.3.2004, BVerfGE 110, 226, Rn. 151), kann die Tatentdeckung sich nicht in einem Anfangsverdacht ohne Anhaltspunkte für diesen subjektiven Tatbestand erschöpfen. Schon die Gleichstellung von Anfangsverdacht und Tatentdeckung würde zu einer Verschleifung von Merkmalen eines Strafaufhebungsgrundes führen. Wie groß die Anhaltspunkte für auch vorsätzliches Handeln sein müssen, ist eine andere Frage.

313 Probleme ergeben sich insbesondere dann, wenn das Finanzamt infolge einer Kontrollmitteilung den Steuerpflichtigen zur Stellungnahme auffordert. Generell wird man sagen können, dass die **Art und Weise des Vorgehens des Finanzamts** ein gewichtiges Indiz für das Vorstellungsbild des betreffenden Finanzbeamten ist. Benutzt dieser eine neutrale Formulierung („liegen uns Kontrollmitteilungen vor, nach denen sie Einkünfte aus … hatten"), zeigt dies deutlich, dass ein konkretes Vorstellungsbild über den subjektiven Tatbestand und damit ein hinreichender Tatverdacht fehlt, sonst hätte das FA gemäß § 393 I 4 AO den Stpfl darüber belehren müssen, dass der Verdacht einer Steuerstraftat besteht und dass seine Mitwirkung nunmehr nicht mehr erzwungen werden kann (vgl. auch BGH 5.4.2000, wistra 2000, 225; *Dörn* wistra 1993, 173; DStZ 1992, 622).

Ob auch die Person des Täters schon entdeckt sein muss, ist umstritten. *Brenner* (DStZ 1984, 479) fordert das Erkennen des konkreten Täters (so jetzt auch Kohlmann/*Schauf* 210 zu § 371). Andere setzen dies jedenfalls dann nicht voraus, wenn der Täterkreis, zB die für das Rechnungswesen verantwortlichen Mitarbeiter eines Großbetriebes, von vornherein eingegrenzt werden kann (so etwa *Franzen* 3. Aufl., Rn. 121 zu § 371; *Suhr* 1977, S. 364 und *Fischer* StWa 1971, 99). Der BGH (BGH 24.10.1990, wistra 1991, 107, 108) hat die Steuerhinterziehung eines Geschäftsführers einer GmbH als entdeckt angesehen, nachdem Steuerprüfer die Buchhaltungsunterlagen aus den Geschäftsräumen der GmbH mitgenommen hatten und am nächsten Tag auf Schätzungen beruhende Steuerbescheide erlassen worden waren. *Dörn* will zwischen persönlichen und betrieblichen Steuern unterscheiden. Bei persönlichen Steuern (zB ESt) müsse der Täter bekannt sein, bei betrieblichen Steuern (USt, GewSt, KSt) stünde einer Entdeckung der Tat nicht entgegen, dass der Täter noch nicht bekannt sei (wistra 1998, 176). Mittlerweile hat der BGH deutlich gemacht, dass die Tat entdeckt sein muss, nicht die Person des Täters (BGH 20.5.2010, BGHSt 55, 180; siehe auch BGH 5.5.2004, wistra 2004, 309; Klein/*Jäger* AO § 371 Rn. 61). 314

Dass § 371 II Nr. 2 AO auf die **Entdeckung der „Tat"** abstellt (so das Argument der hM), ist zweifellos richtig. Andererseits muss die Nr. 2 auch im Kontext mit Nr. 1a) und Nr. 1c) gesehen werden. Dort sperrt die Entdeckung der Tat bzw. die Prüfung nicht in jedem Fall für alle an der Tat Beteiligten. Ebenso führt eine Verfahrenseinleitung die Sperrwirkung nur für die von der Bekanntgabe der Einleitung betroffenen Personen herbei. Zudem lassen sich Aussagen über das Vorliegen subjektiver Tatbestandsmerkmale *(„hinreichender Tatverdacht")* praktisch nur treffen, wenn über die Kenntnis des Vorliegens einer objektiven Steuerverkürzung hinaus konkrete Vorstellungen über den möglichen Täter und dessen Vorstellungsbild vorhanden sind. Insofern wird man zumindest voraussetzen müssen, dass – ähnlich der Rechtsprechung und Literatur zu § 78c StGB – der (Haupt-)Täter zumindest bestimmbar ist, dh durch bestimmte Merkmale identifiziert werden kann, die ihn von anderen Personen hinreichend unterscheiden (MüKoStGB/*Kohler* AO § 371 Rn. 220; vgl. Rn. 69 zu § 376 AO und BGH 16.3.1972, BGHSt 24, 323; BGH 7.3.1961, GA 1961, 239; BGH 12.3.1991, wistra 1991, 217; SK-*Rudolphi/Wolter* 6 zu § 78c StGB). Da die Entdeckung der Tat oftmals die Einleitung des Strafverfahrens zur unmittelbaren Folge hat (vgl. etwa § 10 BpO), wird man eine persönliche Sperrwirkung nur bei den Personen annehmen können, die zum Zeitpunkt der Tatentdeckung zumindest identifizierbar sind (ebenso *Hoffmann* 1998, 238 f.; vgl. auch *Grötsch* 2003, 168). Dies wird bei persönlichen Steuern eher der Fall sein als bei betrieblichen Steuern im Rahmen von Großunternehmen. 315

Welcher Behörde der Amtsträger angehört, der die Tat entdeckt hat, ist für den Ausschluss der strafbefreienden Wirkung einer Selbstanzeige im Allgemeinen unerheblich. Entscheidend ist, dass die in § 386 I 2 AO angeführten Finanzbehörden sowie Polizei und Staatsanwaltschaft dem Legalitätsgrundsatz unterliegen (§ 152 II, § 163 I StPO) und andere Behörden nach § 116 AO verpflichtet sind, den Finanzbehörden Tatsachen, die sie dienstlich erfahren und die den Verdacht einer Steuerstraftat begründen, mitzuteilen, soweit dies nicht durch Sondervorschriften untersagt ist. Eine andere Frage ist, ob man nicht aus der Untätigkeit etwa eines Familienrichters, der im Rahmen des Streites über die Höhe des Zugewinnausgleichs von Schwarzgeldern erfährt, schließen muss, dass dieser die Tat doch nicht entdeckt hat. 316

Auch eine Privatperson kann eine Steuerhinterziehung entdecken (aM offenbar *Lüttger* StB 1993, 377). Da Tatentdeckung aber voraussetzt, dass bereits durch die Kenntnis 317 der betreffenden Personen von der Tat eine Lage geschaffen wird, nach der bei vorläufiger Tatbewertung eine Verurteilung des Beschuldigten wahrscheinlich ist (BGH 27.4.1988, wistra 1988, 308; BGH 13.5.1987, wistra 1987, 293, 295; BGH 13.5.1983, wistra 1983, 197; BGH 24.10.1984, wistra 1985, 74), liegt eine Entdeckung nur vor, wenn der Dritte das Verhalten des Stpfl in seinem Sinngehalt erfasst (*Blumers* wistra 1985, 87) und damit zu rechnen ist, dass er seine Kenntnis an die zuständige Behörde weiterleitet, ohne dabei in der Form Rücksicht auf den Täter zu nehmen, dass das Verhalten des Dritten sich zugleich als eine im Auftrag des Täters erstattete Selbstanzeige darstellt. Letzteres ist etwa der Fall, wenn sich ein Gesellschafter den Mitgesellschaftern offenbart und diese sodann auch in seinem Namen (nach § 153) berichtigen (BGH 27.4.1988, wistra 1988, 308). Dieser Fall ist ebenso zu behandeln wie der, in dem der Täter einen Rechtsanwalt oder einen Steuerberater beauftragt, für ihn tätig zu werden (HHSp-*Rüping* 189 zu § 371, Erbs/Kohlhaas/*Hadamitzky*/*Senge* AO § 371 Rn. 39). Insofern wird die Kenntnis Dritter von der Tat nur in besonderen Ausnahmefällen (zB persönliche Feindschaft) schon eine Tatentdeckung iS des § 371 II Nr. 2 AO bewirken (ähnl. Kohlmann/*Schauf* 212, 217 zu § 371; *Mösbauer* StB 1999, 397). Ob eine Geldwäsche-Verdachtsanzeige von Banken bei Selbstanzeigen ihrer Kunden zur Tatentdeckung führt, ist im Wesentlichen ungeklärt (vgl. *Park* NZWiSt 2015, 59, 61; *Löwe-Krahl* PStR 2014, 238). Dabei liegt die Problematik auch darin, dass nach dem Rundschreiben des BaFin eine Verdachtsmeldung nach § 11 Absatz 1 Satz 1 GwG auch dann zu erstatten ist, wenn die Abgabe einer solchen Selbstanzeige auch nur beabsichtigt ist. Wer als Bankkunde Erträgnis-Aufstellungen für länger zurückliegende Zeiträume anfordert, macht sich insofern schon verdächtig.

318 **Soweit ausländische Institutionen** von einer Steuerhinterziehung Kenntnis erlangen, liegt – wenn die sonstigen Voraussetzungen erfüllt sind – eine Tatentdeckung nur vor, wenn eine selbstständige Übermittlung dieser Erkenntnisse an die deutsche Justiz wahrscheinlich ist. Dies hängt davon ab, wie die jeweilige Praxis des betroffenen Staates bei der Rechtshilfe in Fiskalangelegenheiten (siehe Rn. 125 ff. zu § 399) ausgestaltet ist (vgl. BGH 13.5.1987, wistra 1987, 293; mit Anm. *Franzen* wistra 1987, 342, HHSp-*Rüping* 188 zu § 371).

319 **Ist eine Steuerhinterziehung zum Teil entdeckt,** hat eine Selbstanzeige auch hinsichtlich anderer Teile keine strafbefreiende Wirkung mehr. Zweifelhaft ist dabei, was unter „Teilentdeckung der Tat" zu verstehen ist, ob also der strafprozessuale Tatbegriff gilt (§ 264 StPO), der materiell-rechtliche (§ 52 StGB), und ob gar die in einer Steuererklärung zusammengefassten Angaben getrennt betrachtet werden können. Da nicht anzunehmen ist, dass der Begriff der Tat in § 371 II Nr. 2 AO anders verstanden werden soll als in § 371 II Nr. 1c) AO, gilt der strafprozessuale Tatbegriff nicht. Weitergehend will *Franzen* (3. Aufl., Rn. 126 zu § 371; DStR 1964, 380), wenn lediglich Hinterziehungen im Hinblick auf die Einkünfte aus Gewerbebetrieb oder aus selbstständiger Arbeit entdeckt sind, eine strafbefreiende Selbstanzeige wegen weiterer unrichtiger Angaben über einen ganz anderen Sachverhalt, zB Sonderausgaben oder außergewöhnliche Belastungen noch für möglich halten, falls nicht inzwischen einer der anderen Ausschließungsgründe des § 371 II Nr. 1 AO eingreift. So beachtlich diese Auffassung sein mag: Es ist nicht möglich, die Tat auf einen engeren Bereich zu reduzieren, als die Einreichung einer unrichtigen Steuerklärung, die zu einer Steuerverkürzung führt, denn diese Erklärung unterliegt als Ganzes der Überprüfung (vgl. §§ 177, 367 II 2). Sodann mag man – wenn in dem Umschlag mehrere Steuererklärungen enthalten waren – angesichts der damit verbundenen Zufälligkeiten zwischen den verschiedenen Steuerarten differenzieren (Rn. 288). Eine weitere Unterscheidung zwischen bereits entdeckten strafbefangenen Einzelangaben und noch nicht entdeckten erscheint jedoch nicht gangbar. Eine andere Frage ist das Wiederaufleben der Berichtigungsmöglichkeit zu einem späteren Zeitpunkt (Rn. 354 ff.).

320 Nach dem seit dem 3.5.2011 geltenden Recht ist die Rechtslage eindeutig: Ist auch nur ein Teil der Tat für ein Jahr entdeckt, wirkt die Sperre dennoch in Gänze und auch für die anderen unverjährten Steuerhinterziehungen dieser Steuerart.

Ob die Tat auch dann zum Teil entdeckt ist, wenn nur **Vorstufen einer vollendeten Steuerhinterziehung** wahrgenommen worden sind, zB Finanzbeamte bei einer Prüfung fehlerhafte Buchungen oder gefälschte Belege gefunden haben, erscheint zweifelhaft (vgl. *Terstegen* S. 126; Kohlmann/*Schauf* 242 zu § 371). Da die Tat als „Straftat" entdeckt sein muss (vgl. § 378 III), lässt sich aus der Entdeckung einer Steuerordnungswidrigkeit nach den §§ 379 ff. AO noch kein Schluss auf eine Steuerstraftat ziehen. Auch gefälschte Belege, die auf eine Urkundenfälschung hindeuten, betreffen noch nicht unmittelbar die Steuerstraftat (vgl. *Hoffmann* 1998, 240). Unrichtige Buchungen bzw. Urkundenfälschungen im Rahmen der Buchführung sind lediglich straflose Vorbereitungshandlungen, soweit es die Steuerstraftat betrifft. Erst mit dem Einreichen der unrichtigen Belege würde das Gebrauchmachen von der verfälschten Urkunde mit der Täuschung bei der Steuerhinterziehung zusammentreffen. Aber selbst, wenn man in dem Zusammenhang von Tateinheit zwischen beiden Taten ausginge, wäre zu berücksichtigen, dass auch bei der Verfolgungsverjährung diese für jede Gesetzesverletzung selbstständig beginnt (BGH 25.5.1982, wistra 1982, 188) und insofern auch noch keine Teilentdeckung gegeben sein kann. Insofern betrifft der Begriff der Teilentdeckung solche Konstellationen, in denen eine Steuerstraftat (als solche) dem Volumen nach bislang nur zum Teil bekannt ist, also quasi die „Spitze des Eisbergs" gesichtet wurde. 321

Kenntnis von der Entdeckung liegt vor, wenn der Täter (nicht der Teilnehmer; Rn. 278 ff. und MüKoStGB/*Kohler* AO § 371 Rn. 233) aus den ihm (nachweislich) bekannten Tatsachen (nachweislich) den Schluss gezogen hat, dass eine Behörde oder ein anzeigewilliger Dritter von seiner Tat soviel erfahren hat, dass bei vorläufiger Tatbewertung seine Verurteilung wahrscheinlich ist (Rn. 304). Auf die Erkenntnisquelle des Täters kommt es nicht an. Insbes. wird seine Kenntnis nicht dadurch in Frage gestellt, dass er seine Annahme auf tatsachenbezogene Irrtümer darüber gründet, wie die Behörde von der Tat erfahren hat; es genügt das Ergebnis (so zutr. HHSp-*Rüping* 192 zu § 371). Wer lediglich als Gehilfe mitgewirkt hat, kann noch eine Selbstanzeige erstatten, wenn denn der Täter noch nichts von der Entdeckung wusste und mit ihr auch nicht rechnen musste. Dies ist eine merkwürdige Konsequenz daraus, dass der Gesetzgeber zwar in Nr. 1a), b) den Begriff des Täters durch den an der Tat Beteiligten ersetzt hat; in der Nr. 2 hat er dies trotz Hinweisen in der Literatur (*Joecks* DStR 2014, 2262) nicht getan. 322

Mit der Entdeckung rechnen müssen heißt, dass der Täter aus den ihm (nachweislich) bekannten Tatsachen den Schluss hätte ziehen müssen, dass eine Behörde von seiner Tat der Steuerhinterziehung erfahren hatte. Die der Beweiserleichterung dienende Vermutung des Gesetzes bezieht sich also nicht auf den Stand der Kenntnisse des Täters (arg.: *„bei verständiger Würdigung der Sachlage"*), sondern darauf, ob er aus seinen Kenntnissen die Folgerung auf die Entdeckung der Tat gezogen hat. Dabei geht es nicht um eine (unzulässige) Schuldvermutung oder gar darum, dass der Täter den Beweis führen müsste, von der Tatentdeckung nichts gewusst zu haben (so zutr. Kohlmann/*Schauf* 237 zu § 371). Vielmehr muss zur Überzeugung des Gerichts feststehen, dass der Täter die die Tatentdeckung kennzeichnenden Umstände positiv gekannt hat. Sodann muss nach der Sachlage der Schluss gezogen werden, dass sich angesichts der dem Täter bekannten Elemente des Sachverhalts die Tatentdeckung aufdrängen musste. 323

Ob es bei dieser „verständigen Würdigung der Sachlage" auf das individuelle Verständnis des Täters oder auf das Verständnis eines unbeteiligten Beobachters, eines durchschnittlichen Stpfl ankommt, ist dem Gesetz unmittelbar nicht zu entnehmen (vgl. *Susat* DStR 1952, 52; *Mattern* DStR 1954, 461; Kohlmann/*Schauf* 238, HHSp-*Rüping* 195 zu § 371). Da die Selbstanzeige ein persönlicher Strafaufhebungsgrund ist, kann es auch nur auf die persönlichen Fähigkeiten des Täters ankommen, so dass ein quasi-individueller Sorgfaltsmaßstab zu berücksichtigen ist (zust. RK-*Kemper* 311 zu § 371). Entscheidend ist also, ob der Täter nach seiner individuellen Erkenntnis- und Urteilsfähigkeit in der konkreten Situation die Tatentdeckung erkennen musste (Kohlmann/*Schauf* 238, HHSp-*Rüping* 195 zu § 371; Erbs/Kohlhaas/*Hadamitzky*/*Senge* AO § 371 Rn. 40; *Hoffmann* 1998, 250). Mithin gilt ein individueller Sorgfaltsmaßstab, *„da es sich bei der Ausschließung von der* 324

Rechtswohltat der Selbstanzeige um einen subjektiven Sachverhalt auf strafrechtlichem Gebiet handelt, der nicht anders behandelt werden kann als etwa die Vorhersehbarkeit bei der Fahrlässigkeitstat, die ebenfalls nur rein subjektiv bestimmt werden darf" (BayObLG 24.2.1972, BB 1972, 524).

325 **Die fälschliche Annahme des Täters,** dass seine Tat entdeckt sei, schließt die Straffreiheit nicht aus (Rn. 301; Kohlmann/*Schauf* 234, RK-*Kemper* 287 zu § 371; Erbs/Kohlhaas/Hadamitzky/*Senge* AO § 371 Rn. 37; vgl. auch OLG Hamm v. 26.10.1962, BB 1963, 459). Dies ist zwar vor dem strafrechtlichen Hintergrund der strafbefreienden Wirkung einer Selbstanzeige unsinnig. Die Entstehungsgeschichte (Rn. 6 ff.) und der klare Wortlaut lassen aber ein anderes Ergebnis nicht zu.

326 Da es sich bei § 371 AO um einen **persönlichen Strafaufhebungsgrund** handelt, wirken Zweifel, ob eine Tatentdeckung vorlag, ob der Täter diese kannte oder hätte kennen müssen, zu seinen Gunsten (*in dubio pro reo;* Kohlmann/*Schauf* 239 zu § 371; *Blumers* wistra 1985, 85).

327–340 *einstweilen frei*

5. Die Sperrwirkung nach § 371 II Nr. 3 AO

Schrifttum: *Joecks,* Zweifelsfragen der „neuen" Selbstanzeige, SAM 2011, 128; *Roth,* Die 50 000-Euro-Grenze gem. § 371 II Nr. 3 AO: Nominalbetrag der Steuerhinterziehung oder strafzumessungsrelevanter Schaden?, NZWiSt 2012, 174; *Hunsmann,* Zur Bestimmung des Geldbetrages der hinterzogenen Steuer und des Hinterziehungsbetrages in § 398a Absatz 1 Nr. 2 AO, NZWiSt 2015, 130.

341 Eine Selbstanzeige nach dem 2.5.2011, die alle Voraussetzungen des § 371 I erfüllt und der auch keine Sperrwirkung nach 371 II Nr. 1 und 2 entgegensteht, ist dennoch unwirksam, wenn der im Rahmen der Tat verkürzte Betrag 50 000 EUR übersteigt (§ 371 II Nr. 3). Die Regelung ist ein Kompromiss zwischen denen, die die Selbstanzeige gänzlich oder zumindest für Fälle der Verkürzung großen Ausmaßes abschaffen wollten, und denen, die auch für Steuerhinterziehungen, die besonders schwere Fälle darstellten, die Selbstanzeige erhalten wollten (vgl. *Joecks* SAM 2011, 128,132). Die Höhe des Betrages orientiert sich an der Rechtsprechung des 1. Strafsenats zu § 370 III 2 Nr. 1 (BGH 2.12.2008, NJW 2009, 528; BT-Drs. 17/5067 (neu), 21). Allerdings geht der BGH nicht in allen Fällen bereits bei einem Betrag von 50 000 EUR von einem großen Ausmaß aus, sondern differenziert zwischen dem „Griff in die Kasse des Staates" und normalen Steuerhinterziehungen durch Nichtangabe von Einkünften (Rn. 539 zu § 370). Überdies gilt für Selbstanzeigen seit dem 1.1.2015 ein **Schwellenbetrag von 25 000 EUR.**

342 Wird der Betrag von 25 000 bzw. 50 000 EUR überschritten, ist eine wirksame Selbstanzeige zwar nicht mehr möglich; das Verfahren ist aber zwingend einzustellen, wenn der Betroffene die zu seinen Gunsten hinterzogenen Steuern entrichtet und einen Zuschlag von 5 % bezahlt (§ 398a). Der Schwellenbetrag von 25 000 bzw. 50 000 EUR ist zwingend; eine Toleranzgrenze gibt es nicht (Klein/*Jäger* AO § 398a Rn. 13; MüKoStGB/*Kohler* AO § 398a Rn. 238; RK-*Rolletschke* 9 zu § 398a).

343 Ob der **Schwellenbetrag** überschritten ist, ist für jedes Jahr gesondert zu betrachten. Insofern ist es nicht anders als bei der Frage, ob eine fünfjährige oder eine zehnjährige Frist für die Verfolgungsverjährung gilt (Rn. 16 ff. zu § 376). So mag bei einer Selbstanzeige für die unverjährten Jahre 2008 bis 2012 allein für das Jahr 2010 der Schwellenbetrag überschritten sein. Während für die anderen Jahre eine wirksame Selbstanzeige vorliegt, kommt für das Jahr 2010 allein die Einstellung nach § 398a in Betracht. Dabei bleiben die Selbstanzeigen für die anderen Jahre auch dann wirksam, wenn der Betroffene sich weigert, den Zuschlag für das Jahr 2008 zu bezahlen (Klein/*Jäger* AO § 371 Rn. 76) oder zu einer Zahlung nicht in der Lage ist.

344 Das Gesetz spricht hier nicht vom Täter, so dass die Sperrwirkung für Täter, Anstifter oder Gehilfen (Beteiligte) gleichermaßen gilt (Klein/*Jäger* AO § 371 Rn. 78). Das an anderer Stelle auftretende Problem der Wortlautgrenze für Selbstanzeigen vor dem 1.1.2015 (Rn. 280 f.) stellt sich hier also nicht.

Inwiefern bei tateinheitlichem Zusammentreffen mehrerer Steuerhinterziehungen eine **Addition der Einzelbeträge** erfolgen muss, ist zweifelhaft. Der BGH hat dies in einem obiter dictum ohne weiteres angenommen (BGH 15.12.2011, wistra 2012, 191; vgl. schon BGH 2.12.2008, BGHSt 53, 71 m. Anm. *Wulf* DStR 2009, 459; ebenso Klein/*Jäger* AO § 371 Rn. 75; *Rolletschke/Jope* wistra 2009, 218, 221). Demgegenüber will ein Teil der Literatur eine solche Addition nicht vornehmen und allein auf die materiell-rechtliche Tat, die sich auf Steuerart, Steuerjahr und Steuerpflichtigen bezieht, abstellen (Kohlmann/*Schauf* 249.6, Schwarz/Pahlke/*Webel* 121, RK-*Kemper* 343 zu § 371 AO). Tatsächlich ist es nicht überzeugend, in Fällen von Tateinheit eine Addition der insgesamt verkürzten Beträge vorzunehmen. In Abs. 1 und 2 macht der Gesetzgeber deutlich, dass er jeweils auf die Taten bezüglich einer Steuerart abstellen will. Dann ist es inkonsequent, bei tateinheitlicher Verwirklichung einer Steuerhinterziehung bezüglich der Einkommensteuer, Gewerbesteuer und Umsatzsteuer die Beträge zu addieren. Überdies ist es oftmals eine Frage des Zufalls, ob der Täter die drei Steuererklärungen in einem Umschlag am selben Tag einreicht oder in mehreren Umschlägen über die Zeit verteilt. Dass davon die Straffreiheit abhängen soll, drängt sich nicht auf. Denkbar wäre allein der relativ unrealistische Fall, dass jemand die Einkommensteuererklärungen für die Jahre 2013 und 2014 gleichzeitig in einem Umschlag abgibt. Für den Fall ist aber schon fraglich, ob nach der Rechtsprechung des BGH überhaupt ein Fall von Tateinheit vorläge (Rn. 125 zu § 369). Im Übrigen hat *Wessing* (FT-*Wessing* 140 zu § 371) zutreffend darauf hingewiesen, dass in dem Bericht des Finanzausschusses eine Addition verkürzter Steuerbeträge gerade verworfen wurde (BT-Drs. 17/5067, 21). 345

Wie die Verkürzung zu ermitteln ist, ist noch nicht hinreichend geklärt. So sollen die Solidaritätszuschläge nicht hinzuzurechnen sein (RK-*Kemper* 345 zu § 371; *Hunsmann* BB 2011, 2519, 2521 f.; siehe auch Rn. 35 zu § 369). Bei einer Verkürzung auf Zeit soll der „wahre" Schaden im Sinne einer wirtschaftlichen Betrachtungsweise (*Wulf/Kamps* DB 2011, 1711, 1715) oder der strafzumessungsrelevante Steuerschaden entscheidend sein (RK-*Kemper* 345 zu § 371; RK-*Rolletschke* 10 zu § 398a). Demgegenüber will *Jäger* allein auf den Nominalbetrag abstellen. Auf einen nach Nachzahlung verbleibenden Verzögerungsschaden komme es nicht an (Klein/*Jäger* AO § 371 Rn. 75). In der Tat spricht vieles dagegen, bei Verkürzung auf Zeit allein auf den Zinsschaden abzustellen; es ist hier nicht anders als bei der Bestimmung des Umfangs des nachzahlungspflichtigen Betrages nach § 371 III AO. Andererseits liegt völlig im Dunkeln, wie man den Steuervorteil beim Erschleichen eines unrichtigen Feststellungsbescheids quantifizieren soll (Rn. 65 zu § 370, Rn. 17 zu § 398a). 346

Ungeklärt ist, wie man es in diesem Kontext mit dem **Kompensationsverbot** halten will. Wer eine Voranmeldung mit einer Zahllast von 2.000 bei einer USt von 53 000 EUR und Vorsteuern von 51 000 EUR abzugeben unterlässt, bewirkt vor dem Hintergrund der Rechtsprechung des BGH eine Verkürzung von 53 000 EUR. *Rolletschke* (RK-*Rolletschke* 10 zu § 398a) will offenbar auf die Beträge abstellen, die nach Abzug der dem Kompensationsverbot unterliegenden Werte übrig bleiben, im Beispielsfall also lediglich 2 000 EUR. Demgegenüber will *Jäger* (Klein/*Jäger* AO § 398a Rn. 12) das Kompensationsverbot sogar im Rahmen des § 398a AO und damit wohl erst recht im Rahmen des § 371 II Nr. 3 AO anwenden. Ein Abstellen auf den strafzumessungsrelevanten Hinterziehungsschaden hält er für unzulässig. Ein solches Vorgehen finde weder im Gesetzeswortlaut noch in den Gesetzesmaterialien eine Stütze. 347

Angesichts der mit § 371 II Nr. 3 AO verbundenen Einschränkung der Selbstanzeige spricht aber – jedenfalls für Fälle vor dem 1.1.2015 (vgl. § 398a III) – nichts gegen eine wortlautunterschreitende Restriktion, mit der zumindest Fälle des Kompensationsverbots ausgegrenzt werden. Hierfür spricht auch, dass im Rahmen der Nachzahlungspflicht die verkürzten Steuern als Saldo begriffen werden, während nur wenige Autoren bei der Verkürzung auf Zeit allein die Begleichung des Zinsschadens voraussetzen wollen. Machte man mit einem solchen Formalismus in Fällen des Kompensationsverbotes ernst, müsste man auch verlangen, dass der Täter zunächst 53 000 EUR Umsatzsteuer entrichtet, um 348 dann auf die Erstattung des zu viel bezahlten Betrages von 51 000 EUR zu warten. Bislang ist dies so noch nicht vertreten worden (vgl. Rn. 153).

6. Besonders schwerer Fall (§ 371 II Nr. 4 AO)

349 Für Selbstanzeigen ab 1.1.2015 ordnet das Gesetz eine Sperrwirkung auch in den Fällen an, in denen ein besonders schwerer Fall nach § 370 Absatz 3 Satz 2 Nr. 2 – 5 vorliegt. Wie bei der Verjährung wird es nicht darauf ankommen, ob im Einzelfall ein besonders schwerer Fall vorliegt; die Sperrwirkung greift auch ein, wenn später ein besonders schwerer Fall nicht ausgeurteilt wird (Rn. 24 zu § 376).

7. Einschränkung der Sperrwirkung bei Außenprüfung (§ 371 II 2 AO)

350 Mit der per 1.1.2015 geregelten begrenzten Sperrwirkung der Außenprüfung bzw. der steuerlichen Prüfung kehrt das Recht der Selbstanzeige zur **Rechtslage vor dem 3.5.2011** zurück. Für die Jahre vor und nach der Außenprüfung bleibt eine strafbefreiende Selbstanzeige möglich, wenn nicht einer der anderen Sperrgründe eingreift, also etwa die Tat entdeckt ist oder gar die Einleitung des Steuerstrafverfahrens erfolgte. Andere Regelungen des § 371 bleiben durch die Einschränkung in § 371 II 2 unberührt. Damit ist also auch eine Selbstanzeige für nicht von der Außenprüfung erfasste Jahre möglich, wenn ein besonders schwerer Fall vorliegt oder der Schwellenbetrag von 25 000 EUR überschritten ist. Freilich wirkt diese dann nicht mehr strafbefreiend, eröffnet ist lediglich der Weg über § 398a.

8. Einschränkung der Sperrwirkung bei Steueranmeldungen (§ 371 IIa AO)

351 Mit der Neuregelung in § 371 IIa zieht der Gesetzgeber Konsequenzen aus dem Umstand, dass die Praxis der Bußgeld- und Strafsachenstellen bei Selbstanzeigen im Hinblick auf Voranmeldungen überfordert war und zum Teil „praeter legem" agierte (vgl. *Joecks* DStR 2014, 2264; *Habammer/Pflaum* DStR 2014, 2269). Für Umsatzsteuervoranmeldungen und Lohnsteueranmeldungen gilt das Vollständigkeitsgebot des Abs. 1 nicht. Es ist also nicht nötig, für die Umsatzsteuer der letzten, gegebenenfalls zehn Jahre, dem Absatz 1 entsprechende Selbstanzeigen zu erstatten. Ebenfalls suspendiert wird die 25 000-Euro-Grenze des § 371 II Nr. 3. Der Sperrgrund der Tatentdeckung (§ 371 II Nr. 2) findet insoweit keine Anwendung, als die Entdeckung der Tat darauf beruht, dass eine Umsatzsteuervoranmeldung oder Lohnsteueranmeldung nachgeholt oder berichtigt wurde (§ 371 IIa 2).

352 Der Wortlaut von Absatz 2 Satz 1 spricht von einer Verletzung der Pflicht zur rechtzeitigen Abgabe einer vollständigen und richtigen Umsatzsteuervoranmeldung oder Lohnsteueranmeldung. Hieraus könnte man schließen, dass es immer nur um das Unterlassen einer entsprechenden Anmeldung ging. Dagegen spricht aber, dass Satz 1 in der Folge von einer Berichtigung oder Ergänzung von Angaben spricht, also auch offenbar den Fall erfasst, dass eine Voranmeldung unrichtig eingereicht worden ist.

353 Die Einschränkungen des Abs. 2a Satz 1 und 2 gelten (Satz 3) nicht für Steueranmeldungen, die sich auf das Kalenderjahr beziehen. Da ein Lohnsteuerzahler mit seiner Jahresanmeldung kaum je die Beträge erreichen wird, die im Rahmen des § 371 II Nr. 3 eine Sperrwirkung auslösen, mag es sich hier um Fälle handeln, in denen Umsatzsteuerjahreserklärungen im Raume stehen. Für diese verbleibt es zwar bei den grundsätzlichen Regelungen in § 371 I und II; zum Vollständigkeitsgebot gehört aber nicht die Korrektur von Voranmeldungen für Zeiträume, die dem entsprechenden Kalenderjahr nachfolgen (Abs. 2a Satz 4; *Erdbrügger/Jehke* DStR 2015, 385).

9. Wiederaufleben der Berichtigungsmöglichkeit

Schrifttum: *Mattern,* Steuerliche Selbstanzeige und Betriebsprüfung, NJW 1952, 492 mit Erwiderung von *Schulze-Brachmann* BB 1952, 773; *Bauerle,* Die Selbstanzeige nach Durchführung einer Betriebsprüfung, DStZ

1957, 161; *Heumann,* Strafbefreiende Selbstanzeige nach durchgeführter Betriebsprüfung ab Schlußbesprechung wieder möglich?, StBp 1963, 296 mit Erwiderung von *Suhr* StBp 1964, 19; *Lenckner/Schumann/Winkelbauer,* Grund und Grenzen der strafrechtlichen Selbstanzeige im Steuerrecht und das Wiederaufleben der Berichtigungsmöglichkeit im Fall der Außenprüfung, wistra 1983, 172; *Schwartz,* Tatentdeckung durch die Abgabe einer (unwirksamen) Teilselbstanzeige, wistra 2011, 82; *Bergmann,* Wirksame Selbstanzeige nach vorangegangener Teilselbstanzeige?, JR 2012, 146; *Klaproth,* Selbstanzeige nach abgeschlossener Betriebsprüfung, Stbg 2015, 75; *Wulf,* Die „prüfungsbezogenen" Sperrgründe nach der Reform des § 371 Abs. 2 AO, SAM 2015, 16.

Zum alten Recht war fraglich, wie es mit dem Wiederaufleben einer Berichtigungsmöglichkeit steht, wenn etwa die Außenprüfung mit der Bekanntgabe von Änderungsbescheiden oder der Mitteilung endet, dass die Prüfung zu Veränderungen nicht geführt hat. Die Frage ist vornehmlich im Hinblick auf die nach § 371 II Nr. 1a) AO aF durch das Erscheinen eines Amtsträgers ausgelöste Sperrwirkung erörtert worden. Diese Frage gewinnt aber auch in den Fällen des § 371 II Nr. 1b) und der Nr. 2 AO Bedeutung, wenn etwa das Strafverfahren nach Bekanntgabe der Einleitung ohne Strafklageverbrauch abgeschlossen ist oder aber die *„Tatentdeckung"* so schnell entkräftet wurde, dass es gar nicht zu einer Einleitung des Verfahrens kam. 354

Nachdem die Novelle vom 7.12.1951 (Rn. 6) erstmalig bestimmt hatte, dass die strafbefreiende Wirkung einer Selbstanzeige auch durch das Erscheinen eines Prüfers der FinB ausgeschlossen sein sollte, bildete sich in der Verwaltungspraxis (*Terstegen* S. 123) zunächst die Auffassung, dass die **Ausschlusswirkung für alle Zeiten** bestehen bleibe. Im Schrifttum führte *Mattern* wiederholt aus, dass eine zeitlich unbeschränkte Ausschlusswirkung dem Wortlaut und dem Zweck der Vorschrift entspreche (DStR 1952, 78; 1954, 460). Die strafbefreiende Wirkung der Selbstanzeige dürfe keine *„Prämie"* dafür sein, dass der Täter *„die Steuerhinterziehungen so raffiniert angelegt hat, dass sie im Laufe der Prüfung nicht herausgekommen sind, und dass er auch während der Prüfung den Prüfer hinter das Licht geführt hat"* (NJW 1952, 492; im Ergebnis ähnl. *Kratzsch* StuW 1974, 68, 74 und StBp 1975, 260, 262). 355

Demgegenüber geht heute die ganz herrschende Meinung davon aus, dass ein **Wiederaufleben der Selbstanzeige** zumindest in den Fällen des § 371 II Nr. 1a) AO aF und damit des § 371 II Nr. 1c) AO nF möglich ist (*Lenckner u. a.* wistra 1983, 172 ff.; *Schick* v. Wallis-FS 1985, 477, 487; Kühn/v.Wedelstädt/*Blesinger* 17, Kohlmann/*Schauf* 160.2, HHSp-*Rüping* 197, RK-*Kemper* 261 zu § 371; *Bilsdorfer* wistra 1984, 131). Dies ist sachgerecht, weil gerade dann, wenn eine Prüfung die strafbefangenen Beträge nicht aufgedeckt hat, es eher der „Verbrechervernunft" entspräche, nunmehr die Dinge auf sich beruhen zu lassen. Wer trotz (erfolgloser) Prüfung steuerliche Fehler noch korrigiert, handelt aus autonomen Motiven und macht deutlich, dass er einer Bestrafung nicht bedarf. Zweifelhaft ist allein, ob ein Wiederaufleben nur in den Fällen des § 371 II Nr. 1a) AO möglich ist, oder ob auch bei den anderen Ausschließungsgründen die Selbstanzeigemöglichkeit wieder eröffnet sein kann, und wann im Einzelfall von einem Wiederaufleben der Berichtigungsmöglichkeit auszugehen ist. 356

Da der Steuerpflichtige nach der durchgeführten Prüfung offenbar aus autonomen Motiven zur Steuerehrlichkeit zurückkehren will, spricht nichts dagegen, auch nach neuem Recht eine solche Selbstanzeige nach Beendigung der Sperrwirkung anzuerkennen (ebenso *Klaproth* Stbg 2015, 75; *Wulf* SAM 2015, 16). Nicht anders mag es sein, wenn die Bekanntgabe einer Verfahrenseinleitung letztlich in eine Einstellung mangels Tatverdachts mündet. 357

In Fällen der Prüfung beim Steuerpflichtigen (§ 371 II Nr. 1a) kann eine Selbstanzeige mit strafbefreiender Wirkung auch für die geprüften Steuerarten und -abschnitte wieder erstattet werden, sobald die Prüfung abgeschlossen ist (vgl. zB FinMin Nordrhein-Westfalen v. 23.4.1957, FR 1959, 91; ebenso außer den bereits Genannten *Bremer* DB 1951, 991; *Maaßen* FR 1954, 293; *Pfaff* S. 126; *Suhr* 1977, S. 363). So endet die Nachschau mit dem Weggehen des Prüfers (*Klaproth* Stbg 2015, 75). 358

Abgeschlossen ist eine steuerliche Prüfung spätestens dann, wenn das FA die aufgrund der Prüfung erstmalig erlassenen oder berichtigten Steuer-, Steuermess- oder Feststellungsbescheide abgesandt hat (BGH 15.1.1988, wistra 1988, 151; BGH 23.3.1994, 359 wistra 1994, 228; *Klaproth* Stbg 2015, 75; *Wulf* SAM 2015, 16, 19) oder die Mitteilung nach § 202 I 3 AO ergangen ist, dass die Prüfung zu einer Änderung von Besteuerungsgrundlagen nicht geführt hat (HHSp-*Rüping* 198, Kohlmann/*Schauf* 161 zu § 371; *Mösbauer* NStZ 1989, 13; vgl. auch BMF-Schreiben zum Straffreiheitsgesetz, *Joecks* 1989, Rn. 48 ff.). Eine Anknüpfung an den früheren Zeitpunkt der Schlussbesprechung (so *Heumann* StBp 1963, 296) wird überwiegend abgelehnt, weil angesichts der Entscheidungsbefugnis des Veranlagungsbezirks jederzeit Nachermittlungen möglich sind, wenn etwa der Veranlagungsbezirk die tatsächlichen Feststellungen bzw. rechtlichen Würdigungen des Betriebsprüfers nicht akzeptieren will (*Brauns* wistra 1987, 242; *Wassmann* ZfZ 1990, 245 f.). Daher komme es auch nicht auf die Übersendung des Prüfungsberichtes an; erst die Auswertung durch das Veranlagungsfinanzamt schaffe die Zäsur, mit der die latente Entdeckungsgefahr wieder beseitigt sei.

360 Tatsächlich ist mit der Schlussbesprechung bzw. der Vereinbarung des Verzichts auf die Schlussbesprechung zumindest von Seiten der Außenprüfung eine Zäsur gegeben. Weitere Bindungswirkungen kann es – aus der Sicht des Finanzamts – dann geben, wenn es in diesem Zusammenhang zu einer tatsächlichen Verständigung unter Beteiligung des zuständigen Veranlagungsfinanzamts kam (vgl. BFH 5.10.1990, BStBl. II 1991, 45; BFH 28.7.1993, BFH/NV 1994, 290), so dass insoweit Nachermittlungen unwahrscheinlich sind. Zwar ist zutreffend, dass ein Verbrauch der Außenprüfungsanordnung erst eintritt, wenn entweder die Mitteilung nach § 202 I 3 AO ergeht oder aber ein entsprechender Änderungsbescheid erlassen ist. Ein Abwarten bis zu diesem Zeitpunkt ist aber von vielen Faktoren, etwa der Arbeitsüberlastung im Bereich des Finanzamtes uÄ, abhängig, die das Wiederaufleben der Berichtigungsmöglichkeit zum zufälligen Ereignis machen. Dies spricht dafür, an den **Zeitpunkt der Schlussbesprechung** anzuknüpfen (ebenso *Hoffmann* 1998, 278). Sollten sich spätere Einwände der Veranlagungsstelle ergeben, die neue Ermittlungen nötig machen, wird ein neuerliches Erscheinen im Betrieb wiederum die Sperrwirkung des § 371 II Nr. 1a) AO herbeiführen. Selbst wenn man dem nicht folgt, wird man die in § 171 IV AO zum Ausdruck gekommene gesetzgeberische Wertung dahingehend zu berücksichtigen haben, dass nicht nur die Ablaufhemmung, sondern auch die Sperrwirkung der Außenprüfung endet, *„wenn eine Außenprüfung unmittelbar nach ihrem Beginn für die Dauer von mehr als sechs Monaten aus Gründen unterbrochen wird, die die FinB zu vertreten hat“* (§ 171 IV 2), und die Sperrwirkung ausläuft, wenn seit Ablauf des Kalenderjahres, in dem die Schlussbesprechung stattgefunden hat, oder, wenn sie unterblieben ist, mit Ablauf des Kalenderjahres, in dem die letzten Ermittlungen im Rahmen der Außenprüfung stattgefunden haben, eine vierjährige Frist abgelaufen ist (vgl. § 171 IV 3).

361 **Bei Konzernbetriebsprüfungen** führt jedoch auch diese Lösung zu Verwerfungen. Oftmals liegen bei Prüfungen in diesem Rahmen diverse Steuerbescheide aus der Vor-BP noch gar nicht vor oder ist gar die Schlussbesprechung noch nicht durchgeführt bzw. beendet worden, wenn bereits die Prüfungen für Folgezeiträume begonnen wurden. Eine zu restriktive Interpretation würde mithin dazu führen, dass im Rahmen solcher Unternehmen eine strafbefreiende Selbstanzeige praktisch nie möglich wäre. Konsequenz wäre, dass im Rahmen eines solchen Unternehmens begonnene Steuerhinterziehungen „durchgehalten“ werden müssten, um eine Selbstbelastung (vgl. Rn. 5 ff. zu § 393) zu vermeiden. Andererseits ist insbes. die Groß- und Konzern-BP eine sehr formalisierte, die insbes. Prüferanfragen in schriftlicher Form kennt, von einer klaren Bildung von Prüfungsschwerpunkten und -feldern gekennzeichnet ist und bei der es ohne weiteres möglich ist, „abgeprüfte“ Zeiträume abzuschichten. Hier ist es auch wenig wahrscheinlich, dass von Seiten des Veranlagungsbezirks in irgend einer Form „Nachbesserungen“ eingefordert werden. Im Übrigen reduziert sich das Problem dann, wenn man, wie hier (Rn. 9 zu § 393) annimmt, dass für die in Erfüllung steuerlicher Pflichten gemachten wahrheitsgemäßen Angaben ein Verwertungsverbot besteht.

362 Ergibt sich die Sperrwirkung aus der **Einleitung eines Steuerstraf- oder Steuerordnungswidrigkeitenverfahrens,** lebt die Selbstanzeigemöglichkeit wieder auf, wenn dieses Verfahren abgeschlossen ist. Soweit der Abschluss des Verfahrens durch ein Erkenntnis erfolgt, das den Strafklageverbrauch bewirkt (Freispruch, Urteil, Strafbefehl, Einstellung nach Erfüllung der Auflagen gemäß § 153a StPO), stellt sich diese Frage nicht mehr, weil die Tat ohnehin nicht verfolgbar ist. Aber auch in Fällen der Einstellung nach § 153 StPO, § 398 AO oder § 170 II StPO lebt die Berichtigungsmöglichkeit wieder auf (*Brauns* wistra 1987, 242; HHSp-*Rüping* 198 zu § 371). Dies ist spätestens der Fall, wenn der Täter Mitteilung von der Einstellung des Verfahrens erhält (so *Brauns* wistra 1987, 242; Erbs/Kohlhaas/*Hadamitzky*/*Senge* AO § 371 Rn. 30). Ob bereits die Einstellungsverfügung bzw. deren Absendung ausreicht (so HHSp-*Rüping* 198, Kohlmann/*Schauf* 198 zu § 371), ist zweifelhaft (vgl. auch *Hoffmann* 1998, 284; *Wulf* SAM 2015, 16, 20).

Ob nach einem Eintritt der Sperrwirkung durch das Erscheinen des Prüfers die Möglichkeit der Selbstanzeige wieder auflebt, wenn der Prüfer weggegangen ist (so HHSp-*Rüping* 198 zu § 371), ist zweifelhaft. Dafür spricht die Logik des Erscheinens bzw. Weggehens, dagegen spricht, dass mit dem Verlassen der Räumlichkeiten des Steuerpflichtigen noch nicht gesagt ist, ob und wann der Prüfer seine Arbeit abgeschlossen hat. Man wird daher darauf abstellen müssen, ob das Verlassen der Räumlichkeiten des Steuerpflichtigen definitiv eine Beendigung der Amtshandlung sein sollte. Dann wäre eine strafbefreiende Selbstanzeige wieder Ausdruck der Autonomie des Selbstanzeigeerstatters. **363**

Ergibt sich die Sperrwirkung aus einer Tatentdeckung (§ 371 II Nr. 2), gilt Vorstehendes, wenn es infolge der Tatentdeckung zu der Einleitung eines Steuerstrafverfahrens oder zur Durchführung einer steuerlichen Prüfung beim Täter kam. Wird der Verdacht entkräftet, bevor die Sperrwirkung nach § 371 II Nr. 1a) oder 1b) AO herbeigeführt worden ist, muss die Berichtigungsmöglichkeit erst recht wieder aufleben (zust. Kohlmann/*Schauf* 249.2 zu § 371). Problematisch ist hier die Feststellung des Zeitpunktes des Wiederauflebens der Berichtigungsmöglichkeit (vgl. auch *Mösbauer* StB 1999, 398). Das Problem erledigt sich insofern, als mangels Unterbrechungshandlungen irgendwann die strafrechtliche Verjährung eintritt. Wird der Stpfl über die „Entkräftung der Tatentdeckung" informiert, mag man an diesen Zeitpunkt anknüpfen. In anderen Fällen wäre denkbar, in Analogie zu § 171 IV 3 AO die Selbstanzeigemöglichkeit wieder aufleben zu lassen, wenn dem Täter nicht binnen sechs Monaten nach Kenntnis von der Tatentdeckung die Einleitung des Verfahrens bekanntgegeben worden ist. Dass dieser Zeitraum nicht zwingend ist, liegt auf der Hand; immerhin beseitigt er im Interesse der Rechtssicherheit einen für den Betroffenen unerträglichen Schwebezustand und schafft Spielräume für eine Selbstanzeige, für die nach Eintritt der strafrechtlichen Verjährung rechtlich kein Anlass mehr bestünde. Liegt ein Fall des „Kennenmüssens" vor, gibt es zwar subjektiv keinen Schwebezustand für den Stpfl, es wäre aber nicht billig, diesen Fall des subjektiv-autonom handelnden Täters schlechter zu behandeln. **364**

Führen Tatentdeckung bzw. Verfahrenseinleitung zur Beantragung eines Strafbefehls bzw. zur Erhebung der öffentlichen Klage, wird zwar der zu beurteilende Sachverhalt mit bindender Wirkung für das erkennende Gericht begrenzt. Andererseits bleibt eine Nachtragsanklage möglich. Hieraus schloss *Franzen* (3. Aufl., Rn. 118 zu § 376), die Selbstanzeige bisher nicht entdeckter Teile einer Tat, die mit dem angeklagten Tatsachenkomplex zusammenhingen, sei erst dann für wirksam zu erachten, wenn das anhängige Verfahren *endgültig* abgeschlossen sei. Die dabei zugrundeliegende Problematik hat sich dadurch erheblich entschärft, dass mittlerweile die jeweilige Steuererklärung die Tat im strafprozessualen Sinne ist, da der BGH die Figur der fortgesetzten Tat aufgegeben hat (Rn. 116 zu § 369; vgl. auch BGH 5.4.2000, wistra 2000, 219, 226). Soweit nun wegen einer konkreten Steuererklärung angeklagt worden ist, ist der Fall tatsächlich noch offen. Insbes. kann sich im Rahmen der Hauptverhandlung eine Erweiterung des Schuldvorwurfes für das fragliche Jahr ergeben. Hiervon bleibt die Möglichkeit unberührt, für andere Steuerarten bzw. Besteuerungszeiträume wirksam Selbstanzeige zu erstatten, wenn etwa die insoweit erhobenen Vorwürfe eingestellt worden sind. Dass die FinB oder StA auch bezogen auf solche Sachverhalte noch „nachbessern" könnte, ist kein Grund, hier die **365**

Möglichkeit der Selbstanzeige zu verneinen, denn auch in den Fällen, in denen nach Außenprüfung ein Änderungsbescheid ergangen ist, bleibt vor dem Hintergrund des § 173 II AO eine erneute, eine (weitere) Hinterziehung berücksichtigende Korrektur des Steuerbescheides möglich.

366 Fraglich ist aber, ob **nach einer Selbstanzeige** noch eine Selbstanzeige möglich ist. Die Problematik stellt sich nach neuem Recht mit noch größerer Schärfe, da während des Gesetzgebungsverfahrens wiederholt betont wurde, der Steuerpflichtige habe nur „einen Schuss" (vgl. *Spatscheck/Höll* AG 2011, 331, 332), eine wiederholte Selbstanzeige sei nicht möglich (vgl. *Joecks* SAM 2011, 128, 129). Andererseits sind entsprechende Vorschläge des Bundesrates gerade nicht umgesetzt worden (vgl. BR-Drs. 138/1/0, 80). Gegen die Wirksamkeit einer solchen Selbstanzeige nach Selbstanzeige mag man anführen, dass mit der ersten unwirksamen weil unvollständigen Selbstanzeige das Finanzamt die Tat ganz oder teilweise bereits entdeckt hat (vgl. *Beyer* AO-StB 2011, 150, 152; *Bergmann* JR 2012, 146; *Schwartz* wistra 2012, 82; siehe auch *Rolletschke/Roth* Stbg 2011, 200, 202 f.). Konsequenz ist dann aber, dass einer unvollständigen Selbstanzeige für das Jahr 2011 für die entsprechende Steuerart auch keine vollständige Selbstanzeige für die Jahre 2008 bis 2010 (und 2011) mehr folgen kann. Immerhin wäre ja die Tat für eine Steuerart und eines der unverjährten Jahre bereits entdeckt. Darüber hinaus ist festzuhalten, dass ein Steuerpflichtiger, dessen Akten nach vermeintlich wirksamer Selbstanzeige, Erlass von Änderungsbescheiden und Nachzahlung des verkürzten Betrages geschlossen wurden, nicht unverdient in den Genuss der strafbefreienden Selbstanzeige käme. Immerhin ist er dann auch zur Nachzahlung der zu seinen Gunsten hinterzogenen Steuern (seit 1.1.2015 nebst Zinsen) verpflichtet. Kommt er mit der Selbstanzeige einer Berichtigungspflicht nach § 153 I AO nach, würde eine andere Lösung zu einem Beweisverwertungs- oder Beweisverwendungsverbot führen. Auch dies spricht dafür, die Wirksamkeit der Selbstanzeige anzunehmen. Überdies wird man den Sperrgrund der Tatentdeckung dahin verstehen müssen, dass er die Entdeckung einer aus Sicht der Finanzverwaltung verfolgbaren Steuerhinterziehung meint. Wenn aber das Verfahren nach Nachzahlung abgeschlossen erscheint, geht niemand mehr im Finanzamt von einer verfolgbaren Steuerhinterziehung aus. All dies spricht dafür, eine strafbefreiende Selbstanzeige nach einer unerkannt unwirksamen weil unvollständigen Selbstanzeige für möglich zu halten.

367–379 *einstweilen frei*

V. Die Wirkungen der Selbstanzeige

1. Strafen und strafrechtliche Nebenfolgen

380 **Die von § 370 AO angedrohten Strafen** dürfen nicht verhängt werden, wenn die Selbstanzeige rechtzeitig erstattet und die Nachzahlung fristgerecht geleistet worden ist. Bei Tateinheit zwischen der selbst angezeigten Steuerhinterziehung und einer anderen Straftat, zB Steuerzeichenfälschung (§ 148 StGB iVm § 369 I Nr. 3 AO) oder Urkundenfälschung (§ 267 StGB) kann die Tat nur noch nach den anderen Vorschriften gewürdigt und geahndet werden; dabei ist sorgfältig zu prüfen, inwiefern Verwertungsverbote beachtet werden müssen (Rn. 95 ff. zu § 393). Die Steuerhinterziehung darf weder bei der Strafzumessung berücksichtigt noch im Tenor des wegen der anderen Straftat ergehenden Urteils oder Strafbefehls erwähnt werden.

381 Die Auswirkung der Selbstanzeige einer vorsätzlichen oder leichtfertigen Steuerverkürzung (§§ 370, 378) auf die **Ahndbarkeit anderer Ordnungswidrigkeiten** (§§ 379 bis 382; § 130 OWiG) ist umstritten. Rechtsprechung und ein Teil der Literatur halten die Ahndbarkeit wegen Ordnungswidrigkeiten im Vorfeld der vorsätzlichen oder leichtfertigen Steuerverkürzung für möglich (HHSp-*Rüping* 230 zu § 371; Schwarz/Pahlke/*Webel* 35 zu § 378 AO; *Dörn* wistra 1995, 5 f.; OLG Frankfurt 8.11.1967, NJW 1968, 263 ff.;

OLG Celle 17.7.1979, MDR 1980, 77; KG 7.5.1992, wistra 1994, 36; dazu BVerfG 11.7.1997, wistra 1997, 297; vgl. auch BayObLG 3.3.1980, MDR 1980, 691; *Bringewat* NJW 1981, 1025; *Kohlmann* WPg 1982, 70). Demgegenüber halten andere die Ahndung der Tat als Steuergefährdung iS der §§ 379 bis 382 AO nach Selbstanzeige für ausgeschlossen (*Suhr* 1977, S. 326; *Bornemann* DStR 1973, 691; *Pfaff* DStZ 1982, 365; *Franzen* 3. Aufl., Rn. 159 zu § 371, Erbs/Kohlhaas/*Hadamitzky/Senge* 33 zu § 379). Da eine Subsidiarität der Ordnungswidrigkeitentatbestände von der Ahndung des Verhaltens nach anderen Vorschriften abhängt, bleiben diese Ordnungswidrigkeitentatbestände formal anwendbar. Dies ist verfassungsrechtlich grundsätzlich nicht zu beanstanden (BVerfG 11.7.1997, wistra 1997, 297). Andererseits ist hier eine Konstellation gegeben, in der üblicherweise wegen der Gefährdungstatbestände nach § 47 OWiG eine Einstellung des Bußgeldverfahrens erfolgen sollte (Kohlmann/*Kohlmann* 258, RK-*Kemper* 600 zu § 371). Nach Auffassung des BVerfG (v. 11.7.1997, wistra 1997, 297) ist entscheidend, dass eine Gesamtwürdigung der konkreten Umstände des Einzelfalls vorgenommen wird. Im Übrigen ist fraglich, ob der mit der Selbstanzeige vorgebrachte Sachverhalt überhaupt zum Anknüpfungspunkt für ein Bußgeldverfahren gemacht werden darf (vgl. auch Kohlmann/*Matthes* 186 ff. zu § 379).

Bei **Selbstanzeigen vor dem 29.4.2011** tritt teilweise Straffreiheit bei teilweiser Be- 382
richtigung ein. Gleichgültig ist, ob der Stpfl eine „lückenhafte Selbstanzeige" infolge mangelnder Übersicht erstattete, den Umfang der Entdeckungsgefahr verkannte oder in der Absicht handelte, das FA gerade durch die Teilselbstanzeige über einen größeren Teil der verschwiegenen Besteuerungsgrundlagen weiterhin hinwegzutäuschen (*Terstegen* S. 122: *„Dolose Selbstanzeige"*; vgl. Rn. 75).

In jedem Falle hat die Selbstanzeige strafbefreiende Wirkung, soweit sie reicht (arg.: 383
„insoweit" in § 371 I). Ob dem Stpfl zum Verschulden angerechnet werden kann, dass die Berichtigung oder Ergänzung unzulänglich war, ist grundsätzlich belanglos (RG 2.3.1925, RGSt 59, 115, 118; *Suhr* 1977, S. 368; *List* S. 24; aM für dolose Selbstanzeigen *Firnhaber* S. 84, 92). Indessen kann die unterschiedliche subjektive Einstellung des Täters bei einer irrtümlich lückenhaften Teilselbstanzeige strafmildernd wirken (vgl. OLG Köln v. 7.6.1957, ZfZ 1958, 87).

Auch bei einer teilweise fristgerechten Nachzahlung tritt für Altfälle eine ent- 384
sprechend teilweise Straffreiheit ein (einhM, vgl. RG 27.11.1939, RGSt 73, 368 v.; BayObLG 24.1.1963, DStZ/B 1963, 112; Kohlmann/*Schauf* 114 zu § 371). Zwar ist der Wortlaut des § 371 III AO *(„wenn")* weniger eindeutig als der Wortlaut des § 371 I AO *(„insoweit")*, es wäre aber unangemessen, den zwar vollständig Berichtigenden, aber nur teilweise Zahlenden schlechter zu stellen als denjenigen, der das Volumen seiner Berichtigungserklärung von vornherein dem seiner Geldmittel angepasst hat. Im Übrigen steht das ernstliche Bemühen des Stpfl um eine fristgerechte Nachzahlung einer tatsächlichen Nachzahlung nicht gleich, kann aber strafmildernd berücksichtigt werden, wenn der Stpfl sich in einer wirtschaftlichen Notlage befunden hat (vgl. auch § 46a StGB).

Zwischen dem 29.4.2011 und dem 3.5.2011 gilt der Maßstab der Entscheidung des 385
BGH vom 20.5.2010 (BGHSt 50, 210). Der Täter muss „reinen Tisch" machen. Eine unvollständige Selbstanzeige führt nicht zur Straffreiheit. Dabei ist aber auf die einzelne Tat abzustellen, im Zweifel also auf ein Steuerjahr. Erstattet der Täter Selbstanzeige für die Jahre 2006 bis 2009 und ist nur die Selbstanzeige für das Jahr 2007 unvollständig, ist diese unwirksam, die anderen Selbstanzeigen werden in ihrer Wirksamkeit hierdurch nicht gefährdet.

Für **Selbstanzeigen seit dem 3.5.2011** gilt das Erfordernis einer vollständigen Berich- 386
tigung für alle unverjährten Jahre einer Steuerart. Dabei wurde in der Anhörung im Februar 2011 vor dem Finanzausschuss darauf hingewiesen, dass es ein Problem mit ungewollt unvollständigen Selbstanzeigen geben könnte. Im Bericht des Finanzausschusses, aber auch in der Rede des Abgeordneten *Kolbe* im BTag wurde darauf hingewiesen, dass marginale Differenzen wie nach bisherigem Recht vernachlässigbar sein sollen. Während es

aber nach altem Recht nur um die Frage ging, wie mit dem überschießenden Differenzbetrag zu verfahren ist, stellt sich nach neuem Recht die Frage nach der gänzlichen Unwirksamkeit einer undolos und marginal zu niedrigen Selbstanzeige. Der 1. Strafsenat will in diesen Fällen Gnade walten lassen, wenn die Abweichung nicht mehr als 5% beträgt (vgl. Rn. 77).

387 **Strafrechtliche Nebenfolgen** werden regelmäßig von der strafbefreienden Wirkung einer Selbstanzeige mit erfasst. Indessen kann bei einer teilweisen Berichtigung oder teilweisen Nachzahlung eine Aberkennung der Amtsfähigkeit und Wählbarkeit in Betracht kommen, falls trotz teilweiser Straffreiheit noch eine Freiheitsstrafe von mindestens einem Jahr verhängt wird (vgl. § 375 I AO iVm § 45 II StGB). Die Möglichkeit der Einziehung von Erzeugnissen, Waren oder anderen Sachen, auf die sich die Hinterziehung von Zoll oder Verbrauchsteuern bezieht (vgl. § 375 II 1), beschränkt sich im Verhältnis zur Teilwirkung der Selbstanzeige, während die Möglichkeit der Einziehung der Beförderungsmittel, die zur Tat benutzt worden sind (vgl. § 375 II 2), nur bei voller Wirksamkeit der Selbstanzeige wegfällt. Selbst dann bleibt die Einziehung von gefährlichen Sachen nach § 369 II AO iVm § 74 II 2 StGB zulässig, auch wenn die Sache, zB eine Spezialweste zum Schmuggel von verbrauchsteuerpflichtigen Waren, dem Täter nicht gehört oder der Täter nicht bestraft werden kann (zum Verfahren vgl. § 76a StGB; Rn. 83 zu § 375). Zu beachten ist, dass Beträge, die dem Tatbestand der Geldwäsche unterfallen, durch eine strafbefreiende Selbstanzeige, aber auch durch eine Einstellung iSd § 398a AO dekontaminiert werden (*Bülte* ZStW 122 [2010], 554).

2. Außerstrafrechtliche Folgen der Tat

Schrifttum: *Dörn,* Unterrichtung der Dienstvorgesetzten über Steuerhinterziehungen von Beamten und Richtern, DStZ 2001, 77; *ders.,* Mitteilung von Steuerhinterziehungen von Beamten und Richtern an den Dienstvorgesetzten, wistra 2002, 170; *Hardtke,* Gilt das Steuergeheimnis nach einer Selbstanzeige auch für Beamte?, AO-StB 2003, 98; *Brauns,* Disziplinarrecht und Selbstanzeige, Kohlmann-FS 2003, 387; *Rogall,* Das Verwendungsverbot des § 393 II AO, Kohlmann-FS 2003, 465; *Erb,* Selbstanzeige: Berufsrechtliche Konsequenzen für Rechtsanwälte und Steuerberater, PStR 2008, 17.

388 **a) Disziplinarrecht. Disziplinarmaßnahmen gegen einen Beamten, Richter oder Soldaten,** der eine strafbefreiende Selbstanzeige erstattet hat, bleiben zulässig (*Terstegen* S. 122); denn im Disziplinarrecht wird der Staat nicht als Träger der Strafgewalt tätig, sondern als Dienstherr, der die Erfüllung der besonderen Pflichten eines bestimmten Lebenskreises sichert (vgl. BVerfG 2.5.1967, BVerfGE 21, 378, 384, BVerfGE 21, 391, 403 ff.).

389 Eine andere Frage ist, ob der Dienstherr über die Selbstanzeige und damit die Verfehlung unterrichtet werden darf. Dass es sich – wie bei Selbstanzeigen von Finanzbeamten – um „hausinterne Kenntnisse" handelt, erlaubt noch nicht die Herausgabe von Informationen an die Personaldienststellen. *Webel* (Schwarz/Pahlke/*Webel* 25a zu § 371 AO) hat zu Recht darauf hingewiesen, dass sich das Steuergeheimnis auch auf die Selbstanzeigehandlung erstreckt. Daher bedarf die Weitergabe der Information einer Ermächtigungsgrundlage. Verwaltungsrechtliche Vorschriften (etwa Nr. 15 MiStra; vgl. auch *Flore/Burmann* PStR 1999, 141) reichen insoweit nicht aus. Überdies ist **zugunsten des Betroffenen** § 393 AO auch in Disziplinarverfahren anwendbar (BGH 10.8.2001 – RiSt [R] 1/00 unter II.1.a). Insofern verbietet § 393 II AO die Durchbrechung des Steuergeheimnisses jedenfalls in solchen Fällen, in denen kein besonderes öffentliches Interesse iS des § 30 IV Nr. 5 AO vorliegt.

390 Die **Disziplinarordnungen** der Länder (vgl. § 20 II DO NW; FG Düsseldorf 8.3.1999, EFG 2000, 87 – dort zum Rechtsschutz) erlauben die Vorlage personenbezogener Behördenunterlagen an Behörden, die Disziplinarbefugnisse ausüben, an Untersuchungsführer und Disziplinargerichte, soweit nicht andere Rechtsvorschriften entgegenstehen. Nötig ist bei fehlender Zustimmung des Betroffenen, dass die Offenbarung für die Durchführung des Disziplinarverfahrens erforderlich ist und überwiegende Interessen des Beamten, anderer

Betroffener oder der ersuchten Stelle nicht entgegenstehen. Zentrale Frage ist insoweit, ob das Steuergeheimnis „entgegensteht" oder es sich zB bei § 20 DO NW um einen Durchbrechungsgrund iS des § 30 IV Nr. 2 AO handelt (verneinend *Blesinger* wistra 1991, 298; *Brauns* Kohlmann-FS 2003, 401). Dabei ist zu bedenken, dass in anderen vergleichbaren Bestimmungen das Steuergeheimnis (vgl. § 8 II KWG) oder die FinB (§ 10 I StBerG) ausdrücklich angesprochen werden. *Kruse* (TK 112 zu § 30 AO) geht davon aus, Ehrengerichte könnten außerhalb der steuerberatenden Berufe lediglich mit Zustimmung des Betroffenen unterrichtet werden. Dort ist die Unterrichtung aber auch nur gestattet, soweit eine Berufspflichtverletzung im Raum steht.

Das BRRG enthielt auch nach seiner teilweisen Ablösung durch das BeamtStatG 391 Regelungen über Übermittlungen bei Strafverfahren gegen Beamte (§ 125c BRRG). Nach dessen Abs. 4 dürfen in einem Strafverfahren bekannt gewordene Umstände *„mitgeteilt werden, wenn ihre Kenntnis auf Grund besonderer Umstände des Einzelfalls für dienstrechtliche Maßnahmen gegen einen Beamten erforderlich ist und soweit nicht für die übermittelnde Stelle erkennbar ist, dass schutzwürdige Interessen des Beamten an dem Ausschluß der Übermittlung überwiegen."* Das Steuergeheimnis wird insoweit durchbrochen, aber nur, soweit die Voraussetzungen des § 30 IV Nr. 5 AO erfüllt sind (§ 125c VI BRRG). Die Selbstanzeigehandlung ist aber schon keine Erkenntnis aus einem *Strafverfahren.*

Das **BMF** hat mit Schreiben vom 10.5.2000 (BStBl. I 2000, 494) Unterrichtungspflichten angenommen, wenn die verkürzte Steuer 5000 DM oder mehr pro Veranlagungszeitraum beträgt. 392 Als Ermächtigungsgrundlage soll § 30 IV Nr. 5 AO dienen (so offenbar auch der BayVGH 20.4.1983 – 16 B 83 A, zitiert nach Schwarz/Pahlke/*Webel* 25d zu § 371 AO; OVG Münster 4.5.2000, NVwZ-RR 2001, 775; BGH 10.8.2001 – RiSt [R] 1/00). Ob diese Regelung einschlägig sein kann, ist aber zweifelhaft. Wollte man über § 125c IV BRRG hinaus eine entsprechende Unterrichtung der Disziplinarbehörde zulassen, bedürfte es einer ausdrücklichen gesetzlichen Ermächtigung (vgl. auch *Dörn* DStZ 2001, 78). Demgegenüber hat der BFH (15.1.2008, wistra 2008, 224) angenommen, in einem Strafverfahren gegen einen Beamten gewonnene Erkenntnisse könnten dem Dienstvorgesetzten im Rahmen des § 125c BRRG offenbart werden. Allerdings ist der BFH mit keinem Wort auf die Frage eingegangen, inwiefern nicht im Hinblick auf das Verbot des Zwangs zur Selbstbelastung die Selbstanzeige in Erfüllung steuerlicher Pflichten erfolgte und insofern ein Verwendungsverbot eingreifen könnte. Gegen die Entscheidung des BFH ist keine Verfassungsbeschwerde erhoben worden und es bleibt abzuwarten, wie die Disziplinargerichte mit der Erkenntnisquelle „Selbstanzeige" umgehen.

Soweit man der hier vertretenen Auffassung nicht folgt, stellt sich die Frage, inwiefern 393 ein **unbenannter Fall des § 30 IV Nr. 5 AO** vorliegt, also ein *zwingendes* öffentliches Interesse gegeben ist. Damit müssten bei einem Unterbleiben der Mitteilung schwere Nachteile für das allgemeine Wohl eintreten (TK-*Drüen* 119 zu § 30 AO mwN). Wenn das BMF (vgl. Rn. 392) eine solche Situation schon bejahen will, wenn es um Verkürzungsbeträge von 5000 DM pro Veranlagungszeitraum geht, ist dies nicht nachvollziehbar. Erst bei deutlich höheren Werten mag man ernsthaft darüber sprechen, dass eine den benannten Fällen des § 30 IV Nr. 5 AO entsprechende Situation gegeben ist (vgl. auch *Brauns* Kohlmann-FS 2003, 401 ff.). Soweit sich die Rechtsprechung mit dieser Frage beschäftigte, ging es um das Verschweigen von Zinseinnahmen in einer Gesamthöhe von mehr als 200 000 DM über fünf Jahre (OVG Münster 4.5.2000, NVwZ-RR 2001, 775), in einem anderen Fall (BGH 10.8.2001 – RiSt [R] 1/00, NJW 2002, 834) stand nicht eine Selbstanzeige im Raum, sondern die Durchbrechung des Steuergeheimnisses nach wahrheitsgemäßer Erklärung steuerpflichtiger Einnahmen (vgl. Rn. 76 zu § 393). Bedenkt man, dass die strafbefreiende Selbstanzeige ohnehin ein disziplinarrechtlicher Milderungsgrund ist (OVG Münster 4.5.2000, NVwZ-RR 2001, 775) kann allenfalls bei solchen Beträgen über eine Durchbrechung des Steuergeheimnisses diskutiert werden, die bei einer Bestrafung Sanktionen erforderten, die bei Beamten zur Entfernung aus dem Dienst führen würden (vgl. *Brauns* Kohlmann-FS 2003, 405 ff.).

394 Soweit im Einzelfall die Voraussetzung des § 30 IV Nr. 5 AO im Grundsatz erfüllt sind, stellt sich die weitere Frage, inwiefern **§ 393 AO** eine Offenbarung der mit der Selbstanzeige gelieferten Tatsachen entgegensteht; Damit ist Verfassungsrecht tangiert (vgl. Rn. 70 ff. zu § 393 sowie Kohlmann/*Schauf* 263 zu § 371; siehe auch OLG Hamburg 7.5.1996, wistra 239 zum berufsgerichtlichen Verfahren). Der BGH (10.8.2001 – RiSt [R] 1/00, NJW 2002, 834) hat diese Problematik offenbar nicht gesehen und sich auf Verhältnismäßigkeitserwägungen zurückgezogen (*Rogall* Kohlmann-FS 2003, 497: *„Diese Ausführungen sind nicht haltbar"*). Jedenfalls in solchen Fällen, in denen erst die strafbefreiende Selbstanzeige dem Stpfl für die Zukunft ein steuerehrliches Verhalten ohne Entdeckungsrisiken ermöglichte, wird der nemo-tenetur-Grundsatz die Weitergabe der Informationen von Verfassungs wegen verbieten. Anderenfalls würde man den entsprechenden Beamten letztlich mittelbar zwingen, seine Straftaten fortzusetzen (vgl. noch *Hardtke* AO-StB 2003, 98; *Dörn* wistra 2002, 170).

395 **b) Steuerrechtliche Folgen. Die steuerrechtlichen Folgen einer** *Steuerhinterziehung* (Rn. 591 ff. zu § 370) werden durch eine strafbefreiende Selbstanzeige nicht beseitigt; das gilt namentlich für

die Haftung der gesetzlichen Vertreter und Vermögensverwalter (§ 34) und der Verfügungsberechtigten (§ 35) für die Folgen einer vorsätzlichen Verletzung der ihnen auferlegten Pflichten nach § 69 AO sowie die Haftung der Vertretenen, wenn die in den §§ 34, 35 AO bezeichneten Personen bei Ausübung ihrer Obliegenheiten eine Steuerhinterziehung begehen oder an einer Steuerhinterziehung teilnehmen, für die durch die Tat verkürzten Steuern und die zu Unrecht gewährten Steuervorteile nach § 70 AO;

die Haftung des Steuerhinterziehers nach § 71 AO für die hinterzogenen Steuern und die zu Unrecht gewährten Steuervorteile sowie für die Hinterziehungszinsen nach § 235 AO;

die Verlängerung der steuerrechtlichen Festsetzungsfrist für hinterzogene Steuern auf zehn Jahre nach § 169 II 2 AO;

die Zulässigkeit der Aufhebung oder Änderung von Steuerbescheiden, auch soweit sie aufgrund einer Außenprüfung ergangen sind, nach § 173 II AO;

die Verpflichtung zur Zahlung von Hinterziehungszinsen nach § 235 AO (vgl. BFH 7.11.1973, BStBl. II 1974, 125f; TK-*Loose* 5 und HHSp-*Heuermann* 17 – jeweils zu § 235; *Suhr* 1977, S. 383; *Bilsdorfer* wistra 1984, 135), deren Zahlung seit 1.1.2015 ohnehin Wirksamkeitsvoraussetzung der Selbstanzeige ist, oder von Säumniszuschlägen nach § 240 AO.

396–399 *einstweilen frei*

VI. Die Anzeige nach § 371 IV AO

Schrifttum: *Berger,* Die Anzeige („Nacherklärung") gem. § 165e I und die Selbstanzeige gem. § 410 AO im Verhältnis zueinander, BB 1951, 303; *Lohmeyer,* Die Anzeigepflicht bei unrichtiger Steuererklärung im Verhältnis zur Selbstanzeige, DStR 1961, 62; *ders.,* § 410 im Verhältnis zu § 165e AO, WPg 1961, 176; *Kopacek,* Die Offenbarungspflicht und die Selbstanzeige leichtfertiger Verletzungen von Steuerpflichtigen, BB 1962, 875; *Lohmeyer,* Die Pflicht zur Berichtigung einer Steuererklärung nach § 165e AO, WPg 1963, 442; *ders.,* Die Bilanzberichtigung nach § 4 II EStG im Verhältnis zur Anzeigepflicht nach § 165e AO und zur Selbstanzeige, StBp 1964, 39; *ders.,* Das Verhältnis der Bilanzberichtigung zur Anzeigepflicht nach § 165e AO und zur Selbstanzeige nach §§ 410, 411 AO, DStR 1968, 274; *ders.,* Die Bedeutung der Anzeigepflicht nach § 165e AO, ZfZ 1968, 299; *Teichner,* Nacherklärungspflicht des Konkursverwalters im Besteuerungsverfahren?, NJW 1968, 688; *Buchheister,* Das Verhältnis von § 165e AO zu § 4 II BpO(St), StBp 1974, 11; *Lohmeyer,* Die Nacherklärungspflicht aufgrund des § 165e I AO, DVR 1975, 100; *ders.,* Die Berichtigung von Erklärungen nach § 153 AO, DStZ 1978, 366; *ders.,* Strafbefreiende Selbstanzeige und Berichtigungspflicht i. S. des § 153 AO 1977, BlStA 1979, 253; *Samson,* Strafbefreiende Fremdanzeige (§ 371 IV AO) und Berichtigungspflicht (§ 153 I AO), wistra 1990, 245; *Boelsen,* Die Regelung des § 371 IV der Abgabenordnung, 1994; *Schuhmann,* Berichtigung von Erklärungen und Selbstanzeige, wistra 1994, 45; *Bilsdorfer,* Zur Selbstanzeige durch einen Dritten, StBp 1996, 272; *Füllsack,* Zusammenspiel von Selbstanzeige (§ 371 Abs. 1 AO) und strafbefreiender Fremdanzeige (§ 371 Abs. 4 AO), wistra 1997, 285; *Jarke,* Strafbefreiende Drittanzeige nach § 371 Abs. 4 AO bei vorsätzlich falscher Steuererklärung?, wistra 1999, 286; *Burkhard,* Straffreiheit bei Selbstanzeige durch Dritte, StBp 2003, 15; *J. R. Müller,* Die Berichtigungserklärung nach § 153 Abs. 1 AO, StBp 2005, 195; *ders.,*

Ausgewählte Fragen zur Berichtigungspflicht nach § 153 AO, DStZ 2005, 25; *A. Müller,* Die strafbefreiende Selbstanzeige für einen Dritten, AO-StB 2007, 276; s. ferner Rn. 229 zu § 370 AO.

§ 371 IV AO regelt die strafrechtliche Wirkung einer Anzeige iS des § 153 AO zugunsten Dritter, die ihre steuerrechtlichen Erklärungspflichten verletzt haben (Rn. 259 ff. zu § 370). **400**

§ 153 AO Berichtigung von Erklärungen

(1) [1] Erkennt ein Steuerpflichtiger nachträglich vor Ablauf der Festsetzungsfrist,

1. dass eine von ihm oder für ihn abgegebene Erklärung unrichtig oder unvollständig ist und dass es dadurch zu einer Verkürzung von Steuern kommen kann oder bereits gekommen ist oder
2. dass eine durch Verwendung von Steuerzeichen oder Steuerstemplern zu entrichtende Steuer nicht in der richtigen Höhe entrichtet worden ist,

so ist er verpflichtet, dies unverzüglich anzuzeigen und die erforderliche Richtigstellung vorzunehmen. [2] Die Verpflichtung trifft auch den Gesamtrechtsnachfolger eines Steuerpflichtigen und die nach den §§ 34 und 35 für den Gesamtrechtsnachfolger oder den Steuerpflichtigen handelnden Personen.

(2) Die Anzeigepflicht besteht ferner, wenn die Voraussetzungen für eine Steuerbefreiung, Steuerermäßigung oder sonstige Steuervergünstigung nachträglich ganz oder teilweise wegfallen.

(3) Wer Waren, für die eine Steuervergünstigung unter einer Bedingung gewährt worden ist, in einer Weise verwenden will, die der Bedingung nicht entspricht, hat dies vorher der Finanzbehörde anzuzeigen.

Ein Verfolgungshindernis, keinen Strafaufhebungsgrund, bildet § 371 IV AO (*Boelsen* 1994, 13; Kühn/v.Wedelstädt/*Blesinger* 35, Kohlmann/*Schauf* 275, MüKoStGB/*Kohler* Rn. 240 zu § 371; Koch/Scholtz/*Scheurmann-Kettner* 42 zu § 371: Prozesshindernis). Die Vorschrift *„soll verhindern, dass jemand, der aufgrund des § 153 AO eine Erklärung nachholt oder berichtigt, dadurch Dritte der Strafverfolgung aussetzt, die die Abgabe der Erklärung unterlassen oder eine unrichtige oder unvollständige Erklärung abgegeben haben. Bliebe die strafrechtliche Verantwortung anderer Personen bestehen, so könnte dies jemanden, der nach § 153 AO verpflichtet ist, eine falsche Erklärung zu berichtigen, davon abhalten, dies zu tun. Deshalb sollen auch Dritte bei einer späteren Berichtigung strafrechtlich nicht verfolgt werden, es sei denn, daß ihnen oder ihren Vertretern vorher wegen der Tat die Einleitung eines Straf- oder Bußgeldverfahrens bekanntgegeben worden ist"* (Begründung zu § 354 EAO 1974, BT-Drs. VI/1982, 195). Abweichend von § 371 I bis III AO regelt § 371 IV AO also nicht die Wirkung einer *Selbst*anzeige, sondern die Wirkung einer *Fremd*anzeige, die dem Anzeigepflichtigen sonst nicht oder kaum zuzumuten wäre. **401**

§ 153 I AO begründet in Satz 1 eine Pflicht zur Berichtigung fehlerhafter Erklärungen für den Stpfl selbst, während Satz 2 eine solche Pflicht auch für den Gesamtrechtsnachfolger des Stpfl einführt. Zugleich sind die nach §§ 34, 35 AO für den Stpfl handelnden Personen berichtigungspflichtig. Den Steuerberater trifft die Berichtigungspflicht allenfalls, wenn seine Position die der §§ 34, 35 AO erreicht (BGH 20.12.1995, wistra 1996, 184, 188; *Achenbach* Stbg 1996, 226; *Joecks* Inf StW 1997, 21; vgl. auch *Boelsen* 1994, 27; aM *Franzen* 3. Aufl., Rn. 168a zu § 371; OLG Koblenz 15.12.1982, wistra 1983, 270; differenzierend *Lohmeyer* DStZ 1978, 368). § 153 II AO enthält eine Pflicht zur Meldung nachträglich eingetretener Veränderungen von Tatsachen bei Steuervergünstigungen, § 153 III AO regelt den besonderen Fall der zweckwidrigen Verwendung von Sachen, die einer Verbrauchsteuer unterliegen und statuiert insofern eine Anzeigepflicht (vgl. Rn. 268 zu § 370). Insolvenzverwalter müssen solche unrichtigen Erklärungen des Gemeinschuldners anzeigen, die ihrem Gegenstand nach die Insolvenzmasse betreffen (*Teichner* NJW 1968, 688; vgl. auch HHSp-*Heuermann* 3 zu § 153; *Boelsen* 1994, 31). Ob ein Betreuer berichtigungspflichtig ist, hängt davon ab, welcher Art die ihm zugewiesene Betreuung ist. Gehören hierzu auch steuerliche Angelegenheiten, mag eine Berichtigungspflicht nach § 153 bestehen. **402**

Die Berichtigungspflicht nach § 153 I 1 Nr. 1 AO setzt objektiv voraus, dass eine unrichtige oder unvollständige Erklärung abgegeben worden ist, durch die es zu einer **403**

Steuerverkürzung kommen kann oder bereits gekommen ist (vgl. *Samson* wistra 1990, 245, 246). In Fällen der Steuerhinterziehung durch Unterlassen findet sie keine unmittelbare Anwendung (*A. Müller* AO-StB 2007, 276, 278; Rn. 413). Subjektiv erfordert das Gesetz, dass der Stpfl *nachträglich* die objektiven Voraussetzungen erkennt. Die Pflicht besteht mithin nicht, wenn der Stpfl diese Kenntnis schon bei Abgabe der Erklärung hatte. Zum anderen besteht sie nur dann, wenn der Stpfl positive Kenntnis hat; das fahrlässige oder leichtfertige Verkennen löst eine Berichtigungspflicht nicht aus (*Samson* wistra 1990, 245, 246). Ist keine Erklärung abgegeben worden, ist § 153 AO nicht einschlägig; vgl. Rn. 413.

404 Da nach der neueren Rechtsprechung des BGH eine Berichtigungspflicht nach § 153 AO auch dann besteht, wenn der Täter zuvor bedingt vorsätzlich handelte (Rn. 263 zu § 370), stellt sich die Frage, ob z. B. ein Erkennen nach Bekanntgabe der Prüfungsanordnung oder gar erst in der laufenden Außenprüfung zwar wegen Abs. 2 Nummer 1a) und c) keine wirksame Selbstanzeige mehr gestattet, aber ein Verfahrenshindernis produziert werden könnte. In der Lesart des BGH ist ein erst in der Vorbereitung der Außenprüfung erlangtes sicheres Wissen ein solches, dass die Berichtigungspflicht auslöst. Dann muss es aber auch möglich sein, über die Erfüllung dieser immer noch strafbewährten (Rn. 263 zu § 370) Pflicht ein Verfahrenshindernis herbeizuführen. Ob der 1. Strafsenat diese Konsequenz bedacht hat, darf bezweifelt werden. Da es hier nur um ein Verfolgungshindernis geht, mag man auch über eine teleologische Reduktion des Abs. 4 nachdenken.

405 **Inhaltlich** erfordert *„die in § 153 vorgesehene Anzeige"* die Mitteilung, dass eine Erklärung unrichtig oder unvollständig ist und dass es dadurch zu einer Verkürzung von Steuern kommen kann oder bereits gekommen ist oder dass eine durch Steuerzeichen oder Steuerstempler zu entrichtende Steuer nicht in der richtigen Höhe entrichtet wurde. Das Erfordernis einer Richtigstellung ist zwar anschließend in § 153 I 1 AO, jedoch nicht in § 371 IV AO erwähnt; demgemäß wird sie vom Gesetz auch nicht verlangt (glA Klein/*Jäger* AO § 371 Rn. 113; Koch/Scholtz/*Scheurmann-Kettner* 44 und HHSp-*Rüping* 212 zu § 371; *Boelsen* 1994, 90; aM *Pfaff* S. 205 f.). Dass das Gesetz bei § 371 IV AO lediglich eine Anzeige erfordert, zeigt, dass ihm mehr an schnellen Anzeigen als an vollständigen Berichtigungserklärungen gelegen ist. Die nähere Aufklärung des Sachverhalts soll nicht dem Anzeigeerstatter aufgebürdet, sondern aufgrund der Anzeige von Amts wegen vorgenommen werden. Daher braucht der Anzeigeerstatter nach § 371 IV AO insbes. nicht das Ausmaß der verschwiegenen Besteuerungsgrundlagen anzugeben. Ausreichend ist zB die Anzeige, dass der Stpfl *„mindestens ab Januar 2008 für eine Reihe von Arbeitnehmern keine Lohnsteuer angemeldet und abgeführt hat"* (zust. Koch/Scholtz/*Scheurmann-Kettner* 44, Kohlmann/*Kohlmann* 277 zu § 371).

406 **Rechtzeitig ist die Anzeige erstattet,** wenn sie unverzüglich, dh ohne schuldhaftes Zögern, erstattet worden ist (HHSp-*Rüping* 209 zu § 371). Maßgebend ist der Zeitpunkt, in dem der Anzeigepflichtige positiv erkannt hat, dass der ursprüngliche Stpfl keine oder unvollständige oder unrichtige Erklärungen abgegeben oder durch Steuerzeichen oder Steuerstempler einen zu niedrigen Steuerbetrag entrichtet hatte. Fahrlässiges Nichterkennen oder bloße Zweifel genügen nicht (FG München 16.3.1961, EFG 1961, 354; aM OLG Koblenz 15.12.1982, wistra 1983, 270; *Franzen* 3. Aufl., Rn. 170 zu § 371). Ein schuldhaftes Zögern dürfte nicht vorliegen, wenn der Stpfl sich vor Abgabe der Anzeige sachkundigen Rat zu der Frage einholen will, ob ihm gegebenenfalls der Vorwurf vorsätzlichen Verhaltens gemacht werden könnte und mithin mehr als die Anzeige einer unrichtigen Steuererklärung, nämlich eine Berichtigungserklärung iS des § 371 I AO nötig ist, oder er im Hinblick auf die Drittanzeige bei Betroffenen klären lassen will, ob diese zur Nachzahlung der verkürzten Steuern in der Lage sind. Ist die Anzeige verspätet, mag sie Selbstanzeige iS des Abs. 1 sein (vgl. Kohlmann/*Kohlmann* 278 zu § 371 und unten Rn. 422).

407 **Ordnungsgemäß wird angezeigt,** wenn der Anzeigeerstatter sich mit der Anzeige an eine FinB wendet, die er nach den gegebenen Umständen für zuständig halten kann (zust. HHSp-*Rüping* 211 zu § 371). Bei mündlichen oder fernmündlichen Anzeigen muss der

Sachverhalt einem zur Entgegennahme der Anzeige bereiten Amtsträger so dargelegt werden, dass dieser Gelegenheit hat, darüber einen Vermerk mit denjenigen Angaben aufzunehmen, die der zuständigen FinB eine weitere Aufklärung des Sachverhalts zum Zwecke der steuerlichen Auswertung ermöglichen. Der Begriff *„ordnungsmäßig"* hat nur formale Bedeutung (aM *Pfaff,* S. 205); insbes. lässt sich aus ihm nicht herleiten, dass die Anzeige dem Inhalt nach einer Selbstanzeige entsprechen müsste (so jetzt auch HHSp-*Rüping* 212 zu § 371).

Wirkungslos ist die Anzeige nach § 371 IV 1 AO letzter Halbsatz, wenn dem Dritten oder seinem Vertreter zuvor die Einleitung eines Straf- oder Bußgeldverfahrens wegen der Tat bekanntgegeben worden war (vgl. § 371 II Nr. 1b); die anderen Ausschließungsgründe gelten nicht. Darüber hinaus erfordert § 371 IV 2 AO entsprechend § 371 III AO eine fristgerechte Nachzahlung, sofern die fragliche Steuer bereits hinterzogen war (§ 371 IV 2 iVm III; HHSp-*Rüping* 215; Kohlmann/*Kohlmann* 281 zu § 371). Diese Regelung ist erst mit der AO 1977 eingefügt worden (*Boelsen* 1994, 91). Zum eigenen Vorteil gehandelt hat der Dritte, wenn er die Erklärungen unterlassen, unrichtig oder unvollständig abgegeben hat, um eine Steuerverkürzung zu seinen Gunsten (oben Rn. 141 ff.) zu bewirken (HHSp-*Rüping* 215 zu § 371; vgl. auch *Boelsen* 1994, 92). **408**

Die rechtzeitige und ordnungsmäßige Anzeige bewirkt, dass ein Dritter, der *„die in § 153 bezeichneten Erklärungen"* nicht, unrichtig oder unvollständig abgegeben hat, deshalb strafrechtlich nicht verfolgt wird. Was unter *„bezeichneten Erklärungen"* zu verstehen ist, welcher Personenkreis also durch das Verfahrenshindernis begünstigt werden soll, ist zweifelhaft (*Samson* wistra 1990, 245; zust. HHSp-*Rüping* 218 zu § 371; vgl. auch *Boelsen* 1994, 59; OLG Stuttgart 31.1.1996, wistra 1996, 190 m. Anm. *Bilsdorfer* WiB 1996, 961; AG Bremen 17.2.1998, wistra 1998, 316; LG Bremen 26.6.1998, wistra 317; *Füllsack* wistra 1997, 285, 288; *Jarke* wistra 1999, 286; *Wannemacher/Vogelberg* Rn. 1643; *Grötsch* 2003, 192 ff.). Unstreitig ist jedenfalls derjenige erfasst, der zuvor seinerseits die Berichtigungspflicht nach § 153 AO verletzt hat und sich deshalb nach § 370 I Nr. 2 iVm § 153 AO strafbar gemacht hat. **409**

Aus dem Wortlaut des Gesetzes ist deutlich zu entnehmen, dass die Anzeige iS des § 371 IV, § 153 AO zugunsten desjenigen Dritten wirkt, dem eine Pflichtverletzung hinsichtlich der ursprünglichen *„Erklärung"* iS des § 153 I 1 Nr. 1 AO zur Last fällt. In § 153 AO wird zwischen *„Anzeige"* und *„Erklärung"* unterschieden, wobei die Regelung den Begriff der *„Erklärung"* nur für die fehlerhafte Ursprungserklärung verwendet (so *Samson* wistra 1990, 245, 249; zust. HHSp-*Rüping* 219 zu § 371; anders OLG Stuttgart 31.1.1996, wistra 1996, 190). Dies bedeutet, dass die Anzeige des den Vater beerbenden Sohnes auch zugunsten der überlebenden Mutter wirkt, die gemeinsam mit dem verstorbenen Ehemann eine Steuerhinterziehung begangen hat (Beispiele bei *Samson* wistra 1990, 245, 249). Nur eine solche Auslegung wird auch dem Motiv des § 371 IV AO gerecht. Der Sohn ist bei Strafe gezwungen, die entsprechende Korrektur vorzunehmen und würde damit eine ihm nahestehende Person, die Mutter, belasten. Die Angst vor dieser Fremdbelastung soll kein Gegenmotiv zur Anzeigepflicht bilden (*Boelsen* 1994, 83). **410**

Soweit der Dritte die Ursprungserklärung nicht vorsätzlich falsch eingereicht hat, sondern sich insofern wegen Steuerhinterziehung durch Unterlassen nach § 153 I iVm § 370 I Nr. 2 AO schuldig gemacht hat, wirkt die Drittanzeige gleichermaßen zu seinen Gunsten. Wenn schon der ursprüngliche Straftäter – etwa die als Mittäterin handelnde Mutter – in den Genuss des § 371 IV AO kommt, muss dies erst recht gelten, wenn ihr im Hinblick auf die betreffenden Steuererklärungen des verstorbenen Vaters/Ehemannes lediglich die Verletzung der Berichtigungspflicht nach § 153 AO vorgeworfen werden kann (*Samson* wistra 1990, 245, 251). Dabei kann dahinstehen, ob es sich hier um einen Analogieschluss zugunsten des Betroffenen handelt, oder sich eine solche Interpretation nicht schon aus einem argumentum a maiore ad minus ergeben muss. **411**

Aus dieser gesetzlichen Situation ergeben sich Gestaltungsmöglichkeiten, wenn im Hinblick auf die strafbefreiende Selbstanzeige bereits eine Sperrwirkung nach § 371 II **412**

Nr. 1a) AO (laufende Prüfung) oder § 371 II Nr. 2 AO (Teilentdeckung) eingetreten ist. So muss der Täter einer Steuerhinterziehung lediglich eine Person iS der §§ 34, 35 AO bzw. als Gesellschafter einen neuen Geschäftsführer für die GmbH bestellen lassen, und diesen über die vorangegangene Steuerhinterziehung informieren. Sofern dann diese Vertreter oder Verfügungsberechtigten ihre Pflicht aus § 153 I AO erfüllen, greift zugunsten des Steuerhinterziehers § 371 IV AO ein (so *Samson* wistra 1990, 245, 251). Zwar mutet es merkwürdig an, und ist mit den Grenzen der üblichen Selbstanzeige nicht zu vereinbaren, dass durch Austausch von Organen usw. trotz Vorliegens einer Sperrwirkung iS des § 371 II Nr. 1 AO noch eine Selbstanzeige möglich sein soll. *Samson* weist aber zu Recht darauf hin, dass solche Kritik nicht die von ihm *„gewonnene Auslegung der Vorschrift, sondern den Gesetzgeber, der bei der Fremdanzeige engere Ausschlußgründe ... als bei der Selbstanzeige angeordnet hat"*, trifft (*Samson* wistra 1990, 245, 251). Zu denken wäre allenfalls an folgende Argumentation: Wer in einer Situation, in der die Selbstanzeige strafbefreiende Wirkung nicht mehr entfalten kann, die „Anzeige" des Dritten initiiert, beauftragt ihn mittelbar zur Erstattung der ihn betreffenden Selbstanzeige iS des § 371 I AO. Diese ist aber wegen einer laufenden steuerlichen Prüfung oder Teilentdeckung nicht mehr möglich, und soweit man einen Vorrang der Selbstanzeige nach § 371 I AO gegenüber den Wirkungen des § 371 IV AO annimmt, würde dann in Fällen der „Anstiftung zur Fremdanzeige" die Selbstanzeige entfallen (zust. HHSp-*Rüping* 224 zu § 371; F/D/G-*Dörn* S. 312; aM *Boelsen* 1994, 123 ff.; vgl. auch *Grötsch* 2003, 213 ff.). Jedenfalls kann von Rechtsmissbrauch in solchen Fällen nicht gesprochen werden, in denen der zur Berichtigung Verpflichtete sonst gezwungen wäre, eine ihm nahestehende Person einer Steuerstraftat zu bezichtigen (vgl. Rn. 87 zu § 393).

413 **Eine analoge Anwendung des § 371 IV AO** kommt in Betracht, wenn die der Norm zugrunde liegende Gefahr einer Gegenmotivation möglich scheint (*Boelsen* 1994, 94; *Samson* wistra 1990, 251). Denkbar ist dies zunächst, wenn der Stpfl unvorsätzlich keine Steuererklärung eingereicht hat. Möglich ist auch, dass in Fällen der vorsätzlich unterlassenen Steuererklärung einer der Verpflichteten nunmehr die Erklärung einreicht, der andere ihn aber nicht zu der darin liegenden strafbefreienden Selbstanzeige bevollmächtigt hat (oben Rn. 108). Insbes. dann, wenn man eine verdeckte Stellvertretung für unzulässig hält bzw. einer nachträglichen Genehmigung der Vorgehensweise rechtliche Wirkung nicht beimisst (oben Rn. 108), liegt es nahe, in diesen Fällen § 371 IV AO analog anzuwenden (vgl. Kohlmann/*Kohlmann* 276 zu § 371; *Boelsen* 1994, 94 ff.). Soweit *Boelsen* für die Erstattung der Selbstanzeige darauf abstellt, es läge keine planwidrige Lücke vor (S. 103), weil es sich bei der Selbstanzeige um eine *freiwillige* Leistung des Erstatters handele, trifft dies die Problematik nur begrenzt. Immerhin ist zu bedenken, dass es sich in vielen Fällen der Selbstanzeige um solche handelt, mit denen erst die Zumutbarkeit wahrheitsgemäßer Erklärungen in Folgejahren geschaffen wird (oben Rn. 31), so dass der Betreffende letztlich nur die Wahl hat, mit einer wahrheitsgemäßen Erklärung für Folgejahre sich selbst einer Straftat zu bezichtigen, oder aber mit einer strafbefreienden Selbstanzeige sich die Möglichkeit künftiger wahrheitsgemäßer Erklärungen zwar eröffnet, zugleich eine ihm nahestehende Person aber einer Straftat bezichtigt. Bei dieser Interessenlage, die ausweislich der Motive (Rn. 401) offenbar der gesetzgeberischen Wertung des § 371 IV AO iVm § 153 AO zugrunde lag, liegt eine entsprechende Anwendung des § 371 IV AO nahe, wenn man hier nicht ohnehin schon die Regelung unmittelbar anwenden will.

414 Kein Fall des § 371 IV AO liegt vor, wenn eine dritte Person Selbstanzeige erstattet und ihr nunmehr die Einkünfte zuzurechnen sind, hinsichtlich derer dem Beschuldigten Vorwürfe gemacht wurden (F/D/G-*Dörn* S. 312). Entpuppt sich der Beschuldigte als bloßer Strohmann, mag freilich eine Beteiligung an der Tat des Anzeigeerstatters vorliegen, bezüglich der aber – falls insoweit keine Sperrwirkung eingetreten ist – noch Selbstanzeige erfolgen kann.

VII. Konkurrenzfragen

1. Verhältnis des § 371 AO zu § 24 StGB

Schrifttum: *Kottke,* Verhältnis der Selbstanzeige bei Steuerhinterziehung zum Rücktritt vom Versuch, DStZ 1998, 151.

§ 24 StGB Rücktritt

(1) [1] Wegen Versuchs wird nicht bestraft, wer freiwillig die weitere Ausführung der Tat aufgibt oder deren Vollendung verhindert. [2] Wird die Tat ohne Zutun des Zurücktretenden nicht vollendet, so wird er straflos, wenn er sich freiwillig und ernsthaft bemüht, die Vollendung zu verhindern.

(2) [1] Sind an der Tat mehrere beteiligt, so wird wegen Versuchs nicht bestraft, wer freiwillig die Vollendung verhindert. [2] Jedoch genügt zu seiner Straflosigkeit sein freiwilliges und ernsthaftes Bemühen, die Vollendung der Tat zu verhindern, wenn sie ohne sein Zutun nicht vollendet oder unabhängig von seinem früheren Tatbeitrag begangen wird.

Abweichend von § 371 AO erfordert der Strafaufhebungsgrund des § 24 StGB objektiv keine Selbstanzeige, subjektiv aber – explizit – Freiwilligkeit des Rücktritts. Beide Vorschriften stehen selbstständig nebeneinander (BGHSt 37, 340, 345; HHSp-*Rüping* 226 zu § 371; Erbs/Kohlhaas/*Hadamitzky/Senge* AO § 371 Rn. 5). § 371 AO ist auch auf den Versuch einer Steuerhinterziehung anwendbar und schließt die Anwendbarkeit des § 24 StGB nicht aus (Rn. 66 zu § 369; RG 11.5.1922, RGSt 56, 385, 386 f.; BGH 19.3.1991, BGHSt 37, 340, 345; BGH 5.5.2004, wistra 2004, 310). Dahinter steht nicht zuletzt die Überlegung, dass § 371 AO allgemeine Straffreiheitsvorschriften nicht einschränken, sondern erweitern soll (*Kottke* DStZ 1998, 151). 415

Bei der Verletzung von Steuererklärungspflichten kann ein bloßes Nicht-weiter-Handeln die Vollendung der Tat nicht aufhalten, da der Versuch einer Steuerhinterziehung durch eine unrichtige Steuererklärung mit der Abgabe der Erklärung beginnt (Rn. 510 zu § 370) und zugleich beendet ist. Dasselbe gilt, wenn der Versuch durch Nichtabgabe einer Steuererklärung (Rn. 513 zu § 370) unternommen wird. In diesen Fällen kann § 24 I 1 StGB in seiner ersten Alternative (Aufgeben der weiteren Ausführung der Tat) keine Bedeutung entfalten. Straffreiheit kann hier nur noch durch positives Tun in Form einer Berichtigungserklärung erworben werden. 416

Die Abgabe einer richtigen oder berichtigten Steuererklärung führt bei beendetem Versuch aufgrund der zweiten Alternative des § 24 I 1 StGB (Verhindern der Vollendung) zur Straffreiheit, wenn zwar alle Voraussetzungen dieser Vorschrift, aber nicht alle Voraussetzungen des § 371 AO erfüllt sind. Ist dem Täter bereits die Einleitung des Straf- oder Bußgeldverfahrens wegen der Tat bekanntgegeben worden (§ 371 II Nr. 1b) oder die Tat bereits entdeckt und weiß der Täter dies oder muss er damit rechnen (§ 371 II Nr. 2), wird es regelmäßig an der Freiwilligkeit iS des § 24 I 1 StGB fehlen. Indessen ist ein freiwilliger Rücktritt noch möglich, wenn ein Amtsträger der FinB zur steuerlichen Prüfung erschienen ist und der Täter ihm vor Beginn der Prüfung (so *Franzen* 3. Aufl., Rn. 175 zu § 371) oder während der laufenden Prüfung berichtigende Angaben zu einer bereits eingereichten Steuererklärung, die Gegenstand der Prüfung ist, aber noch nicht zu einem Steuerbescheid führte, macht. Entscheidend ist dann, ob der Rücktritt im Einzelfall noch als freiwillig angesehen werden kann (vgl. zB SK-*Rudolphi* 29 zu § 24 StGB), was *Kohlmann* (269 zu § 371) für den Regelfall verneinen will. 417

Bei der Hinterziehung von Eingangsabgaben durch Schmuggel von Waren über die grüne Grenze kommt ein Rücktritt vom unbeendeten Versuch (Aufgeben der weiteren Ausführung der Tat) nach der ersten Alternative des § 24 I 1 StGB in Betracht, wenn der Täter umkehrt, bevor er die Grenze vom Ausland her überschritten hat. Die Freiwilligkeit des Rücktritts ist gegeben, wenn die Tat nach der Vorstellung des Täters ohne wesentlich erhöhtes Risiko noch ausführbar und ihr Zweck noch erreichbar erscheint (vgl. BGH 14.4.1955, BGHSt 7, 296). Der Rücktritt ist ausgeschlossen, wenn die Tat unmöglich 418 geworden ist, zB wenn der Schmuggler die Ware vor der Grenze verloren hat oder wenn äußere Umstände ihm die Besorgnis alsbaldiger Entdeckung und Bestrafung so aufdrängen, dass er die weitere Ausführung der Tat vernünftigerweise nicht auf sich nehmen kann (vgl. BGH 28.2.1956, BGHSt 9, 48, 50; *Oehler* JZ 1953, 561; *Bockelmann* NJW 1955, 1417; *Heinitz* JR 1956, 248; *Schröder* MDR 1956, 321 und JuS 1962, 81 mit weiteren Beispielen aus dem übrigen Strafrecht). Zweifel an der Freiwilligkeit sind zugunsten des Täters zu lösen (BGH 12.3.1969, bei *Dallinger* MDR 1969, 532).

419 **Ein Rücktritt vom beendeten Versuch** der Hinterziehung von Eingangsabgaben ist ebenfalls ohne eine Berichtigungserklärung nach § 371 I AO denkbar, zB wenn ein zum Schmuggeln über die Grenze geschicktes Kind oder etwa ein Hund von dem im Hintergrund gebliebenen Täter vor dem Überschreiten der Grenze zurückgerufen wird. Erfolgt der Rückruf freiwillig, erwirbt der Täter Straffreiheit nach der zweiten Alternative des § 24 I 1 StGB. Schlägt der Rückruf fehl, und kommt es dennoch nicht zur Vollendung, wird der Täter nach § 24 I 2 StGB straflos, wenn er sich freiwillig und ernsthaft bemüht hat, die Vollendung der Tat zu verhindern, oder – bei zurechenbarer Vollendung – wenn er unter den Voraussetzungen des § 371 I, II AO nachträglich Selbstanzeige erstattet und die hinterzogenen Eingangsabgaben gemäß § 371 III AO fristgerecht nachzahlt.

2. Verhältnis des § 371 AO zu § 153 AO

420 Beide Vorschriften haben die **Anzeige einer unrichtigen oder unterlassenen Steuerklärung** zum Gegenstand, die der Stpfl oder ein Dritter unter den Voraussetzungen des § 153 AO berichtigen muss, wenn er bei nachträglicher Erkenntnis des Fehlverhaltens den Vorwurf der Steuerhinterziehung vermeiden will, oder die der Täter einer Steuerhinterziehung oder einer leichtfertigen Steuerverkürzung unter den Voraussetzungen des § 371 bzw. § 378 III AO berichtigen kann, wenn er nachträglich Anspruch auf Straf- oder Bußgeldfreiheit wegen einer bereits begangenen Tat erwerben will.

421 **Die Grenzen und die strafrechtliche Bedeutung der Nacherklärungspflichten** nach § 153 AO sind streitig (vgl. *v. Witten* NJW 1963, 567 sowie Rn. 229 ff. zu § 370). Unabhängig davon ist festzustellen, dass jede nachträgliche Anzeige einer unrichtigen oder unterlassenen Steuererklärung Straf- oder Bußgeldfreiheit – unabhängig von der Bezeichnung der Erklärung – immer dann gewährleistet, wenn sie die Anforderungen des § 371 I AO erfüllt, Ausschließungsgründe nach § 371 II AO fehlen und bei vollendeter Tat die Nachzahlung nach § 371 III AO fristgerecht geleistet wird, oder sofern – mit Wirkung für einen Dritten – die Voraussetzungen des § 371 IV AO vorliegen (glA *Suhr* 1977, S. 385; *List* S. 65).

422 **Wird die Nacherklärungspflicht aus § 153 AO** zunächst vorsätzlich oder leichtfertig verletzt, aber später erfüllt, so wirkt die nachträglich abgegebene Nacherklärung wie eine Selbstanzeige in Bezug auf die Steuerhinterziehung oder leichtfertige Steuerverkürzung durch Unterlassen, die durch die zunächst versäumte Erfüllung der Nacherklärungspflicht begangen worden ist (glA *Lohmeyer* Stbg 1960, 282; *Kopacek* BB 1962, 875; *Schuhmann* wistra 1994, 48). Ob dann § 371 IV AO einschlägig ist, hängt davon ab, inwiefern man auch für diesen Fall die Bestimmung analog anwenden will (Rn. 413).

3. Verhältnis zu § 46a StGB

Schrifttum: *Blesinger,* Zur Anwendung des Täter-Opfer-Ausgleichs im Steuerstrafrecht, wistra 1996, 90; *Brauns,* Die Wiedergutmachung der Folgen der Straftat durch den Täter, 1996; *Klawitter,* Der Täter-Opfer-Ausgleich (§ 46a StGB) im Steuerstrafverfahren, DStZ 1996, 553; *Kottke,* Täter-Opfer-Ausgleich und Schadenswiedergutmachung bei Steuerhinterziehungen?, Ein modernes Modell zur Strafmilderung für Steuersünder, Information StW 1996, 359; *Woring,* Täter-Opfer-Ausgleich im Steuerstrafrecht?, DStZ 1996, 459; *Schabel,* Erneut: Zur Anwendbarkeit des § 46a StGB im Steuerstrafrecht, wistra 1997, 201; *Kottke,* Täter-Opfer-Ausgleich nach § 46a StGB für Steuerhinterzieher?, DB 1997, 549; *Bornheim,* Taktische Möglichkeit der Fremdanzeige und des Täter-Opfer-Ausgleichs, PStR 1999, 94; *Steffens,* Wiedergutmachung und Täter-Opfer-Ausgleich, 1999.

§ 46a StGB, der mit Wirkung vom 1.12.1994 eingefügt wurde, sieht fakultativ die Möglichkeit der Strafmilderung bzw. des Absehens von Strafe vor, wenn der Täter den Schaden wiedergutgemacht hat oder sich zumindest ernsthaft darum bemüht hat (vgl. Rn. 29 zu § 398). Über § 369 II AO findet die Regelung, die keine Beschränkung auf bestimmte Delikte enthält, auch im Steuerstrafrecht Anwendung (*Schwedhelm/Spatscheck* DStR 1995, 1449, 1450 f.; *Brauns* wistra 1996, 219; *Woring* DStZ 1996, 459; aM *Blesinger* wistra 1996, 190; *Simon/Vogelberg* S. 159). § 46a Nr. 1 StGB ist freilich nicht einschlägig (BGH 25.10.2000, wistra 2001, 22; BayObLG 28.2.1996, wistra 1996, 152; BayObLG 29.4.1997, wistra 1997, 314; *Woring* DStZ 1996, 460). Im Einzelfall möglich ist aber die Anwendung des § 46a Nr. 2 StGB. Während jedoch § 371 AO eine zwingende Rechtsfolge, nämlich die Aufhebung der Strafbarkeit enthält, gibt § 46a StGB dem Gericht die Möglichkeit, nach seinem Ermessen von Strafe abzusehen oder ggf. die Strafe zu mildern. Bedeutung wird § 46a StGB insbes. in solchen Fällen erlangen, in denen der Täter nicht in der Lage ist, eine korrekte Berichtigungserklärung einzureichen (Rn. 60), aber erst in der Kooperation mit ihm möglich wird, die zutreffende Steuer zu ermitteln. Denkbar ist auch, dass zwar ein Fall der Sperrwirkung iS des § 371 II AO gegeben ist, der Täter aber dem FA den Weg zu Einkünften weist, bei denen überhaupt kein Entdeckungsrisiko bestand (vgl. *Brauns* wistra 1996, 219). Schließlich gehört hierzu auch der Fall, dass vorhandene Liquidität über Vollstreckungsmaßnahmen abgeschöpft und mit nichtstrafbefangenen Steuern verrechnet worden ist; dies gilt jedenfalls dann, wenn man nicht der hier vertretenen Auffassung folgt, dass das „Lästigkeitsprinzip" eine Verrechnung mit den strafbefangenen Zeiträumen gebietet (vgl. Rn. 172). Die bloße Zahlung der ohnehin geschuldeten Steuer ist nicht ausreichend. Nötig ist, dass der Täter hierdurch einen persönlichen Verzicht erleidet oder in Not gerät (vgl. BayObLG 29.4.1997, wistra 1997, 314). 423

4. Verhältnis zu § 264 IV StGB

Zwischen § 371 AO und § 264 IV StGB besteht tatbestandliche Exklusivität (SK-*Hoyer* 110 zu § 264 StGB). Da es eine Überschneidung zwischen § 370 AO und § 264 StGB nicht gibt (SK-*Hoyer* 110 zu § 264 StGB), stehen beide Vorschriften unabhängig nebeneinander. 424

5. Verhältnis des § 371 AO zu § 4 II EStG und Art. 65 ZK

Bilanzberichtigungen nach § 4 II EStG und Berichtigungen von Zollanmeldungen gemäß Art. 65 ZK haben keine strafbefreiende Wirkung, sofern nicht zugleich die Voraussetzungen des § 371 AO vorliegen (OLG Hamburg 23.12.1953, ZfZ 1954, 313 f. zu § 76 III ZG 1939; HHSp-*Rüping* 232 zu § 371). Die Rücknahme einer Zollanmeldung kann Rücktritt vom Versuch (Rn. 419) sein (HHSp-*Rüping* 233 zu § 371). 425

6. Verhältnis des § 371 AO zum StraBEG

Das zum 31.3.2005 ausgelaufene Gesetz über die strafbefreiende Erklärung (StraBEG) v. 23.12.2003 (BGBl. 2003 I 2928) ließ die Möglichkeit der strafbefreienden Selbstanzeige im Grundsatz unberührt. Zweifelhaft war, inwiefern die strafbefreiende Selbstanzeige und die strafbefreiende Erklärung nach § 1 StraBEG miteinander dergestalt kombiniert werden konnten, dass im Hinblick auf ein OR-Geschäft zB für die USt und GewSt der Weg über das StraBEG, für die Ertragsteuer der Weg über die strafbefreiende Selbstanzeige gewählt wurde. Vgl. hierzu 6. Aufl. § 1 StraBEG Rn. 11 ff. 426

VIII. Verfahrens- und Kostenfragen

Schrifttum: *Dikmen/Wollweber,* Selbstanzeige und Honorar – Die gesetzlichen Gebühren nicht nur als Notlösung, Stbg 2011, 29; *Ueberfeldt/Keller,* Honorar des Steuerberaters bei Selbstanzeige, DStR 2011, 92.

427 **Besteht aufgrund einer Berichtigungserklärung** der Verdacht, dass der Stpfl die Mehrsteuer vorsätzlich verkürzt hat, kann die für die Abgabenangelegenheit zuständige FinB bereits erteilte Steuerbescheide nach § 173 I Nr. 1 AO ändern und die nach §§ 235, 238 AO entstandenen Hinterziehungszinsen festsetzen. Die objektiven und subjektiven Voraussetzungen des § 370 AO müssen dann im Besteuerungsverfahren und im Rechtsbehelfsverfahren von den Finanzbehörden oder von den Gerichten der Finanzgerichtsbarkeit festgestellt werden, die hierbei den strafverfahrensrechtlichen Grundsatz in dubio pro reo anzuwenden haben (BFH GrS 5.3.1979, BFHE 127, 140; BFH 20.6.2007, BFH/NV 2057). Nach BFH v. 22.1.1976 (BStBl. II 1976, 250, 252) soll bereits der hinreichende Verdacht einer Steuerhinterziehung ernstliche Zweifel an der Anwendung der zehnjährigen Festsetzungsfrist für hinterzogene Steuern nach § 169 II 2 AO ausschließen. Dies ist insofern zutreffend, als die Entscheidung über die Aussetzung der Vollziehung in einem summarischen Verfahren erfolgt, bei dem sicherlich die Eröffnung des Hauptverfahrens entscheidende Bedeutung hat. Ist jedoch eine Anklage noch nicht zugelassen, kommt es vorrangig auf den Vortrag des die Aussetzung Begehrenden an.

428 **Ergeben sich Zweifel an der Vollständigkeit** der Berichtigungserklärung und wird deshalb angeordnet, die Verhältnisse des Anzeigeerstatters bzw. des Steuerpflichtigen, zu dessen Vorteil der Anzeigeerstatter Steuern verkürzt hat, durch einen Amtsträger der FinB zu prüfen, ist das Strafverfahren einzuleiten (§ 397 I), da die Prüfung (mindestens auch) darauf abzielt, einem strafrechtlichen Verdacht nachzugehen. Ergibt die Prüfung, dass die Berichtigungserklärung vollständig war oder dass ein weiterer Mehrsteuerbetrag jedenfalls nicht auf vorsätzlichem Verhalten des Stpfl beruht, stellt die für das Strafverfahren zuständige FinB dieses nach § 170 II StPO ein. Dieselbe Entscheidung trifft die Staatsanwaltschaft, wenn sie nach § 386 II bis IV AO anstelle der FinB für das Ermittlungsverfahren zuständig ist. Wegen Geringfügigkeit ist das Strafverfahren entsprechend § 398 AO oder § 153 II StPO einzustellen, wenn die Berichtigungserklärung hinsichtlich der vorsätzlich verkürzten Steuern zwar unvollständig war, der Unterschiedsbetrag jedoch geringfügig ist (Rn. 29 zu § 398). Nicht angängig ist es, von einer wirksamen Selbstanzeige trotz „geringfügiger" Abweichungen auszugehen (vgl. OLG Frankfurt a. M. 18.10.1961, NJW 1962, 974; BGH 14.12.1976, BB 1978, 698; *Streck,* Steuerfahndung Rn. 219). Soweit *Streck* als Faustformel vorschlägt, dass eine Differenz von 10 % unschädlich sei (*Streck,* Steuerfahndung Rn. 219), mag dies noch helfen, wenn der nachgemeldete Betrag als solcher nicht besonders groß war. Bei einer nachgemeldeten Summe von 1 Million sind 10 % aber bereits 100 000 EUR, nur in Bezug auf die 1 Million EUR liegt eine wirksame Selbstanzeige vor; für den Restbetrag wird auch eine Einstellung kaum in Betracht kommen. Eine andere Frage ist jedoch, inwiefern der strafrechtliche Nachweis gelingt, dass der Täter tatsächlich vorsätzlich nicht lediglich die nachgemeldete Summe in Höhe von 1 Million EUR verkürzt hat, sondern darüber hinaus weitere 100 000 EUR. Insbes. in Fällen der Schätzung durch den Stpfl wird eine solche Feststellung kaum möglich sein, in Fällen der dolosen Selbstanzeige (oben Rn. 75), besteht aber auch kein Grund, die Strafbarkeit auch für den Restbetrag entfallen zu lassen, wenn der Täter planvoll das ihm von *Streck* konzedierte Volumen von 10 % ausnutzt. Nach neuem Recht sind solche Abweichungen absolut schädlich (Rn. 76).

429 **Ist die öffentliche Klage bereits erhoben** und wird die Selbstanzeige vom Gericht (nach vorausgegangenem Strafbefehl oder Eröffnungsbeschluss) erst aufgrund einer Beweisaufnahme in der Hauptverhandlung als wirksam anerkannt, ist durch Urteil auf Freispruch, nicht auf Einstellung zu erkennen (OLG Frankfurt 18.10.1961, NJW 1962, 974, 977; *Bilsdorfer* wistra 1984, 131; *Streck* DStR 1985, 9, 11; Kohlmann/*Schauf* 253 zu § 371). Auf Einstellung des Verfahrens ist gegenüber Dritten zu erkennen, die nach § 371 IV AO strafrechtlich nicht verfolgt werden können.

430 In allen Abschnitten des Strafverfahrens nach Abgabe der Berichtigungserklärung ist die **Tätigkeit eines Rechtsanwaltes** oder eines Angehörigen der steuerberatenden Berufe als Strafverteidigung, nicht als Steuerberatung anzusehen. Nur die Beratung und Hilfeleistung bei der Fertigung und Abgabe der Berichtigungserklärung, die eine strafrechtliche Würdi-

gung und Stellungnahme nicht erfordert (Rn. 54 ff.), ist hiervon auszunehmen, während weitergehende Bemühungen um die strafbefreiende Wirkung der Erklärung und der Nachzahlung bereits Strafverteidigung iS der §§ 137 ff. StPO, § 392 AO darstellen (enger *Seithel* DStR 1980, 155).

Die Gebühren eines Beraters, der bei einer Selbstanzeige mitgewirkt hat, richteten sich bei einem Rechtsanwalt in einer Steuerstrafsache bislang nach den §§ 83 bis 104 BRAGO, auf die § 105 III BRAGO für die Tätigkeit in einer Bußgeldsache (vgl. § 378 III) verwies. Mit dem Inkrafttreten des Rechtsanwaltsvergütungsgesetzes (RVG) am 1.7.2004 (BT-Drs. 15/1971) ist nunmehr die Anlage 1 Teil 4 zu § 2 II RVG einschlägig. Für die entsprechende Tätigkeit eines Steuerberaters im Rahmen einer Prüfung gibt es ein Zeithonorar nach § 29 StBVV, soweit nicht die folgende Sondervorschrift vorgeht. 431

§ 30 StBVV Selbstanzeige

(1) Für die Tätigkeit im Verfahren der Selbstanzeige (§§ 371 und 378 Absatz 3 der Abgabenordnung) einschließlich der Ermittlungen zur Berichtigung, Ergänzung oder Nachholung der Angaben erhält der Steuerberater 10/10 bis 30/10 einer vollen Gebühr nach Tabelle A (Anlage 1).

(2) Der Gegenstandswert bestimmt sich nach der Summe der berichtigten, ergänzten und nachgeholten Angaben, er beträgt jedoch mindestens 8 000 Euro.

Damit ist entscheidend, ob überhaupt ein *„Verfahren der Selbstanzeige"* stattfindet (Rn. 431). Falls ja, erhält ein Rechtsanwalt die Gebühr nach Anlage 1 Teil 4 zu § 2 II RVG, ein Steuerberater die Gebühr nach § 30 StBGebV. Hat jedoch der Berater (sei er Rechtsanwalt oder Steuerberater) nur an einer „neutralen" Berichtigungserklärung (Rn. 92) mitgewirkt und ist diese von der FinB ohne weitere Erörterungen zur Kenntnis genommen und einem (geänderten oder erstmaligen) Steuerbescheid zugrunde gelegt worden, sind anstelle der genannten Gebührenvorschriften diejenigen Vorschriften anzuwenden, die für die Mitwirkungen an einer Steuererklärung gelten. 432

Im Übrigen berührt merkwürdig, dass der ohne Honorarvereinbarung tätige Steuerberater für die Unterstützung seines Mandanten in einer Außenprüfung oder Steuerfahndungsprüfung lediglich ein Zeithonorar erhält, während die – fiskalisch ungleich interessantere – Erarbeitung einer Selbstanzeige angesichts der Addition der Werte einzelner Steuerarten und Steuerabschnitte äußerst lukrativ ausgestattet ist. 433

§ 372 Bannbruch

(1) **Bannbruch begeht, wer Gegenstände entgegen einem Verbot einführt, ausführt oder durchführt.**

(2) **Der Täter wird nach § 370 Absatz 1, 2 bestraft, wenn die Tat nicht in anderen Vorschriften als Zuwiderhandlung gegen ein Einfuhr-, Ausfuhr- oder Durchfuhrverbot mit Strafe oder mit Geldbuße bedroht ist.**

Schrifttum: *Frydecky,* Der Tatbestand des Verbringens, AWRundsch 1963, 169; *Bender,* Pornoeinfuhren, ddz 1973, F 85; *Willms,* Zum Verbot der Einfuhr verfassungsfeindlicher Schriften, NJW 1965, 2177; *Bender,* Welche Bedeutung hat die Subsidiaritätsklausel beim Bannbruch (§ 401a Abs. 3 AO aF)?, ZfZ 1968, 15; *Potrykus,* Zur Einfuhr unzüchtiger Schriften aus dem Ausland, MDR 1969, 269; *Eggers,* Einfuhrverbote, Einfuhrbeschränkungen, ZfZ 1973, 333; *Hübner,* Reform des Steuerstrafrechts, Neuerungen – Atavismen, JR 1977, 58, 60 ff.; *Ellinger/Sticker,* Zollrechtliche und steuerstrafrechtliche Aspekte der Betäubungsmittelkriminalität, ZfZ 1978, 294; *Brenner,* Bannbruch, auch fahrlässiger – „Fossil" oder Notwendigkeit?, ZfZ 1980, 240; *Christiansen,* Bannbruch auf vorgeschobenen Zollstellen, ZfZ 1982, 66; *Prittwitz,* Einfuhr und Durchfuhr von Betäubungsmitteln, NStZ 1983, 350; *Kurz,* Die Ein- und Ausfuhr von Waren nach dem Außenwirtschaftsrecht, ddz 1984, F 64; *Hesse,* Steuerbefreiung durch Einfuhrverbot?, ZfZ 1984, 194; *Rebholz,* Einfuhr, Ausfuhr und Durchfuhr von Betäubungsmitteln – Versuch und Vollendung dieser Tatbestände, Konstanz, 1991; *Fehn,* Ermittlungstätigkeit der Zollfahndung beim Rauschgiftschmuggel nach Verwirklichung des Binnenmarktes, ZfZ 1991, 104; *Bender,* Verbote und Beschränkungen im Binnenmarkt – straf- und bußgeldrechtliche Aspekte, ZfZ 1992, 199; *Pfeil-Kammerer,* Die harmonisierte Behandlung von VuB-Waren im Binnenmarkt, ZfZ 1992, 204; *Wamers,* Marktbeobachtung – Aufgabe des Zollfahndungsdienstes, ZfZ 1993, 70, 101; *Thietz-Bartram,* Ausfuhrbeschränkungen und ihre Strafsanktionen im Lichte des Gemeinschaftsrechts, wistra 1993, 201; *ders.,* Vereinbarkeit strafbewehrter Ausfuhrbeschränkungen mit dem Recht der Europäischen Union, RIW 1994, 839; *Klinkhammer/König,* Die Bekämpfung der Artenschutzkriminalität durch die deutsche Zollverwaltung, ZfZ 1995, 194; *Blankenhagen,* VuB bei der Ausfuhr, ddz 1995, F 18; *Fehn,* Ungenehmigte Einfuhr von radioaktiven Stoffen und Zollzuschlag, ZfZ 1998, 70; *Wamers,* Der Bannbruchtatbestand – ein Problem?, ZfZ 1998, 287; *Janovsky,* Die Strafbarkeit des illegalen grenzüberschreitenden Warenverkehrs, NStZ 1998, 117; *Pfohl,* Artenschutz-Strafrecht, wistra 1999, 161; *Wamers,* Der Bannbruch, AW-Prax 1999, 212; *Henke,* Verbote und Beschränkungen, Berlin/Herne, 2000; *Rönnau,* Moderne Probleme der Steuerhehlerei (§ 374 AO), NStZ 2000, 513; *Thoss,* Abschied vom Bannbruch, 2004; *Dannecker/Freitag,* Zur europäischen und deutschen Strafgesetzgebung im Recht der Außenwirtschaft und der Finanzsanktionen, ZStW 116, 797 (2004); *Retemeyer/Möller,* Zollstraftaten und Zollordnungswidrigkeiten, AW-Prax 2009, 340; *Beckemper,* Der Bannbruch, HRRS 2013, 443; *Witte,* Zollkodex 6. Aufl. 2013; *Witte/Wolffgang,* Lehrbuch des Europäischen Zollrechts, 7. Aufl. 2012; *Wabnitz/Janovsky,* Handbuch des Wirtschafts- und Steuerstrafrechts, 4. Aufl. 2014.

Übersicht

1. Entstehungsgeschichte

1 Der Straftatbestand des Bannbruchs wurde aus **§§ 134, 136 VZollG** v. 1.7.1869 (BGBl. des NorddBundes S. 317) gemäß Art. I Nr. 15 G v. 4.7.1939 (RGBl. I 1181) als **§ 401a** in die RAO 1931 übernommen. § 401a II 2 RAO über die Einziehung wurde durch Art. 17 Nr. 16 StÄndG 1961 v. 13.7.1961 (BGBl. I 996) gestrichen (Schriftl. Ber. BT-Drs. zu III/2706, 11). In § 401a III RAO wurden gemäß § 48 III AWG v. 28.4.1961 (BGBl. I 481)

die Worte *„in anderen Vorschriften mit Strafe bedroht"* ersetzt durch die Worte *„nach anderen Vorschriften zu ahnden"* (Schriftl. Ber. zu BT-Drs. III/2386, 20). Durch Art. 1 Nr. 9 des 2. AOStrafÄndG v. 12.8.1968 (BGBl. I 953) wurde die Vorschrift als **§ 396** bezeichnet; gleichzeitig wurden die früheren Absätze 2 und 3 zusammengefasst (Begr. BT-Drs. V/1812, 24). Mit dem Umsatzsteuer-Binnenmarktgesetz (UStBG) v. 25.8.1992 (BGBl. I 1548) wurde in Absatz 1 das bis dahin geltende negative *Tatbestandsmerkmal der unterlassenen Anzeige gestrichen,* wonach die Anzeige der verbotenen Einfuhr usw. gegenüber der zuständigen Zollstelle die Strafbarkeit nach § 372 AO ausschloss. Der Grund hierfür lag in dem Wegfall der Zollstellen an den Binnengrenzen der EU. Für die Außengrenzen hätte man es zwar aus technischen Gründen bei der bis zum In-Kraft-Treten des UStBG geltenden Regelung belassen können. Dem stand aber entgegen, dass die Strafbarkeit des Bannbruchs nicht von unterschiedlichen Voraussetzungen abhängen kann, je nachdem, ob die verbotene Einfuhr usw. über eine Binnengrenze innerhalb der EU oder über eine Außengrenze erfolgt. Seit dem Wegfall des Tatbestandsmerkmals der unterlassenen Anzeige durch das UStBG ist der Tatbestand des Bannbruchs mit dem jeweiligen Tatbestand des Verbringungsverbots deckungsgleich (*Bender* ZfZ 1992, 202).

2. Begriff, Zweck und Anwendungsbereich

Als „Bannbruch" (früher: *„Kontrebande"*) bezeichnet § 372 I AO die Zuwiderhandlung gegen ein Ein-, Aus- oder Durchfuhrverbot. Solche Verbote sind aus steuerfremden Gründen in zahlreichen nichtsteuerlichen Gesetzen und VOen normiert (Rn. 40 ff.); sie dienen vornehmlich dem Schutz der Gesundheit von Menschen und Tieren, dem Pflanzenschutz sowie der öffentlichen Sicherheit, aber auch der Außenwirtschafts- und Verteidigungspolitik. 2

Der Straftatbestand des § 372 AO ist eine **Blankettnorm,** die der Ausfüllung durch ein Verbotsgesetz bedarf. Durch eine Verwaltungsanordnung kann die Norm nicht ausgefüllt werden (vgl. BGH 16.10.1981, wistra 1982, 31, 32). 3

Der Zweck des § 372 AO bestand seit jeher in dem Schutz der Einfuhrverbote nach den Monopolgesetzen. Mit der Beschränkung des Branntweinmonopols auf die Übernahme des im Monopolgebiet hergestellten Branntweins aus den Brennereien durch die Bundesmonopolverwaltung sowie dessen Verwertung durch G v. 23.12.2003 (BGBl. I 2924, 2926) ist allerdings nun auch das letzte Einfuhrverbot nach einem Monopolgesetz entfallen (Rn. 87). An dem weitergehenden Zweck, als „Auffangtatbestand" sonstige Ein-, Aus- und Durchfuhrverbote zu schützen, ist der Gesetzgeber vorbeigegangen, da er jedes andere im deutschen Recht wurzelnde Verbringungsverbot (Rn. 53 ff.) mit besonderen Straf- oder Bußgeldtatbeständen ausgestattet hat. Wegen der Subsidiaritätsklausel in Absatz 2 hat die Vorschrift des § 372 AO außer im Hinblick auf *europarechtliche Verbringungsverbote* (Rn. 87) als eigenständiger Straftatbestand kaum praktische Bedeutung. 4

Unter den Gesetzeszwecken des § 372 AO lassen sich **materiellrechtliche und verfahrensrechtliche Zwecke** unterscheiden (FT-*Klötzer-Assion* 4 zu § 372; MüKoStGB/*Wegner* AO § 372 Rn. 3). Materiellrechtlich bezweckt die Vorschrift den Schutz nicht durch eigenständige Strafvorschriften bewehrter Einfuhrverbote sowie die Festlegung als Grundtatbestand für die Strafverschärfung nach § 373 AO. Verfahrensrechtlich bezweckt die Vorschrift, strafbare Verstöße gegen Einfuhr-, Ausfuhr- und Durchfuhrverbote im nichtsteuerlichen Bereich *als Steuerstraftaten* zu qualifizieren (§ 369 I Nr. 2 AO) und damit die Anwendung des Steuerstrafverfahrensrechts (§§ 385–408 AO) auf die strafrechtlich zu ahndenden Verbote nichtsteuerlicher Art zu ermöglichen (vgl. Rn. 97 ff.). 5

In seiner **praktischen Bedeutung** erfasst § 372 AO folgende Zuwiderhandlungen: 6

– Verstöße gegen nicht eigenständig strafbewehrte Einfuhrverbote, zB auf Grund von Vorschriften des EU-Rechts, sind unmittelbar nach § 372 I AO strafbar (materielle Konsequenz; dazu Rn. 87);

- Verstöße gegen bußgeldbewehrte Verbringungsverbote können unter den Bedingungen des § 373 AO als Steuerstraftaten geahndet werden (materielle Konsequenz, dazu Rn. 86);
- Verstöße gegen nichtsteuerliche strafbewehrte Verbringungsverbote unterliegen der Ermittlungszuständigkeit der Zollverwaltung; es sind die dafür geltenden verfahrensrechtlichen Regeln (§ 208 und §§ 385–408 AO) anzuwenden (formelle Konsequenz, dazu Rn. 97 f.).

7 Nach der gesetzlichen Begriffsbestimmung in § 372 I AO ist *auch eine* dem Verbringungsverbot zuwiderlaufende *Ordnungswidrigkeit Bannbruch* iS des § 372 AO, wie sich zudem aus dem Wortlaut des Absatz 2 (*„oder mit Geldbuße bedroht"*) klar ergibt (BGH 4.7.1973, BGHSt 25, 215; *Bender/Möller/Retemeyer* Rn. C 555; *Eggers* ZfZ 1973, 337 f.). Ob ein Verbringungsverbot iS des § 372 AO vorliegt, ist durch Auslegung der jeweiligen Bestimmung zu ermitteln (Rn. 40 ff.). Zur Frage der Anwendbarkeit der §§ 409–412 AO auf Fälle, in denen der Bannbruch iS des § 372 I AO in anderen Vorschriften als Ordnungswidrigkeit mit Geldbuße bedroht ist s. Rn. 99.

8 **Der Tatbestand des § 372 I AO (iVm § 373 II AO)** hat wegen der Fassung des Wortlauts, der Zuwiderhandlungen gegen jedes Ein-, Aus- oder Durchfuhrverbot erfasst, einen **sehr weiten Anwendungsbereich.** Dies allein rechtfertigt indes nicht, einzelne Verbotsnormen *„aus systematischen Gründen"* aus dem Anwendungsbereich auszunehmen, um unter strafrechtlichen Gesichtspunkten für *systemwidrig* erachtete Folgerungen zu vermeiden. Vielmehr ist es für die Anwendung des Straftatbestandes des Bannbruchs gleichgültig, ob der Täter gegen absolute oder relative Verbringungsverbote verstößt und ob diese Verbote im Strafgesetzbuch, in Steuergesetzen oder in anderen Vorschriften des Nebenstrafrechts enthalten sind (glA HHSp-*Hübner* 23 vor § 372; *Bender/Möller/Retemeyer* Rn. C 555). Entgegen einer vereinzelt in der Literatur vertretenen Auffassung (*Voß* in der 6. Aufl. Rn. 5 ff. u. ihm folgend RK-*Kemper* 6 f. zu § 372) gehören daher **auch folgende Verbringungsverbote** zum Anwendungsbereich des § 372 I AO:

- **Verbringungsverbote, die nur aus Straftatbeständen des StGB** erschlossen werden können, etwa
  - die *Einfuhr von Propagandamitteln oder Kennzeichen verfassungswidriger Organisationen,* strafbar gemäß §§ 86, 86a StGB,
  - *die Einfuhr von Sabotagemitteln,* strafbar gemäß § 87 I Nr. 3 StGB,
  - die *Ein- und Ausfuhr von pornographischen Schriften,* strafbar gemäß §§ 184 ff. StGB,
  - die *Einfuhr von Vorrichtungen oder Papier zur Fälschung von amtlichen Ausweisen,* strafbar gemäß § 275 I StGB,
  - die *Ein- und Ausfuhr von Kernbrennstoffen,* strafbar gemäß § 328 I Nr. 2 StGB, sowie
- **Verbringungsverbote wettbewerbsrechtlichen Ursprungs,** etwa
  - das Verbot der *Einfuhr bzw. Ausfuhr von Vermehrungsgut einer geschützten Sorte* nach § 10 I Nr. 1a SortG, idF v. 19.12.1997 (BGBl. I 3164),
  - die wie ein Verbot wirkenden Vorschriften über die Beschlagnahme und Einziehung bei der *Ein- oder Ausfuhr von Waren,* die widerrechtlich *mit einem geschützten Markenzeichen versehen* sind, nach § 14 IV Nr. 3 iVm § 143 I Nr. 3 MarkenG, oder die widerrechtlich international registrierte Marken tragen (vgl. Madrider Protokoll v. 27.6.1989 zum Madrider Abkommen über internationale Registrierung von Marken), nach § 119 iVm § 14 IV Nr. 3 und § 143 I Nr. 3 MarkenG.

9 Die der Gegenauffassung zugrunde liegende Annahme, der Gesetzgeber habe die Rechtsfolgen der im StGB normierten Straftaten dort abschließend geregelt und habe die Regelung von Strafschärfungsgründen nicht dem Nebenstrafrecht vorbehalten wollen (so *Voß* Rn. 6 zu § 372 AO in der 6. Aufl.), findet weder im Wortlaut des Gesetzes noch in der Gesetzessystematik eine tragfähige Grundlage (glA *Beckemper* HRRS 2013, 445, 446). Vielmehr hat sich der Gesetzgeber gerade im Bewusstsein, dass die Ahndung von Verbringungsverboten nicht allein steuerrechtlichen Zwecken dient, sondern regelmäßig auf andere Schutzobjekte gerichtet ist, mit guten Gründen zur Übernahme des Straftatbestan-

des des Bannbruchs in die AO entschlossen. Denn den Beamten des Zolldienstes ist es leichter als anderen Behörden möglich, zu überwachen, ob die Verbringungsverbote tatsächlich eingehalten werden. Nach den Bestimmungen des § 1 I, III u. IV ZollVG sind die Zollbehörden allgemein verpflichtet, den grenzüberschreitenden Warenverkehr zollamtlich zu kontrollieren und mit entsprechenden hoheitlichen Befugnissen auf die Einhaltung von Ein-, Aus- und Durchfuhrverboten zu achten (vgl. BGH 22.2.1973, NJW 1973, 814). Die wichtigsten zollrechtlichen Erklärungs- und Meldepflichten bestehen deshalb nicht nur im Interesse der Besteuerung, sondern auch der Überwachung von Verboten und Beschränkungen (vgl. auch *Bender/Möller/Retemeyer* Rn. C 530 ff.).

Soweit (von *Voß* aaO Rn. 7) geltend gemacht wird, dass der Verstoß gegen wettbewerbs- 10
rechtliche Verbringungsverbote in dem zugehörigen Fachgesetz zum Teil nur auf Antrag des Verletzten strafrechtlich verfolgt würde (zB nach § 39 IV SortG), ergibt sich hieraus nichts anderes. Denn bei fehlendem Strafantrag stünde in einem solchen Fall die Subsidiaritätsklausel des § 372 II AO (Rn. 88 ff.) einer Strafverfolgung wegen Bannbruchs entgegen. Gerade durch die generelle Zuständigkeit der Zollbehörden für die Verfolgung einer Straftat des Bannbruchs wird aber sichergestellt, dass der Verletzte nach einer Zollkontrolle vom Verstoß gegen ein ihn schützendes Verbringungsverbot erfährt und auf diese Weise in die Lage versetzt wird, einen Strafantrag zu stellen. Die große Bedeutung der Zollbehörden bei den Überwachungsaufgaben im internationalen Handel wird auch im Unions-Zollkodex (UZK, ABl. EU Nr. L 269/1 v. 10.10.2013, ber. ABl. EU Nr. L 287/90, insbes. Erwägungsgrund 5) hervorgehoben. Danach haben die Zollbehörden *„eine führende Rolle in der Versorgungskette und bei den Überwachungs- und Verwaltungsaufgaben im internationalen Handel und (sind) somit zum Katalysator für die Wettbewerbsfähigkeit von Ländern und Unternehmen geworden“*.

einstweilen frei 11–14

3. Objektiver Tatbestand

a) Objekt des Bannbruchs. Gegenstand des Bannbruchs können nur körperliche, 15
bewegliche Sachen sein (BGH 7.9.1956, BGHSt 9, 351, 353; Kohlmann/*Hilgers-Klautzsch* 12 zu § 372; MüKoStGB/*Wegner* AO § 372 Rn. 20). Damit deckt sich der Begriff des Gegenstandes gem. § 372 I AO weitgehend mit dem Begriff der Ware im Sinne des Art. 28 AEUV (vgl. Grabitz/Hilf/Nettesheim/*Herrmann* AEUV Art. 28 Rn. 40 ff.). Es können aber auch Waffen, Munition und Kriegsmaterial sowie Zahlungsmittel (HHSp-*Hübner* 43 zu § 372), Falschgeld, Betäubungsmittel, Leichen und Föten Gegenstand des Bannbruchs sein. Der Umstand, dass für Betäubungsmittel (EuGH 28.2.1984 – C-294/84, Slg. 1984, 1177 – Einberger) und Falschgeld (EuGH 6.12.1990 – C-343/89, Slg. 1990, I-4477 – Witzemann) keine Einfuhrabgaben erhoben werden dürfen (vgl. auch Art. 212 ZK; Art. 84 UZK), berührt die nationalen bzw. – nach einer Vergemeinschaftung – die unionsrechtlichen Verbringungsverbote nicht.

b) Ein-, Aus- und Durchführen. Der Begriff der **Einfuhr** kann nur in dem Sinn 16
einheitlich definiert werden, dass es sich um das Verbringen (Rn. 25) eines Gegenstandes aus einem fremden Gebiet in das durch § 372 AO bzw. durch andere Normen geschützte Gebiet (Banngebiet) handeln muss. In einigen Gesetzen wird der Begriff der Einfuhr ausdrücklich definiert. Im Übrigen ist durch Auslegung des die Blankettnorm ausfüllenden, jeweils maßgebenden Gesetzes (Verordnung) zu ermitteln, ob eine Einfuhr vorliegt bzw. ein Verbringen als Einfuhr gilt (BGH 21.1.1983, BGHSt 31, 215; MüKoStGB/*Wegner* AO § 372 Rn. 31). Nach diesen Gesetzen (Verordnungen) bestimmen sich die jeweiligen Banngrenzen und Banngebiete (HHSp-*Hübner* 8 zu 372). Deshalb sind weder die Begriffsbestimmungen des AWG nach dessen § 2 IX – XI noch die Regelungen der Mehrwertsteuersystemrichtlinie (Art. 30) noch die Regeln des Zollkodexes allgemein für andere Gesetze oder Verordnungen maßgebend. Der Zollkodex definiert den Begriff der Einfuhr nicht, unterstellt aber die Verbringung von Waren in das Zollgebiet der EU der zoll-

amtlichen Überwachung (Art. 37 I ZK; Art. 134 I UZK). In der Regel ist durch Einfuhr-, Ausfuhr und Durchfuhrverbote ein Wirtschaftsgebiet geschützt, so dass durch Verbringen von Gegenständen aus einem fremden Wirtschaftsgebiet in das geschützte Wirtschaftsgebiet das Tatbestandsmerkmal der Einfuhr erfüllt wird. Das Wirtschaftsgebiet ist häufig mit dem Hoheitsgebiet identisch. In Fällen, in denen das Gesetz ohne nähere Erläuterung nur von Einfuhr spricht, ist dies im Sinne von Verbringen von Sachen in das Hoheitsgebiet zu verstehen (zB § 29 I Nr. 1 BtMG; §§ 3 III, 22a I Nr. 4 KrWaffKontrG idF v. 6.6.2013, BGBl. I 1482; § 69 BNatSchG idF v. 29.7.2009, BGBl. I 2542; vgl. *Bender* ZfZ 1992, 202, Fn. 8).

17 Vielfach wird das Tatbestandsmerkmal der Einfuhr im Gesetz ausdrücklich erläutert. Beispielsweise wird der Begriff der **Einfuhr** in § 2 XI AWG, auf den einige Gesetze ausdrücklich verweisen, wie folgt bestimmt als:

§ 2 AWG Begriffsbestimmungen

(1)–(10) …

(11) [1] Einfuhr ist

1. die Lieferung von Waren aus Drittländern in das Inland und
2. die Übertragung von Software oder Technologie einschließlich ihrer Bereitstellung auf elektronischem Weg für natürliche und juristische Personen im Inland.

[2] Werden Waren aus Drittländern in eine Freizone geliefert oder in ein Nichterhebungsverfahren übergeführt, so liegt eine Einfuhr erst vor, wenn die Waren

1. in der Freizone gebraucht, verbraucht, bearbeitet oder verarbeitet werden oder
2. in den zollrechtlich freien Verkehr überführt werden.

(12)–(25) …

18 Als Zollgebiet der EU definiert § 2 XXV AWG das Zollgebiet der EG nach Artikel 3 der Verordnung (EWG) Nr. 2913/92 des Rates vom 12.10.1992 zur Festlegung des Zollkodex der Gemeinschaften (ABl. Nr. L 302 vom 19.10.1992, S. 1) in der jeweils geltenden Fassung). Freizonen sind wie Freilager Teile des Zollgebiets der EU oder in diesem Zollgebiet gelegene, vom übrigen Zollgebiet getrennte Räumlichkeiten für bestimmte Waren (Art. 166 ZK; Art. 243 ff. UZK). Das Nichterhebungsverfahren bezeichnet Zollverfahren, die zu keiner Erhebung von Zoll führen (Art. 84–160 ZK), wie etwa das externe Versandverfahren (Art. 91–97 ZK; Art. 134 f. UZK) oder das Verfahren der Zolllagerung (Art. 98–113 ZK; Art. 237, 240 UZK). Die Begriffe der Ein-, Aus- oder Durchfuhr werden davon nicht berührt. Der Tatbestand der Einfuhr nach dem AWG deckt sich bezogen auf Deutschland mit dem Tatbestand des Verbringens in das Zollgebiet der EU (Art. 37 ZK; Art. 134 UZK).

19 Zum Teil wird als Einfuhr jede Ortsveränderung von Gegenständen in den Geltungsbereich des Gesetzes aus einem Staat definiert, der nicht Mitglied der EU ist. Entsprechendes gilt für die Ausfuhr (vgl. § 3 II Nr. 3 SprengG). Andere Gesetze definieren die Einfuhr als das Verbringen von Sachen aus einem Drittland in die EU (§ 2 Nr. 11 Tiergesundheitsgesetz v. 22.5.2013, BGBl. 2013 I 1324). Wieder andere Gesetze sprechen von dem Verbringen von Sachen aus Drittländern in das Inland (§ 2 XI AWG [s. o.], § 53 LFGB idF v. 26.4.2006, BGBl. I 945; § 47 I Vorläufiges Tabakgesetz idF v. 1.9.2005, BGBl. I 2618, 2661) oder in den Geltungsbereich des Gesetzes. Ist dieser im Gesetz nicht besonders abgegrenzt, erstreckt sich der Geltungsbereich auf das Hoheitsgebiet der Bundesrepublik Deutschland. Dazu gehören auch **Helgoland** und **Büsingen,** obwohl beide Gebiete vom Zollgebiet der EU ausgeschlossen sind (Art. 3 I 3. Spiegelstrich ZK; Art. 4 I 4. Spiegelstrich UZK; MüKoStGB/*Wegner* AO § 372 Rn. 28).

20 Zur **Begrenzung des Einfuhrbegriffs** und/oder zur Abgrenzung von der Durchfuhr bestimmen einzelne Gesetze mit unterschiedlichem Wortlaut, dass bestimmte einem Verbringungsverbot in den Geltungsbereich des Gesetzes unterliegende Gegenstände (zB Arzneimittel) in Freizonen verbracht (zB § 73 I, II Nr. 3 AMG idF v. 17.7.2009, BGBl. I 1990) oder zollamtlich abgefertigt werden dürfen (zB 47 I Vorläufiges Tabakgesetz idF v.

1.9.2005, BGBl. 2005 I 2618) oder dass die in einem Gesetz normierten Beschränkungen nicht auf einen Gegenstand anzuwenden sind, der *„sich in einem Freihafen oder unter zollamtlicher Überwachung befindet"* (§ 18 I Nr. 1 SaatG idF v. 16.7.2004, BGBl. I 2005, 1673, für Saatgut und Vermehrungsmaterial).

Der Begriff der **Ausfuhr** kann ebenfalls nur in dem Sinn einheitlich definiert werden, 21
dass es sich um das Verbringen eines Gegenstandes aus dem durch § 372 AO bzw. durch andere Normen geschützten Gebiet in ein fremdes Gebiet handeln muss. In manchen Gesetzen wird der Begriff der Ausfuhr ausdrücklich definiert. Wenn dies nicht der Fall ist, ist durch Auslegung des jeweiligen blankettausfüllenden Gesetzes (Verordnung) zu ermitteln, welcher Vorgang eine Ausfuhr darstellt (vgl. FT-*Klötzer-Assion* 23 zu § 372). Das AWG definiert in § 2 III den Begriff der Ausfuhr:

§ 2 AWG Begriffsbestimmungen

(1), (2) …

(3) Ausfuhr ist

1. die Lieferung von Waren aus dem Inland in ein Drittland und
2. die Übertragung von Software und Technologie aus dem Inland in ein Drittland einschließlich ihrer Bereitstellung auf elektronischem Weg für natürliche und juristische Personen in Drittländern.

(4)–(25) …

Andere Gesetze sprechen vom Verbringen von Sachen *„aus dem Inland in ein Drittland"* (zB § 2 Nr. 13 TierGesG).

Der Begriff der **Durchfuhr** bezieht sich auf das Verbringen eines Gegenstandes aus 22
einem fremden Gebiet durch das geschützte Gebiet in ein fremdes Gebiet, ohne dass der Gegenstand in den freien Verkehr des geschützten Gebiets gelangt. Auch insoweit ist das blankettausfüllende Gesetz (Verordnung) dafür maßgebend, ob eine Durchfuhr vorliegt. Der Begriff *„innergemeinschaftliches Verbringen"* umfasst die Durchfuhr (zB § 2 Nr. 14 TierGesG idF v. 22.5.2013, BGBl. I 1324). Deshalb ist die Beförderung von Tieren aus einem fremden Wirtschaftsgebiet durch das Wirtschaftsgebiet unter zollamtlicher Überwachung ohne Umladung und Zwischenlagerung eine Durchfuhr. Es bleibt eine Durchfuhr, wenn etwa Tiere aus einem Seeschiff oder Flugzeug nach der Ankunft im Wirtschaftsgebiet unmittelbar in ein anderes Seeschiff, Flugzeug oder anderes Beförderungsmittel zur direkten Weiterbeförderung aus dem Wirtschaftsgebiet umgeladen werden. Das Durchführen ist ein *selbständiger* Vorgang, nicht etwa die Zusammenfassung eines Einfuhr- und eines Ausfuhrvorgangs (glA HHSp-*Hübner* 16 zu § 372 und MüKoStGB/*Wegner* AO § 372 Rn. 39; aM OLG Schleswig 15.7.1971, NJW 1971, 2319, zu § 184 StGB aF). Der Unterschied besteht darin, dass die Ware sich bei einer tatbestandsmäßigen Durchfuhr zu keiner Zeit im freien Verkehr des durchfahrenen Gebietes befindet; sie kann daher innerhalb des zu schützenden Gebietes nicht verbreitet werden und deshalb meistens auch nicht diejenige Gefahr hervorrufen, die den Beweggrund für den Erlass eines Einfuhrverbots bildet. Aus diesem Grunde kann das Durchführen von Waren nur dann geahndet werden, wenn ausdrücklich *diese* Art des Verbringens verboten und mit Strafe oder Geldbuße bedroht ist. Beispielsweise ist das nicht genehmigte Verbringen von Betäubungsmitteln verbotene Durchfuhr iS des § 11 I 2 BtMG, wenn die Ware während des Transportes zu keiner Zeit zur Disposition des Durchführenden oder einer anderen Person steht und der durch die Beförderung bedingte Aufenthalt im Inland auf die dafür notwendige Zeit beschränkt ist (BGH 4.4.1984, NStZ 1984, 365; BGH 1.10.1986, BGHSt 34, 180, 183; BGH 22.7.1993, NJW 1994, 61).

Bei Flugreisenden liegt eine Durchfuhr auch dann vor, wenn der Aufenthalt eines 23
Transitreisenden nur so kurze Zeit dauert, dass die sonst gegebene Möglichkeit, sich das Fluggepäck aushändigen zu lassen, objektiv nicht besteht (BGH 28.11.1973, NJW 1974, 429; MüKoStGB/*Wegner* § 372 Rn. 40). Ausgeschlossen ist die Verfügung auch, wenn das Gepäck unter zollamtlicher Überwachung steht (BGH 5.10.1983, StV 1984, 25). Versuchte Einfuhr (anstelle versuchter Durchfuhr) liegt vor, wenn bei einem kurzen Zwischenauf-

enthalt das Gepäck in zollamtlicher Kontrolle bleibt, der Täter aber mit der Möglichkeit einer Aushändigung des Gepäcks rechnet (BGH 4.5.1983, BGHSt 31, 376, 378 f.). Denn die Verfügungsgewalt besteht nicht nur dann, wenn der Täter die Bannware (zB Betäubungsmittel) in Händen hält, sondern auch dann, wenn er sie ohne Schwierigkeiten erhalten kann (BGH 25.7.2002, NStZ 2003, 92). Im Unterschied zur früheren Rechtsprechung (BGHSt 31, 376 f. u. BGH 26.8.1983, zit. bei *Holtz* MDR 1984, 90) nimmt der BGH allerdings angesichts einer geänderten Beurteilung von Sicherheitsfragen nicht mehr an, dass einem Fluggast das Gepäck bei Zwischenlandungen ohne weiteres ausgehändigt wird, sofern er nur den Wunsch äußert und den Gepäckschein vorweist. Daher ist die Verfügungsmöglichkeit des Fluggasts in jedem Einzelfall konkret festzustellen (BGH 25.7.2002, NStZ 2003, 92; BGH 16.6.2004, NStZ 2004, 693). Versuchte Einfuhr – abgesehen von Bannware am Körper oder im Handgepäck – kommt somit bei bloßen Zwischenlandungen regelmäßig nur dann in Betracht, wenn sich ein Flugreisender am Zwischenlandeplatz tatsächlich bemüht hat, Zugriff auf sein Gepäck zu erhalten.

24 Einfacher ist die Beurteilung, wenn ein **Autofahrer oder Bahnreisender** Bannware im Handgepäck (zB von Luxemburg oder von Belgien nach Kopenhagen) durch Deutschland befördert; hier findet wegen seiner freien Verfügungsmacht keine Durchfuhr statt, sondern zunächst eine Einfuhr und anschließend eine Ausfuhr (BGH 21.11.1972, zit. in BGH 28.11.1973, NJW 1974, 429; BGH 21.1.1983, BGHSt 31, 215).

25 **Verbringen** ist der Oberbegriff und der Sammelbegriff für Ein-, Aus- und Durchführen (Erbs/Kohlhaas/*Hadamitzky/Senge* AO § 372 Rn. 6). Verbringen bedeutet, eine Sache durch Einwirken eines Menschen – gleichviel auf welche Weise und in welche Richtung – über eine Außengrenze zu schaffen. Das Verbringen erfordert, dass der Täter an der Warenbewegung *körperlich* mitwirkt. Es genügt, dass jemand eine Ware, deren Einfuhr verboten ist, im Ausland bestellt und der Lieferer sie mit der Post ins Inland versendet (RG 9.11.1933, RGSt 67, 345, 347 f. für eine Postsendung mit Kodein, das als Arzneimittel ausgegeben worden war). Das Überschreiten einer *Außengrenze* ist erforderlich. Daher wird das Verbringen von Tieren über die innerdeutschen Grenzen eines Seuchensperrbezirks von § 372 AO nicht erfasst. Gelangt eine Ware *ohne menschliches Zutun* über die Grenze in das Inland, so wird sie noch nicht *eingeführt.* Verbleibt sie aber mit menschlichen Willen im Banngebiet, dann ist sie in dieses Gebiet verbracht. Auch die Zollvorschriften gehen davon aus, dass ein Verbringen in das Zollgebiet erst dann vorliegt, wenn die Waren mit menschlichem Willen im Zollgebiet verbleiben sollen (Art. 37 ZK; Witte/*Kampf* ZK Art. 37 Rn. 3). Für ein strafbares Verbringen iS von § 372 AO genügt es indes nicht, das Überschreiten der Außengrenze nachträglich zu billigen (ähnlich MüKoStGB/*Wegner* AO § 372 Rn. 41); der Vorsatz zum Verbringen muss bereits beim Überschreiten der Grenze vorgelegen haben (vgl. auch RG 22.10.1907, RGSt 40, 326 f. für Tiere, die über die Grenze gelaufen waren: wer sich dieser Tiere bemächtigt, soll nicht wegen verbotener Einfuhr schuldig sein).

26 **Verbringenlassen.** Einzelne Verbringungsverbote und die zu ihrem Schutz erlassenen Straf- oder Bußgeldvorschriften erwähnen neben dem Ein-, Aus- oder Durchführen oder Verbringen noch ein Ein-, Aus- oder Durchführen*lassen* oder ein Verbringen*lassen,* vgl. zB § 40 II Nr. 1 SprenG, § 15 I Satz 1 Nr. 2 EnergieStG). In diesen Fällen muss der Täter die Tatherrschaft über die Einfuhr, Ausfuhr oder Durchfuhr ausüben oder als mittelbarer Täter (§ 25 I StGB) handeln, um Täter eines Bannbruchs gem. § 372 AO zu sein. Eine generelle Erweiterung des Blankettstraftatbestandes Bannbruch um Anstiftung und Beihilfe als verselbständigte täterschaftliche Begehungsformen wird durch die Verwendung des Begriffs Verbringen*lassen* hingegen nicht bewirkt (ebenso FT-*Klötzer-Assion* 31 zu § 372; aA HHSp-*Hübner* 41 zu § 372 AO).

27 **Zielgebiet.** Das Zielgebiet für Ein-, Aus- oder Durchführen ist nicht einheitlich zu bestimmen; es hat sich durch die staatsrechtliche Entwicklung nach 1945, die Entwicklung der EG/EU (vgl. dazu *Schmidt* ZfZ 1972, 294 und zu den Auswirkungen des Binnenmarktes: *Bender* ZfZ 1992, 199, *Fehn* ZfZ 1991, 104) und durch die Wiedervereinigung

gewandelt. Vorbehaltlich der Unvereinbarkeit mancher Regelungen mit den Bestimmungen des europäischen Unionssrechts (vgl. dazu unter Rn. 50) sind aber die nationalen Verbringungsverbote von der Einführung des Binnenmarktes unberührt geblieben. Im Einzelnen beziehen sich Verbringungsverbote (Rn. 52 ff.)

- auf den Geltungsbereich des jeweiligen Gesetzes für Waren aus Ländern, die nicht *Mitgliedstaaten der EU* oder *andere Vertragsstaaten des Abkommens über den Europäischen Wirtschaftsraum* sind, zB in § 72 AMG idF v. 17.7.2009 (BGBl. I 1990) und Beschl. BVerfG 11.2.2003 (BGBl. I 455);
- auf das Gebiet der Bundesrepublik Deutschland gegenüber *anderen Mitgliedstaaten der EG/EU,* zB in § 15 GFlHG in der ursprünglichen Fassung v. 12.7.1973 (BGBl. I 776);
- am häufigsten auf den *Geltungsbereich des jeweiligen Gesetzes* oder der jeweiligen Rechtsverordnung zur Abgrenzung der Bundesrepublik Deutschland gegenüber anderen Staaten.

Als weitere Begriffe werden verwendet

- das *Bundesgebiet* nach § 3 KrWaffKontrG idF v. 6.6.2013, BGBl. I 1482;
- das *Wirtschaftsgebiet* gegenüber *fremden Wirtschaftsgebieten,* in § 4 I Nr. 1 u. 2 AWG aF;
- das *Verbringen von Nichtgemeinschaftswaren (Drittlandserzeugnissen) bzw. von Waren aus Vertragsstaaten in das Inland* (§ 2 Nr. 19 WeinG idF v. 2.10.2014, BGBl. I 1586), wobei mangels Definition des Begriffs unter *„Inland"* das Gebiet der Bundesrepublik Deutschland unter Einschluss der Zollausschlüsse und der Freizonen zu verstehen ist;
- das *Zollgebiet der EU* für die Ein- und Ausfuhr von Marktordnungswaren nach § 4 MOG;
- das *Monopolgebiet* in § 2 BranntwMonG (vgl. dazu BGH 5.2.1963, ZfZ 1968, 18, m. Anm. *Skuhr,* sowie BFH 14.2.1978, ZfZ 1978, 277).

Von der Hoheitsgrenze kann die für ein Ein-, Aus- oder Durchfuhrverbot maßgebende Grenzlinie abweichen. **28**

Allgemein werden Waren beim Verkehr über den Bodensee aus der Schweiz erst dann eingeführt, wenn sie an einen deutschen Hafen, an das deutsche Ufer oder an damit verbundene Anlagen gelangt sind (§ 1 ZollV).

Ob das vom Zollgebiet der EU ausgeschlossene Büsingen (Art. 3 I 3. Spiegelstrich ZK bzw. Art. 4 I 4. Spiegelstrich UZK) sowie Freizonen und Freilager (Art. 166 ZK, § 20 ZollVG; Art. 243 UZK) und die österreichischen Gebiete Jungholz und Mittelberg, die Österreich vom Anwendungsbereich seiner Zollvorschriften ausgenommen hat (vgl. hierzu *Rogmann* ZfZ 1996, 194, 197 f.) zum Banngebiet gehören, ist durch Auslegung der Verbotsnormen zu ermitteln, wenn die Gesetze insoweit keine ausdrücklichen Bestimmungen enthalten.

Helgoland, das nicht zum Zollgebiet der EU gehört (Art. 3 I ZK, Art 4 I UZK), unterliegt in der Regel dem Schutzbereich der Ein-, Aus- und Durchfuhrverbote. **Vorgeschobene Zollstellen auf fremdem Hoheitsgebiet** (Art. 38 III ZK; Art. 135 IV UZK) können die für ein Ein- oder Durchfuhrverbot maßgebende Grenzlinie auf das benachbarte Hoheitsgebiet ausdehnen (GJW/*Tully* AO § 372 Rn. 7; Erbs/Kohlhaas/*Hadamitzky/Senge* AO § 372 Rn. 6; MüKoStGB/*Wegner* AO § 372 Rn. 29 und Kohlmann/*Hilgers-Klautzsch* 44 zu § 372; aM *Hübner* JR 1984, 82). Voraussetzung ist ein ratifizierter Staatsvertrag, der nicht nur die Grenzabfertigung durch deutsche Amtsträger auf fremdem Gebiet gestattet, sondern darüber hinaus bestimmt, dass (auch) Zuwiderhandlungen gegen Verbote des grenzüberschreitenden Warenverkehrs an der vorgeschobenen Zollstelle oder in der Zone zwischen ihr und der Hoheitsgrenze so zu beurteilen sind, als seien sie auf deutschem Hoheitsgebiet begangen. Unionsrechtliche Vorschriften wie Art. 38 III ZK und kriminologische Erwägungen, dass hinter einer vorgeschobenen Zollstelle keine Kontrolle mehr stattfände, reichen nicht aus. **29**

Zweifelsfreie Sonderregelungen enthält zB das *deutsch-schweizerische* Abkommen v. 1.6.1961 (ratifiziert durch G v. 1.8.1962, BGBl. II 877; in Kraft ab 13.5.1964, BGBl. II 675), dessen Art. 4 wie folgt lautet: **30**

„(1) Die Rechts- und Verwaltungsvorschriften des Nachbarstaates, die sich auf die Grenzabfertigung beziehen, gelten in der Zone, wie sie in der Gemeinde gelten, der die Grenzabfertigungsstelle des Nachbarstaates zugeordnet wird.

(2) Im Sinne der im Absatz 1 genannten Vorschriften des Nachbarstaates findet innerhalb der Zone der Übergang über die Grenze statt, wenn die Grenzabfertigung des Ausgangsstaates beendet ist.

(3) Wird in der Zone gegen diese Vorschriften verstoßen, so üben die Gerichte und Behörden des Nachbarstaates die Strafgerichtsbarkeit aus und urteilen, als ob diese Zuwiderhandlungen in der Gemeinde begangen worden wären, der die Dienststelle zugeordnet ist."

31 Unter diesen Voraussetzungen ist die in einem von Oldenzaal/Holland nach Bentheim fahrenden Eisenbahnzug begangene, von deutschen Zollbeamten noch vor dem Überfahren der Hoheitsgrenze entdeckte Einfuhr von LSD-Tabletten zu Recht als vollendete Straftat nach § 11 I Nr. 1 BtMG aF beurteilt worden (OLG Oldenburg 11.12.1973, ZfZ 1974, 50; zust. *Bender/Möller/Retemeyer* Rn. A 106 sowie HHSp-*Hübner* 33 f. und Kohlmann/*Hilgers-Klautzsch* 44 zu § 372).

32 Desgleichen hat der BGH (21.1.1983, BGHSt 31, 215) im Hinblick auf das *deutsch-belgische Abkommen* v. 15.5.1956 (ratifiziert durch G v. 25.6.1958, BGBl. II 190; in Kraft ab 1.11.1960, BGBl. II 2320) das in einem Zug von Paris nach Kopenhagen von deutschen Zollbeamten zwischen Lüttich und Verviers entdeckte Haschisch als Gegenstand einer vollendeten Einfuhr nach § 30 I Nr. 4 BtMG angesehen (abl. *Bick* StV 1983, 331).

33 Umgekehrt hat das OLG Köln die Einfuhr von Waffen, die deutsche Zollbeamte in der auf belgischem Staatsgebiet belegenen Abfertigungszone des Grenzübergangs Aachen-Lichtenbusch bei der Überholung eines PKW entdeckt hatten, zwar als *vollendete* Hinterziehung von Einfuhrabgaben, aber nur als *versuchte* Straftat nach § 53 I Nr. 2, II iVm § 27 WaffG aF beurteilt (OLG Köln 3.7.1981, ZfZ 1981, 343, hiergegen ausf. *Christiansen* ZfZ 1982, 66, sowie *Seelig* NStZ 1982, 293).

34 **Trotz Überfliegens der Hoheitsgrenze** bleibt es bei einem Versuch der Einfuhr, wenn der Täter die Bannware nach der Landung in Frankfurt auf der Fahrt vom Flugzeug zum Terminal, in dem die Zollkontrolle stattfinden soll, wegwirft (BGH 21.4.1982, NStZ 1982, 291; zust. *Schoreit* NStZ 1983, 15; aM HHSp-*Hübner* 64 zu § 372).

35–39 *einstweilen frei*

40 **c) Einfuhr-, Ausfuhr- und Durchfuhrverbote.** Verbringungsverbote im Sinne des § 372 I AO müssen **durch Gesetz oder Rechtsverordnung** oder durch Rechtsakte des Rates oder der Kommission der EU angeordnet sein. Gleichgültig ist, welchem Schutzzweck das Verbot dient (MüKoStGB/*Wegner* AO § 372 Rn. 45). Auch ist unerheblich, ob es sich um ein *absolutes* Verbot handelt oder um ein *relatives* Verbot, das Ausnahmen zulässt, wenn bestimmte Voraussetzungen erfüllt sind, zB die seuchenrechtliche Untersuchung von Tieren (ausf. *Eggers* ZfZ 1973, 333 ff.) Ob Einfuhr- oder Ausfuhrverbote vorliegen, ist durch Auslegung zu ermitteln. Dasselbe gilt für die Frage, ob Rechtsvorschriften, die nach dem Wortlaut nur die Einfuhr und die Ausfuhr erfassen, auch die Durchfuhr betreffen (vgl. dazu EuGH 6.4.2000 – C-383/98, Slg. 2000, I-2519 – Polo/Lauren).

41 Die in Bezug genommenen Gesetze unterscheiden teilweise zwischen Verboten und Beschränkungen. Ob **Beschränkungen** Verbote im Sinne des § 372 AO sind, ist jeweils durch Auslegung der einschlägigen Bestimmungen zu ermitteln. Soweit die Vorschriften nur die Einhaltung von bestimmten **Förmlichkeiten** für die Verbringung verlangen, wie die Einhaltung bestimmter Verkehrswege (§ 2 ZollVG), die Bindung an Öffnungszeiten der Zollstellen (§§ 3, 4 ZollVG) oder die Anmeldung von Waren bei bestimmten Zollstellen (§ 7 ZollV), handelt es sich nicht um Verbringungsverbote (RGSt 63, 357; Kohlmann/*Hilgers-Klautzsch* 16 zu § 372; MüKoStGB/*Wegner* AO § 372 Rn. 13). Keine Einfuhrverbote sind auch Anzeigepflichten, zumal wenn diese nicht generell für bestimmte Waren bestehen, sondern nur auf Verlangen der Zollbediensteten zu erfüllen sind, wie im Falle der Einfuhr von Bargeld oder gleichgestellten Zahlungsmitteln im Wert von mehr als 10 000 EUR (§ 12a II ZollVG). Sind **Nachweise** über den Ursprung, die Gesundheit oder die sonstige Beschaffenheit von Tieren oder Gegenständen oder Untersuchungsbefunde oder Bescheinigungen vorzulegen, kommt es darauf an, ob die Waren, für welche die erforderlichen Nachweise nicht vorliegen, nach den einschlägigen Vorschriften von der Einfuhr, Ausfuhr oder Durchfuhr ausgeschlossen werden sollen oder ob die Nachweise nur als Förmlichkeiten zur Kontrolle des Warenverkehrs über die Grenze zu verstehen sind (vgl. die in HHSp-*Hübner* 49 zu § 372 aufgeführten Beispiele aus der Rspr). Nicht ausreichend für einen Bannbruch ist ein Zuwiderhandeln gegen Bedingungen oder Auflagen, welche die Überwachung der Verbote des grenzüberschreitenden Warenverkehrs nur erleichtern oder vereinfachen sollen; denn in solchen Fällen liegt es in der Hand der Zollbehörden, die Einfuhr an ungeeigneter Stelle zurückzuweisen (RG 7.11.1929, RGSt 63, 357).

Bei den sehr unterschiedlichen Vorschriften kommt es weniger darauf an, ob die Ein-, Aus- oder Durchfuhr grundsätzlich verboten und ausnahmsweise zugelassen ist oder umgekehrt (zutr. *Eggers* aaO; aM *Fuchs* ZfZ 1954, 67); dies ist oft nur eine Frage der Formulierung, die bei der Verschiedenheit der Epochen und Ressorts, denen die Verbotsvorschriften entstammen, ohnehin nicht einheitlich sein kann. Entscheidend ist vielmehr, ob der Zweck eines (relativen) Verbots unter dem Gesichtspunkt der Gefahrenabwehr auch dann noch gewahrt ist, wenn eine bestimmte Bedingung oder Auflage nicht erfüllt wird. 42

Zu unterscheiden sind **Verbote wirtschaftlicher und nichtwirtschaftlicher Art:** 43
Einfuhr-, Ausfuhr- und Durchfuhrverbote wirtschaftlicher wie nichtwirtschaftlicher Art sind mengenmäßige Beschränkungen und Maßnahmen gleicher Wirkung im Sinne des Art. 28 EGV (EuGH 11.7.1974 – C-8/74, Slg. 1974, 837 – Dassonville; EuGH 20.2.1979, 120/78, Slg. 1979, 649 – Cassis de Dijon; Witte-*Henke* 13 f. zu Art. 58 ZK). Sie sind im Warenverkehr zwischen den Mitgliedstaaten der EU rechtlich nur zulässig, wenn sie durch die in Art. 30 EGV aufgeführten Gründe oder durch zwingende Erfordernisse des Allgemeininteresses (EuGH 20.2.1979, 120/78, Slg. 1979, 649 – Cassis de Dijon; EuGH 26.6.1997, C-368/95, Slg. 1997 I-3689 – Familiapress; Grabitz/Hilf/Nettesheim/*Leible/T. Streinz* AEUV Art. 34 Rn. 99 ff.) gerechtfertigt werden können (zum Prüfungsverfahren vgl. unten Rn. 50). **Verbote wirtschaftlicher Art** gehören in den Bereich der **Handelspolitik** (zum Begriff nach EU-Recht vgl. Grabitz/Hilf/Nettesheim/*Weiß* AEUV Art. 207 Rn. 24 ff.; vgl. auch Art. 79 und 161 I ZK und die Kommentierung dazu in Witte/*Alexander* ZK Art. 79 Rn. 5 ff. sowie Witte/*Prieß* ZK Art. 161 Rn. 8ff.) oder der **gemeinsamen Agrarmarktpolitik** (Art. 32–38 EGV). Es handelt sich um eine reichhaltige Palette insbesondere von Einfuhr- und Ausfuhrregelungen, die sich als Schutzmaßnahmen zur Abwehr von Marktstörungen darstellen (vgl. dazu Grabitz/Hilf/Nettesheim/*Weiß* AEUV Art. 207 Rn. 63, 192 ff. betr. die Handelspolitik und Grabitz/Nettesheim/*Priebe* AEUV Art. 40 Rn. 86. betr. die Agrarmarktordnung – Ausfuhrbeschränkungen im Falle von Störungen des Marktes, vgl. Art. 21, 22 VO [EG] 1784/03 über die gemeinsame Marktorganisation für Getreide, ABl. EG 2003 Nr. L 270/78).

Der EuGH hat den Begriff der Handelspolitik im Interesse eines von Wettbewerbsverzerrungen und Verkehrsverlagerungen innerhalb des Binnenmarktes freien und funktionsfähigen Marktes weit ausgelegt. Danach dürfen auf Art. 133 EGV auch Maßnahmen nichtwirtschaftlicher Art gestützt werden, zB Einfuhrverbote aus entwicklungs-, gesundheits- oder umweltpolitischen Gründen (EuGH 26.3.1987 – C-45/86, Slg. 1987, 1493 – Kommission/Rat; EuGH 29.3.1990 – C-62/88, Slg. 1990, I-1527 – Griechenland/Rat). Auch kulturpolitische Maßnahmen stützt die EU auf Art. 133 EGV, soweit sie den Handel mit Drittländern betreffen (VO [EWG] Nr. 3911/92 über die Ausfuhr von Kulturgütern, – KultGAVO – ABl. 1992 Nr. L 395/1, geändert durch VO [EG] Nr. 24/96, ABl. 1996 Nr. L 335/9 und VO [EG] Nr. 974/2001, ABl. EG 2001 Nr. L 137/10). 44

Soweit der Handel mit nicht der EU angehörenden **Drittländern** betroffen ist, besteht eine **ausschließliche Zuständigkeit der EU** gemäß Art. 133 EGV. Die Mitgliedstaaten sind seit Ablauf der Übergangszeit (31.12.1969) von der Rechtsetzung im Bereich der Handelspolitik ausgeschlossen (EuGH 11.11.1975, Gutachten C-1/75, Slg. 1975, 1355, 1363 f.; Grabitz/Hilf/Nettesheim/*Weiß* AEUV Art. 207 Rn. 3 ff.). Vor Ablauf der Über- 45 gangszeit in Kraft gewesene handelspolitische Maßnahmen der Mitgliedstaaten haben jedoch solange Bestand, bis sie durch entgegenstehende Unionsrechtsetzung unanwendbar werden (EuGH 5.5.1981 – C-804/79, Slg. 1981, 1045 – Seefischerei-Erhaltungsmaßnahmen; Grabitz/Hilf/Nettesheim/*Weiß* AEUV Art. 207 Rn. 14). In der Regel passt der nationale Gesetzgeber die innerstaatlichen Vorschriften an neu in Kraft getretenes Unionsrecht an (zB die AWV für sog. **Dual-use-Waren** nach Erlass der VO [EG] Nr. 3381/94 des Rates v. 19.12.1994 über eine Unionsregelung der Ausfuhrkontrolle von Gütern mit doppeltem Verwendungszweck, ABl. EG 1994 Nr. L 367/1, – neu geregelt durch VO [EG] 1334/2000, ABl. EG 2000 Nr. L 159/1, geändert durch VO [EG] 149/2003, ABl. EG 2003 Nr. L 30/1 – in Verbindung mit dem auf Art. J. 3. EUV beruhenden Beschluss des Rates v. 19.12.1994, ABl. EG Nr. L 367/8).

46 Im Bereich der **Agrarmarktordnung** ist die EU nicht ausschließlich zuständig (vgl. Grabitz/Hilf/Nettesheim/*v. Rintelen* AEUV Art. 43 Rn. 42 ff.). Die Regelungen des Unionsrechts entfalten aber eine Sperrwirkung und begründen im Ergebnis eine ausschließliche Zuständigkeit der EU, so dass dem Unionsrecht zuwiderlaufende nationale Regelungen wegen des Vorrangs des Unionsrechts unanwendbar sind. Maßnahmen der EU, die den Agrarhandel mit Drittländern betreffen, fallen jedoch in die ausschließliche Zuständigkeit der EU.

47 **Nichtwirtschaftliche Einfuhr-, Ausfuhr und Durchfuhrverbote,** deren Funktion im Schutz spezieller Rechtsgüter, wie u. a. der öffentlichen Sicherheit, von Kulturgütern usw. besteht, werden in der Mehrzahl von den Mitgliedstaaten erlassen. Die EU ist nur zuständig, wenn eine entsprechende Einzelermächtigung vorliegt **(Prinzip der begrenzten Einzelermächtigung,** Art. 5 EGV).

48 Soweit die EU Einfuhr-, Ausfuhr- und Durchfuhrverbote durch Verordnung, also mit unmittelbarer Wirkung (Art. 249 UAbs. 2 EGV), erlässt, kann nach der gegenwärtigen Rechtslage eine **Strafbewehrung nur auf Grund eines nationalen Gesetzes** herbeigeführt werden. Die **Europäische Union** hat grundsätzlich **keine Zuständigkeit zum Erlass von Normen des Strafrechts** (EuGH 2.2.1989 – C-186/87, Slg. 1989, 195, 221 f. – Cowan*; Oppermann,* Europarecht, 3. Aufl. S. 401; *Zuleeg,* JZ 1992, 761 ff.; neuerdings str., vgl. dazu Grabitz/Hilf/Nettesheim/*v. Rintelen* AEUV Art. 43 Rn. 40a mwN). Für die **Bußgeldbewehrung** wird man in den von einer Einzelermächtigung abgedeckten Bereichen eine Zuständigkeit der EU bejahen müssen (dazu *v. Rintelen* aaO). Im Bereich des Wettbewerbs ist die Auferlegung einer Geldbuße bei Verstößen gegen die Wettbewerbsregeln ausdrücklich vorgesehen (Art. 15 der auf Art. 87 EGV alt – jetzt Art. 83 EGV – gestützten VO Nr. 17 v. 6.2.1962, ABl. EG Nr. 13, 204).

49 Die nationale Straf- oder Bußgeldbewehrung geschieht durch Verweisung der Straf- oder Bußgeldnorm auf die einschlägigen Rechtsakte der EU (zB § 32 II Nr. 8 TierGesG idF v. v. 22.5.2013, BGBl. I 1324; § 48 I Nr. 3 u. 4, § 49 Nr. 6 u. 7 WeinG idF v 1.9.2005, BGBl. I 2618; §§ 58–60 LFGB idF v. 28.5.2014, BGBl. I 698; § 65 BnatSchG idF v. 12.12.2007, BGBl. I 2873; §§ 18, 19 AWG idF v. 6.6.2013, BGBl. I 1482). Nach § 18 I AWG ergibt sich die **Strafnorm** für Verstöße gegen Verbringungsverbote der EU unmittelbar aus dem Gesetz, soweit es um Verstöße gegen **Embargo-Maßnahmen** der EU geht, die auf Beschlüssen des Sicherheitsrats der Vereinten Nationen nach Kapitel VII der Charta der Vereinten Nationen beruhen. Voraussetzung ist, dass die Rechtsakte der EU im Bundesgesetzblatt oder im Bundesanzeiger veröffentlicht worden sind (zB VO [EWG] Nr. 3541/92 betr. Embargo-Maßnahmen gegen den Irak, BAnz. Nr. 49 v. 12.3.1993, 2177). Um Verstöße gegen Rechtsakte der EG/EU als Ordnungswidrigkeiten zu ahnden, bedient sich der Gesetzgeber der Technik der **Rückverweisung.** Nach § 19 IV AWG können durch Rechtsverordnung die Tatbestände aus einem Rechtsakt der EG/EU bezeichnet werden, die als Ordnungswidrigkeit geahndet werden können, soweit dies zur Durchführung der Rechtsakte der EG/EU erforderlich ist. Das AWG bestimmt den Rahmen für die Höhe der Geldbuße (§ 19 VI AWG).

Nationale Verbringungsverbote sind auf ihre **Vereinbarkeit mit den Vorschriften des EGV** zu überprüfen, soweit sie sich auf den Verkehr mit den Mitgliedstaaten der EU auswirken. Die Notwendigkeit der Überprüfung besteht insbesondere, wenn ein Verbringungsverbot die **Grundfreiheiten** des freien Warenverkehrs, des Dienstleistungsverkehrs und des annexen Zahlungsverkehrs beschränkt. In der Regel wird es dabei um die Frage gehen, ob nationale Einfuhr-, Ausfuhr- oder Durchfuhrverbote im Inner-Unions-Verkehr gemäß Art. 30 EGV aus Gründen der öffentlichen Sittlichkeit, Ordnung und Sicherheit, zum Schutz der Gesundheit und des Lebens von Menschen, Tieren oder Pflanzen, des nationalen Kulturguts von künstlerischem, geschichtlichem oder archäologischem Wert oder des gewerblichen und kommerziellen Eigentums gerechtfertigt sind. Der EuGH hat entschieden, dass auch Waren im Durchfuhrverkehr in den Anwendungsbereich der Art. 28–30 EGV fallen und dass die Durchfuhr von rechtmäßig in einem Mitgliedstaat hergestellten für einen Drittstaat bestimmten Waren von dem Durchfuhrstaat nicht unter dem Gesichtspunkt der Verletzung eines Markenrechts behindert werden darf (EuGH 23.10.2003 – C-115/02, Slg. 2003, I-12705 – Rioglass). Ergibt die Überprüfung, dass ein Verbringungsverbot gegen das Verbot mengenmäßiger Beschränkungen (Art. 28 EGV) verstößt, darf eine Strafe oder Geldbuße wegen eines Verstoßes gegen das Verbringungsverbot nicht verhängt werden. Die Straf- oder Bußgelddrohung (nationale Sanktion) ist ebenso unanwendbar wie das gegen das Unionsrecht verstoßende Verbringungsverbot. Entsprechendes gilt, wenn nationale Verbringungsverbote in den **ausschließlichen Zuständigkeitsbereich der EU für die Handelspolitik** (Art. 133 EGV) eingreifen. Wegen des **Vorrangs des Unionsrechts** gegenüber dem nationalen Recht ist das nationale Recht nicht anzuwenden. Über die Nichtanwendbarkeit entscheiden Verwaltungsbehörden und Gerichte in eigener Zuständigkeit, ohne dass es der Anrufung des – im Übrigen auch nicht zuständigen – Bundesverfassungsgerichts bedarf (EuGH 9.3.1978 – 106/77, Slg. 1978, 629 – Simmenthal II). 50

Soweit Zweifel an der Auslegung des Unionsrechts im Hinblick auf die Vereinbarkeit nationalen Rechts mit Unionsrecht bestehen, ist ein **Vorabentscheidungsersuchen gemäß Art. 267 AEUV** an den EuGH zu richten (zum Verfahren vgl. *Gündisch/Wienhues,* Rechtsschutz in der europäischen Union, 2. Aufl. S. 116 ff.). Letztinstanzlich entscheidende Gerichte sind zur Vorlage an den EuGH verpflichtet (Art. 267 III AEUV). Die Unanwendbarkeit eines nationalen Verbots im Inner-Unions-Verkehr hebt das Verbot im **Verhältnis zu Drittstaaten** (EuGH 15.6.1976 – C-51/75, Slg. 1976, 811 – *EMI/CBS,* Warenzeichenrecht) und ggf. entsprechende Herstellungs- oder Verkehrsverbote im Inland (EuGH 14.7.1988 – C-407/85, Slg. 1988, 4233 – 3 Glocken-Pasta, Rn. 25) nicht auf. Eine daraus sich ergebende – sog. **umgekehrte – Diskriminierung** für den Inlands- und Drittlandsverkehr ist jedenfalls nach Unionsrecht unbedenklich (EuGH 14.7.1988 – C-308/86, Slg. 1988, 4369 – Lambert; EuGH 16.2.1995 – C-29/94, Slg. 1995, I-301 – Aubertin). Ob sich unter dem Gesichtspunkt des Gleichheitssatzes verfassungsrechtliche Bedenken ergeben, ist durch die Rechtsprechung des – insoweit zuständigen – Bundesverfassungsgerichts noch nicht allgemein geklärt und kann wohl auch nur von Fall zu Fall beurteilt werden (vgl. *Epiney,* Umgekehrte Diskriminierungen, Zulässigkeit und Grenzen der discrimination à rebours nach europäischem Unionsrecht und nationalem Verfassungsrecht, Köln 1995). Der **EuGH** hat bisher in mehreren Fällen die Grundfreiheiten des Unionsrechts, insbesondere die Freiheit des Warenverkehrs so ausgelegt, dass nationale Verbringungsverbote als mit dem Unionsrecht nicht vereinbar beurteilt wurden (zB EuGH 11.7.1974 – C-8/74, Slg. 1974, 837 – Dassonville; EuGH 20.5.1976 – C-104/75, Slg. 1976, 613 – de Peijper; EuGH 20.2.1979 – 120/78, Slg. 1979, 649 – Cassis de Dijon; EuGH 26.6.1980 – C-788/79, Slg. 1980, 2071 – Gilli/Anders („Obstessig I"); EuGH 14.7.1983 – C-174/82, Slg. 1983, 2445 – Sandoz („vitaminisierte Lebensmittel"); EuGH 31.1.1984 – C-40/82, Slg. 1984, 283 – „Newcastle-Krankheit"; EuGH 12.3.1987 – C-178/84, Slg. 1987, 1227 – „Reinheitsgebot für Bier"; EuGH 2.2.1989 – C-274/84, Slg. 1989, 229 – „Reinheitsgebot für Fleischerzeugnisse"; EuGH 51

7.3.1989 – C-215/87, Slg. 1989, 617 – Schumacher („Einfuhr von Arzneimitteln für den persönlichen Bedarf"); EuGH 11.5.1989 – C-76/86, Slg. 1989, 1021 – „Milchersatzerzeugnisse").

52 Soweit noch nationale Verbringungsverbote vorhanden sind und vor dem Unionsrecht bestehen können, bleiben sie bis zu einer Harmonisierung in Kraft. Der Wegfall der Zollgrenzen und der Überwachungstätigkeit der Zollbehörden an den Binnengrenzen ab 1.1.1993 ändert hieran nichts (*Bender* ZfZ 1992, 202). Ist ein nationales Verbringungsverbot wegen Verstoßes gegen das Unionsrecht unanwendbar, dann ist auch die nationale Straf- oder Bußgeldvorschrift unanwendbar.

53 Die **rechtlichen Grundlagen** der **Verbringungsverbote** sind schwer aufzufinden. Eine Auflistung der Verbote und Beschränkungen findet sich in der Vorschriftensammlung der Bundesfinanzverwaltung **(VSF),** Stoffgebiet „Sonstige Vorschriften", Abschnitt VuB, SV 0100 – SV 1950. Agrarmarktordnungsrechtliche Verbringungsverbote sind wegen der ständigen Änderungen dort nicht aufgelistet (vgl. dazu Rn. 64).

54 Bevor die einzelnen Schutzgüter aufgeführt werden, ist hervorzuheben, dass § 372 AO wegen der Subsidiaritätsklausel des Absatzes 2 dann nicht einschlägig ist, wenn die Zuwiderhandlungen gegen Einfuhr- Ausfuhr- und Durchfuhrverbote in den nachfolgend genannten Rechtsvorschriften mit Strafe oder Geldbuße bedroht sind (vgl. dazu unten Rn. 83 f.), dass aber andererseits die Zuwiderhandlung Bannbruch bleibt mit der Folge, dass die Anschlussnormen der §§ 373, 374 AO unter den dort genannten Voraussetzungen anzuwenden sind (vgl. dazu unten Rn. 86). Betroffen sind folgende Schutzgüter:

Schutz der öffentlichen Sittlichkeit, Ordnung und Sicherheit

55 Betroffen sind u. a. Banknotenpapier, Münzen, Medaillen, Schuldurkundenpapier, Falschgeld und gefälschte Urkunden, papiergeldähnliche Drucksachen und Abbildungen, pornographische Darstellungen, Waffen, Munition, Kriegswaffen, Sprengstoffe, Kernbrennstoffe und sonstige radioaktive Stoffe, zB § 3 KriegswaffG.

Schutz der Umwelt

56 Betroffen sind Abfälle, Ottokraftstoffe und Chemikalien (zB Abfallverbringungsgesetz v. 19.7.2007, BGBl. I 1462; Gesetz zum Schutz vor gefährlichen Stoffen (Chemikaliengesetz) idF v. 28.8.2013, BGBl. I 3499.

Schutz der menschlichen Gesundheit

57 Betroffen sind u. a. Fleisch, Geflügelfleisch, methylalkoholhaltige Erzeugnisse, Phosphorzündwaren, Wein, Likörwein, Schaumwein, weinhaltige Getränke und Branntwein aus Wein, Betäubungsmittel und Grundstoffe dafür, Krankheitserreger, Arzneimittel, Lebensmittel einschließlich besonderer Regelungen für Eiprodukte, Enteneier, Speiseeis, Teigwaren, Labaustauschstoffe, Milch und Milcherzeugnisse, Nitritpökelsalz und jodiertes Speisesalz, jodierter Kochsalzersatz und diätetische Lebensmittel, Fischereierzeugnisse, Muscheln und sonstige Bedarfsgegenstände, zB BtMG u. LFGB.

Schutz der Tierwelt

58 Betroffen sind Tiere einschließlich Schutz der Arten u. a. nach dem Washingtoner Artenschutzabkommen, Futtermittel tierischer Herkunft, Futtermittel für Tiere, Tierseuchenerreger und Impfstoffe für Tiere sowie Tierarzneimittel u. a., s. TierGesG idF v. 22.5.2013 (BGBl. I 1324).

Schutz der Pflanzenwelt

59 Betroffen sind Pflanzen, insbesondere Kulturpflanzen, einschließlich Artenschutz, forstliches Saat- und Pflanzgut, sonstiges Saatgut, vgl. § 1 PflSchG idF v. 6.2.2012 (BGBl. I 148).

Schutz des gewerblich genutzten geistigen Eigentums

60 Betroffen sind Waren, deren Inverkehrbringen Rechte des geistigen Eigentums auf Grund unionsrechtlicher oder innerstaatlicher Rechtsvorschriften oder auf Grund völkerrechtlicher Abkommen verletzt. Auf der Ebene des Unionsrechts gewährleistet die VO (EG) 1383/2003 vom 22.7.2003 über das Vorgehen der Zollbehörden gegen Waren, die im Verdacht stehen, bestimmte Rechte geistigen Eigentums zu verletzen, und die Maßnahmen gegen-

über Waren, die erkanntermaßen derartige Rechte verletzen (ABl. EG 2003 Nr. L 196/7) die Durchsetzung der Ein-, Aus- und Durchfuhrverbote durch die Verwaltung. Für das deutsche Recht ist das Gesetz zur Stärkung des Schutzes des geistigen Eigentums und zur Bekämpfung der Produktpiraterie (PrPG, BGBl. 1990 I 422) einschlägig. Die Schutzrechte sind in den genannten Rechtsvorschriften aufgeführt. Es handelt sich um Schutzrechte für Marken, Patente, Gebrauchsmuster, Geschmacksmuster, die im Hinblick auf ihre Marken, Namen, Aufschriften oder sonstige Zeichen geschützt sind (Gesetz über den Beitritt des Reiches zu dem Madrider Abkommen, betr. die Unterdrückung falscher Herkunftsangaben auf Waren v. 21.3.1925, RGBl. 1925 II 115, BGBl. 1967 I 953, BGBl. 1974 I 469; völkerrechtliche Abkommen über Herkunftsbezeichnungen, zB Abkommen zwischen der Bundesrepublik Deutschland und der italienischen Republik über den Schutz von Herkunfts-, Ursprungsbezeichnungen und anderen geographischen Bezeichnungen, BGBl. 1965 II 157; Zustimmungsgesetz v. 17.3.1965, BGBl. II 156 betr. Wein, Käse und andere Erzeugnisse; weitere Abkommen vgl. VSF SV 1206 ff.).

Schutz des Kulturguts

Betroffen sind Kunstwerke und anderes Kulturgut einschließlich Bibliotheksgut und Archivgut (Archive, archivalische Sammlungen, Nachlässe und Briefsammlungen, u. a. Gesetz zur Umsetzung der Richtlinie 93/7/EWG des Rates über die Rückgabe von unrechtmäßig aus dem Hoheitsgebiet eines Mitgliedstaates verbrachter Kulturgüter v. 15.10.1998, BGBl. I 3162; KultgSchG idF v. 8.7.1999, BGBl. I 1754, und VO [EG] Nr. 116/2009 über die Ausfuhr von Kulturgütern, ABl. EG Nr. L 39/1). 61

Verbraucherschutz (Sonstige Verbote und Beschränkungen)

Verbote und Beschränkungen zum Verbraucherschutz enthalten zB das Mess- und Eichgesetz (MessEG) v. 25.7.2013 (BGBl. I 2722), das KrGlasKennzG vom 10.11.2001 (BGBl. I 2992) und das HdlKlG vom 9.12.2010 (BGBl. I 1934). 62

Der früher bestehende **Schutz des Branntweinmonopols** durch § 3 BranntwMonG wurde aufgehoben durch G v. 23.12.2003 (BGBl. I 2924, 2926). 63

Im Bereich des **Agrarmarktordnungsrechts** können Einfuhr- und Ausfuhrverbote im Rahmen des marktordnungspolitischen Instrumentariums ausgesprochen werden (vgl. *Norer/Bloch,* Agrarrecht, in Dauses, Handbuch des EU-Wirtschaftsrechts, Abschnitt G, Rn. 141 ff.). Einem Einfuhr- oder Ausfuhrverbot iS des § 372 AO unterliegen nicht Waren, für deren Einfuhr oder Ausfuhr Lizenzen, Vorausfestsetzungsbescheinigungen oder sonstige Bescheide im Sinne des § 18 iVm § 27 I Nr. 2 Buchst. b MOG erforderlich sind. Denn die betroffenen Waren unterliegen keinen mengenmäßigen Beschränkungen und die Lizenzen usw., wie beispielsweise Lizenzen für die Einfuhr oder Ausfuhr von Getreide (Art. 9 I VO (EG) Nr. 1784/2003, ABl. EG Nr. L 270/78), dienen nur der Marktbeobachtung (Grabitz/Hilf/Nettesheim/*Priebe* EGV Art. 40 Rn. 51). Aus dem Umstand, dass Einfuhren oder Ausfuhren ohne Vorlage der genannten Dokumente bußgeldbewehrt sind (§ 36 II Nr. 1 und 2 MOG), folgt noch nicht, dass es sich um ein Einfuhr- oder Ausfuhrverbot im Sinne des § 372 AO handelt. Ein Einfuhr- oder Ausfuhrverbot liegt hingegen vor, wenn auf der Grundlage von Art. 21 und 22 VO (EG) Nr. 1784/2003 unter den dort genannten Voraussetzungen die Erteilung von Einfuhr- und Ausfuhrlizenzen ausgesetzt wird, weil dies einem Einfuhr- und Ausfuhrverbot entspricht. Die Konsequenz dieser Differenzierungen ist, dass ein Verstoß gegen die in § 36 II MOG bezeichneten Verbote unter den Bedingungen des § 373 II AO (bewaffneter oder bandenmäßiger Bannbruch) nicht als Straftat verfolgt werden kann, wenn es sich nicht um Verbringungsverbote iS des § 372 I AO handelt. 64

Gemäß Art. 291 AEUV haben die Mitgliedstaaten die zum Schutz der Unionsinteressen erforderlichen Maßnahmen zu treffen, die u. a. auch **strafrechtliche Sanktionen** einschließen. Die EU besitzt keine Kompetenz, strafrechtliche Sanktionen bei Verstößen gegen Vorschriften des Unionsrechts zu verhängen (EuGH 17.10.1995 – C-83/94, Slg. 1995 I-3231 – Leifer u. a.). Die **Zuständigkeit** dafür liegt grundsätzlich bei den **Mitgliedstaaten,** die jedoch durch das Strafrecht nicht die Grundfreiheiten beschränken dürfen 65

(EuGH 19.1.1999, C-348/96, Slg. 1999, I-11). Gelegentlich verpflichtet die EU die Mitgliedstaaten, Sanktionen gegen den Verstoß gegen Unionsvorschriften vorzusehen (z. B. Art 9 KultGAVO, s. Rn. 43, 54, 87). Entsprechendes gilt für strafrechtsähnliche Sanktionen, wie beispielsweise solche des **Ordnungswidrigkeitenrechts** (aA Mitteilung der Kommission, Die Zollunion im Rahmen des Binnenmarktes, Kom (90) 572 endg. S. 1, 12). Nach der Rechtsprechung des EuGH müssen Verstöße gegen das Unionsrecht nach ähnlichen (analogen) sachlichen und verfahrensrechtlichen Regeln geahndet werden wie nach Art und Schwere gleichartige Verstöße gegen nationales Recht, wobei die Sanktion jedenfalls wirksam, verhältnismäßig und abschreckend sein muss (EuGH 21.9.1989 – C-68/88, Kommission/Griechenland, Slg. 1989, 2979, 2985; EuGH 2.10.1991 – C-7/90, Vandevenne, Slg. 1991 I-4371, 4387 f.). Gegen diese Grundsätze verstoßende nationale Sanktionen sind wegen des Vorrangs des Unionsrechts unanwendbar, soweit auf das Unionsrecht bezogene nationale Sanktionen den Bürger schwerer treffen als Sanktionen gegen vergleichbare Verstöße gegen nationale Verbote (zu den Folgen der Unanwendbarkeit vgl. Rn. 50).

66–69 *einstweilen frei*

4. Subjektiver Tatbestand

70 **In subjektiver Hinsicht erfordert § 372 AO Vorsatz,** also das Wissen und Wollen aller objektiven Tatbestandsmerkmale; *bedingter* Vorsatz bzw. dolus eventualis (Rn. 51 f. zu § 369) genügt. Zum Tatbestand gehört auch die Kenntnis oder mindestens das billigende Für-möglich-Halten des Ein-, Aus- oder Durchfuhrverbots (HHSp-*Hübner* 60, Kohlmann/*Hilgers-Klautzsch* 53 u. Schwarz/Pahlke/*Nikolaus* 12 zu § 372 AO). Fehlt dem Täter zur Tatzeit dieses Wissen, handelt er im *Irrtum über Tatumstände* iS des § 16 StGB, nicht etwa im *Verbotsirrtum* iS des § 17 StGB (Rn. 100 ff. zu § 369). Unkenntnis des Einfuhrverbots wird als Schutzbehauptung häufig geltend gemacht; oft ergeben aber die Begleitumstände der Tat eindeutig das Wissen des Täters, verbotswidrig zu handeln. Ist ein Irrtum über Tatumstände nicht zu widerlegen, kommt nach § 16 I 1 StGB eine Bestrafung nach § 372 II AO iVm § 370 I oder II AO (sowie ggf. nach § 373 AO) nicht in Betracht. Dies gilt auch dann, wenn die Unkenntnis des Täters auf Gedankenlosigkeit beruht; denn fahrlässiger Bannbruch ist nicht nach § 372 AO strafbar (§ 15 StGB); anders zB nach § 22a IV KriegswaffG, § 29 IV BtMG, § 75 IV IfSG, §§ 51 IV, 52 IV, 53 I WaffG, § 40 IV SprengG, § 31 V TierGesG, § 80 AWV, § 17 V AWG.

5. Vorbereitung und Versuch

71 **Die Unterscheidung zwischen Vorbereitung und Versuch** des Bannbruchs ist von entscheidender Bedeutung, da bloße Vorbereitungshandlungen straflos sind. Dagegen unterliegen Handlungen, die als versuchter Bannbruch zu werten sind gem. § 372 II iVm § 370 II AO derselben Strafdrohung wie versuchte Steuerhinterziehung. Nach § 22 StGB kommt es darauf an, wann der Täter nach seiner Vorstellung von der Tat *unmittelbar zur Tatbestandsverwirklichung ansetzt* (vgl. grundsätzlich BGH 16.9.1975, BGHSt 26, 201 ff.). Bei dem von § 370 AO unabhängigen Tatbestand des § 372 AO ist es ohne Bedeutung, ob das Einfuhrgut mit Einfuhrabgaben belegt ist oder nicht und ggf. wann durch das Verbringen der Sache über eine Grenze ein Abgabenanspruch entsteht. Mit dem Verbringen einer Sache über die Grenze – gleichgültig in welche Richtung – wird daher bereits in dem Zeitpunkt begonnen, in dem der Täter den Entschluss, die Sache verbotswidrig ein- oder auszuführen, dadurch verwirklicht, dass er sie *zu der Grenze hin in Bewegung setzt,* sofern dies mit dem Willen geschieht, den Grenzübertritt *in einem Zuge* anzuschließen. Diese Voraussetzung fehlt etwa, wenn Schmuggler beschlossen haben, vor der Grenze zu übernachten und den Grenzübertritt erst am nächsten Morgen vorzunehmen (BGH 13.1.1983, zit. bei *Holtz* MDR 1983, 448; zust. HHSp-*Hübner* 64 zu § 372). Auch die Übernahme der

Bannware, das Anbringen eines Geheimfaches im Fahrzeugtank und das Aufladen der Ware allein sind jeweils noch Vorbereitungshandlungen.

Bei verbotener Einfuhr sind die Voraussetzungen eines versuchten Bannbruchs zB erfüllt, wenn der Täter eine Ware, etwa mit irreführender Kennzeichnung, bei der Post oder Eisenbahn im Ausland zur Beförderung in das Inland aufgibt. Wird eine Ware zwar in Grenznähe gebracht, dort aber nach vorgefasstem Plan zunächst versteckt, um eine günstige Gelegenheit zum unbeobachteten Grenzübertritt abzuwarten, liegt ein versuchter Bannbruch erst vor, *wenn der Täter mit der Ware zum eigentlichen Grenzübertritt aufbricht.* Dass der Versuch bei verbotswidriger Einfuhr über die sog. grüne Grenze stets im Ausland unternommen wird und der Täter dort für die deutschen Verfolgungsbehörden nicht greifbar ist, kann die Tatbestandsmäßigkeit und Strafbarkeit des Verhaltens nicht beeinträchtigen; zum Tatort vgl. § 9 StGB. Zutr. hat der BGH (10.9.1953, BGHSt 4, 333) den Versuch einer Steuerhinterziehung in einem Fall bejaht, in dem die Ware die Zollgrenze noch nicht überschritten hatte und das Vorhaben in unmittelbarer Grenznähe durch ausländische Zollbeamte verhindert worden war. Von See her ist der Versuch einer verbotswidrigen Einfuhr bereits angenommen worden beim Verbringen der Bannware in Küstengewässer und Annäherung an das Ufer (RG 11.7.1921, RGSt 56, 135, 138). 72

Für **verbotene Ausfuhr** hat der BGH (19.1.1965, BGHSt 20, 150) zu § 34 I AWG aF ausgeführt: *„Während bei der Einfuhr die Behörden des eigenen Landes den Beginn des Vorgangs bis zum Erreichen der Hoheitsgrenze nicht unter Kontrolle haben können, dagegen nach Vollendung der Tat die Möglichkeit des Zugriffs haben, da sich die eingeführte Ware und die dafür Verantwortlichen nun in ihrem Machtbereich befinden, verhält es sich bei der Ausfuhr gerade umgekehrt. Sobald die Ware über die Grenze gebracht ist, bleibt den eigenen Behörden regelmäßig nur noch das Nachsehen. Das aber bedeutet nichts anderes, als dass die ernsthafte Gefährdung des geschützten Rechtsguts hier in aller Regel gerade in dem Zeitpunkt beginnt, in dem die Ware auf den Weg zur Grenze gebracht wird. Da auch die Grenzkontrollen sich erfahrungsgemäß häufig auf die Überprüfung der Papiere und die Vornahme von Stichproben beschränken, entspricht es der sich aus der tatsächlichen Unmöglichkeit der Strafverfolgung nach Vollendung der Tat ergebenden besonderen Gefährdung des geschützten Rechtsguts, den Versuch regelmäßig schon im Bereich der Maßnahmen beginnen zu lassen, die den Transportvorgang einleiten. Ob freilich schon das Bereitstellen der für die ungenehmigte Ausfuhr vorgesehenen Waren als Anfang der Ausführung anzusehen ist, wie das RG für die Devisengesetze von 1935 und 1938 angenommen hat (RG 71, 49, 53 v. B. z. 1937; v. 5.1.1940, HRR Nr. 1051), kann offen bleiben. Jedenfalls ist mit dem Aufladen der Waren auf das zum Grenzübertritt vorgesehene Transportmittel, wenn sich dieses nach dem Plane der Täter alsbald zur Grenze in Bewegung setzen soll, ein solcher Grad der Gefährdung erreicht, dass die Annahme des Versuchs gerechtfertigt ist; ob die Täter nach der Beladung unmittelbar zur Grenze fahren oder noch einen Umweg machen oder einen Zwischenaufenthalt nehmen wollen, kann dabei keinen Unterschied begründen, vor allem dann nicht, wenn der Umweg stattfindet, um andere Waren zuzuladen, mit deren Hilfe die verbotswidrig über die Grenze zu bringende Ware besser verborgen werden soll.“* Nicht erforderlich ist daher eine unmittelbare *Annäherung der Ausfuhrware an die Grenze.* Entscheidend ist der *Beginn der Beförderung zur Grenze;* auf den *Abstand von der Grenze* kommt es nicht an. 73

6. Vollendung und Beendigung der Tat

Rechtlich vollendet ist eine Straftat, sobald alle Merkmale des gesetzlichen Tatbestandes erfüllt sind. Falls weitere zur Tat gehörige Wirkungen erst zu einem späteren Zeitpunkt eintreten, ist die Tat erst zu diesem Zeitpunkt *tatsächlich beendet* (BGH 24.6.1952, BGHSt 3, 40, 43). Der Zeitpunkt der Vollendung ist maßgebend für die Abgrenzung vom Versuch (Rn. 71 ff.). Die Beendigung entscheidet über die Möglichkeit einer Teilnahme an der Tat (Rn. 80 ff.), über die Zurechnung von Qualifikationsmerkmalen (BGH 6.4.1965, BGHSt 20, 194, 197 zu § 250 I Nr. 1 StGB) sowie über den Beginn der Verfolgungsverjährung (§ 78a StGB). Wann Bannbruch vollendet und wann er beendet ist, hängt von den Umständen ab, unter denen die Bannware über die Grenze gebracht wird. Vollendet sind 74

Einfuhrdelikte beim illegalen Grenzübertritt beim Passieren der Grenze, beim legalen dann, wenn der Täter die Frage eines Zollbeamten nach Bannware wahrheitswidrig verneint oder Bannware in das Gebiet der Bundesrepublik Deutschland verbringt (*Fischer* StGB § 22 Rn. 16 mit Nachw. aus der Rspr).

75 **Wird die Bannware der Zollstelle vorgeführt** und dort zum freien Verkehr abgefertigt, weil der Zollbeamte über verbotserhebliche Merkmale getäuscht oder in Unkenntnis gehalten worden ist oder sich über die Rechtslage geirrt hat, ist die Tat idR *gleichzeitig* vollendet und beendet. *Nach* der zollamtlichen Abfertigung braucht der Täter einen Zugriff der Zollbehörde regelmäßig nicht mehr zu befürchten; er hat die Einfuhr erfolgreich abgeschlossen, sobald er die Abfertigungspapiere in der Hand hat. *Vor* der Abfertigung ist der Bannbruch auch nicht vollendet (BGH 22.2.1973, BGHSt 25, 137, 139 f.; BGH 24.11.1982, BGHSt 31, 163, 164). Bis zur Abfertigung liegt nur ein Versuch vor, dessen Gelingen vom Spürsinn der Zollbeamten abhängt; entdecken sie die Bannware, so schlägt der versuchte Bannbruch fehl und die verbotene Einfuhr wird verhindert.

76 **Wird die Zollstelle umgangen,** ist die Einfuhr bereits mit dem Überschreiten der Hoheitsgrenze oder der sonst maßgebenden Grenzlinie vollendet; denn damit ist die Bannware auf deutsches Gebiet verbracht (vgl. BGH 1.10.1986, BGHSt 31, 180, 181; BGH 6.3.1992, NStZ 1992, 338). Das Betreten eines Grabens, der die Grenze bildet, genügt noch nicht (OLG Köln 4.1.1952, NJW 1952, 556 f.; MüKoStGB/*Wegner* AO § 372 Rn. 91). Beendet ist die Tat erst dann, wenn die Bannware *„in Sicherheit gebracht", „zur Ruhe gekommen", „am Ort ihrer endgültigen Bestimmung angelangt ist"* (BGH 24.6.1952, BGHSt 3, 40, 44; BGH 24.10.1989, NStZ 1990, 39; BGH 18.7.2000, NStZ 2000, 594; BGH 1.2.2007, wistra 2007, 224/225). Bestimmungsort in diesem Sinne ist nicht eine bestimmte Ortschaft, sondern der *„eng begrenzte Raum, der das Ziel der Beförderung ist",* zB die Geschäftsräume des Täters, wenn die Ware dorthin bestellt ist und der Bahnhof oder das Postamt usw. nur als Durchgangsstelle des Beförderungsweges anzusehen sind (vgl. RG 9.11.1933, RGSt 67, 345, 348 f.). Wird die Ware in einem Zwischenlager umgeladen, ist sie noch nicht „zur Ruhe gekommen". Anders sind Fälle zu beurteilen, in denen die Ware geraume Zeit an einem Ort lagert und ihre Weiterbeförderung von weiteren Entscheidungen abhängt, so dass sich nach den Gesamtumständen des Einzelfalls das Zwischenlagern nicht mehr als bloßes Umladen darstellt (BGH 1.2.2007, wistra 2007, 224/225). Eine Weiterbeförderung bleibt auch dann außer Betracht, wenn sie der Verwertung der Ware, nicht der Festigung eines noch ungesicherten rechtswidrigen Zustands dient (BGH 18.6.1953, zit. bei *Herlan* GA 1954, 58). Da Zollbedienstete nicht nur im *grenznahen Raum,* sondern im gesamten Bundesgebiet gesteigerte Überwachungsbefugnisse haben, wenn zureichende Anhaltspunkte dafür gegeben sind, dass Waren, die der zollamtlichen Überwachung unterliegen mitgeführt werden (§ 10 II ZollVG), ist die Tat nicht schon dann beendet, wenn der grenznahe Raum verlassen wird. Es ist daher jeweils nach den Gesamtumständen des Einzelfalls zu beurteilen, wann die Waren in *Sicherheit gebracht* sind und ob noch ein Zugriff von Zollbediensteten zu gewärtigen ist.

77 **Wird Bannware in einem Freihafen angelandet oder auf dem Postwege an einen Empfänger im Inland befördert,** ist die Einfuhr vollendet, wenn die Ware in das Hoheitsgebiet der Bundesrepublik Deutschland verbracht ist (BGH 22.2.1983, BGHSt 31, 252, 254) oder die Postsendung die Hoheitsgrenze Deutschlands bzw. die – je nach dem räumlichen Geltungsbereich des jeweiligen Verbotsgesetzes – sonst maßgebliche Grenze überschritten hat (BGH 9.3.1983, NJW 1983, 1275).

78 **Das Versuchsstadium der Durchfuhr** einer Ware dauert an, solange sie im Inland zum ausländischen Zielort hin befördert wird, ohne dass sie im Inland dem Zugriff des Täters unterliegt. **Vollendet** ist die Durchfuhr erst, wenn die Ware das Hoheitsgebiet der Bundesrepublik Deutschland wieder verlassen hat (BGH 4.5.1983, BGHSt 31, 374, 379 und BGH 5.10.1983, StV 1984, 25; zust. HHSp-*Hübner* 16 zu § 372).

79 Für Gegenstände, die von oder für **fremde Truppen oder exterritoriale Personen** zollfrei eingeführt werden können, gelten keine Besonderheiten; denn eine persönliche

Befreiung von Einfuhrabgaben entbindet nicht von der Beachtung nichtsteuerlicher Einfuhrverbote. War die Einfuhr *erlaubt,* kann ein Bannbruch – im Gegensatz zu Steuerhinterziehung – auch dann nicht mehr begangen werden, wenn die rechtmäßig eingeführte Ware nachträglich in unbefugte Hände übergeht (glA *Lenkewitz* ZfZ 1966, 137, 139; *Kröner* ddz 1970, 190). Ist die Einfuhr einer Ware – wie im Regelfall – auch für Exterritoriale und für Angehörige fremder Truppen *verboten* (vgl. zB Art. XI [1] und XI [7] des NATO-Truppenstatuts, BGBl. 1961 II 1183, 1206 f.) und die verbotswidrig eingeführte Ware im Inland zur Ruhe gekommen, können Dritte durch Übernahme der Ware zwar Steuerhehlerei (§ 374 AO), aber nicht mehr Bannbruch begehen.

7. Täterschaft und Teilnahme

Besondere Tätereigenschaften setzt § 372 AO nicht voraus; als Täter kommt jeder Beteiligte in Betracht: der *Lieferant,* der das Verbringen in Gang setzt, der *Abnehmer,* der es veranlasst, und vor allem derjenige, der die Bannware zur Grenze und/oder über die Grenze und/oder von der Grenze zum Bestimmungsort *befördert* (glA HHSp-*Hübner* 53 f. zu § 372). Wer Bannware durch Führen eines Fahrzeugs über die Grenze verbringt, ist, weil er alle Tatbestandsmerkmale in seiner Person verwirklicht, grundsätzlich auch Täter der unerlaubten Einfuhr, selbst wenn er nur unter dem Einfluss und in Gegenwart eines Mittäters in dessen Interesse (BGH 22.7.1992, BGHSt 38, 315) oder aus Gefälligkeit handelt (BGH 14.10.1992, NStZ 1993, 138). Im Übrigen hängt es von den Tatumständen ab, ob jemand als (Mit-)Täter oder Gehilfe gehandelt hat; Beispiele: 80

- für *Täterschaft:* BGH 28.11.1973, NJW 1974, 429, 430 (Verbringen durch Fahrer eines PKW);
- für *Mittäterschaft:* BGH 12.8.1998, BGHR BtMG § 29 Abs. 1 Nr. 1 Einfuhr 36 (Verbringen durch Fahrer eines PKW als Gefälligkeit); BGH 16.10.1990, NStZ 1991, 91 (PKW-Fahrer lässt Mitfahrer die Bannware zu Fuß über die „grüne Grenze" transportieren); BGH 9.10.1974, BGHSt 26, 4 (Niederlassungsleiter der Luftfrachtabteilung einer Spedition im Zusammenwirken mit Kaufleuten); zu den Voraussetzungen der Mittäterschaft, wenn die Beteiligten zwar gemeinschaftlich reisen, aber jeder für seinen Bedarf schmuggelt, s. BGH 25.1.1984, StV 1984, 286;
- für *Beihilfe:* BGH 28.7.1993, BGHR BtMG § 29 Abs. 1 Nr. 1 Einfuhr 33 (Begleitung als Beifahrer ohne weiteren Tatbeitrag); BGHR BtMG § 29 Abs. 1 Nr. 1 Einfuhr 31 (Bestellung von Bannware im Ausland); BGH 22.2.1973, BGHSt 25, 137 (Verbringen durch Fahrer eines LKW).

Mittäterschaft und Beihilfe erfordern nicht, dass der Beteiligte *körperlich* am Verbringen mitwirkt oder dass sich sein (körperlicher oder geistiger) Tatbeitrag *unmittelbar* auf die Ausführungshandlung bezieht; auch ein Mitwirken an der *Vorbereitung* des Bannbruchs genügt (vgl. BGH 15.7.1999, NStZ 1999, 609), und zwar auch im *Ausland.* Für eine Tatbeteiligung als Mittäter reicht ein auf der Grundlage gemeinsamen Wollens die Tatbestandsverwirklichung fördernder Beitrag aus, der sich auf eine Vorbereitungs- oder Unterstützungshandlung beschränken kann (BGH 15.7.1999, NStZ 1999, 609 mwN). Zum Tatort der Teilnahmehandlung vgl. § 9 II StGB. Bis zur Beendigung der Tat bleibt grundsätzlich die Möglichkeit offen, sich noch als Mittäter (§ 25 II StGB) oder Gehilfe (§ 27 StGB) am Bannbruch zu beteiligen (BGH 18.7.2000, NStZ 2000, 594). Namentlich Beihilfe kommt auch dann noch in Betracht, wenn sich die verbotswidrig eingeführte Ware bereits *diesseits* der Grenze, aber noch nicht in Sicherheit befindet (Rn. 76). Solange sich jemand als Mittäter oder Gehilfe beteiligen kann, kann ein Dritter ihn dazu *anstiften* (§ 26 StGB). Nicht möglich ist es, die von einem anderen bewirkte Einfuhr diesseits der Grenze als Alleintäter fortzusetzen, wenn der ursprüngliche Täter sein Vorhaben aufgegeben hat, bevor die Tat beendet war (aA OLG Hamburg v. 15.6.1966, ZfZ 277, 280). 81

Nach Beendigung des Bannbruchs ist eine Teilnahme iS von § 25 II, §§ 26, 27 StGB nicht mehr möglich. Eine selbständige Anschlusstat begeht in Form einer 82

– *Begünstigung* nach § 257 StGB iVm § 369 I Nr. 2 u. 4 AO, wer einem Täter oder einem Teilnehmer am Bannbruch beisteht, um ihm die Vorteile der Tat zu sichern;
– *Strafvereitelung* nach § 258 StGB, wer vereitelt, dass ein anderer wegen Bannbruchs bestraft oder einer Maßnahme nach § 11 I Nr. 8 StGB, zB einer Einziehung der Bannware oder des Beförderungsmittels nach § 375 II AO, unterworfen wird;
– *Steuerhehlerei* nach § 374 AO, wer die verbotswidrig eingeführte Ware ankauft oder sonst sich oder einem Dritten verschafft oder absetzt oder absetzen hilft (vgl. zB OLG Hamburg 15.6.1966, ZfZ 1966, 277, zum Ankauf eingeschmuggelter Papageien).

8. Subsidiarität der Strafdrohung

83 Ist eine Tat als Zuwiderhandlung gegen ein Ein-, Aus- oder Durchfuhrverbot in anderen Vorschriften (als § 372 I AO) **mit Strafe bedroht,** scheidet eine Bestrafung nach § 370 I, II AO aus (§ 372 II AO). Die Tat bleibt aber Bannbruch, auch wenn sie nach anderer Vorschrift und unter anderer Bezeichnung geahndet wird (BGH 22.2.1973, BGHSt 25, 137, 139). Damit bleiben die Anknüpfungsnormen § 373 AO (Schmuggel), § 374 AO (Steuerhehlerei) § 375 AO (Nebenfolgen) und § 376 AO (Verjährungsunterbrechung) anwendbar (glA Schwarz/Pahlke/*Nikolaus* 16 u. Kohlmann/*Hilgers-Klautzsch* 95 zu § 372).

84 Ist eine Tat als Zuwiderhandlung gegen ein Ein-, Aus- oder Durchfuhrverbot in anderen Vorschriften nur **mit Geldbuße bedroht,** bewirkt § 372 II Halbs. 2 AO eine Umkehrung des in § 21 I OWiG enthaltenen allgemeinen Grundsatzes, dass – abgesehen von Nebenfolgen – nur das Strafgesetz angewendet wird, wenn eine Handlung gleichzeitig Straftat und Ordnungswidrigkeit ist (zust. GJW/*Tully* AO § 372 Rn. 5; Kohlmann/*Hilgers-Klautzsch* 90 zu § 372; aM HHSp-*Hübner* 89 zu § 372). Dass der Gesetzgeber für den Bereich des Bannbruchs bewusst die gegenteilige Folge angeordnet hat, ergab sich bereits für § 401a RAO 1939 aus der Änderung des § 401a III durch § 48 I AWG 1961 (Rn. 1). Die durch Art. 1 Nr. 9 des 2. AOStrafÄndG 1968 abermals geänderte Fassung *(„mit Strafe oder Geldbuße bedroht")* nahm Rücksicht darauf, dass die Ahndung von Ordnungswidrigkeiten dem Opportunitätsprinzip unterliegt (§ 47 I OWiG). Zugleich bringt diese unverändert fortgeltende Fassung zum Ausdruck, dass § 372 AO gegenüber einer einschlägigen Bußgeldvorschrift auch dann zurücktritt, wenn die für die Verfolgung der Ordnungswidrigkeit zuständige Behörde oder das Gericht nach pflichtgemäßem Ermessen von der Verfolgung und Ahndung der Tat als Ordnungswidrigkeit absieht; insofern weicht § 372 II AO auch von dem allgemeinen Grundsatz des § 21 II OWiG ab.

85 **Versuchter Bannbruch** (Rn. 71 ff.) ist gemäß § 372 II iVm § 370 II AO **ebenfalls strafbar.** Auch insoweit gilt die Subsidiaritätsklausel des § 372 II Halbs. 2 AO. Gesetzliche Ungereimtheiten bestehen jedoch bei den Fällen, in denen die „andere Vorschrift" im Sinne von § 372 II AO nur die vollendete Zuwiderhandlung, nicht aber auch die versuchte Tat mit Geldbuße bedroht. Nach dem Wortlaut des Gesetzes wäre in solchen Fällen die vollendete Tat als Ordnungswidrigkeit, ihr Versuch dagegen als Vergehen zu bestrafen, weil die Subsidiaritätsklausel voraussetzt, dass die konkrete Tat – also auch die versuchte Tat – in anderen Vorschriften mit Strafe oder Geldbuße bedroht ist. Dies wäre aber ein widersinniges Ergebnis mit einem unerträglichen Wertungswiderspruch. Zur Vermeidung dieses Ergebnisses gibt es unterschiedliche Ansätze, von denen allerdings keiner zu einer dogmatisch einwandfreien Lösung führt (ausf. hierzu unter Darlegung des Meinungsstandes *Thoss,* Abschied vom Bannbruch, 2004, S. 93 ff.). Zu einem von der Wertung her vertretbaren Ergebnis gelangt man dann, wenn man die Subsidiaritätsklausel so auslegt, dass der Versuch des Bannbruchs nur dann nach § 372 II Halbs. 1 iVm § 370 I AO strafbar ist, wenn auch der vollendete Bannbruch aus dieser Vorschrift zu strafen wäre (HHSp-*Hübner* 98, Kohlmann/*Hilgers-Klautzsch* 92 zu § 372 und Klein/*Jäger* AO § 372 Rn. 20; zust. RK-*Kemper* 16 zu § 372 AO). Im Ergebnis bestimmt damit stets allein das andere Gesetz (als Spezialnorm), ob die versuchte Tat mit Strafe oder mit Geldbuße bedroht ist oder überhaupt nicht

geahndet werden kann. Dies steht wiederum in einem gewissen Spannungsverhältnis mit dem Wortlaut des § 372 I AO, der jede verbotswidrige Verbringung als Bannbruch definiert, der in § 369 I Nr. 2 AO als Steuerstraftat bezeichnet wird.

Die Subsidiaritätsklausel gilt nur bei einfacher Tatausführung. Wird die Zuwider- 86
handlung gegen ein Einfuhr-, Ausfuhr- oder Durchfuhrverbot bewaffnet oder bandenmäßig begangen, ist der Täter nach § 373 AO zu bestrafen (glA GJW/*Tully* AO § 372 Rn. 13; Kohlmann/*Hilgers-Klautzsch* 95, RK-*Kemper* 17 u. Schwarz/Pahlke/*Nikolaus* 16 zu § 372; vgl. zudem Begr. BT-Drs. V/1812, 24). Dies gilt auch dann, wenn die Zuwiderhandlung ohne die erschwerenden Merkmale als Ordnungswidrigkeit nur mit einer Geldbuße hätte geahndet werden können (glA Kohlmann/*Hilgers-Klautzsch* 95 u. *Bender/Möller/Retemeyer* Rn. C 498; aM *Thoss* aaO S. 102 u. HHSp-*Hübner* 99 zu § 372); denn die Tatbestandsmerkmale des § 372 I AO als Grundtatbestand sind erfüllt (vgl. BGH 22.2.1973, BGHSt 25, 137, 139). Die Strafdrohung des Qualifikationstatbestandes rechtfertigt sich auch in solchen Fällen daraus, dass die aus dem klassischen Strafrecht (vgl. § 244 I, § 250 I u. § 260 StGB) übernommenen Qualifikationsmerkmale des § 373 AO eine erheblich stärkere gesetzwidrige Willensbetätigung des Täters, eine stärkere Gefährdung des geschützten Rechtsgutes und/oder eine stärkere Gefährdung der zur zollamtlichen Überwachung an der Grenze, im grenznahen Bereich und auch jenseits dieses Bereichs eingesetzten Zollbeamten (vgl. § 1 I – III, § 10 ZollVG) sowie bei Kontrollen tätigen Beamten Bundespolizei begründen als die einfache Tatausführung, und zwar unabhängig davon, ob diese mit Strafe oder nur mit Geldbuße bedroht ist (glA *Bender/Möller/Retemeyer* Rn. C 498; aA *Beckemper* HRRS 2013, 445, 447).

Der unmittelbare Anwendungsbereich des § 372 AO war zeitweise auf Zuwider- 87
handlungen gegen § 3 I 1 BranntwMonG beschränkt, nachdem alle anderen Ein-, Aus- und Durchfuhrverbote mit eigenen Straf- oder Bußgeldvorschriften bewehrt waren. Mit der Beschränkung des Branntweinmonopols auf die Übernahme des im Monopolgebiet hergestellten Branntweins aus den Brennereien sowie dessen Verwertung durch G v. 23.12.2003 (BGBl. 2003 I 2924, 2926) ist auch das letzte nationale Einfuhrverbot nach einem Monopolgesetz entfallen. Nunmehr ist die Vorschrift des § 372 AO unmittelbar nur noch auf **Verbringungsverbote des EU-Rechts** anwendbar, soweit das deutsche Recht keine Strafvorschriften für Verstöße zur Verfügung stellt. Das ist zB hinsichtlich der VO (EWG) 3911/92 – KultGAVO der Fall, weil das deutsche Kulturschutzgesetz (s. Rn. 61) zwar Straf- und Bußgeldvorschriften enthält (§§ 16, 17), aber dieses Gesetz nur zum geringen Teil die durch die KultGAVO geschützten Güter erfasst.

9. Sonstige Konkurrenzfragen

Bannbruch und Steuerhinterziehung (§ 370 AO) treffen bei verbotswidriger Einfuhr 88
regelmäßig in Tateinheit (§ 52 StGB) zusammen, wenn bei der Einfuhr aus Drittländern zugleich Einfuhrabgaben (Zoll, VerbrauchSt oder EUSt) hinterzogen werden (BGH 20.7.1971, BGHSt 24, 178, 179; RG 8.1.1935, RGSt 69, 35; Kohlmann/*Hilgers-Klautzsch* 97 zu § 372). § 370 V AO stellt klar, dass eine Steuerhinterziehung auch hinsichtlich solcher Waren begangen werden kann, deren Einfuhr, Ausfuhr oder Durchfuhr verboten ist. Solche Verbote schließen die Entstehung der Zollschuld nicht aus (Art. 212 S. 1 ZK; Art. 83 UZK). Nur für Falschgeld, Suchtstoffe oder psychotrope Stoffe, die illegal eingeführt werden, ist nach Art. 212 S. 2 ZK (Art. 83 II UZK) im Anschluss an die Rechtsprechung des EuGH (Rn. 15) die Entstehung einer Zollschuld ausgeschlossen. Damit scheidet insoweit Tateinheit mit Steuerhinterziehung aus.

Tateinheit zwischen Bannbruch und **mittelbarer Falschbeurkundung** (§ 271 StGB) 89
hat das RG (4.6.1936, RGSt 70, 229 f.) in einem Fall angenommen, in dem ein (landesrechtlich vorgeschriebenes) Ursprungszeugnis für ein geschmuggeltes Pferd erschlichen worden war. Denkbar ist auch Tateinheit zwischen Bannbruch und dem Straftatbestand des § 297 StGB. Dieser lautet:

§ 297 StGB Gefährdung von Schiffen, Kraft- und Luftfahrzeugen durch Bannware

(1) Wer ohne Wissen des Reeders oder des Schiffsführers oder als Schiffsführer ohne Wissen des Reeders eine Sache an Bord eines deutschen Schiffes bringt oder nimmt, deren Beförderung

1. für das Schiff oder die Ladung die Gefahr einer Beschlagnahme oder Einziehung oder
2. für den Reeder oder den Schiffsführer die Gefahr einer Bestrafung

verursacht, wird mit Freiheitsstrafe bis zu zwei Jahren oder mit Geldstrafe bestraft.

(2) Ebenso wird bestraft, wer als Reeder ohne Wissen des Schiffsführers eine Sache an Bord eines deutschen Schiffes bringt oder nimmt, deren Beförderung für den Schiffsführer die Gefahr einer Bestrafung verursacht.

(3) Absatz 1 Nr. 1 gilt auch für ausländische Schiffe, die ihre Ladung ganz oder zum Teil im Inland genommen haben.

(4) [1] Die Absätze 1 bis 3 sind entsprechend anzuwenden, wenn Sachen in Kraft- oder Luftfahrzeuge gebracht oder genommen werden. [2] An die Stelle des Reeders und des Schiffsführers treten der Halter und der Führer des Kraft- oder Luftfahrzeuges.

90 **Tateinheit** kann ferner bestehen zwischen Bannbruch und *Straßenverkehrsgefährdung nach § 315b I Nr. 3 StGB,* begangen durch Zufahren auf einen Zollbeamten, der den Schmuggler zum Halten aufgefordert hatte (BGH 31.1.1980, zit. bei *Holtz* MDR 1980, 455), sowie zwischen Bannbruch und *unerlaubtem Führen einer Schusswaffe* oder *unerlaubtem Erwerb von Munition* (BGH 7.9.1982, NStZ 1982, 512). Der Ordnungswidrigkeitentatbestand des Erwerbs von bis zu 1000 Zigaretten ohne gültiges Steuerzeichen iS des § 4 Nr. 12 TabStG für den eigenen Verbrauch (§ 37 I 1 TabStG: „Schwarzhandel mit Zigaretten") schließt die Anwendung der §§ 369–374 AO aus (§ 37 I 2 TabStG).

10. Strafen und Nebenfolgen

91 **Wegen der Strafdrohung für Bannbruch** verweist § 372 II AO auf § 370 I, II AO. Nach § 370 I AO ist die vollendete Tat mit Freiheitsstrafe bis zu fünf Jahren oder mit Geldstrafe bedroht. Die Freiheitsstrafe beträgt mindestens einen Monat (§ 38 II StGB). Die Geldstrafe beträgt mindestens fünf und höchstens 360 Tagessätze (§ 40 I 2 StGB); ein Tagessatz wird auf mindestens einen Euro und höchstens 30 000 Euro festgesetzt (§ 40 II 3 StGB).

92 Die versuchte Tat *kann* nach § 370 II AO iVm § 23 II u. § 49 I StGB in Ausübung pflichtgemäßen Ermessens *milder* bestraft werden. Die Strafobergrenze liegt dann bei versuchtem Bannbruch gemäß § 49 I Nr. 2 StGB bei Freiheitsstrafe von drei Jahren und neun Monaten oder Geldstrafe von höchstens 270 Tagessätzen; auf die *Höhe* des Tagessatzes hat die Strafrahmenverschiebung keinen Einfluss.

93 *Anstelle einer kurzen Freiheitsstrafe* ist eine Geldstrafe vorgeschrieben, wenn im Einzelfall eine Freiheitsstrafe von sechs Monaten oder darüber nicht in Betracht kommt und wenn nicht besondere Umstände, die in der Tat oder der Persönlichkeit des Täters liegen, die Verhängung einer Freiheitsstrafe zur Einwirkung auf den Täter oder zur Verteidigung der Rechtsordnung unerlässlich machen (§ 47 I StGB). *Neben einer Freiheitsstrafe* kann eine Geldstrafe verhängt werden, wenn der Täter sich durch die Tat bereichert oder zu bereichern versucht hat und wenn eine Geldstrafe auch unter Berücksichtigung der persönlichen und wirtschaftlichen Verhältnisse des Täters angebracht ist (§ 41 StGB). Wegen der Möglichkeit einer Aberkennung der Amtsfähigkeit und Wählbarkeit vgl. § 375 I AO iVm § 45 II StGB.

94 **Die Möglichkeit einer Einziehung** der Erzeugnisse, Waren und anderen Sachen, auf die sich der Bannbruch bezieht *(„Bannware")* und der *Beförderungsmittel,* die zur Tat benutzt worden sind, besteht nach § 375 II Nr. 1 u. 2 AO; die Einzelheiten regeln §§ 74, 74a StGB (Rn. 42 ff. zu § 375). Der Bannbruch *bezieht sich* auf alle Sachen, die der Täter einem gesetzlichen Verbot zuwider ein-, aus- oder durchgeführt hat, falls die Tat nach § 372 II Halbs. 1 iVm § 370 I oder II AO strafbar ist (Rn. 83). Ist die Tat in *anderen* Vorschriften mit Strafe oder Geldbuße bedroht, richtet sich auch die Möglichkeit der Einziehung nach den

anderen Gesetzen, die zT über Beförderungsmittel hinaus *alle* Sachen erfassen, die zur Begehung oder Vorbereitung gebraucht worden sind oder bestimmt gewesen sind (vgl. zB § 54 I WaffG), zT enger die Beförderungsmittel *nicht* erfassen (vgl. zB § 33 BtMG, § 61 LFGB). Zum Bannbruch benutzt sind auch Beförderungsmittel, die der Täter oder ein Teilnehmer erst *nach* dem Überschreiten der Grenze einsetzt, um die Bannware in Sicherheit zu bringen (Rn. 76).

Die Anordnung des Verfalls eines Vermögensvorteils, den der Täter oder ein Teilnehmer für die Tat oder aus der Tat erlangt hat, ist in §§ 73–73d StGB geregelt. Der Gewinn aus der Veräußerung von Bannware unterliegt nicht dem Verfall des Wertersatzes nach § 73a StGB, sondern der Einziehung des Wertersatzes nach § 74c StGB (Rn. 70 ff. zu § 375). **95**

11. Keine strafbefreiende Selbstanzeige

Straffreiheit durch Selbstanzeige kann für Bannbruch nicht erlangt werden, da sich § 371 I AO ausdrücklich nur auf *die Fälle des § 370 AO* bezieht (MüKoStGB/*Wegner* AO § 372 Rn. 94). Wird Selbstanzeige wegen einer mit Bannbruch in Tateinheit zusammentreffenden Steuerhinterziehung (§ 370 AO) erstattet, bleibt die strafbefreiende Wirkung auf die Abgabenhinterziehung beschränkt, jedoch kann die Selbstanzeige der Tat bei der Strafzumessung aus § 372 AO mildernd berücksichtigt werden. Auch kann bei weniger schwerwiegenden Zuwiderhandlungen gegen das Ein-, Aus- oder Durchfuhrverbot eine Einstellung des Strafverfahrens nach § 153 StPO eher in Betracht gezogen werden als in den Fällen, in denen die Tat ohne Selbstanzeige zur Kenntnis der Strafverfolgungsbehörden gelangt ist (zust. MüKoStGB/*Wegner* AO § 372 Rn. 94). **96**

12. Verfahrensfragen

Die besonderen Verfahrensvorschriften der §§ 385–408 AO gelten, sofern ein Bannbruch iS des § 372 I AO nach § 372 II Halbs. 1 iVm § 370 I oder II AO strafbar ist (Rn. 87). Ausgenommen sind naturgemäß diejenigen Vorschriften, die eine *„Abgabenangelegenheit"* (§ 388 I Nr. 2, II 2 AO), ein *„Besteuerungsverfahren"* (§ 393 AO) oder einen *„Steueranspruch"* oder *„Steuervorteil"* (§ 396 AO) voraussetzen. **97**

Sofern Bannbruch iS des § 372 I AO *in anderen Vorschriften mit Strafe bedroht ist* (§ 372 II Halbs. 2 AO), gelten die §§ 385–408 AO ebenfalls (hM; GJW/*Tully* AO § 372 Rn. 5, 16; HHSp-*Hübner* 30 ff. vor § 372 und Rn. 90 zu § 372; Kohlmann/*Hilgers-Klautzsch* 107 zu § 372; *Bender* ZfZ 1992, 201; ders. Tz. 96/6g). Die hM entspricht dem Gesichtspunkt der Praktikabilität, wonach die Zollverwaltung als für die Beachtung der Verbote und Beschränkungen zuständige Behörde auch für die Strafverfolgung bei Verstößen gegen nichtsteuerliche Verbotsnormen zuständig sein muss. Sondervorschriften, zB des § 37 MOG stehen dem nicht entgegen. Die in den §§ 385–408 AO geregelten Befugnisse bleiben davon unberührt. **98**

Die besonderen Verfahrensvorschriften der §§ 409–412 AO gelten sofern Bannbruch iS des § 372 I AO *in anderen Vorschriften mit Geldbuße bedroht ist* (§ 372 II Halbs. 2 AO), **nicht** (HHSp-*Hübner* 90 u. Kohlmann/*Hilgers-Klautzsch* 111 zu § 372; *Bender* ZfZ 1992, 202). Bestätigt wird diese Ansicht durch § 12 ZollVG, wonach die Zollbehörden die Waren und Verwaltungsvorgänge den zuständigen Verwaltungsbehörden vorzulegen haben, wenn Waren unter Verstoß gegen Einfuhr-, Ausfuhr- und Durchfuhrverbote in den oder aus dem Geltungsbereich des ZollVG verbracht werden und der Verstoß nur als Ordnungswidrigkeit geahndet werden kann. **99**

Ist ein *Einfuhr*verbot als Ordnungswidrigkeit mit Geldbuße bedroht und trifft die Zuwiderhandlung mit der Hinterziehung von Einfuhrabgaben zusammen, so ist in diesen Fällen nach § 21 I 1 OWiG nur das Strafgesetz des § 370 AO und damit auch das besondere Strafverfahrensrecht der §§ 385–408 AO anzuwenden. **100**

101 **Auf Bannbruch im Reiseverkehr ist das sog. Schmuggelprivileg** des § 32 ZollVG (Verfahrenshindernis) **nicht anwendbar** (str.; glA FT-*Klötzer-Assion* 39 zu § 372; GJW/*Tully* AO § 372 Rn. 5, 16; Dienstanweisung zum Zollschuldrecht VSF Z 09 01 idF v. 2.5.2007, Abs. 76; aA Kohlmann/*Hilgers-Klautzsch* 115 zu § 372; MüKoStGB/*Wegner* AO § 372 Rn. 108, *Bender/Möller/Retemeyer* Rn. C 650 und 1229; HHSp-*Hübner* 33 vor § 372 zu § 80 ZollG, *Elliger/Sticker,* ZfZ 1978, 295, *Voß* 56 zu § 372 AO in der 6. Aufl.). Zwar handelt es sich kraft ausdrücklicher gesetzlicher Definition (§ 369 I Nr. 2 AO) auch beim Straftatbestand des Bannbruchs um eine Steuerstraftat iS des § 32 I ZollVG. Indem der Gesetzgeber die Begriffe der Zollstraftaten und Zollordnungswidrigkeiten durch G v. 2.12.1996 (BGBl. 1996 I 230) durch diejenigen der Steuerstraftaten und -ordnungswidrigkeiten ersetzt hat, sollte aber lediglich der Anwendungsbereich von den Zöllen auf alle Einfuhrabgaben iS des § 1 I 3 ZollVG erstreckt werden. Eine Ausdehnung des „Schmuggelprivilegs" auf andere Straftatbestände, die weder die Verkürzung noch die Gefährdung von Einfuhrabgaben zum Gegenstand haben, war vom Gesetzgeber erkennbar nicht gewollt. Dies ergibt sich auch aus dem Gesetzeswortlaut des § 32 I ZollVG, der die Beschränkung des Anwendungsbereichs des „Schmuggelprivilegs" auf Tatbestände, die sich auf Einfuhrabgaben beziehen, klar zum Ausdruck bringt, indem er die Nichtverfolgung der Tat davon abhängig macht, dass „der verkürzte Einfuhrabgabenbetrag oder der Einfuhrabgabenbetrag, dessen Verkürzung versucht wurde, 130 Euro nicht übersteigt." Demgegenüber hängt der Unrechtsgehalt der Verletzung der durch den Bannbruchtatbestand geschützten Einfuhrverbote nicht von der Höhe der möglicherweise verkürzten Einfuhrabgaben, sondern von der Verletzung andersartiger Rechtsgüter ab, deren Gefährdung sich allein nach der Art, Beschaffenheit und Verbreitung der Bannware bemisst (Rn. 2). Ein Zuschlag gemäß § 32 III ZollVG würde insoweit auch keinen angemessenen Ausgleich für die Verletzung eines Einfuhrverbots darstellen (s. auch Rn. 15 f. zu § 32 ZollVG).

§ 373 Gewerbsmäßiger, gewaltsamer und bandenmäßiger Schmuggel

(1) [1]**Wer gewerbsmäßig Einfuhr- oder Ausfuhrabgaben hinterzieht oder gewerbsmäßig durch Zuwiderhandlungen gegen Monopolvorschriften Bannbruch begeht, wird mit Freiheitsstrafe von sechs Monaten bis zu zehn Jahren bestraft.** [2]**In minder schweren Fällen ist die Strafe Freiheitsstrafe bis zu fünf Jahren oder Geldstrafe.**

(2) **Ebenso wird bestraft, wer**

1. **eine Hinterziehung von Einfuhr- oder Ausfuhrabgaben oder einen Bannbruch begeht, bei denen er oder ein anderer Beteiligter eine Schusswaffe bei sich führt,**
2. **eine Hinterziehung von Einfuhr- oder Ausfuhrabgaben oder einen Bannbruch begeht, bei denen er oder ein anderer Beteiligter eine Waffe oder sonst ein Werkzeug oder Mittel bei sich führt, um den Widerstand eines anderen durch Gewalt oder Drohung mit Gewalt zu verhindern oder zu überwinden, oder**
3. **als Mitglied einer Bande, die sich zur fortgesetzten Begehung der Hinterziehung von Einfuhr- oder Ausfuhrabgaben oder des Bannbruchs verbunden hat, eine solche Tat begeht.**

(3) **Der Versuch ist strafbar.**

(4) **§ 370 Abs. 6 Satz 1 und Abs. 7 gilt entsprechend.**

Schrifttum: *Bender,* Das Ende des schweren Schmuggels?, ddz 1968 F 29; *Pfaff,* Gewerbsmäßiger, gewaltsamer und bandenmäßiger Schmuggel, ZfZ 1981, 7; *Halla-Heißen,* Auswirkungen der Uruguay-Runde auf die Handelsregelungen der Gemeinschaft für landwirtschaftliche Erzeugnisse, ZfZ 1995, 370; *Janovsky,* Die Strafbarkeit des illegalen grenzüberschreitenden Warenverkehrs, NStZ 1998, 117; *Bender,* Rechtsfragen um den Transitschmuggel mit Zigaretten, wistra 2001, 161; *Bilsdorfer,* Rechtsprechung zum Steuerstraf- und Steuerordnungswidrigkeitenrecht im Jahre 2001, NWB Fach 13, 999; *Bender,* Neuigkeiten im Steuerstrafrecht 2002 für die Zollverwaltung, ZfZ 2002, 146; *Böse,* Der Grundsatz „ne bis in idem“ in der Europäischen Union (Art. 54 SDÜ), GA 2003, 744; *Spriegel,* Strafrechtliche Risiken bei grenzüberschreitenden Aktivitäten für Steuerpflichtige und steuerliche Berater; Handbuch der internationalen Steuerplanung 2003, 1663; *Harms,* § 370a AO – Optimierung des steuerstrafrechtlichen Sanktionensystems oder gesetzgeberischer Fehlgriff, in: Hirsch u. a. (Hrsg.), Festschr. für Günter Kohlmann zum 70. Geburtstag, Köln 2003, S. 413; *Bender,* Ist der Zigarettenschmuggel seit dem 4. März 2004 straffrei?, wistra 2004, 368; *Kuhlen,* Internationaler Schmuggel, europäischer Gerichtshof und deutsches Strafrecht, in: Müller-Dietz u. a. (Hrsg.), Festschr. für Heike Jung zum 65. Geburtstag, 2007, 445; *Leplow,* Ahndung des Zigarettenschmuggels nach dem 1.5.2004, PStR 2007, 180; *Harms/Heine,* Ne bis in idem – Es führt kein Weg am EuGH vorbei, in: Müller u. a. (Hrsg.), Festschr. für Günter Hirsch zum 65. Geburtstag, München, 2008, S. 85; *Bender,* Neuigkeiten im Zoll- und Verbrauchsteuerstrafrecht, ZfZ 2008, 145; *Leplow,* Ahndung des Zigarettenschmuggels nach §§ 373, 374 AO nF, PStR 2008, 63; *ders.,* Zigarettenschmuggel, Geldwäsche und Gewinnabschöpfung, PStR 2008, 213; *Wulf,* Telefonüberwachung und Geldwäsche im Steuerstrafrecht, wistra 2008, 321; *Allgayer/Sackreuther,* §§ 52 ff. StGB: Konkurrenzen bei illegaler Einfuhr von Zigaretten, PStR 2009, 44; *Jäger,* Die Auswirkungen der Osterweiterung der Europäischen Union auf das deutsche Steuerstrafrecht, Festschr. für Knut Amelung zum 70. Geburtstag, 2009, S. 447; *Retemeyer/Möller,* Zollstraftaten und Zollordnungswidrigkeiten, AW-Prax 2009, 370, *Leplow,* Zoll- und Verbrauchsteuerstrafrecht: BGH-Rechtsprechung von Juni 2008 bis Februar 2011, PStR 2011, 207; *Möller,* Europäisches Strafrecht und das Zollstrafrecht, ZfZ 2011, 39; *Möller/Retemeyer,* Neues aus dem Zoll- und Verbrauchsteuerstrafrecht, ZfZ 2011, 288 und ZfZ 2013, 313; *Weerth,* Das Zollstrafrecht und das Zollordnungswidrigkeitenrecht der EU-27, ZfZ 2012, 173; *Weidemann* Tabaksteuerstrafrecht, wistra 2012, 1 und 2012, 49; *Möller,* Hinterziehung von Einfuhrumsatzsteuer, AW-Prax 2013, 27; *Kirch-Heim* Anm. zu BGH v. 5.11.2014 – 1 StR 267/11, NStZ 2015, 286; *Harms/Jäger,* Aus der Rechtsprechung des BGH zum Steuerstrafrecht, NStZ 2001, 236; 2002, 244, 250; 2003, 189, 194; 2004, 191, 194; *Jäger,* Aus der Rechtsprechung des BGH zum Steuerstrafrecht, NStZ 2008, 21.

Weiteres Schrifttum s. vor Rn. 31, 42, 64, 85 u. 88.

Übersicht

1. Entstehungsgeschichte

1 Eine dem § 373 AO entsprechende Vorschrift wurde durch Art. 1 Nr. 15 G v. 4.7.1939 (RGBl. I 1181) als **§ 401b** in die RAO eingefügt; Abs. 1 war neu, Abs. 2 wurde übernommen aus §§ 146, 148 VZollG v. 1.7.1869 (BGBl. des Nordd. Bundes 317). Durch Art. 1 Nr. 10 des 2. AO-StrafÄndG v. 12.8.1968 (BGBl. I 953) wurde die Vorschrift als **§ 397** bezeichnet und auf die Hinterziehung von *„Eingangsabgaben"* – anstelle von *„Zöllen"* – erweitert (Begr. BT-Drs. V/1812 S. 24 f.); ferner wurden in Abs. 2 Nr. 1 die Worte *„gemeinschaftlich mit ihnen"* der Klarheit halber durch die Worte *„mit mindestens zwei von ihnen"* ersetzt (Schriftl. Ber. zu BT-Drs. V/2928, 2).

2 Art. 4 des 1. StrRG v. 25.6.1969 (BGBl. 1969 I 645, 657) passte die Strafdrohung mit *Freiheitsstrafe von drei Monaten bis zu fünf Jahren* dem StGB an.

3 In der Fassung des **§ 373 AO 1977** v. 16.3.1976 (BGBl. I 613) entsprach die Vorschrift wörtlich § 356 RegE (vgl. BT-Drs. VI/1982, 80, Begr. S. 196). Abweichend von § 397 I RAO 1968 wurde der sachliche Anwendungsbereich bei gewerbsmäßigem Bannbruch auf Zuwiderhandlungen gegen *Monopolvorschriften* begrenzt. Zugleich wurden die Vorschriften über den Schmuggel mit Waffen und über Bandenschmuggel an § 244 I StGB (Diebstahl mit Waffen und Bandendiebstahl) angepasst. Zudem war nach § 373 II Nr. 3 AO dieser Fassung abw. von § 397 II Nr. 1 RAO 1968 ausreichend, dass die Tat mit *einem* weiteren Bandenmitglied begangen wurde, sofern sich die Bande *„zur fortgesetzten Begehung der Hinterziehung von Eingangsabgaben oder des Bannbruchs verbunden hat."* Mit Art. 8 Nr. 24 des StÄndG 2001 wurde das Wort „Eingangsabgaben" durch die Wörter „Einfuhr- oder Ausfuhrabgaben" ersetzt (BGBl. 2001 I 3974).

4 Durch Art. 3 Nr. 4 des **G zur Neuregelung der Telekommunikationsüberwachung** und anderer verdeckter Ermittlungsmethoden sowie zur Umsetzung der Richtlinie 2006/24/EG v. 21.12.2007 (BGBl. I 3198) wurde die Vorschrift des § 373 AO in mehrfacher Hinsicht geändert:

- Mit der ausdrücklichen Regelung der Versuchsstrafbarkeit in einem neuen Abs. 3 wurde klargestellt, dass § 373 AO ein *selbständiger Qualifikationstatbestand* zu § 370 I AO ist.
- Durch Einfügung eines neuen Abs. 4 mit einer gesetzlichen *Verweisung auf § 370 VI 1 und VII AO* wurde der Anwendungsbereich des § 373 AO auf Einfuhr- und Ausfuhrabgaben erweitert, die von einem anderen Mitgliedstaat der Europäischen Gemeinschaften verwaltet werden oder die einem Mitgliedstaat der EFTA oder einem mit dieser assoziierten Staat zustehen (Begr. BR-Drs. 275/07, 176 f.).
- Um zu einem *einheitlichen Bandenbegriff* zu gelangen und um in der Sache nicht gebotene Differenzierungen zu vermeiden, wurde in § 373 II Nr. 3 AO auf das bisherige Qualifikationsmerkmal „unter Mitwirkung eines anderen Bandenmitglieds die Tat ausführt" verzichtet. Es genügt nun, dass der Täter als Mitglied einer Bande, die sich zur fortgesetzten Hinterziehung von Einfuhr- oder Ausfuhrabgaben oder des Bannbruchs verbunden hat, eine solche Tat begeht.

– Durch die *Anhebung des Strafrahmens* auf sechs Monate bis zehn Jahre Freiheitsstrafe (§ 373 I 1 AO) und durch die Einführung eines milderen Strafrahmens von Freiheitsstrafe bis zu fünf Jahren oder Geldstrafe für minder schwere Fälle (§ 373 I 2 AO) wurden Wertungswidersprüche gegenüber dem Strafrahmen des § 370 III AO beseitigt.

2. Zweck und Anwendungsbereich

§ 373 AO enthält zu den Straftatbeständen der Steuerhinterziehung (§ 370 AO) und des Bannbruchs (§ 372 AO) einen **Qualifikationstatbestand** (ebenso FT-*Schuster/Schultehinrichs* 1 zu § 373 AO; GJW/*Tully* AO § 373 Rn. 5 u. MüKoStGB/*Wegner* AO § 373 Rn. 2; SP-*Peters* Rn. 10.167)**,** der den jeweiligen Grundtatbestand verdrängt (BGH 5.11.2014 – 1 StR 267/14, wistra 2015, 103; BGH 22.5.2012, NStZ 2012, 637; BGH 28.9.1983, BGHSt 32, 95; HHSp-*Engelhardt* 7, Schwarz/Pahlke/*Nikolaus* 2 zu § 373 AO und Klein/*Jäger* AO § 373 Rn. 9). Dies wurde mit der Regelung der Versuchsstrafbarkeit in § 373 III AO durch Art. 3 Nr. 4 durch G v. 21.12.2007 (BGBl. I 3198) vom Gesetzgeber ausdrücklich klargestellt (vgl. BR-Drs. 275/07, 177). Da die Tatbestandsmerkmale der Qualifikationsnorm vom jeweiligen Grundtatbestand (§ 370 oder § 372 AO) abhängig sind, muss dieser in Urteilen bei den angewandten Vorschriften (§ 267 III 1 StPO) mit genannt werden. 5

In der Überschrift des § 373 AO werden die beiden Grundtatbestände unter der populären, in der Gesetzessprache sonst nicht verwendeten Bezeichnung *„Schmuggel"* zusammengefasst. Diese Bezeichnung macht deutlich, dass § 373 AO sich nicht auf die Hinterziehung einer beliebigen Steuer bezieht, sondern nur auf *Einfuhr- und Ausfuhrabgaben,* die beim oder nach dem Verbringen einer Ware über die Grenze auf Grund der Einfuhr oder Ausfuhr entstehen (Rn. 9). Andererseits erfasst § 373 AO abw. vom allgemeinen Sprachgebrauch nicht nur Vorgänge, die sich beim körperlichen Verbringen einer Ware über die grüne Grenze oder im Reiseverkehr abspielen, sondern – namentlich beim gewerbsmäßigen Schmuggel – auch „Schreibtischtaten", wie zB unrichtige Angaben über den Zollwert (*Bender/Möller/Retemeyer* Rn. C 915; MüKoStGB/*Wegner* AO § 373 Rn. 3). 6

Der Zweck der Vorschrift, Steuerhinterziehung und Bannbruch bei bestimmten Begleitumständen der Tat mit einer Freiheitsstrafe von mindestens sechs Monaten zu bedrohen, beruht in allen Fällen des § 373 AO darauf, dass der jeweilige Täter einen stärkeren gesetzwidrigen Willen entfaltet als ein Täter, der nur einer gelegentlichen Versuchung zum „Schmuggel" nicht widerstehen kann. Zugleich begründet der *gewerbs-* oder *bandenmäßig* handelnde Täter durch seine Bereitschaft zu wiederholter krimineller Begehung eine erhöhte Gefahr für die Einfuhr-, Ausfuhr- oder Monopolabgaben und der *gewaltsam* handelnde Täter eine erhöhte persönliche Gefahr für die im Zollgrenzdienst und im grenznahen Raum (§ 14 ZollVG) eingesetzten Beamten (BGH 13.7.1954, BGHSt 6, 260, 262; BGHGrS 10.11.1958, BGHSt 12, 220, 225; RG 11.2.1935, RGSt 69, 105, 107; BayObLG 25.2.1932, JW 1932, 2820 f.; OLG Köln v. 18.1.1952, MDR 1952, 438). Diese Erwägungen hatten die BReg bereits unter dem Eindruck des „Kaffeekrieges", der nach der Währungsreform an der deutsch-belgischen Grenze gegen bewaffnete und gepanzerte Schmugglerfahrzeuge geführt werden musste, veranlasst, in dem Entwurf eines Gesetzes zur Änderung von steuerstrafrechtlichen Vorschriften der AO u. a. v. 23.10.1952 (BR-Drs. 430/52) für *besonders schwere Fälle* gewerbsmäßigen, bandenmäßigen oder gewaltsamen Schmuggels Zuchthausstrafe bis zu zehn Jahren vorzuschlagen. Trotz der kriminologischen Verwandtschaft des Schmuggels zu Diebstahl oder Raub mit Waffen (§ 244 I Nr. 1, 2, § 250 I Nr. 1 Buchst. a und b StGB) sowie Bandendiebstahl und Bandenraub (§ 244 I Nr. 2, § 250 I Nr. 2 StGB) ist der Gesetzgeber diesem Vorschlag damals nicht gefolgt (vgl. G v. 11.5.1956, BGBl.1956 I 1181). 7

Zur Vermeidung von Wertungswidersprüchen zwischen Steuerhinterziehung einerseits und Schmuggel andererseits wendete die Rspr allerdings die Strafzumessungsregel des § 370 III AO für besonders schwere Fälle der Steuerhinterziehung (§ 370 AO) auch auf den Tatbestand des Schmuggels (§ 373 AO) an (BGH 28.9.1983, BGHSt 32, 95; BGH 8

10.9.1986; wistra 1987, 30 f.; zust. HHSp-*Engelhardt* 126 zu § 373; abl. *Montenbruck,* wistra 1987, 7). Mit der Erweiterung des Strafrahmens für Schmuggel auf Freiheitsstrafe bis zu zehn Jahren durch G v. 21.12.2007 (BGBl. I 3198; Rn. 4) sind diese Wertungswidersprüche nun durch eine eindeutige gesetzliche Regelung endgültig beseitigt.

9 **Der Anwendungsbereich** des § 373 AO erstreckt sich auf Fälle der Steuerhinterziehung (§ 370 AO) und des Bannbruchs (§ 372 I AO) ohne Unterschied, ob die jeweilige Tat *vollendet* oder nur *versucht* worden ist (§ 373 III AO). Jede Prüfung hat daher mit der Prüfung des Grundtatbestands zu beginnen. Die Vorschrift des § 373 AO enthält vier Qualifikationstatbestände; dieses sind:

- der *gewerbsmäßige Schmuggel* (§ 373 I 1 AO; Rn. 31 ff.);
- der *gewaltsame Schmuggel mit Schusswaffen* (§ 373 II Nr. 1 AO; Rn. 45 ff.);
- der *gewaltsame Schmuggel mit Waffen oder sonstigen Werkzeugen oder Mitteln* zur gewaltsamen Verhinderung oder Überwindung von Widerstand (§ 373 II Nr. 2 AO; Rn. 52 ff.);
- der *bandenmäßige Schmuggel* (§ 373 II Nr. 3 AO; Rn. 64 ff.).

10 **a) Qualifikation zu § 370 AO.** In den Fällen des § 370 AO ist die Anwendung des § 373 AO nicht mehr wie früher beschränkt auf die *Hinterziehung von Eingangsabgaben.* Dieser Begriff wurde durch Art. 8 Nr. 24 StÄndG 2001 (BGBl. I 3794, 3804) durch den Begriff der **Einfuhr- und Ausfuhrabgaben** ersetzt, der außer in der AO noch im ZollVG verwendet wird. Damit wurden Wortlaut und Terminologie an den ZK angepasst (BT-Drs. 14/7341, 19). Wie sich aus dem Kontext der Vorschriften, insbes. im Vergleich mit der Fassung des § 374 AO ergibt, ist der Begriff der Einfuhr- und Ausfuhrabgaben iS von § 1 I 3 ZollVG zu verstehen, der die im ZK geregelten Abgaben um die EUSt und die anderen für eingeführte Waren zu erhebenden Verbrauchsteuern ergänzt (glA *Bender/Möller/Retemeyer* Rn. C 497; Kohlmann/*Hilgers-Klautzsch* 15 zu § 373 u. Klein/*Jäger* AO § 373 Rn. 25; aM *Voß* in der 6. Aufl., der in § 373 AO die in § 374 AO enthaltene Bezugnahme auf den ZK vermisste).

- *Einfuhr- und Ausfuhrabgaben im Sinne des Zollverwaltungsgesetzes* sind gem. § 1 I 3 ZollVG
  - die im ZK geregelten Abgaben sowie die EUSt und die anderen für eingeführte Waren zu erhebenden Verbrauchsteuern.
- *Einfuhr- und Ausfuhrabgaben im Sinne des Zollkodexes* sind nach Art. 4 Nr. 10 und 11 ZK
  - Zölle und Abgaben mit gleicher Wirkung bei der Einfuhr (Ausfuhr) von Waren sowie
  - bei der Einfuhr (Ausfuhr) erhobene Abgaben, die im Rahmen der gemeinsamen Agrarpolitik oder aufgrund der für bestimmte landwirtschaftliche Verarbeitungsprozesse geltenden Sonderregelungen vorgesehen sind.
- Nach der neuen *Definition des Unions-Zollkodexes* (UZK) vom 10.10.2013 in Art. 5 Nr. 20 und 21 UZK sind ab Inkrafttreten des UZK (s. dazu Rn. 441 zu § 370; vgl. auch § 3 III AO idF ab 1.5.2016) Einfuhr- und Ausfuhrabgaben iS des ZK ohne inhaltliche Abweichung von der bisherigen Regelung
  - die für die Einfuhr (Ausfuhr) von Waren zu entrichtenden Abgaben.

11 Dementsprechend gehören zu den Einfuhrabgaben (bzw. Ausfuhrabgaben) iS von § 373 AO:

- **Zölle.** Zölle sind materielle Abgaben, die den Übergang von Waren aus einem fremden Wirtschaftsgebiet in das eigene belasten und formell nach Maßgabe eines Zolltarifs erhoben werden (Grabitz/Hilf/Nettesheim/*Herrmann* AEUV Art. 30 Rn. 9). Auch die Zölle werden regelmäßig nicht mehr durch Abfertigung zum freien Verkehr an der Grenze, sondern im Rahmen von unterschiedlichen, im ZK und in der ZK-DurchführungsV geregelten Zollverfahren erhoben (s. dazu auch Rn. 441 ff. zu § 370). Obwohl die Zölle damit in der Regel im Inland entstehen, handelt es sich ebenso wie bei den Verbrauchsteuern für Waren aus dem Ausland um Einfuhrabgaben. *Abschöpfungen* werden seit dem 1.7.1995 auf der Grundlage der VO (EG) Nr. 3290/94 v. 22.12.1994 (ABl. EG Nr. L 349/105) *nicht mehr erhoben.* Sie sind durch variable Zölle und ggf. so genannte

Zusatzzölle ersetzt worden, die im Wesentlichen wirtschaftlich die gleichen Funktion wie die früheren Abschöpfungen erfüllen, indem ihre Höhe grundsätzlich auf der Grundlage des Unterschieds des Inlandpreises zum Weltmarktpreis berechnet wird (vgl. für den Getreidesektor VO (EG) Nr. 1249/96, ABl. EG 1996 Nr. L 161/125; *Halla-Heißen* ZfZ 1995, 370). Da die variablen Zölle und Zusatzzölle an die Stelle der Abschöpfungen getreten sind, fallen sie unmittelbar unter den Begriff der Einfuhrabgaben iS des § 373 AO. Sie sind Zölle und gleichzeitig Abgaben zu Marktordnungszwecken, auf die der ZK anzuwenden ist (vgl. auch Art. 20 III Buchst. c ZK).

- **Verbrauchsteuern allgemeiner** (Einfuhrumsatzsteuer) **oder besonderer Art** (Steuern auf Energieerzeugnisse, Tabak, Bier, Branntwein, Schaumwein, Schaumweinzwischenerzeugnisse, Kaffee), soweit diese auf der Grundlage der *Einfuhr aus* einem *Drittland* in das deutsche Erhebungsgebiet *anfallen* (s. dazu Rn. 445 zu § 370). Die Einbeziehung der bei der Einfuhr zu erhebenden Verbrauchsteuern in den Begriff der Einfuhrabgaben rechtfertigt sich damit, dass auf die Erhebung dieser Steuern die zollrechtlichen Vorschriften Anwendung finden und dass es für die Hinterziehung durch Schmuggel keinen Unterschied machen kann, ob sich der Schmuggel auf Zoll oder Verbrauchsteuern bezieht. Zu den Drittländern gehören auch die Mitgliedstaaten des Europäischen Wirtschaftsraums – *EWR – Norwegen, Island und Liechtenstein* (*EWR-Abkommen,* ABl. EG 1994 Nr. L 1/3). Verbrauchsteuern auf die Ausfuhr gibt es derzeit nicht. Nicht erforderlich ist, dass die Verbrauchsteuern unmittelbar auf Grund der Einfuhr (Grenzübertritt) durch Abfertigung zum zollrechtlich freien Verkehr an der Grenze entstehen. Um Einfuhrabgaben handelt es sich wegen der sinngemäßen Anwendbarkeit der Zollvorschriften (zB § 19 EnergieStG) vielmehr auch dann, wenn die Waren zunächst im Rahmen eines Zollverfahrens (u. a. Versandverfahren oder Zolllagerverfahren) steuerfrei belassen werden und die Verbrauchsteuer erst später durch Gestellung bei der Bestimmungszollstelle – so für das Versandverfahren – oder durch Entnahme aus dem Zolllager entstehen. 12
- **Abgaben zu Marktordnungszwecken,** die auf Grund von *Einfuhr- oder Ausfuhrvorgängen* erhoben werden. Rechtsgrundlage für diese Abgaben bilden die Verordnungen des Rats der EU oder der Europäischen Kommission. Nach der Umwandlung der Abschöpfungen in Zölle auf Grund der Uruguay-Runde gibt es derzeit keine (eigenständigen) Einfuhrabgaben zu Marktordnungszwecken. Ausfuhrabgaben kommen zum Zwecke der Beseitigung von Handelsstörungen in Betracht (zB Ausgleichsabgaben zur Sicherung von Mindesteinfuhrpreisregelungen nach der VO (EG) Nr. 1396/96 für getrocknete Weintrauben, ABl. EG 1996 Nr. L 180/1, vgl. Witte/*Alexander* ZK Art. 20 Rn. 59f). Auf diese Abgaben finden die verfahrensrechtlichen Vorschriften des ZK (Art. 1 ZK, § 5 MOG) und ergänzend die Vorschriften der AO entsprechende Anwendung (§ 12 I 1 MOG). Daraus ergibt sich, dass § 373 AO für solche Abgaben zu Marktordnungszwecken anzuwenden ist, die bei der Einfuhr oder der Ausfuhr von der Marktordnung unterliegenden Waren aus Drittländern bzw. in Drittländer erhoben werden. 13
- **Einfuhr- und Ausfuhrabgaben, die von anderen Mitgliedstaaten der EU verwaltet werden** oder die *Mitgliedstaaten der EFTA* oder einem mit dieser assoziierten Staat zustehen. Da diese Abgaben nicht von der Bundesrepublik Deutschland erhoben werden, werden sie an sich von den §§ 369 ff. AO und damit auch von § 373 I u. II AO nicht erfasst (hM; vgl. BGH 3.6.1987, wistra 1987, 293; HHSp-*Engelhardt* 22 u. Kohlmann/*Hilgers-Klautzsch* 20 zu § 373). Durch das G zur Neuregelung der Telekommunikationsüberwachung u. a. v. 21.12.2007 (Rn. 4) hat der Gesetzgeber jedoch den Anwendungsbereich des § 373 AO in einem neuen Abs. 4 ausdrücklich auf diese Einfuhr- und Ausfuhrabgaben erweitert (vgl. FT-*Schuster/Schultehinrichs* 10 zu § 373 AO). 14
- **Abgaben zollgleicher Wirkung.** Es handelt sich um einen Begriff des EU-Rechts (Art. 30 I AEUV; näher Grabitz/Hilf/Nettesheim/*Herrmann* AEUV Art. 30 Rn. 11 ff.), der im deutschen Recht keine Entsprechung hat. Der Begriff der zollgleichen Abgabe 15

erschließt sich aus dem wirtschaftlichen Gehalt des Zolls. Es muss sich um eine den Waren wegen des Grenzübertritts einseitig auferlegte finanzielle Belastung handeln. Sie unterscheidet sich vom Zoll dadurch, dass sie nicht als Zoll bezeichnet wird und auch nicht die Merkmale des Zolls erfüllt, namentlich nicht nach Maßgabe des Zolltarifs erhoben wird (EuGH 14.9.1995 – C-485/93, Slg. 1995 I-2655 – Simitzi/Kos). Die Abgabe zollgleicher Wirkung steht aber dem Zoll funktionell gleich. Durch die auf Grund der Erhebung der Abgabe bewirkte Erhöhung des Preises der ein- bzw. ausgeführten Ware (EuGH 10.3.1977 – C-78/76, Slg. 1977, 595 – Steinike und Weinlig) beschränkt sie in gleicher Weise den freien Verkehr der Waren wie ein Zoll (EuGH 10.12.1968 – C 7/68, Kommission/Italien, Slg. 1968, 627; EuGH 3.2.1981 – C-90/79, Kommission/Frankreich, Slg. 1981, 283). Unter den Begriff der Abgaben zollgleicher Wirkung fallen bei der Einfuhr oder Ausfuhr entstehende Abgaben, die nach nationalem Recht sowohl Steuern als auch Gebühren sein können (vgl. Grabitz/Hilf/Nettesheim/*Herrmann* AEUV Art. 30 Rn. 13 ff.). Im Einzelnen zählen dazu:

16 – *Verwaltungsrechtliche Gebühren.* Gebühren sind allerdings nur dann und nur insoweit Abgaben zollgleicher Wirkung, als sie funktionell einem Zoll entsprechen (nähere Einzelheiten bei Grabitz/Hilf/Nettesheim/*Herrmann* AEUV Art. 30 Rn. 13 ff.). Eine anlässlich des Grenzübertritts erhobene Belastung ist dann nicht als eine Abgabe zollgleicher Wirkung anzusehen, wenn sie Teil einer allgemeinen inländischen Gebührenregelung ist, die systematisch sämtliche inländischen und eingeführten Waren nach gleichen Kriterien erfasst, wenn sie ein der Höhe nach angemessenes Entgelt für einen dem Wirtschaftsteilnehmer tatsächlich und individuell geleisteten Dienst darstellt *(Kostendeckungsprinzip)* oder – unter bestimmten Voraussetzungen – wegen Kontrollen erhoben wird, die zur Erfüllung von Verpflichtungen aus dem Unionsrecht durchgeführt werden (EuGH 7.7.1994 – C-130/93, Slg. 1994, I-3215 – Lamaire; EuGH 12.1.1983 – C-39/82, Slg. 1983, S. 19/34/34 – Donner; EuGH 9.11.1983 – C-158/82, Kommission/Dänemark, Slg. 1983, 3573/3584). Wenn das Unionsrecht jedoch stichprobenweise durchgeführte Kontrollen der Waren zulässt, in den Mitgliedstaaten aber tatsächlich systematisch Kontrollen durchgeführt werden, sind die dafür erhobenen Kosten auch dann Abgaben zollgleicher Wirkung, wenn die Gebühren dem Kostendeckungsprinzip entsprechen (EuGH 22.6.1994 – C-426/92, Slg. 1994, I-2757 – Deutsches Milchkontor). Materiellrechtliche Grundlage der Gebühren ist idR das nationale Recht. Für die Erhebung dieser Abgaben sind grundsätzlich die Verfahrensvorschriften des nationalen allgemeinen Verwaltungsrechts, nicht aber die des ZK (Dorsch/*Lux/Lichtenberg,* Zollrecht, ZK Art. 4 Rn. 22) einschlägig (vgl. die Beispiele bei Grabitz/Hilf/Nettesheim/*Herrmann* AEUV Art. 30 Rn. 13 ff.).

17 – *Steuern.* Auch bei der Einfuhr oder Ausfuhr von Waren zu erhebende Steuern sind nur insoweit Abgaben zollgleicher Wirkung als sie funktionell dem Zoll entsprechen. Eine Steuer ist als Abgabe zollgleicher Wirkung zu charakterisieren, wenn sie nur eingeführte aber nicht gleiche oder gleichartige Waren aus dem Inland erfasst oder zwar eingeführte wie inländische Erzeugnisse gleichermaßen erfasst, aber die Abgaben für eingeführte Erzeugnisse vollständig zur Subventionierung inländischer Erzeugnisse verwandt werden. Wird das Aufkommen aus den Steuern auf die eingeführten Erzeugnisse nur teilweise für die Subventionierung der inländischen Erzeugnisse verwandt, aber gleicherweise auf eingeführte wie inländische Erzeugnisse erhoben, handelt es sich nicht um eine Abgabe zollgleicher Wirkung (Art. 28 AEUV), sondern um einen Bestandteil eines davon abzugrenzenden Abgabensystems, dessen Vereinbarkeit mit dem AEUV gemäß Art. 110 AEUV zu prüfen ist (zu den Einzelheiten s. Grabitz/Hilf/Nettesheim/*Herrmann* AEUV Art. 30 Rn. 12). Denn die Tarifhoheit für Zölle steht der EU zu (EuGH 12.7.1973 – C-8/73, Slg. 1973, 897 – Massey-Ferguson).

18 Den Mitgliedstaaten steht ein Recht zur Änderung, Aussetzung oder Aufstellung eigener Tarife ebenso wenig zu (EuGH 18.2.1970 – C-4/69, Slg. 1970, 69 – Bollmann; EuGH 13.12.1973 – C-37/73, Slg. 1973, 1609 – Sociaal Fonds voor de Diamantarbeiders) wie

die Erhebung eigener Zölle oder Abgaben gleicher Wirkung (EuGH 7.11.1996 – C-126/94, Slg. 1996, I-5647 – Société Cadi Surgelés; Grabitz/Hilf/Nettesheim/*Herrmann* AEUV Art. 31 Rn. 7; Dauses/*Lux/Sack,* Handbuch des EU-Wirtschaftsrechts, Abschnitt C.II Rn. 33). Abgaben zollgleicher Wirkung sind zudem im Warenverkehr zwischen den Mitgliedstaaten wie zwischen Mitgliedstaaten und Drittstaaten verboten, soweit es sich um nationale Abgaben handelt. Auch im Warenverkehr zwischen den Mitgliedstaaten der EU und den Mitgliedstaaten des EWR sind sie nicht erlaubt (Art. 10 EWR-Abkommen, ABl. 1994 Nr. L 1/3). Soweit eine derartige Abgabe nicht zulässig ist, kann sie nicht Gegenstand einer Hinterziehung und Grundlage einer Bestrafung sein. Eine strafrechtliche Sanktion kommt nach rechtsstaatlichen Grundsätzen nur für Verstöße gegen rechtmäßige Vorschriften in Betracht. Für das Unionsrecht ist dies nach der Rechtsprechung des EuGH anerkannt (EuGH 11.9.2003 – C-13/01, Slg. 2003, I-8679 – Safalero Srl). Für das deutsche Recht kann nichts anderes gelten. Die Unwirksamkeit von Regelungen über die Erhebung von Abgaben zollgleicher Wirkung ist von den deutschen Behörden und Gerichten von Amts wegen zu beachten, ohne dass es der Einschaltung des BVerfG bedürfte (EuGH 18.9.2003 – C-416/00, Slg. 2003, I-9343 – Morellato). Die Gerichte können bzw. müssen – im Falle letztinstanzlich entscheidender Gerichte – allerdings bei Entscheidungserheblichkeit dem EuGH im **Vorabentscheidungsverfahren** die Frage vorlegen, ob eine Abgabe zollgleiche Wirkung hat (Art. 267 AEUV).

Nicht von **§ 373 AO** erfasst werden: 19

- **Verbrauchsteuern auf inländische Erzeugnisse.** Es fehlt insofern an einem Einfuhr- oder Ausfuhrvorgang (FT-*Schuster/Schultehinrichs* 11 zu § 373 AO). Allerdings liegt ein besonders schwerer Fall (des Grundtatbestands) der Steuerhinterziehung (§ 370 AO) vor, wenn der Täter als Mitglied einer Bande, die sich zur fortgesetzten Begehung von Taten nach § 370 I AO verbunden hat, Umsatz- oder Verbrauchsteuern verkürzt oder nicht gerechtfertigte Umsatz- oder Verbrauchsteuervorteile erlangt (§ 370 III 2 Nr. 5 AO).
- **Verbrauchsteuern auf Waren aus anderen Mitgliedstaaten der EU.** Auch insofern 20
fehlt es an einem Einfuhrvorgang in das Zollgebiet der EU. Die Ware befindet sich durchgängig im Binnenmarkt. Infolgedessen sind auf verbrauchsteuerpflichtige Erzeugnisse aus anderen Mitgliedstaaten nicht die zollrechtlichen Vorschriften anzuwenden, sondern eigenständige Regeln, u. a. die Entstehung durch Entnahme aus dem Steueraussetzungsverfahren (z. B. § 14 BierStG). Die Hinterziehung von Verbrauchsteuern auf Waren aus anderen EU-Mitgliedstaaten wird nicht anders geahndet als die Hinterziehung von Verbrauchsteuern auf deutsche Erzeugnisse.

Zu den **Erscheinungsformen** der Hinterziehung von Einfuhrabgaben s. Rn. 448 ff. zu 21
§ 370. Die rechtlichen Probleme, die sich beim Grundtatbestand der Steuerhinterziehung aus dem Umstand ergeben, dass in vielen Fällen des „Schmuggels" lediglich eine *Tatbegehung durch Unterlassen* in Betracht kommt (s. Rn. 455 zu § 370), bestehen beim Schmuggel nach § 373 AO in gleicher Weise. Dies gilt insbes. für die Frage der Strafbarkeit von Hinterleuten beim Schmuggel über die „grüne Grenze" (s. dazu Rn. 456 zu § 370). Die Osterweiterung der EU hat im Übrigen dazu geführt, dass in vielen Fällen beim Verbringen verbrauchsteuerpflichtiger Waren in das Steuergebiet der Bundesrepublik Deutschland nicht mehr zugleich die Zollgrenze der EU überschritten wird. In solchen Fällen handelt es sich bei den beim Verbringen entstehenden Verbrauchsteuern mangels Einfuhr in das Zollgebiet der EU nicht um Einfuhrabgaben iS des § 373 AO. Die Verkürzung derartiger Verbrauchsteuern stellt daher eine Steuerhinterziehung gem. § 370 AO (s. Rn. 371 ff. zu § 370), nicht aber einen Schmuggel nach § 373 AO dar; Tatmehrheit mit Steuerhehlerei (§ 374 AO) im Hinblick auf in anderen Mitgliedstaaten der EU verkürzte Einfuhrabgaben ist möglich (BGH 28.8.2008, wistra 2008, 470; BGH 9.6.2011, wistra 2011, 348; zu den Konkurrenzen vgl. auch BGH 1.2.2007, wistra 2007, 224; BGH 14.3.2007, wistra 2007, 262; *Jäger* Amelung-FS aaO).

22 **b) Qualifikation zu § 372 I AO.** In den Fällen des Bannbruchs (§ 372 I AO) führt § 373 AO zu unterschiedlichen Rechtsfolgen. Handelt der Täter **gewerbsmäßig,** kommt eine Bestrafung nach § 373 I AO nur in Betracht, wenn ein Bannbruch durch *Zuwiderhandlung gegen Monopolvorschriften* vorliegt (FT-*Schuster/Schultehinrichs* 18 zu § 373). Für die übrigen Fälle gewerbsmäßigen Bannbruchs hat der Gesetzgeber ein Strafschärfungsbedürfnis verneint (HHSp-*Engelhardt* 24 zu § 373). Seit Aufhebung des Einfuhrverbots gem. § 3 BranntwMonG (Rn. 4, 87 zu § 372 AO) bestehen allerdings keine Einfuhr-, Ausfuhr- und Durchfuhrverbote nach Monopolvorschriften mehr. § 373 I AO hat daher insoweit derzeit keinen Anwendungsbereich.

23 Wird die Zuwiderhandlung gegen ein Einfuhr-, Ausfuhr- oder Durchfuhrverbot **bewaffnet oder bandenmäßig begangen,** ist der Täter nach § 373 II AO zu bestrafen (Rn. 83 zu § 372; glA Kohlmann/*Hilgers-Klautzsch* 30, RK-*Kemper* 17 zu § 372; vgl. zudem Begr. BT-Drs. V/1812, 24). Dies gilt auch dann, wenn die Zuwiderhandlung ohne die erschwerenden Merkmale nur als Ordnungswidrigkeit und lediglich mit einer Geldbuße hätte geahndet werden können (glA FT-*Schuster/Schultehinrichs* 19, Kohlmann/*Hilgers-Klautzsch* 33 zu § 373; *Bender/Möller/Retemeyer* Rn. C 498; HHSp-*Engelhardt* 23 zu § 373; aM *Thoss* aaO S. 102 u. HHSp-*Hübner* 99 zu § 372); denn die Tatbestandsmerkmale des Grundtatbestandes des § 372 I AO sind erfüllt (vgl. BGH 22.2.1973, BGHSt 25, 137, 139). Die Strafdrohung des Qualifikationstatbestandes rechtfertigt sich auch in solchen Fällen daraus, dass die aus dem klassischen Strafrecht (vgl. § 244 I, § 250 I u. § 260 StGB) übernommenen Qualifikationsmerkmale des § 373 AO eine erheblich stärkere gesetzwidrige Willensbetätigung des Täters, eine stärkere Gefährdung des geschützten Rechtsgutes und/oder eine stärkere Gefährdung der zum Schutz eingesetzten Beamten der Zollbehörden und der Bundespolizei begründen als die einfache Tatausführung, und zwar unabhängig davon, ob diese mit Strafe oder nur mit Geldbuße bedroht ist (glA *Bender/Möller/Retemeyer* Rn. C 498; zw. *Beckemper* HRRS 2013, 443, 447).

24 **Ausgeschlossen ist die Anwendung des § 373 AO** in der Variante der Qualifikation des Bannbruchs (§ 372 AO), wenn ein *Verbotsgesetz* für den Fall einer verbotswidrigen Einfuhr, Ausfuhr oder Durchfuhr unter erschwerenden Umständen als abschließende Sonderregelung bereits *selbst eine erhöhte Strafe androht,* wie etwa in § 30a II Nr. 2 BtMG und § 22a KrWaffKontrG (vgl. *Bender/Möller/Retemeyer* Rn. C. 639; Klein/*Jäger* AO § 373 Rn. 13).

25 Zum Teil wird allerdings bezweifelt, dass der Gesetzgeber die straferhöhenden Merkmale für das Schmuggeln von Betäubungsmitteln und (Kriegs-) Waffen außerhalb der Abgabenordnung *abschließend* regeln wollte (vgl. *Ellinger/Sticker* ZfZ 1978, 295). Bei Annahme eines Vorrangs der Sondertatbestände gegenüber § 373 AO bestehen jedenfalls im Hinblick auf den Schutzzweck des § 373 AO (Rn. 5) Ungereimtheiten, weil die Sondertatbestände überwiegend andere Anwendungsvoraussetzungen haben als § 373 AO.

26–30 *einstweilen frei*

3. Gewerbsmäßiger Schmuggel

Schrifttum: *Laubereau,* Ist gewerbsmäßiger Schmuggel nach § 401b RAO ein Sondertatbestand oder lediglich ein Strafschärfungsgrund? NJW 1952, 171; *Kröner,* Die Gewerbsmäßigkeit bei Zoll- und Steuervergehen, ZfZ 1964, 195; *Brenner,* Mindest- und Höchststrafe bei gewerbsmäßiger Steuerhinterziehung (§ 373 AO), ddz 1981 F 5; *Mondenbruck,* Zum Verhältnis von Steuerhinterziehung und gewerbsmäßigem Schmuggel, wistra 1987, 7; *Waschkewitz,* Das Merkmal der Gewerbsmäßigkeit im Wirtschafts- und Steuerstrafrecht bei Handeln zum Vorteil eines Unternehmens – am Beispiel von Straftaten im Gesundheitswesen, wistra 2015, 50.

31 **Die Gewerbsmäßigkeit** ist, wenn der Täter Einfuhr- oder Ausfuhrabgaben (Rn. 10) hinterzieht oder durch Zuwiderhandlungen gegen Monopolvorschriften Bannbruch begeht, Qualifikationsmerkmal des Schmuggels gem. § 373 I AO. Obwohl der Begriff der Gewerbsmäßigkeit in einer Vielzahl von Straftatbeständen des StGB (zB § 180a I, II Nr. 1, § 181a II, § 243 I Nr. 3, § 260, § 263 V, § 292 II 2 Nr. 1 StGB) und des Nebenstrafrechts

(zB § 29 III 2 Nr. 1, § 30 I Nr. 2 BtMG) als strafbegründendes oder straferhöhendes Merkmal verwendet wird, fehlt eine gesetzliche Begriffsbestimmung. Nach der Rspr des BGH ist unter dem Begriff der Gewerbsmäßigkeit die Absicht zu verstehen, *sich durch wiederholte Begehung von Straftaten der fraglichen Art eine fortlaufende Einnahmequelle zu verschaffen* (stRspr; vgl. BGH 8.11.1951, BGHSt 1, 383; BGH 5.4.1957, BGHSt 10, 217, 221; BGH 10.9.1986, wistra 1987, 30; BGH 21.12.1993, NStZ 1994, 193; BGH 11.10.1994, wistra 1995, 60; BGH 19.5.1998, NStZ 1999, 187; BGH 19.12.2007, NStZ 2008, 282; BGH 7.9.2011, wistra 2011, 462; BGH 27.2.2014, NStZ 2014, 271). Die Wiederholungsabsicht des Täters muss sich dabei auf dasjenige Delikt beziehen, dessen Tatbestand durch das Merkmal der Gewerbsmäßigkeit qualifiziert ist (BGH 2.2.2011, NStZ 2011, 515, 516).

Gewerbsmäßiges Handeln setzt Eigennützigkeit voraus. Nicht erforderlich ist, dass sich 32
die Einnahmen unmittelbar aus der Tathandlung ergeben; auch **mittelbare Vermögensvorteile genügen** (BGH 10.9.1986, wistra 1987, 30; BGH 16.2.1994, wistra 1994, 230/234; BGH 5.6.2008, NStZ-RR 2008, 282; BGH 7.9.2011, wistra 2011, 462). Ausreichend ist daher der Erwerb eines mittelbaren geldwerten Vorteils über eine nicht tatbeteiligte Person, die etwa aus dem Verkauf der Ware, hinsichtlich deren Einfuhrabgaben hinterzogen worden sind, Einnahmen erzielt hat. Sollen die vom Tatbeteiligten erstrebten Vorteile an eine von ihm beherrschte Gesellschaft fließen, reicht dies für die Annahme von Gewerbsmäßigkeit nur dann aus, wenn er ohne weiteres auf die Vorteile zugreifen kann (BGH 5.6.2008, wistra 2008, 379; s. auch Rn. 39). Schon eine **einzelne Handlung** kann ausreichen, wenn sie einen auf Wiederholung gerichteten Willen erkennen lässt (BGH 25.7.1963, BGHSt 19, 63, 76; BGH 11.10.1994, wistra 1995, 60; BGH 19.5.1998, NStZ 1999, 187 und BGH 19.12.2007, NStZ 2008, 282). Gewerbsmäßiges Handeln liegt aber mangels Wiederholungsabsicht dann nicht vor, wenn ein Fuhrunternehmer sich mit einer einzelnen Schmuggelfahrt zukünftige Fuhraufträge sichern will, bei denen keine Abgaben verkürzt werden sollen (vgl. BGH 16.7.1953, zit. bei *Herlan* GA 1953, 178); die Aussicht auf wiederholte *gesetzmäßige* Geschäftsabschlüsse genügt nicht (BGH 19.12.1979, HFR 1980, 250). Bloße Vermutungen reichen für die Annahme einer Wiederholungsabsicht nicht aus; der Einbau von Schmuggelverstecken (zB Schmuggeltanks, doppelte Böden) in ein Fahrzeug kann jedoch wegen des damit verbundenen erheblichen Aufwands für die Absicht einer wiederholten Tatbegehung sprechen (vgl. *Janovsky* wistra 1998, 117; MüKoStGB/*Wegner* AO § 373 Rn. 20).

Gewerbsmäßiges Handeln erfordert nicht, dass der Täter in Ausübung seines Berufs 33
oder Gewerbes tätig wird (OLG Frankfurt 25.5.1949, ZfZ 1950, 45 f.), dass er *„ein typisch gewerbsmäßiger Hehler"* (BGH 8.11.1951, BGHSt 1, 383) ist, dass er aus der Tat *„ein kriminelles Gewerbe gemacht hat"* (BGH 8.11.1951, BGHSt 1, 383; BGH 11.10.1994, wistra 1995, 60) oder dass er den Schmuggel wie einen Beruf betreibt und aus den Einkünften seinen Unterhalt bestreitet. Gewerbsmäßig bedeutet nicht gewerblich (vgl. OLG Stuttgart NStZ 2003, 40). Die von dem Täter eröffnete Einnahmequelle muss nicht seine einzige Erwerbsquelle sein und braucht nach seiner Vorstellung auch nicht *ständig* zu fließen; jedoch muss er sich eine *Einnahme von einer gewissen, wenn auch nicht unbegrenzten Dauer* verschaffen wollen (so bereits RG 27.11.1923, RGSt 58, 19). Daran fehlt es zB, wenn jemand für gelegentliches Wagenwaschen unverzollte und unversteuerte Zigaretten annimmt (BayObLG 7.5.1952, ZfZ 1952, 249) oder wenn jemand Dritten durch Zigarettenschmuggel gegen Unkostenerstattung eine Gefälligkeit erweist (OLG Karlsruhe 4.3.1975, ZfZ 1975, 210, 213). Andererseits setzt eine Einnahmequelle iS der Rspr nicht voraus, dass *Bareinnahmen* erzielt werden; auch andere Vermögensvorteile können genügen (RG 5.12.1919, RGSt 54, 184 f.).

Schließlich kann ein Vermögensvorteil auch in der Ersparnis liegen, die der Täter macht, 34
wenn er die auf strafbare Weise erlangten Waren fortlaufend zur Deckung seiner eigenen Bedürfnisse verwendet. Indessen liegt beim Ankauf von Genussmitteln wie Spirituosen eine Ersparnis und damit ein Vermögensvorteil nur vor, wenn der Täter sie sich auf jeden Fall, also auch auf gesetzmäßige Weise zu einem höheren Preis, verschafft und nicht etwa darauf

verzichtet hätte (OLG Köln 7.10.1952, ZfZ 1952, 373, in Bezug auf Kaffee; OLG Stuttgart 10.6.2002, wistra 2003, 33). Die Ersparnis *notwendiger Ausgaben* ist stets ein geldwerter Vorteil (OLG Hamm 24.5.1957, ZfZ 1957, 339; OLG Stuttgart NStZ 2003, 40). Auf einen erheblichen Gewinn braucht die Absicht des Täters nicht gerichtet zu sein (BayObLG 22.11.1962 – 4 St 272/62, zit. bei *Kröner* aaO). Erforderlich ist aber, dass die Absicht der Erzielung von *Einnahmen von einigem Gewicht* besteht; wiederholte Bagatelldelikte können daher die Voraussetzungen gewerbsmäßigen Handelns nicht erfüllen (OLG Karlsruhe 4.3.1975, ZfZ 1975, 210/213).

35 Bezieht sich die Tat auf die Hinterziehung von **Einfuhrumsatzsteuer,** steht nach der Rechtsprechung des Bundesgerichtshofs der Umstand, dass sie sofort wieder als Vorsteuer geltend gemacht werden kann (§ 15 I 1 Nr. 2 UStG), der Annahme von gewerbsmäßigem Handeln nicht notwendig entgegen; dies gilt selbst dann, wenn sich der persönliche Vorteil aus der Sicht des Täters auf einen Liquiditätsvorteil beschränken sollte (BGH 26.6.2012, wistra 2012, 440).

36 **Jedes einzelne Tätigwerden** im Rahmen gewerbsmäßigen Handelns **bildet eine selbständige Straftat.** Die Absicht, gleichartige Schmuggeltaten gewerbsmäßig auszuführen, hat nicht zur Folge, dass alle Handlungen, die aus derselben Absicht erwachsen, rechtlich zu einer sogenannten Sammelstraftat *(„Kollektivdelikt")* vereinigt werden. Allein die Absicht, mehrere Taten iS des § 373 I AO gewerbsmäßig zu begehen, verbindet dies nicht zu einer Handlung im Rechtssinne (stRspr ab RGGrS 21.4.1938, RGSt 72, 164; vgl. BGH 20.2.1951, BGHSt 1, 41; BGH 10.4.1953, NJW 1953, 955; zust. HHSp-*Engelhardt* 134 u. Kohlmann/*Hilgers-Klautzsch* 48 zu § 373). Nachdem der BGH seine frühere Rechtsprechung zum *Fortsetzungszusammenhang* aufgegeben hat (BGH 20.6.1994, BGHSt 40, 195 u. BGH 6.6.1994, HFR 1995, 227; dazu *Zschockelt* NStZ 1994, 361; Rn. 115 ff. zu § 369), stellt sich die Frage der Abgrenzung von gewerbsmäßigem und fortgesetztem Schmuggel nicht mehr.

37 Bei **Schmuggel als Serienstraftat** bereitet die *Konkretisierung der einzelnen Taten* nicht selten Schwierigkeiten. Denn es ist bei einer Tatserie grundsätzlich erforderlich, die Einzelakte so konkret und individualisiert zu ermitteln und festzustellen, dass sich daraus die Verwirklichung des objektiven und subjektiven Deliktstatbestandes ergibt (BGH 6.12.1994, BGHSt 40, 374). Steht aber bei Vermögensstraftaten nach der Überzeugung des Tatrichters ein strafbares Verhalten des Täters fest, so kann die Bestimmung des Schuldumfangs im Wege der Schätzung erfolgen, wenn sich Feststellungen nicht auf andere Weise treffen lassen (BGH 12.8.1999, wistra 1999, 426; BGH 10.11.2009, NStZ 2010, 635, 636; BGH 5.5.2004, wistra 2004, 391; jeweils mwN). Die Schätzung ist dann sogar unumgänglich, wenn – wie bei Schmuggel häufig der Fall – über die kriminellen Geschäfte keine Belege oder Aufzeichnungen vorhanden sind (BGH 12.8.1999, wistra 1999, 426). In Fällen dieser Art hat der Tatrichter einen als erwiesen angesehenen Mindestschuldumfang festzustellen. Die Feststellung der Zahl der Einzelakte und die Verteilung des Gesamtschadens auf diese Einzelakte haben sodann nach dem Grundsatz „in dubio pro reo" zu erfolgen. Eine Schätzung ist auch bei Serientaten zulässig, wenn sich die Verteilung eines Gesamtschadens auf die Einzelakte einer genauen Feststellung entzieht (BGH 10.11.2009, NStZ 2010, 635). In Fällen, in denen sich im Rahmen der Schätzung konkrete Kriterien für die Aufteilung des festgestellten Mindestschuldumfangs auf Einzeltaten trotz sorgfältiger Würdigung aller Beweisanzeichen nicht feststellen lassen, gebietet dieser Grundsatz im Extremfall die Annahme lediglich einer Tat (BGH 12.8.1999, wistra 1999, 426).

38 **Nur demjenigen Täter oder Teilnehmer ist die Gewerbsmäßigkeit zuzurechnen,** bei dem sie vorliegt. Eine gewerbsmäßige Begehungsweise setzt *eigennütziges* Handeln voraus (BGH 19.12.2007, NStZ 2008, 282). Die Gewerbsmäßigkeit ist ein strafschärfendes *besonderes persönliches Merkmal,* auf das § 28 II StGB Anwendung findet (BGH 13.7.1954, BGHSt 6, 260 f.; BGH 10.9.1986, wistra 1987, 30; BGH 15.3.2005, wistra 2005, 227; FT-*Schuster/Schultehinrichs* 23 zu § 373; GJW/*Tully* AO § 373 Rn. 8; MüKoStGB/*Wegner* AO § 373 Rn. 47). Wer als Teilnehmer nicht selbst gewerbsmäßig handelt, unterliegt nach § 28

II StGB nicht der verschärften Strafdrohung. Das Fehlen des besonderen persönlichen Merkmals führt zu einer Tatbestandsverschiebung. Damit kann der Gehilfe nur wegen Beteiligung am Grunddelikt, nicht aber aus der Qualifikation der gewerbsmäßigen Begehung bestraft werden (BGH 10.9.1986, wistra 1987, 30 und BGH 15.3.2005, wistra 2005, 227); er ist deshalb in einem solchen Fall wegen Beihilfe zum Grunddelikt der Steuerhinterziehung oder des Bannbruchs zu bestrafen (HHSp-*Engelhardt* 108 u. 118 sowie FT-*Schuster/Schultehinrichs* 23 zu § 373 AO). Handelt ein Gehilfe gewerbsmäßig, ist er in jedem Fall wegen Beihilfe zum Schmuggel zu bestrafen, denn für die Schuld eines Teilnehmers ist es ohne Bedeutung, ob sich der Haupttäter durch die Schmuggelgeschäfte eine laufende Einnahme verschaffen will (vgl. auch BGH 4.11.1954, GA 1955, 366).

Die Vorteile, die einem gewerbsmäßig handelnden Mittäter oder Gehilfen eine dauernde Einnahmequelle verschaffen sollen (Rn. 31), brauchen zwar nicht von derselben Art zu sein wie die des Haupttäters, sie müssen aber unmittelbar aus dem eigenen Tatbeitrag des Mittäters oder Gehilfen erwachsen (BGH 19.12.1979, HFR 1980, 250; GJW/*Tully* AO § 373 Rn. 9). 39

einstweilen frei 40–41

4. Gewaltsamer Schmuggel

Schrifttum: *Theis,* Um den Straferschwerungsgrund des Waffenbesitzes, MDR 1950, 328; *Meister,* Zur strafrechtlichen Beurteilung der Verwendung nur scheinbar gefährlicher Waffen, JZ 1952, 676; *Krüger,* Der Schusswaffenbegriff im Waffenrecht des Bundes und der Länder, DRiZ 1970, 88; *Schröder,* Diebstahl und Raub mit Waffen (§§ 244, 250 StGB), NJW 1972, 1833; *Blei,* Strafschutzbedürfnis und Auslegung, Henkel-Festschr. 1974, 109, 121 ff.; *Braunsteffer,* Schwerer Raub gemäß § 250 I Nr. 2 StGB bei (beabsichtigter) Drohung mit einer Scheinwaffe?, NJW 1975, 623; *Küper,* Zum Raub mit einer „Scheinwaffe" (§ 250 I Nr. 2 StGB) – BGH, NJW 1976, 248, JuS 1976, 645; *Amann,* Der Waffenbegriff im Strafgesetzbuch, jur. Diss. Freiburg 1978; *Eser,* „Scheinwaffe" und „Schwerer Raub" (§ 250 I Nr. 2, II StGB), JZ 1981, 761, 821; *Katzer,* Der Diebstahl mit Schusswaffe (§ 244 I Nr. 1 StGB), NStZ 1982, 236; *Hettinger,* Diebstahl mit Waffen (§ 244 Abs. 1 Nr. 1 StGB) durch zum Tragen von Schusswaffen verpflichtete Täter?, GA 1982, 525; *ders.,* Der „beschuhte Fuß" als Werkzeug iS des § 250 I Nr. 2 StGB, JuS 1982, 895; *Hruschka,* Das Beisichführen einer Schusswaffe beim Raub, Anm. zum Urt. des BGH v. 10.8.1982, JZ 1983, 217; *Kühl,* Beisichführen einer Waffe, JR 1983, 425; *Rothschild,* Zur Gefährlichkeit frei verkäuflicher Schreckschusswaffen, NStZ 2001, 406; *Fischer,* Waffen, gefährliche und sonstige Werkzeuge nach dem Beschluss des Großen Senats, NStZ 2003, 189; *Lanzrath/Fiebig,* Waffen und (gefährliche) Werkzeuge im Strafrecht, Jura 2009, 348.

Die Qualifikationsmerkmale des § 373 II Nr. 1 u. 2 AO berücksichtigen die stärkere kriminelle Willensbetätigung bewaffneter Schmuggler und die von ihnen ausgehende erhöhte Gefahr für die Beamten des Zollgrenzdienstes (Rn. 6). Die mit § 373 II AO für Schmuggel eingeführte Unterscheidung zwischen Schusswaffen (Nr. 1) und sonstigen Waffen, Werkzeugen oder Mitteln (Nr. 2) hatte die gleichartige Unterscheidung in § 244 I Nr. 1 u. 2 StGB aF sowie in § 250 I Nr. 1 u. 2 StGB aF zum Vorbild. Dabei wurden aus dem allgemeinen Bereich der Waffen die Schusswaffen wegen ihrer Lebensgefährlichkeit herausgehoben und allein ihr Beisichführen mit erhöhter Strafe bedroht, selbst wenn ihr Träger nicht den Vorsatz hat, bei der Tat davon Gebrauch zu machen (vgl. BGH 6.5.1971, BGHSt 24, 136, 137 f.). Die Gleichstellung der sonstigen Waffen und gefährlichen Werkzeuge mit den Schusswaffen in den §§ 244, 250 StGB durch das StRG 6 v. 26.1.1998 (BGBl. I 164) bzw. 3.4.1998 (BGBl. I 702) wurde in § 373 AO allerdings systemwidrig nicht nachvollzogen. Die bei den §§ 244, 250 StGB nicht mehr erforderliche Abgrenzung der Schusswaffen von den sonstigen Waffen ist daher bei § 373 AO weiter von Bedeutung. 42

Die zusammenfassende Bezeichnung der Straftaten nach § 373 II Nr. 1 und 2 AO als *gewaltsamer* Schmuggel in der Überschrift zu § 373 AO ist ungenau und irreführend, da der Schmuggel mit Schusswaffen, sonstigen Waffen, Werkzeugen und Mitteln die *Anwendung* von Gewalt nicht voraussetzt. Bei beiden Tatbeständen handelt es sich um *abstrakte Gefährdungsdelikte;* die konkrete Gefährdung eines anderen ist nicht erforderlich (vgl. BGH 18.2.1981, BGHSt 30, 44, 45; BGH 11.5.1999, BGHSt 45, 92). 43

Als Hilfsmittel der Tat müssen die (Schuss-)Waffen, Werkzeuge oder Mittel mitgeführt werden. Es genügt, wenn ein anderer an der Tat Beteiligter (Mittäter, Gehilfe) diese Voraus- 44 setzung erfüllt. Das bloße Befördern einer (Schuss-)Waffe ist kein „Beisichführen" (vgl. OLG Braunschweig 31.7.1964, JR 1965, 266 f., zu § 14 WaffG 1938). § 373 II Nr. 1 u. 2 AO greift daher nicht ein, wenn die Waffen selbst das Schmuggelgut bilden und verpackt sind oder sich versteckt in einem Fahrzeug an einer schwer zugänglichen Stelle befinden (GJW/*Tully* AO § 373 Rn. 13). Anders ist es, wenn der Täter eine zu schmuggelnde (Schuss-)Waffe griffbereit bei sich hat.

45 **a) Schmuggel mit Schusswaffen (§ 373 II Nr. 1 AO). Schusswaffen** sind nach der Definition des WaffG *„Gegenstände, die zum Angriff oder zur Verteidigung, zur Signalgebung, zur Jagd, zur Distanzinjektion, zur Markierung, zum Sport oder zum Spiel bestimmt sind und bei denen Geschosse durch einen Lauf getrieben werden"* (Anlage 1, Abschn. 1, Unterabschn. 1 Nr. 1.1 zu § 1 IV WaffG). Unter dem Gesichtspunkt der für § 373 II Nr. 1 AO maßgebenden besonderen Gefährlichkeit eines mit Schusswaffen ausgerüsteten Täters (Rn. 42) ist der **strafrechtliche Schusswaffenbegriff** jedoch enger zu bestimmen als der waffenrechtliche Begriff (vgl. BGHGrS 4.2.2003, BGHSt 48, 197, 205; zum Begriff der Waffe s. Rn. 52). Es muss sich um Instrumente handeln, mit denen aus einem Lauf vermittels Explosionsgasen oder Luftdruck (BGH 6.5.1971, BGHSt 24, 136) Geschosse gegen den Körper eines anderen abgefeuert werden können (Kohlmann/*Hilgers-Klautzsch* 55 u. HHSp-*Engelhardt* 42 f. zu § 373). Voraussetzung ist, dass die Waffen Verletzungen bewirken können, die aber nicht lebensgefährdend zu sein brauchen. Auch *Luftgewehre oder Luftdruckpistolen* fallen unter den Begriff der Schusswaffen (BGH, zit. bei *Dallinger* MDR 1974, 547; BGH 11.1.2000, NStZ 2000, 431; FT-*Schuster/Schultehinrichs* 27 zu § 373). Dasselbe gilt nach neuerer Rspr des BGH auch für *geladene Schreckschusswaffen* (BGHGrS 4.2.2003, BGHSt 48, 197, 201; BGH 12.10.2005, NStZ 2006, 176). *Signalpistolen* dienen dagegen bei bestimmungsgemäßer Verwendung (Rn. 52) weder dem Angriff noch der Verteidigung und sind daher keine Schusswaffen iS von § 373 II Nr. 1 AO (vgl. aber Anlage 1, Abschn. 1, Unterabschn. 1 Nr. 2.9 zu § 1 IV WaffG), können aber „Werkzeug oder Mittel" sein (GJW/*Tully* AO § 373 Rn. 15).

46 Auch **chemisch wirkende Schießgeräte** können Schusswaffen sein. Der BGH bejaht dies insbes. für *Gaspistolen,* die so konstruiert sind, dass aus ihnen Gaspatronen verschossen werden, deren durch Zündung freigegebenes Gas den Lauf nach vorne verlässt und nicht lediglich seitwärts ausströmt (BGHGrS 4.2.2003, BGHSt 48, 197, 201, krit. insoweit *Fischer* StGB § 244 Rn. 8; BGH 13.7.1989, JZ 1989, 964; BGH 6.5.1971, BGHSt 24, 136; vgl. auch BGH 13.7.1989, BGHSt 4, 125, 127; BGH GA 162, 145 f.). **Akustisch** (BGH 28.7.1972, zit. bei *Dallinger* MDR 1972, 925) **oder (rein) optisch wirkende Schießgeräte** fallen hingegen nicht unter die Schusswaffen.

47 **Nur eine funktionsfähige Schusswaffe** entspricht unter dem Gesichtspunkt der Gefährlichkeit des Täters dem Zweck der erhöhten Strafdrohung. Die Schusswaffe iS des § 373 II Nr. 1 AO muss daher **zum Einsatz geeignet** sein (BGH 6.5.1971, BGHSt 24, 136; Schwarz/Pahlke/*Nikolaus* 26 zu § 373 AO). Die Funktionsfähigkeit fehlt einer *defekten* Waffe, aber auch einer Waffe, zu welcher der Täter *keine Munition* bei sich führt (BGH 2.10.1952, BGHSt 3, 229, 232 f.; BGH 1.7.1998, BGHSt 44, 103). Erst recht genügt nicht eine *Attrappe,* zB eine Kinderpistole (BGH 6.4.1965, BGHSt 20, 194, 196), oder das *Vortäuschen einer Schusswaffe,* zB durch eine umgedrehte Tabakspfeife (OLG Hamburg 12.11.1947, NJW 1948, 699; aM BGH 20.5.1981, NStZ 1981, 436, mit abl. Anm. *Küper* NStZ 1982, 28); allerdings kann hier uU § 373 II Nr. 2 AO gegeben sein (s. Rn. 54).

48 **Bei sich führen** muss der Täter oder ein Teilnehmer die Schusswaffe. Hierbei ist jedoch – im Unterschied zu § 373 II Nr. 2 AO – eine bestimmte Gebrauchsabsicht *nicht* erforderlich (BGH 6.5.1971, BGHSt 24, 136, 137 f. zu § 244 I Nr. 1 StGB aF). Ausreichend ist die bereits aus der bewussten Verfügbarkeit erwachsende Gefahr, die Schusswaffe bei der Straftat auch anzuwenden (BGH 18.2.1981, BGHSt 30, 44, 45 zu § 244 I Nr. 1 StGB aF). Beisichführen hat eine zeitliche und eine räumliche Komponente. Es bedeutet nicht, dass die Schusswaffe während des ganzen Tathergangs am Körper getragen werden muss;

vielmehr genügt es, wenn sie der Täter oder Teilnehmer *zu irgendeinem Zeitpunkt* während des Tathergangs, also vom Versuch bis zur Beendigung der Tat (= zeitliche Komponente), einsatzbereit ergreifen kann (= räumliche Komponente; BGH 19.4.2000, wistra 2000, 352; BGH 10.8.1982, BGHSt 31, 105). Nach der Rspr des BGH genügt es sogar, wenn der Täter die Waffe *erst am Tatort an sich nimmt* (BGH 6.4.1965, BGHSt 20, 194, 197 mwN; vgl. auch BGH 23.9.1975, NJW 1976, 248), zB der Schmuggler einem Zollbeamten die Dienstwaffe entreißt und sie bei sich behält (BGH 10.3.1988, StV 1988, 429).

Dagegen reicht es nicht aus, wenn der Täter die Waffe nur während der Anfahrt zum Tatort **49** bei sich führt und dann im abgestellten Wagen liegen lässt (BGH 10.8.1982, BGHSt 31, 105, 106 zu § 250 StGB aF mit zust. Anm. *Hruschka* JZ 1983, 217 u. *Kühl* JR 1983, 425). Tatort ist bei Schmuggeltaten regelmäßig aber nicht nur der Bereich des Grenzübertritts.

Auch wer zum Tragen von Schusswaffen dienstlich verpflichtet ist und mit **50** schussbereiter Dienstwaffe schmuggelt, unterliegt der Strafschärfung nach § 373 II Nr. 1 AO; denn die Gefahr, die von der Schusswaffe ausgeht, ist bei einem Beamten, der sich zu einer Straftat hinreißen lässt, nicht geringer als bei einem anderen Täter (hM; BGH 18.2.1981, BGHSt 30, 44, für Polizeibeamte und OLG Köln 20.9.1977, NJW 1978, 652, für Soldaten; ebenso FT-*Schuster/Schultehinrichs* 30 zu § 373; GJW/*Tully* AO § 373 Rn. 18, MüKoStGB/*Wegner* AO § 373 Rn. 25; *Fischer* StGB § 244 Rn. 12 und Schönke/Schröder/*Eser/Bosch* StGB § 244 Rn. 6 mwN; *Schröder* NJW 1972, 1835; *Katzer* NStZ 1982, 236; *Hettinger* GA 1982, 525; aM *Hruschka* NJW 1978, 1338).

Subjektiv ist Vorsatz des jeweiligen Täters oder Teilnehmers erforderlich, dh sein Wissen **51** und Wollen, dass entweder er selbst oder ein (Mit-)Täter oder Teilnehmer bei Begehung der Tat eine funktionsfähige Schusswaffe einsatzbereit bei sich führt; bedingter Vorsatz genügt. Ein *Tatumstandsirrtum* (§ 16 StGB) liegt vor, wenn der unbewaffnete Täter oder Teilnehmer irrtümlich annimmt, der bewaffnete (Mit-)Täter oder Teilnehmer verfüge nur über eine ungeladene oder sonst gebrauchsunfähige Schusswaffe. Bezieht sich der Irrtum dagegen auf die Unterscheidung zwischen Schusswaffen und anderen Waffen, liegt nur ein unbeachtlicher *Subsumtionsirrtum* vor. Weiß der Täter nicht, dass sein Gehilfe eine Schusswaffe bei sich führt, kann auch der Gehilfe nur wegen Beihilfe zum Grundtatbestand bestraft werden; weiß er es, greift § 28 II StGB nicht ein, da sich das Beisichführen einer Schusswaffe als tatbezogenes qualifizierendes Unrechtsmerkmal darstellt (vgl. BGH 8.3.2000, NStZ 2000, 431; GJW/*Tully* AO § 373 Rn. 19; MüKoStGB/*Wegner* AO § 373 Rn. 48; SK-*Hoyer* 24 zu § 244 StGB).

b) Schmuggel mit sonstigen Waffen, Werkzeugen oder Mitteln (§ 373 II Nr. 2 **52** **AO).** Der Begriff der **Waffe** iS des § 373 II Nr. 2 AO ist wie der des § 244 StGB und der des § 250 StGB ein strafrechtlicher, vom Waffenrecht grundsätzlich unabhängiger Begriff (stRspr und hM; vgl. BGH 4.2.2003, BGHSt 48, 197, 206; *Fischer* StGB § 244 Rn. 3). Als Waffen wurden seit jeher solche im technischen Sinn angesehen, dh *bewegliche Sachen, die nach ihrer bestimmungsgemäßen Verwendung für Angriffs- oder Verteidigungszwecke gegen Menschen bestimmt und zur Verursachung erheblicher Verletzungen generell geeignet und bestimmt sind* (vgl. BGH 17.6.1998, BGHSt 44, 103, 105; BGH 26.1.1998, BGHSt 45, 92, 93; BGH 26.2.1999, NStZ 1999, 301; RG 10.12.1931, JW 1932, 952). Wegen ihrer allgemein hohen Gefährlichkeit hält der BGH bei geladenen Schreckschusspistolen nicht mehr am Erfordernis der Gefährlichkeit (nur) bei bestimmungsgemäßer Verwendung fest (BGH 4.2.2003, BGHSt 48, 197, 206; o. Rn. 45). Zum Begriff der Waffe gehört nicht, dass sie *tödliche* Wirkung haben kann, jedoch muss von einer Waffe bei ihrem Einsatz wenigstens die *Gefahr einer Körperverletzung* ausgehen. Auch **Schusswaffen** sind Waffen iS des § 373 II Nr. 2 AO; insoweit ist jedoch § 373 II Nr. 1 AO vorrangig. *Gaspistolen* (Rn. 46) sind daher jedenfalls auch Waffen iS des § 373 II Nr. 2 AO, weil sie dazu bestimmt und geeignet sind, Menschen auf chemischen oder (bei Nahschüssen) auf mechanischem Wege zu verletzten (BGH 11.5.1999, BGHSt 45, 92; BGH 26.2.1999, NStZ 1999, 301; BGH 6.5.1971, BGHSt 24, 136, 139 f.; BGH 2.10.1952, BGHSt 3, 229, 233). Gleiches gilt für Pistolen, die mit

Platzpatronen geladen sind wegen ihrer akustisch hervorrufbaren Schockwirkung (aM BGH 23.9.1975, NJW 1976, 248; abw. BGH 16.4.1953, BGHSt 4, 125, 127 u. BGH 16.3.1962, GA 1962, 337, mit Rücksicht auf mögliche Gehörschäden) sowie für *Blitzmunition* wegen ihrer starken Blendwirkung und erst recht für *Signalpistolen,* deren Raketenmunition außer der Blendwirkung auch mechanische Verletzungen und Verbrennungen hervorrufen kann. Auch Hieb-, Stoß- oder Stichwaffen, Schlagringe sowie Tränengassprühdosen (BGH 30.8.1968, BGHSt 22, 230 f.) sind Waffen im technischen Sinn (vgl. *Fischer* StGB § 244 Rn. 4 mit weiteren Beispielen).

53 **Sonst ein Werkzeug** ist eine Sache, die zwar nicht als Waffe hergestellt worden ist, aber zur Gewaltanwendung benutzt werden kann, um einen Widerstand zu verhindern oder zu überwinden. Werkzeuge können zB sein ein schwerer *Schraubenschlüssel* (BGH 10.9.1968, NJW 1968, 2386) und andere Sachen, die zum Zuschlagen geeignet sind, aber auch ein *Kraftfahrzeug,* mit dem ein Mensch angefahren werden soll (BGH 11.2.1958, VRS 14, 186, 288), ein *Taschenmesser* (vgl. BGH 3.6.2008, NJW 2008, 2961 zu § 244 StGB) sowie *Fesselungs- oder Knebelungsmittel* (BGH 6.10.1992, NStZ 1993, 79) oder ein *Hund,* der auf Menschen gehetzt wird (BGH 11.1.2000, NStZ 2000, 431 zu § 30a II Nr. 2 StGB; BGH 26.2.1960, BGHSt 14, 152, 153 ff. zu § 223a StGB aF). Auch der *Schuh am Fuß* des Täters kann in Abhängigkeit von den Umständen des Einzelfalls ein Werkzeug sein (BGH 11.2.1982, BGHSt 30, 375 zu § 250 I Nr. 2 StGB aF mit ablehnender Anm. *Hettinger* JuS 1982, 895). **Andere Mittel** sind Sachen ohne feste Form, die zum Angriff auf oder zur Abwehr gegen Menschen gebraucht werden können, zB Pfeffer, Säuren, Narkotika, Gase und Vernebelungsmittel.

54 **Ob die scheinbare Gefährlichkeit oder das Vortäuschen einer Waffe** unter dem Gesichtspunkt der Drohung mit Gewalt für die erhöhte Strafe nach § 373 II Nr. 2 AO genügt, ist umstritten. Von der früher im Schrifttum herrschenden Meinung wurde dies mit der Begründung verneint, dass im Hinblick auf die Strafdrohung stets auch eine objektive Gefährlichkeit des Tatmittels erforderlich sei; Strafvorschriften, die bewaffneten Tätern höhere Strafen androhten, würden sich gegen den gewalttätigen, nicht den trickreichen Täter richten (vgl. *Voß* in der 6. Aufl. mwN). Entgegen dieser Auffassung sind jedoch auch sogenannte *Scheinwaffen* als sonstige Werkzeuge bzw. Mittel iS von § 373 II Nr. 2 AO anzusehen (stRspr, die vom Schrifttum weitgehend geteilt wird, vgl. nur BGH 18.1.2007, NStZ 2007, 332/333 mwN; zu § 244 StGB: *Fischer* StGB § 244 Rn. 26 u. Schönke/Schröder/*Eser/Bosch* StGB § 244 Rn. 15 zu § 373 AO: Erbs/Kohlhaas/*Hadamitzky/Senge* AO § 373 Rn. 17; Klein/*Jäger* AO § 373 Rn. 43; aM MüKoStGB/*Wegner* AO § 373 Rn. 29). Zwar geht von Scheinwaffen weder aufgrund ihrer bestimmungsgemäßen Eigenschaften oder ihrer objektiven Beschaffenheit noch bei dem vom Täter beabsichtigten Einsatz eine objektive Gefahr aus; sie entfalten jedoch bei ihrer Verwendung durch den Täter eine gefährlichen Werkzeugen und Mitteln vergleichbare *Bedrohungswirkung* (BGH aaO). Hierzu gehören vor allem ungeladene Schusswaffen aller Art (vgl. BGH 17.6.1998, BGHSt 44, 103, 105 f.; BGH 1.7.1998, NStZ 1998, 567; BGH 17.6.1998, NStZ-RR 1998, 294).

55 Als Drohungsmittel sollen jedoch nach den gesetzgeberischen Vorstellungen Gegenstände ausscheiden, die offensichtlich ungefährlich sind. Damit sind solche Gegenstände gemeint, deren Täuschungseffekt nicht im Erscheinungsbild des Gegenstandes selbst besteht und die daher den Schein einer Waffe nicht begründen können (vgl. BGH 12.1.1991, BGHSt 38, 116). Da insoweit keine trennscharfen Abgrenzungskriterien bestehen, hat sich eine Kasuistik mit zum Teil sich widersprechenden Entscheidungen ergeben. Als Drohungsmittel scheiden nach der Rspr des BGH zB aus: ein kurzes, gebogenes Plastikrohr (BGH 12.1.1991, BGHSt 38, 116), ein Lippenpflegestift (BGH 20. 6 1996, NStZ 1997, 184) und eine Schrotpatrone ohne Schusswaffe (BGH 9.9.1997, NStZ 1998, 38).

56 **Das Beisichführen einer Waffe, um den Widerstand eines anderen zu überwinden,** erfordert, dass der Schmuggler (sei er Täter oder nur Gehilfe) die Waffe oder sonst ein Werkzeug oder Mittel zu dem Zweck mitgenommen hat, sie gegen Personen

einzusetzen, die sich ihm bei der Ausführung der Tat in den Weg stellen oder ihn am Rückzug hindern wollen, namentlich Zollbeamte und Beamte der Polizei, ggf. aber auch Personen, die keine Amtsträger sind. Der Zweck, den Rückzug zu decken, falls die Tat fehlschlagen sollte, genügt (BGH 30.8.1968, BGHSt 22, 230 f.; BGH 6.4.1965, BGHSt 20, 194, 197; jeweils zu § 250 I Nr. 1 StGB). Zum Beisichführen iS des § 373 II Nr. 2 AO gehört abw. von § 373 II Nr. 1 AO eine *Zweckbestimmung* (Rn. 57); indessen ist nicht erforderlich, dass die Waffe (bzw. das Werkzeug oder Mittel) wirklich benutzt wird. Wird sie benutzt, hat der Täter die Waffe auch dann „bei sich geführt", wenn er sie erst während der Tat und nur für kurze Zeit an sich genommen hat; denn die Benutzung einer Waffe ist der deutlichste Ausdruck, den das Beisichführen einer Waffe überhaupt finden kann (vgl. OLG Schleswig 8.11.1967, SchlHA 1968, 266).

Die Anwendung von Gewalt oder die Drohung mit Gewalt, um den Widerstand eines anderen zu verhindern oder zu überwinden, muss den Zweck bilden, zu dem der Täter die Waffe, das Werkzeug oder Mittel bei sich führt. Ohne diese Zweckbestimmung erfüllt das Beisichführen solcher Sachen den Tatbestand des § 373 II Nr. 2 AO nicht, zB wenn ein Schmuggler wegen des beschwerlichen Weges einen Knotenstock benutzt oder ein schmuggelnder Sportschiffer eine Signalpistole bei sich führt, um für einen Seenotfall gerüstet zu sein. Nicht tatbestandsmäßig ist ferner eine beabsichtigte Gewaltanwendung *gegen Sachen,* zB die Mitnahme einer Brechstange, um eine Tür oder einen Zaun zu öffnen. 57

Zum subjektiven Tatbestand gehören das Wissen und der Wille des Schmugglers, den Gegenstand für den tatbestandsmäßigen Zweck (Rn. 57) gebrauchsfertig bei sich zu haben. Während bei Schusswaffen das Bewusstsein der Verfügbarkeit genügt (Rn. 42 u. 51), muss der Schmuggler bei sonstigen Waffen, Werkzeugen oder Mitteln wenigstens mit der Möglichkeit rechnen, sie bei der Tat als Mittel zur Anwendung von Gewalt oder zur Drohung mit Gewalt benutzen zu können und damit für alle Fälle eines Widerstandes gerüstet zu sein. Nähere Vorstellungen über die Verwendungsweise sind für den subjektiven *Tatbestand* nicht erforderlich. Ob der Täter von vornherein entschlossen war, bei Widerstand von der Waffe nur als Drohmittel oder auch als Gewaltmittel Gebrauch zu machen, ist nur für die *Strafzumessung* bedeutsam. 58

Auf (Mit-)Täter und Gehilfen, die selbst keine Waffe (bzw. ein sonstiges Werkzeug oder Mittel) bei sich führen, ist § 373 II Nr. 2 AO nur dann anzuwenden, wenn sie um das Vorhandensein des Gegenstandes wissen (vgl. BGH 2 10. 1952, BGHSt 3, 229, 233 f.). Ihnen ist die Waffe etc. auch dann zuzurechnen, wenn sie an dem Teilabschnitt der Tat nicht körperlich mitgewirkt haben, an dem ein anderer Tatbeteiligter bewaffnet war; aus § 373 II AO ergeben sich für das nicht weniger gefährliche arbeitsteilige Vorgehen beim Schmuggel keine Einschränkungen (glA Kohlmann/*Hilgers-Klautzsch* 72 zu § 373 AO; aA HHSp-*Engelhardt* 62 sowie *Voß* 31 in der 6. Aufl. zu § 373 AO). Weiß der Gehilfe nicht, dass der Täter eine Waffe bei sich führt, kann er nur wegen Beihilfe zum Grundtatbestand verurteilt werden. Dasselbe gilt, wenn der Täter nicht weiß, dass der Gehilfe eine Waffe bei sich führt; § 28 II StGB ist auf tatbezogene Qualifikationsmerkmale nicht anzuwenden (s. Rn. 51). 59

einstweilen frei 60–63

5. Bandenmäßiger Schmuggel (§ 373 II Nr. 3 AO)

Schrifttum: *H.-J. Vogel,* Kann Bandenschmuggel im Zollbinnenland begangen werden?, ZfZ 1951, 100; *Lenkewitz,* Der Bandenschmuggel in der Rechtsprechung des Bundesgerichtshofes, ZfZ 1955, 166; *Schild,* Der strafdogmatische Begriff der Bande, GA 1982, 55; *ders.,* Die Bande des § 30 BtMG als Organisation, NStZ 1983, 69; *Bender,* Bandenschmuggel – ein hochaktuelles Fossil, ZfZ 2000, 259; *Erb,* Die Neuinterpretation des Bandenbegriffs und des Mitwirkungserfordernisses beim Bandendiebstahl, NStZ 2001, 561; *Wassmann,* Die bandenmäßige Steuerhinterziehung nach § 373 II Nr. 3 AO, ZfZ 2001, 31; *Wegner,* Revision des Strafrechts, PStR 2007, 240, 241.

Die erhöhte Strafbarkeit des bandenmäßigen Schmuggels entspricht der höheren Gefährlichkeit, die von einer *Gruppe* von Tätern ausgeht, die bewusst zusammenwirken. Durch das Zusammenwirken wird die Bekämpfung des Schmuggels erschwert, die Aus- 64 einandersetzung mit den Mitgliedern der Bande ggf. verschärft und die Gefährlichkeit des Unternehmens insgesamt erhöht (BGH 21.6.1955, BGHSt 8, 70). Die Gefährlichkeit einer Bande wird heute weniger durch das gemeinsame Auftreten als durch das organisierte Zusammenwirken an verschiedenen Orten und zu verschiedenen Zeiten zur Erreichung eines gemeinsamen Erfolgs zu sehen sein (ähnl. HHSp-*Engelhardt* 14 u. Kohlmann/*Hilgers-Klautzsch* 75 zu § 373).

65 Auch **Zollbeamte** können Mitglieder einer Bande iS von § 373 II Nr. 3 AO sein, wenn sie in eine Bandenabrede einbezogen sind und sich aktiv an den Taten beteiligen sollen (vgl. HHSp-*Engelhardt* 70 zu § 373; OLG Hamburg 30.1.1952, ZfZ 1952, 314, zur Beteiligung eines Wasserschutzpolizisten). Die Gefährlichkeit einer Bande wird regelmäßig nicht dadurch herabgesetzt, dass ihr ein Zollbediensteter angehört. Vielmehr nimmt hierdurch sogar die Gefährdung des Abgabenaufkommens zu. Auch erhöht sich durch die Beteiligung eines Zollbeamten die Gefahr für andere Zollbedienstete, die diese Tat entdecken (HHSp-*Engelhardt* aaO). Entgegen früherer Rspr (vgl. BGH 24.5.1955, GA 1955, 366; RG 1.12.1892, RGSt 23, 330, 333) können Zollbeamte auch dann Bandenmitglieder sein, wenn sie nicht örtlich und zeitlich mit den übrigen Bandenmitgliedern zusammenwirken (vgl. BGHGrS 26.1.1998, BGHSt 46, 321). Allein in der Bestechung eines Zollbeamten, damit dieser geringere als die geschuldeten Abgaben erhebt, ist regelmäßig allerdings noch keine Bandenabrede zu sehen (vgl. RG 11.2.1935, RGSt 69, 105, 106 f.).

66 **Eine Bande** iS des § 373 II Nr. 3 AO besteht, wenn sich *mindestens drei Personen* mit dem Willen verbunden haben, künftig für eine gewisse Dauer Straftaten des im Gesetz genannten Deliktstyps zu begehen (BGHGrS 22.3.2001, BGHSt 46, 321). Ein „gefestigter Bandenwille" oder ein „Tätigwerden in einem übergeordneten Bandeninteresse" ist nicht erforderlich (BGHGrS 22.3.2001, BGHSt 46, 321). Die früher von der Rspr vertretene Auffassung (vgl. nur BGH 3.4.1970, BGHSt 23, 239; BGH 9.7.1991, BGHSt 38, 26), die auch für den bandenmäßigen Schmuggel galt (BGH 20.4.1999, NStZ 1999, 571), bereits zwei Personen – sogar Ehegatten (vgl. BGH v. 4.10.1966, zit. bei *Dallinger* MDR 1967, 369) – würden für eine Bande ausreichen, hat der BGH im Jahr 2001 anhand eines Falles des Bandendiebstahls (§ 244 I Nr. 3 StGB) ausdrücklich aufgegeben (BGHGrS 22.3.2001, BGHSt 46, 321). Für den bandenmäßigen Schmuggel (§ 373 II Nr. 3 AO) gilt nichts anderes (ghM; vgl. Kohlmann/*Hilgers-Klautzsch* 76, Schwarz/Pahlke/*Nikolaus* 36 *zu* § 373 AO; Klein/*Jäger* AO § 373 Rn. 48). Eine Bande im Sinne des § 373 II Nr. 3 AO liegt daher vor, wenn sich mindestens drei Personen zur fortgesetzten Hinterziehung von Einfuhr- oder Ausfuhrabgaben oder des Bannbruchs verbunden haben.

67 **Zur fortgesetzten Begehung** von Schmuggeltaten haben sich Personen verbunden, wenn ihre Verbindung auf die Begehung *mehrerer selbständiger,* im Einzelnen noch unbestimmter Straftaten gerichtet ist (vgl. BGH 25.9.1956, GA 1957, 85). Die Planung *einer* Tat, die in mehreren Teilakten ausgeführt werden soll, reicht nicht aus. Sofern aber die Verbindung auf mehrere Taten *abzielt,* genügt die Verwirklichung *einer* Tat, wenn sie in Ausführung einer weitergehenden Absicht begangen worden ist (BGH 4.10.1966 aaO), dh, wenn die *einzige* abzuurteilende Tat nach der Vorstellung der Täter die *erste* von mehreren Taten sein sollte (BGH 25.9.1956, GA 1957, 85).

68 **Eine feste Verabredung** mit gegenseitigen Verpflichtungen braucht nicht vorzuliegen, eine Organisation mit bestimmter Rollenverteilung und einheitlicher Führung nicht eingerichtet zu sein (vgl. BGH 29.8.1973, GA 1974, 308 zu § 244 und § 250 StGB). Es kann genügen, dass eine *lose* Übereinkunft, eine bestimmte Tat bei künftigen Gegebenheiten gemeinsam zu wiederholen, verwirklicht wird. Eine auf wenige Stunden begrenzte Verabredung reicht nicht aus; erforderlich ist, dass die Beteiligten zur Verwirklichung ihrer kriminellen Pläne *auf geraume* Zeit zusammenwirken wollen (vgl. OLG Hamm 29.4.1981, JR 1982, 207, zu § 244 StGB mit zust. Anm. *Trenckhoff* sowie *Sonnen* JA 1982, 103). Eine solche Übereinkunft kann noch *während* der ersten Tat getroffen werden. Zur Abgrenzung der Bande von der kriminellen Vereinigung iS von § 129 StGB vgl. BGH 8.8.2006, NStZ 2007, 31.

Mitglied einer Bande ist jede Person, die an der bandenmäßigen Verbindung (Rn. 67 f.) mit dem Willen beteiligt ist, an der Ausführung der beabsichtigten Straftaten selbst teilzunehmen, sei es als (Mit-)Täter oder als Gehilfe (§§ 25, 27 StGB; zur Mitwirkung als Gehilfe vgl. BGH 15.1.2002, NJW 2002, 1662 f., NStZ 2002, 318 unter Hinweis auf BGHGrS 22.3.2001, BGHSt 46, 321). Wer andere zur fortgesetzten Begehung von Schmuggeltaten anstiftet (§ 26 StGB), aber zur Teilnahme an der Tatausführung nicht bereit ist, gehört nicht zur Bande; er kann aber als Anstifter zu bestrafen sein (vgl. HHSp-*Engelhardt* 117 zu § 373). Andererseits wird die Zugehörigkeit zu einer Bande nicht dadurch in Frage gestellt, dass Bandenmitglieder untereinander keine „ehrlichen" Partner sind und einer die anderen hintergehen und das Schmuggelgut allein an sich bringen will (vgl. OLG Köln 19.10.1956, GA 1957, 124). 69

Eine bandenmäßige **Tatausführung unter Mitwirkung anderer Bandenmitglieder ist nicht erforderlich.** Durch G v. 21.12.2007 (BGBl. 2007 I 3198) hat der Gesetzgeber in § 373 II Nr. 3 AO auf das bisherige Qualifikationsmerkmal „unter Mitwirkung eines anderen Bandenmitglieds die Tat ausführt" verzichtet (Rn. 1). Es genügt nun, dass der Täter *als Mitglied einer Bande,* die sich zur fortgesetzten Hinterziehung von Einfuhr- oder Ausfuhrabgaben oder des Bannbruchs verbunden hat, *eine solche Tat begeht.* Die Auffassung, dass die als Bandenmitglieder beteiligten Personen während der Ausführung der Tat zu irgendeinem Zeitpunkt zeitlich und örtlich zusammenwirken müssen (vgl. nur BGH 20.4.1999, NStZ 1999, 571) hat die Rspr bereits im Jahr 2001 aufgeben (BGHGrS 22.3.2001, BGHSt 46, 321). 70

Ein **unmittelbares körperliches Zusammenwirken** der Bandenmitglieder ist für die Erfüllung des Tatbestands des § 373 II Nr. 3 AO ebenfalls nicht erforderlich (BGHGrS 22.3.2001, BGHSt 46, 321; HHSp-*Engelhardt* 116 u. Kohlmann/*Hilgers-Klautzsch* 87 zu § 373). Deshalb kann Mittäter eines bandenmäßigen Schmuggels auch sein, wer ohne körperliche Anwesenheit bei der Ausführung der Tat nur die geistige Leitung ausübt oder als Mittäter sonstige für die Durchführung erforderliche Tatbeiträge erbringt. Für die Abgrenzung von Täterschaft und Teilnahme gelten die allgemeinen Grundsätze (BGH 13.8.2002, NStZ 2003, 33). 71

Ein **bandenmäßiger Schmuggel im Freihafengebiet** kommt nur in Betracht, wenn sich die Bandenabrede auf Taten der Hinterziehung von Einfuhr- oder Ausfuhrabgaben (§ 370 AO) oder des Bannbruchs (§ 372 AO) bezieht. Zwar gehören Freihäfen zum Zollgebiet der EU (Art. 166 ZK; Art. 243 I UZK). Bislang sind beim Verbringen von Waren in eine Freizone oder in ein Freilager aber, abgesehen von den Sonderfällen des Art. 170 Abs. 2 und 3 ZK, die Waren weder zu gestellen noch ist eine Zollanmeldung abzugeben (Art. 170 Abs. 1 ZK). Bei steuerlichen Einfuhrdelikten, bei denen die beabsichtigte Abgabenverkürzung durch falsche Zollanmeldungen bewirkt wird, beginnt der Versuch erst mit der Vorlage der wahrheitswidrigen Zollanmeldung (BGH 19.6.2003, wistra 2003, 389). Die Lagerung unverzollter Waren in einer Freizone und die Vorbereitung der Abgabe falscher Zollanmeldungen sind daher regelmäßig bloße straflose Vorbereitungshandlungen (vgl. BGH 19.6.2003, wistra 2003, 389). Änderungen ergeben sich mit Inkrafttreten des UZK zum 1.5.2016 (s. Rn. 10), der auch für in eine Freizone verbrachte Waren grundsätzlich eine Gestellungspflicht vorsieht (Art. 245 UZK). Insoweit ist aber im Einzelfall sorgfältig zu prüfen, ob die Verletzung der Gestellungspflicht zur Verkürzung von Einfuhrabgaben führt. 72

Sowohl Mittäter wie Gehilfen können als Mitglied einer Bande handeln. Da es sich bei der Bandenmitgliedschaft aber um ein besonderes persönliches Merkmal iS des § 28 II StGB handelt, kann ein Mittäter oder Gehilfe, der nicht selbst Bandenmitglied ist, nur wegen Beteiligung am Grunddelikt, nicht aber wegen des Bandendelikts als Qualifikationstatbestand bestraft werden (BGH 24.1.2008, StraFo 2008, 215; BGH 19.7.2006, NStZ-RR 2007, 279, 280 und BGH 15.3.2005, wistra 2005, 228; *Fischer* StGB § 244 Rn. 44 mwN). 73

Subjektiv erfordert die Anwendung des § 373 II Nr. 3 AO, dass derjenige, der als Täter oder Gehilfe an einem Schmuggel teilgenommen hat, wusste und wollte, dass er mit 74 mindestens *zwei* weiteren Personen (Rn. 66) zu *mehreren* Schmuggeltaten verbunden war (Rn. 67 f.).

75 Zu den Anforderungen an die **Sachdarstellung in einem Urteil** wegen bandenmäßigen Schmuggels vgl. BGH 27.10.2004, wistra 2005, 33 und BGH 27.11.2002, wistra 2003, 732; zur Sachdarstellung allgemein vgl. *Jäger* StraFo 2006, 477.

76–80 *einstweilen frei*

6. Mittäterschaft und Teilnahme

81 Der **Anstifter** wird gleich einem Täter bestraft (§ 26 StGB). Sind beim Schmuggel die qualifizierenden Merkmale des § 373 AO – etwa das Führen einer Schusswaffe durch einen Täter oder Teilnehmer – von seinem Vorsatz nicht umfasst, wird der Anstifter nur wegen Anstiftung zum Grundtatbestand der Steuerhinterziehung (§ 370 AO) oder des Bannbruchs (§ 372 AO) bestraft. Dasselbe gilt für einen Gehilfen. Beim Schmuggel ist **Beihilfe** auch noch nach Vollendung der Tat bis zu deren *Beendigung* möglich, dh bis zu dem Zeitpunkt, zu dem die Schmuggelware in Sicherheit gebracht und „zur Ruhe gekommen" ist (BGH 24.6.1952, BGHSt 3, 40, 44; BGH 18.7.2000, NStZ 2000, 594 und BGH 1.2.2007, wistra 2007, 224, 225). Wann dies der Fall ist, hängt von den konkreten Umständen des Einzelfalls ab.

82 Maßgeblich für die Beendigung des Schmuggels ist, ob die Schmuggelware die gefährliche Phase des Grenzübergangs passiert und der Schmuggler sein Unternehmen erfolgreich abgeschlossen hat. In der Regel wird der Schmuggel daher erst dann beendet sein, wenn das Schmuggelgut seinen Bestimmungsort erreicht hat. Wird die Ware auf dem Weg dorthin in einem Zwischenlager umgeladen, ist sie noch nicht „zur Ruhe gekommen". Anders sind jedoch die Fälle zu beurteilen, in denen das Schmuggelgut an einem Ort geraume Zeit lagert und seine Weiterbeförderung von weiteren Entscheidungen abhängt, so dass sich nach den Gesamtumständen des Einzelfalls das Zwischenlagern nicht mehr als ein bloßes Umladen darstellt (BGH 1.2.2007, wistra 2007, 224, 225). Will der Helfer nicht dem Schmuggel zum endgültigen Erfolg verhelfen, sondern befindet er sich „im Lager" eines Erwerbers oder Zwischenhehlers, kommt auch vor Beendigung des Schmuggels nur noch *Steuerhehlerei* oder Beihilfe dazu in Betracht (BGH 18.7.2000, NStZ 2000, 594; Rn. 21 zu § 374). Die Abgrenzung der Steuerhehlerei von der Teilnahme an der Vortat richtet sich nach der Willensrichtung des Handelnden (vgl. BGH 7.4.1994, NStZ 1994, 486 zu § 259 StGB).

83 **Die Strafrahmenverschiebung nach unten bei Beihilfe ist** nach § 27 II 2 StGB zwingend. Im Falle eines gewerbs- oder bandenmäßigen Schmuggels (§ 373 I bzw. II Nr. 3 AO) ist dabei zu beachten, dass die Strafrahmenverschiebung aus dem Grundtatbestand vorzunehmen ist, wenn beim Gehilfen das besondere *persönliche* Merkmal (§ 28 II StGB) der Gewerbsmäßigkeit oder das der Bandenmitgliedschaft nicht gegeben ist (s. Rn. 37, 73). Fehlen beim Anstifter besondere persönliche Merkmale, ist die Strafe dem Strafrahmen des Grundtatbestandes zu entnehmen. Auf die *tatbezogenen* Qualifikationsmerkmale des gewaltsamen Schmuggels (§ 373 II Nr. 1 u. 2 AO), ist § 28 II StGB nicht anwendbar.

84 **Den Täter einer Begünstigung oder Strafvereitelung** treffen die Qualifikationsmerkmale des § 373 AO auch dann nicht, wenn er wusste, dass der Vortäter gewerbsmäßig, gewaltsam oder bandenmäßig handelte. Die Strafe ist allein aus den Strafrahmen der §§ 257, 258 StGB zu entnehmen; sie darf nicht schwerer sein als die für die Vortat angedrohte Strafe (§§ 257 II, 258 III StGB). Die Strafdrohung umfasst Freiheitsstrafe bis zu fünf Jahren oder Geldstrafe. Bei der Strafzumessung wegen Begünstigung oder Strafvereitelung sind außer den Umständen der begünstigenden oder strafvereitelnden Handlung aber auch die Umstände der Vortat und unter diesen die Merkmale des § 373 AO zu berücksichtigen. Die Möglichkeit einer strafbefreienden Selbstanzeige nach § 371 I AO besteht nicht („in den Fällen des § 370").

7. Strafbarkeit des Versuchs

Schrifttum: *Seelig,* Strafbarkeit des versuchten Schmuggels in einem qualifizierten Fall (§ 373 AO), ZfZ 1981, 8.

Der Versuch des Schmuggels gemäß § 373 AO ist strafbar. Dies hat der Gesetzgeber durch G v. 21.12.2007 (BGBl. I 3198) in § 373 III AO ausdrücklich klargestellt (Rn. 1). Für die frühere Gesetzeslage war die Frage der Strafbarkeit des Versuchs umstritten; wurde aber von der zutreffenden hM aus § 370 II iVm § 373 AO bzw. § 370 II iVm § 372 II u. § 373 AO hergeleitet (s. hierzu *Voß* 42 zu § 373 AO in der 6. Aufl. mwN). Soll die Abgabenverkürzung durch die Abgabe falscher Anmeldungen bei der zollamtlichen Abfertigung bewirkt werden, so beginnt der Versuch erst mit der Vorlage der wahrheitswidrigen – unvollständigen – Zollanmeldung (BGH 19.6.2003, wistra 2003, 389). Zum Versuchsbeginn bei steuerlichen Einfuhrdelikten siehe auch *Jäger* NStZ 2004, 191, 195. 85

8. Schwarzhandel mit Zigaretten zum eigenen Bedarf

§ 373 AO ist nicht anzuwenden, wenn der Täter zum eigenen Verbrauch vorsätzlich oder fahrlässig Zigaretten in Verpackungen erwirbt, an denen ein gültiges Steuerzeichen iS des § 4 Nr. 12 TabStG nicht angebracht ist, soweit der einzelnen Tat nicht mehr als 1000 Zigaretten zugrunde liegen (§ 37 I 2 TabStG). Die Qualifikationsmerkmale des § 373 AO (gewerbsmäßig, gewaltsam, bandenmäßig) dürften allerdings bei der geringen Menge von 1000 Zigaretten idR ohnehin nicht vorliegen. 86

9. Selbstanzeige

Straffreiheit durch Selbstanzeige ist bei Schmuggel gem. § 373 AO nicht möglich, da § 371 I AO nur die „Fälle des § 370" erwähnt (s. ferner Rn. 46 zu § 371). 87

10. Strafen und Nebenfolgen

Schrifttum: *Lenkewitz,* Das Zusammentreffen mehrerer Strafschärfungsgründe, ZfZ 1952, 298; 1953, 202; *Beckschäfer,* Zur Frage der Strafzumessung beim Schmuggel in Millionenhöhe (Anmerkung), ZWH 2012, 282; *Beckschäfer,* Zum gewerbsmäßige Schmuggel durch unrichtige Zollanmeldung (Anmerkung), ZWH 2012, 504; *Höll/Heinisch,* Zur Frage der Strafzumessung bei Schmuggel in Millionenhöhe (Anmerkung), NJW 2012, 2600; *Ochs/Wargowske,* Zur Frage der Strafzumessung beim Schmuggel (Anmerkung), NZWiSt 2012, 302; *Matschke,* Strafzumessung im Steuerstrafrecht, wistra 2012, 457; *Zucker,* Schmuggel in Millionenhöhe, AW-Prax 2013, 187.

Die Strafdrohung des § 373 AO umfasst **Freiheitsstrafe** von sechs Monaten bis zu zehn Jahren. Für minder schwere Fälle sieht § 373 I 2 AO Freiheitsstrafe bis zu fünf Jahren oder **Geldstrafe** vor. 88

Vor Inkrafttreten des Gesetzes zur Neuregelung der Telekommunikationsüberwachung und anderer verdeckter Ermittlungsmethoden sowie zur Umsetzung der Richtlinie 2006/24/EG v. 21.12.2007 (BGBl. 2007 I 3198) mit Wirkung ab 1.1.2008 reichte der Strafrahmen von drei Monaten bis zu fünf Jahren Freiheitsstrafe. 89

Auf Altfälle mit Tatzeitpunkten vor dem 1.1.2008 ist gem. § 2 III StGB das im konkreten Fall günstigere Gesetz anzuwenden. Auch soweit der in Betracht kommende Strafrahmen Geldstrafe nicht vorsieht, tritt sie: 90

a) an die Stelle von Freiheitsstrafe *zwingend* dann, wenn im Einzelfall eine Freiheitsstrafe von sechs Monaten oder darüber nicht in Betracht kommt und wenn nicht besondere Umstände, die in der Tat oder der Persönlichkeit des Täters liegen, die Verhängung einer Freiheitsstrafe zur Einwirkung auf den Täter oder zur Verteidigung der Rechtsordnung unerlässlich machen (§ 47 II, I StGB);

b) *neben eine Freiheitsstrafe fakultativ* dann, wenn der Täter sich durch die Tat bereichert oder zu bereichern versucht hat, falls eine Geldstrafe auch unter Berücksichtigung der persönlichen und wirtschaftlichen Verhältnisse des Täters angebracht ist (§ 41 StGB); für die Bemessung einer solchen zusätzlichen Geldstrafe gilt § 40 StGB (Rn. 137 ff. zu § 369).

Wegen der Möglichkeit der **Aberkennung der Amtsfähigkeit und Wählbarkeit** vgl. § 375 I AO iVm § 45 II StGB, wegen der Möglichkeit der **Einziehung** des Schmuggelgutes und der zur Tat benutzten Beförderungsmittel vgl. § 375 II AO iVm § 74a StGB.

91 **Ein Zusammentreffen mehrerer Qualifikationsmerkmale** in derselben Tat hat nicht zur Folge, dass die von § 373 AO angedrohte Mindestfreiheitsstrafe von sechs Monaten ggf. verdoppelt oder verdreifacht wird. Eine Addition von Strafdrohungen ist dem Strafrecht fremd (ausf. bereits *Lenkewitz* ZfZ 1952, 298 sowie ZfZ 1953, 202).

92 Innerhalb des anzuwendenden Strafrahmens ist allerdings für die **Strafzumessung** bedeutsam, ob ein Schmuggler bei derselben Tat mehrere Qualifikationsmerkmale des § 373 AO verwirklicht hat, etwa als Mitglied einer bewaffneten Bande gewerbsmäßig tätig geworden ist.

Im Einzelnen sind besonders zu berücksichtigen:

- *bei gewerbsmäßigem Schmuggel* der Umfang der mit dem Schmuggel erschlossenen Einnahmequelle;
- *bei gewaltsamem Schmuggel* die Gefährlichkeit der (Schuss-)Waffe und der Munition, des sonstigen Werkzeugs oder Mittels und der Grad der Entschlossenheit, von den verfügbaren Gewaltmitteln Gebrauch zu machen;
- *bei bandenmäßigem Schmuggel* die Größe der Bande und die Dauer der Verbindung, ihre (fortlaufende, gelegentliche oder nur vereinzelte) Aktivität, die Stellung des einzelnen Mitglieds innerhalb der Bande (Anführer oder Mitläufer) und die Bedeutung seines Tatbeitrags.

93 Bei **Schmuggel in großem Ausmaß** entfaltet der Strafrahmen des § 370 III AO, der dem des § 373 AO entspricht, eine Sperrwirkung. Dies folgt daraus, dass Schmuggel ein Qualifikationstatbestand der Steuerhinterziehung ist. Bei Schmuggel in großem Ausmaß kommt deshalb die Annahme eines minder schweren Falles des Schmuggels gemäß § 373 I 2 AO allenfalls in besonderen Ausnahmefällen noch in Betracht. Ein solcher Ausnahmefall liegt jedenfalls dann nicht vor, wenn der Schmuggel in organisierten Vertriebsstrukturen stattgefunden hat (BGH 22.5.2012, wistra 2012, 350, Rn. 29).

94 Für den **Schmuggel in Millionenhöhe** gilt die Rechtsprechung des BGH zur Strafzumessung bei Steuerhinterziehung in Millionenhöhe. Dies folgt aus dem Umstand, dass es sich beim Schmuggel (§ 373 AO) um einen Qualifikationstatbestand der Steuerhinterziehung handelt. Deshalb kommt auch bei Schmuggel in Millionenhöhe eine (aussetzungsfähige) Freiheitsstrafe von nicht mehr als zwei Jahren nur bei Vorliegen besonders gewichtiger Milderungsgründe noch in Betracht (BGH 22.5.2012, wistra 2012, 350, Rn. 34). Dabei ist es dabei ohne Bedeutung, ob die Millionengrenze durch eine einzelne Tat oder erst durch mehrere gleichgelagerte Einzeltaten erreicht worden ist. Der in § 370 III 2 Nr. 1 AO zum Ausdruck kommenden Wertung ist selbst dann Rechnung zu tragen, wenn jede Tat für sich genommen die Grenze zum großen Ausmaß nicht überschreitet (BGH 22.5.2012, wistra 2012, 350, Rn. 37).

95 Im Rahmen der Strafzumessung bedarf der Umstand der **Haftung für verkürzte Steuern nach § 71 AO** beim Täter eines Schmuggels zumeist keiner ausdrücklichen Erörterung, es sei denn der Täter spielte im Gesamtgeschehen nur eine untergeordnete Rolle und war an dem wirtschaftlichen Erfolg der Tat nur in geringem Umfang beteiligt (vgl. BGH 14.3.2007, wistra 2007, 262, 265). Auch dann kommt aber eine strafmildernde Berücksichtigung einer Heranziehung gemäß § 71 AO allenfalls dann in Betracht, wenn der Täter nach den maßgeblichen Umständen des Einzelfalls mit seiner Heranziehung rechnen muss und dies eine besondere Härte darstellt (BGH 25.9.2012, BGHR AO § 370 Abs. 1 Strafzumessung 25).

96 Strafmildernd ist zu berücksichtigen, wenn die Waren, hinsichtlich deren Abgaben hinterzogen worden sind, **nicht in den freien Verkehr gelangt** sind. Anders stellt sich die

Situation dar, wenn die Waren letztendlich in einen anderen Mitgliedstaat der EU gelangt sind. In diesem Fall wäre es rechtsfehlerhaft, zugunsten des Täters zu werten, dem deutschen Fiskus sei nur ein „formaler Schaden" entstanden, weil bei ordnungsgemäßer Gestellung und Überführung der Waren in ein externes Versandverfahren (Art. 91 ZK) im Inland keine Abgaben entstanden wären. Hierin liegt kein strafmildernder Gesichtspunkt, weil die Waren im Zollgebiet der EU in den zollrechtlich freien Verkehr überführt werden sollten, ohne dass eine Entrichtung der hierfür anfallenden Einfuhrabgaben vorgesehen war (BGH 14.3.2007, wistra 2007, 262, 265, 266). Auch hinsichtlich der nationalen Verbrauchsteuern (zB TabSt), die anlässlich der Einfuhr in das Zollgebiet der EU erhoben werden, handelt es sich nicht um eine Steuerverkürzung „aus formalen Gründen". Denn maßgeblich für das Entstehen der Steuer ist nicht der Verkauf der Ware an Endverbraucher, sondern die Überführung in den freien Verkehr im deutschen Steuergebiet (BGH wistra 2007, 262, 266).

Im Falle einer erfolgreichen **„Durchfuhr"** durch Deutschland in einen anderen EU- 97
Mitgliedstaat geht die Befugnis, die Verbrauchsteuer zu erheben, auf diesen Mitgliedstaat über (EuGH 5.3.2015 – C-175/14, Prankl, ZfZ 2015, 98, Rn. 24). Dieser Umstand lässt jedoch weder die Strafbarkeit des Schmuggels rückwirkend entfallen, noch führt er im Ergebnis zu einer Strafmilderung, wenn das Verbringen in den anderen Mitgliedstaat ebenfalls eine Straftat darstellt (vgl. § 373 IV, § 370 VI AO).

einstweilen frei 98–100

11. Konkurrenzfragen

Im **Verhältnis zu §§ 370, 372 AO** geht – sofern dieselben Abgaben betroffen sind – 101
§ 373 AO als Qualifikationstatbestand vor (Rn. 5).

Eine Bestrafung wegen **Geldwäsche** scheidet für einen Täter aus, der sich hinsichtlich 102
der Gegenstände, die dem Schutz des § 261 StGB unterliegen, nach § 373, 374 AO strafbar gemacht hat (§ 261 IX 2 StGB; BGH 20.9.2000, wistra 2000, 464).

Beim Zusammentreffen der **Hinterziehung von Einfuhr- und Ausfuhrabgaben in** 103
einem besonders schweren Fall (§ 370 III AO) mit **Schmuggel** (§ 373 AO) hat die Rspr die Strafe früher dem höheren Strafrahmen des § 370 III AO entnommen. Denn es wäre sinnwidrig gewesen, diesen Strafrahmen nur deshalb nicht zur Anwendung zu bringen, weil zum Grundtatbestand zusätzlich ein Merkmal, das die Tat als Schmuggel qualifiziert, hinzukommt (BGH 5.11.2014, wistra 2015, 103; BGH 28.9.1983, BGHSt 32, 95; BGH 10.9.1986, wistra 1987, 30). Seit der Anhebung des Strafrahmens für Schmuggel durch Gesetz v. 21.12.2007 (BGBl. 2007 I 3198; s. Rn. 1) auf Freiheitsstrafe von sechs Monaten bis zu zehn Jahren, der demjenigen des § 370 III AO entspricht, besteht hierfür für nach dem Jahr 2007 begangene Taten kein Bedürfnis und keine Rechtfertigung mehr.

Für die **inneren Konkurrenzen** gilt, dass Abs. 2 Nr. 1 (Schusswaffen) und Nr. 2 104
(Waffen usw.) einander tatbestandlich ausschließen (glA Kohlmann/*Hilgers-Klautzsch* 153 zu § 373). Im Übrigen besteht zwischen den verschiedenen Begehungsformen, die unterschiedliche Unrechtstypen repräsentieren, nach hM Idealkonkurrenz (BGH 10.7.1975, BGHSt 26, 167, 174; HHSp-*Engelhardt* 132 zu § 373; aA Kohlmann/*Hilgers-Klautzsch* 154 zu § 373 AO: „eine Tat").

Tateinheit (§ 52 StGB) kann bestehen zwischen 105

– *gewaltsamem Schmuggel* (§ 373 II Nr. 1 oder Nr. 2 AO) und *Widerstand gegen Vollstreckungsbeamte* (§ 113 StGB), wenn ein Täter oder Teilnehmer von der bei sich geführten (Schuss-)Waffe, dem sonstigen Werkzeug oder Mittel gegenüber Zollbeamten oder anderen Vertretern der vollziehenden Staatsgewalt, namentlich Beamten der Polizei, Gebrauch macht, zB wenn Schmugglerfahrzeuge gewaltsam Straßensperren durchbrechen und dabei Zollbeamte gefährdet werden (OLG Köln 12.5.1963, ZfZ 1963, 249). Werden die Beamten verletzt, kommt *gefährliche Körperverletzung* (§ 224 StGB) hinzu, zB

wenn Schmuggler mit Stöcken auf Zollbeamte einschlagen (vgl. RG v. 19.11.1937, RZBl. 824);
- *gewaltsamem Schmuggel* (§ 373 II Nr. 1 oder Nr. 2 AO) und unerlaubtem *Führen oder Verbringen einer Schusswaffe* (§ 52 I Nr. 1 WaffG), wenn die Schusswaffe das Schmuggelgut bildet;
- *bandenmäßigem Schmuggel* (§ 373 II Nr. 3 AO) und *Bildung einer kriminellen Vereinigung* (§ 129 StGB), wenn die Schmugglerbande zugleich die Voraussetzungen einer Vereinigung iS des § 129 StGB erfüllt (vgl. dazu BGH 8.8.2006, NStZ 2007, 31);
- *bandenmäßigem Schmuggel* (§ 373 II Nr. 3 AO) und *Urkundenfälschung* (§ 267 StGB), zB bei Verwendung gefälschter Belege zur Täuschung der Zollbeamten (BGH 9.10.1974, BGHSt 26, 4).

106 **Tatmehrheit** (§ 53 StGB) kann vorliegen zwischen
- *Schmuggel* (§ 373 AO) betr. Einfuhrabgaben *und Steuerhinterziehung* (§ 370 I Nr. 3 AO bzw. § 370 I Nr. 2 AO) betr. deutsche Verbrauchsteuern, wenn zB verbrauchsteuerpflichtige Waren vorschriftswidrig aus einem Drittland in den freien Verkehr eines Mitgliedstaats der EU verbracht worden sind und die Waren noch vor Beendigung des Schmuggels gem. § 373 I iVm IV AO von dort unter Verstoß gegen steuerliche Pflichten in das Steuergebiet der Bundesrepublik Deutschland verbracht werden (glA *Leplow* PStR 2008, 213; *Allgayer/Sackreuther* PStR 2009, 44); dies ist etwa der Fall, wenn ein Schmuggler Zigaretten aus der Ukraine nach Polen einschmuggelt und, bevor diese zur Ruhe gekommen sind, unter Verstoß gegen steuerliche Erklärungs- und Handlungspflichten in das Steuergebiet der Bundesrepublik Deutschland verbringt (vgl. BGH 1.2.2007, wistra 2007, 224);
- *bandenmäßigem Schmuggel* (§ 373 II Nr. 3 AO) und *Diebstahl* (§ 242 StGB), selbst wenn die von Schmugglern gestohlenen Sachen in unmittelbarem Anschluss an die Wegnahme über die Grenze geschafft werden (aM *Voß* in der 6. Aufl. unter Hinweis auf RG 20.2.1920, RGSt 54, 246 f.); da es sich beim Schmuggel (§ 373 AO) ebenso wie bei der Steuerhinterziehung (§ 370 AO) um ein Erklärungsdelikt handelt, überschneiden sich die jeweils tatbestandsmäßigen Ausführungshandlungen nicht.

107 Schmuggel gem. § 373 AO ist mögliche Vortat einer **Geldwäsche** (§ 261 I Nr. 3 StGB). Eine Bestrafung des Täters ist jedoch wegen der Vorrangklausel des § 261 IX 2 StGB ausgeschlossen, wenn der Täter der Geldwäsche bereits an der Vortat beteiligt war (vgl. BGH 26.2.2003, BGHSt 48, 240). Zur Zulässigkeit der Ermittlungsmaßnahme der Telekommunikationsüberwachung wegen des Verdachts der Geldwäsche s. Rn. 110.

12. Verfahrensfragen

108 Ein **Verfahrenshindernis gemäß § 32 ZollVG** ist gegeben, wenn der Schmuggel im grenzüberschreitenden Reiseverkehr begangen wird und keiner der in § 32 I u. II ZollVG genannten Ausschlussgründe eingreift (Rn. 12 zu § 32 ZollVG; ebenso Kohlmann/*Hilgers-Klautzsch* 157 zu § 373). In der Regel bezieht sich die Tat bei Schmuggel auf die Verkürzung von Einfuhrabgaben von mehr als 130 EUR (vgl. § 32 I ZollVG), so dass bereits deshalb die Anwendung des § 32 ZollVG ausscheidet und ein Ermittlungsverfahren einzuleiten ist (§ 397 I AO).

109 Die **Kompetenz der FinB, das Ermittlungsverfahren** in den Grenzen des § 399 I AO und der §§ 400, 401 AO **selbstständig durchzuführen,** besteht für die Steuerstraftat (vgl. § 369 I Nr. 1 AO) des Schmuggels (§ 373 AO) auch dann, wenn die Tat ohne die qualifizierenden Merkmale des § 373 AO als Bannbruch zu qualifizieren wäre, selbst wenn in diesem Fall die Subsidiaritätsklausel des § 372 II AO greifen würde (vgl. bereits BGH 4.7.1973, NJW 1973, 1707 f.).

110 Gewerbsmäßiger, gewaltsamer und bandenmäßiger Schmuggel (§ 373 AO) sind Katalogtaten der **Überwachung der Telekommunikation** (§ 100a II Nr. 2 Buchst. b StPO).

Die Anordnung einer Telekommunikationsüberwachung kommt allerdings nur in Betracht, wenn die allgemeinen Anordnungsvoraussetzungen des § 100a I StPO vorliegen. Voraussetzung ist daher ein auf Tatsachen gestützter Verdacht eines Schmuggels gem. § 373 AO (§ 100a I Nr. 1 StPO), die Feststellung, dass die Tat auch im Einzelfall schwer wiegt (§ 100a I Nr. 2 StPO) und die Erkenntnis, dass die Erforschung des Sachverhalts oder die Ermittlung des Aufenthaltsorts des Beschuldigten auf andere Weise wesentlich erschwert oder aussichtslos wäre (§ 100a I Nr. 3 StPO). Die Möglichkeit einer auf den Verdacht des Schmuggels gem. § 373 AO gestützten Telefonüberwachung hat der Gesetzgeber erst mit Wirkung v. 1.1.2008 durch das G zur Neuregelung der Telekommunikationsüberwachung und anderer verdeckter Ermittlungsmethoden sowie zur Umsetzung der Richtlinie 2006/24/EG v. 21.12.2007 (BGBl. 2007 I 3198) geschaffen (Rn. 1; s. dazu auch *Wulf* wistra 2008, 321). Bis dahin kam eine Telekommunikationsüberwachung im Bereich von Steuer- und Zolldelikten regelmäßig nur dann in Betracht, wenn der Verdacht bestand, dass der Beschuldigte einer *kriminellen Vereinigung* angehörte (§ 129 StGB), die zur Begehung solcher Taten gegründet worden war. Dagegen war es beim Verdacht des Schmuggels ausgeschlossen, die Anordnung der Telekommunikationsüberwachung auf den Verdacht der *Geldwäsche* (§ 261 StGB) zu stützen, wenn eine Verurteilung wegen Geldwäsche auf Grund der Vorrangklausel des § 261 IX 2 StGB nicht zu erwarten war (BGH 26.2.2003, BGHSt 48, 240). Sonst wäre es möglich gewesen, über diesen Umweg eine damals für Schmuggeltaten unzulässige Telekommunikationsüberwachung anzuordnen, obwohl eine Verurteilung wegen Geldwäsche nach § 261 IX 2 StGB bereits zum Anordnungszeitpunkt nicht in Betracht kam (BGH 26.2.2003, BGHSt 48, 240).

Lagen die Voraussetzungen für die Anordnung der Telekommunikationsüberwachung von Anfang an nicht vor, führt dies regelmäßig zu einem **Verbot der Verwertung** der aus der Überwachungsmaßnahme erlangten Erkenntnisse (vgl. Meyer-Goßner/Schmitt/*Schmitt* StPO § 100 a Rn. 35 mwN). In der Revision kann die Unzulässigkeit der Verwertung nur mit einer Verfahrensrüge geltend gemacht werden, die den Anforderungen des § 344 II 2 StPO gerecht werden muss. Hierzu ist es insbes. erforderlich, dass der Revisionsführer dem Revisionsgericht sämtliche die Telekommunikationsüberwachung betreffenden Beschlüsse des Ermittlungsrichters vorlegt; zudem muss er die bei Anordnung der Telekommunikationsüberwachung bestehende Verdachtslage unter vollständiger Vorlage der Aktenbestandteile, die für die Beurteilung der Verdachtslage zum Zeitpunkt der Anordnung der Überwachungsmaßnahme von Bedeutung sind, detailliert schildern. **111**

Die Tat kann auch durch **Strafbefehl** (§ 407 AO) geahndet werden, wenn im konkreten Einzelfall die Verhängung von Geldstrafe möglich und schuldangemessen ist (s. dazu Rn. 81) oder – sofern der Angeschuldigte einen Verteidiger hat – eine zur Bewährung auszusetzende Freiheitsstrafe bis zu einem Jahr festgesetzt werden soll (§ 407 II AO). **112**

Einer isolierten Beurteilung sind die Qualifikationsmerkmale des § 373 AO **nicht zugänglich,** da sie einen untrennbaren Teil der Schuldfrage bilden. Aus diesem Grunde ist es nicht möglich, ein Rechtsmittel wirksam auf die Nachprüfung der qualifizierenden Merkmale des § 373 AO zu beschränken. Eine gleichwohl dergestalt vorgenommene Rechtsmittelbeschränkung ist unwirksam und führt zur umfassenden Überprüfung des angefochtenen Urteils (vgl. BGH 13.7.1989, BGHR StPO § 344 Abs. 1 Beschränkung 2). Grundsätzlich möglich ist dagegen die Beschränkung der Strafverfolgung gem. § 154a StPO auf den jeweiligen Grundtatbestand. **113**

Zunehmende Bedeutung bei Schmuggel durch mehrere Mitgliedstaaten der EU oder Nicht-EU-Schengenstaaten erlangt das Verfahrenshindernis des transnationalen **Strafklageverbrauchs** aufgrund des in Art. 54 SDÜ enthaltenen Verbots der doppelten Verfolgung wegen derselben Tat („ne bis in idem“) im Schengen-Raum (vgl. auch FT-*Schuster/Schultehinrichs* 60 zu § 373 AO). Dieser Begriff der Tat ist autonom europarechtlich auszulegen (*Böse* GA 2003, 744, 757/758; *Harms/Heine,* Festschr. für Günter Hirsch zum 65. Geburtstag, 2008, S. 85, 91). Die Auslegung des Art. 54 SDÜ orientiert sich an dessen Zweck, die ungehinderte Ausübung des Rechts auf Freizügigkeit der Unionsbürger zu **114** sichern (EuGH 9.3.2006 – C-436/04, Slg. 2006, I-2333 = NJW 2006, 1781 – Van Esbroeck). Wer wegen eines Tatsachenkomplexes bereits in einem Mitgliedstaat abgeurteilt ist, soll sich darauf verlassen können, dass er nicht in einem anderen Mitgliedstaat – auch nicht unter einem anderen rechtlichen Gesichtspunkt – ein zweites Mal wegen derselben Tatsachen strafrechtlich verfolgt wird (BGH 9.6.2008, NJW 2008, 2931 mwN). Deshalb kann die Übernahme geschmuggelter Zigaretten in einem Mitgliedstaat der EU, das Verbringen in einen anderen und der dortige Besitz eine Tat iS von Art. 54 SDÜ sein, wenn der Täter von Anfang an vorhatte, die Schmuggelware nach der ersten Übernahme über mehrere Mitgliedstaaten zu einem endgültigen Bestimmungsort zu transportieren. Maßgebendes Kriterium für die Anwendung des Art. 54 SDÜ ist das der Identität der materiellen Tat, verstanden als das Vorhandensein eines Komplexes unlösbar miteinander verbundener Tatsachen, unabhängig von der rechtlichen Qualifikation dieser Tatsachen oder von dem rechtlich geschützten Interesse (EuGH 18.7.2007 – C-288/05, Slg. I-2007, 6441 = NJW 2007, 3412 – Kretzinger, mwN; BGH 9.6.2008, BGHSt 52, 275 = NJW 2008, 2931; vgl. auch). Zum Verhältnis von Art. 54 SDÜ zu Art. 50 EU-Grundrechtecharta vgl EuGH 5.6.2014 – C-398/12, wistra 2015, 140 sowie BGH 25.10.2010, BGHSt 56, 11.

§ 374 Steuerhehlerei

(1) **Wer Erzeugnisse oder Waren, hinsichtlich deren Verbrauchsteuern oder Einfuhr- und Ausfuhrabgaben *im Sinne des Artikels 4 Nr. 10 und 11 des Zollkodexes* [*ab 1.5.2016:* nach Artikel 5 Nummer 20 und 21 des Zollkodex der Union] hinterzogen oder Bannbruch nach § 372 Abs. 2, § 373 begangen worden ist, ankauft oder sonst sich oder einem Dritten verschafft, sie absetzt oder abzusetzen hilft, um sich oder einen Dritten zu bereichern, wird mit Freiheitsstrafe bis zu fünf Jahren oder mit Geldstrafe bestraft.**

(2) [1]**Handelt der Täter gewerbsmäßig oder als Mitglied einer Bande, die sich zur fortgesetzten Begehung von Straftaten nach Absatz 1 verbunden hat, so ist die Strafe Freiheitsstrafe von sechs Monaten bis zu zehn Jahren.** [2]**In minder schweren Fällen ist die Strafe Freiheitsstrafe bis zu fünf Jahren oder Geldstrafe.**

(3) **Der Versuch ist strafbar.**

(4) **§ 370 Absatz 6 und 7 gilt entsprechend.**

Schrifttum: *Bockelmann,* Über das Verhältnis der Hehlerei zur Vortat, NJW 1950, 850; *Jaeger,* Zollhinterziehung als Vortat der Zollhehlerei, ZfZ 1952, 307; *Maurach,* Bemerkungen zur neuesten Hehlereirechtsprechung des BGH, JZ 1952, 714; *Sax,* Der Begriff der „strafbaren Handlung" im Hehlereitatbestand, MDR 1954, 65; *Meister,* Beteiligung an der Vortat und Hehlerei, MDR 1955, 715; *Münsterer,* Abhängigkeit der Steuerhehlerei von der Vortat und Haftung des Steuerhehlers beim Erwerb ohne Entrichtung der Eingangsabgaben eingeführter Tabakerzeugnisse, ZfZ 1955, 136; *Stree,* Die Ersatzhehlerei als Auslegungsproblem, JuS 1961, 50; *ders.,* Abgrenzung der Ersatzhehlerei von der Hehlerei, JuS 1961, 83; *ders.,* Probleme der Hehlerei und Vernachlässigung der Aufsichtspflicht, JuS 1963, 427; *Waider,* Zum sog. „derivativ-kollusiven" Erwerb des Hehlers, GA 1963, 312; *Oellers,* Der Hehler ist schlimmer als der Stehler, GA 1967, 6; *Meyer,* Zum Problem der Ersatzhehlerei an Geld, MDR 1970, 379; *Küper,* Die Merkmale „absetzen" und „absetzen hilft" im neuen Hehlereitatbestand, JuS 1975, 633; *Meyer,* Zur Auslegung des Merkmales „oder absetzen hilft" der neuen Hehlereivorschrift, MDR 1975, 721; *Stree,* Begünstigung, Strafvereitelung, Hehlerei, JuS 1976, 137; *Arendt,* Die Bereicherungsabsicht bei der Steuerhehlerei, ZfZ 1979, 229; *ders.,* Noch einmal: Zur Frage der Steuerhehlerei beim Erwerb von Betäubungsmitteln zum Eigenverbrauch, ZfZ 1979, 351; *ders.,* Die Steuerhehlerei – § 374 AO – beim Erwerb von Betäubungsmitteln zum Eigenverbrauch, ddz 1980, F 67; *Berz,* Grundfragen der Hehlerei, Jura 1980, 57; *Hruschka,* Hehlerei und sachliche Begünstigung, JR 1980, 221; *Arendt,* Die Tatbestandsmerkmale „absetzt" oder „abzusetzen hilft" bei der Steuerhehlerei, ddz 1981, F 3; *Arzt,* Die Hehlerei als Vermögensdelikt, NStZ 1981, 10; *Rudolphi,* Grundprobleme der Hehlerei, JA 1981, 90; *Volk,* Steuerhehlerei, in: Küper u. Welp, Beiträge zur Rechtswissenschaft, Festschrift für Walter Stree und Johannes Wessels zum 70. Geburtstag, 1993; *Krisch,* Die Steuerhehlerei § 374 AO, 1993; *Janovsky,* Die Strafbarkeit des illegalen grenzüberschreitenden Warenverkehrs, NStZ 1998, 117; *Erb,* Die Qualifikationstatbestände der Bandenhehlerei (§§ 260 I Nr. 2, 260a StGB) – ein spezifisches Instrument zur Bekämpfung der „Organisierten Kriminalität"?, NStZ 1998, 537; *Rönnau,* Moderne Probleme der Steuerhehlerei (§ 374 AO), NStZ 2000, 513; *Meyer-Abich,* Die Unzulässigkeit der Telefonüberwachung bei Vergehen gemäß §§ 373, 374 AO, NStZ 2001, 465; *Bilsdorfer,* Rechtsprechung zum Steuerstraf- und Steuerordnungswidrigkeitenrecht im Jahre 2001, NWB Fach 13, 999: *Spriegel,* Strafrechtliche Risiken bei grenzüberschreitenden Aktivitäten für Steuerpflichtige und steuerliche Berater, Handbuch der internationalen Steuerplanung 2003, S. 1663; *Leplow,* Ahndung des Zigarettenschmuggels nach dem 1.5.04, PStR 2007, 180; *Bender,* Neuigkeiten im Zoll- und Verbrauchsteuerstrafrecht 2008, ZfZ 2008, 145; *Leplow,* Ahndung des Zigarettenschmuggels nach §§ 373, 374 AO n. F., PStR 2008, 63; *Kretschmer,* Der Versuchsbeginn bei der Steuerhehlerei (§ 374 AO), NStZ 2008, 379; *Wulf,* Telefonüberwachung und Geldwäsche im Steuerstrafrecht, wistra 2008, 321; *Allgayer/Sackreuther,* §§ 52 ff. StGB: Konkurrenzen bei illegaler Einfuhr von Zigaretten, PStR 2009, 44; *Jäger,* Die Auswirkungen der Osterweiterung der Europäischen Union auf das deutsche Steuerstrafrecht, Festschrift für Knut Amelung zum 70. Geburtstag, 2009, S. 447; *Wegner,* Steuerhehlerei bei Branntweingeschäften, PStR 2010, 113; *Middendorp,* Verbringen von Tabakwaren des steuerrechtlich freien Verkehrs anderer Mitgliedstaaten, ZfZ 2011, 197; *Weidemann,* Steuerhehlerei bei Einfuhr und Verbringen von Zigaretten, PStR 2011, 224; *Gehm,* Zur Steuerhehlerei vor Beendigung der Steuerhinterziehung (Entscheidungsanmerkung), NZWiSt 2012, 228; *Kindler,* Zur Frage der Möglichkeit der Steuerhehlerei auch vor Beendigung der Haupttat (Entscheidungsanmerkung), NStZ 2012, 640; *Matschke,* Strafzumessung im Steuerstrafrecht, wistra 2012, 457; *Schiemann,* Zur Frage der Steuerhehlerei vor Beendigung vorangegangener Steuerhinterziehung (Entscheidungsanmerkung), NJW 2012, 1747; *Weidemann,* Tabaksteuerstrafrecht, wistra 2012, 49; *Beckemper,* Der Bannbruch, HRRS 2013, 443; *Beckemper,* Steuerhehlerei und sukzessive Beihilfe zur vollendeten, aber nicht beendeten Steuerhinterziehung (Entscheidungsanmerkung), wistra 2013, 151; *Leplow,* Anmerkung zu BGH v. 9.2.2012 – 1 StR 438/11, EWiR 2013, 265; *Ebner,* Anmerkung zu OLG Braunschweig v. 18.3.2015 – 1 Ss 84/14, jurisPR – SteuerR 29/2015 Anm. 2; *Harms/Jäger,* Aus der Rechtsprechung des BGH zum Steuerstrafrecht, NStZ 2001, 236; 2002, 244, 250; 2003, 189, 194; 2004, 191, 194; *Jäger,* Aus der Rechtsprechung des BGH zum Steuerstrafrecht, NStZ 2008, 21.

Übersicht

1. Entstehungsgeschichte

1 **§ 374 AO 1977** geht zurück auf § 403 RAO 1931 (= § 368 RAO 1919). **§ 403 RAO 1931** wurde durch Art. I Nr. 16 G v. 4.7.1939 (RGBl. I 1181) neu gefasst und hinsichtlich der Vortat erweitert auf den Tatbestand des Bannbruchs, der zugleich als § 401a in die RAO übernommen wurde (vorher §§ 134, 136 VZollG); ferner wurde in Angleichung an § 259 StGB aF das „Inpfandnehmen" ausdrücklich mit Strafe bedroht und die Schuldvermutung *(„... den Umständen nach annehmen muss")* beseitigt. Abs. 2 S. 2 über Einziehung wurde durch Art. 17 Nr. 16 StÄndG 1961 v. 13.7.1961 (BGBl. I 981, 996) gestrichen (Schriftl. Ber. zu BT-Drs. III/2706, 11). Durch Art. 1 Nr. 11 des 2. AOStrafÄndG v. 12.8.1968 (BGBl. I 953) wurde die Vorschrift umnummeriert in § 398 RAO, Abs. 2 aus redaktionellen Gründen neu gefasst und Abs. 3 als überflüssig gestrichen (Begr. BT-Drs. V/1812, 25). § 398 I RVO wurde durch Art. 161 Nr. 4 EGStGB v. 2.3.1974 (BGBl. I 469) an § 259 StGB angepasst, insbes. erhielten die Tathandlungen die jetzt gültige Fassung. Die *Vorteils*absicht wurde durch die *Bereicherungs*absicht ersetzt. Die Strafdrohung bezog sich nun auf § 370 I, II, § 373 AO; als Vortat genügte – außer Steuerhinterziehung – nur noch ein Bannbruch nach § 372 II AO. Ausgehend von der Regelung im EGStGB v. 2.3.1974 und auf der Grundlage des USt-BinnenG v. 25.8.1992 (BGBl. I 1584), modifiziert durch das 3. Gesetz zur Änderung des Steuerbeamten-Ausbildungsgesetzes v. 21.12.1992 (BGBl. I 2118), erweiterte § 374 II AO den Tatbestand der Steuerhehlerei auf Vortaten gegen Eingangsabgaben, die von den dort genannten anderen Staaten als Deutschland verwaltet werden oder anderen Staaten zustehen. Mit Art. 8 Nr. 25 des StÄndG 2001 wurde in Abs. 1 das Wort „Zoll" durch die Wörter „Einfuhr- und Ausfuhrabgaben im Sinne des Artikels 4 Nr. 10 und 11 des Zollkodexes" und in Abs. 2 das Wort „Eingangsabgaben" durch die Wörter „Einfuhr- oder Ausfuhrabgaben" ersetzt (BGBl. 2001 I 3974).

2 Durch Art. 3 Nr. 5 des *G zur Neuregelung der Telekommunikationsüberwachung und anderer verdeckter Ermittlungsmethoden* sowie zur Umsetzung der Richtlinie 2006/24/EG v. 21.12.2007 (BGBl. I 3198) wurden in der Vorschrift des § 374 AO mit Wirkung vom 1.1.2008 mehrere, im Wesentlichen klarstellende Änderungen vorgenommen: Zum einen wurde der Strafrahmen, der nach der bisherigen Regelung durch eine Verweisung auf § 370 I, II AO und § 373 AO festgelegt wurde, zur Vereinfachung der Rechtsanwendung in § 374 I, II AO neu geregelt; dabei wurde die bandenmäßige Steuerhehlerei in ihrem

Unrechtsgehalt der gewerbsmäßigen gleichgestellt. Die Versuchsstrafbarkeit ist nun in § 374 III AO geregelt; die Anwendbarkeit von § 370 VI 1, VII AO ergibt sich – entsprechend der Regelung in § 373 IV AO – aus einer Verweisung in Abs. 4 (Begr. BR-Drs. 275/07, 178).

2. Zweck und Bedeutung des § 374 AO

Als geschütztes Rechtsgut sieht die hM bei der Sachhehlerei (§ 259 StGB) das Vermögen an; das Wesen der Handlung des Hehlers liegt in der Aufrechterhaltung des durch die Vortat verursachten rechtswidrigen Vermögenszustandes (BGHGrS 20.12.1954, BGHSt 7, 134, 137; BGH 4.11.1976, BGHSt 27, 44; BGH 10.10.1984, BGHSt 33, 50, 52; *Fischer* StGB § 259 Rn. 2 u. Schönke/Schröder/*Stree/Hecker* StGB § 259 Rn. 1). Der Tatbestand der Steuerhehlerei ist dem der Sachhehlerei ähnlich. Zur Auslegung des § 374 AO kann daher in weiten Teilen auf die zu § 259 StGB ergangene Rspr zurückgegriffen werden. Allerdings sind die Parallelen zwischen Sachhehlerei und Steuerhehlerei begrenzt (MüKoStGB/*Wegner* AO § 374 Rn. 1). Das Unrecht der Vortat der Sachhehlerei besteht in der Perpetuierung einer rechtswidrigen Besitzposition, die durch eine gegen fremdes Vermögen gerichtete Vortat hergestellt wurde. Demgegenüber ist der Besitz von Erzeugnissen oder Waren iS von § 374 AO, hinsichtlich deren Verbrauchsteuern oder Einfuhr- oder Ausfuhrabgaben hinterzogen wurden oder Bannbruch begangen wurde, nicht selbst rechtswidrig. Das *Unrecht der Steuerhehlerei* liegt vielmehr in der *Aufrechterhaltung eines vom Vortäter geschaffenen steuerrechtswidrigen oder bannwidrigen Zustandes* (vgl. BGH 7.11.2007, wistra 2008, 105, 106; BGH 15.4.1980, BGHSt 29, 239, 242; zust. *Kretschmer* NStZ 2008, 379, 380). Durch die Hehlereihandlung wird die häufig noch bestehende gewisse Aussicht, dass die Tat entdeckt und deren Erfolg rückgängig gemacht wird, wenn sich die Sachen noch im Besitz des Täters einer Verbrauchsteuer-, Einfuhr- oder Ausfuhrabgabenhinterziehung bzw. eines Bannbruchs befindet, weiter verringert. Mit der Weitergabe der Sachen (an denen gemäß § 76 AO) eine Sachhaftung besteht an eine andere Person wird diese Möglichkeit weiter herabgesetzt. Das Gesetz erfasst demnach in § 374 AO typische Verhaltensweisen, die regelmäßig eine *Restitutionsgefährdung oder -vereitelung* iS einer Gefährdung oder Vereitelung der nachträglichen Durchsetzung des Steueranspruchs bewirken (zust. *Rönnau* NStZ 2000, 513, 515; RK-*Kemper* 7 zu § 374 und Klein/*Jäger* AO § 374 Rn. 1). Die Steuerhehlerei ist damit ein abstraktes Gefährdungsdelikt gegen die durch §§ 370, 372 AO geschützten Rechtsgüter (zust. MüKoStGB/*Wegner* AO § 374 Rn. 5). Soweit die Vortat Steuerhinterziehung ist, dient der Tatbestand dem Schutz des Steueraufkommens. In Bezug auf den Bannbruch als Vortat werden die – sehr verschiedenen – Rechtsgüter des § 372 AO geschützt (zust. Kohlmann/*Hilgers-Klautzsch* 12 zu § 374; krit. HHSp-*Beckemper* 12 zu § 374: Tatbestandsstruktur nicht abschließend geklärt; allgemein zum Wesen der Steuerhehlerei in Abgrenzung zur Sachhehlerei: *Volk,* Steuerhehlerei, aaO). 3

Die kriminalpolitische Bedeutung des Straftatbestandes der Steuerhehlerei besteht nicht zuletzt darin, dass § 374 AO eine Bestrafung derjenigen Personen ermöglicht, denen zwar der Umgang mit unversteuerten Waren (bzw. verbotswidrig eingeführten Waren), jedoch nicht die Hinterziehung der Steuern (bzw. das verbotswidrige Verbringen) bewiesen werden kann; zur Zulässigkeit einer Wahlfeststellung zwischen Steuerhinterziehung und Steuerhehlerei s. Rn. 95. 4

3. Gegenstand der Steuerhehlerei

a) § 374 I AO. Als Gegenstand der Steuerhehlerei kommen – abw. von § 259 StGB – nach § 374 I AO nur Erzeugnisse oder Waren in Betracht, die einer von Deutschland verwalteten Verbrauchsteuer, Einfuhr- oder Ausfuhrabgabe oder einem Bann (Rn. 7) unterliegen. Unerheblich ist, dass auf Grund des Eigenmittelbeschlusses der EG die Ertragshoheit für Zölle, die Einfuhrabgaben sind, der Gemeinschaft, jetzt EU, zusteht (vgl. Beschluss des Rates v. 21.4.1970 über die Ersetzung der *Finanzbeiträge der Mitgliedstaaten* durch 5 eigene Mittel der Gemeinschaften, ABl. 1970 Nr. L 94/19, idF des Beschlusses v. 29.9.2000 über das System der Eigenmittel der Europäischen Gemeinschaften 2000/597/EG/Euratom, ABl. 2000 Nr. L 53/42). Die Begriffshäufung *„Erzeugnisse oder Waren"* erklärt sich aus dem unterschiedlichen Sprachgebrauch der Zoll- und Verbrauchsteuergesetze (vgl. FT-*Schuster/Schultehinrichs* 4 zu § 374 AO; GJW/*Tully* AO § 374 Rn. 5, Erbs/Kohlhaas/*Hadamitzky/Senge* AO § 374 Rn. 12). Einer Verbrauchsteuer unterliegen Bier, Tabakerzeugnisse, Kaffee, Energieerzeugnisse (zB Mineralöl), Schaumwein und schaumweinähnliche Getränke sowie Branntwein. Einem Zoll unterliegt die Einfuhr von Waren nach Maßgabe des Zolltarifs. Abschöpfungen, die seit dem 1.7.1995 nicht mehr erhoben werden (Rn. 11 zu § 373) standen nach § 2 I AbschG den Zöllen iS des § 374 AO gleich (BGH 6.6.1973, BGHSt 25, 190).

6 Abweichend von § 373 AO spricht § 374 I AO nicht nur von **Einfuhr- oder Ausfuhrabgaben,** sondern darüber hinaus auch von **Verbrauchsteuern.** Damit kommt als Vortat einer Steuerhehlerei auch die Hinterziehung von Verbrauchsteuern in Betracht, die nicht bei der Einfuhr, sondern bei der Entfernung einer Ware aus dem inländischen Herstellungsbetrieb oder der Entnahme aus dem Steueraussetzungsverfahren verkürzt worden sind. Auf *Abgaben zu Zwecken der Marktordnung* ist der Tatbestand des § 374 AO entsprechend anzuwenden (§ 12 II 1 MOG). Allerdings ergibt sich eine Einschränkung aus dem Umstand, dass die Steuerhehlerei nur für Waren und Erzeugnisse in Betracht kommt, hinsichtlich deren Abgaben hinterzogen worden sind. Es muss sich demgemäß um abgabenbelastete Waren bzw. Erzeugnisse handeln, für die auch eine Sachhaftung gem. § 76 AO in Betracht kommt (vgl. FT-*Schuster/Schultehinrichs* 5 zu § 374 AO; MüKoStGB/*Wegner* AO § 374 Rn. 9). Dies war namentlich nicht der Fall bei der Abgabe auf Grund der *Quotenregelung im Milchsektor* gem. der VO (EWG) Nr. 856/84 (ABl. 1984 Nr. L 90/10), die zum 31. März 2015 ausgelaufen ist. Denn Zweck dieser Abgabe war die Mengenbegrenzung der Milcherzeugung. Sie knüpfte an die Überschreitung der dem Milcherzeuger für die abgabenfreie Vermarktung zustehende Milchmenge an, sollte die Milcherzeuger von der Überproduktion abschrecken und begründete damit eine Obliegenheit der Milcherzeuger, deren Verletzung abgabenrechtliche Folgen hatte (vgl. näher Grabitz/Hilf/Nettesheim/*Priebe* AEUV Art. 40 Rn. 56 ff.; vgl. auch BVerfG 29.4.2010, wistra 2010, 396 und OLG Frankfurt 9.3.2004; NStZ-RR 2004, 275). Damit handelte es sich nicht um eine Abgabe, die, wie Einfuhr- oder Ausfuhrabgaben und Verbrauchsteuern, auf der Ware (Milch) lastete.

7 Hinsichtlich der **Begriffe Verbrauchsteuern, Einfuhr- und Ausfuhrabgaben** wird im Übrigen auf Rn. 10 ff. zu § 373 verwiesen. § 374 I AO erfasst im Gegensatz zu § 373 AO auch die Verbrauchsteuern, die in Deutschland auf inländische Produkte und auf Produkte aus Mitgliedstaaten der EU erhoben werden. Durch die in § 374 IV AO angeordnete entsprechende Anwendung von § 370 VI 1 und VII AO werden diesen Abgaben – unabhängig vom Tatort (§ 370 VII AO) – Einfuhr- und Ausfuhrabgaben gleichgestellt, die von einem anderen Mitgliedstaat der EU verwaltet werden oder die einem Mitgliedstaat der EFTA oder einem mit dieser assoziierten Staat zustehen (s. dazu Rn. 10).

8 **Auch Sachen, deren Einfuhr, Ausfuhr oder Durchfuhr verboten ist** (Rn. 40 ff. zu § 372), können Gegenstand einer Steuerhehlerei sein. Dies gilt jedoch nur, wenn die Vortat über § 372 II AO nach § 370 AO oder nach § 373 AO mit Strafe bedroht ist. Ein Bannbruch nach § 372 I AO, der in anderen Vorschriften straf- oder bußgeldbewehrt ist, scheidet als Vortat aus (vgl. § 372 II AO).

9 **Ersatzsachen,** die der Vortäter mit Mitteln aus der Vortat erworben hat, sind nach zutreffender hM zu § 259 StGB – im Unterschied zur Geldwäsche gem. § 261 II StGB („herrührt") – den durch die Vortat erlangten Sachen nicht gleichzustellen (BGH 12.4.1956, BGHSt 9, 137, 139; BGH 23.4.1969, NJW 1969, 1260 f.; Klein/*Jäger* AO § 374 Rn. 8, MüKoStGB/*Wegner* AO § 374 Rn. 18, Kohlmann/*Hilgers-Klautzsch* 16, Schwarz/Pahlke/*Nikolaus* 7 und RK-*Kemper* 16 zu § 374; *Fischer* StGB § 259 Rn. 7 u. Schönke/Schröder/*Stree/Hecker* StGB § 259 Rn. 13 mwN). Die sog. Ersatzhehlerei wird daher nicht vom Straftatbestand der Hehlerei gem. § 259 StGB erfasst. Dasselbe gilt für die Steuerheh-

lerei, die den vom Vortäter für die von der Vortat betroffenen Sache erlangten Erlös nicht als für eine Hehlerei tauglichen Gegenstand genügen lässt (glA Kohlmann/*Hilgers-Klautzsch* 16 zu § 374 AO). Der Verkaufserlös für aus dem Ausland eingeschmuggelte Zigaretten wird daher von § 374 AO nicht erfasst. Auch an einer **neuen Sache,** die aus dem Stoff der durch die Vortat geschmuggelten Sache hergestellt worden ist, kann Steuerhehlerei nicht begangen werden (vgl. bereits RG 1.12.1922, RGSt 57, 159 zu § 259 StGB).

b) § 374 IV AO. § 374 IV AO bestimmt ausdrücklich die **entsprechende Anwendung von § 370 VI 1 und VII** AO (s. Rn. 39 ff. zu § 370). Bei den von § 370 VI 1 geschützten Abgaben handelt es sich um die Einfuhr- und Ausfuhrabgaben, die von einem anderen Staat der EU als Deutschland verwaltet werden oder die einem der EFTA-Staaten – zz. Island, Liechtenstein, Norwegen und Schweiz – oder einem mit der EFTA assoziierten Staat zustehen. Mit der EFTA assoziierte Staaten gibt es derzeit nicht. Finnland, das zz. der Einführung des § 374 II AO aF mit den EFTA-Staaten assoziiert war, ist durch Beitritt zur EU aus dem damaligen Assoziationsabkommen ausgeschieden. Zweifelhaft ist, ob § 374 II AO auch auf Waren oder Erzeugnisse anzuwenden ist, hinsichtlich deren Einfuhr- und Ausfuhrabgaben von Staaten hinterzogen worden sind, die mit den EFTA-Staaten ein Freihandelsabkommen abgeschlossen haben (vgl. dazu Dauses/*Hummer,* Handbuch des EU-Wirtschaftsrechts, Abschnitt K III Rn. 286). Die Begriffe Freihandelszone und Assoziation sind grundsätzlich zu unterscheiden (vgl. dazu Grabitz/Hilf/Nettesheim/*Herrmann* AEUV Art. 23 Rn. 69 ff.). Legt man diese Unterscheidung auch dem § 370 VI 1 AO zugrunde, dann fallen die Waren und Erzeugnisse, hinsichtlich deren Einfuhr- und Ausfuhrabgaben der Staaten hinterzogen worden sind, mit denen die EFTA-Staaten eine Freihandelszone, aber keine Assoziation begründet haben, nicht in den Anwendungsbereich der Vorschrift. 10

Die Begriffe **Einfuhr- und Ausfuhrabgaben in § 370 VI 1 AO** haben dieselbe Bedeutung wie die der Einfuhr- und Ausfuhrabgaben in § 373 AO (Rn. 10 ff. zu § 373). Im Gegensatz zu § 374 I AO erfasst die Vorschrift des § 370 VI 1 AO (iVm § 374 II AO) aber keine Verbrauchsteuern, die im jeweiligen Erhebungsgebiet nach Maßgabe der innerstaatlichen Rechtsvorschriften anfallen. Das gilt sowohl für die Verbrauchsteuern auf innerstaatliche wie für die aus anderen Mitgliedstaaten der EU stammende Erzeugnisse. 11

einstweilen frei 12–14

4. Die Vortat der Steuerhehlerei

Nach dem Wortlaut des Gesetzes kommen als Gegenstände der Steuerhehlerei nur Erzeugnisse und Waren in Betracht, hinsichtlich deren Verbrauchsteuern oder Einfuhr- oder Ausfuhrabgaben hinterzogen worden sind oder Bannbruch begangen worden ist. Waren und Erzeugnisse, hinsichtlich deren lediglich Besitz- und Verkehrssteuern hinterzogen worden sind, werden vom Anwendungsbereich des § 374 AO nicht erfasst. Vortaten der Steuerhehlerei sind 15

- *Steuerhinterziehung* (§ 370 AO),
- *Bannbruch* (§ 372 AO) und
- *Schmuggel* (§ 373 AO).

Voraussetzung der Steuerhehlerei ist zunächst die **Erfüllung aller objektiven Merkmale** des Straftatbestandes der Vortat, dh des § 370 AO, des § 373 AO oder des § 372 AO. Steuerhehlerei als solche scheidet als Vortat aus (vgl. FT-*Schuster/Schultehinrichs* 11 zu § 374 AO). Nicht erforderlich ist aber, dass der Hehler die Ware unmittelbar von dem Vortäter erwirbt (vgl. BGHSt 15, 53, 57 v. 22.6.1960). Als Steuerhehler wird daher auch bestraft, wer die Ware *von einem Zwischenhehler* erhält, der seinerseits wegen Steuerhehlerei strafbar ist (vgl. BGH 7.8.1979, NJW 1979, 2621 und BGH 20.1.1999, wistra 1999, 180 zu § 259 StGB; Schwarz/Pahlke/*Nikolaus* 17 zu § 374 AO). Im Anwendungsbereich von § 370 VI 1 AO kommt eine Strafbarkeit wegen Steuerhehlerei nur dann in Betracht, wenn die ver- 16 kürzten ausländischen Abgaben unter Beachtung des jeweils maßgeblichen ausländischen Rechts als Einfuhr- oder Ausfuhrabgaben zu qualifizieren sind (BGH 19.4.2007, NStZ 2007, 595). Nach hM scheidet Bannbruch als Vortat dann aus, wenn die Subsidiaritätsklausel des § 372 II AO zur Anwendung kommt, der Täter also aufgrund der Sanktionsnorm eines anderen Verbotsgesetzes bestraft wird (Kohlmann/*Hilgers-Klautzsch* 23 und Schwarz/Pahlke/*Nikolaus* 11 zu § 374 AO).

17 Ob und wieweit der Vortäter auch die **subjektiven Merkmale der Vortat** verwirklicht haben muss, war lange streitig. Nach dem früheren Grundsatz der extremen Akzessorietät waren Sach- und Steuerhehlerei nur möglich, wenn der Vortäter *sämtliche* subjektiven Voraussetzungen der Vortat erfüllt hatte, dh wenn er schuldfähig war, vorsätzlich gehandelt hatte, keinem Irrtum unterlegen war und auch kein sonstiger Schuldausschließungsgrund vorlag. Diese unbeschränkte Abhängigkeit der Hehlerei von der Vortat wurde zuerst bei der Steuerhehlerei durch § 403 III RAO idF des Art. I Nr. 16 G v. 4.7.1939 (BGBl. I 1181) gelockert: *„Der Steuerhehler ist auch dann strafbar, wenn die Person, die die Steuerhinterziehung oder den Bannbruch begangen hat, nicht schuldfähig ist."* Durch die Formulierung *„Sind mehrere an einer Tat beteiligt, so ist jeder ohne Rücksicht auf die Schuld des anderen nach seiner Schuld strafbar"* in § 50 I StGB idF des Art. 2 der VO v. 29.5.1943 (RGBl. I 339) wurde der Grundsatz einer *limitierten Akzessorietät* gesetzlich verankert. Seitdem ist unstreitig, dass *Schuldunfähigkeit des Vortäters* (vgl. § 20 StGB; § 1 III JGG) der Annahme von Hehlerei beim Nachtäter nicht entgegensteht – gleichgültig, welche Vorstellung dieser von der Schuldfähigkeit des Vortäters hatte. In Rspr und Rechtslehre besteht heute Einigkeit, dass der Tatbestand der Hehlerei auch bei Schuldunfähigkeit des Vortäters verwirklicht werden kann (vgl. bereits BT-Drs. V/1812, 25), wenn die Vortat den äußeren Tatbestand einer strafbaren Handlung erfüllt und objektiv rechtswidrig ist (BGH 27.2.1951, BGHSt 1, 47, 50 zu § 259 StGB; Kohlmann/*Hilgers-Klautzsch* 37 zu § 374). Der Vortäter muss aber mit mindestens „natürlichem" Vorsatz gehandelt haben (BGH 26.2.1953, BGHSt 4, 76, 78; *Fischer* StGB § 259 Rn. 6; Kohlmann/*Hilgers-Klautzsch* 36 zu § 374).

18 Das Fehlen des Unrechtsbewusstseins beim Vortäter, insbes. ein **Verbotsirrtum,** ist für die Strafbarkeit des Anschlusstäters ebenso unbeachtlich wie das Vorliegen anderer Schuldausschließungsgründe (ghM; BGH 26.2.1953, BGHSt 4, 76 m. zust. Anm. *Niese* JZ 1953, 637 und *Welzel* JR 1953, 186; Kohlmann/*Hilgers-Klautzsch* 39 f. u. Schwarz/Pahlke/*Nikolaus* 14 zu § 374 AO; Schönke/Schröder/*Stree*/*Hecker* StGB § 259 Rn. 10 f.).

19 Ein **Tatbestandsirrtum,** dh ein Irrtum des Vortäters über ein Merkmal des gesetzlichen Tatbestandes (§ 16 I 1 StGB) – auch über ein normatives Tatbestandsmerkmal –, schließt dagegen die Annahme einer Steuerhehlerei beim Nachtäter aus (glA Kohlmann/*Hilgers-Klautzsch* 41 und Schwarz/Pahlke/*Nikolaus* 14 zu § 374 AO). Hat demnach der Vortäter ein Tatbestandsmerkmal der Steuerhinterziehung oder des Bannbruchs nicht gekannt, so begeht derjenige, der die Sache in Kenntnis der Abgabepflicht oder des Einfuhr-, Ausfuhr- oder Durchfuhrverbots ankauft, zum Pfande nimmt, an sich bringt, verheimlicht oder absetzt, keine Steuerhehlerei, weil es ohne *vorsätzliche* Vortat an einem objektiven Tatbestandsmerkmal des § 374 AO fehlt (Kohlmann/*Hilgers-Klautzsch* 41). Eine *fahrlässige* Steuerverkürzung ist als Vortat für eine Steuerhehlerei nicht geeignet, gleichgültig, ob sie gem. § 378 AO als Steuerordnungswidrigkeit geahndet werden kann oder nicht. Ebenso wenig genügt eine fahrlässige Vortat, welche die objektiven Merkmale des § 372 I AO erfüllt.

20 Die Feststellung, dass der **Vortäter ohne Kenntnis,** der *Nachtäter* dagegen *in Kenntnis* der Tatbestandsmerkmale der Vortat gehandelt habe, erfordert in der Praxis eine sorgfältige Prüfung, ob nicht in Wahrheit der Nachtäter den Vortäter von vornherein als „Werkzeug" benutzt und als mittelbarer Täter (Rn. 76 zu § 369; GJW/*Tully* AO § 374 Rn. 8) seinerseits Steuerhinterziehung oder Bannbruch begangen hat.

21 Umstritten ist das **zeitliche Verhältnis** der Steuerhehlerei **zur Vortat.** Für den Straftatbestand der Hehlerei gem. § 259 StGB nimmt die hM an, dass die Vortat jedenfalls soweit abgeschlossen sein muss, dass sie vor Begehung der Anschlusstat *vollendet* ist (vgl. BGH 7.4.1994, NStZ 1994, 486 und BGH 28.11.2001, StV 2002, 542; *Fischer* StGB § 259 Rn. 8

u. Schönke/Schröder/*Stree/Hecker* StGB § 259 Rn. 15). Dies gilt im Grundsatz auch für den Straftatbestand der Steuerhehlerei gem. § 374 AO. Deshalb sind Tatbeiträge, die vor Vollendung der Vortat geleistet werden, nicht als Steuerhehlerei, sondern je nach der Willensrichtung des Handelnden als Teilnahme an der Vortat oder als Beihilfe zu der nachfolgenden Steuerhehlerei strafbar (vgl. zu § 259 StGB: BGH 7.4.1994, NStZ 1994, 486). Da aber das Unrecht der Steuerhehlerei (§ 374 AO) im Gegensatz zur Hehlerei gem. § 259 StGB nicht in der Perpetuierung einer rechtswidrigen Vermögensposition, sondern in einer Restitutionsvereitelung iS der Gefährdung oder Vereitelung der nachträglichen Durchsetzung des Steueranspruchs liegt (Rn. 3), reicht es für die Steuerhehlerei aus, dass die Erlangung der Sache durch den Vortäter mit dem Verschaffen durch den Hehler zeitlich zusammenfällt (str.). Keine Tatbestandsvoraussetzung des § 374 AO ist die *Beendigung* der Vortat (vgl. *Fischer* StGB § 259 Rn. 8 u. Schönke/Schröder/*Stree/Hecker* StGB § 259 Rn. 15; zustimmend für den Fall der Absatzhilfe *Bender/Möller/Retemeyer* Rn. C 676 sowie GJW/*Tully* AO § 374 Rn. 11; Kohlmann/*Hilgers-Klautzsch* 31 zu § 374; aM BayObLG 18.3.2003, wistra 2003, 316).

Der Umstand, dass bis zur Beendigung der Vortat auch eine Teilnahme an der Vortat in Betracht kommt (BGH 18.7.2000, wistra 2000, 425), schließt eine Hehlereihandlung vor Beendigung der Vortat nicht aus; die Abgrenzung der Steuerhehlerei von der Teilnahme an der Vortat richtet sich nach der Willensrichtung des Handelnden (vgl. BGH 7.4.1994, NStZ 1994, 486 zu § 259 StGB; GJW/*Tully* AO § 374 Rn. 11). *Schuster/Schultehinrichs* (FT-*Schuster/Schultehinrichs* 14 zu § 374 AO) halten dieser Lösung entgegen, dass damit die Grenzen zwischen einer Beteiligung an der Vortat, die auch noch im Stadium zwischen Vollendung und Beendigung begangen werden könne, und der Hehlereihandlung verschwämmen. Nur eine zeitliche Zäsur sei geeignet, der Unterscheidung zwischen Teilnahme an der Vortat und Steuerhehlerei klare Konturen zu verleihen. Es handelt sich aber um ein allgemeines Problem, das sich auch im allgemeinen Strafrecht nicht anders darstellt. 22

einstweilen frei 23–25

5. Verhältnis der Steuerhehlerei zur Teilnahme an der Vortat

Der Täter einer Steuerhinterziehung oder eines Bannbruchs kann grundsätzlich nicht wegen nachfolgender Steuerhehlerei bezogen auf dieselbe Ware bestraft werden; im Verhältnis zur Vortat stellen steuerhehlerische Handlungen mitbestrafte Nachtaten dar (Rn. 82). Eine Ausnahme gilt aber dann, wenn der Täter der Vortat die von ihm selbst geschmuggelte Sache *nachträglich aus dritter Hand oder nach Verteilung der Beute von einem Mittäter erwirbt* (RG 8.2.1937, RGSt 71, 49; BGH 2.10.1952, BGHSt 3, 191, 194; BGHGrS 20.12.1954, BGHSt 7, 134; BGH 10.1.1956, BGHSt 8, 390 – jeweils zu § 259 StGB); denn in solchen Fällen besteht zwischen der Vortat und der Nachtat kein innerer Zusammenhang mehr (aM zu dem sich im Wortlaut von § 374 I AO unterscheidenden § 259 StGB [„ein anderer"] Schönke/Schröder/*Stree/Hecker* StGB § 259 Rn. 50). 26

Nach der Rspr. des BGH kann Steuerhehlerei in Form von Absatzhilfe auch **vor Beendigung der vorangegangenen Steuerhinterziehung** begangen werden (BGH 9.2.2012, BGHSt 57, 151). Denn die Absatzhilfe gehe der Übertragung der Ware auf den Empfänger regelmäßig voraus. Eine Verurteilung allein wegen Beihilfe zur Steuerhinterziehung würde den nach gesetzlicher Wertung beim Tatbeteiligten eigenständigen Unrechtsgehalt, der in der Mitwirkung am Absatz liegt, nicht erfassen (BGH 9.2.2012, BGHSt 57, 151). 27

Anstifter und Gehilfen der Vortat, die im Anschluss an die von ihnen angeregte oder unterstützte fremde Schmuggeltat an den geschmuggelten Sachen Hehlereihandlungen begehen, sind nicht nur der Anstiftung (§ 26 StGB) oder Beihilfe (§ 27 StGB) zur Vortat schuldig, sondern zusätzlich einer (rechtlich selbstständigen) Hehlerei, und zwar auch dann, wenn sie bereits bei der Teilnahmehandlung auf die Beute abgezielt hatten (BGHGrS 28

20.12.1954, BGHSt 7, 134; BGH 3.10.1984, BGHSt 33, 44, 48; MüKoStGB/*Wegner* AO § 374 Rn. 28; s. Rn. 26).

6. Tathandlungen der Steuerhehlerei

29 **a) Ankaufen. Ankaufen ist ein Unterfall des „Sich-Verschaffens"**, der im Gesetz an erster Stelle erwähnt wird, weil er besonders häufig vorkommt (Rn. 30 ff.; BGH 16.10.1952, zit bei *Herlan* GA 1954, 58 und BGH 7.11.2007, wistra 2008, 105, 108). Die Handlung muss daher die Voraussetzungen des Sich-Verschaffens erfüllen. Demgemäß genügt der Abschluss eines Kaufvertrages iS des § 433 BGB nicht; erforderlich ist vielmehr *käufliches Erwerben der tatsächlichen Verfügungsgewalt* durch den Nachtäter (= Steuerhehler) von dem Vortäter (= Steuerhinterzieher oder Zwischenhehler, Rn. 34) oder dessen Mittelsmann (stRspr; vgl. RG 10.2.1939, RGSt 73, 104; BGH aaO; glA HHSp-*Beckemper* 42 zu § 374; Schönke/Schröder/*Stree/Hecker* StGB § 259 Rn. 26; abw. *Maurach* JZ 1952, 714). Auf die zivilrechtliche Wirksamkeit des Geschäfts kommt es nicht an. Ist bereits ein Kaufvertrag abgeschlossen, aber die Sache noch nicht auf den Erwerber übergegangen, kommt allenfalls versuchte Steuerhehlerei in Betracht (s. dazu Rn. 61).

30 **b) Sich oder einem Dritten verschaffen.** Verschaffen iS von § 259 StGB ist das **Herstellen der eigenen Verfügungsgewalt (oder der eines Dritten) im Einvernehmen mit dem Vortäter** (BGH 22.6.1960, BGHSt 15, 53, 56; BGH 4.11.1976, BGHSt 27, 45; BGH 11.9.1991, NStZ 1992, 36; BGH 20.7.2004, NStZ-RR 2005, 373; Schönke/Schröder/*Stree/Hecker* StGB § 259 Rn. 17 ff. und *Fischer* StGB § 259 Rn. 11 mwN zu § 259 StGB). Daraus folgt, dass keine Hehlerei begeht, wer sich die Verfügungsgewalt ohne Einverständnis des Vortäters, etwa durch Diebstahl, verschafft (Schönke/Schröder/*Stree/Hecker* StGB § 259 Rn. 37). Hehlerei setzt aber nicht notwendig die Erlangung des Besitzes voraus; ausreichend ist, dass die Sache beim Vortäter bleibt, der Hehler aber frei über sie verfügen darf. Es kommt allein darauf an, dass der Hehler oder der Dritte selbstständig, also unabhängig vom Vorbesitzer über die Sache verfügen kann (BVerfG 8.11.1995, NStZ-RR 1996, 82; BGH 22.12.1987, BGHSt 35, 176; Schröder/Schröder/*Stree/Hecker* StGB § 259 Rn. 19). Die bloße Besitzerlangung ohne eigene Verfügungsgewalt (etwa bei Miete oder Leihe) stellt noch kein Sich-Verschaffen dar (Schönke/Schröder/*Stree/Hecker* StGB § 259 Rn. 19).

31 Diese **Grundsätze werden von der hM ohne Modifikation auf die Steuerhehlerei übertragen** (Erbs/Kohlhaas/*Hadamitzky/Senge* AO § 374 Rn. 15; Kohlmann/*Hilgers-Klautzsch* 46 zu § 374 AO). Eine derartige Übertragung der Kriterien der Sachhehlerei auf die Steuerhehlerei ist aber in hohem Maße bedenklich. Zwar setzt auch das Tatbestandsmerkmal des Sich-Verschaffen in § 374 AO das Erlangen eigener Verfügungsgewalt voraus (BGH 7.11.2007, wistra 2008, 105). Demgegenüber dient das Erfordernis des Einvernehmens mit dem Vortäter beim Tatbestand des § 259 StGB aber lediglich dazu, das Vermögensdelikt der Sachhehlerei von Raub, Diebstahl und Unterschlagung abzugrenzen. Einer derartigen Abgrenzung bedarf es bei der Steuerhehlerei nicht. Da § 374 AO nicht das Eigentum an der Sache, sondern ganz andere Rechtsgüter schützt (Rn. 3), spricht bei eigenmächtigem Verschaffen nichts gegen Idealkonkurrenz von Steuerhehlerei und zB Diebstahl. Während die Sachhehlerei (§ 259 StGB) als Vermögensdelikt die Übernahme des in der Sache steckenden Wertes durch den Hehler zum Gegenstand hat (Schönke/Schröder/*Stree/Hecker* StGB § 259 Rn. 19), richtet sich die Steuerhehlerei nicht gegen den in der Sache verkörperten Vermögenswert. Sieht man den Unrechtsgehalt der Steuerhehlerei darin, dass die Weitergabe der Sache die Restitution der durch die §§ 370, 372 AO geschützten Rechtsgüter erschwert (Rn. 3), dann spricht alles dafür, auch die eigenmächtige Übernahme der Sache für die Steuerhehlerei ausreichen zu lassen; denn hierdurch wird ebenfalls die Wahrscheinlichkeit der Beseitigung eines vom Vortäter geschaffenen steuerrechtswidrigen oder bannwidrigen Zustandes verringert (ebenso GJW/*Tully* AO § 374 Rn. 14, aA *Kretschmer* NStZ 2008, 379, 381, unter Hinweis auf den „kriminalpolitischen

Charakter der Hehlerei, der im kriminogenen einvernehmlichen Zusammenwirken von Vortäter und Hehler" liege). *Schuster/Schultehinrichs* (FT-*Schuster/Schultehinrichs* 23 zu § 374) wollen das Erfordernis eines abgeleiteten Erwerbs damit erklären, dass auch bei § 374 AO das Anreizmoment eine entscheidende Rolle spiele, also der Hehler mit der Bereitschaft zum Ankauf der Ware die Bereitschaft zur Begehung solcher Taten fördere. Im Fall des abgepressten Erwerbs oder des Diebstahls sei dies nicht der Fall. Dabei wird jedoch verkannt, dass der derivative Erwerb primär mit dem Erfordernis der Abgrenzung zwischen Hehlerei und Vortat (Diebstahl, Betrug usw.) zu erklären ist, während es hier um die Sachhaftung nach § 76 AO und die Weitergabe einer „kontaminierten" Sache geht.

Bloßes Mitverzehren oder Mitgenießen von Nahrungs- oder Genussmitteln in der Form unmittelbaren Verbrauchs stellt nach hM keine Sachhehlerei (§ 259 StGB) dar (vgl. BGH 12.4.1956, BGHSt 9, 137 f.; BGH 17.4.1952, NJW 1952, 754; OLG Braunschweig 18.3.1963, GA 1963, 211; SK-Hoyer 29 zu § 259 StGB). Ausgehend von der Rspr des RG zum früheren Tatbestandsmerkmal des Ansichbringens, das dem des Sich-Verschaffens entspricht, wird ein *„äußeres Verhältnis"* gefordert, das *„eine selbständige Verfügung"* ermöglicht (vgl. RG 13.12.1906, RGSt 39, 308, 310; RG 21.3.1921, RGSt 55, 281; RG v. 31.1.1929, RGSt 63, 35, 38; RG 28.9.1937, RGSt 71, 341); eine solche Möglichkeit bestehe bei einem bloßen Mitverzehr nicht. Gegen diese Ansicht werden seit jeher im Schrifttum Bedenken erhoben (vgl. nur Schönke/Schröder/*Stree/Hecker* StGB § 259 Rn. 22 mwN), häufig unter Rückgriff auf den von *Robert v. Hippel* geprägten Satz, „Insichbringen" sei die intensivste Form des „Ansichbringens" (Lehrbuch des Strafrechts, 1932, S. 267 Anm. 3). Jedenfalls für den Straftatbestand der Steuerhehlerei ist auch im bloßen Mitverzehr von Nahrungs- und Genussmitteln ein Sich-Verschaffen zu sehen. Denn durch den Verzehr wird der vom Vortäter geschaffene steuerrechtswidrige Zustand in gleicher Weise perpetuiert wie durch eine andere Verwendungsform; auf die Dauer der Möglichkeit zur Ausübung der Verfügungsgewalt kommt es nicht an (glA Kohlmann/*Hilgers-Klautzsch* 52 und HHSp-*Beckemper* 38 zu § 374; aA FT-*Schuster/Schultehinrichs* 22 zu § 374 AO; MüKoStGB/*Wegner* AO § 374 Rn. 31). Auch wer eingeschmuggelte Zigaretten ohne Steuerbanderole in Kenntnis der Herkunft raucht, erfüllt daher den Tatbestand des § 374 AO; die Straflosigkeit dieses Vorgangs ergibt sich erst aus § 37 I 2 TabStG (s. Rn. 66). 32

c) Absetzen. Absetzen bedeutet, eine Sache an (gut- oder bösgläubige) Erwerber zu veräußern, gleichviel in welcher Form. In Betracht kommen namentlich Verkaufen, Versteigern, Verpfänden, aber auch Verschenken, also jede Form der *Veräußerung,* der aufseiten des Erwerbers ein Ankaufen (Rn. 29) oder Sich-Verschaffen (Rn. 30–32) entspricht. Ein bloßes Verleihen, Vermieten oder In-Verwahrung-Geben genügt nach hM nicht, da der Empfänger dadurch keine *eigene* Verfügungsmacht erlangt, vielmehr zur Rückgabe der Sache verpflichtet ist (RK-*Kemper* 32 zu § 374). 33

Absetzen setzt das **Handeln für einen anderen** voraus (*Fischer* StGB § 259 Rn. 16; RK-*Kemper* 32 zu § 374 AO). Steht der Täter nicht „im Lager" des Vortäters, setzt er die Ware nicht ab. *Vortäter kann auch ein Zwischenhehler sein* (BGH 7.11.2007, wistra 2008, 105 zu § 374 AO; BGH 20.1.1999, wistra 1999, 180; BGH 3.10.1984, BGHSt 33, 44, 48; BGH 7.8.1979, NJW 1979, 2621; jeweils zu § 259 StGB); steht der Täter „im Lager" des Zwischenhehlers, kann er sich durch Absetzen oder Absatzhilfe für den Zwischenhehler wegen Steuerhehlerei strafbar machen, wenn er nicht bereits als Täter der Vortat zu bestrafen ist. 34

Ein **Absatzerfolg** war nach bisheriger Rspr bei den Tatbestandsmerkmalen des Absetzens und der Absatzhilfe (Rn. 41) nicht erforderlich (BGH 15.4.1980, BGHSt 29, 239, 242 zu § 374 AO; BGH 16.6.1976, BGHSt 26, 358; BGH 4.11.1976, BGHSt 27, 45; BGH 3.10.1984, BGHSt 33, 44, 47; BGH 11.6.1997, NStZ 1997, 493 und BGH 19.4.2000, NStZ-RR 2000, 266 zu § 259 StGB; zust *Rosenau* NStZ 1999, 352 zu § 259 StGB). Danach genügte zur Tatvollendung eine *auf Absatz gerichtete Tätigkeit,* selbst wenn der Absatz nicht gelang (BGH 14.11.1976, BGHSt 27, 45; BGH 1.2.1978, bei *Dallinger* MDR 1978, 35

625; BGH 16.12.1988, wistra 1989, 182 und BGH 30.8.2007, wistra 2007, 460). Der BGH begründete seine Ansicht insbes. damit, der Gesetzgeber habe mit den beiden Tatvarianten des Absetzens und der Absatzhilfe dasselbe gemeint wie mit dem früheren Tatbestandsmerkmal „Mitwirken am Absatz" und habe nicht erkennen lassen, dass er den „gefestigten Stand der Rechtsprechung verlassen" wolle (BGH 4.11.1976, BGHSt 27, 45, 48 f.).

36 Für das Merkmal des Absetzens in § 259 StGB hat der BGH diese Rspr auf Anfrage des 3. Strafsenats bei den anderen Senaten (Beschluss v. 14.5.2013, wistra 2013, 427) insbes. im Hinblick auf den Gesetzeswortlaut und die Struktur des Tatbestands der Hehlerei als Erfolgsdelikt ausdrücklich aufgegeben (BGH 22.10.2013, BGHSt 59, 40). Er hat zudem darauf hingewiesen, dass auch beim „Ankaufen" der Übergang der Verfügungsmacht verlangt werde. Diese Ansicht entspricht der hM in der Literatur (vgl. *Fischer* StGB § 259 Rn. 18 und Schönke/Schröder/*Stree/Hecker* StGB § 259 Rn. 29 mwN). Umstände, die angesichts des identischen Gesetzeswortlauts eine unterschiedliche Auslegung des Begriffs des Absatzerfolgs bei der Hehlerei (§ 259 StGB) einerseits und Steuerhehlerei (§ 374 AO) anderseits rechtfertigen könnten, sind nicht ersichtlich (glA (Erbs/Kohlhaas/*Hadamitzky/Senge* AO § 374 Rn. 19; HHSp-*Beckemper* 53 zur § 374).

37–40 *einstweilen frei*

41 **d) Absatzhilfe.** Das Merkmal der Absatzhilfe erfasst diejenigen Handlungen, mit denen sich der Hehler an den Absatzbemühungen des Vortäters oder eines Zwischenhehlers **unselbständig beteiligt** (BGH 7.11.2007, wistra 2008, 105 und BGH 11.6.2008, wistra 2008, 386). Der Sache nach ist die Absatzhilfe eine Beihilfe, die wegen der Straflosigkeit der Absatztat des Vortäters zur selbständigen Tat aufgewertet ist (BGH 16.6.1976, BGHSt 26, 358, 362; BGH 11.6.2008, wistra 2008, 386). Auch bei dieser Tatvariante ist Voraussetzung, dass der Täter „im Lager" des Vortäters steht (BGH 11.6.2008, wistra 2008, 386; RK-*Kemper* 33 zu § 374), bei dem es sich auch um einen Zwischenhehler handeln kann (vgl. BGH 7.8.1979, NJW 1979, 2621; BGH 20.1.1999, wistra 1999, 180; BGH 7.11.2007, wistra 2008, 105 und BGH 11.6.2008, wistra 2008, 386). Es genügt nicht, dass der Helfer durch die Unterstützung des Erwerbers mittelbar den Absatz des Lieferanten (Vortäters) fördert (vgl. BGH 11.6.2008, wistra 2008, 386, mwN). Unterstützt der Helfer nicht den Vortäter beim Absatz, sondern den Käufer beim Erwerb, kommt Beihilfe zu dessen Steuerhehlerei in Form des Ankaufens in Betracht (vgl. BGH 11.6.2008, wistra 2008, 386). Ist der Erwerber Zwischenhehler, kann sich daran eine (täterschaftliche) Absatzhilfe des Helfers für den Zwischenhehler anschließen, sobald der Absatz beginnt (s. Rn. 44).

42 Ein **Absatzerfolg** wurde von der bisherigen Rspr (wie beim Absetzen) für die Vollendung der Absatzhilfe nicht vorausgesetzt. Für die Tatbestandsverwirklichung sei nicht erforderlich, dass der Absatz gelungen, die Sache also in den Besitz einer anderen Person gelangt sei (BGH 4.11.1976, BGHSt 27, 45; BGH 16.6.1976, NJW 1976, 1900; BGH 26.5.1976, NJW 1976, 1698 m. zust. Anm. *Küper* NJW 1977, 58; BGH 15.4.1980, ZfZ 1981, 53; BGH 16.12.1988, wistra 1989, 182). Es ist fraglich, ob an dieser Ansicht festzuhalten ist, nachdem der Bundesgerichtshof seine bisherige Rechtsprechung zum Tatbestandsmerkmal des Absetzens in § 259 StGB aufgegeben hat, in der Hehlerei ein Erfolgsdelikt sieht und für das Tatbestandsmerkmal des Absetzens in § 259 StGB einen Absatzerfolg verlangt (BGH 4.5.2013, wistra 2013, 427). Im Hinblick darauf, dass die Absatzhilfe gemeinhin als eine zur selbstständigen Tat aufgewertete Beihilfe zum Absatz verstanden wird (Rn. 41), müsste für eine vollendete Absatzhilfe in gleicher Weise ein Absatzerfolg verlangt werden (so auch Kohlmann/*Hilgers-Klautzsch* 67 zu § 374). Der für das Steuerstrafrecht zuständige 1. Strafsenat des Bundesgerichtshofs hat gleichwohl die Rechtsprechung, dass für das Merkmal der Absatzhilfe ein Absatzerfolg nicht erforderlich ist, bisher nicht aufgegeben (vgl BGH 21.8.2013 – 1 ARs 6/13, wistra 2013, 428). Dem Gesetzeswortlaut widerspricht diese Auslegung nicht; denn Absatzhilfe muss nicht als Erfolgsdelikt gesehen werden, sondern kann auch als Hilfe bei den Absatzbemühungen verstanden werden. Der Strafbarkeit des Versuchs (§ 374 II) kommt dann aber für diese Tatvariante kaum Bedeutung zu.

Selbst wenn ein Absatzerfolg für die Verwirklichung des Tatbestandsmerkmals der Absatzhilfe nicht erforderlich ist (Rn. 42), erfüllt nicht jede Unterstützung, die dem Vortäter **im Vorfeld von Absatzbemühungen** geleistet wird, den Tatbestand der Steuerhehlerei. Je nach den Umständen des Einzelfalls kann es sich auch um bloße Hilfe bei der Vorbereitung eines künftigen Absatzes handeln, die als solche nicht strafbar ist (BGH 30.8.2007, wistra 2007, 460 zu § 259 StGB). Für die Abgrenzung einer – straflosen – Hilfe bei der bloßen Vorbereitung eines Absatzes und einer – strafbaren – versuchten oder vollendeten Absatzhilfe kommt es darauf an, ob die Hilfeleistung im Vorfeld eines im Einzelnen noch nicht konkret absehbaren und auch noch nicht konkret geplanten Absatzes erfolgte oder sich in einen bereits festgelegten Absatzplan fördernd einfügte und aus der Sicht des Vortäters den Beginn des Absatzvorgangs darstellte (BGH 30.8.2007, wistra 2007, 460 und BGH 11.6.2008, wistra 2008, 386). Die bloße *Zur-Verfügung-Stellung einer Lagermöglichkeit* für den Vortäter wie auch die Lagerung oder Verwahrung von Sachen, hinsichtlich deren Abgaben hinterzogen worden sind, stellt daher weder Absetzen noch Absatzhilfe für den Vortäter dar, wenn darüber hinaus weder konkrete Absatzbemühungen vorgenommen worden sind (Rn. 65) noch mögliche Abnehmer in Sicht sind (vgl. BVerfG 8.11.1995, NStZ-RR 1996, 82; BGH 16.12.1988, NJW 1989, 1490; OLG Düsseldorf 10.4.2000, wistra 2001, 157). Handelt der Verwahrer dagegen zur Durchführung eines bereits feststehenden Absatzplanes, hat der Absatz regelmäßig bereits begonnen (vgl. BGH 16.12.1988, NJW 1989, 1490; BGH 27.10.2004, wistra 2005, 33 und BGH 30.8.2007, wistra 2007, 460). 43

Unterstützt der „Helfer" nicht den Vortäter beim Absatz, sondern hilft er einem Zwischenhehler beim Erwerb der Ware, erfüllt er hierdurch nicht den Tatbestand der Steuerhehlerei, sondern leistet Beihilfe zur Steuerhehlerei des Erwerbers (BGH 11.6.2008, wistra 2008, 386; OLG Düsseldorf 23.1.1989, wistra 1989, 196). Wirkt er anschließend auch noch beim Absatz der Ware durch den Zwischenhehler mit, kommt eine Strafbarkeit wegen (täterschaftlich begangener) Steuerhehlerei in Form des Absatzes oder der Absatzhilfe für den Zwischenhehler in Betracht (BGH 11.6.2008, wistra 2008, 386; Rn. 41). Zur Unterscheidung eines Absatzhelfers von einem Zwischenhehler vgl. BGH 20.1.1999, wistra 1999, 180. 44

e) Steuerhehlerei durch Unterlassen. Durch Unterlassen kann Steuerhehlerei in jeder Form der Tatausführung durch jemanden begangen werden, dem eine **besondere Rechtspflicht** obliegt, das Ankaufen, Sich-Verschaffen oder Absetzen von Schmuggelware zu verhindern. Eine solche Rechtspflicht zum Einschreiten hat die ältere Rspr bei der Sachhehlerei zB bejaht für einen *Geschäftsherrn,* der die Verwendung von „heißer Ware" in seinem Betrieb duldet, für *Ehegatten* in Bezug auf die Verwendung solcher Sachen im Haushalt (RG 9.7.1918, RGSt 52, 203 f.; OLG Celle 15.3.1947, HESt 1, 109 f.), und für *Eltern* im Verhältnis zu ihren minderjährigen Kindern, wenn diese etwa mit gestohlenen Spirituosen und Zigaretten handeln (vgl. OLG Braunschweig 18.3.1963, GA 1963, 211). Diese ältere Rechtsprechung, in der sich auch die Annahme einer Garantenstellung des Ehemannes zur Verhinderung eines Meineids der Ehefrau findet (RG 16.9.1940, RGSt 74, 283), ist mit der modernen Unterlassungsdogmatik nicht zu vereinbaren. Heute besteht Einvernehmen, dass zwischen Behüter- und Überwachergaranten zu trennen ist, und Ehegatten nicht dazu da sind, ihren Ehepartner von der Begehung von Straftaten abzuhalten (MüKoStGB/*Wegner* AO § 374 Rn. 41; *Fischer* StGB § 13 Rn. 24, *Joecks* StGB § 13 Rn. 51). Eine Garantenstellung kann sich ausnahmsweise ergeben, wenn der Betreffende auch Garant für das Rechtsgut „Steuer" ist oder aber einen anderen Menschen zu überwachen hat, wie etwa Eltern bei ihren minderjährigen/kleinen Kindern. Entsprechende Garantenstellungen haben auch Beamte, deren Aufgabe es ist, gerade solche Taten zu verhindern (zum Arbeitgeber vgl. BGH 20.10.2011, BGHSt 57, 42). So sind *Zollbeamte* und andere *Strafverfolgungsbeamte* von Amts wegen zum Einschreiten verpflichtet, wenn sie im Rahmen ihrer Dienstausübung auf den Absatz von Schmuggelware stoßen (über die Konkurrenz mit Begünstigung s. Rn. 86); aus ermittlungstaktischen Gründen darf aber von 45 einem sofortigen Zugriff abgesehen werden. Wer Schmuggelware gutgläubig erworben hat, dann aber von der Vortat erfährt, hat keine Rechtspflicht zum Tätigwerden, etwa zur Erstattung einer Anzeige (FT-*Schuster/Schultehinrichs* 29, Kohlmann/*Hilgers-Klautzsch* 76 zu § 374).

46–50 *einstweilen frei*

7. Subjektiver Tatbestand

51 **a) Vorsatz. Der subjektive Tatbestand des § 374 AO** erfordert Vorsatz (§ 15 StGB), dh der Täter muss

1. *wissen oder billigend in Kauf nehmen,* dass hinsichtlich der Sache, die den Gegenstand seiner Handlung bildet, Einfuhr- und Ausfuhrabgaben, Verbrauchsteuern, oder Marktordnungsabgaben (s. dazu Rn. 6) hinterzogen worden sind oder Bannbruch begangen worden ist, ohne dass er über Einzelheiten der Vortat, die Höhe der hinterzogenen Abgaben oder die Art der Tatausführung unterrichtet zu sein braucht (RG 12.2.1921, RGSt 55, 234 zu § 259 StGB; OLG Hamm 26.3.2003, wistra 2003, 237);
2. trotz Kenntnis von der Vortat *den Willen haben,* die Sache anzukaufen, sich oder einem anderen zu verschaffen, abzusetzen oder absetzen zu helfen.

52 **Bedingter Vorsatz** genügt (RG 22.12.1920, RGSt 55, 204 ff.; RG 4.11.1941, HRR 1942 Nr. 290 zu § 259 StGB; OLG Bremen 10.3.1954, ZfZ 1954, 285; OLG Hamm 26.3.2003, wistra 2003, 237; FT-*Schuster/Schultehinrichs* 30 zu § 374 AO). Steuerhehlerei liegt daher auch dann vor, wenn der Täter zwar nicht *sicher* weiß, ob die fragliche Sache geschmuggelt worden ist, wenn er aber damit rechnet und die Tat auch für den Fall will, dass seine Vermutung zutrifft. Zur Abgrenzung von bedingtem Vorsatz und Fahrlässigkeit, die gem. § 369 II AO, § 15 StGB für § 374 AO nicht genügt, s. Rn. 52 zu § 369. Ob der Betroffene den Umständen nach hätte wissen müssen, dass es sich um Schmuggelgut handelte, ist für § 374 AO unerheblich, wenn er dies tatsächlich nicht erkannt hat. Der Tatrichter ist allerdings nicht gehindert, im Rahmen der Beweiswürdigung aus den einem Angeklagten bekannten Umständen Schlüsse auf sein Wissen zu ziehen.

53 Der Vorsatz muss **bei der Tathandlung** gegeben sein. Dies ist beim Sich-Verschaffen der Zeitpunkt des Erwerbs der Sache.

54 **Erfährt der Erwerber den steuerrechtlichen Makel** einer erworbenen Sache erst **später,** kommt Steuerhehlerei nur in Betracht, wenn er danach eine andere Handlung begeht, welche die Merkmale des § 374 AO erfüllt. Dies ist etwa dann der Fall, wenn der gutgläubige Erwerber die Sache nicht behält, sondern absetzt, *nachdem* er von der Vortat erfahren hat. Im Hinblick auf den Schutzzweck der Strafnorm des § 374 AO (Rn. 3) gilt dies auch – anders als bei der Sachhehlerei gem. § 259 StGB (vgl. dazu BGH 21.2.1957, BGHSt 10, 151) – wenn jemand eine gutgläubig in Verwahrung genommene Sache nach Kenntnis von der Vortat veräußert, ohne insoweit im Einvernehmen mit dem Vortäter zu handeln (s. Rn. 31).

55 **b) Bereicherungsabsicht.** Der subjektive Tatbestand der Steuerhehlerei erhielt seine heutige Fassung bereits im Jahr 1974, als der Gesetzgeber in § 398 RAO, der Vorgängernorm des § 374 AO, das subjektive Merkmal *„seines Vorteils wegen"* durch die Absicht, sich oder einen Dritten zu bereichern, ersetzte (s. Rn. 1). Diese Gesetzesänderung bewirkte zum einen eine Einengung des Straftatbestandes (**Vermögensvorteil** statt beliebiger Vorteil), mit der Ausdehnung auf die **Bereicherung eines Dritten** zum anderen aber eine Erweiterung des Tatbestandes.

56 Die Steuerhehlerei ist ein **Delikt mit überschießender Innentendenz** (Rn. 55 zu § 369). Zusätzlich zum Vorsatz muss beim Täter die Absicht gegeben sein, durch sein Handeln sich oder einen Dritten zu bereichern. Die Bereicherung braucht nicht eingetreten zu sein; das Delikt ist auch dann vollendet, wenn der Täter die Bereicherung erstrebt, aber nicht erreicht hat. Der Täter muss in Bezug auf die Bereicherung Absicht in der Form des *dolus directus* 1. Grades haben (Schönke/Schröder/*Stree/Hecker* StGB § 259 Rn. 40). Die Bereicherung muss End- oder Zwischenziel seines Handelns sein. Das bedeutet einerseits, dass die Bereicherung nicht Motiv iS eines Endzieles zu sein braucht, dass es aber andererseits nicht genügt, wenn der Handelnde die Bereicherung als lediglich notwendige Nebenfolge seines Handelns hinnimmt. Letzteres wäre *dolus directus* 2. Grades (Rn. 51 zu § 369), der für § 374 AO nicht ausreicht. Ohne Bereicherungsabsicht handelt daher, wer nur deshalb hilft, eine Sache abzusetzen, weil er dadurch die Entdeckung der Vortat abzuwenden helfen will, mag er auch sicher wissen, dass für den Absatz ein Entgelt gezahlt wird.

Bereicherung ist das **Erlangen eines Vermögensvorteils,** dh jede Verbesserung der **57** Vermögenslage. An einem Vermögensvorteil fehlt es, wenn gleichwertige Leistungen ausgetauscht werden (vgl. OLG Stuttgart 16.8.1976, MDR 1977, 161: Keine Bereicherung bei Ankauf von Betäubungsmitteln zu Schwarzmarktpreisen zum Eigenverbrauch; vgl. auch BGH 20.9.1979, GA 1980, 69; BGH 4.12.1980, StrVert 1981, 129; *Arendt* ZfZ 1981, 229 u. 351). Als Vermögensvorteil genügt aber der übliche Geschäftsgewinn; eine außergewöhnliche Verbesserung der Vermögenslage ist nicht erforderlich (Schönke/Schröder/*Stree/Hecker* StGB § 259 Rn. 41).

Die Bereicherung muss **nicht unmittelbar aus der Tathandlung** stammen; die Ab- **58** sicht, mittelbar Vermögensvorteile zu erlangen, genügt (Klein/*Jäger* AO § 374 Rn. 41; Kohlmann/*Hilgers-Klautzsch* 88 und Schwarz/Pahlke/*Nikolaus* 34 zu § 374 AO). Anders als beim Straftatbestand des Betruges (s. dazu Schönke/Schröder/*Perron* StGB § 263 Rn. 168) ist bei der Steuerhehlerei Stoffgleichheit in dem Sinn, dass die erstrebte Bereicherung gerade durch die Sache bewirkt wird, die Gegenstand der Vortat war, nicht erforderlich (FT-*Schuster/Schultehinrichs* 36; Schwarz/*Nikolaus* 34 zu § 374; *Fischer* StGB § 259 Rn. 25 und Schönke/Schröder/*Stree/Hecker* StGB § 259 Rn. 42 mwN). Die Steuerhehlerei ist kein Vermögensverschiebungsdelikt (Rn. 3).

einstweilen frei **59, 60**

8. Strafbarkeit des Versuchs

Der Versuch der Steuerhehlerei ist bei allen Tatbestandsvarianten **strafbar.** Dies hat **61** der Gesetzgeber durch G v. 21.12.2007 (BGBl. 2007 I 3198) in § 374 III AO ausdrücklich bestimmt (Rn. 1). Bis dahin ergab sich die Versuchsstrafbarkeit allein aus einer Verweisung in § 374 I AO auf § 370 I und II AO.

Auch der **untaugliche Versuch** einer Steuerhehlerei ist strafbar (Rn. 62 zu § 369). **62** Versuchte Steuerhehlerei liegt daher auch dann vor, wenn es entgegen der Vorstellung des Täters an einer geeigneten Vortat fehlt (vgl. *Fischer* StGB § 259 Rn. 27 mwN). Dies gilt selbst dann, wenn der Erwerber einer Sache lediglich für möglich hält, bezüglich der Sache könnte eine Vortat iS des § 374 AO begangen worden sein (Schwarz/Pahlke/*Nikolaus* 34 zu § 374 AO), sofern er dies billigt (Rn. 52), oder wenn die Vortat letztlich nicht nachweisbar ist (vgl. BGH 8.6.1993, wistra 1993, 264).

Die **Abgrenzung strafloser Vorbereitungshandlungen vom strafbaren Versuch** **63** richtet sich nach den allgemeinen Grundsätzen. Danach muss der Täter nach seinen Vorstellungen von der Tat zur Verwirklichung des Tatbestandes unmittelbar ansetzen (§ 22 StGB). Nach der ständigen Rspr des BGH liegt ein unmittelbares Ansetzen bei solchen Gefährdungshandlungen vor, die nach der Tätervorstellung bei ungestörtem Fortgang unmittelbar zur Tatbestandserfüllung führen oder mit ihr in einem unmittelbaren räumlichen und zeitlichen Zusammenhang stehen. Dies ist insbes. dann der Fall, wenn der Täter subjektiv die Schwelle zum „jetzt geht es los" überschreitet, es eines weiteren Willensimpulses nicht mehr bedarf und er objektiv zur tatbestandsmäßigen Angriffshandlung ansetzt, so dass sein Tun ohne Zwischenakte in die Erfüllung des Tatbestandes übergeht. Dabei ist im Einzelfall bei der Abgrenzung in wertender Betrachtung auf die strukturellen Besonderheiten der jeweiligen Tatbestände Bedacht zu nehmen (BGH 7.11.2007, wistra 2008, 105, 106).

64 Für das **Tatbestandsmerkmal des Ankaufens** bedeutet dies, dass auch der Eintritt in Kaufverhandlungen ein unmittelbares Ansetzen zur Tatbestandsverwirklichung darstellen kann. Dies gilt aber nur dann, wenn sich die Übergabe der Waren oder Erzeugnisse an den Käufer sofort anschließen kann und soll, sobald eine Einigung über den Kaufpreis zustande gekommen ist, und das Verhandeln so der Verschaffung der Verfügungsgewalt unmittelbar vorgelagert ist (BGH 7.11.2007, wistra 2008, 105, 106 mwN; vgl. auch BGH 19.7.1967, BGHSt 21, 267; BGH 10.11.1970, zitiert bei *Dallinger* MDR 1971, 546; FT-*Schuster/Schultehinrichs* 42 zu § 374; Erbs/Kohlhaas/*Hadamitzky/Senge* AO § 374 Rn. 27). Wenn aber – insbes. bei telefonischen Vertragsverhandlungen – die Ware nicht unmittelbar übergeben werden kann, scheidet eine unmittelbare Einleitung des Übertragungsaktes jedenfalls solange aus, wie noch keine Einigung über Zeit und Ort der Lieferung erfolgt ist (BGH 7.11.2007, wistra 2008, 105, 106 mwN). Der Umstand, dass bei einem Ankaufen Schmuggelware vom Vortäter erst über eine lange Distanz zum Erwerber transportiert werden muss, steht dagegen für sich allein der Annahme der Unmittelbarkeit des Ansetzens zur Tatbestandsverwirklichung iS von § 22 StGB nicht entgegen (BGH 7.11.2007, wistra 2008, 105; abl. *Kretschmer* NStZ 2008, 379, 382).

65 Bei der **Tatbestandsvariante des Absetzens** ist die Grenze zum Versuch erst dann überschritten, wenn konkrete Absatzbemühungen vorgenommen werden. Auch für den Versuch der *Absatzhilfe* ist nach hM auf den Beginn des Absatzvorganges abzustellen (BGH 30.8.2007, wistra 2007, 460). Das Anbieten, beim Absatz mitzuwirken, ist daher bloße Vorbereitungshandlung (Rn. 43; OLG Düsseldorf 10.4.2000, wistra 2001, 157; Kohlmann/*Hilgers-Klautzsch* 103 und Schwarz/Pahlke/*Nikolaus* 34 zu § 374 AO). Dasselbe gilt für die bloße Lagerung oder Verwahrung einer Sache für den Vortäter, es sei denn, dies geschieht im Rahmen eines festen Absatzplans (Rn. 43; vgl. BGH 16.12.1988, NJW 1989, 1490; BGH 27.10.2004, wistra 2005, 33 und BGH 30.8.2007, wistra 2007, 460).

9. Schwarzhandel mit Zigaretten zum eigenen Bedarf

66 § 374 AO ist nicht anzuwenden, wenn der Täter zum eigenen Verbrauch vorsätzlich oder fahrlässig Zigaretten in Verpackungen erwirbt, an denen ein gültiges Steuerzeichen iS des § 4 Nr. 12 TabStG nicht angebracht ist, soweit der einzelnen Tat nicht mehr als 1000 Zigaretten zugrunde liegen (§ 37 TabStG). Der Erwerb von nicht mehr als 1000 unversteuerter Zigaretten ist aber als Ordnungswidrigkeit zu ahnden (§ 37 I 1 TabStG). Der Vorsatz oder die Fahrlässigkeit muss sich auf das fehlende Steuerzeichen (§ 4 Nr. 12 TabStG) beziehen. Der Täter braucht hingegen nicht zu wissen, dass die Zigaretten nicht verzollt und nicht versteuert wurden (*Bender/Möller/Retemeyer* Rn. C 712). Die heutige Vorschrift des § 37 TabStG ist im Jahr 1994 im Hinblick auf den massenhaften Schmuggel von Zigaretten aus kriminalpolitischen Gründen als § 30a TabStG eingeführt worden (s. dazu die vom BMF veröffentlichte Statistik über die Ergebnisse der Bekämpfung des Zigarettenschmuggels im Jahr 1993, wistra 1994, 91 f.).

10. Selbstanzeige

67 **Straffreiheit durch Selbstanzeige** ist bei Steuerhehlerei **nicht möglich,** da § 371 I AO nur die *„Fälle des § 370“* erwähnt (s. ferner Rn. 46 zu § 371). Lässt sich nicht feststellen, ob der Anzeigeerstatter Steuerhinterziehung oder Steuerhehlerei begangen hat, ist im Hinblick auf § 371 AO zu seinen Gunsten Steuerhinterziehung anzunehmen.

68–70 *einstweilen frei*

11. Strafen und Nebenfolgen, gewerbs- und bandenmäßige Steuerhehlerei

71 Der maßgebliche **Strafrahmen** ergab sich nach § 374 AO aF aus einer Verweisung auf die Vorschriften der §§ 370, 373 AO. Mit Wirkung ab 1.1.2008 idF des G zur Neuregelung der Telekommunikationsüberwachung und anderer verdeckter Ermittlungsmethoden sowie

zur Umsetzung der Richtlinie 2006/24/EG v. 21.12.2007 (BGBl. 2007 I 3198) hat der Gesetzgeber die Strafdrohung in die Vorschrift des § 374 AO selbst aufgenommen und dabei den Strafrahmen für eine gewerbsmäßig oder als Mitglied einer Bande begangene Steuerhehlerei nach oben deutlich erweitert. Der Strafrahmen reicht nun von Geldstrafe bis zu Freiheitsstrafe von fünf Jahren. Handelt der Täter *gewerbsmäßig* oder als *Mitglied einer Bande,* die sich zur fortgesetzten Begehung von Taten der Steuerhehlerei verbunden hat, so ist die Strafe Freiheitsstrafe von sechs Monaten bis zu zehn Jahren (§ 374 II 1 AO). In *minder schweren Fällen* ist die Strafe Geldstrafe oder Freiheitsstrafe bis zu fünf Jahren (§ 374 II 2 AO). Ob ein minder schwerer Fall gegeben ist, muss auf der Grundlage einer Gesamtwürdigung aller für die Strafzumessung bedeutsamen Umstände festgestellt werden. Weder der Umstand, dass der vom Steuerhehler gezogene Vorteil deutlich geringer als der Steuerschaden ist, noch derjenige, dass der Täter nicht dem Bereich „organisierte Kriminalität" angehört, rechtfertigt dabei die Annahme eines minder schweren Falls (OLG Braunschweig 18.3.2015 m. Anm. *Ebner,* jurisPR-SteuerR 29/2015 Anm. 2 und *Wegner* PStR 2015, 203). Auf Altfälle mit Tatzeitpunkten vor dem 1.1.2008 ist gem. § 2 III StGB das im konkreten Fall günstigere Gesetz anzuwenden.

Zum Begriff der **Gewerbsmäßigkeit** s. Rn. 31 zu § 373; zur **Bande** Rn. 66 zu § 373. 72

Die **Strafzumessung** richtet sich nach den Grundsätzen des § 46 StGB. Dabei darf 73 allerdings die Tatsache, dass ein gewerbsmäßiger Hehler den Vortäter zu weiteren Straftaten ermuntert hat, idR nicht strafschärfend berücksichtigt werden; denn der Gesetzgeber hat die verschärfte Strafdrohung für gewerbsmäßige Steuerhehlerei auch gerade deshalb vorgesehen, weil der gewerbsmäßige Hehler dem Schmuggler immer wieder neuen Rückhalt bietet (vgl. BGH 4.10.1967, NJW 1967, 2416 zu § 260 I StGB).

Sind im Rahmen der Vortat(en) **Verbrauchsteuern mehrerer EU-Mitgliedstaaten** 74 verkürzt worden, dürfen bei der Bestimmung des Schuldumfangs einer Tat der Steuerhehlerei die verkürzten Verbrauchsteuern nicht einfach als Schadenspositionen aufaddiert werden. Vielmehr ist bei der Strafzumessung in den Blick zu nehmen, dass das unionsrechtliche Verbrauchsteuersystem – jedenfalls für den Fall normgemäßen Verhaltens – davon ausgeht, dass verbrauchsteuerpflichtige Waren im Ergebnis grundsätzlich nicht mit den Verbrauchsteuern mehrerer Mitgliedstaaten belastet sein sollen. Das Unionsrecht sieht deshalb grundsätzlich die Möglichkeit der Erstattung von in anderen Mitgliedstaaten entstandenen und auch erhobenen Verbrauchsteuern vor (BGH 9.6.2011, wistra 2011, 348). Zudem sind im Falle einer Durchfuhr für die Erhebung der Verbrauchsteuer allein die Behörden desjenigen Mitgliedstaats zuständig, in dem diese Waren entdeckt worden sind (EuGH 5.3.2015 – C-175/14, BeckRS 2015, 411864 – Prankl).

Die Amtsfähigkeit und Wählbarkeit kann dem Steuerhehler gem. § 375 I AO auf die 75 Dauer von zwei bis zu fünf Jahren aberkannt werden (§ 45 II StGB), wenn gegen ihn auf eine Freiheitsstrafe von mindestens einem Jahr erkannt wird (Rn. 8 ff. zu § 375).

Nach § 375 II AO können Sachen, auf die sich die Steuerhehlerei bezieht, sowie die bei 76 der Tat benutzten Beförderungsmittel **eingezogen werden** (Rn. 33 ff. zu § 375).

Rückgewinnungshilfe iS von § 111i II StPO zugunsten des geschädigten Fiskus (§ 73 77 I 2, § 73a StGB) im Hinblick auf ersparte Aufwendungen für die verkürzten Steuern kommt bei der Steuerhehlerei regelmäßig nicht in Betracht. Denn der Hehler erlangt die vom Hinterzieher verkürzten Steuern weder aus noch für die Tat. Vielmehr erlangt der Hehler zunächst nur die Gegenstände, hinsichtlich deren Steuern verkürzt wurden, und erst beim anschließenden Weiterverkauf den hieraus erzielten Erlös (BGH 28.6.2011, wistra 2011, 394, u. BGH 27.1.2015, wistra 2015, 236).

Als steuerrechtliche Nebenfolge bestimmt § 71 AO die **Haftung** des Steuerhehlers 78 *„für die verkürzten Steuern und die zu Unrecht gewährten Steuervorteile sowie für die Zinsen nach § 235",* weil die verkürzten Steuern nach Aufdeckung der Steuerhehlerei von dem Erstschuldner (dem Steuerhinterzieher oder dem, zu dessen Vorteil der Steuerhinterzieher gehandelt hat) oft nicht mehr zu erlangen ist. Die FinB ist bei der Geltendmachung der Haftung an die im Strafverfahren getroffenen Feststellungen nicht gebunden (vgl. bereits

RFH 24.11.1931, StW 1932 Nr. 363). Die FinB und das FG können sich aber die Feststellungen, Beweiswürdigungen und rechtlichen Beurteilungen des Strafgerichts zu eigen machen, wenn sie zur Überzeugung gelangen, dass diese zutreffend sind (vgl. BFH 13.7.1994, BStBl. II 1995, 198). Werden substantiierte Einwendungen geltend gemacht, kann die Aussetzung eines steuerlichen Rechtsbehelfsverfahrens gemäß § 363 AO oder § 74 FGO bis zum Abschluss des Strafverfahrens zweckmäßig sein, um divergierende Entscheidungen zu vermeiden. Der strafrechtliche Grundsatz *in dubio pro reo* gilt auch bei der Anwendung des § 71 AO (vgl. nur BFH 14.12.1951, BStBl. 1952, 21). Im Rahmen der Strafzumessung bedarf der Umstand der Haftung für verkürzte Steuern nach § 71 AO beim Steuerhehler zumeist keiner ausdrücklichen Erörterung, es sei denn, der Hehler spielte im Gesamtgeschehen nur eine untergeordnete Rolle und war an dem wirtschaftlichen Erfolg der Tat nur in geringem Umfang beteiligt (vgl. BGH 14.3.2007, wistra 2007, 262, 265). Auch dann kommt aber eine strafmildernde Berücksichtigung einer Heranziehung gemäß § 71 AO allenfalls dann in Betracht, wenn der Täter nach den maßgeblichen Umständen des Einzelfalls mit seiner Heranziehung rechnen muss und dies eine besondere Härte darstellt (BGH 25.9.2012, BGHR AO § 370 Abs. 1 Strafzumessung 25).

79–80 *einstweilen frei*

12. Konkurrenzfragen

81 Werden **im Rahmen des Absatzes** von Waren, hinsichtlich deren bereits Abgaben hinterzogen worden sind, durch den Steuerhehler **noch weitere Abgaben hinterzogen,** steht die durch Absatz begangene Steuerhehlerei zur nachfolgenden Steuerhinterziehung auch dann in Tatmehrheit, wenn die Steuerhinterziehung im Rahmen des (ggf. grenzüberschreitenden) Absatzes begangen wird (BGH 28.8.2008, wistra 2008, 470). Ein solcher Fall liegt etwa vor, wenn der Steuerhehler für einen Vortäter, der in Ungarn unverzollte Zigaretten in das Zollgebiet der EU geschmuggelt hat, den Absatz übernimmt und dabei die Zigaretten von Ungarn aus unter Hinterziehung deutscher Tabaksteuer auf deutsches Steuergebiet verbringt. Leistet der Steuerhehler in einem derartigen Fall lediglich Absatzhilfe, kommt in Abhängigkeit von den Umständen des Einzelfalls Steuerhehlerei in Tateinheit mit Beihilfe zur Steuerhinterziehung oder Steuerhehlerei in Tatmehrheit mit täterschaftlich begangener Steuerhinterziehung in Betracht (vgl. BGH 1.2.2007, wistra 2007, 224, 225; s. zum Ganzen auch *Jäger* Amelung-FS 2009, S. 447 sowie *Allgayer/Sackreuther* PStR 2009, 44).

82 Begeht der Steuerhehler an derselben Sache nacheinander **verschiedene hehlerische Handlungen,** zB zuerst Ankaufen, dann Absetzen, so ist die zweite Handlung im Verhältnis zur ersten mitbestrafte Nachtat (glA vgl. Klein/*Jäger* AO § 374 Rn. 50; FT-*Schuster/Schultehinrichs* 52, HHSp-*Engelhardt* 77 und Schwarz/Pahlke/*Nikolaus* 44 zu § 374 AO; zum Begriff der mitbestraften Nachtat s. Rn. 121 f. zu § 369).

83 **Hehlerische Handlungen eines Steuerhinterziehers,** die ein Absetzen einer Ware darstellen, zu der er selbst Einfuhr- oder Ausfuhrabgaben oder Verbrauchsteuern hinterzogen hat, sind im Verhältnis zur Steuerhinterziehung mitbestrafte Nachtat (glA HHSp-*Beckemper* 70, Kohlmann/*Hilgers-Klautzsch* 66 und RK-*Kemper* 60 zu § 374). Dagegen können Anstifter und Gehilfen der Vortat, unter besonderen Voraussetzungen auch Mittäter, nach abgeschlossener Steuerhinterziehung an derselben Sache eine Steuerhehlerei begehen (Rn. 26 f.), die zu der Vortat im Verhältnis der Tatmehrheit (§ 53 StGB) steht (vgl. BGH 16.7.1968, BGHSt 22, 206, 207 ff. zu § 259 StGB m. zust. Anm. *Schröder* JZ 1969, 32).

84 **Die Steuerhinterziehung eines Steuerhehlers,** der die Einnahmen aus einer Veräußerung der von ihm hehlerisch erlangten Ware nicht versteuert, ist eine selbstständige Straftat (vgl. BGH 30.6.1955, BGHSt 8, 34). Beide Taten bilden keine natürliche Handlungseinheit. Tateinheit besteht nicht, da die Tatbestände keine Merkmale aufweisen, die durch dieselbe Handlung erfüllt werden. Die nachfolgende Steuerhinterziehung ist auch nicht mitbestraft, weil durch sie andere Steuerarten (namentlich USt, GewSt und ESt) beeinträchtigt werden als durch die vorausgegangene Steuerhehlerei. Schließlich bilden die

Steuerhehlerei und eine nachfolgende Steuerhinterziehung auch verfahrensrechtlich keinen einheitlichen Lebensvorgang, der von einem früheren, nur die Steuerhehlerei bezeichnenden Eröffnungsbeschluss mit umfasst wird. Die Rechtskraft einer Verurteilung wegen Steuerhehlerei verbraucht die Strafklage wegen der im Anschluss an die Steuerhehlerei begangenen Steuerhinterziehung nicht und steht daher der Verfolgung der Steuerhinterziehung nicht entgegen (OLG Hamburg v. 20.12.1961, NJW 1962, 754; Kohlmann/*Hilgers-Klautzsch* 121 zu § 374).

Tatmehrheit liegt auch dann vor, wenn der Steuerhehler hinsichtlich des Gegenstandes, 85
bezüglich dessen er bereits eine Hehlereihandlung begangen hat, **selbst Steuerschuldner** wird und diese Steuer hinterzieht. Dies kommt etwa dann in Betracht, wenn der Erwerber Zigaretten ohne Steuerzeichen Steuerschuldner wird, weil er diese zu gewerblichen Zwecken in Besitz hält, und dann seiner Erklärungspflicht aus § 23 I 3 TabStG nicht nachkommt (vgl. hierzu BFH 11.11.2014, BFH/NV 2015, 629 und EuGH 3.7.2014 – C-165/13, wistra 2014, 433). Die Steuerhinterziehung ist im Verhältnis zur Steuerhehlerei keine mitbestrafte Nachtat, weil beide Tatbestände unterschiedliche Schutzgüter haben. Aus demselben Grund ist die Steuerhehlerei auch nicht mitbestrafte Vortat. Während sich § 370 AO hier allein auf den Steueranspruch gegen den Besitzer der Zigaretten bezieht, dient § 374 AO der Erhaltung des Zugriffs auf die der Sachhaftung gemäß § 76 AO für die Steuerschuld des Vortäters unterliegenden Zigaretten. Den Umständen, dass die Sachhaftung mit der Steuerschuld erlöschen würde (§ 76 IV AO), die Steuer aber nur einmal entstanden ist, kann im Rahmen der Strafzumessung Rechnung getragen werden.

Steuerhehlerei kann in Tateinheit mit **Begünstigung** (§ 257 StGB) des Vortäters (sei er 86
Steuerhinterzieher oder ebenfalls Steuerhehler) begangen werden, wenn der Hehler durch seine Tat nicht nur in Bereicherungsabsicht handelt (Rn. 55 ff.), sondern zugleich dem Vortäter durch Abnahme oder Absatzhilfe der Schmuggelware Beistand leistet (RG 22.12.1922, RGSt 57, 105).

Zwischen **Sachhehlerei** (§ 259 StGB) und Steuerhehlerei besteht Tateinheit (§ 52 87
StGB), wenn jemand Schmuggelware erwirbt, von der er weiß, dass sie gestohlen ist (RG 22.12.1922, RGSt 57, 105).

Wer eine Sache, hinsichtlich deren ein anderer Täter Einfuhr- oder Ausfuhrabgaben oder 88
Verbrauchsteuern hinterzogen hat, durch **Diebstahl** (§§ 242 f. StGB) oder **Raub** (§§ 249 ff. StGB) an sich bringt, verwirklicht nach der hier vertretenen Auffassung (s. Rn. 31) in Tateinheit den Straftatbestand der Steuerhehlerei; nach hM liegt in einem solchen Fall wegen des fehlenden Einvernehmens mit dem Vortäter kein Sich-Verschaffen vor.

Zwischen **Betrug** (§ 263 StGB) und Steuerhehlerei ist Tateinheit möglich, wenn der 89
Hehler die Schmuggelware dadurch an sich bringt, dass er den Vortäter durch Täuschung veranlasst, ihm die Ware zu überlassen. Auch zwischen Steuerhehlerei durch Absetzen und Betrug kommt Tateinheit in Betracht, wenn der Steuerhehler dem Abnehmer vorschwindelt, die Ware sei ordnungsgemäß verzollt oder versteuert. Die Steuerhehlerei beeinträchtigt zwar nicht den Eigentumserwerb des Abnehmers, jedoch erleidet der Abnehmer einen Vermögensschaden dadurch, dass die Ware gem. § 76 AO für die hinterzogene Abgabe auch dann haftet, wenn der Abnehmer gutgläubig der Täuschung des Steuerhehlers zum Opfer gefallen ist.

Vorteilsannahme und **Bestechlichkeit** (§§ 331, 332 StGB) einerseits und Steuerheh- 90
lerei andererseits können in Tateinheit zusammentreffen, wenn ein Beamter Schmuggelware als Geschenk annimmt (BGH 30.10.1953, BGHSt 5, 155, 162).

Im Verhältnis zu § 37 TabStG **(Zigaretten-Kleinschmuggel)** besteht Gesetzeskonkur- 91
renz mit der Folge, dass § 374 AO durch § 37 TabStG verdrängt wird (Rn. 66). Im Anwendungsbereich des § 37 TabStG wird damit die Steuerhehlerei zur Ordnungswidrigkeit herabgestuft.

Die gewerbs- oder bandenmäßig begangene Steuerhehlerei gem. § 374 II AO ist mögli- 92
che Vortat einer **Geldwäsche** (§ 261 I Nr. 3 StGB; zu der im Schrifttum gegen diese Vorschrift erhobenen rechtlichen Bedenken vgl. *Wulf* wistra 2008, 321, 327). Eine Be-

strafung des Täters ist jedoch wegen der Vorrangklausel des § 261 IX 2 StGB ausgeschlossen, wenn der Täter der Geldwäsche bereits an der Vortat (der Steuerhinterziehung oder Steuerhehlerei) beteiligt war (vgl. BGH 26.2.2003, BGHSt 48, 240). Dies gilt auch, wenn zwischen der Vortat und der Hehlereihandlung keine zeitliche Zäsur vorhanden ist. Beziehen sich beim Erwerber die Taten der Steuerhehlerei und der Geldwäsche auf denselben Gegenstand, kommt eine (tateinheitliche) Verurteilung des Steuerhehlers wegen Geldwäsche auch dann nicht in Betracht, wenn die Hehlereihandlung (Sich-Verschaffen) zugleich Tathandlung einer Geldwäsche war (BGH 20.9.2000, wistra 2000, 464). Zur Zulässigkeit der Ermittlungsmaßnahme der Telekommunikationsüberwachung wegen des Verdachts der Geldwäsche s. Rn. 110 zu § 373.

93, 94 *einstweilen frei*

13. Wahlfeststellung zwischen Steuerhinterziehung und Steuerhehlerei

95 **Die Zulässigkeit einer Wahlfeststellung** (Rn. 130 f. zu § 369) zwischen Steuerhinterziehung (§ 370 AO) und Steuerhehlerei (§ 374 I AO) ist ausgehend von den Grundsätzen, welche bereits die Vereinigten Strafsenate des RG geprägt haben (RG 2.5.1934, RGSt 68, 257), bislang allgemein anerkannt (BGH 16.4.1953, BGHSt 4, 128, 130; BGH 30.6.1955, BGHSt 8, 34; OGH 20.6.1949, OGHSt 2, 89; BayObLG 22.11.1951, NJW 1952, 395; v. 7.10.1953, ZfZ 1954, 154; OLG Hamburg 28.1.1953, ZfZ 1953, 153; OLG Braunschweig 20.3.1953, NJW 1953, 956; MüKoStGB/*Wegner* AO § 374 Rn. 80; zu den teilweise gegen die Zulässigkeit einer ungleichartigen Wahlfeststellung erhobenen Bedenken vgl. BGH 28.1.2014, NStZ 2014, 392). Dasselbe gilt auch für das Verhältnis zwischen *gewerbsmäßigem Schmuggel* nach § 373 I AO und *gewerbsmäßiger* Steuerhehlerei nach § 374 II 1. Alt. AO (BGH 16.4.1953, BGHSt 4, 128, 130; BGH 30.6.1955, BGHSt 8, 34) sowie zwischen *bandenmäßigem Schmuggel* (§ 373 II Nr. 3 AO) und *bandenmäßiger Steuerhehlerei* (§ 374 II 2. Alt. AO). Auch zwischen *Beihilfe* zur Steuerhinterziehung und Beihilfe zur Steuerhehlerei ist Wahlfeststellung möglich (BFH 14.12.1951, BStBl. III 1952, 21; BGH 12.5.1955, BStBl. III 215; OLG Celle 28.11.1956, NJW 1957, 436).

96 **Zu bestrafen** ist der Täter im Falle einer Wahlfeststellung *„wegen Steuerhinterziehung oder Steuerhehlerei"*, *„wegen gewerbsmäßigen Schmuggels oder gewerbsmäßiger Steuerhehlerei"* etc. Die Strafzumessung bietet keine besonderen Schwierigkeiten, da die Strafrahmen jeweils identisch sind und § 375 I und II AO hinsichtlich der strafrechtlichen Nebenfolgen zwischen Steuerhinterziehung und Steuerhehlerei keinen Unterschied macht.

97 Eine wahldeutige Feststellung genügt auch für die **steuerrechtliche Haftung** gem. § 71 AO (BFH 11.1.1952, BStBl. III 43, BFH 12.5.1955, BStBl. III 215) und damit für die Pflicht zur Zahlung der hinterzogenen Steuern (vgl. *Felix* FR 1958, 459), weil die Haftung eines Steuerhehlers nach § 71 AO der Haftung des Täters einer zum eigenen Vorteil begangenen Steuerhinterziehung entspricht (Kohlmann/*Hilgers-Klautzsch* 129 zu § 374 AO). Dasselbe gilt für die Haftung für die Zinsen, die den Steuerhehler wie den Steuerhinterzieher gleichermaßen trifft (§ 71 AO iVm § 235 AO).

98, 99 *einstweilen frei*

14. Verfahrensfragen

100 Zwischen Steuerhinterziehung und Steuerhehlerei besteht regelmäßig ein **sachlicher Zusammenhang iS des § 3 StPO,** der gem. § 13 StPO einen einheitlichen Gerichtsstand und gem. § 388 AO eine einheitliche örtliche Zuständigkeit der FinB im Strafverfahren ermöglicht.

101 **Die Anwendung des § 32 ZollVG,** der unter dort näher bestimmten Voraussetzungen für Steuerstraftaten im Reiseverkehr ein Verfahrenhindernis normiert (Rn. 3 zu § 32 ZollVG), auf Steuerhehlerei ist dem Wortlaut der Vorschrift nach möglich, da sie ohne weitere Unterscheidung auf *„Steuerstraftaten (§ 369 AO)"* Bezug nimmt. Anwendungsfälle einer im grenzüberschreitenden Reiseverkehr (Rn. 18 ff. zu § 32 ZollVG) begangenen Steuerhehlerei sind jedoch kaum denkbar, da der Straftatbestand des § 374 AO eine bereits vollendete Vortat voraussetzt (Rn. 20).

Die Steuerhehlerei ist im Anwendungsbereich des § 374 II AO, dh beim Verdacht gewerbs- oder bandenmäßiger Begehung, Katalogtat der **Überwachung der Telekommunikation** (§ 100a II Nr. 2 Buchst. c StPO). Die Anordnung einer Telekommunikationsüberwachung kommt allerdings nur in Betracht, wenn die allgemeinen Anordnungsvoraussetzungen des § 100a I StPO vorliegen. Voraussetzung ist daher ein auf Tatsachen gestützter Verdacht einer gewerbs- oder bandenmäßigen Steuerhehlerei gem. § 374 II AO (§ 100a I Nr. 1 StPO), die Feststellung, dass die Tat auch im Einzelfall schwer wiegt (§ 100a I Nr. 2 StPO) und die Erkenntnis, dass die Erforschung des Sachverhalts oder die Ermittlung des Aufenthaltsorts des Beschuldigten auf andere Weise wesentlich erschwert oder aussichtslos wäre (§ 100a I Nr. 3 StPO). Die Möglichkeit einer auf den Verdacht einer Steuerhehlerei gem. § 374 II StGB gestützten Telefonüberwachung hat der Gesetzgeber erst mit Wirkung vom 1.1.2008 durch das G zur Neuregelung der Telekommunikationsüberwachung und anderer verdeckter Ermittlungsmethoden sowie zur Umsetzung der Richtlinie 2006/24/EG v. 21.12.2007 (BGBl. 2007 I 3198) geschaffen (Rn. 1; s. dazu *Wulf* wistra 2008, 321). Bis dahin kam eine Telekommunikationsüberwachung im Bereich von Steuer- und Zolldelikten regelmäßig nur dann in Betracht, wenn der Verdacht bestand, dass der Beschuldigte einer kriminellen Vereinigung angehörte (§ 129 StGB), die zur Begehung solcher Taten gegründet worden war. Zur Frage der Verwertbarkeit im Wege einer unzulässigen Telekommunikationsüberwachung erlangter Erkenntnisse siehe Rn. 111 zu § 373. 102

§ 375 Nebenfolgen

(1) **Neben einer Freiheitsstrafe von mindestens einem Jahr wegen**

1. **Steuerhinterziehung,**
2. **Bannbruchs nach § 372 Abs. 2, § 373,**
3. **Steuerhehlerei oder**
4. **Begünstigung einer Person, die eine Tat nach den Nummern 1 bis 3 begangen hat,**

kann das Gericht die Fähigkeit, öffentliche Ämter zu bekleiden, und die Fähigkeit, Rechte aus öffentlichen Wahlen zu erlangen, aberkennen (§ 45 Abs. 2 des Strafgesetzbuchs).

(2) [1]**Ist eine Steuerhinterziehung, ein Bannbruch nach § 372 Abs. 2, § 373 oder eine Steuerhehlerei begangen worden, so können**

1. **die Erzeugnisse, Waren und andere Sachen, auf die sich die Hinterziehung von Verbrauchsteuer oder Einfuhr- und Ausfuhrabgaben** ***im Sinne des Artikels 4 Nr. 10 und 11 des Zollkodexes*** **[*ab 1.5.2016:* nach Artikel 5 Nummer 20 und 21 des Zollkodex der Union], der Bannbruch oder die Steuerhehlerei bezieht, und**
2. **die Beförderungsmittel, die zur Tat benutzt worden sind,**

eingezogen werden. [2]**§ 74a des Strafgesetzbuchs ist anzuwenden.**

Schrifttum: S. vor Rn. 8, 28; ferner: *Wuttke,* Die Neuregelung des strafrechtlichen Einziehungsrechts, SchlHA 1968, 246; *Bode,* Das neue Recht der Einziehung, NJW 1969, 1052; *Eser,* Die strafrechtlichen Sanktionen gegen das Eigentum, 1969; *Bode,* Zum Eigentumsbegriff im Einziehungsrecht, JZ 1972, 146; *Bäckermann,* Verfall und Einziehung im Steuerstrafrecht, ZfZ 1976, 366; *Lohmeyer,* Zum Anwendungsbereich des § 375 AO, ZfZ 1979, 72; *Pfaff,* Nebenfolgen und Verfall, DStZ 1979, 363; *Lenz,* Einziehung und Verfall – de lege lata und de lege ferenda, Diss. Kiel 1986; *Kaiser,* Gewinnabschöpfung als kriminologisches Problem und kriminalpolitische Aufgabe, Tröndle-Festschrift 1989, 685; *Grotz,* Die internationale Zusammenarbeit bei der Abschöpfung von Gewinnen aus Straftaten, JR 1991, 182; *Arzt,* Verfallsanordnung gegen juristische Personen, Zipf-GedS 1999, 165; *Kaiser,* Strafrechtliche Gewinnabschöpfung im Dilemma zwischen Rechtsstaatlichkeit und Effektivität, ZRP 1999, 144; *Kilchling,* Die vermögensbezogene Bekämpfung der Organisierten Kriminalität, wistra 2000, 241; *Durst,* Sofortiger Zugriff auf Vermögensgegenstände bei Steuerhinterziehung, KÖSDI 2004, 14 035; *Pump,* Rechtsfolgen bei Verwendung von Manipulationssoftware (Zappersoftware), DStZ 2013, 99.

Übersicht

I. Allgemeines

1. Entstehungsgeschichte

§ 401 RAO 1931 (= § 365 AO 1919), der bei Steuerhinterziehung, Bannbruch und Steuerhehlerei die Einziehung stpfl. Erzeugnisse, der zur Tat benutzten Beförderungsmittel und des Wertersatzes zwingend vorgeschrieben hatte, war durch verschiedene Änderungen gem. § 3 Nr. 2 des 2. Teils der NotV v. 23.12.1931 (RGBl. I 779), Kap. II Art. 2 Nr. 2 der NotV v. 18.3.1933 (RGBl. I 109), Art. I Nr. 14 G v. 4.7.1939 (RGBl. I 1181) und § 9 Nr. 2 G v. 20.4.1949 (WiGBl. 69) schließlich durch Art. 17 Nr. 16 StÄndG 1961 v. 13.7.1961 (BGBl. I 981, 996) aufgehoben und nach dem Vorbild der §§ 113, 115, 119 E 1960 (BT-Drs. III/2150) durch die §§ 414–414b RAO ersetzt worden (Schriftl. Ber. zu BT-Drs. III/2706); s. auch Einl 77. 1

§ 401 RAO idF des Art. 1 Nr. 15 des 2. AOStrafÄndG v. 12.8.1968 (BGBl. 1968 I 953) fasste die strafrechtlichen Nebenfolgen bestimmter Steuervergehen zusammen (Begr. BT-Drs. V/1812, 25 f.).

Art. 65 des 1. StrRG v. 25.6.1969 (BGBl. 1969 I 645) ersetzte wegen der Einführung einer einheitlichen Freiheitsstrafe in § 401 I 1 RAO das Wort *„Gefängnisstrafe"* durch das Wort *„Freiheitsstrafe"*. Ferner wurden die Worte *„auf die Dauer von zwei bis zu fünf Jahren"* sowie § 401 I 2 RAO gestrichen, weil sie im Hinblick auf die allgemeine Regelung in § 31 II, III StGB entbehrlich geworden waren. Durch Art. 161 EGStGB v. 2.3.1974 (BGBl. 1974 I 469) wurde in § 401 I RAO der Bruch des Steuergeheimnisses (§ 355 StGB) gestrichen. § 375 AO hat einerseits den Bannbruch auf die Fälle nach §§ 372 II, 373 AO beschränkt und andererseits die Begünstigung zu Taten nach § 375 I Nr. 1–3 AO neu aufgenommen. 2

2. Systematik

§ 375 I AO ermöglicht die **Aberkennung der Amtsfähigkeit und Wählbarkeit** und macht damit von der Möglichkeit nach § 45 II StGB Gebrauch. 3

§ 375 II AO ermöglicht die **Einziehung von Sachen** bei Steuerhinterziehung, Bannbruch oder Steuerhehlerei gem. § 74 IV StGB über § 74 I StGB hinaus. Die Verweisung des Satzes 2 auf § 74a StGB geht davon aus, dass die Einziehung gem. § 74 II StGB regelmäßig nur zulässig ist, wenn die Sachen zur Zeit der Entscheidung dem Täter oder Teilnehmer gehören oder wenn sie die Allgemeinheit gefährden oder wenn die Gefahr besteht, dass sie der Begehung neuer Straftaten dienen werden. Im Übrigen gelten gem. § 369 II AO sämtliche Vorschriften der §§ 74 ff. StGB. 4

3. Sachlicher Anwendungsbereich

Der Anwendungsbereich des § 375 AO ist dadurch begrenzt, dass die Vorschrift an die Begehung *bestimmter* Steuerstraftaten anknüpft, in erster Linie an Steuerhinterziehung (§ 370 AO), Bannbruch (§ 372 II, § 373), Steuerhehlerei (§ 374) und Begünstigung zu diesen Taten (§ 257 StGB). Im Verhältnis zu § 375 II AO ist der Anwendungsbereich des 5

§ 375 I AO weiter, weil ein Verlust der Amtsfähigkeit und Wählbarkeit bei der Hinterziehung *irgendeiner* Steuer sowie bei Begünstigung (§ 257 StGB) zulässig ist. Die Einziehung nach § 375 II AO ist nur möglich, wenn Verbrauchsteuer oder Zoll hinterzogen worden ist.

6 **Bei Verurteilungen wegen Steuerzeichenvergehen** (§§ 148 f. StGB) ist § 375 AO nicht anzuwenden. Ein Verlust der Amts- und Wahlfähigkeit kommt hier nur in Betracht, wenn das Steuerzeichenvergehen in Tateinheit (§ 52 StGB) mit Steuerhinterziehung, Bannbruch oder Steuerhehlerei begangen worden ist. Die Einziehung der falschen, wiederverwendeten oder zur Wiederverwendung bestimmten Steuerzeichen sowie der zur Tat benutzten Formen, Gerätschaften usw. ist nach § 150 StGB – unabhängig von § 375 II AO – *zwingend* vorgeschrieben (Rn. 176 zu § 369).

7 **Als Nebenfolge einer Ordnungswidrigkeit** dürfen Gegenstände nach § 22 OWiG nur eingezogen werden, soweit das Gesetz es ausdrücklich zulässt. Dies ist bei den Steuerordnungswidrigkeiten nach den §§ 378–383 AO nicht der Fall (vgl. Rn. 29).

II. Aberkennung der Amtsfähigkeit und Wählbarkeit (§ 375 I AO)

Schrifttum: *Jekewitz,* Der Ausschluss vom aktiven und passiven Wahlrecht zum Deutschen Bundestag und zu den Volksvertretungen der Länder auf Grund richterlicher Entscheidung, GA 1977, 161; *ders.,* Freiheitsentzug und Abgeordnetenmandat, GA 1991, 45; *Nelles,* Statusfolgen als „Nebenfolgen einer Straftat" (§ 45 StGB), JZ 1991, 17; *Schwarz,* Die strafgerichtliche Aberkennung der Amtsfähigkeit und des Wahlrechts, 1991; *Stein,* Wer die Wahl hat …, GA 2004, 22; *Lehmann,* Politische Betätigung im Steuerrecht, MIP 2011, 110; *Röth,* Nebenfolgen strafrechtlicher Verurteilung, StraFo 2012, 354.

§ 45 StGB Verlust der Amtsfähigkeit, der Wählbarkeit und des Stimmrechts

(1) Wer wegen eines Verbrechens zu Freiheitsstrafe von mindestens einem Jahr verurteilt wird, verliert für die Dauer von fünf Jahren die Fähigkeit, öffentliche Ämter zu bekleiden und Rechte aus öffentlichen Wahlen zu erlangen.

(2) Das Gericht kann dem Verurteilten für die Dauer von zwei bis zu fünf Jahren die in Absatz 1 bezeichneten Fähigkeiten aberkennen, soweit das Gesetz es besonders vorsieht.

(3) Mit dem Verlust der Fähigkeit, öffentliche Ämter zu bekleiden, verliert der Verurteilte zugleich die entsprechenden Rechtsstellungen und Rechte, die er innehat.

(4) Mit dem Verlust der Fähigkeit, Rechte aus öffentlichen Wahlen zu erlangen, verliert der Verurteilte zugleich die entsprechenden Rechtsstellungen und Rechte, die er innehat, soweit das Gesetz nichts anderes bestimmt.

(5) Das Gericht kann dem Verurteilten für die Dauer von zwei bis zu fünf Jahren das Recht, in öffentlichen Angelegenheiten zu wählen oder zu stimmen, aberkennen, soweit das Gesetz es besonders vorsieht.

1. Zweck und Rechtsnatur einer Anordnung nach § 375 I AO

8 Die Aberkennung der Amtsfähigkeit und Wählbarkeit nach § 45 II StGB ist ihrer Art nach eine **Nebenstrafe,** keine Maßregel der Besserung und Sicherung (glA *Fischer* StGB § 45 Rn. 7; RK-*Rolletschke* 4 zu § 375; siehe auch SK-*Wolters* 12 zu § 45 StGB; vgl. auch *Nelles* JZ 1981, 18). Sie soll den zu schwerer Strafe Verurteilten nicht allgemein als ehrlos brandmarken, ihn aber für eine befristete Zeit als ungeeignet kennzeichnen, öffentliche Ämter und Rechte aus öffentlichen Wahlen auszuüben. Objektiv dient § 375 I AO dem Zweck, öffentliche Ämter und die durch öffentliche Wahlen vermittelten Rechtsstellungen zum Schutz der ihnen innewohnenden Staatsautorität von ungeeigneten Personen freizuhalten. Zugleich wird dem Verurteilten ausdrücklich bewusst gemacht, dass eine Repräsentation der Staatsautorität mit schweren Zuwiderhandlungen gegen die vom Staat erlassenen Gesetze unvereinbar ist.

9 Abweichend von der 5-jährigen Unfähigkeit zur Bekleidung öffentlicher Ämter, die bei Verurteilung wegen eines Verbrechens zu Freiheitsstrafe von mindestens einem Jahr gem.

§ 45 I StGB kraft Gesetzes eintritt, steht die Anordnung einer Nebenstrafe nach § 375 I AO im **Ermessen des Gerichts.**

Jugendlichen darf die Amtsfähigkeit und Wählbarkeit nicht aberkannt werden (§ 6 JGG). Gegenüber **Ausländern** gelten keine Besonderheiten, auch nicht unter dem Gesichtspunkt, dass der Schutzzweck des § 375 I AO nur *innerstaatliche* öffentliche Ämter und Wahlen umfasst und diese (in den meisten Fällen) Deutschen vorbehalten sind (BGH 4.12.1951, NJW 1952, 234, zu § 32 StGB aF). 10

Amtsfähigkeit und Wählbarkeit können alternativ oder kumulativ aberkannt werden (vgl. SK-*Wolters* 11 zu § 45 StGB; RK-*Rolletschke* 24 zu § 375). 11

2. Schutzgegenstand des § 375 I AO

Öffentliche Ämter iS des § 375 I AO sind solche, deren Träger Dienste verrichten, die aus der (inländischen) Staatsgewalt abzuleiten sind und dem Staatszweck dienen (RG 2.3.1928, RGSt 62, 24, 27; GJW/*Heine* AO § 375 Rn. 13). Dem Staatszweck dienen regelmäßig auch die Ämter der Körperschaften und Anstalten des öffentlichen Rechts sowie Ämter im Bereich der Sozialversicherung (RG 20.1.1908, RGSt 41, 121, 129), Kirchliche Ämter fallen nicht unter § 375 I AO – auch nicht bei denjenigen Religionsgesellschaften, die als Körperschaften des öffentlichen Rechts anerkannt sind, da sie keine staatlichen Zwecke verfolgen (RG 20.2.1913, RGSt 47, 49, 51; OVG Münster 13.1.1954, DÖV 1954, 439). 12

Öffentliche Wahlen sind – weitergehend als Wahlen iS des § 108d StGB – alle Wahlen in öffentlichen Angelegenheiten, nicht nur Wahlen zu den Volksvertretungen in Bund, Ländern, Gemeinden und Gemeindeverbänden, sondern zB auch Wahlen zu öffentlichrechtlichen Gewerbe- und Berufsorganisationen (Industrie- und Handelskammern, Handwerkskammern, Ärzte-, Rechtsanwalts-, Steuerberaterkammern usw.), zu den Vertretungen der Sozialversicherung, zum Personalrat, zum Betriebsrat usw. (zust. Schwarz/*Dumke* 6 zu § 375). Den Gegensatz zu öffentlichen Wahlen bilden Wahlen auf Grund privaten Rechts, zB zu den Organen eines Vereins, einer AG oder Genossenschaft oder einer politischen Partei. 13

Nur auf die passive Wahlfähigkeit bezieht sich § 375 I AO. Das Recht, sich durch Stimmabgabe an öffentlichen Wahlen aktiv zu beteiligen, bleibt von Anordnungen nach § 375 I AO unberührt; anders bei einer Aberkennung der aktiven Wahlfähigkeit nach § 45 V StGB. 14

Würden, Titel, Orden und Ehrenzeichen, die nicht mit einem öffentlichen Amt verbunden oder durch eine öffentliche Wahl erlangt worden sind oder verliehen werden können, werden von § 375 I AO nicht erfasst. 15

3. Voraussetzungen des § 375 I AO

Die Aberkennung der Amtsfähigkeit und Wählbarkeit setzt voraus, dass gegen jemanden wegen Steuerhinterziehung (§ 370, ggf. iVm § 373), Bannbruchs (§ 372 II, § 373), Steuerhehlerei (§ 374) oder Begünstigung zu einer dieser Taten (§ 257 StGB) eine Freiheitsstrafe von mindestens einem Jahr verhängt wird. Bei Bannbruch greift § 375 I AO nur ein, wenn die Tat gem. § 372 II AO nach § 370 AO oder §§ 370, 373 AO bestraft wird, nicht schon dann, wenn die Merkmale des § 372 I AO erfüllt sind (GJW/*Heine* AO § 375 Rn. 3, Klein/*Jäger* AO § 375 Rn. 3). 16

Ob die Straftat vollendet war oder nur versucht wurde, ist bei den Vergehen nach § 370, § 372 II oder § 374 AO unerheblich (vgl. HHSp-*Beckemper* 27 zu § 375, Erbs/Kohlhaas/*Hadamitzky/Senge* AO § 375 Rn. 2). Der Versuch der Begünstigung ist überhaupt nicht mit Strafe bedroht (§ 12 II, § 23 I StGB). 17

Für eine Nebenstrafe nach § 375 I AO ist auch unerheblich, ob der zu einer Hauptstrafe von mindestens einem Jahr Freiheitsstrafe Verurteilte eine der im Gesetz genannten Steuer- 18 straftaten (Rn. 16) **als Täter, Anstifter oder Gehilfe** begangen hat (RG 5.3.1926, RGSt 60, 126 zu § 32 StGB aF).

19 Die formalen Voraussetzungen des § 375 I AO sind auch erfüllt, wenn die Hauptstrafe von mindestens einem Jahr Freiheitsstrafe wegen einer Tat verhängt wird, die **mehrere Gesetze verletzt** hat, und § 370, § 372 II, § 374 AO oder § 257 StGB nur *eines* der verletzten Gesetze darstellt – unabhängig davon, ob die Hauptstrafe gem. § 52 StGB aus dem Steuergesetz oder einem schärferen nichtsteuerlichen Strafgesetz entnommen wird (RG 22.3.1939, RGSt 73, 148, 150 f.; Kohlmann/*Hilgers-Klautzsch* 17 zu § 375, Erbs/Kohlhaas/*Hadamitzky/Senge* AO § 375 Rn. 2), dass die Strafe nach dem Steuerstrafgesetz mindestens ein Jahr beträgt, ist nicht vorausgesetzt, da bei Tateinheit nur eine einzige Strafe verhängt wird.

20 Bei Bildung einer Gesamtstrafe ist dies anders. Wird wegen mehrerer selbstständiger Straftaten gem. § 53 StGB eine Gesamtstrafe von mindestens einem Jahr Freiheitsstrafe verhängt, ist die Zulässigkeit einer Aberkennung der Amtsfähigkeit und Wählbarkeit nach § 375 I AO zweifelhaft. Ist die in die Gesamtstrafe einbezogene Einzelstrafe niedriger als ein Jahr, ist § 375 I AO nicht anwendbar. Es genügt nicht, wenn das Mindestmaß von einem Jahr Freiheitsstrafe erst durch die Gesamtstrafe erreicht wird (BGH 25.6.1958, GA 1958, 367; Kohlmann/*Hilgers-Klautzsch* 17 zu § 375). Die Voraussetzungen des § 375 I AO sind also nicht erfüllt, wenn zB aus einer Einzelstrafe von 7 Monaten Freiheitsstrafe wegen Diebstahls und einer weiteren Einzelstrafe von 7 Monaten Freiheitsstrafe wegen Steuerhinterziehung eine Gesamtstrafe von einem Jahr Freiheitsstrafe gebildet wird. Wenn jedoch wegen mehrerer gleichartiger in § 375 Abs. 1 AO bezeichneter Delikte auf eine mindestens einjährige Gesamtfreiheitsstrafe erkannt wurde, wird eine Nebenfolge angeordnet werden können, auch wenn die Einzelstrafen das in § 375 I AO geforderte Mindestmaß von einem Jahr Freiheitsstrafe nicht erreichen (vgl. BGH 8.1.2008, NJW 2008, 929 zu § 358 StGB; SK/*Rogall* 2, MüKoStGB/*Voßen* § 358 StGB Rn. 6; GJW/*Heine* AO § 375 Rn. 6, Klein/*Jäger* AO § 375 Rn. 8). Insofern gibt es Parallelen zu § 48 BBG aF. (jetzt § 24 BeamtStG), bei dem man ebenfalls davon ausgeht, dass die Verurteilung zu einer Gesamtfreiheitsstrafe von mindestens einem Jahr zur Entlassung aus dem Beamtenverhältnis führt (vgl. BGH 9.6.1981, NStZ 1981, 342; BGH 19.4.2004, wistra 2004, 264; aM noch die 6. Aufl.).

4. Wirkung einer Entscheidung nach § 375 I AO

21 **Die Aberkennung der Amtsfähigkeit und Wählbarkeit hat unmittelbar zur Folge,** dass der Verurteilte dauerhaft die öffentlichen Ämter und die aus öffentlichen Wahlen erlangten Rechte und Rechtsstellungen verliert, die er im Zeitpunkt des Eintritts der Rechtskraft des Urteils innehat (§ 45 III, IV, § 45a I StGB). Diese Wirkung des § 45 IV StGB steht unter dem Vorbehalt, dass nicht Sondergesetze bereits unter der Voraussetzung der Verurteilung zu einer Freiheitsstrafe den Verlust eines bestimmten öffentlichen Amtes usw. bestimmen oder den Verlust eines bestimmten Mandats abw. von § 45 IV StGB, von einer zusätzlichen (außerstrafrechtlichen) Entscheidung abhängig machen (Rn. 22 f.).

22 **Sondergesetze,** nach denen jemand durch Verurteilung wegen einer vorsätzlichen Tat zu einer Freiheitsstrafe von mindestens einem Jahr (oder 6 Monaten) ein bestimmtes öffentliches Amt kraft Gesetzes verliert, sind zB § 41 I BBG (= § 24 I BeamtStG) über die Beendigung des Beamtenverhältnisses und § 59 I BeamtVG iVm § 41 BBG über das Erlöschen der Versorgungsbezüge eines Ruhestandsbeamten, § 24 Nr. 1 DRiG über die Beendigung des Richterverhältnisses, § 49 BNotO über den Verlust des Notaramts. Wegen solcher Sondervorschriften entfaltet § 375 I 2 AO eine unmittelbare Wirkung nur auf öffentliche Ämter, deren Voraussetzungen weniger genau umschrieben sind, zB bei dem Amt des Handelsrichters (§ 109 GVG).

23 **Mittelbare Wirkungen** ergeben sich aus einer Entscheidung nach § 375 I AO auf Grund solcher Sondergesetze, die zwar an die strafgerichtliche Aberkennung der Amtsfähigkeit und Wählbarkeit anknüpfen, aber den Verlust eines Mandats *einer besonderen Entschei-*

dung vorbehalten, zB § 47 I Nr. 3 iVm § 46 I Nr. 3 BWahlG über Verlust der Mitgliedschaft im BTag – über den der Vorstand des BTages beschließt – oder die den *Verlust bestimmter beruflicher Qualifikationen anordnen,* zB § 14 II Nr. 2 BRAO die Zulassung zur Rechtsanwaltschaft, § 21 I Nr. 2 PatAnwO die Zulassung als Patentanwalt, § 20 II Nr. 2 WiPrO die Bestellung als Wirtschaftsprüfer, § 46 II Nr. 3 StBerG die Bestellung als Steuerberater.

Über die aktuelle (mittelbare oder unmittelbare) Wirkung hinaus versperrt eine Entscheidung nach § 375 I AO dem Verurteilten innerhalb der im Urteil bestimmten Frist (Rn. 25) den *Zugang zu einem öffentlichen Amt* und die Möglichkeit, neue Rechte oder Rechtsstellungen aus öffentlichen Wahlen zu erlangen – eine Folge, die § 15 II Nr. 3 BWahlG noch zusätzlich ausspricht. Ferner hat die Aberkennung der Amtsfähigkeit und Wählbarkeit auf Grund der meisten Berufsordnungen eine *Zulassungssperre für bestimmte Berufe* zur Folge (vgl. § 7 Nr. 2 BRAO; NdsFG 6.3.2008, StE 2008, 346). 24

Die Bemessung der Frist liegt innerhalb des gesetzlichen Rahmens von zwei bis zu fünf Jahren im Ermessen des Strafrichters. Die allgemeinen Strafzumessungsregeln sind anzuwenden (*Fischer* StGB § 45 Rn. 9; Erbs/Kohlhaas/*Hadamitzky*/*Senge* AO § 375 Rn. 4; aM SK-*Wolters* 12 zu § 45 StGB). Die Wirksamkeit der Aberkennung und die Berechnung der Frist richten sich gem. § 369 II AO nach § 45a StGB. Nach § 45a II StGB beginnt die Frist mit dem Tage, *„an dem die Freiheitsstrafe verbüßt, verjährt oder erlassen ist"*. Bei Aussetzung der Vollstreckung der Strafe wird die Bewährungszeit gem. § 45a III StGB auf die Frist angerechnet. 25

5. Verfahrensfragen

a) Form der Entscheidung. Da die Aberkennung der Amtsfähigkeit und Wählbarkeit nicht Inhalt einer Freiheitsstrafe, sondern Nebenstrafe ist (Rn. 8), muss sie im Urteil ausdrücklich ausgesprochen werden. Eine Anordnung durch Strafbefehl ist nicht zulässig (vgl. § 407 II StPO). Bei einer Gesamtstrafenbildung (Rn. 20) ist die Nebenstrafe nach § 375 I AO neben der Gesamtstrafe, nicht etwa neben einer Einzelstrafe anzuordnen (RG 15.5.1941, RGSt 75, 212). 26

b) Beschränkung eines Rechtsmittels. Soweit gegen das Urteil die Berufung zulässig ist (vgl. § 312 StPO), kann sie gem. § 318 StPO auf die Verurteilung zu der Nebenstrafe nach § 375 I AO beschränkt werden (vgl. § 327 StPO). Gleiches gilt für die Revision (vgl. § 344 I StPO). 27

III. Einziehung

Schrifttum: *Zeidler,* Strafrechtliche Einziehung und Art. 14 GG, NJW 1954, 1148; *Mann,* Wann ist ein auf der Zollstraße eingefahrenes Kraftfahrzeug gem. § 401 AO zur Begehung einer Steuerhinterziehung benutzt?, ZfZ 1955, 139; *Trapp,* Die Einziehung der Umschließungen von Flüssigkeiten gemäß § 401 AO, ZfZ 1957, 336; ZfZ 1958, 272; *Ritter,* Die Einziehung von unter Eigentumsvorbehalt gekauften oder sicherungsübereigneten Beförderungsmitteln, ZfZ 1957, 334; *Kröner,* Die Einziehung und Art. 14 GG, NJW 1959, 81; *Rümelin,* Die Neuregelung der Einziehung in der Reichsabgabenordnung, ZfZ 1961, 206 (209 f.); *Bender,* Fragen der Wertersatzeinziehung, NJW 1969, 1056; *K. Schäfer,* Zum Eigentumsbegriff im Einziehungsrecht, Dreher-FS 1977, 283; *Julius,* Einziehung, Verfall und Art. 14 GG, ZStW 109 (1997), 58; *Achenbach,* Zur Einziehung von Gegenständen, die im Eigentum einer juristischen Person stehen, aber von deren Organ zur Begehung von Straftaten verwendet wurden, JR 1997, 205; *Jekewitz,* Verfassungsrechtliche Aspekte des strafgerichtlichen Zugriffs auf Geldvermögen und seine Rückgängigmachung auf dem Gnadenweg, GA 1998, 276; *Achenbach,* Ausweitung des Zugriffs bei den ahndenden Sanktionen gegen die Unternehmensdelinquenz, wistra 2002, 441; *Schumann/Schmidt-Bremme,* Zur Rückführung eingeschmuggelter Kunstwerke in ihre Herkunftsstaaten, NJW 2002, 574; *Spieker,* Verfall, Einziehung und dinglicher Arrest im Ermittlungsverfahren – Möglichkeiten der Strafverteidigung, StraFo 2002, 43; *Rönnau,* Die Vermögensabschöpfung in der Praxis, 2003; *Neuefeind,* Strafrechtliche Gewinnabschöpfung, JA 2004, 155; *Detter,* Zum Strafzumessungs- und Maßregelrecht, NStZ 2005, 498; NStZ 2007, 627; *Barreto da Rosa,* Staatliche Einziehung vs Opferschutz – Bereicherung des Staates auf Kosten Verletzter?, NStZ 2012, 419; *Pump,* Rechtsfolgen bei Verwendung von Manipulationssoftware (Zappersoftware), DStZ 2013, 99.

1. Systematik der Einziehungsvorschriften

28 **§ 375 II AO ermöglicht die Einziehung von Schmuggelware und Beförderungsmitteln** bei Schmuggelstraftaten. Die *allgemeinen* Vorschriften des StGB regeln, unter welchen Voraussetzungen *andere* Sachen eingezogen werden können (§ 74 I StGB) und unter welchen Voraussetzungen Sachen iS des § 375 II AO oder des § 74 I StGB auch dann eingezogen werden können, wenn sie dem Täter oder Teilnehmer *nicht gehören* (§ 74 II Nr. 2, § 74a StGB). § 74b StGB regelt, inwieweit der Grundsatz der Verhältnismäßigkeit die Einziehung einschränkt. § 74c StGB ermöglicht die Einziehung des Wertersatzes, wenn der Täter oder Teilnehmer die Einziehung einer Sache vereitelt hat. Gem. § 76a StGB kann im Einzelfall die Einziehung *selbstständig* (unabhängig von einer Bestrafung) angeordnet werden. Die Rechtsfolgen der Einziehung regelt § 74e StGB; unter welchen besonderen Voraussetzungen für den durch Einziehung herbeigeführten Verlust dinglicher Rechte eine Entschädigung zu gewähren ist, bestimmt § 74f StGB. § 73d StGB nF ermöglicht schließlich den erweiterten Verfall. § 75 StGB enthält Vorschriften, die *juristische Personen* den natürlichen Personen gleichstellen. Die verfahrensrechtlichen Vorschriften über die Einziehung sind in den §§ 430–441 StPO geregelt, von denen § 440 StPO über die Einziehung im selbstständigen Verfahren durch das Antragsrecht der FinB nach §§ 401, 406 II AO ergänzt wird.

29 **Über die Einziehung bei Steuerordnungswidrigkeiten** enthält die AO keine Sondervorschriften (vgl. Rn. 7). Hier gelten allein die materiellen Vorschriften der §§ 22–29 OWiG und die verfahrensrechtliche Vorschrift des § 87 OWiG.

2. Zweck und Rechtsnatur der Einziehung

30 **Die Rechtsnatur der Einziehung** ist str.; die hM misst der Einziehung nach § 74 StGB (Schönke/Schröder/*Eser* StGB vor § 73 Rn. 13 ff.; MüKoStGB/*Joecks* StGB § 74 Rn. 2, SK-*Horn*/*Wolters* 3 f. zu § 74 StGB) und nach § 375 II AO eine Doppelnatur zu: Sie ist Nebenstrafe (BGH 18.10.1951, BGHSt 2, 337), erfüllt jedoch in den meisten Fällen zugleich den Zweck, die Allgemeinheit durch Wegnahme der Sache vor weiteren Straftaten zu schützen. Der Sicherungszweck wird durch die Zulassung einer selbstständigen Einziehung nach § 76a StGB deutlich (Begr. vor § 109 E 1962, BT-Drs. IV/650, 240). Soweit die Einziehung nach dem Inkrafttreten des EGOWiG noch zwingend vorgeschrieben ist, wie zB in § 150 StGB, ist sie vorwiegend Sicherungsmaßnahme. Eine reine Sicherungsmaßnahme ist die Einziehung, wenn der Gegenstand rechtmäßig gar nicht verwendet werden kann, wie zB gefälschte Steuerzeichen, und zwar auch dann, wenn sie nur einen Tatbeteiligten trifft.

31 Soweit § 375 II 2 AO iVm § 74a StGB die **Einziehung auch einem Tatunbeteiligten gegenüber** zulässt, soll sie *„strafähnliche Bedeutung"* haben und *„vorwiegend generalpräventiven Zwecken"* dienen (Begr. vor § 109 E 1962, BT-Drs. IV 1650 S. 241; Schönke/Schröder/*Eser* StGB vor § 73 Rn. 16). Zwar ist der Betroffene nicht Täter oder Teilnehmer, jedoch muss er nach § 74a StGB entweder *„wenigstens leichtfertig"* dazu beigetragen haben, dass seine Sache Mittel oder Gegenstand der Tat oder ihrer Vorbereitung gewesen ist, oder er muss die Sache in Kenntnis der einziehungsbegründenden Umstände, *„in verwerflicher Weise"* erworben haben. Im ersten Fall wird die schuldhafte Beziehung des Dritten zur Tat, im zweiten Fall der vorsätzliche Erwerb einer tatbefangenen Sache missbilligt.

32 Da die Einziehung – außer im Sonderfall der selbstständigen Einziehung nach § 76a StGB – **Nebenstrafe** ist, setzt sie regelmäßig voraus, dass der Täter oder Teilnehmer wegen der Tat zu einer Hauptstrafe verurteilt wird. Ausnahmsweise kann eine Sache jedoch wegen Gefährdung der Allgemeinheit unter den Voraussetzungen des § 74 II Nr. 2 StGB auch dann eingezogen werden, wenn der Täter oder Teilnehmer zwar rechtswidrig, aber nicht schuldhaft gehandelt hat (§ 74 III, IV StGB, Begr. BT-Drs. V/1319 S. 54). Gleiches gilt mit

Rücksicht auf § 74b StGB, wenn das Strafverfahren wegen geringer Schuld nach §§ 153, 153a StPO, § 398 AO eingestellt wird.

3. Der Einziehung unterliegende Sachen

a) Erzeugnisse, Waren und andere Sachen (§ 375 II Nr. 1 AO). § 375 II Nr. 1 AO **33** umschreibt diejenigen Sachen, die eingezogen werden können, weil sie Gegenstand einer Hinterziehung von Verbrauchsteuer, Zoll oder Abschöpfung (§ 370), eines Bannbruchs (§ 372 II) oder einer Steuerhehlerei (§ 374) waren. **Verbrauchsteuerpflichtige Erzeugnisse** sind Bier, Tabakerzeugnisse, Kaffee usw. (vgl. Rn. 4, 15 zu § 381), ferner Gegenstände, die der EUSt unterliegen. Die **zollpflichtigen Waren** ergeben sich aus dem Integrierten Tarif der Europäischen Gemeinschaften (TARIC). **Andere Sachen** sind solche, deren Ein-, Aus- oder Durchfuhr verboten ist (Rn. 40 zu § 372), ohne dass sie einem Zoll, einer Abschöpfung oder einer Verbrauchsteuer unterliegen.

Die Frage, ob § 375 II Nr. 1 AO bei Flüssigkeiten und Gasen auch die **Behältnisse** **34** erfasst, wurde zu früheren Einziehungsvorschriften zunächst allgemein bejaht (RG 19.6.1917, RGSt 51, 75, 77 für Flaschen; RG 3.8.1939, RGSt 73, 289, 291 für Bierfässer). Nach der Rspr des BGH ist maßgebend, ob das Behältnis nach der Verkehrsauffassung die Eigenschaft reinen „Zubehörs" hat, wie zB Einwegflaschen; anders dagegen bei Bierfässern, Siphons, Tanks usw., die regelmäßig auch ohne Inhalt übereignet werden (BGH 3.12.1954, BGHSt 7, 87; Erbs/Kohlhaas/*Hadamitzky/Senge* AO § 375 Rn. 10; HHSp-*Beckemper* 60 zu § 375). Diese Einschätzung mag nach der Einführung eines Pfandes auf Einwegflaschen und Dosen anders ausfallen. Die Einziehung solcher Behältnisse ist auch nicht auf Grund § 375 II Nr. 2 AO (Rn. 35), sondern allenfalls nach § 74 I StGB möglich (Rn. 42, 44).

b) Beförderungsmittel (§ 375 II Nr. 2 AO). Als Beförderungsmittel, die zur Tat **35** **benutzt worden sind,** kommen nur solche Sachen in Betracht, *„durch die die Beförderung, die Fortbewegung von Personen oder Sachen von einem Ort zum anderen bewirkt wird, nicht aber auch Umhüllungen, wie Rucksäcke, Koffer, Handtaschen, die selbst mit befördert werden, und Beförderungsgegenstände im Gegensatz zu den Beförderungsmitteln sind"* (so RG 6.2.1934, RGSt 68, 44 f.; OLG Köln 18.9.1956, ZfZ 1956 341). Der Begriff des Beförderungsmittels ist danach auf Fahrzeuge und Tiere beschränkt (*Bender/Möller/Retemeyer* B 403; GJW/*Heine* AO § 375 Rn. 24, Erbs/Kohlhaas/*Hadamitzky/Senge* AO § 375 Rn. 10), sofern sie nicht selbst Schmuggelgut sind (RG 15.4.1935, RGSt 69, 193 zu einem Fall, in dem der Täter zur Verdeckung eines Pferdeschmuggels einspännig über die Grenze und zweispännig zurückgefahren war).

Mit einem Kraftfahrzeug können als dessen Zubehör auch die Fahrzeugpapiere einge- **36** zogen werden (BayObLG 7.5.1952, VRS 7, 513).

Fahrzeuge, die dem öffentlichen Verkehr dienen und unabhängig von den Weisun- **37** gen des Fahrgastes verkehren, sind abw. von § 401 RAO 1931 nicht mehr ausdrücklich von der Einziehung ausgenommen. Das dem Richter nach § 375 II AO eingeräumte Ermessen und seine ausdrückliche Bindung an den Grundsatz der Verhältnismäßigkeit nach § 74b StGB (Rn. 65 ff.) schließen aber aus, dass zB ein Reisebus eingezogen wird, dessen Fahrgäste Schmuggelgut mit sich führen (vgl. Erbs/Kohlhaas/*Hadamitzky/Senge* AO § 375 Rn. 13; zT anders HHSp-*Beckemper* § 375 Rn. 62).

Zur Tat benutzt ist ein Beförderungsmittel, wenn es der Täter gebraucht hat, um **38** Sachen zu befördern, auf die sich die Steuerstraftat bezieht (RG 15.4.1935, RGSt 69, 193). Die Verbringung der steuerpflichtigen Erzeugnisse oder zollpflichtigen Waren braucht nicht der einzige Zweck der Fortbewegung zu sein. Die Einziehung ist auch dann zulässig, wenn außer dem abgabepflichtigen Gut andere Sachen und Personen mit befördert werden. Nach Auffassung des BGH ist es auch unerheblich, ob die Verbringung der steuerpflichtigen Erzeugnisse oder zollpflichtigen Waren hinter der Beförderung der steuerlich belanglosen Gegenstände sowie der mitfahrenden Personen wesentlich zurückstand (BGH 23.5.1952, BGHSt 3, 1 f.; ähnl. OLG Hamm 21.5.1954, VRS 7, 233). Insofern kommt aber der

Grundsatz der Verhältnismäßigkeit (§ 74b StGB) ins Spiel. Dies zeigt auch die Rspr zu § 401 RAO 1931, nach der ein Kfz bei Kleinschmuggel nicht als Beförderungsmittel anzusehen war, zB wenn im Tank Treibstoff in einer Menge eingeführt wurde, welche die Freigrenze überstieg (KG 31.3.1957, NJW 1975, 841; OLG Köln 4.9.1959, NJW 1959, 2128; Erbs/Kohlhaas/*Hadamitzky/Senge* AO § 375 Rn. 10).

39 **Nach der Art der Verwendung** ist zur Tat auch ein Kfz benutzt, das dem mit Schmuggelware beladenen Fahrzeug vorausfährt, um den Transport gegen Grenz- und Zollkontrollen zu sichern (BGH 14.10.1952, BGHSt 3, 355; Schwarz/Pahlke/*Dumke* 23 zu § 375), oder ein nachfolgendes Sicherungsfahrzeug (Klein/*Jäger* AO § 375 Rn. 15; OLG Köln 21.8.1955, ZfZ 1955, 370; OLG Köln 4.10.1955, GA 1956, 328). Dagegen genügt es nicht, wenn sich der Täter des Fahrzeugs nur für seine Person bedient hat, um in die Nähe der Zollgrenze zu gelangen (RG 6.2.1934, RGSt 68, 42, 44) oder um allein sich selbst nach der Tat in Sicherheit zu bringen (zust. Erbs/Kohlhaas/*Hadamitzky/Senge* AO § 375 Rn. 12).

40 **Nach dem Zeitpunkt der Verwendung** soll ein Kfz auch dann zur Tat benutzt sein, wenn es zur Beförderung des Schmuggelgutes erst nach der Vollendung, aber noch vor der Beendigung der Tat eingesetzt wurde (RG 10.2.1939, RGSt 73, 104, 106; Schwarz/Pahlke/*Dumke* 23 zu § 375; siehe aber MüKoStGB/*Joecks* StGB § 74 Rn. 15; ausf. Rn. 94 ff. zu § 372).

41 **Nach der handelnden Person** ist ein Fahrzeug auch dann zur Tat benutzt, wenn es nicht der Täter, sondern ein Gehilfe zu dem verbotenen Zweck gebraucht hat (RG 30.4.1931, RGSt 65, 283, 285; RG 16.1.1934, RGSt 68, 11 f.; OLG Köln 9.7.1954, ZfZ 1954, 345; OLG Köln 13.4.1954 – Ss 344/53 – zit. bei *Felix* FR 1957, 418; Erbs/Kohlhaas *Hadamitzky/Senge* AO § 375 Rn. 11), nicht aber dann, wenn der Täter mit einem gutgläubigen Fuhrunternehmer oder Spediteur einen Werkvertrag über die Beförderung schließt und diesem die Einzelheiten der Beförderung, zB die Wahl des Fahrzeugs und des Weges, überlassen bleiben (RG 11.2.1937, RGSt 71, 58; RG 26.6.1941, HRR Nr. 1030).

42 **c) Tatprodukte oder Tatwerkzeuge (§ 74 I StGB).** Außer den in § 375 II AO angeführten Sachen können gem. § 369 II AO bei sämtlichen Steuerstraftaten auch Sachen eingezogen werden, welche nur die allgemeinen Merkmale des § 74 I StGB erfüllen:

§ 74 StGB Voraussetzungen der Einziehung

(1) Ist eine vorsätzliche Straftat begangen worden, so können Gegenstände, die durch sie hervorgebracht oder zu ihrer Begehung oder Vorbereitung gebraucht worden oder bestimmt gewesen sind, eingezogen werden.

(2)–(4) … *(s. Rn. 47)*

43 **Durch die Tat hervorgebracht** sind nur Sachen, die *unmittelbar* durch die Tat entstanden sind *(producta sceleris).* Dies trifft auf Erlöse aus dem Verkauf geschmuggelter Sachen nicht zu (RG 30.1.1920, RGSt 54, 223 zu § 259 StGB). Die erste Alternative des § 74 I StGB kann daher im Steuerstrafrecht neben § 150 StGB und § 375 II AO keine praktische Bedeutung entfalten (zust. GJW/*Heine* AO § 375 Rn. 26).

44 **Zur Begehung einer Tat gebraucht** sind Sachen, die als Mittel oder Werkzeug zur Tathandlung oder ihrer Vorbereitung gedient haben *(instrumenta sceleris).* Das soll auch für Sachen gelten, die erst *nach* Vollendung der Tat, aber *vor* ihrer Beendigung benutzt worden sind (RG 24.2.1939, RGSt 73, 106, 108; BGH 27.5.1952, NJW 1952, 892), zB Koffer und Rucksäcke zum Fortschaffen des Schmuggelgutes nach dem Überschreiten der Grenze. In Betracht kommen ferner Schmuggelwesten und „Zampelsäcke" sowie Waffen, die der Täter eines Vergehens nach § 373 II Nr. 1 oder 2 AO bei sich führt.

45 Nach dem ausdrücklichen Wortlaut des § 74 I StGB genügt, dass die Hilfsmittel zur Begehung oder Vorbereitung einer konkreten Tat *bestimmt gewesen sind;* auf eine tatsächliche Benutzung kommt es nicht an. Es genügt jedoch nicht, dass eine Sache nur zur *Herstellung* eines Tatwerkzeugs benutzt worden ist (RG 12.6.1925, RGSt 59, 250).

Erforderlich ist, dass die Tat (in der vorbereiteten Weise) *mindestens versucht worden ist,* sofern der Versuch als solcher – wie nach § 370 II, §§ 372, 374 AO – mit Strafe bedroht ist (BGH 6.10.1955, BGHSt 8, 205, 212; weitergehend RG 8.3.1915, RGSt 49, 208, 211). Ist die Tat zwar versucht worden, der Versuch aber – wie bei § 257 StGB – nicht mit Strafe bedroht, steht der Charakter der Nebenstrafe einer Einziehung entgegen (BGH 23.9.1959, BGHSt 13, 311). 46

4. Einziehung und Eigentum

a) Allgemeines. Die Einziehung von Sachen, die dem Täter nicht gehören, ist in § 74 II, § 74a StGB allgemein geregelt: 47

§ 74 StGB Voraussetzungen der Einziehung

(1) … (s. Rn. 42)

(2) Die Einziehung ist nur zulässig, wenn

1. die Gegenstände zur Zeit der Entscheidung dem Täter oder Teilnehmer gehören oder zustehen oder
2. die Gegenstände nach ihrer Art und den Umständen die Allgemeinheit gefährden oder die Gefahr besteht, daß sie der Begehung rechtswidriger Taten dienen werden.

(3) Unter den Voraussetzungen des Absatzes 2 Nr. 2 ist die Einziehung der Gegenstände auch zulässig, wenn der Täter ohne Schuld gehandelt hat.

(4) Wird die Einziehung durch eine besondere Vorschrift über Absatz 1 hinaus vorgeschrieben oder zugelassen, so gelten die Absätze 2 und 3 entsprechend.

§ 74a StGB Erweiterte Voraussetzungen der Einziehung

Verweist das Gesetz auf diese Vorschrift, so dürfen die Gegenstände abweichend von § 74 Abs. 2 Nr. 1 auch dann eingezogen werden, wenn derjenige, dem sie zur Zeit der Entscheidung gehören oder zustehen,

1. wenigstens leichtfertig dazu beigetragen hat, daß die Sache oder das Recht Mittel oder Gegenstand der Tat oder ihrer Vorbereitung gewesen ist, oder
2. die Gegenstände in Kenntnis der Umstände, welche die Einziehung zugelassen hätten, in verwerflicher Weise erworben hat.

Aus dem Zusammenhang der Vorschriften des § 375 II AO mit § 74 II und § 74a StGB ergibt sich: Nach dem Grundsatz des § 74 II Nr. 1 StGB ist die Einziehung regelmäßig nur zulässig, wenn die Sachen dem Täter oder Teilnehmer gehören. Gehören Sachen iS des § 74 I StGB *(producta et instrumenta sceleris)* nicht dem Täter oder einem Teilnehmer, ist die Einziehung nur zulässig, wenn die Sachen gem. § 74 II Nr. 2 StGB gefährlich sind. Darüber hinaus ist die Einziehung von Sachen iS des § 375 II AO (stpfl. Erzeugnisse usw. und Beförderungsmittel) auch dann zulässig, wenn der Dritteigentümer leichtfertig zur Tat beigetragen (§ 74a Nr. 1 StGB) oder die Sachen in verwerflicher Weise erworben hat (§ 74a Nr. 2 StGB).

Hat der Eigentümer die strafrechtlichen **Grenzen des Eigentumsgebrauchs** überschritten und wird ihm deshalb das Eigentum durch Einziehung der Sache entzogen (§ 74e StGB), liegt eine Enteignung iS des Art. 14 III GG nicht vor (*Zeidler* NJW 1954, 1149; *Kröner* NJW 1959, 81; *Maurach* JZ 1964, 529; vgl. auch BVerfG 12.12.1967, BVerfGE 22, 387, 422), da sie nicht der *„Güterbeschaffung für ein konkretes Vorhaben des öffentlichen Wohles"* dient (*W. Weber* NJW 1950, 402). Die Eigentumsgarantie des Grundgesetzes steht unter dem Vorbehalt, dass die Schranken des Eigentums durch die Gesetze – auch die Strafgesetze – bestimmt werden (Art. 14 I 2 GG). Die Einziehung, die sich gegen den Täter oder Teilnehmer richtet (Rn. 53), begründet materiell vor allem deshalb keine Entschädigungspflicht, weil der Eigentümer sie durch schuldhaftes Verhalten selbst verursacht hat (vgl. *Julius* ZStW 109 [1997], 58 ff.). Richtet sich die Einziehung gegen einen Dritten, so ist sie ebenfalls keine Enteignung, wenn die Einziehung unter den Voraussetzungen der §§ 74a, 74 I StGB durch ein dem Eigentümer vorwerfbares Verhalten gerechtfertigt ist (Rn. 61). Dasselbe gilt, wenn die Einziehung zwar allein aus Gründen des Allgemeinwohls zugelassen 48 ist (vgl. zB § 74 II Nr. 2 StGB), damit aber nur die Grenzen des Eigentums iS des Art. 14 I 2 GG bestimmt werden (Rn. 47 f.). Für die übrigen Fälle wird das Entschädigungsgebot, das aus dem allgemeinen Rechtsgedanken des Art. 14 III GG folgt, gem. § 74 I StGB erfüllt (Rn. 93 ff.).

49 **b) Unerheblichkeit des Eigentums (§ 74 II Nr. 2 StGB). Ohne Rücksicht auf die Eigentumsverhältnisse** unterliegen Sachen der Einziehung, wenn sie gem. § 74 II Nr. 2 StGB *„nach ihrer Art und den Umständen die Allgemeinheit gefährden"* (1. Alt.) oder wenn *„die Gefahr besteht, dass sie der Begehung rechtswidriger Taten dienen werden"* (2. Alt.). In diesen Fällen kommt es nicht darauf an, ob der Täter oder Teilnehmer oder ein Dritter zurzeit der Entscheidung oder zu einem anderen Zeitpunkt Eigentümer der Sache (gewesen) ist (Rn. 48).

50 **Die 1. Alternative des § 74 II Nr. 2 StGB** ermöglicht die Einziehung von Sachen, die nach ihrer Art und den Umständen die Allgemeinheit gefährden. Beide Voraussetzungen müssen zusammentreffen. Allein die Art einer Sache, die aus ihren physikalischen oder chemischen Eigenschaften erwachsende Gefährlichkeit rechtfertigt die Einziehung nicht, wenn sie nicht auch nach den Umständen ihrer Verwahrung, Behandlung, Beaufsichtigung usw. geboten erscheint, um die Allgemeinheit zu schützen, zB bei Sprengstoffen, Waffen, Rauschgift usw.

51 **Die 2. Alternative des § 74 II Nr. 2 StGB** setzt die begründete Befürchtung voraus, dass die Sache in der Hand des Täters der bereits begangenen Straftaten oder in den Händen anderer potenzieller Täter der Begehung weiterer rechtswidriger Taten dienen wird, wie zB Schmuggelwesten, Zolluniformen, zum Schmuggel besonders hergerichtete Fahrzeuge oder dazu abgerichtete Hunde, Funkgeräte usw. (krit. zu dieser Variante *Julius* ZStW 109 [1997], 75). Indessen ist nicht erforderlich, dass die zu befürchtende Tat der bereits begangenen Tat ähnlich sein muss (so schon *Hartung* IV 2b zu § 414 RAO 1961). Im Gegensatz zur 1. Alternative kommt es bei der 2. Alternative auf eine objektiv gefährliche Beschaffenheit der Sache nicht an.

52 **Die Feststellung der besonderen Voraussetzungen** des § 74 II Nr. 2 StGB erübrigt sich bei solchen Sachen, deren Einziehung das Gesetz aus Sicherheitsgründen *vorschreibt,* zB bei gefälschten Steuerzeichen usw. nach § 150 StGB.

53 **c) Eigentum des Täters oder Teilnehmers (§ 74 II Nr. 1 StGB).** Dem Täter oder Teilnehmer gehört eine Sache, wenn er **Alleineigentümer** ist (Rn. 54 f.). Gehört eine Sache dem Ehegatten des Täters oder Teilnehmers, kann sie nur unter den besonderen Voraussetzungen des § 74 II Nr. 2 StGB (Rn. 50 f.) oder des § 74a StGB iVm § 374 II 2 AO (Rn. 60 ff.) eingezogen werden (OLG Köln 21.8.1955, ZfZ 1995, 370; OLG Köln 4.10.1955, GA 1956, 328).

54 Steht ein Gegenstand im **Gesamthands- oder Miteigentum** mehrerer Personen, kann der Gegenstand selbst nur bei Beteiligung aller Personen eingezogen werden (MüKoStGB/*Joecks* StGB § 74 Rn. 36). Anders als zu § 40 StGB aF nimmt die hM zu § 74 StGB jedoch an, dass bei Beteiligung von einzelnen Gesamthands- oder Miteigentümern deren Eigentumsanteile eingezogen werden können. Das ergebe sich daraus, dass § 74a Nr. 1 und § 74e StGB von Sachen und Rechten sprechen (Schönke/Schröder/*Eser* StGB § 74 Rn. 6, 23; *Jescheck/Weigend* S. 797 f.; *Hartung* JZ 1952, 486).

55 **Bei Sicherungs- oder Vorbehaltseigentum** soll nach überwiegender Meinung nicht die formale Rechtsposition maßgebend sein, sondern die wirtschaftliche Vermögenszugehörigkeit (Schönke/Schröder/*Eser* StGB § 74 Rn. 24, SK-*Horn/Wolters* 16 f. zu § 74 StGB; *Eser* JZ 1972, 146; *Eser* JZ 1973, 171). Dahinter steht die Überlegung, dass das Sicherungs- oder Vorbehaltseigentum in Wahrheit nur der Begründung eines im BGB nicht vorgesehenen besitzlosen Pfandrechts dient und die Sache sich im tatsächlichen Herrschaftsbereich des Sicherungsgebers oder Vorbehaltskäufers befindet. Deshalb könne die sicherungsübereignete oder unter Eigentumsvorbehalt verkaufte Sache eingezogen werden, wenn der Sicherungsgeber oder Vorbehaltskäufer sie zur Begehung der Straftat benutzt hat; jedoch ist

der Sicherungsnehmer oder Vorbehaltsverkäufer – wie ein Pfandgläubiger – gem. § 74 I StGB zu entschädigen (Rn. 93 ff.).

Nach anderer Auffassung ist Gegenstand der Einziehung allein das **Anwartschaftsrecht** 56 (BGH 28.9.1971, BGHSt 24, 222; BGH 24.8.1972, BGHSt 25, 10; *K. Schäfer* Dreher-FS S. 283; MüKoStGB/*Joecks* StGB § 74 Rn. 32 ff. mwN). Zwar kann dieses selbst nicht in die Tat verstrickt sein, im Hinblick auf die Einbeziehung von Rechten in § 74 StGB ist aber Tatverstrickung in einem „vergeistigten" Sinn zu verstehen (LK-*Schmidt* 36 zu § 74 StGB, MüKoStGB/*Joecks* StGB § 74 Rn. 34).

Die Unterschiede zwischen den beiden Auffassungen sind im Regelfall gering. Erstreckt 57 man mit der wirtschaftlichen Betrachtungsweise die Einziehung auf die Sache, ist der Eigentümer nach § 74f StGB zu entschädigen. Letztlich müssen also die verbleibenden Raten gezahlt werden. Ist Einziehungsgegenstand das Anwartschaftsrecht, kann eine Einziehung der Sache nur erfolgen, wenn die Voraussetzungen für die Erstarkung zum Vollrecht herbeigeführt werden, also ebenfalls die letzten Raten beglichen werden (MüKoStGB/*Joecks* § 74 StGB Rn. 35).

Die Einziehbarkeit von Verbandseigentum regelt: 58

§ 75 StGB Sondervorschrift für Organe und Vertreter

[1] Hat jemand

1. als vertretungsberechtigtes Organ einer juristischen Person oder als Mitglied eines solchen Organs,
2. als Vorstand eines nicht rechtsfähigen Vereins oder als Mitglied eines solchen Vorstandes,
3. als vertretungsberechtigter Gesellschafter einer rechtsfähigen Personengesellschaft,
4. als Generalbevollmächtigter oder in leitender Stellung als Prokurist oder Handlungsbevollmächtigter einer juristischen Person oder einer in Nummer 2 oder 3 genannten Personenvereinigung oder
5. als sonstige Person, die für die Leitung des Betriebs oder Unternehmens einer juristischen Person oder einer in Nummer 2 oder 3 genannten Personenvereinigung verantwortlich handelt, wozu auch die Überwachung der Geschäftsführung oder die sonstige Ausübung von Kontrollbefugnissen in leitender Stellung gehört,

eine Handlung vorgenommen, die ihm gegenüber unter den übrigen Voraussetzungen der §§ 74 bis 74c und 74f die Einziehung eines Gegenstandes oder des Wertersatzes zulassen oder den Ausschluß der Entschädigung begründen würde, so wird seine Handlung bei Anwendung dieser Vorschriften dem Vertretenen zugerechnet. [2] § 14 Abs. 3 gilt entsprechend.

Das Verhalten des Täters muss **in innerem Zusammenhang** mit seiner Stellung als Organ stehen. Schädlich ist, wenn der Täter nur „gelegentlich" einer ihm übertragenen Tätigkeit, praktisch aber in rein privatem Interesse gehandelt hat (BGH 18.7.1996, wistra 1997, 23; *Achenbach* JR 1997, 205). Der Zusammenhang kann aber bestehen, wenn ein Handeln für die juristische Person mit eigenen Interessen verknüpft wird, was insbesondere bei einer Ein-Mann-Gesellschaft naheliegt (BGH 18.7.1996, wistra 1997, 23). Die Verweisung auf § 14 III StGB besagt, dass § 75 StGB auch anzuwenden ist, wenn die Rechtshandlung, welche die Vertretungsbefugnis begründen sollte, unwirksam ist.

Die Einziehungsvorschriften setzen nicht voraus, dass die Sache gerade *demjenigen* 59 Täter oder Teilnehmer gehört, der sie bei der Tat gebraucht hat; es genügt, dass die Sache *einem* von mehreren Tatbeteiligten gehört und mit *dessen* Willen benutzt worden ist (MüKoStGB/*Joecks* StGB § 74 Rn. 28, Schönke/Schröder/*Eser* StGB § 74 Rn. 21). Der Begünstiger oder (Steuer-)Hehler ist kein Teilnehmer iS des § 74 II Nr. 2 und des § 74a StGB. Eine Einziehung kommt daher ihm gegenüber nur in Betracht, wenn seine Sache zur Begünstigung (§ 369 I Nr. 2) oder (Steuer-)Hehlerei (§ 374) benutzt worden ist (OLG Hamm 22.10.1951, JZ 1952, 39).

Zur Zeit der Entscheidung müssen die Sachen dem Täter oder Teilnehmer gehören 60 (§ 74 II Nr. 1, § 74a StGB); wem sie zz. der Tat gehört haben, ist unerheblich (BGH 2.7.1953, BGHSt 6, 11, 13 f.). *Entscheidung* ist jedes Urteil – gleich welcher Instanz –, in dessen Tenor die Einziehung angeordnet wird. Ist der Täter oder Teilnehmer, dem die Sache gehört hat, vor Verkündung eines Urteils verstorben, ist eine Einziehung gem. § 76a StGB möglich (str., s. Rn. 83).

61 **d) Dritteigentum (§ 74a StGB). aa) § 74a Nr. 1 StGB.** Ein Dritteigentümer hat iS des § 74a Nr. 1 StGB *„wenigstens leichtfertig dazu beigetragen, dass die Sache Mittel oder Gegenstand der Tat oder ihrer Vorbereitung gewesen ist"*, wenn er die Beziehung zwischen seiner Sache und der fremden Tat durch grob fahrlässiges (Rn. 33 ff. zu § 378) oder vorsätzliches Verhalten hergestellt hat, ohne dass die Voraussetzungen einer Mittäterschaft oder Beihilfe vorliegen oder bewiesen werden können (zu verfassungsrechtlichen Aspekten *Jescheck/Weigend* 799; *Julius* ZStW 109 [1997], 87). Der Schuldvorwurf, den § 74a Nr. 1 StGB voraussetzt, bezieht sich nicht auf die Straftat, sondern darauf, dass ein an der Tat unbeteiligter Dritter seine Sache einem Tatbeteiligten zur Verfügung gestellt hat, obwohl er schon bei geringer Sorgfalt hätte voraussehen können (oder: vorausgesehen hat), dass seine Sache in der Hand des Täters Mittel oder Gegenstand einer Straftat oder ihrer Vorbereitung werden würde, wie etwa dann, wenn der Verleiher oder Vermieter eines Kfz erkannt hat, dass der Entleiher oder Mieter damit Schmuggelfahrten unternehmen will (zust. GJW/*Heine* AO § 375 Rn. 35; aM *Hartung* IV 2c, aa zu § 414 RAO 1961 im Anschluss an OLG Hamburg 12.6.1953, ZfZ 1953, 347). Ist dem Eigentümer bekannt, dass der Entleiher oder Mieter die Sache für eine bestimmte, bereits in Einzelheiten geplante Tat benutzen will, liegt regelmäßig bereits Beihilfe zur Tat vor (ebenso HHSp-*Beckemper* AO § 375 Rn. 70). Ist die Sache jedoch gegen den Willen des Eigentümers in die Hände des Täters gelangt, zB durch Diebstahl (§ 242 StGB) oder Gebrauchsentwendung (§ 248b StGB), sind die Voraussetzungen der Einziehung nach § 74a Nr. 1 StGB auch dann nicht erfüllt, wenn der Eigentümer das Fahrzeug aus allgemeiner Sorglosigkeit nicht genügend gegen Diebstahl gesichert hatte.

62 **bb) § 74a Nr. 2 StGB.** § 74a Nr. 2 StGB ermöglicht die **Einziehung einer Sache, die der Täter oder Teilnehmer nach der Tat an einen Dritten veräußert hat.** Voraussetzung ist zunächst, dass der Dritte die Sache *„in Kenntnis der Umstände, welche die Einziehung zugelassen hätten"*, erworben hat. Dadurch ist die Einziehung „gutgläubig" erworbener Sachen ausgeschlossen. Bei „bösgläubigem" Erwerb ist weiter erforderlich, dass der Dritte die Sache *„in verwerflicher Weise"* erworben hat. Dieses Merkmal beschränkt die Zulässigkeit der Einziehung nach § 74a Nr. 2 StGB auf Fälle, in denen Erwerber (= Dritter) und Veräußerer (= Täter oder Teilnehmer) zusammengewirkt haben, namentlich um die Anordnung der Einziehung zu verhindern. Daran fehlt es zB dann, wenn der Dritte die Sache im Wege der Zwangsvollstreckung (§§ 814 ff. ZPO) oder Notveräußerung (§ 111l StPO) erworben hat.

63 Nicht erforderlich ist, dass sich der von § 74a Nr. 2 StGB missbilligte Erwerbsvorgang *unmittelbar* zwischen dem Täter oder Teilnehmer und demjenigen Dritten abgespielt hat, dem die Sache zz. der Entscheidung gehört. Die Sache kann in der Zeit zwischen der Tat und der Aburteilung auch durch mehrere Hände gegangen sein, wenn nur die Voraussetzungen des § 74a Nr. 2 StGB bei demjenigen vorliegen, dem die Sache zz. der Entscheidung gehört.

64 Hat der Täter oder Teilnehmer die Sache nach der Tat an einen „gutgläubigen" Dritten veräußert und dadurch die Einziehung unmöglich gemacht, kann gegen den Täter oder Teilnehmer die Einziehung von Wertersatz nach § 74c StGB angeordnet werden (Rn. 70 ff.).

5. Grundsatz der Verhältnismäßigkeit

65 Die Einziehung einer Sache nach § 74 I StGB oder § 375 II AO steht im **Ermessen des Strafrichters.** Für die Ermessensausübung war bereits zu § 40 StGB in der bis zum Inkrafttreten des EGOWiG geltenden Fassung anerkannt, dass die Anordnung der Einziehung in einem angemessenen Verhältnis zur Tat und zur Schuld des Täters stehen musste und dass der Strafrichter bei verfassungskonformer Auslegung des Gesetzes selbst dort einen Ermessensspielraum hatte, wo die Einziehung als Sicherungsmaßnahme zwingend vorgeschrieben war (OLG Celle 9.1.1964, NJW 1964, 1381). Diese Auffassung gilt für

zwingende Einziehungsvorschriften fort (Schönke/Schröder/*Eser* StGB § 74b Rn. 2; im Übrigen vgl. jetzt § 74b StGB) (Rn. 66).

Gem. Art. 1 Nr. 2 EGOWiG wurde folgende allgemeine Vorschrift, die gem. § 369 II AO auch für die Einziehung nach § 375 II AO gilt, eingeführt: 66

§ 74b StGB Grundsatz der Verhältnismäßigkeit

(1) Ist die Einziehung nicht vorgeschrieben, so darf sie in den Fällen des § 74 Abs. 2 Nr. 1 und des § 74a nicht angeordnet werden, wenn sie zur Bedeutung der begangenen Tat und zum Vorwurf, der den von der Einziehung betroffenen Täter oder Teilnehmer oder in den Fällen des § 74a den Dritten trifft, außer Verhältnis steht.

(2) [1] Das Gericht ordnet in den Fällen der §§ 74 und 74a an, daß die Einziehung vorbehalten bleibt, und trifft eine weniger einschneidende Maßnahme, wenn der Zweck der Einziehung auch durch sie erreicht werden kann. [2] In Betracht kommt namentlich die Anweisung,

1. die Gegenstände unbrauchbar zu machen,
2. an den Gegenständen bestimmte Einrichtungen oder Kennzeichen zu beseitigen oder die Gegenstände sonst zu ändern oder
3. über die Gegenstände in bestimmter Weise zu verfügen.

[3] Wird die Anweisung befolgt, so wird der Vorbehalt der Einziehung aufgehoben; andernfalls ordnet das Gericht die Einziehung nachträglich an.

(3) Ist die Einziehung nicht vorgeschrieben, so kann sie auf einen Teil der Gegenstände beschränkt werden.

Die in Anlehnung an den Wortlaut des § 112 I 2 StPO gefasste Vorschrift bestimmt, dass der Richter sowohl die Bedeutung der Tat wie auch den persönlichen Schuldvorwurf zu würdigen und mit der Schwere des Eingriffs zu vergleichen hat (Begr. BT-Drs. V/1319, 56). Die Bedeutung der Tat ergibt sich bei Schmuggeltaten nicht allein aus dem hinterzogenen Abgabenbetrag oder bei Bannbruch aus der Gefährlichkeit der verbotswidrig eingeführten Sachen, sondern auch aus den Begleitumständen der Tat (vgl. zB die Merkmale des § 373 AO und des § 32 ZollVG). Auch die Schwere des Schuldvorwurfs kann sich in den objektiven Begleitumständen widerspiegeln; von Bedeutung sind ferner die Motive und die innere Einstellung des Täters, Teilnehmers oder des Dritteigentümers. Die Schwere des Eingriffs ergibt sich hauptsächlich aus dem objektiven Wert der Sache, deren Einziehung in Frage steht, den Umständen, unter denen der Betroffene sie erworben hat, und ihrer Bedeutung für seine gesetzmäßige Lebensgestaltung. Ausschlaggebend ist die Würdigung aller Umstände. Danach kann zB auch der PKW eines Schwerbeschädigten eingezogen werden, wenn er zu umfangreichen, wiederholten oder gewerbsmäßigen Schmuggelunternehmen benutzt worden ist (vgl. andererseits OLG Hamm 13.10.1961, NJW 1962, 829: Unverhältnismäßigkeit der Einziehung eines PKW bei Zollhinterziehung in Bezug auf 600 Zigaretten; vgl. auch OLG Schleswig 15.3.1988, StV 1989, 156; OLG Nürnberg 30.8.2006, NJW 2006, 3448: Einziehung eines Kraftfahrzeugs bei zwei Fahrten ohne Fahrerlaubnis).

Die Anordnung einer weniger einschneidenden Maßnahme unter Vorbehalt ermöglicht § 74b II StGB, wenn der Straf- und Sicherungszweck durch sie auch erreicht werden kann, ohne dass dem Betroffenen das Eigentum an der Sache entzogen wird (vgl. § 74e I StGB). Von den in § 74b II 2 StGB beispielhaft (arg.: *„namentlich"*) angeführten Anweisungen steht das **Unbrauchbarmachen der Sache** hinter der Einziehung kaum zurück. Besondere Bedeutung dürfte im Steuerstrafrecht dem § 74b II 2 Nr. 2 StGB zukommen. Danach kann der Richter anordnen, dass die einziehungsbefangene **Sache in bestimmter Weise geändert wird,** zB Schmuggeleinrichtungen an einem Kfz oder in einem Schiff beseitigt werden (vgl. *Bender/Möller/Retemeyer* B 433). § 74b II 2 Nr. 3 StGB wird bei Bannbruch kaum in Betracht kommen; wenn schon von eingeschwärzten Sachen eine Gefahr ausgeht, wie zB von Sprengstoff, Rauschgift usw. (Rn. 3 zu § 372), werden sie dem Betroffenen regelmäßig nicht zur Veräußerung an eine befugte Stelle (Begr. BT-Drs. V/1319, 56 f.) überlassen bleiben können. Denkbar wäre dagegen die (in § 74b StGB nicht genannte) Anweisung, verbotswidrig eingeführte Tiere, tierische Erzeugnisse oder Pflanzen von zuständiger Stelle auf Verseuchung untersuchen zu lassen. 67

68 **Der Vorbehalt der Einziehung** darf erst aufgehoben werden, wenn die zunächst angeordnete mildere Maßnahme zum Erfolg geführt hat. Andernfalls muss das Gericht die Einziehung nachträglich anordnen (§ 74b II 3 StGB). Diese Regelung erfordert, dass das Gericht dem Betroffenen von vornherein eine Frist für die Erfüllung der zunächst erteilten Anweisung setzt (Schönke/Schröder/*Eser* StGB § 74b Rn. 10). Das Verfahren für die nachträgliche Anordnung der Einziehung regelt § 462 StPO.

69 Die Möglichkeit, die Einziehung nach § 74b III StGB **auf einen Teil der Sache zu beschränken,** war bei Beförderungsmitteln bereits in § 414 I Nr. 2 RAO 1961 vorgesehen. Der Begriff *„Teil einer Sache"* umfasst sowohl den Anteil einer teilbaren Sache wie auch Bestandteile einer unteilbaren Sache, zB geschmuggelte Reifen als Teile eines PKW. Eine nur teilweise Einziehung kommt wegen mangelnder Identität nicht in Betracht, wenn aus der einziehungsbefangenen Sache durch Verarbeitung oder Vermischung mit anderen Sachen eine neue, selbstständige Sache entstanden ist. Ob eine neue Sache vorliegt, entscheidet die Verkehrsanschauung (*bejahend* RG 21.12.1908, RGSt 42, 123, 125 und RG 25.10.1917, RGSt 52, 47 für verschnittene Weine; *verneinend* RG 23.2.1931, RGSt 65, 175, 177 ff. für den Zusatz von Monopolsprit zu selbst hergestelltem Branntwein sowie BGH 10.7.1955, BGHSt 8, 98, 102 für die Herstellung von „klarem Trinkbranntwein durch Verdünnung von 96%igem Primasprit mit Wasser").

6. Einziehung des Wertersatzes (§ 74c StGB)

70 **Die Einziehung des Wertersatzes** regelt § 74c StGB nunmehr für das gesamte Strafrecht einheitlich. Dabei wurden die Erfahrungen bei der Anwendung einzelner Vorschriften des Nebenstrafrechts berücksichtigt und insbes. klargestellt, dass die Einziehung des Wertersatzes zulässig ist, wenn die Sache auch bei dem Dritterwerber nicht mehr vorhanden ist, weil dieser sie in der Zeit bis zur Entscheidung verbraucht hat (BGH 17.10.1961, BGHSt 16, 282, 292 ff. zu § 414a RAO 1961). Die Vorschrift lautet:

§ 74c StGB Einziehung des Wertersatzes

(1) Hat der Täter oder Teilnehmer den Gegenstand, der ihm zur Zeit der Tat gehörte oder zustand und auf dessen Einziehung hätte erkannt werden können, vor der Entscheidung über die Einziehung verwertet, namentlich veräußert oder verbraucht, oder hat er die Einziehung des Gegenstandes sonst vereitelt, so kann das Gericht die Einziehung eines Geldbetrags gegen den Täter oder Teilnehmer bis zu der Höhe anordnen, die dem Wert des Gegenstandes entspricht.

(2) Eine solche Anordnung kann das Gericht auch neben der Einziehung eines Gegenstandes oder an deren Stelle treffen, wenn ihn der Täter oder Teilnehmer vor der Entscheidung über die Einziehung mit dem Recht eines Dritten belastet hat, dessen Erlöschen ohne Entschädigung nicht angeordnet werden kann oder im Falle der Einziehung nicht angeordnet werden könnte (§ 74e Abs. 2 und § 74f); trifft das Gericht die Anordnung neben der Einziehung, so bemißt sich die Höhe des Wertersatzes nach dem Wert der Belastung des Gegenstandes.

(3) Der Wert des Gegenstandes und der Belastung kann geschätzt werden.

(4) Für die Bewilligung von Zahlungserleichterungen gilt § 42.

71 **Die Einziehung des Wertersatzes knüpft daran an,** dass der Täter oder Teilnehmer durch sein Verhalten die Ursache dafür gesetzt hat, dass die Sache selbst für die Einziehung nicht mehr greifbar ist. Die Einziehung des Wertersatzes *(„Ersatzeinziehung")* ist daher nicht mehr allein Sühne für die Straftat, welche die Grundlage für das Strafverfahren bildet, sondern zugleich Sühne für das Verhalten, mit dem Täter oder Teilnehmer den durch ihre Straftat begründeten Anspruch auf Einziehung der Sache nachträglich vereitelt haben. Nur gegenüber dem Täter oder Teilnehmer ist die Einziehung des Wertersatzes zulässig, nicht gegenüber einem unbeteiligten Dritten; sie ist daher Nebenstrafe, keine Sicherungsmaßnahme (Schönke/Schröder/*Eser* StGB § 74c Rn. 2 und SK-*Horn/Wolters* 7 f. zu § 74c StGB).

72 **§ 74c I StGB setzt voraus,** dass ohne das nachträgliche Verhalten des Täters oder Teilnehmers auf Einziehung einer bestimmten Sache hätte erkannt werden können, jedoch unter den herbeigeführten Umständen die Einziehung der Sache nicht mehr angeordnet

werden kann. Dabei ist gleichgültig, ob die Einziehung der Sache aus rechtlichen Gründen unzulässig oder aus tatsächlichen Gründen unmöglich geworden ist (BGH 20.2.1953, BGHSt 4, 62, 64; OLG Köln 10.6.1955, ZfZ 1955, 307). Ein rechtliches Hindernis für die Einziehung entsteht namentlich dann, wenn der Täter oder Teilnehmer seine von der Einziehung bedrohte Sache nach der Tat an einen „gutgläubigen" Dritten veräußert und die Voraussetzungen des § 74 II Nr. 2 StGB (Rn. 49–51) oder des § 74a StGB (Rn. 59–62) nicht vorliegen. Unmöglich ist die Einziehung der Sache, wenn sie nicht mehr vorhanden ist (Rn. 73). Der absoluten Unmöglichkeit steht es gleich, wenn die Einziehung der Sache auf erhebliche Schwierigkeiten stößt, zB dann, wenn der Täter sie an einen Unbekannten veräußert hat und deswegen ungewiss bleibt, ob die Sache diesem gegenüber eingezogen werden kann (Begr. BT-Drs. V/1319, 57).

Vereitelt ist die Einziehung der Sache, wenn eine entsprechende Anordnung infolge eines nachträglichen Verhaltens des Täters oder Teilnehmers unzulässig oder unmöglich ist (Rn. 74), zB weil der Täter oder Teilnehmer die Sache für sich verwertet, namentlich *veräußert oder verbraucht* hat. Bei entgeltlicher Veräußerung oder bestimmungsgemäßem Verbrauch der Sache macht sich der Täter oder Teilnehmer den Wert der Sache zunutze. *Sonst vereitelt* wird die Einziehung dann, wenn der Täter oder Teilnehmer die Sache verschenkt, zerstört, verkommen lässt oder beiseite schafft. Behauptet der Täter oder Teilnehmer glaubhaft, dass ihm die Sache nach der Tat abhanden gekommen (verlorengegangen oder gestohlen) sei, ist ein Vereiteln der Einziehung nur anzunehmen, wenn ihm der Verlust der Sache vorgeworfen werden kann, nicht auch dann, wenn er den Verlust nach den Umständen des Einzelfalles nicht zu vertreten hat (str., vgl. MüKoStGB/*Joecks* StGB § 74c Rn. 11, Schönke/Schröder/*Eser* StGB § 74c Rn. 6 und SK-*Horn*/*Wolters* 7 zu § 74c StGB). Das im RegE des § 40c I aF (= § 74c nF) StGB vorgesehene Wort *„vorwerfbar"* hat der BTag nur gestrichen, *„weil bereits in dem Merkmal vereitelt zum Ausdruck kommt, dass den Handelnden ein Vorwurf trifft"* (Schriftl. Ber. zu BT-Drs. V/2601, 15). 73

Einziehung des Wertersatzes ist nicht zulässig, wenn die Hindernisse, die der Einziehung der Sache entgegenstehen, nicht *nach* der Tat oder nicht *durch* den Täter oder Teilnehmer geschaffen worden sind. An der Voraussetzung eines ursächlichen Verhaltens des Täters oder Teilnehmers fehlt es zB dann, wenn die beschlagnahmte und vom Staat in Besitz genommene Sache verlorengeht (BGH 20.2.1953, BGHSt 4, 62, 65 f.) oder wenn sie nach der Straftat, aber vor der Hauptverhandlung durch ein zufälliges Ereignis so zerstört wird, dass das Eigentum untergeht (BGH 16.4.1953, NJW 1953, 1521, für ein durch Verkehrsunfall verbranntes Kfz). An der Ursächlichkeit *nachträglichen* Verhaltens fehlt es zB dann, wenn die Einziehung der Sache von vornherein nicht zulässig gewesen wäre, weil der Täter sie vor der Tat gestohlen hatte (zum früheren Recht ebenso OLG Bremen 24.8.1950, NJW 1950, 797; OLG Köln 10.6.1955, ZfZ 1955, 307; aM BGH 30.9.1952, BGHSt 3, 163; OLG Bremen 10.2.1954, NJW 1954, 691). 74

Unzulässig ist die Anordnung von Wertersatz auch dann, wenn die Einziehung der Sache zwar in dem jeweils anhängigen Strafverfahren nicht möglich ist, wohl aber in einem Verfahren gegen andere Personen bereits ausgesprochen oder noch zu erwarten ist (BGH 19.7.1955, BGHSt 8, 98, 102). 75

§ 74c II StGB soll verhindern, dass der Täter oder Teilnehmer die Wirkung der Einziehung der Sache dadurch beeinträchtigen kann, dass er die Sache vor der Entscheidung über die Einziehung mit dem Recht eines Dritten, zB Pfandrecht, belastet und auf diese Weise die wirtschaftliche Einbuße, die sonst mit der Einziehung verbunden wäre, von sich abwendet. Kann in einem solchen Fall das Erlöschen des Rechts des Dritten nach § 74f I StGB nicht ohne Entschädigung angeordnet werden, eröffnet § 74c II StGB die Möglichkeit, gegen den Täter oder Teilnehmer *neben* der Einziehung der Sache auch die Einziehung eines dem Wert ihrer dinglichen Belastung entsprechenden Geldbetrages anzuordnen. Die Vorschrift lässt es ferner zu, dass das Gericht die Leistung eines solchen Wertersatzes *anstelle* der Einziehung der Sache anordnet. Dies ist insbes. dann zweckmäßig, wenn die Sache infolge ihrer Belastung – wirtschaftlich betrachtet – keinen Vermögenswert mehr darstellt 76 und ihre Einziehung aus Sicherungsgründen (§ 75 II Nr. 2 StGB) nicht erforderlich ist (Schriftl. Ber. zu BT-Drs. V/2601, 15).

77 **Die Höhe des Wertersatzes kann** nach § 74c I StGB den Betrag erreichen, die dem Wert der nicht mehr einziehbaren Sache entspricht; nach § 74c II StGB *bemisst sich* der Wertersatz nach dem Wert der dinglichen Belastung. Aus dem Gesetzeswortlaut folgt, dass der Richter im Falle des § 74c I StGB einen Ermessensspielraum hat, der es ihm ermöglicht, die Einziehung mit Rücksicht auf die wirtschaftlichen Verhältnisse des Täters oder Teilnehmers auf einen Teil des Sachwertes zu beschränken. Dagegen besteht in den Fällen des § 74c II StGB kein Ermessensspielraum.

78 **Dem Sachwert entspricht der Preis,** der unter gewöhnlichen Umständen im Inland für Sachen gleicher Art, Güte und Menge erzielbar ist (vgl. *Bender/Möller/Retemeyer* B 469, 4; MüKoStGB/*Joecks* StGB § 74c Rn. 16). Bei großen Warenmengen ist der Großhandelspreis anzunehmen (BGH 14.9.1954, ZfZ 1955, 82). Soweit Sachen der fraglichen Art nur in versteuertem oder verzolltem Zustand in den freien Verkehr kommen dürfen, ist der erzielbare Preis einschl. der Abgaben zu ermitteln (RG 21.1.1941, RGSt 75, 100, 103; OLG Hamburg 1.6.1953, ZfZ 1953, 382), gleichgültig, ob daneben die hinterzogenen Abgaben bereits von dem Täter nachgefordert sind (OLG Stuttgart 3.11.1950, NJW 1951, 43). Ohne Bedeutung ist, ob der Fiskus eingezogene Waren entsprechender Art und Güte nur zu einem geringeren Preis veräußert oder sogar vernichtet (OLG Neustadt 13.2.1957, ZfZ 1957, 123). Der im Inland erzielbare Preis ist auch dann maßgebend, wenn der Fiskus entsprechende Waren nicht auf dem inländischen Markt verwertet (BGH 6.2.1953, BGHSt 4, 13 f.).

79 **Maßgebend für den Zeitpunkt der Preisfeststellung** ist die letzte tatrichterliche Entscheidung, denn das Revisionsgericht darf eine tatsächliche Würdigung nicht mehr vornehmen (BGH 27.8.1953, BGHSt 4, 305 f.; OLG Hamm 17.3.1949, MDR 1949, 438; OLG Bremen 26.1.1950, ZfZ 1950, 171; OLG Bremen 18.7.1951, NJW 1951, 976). Soweit es jedoch auf die Beschaffenheit der Sache ankommt, ist der Zeitpunkt maßgebend, in dem der Täter oder Teilnehmer die Sache der Einziehung entzogen hat. Der Einwand, dass eine Ware im Zeitpunkt der letzten tatrichterlichen Entscheidung bereits verdorben gewesen wäre, ist daher unbeachtlich (BGH 27.8.1953, BGHSt 4, 305, 307).

80 § 74c III StGB gestattet dem Strafrichter, den Wert der Sache oder ihrer dinglichen Belastung zu schätzen. Die **Schätzung** zielt darauf ab, auf Grund der bekannten Umstände ohne weitere umfangreiche und kostspielige Ermittlungen sonstiger, für die Preisfeststellung möglicherweise maßgebender Umstände einen Wert anzunehmen, der dem tatsächlichen Wert der Sache oder ihrer Belastung möglichst nahekommt.

81 **Die nachträgliche Einziehung des Wertersatzes** ermöglicht § 76 StGB, falls eine der in § 74c I StGB bezeichneten Voraussetzungen erst *nach* Anordnung der Einziehung der Sache eingetreten oder bekannt geworden ist. Ohne die Vorschrift könnte die Einziehung des Wertersatzes nicht mehr nachgeholt werden, wenn das Gericht die Einziehung der Sache auf Grund der unzutreffenden Annahme angeordnet hat, dass sie sich noch in den Händen des Täters oder Teilnehmers befinde, oder wenn der Täter oder Teilnehmer die Sache nach der Anordnung ihrer Einziehung verbraucht, an einen unbekannten oder „gutgläubigen" Dritten veräußert oder die Einziehung sonst vereitelt (s. zum Verfahren § 462 StPO).

7. Selbstständige Einziehung (§ 76a StGB)

82 **Kann wegen der Tat keine bestimmte Person verfolgt oder verurteilt werden,** ist die selbstständige Einziehung (oder Unbrauchbarmachung) einer Sache oder des Wertersatzes möglich nach:

§ 76a StGB Selbständige Anordnung

(1) Kann wegen der Straftat aus tatsächlichen Gründen keine bestimmte Person verfolgt oder verurteilt werden, so muß oder kann auf Verfall oder Einziehung des Gegenstandes oder des Wertersatzes oder auf Unbrauchbarmachung selbständig erkannt werden, wenn die Voraussetzungen, unter denen die Maßnahme vorgeschrieben oder zugelassen ist, im übrigen vorliegen.

(2) [1]Unter den Voraussetzungen des § 74 Abs. 2 Nr. 2, Abs. 3 und des § 74d ist Absatz 1 auch dann anzuwenden, wenn
1. die Verfolgung der Straftat verjährt ist oder
2. sonst aus rechtlichen Gründen keine bestimmte Person verfolgt werden kann und das Gesetz nichts anderes bestimmt.

[2]Einziehung oder Unbrauchbarmachung dürfen jedoch nicht angeordnet werden, wenn Antrag, Ermächtigung oder Strafverlangen fehlen.

(3) Absatz 1 ist auch anzuwenden, wenn das Gericht von Strafe absieht oder wenn das Verfahren nach einer Vorschrift eingestellt wird, die dies nach dem Ermessen der Staatsanwaltschaft oder des Gerichts oder im Einvernehmen beider zuläßt.

Das selbstständige Verfahren (vgl. § 440 StPO) **ist nach § 76a I StGB grundsätzlich nur zulässig,** wenn ein subjektives Verfahren aus tatsächlichen Gründen nicht durchgeführt werden kann, weil zB der Täter oder sein Aufenthalt unbekannt sind. Ist der Täter verstorben, wollte die ältere Rspr dennoch das selbstständige Verfahren anwenden (RG 17.1.1919, RGSt 53, 181, 183; RG 25.1.1940, RGSt 74, 41, 42f.; *Hartung* IX zu § 414a RAO 1961). Diese Auffassung ist durch den Gesetzeswortlaut überholt (Schönke/Schröder/*Eser* StGB § 76a Rn. 5 mwN). 83

Von dem Grundsatz des § 76a I StGB macht § 76a II StGB eine Ausnahme für die Einziehung und Unbrauchbarmachung aus Sicherungsgründen. Für diese Fälle ist das selbstständige Verfahren auch zulässig, wenn aus rechtlichen Gründen keine bestimmte Person verfolgt werden kann, weil zB die Strafverfolgung verjährt ist (OLG Hamm 19.5.1982, NStZ 1982, 422; OLG Karlsruhe 18.10.1979, MDR 1980, 337; OLG Stuttgart 14.2.1975, MDR 1975, 681; überholt: OLG Hamm 7.5.1980, MDR 1980, 1039; *Horn* NStZ 1982, 423). Die Rückausnahme des § 76a II 1 StGB (*„wenn das Gesetz nichts anderes bestimmt"*) liegt zB vor, wenn die Voraussetzungen der deutschen Gerichtsbarkeit fehlen. Die weitere Rückausnahme des § 76a II 2 StGB betrifft Fälle, in denen ein subjektives Strafverfahren nicht möglich ist, weil bestimmte strafverfahrensrechtliche Erklärungen fehlen. 84

Außer der Verfolgbarkeit einer bestimmten Person müssen die Voraussetzungen der Einziehung „im Übrigen" vorliegen, dh alle Voraussetzungen, die sich aus den §§ 74ff. StGB, ggf. iVm § 375 II AO ergeben. Der Nichtverfolgbarkeit steht es nach § 76a III StGB gleich, wenn das Gericht von Strafe absieht (vgl. zB § 157 StGB) oder das subjektive Verfahren gem. §§ 153ff. StPO oder §§ 45, 47 JGG nach dem Ermessen der Strafverfolgungsbehörde oder des Gerichts eingestellt wird. 85

Eine schuldhafte, nicht nur rechtswidrige Tat setzt § 76a I StGB voraus (arg.: *„Straftat"*). Demgegenüber genügt für eine Anordnung nach § 76a II 1 StGB ein nur rechtswidriges tatbestandsmäßiges Verhalten. Dies entspricht dem ausdrücklichen Willen des Gesetzgebers (Schriftl. Ber. zu BT-Drs. V/2601, 15). 86

Die Anordnung der Einziehung im selbstständigen Verfahren steht im **Ermessen des Gerichts,** sofern sie im subjektiven Verfahren im richterlichen Ermessen stünde (Rn. 65); sonst ist sie auch im selbstständigen Verfahren zwingend vorgeschrieben (arg.: *„muss oder kann"*). Für die StA oder die FinB (vgl. § 440 StPO; § 401 AO) besteht jedoch auch bei vorgeschriebener Einziehung kein dem Legalitätsprinzip entsprechender Antragszwang (BGH 7.12.1951, BGHSt 2, 29, 34). 87

8. Wirkung der Einziehung

Die Rechtsfolgen der Einziehung sind in § 74e StGB für das gesamte Strafrecht zusammenfassend geregelt, und zwar auch für den Fall, dass die Einziehung auf Grund § 76a StGB im selbstständigen Verfahren ausgesprochen wird. 88

§ 74e StGB Wirkung der Einziehung

(1) Wird ein Gegenstand eingezogen, so geht das Eigentum an der Sache oder das eingezogene Recht mit der Rechtskraft der Entscheidung auf den Staat über.

(2) [1] Rechte Dritter an dem Gegenstand bleiben bestehen. [2] Das Gericht ordnet jedoch das Erlöschen dieser Rechte an, wenn es die Einziehung darauf stützt, daß die Voraussetzungen des § 74 Abs. 2 Nr. 2 vorliegen. [3] Es kann das Erlöschen des Rechts eines Dritten auch dann anordnen, wenn diesem eine Entschädigung nach § 74f Abs. 2 Nr. 1 oder 2 nicht zu gewähren ist.

(3) § 73e Abs. 2 gilt entsprechend für die Anordnung der Einziehung und die Anordnung des Vorbehalts der Einziehung, auch wenn sie noch nicht rechtskräftig ist.

§ 73e StGB Wirkung des Verfalls

(1) [1] Wird der Verfall eines Gegenstandes angeordnet, so geht das Eigentum an der Sache oder das verfallene Recht mit der Rechtskraft der Entscheidung auf den Staat über, wenn es dem von der Anordnung Betroffenen zu dieser Zeit zusteht. [2] Rechte Dritter an dem Gegenstand bleiben bestehen.

(2) Vor der Rechtskraft wirkt die Anordnung als Veräußerungsverbot im Sinne des § 136 des Bürgerlichen Gesetzbuches; das Verbot umfaßt auch andere Verfügungen als Veräußerungen.

89 **a) Eigentum.** Wie § 415 S. 1 RAO 1961 bestimmt § 74e I StGB, dass das Eigentum an der eingezogenen Sache mit der Rechtskraft der Entscheidung auf den Staat (Rn. 90) übergeht. Diese Wirkung der Einziehung hängt nicht davon ab, ob das Gericht ihre Voraussetzungen zutreffend beurteilt hat oder nicht. Sie tritt auch dann ein, wenn die Einziehung auf § 74 II Nr. 1 StGB oder § 375 II AO gestützt ist, die Sache aber zz. der Entscheidung einem Dritten gehörte, oder wenn der Täter oder Teilnehmer die Sache *nach* der Anordnung, aber *vor* Eintritt der Rechtskraft an einen Dritten veräußert hatte. Führt die Einziehung zum Eigentumsverlust eines Dritten, ist dieser gem. § 74f I StGB zu entschädigen, sofern die Entschädigungspflicht nicht nach § 74f II StGB entfällt (Rn. 93 ff.).

90 **„Staat“ iS des § 74e StGB** ist dasjenige Land der BRD, dessen Gericht die Einziehung angeordnet hat (§ 60 StVollStrO; *Fischer* StGB § 74e Rn. 2a, *Schumann/Schmidt-Bremme* NJW 2002, 577). Ob die in den Fällen des § 375 II Nr. 1 AO hinterzogenen Abgaben dem Bund oder einem Land zustehen, ist unerheblich (glA zur früheren Rechtslage BFH 20.11.1952, BFHE 57, 108).

91 Die Durchführung der Einziehung sichert § 74e III iVm § 73e II StGB dadurch, dass die Anordnung der Einziehung vor ihrer Rechtskraft als **Veräußerungsverbot** iS des § 136 BGB wirkt. Ebenso wirkt nach § 74e III StGB die Anordnung des Vorbehalts der Einziehung (vgl. § 74b II StGB). Durch die Bezugnahme auf § 136 BGB bleibt die Einziehung in einer höheren Instanz zulässig, wenn die Sache nach der ersten Entscheidung über die Einziehung veräußert wird und die Einziehung zz. der Entscheidung gerechtfertigt war. Eine unwirksame Veräußerung der eingezogenen Sache lässt auch keine Entschädigungsansprüche nach § 74f I StGB entstehen. „Gutgläubige“ Erwerber, die nach § 135 II BGB geschützt sind, verlieren zwar gem. § 74e I StGB das Eigentum, sind aber gem. § 74f StGB zu entschädigen (Rn. 93 ff.).

92 **b) Rechte an der Sache.** Rechte an der Sache (= beschränkt dingliche Rechte) sind iS des § 74e StGB hauptsächlich das Pfandrecht (§§ 1204 ff. BGB) sowie das Sicherungs- oder Vorbehaltseigentum (Rn. 55). Abw. von § 415 S. 2 RAO 1961 lässt § 74e II 1 StGB die Rechte an einer eingezogenen Sache grundsätzlich bestehen. Im Hinblick auf Art. 14 GG (Rn. 47) können auch beschränkt dingliche Rechte einem Dritten nur gem. § 74e II 2 StGB unter den Voraussetzungen des § 74 II Nr. 2 StGB oder gem. § 74e II 3 StGB dann entzogen werden, wenn dem Dritten eine Entschädigung nach § 74f II Nr. 1–3 StGB nicht zu gewähren ist, weil ihn ein Schuldvorwurf trifft (Rn. 95).

9. Entschädigung (§ 74f StGB)

93 Mit Rücksicht auf Art. 14 III GG sieht § 74f StGB eine Entschädigung zugunsten des Dritten vor, der sein Eigentum infolge der Einziehung eingebüßt hat oder dessen Recht an der Sache (Rn. 92) erloschen oder beeinträchtigt ist.

§ 74f StGB Entschädigung

(1) Stand das Eigentum an der Sache oder das eingezogene Recht zur Zeit der Rechtskraft der Entscheidung über die Einziehung oder Unbrauchbarmachung einem Dritten zu oder war der Gegenstand mit dem Recht eines Dritten belastet, das durch die Entscheidung erloschen oder beeinträchtigt ist, so wird der Dritte aus der Staatskasse unter Berücksichtigung des Verkehrswertes angemessen in Geld entschädigt.

(2) Eine Entschädigung wird nicht gewährt, wenn

1. der Dritte wenigstens leichtfertig dazu beigetragen hat, daß die Sache oder das Recht Mittel oder Gegenstand der Tat oder ihrer Vorbereitung gewesen ist,
2. der Dritte den Gegenstand oder das Recht an dem Gegenstand in Kenntnis der Umstände, welche die Einziehung oder Unbrauchbarmachung zulassen, in verwerflicher Weise erworben hat oder
3. es nach den Umständen, welche die Einziehung oder Unbrauchbarmachung begründet haben, auf Grund von Rechtsvorschriften außerhalb des Strafrechts zulässig wäre, den Gegenstand dem Dritten ohne Entschädigung dauernd zu entziehen.

(3) In den Fällen des Absatzes 2 kann eine Entschädigung gewährt werden, soweit es eine unbillige Härte wäre, sie zu versagen.

Das Erlöschen des Eigentums folgt aus § 74e I StGB. Beschränkte dingliche Rechte bleiben zwar nach § 74e II 1 StGB grundsätzlich bestehen, erlöschen jedoch kraft ausdrücklicher Anordnung des Gerichts, wenn es die Einziehung darauf stützt, dass die Voraussetzungen des § 74 II Nr. 2 StGB vorliegen (§ 74e II 2 StGB). Beeinträchtigt ist ein (bestehen bleibendes) Recht an der Sache dann, wenn das Gericht gem. § 74b II Nr. 1 StGB statt auf Einziehung auf Unbrauchbarmachung der Sache erkannt hat und durch diese Maßnahme das beschränkte dingliche Recht wirtschaftlich entwertet wird. 94

Nach § 74 III StGB besteht keine Entschädigungspflicht, wenn der Dritte wenigstens *leichtfertig* dazu beigetragen hat, dass die Sache Mittel oder Gegenstand der Tat oder ihrer Vorbereitung gewesen ist (Rn. 61), oder 95

wenn der Dritte die Sache oder das Recht an der Sache in Kenntnis der Umstände, welche die Einziehung oder Unbrauchbarmachung zulassen, *in verwerflicher Weise* erworben hat (Rn. 61 f.) oder

wenn eine dauernde Entziehung der Sache ohne Entschädigung auf Grund von *Rechtsvorschriften außerhalb des Strafrechts* zulässig wäre. Mit dieser Wendung verweist § 74f II Nr. 3 StGB namentlich auf § 216 iVm § 215 AO sowie auf § 51b BranntwMonG (sog. Sicherstellung im Aufsichtsweg).

Auch wenn eine Entschädigungspflicht gem. § 74f II StGB ausgeschlossen ist (Rn. 93), kann eine Entschädigung gem. § 74f III StGB gewährt werden, soweit es eine **unbillige Härte** wäre, sie zu versagen. Eine unbillige Härte liegt namentlich dann vor, wenn den Dritten in den Fällen des § 74f II Nr. 1 und 2 StGB nur ein geringer Schuldvorwurf trifft, angesichts dessen ein entschädigungsloser Rechtsverlust unangemessen wäre. 96

Über die Art und Höhe des Entschädigungsanspruchs besagt § 74f I StGB, dass der Dritte *„unter Berücksichtigung des Verkehrswertes angemessen in Geld"* zu entschädigen ist. Damit ist eine Entschädigung in natura nur möglich, wenn der entschädigungsberechtigte Dritte und der entschädigungspflichtige Staat sich auf diese Art der Entschädigung besonders einigen. Der Hinweis auf den Verkehrswert schließt aus, dass *persönliche* Umstände die Entschädigung über den Verkehrswert hinaus erhöhen können (vgl. BGH 30.5.1963, NJW 1963, 1916 f.). Verkehrswert ist der Wert, der für Sachen gleicher Art, Güte und Menge unter gewöhnlichen Umständen im Inland erzielbar ist (Rn. 78). Bei schwankenden Preisen ist grundsätzlich derjenige Zeitpunkt maßgebend, welcher der Auszahlung möglichst nahe liegt, dh im Streitfall die letzte gerichtliche Tatsachenverhandlung (vgl. BGH 23.9.1957, BGHZ 25, 225, 230; BGH 24.2.1958, BGHZ 26, 373 f.; BGH 8.6.1959, BGHZ 30, 281, 284; BGH 27.6.1963, BGHZ 40, 87 ff.). 97

Zur Höhe der Entschädigung aus Billigkeitsgründen ist dem Wort *„soweit"* in § 74f III StGB zu entnehmen, dass dem richterlichen Ermessen nicht nur unterliegt, ob eine 98

Entschädigung überhaupt in Betracht kommt, sondern auch, ob und in welchem Maße sie – je nach Billigkeit – hinter dem Verkehrswert zurückbleibt.

99 Ist der Berechtigte Pfandgläubiger, Sicherungs- oder Vorbehaltseigentümer, so ist die Höhe der Entschädigung nach oben auch durch die jeweilige Höhe der Forderung begrenzt, für die ihm das Sicherungsrecht an der Sache eingeräumt worden ist.

100 Die Entschädigung kraft Gesetzes (§ 74f I StGB) oder auf Grund einer Billigkeitsentscheidung (§ 74f III StGB) obliegt der Gebietskörperschaft (Land oder Bund), auf die das Eigentum nach § 74e StGB übergegangen ist (Rn. 90).

101 **Zuständig für die Entscheidung** über die Entschädigung auf Grund § 74f I StGB ist im Streitfall der Zivilrichter, da es sich um einen Anspruch aus Eingriffen handelt, die eine bürgerlich-rechtliche Wirkung haben (Begr. BT-Drs. V/1319, 60). Über eine Entschädigung aus Billigkeitsgründen auf Grund § 74f III StGB entscheidet jedoch nach § 436 III 2 StPO der Strafrichter, weil die Höhe der Entschädigung hier hauptsächlich von der Beurteilung des Schuldvorwurfs abhängt.

§ 376 Verfolgungsverjährung

(1) **In den in § 370 Abs. 3 Satz 2 Nr. 1 bis 5 genannten Fällen besonders schwerer Steuerhinterziehung beträgt die Verjährungsfrist zehn Jahre.**

(2) **Die Verjährung der Verfolgung einer Steuerstraftat wird auch dadurch unterbrochen, dass dem Beschuldigten die Einleitung des Bußgeldverfahrens bekannt gegeben oder diese Bekanntgabe angeordnet wird.**

§ 376 I AO trifft eine von § 78 III Nr. 4 StGB abweichende Regelung zur Dauer der Verjährungsfrist. § 376 II AO ergänzt den Katalog der Unterbrechungshandlungen in § 78c StGB (Rn. 62 ff.). Vorweg anzuwenden sind:

§ 78 StGB Verjährungsfrist

(1) [1]Die Verjährung schließt die Ahndung der Tat und die Anordnung von Maßnahmen (§ 11 Abs. 1 Nr. 8) aus. [2]§ 76a Abs. 2 Satz 1 Nr. 1 bleibt unberührt.

(2) Verbrechen nach § 211 (Mord) verjähren nicht.

(3) Soweit die Verfolgung verjährt, beträgt die Verjährungsfrist

1. dreißig Jahre bei Taten, die mit lebenslanger Freiheitsstrafe bedroht sind,
2. zwanzig Jahre bei Taten, die im Höchstmaß mit Freiheitsstrafen von mehr als zehn Jahren bedroht sind,
3. zehn Jahre bei Taten, die im Höchstmaß mit Freiheitsstrafen von mehr als fünf Jahren bis zu zehn Jahren bedroht sind,
4. fünf Jahre bei Taten, die im Höchstmaß mit Freiheitsstrafen von mehr als einem Jahr bis zu fünf Jahren bedroht sind,
5. drei Jahre bei den übrigen Taten.

(4) Die Frist richtet sich nach der Strafdrohung des Gesetzes, dessen Tatbestand die Tat verwirklicht, ohne Rücksicht auf Schärfungen oder Milderungen, die nach den Vorschriften des Allgemeinen Teils oder für besonders schwere oder minder schwere Fälle vorgesehen sind.

§ 78a StGB Beginn

[1]Die Verjährung beginnt, sobald die Tat beendet ist. [2]Tritt ein zum Tatbestand gehörender Erfolg erst später ein, so beginnt die Verjährung mit diesem Zeitpunkt.

Schrifttum: *Bräuel,* Die Verjährung der Strafverfolgung und der Vollstreckung von Strafen ..., Mat. II S. 429; *Suhr,* Die Verjährung und die Unterbrechung der Verjährung im Steuerstrafrecht, Aktuelle Fragen S. 225; *Kohlmann,* Schließt die Verjährung der Vortat auch die Verjährung wegen der Nachtat aus?, JZ 1964, 492; *Kopacek,* Die Verjährung der Strafverfolgung von Steuervergehen, FR 1965, 275 mit Erwiderung von *Stier,* Zuständigkeit und Unterbrechung der Verjährung der Strafverfolgung, FR 1966, 50 und Schlusswort von *Kopacek* FR 1966, 51; *Lorenz,* Über das Wesen der strafrechtlichen Verjährung, GA 1966, 371; *Schröder,* Probleme strafrechtlicher Verjährung, Gallas-FS 1973, 329; *Schoene,* Verfolgungsverjährung nach Bundes- und Landesrecht, NJW 1975, 1544; *Erhard,* Die Verjährung im Strafrecht, 1976; *von Stackelberg,* Verjährung und Verwirkung des Rechts auf Strafverfolgung, Bockelmann-FS 1979, 759; *Brenner,* Außenprüfer als Strafverfolgungsorgan: Verfolgungsverjährung und Verwertungsverbot, StBp 1979, 121; *Schäfer,* Einige Fragen zur Verjährung in Wirtschaftsstrafsachen, Dünnebier-FS 1982, 541; *Volk,* Fortsetzungszusammenhang und Verjährungsbeginn im Steuerstrafrecht, DStR 1983, 343; *Brenner,* Strafverfolgungsverjährung und ihre Unterbrechung bei Steuerdelikten, BB 1985, 2041; *Herdemerten,* Beginn der Verjährung bei Steuerhinterziehung, wistra 1985, 98; *Rüping,* Beendigung der Tat und Beginn der Verjährung, GA 1985, 437; *Heuer,* Unterbricht ein Durchsuchungsbeschluß gegen die Verantwortlichen eines Unternehmens die Verjährung?, wistra 1987, 170; *Kuhlmann,* Beendigung der Steuerhinterziehung und Außenprüfung, wistra 1987, 281; *Gössel,* Bindung der Wiederaufnahme zu Ungunsten des Verurteilten an die Verjährungsfrist?, NStZ 1988, 537; *Reiche,* Verjährungsunterbrechende Wirkung finanzbehördlicher oder fahndungsdienstlicher Ermittlungsmaßnahmen hinsichtlich allgemeiner Strafdelikte, insbesondere bei tateinheitlichem Zusammentreffen mit Steuerstraftaten, wistra 1988, 329; *Kiel,* Die Verjährung bei der vorsätzlichen Steuerverkürzung, Diss. Kiel 1989; *Grezesch,* Hindert die Aussetzung nach § 396 AO den Eintritt der absoluten Verjährung?, wistra 1990, 289; *Wisser,* Die Aussetzung des Steuerstrafverfahrens gemäß § 396 AO und die Bindung des Strafrichters, 1992; *Gallandi,* Verjährung bei langfristig geplanter Wirtschaftskriminalität, wistra 1993, 255; *Lemke,* Das 2. Verjährungsgesetz, NJ 1993, 529; *Schmitz,* Der Beginn der Verjährungsfrist nach § 78a StGB bei der Hinterziehung von Einkommensteuer durch Unterlassen, wistra 1993, 248; *Arzt,* Die fortgesetzte Handlung geht – die Probleme bleiben, JZ 1994, 1000; *Hees,* Zur persönlichen Reichweite der Verjährungsunterbrechung nach § 78c Abs. 1 Nr. 4 StGB, wistra 1994, 81; *Jung,* Zur Nachahmung empfohlen: Aufgabe der Rechtsfigur der fortgesetzten Handlung durch das Schweizer Bundesgericht, NJW 1994, 916; *Letzgus,* Unterbrechung, Ruhen und Verlängerung strafrechtlicher Verjährungsfristen für im Beitrittsgebiet begangene Straftaten, NStZ 1994, 57; *Bittmann/Dreier,* Bekämpfung der Wirtschaftskriminalität nach dem Ende der fortgesetzten Handlung, NStZ 1995, 105; *Messner,* Strafrechtliche und steuerliche Bedeutung des Abschieds vom Fortsetzungszusammenhang im Steuerstrafrecht, DB 1995, 1735; *Dörn,* Schuldvorwurf und Strafverfolgungsverjährung bei Umsatzsteuerhinterziehung – ein Überblick, DStZ 1996, 491; *Hardtke/Leip,* Strafverfolgungsverjährung bei Steuerhinterziehung infolge verdeckter Gewinnausschüttung, NStZ 1996, 217; *Riehl,* Zur Frage der Tatbeendigung in Fällen der Umsatzsteuerhinterziehung nach § 370 AO durch einen steuerlich beratenen Unternehmer, wistra 1996, 130; *Geppert,* Zur straf- und strafverfahrensrechtlichen Bewältigung von Serienstraftaten nach Wegfall der Rechtsfigur der „fortgesetzten Handlung", NStZ 1996, 57; *Wapler,* Schieflage – Von den Tücken der Vergangenheitsbewältigung, FoR 1996, 91; *Buse,* Beendigung der Umsatzsteuerhinterziehung bei Fristverlängerung nach § 109 AO durch Erlasse der obersten Finanzbehörden, wistra 1997, 173; *Voßmeyer,* Von der Weitsicht eines Bankers – Bemerkungen zur Tragweite des Gehilfenvorsatzes, DStR 1998, 842; *Romberg,* Verjährung im Strafrecht – eine intrasystematische Bestandsaufnahme und Ansätze zur Gesetzesreform, Diss. Greifswald 2000; *Pelz,* Wann verjährt die Beihilfe zur Steuerhinterziehung?, wistra 2001, 11; *Schneider,* Straflose Nachtat trotz Verjährung der Haupttat im Falle wiederholter Steuerhinterziehung, wistra 2001, 408; *Eich,* Strafverfolgungsverjährung der Steuerhinterziehung und der leichtfertigen Steuerverkürzung, KÖSDI 2001, 13 036; *Hardtke,* Die Verjährung im Steuerstrafrecht, AO-StB 2001, 273; *Beckemper,* Steuerhinterziehung durch Erschleichen eines unrichtigen Feststellungsbescheids?, NStZ 2002, 518; *Dörn,* Steuerhinterziehung in Schätzungsfällen?, NStZ 2002, 189; *Müller,* Der Beginn der Strafverfolgungsverjährung bei Steuerhinterziehung, StBp 2003, 78; *Schmitz,* Versuchsbeginn, Vollendung und Beginn der Verfolgungsverjährung bei ausgebliebener Steuerfestsetzung, Kohlmann-FS 2003, 517; *Wulf,* Beginn der Verjährung der Steuerhinterziehung bei ausgebliebener Steuerfestsetzung, wistra 2003, 89; *Müller,* Wann beginnt die Strafverfolgungsverjährung bei Steuerhinterziehung?, wistra 2004, 11; *Burkhard,* Verjährungsbeginn bei verspäteter Abgabe der Steuererklärung, DStZ 2004, 443; *Spatscheck,* Bestimmtheit von Strafverfolgungshandlungen – Wann unterbrechen sie die Verfolgungsverjährung?, AO-StB 2004, 262; *Stoffers/Landowski,* Verjährung der Beihilfe zur Steuerhinterziehung, StraFo 2005, 228; *Bock,* Die strafrechtliche Verfolgungsverjährung, JuS 2006, 12; *v. Briel,* Der Beginn der Strafverfolgungsverjährung bei Steuerstraftaten und -ordnungswidrigkeiten, SAM 2006, 115; *Müller,* Die Verknüpfung der steuerlichen und strafrechtlichen Verjährung, AO-StB 2007, 246; *Eich,* Hinterziehung von Erbschaft- und Schenkungsteuer, ErbStB 2008, 76; *Bender,* Die Verfolgungsverjährung für Steuerhinterziehung nach dem JahressteuerG 2009, wistra 2009, 215; *Pelz,* Neuregelung der Verfolgungsverjährung für Steuerhinterziehung – Neue Herausforderungen für die Praxis, NJW 2009, 470; *Rolletschke/Jope,* Konsequenzen auf Grund der Änderung der Verjährungsvorschrift des § 376 Abs. 1 AO im Rahmen des Jahressteuergesetzes 2009 (JStG 2009), Stbg 2009, 213; *Wulf,* Die Verschärfung des Steuerstrafrechts zum Jahreswechsel 2008/2009, DStR 2009, 459; *Brüning,* Vollendung und Verjährungsbeginn bei unrichtigen Feststellungsbescheiden im Steuerstrafrecht, Samson-FS, 2010, S. 537; *Haas/Wilke,* Steuerhinterziehung und Rechtsstaat – Zur Verlängerung der Verfolgungsverjährung durch das Jahressteuergesetz 2009, NStZ 2010, 297; *Samson/Brüning,* Die Verjährung der besonders schweren Fälle der Steuerhinterziehung, wistra 2010, 1; *Dallmeyer,* Tatbeendigung und Verjährungsbeginn bei Steuerdelikten, ZStW 124 (2012), 711; *Haumann,* Verfassungsmäßigkeit der Verjährung der Steuerhinterziehung nach § 376 Abs. 1 AO?, AO-StB 2012, 157; *Satzger,* Die Verjährung im Strafrecht, Jura 2012, 433; *Spatschek/Albrecht,* Praxisprobleme der Strafverfolgungsverjährung bei Hinterziehungsdelikten, § 376 Abs. 1 AO, Stbg 2012, 501; *Bürger,* Die Verjährungsregelung in § 376 Abs. 1 AO im Berichtigungsverbund der Selbstanzeige, BB 2013, 2592; *Dannecker,* Zur Verfassungsmäßigkeit der verjährungsrechtlichen Anknüpfung an strafrechtliche Regelbeispiele der Steuerhinterziehung, NZWiSt 2014, 6; *Reichling/Winsel,* Die neuere (höchstrichterliche) Rechtsprechung zum Verjährungsbeginn bei ausgewählten Wirtschaftsstraftaten, JR 2014, 331; *Rolletschke,* Die Strafverfolgungsverjährung im Steuerstrafrecht, ZWH 2014, 129; *Grötsch,* Strafrechtliche Verjährung der Hinterziehung von Ertragssteuern, wistra 2015, 249; *Mitsch,* Verjährungsvielfalt bei der Steuerhinterziehung, NZWiSt 2015, 8; zur Unterbrechung der Verjährung s. auch vor Rn. 62.

Übersicht

1. Entstehungsgeschichte

§ 376 Abs. 1 AO 1977 wurde mWv 25.12.2008 eingefügt (JStG 2009 v. 19.12.2008, BGBl. 2008 I 2794). Während sich die Verjährungsfrist bei Steuerhinterziehung bislang nach § 78 III Nr. 4 StGB richtete und einheitlich fünf Jahre betrug, wurde sie für einige Fälle der Steuerhinterziehung auf zehn Jahre verlängert (Rn. 16 ff.). Hieraus können sich massive Konsequenzen auch für den Ablauf der Festsetzungsfrist ergeben (Rn. 20). Pläne eines RefE aus dem August 2014, die Verjährungsfrist generell auf zehn Jahre zu verlängern, wurden bereits mit dem RegE verworfen. 1

§ 376 Abs. 2 AO 1977 entspricht § 402 RAO; dieser geht zurück auf § 419 AO 1931 (= § 384 AO 1919). Gem. § 21 Nr. 36 StAnpG v. 16.10.1934 (RGBl. I 925) wurde als § 419 III RAO eine Sondervorschrift über den Beginn der Verfolgungsverjährung bei Wechselsteuervergehen aus § 22 WStG in die RAO übernommen. Die Neufassung des § 419 II RAO durch Art. 1 Nr. 9 AOStrafÄndG v. 10.8.1967 (BGBl. 1967 I 877) berücksichtigte die Beseitigung der Strafbefugnis der Finanzbehörden durch Urt. des BVerfG v. 6.6.1967 (BGBl. 1967 I 626) und die neue Begriffsbestimmung der Einleitung des Strafverfahrens nach § 432 RAO idF des Art. 1 Nr. 1 AOStrafÄndG v. 10.8.1967 (BGBl. 1967 I 877; Schriftl. Ber. BT-Drs. zu V/1941, 1 f.). Durch Art. 1 Nr. 17 des 2. AO StrafÄndG v. 12.8.1968 (BGBl. I 1953) wurde die Vorschrift mit Rücksicht auf die Einführung von Steuerordnungswidrigkeiten im Ganzen neu gefasst, als § 402 RAO bezeichnet und mit einer Überschrift versehen; der frühere § 419 III RAO (Verjährung von Wechselsteuervergehen) wurde weggelassen (Begr. BT-Drs. V/1812, 26). Durch Art. 161 EGStGB v. 2.3.1974 (BGBl. 1974 I 469) wurde die Anordnung einer 5-jährigen Verjährung für Steuerstraftaten in § 402 I RAO als überflüssig gestrichen. Damit verblieb die jetzt in § 376 II AO wörtlich übernommene Regelung über die Unterbrechung der Verfolgungsverjährung durch Einleitung des Bußgeldverfahrens. 2

2. Anwendungsbereich

Das Gesetz unterscheidet zwischen Verjährung von Strafverfolgung und Strafvollstreckung. § 376 AO regelt nur die *Verfolgungs*verjährung, und zwar unter Berücksichtigung der besonderen möglichen Umstände bei der Aufdeckung von Zuwiderhandlungen gegen Steuergesetze. Ergänzend gelten die §§ 78–78c StGB (§ 369 II AO). Die Verjährung der Straf*vollstreckung* richtet sich mangels Sondervorschriften in der AO ausschließlich nach den §§ 79–79b StGB. 3

Für die Verjährung leichtfertiger Steuerverkürzungen (§ 378 AO) sowie der **Steuerordnungswidrigkeiten gem. §§ 379, 380 AO** gilt § 384 AO. Im Allgemeinen verjährt die Verfolgung von Ordnungswidrigkeiten in 6 Monaten bis höchstens 3 Jahren (§ 31 OWiG). Die Verjährung von Ordnungswidrigkeiten nach §§ 378–380 AO ist mit der Begründung auf 5 Jahre verlängert worden, dass die Entdeckung von Steuerordnungswidrigkeiten von denselben Umständen abhängig sei wie die Entdeckung einer vorsätzlichen Steuerverkürzung (Begr. BT-Drs. V/1812, 27; BT-Drs. V/3013). Im Falle des § 378 I AO erscheint die lange Verjährungsfrist gerechtfertigt, weil auch leichtfertige Steuerverkürzungen meist erst bei Außenprüfungen entdeckt werden. Das gilt jedoch nicht für 4

Steuergefährdungen gem. §§ 379, 380 AO. Der Tatbestand des § 380 AO greift nur ein, wenn die Steuer rechtzeitig und vollständig angemeldet war (Rn. 3 zu § 380). Eine Tat iS des § 379 AO wird nach Ablauf von 2 Jahren den Tatbestand des § 378 AO, wenn nicht sogar den des § 370 AO erfüllen. Auch ist nicht einzusehen, warum die §§ 379, 380 AO einerseits und § 381 AO andererseits bezüglich der Verjährungsfrist unterschiedlich zu behandeln sind.

3. Wesen und Wirkung der Verjährung

5 **Das Institut der Verjährung dient dem Rechtsfrieden** und berücksichtigt, dass der zeitliche Abstand zur Tat das Strafbedürfnis schwinden lässt (*Jescheck/Weigend* 910 ff.; Schönke/Schröder/*Sternberg-Lieben/Bosch* StGB vor § 78 Rn. 3 ff.). Hinzu kommen mag, dass sich der staatliche Strafanspruch schon aus Gründen der sicheren Beweisführung nur binnen einer gewissen Zeitspanne nach der Tat verwirklichen lässt, wenngleich dem durch den Zweifelsgrundsatz ohnehin Rechnung getragen werden kann (vgl. zur Begründung der Verjährung in rechtsvergleichender Sicht *Bräuel,* Mat. II S. 429). Durch die Verjährung werden Strafverfolgung und -vollstreckung ausgeschlossen (§§ 78, 79 StGB). Die Strafvollstreckungsverjährung beginnt mit dem Tag, an dem die Entscheidung rechtskräftig geworden ist (§ 79 VI StGB).

6 **Nach hM ist die Verjährung ein Verfahrenshindernis,** kein Strafaufhebungsgrund und auch nicht beides zugleich (BGH 22.4.1952, BGHSt 2, 301; BGH 21.4.1953, BGHSt 4, 135; Schönke/Schröder/*Sternberg-Lieben/Bosch* StGB vor § 78 Rn. 3; aM SK-*Rudolphi/Wolter* 8 ff. vor § 78 StGB mwN). Aus der prozessualen Rechtsnatur der Verjährung folgt, dass sie in jeder Lage des Verfahrens, auch in der Revisionsinstanz, *von Amts wegen* nachzuprüfen ist (BGH 26.6.1958, BGHSt 11, 394; Kohlmann/*Schauf* 46 zu § 376). Die eingetretene Verjährung steht bereits der Einleitung der Untersuchung entgegen (*Kopacek* FR 1965, 275). Wird die Untersuchung gleichwohl eingeleitet oder das Hauptverfahren eröffnet, so ergeht nicht etwa ein Freispruch; vielmehr muss das Verfahren eingestellt werden (§§ 206a, 260 StPO iVm § 385 AO; BGH 9.11.1960, BGHSt 15, 203). Das Gericht kann jedoch gem. § 467 III Nr. 2 StPO davon absehen, die notwendigen Auslagen des Angeschuldigten der Staatskasse aufzuerlegen. Die Staatskasse wird jedoch die Auslagen tragen müssen, wenn die Verjährung bereits zum Zeitpunkt der Klageerhebung eingetreten war (*Meyer-Goßner/Schmitt* StPO § 467 Rn. 18); gleiches gilt für den Fall des Eintritts der Verjährung zum Zeitpunkt des Eröffnungsbeschlusses.

7 **Die Verjährung einer Vortat** schließt entgegen der Auffassung der Rechtsprechung die Bestrafung wegen einer (straflosen) Nachtat (Rn. 122 zu § 369) aus, weil Vor- und Nachtat strafrechtlich *einheitlich* zu bewerten sind (OLG Braunschweig 28.6.1963, JZ 1964, 524; Schönke/Schröder/*Sternberg-Lieben/Bosch* StGB § 52 Rn. 136 und SK-*Jäger* 105 vor § 52 StGB; *Schneider* wistra 2001, 408, 412; aM *Kohlmann* JZ 1964, 492; LK-*Rissing van Saan* 136 vor § 52 StGB; BGH 23.8.1968, NJW 1968, 2113; BGH 17.10.1992, BGHSt 38, 366).

8 **Bei der Strafzumessung** können uU auch verjährte Tatteile strafschärfend berücksichtigt werden. Da ihre Begehung aber – für sich genommen – nicht mehr dazu führen kann, auf sie eine Verurteilung zu stützen, dürfen derartige Taten auch mittelbar nicht, etwa im Rahmen der Strafzumessung für nicht verjährte Taten, *ihrer vollen Schwere nach* zu Lasten des Betreffenden gewertet werden (BGH 22.3.1994, wistra 1994, 223). In Fällen mittlerer Kriminalität wird eine strafschärfende Berücksichtigung zudem nur ausnahmsweise in Betracht kommen (*Schäfer,* Praxis der Strafzumessung Rn. 287; *Joecks* 1998, 175 f.). Überdies müssen sie sicher festgestellt sein.

9 **Eine Einziehung mit Sicherungscharakter** und die Unbrauchbarmachung (§ 74 II Nr. 2, III, § 74d StGB) können trotz Eintritts der Verfolgungsverjährung selbstständig angeordnet werden (vgl. Kohlmann/*Schauf* 50 zu § 376).

4. Verjährungsfrist

a) Allgemeines. Die Verfolgung von Steuerstraftaten der AO verjährt regelmäßig in 5 Jahren, da die Höchststrafe 5 Jahre nicht überschreitet (§ 78 III Nr. 4 StGB). Das gilt auch für die Steuerhinterziehung in einem besonders schweren Fall (§ 370 III AO), da die Strafdrohung für besonders schwere Fälle gem. § 78 IV StGB für die Dauer der Verjährungsfrist unbeachtlich ist. Bei der Wiederverwendung gebrauchter Steuerzeichen beträgt die Verjährungsfrist gem. § 78 III Nr. 5 StGB drei Jahre, da die Höchststrafe gem. § 148 II StGB ein Jahr nicht übersteigt (Kohlmann/*Schauf* 33 zu § 376). Für einen Bannbruch, der gemäß § 372 II AO nicht nach § 370 AO, sondern nach dem Verbringungsgesetz bestraft wird, bestimmt der Strafrahmen des Verbringungsgesetzes die Dauer der Verjährungsfrist (Kohlmann/*Schauf* 32 zu § 376). 10

Der Beginn der Verjährungsfrist ist in § 78a StGB geregelt. Gem. § 78a S. 1 StGB beginnt die Verjährung an dem Tage, an dem die Tat beendet ist. Unter Beendigung ist nicht der Eintritt desjenigen Erfolges zu verstehen, den das vollendete Delikt voraussetzt. Die Beendigung liegt vielmehr häufig später als die Vollendung. Während bei den reinen Erfolgsdelikten mit dem Erfolgseintritt auch zugleich die Beendigung gegeben ist (zB ist beim Totschlag nach § 212 StGB die Tat mit dem Todeserfolg vollendet und beendet), fallen Beendigung und Vollendung bei den Delikten mit überschießender Innentendenz (Rn. 55, 80 zu § 369) auseinander. Das bedeutet zB für die Steuerhehlerei nach § 374 AO, dass die Tat mit dem Ankaufen vollendet, aber erst dann beendet ist, wenn die beabsichtigte Bereicherung tatsächlich eingetreten ist. Erst von diesem Zeitpunkt an beginnt die Verjährungsfrist zu laufen. Die Beendigung ist aber auch dann mit der Vollendung nicht identisch, wenn der Tatbestand Vorstufen der Rechtsgutsverletzung bereits als vollendete Tat erfasst, sowie bei Dauerdelikten (Einzelheiten SK-*Rudolphi/Wolter* 3 zu § 78a und SK-*Rudolphi* 7 ff. vor § 22 StGB mwN; *Jescheck* in Welzel-FS 1974, S. 685). Obwohl § 67 IV StGB aF den Verjährungsbeginn für den Tag anordnete, an dem die Handlung begangen worden war, hat auch die damals hM die Beendigung der Tat für maßgeblich gehalten (vgl. BGH 22.5.1958, BGHSt 11, 345). Die Entscheidungen aus der Zeit vor dem 1.1.1975 sind daher auch für § 78a StGB von Bedeutung. 11

Nach § 78a S. 2 StGB soll die Verjährungsfrist jedoch dann erst mit dem Erfolgseintritt zu laufen beginnen, wenn ein zum Tatbestand gehörender Erfolg erst nach Beendigung eintritt. Der Sinn dieser – sehr unklaren – Vorschrift ist im allgemeinen Strafrecht zweifelhaft (vgl. SK-*Rudolphi/Wolter* 4 sowie Schönke/Schröder/*Sternberg-Lieben/Bosch* StGB § 78a Rn. 1). Für das Steuerstrafrecht ist § 78a S. 2 StGB jedoch ohne Bedeutung, da hier kein Tatbestand existiert, bei dem ein zum Tatbestand gehörender Erfolg erst nach materieller Beendigung der Tat eintreten könnte. 12

Bei der Fristberechnung ist derjenige Tag, an dem die Tat beendet wurde, mitzuzählen. Wurde die Tat am 10. Januar beendet, läuft die Frist an einem 9. Januar um 24.00 Uhr ab (RG 4.5.1931, RGSt 65, 290; SK-*Rudolphi/Wolter* 1 und *Fischer* StGB § 78a Rn. 6). Dabei ist es unerheblich, ob der letzte Tag auf einen Sonn- oder Feiertag fällt (*Fischer* StGB § 78a Rn. 6). 13

Bei tateinheitlichem Zusammentreffen bestimmt sich die Verjährung für jede Gesetzesverletzung gesondert (RG 27.10.1922, RGSt 57, 140; RG 20.3.1928, RGSt 62, 88; BGH 25.5.1982, wistra 1982, 188; BGH 20.12.1989, wistra 1990, 149; Klein/*Jäger* AO § 376 Rn. 23). Dementsprechend tritt bei tateinheitlicher Begehung von Einkommen- und Gewerbesteuerhinterziehung bei unterschiedlichen Bekanntgabezeitpunkten die Verjährung unterschiedlich ein. 14

Der Grundsatz „in dubio pro reo" findet im Bereich der Verjährung Anwendung. Ist nicht feststellbar, wann eine Tat beendet wurde, wirkt sich der Zweifel, ob sie verjährt ist, nach dem Grundsatz *in dubio pro reo* zu Gunsten des Beschuldigten aus (BGH 19.2.1963, BGHSt 18, 274; BGH 27.6.2006, StraFo 2006, 408; OLG Hamburg 24.3.1987, wistra 1987, 189; Kohlmann/*Schauf* 60 zu § 376). Ebenso wirken sich Zweifel über die 15

Rechtzeitigkeit einer verjährungsunterbrechenden Maßnahme zu Gunsten des Beschuldigten aus (Kohlmann/*Schauf* 61 zu § 376 mwN). Streitig ist dabei, ob dies auch gilt, wenn zweifelhaft ist, ob ein die Anordnung oder Entscheidung enthaltenes Schriftstück „alsbald“ weitergeleitet worden ist (§ 78c II StGB; vgl. Kohlmann/*Schauf* 61 zu § 376).

16 **b) Zehnjährige Verjährungsfrist (§ 376 I AO). Die Verjährungsfrist beträgt zehn Jahre,** wenn die Voraussetzungen eines benannten besonders schweren Falles gem. § 370 III 2 Nr. 1–5 AO erfüllt sind (Abs. 1 nF). Art. 9 des RegE eines JStG 2009 (BT-Drs. 16/10189 S. 26) sah noch vor, dass die Verfolgung von Steuerstraftaten generell erst nach zehn Jahren verjähren sollte (*Haas/Wilke* NStZ 2010, 297). Begründet wurde dies zunächst mit der Diskrepanz zwischen der Festsetzungsfrist nach § 169 II 2 AO und der Frist für die Strafverfolgungsverjährung. Diese sei insbesondere durch die Aufgabe der Figur des Fortsetzungszusammenhangs durch den Großen Senat entstanden. Überdies bestehe ein Wertungswiderspruch zwischen der Verfolgung von Steuerstraftaten und der von Steuerordnungswidrigkeiten, die abweichend von allgemeinen Regelungen nach fünf Jahren genau wie die Steuerhinterziehung verjährten. Die generelle Verlängerung erschien jedoch dem Finanzausschuss als zu weitgehend. *„Die Verjährungsfrist für die Verfolgung der Steuerhinterziehung soll ... künftig zehn Jahre betragen, sofern eine der in § 370 Absatz 3 Satz 2 AO namentlich aufgezählten Begehungsweisen der besonders schweren Steuerhinterziehung vorliegt.“* Der klare Wortlaut des § 376 I 1 AO und die Motive zeigen also deutlich, dass ein Anknüpfen an einen unbenannten besonders schweren Fall (§ 376 III 1) ausscheidet (vgl. Klein/*Jäger* AO § 376 Rn. 11).

17 **Die Neufassung gilt** nach Art. 11 JStG 2009 bzw. § 23 EGAO für alle bei Inkrafttreten dieses Gesetzes noch nicht abgelaufenen Verjährungsfristen. Nach Art. 39 I JStG 2009 tritt das Gesetz grundsätzlich am Tag nach der Verkündung in Kraft. Da Art. 10 in Nr. 13 und Art. 11 Nr. 3 in Art. 39 VIII JStG 2009 nicht aufgeführt sind, ist die Verlängerung der Verjährungsfrist am Tag nach der Verkündung, also am 25.12.2008 wirksam geworden. Sie erfasst alle Fälle, die die Voraussetzungen des § 376 I AO erfüllen und zu diesem Zeitpunkt noch nicht verfolgungsverjährt waren (zum Verjährungsbeginn vgl. Rn. 26 ff.).

18 **Verfassungsrechtliche Bedenken** gegen die Verlängerung der Verjährungsfrist als solche bestehen im Hinblick auf das Rückwirkungsverbot im Grundsatz nicht. Zwar gilt grundsätzlich für Neuregelungen im Strafrecht, dass sie nicht zurückwirken. Das Rückwirkungsverbot (§ 2 I StGB) erfasst aber nicht Vorschriften, die die Verfolgungsvoraussetzungen betreffen oder sich als verfahrensrechtliche Vorschriften darstellen (MüKoStGB/*Schmitz* StGB § 1 Rn. 17 mwN). Die herrschende Meinung hält insofern die nachträgliche Verlängerung von Verjährungsvorschriften für zulässig und mit Art. 103 II GG vereinbar (vgl. SSW-*Rosenau* 8 zu § 78 StGB; HHSp-*Bülte* 14 zu § 376). Art. 103 II GG untersage eine nachträgliche Strafbarkeitsbegründung und Strafbarkeitsverschärfung, stelle jedoch keine Schranke dar, die besagt, wie lange eine Tat geahndet werden darf (BVerfG 31.1.2000, NStZ 2000, 251). Eine beachtliche Strömung in der Literatur fordert hingegen die Anwendung des Artikels auch auf Verjährungsfristen (Nachweise bei SSW-*Rosenau* 8 zu § 78 StGB). Da eine nachträgliche Verlängerung einer bereits verstrichenen Verjährungsfrist materiell einer Neubegründung der Strafbarkeit gleichkommt, ist allerdings eine Verlängerung nach Eintreten der (ursprünglich angeordneten) Verjährung ausgeschlossen (BVerfG 26.2.1969, BVerfGE 25, 269, 291). Diese Grenzen werden mit der Anordnung in Art. 11 Nr. 3 JStG 2009 (§ 23 EGAO) gewahrt.

19 Einen Verstoß gegen Art. 3 I GG will allerdings *Wegner* (PStR 2009, 41) darin sehen, dass unbenannte besonders schwere Fälle nach fünf Jahren, die in § 370 III 2 Nr. 1–5 AO genannten aber erst nach zehn Jahren verjähren (siehe auch *Bender* wistra 2009, 215; *Pelz* NJW 2009, 470). Weiterhin bezweifelt er, dass die aufgehobene Parallelität zu vergleichbaren Wirtschaftsstraftaten wie Betrug und Untreue den verfassungsrechtlichen Vorgaben genügt. Dabei wird aber übersehen, dass der Gesetzgeber einen ganz erheblichen Beurteilungsspielraum hat und die verfassungsrechtliche Kontrolldichte eher defizitär ist (vgl.

MüKoStGB/*Joecks* Einl. Rn. 22 ff.). Wenn also der Gesetzgeber meint, dass bestimmte benannte besonders schwere Fälle der Steuerhinterziehung einer verlängerten Verjährungsfrist unterliegen sollen, bewegt sich dies noch im Rahmen des verfassungsrechtlich Tolerablen (ebenso Klein/*Jäger* AO § 376 Rn. 15). Ob sich allerdings die Praxis auf § 376 I AO iVm § 370 III 2 AO wirklich einlassen wird, bleibt abzuwarten. Das Legalitätsprinzip verpflichtet zwar, wegen aller verfolgbarer Straftaten einzuschreiten. Dementsprechend muss bei einem entsprechenden Anfangsverdacht auch eine Erstreckung der Ermittlungsmaßnahmen auf die Altjahre erfolgen. Ob diese dann tatsächlich angeklagt oder etwa nach § 154 StPO eingestellt werden, ist eine andere Frage. Insbesondere vor dem Hintergrund der sich andeutenden Verschärfung der Bestrafung der Steuerhinterziehung (Rn. 573 zu § 370) wird es in vielfältiger Weise zu Vereinbarungen kommen, nach denen man sich als Betroffener nicht gegen die Anwendung der verlängerten Festsetzungsfrist wehrt, und andererseits die Altjahre nach § 154 StPO eingestellt werden, um das Anklagevolumen nicht in einen Bereich zu bringen, in dem nur noch Gesamt-Freiheitsstrafen ohne Bewährung diskutabel sind.

20 Dem Gesetzgeber ging es offenbar darum, zumindest für einen Teil der Fälle die Frist für die Strafverfolgung und die Festsetzungsfrist einander anzugleichen. Dieser Versuch war schon insofern untauglich, als etwa der Beginn der Fristen – insbesondere bei Steuerhinterziehung durch Unterlassen – differiert, aber auch insofern, als unterschiedliche Regelungen über Unterbrechung und Hemmung der Verjährung nicht in den Blick genommen wurden. In den Fällen des § 376 I kann sich die zehnjährige Frist durch Unterbrechungshandlungen auf 20 Jahre verlängern, eine weitere bis zu fünfjährige Hemmung kann hinzutreten, so dass ein Urteil bis zu 25 Jahre nach Beendigung der Tat noch ergehen kann. Da die Festsetzungsfrist nicht abläuft, solange die Steuerhinterziehung nicht verjährt ist (§ 171 VII AO), ist innerhalb einer solchen Zeitspanne auch noch eine Änderung von Steuerbescheiden zulässig.

21 Inwiefern der Verweis auf 370 III 2 dem Bestimmtheitsgebot entspricht, ist zweifelhaft (vgl. *Wulf* DStR 2009, 459). Immerhin hatte der 5. Strafsenat bei der Bestimmtheit des großen Ausmaßes im Rahmen des § 370a aF erhebliche Bedenken. Diese Bedenken bestehen auch gegen die Verweisung auf § 370 III 2 Nr. 1 (Rn. 23).

22 Die Steuerhinterziehung muss eine der **Voraussetzungen des § 370 III 2 Nr. 1–5 AO** erfüllen (Rn. 531 ff. zu § 370). Da § 370 III 2 Nr. 5 AO erst zum Jahresende 2007 in das Gesetz gekommen ist, ist zweifelhaft, welchen zeitlichen Anwendungsbereich die Regelung hat. Dies gilt auch für Abs. 3 S. 2 Nr. 1, die ebenfalls zum 1.1.2008 geändert wurde und bei der nunmehr auf das Erfordernis eines groben Eigennutzes verzichtet wird (Rn. 539 zu § 370). Ob damit ein gespaltener Verjährungslauf in den Fällen der Nr. 1 und 5 und den Fällen der Nr. 2 – 4 erfolgt, ist zweifelhaft (vgl. Voraufl. Rn. 14e zu § 376). Demgegenüber meint *Jäger* (Klein/*Jäger* AO § 376 Rn. 14), es komme gar nicht darauf an, ob der Täter bei Tatbegehung ein Regelbeispiel verwirklicht habe, sondern allein darauf, ob die Tat bei Inkrafttreten des geänderten § 376 bereits verjährt war. Es komme eine zehnjährige Verfolgungsverjährung auch in Fällen in Betracht, die bei Tatbegehung noch keinem damals geltenden Regelbeispiel entsprochen hätten (ebenso BGH 5.3.2013, wistra 2013, 280). Folgt man dem, stellt sich die weitere Frage, ob dies auch dann gilt, wenn die fünfjährige Frist nur deshalb nicht abgelaufen war, weil es zu Unterbrechungshandlungen gekommen ist.

23 Folgt man der Auffassung von *Jäger*, stellt sich die weitere Frage, ob der Verweis auf § 370 III 2 AO dem Bestimmtheitsgebot entspricht (vgl. *Wulf* DStR 2009, 459). Immerhin wird mittelbar auf das Regelbeispiel des großen Ausmaßes verwiesen. Dieses Merkmal hatte der 5. Strafsenat als zu unbestimmt eingeordnet, wenn es denn nicht als Regelbeispiel, sondern als Tatbestandsmerkmal im Rahmen des § 370a AO Verwendung findet (BGH 22.7.2004, wistra 2004, 393; BGH 28.10.2004, wistra 2005, 30). Hier haben wir es mit einer Regelung im Grenzbereich zwischen materiellem Recht und Verfahrensrecht zu tun. Grundsätzlich muss der Gesetzgeber Anordnungen treffen, die auch klare Handlungsanweisungen enthalten. Der Täter muss wissen, ob die Tat noch verfolgbar ist (*Pelz* NJW 2009, 470, 471;

Haas/Wilke NStZ 2010, 297, 303). So kann er Straffreiheit durch Selbstanzeige nur erlangen, wenn er alle *unverjährten* Taten einer Steuerart berichtigt. Bedenkt man, dass der 1. Strafsenat beim großen Ausmaß mit zwei verschiedenen Sockelbeträgen – 50 000 oder 100 000 EUR – arbeitet und überdies in diffiziler Weise danach differenziert, ob ein Griff in die Kasse des Staates vorliegt (Rn. 539 zu § 370), deutet sich eine Unbestimmtheit der Regelung an. Zumindest der Verweis auf § 370 III 2 Nr. 1 AO genügt nicht dem Bestimmtheitsgebot. Dass es hier nicht nur um Verfahrensrecht geht, zeigt sich auch darin, dass sich der BGH erfolgreich geweigert hat, im Bereich der Verjährung mit Analogien zu arbeiten (BGH 20.5.1969, BGHSt 22, 375, 384; siehe auch BVerfG 19.2.1991, NStZ 1991, 383).

24 Zweifelhaft ist, ob die zehnjährige Frist auch in solchen Fällen Anwendung findet, in denen das Gericht nach Durchführung der Hauptverhandlung die Indizwirkung des Regelbeispiels verneint. Der Gesetzeswortlaut gibt nicht vor, dass es tatsächlich zu einer Anwendung des § 370 III 2 AO gekommen sein muss. Dies spricht dafür, dass die verlängerte Verjährungsfrist auch in solchen Fällen eingreift, in denen ein besonders schwerer Fall nicht ausgeurteilt wird (GJW/*Rolletschke* AO § 376 Rn. 8, Klein/*Jäger* AO § 376 Rn. 11; *Wulf* DStR 2009, 459).

25 **Geht es um Dauersachverhalte** und ist zweifelhaft, ob die verlängerte Verjährungsfrist eingreift, muss im Rahmen der Selbstanzeige ggf. auf den Zehnjahreszeitraum abgestellt werden (vgl. *Wegner* PStR 2009, 41). Ebenso wird bei einem Verdacht des Vorliegens eines benannten Regelbeispiels der Durchsuchungsbeschluss sich auch auf Zeiträume erstrecken, die nach bisherigem Verständnis strafverfolgungsverjährt waren. Bestätigt sich der Verdacht der Steuerstraftat für die länger zurückliegenden Jahre nicht, ist das Verfahren (insofern) einzustellen. Da die Strafbarkeit des Verhaltens Voraussetzung für die verlängerte Festsetzungsfrist nach § 169 II 2 AO ist, kann in solchen Fällen das gewonnene Material auch nicht genutzt werden, um Änderungsbescheide für Altjahre zu erlassen. Eine Ausnahme mag es teilweise geben, wenn wegen des unterschiedlichen Verjährungsbeginns steuerlich noch Jahre offen sind, die strafrechtlich nicht mehr verfolgt werden können. Überdies ist denkbar, dass sich zwar der Verdacht der Steuerhinterziehung, nicht aber der des besonders schweren Falles bestätigt. Dann mögen die gewonnenen Erkenntnisse Grundlage für eine Änderung der Steuerbescheide innerhalb der Grenzen der verlängerten Festsetzungsfrist (§ 169 II 2 AO) sein. Da bei Tateinheit die Verjährung für jede Gesetzesverletzung gesondert beginnt, wirkt sich die verlängerte Verjährungsfrist auf idealkonkurrierende Tatbestände, etwa Untreue (§ 266 StGB) oder Beitragsvorenthaltung (§ 266a StGB) nicht aus (vgl. Klein/*Jäger* AO § 376 Rn. 19; BGH 22.10.2008, NStZ-RR 2009, 43; BGH 25.5.1982, wistra 1982, 188; BGH 6.10.1989, wistra 1989, 100).

5. Beginn der Verjährung

26 **a) Verjährungsbeginn bei positivem Tun. aa) Veranlagungsteuern.** Bei Veranlagungsteuern ist der durch die Abgabe einer unrichtigen Steuererklärung verursachte Erfolg der Steuerverkürzung eingetreten und die Straftat damit vollendet, wenn auf Grund der unrichtigen Erklärung die Steuer zu niedrig festgesetzt und dies dem Steuerpflichtigen bekanntgegeben worden ist (Kohlmann/*Schauf* 71 zu § 376). Nach hM ist in diesem Zeitpunkt die Tat zugleich beendet, so dass mit der Bekanntgabe des unrichtigen Bescheides zugleich die Verjährung beginnt (BGH 7.2.1984, wistra 1984, 142 mAnm *Streck,* NStZ 1984, 414; Kohlmann/*Schauf* 71 zu § 376). Die Änderung des ersten auf die unrichtige Erklärung ergangenen Steuerbescheides z. B. durch Verlustrücktrag ist für den Lauf der Verjährungsfrist ohne Belang (BGH 25.4.2001, wistra 2001, 309). Der Zeitpunkt der Abschlusszahlung soll ebenso unbeachtlich sein (*Suhr,* Aktuelle Fragen, S. 229) wie der Zeitpunkt zu niedriger Vorauszahlungen, die für das folgende Jahr in dem unrichtigen Bescheid festgesetzt werden (RG 29.11.1940, RGSt 75, 32, 34). Auch ein vorläufiger Bescheid soll ausreichen (vgl. § 370 Rn. 53 ff.; BGH 31.1.1984, wistra 1984, 182; zum

alten Recht vgl. OLG Köln 22.1.1982, wistra 1982, 156). Demgegenüber soll es bei der Vermögensteuer mit der Bekanntgabe des unrichtigen Bescheids zwar zur Vollendung, aber noch nicht zur Beendigung der Tat gekommen sein. Diese trete erst mit der letzten Zahlung für den betreffenden Hauptveranlagungszeitraum, also mit Eintritt des letzten Teilerfolges, ein (RG 12.2.1937, RGSt 71, 59, 64). Wird die Steuerhinterziehung mittels unrichtiger Feststellungsbescheide bewirkt, soll es jedoch nicht auf die Bekanntgabe des unrichtigen Feststellungsbescheides, sondern darauf ankommen, wann die entsprechenden Folgebescheide ergangen sind. Für die Verjährung der gesamten Tat soll sodann das Datum der Bekanntgabe des letzten der unrichtigen Folgebescheide maßgeblich sein (BGH 7.2.1984, wistra 1984, 142; BGH 2.7.1986, wistra 1986, 257; OLG Hamburg 19.9.1984, wistra 1985, 110). Dementsprechend sei für den Verjährungsbeginn bei der Gewerbesteuer nicht der Gewerbesteuermessbescheid, sondern der eigentliche Gewerbesteuerbescheid maßgeblich (Kohlmann/*Schauf* 74 zu § 376; OLG Köln 1.9.1970, BB 1970, 1335).

Diese **Differenzierungen** sind nicht überzeugend. *Kiel* (1989, S. 147 ff.) hat zutreffend 27
darauf hingewiesen, dass insbesondere die Unterscheidung zwischen Vermögensteuerbescheid und Fällen sonstiger Steuerveranlagungen kaum tragfähig ist. Nach seiner Auffassung ist die Vermögensteuerhinterziehung mit dem Zeitpunkt der Fälligkeit der letzten Vermögensteuervorauszahlung beendet (*Kiel* 1989, S. 148). Ähnliches gelte aber auch für die Einkommen- und Gewerbesteuerhinterziehung. Unter Rückgriff auf Parallelen zum Eingehungsbetrug soll es auch hierbei auf den Zeitpunkt der Fälligkeit, etwa einer Abschlusszahlung, ankommen (S. 101). Bei Feststellungsbescheiden will er unter Annahme einer gleichartigen Idealkonkurrenz in den Fällen, in denen mehr als ein Steuergläubiger tangiert ist, zwar für die Beendigung auf den Folgebescheid abstellen, hierbei jedoch jeden Folgebescheid isoliert betrachten (S. 208 ff.).

Führt der Steuerbescheid zu einer Steuernachzahlung, ist die Tat bereits mit 28
Bekanntgabe des Steuerbescheides beendet. Die von *Kiel* bemühte Parallele zum Betrug trägt seine Lösung nicht, weil diese Variante der Steuerhinterziehung eben gerade keinen Vermögensschaden des Fiskus voraussetzt, also auch dann eingreift, wenn eine Abschlusszahlung wegen Illiquidität des Steuerschuldners mit Sicherheit nicht zu erwarten ist. Mit der Bindungswirkung des Bescheides nach Bekanntgabe (§§ 120, 122) ist die fehlende Chance des Fiskus, die zutreffende Steuer festzusetzen, hinreichend dokumentiert. Bekanntgabemängel sind im Übrigen nicht zu Lasten des Steuerpflichtigen zu berücksichtigen (Kohlmann/*Schauf* 71 zu § 376).

Führt der Steuerbescheid zu einer Steuererstattung, wird man hingegen auf die 29
Zahlung des Erstattungsbetrages abstellen müssen, soweit dieser – was in der Praxis kaum geschieht – erst nach Bekanntgabe des unrichtigen Steuerbescheides erfolgt (zust. GJW/*Rolletschke* AO § 376 Rn. 24; Klein/*Jäger* AO § 376 Rn. 24). Erst damit ist die materielle Verkürzung eingetreten. Erfolgt statt einer Erstattung eine Verrechnung mit Zahlungsbeträgen für andere Steuern, kommt es auf den Zeitpunkt der (Bekanntgabe der) Verrechnung an, soweit dieser nach dem Tag der Bekanntgabe des Bescheides liegt. Im Rahmen der Verjährung wird auch sonst auf die materielle Beendigung abgestellt, die zB beim Betrug erst gegeben ist, wenn die für den eigentlichen Taterfolg unerhebliche Bereicherung eintritt (BGH 2.5.2001, wistra 2001, 339; siehe auch BGH 15.3.2001, BGHSt 46, 310 = wistra 2001, 267).

Welche Bedeutung die **Bekanntgabefiktion des § 122 II AO** hat, ist umstritten. Teil- 30
weise will man an die Fiktion anknüpfen; diese gelte nicht nur für die Vollendung, sondern auch für die Beendigung (GJW/*Rolletschke* AO § 376 Rn. 19; Klein/*Jäger* AO § 376 Rn. 21; RK-*Rolletschke* 9 zu § 376). Andere (MüKoStGB/*Wulf* AO § 376 Rn. 23; Voraufl. Rn. 19) vertreten die Auffassung, es komme auf den tatsächlichen Zugang auch für den Beginn der Verjährung an. Bedenkt man, dass § 122 II AO für den Bereich des Steuerrechts und damit auch des Steuerstrafrechts den Zeitpunkt der Bekanntgabe definiert, kann schlecht die Beendigung der Tat beginnen, bevor sie vollendet ist – immerhin wäre innerhalb dieses Drei-Tages-Zeitraums noch ein Rücktritt vom Versuch möglich (gewesen).

31 **Bei der Vermögensteuerhinterziehung** beginnt die Verjährung demgemäß mit der Bekanntgabe des unrichtigen Vermögensteuerbescheides. Spätere zu niedrige Zahlungen sind für den Beginn der Verjährung irrelevant (zust. GJW/*Rolletschke* AO § 376 Rn. 28; *Wannemacher/Grötsch* 611; *Eich* KÖSDI 2001, 13 036).

32 **Bei der Erwirkung eines unrichtigen Grundlagenbescheides** beginnt die Verjährung in Abhängigkeit von der verfahrensrechtlichen Situation. Ist für die steuerliche Berücksichtigung wie zB bei einer Bescheinigung über eine Körperbehinderung ein weiteres Handeln erforderlich, liegt angesichts der Bindungswirkung des Grundlagenbescheids das Erschleichen eines Steuervorteils vor (BGH 10.12.2008, wistra 2009, 114; aM *Beckemper* NStZ 2002, 519) und *diese* Tat ist beendet. Wirkt sich nach Geltendmachung durch den Steuerpflichtigen der Grundlagenbescheid aus, liegt insofern *eine* Tat vor, deren Verjährung erst mit der Bekanntgabe des materiell unrichtigen Folgebescheids beginnt.

33 Ist der Bescheid von Amts wegen umzusetzen, wie zB ein Feststellungsbescheid iS des § 180 I Nr. 2 AO, beginnt die Verjährung erst mit der Bekanntgabe des jeweiligen Folgebescheides (s. zur Körperschaftsteuer aber *Hardtke/Leip* NStZ 1996, 217, 220; *Wannemacher/Grötsch* 606 f.; Klein/*Jäger* AO § 376 Rn. 25). Zwar liegt in dem Erschleichen eines Bescheides über die Zuweisung von Verlusten schon das Herbeiführen eines ungerechtfertigten Steuervorteils (aA *Beckemper* NStZ 2002, 518, 521). Dennoch tritt der Erfolg materiell erst ein, wenn dieser Grundlagenbescheid bei dem einzelnen Beteiligten entsprechend umgesetzt wird. Auch hier kommt es freilich allein auf die Bekanntgabe des Bescheides, nicht jedoch – entgegen *Kiel* – auf die Abschlusszahlung an, es sei denn, es erfolgt eine Erstattung an den Steuerpflichtigen; dann ist dieser Zeitpunkt maßgeblich. *Kiel* ist freilich insofern zuzustimmen, als die Verjährung für die durch die unrichtigen Feststellungserklärungen bewirkten Steuerverkürzungen nicht etwa in Gänze erst dann beginnt, wenn ein letzter unrichtiger Folgebescheid ergangen ist. Soweit der BGH für den Fall der mittelbaren Täterschaft entschieden hat, dass hier nur eine einzige Handlung, nicht jedoch ein Fall der Idealkonkurrenz vorliege (BGH 26.7.1994, NStZ 1994, 537), trifft dies die Entscheidung für den Fall der Steuerhinterziehung im Feststellungsverfahren nur begrenzt. Eine einheitliche Tat (BGH 7.2.1984 – 3 StR 413/83, NStZ 1984, 414 m. Anm. *Streck*) liegt nach der Rechtsprechung des Bundesgerichtshofs nicht vor, wenn eine einzelne Handlung dieselbe Strafnorm mehrmals verletzt. Gleichartige Idealkonkurrenz ist dabei auch bei Vermögensdelikten möglich (BGH 23.1.1970, bei *Dallinger* MDR 1970, 381; *Jescheck/Wiegend,* S. 720; aM Schönke/Schröder/*Sternberg-Lieben/Bosch* StGB § 52 Rn. 29 und LK-*Rissing-van Saan* 36 zu § 52 StGB). Berührt der Feststellungsbescheid Steuerpflichtige in verschiedenen Bundesländern, werden neben der Bundesrepublik Deutschland auch verschiedene Steuergläubiger, nämlich die Bundesländer, geschädigt. Deutlich wird das Problem insbesondere dann, wenn es um Feststellungsbescheide bezüglich der Vermögenswerte geht, weil für die Vermögensteuer allein die Länder als Steuergläubiger in Betracht kommen. In Anknüpfung an *Kiel* ist hieraus zu schließen, dass zumindest in diesen Fällen eine gleichartige Idealkonkurrenz vorliegt und damit ggf. mehrere Einzeltaten zu Lasten der Bundesländer vorliegen, die in ihrem verjährungsrechtlichen Schicksal getrennt zu betrachten sind (zu Differenzierungsaspekten vgl. *Kiel* 1989, S. 206 ff.). Im Übrigen will *Kiel* jedenfalls dann Bekanntgabe und Beendigung zusammenfallen lassen, wenn der entsprechende Bescheid lediglich die Feststellung enthält, dass es zu einer Veranlagung nicht kommt (Freistellungsbescheid o. ä.).

34 **bb) Fälligkeitsteuern.** Bei Fälligkeitsteuern ist die durch ein positives Tun bewirkte Tat nach hM vollendet und beendet, wenn die Steuer bei Fälligkeit nicht oder zu niedrig entrichtet wird. Die Verjährung der Strafverfolgung beginne daher mit dem gesetzlichen Fälligkeitstermin (zB § 18 UStG; vgl. 3. Aufl. Rn. 11 zu § 376; Kohlmann/*Schauf* 81 zu § 376). Unzutreffend ist hieran zunächst einmal, dass es außerhalb der §§ 26b, 26c UStG auf die unterlassene Zahlung zum Fälligkeitszeitpunkt ankommt, weil die Nichtzahlung der Steuer strafrechtlich irrelevant ist. Entscheidend ist, inwiefern es infolge unrichtiger Vor-

gaben zu einer unzutreffenden Steuerfestsetzung kam. Da eine Steueranmeldung gemäß § 168 AO der Steuerfestsetzung unter dem Vorbehalt der Nachprüfung gleichsteht (vgl. § 370 Rn. 53), liegt eine vollendete Steuerhinterziehung schon dann vor, wenn eine unrichtige Voranmeldung mit positiver Zahllast beim Finanzamt eingeht. Entgegen *Hübner* (aaO Rn. 25) gilt dies auch dann, wenn dies bereits vor dem gesetzlich vorgeschriebenen Datum (für die Umsatzsteuer etwa in der Regel der 10. des Folgemonats) der Fall ist (so zutr. Kohlmann/*Schauf* 83 zu § 376). Der Umstand, dass die Berichtigung einer Rechnung noch nach § 14 II 2 UStG aF möglich ist, schiebt den Zeitpunkt der Beendigung der Umsatzsteuerhinterziehung nicht hinaus (BayObLG 9.1.2002, wistra 2002, 231). Weist die Voranmeldung eine negative Zahllast aus, bedarf es noch einer Zustimmung der zuständigen Finanzbehörde (§ 168 S. 2 AO), so dass die Tat nicht vor der entsprechenden Zustimmung vollendet und beendet ist (BGH 5.4.2000, wistra 2000, 219). Wie bei der Veranlagungsteuer wird man die Beendigung ggf. erst annehmen können, wenn der Fiskus den Erstattungsbetrag an den Steuerpflichtigen überwiesen hat.

Auch Kohlmann/*Schauf* geht im Übrigen bei Erstattungsanmeldungen davon aus, dass die Vollendung bzw. Beendigung erst mit der Zustimmungserklärung des Finanzamts eintritt (86 zu § 376). 35

Vorauszahlungen auf Veranlagungsteuern sind Fälligkeitsteuern, auch wenn sie sich auf Steuerarten beziehen, die einer Jahresveranlagung unterliegen (Kohlmann/*Schauf* 80 zu § 376). In diesen Fällen soll die Verjährung mit dem Eintritt des Verkürzungserfolgs zu den jeweiligen Fälligkeitsterminen beginnen, dh nicht schon mit der Erwirkung eines zu niedrigen Vorauszahlungsbescheids und nicht erst mit der Einreichung der auf den Vorauszahlungszeitraum bezogenen Jahreserklärung (Kohlmann/*Schauf* 80 zu § 376; ähnlich LK-*Jähnke* 8 zu § 78a StGB). Wie bei der Vermögensteuer ist dies jedoch abzulehnen. Die Verjährung beginnt bereits mit der Bekanntgabe des Vorauszahlungsbescheides. 36

Bei der Lohnsteuer tritt die Vollendung und Beendigung ein, wenn eine entsprechende Anmeldung zum Fälligkeitszeitpunkt zu niedrig erfolgt. Dabei ist jede Anmeldung isoliert zu betrachten, so dass bei Personen, die Lohnsteuer einmal jährlich anzumelden haben, die Verjährung erst mit Einreichung der Jahresanmeldung zum 10. 1. des Folgejahres beginnt, beim Monatszahler hingegen für den jeweiligen Monat jeweils mit der Einreichung der unrichtigen Anmeldung. 37

Wird eine unrichtige Umsatzsteuer-Jahreserklärung eingereicht, ist die Tat dann beendet, wenn die Erklärung beim Finanzamt eingeht, in Erstattungsfällen jedoch erst dann, wenn von Seiten des Finanzamts die entsprechende Zustimmung (§ 168 S. 2 AO) erteilt wurde (Rn. 34). Zugleich nahm man vor der Entscheidung des Großen Senats zur fortgesetzten Handlung (Rn. 116 zu § 369) an, dass in den Fällen, in denen die Daten unrichtiger Umsatzsteuer-Voranmeldungen in die Jahreserklärung übernommen wurden, die durch unrichtige Voranmeldungen bereits vollendeten Steuerhinterziehungen erst durch die entsprechende Jahreserklärung beendet waren, so dass die Verjährungsfrist erst mit der Abgabe dieser Jahreserklärung zu laufen begann (vgl. 3. Aufl. Rn. 11a zu § 376; vgl. auch *Schmitz* Kohlmann-FS 2003, 524). Dementsprechend würde die Verjährung für jede einzelne Voranmeldung gesondert zu betrachten sein, wenn man – entgegen der hier vertretenen Ansicht (§ 369 Rn. 117) – einen Fortsetzungszusammenhang bei der Umsatzsteuerhinterziehung für ausgeschlossen hält. 38

b) Bei Unterlassen. Vorsätzliche oder leichtfertige Steuerverkürzungen werden durch Unterlassen begangen, wenn entgegen gesetzlicher Verpflichtung keine Erklärungen abgegeben werden. Unterlassungsdelikte sollen bei Veranlagungsteuern in dem Zeitpunkt vollendet sein, in dem die Veranlagungsarbeiten des zuständigen Finanzamts „im Großen und Ganzen" abgeschlossen sind, bei Fälligkeitsteuern mit Ablauf des Fälligkeitstages (§ 370 Rn. 54 ff.). Die Verfolgungsverjährung setzt jedoch erst mit der Beendigung der Tat ein. Wann dies der Fall ist, ist in jüngerer Zeit Gegenstand heftiger Diskussionen. Dabei geht es 39 namentlich um die Frage, inwiefern zwischen der FinB bekannten und unbekannten Stpfl zu differenzieren ist und welche Bedeutung der Zweifelssatz hat. Die Problematik stellt sich im Übrigen auch dann, wenn der Stpfl. durch aktive Täuschung erreicht, dass eine Steuerfestsetzung unterbleibt (*Wulf* wistra 2003, 89; *Schmitz* Kohlmann-FS 2003, 520).

40 **aa) Veranlagungsteuern. Bei Hinterziehung von Veranlagungsteuern durch Unterlassen** sollen Vollendung und Beendigung der Tat nach hM ebenso zusammenfallen wie bei der Steuerhinterziehung durch Begehen (Kohlmann/*Schauf* 88, RK-*Rolletschke* 25, *Koch/Scholtz/Scheurmann-Kettner* 6 f., Kühn/v.Wedelstädt/*Blesinger* 3, HHSp-*Bülte* 92 zu § 376; *Schmitz* wistra 1993, 248, 251 f.). Die früher überwiegend vertretene Auffassung, erst der Wegfall einer Erklärungspflicht nach § 149 AO oder die Erfüllung derselben führe zur Tatbeendigung, ist zwischenzeitlich überholt. Dies gilt ebenso für die Begründung, § 370 I Nr. 2 AO enthalte ein Dauerdelikt (OLG Hamburg 27.1.1970, MDR 1970, 441), denn bei der Steuerhinterziehung ist das Unrecht vollendet und nicht mehr zu vertiefen, wenn der Verkürzungserfolg eingetreten ist (*Schmitz* wistra 1993, 248, 249). Wer dies anders sieht und auf den fortbestehenden Steueranspruch abstellt, muss bedenken, dass dann die Steuerhinterziehung durch Unterlassen gar nicht mehr verjährt, weil wegen § 171 VII AO die Festsetzungsfrist nicht abläuft, bevor die Steuerhinterziehung verjährt ist, deren Verjährung aber erst mit dem Erlöschen des Steueranspruchs begänne (vgl. *Schmitz* Kohlmann-FS 2003, 522; *Wulf* wistra 2003, 91; *Dallmeyer* ZStW 124 [2012], 711). Bei § 370 AO handelt es sich um ein unechtes Unterlassungsdelikt, und der (fiktive) Erfolg tritt daher in dem Zeitpunkt ein, zu dem die Steuer bei rechtzeitiger Abgabe der Erklärung spätestens festgesetzt worden wäre (vgl. *Schmitz* wistra 1993, 250 mwN sowie Rn. 54, 57 zu § 370). Insofern ist es sachgerecht, für die Feststellung des Eintritts einer Steuerverkürzung an einen konkret feststellbaren Zeitpunkt, nämlich den Abschluss der Veranlagungsarbeiten in dem konkreten Finanzamt für Steuerpflichtige dieser Art anzuknüpfen. Da es bei der Erbschaftsteuer keine kontinuierlichen Abläufe für die Veranlagung gibt, ist bei Hinterziehung durch Unterlassen die Tat dann vollendet und beendet, wenn der Steuerbescheid bei rechtzeitiger Anzeige der Erbschaft oder Schenkung frühestens bekannt gegeben worden wäre. Dies soll vier Monate nach der Schenkung der Fall sein (BGH 25.7.2011, BGHSt 56, 298; Klein/*Jäger* AO § 376 Rn. 23a).

41 Ob der **Beginn der Verjährung** mit dem Zeitpunkt der (fiktiven) Verkürzung dann zwingend identisch sein muss, ist aber zweifelhaft. Während bei der Feststellung einer Verkürzung nach Unterlassen der gebotenen Erklärung nach dem Zweifelsgrundsatz davon auszugehen ist, dass dieser Steuerpflichtige (einer) der Letzte(n) gewesen wäre, dessen Veranlagung durchgeführt worden wäre (vgl. § 370 Rn. 54), würde eine Anknüpfung an diesen späten Zeitpunkt für Zwecke der Verjährung dem Grundsatz *„in dubio pro reo"* nicht mehr unbedingt Rechnung tragen. Insofern könnte es geboten sein, für Zwecke der Verjährung einen früheren Vollendungszeitpunkt zugrunde zu legen, dergestalt, dass man fragt, wann der Steuerpflichtige bei fristgemäßer Erklärung den Steuerbescheid erhalten hätte. In Anknüpfung an *Schmitz* (wistra 1993, 248) bedeutete dies, dass, ausgehend vom 30. 9. des Folgejahres, zu prüfen ist, wann eine zu diesem Zeitpunkt eingereichte Erklärung verarbeitet worden wäre. Hinzuzunehmen ist die Zeit für die Bekanntgabe des Bescheides. In diese Richtung geht die Auffassung von *Wulf* (wistra 2003, 92; ebenso *Schmitz* Kohlmann-FS 2003, 529 f.), der „in dubio pro reo" die täterfreundlichste aller denkbaren Lösungen annehmen will: Da der Versuch der Steuerhinterziehung durch Unterlassen regelmäßig mit Ablauf des 30. 9. des dem Veranlagungszeitraum folgenden Jahres beginne, sei dieses Datum – unter Berücksichtigung der Zeit, der für die Veranlagung des konkreten Steuerpflichtigen notwendig gewesen wäre – zugrunde zu legen (vgl. *Schmitz* Kohlmann-FS 2003, 534; ähnlich 5. Aufl. 28 zu § 376).

42 Der **Bundesgerichtshof** (BGH 7.11.2001, BGHSt 47, 138 m. Anm. *Wulf* wistra 2003, 89; siehe auch OLG München 1.10.2001, wistra 2002, 34) nimmt eine für den Beginn der Verfolgungsverjährung maßgebliche Tatbeendigung an, wenn ein Steuerbescheid ergangen

ist oder wenn feststeht, dass ein solcher Bescheid nicht mehr ergehen wird. Die Hinterziehung einer Veranlagungssteuer durch Unterlassen sei als beendet anzusehen, wenn das zuständige Finanzamt die Veranlagungsarbeiten in dem betreffenden Bezirk für den maßgeblichen Zeitraum allgemein abgeschlossen hat. Erst dann sei regelmäßig nicht mehr mit einer Veranlagung zu rechnen. Offenbar erwägt der 1. Strafsenat nunmehr, zumindest in einfach gelagerten Fällen eine Vollendung 12 Monate nach Ablauf der Frist anzunehmen und mit diesem Zeitpunkt auch die Verjährung beginnen zu lassen (BGH 19.1.2011, wistra 2012, 484). Wenig deutlich wird dabei, dass die Anknüpfung an welchen Zeitpunkt auch immer zunächst einmal nur (wohlwollende) Willkür ist (vgl. *Dörn* NStZ 2002, 190), denn es gibt keine Regel ohne Ausnahme, und man könnte auch an den Zeitpunkt anknüpfen, an dem der vorerst letzte „andere" Steuerhinterzieher vor Ablauf der Festsetzungsfrist ertappt worden ist. Der Schluss der Veranlagungsarbeiten hat mit der Möglichkeit einer Entdeckung bislang nicht bekannter Stpfl nichts zu tun, weil das Finanzamt in solchen Fällen nicht nach dem Veranlagungszeitraum, sondern nach dem bislang unbekannten Stpfl suchen würde.

Während ein Teil der Rspr und Literatur für Zwecke der Verjährung nicht an den späten Vollendungszeitpunkt anknüpfen will, der noch Raum für einen Rücktritt nach § 24 StGB lässt, sondern „in dubio pro reo" einen möglichst frühen Termin zu Grunde legen möchte (OLG Hamm 2.8.2001, wistra 2001, 474; *Schmitz* wistra 1993, 248; *Simon/Vogelberg* Abschnitt 9.2; *v. Briel/Ehlscheid* Rn. 44; 6. Aufl. 27 f. zu § 376), lehnt der BGH (Rn. 42) dies ab. *„Zwar ist der Grundsatz ‚im Zweifel für den Angeklagten' grundsätzlich auch auf die Frage der Verjährung anzuwenden. (…) Voraussetzung hierfür ist aber, dass beim Tatrichter Zweifel über tatsächliche Gegebenheiten bestehen, die für die Verjährungsfrage von Bedeutung sind. Weiß das Gericht hingegen, dass kein Steuerbescheid ergangen ist, und kennt es den Zeitpunkt des Abschlusses der Veranlagungsarbeiten durch das Finanzamt, sind ihm die für die Tatbeendigung maßgeblichen Tatsachen bekannt; für die Anwendung des Grundsatzes ‚im Zweifel für den Angeklagten' bleibt dann kein Raum."* 43

Wenn der BGH insofern feststellt, dass für den Grundsatz „im Zweifel für den Angeklagten" kein Anwendungsbereich bleibt, weil es keine Zweifel geben kann, nachdem der Stpfl eine Erklärung nicht eingereicht hat, ist dem zunächst einmal kaum zu widersprechen. Der BGH hätte dann aber auch entscheiden können, dass es keine Zweifel daran gibt, dass der Stpfl. zum Abschluss der Veranlagungsarbeiten deshalb nicht veranlagt worden ist, weil er keine Steuererklärung eingereicht hatte. Mit diesem Argument ist man praktisch wieder bei der **Unverjährbarkeit der Steuerhinterziehung** durch Unterlassen (Rn. 40). 44

Übersehen wird überdies, dass eine **Differenzierung** zwischen bekanntem und unbekanntem Stpfl geboten ist (*Schmitz* Kohlmann-FS 2003, 522 f.). Ist der Stpfl der FinB **nicht bekannt,** hatte diese keine Chance, eine Steuerfestsetzung vorzunehmen. Sind die Veranlagungsarbeiten abgeschlossen, tritt mit der dann zu bejahenden Vollendung auch die Beendigung der Tat ein. Zwar ist auch hier im eigentlichen Sinne eine Anwendung des Grundsatzes „in dubio pro reo" nicht möglich, weil angesichts des Nichtvorliegens einer Steuererklärung keine Zweifel daran bestehen, dass zu diesem Zeitpunkt eine Veranlagung nicht erfolgt ist. Immerhin dient die Annahme eines Beendigungszeitpunktes dem Rechtsfrieden. Entgegen *Wulf* (wistra 2003, 91) und *Schmitz* (Kohlmann-FS 2003, 527 ff.) besteht für eine Vorverlegung des Verjährungsbeginns auf den frühstmöglichen Zeitpunkt insofern kein Raum – es gibt keine Zweifel. 45

War der Stpfl hinsichtlich des Besteuerungszeitraums und der Steuerart **der Finanzbehörde bekannt,** ist die in Rn. 45 vertretene Lösung jedoch nicht angängig. Immerhin ist zu bedenken, dass die fiktive Vollendung (Rn. 40) auf unbekannte Stpfl ausgerichtet war und das Finanzamt bei einem bekannten Stpfl. die Möglichkeit hat, die Besteuerungsgrundlagen zu schätzen (*Dörn* NStZ 2002, 189). Diese Möglichkeit besteht, wenn bzw. sobald die FinB ermittelt hat bzw. ermitteln kann, dass der Steuerpflichtige seine Erklärungspflicht nicht zum gesetzlich vorgeschriebenen Termin erfüllt hat (vgl. § 162 II AO). In vielen Fällen sind der FinB Zahlen aus Vorjahren und die Umsätze des betreffenden 46

Zeitraums bekannt, so dass eine Schätzung ohne viel Aufwand möglich ist (*Dörn* NStZ 2002, 189).

47 Schätzt das Finanzamt die Besteuerungsgrundlagen **vor Abschluss der Veranlagungsarbeiten** (und vor der Schätzung wären die Veranlagungsarbeiten noch nicht abgeschlossen) richtig oder zu hoch, dann kommt es schon nicht zu einer Vollendung. Hat der Stpfl. mit einer zutreffenden (oder überhöhten) Schätzung vor Abschluss der Veranlagungsarbeiten gerechnet – und dies hat er im Regelfall –, liegt noch nicht einmal ein Versuch vor. Hat der Stpfl. geglaubt, man würde ihn „übersehen" (oder zu niedrig schätzen), ist sein **Versuch fehlgeschlagen** und die Verjährung dieses Versuchs begann mit dessen Begehung (Rn. 54). Wird **zu niedrig** geschätzt, dann liegt eine vollendete Tat vor und die Verjährung beginnt mit der Bekanntgabe des unrichtigen Steuerbescheids (§ 370 IV 1 AO; vgl. Kohlmann/*Schauf* 96, RK-*Rolletschke* 24 zu § 376; *Dörn* StB 1992, 361, 365).

48 Die beim unbekannten Stpfl. zu lösende Frage stellt sich daher bei einem **dem Finanzamt bekannten Steuerpflichtigen** nur, wenn es aus irgendwelchen Gründen nicht zu einer Festsetzung kam und man meint, die Veranlagungsarbeiten seien abgeschlossen, obwohl dieser bekannte Stpfl noch nicht (im Schätzungswege) veranlagt worden ist. Diese Nichtveranlagung liegt aber in der Sphäre der FinB. Sie definiert mit ihrem Tätigwerden oder Untätigbleiben den Vollendungszeitpunkt und damit ggf. auch den Beginn der Verjährung. Ob dieser Umstand die objektive Zurechnung unterbricht (so *Dörn* NStZ 2002, 191), kann dahin gestellt bleiben. Jedenfalls kann es nicht angehen, dass es wegen der Untätigkeit des Finanzamtes erst zu einem Verjährungsbeginn zB. im siebten Jahr nach dem betreffenden Veranlagungszeitraum kommt, weil bis dahin noch eine Festsetzung möglich war. Ein Rückgriff auf den allgemeinen Veranlagungsschluss wäre dem BGH hier verwehrt, weil bei einem bekannten Stpfl., der überdies seine USt-Voranmeldungen eingereicht hatte, immer noch die Chance besteht, den Steueranspruch durch eine entsprechende Festsetzung zu realisieren.

49 Vor diesem Hintergrund kann nur eine Entscheidung helfen, die in etwa so willkürlich ist wie die für den unbekannten Stpfl.: Die Verjährung beginnt, wenn das Finanzamt schätzen durfte. Danach sich ergebende Verzögerungen dürfen dem Steuerpflichtigen nicht zum Nachteil gereichen. Der Stpfl. wird damit so behandelt wie jemand, der zutreffend geschätzt worden ist (oben Rn. 46). Dass eine Schätzung dem Finanzamt schwer fällt, wenn der Stpfl außer einer Gewerbeanmeldung keine weiteren Informationen geliefert hat, ist hinzunehmen. Auf der steuerlichen Seite verbleibt es bei der zehnjährigen Festsetzungsfrist, die wegen § 170 II Nr. 2 AO erst nach drei Jahren beginnt. Für strafrechtliche Zwecke hat das Finanzamt immerhin fünf oder gar zehn Jahre Zeit, das Strafverfahren einzuleiten und damit die Verjährung zu unterbrechen.

50 Im Ergebnis beginnt also die Verjährung bei Steuerpflichtigen, die dem Finanzamt nicht bekannt waren, mit dem Abschluss der Veranlagungsarbeiten. Bei einem dem Finanzamt bekannten Stpfl und fehlender Schätzung fallen hingegen Vollendung und Beendigung der Tat auseinander. In dubio pro reo ist die Tat jedenfalls nicht vollendet, bevor die Veranlagungsarbeiten abgeschlossen sind (Rn. 56 f. zu § 370), die Verjährung beginnt jedoch schon dann, wenn das Finanzamt die erste Schätzungsmöglichkeit – wenige Tage nach Verstreichenlassen der Abgabefrist – nicht genutzt hat (insofern ähnlich *Schmitz* Kohlmann-FS 2003, 531 f.; *Wulf* wistra 2003, 91).

51 **Wird die Berichtigungspflicht nach § 153 AO verletzt,** ist ebenfalls ein Zeitpunkt zu ermitteln, zu dem die fiktive Änderung des unrichtigen Steuerbescheids erfolgt wäre, soweit man in diesen Fällen den § 370 I Nr. 2 AO überhaupt für anwendbar hält (Rn. 259 ff. zu § 370; zust. GJW/*Rolletschke* AO § 376 Rn. 49, Klein/*Jäger* AO § 376 Rn. 29, MüKoStGB/*Wulf* AO § 376 Rn. 43, RK-*Rolletschke* 27 zu § 376; aM Kohlmann/*Schauf* 100 zu § 376). Wird das Entfallen der Voraussetzungen für den Bezug von Kindergeld nicht mitgeteilt, beginnt die Verjährung erst mit der letzten unberechtigten Zahlung (BFH 26.6.2014, wistra 2015, 116; OLG Nürnberg 29.1.2015, wistra 2015, 157).

bb) Fälligkeitsteuern. Bei Fälligkeitsteuern ist die Steuerverkürzung eingetreten, wenn der Tag der gesetzlichen Frist verstrichen ist und keine ausdrückliche Fristverlängerung gewährt wurde (siehe aber Rn. 513 zu § 370 AO). Mit diesem Zeitpunkt ist zugleich die Tat beendet und die Verjährung beginnt (BGH 11.12.1990, wistra 1991, 215, 216; BGH 10.12.1991, BGHSt 38, 165, 170; RK-*Rolletschke* 31, Kohlmann/*Schauf* 98, HHSp-*Bülte* 118 f. zu § 376, Klein/*Jäger* AO § 376 Rn. 37; vgl. auch *Riehl* wistra 1996, 130). Auch hier kommt es nicht darauf an, ob der Täter das Versäumte nachgeholt hat (so noch RG 1.6.1933, RStBl. 1933, 543; OLG Hamburg 27.1.1970, MDR 1970, 441) oder aber die Rechtspflicht zum Handeln weggefallen oder gegenstandslos geworden ist (so RG 25.11.1926, RGSt 61, 42, 45; *Hartung* II zu § 419 RAO 1931; *Kopacek* FR 1965, 275 mwN.). Die Veränderung der Rechtsprechung in diesem Zusammenhang ist ausdrücklich zu begrüßen (vgl. zur Kritik der seinerzeit hM Rn. 13 f. der 3. Aufl.). 52

c) Steuerhinterziehung im Beitreibungsverfahren. Bei Steuerhinterziehungen im Beitreibungsverfahren (Rn. 411 ff. zu § 370) beginnt die Verjährung grundsätzlich mit der Vollendung der Tat. Soweit durch Täuschung ein Erlass bereits gezahlter Beträge bewirkt wird, liegt eine Steuervorteilserschleichung vor, die nach den oben behandelten Grundsätzen (Rn. 29) erst beendet ist, wenn der Fiskus die schädigende Verfügung vornimmt. 53

d) Versuch. Bei einer versuchten Steuerstraftat (§ 370 II, § 372 II, § 374 I AO) beginnt die Verjährung mit der Beendigung des Versuchs. Der Versuch ist beendet, wenn der Täter alle Handlungen ausgeführt hat, die nach seiner Vorstellung von der Tat zur Tatbestandsverwirklichung erforderlich schienen und die er dementsprechend vornehmen wollte (vgl. BGH 15.1.1960, BGHSt 14, 75). Bei Fälligkeitsteuern fallen Versuch und Vollendung regelmäßig zusammen (Rn. 53 ff. zu § 370). Bei Veranlagungsteuern ist der Versuch mit der Betätigung des Entschlusses, eine Steuerverkürzung zu verüben, beendet, also bei der Steuerhinterziehung durch Handeln mit der Abgabe unrichtiger Erklärungen. Unterlässt der Stpfl die Abgabe einer Erklärung, beginnt der Versuch, wenn es zu einer konkreten Gefährdung des Steueranspruchs kommt (Rn. 513 zu § 370), er ist zugleich beendet. Dabei ist zweifelhaft, ob dies bereits mit dem Verstreichenlassen des gesetzlichen Termins für die Einreichung der Erklärung der Fall ist, oder erst dann, wenn der Zeitpunkt der Vollendung naht. 54

Bei der Erschleichung unrichtiger Feststellungsbescheide ist der Versuch erst beendet, wenn der letzte Gesellschafter seine Steuererklärung beim Wohnsitzfinanzamt einreicht (BGH 1.2.1989, NJW 1989, 1615). Setzt der Täter seinen noch nicht fehlgeschlagenen Versuch der Steuerhinterziehung fort, indem er weitere falsche Angaben gegenüber der FinB macht, um die Steuer zu verkürzen, ist Anknüpfungspunkt die letzte Tathandlung (BGH 9.8.1989, wistra 1990, 23). 55

e) Fortgesetzte Handlung. Fortgesetzte Handlungen sollten nach der früher herrschenden Rechtsprechung erst mit dem letzten Teilakt beendet sein. Die hiergegen gerichtete Kritik (vgl. 3. Aufl. 15a zu § 376), die mit der Forderung verbunden war, auch bei fortgesetzten Taten die Verjährung für jeden Einzelakt gesondert zu berechnen, hat sich insoweit erledigt, als auch der BGH nunmehr für den Bereich der Steuerhinterziehung die Figur der fortgesetzten Tat explizit aufgegeben hat (BGH 20.6.1994, BGHSt 40, 195 und Rn. 116 zu § 369). Dementsprechend beginnt die Verjährung für jeden Einzelakt gesondert, selbst wenn es sich um eine Serie von Einzelfällen handeln sollte und der Täter von vornherein einen entsprechenden Plan gefasst hatte. 56

f) Teilnahme. Die Verjährung der Verfolgung des Teilnehmers beginnt grundsätzlich mit der Vollendung, unter Umständen mit der Beendigung der Haupttat (RG 2.4.1936 RStBl. 1936, 930; BGH 10.12.1965, BGHSt 20, 227; BGH 27.9.1983, wistra 1984, 21; BGH 10.1.1990, wistra 1990, 146, 148; LG Oldenburg 18.11.2004, wistra 2005, 69; OLG Oldenburg 4.4.2005, wistra 2005, 352; Kohlmann/*Schauf* 110 zu § 376); denn strafbar wird die Mitwirkung des Teilnehmers erst durch die Begehung der Haupttat (hM vgl. SK- 57

Rudolphi/Wolter 10 zu § 78a StGB mwN). Auf die Beendigung der Tätigkeit des Teilnehmers kommt es regelmäßig nicht an; anders dann, wenn sich dessen Mitwirkung nur auf einen rechtlich abtrennbaren Teil bezieht (OLG Stuttgart 14.9.1962, NJW 1962, 2311; *Troeger/Meyer* S. 285). Gleiches gilt für Mittäterschaft (RG 18.12.1941, RGSt 75, 394; BGH 1.2.1989, BGHSt 36, 117; BGH 20.12.1989, wistra 1990, 149), bei der es auf die letzte Handlung eines Mittäters ankommt (Klein/*Jäger* AO § 376 Rn. 56; RK-*Rolletschke* 33 zu § 376; vgl. auch *Kratzsch* JR 1990, 177).

58 Ob dies uneingeschränkt gilt, wenn der Teilnehmer einmalig Hilfe zu einer **Serie von Haupttaten** leistet, ist zweifelhaft (vgl. auch Kohlmann/*Schauf* 111 ff. zu § 376). Bedeutsam wird dies in den Bankenfällen, in denen die Unterstützung des Mitarbeiters zunächst zu einem Transfer ins Ausland und in der Folge zu einer Serie unrichtiger Steuererklärungen und -festsetzungen führt. Dabei ist zunächst zu prüfen, wie weit der Gehilfenvorsatz reicht (vgl. *Voßmeyer* DStR 1998, 842). Zwar weiß der Gehilfe regelmäßig nicht, ob es überhaupt zu steuerlichen Auswirkungen über einen langen Zeitraum kommt und wie sich die Steuergesetzgebung insoweit entwickelt. Andererseits liegt es nicht fern anzunehmen, wer einem anderen Hilfe leiste, sein Kapital im Ausland vor dem deutschen Fiskus zu verbergen, rechne auch damit, dass der entsprechende Kunde über viele Jahre hinweg die Einkünfte verschweige und entsprechende Steuerverkürzungen bewirke (vgl. auch RG 2.10.1931, RGSt 65, 361; BGH 11.6.1965, BGHSt 20, 227, 229; BGH 27.4.1978, bei *Holtz* MDR 1978, 803).

59 **Steht der Gehilfenvorsatz fest,** stellt sich die Frage, ob bei einer Vielzahl von Haupttaten nach einmaliger Hilfeleistung die Verjährung insgesamt erst dann beginnt, wenn die (letzte) Haupttat vollendet ist. Die Frage ist zu verneinen. Insbesondere ist die Rechtsprechung zum Verjährungsbeginn im Feststellungsverfahren (vgl. BGH 7.2.1984, wistra 1984, 142) nicht einschlägig, weil hier nicht eine, sondern mehrere Haupttaten im Raum stehen. Eine Hilfeleistung zu mehreren Haupttaten begründet Tateinheit in der Person des Gehilfen; bei Tateinheit bestimmt sich die Verjährung aber für jede Gesetzesverletzung gesondert (Rn. 14). Die Verjährung beginnt insoweit (spätestens) mit der Beendigung der einzelnen Haupttat (ebenso *Pelz* wistra 2001, 11).

60 Liegt zwischen Hilfeleistung und Haupttat ein sehr **langer Zeitraum,** gilt nichts anderes. Wenn der Bankangestellte dem Kunden empfiehlt, eine Inhaberschuldverschreibung zu zeichnen und diese sieben Jahre später im Ausland einzulösen, um die Zinsabschlagsteuer (auch noch) zu vermeiden (vgl. LG Freiburg 26.4.2000, wistra 2000, 356), mag zwischen Hilfeleistung und Erfolg ein Zeitraum von mehr als acht Jahren liegen. Der Abstand zwischen Hilfe und Tat ist damit größer als die gesetzliche Verjährungsfrist. Dennoch beginnt die Verjährung erst mit der Beendigung der Haupttat. Der Grundsatz der Akzessorietät der Teilnahme und § 78a S. 2 StGB lassen eine andere Lösung wohl nicht zu. Eine andere Frage ist, ob man nach einem solch langen Zeitraum überhaupt noch annehmen kann, der Gehilfenbeitrag habe die Haupttat auch gefördert; anderenfalls läge straflose versuchte Beihilfe vor.

61 **g) Bannbruch, Steuerhehlerei, Steuerzeichenfälschung, Begünstigung.** Beim Bannbruch (§ 372) beginnt die Verjährung mit dem Eintreffen der Bannware am endgültigen Bestimmungsort (Kohlmann/*Schauf* 101 zu § 376). Steuerhehlerei (§ 374), Steuerzeichenfälschung (§ 369 I Nr. 3 AO iVm. § 148 StGB) und Begünstigung (§ 369 I Nr. 4) sind Delikte mit überschießender Innentendenz, die zwar bereits mit Vornahme der tatbestandsmäßigen Handlung vollendet sind, deren Beendigung aber erst gegeben ist, wenn die im subjektiven Tatbestand vorausgesetzte Absicht realisiert wurde (vgl. Rn. 55 zu § 369). Die Steuerhehlerei ist daher beendet mit Eintritt der Bereicherung, die Begünstigung mit der endgültigen Sicherung des Tatvorteils für den Vortäter (RK-*Rolletschke* 34b, Kohlmann/*Schauf* 102 zu § 376). Bei der Steuerzeichenfälschung beginnt die Verjährung mit der Verwendung der Steuerzeichen als echt bzw. mit ihrem In-Verkehr-bringen. Wird das gefälschte Steuerzeichen lediglich feilgehalten, soll die Beendigung eine Frage des Einzelfalls sein (vgl. Kohlmann/*Schauf* 102 zu § 376).

6. Unterbrechung

§ 78c StGB Unterbrechung

(1) [1] Die Verjährung wird unterbrochen durch

1. die erste Vernehmung des Beschuldigten, die Bekanntgabe, daß gegen ihn das Ermittlungsverfahren eingeleitet ist, oder die Anordnung dieser Vernehmung oder Bekanntgabe,
2. jede richterliche Vernehmung des Beschuldigten oder deren Anordnung,
3. jede Beauftragung eines Sachverständigen durch den Richter oder Staatsanwalt, wenn vorher der Beschuldigte vernommen oder ihm die Einleitung des Ermittlungsverfahrens bekanntgegeben worden ist,
4. jede richterliche Beschlagnahme- oder Durchsuchungsanordnung und richterliche Entscheidungen, welche diese aufrechterhalten,
5. den Haftbefehl, den Unterbringungsbefehl, den Vorführungsbefehl und richterliche Entscheidungen, welche diese aufrechterhalten,
6. die Erhebung der öffentlichen Klage,
7. die Eröffnung des Hauptverfahrens,
8. jede Anberaumung einer Hauptverhandlung,
9. den Strafbefehl oder eine andere dem Urteil entsprechende Entscheidung,
10. die vorläufige gerichtliche Einstellung des Verfahrens wegen Abwesenheit des Angeschuldigten sowie jede Anordnung des Richters oder Staatsanwalts, die nach einer solchen Einstellung des Verfahrens oder im Verfahren gegen Abwesende zur Ermittlung des Aufenthalts des Angeschuldigten oder zur Sicherung von Beweisen ergeht,
11. die vorläufige gerichtliche Einstellung des Verfahrens wegen Verhandlungsunfähigkeit des Angeschuldigten sowie jede Anordnung des Richters oder Staatsanwalts, die nach einer solchen Einstellung des Verfahrens zur Überprüfung der Verhandlungsfähigkeit des Angeschuldigten ergeht, oder
12. jedes richterliche Ersuchen, eine Untersuchungshandlung im Ausland vorzunehmen.

[2] Im Sicherungsverfahren und im selbständigen Verfahren wird die Verjährung durch die dem Satz 1 entsprechenden Handlungen zur Durchführung des Sicherungsverfahrens oder des selbständigen Verfahrens unterbrochen.

(2) [1] Die Verjährung ist bei einer schriftlichen Anordnung oder Entscheidung in dem Zeitpunkt unterbrochen, in dem die Anordnung oder Entscheidung unterzeichnet wird. [2] Ist das Schriftstück nicht alsbald nach der Unterzeichnung in den Geschäftsgang gelangt, so ist der Zeitpunkt maßgebend, in dem es tatsächlich in den Geschäftsgang gegeben worden ist.

(3) [1] Nach jeder Unterbrechung beginnt die Verjährung von neuem. [2] Die Verfolgung ist jedoch spätestens verjährt, wenn seit dem in § 78a bezeichneten Zeitpunkt das Doppelte der gesetzlichen Verjährungsfrist und, wenn die Verjährungsfrist nach besonderen Gesetzen kürzer ist als drei Jahre, mindestens drei Jahre verstrichen sind. [3] § 78b bleibt unberührt.

(4) Die Unterbrechung wirkt nur gegenüber demjenigen, auf den sich die Handlung bezieht.

(5) Wird ein Gesetz, das bei der Beendigung der Tat gilt, vor der Entscheidung geändert und verkürzt sich hierdurch die Frist der Verjährung, so bleiben Unterbrechungshandlungen, die vor dem Inkrafttreten des neuen Rechts vorgenommen worden sind, wirksam, auch wenn im Zeitpunkt der Unterbrechung die Verfolgung nach dem neuen Recht bereits verjährt gewesen wäre.

Schrifttum: *Lüdecke,* Zur Unterbrechung der Verjährung, NJW 1953, 1335; *Mittelbach,* Zur Unterbrechung der Strafverfolgungsverjährung, MDR 1954, 138; *Woesner,* Künstliche Unterbrechung der Verjährung, NJW 1957, 1862; *H. W. Schmidt,* Das Unterbrechen der Strafverfolgungsverjährung, SchlHA 1960, 251; *Haberkorn,* Die Unterbrechung der Strafverfolgungsverjährung durch Aktenübersendung, DRiZ 1961, 85; *Preisendanz,* Eröffnungsbeschluss eines örtlich unzuständigen Amtsgerichts und Strafverfolgungsverjährung, NJW 1961, 1805 mit Erwiderung von *Schreiber* NJW 1961, 2344; *Pfaff,* Unterbrechung der Strafverfolgungsverjährung im Steuerrecht, FR 1962, 85; *Kaiser,* Die Unterbrechung der Strafverfolgungsverjährung und ihre Problematik, NJW 1962, 1420 mit Erwiderung von *Winter* NJW 1962, 1853; *Hans,* Die Aussetzung des Verfahrens nach Art. 100 GG und die Strafverfolgungsverjährung, MDR 1963, 6; *Herzig,* Zur Frage der Verjährungsunterbrechung im Steuerverfügungsverfahren, NJW 1963, 1344; *Oppe,* Die Pflicht des Staatsanwalts zur Unterbrechung der Verjährung und die neuere Rechtsprechung, NJW 1964, 2092; *Hansgeorg Vogel,* Wer kann die Verfolgungsverjährung bei Steuervergehen unterbrechen?, NJW 1970, 130; *Pfaff,* Unterbrechung der Verfolgungsverjährung (§ 376 AO), StBp 1978, 113; *Schäfer,* Einige Fragen zur Verjährung in Wirtschaftsstrafsachen, Dünnebier-FS 1982, 541; *Heuser,* Unterbricht ein Durchsuchungsbeschluss gegen die Verantwortlichen eines Unternehmens die Verjährung?, wistra 1987, 170; *Reiche,* Verjährungsunterbrechende Wirkung finanzbehördlicher oder fahndungsdienstlicher Ermittlungsmaßnahmen hinsichtlich allgemeiner

Strafdelikte, insbesondere bei tateinheitlichem Zusammentreffen mit Steuerstraftaten, wistra 1988, 329; *Hees,* Zur persönlichen Reichweite der Verjährungsunterbrechung nach § 78c Abs. 1 Nr. 4 StGB, wistra 1994, 81; *Dauster,* Die Entscheidung des BVerfG vom 27.5.1997 zur Gültigkeitsdauer richterlicher Untersuchungshandlungen und ihre Wirkung auf die strafprozessuale Praxis im Übrigen, StraFo 1998, 408; *K. Volk,* Tatbegriff und die Bestimmtheit von Durchsuchungsbeschlüssen im Steuerstrafrecht, PStR 1999, 84; *Müller,* Der Beginn der Strafverfolgungsverjährung bei Steuerhinterziehung, StBp 2003, 78; *v. Briel,* Unterbrechung und Ruhen der steuerstrafrechtlichen Verfolgungsverjährung, SAM 2007, 207; *Wulf,* Praxiswissen zur Strafverfolgungsverjährung, PStR 2010, 13; *Wolf,* Der Sachverständige im Wirtschaftsstrafverfahren, ZWH 2012, 125.

62 **a) Allgemeines.** Wird die Verjährung unterbrochen, so bedeutet dies, dass die Verjährungsfrist **vom Tage der Unterbrechung an** (RG 4.5.1931, RGSt 65, 290) **erneut zu laufen beginnt** (§ 78c III 1 StGB). Die Verjährung kann auf diese Weise beliebig oft unterbrochen werden. Allerdings ist die Strafverfolgung gem. § 78c III StGB jedenfalls nach Ablauf der doppelten Verjährungsfrist, bei der Steuerhinterziehung also nach 10 Jahren, in den Fällen des § 370 III 2 Nr. 1 bis 5 AO also nach 20 Jahren verjährt. Zeiten des Ruhens gem. § 78b StGB sind dabei nicht zu berücksichtigen (§ 78c III 3 StGB). Unterbrochen wird die Verjährung durch bestimmte Strafverfolgungshandlungen. Nach § 78c StGB sind nicht mehr allein *richterliche* Handlungen zur Unterbrechung geeignet, es genügen vielmehr allein auch bestimmte Handlungen des Staatsanwalts und der Polizei. Darüber hinaus bestimmt das Gesetz jetzt selbst abschließend, *welche* Handlungen zur Unterbrechung geeignet sind. Die reichhaltige Kasuistik zu § 68 StGB aF ist damit überholt.

63 **§ 376 II AO ergänzt den Katalog der Unterbrechungshandlungen** in § 78c StGB. Während nach § 78c I Nr. 1 StGB nur die Bekanntgabe der Einleitung des Ermittlungsverfahrens oder die Anordnung der Bekanntgabe die Verjährung unterbricht, genügt bei Steuerstraftaten gem. § 376 AO auch die Bekanntgabe der Einleitung eines **Bußgeld**verfahrens bzw. deren Anordnung. Die Verfassungsmäßigkeit der entsprechenden Regelung in § 402 II RAO 1967 war im Hinblick darauf, dass nach § 68 StGB aF nur *richterliche* Handlungen genügten, umstritten. Nachdem das BVerfG (BVerfG 6.10.1970, BVerfGE 29, 148) die entsprechende Regelung in § 419 RAO 1931 für verfassungsgemäß erklärt und der Gesetzgeber in § 78c StGB nichtrichterliche Unterbrechungshandlungen in größerem Umfang zugelassen hat, ist die Frage überholt.

64 **b) Gemeinsame Vorschriften. Für die in § 78c I StGB** und in § 376 II AO aufgeführten Unterbrechungshandlungen gilt als Gemeinsamkeit, dass sie sich auf eine konkretisierte Tat und einen konkreten Täter richten und zur Förderung der Strafverfolgung geeignet sein müssen.

65 **Eine konkrete Tat im prozessualen Sinn** (§§ 155, 264 StPO) muss Gegenstand der Unterbrechungshandlung sein (BGH 12.3.1968, BGHSt 22, 106; BGH 23.5.1969, BGHSt 22, 385; BGH 14.8.1985, StV 1985, 504; BGH 10.6.1987, wistra 1988, 23; OLG Frankfurt 5.9.1986, wistra 1987, 32). Dagegen ist es nicht erforderlich, dass sämtliche für die rechtliche Beurteilung erforderlichen Umstände bereits bekannt sind (vgl. BGH 17.3.1983, wistra 1983, 146). Dies ist regelmäßig erst das Endergebnis des Strafverfahrens.

66 **Bei Ermittlung wegen mehrerer rechtlich selbstständiger Taten** im prozessualen Sinne erstreckt sich eine Unterbrechungshandlung grundsätzlich auf alle, es sei denn, die Maßnahme bezieht sich nach ihrer Ermittlungsrichtung ersichtlich nur auf einzelne bestimmte Taten (BGH 24.4.1956, bei *Dallinger* MDR 1970, 897; BGH 12.12.1996, wistra 1996, 101; BGH 5.4.2000, wistra 2000, 219; BGH 29.1.2015, wistra 2015, 232 Rn. 9). Maßgeblich ist dabei das Ziel der Unterbrechungshandlung, das sich ggf. bei Vernehmungen des Beschuldigten aus der nach § 163a IV iVm § 136 I 1 StPO vorgeschriebenen Belehrung, zu welcher ihm zur Last gelegten Tat er gehört werden soll, ergibt (vgl. BGH 19.11.1996, StV 1997, 187). Nach der Rechtsprechung soll es insoweit auch zulässig sein, auf entsprechende Anträge etwa der StA zurückzugreifen (BGH 25.7.1978 – 5 StR 130/78; BGH 5.4.2000, wistra 2000, 219; OLG Hamm 29.8.1980, NJW 1981, 2425). Hält aber

eine Durchsuchungsanordnung selbst den verfassungsrechtlichen Mindestvoraussetzungen nicht stand, kann die grundsätzlich mögliche Heranziehung des Inhalts der Ermittlungsakten und des Durchsuchungsantrags keine Verjährungsunterbrechung mehr bewirken (vgl. BGH 27.5.2003, wistra 2003, 382; Rn. 79).

Durch die Aufgabe des Instituts der fortgesetzten Handlung (Rn. 56) ergibt sich die Notwendigkeit, ehemals als fortgesetzte Taten angesehene Verhaltensweisen sorgfältig darauf zu überprüfen, ob die seinerzeitige Unterbrechungshandlung, die sich nur auf einige vermeintliche Einzelakte bezog, in der Lage war, andere, zum Zeitpunkt der Unterbrechung noch nicht bekannte, ebenfalls zu erfassen. 67

Zweifelhaft ist, inwiefern Maßnahmen der Strabu-Stelle oder Steuerfahndung verjährungsunterbrechende Wirkung auch hinsichtlich Nicht-Steuerstraftaten haben. Da sich die Ermittlungskompetenz der FinB lediglich auf Steuerstraftaten erstreckt, sind sie nicht befugt, verjährungsunterbrechende Maßnahmen hinsichtlich anderer Straftaten vorzunehmen (*Reiche* wistra 1988, 329 ff.). Etwas anderes gilt, wenn beispielsweise eine Urkundenfälschung in Tateinheit zu der Steuerhinterziehung steht, derentwegen hier eingeleitet wurde (vgl. Rn. 18 zu § 386; aM *Reiche* wistra 1988, 329 ff.). 68

Die Unterbrechungshandlung muss sich auf einen konkreten Täter beziehen. Dabei muss er noch nicht namentlich feststehen, aber konkretisierbar sein, dh auf Grund anderer Umstände bestimmbar. Maßnahmen innerhalb eines Verfahrens gegen „Unbekannt" genügen daher nicht (SK-*Rudolphi/Wolter* 4 ff. zu § 78c StGB mwN; BGH 12.3.1991, wistra 1991, 217). Dabei mag zwar der Grundsatz gelten, dass richterliche Beschlüsse in der Regel einer umfassenden Sachaufklärung dienen sollen, und sich deshalb gegen jeden bekannten Tatverdächtigen richten, soweit sich nicht aus dem Zweck der Maßnahme oder ihrer ausdrücklichen Begrenzung etwas anderes ergibt (OLG Hamburg 26.5.1993, wistra 1993, 272). Wenn aber das Rubrum des Beschlusses lediglich einen Beschuldigten erwähnt, wird man entgegen der Auffassung des OLG Hamburg von einer solchen Beschränkung ausgehen müssen (*Hees* wistra 1994, 81, 82; Kohlmann/*Schauf* 137 zu § 376). Die Unterbrechungsgründe sind restriktiv zu interpretieren (BGH 12.3.1991, wistra 1991, 217; BGH 2.9.1992, StV 1993, 71), so dass eine einschränkende Auslegung geboten ist. 69

Wird „gegen Verantwortliche des Unternehmens" ermittelt (vgl. LG Dortmund 7.11.1990, wistra 1991, 186), ist dies nicht hinreichend konkretisiert, auch wenn letztlich nur die Vorstandsmitglieder als Verantwortliche in Betracht kommen (vgl. *Teske* wistra 1988, 287; *Heuer* wistra 1987, 170; Kohlmann/*Schauf* 137 zu § 376). 70

Demgegenüber will *Schäfer* (Kleinknecht-FS 1985 S. 541 ff.) hier differenzieren. Gehe es um Maßnahmen, die sich ihrer Natur nach nur auf die unmittelbar von der Maßnahme Betroffenen erstrecke (vgl. LK-*Jähnke* § 78c Rn. 7), wie etwa bei der Beschuldigtenvernehmung, der Mitteilung der Einleitung des Ermittlungsverfahrens u. ä., sei eine solche Beschränkung zwingend. Bei Maßnahmen, bei denen die persönliche Reichweite schwerer abgrenzbar sei, etwa der Beauftragung eines Sachverständigen, richterlichen Entscheidungen zur Durchsuchung und Beschlagnahme und bei der Maßnahme nach § 78c I Nr. 12 StGB, erstrecke sich die Unterbrechungswirkung auf jeden, der in dem Verfahren Beschuldigter sei, in dem die Maßnahme getroffen werde. Auf das häufig genug ungenaue Rubrum der Verfügung oder Entscheidung könne es nicht ankommen. Freilich müsse es sich aus der Akte ergeben, gegen wen das Verfahren geführt werde. Auf Personen, die erst später als Beschuldigte erkannt und behandelt werden oder gegen die in einem anderen Verfahren, wenn auch wegen desselben Lebenssachverhalts ermittelt wird, erstrecke sich die Unterbrechungswirkung nicht. 71

Die Unterbrechungshandlung muss **zur Förderung der Strafverfolgung geeignet** sein. Bei der Mehrzahl der aufgezählten Handlungen ist dies immer der Fall. Dient jedoch zB die erneute richterliche Vernehmung des Beschuldigten (§ 78c I Nr. 2 StGB) ausschließlich dem Zweck, die Verjährung zu unterbrechen, so ist sie zur Förderung der Strafverfolgung nicht geeignet; die Unterbrechung tritt *nicht* ein. Die entsprechenden 72

Grundsätze der Rechtsprechung zu § 68 StGB aF (BGH 24.8.1972, BGHSt 25, 8) haben daher auch zu § 78c StGB ihre Bedeutung behalten (vgl. SK-*Rudolphi/Wolter* 7 zu § 78c StGB).

73 **Bei schriftlichen Anordnungen und Entscheidungen** tritt gem. § 78c II StGB die Unterbrechung im Zeitpunkt der Unterzeichnung ein, sofern das Schriftstück *alsbald* nach der Unterzeichnung in den Geschäftsgang gelangt. Maßgeblich ist hier der *übliche* Abstand zwischen Unterzeichnung und Übergabe in den Geschäftsgang (SK-*Rudolphi/Wolter* 10 zu § 78c StGB). Wird das Schriftstück *später* in den Geschäftsgang gegeben, so ist gem. § 78c II 2 StGB der spätere Zeitpunkt maßgeblich.

74 Wird die Verjährung bereits durch die **Anordnung einer Maßnahme** unterbrochen, so tritt durch die Ausführung dieser Anordnung keine erneute Unterbrechung ein (Rn. 78; BayObLG 24.5.1976, MDR 1976, 779; *Fischer* StGB § 78c Rn. 11 und SK-*Rudolphi/Wolter* 17 zu § 78c StGB).

75 **c) Die Unterbrechungshandlungen. Die erste Vernehmung des Beschuldigten,** die Bekanntgabe der Einleitung eines gegen ihn gerichteten Ermittlungsverfahrens oder die Anordnung dieser Bekanntgabe unterbrechen die Verjährung gem. § 78c I Nr. 1 StGB. Die erste Vernehmung des Beschuldigten ist die erste Gelegenheit, bei der sich dieser zu den Vorwürfen äußern kann. Ob er dies tut oder schweigt, ist unerheblich (vgl. Klein/*Jäger* AO § 376 Rn. 65). Es gilt jedoch der formelle Beschuldigtenbegriff, eine Vernehmung als Zeuge und eine informatorische Anhörung genügen daher nicht (SK-*Rudolphi/Wolter* 14 zu § 78c StGB; BayObLG 19.3.1993, NStZ 1993, 441). Der Beschuldigte muss darüber „ins Bild“ gesetzt werden, dass und weshalb gegen ihn ermittelt wird (BGH 21.5.1992, wistra 1992, 253; BGH 6.10.1981, BGHSt 30, 215, 217). Eine besondere Form ist dafür zwar nicht erforderlich (Schönke/Schröder/*Sternberg-Lieben/Bosch* StGB § 78c Rn. 7), entgegen dem BGH (BGH 24.8.1972, BGHSt 25, 8; BGH 9.7.1974, BGHSt 25, 345) ist jedoch eine Bekanntgabe nicht anzunehmen, wenn sie dem Beschuldigten nicht zugegangen ist. Im Übrigen liegt in diesen Fällen regelmäßig auch die Anordnung der Bekanntgabe vor (SK-*Rudolphi/Wolter* 15 zu § 78c StGB).

76 **Nur die erste Maßnahme** iS der Nr. 1 hat die entsprechende Wirkung. Wird etwa im Rahmen einer Durchsuchung der Beschuldigte als solcher vernommen, ist der Unterbrechungsgrund des § 78c I Nr. 1 StGB „verbraucht“, so dass eine spätere förmliche nichtrichterliche Vernehmung diese Wirkung nicht mehr haben kann (OLG Hamburg 12.10.1977, NJW 1978, 435; BayObLG MDR 1976, 779; BGH 30.6.2004, wistra 2004, 384; BGH 7.8.2014, wistra 2015, 17 Rn. 6; SK-*Rudolphi/Wolter* 17 zu § 78c StGB; Kohlmann/*Schauf* 151, HHSp-*Bülte* 158 und RK-*Rolletschke* 146 zu § 376; vgl. auch BayObLG 21.9.1995, wistra 1996, 77).

77 Die Anordnung der Vernehmung muss **ausdrücklich** erfolgen. Ein allgemeiner Ermittlungsauftrag der Staatsanwaltschaft an die Polizei führt selbst dann nicht zu einer Verjährungsunterbrechung, wenn der Auftrag die Vernehmung des Beschuldigten mit einschließt (BGH 8.1.1997, StV 1997, 634 = BeckRS 1997, 31120414). Nötig ist ein konkreter Auftrag, dessen Ausführung nicht von weiteren polizeilichen Ermittlungen abhängig gemacht wird (LG Hamburg 27.11.1996, NStZ-RR 1997, 265; siehe auch AG Rendsburg v. 6.6.1997, NZV 1997, 495). Liegt eine wirksame Anordnung der Vernehmung nicht vor, so wird (erst) durch die dennoch durchgeführte (erste) Vernehmung die Verjährung unterbrochen (BayObLG 21.12.1995, wistra 1996, 77).

78 Treffen die verschiedenen Unterbrechungsgründe des § 78c I Nr. 1 StGB **zusammen,** führt dies nach hM nur zu einer einzigen Unterbrechung durch die zeitlich früheste (wirksame) Maßnahme (NK-*Lemke* 22, Schönke/Schröder/*Sternberg-Lieben/Bosch* StGB § 78c Rn. 4, SK-*Rudolphi/Wolter* 13 zu § 78c StGB). Die Maßnahmen stünden alternativ, nicht kumulativ zu Gebote. Dies ist, wie sich aus dem Wortlaut im Vergleich mit § 78c I Nr. 2 StGB („*jede* richterliche Vernehmung“) entnehmen lässt, zwingend insofern, als nur die *erste* nichtrichterliche Vernehmung die Verjährung unterbrechen kann. Dass die Maßnahmen

nicht kumulativ zur Verfügung stehen, ergibt sich überdies daraus, dass das Gesetz eine *oder*-Verknüpfung verwendet.

Erfolgt die **Einleitung des Steuerstrafverfahrens** auf hektographierten Schreiben oder einem Formblatt, das lediglich pauschale und zeitlich nicht präzisierte Vorwürfe enthält bzw. sich in formelhaften Wendungen erschöpft, unterbricht dies nicht die Verjährung (OLG Hamburg 24.3.1987, wistra 1987, 189; BayObLG 26.10.1987, wistra 1988, 81). Das Gleiche gilt für Durchsuchungs- und Beschlagnahmeanordnungen, die den verfassungsrechtlichen Mindestvoraussetzungen nicht entsprechen (BGH 5.4.2000, wistra 2000, 219, 223; BGH 27.5.2003, wistra 2003, 382; Rn. 89 zu § 399). **79**

Auch in der **Gewährung von Akteneinsicht** kann zugleich die Bekanntgabe einer Verfahrenseinleitung iS des § 78c Abs. 1 Nr. 1 StGB liegen (BGH 11.12.2007, wistra 2008, 144). Dann muss aber aus den Umständen klar ersichtlich sein, dass die dem Verteidiger gewährte Akteneinsicht zur Information des Beschuldigten über Existenz, Inhalt und Umfang des Ermittlungsverfahrens dienen soll und auch tatsächlich gedient hat. **80**

Nach § 78c I Nr. 2 StGB unterbricht **jede richterliche Vernehmung** des Beschuldigten oder deren Anordnung die Verjährung. Bei der Vernehmung durch einen ersuchten Richter unterbricht sowohl die Durchführung der Vernehmung als auch die Anordnung durch den ersuchenden Richter (SK-*Rudolphi/Wolter* 17 zu § 78c StGB; RK-*Rolletschke* 149 zu § 376). **81**

Die Beauftragung eines Sachverständigen durch den Richter oder Staatsanwalt oder – in den Fällen des § 399 AO – durch die Strafsachenstelle unterbricht die Verjährung nach § 78c I Nr. 3 StGB nur dann, wenn dem Beschuldigten zuvor die Einleitung des Ermittlungsverfahrens bekanntgegeben oder er vernommen worden war. Die „Beauftragung“ ist eine Anordnung, das Gutachten eines Sachverständigen zu einem bestimmten Beweisthema einzuholen (BGH 16.12.1976, BGHSt 27, 76). Die Unterbrechung ist auf die Tat begrenzt, auf die sich der Auftrag bezog (BGH 7.5.1996, wistra 1996, 260). **82**

Ist der Sachverständige eine **sachkundige Person anderer Behörden,** etwa ein sog. Wirtschaftsreferent der StA, hindert dies die Verjährungsunterbrechung grundsätzlich nicht (vgl. BGH 10.4.1979, BGHSt 28, 381; aM *Fischer* StGB § 78c Rn. 13). Nötig ist aber, dass die Beauftragung als „Sachverständiger“ und nicht als bloßer Ermittlungsgehilfe der Verfolgungsbehörden beabsichtigt ist (BGH 20.12.1983, NStZ 1984, 215; BGH 2.7.1986, wistra 1986, 257; Kohlmann/*Schauf* 153, RK-*Rolletschke* 160 zu § 376). Vorauszusetzen ist, dass der Sachverständige eigenverantwortlich und frei von jeder Beeinflussung durch Vorgesetzte sein Gutachten zu einem bestimmten Beweisthema erstattet (BGH 10.4.1979, BGHSt 28, 381). **83**

Die Beauftragung ist nicht formgebunden. Ergibt sich aus dem Gutachten der Zeitpunkt ihrer Anordnung nicht und lässt sich dieser auch den Akten nicht entnehmen, oder sind diese widersprüchlich, gilt der Grundsatz in dubio pro reo. **84**

Richterliche Beschlagnahme- und Durchsuchungsanordnungen (§§ 98, 100, 100a III, § 111e StPO) unterbrechen die Verjährung gemäß § 78c I Nr. 4 StGB. Gleiches gilt für richterliche Entscheidungen, die diese aufrechterhalten sowie die richterliche Bestätigung einer nichtrichterlichen Beschlagnahme (BGH 25.4.2006, wistra 2006, 306). Eine Beschlagnahmeanordnung unterbricht auch dann die Verjährung, wenn die Beschlagnahme bei Dritten erfolgen soll und der Beschuldigte vorher weder vernommen noch von der Einleitung des Ermittlungsverfahrens in Kenntnis gesetzt wurde (BGH 22.8.2006, wistra 2006, 421). Zu den Mindestanforderungen an einen Durchsuchungsbeschluss vgl. Rn. 66. **85**

Keine Anordnung im Sinne des Abs. 1 Nr. 4 liegt dann vor, wenn einem Kreditinstitut durch Beschluss die Auflage gemacht wird, der Staatsanwaltschaft Einblick in die Kontounterlagen zu gewähren und die Anfertigung von Kopien zu dulden bzw. ein Herausgabeverlangen nach § 95 StPO gestellt wird (vgl. LG Kaiserslautern 19.3.1981, NStZ 1981, 438; Kohlmann/*Schauf* 154 zu § 376). Ebenso unterbricht ein richterlicher Beschluss, mit dem gem. §§ 100a, 100b StPO die Überwachung des Fernmeldeverkehrs angeordnet wird, die **86**

Verjährung nicht. Zu Recht hat der BGH (BGH 29.9.2004, wistra 2005, 27) eine analoge Anwendung des § 78c I 1 Nr. 4 StGB abgelehnt.

87 Die Verjährung wird ferner gem. § 78c I Nr. 5 StGB unterbrochen durch den **Haftbefehl,** den **Unterbringungsbefehl,** den **Vorführungsbefehl** und durch diese Entscheidungen aufrechterhaltende richterliche Entscheidungen. Aufrechterhaltend ist die Entscheidung auch dann, wenn der Haftbefehl außer Vollzug gesetzt wird oder Haftverschonungsauflagen abgeändert werden, weil wegen § 120 I StPO inzidenter auch über den Bestand des Haftbefehls entschieden wird (BGH 26.5.1993, wistra 1993, 223, 224; *Fischer* StGB § 78c Rn. 15; *Meyer-Goßner/Schmitt* StPO § 116 Rn. 1; Kohlmann/*Schauf* 155 zu § 376; aM LK-*Jähnke* 29, Schönke/Schröder/*Sternberg-Lieben/Bosch* StGB § 78c Rn. 13). Es handelt sich durchweg um richterliche Maßnahmen (vgl. *Meyer-Goßner/Schmitt* StPO § 134 Rn. 2; so jetzt auch RK-*Rolletschke* 163 zu § 376; RG 15.11.1921, RGSt 56, 234).

88 Nach § 78c I Nr. 6 StGB unterbrechen die **Erhebung der öffentlichen Klage** und die Stellung des entsprechenden Antrags im Sicherungsverfahren und im selbstständigen Verfahren die Verjährung. Gleiches gilt für den Antrag auf Erlass eines Strafbefehls nach § 407 StPO. Die Verjährung wird unterbrochen mit dem Eingang der Anklageschrift bzw. der Antragsschrift bei Gericht (OLG Karlsruhe, Die Justiz 1978, 213; SK-*Rudolphi/Wolter* 21 zu § 78c StGB). Vorauszusetzen ist aber, dass die Anklageschrift den Voraussetzungen des § 200 StPO entspricht und wirksam ist (OLG Bremen 24.7.1989, StV 1990, 25; AG Dresden 11.4.2014 – 231 Ds 115 Js 22856/13). Ebenso muss ein Strafbefehl den Anforderungen genügen (vgl. Rn. 23 zu § 400).

89 Die nach § 78c I Nr. 7 StGB **unterbrechende Wirkung der Eröffnung** des Hauptverfahrens tritt nicht erst mit der Zustellung, sondern nach § 78c II StGB bereits mit der Unterzeichnung ein. Zuständigkeitsmängel sind grundsätzlich unschädlich (BGH 9.4.1997, NStZ-RR 1997, 282). Wird aber der Eröffnungsbeschluss nur von zwei Richtern einer Strafkammer unterschrieben, ist er unwirksam und kann die Strafverfolgungsverjährung nicht unterbrechen (LG Darmstadt 11.1.2005, StV 2005, 123).

90 Nach § 78c I Nr. 8 StGB unterbricht auch jede **Anberaumung einer Hauptverhandlung** die Verjährung. Die Frage, ob dazu auch die Anberaumung eines neuen Termins nach unterbrochener Hauptverhandlung genügt, ist umstritten (vgl. SK-*Rudolphi/Wolter* 23 einerseits, *Fischer* StGB § 78c Rn. 18 andererseits).

91 Nach § 78c I Nr. 9 StGB unterbricht der **Strafbefehl** sowie eine andere dem Urteil entsprechende Entscheidung die Verjährung. Das Urteil selbst ist nicht aufgeführt, weil es gemäß § 78b III StGB die Verjährung ruhen lässt (Rn. 99).

92 § 78c I Nr. 10 StGB fasst verschiedene Entscheidungen zusammen, die wegen der **Abwesenheit des Angeschuldigten** gefällt werden. Dazu gehören die vorläufige Einstellung des Verfahrens wegen Abwesenheit (§ 205 StPO) sowie die Anordnungen von Richter und Staatsanwalt zur Aufenthaltsermittlung oder Beweissicherung, soweit sie nach der vorläufigen Einstellung oder im Verfahren gegen Abwesende ergehen (vgl. OLG Celle 6.11.1998, StraFo 1999, 298). Entsprechende Handlungen der StA gem. § 205 StPO analog unterbrechen die Verfolgungsverjährung jedoch nicht, weil § 78c I Nr. 10 StGB die Erhebung der öffentlichen Klage voraussetzt (vgl. BGH 13.10.1995, StV 1996, 207).

93 Nach § 78c I Nr. 11 StGB unterbrechen die Verjährung die **vorläufige Einstellung des Verfahrens** wegen Verhandlungsunfähigkeit nach § 209 StPO sowie von Richter oder Staatsanwalt getroffene Anordnungen zur Überprüfung der Verhandlungsunfähigkeit.

94 § 78c I Nr. 12 StGB bestimmt schließlich, dass jedes richterliche Ersuchen, eine **Untersuchungshandlung im Ausland** vorzunehmen, die Verjährung unterbricht. Die eigentliche Untersuchungshandlung im Ausland unterbricht nicht, da für die Anwendung des § 78c StGB vorausgesetzt ist, dass die Amtshandlung von einem inländischen Ermittlungsbeamten vorgenommen wurde (BGH 2.10.1951, BGHSt 1, 325; LG Köln 27.10.1989, StV 1990, 553; SK-*Rudolphi/Wolter* 3 zu § 78c StGB; Kohlmann/*Schauf* 162 zu § 376). Anderes mag gelten, wenn der inländische Amtsträger im Einvernehmen mit dem ersuchten Staat

an den Ermittlungsmaßnahmen im Ausland teilnimmt, und diese, etwa wie bei Durchsuchung und Beschlagnahme, ihrerseits Unterbrechungsgründe erfüllen.

7. Ruhen der Verjährung

§ 78b StGB Ruhen

(1) Die Verjährung ruht

1. bis zur Vollendung des 30. Lebensjahres des Opfers bei Straftaten nach den §§ 174 bis 174c, 176 bis 179, 180 Absatz 3, §§ 182, 225, 226a und 237,
2. solange nach dem Gesetz die Verfolgung nicht begonnen oder nicht fortgesetzt werden kann; dies gilt nicht, wenn die Tat nur deshalb nicht verfolgt werden kann, weil Antrag, Ermächtigung oder Strafverlangen fehlen.

(2) Steht der Verfolgung entgegen, daß der Täter Mitglied des Bundestages oder eines Gesetzgebungsorgans eines Landes ist, so beginnt die Verjährung erst mit Ablauf des Tages zu ruhen, an dem

1. die Staatsanwaltschaft oder eine Behörde oder ein Beamter des Polizeidienstes von der Tat und der Person des Täters Kenntnis erlangt oder
2. eine Strafanzeige oder ein Strafantrag gegen den Täter angebracht wird (§ 158 der Strafprozeßordnung).

(3) Ist vor Ablauf der Verjährungsfrist ein Urteil des ersten Rechtszuges ergangen, so läuft die Verjährungsfrist nicht vor dem Zeitpunkt ab, in dem das Verfahren rechtskräftig abgeschlossen ist.

(4) Droht das Gesetz strafschärfend für besonders schwere Fälle Freiheitsstrafe von mehr als fünf Jahren an und ist das Hauptverfahren vor dem Landgericht eröffnet worden, so ruht die Verjährung in den Fällen des § 78 Abs. 3 Nr. 4 ab Eröffnung des Hauptverfahrens, höchstens jedoch für einen Zeitraum von fünf Jahren; Absatz 3 bleibt unberührt.

(5) [1] Hält sich der Täter in einem ausländischen Staat auf und stellt die zuständige Behörde ein förmliches Auslieferungsersuchen an diesen Staat, ruht die Verjährung ab dem Zeitpunkt des Zugangs des Ersuchens beim ausländischen Staat

1. bis zur Übergabe des Täters an die deutschen Behörden,
2. bis der Täter das Hoheitsgebiet des ersuchten Staates auf andere Weise verlassen hat,
3. bis zum Eingang der Ablehnung dieses Ersuchens durch den ausländischen Staat bei den deutschen Behörden oder
4. bis zur Rücknahme dieses Ersuchens.

[2] Lässt sich das Datum des Zugangs des Ersuchens beim ausländischen Staat nicht ermitteln, gilt das Ersuchen nach Ablauf von einem Monat seit der Absendung oder Übergabe an den ausländischen Staat als zugegangen, sofern nicht die ersuchende Behörde Kenntnis davon erlangt, dass das Ersuchen dem ausländischen Staat tatsächlich nicht oder erst zu einem späteren Zeitpunkt zugegangen ist. [3] Satz 1 gilt nicht für ein Auslieferungsersuchen, für das im ersuchten Staat auf Grund des Rahmenbeschlusses des Rates vom 13. Juni 2002 über den Europäischen Haftbefehl und die Übergabeverfahren zwischen den Mitgliedstaaten (ABl. EG Nr. L 190 S. 1) oder auf Grund völkerrechtlicher Vereinbarung eine § 83c des Gesetzes über die internationale Rechtshilfe in Strafsachen vergleichbare Fristenregelung besteht.

Das Ruhen der Verjährung verschiebt den Beginn einer Frist oder hemmt den Weiterlauf einer begonnenen Frist. Während mit jeder Unterbrechungshandlung eine neue Frist beginnt, bleibt nach dem Aufhören des Ruhens ein bereits abgelaufener Teil der Frist bedeutsam. Das Ruhen der Verjährung soll den Eintritt der Verjährung in den Fällen verhindern, in denen jede Verfolgungsmaßnahme, also auch eine Unterbrechung der Verjährung, rechtlich unmöglich ist (SK-*Rudolphi/Wolter* 2 zu § 78b StGB). 95

Gemäß § 78b I StGB ruht die Verjährung während der Zeit, in welcher die Strafverfolgung auf Grund *gesetzlicher Vorschrift* nicht begonnen oder nicht fortgesetzt werden kann. Das gilt sowohl für die Unmöglichkeit der Strafverfolgung im Einzelfall als auch dann, wenn gesetzliche Vorschriften die Strafverfolgung allgemein unmöglich machen (BGH 3.4.1951, BGHSt 1, 84). Die Unzulässigkeit *einzelner* Verfahrenshandlungen genügt nicht (zB RG 5.10.1917, RGSt 52, 36 f. betr. Schuldunfähige). Vielmehr muss die Verfolgung insgesamt *kraft Gesetzes* ausgeschlossen sein, wie zB bei Angehörigen der in der BRD stationierten fremden Truppen bis zu einem ausländischen Ersuchen um Übernahme der Gerichtsbarkeit (OLG Celle 26.4.1965, NJW 1965, 1673) oder bei Abgeordneten des 96

BTages (Art. 46 II GG). Die Immunität führt jedoch erst von dem Zeitpunkt an zum Ruhen der Verjährung, zu dem die Strafverfolgungsbehörde von Tat und Täter Kenntnis erlangt hat (§ 78b II StGB). Gleiches gilt für den BPräs (Art. 60 IV GG), obwohl das Gesetz dies nicht ausdrücklich vorsieht (SK-*Rudolphi/Wolter* 8 zu § 78b StGB). Während der Zeit vom Erlass eines Vorlagebeschlusses gem. Art. 100 GG bis zur Bekanntgabe der Entscheidung des BVerfG an das vorlegende Gericht ruht die Verjährung gem. § 78b I 1 StGB, da die Aussetzung des Verfahrens in Art. 100 GG zwingend vorgeschrieben ist (OLG Schleswig 17.11.1961, NJW 1962, 1580 mwN; ebenso SK-*Rudolphi/Wolter* 10 zu § 78b StGB). Die Erhebung der *Verfassungsbeschwerde* gegen eine strafgerichtliche Entscheidung hingegen bewirkt kein Ruhen der Verfolgungsverjährung (OLG Düsseldorf 13.10.1967, NJW 1968, 117), es sei denn, das BVerfG untersagt die Weiterführung des Strafverfahrens gem. § 32 BVerfGG.

97 **Gemäß § 78b III StGB** ist die Verjährung zwischen erstinstanzlichem Urteil und Rechtskraft gehemmt. Kommt es später zur Wiederaufnahme des Verfahrens, läuft die alte Verjährungsfrist weiter (Kohlmann/*Schauf* 173 zu § 376). Überdies ist mit dem durch das Rechtspflegeentlastungsgesetz zum 1.3.1993 eingeführten § 78b IV StGB der Beginn des Ruhens für bestimmte Delikte auf die Eröffnung des Hauptverfahrens vorgelagert. Hierzu gehört auch der Tatbestand der Steuerhinterziehung, auch wenn die Anklage nicht die Verurteilung wegen eines besonders schweren Falles erstrebt (vgl. *Rieß* AnwBl. 1993, 56; Kohlmann/*Schauf* 174 zu § 376). Vorausgesetzt ist lediglich, dass eine Anklage zum Landgericht erfolgt und dieses das Hauptverfahren vor dem Landgericht – nicht etwa vor dem Amtsgericht – eröffnet. Verweist ein Amtsgericht das Verfahren an das Landgericht (§§ 225a, 270 StPO), kann das Ruhen frühestens mit dem entsprechenden Beschluss des Amtsgerichts beginnen (str.; vgl. *Rieß* AnwBl. 1993, 56; Kohlmann/*Schauf* 175 zu § 376). Nicht entscheidend ist, ob auch ein besonders schwerer Fall ausgeurteilt wird (BGH 8.2.2011, BGHSt 56, 146).

98 Rechtsfolge des § 78b IV StGB ist ein Ruhen der Verjährung für die Dauer des Verfahrens, höchstens aber bis zu fünf Jahren, so dass sich die Grenze der absoluten Verjährung letztlich auf 15 Jahre, in den Fällen des § 376 I, § 370 III 2 auf 25 (!) Jahre verschiebt (vgl. Kohlmann/*Schauf* 174 zu § 376).

99 **Sind Beginn oder Fortsetzung eines Strafverfahrens von einer Vorfrage abhängig,** deren Entscheidung in einem anderen Verfahren erfolgen muss, ruht die Verjährung bis zu dessen Beendigung (SK-*Rudolphi/Wolter* 9 zu § 78b StGB). Das gilt jedoch nur, wenn die Verfolgung *„nach dem Gesetz"* nicht begonnen oder fortgesetzt werden kann. Da die Aussetzung des Verfahrens nach § 396 AO im Ermessen von StA oder Gericht steht, ist § 78b I StGB nicht anwendbar. Deshalb musste das Ruhen der Verjährung in § 396 III AO gesondert angeordnet werden.

100 **Während des Auslieferungsverfahrens** ruht die Verjährung nach Maßgabe des Abs. 5. Die Vorschrift wurde mit dem 38. StrÄndG zum 11.8.2005 (BGBl. 2005 I 2273) neu eingefügt. Hintergrund ist die Verhinderung unbefriedigender Verjährung aufgrund langwieriger Auslieferungsverfahren (*Mitsch* NJW 2005, 3036). *Mitsch* hat gegen die Vorschrift eingewandt, sie sei inkompatibel mit Grundgedanken und Systematik des Verjährungsrechts. Überdies sei sie praktisch kaum relevant. Die von ihm angeführten Beispiele des Totschlags treffen aber die Problematik im Steuerstrafrecht nicht. Hier wird die Tat oft erst Jahre später im Rahmen einer Außenprüfung entdeckt. Zwar mag dann die Verjährung unterbrochen werden; die Grenze der absoluten Verjährung gemäß § 78c III 2 StGB steht aber oftmals im Raum, wenn der Beschuldigte zunächst untergetaucht war und im Ausland die dortigen Rechtschutzmöglichkeiten ausnutzt.

101 **Ruht das Verfahren iS des § 78b StGB,** hat dies nicht nur zur Folge, dass die Verjährungsfrist nach § 78 StGB gehemmt wird. Vielmehr wird nach § 78c III 2 StGB auch der Ablauf der „absoluten" (doppelten) Verjährungsfrist gehemmt. Für den Fall eines Ruhens nach § 396 III AO fehlt jedoch eine entsprechende Regelung. Daraus folgerte *Samson* (3. Aufl. Rn. 40 zu § 376), dass bei Aussetzung des Strafverfahrens nach § 396 AO

zwar der Ablauf der allgemeinen Verjährungsfrist, nicht jedoch der der „absoluten" Verjährungsfrist gehemmt wäre. An dieser Auffassung wird nicht mehr festgehalten (so auch BayObLG 22.2.1990, NStZ 1990, 280; OLG Karlsruhe 14.12.1984, NStZ 1985, 228; BayObLG 22.2.1990, NStZ 1990, 280; OLG Karlsruhe 8.3.1990, wistra 1990, 205 m. krit. Anm. *Grezesch* wistra 1990, 289; *Meine* wistra 1986, 58; Kohlmann/*Schauf* 172 zu § 376; *Wisser* 1992, 256). Vgl. auch Rn. 57 zu § 396.

Zweiter Abschnitt. Bußgeldvorschriften

§ 377 Steuerordnungswidrigkeiten

(1) **Steuerordnungswidrigkeiten (Zollordnungswidrigkeiten) sind Zuwiderhandlungen, die nach den Steuergesetzen mit Geldbuße geahndet werden können.**

(2) **Für Steuerordnungswidrigkeiten gelten die Vorschriften des Ersten Teils des Gesetzes über Ordnungswidrigkeiten, soweit die Bußgeldvorschriften der Steuergesetze nichts anderes bestimmen.**

Vgl. zu Absatz 1: § 369 I AO, § 1 I OWiG; zu Absatz 2: § 369 II AO.

Schrifttum: Kommentare: *Göhler,* Gesetz über Ordnungswidrigkeiten, Kurzkommentar, 16. Aufl. 2012; Karlsruher Kommentar zum OWiG, herausgegeben von *Senge,* 4. Aufl. 2014; *Lemke/Mosbacher,* Ordnungswidrigkeitengesetz, Kommentar, 2. Aufl. 2005; *Hadamitzky/Senge* in Erbs-Kohlhaas, Kommentar (Losebl.), Stand: August 2014.

Monographien und Aufsätze: *Güntert,* Die Gewinnabschöpfung als strafrechtliche Sanktion, 1982; *Müller,* Die Stellung der juristischen Person im Ordnungswidrigkeitenrecht, 1985; *Stelzl,* Die Beteiligung am echten und unechten Mischtatbestand nach § 14 IV OWiG unter besonderer Berücksichtigung der Akzessoritätssystematik, Diss. Tübingen 1990; *Wagemann,* Rechtfertigungs- und Entschuldigungsgründe im Bußgeldrecht der Europäischen Gemeinschaften, 1992; *Maschke,* Die Sanktionierung von Verstößen gegen die Aufsichtspflicht in Betrieben und Unternehmen, 1996; *Schürmann,* Aufsichtspflichtverletzungen im Spannungsfeld zwischen dem Strafrecht und dem Zivilrecht, 2005.

Peltzer, Die Berücksichtigung des wirtschaftlichen Vorteils bei der Bußgeldbemessung im Ordnungswidrigkeitenrecht, DB 1977, 1445; *Kienapfel,* Zur Einheitstäterschaft im Ordnungswidrigkeitenrecht, NJW 1983, 2236; *Sannwald,* Die Vorteilsabschöpfung nach § 17 IV OWiG bei Verstößen gegen handwerks- und gewerberechtliche Vorschriften, GewArch 1986, 84, 319; *Kohlmann/Ostermann,* Die Verletzung der Aufsichtspflicht in Betrieben und Unternehmen – Pläne für eine verfassungswidrige Reform, wistra 1990, 121; *Seier,* Der Einheitstäter im Strafrecht und im Gesetz über Ordnungswidrigkeiten, JA 1990, 342, 382; *K. Schmidt,* Zur Verantwortlichkeit von Gesellschaften und Verbänden im Kartellordnungswidrigkeitenrecht, wistra 1990, 131; *Bottke,* Das Wirtschaftsstrafrecht in der Bundesrepublik Deutschland – Lösungen und Defizite, wistra 1991, 1, 52; *Bauer,* Mehrere Bußen gegen die Juristische Person bei Beteiligung mehrerer Organmitglieder an einer Kartellordnungswidrigkeit?, wistra 1992, 47; *App,* Ahndung von Zuwiderhandlungen gegen steuerliche Verpflichtungen durch ein Bußgeld, FiWi 1996, 155; *ders.,* Checkliste zur Reaktion auf einen Bußgeldbescheid des Finanzamts wegen Steuerordnungswidrigkeiten, WiB 1996, 46; *S. Cramer,* Bemessung von Geldbuße und Verfall gemäß §§ 17, 29a OWiG unter Berücksichtigung der steuerlichen Belastung sowie der Einnahmen aus rechtmäßigem Alternativverhalten, wistra 1996, 248; *Kottke,* OHG, KG und GmbH als Adressaten von Bußgelddrohungen bei Steuerverfehlungen, Information StW 1996, 709; *App,* Einführung in das Steuerordnungswidrigkeitenverfahren, StW 1997, 134; *Katholnigg,* Das Gesetz zur Änderung des Gesetzes über Ordnungswidrigkeiten und anderer Gesetze, NJW 1998, 568; *Meurer,* Die Abschöpfung des wirtschaftlichen Vorteils durch die Geldbuße, BB 1998, 1236; *Weyand,* Auswirkungen der Neuregelung im Ordnungswidrigkeitenrecht auf das steuerliche Bußgeldrecht, Information StW 1998, 359; *Többens,* Die Bekämpfung der Wirtschaftskriminalität durch die Troika der §§ 9, 130 und 30 des Gesetzes über Ordnungswidrigkeiten, NStZ 1999, 1; *Achenbach,* Ausweitung des Zugriffs bei den ahndenden Sanktionen gegen die Unternehmensdelinquenz, wistra 2002, 441; *Wegner,* Festsetzung von unternehmensbezogenen Geldbußen in Steuerstrafverfahren, PStR 2003, 180; *Eidam,* Die Verbandsgeldbuße des § 30 Abs. 4 OWiG – eine Bestandsaufnahme, wistra 2003, 447; *Burhoff,* Steuerordnungswidrigkeiten in der Praxis, PStR 2006, 233; *Samson/Langrock,* Bekämpfung der Wirtschaftskriminalität in und durch Unternehmen, DB 2007, 1684; *Wessing,* Steuerordnungswidrigkeiten – Gefahr und Chance für die Verteidigung, SAM 2007, 9; *Mitsch,* Grundzüge des Ordnungswidrigkeitenrechts, JA 2008, 241; *Wenzel,* Verwirklichung von Bußgeldtatbeständen durch Berater, StBW 2010, 1176; *Wolter,* Zur dreijährigen Verjährungsfrist nach den §§ 130, 131, 31 OWiG – ein Beitrag zur Gesetzesauslegung, GA 2010, 441; *Krumm,* Gewinnabschöpfung durch Geldbuße, NJW 2011, 196; *Theile/Petermann,* Die Sanktionierung von Unternehmen nach dem OWiG, JuS 2011, 496; *Wegner* Steuerordnungswidrigkeiten: Risikofeld und Gestaltungsmittel der Verteidigung, PStR 2011, 97; *Gehm,* Der Verfall eines Vermögensvorteils im steuerlichen Bußgeldverfahren, NWB 2012, 2149; *Retemeyer,* Gewinnabschöpfung im Ordnungswidrigkeitenrecht, wistra 2012, 56; vgl. auch die Nachweise vor Rn. 61.

Übersicht

I. Allgemeines

1. Entstehungsgeschichte

Die inhaltsgleiche Vorschrift des § 403 RAO war nach dem Vorbild des § 391 RAO 1 durch Art. 2 Nr. 18 des 2. AOStrafÄndG v. 12.8.1968 (BGBl. I 953) in das Gesetz eingefügt worden (Begr. BT-Drs. V/1812, 26). § 377 I AO 1977 weicht von § 403 I RAO nur redaktionell ab; statt von *„Zuwiderhandlungen gegen Steuergesetze"* spricht das Gesetz nun von *„Zuwiderhandlungen, die nach den Steuergesetzen mit Geldbuße geahndet werden können"* (Begr. BT-Drs. VI/1982, 197 iVm S. 193).

2. Zweck der Vorschrift

§ 377 I AO grenzt Steuerordnungswidrigkeiten (Rn. 3 ff.) von Steuerstraftaten iS des 2 § 369 I AO ab. Die Sammelbezeichnung für alle Ordnungswidrigkeiten der §§ 378–383 AO erleichtert die Gesetzestechnik. Durch den Begriff *„Steuerordnungswidrigkeit"* werden die §§ 409 ff. AO ohne weiteres auf die genannten Zuwiderhandlungen bezogen. § 377 II AO hat – ebenso wie § 369 II AO – nur klarstellende Bedeutung, da die §§ 378–384 AO offensichtlich keine vollständige Regelung des materiellen Rechts der Steuerordnungswidrigkeiten darstellen (Rn. 4 zu § 369).

II. Begriff der Steuerordnungswidrigkeit

Eine Ordnungswidrigkeit ist eine rechtswidrige und vorwerfbare Handlung, die den 3 Tatbestand eines Gesetzes verwirklicht, das die Ahndung mit einer Geldbuße zulässt (§ 1 OWiG; über die wesensmäßigen Unterschiede zwischen Kriminalstrafrecht und Ordnungsunrecht vgl. Göhler/*Gürtler* OWiG vor § 1 Rn. 2 ff., 32 ff.). Entscheidend ist die abstrakte Tatbestandsbewertung durch den Gesetzgeber. Es kommt nicht darauf an, ob die für die Ahndung zuständige Verwaltungsbehörde oder das Gericht die Tat im Einzelfall nach ihrem materiellen Unrechtsgehalt als Ordnungsunrecht oder Kriminalunrecht ansehen (Göhler/*Gürtler* OWiG vor § 1 Rn. 37). § 377 I AO definiert Steuerordnungswidrigkeiten (Zollordnungswidrigkeiten; s. Rn. 8) als diejenigen Zuwiderhandlungen gegen Steuergesetze, die mit Geldbuße bedroht sind. Die Vorschrift verweist damit nicht nur auf die §§ 378–383 AO sondern zB auch auf § 50e EStG, §§ 26a, 26b UStG.

4 **Steuergesetz** iS des § 377 I AO ist jede Rechtsnorm, welche die Ermittlung oder Erklärung von Besteuerungsgrundlagen oder die Anmeldung, Festsetzung, Erhebung oder Vollstreckung einer Steuer regelt, für deren Verwaltung die AO gilt. Der Gesetzesbegriff ist im materiellen Sinn aufzufassen (Rn. 5 zu § 369). Auf die Bezeichnung des Gesetzes kommt es nicht an. Steuergesetz ist auch die AO selbst, so dass – wenn die Tatbestände der §§ 378–383 AO erfüllt sind – nicht geprüft zu werden braucht, ob es sich im Einzelfall wesensmäßig um eine Steuerverfehlung handelt (Rn. 11 zu § 381).

5 **Zuwiderhandlung** ist ein Verstoß gegen eine bestimmte Rechtspflicht, die sich sowohl aus dem Bußgeldtatbestand selbst, als auch aus anderen Normen ergeben kann (vgl. etwa § 26a UStG, §§ 50e, 50f EStG; HHSp-*Rüping* 13, RK-*Hunsmann* 6 zu § 377). Als Ordnungswidrigkeit kann nur ein tatbestandsmäßiges, rechtswidriges und vorwerfbares Handeln geahndet werden. Die Grundvoraussetzungen des Art. 103 II GG gelten im Bereich des Ordnungsunrechts ebenso wie im Strafrecht (Göhler/*Gürtler* OWiG vor § 1 Rn. 10). Auch im Recht der Ordnungswidrigkeiten finden die Rechtssätze nulla poena sine culpa (BVerfG 25.10.1966, BVerfGE 20, 323, 333) und in dubio pro reo (BVerfG 4.2.1959, BVerfGE 9, 167, 170) Anwendung.

6 **Blankett-Tatbestände,** dh Bußgeldvorschriften, die selbst nur die Bußgelddrohung enthalten, jedoch wegen der mit Geldbuße bedrohten Handlung auf andere Vorschriften verweisen, sind nur dann mit Art. 103 II GG vereinbar, wenn die Blankettnorm die Regelungen, die zu ihrer Ausfüllung in Betracht kommen, sowie deren möglichen Inhalt und Gegenstand genügend deutlich bezeichnet und abgrenzt (BVerfG 7.5.1968, BVerfGE 23, 265, 269; BVerfG 25.10.1992, NJW 1992, 2624). Wird der Tatbestand eines Blankettgesetzes durch ein anderes Gesetz ergänzt, genügt im Blankettgesetz eine Verweisung auf die ausfüllende Norm. Erfolgt die Ergänzung jedoch durch eine RechtsVO, so genügt eine derartige Verweisung allein nicht; vielmehr müssen zugleich die Voraussetzungen für die Verhängung einer Geldbuße sowie deren Maß im Blankettgesetz selbst oder in einer anderen gesetzlichen Vorschrift, auf die das Blankettgesetz Bezug nimmt, hinreichend deutlich umschrieben werden (BVerfG 25.7.1962, BVerfGE 14, 245, 252; bejahend OLG Frankfurt 13.1.1963, ZfZ 1964, 118, zu § 413 I Nr. 1a RAO 1939).

7 **Regelungen des EU-Rechts** entbinden den nationalen Gesetzgeber wegen des Demokratieprinzips nicht von der Verpflichtung, die wesentlichen Voraussetzungen der Straf- bzw. Ahndbarkeit hinreichend genau festzulegen und dem EG-Verordnungsgeber nur die nähere Spezifizierung des Tatbestands zu überlassen (Parlamentsvorbehalt). Vor diesem Hintergrund fordert zB das OLG Stuttgart (28.8.1989, NJW 1990, 657 f.) eine statische Verweisung, die die EG-Verordnung nach Artikel, Absatz, Unterabschnitt und Buchstabe zitieren muss. Dagegen ist die Vereinbarkeit der Blankettverweisungstechnik bei dynamischen Verweisungen mit dem Demokratieprinzip und dem Bestimmtheitsgrundsatz in Frage zu stellen (*Dannecker* ZStW 117 [2005] 697, 738).

8 **Zollordnungswidrigkeiten** sind an sich Steuerordnungswidrigkeiten, weil „Zölle" begrifflich zu den „Steuern" gehören (§ 3 III AO). Die Abgrenzung ist aber insofern bedeutsam, als andere Gesetze auf die Vorschriften für Zölle verweisen. Eine „Kaffeesteuer"-Ordnungswidrigkeit gem. § 381 AO zB ist iS des § 377 I AO eine „Zollordnungswidrigkeit", auf die § 32 ZollVG auch dann anwendbar wäre, wenn das KaffeesteuerG keine Verweisung enthielte (zust. Schwarz/Pelka/*Webel* 4 zu § 377).

III. Geltung des OWiG

1. Umfang der Verweisung

9 **Die Vorschriften des 1. Teils des OWiG** (Rn. 11 ff.) gelten auch für Steuerordnungswidrigkeiten, soweit die Bußgeldvorschriften der Steuergesetze nichts anderes bestimmen (§ 377 II). Grundvoraussetzung einer Ordnungswidrigkeit ist – ebenso wie im Strafrecht –

eine tatbestandsmäßige (Rn. 36 f. zu § 369), rechtswidrige (Rn. 38 zu § 369 sowie Rn. 30) und vorwerfbare (Rn. 13 ff.) Handlung.

Eine von den allgemeinen Vorschriften abweichende Regelung trifft § 384 AO über die Verfolgungsverjährung. Die Vorschrift gilt für die leichtfertige Steuerverkürzung (§ 378 AO) und für die Steuergefährdungen iS der §§ 379, 380 AO. Während nach § 10 OWiG auch fahrlässiges Handeln (Rn. 17 ff.) geahndet werden kann, setzen die Steuerordnungswidrigkeiten nach §§ 378–381 AO *„Leichtfertigkeit"* (Rn. 33 ff. zu § 378) voraus; (anders § 382). Das Höchstmaß der zulässigen Geldbuße ist bei den Steuerordnungswidrigkeiten ebenfalls abw. von § 17 I OWiG geregelt (§ 378 II, § 379 IV, § 380 II, § 381 II, § 382 III, § 383 II, § 383a II). 10

2. Einzelheiten

a) Geltungsbereich des OWiG. Über die zeitliche Geltung von Bußgeldvorschriften bestimmen 11

§ 3 OWiG Keine Ahndung ohne Gesetz

Eine Handlung kann als Ordnungswidrigkeit nur geahndet werden, wenn die Möglichkeit der Ahndung gesetzlich bestimmt war, bevor die Handlung begangen wurde.

§ 4 OWiG Zeitliche Geltung

(1) Die Geldbuße bestimmt sich nach dem Gesetz, das zur Zeit der Handlung gilt.

(2) Wird die Bußgelddrohung während der Begehung der Handlung geändert, so ist das Gesetz anzuwenden, das bei Beendigung der Handlung gilt.

(3) Wird das Gesetz, das bei Beendigung der Handlung gilt, vor der Entscheidung geändert, so ist das mildeste Gesetz anzuwenden.

(4) [1] Ein Gesetz, das nur für eine bestimmte Zeit gelten soll, ist auf Handlungen, die während seiner Geltung begangen sind, auch dann anzuwenden, wenn es außer Kraft getreten ist. [2] Dies gilt nicht, soweit ein Gesetz etwas anderes bestimmt.

(5) Für Nebenfolgen einer Ordnungswidrigkeit gelten die Absätze 1 bis 4 entsprechend.

Die Vorschriften sind den §§ 1, 2 StGB nachgebildet; s. daher Rn. 18 ff. zu § 369 AO. Im Verhältnis zu Strafvorschriften sind Bußgeldvorschriften das mildeste Gesetz iS des § 4 III OWiG (Göhler/*Gürtler* OWiG § 4 Rn. 6, KK-OWiG/*Rogall* OWiG § 4 Rn. 31 mwN).

Über den räumlichen Geltungsbereich bestimmen: 12

§ 5 OWiG Räumliche Geltung

Wenn das Gesetz nichts anderes bestimmt, können nur Ordnungswidrigkeiten geahndet werden, die im räumlichen Geltungsbereich dieses Gesetzes oder außerhalb dieses Geltungsbereichs auf einem Schiff oder in einem Luftfahrzeug begangen werden, das berechtigt ist, die Bundesflagge oder das Staatszugehörigkeitszeichen der Bundesrepublik Deutschland zu führen.

§ 7 OWiG Ort der Handlung

(1) Eine Handlung ist an jedem Ort begangen, an dem der Täter tätig geworden ist oder im Falle des Unterlassens hätte tätig werden müssen oder an dem der zum Tatbestand gehörende Erfolg eingetreten ist oder nach der Vorstellung des Täters eintreten sollte.

(2) Die Handlung eines Beteiligten ist auch an dem Ort begangen, an dem der Tatbestand des Gesetzes, das die Ahndung mit einer Geldbuße zuläßt, verwirklicht worden ist oder nach der Vorstellung des Beteiligten verwirklicht werden sollte.

b) Vorwerfbarkeit. Eine Ordnungswidrigkeit kann nur geahndet werden, wenn sie *„vorwerfbar"* begangen ist (§ 1 I OWiG). Im Strafrecht ist „Schuld" = Vorwerfbarkeit (Rn. 98 ff. zu § 369). Auch iS des § 1 OWiG deckt sich der Begriff „vorwerfbar" inhaltlich mit dem strafrechtlichen Begriff „schuldhaft" (Göhler/*Gürtler* OWiG vor § 1 Rn. 30; HHSp-*Rüping* 22, *Koch/Scholtz/Scheurmann-Kettner* 10 zu § 377). Das OWiG spricht aber bewusst nicht von *„Schuld"* des Täters, weil *„mit dem Schuldbegriff das Element sozialethischer Missbilligung verbunden werden kann, das in dem Vorwurf eines bloßen Ordnungsverstoßes nicht* 13 *enthalten ist"* (Begr. BT-Drs. V/1269, 46). Nicht vorwerfbares Handeln liegt zB vor bei fehlender Verantwortlichkeit gem. § 12 OWiG oder bei unvermeidbarem Verbotsirrtum (Rn. 15). Zu den Begriffen Vorsatz s. Rn. 49 ff. zu § 369, Fahrlässigkeit s. unten Rn. 17 ff., Leichtfertigkeit s. Rn. 33 ff. zu § 378.

14 **Über den Irrtum** bestimmt:

§ 11 OWiG Irrtum

(1) [1]Wer bei Begehung einer Handlung einen Umstand nicht kennt, der zum gesetzlichen Tatbestand gehört, handelt nicht vorsätzlich. [2]Die Möglichkeit der Ahndung wegen fahrlässigen Handelns bleibt unberührt.

(2) Fehlt dem Täter bei Begehung der Handlung die Einsicht, etwas Unerlaubtes zu tun, namentlich weil er das Bestehen oder die Anwendbarkeit einer Rechtsvorschrift nicht kennt, so handelt er nicht vorwerfbar, wenn er diesen Irrtum nicht vermeiden konnte.

Die Regelung des Tatumstandsirrtums durch § 11 I OWiG ist § 16 I StGB nachgebildet (ausf. Rn. 100 ff. zu § 369). Bei den Blankettvorschriften (Rn. 6) gehören die Merkmale, auf die das Blankett verweist, zum Tatbestand (Göhler/*Gürtler* OWiG § 11 Rn. 3; Koch/Scholtz/*Scheurmann-Kettner* 11 zu § 377). Ein Tatumstandsirrtum schließt den Vorsatz aus (anders der Verbotsirrtum, s. Rn. 15; vgl. auch BayObLG v. 30.1.1990, wistra 1990, 202). Beruht die Unkenntnis der Tatbestandsmerkmale auf Fahrlässigkeit (Leichtfertigkeit), kommt eine Ahndung gem. § 11 I 2 OWiG in Betracht, falls das Gesetz fahrlässiges (leichtfertiges) Handeln mit Geldbuße bedroht, wie zB §§ 378–382 AO (anders § 383 AO).

15 **Der Verbotsirrtum** iS des § 11 II OWiG bezieht sich nicht auf Tatumstände, sondern auf die Rechtswidrigkeit der Tat. Er lässt den Vorsatz unberührt (Rn. 101 ff. zu § 369). Die Vorschrift gilt in gleicher Weise für den Täter, der sich irrig die Rechtmäßigkeit seines Handelns vorgestellt hat, wie auch für den, der überhaupt nicht nachgedacht hat (anders § 21 E 1962). Gerade im Recht der Ordnungswidrigkeiten sind die Gebotstatbestände besonders zahlreich. Der Täter wird daher *„häufig keinen Anlass finden, über die rechtliche Beurteilung seiner Untätigkeit nachzudenken"* (Begr. BT-Drs. V/1269 S. 46). Während der strafrechtliche Verbotsirrtum bei fehlendem *„Unrechtsbewusstsein"* vorliegt (Rn. 102 zu § 369), spricht § 11 II OWiG von dem fehlenden Bewusstsein, etwas *„Unerlaubtes"* zu tun. Diese Fassung soll ausdrücken, dass den Ordnungswidrigkeiten Verstöße gegen Ge- und Verbote zugrunde liegen, die nicht auf sozialethischen Wertmaßstäben beruhen, sondern eher aus Zweckmäßigkeitsgründen geschaffen worden sind (Göhler/*Gürtler* OWiG § 11 Rn. 19). Gem. § 11 II OWiG ist eine Ahndung nur dann ausgeschlossen, wenn dem Täter das fehlende Bewusstsein, etwas Unerlaubtes zu tun, nicht *„vorwerfbar"* ist. Der Irrtum ist vorwerfbar, wenn der Täter bei Anwendung der Sorgfalt, die nach der Sachlage objektiv zu fordern war und die er nach seinen persönlichen Verhältnissen erbringen konnte, das Unerlaubte seines Handelns zu erkennen vermochte (Rn. 102 zu § 369). Eine besondere Anspannung des *„Gewissens"* kann jedoch regelmäßig schon deshalb nicht gefordert werden, *„weil die im Recht der Ordnungswidrigkeiten zum Ausdruck kommenden Werturteile den Bereich des Gewissens in vielen Fällen nicht berücksichtigen"* (Begr. BT-Drs. V/1269, 46; BGH 27.1.1966, BGHSt 21, 18, 21; Kohlmann/*Schauf* 74 zu § 377). Welche Anforderungen zur Vermeidung des Verbotsirrtums zu stellen sind, hängt von den Umständen des Einzelfalls, namentlich der Persönlichkeit des Täters und seinem Lebens- und Berufskreis ab (Göhler/*Gürtler* OWiG § 11 Rn. 24, KK-OWiG/*Rengier* OWiG § 11 Rn. 57; BayObLG 13.10.1999, wistra 2000, 117). Bestehende oder erkennbare Zweifel lassen eine Prüfungs- und Erkundigungspflicht entstehen (KK-OWiG/*Rengier* OWiG § 11 Rn. 58). Besondere persönliche oder berufliche Erkenntnisfähigkeiten müssen eingesetzt werden (OLG Hamburg 8.5.1970, NJW 1970, 2037, 2039; KK-OWiG/*Rengier* OWiG § 11 Rn. 58, Göhler/*Gürtler* OWiG § 11 Rn. 24).

16 **Der vorwerfbare Verbotsirrtum** kann bei der Bemessung der Geldbuße mildernd berücksichtigt werden (KK-OWiG/*Rengier* OWiG § 11 Rn. 125, Göhler/*Gürtler* OWiG § 11 Rn. 29). Die für die Ahndung zuständige Stelle ist dabei nicht auf den Bußgeldrahmen

für fahrlässiges (leichtfertiges) Handeln (§ 17 II OWiG) beschränkt (Begr. BT-Drs. V/1269 S. 47). Über die Unterscheidung von Tatumstands- und Verbotsirrtum in Grenzfällen vgl. Göhler/*Gürtler* OWiG § 11 30 ff., KK-OWiG/*Rengier* OWiG § 11 Rn. 10 ff.

c) Fahrlässigkeit. Die Steuerordnungswidrigkeiten nach §§ 378–382 AO können leichtfertig (§§ 378–381, 383a) oder fahrlässig (§ 382) begangen werden. Da Leichtfertigkeit ein gesteigertes Maß der Fahrlässigkeit ist (§ 378 Rn. 33 ff.), ist für alle Steuerordnungswidrigkeiten nach §§ 378–382 AO die Fahrlässigkeit von Bedeutung. Zwischen der fahrlässigen Straftat und der fahrlässigen Ordnungswidrigkeit bestehen keine dogmatischen Unterschiede. Literatur und Rspr zum Fahrlässigkeitsdelikt sind daher auch für die fahrlässige Ordnungswidrigkeit von Bedeutung. Ebenso wie beim Vorsatzdelikt sind auch beim Fahrlässigkeitsdelikt die Stufen der Tatbestandsmäßigkeit, Rechtswidrigkeit und Schuld zu unterscheiden. Abgesehen davon, dass das Fahrlässigkeitsdelikt das Fehlen des Vorsatzes wenigstens in Bezug auf ein Tatbestandsmerkmal und statt des Vorsatzes die entsprechende Fahrlässigkeit voraussetzt, bestehen sonst zwischen Vorsatz- und Fahrlässigkeitsdelikt kaum Unterschiede. 17

Der Begriff der Fahrlässigkeit ist umstritten. Streitig ist zunächst die Frage, ob die Fahrlässigkeit ein Merkmal des Tatbestandes (heute hM: *Stratenwerth/Kuhlen* 15/3; SK-*Hoyer* 8 ff. Anh. zu § 16 StGB) oder der Schuld ist. Da die Eliminierung der Fahrlässigkeit aus dem Tatbestand dazu führte, dass die schlichte Erfolgsverursachung das Unrecht und damit die Rechtswidrigkeit des Verhaltens auch dann begründete, wenn die Erfolgsverursachung für den Täter unvermeidbar ist, ist die Zuordnung der Fahrlässigkeit zum Tatbestand vorzuziehen (SK-*Hoyer* 5 Anh. zu § 16 StGB). Die hM im Strafrecht zerlegt daher die Fahrlässigkeit in eine im Tatbestand angesiedelte generelle Sorgfaltswidrigkeit und eine individuelle Sorgfaltswidrigkeit, die die Schuld betrifft (so zB *Jescheck/Weigend* S. 565 ff.). Generell sorgfaltswidrig sei ein Verhalten bereits dann, wenn ein gedachter – und mit bestimmten Kenntnissen ausgestatteter – Beobachter erkannt hätte, dass das Verhalten für das Schutzobjekt gefährlich sei. Ob dagegen auch der konkrete Täter diese Gefahr hätte erkennen können, sei erst in der Schuld von Bedeutung (individuelle Sorgfaltswidrigkeit). Für die generelle Sorgfaltswidrigkeit komme es auf das Leitbild eines „einsichtigen Menschen" aus dem Verkehrskreis des Täters an. Im Tatbestand ist daher zu prüfen, ob zB ein ordentlicher und einsichtiger Buchhalter oder ein gewissenhafter Steuerberater die Gefahr einer Steuerverkürzung erkannt hätte, sofern der Täter Buchhalter oder Steuerberater ist. Dass der Täter selbst wegen seiner unterdurchschnittlichen Fähigkeiten diese Einsicht nicht hätte gewinnen können, beseitigt nicht das Unrecht der Tat, sondern lediglich seine Schuld (bzw. Verantwortlichkeit). 18

Demgegenüber will eine abw. Meinung bereits im Tatbestand allein die individuellen Fähigkeiten des Täters maßgeblich sein lassen (*Stratenwerth/Kuhlen* 15/12 ff.). Weist der Täter unterdurchschnittliche Fähigkeiten und Kenntnisse auf, bestehen zwischen den verschiedenen Ansichten keine praktischen Unterschiede; entweder entfällt die Tatbestandsmäßigkeit oder die Schuld. Sofern der Täter jedoch überdurchschnittliche Fähigkeiten und Kenntnisse besitzt, kommt nur die abw. Meinung zu einem Fahrlässigkeitsdelikt, während die hM Fahrlässigkeit eigentlich ablehnen müsste (zum Streitstand s. SK-*Hoyer* 13 f. Anh. zu § 16 StGB). 19

Nach jeder Auffassung wird das Unrecht des fahrlässigen Delikts durch die Rechtsfigur des **erlaubten Risikos** begrenzt. Da nahezu jedes menschliche Verhalten im sozialen Kontakt vorhersehbare Gefahren für strafrechtlich oder ordnungsrechtlich geschützte Güter begründet, würde ein generelles Verbot der Vornahme gefährlicher Handlungen einem allgemeinen Handlungsverbot nahekommen. Bestimmte Risiken werden daher vom Recht hingenommen (vgl. auch KK-OWiG/*Rengier* OWiG vor § 15 Rn. 37), Der Umfang dieses *„erlaubten Risikos"* lässt sich jedoch abstrakt kaum definieren. Er wird vor allem durch bestimmte Regeln, die sich in einzelnen Verkehrskreisen herausgebildet haben, umrissen. Obwohl zB die Möglichkeiten von Fehlern bei jeder Warenbestandsaufnahme ohne wei- 20 teres erkennbar sind, handelt nicht rechtswidrig, wer die üblichen und als ausreichend anerkannten organisatorischen Vorkehrungen gegen Fehler getroffen hat. Auch das Verhalten von Angehörigen der steuerberatenden Berufe wird in stärkerem Maße von dem erlaubten Risiko als von der Erkennbarkeit von Fehlern bestimmt (§ 378 Rn. 52 ff.).

21 **d) Versuch. Versuchte Steuerordnungswidrigkeiten** iS der §§ 378 ff. AO können mangels einer ausdrücklichen Vorschrift gem. § 13 II OWiG nicht geahndet werden. Im Bereich der in die Zuständigkeit der Zollbehörden fallenden Ordnungswidrigkeiten gibt es Ausnahmen (vgl. *Bender/Möller/Retemeyer* E 35; HHSp-*Rüping* 26 zu § 377).

22 **e) Beteiligung.** Das OWiG verzichtet auf eine Unterscheidung zwischen dem Täter und den verschiedenen Formen der Teilnahme (Rn. 69 ff. zu § 369). Stattdessen ist der Begriff des Einheitstäters eingeführt worden:

§ 14 OWiG Beteiligung

(1) [1] Beteiligen sich mehrere an einer Ordnungswidrigkeit, so handelt jeder von ihnen ordnungswidrig. [2] Dies gilt auch dann, wenn besondere persönliche Merkmale (§ 9 Abs. 1), welche die Möglichkeit der Ahndung begründen, nur bei einem Beteiligten vorliegen.

(2) Die Beteiligung kann nur dann geahndet werden, wenn der Tatbestand eines Gesetzes, das die Ahndung mit einer Geldbuße zuläßt, rechtswidrig verwirklicht wird oder in Fällen, in denen auch der Versuch geahndet werden kann, dies wenigstens versucht wird.

(3) [1] Handelt einer der Beteiligten nicht vorwerfbar, so wird dadurch die Möglichkeit der Ahndung bei den anderen nicht ausgeschlossen. [2] Bestimmt das Gesetz, daß besondere persönliche Merkmale die Möglichkeit der Ahndung ausschließen, so gilt dies nur für den Beteiligten, bei dem sie vorliegen.

(4) Bestimmt das Gesetz, daß eine Handlung, die sonst eine Ordnungswidrigkeit wäre, bei besonderen persönlichen Merkmalen des Täters eine Straftat ist, so gilt dies nur für den Beteiligten, bei dem sie vorliegen.

Täter einer Ordnungswidrigkeit ist jeder, der durch sein Verhalten dazu beiträgt, dass die Ordnungswidrigkeit begangen wird. Abw. vom Strafrecht (Rn. 69 ff. zu § 369) kommt es nicht darauf an, auf welche Weise und in welchem Umfang er sich an der Tat beteiligt. Die Einführung des einheitlichen Täterbegriffs soll die Rechtsanwendung erleichtern (Begr. BT-Drs. V/1269, 48). Für eine Unterscheidung der Teilnahmeformen besteht im Ordnungsunrecht kein Bedürfnis, weil es keine von § 17 I OWiG abweichende Mindestbußgelddrohung mehr gibt (ausf. zum Einheitstäterbegriff im OWiG: *Cramer* NJW 1969, 1929; *Dreher* NJW 1970, 217; *Kienapfel* JuS 1974, 1 und NJW 1983, 2236; *Seier* JA 1990, 342).

23 **Als Beteiligter handelt nur,** wer an einer nicht nur allein von ihm begangenen Tat bewusst und gewollt (vorsätzlich) mitwirkt (*Göhler* wistra 1983, 245; *Lemke/Mosbacher* 4 zu § 14 OWiG). Wer nur fahrlässig (leichtfertig) verursacht, dass ein anderer eine Vorsatztat begeht, ist nicht Beteiligter iS des § 14 OWiG (Klein/*Jäger* AO § 377 Rn. 12, FT-*Heerspink* 55, Kühn/v.Wedelstädt/*Blesinger* 15, RK-*Hunsmann* 68 zu § 377). Beteiligung kann jedoch vorliegen, wenn jemand *vorsätzlich* verursacht, dass ein anderer eine Tat ausführt, der selbst nicht vorsätzlich handelt (*Göhler* wistra 1983, 242; aM Kohlmann/*Schauf* 61 zu § 377; BGH 6.4.1983, BGHSt 31, 309; *Lemke/Mosbacher* 4 zu § 14 OWiG). Dabei wird man in Anlehnung an Göhler/*Gürtler* differenzieren müssen: Kann der Tatbestand von jedermann erfüllt werden, so ist jeder *Beteiligter,* der die Erfüllung des Tatbestands vorsätzlich verursacht, gleichgültig, ob andere Personen vorsätzlich oder unvorsätzlich gehandelt haben (Göhler/*Gürtler* OWiG § 14 Rn. 5c). Setzt die Tatbestandserfüllung eine besondere Pflichtenstellung voraus, und weist nur der Tatmittler die Sondereigenschaft auf, nicht jedoch sein „Hintermann", würde das Ordnungswidrigkeitenrecht in einen Wertungswiderspruch zum Strafrecht geraten. Auch im Strafrecht kann der Extraneus, der den gutgläubigen Intraneus als Werkzeug gebraucht, nicht (mittelbarer) Täter sein. Daher muss auch hier eine Ahndbarkeit entfallen (Göhler/*Gürtler* OWiG § 14 Rn. 5b; *Stelzl* 1990, 63; HHSp-*Rüping* 27; RK-*Hunsmann* 30 zu § 377).

Der Begriff der Beteiligung erfasst dann unmittelbare und mittelbare Täterschaft (Rn. 70 ff. zu § 369), Mittäterschaft (Rn. 77 zu § 369), Anstiftung und Beihilfe (Rn. 78 zu § 369), ohne dass im Einzelnen eine Abgrenzung erforderlich ist. Die Ahndung der Beteiligung setzt eine rechtswidrige Handlung voraus (§ 14 II OWiG). Die Beteiligung selbst muss vorwerfbar sein; dass alle Beteiligten vorwerfbar gehandelt haben, ist nicht erforderlich (§ 14 III 1 OWiG). Eine erfolglose Beteiligung (zB das Verabreden zu einer Ordnungswidrigkeit) kann nicht geahndet werden (anders § 30 StGB). **24**

Besondere persönliche Merkmale (§ 14 I 2 OWiG; s. auch Rn. 27), welche die Möglichkeit der Ahndung begründen, müssen nur bei einem der Beteiligten gegeben sein. Fehlen sie bei allen, kann der Bußgeldtatbestand nicht erfüllt werden. Eine dem § 28 I StGB entsprechende Vorschrift gibt es im OWiG nicht. Da eine von § 17 I OWiG abweichende Mindestgeldbuße nicht vorgeschrieben ist, kann das Fehlen persönlicher Merkmale bei der Bemessung der Geldbuße mildernd berücksichtigt werden oder im Rahmen des Opportunitätsprinzips (§ 47 OWiG) sogar dazu führen, dass von der Verfolgung abgesehen wird (Begr. BT-Drs. V/1269, 49). Ahndungsausschließende persönliche Merkmale kommen nur dem Beteiligten zugute, bei dem sie vorliegen (§ 14 III 2 OWiG). **25**

f) Handeln für einen anderen

§ 9 OWiG Handeln für einen anderen

(1) Handelt jemand

1. als vertretungsberechtigtes Organ einer juristischen Person oder als Mitglied eines solchen Organs,
2. als vertretungsberechtigter Gesellschafter einer rechtsfähigen Personengesellschaft oder
3. als gesetzlicher Vertreter eines anderen,

so ist ein Gesetz, nach dem besondere persönliche Eigenschaften, Verhältnisse oder Umstände (besondere persönliche Merkmale) die Möglichkeit der Ahndung begründen, auch auf den Vertreter anzuwenden, wenn diese Merkmale zwar nicht bei ihm, aber bei dem Vertretenen vorliegen.

(2) [1] Ist jemand von dem Inhaber eines Betriebes oder einem sonst dazu Befugten

1. beauftragt, den Betrieb ganz oder zum Teil zu leiten, oder
2. ausdrücklich beauftragt, in eigener Verantwortung Aufgaben wahrzunehmen, die dem Inhaber des Betriebes obliegen,

und handelt er auf Grund dieses Auftrages, so ist ein Gesetz, nach dem besondere persönliche Merkmale die Möglichkeit der Ahndung begründen, auch auf den Beauftragten anzuwenden, wenn diese Merkmale zwar nicht bei ihm, aber bei dem Inhaber des Betriebes vorliegen. [2] Dem Betrieb im Sinne des Satzes 1 steht das Unternehmen gleich. [3] Handelt jemand auf Grund eines entsprechenden Auftrages für eine Stelle, die Aufgaben der öffentlichen Verwaltung wahrnimmt, so ist Satz 1 sinngemäß anzuwenden.

(3) Die Absätze 1 und 2 sind auch dann anzuwenden, wenn die Rechtshandlung, welche die Vertretungsbefugnis oder das Auftragsverhältnis begründen sollte, unwirksam ist.

Im Recht der Steuerordnungswidrigkeiten hat § 9 OWiG – anders als die entsprechende Regelung des § 14 StGB – nicht unerhebliche Bedeutung (zust. FT-*Heerspink* 44; aM *Bender/Möller/Retemeyer* E 52 und Kohlmann/*Schauf* 69 zu § 377). Zahlreiche steuerliche Pflichtnormen wenden sich entweder ausdrücklich *(„Arbeitgeber“, „Betriebsinhaber“, „Unternehmer“, „Gestellungspflichtiger“)* oder nach dem Sachzusammenhang nur an einen bestimmten Personenkreis. Diese Personen handeln selten selbst. Sie können also nicht zur Verantwortung gezogen werden (über die Verantwortlichkeit des Normadressaten s. Rn. 61 ff.). Ohne eine ausdrückliche Regelung könnte auch der Handelnde nicht verantwortlich gemacht werden, weil die besonderen persönlichen Merkmale in seiner Person nicht gegeben sind (vgl. auch § 14 StGB). Diese Lücke schließt § 9 OWiG. Die Vorschrift steht in einem inneren Zusammenhang mit den §§ 30, 130 OWiG (Göhler/*Gürtler* OWiG § 9 Rn. 2, KK-OWiG/*Rogall* OWiG § 9 Rn. 1); s. Rn. 44 ff. **26**

§ 9 OWiG setzt besondere persönliche Merkmale des Normadressaten voraus. Dazu rechnet im Steuerstrafrecht zB die Stellung als Arbeitgeber, Inhaber des Betriebes, Unternehmer, Hersteller, Lagerinhaber, Tierhalter, Erlaubnisscheinnehmer, Einführer, Tabak- **27**

pflanzer usw. Die gesetzlichen Vertreter einer juristischen Person (Vorstand oder Geschäftsführer) sowie die vertretungsberechtigten Gesellschafter einer Personenhandelsgesellschaft (zB Komplementär) müssen sich so behandeln lassen, als lägen die persönlichen Merkmale auch bei ihnen vor. Gleiches gilt für allgemeine gesetzliche Vertreter, vor allem Eltern, sowie „Parteien kraft Amtes", wie Insolvenzverwalter (vgl. *K. Schmidt* wistra 1990, 136), Liquidatoren, Testamentsvollstrecker und Nachlassverwalter (Göhler/*Gürtler* OWiG § 9 Rn. 12). Vertreter von nichtrechtsfähigen Vereinen oder Gesellschaften des bürgerlichen Rechts fielen bis zur Änderung des § 9 OWiG durch Gesetz v. 22.8.2002 (BGBl. 2002 I 3387) nicht unter § 9 I OWiG (Göhler/*Gürtler* OWiG § 9 Rn. 11). Seit dem 30.8.2002 ist dies jedoch möglich, da eine Personen*handels*gesellschaft nicht mehr vorausgesetzt wird. Gewillkürte Vertreter, zB Angehörige der steuerberatenden Berufe, können nur unter den einschränkenden Voraussetzungen des § 9 II OWiG verantwortlich gemacht werden (Rn. 29).

28 **Betriebsleiter** ist derjenige, dem die selbstständige Leitung eines Betriebes oder eines organisatorisch abgegrenzten Teilbetriebes übertragen worden ist, ohne dass es auf die Bezeichnung „Betriebsleiter" ankommt. Entscheidend ist vielmehr der sachliche Gehalt des Auftrags (Göhler/*Gürtler* OWiG § 9 Rn. 19). Ein Prokurist kann ebenso Betriebsleiter sein wie zB ein „Direktor". § 9 II Nr. 2 OWiG ist nur anwendbar, wenn ein ausdrücklicher Auftrag festgestellt werden kann. Die Gleichstellungsklausel (§ 9 II 2 OWiG) soll gewährleisten, dass alle Einrichtungen erfasst werden, die als Betrieb oder Unternehmen angesehen werden können (Göhler/*Gürtler* OWiG § 9 Rn. 42). Eine eindeutige Abgrenzung ist schwierig und nicht erforderlich. Die Rechtswirksamkeit der Vertretungsbefugnis (zB fehlende Eintragung im Handelsregister) oder des Auftragsverhältnisses (zB Nichtigkeit eines Vertrages mit einem nicht zur Hilfeleistung in Steuersachen Befugten) ist gem. § 9 III OWiG unerheblich.

29 **Sonstige Beauftragte** sind dann Adressaten der den Betriebsinhaber treffenden Pflichten, wenn sie ausdrücklich beauftragt sind, in eigener Verantwortung Aufgaben wahrzunehmen, die dem Inhaber des Betriebes obliegen. Diese Voraussetzungen kann auch eine Person erfüllen, die nicht dem Betrieb angehört (Göhler/*Gürtler* OWiG § 9 Rn. 23). Mit der Wahrnehmung betrieblicher Aufgaben können zB auch Steuerberater, Rechtsanwälte und Wirtschaftsprüfer beauftragt sein (vgl. Göhler/*Gürtler* OWiG § 9 Rn. 23, KK-OWiG/*Cramer* OWiG § 9 Rn. 49). Eine rein beratende Tätigkeit reicht insoweit allerdings nicht aus, da Vertreter iS der Nr. 2 nur sein kann, wer zu eigenverantwortlichen Entscheidungen für den Betrieb legitimiert ist (KK-OWiG/*Rogall* OWiG § 9 Rn. 81).

30 **g) Rechtfertigungsgründe. Die Rechtswidrigkeit** einer Handlung ist regelmäßig gegeben, wenn diese den Tatbestand erfüllt (Göhler/*Gürtler* OWiG vor § 1 Rn. 20). Ein Unterlassen ist rechtswidrig, wenn der Täter seine Rechtspflicht zum Handeln vernachlässigt hat (§ 369 Rn. 97). Rechtfertigungsgründe (§§ 15, 16 OWiG) sind im Bereich der Steuerordnungswidrigkeiten selten; im Einzelfall können Notstand (§ 16 OWiG) und Pflichtenkollision eingreifen (vgl. Göhler/*Gürtler* OWiG vor § 1 Rn. 25). In Betracht kommen vor allem behördliche Erlaubnisse durch allgemeine Verwaltungsanordnung oder durch Einzelverfügung, zB Stundung einbehaltener LSt (vgl. § 380; zust. HHSp-*Rüping* 21 zu § 377), soweit sie vor der Handlung erteilt wurden (§ 380 Rn. 34). War die Behörde nicht zuständig, bleibt die Handlung zwar rechtswidrig, kann aber uU im Einzelfall nicht vorwerfbar sein (Rn. 15 f.). Ist nur die unerlaubte Handlung mit Geldbuße bedroht, handelt der Täter, der eine Erlaubnis hat, gar nicht tatbestandsmäßig (Göhler/*Gürtler* OWiG vor § 1 Rn. 22a).

31 **h) Geldbuße. Über den Rahmen sowie die Zumessung der Geldbuße** bestimmt:

§ 17 OWiG Höhe der Geldbuße

(1) Die Geldbuße beträgt mindestens fünf Euro und, wenn das Gesetz nichts anderes bestimmt, höchstens eintausend Euro.

(2) Droht das Gesetz für vorsätzliches und fahrlässiges Handeln Geldbuße an, ohne im Höchstmaß zu unterscheiden, so kann fahrlässiges Handeln im Höchstmaß nur mit der Hälfte des angedrohten Höchstbetrages der Geldbuße geahndet werden.

(3) [1] Grundlage für die Zumessung der Geldbuße sind die Bedeutung der Ordnungswidrigkeit und der Vorwurf, der den Täter trifft. [2] Auch die wirtschaftlichen Verhältnisse des Täters kommen in Betracht; bei geringfügigen Ordnungswidrigkeiten bleiben sie jedoch in der Regel unberücksichtigt.

(4) [1] Die Geldbuße soll den wirtschaftlichen Vorteil, den der Täter aus der Ordnungswidrigkeit gezogen hat, übersteigen. [2] Reicht das gesetzliche Höchstmaß hierzu nicht aus, so kann es überschritten werden.

Die höchstzulässige Geldbuße bei Steuerordnungswidrigkeiten richtet sich nicht unmittelbar nach § 17 I OWiG. Sie beträgt – mit der Einschränkung des § 17 II OWiG – bei §§ 378 und 383 AO sowie bei § 26b UStG 50 000 EUR, bei § 380 AO 25 000 EUR, bei § 383a AO 10 000 EUR, sonst 5 000 EUR. Geldbuße und Zwangsmittel (§ 328 AO) sind nebeneinander zulässig. Ein Zwangsgeld kann aber bei der Zumessung der Geldbuße berücksichtigt werden (ähnl. BVerfG 2.5.1967, BVerfGE 21, 378, 388, betr. Kriminal- und Disziplinarstrafen).

32 § 17 III OWiG bestimmt, dass auch die **Bedeutung der Ordnungswidrigkeit** und der Vorwurf, der den Täter trifft, Grundlagen für die Zumessung der Geldbuße sind. Die Bedeutung der Ordnungswidrigkeit wird durch den *„sachlichen Umfang der Tat"* (Begr. BT-Drs. V/1269, 51) bestimmt. Das Nichtabführen von Steuerabzugsbeträgen (§ 380) wiegt zB ungleich schwerer als das Nichtanhalten bei zollamtlicher Überwachung (§ 382 I Nr. 1 AO iVm § 31 II Nr. 1 ZollVG). Das vorwerfbare Verhalten des Täters wird bei erstmaligen Zuwiderhandlungen oder bei einer nur geringfügigen Beteiligung (Rn. 22) weniger gewichtig sein als bei wiederholter Missachtung des geschützten Rechtsgutes. Im Übrigen gelten für die Bemessung der Geldbuße die gleichen Grundsätze wie bei der Strafzumessung (Rn. 132 ff. zu § 369).

33 Nach § 17 IV OWiG soll die Geldbuße den **wirtschaftlichen Vorteil übersteigen, den der Täter aus der Ordnungswidrigkeit gezogen** hat. Die Vorschrift ersetzt für das OWiG den im StGB gesondert geregelten Verfall (§§ 73 ff. StGB). Zu diesem Zweck kann gem. § 17 IV 2 OWiG das gesetzliche Höchstmaß der Geldbuße überschritten werden. Die Schätzung des wirtschaftlichen Vorteils ist erlaubt, die insoweit tragenden Grundlagen müssen jedoch in der gerichtlichen Entscheidung dargelegt werden (vgl. OLG Hamm 12.2.2003, wistra 2003, 238). Dabei ist mit der hM davon auszugehen, dass der Regelung – anders als beim Verfall – das Nettoprinzip zugrunde liegt (vgl. KK-OWiG/*Mitsch* OWiG § 17 Rn. 119, *Lemke/Mosbacher* 33 zu § 17 OWiG; aM nur Göhler/*Gürtler* OWiG § 17 Rn. 38a, der auch hier das Bruttoprinzip für anwendbar hält).

34 Ob der nachträgliche Wegfall des Vorteils zu berücksichtigen ist, ist umstritten. *Göhler* (10. Aufl., Rn. 39, 42 zu § 17 OWiG mwN) lehnte dies ab, während *Peltzer* (DB 1977, 1445; differenzierend BayObLG 29.5.1980, DB 1980, 2081) sämtliche den Vorteil kompensierende Nachteile abziehen will. Diese für Steuerordnungswidrigkeiten praktisch bedeutsame Frage ist iS der Auffassung *Peltzers* zu beantworten. Einmal entspricht sie der Regelung für den Verfall in § 73 I 2 StGB, zum anderen ist das Argument *Göhlers* (10. Aufl., Rn. 39 zu § 17 OWiG), die Berücksichtigung des nachträglichen Wegfalls des Vorteils beseitige das gesteigerte Täterrisiko, schon deshalb unrichtig, weil die nach § 17 III OWiG zugemessene Geldbuße bleibt. *Gürtler* (Göhler/*Gürtler* OWiG § 17 Rn. 38a) verweist auf den Widerspruch zu § 29a OWiG, der eine Abschöpfung des Bruttos ermöglicht. Die Entstehungsgeschichte der Vorschrift, aber auch der Wortlaut des Gesetzes, stützen hingegen das Nettoprinzip. Die Entscheidung des Bundesverfassungsgerichts (BVerfG 23.1.1990, BVerfGE 81, 228) zur Gewinnabschöpfung bzw. der allgemeine Gleichheitssatz gebieten es, ggf. nur verbleibende Vorteile abzuschöpfen. Als wirtschaftlicher Vorteil ist also nur das anzusehen, was dem Täter nach Durchsetzung von Ersatzansprüchen bzw. Steuerzahlung verbleiben würde (*Peltzer* DB 1977, 1445; Kohlmann/*Schauf* 84 zu § 377; KK-OWiG/*Mitsch* OWiG § 17 Rn. 127, *Lemke/Mosbacher* 35 zu § 17 OWiG; vgl. auch *S. Cra-*

mer wistra 1996, 248 ff. und Göhler/*Gürtler* OWiG § 17 Rn. 42, der den nachträglichen Wegfall immerhin im Rahmen der Ermessensausübung berücksichtigen will). Maßgeblich ist dabei nur die rechtliche Existenz der Ansprüche, nicht dagegen, ob sie voraussichtlich geltend gemacht werden (BGH 15.3.1984, wistra 1984, 177; s. auch BayObLG 29.5.1980, DB 1980, 2081 zur Berücksichtigung von Steuern).

35 **Zinsersparnisse** können wirtschaftlicher Vorteil iS des § 17 IV OWiG sein. Zwar kennt die Abgabenordnung über § 233a AO hinaus grundsätzlich keine Verzinsung von Steuern, soweit nicht eine vorsätzliche Steuerverkürzung vorliegt. Dennoch wird man eine Abschöpfung von Zinsvorteilen über den § 17 IV OWiG für zulässig erachten müssen. Zu beachten ist dabei, dass der Hinterziehungszinssatz von 6 % pro Jahr insoweit nur Anhaltspunkt sein kann, weil über § 17 IV OWiG nicht dem Fiskus ein Nachteil ausgeglichen werden soll, sondern der wirtschaftliche Vorteil abgeschöpft wird. Die Anweisung in Nr. 114 S. 5 AStBV (St) 2013, als Zinssatz sei von mindestens 0,5 v. H. für jeden vollen Monat auszugehen, ist erkennbar von dem Versuch geprägt, mittelbar die Verzinsung fahrlässig oder leichtfertig verkürzter Beträge anzuordnen und ist rechtswidrig. Es muss im Einzelfall geprüft werden, inwiefern der Täter durch die Ordnungswidrigkeit Zinsvorteile, etwa in Form von Kapitalanlagen, gehabt hat oder entsprechende Sollzinsen ersparte; Zinsen gem. § 233a AO sind dabei gegenzurechnen (vgl. auch KK-OWiG/*Mitsch* OWiG § 17 Rn. 126, Göhler/*Gürtler* OWiG § 17 Rn. 44; HHSp-*Rüping* 30 zu § 377).

36 **Zahlungserleichterungen** sind dem Betroffenen unter den Voraussetzungen des § 18 OWiG von Amts wegen, also auch ohne Antrag, in der Bußgeldentscheidung zu gewähren (Göhler/*Gürtler* OWiG § 18 Rn. 1). Zu nachträglichen Zahlungserleichterungen vgl. § 93 OWiG. Solange eine Zahlungserleichterung bewilligt ist, ruht die Vollstreckungsverjährung (§ 34 IV Nr. 3 OWiG).

37 **i) Zusammentreffen mehrerer Gesetzesverletzungen. Tateinheit** liegt vor, wenn dieselbe Handlung (Rn. 110 ff. zu § 369) mehrere Tatbestände oder denselben Tatbestand mehrmals verletzt (§ 19 I OWiG). Ebenso wie im Strafrecht (§ 52 StGB) wird in diesem Fall nur eine Sanktion verhängt, und zwar nach dem Gesetz, das die höchste Geldbuße androht (§ 19 II OWiG). Trifft die Ordnungswidrigkeit tateinheitlich mit einer Straftat zusammen, wird gem. § 21 I OWiG nur das Strafgesetz angewendet. Die Handlung kann jedoch gem. § 21 II OWiG als Ordnungswidrigkeit geahndet werden, wenn eine Strafe – etwa wegen eines Verfahrenshindernisses – nicht verhängt wird.

§ 21 OWiG Zusammentreffen von Straftat und Ordnungswidrigkeit

(1) [1] Ist eine Handlung gleichzeitig Straftat und Ordnungswidrigkeit, so wird nur das Strafgesetz angewendet. [2] Auf die in dem anderen Gesetz angedrohten Nebenfolgen kann erkannt werden.

(2) Im Falle des Absatzes 1 kann die Handlung jedoch als Ordnungswidrigkeit geahndet werden, wenn eine Strafe nicht verhängt wird.

38 Die Verfolgung einer Zuwiderhandlung als Ordnungswidrigkeit im Anschluss an einen rechtskräftigen Bußgeldbescheid ist unzulässig (§ 84 I OWiG). Nach § 84 II OWiG ist die Verfolgung als Straftat hingegen möglich, wenn nicht eine rechtskräftige *gerichtliche* Entscheidung ergangen ist (§ 84 II, §§ 72, 86 OWiG, s. Begr. BT-Drs. V/1269, 109; ferner Göhler/*Seitz* OWiG § 84 Rn. 3 f.). *Tormöhlen* (*Wannemacher/Tormöhlen* Rn. 1695) meint demgegenüber, auch ein Bußgeld der FinB könne schon den Strafklageverbrauch (analog § 84 II OWiG) herbeiführen. Er begründet dies mit der Erwägung, anders als andere Verwaltungsbehörden würde die FinB den Sachverhalt auch unter strafrechtlichen Aspekten prüfen. Dies tut aber letztlich auch jede andere Verwaltungsbehörde (vgl. § 41 OWiG). Wichtiger ist, dass die Entscheidung iS des § 84 II OWiG erst nach einer erneuten Befassung mit der Sache durch eine weitere Institution nach Einspruch des Betroffenen (§ 67 I OWiG) ergeht, sei es auch im schriftlichen Verfahren (§ 72 OWiG). Diese doppelte Kontrolle fehlt in den von *Tormöhlen* beschriebenen Fällen, so dass ein Strafklageverbrauch, ungeachtet der Problematik eines Analogieschlusses, nicht in Betracht kommt.

Bei **Tatmehrheit** (Rn. 127 ff. zu § 369) werden (anders als nach § 53 StGB) gesonderte Geldbußen festgesetzt (§ 20 OWiG).

39 **k) Einziehung. Eine Einziehung als Nebenfolge einer Ordnungswidrigkeit** ist gem. § 22 I OWiG nur auf Grund ausdrücklicher gesetzlicher Ermächtigung zulässig (weitergehend § 74 I StGB, s. Rn. 42 ff. zu § 375). Bei den Steuerordnungswidrigkeiten der §§ 378–383 AO ist keine Einziehung zulässig, wohl aber gem. §§ 36, 33 AWG (*Bender/Möller/Retemeyer* E 116; HHSp-*Rüping* 32 zu § 377). Soweit in den Nebengesetzen eine ausdrückliche Einziehungsermächtigung besteht, greifen die Vorschriften der §§ 22, 24–29 OWiG ohne weiteres ein. Nur die Anwendung des § 23 OWiG setzt eine zusätzliche Verweisung voraus. Die Anordnung der Einziehung in einem selbstständigen Verfahren (§ 27 OWiG) ist ohne besondere Ermächtigung in einer anderen Vorschrift zulässig (Göhler/*Gürtler* OWiG § 27 Rn. 1).

40 **Die Vorschriften des OWiG über die Einziehung** stimmen mit dem StGB idF des EGOWiG weitgehend wörtlich überein:

- § 22 II–111 OWiG über die Voraussetzungen der Einziehung entspricht § 74 II–III StGB (Rn. 47 zu § 375);
- § 23 OWiG über Dritteigentum entspricht § 74a StGB (Rn. 47 zu § 375);
- § 24 OWiG über den Grundsatz der Verhältnismäßigkeit entspricht § 74b StGB (Rn. 66 ff. zu § 375);
- § 25 OWiG über die Einziehung des Wertersatzes entspricht § 74c StGB (Rn. 70 ff. zu § 375);
- § 26 OWiG über die Wirkung der Einziehung entspricht § 74e StGB (Rn. 88 ff. zu § 375);
- § 27 OWiG über die selbstständige Einziehung entspricht § 76a StGB (Rn. 82 ff. zu § 375; ferner Rn. 39);
- § 28 OWiG über Entschädigungen entspricht § 74f StGB (Rn. 93 ff. zu § 375);
- § 29 OWiG über Organe und Vertreter entspricht § 75 StGB (Rn. 58 ff. zu § 375).

l) Verfall und Geldbuße gegen juristische Personen und Personenvereinigungen

§ 29a OWiG Verfall

(1) Hat der Täter für eine mit Geldbuße bedrohte Handlung oder aus ihr etwas erlangt und wird gegen ihn wegen der Handlung eine Geldbuße nicht festgesetzt, so kann gegen ihn der Verfall eines Geldbetrages bis zu der Höhe angeordnet werden, die dem Wert des Erlangten entspricht.

(2) Hat der Täter einer mit Geldbuße bedrohten Handlung für einen anderen gehandelt und hat dieser dadurch etwas erlangt, so kann gegen ihn der Verfall eines Geldbetrages bis zu der in Absatz 1 bezeichneten Höhe angeordnet werden.

(3) [1] Der Umfang des Erlangten und dessen Wert können geschätzt werden. [2] § 18 gilt entsprechend.

(4) Wird gegen den Täter ein Bußgeldverfahren nicht eingeleitet oder wird es eingestellt, so kann der Verfall selbständig angeordnet werden.

41 **Zweck der Regelung** ist es, Vermögensvorteile abzuschöpfen, die durch eine mit Geldbuße bedrohte Handlung erlangt sind, soweit dies nicht schon mit der Festsetzung einer Geldbuße geschehen kann (Göhler/*Gürtler* OWiG § 29a Rn. 1). Unmittelbarer Vermögensvorteil ist auch der einer Kapitalnutzung, zB der verkürzten Steuern, der allerdings durch etwaige Zinsansprüche gegen den Vorteilsempfänger gemindert oder ausgeglichen sein kann (vgl. Göhler/*Gürtler* OWiG § 29a Rn. 12; *Brenner* StBp 1987, 72; *Dörn* StBp 1991, 89). Dementsprechend ist über § 29a OWiG eine Abschöpfung von Zinsvorteilen (s. Rn. 35) grundsätzlich möglich. Zu beachten ist allerdings, dass § 29a II OWiG – anders als § 73 II StGB – keine Regelung für Nutzungen und Surrogate vorsieht und § 29a II OWiG wie die strafrechtliche Verfallsanordnung nach § 73 I 1 StGB als ungeschriebenes Tatbestandsmerkmal eine unmittelbare Kausalbeziehung zwischen der mit Geldbuße bewehrten Tat und dem aus dieser oder für diese erlangten Etwas, dem Vorteil, voraussetzt (OLG Celle 30.8.2011, wistra 2011, 476, 477; OLG Stuttgart 16.12.2008, wistra 2009, 167;

siehe auch Göhler/*Gürtler* OWiG § 29a Rn. 10; *Retemeyer* wistra 2012, 56). Daran fehlt es bei bloß ersparten Zinsen. Zutreffend weist *Schröder* (GewArch 2009, 396) darauf hin, dass das Unmittelbarkeitserfordernis zwischen Ordnungswidrigkeit und erlangtem Etwas ein typischer Stolperstein bei der Anwendbarkeit des § 29a OWiG ist. Erst recht gilt dies für § 29a Abs. 2 OWiG.

42 **Aus welchen Gründen die Ordnungswidrigkeit nicht geahndet werden kann,** ist gleichgültig. So findet § 29a OWiG Anwendung, wenn von der Festsetzung einer Geldbuße nach § 47 OWiG abgesehen wird oder wenn aus Rechtsgründen, zB auf Grund einer Amnestie, die Handlung nicht verfolgt werden kann (Göhler/*Gürtler* OWiG § 29a Rn. 29). Da auch der Rücktritt als persönlicher Ahndungsaufhebungsgrund der Verfallsanordnung nicht entgegensteht (SK-*Wolters/Horn* 6 zu § 73 StGB), wird man § 29a OWiG auch für anwendbar halten, wenn eine Verfolgung der Steuerordnungswidrigkeit gem. § 378 AO wegen einer bußgeldbefreienden Selbstanzeige (§ 378 III) nicht mehr möglich ist.

43 **Fehlt es an einer Verfahrenseinleitung** oder wurde das Verfahren eingestellt, kann der Verfall selbstständig angeordnet werden (§ 29a IV OWiG). Dabei sind auch in diesem Verfahren alle Voraussetzungen festzustellen, die für einen Verfall iS der Absätze 1, 2 erfüllt sein müssen (KK-OWiG/*Mitsch* OWiG § 29a Rn. 49).

§ 30 Geldbuße gegen juristische Personen und Personenvereinigungen

(1) Hat jemand

1. als vertretungsberechtigtes Organ einer juristischen Person oder als Mitglied eines solchen Organs,
2. als Vorstand eines nicht rechtsfähigen Vereins oder als Mitglied eines solchen Vorstandes,
3. als vertretungsberechtigter Gesellschafter einer rechtsfähigen Personengesellschaft,
4. als Generalbevollmächtigter oder in leitender Stellung als Prokurist oder Handlungsbevollmächtigter einer juristischen Person oder einer in Nummer 2 oder 3 genannten Personenvereinigung oder
5. als sonstige Person, die für die Leitung des Betriebs oder Unternehmens einer juristischen Person oder einer in Nummer 2 oder 3 genannten Personenvereinigung verantwortlich handelt, wozu auch die Überwachung der Geschäftsführung oder die sonstige Ausübung von Kontrollbefugnissen in leitender Stellung gehört,

eine Straftat oder Ordnungswidrigkeit begangen, durch die Pflichten, welche die juristische Person oder die Personenvereinigung treffen, verletzt worden sind oder die juristische Person oder die Personenvereinigung bereichert worden ist oder werden sollte, so kann gegen diese eine Geldbuße festgesetzt werden.

(2) [1] Die Geldbuße beträgt

1. im Falle einer vorsätzlichen Straftat bis zu zehn Millionen Euro,
2. im Falle einer fahrlässigen Straftat bis zu fünf Millionen Euro.

[2] Im Falle einer Ordnungswidrigkeit bestimmt sich das Höchstmaß der Geldbuße nach dem für die Ordnungswidrigkeit angedrohten Höchstmaß der Geldbuße. [3] Verweist das Gesetz auf diese Vorschrift, so verzehnfacht sich das Höchstmaß der Geldbuße nach Satz 2 für die im Gesetz bezeichneten Tatbestände. [4] Satz 2 gilt auch im Falle einer Tat, die gleichzeitig Straftat und Ordnungswidrigkeit ist, wenn das für die Ordnungswidrigkeit angedrohte Höchstmaß der Geldbuße das Höchstmaß nach Satz 1 übersteigt.

(2a) [1] Im Falle einer Gesamtrechtsnachfolge oder einer partiellen Gesamtrechtsnachfolge durch Aufspaltung (§ 123 Absatz 1 des Umwandlungsgesetzes) kann die Geldbuße nach Absatz 1 und 2 gegen den oder die Rechtsnachfolger festgesetzt werden. [2] Die Geldbuße darf in diesen Fällen den Wert des übernommenen Vermögens sowie die Höhe der gegenüber dem Rechtsvorgänger angemessenen Geldbuße nicht übersteigen. [3] Im Bußgeldverfahren tritt der Rechtsnachfolger oder treten die Rechtsnachfolger in die Verfahrensstellung ein, in der sich der Rechtsvorgänger zum Zeitpunkt des Wirksamwerdens der Rechtsnachfolge befunden hat.

(3) § 17 Abs. 4 und § 18 gelten entsprechend.

(4) [1] Wird wegen der Straftat oder Ordnungswidrigkeit ein Straf- oder Bußgeldverfahren nicht eingeleitet oder wird es eingestellt oder wird von Strafe abgesehen, so kann die Geldbuße selbständig festgesetzt werden. [2] Durch Gesetz kann bestimmt werden, daß die Geldbuße auch in weiteren Fällen selbständig festgesetzt werden kann. [3] Die selbständige Festsetzung einer Geldbuße gegen die juristische Person oder Personenvereinigung ist jedoch ausgeschlossen, wenn die Straftat oder Ordnungswidrigkeit aus rechtlichen Gründen nicht verfolgt werden kann; § 33 Abs. 1 Satz 2 bleibt unberührt.

(5) Die Festsetzung einer Geldbuße gegen die juristische Person oder Personenvereinigung schließt es aus, gegen sie wegen derselben Tat den Verfall nach den §§ 73 oder 73a des Strafgesetzbuches oder nach § 29a anzuordnen.

(6) Bei Erlass eines Bußgeldbescheids ist zur Sicherung der Geldbuße § 111d Absatz 1 Satz 2 der Strafprozessordnung mit der Maßgabe anzuwenden, dass an die Stelle des Urteils der Bußgeldbescheid tritt.

Zweck des § 30 OWiG ist, einen Ausgleich dafür zu ermöglichen, „*dass der juristischen Person, die nur durch ihre Organe zu handeln imstande ist, zwar die Vorteile dieser in ihrem Interesse vorgenommenen Betätigung zufließen, dass sie aber beim Fehlen einer Sanktionsmöglichkeit nicht den Nachteilen ausgesetzt wäre, die als Folge der Nichtbeachtung der Rechtsordnung im Rahmen der für sie vorgenommenen Betätigung eintreten können. Die juristische Person wäre dann gegenüber der natürlichen Person besser gestellt*“ (Begr. BT-Drs. V/1269, 59). Eine juristische Person oder Personenvereinigung ist jedoch einer Tat im natürlichen Sinn nicht fähig. Deshalb ist die Geldbuße gegen eine juristische Person die „Nebenfolge“ der Tat einer natürlichen Person (Rn. 54). 44

Die erfassten Organisationsformen werden vom Gesetz ausdrücklich erwähnt. Unter den **Begriff „juristische Person“** fallen alle Gebilde mit eigener Rechtspersönlichkeit (AG, GmbH, KGaA, Genossenschaft, eingetragener Verein). Für Taten ab 30.8.2002 ist nach der Änderung des § 30 III OWiG durch Gesetz v. 22.8.2002 (BGBl. I 3387) auch die Erfassung einer GbR möglich (vgl. Rn. 27). 45

Die Verhängung von Geldbußen gegen Vorgesellschaften und faktische Gesellschaften ist möglich, wenn deren Struktur einer der in der Norm genannten Verbandsformen entspricht. § 30 OWiG findet also auch auf Vorgesellschaften Anwendung, die sich rechtlich als GbR darstellen (*Eidam* wistra 2003, 447, 449). Eine Lücke besteht weiterhin bei Einzelkaufleuten: Es können hier keine Geldbußen festgesetzt werden, wenn ein Arbeitnehmer eine Zuwiderhandlung zugunsten der Unternehmung des Einzelkaufmanns begeht (KK-OWiG/*Rogall* OWiG § 30 Rn. 30; *Eidam* wistra 2003, 447, 449). Ob auch juristische Personen des öffentlichen Rechts dem § 30 OWiG unterfallen, ist umstritten. Nach hM gehören auch Körperschaften, selbstständige Anstalten und Stiftungen des öffentlichen Rechts zu den ahndungsfähigen Verbänden (vgl. *Eidam* wistra 2003, 449; Göhler/*Gürtler* OWiG § 30 Rn. 2 mwN). 46

Als Täter einer Handlung, welche die Rechtsfolgen des § 30 OWiG auslösen kann, kommen in Betracht: 47

- bei juristischen Personen das vertretungsberechtigte Organ oder dessen Mitglieder. Ob das Vorstandsmitglied nur in Gemeinschaft mit einem anderen Vorstandsmitglied oder einem Prokuristen zur Vertretung befugt ist, ist unerheblich (Göhler/*Gürtler* 12b zu § 30 OWiG);
- bei nichtrechtsfähigen Vereinen der Vorstand oder dessen Mitglieder;
- bei einer KG, OHG, GbR oder Partnerschaftsgesellschaft deren vertretungsberechtigter Gesellschafter, bei einer GmbH & Co. KG: die Geschäftsführer der Komplementär-GmbH (BGH 1.10.1985, wistra 1986, 72; *Bender/Möller/Retemeyer* E 94; Göhler/*Gürtler* OWiG § 30 Rn. 12b; *K. Schmidt,* wistra 1990, 136; krit. *Schmitt,* Lange-FS, 879; *Hermanns/Kleier* S. 28 f.);
- sonstige Leitungs- oder Kontrollpersonen.

Generalbevollmächtigte unterfallen der Regelung ebenfalls, Prokuristen oder Handlungsbevollmächtigte nur, wenn sie in leitender Stellung tätig sind. Vorausgesetzt ist jedoch, dass diese Personen für eine juristische Person oder eine Personenvereinigung iS der Nrn. 2, 3 tätig geworden sind. 48

Das Merkmal „vertretungsberechtigt“ in Nr. 1 und Nr. 3 soll die in Betracht kommenden Täter gegen die Mitglieder anderer Organe (zB Aufsichtsrat, Mitgliederversammlung) abgrenzen. Auf die rechtsgeschäftliche Vertretungsbefugnis im Einzelfall kommt es nicht an (Göhler/*Gürtler* OWiG § 30 Rn. 12b). Handlungen minder qualifizierter Vertreter reichten bis zum 29.8.2002 nicht aus. Die Erweiterung des Kreises tauglicher Täter in 49

§ 9 I Nr. 2 OWiG durch Gesetz vom 22.8.2002 (BGBl. 2002 I 3387) auf die vertretungsberechtigten Gesellschafter sämtlicher rechtsfähiger Personengesellschaften wirkt sich auch auf den Tatbestand der Verletzung der Aufsichtspflicht in Betrieben und Unternehmen aus (*Achenbach* wistra 2002, 442).

50 **Mitglieder des Aufsichtsrats** werden nunmehr von der durch das EU-Rechtsinstrumente-AG vom 22.8.2002 (BGBl. 2002 I 3387) eingefügten Nr. 5 erfasst. Daneben erfasst diese Vorschrift auch solche Personen, die sonstige Kontrollbefugnisse in leitender Stellung ausüben (vgl. *Achenbach* wistra 2002, 441, *Wegner* PStR 2003, 180).

51 **Der Verantwortliche** (Rn. 47 ff.) muss eine Straftat oder Ordnungswidrigkeit begangen, also rechtswidrig und vorwerfbar gehandelt haben, und zwar in seiner Eigenschaft „als" Organ, nicht im eigenen Interesse. Das Bestellungsverhältnis muss wirksam sein (*Achenbach,* Stree/Wessels-FS 561 f.; aM Göhler/*Gürtler* OWiG § 30 Rn. 14, *Rebmann/Roth/Herrmann* 20 zu § 30 OWiG). Ansonsten kann § 30 IV Nr. 5 OWIG eingreifen (HHSp-*Hellmann* 43 zu § 401). Diese Handlung muss zu einer Pflichtverletzung (Rn. 52) oder zu einer Bereicherung führen (Rn. 53).

52 **„Pflichten"** sind nur solche, *„die sich für die juristische Person und Personenvereinigung aus dem besonderen Wirkungskreis ergeben"*, also namentlich die *„betriebsbezogenen Pflichten"* (Begr. BT-Drs. V/1269, 60). Dazu gehören zB Pflichten, welche die juristische Person als Stpfl treffen, sowie die Pflichten als *„Arbeitgeber"*, *„Hersteller"*, *„Einführer"*, *„Gewerbetreibender"* usw. Die Aufsichtspflicht gem. § 130 OWiG (Rn. 61 ff.) ist ebenfalls eine „Pflicht" iS des § 30 I OWiG (vgl. BGH 1.10.1985, wistra 1986, 72; BGH 10.12.1985, wistra 1986, 111; Göhler/*Gürtler* OWiG § 30 Rn. 17; *Bender/Möller/Retemeyer* E 97; FK-*Achenbach* 74 Vor § 38 GWB; *Többens* NStZ 1999, 1, 6).

53 **Eine Bereicherung** erfüllt den Tatbestand des § 30 I OWiG auch dann, wenn keine betriebsbezogenen Pflichten (Rn. 52) verletzt worden sind (KK-OWiG/*Rogall* OWiG § 30 Rn. 81; *Eidam* wistra 2003, 454). Voraussetzung ist aber auch hier ein innerer Zusammenhang zwischen der Tat des Verantwortlichen und dem Wirkungsbereich des Vertretenen (Göhler/*Gürtler* OWiG § 30 Rn. 22). Bei vorsätzlicher oder leichtfertiger Steuerverkürzung (§§ 370, 378) oder bei Verletzung von Steuerabzugspflichten (§ 380) ist regelmäßig eine Bereicherung der juristischen Person eingetreten.

54 **Als Nebenfolge** der Straftat oder Ordnungswidrigkeit einer natürlichen Person wird die Geldbuße gegen eine juristische Person regelmäßig nicht in einem selbstständigen Verfahren (s. aber Rn. 55), sondern im Verfahren gegen die betroffene natürliche Person festgesetzt. Die Festsetzung einer Geldbuße gegen eine GmbH ist nicht möglich, wenn ein gegen den Geschäftsführer separat betriebenes Verfahren bereits rechtskräftig durch Bußgeldbescheid abgeschlossen wurde (vgl. AG Eggenfelden 11.4.2002, wistra 2002, 274). Über das Verfahren vgl. § 88 OWiG, § 444 StPO.

55 **Eine selbstständige Festsetzung der Geldbuße ist möglich,** wenn das Verfahren gegen eine bestimmte Person nicht durchgeführt werden kann oder eingestellt worden ist oder wenn das Gericht von Strafe absieht (§ 30 IV OWiG). Auch in diesem Fall ist die Feststellung erforderlich, dass ein Verantwortlicher iS des § 30 I OWiG eine vorwerfbare Zuwiderhandlung begangen hat (BGH 8.2.1994, NStZ 1994, 346; OLG Düsseldorf 16.11.1995, wistra 1996, 88; Thür. OLG 2.11.2005, wistra 2006, 157; *Bender/Möller/Retemeyer* E 103; Göhler/*Gürtler* OWiG § 30 Rn. 40). Nicht nötig ist die Feststellung, welcher von verschiedenen Verantwortlichen die Ordnungswidrigkeit begangen hat, sofern nur sicher ist, dass es sich jedenfalls um ein Organ bzw. einen Vertreter iS von Abs. 1 Nr. 4 handelte („anonyme Verbandsgeldbuße"; HHSp-*Hellmann* 34 zu § 401; vgl. auch BGH 6.7.1990, BGHSt 37, 106; Kohlmann/*Schauf* 114 zu § 377). Die Vorschrift findet also insbes. dann Anwendung, wenn nicht aufgeklärt werden kann, welchem von mehreren Verantwortlichen iS des Abs. 1 eine Verletzung der Pflichten zur Last fällt (*Bender/Möller/Retemeyer* E 103; vgl. BGH 8.2.1994, NStZ 1994, 346).

Nach § 30 II 2 OWiG bestimmt sich das Höchstmaß der Geldbuße nach dem für die Ordnungswidrigkeit angedrohten Höchstmaß. Seit 30.6.2013 verzehnfacht sich dieser Betrag, wenn der entsprechende Ordnungswidrigkeitentatbestand auf diesen Satz verweist. Dies ist bei der Aufsichtspflichtverletzung der Fall, so dass insofern Bußgelder von bis zu 5 bzw. 10 Mio. EUR verhängt werden dürfen (Rn. 71).

Ob **nach einer Einstellung gem. § 153a StPO** die selbstständige Festsetzung einer Geldbuße möglich ist, ist umstritten. So bestreitet *Wegner* (PStR 2003, 180; ihm folgend *Eidam* wistra 2003, 455) die Möglichkeit einer Anknüpfung an die entsprechende „Sanktionierung“ zB des Geschäftsführers. Daran ist richtig, dass mit der Zustimmung zu einer Einstellung gegen Auflage nach § 153a StPO nicht unbedingt ein Schuldeingeständnis verbunden ist und dies die Verwaltungsbehörde nicht von der Notwendigkeit entbindet, eine tatbestandsmäßige, rechtswidrige und schuldhafte/vorwerfbare Tat festzustellen. Ist dies aber möglich, stellt sich die Frage, ob man nicht verlangen muss, dass die ergänzend gegen die juristische Person usw. verhängte Buße in dem Verfahren gegen den seinerzeit Beschuldigten verhängt wird (vgl. Rn. 54). 56

Kann die Tat aus rechtlichen Gründen nicht verfolgt werden, ist die Festsetzung der Geldbuße im selbstständigen Verfahren unzulässig (Abs. 4 Satz 3). Dies gilt auch für die Verjährung der Handlung des Verantwortlichen, soweit sie vor der Einleitung des selbstständigen Verfahrens eingetreten ist (OLG Frankfurt 18.11.1991, NStZ 1992, 193; Göhler/*Gürtler* OWiG § 30 Rn. 42; vgl. auch BGH 5.12.2000, wistra 2001, 180). Kann die Tat wegen einer wirksamen Selbstanzeige (§§ 371, 378 III AO) nicht mehr verfolgt werden, ist eine selbstständige Festsetzung einer Geldbuße gem. § 30 IV OWiG ebenfalls nicht möglich (*Reichling* NJW 2013, 2233). In diesen Fällen bleibt freilich der Weg über den Verfall gem. § 29a OWiG denkbar (Rn. 41 ff.). 57

Auch bei Beteiligung mehrerer Organe an der Straftat oder Ordnungswidrigkeit kann gegen das Unternehmen nur *eine* Geldbuße festgesetzt werden (BGH 8.2.1994, wistra 1994, 233; Kohlmann/*Schauf* 113 zu § 377; Göhler/*Gürtler* OWiG § 30 Rn. 27b; *Bauer* wistra 1992, 47). 58

Das Opportunitätsprinzip gilt für die Festsetzung der Geldbuße (arg.: „... kann“) ebenso wie für die Verfolgung der Ordnungswidrigkeit gem. § 47 OWiG. Danach *„sollte im Einzelfall geprüft werden, welche Sanktion ausgesprochen worden wäre, wenn das Organ die Tat als Einzelunternehmer begangen hätte“* (Göhler/*Gürtler* OWiG § 30 Rn. 35). Diese Bewertung kann dazu führen, das Verfahren gegen den Verantwortlichen einzustellen und gegen die juristische Person oder Personenvereinigung ein selbstständiges Verfahren (Rn. 55) zu betreiben. 59

Die Verjährung der Verfolgung der Straftat oder Ordnungswidrigkeit schließt auch die Festsetzung einer Geldbuße gem. § 30 OWiG aus (§ 31 I OWiG; Rn. 55). 60

3. Verletzung der Aufsichtspflicht in Betrieben und Unternehmen

§ 130 OWiG

(1) [1]Wer als Inhaber eines Betriebes oder Unternehmens vorsätzlich oder fahrlässig die Aufsichtsmaßnahmen unterläßt, die erforderlich sind, um in dem Betrieb oder Unternehmen Zuwiderhandlungen gegen Pflichten zu verhindern, die den Inhaber treffen und deren Verletzung mit Strafe oder Geldbuße bedroht ist, handelt ordnungswidrig, wenn eine solche Zuwiderhandlung begangen wird, die durch gehörige Aufsicht verhindert oder wesentlich erschwert worden wäre. [2]Zu den erforderlichen Aufsichtsmaßnahmen gehören auch die Bestellung, sorgfältige Auswahl und Überwachung von Aufsichtspersonen.

(2) Betrieb oder Unternehmen im Sinne des Absatzes 1 ist auch das öffentliche Unternehmen.

(3) [1]Die Ordnungswidrigkeit kann, wenn die Pflichtverletzung mit Strafe bedroht ist, mit einer Geldbuße bis zu einer Million Euro geahndet werden. [2]§ 30 Absatz 2 Satz 3 ist anzuwenden. [3]Ist die Pflichtverletzung mit Geldbuße bedroht, so bestimmt sich das Höchstmaß der Geldbuße wegen der Aufsichtspflichtverletzung nach dem für die Pflichtverletzung angedrohten Höchstmaß der Geldbuße. [4]Satz 3 gilt auch im Falle einer Pflichtverletzung, die gleichzeitig mit Strafe und Geldbuße bedroht ist, wenn das für die Pflichtverletzung angedrohte Höchstmaß der Geldbuße das Höchstmaß nach Satz 1 übersteigt.

Schrifttum: *Demuth/Schneider,* Die besondere Bedeutung des Gesetzes über Ordnungswidrigkeiten für Betrieb und Unternehmen, BB 1970, 642; *Schünemann,* Strafrechtsdogmatische und kriminalpolitische Grundfragen der Unternehmenskriminalität, wistra 1982, 41; *Hermanns/Kleier,* Grenzen der Aufsichtspflicht in Betrieben und Unternehmen, 1987; *Brender,* Die Neuregelung der Verbandstäterschaft im Ordnungswidrigkeitenrecht, 1989; Kohlmann/*Ostermann,* Die Verletzung der Aufsichtspflicht in Betrieben und Unternehmen – Pläne für eine verfassungswidrige Reform, wistra 1990, 121; *Rogall,* Dogmatische und kriminalpolitische Probleme der Aufsichtspflichtverletzung in Betrieben und Unternehmen (§ 130 OWiG), ZStW 98 (1986), 573; *Achenbach,* Die Sanktionen gegen die Unternehmensdelinquenz im Umbruch, JuS 1990, 601; *Dörn,* Anwendung der §§ 130, 30 und 29a OWiG im Steuerordnungswidrigkeitenverfahren, StBp 1991, 87; *Maschke,* Die Sanktionierung von Verstößen gegen die Aufsichtspflicht in Betrieben und Unternehmen, 1996; *Kottke,* OHG, KG und GmbH als Adressaten von Bußgelddrohungen bei Steuerverfehlungen, Information StW 1996, 709; *Bottke,* Standortvorteil Wirtschaftskriminalrecht – Müssen Unternehmen „strafmündig" werden?, wistra 1997, 241; *Hellmann,* Richterliche Überzeugungsbildung und Schätzung bei der Bemessung strafrechtlicher Sanktionen, GA 1997, 503; *Schmitz/Taschke,* Haftungsrisiken von Unternehmen bei der Begehung von Straftaten oder Ordnungswidrigkeiten durch Mitarbeiter, WiB 1997, 1169; *Gross,* Deliktische Außenhaftung des GmbH-Geschäftsführers, ZGR 1998, 551; *Otto,* Die Haftung für kriminelle Handlungen in Unternehmen, Jura 1998, 409; *Weiß,* Haben juristische Personen ein Aussageverweigerungsrecht?, JZ 1998, 289; *Brenner,* Einzelkaufleute und Gesellschaft des bürgerlichen Rechts – privilegiert im Bußrecht?, VR 1999, 1561; *Flore/Labunski,* § 30 OWiG – Königsweg in den Bankenstrafverfahren?, PStR 1999, 120; *Hecker,* Aufsichtspflichtverletzungen bei Zuwiderhandlungen Unternehmensfremder – Zur verfassungskonformen Auslegung von § 130 OWiG, GewArch 1999, 320; *Többens,* Die Bekämpfung der Wirtschaftskriminalität durch die Troika der §§ 9, 130 und 30 des Gesetzes über Ordnungswidrigkeiten, NStZ 1999, 1; *Adam,* Die Begrenzung der Aufsichtspflichten in der Vorschrift des § 130 OWiG, wistra 2003, 285; *Eidam,* Die Verbandsgeldbuße des § 30 Abs. 4 OWiG – eine Bestandsaufnahme, wistra 2003, 447; *Bisson,* Die Haftung des Organs für die Verletzung von Pflichten der juristischen Person, GmbHR 2005, 1453; *Kiethe,* Vermeidung der Haftung von geschäftsführenden Organen durch Corporate Compliance, GmbHR 2007, 393; *Theile/Petermann,* Die Sanktionierung von Unternehmen nach dem OWiG, JuS 2011, 496; *Kiesel/Böhringer,* Tax Compliance – Risikominimierung durch sanktionsbezogene Enthaftungsmaßnahmen, BB 2012, 1190; *Achenbach,* Verbandsgeldbuße und Aufsichtspflichtverletzung (§§ 30 und 130 OWiG) – Grundlagen und aktuelle Probleme, NZWiSt 2012, 321; *ders.*, Haftung und Ahndung, ZIS 2012, 178; *Geuenich/Kiesel,* Tax-Compliance bei Unternehmen – einschlägige Risiken und Folgerungen für die Praxis, BB 2012, 155; *Grutzner/Leisch,* §§ 130, 30 OWiG – Probleme für Unternehmen, Geschäftsleitung und Compliance-Organisation, DB 2012, 787; *Reichling,* Selbstanzeige und Verbandsgeldbuße im Steuerstrafrecht, NJW 2013, 2233; *Röske/Böhme,* Zur Haftung des Unternehmensträgers gemäß § 30 Abs. 1 Nr. 5 OWiG für deliktisches Handeln auf Betriebsebene, wistra 2013, 48; *Altenburg/Peukert,* Neuerungen im § 30 OWiG – Haftungsrisiken und -vermeidung vor dem Hintergrund gesetzgeberischen Überschwangs, BB 2014, 649; *Hunsmann,* Die Aufsichtspflichtverletzung (§ 130 OWiG) unter besonderer Berücksichtigung des Steuerrechts, DStR 2014, 855.

61 **Zweck des § 130 OWiG** ist eine abschließende, für alle Ordnungswidrigkeiten einheitlich geltende Regelung der bußgeldrechtlichen Verantwortlichkeit des Geschäftsherrn bei Vernachlässigung seiner Aufsichtspflicht (Begr. BT-Drs. V/1269, 67). Die Regelung gilt mithin auch im Bereich des Steuerstraf- und -ordnungswidrigkeitenrechts (Rn. 62). Der Gesetzgeber wollte mit dieser Vorschrift eine Lücke schließen, die sich daraus ergeben kann, dass Adressat gewisser Pflichtnormen lediglich der Betriebsinhaber ist, dieser aber andere für sich handeln lässt. Jenem Dritten sind zwar gem. § 9 OWiG unter gewissen Voraussetzungen bestimmte persönliche Merkmale zuzurechnen. Die Geldbuße kann aber nur nach den (regelmäßig schwächeren) wirtschaftlichen Verhältnissen des Handelnden bemessen werden, und die Ursache der Gesetzesverletzung liegt häufig in einer mangelhaften Organisation des Betriebes. Wegen seiner garantenähnlichen Stellung ist der Betriebsinhaber dafür verantwortlich, dass die ihm obliegenden, sich aus der Führung des Betriebs ergebenden Pflichten beachtet werden (vgl. Kohlmann/*Schauf* 157 zu § 377; *Maschke* 1996, S. 13 ff.; Göhler/*Gürtler* OWiG § 130 Rn. 2, KK-OWiG/*Rogall* OWiG § 130 Rn. 36; Klein/*Jäger* AO § 377 Rn. 16).

62 Demgegenüber verneinen *Suhr/Naumann/Bilsdorfer* (Rn. 413) die Anwendbarkeit des § 130 OWiG im Hinblick auf die **Verletzung steuerlicher Pflichten.** Nach ihrer Auffassung widerspricht die hier vertretene Meinung dem Willen des Gesetzgebers. § 378 AO erfordere leichtfertiges Verhalten, es sei nicht angängig, sodann auf den durch leichte Fahrlässigkeit zu begehenden Tatbestand der Aufsichtspflichtverletzung zurückzugreifen. Der Katalog der steuerlichen Ordnungswidrigkeiten sei in den §§ 378 ff. AO abschließend und erschöpfend geregelt, also keiner Erweiterung zugänglich. Diese Auffassung verkennt

jedoch, dass Regelungsgehalt des § 130 OWiG nicht die Verletzung steuerlicher Pflichten, sondern die Desorganisation in einem Betrieb oder Unternehmen ist. Dass § 378 AO insofern Vorrang hat (Koch/Scholtz/*Scheurmann-Kettner* 35 zu § 377; Schwarz/*Weyand* 5 f. vor §§ 377–384) bedeutet nicht, dass dies eine Anwendung des § 130 OWiG sperrte.

Sahan (GJW/*Sahan* AO § 377 Rn. 17) will im Rahmen einer teleologischen Reduktion die Regelung zwar für anwendbar halten, fordert aber, dass der Aufsichtspflichtige mit dem von der Anknüpfungstat geforderten Verschuldensgrad – also mindestens Leichtfertigkeit – gehandelt haben müsse. Damit wird aber die ausdrückliche gesetzgeberische Wertung konterkariert, dass auch fahrlässiges Unterlassen im Hinblick auf selbst vorsätzliches Verhalten bußgeldbewehrt sein soll. 63

Eine andere Frage ist, ob man nicht § 130 OWiG teleologisch dahingehend reduzieren muss, dass die Norm nicht anwendbar ist, wenn die Organisationsmängel sich allein auf den steuerlichen Bereich des Betriebes oder Unternehmens erstrecken oder in diesen Fällen nicht durchweg § 47 OWiG anwenden will, insbesondere dann, wenn etwa eine vorsätzliche oder leichtfertige Steuerverkürzung durch einen Mitarbeiter nach Selbstanzeige (§§ 371, 378 III) nicht verfolgbar ist. Die Praxis reagiert auf die Ungereimtheiten im Übrigen häufig dadurch, dass entweder nach § 30 IV OWiG verfahren wird oder über § 29a OWiG lediglich Zinsvorteile abgeschöpft werden, ohne dass ein Bußgeldbescheid gegen eine natürliche Person ergeht. 64

Täter sein kann der Inhaber eines Betriebes oder Unternehmens. Dem Inhaber stehen die in § 9 I OWiG bezeichneten Organe und Vertreter gleich, und zwar auch dann, wenn die Rechtshandlung, welche die Vertretungsbefugnis begründen sollte, unwirksam ist (§ 9 III OWiG). Täter einer Aufsichtspflichtverletzung können schließlich die in § 9 II OWiG genannten Beauftragten sein (Göhler/*Gürtler* OWiG § 130 Rn. 4). Dementsprechend sind nicht nur solche Personen erfasst, die beauftragt wurden, den Betrieb oder das Unternehmen „ganz oder zum Teil zu leiten", sondern auch solche, die ausdrücklich beauftragt worden sind, in eigener Verantwortung (spezielle) Aufgaben wahrzunehmen (vgl. nur OLG Celle 29.3.2012, wistra 2012, 318). Auch in diesen Fällen kommt es gem. § 9 III OWiG auf die Wirksamkeit des Auftragsverhältnisses nicht an (vgl. FK-*Achenbach* 44 Vor § 38 GWB). 65

Tathandlung ist das Unterlassen der gebotenen Aufsichtsmaßnahmen. Eine Zuwiderhandlung gegen betriebliche Pflichten ist nur objektive Bedingung der Ahndbarkeit, muss also nicht vom subjektiven Tatbestand erfasst sein (Göhler/*Gürtler* OWiG § 130 Rn. 17; *Maschke* 1996, S. 65; OLG Frankfurt a. M. 6.7.1984, wistra 1985, 38). Zu den *„erforderlichen"* Aufsichtsmaßnahmen gehört gem. § 130 I 2 OWiG auch die Bestellung, sorgfältige Auswahl und Überwachung von Aufsichtspersonen. Der Betriebsinhaber und die ihm gleichgestellten Personen können sich daher bei Fehlen von Aufsichtspersonen nicht darauf berufen, ihnen selbst sei eine „eigene" Beaufsichtigung nicht möglich gewesen (Organisationsmangel). Angesichts des Umfangs der Pflichten ist der objektive Anwendungsbereich der Vorschrift sehr weit und erfüllt praktisch eine Auffangfunktion (*Adam* wistra 2003, 285, 286; *Többens* NStZ 1999, 1, 4; KK-OWiG/*Rogall* OWiG § 130 Rn. 4). Im Übrigen hängt das Ausmaß der Aufsichtspflicht von der Größe der Organisation des Betriebes, von der „objektiven" Bedeutung der zu beachtenden Vorschriften und von den Überwachungsmöglichkeiten ab (OLG Düsseldorf 22.5.1990, wistra 1991, 38; Thür. OLG 2.11.2005, wistra 2006, 157, 158; KK-OWiG/*Rogall* OWiG § 130 Rn. 49; FK-*Achenbach* 63 Vor § 38 GWB; Beispiele bei *Maschke* 1996, S. 39). Soweit der BGH (BGH 11.7.1956, BGHSt 9, 319, 323) davon ausging, ein gelegentliches Aufsuchen der Angestellten genüge nicht, erforderlich sei eine ständige und unmittelbare Überwachung mit gelegentlichen Stichproben sowie eine fortlaufende Unterrichtung der Hilfskräfte über die einschlägige Rechtsentwicklung, trifft dies den Grad der anzulegenden Sorgfalt nur begrenzt. Aufsichtsmaßnahmen müssen objektiv erforderlich und zumutbar sein, überspannte Anforderungen sind nicht zulässig (Göhler/*Gürtler* OWiG § 130 Rn. 12 und KK-OWiG/*Rogall* OWiG § 130 Rn. 49). Insbesondere darf die Überwachung nicht zur Schnüffelei ausarten (*Többens* NStZ 66

1999, 1, 4). Letztlich wird es auf die Größe des Unternehmens ankommen, inwiefern der Betriebsinhaber seinen Pflichten schon dann genügt, wenn er bestimmte Aufgabenbereiche auf zuverlässig ausgewählte Personen delegiert. So wird eine Pflicht zu gesteigerten Aufsichtsmaßnahmen dann bestehen, wenn in dem Betrieb bereits Unregelmäßigkeiten vorgekommen sind (OLG Düsseldorf 5.4.2006, WuW/E DE-R 1893–1901; Göhler/*Gürtler* OWiG § 130 Rn. 13; *Tessin* BB 1987, 988), etwa im Rahmen einer Außenprüfung bereits bestimmte Beanstandungen erfolgt waren (vgl. Schwarz/*Weyand* 6 vor §§ 377–384). In diesen Fällen muss sich der Betriebsinhaber vergewissern, dass die Monita der Außenprüfung auch in der Unternehmenspraxis beachtet werden (*Joecks* 1998, S. 87).

67 **Der subjektive Tatbestand** setzt Vorsatz (Rn. 49 ff. zu § 369) oder Fahrlässigkeit (Rn. 17 ff.) voraus. Die subjektiven Merkmale müssen jedoch nur die mangelhafte Aufsicht umfassen, nicht dagegen deren Folge, nämlich die Verletzung betriebsbezogener Pflichten, sonst liegt in der Person des Aufsichtspflichtigen ggf. ein originärer vorsätzlicher oder fahrlässiger Verstoß gegen diese vor (vgl. *Maschke* 1996, S. 65).

68 **Eine betriebsbezogene Pflicht** muss verletzt worden sein (Begr. BT-Drs. V/1269, 68). Steuerrechtliche Pflichten, die mit der Führung des Unternehmens zusammenhängen, sind stets „betriebsbezogen“, nicht dagegen zB Vorgänge, welche die private ErbSt-Erklärung des Inhabers betreffen. Dass die Pflichten den Inhaber „als solchen“ treffen, ist nach der Änderung des § 130 OWiG durch Art. 2 des Gesetzes vom 7.8.2007 (BGBl. 2007 I, 1786) nicht mehr erforderlich. Eine Veränderung des Anwendungsbereiches des § 130 OWiG bei einem Verstoß gegen steuerliche Pflichten ist damit nicht verbunden. Der Zuwiderhandelnde muss nicht Betriebsangehöriger sein (Göhler/*Gürtler* OWiG § 130 Rn. 19 und KK-OWiG/*Rogall* OWiG § 130 Rn. 108). Es genügt, dass er – mit oder ohne Auftrag – vorübergehend im Betrieb tätig ist, zB als freiberuflicher „Stundenbuchhalter“. Auch eine Übernahme einer Gestellungspflicht durch den Spediteur kann dem § 130 OWiG genügen (OLG Düsseldorf 24.4.1991, wistra 1991, 275; Göhler/*Gürtler* OWiG § 130 Rn. 19). Bei externen Mitarbeitern – etwa auch Steuerberatern – bedarf es allerdings sorgfältiger Prüfung, ob die hinreichende Möglichkeit einer Aufsicht überhaupt bestand (Göhler/*Gürtler* OWiG § 130 Rn. 19 und KK-OWiG/*Rogall* OWiG § 130 Rn. 108; *Hecker* GewArch 1999, 320 ff.). Die Feststellung eines *bestimmten* Täters ist nicht nötig (vgl. BGH 8.2.1994, wistra 1994, 233).

69 **Die Zuwiderhandlung gegen betriebliche Pflichten** muss *„mit Strafe oder Geldbuße bedroht“* sein (§ 130 I 1 OWiG). Ob der Pflichtverletzer selbst vorwerfbar handelt, ist ohne Bedeutung. Die Pflichtverletzung muss jedoch rechtswidrig sein, weil nur dann eine „Zuwiderhandlung“ vorliegt (Göhler/*Gürtler* OWiG § 130 Rn. 21). Ist die Zuwiderhandlung nur bei vorsätzlicher Begehung mit Strafe oder Geldbuße bedroht, so muss der Zuwiderhandelnde mit Vorsatz gehandelt haben (str.; vgl. Göhler/*Gürtler* OWiG § 130 Rn. 21; FK-*Achenbach* 62 Vor § 38 GWB mwN).

70 Die nötige **Beziehung zwischen unterlassener Aufsichtsmaßnahme und Zuwiderhandlung** ist gegeben, wenn letztere durch die gehörige Aufsicht verhindert oder wesentlich erschwert worden wäre. Die Feststellung, die gehörige Aufsichtsmaßnahme hätte die Zuwiderhandlung verhindert, setzt voraus, dass festgestellt ist, dass die Zuwiderhandlung bei entsprechenden Aufsichtsmaßnahmen mit an Sicherheit grenzender Wahrscheinlichkeit ausgeblieben wäre (BGH 24.3.1981, wistra 1982, 34; *Maschke* 1996, S. 73 ff.). Es gilt die Lehre vom Rechtswidrigkeitszusammenhang, nicht die Risikoerhöhungslehre (vgl. OLG Stuttgart 12.4.1986, wistra 1987, 35; s. auch Göhler/*Gürtler* OWiG § 130 Rn. 22 und KK-OWiG/*Rogall* OWiG § 130 Rn. 114). Mit dem 2. Gesetz zur Bekämpfung der Umweltkriminalität ist der Wortlaut des § 130 I OWiG insoweit geändert worden, als es nunmehr ausreicht, dass die gehörige Aufsichtsmaßnahme die Zuwiderhandlung „wesentlich erschwert“ hätte. Danach soll der Tatbestand bereits dann eingreifen, wenn die Aufsichtspflichtverletzung zu einer wesentlichen Gefahrenerhöhung hinsichtlich der später begangenen Zuwiderhandlung geführt hat (Göhler/*Gürtler* OWiG § 130 Rn. 22). Inwiefern mit dieser Erweiterung des Tatbestandes gravierende Änderungen verbunden sind,

erscheint zweifelhaft (vgl. auch *Többens* NStZ 1999, 1, 5). Die Kombination aus Risikoerhöhungslehre und einer Anknüpfung an die betriebliche Zuwiderhandlung allein als objektive Bedingung der Ahndbarkeit ist verfassungsrechtlich nicht unproblematisch. Dem kann man nur gerecht werden, wenn man den Begriff *„wesentlich erschwert"* restriktiv interpretiert (*Maschke* 1996, S. 102 f.). Insoweit wird man voraussetzen müssen, dass die unterlassene Maßnahme (mit Sicherheit) geeignet war, die betriebsspezifische Zuwiderhandlungsgefahr zu beseitigen (FK-*Achenbach* 68 Vor § 38 GWB).

Das Höchstmaß der Geldbuße beträgt, falls die zugrunde liegende Pflichtverletzung mit Strafe bedroht ist, 1 000 000 EUR. Ist die zugrunde liegende Zuwiderhandlung mit Geldbuße bedroht, so bestimmt sich das Höchstmaß der Geldbuße wegen der Aufsichtspflichtverletzung nach dem für jene Zuwiderhandlung angedrohten Höchstmaß (§ 130 IV OWiG iVm § 17 II OWiG). Mit Wirkung vom 30.6.2013 ist aber in § 130 III OWiG mit einem Satz 2 ein Verweis auf § 30 II 3 OWiG enthalten. Danach verzehnfacht sich das Höchstmaß der Geldbuße bei vorsätzlicher Aufsichtspflichtverletzung in Verbänden (vgl. KK-OWiG/*Rogall* OWiG § 130 Rn. 121 und BT-Drs. 17/11053, 20 f., 23 f.). Zudem kann nach § 17 IV, § 29a II OWiG eine Abschöpfung des Vorteils erfolgen. 71

Die Verjährung der Verletzung der Aufsichtspflicht richtet sich grundsätzlich nach § 31 II OWiG. Die Aufsichtspflichtverletzung nach § 130 OWiG ist ein eigenständiges Delikt. Dennoch wird die Auffassung vertreten, dass die Dauer der Verjährungsfrist, ebenso wie die Berechnung der Höchstgeldbuße an die der Aufsichtspflichtverletzung zugrunde liegende Zuwiderhandlung gekoppelt sei (KK-OWiG/*Rogall* OWiG § 130 Rn. 128; siehe auch Göhler/*Gürtler* OWiG § 131 Rn. 9, § 130 Rn. 30). Hiergegen hat *Wolter* (GA 2010, 441) treffend eingewandt, der Verweis in § 131 III OWiG auf die Geltung von Verfahrensvorschriften beziehe sich nicht auf die Frage der Verjährung. In der Tat spricht dann viel dafür, dass nicht, wie bisher angenommen, eine fünfjährige Frist gilt, sondern lediglich eine dreijährige. 72

Wann die Verjährung beginnt, ist umstritten. Überwiegend wird davon ausgegangen, sie beginne nicht vor Beendigung der letzten Zuwiderhandlung, durch die in dem Betrieb betriebsbezogene Pflichten verletzt wurden (BGH 9.7.1984, BGHSt 32, 390; BGH 6.11.1984, wistra 1985, 77; Göhler/*Gürtler* OWiG § 130 Rn. 30, KK-OWiG/*Rogall* OWiG § 130 Rn. 112). Demgegenüber scheinen *Möller* und *Retemeyer* davon auszugehen, dass es sich um eine Dauerzuwiderhandlung handele, bei der die Verjährung erst beginne, wenn der ordnungswidrige Zustand abgestellt wird, was in der Regel erst dann geschehe, wenn die betriebsbezogenen Zuwiderhandlungen als Folge mangelnder Aufsicht bei einer amtlichen Prüfung oder Ermittlung aufgedeckt würden (*Bender/Möller/Retemeyer* E 311). Dazwischen steht die Auffassung des BGH, eine Aufsichtspflichtverletzung sei zumindest solange nicht beendet, wie nach einer bestimmten Zuwiderhandlung „in nächster Zeit weitere Verstöße derselben Art zu befürchten sind" (BGH 9.7.1984, BGHZ 92, 84). 73

Zwar gehört die betriebsspezifische Zuwiderhandlungsgefahr zum Tatbestand des § 130 OWiG, dennoch kann für die Verjährung nicht an die bloße Befürchtung weiterer Verstöße, sondern nur an die realen Zuwiderhandlungen angeknüpft werden, welche die Ahndbarkeit der Aufsichtspflichtverletzung konkret begründen (FK-*Achenbach* 71 Vor § 38 GWB; *Hermanns/Kleier* S. 99; *Dannecker* NStZ 1985, 56). Dementsprechend ist die Aufsichtspflichtverletzung beendet, wenn ein konkreter Verstoß als solcher beendet ist (vgl. aber *Göhler* wistra 1995, 300, 302). Daher kommt es maßgeblich auf die betroffene Steuerart an; so wird eine Zuwiderhandlung im Bereich der Lohnsteuer mit der Einreichung der entsprechenden Anmeldung, ein Verstoß im Bereich von Umsatzsteuer-Voranmeldungen jedoch erst mit der Abgabe der unrichtigen Umsatzsteuer-Jahreserklärung beendet sein (vgl. Rn. 38 zu § 376). 74

Sachlich zuständig für die Verfolgung und Ahndung einer Ordnungswidrigkeit iS des § 130 OWiG, der eine Zuwiderhandlung gegen Steuergesetze zugrunde liegt, ist regelmäßig die Finanzbehörde iSd § 386 I 2 AO (§ 131 III, § 36 I OWiG; § 409 iVm § 387 AO; vgl. *Bender/Möller/Retemeyer* E 327; Koch/Scholtz/*Scheurmann-Kettner* 34 zu § 377). 75

§ 378 Leichtfertige Steuerverkürzung

(1) [1]**Ordnungswidrig handelt, wer als Steuerpflichtiger oder bei Wahrnehmung der Angelegenheiten eines Steuerpflichtigen eine der in § 370 Abs. 1 bezeichneten Taten leichtfertig begeht.** [2]**§ 370 Abs. 4 bis 7 gilt entsprechend.**

(2) **Die Ordnungswidrigkeit kann mit einer Geldbuße bis zu fünfzigtausend Euro geahndet werden.**

(3) [1]**Eine Geldbuße wird nicht festgesetzt, soweit der Täter gegenüber der Finanzbehörde die unrichtigen Angaben berichtigt, die unvollständigen Angaben ergänzt oder die unterlassenen Angaben nachholt, bevor ihm oder seinem Vertreter die Einleitung eines Straf- oder Bußgeldverfahrens wegen der Tat bekannt gegeben worden ist.** [2]**Sind Steuerverkürzungen bereits eingetreten oder Steuervorteile erlangt, so wird eine Geldbuße nicht festgesetzt, wenn der Täter die aus der Tat zu seinen Gunsten verkürzten Steuern innerhalb der ihm bestimmten angemessenen Frist entrichtet.** [3]**§ 371 Absatz 4 gilt entsprechend.**

Schrifttum: s. vor Rn. 23, 33, 52, 68.

Übersicht

I. Allgemeines

1. Entstehungsgeschichte

1 **Schon vor der RAO 1919** enthielten die meisten Steuergesetze der Länder und des Reiches Vorschriften, in denen unbeabsichtigte Steuerverkürzungen mit einer minderen Multiplarstrafe oder mit einer betragsmäßig begrenzten, vom verkürzten Steuerbetrag unabhängigen „*Ordnungsstrafe*" bedroht waren. Dabei wurde zT die Beweislast für fehlenden Vorsatz dem Beschuldigten aufgebürdet, vgl. zB Art. 12 WürttEStG v. 19.9.1852 (RegBl. 230): „*Wenn im Falle einer* [Steuerverkürzung] *der Angeschuldigte nachweist, dass er eine Steuergefährdung* [iS von Hinterziehung] *nicht habe verüben können oder wollen, so ist von der Centralsteuerbehörde … anstatt der … verwirkten Strafe eine Controllstrafe bis 30 fl. zu erkennen*"; ferner Art. 29 BadKapitalrentenStG (GVBl. 361): „*Wird dargethan, dass die unterbliebene oder zu niedere Steuererklärung auf einem Versehen beruhe, so tritt … statt der Strafe … eine Ordnungsstrafe von höchstens dem einfachen Betrage der … gar nicht oder zu wenig angesetzten Steuer ein*"; ähnl. Art. 27 BadEStG v. 20.6.1884 (GVBl. 321): „*Wird dargethan, dass eine der … mit Strafe bedrohten Verfehlungen nur auf einem Versehen beruht, so tritt … anstelle der … angedrohten Strafe nur eine Ordnungsstrafe bis zu 300 Mark*"; Art. 66 III BayEStG v. 19.5.1881 (GVBl. 441): „*Ist*

aus den obwaltenden Umständen anzunehmen, dass die Abgabe unrichtiger oder unvollständiger Erklärungen oder die Ertheilung unrichtiger oder unvollständiger Aufschlüsse nicht in der Absicht, die Steuer zu hinterziehen, erfolgte, so tritt eine Ordnungsstrafe bis zu hundert Mark ein"; ähnl. Art. 68 III BayEStG v. 9.6.1899 (GVBl. 227): *„Ist als nachgewiesen anzusehen, dass … eine Hinterziehung nicht beabsichtigt gewesen ist, dann ist eine Ordnungsstrafe bis zu 100 Mark zu verhängen …"*; abw. § 66 II PreußEStG v. 24.6.1891 (GS 175): *„An die Stelle* [der Strafe für Hinterziehung] *tritt eine Geldstrafe von 20 bis 100 Mark, wenn aus den Umständen zu entnehmen ist, dass die unrichtige oder unvollständige Angabe oder die Verschweigung steuerpflichtigen Einkommens zwar wissentlich, aber nicht in der Absicht der Steuerhinterziehung erfolgt ist"*. Die Unterscheidung *„wissentlich, aber nicht absichtlich"* enthielt außer § 79 II PreußKAG v. 14.7.1893 (GS 152) u. a. auch Art. 74 III BayEStG v. 14.8.1910 (GVBl. 493); anders dagegen Art. 67 II OldenbEStG v. 12.5.1906 (GBl. 833): *„Ist die Falschmeldung zwar nicht wissentlich erfolgt, aber auf grobe Fahrlässigkeit zurückzuführen, so tritt eine Geldstrafe bis zu 100 Mark ein"*. Eine wenig überzeugende Lösung enthielt Art. 71 WürttEStG v. 8.8.1903 (RegBl. S. 261), nach dem wissentlich unrichtige Angaben nur mit Geldstrafe bis zu 300 Mark bedroht und dann die gleiche Strafe vorgesehen war, falls sich ein wissentliches Handeln nicht nachweisen ließ, aber festgestellt werden konnte, *„dass die unrichtige oder unvollständige Angabe oder die Verschweigung bei Anwendung der pflichtgemäßen Sorgfalt und Aufmerksamkeit hätte vermieden werden können"*. Außergewöhnlich war auch der dem § 67 I SächsEStG v. 22.12.1874 (GVBl. 471) nachgebildete § 70 SächsEStG v. 24.7.1900 (GVBl. 562), nach dem mit Geldstrafe bis zu 100 Mark belegt werden konnte, *„wer in den zum Zwecke der Einschätzung eines Einkommens … oder der Verhandlung eines Rechtsmittels von ihm gemachten Angaben sich in wesentlichen Punkten Unrichtigkeiten zu Schulden kommen lässt, sofern diese zur Bestrafung* [wegen Hinterziehung] *nicht geeignet sind"*.

Entsprechende Vorschriften enthielten die Steuergesetze des Reiches zB in §§ 32, 43 BrauStG v. 31.5.1872 (RGBl. 153)/3.6.1906 (RGBl. 675): *„Kann der Angeschuldigte nachweisen, dass er eine Defraudation nicht habe verüben können oder eine solche nicht beabsichtigt gewesen sei, so findet nur eine Ordnungsstrafe* [bis zu 50 Thalern/150 Mark] *statt"*, ähnl. § 49 II ErbStG v. 3.6.1906 (RGBl. 654): *„Ist nach den obwaltenden Umständen anzunehmen, dass die rechtzeitige Erfüllung der Verpflichtung* [zur Abgabe einer Steuererklärung] *nicht in der Absicht, die Erbschaftssteuer zu hinterziehen, unterlassen worden ist, tritt statt der* [Strafe für Hinterziehung] *eine Ordnungsstrafe bis zu 150 Mark ein"*; ferner § 51 I ZuwachsStG v. 14.2.1911 (RGBl. 33), § 58 WehrbeitragsG u. § 78 BesitzStG v. 3.7.1913 (RGBl. 505, 524). 2

Mit § 367 RAO 1919 wurde erstmalig eine allgemeine Vorschrift über fahrlässige Steuerverkürzung eingeführt, deren Strafdrohung gem. Art. VIII Nr. 6 der 3. StNotV v. 14.2.1924 (RGBl. I 74, 88) neu gefasst wurde; neu bekanntgemacht als § 402 RAO 1931. In der Neufassung gem. Art. I Nr. 2 und 3 G v. 11.5.1956 (BGBl. I 418) wurde in Absatz 1 die ursprüngliche Bezeichnung *„Steuergefährdung"* in *„fahrlässige Steuerverkürzung"* und das subjektive Merkmal *„fahrlässig"* in *„leichtfertig"* geändert sowie in Absatz 2 (leichtfertige Steuerumgehung) der Hinweis auf § 10 RAO 1931 gestrichen (Begr. BT-Drs. I/1593, 4 f.). 3

Durch Art. 1 Nr. 15 des **2. AOStrafÄndG** v. 12.8.1968 (BGBl. 1968 I 1953) wurde die Vorschrift als Bußgeldtatbestand neu gefasst, als § 404 RAO bezeichnet und mit einer Überschrift versehen. In Absatz 1 wurden die Worte *„oder als Vertreter"* im Hinblick auf § 50a StGB idF des Art. 1 Nr. 7 EGOWiG sowie die Worte *„wegen fahrlässiger Steuerverkürzung"* im Hinblick auf die Überschrift weggelassen. Auf einen besonderen Absatz über leichtfertige Steuerumgehung wurde – wie in § 392 RAO – verzichtet. Neu angefügt wurde Absatz 3 über die Selbstanzeige, dessen Vorläufer § 411 RAO 1931 war, sowie Absatz 4 über die Verfolgungsverjährung, der abw. von § 27 II Nr. 1 OWiG aF – wie vorher § 419 I RAO 1931 – eine 5-jährige Verjährungsfrist bestimmte (Begr. BT-Drs. V/1812, 27). Durch Art. 161 EGStGB wurde § 404 IV RAO im Hinblick auf die generelle Regelung in § 410 RAO gestrichen. § 378 AO unterscheidet sich von § 404 RAO idF von Art. 161 EGStGB nur noch dadurch, dass die Tathandlungen nicht mehr selbstständig, 4 sondern durch Verweisung auf § 370 AO beschrieben werden. In diesem Sinne erfolgte durch Gesetz v. 21.12.1992 (BGBl. 1992 I 2118) eine Änderung des § 378 I, 2. Hs. AO, um die Norm einer Neuregelung in § 370 AO anzupassen. Im Zuge der Einführung des Euro wurde durch Gesetz vom 19.12.2000 (BGBl 2000 I 1790) mWv 1.1.2002 in Abs. 2 der DM-Betrag 100 000 auf 50 000 EUR umgestellt.

5 Eine mittelbare Erweiterung hat § 378 AO durch das Gesetz zur Intensivierung der Bekämpfung der Schwarzarbeit und damit zusammenhängender Steuerhinterziehung (v. 23.7.2004, BGBl. 2004 I 1842, 1856) erfahren. Nach § 50e II EStG nF ist § 378 AO auch bei vorsätzlichem Handeln anwendbar, wenn ein Arbeitgeber bei geringfügigen Beschäftigungen in Privathaushalten seine steuerlichen Pflichten verletzt (vgl. auch *Berwanger* BB-Special 2/2004 S. 10, 14). Mit dem Schwarzgeldbekämpfungsgesetz wurden mWv 3.5.2011 lediglich in Abs. 3 sprachliche Änderungen vorgenommen, ohne dass die zunächst geplanten gravierenden Änderungen auch hier Gesetz geworden wären (Rn. 12 zu § 371). Überdies machte die Änderung des § 371 Abs. 3 mWv. 1.1.2015 die Einfügung eines neuen Abs. 3 Satz 2 erforderlich, da es bei leichtfertiger Steuerhinterziehung keine Hinterziehungszinsen gibt. Überdies musste der bisherige Satz 2 (jetzt Satz 3) an die Änderung des § 371 Abs. 3 angepasst werden. Inhaltliche Änderungen sind damit nicht verbunden.

2. Zweck und Bedeutung

6 § 378 AO schützt als Bußgeldtatbestand – wie vorher der Straftatbestand des § 402 RAO 1931 – das staatliche Interesse am vollständigen und rechtzeitigen Aufkommen der Steuern im Ganzen (ausf. s. Einl Rn. 8) gegen leichtfertige Verkürzungen. Der objektive Tatbestand des § 378 AO stimmt in Bezug auf Tathandlung und Erfolg mit dem objektiven Tatbestand der Steuerhinterziehung nach § 370 AO überein, jedoch sind Amtsträger und Auskunftspersonen aus dem Täterkreis ausgenommen (Rn. 9). Von den subjektiven Anforderungen her wird der Schutz des vollen Steuerertrags durch § 378 AO weiter ausgedehnt als der Schutz des Eigentums und privater Vermögensansprüche gem. §§ 242, 246, 263 usw. StGB, die nur bei vorsätzlicher Tat eingreifen; eine Parallele findet sich im Straftatbestand des leichtfertigen Subventionsbetruges (§ 264 StGB). Zur besonderen Schutzbedürftigkeit des Steueraufkommens s. Einl Rn. 11.

7 **Dogmatisch** bietet die Steuerordnungswidrigkeit der leichtfertigen Steuerverkürzung nach § 378 AO ein wichtiges Beispiel dafür, dass dem Ordnungsunrecht nicht nur ein *folgenloses* rechtswidriges Verhalten – namentlich Vorbereitungs- oder Gefährdungshandlungen – zugeordnet werden kann, sondern auch eine Zuwiderhandlung, die das geschützte Rechtsgut unmittelbar *verletzt.* § 378 AO verstärkt die Zweifel, ob zwischen Straftaten und Ordnungswidrigkeiten ein dem Gesetzgeber vorgegebener qualitativer Unterschied besteht, den sich die Fürsprecher der Trennung zwischen kriminellem Unrecht und Ordnungsunrecht ursprünglich vorgestellt hatten (vgl. auch HHSp-*Rüping* 9 f. zu § 377). Diese Zweifel verstärken sich noch, wenn man bedenkt, dass im Falle des Subventionsbetruges die leichtfertige Begehungsweise immerhin als Vergehen mit Freiheitsstrafe bis zu drei Jahren geahndet wird (§ 264 IV StGB).

8 **Nach den Erfahrungen der Praxis** bezieht sich die Anwendung des § 378 AO zu einem erheblichen Teil auf Fälle, in denen der Verdacht vorsätzlicher Handlungsweise fortbesteht, aber der Beweis des Vorsatzes nicht geführt werden kann, zB weil ein vom Täter geltend gemachter Tatumstandsirrtum (Rn. 100 ff. zu § 369) nicht widerlegt werden kann und daher im Zweifel als wahr unterstellt werden muss. In solchen Fällen wirkt § 378 AO als „Auffangtatbestand" (vgl. BGH 13.1.1988, wistra 1988, 196; Kohlmann/*Schauf* 7, Kühn/v.Wedelstädt/*Blesinger* 2 zu § 378). Hierbei dürfte die vorbeugende Wirkung einer Geldbuße besonders nachhaltig sein, weil der Betroffene weiß, dass ihn derselbe Irrtum nicht noch einmal entlasten wird (Rn. 42). Andererseits darf aus Anzeichen für den letztlich nicht nachweisbaren Vorsatz nicht schon auf Leichtfertigkeit geschlossen werden (so zu Recht HHSp-*Bülte* 9 zu § 378).

II. Tatbestand des § 378 I AO

1. Täterkreis

Als Täter kommt gem. § 378 I AO nur in Betracht, wer die Steuerverkürzung *„als Steuerpflichtiger"* (Rn. 13 f.) oder *„bei Wahrnehmung der Angelegenheiten eines Steuerpflichtigen"* (Rn. 15 ff.) bewirkt. Bußgeldrechtlich nicht verantwortlich sind daher Amtsträger der Finanzverwaltung, die bei der Ermittlung der Besteuerungsgrundlagen, der Festsetzung, Erhebung und Beitreibung der geschuldeten Steuer leichtfertig Fehler begehen, die den Steuerertrag schmälern (vgl. BGH 9.5.1956, ZfZ 1957, 186). Gleiches gilt für Amtsträger anderer Verwaltungen, die der FinB leichtfertig falsche Auskünfte erteilen. Indessen kann ein leichtfertiges Verhalten, das bei Stpfl als Steuerordnungswidrigkeit nach § 378 AO geahndet werden kann, bei Amtsträgern als Dienstvergehen mit einer Disziplinarmaßnahme, namentlich Verweis oder Geldbuße, im Disziplinarverfahren nach der BDO bzw. den Disziplinarordnungen der Länder geahndet werden (HHSp-*Bülte* 17 zu § 378). Diese Möglichkeit besteht nicht für Angestellte, die in der Außenprüfung, den Veranlagungsstellen, der Finanzkasse oder im Innendienst der Vollstreckungsstelle eingesetzt sind und durch leichtfertiges Verhalten eine Steuerverkürzung bewirken. Ebensowenig wie Amtsträger können Auskunftspersonen (§§ 93 ff.), Drittschuldner im Beitreibungsverfahren (§ 316 I) und Sachverständige (§ 96) gem. § 378 AO bußgeldrechtlich belangt werden (Rn. 12). 9

Eine Beteiligung iS des § 14 I OWiG kann nicht von Personen begangen werden, die außerhalb des Täterkreises iS des § 378 AO stehen. Wer als Geschäftspartner des Stpfl diesem eine leichtfertige Steuerverkürzung ermöglicht, haftet mangels Täterqualität nicht nach § 378 AO, sondern lediglich nach § 379 AO. Beteiligen sich Außenstehende vorsätzlich an einer leichtfertigen Steuerverkürzung, dann kommt bei ihnen freilich eine Steuerhinterziehung – in mittelbarer Täterschaft – in Betracht (Rn. 76 zu § 369). 10

Für außerhalb des Täterkreises stehende Amtsträger, Auskunftspersonen und Sachverständige gilt dasselbe. Auch sie können keine leichtfertige Steuerverkürzung begehen, da sie weder Stpfl (Rn. 13 f.) sind, noch bei Wahrnehmung der Angelegenheiten eines Stpfl (Rn. 15 ff.) handeln. Handeln sie vorsätzlich, so sind sie mittelbarer Täter einer vorsätzlichen Steuerhinterziehung nach § 370 AO. Bei bloßer Leichtfertigkeit scheidet § 378 AO mangels Täterqualität aus. Freilich kommt das allgemeine Strafrecht in Betracht, so zB, wenn sie fahrlässig unrichtige Aussagen oder Gutachten beschwören oder fahrlässig unrichtige eidesstattliche Versicherungen abgeben, (vgl. §§ 94, 95, 96 VII AO iVm §§ 161, 154 bis 156 StGB). 11

Ausgedehnt wird der Täterkreis gem. § 9 OWiG auf die Organe, Vertreter usw. einer juristischen Person, wenn vom Gesetz vorausgesetzte ahndbarkeitsbegründende, besondere persönliche Merkmale zwar bei dem anderen, nicht aber bei dem Organmitglied, Vertreter usw. vorliegen. Im Verhältnis zu § 9 OWiG stellt jedoch § 378 I AO eine spezielle Sonderregelung iS des § 377 II AO auf. Der Umfang des Täterkreises ergibt sich hier allein aus § 378 I AO; § 9 OWiG ist nicht anzuwenden (zust. RK-*Rolletschke* 4, 7, Schwarz/Pahlke/*Webel* 3 f. zu § 378). 12

Der Begriff des Steuerpflichtigen ist in § 33 AO auch für § 378 AO definiert (zust. Schwarz/Pahlke/*Webel* 7 zu § 378).: 13

§ 33 AO Steuerpflichtiger

(1) Steuerpflichtiger ist, wer eine Steuer schuldet, für eine Steuer haftet, eine Steuer für Rechnung eines Dritten einzubehalten und abzuführen hat, wer eine Steuererklärung abzugeben, Sicherheit zu leisten, Bücher und Aufzeichnungen zu führen oder andere ihm durch die Steuergesetze auferlegte Verpflichtungen zu erfüllen hat.

(2) Steuerpflichtiger ist nicht, wer in einer fremden Steuersache Auskunft zu erteilen, Urkunden vorzulegen, ein Sachverständigengutachten zu erstatten oder das Betreten von Grundstücken, Geschäfts- und Betriebsräumen zu gestatten hat.

14 Die Definition in § 33 I AO wird maßgeblich bestimmt durch die Formulierung „... *oder andere ihm durch die Steuergesetze auferlegte Verpflichtungen zu erfüllen hat*". Durch diese Generalklausel werden die übrigen angeführten Fälle zu bloßen Beispielen. Gegenüber § 97 I RAO besteht die Erweiterung vor allem darin, dass auch der *potentielle* StSchuldner Täter nach § 378 AO sein kann, soweit er Aufzeichnungs- oder Erklärungspflichten hat. Zu den Steuerpflichtigen gehören vor allem auch diejenigen Personen, die steuerliche Pflichten auf Grund eines Gesetzes für andere zu erfüllen haben, wie zB die gesetzlichen Vertreter, Geschäftsführer (§ 34 I), die Mitglieder und Gesellschafter nicht rechtsfähiger Personenvereinigungen ohne Geschäftsführer (§ 34 II) sowie die Vermögensverwalter (§ 34 III). Wird die Wahrnehmung steuerlicher Pflichten kraft Rechtsgeschäftes delegiert und greift kein Pflichtenübergang kraft Gesetzes ein, so kommt die zweite Tätereigenschaft in § 378 AO *(„bei Wahrnehmung der Angelegenheiten eines Steuerpflichtigen")* in Betracht (Rn. 15 ff.). § 9 OWiG ist nicht anzuwenden (Rn. 12). Dagegen sind gem. § 33 II AO nicht Steuerpflichtige die Auskunftspflichtigen (§ 93), die zur Vorlage von Urkunden Verpflichteten, soweit sie nur hierzu verpflichtet sind (§ 97), die Sachverständigen (§ 96 AO) sowie diejenigen, die verpflichtet sind, das Betreten von Grundstücken und Räumen zu gestatten (§ 99).

15 **Bei Wahrnehmung der Angelegenheiten eines Stpfl** iS des § 378 AO handelt jeder, dessen Tun oder pflichtwidriges Unterlassen mit den steuerrechtlichen Pflichten eines Stpfl in Zusammenhang steht. Der Begriff ist weit auszulegen (RG 12.4.1923, RGSt 57, 218, 219; RG 15.1.1931, JW 1931, 2311; Kohlmann/*Schauf* 16, Kühn/v.Wedelstädt/*Blesinger* 7, RK-*Rolletschke* 9 zu § 378). In Wahrnehmung der Angelegenheiten seiner Angehörigen handelt zB auch das Familienoberhaupt, wenn es bei gemeinschaftlicher Einreise schlüssig zu erkennen gibt, dass es die Zollformalitäten für alle Familienmitglieder erledigen will (OLG Hamm 20.11.1958, ZfZ 1959, 122; HHSp-*Bülte* 17, Kohlmann/*Schauf* 25 zu § 378).

Unerheblich ist,

16 – ob die Wahrnehmung der Angelegenheiten *geschäftsmäßig* oder *berufsmäßig* erfolgt, wie zB bei Rechtsanwälten, Notaren, Steuerberatern (dazu OLG Koblenz 15.12.1982, wistra 1983, 270), Wirtschaftsprüfern usw.;

17 – ob eine etwa geschäftsmäßig ausgeübte Hilfeleistung in Steuersachen *befugt* oder *unbefugt* ist;

18 – ob der Handelnde diejenige Tätigkeit (oder Untätigkeit), die eine Steuerverkürzung zur Folge hat, mit oder ohne *Vertretungsmacht,* mit oder ohne *Auftrag,* auf oder gegen eine *Weisung* des Stpfl ausübt (Kohlmann/*Schauf* 26 zu § 378);

19 – ob ein für den Stpfl tätiger Angestellter sich in *leitender* Stellung befindet, zB als Prokurist, oder nur *untergeordnete* Arbeiten ausführt, zB als Buchhalter (ähnlich RK-*Rolletschke* 9 zu § 378). Die Grenze ist dort erreicht, wo der Mitarbeiter lediglich Schreib- oder Rechenarbeiten ausführt.

20 **Ein Zusammenhang mit der Erfüllung** (oder Nichterfüllung) **steuerrechtlicher Pflichten fehlt,** wenn der Handelnde (oder Untätige) zu den Angelegenheiten des Stpfl überhaupt keine Beziehung hat und sein Verhalten nur durch ein zufälliges Zusammenspiel äußerer Umstände zu einer Steuerverkürzung führt, zB wenn jemand einen anderen aus Gefälligkeit mit seinem Kfz aus dem Freihafen ins Zollinland mitnimmt (aM DOG v. 5.7.1950, ZfZ 272; wie hier Kohlmann/*Schauf* 25 zu § 378).

21 **Steuerberatungs- oder Wirtschaftsprüfungsgesellschaften** (§§ 32, 49 ff. StBerG; §§ 1, 27 ff. WiPrO), die etwa in der Rechtsform einer AG, KGaA oder GmbH organisiert sind, handeln zwar in Wahrnehmung der Angelegenheiten eines Stpfl, jedoch wird die Steuerberatung nicht durch die Gesellschaft als solche, sondern durch natürliche Personen eigenverantwortlich ausgeübt (vgl. § 60 StBerG, § 44 WiPrO). Regelmäßig können daher nur die im Einzelfall eigenverantwortlich tätigen Personen eine leichtfertige Steuerverkürzung nach § 378 AO begehen (ebenso Kohlmann/*Schauf* 17 zu § 378). Bei gesetzwidrigen

Weisungen eines Vorstands oder Geschäftsführers kann eine Beteiligung (§ 14 OWiG, s. Rn. 22 ff. zu § 377) dieser Organmitglieder in Betracht kommen (*Neflin* DStZ 1962, 311, 313 f.). Verletzungen der Aufsichtspflicht eines Vorstands oder Geschäftsführers können mit einer Geldbuße nach § 130 OWiG geahndet werden (Rn. 61 ff. zu § 377). In diesen Fällen kann auch die Steuerberatungs- oder Wirtschaftsprüfungsgesellschaft selbst mit einer Geldbuße nach § 30 I Nr. 1, II 2 OWiG belegt werden (Rn. 44 ff. zu § 377).

Die Worte „als Vertreter eines Steuerpflichtigen" sind – abw. von § 402 RAO 1931 – in § 378 AO nicht mehr enthalten (Rn. 4). Eine sachliche Änderung ist dadurch nicht eingetreten. Wer als gesetzlicher Vertreter eines geschäftsunfähigen oder beschränkt geschäftsfähigen Stpfl (vgl. §§ 104, 106 BGB; § 34 I, § 35 AO) handelt oder als vertretungsberechtigtes Organ einer juristischen Person oder als Mitglied eines solchen Organs oder als vertretungsberechtigter Gesellschafter einer Personenhandelsgesellschaft im Namen des Stpfl tätig wird oder als Rechtsnachfolger, Testamentsvollstrecker, Erbschaftsbesitzer, Pfleger, Liquidator oder Verwalter für einen weggefallenen Stpfl handelt, wird gem. §§ 34, 35, 153 AO dem vertretenen oder weggefallenen Stpfl gleichgestellt (Rn. 12). Solche „Vertreter" sind daher *selbst* Stpfl iS des § 378 I AO (Rn. 113). Dasselbe gilt für Verfügungsberechtigte iS des § 35 AO, zB Treuhänder (RFH 6.4.1932, RStBl. 1932, 517), sowie für Beauftragte iS des § 214 S. 1 AO. 22

2. Tathandlung, Kausalität und Erfolg

Schrifttum: *Hintzen,* Steuergefährdung durch wahrheitswidrige Stundungsbegründung, DB 1953, 874; *Lohmeyer,* Fahrlässige Steuerverkürzung durch die zu hohe Abschreibung zweifelhafter Forderungen, StBp 1963, 136; *Franzen,* Zur schuldgerechten Aufteilung der Steuerverkürzung (§§ 396, 402 AO), DStR 1964, 380; *Danzer,* Die strafrechtliche Verantwortlichkeit des steuerlichen Beraters, Grundfragen 1983, 67; *Bublitz,* Die Kausalität bei der leichtfertigen Steuerverkürzung durch den Steuerberater und sonstige Dritte, DStR 1984, 435; *Reitz,* Die bußgeldrechtliche Verantwortlichkeit des Steuerberaters, DStR 1984, 91, 439; *Dörn,* Leichtfertige Steuerverkürzung (§ 378 AO) und leichtfertiger Subventionsbetrug (§ 264 Abs. 1, Abs. 3 StGB) durch den Steuerberater, wistra 1994, 215; *ders.,* Feststellung von Steuerverkürzungen durch die Außenprüfung, DStR 1995, 558; *H. L.,* Leichtfertige Steuerverkürzung, DB 1998, 2198; *Dörn,* Praxisfragen der steuerstraf- oder bußgeldrechtlichen Verantwortung des Steuerberaters, Stbg 2002, 454; *Müller,* Die leichtfertige Steuerverkürzung – Besonderheiten der Steuerordnungswidrigkeit, AO-StB 2003, 210; *Hentschel,* Die Bedeutung des Steuerordnungswidrigkeitenrechts bei grenzüberschreitender Umsatzsteuerhinterziehung, wistra 2005, 371; *Rolletschke,* Der Tatbestand der leichtfertigen Steuerverkürzung (§ 378 AO), ZSteu 2006, 184; *Joecks,* Vorsatz und Leichtfertigkeit, SAM 2012, 26; *Roth,* Der Tatbestand der leichtfertigen Steuerverkürzung (§ 378 AO), ZAP Fach 20 531.

Als Tathandlung kommen wegen der Verweisung in § 378 I AO nur die Verhaltensweisen nach § 370 I Nr. 1–3 AO in Betracht. Der Täter muss daher entweder unrichtige oder unvollständige Angaben machen (Rn. 151 ff. zu § 370), die FinB pflichtwidrig in Unkenntnis lassen (Rn. 200 ff. zu § 370) oder pflichtwidrig die Verwendung von Steuerzeichen oder Steuerstemplern unterlassen (Rn. 244 zu § 370). 23

Soweit der Täter handelt, gilt das zur vorsätzlichen Steuerverkürzung Ausgeführte entsprechend. Auch bestehen dann keine Probleme, wenn der Täter, der eine Unterlassung nach § 370 I Nr. 2, 3 AO begeht, selbst Stpfl ist. Bei denjenigen Tätern jedoch, die bei Wahrnehmung der Angelegenheiten eines Stpfl unterlassen, erhebt sich die Frage, ob die *lediglich rechtsgeschäftliche Verpflichtung gegenüber dem Stpfl* eine Pflicht iS von § 370 I Nr. 2, 3 AO ist. Aus § 378 I AO lässt sich entnehmen, dass rechtsgeschäftlich begründete Pflichten nicht generell ausscheiden, da sonst die Alternative *„bei Wahrnehmung der Angelegenheiten eines Stpfl"* bei Unterlassungstaten keinen Anwendungsbereich hätte. Andererseits wird man jedoch nicht jegliche Verpflichtung, zB des Arbeitnehmers gegenüber dem Arbeitgeber, als Pflicht zur Aufklärung der FinB (§ 370 I Nr. 2) oder als Pflicht zur Verwendung von Steuerzeichen oder Steuerstemplern (§ 370 I Nr. 3) ansehen dürfen. Dies beruht darauf, dass in zahlreichen Arbeitsverhältnissen Nebenpflichten bestehen, deren Verletzung zur Herbeiführung einer Steuerverkürzung führen kann. Würde man zB die Pflicht des Chauffeurs zur Führung eines innerbetrieblichen Fahrtenbuches nur deshalb als Pflicht iS von § 370 I Nr. 2 AO ansehen, weil mit Hilfe der Eintragungen auch die private Nutzung des 24

Pkw ermittelt und in Steuererklärungen angegeben wird, dann würde dadurch die leichtfertige Verletzung von – steuerfernen – Pflichten aus dem Arbeitsvertrag in nicht zu vertretendem Umfang als Steuerordnungswidrigkeit geahndet. Eine Einschränkung des für §§ 378, 370 I Nr. 2, 3 AO relevanten Pflichtenkreises lässt sich nur in der Weise vornehmen, dass die verletzte Pflicht *Hauptpflicht* des Arbeits- oder Anstellungsvertrages ist (zust. HHSp-*Bülte* 29, Klein/*Jäger* AO § 378 Rn. 16). Damit scheiden die Pflichtverletzungen zB von Verkäufern, die bei der Inventur am Jahresende eingesetzt werden, von Fahrern, die Fahrtenbücher zu führen haben, und von Sekretärinnen, welche die Portokasse verwalten, aus.

25 **Ob angestellte oder beauftragte Steuerberater** (so OLG Koblenz v. 15.12.1982, wistra 1983, 275) die Ordnungswidrigkeit nach § 378 AO durch Unterlassen begehen können, erscheint zweifelhaft. Gleiches gilt für Wirtschaftsprüfer, Buchhalter, Leiter des Rechnungswesens oder Angestellte, die den Warenbestand hauptamtlich zu kontrollieren und zu erfassen haben. Dabei ist zu beachten, dass derartige Pflichten stets nur eine Aufklärung oder Unterrichtung des eigentlichen Stpfl zum Inhalt haben. Dagegen besteht keine Pflicht zur Information der FinB. Bei Steuerberatern und Wirtschaftsprüfern ergibt sich dies schon aus der nach § 203 I StGB strafbewehrten Pflicht zur Verschwiegenheit (Kohlmann/*Schauf* 44 zu § 378). Insbesondere findet – entgegen der Auffassung des OLG Koblenz (15.12.1982, wistra 1983, 275) – § 153 AO auf den steuerlichen Berater keine Anwendung (BGH 20.12.1995, wistra 1996, 184, 188; *Achenbach* Stbg 1996, 306; *Joecks* InfStW 1997, 21; vgl. auch BGH 19.12.1997, wistra 1998, 180, 187).

26 **Der tatbestandsmäßige Erfolg** besteht bei § 378 AO – wie bei § 370 AO – darin, dass Steuern verkürzt oder ungerechtfertigte Steuervorteile erlangt werden. Für die Auslegung dieser Begriffe gelten die Erläuterungen zum Tatbestand der Steuerhinterziehung (Rn. 52 ff. zu § 370). Die Verweisung in § 378 I 2 AO stellt klar, dass auch die Vorschriften in § 370 IV–VII AO anzuwenden sind. Die leichtfertige Steuerverkürzung ist ein Erfolgsdelikt. Da der Versuch nicht mit Geldbuße bedroht ist, liegt vor Eintritt des steuerverkürzenden Erfolges noch keine Ordnungswidrigkeit vor. Jedoch kann in diesem Stadium bereits ein Gefährdungstatbestand nach den §§ 379–382 AO erfüllt sein.

27 Zwischen Täterverhalten und tatbestandsmäßigem Erfolg muss **Kausalität** bestehen (ausf. Rn. 45 ff. zu § 369). Unerheblich ist es, in welcher Phase des Besteuerungsverfahrens die Ursache für die Steuerverkürzung gesetzt wird, ob bereits bei den laufenden Aufzeichnungen, bei den Bestandsaufnahmen, den Abschlussbuchungen, der Fertigung der Steuererklärung usw. Entscheidend ist nur, dass sich die Ursache in einer vollendeten Steuerverkürzung ausgewirkt hat.

28 Ob Täter der leichtfertigen Steuerverkürzung auch sein kann, wer nicht selbst unrichtige Angaben macht, sondern lediglich verursacht, dass ein anderer der Finanzbehörde gegenüber objektiv unrichtige Erklärungen abgibt, ist umstritten. *Reitz* (DStR 1984, 91), *Danzer* (Grundfragen S. 82 f.), *Rüping* (HHSp 24 zu § 378), *Dörn* (wistra 1994, 216 f.) sowie *Müller* (AO-StB 2003, 210; ebenso BayObLG 9.11.1993, wistra 1994, 34; OLG Braunschweig 8.3.1996, wistra 1996, 319; OLG Zweibrücken 23.10.2008, NStZ-RR 2009, 81) schließen aus der Verweisung von § 378 AO auf § 370 I AO, dass eine leichtfertige Steuerverkürzung nur begehen könne, wer *selbst* unrichtige Erklärungen abgebe. Demgegenüber stellen *Bublitz* (DStR 1984, 435) und *Samson* (3. Aufl. Rn. 21 zu § 378) darauf ab, dass schon § 370 I AO kein eigenhändiges Delikt enthielte. Daher genüge auch für § 378 AO jegliche Verursachung der Abgabe unrichtiger Erklärungen (und sei es auch durch einen anderen), soweit dies zur Herbeiführung der Steuerverkürzung führe. *Duttge* (wistra 2000, 201 ff.) sieht auch unter dem Aspekt des Analogieverbots keine Notwendigkeit, den Anwendungsbereich der Norm auf Fälle zu beschränken, in denen der Beteiligte selbst Angaben mache.

29 *Rüping* (HHSp-*Rüping* 25 zu § 378) will danach differenzieren, ob der im Vorfeld beratend wirkende Steuerberater seine **Mitwirkung auf der Steuererklärung vermerkt.** Werde eine nicht erfolgte Mitwirkung behauptet, könne § 378 AO einschlägig sein (HHSp-*Rüping* 25 zu § 378). Man kann aber nicht darauf abstellen, ob ein lediglich im

Vorfeld Handelnder seine Mitwirkung kenntlich macht, etwa der den Entwurf der Steuererklärung fertigende Steuerberater seinen Stempel in das dafür vorgesehene Feld der Steuererklärung setzt. Hierdurch macht er zwar Angaben (vgl. *Schlüchter* 1986, 66), aber keine *unrichtigen,* wie es von § 370 I Nr. 1 AO vorausgesetzt wird. Wenn die Mitwirkung wahrheitswidrig testiert wird (vgl. Rn. 28), mag es sich zwar im Hinblick auf eine etwaige Verlängerung der Frist zur Abgabe der Steuererklärung um eine Angabe handeln, die steuerlich – nämlich im Hinblick auf einen etwaigen Verspätungszuschlag nach § 152 AO – erheblich ist. Verspätungszuschläge sind aber nicht Gegenstand einer Tat nach den §§ 370, 378 AO (Rn. 36 zu § 370). Da der Steuerberater nicht etwa ein „Gütesiegel" erteilt, handelt es sich letztlich nicht um steuerlich erhebliche Angaben. Insofern ist die Differenzierung *Rüpings* (HHSp 25 zu § 378), der ansonsten ebenfalls eine Berichtigungspflicht nach § 153 AO verneint, abzulehnen.

Der **BFH** wollte hingegen zunächst einen weiteren Personenkreis erfassen. Nach dem Wortlaut der Bestimmung sei nur bedeutsam, ob eine Steuer hinterzogen oder leichtfertig verkürzt worden sei. Ob der Steuerschuldner selbst oder sein Vertreter bzw. Erfüllungsgehilfe den Tatbestand einer Steuerhinterziehung oder einer leichtfertigen Steuerverkürzung erfüllt hätten, sei unerheblich (BFH 19.12.2002, wistra 2003, 313 m. Anm. *Wattenberg* Stbg 2004, 567). Im Hinblick auf die Exkulpationsmöglichkeit für die verlängerte Festsetzungsfrist nach § 169 II 3 AO komme es dann allein darauf an, ob der an der Erklärung Mitwirkende als Erfüllungsgehilfe des Steuerpflichtigen anzusehen sei. *Rolletschke* (RK-*Rolletschke* 13 zu § 378) hatte in diesem Kontext zutreffend darauf hingewiesen, dass damit die Differenzierung einer Tätigkeit im Innenverhältnis oder auch im Außenverhältnis ignoriert wird. Dem Beschluss des BFH hat er zu Recht entgegengehalten, dass dieser praktisch ohne eine Stellungnahme zu der eigentlichen Problematik auskommt (*Rolletschke* wistra 2004, 50). Mittlerweile hat auch der BFH akzeptiert, dass der die Steuererklärung lediglich vorbereitende Berater gegenüber der FinB keine Angaben macht (BFH 29.10.2013, BFHE 243, 116). 30

Da der Wortlaut des § 378 I AO ein *bloßes „Bewirken"* der unrichtigen Steuerfestsetzung entgegen der Annahme des BFH (Rn. 30) und von *Duttge* (wistra 2000, 204) nicht mehr ausreichen lässt, sondern über den Verweis auf § 370 I Nr. 1 AO das Machen unrichtiger Angaben fordert (ebenso *Rolletschke* wistra 2004, 49), kann Täter nur sein, wer unrichtige Angaben macht oder wem das unrichtige Angabenmachen anderer zuzurechnen ist. Dies bestimmt sich nicht nach Zweckmäßigkeitserwägungen, sondern allein nach § 14 OWiG (Rn. 22 ff. zu § 377). Danach unterbleibt aber die Beteiligung bei einem nur fahrlässigen bzw. leichtfertigen Tatbeitrag (ebenso FT-*Heerspink* 44, Klein/*Jäger* AO § 378 Rn. 9; vgl. Göhler/*Gürtler* 4 zu § 14 OWiG und *Schlüchter* 1986, S. 67 f.). Dieses Problem wird oftmals übersehen. Beteiligter einer Ordnungswidrigkeit kann nur sein, wer an dieser bewusst und gewollt (vorsätzlich) mitwirkt (Rn. 22 zu § 377). Zwar ist theoretisch eine Beteiligung an einer leichtfertigen Steuerverkürzung des Mandanten möglich, aber nur, wenn der Betreffende *vorsätzlich* verursacht, dass der andere die Tat leichtfertig ausführt (vgl. Rn. 23 zu § 377). Wer aber vorsätzlich bewirkt, dass ein anderer gutgläubig eine Steuerverkürzung herbeiführt, ist schon mittelbarer Täter einer Steuerhinterziehung nach § 370 I Nr. 1 AO. 31

Insofern ist *Reitz* (DStR 1984, 91) u. a. im Ergebnis zuzustimmen. § 378 AO kann nur eingreifen, wenn der Dritte vorsätzlich und der Haupttäter leichtfertig handelt, ohne dass der Dritte kraft Überlegenheit zum mittelbaren Täter würde. Überdies ist vorauszusetzen, dass man eine vorsätzliche Beteiligung an einer fahrlässigen bzw. leichtfertigen Ordnungswidrigkeit für möglich hält (Rn. 22 f. zu § 377). 32

3. Subjektiver Tatbestand

Schrifttum: *Hall,* Über die Leichtfertigkeit, Mezger-FS 1954, 229; *Hartung,* Schuldprobleme im Steuerstrafrecht, Aktuelle Fragen S. 37 f.; *Lohmeyer,* Was ist „leichtfertig" iS des § 402 RAbgO?, NJW 1960, 1708; *Kopacek,* Die Leichtfertigkeit bei Steuerverkürzungen, BB 1961, 447; *Lohmeyer,* Zum Begriff „leichtfertig" iS des Steuerstrafrechts, Inf 1963, 134; *ders.,* Zum Begriff der Fahrlässigkeit im Steuerstrafrecht, StW 1963, 773;

ders., Die Leichtfertigkeit bei Steuervergehen iS des § 402 AO, FR 1964, 374; *Ehlers*, Der Begriff der Leichtfertigkeit im Steuerstrafrecht, StW 1965, 225; *Mahlberg*, Die Leichtfertigkeit im Steuerstrafrecht, jur. Diss. München 1965; *Mangold*, Der Begriff der Leichtfertigkeit als Merkmal erfolgsqualifizierter Delikte, GA 1974, 257; *Oswald*, Wieweit darf der Steuerpflichtige sich auf seinen Steuerberater verlassen?, StB 1975, 214; *Tenckhoff*, Die leichtfertige Herbeiführung qualifizierter Tatfolgen, ZStW 88 [1976] 897; *Pfaff*, Leichtfertige Steuerverkürzung, bußgeldbefreiende Selbstanzeige, StBp 1981, 259; *Kretzschmar*, Zum Begriff der leichtfertigen Steuerverkürzung, DStZ 1983, 58; *Wendt/Elicker*, Zur steuerstrafrechtlichen Verantwortlichkeit des steuerlich vertretenen Unternehmers oder Geschäftsführers, wistra 2009, 329; *Höll/Hinghaus*, Vorsatz und Leichtfertigkeit bei Indizienbeweis, PStR 2010, 223; *Joecks*, Vorsatz und Leichtfertigkeit, SAM 2012, 26; *Wegner*, Verabschiedet sich der Gesetzgeber von der „Leichtfertigkeit" im Wirtschafts- und Steuerstrafrecht?, HRRS 2012, 510.

33 **Der die Fahrlässigkeit einengende Begriff der „Leichtfertigkeit"** (Rn. 34) wurde erstmalig bei der Änderung des § 402 AO-1931 durch Art. I Nr. 2 G v. 11.5.1956 (BGBl. 1956 I 418) in das Steuerstrafrecht eingeführt und durch das 2. AOStrafÄndG (Rn. 3) außer in § 404 RAO auch in die Bußgeldtatbestände der §§ 405–407 RAO übernommen, jedoch nicht in § 408 RAO. Der Gesetzgeber ist dabei auf dem Wege fortgeschritten, die ursprünglich nur im Zivilrecht nach dem Grade der Fahrlässigkeit differenzierte Haftung (vgl. zB § 277 BGB: *„grobe Fahrlässigkeit"*, andererseits § 839 I BGB: *„Fahrlässigkeit"*) im Straf- und Bußgeldrecht dort zu verwirklichen, wo leichtes, uU aber folgenschweres fahrlässiges Verhalten eine Strafe nicht gerechtfertigt erscheinen lässt (vgl. zB § 311 III StGB) und auch eine Geldbuße bei leichter Fahrlässigkeit nicht geboten erscheint (vgl. §§ 379–380; § 30 TabStG aF, § 36 TabStG nF). Nach § 378 AO ist die Verfolgungsbehörde bei nur fahrlässigen, nicht leichtfertigen Steuerverkürzungen von vornherein der Ermessensentscheidung nach § 47 I OWiG, ob nach den Umständen des Einzelfalles ein Einschreiten geboten ist, enthoben.

34 **Der Begriff „leichtfertig" bezeichnet einen erhöhten Grad von Fahrlässigkeit** (Rn. 17 ff. zu § 377). Die in § 18 III E 1962 vorgesehene Legaldefinition lautete: *„Leichtfertig handelt, wer grob fahrlässig handelt"* (Begr. BT-Drs. IV/650, 18 f.). Diese Begriffsbestimmung entspricht der hM zu § 402 RAO 1931 und den übrigen Vorschriften, die denselben Begriff verwenden. Regelmäßig hat die Rspr ausgesprochen, dass die Leichtfertigkeit *„etwa"* einer groben Fahrlässigkeit entspreche (vgl. RG 9.10.1935, JW 1936, 388 f.; RG 8.12.1936, RGSt 71, 34, 37; RG 12.4.1937, RGSt 71, 174, 176; BGH 20.3.1956, bei *Dallinger* MDR 396; BGH 13.1.1988, wistra 1988, 196; BGH 24.1.2006, BGHSt 50, 347; OLG Schleswig 6.2.1963, ZfZ 1964, 343; OLG Hamm 14.2.1964, BB 1964, 1032; zust. Schönke/Schröder/*Sternberg-Lieben/Schuster* StGB § 15 Rn. 205 und LK-*Schroeder* 209 zu § 16 StGB sowie Göhler/*Gürtler* OWiG § 10 Rn. 20). Zu § 402 RAO 1931 hat der 2. StrS des BGH im Urt. v. 29.4.1959 (DStZ/B 1959, 351) festgestellt, dass Anhaltspunkte für eine andere Auslegung des Begriffes im Steuerstrafrecht nicht ersichtlich sind (zust. *Troeger/Meyer* S. 117, 154, 235 und 263; Kohlmann/*Schauf* 56 zu § 378; aM *Ehlers* StW 1965, 226).

35 **Die Versuche einer näheren Umschreibung der Leichtfertigkeit** sind in unterschiedliche Richtungen verlaufen. Der 4. StrS des BGH hat im Urt. v. 25.9.1959 (DStZ/B 1959, 499 zu § 402 RAO 1931) ausgeführt, unter Leichtfertigkeit im strafrechtlichen Sinne sei eine *„an Vorsatz grenzende grobe Fahrlässigkeit"* zu verstehen (zust. *Lohmeyer* NJW 1960, 1798). Diese Wendung ist – im Ergebnis zutreffend – auf Sachverhalte gemünzt, in denen die Umstände ein nur fahrlässiges Verhalten des Täters kaum mehr glaubhaft erscheinen lassen, vielmehr den Verdacht vorsätzlicher Handlungsweise aufdrängen. Leichtfertig handelt hingegen nach Auffassung des 1. StrS, wer die Sorgfalt außer Acht lässt, zu der er nach den besonderen Umständen des Einzelfalles und seinen persönlichen Fähigkeiten und Kenntnissen verpflichtet und imstande ist, obwohl sich ihm aufdrängen musste, dass dadurch eine Steuerverkürzung eintreten wird (BGH 17.12.2014, wistra 2015, 192; BGH 16. 12 2009, HFR 2010, 866; BGH 8.9.2011, wistra 2011, 465 Rn. 17; ebenso BFH 24.7.2014, wistra 2014, 453).

36 **Gewissenlosigkeit** ist mehr als Leichtfertigkeit. Es ist daher verfehlt, sie als kennzeichnendes Merkmal der Leichtfertigkeit anzusehen. Hierbei werden unterschiedliche Begriffe

gegeneinander mit dem Ergebnis ausgetauscht, dass der gesetzliche Tatbestand nur in extremen Fällen grober Fahrlässigkeit erfüllt wäre.

Eine treffende Umschreibung der Leichtfertigkeit iS von grober Fahrlässigkeit bietet die im Anschluss an die bei der Strafrechtsreform 1936 in Aussicht genommene (vgl. RG 12.4.1937, RGSt 71, 174, 176), vom OLG Düsseldorf (15.10.1958, DStZ/B 1959, 352, zu § 402 RAO 1931) wieder aufgegriffene Begriffsbestimmung, nach der leichtfertig handelt, wer *„aus besonderem Leichtsinn oder besonderer Gleichgültigkeit fahrlässig handelt"* (ebenso OLG Karlsruhe 9.3.1971, DB 1972, 661). Dem entspricht in objektivierender Sicht die Formulierung, die Gefahr der Tatbestandsverwirklichung *„hätte sich dem Täter aufdrängen müssen"* (Kohlmann/*Schauf* 61 zu § 378; OLG Bremen 26.4.1985, StV 1985, 282). **37**

Bewusste Fahrlässigkeit ist nach einhM für die Annahme leichtfertigen Verhaltens nicht erforderlich (BGH 29.4.1959, DStZ/B 1959, 351), aber auch nicht ohne weiteres ausreichend (*Lohmeyer* FR 1964, 375). Auch Fälle unbewusster Fahrlässigkeit können bei entsprechend grober Schlamperei, grober Gleichgültigkeit oder Nachlässigkeit den Vorwurf der Leichtfertigkeit begründen (*Hartung* Aktuelle Fragen S. 37 f.; Erbs/Kohlhaas/*Hadamitzky/Senge* AO § 378 Rn. 6; *Suhr* S. 313; OLG Hamm 20.11.1958, ZfZ 1959, 122). **38**

Schließlich setzt Leichtfertigkeit iS des § 378 AO nicht voraus, dass das **Ausmaß der Steuerverkürzung** besonders groß sein muss. Tatsächlich besteht jedoch zwischen dem Grad der Fahrlässigkeit und dem Umfang der Steuerverkürzung eine gewisse Wechselbeziehung, da ein Versehen umso eher hätte auffallen und berichtigt werden müssen, je mehr die fraglichen Beträge von den tatsächlichen Besteuerungsgrundlagen abweichen. Während ein Posten von 5 000 EUR in der Buchführung, bei der Inventur oder bei den Abschlussbuchungen in einem Kleinbetrieb allenfalls aus Leichtfertigkeit „übersehen" werden kann, sind in einem Großbetrieb in stärkerem Maße die Umstände des Einzelfalles ausschlaggebend. **39**

So verlangt das OLG Stuttgart (OLG Stuttgart 30.4.1982, zit. bei *Kretzschmar* DStZ 1983, 58) bei einem nicht erklärten Einkommensbetrag von 520 000 DM zu Recht die Prüfung, wie hoch das übrige (erklärte) Einkommen lag und ob sich die Einkommenshöhe über mehrere Jahre hinweg änderte oder gleichgeblieben war. Wohl zu weit geht aber *Kretzschmar* DStZ 1983, 58, wenn er aus der Entscheidung den allgemeinen Grundsatz ableiten will, *„ein Vollkaufmann müsse sich persönlich um seine Bücher und die wirtschaftlichen Vorgänge in seinem Betrieb derart kümmern, dass er zumindest in groben Zügen die Richtigkeit der steuerlichen Berechnungen seines Steuerberaters überprüfen kann"*. Immerhin handelte es sich im vorliegenden Fall um einen Kaufmann, der für seine verschiedenen Gesellschaften jährlich mehr als 100 Steuererklärungen abzugeben hatte. **40**

Der hier vertretene Grundsatz, dass die Höhe der nicht erklärten Beträge ins Verhältnis zu den erklärten Beträgen zu setzen sei, darf nicht vergessen lassen, dass § 378 AO ein besonders hohes Maß an Fahrlässigkeit voraussetzt. In diesem Sinne ist auch die Betriebsgröße zu berücksichtigen. Die Frage, ob und in welchem Umfang betriebliche Aufgaben an (zuverlässige) Mitarbeiter delegiert werden dürfen, wird nicht durch § 378 AO entschieden. Die Vorschrift knüpft vielmehr mit dem Begriff der Leichtfertigkeit an diejenigen Sorgfaltsvorkehrungen an, die ein sorgfältiger Kaufmann üblicherweise einhält. Damit bestimmt das Leitbild des sorgfältigen Kaufmannes, Steuerpflichtigen, Steuerberaters usw. den Inhalt von § 378 AO – die Vorschrift regelt nicht etwa umgekehrt den Inhalt dieser Sorgfaltstypen (s. dazu auch Rn. 17 f. zu § 377). **41**

Die verschiedenen Versuche einer näheren positiven Umschreibung desjenigen Grades von grober Fahrlässigkeit, den das Gesetz mit dem Wort *„leichtfertig"* kennzeichnet, können – wie bei der Auslegung anderer unbestimmter Rechtsbegriffe – nur einen bedingten Wert haben. Da die grobe Fahrlässigkeit keinen fest umrissenen Inhalt hat, kommt es für ihre Abgrenzung gegenüber der einfachen Fahrlässigkeit vornehmlich auf die Umstände des einzelnen Falles an und auf den Blickwinkel, aus dem die Schuld des Täters beurteilt wird. Dabei besteht die Gefahr, dass der Fachmann des Steuerrechts zu strenge, der Laie zu milde Maßstäbe anlegt (ebenso FT-*Heerspink* 65, Kohlmann/*Schauf* 59, Schwarz/ **42**

Pahlke/*Webel* 17 zu § 378). Anhaltspunkte ergeben sich aus einem Vergleich des konkreten Verhaltens eines bestimmten Täters mit dem Verhalten, das unter gleichen Umständen andere Stpfl mit etwa gleicher Vorbildung, Ausbildung, betriebswirtschaftlicher und steuerrechtlicher Berufserfahrung an den Tag legen. Von besonderem Gewicht sind diejenigen Erfahrungen, die der Stpfl aus vorausgegangenen Hinweisen und Belehrungen durch steuerliche Berater oder aus früheren Beanstandungen seiner Buchführung, Gewinnermittlung und seinen Steuererklärungen durch die Veranlagungsstelle oder den Betriebsprüfer des FA gewonnen hat. Ist eine fehlerhafte Verfahrensweise etwa in einem besonderen Schreiben oder Bp-Bericht ausdrücklich beanstandet worden, ohne dass der Stpfl in der Folgezeit die gegebenen Lehren beachtet hat, wird idR mindestens Leichtfertigkeit, vielfach sogar (bedingter) Vorsatz vorliegen.

4. Einzelheiten zum Vorwurf leichtfertiger Handlungsweise

43 Leichtfertige Steuerverkürzungen können in erster Linie dadurch bewirkt werden, dass der Täter sich jeder steuerlichen Erfassung entzieht, seinen grundsätzlichen Pflichten unzureichend nachkommt oder aber Pflichten ohne spätere Kontrolle delegiert (vgl. HHSp-*Bülte* 41 zu § 378). Hierfür ist die oft geltend gemachte *„Unkenntnis der komplizierten Steuergesetze"* nur selten ursächlich. Um die Betriebseinnahmen und die Gegenstände des Betriebsvermögens vollständig zu erfassen und zu erklären, sind besondere Kenntnisse der Steuergesetze im Allgemeinen nicht erforderlich.

44 **Eine weitgehende Erkundigungspflicht** trifft den Stpfl, wenn er bei der Gewinnermittlung, der Fertigung seiner Steuererklärung oder bei der Inanspruchnahme von Steuervergünstigungen über die Rechtslage nicht unterrichtet ist oder auf rechtliche Zweifel stößt, zB in Bezug auf die Bewertung, die Abgrenzung der Betriebsausgaben von Privatausgaben usw. Jeder Stpfl muss sich über diejenigen steuerlichen Verpflichtungen unterrichten, die ihn im Rahmen seines Lebenskreises treffen. Dies gilt in besonderem Maße in Bezug auf solche steuerrechtlichen Pflichten, die aus der Ausübung eines Gewerbes oder einer freiberuflichen Tätigkeit erwachsen (FG Freiburg v. 18.11.1958, EFG 1959 Nr. 280). Sie erfordern, dass der Unternehmer sich ständig auf dem Laufenden hält (OLG Hamm 28.6.1963, BB 1963, 1004; v. 14.2.1964, BB 1032) und in Zweifelsfällen von sachkundiger Seite Rat einholt (BGH 17.12.2014, wistra 2015, 192; RG 10.5.1927, StW Nr. 209; BayObLG 21.10.1971, BB 1971, 1544). Die Erkundigungspflicht kann, muss aber nicht durch Anfrage bei der zuständigen FinB erfüllt zu werden (Kohlmann/*Schauf* 66 zu § 378). Es genügt jede sonstige zuverlässige Auskunftsperson oder Stelle (OLG Hamm v. 28.6.1963, BB 1963, 1004; Erbs/Kohlhaas/*Hadamitzky*/*Senge* AO § 378 Rn. 7), namentlich ein StBer, StBev, Wpr oder vBpr, Rechtsanwalt, Notar, Patentanwalt usw, aber auch Berufsorganisationen, Grundstücksverwalter in Bezug auf Einkünfte aus Vermietung und Verpachtung, Speditionsunternehmer in Bezug auf Eingangsabgaben, ArbG in LSt-Sachen usw (vgl. § 4 StBerG). Mindeststandards der Erkundigung werden im Übrigen durch die den Steuererklärungsvordrucken beigefügten Erläuterungen definiert, immer vorausgesetzt, ihr Inhalt konnte sich dem Leser in ihrem gedanklichen Gehalt auch erschließen (vgl. zum groben Verschulden bei § 173 I Nr. 2 AO Klein/*Rüsken* AO § 173 Rn. 112 ff.).

45 Zu weit geht der BFH (BFH 16.3.2007, wistra 2007, 319) im Zusammenhang mit der Abgabe von zollrechtlichen Erklärungen. Ein Reisender, der aus einem Drittland nach Deutschland mit Waren einreise, von denen er zumindest für möglich halten müsse, dass sie anzumelden und dass für sie Einfuhrabgaben zu entrichten seien, müsse sich über die Bedeutung des roten oder grünen Ausgangs an Flughäfen Kenntnis verschaffen, wenn er diese Kenntnis nicht bereits besitze. Tue er dies nicht und benutze er den grünen Ausgang in der Annahme, die von ihm erwarteten zollrechtlichen Erklärungen bei oder sogar noch nach Durchschreiten des Ausgangs abgeben zu können, begehe er im Allgemeinen eine zumindest leichtfertige Steuerverkürzung, so dass ein Zollzuschlag erhoben werden könne. Die Entscheidung setzt die bedenkliche Tendenz fort, strafrechtliche Begrifflichkeiten weit

auszulegen, wenn es nur um Vorfragen für steuerliche Folgen geht. Demgegenüber hat der BFH im Zusammenhang mit Lieferungen im Binnenmarkt mehr Verständnis gezeigt. Ein Unternehmer handele bei Inanspruchnahme der Steuerfreiheit nach § 6a UStG nur dann leichtfertig, wenn es sich ihm zumindest aufdrängen musste, dass er die Voraussetzungen dieser Vorschrift weder beleg- und buchmäßig noch objektiv nachweisen konnte (BFH 24.7.2014, DStR 2014, 1827).

Die Inanspruchnahme eines steuerlichen Beraters befreit den Stpfl nicht von eigener Sorgfalt. Vor allem muss der Stpfl den Berater über seine Verhältnisse zutreffend unterrichten, ihm vollständige Unterlagen vorlegen und erbetene Auskünfte gewissenhaft erteilen (vgl. BGH 7.2.2002, BFH/NV 2002, 755; BGH 18.6.1953, DStR 1953, 474; BGH 20.12.1954, BStBl. I 1955, 365). Der Steuerpflichtige darf aber im Regelfall darauf vertrauen, dass der Steuerberater die Steuererklärung richtig und vollständig vorbereitet, wenn er diesem die für die Erstellung der Steuererklärung erforderlichen Informationen vollständig verschafft hat. Er ist grundsätzlich nicht verpflichtet, die vom Steuerberater vorbereitete Steuererklärung in allen Einzelheiten nachzuprüfen (BFH 29.10.2013, BFHE 243, 116). Aus besonderem Anlass kann aber auch gegenüber einem Angehörigen der steuerberatenden Berufe eine Pflicht des Stpfl zur Mitprüfung bestehen, zB wenn sich der Berater schon einmal als unzuverlässig erwiesen hat oder wenn die von ihm erstellten Abschlüsse und Steuererklärungen augenscheinlich unrichtig sind (zust. Koch/Scholtz/*Scheurmann-Kettner* 13, Schwarz/*Webel* 22 zu § 378; vgl. auch BGH 24.1.1990, wistra 1990, 195). In keinem Falle darf der Stpfl die zur Weiterleitung an die FinB bestimmten Erklärungen und Anlagen *blindlings* unterschreiben (RG 7.7.1925, RGSt 59, 281, 286; BGH 18.6.1953, DStZ/B 1953, 477; BGH 3.6.1954, BGHSt 7, 336, 349; BGH 20.12.1954, BStBl. I 1955, 365, 367; OLG Stuttgart 30.4.1982, DStZ 1983, 58 m. zust. Anm. *Kretzschmar;* Erbs/Kohlhaas/*Hadamitzky*/*Senge* AO § 378 Rn. 8; BayObLG 1.3.2002, wistra 2002, 355). Eine andere Frage ist, ob der Stpfl die Mängel erkennen konnte (Kohlmann/*Schauf* 71 zu § 378; Rn. 49 ff.). 46

Bei der Auswahl von Hilfspersonen kann ein leichtfertiges Verschulden darin liegen, dass der Stpfl die Erledigung seiner Buchführung oder die Fertigung seiner Abschlüsse und Steuererklärungen Personen überträgt, von denen er auf Grund bestimmter Anhaltspunkte im Voraus hätte annehmen müssen, dass sie der Aufgabe nicht gewachsen oder hierfür aus charakterlichen Gründen nicht oder nur bedingt geeignet sein würden (Auswahlverschulden; vgl. Rn. 66 zu § 377). Dies gilt in erhöhtem Maße, wenn der Stpfl selbst nicht über die erforderlichen Kenntnisse oder die erforderliche Zeit verfügt, um die Tätigkeit bedingt geeigneter Hilfskräfte eingehend zu überwachen (vgl. OLG Schleswig 6.2.1963, ZfZ 1964, 343, 345). 47

Eine Überwachung von Hilfspersonen ist auch bei gegebener fachlicher und charakterlicher Eignung erforderlich, mindestens in Form gelegentlicher Stichproben. Jeder Stpfl, der sich der Hilfe anderer fachkundiger Personen bedient, muss sich im Rahmen des ihm Möglichen und Zumutbaren vergewissern, ob seine Angestellten die ihnen übertragenen Aufgaben ordnungsmäßig ausführen (OLG Karlsruhe 9.3.1971, DB 1972, 661). Eine besondere, auf einen einzelnen Vorgang bezogene Prüfungspflicht ist jedoch bei Routinegeschäften nur ausnahmsweise anzunehmen (OLG Karlsruhe 17.11.1960, BB 1961, 437). Diese Grundsätze gelten auch im Verhältnis zwischen Mitunternehmern, zB wenn ein Gesellschafter für den anderen die sich aus der Veranlagung zu den Personensteuern ergebenden Pflichten übernimmt (vgl. BGH 3.6.1954, BGHSt 7, 336, 349; BayObLG 11.5.1993, wistra 1993, 236; Kohlmann/*Schauf* 73 zu § 378). 48

5. Rechtswidrigkeitszusammenhang

Zwischen dem Erfolg (der Steuerverkürzung) und dem leichtfertigen Verhalten muss außer der Kausalität zusätzlich der sog. Rechtswidrigkeitszusammenhang bestehen (allgemeine Meinung, dazu ausf. SK-*Hoyer* 66 ff. Anh. zu § 16 StGB mwN). Während bei der 49

Kausalität lediglich zu fragen ist, ob der konkrete Erfolg ausgeblieben wäre, wenn der Täter (beim Begehungsdelikt) die Handlung unterlassen hätte, entfällt der Rechtswidrigkeitszusammenhang schon dann, wenn die konkrete leichtfertige Handlung den Erfolg zwar verursacht hat, jedoch bei sorgfältigem Verhalten der Erfolg ebenfalls eingetreten wäre. Dabei scheidet nach hM die Erfolgszurechnung bereits dann aus, wenn auch nur offenbleibt, ob bei sorgfältigem Verhalten derselbe Erfolg eingetreten wäre *(in dubio pro reo);* so die stRspr des BGH (BGH 25.9.1957, BGHSt 11, 1; BGH 27.4.1966, BGHSt 21, 59; aM die sog. Risikoerhöhungslehre, zB *Roxin* ZStW 74 [1962], 430; ausf. SK-*Hoyer* 67 ff. Anh. zu § 16 StGB).

50 Die zum allgemeinen Strafrecht entwickelte **Lehre vom Rechtswidrigkeitszusammenhang** hat im Rahmen der leichtfertigen Steuerverkürzung einen wichtigen, erst spät erkannten Anwendungsfall. Bedient sich der Stpfl eines Beraters oder der Berater weiterer Hilfskräfte, dann kann ein Leichtfertigkeitsvorwurf vielfach darauf gestützt werden, dass die stichprobenartige Überwachung und Überprüfung der zuarbeitenden Mitarbeiter unterblieben sei. Für die Zurechnung der eingetretenen Steuerverkürzung genügt diese Feststellung jedoch nicht. Es muss vielmehr weiter positiv feststehen, dass die Einhaltung der Sorgfalt, also die Durchführung von Stichproben und sonstigen Überwachungsmaßnahmen gerade die eingetretene Steuerverkürzung verhindert hätten. Eine derartige Feststellung wird jedoch vielfach unmöglich sein, da dem Stpfl nicht bestimmte, sich auf spezielle Geschäftsvorfälle bezogene Überwachungsmaßnahmen, sondern nur solche Maßnahmen abverlangt werden, die generell die Zuverlässigkeit des Mitarbeiters zu überwachen geeignet sind.

51 Bleibt auch nur zweifelhaft, ob die allgemeine stichprobenweise Überwachung gerade denjenigen Vorgang getroffen hätte, der dann zur Steuerverkürzung geführt hat, scheidet nach den allgemeinen Fahrlässigkeitsregeln die Anwendung des § 378 AO aus (zust. FT-*Heerspink* 103, HHSp-*Bülte* 87 zu § 378). Davon unabhängig ist zu prüfen, inwieweit § 130 OWiG Anwendung findet (vgl. Rn. 61 zu § 377).

6. Leichtfertigkeit steuerlicher Berater

Schrifttum: *H. Meyer,* Zur strafrechtlichen Verantwortlichkeit der steuerberatenden Berufe, DStZ 1952, 321; *Greiffenhagen,* Von den Berufspflichten des steuerberatenden Berufs, WPg 1952, 249; *Braitinger,* Sorgfaltspflichten im Zusammenhang der steuerberatenden Tätigkeit, WPg 1952, 389; *Brönner,* Zur zivil- und strafrechtlichen Haftung der Steuerberater, WPg 1952, 444; *Sudau,* Strafrechtliche Verantwortung des Steuerberaters bei Stundungsanträgen, FR 1953, 366; *H. Hartung,* Keine Pflicht des Steuersachverständigen zur Angabe von Buchführungsmängeln in Steuererklärungen, WT 1954, 148; *Sendt,* Die strafrechtliche Verantwortlichkeit des Steuerbevollmächtigten, Wpr 1954, 261; *Thier,* Die zivilrechtliche, steuerrechtliche und steuerstrafrechtliche Haftung des Steuerberaters, 1955; *Dreyer,* Die steuerstrafrechtliche Verantwortlichkeit der Angehörigen der steuerberatenden Berufe, StP 1956, 338; *Ahrens,* Strafrechtliche Verantwortung der steuerberatenden Berufe, DStZ 1957, 49 mit Erwiderungen von *Hauffen* MStb 1957, 118 und *Paulick* DStZ 1957, 181; *Brönner,* Das Strafrecht der Steuerberatung, DB 1957, 588; *Thoma,* Steuervergehen und Steuerberatung, Spitaler-FS 1958, 241; *Spitaler,* Der beratende Fachmann und das Steuerstrafrecht, Aktuelle Fragen S. 67; *H. Meyer,* Die strafrechtliche Verantwortlichkeit Nichtsteuerpflichtiger, Aktuelle Fragen S. 118; *Buschmann,* Steuerberater und Steuervergehen, BlStA 1959, 177; *Lohmeyer,* Die strafrechtliche Verantwortlichkeit der Angehörigen der steuerberatenden Berufe, BB 1961, 1121; *Henke/Thoma,* Die strafrechtliche Verantwortung des Steuerberaters bei der Beschäftigung von Angestellten als Erfüllungsgehilfen, MStb 1962, 54; *Neflin,* Zur strafrechtlichen Verantwortung einer Steuerberatungsgesellschaft des Steuerberatungsgesetzes, DStZ 1962, 311; *Burchardt,* Fehlerhafte Beratung und steuerstrafrechtliche Verantwortlichkeit, StKRep 1965, 168; *Kopacek,* Die strafrechtliche Verantwortlichkeit steuerberatender Berufe, DStR 1966, 470; *Lohmeyer,* Die steuerstraf- und bußgeldrechtliche Verantwortlichkeit der Angehörigen der steuerberatenden Berufe, 2. Aufl. 1971; *Tipke,* An den Grenzen der Steuerberatung: Steuervermeidung, Steuerumgehung, Steuerhinterziehung, StbJb 1972/73, 509; *Lohmeyer,* Umfang und Grenzen der steuerstraf- und bußgeldrechtlichen Haftung der Angehörigen der rechts- und steuerberatenden Berufe, GA 1973, 97; *Oswald,* Wieweit darf der Steuerpflichtige sich auf seinen Steuerberater verlassen?, StB 1975, 214; *Späth,* Zu den Anforderungen an die Sorgfaltspflicht eines Steuerberaters bei der Ausübung seiner beruflichen Tätigkeit, StB 1975, 229; *Gräfe/Suhr,* Die Haftung des Steuerberaters in zivilrechtlicher und steuerstrafrechtlicher Sicht, 1979; *Heinrich,* Die bußgeldrechtliche Verantwortung des steuerlichen Beraters, StB 1979, 250; *Danzer,* Die strafrechtliche Verantwortlichkeit des steuerlichen Beraters, Grundfragen 1983, 67; *Lohmeyer,* Zur straf- und bußgeldrechtlichen Verantwortlichkeit des Steuerberaters, BlStA 1983, 174; *Blumers,* Steuerberatung und Strafrecht, StbJb 1983/84, 319; *Reitz,* Die bußgeldrechtliche Verantwortung des steuerlichen Beraters, DStR 1984, 91; *Schlüchter,* Steuerberatung im strafrechtlichen Risiko?, 1986; *Dörn,* Leichtfertige Steuerverkürzung (§ 378 AO) und leichtfertiger Subventionsbetrug (§ 264 Abs. 1, Abs. 3 StGB) durch den Steuerberater, wistra 1994, 215; *Dörn,* Steuerstraf- oder bußgeldrechtliche Verantwortlichkeit des Steuerpflichtigen oder/und des Steuerberaters?, StBp 1995, 25, 49; *Achenbach,* Der BGH zu den Strafbarkeitsrisiken des nachträglich bösgläubigen Steuerberaters, Stbg 1996, 299; *Ebke/Mößle,* Zur Abwälzung von Bußgeldern des Steuerpflichtigen wegen leichtfertiger Steuerverkürzung auf den Steuerberater, JZ 1997, 1179; *Joecks,* Berichtigungspflichten des nachträglich bösgläubigen Steuerberaters, Information StW 1997, 21; *Krekeler,* Straf- und bußgeldrechtliche Risiken des steuerlichen Beraters, StraFo 1997, 132; *Dörn,* Steuerstraf- oder bußgeldrechtliche Verantwortlichkeit des Steuerberaters, StB 1998, 157; *Vernekohl,* Berichtigungspflicht des Steuerberaters gem. § 153 AO, PStR 1998, 83; *Duttge,* Zur Verantwortlichkeit des gutgläubigen Steuerberaters nach § 378 AO, wistra 2000, 201; *Dörn,* Praxisfragen der steuerstraf- oder bußgeldrechtlichen Verantwortung des Steuerberaters, Stbg 2002, 454; *Rolletschke,* Steuerliche Berater als Täter einer leichtfertigen Steuerverkürzung, wistra 2004, 49; *Wattenberg,* Leichtfertige Steuerverkürzung als berufsrechtliches Risiko des steuerlichen Beraters, Stbg 2004, 567; *Schwedhelm,* Strafrechtliche Risiken steuerlicher Beratung, DStR 2006, 1017; *Mack,* Vorbereitung der Steuererklärung: Keine verlängerte steuerliche Festsetzungsverjährung bei leichtfertigem Fehler des Steuerberaters, Stbg 2014, 179; *Werth,* Kann der Steuerberater Täter einer leichtfertigen Steuerverkürzung sein?, DStZ 2014, 131.

Steuerliche Berater (StBer, StBev, Wpr, vBpr, RAe) können sich dem Vorwurf leichtfertigen Verhaltens nach § 378 AO aussetzen, wenn sie bei Wahrnehmung der Angelegenheiten eines Stpfl (Rn. 13), es als Berater (Rn. 53) oder bei Führung der Bücher für den Stpfl (Rn. 58), die ihnen im Rahmen des jeweiligen Auftrags (Rn. 53) obliegende Sorgfaltspflicht grob fahrlässig verletzen und durch das Machen von Angaben (Rn. 30 f.) Verkürzungen der Steuern bewirken, die der Auftraggeber schuldet. Da die Zulassung zur berufsmäßigen Ausübung einer steuerberatenden Tätigkeit in Bezug auf Vorbildung, Ausbildung, Erfahrung und Fähigkeiten an strenge Voraussetzungen geknüpft ist, versteht sich von selbst, dass der Maßstab für die anzuwendende Sorgfalt bei steuerlichen Beratern idR erheblich höher ist als bei Stpfl, die eine entsprechende Ausbildung und Berufserfahrung nicht haben und sich bei der Ausübung ihres Gewerbes oder Berufes nur am Rande und nur in eigener Sache mit steuerrechtlichen Fragen befassen und gerade deshalb auf die Hilfeleistung eines steuerberatenden Fachmannes angewiesen sind. Als allgemeines Mindestmaß dessen, was jeder steuerliche Berater an Steuerrechtskenntnissen bei Ausübung seines Berufes (und erst recht in eigener Sache) anzuwenden hat, können die EStR, LStR, KStR und UStR und GewStR angesehen werden, die die BReg unter Berücksichtigung der Rspr herausgibt (*Schlüchter* 1986, S. 71 f.; krit. *Tipke* StbJb 1972/73, 526 ff.). Darüber hinaus und abseits von den hauptsächlichen Steuerarten sind die Ansprüche an den jeweiligen Berater von der Dauer und Intensität seiner Berufserfahrung und von der Zusammensetzung seiner Klientel abhängig. Indessen muss von jedem Berater erwartet werden, dass er die Rspr des BFH verfolgt (vgl. *Späth* StB 1975, 86; HHSp-*Bülte* 78 zu § 378 sowie LG Hannover 27.1.1964, DStR 1964, 304) und bei schwierigen Aufgaben, die ihm zum ersten Mal begegnen, Fachliteratur heranzieht oder seinerseits den Rat seiner Berufsorganisation oder eines erfahrenen oder spezialisierten Kollegen oder Rechtsanwalts einholt oder die Angelegenheit mit der zuständigen Stelle der Finanzverwaltung erörtert (vgl. dazu OLG Nürnberg 27.1.1964, WPg 1964, 243; zT anders Kohlmann/*Schauf* 111 zu § 378, die befürchten, der Steuerberater würde dadurch *„zum Meinungsempfänger des Finanzamts degradiert"*). Verlässt der Berater sich bei richtiger Darstellung des Sachverhalts auf eine unrichtige Auskunft der FinB, kann ihn kein Schuldvorwurf treffen (vgl. LG Münster 11.10.1960, DStR 1966, 455; Kohlmann/*Schauf* 111 zu § 378; abw. FG Hamburg 16.12.1959, DB 1960, 166; umfassend *Danzer* Grundfragen S. 66 ff.). 52

Art und Umfang des Beratungsvertrags sind für die Verantwortlichkeit des StBer oder StBev erheblich, wenn er nicht der FinB als Handelnder gegenübertritt, sondern dem Stpfl nur beratend zur Seite steht (vgl. RG 7.7.1924, JW 1924, 1879). Zwar kann der Beratungsvertrag das Maß der von einem Berater nach § 378 AO geforderten Sorgfalt (Rn. 42) nicht einschränken, wohl aber den sachlichen Rahmen seiner Tätigkeit. Die Verantwortlichkeit des Beraters wächst, je weitergehender der Stpfl ihn mit der Wahrnehmung seiner steuerlichen Belange betraut (vgl. Koch/Scholtz/*Scheurmann-Kettner* 12 zu § 378). Umgekehrt bedeutet jede Einschränkung des Auftrags auch eine Einschränkung des 53

Pflichtenkreises (*Paar* in Anm. zu OLG Stettin 1.10.1932, JW 1933, 345; RG 25.11.1926, RGSt 61, 42, 45; *Brönner* DB 1957, 588; Erbs/Kohlhaas/*Hadamitzky/Senge* AO § 378 Rn. 10). Unrichtig ist die Auffassung, dass eine nur vorbereitende (oder partiell beschränkte) Tätigkeit des Beraters für ihn die Voraussehbarkeit der Steuerverkürzung in Frage stelle (so *Alsberg* JW 1927, 517); denn keinesfalls darf sich der Berater darauf verlassen, dass die von ihm innerhalb seines Auftrags begangenen Fehler bei der Fertigung der Steuererklärungen noch entdeckt und berichtigt werden.

54 **Innerhalb der Breite des Auftrags,** die zB auf die „ESt-Erklärung 2014" oder die „Bilanz 2014" bezogen oder noch enger gefasst sein kann, ergibt sich die Frage, ob der Berater verpflichtet ist, in die Tiefe zu gehen und die ihm übermittelten Unterlagen und Angaben auf ihre Vollständigkeit und Richtigkeit zu prüfen, oder ob er sich „auftragsgemäß" damit begnügen darf, die Unterlagen und Angaben des Stpfl ohne jede Prüfung rechnerisch und rechtlich auszuwerten. Hierbei ist davon auszugehen, dass der Berater seiner Funktion nach als Helfer des Stpfl, nicht als Helfer oder gar Prüfer der FinB tätig wird und deshalb seinem Auftraggeber nicht von vornherein mit Misstrauen zu begegnen braucht (RG v. 9.5.1933, RStBl. 1933, 85; OLG Königsberg 13.6.1929, JW 1930, 735; Klein/*Jäger* AO § 378 Rn. 10, Kohlmann/*Schauf* 113 zu § 378), dass ihm einerseits nicht dieselben umfassenden Pflichten obliegen wie dem Stpfl (RG 7.7.1924, JW 1924, 1879; OLG Stettin 1.10.1932, JW 1933, 345) und ihm auch nicht dieselben Machtmittel zur Verfügung stehen wie den Amtsträgern der Finanzverwaltung (RG 12.10.1936, RStBl. 1937, 483). Demgemäß braucht der Berater in eine Prüfung der Unterlagen nur einzutreten,

- wenn sein *Auftrag* dies (ausdrücklich oder stillschweigend) einschließt (*Paulick* DStZ 1957, 181); ob dies auch gilt, wenn der Berater von sich aus gegenüber der FinB über die ursprünglichen Grenzen des Auftrags hinausgeht (BayObLG 24.9.1958, BB 1958, 1158; zust. Erbs/Kohlhaas/*Hadamitzky/Senge* AO § 378 Rn. 10), ist zweifelhaft,
- falls eine Prüfungspflicht sich *aus vorausgegangenem Tun* des Beraters ergibt, zB wenn er sich nach Übernahme der Tätigkeit für eine bestimmte Firma gegen weitere Prüfungen der FinB verwahrt und die Steuererklärungen der Firma mit seinem Namen gedeckt hatte (RG 4.7.1938, RStBl. 1938, 657) oder
- sofern sich dem Berater auf Grund seiner Kenntnisse vom Geschäftsumfang (RG 26.11.1942, RGSt 76, 283) oder auf Grund der von ihm errechneten Ergebnisse im Vergleich zu anderen Betrieben oder in Anbetracht des Lebensstils des Stpfl oder anderer offensichtlicher Anhaltspunkte Zweifel *aufdrängen oder hätten aufdrängen müssen,* dass die ihm vorgelegten Unterlagen „unmöglich stimmen können" (vgl. *Ahrens* DStZ 1957, 49 mit Auszügen aus BGH 26.1.1954 – 5 StR 433/53; OLG Karlsruhe 19.3.1986, wistra 1986, 189; HHSp-*Bülte* 79 f., Erbs/Kohlhaas/*Hadamitzky/Senge* AO § 378 Rn. 10).

Unterdrückt der Berater solche Zweifel oder „macht er sich keine Gedanken" über ein offensichtliches Missverhältnis zwischen dem Ergebnis der Buchführung und anderen Anhaltspunkten, so kann es – je nach Art und Umfang der Unstimmigkeiten – leichtfertig sein, wenn der Berater davon absieht, die Unterlagen zu prüfen oder sich sonstwie um eine Aufklärung des wirklichen Sachverhalts zu bemühen (enger *Paulick* DStZ 1957, 182, der außer Acht lässt, dass sich Sorgfaltspflichten unmittelbar aus § 378 AO ergeben).

55 **Stellt sich der Stpfl einer Aufklärung in den Weg** oder entzieht er sich entsprechenden Bemühungen des Beraters, ist dieser zwar nicht verpflichtet, das Mandat niederzulegen oder die FinB positiv auf die bestehenden Zweifel hinzuweisen (insoweit zutr. *Paulick* DStZ 1957, 182). Der Berater muss jedoch dann gegenüber der FinB den Anschein vermeiden, dass er in umfassender Weise an den Abschlüssen und Steuererklärungen mitgewirkt habe und die darin von ihm zusammengefassten Ergebnisse auf dem von ihm geprüften Zahlenwerk der Buchführung beruhen. Ein solcher Anschein wird ausgeschlossen, wenn der Berater in geeigneter Form zum Ausdruck bringt, dass die Gewinnermittlung „ausschließlich nach den Angaben des Stpfl" vorgenommen worden sei (zust. Kohlmann/*Schauf* 117 zu

§ 378). Überdies kann der Berater seine Sorgfaltspflicht auch in der Weise erfüllen, dass er lückenhafte Unterlagen oder krasse Missverhältnisse, zB zwischen den vom Stpfl angegebenen Betriebseinnahmen und -ausgaben, durch Hinzuschätzungen ausgleicht (RG 12.10.1936, RStBl. 1937, 483).

Geringere Anforderungen gelten für einen Berater, der mit den Verhältnissen und der Mentalität seines Auftraggebers noch nicht vertraut ist oder nur vorübergehend und erst kurz vor dem Ablauf einer Erklärungsfrist zugezogen wird (vgl. RG 11.12.1933, HRR 1934 Nr. 622, wo der Berater nur aushilfsweise für einen Tag zur Aufstellung der Steuerbilanz bestellt war). 56

Sofern der Berater von Rspr und hM zum Steuerrecht abweicht, weil er bestimmte Grundsätze für unrichtig oder unter den besonderen Umständen des Einzelfalles für unanwendbar erachtet, wird die Auffassung vertreten, dass sich solche Abweichungen nicht *unerkennbar* auf die Steuererklärung und ihre Anlagen auswirken dürften; denn dies begründe die Gefahr, dass das FA bei der Veranlagung von einem anderen als dem wirklichen Sachverhalt ausgehe und die Steuer – von der hM aus betrachtet – zu niedrig festsetze (so *Danzer* Grundfragen S. 94 ff.). Dabei handelt es sich jedoch um ein generelles Problem (Schwarz/Pahlke/*Webel* 31 zu § 378; s. dazu Rn. 179 zu § 370). 57

Übernimmt der steuerliche Berater auch die Führung der Bücher für seinen Mandanten, obliegt ihm eine erweiterte und erhöhte Sorgfaltspflicht. Wer in der Vertrauensstellung eines steuerlichen Beraters mit der Buchführung für einen Gewerbetreibenden oder einen freiberuflich Tätigen beauftragt ist, trägt auch die Verantwortung für die Ordnungsmäßigkeit und Richtigkeit der Buchführung. Dies gilt in formaler Hinsicht ohne Einschränkung. In sachlicher Hinsicht muss der Berater darauf achten, dass er keine Belege verbucht, die – für ihn erkennbar – unrichtig sind, dh schriftliche Lügen enthalten (vgl. RG 4.7.1938, JW 1938, 3109 zu unrichtigen Inventuren, die der Berater vom Prokuristen ohne jegliche Nachprüfung übernommen hatte, obwohl eine Prüfung angezeigt gewesen wäre). Der Berater darf sich nicht darauf beschränken, aus fehlerhaften, widersprüchlichen oder lückenhaften Aufzeichnungen des Stpfl eine Buchführung herzustellen, die nur äußerlich ordnungsmäßig erscheint (vgl. RG 26.1.1933, RStBl. 1933, 86). Bei undurchsichtigen Sachverhalten muss er Erkundigungen anstellen; vgl. RG 26.11.1942 (RStBl. 1943, 217) zu einem Berater, der ohne jede Nachfrage stillschweigend angenommen hatte, dass bei einem Bauunternehmer der bedeutende Aktivposten „halbfertige Bauten" in der ihm vorgelegten Aufstellung der Forderungen enthalten war. 58

Überlässt der Berater die Führung der Bücher des Mandanten seinen Angestellten, muss er deren Tätigkeit sorgfältig überwachen und die Richtigkeit und Ordnungsmäßigkeit der Buchführung *persönlich* nachprüfen; s. aber Rn. 46–48. Dies gilt besonders dann, wenn die Angestellten des Beraters in der Buchführung noch nicht sonderlich erfahren sind; vgl. RG 13.7.1932 (RStBl. 1932, 697) zu dem Fall, dass Angestellte zur Ausgleichung von Kassenfehlbeträgen in der Kassenkladde und im Tagebuch des Stpfl die Tageseinnahmen von sich aus erhöht hatten, um die Bücher „stimmend zu machen" und äußerlich beweiskräftig erscheinen zu lassen. 59

Wenn der Steuerberater leichtfertig gehandelt hat, erfüllt dies den Tatbestand nur, wenn in seiner Person eine Tathandlung gegeben ist (vgl. Rn. 28 ff.). Insofern wird – entgegen der älteren Auffassung des BFH (BFH 19.12.2002, wistra 2003, 312) – § 378 AO idR nur erfüllt sein, wenn er selbst unrichtige Angaben macht (Rn. 30). 60

III. Konkurrenzfragen

1. Mehrfache leichtfertige Steuerverkürzung

Führt dasselbe leichtfertige Verhalten des Täters zur **Verkürzung mehrerer Steuerarten,** so liegt Tateinheit (Rn. 111 ff. zu § 369) vor, wenn hierfür ein und derselbe Fehler 61 ursächlich ist, zB bei grob fahrlässiger Nichtverbuchung einer Betriebseinnahme, aus der in einem Veranlagungszeitraum gleichsam automatisch entsprechende Verkürzungen der USt, GewSt und ESt erwachsen (zust. Erbst/Kohlhaas/*Hadamitzky/Senge* AO § 378 Rn. 22).

62 Führt mehrmaliges leichtfertiges Verhalten zur **mehrmaligen Verkürzung derselben Steuer** über mehrere Steuerabschnitte (Veranlagungs- oder [Vor-]Anmeldungszeiträume), liegen grundsätzlich *mehrere* Zuwiderhandlungen vor (vgl. BayObLG 11.5.1993, wistra 1993, 236). Dies gilt namentlich bei *ungleichartigem* Fehlverhalten, zB bei Nichtverbuchung einer Betriebseinnahme in 2011 und Verbuchung einer Privatausgabe als Betriebsausgabe in 2012. Aber auch *gleichartiges* Fehlverhalten in mehreren aufeinander folgenden Jahren führt idR zur Annahme *mehrerer* Zuwiderhandlungen, zB wenn in der G + V-Rechnung 2013 Betriebseinnahmen aus der Geschäftsverbindung mit den Kunden A und B, in der G + V-Rechnung 2014 gleichartige Betriebseinnahmen aus der Geschäftsverbindung mit C und D fehlen. Regelmäßig entspricht die Anzahl der Zuwiderhandlungen der Zahl der abgegebenen unrichtigen Steuererklärungen (oder [Vor-]Anmeldungen), auf Grund derer das FA unrichtige Steuerbescheide erteilt hat. Anders ist dies u. a., wenn sich die Tat als Dauerordnungswidrigkeit darstellt, wobei die Berechtigung dieses Instituts mit der „Abschaffung" der fortgesetzten Handlung im Strafrecht (BGH 3.5.1994, wistra 1994, 185) in die Diskussion geraten ist (für Abschaffung *Göhler* wistra 1995, 300, für Beibehaltung *Kottke* StB 1998, 34; vgl. auch BGH 19.12.1995, wistra 1996, 180; OLG Düsseldorf 28.6.1999, NVwZ-RR 1999, 740; *Geppert* NStZ 1996, 118, 119).

2. Verhältnis des § 378 AO zu anderen Straf- und Bußgeldtatbeständen

63 **Treffen vorsätzliche und leichtfertige Steuerverkürzungen zusammen,** zB durch Abgabe einer Steuererklärung, die zT leichtfertig, zT vorsätzlich unrichtige Angaben enthält, wird die Steuerordnungswidrigkeit nach § 378 AO gem. § 21 I 1 OWiG durch die Straftat nach § 370 AO verdrängt. Der Bußgeldtatbestand des § 378 AO gilt gegenüber dem Straftatbestand des § 370 AO nur subsidiär. Diese Regelung des § 21 I 1 OWiG beruht auf der Erwägung, dass die Strafe – namentlich wegen des mit ihr verbundenen Unwerturteils – stets eine stärkere Wirkung hat als die Geldbuße (BVerfG 6.6.1967, BVerfGE 22, 49, 80) und dass der Unrechtsgehalt einer Straftat regelmäßig das Unrecht einer Ordnungswidrigkeit übertrifft (Göhler/*Gürtler* OWiG § 21 Rn. 2). Wird jedoch eine Strafe nicht verhängt, so kann die Tat gem. § 21 II OWiG als Ordnungswidrigkeit geahndet werden. Aus welchem Grunde es zu einer Bestrafung nicht gekommen ist oder nicht kommen kann, ist unerheblich. In Betracht kommt im Verhältnis zwischen § 370 AO und § 378 AO namentlich ein Absehen von der Strafverfolgung nach den §§ 153 ff. StPO, § 398 AO (OLG Hamm 9.1.1964, BB 1965, 648), zB die Einstellung des Strafverfahrens wegen Geringfügigkeit nach § 398 AO, wenn der vorsätzlich verkürzte Steuerbetrag nur gering ist und mit anderen Umständen insoweit auf ein geringes Verschulden des Täters schließen lässt. Bei Tatmehrheit zwischen Steuerhinterziehung und leichtfertiger Steuerverkürzung kann stets eine Geldbuße nach § 378 AO festgesetzt werden.

64 **Den Gefährdungstatbeständen der §§ 379–382 AO geht § 378 AO vor.** Diese Folge hätte sich auch ohne § 379 IV, § 380 II, § 381 II und § 382 III AO aus der allgemeinen Regel ergeben, dass ein Gefährdungstatbestand gegenüber einem Verletzungstatbestand keine selbstständige Bedeutung haben kann (vgl. auch RK-*Rolletschke* 73 zu § 379). Bei deckungsgleichem Täterkreis (Rn. 9 ff.) ist die Subsidiarität der §§ 379–382 AO gegenüber § 378 AO davon abhängig, ob eine leichtfertige (oder vorsätzliche) Gefährdungshandlung zu einer *vollendeten* leichtfertigen Steuerverkürzung geführt hat oder nicht (s. dazu Rn. 52 ff. zu § 370).

65 **Im Verhältnis zur Gefährdung der Eingangsabgaben nach § 382 AO** besteht jedoch die Besonderheit, dass § 382 AO auch bei einer vollendeten Steuerverkürzung anzuwenden ist, wenn die Verkürzung nicht leichtfertig, sondern nur durch gewöhnliche Fahrlässigkeit bewirkt worden ist.

Im Verhältnis zu dem Straftatbestand des § 283b II StGB besteht wegen der Verschiedenheit der Ausführungshandlungen Tatmehrheit, mag die Steuerverkürzung auch eine Folge der unordentlichen Buchführung sein (BGH 1.3.1956, EFG 1957, Beilage Nr. 2; Erbs/Kohlhaas/*Hadamitzky/Senge* AO § 378 Rn. 23). Gleiches gilt bei leichtfertiger KfzSt-Verkürzung für das Verhältnis des § 378 AO zu dem Straftatbestand des § 6 PflVersG. In beiden Fällen ist nach § 21 I OWiG nur das Strafgesetz anzuwenden. 66

IV. Umfang des Bußgelds

Die Ordnungswidrigkeit kann mit einer Geldbuße bis zu 50 000 EUR geahndet werden (§ 378 II). Dieser Betrag kann überschritten werden, wenn dies nötig ist, um den wirtschaftlichen Vorteil des Täters abzuschöpfen (§ 17 IV OWiG). Insbesondere bei lang zurückliegenden Taten liegt dies nicht fern, weil die Verzinsung gem. § 235 AO eine vorsätzliche Steuerhinterziehung voraussetzt und die Vorschriften über die Vollverzinsung ggf. nicht ausreichen, um die Vorteile des Täters abzuschöpfen (vgl. Rn. 33 f. zu § 377). 67

V. Selbstanzeige nach § 378 III AO

Schrifttum: *Buschmann,* Die Selbstanzeige bei leichtfertiger Steuerverkürzung, BlStA 1960, 228; *Kopacek,* Die Offenbarungspflicht und die Selbstanzeige leichtfertiger Verletzungen von Steuerpflichten, BB 1962, 875; *Lohmeyer,* Zur Frage der „Berichtigung" i. S. des § 411 AO, BlStA 1962, 177; FR 1963, 186; ZfZ 1964, 298; *ders.,* Erstattung einer Selbstanzeige nach § 411 AO im Rahmen der Betriebsprüfung, NBW 1963, 192; *Coring,* Einzelfragen zur Selbstanzeige während der Betriebsprüfung, DStR 1963, 373; *Schuhmacher,* Die Selbstanzeige nach § 411 AO und ihre Bedeutung im Rahmen der Betriebsprüfung, StWa 1964, 33; *Kopacek,* Die Selbstanzeige nach § 411 AO, DStR 1965, 105, 137, 164, 201; *Lohmeyer,* Die strafbefreiende Selbstanzeige bei fahrlässiger Steuerverkürzung, GA 1965, 217; *ders.,* Bußgeldfreiheit im Rahmen einer steuerlichen Außenprüfung, StB 1980, 7; *Lutz Müller,* Selbstanzeige bei leichtfertiger Steuerverkürzung durch Anerkennung des Betriebsprüfungsergebnisses?, DB 1981, 1480; *Lohmeyer,* Die Erstattung einer zur Bußgeldfreiheit führenden Anzeige nach § 378 Abs. 3 AO im Rahmen der Außenprüfung, Inf 1982, 684; *Spriegel,* Zur Selbstanzeige bei leichtfertiger Steuerverkürzung, BB 1986, 2310; *Dörn,* Selbstanzeige bei leichtfertiger Steuerverkürzung, wistra 1994, 10; *Jestädt,* „Kleine Selbstanzeige" nach § 378 III AO und Anerkenntnis nach Außenprüfung, DStR 1994, 1605; *Dörn,* Möglichkeiten der Selbstanzeige wegen Steuerhinterziehung und leichtfertiger Steuerverkürzung, BuW 1995, 598; *ders.,* Wirksame Selbstanzeige (§ 378 Abs. 3 AO) in der Betriebsprüfung, Stbg 1995, 85; *ders.,* Selbstanzeige wegen leichtfertiger Steuerverkürzung (§ 378 Abs. 3 AO) in der Betriebsprüfung, wistra 1997, 291; *ders.,* Selbstanzeige wegen leichtfertiger Steuerverkürzung und Fremdanzeige während der Betriebsprüfung, Information StW 1997, 329; *ders.,* (Kein) Ausschluss der Selbstanzeige durch Kontrollmaterial, Stbg 1997, 493; *Rackwitz,* Zu den Anforderungen an die Berichtigungserklärung einer Selbstanzeige nach leichtfertiger Steuerverkürzung (§ 378 Abs. 3 AO), wistra 1997, 135; *Bilsdorfer,* Beratungsempfehlungen für Steuerberater zur Selbstanzeige des Mandanten, Information StW 1998, 330, 362; *Dörn,* Wirksame Selbstanzeige (§ 378 Abs. 3 AO) in der Außenprüfung, Stbg 1998, 461; *Jestädt,* Ist die „Kleine Selbstanzeige" gemäß § 378 Abs. 3 AO nach einer Außenprüfung sinnvoll?, BB 1998, 1394; *Weinreuter,* Selbstanzeige und Fremdanzeige im Steuerstrafrecht, DStZ 2000, 398; *Wenzel,* Die Selbstanzeige nach § 378 Abs. 3 AO im Spannungsverhältnis zur Selbstanzeige nach § 371 AO, StBW 2012, 509. Siehe auch die Literaturangaben zu § 371 AO.

§ 378 III AO schreibt zwingend vor, dass eine Geldbuße nicht festgesetzt wird, soweit der Täter eine Berichtigungserklärung (Rn. 54 ff. zu § 371) vor der Bekanntgabe der Einleitung eines Straf- oder Bußgeldverfahrens (Rn. 261 ff. zu § 371) abgibt und die verkürzten Steuern fristgerecht nachzahlt (Rn. 140 ff. zu § 371). Wie § 371 AO honoriert auch § 378 III AO den Willen zur Schadenswiedergutmachung (Rn. 19 ff. zu § 371). Mit dem Schwarzgeldbekämpfungsgesetz wurden mWv 3.5.2011 lediglich in Abs. 3 sprachliche Änderungen vorgenommen, ohne dass die zunächst geplanten gravierenden Änderungen auch hier Gesetz geworden wären (Rn. 12 zu § 371). Auch die Änderungen zum 1.1.2015 haben den sachlichen Inhalt der Regelung nicht berührt (oben Rn. 5). 68

Der Anwendungsbereich des § 378 III AO umfasst nicht die Gefährdungshandlungen nach den §§ 379–382 AO und nach § 126 BranntwMonG, da § 128 II BranntwMonG lediglich auf die §§ 409–412 AO verweist. Eine analoge Anwendung auf diese Zuwider- 69 handlungen mit geringerem Unrechtsgehalt ist nicht möglich (Kohlmann/*Schauf* 128, Schwarz/Pahlke/*Webel* 35 zu § 378; aM *Stuber* DStZ 1960, 107 zu § 413 I Nr. 1a RAO 1939). Denn sämtliche Gefährdungshandlungen sind dadurch gekennzeichnet, dass der Stpfl seine Erklärungspflichten gegenüber der FinB noch nicht versäumt hat und die steuergefährdende Wirkung seines pflichtwidrigen Verhaltens in anderer Weise als durch eine Berichtigungserklärung wieder aus der Welt schaffen kann, sobald er sich der Zuwiderhandlung bewusst geworden ist. Geschieht dies, so sind die Bemühungen des Stpfl bei der Ermessensausübung im Rahmen des Opportunitätsprinzips nach § 47 OWiG zu berücksichtigen (vgl. BVerfG 11.7.1997, wistra 1997, 297 und Rn. 381 zu § 371). Allein wegen § 126 I Nr. 2 BranntwMonG (Fehler bei einer Anmeldung oder Anzeige) ließe sich eine analoge Anwendung vorstellen.

70 **Die Ausschließungsgründe,** die einem Anspruch auf Bußgeldfreiheit entgegenstehen, sind abw. von § 371 II AO auf die Bekanntgabe der Einleitung des Straf- oder Bußgeldverfahrens beschränkt; denn einer ohne Vorsatz bewirkten Steuerverkürzung wird der Täter stets erst *nach* der Tat gewahr, und zwar idR dann, wenn er sich nach dem Erscheinen eines Amtsträgers der FinB an der Prüfung seiner Verhältnisse in vergangenen Zeiträumen beteiligt (ebenso Schwarz/Pahlke/*Webel* 41 zu § 378). Daher ist eine Selbstanzeige nach § 378 III AO – abw. von § 371 II Nr. 1a AO – auch nach Bekanntgabe einer Prüfungsanordnung oder dem Erscheinen des Amtsträgers noch wirksam. Da der Gesetzgeber auch die Vorschrift des § 371 II Nr. 2 AO in § 378 III AO nicht übernommen hat, ist der Schluss begründet, dass eine Berichtigung iS des § 378 III 1 AO uU auch dann noch möglich und wirksam sein kann, wenn der Stpfl *„im Zeitpunkt der Berichtigung … wusste oder … damit rechnen musste, dass die Tat ganz oder zum Teil bereits entdeckt war"* (ebenso BayObLG 30.3.1978, MDR 1978, 865; BayObLG 2.12.1980, ZfZ 1981, 183).

71 **Die Erfordernisse einer Berichtigung** iS des § 378 III AO sind str. Nach verbreiteter Auffassung soll es für die Berichtigung bei einer leichtfertigen Steuerverkürzung – abw. von der Berichtigung bei einer vorsätzlichen Steuerverkürzung nach § 371 I AO – genügen, wenn der Täter das Ergebnis einer Außenprüfung der FinB anerkennt und dabei zum Ausdruck bringt, dass es richtig und vollständig sei, oder wenn er unrichtige Steuererklärungen *„nach der Prüfung unter Verwertung der vom Prüfer ermittelten Ergebnisse"* durch richtige Steuererklärungen berichtigt (*List* S. 56) oder wenn der Täter die Berichtigung nur anbahnt (OLG Celle 19.12.1963, NJW 1964, 989, m. abl. Anm. *Wolter* NJW 1964, 1735). Nach anderer Auffassung widersprechen solche extensiven Auslegungen dem Zweck und dem Wortlaut des Gesetzes. Ein bloßes Anerkenntnis bereits vorliegender Prüfungsergebnisse, sei es auch in der Form einer „Berichtigungserklärung", sei weniger als eine Berichtigung iS des § 371 I AO (Kühn/v.Wedelstädt/*Blesinger* 5a zu § 378, Erbs/Kohlhaas/*Hadamitzky/Senge* AO § 378 Rn. 16). Auch iS des § 378 III 1 AO verlange eine Berichtigung einen *eigenen, von der Ermittlungstätigkeit der Behörde unabhängigen Beitrag des Täters zur Richtigstellung der bisher unrichtigen Angaben* (BGH 29.4.1959, DStZ/B 1959, 499; OLG Oldenburg 18.9.1997, wistra 1998, 71; glA *Terstegen* S. 121; *Troeger/Meyer* S. 257; *Barske/Gapp* S. 89; *Buschmann* BlStA 1960, 228; aM *Mattern* NJW 1951, 941; DStZ 1952, 414; DStR 1952, 76; 1954, 457; *List* S. 56; unklar *Firnhaber* S. 71 ff.; BayObLG 30.3.1978, MDR 1978, 865; BayObLG 2.12.1980, ZfZ 1981, 183). Eine Berichtigung könne auch hier nur in einer Handlung bestehen, durch die bestimmte Tatsachen, die der FinB bisher unbekannt waren, aufgeklärt werden (*Suhr* S. 374).

72 Allerdings ist dies auch nach der engeren Auffassung möglich in der Form mündlicher Auskünfte und Hinweise oder durch Vorlage bestimmter Belege an einen Betriebsprüfer (aM OLG Frankfurt a. M. 17.11.1960, BB 1961, 628; OLG Oldenburg 18.9.1997, wistra 1998, 71; zust. Erbs/Kohlhaas/*Hadamitzky/Senge* AO § 378 Rn. 14; vgl. auch *Dörn* wistra 1994, 12; OLG Karlsruhe 30.11.1995, wistra 1996, 117). Hierbei ist zu beachten, dass sich die Entdeckung einer Steuerverkürzung, sofern sie nicht auf einem einzigen Buchungsfehler usw. beruht, durch den Betriebsprüfer *schrittweise* vollzieht. Von der Entdeckung einer einzelnen unverbuchten Betriebseinnahme bis zur Überprüfung aller Einnahmen innerhalb

des Prüfungszeitraums und der Feststellung der Auswirkungen auf sämtliche geprüften Steuerarten ist oft ein langer Weg zurückzulegen, auf dem der Stpfl dem Prüfer mit berichtigenden Angaben entgegenkommen und sich insoweit gem. § 378 III AO einen Anspruch auf Bußgeldfreiheit erwerben kann. *Rüping* (HHSp 61 zu § 378) hat in diesem Zusammenhang zu Recht darauf hingewiesen, dass das Verhalten – ähnlich dem Rücktritt vom Versuch gem. § 24 I StGB – plausibel machen muss, dass es im konkreten Fall keiner Sanktion zur Ahndung des an sich verwirklichten Unrechts bedarf. Zu bedenken ist auch, dass § 378 III allein den Ausschlussgrund der Bekanntgabe der Einleitung des Strafverfahrens kennt, so dass die bloße Entdeckung einer Tat Spielräume für eine Berichtigung lassen *muss* (vgl. auch Kohlmann/*Schauf* 136 zu § 378). *Schauf* ist zuzugeben, dass die Voraussetzung einer „Originalität" der Angaben des Stpfl mittelbar den Ausschlussgrund der Tatentdeckung in den § 378 III AO einführte, was gegen Art. 103 II GG verstieße. Vorauszusetzen ist lediglich, dass sich das Mitwirken des Stpfl nicht in dem bloßen Tolerieren des BP-Ergebnisses erschöpft, sondern er „berichtigt oder ergänzt oder unterlassene Angaben nachholt" (vgl. Klein/*Jäger* AO § 378 Rn. 42; HHSp-*Bülte* 116 ff., Kohlmann/*Schauf* 135 zu § 378; *Marschall* BB 1998, 2561). In welcher Form dies zu erfolgen hat, sagt das Gesetz nicht. Inwiefern das Verhalten des Stpfl im Rahmen einer laufenden Außenprüfung diese Voraussetzung erfüllt, ist Tatfrage (vgl. zum Anerkenntnis nach § 167 I AO *Jestädt* DStR 1994, 1606; siehe auch OLG Karlsruhe 30.11.1995, wistra 1996, 117; OLG Karlsruhe 8.2.1996, Justiz 1996, 410; *Jestädt* BB 1998, 1395; *Rackwitz* wistra 1997, 136 f.).

Zur Erstattung einer Selbstanzeige durch Beauftragte wird im Anschluss an ein Urteil des Reichsgerichts (RG 24.3.1930, RGSt 64, 76) die Auffassung vertreten, dass es bei der leichtfertigen Steuerverkürzung – abw. von der vorsätzlichen Steuerverkürzung – eines besonderen, nach der Tat erteilten Auftrags nicht bedürfe (*Fuchs* S. 59; *Barske/Gapp* S. 85 Fußn. 59; *Kopacek* DStR 1965, 137; dagegen zu Recht Kohlmann/*Schauf* 142 ff. zu § 378; Erbs/Kohlhaas/*Hadamitzky*/*Senge* AO § 378 Rn. 13). Die angeführte Entscheidung lässt jedoch nicht erkennen, ob und in welcher Weise der Stpfl seine eigene Sorgfaltspflicht vernachlässigt hat. Bei fehlendem Verschulden des Stpfl kann es sich nicht um eine Selbstanzeige zugunsten des Stpfl, sondern nur um eine eigene Selbstanzeige des Beauftragten gehandelt haben (zutr. *List* S. 57; ausf. *Firnhaber* S. 85 f.). Unbenommen bleibt dem Dritten die Möglichkeit, sich die Fremdanzeige durch Genehmigung zu eigen zu machen. Dass die Tat zu diesem Zeitpunkt ggf. bereits entdeckt ist, schadet bei § 378 III AO nicht. Es darf aber noch nicht zur Bekanntgabe der Einleitung eines (Straf- oder) Bußgeldverfahrens gegen ihn gekommen sein, da die Genehmigung nur *ex nunc* wirkt (vgl. auch HHSp-*Bülte* 118 zu § 378 und § 371 Rn. 114). 73

Nur die Bekanntgabe der Einleitung eines Straf- oder Bußgeldverfahrens wegen (vorsätzlicher oder leichtfertiger) Steuerverkürzung (§§ 370, 378) schließt die Wirkung einer Selbstanzeige gem. § 371 II Nr. 1b) AO oder § 378 AO aus. Für den Ausschluss der strafbefreienden Wirkung einer Selbstanzeige wegen einer Straftat nach § 370 AO genügt auch die Bekanntgabe der Einleitung eines Bußgeldverfahrens wegen einer Steuerordnungswidrigkeit nach § 378 AO. Anders als in Fällen der vorsätzlichen Steuerhinterziehung hindert die Bekanntgabe der Einleitung eines Straf- oder Bußgeldverfahrens die Wirksamkeit einer Selbstanzeige nur für die Jahre, die von der Bekanntgabe umfasst sind, nicht etwa alle unverjährten Jahre dieser Steuerart (FT-*Heerspink* 114 zu § 378). 74

Der Täter muss die verkürzten Steuern innerhalb der ihm bestimmten angemessenen Frist nachentrichten (§ 378 III 2; vgl. Rn. 140 ff. zu § 371). 75

VI. Verfahrensfragen

Der Erlass eines Bußgeldbescheides gegen einen RA, StBer, StBev, Wpr oder vBpr wegen leichtfertiger Steuerverkürzung, die sie in Ausübung ihres Berufes bei der Beratung in Steuersachen begangen haben, ist von den besonderen Voraussetzungen des 76

§ 411 AO abhängig. Diese Sondervorschrift bezieht sich nur auf die Beratung, nicht auf die Führung der Bücher des Stpfl (Rn. 58) oder die Wahrnehmung der Pflichten des Stpfl in der Eigenschaft eines gesetzlichen Vertreters iS des § 34 AO und erst recht nicht auf die Erfüllung der eigenen steuerrechtlichen Pflichten des RA, StBer, StBev, Wpr oder vBpr.

77 **Vom Bußgeldverfahren muss zum Strafverfahren übergegangen werden,** wenn sich im Verlauf des Bußgeldverfahrens herausstellt, dass durch ein und dieselbe Handlung außer § 378 AO oder anstelle des § 378 AO ein *Straf*gesetz verletzt worden ist. Hat der Verdächtige anstelle einer leichtfertigen eine vorsätzliche Steuerverkürzung begangen, ändert sich die Zuständigkeit der FinB im Ermittlungsverfahren nicht. Nur wenn der Verdächtige außer einer Steuerordnungswidrigkeit nach § 378 AO eine *nichtsteuerliche* Straftat begangen hat, verliert die FinB ihre Ermittlungskompetenz (vgl. § 386 II) und gibt die Akten an die StA ab. Im gerichtlichen Verfahren, das zB wegen Einspruchs gegen einen Bußgeldbescheid angelaufen ist, erkennt der Amtsrichter durch Urteil auf eine Strafe wegen Vergehens nach § 370 AO, nachdem er den Angeklagten zuvor auf die Veränderung des rechtlichen Gesichtspunktes gem. § 265 StPO hingewiesen hat (§ 81 I 2, II 1 OWiG). Auf Antrag des nunmehr Angeklagten (§ 81 II 2 OWiG) muss die Hauptverhandlung unterbrochen werden (§ 81 II 3 OWiG). Die bisherige Beweisaufnahme bleibt in den Grenzen des § 81 III 2 OWiG verwertbar (zu den Risiken des Einspruchs gegen einen Bußgeldbescheid vgl. noch *Henneberg* BB 1969, 398 f.).

78 **Bei nachträglicher Feststellung einer Steuerhinterziehung** (§ 370) kann die Tat trotz eines rechtskräftigen Bußgeldbescheides wegen leichtfertiger Steuerverkürzung (§ 378) strafrechtlich verfolgt werden. Dies folgt durch Umkehrschluss aus § 84 II OWiG, der einen Strafklageverbrauch nur für *gerichtliche* Bußgeldentscheidungen vorsieht (vgl. Rn. 37 zu § 377). Falls der Betroffene wegen Steuerhinterziehung verurteilt wird, wird der Bußgeldbescheid gem. § 86 OWiG aufgehoben.

79 **Bei Tatmehrheit** zwischen der Steuerordnungswidrigkeit nach § 378 AO und einer Straftat können beide Handlungen in einem einheitlichen Verfahren geahndet werden (vgl. §§ 42, 45, 83 OWiG).

§ 379 Steuergefährdung

(1) [1] **Ordnungswidrig handelt, wer vorsätzlich oder leichtfertig**

1. Belege ausstellt, die in tatsächlicher Hinsicht unrichtig sind,

2. Belege gegen Entgelt in den Verkehr bringt oder

3. nach Gesetz buchungs- oder aufzeichnungspflichtige Geschäftsvorfälle oder Betriebsvorgänge nicht oder in tatsächlicher Hinsicht unrichtig verbucht oder verbuchen lässt

und dadurch ermöglicht, Steuern zu verkürzen oder nicht gerechtfertigte Steuervorteile zu erlangen. [2] **Satz 1 Nr. 1 gilt auch dann, wenn Einfuhr- und Ausfuhrabgaben verkürzt werden können, die von einem anderen Mitgliedstaat der Europäischen Union verwaltet werden oder die einem Staat zustehen, der für Waren aus der Europäischen Union auf Grund eines Assoziations- oder Präferenzabkommens eine Vorzugsbehandlung gewährt; § 370 Abs. 7 gilt entsprechend.** [3] **Das Gleiche gilt, wenn sich die Tat auf Umsatzsteuern bezieht, die von einem anderen Mitgliedstaat der Europäischen Union verwaltet werden.**

(2) **Ordnungswidrig handelt, wer vorsätzlich oder leichtfertig**

1. der Mitteilungspflicht nach § 138 Abs. 2 nicht, nicht vollständig oder nicht rechtzeitig nachkommt,

1a. entgegen § 144 Absatz 1 oder Absatz 2 Satz 1, jeweils auch in Verbindung mit Absatz 5, eine Aufzeichnung nicht, nicht richtig oder nicht vollständig erstellt,

1b. einer Rechtsverordnung nach § 117c Absatz 1 oder einer vollziehbaren Anordnung auf Grund einer solchen Rechtsverordnung zuwiderhandelt, soweit die Rechtsverordnung für einen bestimmten Tatbestand auf diese Bußgeldvorschrift verweist,

2. die Pflicht zur Kontenwahrheit nach § 154 Abs. 1 verletzt.

(3) **Ordnungswidrig handelt, wer vorsätzlich oder fahrlässig einer Auflage nach § 120 Abs. 2 Nr. 4 zuwiderhandelt, die einem Verwaltungsakt für Zwecke der besonderen Steueraufsicht (§§ 209 bis 217) beigefügt worden ist.**

(4) **Die Ordnungswidrigkeit kann mit einer Geldbuße bis zu fünftausend Euro geahndet werden, wenn die Handlung nicht nach § 378 geahndet werden kann.**

Vgl. § 283 I Nr. 5–7, § 283b StGB über Verletzung der Buchführungspflicht, §§ 67 ff. SGB X betr. Übermittlung von Sozialdaten, § 28f SGB IV betr. Aufzeichnungspflichten des Arbeitgebers für Zwecke der Sozialversicherung, § 26a UStG betr. die Verletzung umsatzsteuerlicher Aufbewahrungs- und Meldepflichten, § 50e EStG über pflichtwidrig unterlassene Mitteilungen an das BZSt, § 33 IV ErbStG betr. Anzeigepflichten der Vermögensverwahrer, Vermögensverwalter und Versicherungsunternehmen sowie § 37 TabStG betr. Schwarzhandel mit Zigaretten.

Schrifttum: Zu § 405 RAO 1968: *Pfaff,* Die Steuergefährdung nach § 405 AO, StBp 1972, 142; *Suhr,* Ahndung wegen der Steuerordnungswidrigkeiten der §§ 405, 406 AO bei Nichtverfolgung der Verkürzungstatbestände der §§ 392, 404 AO?, StBp 1973, 224.

Zu § 379 AO 1977: *Gast-deHaan,* Zuwiderhandlungen gegen verbrauchsteuerliche Aufzeichnungsvorschriften als Steuerordnungswidrigkeit, DB 1977, 1290; *Pfaff,* Die Steuergefährdung (§ 379 AO), StBp 1978, 137; *Pfaff,* Zur Beachtung der §§ 379 AO, 271 StGB bei Umsatzsteuer-Sonderprüfungen, DStZ 1979, 249; *Brenner,* Schließt die wirksame Selbstanzeige (§ 378 III AO) die Bußgeldtatbestände der §§ 379 ff. AO aus?, StW 1981, 147; *Lohmeyer,* Der Steuerberater als Täter oder Teilnehmer einer Steuerzuwiderhandlung, Stbg 1985, 297; *Lohmeyer,* Steuerliche Bilanzdelikte und deren strafrechtliche Folgen, WPg 1990, 314; *Mösbauer,* Die Steuergefährdung nach § 379 AO, wistra 1991, 41; *Lohmeyer,* Die Gefährdungstatbestände der §§ 379 und 380 AO, INF 1992, 511; *Dörn,* Steuerliche Pflichten unter strafrechtlichem Aspekt, INF 1993, 315; *Dörn,* Anwendung der §§ 379, 380 AO auch bei Selbstanzeigen gemäß §§ 371, 378 Abs. 3 AO, wistra 1995, 7; *Hentschel,* Die Bedeutung des Steuerordnungswidrigkeitenrechts bei grenzüberschreitender Umsatzsteuerhinterziehung, wistra 2005, 371, *Weyand,* Der Tatbestand der Steuergefährdung, INF 2006, 596; *Seer,* Steuerordnungswidrigkeiten als pönalisiertes Verwaltungsunrecht, SteuerStud 2009, 117; *Retemeyer,* Irreführung der Verbraucher in der Gastronomie, NZWiSt 2013, 241.

Weiteres Schrifttum s. vor Rn. 18, 28, 35, 80, 100, 125.

Übersicht

1. Entstehungsgeschichte

1 **Vorläufer des § 379 AO waren § 406 und § 413 I Nr. 3 RAO** idF des Art. I Nr. 5, 6 des Gesetzes v. 11.5.1956 (BGBl. I 418); Begr. BT-Drs. II/1593. Nach § 406 I RAO 1956 waren das Ausstellen unrichtiger Belege (Nr. 1) sowie die mangelhafte Buchung von Geschäftsvorfällen (Nr. 2) und Betriebsvorgängen (Nr. 3) als *„Steuergefährdung"* mit Geldstrafe bis zu 100 000 DM bedroht, neben der auf Gefängnis bis zu 2 Jahren erkannt werden konnte; subjektive Voraussetzung war die *„Absicht, eine Verkürzung von Steuereinnahmen zu ermöglichen"*. § 406 II RAO 1956 enthielt eine Sonderregelung über tätige Reue.

2 **Durch Art. 1 Nr. 19 des 2. AOStrafÄndG** v. 12.8.1968 (BGBl. I 953) wurde die Vorschrift unter der Bezeichnung „§ 405" als Bußgeldtatbestand neu gefasst (Begr. BT-Drs. IV/1812, 27). Die Ordnungswidrigkeiten nach § 405 I Nr. 1 u. 2 RAO 1968 entsprachen den früheren Vergehen nach § 406 I RAO 1956 mit der Abweichung, dass (bedingt) vorsätzliches oder leichtfertiges Handeln genügte; „Absicht" war nicht mehr erforderlich, jedoch musste es die Tathandlung objektiv ermöglichen, Steuereinnahmen zu verkürzen. Die in § 405 I Nr. 2 RAO 1968 mitgeregelte Zuwiderhandlung gegen eine Pflicht zur Aufzeichnung von Betriebsvorgängen wurde durch den BT aus § 407 RAO idF des Entwurfs (Verbrauchsteuergefährdung) übernommen (Schriftl. Ber. zu BT-Drs. V/2928, 2). Die Ordnungswidrigkeit nach § 405 II RAO 1968 entsprach dem früheren Vergehen nach § 413 I Nr. 3 RAO 1956 mit der Abweichung, dass die Tathandlung mindestens leichtfertig begangen sein musste.

3 **Durch Art. 5 Nr. 3 AStG** v. 8.9.1972 (BGBl. I 1713, 1724) wurde § 405 II RAO 1968 mWv 13.9.1972 neu gefasst. Dabei wurde als neue Ordnungswidrigkeit unter Nr. 2 ein *Verstoß gegen die Meldepflichten* des § 165e III RAO (nachträglicher Wegfall von Voraussetzungen der Steuerbefreiung bei der GrSt) und des § 165e IV RAO (nachträglicher Wegfall von Voraussetzungen der Steuerbefreiung bei der GrESt) eingefügt. § 165e III RAO wurde durch das GrStRG v. 7.8.1973 (BGBl. I 965) *„mit erstmaliger Wirkung für die*

GrSt des Kalenderjahrs 1974" gestrichen. Gem. Art. 161 Nr. 9a EGStGB erhielt § 405 I 2 RAO 1968 mWv 10.3.1974 (Art. 326 II EGStGB) folgende Fassung: *„Satz 1 Nr. 1 gilt auch dann, wenn Eingangsabgaben verkürzt werden können, die von einem anderen Mitgliedstaat der Europäischen Gemeinschaften verwaltet werden oder die einem Mitgliedstaat der Europäischen Freihandelsassoziation oder einem mit den Europäischen Gemeinschaften oder der Europäischen Freihandelsassoziation assoziierten Staat zustehen; § 392 Abs. 5 Satz 2 ist anzuwenden."* Gleichzeitig wurde § 405 VI RAO mWv 1.1.1975 gestrichen (Art. 161 Nr. 9b, Art. 326 I EGStGB). Bereits wenige Monate später erhielt § 405 I 2 RAO idF des Art. 161 Nr. 9a EGStGB – ebenfalls mWv 1.1.1975 – folgende Fassung: *„Satz 1 Nr. 1 gilt auch dann, wenn Eingangsabgaben verkürzt werden können, die von einem anderen Mitgliedstaat der Europäischen Gemeinschaften verwaltet werden oder die einem Mitgliedstaat der Europäischen Freihandelsassoziation oder einem mit dieser assoziierten Staat zustehen; § 392 Abs. 5 Satz 2 ist anzuwenden"* (§ 1 Nr. 9 G v. 15.8.1974, BGBl. I 1942).

§ 379 I 1 Nr. 1 und 2 AO 1977 idF v. 16.3.1976 (BGBl. I 613 = § 363 EAO 1974; Begr. BT-Drs. VI/1982, 197) entspricht § 405 I Nr. 1 und 2 RAO 1968. Neben das Tatbestandsmerkmal der *Steuerverkürzung* wurde jedoch als alternatives Tatbestandsmerkmal die Erlangung ungerechtfertigter *Steuervorteile* gestellt (vgl. hierzu Rn. 123 ff. zu § 370). 4

Die Formulierung des **§ 379 I 2 AO** erfasst neben unrichtigen Erklärungen zum Nachteil eines EFTA-Staates auch unrichtige Erklärungen zum Nachteil aller übrigen Staaten, die für Waren aus der EU auf Grund eines Assoziations- oder Präferenzabkommens eine Vorzugsbehandlung gewähren. Das sind zB fast alle Staaten des Mittelmeerraums (Rn. 76). Da das Rechts- und Verwaltungssystem dieser Staaten (im Gegensatz zu den EFTA-Staaten) nur bedingt mit dem der EU-Mitgliedstaaten vergleichbar ist, können unrichtige Erklärungen zum Nachteil dieser Staaten lediglich als Ordnungswidrigkeit geahndet werden (BT-Drs. 7/4299, 45).

§ 379 II Nr. 1 AO wurde eingefügt zur Sicherung der Belange des StGläubigers bei Auslandsbeziehungen (BT-Drs. VI/1982, 197). Die Verletzung der Pflicht zur Kontenwahrheit gem. **§ 379 II Nr. 2 AO** entspricht § 405 II RAO 1968.

§ 379 III AO sollte das frühere Sicherungsgeld ablösen, das gemäß § 203 RAO im Rahmen der Steueraufsicht als Ungehorsamsfolge verhängt werden konnte. Subjektiv genügt hier, abw. von allen anderen Bußgeldtatbeständen des § 379 AO, einfache Fahrlässigkeit (Rn. 123). Der Austausch des Begriffes *„Tat"* durch *„Handlung"* in Abs. 4 entspricht der Sprachregelung des OWiG.

§ 379 I 3 AO wurde mWv 1.1.1993 durch das USt-BinnenG v. 25.8.1992 (BGBl. I 1548) eingeführt. Der Anwendungsbereich des § 379 AO bezieht sich damit auch auf Umsatzsteuern, die von anderen Mitgliedstaaten der EU verwaltet werden. Aus redaktionellen Gründen wurde der Wortlaut des **§ 379 I 2, 2. Halbs. AO** am 21.12.1992 ebenfalls zum 1.1.1993 an die Neufassung des § 370 AO angeglichen (BGBl. 1992 I 2118). 5

Durch G v. 19.12.2001 ersetzte der Gesetzgeber in **§ 397 I 2 AO** – wie durchgängig in der AO – den Begriff der Eingangsabgaben durch den der Einfuhr- und Ausfuhrabgaben (BGBl. 2001 I 3794); zum 1.1.2002 wurde **Abs. 4** auf Euro umgestellt (BGBl. 2000 I 1790). 6

In **§ 379 I Nr. 2 AO** wurde durch das G zur Eindämmung missbräuchlicher Steuergestaltungen vom 28.4.2006 (BGBl. I 1095) eine neue Tathandlung des In-Verkehr-Bringens von Belegen gegen Entgelt aufgenommen. Hierdurch soll der insbes. über das Internet betriebene Handel mit Belegen als Vorbereitungshandlung für Steuerhinterziehungen unterbunden werden (Rn. 28). Die bisherige Nr. 2 des § 379 I AO ist nun Nr. 3. 7

Absatz 2 Nr. 1a, 1b wurden mit dem AIFM-Steuer-Anpassungsgesetz mWv 24.12.2013 (BGBl I 4318, 4333) in die Vorschrift eingefügt. Die § 144 AO betreffende Regelung (Nr. 1a) will Verhaltensweisen im Vorfeld der Beihilfe zur Steuerhinterziehung sanktionieren (Rn. 85). Bei Nr. 1b geht es um völkerrechtliche Verpflichtungen zum Informations- 8 austausch über Kapitaleinkünfte, deren Verletzung ebenfalls mit einem maßvollen Bußgeld geahndet werden kann (Rn. 88).

2. Zweck und Anwendungsbereich

9 Handlungen, die zur **Vorbereitung einer Steuerverkürzung** oder zur Erlangung nicht gerechtfertigter Steuervorteile geeignet sind, werden durch § 379 AO zu selbständigen Bußgeldtatbeständen erhoben. Das Ausstellen unrichtiger Belege (§ 379 I 1 Nr. 1 AO), das In-Verkehr-Bringen von Belegen gegen Entgelt (§ 379 I 1 Nr. 2 AO) und die unrichtige, unvollständige oder unterlassene Buchung von Geschäftsvorfällen iS des § 379 I 1 Nr. 3 AO gehören in den Bereich der (strafrechtlich zumeist noch nicht erheblichen) Vorbereitungshandlungen, die ohne § 379 AO idR nicht – auch nicht als Versuch – geahndet werden könnten (Rn. 57 ff. zu § 369; KG 6.10.1966, NJW 1967, 991; OLG Köln 26.10.1976, BB 1977, 635; OLG Celle 17.7.1979, MDR 1980, 77). In den Fällen des Abs. 2 geht es überwiegend um Fälle der (zunächst noch) straflosen versuchten Beihilfe.

10 § 379 AO enthält **Gefährdungstatbestände.** Die Vorschrift ist nicht anwendbar, wenn die Tat zugleich einen Verletzungstatbestand erfüllt (Rn. 125; zur Anwendbarkeit des § 379 AO, wenn der Täter wegen des Verletzungstatbestands auf Grund eines persönlichen Strafaufhebungsgrunds nicht zur Rechenschaft gezogen werden kann s. Rn. 130). Die einzelnen Tatbetände des § 379 AO erfassen typische Handlungen, mit denen Steuerverkürzungen häufig angebahnt werden (zB Ausstellen von Gefälligkeitsrechnungen und OR-Geschäfte, Kontoerrichtung auf falschen Namen usw.) und die daher das Steueraufkommen besonders gefährden. Der Schutz des staatlichen Anspruchs auf Vollständigkeit und Wahrheit der Besteuerungsgrundlagen durch das Ordnungswidrigkeitenrecht ist rechtspolitisch vor allem deshalb erforderlich, weil zwischen den in § 379 AO erfassten Vorbereitungshandlungen und dem Versuch oder der Vollendung einer Steuerverkürzung, insbes. bei den Veranlagungssteuern, meist ein längerer Zeitraum liegt (vgl. auch *Pfaff* StBp 1972, 142; *Suhr* StBp 1973, 224). Der Anwendungsbereich des § 379 AO beschränkt sich nicht auf bestimmte Gruppen von Steuern, sondern erfasst den gesamten Steuerbereich.

11 Die Tatsache, dass der Stpfl für ein mögliches späteres Strafverfahren wegen Steuerhinterziehung **Belastungsmaterial gegen sich selbst** schafft, wenn er der durch § 379 I 1 Nr. 3 AO sanktionierten steuerlichen Pflicht nachkommt, Geschäftsvorfälle und Betriebsvorgänge richtig zu verbuchen, führt nicht zu einem generellen Beweisverwertungsverbot dieser Aufzeichnungen im Strafverfahren (aA HHSp-*Bülte* 18 zu § 379; *Rüping/Kopp* NStZ 1997, 530). Zu dem Zeitpunkt, zu dem der Stpfl die steuerrechtlich vorgeschriebenen wahrheitsgemäßen Aufzeichnungen macht, befindet er sich regelmäßig in keiner Konfliktlage, die nach dem Grundsatz *„nemo tenetur se ipsum accussare"* ein Verwertungsverbot auslösen könnte, weil gegen ihn kein Steuerstrafverfahren eingeleitet ist und eine sich auf die aufgezeichneten Tatsachen beziehende Steuerstraftat idR noch nicht begangen ist. Zur Reichweite des Verbots staatlichen Zwangs zur Selbstbelastung im Steuerstrafverfahren s. Rn. 7 ff. u. 70 ff. zu § 393 (vgl. auch BGH 26.4.2001, BGHSt 47, 8; BGH 10.1.2002, NJW 2002, 1134 und BGH 11.9.2003, wistra 2003, 429 sowie *Jäger* NStZ 2005, 552, 556 mwN).

12 Die **Verletzung verbrauchsteuerlicher Aufzeichnungs- und Buchführungspflichten** wird von der Spezialvorschrift des § 381 I Nr. 1 AO erfasst (Rn. 17 zu § 381). Zu Zuwiderhandlungen gegen *Auflagen* s. Rn. 115 ff. In einigen steuerlichen Nebengesetzen ist die entsprechende Anwendung des § 379 AO vorgeschrieben (zB § 5a II BergPG, § 14 II 5. VermBG, § 8 II WoPG).

13 Auf **Monopolabgaben** ist nicht § 379 I 1 Nr. 3 AO, sondern die im objektiven Tatbestand entsprechend gefasste Sondervorschrift des § 126 I BranntwMonG anwendbar (GJW/*Sahan* AO § 379 Rn. 3). Zu den Unterschieden im subjektiven Tatbestand

s. Rn. 122 f. Für Aufzeichnungs- und Aufbewahrungspflichten betr. **Marktordnungswaren** trifft § 36 III MOG eine Sonderregelung.

Die **Verletzung umsatzsteuerlicher Aufbewahrungs- und Meldepflichten** ist gem. 14 § 26a UStG mit einer Geldbuße bis zu 5 000 EUR bedroht. Dasselbe gilt für die Verletzung von **Aufbewahrungs- und Mitteilungspflichten nach § 45d EStG** (§ 50e EStG).

einstweilen frei 15–17

3. Ausstellen unrichtiger Belege

Schrifttum: *Bremer,* Die Falschbelegung und Falschbuchung nach § 406 AO, Aktuelle Fragen S. 155; *Lohmeyer,* Die Steuergefährdung im Sinne des § 406 AO, ZfZ 1966, 294; *Lohmeyer,* Steuergefährdung durch Ausstellen unrichtiger Belege, SchlHA 1968, 179; *Pfaff,* Die Steuergefährdung nach § 405 AO, StBp 1972, 142; *Lohmeyer,* Ausstellung unrichtiger Belege und falsche Buchführung, Stbg 1976, 65; *Glashof/Hofmann,* Risiken des Exporteurs bei der Ausstellung zollrechtlicher Ursprungsnachweise, RIW/AWD 1978, 174; *Schroeder,* Probleme bei der Ahndung von Falschanmeldungen im Antrag auf Ausstellung eines Treibstoffausweises, ddz 1979 F 89; *Pfaff,* Zur Beachtung der §§ 379 AO, 271 StGB bei Umsatzsteuer-Sonderprüfungen, DStZ 1979, 249; *Bublitz,* Fehlender Betriebsausgabennachweis und falsche Empfängerbenennung im Steuerstrafrecht, BB 1987, 167; *Gast-deHaan,* Ausgewählte Probleme der Haftung und straf- (bußgeld-)rechtlichen Verantwortlichkeit in Fällen unrichtiger Spendenbescheinigung, FS 50 Jahre Fachanwälte für Steuerrecht, 1999, S. 619; *Bender,* Unterfakturierung bei Export in die Tschechische Republik (Anm.), wistra 2003, 34.

a) Begriff. Belege iS des § 379 I 1 Nr. 1 AO sind alle Schriftstücke, die geeignet sind, 18 steuerlich erhebliche Tatsachen zu beweisen. Unerheblich ist, ob die Schriftstücke als Buchungsunterlagen oder als Nachweis für die Inanspruchnahme von Steuerermäßigungen oder -vergünstigungen verwertbar sind. Der Beleg muss nur die Möglichkeit eröffnen, also *objektiv geeignet sein, Steuern zu verkürzen* oder nicht gerechtfertigte Steuervorteile zu erlangen. Weder aus dem Wortlaut noch aus dem Zweck des § 379 I 1 Nr. 1 AO folgt, dass es sich um Belege handeln muss, deren objektive Zweckbestimmung darin besteht, als Buchungsunterlage zu dienen (glA HHSp-*Bülte* 23, Kohlmann/*Matthes* 33 zu § 379 u. Erbs/Kohlhaas/*Hadamitzky/Senge* AO § 379 Rn. 3; *Mösbauer* wistra 1991, 41); von § 379 I 1 Nr. 1 AO werden daher zB auch Spendenquittungen und Bescheinigungen über einen Kuraufenthalt erfasst. Maßgebend ist allein, ob das Schriftstück Aussagen über einen steuerlich erheblichen Vorgang enthält, wie dies zB bei einer Ursprungsbescheinigung nach dem BerlinFG der Fall war (KG 28.6.1984, wistra 1984, 233). Es kommt nicht darauf an, ob der Beleg subjektiv dazu „bestimmt" ist, „steuerlichen" Zwecken zu dienen. Zwar muss das Schriftstück vom Aussteller überhaupt zum Beweis im Rechtsverkehr bestimmt worden sein; diese Bestimmung braucht sich aber nicht auf einen steuerlichen Zweck zu beziehen (glA GJW/*Sahan* AO § 379 Rn. 8; FT-*Heerspink* 23, HHSp-*Bülte* 23 zu § 379; unentschieden Kohlmann/*Matthes* 37 zu § 379). Entwürfe oder Schriftstücke, die zu Übungszwecken gefertigt werden, sollen nichts beweisen. Nicht erforderlich ist, dass der Empfänger des Belegs von ihm Gebrauch macht. Nach der ratio des § 379 I 1 Nr. 1 AO (Rn. 9) ist zB eine fälschlich auf einen Werktag statt Sonntag datierte Taxiquittung auch dann ein unrichtiger „Beleg" iS dieser Vorschrift, wenn die Quittung dazu bestimmt ist, außersteuerlichen Zwecken zu dienen (Reisekostenabrechnung). Für § 379 AO ist es schließlich unerheblich, ob der Beleg über einen längeren Zeitraum aufzubewahren ist, wie es bei den Buchungsbelegen iS des § 147 I Nr. 4 AO der Fall ist (OLG Köln 26.10.1976, BB 1977, 635).

Die Belege haben **Urkundencharakter** (BayObLG 13.6.1989, wistra 1989, 313; vgl. 19 auch BGH 11.11.1958, BGHSt 12, 100). Eine Unterschrift ist nicht erforderlich; es genügt die Erkennbarkeit des Ausstellers aus dem Schriftstück selbst (RG 13.1.1927, RGSt 61, 161 mwN), zB aus dem Firmenkopf oder einem Stempel (FT-*Heerspink* 24, Schwarz/Pahlke/*Webel* 10 zu § 379). Zur „schriftlichen Lüge" s. Rn. 21.

Zu den „Belegen" gehören zB Rechnungen, Lieferscheine, Quittungen über erhaltene 20 Zahlungen oder sonstige Leistungen, Vertragsurkunden, Spesen- und Reisekostenabrechnungen, Spendenquittungen, ärztliche Bescheinigungen, Kassenzettel, Inventarlisten, Frachtbriefe, Handelsbriefe, Ursprungszeugnisse, Nachnahmekarten, Warenverkehrs- u. Ausfuhrbescheinigungen (BayObLG 13.6.1989, wistra 1989, 313), Belege über falsche

Zahlungsempfänger (vgl. *Bublitz* BB 1987, 167) sowie alle sonstigen Urkunden, die im rechtsgeschäftlichen Verkehr bedeutsam sind (vgl. auch § 147 I AO). Pläne oder Zeichnungen können für steuerliche Zwecke (vgl. zB § 7i EStG) ebenfalls erheblich sein (glA *Kohlmann/Sandermann* StuW 1974, 221; ferner *Mösbauer* wistra 1991, 41; *Pfaff* StBp 1972, 142; *Kulla* StBp 1965, 210). Auch Eigenbelege zählen zu den Belegen iS des § 379 I 1 Nr. 1 AO (zust. Klein/*Jäger* AO § 379 Rn. 3; Kohlmann/*Matthes* 35 u. RK-*Rolletschke* 10 zu § 379 AO), wenn es sich um Schriftstücke handelt, die zum Beweis steuerlich erheblicher Tatsachen bestimmt sind, dh dass sie diese Tatsachen nicht nur beweisen können, sondern dies auch sollen. Dies ist zB der Fall, wenn Privatausgaben als Betriebsausgaben (Werbungskosten) deklariert werden. Unrichtige Eigenbelege können auch den innerbetrieblichen Wertefluss betreffen, zB bei Warenlieferungen zwischen in- und ausländischen Betriebstätten (vgl. Kohlmann/*Matthes* 36 u. *Blesinger* in Kühn/v. Wedelstädt 7 zu § 379 AO).

21 **b) Unrichtig. In tatsächlicher Hinsicht unrichtig** ist ein Beleg, wenn er von den tatsächlichen Gegebenheiten, zB Ort und Datum, abweicht oder einen anderen als den wirklichen Sachverhalt bekundet, etwa den Kauf von Fachzeitschriften anstatt von Tageszeitungen, die Reinigung von „Arbeits"-Kleidung oder die Anschaffung betrieblicher Gegenstände, die in Wahrheit für den Privathaushalt bestimmt sind. Streitig ist, ob § 379 I 1 Nr. 1 AO nur solche Belege betrifft, die zwar in tatsächlicher Hinsicht unrichtig sind, aber wirklich von der Person herrühren, auf die sie als den Aussteller hinweisen (so genannte **schriftliche Lüge**), oder ob sich die Unrichtigkeit auch auf den Aussteller beziehen kann (so genannte **Belegfälschung;** abl. *Wegner* PStR 2005, 115; bejahend *Mösbauer* wistra 1991, 41; *Blesinger* in Kühn/v. Wedelstädt 4 zu § 379 AO).

22 Vom BGH existiert zu dieser Frage nur ältere Rspr; er neigte dazu, nur die schriftliche Lüge als von § 379 I 1 Nr. 1 AO erfasst anzusehen (BGH 24.1.1989, wistra 1989, 190 und BGH 11.11.1958, BGHSt 12, 100, 103). Der Wortlaut des § 379 I 1 Nr. 1 AO lässt beide Deutungen zu (zust. HHSp-*Bülte* 27 zu § 379 u. Kohlmann/*Matthes* 41), jedoch vermag § 379 I 1 Nr. 1 AO die Vorschrift des § 267 StGB nicht zu verdrängen (so schon BGH 12, 103 zu der Strafvorschrift des § 406 RAO 1956). Ist der Beleg unrichtig und zugleich der Name des Ausstellers gefälscht, kommt nach § 21 OWiG nur eine Bestrafung aus § 267 StGB in Betracht. Im Ergebnis ist daher der Anwendungsbereich des § 379 I 1 Nr. 1 AO praktisch auf die schriftliche Lüge beschränkt (ähnl. FT-*Heerspink* 25, Schwarz/Pahlke/*Webel* 11 zu § 379; GJW/*Sahan* AO § 379 Rn. 10). Eine Rechnung mit gesondertem Steuerausweis durch einen Nichtunternehmer ist (ohne Rücksicht auf § 14c UStG) ein unrichtiger Beleg (vgl. auch *Helsper* UR 1974, 152).

23 **c) Ausstellen.** Nicht das Herstellen, sondern **nur das Ausstellen** einer unrichtigen Urkunde **ist ordnungswidrig.** Ein Beleg ist „ausgestellt", wenn er in den Verfügungsbereich dessen gelangt ist, für den er bestimmt ist (ebenso BayObLG 13.6.1989, wistra 313; Kohlmann/*Matthes* 42 u. RK-*Rolletschke* 14 zu § 379). Der Begriff des Ausstellens setzt dabei nicht voraus, dass der Beleg ausgehändigt wird (glA Kohlmann/*Matthes* 43 u. RK-*Rolletschke* 14 zu § 379; aA *Mösbauer* wistra 1991, 41, 42); es genügt, dass er auf sonstige Weise in den Verfügungsbereich desjenigen gelangt, für den er bestimmt ist (FT-*Heerspink* 41 zu § 379 AO; Klein/*Jäger* AO § 379 Rn. 6). Bei Eigenbelegen, zB über verauslagte Spenden, genügt es, wenn das Schriftstück in den Geschäftsgang gegeben wird. Ob der Empfänger von dem Beleg Gebrauch macht, ist für das Ausstellen ebenso bedeutungslos wie die Frage, ob der Aussteller aus der Tat irgendwelche Vorteile zieht (zust. *Mösbauer* wistra 1991, 41).

24 **d) Täterkreis. Täter** iS des § 379 I 1 Nr. 1 AO kann jeder sein, der sich oder einem anderen einen tatsächlich unrichtigen Beleg ausstellt. In Betracht kommen daher nicht nur Gewerbetreibende (zB Gastwirte), die sich – ggf. gegenseitig – Gefälligkeitsbelege ausstellen, sondern ebenso Ärzte, die einen Kuraufenthalt wahrheitswidrig bescheinigen, sowie Angehörige sonstiger freier Berufe (GJW/*Sahan* AO § 379 Rn. 15), Privatpersonen oder

der Stpfl selbst (*Bremer,* Aktuelle Fragen S. 166). Auch ein Finanzbeamter kann Täter der Ausstellung unrichtiger Belege sein (BayObLG 13.6.1989, wistra 1989, 313). Das bloße Verwenden eines Belegs ist kein Ausstellen. Veranlasst der Stpfl die Ausstellung eines unrichtigen Belegs oder wirkt er in irgendeiner Form mit, so handelt er als Beteiligter auch selbst ordnungswidrig (§ 14 I OWiG; Schwarz/Pahlke/*Webel* 21 zu § 379). Beschränkt sich der Empfänger darauf, den Beleg lediglich entgegenzunehmen, so ist er notwendiger Teilnehmer (*Fischer* StGB vor §§ 25 ff. 7) und kann als solcher nicht belangt werden (vgl. dazu Kohlmann/*Matthes* 31 zu § 379).

einstweilen frei 25–27

4. In-Verkehr-Bringen von Belegen

Schrifttum: *Burkhard,* Beihilfe zur Steuerhinterziehung durch Belegverkäufe über ebay, PStR 2004, 164; *Wegner,* Missbrauch von Tankquittungen, PStR 2005, 115; *Melchior,* Gesetz zur steuerlichen Förderung von Wachstum und Beschäftigung sowie Gesetz zur Eindämmung missbräuchlicher Steuergestaltungen im Überblick, DStR 2006, 681; *Weyand,* Beleghandel als Steuergefährdung, PStR 2006, 284; *Bach,* Die Wahrheit hinter § 379 I 1 Nr. 2 AO, JA 2007, 534.

a) Allgemeines. Durch das G zur Eindämmung missbräuchlicher Steuergestaltungen vom 28.4.2006 (BGBl. I 1095) fügte der Gesetzgeber die Tathandlung des In-Verkehr-Bringens von Belegen gegen Entgelt als neue Nr. 2 in den Ordnungswidrigkeitentatbestand des § 379 I StGB ein (Rn. 7). Hierdurch sollte vor allem der Handel mit Belegen unterbunden werden, die den Käufern die ungerechtfertigte Geltendmachung von Betriebsausgaben oder Werbungskosten ermöglichten. Insbes. aufgrund von Internetauktionen hatte der Handel mit Tankquittungen stark zugenommen. Zwar macht sich derjenige, der Belege weitergibt, von denen er weiß, dass der Empfänger sie im Rahmen von Steuererklärungen mit dem Ziel einer Steuerminderung verwenden wird, regelmäßig wegen Beihilfe zur Steuerhinterziehung strafbar (vgl. hierzu *Burkhard* PStR 2004, 164). Nicht selten bestehen aber beim Beihilfevorsatz Nachweisschwierigkeiten. Die insoweit bestehende Sanktionslücke sollte durch den „Auffangtatbestand" des § 379 I Nr. 2 AO geschlossen werden. Zudem setzt dieser abstrakte Gefährdungstatbestand weit im Vorfeld einer möglichen Steuerhinterziehung an. Von einer Kontrolle des Angebots- und Nachfrageverhaltens im Internet durch die Steuerfahndung ist auszugehen (vgl. *Weyand* PStR 2006, 284). 28

Der **Begriff der Belege** entspricht dem des § 379 I Nr. 1 AO (Rn. 18 ff.); erforderlich ist aber nicht das Vorliegen eines in tatsächlicher Hinsicht unrichtigen Beleges. Erfasst werden auch „richtige" Belege, die lediglich vom Empfänger missbräuchlich verwendet werden können. 29

b) Entgeltliches In-Verkehr-Bringen. Der **Begriff** „In-Verkehr-Bringen" ist zwar in der AO nicht definiert. Die Auslegung kann sich jedoch an derjenigen zu anderen Straf- und Bußgeldtatbeständen orientieren, in denen der Begriff ebenfalls verwendet wird (vgl. §§ 146, 148 StGB, § 29 BtMG). In-Verkehr-Bringen ist danach jede Handlung, durch die eine Sache aus der Verfügungsgewalt des Täters (oder eines Dritten) so entlassen wird, dass ein anderer tatsächlich in die Lage versetzt wird, mit dieser nach Belieben umzugehen (vgl. *Fischer* StGB § 146 Rn. 17 mN aus der Rspr; vgl. auch Rn. 168 zu § 369). Erfasst wird dabei an sich neben dem Verkaufen auch das Verschenken, das sonstige gezielte Überlassen und auch die gezielte Gewahrsamsaufgabe, die die nahe liegende Gefahr begründet, dass ein Dritter die Sache auffindet und für sich verwendet (vgl. BGH 4.8.1987, BGHSt 35, 21, 24). Im Hinblick auf das einschränkende Tatbestandsmerkmal der Entgeltlichkeit (Rn. 31) kommt jedoch nur eine plangemäße Weitergabe als Tathandlung in Betracht (im Ergebnis ebenso *Weyand* PStR 2006, 284; RK-*Rolletschke* 24 zu § 379). Vorausgesetzt wird die tatsächliche Weitergabe der Belege. Bei einer Versteigerung im Internet ist dies der Zeitpunkt, wenn nach Erteilung des Zuschlags und nach Zahlung des Kaufpreises die Belege an den Erwerber versandt werden (Kohlmann/*Matthes* 54 zu § 379). 30

31 **c) Entgeltlichkeit.** Tatbestandsmäßig ist allein das entgeltliche In-Verkehr-Bringen. Entgelt ist nach der Legaldefinition in § 11 Abs. 1 Nr. 9 StGB jede in einem Vermögensvorteil bestehende Gegenleistung. Entgeltlich ist das In-Verkehr-Bringen daher dann, wenn es aufgrund einer entsprechenden Vereinbarung im Hinblick auf eine vermögenswerte Gegenleistung vorgenommen wird, die auch in Sachzuwendungen (zB Blumen, Weine oder Spirituosen, Theater- oder Kinokarten, Gutscheine) bestehen kann (zutr. *Weyand* INF 2006, 596, 598). Nicht entgeltlich ist die Weitergabe von Belegen aus Gefälligkeit ohne Gegenleistung, etwa im Freundes- oder Familienkreis. Auch das unbeabsichtigte Verschaffen der Verfügungsmacht über Belege erfüllt den Tatbestand nicht. Selbst derjenige, der (zB als Anbieter von Bürobedarf, Buchhändler, Kellner oder Tankwart) weggeworfene oder anderweitig zurückgelassene Belege sammelt, um sie ohne jegliche Gegenleistung weiterzureichen, erfüllt den Tatbestand des § 379 I Nr. 2 AO nicht. Dies gilt selbst dann, wenn er sich eine Art „Kundenbindung" oder „Klimapflege" von seiner Handlungsweise verspricht (*Weyand* PStR 2006, 284; FT-*Heerspink* 69 zu § 379). Mangels Entgeltlichkeit handelt auch derjenige nicht tatbestandsmäßig, der Quittungen an Orten wegwirft oder liegen lässt, an denen er sicher damit rechnen kann, dass sie von Dritten zur Steuerverkürzung verwendet werden können. In solchen Fällen liegt indes ein Beihilfevorsatz zur Steuerhinterziehung des Verwenders sehr nahe. Dasselbe gilt für die unentgeltliche Weitergabe an Freunde.

32–34 *einstweilen frei*

5. Fehlerhafte Buchungen und Aufzeichnungen

Schrifttum: *Klasmeyer/Kübler,* Buchführungs-, Bilanzierungs- und Steuererklärungspflichten des Konkursverwalters sowie Sanktionen im Falle ihrer Verletzung, BB 1978, 369; *Pape,* Zur Buchführungspflicht land- und forstwirtschaftlicher Betriebe, INF 1982, 154; *Lohmeyer,* Steuerliche Bilanzdelikte und ihre strafrechtliche Würdigung, BlStA 1983, 29; *Biedermann,* Aufzeichnungs- und Aufbewahrungspflichten der § 13 a Landwirte, DStR 1983, 695; *Zwank,* Die Buchführungspflicht nach § 141 AO, StBp 1986, 253; *Schäfer,* Die Verletzung der Buchführungspflichten in der Rechtsprechung des BGH, wistra 1986, 200; *Mösbauer,* Derivate und originäre steuerliche Buchführungs- und Aufzeichnungspflichten gewerblicher Unternehmer, DStZ 1996, 722; *Weyand,* Strafbarkeitsrisiko des Steuerberaters: Buchführungs- und Bilanzdelikte im Insolvenzverfahren, StuB 1999, 178; *Vogelberg,* Unvollständige Buchung fällt nicht unter § 379 Abs. 1 S. 1 Nr. 2 AO, PStR 1999, 106; *Langrock/Samson,* Steuergefährdung durch Verletzung der Aufzeichnungspflicht nach § 144 AO?, DStR 2007, 700, *Kranenberg,* Bußgeldverfahren bei nicht ordnungsgemäßer Kassenbuchführung, StBW 2014, 507.

35 **a) Allgemeines. „Gesetz" iS der AO** ist jede Rechtsnorm (§ 4 AO); der Begriff umfasst also Gesetze im formellen und materiellen Sinn. Die „gesetzliche" Buchführungs- oder Aufzeichnungspflicht kann daher auch auf einer RechtsV beruhen (s. auch BT-Drs. zu V/2928). *Verwaltungsanweisungen,* die auf einem Gesetz beruhen, sind keine Rechtsnormen. Vielmehr muss sich unmittelbar aus der Rechtsnorm selbst ergeben, welche Betriebsvorgänge oder Geschäftsvorfälle aufzuzeichnen sind. Nach § 141 I AO sind Entstehung und Beendigung der Buchführungspflicht gewisser Stpfl von bestimmten Feststellungen der FinB abhängig. Diese Verpflichtung ist jedoch erst zu erfüllen, wenn die FinB auf den Beginn der Verpflichtung hingewiesen hat (§ 141 II AO). Die Mitteilung ist rechtsgestaltender VA (BFH 23.6.1989, BStBl. II 768; aM NdsFG v. 9.1.1986, EFG 1986, 268), der mit seiner ordnungsgemäßen Bekanntgabe wirksam wird (BFH 23.1.1986, BStBl. II 539; ferner FG Nürnberg 21.7.1982, EFG 1983, 29 betr. Mitteilung nach § 13a EStG sowie FG Münster v. 15.6.1983, EFG 1984, 149 betr. Buchführungspflicht nach § 141 AO und Vorsteuerpauschalierung nach § 23 UStG). Gleichwohl beruht die Buchführungspflicht in diesen Fällen nicht auf der Mitteilung, sondern unmittelbar auf dem Gesetz.

36 Die Anwendbarkeit des § 379 I 1 Nr. 3 AO beschränkt sich nicht auf Pflichten, die sich unmittelbar aus *Steuer*gesetzen ergeben (vgl. § 140); die Ahndung einer Pflichtverletzung als Ordnungswidrigkeit setzt aber voraus, dass die fehlerhafte Buchung die Verkürzung von Steuereinnahmen ermöglicht (Rn. 70 ff.). Führt der Stpfl unrichtige Bücher, ohne zur Buchführung verpflichtet zu sein, ist § 379 I 1 Nr. 3 AO nicht anwendbar (ebenso Kohlmann/*Matthes* 69 u. RK-*Rolletschke* 30 zu § 379), weil diese Vorschrift keine eigenständige Buchführungspflicht begründet. Entsprechendes gilt, wenn die Pflicht zwar entstanden ist

(§ 141 I AO), die FinB aber noch nicht auf ihren „Beginn“ hingewiesen hat (§ 141 II AO). § 146 VI AO begründet keine gesetzliche Verpflichtung iS des § 379 I 1 Nr. 3 AO. Eine Insolvenz berührt die handels- und steuerrechtlichen Buchführungs- und Bilanzierungspflichten nicht (str., vgl. *Klasmeyer/Kübler* BB 1978, 369). Ein Teil der steuerlichen Pflichten des Gemeinschuldners, zu denen auch die Buchführungspflicht gehört, geht zwar mit der Eröffnung des Insolvenzverfahrens auf den Insolvenzverwalter über (§ 34 III AO; vgl. BFH 12.11.1992, BStBl. II 1993, 265); die allgemeine Buchführungspflicht geht aber weder unter, noch wird sie durch die Rechnungslegungs- und Aufzeichnungspflichten nach der InsO ersetzt (BFH 8.6.1972, BStBl. II 784).

Geschäftsvorfälle und Betriebsvorgänge sind Sammelbegriffe, die nicht gleichbedeutend sind und für die eine gesetzliche oder durch die Rspr herausgearbeitete Definition fehlt. Unter Geschäftsvorfällen versteht man überwiegend Vorgänge des rechtsgeschäftlichen Liefer- oder Leistungsverkehrs des Unternehmers mit Dritten. Betriebsvorgänge hingegen betreffen den Wertefluss innerhalb des Unternehmens (Betriebes) oder zwischen mehreren zu einem Unternehmen gehörigen Betrieben (Kohlmann/*Matthes* 64 u. *Blesinger* in Kühn/v. Wedelstädt 7 zu § 379). Für die Praxis ist die Abgrenzung unerheblich, da das Gesetz beide Begriffe gleichwertig nebeneinander verwendet. **37**

Die **Abgrenzung** zwischen der **Verletzung einer Buchungs- und einer Aufzeichnungspflicht** ist bedeutsam für die Vollendung des objektiven Tatbestands. Während der Aufzeichnungspflichtige nur tatsächliche Geld- und Warenbewegungen (§§ 143, 144 AO) zu verbuchen hat, muss der Buchführungspflichtige zB bereits die Entstehung von Forderungen und Schulden buchmäßig festhalten (vgl. *Bremer* Aktuelle Fragen S. 173; Kohlmann/*Matthes* 65 zu § 379). Der objektive Tatbestand des § 379 I 1 Nr. 3 AO verlangt die Verletzung einer Buchungspflicht. Eine solche Pflichtverletzung liegt nicht vor, wenn der Stpfl Buchungen oder Aufzeichnungen unterlässt, die lediglich Voraussetzung für einen begründeten Antrag auf Steuerfreiheit oder -ermäßigung sind (vgl. zB § 4 V Nr. 2 EStG, § 25 II UStG iVm § 72 UStDV). Dasselbe gilt für freiwillige Buchungen oder Aufzeichnungen, mit denen *Schätzungen* vermieden werden könnten (§ 162 AO). Auch die Verletzung einer *Sollvorschrift* (vgl. § 146 I 2 AO) ist – trotz § 146 VI AO – nicht ordnungswidrig. **38**

Aufbewahrungspflichten, zB gem. §§ 257 ff. HGB, § 14b UStG, § 147 AO, ergänzen die Buchführungs- und Aufzeichnungspflichten. Folglich ist derjenige, der kraft Gesetzes die Pflicht zur Führung von Büchern und Aufzeichnungen hat, auch verpflichtet, diese aufzubewahren (TK-*Drüen* 32 zu § 147 AO). Gleichwohl werden Verstöße gegen Aufbewahrungspflichten vom Tatbestand des § 379 I 1 Nr. 3 AO nicht erfasst (glA HHSp-*Bülte* 51, Kohlmann/*Matthes* 79 u. RK-*Rolletschke* 33 zu § 379; Klein/*Rätke* AO § 147 Rn. 70; *Mösbauer* wistra 1991, 41, 43). Damit ist die Nichtverbuchung von Geschäftsvorfällen oder Betriebsvorgängen mit Geldbuße bedroht, die unmittelbar an eine Verbuchung anschließende Vernichtung der Bücher hingegen nicht. Dies erscheint angesichts des Schutzzwecks des § 379 I 1 Nr. 3 AO (Rn. 9) inkonsequent, kann doch die nachträgliche Vernichtung von Büchern und Aufzeichnungen in gleicher Weise die Verkürzung von Steuern ermöglichen wie die Nichtverbuchung. Eine Ausdehnung des Anwendungsbereiches von § 379 I 1 Nr. 3 AO auf Zuwiderhandlungen gegen Aufbewahrungspflichten bleibt allerdings dem Gesetzgeber vorbehalten. Eine entsprechende Auslegung würde angesichts des eindeutigen Wortlautes der Vorschrift eine nach Art. 103 II GG, § 3 OWiG unzulässige Analogie darstellen (glA HHSp-*Bülte* 51 zu § 379; Kohlmann/*Matthes* 79; RK-*Rolletschke* 33; zur früheren Rechtslage bereits *Kohlmann/Sandermann* StuW 1974, 221, 245). Hinzu kommt, dass die Aufbewahrungsfristen seit dem 1.1.1977 so flexibel gehalten sind (vgl. § 147 III 2 AO), dass sie in der Praxis nicht mehr als verlässliche Grenze angesehen werden können (*Hintzen* BB 1977, 342). Will der Gesetzgeber die Verletzung von Aufbewahrungsfristen mit einem Bußgeld bewehren, muss er das – ebenso wie zB in § 26a I Nr. 2 u. 3 UStG, § 103 I Nr. 2 HGB, § 36 III Nr. 1a MOG (vgl. auch 283b I Nr. 2 StGB) – in einem Gesetz zum Ausdruck bringen. **39**

40 **Nichtverbuchen** kann sowohl im Unterlassen der vorgeschriebenen Eintragungen einzelner Vorgänge als auch im gänzlichen Unterlassen der Führung der vorgeschriebenen Bücher bestehen (*Pfaff* StBp 1972, 142). Die Tat ist als echtes Unterlassungsdelikt mit dem Verstreichen des Zeitpunktes vollendet, in dem die Eintragung nach den Grundsätzen ordnungsmäßiger Buchführung hätte vorgenommen werden müssen (vgl. Kohlmann/*Matthes* 87 zu § 379; *Lohmeyer* BlStA 1983, 29). Zur Frage, ob die Vernichtung von Aufzeichnungen dem Nichtverbuchen gleichzusetzen ist, s. Rn. 39.

41 In **„tatsächlicher Hinsicht unrichtig"** ist die Buchung oder Aufzeichnung, wenn der dargestellte Vorgang mit der Wirklichkeit nicht übereinstimmt. Sind zB Ausgaben, welche die betriebliche Sphäre nicht oder nur zum Teil berühren, als Betriebsausgaben verbucht worden (etwa Aufwendungen für den privaten Reitstall des Inhabers), so liegt darin zwar auch eine rechtliche Unrichtigkeit, nämlich die fehlerhafte Anwendung des § 4 IV EStG. Zugleich sind aber die Tatsachen („Geschäftsvorfall") buchmäßig unrichtig dargestellt worden; denn die den betreffenden Ausgaben zugrunde liegenden Leistungen sind entweder überhaupt nicht oder nur teilweise für den Betrieb erbracht worden (glA Kohlmann/*Matthes* 82 zu § 379; aM HHSp-*Rüping* 46 und *Meyer* in Beermann/Gosch 18 zu § 379 AO). Dasselbe gilt, wenn etwa fremde Tankquittungen zur Verbuchung angeblicher eigener Betriebsausgaben herangezogen worden sind.

42 Werden bare Geschäftsvorfälle nicht chronologisch aufgezeichnet, so folgt daraus für sich allein noch nicht, dass sie auch in tatsächlicher Hinsicht unrichtig verbucht worden sind (glA OLG Bremen 27.10.1981 – Ss (B) 23/79, nv). Fälschungen werden ebenso wie Belegfälschungen nach § 267 StGB bestraft (Rn. 21). § 379 I 1 Nr. 3 AO greift ebenfalls nicht ein, wenn die Buchungen zwar vollständig und richtig sind, die Buchführung als solche aber nicht ordnungsgemäß ist (*Lohmeyer* ZfZ 1966, 294). In Grenzfällen kann jedoch eine nicht ordnungsgemaße Buchführung einer Nichtverbuchung gleichstehen (s. auch Rn. 40 sowie § 283b Nr. 2 StGB).

43 Das nach § 379 I 1 Nr. 3 AO ordnungswidrige **Nicht- oder Falschverbuchenlassen** kann sowohl durch bloßes Geschehenlassen (Unterlassen) als auch durch Anweisung (positives Tun) bewirkt werden. Auch im letzteren Fall ist die Tat nicht schon mit der Anweisung, sondern erst dann vollendet, wenn die falsche Buchung vorgenommen oder die rechtzeitige Buchung unterlassen worden ist (zum Täterkreis s. Rn. 45).

44 Eine **„unvollständige Buchung"** (zB fehlende Angaben nach § 144 III AO) erfüllt nicht den Tatbestand des § 379 I 1 Nr. 3 AO (AG Münster 15.10.1998, wistra 1999, 114; differenzierend HHSp-*Bülte* 59 zu § 379). Zwar ist im allgemeinen Sprachgebrauch etwas Unvollständiges regelmäßig auch unrichtig. Auch dürfte es zweckmäßig sein, unvollständige Buchungen ebenso zu sanktionieren wie „unrichtige" Angaben. Da aber der Wortlaut des § 379 I 1 Nr. 3 AO nur „unrichtige" Verbuchungen erfasst und – im Gegensatz zu § 146 I, § 370 I Nr. 1, § 379 II Nr. 1, § 380 AO – „unvollständige" Angaben nicht erwähnt, würde eine in diesem Sinne erweiternde Auslegung am Bestimmtheitsgebot (Art. 103 II GG, § 3 OWiG) scheitern (vgl. auch *Vogelberg* PStR 1999, 106; zust. *Langrock/Samson* DStR 2007, 700). Führt indes das Weglassen vorgeschriebener Angaben in einer Buchung oder Aufzeichnung dazu, dass der dargestellte Vorgang nicht mehr mit der Wirklichkeit übereinstimmt, liegt eine unrichtige Verbuchung vor (s. dazu Rn. 41).

45 **b) Täterkreis. Täter einer Falschbuchung** kann jeder sein, der tatsächlich die Möglichkeit hat, eine Buchung vorzunehmen (Erbs/Kohlhaas/*Hadamitzky/Senge* AO § 379 Rn. 8; HHSp-*Bülte* 61, Kohlmann/*Matthes* 60 zu § 379; *Kohlmann/Sandermann* StuW 1974, 221, 245). In der Begehungsform des **Nicht- oder Falschverbuchenlassens** hingegen kann der objektive Tatbestand nur durch denjenigen erfüllt werden, der als Stpfl oder kraft seiner Stellung für die Führung der Bücher und Aufzeichnungen verantwortlich ist; das sind bei Einzelunternehmen der Inhaber oder gesetzliche Vertreter, bei Personengesellschaften der oder die geschäftsführenden Gesellschafter, ferner Liquidatoren, Insolvenzverwalter oder Testamentsvollstrecker (§§ 34 f. AO). Bei juristischen Personen trifft die persönliche Ver-

antwortung Vorstandsmitglieder (u. Stellvertreter) einer AG (§§ 91, 94 AktG), alle GmbH-Geschäftsführer (u. Stellvertreter) (§§ 41, 44 GmbHG) sowie alle Vorstandsmitglieder (und Stellvertreter) einer Genossenschaft (§§ 33, 35 GenG). Bei der Tatbestandsvariante des **Nichtverbuchens** kann sich die Rechtspflicht zum Handeln aus der gesetzlichen Buchführungs- oder Aufzeichnungspflicht oder aus der Übernahme der Erfüllung dieser Pflichten für einen anderen ergeben (ähnl. Kohlmann/*Matthes* 60 zu § 379). Wird die Buchführung einem Dritten übertragen, so muss der kraft Gesetzes Verantwortliche bei Auswahl und Überwachung dieses Dritten die erforderliche Sorgfalt walten lassen. Durch privatrechtlichen Vertrag kann er sich nicht restlos von seiner öffentlich-rechtlichen Pflicht befreien (RFH 27.10.1981, RFHE 36, 28, 31; arg. § 379 I 1 Nr. 3 AO: „… verbuchen lässt").

einstweilen frei 46–49

c) Buchführungs- und Aufzeichnungspflichten im Einzelnen. Die Buchführungs- und Aufzeichnungspflichten, deren Verletzung den objektiven Tatbestand des § 379 I 1 Nr. 3 AO erfüllt, sind in einer Vielzahl von Gesetzen verstreut. Wer nach anderen Gesetzen als den Steuergesetzen Bücher und Aufzeichnungen zu führen hat, „die für die Besteuerung von Bedeutung sind", hat die Verpflichtungen, die ihm nach den anderen Gesetzen obliegen, auch für die Besteuerung zu erfüllen (§ 140 AO). Die Verletzung verbrauchsteuerlicher Buchführungs- und Aufzeichnungsvorschriften fällt unter die Spezialvorschrift des § 381 Nr. 1 AO (Rn. 17 zu § 381). 50

Aufgrund **Handelsrechts** bestehen insbes. folgende Buchführungsvorschriften: 51
§§ 238 ff. HGB (Buchführungspflicht der Kaufleute);
§§ 6, 120, 161 II HGB (Personengesellschaften);
§§ 264 ff. HGB (Sondervorschriften für Kapitalgesellschaften);
§ 33 GenG (Sondervorschriften für Genossenschaften);
§ 16 VersAG (Versicherungsvereine auf Gegenseitigkeit).

Für Stpfl, die **nicht bereits nach Handelsrecht** Bücher führen müssen, gilt: 52

§ 141 AO Buchführungspflicht bestimmter Steuerpflichtiger

(1) [1] Gewerbliche Unternehmer sowie Land- und Forstwirte, die nach den Feststellungen der Finanzbehörde für den einzelnen Betrieb

1. Umsätze einschließlich der steuerfreien Umsätze, ausgenommen die Umsätze nach § 4 Nr. 8 bis 10 des Umsatzsteuergesetzes, von mehr als *500 000* [**ab 1.1.2016:** 600 000] Euro im Kalenderjahr oder
2. (weggefallen)
3. selbstbewirtschaftete land- und forstwirtschaftliche Flächen mit einem Wirtschaftswert (§ 46 des Bewertungsgesetzes) von mehr als 25 000 Euro oder
4. einen Gewinn aus Gewerbebetrieb von mehr als *50 000* [**ab 1.1.2016:** 60 000] Euro im Wirtschaftsjahr oder
5. einen Gewinn aus Land- und Forstwirtschaft von mehr als *50 000* [**ab 1.1.2016:** 60 000] Euro im Kalenderjahr

gehabt haben, sind auch dann verpflichtet, für diesen Betrieb Bücher zu führen und auf Grund jährlicher Bestandsaufnahmen Abschlüsse zu machen, wenn sich eine Buchführungspflicht nicht aus § 140 ergibt. [2] Die §§ 238, 240, 241, 242 Abs. 1 und die §§ 243 bis 256 des Handelsgesetzbuchs gelten sinngemäß, sofern sich nicht aus den Steuergesetzen etwas anderes ergibt. [3] Bei der Anwendung der Nummer 3 ist der Wirtschaftswert aller vom Land- und Forstwirt selbstbewirtschafteten Flächen maßgebend, unabhängig davon, ob sie in seinem Eigentum stehen oder nicht.

(2) [1] Die Verpflichtung nach Absatz 1 ist vom Beginn des Wirtschaftsjahrs an zu erfüllen, das auf die Bekanntgabe der Mitteilung folgt, durch die die Finanzbehörde auf den Beginn dieser Verpflichtung hingewiesen hat. [2] Die Verpflichtung endet mit dem Ablauf des Wirtschaftsjahrs, das auf das Wirtschaftsjahr folgt, in dem die Finanzbehörde feststellt, dass die Voraussetzungen nach Absatz 1 nicht mehr vorliegen.

(3) [1] Die Buchführungspflicht geht auf denjenigen über, der den Betrieb im Ganzen zur Bewirtschaftung als Eigentümer oder Nutzungsberechtigter übernimmt. [2] Ein Hinweis nach Absatz 2 auf den Beginn der Buchführungspflicht ist nicht erforderlich.

(4) Absatz 1 Nr. 5 in der vorstehenden Fassung ist erstmals auf den Gewinn des Kalenderjahrs 1980 anzuwenden.

Gewerblich sind nur solche Unternehmer, die einen Gewerbebetrieb iS des § 1 GewStDV ausüben. Freiberufler fallen nicht unter diese Vorschriften; für sie können allerdings Buchführungs- und Aufzeichnungspflichten nach außersteuerlichen Normen steuerlich relevant sein (§ 140 AO; s. auch Rn. 53 ff.). Die §§ 143, 144 AO enthalten Vorschriften über die Aufzeichnung des Wareneingangs und -ausgangs; besondere Aufzeichnungspflichten für umsatzsteuerliche Zwecke folgen – auch für Freiberufler – aus § 22 UStG iVm § 63 UStDV. Aufzeichnungspflichten für Zwecke der LSt normieren § 41b EStG und § 4 LStDV. Versicherer und deren Bevollmächtigte sind verpflichtet, zur Feststellung der Steuer und der Grundlagen ihrer Berechnung Aufzeichnungen zu führen (§ 10 VersStG, § 9 FeuerschStG).

53 Aufgrund **außersteuerlicher Gesetze und Verordnungen** sind in zahlreichen Fällen Bücher zu führen bzw. Aufzeichnungen zu machen (vgl. auch FT-*Heerspink* 84, HHSp-*Bülte* 45 zu § 379). Die einschlägigen Regelungen bieten ein buntes Bild. Charakteristisch ist, dass die betreffenden Tätigkeiten der behördlichen Erlaubnis bedürfen oder zumindest einer Anzeigepflicht unterliegen, so dass der Betreffende eigentlich wissen sollte, welche Pflichten ihn in diesem Zusammenhang treffen.

54 In der Abfallwirtschaft haben die Einsammler oder **Beförderer von Abfällen** sowie Abfallbeseitiger Register und Nachweise nach den §§ 45 ff. KrWG v. 8.4.2013 (BGBl. I 734) anzufertigen. Betreiber von **Deponien** führen Betriebstagebücher nach § 13 III DepotV v. 2.5.2013 (BGBl I, 973). Von Gebrauchtwaren-, Edel- und **Altmetallhändlern** sind Gebrauchtwarenbücher nach § 38 III GewO idF v. 17.7.2009 (BGBl. I 2091) iVm Landesrecht zu führen.

55 **Der ArbG** hat Lohnunterlagen für jeden Beschäftigten nach § 28f SGB IV idF v. 21.7.2014 (BGBl. I 1133) zu erstellen. Unternehmen, die **Heimarbeit** ausgeben, weitergeben oder abnehmen, führen Beschäftigtenlisten, Entgeltverzeichnisse und Entgeltbücher nach den §§ 6, 8, 9 HAG v. 29.10.1974 (BGBl. I 2879). **Renten- und Sozialversicherungsträger** erstellen Aufzeichnungen nach den §§ 10, 13 SVRV v. 15.7.1999 (BGBl. I 1627).

56 **Ärzte und Zahnärzte** haben Aufzeichnungen über die Anwendung von radioaktiven Stoffen oder ionischen Strahlen zur Untersuchung oder Behandlung von Menschen u. a. nach den §§ 42, 64, 70 u. 85 StrlSchV v. 20.7.2001 (BGBl. I 1714) und ebensolche über die Anwendung von Röntgenstrahlen nach den §§ 28, 28c RöV idF v. 30.4.2003 (BGBl. I 604), zu führen. **Tierärzte,** die eine Hausapotheke betreiben, erstellen Nachweise über den Erwerb, die Herstellung, den Verbleib und die Abgabe von Arzneimitteln nach § 13 TÄHAV idF v. 8.7.2009 (BGBl. I 1760). **Apotheken,** ärztlichen und tierärztlichen Hausapotheken, Praxen und Kliniken führen Bücher, Karteikarten oder Dateien über den Verbleib der Betäubungsmittel (Betäubungsmittelbücher) nach § 13 f. BtMVV idF v. 14.8.2014 (BGBl. I 1383), **Krankenhäuser** erstellen Aufzeichnungen nach der KHBV idF v. 24.3.1987 (BGBl. I 1046). Wer gewerbsmäßig Alten-, Altenwohn- und **Pflegeheime** betreibt, erstellt Aufzeichnungen nach § 13 HeimG idF v. 31.10.2006 (BGBl. I 2407).

57 **Banken** erstellen Aufzeichnungen über die auf Grund ihrer Identifizierungspflichten getroffenen Feststellungen nach § 8 GwG v. 13.8.2008 (BGBl. I 1690), **Effektenverwahrer** führen Verwahrungsbücher für die verwahrten Wertpapiere nach § 14 DepotG idF v. 11.1.1995 (BGBl. I 34) und **Wertpapierdienstleistungsunternehmen** erstellen Aufzeichnungen über die Erbringung von Wertpapierdienstleistungen nach § 34 WpHG idF v. 9.9.1998 (BGBl. I 2708).

58 In der Landwirtschaft müssen Betriebe, die eine **Besamungsstation** oder eine Embryo-Entnahmeeinheit betreiben, Aufzeichnungen u. a. über die Gewinnung, Behandlung, Lagerung und Abgabe von Samen, Eizellen und Embryonen nach § 17 TierZG v. 21.12.2006 (BGBl. I 3294) erstellen. Betriebe, die **Düngemittel** ausbringen, fertigen Aufzeichnungen über die Düngemittel nach § 7 DüV idF v. 27.2.2007 (BGBl. I 221). Betriebe, die **Futtermittel** im Lohnauftrag für andere herstellen, führen Bücher über die Herstellung, Bestände, Eingänge und Ausgänge nach § 34 FuttmV idF v. 5.7.2013 (BGBl. I 2242). Wird in einem

Schlachthof **frisches Rindfleisch** gewonnen, sind Nachweise über das Schlachtdatum, das Alter und die Ohrmarkennummern der Rinder, von denen das Fleisch gewonnen wurde, nach § 5 BSE-UntersV idF v. 30.11.2011 (BGBl. I 2404) zu führen. Errichter oder **Betreiber gentechnischer Anlagen** haben Aufzeichnungen über die Durchführung gentechnischer Arbeiten nach § 6 GenTG idF v. 16.12.1993 (BGBl. I 2066) zu führen.

Im gewerblichen **Güterkraftverkehr** sind Begleitpapiere nach § 7 GüKG idF. v. 59
17.6.2013 (BGBl. I 1558) vorzuhalten. Halter der mit Fahrtschreibern oder Kontrollgeräten auszurüstenden Kraftfahrzeuge haben **Schaublätter** nach § 57a StVZO idF v. 11.12.2014 (BGBl. I 2010) aufzubewahren. Leiter der amtlich anerkannten **Fahrlehrerausbildungsstätten** erstellen Aufzeichnungen über die Ausbildung eines jeden Fahrlehreranwärters nach § 28 I FahrlG v. 25.8.1969 (BGBl. I 1336), Inhaber von **Fahrschulen** solche über die Ausbildung eines jeden Fahrschülers sowie über das erhobene Entgelt nach § 18 I u. II FahrlG idF v. 31.10.2006 (BGBl. I 2407).

Lohnsteuerhilfevereine erstellen besondere Aufzeichnungen u. a. über die Einnahmen, 60
Ausgaben und Vermögenswerte nach § 21 StBerG idF v. 4.11.1975 (BGBl. I 2735). Erzeuger von **Marktordnungswaren** führen Aufzeichnungen nach § 15 G über Meldungen über Marktordnungswaren idF v. 9.12.2010 (BGBl. I 1934), iVm § 9 Marktordnungswarenmelde V idF. v. 2.12.2011 (BGBl. I 2634);

Makler, Versicherungs- und Bausparkassenvertreter erstellen Angaben über die Aufträge 61
bzw. Bauvorhaben nach § 10 MaBV idF v. 2.5.2012 (BGBl. I 1006). **Verwalter des gemeinschaftlichen Eigentums** der Wohnungseigentümer erstellen Wirtschaftspläne, Abrechnungen und Rechnungslegungen nach § 28 I, III und IV WEG v. 15.3.1951 (BGBl. I 175), zuletzt geänd. am 1.10.2013 (BGBl. I 3719);

Gewerbsmäßige Hersteller von **Schusswaffen** führen Waffenherstellungsbücher nach 62
§ 23 I WaffG idF v. 26.3.2008 (BGBl. I 426). Unternehmen, die gewerbsmäßig Schusswaffen erwerben, vertreiben oder anderen überlassen, führen Waffenhandelsbücher nach § 23 II WaffG; dasselbe gilt für die Hersteller und Händler von Munition (vgl. auch NdsFG 14.7.1997, EFG 1997, 1484). Unternehmern, die **Kriegswaffen** herstellen, befördern lassen oder selbst befördern oder die tatsächliche Gewalt über Kriegswaffen von einem anderen erwerben oder einem anderen überlassen, führen Kriegswaffenbücher zum Nachweis des Verbleibs der Kriegswaffen nach § 12 II KrWaffKontrG idF v. 6.6.2013 (BGBl. I 1482); Unternehmen, welche die Erlaubnis für den Umgang und Verkehr mit **Sprengstoffen** haben, erstellen Verzeichnisse über die Menge der hergestellten, wiedergewonnenen, erworbenen, eingeführten, aus einem anderen Mitgliedstaat verbrachten, überlassenen, verwendeten sowie vernichteten explosionsgefährlichen Stoffe nach § 16 I SprengG idF v. 10.9.2002 (BGBl. I 3518) iVm §§ 41 ff. SprengV 1 idF v. 11.10.2012 (BGBl. I 2171).

In beschränktem Umfang vorgeschriebene Aufzeichnungen, zB nach den Vorschriften 63
der MaBV, sind gem. § 140 AO auch im steuerlichen Interesse zu führen, ohne dass jedoch hieraus die Buchführungs- und damit die Bilanzierungspflicht in ertragsteuerlicher Hinsicht folgt (FG Nürnberg 22.6.1992, EFG 1992, 705).

einstweilen frei 64–69

6. Ermöglichung der Verkürzung von Steuereinnahmen

a) Möglichkeit der Steuerverkürzung. Die **Tathandlungen** iS des § 379 I 1 Nr. 1 bis 70
3 AO müssen objektiv geeignet sein, die Verkürzung von Steuereinnahmen oder die ungerechtfertigte Inanspruchnahme von Steuervorteilen zu ermöglichen (vgl. auch Rn. 61 ff. zu § 370; anders in den Fällen des § 379 II Nr. 1 AO, s. Rn. 84). Welche Leistungen begrifflich „Steuern" sind, bestimmt § 3 AO. Gem. § 3 III AO gehören dazu auch Einfuhr- und Ausfuhrabgaben nach Art. 4 Nr. 10 und 11 des Zollkodexes bzw. (ab 1.5.2016) nach Art. 5 Nr. 20 u. 21 des Zollkodex der Union (UZK). In einigen steuerlichen Nebengesetzen ist die entsprechende Anwendung des § 379 I AO vorgeschrieben (s. Rn. 12). Subventionen sind keine Steuervorteile.

71 Bereits die **abstrakte Gefahr einer Steuerverkürzung** („Möglichkeit“) reicht aus (BT-Drs. V/2928, 2 betr. § 405 RAO 1968; glA Kohlmann/*Matthes* 88 u. Schwarz/Pahlke/*Webel* 6 zu § 379 AO; *Mösbauer* wistra 1991, 41, 42; zw. *Henneberg* BB 1968, 909, *Oswald* StuW 1968, 147). Die vom Gericht zu treffenden Feststellungen müssen jedoch so genau sein, dass deutlich wird, wie der Stpfl hätte buchen müssen und welche Steueransprüche im Einzelnen durch die unterlassenen oder falschen Buchungen hätten verkürzt werden können (i. Erg. ebenso HHSp-*Bülte* 65 zu § 379). Welche Anforderungen im Einzelfall zu stellen sind, richtet sich nach der Art der Geschäftsvorfälle. So ist zB die nichtchronologische Aufzeichnung von Bareinnahmen tatsächlich unrichtig (Erfassung unter falschem Datum); dies bedeutet aber noch nicht, dass dadurch Steuern – zumindest zeitweise – verkürzt werden können (OLG Bremen 27.10.1981 – Ss (B) 23/79, nv). Gleiches gilt für die Verletzung von Vorschriften, die für Steuervergünstigungen einen beleg- oder buchungsmäßigen Nachweis verlangen, zB § 4 VII EStG (glA *Keßeböhmer,* Beweis steuermindernder Tatsachen im Besteuerungsverfahren und im Steuerstrafverfahren, 1995, S. 108). Ob die Tat geeignet ist, die Verkürzung eigener Steuern zu ermöglichen (zB falsche Spesenabrechnung), und ob fremde Steuern berührt werden (zB falsche Spendenbestätigung, unrichtiger USt-Ausweis gemäß § 14c UStG), ist unerheblich. Zudem ist gleichgültig, ob der Täter seines Vorteils wegen handelt (HHSp-*Bülte* 63 zu § 379). Schließlich setzt das Tatbestandsmerkmal des „Ermöglichens“ auch nicht voraus, dass der Erfolgseintritt der Verkürzung von Steuern oder des Erlangens nicht gerechtfertigter Steuervorteile ohne die in § 379 I AO bezeichneten Tatbeiträge unmöglich wäre (vgl. BGH 23.9.1999, BGHSt 45, 211, 216; *Fischer* StGB § 211 Rn. 64; aM *Langrock/Samson* DStR 2007, 700).

72 **b) Verkürzung ausländischer Abgaben.** Gemäß § 379 I 2 AO ist die **Ausstellung unrichtiger Belege** auch dann ordnungswidrig, wenn dadurch ausländische **Einfuhr- und Ausfuhrabgaben** verkürzt werden können, die von einem anderen Mitgliedstaat der EU verwaltet werden oder einem Staat zustehen, der für Waren aus der EU auf Grund eines Assoziations- oder Präferenzabkommens eine Vorzugsbehandlung gewährt. Die Entstehung dieser Abgaben knüpft an eine grenzüberschreitende Warenbewegung – nunmehr über die Grenze des Zollgebiets der EU – an. Einfuhr- und Ausfuhrabgaben sind die im Zollkodex geregelten Abgaben (vgl. Art. 4 Nr. 10 und 11 ZK bzw. ab 1.5.2016 Art. 5 Nrn. 20 u. 21 UZK) sowie die EUSt und die anderen für eingeführte Waren zu erhebenden Verbrauchsteuern (§ 1 I 3 ZollVG). Da über die Verweisung auf § 370 VII das „Weltrechtsprinzip“ gilt, werden auch reine Auslandstaten erfasst (vgl. BGH 8.11.2000, NStZ 2001, 201).

73 Durch § 379 I 3 AO idF des **USt-BinnenG** v. 25.8.1992 (BGBl. I 1548) ist der Anwendungsbereich des § 379 I 1 AO auf USt ausgedehnt worden, die von anderen Mitgliedstaaten der EU verwaltet werden (vgl. auch Rn. 39 ff. zu § 370).

74 Die **Verweisung in § 379 I 3 AO** „das Gleiche gilt“ ist nicht eindeutig. Bezieht sie sich auf § 379 I 2 AO insgesamt und damit auch auf die Bedingung „Satz 1 Nr. 1 gilt auch“, dann sind die von anderen Mitgliedstaaten der EU verwalteten Umsatzsteuern nur in Fällen einer Tathandlung nach § 379 I 1 Nr. 1 AO (Ausstellen unrichtiger Belege) vom Bußgeldtatbestand des § 379 AO geschützt. Ist allerdings die Verweisung nur auf den zweiten Satzteil des § 379 I 2 AO „§ 370 VII gilt entsprechend“ oder gar auf § 379 I 1 AO zu beziehen, erfasst die Erweiterung sämtliche Tatbestandsvarianten des § 379 I AO. Die besseren Gründe sprechen – auch im Hinblick auf das Bestimmtheitsgebot des Art. 103 II GG – für erstere und damit die weniger weit reichende Auslegung. Denn auch im Straftatbestand der Steuerhinterziehung genießen die Umsatzsteuern anderer Mitgliedstaaten der EU keinen weiter reichenden Schutz als die von ihnen verwalteten Einfuhr- und Ausfuhrabgaben (§ 370 VI AO). Ein Grund für eine abweichende Behandlung in einem Steuergefährdungstatbestand ist nicht ersichtlich. Die in § 379 I 1 Nr. 2 u. 3 AO beschriebenen Tathandlungen sind damit nur dann und lediglich insoweit bußgeldbewehrt, als sie die Verkürzung inländischer Steuereinnahmen ermöglichen (glA RK-*Rolletschke* 18 zu § 379; aA *Hentschel* wistra 2005, 371, 373).

Mitgliedstaaten der Europäischen Union (früher: EG) waren bis zur so genannten EU-Osterweiterung Belgien, die Bundesrepublik Deutschland, Dänemark, Finnland, Frankreich, Großbritannien und Nordirland, die Republik Irland, Italien, Luxemburg, die Niederlande, Griechenland, Österreich, Portugal, Schweden und Spanien. Am 1. Mai 2004 wurde die Europäische Union um die Beitrittsstaaten Estland, Lettland, Litauen, Malta, Polen, die Slowakei, Slowenien, die Tschechische Republik, Ungarn und Zypern erweitert. Hinsichtlich Nordzyperns ist die Anwendung des EG-Besitzstandes bis auf weiteres ausgesetzt. Zum 1. Januar 2007 kamen als weitere Mitgliedstaaten Bulgarien und Rumänien hinzu (s. Art. 3 Abs. 1 ZK in der Fassung der Beitrittsakte 2006, ABl. EU 2006 Nr. L 363 S. 1/66), zum 1. Juli 2013 Kroatien. Die einschlägigen Rechtsgrundlagen für den innergemeinschaftlichen Warenverkehr sowie für den Warenverkehr zwischen der EU und den assoziierten Staaten sind in der Vorschriftensammlung der Bundesfinanzverwaltung (VSF) abgedruckt. 75

Vorzugsbehandlung aufgrund von **Assoziations- oder Präferenzabkommen** gewähren vor allem die EFTA-Staaten (European Free Trade Association) Island, Schweiz, Liechtenstein und Norwegen sowie die Mittel- und Osteuropäischen Länder (MOEL). Die EU hat außerdem mit einer Vielzahl weiterer Staaten Präferenzabkommen abgeschlossen, insbes. mit verschiedenen Staaten des Mittelmeerraums. Es ist geplant, nach und nach in alle Abkommen mit diesen Staaten eine Verpflichtung zur Ahndung falscher Erklärungen im Präferenzverkehr aufzunehmen. Zu den Präferenzabkommen im Einzelnen vgl. VSF Z 4100 ff. § 379 I 2 AO erfasst falsche Erklärungen zum Nachteil aller Staaten, die für Waren aus der EU auf Grund eines Assoziations- oder Präferenzabkommens eine Vorzugsbehandlung gewähren (zu Unrecht einschränkend auf Waren mit Ursprung in der EG (EU): AG Frankfurt a. M. 4.4.2002, wistra 2002, 316 mit abl. Anm. *Bender* wistra 2003, 34). 76

§ 379 I AO ist – seinem Wortlaut entsprechend – **nicht anwendbar,** wenn die EU einseitig Präferenzen gewährt, wie zB im Warenverkehr mit den überseeischen Ländern und Gebieten (ÜLG Staaten) sowie gegenüber zahlreichen Entwicklungsländern (vgl. VSF Z 4265; Schwarz/Pahlke/*Webel* 16 zu § 379). Gleiches gilt, wenn ein assoziierter Staat nicht auf Grund eines Abkommens, sondern autonom Vorzugsbehandlungen (etwa die Gewährung der Meistbegünstigung nach der Vorlage eines Ursprungsnachweises) gewährt. Im Warenverkehr mit den Staaten des afrikanischen, karibischen und pazifischen Raums (AKP-Staaten) werden auf Grund des EG-AKP-Partnerschaftsabkommens vom 23.6.2000, das von der BRD am 4.3.2002 ratifiziert wurde (BGBl. 2002 II 325), die den AKP-Staaten zunächst einseitig gewährten Präferenzen sukzessive durch einen vertraglich vereinbarten gegenseitigen Marktzugang im Rahmen von regional zu verhandelnden Wirtschaftspartnerschaftsabkommen abgelöst. 77

einstweilen frei 78, 79

7. Verletzung bestimmter Handlungspflichten

Schrifttum: *Müller-Dott,* Meldepflichten nach dem Außensteuerreformgesetz, DB 1974, 2127; *Richter,* Anzeigepflicht bei Auslandsbeteiligungen, RIW/AWD 1977, 337; *Jansen,* Die Sachverhaltsaufklärung bei internationalen Steuerfällen, StBp 1977, 97; *Neubauer,* Mitwirkungspflichten bei Auslandsbeziehungen, JbFSt 1977/78, 110; *Thieme,* Die Änderungen der Anzeigepflicht nach § 138 Abs. 2 und 3 AO bei Auslandsaktivitäten ab 1.1.2003, DStR 2002, 570; *Dißars,* Meldepflichten nach § 138 Abs. 2 AO und Folgen eines Verstoßes, Stbg 2009, 453; *Gehm,* Bußgeldbewehrung der Meldepflicht nach § 138 Abs. 2 AO, NWB 2012, 1072; *Czakert,* Aktuelle Entwicklungen im Bereich des automatischen Informationsaustauschs, ISR 2013, 409.

a) Meldepflicht bei Auslandsbeziehungen

§ 138 AO Anzeigen über die Erwerbstätigkeit

(1)–(1b) … 80

(2) Steuerpflichtige mit Wohnsitz, gewöhnlichem Aufenthalt, Geschäftsleitung oder Sitz im Geltungsbereich dieses Gesetzes haben dem nach den §§ 18 bis 20 zuständigen Finanzamt nach amtlich vorgeschriebenem Vordruck mitzuteilen:

1. die Gründung und den Erwerb von Betrieben und Betriebstätten im Ausland;
2. die Beteiligung an ausländischen Personengesellschaften oder deren Aufgabe oder Änderung;
3. den Erwerb von Beteiligungen an einer Körperschaft, Personenvereinigung oder Vermögensmasse im Sinne des § 2 Nr. 1 des Körperschaftsteuergesetzes, wenn damit unmittelbar eine Beteiligung von mindestens 10 Prozent oder mittelbar eine Beteiligung von mindestens 25 Prozent am Kapital oder am Vermögen der Körperschaft, Personenvereinigung oder Vermögensmasse erreicht wird oder wenn die Summe der Anschaffungskosten aller Beteiligungen mehr als 150 000 Euro beträgt.

(3) … [2] Mitteilungen nach Absatz 2 sind innerhalb von fünf Monaten nach Ablauf des Kalenderjahres zu erstatten, in dem das meldepflichtige Ereignis eingetreten ist.

Die Vorschrift (die weitgehend § 165d III RAO entspricht) soll die steuerliche Überwachung bei Auslandsbeziehungen erleichtern; die FinB sollen rechtzeitig auf einschlägige Sachverhalte, insbes. auf Basisgesellschaften in Steueroasen-Ländern, aufmerksam gemacht werden (BT-Drs. VI/1982, 123).

81 **Meldepflichtig** sind Stpfl (§ 33 AO), dh natürliche Personen mit Wohnsitz (§ 8 AO, Rn. 27 ff. zu § 388) oder gewöhnlichem Aufenthalt (§ 9 AO, Rn. 35 ff. zu § 388) sowie Körperschaften mit Geschäftsleitung (§ 10 AO) oder Sitz (§ 11 AO) im Geltungsbereich der AO. Dieselben Pflichten treffen gesetzliche Vertreter und Vermögensverwalter nach § 34 AO sowie Verfügungsberechtigte iS des § 35 AO.

82 **Mitzuteilen sind** Gründung und Erwerb von Betrieben und Betriebstätten (§ 12 AO) im Ausland (§ 138 II Nr. 1 AO). Für die Pflicht zur Anzeige der Beteiligung an einer Personengesellschaft (§ 138 II Nr. 2 AO) ist die Höhe dieser Beteiligung – anders als im Falle des § 138 II Nr. 3 AO – unerheblich. Bei Personengesellschaften ist zudem die Änderung, also die Aufstockung oder Verringerung der Beteiligungshöhe (*Thieme* DStR 2002, 570), oder deren Aufgabe mitzuteilen. Ob eine ausländische Gesellschaft als Körperschaft iS des § 2 Nr. 1 KStG zu qualifizieren ist, hängt davon ab, ob sie nach Struktur und Finanzausstattung einer deutschen Kapitalgesellschaft entspricht (BFH 23.6.1993, BFH/NV 1994, 661). Die Mindestbeteiligung iS des § 138 II Nr. 3 AO kann das Kapital „oder" das Vermögen betreffen. Mittelbare Auslandsbeteiligungen sind lediglich insoweit zu melden, als sie von ausländischen – nicht von inländischen – Gesellschaften vermittelt werden (ausf. *Müller-Dott* DB 1974, 2127). Zu melden ist derjenige Erwerb, durch den erstmals die Mindestbeteiligung in Höhe von 10 Prozent bei einer unmittelbaren Beteiligung oder von 25 Prozent bei einer mittelbaren Beteiligung erreicht wird. Auf die Höhe des Erwerbs selbst kommt es nicht an (*Neubauer* JbFSt 1977/78, 110, 129). Eine Meldepflicht besteht auch, wenn die Summe der Anschaffungskosten aller Beteiligungen mehr als 150 000 EUR beträgt. Nach dem eindeutigen Gesetzeswortlaut bezieht sich dieser Betrag nicht nur auf die unmittelbaren, sondern auch auf die mittelbaren Beteiligungen (Klein/*Rätke* AO § 138 Rn. 10; aM *Thieme* DStR 2002, 570). Nachträgliche Wertsteigerungen lösen die Meldepflicht nicht aus (Klein/*Rätke* AO § 138 Rn. 11).

83 **Vollständig** iS des § 379 II Nr. 1 AO **ist die Mitteilung,** wenn die in § 138 II AO normierten Fakten („Gründung", „Erwerb", „Aufgabe", „Änderung", s. Rn. 82) angezeigt werden. Weiterführende Angaben, die über den meldepflichtigen Vorgang hinausgehen, brauchen nicht gemacht zu werden (ausf. *Müller-Dott* DB 1974, 2127; TK-*Brandis* 9 zu § 138 AO). Die Verletzung etwaiger Mitwirkungspflichten nach § 90 II AO wird durch § 379 II Nr. 1 AO nicht sanktioniert. Die **Meldefrist** endet fünf Monate nach Ablauf des Kalenderjahres, in dem das meldepflichtige Ereignis eingetreten ist (§ 138 III 2 AO). Mitteilungen, die erst nach Ablauf der Meldefrist von einer unzuständigen an die zuständige (§§ 18 bis 20 AO) FinB weitergeleitet werden, sind „nicht rechtzeitig" iS des § 379 II Nr. 1 AO (aM FT-*Heerspink* 99 zu § 379). In derartigen Fällen sollte aber nach dem Opportunitätsprinzip (§ 47 OWiG, § 377 II AO) von der Verfolgung abgesehen werden.

84 § 379 II Nr. 1 AO ist ein **abstraktes Gefährdungsdelikt.** Die unterlassene Meldung braucht – anders als in den Fällen des § 379 I AO (Rn. 70 ff.) – keine Steuerverkürzung zu ermöglichen (ebenso FT-*Heerspink* 100 zu § 379).

b) Aufzeichnung des Warenausgangs

Abs. 2 Nr. 1a sichert die in § 144 AO normierte steuerrechtliche Pflicht von gewerb- 85
lichen Unternehmern und buchführungspflichtigen Land- und Forstwirten zur Aufzeichnung des Warenausgangs ab. Der OWi-Tatbestand wurde durch das JStG 2010 mWv 14.12.2010 eingeführt (BGBl. 2010 I 1768, 1793). Die Regelung soll eine „stringente Einhaltung der Aufzeichnungspflicht nach § 144 AO" gewährleisten (BT-Drs. 17/3549, 38; siehe auch RK-*Rolletschke* 47a zu § 379). Wie bei § 379 Absatz 2 Nr. 1 handelt es sich um ein echtes Unterlassungsdelikt in der Form eines abstrakten Gefährdungsdelikts (HHSp-*Bülte* 93 zu § 379).

§ 144 AO verpflichtet insbesondere Großhändler, gelieferte Waren unter Angabe des 86
Abnehmers aufzuzeichnen, wenn die Lieferung an gewerbliche Unternehmer zur Weiterveräußerung erfolgt (FT-*Heerspink* 106 zu § 379). Erfolgen solche Buchungen planvoll nicht oder unter einem falschen Konto, liegt zunächst straflose versuchte Beihilfe zur Steuerhinterziehung vor.

Täter kann nur ein gewerblicher Unternehmer sein, es handelt sich um ein Sonderdelikt 87
(FT-*Heerspink* 108 zu § 379). Die Reichweite der Aufzeichnungspflichten richtet sich nach § 144 AO (vgl. GJW/*Sahan* AO § 379 Rn. 49). Nur Warenausgänge, die erkennbar zum Zweck der Weiterveräußerung oder zum Verbrauch als Hilfsstoffe geliefert werden, unterliegen der Aufzeichnungspflicht (GJW/*Sahan* AO § 379 Rn. 51; Schwarz/Pahlke/*Webel* 44 zu § 379).

c) Erhebung und Übermittlung von Daten gemäß § 117c I AO

Abs. 2 Nr. 1b sichert die Einhaltung von Regelungen über die Erhebung und Übermitt- 88
lung von Daten, die gem. § 117c I zur Erfüllung völkerrechtlicher Verpflichtungen zur Förderung der Steuerehrlichkeit getroffen worden sind. Der OWi-Tatbestand wurde durch das AIFM-Steuer-Anpassungsgesetz mWv 24.12.2013 eingeführt (BGBl. I 4318, 4333; BR-Drs. 740/13, 42 und 127).

Mit der Neuregelung werden Rechtsverordnungen nach § 117c I AO sowie vollziehbare 89
Anordnungen aufgrund solcher Rechtsverordnungen mit Geldbuße bedroht. Der Gesetzgeber arbeitet hier mit dem Instrument der Öffnungs- bzw. Rückverweisungsklausel (HHSp-*Bülte* 99 zu § 379). Ob die Regelung verfassungswidrig ist, weil sie keinerlei Verhalten umschreibt, das Gegenstand der Sanktion sein könnte (so HHSp-*Bülte* 103 zu § 379), ist zweifelhaft. Welche Details im Einzelnen vorgehalten werden müssen, ergibt sich aus der FATCA-USA-Umsetzungsverordnung:

§ 11 FATCA-USA-UmsV Ordnungswidrigkeiten

Ordnungswidrig im Sinne des § 379 Absatz 2 Nr. 1b der Abgabenordnung handelt, wer vorsätzlich oder leichtfertig entgegen § 8 Absatz 3 oder entgegen § 10 Absatz 1 oder Absatz 2 Satz 1 Daten nicht, nicht richtig, nicht vollständig oder nicht rechtzeitig übermittelt.

Danach wird der Finanz- und Versicherungswirtschaft auferlegt, jährlich Meldungen von 90
Daten über US-amerikanische meldepflichtige Konten und über Zahlungen an nichtteilnehmende Finanzinstitute zu übermitteln (vgl. HHSp-*Bülte* 105 zu § 379). Es handelt sich um ein Sonderpflichtdelikt (HHSp-*Bülte* 107 zu § 379).

einstweilen frei 91–99

d) Konto auf falschen Namen

Schrifttum: Allgemein: *Mordhorst,* Spareinlagen auf fremden Namen, MDR 1956, 4; *Canaris,* Inhaberschaft und Verfügungsbefugnis bei Bankkonten, NJW 1973, 825; *Dhonau,* Zur Zulässigkeit von Nummernkonten aus steuerrechtlicher Sicht, DStR 1974, 617.

Zu § 413 I Nr. 3 RAO: *Gierschmann,* Das Verbot falscher Konten, DStZ 1936, 1442; *Speich,* Das Konto auf den falschen Namen, FR 1963, 398 mit Erwiderung von *Peter* FR 1965, 109 und Schlusswort von *Speich* FR 1965, 112.

Zu § 379 II Nr. 2 AO: *Hamacher,* Umfang der Pflicht zur Legitimationsprüfung nach § 154 Abs. 2 AO, DB 1987, 1324; *Mösbauer,* Steuergefährdung durch Verletzung der Pflicht zur Kontenwahrheit nach § 154 I AO, NStZ 1990, 475; *Carl/Klos,* Das ungelöste Problem des „Verfügungsberechtigten" im Sinne des § 154 Abs. 2 AO aus Sicht der Ermittlungsbehörden, wistra 1990, 41; *Vortmann,* Der Begriff des Verfügungsberechtigen iS des § 154 AO, ZIP 1990, 1386; *Weyand,* Rechtsschutzmöglichkeiten gegen die Auswertung von CpD-Konten durch die Steuerfahndung, wistra 1990, 294; *Carl/Klos,* Tafelgeschäfte – steuerlich unzulässige „Geldwäsche" der Kreditinstitute? DStZ 1991, 24; *Philipowski,* Zum Begriff des Verfügungsberechtigten im Sinne des § 154 Abs. 2 AO, WM 1992, 721; *Klos,* Die Neuregelung der Legitimationsprüfungspflicht der Banken nach § 154 AO, StBp 1992, 53; *Dahm/Hamacher,* Identitätsprüfung bei Tafelgeschäften mit Wertpapieren? DStZ 1992, 753; *Carl/Klos,* Inhalt und Reichweite der Kontenwahrheitspflicht nach § 154 AO als Grundlage der steuerlichen Mitwirkungspflichten der Kreditinstitute, DStZ 1995, 296; *Hamacher,* „Dagobert Duck" – Ein kriminelles System?, DB 1995, 2284; *Müller,* Die Formalitäten bei der Eröffnung von Bankkonten und bei der Bestellung von Verfügungsberechtigten (§ 154 AO), DStZ 1997, 667; *Siebel,* Kontrollmitteilungen bei Bankdurchsuchungen: Banken und Bankkunden rechtsverletzt, Stbg 1999, 325; *Kottke,* Tafelgeschäfte, NWB F 21, 1357.

§ 154 AO Kontenwahrheit

(1) Niemand darf auf einen falschen oder erdichteten Namen für sich oder einen Dritten ein Konto errichten oder Buchungen vornehmen lassen, Wertsachen (Geld, Wertpapiere, Kostbarkeiten) in Verwahrung geben oder verpfänden oder sich ein Schließfach geben lassen.

(2) [1] Wer ein Konto führt, Wertsachen verwahrt oder als Pfand nimmt oder ein Schließfach überlässt, hat sich zuvor Gewissheit über die Person und Anschrift des Verfügungsberechtigten zu verschaffen und die entsprechenden Angaben in geeigneter Form, bei Konten auf dem Konto, festzuhalten. [2] Er hat sicherzustellen, dass er jederzeit Auskunft darüber geben kann, über welche Konten oder Schließfächer eine Person verfügungsberechtigt ist.

(3) Ist gegen Absatz 1 verstoßen worden, so dürfen Guthaben, Wertsachen und der Inhalt eines Schließfachs nur mit Zustimmung des für die Einkommen- und Körperschaftsteuer des Verfügungsberechtigten zuständigen Finanzamts herausgegeben werden.

100 Die Vorschrift soll die **formale Kontenwahrheit sichern** und verhindern, dass die Nachprüfung steuerlicher Verhältnisse durch Verwendung falscher oder erdichteter Namen erschwert wird (BT-Drs. VI/1982, 123; BGH 18.10.1994, NJW 1995, 261). Das Ermöglichen einer Steuerverkürzung gehört nicht zum Tatbestand des § 379 II Nr. 2 AO. Der Verdacht, eine Bank habe zugunsten eines Bankkunden Konten unter Verletzung des § 154 AO angelegt, rechtfertigt nicht ohne weiteres den Verdacht, die Bank habe auch zugunsten weiterer Kunden gegen § 154 AO verstoßen (vgl. LG Köln 31.8.1982, StV 1983, 56; s. aber BVerfG 13.12.1994, wistra 1995, 139). Zur strafrechtlichen Verantwortung von Bankangestellten vgl. Rn. 525 zu § 370. Zur Legitimationsprüfung bei Tafelgeschäften s. Rn. 108.

101 Die den Banken nach § 154 AO auferlegten Pflichten wurden durch das **Geldwäschegesetz** v. 13.8.2008 – GwG – (BGBl. I 1690) ergänzt. § 3 I Nr. 3 iVm § 4 GwG enthält die Verpflichtung, sich gelegentlich der Legitimationsprüfung nach § 154 II AO bei dem Kontoerrichter zu erkundigen, ob dieser für eigene Rechnung handelt (Rn. 110). Ist das nicht der Fall, so sind Name und Anschrift des wirtschaftlich Berechtigten festzustellen. Wer die Herkunft von Geldern, die aus einer in § 261 StGB erwähnten Straftat stammen, mit einem unter falschem Namen errichteten Konto verschleiert, kann sich nach § 261 StGB strafbar machen (Schönke/Schröder/*Stree/Hecker* StGB § 261 Rn. 14). Die durch die §§ 3 und 4 GwG angeordnete Identifikationspflicht ist selbstständig und tritt neben die Pflichten des § 154 AO. Die durch die §§ 3 und 4 GwG geschaffenen verbesserten Strafverfolgungsmöglichkeiten bleiben daher auf die Verfolgung der Geldwäsche beschränkt und rechtfertigen somit keine Kontosperre (BGH 18.10.1994, NJW 1995, 261).

102 Ein **Konto wird errichtet,** wenn jemand zu einem anderen in „eine laufende Geschäftsverbindung tritt, die von diesem buch- und rechnungsmäßig in ihrem jeweiligen Stande festgehalten wird" (RFH 28.9.1928, RFHE 24, 203, 205; zust. Kohlmann/*Matthes* 131 zu § 379). Die Übertragung steht der Neuerrichtung gleich.

103 Nach der Definition des § 1 DepotG zählen zu den **Wertpapieren** iS des DepotG: Aktien, Kuxe, Zwischenscheine, Zins-, Gewinnanteil- und Erneuerungsscheine, auf den

Inhaber lautende oder durch Indossament übertragbare Schuldverschreibungen, ferner andere Wertpapiere, wenn diese vertretbar sind. Bankkonten und Papiergeld werden ausdrücklich ausgenommen. Ausländisches **Geld** zählt daher – wenn man die Definition des § 1 DepotG auch bei § 154 AO zugrundelegt – nicht zu den Wertpapieren, sondern ist „Geld" (Kohlmann/*Matthes* 135 zu § 379; TK-*Brandis* 4 zu § 154 AO). **Kostbarkeiten** sind Sachen, deren Wert im Verhältnis zu ihrer Größe und ihrem Gewicht nach der Verkehrsauffassung besonders groß ist, zB Schmuck, alte Münzen, Kunstgegenstände, seltene Bücher oder Teppiche (vgl. TK-*Brandis* 4 zu § 154 AO). **Schließfächer** fallen nur dann unter § 154 I AO, wenn sie der nicht nur vorübergehenden Aufbewahrung von Wertsachen dienen. Andernfalls bestünden steuerrechtliche Bedenken gegen anonyme Schließfächer auf Bahnhöfen und Flughäfen (glA HHSp-*Heuermann* 11 zu § 154). Auch Postschließfächer sind keine „Schließfächer" iS des § 379 II Nr. 2 AO iVm § 154 I AO (glA GJW/*Sahan* AO § 379 Rn. 67; HHSp-*Bülte* 126 zu § 379; aM Kohlmann/*Matthes* 137 zu § 379). Diese einschränkende Auslegung erscheint umso mehr geboten, als § 379 II Nr. 2 AO – anders als § 379 I AO (Rn. 70) – das Ermöglichen der Verkürzung von Steuereinnahmen zwar nicht als ausdrückliches Tatbestandselement enthält, der Gesetzgeber aber davon ausgegangen ist, dass die Errichtung „schwarzer" Konten das Merkmal des Ermöglichens einer Steuerverkürzung in sich trägt (Begr. BT-Drs. V/1812, 27). Auch Konten Dritter, zB Anderkonten, sind keine Konten iS des § 154 I AO. **Buchungen** iS von § 154 I AO sind Gut- und Lastschriften auf einem kundenbezogenen Konto. Das Erfordernis der Namenskorrektheit bezieht sich auf denjenigen, der die Buchung veranlasst („... vornehmen lassen"), nicht – etwa im Falle einer Überweisung – auf den Begünstigten der Buchung (glA *Carl/Klos* DStZ 1995, 299). Aus wessen Mitteln die Gelder stammen, ist unerheblich (BGH 18.10.1994, NJW 1995, 261).

Ein **Name ist falsch,** wenn er wohl vorkommen mag, aber nicht den „Verfügungs- 104
berechtigten" bezeichnet (BGH 18.10.1994, NJW 1995, 261). Der Gebrauch eines *Künstlernamens* (Pseudonym) ist zulässig, wenn er keine Zweifel über die Identität aufkommen lässt (TK-*Brandis* 5 zu § 154 AO; Klein/*Rätke* AO § 154 Rn. 2), ferner nach bäuerlicher Sitte der Name des Hofes (HHSp-*Bülte* 129 zu § 379), ebenso selbstverständlich die Verwendung eines Firmennamens (§ 17 HGB). *Nummernkonten* werden überwiegend für unzulässig gehalten (Klein/*Rätke* AO § 154 Rn. 8 u. AEAO Nr. 5 zu § 154 AO; *Carl/Klos* wistra 1990, 41; Kohlmann/*Matthes* 140 zu § 379; aA *Dhonau* DStR 1974, 617; *Müller* DStZ 1997, 667). Richtig ist, dass die erforderlichen Angaben gem. § 154 I AO auf dem Konto festzuhalten sind. Diese Voraussetzung soll aber sowohl durch einen Vermerk auf dem Kontostammblatt als auch durch Dokumentation auf den Kontoeröffnungsunterlagen erfüllt werden können (HHSp-*Heuermann* 25 zu § 154). Folglich müsste es auch genügen, wenn Name und Anschrift des Verfügungsberechtigten einer separat geführten Liste entnommen werden können (glA HHSp-*Heuermann* 25 zu § 154; *Meyer* in Beermann/Gosch 28 zu § 379 AO; zu Nummernkonten vgl. ferner Rn. 525 zu § 370). Nach dem Zweck des § 154 AO (Rn. 100) kommt es lediglich darauf an, dass die rasche und zuverlässige Nachprüfung steuerlicher Verhältnisse gewährleistet ist. Verfügungsberechtigt über ein Konto ist auch derjenige, der wirtschaftlich über die einem anderen gehörenden Mittel verfügen kann (*Müller* DStZ 1997, 667).

IdR wird der Kontoinhaber auch der Verfügungsberechtigte sein. Zivilrechtlich sind 105
jedoch verschiedene Vertragsgestaltungen denkbar und zulässig (vgl. *Mordhorst* MDR 1956, 4; *Canaris* NJW 1973, 825; AEAO Nr. 2 zu § 154 AO), bei denen ein **Konto auf den Namen eines Dritten** errichtet wird. Soll der Dritte nicht sofort über das Konto verfügungsbefugt sein, ist diejenige Person, auf deren Namen das Konto lautet, nicht mit dem Gläubiger des Guthabens identisch. Denkbar ist zB, dass ein Onkel auf den Namen seines Neffen ein Konto anlegen will, das Kind aber erst zu einem späteren Zeitpunkt Gläubiger der Einlage werden soll. Würde § 154 Abs. 1 AO verlangen, dass der Kontoinhaber und der Verfügungsberechtigte stets identisch sind, müsste das Konto auf den Namen des Onkels lauten (so *Speich* FR 1963, 398 u. FR 1965, 112). Die Anlegung eines Kontos auf den

Namen eines Dritten kann jedoch – unbeschadet der dem Dritten (noch) nicht zustehenden Verfügungsbefugnis – auch rechtliche Bedeutung haben (zB BGH 9.11.1966, BB 1966, 1369; BGH 29.4.1970, INF 1970, 478), etwa wenn darin ein aufschiebend bedingtes Schenkungsangebot liegt, das auch nach dem Tod des Schenkers noch angenommen werden kann. Man wird § 154 Abs. 1 AO unter Berücksichtigung der Regelung des Absatzes 2 so auslegen können, dass nur der Name des Verfügungsberechtigten, idR also des Gläubigers der Einlage, nicht falsch sein darf, denn auf den Inhaber der Forderung kommt es steuerrechtlich an (Kohlmann/*Matthes* 149 zu § 379). Der Legitimationspflicht wird in solchen Fällen genügt, wenn die Bank Namen und Anschriften des Kontoinhabers und des verfügungsberechtigten Gläubigers auf dem Kontostammblatt festhält (Kohlmann/*Matthes* 149 zu § 379). Bei Eröffnung eines Kontos auf den Namen eines Dritten ist für die Frage nach der Verfügungsberechtigung stets maßgeblich, wer nach dem Willen des Einzahlenden Gläubiger des Kreditinstituts werden soll (vgl. BGHZ 46, 200; *Canaris* NJW 1973, 825).

106 Der Begriff des **Verfügungsberechtigten** erfasst auch Personen die selbst nicht Gläubiger sind. Würde man nur den Gläubiger als Verfügungsberechtigten betrachten (so *Hamacher* DB 1987, 1324), wäre es nicht erforderlich, dass sich die Bank Gewissheit über die Person desjenigen verschafft, der ein Konto eröffnet. Dies würde aber dazu führen, dass ein Vertreter – ohne erfasst zu werden – eigene Geschäftsvorfälle zur Verdeckung des wahren Sachverhalts über Konten des Vertretenen abwickeln könnte, was § 154 Abs. 1 AO gerade verhindern will. Damit entspricht es dem Zweck des § 154 AO (Rn. 100), neben dem Gläubiger der Forderung auch denjenigen als Verfügungsberechtigten anzusehen, der kraft gesetzlicher oder rechtsgeschäftlicher Vertretungsmacht befugt ist, zu Lasten und zu Gunsten des Gläubigers Rechtsgeschäfte vorzunehmen (glA *Carl/Klos* wistra 1990, 41; TK-*Brandis* 10 zu § 154 AO; Kohlmann/*Matthes* 150 zu § 379). In bestimmten Fällen, zB bei Parteien kraft Amtes (Insolvenzverwalter), kann nach dem Grundsatz der Verhältnismäßigkeit auf die Legitimationsprüfung sowie auf die Herstellung der Auskunftsbereitschaft verzichtet werden (zu den Einzelheiten vgl. Nr. 7 AEAO zu § 154 AO).

107 Die von § 154 I AO geschützte formale Kontenwahrheit ist nicht verletzt, wenn ein für einen bestimmten Bankkunden errichtetes Konto später ausschließlich von einem bevollmächtigten Dritten in dessen eigenem Interesse genutzt wird (OLG Hamm 8.11.1993, WuB 1994, 371). **Verboten ist** dagegen **die Abwicklung von Geschäftsvorfällen über so genannte CpD-Konten,** wenn der Name des Beteiligten bekannt ist oder unschwer ermittelt werden kann und für ihn bereits ein entsprechendes Konto geführt wird (vgl. Kohlmann/*Matthes* 141 zu § 379; *Carl/Klos* DStZ 1995, 296; Nr. 3 AEAO zu § 154 AO). Ein CpD-Konto (Conto pro Diverse) ist ein bankinternes Sammelkonto, das dazu dient, einen für eine andere Person (nicht das Kreditinstitut) bestimmten Betrag buchungsmäßig unterzubringen. Konten inländischer oder ausländischer Tochtergesellschaften sind keine CpD-Konten, denn sie spiegeln eine dauerhafte Geschäftsbeziehung wider; die Tochtergesellschaften verfügen als selbstständige juristische Personen über die Salden ihrer Konten.

108 Bei **Tafelgeschäften** sind die Banken nicht zur Legitimationsprüfung verpflichtet (ebenso *Dahm/Hamacher* DStZ 1992, 753; *Kottke* NWB F 21, 1361; GJW/*Sahan* AO § 379 Rn. 75; Kohlmann/*Matthes* 146 zu § 379; aA *Carl/Klos* DStZ 1995, 296). Allerdings kann die Abwicklung von Tafelgeschäften (auch ohne Auslandsbezug) über bankinterne Konten eine unzulässige, einen Hinterziehungsverdacht begründende „Anonymisierung" darstellen, wenn der Kunde bei dieser Bank ein Konto unterhält (vgl. BFH 15.6.2001, NJW 2001, 2997, bestätigt durch BVerfG v. 1.3.2002, NStZ 2002, 371; vgl. auch LG Itzehoe 9.6.1999, wistra 1999, 432; LG Detmold 11.8.1999, wistra 1999, 434; LG Wuppertal 19.5.1999, wistra 1999, 473; LG Bochum 15.3.1999, NJW 1999, 1430; Nr. 3 AEAO zu § 154 AO). Die bloße Inhaberschaft von Tafelpapieren und die Einlieferung solcher Papiere in die Sammeldepotverwahrung begründen dagegen keinen steuerstrafrechtlichen Anfangsverdacht (BFH 25.7.2000, NJW 2000, 3157). Anders verhält es sich jedoch, wenn konkrete

Hinweise auf eine gezielte Anonymisierung vorliegen, zB weil ein Depot unter dem Geburtsnamen geführt wird, für steuerliche Zwecke dagegen der davon abweichende Ehename verwendet wird (BVerfG 20.4.2004, PStR 2004, 176). Der Bankmitarbeiter, der an einem **anonymisierten Geldtransfer ins Ausland** mitwirkt, kann sich der Beihilfe zur Steuerhinterziehung des Bankkunden schuldig machen, wenn er sein Verhalten deliktischen Plänen des Kunden anpasst (BGH 1.8.2000, wistra 2000, 340 mit Anm. *Jäger* wistra 2000, 344; vgl. auch Rn. 525 f. zu § 370). Zum Verdacht als Voraussetzung der Einleitung eines Strafverfahrens s. Rn. 38 ff. zu § 397.

Erdichtet ist ein Name, wenn er frei erfunden ist (GJW/*Sahan* AO § 379 Rn. 63). **109**

Das Verbot des § 154 I AO richtet sich („niemand") **sowohl gegen den Bankkunden** (arg.: „errichten … lassen") **als auch gegen das Kreditinstitut** (arg.: „errichten"; glA *Blumers/Göggerle* S. 468; *Mösbauer* NStZ 1990, 475; *Carl/Klos* DStZ 1995, 296; Erbs/Kohlhaas/*Hadamitzky/Senge* AO § 379 Rn. 24; aM TK-*Brandis* 2 u. HHSp-*Heuermann* 10 zu § 154 AO; Klein/*Rätke* AO § 379 Rn. 3; HHSp-*Bülte* 118, Kohlmann/*Matthes* 129, RK-*Rolletschke* 52 u. *Meyer* in Beermann/Gosch 29 zu § 379 AO; *Simon/Vogelberg* S. 51; *Speich* FR 1963, 398; AEAO Nr. 1 zu § 154 AO). Ansonsten würde die Tatbestandsvariante der leichtfertigen Begehung des § 379 II Nr. 2 AO keinen praktischen Anwendungsbereich mehr haben, weil der Kunde oder sonstige Partner der Bank bei Buchungen immer wissen wird, dass er unter falschem oder erdichtetem Namen und damit vorsätzlich handelt. Für diese Auslegung des § 154 I AO spricht auch der systematische Zusammenhang mit Abs. 2 der Vorschrift. Gem. § 154 II AO muss sich der Kontoführer über die Person und die Anschrift des Verfügungsberechtigten Gewissheit verschaffen, um ggf. dem FA Auskunft darüber geben zu können, wer über die von ihm verwalteten Vermögenswerte verfügt (vgl. auch *Carl/Klos* wistra 1990, 41). Im Hinblick auf diese Prüfungspflicht sind auch die Kreditinstitute als Normadressat iS des § 154 I AO anzusehen. Eine bestimmte Form der Identitätskontrolle – etwa die Vorlage von Personalausweis oder Reisepass – ist nicht vorgeschrieben (*Müller* DStZ 1997,667). Mithin kann der Kontoführer die ihm vorgelegten Legitimationspapiere frei würdigen; er könnte sich sogar mit der Identifikation des unbekannten Kunden B durch den bekannten Kunden A begnügen. Es liegt aber nahe, auch im Rahmen des § 154 AO die Maßstäbe des § 4 III, IV GwG (vgl. auch Rn. 101) zugrunde zu legen. Danach bedeutet Identifizieren das Feststellen des Namens, des Geburtsdatums, des Geburtsortes, der Staatsangehörigkeit und der Anschrift auf der Grundlage eines Personalausweises oder Reisepasses. Eine mangelhafte Sorgfalt im Rahmen des § 154 II AO, die für sich allein keine Ordnungswidrigkeit darstellt, kann aber Indiz fürdie Leichtfertigkeit einer Zuwiderhandlung gegen § 154 I AO sein (glA *Carl/Klos* DStZ 1995, 296). Ein Bankmitarbeiter, der die Angaben eines ihm unbekannten Kunden für Person, Geburtsdatum und Adresse ungeprüft übernimmt, wird sich den Vorwurf leichtfertigen Handelns gefallen lassen müssen. **110**

einstweilen frei **111–114**

8. Zuwiderhandlungen gegen eine Auflage nach § 120 II Nr. 4 AO

Die Vorschrift des § 379 III AO sollte „aus Gründen der Rechtsvereinheitlichung" **den früheren § 203 RAO ersetzen;** danach konnte bei einem Verstoß gegen Auflagen im Rahmen der Steueraufsicht ein Sicherungsgeld als Ungehorsamsfolge verhängt werden. **115**

§ 120 AO Nebenbestimmungen zum Verwaltungsakt

(1) Ein Verwaltungsakt, auf den ein Anspruch besteht, darf mit einer Nebenbestimmung nur versehen werden, wenn sie durch Rechtsvorschrift zugelassen ist oder wenn sie sicherstellen soll, dass die gesetzlichen Voraussetzungen des Verwaltungsakts erfüllt werden. **116**

(2) Unbeschadet des Absatzes 1 darf ein Verwaltungsakt nach pflichtgemäßem Ermessen erlassen werden mit

1.–3. …

oder verbunden werden mit

4. einer Bestimmung, durch die dem Begünstigten ein Tun, Dulden oder Unterlassen vorgeschrieben wird (Auflage),
5. …

(3) Eine Nebenbestimmung darf dem Zweck des Verwaltungsakts nicht zuwiderlaufen.

117 Nur **Ermessensverwaltungsakte** dürfen mit einer Auflage verbunden werden. Im Gegensatz zu gebundenen Verwaltungsakten, auf die ein Rechtsanspruch besteht (§ 120 I AO), sind Ermessensverwaltungsakte gegeben, wenn die Behörde die Wahl zwischen mehreren Maßnahmen hat, von denen jede richtig ist (TK-*Seer* 39 zu § 118 AO).

118 Die **Auflage ist eine Nebenbestimmung,** durch die dem Begünstigten ein Tun, Dulden oder Unterlassen vorgeschrieben wird (§ 120 II Nr. 4 AO). Ob es sich bei der Auflage um einen mit dem (Haupt-)VA verbundenen akzessorischen, aber gleichwohl selbstständigen VA handelt (Klein/*Ratschow* AO § 120 Rn. 9) oder um einen Bestandteil eines einheitlichen VA, der sich aus einer begünstigenden Hauptregelung und der belastenden Auflage zusammensetzt (HHSp-*Söhn* 118 zu § 120) ist seit jeher umstritten (vgl. TK-*Seer* 24 zu § 120 AO). Jedenfalls kann ihre Erfüllung von der Behörde ggf. erzwungen werden (§§ 328 ff. AO); ihre Nichterfüllung durch den Begünstigten rechtfertigt aber auch den Widerruf des Hauptverwaltungsaktes (§ 131 II Nr. 2). Die Auflage ist *„beigefügt"* iS des § 379 III AO, wenn sie dem Betroffenen bekannt gegeben ist (§ 122 AO). Sie wird mit der Bekanntgabe wirksam (§ 124 AO). Eine rechtswidrige (nicht nichtige) Auflage ist solange verbindlich, bis sie von der Behörde widerrufen oder zurückgenommen oder auf Betreiben des Betroffenen im Rechtsbehelfsverfahren aufgehoben worden ist (§ 124 II, III; § 361 AO). Der Adressat handelt also auch dann – zumindest objektiv – tatbestandsmäßig, wenn er eine Auflage, zB zur Führung besonderer Anschreibungen, nicht befolgt, weil er sie angefochten hat (GJW/*Sahan* AO § 379 Rn. 78).

119 **Tatbestandserheblich** sind nur solche Auflagen, die einem VA für Zwecke der besonderen Steueraufsicht beigefügt worden sind. Die besondere Steueraufsicht (§§ 209 bis 217 AO) bei Zöllen und Verbrauchsteuern dient – anders als die Außenprüfung (§§ 193 bis 207 AO) – nicht der Ermittlung der Besteuerungsgrundlagen im einzelnen Steuerfall, sondern der laufenden Kontrolle bestimmter Betriebe und Vorgänge. Diesem Zweck dient zB die Anordnung des Zollamts, die vorübergehende Entfernung von Einfuhrwaren aus dem Zolllager vorher anzuzeigen. Zölle und Verbrauchsteuern belasten bestimmte Waren im Verhältnis zu ihrem Warenwert oft sehr hoch, was den Anreiz zu Hinterziehungen erhöht. Deshalb ist bei der Herstellung, Bearbeitung, Verarbeitung und der steuerbegünstigten Verwendung vor allem die Überwachung des technischen Prozesses, aber auch der Betriebseinrichtungen und der Buchführung geboten (BT-Drs. VI/1982, 166). Nach dem Grundsatz der Gesetzmäßigkeit der Verwaltung (Art. 20 III GG) bedarf jeder VA einer gesetzlichen Grundlage. § 210 AO regelt, welche Befugnisse der FinB zustehen, um die Zoll- und Verbrauchsteueraufsicht durchzuführen. Verweisungen gem. § 209 III AO in Einzelsteuergesetzen enthalten zB § 26 BierStG und § 33 TabStG. In Betracht kommen besondere Aufsichtsmaßnahmen (zB zusätzliche Anschreibungen und Meldepflichten) gegenüber Betrieben oder Unternehmen, deren Inhaber oder leitende Angehörige wegen einer Steuerstraftat rechtskräftig bestraft worden sind (§ 213 AO). Darüber hinaus enthält § 212 AO eine umfassende Ermächtigung, durch RechtsV bestimmte Pflichten zu konkretisieren, die im Rahmen der Steueraufsicht zu erfüllen sind. Die Aufzählung in § 212 I AO ist abschließend und soll besondere Ermächtigungen in Einzelsteuergesetzen entbehrlich machen (BT-Drs. 7/4292, 36 f.). Aufgrund von § 212 I AO sind zB ergangen: § 44 BierStV, § 58 BrStV, § 37 KaffeeStV, § 41 SchaumwZwStV und § 52 TabStV.

120 **Täter** iS des § 379 III AO ist der Adressat der Auflage (FT-*Heerspink* 132 zu § 379).

9. Rechtfertigungsgründe

121 Gem. § 148 AO ist die FinB berechtigt, für einzelne Fälle oder für bestimmte Gruppen von Fällen (auch rückwirkend) Erleichterungen zu bewilligen, wenn die Einhaltung der

durch die Steuergesetze begründeten Buchführungs-, Aufzeichnungs- und Aufbewahrungspflichten Härten mit sich bringt und die Besteuerung durch die Erleichterung nicht beeinträchtigt wird. Eine rückwirkende Bewilligung wirkt jedoch nicht als Rechtfertigungsgrund (glA *Mösbauer* wistra 1991, 41; ferner Rn. 20 zu § 380).

10. Subjektiver Tatbestand

Subjektiv setzt die Anwendung des § 379 AO in den Fällen der Absätze 1u 2 ein **vorsätzliches oder leichtfertiges Verhalten** des Täters (Rn. 33 ff. zu § 378) voraus. Die „Absicht", eine Verkürzung von Steuereinnahmen zu ermöglichen, ist nicht erforderlich (Begr. BT-Drs. V/1812, 27). Der Vorsatz oder die Leichtfertigkeit muss jedoch den gesamten objektiven Tatbestand umfassen, sich also in den Fällen des § 379 I AO auch auf das Ermöglichen der Verkürzung von Steuereinnahmen (bzw. Einfuhr- oder Ausfuhrabgaben) erstrecken (Rn. 49 ff. zu § 369). 122

Abw. von § 379 I u. II AO kann nach § 379 III AO auch **einfache Fahrlässigkeit** geahndet werden (ebenso nach § 126 BranntwMonG). Diese unterschiedliche Behandlung erscheint genauso ungerechtfertigt und daher unbefriedigend wie bei der entsprechenden Vorschrift des § 382 AO (ebenso FT-*Heerspink* 141, Kohlmann/*Matthes* 174 zu § 379; ferner Rn. 44 zu § 382). 123

11. Geldbuße

Die Geldbuße beträgt mindestens 5 EUR, bei Vorsatz höchstens 5 000 EUR, bei Leichtfertigkeit höchstens 2 500 EUR (§ 379 IV AO; § 377 II AO, § 17 I u. II OWiG). Bei der Zumessung soll die Höhe der Steuer, deren Verkürzung die Handlung ermöglichen kann, berücksichtigt werden (§ 17 III OWiG; Rn. 31 ff. zu § 377). Gem. § 17 IV 1 OWiG soll die Geldbuße den wirtschaftlichen Vorteil übersteigen, den der Täter aus der Ordnungswidrigkeit gezogen hat. Reicht das gesetzliche Höchstmaß hierzu nicht aus, so kann es überschritten werden (§ 17 IV 2 OWiG; dazu *Hentschel* wistra 2005, 371). 124

12. Konkurrenzfragen

Schrifttum: Zu § 406 RAO 1956: *Coring,* Die subsidiäre Geltung des § 406 RAbgO, NJW 1962, 424.

Zu § 379 AO 1977: *Giemulla,* Konkurrenzen im Steuerstrafrecht, INF 1979, 292; *Lohmeyer,* Die strafrechtlichen Folgen der Verletzung von Buchführungspflichten (§§ 283, 283b StGB), BlStA 1983, 78; *Schäfer,* Die Verletzung der Buchführungspflicht in der Rechtsprechung des BGH, wistra 1986, 200.

Der Bußgeldtatbestand des **§ 379 AO tritt zurück,** wenn eine Steuerhinterziehung (§ 370 AO) vorliegt oder wenn der Tatbestand der leichtfertigen Steuerverkürzung (§ 378 AO) erfüllt ist (§ 379 IV 2. Halbs. AO). Das gilt auch dann, wenn die Tat nur als Beihilfe zur Steuerhinterziehung oder versuchte Steuerhinterziehung geahndet werden kann. Ist eine Ahndung nach § 378 AO möglich, tritt § 379 AO auch bei vorsätzlicher Steuergefährdung zurück. Dies gilt wegen der ausdrücklichen Regelung in § 379 IV 2. Halbs. AO auch dann, wenn die leichtfertige Steuerverkürzung (§ 378 AO) nach § 47 OWiG nicht verfolgt wird (glA GJW/*Sahan* AO § 379 Rn. 90; Erbs/Kohlhaas/*Hadamitzky/Senge* AO § 379 Rn. 36; Kohlmann/*Matthes* 200 zu § 379; aM HHSp-*Bülte* 152 zu § 379). Die Steuergefährdung ist gegenüber den Verletzungstatbeständen der §§ 370, 378 AO allerdings nur insoweit subsidiär, als dasselbe Rechtsgut, dh dieselbe Steuerart, betroffen ist und die Gefährdung nicht über die Verletzung hinausreicht (glA Kohlmann/*Matthes* 199 zu § 379; *Coring* aaO; aM *Dörn* wistra 1995, 7; vgl. für das allgemeine Strafrecht Schönke/Schröder/*Sternberg-Lieben/Bosch* StGB vor §§ 52 ff. Rn. 117 mwN). Ist zB mittels eines OR-Geschäfts die Verkürzung einer Fälligkeitssteuer bewirkt worden, kann eine gleichzeitige Ertragsteuergefährdung nach § 379 AO weiter verfolgt werden (glA Kohlmann/*Matthes* 199 zu § 379). 125

Ist eine Pflichtverletzung iS des § 379 AO in einem Sondergesetz mit Strafe oder Geldbuße bedroht (zB § 22b I Nr. 2 KriegswaffG betr. das Kriegswaffenbuch), gelten die 126 allgemeinen Regeln der Gesetzeskonkurrenz (Rn. 118 ff. zu § 369). Verstöße gegen verbrauchsteuerliche Aufzeichnungs- und Buchführungspflichten können nur nach § 381 I Nr. 1 AO geahndet werden (vgl. *Gast-deHaan* DB 1977, 1290).

127 Erfüllt die Handlung mehrere Bußgeldtatbestände in **Tateinheit** (zB zugleich eine Ordnungswidrigkeit nach den §§ 100, 103 HGB), wird gem. § 19 OWiG nur eine einzige Geldbuße festgesetzt (Rn. 37 zu § 377). Die Geldbuße wird nach dem Gesetz bestimmt, das die höchste Geldbuße androht (§ 19 II 1 OWiG). Sind dieselben Steuerarten betroffen, gehen die §§ 381, 382 AO der Vorschrift des § 379 AO als Spezialnormen vor. Trifft § 379 AO mit einem Straftatbestand zusammen, so wird gem. § 21 I OWiG nur das Strafgesetz angewendet. Ein derartiges Zusammentreffen ist möglich mit Urkundenfälschung gem. § 267 StGB, zB wenn der unrichtige Beleg mit einem falschen Namen unterzeichnet ist (BGH 11.11.1958, BGHSt 12, 100), ferner mit Insolvenzstraftaten gem. § 283b StGB.

128 Wer sich einen unrichtigen Beleg ausstellt oder ausstellen lässt und diesen später als Unterlage für eine Falschbuchung benutzt, begeht Ordnungswidrigkeiten gem. § 379 I 1 Nr. 1 und 3 AO in **Tatmehrheit.**

13. Selbstanzeige

129 Der Täter einer Ordnungswidrigkeit nach § 379 AO kann **durch Selbstanzeige keine Bußgeldfreiheit** erlangen (glA HHSp-*Bülte* 146, RK-*Rolletschke* 79, Schwarz/Pahlke/*Webel* 67; *Meyer* in Beermann/Gosch 33 zu § 379 AO); denn die noch in § 406 II RAO 1956 vorgesehene Selbstanzeigemöglichkeit hat der Gesetzgeber bewusst nicht in die AO 1977 übernommen. Das Fehlen einer Vorschrift über tätige Reue in § 379 AO ist von Verfassungs wegen nicht zu beanstanden (BVerfG 11.7.1997, wistra 1997, 297). Die Regelung ist aber insofern ungereimt, als sie den Täter, der eine versuchte oder vollendete Steuerhinterziehung begeht, besser stellt, als denjenigen, dessen Tat nur eine Vorbereitungshandlung für eine Steuerhinterziehung (Rn. 9) darstellt (Klein/*Jäger* AO § 379 Rn. 34 und Kohlmann/*Matthes* 190 zu § 379). Dies hat jedoch kaum praktische Auswirkungen. Die Ahndung von Ordnungswidrigkeiten liegt im pflichtgemäßen Ermessen der Verfolgungsbehörde (§ 47 I OWiG). Es ist nicht anzunehmen, dass die FinB einen Bußgeldbescheid erlässt, wenn der Täter den von ihm hervorgerufenen ordnungswidrigen Zustand von sich aus beseitigt hat, zB die unterlassene Aufzeichnung nachgeholt hat, bevor aus der Tat ein Schaden entstanden ist (Begr. BT-Drs. V/1812, 27). Zur Problematik einer Berichtigung nach § 153 AO s. Rn. 400 ff. zu § 371.

130 Eine **wirksame Selbstanzeige nach § 371 AO, § 378 III AO** wirkt nur hinsichtlich der Tatbestände der §§ 370, 378 AO, nicht auch bezüglich der Steuergefährdung nach § 379 AO sanktionsbefreiend. Der gegenüber §§ 370 und 378 AO subsidiäre Ordnungswidrigkeitentatbestand ist dahin auszulegen, dass eine Tat als Steuergefährdung auch dann geahndet werden kann, wenn die vorrangige Norm wegen einer Selbstanzeige nicht anwendbar ist (str.; glA GJW/*Sahan* AO § 379 Rn. 86; HHSp-*Bülte* 147, RK-*Rolletschke* 80, Schwarz/Pahlke/*Webel* 67, *Meyer* in Beermann/Gosch 33 zu § 379 AO; Wannemacher/*Wegner* Rn. 2432; *Mösbauer* wistra 1991, 41; *Dörn* wistra 1995, 7; KG 7.5.1992, wistra 1994, 36; aA Erbs/Kohlhaas/*Hadamitzky*/*Senge* AO § 379 Rn. 36; vgl. ferner Rn. 381 zu § 371).

131 Im Gegensatz zur Selbstanzeige besteht bei fristgemäßer Abgabe einer strafbefreienden Erklärung nach dem StraBEG nicht die Möglichkeit, eine an sich subsidiäre Ordnungswidrigkeit der unrichtigen Verbuchung (§ 379 I Nr. 3 AO) noch weiterzuverfolgen (s. 6. Aufl. Rn. 1 zu § 6 StraBEG).

14. Verjährung

132 Die Verfolgung einer Steuerordnungswidrigkeit iS des § 379 AO verjährt gem. § 384 AO in fünf Jahren.

§ 380 Gefährdung der Abzugsteuern

(1) **Ordnungswidrig handelt, wer vorsätzlich oder leichtfertig seiner Verpflichtung, Steuerabzugsbeträge einzubehalten und abzuführen, nicht, nicht vollständig oder nicht rechtzeitig nachkommt.**

(2) **Die Ordnungswidrigkeit kann mit einer Geldbuße bis zu fünfundzwanzigtausend Euro geahndet werden, wenn die Handlung nicht nach § 378 geahndet werden kann.**

Vgl. § 266a StGB (Vorenthalten und Veruntreuen von Arbeitsentgelt, Vergehen), § 50e II EStG (Nichtverfolgung von Steuerstraftaten bei geringfügiger Beschäftigung in Privathaushalten, Verfahrenshindernis), § 28f iVm § 111 I 1 Nr. 3–3b SGB IV (Verletzung der Pflicht zur Führung und Aufbewahrung von Lohnunterlagen, Ordnungswidrigkeit) und §§ 8 ff. SchwarzArbG, § 16 AÜG (weitere spezifische Straf- und Ordnungswidrigkeitentatbestände).

Schrifttum: *Pfaff,* Gefährdung von Abzugsteuern, DStZ 1972, 297; *Bornemann,* Selbstanzeige bei Gefährdung von Abzugsteuern (§ 406 AO), DStR 1973, 691; *Lohmeyer,* Zweifelsfragen zu § 406 AO (Gefährdung der Abzugsteuern), DStR 1973, 564; *Suhr,* Ahndung wegen der Steuerordnungswidrigkeiten der §§ 405, 406 AO bei Nichtverfolgung der Verkürzungstatbestände der §§ 392, 404 AO, StBp 1973, 224; *Henneberg,* Anmerkungen zur Verteidigung bei Lohnsteuerverkürzungen, DStR 1980, 63; *Meincke,* Lohnsteuer bei unerlaubter Arbeitnehmerüberlassung, StuW 1980, 235; *Bilsdorfer,* Die Verantwortlichkeit des Arbeitnehmerentleihers für die Lohnsteuer des Leiharbeitnehmers, DStR 1981, 98 u. 374; *ders.,* Die Bedeutung des Umsatzsteuerabzugsverfahrens für das Steuerstraf- und Steuerordnungswidrigkeitenrecht, DStZ 1981, 163; *Brenner,* Schließt die wirksame Selbstanzeige (§ 378 III AO) die Bußgeldtatbestände der §§ 379 ff. AO aus?, StW 1981, 147; *Bringewat,* Gefährdung von Abzugsteuern im Vorfeld von Lohnsteuerhinterziehungen, NJW 1981, 1025; *Meincke,* Nochmals: Die Verantwortlichkeit des Arbeitnehmerentleihers für die Lohnsteuer der Leiharbeitnehmer, DStR 1981, 226; *Bilsdorfer,* Illegale Arbeitnehmerüberlassung und Umsatzsteuer, DStR 1983, 609; *Lohmeyer,* Die Gefährdungstatbestände der §§ 379–382 AO, BlStSozArbR 1983, 270; *Meine,* Beitragsvorenthaltung und Lohnsteuerverkürzung bei nicht genehmigter Arbeitnehmerüberlassung, wistra 1983, 134; *Pfaff,* Lohnsteuer-Zuwiderhandlungen, StBp 1983, 9; *Lohmeyer,* Die Gefährdungstatbestände der §§ 379 und 380 AO, INF 1992, 511; *Dörn,* Steuerliche Pflichten unter strafrechtlichem Aspekt, INF 1993, 315; *Dörn,* Anwendung der §§ 379, 380 AO auch bei Selbstanzeigen gemäß §§ 371, 378 Abs. 3 AO, wistra 1995, 7; *ders.,* Gefährdung der Abzugsteuern und ihre Verfolgung durch die Finanzbehörde, BuW 1995, 303; *Schuh/Wakounig,* Die Straf- und Bußgeldtatbestände des deutschen Steuerrechts, SWI 1995, 80; *Kottke,* OHG, KG und GmbH als Adressaten von Bußgelddrohungen bei Steuerverfehlungen, Information StW 1996, 709; *App,* Möglichkeiten des Steuerpflichtigen im Bußgeldverfahren wegen Steuerordnungswidrigkeiten, BuW 1998, 408; *Dörn,* Verfolgung der Lohnsteuergefährdung (§ 380 AO) durch die Finanzbehörden, Stbg 1998, 349; *Gerber,* Stundung von Abzugsteuern, DB 1999, 1729; *Schwenke,* Steuerabzug im Baugewerbe: Viel Aufwand um nichts? – Erste Bewertung des Gesetzes zur Eindämmung illegaler Betätigung im Baugewerbe, BB 2001, 1553; *Gebhardt/Biber,* Die Bauabzugssteuer, EStB 2001, 462; *Eversloh,* Steuerhinterziehung durch Bauabzugssteuer, AO-StB 2002, 47; *Kindshofer,* Bauabzugssteuer – Ein neues Betätigungsfeld für Steuerverkürzung?, PStR 2003, 160; *Meyer,* Strafrechtliche Verantwortlichkeit und Haftung bei Personengesellschaften, PStR 2003, 126; *ders.,* Steuer(straf)rechtliche Verantwortlichkeit und Haftung des GmbH-Geschäftsführers, PStR 2003, 185; *Weyand,* Straf- und bußgeldrechtliche Aspekte des „Schwarzarbeitsbekämpfungsgesetzes“, INF 2004, 838; *Merker,* Die steuerlichen Regelungen des Gesetzes zur Intensivierung der Bekämpfung der Schwarzarbeit und damit zusammenhängender Steuerhinterziehung, SteuerStud 2005, 7; *Burhoff,* Steuerordnungswidrigkeiten in der Praxis, PStR 2006, 233; *Schott,* Abzugsbesteuerung bei beschränkt steuerpflichtigen Künstlern, Sportlern, Journalisten, PStR 2006, 257; *Wessing,* Steuerordnungswidrigkeiten – Gefahr und Chance für die Verteidigung, SAM 2007, 9; *Tiedtke/Peterek,* Zu den Pflichten des organschaftlichen Vertreters einer Kapitalgesellschaft, trotz Insolvenzreife der Gesellschaft Sozialabgaben und Lohnsteuer abzuführen, GmbHR 2008, 617; *Radtke,* Nichtabführung von Arbeitnehmerbeiträgen (§ 266a StGB) in der Krise des Unternehmens – Beitragsstrafrecht zwischen Zivilrechts- und Sozialrechtsakzessorietät, GmbHR 2009, 673; *Ransiek/Hüls,* Strafrecht zur Regulierung der Wirtschaft, ZGR 2009, 157; *Retemeyer/Möller,* Zollstraftaten und Zollordnungswidrigkeiten, AW-Prax 2009, 340; *Schmitt,* Die neue Besteuerung der Kapitalerträge – Systemwechsel hin zur Abgeltungsteuer, Stbg 2009, 55 (Teil 1) u. 101 (Teil 2); *Seer,* Steuerordnungswidrigkeiten als pönalisiertes Verwaltungsunrecht, SteuerStud 2009, 117; *Decker/Loose,* Neuregelung des Steuerabzugs nach § 50a EStG ab 2009, IStR 2010, 8; *Günther,* Einkommensteuerveranlagung trotz Abgeltungsteuer – Die Veranlagungstatbestände des § 32d EStG, EStB 2010, 113; *Harenberg,* Lexikon zur Abgeltungsteuer, NWB Beilage zu Nr. 13/2010; *Holthaus,* Praxisprobleme bei der ab 2009 geänderten Besteuerung beschränkt steuerpflichtiger Künstler und Sportler, IStR 2010, 23; *Köhler/Goebel/Schmidt,* Neufassung des § 50a EStG durch das JStG 2009 – Ende einer Dauerbaustelle?, DStR 2010, 8; *Schneider,* Die Pflichten des Geschäftsführers in der Krise – Zwölf Handlungsanweisungen an den Geschäftsführer zur Haftungsvermeidung, GmbHR 2010, 57; *Gaede,* Leerlauf der gewerbs- oder bandenmäßigen Schädigung des Umsatzsteueraufkommens?, PStR

2011, 233; *Webel,* Schädigung des Umsatzsteueraufkommens – Gesetzgebungsverfahren, PStR 2013, 20; *Engelberth,* Die Abgeltungswirkung des Kapitalertragsteuerabzugs – Steuerliche Beurteilung unterschiedlicher Fallkonstellationen, NWB 2014, 1887; *Holthaus,* Aktuelle Probleme mit der EU-Konformität des Steuerabzugs nach § 50a EStG, IStR 2014, 628; *Kemper,* Ordnungswidrigkeitstatbestände des Umsatzsteuergesetzes – Kritische Würdigung der Bußgeldtatbestände des Umsatzsteuergesetzes, UR 2014, 673; *Korn,* Geklärte und ungeklärte Fragen zur Abgeltungsteuer für Kapitaleinkünfte, KÖSDI 2014, 18818. – *Zu § 529 RVO: Wank,* Das Einbehalten von Sozialversicherungsbeiträgen, DB 1982, 645; *Schäfer,* Die Strafbarkeit des Arbeitgebers bei Nichtzahlung von Sozialversicherungsbeiträgen für versicherungspflichtige Arbeitnehmer, wistra 1982, 96; *Martens,* Einbehalten von Sozialversicherungsbeiträgen, DB 1984, 773.

Übersicht

1. Entstehungsgeschichte

1 Durch § 406 RAO idF des Art. 1 Nr. 19 des 2. AOStrafÄndG v. 12.8.1968 (BGBl. 1968 I 1953) wurde die Nichtabführung von Steuerabzugsbeträgen, die zuvor als Vergehen nach § 413 I Nr. 1a RAO idF des Art. 1 Nr. 6 G v. 11.5.1956 (BGBl. 1956 I 418) mit Geldstrafe bedroht war, unter der neuen Bezeichnung *„Gefährdung der Abzugsteuern"* als Steuerordnungswidrigkeit mit Geldbuße bewehrt. Abw. von § 413 RAO 1956 setzte § 406 RAO 1968 voraus, dass der Täter zumindest *„leichtfertig"* gehandelt hatte (Begr. BT-Drs. V/1218 S. 27 f.). § 406 III RAO 1968, eine Sondervorschrift über die Verjährung und ihre Unterbrechung, wurde auf Antrag des BR (BT-Drs. V/3013) und Vorschlag des Vermittlungsausschusses (BT-Drs. V/3042) in das Gesetz aufgenommen; die Vorschrift wurde durch Art. 161 Nr. 10 EGStGB mit Wirkung ab 1.1.1975 wieder gestrichen, als § 410 RAO (= § 384 AO) als zusammenfassende Verjährungsvorschrift für alle Steuerordnungswidrigkeiten nach §§ 404–406 RAO (= § 378–380 AO) eingeführt wurde. Der EAO 1974 übernahm den § 406 RAO idF des EGStGB als § 364 (BT-Drs. 7/79). Dabei wurde durch Einfügung des Wortes *„nicht"* in Abs. 1 klargestellt, dass die Vorschrift nicht nur bei nicht rechtzeitiger und nicht vollständiger Einbehaltung und Abführung eingreift, sondern auch den Fall erfasst, dass Einbehaltung und/oder (Rn. 6, 15) Abführung überhaupt unterbleiben. Außerdem wurde in der endgültigen Fassung der Vorschrift als § 380 AO das Wort *„Tat"* zur Angleichung an die Sprachregelung des OWiG durch *„Handlung"* ersetzt (BT-Drs. 7/4292 S. 45). Durch das G zur Eindämmung illegaler Betätigung im Baugewerbe v. 30.8.2001 (BGBl. 2001 I 2267) wurde die Obergrenze des Bußgeldrahmens von vormals 10 000 DM mWz 7.9.2001 auf 50 000 DM bzw. – nunmehr – 25 000 EUR angehoben (Begr. BT-Drs. 14/4658 S. 10: Anpassung des Höchstmaßes an die *„heutigen wirtschaftlichen Verhältnisse";* krit. Kohlmann/*Matthes* 2.1 zu § 380).

2. Zweck und Anwendungsbereich

2 § 380 AO **bezweckt** die Gewährleistung der Erfüllung derjenigen Pflichten, die dritten Personen im Besteuerungsverfahren hinsichtlich *fremder* Steuerschulden obliegen. Die pauschale LSt (§§ 40 ff. EStG) ist keine „fremde" Steuer, da sie der ArbG zu übernehmen hat

und selbst Schuldner der Steuer ist (§ 40 III, § 40a V, § 40b V 1 EStG; Rn. 4). Auch auf die USt ist § 380 nicht anwendbar; sie ist keine Abzugsteuer; StSchuldner ist der abführungspflichtige Unternehmer (§§ 13a, 13b UStG; vgl. *Thoma* BB 1970, 572). Das nicht in vollem Umfang gemeinschaftskonforme Abzugsverfahren bei der USt wurde aufgegeben und durch ein Verfahren mit Steuerschuldnerschaft des Leistungsempfängers ersetzt (BGBl. 2001 I 3794; Rn. 19). Wer zur Einbehaltung und Abführung fremder Steuern verpflichtet ist, steht in einem gewissen Treueverhältnis zum FA und zum StSchuldner. Daher enthält der Tatbestand des § 380 AO einen *„an die Untreue (§ 266 StGB) anklingenden Unrechtsgehalt"* (BGH 11.3.1952, BGHSt 2, 183, 186). Hinzu kommt, dass der (gutgläubige) StSchuldner nur durch vorschriftsmäßige Abführung der Steuer von seiner Schuld befreit wird (§ 38 III, § 42d III, § 44 V, § 50a V EStG). Das Steuerabzugsverfahren soll die zuverlässige und schnelle Erfassung der Steuer an der Quelle sichern (sog. Quellensteuer). Deswegen ist ein besonderer Schutz der ordnungsgemäßen Tilgung fremder Steuerschulden gerechtfertigt.

§ 380 ist **anwendbar** im *LSt-Abzugsverfahren* (Rn. 7 ff.), bei der *KapSt* (Rn. 13 f.), bei der *Bauabzugsteuer* (Rn. 10a) und in bestimmten Fällen der *beschränkten Steuerpflicht* (Rn. 16 f.). 3

Nicht anwendbar ist § 380 AO auf die *Versicherungsteuer* (glA FT-*Heerspink* 14, 50, HHSp-*Bülte* 5, Kohlmann/*Matthes* 10, Leopold/Madle/Rader/*Zanzinger* 8, RK-*Rolletschke* 15 u. Schwarz/Pahlke/*Webel* 5, 20 zu § 380 AO; *v. Briel*/Ehlscheid § 1 Rn. 540). Sie ist keine Abzugsteuer iS des § 380 AO, da sie nicht durch Abzug von einer Leistung erhoben wird. Dasselbe gilt für die *pauschale LSt* (glA Beermann/Gosch/*Meyer* 4, FT-*Heerspink* 14, 38, HHSp-*Bülte* 6 f., Kohlmann/*Matthes* 10, 26.4, Klein/*Jäger* AO § 380 Rn. 2, Leopold/Madle/Rader/*Zanzinger* 8, 18, Schwarz/Pahlke/*Webel* 5, 12 zu § 380; Simon/*Vogelberg* S. 44; *v. Briel*/Ehlscheid § 1 Rn. 540; Wannemacher/*Wegner* Rn. 2509; aA RK-*Rolletschke* 13 zu § 380; unklar Kühn/v. Wedelstädt/*Blesinger* 2 zu § 380 AO). Zwar handelt es sich bei der pauschalen LSt entgegen früherer Rspr (BFH 5.11.1982, BFHE 137, 46) nicht um eine Unternehmenssteuer eigener Art, sondern um eine vom ArbN abgeleitete Steuer, die vom ArbG übernommen und verfahrenstechnisch bei ihm erhoben wird (vgl. BFH 6.5.1994, BFHE 174, 363, BFH 20.3.2006, BFH/NV 2006, 1292 u. – zuletzt – BFH 14.11.2013, BFHE 243, 524). Gleichwohl wird die pauschale LSt von § 380 AO nicht erfasst. Zum einen fehlt der von diesem Tatbestand im Hinblick auf die abzuführende Steuer vorausgesetzte treuhandähnliche Charakter der Pflichtenstellung (Rn. 2), da der ArbG die LSt vom ArbN schuldbefreiend übernimmt und alleiniger Schuldner der pauschalen LSt wird (§ 40 I 2, III EStG; BFH 14.11.2013, BFHE 243, 524). Zum anderen wird die pauschale LSt vom ArbG nicht „einbehalten", sondern übernommen (§ 40 III 1 EStG) und schon deshalb vom Wortlaut des § 380 AO nicht erfasst. Die *KirchenLSt* wird zwar im Abzugsverfahren erhoben; jedoch sind die Straf- und Bußgeldtatbestände der AO insoweit regelmäßig nicht anwendbar (Ausn.: § 6 I KiStRG Nds; s. Rn. 12); zur Frage der Strafbarkeit wegen Betrugs vgl. BGH 17.4.2008, NStZ 2009, 157, 158 f. 4

Der Anwendungsbereich des § 380 AO ist durch die **Subsidiarität** (Rn. 49 ff.) gegenüber § 370 AO (§ 377 II AO, § 21 I 1 OWiG) und § 378 AO (§ 380 II AO) begrenzt. Die Vorschrift tritt zurück, sobald der Tatbestand der vorsätzlichen oder leichtfertigen Steuerverkürzung verwirklicht ist (Nachw. in Rn. 49). In LSt-Sachen greift daher der Tatbestand des § 380 AO grds. nur dann ein, wenn der ArbG die nicht abgeführten Beträge rechtzeitig und vollständig (heute idR *elektronisch,* vgl. § 41a I 2, 3 EStG) angemeldet hat. Hat der ArbG auch die Anmeldung (§ 41a EStG) versäumt oder die einzubehaltende LSt vorsätzlich nicht vollständig angemeldet, hat er das FA über Entstehung und Höhe des Steueranspruchs getäuscht bzw. pflichtwidrig im Unklaren gelassen und damit eine Steuerhinterziehung begangen (OLG Frankfurt 8.11.1967, NJW 1968, 263). Dabei ist es belanglos, ob der FinB das Bestehen des Betriebs und die Beschäftigung von ArbN bekannt waren (RG 22.4.1926, RGSt 60, 182) oder ob sie über einen längeren Zeitraum von ihren Befugnissen zur Überwachung des LSt-Abzugs keinen Gebrauch gemacht hat (BFH 11.8.1978, BFHE 125, 508; s. Rn. 20 aE). 5

3. Objektiver Tatbestand

6 Welche **Pflichtverletzungen bußgeldrechtlich geahndet** werden können, folgt nicht unmittelbar aus § 380 AO, sondern aus verschiedenen Einzelsteuergesetzen, nämlich den §§ 38–42g EStG (Lohnsteuer, Rn. 13 ff.), §§ 43–45e EStG (Kapitalertragsteuer, Rn. 7 ff.), §§ 48 ff. (Bauabzugsteuer, Rn. 15) sowie § 50a EStG iVm §§ 73a–73f EStDV (Aufsichtsrat- und Vergütungsteuer, Rn. 16 ff.). Insofern ist § 380 AO ein **Blankettgesetz.** Es wird jedoch in verfassungsrechtlich zulässiger Weise (BVerfG 25.7.1962, BVerfGE 14, 174, 185 f.; BVerfG 7.5.1968, BVerfGE 23, 265, 269) durch besondere Gesetze ausgefüllt (OLG Frankfurt 31.1.1963, ZfZ 1964, 118; zur Geltung des Art. 103 II GG für Ordnungswidrigkeiten vgl. Maunz/Dürig/*Schmidt-Aßmann* GG Art. 103 Rn. 195). Der zum Steuerabzug Verpflichtete wird durch die Abzugspflicht selbst zum Steuerpflichtigen (§ 33 I AO). Die steuerrechtlichen Pflichten aus dem Abzugsverfahren belasten die Betroffenen – insbes. ArbG und Banken – arbeitsmäßig und finanziell nicht unerheblich. Die Kostenbelastung der ArbG durch die LSt-Erhebung wurde von *Trzaskalik* (DStJG 12, 157, 177) bereits im Jahr 1988 auf 4 % des LSt-Aufkommens geschätzt. Gleichwohl ist die unentgeltliche Einschaltung des ArbG als Verwaltungshelfer verfassungsrechtlich unbedenklich (krit. *Trzaskalik* DStJG 12, 157, 177; HHR-*Gersch* 8 zu § 42d EStG; *Winter* Der Arbeitgeber im Lohnsteuerrecht, 1998, 122 ff.; *Kanzler* FR 1996, 473 betr. Kindergeld); es handelt sich nämlich um herkömmliche, allgemeine und für alle Betroffenen gleiche öffentliche Dienstleistungen, deren Auferlegung im öffentlichen Interesse aus Art. 12 u. 14 GG nicht zu beanstanden ist (vgl. BVerfG 29.11.1967, BVerfGE 22, 380 betr. KuponSt-Abzugsverfahren gem. § 45 III Nr. 1a EStG idF v. 25.3.1965, BGBl. 1965 I 147; OLG Frankfurt 31.1.1963, ZfZ 1964, 118 u. BFH 5.7.1963, BFHE 77, 408 – Verfassungsbeschwerde nicht zur Entscheidung angenommen – betr. LSt-Abzugsverfahren; BVerfG 17.2.1977, NJW 1977, 1282 betr. KiSt bei Pauschalierung der LSt).

7 Die **Lohnsteuer** hat der ArbG gemäß §§ 38 ff. EStG bei jeder Lohnzahlung für Rechnung des ArbN einzubehalten. Wann ein Arbeitsverhältnis vorliegt, folgt aus § 1 LStDV. Ob der Vertrag, auf Grund dessen der Arbeitslohn gezahlt wird, wegen gesetz- oder sittenwidrigen Handelns nichtig ist, ist nach § 40 AO unerheblich (BGH 1.8.1984, NJW 1985, 208). Bei Leiharbeitsverhältnissen ist der Verleiher, auch der illegale sowie der ausländische (§ 38 I Nr. 2 EStG), zur Einbehaltung und Abführung der LSt verpflichtet. Ein ArbG mit Sitz im Ausland, der Unternehmen in Deutschland für bestimmte Projekte Arbeitskräfte zur Verfügung stellt, ist zur Einbehaltung und Abführung der LSt jedenfalls dann verpflichtet, wenn er im Inland einen Wohnsitz, seinen gewöhnlichen Aufenthalt, seine Geschäftsleitung, eine Betriebstätte oder einen ständigen Vertreter hat (§ 38 I Nr. 1 EStG). Neben dem ArbG haftet der Entleiher (§ 42d VI EStG; vgl. BGH 12.2.2003, NJW 2003, 1822), es sei denn, es liegt eine zulässige ArbN-Überlassung nach § 1 AÜG vor oder es greifen die Ausnahmetatbestände des § 42d VI 2, 3 EStG. Zum Steuerabzug ist der Entleiher allenfalls dann verpflichtet, wenn er selbst Arbeitslohn bezahlt (vgl. BGH 12.2.2003, NJW 2003, 1822; BFH 2.4.1982, BFHE 135, 501; BFH 18.1.1991, BFHE 163, 365). Zur grenzüberschreitenden ArbN-Überlassung in der EU vgl. BFH 4.9.2002, BFHE 200, 265. Trotz des eingeschränkten Weisungsrechts kann – abhängig von den Umständen des Einzelfalls – auch bei gewerbsmäßig ausgeübter Prostitution eine abhängige und damit lohnsteuerpflichtige Tätigkeit vorliegen (vgl. § 3 ProstG v. 20.12.2001, BGBl. 2001 I 3983; Bsp. bei Kohlmann/*Matthes* 25; s. aber BFH 15.3.2013, BFHE 237, 421 m. Anm. *Rolletschke* NZWiSt 2012, 260; BFH GrS 20.2.2013, BFHE 2040, 282 u. – nachgehend – BFH 13.6.2013, BFH/NV 2013, 1577 – selbstständig tätige [Eigen-] Prostituierte erzielen gewerbliche Einkünfte).

8 **Arbeitslohn** sind alle Einnahmen in Geld oder Geldeswert, die durch ein individuelles Dienstverhältnis veranlasst sind. Ein Veranlassungszusammenhang zwischen einem Dienstverhältnis und Einnahmen wird angenommen, wenn die Einnahmen dem Empfänger nur mit Rücksicht auf das Dienstverhältnis zufließen und sich als Ertrag seiner nichtselbst-

ständigen Arbeit darstellen. Das ist der Fall, wenn sich die Einnahmen im weitesten Sinn als Gegenleistung für das Zurverfügungstellen der individuellen Arbeitskraft erweisen (BFH 11.3.1988, BFHE 153, 324 u. BFH 9.3.1990, BFHE 160, 447; Kohlmann/*Matthes* 24). Arbeitslohn kann auch bei üblichen nicht zu langfristigen *Vorschüssen* gegeben sein (Erbs/Kohlhaas/*Hadamitzky/Senge* AO § 380 Rn. 6; Schmidt/*Krüger* EStG § 39b Rn. 18). Dasselbe gilt, wenn die Mittel nach der wirtschaftlichen Leistungsfähigkeit des ArbN nicht zurückgezahlt, sondern nur mit späteren Zahlungen verrechnet werden können. Durch das Dienstverhältnis veranlasst und damit lohnsteuerbar können auch Zahlungen Dritter sein. Auch in diesen Fällen ist der ArbG, nicht der Dritte, zur Einbehaltung und Abführung der LSt verpflichtet, wenn der ArbG weiß oder erkennen kann, dass derartige Vergütungen erbracht werden (§ 38 I 3 EStG). Kein Arbeitslohn liegt vor, wenn eine Zuwendung wegen anderer Rechtsbeziehungen, zB als Darlehenszinsen, erfolgt (BFH 31.10.1989, BFH/NV 1990, 759). Dasselbe gilt, wenn die den Vorteil bewirkenden Aufwendungen im ganz überwiegend eigenbetrieblichen Interesse des ArbG getätigt worden sind (BFH 25.5.1992, BFHE 167, 542 mwN), zB bei bestimmten Reisen von Außendienstmitarbeitern (BFH 9.8.1996, BFHE 181, 76). Reicht der vom ArbG geschuldete Barlohn zur Deckung der LSt nicht aus, hat der ArbN dem ArbG den Fehlbetrag zur Verfügung zu stellen oder der ArbG einen entsprechenden Teil der anderen Bezüge des ArbN zurückzubehalten (§ 38 IV 1 EStG). Kommt der ArbN seinen Verpflichtungen nicht nach und kann der Fehlbetrag auch nicht durch Zurückbehaltung von anderen Bezügen aufgebracht werden, so kann sich der ArbG durch eine Anzeige beim Betriebsstättenfinanzamt (§ 41a I Nr. 1 EStG) von seiner Einbehaltungs- und Abführungspflicht befreien (§ 38 IV 2 EStG).

Ordnungswidrig handelt, wer *„nicht", „nicht vollständig"* oder *„nicht rechtzeitig"* einbehält oder abführt. *„Einbehalten"* kann nur Nichtauszahlen der rechnerisch ermittelten Abzugsbeträge bedeuten; denn eine Trennung vom sonstigen Vermögen wird vom Abzugsverpflichteten nicht verlangt (ebenso Erbs/Kohlhaas/*Hadamitzky/Senge* AO § 380 Rn. 4, FT-*Heerspink* 57, Kohlmann/*Matthes* 32.1, RK-*Rolletschke* 23 u. Schwarz/Pahlke/*Webel* 24 zu § 380 AO; *Kopacek* FR 1969, 36). In Zweifelsfällen kann sich der ArbG beim FA mittels einer Anrufungsauskunft über die Höhe der einzubehaltenden LSt informieren (§ 42e EStG). Zahlt der ArbG keinen Lohn oder schreibt er ihn nur gut, handelt er nicht tatbestandsmäßig (HHSp-*Bülte* 30, Kohlmann/*Matthes* 32.1, RK-*Rolletschke* 9a, Schwarz/Pahlke/*Webel* 9 zu § 380 AO; Wannemacher/*Wegner* Rn. 2513). Im Gegensatz dazu können ArbN-Beiträge zur Sozialversicherung nach dem nun eindeutigen Wortlaut des Gesetzes auch dann iS von § 266a StGB *„vorenthalten"* sein, wenn für den betreffenden Zeitraum kein Lohn gezahlt worden ist (BGH 12.2.2003, NJW 2003, 1821). Gegenüber dem Tatbestandsmerkmal *„Nichtabführen"* kommt dem Merkmal *„Nichteinbehalten"* keine eigenständige Bedeutung zu (s. Rn. 21). 9

Einzubehalten ist **„bei jeder Lohnzahlung"** (§ 38 III EStG). Manche ArbG zahlen aus Vereinfachungsgründen für den üblichen Lohnzahlungszeitraum nur Abschläge in ungefährer Höhe und nehmen eine endgültige Lohnabrechnung erst später vor. Übersteigt der Abrechnungszeitraum fünf Wochen nicht und wird die Abrechnung spätestens drei Wochen nach dessen Ablauf vorgenommen, braucht die LSt erst bei der Lohnabrechnung einbehalten zu werden (§ 39b V EStG). Eine nachträgliche Einbehaltung gem. § 41c I Nr. 2 EStG schließt die Tatbestandsverwirklichung nicht aus, sollte aber iR des Opportunitätsprinzips (§ 410 I Hs. 1 AO, § 47 I OWiG) berücksichtigt werden (zust. Schwarz/Pahlke/*Webel* 23 zu § 380 AO; Rn. 57). ArbG, die eigene oder gecharterte Handelsschiffe betreiben, dürfen vom Gesamtbetrag der anzumeldenden und abzuführenden LSt unter bestimmten Voraussetzungen 40 % abziehen und einbehalten (§ 41a IV EStG). 10

Abzuführen ist die einbehaltene LSt regelmäßig spätestens am 10. Tag nach Ablauf eines jeden Kalendermonats (§ 41a I 1 EStG). Hat die einbehaltene LSt im vorangegangenen Kalenderjahr nicht mehr als 1 080 EUR bzw. 4 000 EUR betragen, gelten längere Fristen (vgl. § 41a II 2, 3 EStG: Kalenderjahr bzw. -vierteljahr). Die Schonfrist des § 240 III AO stellt keinen Rechtfertigungsgrund dar (glA FT-*Heerspink* 62, Kohlmann/*Matthes* 11

39, 45, RK-*Rolletschke* 28 u. Schwarz/Pahlke/*Webel* 29; aM Beermann/Gosch/*Meyer* 29, HHSp-*Bülte* 45, Leopold/Madle/Rader/*Zanzinger* 2, jew. zu § 380 AO). Wird die LSt verspätet, aber noch innerhalb dieser Frist abgeführt, kann jedoch nach dem Opportunitätsprinzip (§ 410 I Hs. 1 AO, § 47 I OWiG; Rn. 36) idR auf eine Ahndung verzichtet werden (ebenso FT-*Heerspink* 82 zu § 380 AO). Zu den Auswirkungen einer rückwirkend verfügten Stundung vgl. Rn. 34. *„Vollständig"* erfüllt ist die Abführungspflicht nur, wenn der ArbG die einbehaltenen Beträge vorschriftsmäßig, dh an das *zuständige* FA (§ 41a I EStG; aA FT-*Heerspink* 35 u. – diesem folgend – Schwarz/Pahlke/*Webel* 28; unklar RK-*Rolletschke* 24a, jew. zu § 380 AO), abgeführt hat; erst dann ist auch der ArbN von seiner Steuerschuld befreit (§ 42d EStG). Bei Abführung an ein unzuständiges FA dürfte es jedoch zweifelhaft sein, ob der ArbG leichtfertig gehandelt hat. Jedenfalls fehlt ein öffentliches Interesse an der Verfolgung der Tat, wenn der ArbG die einbehaltenen Beträge zwar an ein unzuständiges FA, jedoch vollständig und pünktlich abgeführt hat (§ 410 I 1. HS AO, § 47 I OWiG).

12 Die Abzugsvorschriften des EStG und der LStDV sind zwar auch auf die **Kirchensteuer** anzuwenden (vgl. zB § 12 II SächsKiStG). Jedoch gelten die Straf- und Bußgeldvorschriften der AO für die KiSt regelmäßig nicht (zB Art. 18 II BayKiStG; s. Rn. 4 aE).

13 Auch die **Kapitalertragsteuer** (§§ 43 ff. EStG) wird im Abzugswege erhoben. Der Gläubiger der Kapitalerträge ist StSchuldner (§ 44 I EStG). Die Schuldner der Kapitalerträge, die die Kapitalerträge auszahlenden Stellen und die einen Verkaufsauftrag ausführenden Stellen haften steuerlich für die KapSt, die sie einzubehalten und abzuführen haben (§ 44 V EStG); sie müssen dem Gläubiger gem. § 45a II, III EStG auf Verlangen eine Steuerbescheinigung ausstellen (im Einzelnen BMF 3.12.2014, BStBl. I 2014, 1586 = BeckVerw 292400). Der Steuerabzug unterbleibt, wenn der Gläubiger eine Nichtveranlagungsbescheinigung oder einen Freistellungsauftrag vorlegt (§ 44a II 1 EStG).

14 **Abzuführen** ist die innerhalb eines Kalendermonats **einbehaltene KapSt** bis zum 10. des folgenden Monats an das FA (§ 44 I 5 EStG). Durch das UnternehmenssteuerreformG 2008 v. 14.8.2007 (BGBl. 2007 I 1912) hat der Gesetzgeber zur Minderung des *„Interesse[s] privater Anleger, Kapital allein aus steuerlichen Gründen ins Ausland zu verlagern"* bzw. zum Erhalt des bundesdeutschen *„Steuersubstrat[s]"* (BT-Drs. 16/4841, 1, 30) mWz 1.1.2009 die bisherige Systematik der Besteuerung von Kapitaleinkünften durch Einführung einer einheitlichen **Abgeltungsteuer** iHv 25 % (zzgl. 5,5 % SolZ, vgl. §§ 32d I 1, 43 V EStG, § 4 S. 1 SolZG) modifiziert (allg. dazu *Schmitt* Stbg 2009, 55 u. 101; zu den Einzelheiten BMF 9.10.2012, BStBl. I 2012, 953 = BeckVerw 265120, Tz. 132 ff., zuletzt geänd. durch BMF 3.1.2014, BStBl. I 58 = BeckVerw 280630; *Harenberg* NWB Beilage zu Nr. 13/2010; zur aktuellen Diskussion s. *Engelberth* NWB 2014, 1887; *Korn* KÖSDI 2014, 18818). Eine Einbeziehung von Kapitalerträgen in die ESt-Veranlagung ist danach nur noch *ausnahmsweise* (zB in den Fällen der sog. Günstigerprüfung nach § 32d VI EStG) vorgesehen (vgl. *Günther* EStB 2010, 113). § 45d EStG schreibt für bestimmte Fälle Mitteilungen an das BZSt vor. Wer diese Vorschrift vorsätzlich oder leichtfertig verletzt, handelt ordnungswidrig (§ 50e I EStG).

15 Auch die mit dem G zur Eindämmung der illegalen Betätigung im Baugewerbe v. 30.8.2001 (BGBl. 2001 I 2267) zur Sicherung von Steueransprüchen bei Bauleistungen mWz 1.1.2002 eingeführte **Bauabzugssteuer** (§§ 48 ff. EStG; grdlg. *Schwenke* BB 2001, 1553) ist Abzugsteuer iS von § 380 AO. § 48 I 1 EStG verpflichtet den Empfänger einer im Inland erbrachten Bauleistung, für Rechnung des Leistenden von der Gegenleistung einen Steuerabzug iHv 15 % (zzgl. 5,5 % SolZ, § 4 S. 1 SolZG) vorzunehmen, sofern der Leistungsempfänger ein Unternehmer iS des UStG oder eine juristische Person des öffentlichen Rechts ist. Die Pflichten gelten auch für Kleinunternehmer (§ 19 UStG), pauschalversteuernde Land- und Forstwirte (§ 24 UStG) und Unternehmer, die selbst ausschließlich umsatzsteuerfreie Umsätze ausführen (vgl. BMF 27.12.2002, BStBl. I 2002, 1339 = BeckVerw 035889; teilw. geänd. durch BMF 4.9.2003, BStBl. I 2003, 431 = DStR 2003, 1575 = BeckVerw 045811). Eine Abzugsverpflichtung besteht nicht, wenn der Leistende dem

Leistungsempfänger eine Freistellungsbescheinigung des zuständigen FA vorlegt oder bestimmte Freigrenzen nicht überschritten werden (§ 48 II 1 EStG).

Bei **beschränkt Stpfl** wird die ESt im Abzugswege erhoben (§ 50a EStG, §§ 73a–73g EStDV; **Aufsichtsrat- u. Vergütungsteuer;** zur aufgrund der Rspr des EuGH iS *„Scorpio"* [DStR 2006, 2017] u. *„Centro Equestre"* [DStRE 2007, 961] veranlassten Neufassung des § 50a EStG durch Art. 1 Nr. 36 des JStG 2009 v. 19.12.2008 [BGBl. 2008 I 2794; Begr. BT-Drs. 16/10189, 61 ff.] s. *Decker/Looser* IStR 2010, 8, *Holthaus* IStR 2010, 23 u. *Köhler/Goebel/Schmidt* DStR 2010, 8; zur Anwendung s. § 52 Abs. 47 EStG): 16

- bei Einkünften, die durch im Inland ausgeübte künstlerische, sportliche, artistische, unterhaltende oder ähnliche Darbietungen erzielt werden, einschl. der Einkünfte aus anderen mit diesen Leistungen zusammenhängenden Leistungen, unabhängig davon, wem die Einkünfte zufließen, es sei denn, es handelt sich um Einkünfte aus nichtselbständiger Arbeit, die bereits dem Steuerabzug vom Arbeitslohn unterliegen (vgl. § 50a I Nr. 1 EStG [= § 50a IV 1 Nr. 1 EStG aF]; erg. BGH 5.4.2000, NStZ 2000, 427 m. Anm. *Salditt* PStR 2000, 118; *Schott* PStR 2006, 257 jew. zur aF);
- bei Einkünften aus der inländischen Verwertung von Darbietungen iS von § 50a I Nr. 1 EStG (§ 50a I Nr. 2 EStG [= § 50a IV 1 Nr. 2 EStG aF]);
- bei Einkünften, die aus Vergütungen für die Überlassung der Nutzung oder des Rechts auf Nutzung von Rechten, insbesondere von Urheberrechten und gewerblichen Schutzrechten, von gewerblichen, technischen, wissenschaftlichen und ähnlichen Erfahrungen, Kenntnissen und Fertigkeiten herrühren, sowie bei Einkünften, die aus der Verschaffung der Gelegenheit erzielt werden, einen Berufssportler über einen begrenzten Zeitraum vertraglich zu verpflichten (vgl. § 50a I Nr. 3 EStG [= § 50a IV 1 Nr. 3 EStG aF]),
- bei Einkünften, die Mitgliedern des Aufsichtsrats, Verwaltungsrats, Grubenvorstands oder anderen mit der Überwachung der Geschäftsführung von Körperschaften, Personenvereinigungen und Vermögensmassen iS des § 1 KStG beauftragten Personen sowie von anderen inländischen Personenvereinigungen des privaten und öffentlichen Rechts, bei denen die Gesellschafter nicht als Unternehmer (Mitunternehmer) anzusehen sind, für die Überwachung der Geschäftsführung gewährt werden (ARSt; § 50a I Nr. 4 EStG [= § 50a I EStG aF]).

Der Schuldner der ARSt oder der sonstigen Vergütungen hat die Steuer für Rechnung des Gläubigers (StSchuldners) in dem Zeitpunkt einzubehalten, in dem die Vergütung dem Gläubiger zufließt (vgl. § 50a V EStG, § 73e EStDV; Ausn.: § 73f EStDV). Die innerhalb eines Kalendervierteljahres einbehaltenen Beträge sind jeweils bis zum 10. des dem Vierteljahr folgenden Monats an das BZSt abzuführen (§ 50a V 3 EStG). Bemessungsgrundlage für den Steuerabzug iHv 15% bzw. 30% zzgl. 5,5% SolZ (vgl. § 50a II 1 EStG, § 4 S. 1 SolZG) ist der volle Betrag der Einnahmen. Abzüge, zB für Werbungskosten und Betriebsausgaben, waren nach der bis 25.12.2008 geltenden Rechtslage grds. unzulässig (§ 50a III, IV 2, 3 EStG aF; s. aber BFH 27.7.2011, BFHE 234, 292; BFH 25.4.2012, BFH/NV 2012, 1444;); durch das JStG 2009 wurden sie in begrenztem Umfang (ausdrücklich) zugelassen (vgl. BMF v. 17. 6 2014, BStBl. I 2014, 887 = IStR 2014, 536 = BeckVerw 286080; *Decker/Looser* IStR 2010, 8, 11; insges. krit. vor dem Hintergrund der Entscheidung des EuGH 19.6.2014 – C-53/13, IStR 2014,630: *Holthaus* IStR 2014, 628). 17

Neben den gesetzlich auferlegten Steuerabzugspflichten ist das FA gem. § 50a VII EStG ermächtigt, **im Einzelfall** einen Steuerabzug bei beschränkt Stpfl anzuordnen. Der vom FA angeordnete Steuerabzug hat zwar materiell dieselbe Rechtsnatur wie eine auf dem Gesetz selbst beruhende Anordnung. Er kann auch nur im Voraus angeordnet werden (FG Berlin 27.1.1967, EFG 1967, 513; s. dazu auch HHR-*Maßbaum* 182 zu § 50a EStG). Gleichwohl erfüllt eine Verletzung der im Einzelfall angeordneten Abzugspflicht nicht den Tatbestand des § 380 I AO, weil sich die Pflicht nicht unmittelbar aus dem Gesetz, sondern erst aus einem VA ergibt (Art. 103 II GG; § 377 II AO, § 3 OWiG; glA FT-*Heerspink* 13, 18

Kohlmann/*Matthes* 14, 29, RK-*Rolletschke* 14, Schwarz/Pahlke/*Webel* 8; aA HHSp-*Bülte* 38 mit dem Hinweis darauf, dass der Wortlaut des § 380 AO keine gesetzliche Pflicht voraussetze, Leopold/Madle/Rader/*Zanzinger* 20 aE, jew. zu § 380 AO).

19 Bis zum 31.12.2001 wurde auch die **Umsatzsteuer** im Abzugsverfahren erhoben, soweit ausländische Unternehmer steuerpflichtige Umsätze im Inland ausführten (§ 18 VIII UStG, §§ 51 ff. UStDV aF). In diesen Fällen hatte der Leistungsempfänger die Steuer nach dem Entgelt und nach den Steuersätzen des § 12 UStG zu berechnen und an das für ihn zuständige FA abzuführen (§ 53 UStDV aF). Ordnungswidrig nach § 380 AO handelte zB derjenige, der die um die USt gekürzte Rechnungssumme an seinen Vertragspartner bezahlte, die ausgewiesene USt aber nicht abführte (*Bilsdorfer* DStZ 1981, 163). Dieses Verfahren war jedoch nicht in vollem Umfang gemeinschaftskonform und wurde zum 1.1.2002 durch ein Verfahren mit Steuerschuldnerschaft des Leistungsempfängers ersetzt (BGBl. 2001 I 3794). Zugleich wurde durch Art. 1 Nr. 7 SteuerverkürzungsbekämpfungsG v. 19.12.2001 (BGBl. 2001 I 3922) zur Sicherung des USt-Aufkommens ein neuer Ordnungswidrigkeitentatbestand **(§ 26b UStG)** in das UStG eingeführt (zusf. *Kemper* UR 2014, 673). Danach handelt ordnungswidrig, wer vorsätzlich die in einer Rechnung (§ 14 UStG) ausgewiesene USt zum Fälligkeitszeitpunkt (§ 18 I 4 oder IV 1, 2 UStG) nicht oder nicht vollständig entrichtet (zu dem erst mWz 30.6.2013 durch Art. 10 Nr. 14 AmtshilfeRLUmsG v. 26.6.2013 [BGBl. 2013 I 1809] behobenen Verweisungsfehler auf „§ 18 Abs. 1 *Satz 3*" s. *Gaede* PStR 2011, 233, 234 ff.; *Webel* PStR 2013, 20; erg. *Ebner* IStR 2013, 719 f. zur Auslieferung wegen Nichtbezahlens festgesetzter Steuern; s. auch BGH 20.11.2013, NJW 2014, 1029 betr. § 370 VI 2 AO). Die Ordnungswidrigkeit kann mit einer Geldbuße bis zu 50 000 EUR geahndet werden (§ 26b II UStG). Handelt der Täter gewerbsmäßig *oder* als Mitglied einer Bande, die sich zur fortgesetzten Begehung solcher Handlungen verbunden hat, ist die Handlung eine Straftat, die mit Geldstrafe oder Freiheitsstrafe bis zu fünf Jahren bestraft werden kann (§ 26c UStG).

20 **Tatbestandsmäßige Handlungen iS des § 380 I AO** sind das *„Nichteinbehalten"* und *„Nichtabführen"*. Folglich handelt ein ArbG, der kein Lohnkonto führt (§ 41 EStG, § 4 LStDV), oder ein Schuldner von Aufsichtsratsvergütungen, der die nach § 73d EStDV vorgeschriebenen Aufzeichnungen unterlässt, nicht ordnungswidrig iS von § 380 AO. Eine Verletzung der Vorschriften über die Führung des Lohnkontos (§ 4 LStDV) kann indes unter § 379 I Nr. 3 AO fallen (zust. FT-*Heerspink* 36, Kohlmann/*Matthes* 26.3, RK-*Rolletschke* 23, Schwarz/Pahlke/*Webel* 24 zu § 380 AO; *v. Briel*/Ehlscheid § 1 Rn. 544). Auch die Beschäftigung eines ArbN, der die ihm zugeteilte Identifikationsnummer nicht zum Abruf der elektronischen Lohnsteuerabzugsmerkmale mitgeteilt hat (§ 39c EStG), und die Nichtabgabe von LSt-Anmeldungen (§ 41a EStG) fallen nicht unter den Tatbestand des § 380 AO. Die Nichtabgabe von LSt-Anmeldungen kann aber als Steuerhinterziehung strafbar sein, wenn die FinB über die Entstehung oder Höhe des Steueranspruchs in Unkenntnis gelassen wird und dadurch Steuern verkürzt werden (Rn. 49). Andererseits kommt es für die Anwendbarkeit des § 380 AO nicht darauf an, ob das von der Entstehung der Steuerschuld unterrichtete FA „untätig" geblieben ist (ebenso BFH 11.8.1978, BFHE 125, 508 zur Haftung gem. § 109 RAO; s. Rn. 5 aE).

21 Der Tatbestand des § 380 I AO enthält eine **Doppelverpflichtung** (*„einbehalten"* und *„abführen"*). Leider hat der Gesetzgeber keine Veranlassung gesehen, der Empfehlung des Schrifttums zu folgen und den Tatbestand durch Streichung des Wortes *„einzubehalten"* zu vereinfachen (s. Begr. BT-Drs. VI/1982, 197). Nach hM genügt es, wenn der Täter eine der beiden Pflichten verletzt. Nach dieser Auffassung ist die Tat bereits mit der zuerst verwirklichten Tatbestandsalternative vollendet (BGH 13.11.1952, BGHSt 2, 183; Erbs/Kohlhaas/*Hadamitzky*/*Senge* AO § 380 Rn. 8, Koch/Scholtz/*Scheurmann-Kettner* 3, Kühn/v. Wedelstädt/*Blesinger* 4 zu § 380 AO; *Burhoff* PStR 2006, 233, 238; *Pfaff* DStZ 1972, 297 u. StBp 1978, 209; *Suhr/Naumann/Bilsdorfer* Rn. 386; *v. Briel*/Ehlscheid § 1 Rn. 545). Der Gesetzeswortlaut (*„und"*) spricht indes gegen diese Auslegung. Andererseits zwingt der Sinn der Vorschrift dazu, der hM in Bezug auf das Merkmal *„abführen"* beizupflichten. Läge

eine Ordnungswidrigkeit nur vor, wenn Einbehaltung *und* Abführung vernachlässigt worden sind, so erfüllte derjenige ArbG, der die LSt zwar vollständig einbehält und anschließend anmeldet, aber für sich verbraucht, nicht den Tatbestand des § 380 I AO. Das wäre mit dem Schutzzweck des § 380 AO (Rn. 2) nicht zu vereinbaren, der sicherstellen soll, dass Steuerabzugsbeträge an das FA abgeführt werden. Andererseits ist eine Steuerordnungswidrigkeit durch bloße Verletzung der Einbehaltungspflicht kaum denkbar, weil das Gesetz eine Aussonderung einbehaltener Beträge nicht verlangt (Rn. 9; glA Kohlmann/*Matthes* 31b, 32; insges. krit. FT-*Heerspink* 61, GJW/*Sahan* AO § 380 Rn. 11 f., Schwarz/*Webel* 30, jew. zu § 380 AO). Bei Vereinbarung sog. *Nettolöhne* – die allerdings nicht vorliegt, wenn ArbG und ArbN einvernehmlich zur Hinterziehung der LSt zusammenwirken (BGH 13.5.1992, NJW 1992, 2240; s. BGH 2.12.2008, BGHSt 53, 71 u. BGH 8.2.2011, BGHSt 56, 153 zur strafrechtl. Behandlung derartiger Fälle) – kommt ein Einbehalten schon begrifflich nicht in Betracht (erg. Erbs/Kohlhaas/*Hadamitzky/Senge* AO § 380 Rn. 5, Kohlmann/*Matthes* 33.2 ff. zu § 380). Entscheidend für die Tatbestandsverwirklichung ist daher, ob die Steuerabzugsbeträge an das FA abgeführt werden (glA Kohlmann/*Matthes* 31.3 u. RK-*Rolletschke* 25 zu § 380; *v. Briel*/Ehlscheid § 1 Rn. 546). Im Ergebnis ist der Tatbestand des § 380 AO immer, aber auch nur dann erfüllt, wenn die geschuldete Steuer nicht, nicht pünktlich oder nicht vollständig abgeführt wird (ebenso BeckOK-OWiG/*Merkt* AO § 380 Rn. 2, Klein/*Jäger* AO § 380 Rn. 1, Leopold/Madle/Rader/*Zanzinger* 22 zu § 380 AO; Quedenfeld/Füllsack/*Krauter* Rn. 238; ähnl. HHSp-*Bülte* 44, der annimmt, dass der zumindest vorübergehende Ausfall der Abzugsteuer als ungeschriebenes Tatbestandsmerkmal hinzukommen müsse). Daher führt die bereits in der gesetzgeberischen Konzeption von § 380 I AO angelegte Verwirklichung beider Tatbestandsalternativen konkurrenzrechtlich auch nur zu einer Tat iSv. § 377 II AO, § 19 I OWiG (vgl. Kohlmann/*Matthes* 55 zu § 380; Rn. 49 ff.).

Bei wirksamer **Aufrechnung** gegenüber dem FA mit Gegenansprüchen aus anderen **22** Steuerarten ist der objektive Tatbestand des § 380 I AO nicht erfüllt (Erbs/Kohlhaas/*Hadamitzky/Senge* AO § 380 Rn. 10, GJW/*Sahan* AO § 380 Rn. 19, Klein/*Jäger* AO § 380 Rn. 1, Kohlmann/*Matthes* 37 u. Schwarz/Pahlke/*Webel* 33 zu § 380 AO; vgl. auch OLG Köln 2.3.1984, wistra 1984, 154). Die Aufrechnung ist jedoch nur unter den engen Voraussetzungen des § 226 III, IV AO möglich. Der objektive Tatbestand ist auch dann nicht erfüllt, wenn die Finanzkasse ordnungsgemäß abgeführte Abzugsteuern für andere (eigene) Steuern des Abführungsverpflichteten verrechnet (OLG Köln 11.2.1983, wistra 1983, 163; Kohlmann/*Matthes* 36, Kühn/v. Wedelstädt/*Blesinger* 5, RK-*Rolletschke* 32 zu § 380 AO). Der Pflicht aus § 380 AO ist allerdings nicht Genüge getan, wenn der Abführungsverpflichtete einbehaltene Abzugsteuern zwar der FinB übermittelt, damit aber eine andere Steuerschuld begleichen will (BayObLG 25.3.1977, BayObLGSt 1977, 50; Kohlmann/*Matthes* 35, Schwarz/Pahlke/*Webel* 34 zu § 380 AO; aM *Skuhr* JR 1966, 414). § 225 AO steht dieser Ansicht nicht entgegen (aA wohl GJW/*Sahan* AO § 380 Rn. 18).

einstweilen frei **23–29**

4. Täter

§ 380 AO ist ein Sonderdelikt. Täter iS des § 380 AO kann jeder durch die Einzel- **30** steuergesetze unmittelbar Verpflichtete sowie jeder gesetzliche oder gewillkürte (§ 377 II AO, § 9 II 1 OWiG) Vertreter sein (vgl. u. a. Beermann/Gosch/*Meyer* 25, FT-*Heerspink* 21 ff., GJW/*Sahan* AO § 380 Rn. 4, Kohlmann/*Matthes* 15, RK-*Rolletschke* 6, Schwarz/Pahlke/*Webel* 36 zu § 380 AO). Zu den Vertretern gehören vor allem diejenigen Personen, die kraft Gesetzes für die Steuerschulden des Vertretenen haften (§ 69 AO); denn sie treten kraft Gesetzes (§§ 34, 35 AO) in ein unmittelbares Pflichtenverhältnis zur FinB und haben die steuerlichen Pflichten der von ihnen Vertretenen zu erfüllen. Unabhängig von einer steuerlichen Haftung sind sie bußgeldrechtlich jedoch nur dann verantwortlich, wenn sie selbst ordnungswidrig gehandelt haben. Eine interne Geschäftsverteilung für die Erfüllung steuerlicher Pflichten kann die Verantwortung zwar begrenzen, aber nicht aufheben (BGH 10.11.1999, wistra 2000, 137; HansOLG Hamburg 16.9.1986, NStZ 1987, 79; vgl. auch Rn. 37 f.).

31 Als **gesetzliche Vertreter** kommen insbesondere die Geschäftsführer und Vorstände juristischer Personen in Betracht (§ 34 I AO) sowie Treuhänder (RFH 6.4.1932, RFHE 30, 264) und sonstige Vermögensverwalter (§ 34 III AO). Soweit nicht rechtsfähige Personenvereinigungen ohne Geschäftsführer sind, haben die Mitglieder oder Gesellschafter die steuerlichen Pflichten der Vereinigung zu erfüllen (§ 34 II AO); Verfügungsberechtigte (Angehörige oder Fremde) haben die Pflichten eines gesetzlichen Vertreters (§ 35 AO; s. zum Ganzen Kohlmann/*Matthes* 15 ff.; *Kottke* Information StW 1996, 709; *Suhr/Naumann/Bilsdorfer* Rn. 388). § 35 AO begründet aber kein unmittelbares Pflichtverhältnis für den „Nur"-Bevollmächtigten. Lediglich Bevollmächtigte, die gleichzeitig *verfügungsberechtigt* sind, werden von dieser Vorschrift erfasst. Die Einschränkung betrifft hauptsächlich Berater, insbes. *Angehörige der rechts- und steuerberatenden Berufe.* In Ausnahmefällen können sie Verantwortliche iS des § 9 II Nr. 2 OWiG sein. Verantwortung für die Wahrnehmung der Aufgaben eines anderen kann jedoch nur begründet werden, wenn es dem Beauftragten insoweit auch möglich ist, mit eigener Entscheidungsbefugnis zu handeln (*Bohnert,* OWiG, § 9 Rn. 23).

32 **Verfügungsberechtigt iS des § 35 AO** ist jeder, der nach dem Gesamtbild der Verhältnisse rechtlich und wirtschaftlich über Mittel, die einem anderen zuzurechnen sind, verfügen kann und als solcher nach außen auftritt (Begr. BT-Drs. VI/1982, 111; BFH 27.11.1990, BFHE 163, 106; BGH 9.4.2013, BGHSt 58, 218, 236), zB der treuhänderisch tätige Steuerberater (dazu ausf. *Gräfe/Lenzen/Schmeer* Rn. 1124 ff.). Die tatsächliche Verfügungsmöglichkeit allein reicht nach dem ausdrücklichen Wortlaut des § 35 AO nicht aus, um die Pflichten eines gesetzlichen Vertreters zu begründen. Rechtliche Verfügungsbefugnis erfordert vielmehr die Fähigkeit, im Außenverhältnis wirksam zu handeln (Ausschussbericht BT-Drs. 7/4299, 19). Allerdings genügt eine mittelbare rechtliche Verfügungsbefugnis. Verfügungsberechtigt iS des § 35 AO ist daher auch, wer aufgrund seiner Stellung die Pflichten des gesetzlichen Vertreters erfüllen kann oder durch die Bestellung entsprechender Organe erfüllen lassen kann (BGH 9.4.2013, BGHSt 58, 218, 236). Die Stellung als *faktischer Geschäftsführer* reicht hierfür aus (BFH 7.4.1992, BFH/NV 1993, 213; Klein/*Jäger* AO § 370 Rn. 62c, RK-*Rolletschke* 20 zu § 380 AO). Gleiches gilt für denjenigen, der kraft eines Rechtsverhältnisses den Vertretenen steuern und über seine Mittel verfügen kann. Auch wenn ein Geschäftsherr einem Dritten für einen bestimmten Geschäftsbereich völlig freie Hand lässt, so kann dieser Dritte nach den Umständen des Einzelfalls für den Geschäftsbereich, den er übernommen hat, als Verfügungsberechtigter iS des § 35 AO anzusehen sein (BGH 9.4.2013, BGHSt 58, 218, 236).

33 Jeder, der sich an einer (*vorsätzlichen,* vgl. Erbs/Kohlhaas/*Hadamitzky/Senge* AO § 380 Rn. 2) Zuwiderhandlung nach § 380 AO **beteiligt,** handelt ordnungswidrig, gleichgültig, in welcher Weise er zur Verwirklichung des Tatbestandes beiträgt (§ 377 II AO, § 14 OWiG; s. auch Rn. 24 ff. zu § 377).

5. Stundung

34 Eine Stundung kommt bei Abzugsteuern seit Einführung des Stundungsverbots in § 222 S. 3 u. 4 AO durch das Mißbrauchsbekämpfungs- und SteuerbereinigungsG v. 21.12.1993 (BGBl. 1993 I 2310) allenfalls noch in Ausnahmefällen in Betracht (vgl. Klein/*Rüsken* AO § 222 Rn. 4, aA TK-*Loose* 6 zu § 222 AO; vgl. zur Stundung der LSt-Abführungsschuld des ArbG und der Abführungspflicht bei KapSt auch BFH 24.3.1998, BFHE 186, 98, BFH 15.12.1999, BFH/NV 2000, 1066 u. BFH 23.8.2000, BFHE 193, 17). Jedenfalls erfüllt die Abführung von Steuerabzugsbeträgen erst nach dem gesetzlichen Fälligkeitstermin den Tatbestand des § 380 I AO nur dann nicht, wenn die Steuer *vor* diesem Termin wirksam gestundet worden ist (glA Beermann/Gosch/*Meyer* 29, HHSp-*Bülte* 47, Kohlmann/*Matthes* 40, Leopold/Madle/Rader/*Zanzinger* 23, RK-*Rolletschke* 29 u. Schwarz/Pahlke/*Webel* 31

zu § 380 AO; für rechtfertigende Wirkung der Stundung *Burhoff* PStR 2006, 233, 238). Allgemein gilt, dass eine *nachträglich* ausgesprochene Stundung die Verspätung der Abführung weder beseitigen noch rechtfertigen kann; das gilt auch dann, wenn die Stundung rückwirkend mit Wirkung vom Fälligkeitstag ausgesprochen wird (ebenso BayObLG 30.1.1959, DStZ/B 1959, 124; Beermann/Gosch/*Meyer* 29, Erbs/Kohlhaas/*Hadamitzky*/*Senge* AO § 380 Rn. 9, GJW/*Sahan* AO § 380 Rn. 15, HHSp-*Bülte* 47, Kohlmann/*Matthes* 40, Leopold/Madle/Rader/*Zanzinger* 23, Schwarz/Pahlke/*Webel* 32 zu § 380 AO; *Dörn* Stbg 1998, 349; aM *Lohmeyer* INF 1992, 511); in solchen Fällen kann aber eine Opportunitätsentscheidung (§ 410 I Hs. 1 AO, § 47 I OWiG; Rn. 57) angezeigt sein (*Burhoff* PStR 2006, 233, 238; FT-*Heerspink* 62 zu § 380 AO).

6. Subjektiver Tatbestand

Der subjektive Tatbestand des § 380 I AO erfordert direkten oder bedingten **Vorsatz** 35
(Rn. 49 ff. zu § 369) **oder Leichtfertigkeit** (Rn. 36). Eine Absicht des Täters, sich einen Vermögensvorteil zu verschaffen oder jemanden zu schädigen (sog. überschießende Innentendenz), ist nicht erforderlich (ebenso Erbs/Kohlhaas/*Hadamitzky*/*Senge* AO § 380 Rn. 11). Für die Annahme von Vorsatz reicht es aus, dass der Täter die rechtswidrige Nichtabführung der Steuer gewollt oder mindestens eine solche Möglichkeit gebilligt hat. Der (direkte) Vorsatz kann fehlen, wenn der Täter der Meinung ist, dass ihm wegen bestehender Guthaben aus anderen Steuerarten Gegenforderungen gegen die FinB zustehen (vgl. OLG Köln 2.3.1984, wistra 1984, 154; FT-*Heerspink* 72 zu § 380 AO; *v. Briehl*/Ehlscheid § 1 Rn. 550). Jeder Irrtum über Merkmale der die Blankettnorm des § 380 I AO ausfüllenden Einzelsteuergesetze (Berechnungs-, Einbehaltungs- und Abführungspflicht) ist ein Tatumstandsirrtum iS von § 377 II AO iVm § 11 I OWiG (so auch Erbs/Kohlhaas/*Hadamitzky*/*Senge* AO § 380 Rn. 12; s. ferner Rn. 101 ff. zu § 369). Hält der Täter die Nichteinbehaltung und -abführung für erlaubt, weil er zB glaubt, die entsprechende Steuer werde dem StSchuldner wieder erstattet, oder weil er annimmt, die Nichteinbehaltung und -abführung sei wegen einer angespannten betrieblichen Situation erlaubt, kann ein Verbotsirrtum vorliegen (vgl. Kohlmann/*Matthes* 47.2 zu § 380; krit. *Dörn* Stbg 1998, 349; vgl. auch Rn. 101 ff. zu § 369). Bei LSt-Rechtsfragen dürfte ein Verbotsirrtum regelmäßig durch Herbeiführen einer Anrufungsauskunft (§ 42e EStG) vermeidbar sein. Führt etwa der Geschäftsführer einer Steuerberatungsgesellschaft, der Rechtsanwalt und Steuerberater ist, die einbehaltenen LSt-Abzugsbeträge nicht gem. § 41a I Nr. 2 EStG ab, weil er auf Grund der ihm gewährten Steuerstundung von der Wirkung einer Aufrechnung iS von § 222 AO ausgeht, unterliegt er einem vermeidbaren Verbotsirrtum (KG 22.9.1997, BeckRS 2014, 09430).

Der **Begriff „leichtfertig"** bezeichnet einen erhöhten Grad von Fahrlässigkeit 36
(Rn. 33 ff. zu § 378). Jeder Stpfl muss sich über diejenigen steuerlichen Verpflichtungen unterrichten, die ihn iR seines Lebenskreises treffen (s. Rn. 44 zu § 378). Ein ArbG, der sich nicht über seine lohnsteuerlichen Verpflichtungen unterrichtet, verhält sich daher regelmäßig leichtfertig (Erbs/Kohlhaas/*Hadamitzky*/*Senge* AO § 380 Rn. 12). Da § 69 AO eine Vertreterhaftung nur für Vorsatz und grobe Fahrlässigkeit begründet, können die Anforderungen, welche die finanzgerichtliche Rspr an die Haftung nach § 69 AO stellt, Anhaltspunkte für die Vorwerfbarkeit nach § 380 AO liefern. Wegen des im Ordnungswidrigkeitenrecht geltenden Schuldprinzips wird dadurch der Nachweis individueller Vorwerfbarkeit aber nicht entbehrlich. Angesichts des immer komplizierter und unübersichtlicher werdenden LSt-Rechts dürfen die Anforderungen, die an die Sorgfaltspflicht des ArbG (Geschäftsführers) zu stellen sind, nicht überspannt werden (zust. Schwarz/Pahlke/*Webel* 43 zu § 380 AO). So kann ihm bspw. nicht allein deswegen Leichtfertigkeit vorgeworfen werden, weil er sich nicht nach der einschlägigen BFH-Rechtsprechung erkundigt hat (ebenso *Dörn* Stbg 1998, 349; aA FG Hamburg 26.10.1993, EFG 1994, 596). Bei Zweifeln an der Rechtslage trifft den Stpfl oder dessen Vertreter allerdings eine weitergehende Erkundigungspflicht. Leichtfertiges Handeln kann auch dann vorliegen, wenn der

Stpfl sich nicht hinreichend mit einem zu steuerlichen Fragen eingeholten Rechtsgutachten auseinandersetzt (BGH 10.11.1999, wistra 2000, 137).

37 Sind **mehrere Geschäftsführer,** Vorstandsmitglieder etc. vorhanden, kann die Verantwortlichkeit des einzelnen zwar nicht aufgehoben, aber durch eine Aufgabenverteilung im normalen Geschäftsbetrieb begrenzt werden (BFH 23.8.1998, BFHE 186, 132; s. auch TK-*Loose* 32 f. zu § 69 AO). Eine schriftliche Vereinbarung über die Abgrenzung der Zuständigkeiten (so BFHE 186, 132 betr. § 69 AO) ist – abgesehen von der späteren Nachvollziehbar- bzw. Glaubhaftigkeit (§ 410 I Hs. 1 AO, § 46 I OWiG iVm § 261 StPO) – nicht Voraussetzung für eine Begrenzung der bußgeldrechtlichen Verantwortlichkeit. Ungeachtet der bestehenden Aufgabenteilung treffen jeden Geschäftsführer iR der Gesamtverantwortung nach § 34 AO die steuerlichen Pflichten der Gesellschaft in eigener Person. Er darf sich zwar grds. auf einen Mitgeschäftsführer verlassen, muss sich aber vergewissern, ob dieser genügend zuverlässig und sachkundig ist und die ihm übertragenen Aufgaben ordnungsgemäß ausführt (vgl. HansOLG Hamburg 16.9.1986, NStZ 1987, 79; dto. Beermann/Gosch/*Meyer* 31, Kühn/v. Wedelstädt/*Blesinger* 6 zu § 380 AO). Ist er dazu nicht in der Lage, muss er einen steuerlichen Berater hinzuziehen (vgl. BGH 10.11.1999, wistra 2000, 137; Kohlmann/*Matthes* 49, RK-*Rolletschke* 19, Schwarz/Pahlke/*Webel* 44 zu § 380 AO). Diese Pflichtenkumulation kann in casu (ggf. *zusätzlich;* einschr. FT-*Heerspink* 84 *[„tritt … zurück"],* Kohlmann/*Matthes* 19 *[„subsidiär"],* 61) den – § 380 AO überlagernden – Vorwurf einer Ordnungswidrigkeit nach § 130 OWiG begründen (erg. Rn. 61 ff. zu § 377).

38 Auch wer **Angestellte und sonstige Hilfskräfte** nicht überwacht, handelt leichtfertig (Rn. 48 zu § 378). Selbst dann, wenn der Inhaber oder Geschäftsführer eines Unternehmens zB seinen Buchhalter aus guten Gründen für zuverlässig halten darf, handelt er leichtfertig, wenn er sich nicht iR des Zumutbaren wenigstens durch gelegentliche Kontrollen Gewissheit darüber verschafft, ob die übertragenen Aufgaben ordnungsgemäß erledigt werden (BGH 3.6.1954, BGHSt 7, 336; ebenso BGH 7.1.1975, BeckRS 1975, 00172; BFH 20.4.1982, BFHE 135, 416; BFH 27.11.1990, BFHE 163, 106). Leichtfertigkeit ist hingegen nicht gegeben, wenn die Wahrnehmung der steuerlichen Angelegenheiten auf Mitarbeiter übertragen worden ist und die nach den Umständen des konkreten Falles erforderlichen Überwachungsmaßnahmen nicht geeignet gewesen wären, deren Fehler bei der Erledigung dieser Aufgaben aufzudecken (vgl. BFH 27.11.1990, BFHE 163, 106). Auch Steuerberater sind zu überwachen, wenn ihnen die Erfüllung steuerlicher Pflichten übertragen wurde (FG Nürnberg 22.10.1991, EFG 1992, 242). Aus besonderem Anlass kann gegenüber einem Angehörigen der steuerberatenden Berufe sogar eine Pflicht des Stpfl zur Mitprüfung bestehen, wenn sich der Berater schon einmal als unzuverlässig erwiesen hat (vgl. BGH 24.1.1990, wistra 1990, 195). Der ausländische Geschäftsführer einer inländischen GmbH muss seine Angestellten bei eigener Unkenntnis von Fachleuten überwachen lassen (FG RhPf 21.11.1985, EFG 1986, 322; BFH 27.11.1990, BFHE 163, 106).

39 Die Tat ist ein **echtes Unterlassungsdelikt.** Der Tatbestand des § 380 AO setzt daher voraus, dass die Erfüllung der Handlungspflicht dem Täter möglich und zumutbar ist. Die Handlungspflicht bleibt grds. auch bei **Zahlungsschwierigkeiten des ArbG** bestehen. Wirtschaftliche Schwierigkeiten können einen Verstoß gegen § 380 AO weder rechtfertigen noch entschuldigen (Erbs/Kohlhaas/*Hadamitzky/Senge* AO § 380 Rn. 11, Klein/*Jäger* AO § 380 Rn. 11, Kohlmann/*Matthes* 33.1, 45.1 u. 50 zu § 380; *Burhoff* PStR 2006, 233, 238; *Suhr/Naumann/Bilsdorfer* Rn. 387; Wannemacher/*Wegner* Rn. 2518; abw. Beermann/Gosch/*Meyer* 29 zu § 380 AO für *„unerwartete Zahlungsschwierigkeiten"*); sie sind allenfalls bei der Bemessung der Geldbuße zu berücksichtigen (LG Stuttgart 2.4.1951, FR 1951, 311). Reichen die vorhandenen Mittel zur Zahlung des vollen Lohns einschließlich der darauf entfallenden Steuer nicht aus, muss der Lohn gekürzt (vgl. § 38 IV 1 EStG) und von dem herabgesetzten Betrag die entsprechende Steuer abgezogen und abgeführt werden (BFH 20.4.1982, BFHE 135, 416; FG Düsseldorf 23.11.1983, EFG 1984, 378; BGH 3.4.1952, BGHSt 2, 338; glA Beermann/Gosch/*Meyer* 13, GJW/*Sahan* AO § 380 Rn. 20 f., HHSp-*Bülte* 51, Koch/Scholtz/*Scheurmann-Kettner* 4, 7, Kohlmann/*Matthes* 33.1, 45.1, Kühn/

v. Wedelstädt/*Blesinger* 3, Leopold/Madle/Rader/*Zanzinger* 15, 24, 27 aE, RK-*Rolletschke* 31, 34, Schwarz/Pahlke/*Webel* 25, 42 zu § 380 AO; *v. Briel*/Ehlscheid § 1 Rn. 551 f.; Wannemacher/*Wegner* Rn. 2518). Denn die Pflicht zum Steuerabzug besteht nur, soweit tatsächlich Arbeitslohn gezahlt wird (§ 38 I 1 EStG). Hierin liegt der wesentliche Unterschied zu den ArbN-Beiträgen zur Sozialversicherung (vgl. § 266a I StGB). Die gebotene Kürzung darf auch nicht zur Vermeidung der Abwanderung von ArbN unterlassen werden, weil die ArbN den Steuerabzug ohne Rücksicht auf eigene wirtschaftliche Schwierigkeiten hinnehmen müssen (BFH 19.2.1953, BFHE 57, 412; ferner *Weyer* INF 1971, 285 betr. Sozialversicherungsbeiträge). Die Pflicht zur Abführung der LSt ist auch bei *Insolvenzreife* nicht suspendiert, weil nach der nunmehr einheitlichen Rspr des BGH (vgl. BGH 14.5.2007, NJW 2007, 2118; *Henkel/Mock* EWiR 2007, 495; *Tiedtke/Peterek* GmbHR 2008, 617; s. auch GJW/*Sahan* AO § 380 Rn. 22; *Radtke* GmbHR 2009, 673; *Ransiek/Hüls* ZGR 2009, 157, 172 f.; *Schneider* GmbHR 2010, 57, 63) und des BFH (vgl. BFH 23.9.2009, BFHE 222, 228) der organschaftliche Vertreter einer Gesellschaft mit der Sorgfalt eines ordentlichen und gewissenhaften Geschäftsleiters handelt, wenn er bei Insolvenzreife den steuerlichen Normbefehlen folgend einbehaltene LSt abführt (aA RK-*Rolletschke* 36; ähnl. Kohlmann/*Matthes* 45.3, 50 u. Leopold/Madle/Rader/*Zanzinger* 29, die allerdings im 3-wöchigen Insolvenzantragszeitraum [vgl. § 15a I 1 InsO] die Annahme einer Pflichtenkollision erwägen; dem i. Erg. zust. Schwarz/Pahlke/*Webel* 26; unklar FT-*Heerspink* 60, jew. zu § 380 AO). Ist die Abführung wegen fehlender Mittel gänzlich unmöglich, kommt die Zurechnung der Vorwerfbarkeit eines Vorverhaltens in Betracht, das die Unmöglichkeit verursacht hat (*omissio libera in causa;* vgl. BGH 28.5.2002, BGHSt 47, 318; HHSp-*Bülte* 52 zu § 380 AO; *Fischer* StGB § 266a Rn 15a). Ein Vertreter (Rn. 31) dürfte ausnahmsweise dann entlastet sein, wenn ihm von dem unmittelbar Verpflichteten alle Mittel entzogen worden sind und er deshalb außerstande ist, die einbehaltenen Beträge abzuführen.

7. Versuch

Eine versuchte Ordnungswidrigkeit nach § 380 AO kann nicht geahndet werden (vgl. **40**
§ 377 II AO, § 13 II OWiG).

einstweilen frei **41–45**

8. Geldbuße

Die Ordnungswidrigkeit kann mit einer Geldbuße von mindestens 5 EUR bis zu höchs- **46**
tens 25 000 EUR bei vorsätzlichem und bis zu 12 500 EUR bei leichtfertigem Verhalten geahndet werden (§ 380 II AO; § 377 II AO, § 17 II OWiG). Bei der Zumessung der Geldbuße sind der sachliche Umfang der Tat, das vorwerfbare Verhalten des Täters sowie – in beschränktem Maße – auch seine wirtschaftlichen Verhältnisse zu berücksichtigen (§ 377 II AO, § 17 III OWiG; Rn. 31 ff. zu § 377). Die Geldbuße soll den wirtschaftlichen Vorteil, den der Täter aus der Ordnungswidrigkeit gezogen hat, übersteigen. Reicht das gesetzliche Höchstmaß hierzu nicht aus, so kann es überschritten werden (§ 377 II AO, § 17 IV OWiG). Sinn des § 17 IV OWiG ist es, den Täter so zu stellen, dass er im Ergebnis von seiner Handlung keinen Vorteil behält, sondern über das Maß der gezogenen Vorteile hinaus eine geldliche Einbuße hinnehmen muss (BayObLG 25.4.1995, wistra 1995, 360). Wirtschaftlicher Vorteil iS dieser Vorschrift ist nur der um die Steuerbelastung verminderte Betrag, weil es mit Art. 3 I GG unvereinbar wäre, sowohl für eine Abschöpfungsmaßnahme als auch für die Besteuerung mit Ertragsteuern den Bruttobetrag des Erlangten zugrunde zu legen (zutr. Göhler/*Gürtler* OWiG § 17 Rn. 43). Ist allerdings eine Veranlagung der Steuern auf den Vorteil noch nicht bestandskräftig erfolgt, kann der Bruttobetrag als wirtschaftlicher Vorteil insgesamt abgeschöpft werden, denn dann kann eine Doppelbelastung dadurch vermieden werden, dass der Abschöpfungsbetrag im Besteuerungsverfahren gewinnmindernd Berücksichtigung findet. Maßgeblich ist somit die zeitliche Reihenfolge

von Abschöpfung und steuerlicher Veranlagung (Göhler/*Gürtler* OWiG § 17 Rn. 43 u. BeckOK-OWiG/*Sackreuther* OWiG § 17 Rn. 126, jew. mwN; diesen Umstand hatte der Kartellsenat des BGH in einem nicht tragenden Teil der Entscheidung v. 24.4.1991, BGHR OWiG § 17 Vorteil 1, noch nicht in den Blick genommen; dagegen mit Recht BGH 21.3.2002, BGHSt 47, 260, 268). Als wirtschaftlicher Vorteil in Betracht kommen auch Zinsgewinne aus nicht abgeführten Abzugsbeträgen (HHSp-*Bülte* 90, Kohlmann/*Matthes* 53.1, RK-*Rolletschke* 52 zu § 380). Im Hinblick auf den Sinn des § 17 IV OWiG erscheint eine Verknüpfung der Bußgeldhöhe mit der Höhe eines Zinsgewinns unbedenklich (aA *Dörn* Stbg 1998, 349). Ein Vorteil, den der Täter der von ihm vertretenen juristischen Person verschafft hat, darf nicht zu seinem Nachteil berücksichtigt werden (OLG Celle 9.5.1975, BB 1976, 633); eine Anwendung des § 30 OWiG ist dadurch allerdings nicht ausgeschlossen.

9. Selbstanzeige, Amnestie

47 Sanktionslosigkeit durch straf- bzw. bußgeldbefreiende Selbstanzeige (§§ 371, 378 III AO) kann der Täter einer Ordnungswidrigkeit nach § 380 AO nicht erlangen (s. dazu bereits *Brenner* StW 1981, 147, 151; aA *Seer* SteuerStud 2009, 117, 119 [als *„Durchgangsdelikt"* von der Selbstanzeige miterfasst]; *Suhr/Naumann/Bilsdorfer* Rn. 385 mwN; vgl. iÜ Rn. 44 ff. zu § 371; Rn. 75 zu § 379). Nach § 380 I AO wird allein das nichtordnungsgemäße Einbehalten und Abführen der Steuer geahndet, ohne dass das FA über steuererhebliche Tatsachen in Unkenntnis gehalten wird. Demgemäß ist für eine *„Berichtigung oder Ergänzung unterlassener Angaben"* kein Raum (vgl. Klein/*Jäger* AO § 380 Rn. 22, Schwarz/Pahlke/*Webel* 46 zu § 380 AO). § 380 AO verweist daher auch – im Gegensatz zu § 378 III AO – nicht auf § 371 AO. Auf den Bußgeldtatbestand der Gefährdung der Abzugsteuern nach § 380 AO kann auch dann zurückgegriffen werden, wenn eine Steuerhinterziehung oder eine leichtfertige Steuerverkürzung infolge wirksamer Selbstanzeige nicht mehr geahndet werden kann (BayObLG 3.3.1980, NJW 1981, 1055; s. auch FT-*Heerspink* 82, HHSp-*Bülte* 86, Kühn/v. Wedelstädt/*Blesinger* 7, RK-*Rolletschke* 45, Schwarz/Pahlke/*Webel* 46 zu § 380 AO; ferner Rn. 130 zu § 379 u. Rn. 381 zu § 371). Je nach den Besonderheiten des Einzelfalles kann in solchen Fällen von einer Ahndung nach § 410 I Hs. 1 AO, § 47 I OWiG abgesehen werden (Rn. 57).

48 Im Gegensatz dazu gestattet(e) es § 6 StraBEG, für Ordnungswidrigkeiten nach § 380 AO eine **strafbefreiende Erklärung** (§ 1 StraBEG) abzugeben und diese damit zum Gegenstand der Steueramnestie zu machen (Beermann/Gosch/*Meyer* 39 zu § 380 AO; s. auch 6. Aufl. Rn. 1 zu § 6 StraBEG).

10. Konkurrenzfragen

49 Lässt der Täter die FinB über Entstehung und Höhe der Abzugsteuer in Unkenntnis, etwa weil er die nach § 41a EStG vorgeschriebene LSt-Anmeldung nicht abgibt (vgl. BGH 12.8.1968, BGHSt 23, 319), begeht er eine **Steuerhinterziehung** (§ 370 AO). Der ggf. daneben erfüllte Tatbestand des § 380 AO ist – auch wenn sich die Tathandlungen von § 370 AO und § 380 AO nicht decken – gegenüber der (auch nur versuchten) Steuerhinterziehung subsidiär (glA Beermann/Gosch/*Meyer* 6, Erbs/Kohlhaas/*Hadamitzky/Senge* AO § 380 Rn. 14, GJW/*Sahan* AO § 380 Rn. 26, HHSp-*Bülte* 91, Koch/Scholtz/*Scheurmann-Kettner* 8, Kohlmann/*Matthes* 31, 54.3 u. 56, Kühn/v. Wedelstädt/*Blesinger* 7, RK-*Rolletschke* 38 zu § 380; *Kuhn*/Weigell Rn. 214; Quedenfeld/Füllsack/*Krauter* Rn. 240; Wannemacher/*Wegner* Rn. 2511), weil in aller Regel mit der Nichtanmeldung auch die Nichtabführung der Abzugsteuer einhergeht und beide Tatbestände die Verkürzung der Steuer verhindern sollen (Rechtsgedanke der *„mitbestraften Nachtat"*; dto. FT-*Heerspink* 84 zu § 380 AO; abw. Kohlmann/*Matthes* 54.3 [*„Gesetzeskonkurrenz"*]). Dabei kommt § 21 I 1 OWiG wegen der unterschiedlichen Tathandlungen nicht zur Anwendung.

Der Tatbestand des § 380 AO tritt kraft ausdrücklicher (Schwarz/Pahlke/*Webel* 49 zu § 380 AO: *„überflüssiger"*) Anordnung in Abs. 2 auch dann zurück, wenn die Handlung als **leichtfertige Steuerverkürzung** iS des § 378 AO geahndet werden kann. Die Anwendung des § 380 I AO auf eine tatbestandsmäßige Ordnungswidrigkeit iS dieser Vorschrift wird jedoch nicht dadurch ausgeschlossen, dass (nur) objektiv eine Steuerverkürzung vorliegt. **50**

Nach einer wirksam gem. §§ 371, 378 III AO erstatteten **Selbstanzeige** bei vorsätzlich oder leichtfertig begangener Hinterziehung von Abzugsteuern (§§ 370, 378 AO) wird die Verfolgung einer an sich subsidiären Ordnungswidrigkeit nach § 380 AO wieder möglich (BayObLG 3.3.1980, NJW 1981, 1055; OLG Celle 31.1.1975, MDR 1975, 599; OLG Frankfurt 8.11.1967, NJW 1968, 263; Erbs/Kohlhaas/*Hadamitzky/Senge* AO § 380 Rn. 14; GJW/*Sahan* AO § 380 Rn. 27; Klein/*Jäger* AO § 380 Rn. 17; Koch/Scholtz/*Scheurmann-Kettner* 8, Kohlmann/*Matthes* 54.2, 54.4, Leopold/Madle/Rader/*Zanzinger* 3, RK-*Rolletschke* 45 zu § 380 AO; Wannemacher/*Wegner* Rn. 2520; aM *Bornemann* DStR 1973, 691, *Bringewat* NJW 1981, 1025; *Suhr* StBp 1973, 224; erg. BStBK DStR 1980, 543 zur Ausdehnung von § 371 AO de lege ferenda; dies abl. BMF 29.7.1981, BeckVerw 270150). Der persönliche Strafaufhebungsgrund der Selbstanzeige hindert die Ahndung der Tat als Gefährdung von Abzugsteuern nicht, weil er die Ordnungswidrigkeit nicht erfasst (Rn. 47) und es nach einer wirksamen Selbstanzeige – trotz §§ 371 III, 378 III 2 AO – an der Abgeltung der vorsätzlichen oder leichtfertigen Steuerverkürzung fehlt. Die Gefährdung iS von § 380 AO geht nicht als Vorstufe der Steuerhinterziehung vollständig in dieser – und damit der Selbstanzeige – auf, weil der Schutzzweck des § 380 AO, der vorrangig auf die Einhaltung *„quasi treuhänderischer Pflichten"* gerichtet ist (s. Rn. 2), nicht mit demjenigen der §§ 370, 378 AO identisch ist (glA Erbs/Kohlhaas/*Hadamitzky/Senge* AO § 380 Rn. 14; Kohlmann/*Matthes* 54.3; aM *Bringewat* NJW 1981, 1025). Auch eine analoge Anwendung der §§ 371, 378 III AO *„zugunsten"* des Betroffenen ist mangels planwidriger Regelungslücke nicht möglich. **51**

Kann eine Steuerhinterziehung oder leichtfertige Steuerverkürzung objektiv und subjektiv nachgewiesen werden, wird jedoch das Verfahren **aus Opportunitätsgründen eingestellt** (§§ 153, 153a StPO, §§ 398, 398a AO) bzw. von der Verhängung einer Geldbuße abgesehen (§ 410 I Hs. 1 AO, § 47 I OWiG), so lebt die Möglichkeit der Ahndung nach § 380 AO wieder auf (glA Erbs/Kohlhaas/*Hadamitzky/Senge* AO § 380 Rn. 14; HHSp-*Bülte* 96, Kohlmann/*Matthes* 58, Leopold/Madle/Rader/*Zanzinger* 31, RK-*Rolletschke* 40, Schwarz/Pahlke/*Webel* 50 zu § 380 AO; Quedenfeld/Füllsack/*Krauter* Rn. 241). **52**

Bei Unterlassung der Abführung der angemeldeten LSt ist die Ordnungswidrigkeit mit Ablauf des Fälligkeitstages verwirklicht (OLG Frankfurt a. M. 22.2.1955, DStZ/B 1955, 176). Durch anschließende Handlungen – zB erschlichener Billigkeitserlass, Täuschung des Vollziehungsbeamten – kann **tatmehrheitlich** eine Steuerhinterziehung iS des § 370 AO begangen werden. **53**

Ein ordnungswidriges Handeln iS des § 380 I AO bildet für sich allein keine strafbare **Untreue** iS des § 266 StGB (BGH 3.4.1952, BGHSt 2, 338 m. zust. Anm. *Hartung* MDR 1952, 503; GJW/*Sahan* AO § 380 Rn. 28, Kohlmann/*Matthes* 62, Schwarz/Pahlke/*Webel* 51 zu § 380 AO; *Suhr/Naumann/Bilsdorfer* Rn. 389). **54**

In **LSt-Sachen** treffen Verstöße gegen § 380 AO häufig mit **sozialversicherungsrechtlichen Vergehen** oder Ordnungswidrigkeiten zusammen. Hat der Täter auch keine Sozialversicherungsbeiträge abgeführt (Vorenthalten und Veruntreuen von Arbeitsentgelt gem. § 266a StGB), ist Tatmehrheit gegeben (vgl. BGH 38, 285 v. 13.5.1992; Beermann/Gosch/*Meyer* 8, FT-*Heerspink* 84, Kohlmann/*Matthes* 61, Leopold/Madle/Rader/*Zanzinger* 32, Schwarz/Pahlke/*Webel* 51 zu § 380 AO; *Suhr/Naumann/Bilsdorfer* Rn. 389; aA *v. Briel*/Ehlscheid § 1 Rn. 555: „Handlungseinheit im natürlichen Sinne"); dabei ist das in § 50e II EStG statuierte Verfahrenshindernis für die dort beschriebenen Fälle geringfügiger Beschäftigung in Privathaushalten zu beachten, das *„Steuerstraftaten (§§ 369 bis 376 der Abgabenordnung)"*, nicht aber die §§ 377–384 AO betrifft (s. dazu u. a. *Merker* SteuerStud 2005, 7; **55**

Weyand INF 2004, 838, 840). Tatmehrheit (§ 377 II AO, § 20 OWiG) besteht auch im Verhältnis zu Verstößen gegen sozialversicherungsrechtliche Aufzeichnungs- und/oder Meldepflichten (Ordnungswidrigkeiten gem. § 111 I Nr. 3 iVm § 28f SGB IV), die ebenfalls in der ArbG-Position wurzeln.

11. Verjährung

56 Die Verfolgung einer Steuerordnungswidrigkeit iS des § 380 AO verjährt gem. § 384 AO in fünf Jahren. Zum Verjährungsbeginn (§ 377 II AO, § 31 III 1 OWiG) s. Rn. 13 zu § 384.

12. Verfolgung

57 Die Verfolgung von Ordnungswidrigkeiten bzw. ihre Beschränkung auf eine „bloße" Verwarnung des Betroffenen liegen im pflichtgemäßen **Ermessen** der Verfolgungsbehörde (§ 410 I Hs. 1 AO, §§ 47 I, 56 I OWiG). Das damit verwirklichte Opportunitätsprinzip bezieht sich bereits auf die Einleitung des Bußgeldverfahrens, betrifft in der Praxis aber idR den Umfang der Verfolgung. Die Behörde hat auf Grund der Umstände des Einzelfalls zu entscheiden, ob das öffentliche Interesse eine (weitere) Verfolgung gebietet. Eine abstrakte Abgrenzung des Ermessensrahmens hat der Gesetzgeber bewusst vermieden (s. für § 406 RAO BT-Drs. V/1269 S. 80). Danach dürfte die Verfolgung in den Fällen des § 380 AO bspw. nicht (mehr) geboten sein, wenn das FA die Steuer nachträglich gestundet (s. aber § 222 S. 3, 4 AO; Rn. 34) oder wenn der Täter das Versäumte binnen angemessener Frist unaufgefordert nachgeholt hat (FT-*Heerspink* 62, GJW/*Sahan* AO § 380 Rn. 13 aE, Kohlmann/*Matthes* 52.1, RK-*Rolletschke* 47 zu § 380, *v. Briehl*/Ehlscheid § 1 Rn. 554). Ebenso könnte verfahren werden, wenn die Steuer zwar vollständig, aber an ein unzuständiges FA abgeführt worden ist (Rn. 11). Von der Verfolgung einer Ordnungswidrigkeit iS des § 380 AO kann nach **Nr. 104 III AStBV (St) 2014** (BStBl. I 2013, 1394 = BeckVerw 279250) abgesehen werden, wenn der verkürzte oder der gefährdete Abzugsbetrag insgesamt weniger als 5 000 EUR beträgt, sofern nicht ein besonders vorwerfbares Verhalten für die Durchführung eines Bußgeldverfahrens spricht. Gleiches gilt, wenn der insgesamt gefährdete Abzugsbetrag unter 10 000 EUR liegt und der gefährdete Zeitraum drei Monate nicht übersteigt.

13. Sonstiges

58 Gewerbetreibende, die sich um die **Erteilung öffentlicher Aufträge** bemühen, müssen bei der zuständigen Vergabestelle innerhalb der Frist des ausgeschriebenen Angebotes eine **steuerliche Unbedenklichkeitsbescheinigung** vorlegen. Das für den Bewerber zuständige Wohnsitz- (Betriebs-)FA stellt diese Bescheinigung aus und bestätigt darin, dass gegen die Erteilung eines öffentlichen Auftrages keine steuerlichen Bedenken bestehen. Auf die Erteilung einer solchen Unbedenklichkeitsbescheinigung besteht kein Rechtsanspruch, wenn und solange der Gewerbetreibende sich ordnungswidrig iS des § 380 AO verhält (FG Hamburg 12.4.1972, EFG 1972, 395, zust. Simon/*Vogelberg* S. 45; *Stegmaier* FR 1972, 467); anders in den Fällen des § 22 II 1 GrEStG. Zudem werden rechtskräftige Bußgeldentscheidungen den zuständigen Gewerbebehörden mitgeteilt, wenn sie so schwerwiegend sind, dass sich aus ihnen allein eine gewerberechtliche Unzuverlässigkeit (vgl. § 35 GewO) ergibt (Nr. 136 I Nr. 1 AStBV [St] 2014 [BStBl. I 2013, 1394 = BeckVerw 279250]). Dem Gewerbezentralregister teilen die FinB Steuerordnungswidrigkeiten, die im Zusammenhang mit der Ausübung eines Gewerbes oder dem Betrieb einer sonstigen wirtschaftlichen Unternehmung begangen worden sind, mit, wenn die Geldbuße mehr als 200 EUR beträgt (Nr. 141 I Nr. 2 AStBV [St] 2014).

§ 381 Verbrauchsteuergefährdung

(1) **Ordnungswidrig handelt, wer vorsätzlich oder leichtfertig Vorschriften der Verbrauchsteuergesetze oder der dazu erlassenen Rechtsverordnungen**

1. über die zur Vorbereitung, Sicherung oder Nachprüfung der Besteuerung auferlegten Pflichten,

2. über Verpackung und Kennzeichnung verbrauchsteuerpflichtiger Erzeugnisse oder Waren, die solche Erzeugnisse enthalten, oder über Verkehrs- oder Verwendungsbeschränkungen für solche Erzeugnisse oder Waren oder

3. über den Verbrauch unversteuerter Waren in den Freihäfen

zuwiderhandelt, soweit die Verbrauchsteuergesetze oder die dazu erlassenen Rechtsverordnungen für einen bestimmten Tatbestand auf diese Bußgeldvorschrift verweisen.

(2) **Die Ordnungswidrigkeit kann mit einer Geldbuße bis zu fünftausend Euro geahndet werden, wenn die Handlung nicht nach § 378 geahndet werden kann.**

Schrifttum: *Krämer,* Wird die Anwendbarkeit des § 413 Abs. 1 Nr. 1 AO schon durch das Vorliegen des objektiven Tatbestandes eines anderen Steuervergehens ausgeschlossen?, ZfZ 1959, 233; *Lohmeyer,* Die Bestimmung der Täterschaft im Zoll- und Verbrauchsteuerstrafrecht, ZfZ 1965, 330; *Pfaff,* Die Verbrauchsteuergefährdung (§ 381 AO), StBp 1979, 18; *Benkendorf,* Der Tatbestands- und Verbotsirrtum bei Zoll- und Verbrauchsteuerstraftaten sowie Ordnungswidrigkeiten, ddz 1980 F 25; *Gast-de Haan,* Zuwiderhandlungen gegen verbrauchsteuerliche Aufzeichnungsvorschriften als Steuerordnungswidrigkeit, DB 1977, 1290; *dies.,* Nichtabgabe von Mineralölsteuererklärungen „nur“ Ordnungswidrigkeit?, DB 1988, 2536; *Brenner,* Schließt die wirksame Selbstanzeige (§ 378 III AO) die Bußgeldtatbestände der §§ 379 ff. AO aus?, StW 1981, 147; *Peters,* Das Verbrauchsteuerrecht, 1989; *Förster,* Die Verbrauchsteuern, Diss. Münster 1989; *Beermann,* Das Verbrauchsteuerbinnenmarktgesetz, DStZ 1993, 257, 291; *Jatzke,* Das neue Verbrauchsteuerrecht im EG-Binnenmarkt, BB 1993, 41; *Schuh/Wakounig,* Die Straf- und Bußgeldtatbestände des deutschen Steuerrechts, SWI 1995, 80; *Kottke,* OHG, KG und GmbH als Adressaten von Bußgelddrohungen bei Steuerverfehlungen, Information StW 1996, 709; *Voß,* Strukturelemente der Verbrauchsteuern, DStJG Bd. 11 (1988), 261; *ders.,* Unordentlichkeiten des Rechts der Ordnungswidrigkeiten im Bereich des Zoll- und Verbrauchsteuerrechts, BB 1996, 1695; *ders.,* Ordnungswidrigkeit Zollrecht Verbrauchsteuern, LSK 1997, 382; *App,* Möglichkeiten des Steuerpflichtigen im Bußgeldverfahren wegen Steuerordnungswidrigkeiten, BuW 1998, 408; *Burhoff,* Steuerordnungswidrigkeiten in der Praxis, PStR 2006, 233; *Klemm,* Die Neuregelung des Energiesteuerrechts, BB 2006, 1884; *Wessing,* Steuerordnungswidrigkeiten – Gefahr und Chance für die Verteidigung, SAM 2007, 9; *Voß,* Besondere Verbrauchsteuern, in: Dauses, Hdb. des EU-Wirtschaftsrechts, J Rn. 261–297; *Hogrefe,* Der Anspruch des Steuerbürgen auf ein rechtmäßiges Verwaltungshandeln des Gläubigers im Hauptschuldverhältnis und die Folgen einer Zuwiderhandlung im Bürgschaftsverhältnis, BB 2009, 27; *Seer,* Steuerordnungswidrigkeiten als pönalisiertes Verwaltungsunrecht, SteuerStud 2009, 117; *Retemeyer/Möller,* Zollstraftaten und Zollordnungswidrigkeiten, AW-Prax 2009, 340; *Esser,* Das Alkoholsteuergesetz mit der verbrauchsteuerrechtlichen Anschlussregelung zum Ende des deutschen Branntweinmonopols, ZfZ 2013, 225; *Klötzer-Assion,* Zollkodex – Modernisierter Zollkodex – Unionszollkodex – Fortschritt oder Rolle rückwärts im Europäischen Zollrecht?, wistra 2014, 92.

Übersicht

1. Entstehungsgeschichte

1 Eine § 381 AO entsprechende Vorschrift wurde durch Art. 1 Nr. 19 des 2. AOStrafÄndG v. 12.8.1968 (BGBl. I 953) als § 407 in die RAO eingefügt. § 407 RAO 1968 entsprach dem früheren Straftatbestand des § 413 I Nr. 1b RAO idF des Art. I Nr. 6 G v. 11.5.1956 (BGBl. I 418; erg. *Krämer* ZfZ 1959, 233) mit der Einschränkung, dass der Täter mindestens leichtfertig gehandelt haben musste; Begr. BT-Drs. V/1812, 28. Die ursprünglich als § 407 I RAO idF des RegE geregelte Zuwiderhandlung gegen eine Pflicht zur Aufzeichnung von Betriebsvorgängen wurde durch den BTag in den Tatbestand des § 405 I RAO eingearbeitet (Rn. 2 zu § 379). § 407 RAO 1968 wurde als § 365 unverändert in den EAO übernommen (BT-Drs. 7/79). In der endgültigen Fassung des § 381 I Nr. 1 AO wurden auf Antrag des Finanzausschusses die Worte *„Erklärungs- oder Anzeigepflichten"* durch das Wort *„Pflichten"* ersetzt. Diese Formulierung soll *„der genaueren Herausarbeitung des mit der Vorschrift beabsichtigen Zwecks"* dienen; die Ersetzung des Wortes *„Tat"* durch den Begriff *„Handlung"* in Absatz 4 bezweckt die Angleichung an die Sprachregelung des OWiG (BT-Drs. 7/4292, 45).

2. Zweck und Anwendungsbereich

2 **Im Interesse der Sicherung des Verbrauchsteueraufkommens** bietet § 381 AO die Möglichkeit, Pflichtverletzungen zu ahnden, die noch keine Steuerverkürzung zur Folge hatten oder bei denen ein auf Steuerverkürzung gerichteter Schuldvorwurf nicht besteht oder nicht bewiesen werden kann. In diesen Fällen kommt dem in § 381 AO normierten **abstrakten Gefährdungsdelikt** (HHSp-*Rüping* 4 zu § 381) mithin die Wirkung eines **„Auffangtatbestands"** zu (ebenso Bender/*Möller/Retemeyer* E III Rn. 220; s. auch BGH 8.9.2011, NStZ 2012, 160, 161 mwN zu § 378 AO).

3 Eine Besonderheit bestand für die Verletzung der Pflicht zur Steueranmeldung nach § 10 **MinöStG.** Sie konnte angesichts der Regelung in § 29 I Nr. 2 MinöStG stets nur nach § 381 I Nr. 1 AO als Ordnungswidrigkeit geahndet werden (s. 6. Aufl. Rn. 2). Seit Ablösung des MinöStG durch das EnergieStG mWz 1.8.2006 (BGBl. I 1534) bestehen keine Besonderheiten mehr. Die Verletzung der Pflicht zur Steueranmeldung (zB § 8 III, §§ 33, 39 EnergieStG) stellt eine taugliche Tathandlung im Sinne von § 370 I AO dar (zB: BGH 27.1.2015, BeckRS 2015, 05406).

4 **Der Anwendungsbereich des § 381 AO ist auf Verbrauchsteuern beschränkt,** die nicht als Einfuhr- oder Ausfuhrabgaben erhoben werden. Auf letztere Abgaben ist § 382 AO anzuwenden (§ 382 II AO). Auf Bundesebene handelt es sich um Steuern auf **Bier, Branntwein** (einschl. Alkopops), **Kaffee, Energieerzeugnisse, Schaumwein** und schaumweinähnliche Getränke sowie **Tabak,** soweit für diese Erzeugnisse Verbrauchsteuern auf inländische oder aus anderen Mitgliedstaaten der EU stammende Produkte anfallen, also keine Einfuhrvorgänge aus Drittstaaten vorliegen. Die **Einfuhrumsatzsteuer** unterfällt § 381 AO daher bereits *deshalb* **nicht,** obschon es sich dabei gemäß § 21 I UStG um eine Verbrauchsteuer handelt (Leopold/Madle/Rader/*Zanzinger* 2 zu § 381 AO); stattdessen kann insofern § 382 AO eingreifen (s. dort Rn. 41). Abgesehen von den örtlichen Verbrauch- und Aufwandsteuern (Art. 105 IIa GG) sind **Verbrauchsteuern** Steuern, die die wirtschaftliche Leistungsfähigkeit erfassen, welche sich in der Verwendung von Einkommen zum Zwecke des Verbrauchs von bestimmten Waren manifestiert (Dauses/*Voß,* Hdb. des EU-Wirtschaftsrechts, J Rn. 261). Formal knüpfen die Einfuhrabgaben an die Einfuhr aus einem Drittland in das Erhebungsgebiet oder an den Übergang aus dem Herstellungsbetrieb bzw. aus der Steueraussetzung in den verbrauchsteuerrechtlich freien Verkehr an. Verbrauchsteuern, die auf **Waren aus anderen Mitgliedstaaten** erhoben werden, sind auf Grund des Binnenmarktprinzips keine Einfuhrabgaben und unterfallen damit dem Anwendungsbereich des § 381 AO (Rn. 42 zu § 382). § 381 AO ist eine **Blankettvorschrift,** die durch Ge- oder Verbote der Verbrauchsteuergesetze oder der dazu ergangenen Rechtsverordnungen ausgefüllt wird. Die §§ 139, 214 AO sind keine blankettausfüllenden Tatbestän-

de, da sich die Pflichten gemäß § 381 AO aus *Verbrauch*steuergesetzen oder dazu erlassenen Rechtsverordnungen ergeben müssen. Rechtsverordnungen iS des § 381 AO sind nur gesetzesvertretende Vorschriften (Art. 80, 129 GG); Verwaltungsvorschriften, Richtlinien usw., die nur die Verwaltung binden, erfüllen diese Voraussetzung nicht (zust. etwa Beermann/Gosch/*Meyer* 2 zu § 381 AO). Ordnungswidrig kann nur eine Zuwiderhandlung gegen eine unmittelbar auf *Gesetz* beruhende Pflicht sein.

Für **Monopolordnungswidrigkeiten nach dem BranntwMonG** trifft § 126 BranntwMonG eine bußgeldrechtliche Sonderregelung, die den Anwendungsbereich des § 381 AO nicht berührt (aA Koch/Scholtz/*Scheurmann-Kettner* 6 zu § 381 AO: § 126 II BranntwMonG geht § 381 AO vor). Für das Bußgeldverfahren gelten die §§ 409–412 AO entsprechend (§ 128 II BranntwMonG), wobei gemäß § 128 III BranntwMonG – in Ausnahme zu § 31 II Nr. 2 OWiG und parallel zu § 384 AO – (nur) in den Fällen des § 126 II BranntwMonG eine (von zwei) auf fünf Jahre verlängerte Verjährungsfrist gilt (s. auch Rn. 23; erg. Bender/*Möller/Retemeyer* E III Rn. 244 ff.). Nach **Außerkrafttreten des BranntwMonG** mit Ablauf des 31.12.2017 (§ 166 S. 2 BranntwMonG; zusf. *Esser* ZfZ 2013, 225) greift der Ordnungswidrigkeitentatbestand des **§ 36 AlkStG** ein, der keine verjährungsrechtlichen Besonderheiten mehr aufweist. 5

Zu den Verbrauchsteuern gehören auch **die örtlichen Verbrauch- und Aufwandsteuern.** Dazu zählen etwa Getränke-, Schankerlaubnis-, Vergnügungs-, Hunde-, Jagd- und Zweitwohnungsteuer. Allerdings fehlt es hinsichtlich solcher Steuern weitgehend an landesrechtlichen Regelungen, die eine entsprechende Anwendung der gesamten AO vorschreiben (vgl. § 1 I AO sowie Art. 4 III Nr. 1 EGStGB iVm § 1 I Nr. 1 BlnAOAnwG, § 3 I Nr. 1 BrAbgG u. § 3 Nr. 1 HbgAbgG). Vielmehr haben die Länder zumeist eigenständige straf- und bußgeldrechtliche Regelungen erlassen, die sehr unterschiedlich sind. Zum Teil enthalten die Landesgesetze Bußgeldtatbestände, die den Regelungen in § 379 I Nr. 1 u. 3, § 381 I Nr. 1 u. 2 AO ähneln (vgl. Art. 4 III Nr. 2 EGStGB iVm – zB – Art. 16 BayKAG oder § 20 KAG NRW). 6

3. Vorbehalt der Rückverweisung

Die Anwendung des § 381 AO ist davon abhängig, dass Verbrauchsteuergesetze oder dazu ergangene Rechtsverordnungen *„für einen bestimmten Tatbestand"* auf § 381 AO verweisen. Die Verweisung muss sich im Rahmen des Blanketts halten. Eine Verweisung auf § 381 I Nr. 1 AO wegen Verletzung einer Pflicht, die nicht der Vorbereitung, Sicherung oder Nachprüfung der Besteuerung dient, wäre unwirksam (s. auch Rn. 18). Ein gleich lautender Rückverweisungsvorbehalt war bereits in § 407 I RAO 1968 enthalten. Er wurde seinerzeit – entsprechend ständiger Übung in vergleichbaren Fällen eines Bußgeldblanketts – *„aus Gründen größerer Rechtssicherheit und Rechtsklarheit"* in das Gesetz eingefügt (BT-Drs. V/1812, 28). Der Rückverweisungsvorbehalt ermöglicht, Zuwiderhandlungen gegen unbestimmte, nicht sanktionsbedürftige oder bereits anderweitig abgesicherte Ge- oder Verbote vom Bußgeldblankett auszunehmen (Göhler/*Gürtler* OWiG vor § 1 Rn. 18). Inzwischen sind in allen Verbrauchsteuergesetzen und -verordnungen entsprechende Verweisungen enthalten (Rn. 22). Mit Rücksicht auf den Bestimmtheitsgrundsatz (Art. 103 II GG, § 377 II AO, § 3 OWiG) muss die Möglichkeit der Ahndung schon auf Grund des *Gesetzes* (Bußgeldvorschrift iVm der Ermächtigungsnorm zur Setzung von Geboten und Verboten) und nicht erst auf Grund einer VO voraussehbar sein (Göhler/*Gürtler* OWiG vor § 1 Rn. 19). 7

Eine Zuwiderhandlung gegen Verbrauchsteuergesetze kann nur bei Vorliegen einer Verweisung geahndet werden, ohne Rücksicht darauf, wann die verletzte Pflicht normiert wurde. Wegen der weiten Fassung des § 381 I Nr. 1 AO sind Ergänzungen der Verweisungskataloge zulässig. Soweit alte Verbrauchsteuergesetze noch auf § 407 RAO verweisen, tritt an deren Stelle § 381 AO (Art. 98 EGAO). Über die Bedeutung des Rückverweisungsvorbehalts für Zuwiderhandlungen gegen verbrauchsteuerliche Aufzeichnungsvorschriften s. Rn. 17. 8

4. Gesetzliche Ermächtigung für Verweisungen in Rechtsverordnungen

9 § 381 AO verlangt eine **Verweisung** in einem **Verbrauchsteuergesetz** oder einer **dazu erlassenen Rechtsverordnung.** Anders ist bzw. war dies nach der spätestens seit 1.1.1977 *„überflüssigen"* (Kohlmann/*Matthes* 16 zu § 381) Vorschrift des Art. 97 § 20 EGAO nur für bereits vor dem 1.10.1968 erlassene Verbrauchsteuergesetze und Rechtsverordnungen.

10 Vereinzelt wird die Auffassung vertreten, § 381 AO genüge nicht als **Ermächtigungsgrundlage** für die Rückverweisung in verbrauchsteuerlichen Rechtsverordnungen, die Regelungen über Ordnungswidrigkeiten enthalten. Vielmehr müssten die Verbrauchsteuergesetze, auf deren Grundlage die Rechtsverordnungen erlassen worden sind, eine ausdrückliche Ermächtigung zur Verweisung auf die Vorschrift des § 381 AO für den Verordnungsgeber vorsehen. Die Verweisungen auf § 381 AO in Rechtsverordnungen, die nicht auf eine solche Ermächtigung gestützt sind, seien – auch wegen Verletzung des **Zitiergebots** des Art. 80 I GG – nichtig. Eine Ahndung komme daher nur auf der Grundlage von Verweisungen in den Verbrauchsteuergesetzen in Betracht (so *Voß* in BB 1996, 1695 und der 6. Aufl.). Begründet wird diese Auffassung damit, dass erst die blankettausfüllende Norm einem Verhalten den Stempel der Ordnungswidrigkeit aufdrücke. § 381 AO selbst sei keine Ermächtigungsgrundlage für den Erlass von Rechtsverordnungen über Verweisungen, die den Anforderungen des Art. 80 I GG entspreche. Die Vorschrift sei vom Gesetzgeber auch nicht als Ermächtigungsgrundlage für den Erlass von Rechtsverordnungen konzipiert worden. Ihr fehle diese Eigenschaft schon deswegen, weil kein in Art. 80 I GG genanntes Organ für den Erlass von Rechtsverordnungen benannt sei. Soweit die Verbrauchsteuergesetze zum Erlass von Verfahrensvorschriften ermächtigten, schließe dies nicht die Befugnis ein, den Verstoß gegen die durch eine Rechtsverordnung näher geregelten Vorschriften über die Steueranmeldung, die Verwendung von Steuerzeichen oder Erlaubnisscheinen als Ordnungswidrigkeit zu ahnden. Nach Art. 80 I 2 GG müsse Inhalt, Zweck und Ausmaß der Ermächtigung im Gesetz enthalten sein. Ermächtigungen müssten umso bestimmter sein, je einschneidender eine Regelung in die Rechte des Betroffenen eingreift (BVerfG 10.3.1981, BVerfGE 56, 259, 277 f.; BVerfG 1.7.1987, BVerfGE 76, 130, 143). Der auch für Ordnungswidrigkeiten eingreifende Bestimmtheitsgrundsatz des Art. 103 II GG (vgl. § 377 II AO, § 3 OWiG) verpflichte den Gesetzgeber, die Voraussetzungen der Ahndung als Ordnungswidrigkeit so konkret zu umschreiben, dass Tragweite und Anwendungsbereich der Ordnungswidrigkeitentatbestände zu erkennen sind und sich durch Auslegung ermitteln lassen (BVerfG 23.10.1985, BVerfGE 71, 108, 114). Diese für die Bestimmtheit des Tatbestandes der Ordnungswidrigkeit geltende Regel gelte entsprechend für die Ermächtigung, Ordnungswidrigkeiten durch Rechtsverordnungen zu regeln. Der Gesetzgeber müsse die Grenzen der Befugnis der Verwaltung und diese nach Tendenz und Programm so genau umrissen haben, dass schon aus der Ermächtigung und nicht erst aus der auf sie gestützten Verordnung voraussehbar ist, was vom Bürger gefordert ist. Der Bürger müsse bereits aus der gesetzlichen Ermächtigung entnehmen können, welches Verhalten verboten ist und welche Sanktion ihm für den Fall des Verstoßes gegen das Verbot droht (vgl. dazu BVerfG 4.2.1975, BVerfGE 38, 348, 371; BVerfG 25.10.1991, NJW 1992, 2624). Die Sanktionierung eines Verhaltens als Ordnungswidrigkeit bedeute einen zusätzlichen Eingriff in Freiheitsrechte, die einer gesetzlichen Grundlage bedürfe (vgl. *Voß* in der 6. Aufl.).

11 Entgegen dieser Auffassung genügt die **Vorschrift des § 381 AO** den Anforderungen an eine iS von Art. 103 II GG, § 377 II AO, § 3 OWiG hinreichend bestimmte **Ermächtigungsgrundlage** für die Rückverweisung auf den Bußgeldtatbestand in verbrauchsteuerlichen Rechtsverordnungen. Einer gesonderten Ermächtigung für den Verordnungsgeber in den Verbrauchsteuergesetzen bedarf es daher nicht. Die vom Ordnungswidrigkeitentatbestand des § 381 I AO erfassten Verhaltensweisen sind dort so klar umschrieben, dass für den Bürger die Voraussetzungen der Sanktionierung und die Art der Sanktion schon aufgrund des Gesetzes und nicht erst aufgrund hierauf gestützter Rechtsverordnungen vorhersehbar sind (vgl. BVerfG 10.7.1987, BVerfGE 75, 329). Es ist daher verfassungsrecht-

lich nicht zu beanstanden, dass die nähere Spezifizierung der in § 381 I AO umschriebenen Pflichtverstöße den Verbrauchsteuergesetzen und den verbrauchsteuerlichen Rechtsverordnungen überlassen bleibt (allgM, vgl. Beermann/Gosch/*Meyer* 11; FT-*Traut* 9; Klein/*Jäger* AO § 381 Rn. 20; Kohlmann/*Matthes* 15; Leopold/Madle/Rader/*Zanzinger* 7; RK-*Rolletschke* 7; Schwarz/Pahlke/*Webel* 7 zu § 381 AO; abw. GJW/*Heine* AO § 381 Rn. 5: keine gesonderte Ermächtigung erforderlich; unklar *v. Briel*/Ehlscheid § 1 Rn. 557), zumal es sich hier (nur) um Ordnungswidrigkeiten und nicht um Straftaten handelt. Andernfalls wäre der Gesetzgeber gezwungen, eine Vielzahl von Einzelregelungen zu treffen. Hinzu kommt, dass weitergehende Anforderungen im Ergebnis zur Folge hätten, dass an die Rückverweisungstechnik des Ordnungswidrigkeitentatbestands des § 381 I AO strengere Maßstäbe angelegt würden als an Blankettstraftatbestände, die an den Erlass einer Verwaltungsanordnung anknüpfen (vgl. BVerfG 10.7.1987, BVerfGE 75, 329 zu § 327 II Nr. 1 StGB). Entgegen der Auffassung von *Voß* liegt auch kein Verstoß gegen das in Art. 80 I 3 GG enthaltene Zitiergebot vor; denn die Vorschrift des § 381 AO wird als Ermächtigungsnorm in der Einleitung der einzelnen Ordnungswidrigkeitentatbestände jeweils ausdrücklich zitiert (hM, vgl. Kohlmann/*Matthes* 15, *Rolletschke*/Kemper 7a zu § 381 AO; weitergehend GJW/*Heine* AO § 381 Rn. 5: Zitiergebot unbeachtlich).

einstweilen frei **12–15**

5. Objektive Tatbestände

a) Pflichten iS des § 381 I Nr. 1 AO. § 381 I Nr. 1 AO erfasst Pflichten jeder Art, die der **Vorbereitung, Sicherung oder Nachprüfung der Besteuerung** dienen. Diese Pflichten ergeben sich aus den Rückverweisungen der Verbrauchsteuergesetze und -verordnungen (Rn. 22). Namentlich gehören dazu Buchführungs- und Aufzeichnungspflichten, die zur Sicherung und Nachprüfung der Besteuerung unverzichtbar sind und nur den jeweiligen Normadressaten obliegen (s. auch Rn. 25), sodass § 381 I Nr. 1 AO insoweit **Sonderdelikt** ist (vgl. HHSp-*Rüping* 16; Kohlmann/*Matthes* 18; RK-*Rolletschke* 8; Schwarz/Pahlke/*Webel* 17 zu § 381 AO). Nicht unter § 381 I Nr. 1 AO fallen dagegen Obliegenheiten, von denen Steuervergünstigungen abhängen, wie zB Anträge auf Erlaubnis iS des § 5 BierStG iVm § 4 BierStV oder Aufzeichnungspflichten nach § 6 II Nr. 1 Stärke-/Zucker-ProduktionserstattungsV idF v. 12.10.1994 (BGBl. I 2967). Auch in den Verbrauchsteuergesetzen normierte Pflichten, die keinen steuerrechtlichen, sondern lebensmittel- oder wettbewerbsrechtlichen Gehalt haben (zB § 9 BierStG aF), werden von § 381 AO nicht erfasst (glA Erbs/Kohlhaas/*Hadamitzky*/*Senge* AO § 381 Rn. 5; FT-*Traut* 12 f.; HHSp-*Rüping* 13 Fn. 12; Koch/Scholtz/*Scheurmann-Kettner* 6/1; Kohlmann/*Matthes* 15; Schwarz/Pahlke/*Webel* 10 zu § 381 AO). Denn eine Vorschrift, die zwar auf das Bußgeldblankett des § 381 I Nr. 1 AO verweist, sich aber inhaltlich auf außersteuerliche Pflichten bezieht, ist vom Tatbestand des § 381 I Nr. 1 AO nicht erfasst. **16**

Zuwiderhandlungen gegen **Buchführungs- und Aufzeichnungspflichten** können in der Folge nur nach der Spezialvorschrift des § 381 I Nr. 1 AO in Verbindung mit einer entsprechenden Norm der Verbrauchsteuervorschriften geahndet werden, es sei denn, es liegt im Einzelfall zugleich ein Verstoß gegen handelsrechtliche Buchführungspflichten (§§ 238 ff. HGB; zB im Fall des § 9 II 3 KaffeeStV) vor, der – bei Eingreifen der übrigen Voraussetzungen – dann den (gemäß § 377 II AO iVm § 21 I 1 OWiG vorrangigen) Strafvorschriften der §§ 283 I Nr. 5, 6, 283b I Nr. 1, 2 StGB unterfallen kann (s. auch *Hogrefe* BB 2009, 27, 30: Verstöße iS von § 381 AO „erfahrungsgemäß … Vorboten der nahenden Insolvenz"). Da die Vorschrift des § 379 I Nr. 3 AO durch § 381 I Nr. 1 AO verdrängt wird (s. Rn. 31 sowie FT-*Traut* 14; Klein/*Jäger* AO § 381 Rn. 27; Kohlmann/*Matthes* 25; RK-*Rolletschke* 18; Schwarz/Pahlke/*Webel* 22 zu § 381 AO), kommt eine Sanktionierung als Ordnungswidrigkeit nur in Betracht, wenn eine Rückverweisung vorhanden ist (Rn. 9; *Gast-de Haan* DB 1977, 1290). Wegen § 384 AO kann sich dies *in praxi* insbes. auf die Verjährungsfrage auswirken (s. Rn. 24). **17**

18 **b) Pflichten und Beschränkungen iS des § 381 I Nr. 2 AO.** Der **Wortlaut des § 381 I Nr. 2 AO** legt im Verhältnis zu Nr. 1 den Schluss nahe, dass es bei Nr. 2 nicht darauf ankommt, ob die dort erwähnten Pflichten und Beschränkungen im Interesse der Besteuerung normiert worden sind. Dem steht aber entgegen, dass § 381 AO die **Sicherung des Verbrauchsteueraufkommens** bezweckt (Rn. 2; FT-*Traut* 15; HHSp-*Rüping* 22; Kohlmann/*Matthes* 27 zu § 381), so dass eine Verweisung auf § 381 AO nur für solche Pflichten und Beschränkungen in Betracht kommt, die steuerlichen Zwecken dienen (hM, s. FT-*Traut* 15; GJW/*Heine* AO § 381 Rn. 12; HHSp-*Rüping* 13 Fn. 12; Kohlmann/*Matthes* 27; Schwarz/Pahlke/*Webel* 14 zu § 381 AO; aA Koch/Scholtz/*Scheurmann-Kettner* 6/1 zu § 381 AO).

19 **Der objektive Tatbestand des § 381 I Nr. 2 AO** benennt als Zuwiderhandlungen Verstöße gegen (bestimmte) Verpackungs- und Kennzeichnungspflichten sowie Verkehrs- oder Verwendungsbeschränkungen, was die Norm ebenfalls zum **Sonderdelikt** macht (s. Rn. 16). Sie bezieht sich nur auf verbrauchsteuerpflichtige Erzeugnisse und Waren, die solche Erzeugnisse enthalten, jedoch nicht auf Rohstoffe, die selbst nicht verbrauchsteuerpflichtig sind.

20 Obwohl das Gesetz die **Verpackung und Kennzeichnung** kumulativ benennt, werden auch Pflichten erfasst, die entweder die Verpackung oder die Kennzeichnung betreffen (Kohlmann/*Matthes* 29 zu § 381). Der Begriff **Verpackung** bezieht sich auf die Umhüllung der Ware. Eine Verpackungsvorschrift enthält zB § 16 TabStG. Der Begriff **Kennzeichnung** meint die Deklaration der Waren oder die Kennzeichnung von Papieren (zB § 44 IV TabStV, § 57 XII 1 EnergieStV, § 23 V 2 SchaumwZwStV). **Verkehrsbeschränkungen** sind Einschränkungen in der Überlassung der Ware an Dritte außerhalb des eigenen Haushalts oder Betriebs. Der Begriff **Verwendungsbeschränkungen** meint Beschränkungen bereits in den Verkehr gebrachter Waren.

21 **c) Verbrauch unversteuerter Waren in Freihäfen (§ 381 I Nr. 3 AO).** Die im Grundsatz als **Allgemeindelikt** ausgestaltete (vgl. HHSp-*Rüping* 16 zu § 381) Vorschrift des **§ 381 I Nr. 3 AO** ist **überholt.** Die Verbrauchsteuergesetze enthalten keine Rückverweisung mehr auf § 381 I **Nr. 3** AO. Auch der Begriff **„Freihafen"** ist an sich überholt, wird aber gleichwohl noch verwendet. In Art. 173 I Buchst. c ZK ist noch vom *„Alten Freihafen Hamburg"* die Rede; im Zollkodex der Union v. 9.10.2013, ABl. EU Nr. L 296 (= UZK), der in weiten Teilen erst am 1.5.2016 in Kraft treten wird (vgl. dazu Art. 288 II UZK; zusf. *Klötzer-Assion* wistra 2014, 92, auch zum Verhältnis zu dem damit obsolet gewordenen Modernisierten Zollkodex – MZK), ist dies nicht mehr der Fall. Die in Deutschland errichteten Freihäfen sind rechtlich nunmehr **Freizonen** (Art. 166 ZK, § 20 ZollVG, Art. 243 UZK; FG Hamburg 30.11.2012, BeckRS 2012, 94475; s. auch Rn. 33 zu § 382). Freizonen können durch Bundesgesetz (§ 20 I 2 ZollVG) im deutschen Teil des Gemeinschaftszollgebiets überall errichtet werden. Im Gegensatz zur früheren Rechtslage gehören die Freizonen für die durch europäisches Gemeinschaftsrecht weitgehend harmonisierten VerbrauchSt (für Energieerzeugnisse wie etwa Mineralöle, Alkohol, alkoholische Getränke und Tabakwaren) zu deren Erhebungsgebiet (§ 1 TabStG, § 1 BierStG, § 2 BranntwMonG, § 1 I SchaumwZwStG, § 1 I EnergieStG, § 1 I KaffeeStG). Für Freizonen gelten in Deutschland hinsichtlich der Verbrauchsteuern mithin keine Besonderheiten gegenüber den übrigen Teilen des Erhebungsgebiets. Das gilt insbes. auch für die Entstehung der Steuer. Deutschland hat davon abgesehen, verbrauchsteuerpflichtige Waren in Freizonen als unter Steueraussetzung stehend zu behandeln (Art. 4 Nr. 6 der RL 2008/118/EG des Rates v. 16.12.2008, ABl. EG 2009 Nr. L 9, 12 – Verbrauchsteuer-System-Richtlinie –, zuletzt idF der RL 2013/61/EU v. 17.12.2013, ABl. EU Nr. L 353, 9). Aus dem Erhebungsgebiet der USt hat Deutschland die Freihäfen hingegen ausgenommen (§ 1 II 1 UStG; FG Hamburg 30.11.2011, BeckRS 2012, 94475). Umsätze innerhalb der Freizonen unterliegen aber nach Maßgabe des § 1 III UStG der Steuerpflicht. Der Verbrauch unversteuerter Waren in Freihäfen ist im Gegensatz zum früheren Recht (§ 63 III ZG) nicht mehr ausdrücklich verboten, unterliegt aber der Steuer wie im übrigen Erhebungsgebiet.

d) Rückverweisungskatalog. Im Einzelnen normieren die Verbrauchsteuergesetze und die dazu ergangenen Rechtsverordnungen folgende Verweisungen: 22

ab 1.1.2018:

§ 36 *AlkStG*[1] *Bußgeldvorschriften*

(1) Ordnungswidrig im Sinn des § 381 Absatz 1 Nummer 1 der Abgabenordnung handelt, wer vorsätzlich oder leichtfertig

1. *entgegen § 14 Absatz 3, § 15 Absatz 4 oder § 16 Absatz 2 ein Alkoholerzeugnis nicht oder nicht rechtzeitig aufnimmt, nicht oder nicht rechtzeitig übernimmt, nicht oder nicht rechtzeitig befördert oder nicht oder nicht rechtzeitig ausführt oder*
2. *entgegen § 24 Absatz 3, § 25 Absatz 3 Satz 1 oder Satz 4, Absatz 6 Satz 1 oder § 32 Absatz 1 Satz 1 oder Satz 3 eine Anzeige nicht, nicht richtig, nicht in der vorgeschriebenen Weise oder nicht rechtzeitig erstattet.*

(2) Ordnungswidrig im Sinn des § 381 Absatz 1 Nummer 2 der Abgabenordnung handelt, wer vorsätzlich oder leichtfertig

1. *entgegen § 9 Absatz 1 Satz 3 den in einer Abfindungsbrennerei gewonnenen Alkohol in einen anderen Mitgliedstaat, ein Drittland oder ein Drittgebiet befördert oder*
2. *entgegen § 32 Absatz 2 Nummer 1 ein Brenn- oder Reinigungsgerät oder entgegen § 32 Absatz 2 Nummer 2 einen anderen Gegenstand oder eine Vorrichtung anbietet, abgibt oder besitzt.*

(3) Ordnungswidrig handelt, wer vorsätzlich oder leichtfertig entgegen § 4 Absatz 2 Satz 1 Alkohol gewinnt oder reinigt.

(4) Ordnungswidrig handelt, wer vorsätzlich oder leichtfertig entgegen § 31 Absatz 2 Satz 1 Alkohol anbietet, handelt oder erwirbt.

(5) Die Ordnungswidrigkeit kann in den Fällen der Absätze 3 und 4 mit einer Geldbuße bis zu zehntausend Euro geahndet werden.

§ 30 BierStG[2] Ordnungswidrigkeiten

Ordnungswidrig im Sinn des § 381 Absatz 1 Nummer 1 der Abgabenordnung handelt, wer vorsätzlich oder leichtfertig

1. entgegen § 10 Absatz 3, § 11 Absatz 4 oder § 12 Absatz 2 Bier nicht oder nicht rechtzeitig aufnimmt, nicht oder nicht rechtzeitig übernimmt, nicht oder nicht rechtzeitig befördert oder nicht oder nicht rechtzeitig ausführt oder
2. entgegen § 20 Absatz 4 oder § 21 Absatz 4 Satz 1 und 5 oder Absatz 7 Satz 1 eine Anzeige nicht oder nicht rechtzeitig erstattet.

§ 52 BierStV[3] Ordnungswidrigkeiten

(1) Ordnungswidrig im Sinn des § 381 Absatz 1 Nummer 1 der Abgabenordnung handelt, wer vorsätzlich oder leichtfertig

1. entgegen
   a) § 7 Absatz 1 Satz 1 oder Satz 3 oder Absatz 2 Satz 1 oder Satz 2, jeweils auch in Verbindung mit § 13 Absatz 6, § 14 Absatz 6, § 35 Absatz 2 Satz 2 oder § 39a Absatz 4,
   b) § 8 Absatz 6 Satz 1, auch in Verbindung mit § 13 Absatz 6, § 14 Absatz 6, § 35 Absatz 2 Satz 2, § 37 Absatz 3 Satz 2 oder § 39a Absatz 4,
   c) § 11 Absatz 1 Satz 5, § 30 Absatz 2 oder Absatz 3, § 35 Absatz 1 Satz 1, § 37 Absatz 4 Satz 3, § 38 Absatz 1 Satz 1, § 39a Absatz 2 Satz 2 oder § 41 Absatz 2 Satz 1 oder
   d) § 25 Absatz 4 Satz 1, auch in Verbindung mit § 27 Absatz 4

   eine Anzeige nicht, nicht richtig, nicht in der vorgeschriebenen Weise oder nicht rechtzeitig erstattet,
2. entgegen § 8 Absatz 5 Satz 2, auch in Verbindung mit § 39a Absatz 4 oder § 11 Absatz 1 Satz 1 oder Absatz 3 Satz 2 oder § 39d Absatz 2 eine Anmeldung oder Erklärung nicht, nicht richtig, nicht vollständig, nicht in der vorgeschriebenen Weise oder nicht rechtzeitig abgibt,

---

[1] Alkoholsteuergesetz, verkündet als Art. 2 BranntweinmonopolabschaffungsG v. 21.6.2013 (BGBl. I 1650). § 36 AlkStG tritt gem. seinem Art. 3 IV am **1.1.2018** in Kraft; korrespondierend dazu tritt das BranntwMonG gem. § 166 S. 2 BranntwMonG mit Ablauf des 31.12.2017 außer Kraft (zusf. *Esser* ZfZ 2013, 225). Aufgrund der in § 37 AlkStG enthaltenen Verordnungsermächtigungen wird es dann auch zu einer Anpassung der BrennO und BrStV kommen (müssen).

[2] Biersteuergesetz v. 15.7.2009 (BGBl. I 1870), zuletzt geändert durch Art. 1 Sechstes G zur Änderung von Verbrauchsteuergesetzen v. 16.6.2011 (BGBl. I 1090).

[3] Verordnung zur Durchführung des Biersteuergesetzes v. 5.10.2009 (BGBl. I 3262), zuletzt geändert durch Art. 4 Sechste VO zur Änderung von Verbrauchsteuerverordnungen v. 1.7.2011 (BGBl. I 1308).

3. entgegen § 9 Absatz 1 Satz 1 oder Absatz 2 Satz 1 oder Absatz 3 Satz 1, § 13 Absatz 5 Satz 1 oder 3, jeweils auch in Verbindung mit § 35 Absatz 2 Satz 2, § 14 Absatz 5 Satz 1 oder 3 oder § 37 Absatz 4 Satz 1 oder § 39b Absatz 1 Satz 1 oder Absatz 2 Satz 1 ein Belegheft, ein Buch oder eine Aufzeichnung nicht, nicht richtig, nicht in der vorgeschriebenen Weise oder nicht rechtzeitig führt,
4. entgegen § 17 Absatz 1 Satz 1, § 20 Absatz 2, § 21 Absatz 2, § 22 Absatz 1 Satz 1, auch in Verbindung mit Absatz 3 Satz 1, § 25 Absatz 3 Satz 2 oder Absatz 5 Satz 1, § 26 Absatz 3 Satz 1, § 27 Absatz 2 Satz 3 oder Absatz 3 Satz 1 oder § 28 Absatz 3 Satz 1 eine Übermittlung nicht, nicht richtig, nicht in der vorgeschriebenen Weise oder nicht rechtzeitig vornimmt,
5. entgegen § 17 Absatz 3 Satz 1, auch in Verbindung mit Satz 3, § 18 Satz 1, § 24 Absatz 2 Satz 3, § 25 Absatz 3 Satz 4 oder § 35 Absatz 3, auch in Verbindung mit § 36, einen Ausdruck oder eine Ausfertigung eines Dokuments oder einer Bescheinigung nicht mitführt,
6. entgegen § 17 Absatz 4 Satz 1, auch in Verbindung mit § 25 Absatz 4 Satz 3, § 22 Absatz 4, § 24 Absatz 6 Satz 1 oder § 35 Absatz 1 Satz 3 das Bier nicht, nicht vollständig oder nicht rechtzeitig vorführt,
7. entgegen § 24 Absatz 2 Satz 1, § 25 Absatz 3 Satz 1, § 26 Absatz 2 Satz 1, § 27 Absatz 2 Satz 1 oder § 28 Absatz 2 Satz 1 ein Dokument nicht, nicht richtig oder nicht in der vorgeschriebenen Weise ausfertigt,
8. entgegen § 24 Absatz 3 Satz 1 oder Absatz 4 Satz 2, § 25 Absatz 4 Satz 2, auch in Verbindung mit § 27 Absatz 4, § 28 Absatz 1 Satz 1, § 35 Absatz 4 Satz 1 oder § 45 Absatz 2 ein Dokument oder eine Ausfertigung nicht, nicht richtig oder nicht rechtzeitig vorlegt,
9. entgegen § 24 Absatz 3 Satz 3 oder Absatz 4 Satz 4 einen Rückschein oder eine Sammelanmeldung als Rückschein nicht oder nicht rechtzeitig zurücksendet,
10. entgegen § 25 Absatz 2 Satz 1, § 26 Absatz 2 Satz 3 oder § 27 Absatz 2 Satz 4 eine Unterrichtung nicht, nicht richtig oder nicht rechtzeitig vornimmt oder
11. entgegen § 25 Absatz 7 Satz 1 oder 2 oder § 27 Absatz 2 Satz 5 eine Eintragung oder einen Vermerk nicht, nicht rechtzeitig oder nicht in der vorgeschriebenen Weise vornimmt,
12. entgegen § 39a Absatz 2 Satz 1 einen Erlaubnisschein nicht oder nicht rechtzeitig zurückgibt.

(2) Ordnungswidrig im Sinn des § 381 Absatz 1 Nummer 2 der Abgabenordnung handelt, wer vorsätzlich oder leichtfertig

1. entgegen § 24 Absatz 5 Satz 2 einen Lieferschein, eine Rechnung oder ein Dokument nicht, nicht rechtzeitig oder nicht in der vorgeschriebenen Weise kennzeichnet oder
2. entgegen § 39d Absatz 1 Satz 2 ein Handelspapier nicht, nicht richtig oder nicht in der vorgeschriebenen Weise beigibt oder
3. entgegen § 45 Absatz 1 Satz 2 einen Hinweis nicht, nicht richtig oder nicht in der vorgeschriebenen Weise anbringt.

§ 158 BranntwMonG[1] Ordnungswidrigkeiten.

Ordnungswidrig im Sinn des § 381 Absatz 1 Nummer 1 der Abgabenordnung handelt, wer vorsätzlich oder leichtfertig

1. entgegen § 139 Absatz 3, § 140 Absatz 4 oder § 141 Absatz 2 Erzeugnisse nicht oder nicht rechtzeitig aufnimmt, nicht oder nicht rechtzeitig übernimmt, nicht oder nicht rechtzeitig befördert oder nicht oder nicht rechtzeitig ausführt oder
2. entgegen § 149 Absatz 4 oder § 150 Absatz 4 Satz 1 und 5 oder Absatz 7 Satz 1 eine Anzeige nicht oder nicht rechtzeitig erstattet.

§ 17 BrennO[2] [Anmeldepflicht; Ordnungswidrigkeit]

(1) [1]Soll der Feinbrand in einer Zeit erfolgen, für die eine Abfindungsanmeldung nicht abgegeben wird, so ist dies der Dienststelle des Hauptzollamts, die die Steueraufsicht ausübt, spätestens 3 Werktage vor dem beabsichtigten Betriebsbeginn nach vorgeschriebenem Muster in doppelter Ausfertigung anzumelden. [2]Die Dienststelle des Hauptzollamts, die die Steueraufsicht ausübt, erteilt eine Genehmigung. [3]Sie kann die angemeldete Betriebszeit auf die zur Durchführung des Feinbrandes angemessene und erforderliche Zeit beschränken.

---

[1] Gesetz über das Branntweinmonopol v. 8.4.1922 (RGBl. I 335, 405), zuletzt geändert durch Art. 1 BranntweinmonopolabschaffungsG v. 21.6.2013 (BGBl. I 1650). Das BranntwMonG tritt gem. § 166 S. 2 mit Ablauf des **31.12.2017** außer Kraft und wird mWz 1.1.2018 durch das **AlkStG** ersetzt (§ 36 AlkStG vorstehend abgedruckt).

[2] Brennereiordnung (Anlage zur Branntweinmonopolverordnung) v. 20.2.1998 (BGBl. I, 384), zuletzt geändert durch Art. 6 G zur Neuregelung des gesetzlichen Messwesens v. 25.7.2013 (BGBl. I 2722).

(2) Ordnungswidrig im Sinne des § 381 Abs. 1 Nr. 1 der Abgabenordnung handelt, wer vorsätzlich oder leichtfertig der Anmeldepflicht nach Absatz 1 Satz 1 zuwiderhandelt.

§ 139 BrennO [Maischfrist; Ordnungswidrigkeit]

(1) In Brennereien, die mehlige Stoffe verarbeiten, darf nur in der Zeit von 6.00 bis 20.00 Uhr oder in der in Einzelfällen vom Hauptzollamt festgesetzten Zeit (Maischfrist) eingemaischt werden.

(2) [1] Als Beginn der Einmaischung gilt der Zeitpunkt, in dem die Verzuckerung der Stärke eingeleitet wird, als Schluß der Einmaischung der Zeitpunkt, in dem das Gärmittel zugesetzt wird. [2] In Zweifelsfällen bestimmt das Hauptzollamt den Zeitpunkt, der als Beginn der Einmaischung zu gelten hat.

(3) Das Hauptzollamt kann die für Maischen aus mehligen Stoffen geltenden Maischfristen auch auf Maischen aus anderen Stoffen ausdehnen.

(4) Ordnungswidrig im Sinne des § 381 Abs. 1 Nr. 1 der Abgabenordnung handelt, wer vorsätzlich oder leichtfertig außerhalb der Maischfrist des Absatzes 1 einmaischt.

§ 161 BrennO [Aufbewahrung der Rohstoffe]

(1) [1] Die zu einer Einmaischung angemeldeten Rohstoffe sind mindestens eine halbe Stunde vor Beginn der Einmaischung und, wenn dieser eine vorbereitende Verarbeitung vorausgeht, vor Beginn dieser Verarbeitung an den angemeldeten Aufbewahrungsort zu verbringen. [2] Von diesem Zeitpunkt ab bis zur Beendigung der Einmaischung dürfen weitere Rohstoffe weder in die Brennerei noch an den Aufbewahrungsort gebracht werden. [3] Die nach Beendigung der Einmaischung an den Aufbewahrungsort gebrachten Rohstoffe dürfen die für die nächste Einmaischung angemeldete Menge nicht überschreiten.

(2) [1] Werden in einer Brennerei die Kartoffeln aus der Wäsche ohne weitere Lagerung in den Dämpfer übergeführt, so kann der Brenner verbindlich angeben, welches Gewicht der Befüllung des Dämpfers für die einzelne Maischung entspricht. [2] Alsdann kann bei der amtlichen Prüfung das Gewicht ohne Verwiegung nach der Füllhöhe des Dämpfers ermittelt werden. [3] Die Angabe des Brenners ist von Zeit zu Zeit durch Verwiegen der einzufüllenden Kartoffeln nachzuprüfen.

(3) Das Hauptzollamt kann weitere Aufsichtsmaßregeln anordnen und für einzelne Brennereien unter sichernden Bedingungen Ausnahmen zulassen.

(4) [1] Nichtmehlige Rohstoffe sind am Tage vor dem ersten Abtrieb bis spätestens 12 Uhr auf das Brennereigrundstück zu verbringen. [2] Auf den Aufbewahrungsgefäßen müssen die Art und Menge der Rohstoffe und der Name des Anmelders angegeben sein. [3] Die Dienststelle des Hauptzollamts, die die Steueraufsicht ausübt, kann Ausnahmen zulassen.

(5) Ordnungswidrig im Sinne des § 381 Abs. 1 Nr. 1 der Abgabenordnung handelt, wer vorsätzlich oder leichtfertig einer Vorschrift des Absatzes 1 oder des Absatzes 4 Satz 1 oder 2 über die Aufbewahrung der Rohstoffe oder Kennzeichnung der Aufbewahrungsgefäße zuwiderhandelt.

§ 162 BrennO [Maischfrist; Ordnungswidrigkeit]

(1) [1] Die Bestimmungen des § 139 und des § 140 Satz 1 über die Maischfrist sowie über die Bereitung und Gärung der Maische sind entsprechend anzuwenden. [2] Es darf nur zu den in der Brenngenehmigung angegebenen Zeiten gemaischt werden.

(2) [1] Die Gärgefäße sind mit der aus den angemeldeten Rohstoffen bereiteten Maische ohne Unterbrechung zu befüllen. [2] Nach dem Zusetzen des Gärmittels darf weitere Maische den Gärgefäßen nicht zugeführt werden.

(3) Ordnungswidrig im Sinne des § 381 Abs. 1 Nr. 1 der Abgabenordnung handelt, wer vorsätzlich oder leichtfertig einer Vorschrift des Absatzes 1 oder 2 über die Maischfrist, das Einmaischen oder die Behandlung der Maische zuwiderhandelt.

§ 163 BrennO [Brennfrist; Ordnungswidrigkeit]

(1) [1] Wegen der Brennfrist gilt die Bestimmung in § 142 Satz 1. [2] Innerhalb der Brennfrist dürfen die Roh- und Feinbrenngeräte nur an den Tagen und zu den Stunden benutzt werden, die in der Brenngenehmigung angegeben sind. [3] Das Hauptzollamt kann die Brennfrist verlängern, für das Abbrennen von Material auch eine unbeschränkte Brennfrist (einen ununterbrochenen Tag- und Nachtbetrieb) zulassen; es kann diese Befugnis auf die Dienststelle des Hauptzollamts, die die Steueraufsicht ausübt, übertragen.

(2) Ordnungswidrig im Sinne des § 381 Abs. 1 Nr. 1 der Abgabenordnung handelt, wer vorsätzlich oder leichtfertig entgegen Absatz 1 Satz 1 außerhalb der Brennfrist brennt oder entgegen Absatz 1 Satz 2 Roh- oder Feinbrenngeräte außerhalb der in der Brenngenehmigung vorgeschriebenen Betriebszeit benutzt.

§ 166 BrennO [Brennbuch]

(1) [1] In Brennereien ist vom Brennereibesitzer ein Brennbuch nach amtlich vorgeschriebenem Vordruck (1225/1226) zu führen. [2] Das Hauptzollamt lässt an Stelle des amtlichen Vordrucks auf Antrag widerruflich ein Brennbuch in elektronischer Form zu, wenn steuerliche Belange dadurch nicht beeinträchtigt werden. [3] Die Zulassungsvoraussetzungen werden durch Verwaltungsvorschrift des Bundesministeriums der Finanzen bestimmt. [4] In begründeten Ausnahmefällen kann das Hauptzollamt von der Führung eines Brennbuchs befreien.

(2) Ordnungswidrig im Sinne des § 381 Abs. 1 Nr. 1 der Abgabenordnung handelt, wer vorsätzlich oder fahrlässig entgegen Absatz 1 Satz 1 ein Brennbuch nicht, nicht richtig oder nicht vollständig führt.

§ 168 BrennO [Abfindungsanmeldung; Ordnungswidrigkeit]

(1) [1] Die Herstellung von Branntwein unter Abfindung und die Reinigung des gewonnenen Rohbrandes (Lutter) ist mit einer Abfindungsanmeldung nach amtlich vorgeschriebenem Vordruck anzumelden. [2] Die Abfindungsanmeldung ist vom Brennereibesitzer eigenhändig zu unterschreiben (§ 150 Abs. 3 der Abgabenordnung). [3] Die Erstausfertigung der Abfindungsanmeldung ist spätestens fünf Werktage vor der Betriebseröffnung (§ 134 Abs. 2) dem Hauptzollamt Stuttgart einzureichen. [4] Die Zweitausfertigung verbleibt in der Brennerei und ist zusammen mit der Brenngenehmigung (§ 170) bis zum Ende des angemeldeten Betriebs, im Falle des § 132 bis zur Abfertigung des Branntweins, für die Dienststelle des Hauptzollamts, die die Steueraufsicht ausübt, bereitzuhalten.

(2) [1] Sollen nichtmehlige Rohstoffe (Obststoffe) verarbeitet werden, ist anzugeben, ob sie selbstgewonnen sind. [2] Weiter ist anzugeben, ob die zu verarbeitenden Obststoffe in das Monopolgebiet eingeführt worden sind. [3] Branntwein, der aus anderen Stoffen als aus Wein, Steinobst, Beeren und Enzianwurzeln hergestellt wird und von der Bundesmonopolverwaltung übernommen werden soll, ist in der Abfindungsanmeldung zur Übernahme anzumelden. [4] Ferner ist anzumelden, wenn in Obstbrennereien fremde Rohstoffe im Lohn verarbeitet werden sollen.

(3) Ordnungswidrig im Sinne des § 381 Abs. 1 Nr. 1 der Abgabenordnung handelt, wer vorsätzlich oder leichtfertig entgegen Absatz 1 Satz 3 die Zweitausfertigung der Abfindungsanmeldung oder die Brenngenehmigung nicht bereithält, einer Erklärungspflicht nach Absatz 2 Satz 1 oder 2 oder einer Anmeldepflicht nach Absatz 2 Satz 3 oder 4 zuwiderhandelt.

§ 169 BrennO [Verschiedene Rohstoffe; Ordnungswidrigkeit]

(1) [1] Die Herstellung von Branntwein aus verschiedenen Rohstoffen kann in einer Abfindungsanmeldung für beliebige Zeitabschnitte eines Kalendermonats angemeldet werden. [2] Die Reinigung des Rohbranntweins (Lutter) ist in der Abfindungsanmeldung für den Herstellungsmonat anzumelden, wenn sie im selben oder folgenden Kalendermonat durchgeführt wird. [3] Werden mehlige Rohstoffe am Ende eines Kalendermonats lediglich gemaischt, so ist der Betrieb in der Abfindungsanmeldung für den folgenden Kalendermonat anzumelden.

(2) [1] Die Rohstoffe sind nach Gattung und Menge anzumelden. [2] Sollen Gemische verschiedener Rohstoffgattungen verarbeitet werden, so sind die einzelnen Mischungsbestandteile der Gattung nach anzumelden. [3] Bei der Angabe der Gattungsbezeichnungen dürfen Abkürzungen nicht verwendet werden.

(3) [1] Soll Rohbranntwein oder Vor- und Nachlauf mit Maische oder Material abgetrieben werden, so sind die einzelnen Abtriebe anzumelden. [2] Das gleiche gilt, wenn Vor- und Nachlauf mit einem Feinbrand abgetrieben werden sollen. [3] Ist der Rohbranntwein oder der Vor- und Nachlauf in einer Zeit gewonnen worden, für die die Abfindungsanmeldung nicht gilt, so ist unter Angabe des Alkoholgehaltes auch die Branntweinmenge anzumelden, die den einzelnen Abtrieben zugesetzt werden soll. [4] Der Zusatz darf nur in der Brennblase erfolgen.

(4) [1] Im Falle der Materialüberwachung ist der gesamte Inhalt eines Vorratsgefäßes zum ununterbrochenen Abtrieb anzumelden. [2] Die Dienststelle des Hauptzollamts, die die Steueraufsicht ausübt, kann Ausnahmen zulassen.

(5) Ordnungswidrig im Sinne des § 381 Abs. 1 Nr. 1 der Abgabenordnung handelt, wer vorsätzlich oder leichtfertig einer Anmeldepflicht nach Absatz 2, 3 Satz 1 bis 3 oder Absatz 4 Satz 1 zuwiderhandelt oder entgegen Absatz 3 Satz 4 den Zusatz von Branntwein nicht in der Brennblase vornimmt.

§ 171 BrennO [Zurücknahme der Abfindungsanmeldung; vorläufige Brenngenehmigung]

(1) [1] Der Brennereibesitzer darf die Abfindungsanmeldung zurücknehmen, wenn er den Betrieb noch nicht eröffnet hat. [2] Er hat die Zurücknahme in der Brenngenehmigung oder, soweit eine solche noch nicht erteilt ist, im Zweitstück der Abfindungsanmeldung zu vermerken, die Dienststelle des

Hauptzollamts, die die Steueraufsicht ausübt, oder die örtliche Zollstelle unverzüglich zu benachrichtigen und das Zweitstück der Abfindungsanmeldung sowie die Brenngenehmigung der Dienststelle des Hauptzollamts, die die Steueraufsicht ausübt, zurückzugeben.

(2) [1] Muß der angemeldete Betrieb nach seiner Eröffnung unterbrochen oder geändert werden, so hat der Brennereibesitzer dies sofort unter Angabe des Grundes und der Zeit in der Brenngenehmigung zu vermerken und der Dienststelle des Hauptzollamts, die die Steueraufsicht ausübt, oder der örtlichen Zollstelle unverzüglich mündlich oder fernmündlich anzuzeigen. [2] Die Dienststelle des Hauptzollamts, die die Steueraufsicht ausübt, stellt den Sachverhalt fest und veranlaßt die Neufestsetzung der Alkoholmenge und der Branntweinsteuer durch die zuständige Zollstelle.

(3) [1] Geht bis zum angemeldeten Zeitpunkt des Betriebsbeginns weder die beantragte Brenngenehmigung noch eine Zurückweisung der Abfindungsanmeldung ein und wünscht der Brennereibesitzer trotzdem den Betrieb zu eröffnen, so ist die Dienststelle des Hauptzollamts, die die Steueraufsicht ausübt, unverzüglich zu unterrichten. [2] Sie kann im Vorgriff eine formlose vorläufige Brenngenehmigung erteilen, die der Brennereibesitzer im Zweitstück der Abfindungsanmeldung zu vermerken hat. [3] Der Brennbetrieb ist dann entsprechend der vorläufigen Brenngenehmigung durchzuführen. [4] Wird die Abfindungsanmeldung von der zuständigen Zollstelle zurückgewiesen, so ist auch die vorläufige Brenngenehmigung hinfällig. [5] In diesem Fall trägt der Brennereibesitzer die Rechtsfolgen, es sei denn, die Abfindungsanmeldung ist aus Gründen, die er nicht zu vertreten hat, zurückgewiesen worden.

(4) Ordnungswidrig im Sinne des § 381 Abs. 1 Nr. 1 der Abgabenordnung handelt, wer vorsätzlich oder leichtfertig einer Anzeigepflicht nach Absatz 1 Satz 2 oder Absatz 2 Satz 1 zuwiderhandelt.

§ 174 BrennO [Abfindungsanmeldung]

(1) [1] Der Brennereibesitzer kann seine Brennvorrichtung oder Teile davon vorübergehend Stoffbesitzern (§ 9) überlassen. [2] Sie können die Brenngeräte auch außerhalb der Brennereiräume benutzen.

(2) [1] Der Stoffbesitzer hat eine Abfindungsanmeldung nach amtlich vorgeschriebenem Vordruck beim Hauptzollamt Stuttgart abzugeben. [2] § 168 Abs. 1 und 2 gilt entsprechend. [3] Die Abfindungsanmeldung ist von ihm eigenhändig zu unterschreiben (§ 150 Abs. 3 der Abgabenordnung). [4] Mit der Abgabe der Abfindungsanmeldung tritt der Stoffbesitzer in die Rechte und Pflichten eines Brennereibesitzers ein. [5] Beauftragt er den Brennereibesitzer nach Absatz 1 (Beauftragter) mit der Durchführung des Brennens auf Rechnung und Gefahr des Stoffbesitzers, kann er diesem die Angabe der Brennzeiten für Roh- und Feinbrände und die Weiterleitung der Abfindungsanmeldung überlassen.

(3) Der Stoffbesitzer und sein Beauftragter müssen innerhalb der Brennereiräume die Rohstoffe getrennt lagern und abbrennen.

(4) Ordnungswidrig im Sinne des § 381 Abs. 1 Nr. 1 der Abgabenordnung handelt, wer vorsätzlich oder leichtfertig entgegen Absatz 2 Satz 1 die Abfindungsanmeldung nicht oder nicht richtig abgibt oder entgegen Absatz 3 die Rohstoffe nicht getrennt lagert oder abbrennt.

§ 229 BrennO [Anmeldung von Brenngeräten]

(1) Wer ein Brenngerät oder ein sonstiges zur Herstellung oder Reinigung von Branntwein geeignetes Gerät mit einem Raumgehalt von mehr als einem halben Liter erwirbt, hat dieses binnen drei Tagen nach Empfang unter Angabe des Aufstellungsorts und des Zweckes, dem es dienen soll, bei der Zollstelle schriftlich anzumelden.

(2) *[aufgehoben]*

(3) [1] Die Anmeldung ist doppelt abzugeben. [2] Eine Ausfertigung ist von der Zollstelle mit einer Bescheinigung über die Anmeldung zurückzugeben und nach näherer Bestimmung des Aufsichtsoberbeamten in der Gewerbeanstalt zur Einsicht für die Beamten auszulegen.

(4) [1] Wird das Geräte an einem anderen Ort aufgestellt, so ist dies spätestens drei Tage nach der Veränderung der Zollstelle anzuzeigen. [2] Soll das Gerät oder sollen Teile davon weggegeben werden, so ist nach § 227 zu verfahren.

(5) Das Hauptzollamt kann für Filtergeräte und Destilliergeräte auf Antrag weitere Erleichterungen oder Ausnahmen von der Anmelde- und Anzeigepflicht (Absätze 2 und 4) zulassen, wenn eine mißbräuchliche Verwendung nicht zu befürchten ist.

(6) Ordnungswidrig im Sinne des § 381 Abs. 1 Nr. 1 der Abgabenordnung handelt, wer vorsätzlich oder leichtfertig entgegen Absatz 1 ein Brenngerät oder ein sonstiges dort genanntes Gerät nicht, nicht richtig, nicht vollständig, nicht in der vorgeschriebenen Weise oder nicht rechtzeitig anmeldet.

§ 67 BrStV[1] Ordnungswidrigkeiten

(1) Ordnungswidrig im Sinn des § 381 Absatz 1 Nummer 1 der Abgabenordnung handelt, wer vorsätzlich oder leichtfertig

1. entgegen § 10 Absatz 1 Satz 1 oder 3 oder Absatz 2 Satz 1 oder 2, jeweils auch in Verbindung mit § 17 Absatz 6, § 18 Absatz 6, § 39 Absatz 2 Satz 2 oder § 46 Absatz 4 eine Anzeige nicht, nicht richtig, nicht in der vorgeschriebenen Weise oder nicht rechtzeitig erstattet,
2. entgegen § 11 Absatz 6, auch in Verbindung mit § 17 Absatz 6, § 18 Absatz 6, § 39 Absatz 2 Satz 2, § 41 Absatz 3 oder § 46 Absatz 4 eine Anzeige nicht, nicht richtig, nicht in der vorgeschriebenen Weise oder nicht rechtzeitig erstattet,
3. entgegen § 13 Absatz 1 Satz 1 oder Absatz 2 Satz 1, auch in Verbindung mit § 48 Absatz 1 Satz 4, eine Anzeige nicht, nicht richtig, nicht in der vorgeschriebenen Weise oder nicht rechtzeitig erstattet,
4. entgegen § 14 Absatz 1 Satz 4, auch in Verbindung mit § 48 Absatz 3 Satz 2 oder § 29 Absatz 4 Satz 1, auch in Verbindung mit § 31 Absatz 4 eine Anzeige nicht oder nicht rechtzeitig erstattet,
5. entgegen § 34 Absatz 2 oder Absatz 3, § 39 Absatz 1 Satz 1, § 41 Absatz 4 Satz 3, § 42 Absatz 1 Satz 1 eine Anzeige nicht, nicht richtig, nicht in der vorgeschriebenen Weise oder nicht rechtzeitig erstattet,
6. entgegen § 46 Absatz 2 Satz 2, § 48 Absatz 2 Satz 2, § 57 Absatz 2 Satz 4 eine Anzeige nicht oder nicht rechtzeitig erstattet,
7. entgegen § 58 Absatz 1 Satz 4, auch in Verbindung mit Absatz 3 eine Anzeige nicht, nicht richtig, nicht in der vorgeschriebenen Weise oder nicht rechtzeitig erstattet,
8. entgegen § 11 Absatz 5 Satz 2, § 14 Absatz 1 Satz 1 oder 2 oder Absatz 3 Satz 2, § 15 Absatz 4 Satz 2, § 35, auch in Verbindung mit § 39 Absatz 1 Satz 2 oder Absatz 2 Satz 2, § 41 Absatz 5, § 42 Absatz 3 oder § 49 Absatz 2, § 58 Absatz 1 Satz 1 oder Absatz 2 Satz 1 eine Anmeldung nicht, nicht richtig, nicht vollständig, nicht in der vorgeschriebenen Weise oder nicht rechtzeitig abgibt,
9. entgegen § 12 Absatz 1 Satz 1 oder Absatz 2 Satz 1 oder 2 oder Absatz 3 Satz 1, auch in Verbindung mit § 47 Absatz 2 Satz 5, § 15 Absatz 4 Satz 3, § 17 Absatz 5 Satz 1 oder 4, jeweils auch in Verbindung mit § 39 Absatz 2, § 18 Absatz 5 Satz 1 oder 3, § 41 Absatz 4 Satz 1, § 47 Absatz 1 Satz 1 oder Absatz 2 Satz 1, § 48 Absatz 2 Satz 3, § 57 Absatz 3 Satz 1, § 58 Absatz 1 Satz 7 oder Absatz 2 Satz 4 ein Begleheft, ein Buch oder eine Aufzeichnung nicht, nicht richtig, nicht in der vorgeschriebenen Weise oder nicht rechtzeitig führt,
10. entgegen § 21 Absatz 1, § 24 Absatz 2, § 25 Absatz 2, § 26 Absatz 1 Satz 1 oder Absatz 3 Satz 1, § 29 Absatz 3 Satz 2 oder Absatz 5 Satz 1, § 30 Absatz 3 Satz 1, § 31 Absatz 2 Satz 3 oder Absatz 3 Satz 1, § 32 Absatz 3 Satz 1, § 60 Absatz 2 Satz 2 eine Übermittlung nicht, nicht richtig, nicht in der vorgeschriebenen Weise oder nicht rechtzeitig vornimmt,
11. entgegen § 21 Absatz 3 Satz 1 und 3, § 22 Satz 1, § 28 Absatz 2 Satz 2, § 29 Absatz 3 Satz 4, § 39 Absatz 3, auch in Verbindung mit § 40, § 57 Absatz 1 Satz 2, § 60 Absatz 1 Satz 3 einen Ausdruck oder eine Ausfertigung eines Dokuments oder einer Bescheinigung nicht mitführt,
12. entgegen § 21 Absatz 4 Satz 1, auch in Verbindung mit § 29 Absatz 4 Satz 3, § 26 Absatz 4, § 28 Absatz 6 Satz 1, § 39 Absatz 1 Satz 3, § 56 Absatz 4 Satz 2, § 57 Absatz 3 Satz 3 die Erzeugnisse nicht, nicht richtig, nicht vollständig oder nicht rechtzeitig vorführt,
13. entgegen § 28 Absatz 2 Satz 1, § 29 Absatz 3 Satz 1, § 30 Absatz 2 Satz 1, § 31 Absatz 2 Satz 1, § 32 Absatz 2 Satz 1, § 57 Absatz 1 Satz 1, § 60 Absatz 1 Satz 1 ein Dokument nicht, nicht richtig oder nicht in der vorgeschriebenen Weise ausfertigt,
14. entgegen § 28 Absatz 3 Satz 1 oder Absatz 4 Satz 2, § 29 Absatz 4 Satz 2, auch in Verbindung mit § 31 Absatz 4, § 32 Absatz 1 Satz 1, § 39 Absatz 4 Satz 1 ein Dokument oder eine Ausfertigung nicht, nicht richtig oder nicht rechtzeitig vorlegt,
15. entgegen § 28 Absatz 3 Satz 3 oder Absatz 4 Satz 4 einen Rückschein oder eine Sammelanmeldung als Rückschein nicht oder nicht rechtzeitig zurücksendet,
16. entgegen § 29 Absatz 2 Satz 1, § 30 Absatz 2 Satz 3, § 31 Absatz 2 Satz 4, § 60 Absatz 3 eine Unterrichtung nicht, nicht richtig oder nicht rechtzeitig vornimmt oder
17. entgegen § 29 Absatz 7 Satz 1 oder 2, § 31 Absatz 2 Satz 5 eine Eintragung oder einen Vermerk nicht, nicht richtig, nicht in der vorgeschriebenen Weise oder nicht rechtzeitig vornimmt.

(2) Ordnungswidrig im Sinn des § 381 Absatz 1 Nummer 2 der Abgabenordnung handelt, wer vorsätzlich oder leichtfertig

---

[1] Verordnung zur Durchführung des Branntweinmonopolgesetzes (Branntweinsteuerverordnung) v. 5.10.2009 (BGBl. I 3262), zuletzt geändert durch Art. 1 ÄndG v. 31.5.2013 (BGBl. I 1412).

1. entgegen § 28 Absatz 5 Satz 2 einen Lieferschein oder eine Rechnung nicht, nicht richtig oder nicht in der vorgeschriebenen Weise kennzeichnet,
2. entgegen § 28 Absatz 8 Satz 1 oder 2 oder Absatz 9 Satz 2, § 49 Absatz 1 Satz 2 oder § 55 Absatz 1 Satz 1 und 2 ein Handelspapier nicht, nicht richtig oder nicht in der vorgeschriebenen Weise beigibt oder
3. entgegen § 60 Absatz 1 Satz 2 einen Hinweis nicht, nicht richtig oder nicht in der vorgeschriebenen Weise anbringt.

§ 64 EnergieStG[1] Bußgeldvorschriften

Ordnungswidrig im Sinne des § 381 Abs. 1 Nr. 1 der Abgabenordnung handelt, wer vorsätzlich oder leichtfertig

1. entgegen § 3 Absatz 5 eine begünstigte Anlage nicht, nicht richtig oder nicht rechtzeitig anmeldet,
2. entgegen § 9 Absatz 1a, § 15 Abs. 3, § 18 Abs. 3 Satz 1 oder Abs. 6 Satz 1, jeweils auch in Verbindung mit § 34 oder § 40 Abs. 1, oder § 23 Abs. 4 Satz 1 eine Anzeige nicht, nicht richtig, nicht vollständig oder nicht rechtzeitig erstattet,
3. entgegen § 10 Absatz 3, § 11 Absatz 3 oder § 13 Absatz 3 Energieerzeugnisse nicht oder nicht rechtzeitig aufnimmt, nicht oder nicht rechtzeitig übernimmt, nicht oder nicht rechtzeitig befördert oder nicht oder nicht rechtzeitig ausführt,
4. entgegen § 31 Abs. 3 oder § 38 Abs. 3 eine Anmeldung nicht, nicht richtig oder nicht rechtzeitig abgibt oder
5. entgegen § 61 Abs. 2 Satz 3 sich nicht, nicht richtig oder nicht rechtzeitig ausweist, eine Angabe nicht, nicht richtig, nicht vollständig oder nicht rechtzeitig macht oder nicht, nicht richtig, nicht vollständig oder nicht rechtzeitig Hilfe leistet.

§ 111 EnergieStV[2] Ordnungswidrigkeiten

(1) Ordnungswidrig im Sinne des § 381 Abs. 1 Nr. 1 der Abgabenordnung handelt, wer vorsätzlich oder leichtfertig

1. entgegen § 4 Abs. 3 Satz 1, auch in Verbindung mit § 4 Abs. 4, entgegen § 7 Abs. 1 Satz 3, Abs. 2 Satz 2 oder Abs. 4 Satz 1, jeweils auch in Verbindung mit § 8 Abs. 1, entgegen § 11 Absatz 4, § 15 Abs. 2 Satz 3, Abs. 4 Satz 2, Abs. 8, 9 Satz 1, Abs. 10 oder Abs. 11, jeweils auch in Verbindung mit § 109 Abs. 5 Satz 2, entgegen § 19 Abs. 2 Satz 3, Abs. 4 Satz 2 oder Abs. 9 Satz 1, jeweils auch in Verbindung mit § 22, entgegen § 19 Abs. 8 oder Abs. 10, jeweils auch in Verbindung mit § 21 Abs. 3 Satz 3 oder § 22, entgegen § 26 Absatz 6, § 27 Absatz 6, § 36 Absatz 4 Satz 1, auch in Verbindung mit § 36b Absatz 4 oder § 36c Absatz 4, § 37a, § 42 Absatz 4 Satz 4, § 42a Satz 1, § 51 Abs. 4, § 54 Abs. 6, auch in Verbindung mit § 73 Abs. 2 oder § 84 Abs. 2, § 56 Absatz 6 Satz 2 oder Absatz 8, jeweils auch in Verbindung mit § 85 Absatz 7, entgegen § 56 Absatz 10, § 61 Abs. 1 Satz 2, § 64 Abs. 5, § 67 Abs. 4, 6 oder Abs. 8 Satz 1, § 75 Abs. 4, 6 oder Abs. 8 Satz 1, § 79 Abs. 3 oder § 85 Abs. 4 oder Abs. 6 Satz 1 eine Anzeige nicht, nicht richtig, nicht vollständig, nicht in der vorgeschriebenen Weise oder nicht rechtzeitig erstattet,
2. entgegen § 7 Abs. 3, auch in Verbindung mit § 8 Abs. 1, § 15 Abs. 2 Satz 3, auch in Verbindung mit § 109 Abs. 5 Satz 2, § 19 Abs. 2 Satz 3, auch in Verbindung mit § 22, § 26 Absatz 4 Satz 1 oder Absatz 8 Satz 4, § 27 Absatz 5 Satz 1, § 40 Abs. 1 Satz 4, § 48 Abs. 2, § 51 Abs. 2 Satz 1 oder Satz 3, § 64 Abs. 2 Satz 1 oder Satz 3, § 67 Abs. 2 Satz 1 oder Satz 3, § 75 Abs. 2 Satz 1 oder Satz 3, § 79 Abs. 2 Satz 1 oder Satz 3, § 85 Abs. 2 Satz 1 oder Satz 3, § 100a Absatz 4 Satz 1, auch in Verbindung mit § 101 Absatz 4, oder § 106 Satz 1 eine Aufzeichnung nicht, nicht richtig oder nicht vollständig führt,
3. entgegen § 15 Abs. 2 Satz 1, auch in Verbindung mit § 109 Abs. 5 Satz 2, § 19 Abs. 2 Satz 1, auch in Verbindung mit § 22, § 40 Abs. 1 Satz 1 oder § 56 Abs. 3 Satz 1 ein Buch nicht oder nicht richtig führt,
4. entgegen § 15 Abs. 2 Satz 6, auch in Verbindung mit § 109 Abs. 5 Satz 2, § 19 Abs. 2 Satz 6, auch in Verbindung mit § 22, § 40 Abs. 1 Satz 7 oder § 56 Abs. 4 Satz 2 ein Buch nicht oder nicht rechtzeitig abliefert,

---

[1] Energiesteuergesetz v. 15.7.2006 (BGBl. I 1534), zuletzt geändert durch Art. 11 G zur Anpassung steuerlicher Regelungen an die Rechtsprechung des Bundesverfassungsgerichts v. 18.7.2014 (BGBl. I S. 1042).

[2] Verordnung zur Durchführung des Energiesteuergesetzes v. 31.7.2006 (BGBl. I 1753), zuletzt geändert durch Art. 1 Zweite VO zur Änderung der Energiesteuer- und der Stromsteuer-Durchführungsverordnung v. 24.7.2013 (BGBl. I 2763).

5. entgegen § 15 Abs. 3 Satz 1, § 19 Abs. 3 Satz 1, auch in Verbindung mit § 22, oder § 56 Abs. 3 Satz 6 eine Zusammenstellung nicht, nicht richtig oder nicht rechtzeitig vorlegt,
6. entgegen § 15 Absatz 3 Satz 2, § 15 Absatz 4 Satz 1, auch in Verbindung mit § 109 Absatz 5 Satz 2, § 19 Absatz 3 Satz 2 oder Absatz 4 Satz 1, jeweils auch in Verbindung mit § 22, § 56 Absatz 5 Satz 1, § 56 Absatz 6 Satz 1, auch in Verbindung mit § 85 Absatz 7, § 85 Absatz 3 Satz 1 oder § 109 Absatz 5 Satz 1 eine Anmeldung nicht, nicht richtig oder nicht rechtzeitig abgibt,
7. entgegen § 15 Abs. 5 Satz 2 oder Satz 3, jeweils auch in Verbindung mit § 109 Abs. 5 Satz 2, § 19 Abs. 5 Satz 2 oder Satz 3, jeweils auch in Verbindung mit § 22, § 40 Abs. 2 Satz 2 oder Satz 3 oder § 56 Abs. 7 Satz 2 oder Satz 3, jeweils auch in Verbindung mit § 85 Absatz 7, ein Buch oder eine Aufzeichnung nicht, nicht richtig oder nicht rechtzeitig aufrechnet, einen Bestand nicht, nicht richtig oder nicht rechtzeitig anmeldet oder ein anderes Energieerzeugnis nicht, nicht richtig oder nicht vollständig einbezieht,
8. entgegen § 27 Absatz 5 Satz 3, § 33 Absatz 3 oder Absatz 4, § 36 Absatz 7 Satz 1 oder Satz 2, § 36b Absatz 2 Satz 5, § 36c Absatz 2 Satz 5, § 57 Absatz 3, auch in Verbindung mit § 57 Absatz 9, § 57 Absatz 7 Satz 1 oder Absatz 15, § 68 Absatz 1 Satz 1, § 69 Absatz 2, auch in Verbindung mit § 69 Absatz 4, 5 oder § 76 Absatz 3 Satz 2, oder § 76 Absatz 1 Satz 1 eine Eintragung, eine Aufzeichnung oder einen Vermerk nicht, nicht richtig, nicht in der vorgeschriebenen Weise oder nicht rechtzeitig vornimmt,
9. entgegen § 28 Absatz 1 Satz 4, § 28b Absatz 3, § 33 Absatz 1, § 36 Absatz 3 Satz 4, § 39 Absatz 1 Satz 1, § 44 Satz 4, § 45 Absatz 2 Satz 3 oder § 57 Absatz 10 Satz 4 ein Dokument nicht mitführt,
10. entgegen § 28b Absatz 4 Satz 1, auch in Verbindung mit § 36 Absatz 4 Satz 3, oder § 34 Absatz 4 Energieerzeugnisse nicht, nicht vollständig oder nicht rechtzeitig vorführt,
11. entgegen § 32 Absatz 4 Satz 2, § 36 Absatz 2 Satz 1, auch in Verbindung mit § 36b Absatz 4 oder § 36c Absatz 4, entgegen § 36a Absatz 2 Satz 3, § 36b Absatz 2 Satz 4, § 36c Absatz 2 Satz 4 oder § 45 Absatz 3 Satz 1 eine Unterrichtung nicht, nicht richtig, nicht in der vorgeschriebenen Weise oder nicht rechtzeitig vornimmt,
12. entgegen § 34 Absatz 1 Satz 1, entgegen § 36 Absatz 3 Satz 3 oder entgegen § 36 Absatz 4 Satz 2, auch in Verbindung mit § 36b Absatz 4 oder § 36c Absatz 4, entgegen § 36 Absatz 5 Satz 1 oder Absatz 7 Satz 2, entgegen § 36a Absatz 3 Satz 1, entgegen § 36b Absatz 2 Satz 3 oder Absatz 3 Satz 1, entgegen § 36c Absatz 2 Satz 3 oder Absatz 3 oder entgegen § 36d Absatz 3 Satz 1 eine Übermittlung oder Mitteilung nicht, nicht richtig, nicht in der vorgeschriebenen Weise oder nicht rechtzeitig vornimmt,
13. entgegen § 36d Absatz 1 Satz 1 oder Absatz 2 Satz 1 oder § 39 Absatz 2 Satz 1 ein Dokument nicht, nicht richtig oder nicht rechtzeitig vorlegt,
14. entgegen § 39 Absatz 2 Satz 3 eine Ausfertigung nicht oder nicht rechtzeitig zurücksendet,
15. entgegen § 44 Satz 1, § 45 Absatz 1 Satz 1 oder § 57 Absatz 10 Satz 1 ein Dokument nicht, nicht richtig, nicht in der vorgeschriebenen Weise oder nicht rechtzeitig ausfertigt,
16. entgegen § 56 Abs. 11, § 67 Abs. 7 oder § 85 Abs. 5 den Erlaubnisschein nicht oder nicht rechtzeitig zurückgibt oder
17. entgegen § 100a Absatz 2 Satz 1, auch in Verbindung mit § 101 Absatz 4 Satz 1, oder entgegen § 101 Absatz 4 Satz 2 eine Selbsterklärung nicht richtig oder nicht vollständig abgibt oder nicht richtig oder nicht vollständig beifügt.

(2) Ordnungswidrig im Sinne des § 381 Abs. 1 Nr. 2 der Abgabenordnung handelt, wer vorsätzlich oder leichtfertig

1. entgegen § 7 Abs. 1 Satz 1, auch in Verbindung mit § 8 Abs. 1, eine Kennzeichnung nicht oder nicht richtig vornimmt,
2. entgegen § 7 Abs. 2 Satz 1, auch in Verbindung mit § 8 Abs. 1, eine Probe nicht oder nicht rechtzeitig untersucht,
3. entgegen § 7 Abs. 4 Satz 2, auch in Verbindung mit § 8 Abs. 1, eine Anlage benutzt oder einen technischen Ablauf anwendet,
4. entgegen § 13 Abs. 4, auch in Verbindung mit § 109 Abs. 5 Satz 2, oder § 17 Abs. 4 ein Energieerzeugnis herstellt, lagert oder entnimmt,
5. entgegen § 57 Abs. 12 Satz 1 den Inhalt einer Sendung nicht oder nicht richtig kennzeichnet,
6. entgegen § 46 Abs. 1 Satz 1 Energieerzeugnisse mischt oder sie als Kraftstoff bereithält, abgibt, mitführt oder verbraucht,
7. entgegen § 46 Abs. 1 Satz 2 einen Kennzeichnungsstoff entfernt oder in seiner Wirksamkeit beeinträchtigt,

8. entgegen § 46 Abs. 2 Satz 1 ein Energieerzeugnis in das Steuergebiet verbringt, in den Verkehr bringt oder verwendet,
9. entgegen § 47 Abs. 2 Satz 1 ein dort genanntes Energieerzeugnis abgibt,
10. entgegen § 47 Abs. 2 Satz 3 Energieerzeugnisse vermischt,
11. entgegen § 48 Abs. 1 Satz 1 oder Satz 2 eine Restmenge beimischt,
12. entgegen § 48 Abs. 3 eine Angabe nicht, nicht richtig oder nicht vollständig macht,
13. entgegen § 57 Abs. 4 Satz 1, auch in Verbindung mit § 57 Abs. 9, oder § 69 Abs. 3 ein Energieerzeugnis übergibt oder verteilt,
14. entgegen § 57 Abs. 16 Satz 1 Nr. 3 oder § 76 Abs. 3 Satz 1 ein Energieerzeugnis abgibt oder liefert,
15. entgegen § 107 Abs. 1 oder Abs. 2 Satz 1 einen Hinweis nicht oder nicht richtig gibt,
16. entgegen § 108 Satz 1 ein Energieerzeugnis nicht oder nicht rechtzeitig ablässt,
17. entgegen § 108 Satz 5 ein Fahrzeug nicht oder nicht rechtzeitig vorführt oder
18. entgegen § 108 Satz 6 ein Energieerzeugnis nicht oder nicht rechtzeitig abliefert.

§ 24 KaffeeStG[1] Ordnungswidrigkeiten

Ordnungswidrig im Sinn des § 381 Absatz 1 Nummer 1 der Abgabenordnung handelt, wer vorsätzlich oder leichtfertig

1. entgegen § 9 Absatz 3 Kaffee nicht oder nicht rechtzeitig aufnimmt, nicht oder nicht rechtzeitig ausführt, nicht oder nicht rechtzeitig liefert oder nicht oder nicht rechtzeitig übernimmt oder,
2. entgegen § 17 Absatz 4 Satz 1 und 2 und § 18 Absatz 4 Satz 1 und 5, jeweils auch in Verbindung mit § 3, eine Anzeige nicht oder nicht rechtzeitig erstattet.

§ 44 KaffeeStV[2] Ordnungswidrigkeiten

Ordnungswidrig im Sinn des § 381 Absatz 1 Nummer 1 der Abgabenordnung handelt, wer vorsätzlich oder leichtfertig

1. entgegen § 7 Absatz 1 Satz 1 oder 3 oder Absatz 2 Satz 1 oder 2, jeweils auch in Verbindung mit § 12 Absatz 6, § 25 Absatz 4, § 27 Absatz 3 Satz 2, § 30 Absatz 5 oder § 32 Absatz 4, § 8 Absatz 6, auch in Verbindung mit § 12 Absatz 6, § 25 Absatz 4, § 27 Absatz 3 Satz 2, § 30 Absatz 5 oder § 32 Absatz 4, § 10 Satz 1, § 11 Absatz 1 Satz 3, § 19 Absatz 1 oder 2, den §§ 26, 27 Absatz 4 Satz 1 oder 3 eine Anzeige nicht, nicht richtig, nicht in der vorgeschriebenen Weise oder nicht rechtzeitig erstattet,
2. entgegen § 11 Absatz 1 Satz 1 oder 2 oder Absatz 3 Satz 2, § 36 Absatz 1 Satz 1 eine Anmeldung nicht, nicht richtig, nicht vollständig, nicht in der vorgeschriebenen Weise oder nicht rechtzeitig abgibt,
3. entgegen § 9 Absatz 1 Satz 1 oder Absatz 2 Satz 1 oder 2 oder Absatz 3 Satz 1, § 12 Absatz 5 Satz 1, § 16 Absatz 2 Satz 1 oder 2, § 24 Satz 2, § 25 Absatz 3 Satz 1 oder Satz 3, § 27 Absatz 4 Satz 1, § 30 Absatz 7, § 31 Absatz 1 Satz 1, § 34 Absatz 2 Satz 1 oder 2 ein Belegheft, ein Buch, eine Aufzeichnung oder einen dort genannten Beleg nicht, nicht richtig, nicht in der vorgeschriebenen Weise oder nicht rechtzeitig führt,
4. entgegen § 14 Absatz 2 Satz 3 oder § 15 Satz 1 eine Ausfertigung nicht mitführt,
5. entgegen § 14 Absatz 7 Satz 1, auch in Verbindung mit § 16 Absatz 3, § 17 Absatz 3 oder § 32 Absatz 4, § 24 Satz 2, auch in Verbindung mit § 25 Absatz 4, den Kaffee nicht, nicht richtig, nicht vollständig oder nicht rechtzeitig vorführt,
6. entgegen § 13 Absatz 1 Satz 1 oder § 14 Absatz 2 Satz 1 eine Bescheinigung oder ein Dokument nicht, nicht richtig, nicht in der vorgeschriebenen Weise oder nicht rechtzeitig ausfertigt,
7. entgegen § 13 Absatz 1 Satz 1, § 14 Absatz 2 Satz 4 oder Absatz 3 Satz 1, § 32 Absatz 5 Satz 4 eine Bescheinigung, eine Ausfertigung oder eine Bestätigung nicht, nicht richtig oder nicht rechtzeitig vorlegt,
8. entgegen § 14 Absatz 3 Satz 3 einen Rückschein nicht oder nicht rechtzeitig zurückschickt,
9. entgegen § 14 Absatz 6 Satz 1 oder 2 oder Absatz 8 Satz 2 oder § 36 Absatz 1 Satz 3 eine Eintragung nicht, nicht richtig oder nicht rechtzeitig vornimmt oder
10. entgegen § 14 Absatz 1 ein Begleitdokument nicht verwendet.

---

[1] Kaffeesteuergesetz v. 15.7.2009 (BGBl. I 1870), zuletzt geändert durch Art. 5 Fünftes G zur Änderung von Verbrauchsteuergesetzen v. 21.12.2010 (BGBl. I 2221).

[2] Verordnung zur Durchführung des Kaffeesteuergesetzes v. 5.10.2009 (BGBl. I 3262), zuletzt geändert durch Art. 12 G zur Anpassung steuerlicher Regelungen an die Rechtsprechung des Bundesverfassungsgerichts v. 18.7.2014 (BGBl. I 1042).

§ 10 KernbrStG[1] Bußgeldvorschriften

Ordnungswidrig im Sinn des § 381 Absatz 1 Nummer 1 der Abgabenordnung handelt, wer vorsätzlich oder leichtfertig

1. entgegen § 4 Absatz 1 Satz 1 den Betrieb einer Anlage zur Spaltung von Kernbrennstoffen zur gewerblichen Erzeugung von Elektrizität nicht, nicht richtig, nicht vollständig oder nicht rechtzeitig anmeldet,
2. entgegen § 4 Absatz 3 Satz 1 eine Aufzeichnung nicht, nicht richtig, nicht vollständig oder nicht rechtzeitig führt,
3. einer vollziehbaren Anordnung nach § 4 Absatz 3 Satz 3 zuwiderhandelt oder
4. entgegen § 4 Absatz 5 eine Änderung nicht, nicht richtig, nicht vollständig oder nicht rechtzeitig anzeigt.

§ 35 SchaumwZwStG[2] Ordnungswidrigkeiten

Ordnungswidrig im Sinn des § 381 Absatz 1 Nummer 1 der Abgabenordnung handelt, wer vorsätzlich oder leichtfertig

1. entgegen § 10 Absatz 3, auch in Verbindung mit § 29 Absatz 3, Schaumwein oder ein Zwischenerzeugnis nicht oder nicht rechtzeitig aufnimmt oder nicht oder nicht rechtzeitig übernimmt,
2. entgegen § 11 Absatz 4 oder § 12 Absatz 2, jeweils auch in Verbindung mit § 29 Absatz 3 oder § 32 Absatz 2 Nummer 2, Schaumwein, ein Zwischenerzeugnis oder Wein nicht oder nicht rechtzeitig aufnimmt, nicht oder nicht rechtzeitig übernimmt, nicht oder nicht rechtzeitig befördert oder nicht oder nicht rechtzeitig ausführt oder
3. entgegen
   a) § 20 Absatz 4 oder § 21 Absatz 4 Satz 1 oder Satz 5, jeweils auch in Verbindung mit § 29 Absatz 3, oder
   b) § 21 Absatz 7 Satz 1, auch in Verbindung mit § 29 Absatz 3 oder § 32 Absatz 2 Nummer 2,

   eine Anzeige nicht oder nicht rechtzeitig erstattet.

§ 53 SchaumwZwStV[3] Ordnungswidrigkeiten

(1) Ordnungswidrig im Sinn des § 381 Absatz 1 Nummer 1 der Abgabenordnung handelt, wer vorsätzlich oder leichtfertig

1. entgegen
   a) § 7 Absatz 1 Satz 1 oder 3 oder Absatz 2 Satz 1 oder 2, jeweils auch in Verbindung mit § 12 Absatz 6, § 13 Absatz 6, § 34 Absatz 2 Satz 2 oder § 38a Absatz 4,
   b) § 8 Absatz 6, auch in Verbindung mit § 12 Absatz 6, § 13 Absatz 6, § 34 Absatz 2 Satz 2, § 36 Absatz 3 Satz 2, § 38a Absatz 4, § 46 Absatz 2 Satz 3, § 48 Absatz 2 Satz 3 oder § 49 Absatz 2 Satz 3,
   c) § 10 Absatz 1 Satz 1, § 11 Absatz 1 Satz 3, § 29 Absatz 2 oder Absatz 3, § 34 Absatz 1 Satz 1, § 36 Absatz 4 Satz 3, § 37 Absatz 1 Satz 1, § 38a Absatz 2 Satz 2, § 40 Absatz 2 Satz 1 oder 3, § 45 Absatz 3, § 46 Absatz 3 Satz 1 oder § 51 Absatz 3 Satz 1 oder
   d) § 24 Absatz 4 Satz 1, auch in Verbindung mit § 26 Absatz 4 oder § 50 Absatz 1 Satz 2

   eine Anzeige nicht, nicht richtig, nicht in der vorgeschriebenen Weise oder nicht rechtzeitig erstattet,
2. entgegen
   a) § 8 Absatz 5 Satz 2, auch in Verbindung mit § 38a Absatz 4,
   b) § 11 Absatz 1 Satz 1 oder Absatz 3 Satz 2, § 32 Satz 1, § 38d Absatz 2 oder § 45 Absatz 1 Satz 1 oder
   c) § 30, auch in Verbindung mit § 34 Absatz 1 Satz 2 oder Absatz 2 Satz 2, § 36 Absatz 5 oder § 37 Absatz 2

   eine Anmeldung nicht, nicht richtig, nicht in der vorgeschriebenen Weise oder nicht rechtzeitig abgibt,
3. entgegen
   a) § 9 Absatz 1 Satz 1 oder Absatz 2 Satz 1 oder Absatz 3 Satz 1, § 36 Absatz 4 Satz 1, § 38b Absatz 1 Satz 1 oder Absatz 2 Satz 1, § 40 Absatz 3 Satz 1 oder § 45 Absatz 2 Satz 1,

---

[1] Kernbrennstoffsteuergesetz v. 8.12.2010 (BGBl. I 1804).

[2] Schaumwein- und Zwischenerzeugnissteuergesetz v. 15.7.2009 (BGBl. I 1870), zuletzt geändert durch Art. 4 Sechstes G zur Änderung von Verbrauchsteuergesetzen v. 16.6.2011 (BGBl. I 1090).

[3] Verordnung zur Durchführung des Gesetzes zur Besteuerung von Schaumwein und Zwischenerzeugnissen v. 5.10.2009 (BGBl. I 3262), zuletzt geändert durch Art. 3 Sechste VO zur Änderung von Verbrauchsteuerverordnungen v. 1.7.2011 (BGBl. I 1308).

b) § 12 Absatz 5 Satz 1 oder 4, jeweils auch in Verbindung mit § 34 Absatz 2 Satz 2 oder
c) § 47 Absatz 1 Satz 1 oder Absatz 2 Satz 1, auch in Verbindung mit § 48 Absatz 3 oder § 49 Absatz 3

ein Belegheft, ein Buch oder eine Aufzeichnung nicht, nicht richtig, nicht in der vorgeschriebenen Weise oder nicht rechtzeitig führt,

4. entgegen § 16 Absatz 1, § 19 Absatz 2 oder § 20 Absatz 2, jeweils auch in Verbindung mit § 50 Absatz 1 Satz 2, § 21 Absatz 1 Satz 1, auch in Verbindung mit Absatz 3 Satz 1 oder § 50 Absatz 2, § 24 Absatz 3 Satz 3 oder Absatz 5 Satz 1, jeweils auch in Verbindung mit § 50 Absatz 1 Satz 2, § 25 Absatz 3 Satz 1, auch in Verbindung mit § 50 Absatz 1 Satz 2, § 26 Absatz 2 Satz 3 oder Absatz 3 Satz 1, jeweils auch in Verbindung mit § 50 Absatz 1 Satz 2, § 27 Absatz 3 Satz 1, auch in Verbindung mit § 50 Absatz 2, oder § 52 Absatz 2 Satz 1 eine Übermittlung nicht, nicht richtig, nicht in der vorgeschriebenen Weise oder nicht rechtzeitig vornimmt,
5. entgegen § 16 Absatz 3 Satz 1 oder 3, auch in Verbindung mit § 50 Absatz 1 Satz 2, § 17 Satz 1, § 23 Absatz 2 Satz 3, § 24 Absatz 3 Satz 4, auch in Verbindung mit § 50 Absatz 1 Satz 2, § 34 Absatz 3, auch in Verbindung mit § 35, § 40 Absatz 1 Satz 2, § 42 Absatz 1 Satz 3 oder § 51 Absatz 1 Satz 2, auch in Verbindung mit § 52 Absatz 1 Satz 1, einen Ausdruck oder eine Ausfertigung eines Dokuments oder einer Bescheinigung nicht mitführt,
6. entgegen § 16 Absatz 4 Satz 1, auch in Verbindung mit § 24 Absatz 4 Satz 3 oder § 50 Absatz 1 Satz 2, § 21 Absatz 4, § 23 Absatz 6 Satz 1, § 34 Absatz 1 Satz 3, § 40 Absatz 3 Satz 3 oder § 51 Absatz 2 Satz 3 den Schaumwein nicht, nicht richtig, nicht vollständig oder nicht rechtzeitig vorführt
7. entgegen § 23 Absatz 2 Satz 1, § 24 Absatz 3 Satz 1, § 25 Absatz 2 Satz 1 oder § 26 Absatz 2 Satz 1, jeweils auch in Verbindung mit § 50 Absatz 1 Satz 2, § 27 Absatz 2 Satz 1, auch in Verbindung mit § 50 Absatz 2, § 40 Absatz 1 Satz 1, § 42 Absatz 1 Satz 1, § 51 Absatz 1 Satz 1, auch in Verbindung mit § 52 Absatz 1 Satz 1, ein Dokument nicht oder nicht richtig oder nicht in der vorgeschriebenen Weise ausfertigt,
8. entgegen § 23 Absatz 3 Satz 1 oder Absatz 4 Satz 2, § 24 Absatz 4 Satz 2, auch in Verbindung mit § 26 Absatz 4 oder § 50 Absatz 1 Satz 2, § 27 Absatz 1 Satz 1, auch in Verbindung mit § 50 Absatz 2, § 34 Absatz 4 Satz 1 oder § 42 Absatz 2 ein Dokument oder eine Ausfertigung nicht, nicht richtig oder nicht rechtzeitig vorlegt,
9. entgegen § 23 Absatz 3 Satz 3 oder Absatz 4 Satz 4 einen Rückschein oder eine Sammelanmeldung als Rückschein nicht oder nicht rechtzeitig zurücksendet,
10. entgegen § 24 Absatz 2 Satz 1, auch in Verbindung mit § 26 Absatz 4 oder § 50 Absatz 1 Satz 2, § 25 Absatz 2 Satz 3, auch in Verbindung mit § 50 Absatz 1 Satz 2, § 26 Absatz 2 Satz 4, § 42 Absatz 3 Satz 1 oder § 52 Absatz 3 eine Unterrichtung nicht, nicht richtig oder nicht rechtzeitig vornimmt oder
11. entgegen § 24 Absatz 7 Satz 1 oder 2 oder § 26 Absatz 2 Satz 5 eine Eintragung oder einen Vermerk nicht, nicht richtig, nicht in der vorgeschriebenen Weise oder nicht rechtzeitig vornimmt,
12. entgegen § 38a Absatz 2 Satz 1 einen Erlaubnisschein nicht oder nicht rechtzeitig zurückgibt.

(2) Ordnungswidrig im Sinn des § 381 Absatz 1 Nummer 2 der Abgabenordnung handelt, wer vorsätzlich oder leichtfertig

1. entgegen § 23 Absatz 5 Satz 2 einen Lieferschein oder eine Rechnung nicht, nicht richtig oder nicht in der vorgeschriebenen Weise kennzeichnet,
2. entgegen § 38d Absatz 1 Satz 2 ein Handelspapier nicht, nicht richtig, nicht in der vorgeschriebenen Weise oder nicht rechtzeitig beigibt oder
3. entgegen § 42 Absatz 1 Satz 2 oder § 52 Absatz 1 Satz 2 einen Hinweis nicht, nicht richtig oder nicht in der vorgeschriebenen Weise anbringt.

(3) Die Vorschriften des Absatzes 1 Nummer 1 bis 11 und des Absatzes 2 Nummer 1 und 2 gelten auch für Zwischenerzeugnisse im Sinn des § 43.

§ 20 StromStV[1] Ordnungswidrigkeiten

Ordnungswidrig im Sinn des § 381 Absatz 1 Nummer 1 der Abgabenordnung handelt, wer vorsätzlich oder leichtfertig

1. entgegen § 4 Absatz 2 Satz 1, auch in Verbindung mit § 4 Absatz 7 oder § 13a Absatz 3 Satz 2, entgegen § 11 Absatz 2 Satz 1 oder entgegen § 17c Absatz 4 Satz 1, auch in Verbindung mit § 18 Absatz 4, eine Aufzeichnung nicht, nicht richtig oder nicht vollständig führt,

---

[1] Verordnung zur Durchführung des Stromsteuergesetzes v. 21.5.2000 (BGBl. I 794), zuletzt geändert durch Art. 2 Zweite VO zur Änderung der Energiesteuer- und der Stromsteuer-Durchführungsverordnung v. 24.7.2013 (BGBl. I 2763).

2. entgegen § 4 Absatz 4, auch in Verbindung mit § 4 Absatz 7 oder § 13a Absatz 3 Satz 2, entgegen § 4 Absatz 5 Satz 2, entgegen § 11 Absatz 4 oder entgegen § 11 Absatz 5 Satz 2 eine Anzeige nicht, nicht richtig, nicht vollständig, nicht in der vorgeschriebenen Weise oder nicht rechtzeitig erstattet,
3. entgegen § 4 Absatz 5 Satz 1 oder entgegen § 11 Absatz 5 Satz 1 einen Erlaubnisschein nicht oder nicht rechtzeitig zurückgibt,
4. entgegen § 4 Absatz 6 eine Anmeldung nicht, nicht richtig oder nicht rechtzeitig abgibt oder
5. entgegen § 17c Absatz 2 Satz 1, auch in Verbindung mit § 19 Absatz 4 Satz 1, oder entgegen § 19 Absatz 4 Satz 2 eine Selbsterklärung nicht richtig oder nicht vollständig abgibt.

§ 36 TabStG[1] Ordnungswidrigkeiten

(1) Ordnungswidrig im Sinn des § 381 Absatz 1 Nummer 1 der Abgabenordnung handelt, wer vorsätzlich oder leichtfertig

1. entgegen § 3 Absatz 3 Satz 2 unterschiedliche Kleinverkaufspreise bestimmt,
2. entgegen § 3 Absatz 4 einen Kleinverkaufspreis nicht oder nicht richtig bestimmt,
3. entgegen § 11 Absatz 3, § 12 Absatz 4 oder § 13 Absatz 2 Tabakwaren nicht oder nicht rechtzeitig aufnimmt, nicht oder nicht rechtzeitig übernimmt, nicht oder nicht rechtzeitig befördert oder nicht oder nicht rechtzeitig ausführt oder
4. entgegen § 33 Absatz 2 eine der dort genannten Tätigkeiten nicht oder nicht rechtzeitig anmeldet.

(2) Ordnungswidrig im Sinn des § 381 Absatz 1 Nummer 2 der Abgabenordnung handelt, wer vorsätzlich oder leichtfertig

1. entgegen § 16 Absatz 1 Tabakwaren in den steuerrechtlich freien Verkehr überführt,
2. entgegen § 24 Absatz 1 Satz 1 oder Satz 2 Kleinverkaufspackungen andere Gegenstände beipackt,
3. einer Vorschrift des § 25 Absatz 1 Satz 1, Satz 2 oder Satz 4 bis 6 oder Absatz 2 über Packungen im Handel oder den Stückverkauf zuwiderhandelt,
4. entgegen § 26 Absatz 1 den Packungspreis oder den Kleinverkaufspreis unterschreitet, Rabatt oder eine Rückvergütung gewährt, Gegenstände zugibt oder die Abgabe mit dem Verkauf anderer Gegenstände koppelt oder
5. entgegen § 29 Tabakwaren gewerbsmäßig ausspielt.

(3) Ordnungswidrig handelt, wer vorsätzlich oder leichtfertig entgegen § 30 Absatz 2 ein Gerät anbietet oder bereitstellt.

(4) Die Ordnungswidrigkeit kann in den Fällen des Absatzes 3 mit einer Geldbuße bis zu fünfzigtausend Euro geahndet werden.

§ 60 TabStV[2] Ordnungswidrigkeiten

(1) Ordnungswidrig im Sinn des § 381 Absatz 1 Nummer 1 der Abgabenordnung handelt, wer vorsätzlich oder leichtfertig

1. entgegen § 8 Absatz 1 Satz 1 oder 3, jeweils auch in Verbindung mit § 13 Absatz 7, § 14 Absatz 6, § 37 Absatz 2 Satz 1 oder § 46 Absatz 3 eine Anzeige nicht, nicht richtig, nicht in der vorgeschriebenen Weise oder nicht rechtzeitig erstattet,
2. entgegen § 8 Absatz 2 Satz 1, jeweils auch in Verbindung mit § 13 Absatz 7, § 14 Absatz 6 oder § 37 Absatz 2 Satz 1 eine Anzeige nicht, nicht richtig, nicht in der vorgeschriebenen Weise oder nicht rechtzeitig erstattet,
3. entgegen § 8 Absatz 3 Satz 1 oder 2, jeweils auch in Verbindung mit § 13 Absatz 7, § 14 Absatz 6 oder § 37 Absatz 2 Satz 1 eine Anzeige nicht, nicht richtig, nicht in der vorgeschriebenen Weise oder nicht rechtzeitig erstattet,
4. entgegen § 9 Absatz 6, auch in Verbindung mit § 13 Absatz 7, § 14 Absatz 6 oder § 46 Absatz 3, oder § 37 Absatz 1 Satz 1 eine Anzeige nicht, nicht richtig, nicht in der vorgeschriebenen Weise oder nicht rechtzeitig erstattet,
5. entgegen § 11 Satz 1, § 30 Absatz 1 oder 2 oder § 40 Absatz 6 eine Anzeige nicht, nicht richtig oder nicht rechtzeitig erstattet,
6. entgegen § 12 Absatz 1 Satz 3, auch in Verbindung mit § 32 Absatz 8, § 37 Absatz 2 Satz 2 oder § 46 Absatz 3 eine Anzeige nicht oder nicht rechtzeitig erstattet,

---

[1] Tabaksteuergesetz v. 15.7.2009 (BGBl. I 1870), zuletzt geändert durch Art. 23 G zur Anpassung des nationalen Steuerrechts an den Beitritt Kroatiens zur EU und zur Änderung weiterer steuerlicher Vorschriften v. 25.7.2014 (BGBl. I 1266).

[2] Verordnung zur Durchführung des Tabaksteuergesetzes v. 5.10.2009 (BGBl. I 3262), zuletzt geändert durch Art. 1 Sechste VO zur Änderung von Verbrauchsteuerverordnungen v. 1.7.2011 (BGBl. I 1308).

7. entgegen § 25 Absatz 4 Satz 1, auch in Verbindung mit § 27 Absatz 4, eine Anzeige nicht oder nicht rechtzeitig erstattet,
8. entgegen § 12 Absatz 1 Satz 1 oder Absatz 3 Satz 2, jeweils auch in Verbindung mit § 32 Absatz 8, § 37 Absatz 2 Satz 2 oder § 46 Absatz 3, § 51 Absatz 1 Satz 1 und Absatz 2 Satz 1 eine Anmeldung nicht, nicht richtig, nicht vollständig, nicht in der vorgeschriebenen Weise oder nicht rechtzeitig abgibt,
9. entgegen § 10 Absatz 1 Satz 1 oder Absatz 2 Satz 1 oder Absatz 3 Satz 1, jeweils auch in Verbindung mit § 32 Absatz 8, § 37 Absatz 2 Satz 1 oder § 46 Absatz 3, § 13 Absatz 6 Satz 1 oder 4, § 14 Absatz 5 Satz 1 oder 3 ein Belegheft, ein Buch oder eine Aufzeichnung nicht, nicht richtig, nicht in der vorgeschriebenen Weise oder nicht rechtzeitig führt,
10. entgegen § 22 Absatz 1 Satz 1, § 25 Absatz 3 Satz 3 oder Absatz 5 Satz 1, § 26 Absatz 3 Satz 1, § 27 Absatz 2 Satz 3 oder Absatz 3 Satz 1, § 28 Absatz 3 Satz 1, § 40 Absatz 2 Satz 2 eine Übermittlung nicht, nicht richtig, nicht in der vorgeschriebenen Weise oder nicht rechtzeitig vornimmt,
11. entgegen § 17 Absatz 3, § 18 Satz 1, § 24 Absatz 2 Satz 3, § 40 Absatz 2 Satz 3 oder Absatz 5 Satz 1 ein Dokument, eine Bescheinigung oder eine Ausfertigung nicht mitführt,
12. entgegen § 17 Absatz 4 Satz 1, auch in Verbindung mit § 25 Absatz 4 Satz 3, § 22 Absatz 4, § 24 Absatz 6 Satz 1, die Tabakwaren nicht, nicht vollständig oder nicht rechtzeitig vorführt,
13. entgegen § 24 Absatz 1 Satz 1 ein Begleitdokument nicht verwendet,
14. entgegen § 5 Absatz 3 Satz 1, auch in Verbindung mit § 8 Absatz 2 Satz 2, § 13 Absatz 2 Satz 3 oder Absatz 8 Satz 2, § 14 Absatz 1 Satz 3 oder § 37 Absatz 1 Satz 3, § 15 Absatz 1 Satz 1, § 24 Absatz 2 Satz 1, § 25 Absatz 3 Satz 1, § 26 Absatz 2 Satz 1, § 27 Absatz 2 Satz 1, § 28 Absatz 2 Satz 1, § 40 Absatz 2 Satz 1 ein Sortenverzeichnis, eine Bescheinigung oder ein Dokument nicht, nicht richtig oder nicht in der vorgeschriebenen Weise ausfertigt,
15. entgegen § 5 Absatz 3 Satz 2 oder 3, jeweils auch in Verbindung mit § 8 Absatz 2 Satz 2, § 13 Absatz 2 Satz 3 oder Absatz 8 Satz 2, § 14 Absatz 1 Satz 3 oder § 37 Absatz 1 Satz 3, § 15 Absatz 1 Satz 1, § 24 Absatz 3 Satz 1 oder Absatz 4 Satz 2, § 25 Absatz 4 Satz 2, auch in Verbindung mit § 27 Absatz 4, oder § 28 Absatz 1 Satz 1 ein Sortenverzeichnis, eine Bescheinigung, ein Dokument oder eine Ausfertigung nicht, nicht richtig oder nicht rechtzeitig vorlegt,
16. entgegen § 24 Absatz 3 Satz 3 oder Absatz 4 Satz 4 einen Rückschein oder eine Sammelanmeldung als Rückschein nicht oder nicht rechtzeitig zurückschickt,
17. entgegen § 25 Absatz 2 Satz 1, auch in Verbindung mit § 27 Absatz 4, § 26 Absatz 2 Satz 3, § 27 Absatz 2 Satz 4, § 40 Absatz 3 Satz 1 eine Unterrichtung nicht, nicht richtig, nicht rechtzeitig oder nicht in der vorgeschriebenen Weise vornimmt oder
18. entgegen § 25 Absatz 7 Satz 1 oder 2, § 27 Absatz 2 Satz 5 eine Eintragung oder einen Vermerk nicht, nicht richtig oder nicht rechtzeitig vornimmt,
19. entgegen § 12 Absatz 1 Satz 1, auch in Verbindung mit § 32 Absatz 8, § 37 Absatz 2 Satz 2 oder § 46 Absatz 3 eine Bestandsaufnahme nicht oder nicht richtig durchführt,
20. entgegen § 34 Absatz 1 Satz 1 oder 4 oder Absatz 2 Satz 1 oder 2 ein Steuerzeichen verwendet,
21. entgegen § 35 Absatz 1 Satz 1 ein Steuerzeichen nicht, nicht richtig oder nicht in der vorgeschriebenen Weise entwertet,
22. entgegen § 35 Absatz 3 Satz 1 oder 2 ein Steuerzeichen nicht oder nicht in der vorgeschriebenen Weise anbringt oder befestigt oder
23. entgegen § 35 Absatz 4 eine Kleinverkaufspackung verwendet.

(2) Ordnungswidrig im Sinn des § 381 Absatz 1 Nummer 2 der Abgabenordnung handelt, wer vorsätzlich oder leichtfertig

1. entgegen § 24 Absatz 5 Satz 2 einen Lieferschein oder eine Rechnung nicht, nicht richtig oder nicht in der vorgeschriebenen Form kennzeichnet,
2. entgegen § 44 Absatz 4 Satz 1 oder 2 ein Deputat nicht oder nicht in der vorgeschriebenen Weise kennzeichnet oder Name und Sitz des Herstellers nicht angibt,
3. entgegen § 40 Absatz 1 Satz 2 einen Hinweis nicht, nicht richtig oder nicht in der vorgeschriebenen Weise anbringt oder
4. entgegen § 47 Absatz 1 Satz 2 ein Handelspapier nicht, nicht richtig oder nicht in der vorgeschriebenen Weise beifügt.

Das Mineralölsteuergesetz **(MinöStG)** v. 21.12.1992 (BGBl. 1992 I 2185), die Verordnung zur Durchführung des Mineralölsteuergesetzes **(MinöStV)** v. 15.9.1993 (BGBl. 1993 I 1602) und die Heizölkennzeichnungsverordnung **(HeizölkennzV)** v. 27.7.1993 (BGBl. I 1384) wurden mit den dort enthaltenen Ordnungswidrigkeitentatbeständen mWz 1.8.2006 aufgehoben durch Art. 3 Nr. 1 G v. 15.7.2006 (EnergieNOG; BGBl. I 1534; erg. 23

Leopold/Madle/Rader/*Zanzinger* 5 zu § 381 AO). Entsprechende Tatbestände mit Verweisung auf § 381 I AO befinden sich nun in § 64 EnergieStG und § 111 I EnergieStV. Zu den Übergangsregelungen vgl. § 67 EnergieStG.

24 Das mWz 1.7.2004 in Kraft getretene Gesetz über die Erhebung einer Sondersteuer auf alkoholhaltige Süßgetränke (Alkopops) zum Schutz junger Menschen (**AlkopopStG** v. 23.7.2004; BGBl. I. 1857) enthält zwar keine genuine Verweisung auf § 381 AO. Allerdings erklärt § 3 I AlkopopStG *„die Vorschriften für die Branntweinsteuer nach dem Zweiten Teil des Gesetzes über das Branntweinmonopol sowie den dazu ergangenen Durchführungsbestimmungen"* – und damit im Grundsatz auch § 158 BranntwMonG, § 56 BrStV sowie die weiteren in Rn. 22 aufgezählten Vorschriften der BrennO – für *„sinngemäß"* anwendbar (eine entspr. Anpassung an das mWz 1.1.2018 in Kraft tretende AlkStG steht noch aus). Entsprechendes gilt nach § 3 II AlkopopStG für den innergemeinschaftlichen Verkehr mit bzw. die Ausfuhr von Alkopops (Legaldefinition: § 1 AlkopopStG) einschließlich deren Beförderung unter Steueraussetzung im Steuergebiet in Bezug auf § 24 KaffeeStG und § 44 KaffeeStV.

6. Täter

25 Als Täter von Zuwiderhandlungen gegen die der Sicherung des Verbrauchsteueraufkommens dienenden Vorschriften kommen hauptsächlich Inhaber von Betrieben (§ 139 AO) sowie Beauftragte iS des § 214 AO in Betracht (Bsp.: AG Nürnberg 10.3.1987, ZfZ 1987, 249, 250 u. – im Nachgang – BayObLG 28.10.1987, wistra 1988, 162, 165 f. jew. zu § 381 I Nr. 2 AO iVm §§ 24 II Nr. 3, 15 I TabStG aF – Geschäftsleiter von Großmärkten). *Gesetzliche oder gewillkürte Vertreter* stehen den Vertretenen gleich; denn sie treten kraft Gesetzes (§§ 34, 35 AO) in ein unmittelbares Pflichtenverhältnis zur FinB und haben die steuerlichen Pflichten zu erfüllen, die den von ihnen Vertretenen auferlegt sind (s. auch *Kottke* Information StW 1996, 709). Die Möglichkeit der Ahndung der Beteiligung Dritter bestimmt sich nach § 377 II AO iVm § 14 OWiG. Richten sich bestimmte Ge- oder Verbote gegen jedermann, kann ohnedies jeder Täter sein. Über die Rechtsfolgen des Handelns für einen anderen gemäß § 9 OWiG s. Rn. 26 ff. zu § 377; über die Verletzung von Aufsichtspflichten gemäß § 130 OWiG s. Rn. 61 ff. zu § 377.

7. Subjektiver Tatbestand

26 Der subjektive Tatbestand des § 381 AO erfordert (bedingt) *vorsätzliches* (Rn. 49 ff. zu § 369) oder *leichtfertiges* (Rn. 33 ff. zu § 378) Handeln. Leichtfertigkeit wird vielfach nicht nachweisbar sein, weil die Vorschriften des Verbrauchsteuerrechts häufig unübersichtlich, nicht selten auch unsystematisch und unklar sind (ausf. *Benkendorff* ddz 1980 F 25). Der Vorwurf mindestens leichtfertigen Verhaltens wird hingegen regelmäßig begründet sein, wenn es der Täter versäumt hat, sich über die besonderen, aus seiner gewerblichen oder freiberuflichen Tätigkeit erwachsenden Pflichten zu erkundigen (Rn. 43 ff. zu § 378; glA ua *Retemeyer/Möller* AW-Prax 2009, 340, 343) oder wenn wegen früherer Zuwiderhandlungen eine Verwarnung ausgesprochen oder gemäß § 410 I 1. HS AO, § 47 I 1 OWiG von einer Verfolgung abgesehen worden war (ebenso GJW/*Heine* AO § 381 Rn. 15; Kohlmann/*Matthes* 36; HHSp-*Rüping* 18 zu § 381).

8. Geldbuße

27 Eine vorsätzlich begangene Ordnungswidrigkeit gemäß § 381 AO kann im Grundsatz (Ausn.: § 36 IV TabStG [50 000 EUR] u. – ab 1.1.2018 – § 36 V AlkStG [10 000 EUR]) mit einer Geldbuße von **bis zu 5 000 EUR,** bei Leichtfertigkeit bis zu 2 500 EUR (§ 377 II AO, § 17 II OWiG), geahndet werden, wenn die Handlung nicht nach § 378 AO verfolgt werden kann (§ 381 II AO; dann: 50 000 EUR). Der – beim Vorsatzdelikt grds. denkbare – Versuch (§ 377 II AO, § 13 II OWiG) ist dagegen nicht bußgeldbewehrt. Greift

der Tatbestand des § 378 AO ein, kann nach den dort geltenden Parametern eine Geldbuße bis zu 50 000 EUR verhängt werden (§ 378 II AO).

Grundlage für die Zumessung der Geldbuße sind die Bedeutung der Ordnungswidrigkeit, der Vorwurf, der den Täter trifft, sowie dessen wirtschaftliche Verhältnisse (§ 377 II AO, § 17 III OWiG). Die Geldbuße soll den *wirtschaftlichen Vorteil,* den der Täter aus der Ordnungswidrigkeit gezogen hat, übersteigen (§ 377 II AO, § 17 IV OWiG) und kann damit über das gesetzliche Höchstmaß der Geldbuße (Rn. 27) hinausgehen. Zur Möglichkeit der Opportunitätseinstellung gemäß § 410 I Hs. 1 AO, § 47 I OWiG s. Nr. 104 AStBV (St) 2014 (BStBl. 2013 I 1394 = BeckVerw 279250). 28

9. Selbstanzeige

Die Vorschriften über die bußgeld- bzw. strafbefreiende Wirkung einer Selbstanzeige (§ 378 III, § 371 AO) sind mangels einer entsprechenden Verweisung in § 381 AO auf § 371 oder § 378 III AO auf den Tatbestand der Verbrauchsteuergefährdung **nicht** (analog) **übertragbar,** mit der Folge, dass § 381 AO in diesen Fällen anwendbar bleibt (s. bereits *Brenner* StW 1981, 147, 151; aA *Seer* SteuerStud 2009, 117, 119 [als *„Durchgangsdelikte"* von der Selbstanzeige miterfasst]; vgl. iÜ Rn. 43 ff. zu § 371; Rn. 129 zu § 379). Entsprechendes gilt für eine **strafbefreiende Erklärung** nach dem **StraBEG 2003,** da § 6 dieses Gesetzes nur Steuerordnungswidrigkeiten gemäß §§ 378–380 AO und § 26b UStG erfasste (Beermann/Gosch/*Meyer* 18 zu § 381 AO). Eine aus diesem Grund „missglückte" Selbstanzeige bzw. strafbefreiende Erklärung kann nach den Umständen des Einzelfalls aber sowohl für die Bemessung der Höhe des Bußgelds als auch für die Frage, ob es mit einer Opportunitätsentscheidung gemäß § 410 I Hs. 1 AO, § 47 I OWiG oder einer Verwarnung (§ 410 I Hs. 1 AO, §§ 56 ff. OWiG) sein Bewenden haben kann, Bedeutung erlangen (vgl. HHSp-*Rüping* 32, Kohlmann/*Matthes* 38 zu § 381). 29

10. Konkurrenzfragen

Der Tatbestand des **§ 382 AO ist** innerhalb seines Anwendungsbereichs **Sondervorschrift gegenüber § 381 AO.** Die Abgrenzung ist erheblich, da der subjektive Tatbestand des § 382 AO auch fahrlässiges Handeln umfasst, während § 381 AO mindestens leichtfertiges Verhalten voraussetzt (Rn. 26). Der Vorrang des § 382 AO gegenüber § 381 AO folgt bereits aus der Verwendung der Wörter *„Einfuhr- und Ausfuhrabgaben"* in der gesetzlichen Überschrift des § 382 AO anstelle des Begriffs *„Verbrauchsteuergefährdung"* in § 381 AO. Außerdem bestimmt § 382 II AO ausdrücklich, dass § 382 I AO auch anwendbar ist, soweit die Zollvorschriften und die dazu erlassenen Rechtsverordnungen für Verbrauchsteuern sinngemäß gelten (s. Rn. 2 u. 39 ff. zu § 382). Bereits in dem insoweit wortgleichen Vorgänger des § 382 II AO (§ 408 II RAO 1968) wurde klargestellt, dass die Gefährdung solcher Verbrauchsteuern, die als Eingangsabgaben zu entrichten sind, unter den Voraussetzungen des § 408 II RAO 1968 nur nach dieser Sondervorschrift geahndet werden konnten (Begr. BT-Drs. V/1812, 28). 30

Im Verhältnis zu der Steuergefährdung nach § 379 AO ist § 381 AO vorgehende Sondervorschrift, was wegen § 384 AO praktische Auswirkungen im Bereich der Verjährung haben kann (Rn. 34). 31

§ 381 AO tritt zurück, wenn aufgrund derselben Handlung eine **Steuerhinterziehung** iS des § 370 AO vorliegt (§ 377 II AO, § 21 I 1 OWiG), andere Straftatbestände verwirklicht sind (zB in der in Rn. 17 beschriebenen Konstellation) oder wenn der Tatbestand der **leichtfertigen Steuerverkürzung** nach § 378 AO erfüllt ist (§ 381 II AO). Das gilt auch dann, wenn die Handlung nur als *Beihilfe* zur Steuerhinterziehung bzw. anderen Straftaten verfolgt werden kann (zust. *v. Briel*/Ehlscheid § 1 Rn. 562). 32

Verstößt die Handlung des Betroffenen zugleich gegen mehrere nach § 381 AO bußgeldbewehrte Pflichten (= **ungleichartige Tateinheit;** vgl. Göhler/*Gürtler* OWiG vor 33

§ 19 Rn. 26 ff.) oder verletzt der Betroffene dieselbe Pflicht mehrmals (= **gleichartige Tateinheit;** vgl. Göhler/*Gürtler* OWiG Vor § 19 Rn. 29), wird gemäß § 377 II AO, § 19 I OWiG jeweils nur eine einzige Geldbuße festgesetzt.

11. Verjährung

34 Die Verjährung richtet sich – da in § 384 AO nur die Steuerordnungswidrigkeiten iS der §§ 378 bis 380 AO genannt sind – nach den allgemeinen Vorschriften der §§ 31 ff. OWiG (§ 377 II AO). Die Verfolgung einer Verbrauchsteuergefährdung verjährt daher in zwei Jahren (§ 377 II AO, § 31 II Nr. 2 OWiG). Allerdings können durch dieselbe Handlung verwirklichte, wegen § 384 AO noch nicht verjährte Ordnungswidrigkeiten nach § 379 AO trotz des Vorrangs von § 381 AO (s. Rn. 17, 31) nach Eintritt der diesbzgl. Verfolgungsverjährung wieder aufleben. Die Verjährung beginnt mit der Verwirklichung sämtlicher Tatbestandsmerkmale (§ 377 II AO, § 31 III OWiG).

12. Anwendung des § 32 ZollVG

35 Ein Absehen von der Verfolgung nach § 32 ZollVG kommt für Ordnungswidrigkeiten iS des § 381 AO nicht in Betracht. Zuwiderhandlungen iS von § 382 AO bei der Einfuhr *„im Reiseverkehr"* fallen dagegen in den Anwendungsbereich von § 32 ZollVG (s. dort Rn. 42).

§ 382 Gefährdung der Einfuhr- und Ausfuhrabgaben

(1) **Ordnungswidrig handelt, wer als Pflichtiger oder bei der Wahrnehmung der Angelegenheiten eines Pflichtigen vorsätzlich oder fahrlässig Zollvorschriften, den dazu erlassenen Rechtsverordnungen oder den Verordnungen des Rates der Europäischen Union oder der Europäischen Kommission zuwiderhandelt, die**

1. für die zollamtliche Erfassung des Warenverkehrs über die Grenze des Zollgebiets der Europäischen Union sowie über die Freizonengrenzen,

2. für die Überführung von Waren in ein Zollverfahren und dessen Durchführung oder für die Erlangung einer sonstigen zollrechtlichen Bestimmung von Waren,

3. für die Freizonen, den grenznahen Raum sowie die darüber hinaus der Grenzaufsicht unterworfenen Gebiete

gelten, soweit die Zollvorschriften, die dazu oder die auf Grund von Absatz 4 erlassenen Rechtsverordnungen für einen bestimmten Tatbestand auf diese Bußgeldvorschrift verweisen.

(2) **Absatz 1 ist auch anzuwenden, soweit die Zollvorschriften und die dazu erlassenen Rechtsverordnungen für Verbrauchsteuern sinngemäß gelten.**

(3) **Die Ordnungswidrigkeit kann mit einer Geldbuße bis zu fünftausend Euro geahndet werden, wenn die Handlung nicht nach § 378 geahndet werden kann.**

(4) **Das Bundesministerium der Finanzen kann durch Rechtsverordnungen die Tatbestände der Verordnungen des Rates der Europäischen Union oder der Europäischen Kommission, die nach den Absätzen 1 bis 3 als Ordnungswidrigkeiten mit Geldbuße geahndet werden können, bezeichnen, soweit dies zur Durchführung dieser Rechtsvorschriften erforderlich ist und die Tatbestände Pflichten zur Gestellung, Vorführung, Lagerung oder Behandlung von Waren, zur Abgabe von Erklärungen oder Anzeigen, zur Aufnahme von Niederschriften sowie zur Ausfüllung oder Vorlage von Zolldokumenten oder zur Aufnahme von Vermerken in solchen Dokumenten betreffen.**

Schrifttum: *Krämer,* Wird die Anwendbarkeit des § 413 Abs. 1 Nr. 1 AO schon durch das Vorliegen des objektiven Tatbestandes eines anderen Steuervergehens ausgeschlossen?, ZfZ 1959, 233; *Lohmeyer,* Die Bestimmung der Täterschaft im Zoll- und Verbrauchsteuerstrafrecht, ZfZ 1965, 330; *Henneberg,* Die Neuregelung des Steuerstrafrechts – Zum Inhalt des Zweiten Gesetzes zur Änderung strafrechtlicher Vorschriften der Reichsabgabenordnung und anderer Gesetze vom 31.5.1968 – 2. AOStrafÄndG –, BB 1968, 906; *Stobbe,* Die Neuordnung des materiellen Steuerstrafrechts durch das 1. und 2. AOStrafÄndG (Teil III), ZfZ 1969, 264; *Hälbig,* Zur bußrechtlichen Ahndung der unterlassenen Gestellung im Zollgutversand, ddz 1971, F 117; *Schatz,* Tarifgerechte Zollanmeldungen jetzt mit Bußgeld erzwingbar?, ddz 1973, F 101; *Kohlmann/Sandermann,* Die strafrechtliche Bekämpfung von Steuerverkürzungen – unlösbare Aufgabe für den Gesetzgeber? – Mängel der lex lata – Vorschläge de lege ferenda, StuW 1974, 221; *Pfaff,* Gefährdung von Eingangsabgaben (§ 382 AO), StBp 1978, 186; *Kast,* Zur Ausgestaltung von Straf- und Bußgeldvorschriften im Nebenstrafrecht – Gesetzgebungstechnische Leitsätze mit Beispielen aus der Gesetzgebung –, BAnz 1983 Beil. 42; *Berthold,* Überlegungen zur Verfolgung von Zuwiderhandlungen im gemeinschaftlichen Versandverfahren, ddz 1984, F 87; *ders.,* Nochmals – Zur Verfolgung von Zuwiderhandlungen im gemeinschaftlichen Versandverfahren, ddz 1985, F 49; *Harbusch,* Überlegungen zur Verfolgung von Zuwiderhandlungen im gemeinschaftlichen Versandverfahren – Einige Anmerkungen, ddz 1984, F 121; *Schlamelcher,* Überlegungen zur Verfolgung von Zuwiderhandlungen im gemeinschaftlichen Versandverfahren – Eine Ergänzung, ddz 1984, F 122; *ders.,* Zum Übergang der Gestellungspflicht im gemeinschaftlichen Versandverfahren – Vorgeschichte und Hintergründe zum Urteil des OLG Stuttgart vom 30.10.1987, ZfZ 1989, 354; *Müller,* Die Situation des Hauptverpflichteten bei Nichtgestellung von Zollversandgut, ZfZ 1984, 5; *Fehn,* Gestellungspflicht und Zollordnungswidrigkeitenrecht – Zugleich Anmerkung zu OLG Stuttgart, ZfZ 1988, 184, ZfZ 1989, 60; *ders.,* Nochmals – zur Übernahme der Gestellungspflicht durch Warenempfänger, ZfZ 1991, 39; *Bender,* Die Nichtgestellung im Zollgutversand durch den Warenempfänger als Zollstraftat/-bußtat, ZfZ 1988, 169; *ders.,* Zollhinterziehung nach der buchmErfVO, ZfZ 1992, 66; *ders.,* Schmuggelprivileg und Zuschlag '97, ZfZ 1997, 110; *Odenthal,* Strafbewehrter Verwaltungsakt und verwaltungsrechtliches Eilverfahren, NStZ 1991, 418; *Schuh/Wakounig,* Die Straf- und Bußgeldtatbestände des deutschen Steuerrechts, SWI 1995, 80; *Kottke,* OHG, KG und GmbH als Adressaten von Bußgelddrohungen bei Steuerverfehlungen, Information StW 1996, 709; *Voß,* Unordentlichkeiten des Rechts der Ordnungswidrigkeiten im Bereich des Zoll- und Verbrauchsteuerrechts, BB 1996, 1695; *App,* Möglichkeiten des Steuerpflichtigen im Bußgeldverfahren wegen Steuerordnungswidrigkeiten, BuW 1998, 408; *Wey-*

and, Auswirkungen der Neuregelungen im Ordnungswidrigkeitenrecht auf das steuerliche Bußgeldrecht, Information StW 1998, 359; *Anton,* Die Freizone des Kontrolltyps II, ZfZ 2002, 223; *Weerth/Wolffgang,* Die Ausfuhranmeldung, AW-Prax 2003, 195 (Teil I), 237 (Teil II) u. 276 (Teil III); *Burhoff,* Steuerordnungswidrigkeiten in der Praxis, PStR 2006, 233; *Weerth,* Bedeutungsverlust der Freizonen, ZfZ 2006, 32; *ders.,* Das Zollstrafrecht und das Zollordnungswidrigkeitenrecht der EU-27 – ein Vergleich der unterschiedlichen Sanktionierung und ein Ausblick auf den MZK, ZfZ 2012, 173; *Wessing,* Steuerordnungswidrigkeiten – Gefahr und Chance für die Verteidigung, SAM 2007, 9; *Schmidt,* Steuerrechtliche Sondergebiete – Warenverkehr mit steuerrechtlichen Sondergebieten innerhalb der EG, AW-Prax 2007, 121; *Seer,* Steuerordnungswidrigkeiten als pönalisiertes Verwaltungsunrecht, SteuerStud 2009, 117; *Retemeyer/Möller,* Zollstraftaten und Zollordnungswidrigkeiten, AW-Prax 2009, 340; *Neumann,* Das Truppenzollrechtsänderungsgesetz, ZfZ 2010, 113; *Peterka/Kamisch,* Seezollhafen statt Freihafen – Aufhebung des Freihafens Hamburg und Umwandlung zum Seezollhafen, AW-Prax 2012, 163; *Weymüller,* Bedeutung des europäischen Zollrechts für die Umsatzsteuer, ZfZ 2014, 13; *Klötzer-Assion,* Zollkodex – Modernisierter Zollkodex – Unionszollkodex – Fortschritt oder Rolle rückwärts im Europäischen Zollrecht?, wistra 2014, 92; *Lux,* Einführung in den Zollkodex der Union (UZK), ZfZ 2014, 178 (Teil I), 243 (Teil II), 270 (Teil III) u. 314 (Teil IV).

Übersicht

1. Entstehungsgeschichte

1 Eine § 382 AO entsprechende Vorschrift wurde durch Art. 1 Nr. 19 des 2. AOStrafÄndG v. 12.8.1968 (BGBl. I 953) als § 408 in die RAO eingefügt (Begr. BT-Drs. V/1812, 28). § 408 I Nr. 1 u. 2 RAO 1968 ersetzte den früheren Straftatbestand des § 413 I Nr. 1c, aa und bb RAO idF des Art. I Nr. 6 G v. 11.5.1956 (BGBl. I 418; Begr. BT-Drs. II/1593; erg. *Krämer* ZfZ 1959, 233). Anders als § 408 RAO 1968 erfasst § 382 AO nicht nur die Verletzung von Vorschriften der Zollgesetze und der dazu erlassenen Rechtsverordnungen, sondern auch die Verletzung von Verordnungen des Rates der Europäischen Union oder der Europäischen Kommission (vormals: Kommission der Europäischen Gemeinschaften). Dementsprechend wurde Absatz 4 neu eingeführt. Abw. von § 408 I RAO 1968 wurde in § 382 AO auf eine genaue Umschreibung des Täterkreises verzichtet. In Absatz 3 wurde der Begriff *„Tat"* zur Angleichung an den Sprachgebrauch des OWiG durch *„Handlung"* ersetzt. Auf der Grundlage des Vertrages über die Europäische Union vom 7.2.1992 (Maastricht-Vertrag, BGBl. 1992 II 1251, in Kraft seit 1.11.1993, BGBl. 1993 II 1947) und des Zollkodexes vom 12.10.1992 (ABl. EG Nr. L 302, 1) ist die Vorschrift der Rechtsentwicklung angepasst worden (G v. 24.6.1994, BGBl. I 1395 u. G v. 11.10.1995 – JStG 1996 –, BGBl. I 1250). Bis zum Inkrafttreten des G v. 24.6.1994 hatte § 382 I AO nur zwei Nummern, die wie folgt lauteten: *„1. für die Erfassung des Warenverkehrs über die Grenze oder für die in den §§ 9, 40a und 41 des Zollgesetzes genannten Arten der Zollbehandlung, 2. für die Zollfreigebiete, für den Zollgrenzbezirk oder für die der Grenzaufsicht unterliegenden Gebiete …".* In

der Neufassung des § 382 I AO durch G v. 24.6.1994 sind die Freizonen vom Gesetzgeber nicht berücksichtigt worden. Erst das JStG 1996 (BGBl. 1995 I 1250) hat diesen Fehler berichtigt. Die zunächst vorhandenen Mängel in der Abstimmung des § 382 AO mit § 31 ZollVG sind durch Art. 1 des G zur Änderung des ZollVG und anderer Gesetze v. 20.12.1996 (BGBl. I 2030), geändert durch das Zweite G zur Änderung der Verbrauchsteuergesetze v. 26.5.1998 (BGBl. I 1121), beseitigt worden. Die ZollV ist durch die am 1.1.1995 in Kraft getretene Verordnung zur Änderung der ZollV und der Einreise-Freimengenverordnung (EF-VO) vom 22.12.1995 (BGBl. I 3978) mit der Neufassung des § 382 I AO abgestimmt und durch Art. 1 der Ersten VO zur Änderung der ZollV v. 5.6.1998 (BGBl. 1998 I 1276) geändert worden. Sie enthält Rückverweisungen auf alle drei Nummern des § 382 I AO. Zu den sich daraus ergebenden rechtlichen Konsequenzen vgl. Rn. 26. Mit Art. 8 Nr. 28 des SteueränderungsG 2001 wurde die Vorschrift auf *„Ausfuhrabgaben"* erstreckt und das Wort *„Zollgesetze"* durch *„Zollvorschriften"* ersetzt (BGBl. 2001 I 3974). Durch Art. 11 Nr. 27 Buchst. a, b des G zur Umsetzung der Amtshilferichtlinie sowie zur Änderung steuerlicher Vorschriften (AmtshilfeRLUmsG) v. 26.6.2013 (BGBl. 2013 I 1809) wurden – jeweils mWz 30.6.2013 (Art. 31 I) – zum Zwecke der Anpassung an Art. 1 I, III 3, 13 II EUV idF des Vertrages von Lissabon (Rn. 2) im einleitenden Satzteil des Absatzes 1 die Wörter *„Verordnungen des Rates oder der Kommission der Europäischen Gemeinschaften"* durch die Wörter *„Verordnungen des Rates der Europäischen Union oder der Europäischen Kommission"* ersetzt; parallel dazu wurden in Absatz 4 die Wörter *„Kommission der Europäischen Gemeinschaften"* gestrichen und die Wörter *„Europäischen Kommission"* eingefügt. Die außerdem durch Art. 11 Nr. 28 AmtshilfeRLUmsG angeordnete Ersetzung der *„Wörter ‚Europäischen Gemeinschaften' durch die Wörter ‚Europäischen Union'"* in Absatz 1 Nr. 1 war zunächst nicht ausführbar, weil § 381 I Nr. 1 AO nicht die Wörter „Europäischen Gemeinschaft*en*", sondern „Europäischen Gemeinschaft" enthielt. Dieses offensichtliche Redaktionsversehen, das keinerlei Auswirkungen auf die Anwendbarkeit der Vorschrift hatte (vgl. BGH 20.11.2013, NJW 2014, 1029 zu § 370 VI 2 AO; GJW/*Heine* AO § 382 Rn. 4), ist inzwischen durch Art. 16 Nr. 6 des G zur Anpassung des nationalen Steuerrechts an den Beitritt Kroatiens zur EU und zur Änderung weiterer steuerlicher Vorschriften v. 25.7.2014 (BGBl. I 1266) mWz 31.7.2014 (Art. 28 I) behoben worden (s. BT-Drs. 18/1529, 82).

Nach § 382 IV AO kann das Bundesministerium der Finanzen die Tatbestände der Verordnungen des Rates der Europäischen Union und der Europäischen Kommission bezeichnen, die nach den Absätzen 1 bis 3 als Ordnungswidrigkeiten mit Geldbuße geahndet werden können. Die auf den ersten Blick verwirrenden Begriffe (Europäische Union, Europäische Gemeinschaft, Europäische Gemeinschaften, Rat der Europäischen Union, Europäischer Rat, Europäische Kommission) spiegeln den – auch nach dem Vertrag von Lissabon noch – vergleichsweise unübersichtlichen Rechtszustand in der Europäischen Union wider. Der Rat (Art. 16 EUV) ist ein Organ der Europäischen Union und darf nicht mit dem Europäischen Rat verwechselt werden, der über keine Gesetzgebungskompetenz verfügt (vgl. Art. 15 I 2 EUV). Die Europäische Union ist Rechtsnachfolgerin der Europäischen Gemeinschaft (EG) – vgl. Art. 1 III 3 EUV –, die ihrerseits mit der Europäischen Wirtschaftsgemeinschaft identisch war (vgl. Art. G des Maastricht-Vertrages). Bei den Europäischen Gemeinschaften handelt(e) es sich nach dem Ende der Europäischen Gemeinschaft für Kohle und Stahl (EGKS) am 23.7.2002 (Art. 97 EGKS V) nur noch um die EG/EU und die Europäische Atomgemeinschaft (EAG bzw. – jetzt – EURATOM, vgl. Art. 1 I EAGV). Beide Gemeinschaften bestehen als eigenständige Organisationen mit eigener Rechtspersönlichkeit fort (vgl. Art. 47 EUV, Art. 184 EAGV). Bereits aufgrund des Fusionsvertrages vom 8.4.1965 (BGBl. 1965 II 1454) fungier(t)en der Rat und die Kommission als gemeinsame Organe der drei bzw. nun zwei Gemeinschaften; nunmehr regelt Art. 106a EAGV, dass die Organe der EU (vgl. Art. 13 I EUV) mit Ausnahme der Europäischen Zentralbank (EZB) zugleich EAG/EURATOM-Organe sind (*Herdegen,* Europarecht, 16. Aufl. 2014, § 7 Rn. 2). Neben diesen Gemeinschaften *war* die Europäische 2

Union, die nach der (heute überholten) sog. Drei-Säulentheorie bildlich als Dach der Gemeinschaften EG und EAG (1. Säule), der Gemeinsamen Sicherheits- und Außenpolitik (2. Säule) und der polizeilichen und justiziellen Zusammenarbeit in Strafsachen (3. Säule) verstanden werden konnte (vgl. noch *Oppermann,* Europarecht, 3. Aufl. 2005, S. 55), bis zum Vertrag von Lissabon eine Institution ohne Rechtspersönlichkeit, die durch den aus den Staats- und Regierungschefs sowie dem Präsidenten der Kommission gebildeten Europäischen Rat die Impulse für die Entwicklung der Union gab und deren allgemeine politische Zielvorstellungen festlegte (vgl. Art. 4 I EUV idF bis 30.11.2009). Seit Inkrafttreten des Vertrages von Lissabon am 1.12.2009 ist die Europäische Union als „Staatenverbund" (grdlg. zur Rechtsnatur der EU: *Oppermann/Classen/Nettesheim,* Europarecht, 6. Aufl. 2014, § 4) gemäß Art. 47 EUV mit eigener Rechtspersönlichkeit ausgestattet; die vormals 3. Säule wurde im Zuge dessen in die „vergemeinschafteten Politikbereiche" überführt (*Herdegen,* Europarecht, 16. Aufl. 2014, § 4 Rn. 31).

2. Zweck und Anwendungsbereich

3 **§ 382 AO dient dem Ziel der vollständigen Erfassung der Einfuhr- und Ausfuhrabgaben.** Demgemäß werden Handlungen, welche die Verkürzung von Einfuhr- oder Ausfuhrabgaben vorbereiten können, mit Bußgeld bewehrt. § 382 AO erfasst somit Pflichtverstöße, die sich auf die **zollamtliche Überwachung des Warenverkehrs über die Grenze** und die **Durchführung von Zollverfahren** beziehen. Zu letzteren Pflichtverletzungen gehören u. a. Handlungen, die im **Inland** zur **Entstehung** von **Einfuhr- oder Ausfuhrabgaben** führen (zB die Überführung von Waren in den freien Verkehr in Berlin nach Durchführung eines im Seehafen Hamburg beginnenden gemeinschaftlichen Versandverfahrens). Darüber hinaus erfasst § 382 I AO Pflichtverstöße, die in den zollrechtlich besonders geschützten Gebieten begangen werden. Dabei handelt es sich um Verstöße, die noch keine Steuerverkürzungen zur Folge hatten und die sich nicht auf die Beachtung von Einfuhr-, Ausfuhr- und Durchfuhrverboten bzw. -beschränkungen beziehen. Auf **Auslandstaten** ist § 382 AO dagegen mangels einer §§ 378 I 2, 379 I 2 AO entsprechenden Regelung nicht anwendbar (§ 377 II AO, § 5 OWiG; vgl. Bender/*Möller/Retemeyer* E III Rn. 237 ff.; FT-*Traut* 8; HHSp-*Rüping* 10; Kohlmann/*Matthes* 12 ff. zu § 382). Nach der Änderung des § 382 AO durch das SteueränderungsG 2001 (Rn. 1) ist der nunmehr verwendete Begriff der Einfuhrabgaben (früher: Eingangsabgaben) iS des § 382 AO mit dem Begriff der Einfuhrabgaben iSd des Art. 4 Nr. 10 ZK und § 1 I S. 3 ZollVG gleichzusetzen. Der Zollkodex der Union v. 9.10.2013, ABl. EU Nr. L 296 (= UZK; s. dazu zusf. *Klötzer-Assion* wistra 2014, 92 u. *Lux* ZfZ 2014, 178, 179 f., jew. auch zum Verhältnis zum Modernisierten Zollkodex – MZK) definiert in Art. 5 Nr. 20 die Einfuhrabgaben als *„die für die Einfuhr von Waren zu entrichtenden Abgaben".* Ausfuhrabgaben sind nach Art. 5 Nr. 21 UZK *„die für die Ausfuhr von Waren zu entrichtenden Abgaben".* Im Hinblick auf die Begriffe der **Einfuhrabgaben und Ausfuhrabgaben** wird ergänzend auf Rn. 10 zu § 373 verwiesen.

4 Zur Verwirklichung des Tatbestands des § 382 AO genügt, wie sich bereits an der gesetzlichen Überschrift erkennen lässt, die **abstrakte Gefährdung.** Anders als bei der Vorschrift des § 379 AO (Rn. 70 zu § 379) braucht nicht festgestellt zu werden, dass durch die Zuwiderhandlung tatsächlich die Möglichkeit einer Verkürzung von Abgaben begründet wurde (Rn. 8). Ist eine Gefährdung des durch § 382 AO geschützten Rechtsguts im Einzelfall nachweisbar ausgeschlossen, kommt es allerdings in Betracht, nach pflichtgemäßem Ermessen aus **Opportunitätsgründen** von der Verfolgung der Ordnungswidrigkeit abzusehen (§ 410 I 1. HS AO, § 47 I, II OWiG; glA etwa *Stobbe* ZfZ 1969, 264, 270 sowie FT-*Traut* 5; GJW/*Heine* AO § 382 Rn. 2; HHSp-*Rüping* 7, 46; Kohlmann/*Matthes* 4, 44 zu § 382 AO). Dies ist zB der Fall bei Angabe eines zu hohen Wertes in der Zollanmeldung zum Zwecke der Hinterziehung ertragsabhängiger Steuern, weil hierdurch regelmäßig keine *Einfuhr*abgaben gefährdet werden (zu den Ausfuhrabgaben s. Rn. 8).

Für eingeführte **Waren,** die unter **zollamtlicher Überwachung** stehen, entsteht die Einfuhrzollschuld (grdlg. Art. 44 ZK, Art. 77 UZK) u. a., wenn sie der zollamtlichen Überwachung entzogen werden (Art. 203 I ZK, Art. 79 I Buchst. a UZK; Bsp.: FG München 23.10.2008 – 14 K 1743/06, BeckRS 2008, 26026854 – „grüner Ausgang" am Flughafen). Die Entziehung aus der Überwachung kann mit der Ausfuhr ohne die vorgeschriebene Anmeldung (Art. 59 I ZK, Art. 158 UZK) zeitlich zusammenfallen. Eine Zuwiderhandlung gegen § 382 AO ist aber nicht in der unterlassenen Anmeldung zur Ausfuhr, sondern ggf. in dem Verstoß gegen Vorschriften zu sehen, die der Durchführung von Zollverfahren dienen, denen die Ware nach dem Verbringen in das Zollgebiet unterworfen worden ist (§ 382 I Nr. 2 AO). 5

§ 382 AO ist auf Grund von **Verweisungen** auch auf **Ausfuhrabgaben** anzuwenden. So verweist etwa § 31 ZollVG auch insoweit auf § 382 I Nr. 1 AO, als Vorschriften verletzt werden, die sich auf die Ausfuhr beziehen. Nach § 31 I Nr. 1 ZollVG ist zB die Ausfuhr einer Ware außerhalb einer Zollstraße (§ 2 I 1 ZollVG) oder nach § 31 I Nr. 2 ZollVG die Ausfuhr einer Ware außerhalb der Öffnungszeiten der zuständigen Zollstelle (§ 3 I ZollVG) als Ordnungswidrigkeit iS des § 382 I Nr. 1 AO zu ahnden. Einfuhrabgaben werden in diesen Fällen nicht gefährdet. 6

Auch die ZollV qualifiziert Verstöße gegen Vorschriften, die die Ausfuhr regeln, durch Verweisung auf § 382 AO als Ordnungswidrigkeiten. Das gilt zum einen für Verstöße gegen Pflichten, die in der ZollV selbst normiert sind (§ 30 I–III ZollV). Dies gilt aber auch für solche Verstöße gegen Vorschriften des ZK und der ZKDVO, die durch Verweisung auf § 382 AO zu Ordnungswidrigkeiten erhoben werden (§ 30 IV–VII ZollV), sofern diese Vorschriften die Ausfuhr von Waren betreffen. Das Ausfuhrverfahren des ZK ist ein eigenständiges Zollverfahren (Art. 4 Nr. 16 Buchst. h ZK, Art. 5 Nr. 16 Buchst. c UZK), auf das die Regeln über die Überführung von Waren in ein Zollverfahren (Art. 59–78 ZK, Art. 198–253 ZKDVO, Art. 158 ff. UZK) Anwendung finden (Witte/*Böhne* ZK Art. 161 Rn. 22 ff.), sofern keine Sonderregelungen für das Ausfuhrverfahren eingreifen (Art. 90–96, 97l–97m, 279–289, 422, 786–798, 841–841a u. 842a–843 ZKDVO). 7

Fraglich ist, ob die Verletzung von Vorschriften im Zusammenhang mit der Einfuhr/Ausfuhr auf Grund einer Verweisung auf § 382 AO auch dann tatbestandsmäßig ist, wenn keine Einfuhr-/Ausfuhr-Abgabe zu erheben ist und deshalb eine Gefährdung solcher Abgaben von vornherein ausscheidet. Dieses Problem stellt sich weniger bei der Einfuhr, obwohl auf Grund von Präferenzabkommen, Assoziationsverträgen, Zollunionen, dem EWR-Abkommen (vgl. Grabitz/Hilf/Nettesheim/*Herrmann* AEUV Art. 28 Rn. 22 ff. mwN) und auf der Grundlage anderer Maßnahmen eine große Zahl von Einfuhren einfuhrabgabenfrei erfolgt. Bedeutsamer ist die Frage im Fall der Ausfuhr. Ausfuhrabgaben werden nur ausnahmsweise erhoben. Ausfuhrzölle gibt es in der Gemeinschaft nicht. Nur im Rahmen der gemeinsamen Agrarmarktordnung und auch dort nur ausnahmsweise werden Ausfuhrabgaben erhoben, wenn der Weltmarktpreis über den Preisen innerhalb der Gemeinschaft liegt und durch die Ausfuhr eine Verknappung des Warenangebots innerhalb der Gemeinschaft zu befürchten ist (s. dazu EuGH v. 1.2.1978 – Rs. 78/77, Slg. 1978, 169 betr. die VO [EWG] Nr. 348/76 – Kartoffelmarktordnung). Dass für die Ausfuhr gleichwohl im Allgemeinen die Verfahrensregeln für die Einfuhr gelten (vgl. die oben dargestellten Vorschriften des gemeinschaftlichen Zollrechts und die Vorschriften des ZollVG – u. a. §§ 1 I, 2 I, 3 I ZollVG), beruht auf der Tatsache, dass der Warenverkehr über die Grenze (Einfuhr und Ausfuhr) zollamtlich überwacht wird und zwar in Bezug auf die Ausfuhr vornehmlich zur Kontrolle der Ausfuhrverbote sowie zur statistischen Erfassung des Warenverkehrs. Die Vorschriften über das Ausfuhrverfahren, deren Verletzung durch Verweisung auf § 382 AO bußgeldbewehrt ist, sichern somit nahezu ausschließlich **außerabgabenrechtliche Staatsinteressen.** Die Frage nach der Tatbestandsmäßigkeit in den Fällen, in denen keine Abgaben zu erheben sind, ist gleichwohl zu bejahen. Die Vorschrift des § 382 AO normiert ein **abstraktes Gefährdungsdelikt,** dessen Tatbestandsmäßigkeit nicht davon abhängt, dass Abgaben verkürzt werden, und dem iÜ die Wirkung eines **„Auffang-** 8

tatbestand[s]" zukommt (Bender/*Möller/Retemeyer* E III Rn. 224 aE; s. auch BGH 8.9.2011, NStZ 2012, 160, 161 mwN zu § 378 AO). Der Sinn der bußgeldbewehrten Vorschriften besteht namentlich darin, den Bürger dazu anzuhalten, seine zollrechtlichen Verpflichtungen zu erfüllen, damit die Zollverwaltung die Möglichkeit der Prüfung hat, ob Abgaben für die Einfuhr oder Ausfuhr zu erheben sind (zust. GJW/*Heine* AO § 382 Rn. 2; aA Kohlmann/*Matthes* 10 zu § 382). Wird eine der in § 382 AO aufgezählten Pflichten missachtet, begründet dies demnach die unwiderlegbare Vermutung des Eintritts einer (deshalb auch prozessual nicht weiter feststellungsbedürftigen) abstrakten Gefährdung iS des Bußgeldtatbestands (s. bereits Rn. 4 sowie – ua – *Brenner* StW 1981, 147, 150 f.; BeckOK-OWiG/*Merkt* AO § 382 Rn. 1; FT-*Traut* 5; HHSp-*Rüping* 7; Kohlmann/*Matthes* 4; Schwarz/Pahlke/*Webel* 1 zu § 382 AO). Die Verletzung von Vorschriften im Zusammenhang mit der Einfuhr oder Ausfuhr von Waren, ohne dass Einfuhr- oder Ausfuhrabgaben zu erheben wären, gibt aber jedenfalls Anlass zu prüfen, ob auf Grund des **Opportunitätsprinzips** von der Ahndung der Ordnungswidrigkeit abgesehen werden kann (s. bereits Rn. 4 mwN).

9 **Die Verletzung von Sollvorschriften** ist keine Ordnungswidrigkeit; ebenso nicht die Nichteinhaltung von Mussvorschriften, deren Erfüllung nur die Voraussetzung für den Erwerb bestimmter Rechte ist (zB bei verbindlichen Zolltarifauskünften, Art. 12 ZK, Art. 6 ZKDVO, Art. 33 UZK). Wer etwa den Erlass oder die Erstattung von Zoll begehrt (Art. 235–239 ZK, Art. 877–912 ZKDVO; Art. 116 ff. UZK), hat als Voraussetzung bestimmte Obliegenheiten (Art. 878–880 ZKDVO) zu erfüllen. Kommt er diesen Obliegenheiten nicht nach, verliert er damit lediglich den Anspruch auf den Erlass oder die Erstattung.

10 **Auf Zuwiderhandlungen gegen Verwaltungsvorschriften oder -anordnungen bzw. -akte** ist § 382 AO gemäß Art. 103 II GG, § 377 II AO, § 3 OWiG selbst dann nicht anwendbar, wenn diese auf einer ausdrücklichen gesetzlichen Ermächtigung beruhen, zB ein vom Hauptzollamt verfügtes Verbot, sich im Freihafen (Rn. 33) aufzuhalten (OLG Bremen 25.1.1961, ZfZ 1961, 124 zum früheren § 32 II ZG [entspr. heute § 15 II 1 ZollVG]; dem zust. Beermann/Gosch/*Meyer* 1; Kohlmann/*Matthes* 6; RK-*Rolletschke* 4 aE; Schwarz/Pahlke/*Webel* 3 zu § 382 AO; *v. Briel*/Ehlscheid § 1 Rn. 566 aE; Ausn.: § 28 Nr. 3 TrZollV, s. dazu Rn. 37).

11–15 *einstweilen frei*

3. Vorbehalt der Rückverweisung

16 **a) Allgemeines. Die Anwendbarkeit des § 382 AO ist davon abhängig,** dass die Zollgesetze oder die dazu oder die auf Grund von Absatz 4 erlassenen Rechtsverordnungen *„für einen bestimmten Tatbestand"* auf diese Bußgeldvorschrift verweisen (§ 382 I AO). Anders ist bzw. war dies nach der heute *„längst überholt[en]"* (Kohlmann/*Matthes* 1 zu § 382 AO) Vorschrift des Art. 97 § 20 EGAO nur für bereits vor dem 1.10.1968 erlassene Verbrauchsteuergesetze und Rechtsverordnungen. Die Verweisung muss sich im Rahmen des Blanketts halten (Rn. 26). Ein gleich lautender Rückverweisungsvorbehalt war bereits in § 408 I RAO 1968 enthalten. Er wurde seinerzeit – entsprechend ständiger Übung in vergleichbaren Fällen eines Bußgeldblanketts – *„aus Gründen größerer Rechtssicherheit und Rechtsklarheit"* in das Gesetz eingefügt (BT-Drs. V/1812, 28). Ein Rückverweisungsvorbehalt soll ermöglichen, dass Zuwiderhandlungen gegen unbestimmte, nicht sanktionsbedürftige oder bereits anderweitig abgesicherte Ge- oder Verbote von dem Bußgeldblankett ausgenommen werden (Göhler/*Gürtler* OWiG Vor § 1 Rn. 18).

17 **b) Ermächtigungsnorm des § 382 I u. II AO.** Vereinzelt wird die Auffassung vertreten, die Vorschrift des § 382 I u. II AO sei keine ausreichende **Ermächtigungsnorm** für den Erlass von Rechtsverordnungen, die hinsichtlich bestimmter Tatbestände auf § 382 AO verweisen; zudem sei das **Zitiergebot** des Art. 80 I 3 GG nicht gewahrt. Die Vorschriften des § 30 ZollV seien daher nichtig (vgl. *Voß* BB 1996, 1695; *ders.* Rn. 11 f. in der 6. Aufl.).

Entgegen dieser Ansicht stellt § 382 I u. II AO (ergänzt durch § 382 IV AO; s. nachfolgend Rn. 9) eine **ausreichende Ermächtigungsgrundlage** für die Rückverweisung in Zollvorschriften (einschließlich des § 30 ZollV) dar (allgM, vgl. FT-*Traut* 10, GJW/*Heine* AO § 382 Rn. 3, HHSp-*Rüping* 12, Klein/*Jäger* AO § 382 Rn. 16, Kohlmann/*Matthes* 6, Leopold/Madle/Rader/*Zanzinger* 5, Schwarz/Pahlke/*Webel* 5 zu § 382 AO). Im Gegensatz zu „klassischen" Blankettnormen sind hier nicht Tatbestand und Rechtsfolge in unterschiedlichen Normen geregelt; vielmehr enthält § 382 AO sowohl Tatbestand als auch Rechtsfolge. Lediglich zur näheren Spezifizierung der bereits in § 382 I AO umschriebenen Verhaltensweisen wird ergänzend auf die in den Gesetzen und Rechtsverordnungen enthaltenen Zollvorschriften verwiesen. Diese ausfüllenden Normen bedürfen daher (ebenso wie bei § 381 AO; vgl. dort Rn. 9) keiner gesonderten Ermächtigungsgrundlage (HHSp-*Rüping* 12 zu § 382 AO). Ein Verstoß gegen das Zitiergebot des **Art. 80 I 3 GG** liegt ebenfalls nicht vor, da § 382 I AO in § 30 ZollV und § 382 IV AO in der Einleitung der ZollV ausdrücklich zitiert werden (Klein/*Jäger* AO § 382 Rn. 16, Koch/Scholtz/*Scheurmann-Kettner* 12/1, Leopold/Madle/Rader/*Zanzinger* 7 zu § 382 AO; iErg zust. Schwarz/Pahlke/*Webel* 5 zu § 382 AO). 18

c) Ermächtigungsnorm des § 382 IV AO. § 382 IV AO ermächtigt das BMF, durch Rechtsverordnungen die Tatbestände der in Absatz 1 genannten Verordnungen des Rates der Europäischen Union oder der Europäischen Kommission zu bezeichnen, deren Verwirklichung nach § 382 AO als Ordnungswidrigkeit mit Geldbuße geahndet werden kann. Die Vorschrift enthält somit eine Ermächtigung zur Aufstellung eines Rückverweisungskatalogs. Eine derartige Regelung ist zwingend notwendig, weil die Verordnungen des Rates oder der Kommission mangels entsprechender Kompetenzen dieser Organe keine Straf- oder Bußgeldandrohungen enthalten können (zutr. Bender/*Möller*/*Retemeyer* E III Rn. 226: *„Transformations-VO"*; s. auch GJW/*Heine* AO § 382 Rn. 3: kein *„Verstoß gegen das Verbot der Wiederholung unmittelbar geltender Rechtsnormen der Union im nationalen Recht")*; zudem darf das Unionsrecht, dem insbes. bei Warenbewegungen über die EU-Außengrenzen große Bedeutung zukommt, nicht ungeschützt sein (vgl. Art. 4 III EUV). Deswegen ordnet auch Art. 42 I UZK an, dass jeder Mitgliedstaat Sanktionen für Zuwiderhandlungen gegen die zollrechtlichen Vorschriften der Union vorsieht. Diese Sanktionen müssen *„wirksam, verhältnismäßig und abschreckend"* sein (Art. 42 I 2 UZK). Das BMF hat von der Ermächtigung des § 382 IV Gebrauch gemacht und einen Verweisungskatalog für *Verstöße gegen das Unionsrecht* in § 30 IV–VII ZollV aufgestellt. Die Ermächtigung des § 382 IV AO engt den Kreis der in § 382 I AO beschriebenen Pflichten ein und lässt eine Verweisung durch Rechtsverordnung nur zu, soweit 19

- dies zur Durchführung der Rechtsvorschriften der Europäischen Union erforderlich ist und
- es sich um Pflichten
  - zur Gestellung, Vorführung, Lagerung oder Behandlung von Waren,
  - zur Abgabe von Erklärungen oder Anzeigen,
  - zur Aufnahme von Niederschriften sowie
  - zur Ausfüllung oder Vorlage von Zolldokumenten oder zur Aufnahme von Vermerken in solchen Dokumenten handelt.

Gestellung bedeutet die Mitteilung an die Zollbehörden in der vorgeschriebenen Form, dass sich die Waren bei der Zollstelle oder an einem anderen von den Zollbehörden bezeichneten oder zugelassenen Ort befinden (Art. 4 Nr. 19 ZK) und für Zollkontrollen zur Verfügung stehen (Art. 5 Nr. 33 UZK). Verpflichtungen zur **Vorführung** bestehen zB nach Abgabe einer summarischen Anmeldung beim Verbringen von Waren in das Zollgebiet der Union (Art. 184 ZKDVO, Art. 127 UZK). **Die Lagerung** und **Behandlung** von **Waren** bezieht sich zB auf Vorschriften über die Zolllagerung (Art. 98 ZK, Art. 237 ff. UZK) und die Behandlung von Waren in Zolllagern (Art. 109 ZK, Art. 240 UZK). 20

21 **Pflichten zur Abgabe von Erklärungen** und **Anzeigen** finden sich an zahlreichen Stellen des ZK und der ZKDVO. Dazu gehören Anmeldungen (zB Art. 59 I, 178 IV ZK, Art. 219 II ZKDVO, Art. 158 UZK) und Mitteilungen (zB Art. 39 I und II, Art. 46 I 3, Art. 172 I 2 ZK, Art. 266 I Buchst. a, 273 I 1 Buchst. a ZKDVO, Art. 137 I u. II, Art. 244 II 2 UZK).

22 Zu den **Niederschriften** gehören u. a. Bestandsaufzeichnungen (zB Art. 105 S. 1, 176 I 1 ZK, Art. 515, 528 ff. ZKDVO, Art. 214 UZK). Die **Ausfüllung** oder **Vorlage** von **Zolldokumenten** betrifft Papiere, die zur Durchführung des Verfahrens erforderlich sind (vgl. Art. 97b ZKDVO). **Vermerke** in Zolldokumenten sind Aufzeichnungen über den Verfahrensablauf oder über besondere Vorkommnisse (zB Art. 496 Buchst. j ZKDVO).

23 § 30 IV–VII ZollV bezieht sich nur auf Verstöße gegen Pflichten, die sich aus dem ZK oder der ZKDVO ergeben und ist deshalb von der Ermächtigungsnorm des § 382 IV AO gedeckt. Geahndet werden können nur **Verstöße,** die **auf deutschem Gebiet** oder auf **Schiffen** oder **Flugzeugen** außerhalb dieses Gebiets begangen werden, die berechtigt sind, die Bundesflagge oder das Staatszugehörigkeitszeichen der Bundesrepublik Deutschland zu führen (§ 377 II AO, § 5 OWiG). So ist etwa die gegen Art. 96 I 2 Buchst. a ZK, Art. 356 I ZKDVO verstoßende Nichtgestellung von Versandgut bei einer in einem anderen Mitgliedsstaat belegenen Bestimmungsstelle keine Handlung, die als Ordnungswidrigkeit geahndet werden kann, während die Nichtgestellung bei einer Bestimmungsstelle im Inland (auch im Falle des Versands aus einem anderen Mitgliedstaat in die Bundesrepublik) eine Ordnungswidrigkeit darstellt (§ 30 V Nr. 3 ZollV).

4. Täterkreis

24 **Pflichtiger und damit Täter iS des § 382 AO** kann grds. *jeder* sein, der die in § 382 I Nr. 1–3 AO bezeichneten Pflichten zu erfüllen hat. Ob jemand Pflichtiger ist, ergibt sich aus den jeweiligen Vorschriften, auf welche sich die Nrn. 1–3 des Abs. 1 des § 382 AO beziehen (dazu Rn. 30 ff.); unter diesem Gesichtspunkt ist § 382 AO auch **Sonderdelikt** (vgl. FT-*Traut* 15; HHSp-*Rüping* 17; Kohlmann/*Matthes* 16 zu § 382). Aus diesem Grund braucht der Täterkreis nicht genauer umschrieben zu werden. Zu den Pflichtigen gehört u. a. der *Gestellungspflichtige* (Art. 40 ZK, Art. 139 UZK), der *Anmelde- oder sonstige Mitteilungspflichtige,* zB der Anmeldepflichtige für die summarische Zollanmeldung (Art. 44 II ZK, Art. 77 II UZK), der *Zollanmelder* (Art. 64 I ZK, Art. 170 I UZK) nach Annahme der Zollanmeldung (Art. 67 ZK, Art. 172 UZK), der Mitteilungspflichtige im Rahmen der vereinfachten Gestellung (Art. 266 ZKDVO) oder derjenige, der Bestandsaufzeichnungen zu führen hat (Art. 176 I ZK, Art. 214 I UZK). Auf Besitz- und Eigentumsverhältnisse kommt es für die Frage, ob jemand Pflichtiger ist, grds. nicht an. Namentlich die für die Erfassung des Warenverkehrs beim Eingang der Waren in das Zollgebiet der Union wesentliche Gestellungspflicht trifft jeden, der die Ware in das Zollgebiet verbracht hat oder der ggf. die Verantwortung für ihre Beförderung nach dem Verbringen in das Zollgebiet übernommen hat (Art. 40 ZK, Art. 139 I UZK). Gestellungspflichtig kann daher auch der Dieb (§ 40 AO) sein, der die genannten Voraussetzungen erfüllt. Neu durch den Zollkodex der Union ist eine Gestellungspflicht für denjenigen, in dessen Namen oder Auftrag die Person handelt, die die Waren in das Zollgebiet der Gemeinschaft verbracht hat (Art. 139 I Buchst. b UZK; s. bereits BGH 1.2.2007, NStZ 2007, 590, 591 – Gestellungspflicht des einen Schmuggeltransport [von Zigaretten] organisierenden und beherrschenden Hintermanns; erg. GJW/*Heine* AO § 382 Rn. 18 aE).

25 **Bei der Wahrnehmung der Angelegenheiten eines Pflichtigen** wird derjenige tätig, dessen Tun oder Unterlassen mit den Pflichten des *„Pflichtigen"* iS des § 382 I AO im Zusammenhang steht. Zu diesen Personen zählen insbesondere *gesetzliche Vertreter* und *Vermögensverwalter* (§ 34 AO) sowie *Verfügungsbefugte* iS des § 35 AO und Vertreter iS von Art. 5 ZK (Art. 18 f. UZK; erg. *Müller* ZfZ 1984, 5; *Kottke* Information StW 1996, 709). Die Reichweite des Begriffs *„bei der Wahrnehmung"* geht über diesen Personenkreis noch

hinaus. Er umfasst jede Person, die dem Pflichtigen Hilfe leistet (RG v. 12.4.1923, RGSt 57, 218, 219 zu § 367 RAO; *Bender* ZfZ 1988, 169, 171; Kohlmann/*Matthes* 22 f. zu § 382 AO; s. auch Bender/*Möller*/*Retemeyer* aaO E III Rn. 229: *„Nicht ... Dieb, ... Zollbeamte ... und Steuerhilfspersonen, denen beim Zählen, Messen oder Wiegen Fehler unterlaufen“*). Maßgebend ist die *tatsächliche* Wahrnehmung (§ 382 I AO: *„Bei ...“*); es kommt nicht darauf an, ob der Betreffende im Innenverhältnis dazu verpflichtet ist (allgM, vgl. OLG Bremen 21.5.1953, ZfZ 1953, 219 zu § 402 AO aF – Kaffeeschmuggel/-diebstahl durch angestellten Hafenarbeiter; Beermann/Gosch/*Meyer* 12; Erbs/Kohlhaas/*Hadamitzky*/*Senge* AO § 382 Rn. 6; FT-*Traut* 21; HHSp-*Rüping* 22; Klein/*Jäger* AO § 382 Rn. 8; Kohlmann/*Matthes* 23; Leopold/Madle/Rader/*Zanzinger* 9; Schwarz/Pahlke/*Webel* 21 zu § 382 AO, *Lohmeyer* ZfZ 1965, 330, 331; *v. Briel*/Ehlscheid § 1 Rn. 569; unklar OLG Stuttgart v. 30.10.1987, wistra 1988, 80, 81 zum früheren § 148b I Nr. 1 AZO [*„stillschweigende Übernahme der ... Gestellungspflicht“*] m. Anm. *Fehn* ZfZ 1989, 60 u. *Schlamelcher* ZfZ 1989, 354) und auch nicht, ob der Handelnde nach außen in Erscheinung tritt (ausf. Rn. 15 ff. zu § 378). Ein **Familienmitglied** nimmt Angelegenheiten seiner Angehörigen wahr, wenn es bei der gemeinschaftlichen Einreise schlüssig zu erkennen gibt, dass es die Zollformalitäten für alle Familienmitglieder erledigen will (vgl. OLG Hamm 20.11.1958, ZfZ 1959, 122, 123 zu § 402 AO aF – Einreise im Pkw mit Ehefrau; dem zust. Erbs/Kohlhaas/*Hadamitzky*/*Senge* AO § 382 Rn. 6; Koch/Scholtz/*Scheurmann-Kettner* 7; Kohlmann/*Matthes* 23; Leopold/Madle/Rader/*Zanzinger* 9 u. Schwarz/Pahlke/*Webel* 21 zu § 382 AO; s. auch DOG v. 5.7.1950, ZfZ 1950, 272 – Mitnahme von Personen im Pkw; OLG Bremen 21.5.1953, ZfZ 1953, 219, 220 zu § 402 AO aF – Kaffeeschmuggel/-diebstahl durch angestellten Hafenarbeiter). Ein **Spediteur** handelt im eigenen Namen und nicht in Wahrnehmung der Angelegenheiten eines Pflichtigen, wenn er nicht erklärt, im fremden Namen zu handeln (Art. 5 IV ZK, Art. 19 I UZK; Witte/*Witte* ZK Art. 5 Rn. 25 ff.; glA Beermann/Gosch/*Meyer* 12; HHSp-*Rüping* 23; Leopold/Madle/Rader/*Zanzinger* 10 u. RK-*Rolletschke* 10 zu § 382 AO; s. aber OLG Düsseldorf 24.4.1991, wistra 1991, 275, 276 f. zum früheren § 148b I Nr. 1 AZO – fahrlässige Nebentäterschaft des Grenzspediteurs bei Nichtgestellung durch Transporteur). Der Zollkodex enthält auch das Institut der indirekten Vertretung – Handeln im eigenen Namen für Rechnung eines anderen (Art. 5 II 2. Spiegelstrich ZK, Art. 18 I UZK) –, das Pflichten des Vertretenen und des indirekten Vertreters begründet (Witte/*Witte* ZK Art. 5 Rn. 41 ff.). IÜ richtet sich die Verantwortlichkeit tatbeteiligter Dritter nach § 377 II AO, § 14 OWiG.

5. Objektive Tatbestände

a) Allgemeines. § 382 I Nr. 1–3 AO enthält Blankettvorschriften, die durch Ge- 26
oder Verbotsnormen der Zollgesetze, der hierzu ergangenen Rechtsverordnungen oder der Verordnungen des Rats der Europäischen Union sowie der Europäischen Kommission ausgefüllt werden. *Verwaltungsvorschriften* genügen nicht (Rn. 10). Im Hinblick auf den Bestimmtheitsgrundsatz (Art. 103 II GG, § 377 II AO, § 3 OWiG) muss die Möglichkeit der Ahndung als Ordnungswidrigkeit schon auf Grund des Gesetzes vorausgesehen werden können. Zudem müssen die Voraussetzungen der Ahndung sowie Art und Maß der Rechtsfolge bereits im Blankettgesetz selbst hinreichend deutlich umschrieben werden; die Blankettnorm muss den möglichen Inhalt und Gegenstand der Regelungen, die zu ihrer Ausfüllung in Betracht kommen, genügend deutlich bezeichnen und abgrenzen (BVerfG 25.7.1962, BVerfGE 14, 245, 252; BVerfG 7.5.1968, BVerfGE 23, 265, 269; Göhler/*Gürtler* OWiG Vor § 1 Rn. 19). Die Blankettvorschrift ergibt erst zusammen mit der ausfüllenden Norm den Tatbestand einer Ordnungswidrigkeit. Deshalb müssen die blankettausfüllenden Normen unter die Bestimmungen der Nummern 1 bis 3 des § 382 I AO subsumierbar sein. Verweisungen auf nicht in § 382 I Nrn. 1–3 AO aufgeführte zollrechtliche Pflichten könnten keine Ahndung nach § 382 AO rechtfertigen. Dasselbe gilt für die Verweisungen in § 382 IV AO. Darüber hinaus müssen auch die Rückverweisungen in den Verweisungs-

katalogen des § 31 ZollVG und des § 30 ZollV mit den Nrn. 1–3 des § 382 I AO übereinstimmen.

27 **Zollgesetze und dazu erlassene Rechtsverordnungen** iS des § 382 I AO sind nach der gegenwärtigen Rechtslage

- das Zollverwaltungsgesetz (ZollVG),
- die Zollverordnung (ZollV),
- das Truppenzollgesetz (TrZollG) und
- die Truppenzollverordnung (TrZollV).

Die weiteren für die Erhebung von Einfuhrabgaben maßgebenden und Einfuhrtatbestände enthaltenden *Verbrauchsteuergesetze* (UStG, UStDV, Einfuhrumsatzsteuer-Befreiungsverordnung 1993 sowie die Einfuhrtatbestände der Verbrauchsteuergesetze) sind keine Zollgesetze iS des § 382 I AO. Nach der ausdrücklichen Anordnung des § 382 II AO ist die Vorschrift des § 382 I AO aber auch anzuwenden, soweit die Zollvorschriften und die dazu erlassenen Rechtsverordnungen für Verbrauchsteuern *„sinngemäß"* gelten (vgl. dazu Rn. 39 ff.).

Weitere nationale Zollbestimmungen, wie etwa das Offshore-SteuerG v. 19.8.1955 (BGBl. II 821), zuletzt geändert durch Art. 4 TruppenzollrechtsÄndG v. 19.5.2009 (BGBl. I 1090) oder die VO über die Ausdehnung des grenznahen Raums und die der Grenzaufsicht unterworfenen Gebiete (GrenzAusdVO) v. 1.7.1993 (BGBl. I 1132), zuletzt geändert durch VO v. 14.8.2014 (BGBl. I 1442; Rn. 34), enthalten keine Verweisungen auf § 382 AO. *Abschöpfungen* (§ 2 I AbschErhG aF) werden seit 1.7.1995 nicht mehr erhoben (vgl. Rn. 11 zu § 373).

28 **Zu den Verordnungen des Rates der Europäischen Union und der Europäischen Kommission** iS des § 382 I AO zählen insbesondere:

- der Zollkodex (ZK bzw. UZK) und
- die Zollkodex-Durchführungsverordnung (ZKDVO).

Auf weitere Verordnungen des Rates der Europäischen Union und der Europäischen Kommission wird derzeit in den vom Bundesministerium der Finanzen gemäß § 382 IV AO erlassenen Rechtsverordnungen nicht verwiesen.

29 Die **Verordnungen des Rates und der Kommission** sind in allen ihren Teilen verbindlich und gelten *unmittelbar* in jedem Mitgliedstaat (Art. 288 II 2 AEUV). Durch die Ratifizierung des EWG-Vertrages (Art. 1 G v. 27.7.1957, BGBl. II 753) ist in Übereinstimmung mit Art. 24 I GG (jetzt Art. 23 GG) eine eigenständige Rechtsordnung entstanden, die in die innerstaatliche Rechtsordnung hineinwirkt (vgl. EuGH 14.12.1991 – C-1/91, *„Gutachten EWR-Vertrag",* Slg. 1991, I-6079, 6084; BVerfG 12.10.1993, BVerfGE 89, 155 – Urteil zum Vertrag von Maastricht). Andere Normen des Unionsrechts entfalten nur unter bestimmten Voraussetzungen **unmittelbare Wirkungen** (Direktwirkung, Durchgriff des Unionsrechts). Unmittelbare Wirkung bedeutet dabei, dass die Bestimmungen des Gemeinschaftsrechts ihre volle Wirksamkeit einheitlich in sämtlichen Mitgliedstaaten mit der Folge entfalten, dass sie unmittelbar Rechte und Pflichten für all diejenigen begründen, die sie betreffen, seien es Mitgliedstaaten oder natürliche oder juristische Personen (EuGH 9.3.1978 – C–106/77, Slg. 1978, 629, 643 – *„Simmenthal II").* Voraussetzung für die unmittelbare Anwendbarkeit von Normen des Unionsrechts ist, dass sie klar und eindeutig, unbedingt, vollständig und rechtlich vollkommen sind und zu ihrer Erfüllung oder Wirksamkeit keiner weiteren Handlungen der Staaten oder der Union bedürfen (u. a. EuGH 5.2.1963 – C-26/62, Slg. 1963, 1, 25 – *„van Gend & Loos";* vgl. dazu *Herdegen,* Europarecht, 16. Aufl. 2014 § 5 Rn. 12 ff., § 10 Rn. 2 ff.). Im Einzelnen besteht eine unmittelbare Anwendbarkeit von Normen des Unionsrechts in folgenden Bereichen:

- bei einzelnen Artikeln des EU-Arbeitsweisevertrages, die gemäß den Kriterien der Rechtsprechung des EuGH eine derartige Wirkung entfalten (zB Art. 28, 30, 24 AEUV [= Art. 23, 25, 28 EG]; vgl. EuGH 5.2.1963 – C-26/62, Slg. 1963, 1 – *„van Gend & Loos"*),

– bei Verordnungen des Rats und der Kommission (Art. 288 II 2 AEUV),
– bei einzelnen, die vorstehend genannten Kriterien erfüllenden Vorschriften aus Richtlinien (Art. 288 III AEUV, vgl. EuGH 19.1.1982 – C-8/81, Slg. 1982, 53 – *„Becker"*),
– bei völkerrechtlichen Abkommen der Gemeinschaft, sofern sich dies aus Wortlaut, Sinn und Zweck des Vertrages und einer hinreichend bestimmten Vorschrift des Vertrages im Wege der Auslegung ergibt (vgl. EuGH 26.10.1982 – C 104/81, Slg. 1982, 3641, 3662 – *„Kupferberg I"*).

Die Normen des Unionsrechts genießen gegenüber nationalen Rechtsvorschriften Vorrang (EuGH 5.2.1963 – C-26/62, Slg. 1963, 1, 25 – *„van Gend & Loos"*). Das Unionsrecht bricht nationales Recht mit der Folge, dass dieses für Sachverhalte mit Unionsbezug, nicht jedoch im sonstigen innerstaatlichen Anwendungsbereich, unanwendbar wird (EuGH 9.3.1978 – C-106/77, Slg. 1978, 629, 643 ff. – *„Simmenthal II"*, grdlg. *Oppermann/Classen/Nettesheim,* Europarecht 6. Aufl. 2014, § 9 Rn. 14 ff.).

b) § 382 I Nr. 1 AO. Die „zollamtliche Erfassung des Warenverkehrs über die Grenze des Zollgebiets der Europäischen Union sowie über die Freizonengrenzen" bezieht sich auf die Vorschriften des Unionszollrechts und des nationalen Rechts, die (in erster Linie, s. Rn. 27) im ZollVG und in der ZollV geregelt sind. Die nationalen Zollvorschriften ergänzen die unionsrechtlichen Bestimmungen über die Erfassung des Warenverkehrs. Im Einzelnen handelt es sich um die in § 31 I ZollVG und § 30 I ZollV genannten Verpflichtungen u. a. über: 30

– die *ordnungsmäßige Beförderung* der Waren einschließlich der Einhaltung des vorgeschriebenen zeitlichen Rahmens – Öffnungszeiten der Zollstellen – (§ 2 I, II, III, § 3 I ZollVG, § 3 II, § 4a S. 2, § 9 I ZollV);
– die *Gestellung und Anmeldung* von Waren sowie die *Unterrichtung* der Zollbehörden (Art. 39 ff., 168 ZK, § 5 II 1 ZollV);
– die Einhaltung von sonstigen Verpflichtungen, die eine *zollamtliche Überwachung* ermöglichen, wie die Pflicht, auf Verlangen stehen zu bleiben und sich auszuweisen (§ 10 II iVm I 2 ZollVG), oder die Verpflichtung zur Aufbewahrung von Unterlagen (§ 9 II 1 ZollV).

c) § 382 I Nr. 2 AO. Die Begriffe **„Überführung in ein Zollverfahren"** und **„zollrechtliche Bestimmung von Waren"** beziehen sich ebenfalls auf die Regelungen des Unionszollrechts (ZK und ZKDO) und die diese ergänzenden nationalen Zollvorschriften. Die **zollrechtliche Bestimmung** (Art. 58–182 ZK, Art. 158 ff. UZK) hat eine zentrale Bedeutung im Zollkodex (vgl. Grabitz/Hilf/*Voß,* EGV, 40. Aufl. 2009, Art. 23 Rn. 24 ff.; Wabnitz/Janovsky/*Dannecker/Bülte/Möhrenschlager* Kap. 22. Rn. 50 ff.). Der Zollkodex unterscheidet dabei zwischen der Überführung von Waren in ein Zollverfahren (Art. 59–165 ZK, Art. 158 ff. UZK) und der sonstigen zollrechtlichen Bestimmung (Art. 166–182 ZK, Art. 254 ff. UZK). Zu den *Zollverfahren* (Art. 4 Nr. 16 ZK, Art. 5 Nr. 16 UZK) gehören: 31

• *die Überführung in den zollrechtlich freien Verkehr* (Art. 79–83 ZK, Art. 201 UZK [*„Überlassung zum zollrechtlich freien Verkehr"*]) sowie
• das *Nichterhebungsverfahren* und die *Zollverfahren mit wirtschaftlicher Bedeutung* (Art. 84–160 ZK); dazu zählen das externe und interne *Versandverfahren* (Art. 91–97 u. Art. 163–165 ZK, Art. 226 f. UZK), das *Zolllagerverfahren* (Art. 98–113 ZK, Art. 237 ff. UZK), die aktive und passive *Veredelung* und das *Umwandlungsverfahren* (Art. 114–129 ZK, Art. 145–160 ZK u. Art. 130–136 ZK, Art. 255 ff. UZK) sowie die *Ausfuhr* (Art. 161–162 ZK, Art. 269 ff. UZK). Der Zollkodex der Union verwendet als Oberbegriff für diese Verfahren den Begriff *„Besondere Verfahren"* (Art. 210 UZK). Zur Vereinfachung der Rechtsanwendung wurden mit dem Unionszollkodex die Arten der Zollverfahren und anderen zollrechtlichen Bestimmungen verringert. Zu den letzteren gehören:
  – die Verfahren im Zusammenhang mit *Freizonen* und *Freilagern* (Art. 166–181 ZK, Art. 243 ff. UZK) sowie

– die Wiederausfuhr, die Vernichtung oder Zerstörung und die Aufgabe zugunsten der Staatskasse (Art. 182 ZK, Art. 127, 269 ff. UZK).

§ 31 Ia ZollVG verweist hinsichtlich der Benutzung des Amtsplatzes und besonders gekennzeichneter Plätze auf § 381 I Nr. 2 AO. Die ZollV stellt bestimmte Fälle der unrechtmäßigen Abgabe von Waren (Schiffsbedarf), die sich in einem Zollverfahren befinden, bzw. deren Nichtanschreibung unter die Sanktion des § 382 I Nr. 2 AO (§ 30 II ZollV). Hinzu kommen bestimmte Verstöße gegen Gestellungs-, Mitteilungs-, Vorlage- und Aufzeichnungspflichten (§ 30 V, VII ZollV).

32 **d) § 382 I Nr. 3 AO.** Auf die Vorschrift des § 382 I Nr. 3 AO verweisen § 31 II ZollVG und § 30 III, Va, VI ZollV. Erfasst werden nur Pflichtverstöße in den Freizonen (Art. 166 ZK, Art. 243 UZK; Rn. 33), im grenznahen Raum (§ 14 I ZollVG, Rn. 34) und im sonst der Grenzaufsicht unterliegenden Gebiet (§ 14 IV ZollVG; Rn. 33). Hierzu gehören etwa Verstöße gegen das Verbot, eine Freizone außerhalb der zugelassenen Übergänge zu überschreiten (§ 26 VI ZollV), oder die Verpflichtung, als Schiffsführer auf Verlangen der Zollbeamten zu halten und das Borden von Zollbooten zu ermöglichen (§ 28 ZollV).

33 Der Begriff **„Freizone"** knüpft an den Zollkodex an (Art. 166–181 ZK, Art. 243–249 UZK; erg. Rn. 21 zu § 381). Bei den Freizonen handelt es sich um Zollfreigebiete, die aber Teil des Zollgebiets der Gemeinschaft (Union) sind (Art. 166 ZK). Aus Drittländern in Freizonen verbrachte Nichtgemeinschafts-/-unionswaren werden als nicht im Zollgebiet befindlich angesehen (Art. 166 Buchst. a ZK). Freizonen werden von den Mitgliedstaaten eingerichtet (Art. 167 ZK, Art. 243 I UZK), in Deutschland durch Bundesgesetz (§ 20 I 2 ZollVG). Sie dienen in erster Linie dem außenhandelsbezogenen Umschlag und der Lagerung von Waren. Der internationale Warenaustausch soll so wenig wie möglich durch Zollformalitäten behindert werden. Deshalb werden Einfuhrabgaben grundsätzlich erst erhoben, wenn die Waren in den Wirtschaftskreislauf des Binnenmarktes gelangen. Gleichwohl sind ab dem Inkrafttreten des Unionszollkodex (insoweit am 1.5.2016; Art. 288 II UZK) in eine Freizone verbrachte Waren den Zollbehörden zu gestellen, wenn sie von außerhalb des Zollgebiets der Gemeinschaft (Union) direkt in die Freizone verbracht werden (Art. 245 I Buchst. a UZK). In der Bundesrepublik Deutschland sind **Freizonen** nur noch die Freihäfen in **Bremerhaven** und **Cuxhaven** (Kontrolltyp I; Art. 167 III ZK iVm Art. 799 Buchst. a, Art. 805 ff. ZKDVO, § 1 I 1 ZollVG, § 26 ZollV) bzw. **Deggendorf** und **Duisburg** (Kontrolltyp II; Art. 168a ZK iVm Art. 799 Buchst. b, Art. 813 ZKDVO; s. dazu *Anton* ZfZ 2002, 223). Die Freihäfen Bremen, Emden und Kiel wurden durch G v. 6.12.2007 (BGBl. I 2806) mWz 1.1.2008 bzw. G v. 7.7.2009 (BGBl. I 1713) mWz 1.1.2010 aufgehoben; die Aufhebung des Freihafens Hamburg ist durch G v. 24.1.2011 (BGBl. I 50) mWz 1.1.2013 erfolgt (vgl. FT-*Traut* 27 u. Kohlmann/*Matthes* 26 zu § 382). Sie haben seither den Status von Seezollhäfen (s. dazu *Peterka/Kamisch* AW-Prax 2012, 163). Die §§ 20–23 ZollVG enthalten nationale **Sondervorschriften für Freizonen.** Danach ist insbes. das Wohnen und Bauen in Freizonen nur mit besonderer Erlaubnis bzw. Zustimmung des Hauptzollamts zulässig (§§ 21, 22 ZollVG).

34 Der im Zollkodex nicht verwendete Begriff des **grenznahen Raums** (früher Zollgrenzbezirk) wird in § 14 I ZollVG beschrieben. Er erstreckt sich am deutschen Teil der Zollgrenze der Gemeinschaft (Union) bis zu einer Tiefe von 30 Kilometern in das Landesinnere, von der seewärtigen Begrenzung des Zollgebiets der Gemeinschaft (Union) an bis zu einer Tiefe von 50 Kilometern. Aufgrund des § 14 IV ZollVG ist das BMF ermächtigt, die dort näher beschriebenen Gebiete der Grenzaufsicht zu unterwerfen. Hiervon hat es durch die VO über die Ausdehnung des grenznahen Raums und die der Grenzaufsicht unterworfenen Gebiete (GrenzAusdVO) v. 1.7.1993 (BGBl. 1993 I 1132), zuletzt geändert durch VO v. 14.8.2014 (BGBl. I 1442), Gebrauch gemacht und die der **Grenzaufsicht unterliegenden Gebiete** beschrieben. Mit dieser Verordnung hat das BMF darüber hinaus auf der Grundlage der Ermächtigung des § 14 I 2 ZollVG den grenznahen Raum zur Sicherung der Zollbelange soweit ausgedehnt, als dies die zollamtliche Überwachung erforderte.

Ge- und Verbote im grenznahen Raum und in den der Grenzaufsicht unterliegenden Gebieten ergeben sich in erster Linie aus den §§ 14 II, 15 I–IV ZollVG. Aufgrund der genannten Vorschriften können die Hauptzollämter auch bestimmte Anordnungen erlassen. Ein Verstoß gegen eine solche auf einen konkreten Fall oder eine Gruppe von Fällen bezogene Anordnung ist jedoch keine Zuwiderhandlung gegen eine gesetzliche Vorschrift iS des § 382 I AO (Art. 103 II GG, § 377 II AO, § 3 OWiG; s. auch Rn. 10). 35

e) Verweisungskataloge. Für **Zuwiderhandlungen gegen Ge- und Verbote** enthalten folgende Vorschriften des/der **ZollVG/ZollV** bzw. **TrZollG/TrZollV** abschließende Verweisungskataloge auf § 382 I AO: 36

§ 31 ZollVG[1] Steuerordnungswidrigkeiten

(1) Ordnungswidrig im Sinne des § 382 Abs. 1 Nr. 1 der Abgabenordnung handelt, wer vorsätzlich oder fahrlässig

1. entgegen § 2 Abs. 1 Satz 1 eine Ware außerhalb einer Zollstraße einführt oder ausführt, entgegen § 2 Abs. 2 außerhalb eines Zollflugplatzes landet oder abfliegt, entgegen § 2 Abs. 3 Satz 1 außerhalb eines Zollandungsplatzes anlegt oder ablegt oder entgegen § 2 Abs. 3 Satz 2 auf einer Zollstraße mit anderen Fahrzeugen oder mit dem Land in Verbindung tritt,
2. entgegen § 3 Abs. 1 eine Ware außerhalb der Öffnungszeiten einführt oder ausführt,
3. entgegen § 10 Abs. 2 in Verbindung mit Abs. 1 Satz 2 auf Verlangen eines Zollbediensteten nicht stehen bleibt oder sich nicht über seine Person ausweist,
4. entgegen § 10 Abs. 2 in Verbindung mit Abs. 1 Satz 3 oder 4 nicht oder nicht rechtzeitig hält, ein Beförderungspapier nicht oder nicht rechtzeitig vorlegt oder einem Zollbediensteten nicht oder nicht rechtzeitig ermöglicht, an Bord oder von Bord zu gelangen, oder
5. entgegen § 10 Abs. 2 in Verbindung mit Abs. 1 Satz 6 eine Angabe nicht, nicht richtig, nicht vollständig oder nicht rechtzeitig macht oder die Entnahme von unentgeltlichen Proben nicht duldet.

(1a) Ordnungswidrig im Sinne des § 382 Abs. 1 Nr. 2 der Abgabenordnung handelt, wer vorsätzlich oder fahrlässig entgegen § 18 Satz 2 oder 3 den Amtsplatz oder einen besonders gekennzeichneten Platz benutzt.

(2) Ordnungswidrig im Sinne des § 382 Abs. 1 Nr. 3 der Abgabenordnung handelt, wer vorsätzlich oder fahrlässig

1. entgegen § 10 Abs. 1 Satz 2 auf Verlangen eines Zollbediensteten nicht stehen bleibt oder sich nicht über seine Person ausweist,
2. entgegen § 10 Abs. 1 Satz 3 oder 4 nicht oder nicht rechtzeitig hält, ein Beförderungspapier nicht oder nicht rechtzeitig vorlegt oder einem Zollbediensteten nicht oder nicht rechtzeitig ermöglicht, an Bord oder von Bord zu gelangen,

2a. entgegen § 10 Abs. 1 Satz 6 eine Angabe nicht, nicht richtig, nicht vollständig oder nicht rechtzeitig macht oder die Entnahme von unentgeltlichen Proben nicht duldet,

3. entgegen § 15 Abs. 1 Satz 1 einen Bau ohne Zustimmung des Hauptzollamts errichtet oder ändert,
4. entgegen § 21 Satz 1 in einer Freizone ohne besondere Erlaubnis des Hauptzollamts wohnt,
5. entgegen § 22 Satz 1 in einer Freizone einen Bau ohne Zustimmung des Hauptzollamts errichtet, wesentlich in seiner Bauart ändert oder anders verwendet,
6. im grenznahen Raum, in einem der Grenzaufsicht unterworfenen Gebiet oder in einer Freizone entgegen § 25 Abs. 1 Satz 1 Handel mit Nichtgemeinschaftswaren oder unversteuerten Waren, die zur Verwendung als Schiffs- oder Reisebedarf bestimmt sind, ohne schriftliche Erlaubnis des Hauptzollamts betreibt.

§ 30 ZollV[2] Steuerordnungswidrigkeiten

(1) Ordnungswidrig im Sinne des § 382 Abs. 1 Nr. 1 der Abgabenordnung handelt, wer als Pflichtiger oder bei der Wahrnehmung der Angelegenheiten eines Pflichtigen vorsätzlich oder fahrlässig

1. entgegen § 3 Abs. 2 einen Weiterflug fortsetzt,
2. entgegen § 4a Satz 2, auch in Verbindung mit Satz 3, oder § 9 Abs. 1 nicht dafür Sorge trägt, daß das Wasserfahrzeug das dort genannte Zollzeichen trägt,

---

[1] Zollverwaltungsgesetz v. 21.12.1993 (BGBl. I 1992, 2125; 1993, 2493), zuletzt geändert durch Art. 2 Abs. 4 GVVG-Änderungsgesetz vom 12.6.2015 (BGBl. I S. 926).

[2] Zollverordnung v. 23.12.1993 (BGBl. I 1993, 2449; 1994, 162) idF der VO v. 17.12.2007 (BGBl. I 3002); zuletzt geändert durch VO v. 5.10.2009 (BGBl. I S. 3262).

3. entgegen § 5 Abs. 2 Satz 1 eine Anzeige nicht erstattet,
4. entgegen § 9 Abs. 2 Satz 1 eine Unterlage nicht aufbewahrt oder
5. einer vollziehbaren Anordnung nach § 9 Abs. 3 zuwiderhandelt.

(2) Ordnungswidrig im Sinne des § 382 Abs. 1 Nr. 2 der Abgabenordnung handelt, wer als Pflichtiger oder bei der Wahrnehmung der Angelegenheiten eines Pflichtigen vorsätzlich oder fahrlässig

1. entgegen § 27 Absatz 2 in Verbindung mit Absatz 3 Satz 1, 2 oder 3 oder Absatz 4 Satz 1, 2 oder 3 oder Absatz 6 oder Absatz 7 Satz 1 oder 2 Schiffs-, Flugzeug- oder Reisebedarf liefert oder bezieht,
2. entgegen § 27 Absatz 10 auf Verlangen Anschreibungen nicht, nicht richtig oder nicht in der vorgeschriebenen Form führt oder diese nicht oder nicht rechtzeitig vorlegt,
3. einer Vorschrift des § 27 Abs. 12 Satz 1, 2, 4 oder 5 über die Lieferung von Schiffs- oder Reisebedarf zuwiderhandelt,
4. entgegen § 27 Absatz 9 Satz 9, auch in Verbindung mit Absatz 13 Satz 1, Waren nicht meldet oder nicht oder nicht rechtzeitig vorführt.

(3) Ordnungswidrig im Sinne des § 382 Abs. 1 Nr. 3 der Abgabenordnung handelt, wer als Pflichtiger oder bei der Wahrnehmung der Angelegenheiten eines Pflichtigen vorsätzlich oder fahrlässig

1. entgegen § 26 Abs. 6 eine Freizonengrenze überschreitet,
2. entgegen § 26 Abs. 7 einen Grenzpfad ohne Erlaubnis des Hauptzollamts betritt oder
3. entgegen § 28 nicht oder nicht rechtzeitig hält oder einem Zollboot das Borden nicht oder nicht rechtzeitig ermöglicht.

(4)–(7) *(abgedruckt unter Rn. 38)*

§ 26 TrZollG[1] Ordnungswidrigkeiten

(1) Ordnungswidrig im Sinne des § 382 Abs. 1 Nr. 2 der Abgabenordnung handelt, wer vorsätzlich oder fahrlässig

1. entgegen § 13 Abs. 2 Satz 1 eine dort genannte Ware einer neuen zollrechtlichen Bestimmung zuführt oder ausführt,
2. entgegen § 16 Abs. 1 Satz 1, auch in Verbindung mit Abs. 2, eine Anzeige nicht, nicht richtig, nicht vollständig oder nicht rechtzeitig erstattet oder eine Einfuhrware nicht oder nicht rechtzeitig gestellt,
3. entgegen § 16 Abs. 3 eine Einfuhrware übergibt oder
4. entgegen § 17 Abs. 1 eine Einfuhrware verwendet.

(2) [1]Absatz 1 findet keine Anwendung auf ausländische Streitkräfte oder Hauptquartiere. [2]Die Regelungen des NATO-Truppenstatuts, des Zusatzabkommens und des Unterzeichnungsprotokolls zur Ausübung der Strafgerichtsbarkeit bleiben unberührt.

§ 28 TrZollV[2] Ordnungswidrigkeiten

Ordnungswidrig im Sinne des § 382 Absatz 1 Nummer 2 der Abgabenordnung handelt, wer vorsätzlich oder fahrlässig:

1. entgegen § 16 Absatz 1 eine Ware einkauft,
2. entgegen § 16 Absatz 3 Satz 1 eine Mitteilung nicht, nicht richtig, nicht vollständig oder nicht rechtzeitig macht,
3. entgegen § 17 Absatz 1 Satz 2 einer vollziehbaren Auflage oder Bedingung zuwiderhandelt,
4. entgegen § 20 Absatz 3 eine Einfuhrware abgibt.

37 Zu rechtlichen Komplikationen im Einzelfall kann **§ 28 Nr. 3 TrZollV** führen, wonach auch Zuwiderhandlungen gegen vollziehbare Auflagen oder Bedingungen iS von § 17 I 2 TrZollV bußgeldbewehrt sind. Denn dabei handelt es sich um individuelle Anordnungen der Zollstelle, die ihrerseits nicht nur rechtsfehlerfrei ergangen, sondern vor allem auch hinreichend bestimmt iS von Art. 103 II GG, § 377 II AO, § 3 OWiG sein müssen; einer Rückverweisung auf § 28 Nr. 3 TrZollV bzw. § 382 I Nr. 2 AO bedarf es im betreffenden Verwaltungsakt dagegen nicht (vgl. Göhler/*Gürtler* OWiG vor § 1

[1] Gesetz zur Ausführung der zoll- und steuerrechtlichen Bestimmungen des NATO-Truppenstatuts, des Zusatzabkommens zum NATO-Truppenstatut hinsichtlich der in der Bundesrepublik Deutschland stationierten ausländischen Streitkräfte und des Protokolls und der Abkommen betreffend die in der Bundesrepublik Deutschland errichteten internationalen militärischen Hauptquartiere (TruppenzollG) v. 19.5.2009 (BGBl. I 1090), zuletzt geändert durch Art. 8 Viertes G zur Änderung von Verbrauchsteuergesetzen v. 15.7.2009 (BGBl. I 1870).

[2] Verordnung zur Durchführung des Truppenzollgesetzes v. 24.8.2009 (BGBl. I 2947).

Rn. 17b, 18 mwN; s. auch *Odenthal* NStZ 1991, 418; Rn. 10, 35). Unter Bestimmtheitsgesichtspunkten unbedenklich ist dagegen, dass die Ordnungswidrigkeit nach **§ 26 I Nr. 4 iVm § 17 I TrZollG** auch in anderen als den in § 17 II, III TrZollV beispielhaft aufgezählten Fällen eingreifen kann, da die insoweit maßgebliche Tathandlung (*„zweckwidrige Verwendung von Einfuhrwaren"*) als solche bereits ausreichend spezifiziert ist (aA *Neumann* ZfZ 2010, 113, 127). Der in § 26 II 1 TrZollG normierte **Tatbestandsausschluss** ist redaktionell verfehlt, weil *„ausländische Streitkräfte und Hauptquartiere"* per se nicht ordnungswidrig handeln können, sondern nur natürliche Personen, dh deren jeweilige Vertreter bzw. Angehörige oder Mitarbeiter; außerdem kommt der Vorschrift angesichts von § 26 II 2 TrZollG iVm Art. VII Abs. 3 Buchst. a ii NATO-Truppenstatut im Anwendungsbereich des TrZollG ohnehin nur deklaratorische Bedeutung zu, wovon – ungeachtet des völkerrechtlichen Grundsatzes der Staatenimmunität (s. dazu Kindhäuser/Neumann/Paeffgen-*Böse* StGB Vor § 3 Rn. 34) – auch die Verhängung von Verbandsgeldbußen gemäß § 377 II AO, § 30 OWiG gegen die ausländischen Streitkräfte bzw. Hauptquartiere oder gar den Entsendestaat selbst mitumfasst ist (so bereits zutr. *Neumann* ZfZ 2010, 113, 127 [*„geht ins Leere"*]).

Für **Zuwiderhandlungen gegen Ge- und Verbote des ZK und der ZKDVO** (Verordnungen des Rats der Europäischen Union und der Europäischen Kommission) enthält § 30 ZollV die folgenden abschließenden Verweisungen auf § 382 I AO: 38

§ 30 ZollV Steuerordnungswidrigkeiten

(1)–(3) *(abgedruckt unter Rn. 36).*

(4) Ordnungswidrig im Sinne des § 382 Abs. 1 Nr. 1 der Abgabenordnung handelt, wer als Pflichtiger oder bei der Wahrnehmung der Angelegenheiten eines Pflichtigen der Verordnung (EWG) Nr. 2913/92 des Rates vom 12. Oktober 1992 zur Festlegung des Zollkodex der Gemeinschaften (ABl. EG Nr. L 302 S. 1, 1993 Nr. L 79 S. 84, 1996 Nr. L 97 S. 38), zuletzt geändert durch Verordnung (EG) Nr. 1791/2006 des Rates vom 20. November 2006 (ABl. EU Nr. L 363 S. 1), zuwiderhandelt, indem er vorsätzlich oder fahrlässig

1. entgegen Artikel 39 Abs. 1 oder 2 die Zollbehörde nicht oder nicht rechtzeitig unterrichtet, daß eine Verpflichtung zur Beförderung einer Ware nach Artikel 38 Abs. 1 infolge eines unvorhersehbaren Ereignisses oder höherer Gewalt nicht erfüllt werden kann,
2. entgegen Artikel 40 eine eingetroffene Ware nicht gestellt,
3. entgegen Artikel 43 Satz 1 in Verbindung mit Satz 2 für eine gestellte Ware eine summarische Anmeldung nicht oder nicht rechtzeitig abgibt,
4. entgegen Artikel 46 Abs. 1 Satz 1 ohne Zustimmung der Zollbehörde Waren ablädt oder umlädt,

4a. entgegen Artikel 46 Abs. 1 Satz 3 die Zollbehörden nicht oder nicht rechtzeitig unterrichtet,

5. entgegen Artikel 46 Abs. 2 auf Verlangen der Zollbehörde eine Ware nicht ablädt oder auspackt,

5a. ohne Zustimmung der Zollbehörden nach Artikel 47 Waren von dem Ort entfernt, an den sie ursprünglich verbracht worden sind,

6. entgegen Artikel 49 Abs. 1 in Verbindung mit Abs. 2 eine Förmlichkeit, die erfüllt sein muß, damit eine Ware eine zollrechtliche Bestimmung erhält (Anmeldung nach Artikel 59 zur Überführung der Ware in ein Zollverfahren gemäß Artikel 4 Nr. 16 oder Antrag auf Erhalt einer anderen zollrechtlichen Bestimmung gemäß Artikel 4 Nr. 15 Buchstabe b bis d), nicht oder nicht innerhalb der in Artikel 49 Abs. 1 genannten oder nach Artikel 49 Abs. 2 festgesetzten Frist erfüllt,

6a. entgegen Artikel 51 Abs. 1 Waren an anderen als den von den Zollbehörden zugelassenen Orten oder nicht unter den von diesen Behörden festgelegten Bedingungen lagert,

7. entgegen Artikel 168 Abs. 4 Satz 2 der Zollbehörde eine Durchschrift des die Ware begleitenden Beförderungspapiers nicht übergibt oder dieses nicht bei einer von der Zollbehörde dazu bestimmten Person zur Verfügung hält oder
8. entgegen Artikel 168 Abs. 4 Satz 3 der Zollbehörde auf Verlangen eine Ware nicht zur Verfügung stellt.

(5) Ordnungswidrig im Sinne des § 382 Abs. 1 Nr. 2 der Abgabenordnung handelt, wer als Pflichtiger oder bei der Wahrnehmung der Angelegenheiten eines Pflichtigen der Verordnung (EWG) Nr. 2913/92 zuwiderhandelt, indem er vorsätzlich oder fahrlässig

1. entgegen Artikel 76 Abs. 2, auch in Verbindung mit Artikel 77, eine ergänzende Anmeldung nicht nachreicht,
2. entgegen Artikel 87 Abs. 2 der Zollbehörde eine Mitteilung über ein Ereignis nicht macht, das nach Erteilung einer Bewilligung eingetreten ist und sich auf deren Aufrechterhaltung oder Inhalt auswirken kann,
3. entgegen Artikel 96 Abs. 1 Satz 2 Buchstabe a oder Abs. 2, jeweils auch in Verbindung mit Artikel 163 Abs. 3, eine Ware nicht, nicht unter Beachtung der von der Zollbehörde zur Nämlichkeitssicherung getroffenen Maßnahmen, nicht unverändert oder nicht rechtzeitig der Bestimmungsstelle gestellt,
4. entgegen Artikel 105 Satz 1 eine Bestandsaufzeichnung über eine in das Zollagerverfahren übergeführte oder in eine Freizone des Kontrolltyps II verbrachte Ware nicht, nicht richtig oder nicht vollständig führt,
5. entgegen Artikel 170 Abs. 2 eine dort bezeichnete Ware der Zollbehörde beim Verbringen in eine Freizone des Kontrolltyps I oder ein Freilager nicht gestellt oder entgegen Artikel 170 Abs. 3 auf Verlangen der Zollbehörde eine Ware, die einer Ausfuhrabgabe oder anderen Ausfuhrbestimmungen unterliegt, nicht meldet oder
6. entgegen Artikel 182 Abs. 3 Satz 1 der Zollbehörde eine Mitteilung über eine Wiederausfuhr, eine Vernichtung oder eine Zerstörung einer Ware nicht oder nicht rechtzeitig macht.

(5a) Ordnungswidrig im Sinne des § 382 Abs. 1 Nr. 3 der Abgabenordnung handelt, wer als Pflichtiger oder bei der Wahrnehmung der Angelegenheiten eines Pflichtigen der Verordnung (EWG) Nr. 2913/92 zuwiderhandelt, indem er vorsätzlich oder fahrlässig

1. entgegen Artikel 172 Abs. 1 Satz 2 eine Mitteilung über die Ausübung einer industriellen oder gewerblichen Tätigkeit oder einer Dienstleistung in einer Freizone oder einem Freilager der Zollbehörde nicht oder nicht rechtzeitig macht,
2. entgegen Artikel 176 Abs. 1 Satz 1 in Verbindung mit Satz 2 und 3 eine Bestandsaufzeichnung über eine Ware bei der Ausübung einer Tätigkeit im Bereich der Lagerung, der Be- oder Verarbeitung oder des Kaufs oder Verkaufs von Waren in einer Freizone des Kontrolltyps I oder einem Freilager nicht, nicht richtig, nicht vollständig oder nicht rechtzeitig führt oder
3. entgegen Artikel 176 Abs. 2 Satz 1 im Falle der Umladung einer Ware innerhalb einer Freizone des Kontrolltyps I die Papiere, die die Feststellung der Ware ermöglichen, nicht zur Verfügung der Zollbehörden hält.

(6) Ordnungswidrig im Sinne des § 382 Abs. 1 Nr. 3 der Abgabenordnung handelt, wer als Pflichtiger oder bei der Wahrnehmung der Angelegenheiten eines Pflichtigen der Verordnung (EWG) Nr. 2454/93 der Kommission vom 2. Juli 1993 mit Durchführungsvorschriften zu der Verordnung (EWG) Nr. 2913/92 des Rates vom 12. Oktober 1992 zur Festlegung des Zollkodex der Gemeinschaften (ABl. EG Nr. L 253 S. 1, 1994 Nr. L 268 S. 32, 1996 Nr. L 180 S. 34, 1997 Nr. L 156 S. 59, 1999 Nr. L 111 S. 88), zuletzt geändert durch Verordnung (EG) Nr. 214/2007 der Kommission vom 28. Februar 2007 (ABl. EU Nr. L 62 S. 6), zuwiderhandelt, indem er vorsätzlich oder fahrlässig entgegen Artikel 803 der Verordnung (EWG) Nr. 2454/93, auch in Verbindung mit Artikel 806 Satz 1 der Verordnung (EWG) Nr. 2454/93, in einer Bestandsaufzeichnung eine vorgeschriebene Angabe nicht, nicht vollständig oder nicht richtig aufnimmt.

(7) Ordnungswidrig im Sinne des § 382 Abs. 1 Nr. 2 der Abgabenordnung handelt, wer als Pflichtiger oder bei der Wahrnehmung der Angelegenheiten eines Pflichtigen der Verordnung (EWG) Nr. 2454/93 zuwiderhandelt, indem er vorsätzlich oder fahrlässig

1. entgegen Artikel 178 Abs. 4 erster oder zweiter Anstrich bei der Abgabe einer Zollwertanmeldung oder entgegen Artikel 199 Abs. 1 erster oder zweiter Anstrich bei der Abgabe einer Zollanmeldung Angaben nicht, nicht richtig oder nicht vollständig macht oder eine nicht echte Unterlage vorlegt,
2. entgegen Artikel 219 Abs. 1 Satz 3 das Beförderungspapier auf Verlangen nicht vorlegt,
3. entgegen Artikel 219 Abs. 2 der Abgangsstelle eine Ausfuhranmeldung, eine Anmeldung zur Wiederausfuhr oder ein anderes Dokument gleicher Wirkung nicht zusammen mit der dazugehörigen Versandanmeldung vorlegt,
4. entgegen Artikel 219 Abs. 3 der Zollstelle auf Verlangen eine Unterlage über das vorangegangene Zollverfahren nicht vorlegt,
5. entgegen Artikel 266 Abs. 1 Buchstabe a Nr. i erster Anstrich der zuständigen Zollbehörde ein Eintreffen einer Ware nicht, nicht in der vorgeschriebenen Weise oder nicht rechtzeitig mitteilt,
6. entgegen Artikel 266 Abs. 1 Buchstabe a Nr. i zweiter Anstrich, Nr. ii zweiter Anstrich oder Buchstabe c eine Ware in seiner Buchführung nicht, nicht richtig, nicht vollständig oder nicht rechtzeitig anschreibt,

7. entgegen Artikel 266 Abs. 1 Buchstabe a Nr. ii erster Anstrich der zuständigen Zollbehörde seine Absicht zur Überführung einer Ware in den zollrechtlich freien Verkehr nicht, nicht in der vorgeschriebenen Weise oder nicht rechtzeitig mitteilt,
8. entgegen Artikel 266 Abs. 1 Buchstabe b erster Anstrich der zuständigen Zollbehörde seine Absicht zur Überführung einer Ware in den zollrechtlich freien Verkehr nicht oder nicht in der vorgeschriebenen Weise mitteilt,
9. entgegen Artikel 266 Abs. 1 Buchstabe b zweiter Anstrich eine Ware in seiner Buchführung nicht, nicht richtig oder nicht vollständig anschreibt,
10. entgegen Artikel 273 Abs. 1 Satz 1 Buchstabe a der Überwachungszollstelle eine Mitteilung über die Ankunft einer Ware an dem dafür bezeichneten Ort nicht macht,
11. entgegen Artikel 273 Abs. 1 Satz 1 Buchstabe b in Verbindung mit Satz 2 eine Ware in einer Bestandsaufzeichnung nicht, nicht richtig oder nicht in der vorgeschriebenen Weise anschreibt,
12. entgegen Artikel 273 Abs. 1 Satz 1 Buchstabe c der Überwachungszollstelle eine Unterlage, die die Überführung einer Ware in das Zollagerverfahren betrifft, nicht zur Verfügung hält,
12a. (aufgehoben)
13. entgegen Artikel 359 Abs. 1 Satz 1, auch in Verbindung mit Artikel 358 Abs. 5, die Waren während ihrer Beförderung im gemeinschaftlichen Versandverfahren nicht durch die von der Abgangsstelle ausgehändigten Exemplare Nummer 4 und 5 der Versandanmeldung oder das Versandbegleitdokument begleiten lässt,
14. entgegen Artikel 359 Abs. 1 Satz 2, auch in Verbindung mit Artikel 358 Abs. 5, der Durchgangszollstelle eine Sendung nicht oder nicht unter Vorlage der Exemplare Nummer 4 und 5 der Versandanmeldung oder des Versandbegleitdokuments vorführt,
15. entgegen Artikel 359 Abs. 2, auch in Verbindung mit Artikel 358 Abs. 5, bei einer Durchgangszollstelle einen Grenzübergangsschein nach dem Muster in Anhang 46 nicht abgibt,
16. entgegen Artikel 360 Abs. 1 Buchstabe a bis d oder e, jeweils auch in Verbindung mit Artikel 358 Abs. 5,
    a) bei einer Änderung der verbindlichen Beförderungsstrecke,
    b) wenn der Verschluss während der Beförderung aus nicht vom Beförderer zu vertretenen Gründen verletzt wird,
    c) wenn die Waren auf ein anderes Beförderungsmittel umgeladen werden oder
    d) wenn eine unmittelbar drohende Gefahr zum teilweisen oder vollständigen Entladen des Beförderungsmittels zwingt,

    die Exemplare Nummer 4 und 5 der Versandanmeldung oder das Versandbegleitdokument nicht mit einem entsprechenden Vermerk versieht oder sie der nächsten Zollbehörde nicht unter Vorführung der Sendung vorlegt,
17. entgegen Artikel 379 Abs. 4 Satz 2 bei einem unzureichenden Referenzbetrag die Stelle der Bürgschaftsleistung nicht benachrichtigt,
18. entgegen Artikel 384 Abs. 2 Bescheinigungen der Stelle der Bürgschaftsleistung nicht, nicht rechtzeitig oder nicht vollständig zurückgibt,
19. entgegen Artikel 400 Abs. 1 Satz 2 in Verbindung mit Satz 1 oder entgegen Artikel 912g Abs. 3 Satz 1 in Verbindung mit Abs. 2 Buchstabe b das vorgesehene Feld der Versandanmeldung oder des Kontrollexemplars T5 nicht durch die Angabe des Versandtages vervollständigt oder nicht mit einer Nummer versieht,
20. entgegen Artikel 402 Abs. 1 eine Versandanmeldung nicht oder nicht rechtzeitig vervollständigt,
21. nach dem Versand der Abgangsstelle entgegen Artikel 402 Abs. 3 Satz 1 das Exemplar Nr. 1 der Versandanmeldung oder entgegen Artikel 912g Abs. 3 Satz 3 die Durchschrift des Kontrollexemplars T 5 zusammen mit allen Unterlagen, aufgrund derer das Kontrollexemplar T 5 ausgestellt worden ist, nicht oder nicht rechtzeitig übersendet oder übermittelt,
22. entgegen Artikel 408 Abs. 1 Buchstabe a die Bestimmungsstelle über Mehrmengen, Fehlmengen, Vertauschungen oder Unregelmäßigkeiten bei eingetroffenen Sendungen nicht oder nicht rechtzeitig unterrichtet,
23. entgegen Artikel 408 Abs. 1 Buchstabe b, auch in Verbindung mit Artikel 358 Abs. 5, für die eingetroffenen Sendungen der Bestimmungsstelle die Exemplare Nummer 4 und 5 der Versandanmeldung oder das Versandbegleitdokument nicht oder nicht rechtzeitig zusendet oder der Bestimmungsstelle das Ankunftsdatum oder den Zustand angelegter Verschlüsse nicht oder nicht rechtzeitig mitteilt,
24. (aufgehoben)
25. entgegen Artikel 513 Satz 2 nach der Beförderung einer Ware von einem Bewilligungsinhaber zu einem anderen seine Überwachungszollstelle nicht oder nicht rechtzeitig benachrichtigt,

25a. entgegen Artikel 513 Satz 5 in Verbindung mit Anhang 68 Teil A Nr. 2 oder Teil B Abschnitt I Nr. 2 die Überwachungszollstellen vor Beginn der Beförderung einer Ware von einem Bewilligungsinhaber zu einem anderen nicht von der beabsichtigten Beförderung unterrichtet,
26. entgegen Artikel 516 Aufzeichnungen oder in Verbindung mit Artikel 529 Bestandsaufzeichnungen nicht richtig oder nicht vollständig führt,
27. entgegen Artikel 530 Abs. 1 Anschreibungen in den Bestandsaufzeichnungen nicht, nicht richtig oder nicht rechtzeitig macht oder
28. (aufgehoben)
29. (aufgehoben)
30. (aufgehoben)
31. entgegen Artikel 842 Abs. 1 die Anzeige über die Vernichtung oder Zerstörung einer Ware nicht oder nicht rechtzeitig erstattet.

39 **f) § 382 II AO. Nach § 382 II AO ist § 382 I AO auch anwendbar,** soweit die Zollvorschriften und die dazu erlassenen Rechtsverordnungen für Verbrauchsteuern sinngemäß gelten. Durch diese Vorschrift soll sichergestellt werden, dass die Gefährdung solcher Verbrauchsteuern, die bei der Einfuhr zu entrichten sind, unter den Voraussetzungen des § 382 I AO nur nach dieser Sondervorschrift geahndet werden kann (vgl. Begr. zum gleich lautenden § 408 II RAO 1968, BT-Drs. V/1812, 28). Voraussetzung ist, dass die Vorschriften über Zölle (Gesetze oder Rechtsverordnungen) für Verbrauchsteuern *„sinngemäß gelten"*. Dies kommt nur für die Verbrauchsteuern in Betracht, die bei der **Einfuhr** verbrauchsteuerpflichtiger Waren in das Zollgebiet der Union erhoben werden. Verbrauchsteuern für Waren aus anderen Mitgliedstaaten der EU fallen nicht darunter (Rn. 42). Auch die Zollvorschriften, die auf § 382 AO verweisen, müssen sinngemäß gelten.

40 **Die Verweisung auf die Zollvorschriften** ist bei den Verbrauchsteuergesetzen nicht einheitlich geregelt. Zum Teil umfasst die Verweisung die Anwendung des § 31 ZollVG und des § 30 ZollV; teilweise ist dies nicht der Fall.

41 Für die **Einfuhrumsatzsteuer (EUSt)** gelten die Vorschriften des Zollrechts mit einigen ausdrücklich normierten Ausnahmen sinngemäß (§ 21 II UStG; zusf. *Weymüller* ZfZ 2014, 13). Die Regelungen in § 31 ZollVG und § 30 ZollV sind von diesen Ausnahmen nicht betroffen. § 382 AO ist daher bei der Verletzung der in Absatz 1 normierten Pflichten auch im Hinblick auf die EUSt anwendbar. Beim *innergemeinschaftlichen Erwerb* (§ 1 I Nr. 5 UStG) entsteht zwar Umsatzsteuer, jedoch keine Einfuhrumsatzsteuer.

42 Für die **übrigen Verbrauchsteuern** gelten die Zollvorschriften bei der Einfuhr verbrauchsteuerpflichtiger Waren aus **Drittländern** nur für einzelne Tatbestände sinngemäß, zB für die Entstehung der Steuer und den Zeitpunkt, der für ihre Bemessung maßgeblich ist, für die Person des Steuerschuldners, das Erlöschen in anderen Fällen als durch Einziehung, für den Zahlungsaufschub, den Erlass, die Erstattung und die Nacherhebung sowie für das Steuerverfahren (vgl. *§ 22 III 1 AlkStG* [ab 1.1.2018, s. Rn. 22 zu § 381], § 18 III 1 BierStG, § 147 III 1 BranntwMonG, § 19b III 1 EnergieStG, § 15 III 1 KaffeeStG, § 18 III 1 SchaumwZwStG, § 21 III 1 TabStG). Das Steuerverfahren des Zollrechts ist im Zollkodex, in der ZKDVO und ergänzend in ZollVG, ZollV, TrZollG sowie TrZollV geregelt, wobei das TrZollG in § 2 III 3 zusätzlich noch eine (eigentlich unnötige) *„allgemeine Anwendungsklausel"* (*Weymüller* ZfZ 2014, 13, 17) in Bezug auf den ZK und die ZKDVO enthält. Die AO ist daneben insgesamt nur noch für einzelne Fragen anwendbar (vgl. Witte/*Witte* ZK Vor Art. 1 Rn. 16). Soweit danach die Zollvorschriften und die dazu erlassenen Rechtsverordnungen für Verbrauchsteuern nicht entsprechend gelten, kommt auch eine Anwendung der Vorschrift des § 382 AO nicht in Betracht.

43 Im **Warenverkehr mit anderen Mitgliedstaaten** ist § 382 AO ebenfalls nicht anwendbar (Rn. 2). Die Vorschrift des § 382 AO greift daher insbes. dann nicht ein, wenn verbrauchsteuerpflichtige Waren aus dem freien Verkehr anderer Mitgliedstaaten der EU in das deutsche Erhebungsgebiet verbracht oder im innergemeinschaftlichen Versandhandel befördert werden. Das Verbringen von verbrauchsteuerpflichtigen Waren aus anderen Mitgliedstaaten zu **privaten Zwecken** ist regelmäßig bereits steuerfrei (zB § 22 I TabStG; vgl.

aber § 16 I 2, II EnergieStG). Für das Verbringen von Waren aus anderen Mitgliedstaaten zu **gewerblichen Zwecken** enthalten die Verbrauchsteuergesetze eigene Entstehungstatbestände (vgl. *§ 24 AlkStG* [ab 1.1.2018 s. Rn. 22 zu § 381], § 20 BierStG, § 149 BranntwMonG, §§ 15, 34, 40 EnergieStG, § 17 KaffeeStG, § 20 SchaumwZwStG, § 23 TabStG). Die Anwendung zollrechtlicher Vorschriften in diesem Bereich kommt schon deshalb nicht in Betracht, weil sie dem europarechtlichen Binnenmarktprinzip zuwiderlaufen würde.

6. Subjektiver Tatbestand

Der subjektive Tatbestand des § 382 AO umfasst neben (zumindest bedingt) **vorsätzlichem Verhalten** (Rn. 49 ff. zu § 369) auch **fahrlässiges** (Rn. 17 ff. zu § 377) **Handeln.** Zur Begründung der gleich lautenden Vorschrift des § 408 RAO 1968 wurde seinerzeit ausgeführt: *„Eine Beschränkung auf leichtfertiges Verhalten, wie sie in § 407 AO vorgesehen ist, wäre bei der Gefährdung von Eingangsabgaben kriminalpolitisch verfehlt. Als Täter von Zuwiderhandlungen gegen zollrechtliche Gestellungs- und Anmeldepflichten und gegen Beschränkungen in Zollfreigebieten kann jedermann in Betracht kommen. Aus diesem Grunde sind die Eingangsabgaben stärker gefährdet als die Verbrauchsteuern“* (BT-Drs. V/1812, 28). Im Schrifttum ist diese Sonderbehandlung der Gefährdung von Einfuhrabgaben im Verhältnis zu allen anderen Tatbeständen der Steuergefährdung überwiegend auf Ablehnung gestoßen (vgl. aus dem Schrifttum: *Henneberg* BB 1968, 906, 910; *Stobbe* ZfZ 1969, 264, 269 f.; *Kohlmann/Sandermann* StuW 1974, 221, 239; aus der Kommentarliteratur: FT-*Traut* 31, HHSp-*Rüping* 36, Klein/*Jäger* AO § 382 Rn. 22, Kohlmann/*Matthes* 41, RK-*Rolletschke* 15 u. Schwarz/Pahlke/*Webel* 23 zu § 382 AO; diff. GJW/*Heine* AO § 382 Rn. 23; unklar *v. Briel*/Ehlscheid § 1 Rn. 571). Kritisiert wird vor allem, dass schon die Herbeiführung der abstrakten *Gefahr* einer Steuerverkürzung für eine Ahndung als Ordnungswidrigkeit genüge, während für die Ahndung der *vollendeten Steuerverkürzung* als Straftat mindestens Leichtfertigkeit erforderlich sei. Trotz dieser Kritik hat der Gesetzgeber des § 382 AO für die subjektive Tatseite wiederum fahrlässiges Handeln genügen lassen. 44

Kennt der Täter eine Pflicht nicht oder irrt er über ihr Bestehen, so hat er keinen Tatvorsatz (§ 377 II AO, § 11 I 1 OWiG; s. dazu Rn. 100 ff. zu § 369). Beruht die Unkenntnis oder der Irrtum auf Fahrlässigkeit, kann die Handlung jedoch gemäß § 377 II AO, § 11 I 2 OWiG als fahrlässig begangene Ordnungswidrigkeit geahndet werden (s. Rn. 101 zu § 369). 45

7. Geldbuße

Die Bußgelddrohung des § 382 III AO entspricht derjenigen des § 381 II AO. Es gelten daher die gleichen Grundsätze (Rn. 27 f. zu § 381). Zum Tatbestandsausschluss in § 26 II 1 TrZollG s. Rn. 37. 46

8. Selbstanzeige

Die Vorschriften über die straf- bzw. bußgeldbefreiende Wirkung einer Selbstanzeige sind mangels gesetzlicher Verweisung auf § 371 AO oder § 378 III AO auf den Tatbestand der Gefährdung von Einfuhr- und Ausfuhrabgaben nicht (analog) anwendbar (s. iÜ Rn. 29 zu § 381). 47

9. Konkurrenzfragen

Die Vorschrift des **§ 382 AO ist** innerhalb ihres Anwendungsbereichs **Sondervorschrift gegenüber § 381 AO** (Rn. 30 zu § 381). 48

Der Bußgeldtatbestand des § 382 AO tritt zurück, wenn eine *Steuerhinterziehung* iS des § 370 AO vorliegt (§ 377 II AO, § 21 I 1 OWiG) oder wenn der Tatbestand der 49 *leichtfertigen Steuerverkürzung* nach § 378 AO erfüllt ist (§ 382 III 2. Hs. AO); vgl. auch BGH 20.7.1971, BGHSt 24, 178, 181 – Zollhinterziehung bei Entstehung der Zollschuld im Falle des früheren § 57 ZG; ferner OLG Bremen 5.8.1964, ZfZ 1964, 380, 381 f. zum früheren § 413 I Nr. 1 Buchst. c bb AO iVm § 136 III AZO – Verbrauch unverzollter Zigaretten durch Arbeiter im Freihafengebiet. Der Vorrang des Verkürzungstatbestands in § 378 AO kann *im Bußgeldverfahren* wegen § 384 AO, der die §§ 378–380 AO, nicht aber § 382 AO erfasst, insbes. für die Verjährungsfrage (Rn. 53) praktisch relevant werden. Die Anwendung des § 382 AO auf tatbestandsmäßige Zuwiderhandlungen iS dieser Vorschriften wird aber nicht dadurch ausgeschlossen, dass durch die Zuwiderhandlung nur der objektive Tatbestand der §§ 370 oder 378 AO erfüllt wird (so bereits *Krämer* ZfZ 1959, 233, 235).

50 § 382 I Nr. 2 AO geht als Sondertatbestand auch dem § 379 AO vor, zB bei der **Verletzung einer Bestandsaufzeichnungspflicht** iS des Art. 105 S. 1 ZK iVm § 30 V Nr. 4 ZollV (s. dazu *Brenner* StW 1981, 147, 150 f.). Ist die Ordnungswidrigkeit nach § 382 I Nr. 2 AO verjährt (Rn. 53), lebt eine durch dieselbe Handlung verwirklichte, wegen § 384 AO aber noch nicht verjährte Ordnungswidrigkeit nach § 379 AO jedoch wieder auf.

51 Beim **Zusammentreffen einer Ordnungswidrigkeit nach § 382 AO mit einer Straftat** wird nur das Strafgesetz angewandt (§ 377 II AO, § 21 I 1 OWiG). Dies ist etwa der Fall beim Zusammentreffen eines Diebstahls (§ 242 StGB) mit einer verbotswidrigen Beförderung iS des § 31 I Nr. 1 iVm § 2 ZollVG (vgl. OLG Bremen 21.5.1953, ZfZ 1953, 219 zu § 402 AO aF – Kaffeeschmuggel/-diebstahl durch Hafenarbeiter; BGH 10.1.1964, BGHSt 19, 217 zum früheren § 413 I Nr. 1 Buchst. c bb AO iVm § 137 AZO – verbotswidrige Warenbeförderung im Freihafengebiet durch Entwendung von Gefrierhühnern). Zu einem evtl. (dann: ebenfalls vorrangigen) Eingreifen der §§ 283 I Nr. 5, 6, 283b I Nr. 1, 2 StGB bei einer Verletzung von (auch handelsrechtlichen) Aufzeichnungs- und Buchführungspflichten s. Rn. 11 zu § 381.

52 Zu den Fällen (un-)gleichartiger **Tateinheit** (§ 377 II AO, § 19 OWiG) s. Rn. 33 zu § 381.

10. Verjährung

53 Die Verjährung richtet sich – ebenso wie im Falle des § 381 AO – gemäß § 377 II AO nach den allgemeinen Vorschriften der §§ 31 ff. OWiG (Rn. 23 zu § 381).

11. Anwendung des § 32 ZollVG

54 Eine Ordnungswidrigkeit iS des § 382 AO, die im **Reiseverkehr** im Zusammenhang mit der Zollbehandlung begangen wird, wird gemäß § 32 ZollVG nicht verfolgt, wenn sich die Tat auf Waren bezieht, die weder zum Handel noch zur gewerblichen Verwendung bestimmt sind und der verkürzte Einfuhrabgabenbetrag oder der Einfuhrabgabenbetrag, dessen Verkürzung versucht wurde, 130 EUR nicht übersteigt (ausf. hierzu Rn. 6 ff. zu § 32 ZollVG).

§ 383 Unzulässiger Erwerb von Steuererstattungs- und Vergütungsansprüchen

(1) **Ordnungswidrig handelt, wer entgegen § 46 Abs. 4 Satz 1 Erstattungs- oder Vergütungsansprüche erwirbt.**

(2) **Die Ordnungswidrigkeit kann mit einer Geldbuße bis zu fünfzigtausend Euro geahndet werden.**

Schrifttum: *Hein,* Die Abtretung, Verpfändung und Pfändung von Steuererstattungs- und Steuervergütungsansprüchen nach § 46 der Abgabenordnung 1977, BB 1977, 991; *Dietz,* Wirksamkeit und Zulässigkeit der Vorfinanzierung von Lohnsteuer- und Einkommensteuererstattungsansprüchen durch Bankinstitute unter Vermittlung von Lohnsteuerhilfevereinen, DStZ 1978, 475; *Tiedtke,* Die Pfändung von Lohnsteuererstattungsansprüchen, NJW 1978, 1640; *Halaczinsky,* Wirksamkeit von Pfändung und Abtretung im Steuerrecht, BB 1981, 1270; *Globig,* Die Pfändung von Lohnsteuer- und Einkommensteuererstattungsansprüchen, NJW 1982, 915; *Oswald,* Abtretung, Verpfändung und Pfändung von steuerlichen Erstattungsansprüchen, StB 1983, 222; *Lenke/Widera,* Zur Abtretbarkeit von Steuererstattungs- und Vergütungsansprüchen nach § 46 Abs. 4 AO, DB 1985, 1367; *Halaczinsky,* Abtretung, Verpfändung und Pfändung von Steuererstattungs- und Steuervergütungsansprüchen, ZIP 1985, 1442; *Germ,* Die Rechtsnatur der Abtretung und Verpfändung von Ansprüchen aus dem Abgabenschuldverhältnis, KStZ 1986, 128; *Roeseler,* Zum geschäftsmäßigen Erwerb von Steuererstattungsansprüchen, EWiR 1986, 223; *Slapio,* Geschäftsmäßiger Erwerb von Steuererstattungsansprüchen nach § 46 Abs. 4 AO, DStR 1994, 1368; *Mink,* Abtretung von Steuererstattungs- und -vergütungsansprüchen nach § 46 AO, DB 1994, 702; *Wessing,* Steuerordnungswidrigkeiten – Gefahr und Chance für die Verteidigung, SAM 2007, 9; *Best/Ende,* Fallstrick: § 46 Abs. 4 AO – Abtretung von Steuererstattungsansprüchen an Steuerberater, DStR 2007, 595; *Hütt,* Abtretung von Steuererstattungsansprüchen an Inkassofirmen, AO-StB 2007, 98; *Schelling,* § 383 AO: Unzulässiger Erwerb von Steuererstattungs- und Vergütungsansprüchen, PStR 2007, 283; *Zimmer,* Die Abtretung von Einkommensteuererstattungenin der Wohlverhaltensphase, ZInsO 2009, 2373.

Übersicht

1. Entstehungsgeschichte

Die Vorschrift entspricht § 409a RAO idF des Art. 2 Nr. 7 StBerÄndG v. 24.6.1975 (BGBl. I 1509). § 409a RAO wurde mit Wirkung ab 1.7.1975 als neuer Bußgeldtatbestand eingefügt (Begr. BT-Drs. 7/2852). Gleichzeitig wurde die das Blankett ausfüllende Vorschrift des § 159 RAO (= § 46 AO) ergänzt und neu gefasst. § 46 IV 1 AO (= § 159 III 1 RAO 1975) dient dem Schutz der LSt-Pflichtigen. 1

2. Zweck und Anwendungsbereich

§ 46 AO Abtretung, Verpfändung, Pfändung

(1) Ansprüche auf Erstattung von Steuern, Haftungsbeträgen, steuerlichen Nebenleistungen und auf Steuervergütungen können abgetreten, verpfändet und gepfändet werden. 2

(2) Die Abtretung wird jedoch erst wirksam, wenn sie der Gläubiger in der nach Absatz 3 vorgeschriebenen Form der zuständigen Finanzbehörde nach Entstehung des Anspruchs anzeigt.

(3) [1]Die Abtretung ist der zuständigen Finanzbehörde unter Angabe des Abtretenden, des Abtretungsempfängers sowie der Art und Höhe des abgetretenen Anspruchs und des Abtretungsgrundes auf einem amtlich vorgeschriebenen Vordruck anzuzeigen. [2]Die Anzeige ist vom Abtretenden und vom Abtretungsempfänger zu unterschreiben.

(4) [1] Der geschäftsmäßige Erwerb von Erstattungs- oder Vergütungsansprüchen zum Zweck der Einziehung oder sonstigen Verwertung auf eigene Rechnung ist nicht zulässig. [2] Dies gilt nicht für die Fälle der Sicherungsabtretung. [3] Zum geschäftsmäßigen Erwerb und zur geschäftsmäßigen Einziehung der zur Sicherung abgetretenen Ansprüche sind nur Unternehmen befugt, denen das Betreiben von Bankgeschäften erlaubt ist.

(5) Wird der Finanzbehörde die Abtretung angezeigt, so müssen Abtretender und Abtretungsempfänger der Finanzbehörde gegenüber die angezeigte Abtretung gegen sich gelten lassen, auch wenn sie nicht erfolgt oder nicht wirksam oder wegen Verstoßes gegen Absatz 4 nichtig ist.

(6) [1] Ein Pfändungs- und Überweisungsbeschluss oder eine Pfändungs- und Einziehungsverfügung dürfen nicht erlassen werden, bevor der Anspruch entstanden ist. [2] Ein entgegen diesem Verbot erwirkter Pfändungs- und Überweisungsbeschluss oder erwirkte Pfändungs- und Einziehungsverfügung sind nichtig. [3] Die Vorschriften der Absätze 2 bis 5 sind auf die Verpfändung sinngemäß anzuwenden.

(7) ...

Mit dem grundsätzlichen Verbot des geschäftsmäßigen Erwerbs von Steuererstattungsansprüchen will der Gesetzgeber die Verknüpfung von steuerlicher Beratung mit Kreditgeschäften verhindern. Insbes. soll der besonderen Form der Wirtschaftskriminalität begegnet werden, bei der unseriöse „Kreditgeber“ den Erstattungsanspruch gegen eine vorbehaltlose Abtretung mit geringen Beträgen „vorfinanzieren“ und dabei die Unkenntnis der zumeist ausländischen ArbN über die tatsächliche Höhe ihrer voraussichtlichen LSt-Rückzahlung ausnutzen (Begr. zu § 159 u. § 409a RVO 1975, BT-Drs. 7/2852, 47 f.). Ob das gesetzgeberische Ziel erreicht werden kann, erscheint zweifelhaft. Banken sind gem. § 46 IV 3 AO von dem Verbot des geschäftsmäßigen Erwerbs sicherungshalber abgetretener Ansprüche ausgenommen. Damit besteht zumindest die Gefahr einer Umgehung des Verbots durch solche LSt-Vereine, die im Namen eines Kreditinstituts als Kreditmittler auftreten (HHSp-*Ruping* 4 zu § 383; unten Rn. 12).

3 § 383 AO ist **anwendbar** auf alle Erstattungs- und Vergütungsansprüche aus dem Steuerschuldverhältnis (§ 37 AO), die sich gegen den StGläubiger richten. Privatrechtliche Ansprüche gegen den StGläubiger – zB Rückgewähransprüche aus vertraglicher Haftungsübernahme iS des § 192 AO – gehören nicht dazu (TK-*Drüen* 4 zu § 46 AO). Eine Verletzung der Anzeigepflicht des § 46 III AO, sei es dem Grunde oder der Form nach, ist nicht tatbestandsmäßig iS § 383 I AO. Zu den **Vergütungsansprüchen** gehören insbesondere die Vergütungen im Verbrauchsteuerrecht (Rn. 6) sowie das Kindergeld (§ 31 S. 3 EStG). Der Vorsteuerabzugsanspruch gem. § 15 UStG ist dagegen kein Vergütungsanspruch. Ergibt sich bei der Steuerberechnung (§ 16 I u. II UStG) eine negative Steuerschuld, also ein rechnerischer Überschuss zugunsten des Unternehmens, hat der Stpfl. einen selbstständigen und damit abtretbaren Auszahlungsanspruch. Auf diesen Auszahlungsanspruch sind zwar die Vorschriften über Vergütungsansprüche anwendbar (BFH 24.3.1983, BStBl. II 612; vgl. auch *Schwakenberg* UR 1993, 295). Nach dem Grundsatz der Tatbestandsbestimmtheit gilt dies jedoch nicht für die Anwendung des § 383 AO (s. auch Rn. 4). Ansprüche auf Erstattung von **Eingangsabgaben** können nach § 46 AO abgetreten werden (FG Bremen v. 18.12.1992, EFG 1992, 401). Gleiches gilt für den in 10 gleichen Jahresbeträgen auszuzahlenden Anspruch auf das Körperschaftsteuerguthaben gem. § 37 V KStG. Auf diesen Anspruch findet § 46 IV AO ausdrücklich keine Anwendung (§ 37 V 10 KStG). Rechtsgrund und Entstehung der Erstattungs- und Vergütungsansprüche sind den Einzelsteuergesetzen zu entnehmen (§§ 37, 38 AO; Rn. 6, 8); diese bestimmen auch, wer Gläubiger einer Steuervergütung ist (§ 43 AO). Ein Verstoß gegen § 46 IV 1 AO hat die Nichtigkeit der Abtretung/Verpfändung zur Folge (§ 46 V AO).

4 Die **entsprechende Anwendung** des § 383 AO schreiben zB § 8 II WoPG für Wohnungsbauprämien, § 14 III des 5. VermBG für die Arbeitnehmer-Sparzulage und § 96 VII EStG für die Altersvorsorgezulage vor. Die entsprechende Anwendbarkeit der Vorschriften über Steuervergütungen hat nach dem Willen des Gesetzgebers nicht automatisch die Anwendbarkeit des § 383 AO zur Folge. Dazu bedarf es vielmehr noch eines besonderen

Hinweises (Art. 103 II GG). Mangels einer entsprechenden Verweisung fallen daher Investitionszulagen und Eigenheimzulagen nicht unter § 383 AO (vgl. §§ 14 InvZulG 2010, 15 EigZulG).

3. Objektive Tatbestände

Ein Anspruch auf Erstattung von Steuern (§ 46 IV AO) setzt voraus, dass ein Anspruch aus dem Steuerschuldverhältnis (§ 37 I AO) ohne rechtlichen Grund erfüllt wurde oder dass der rechtliche Grund für die Zahlung später weggefallen ist (§ 37 II AO). Der Grundsatz, dass materiell ungerechtfertigte Vermögensverschiebungen unter den Partnern des Steuerschuldverhältnisses wieder auszugleichen sind, wird durch die *Bestandskraft* der Steuerbescheide, die Grundlage für die Verwirklichung aller Ansprüche aus dem Steuerschuldverhältnis sind (§ 218 I AO), in formeller Hinsicht begrenzt (§§ 155, 172 ff. AO). Entgegen §§ 150 ff. RAO verzichtet die AO auf eine Differenzierung der einzelnen Erstattungsansprüche nach dem Grund ihrer Entstehung. Maßgebend sind also – neben dem in § 37 II AO geregelten allgemeinen Erstattungsanspruch – die Einzelsteuergesetze. 5

In den Einzelsteuergesetzen sind namentlich folgende **Erstattungsansprüche geregelt:** 6

- § 24 I 1, II BierStG iVm §§ 42, 43 BierStV (Erstattung bei Aufnahme in ein Steuerlager – Rückbier -, Beförderung in andere Mitgliedstaaten);
- §§ 44b, 45 EStG (Erstattung bei der KapSt);
- Erstattung von ESt nach § 14 EUStBV;
- § 21 KaffeeStG iVm §§ 31, 32 KaffeeStV (Steuerentlastung bei Aufnahme in ein Steuerlager, Lieferung in andere Mitgliedstaaten und bei Ausfuhr);
- §§ 45–60 EnergieStG;
- §§ 24, 25 SchaumwZwStG iVm § 39, 40 SchaumwZwStV (Steuerentlastung bei Aufnahme in ein Steuerlager, Verbringen in andere Mitgliedstaaten);
- § 32 TabStG iVm § 28 TabStV (Erstattung bei Aufnahme in ein Steuerlager, Verbringen in einen anderen Mitgliedstaat);

  § 4 KraftStG (Erstattung bei Beförderung von Fahrzeugen mit der Eisenbahn;
- § 1 UStErstVO (VO über die Erstattung von USt an ausländische ständige diplomatische Missionen und ihre ausländischen Mitglieder);
- § 9 VersStG (Zurückzahlung oder Herabsetzung des Versicherungsentgelts);
- Erstattung von Einfuhr- oder Ausfuhrabgaben nach Art. 235 ff. ZK.

Für die in den Einzelsteuergesetzen geregelten Erstattungsansprüche ist charakteristisch, dass der Anspruch aus einem nachträglich eintretenden besonderen Sachverhalt erwächst, der die Rechtmäßigkeit der ursprünglichen Steuerfestsetzung nicht in Frage stellt.

Auch der **Steuervergütungsanspruch** ist ein umgekehrter Leistungsanspruch. Er unterscheidet sich von dem Erstattungsanspruch darin, dass im Falle der Vergütung die Steuer regelmäßig zu Recht, im Falle der Erstattung jedoch regelmäßig zu Unrecht geleistet wurde (*Tipke/Lang* Steuerrecht § 7 Rn. 68; Klein/*Ratschow* AO § 43 Rn. 3). Der Vergütungsanspruch steht nicht dem Steuerentrichtungspflichtigen, sondern grundsätzlich demjenigen zu, der die Steuer infolge Überwälzung wirtschaftlich getragen hat. Steuervergütung ist ein wichtiges Mittel der staatlichen Wirtschafts- und Steuerpolitik. Durch Zubilligung eines solchen Anspruchs soll ein Anreiz für ein wirtschaftlich erwünschtes Verhalten (zB die Ausfuhr) geschaffen werden (BVerfG 9.3.1960, BVerfGE 10, 372, 377). Steuervergütungsansprüche dienen darüber hinaus auch dem Ausgleich von Belastungen, die durch die Überwälzung vonSteuerlasten oder durch Mehrfachbelastungen eintreten und keinen Bestand haben sollen (Klein/*Ratschow* AO § 37 Rn. 5). 7

Rechtsgrund und Gläubiger eines Steuervergütungsanspruchs ergeben sich ebenfalls aus den Einzelsteuergesetzen (§ 43 AO), wobei einige Verbrauchsteuergesetze den Erstattungs- und den Vergütungsanspruch unter dem einheitlichen Oberbegriff „Steuerentlastung" zusammenfassen: 8

- §§ 24 I 2, 25 BierStG iVm § 42 I BierStV (Vergütung bei Aufnahme in Steuerlagen, Entlastung bei Beförderung in andere Mitgliedstaaten);
- § 21 KaffeStG iVm §§ 31, 32 KaffeeStV (Steuerentlastung bei Aufnahme in Steuerlager, Lieferung in andere Mitgliedstaaten und bei Ausfuhr);
- §§ 24 II 2, 25 BierStG iVm §§ 42, 43 BierStV (Vergütung für Rückbier, Entlastung bei Beförderung in andere Mitgliedstaaten);
- §§ 154, 155 BranntwMonG iVm §§ 56, 57 BrStV (Entlastung bei Aufnahme in ein-Steuerlager, Beförderung in einen anderen Mitgliedstaat);
- §§ 24, 25 SchaumwZwStG iVm §§ 39, 40 SchaumwZwStV (Entlastung bei Aufnahme in ein Steuerlage und bei Verbringen in andere Mitgliedsstaaten;
- §§ 45–60 EnergieStG;
- § 4a UStG (USt-Vergütung an gemeinnützige Körperschaften).

Soweit die entsprechende Anwendbarkeit der Vorschriften über Steuervergütungen vorgeschrieben ist, bedarf es zur Anwendung des § 383 AO noch einer besonderen Verweisung (Rn. 4).

9 **Erwerb** bedeutet Abtretung und Verpfändung, die allerdings bei Verstoß gegen § 46 IV 1 AO nichtig sind (§ 46 V AO). Auch nichtige Abtretungen (§ 46 V, VI AO) werden von § 383 AO erfasst (ebenso HHSp-*Rüping* 17 zu § 383). Bei reinen Formverstößen sollte allerdings gem. § 47 OWiG von einer Verfolgung abgesehen werden. Der unzulässige Erwerb setzt ein Handeln auf eigene Rechnung voraus; dies ist nicht der Fall, wenn der Abtretungsempfänger mit dem Zedenten abzurechnen hat (Thür. OLG 22.6.2004 – 1 Ss 86/04). **Sicherungsabtretungen** sind nur für Bankunternehmen erlaubt (BFH 23.10.1985, BStBl. II 1986, 124). Die Abgrenzung einer Sicherungsabtretung von einer erfüllungshalber vollzogenen Abtretung hat unter Berücksichtigung des wirtschaftlichen Gesamtzusammenhangs zu erfolgen. Von einer zulässigen Sicherungsabtretung kann nur dann ausgegangen werden, wenn für die Beteiligten bei Vollzug der Abtretung der Sicherungszweck erkennbar im Vordergrund gestanden hat (BFH 3.2.1984, BStBl. II 411; FG M/V v. 15.12.2004, DStRE 2006, 630). Insbes. muss es als ausgeschlossen angesehen werden können, dass sich der Abtretende durch den Vertrag seiner Einflussmöglichkeiten auf das Schicksal der Erstattungsforderung begeben wollte (BFH 30.8.1988, StRK AO 1977 § 46 R. 25). Unzulässig ist gem. § 46 VI 3 AO der geschäftsmäßige Erwerb der Erstattungs- und Vergütungsansprüche auf Grund einer Verpfändung nach §§ 1279 bis 1290 BGB (zur Pfändung von Steuererstattungsansprüchen vgl. *Globig* NJW 1982, 915).

10 **Geschäftsmäßig** iS des § 46 IV 3 AO handelt, wer die Tätigkeit (Erwerb) selbstständig und mit Wiederholungsabsicht ausübt (Begr. zu § 159 RAO 1975, BT-Drs. 7/2852, 47; BFH 23.10.1985, BStBl. II 1986, 124; BFH 13.10.1994, BStBl. II 1975, 473; BFH 4.2.1999, BFH/NV 1999, 430; BFH 13.11.2001, BStBl. II. 2002, 402; TK-*Drüen* 44, HHSp-*Boeker* 59, Klein/*Ratschow* AO § 46 Rn. 28 zu § 46 AO). Gewinnstreben ist dabei nicht erforderlich (BFH 4.10.1983, BStBl. II 1984, 118; BFH 4.2.1999, BFH/NV 1999, 430). Organisatorische Maßnahmen, zB vorbereitete Formulare, indizieren zwar die Wiederholungsabsicht, sind aber für deren Annahme keine notwendige Voraussetzung. Ebenso spielen die Zahl der Erwerbsfälle und der Zeitraum ihres Vorkommens eine Rolle, jedoch kommt es jeweils auf die Verhältnisse des Einzelfalls an (BFH 13.10.1994, BFH/NV 1995, 473; BFH 10.7.2001, BFH/NV 2001, 1531; BFH 13.11.2001, BStBl. II 2002, 402; BFH 4.2.2005, BStBl. II 2006, 348; FG Münster 7.7.2010, EFG 2011, 5). Vereinzelte Abtretungen im Rahmen eines Handelsgeschäfts oder an einen Berater zur Sicherung von Honorarforderungen reichen für die Annahme der Geschäftsmäßigkeit nicht aus (so ausdrücklich BFH 30.8.1988, BFH/NV 1989, 210). Andererseits kann uU bereits ein einzelner Erwerb als selbständig und in Wiederholungsabsicht gewürdigt werden (vgl. BFH 10.7.2001, BFH/NV 2001, 1531). Die Abtretung von LSt-Erstattungsansprüchen durch ArbN an ihre ArbG betrachtet die Finanzverwaltung als unzulässigen geschäftsmäßigen Erwerb (zB OFD Münster 19.5.1994, StEK AO 1977 § 46 Nr. 39; dazu

krit. *Slapio* DStR 1994, 1368). Ein Erwerb ist auch dann geschäftsmäßig, wenn der ESt-Erstattungsanspruch des ArbN auf Grund eines nach ausländischem Recht zu beurteilenden Arbeitsvertrages zivilrechtlich dem ArbG zusteht (BFH 4.2.1999, BStBl. II 430). Geschäftsmäßigkeit des Handelns iS des § 46 IV 3 AO ist für § 383 AO besonderes *persönliches Merkmal* (Rn. 12).

Befugt zum geschäftsmäßigen Erwerb und zur geschäftsmäßigen Einziehung sind Unternehmen, denen das Betreiben von **Bankgeschäften** gem. § 32 KWG erlaubt ist (BFH 23.10.1985, BStBl. II 1986, 124; zu Ausnahmen vgl. OFD Nürnberg 21.5.1990, DStR 1990, 394). Dies gilt jedoch nur, soweit es sich um sicherungshalber abgetretene Ansprüche handelt (zur Abgrenzung zu erfüllungshalber abgetretenen Ansprüchen s. Rn. 9). Das Verbot des § 383 AO greift nur dann nicht ein, wenn die materielle Voraussetzung des § 46 IV 2 und die formelle des Satz 3 erfüllt sind (HHSp-*Rüping* 18 zu § 383). Wegen des Vorliegens der erforderlichen Erlaubnis kann die FinB das Bundesaufsichtsamt für das Kreditwesen oder auch die für den Sitz des betreffenden Unternehmens zuständige Landeszentralbank um Auskunft ersuchen (Nr. 2 AEAO zu § 46). 11

4. Täter

Täter iS des § 383 AO kann jeder sein, der dem Verbot des § 46 IV 1 AO zuwiderhandelt, der also auch das besondere persönliche Merkmal der Geschäftsmäßigkeit (BayObLG 29.6.1994, NJW 1994, 2303) erfüllt. Handelt jemand als gesetzlicher Vertreter juristischer Personen oder Personengesellschaften, so ist ein Gesetz, nach dem besondere persönliche Merkmale die Möglichkeit der Ahndung begründen, auch auf den Vertreter anzuwenden, wenn diese Merkmale zwar nicht bei ihm, aber bei dem Vertretenen vorliegen (§ 377 II AO, § 9 I OWiG). Da § 46 IV 1 AO nur den „Erwerb" verbietet, kann der Zedent allenfalls als „Beteiligter" ordnungswidrig handeln (§ 377 II AO; § 14 OWiG). Beteiligen sich mehrere an der Ordnungswidrigkeit, so handelt jeder von ihnen ordnungswidrig, wenn nur einer geschäftsmäßig handelt (§ 377 II AO; § 14 I OWiG). 12

5. Subjektiver Tatbestand

Der subjektive Tatbestand des § 383 I AO umfasst nur vorsätzliches Handeln (§ 377 II AO; § 10 OWiG). Zahlreiche, in den blankettausfüllenden Normen enthaltene Rechtsbegriffe, zB *Steuervergütung,* können in diesem Zusammenhang zu einem den Vorsatz ausschließenden (§ 11 I 1 OWiG) Tatbestandsirrtum führen (so HHSp-*Rüping* 20 zu § 383). Der Vorsatz muss auch diejenigen persönlichen Merkmale umfassen, welche die Tätereigenschaft begründen (Rn. 12). 13

6. Versuch

Eine versuchte Ordnungswidrigkeit nach § 383 AO kann nicht geahndet werden (§ 377 II AO; § 13 II OWiG). 14

7. Geldbuße

Die Ordnungswidrigkeit nach § 383 I AO kann mit einer Geldbuße von 5 bis 50 000 EUR geahndet werden (§ 383 II, § 377 II AO; § 17 OWiG). Mit dieser ungewöhnlich hohen Sanktion macht der Gesetzgeber deutlich, dass er die steuerrechtliche Folge der Nichtigkeit (§ 46 V AO) nicht für ausreichend erachtet, sondern auf die generalpräventive Wirkung einer eigenen Unrechtsfolge in § 383 setzt (so HHSp-*Rüping* 4 zu § 383). Über die Zumessung der Geldbuße s. Rn. 31 ff. zu § 377. 15

8. Selbstanzeige

16 Die Vorschriften über die strafbefreiende Wirkung einer Selbstanzeige sind nicht anwendbar. Für eine Berichtigung oder Ergänzung unterlassener Angaben ist kein Raum. Dementsprechend enthält § 383 AO – anders § 378 III AO – keine Verweisung auf § 371 AO. Macht der Täter den verbotswidrigen und damit nichtigen „Erwerb" (Rn. 9) rückgängig, ist dies bei der Bemessung der Geldbuße oder der Entscheidung über eine Einstellung nach § 47 OWiG zu berücksichtigen (HHSp-*Rüping* 23, Kohlmann/*Kohlmann* 20 zu § 383).

9. Verjährung

17 Die Sondervorschrift des § 384 AO findet auf eine Ordnungswidrigkeit nach § 383 AO keine Anwendung; diese verjährt in 3 Jahren (§ 377 II AO; § 31 II Nr. 1 OWiG). Die Frist beginnt mit dem Eingang der Abtretungsanzeige bei der zuständigen FinB (§ 46 III AO), weil erst in diesem Zeitpunkt die Abtretung wirksam (§ 46 II AO) ist. Die Anzeige bildet den letzten Akt des Erwerbsvorgangs iS des § 46 IV AO, so dass die Tat erst dann beendet ist (HHSp-*Rüping* 26, Kohlmann/*Kohlmann* 24 zu § 383).

10. Konkurrenzen

18 Jeder Erwerb stellt eine rechtlich selbständige Tat dar; das Tatbestandsmerkmal der „Geschäftsmäßigkeit" verbindet die verschiedenen Einzeltaten nicht zu einer rechtlichen Handlungseinheit (so Kohlmann/*Kohlmann* 22 zu § 383).

Tateinheit ist möglich mit einem **Betrug** zum Nachteil des Abtretenden; in diesem Fall geht die Strafnorm vor (§ 21 I 1 OWiG, § 377 II AO). Tateinheitliches Zusammentreffen ist auch möglich mit einer Ordnungswidrigkeit nach § 20 I Nr. 1 RDG und mit sonstigen Bußgeldvorschriften, insbes. mit den Vorschriften des StBerG (Kohlmann/*Kohlmann* 23 zu § 383). Die Geldbuße bestimmt sich in diesen Fällen nach § 383 II, weil dort gegenüber den Bußgeldtatbeständen des StBerG eine höhere Geldbuße angedroht ist (§ 19 II OWiG). Wenn der Erwerber nachträglich die Gewinne aus der Abtretung verschweigt, so steht die dadurch verwirkte **Steuerhinterziehung** nach § 370 AO zu § 383 AO im Verhältnis der **Tatmehrheit** (HHSp-*Rüping* 28, Kohlmann/*Kohlmann* 22 zu § 383; GJW/*Heine* AO § 383 Rn. 16).

§ 383a Zweckwidrige Verwendung des Identifikationsmerkmals nach § 139a

(1) **Ordnungswidrig handelt, wer als nicht öffentliche Stelle vorsätzlich oder leichtfertig entgegen § 139b Abs. 2 Satz 2 Nr. 1 und § 139c Abs. 2 Satz 2 die Identifikationsnummer nach § 139b oder die Wirtschaftsidentifikationsnummer nach § 139c Abs. 3 für andere als die zugelassenen Zwecke erhebt oder verwendet, oder entgegen § 139b Abs. 2 Satz 2 Nr. 2 seine Dateien nach der Identifikationsnummer für andere als die zugelassenen Zwecke ordnet oder für den Zugriff erschließt.**

(2) **Die Ordnungswidrigkeit kann mit einer Geldbuße bis zu zehntausend Euro geahndet werden.**

Schrifttum: *Baum,* Änderungen der Abgabenordnung durch das EU-Richtlinien-Umsetzungsgesetz, NWB Fach 2, 8651; *Bilsdorfer,* Die neuen Kontrollmechanismen des Fiskus, LSW Gruppe 22, 15; *Heidenreich,* Fiskus is watching you, BBV 2005, Nr. 9, 11; *Pinne,* Der gläserner Steuerbürger – Fiktion oder Realität?, BB 2005, Heft 17, I; *Schmidt,* Das neue Kontenabrufverfahren auf dem Prüfstand: Verfassungswidriger Informationszugriff oder verfassungsrechtlich gebotene Durchsetzung der steuerlichen Belastungsgerechtigkeit, BB 2005, 2155; *Singer,* Überblick über die neuen Kontrollmöglichkeiten der Steuer- und Sozialbehörden, ZAP 2005, 359; *Wagner,* „Gläserne Taschen" oder die fast vollkommene „Vernetzung", Stgb 2005, 72; *Hamacher,* Der heimliche Kontenzugriff und das Grundgesetz, DStR 2006, 633; *Braun,* Bürger und Unternehmen werden durchnummeriert, PStR 2007, 65; *Jahn,* Kein Grundrecht auf Steuerhinterziehung – ein Plädoyer für die Steueridentifikationsnummer, StB 2007, Nr. 9, I; *von Wedelstädt,* Die Änderung der Abgabenordnung durch das Jahressteuergesetzt 2008, DB 2007, 2558; *Weyand,* Informationsnummer und Wirtschafts-Identifikationsnummer, INF 2005, 499; *ders.,* Missbrauch des Identifikationsmerkmals, PStR 2007, 80; *Foerster,* Einführung der elektronischen Lohnsteuerabzugsmerkmale, StuB 2008, 232; *Hohenlöchter,* Anspruch auf Erteilung einer Steuer- und einer Umsatzsteuer-Identifikationsnummer; *Kracht,* Immer neue und verfeinerte Kontrollen führen zum gläsernen Anleger, PFB 2008, 153;*ders.,* Steuer-Identifikationsnummer: Eine Kennzahl fürs Leben, LSW Gr. 22, 11; *Nöcker,* Die Steuernummer im Steuerrechtsverkehr, AO-StB 2008, 43; *Seer,* Die Rolle des Steuerberaters in einer elektronischen Finanzverwaltung, DStR 2008, 1553; *ders.,* Steuerordnungswidrigkeiten als pönalisiertes Verwaltungsunrecht, SteuerStud 2009, 117; *Polenz,* Umgang mit der Identifikationsnummer nach § 139b AO, RDV 2010, 115.

Übersicht

1. Entstehungsgeschichte

Das zweite Gesetz zur Änderung steuerrechtlicher Vorschriften (StÄndG 2003 v. 15.12.2003, BGBl. I 2645, 2665 ff.) sieht die Einführung eines bundeseinheitlichen Ordnungsmerkmals vor. Dies soll zu einer gleichmäßigen Steuererhebung (§ 85 AO) und damit zu einer formalen Steuergerechtigkeit führen und vor allem der effektiven Eindämmung der Steuerhinterziehung dienen (TK-*Brandis* 1 zu § 139a AO; HHSp-*Rüping* 1, RK-*Kemper* 1 zu § 383a). Die Vorschriften über das Identifikationsmerkmal (§ 139a AO), die Identifikationsnummer (§ 139b AO) und die Wirtschafts-Identifikationsnummer (§ 139c AO) wurden zuletzt durch das Gesetz zur Anpassung der Abgabenordnung an den Zollkodex der Union und zur Änderung weiterer steuerlicher Vorschriften v. 22.12.2014 (BGBl. I 2417 ff.) geändert. Sie lauten im Einzelnen: **1**

§ 139a AO Identifikationsmerkmal

(1) [1] Das Bundeszentralamt für Steuern teilt jedem Steuerpflichtigen zum Zwecke der eindeutigen Identifizierung in Besteuerungsverfahren ein einheitliches und dauerhaftes Merkmal (Identifikationsmerkmal) zu; das Identifikationsmerkmal ist vom Steuerpflichtigen oder von einem Dritten, der Daten dieses Steuerpflichtigen an die Finanzbehörden zu übermitteln hat, bei Anträgen, Erklärungen oder Mitteilungen gegenüber Finanzbehörden anzugeben. [2] Es besteht aus einer Ziffernfolge, die nicht aus anderen Daten über den Steuerpflichtigen gebildet oder abgeleitet werden darf; die letzte Stelle ist eine Prüfziffer. [3] Natürliche Personen erhalten eine Identifikationsnummer, wirtschaftlich Tätige eine Wirtschafts-Identifikationsnummer. [4] Der Steuerpflichtige ist über die Zuteilung eines Identifikationsmerkmals unverzüglich zu unterrichten.

(2) Steuerpflichtiger im Sinne dieses Unterabschnitts ist jeder, der nach einem Steuergesetz steuerpflichtig ist.

(3) Wirtschaftlich Tätige im Sinne dieses Unterabschnitts sind:

1. natürliche Personen, die wirtschaftlich tätig sind,
2. juristische Personen,
3. Personenvereinigungen.

§ 139b AO Identifikationsnummer

(1) [1] Eine natürliche Person darf nicht mehr als eine Identifikationsnummer erhalten. [2] Jede Identifikationsnummer darf nur einmal vergeben werden.

(2) [1] Die Finanzbehörden dürfen die Identifikationsnummer nur erheben und verwenden, soweit dies zur Erfüllung ihrer gesetzlichen Aufgaben erforderlich ist oder eine Rechtsvorschrift die Erhebung oder Verwendung der Identifikationsnummer ausdrücklich erlaubt oder anordnet. [2] Andere öffentliche oder nicht öffentliche Stellen dürfen

1. die Identifikationsnummer nur erheben oder verwenden, soweit dies für Datenübermittlungen zwischen ihnen und den Finanzbehörden erforderlich ist oder eine Rechtsvorschrift die Erhebung oder Verwendung der Identifikationsnummer ausdrücklich erlaubt oder anordnet,
2. ihre Dateien nur insoweit nach der Identifikationsnummer ordnen oder für den Zugriff erschließen, als dies für regelmäßige Datenübermittlungen zwischen ihnen und den Finanzbehörden erforderlich ist,
3. eine rechtmäßig erhobene Identifikationsnummer eines Steuerpflichtigen zur Erfüllung aller Mitteilungspflichten gegenüber Finanzbehörden verwenden, soweit die Mitteilungspflicht denselben Steuerpflichtigen betrifft und die Erhebung und Verwendung nach Nummer 1 zulässig wäre,
4. eine durch ein verbundenes Unternehmen im Sinne des § 15 des Aktiengesetzes rechtmäßig erhobene Identifikationsnummer eines Steuerpflichtigen zur Erfüllung aller Mitteilungspflichten gegenüber Finanzbehörden verwenden, soweit die Mitteilungspflicht denselben Steuerpflichtigen betrifft und die verwendende Stelle zum selben Unternehmensverbund wie die Stelle gehört, die die Identifikationsnummer erhoben hat und die Erhebung und Verwendung nach Nummer 1 zulässig wäre.

[3] Vertragsbestimmungen und Einwilligungserklärungen, die darauf gerichtet sind, eine nach den vorstehenden Bestimmungen nicht zulässige Erhebung oder Verwendung der Identifikationsnummer zu ermöglichen, sind unwirksam.

(3) Das Bundeszentralamt für Steuern speichert zu natürlichen Personen folgende Daten:

1. Identifikationsnummer,
2. Wirtschafts-Identifikationsnummern,
3. Familienname,
4. frühere Namen,
5. Vornamen,
6. Doktorgrad,
7. (aufgehoben)
8. Tag und Ort der Geburt,
9. Geschlecht,
10. gegenwärtige oder letzte bekannte Anschrift,
11. zuständige Finanzbehörden,
12. *Übermittlungssperren nach dem Melderechtsrahmengesetz und den Meldegesetzen der Länder* [***ab 1.11.2015:*** Auskunftssperren nach dem Bundesmeldegesetz],
13. Sterbetag,
14. Tag des Ein- und Auszugs.

(4) Die in Absatz 3 aufgeführten Daten werden gespeichert, um

1. sicherzustellen, dass eine Person nur eine Identifikationsnummer erhält und eine Identifikationsnummer nicht mehrfach vergeben wird,
2. die Identifikationsnummer eines Steuerpflichtigen festzustellen,
3. zu erkennen, welche Finanzbehörden für einen Steuerpflichtigen zuständig sind,
4. Daten, die auf Grund eines Gesetzes oder nach über- und zwischenstaatlichem Recht entgegenzunehmen sind, an die zuständigen Stellen weiterleiten zu können,
5. den Finanzbehörden die Erfüllung der ihnen durch Rechtsvorschrift zugewiesenen Aufgaben zu ermöglichen.

(5) [1] Die in Absatz 3 aufgeführten Daten dürfen nur für die in Absatz 4 genannten Zwecke verwendet werden. [2] *Übermittlungssperren nach dem Melderechtsrahmengesetz und den Meldegesetzen der Länder* [***ab 1.11.2015:*** Auskunftssperren nach dem Bundesmeldegesetz] sind zu beachten und im Fall einer zulässigen Datenübermittlung ebenfalls zu übermitteln. [3] Der Dritte, an den die Daten übermittelt werden, hat die Übermittlungssperren ebenfalls zu beachten.

(6) [1] Zum Zwecke der erstmaligen Zuteilung der Identifikationsnummer übermitteln die Meldebehörden dem Bundeszentralamt für Steuern für jeden in ihrem Zuständigkeitsbereich mit alleiniger Wohnung oder Hauptwohnung im Melderegister registrierten Einwohner folgende Daten:

1. Familienname,
2. frühere Namen,
3. Vornamen,
4. Doktorgrad,
5. (aufgehoben)
6. Tag und Ort der Geburt,
7. Geschlecht,
8. gegenwärtige Anschrift der alleinigen Wohnung oder der Hauptwohnung,
9. Tag des Ein- und Auszugs,
10. *Übermittlungssperren nach dem Melderechtsrahmengesetz und den Meldegesetzen der Länder* [***ab 1.11.2015:*** Auskunftssperren nach dem Bundesmeldegesetz].

[2] Hierzu haben die Meldebehörden jedem in ihrem Zuständigkeitsbereich mit alleiniger Wohnung oder Hauptwohnung registrierten Einwohner ein Vorläufiges Bearbeitungsmerkmal zu vergeben. [3] Dieses übermitteln sie zusammen mit den Daten nach Satz 1 an das Bundeszentralamt für Steuern. [4] Die Übermittlung der Daten nach Satz 1 erfolgt ab dem Zeitpunkt der Einführung des Identifikationsmerkmals, der durch Rechtsverordnung des Bundesministeriums der Finanzen auf Grund von Artikel 97 § 5 Satz 1 des Einführungsgesetzes zur Abgabenordnung bestimmt wird. [5] Das Bundeszentralamt für Steuern teilt der zuständigen Meldebehörde die dem Steuerpflichtigen zugeteilte Identifikationsnummer zur Speicherung im Melderegister unter Angabe des Vorläufigen Bearbeitungsmerkmals mit und löscht das Vorläufige Bearbeitungsmerkmal anschließend.

(7) [1] Die Meldebehörden haben im Falle der Speicherung einer Geburt im Melderegister sowie im Falle der Speicherung einer Person, für die bisher keine Identifikationsnummer zugeteilt worden ist, dem Bundeszentralamt für Steuern die Daten nach Absatz 6 Satz 1 zum Zwecke der Zuteilung der Identifikationsnummer zu übermitteln. [2] Absatz 6 Satz 2 bis 5 gilt entsprechend.

(8) Die Meldebehörde teilt dem Bundeszentralamt für Steuern Änderungen der in Absatz 6 Satz 1 Nr. 1 bis 10 bezeichneten Daten sowie bei Sterbefällen den Sterbetag unter Angabe der Identifikationsnummer oder, sofern diese noch nicht zugeteilt wurde, unter Angabe des Vorläufigen Bearbeitungsmerkmals mit.

(9) Das Bundeszentralamt für Steuern unterrichtet die Meldebehörden, wenn ihm konkrete Anhaltspunkte für die Unrichtigkeit der ihm von den Meldebehörden übermittelten Daten vorliegen.

§ 139c AO Wirtschafts-Identifikationsnummer

(1) [1] Die Wirtschafts-Identifikationsnummer wird auf Anforderung der zuständigen Finanzbehörde vergeben. [2] Sie beginnt mit den Buchstaben „DE". [3] Jede Wirtschafts-Identifikationsnummer darf nur einmal vergeben werden.

(2) [1] Die Finanzbehörden dürfen die Wirtschafts-Identifikationsnummer nur erheben und verwenden, soweit dies zur Erfüllung ihrer gesetzlichen Aufgaben erforderlich ist oder eine Rechtsvorschrift dies erlaubt oder anordnet. [2] Andere öffentliche oder nicht öffentliche Stellen dürfen die Wirtschafts-Identifikationsnummer nur erheben oder verwenden, soweit dies zur Erfüllung ihrer Aufgaben oder Geschäftszwecke oder für Datenübermittlungen zwischen ihnen und den Finanzbehörden erforderlich ist. [3] Soweit die Wirtschafts-Identifikationsnummer andere Nummern ersetzt, bleiben Rechts-

vorschriften, die eine Übermittlung durch die Finanzbehörden an andere Behörden regeln, unberührt.

(3) Das Bundeszentralamt für Steuern speichert zu natürlichen Personen, die wirtschaftlich tätig sind, folgende Daten:

1. Wirtschafts-Identifikationsnummer,
2. Identifikationsnummer,
3. Firma (§§ 17 ff. des Handelsgesetzbuchs) oder Name des Unternehmens,
4. frühere Firmennamen oder Namen des Unternehmens,
5. Rechtsform,
6. Wirtschaftszweignummer,
7. amtlicher Gemeindeschlüssel,
8. Anschrift des Unternehmens, Firmensitz,
9. Handelsregistereintrag (Registergericht, Datum und Nummer der Eintragung),
10. Datum der Betriebseröffnung oder Zeitpunkt der Aufnahme der Tätigkeit,
11. Datum der Betriebseinstellung oder Zeitpunkt der Beendigung der Tätigkeit,
12. zuständige Finanzbehörden,
13. Unterscheidungsmerkmale nach Absatz 5a,
14. Angaben zu verbundenen Unternehmen.

(4) Das Bundeszentralamt für Steuern speichert zu juristischen Personen folgende Daten:

1. Wirtschafts-Identifikationsnummer,
2. Identifikationsmerkmale der gesetzlichen Vertreter,
3. Firma (§§ 17 ff. des Handelsgesetzbuchs),
4. frühere Firmennamen,
5. Rechtsform,
6. Wirtschaftszweignummer,
7. amtlicher Gemeindeschlüssel,
8. Sitz gemäß § 11, insbesondere Ort der Geschäftsleitung,
9. Datum des Gründungsaktes,
10. Handels-, Genossenschafts- oder Vereinsregistereintrag (Registergericht, Datum und Nummer der Eintragung),
11. Datum der Betriebseröffnung oder Zeitpunkt der Aufnahme der Tätigkeit,
12. Datum der Betriebseinstellung oder Zeitpunkt der Beendigung der Tätigkeit,
13. Zeitpunkt der Auflösung,
14. Datum der Löschung im Register,
15. verbundene Unternehmen,
16. zuständige Finanzbehörden,
17. Unterscheidungsmerkmale nach Absatz 5a.

(5) Das Bundeszentralamt für Steuern speichert zu Personenvereinigungen folgende Daten:

1. Wirtschafts-Identifikationsnummer,
2. Identifikationsmerkmale der gesetzlichen Vertreter,
3. Identifikationsmerkmale der Beteiligten,
4. Firma (§§ 17 ff. des Handelsgesetzbuchs) oder Name der Personenvereinigung,
5. frühere Firmennamen oder Namen der Personenvereinigung,
6. Rechtsform,
7. Wirtschaftszweignummer,
8. amtlicher Gemeindeschlüssel,
9. Sitz gemäß § 11, insbesondere Ort der Geschäftsleitung,
10. Datum des Gesellschaftsvertrags,
11. Handels- oder Partnerschaftsregistereintrag (Registergericht, Datum und Nummer der Eintragung),
12. Datum der Betriebseröffnung oder Zeitpunkt der Aufnahme der Tätigkeit,
13. Datum der Betriebseinstellung oder Zeitpunkt der Beendigung der Tätigkeit,
14. Zeitpunkt der Auflösung,
15. Zeitpunkt der Beendigung,
16. Datum der Löschung im Register,
17. verbundene Unternehmen,
18. zuständige Finanzbehörden,
19. Unterscheidungsmerkmale nach Absatz 5a.

(5a) [1] Bei jedem wirtschaftlich Tätigen (§ 139a Absatz 3) wird die Wirtschafts-Identifikationsnummer für jede einzelne seiner wirtschaftlichen Tätigkeiten, jeden seiner Betriebe sowie für jede seiner Betriebstätten um ein fünfstelliges Unterscheidungsmerkmal ergänzt, so dass die Tätigkeiten, Betriebe und Betriebstätten des wirtschaftlich Tätigen im Besteuerungsverfahren eindeutig identifiziert werden können. [2] Der ersten wirtschaftlichen Tätigkeit des wirtschaftlich Tätigen, seinem ersten Betrieb oder seiner ersten Betriebstätte wird vom Bundeszentralamt für Steuern hierbei das Unterscheidungsmerkmal 00001 zugeordnet. [3] Jeder weiteren wirtschaftlichen Tätigkeit, jedem weiteren Betrieb sowie jeder weiteren Betriebstätte des wirtschaftlich Tätigen ordnet das Bundeszentralamt für Steuern auf Anforderung der zuständigen Finanzbehörde fortlaufend ein eigenes Unterscheidungsmerkmal zu. [4] Das Bundeszentralamt für Steuern speichert zu den einzelnen wirtschaftlichen Tätigkeiten, den einzelnen Betrieben sowie den einzelnen Betriebstätten des wirtschaftlich Tätigen folgende Daten:

1. Unterscheidungsmerkmal,
2. Wirtschafts-Identifikationsnummer des wirtschaftlich Tätigen,
3. Firma (§§ 17 ff. des Handelsgesetzbuchs) oder Name der wirtschaftlichen Tätigkeit, des Betriebes oder der Betriebstätte,
4. frühe Firmennamen oder Namen der wirtschaftlichen Tätigkeit, des Betriebes oder der Betriebstätte,
5. Rechtsform,
6. Wirtschaftszweignummer,
7. amtlicher Gemeindeschlüssel,
8. Anschrift oder Sitz der wirtschaftlichen Tätigkeit, des Betriebes oder der Betriebstätte,
9. Registereintrag (Registergericht, Datum und Nummer der Eintragung),
10. Datum der Eröffnung oder Zeitpunkt der Aufnahme der wirtschaftlichen Tätigkeit, des Betriebes oder der Betriebstätte,
11. Datum der Einstellung oder der Beendigung der wirtschaftlichen Tätigkeit, des Betriebes oder der Betriebstätte,
12. Datum der Löschung im Register,
13. zuständige Finanzbehörden.

(6) Die Speicherung der in den Absätzen 3 bis 5a aufgeführten Daten erfolgt, um

1. sicherzustellen, dass eine vergebene Wirtschafts-Identifikationsnummer nicht noch einmal für einen anderen wirtschaftlich Tätigen verwendet wird,
2. für einen wirtschaftlich Tätigen die vergebene Wirtschafts-Identifikationsnummer festzustellen,
3. zu erkennen, welche Finanzbehörden zuständig sind,
4. Daten, die auf Grund eines Gesetzes oder nach über- und zwischenstaatlichem Recht entgegenzunehmen sind, an die zuständigen Stellen weiterleiten zu können,
5. den Finanzbehörden die Erfüllung der ihnen durch Rechtsvorschrift zugewiesenen Aufgaben zu ermöglichen.

(7) Die in Absatz 3 aufgeführten Daten dürfen nur für die in Absatz 6 genannten Zwecke verwendet werden, es sei denn, eine Rechtsvorschrift sieht eine andere Verwendung ausdrücklich vor.

Die Identifikationsnummern werden vom Bundeszentralamt für Steuern (BZSt) vergeben und verwaltet (§ 5 I Nr. 22 FVG). Die Identifikationsnummer nach § 139b besteht aus zehn Ziffern und einer Prüfziffer. Sie ersetzt ab 2011 die herkömmlichen Steuernummern und die sog. eTIN. Anders als bisher gilt das eindeutige Identifikationsmerkmal ein Leben lang und wird erst 20 Jahre nach dem Tod des jeweiligen Steuerpflichtigen gelöscht (§ 4 StIdV). Die Zuteilung der Identifikationsnummer und die dazu erfolgte Datenspeicherung sind mit dem Recht auf informationelle Selbstbestimmung und dem sonstigen Verfassungsrecht vereinbar (BFH 18.1.2012, BStBl. II 2012, 168, BFHE 235, 151).

Im Zusammenhang mit der Erteilung der Identifikationsnummern wurde der neue Bußgeldtatbestand geschaffen und im Jahr 2004 in die AO aufgenommen (EURLUmsG v. 9.12.2004, BGBl. 2004 I 3310, 3324, 3330 = BStBl. I 2004, 1158 ff.).

2. Zweck und Anwendungsbereich

Die Identifikationsnummer nach § 139b und die Wirtschafts-Identifikationsnummer 2
nach § 139c III unterliegen einer strikten **Zweckbindung** (BT-Drs. 15/5974). Finanzbehörden dürfen grundsätzlich nur zur Erfüllung gesetzlicher Aufgaben oder aufgrund anderer

gesetzlicher Ermächtigungen tätig werden (für natürliche Personen § 139b II 1, V iVm IV; für wirtschaftlich Tätige § 139c II 1, VII iVm VI). Die in dem zentralen Datenregister gesammelten Daten sollen ausschließlich für steuerliche bzw. steuerstrafrechtliche Zwecke verwendet werden. Andere öffentliche oder nichtöffentliche Stellen dürfen die Identifikationsnummer nur erheben oder ihre Dateien danach ordnen, wenn dies zur Erfüllung ihrer Aufgaben gehört oder zur Übermittlung an die Finanzbehörden erforderlich ist (§§ 139b II 2, 139c II 2). Dennoch besteht die Gefahr, dass die Identifikationsnummer als allgemeines Personenkennzeichen für die Erstellung unzulässiger Persönlichkeitsprofile genutzt und damit das Recht auf informationelle Selbstbestimmung verletzt wird (Kohlmann/*Kohlmann* 6 zu § 383a) Der Gesetzgeber hat daher Zuwiderhandlungen gegen diese strikte Zweckbindung, die an sich Verstöße gegen datenschutzrechtliche Bestimmungen darstellen, als (untypische) Steuerordnungswidrigkeiten ausgestaltet (RegEntw BR-Drs. 605/04, 78). Der Anwendungsbereich bleibt indes auf Verstöße im Umgang mit der IdNr. natürlicher Personen nach § 139b und § 139c beschränkt (Beermann/Gosch/*Wiese* 3; Kohlmann/*Kohlmann* 6 zu § 383a).

3. Objektiver Tatbestand

3 § 383a ahndet die gesetzwidrige Erhebung, Verwendung sowie die Ordnung oder Erschließung der Daten, wobei das Ordnen und Erschließen als Unterfall der Verwendung angesehen werden kann (HHSp-*Rüping* 22, 27; Schwarz/Pahlke/*Weyand* 3 zu § 383a).

4 Wer das Identifikationsmerkmal vom Steuerpflichtigen oder durch einen Dritten erlangt, **erhebt** es unzulässig. In Bezug auf die Erhebung der Daten natürlicher Personen können diese Beschränkungen auch nicht durch Vereinbarungen zwischen den Beteiligten oder durch die Einwilligung des Betroffenen beseitigt werden (§ 139b II 3). Bei wirtschaftlich Tätigen gilt diese Beschränkung wegen des Fehlens einer vergleichbaren Vorschrift nicht; nach § 139c II ist die Wirtschafts-Identifikationsnummer in weitem Umfang verkehrsfrei (HHSp-*Rüping* 26; *Zanziger* in Schöll/Leopold/Madle/Rader 1, 4; Schwarz/Pahlke/*Weyand* 4 zu § 383a; *Weyand,* INF 2005, 499, 500).

5 Jede Form der Nutzung der Identifikationsnummer entgegen der strikten Zweckbindung stellt ein **Verwenden** dar (§ 3 IV und V BDSG). Bereits die **Ordnung** oder die **Zugriffserschließung** der Dateien nach der Identifikationsnummer entgegen dem in § 139b II Nr. 2 erlaubten Zweck verwirklicht den OWi-Tatbestand (Schwarz/Pahlke/*Weyand* 4, *Zanziger* in Schöll/Leopold/Madle/Rader 4 zu § 383a; aA HHSp-*Rüping* 22, 27 zu § 383a, der dies als bloße Vorbereitungshandlung zum Verwenden ansieht).

6 Nach Maßgabe von § 377 II AO, § 8 OWiG kann § 383a als **unechtes Unterlassungsdelikt** begangen werden. In Betracht kommt insbesondere eine Garantenstellung durch das Erheben der Daten, wenn durch Lücken im Datenverwaltungsprogramm die Identifikationsmerkmale dem Zugriff Dritter zugänglich geworden sind (HHSp-*Rüping* 29 zu § 383a).

4. Täter

7 Das Gesetz bezeichnet ausdrücklich **„nicht öffentliche Stellen"** als Adressaten der Vorschrift. Mitarbeiter von Finanzbehörden oder anderer Behörden können damit nicht Täter sein (Kohlmann/*Kohlmann* 10; RK-*Kemper* 8; HHSp-*Rüping* 20; Beermann/Gosch/*Wiese* 9 zu § 383a; Klein/*Jäger* AO § 383a Rn. 1). Deren Verstöße gegen die Verpflichtung, Identifikationsnummern nur im Rahmen der §§ 139b II, 139c II zu verwenden, können jedoch im Rahmen eines Strafverfahrens wegen Verletzung des Steuergeheimnisses (§ 355 StGB), von Dienstgeheimnissen (§ 353 StGB) oder eines Disziplinarverfahrens geahndet werden (Begr. in BT-Drs. 15/3677, 47; zust. RK-*Kemper* 7; Kohlmann/*Kohlmann* 10; Beermann/Gosch/*Wiese* 4; Schwarz/Pahlke/*Weyand* 6 zu § 383a; Klein/*Jäger* AO § 383a Rn. 1; zweifelnd HHSp-*Rüping* 20 zu § 383a).

5. Subjektiver Tatbestand

Die in § 383 bezeichneten Zuwiderhandlungen können **vorsätzlich** (§ 10 OWiG, § 377 II AO) oder **leichtfertig** (§ 378 AO) begangen werden; einfache Fahrlässigkeit reicht nicht aus. 8

Vorsätzliches Handeln erfordert die Kenntnis sämtlicher Tatbestandsmerkmale, wozu auch die Kenntnis der gesetzlichen Zweckbindung (Rz. 2) gehört. Ein Irrtum über die Unzulässigkeit der Erhebung oder Verwendung lässt als **Tatbestandsirrtum** nach § 16 I StGB den Vorsatz entfallen (HHSp-*Rüping* 23, 32; *Wiese* in Beermann/Gosch 10 zu § 383a). Glaubt der Täter dagegen in Kenntnis der strengen Zweckbindung, eine weitergehende Verwendung sei im Einzelfall nicht verboten, unterliegt er gem. § 377 I AO, § 11 II OWiG einem **Verbotsirrtum** (so HHSp-*Rüping* 33 zu § 383a; Göhler/*König* OWiG § 11 Rn. 30), wenn er diesen nicht vermeiden konnte. 9

Bei fehlendem oder nicht nachweisbarem Vorsatz kann eine Ahndung wegen **leichtfertigen Handelns** in Betracht kommen (vgl. dazu Rn. 34 ff. zu § 378). Leichtfertigkeit wird in der Regel anzunehmen sein, wenn der Täter das Merkmal verwendet, ohne sich zuvor über dessen Zulässigkeit informiert zu haben. Die Anforderungen an die Erkundigungspflicht steigen mit der Häufigkeit, mit welcher der Täter mit den Merkmalen in Berührung kommt (*Wiese* in Beermann/Gosch 11 zu § 383a). Als Indizien können insbesondere die Rechtsstellung des Täters, seine Erfahrungen mit Identifikationsnummern und seine Büroorganisation zur Verhinderung von Sicherheitslücken in der Datenverarbeitung herangezogen werden (so HHSp-*Rüping* 37 zu § 383a). 10

6. Versuch

Eine versuchte Ordnungswidrigkeit nach § 383a AO kann nicht geahndet werden (§ 377 II AO; § 13 II OWiG). 11

7. Geldbuße

Die vorsätzliche Begehung nach § 383a AO kann mit einer Geldbuße von 5 bis 10 000 EUR (§ 383a II, § 377 II AO; § 17 OWiG), bei leichtfertiger Begehung höchstens mit 5 000 EUR (§ 17 II OWiG) geahndet werden. Über die Zumessung der Geldbuße s. Rn. 31 ff. zu § 377. 12

8. Selbstanzeige

Die Vorschriften über die strafbefreiende Wirkung einer Selbstanzeige sind nicht anwendbar, weil es an einer entsprechenden Verweisung auf § 371 AO – anders als in § 378 III AO – fehlt. Eine nachträgliche Offenbarung ist jedoch bei der Bemessung der Geldbuße oder der Entscheidung über eine Einstellung nach § 47 OWiG zu berücksichtigen (Kohlmann/*Kohlmann* 12; HHSp-*Rüping* 51; Schwarz/Pahlke/*Weyand* 8 zu § 383a). 13

9. Verjährung

§ 383a wurde in die Sondervorschrift des § 384 AO, nach der Ordnungswidrigkeiten nach §§ 378–380 abweichend von den Regelungen des OWiG nach 5 Jahren verjähren, nicht mit aufgenommen. Die Verjährung richtet sich daher nach den allgemeinen Grundsätzen des OWiG. Ausgehend von der maximalen Geldbuße von 10 000 EUR beträgt die Frist für die Verfolgungsverjährung daher **zwei Jahre** (§ 31 II Nr. 2 OWiG). Die Frist beginnt mit der Beendigung der Tat (§ 31 III 1 OWiG), dh mit der Verwirklichung sämtlicher Tatbestandsmerkmale (KK-OWiG/*Weller* OWiG § 31 Rn. 23; Kohlmann/*Kohlmann* 13; Schwarz/Pahlke/*Weyand* 9 zu § 383a). 14

10. Verfolgungszuständigkeit

15 Die AO enthält keine Regelung, wer für die Verfolgung einer OWi nach § 383a zuständig ist. Die die Zuständigkeit der Finanzbehörden regelnde Vorschrift des § 409 S. 1 iVm § 387 I findet ihrem Wortlaut nach keine Anwendung, weil es sich nicht um zu verwaltende Steuern, sondern um Steuernummern handelt. Der Gesetzgeber hat die Möglichkeit, die Zuständigkeit in der Rechtsverordnung über die Einführung der Steuernummern (s. Rn. 1) zu regeln (so die Aufforderungen von *Zanziger* in Schöll/Leopold/Madle/Rader 7), nicht genutzt. In Betracht kommt daher zum einen eine entsprechende Anwendung des § 387 I mit der Folge einer Zuständigkeitskonzentration beim BZSt (befürwortend HHSp-*Rüping* 65 zu § 383a unter Hinweis auf § 36 I OWiG). § 387 I lässt indes auch die Auslegung zu, dass die für die Verfolgung der übrigen Steuerordnungswidrigkeiten zuständigen Behörden auch die Ordnungswidrigkeiten nach § 383a verfolgen (HHSp-*Rüping* 67; *Zanziger* in Schöll/Leopold/Madle/Rader 7 zu § 383a; Klein/*Jäger* AO § 383a Rn. 8).

16 Für die Zuständigkeit der Bußgeld- und Strafsachenstellen der Finanzämter spricht, dass diese vor Ort tätigen Behörden im Hinblick auf die Durchführung eines OWi-Verfahrens sachnäher und effektiver als eine einzelne zentrale Behörde arbeiten können. Für den Betroffenen hat die fehlende Zuständigkeitsregelung indes keine Auswirkungen, weil auch der von einer sachlich unzuständigen Behörde erlassene Bußgeldbescheid idR wirksam ist (KK-OWiG/*Lampe* OWiG § 36 Rn. 31, vgl. auch Rn. 26 zu § 387). Bei rechtzeitigem Einspruch verliert der Bußgeldbescheid ohnehin seine Wirkung; der Richter entscheidet ohne Bindung an den Bescheid (§ 410 I AO iVm § 71 OWiG, § 411 IV StPO).

§ 384 Verfolgungsverjährung

Die Verfolgung von Steuerordnungswidrigkeiten nach den §§ 378 bis 380 verjährt in fünf Jahren.

Schrifttum: *Pfaff,* Die Verfolgungsverjährung nach § 384 AO, StBp 1978, 163; *Kaiser,* Zur Unterbrechung der Verfolgungsverjährung, insbesondere in Bußgeldsachen, NJW 1984, 1738; *Brenner,* Strafverfolgungsverjährung und ihre Unterbrechung bei Steuerdelikten, BB 1985, 2041; *Heuer,* Unterbricht ein Durchsuchungsbeschluss gegen die Verantwortlichen eines Unternehmens die Verjährung?, wistra 1988, 170; *Vogelberg,* Die Verfolgungsverjährung im Steuerstraf- und Steuerordnungswidrigkeitenrecht, ZAP 1995, 119; *Weyand,* Auswirkungen der Neuregelungen im Ordnungswidrigkeitenrecht auf das steuerliche Bußgeldrecht, INF 1998, 359; *v. Briel,* Der Beginn der Strafverfolgungsverjährung bei Steuerstraftaten und -ordnungswidrigkeiten, SAM 2006, 115; *Wessing* Steuerordnungswidrigkeiten – Gefahr und Chance für die Verteidigung, SAM 2007, 9.

Übersicht

1. Entstehungsgeschichte

Bei Einführung von Steuerordnungswidrigkeiten durch das 2. AOStrafÄndG v. 12.8.1968 (BGBl. 1968 I 953) enthielten die Bußgeldtatbestände der leichtfertigen Steuerverkürzung in § 404 IV RAO, der Steuergefährdung in § 405 IV RAO und der Gefährdung von Abzugsteuern in § 406 III AO Verweisungen auf § 402 RAO 1968, der in Absatz 1 für die Verjährung der Verfolgung von Steuervergehen eine Frist von fünf Jahren bestimmte. Für die Verbrauchsteuergefährdung nach § 407 und die Gefährdung der Eingangsabgaben nach § 408 RAO 1968 galt die 2-jährige Verjährungsfrist gem. § 27 II Nr. 2 OWiG 1968. Der RegE hatte die 5-jährige Frist nur für § 404 RAO vorgesehen, weil eine kürzere Frist die Wirksamkeit dieser Bußgeldvorschrift in einem nicht tragbaren Maße einschränke; denn die Entdeckung einer leichtfertigen Steuerverkürzung sei von denselben Umständen abhängig wie die Entdeckung einer vorsätzlichen Steuerverkürzung (Begr. BT-Drs. V/1812, 27). Die weitergehende Regelung des Gesetzes geht auf den Vermittlungsausschuss zurück (BT-Drs. V/3042, 2; Einl 81). Durch Art. 161 Nr. 8 bis 10 EGStGB v. 2.3.1974 (BGBl. 1974 I 469, 582) wurde anstelle der einzelnen Verweisungsvorschriften ein neuer § 410 RAO eingeführt, dem § 384 AO 1977 wörtlich entspricht. 1

2. Allgemeine Vorschriften

Nach § 377 II AO richtet sich die Verfolgungsverjährung von Steuerordnungswidrigkeiten nach den allgemeinen Vorschriften des OWiG, soweit die Bußgeldvorschriften der Steuergesetze nichts anderes bestimmen. Es sind daher grundsätzlich anzuwenden: 2

§ 31 OWiG Verfolgungsverjährung

(1) [1]Durch die Verjährung werden die Verfolgung von Ordnungswidrigkeiten und die Anordnung von Nebenfolgen ausgeschlossen. [2]§ 27 Abs. 2 Satz 1 Nr. 1 bleibt unberührt.

(2) Die Verfolgung von Ordnungswidrigkeiten verjährt, wenn das Gesetz nichts anderes bestimmt,

1. in drei Jahren bei Ordnungswidrigkeiten, die mit Geldbuße im Höchstmaß von mehr als fünfzehntausend Euro bedroht sind,
2. in zwei Jahren bei Ordnungswidrigkeiten, die mit Geldbuße im Höchstmaß von mehr als zweitausendfünfhundert bis zu fünfzehntausend Euro bedroht sind,
3. in einem Jahr bei Ordnungswidrigkeiten, die mit Geldbuße im Höchstmaß von mehr als eintausend bis zu zweitausendfünfhundert Euro bedroht sind,
4. in sechs Monaten bei den übrigen Ordnungswidrigkeiten.

(3) [1]Die Verjährung beginnt, sobald die Handlung beendet ist. [2]Tritt ein zum Tatbestand gehörender Erfolg erst später ein, so beginnt die Verjährung mit diesem Zeitpunkt.

§ 32 OWiG Ruhen der Verfolgungsverjährung

(1) [1]Die Verjährung ruht, solange nach dem Gesetz die Verfolgung nicht begonnen oder nicht fortgesetzt werden kann. [2]Dies gilt nicht, wenn die Handlung nur deshalb nicht verfolgt werden kann, weil Antrag oder Ermächtigung fehlen.

(2) Ist vor Ablauf der Verjährungsfrist ein Urteil des ersten Rechtszuges oder ein Beschluß nach § 72 ergangen, so läuft die Verjährungsfrist nicht vor dem Zeitpunkt ab, in dem das Verfahren rechtskräftig abgeschlossen ist.

§ 33 OWiG Unterbrechung der Verfolgungsverjährung

(1) [1]Die Verjährung wird unterbrochen durch

1. die erste Vernehmung des Betroffenen, die Bekanntgabe, daß gegen ihn das Ermittlungsverfahren eingeleitet ist, oder die Anordnung dieser Vernehmung oder Bekanntgabe,
2. jede richterliche Vernehmung des Betroffenen oder eines Zeugen oder die Anordnung dieser Vernehmung,
3. jede Beauftragung eines Sachverständigen durch die Verfolgungsbehörde oder den Richter, wenn vorher der Betroffene vernommen oder ihm die Einleitung des Ermittlungsverfahrens bekanntgegeben worden ist,
4. jede Beschlagnahme- oder Durchsuchungsanordnung der Verfolgungsbehörde oder des Richters und richterliche Entscheidungen, welche diese aufrechterhalten,
5. die vorläufige Einstellung des Verfahrens wegen Abwesenheit des Betroffenen durch die Verfolgungsbehörde oder den Richter sowie jede Anordnung der Verfolgungsbehörde oder des Richters, die nach einer solchen Einstellung des Verfahrens zur Ermittlung des Aufenthalts des Betroffenen oder zur Sicherung von Beweisen ergeht,
6. jedes Ersuchen der Verfolgungsbehörde oder des Richters, eine Untersuchungshandlung im Ausland vorzunehmen,
7. die gesetzlich bestimmte Anhörung einer anderen Behörde durch die Verfolgungsbehörde vor Abschluß der Ermittlungen,
8. die Abgabe der Sache durch die Staatsanwaltschaft an die Verwaltungsbehörde nach § 43,
9. den Erlaß des Bußgeldbescheides, sofern er binnen zwei Wochen zugestellt wird, ansonsten durch die Zustellung,
10. den Eingang der Akten beim Amtsgericht gemäß § 69 Abs. 3 Satz 1 und Abs. 5 Satz 2 und die Zurückverweisung der Sache an die Verwaltungsbehörde nach § 69 Abs. 5 Satz 1,
11. jede Anberaumung einer Hauptverhandlung,
12. den Hinweis auf die Möglichkeit, ohne Hauptverhandlung zu entscheiden (§ 72 Abs. 1 Satz 2),
13. die Erhebung der öffentlichen Klage,
14. die Eröffnung des Hauptverfahrens,
15. den Strafbefehl oder eine andere dem Urteil entsprechende Entscheidung.

[2]Im selbständigen Verfahren wegen der Anordnung einer Nebenfolge oder der Festsetzung einer Geldbuße gegen eine juristische Person oder Personenvereinigung wird die Verjährung durch die dem Satz 1 entsprechenden Handlungen zur Durchführung des selbständigen Verfahrens unterbrochen.

(2) [1]Die Verjährung ist bei einer schriftlichen Anordnung oder Entscheidung in dem Zeitpunkt unterbrochen, in dem die Anordnung oder Entscheidung unterzeichnet wird. [2]Ist das Schriftstück nicht alsbald nach der Unterzeichnung in den Geschäftsgang gelangt, so ist der Zeitpunkt maßgebend, in dem es tatsächlich in den Geschäftsgang gegeben worden ist.

(3) [1] Nach jeder Unterbrechung beginnt die Verjährung von neuem. [2] Die Verfolgung ist jedoch spätestens verjährt, wenn seit dem in § 31 Abs. 3 bezeichneten Zeitpunkt das Doppelte der gesetzlichen Verjährungsfrist, mindestens jedoch zwei Jahre verstrichen sind. [3] Wird jemandem in einem bei Gericht anhängigen Verfahren eine Handlung zur Last gelegt, die gleichzeitig Straftat und Ordnungswidrigkeit ist, so gilt als gesetzliche Verjährungsfrist im Sinne des Satzes 2 die Frist, die sich aus der Strafdrohung ergibt. [4] § 32 bleibt unberührt.

(4) [1] Die Unterbrechung wirkt nur gegenüber demjenigen, auf den sich die Handlung bezieht. [2] Die Unterbrechung tritt in den Fällen des Absatzes 1 Satz 1 Nr. 1 bis 7, 11 und 13 bis 15 auch dann ein, wenn die Handlung auf die Verfolgung der Tat als Straftat gerichtet ist.

Die allgemeinen Vorschriften über die Verjährung der Verfolgung von Ordnungswidrigkeiten entsprechen weitgehend den Vorschriften über die Strafverfolgungsverjährung; im Einzelnen entspricht 3

- § 31 I OWiG über die **Wirkung der Verfolgungsverjährung** dem § 78 I StGB (Rn. 5 ff. zu § 376);
- § 31 III OWiG über den **Beginn der Verjährung** dem § 78a StGB (Rn. 11 f. zu § 376);
- § 32 OWiG über das **Ruhen der Verjährung** dem § 78b StGB (Rn. 97 ff. zu § 376);
- § 33 I OWiG über **Unterbrechungshandlungen** dem § 78c StGB (Rn. 62 ff. zu § 376); jedoch enthält § 33 I OWiG über § 78c StGB hinaus weitere zur Unterbrechung geeignete Handlungen, die sich aus Besonderheiten des Bußgeldverfahrens ergeben.

3. Anwendungsbereich des § 384 AO

§ 384 AO enthält eine gegenüber § 31 II OWiG vorrangige Spezialregelung der **Frist der Verfolgungsverjährung für Steuerordnungswidrigkeiten nach §§ 378 bis 380 AO.** Im Übrigen gelten die allgemeinen Verjährungsvorschriften des OWiG (§ 377 II AO). Auf Steuerordnungswidrigkeiten nach den §§ 381 bis 383 AO ist die Vorschrift nicht anwendbar. Die Verjährung von Ordnungswidrigkeiten nach § 130 OWiG wegen Verletzung der Aufsichtspflicht in Betrieben und Unternehmen (s. hierzu Rn. 61 ff. zu § 377) richtet sich nach hM nach derjenigen Frist, innerhalb der die der Aufsichtspflichtverletzung zugrunde liegende Zuwiderhandlung gegen betriebsbezogene Pflichten geahndet werden kann (Rn. 12). 4

4. Verjährungsfrist

a) Steuerordnungswidrigkeiten nach den §§ 378 bis 380 AO. Steuerordnungswidrigkeiten nach den §§ 378 bis 380 AO verjähren – abweichend von den allgemeinen Vorschriften des OWiG (Rn. 2) – in fünf Jahren (§ 384 AO); zur Begründung und Kritik s. Rn. 4 zu § 376 AO. 5

b) Steuerordnungswidrigkeiten nach §§ 381 bis 383 AO. Für die Steuerordnungswidrigkeiten nach §§ 381 bis 383 AO ergeben sich die Verjährungsfristen ebenso wie für **sonstige Steuerordnungswidrigkeiten** mangels einer Sonderregelung aus § 31 II OWiG. Danach bestimmt sich die Dauer der Verjährungsfrist nach dem Höchstmaß der für die jeweilige Ordnungswidrigkeit gesetzlich angedrohten Geldbuße. Die Verbrauchsteuergefährdung (§ 381 AO) und die Gefährdung der Einfuhr- und Ausfuhrabgaben (§ 382 AO) sind mit Geldbuße bis zu 5 000 EUR bedroht; gem. § 31 II Nr. 2 OWiG beträgt die Verjährungsfrist daher zwei Jahre. Da der unzulässige Erwerb von Steuererstattungs- und Vergütungsansprüchen gem. § 383 II AO mit einer Geldbuße bis zu 50 000 EUR bedroht ist, tritt die Verjährung hier gem. § 31 II Nr. 1 OWiG erst nach drei Jahren ein (s. auch Rn. 17 zu § 383). 6

Eine fahrlässig begangene Steuerordnungswidrigkeit, für die nicht die Sondervorschrift des § 384 AO gilt, kann gem. § 17 II OWiG nur mit der Hälfte des angedrohten Höchstbetrages der Geldbuße geahndet werden. Der Bußgeldrahmen für **fahrlässiges Handeln** ist auch dann maßgebend, wenn das Gesetz leichtfertiges Handeln mit Geldbuße bedroht, wie zB § 381 AO (Göhler/*Gürtler* OWiG § 17 Rn. 13). 7

8 **c) Verletzung von Aufbewahrungs-, Melde-, Berichtigungs- und Vorlagepflichten.** Die Verletzung von Aufbewahrungs-, Melde-, Berichtigungs- und Vorlagepflichten gem. § 26a I Nr. 1, 2, 4–7 UStG verjährt ebenso wie der Verstoß gegen Mitteilungspflichten nach § 45d EStG (§ 50e EStG) in zwei Jahren (§ 31 II Nr. 2 OWiG). Die Ordnungswidrigkeit nach § 26a I Nr. 3 UStG verjährt in sechs Monaten (§ 31 II Nr. 4 OWiG).

9 **d) Monopolordnungswidrigkeiten.** Monopolordnungswidrigkeiten nach § 126 II BranntwMonG (Verstöße gegen Buchungspflichten) verjähren in fünf Jahren (§ 128 III BranntwMonG).

10 **e) Ordnungswidrigkeiten nach §§ 160 bis 163 StBerG.** Die Ordnungswidrigkeiten nach §§ 160 bis 163 StBerG sind keine Steuerordnungswidrigkeiten und werden daher nicht von § 384 AO erfasst. Unbefugte Hilfeleistung in Steuersachen, deren Verfolgung der FinB obliegt (§ 164 StBerG), ist mit einer Geldbuße bis zu 5 000 EUR bedroht (§ 160 II StBerG); die Verjährungsfrist beträgt somit zwei Jahre (§ 31 II Nr. 2 OWiG). Die Ordnungswidrigkeit der unzulässigen Ausübung einer anderen wirtschaftlichen Tätigkeit in Verbindung mit der Hilfeleistung in LSt-Sachen nach § 4 Nr. 11 StBerG verjährt in drei Jahren (§ 163 iVm § 26 II StBerG; § 31 II Nr. 1 OWiG).

11 **f) Marktordnungsverstöße.** Marktordnungsverstöße nach § 36 MOG – ebenfalls keine Steuerordnungswidrigkeiten – verjähren in Abhängigkeit von der gesetzlich angedrohten Geldbuße (vgl. § 36 VI MOG) in zwei oder drei Jahren (§ 31 II Nr. 1, 2 OWiG).

12 **g) Verletzung von Aufsichtspflichten gem. § 130 OWiG.** Bei der Verletzung von Aufsichtspflichten gem. § 130 OWiG richtet sich die Dauer der Verjährungsfrist, ebenso wie die Berechnung der Höchstgeldbuße, nach der der Aufsichtspflichtverletzung zugrunde liegenden Zuwiderhandlung (§ 130 III, § 31 II OWiG). Gilt für diese eine längere Verjährungsfrist (zB nach § 384), erstreckt sie sich nach hM auch auf die Aufsichtspflichtverletzung (RK-*Hunsmann* 12 u. Kohlmann/*Matthes* 6 zu § 384). Der Aufsichtspflichtige soll nicht schlechter, aber auch nicht besser behandelt werden, als wenn er die Zuwiderhandlung selbst begangen hätte (vgl. Göhler/*Gürtler* OWiG § 130 Rn. 30, § 131 Rn. 9). Die Gegenauffassung vermisst eine gesetzliche Überleitungsvorschrift für die verlängerte Verjährungsfrist des § 384 AO und hält diese daher in Fällen der Aufsichtspflichtverletzung nicht für anwendbar (HHSp-*Bülte* 25 zu § 384; zur Kritik an der hM s. auch Rn. 72 zu § 377). Die Verfolgungsverjährung für die Verletzung von Aufsichtspflichten (§ 130 OWiG) richtet sich im Übrigen danach, ob die zugrunde liegende Zuwiderhandlung vorsätzlich oder fahrlässig (leichtfertig) begangen wurde, weil eine fahrlässig begangene Steuerordnungswidrigkeit gem. § 17 II OWiG nur mit der Hälfte des angedrohten Höchstbetrages der Geldbuße geahndet werden kann (Rn. 7). Wurde auch die Aufsichtspflichtverletzung fahrlässig begangen, ist der verbleibende Bußgeldrahmen nochmals zu halbieren (§ 17 II OWiG). In den Fällen der §§ 381, 382 AO, § 26a I Nr. 1, 2, 4–7 UStG reduziert sich daher die Frist der Verfolgungsverjährung einer fahrlässigen Verletzung der Aufsichtspflicht auf ein Jahr (§ 31 II Nr. 3 OWiG; vgl. auch *Vogelberg* ZAP 1995, 801).

5. Beginn der Verfolgungsverjährung

13 Die **Verfolgungsverjährung beginnt** mit Beendigung der Handlung (§ 31 III 1 OWiG). Tritt ein zum Tatbestand gehörender Erfolg später ein, so beginnt die Verjährung mit diesem Zeitpunkt (§ 31 III 2 OWiG). Maßgebend für den Beginn der Verjährungsfrist ist nicht der Zeitpunkt der rechtlichen Vollendung der Ordnungswidrigkeit, sondern der ihrer tatsächlichen Beendigung. Die Beendigung tritt aber häufig später ein als die Vollendung. Entscheidend ist der Zeitpunkt, zu dem die auf Tatbegehung gerichtete Tatbegehung ihren endgültigen Abschluss gefunden hat (RK-*Hunsmann* 13 zu § 384 mN; KK-OWiG/*Graf* OWiG § 31 Rn. 23; krit. HHSp-*Bülte* 27 zu § 384 im Hinblick auf den in § 31 III 1 OWiG verwendeten Begriff „Handlung").

Für den Ordnungswidrigkeitentatbestand des **§ 378 AO** gelten dieselben Grundsätze wie bei der Steuerhinterziehung gem. § 370 AO (s. dazu Rn. 11 ff. zu § 376). Bei *Veranlagungssteuern* ist die durch positives Tun begangene leichtfertige Steuerverkürzung (§ 378 AO) vollendet und zugleich beendet, wenn aufgrund der unrichtigen Erklärung die Steuer zu niedrig festgesetzt und die Festsetzung dem Stpfl bekannt gegeben worden ist (Rn. 26 ff. zu § 376 mN). Eine Unterlassungstat ist bei Veranlagungssteuern erst dann beendet, wenn das zuständige FA die Veranlagungsarbeiten in dem betreffenden Bezirk für den maßgeblichen Zeitraum allgemein abgeschlossen hat (BGH 7.11.2001, BGHSt 47, 138, 146). Bei der LSt treten die Vollendung und die Beendigung ein, wenn eine entsprechende Anmeldung zum Fälligkeitszeitpunkt nicht eingereicht wird (Rn. 37 zu § 376). **14**

Bei einer **Dauerordnungswidrigkeit** kommt es auf die Beseitigung des rechtswidrigen Zustandes an (HHSp-*Bülte* 28 u. RK-*Hunsmann* 14 zu § 384). **15**

Bei den **abstrakten Gefährdungsdelikten** des § 379 II und III AO ist nach hM die Tat bereits mit der Vornahme der Tathandlung vollendet und beendet, bei den potentiellen Gefährdungsdelikten (Eignungsdelikten) des § 379 I AO mit der Ermöglichung der Steuerverkürzung (HHSp-*Bülte* 28 u. RK-*Hunsmann* 14 zu § 384, jeweils mwN). Die durch aktives Tun begangenen Ordnungswidrigkeiten des Ausstellens unrichtiger Belege (§ 379 I Nr. 1 AO), des Inverkehrbringens von Belegen gegen Entgelt (§ 379 I Nr. 2 AO) und des unrichtigen Verbuchens oder Verbuchenlassens (§ 379 I Nr. 3 AO) sind damit mit Vornahme der jeweiligen Handlung vollendet und beendet (GJW/*Heine* AO § 384 Rn. 8, HHSp-*Bülte* 28 u. RK-*Hunsmann* 14 zu § 384). **16**

Anderes gilt bei § 379 AO für die **Unterlassungsvarianten.** Wie bei den echten Unterlassungsdelikten des allgemeinen Strafrechts beginnt die Verjährung erst, wenn die Pflicht zum Handeln fortfällt (BGH 27.9.1991, wistra 1992, 23 betr. § 266a StGB; vgl. auch OLG Jena 20.5.2005, NStZ-RR 2006, 170). Das ist, wenn die Handlung fristgebunden ist, nicht schon bei Fristablauf der Fall, sofern die Handlungspflicht fortbesteht (vgl. BGH 4.4.1979, BGHSt 28, 371, 380; *Fischer* StGB § 78a Rn. 14; GJW/*Heine* AO § 384 Rn. 8; Göhler/*Gürtler* OWiG § 31 Rn. 10; aA HHSp-*Bülte* 28 zu § 384). **17**

Für den Verjährungsbeginn bei der **Gefährdung von Abzugsteuern (§ 380 AO)** bedeutet dies, dass die Verjährung erst dann beginnt, wenn die Pflicht zum Handeln, etwa durch die nachträgliche Abführung der Steuerabzugsbeträge, entfällt (glA HHSp-*Rüping* 44 zu § 380; Schwarz/Pahlke/*Webel* 3 zu § 384 AO). Allein mit dem Argument, es käme sonst zu einem unvertretbar langen Hinausschieben der Verjährungsfrist, lässt es sich nicht rechtfertigen, die Tatbeendigung bereits mit dem Verstreichenlassen des Fälligkeitstermins zur Abführung der Steuerabzugsbeträge anzunehmen (so aber Kohlmann/*Matthes* 63 zu § 380; HHSp-*Bülte* 28 zu § 384 sowie *Simon/Vogelberg* S. 106). Die Rspr zum Erfolgsdelikt der Steuerhinterziehung (§ 370 AO) im Falle der Verkürzung von Fälligkeitssteuern durch Unterlassen (vgl. BGH 10.12.1991, BGHSt 38, 165, 170; s. auch Rn. 34 zu § 376) lässt sich auf das echte Unterlassungsdelikt des § 380 AO nicht ohne weiteres übertragen. **18**

Wann die Verjährung bei einer **Aufsichtspflichtverletzung** (§ 130 OWiG) beginnt, ist umstritten. Nach zutreffender hM beginnt die Verjährung der Aufsichtspflichtverletzung mit Beendigung der Zuwiderhandlung, bei Dauerordnungswidrigkeiten nicht vor Beendigung der letzten die betriebsbezogenen Pflichten verletzenden Handlung von Unternehmensangehörigen (BGH 6.11.1984, wistra 1985, 77; Göhler/*Gürtler* OWiG § 130 Rn. 30; Schwarz/Pahlke/*Webel* 3 zu § 384 AO; ferner Rn. 73 f. zu § 377). Zum Teil wird die Tat solange nicht als beendet angesehen, wie weitere Verstöße derselben Art zu befürchten sind (BGH 9.7.1984, BGHSt 32, 389, 392) oder die ordnungsgemäße Aufsicht nicht wieder hergestellt ist (*Bender/Möller/Retemeyer* Rn. E 310). **19**

6. Ruhen der Verjährung

Die **Verjährung ruht,** solange nach dem Gesetz die Verfolgung nicht begonnen oder nicht fortgesetzt werden kann (§ 32 I OWiG). Nicht verfolgt werden kann eine Tat zB bei **20**

Fehlen einer inländischen Verfolgungszuständigkeit (Göhler/*Gürtler* OWiG § 32 Rn. 3) sowie bei Aussetzung des Verfahrens nach Art. 100 GG (OLG Schleswig 17.11.1961, NJW 1962, 1580) oder nach Art. 267 AEUV (Rn. 20 zu § 396). Die Verjährung ruht auch, wenn das Bußgeldverfahren gem. § 410 I Nr. 5, § 396 AO bis zum rechtskräftigen Abschluss des Besteuerungsverfahrens ausgesetzt worden ist (§ 396 III AO). Die Erhebung einer Verfassungsbeschwerde bewirkt hingegen kein Ruhen der Verjährung (OLG Düsseldorf 13.10.1967, NJW 1968, 117). Die Immunität eines Abgeordneten ist nach Art. 46 II GG und den entsprechenden Verfassungsvorschriften der meisten Länder kein Verfolgungshindernis für das Bußgeldverfahren, weil diese Vorschriften lediglich untersagen, einen Abgeordneten wegen einer „mit Strafe bedrohten Handlung" zur Verantwortung zu ziehen oder zu verhaften; der Geldbuße fehlt aber das mit der Kriminalstrafe verbundene Unwerturteil (Göhler/*Seitz* OWiG Vor § 59 Rn. 42 und Göhler/*Gürtler* OWiG § 32 Rn. 6; Nr. 152 II AStBV; Nr. 298 S. 1 RiStBV; aM HHSp-*Bülte* 33 zu § 384).

7. Unterbrechung der Verjährung

21 Für die **Unterbrechung der Verjährung** gilt der – weitgehend § 78c StGB entsprechende – Katalog des § 33 OWiG (zu § 78c StGB vgl. Rn. 62 ff. zu § 376). Nach jeder Unterbrechung beginnt die Verjährungsfrist von neuem (§ 33 III 1 OWiG). Die Verfolgungsverjährung tritt aber spätestens ein, wenn seit Verjährungsbeginn das Doppelte der gesetzlichen Verjährungsfrist, mindestens aber zwei Jahre verstrichen sind (§ 33 III 2 OWiG).

22 Um eine Verjährungsunterbrechung zu bewirken, ist eine **Konkretisierung des Tatgeschehens** nötig; die Tat muss soweit individualisiert sein, dass sie von denkbaren oder gleichartigen Sachverhalten unterscheidbar ist (BGH 20.5.1969, BGHSt 22, 375, 385). Die Unterbrechungswirkung von Untersuchungshandlungen erstreckt sich grundsätzlich auf alle verfahrensgegenständlichen Taten, wenn in einem Verfahren wegen mehrerer Taten im prozessualen Sinn ermittelt wird. Dies gilt jedoch dann nicht, wenn der Verfolgungswille des tätig werdenden Strafverfolgungsorgans erkennbar auf eine oder mehrere Taten beschränkt ist (BGH 5.4.2000, wistra 2000, 219, BGH 22.8.2006, NStZ 2007, 213 u. BGH 25.6.2015, 1 StR 579/14).

23 Die Unterbrechungshandlung muss sich auf einen **konkreten Täter** beziehen (BGH v. 1.8.1995, StV 585; Rn. 69 zu § 376), der in den Ermittlungsakten als Tatverdächtiger bezeichnet ist (BGH 6.3.2007, wistra 2007, 383). Dieser muss zwar noch nicht namentlich bekannt sein; es müssen jedoch zum Zeitpunkt der Untersuchungshandlung Merkmale vorhanden sein, die den Täter individuell bestimmen (BGH 6.3.2007, wistra 2007, 383). Bei Ermittlungen gegen ein Unternehmen wird deshalb die Verjährung nicht gegen einen nach § 9 I Nr. 2 oder II OWiG Verantwortlichen unterbrochen, wenn unbekannt ist, wer die verantwortliche Person ist (Göhler/*Gürtler* OWiG § 33 Rn. 56).

24 Erfüllt ein Durchsuchungsbeschluss die an ihn zu stellenden **verfassungsrechtlichen Mindestanforderungen** nicht, kann er die Verfolgungsverjährung nicht unterbrechen (BGH 27.5.2003, wistra 2003, 382 und BGH 5.4.2000, wistra 2000, 219 m. Anm. *Jäger* wistra 2000, 227).

8. Wirkung der Verfolgungsverjährung

25 Nach hM ist die Verjährung ein Verfahrenshindernis (s. Rn. 6 zu § 376). Durch sie werden die Verfolgung von Ordnungswidrigkeiten und die Anordnung von Nebenfolgen ausgeschlossen (§ 31 I 1 OWiG). Das Verfahren ist auf Kosten der Staatskasse (§ 46 I OWiG; § 467 I StPO) einzustellen (Göhler/*Gürtler* OWiG Vor § 31 Rn. 5). In den Fällen leichtfertiger Steuerverkürzung endet die Frist für die Steuerfestsetzung (§ 169 II 2 AO) nicht, bevor die Verfolgung der Steuerordnungswidrigkeit verjährt ist (§ 171 VII AO).

Dritter Abschnitt. Strafverfahren

1. Unterabschnitt. Allgemeine Vorschriften

§ 385 Geltung von Verfahrensvorschriften

(1) **Für das Strafverfahren wegen Steuerstraftaten gelten, soweit die folgenden Vorschriften nichts anderes bestimmen, die allgemeinen Gesetze über das Strafverfahren, namentlich die Strafprozessordnung, das Gerichtsverfassungsgesetz und das Jugendgerichtsgesetz.**

(2) **Die für Steuerstraftaten geltenden Vorschriften dieses Abschnitts, mit Ausnahme des § 386 Abs. 2 sowie der §§ 399 bis 401, sind bei dem Verdacht einer Straftat, die unter Vorspiegelung eines steuerlich erheblichen Sachverhalts gegenüber der Finanzbehörde oder einer anderen Behörde auf die Erlangung von Vermögensvorteilen gerichtet ist und kein Steuerstrafgesetz verletzt, entsprechend anzuwenden.**

Vgl. § 46 I OWiG.

Schrifttum: Zum allgemeinen Verfahrensrecht: *Alsberg/Nüse/Meyer,* Der Beweisantrag im Strafprozeß, 6. Aufl. 1995; *Amelunxen,* Die Berufung in Strafsachen, 1982; *Baumann,* Grundbegriffe und Verfahrensprinzipien des Strafprozeßrechts, 3. Aufl. 1979; *Blaese/Wielop,* Die Förmlichkeiten der Revision in Strafsachen, 3. Aufl. 1991; *Dahs/Dahs,* Die Revision im Strafprozeß, 6. Aufl. 2001; *Eser,* Einführung in das Strafprozeßrecht, 7. Aufl. 2008; *Gössel,* Strafverfahrensrecht I, II 1977/1979; *Meyer-Goßner,* Strafprozeßordnung, 55. Aufl. 2012; *Karlsruher Kommentar* zur Strafprozeßordnung und zum Gerichtsverfassungsgesetz [KK], 6. Aufl. 2008; *Krause,* Die Revision im Strafverfahren, 5. Aufl. 2001; *Kühne,* Strafprozessrecht, 8. Aufl. 2010; *Kunigk,* Die staatsanwaltschaftliche Tätigkeit, 3. Aufl. 1983; *Löwe/Rosenberg,* StPO, Die Strafprozeßordnung und das Gerichtsverfassungsgesetz [LR], 25. Aufl. 1997–2005, 26. Aufl. ab 2006; *Goebel,* Strafprozeß, 6. Aufl. 2005; *Meurer,* Strafprozeßrecht, 3. Auflage 1993; *Müller/Sax/Paulus* [KMR], Kommentar zur Strafprozeßordnung (Losebl.), Stand April 2008; *Peters,* Strafprozeß, 4. Aufl. 1985; *Roxin/Schünemann,* Strafverfahrensrecht, 27. Aufl. 2012; *Rüping,* Das Strafverfahren, 3. Aufl. 1997; *Sarstedt/Hamm,* Die Revision in Strafsachen, 6. Aufl. 1998; *Schäfer,* Die Praxis des Strafverfahrens, 6. Aufl. 2000; *Schlüchter,* Das Strafverfahren, 2. Aufl. 1983; *Eb. Schmidt,* Lehrkommentar zur Strafprozeßordnung und zum Gerichtsverfassungsgesetz, 1957-69; *Rudolphi* u. a., Systematischer Kommentar zur Strafprozeßordnung (Losebl.), Stand Februar 2008; *Wasserburg,* Die Wiederaufnahme des Strafverfahrens, 1984. – *Zur Verteidigung s. bei § 392 AO.*

Zu § 420 RAO und § 385 AO 1977: *Franzen,* Das Steuerstrafverfahren nach dem AO-Strafrechts-Änderungsgesetz, DStR 1967, 533, 564; *Loose,* Die Reform des Steuerstrafrechts, DStZ 1968, 265; *Henneberg,* Zur Reform des Steuerstraf- und Ordnungswidrigkeitenrechts durch das Einführungsgesetz zum Strafgesetzbuch, BB 1974, 705; *Kohlmann,* Waffengleichheit im Strafprozeß? Peters-FS 1974 S. 311; *Lohmeyer,* Die Anwendung allgemeiner Verfahrensvorschriften bei der Verfolgung von Steuerzuwiderhandlungen, DStR 1974, 279; *Henneberg,* Zur Reform des Strafverfahrensrechts, BB 1975, 429; *Pfaff,* Änderungen des Straf- und Strafverfahrensrechts sowie des Steuer- (Zoll-)Straf- und Ordnungswidrigkeitenrechts durch das EGStGB, DStR 1975, 305; *Henneberg,* Steuerstraf- und Bußgeldrecht nach der Abgabenordnung 1977, BB 1976, 1554; *Beck,* Die Änderung der Sparförderungsgesetze durch das Einführungsgesetz zur AO 1977, DB 1977, 413; *Höllig,* Das Einführungsgesetz zur Abgabenordnung 1977, DB 1976, 2416; *Bender,* Die Verfolgung von Marktordnungszuwiderhandlungen nach Inkrafttreten des 1. WiKG, ZfZ 1977, 98; *Henneberg,* Die Zuständigkeit der Finanzbehörden als Strafverfolgungsbehörden bei nichtsteuerlichen Zuwiderhandlungen, BB 1977, 938; *Hübner,* Reform des Steuerstrafrechts, JR 1977, 58; *Müller,* Betrug und Steuerhinterziehung in Vergütungsfällen, NJW 1977, 746; *Pfaff,* Aktuelle Fragen aus der Praxis der Betriebsprüfung, StBp 1977, 156; *Harbusch/Sauer,* Justiz und Zoll, ZfZ 1978, 138; *Pfaff,* Anwendbarkeit der Straf- und Bußgeldvorschriften der AO 1977 auf nichtsteuerliche Gesetze, DStR 1978, 162; *Pfaff,* AO-Verfahrensrecht im Steuerstraf- und Bußgeldverfahren, StBp 1978, 260; *Kohlmann,* Die Zuständigkeit der Finanzbehörden bei der Ermittlung von Verstößen gegen das Investitionszulagengesetz, DStZ 1979, 244; *Pfaff,* Ermittlungskompetenz der Finanzbehörde bei Verstößen gegen (Steuer-)Strafvorschriften und (Steuer-)Ordnungswidrigkeiten, DStZ 1980, 28; *Schmidt-Hieber,* Verfolgung von Subventionserschleichungen nach Einführung des § 264 StGB, NJW 1980, 322; *Bilsdorfer,* Ermittlungsbefugnisse der Finanzbehörde in Nichtsteuerstrafsachen, BB 1983, 2112; *Kretzschmar,* Verhalten des Betriebs(Außen-)prüfers beim Verdacht von Straftaten/Ordnungswidrigkeiten, die nicht innerhalb der Ermittlungskompetenz der Finanzbehörde liegen, StBp 1983, 241; *ders.*, Umfang der finanzbehördlichen Ermittlungsbefugnis bei einer allgemeinen Straftat in Tateinheit mit einer Steuerstraftat, DStR 1983, 641; *ders.*, Die Ermittlungsbefugnis der Finanzbehörde bei sog. Vorspiegelungstaten, DStR 1983, 734; *Bilsdorfer,* Die Entwicklung des Steuerstrafrechts, NJW 1985, 2997; *Lohmeyer,* Verfahrensrechtliche Besonderheiten bei der Verfolgung von Steuerstraftaten, StB 1985, 155; *Bilsdorfer,* Die Entwicklung des Steuerstrafrechts, NJW 1989, 1587; *Bender,* Die Bekämpfung der grenzüberschreitenden Rauschgiftkriminalität als Aufgabe des Zollfahndungsdienstes, wistra 1990, 285; *Kramer,* Zur Zulässigkeit gemeinsamer Ermittlungsgruppen des Polizeivollzugsdienstes und des Zollfahndungsdienstes im Zusammenhang mit der Betäubungsmittelkriminalität, wistra 1990, 169; *Weyand,* Legalitätsprinzip und Praxis des Steuerstrafverfahrens, DStZ 1990, 166; *Baumgarte,* Die Mitteilungen in Zivilsachen als Erkenntnisquelle für die Strafverfolgungsbehörde im Wirtschaftsstrafverfahren, wistra 1991, 171; *Dörn,* Die Praxis des Steuerstrafverfahrens – ein unbekanntes Gebiet strafrechtlicher Auseinandersetzung, Stbg 1991, 51; *Bilsdorfer,* Die Entwicklung des Steuerstrafrechts, NJW 1992, 1924; *Dörn,* Praktische Folgen und Grenzen des Steuerstrafverfahrens, INF 1992, 17; *Hellmann,* Die Befugnis der Landesfinanzverwaltungen zum Erlaß der Anweisungen für das Straf- und Bußgeldverfahren (Steuer), wistra 1994, 13; *Bender,* Erweiterte Ermittlungsbefugnisse der Finanzbehörden im allgemeinstrafrechtlichen Bereich?, wistra 1998, 93; s. auch die Nachweise vor Rn. 15.

Übersicht

1. Entstehungsgeschichte

1 **§ 385 I AO** hat seinen Vorläufer in § 420 RAO; mit der Neuregelung wurde lediglich der Begriff „Steuervergehen“ in „Steuerstraftat“ und die Überschrift („Geltung der allgemeinen Vorschriften“) in die heutige geändert. **§ 385 II AO** wurde erst mit der AO 1977 eingefügt, um auch die sog. Vorspiegelungstaten zu erfassen (BT-Drs. 7/4292, 45 f.). Im RegE (BT-Drs. VI/1982) war eine entsprechende Regelung noch nicht vorgesehen. **§ 420 RAO** 1967 geht zurück auf § 420 RAO 1931 (= § 385 RAO 1919), der lautete: „Die Strafprozessordnung gilt, soweit die Steuergesetze nichts Abweichendes vorschreiben.“ Ihren dem § 385 I AO 1977 entsprechenden Inhalt erhielt die Vorschrift durch Art. 1 Nr. 1 AOStrafÄndG v. 10.8.1967 (BGBl. I 877); die Änderung sollte lediglich eine klarstellende Funktion haben (Begr. BT-Drs. V/1812, 29).

2. Zweck und Bedeutung der Vorschrift

2 **§ 385 I AO stellt klar,** dass die Verfahrensvorschriften der AO keine abschließende Regelung darstellen. Andere Verfahrensvorschriften, insbes. StPO, GVG und JGG finden ebenfalls Anwendung, soweit die §§ 385 ff. AO nichts anderes bestimmen. § 385 I AO hat – ebenso wie § 369 II AO – lediglich deklaratorische Bedeutung (Erbs-Kohlhaas/*Hadamitzky/Senge* AO § 385 Rn. 1). Da die Verfahrensvorschriften des Steuerstrafverfahrens offenbar in der AO nicht abschließend geregelt sind (HHSp-*Rüping* 3 zu § 385), wäre der Rückgriff auf sonstige Vorschriften des Strafverfahrens auch ohne eine ausdrückliche gesetzliche Anordnung möglich (*Franzen* DStR 1967, 533). Wie bei § 369 II AO (Rn. 4 zu § 369) wird immerhin geklärt, dass die Verfahrensvorschriften der AO gegenüber dem allgemeinen Verfahrensrecht spezieller sind.

3 Die Regelung des § 385 I AO ist unvollständig, zT auch widersprüchlich. Wie *Rüping* (HHSp-*Rüping* 10 zu § 385) zu Recht erwähnt, ist etwa das JGG ein besonderes Gesetz, das in § 2 seinerseits „die allgemeinen Gesetze“ bemüht und andererseits verschiedene Verfahrensmöglichkeiten in Steuerstrafsachen gerade ausschließt. Überdies ist irritierend,

dass das Gesetz andere Regelungen nicht aufführt (*Rüping* aaORn. 12 zu § 385). Immerhin besteht Einvernehmen, dass strafverfahrensrechtliche Grundsätze und Regelungen auch im Steuerstrafverfahren gelten, soweit dieses keine Sonderregelungen trifft (vgl. HHSp-*Rüping* 14 zu § 385).

§ 385 II AO ordnet die Anwendung eines Teils der Verfahrensvorschriften der AO auf sog. **Vorspiegelungstaten** (Rn. 133 zu § 370) an. Hier sollen Steuerstraftaten iS des § 369 AO nicht gegeben sein (Rn. 36); andererseits erfordert die Ermittlung dieser Taten eine besondere Sachkunde, die bei der FinB vorhanden ist. Vor 1977 musste die StA in diesen Fällen entweder selbst den Sachverhalt ermitteln oder ihn durch die Kriminalpolizei ermitteln lassen; Finanzbeamte durften, da sie nur im Bereich der Steuerstraftaten Hilfsbeamte der StA waren, nicht tätig werden (*Henneberg* BB 1977, 939). § 385 II AO hat die Ermittlungskompetenz der FinB entsprechend erweitert. Durch den Ausschluss der Anwendbarkeit des § 386 II AO und der §§ 399–401 AO soll sichergestellt werden, dass die FinB nicht selbstständig, sondern nur für die StA mit den Beteiligungsrechten nach §§ 403, 407 AO und den Befugnissen des § 402 AO tätig wird (vgl. Kohlmann/*Hilgers-Klautzsch* 14 zu § 385). Die Bedeutung dieser Regelung hängt davon ab, ob man bei den sog. Vorspiegelungstaten an sich eine Steuerstraftat für gegeben hält (Rn. 36 f.; ausf. Rn. 85 ff. zu § 370). Im Übrigen besteht in diesen Fällen eine selbstständige Ermittlungsbefugnis der FinB häufig schon deshalb nicht, weil diese Taten oft mit nichtsteuerlichen Delikten zusammentreffen (Koch/Scholtz/*Scheurmann-Kettner* 5 zu § 385). 4

Zum Teil wird § 385 II AO für notwendig gehalten, weil die FinB bei Vorspiegelungstaten durch das **Steuergeheimnis** (§ 30 AO) gehindert wäre, andere Verfolgungsbehörden von einer in ihrem Bereich begangenen Straftat in Kenntnis zu setzen (BT-Drs. 7/4292, 46; Koch/Scholtz/*Scheurmann-Kettner* 4 zu § 385 u. Erbs-Kohlhaas/*Hadamitzky*/*Senge* AO § 385 Rn. 2; *Lohmeyer* S. 73; vgl. auch Kohlmann/*Hilgers-Klautzsch* 3 zu § 385). Dies vermag nur teilweise zu überzeugen. Richtig ist, dass angesichts der Regelung des § 385 II AO die für die StA iS des § 402 AO tätig gewesene FinB die Ergebnisse ihrer Ermittlungen ohne weiteres der StA zugänglich machen kann. Nicht geklärt ist die Frage, inwieweit die FinB bei zunächst selbstständigem Tätigwerden die StA von dem Anfangsverdacht einer Straftat iS des § 385 II AO unterrichten darf (s. dazu Rn. 76 zu § 393). 5

3. Anwendungsbereich des § 385 I AO

§ 385 I AO bezieht sich auf Strafverfahren wegen Steuerstraftaten; nur bei diesen kommt eine selbstständige Ermittlungstätigkeit der FinB in Betracht. Steuerstraftaten in diesem Sinne sind die in § 369 I Nr. 1–4 AO genannten Straftaten (HHSp-*Rüping* 15 f. zu § 385). Trotz dieser präzisen Definition des Gesetzes ist der sachliche Anwendungsbereich des § 385 I AO in Teilbereichen zweifelhaft. 6

Ein Bannbruch, dessen Strafbarkeit sich **„aus anderen Vorschriften“** (§ 372 II AO) ergibt, soll nach hM dem § 385 I AO unterfallen (Rn. 97 zu § 372; HHSp-*Rüping* 16 zu § 385 u. Erbs-Kohlhaas/*Hadamitzky*/*Senge* AO § 385 Rn. 1). Demgegenüber wollte *Franzen* (3. Aufl. Rn. 50 zu § 372) die §§ 385 ff. AO für die Fälle des § 373 II Halbs. 2 AO nicht anwenden. Das ist jedoch angesichts der eindeutigen Regelung in § 369 I Nr. 1, Nr. 2 u. § 385 I AO nicht möglich, wenn diese Erkenntnis auch unpraktikabel sein mag (*Bender*/*Möller*/*Retemeyer* D Rn. 53; Kohlmann/*Hilgers-Klautzsch* 5 zu § 385). Richtig ist, dass nur solche Fälle des Bannbruchs iS des § 372 AO dem § 385 I AO unterfallen können, die mit Strafe bedroht sind; Ordnungswidrigkeiten genügen auch dann nicht, wenn sie der Definition des § 372 I AO entsprechen (Rn. 10 zu § 369). 7

Die Hinterziehung von Abschöpfungsabgaben gehört zu den Steuerstraftaten iS des § 369 I Nr. 1 und des § 385 I AO. Dies ergibt sich zwar nicht mehr aus § 2 I AbschG. Abschöpfungsabgaben werden seit 1997 den Agrarzöllen zugerechnet, bei welchen es sich um Einfuhrabgaben iS des Art. 4 Nr. 10 ZK handelt. Gem. § 3 III AO werden diese den Steuern gleichgestellt, so dass die AO-Bestimmungen nunmehr auf diesem Wege unmittel- 8 bar Anwendung finden (Kohlmann/*Hilgers-Klautzsch* 6 zu § 385; HHSp-*Rüping* 17 zu § 385; *Bender/Möller/Retemeyer* C Rn. 52).

9 **Die Hinterziehung von Marktordnungsabgaben** wird ebenfalls von § 385 I AO erfasst. Das MOG v. 31.8.1972 (BGBl. I 1617) idF der Bekanntmachung v. 24.6.2005 (BGBl. I 1847), zuletzt geänd. durch G v. 2.12.2014 (BGBl. I 1928) enthält nicht mehr die frühere Pauschalver-weisung in § 8 II 1 MOG auf *„die Vorschriften der Abgabenordnung"*. Statt dessen ordnet § 12 I MOG die Anwendung der Vorschriften der AO an (Ausnahme: § 222 Satz 3, 4 AO) und stellt in § 35 MOG klar, dass dies auch für die Straf- und Bußgeldvorschriften, mithin auch für § 385 AO, gilt. § 37 MOG enthält eine Sondervorschrift für Aufträge der Staatsanwaltschaft an die Hauptzollämter, § 38 MOG modifiziert Vorschriften über das Straf- und Bußgeldverfahren, so dass es im Wesentlichen bei der Anwendbarkeit der §§ 385 ff. AO bleibt.

10 **Kraft ausdrücklicher gesetzlicher Anordnung gilt** das Verfahrensrecht der AO ganz oder teilweise auch für eine Reihe anderer Straftaten, die der Definition des § 369 I AO an sich nicht unterliegen, aber in den Sachkundebereich der FinB gehören. Erfasst werden insbes. einige Fälle des Subventionsbetrugs (§ 264 StGB) und die betrügerische Erlangung von Wohnungsbauprämien (ausf. Rn. 39).

4. Geltung des allgemeinen Strafverfahrensrechts

11 **a) Allgemeine Gesetze über das Strafverfahren. Beim Verdacht einer Steuerstraftat** iS der Rn. 6 oder kraft ausdrücklicher gesetzlicher Anordnung (Rn. 39) vermitteln die §§ 385 ff. AO der StA oder der FinB Rechte und Pflichten, die zT vom allgemeinen Strafverfahren abweichen; namentlich ist der FinB unter bestimmten Umständen ein selbstständiges Ermittlungsrecht (§ 386 I AO) eingeräumt. Aber auch bei Anwendbarkeit der §§ 385 ff. AO bleiben die allgemeinen Gesetze über das Strafverfahren anwendbar. § 385 I AO erwähnt beispielhaft die StPO, das GVG und das JGG, die grundlegend das Steuerstrafverfahren mitbestimmen.

12 Neben die drei in § 385 I AO besonders aufgeführten Gesetze tritt eine Vielzahl weiterer Rechtsvorschriften, die auf das Steuerstrafverfahren mehr oder minder stark einwirken. Dies sind namentlich das Bundeszentralregistergesetz (BZRG) idF v. 21.9.1984 (BGBl. I 1229), zuletzt geänd. durch G v. 21.1.2015 (BGBl. I 10); das Deutsche Richtergesetz (DRiG) idF v. 19.4.1972 (BGBl. I 713), zuletzt geänd. durch G v. 6.12.2011 (BGBl. I 2515); das Einführungsgesetz zur Abgabenordnung (EGAO) v. 14.12.1976 (BGBl. I S. 3341; 1977 I 667), zuletzt geänd. durch G v. 22.12.2014 (BGBl. I 2417); das Einführungsgesetz zum Gerichtsverfassungsgesetz (EGGVG) v. 27.1.1877 (RGBl. 77), zuletzt geänd. durch G v. 23.7.2013 (BGBl. I 2586); bis zum 30.6.2004 das Gerichtskostengesetz (GKG) idF v. 15.12.1975 (BGBl. I 3047), Anlage 1 (Kostenverzeichnis), zuletzt geänd. durch G v. 14.3.2003 (BGBl. I 345); ab 1.7.2004 das Gerichtskostengesetz (GKG) v. 5.5.2004 (BGBl. I 718), zuletzt geänd. durch G v. 10.12.2014 (BGBl. I 2082), Anlage 1 (Kostenverzeichnis), zuletzt geänd. durch G v. 8.7.2014 (BGBl. I 172); die Menschenrechtskonvention (MRK) v. 4.11.1950, ratifiziert durch G v. 7.8.1952 (BGBl. 685); die Bundesrechtsanwaltsordnung (BRAO) idF v. 18.8.1980 (BGBl. I 1503), zuletzt geänd. durch G v. 6.12.2011 (BGBl. I 2515); bis zum 30.6.2004 die Bundesgebührenordnung für Rechtsanwälte (BRAGO) idF v. 18.8.1980 (BGBl. I 1503), zuletzt geänd. durch G vom 12.6.2003 (BGBl. I 838); ab 1.7.2004 das Rechtsanwaltsvergütungsgesetz (RVG) v. 5.5.2004 (BGBl. I 718, 788), zuletzt geänd. durch G v. 10.12.2014 (BGBl. I 2082); das Gesetz über die internationale Rechtshilfe in Strafsachen (IRG) idF v. 27.6.1994 (BGBl. I 1537), zuletzt geänd. durch G v. 8.7.2014 (BGBl. I 890) iVm dem Europäischen Auslieferungsabkommen v. 13.12.1957, ratifiziert durch G v. 3.11.1964 (BGBl. II 1369), und dem Europäischen Übereinkommen v. 20.4.1959 über die Rechtshilfe in Strafsachen, ratifiziert durch G v. 3.11.1964 (BGBl. II 1369, 1386); Gesetz zum Protokoll v. 16.10.2001 zum Übereinkommen über die Rechtshilfe in Strafsachen zwischen den Mitgliedstaaten der EU idF v. 2.2.2006 (BGBl. II 2005,

661); das Gesetz zur Regelung der Arbeitnehmerüberlassung (AÜG) v. 3.2.1995 (BGBl. I 158), zuletzt geänd. durch G v. 11.8.2014 (BGBl. I 1348); das Gesetz zur Bekämpfung der Schwarzarbeit und illegalen Beschäftigung (SchwarzArbG) v. 23.7.2004 (BGBl. I 1842), zuletzt geänd. durch G v. 2.12.2014 (BGBl. I 1922); bis zum 30.6.2004 das Gesetz über die Entschädigung von Zeugen und Sachverständigen (ZSEG) idF v. 1.10.1969 (BGBl. I 1756), zuletzt geänd. durch G v. 22.6.2004 (BGBl. I 1190); ab 1.7.2004 das Justizvergütungs- und -entschädigungsgesetz (JVEG) v. 5.5.2004 (BGBl. I 718, 776), zuletzt geänd. durch G v. 23.7.2013 (BGBl. I 2586); das Gesetz über die Entschädigung für Strafverfolgungsmaßnahmen (StrEG) v. 8.3.1971 (BGBl. I 157), zuletzt geänd. durch G v. 8.12.2010 (BGBl. I 1864); das Steuerberatungsgesetz (StBerG) idF v. 4.11.1975 (BGBl. I 2735), zuletzt geänd. durch G v. 25.7.2014 (BGBl. I 1266); die Steuerberatergebührenverordnung (StBVV) v. 17.12.1981 (BGBl. I 1442), zuletzt geändert durch Verordnung v. 11.12.2012 (BGBl. I 2637).

Darüber hinaus bestehen **Verwaltungsanweisungen,** die zwar für die Gerichte nicht 13
bindend sind, aber von den Ermittlungsbehörden beachtet werden sollen. Hierzu gehören namentlich die Richtlinien für das Strafverfahren und das Bußgeldverfahren (RiStBV) in der ab 1.2.1997 (bundeseinheitlich) geltenden Fassung (*Meyer-Goßner* Anh 15), zuletzt geänd. mit Bek. v. 23.6.2014 (BAnz AT 18.8.2014 B1); die Richtlinien für den Verkehr mit dem Ausland in strafrechtlichen Angelegenheiten (RiVASt) in der Neufassung der Bekanntmachung v. 5.12.2012 (BAnz AT 19.12.2012 B2); die Anordnungen der Landesjustizverwaltungen und des BMJ über Mitteilungen in Strafsachen (MiStra) in der (bundeseinheitlich) geltenden Neufassung v. 19.5.2008 (BAnz Nr. 126a; *Meyer-Goßner* Anh 16); die Betriebsprüfungsordnung – BpO 2000 – v. 15.3.2000 (BStBl. I 368), zuletzt geänd. durch die allgemeine Verwaltungsvorschrift vom 20.7.2011 (BStBl. I 710); ferner gleichlautende Erlasse der obersten Finanzbehörden der Länder zu Mitteilungen der Finanzbehörden über Pflichtverletzungen und andere Informationen gemäß § 10 StBerG idFv. 23.1.2012 (BStBl. I 205), Erlass betr. Beurteilung der Zulässigkeit von Aussagegenehmigungen für Betriebsprüfer und andere Bedienstete als Zeugen in Steuerstrafverfahren v. 24.8.1977 (StEK AO 1977 § 30 Nr. 1), Schreiben betr. Zusammenarbeit zwischen Finanzbehörden und Ausländerbehörden v. 6.7.2009 (BStBl. I 697), Schreiben betr. Steuergeheimnis: Mitteilungen der Finanzbehörden zur Durchführung dienstrechtlicher Maßnahmen bei Beamten und Richtern v. 12.3.2010 (BStBl. I 222).

Die vorstehenden Verwaltungsanweisungen sind zwischen den obersten Finanzbehörden 14
des Bundes und der Länder abgestimmt worden und haben bundesweite Wirkung. Daneben bestehen vereinzelt noch Anweisungen, die nur an die Ermittlungsbehörden eines Landes oder einer OFD gerichtet sind, zB Verfügungen der OFD Frankfurt a. M. betr. Offenbarungen gegenüber Strafverfolgungsbehörden und (Straf-)gerichten v. 24.1.2012 (AO-Kartei HE § 30 Karte 8), OFD Düsseldorf betr. Behandlung von Selbstanzeigen v. 26.8.1980 (AO-Handbuch § 371 Rn. 5 ff.; StEK AO 1977 § 371 Nr. 2), OFD Frankfurt a. M. betr. Mitteilung von Besteuerungsgrundlagen an die Träger der gesetzlichen Sozialversicherung, die Bundesagentur für Arbeit und die Künstlersozialkasse v. 11.1.2011 (AO-Kartei HE § 31 Karte 1), OFD München v. 18.6.2004 betr. Mitteilung gem. § 31 Abs. 2 AO an die Träger der gesetzlichen Sozialversicherung und die Übersendung von Prüfungsberichten (AO-Kartei BY § 31 II AO Karte 2).

b) Anweisungen für das Straf- und Bußgeldverfahren (Steuer)

Schrifttum: *Blumers,* Anweisungen für das Steuerstraf- und Bußgeldverfahren, DB 1982, 1641; *Hamacher,* Anmerkungen zum Entwurf einer Anweisung für das Straf- und Bußgeldverfahren (Steuer), DStZ 1982, 494; *Streck,* Rechtsgefährdende Verschlußsache: Anweisungen der Finanzminister für das Steuerstrafverfahren, StV 1982, 244; *Celler,* Entwurf der Anweisungen für das Straf- und Bußgeldverfahren (Steuer), DStZ 1982, 243, 293; *v. Fürstenberg,* Die neuen Anweisungen für das Straf- und Bußgeldverfahren, DStR 1985, 455, 507; *Pump,* Die Mitteilungspflicht gem. Nr. 127 ASB als Verletzung strafprozessualer Grundsätze, wistra 1987, 205; *Weyand,* Die Anweisungen für das Straf- und Bußgeldverfahren, INF 1991, 318; *Hellmann,* Die Befugnis der Landesfinanzverwaltungen zum Erlaß der Anweisungen für das Straf- und Bußgeldverfahren (Steuer), wistra

1994, 13; *Weyand,* Neue Anweisungen für das Straf- und Bußgeldverfahren (Steuer), InfStW 1995, 513; *ders.* Neuauflage der Anweisungen für das Straf- und Bußgeldverfahren (Steuer), wistra 2000, 214; *Bilsdorfer,* Die Anweisungen für das Straf- und Bußgeldverfahren (Steuer) 2004, NWB Fach 13, 1045 (10/2004); *ders.*, Anweisungen für das Straf- und Bußgeldverfahren (Steuer) 2006, NWB Fach 13, 1127 (27/2007); *Müller,* Die Anweisungen für das Straf- und Bußgeldverfahren (Steuer), AO-StB 2010, 59; *Zugmaier/Kaiser* Entkriminalisierung der Anmeldungen bei Umsatzsteuer und Lohnsteuer? AStBV wurden zum 30.12.2012 erneut geändert, DStR 2013, 17.

15 **Die Anweisungen für das Straf- und Bußgeldverfahren (Steuer)** – AStBV (St) 2014 – v. 1.11.2013 (BStBl. I 2013, 1394) sind generalisierende Anleitungen für die Behandlung von Straf- und Bußgeldverfahren (*Hellmann* wistra 1994, 13). Sie sind gemäß Nr. 1 I AStBV (St) 2013 von allen Bediensteten der Steuerfahndung und der Bußgeld- und Strafsachenstellen zu beachten, ferner von Bediensteten anderer Stellen der Finanzbehörden, soweit es sich um die Zusammenarbeit mit jenen Stellen handelt oder wenn sie Maßnahmen im Straf- oder Bußgeldverfahren treffen; mithin wenden sie sich an alle mit der Verwaltung von Steuern befassten Bediensteten der FA (*Hellmann* aaO). Da zugleich die RiStBV Anwendung finden, ergibt sich zT eine Überlagerung der Regelungen (vgl. *Hellmann* aaO, S. 14). Die AStBV waren in ihrer Entwicklung höchst umstritten; erste Entwürfe (vgl. *Streck* StV 1982, 244), die etwa vorsahen, die Steuerfahndung hätte die Befugnis, wirksam Anträge auf richterliche Untersuchungshandlungen zu stellen, sind nicht umgesetzt worden.

16 **Geltungsbereich der AStBV** ist (mittlerweile) das gesamte Bundesgebiet, die Anweisungen werden als gleich lautende Erlasse der obersten Finanzbehörden der Länder veröffentlicht. Die AStBV enthalten ein Konglomerat von steuerstrafverfahrensrechtlichen, bußgeldverfahrensrechtlichen und steuerrechtlichen Regelungen, die sich in der heutigen Fassung weitestgehend darauf beschränken, bei streitigen Rechtsfragen die von der Finanzverwaltung vertretene Auffassung wiederzugeben (vgl. Einf. Abs. 2 S. 3 AStBV).

17 **Die AStBV sind rechtswidrig,** weil für ihren Erlass eine Ermächtigungsgrundlage fehlt (*Hellmann* wistra 1994, 14 ff.; HHSp-*Hellmann* 39 zu § 393; ebenf. krit. RK-*Kemper* 37a ff. zu § 385; aA Klein/*Jäger* AO § 385 Rn. 1). Das ergibt sich zwar nicht schon daraus, dass die Finanzverwaltung nicht befugt wäre, allgemeine Verwaltungsvorschriften zum Steuerstrafverfahren zu erlassen (so aber HHSp-*Schick* 39 zu § 208; vgl. auch *Blumers* wistra 1987, 4). Wie *Hellmann* (aaO S. 14 ff.) überzeugend dargelegt hat, kommt aber den Landesfinanzverwaltungen, von geringen Ausnahmen abgesehen, keine Befugnis zur Erteilung von Weisungen zu. Die Sachleitung obliegt allein vorgesetzten Beamten innerhalb der staatsanwaltschaftlichen Hierarchie bzw. der Landesjustizverwaltungen. Dementsprechend gilt dies auch für den Erlass allgemeiner Anweisungen zur Durchführung steuerstrafrechtlicher Ermittlungsverfahren. So steht die Sachaufsicht allein der Staatsanwaltschaft, nicht jedoch der Oberfinanzdirektion zu (*Hellmann* wistra 1994, 15). Insofern sind die Bediensteten der FinB entgegen *Scheurman-Kettner* (Koch/Scholtz/*Scheurmann-Kettner* 7 vor § 385) nicht an sie gebunden. Dennoch sind sie in der Lage, eine Verwaltungsübung zu dokumentieren und zu verfestigen bzw. eine Selbstbindung der Verwaltung zu schaffen, auf die sich im Einzelfall der Beschuldigte berufen mag (Kohlmann/*Hilgers-Klautzsch* 5 vor § 385).

18 **c) Verfahrensgrundsätze. Die Verweisung auf die allgemeinen Gesetze** über das Strafverfahren beinhaltet die Geltung allgemeiner Verfahrensgrundsätze auch im Prozess wegen einer Steuerstraftat (*Lohmeyer* S. 74 f.). Auch für das Steuerstrafverfahren gilt das Legalitätsprinzip, dh der Zwang zur Strafverfolgung, die dem Staat obliegt. Von Amts wegen sind die belastenden und entlastenden Tatsachen zu ermitteln (§ 160 II StPO). Der Beschuldigte hat einen Anspruch auf rechtliches Gehör (BVerfG 11.10.1978, BVerfGE 49, 329, 342). Ein Zwang zur Aussage darf nicht ausgeübt werden (§ 136 I 2 u. § 136a I 1 StPO). Auch das Nebeneinander von Besteuerungs- und Steuerstrafverfahren (§ 393 I AO) bewirkt keine Aussagepflicht des Beschuldigten (Rn. 6 zu § 393).

19 **Alle Maßnahmen** der staatlichen Strafverfolgungsorgane unterliegen dem Grundsatz der Verhältnismäßigkeit (KMR-*Müller* 11 vor § 94 StPO; RK-*Kemper* 14 zu § 385). Jede Maß-

nahme muss unter Würdigung aller persönlichen und tatsächlichen Umstände des Einzelfalles zur Erreichung des angestrebten Zwecks geeignet und erforderlich sein; der mit ihr verbundene Eingriff darf nicht außer Verhältnis zur Bedeutung der Sache und zur Stärke des bestehenden Tatverdachts stehen (KMR-*Müller* 12 ff. vor § 94 StPO). Dieser Grundsatz ist von der FinB insbes. bei Durchsuchungen und Beschlagnahmen zu beachten (Rn. 15 ff. zu § 399).

Das Beschleunigungsgebot ist ein Teil des Verhältnismäßigkeitsgrundsatzes; das 20
Rechtsstaatsprinzip des GG fordert die angemessene Beschleunigung des Strafverfahrens (BVerfG 24.11.1983, wistra 1984, 60) ebenso wie Art. 6 I 1 MRK (in Haftsachen Art 5 III MRK) den allgemeinen Anspruch auf ein faires Verfahren und Verhandlung innerhalb einer angemessenen Frist gewährt. Durch geeignete Maßnahmen ist sicherzustellen, dass das Strafverfahren nicht verzögert wird (Kohlmann/*Hilgers-Klautzsch* 37 ff. u. *Rolletschke/Kemper* 19 ff. zu § 385), wobei sich das Beschleunigungsgebot an alle staatlichen Stellen richtet (BGH 4.8.2009, StV 2009, 693). Von einer rechtsstaatswidrigen Verfahrensverzögerung ist auszugehen, wenn das Verfahren nicht innerhalb der dafür angemessenen Frist zum Abschluss gelangt und die Verzögerung auf Gründen beruht, die einer staatlichen Stelle zuzurechnen sind; Maßstab für die Unangemessenheit der Verfahrensdauer ist der für die sachgerechte Erledigung des jeweiligen Verfahrens bei ordnungsgemäßer Bearbeitung im normalen Verfahrensbetrieb notwendige Zeitraum (BGH 9.10.2008, wistra 2008, 147).

Die verfassungsrechtlich gebotene Kompensation der rechtsstaatswidrigen Verzögerung 21
eines Strafverfahrens erfolgt seit der Entscheidung des GrS für Strafsachen des BGH 17.1.2008 (BGHSt 52, 124) im Rahmen der sog. Vollstreckungslösung. Demnach sind im Urteil – wie zuvor im Wege der Strafabschlagslösung – Art und Ausmaß der Verzögerung neben den Ursachen hierfür im Urteil festzuhalten. Die Strafe ist nach allgemeinen Strafzumessungsgründen in der Urteilsformel auszusprechen, gleichzeitig ist dort aufzunehmen, welcher bezifferte Teil dieser Strafe als Entschädigung für die überlange Verfahrensdauer bereits als vollstreckt gilt (Kohlmann/*Hilgers-Klautzsch* 37 ff. zu § 385 mwN; zur Beschleunigung in Wirtschaftsstrafsachen/Großverfahren BGH 20.3.2008, NStZ 2008, 457; RK-*Kemper* 24 zu § 385 AO). Jedenfalls im Spannungsverhältnis mit dem Gebot der raschen Verfahrensdurchführung steht die Vorschrift über die Aussetzung des Strafverfahrens zugunsten des Besteuerungsverfahrens, § 396 AO (Rn. 8 zu § 396; FT-*Putzke* 35 zu § 385 AO).

Der Grundsatz der freien Beweiswürdigung (§ 261 StPO) gilt auch im Steuerstraf- 22
verfahren. Zwar kann das Steuerstrafverfahren nach § 396 AO bis zum Abschluss des Besteuerungsverfahrens ausgesetzt werden; eine Bindung des Strafrichters, zB an die Entscheidung des BFH, besteht aber auch in diesen Fällen nicht (OLG Hamm 17.8.1977, NJW 1978, 283; HHSp-*Hellmann* 22, RK-*Kemper-Cratz* 15 zu § 396). Im Strafverfahren gilt der Zweifelssatz *in dubio pro reo* (Beermann/Gosch-*Seipl* 60 f. zu § 385 AO; *Naumann* S. 427; *Lohmeyer* S. 74). Für eine Verurteilung bedarf es der Überzeugung des Gerichts über den feststellbaren, mitunter vom steuerlichen Mehrergebnis abweichenden Verkürzungsbetrag. Die Vermutungen und Schätzungsmöglichkeiten des Steuerrechts (v. a. die erleichterte Schätzungsbefugnis bei Auslandssachverhalten gem. § 162 II, III iVm § 90 II, III AO) sind nicht ohne weiteres im Strafprozess anwendbar (Kohlmann/*Hilgers-Klautzsch* 568 zu § 385), da im Besteuerungsverfahren Zweifel zu Lasten des Stpfl gehen können und als Maßstab der einer größtmöglichen Wahrscheinlichkeit (§ 162 AO) genügen kann. So können zB die Ergebnisse von tatsächlichen Verständigungen (Rn. 151 ff. zu § 404) wie generell Feststellungen der FinB (BGH 26.4.2001, wistra 2001, 266) nicht ohne kritische Würdigung für das Strafverfahren übernommen werden. Das Strafgericht hat das Hinterziehungsvolumen selbst zu berechnen und die Besteuerungsgrundlagen nach Steuerart und Zeitraum darzustellen (BGH 19.3.1991, BGHSt 37, 340). Steuerliche Beweislastregeln oÄ sind irrelevant (vgl. Rn. 74 zu § 370). So schlagen gesetzliche zollrechtliche Vermutungen wie Art. 70 I 1 ZK (vgl. zur Vorgängervorschrift des § 17 I 2 ZG aF BFH 24.6.1987, wistra 1987, 292; s.

auch BGH 22.4.1999, HFR 2000, 50; zu weiteren Beispielen Kohlmann/*Hilgers-Klautzsch* 567 zu § 385) strafrechtlich nicht durch.

23 Im Steuerstrafverfahren dürfen aus dem **Schweigen** des Angeklagten keine nachteiligen Schlüsse gezogen werden, denn er ist nicht verpflichtet, an seiner eigenen Bestrafung mitzuwirken (Rn. 6 zu § 393).

24–30 *einstweilen frei*

31 **d) Ablauf des Steuerstrafverfahrens. Die Regelung in § 385 I AO** macht das Steuerstrafverfahren (s. zum genauen Ablauf instruktiv Kohlmann/*Hilgers-Klautzsch* 28 ff. zu § 385) zu einem gewöhnlichen Strafverfahren (Erbs/Kohlhaas/*Hadamitzky*/*Senge* AO § 385 Rn. 1), das die §§ 385 ff. AO zT geringfügig, zT erheblich modifizieren.

32 **Das Ermittlungsverfahren** ist der erste Abschnitt des Verfahrens, in dem die Strafverfolgungsbehörden den Sachverhalt zu erforschen haben. „Herrin des Verfahrens" ist idR die StA (Wirtschaftsabteilung). Darüber hinaus bestimmen § 396 II u. § 399 AO, dass die FinB in einigen Fällen die Ermittlungen selbstständig führen und ggf. mit der Einstellung des Verfahrens oder dem Antrag auf Erlass eines Strafbefehls (§ 400 AO) abschließen darf. Über § 138 I StPO hinaus lässt § 392 AO zu, dass in dieser Phase des Verfahrens auch Steuerberater als Alleinverteidiger auftreten dürfen. Das Akteneinsichtsrecht der FinB regelt § 395 AO. Über § 262 StPO hinaus darf das Steuerstrafverfahren nach § 396 AO bis zum Abschluss des Besteuerungsverfahrens ausgesetzt werden. Besondere Bedeutung hat schließlich, dass nach § 404 AO Zollfahndungsämter und Steuerfahndungsdienststellen den Status von Ermittlungspersonen (frühere Terminologie vor der Änderung des § 152 GVG durch das 1. JuMoG v. 24.8.2004, BGBl. I 2198: „Hilfsbeamten") der StA (und damit zT auch der FinB) haben. Der Beschuldigte hat im Ermittlungsverfahren wegen einer Steuerstraftat die üblichen Rechte; insbes. hat er das Recht, Aussagen zur Sache zu verweigern (s. Rn. 18 sowie Rn. 13 zu § 399). Auf Grund des Selbstbelastungsverbots ist während des Strafverfahrens auch die Steuererklärungspflicht hinsichtlich der strafbefangenen Jahre suspendiert (Rn. 128 zu § 404).

33 **Das Zwischenverfahren** (*Peters* S. 440 ff.) beginnt mit der Erhebung der Anklage. Es dient der Prüfung, ob die Anklage zu Recht erhoben worden ist, dh ob das Ergebnis der Ermittlungen einen hinreichenden Tatverdacht (§ 203 StPO) begründet. In dieser Phase hat die FinB Informations- und Beteiligungsrechte (§ 407 AO).

34 **Das Hauptverfahren** wegen einer Steuerstraftat weicht wenig von dem wegen anderer Straftaten ab. Nach § 391 AO, § 74c I Nr. 3 GVG ist das AG (Rn. 16 ff. zu § 391) oder aber die Wirtschaftsstrafkammer beim LG (Rn. 21 ff. zu § 391 AO) sachlich zuständig. In der Hauptverhandlung hat die FinB die Beteiligungsrechte des § 407 AO.

35 **Das Rechtsmittelverfahren** weicht ebenfalls von dem bei anderen Straftaten nicht ab; gegen erstinstanzliche Urteile des AG sind die Rechtsmittel der Berufung und der Revision zulässig; die Revision richtet sich im übrigen gegen (erst- oder zweitinstanzliche) Urteile der StrK. Auch im Rechtsmittelverfahren hat die FinB ein Beteiligungsrecht (Rn. 8 zu § 407), aber kein eigenes Recht, Rechtsmittel einzulegen.

5. Anwendungsbereich des § 385 II AO

36 **Nicht Steuerhinterziehung, sondern Betrug** sollte begehen, wer der FinB einen steuerlich erheblichen Sachverhalt vortäuschte (BGH 11.4.1972, NJW 1972, 1287; BGH 28.1.1986, wistra 1986, 172; *Henneberg* BB 1976, 1557; RK-*Kemper* 41 zu § 385; aM *Müller* NJW 1977, 747; ausf. s. Rn. 133 zu § 370), und § 385 II AO sollte in diesem Zusammenhang nach dem Willen des Gesetzgebers sicherstellen, dass die FinB für die StA ermitteln darf. Tatsächlich hatte die FinB bei der Erschleichung von Steuervergütungen ein Ermittlungsrecht schon aufgrund § 386 II, nachdem § 370 IV 2 AO nunmehr ausdrücklich klarstellt, dass auch Steuervergütungen unter den Begriff des Steuervorteils fallen (Rn. 134 zu § 370). Nach der hier vertretenen Auffassung lief § 385 II AO mithin leer (zust. HHSp-*Rüping* 21 ff., Schwarz/Pahlke/*Dumke* 17 zu § 385 AO). Mittlerweile hat der BGH – in

zwei Schritten – seine Rspr geändert. Auch er geht mittlerweile davon aus, dass in diesen Vorspiegelungsfällen vollendete Steuerhinterziehung gegeben ist (BGH 1.2.1989, wistra 1989, 226 zur USt; BGH 3.11.1989, wistra 1990, 58 zur ESt; endgültige Aufgabe der älteren Rechtsprechung durch BGH 23.3.1994, wistra 1994, 194). Es verbleibt damit für § 385 II der Fall des Betruges zum Nachteil der Bundesmonopolverwaltung bei der Ablieferung von Branntwein gegen Erschleichung eines überhöhten Übernahmegeldes (*Bender/Möller/Retemeyer* D Rn. 54; Kohlmann/*Hilgers-Klautzsch* 13 zu § 385).

Soweit § 385 II AO einen Aufgabenbereich hat, besitzt die FinB bei Vorspiege- 37 lungstaten kein Recht zu selbstständigen Ermittlungen. Sie behält das Recht zur Ermittlung des Sachverhalts nach § 402 I AO; einen Antrag auf Erlass eines Strafbefehls oder auf Anordnung von Nebenfolgen im selbstständigen Verfahren darf sie nicht stellen (§§ 400 f. AO). Es verbleibt bei den Rechten und Pflichten nach den §§ 402, 403, 407 AO. Unklar ist im Übrigen, welche Auswirkungen in diesem Zusammenhang § 128 I BranntwMonG hat. Danach gilt u. a. § 385 *„bei einer Straftat, die unter Vorspiegelung monopolrechtlich erheblicher Tatsachen auf die Erlangung von Vermögensvorteilen gerichtet ist und kein Steuerstrafgesetz verletzt.“*

Zweifelhaft ist, ob die FinB bei **Straftaten iS des § 385 II AO** (s. aber Rn. 36) ihre 38 Ermittlungen auf solche Straftaten erstrecken darf, die mit diesen iS des § 264 StPO (vgl. Erbs/Kohlhaas/*Hadamitzky/Senge* AO § 386 Rn. 6) zusammentreffen. So wird die Ansicht vertreten, die Anordnung der Unanwendbarkeit des § 386 II AO in § 385 II AO begründe die Befugnis der FinB, auch hinsichtlich solcher Taten zu ermitteln, die mit der „Vorspiegelungstat“ iS des § 385 II AO zusammentreffen (*Henneberg* BB 1977, 941). Tatsächlich ist dies, wie *Rüping* (HHSp-*Rüping* 24 f. zu § 385) zu Recht ausführt, nicht der Fall. § 385 II AO soll die FinB in die Lage versetzen, bei solchen Straftaten zu ermitteln, die eine enge Beziehung zu Steuerstraftaten iS des § 369 I AO aufweisen. Wenn in § 386 II AO die Möglichkeit einer selbstständigen Ermittlungstätigkeit entfällt, soweit auch andere – nicht dem § 386 II Nr. 2 AO unterliegende – Straftaten in Frage stehen und die unselbstständige Ermittlungsbefugnis iS des § 402 AO sich nur auf die Steuerstraftat erstreckt (Rn. 12 zu § 402), dann liegt dem die Erkenntnis zugrunde, dass nur in Bezug auf Steuerstraftaten die besondere Sachkunde der FinB gegeben ist. Dieser Gesichtspunkt der Sachnähe ist es auch, der zur Einbeziehung der Vorspiegelungsstraftaten führt und den Gesetzgeber dazu bestimmt hat, in gewissen Grenzen Ermittlungskompetenzen der FinB zu begründen (Rn. 4). Der FinB im Rahmen des § 385 II AO Kompetenzen zu geben, die ihr noch nicht einmal bei Steuerstraftaten im engeren Sinne eingeräumt sind, war vom Gesetzgeber eindeutig nicht beabsichtigt (BT-Drs. 7/4292 S. 46) und widerspräche auch dem Sinn der Regelung (glA *Kretzschmar* DStR 1983, 736). Auch kann die FinB in den Fällen des § 385 II AO nicht auf Ersuchen der StA als selbstständige Ermittlungsbehörde tätig sein (HHSp-*Rüping* 26 zu § 385).

6. Regelungen in Sondergesetzen

Ausdrücklich angeordnet wird die Anwendbarkeit der Vorschriften der AO über das 39 Strafverfahren in einigen Gesetzen, die den steuerlichen Arbeitsbereich berühren (s. HHSp-*Rüping* 18 ff. zu § 385). So gelten die §§ 385–408 AO in Fällen des Subventionsbetruges (§ 264 StGB), wenn sich dieser auf eine Investitionszulage oder auf eine Förderung nach dem BerlinFG bzw. EigZulG bezieht, sowie bei einer Begünstigung solcher Straftäter (§ 20 BerlinFG; § 15 II 1 EigZulG; § 15 InvZulG 2010 sowie § 6 StahlInvZulG), in Strafverfahren wegen Hinterziehung der ArbN-Sparzulage nach dem 5. VermBG und der Wohnungsbauprämie nach dem WoPG sowie wegen Begünstigung solcher Straftäter (§ 29a BerlinFG; § 14 III des 5. VermBG; § 8 II WoPG).

Das Steuerstrafverfahren der AO gilt für Verstöße gegen das Branntweinmonopol nach 40 der Änderung des BranntwMonG durch das StBerG 1985 (BGBl. I 2436) unmittelbar.

41 **Die Verweisung auf die §§ 385 ff. AO** ermächtigt die FinB, in diesen Fällen wie bei Steuerstraftaten iS des § 369 I AO zu ermitteln. Die FinB hat also die Stellung der StA (§ 399 I AO; vgl. dazu *Bilsdorfer* BB 1983, 2112; *Höllig* DB 1976, 2420; *Henneberg* BB 1977, 940; *Pfaff* DStZ 1980, 30); jedoch nur, soweit nicht die Ausschlussgründe des § 386 III, IV AO (Rn. 9 zu § 386) eingreifen (*Höllig* aaO S. 2421).

42 **Wird die Wohnungsbauprämie geltend gemacht,** nachdem die gezahlten Beträge bei der Einkommensteuererklärung schon als Sonderausgaben abgesetzt wurden, will *Henneberg* (BB 1977, 940) der FinB eine selbstständige Ermittlungsbefugnis zugestehen: § 385 II AO gelte hier nicht, da er nur Fälle erfasse, in denen keine steuerstrafrechtlichen Bestimmungen, sondern nur solche allgemein strafrechtlicher Art verletzt seien. Bei Zuwiderhandlungen gegen die Prämienbestimmungen seien die §§ 370 ff. AO 1977 jedoch in vollem Umfang anwendbar. Indessen ist diese Frage überholt; denn die §§ 385 bis 408 AO sind für diese Fälle jetzt ohne weiteres anwendbar (ebenso Kohlmann/*Hilgers-Klautzsch* 8 f. und HHSp-*Rüping* 18 zu § 385; vgl. § 8 II 2 WoPG idF v. 10.2.1982 BGBl. I 131). Dies galt im Übrigen schon seit der Änderung des WoPG durch Art. 50 EGAO v. 14.12.1976 (BGBl. I 3341, 3367; vgl. *Beck* DB 1977, 416).

§ 386 Zuständigkeit der Finanzbehörde bei Steuerstraftaten

(1) [1]Bei dem Verdacht einer Steuerstraftat ermittelt die Finanzbehörde den Sachverhalt. [2]Finanzbehörde im Sinne dieses Abschnitts sind das Hauptzollamt, das Finanzamt, das Bundeszentralamt für Steuern und die Familienkasse.

(2) Die Finanzbehörde führt das Ermittlungsverfahren in den Grenzen des § 399 Abs. 1 und der §§ 400, 401 selbständig durch, wenn die Tat

1. ausschließlich eine Steuerstraftat darstellt oder

2. zugleich andere Strafgesetze verletzt und deren Verletzung Kirchensteuern oder andere öffentlich-rechtliche Abgaben betrifft, die an Besteuerungsgrundlagen, Steuermessbeträge oder Steuerbeträge anknüpfen.

(3) Absatz 2 gilt nicht, sobald gegen einen Beschuldigten wegen der Tat ein Haftbefehl oder ein Unterbringungsbefehl erlassen ist.

(4) [1]Die Finanzbehörde kann die Strafsache jederzeit an die Staatsanwaltschaft abgeben. [2]Die Staatsanwaltschaft kann die Strafsache jederzeit an sich ziehen. [3]In beiden Fällen kann die Staatsanwaltschaft im Einvernehmen mit der Finanzbehörde die Strafsache wieder an die Finanzbehörde abgeben.

Vgl. §§ 35, 40–43 OWiG.

Schrifttum: *Rüster,* Der Steuerpflichtige im Grenzbereich zwischen Besteuerungsverfahren und Strafverfahren, Göttingen 1989 (zugl. Diss. Berlin 1987); *Engelhardt,* Die Kirchensteuer in den neuen Bundesländern, Köln 1991; *Hellmann,* Das Neben-Strafverfahrensrecht der Abgabenordnung, 1995; *Henneberg,* Weisungsrecht, Übernahmerecht und Substitutionsrecht der vorgesetzten Beamten der Staatsanwaltschaften und der Finanzbehörden im steuerstrafrechtlichen Ermittlungsverfahren und die Grenzen dieser Rechte, BB 1973, 82; *ders.,* Ausdehnung und Einschränkung der Verfolgungszuständigkeit im steuerstrafrechtlichen Ermittlungsverfahren, Inf 1977, 569; *ders.,* Die Zuständigkeit der Finanzbehörden als Strafverfolgungsbehörden bei nicht steuerlichen Zuwiderhandlungen, BB 1977, 938; *Kohlmann/Giemulla,* Die Zuständigkeit der Finanzbehörden bei der Ermittlung von Verstößen gegen das Investitionszulagengesetz, DStZ 1979, 244; *Pfaff,* Ermittlungskompetenz der Finanzbehörde bei Verstößen gegen (Steuer-)Strafvorschriften und (Steuer-) Ordnungswidrigkeiten, DStZ 1980, 28; *Harbusch,* Die Abgabe des Ermittlungsverfahrens an die Staatsanwaltschaft, ddz 1980, F 121; *Scheu,* Evokations- und materielles Prüfungsrecht der Staatsanwaltschaft, wistra 1983, 136 mit Erwiderung von *Rittmann,* wistra 1984, 52; *Kretzschmar,* Ermittlungsbefugnis der Finanzbehörde als Folge der Verfolgungsbeschränkung durch die Staatsanwaltschaft (§ 154a StPO)?, DStZ 1983, 498; *ders.,* Umfang der finanzbehördlichen Ermittlungsbefugnis bei einer allgemeinen Straftat in Tateinheit mit einer Steuerstraftat, DStR 1983, 641; *ders.,* Die Ermittlungsbefugnis von Finanzbehörde (Finanzamt) und Staatsanwaltschaft in Strafsachen, DStR 1985, 24; *Berthold,* Nochmals: Zur Verfolgung von Zuwiderhandlungen im gemeinschaftlichen Versandverfahren, ddz 1985, F 49; *Burmeister,* Steuergeheimnis und Offenbarungsbefugnis bei Strafanzeigen, ddz 1985, F 5; *Krey/Pföhler,* Zur Weisungsgebundenheit des Staatsanwaltes, NStZ 1985, 145; *Müller,* Steuergeheimnis und Verwertungsverbot bei nichtsteuerlichen Straftaten, DStR 1986, 699; *Gramich,* Limitierung der selbständigen Ermittlungskompetenz des Finanzamts im Sinn des § 386 Abs. 1, Abs. 2 Nr. 1 Abgabenordnung oder Verbrauch der Strafklage?, wistra 1988, 251; *Klos/Weyand,* Probleme der Ermittlungszuständigkeit und Beteiligungsrechte der Finanzbehörde im Steuerstrafverfahren, DStZ 1988, 615; *Reiche,* Die strafrechtliche Ermittlungskompetenz der Zollfahndung, wistra 1990, 90; *Pütz,* Steuer- und Zollfahnder als Hilfsbeamte der Staatsanwaltschaft, wistra 1990, 212; *Bender,* Die Bekämpfung der grenzüberschreitenden Rauschgiftkriminalität als Aufgabe des Zollfahndungsdienstes, wistra 1990, 285; *Schmidt,* Die Ermittlungskompetenz der Hauptzollämter bei der Verfolgung von Abgabenstraftaten im Bereich der EG-Agrarmarktordnung, ZfZ 1990, 104; *Weyand,* Offenbarungsbefugnis nach § 30 Abs. 4 Nr. 4a AO als Offenbarungsverpflichtung?, DStZ 1990, 411; *Rüping,* Rechtsprobleme der Durchsuchung, insbesondere in Steuerstrafsachen, StVj 1991, 322; *Liebsch/Reifelsberger,* Die Grenzen des Evokationsrechts, wistra 1993, 325; *Weyand,* Das Evokationsrecht und die Informationsmöglichkeiten der Staatsanwaltschaft – Theorie und Praxis, wistra 1994, 87; *Malms,* Einstellung nach § 153 und § 153a StPO durch die Finanzbehörden, wistra 1994, 337; *Weber-Blank,* Einstellung von Steuerstrafverfahren durch die Strafsachenstellen der Finanzbehörden nach §§ 153 und 153a StPO ohne Zustimmung des Gerichts, wistra 1995, 134; *Hardtke/Westphal,* Die Bedeutung der strafrechtlichen Ermittlungskompetenz der Finanzbehörde für das Steuergeheimnis, wistra 1996, 91; *Mösbauer,* Die Bedeu-tung der Definitionsnorm des § 369 AO für die steuerstrafrechtliche Ermittlungszuständigkeit der Finanzbehörden, wistra 1996, 252; *Bender,* Erweiterte Ermittlungsbefugnisse der Finanzbehör-den im allgemeinstrafrechtlichen Bereich?, wistra 1998, 93; *Mösbauer,* Finanzbehördliche Sachverhaltsermittlung bei Verdacht einer Steuerstraftat, DStZ 2000, 512; *Behnes,* Umgehung strafprozessualer Verfahrensgarantien durch die für das Besteuerungs- und das Steuerstrafverfahren zuständigen Finanzbehörden? Münster 2001 (zugl. Diss. Münster 2000); *Rüping,* Ermittlungen der Steuerfahndung und ihre Schranken, DStR 2002, 2020; *Buse,* Zuständigkeit der

Finanzkontrolle Schwarzarbeit zur Verfolgung von Steuerstraftaten, AO-StB 2007, 80; *Rolletschke,* Die finanzbehördlichen Strafverfolgungsorgane, Stbg 2006, 379; *ders.,* Einleitung des Steuerstrafverfahrens, Stbg 2006, 221.

Übersicht

1. Entstehungsgeschichte

1 **§ 386 I AO 1977** unterscheidet sich von § 421 I RAO idF des Art. 1 Nr. 1 AOStraf-ÄndG v. 10.8.1967 (BGBl. I 877) durch den Ausdruck *„Finanzbehörde"* anstelle von *„Finanzamt"* sowie durch die Definition der *„Finanzbehörde"*, die dem § 386 I AO 1977 als Satz 2 angefügt worden ist (in Begr. nicht erwähnt, BT-Drs. VI/1982, 198). Der Ausdruck *„Steuerstraftat"* war anstelle von *„Steuervergehen"* bereits durch Art. 161 Nr. 13 EGStGB v. 2.3.1974 (BGBl. I 469, 583) eingeführt worden.

2 **§ 421 I RAO 1967** entsprach § 421 I 1 RAO 1931 und § 386 I 1 RAO 1919. Von der ursprünglichen Fassung *„haben bei allen Steuervergehen ... den Sachverhalt zu erforschen"* wurde 1967 abgewichen, weil die Vorschrift nur die Zuständigkeit regelt; die Pflicht zur Erforschung des Sachverhalts ergibt sich aus der Zuständigkeitsnorm iVm den Vorschriften der StPO, insbes. aus dem Legalitätsgrundsatz (Begr. BT-Drs. V/1812, 29). Abweichend von der Regierungsvorlage (sowie von § 160 I u. § 163 I StPO!) hat der BT das Wort *„erforscht"* durch *„ermittelt"* ersetzt.

3 **§ 421 II RAO 1967** entsprach § 422 RAO 1931 und § 387 RAO 1919 mit dem Unterschied, dass bei Tateinheit zwischen einem Steuervergehen und einer anderen Straftat ursprünglich nicht die StA, sondern das FA zuständig war.

4 **§ 421 III RAO 1967** entsprach § 421 I 2 RAO 1931 und § 386 I 2 RAO 1919 mit dem Unterschied, dass es ursprünglich nicht darauf ankam, ob Haft oder Unterbringungsbefehl erlassen war, sondern ob *„der Beschuldigte wegen Steuerhinterziehung festgenommen und dem Richter vorgeführt"* worden war.

5 Von **§ 421 IV RAO 1967** entsprach Satz 1 dem § 425 RAO 1931 (= § 390 RAO 1919). Das allgemeine Evokationsrecht der StA nach Satz 2 war neu; aufgrund § 426 II RAO 1931 (= § 391 II RAO 1919) konnte die StA die Strafverfolgung wegen eines Steuervergehens nur übernehmen, wenn jemand durch mehrere *selbstständige* Handlungen ein Steuervergehen und eine andere Straftat begangen hatte. Satz 3 entsprach § 426 III RAO 1931 (= § 391 III RAO 1919). Der auf Initiative des BT (BT-Drs. zu V/1941 S. 2) in das AOStrafÄndG v. 10.8.1967 (BGBl. I 877) eingefügte Satz 4: *„Das FA hat die Strafsache an die StA abzugeben, wenn der Beschuldigte dies beantragt"*, wurde auf Antrag des BR (BT-Drs. V/3013) und Empfehlung des Vermittlungsausschusses (BT-Drs. V/3042) gem. Art. 1 Nr. 21 des 2. AOStraf-ÄndG v. 12.8.1968 (BGBl. I 953) wieder gestrichen, weil *„der Sonderfall, dass der Beschuldigte die Ermittlungsbehörde selber bestimmen konnte"*, es nicht sinnvoll erscheinen ließ, diese Vorschrift aufrechtzuerhalten (Abg. *Reischl,* Sten.Ber. S. 9921).

2. Systematik, Zweck und Anwendungsbereich

Die Abgrenzung der Befugnisse zwischen StA und FinB im Ermittlungsverfahren wegen Steuerstraftaten wird in § 386 AO zusammenfassend geregelt. Zu diesem Zweck definiert § 386 I 2 AO den Begriff der *„Finanzbehörde"* so, dass er alle Hauptzollämter (§ 1 Nr. 4 FVG; hierzu zählt auch die Finanzkontrolle Schwarzarbeit als Dienststelle des jeweiligen Hauptzollamtes, vgl. *Buse* AO-StB 2007, 80), alle Finanzämter (§ 2 I Nr. 3 FVG) sowie das Bundeszentralamt für Steuern (§ 5 FVG) als Nachfolgebehörde des Bundesamtes für Finanzen (vgl. G zur Neuorganisation der Bundesfinanzverwaltung und zur Schaffung eines Refinanzierungsregisters v. 22.9.2005, BGBl. I 2809) umfasst. Mit dem JStErgG v. 18.12.1995 (BGBl. I 1959, 1965) ist die Familienkasse hinzugekommen. Nicht erfasst werden auf örtlicher Ebene namentlich die Zollfahndungsämter (§ 1 Nr. 4 FVG) und die Gemeindesteuerbehörden, ferner nicht die Oberfinanzdirektionen und die obersten Finanzbehörden des Bundes und der Länder. 6

Das allgemeine Ermittlungsmonopol der StA wird durch die Regelungen des § 386 AO nicht *durchbrochen,* jedoch *latent eingeschränkt* (aM Kohlmann/*Hilgers-Klautzsch* 23 zu § 386 AO u. Klein/*Jäger* AO § 386 Rn. 1: *„modifiziert"*). § 386 I 1 AO gibt der FinB eine *unselbstständige* Ermittlungskompetenz, in deren Ausübung sie die Stellung der Polizei in einem allgemeinen Strafverfahren hat, ergänzt um einzelne Befugnisse (§§ 402 I, 399 II 2 AO). Ist der Sachverhalt einer Steuerhinterziehung zu ermitteln, *erweitert* § 386 II AO diese unselbstständige Ermittlungskompetenz und ermächtigt die FinB zur *selbstständigen* Führung der Ermittlungen mit den Rechten und Pflichten der StA nach § 399 I AO (*Hardtke/Westphal* wistra 1996, 91). Vermöge des § 386 IV 2 AO behält die StA aber die Oberhand über das Ermittlungsverfahren (HHSp-*Rüping* 7 zu § 386) und bleibt auch bei selbstständiger Führung des Ermittlungsverfahrens durch die FinB Herrin des Verfahrens (OLG Stuttgart 4.2.1991, wistra 1991, 190). Dies bedeutet jedoch nicht, dass die FinB den Weisungen der StA unterliegt und deren bloßes Hilfsorgan ist (BFH 25.1.1972, BStBl. II 1972, 286; missverständlich OLG Stuttgart 7.6.1972, NJW 1972, 2146; HHSp-*Rüping* 9, Schwarz/Pahlke/*Dumke* 18c u. 39 u. Kohlmann/*Hilgers-Klautzsch* 25 zu § 386; *Suhr* Rz. 596; aM *Jakob* StW 1971, 302; *Scheu* wistra 1983, 137; allg. zu den Schranken des in- und externen Weisungsrechts der StA: *Krey/Pföhler* NStZ 1985, 145). Vielmehr ist die FinB in den Grenzen des § 386 II–IV AO *unabhängig* von der Staatsanwaltschaft zur Aufklärung des Sachverhalts *berechtigt und verpflichtet;* für sie gilt das **Legalitätsprinzip** (OLG Stuttgart 4.2.1991, wistra 1991, 190; LR-*Rieß* 12 zu § 160). 7

Solange die FinB das Ermittlungsverfahren selbstständig führt, ist die StA nicht befugt, ihr für die Behandlung des Falles rechtlich bindende Weisungen zu erteilen oder bestimmte Ermittlungen vorzuschreiben (LR-*Rieß* 12 zu § 160 StPO). Zu den Ermittlungen gehört ggf. auch die Entscheidung über eine Aussetzung des Verfahrens nach § 396 AO (glA HHSp-*Rüping* 27, 42 zu § 386; GJW/*Weyand* AO § 396 Rn. 32; s. auch Rn. 43 zu § 396) und infolge der Änderung der §§ 153, 153a StPO durch das RpflEntlG v. 11.1.1993 (BGBl. I 50) nun auch die Befugnis, das Verfahren gegen Zahlung einer Geldauflage ohne vorherige Zustimmung des Gerichts und damit ohne vorherige Befassung durch dieses und die StA einzustellen (Rn. 5 zu § 398). Über die Ermittlungen hinaus kann die FinB unmittelbar beim AG beantragen, Strafbefehl zu erlassen (§ 400) oder Nebenfolgen im selbstständigen Verfahren nach den §§ 440, 442 I, § 444 III StPO anzuordnen (§ 401). Infolge der Änderung des § 407 II StPO durch das RpflEntlG v. 11.1.1993 (BGBl. I 50), wonach nunmehr die Beantragung von Strafbefehlen mit Freiheitsstrafen bis zu einem Jahr möglich ist, sofern die Vollstreckung zur Bewährung ausgesetzt wird, dürfte die Bedeutung und der Umfang der ausschließlich von der FinB zu bearbeitenden Fälle in Zukunft steigen. Die FinB kann nun auch bei größeren Hinterziehungsbeträgen das Ermittlungsverfahren selbstständig führen und hat einen größeren Ermessensspielraum bei der Frage einer Abgabe an die StA nach § 386 IV 1 AO. Gleichwohl könnte die StA geneigt sein, vom Evokationsrecht Gebrauch zu machen, weil sie eine höhere als die im 8

Strafbefehlswege beantragte Freiheitsstrafe für angemessen hält (zu den Grenzen des Evokationsrechts vgl. Rn. 44 ff., sowie *Liebsch/Reifelsberger* wistra 1993, 325).

9 **Die StA wird gem. § 386 I u. II AO nicht tätig,** wenn sich der Verdacht einer Steuerstraftat im Verlauf der Ermittlungen als unbegründet erweist (§ 399 I AO iVm § 170 II StPO) oder wenn die Schuld des Täters gering wäre und die FinB das Verfahren mangels öffentlichen Interesses an der Verfolgung einstellt (§ 399I AO iVm § 153 I 1 StPO) oder wenn die FinB wegen geringwertiger Steuerverkürzungen oder Steuervorteile von der Verfolgung absieht (§ 399 I iVm § 398 AO). Ferner bleibt die StA unbeteiligt, wenn bei begründetem Tatverdacht der Strafrichter einen von der FinB gem. § 400 AO beantragten Strafbefehl erlässt und der Beschuldigte keinen Einspruch erhebt. In den übrigen Fällen eines begründeten Tatverdachts endet die Ermittlungskompetenz der FinB, wenn sie die Ermittlungen abgeschlossen hat und die Akten gem. § 400 Halbs. 2 AO der StA zur Entschließung darüber vorlegt, ob und in welcher Form die öffentliche Klage erhoben werden soll. Im Strafbefehlsverfahren geht die Kompetenz zur weiteren Ermittlung gem. § 406 AO auf die StA über, sobald der Strafrichter gem. § 408 II StPO Hauptverhandlung anberaumt oder der Beschuldigte Einspruch gegen den Strafbefehl erhebt. Nach allgM wird damit auf den Zeitpunkt abgestellt, in dem die Sache in das ordentliche Strafverfahren übergeht (Koch/Scholtz/*Scheurmann-Kettner* 3 zu § 406, *Suhr* Rz. 682), bzw. in die Hauptverhandlung einmündet (Klein/*Jäger* AO § 406 Rn. 1). Deshalb *muss der Einspruch wirksam sein;* ist er unwirksam, weil verspätet erhoben, so bleibt es bei der Zuständigkeit der FinB. Diese Unterscheidung wurde – soweit ersichtlich – bisher kaum getroffen, ist aber nicht nur von theoretischer Bedeutung, sondern entscheidet darüber, wem rechtliches Gehör zu gewähren (§ 33 II StPO), bzw. wer Zustellungsadressat der gerichtlichen Entscheidung ist. Ein unzulässiger Einspruch wird nach § 411 I StPO durch Beschluss verworfen, wobei zuvor nach § 33 II StPO die FinB anzuhören ist, da diese noch die Rechte und Pflichten der StA gem. § 399 I AO wahrnimmt. Die Einspruchserhebung wird in § 406 I AO der Anberaumung der Hauptverhandlung gleichgesetzt, die ihrerseits nur auf einen wirksamen Einspruch hin erfolgt, womit dann erst die Sache in das ordentliche Strafverfahren übergeht (zutr. *Liebsch/Reifelsberger* wistra 1993, 325).

10 **Die besondere Ermittlungskompetenz der FinB bei Steuerstraftaten entfällt** von vornherein,

- wenn die Tat außer Steuerstrafgesetzen zugleich andere Strafgesetze verletzt (§ 386 II AO, s. Rn. 21);
- sobald gegen einen Beschuldigten wegen der Tat ein Haft- oder Unterbringungsbefehl erlassen ist (§ 386 III AO, s. Rn. 35 ff.);
- wenn die FinB die Strafsache an die StA abgibt (§ 386 IV 1 AO, s. Rn. 41 ff.);
- wenn die StA die Strafsache vor dem Abschluss der Ermittlungen an sich zieht (§ 386 IV 2 AO, s. Rn. 52 ff.).

11 **§ 386 AO erfüllt einen dreifachen Zweck:** Die Regelung dient dem eigenverantwortlichen Einsatz der besonderen Sach- und Steuerrechtskunde der FinB zugunsten einer *zielsicheren Verfolgung von Steuerstraftaten,* damit zugleich einer Straffung des Strafverfahrens im Sinne der *Prozessökonomie,* schließlich einem weitgehenden *Schutz des Steuergeheimnisses* (§§ 30 ff. AO) im Steuerstrafverfahren (zw. Kohlmann/*Hilgers-Klautzsch* 21 zu § 386; vgl. auch *Gramich* wistra 1988, 252; Rn. 62). Eine effiziente Ahndung von Steuerdelikten ist ohne besondere Kenntnisse des Steuerrechts fast ausgeschlossen und kann zu Fehlgriffen oder Irrtümern bei der Strafverfolgung führen (Kohlmann/*Hilgers-Klautzsch* 17 zu § 386); nur durch Überprüfung der Besteuerungsgrundlagen kann der Verkürzungserfolg bei einer Steuerhinterziehung festgestellt werden (*Klos/Weyand* DStZ 1988, 617). Überdies lässt sich beim ersten Tatverdacht oft noch nicht zutreffend beurteilen, ob eine Steuerstraftat oder eine Steuerordnungswidrigkeit vorliegt (s. auch Rn. 64 u. 147 zu § 397); auch aus diesem Grunde könnte die Zuständigkeit der FinBn für die Ermittlung von Steuerstraftaten kaum getrennt werden von der Zuständigkeit für Steuerordnungswidrigkeiten gem. § 409 AO

(glA Kohlmann/*Hilgers-Klautzsch* 19 zu § 386 u. *Kühn/Hofmann* 1 zu § 386). Freilich liegt in der *Doppelfunktion der FinB* und in der unterschiedlichen Rechtsstellung einer Person im Besteuerungsverfahren und im Strafverfahren auch eine Schwäche der Regelung, die aus verschiedenen Blickwinkeln (potentielle Täter, Beschuldigte und Berater, Justiz, Fiskus) immer wieder Kritik hervorrufen wird (vgl. *de With* DRiZ 1963, 397; *Henneberg* DStR 1980, 63).

Der Anwendungsbereich des § 386 AO ist einerseits beschränkt auf *Strafverfahren* wegen Steuerstraftaten iS des § 369 I AO, andererseits ausgedehnt aufgrund § 128 I BranntwMonG auf Straftaten, die unter Vorspiegelung monopolrechtlich erheblicher Tatsachen auf die Erlangung von Vermögensvorteilen gerichtet sind und kein Steuerstrafgesetz verletzen. Darüber hinaus werden die materiellen und verfahrensrechtlichen Vorschriften des 8. Teils der AO und damit die Ermittlungskompetenz der FinBn erstreckt auf Straftaten und Zuwiderhandlungen in bezug auf Sparprämie (§ 5b II SparPG), Wohnungsbauprämie (§ 8 II WoPG), Altersvorsorgezulagen (§§ 83, 96 VII EStG), Arbeitnehmer-Sparzulage (§ 14 III VermBG), Eigenheimzulage (§ 15 II EigZulG) und die Zulage an Arbeitnehmer in Berlin-West (§ 29a BerlinFG). Soweit unwahre Angaben in bezug auf Investitionszulagen als Subventionsbetrug nach § 264 StGB mit Strafe bedroht ist, bestimmt § 15 InvZulG 2010, dass die FinBn bei der Strafverfolgung dieselben Kompetenzen haben wie bei der Verfolgung von Steuerstraftaten (ebenso die Auffassung der FinVerw, vgl. AStBV (St) 2014 Nr. 19, BStBl. I 2013, 1394; zust. Kohlmann/*Hilgers-Klautzsch* 55 zu § 386 AO; krit. zur Gesetzgebungssystematik *Henneberg,* Inf 1977, 571). In *Bußgeldverfahren* wegen Steuerordnungswidrigkeiten iS des § 377 I AO, Monopolordnungswidrigkeiten nach § 126 BranntwMonG oder wegen Ordnungswidrigkeiten nach § 24 BierStG oder nach den §§ 160 ff. StBerG bleibt es für das Verhältnis zwischen der FinB als der zuständigen Verwaltungsbehörde iS des § 36 I Nr. 1 OWiG und der StA bei den allgemeinen Vorschriften der §§ 35, 40–43 OWiG (arg. § 410 I AO); eine Ausnahme gilt nur für Strafbefehlsanträge einer FinB; diese können sich nach § 410 II AO auf Steuerordnungswidrigkeiten erstrecken, die mit der jeweiligen Steuerstraftat zusammenhängen (§ 42 I 2 OWiG). 12

Auf Zuwiderhandlungen gegen Ein-, Aus- oder Durchfuhrverbote, die als Bannbruch allein nach § 372 II AO mit Strafe bedroht sind (Rn. 84 zu § 372), ist § 386 AO in vollem Umfang anzuwenden. Falls solche Zuwiderhandlungen zwar die Begriffsbestimmung des § 372 I AO erfüllen, jedoch durch spezielle Vorschriften außerhalb der AO mit Strafe bedroht werden, ist nur § 386 I AO anzuwenden (glA *Bender/Möller/Retemeyer* D Rn. 53, C Rn. 1229 ff., *Kühn/Hofmann* 3 zu § 386). In diesen Fällen können die HZÄ zwar den Sachverhalt ermitteln, sind aber nicht befugt, das Ermittlungsverfahren nach § 386 II iVm § 399 I und den §§ 400, 401 AO *selbstständig* durchzuführen (aM *Bender* wistra 1990, 288, wonach Btm-Schmuggel in jeder Erscheinungsform eine Steuerstraftat sei; vgl. iÜ auch Rn. 21). 13

Bei **Abgabenstraftaten auf dem Gebiet des Marktordnungsrechts** führen die HZÄ als sachlich zuständige FinB (vgl. Rn. 6 zu § 387) das Ermittlungsverfahren nach § 386 II AO selbstständig durch. Kraft der Verweisung in § 12 I MOG gilt dies nicht nur für Zölle – denen Ausfuhrabgaben und negative Beitrittsausgleichabgaben gleichstehen – und Abschöpfungen, sondern auch im Hinblick auf innergemeinschaftliche Marktlenkungsabgaben (*Schmidt* ZfZ 1990, 104, 108). Die Ermittlungskompetenz der HZÄ wird nicht durch § 37 I Nr. 1 MOG zugunsten einer ausschließlichen Ermittlungskompetenz der StA verdrängt (vgl. OLG Hamm 21.4.1995, wistra 1995, 197; aM AG Münster, Beschl. v. 12.9.1989 – 23 Gs 3071/89). Es handelt sich bei § 37 MOG nicht um ein und dieselbe Regelungsmaterie, die § 386 AO zum Inhalt hat und ist deshalb keine dieser Vorschrift vorgehende Spezialregelung iS des § 12 MOG. § 37 MOG ist keine die Zuständigkeit regelnde Norm, vielmehr besteht dessen Zweck lediglich in einer Erweiterung des Kreises der Hilfsbeamten der StA für die nicht von der Abgabenordnung gedeckten Fälle von auslandsbezogenen Straftaten. 14

einstweilen frei 15–20

3. Gesetzliche Abgrenzung der Ermittlungskompetenz zwischen Finanzbehörden und Staatsanwaltschaft

21 **Die Finanzbehörde ermittelt beim Verdacht einer Steuerstraftat grundsätzlich unselbstständig** (§§ 386 I, 402 AO), also als Hilfsorgan der StA, ebenso wie die Polizei. Durch *§ 386 II AO* wird diese unselbstständige Ermittlungskompetenz *erweitert* und die FinB in *bestimmten* Fällen zur *selbstständigen* Führung des Ermittlungsverfahrens *ermächtigt* (vgl. Rn. 7). Obwohl die Kompetenzerweiterung in § 386 II AO eine Ausnahme vom Grundsatz der unselbstständigen Ermittlungskompetenz des § 386 I 1 AO ist, stellt sie in praxi die Regel dar. Vielfach wird deshalb unter Verkennung des eigentlichen Verhältnisses von § 386 I 1 AO zu § 386 II AO missverständlich formuliert, dass grundsätzlich die FinB das Ermittlungsverfahren selbstständig führe (so *Franzen,* Rn. 4, 6 der 3. Auflage, RK-*Kemper* 30, Koch/Scholtz/*Scheurmann-Kettner* 2, *Kühn/Hofmann* 1, Erbs/Kohlhaas/*Hadamitzky/Senge* 1 zu § 386; zutreffend *Hardtke/Westphal* wistra 1996, 92).

22 Die aus dem originären **Ermittlungsmonopol der StA** abgeleitete *selbstständige Ermittlungskompetenz* der FinB bezieht sich nach § 386 II Nr. 1 AO in erster Linie auf Taten, die *ausschließlich* Steuerstraftaten darstellen. Der Begriff der Tat ist nicht nach materiellen Merkmalen zu bestimmen, erfordert daher keine Tateinheit iS des § 52 StGB, sondern erfasst im verfahrensrechtlichen Sinne des § 264 StPO einen *einheitlichen Lebensvorgang* (vgl. BGH 5.11.1969, BGHSt 23, 141, 145; BGH 17.7.1991, BGHSt 38, 37, 40 f.; Kohlmann/*Hilgers-Klautzsch* 68 zu § 386; *Gramich* wistra 1988, 251), zB bei Tatmehrheit zwischen USt-Hinterziehung, LSt-Hinterziehung und Nichtabführung von Sozialversicherungsbeiträgen (OLG Zweibrücken 25.4.1974, NJW 1975, 128). Für die Annahme einer Tat in diesem Sinne kann es ausreichen, wenn die einzelnen Tathandlungen so miteinander verknüpft sind, dass ihre getrennte Aburteilung in verschiedenen erstinstanzlichen Verfahren einen einheitlichen Lebensvorgang unnatürlich aufspalten würde (so auch die Auffassung der FinVerw, vgl. AStBV (St) 2013 Nr. 17 II). Die Begrenzung der selbstständigen Ermittlungskompetenz der FinB durch den prozessualen Tatbegriff soll verhindern, dass nur Teilbereiche eines einheitlichen Lebensvorganges abgeurteilt und mit Strafklageverbrauch belegt werden können, ohne dass der Gesamtgehalt erfasst wird (*Gramich* wistra 1988, 252). Steuerstraftaten sind die in § 369 I Nr. 1–4 AO aufgeführten Straftaten (s. im Einzelnen Rn. 5–12 zu § 369).

23 Mit der Beschränkung auf **Taten, die ausschließlich Steuerstraftaten darstellen,** unterfallen der selbstständigen Ermittlungskompetenz der FinBn nach § 386 II Nr. 1 AO diejenigen Taten nicht, die zwar die Merkmale einer Steuerstraftat iS des § 369 I AO aufweisen, aber zugleich *nichtsteuerliche* Strafgesetze verletzen; dabei sind in den Fällen der Nrn. 2–4 des § 369 I AO jeweils *andere* Strafgesetze gemeint als zB § 74 TierSG (Nr. 2) oder die §§ 148, 149 StGB (Nr. 3) oder § 257 StGB (Nr. 4). Unerheblich ist, ob eine Steuerstraftat gleichzeitig als Ordnungswidrigkeit mit Geldbuße bedroht ist (vgl. auch § 21 OWiG).

24 **In Abkehr von § 422 RAO 1931** werden von § 386 I Nr. 1 AO insbes. diejenigen Fälle nicht mehr erfasst, in denen eine Steuerhinterziehung mit Urkundenfälschung (§ 267 StGB) zusammentrifft. In solchen Fällen war nach dem früheren Recht das Finanzamt zuständig gewesen, wenn die Strafe nach § 73 StGB aF aus dem Steuergesetz zu entnehmen war. Nunmehr bleibt es bei der allgemeinen Ermittlungszuständigkeit der StA. Die alte Regelung hatte wegen des weiten Strafrahmens für Steuerhinterziehung häufig sachwidrige Schwerpunktverlagerungen in den Kompetenzbereich der Finanzämter bewirkt, bis mit § 421 II Nr. 1 RAO 1967 die gegenwärtige Abgrenzung eingeführt wurde.

25 **Fälle der Vortäuschung eines steuerlich erheblichen Sachverhaltes** unterfallen ebenfalls der selbstständigen Ermittlungskompetenz der FinB, soweit nicht § 128 BranntwMonG anwendbar ist. Wurden derartige Taten von der Rechtsprechung früher als Betrug (§ 263 StGB) eingestuft (BGH v. 11.4.1972, NJW 1972, 1287, zu § 392 RAO; v. 28.1.1986, wistra 1986, 172), nimmt mittlerweile auch der BGH bei fingierten Steuerfällen

grundsätzlich eine Steuerhinterziehung an (BGH 1.2.1989, wistra 1989, 227; BGH 23.3.1994, wistra 1994, 194; ausf. s. Rn. 133 ff. zu § 370 AO; abl. *Weiß* UR 1994, 367), also eine Steuerstraftat iS des § 386 II Nr. 1 AO. Der Regelungsbereich des § 385 II AO wird infolge dieser Auffassung praktisch auf ein Minimum reduziert (ausf. s. Rn. 4 f., 36 f. zu § 385; *Hellmann* 1995, 68).

Ergibt sich erst im Laufe der Ermittlungen einer FinB der Verdacht, dass der Beschuldigte durch seine Tat auch ein nichtsteuerliches Strafgesetz verletzt hat, entfällt die aus § 386 II AO abgeleitete selbstständige Ermittlungskompetenz der FinB *kraft Gesetzes* (Rn. 9) und die Zuständigkeit liegt wieder bei der StA. Es tritt also dieselbe Folge ein, wie in dem Fall, in dem ein Haft- oder Unterbringungsbefehl gegen den Beschuldigten erlassen wird (Rn. 35). Da jedoch die StA von einem erweiterten Verdacht der FinB und ihrer dadurch begründeten eigenen Ermittlungskompetenz ohne weiteres nichts erfährt, ist die FinB als dem *Legalitätsprinzip* nach §§ 385 I, 386 II AO, 152 II StPO unterworfene Strafverfolgungsbehörde (OLG Stuttgart v. 4.2.1991, wistra 190; LR-*Rieß* 12 zu § 160) *verpflichtet,* der StA die Akten zur weiteren Entschließung vorzulegen (allgM, HHSp-*Rüping* 68, Koch/Scholtz/*Scheurmann-Kettner* 20/1 zu § 386 AO, *Gramich* wistra 1988, 252; *Hardtke/Westphal* wistra 1996, 92). Die *Vorlage der Akten* ist nicht zu verwechseln mit einer *Abgabe der Steuerstrafsache* nach § 386 IV 1 AO, die den Zuständigkeitswechsel aufgrund einer *Ermessens*entscheidung der FinB herbeiführt (Rn. 41). 26

Entgegen der vielfach vertretenen Ansicht, dass jegliche Ermittlungskompetenz der FinB entfalle, wenn ein Steuervergehen mit einer allgemeinen Straftat tateinheitlich zusammentreffe (OLG Frankfurt 5.9.1986, wistra 1987, 32; HHSp-*Rüping* 23, Kohlmann/*Hilgers-Klautzsch* 94 ff., *Kühn/Hofmann* 3 zu § 386; Erbs/Kohlhaas/*Hadamitzky/Senge* AO § 386 Rn. 6; *Suhr/Naumann/Bilsdorfer* Rz. 604; *Bilsdorfer* StBp 1990, 118; *Rüping* StVj 1991, 324), bleibt die unselbstständige Ermittlungskompetenz der FinB in solchen Fällen aber bestehen (BGH 24.10.1989, BGHSt 36, 285; LG Freiburg 4.9.2000, StV 2001, 268; Klein/*Jäger* AO § 386 Rn. 7; *Pütz* wistra 1990, 212; aA HHSp-*Rüping* 23 zu § 386; *Rüping* DStR 2002, 2020). Die FinB darf die nichtsteuerliche Tat *insoweit* ermitteln, als dies der Ermittlung der Steuerstraftat dient, was eine vorherige Abgabe an die StA nicht voraussetzt (BGH 24.10.1989, BGHSt 36, 285; Klein/*Jäger* AO § 386 Rn. 7; *Kretzschmar* DStR 1983, 644; *ders.,* DStR 1985, 28; *Berthold* DDZ 1985, F 50; aM *Rüster* 1989, S. 69; *Reiche* wistra 1990, 90; Rn. 100 zu § 404). Es findet *lediglich keine Kompetenzerweiterung* nach § 386 II AO statt. Die Zoll- und Steuerfahndung, als unselbstständige Untergliederungen der FinB (*Klos/Weyand* DStZ 1988, 616), sowie ihre Beamten, haben im Strafverfahren wegen Steuerstraftaten dieselben Rechte und Pflichten wie die Behörden und Beamten des Polizeivollzugsdienstes nach den Vorschriften der StPO (§ 404 Satz 1 AO; vgl. Rn. 6 zu § 404). Sie handeln als Hilfsorgan der StA (Rn. 13) und können innerhalb dieses Rahmens ohne besonderen Auftrag der StA tätig werden. Eine Beschränkung dieser – unselbstständigen – Ermittlungskompetenz auf Fälle, in denen *nur* eine Steuerstraftat vorliegt, ist der AO nicht zu entnehmen. § 386 AO regelt nicht die Befugnisse der Zoll- und Steuerfahndung, sondern die Frage, ob die StA oder die FinB das Verfahren *durchzuführen* hat. Strafprozessuale Maßnahmen der FinB unterbrechen deshalb auch die Strafverfolgungsverjährung nichtsteuerlicher Straftaten (BGH 24.10.1989, BGHSt 36, 285; OLG Braunschweig 24.11.1997, wistra 1998, 71 m. krit. Anm. *Bender* wistra 1998, 93; *Pütz* wistra 1990, 212; aM OLG Frankfurt 5.9.1986, wistra 1987, 32; *Reiche* wistra 1990, 90) unabhängig davon, ob diese Maßnahmen im Rahmen einer selbstständigen oder unselbstständigen Ermittlungskompetenz getroffen werden. Im ersten Fall handelt die FinB „als StA" an deren Stelle, im zweiten Fall als deren Hilfsorgan. Beide Alternativen ermöglichen eine Unterbrechung nach § 78c StGB (*Schäfer,* Dünnebier-FS, S. 541, 553). Die von der FinB ohne *konkreten* Auftrag der StA durchgeführten Ermittlungen sind deshalb ebenso wenig rechtswidrig oder nicht verwertbar, wie dies bei Ermittlungen der Polizei der Fall ist, die regelmäßig zunächst ohne Kenntnis der StA erfolgen (aM *Klos/Weyand* DStZ 1988, 618). 27

28 **Entschließt sich die StA,** das Verfahren wegen der nichtsteuerlichen Straftat einzustellen oder diese gem. § 154a StPO auszuscheiden, geht die Ermittlungskompetenz nicht automatisch auf die FinB über (HHSp-*Rüping* 71 zu § 386; aM *Kretzschmar* DStZ 1983, 499 und DStR 1985, 29). In Betracht kommt eine einvernehmliche Abgabe nach § 386 IV 3 AO, wenn sie nach dem Gewicht der Steuerstraftat und nach dem Verfahrensstand angezeigt erscheint. Dabei ist das Einverständnis der FinB erforderlich (HHSp-*Rüping* 71, aM Kohlmann/*Hilgers-Klautzsch* 102 zu § 386).

29 **§ 386 II Nr. 2 AO bestimmt eine Ausnahme von der Ausschließlichkeitsbeschränkung in Nr. 1** (vgl. Rn. 14) zugunsten selbstständiger Ermittlungen der FinB, falls eine Tat, die eine Steuerstraftat darstellt, zugleich ein anderes, nichtsteuerliches Strafgesetz verletzt und dessen Verletzung *Kirchensteuern oder andere öffentlich-rechtliche Abgaben* betrifft, die an Besteuerungsgrundlagen, Steuermessbeträge oder Steuerbeträge anknüpfen (vgl. auch § 31 AO). Die Fassung der Vorschrift ist zugeschnitten auf das Zusammentreffen von Steuerhinterziehung (§ 370 AO) und Abgabenbetrug (§ 263 StGB) zum Nachteil einer Körperschaft, deren Ansprüche auf Steuern, Beiträge oder Umlagen nach steuerlichen Merkmalen bemessen werden. Hier wäre es im Hinblick auf den Zweck des § 386 AO (Rn. 10) widersinnig, die Ermittlungskompetenz der StA vorzusehen; denn in den Anwendungsfällen des § 386 II Nr. 2 AO (Rn. 24) bildet der Abgabenbetrug stets nur ein „Anhängsel" der Steuerhinterziehung, in der das Schwergewicht der Tat liegt. Demgemäß ist es oftmals auch angezeigt, dass die FinB die Verfolgung der Tat gem. § 154a I StPO auf das Vergehen nach § 370 AO beschränkt.

30 **Unmittelbar an Steuerbeträge knüpfen die Kirchensteuern an,** welche die FÄ nach dem jeweiligen KiStG als Zuschlag von 8 oder 9 vH zur ESt (LSt) erheben. Ob die vorsätzliche Verkürzung der KiSt als Steuerhinterziehung nach § 370 AO strafbar ist, haben die Länder unterschiedlich geregelt. In *Niedersachsen* ist die vorsätzliche Verkurzung der KiSt zwar nach § 370 AO zu bestrafen, jedoch ist die Anwendung der §§ 385 ff. AO gem. § 6 I KiStRG ausdrücklich ausgeschlossen, so dass die selbstständige Ermittlung einer mit KiSt-Hinterziehung zusammentreffenden ESt-Hinterziehung einem FA hier von Rechts wegen nur möglich ist, nachdem die StA die Verfolgung der Tat gem. § 154a I StPO auf die ESt-Hinterziehung beschränkt und die Strafsache gem. § 386 IV 3 AO an das FA abgegeben hat (aM jedoch Kohlmann/*Hilgers-Klautzsch* 76 zu § 386 AO, da es nur auf die Qualifizierung als Steuerstraftat ankomme; Schwarz/Pahlke/*Dumke* 22 zu § 386 AO; *Suhr/Naumann/Bilsdorfer* Rz. 603, die § 386 II Nr. 2 AO ebenso wie HHSp-*Rüping* 21 zu § 386 als lex specialis zur StPO sehen).

31 Wer in den anderen Ländern das FA über einkommensteuererhebliche Tatsachen täuscht, erfüllt nicht den Tatbestand der Steuerhinterziehung. Ob stattdessen der **Tatbestand des Betruges** einschlägig ist oder aber das Verhalten (insoweit) straflos bleibt, ist umstritten. Einige Autoren nehmen Betrug an (Schwarz/Pahlke/*Dumke* 21, Koch/Scholtz/*Scheurmann-Kettner* 18 zu § 386 AO; *Rönnau* wistra 1995, 48), andere lehnen dies ab (*Suhr/Naumann* 3. Aufl., S. 148 f.; vgl. auch Kohlmann/*Hilgers-Klautzsch* 79 zu § 386; *Engelhardt* 1991, S. 90). Tatsächlich enthält § 370 für Steuern eine abschließende Regelung (Kohlmann/*Hilgers-Klautzsch* 79, RK-*Kemper* 42 zu § 386; BGH 19.12.1997, BGHSt 43, 381). Überdies ist aus der Suspendierung der Vorschriften der §§ 369 ff. AO zu folgern, dass es sich bei der Hinterziehung von Kirchensteuer nicht um ein strafbares Verhalten handeln soll. Soweit *Rönnau* einwendet, hiergegen spräche § 386 Abs. 2 Nr. 2 AO und Art. 4 Abs. 3 EGStGB, trägt dies seine Lösung nicht. Seinen Einwand aus § 386 Abs. 2 Nr. 2 AO relativiert *Rönnau* selbst (wistra 1995, 49). Der Einwand, Art. 4 Abs. 3 EGStGB erfordere die Anwendbarkeit des § 263 StGB, ist ebenfalls nicht tragfähig. Richtig ist zunächst, dass nach Art. 4 Abs. 3 EGStGB Vorschriften des StGB über Betrug unberührt bleiben, und es dem Kirchensteuergesetzgeber lediglich freigestellt ist, Sonderregelungen – auch in Art einer dynamischen Verweisung – für eine Kirchensteuerhinterziehung zu treffen. Die Kirchensteuergesetzgeber – mit Ausnahme Niedersachsens – haben aber eine entsprechende Regelung getroffen, indem sie die Nichtanwendbarkeit der §§ 369 ff. AO ausdrücklich

anordneten. Erst ein Schweigen des Gesetzgebers in dieser Frage hätte Raum für Spekulationen eröffnet, ob § 263 StGB einschlägig sei (zust. Kohlmann/*Hilgers-Klautzsch* 16 zu § 386). *Rönnau* bezweifelt, dass die Länderparlamente (nach Rücksprache mit den Kirchen) hinsichtlich der Kirchensteuer auf jeglichen Strafrechtsschutz verzichten wollten. Tatsächlich ist dies durchaus der Fall. Im Übrigen steht die Kirchenpraxis im Einklang mit theologischen Prinzipien und entsprechenden Beschlüssen. Zweifelhaft ist allein, ob eine solche Interpretation nicht ein unzulässiges Unterlaufen des Art. 4 Abs. 3 EGStGB wäre, der vom Wortlaut her voraussetzt, dass etwa den §§ 369 ff. AO entsprechende Regelungen getroffen werden. Auch dies ist aber nicht der Fall. Wenn der Landesgesetzgeber die ausschließliche Gesetzgebung für einen Bereich hat (hier die Kirchensteuer), so kann er aus diesem Recht, quasi als Annexkompetenz, auch entsprechende Sonderregelungen treffen, die ggf. das StGB überspielen (vgl. *Jescheck/Weigend* AT, S. 115: „Sachzusammenhang"). Der BGH hat sich in einem „obiter dictum" zur Anwendbarkeit des Betrugstatbestands auf Kirchensteuern geäußert (BGH 17.4.2008, wistra 2008, 310), er tendiert zur Anwendbarkeit des Betrugstatbestandes. Allerdings hält er es für möglich – im Einklang mit der hier vertretenen Auffassung – kraft einer Annexkompetenz der Länder auf dem Gebiet der Kirchensteuer die Anwendung von § 263 StGB auszuschließen, indem der Art. 4 Abs. 3 EGStGB mit Blick auf die Art. 140 GG iVm Art. 137 WRV modifizierend ausgelegt wird.

An die Gewerbesteuermessbeträge knüpfen an die *Beiträge zu den (Industrie- und)* 32 *Handelskammern,* die gem. § 3 III iVm § 4 Nr. 4 IHKG in Form eines festen Grundbeitrags und einer Umlage in Höhe von 4–10 vH der GewSt-Messbeträge erhoben werden; die *Beiträge zu den Handwerkskammern,* die aufgrund §§ 106 I Nr. 5, 113 HandwO regelmäßig in Form eines festen Grundbeitrags und eines Zusatzbeitrags in Höhe von 8–15 vH der GewSt-Messbeträge erhoben werden. Wird in den beiden vorstehenden Fällen kein Gewerbesteuermessbetrag festgesetzt, knüpfen die Beiträge jeweils an den nach dem Einkommensteuer- oder Körperschaftsteuergesetz ermittelten Gewinn aus Gewerbebetrieb an.

Auch einzelne Besteuerungsgrundlagen bilden den Maßstab für öffentlich-rechtliche 33 Abgaben, etwa die für das land- und forstwirtschaftliche Vermögen festgesetzten Einheitswerte für die *Umlagen der Landwirtschaftskammern,* die zB in Nordrhein-Westfalen gem. Erlass v. 6.9.2012 für das Haushaltsjahr 2012 6,5 vT betragen haben (BStBl. I 2012, 922).

Gelegentlich sind die **Beiträge zu den Apothekerkammern** auch nach den Umsätzen 34 der Mitglieder oder die Beiträge niedergelassener Ärzte zu den **Ärztekammern** nach der Höhe der Einkünfte aus selbstständiger Berufstätigkeit (§ 18 EStG) gestaffelt. Indessen werden diese Beiträge nicht auf Grund von Mitteilungen der FÄ nach § 31 AO, sondern aufgrund einer Selbsteinschätzung der Mitglieder festgesetzt. Mit einer unrichtigen Beitragserklärung kann zwar Betrug zum Nachteil der jeweiligen Kammer begangen werden, jedoch ist das FA für die Ermittlung einer solchen selbstständigen Tat nach § 386 II Nr. 2 AO nicht zuständig, da es an einer Steuerstraftat fehlt. Dasselbe gilt sinngemäß für unrichtige selbstständige Erklärungen über den Jahresumsatz, an den die **Filmabgabe** nach § 66 FFG anknüpft.

4. Verhaftung oder Unterbringung des Beschuldigten

§ 386 III AO schließt die selbstständige Ermittlungskompetenz der FinB aus, 35 sobald gegen einen Beschuldigten wegen der Tat ein Haftbefehl (§ 114 StPO) oder ein Unterbringungsbefehl (§ 126a StPO) erlassen ist. Diese Ausnahmeregelung berücksichtigt, dass die StA in Haft- und Unterbringungssachen über besondere Erfahrungen verfügt und ihre Beteiligung am Haftprüfungs- und Haftbeschwerdeverfahren (§§ 117–118b StPO) unerlässlich ist. Die Zuständigkeit der StA ist aber auch deshalb sachgerecht, weil U-Haft nach dem Grundsatz der Verhältnismäßigkeit (§ 112 I 2 StPO) nur in Sachen von größerer Bedeutung angeordnet werden darf, bei denen die U-Haft zu der zu erwartenden Strafe in einem angemessenen Verhältnis steht. Steuerstrafsachen, auf welche diese Voraussetzungen zutreffen, sind für das Strafbefehlsverfahren (§ 400 AO) regelmäßig ungeeignet, falls nicht die weiteren Ermittlungen ergeben, dass der Tatverdacht nur in einem erheblich geringeren Umfang begründet ist, als es bei Erlass des Haftbefehls den Anschein hatte.

36 **Die Worte „wegen der Tat"** besagen, dass der Haftbefehl dasselbe Geschehen zur Grundlage haben muss, das den Verdacht einer *Steuer*straftat begründet (Rn. 13). Wird (oder ist) der einer Steuerstraftat Beschuldigte wegen einer *anderen* Tat verhaftet, ist § 386 III AO nicht anzuwenden, jedoch kann die StA die Steuerstrafsache aufgrund § 386 IV 2 AO an sich ziehen, um die Ermittlungen wegen *aller* Straftaten eines Beschuldigten bei sich zu konzentrieren. Erfolgt die Verhaftung *auch* wegen der mit anderen Tatbeständen tatmehrheitlich zusammentreffenden Steuerhinterziehung, gilt § 386 III AO (Schwarz/Pahlke/*Dumke* 27 zu § 386 AO).

37 **Die Worte „gegen einen Beschuldigten"** besagen, dass es bei der Teilnahme mehrerer Personen an einer Tat genügt, wenn gegen *einen* von ihnen Haft- oder Unterbringungsbefehl erlassen wird. In einem solchen Fall hat die StA die Ermittlungen gegen *alle* Beschuldigten weiterzuführen (einhM, vgl. HHSp-*Rüping* 61, Kohlmann/*Hilgers-Klautzsch* 106, Schwarz/Pahlke/*Dumke* 28 zu § 386 AO).

38 **Mit dem Erlass eines Haft- oder Unterbringungsbefehls** wegen einer Tat, die als Steuerstraftat zu würdigen ist, erlischt die selbstständige Ermittlungskompetenz der FinB *kraft Gesetzes,* die Zuständigkeit liegt allein wieder bei der StA. Ob und wann der Haft- oder Unterbringungsbefehl *vollstreckt* werden kann oder ob der Vollzug nach § 116 StPO *ausgesetzt* wird, ist unerheblich (einhM, vgl. HHSp-*Rüping* 64 u. Kohlmann/*Hilgers-Klautzsch* 109 zu § 386). Wird der Haftbefehl wieder *aufgehoben,* lebt die Ermittlungskompetenz der FinB nicht wieder auf (HHSp-*Rüping* 64, Kohlmann/*Hilgers-Klautzsch* 109, RK-*Kemper* 85 u. Schwarz/Pahlke/*Dumke* 26 zu § 386 AO, *Suhr/Naumann/Bilsdorfer* Rz. 608). Auch kann die StA die Strafsache nicht nach § 386 IV 3 an die FinB zurückgeben (Rn. 48). Diese Möglichkeit besteht ausdrücklich nur bei einem Zuständigkeitswechsel aufgrund eigener Entschließung in den *„beiden Fällen"* des § 386 IV 1 und 2 AO (Schwarz/Pahlke/*Dumke* 45, HHSp-*Rüping* 65, 82, Kohlmann/*Hilgers-Klautzsch,* 109, zu § 386 AO; *Kretzschmar* DStZ 1983, 499; aM *Suhr/Naumann/Bilsdorfer* Rz. 605). Einer Auslegung des § 386 IV 3 AO dahingehend, die einvernehmliche Rückgabe an die FinB auch bei zuvor gesetzlich erzwungener Abgabe der Sache an die StA zuzulassen (so *Suhr/Naumann/Bilsdorfer* Rz. 605), steht der eindeutige Wortlaut der Vorschrift entgegen.

39 **Erlassen** ist der Haft- oder Unterbringungsbefehl, wenn er bei der vollstreckenden StA *eingegangen* ist (HHSp-*Rüping* 63 zu § 386; LR-*Graalmann-Scheerer* 12 zu § 33 StPO). Dies ist unabhängig von der Frage, ob eine richterliche Entscheidung mit Unterzeichnung (so *Franzen* Rn. 22a in der 3. Aufl. unter Hinweis auf BGH 16.5.1973, BGHSt 25, 187, 189 zum Wirksamwerden eines Strafbefehls) oder erst mit tatsächlicher Bekanntgabe (OLG Bremen 28.12.1955, NJW 1956, 435; OLG Hamburg 27.11.1962, NJW 1963, 874) erlassen ist. Nach abweichender Meinung soll maßgebend sein, wann der Haftbefehl den inneren Dienstbereich des Gerichts verlassen hat (BayObLG 29.4.1977, MDR 1977, 778; KK-StPO/*Maul* StPO § 33 Rn. 4) bzw. der Zeitpunkt, von dem ab es tatsächlich unmöglich ist, die Entscheidung abzuändern (*Meyer-Goßner* StPO vor § 33 Rn. 9). Dies kann nicht zutreffen, weil der Haftbefehl bereits durch Fahndung nach dem Beschuldigten vollstreckt wird (KK-StPO/*Graf* StPO § 114 Rn. 22; aM LR-*Hilger* 28 zu § 114 StPO, wonach der Haftbefehl erst durch die Verhaftung vollstreckt werde), denn der Haftbefehl enthält bereits die stillschweigende Anordnung zur Durchsuchung der Wohnung des Beschuldigten zwecks Ergreifung (*Meyer-Goßner* StPO § 105 Rn. 6, § 114 Rn. 20).

5. Fakultative Änderung der Zuständigkeit

40 **§ 386 IV AO regelt drei Möglichkeiten einer Änderung der Zuständigkeit:**
kraft Entschließung der FinB, falls sie eine Steuerstrafsache *abgeben* will (Satz 1),
kraft Entschließung der StA, falls sie eine Steuerstrafsache *an sich ziehen* will (Satz 2) oder
gem. Vereinbarung der konkurrierenden Strafverfolgungsbehörden über die *Rückgabe einer Steuerstrafsache* an die FinB (Satz 3).

Mit dieser Regelung können besondere Umstände des Einzelfalles zugunsten einer möglichst zweckmäßigen Durchführung des Ermittlungsverfahrens berücksichtigt werden. Ob die Vorschrift sich in der Praxis bewährt, hängt davon ab, in welchem Maße die beteiligten Behörden den Willen zu einer wirkungsvollen Zusammenarbeit anderen Erwägungen voranstellen. Mit Recht hat *Hartung* (bei HHSp 11 vor §§ 421–460 RAO 1931) schon früher bemerkt: „*... jederzeit muß ... jede der beiden Behörden bereit sein, mit ihren besonderen Kenntnissen und Erfahrungen die andere in ihrer Tätigkeit zu unterstützen ... Für ressortmäßige Eifersüchteleien und behördliche Prestigerücksichten darf im Verhältnis der beiden Behörden zueinander kein Raum sein*". Vgl. auch RiStBV 267 I.

a) Abgabe der Strafsache an die Staatsanwaltschaft. Im Sinne des § 386 IV 1 AO erfordert die Abgabe einer Strafsache eine gegenüber der StA abzugebende eindeutige und unbedingte Erklärung der FinB, sich der weiteren Untersuchung des Falles zu enthalten und diese der StA überlassen zu wollen. Über Form und Empfängerin der Erklärung s. Rn. 45 f. 41

Die der Erklärung zugrundeliegende Entschließung steht im pflichtgemäßen Ermessen der FinB. Die FinB darf nicht willkürlich handeln (OLG Celle 3.8.1977, NdsRpfl 1977, 252 f.; Kohlmann/*Hilgers-Klautzsch* 118 zu § 386). Der Beschuldigte kann Anregungen geben; er hat jedoch keinen Anspruch darauf, dass von mehreren berufenen Stellen eine bestimmte – und keine andere – Strafverfolgungsbehörde die Ermittlungen führt (so auch die Auffassung der FinVerw, vgl. AStBV (St) 2013 Nr. 84 V). 42

Eine unverzügliche Abgabe zur Fortführung des Strafverfahrens unter der Verantwortung der StA kommt nach zutr. Auffassung der FinVerw insbesondere in Betracht, wenn die *Anordnung der Untersuchungshaft* (§§ 112, 113 StPO) geboten erscheint, die Strafsache *besondere verfahrensrechtliche Schwierigkeiten* aufweist, eine *Nichtsteuerstraftat mitverfolgt* werden soll, eine nicht im Strafbefehlswege ahndbare *Freiheitsstrafe* zu erwarten ist, gegen die *in AStBV 151–154 genannten Personen* (Mitglieder des Europäischen Parlaments, des BTages oder eines LTages, Diplomaten, Stationierungsstreitkräfte, Jugendliche, Heranwachsende und vermindert Schuldfähige) ermittelt wird oder ein *Amtsträger der FinB* der Beteiligung verdächtig ist. Darüber hinaus ist die Abgabe insbes. dann zweckmäßig, wenn der Beschuldigte die Ermittlungen der FinB mit polemischer Kritik, Selbstmorddrohungen oder politischem Druck auf die vorgesetzten Behörden in unsachlicher Weise erschwert. Allein die Erwartung, dass gegen einen Strafbefehl ohnehin Einspruch eingelegt werden wird, rechtfertigt eine Abgabe ebenso wenig, wie deshalb überhaupt auf einen Strafbefehlsantrag verzichtet werden könnte (*Hardtke/Westphal* wistra 1996, 93; vgl. RiStBV 175 III; Kohlmann/*Hilgers-Klautzsch* 121 zu § 386; aM *Franzen* Rn. 26 der 3. Aufl.). Aus der Sache selbst können Abgabegründe namentlich dann erwachsen, wenn ein besonders schwerer Fall der Steuerhinterziehung (§ 370 III) vorliegt oder wenn Sach- oder Rechtsfragen des allgemeinen Strafrechts (zB der Schuldfähigkeit nach §§ 20 f. StGB) im Vordergrund stehen, oder wenn die StA gegen den Beschuldigten bereits in anderer Sache ermittelt. Keinesfalls darf die FinB die ihr nach § 386 IV 1 AO gegebene Möglichkeit dazu missbrauchen, sich von lästiger Arbeit zu befreien (zust. Kohlmann 24.4 zu § 386). Der Anschein, als gehe vom Gesetz ein entsprechender Anreiz aus, ist nicht begründet, da die StA nach dem Übergang der Verfahrensherrschaft berechtigt ist, die FinB gem. § 161 StPO iVm § 402 AO um einzelne Ermittlungshandlungen zu ersuchen, insbesondere zu dem Zweck, die steuerlichen Merkmale der Tat aufzuklären. 43

Den Zeitpunkt der Abgabe stellt § 386 IV 1 AO ebenfalls in das Ermessen der FinB. „*Jederzeit*" bedeutet: vom erstmöglichen Einschreiten an bis zum Verfahrensabschluss (Kohlmann/*Hilgers-Klautzsch* 124 zu § 386), uU schon vor der Einleitung des Strafverfahrens durch eine verdachtsaufklärende Ermittlungsmaßnahme (RK-*Kemper* 48 zu § 386), dh bevor die FinB überhaupt tätig geworden ist (*Suhr/Naumann/Bilsdorfer* Rz. 609; krit. *Liebsch/Reifelsberger* wistra 1993, 325). Die Zweckmäßigkeit lässt es idR jedoch ratsam erscheinen, dass die FinB die Ermittlungen zunächst soweit führt und fördert, bis die 44 steuerlichen Merkmale der Tat, ungeachtet eines etwa anhängigen Rechtsbehelfs gegen die Steuerbescheide, zutreffend beurteilt werden können.

45 **Die Form der Abgabeerklärung** schreibt das Gesetz nicht vor, jedoch verlangt die Bedeutung des Vorgangs (Rn. 47 f.) Schriftform und Unterschrift eines zeichnungsberechtigten Behördenvertreters (HHSp-*Rüping* 69, ähnlich Schwarz/Pahlke/*Dumke* 37 zu § 386 AO); eine schlichte Übergabe der Akten von Sachbearbeiter zu Sachbearbeiter genügt nicht. Es ist ein nobile officium, dass die FinB der Abgabeerklärung eine zusammenfassende Darstellung ih-rer Verdachtsgründe, ihrer Ermittlungsergebnisse und ihrer Stellungnahme zu den steuerrechtlichen und den strafrechtlichen Fragen beifügt, die der Fall aufwirft (so bereits *Mattern* Grundriß S. 16; s. auch Kohlmann/*Hilgers-Klautzsch* 125 zu § 386).

46 **Empfängerin ist diejenige StA,** die sachlich für Wirtschaftsstrafsachen zuständig ist und deren örtliche Zuständigkeit sich gem. § 143 I, IV GVG nach der örtlichen Zuständigkeit des Landgerichts richtet. Die Zuständigkeit des Landgerichts ist sachlich nach § 74c GVG, örtlich nach den §§ 7–13a StPO zu bestimmen.

47 **Abgaben nach § 386 IV 1 AO bewirken,** dass die besondere Ermittlungskompetenz der FinB erlischt und die Zuständigkeit der StA wieder auflebt. War die FinB *von vornherein* nicht zuständig, etwa weil die Tat außer einem Steuerstrafgesetz ein anderes Strafgesetz verletzt hat, ohne dass die Voraussetzungen des § 386 II Nr. 2 AO vorliegen, ergibt sich die Zuständigkeit der StA unmittelbar aus der StPO. In einem solchen Fall wird der StA durch eine *„Abgabe der Sache"* nicht die Zuständigkeit übertragen, sondern es wird ihr nur der bei der FinB entstandene Aktenvorgang mit den angefallenen Ermittlungsergebnissen zugeleitet.

48 **Bereits durch die Abgabe nach § 386 IV 1 AO wird die Zuständigkeit der StA begründet.** Der Übergang vollzieht sich kraft Gesetzes und verpflichtet die StA, die Sache fortzuführen (oder auch einzustellen); dies folgt unmittelbar aus dem Wortlaut des Gesetzes (HHSp-*Rüping* 70, Kohlmann/*Hilgers-Klautzsch* 126 zu § 386) sowie aus dem Legalitätsprinzip nach § 152 II StPO (*Bender/Möller/Retemeyer* D Rn. 497), schließlich auch aus dem Gegensatz zu § 386 IV 3 AO. Einer besonderen Entschließung der StA oder sogar deren Einverständnis, die Sache zu übernehmen, bedarf es nicht (aM früher *Moser* S. 122 f. u. *Mattern* Grundriß II S. 15). Ist die StA der Ansicht, die Sache sei aus Gründen der Zweckmäßigkeit besser in den Händen der FinB geblieben, kann sie lediglich Gegenvorstellungen erheben und eine Vereinbarung über die Rückgabe nach § 386 IV 3 AO anstreben.

49 **Der Übergang der Ermittlungskompetenz auf die StA** bleibt für das weitere Strafverfahren in derselben Sache wirksam, solange nicht die StA mit der FinB eine Rückgabe nach § 386 IV 3 AO vereinbart. Ohne förmliche Rückgabe lebt die Ermittlungskompetenz der FinB auch dann nicht wieder auf, wenn die StA das Strafverfahren nach § 170 II 1 StPO einstellt (glA *Bender/Möller/Retemeyer* D Rn. 100, 1, HHSp-*Rüping* 71 u. Kohlmann/*Hilgers-Klautzsch* 128 zu § 386; aM *Kretzschmar* DStZ 1983, 499 und DStR 1985, 29). Werden der FinB neue Tatsachen oder Beweismittel bekannt, die den Verdacht erhärten, muss sich die FinB darauf beschränken, das neue Material der StA zuzuleiten, damit diese sich darüber schlüssig werden kann, ob sie nunmehr die öffentliche Klage erheben muss (KG 19.4.1921, JW 1921, 857; *Suhr/Naumann/Bilsdorfer* Rz. 609). Die FinB kann das Strafverfahren auch dann nicht von sich aus fortführen, wenn die StA oder das Gericht es wegen eines Verfahrenshindernisses, zB längerer Abwesenheit des Beschuldigten (§ 205 StPO), eingestellt hatte und das Hindernis weggefallen ist. Schließlich hat die FinB kein Klageerzwingungsrecht nach § 172 StPO (Rn. 18 zu § 403; glA HHSp-*Rüping* 70, Kohlmann/*Hilgers-Klautzsch* 128 zu § 386 u. LR-*Graalmann-Scheerer* 60 zu § 172 StPO; aM offenbar *Bender/Möller/Retemeyer* D Rn. 499); denn die FinB hat im Verhältnis zur StA keine Kontrollfunktion in Bezug auf die Einhaltung des Legalitätsprinzips (KK-StPO/*Schmid* StPO § 172 Rn. 29).

50 **Förmliche Rechtsbehelfe,** mit denen der Beschuldigte die Abgabe der Strafsache an die StA angreifen oder die Nichtabgabe rügen könnte, stehen nicht zur Verfügung. Die

strafverfahrensrechtliche Beschwerde ist im Ermittlungsstadium – abgesehen von *richterlichen* Verfügungen (§ 304 StPO) – nur gegen bestimmte, im Gesetz einzeln aufgeführte Verfügungen der Strafverfolgungsbehörden gegeben (vgl. zB § 172 I StPO); im Übrigen ist nur die Dienstaufsichtsbeschwerde statthaft. Für eine Klage ist der Finanzrechtsweg ausdrücklich ausgeschlossen (§ 33 III FGO). Auch der Rechtsweg zum Verwaltungsgericht ist entgegen der früheren Annahme des BFH (Urt. v. 25.1.1972, BStBl. II 286 = DStR 1972, 243, überholt durch BFH 20.4.1983. BStBl. II 482; BFH 21.8.1990, BFH/NV 1991, 142) nicht gegeben (Klein/*Jäger* AO § 386 Rn. 16; HHSp-*Rüping* 86, RK-*Kemper* 100, Kohlmann/*Hilgers-Klautzsch* 131 zu § 386). Bei Abgabe einer Strafsache an die StA wird die FinB in einem Strafverfahren tätig und damit funktionell als Justizbehörde (*Hellmann* S. 167; HHSp-*Rüping* 86 zu § 386; Klein/*Jäger* AO § 386 Rn. 16). Der ordentliche Rechtsweg zum OLG nach §§ 23 ff. EGGVG scheidet aber ebenfalls aus, weil die Abgabe einer Strafsache an die StA materiell keinen Justizverwaltungsakt darstellt, sondern eine der Strafrechtspflege zuzurechnende Prozesshandlung (OLG Karlsruhe 30.4.1982, NStZ 1982, 434 m. zust. Anm. *Rieß; Klein/Jäger* AO § 386 Rn. 16). Es fehlt eine unmittelbare Außenwirkung im Verhältnis zum Beschuldigten (FG BadWürtt 16.2.1968, EFG 1968, 264, zu § 425 RAO 1931), denn rechtlich ändert sich nur das Innenverhältnis zwischen FinB und StA. Selbst wenn man eine Außenwirkung annehmen würde, so wäre diese unerheblich, da der Beschuldigte keinen Anspruch darauf hat, dass eine Strafverfolgungsbehörde seiner Wahl die Ermittlungen führt (Schwarz/Pahlke/*Dumke* 32 zu § 386 AO) und er folglich durch einen gesetzmäßigen Zuständigkeitswechsel nicht in seinen Rechten verletzt wird (HHSp-*Rüping* 86 zu § 386 mwN). Als Maßnahme, die nur den Gang des Verfahrens betrifft, bedarf eine Abgabe deshalb auch keiner Anhörung des Beschuldigten.

Bei einem Verstoß gegen § 393 Abs. 2 will *Hilgers-Klautzsch* (Kohlmann/*Hilgers-Klautzsch* 132 zu § 386) hingegen die Möglichkeit einer Anrufung des OLG anerkennen. Daran ist richtig, dass der Betroffene in diesem Fall ein Rechtsschutzbedürfnis haben wird, wenn eine Verletzung des Steuergeheimnisses im Raum steht. Es handelt sich dennoch um eine bloße justizinterne Maßnahme. Die StPO kennt die Anfechtung der Entscheidung vorgelagerter Zwischenschritte nur ausnahmsweise; der Schutz findet wie auch sonst im gerichtlichen Verfahren statt. 51

b) Evokationsrecht der Staatsanwaltschaft. Kraft eigener Entschließung kann die StA nach § 386 IV 2 AO *jede* Steuerstrafsache übernehmen. Die selbstständige Ermittlungskompetenz der FinB nach § 386 II AO steht im Hinblick auf § 386 IV 2 AO unter dem Vorbehalt, dass die StA die Strafsache nicht selbst verfolgen will. Diese Vorschrift ist in der Finanzverwaltung vereinzelt als *„Mittel einer Bevormundung durch die StA"* empfunden worden; tatsächlich bildet sie nur das natürliche Gegenstück zur Abgabebefugnis der FinB nach § 386 IV 1 AO. Ihre Anwendung steht – wie diese – im pflichtgemäßen Ermessen der zuständigen Behörde (Rn. 53). Die Zweckmäßigkeit spricht zB für eine Übernahme der Sache, wenn zwischen einer Steuerstraftat und einer anderen Straftat ein Zusammenhang besteht (§ 3 StPO), zB wenn der Beschuldigte durch Betrug, Untreue oder Hehlerei erlangte Einkünfte nicht versteuert hat, wenn der Beschuldigte die Übernahme anregt, weil er die zuständigen Finanzbeamten für befangen hält, oder wenn der Strafrichter gegen einen Strafbefehlsantrag der FinB (§ 400 AO) Bedenken hat (vgl. auch RiStBV 267). 52

Die StA kann die Strafsache jederzeit an sich ziehen. Zeitliche Grenze der Evokation ist der *endgültige* Abschluss des Strafverfahrens. Hierbei ist nicht auf den förmlichen Abschluss durch Einstellung oder Strafbefehlsantrag abzustellen, sondern auf den *Verbrauch der Strafklage* (HHSp-*Rüping* 78 zu § 386 AO). Erst mit materieller Rechtskraft einer abschließenden Entscheidung liegt keine *Strafsache* mehr vor. Eine Einstellung entfaltet keine Rechtskraftwirkung (abgesehen von § 153a I 4 StPO, vgl. *Meyer-Goßner* StPO § 153 Rn. 37, § 153a Rn. 45) und steht einer Fortführung der Ermittlungen nicht entgegen. Gleichermaßen liegt auch dann noch eine Strafsache vor, wenn die FinB einen Strafbefehl beantragt hat. Bei Meinungsverschiedenheiten mit dem Gericht über dessen Zuständigkeit, 53 die Zulässigkeit oder Begründetheit des Antrages kann die FinB diesen zurücknehmen (OLG Karlsruhe 3.5.1991, NStZ 1991, 602), abändern oder nach Ablehnung oder Abgabe des Strafbefehlsantrages sofortige Beschwerde einlegen (§§ 408 I, II, 210 II StPO). Die Strafsache ist deshalb *nicht abgeschlossen* und kann von der StA auch noch in diesem Verfahrensstadium an sich gezogen werden. Eine zeitliche Limitierung des Evokationsrechtes auf den Ermittlungsteil des Strafverfahrens, der mit dem Abschlussvermerk nach § 169a StPO vom Entschließungsteil getrennt wird (vgl. *Meyer-Goßner* StPO § 169a Rn. 1) ist nicht möglich (so aber *Liebsch/Reifelsberger* wistra 1993, 326). Dies widerspräche dem Wortlaut des § 386 IV 2 AO und der Grundkonzeption der §§ 386, 399 AO, wonach sich die besondere Ermittlungskompetenz der FinB von dem originären Ermittlungsmonopol der StA ableitet (zutreffend RK-*Kemper* 101 zu § 386; *Weyand* wistra 1994, 88; *Hardtke/Westphal* wistra 1996, 93; vgl. iÜ Rn. 13), welches selbst nicht beschnitten werden soll.

54 **Pflichtgemäße Ermessensausübung erfordert,** dass die StA von der Befugnis nach § 386 IV 2 AO nicht willkürlich Gebrauch macht. Ein Ermessensfehlgebrauch würde zB vorliegen, wenn ein Staatsanwalt Listen anfordert und *sämtliche* Steuerstrafsachen einer FinB an sich zieht oder wenn es ihm in einer bestimmten Sache erkennbar nur auf die steuerlichen Beiakten ankommt. Insofern ist es bedenklich, wenn bei einigen Staatsanwaltschaften sämtliche Strafbefehlsanträge der FinB zunächst der StA zugeleitet werden (müssen), und diese sie – nach Zuteilung eines Aktenzeichens – an den Strafrichter weiterleitet (zust. Kohlmann/*Hilgers-Klautzsch* 134 zu § 386; aA FT-*Nikolaus* 58 zu § 386).

55 **Bereits der Zugang einer Erklärung der StA,** die Strafsache nach § 386 IV 2 AO an sich zu ziehen, hat zur Folge, dass die Ermittlungskompetenz der FinB nach § 386 II AO ohne weiteres *erlischt* und die Verfahrensherrschaft in vollem Umfang auf die StA *übergeht* (Rn. 47 f.); eine Begründung braucht nicht gegeben zu werden (HHSp-*Rüping* 79, Schwarz/Pahlke/*Dumke* 41 zu § 386 AO). Das Evokationsrecht ist umfassend, es wird weder durch gesetzliche Bestimmungen, noch durch Verwaltungsvorschriften eingeengt (die AStBV würden selbst bei Wirksamkeit nicht für die StA gelten) und kann auch durch *schlüssiges Verhalten* ausgeübt werden (*Hardtke/Westphal* wistra 1996, 93). Eine ausdrückliche Erklärung ist zwar zweckmäßig, aber nicht erforderlich (Kohlmann/*Hilgers-Klautzsch* 144, HHSp-*Rüping* 79 zu § 386; sehr weitgehend LG Frankfurt 15.2.1993, wistra 1993, 154, vgl. hierzu *Liebsch/Reifelsberger* wistra 1993, 328 sowie Rn. 56). Gegen die Ausübung des Evokationsrechts steht weder dem Beschuldigten noch der FinB ein förmlicher Rechtsbehelf zu (Rn. 50). Der FinB verbleiben nach § 402 I AO die Rechte und Pflichten, die eine Polizeibehörde nach der StPO hat sowie die Befugnisse nach § 403 AO. Aufgrund § 161 StPO ist die FinB im weiteren Verlauf des Verfahrens verpflichtet, einem Ersuchen der StA um Auskunft oder um Vornahme einzelner Ermittlungsmaßnahmen zu entsprechen.

56 **Eine bestimmte Form** ist für die Evokation durch die Staatsanwaltschaft nicht vorgeschrieben (Schwarz/Pahlke/*Dumke* 42 zu § 386). Sie kann auch durch konkludentes Verhalten erfolgen, zB dadurch, dass die Staatsanwaltschaft im laufenden Ermittlungsverfahren der FinB einzelne Ermittlungshandlungen selbst vornimmt (vgl. *Kohlmann/Giemulla* DStZ/A 1979, 244 ff.; Schwarz/Pahlke/*Dumke* 42 zu § 386), oder aber einen den Erlass eines Strafbefehls ablehnenden Beschluss überprüft und anschließend Rechtsmittelverzicht erklärt (LG Frankfurt 15.2.1993, wistra 1993, 154).

57 Da der Übergang der Verfahrensherrschaft nach Satz 2 des § 386 IV AO nur unter den Voraussetzungen des Satzes 3 wieder rückgängig gemacht werden kann, erscheint es zweckmäßig und *a maiore ad minus* auch zulässig, dass die StA *vor* Abgabe einer Erklärung nach § 386 IV 2 AO die **FinB um Auskunft** über eine *bestimmte* Strafsache **ersucht,** falls sie die gewünschten Angaben für die Entschließung braucht, ob sie die Sache an sich ziehen soll oder nicht (glA HHSp-*Rüping* 74 ff., Kohlmann/*Hilgers-Klautzsch* 145 zu § 386).

58 Mit dem Evokationsrecht der StA korrespondiert eine **Unterrichtungspflicht der FinB** (BGH 30.4.2009, BGHSt 54, 9; *Klos/Weyand* DStZ 1988, 619; *Hellmann* S. 172). Allerdings statuiert § 386 AO *keine allgemeine Informationspflicht* für die FinB (BGH 30.4.2009, BGHSt 54, 9; *Behnes* 2001, 13; *Hardtke/Westphal* wistra 1996, 93; Schwarz/Pahlke/*Dumke* 43 zu

§ 386). Die StA kann daher nicht generell die Mitteilung von Verfahrenseinstellungen oder die Erstellung von Listen über anhängige Steuerstrafverfahren verlangen (Schwarz/Pahlke/*Dumke* 43, Koch/Scholtz/*Scheurmann-Kettner* 24 zu § 386 AO; vgl. zur *konkreten* Informationspflicht der FinB beim Verdacht einer nichtsteuerlichen Straftat Rn. 22, 52). Es kann aber andererseits auch nicht im Belieben der FinB liegen, ob es zu einer Evokation kommt. Von diesem Recht kann die StA naturgemäß nur Gebrauch machen, wenn ihr die Existenz eines bestimmten Steuerstrafverfahrens bekannt ist (*Hellmann* 1995, 172, sieht deshalb in der in RiStBV 267 II vorgesehenen Unterrichtungspflicht der FinB für bestimmte Fälle eine Klarstellung; zur Geltung der RiStBV für die FinB s. Rn. 22 zu § 385). Eine mit der fehlenden frühzeitigen Unterrichtung der StA verbundene Verfahrensverzögerung ist je nachdem, ob es sich um eine konventionswidrige Verzögerung (Art. 6 MRK) handelt, im Rahmen der Vollstreckungslösung zu berücksichtigen oder jedenfalls strafzumessungsrelevant (BGH 30.4.2009, BGHSt 54, 9; zur Vollstreckungslösung Rn. 209 zu § 385). Sinnvoll ist das Evokationsrecht nur bei einer engen Zusammenarbeit beider Behörden, die durch regelmäßige Kontaktgespräche gefördert werden soll sowie dadurch, dass nicht an die StA abgegebene Verfahren im Benehmen mit dieser bearbeitet werden (so auch die Auffassung der FinVerw, vgl. AStBV (St) 2013 Nr. 140 I, III). Diese Kontakte sollen auch weitgehend reibungslos funktionieren, wenngleich sie auch vom Engagement des einzelnen Sachbearbeiters abhängen (*Weyand* wistra 1994, 89).

Eine *unverzügliche* Verständigung der StA soll nach Auffassung der FinVerw gerade in den 59 Fällen erfolgen, in denen eine an sich gebotene Abgabe der Strafsache durch die FinB ausnahmsweise nicht vorgenommen wird (vgl. AStBV (St) 2013 Nr. 22 II). Diese Informationspflicht gilt nunmehr auch dann, wenn zu entscheiden ist, ob eine wirksame Selbstanzeige iS von § 371 AO gegeben ist (AStBV (St) aaO; BGH 20.5.2010, wistra 2010, 304). Die Zusammenarbeit hat auch von der StA auszugehen, die sich im Interesse einer einheitlichen Strafzumessungspraxis über die den Strafbefehlsanträgen der FinB zugrunde liegenden allgemeinen Erwägungen unterrichten soll (RiStBV 267 II). Der Nutzen des Evokationsrechtes kann daher nicht ohne weiteres angezweifelt werden (*Hardtke/Westphal* wistra 1996, 94; anders aber *Weyand* DStR 1990, 412). Entscheidend ist eine vernünftige Kooperation der betreffenden Stellen, das vor allem die ausreichende Kommunikation aller Beteiligten beinhaltet (so auch RK-*Kemper* 105 zu § 386 AO).

c) Rückgabe der Strafsache an die Finanzbehörde. § 386 IV 3 AO ermöglicht es der StA, eine nach Satz 1 oder 2 des § 386 IV AO übernommene Steuerstrafsache zur selbstständigen weiteren Ermittlung an die FinB zurückzugeben. Diese Rückgabe ist jedoch von dem Einvernehmen, dh von der Zustimmung der FinB abhängig, damit ein Hin- und Herschieben der Sache, das ihrer zügigen Bearbeitung nicht dienlich wäre, unterbleibt (vgl. Schwarz/Pahlke/*Dumke* 46 zu § 386). Ein Rückforderungsrecht hat die FinB nicht (HHSp-*Rüping* 80 zu § 386 AO). Beide Behörden sollten Rückgabe und Rücknahme zur Vermeidung von Verzögerungen und zusätzlichem Aufwand nur als Ausnahme in Erwägung ziehen. Es reicht aus, wenn bestimmte – neue – Umstände die Annahme rechtfertigen, dass die Steuerstrafsache ohne erneute Einschaltung der StA gem. § 400 AO im Strafbefehlsverfahren erledigt werden kann. Diese Umstände müssen aber zumindest so erheblich sein, dass die frühere Ermessensentscheidung der FinB über die Abgabe nach § 386 IV 1 AO (Rn. 42), bzw. die der StA, das Verfahren nach § 386 IV 2 AO an sich zu ziehen (Rn. 52), ex post betrachtet anders ausgefallen wäre, wenn diese Umstände seinerzeit bekannt gewesen wären. Nicht ausreichend ist es, wenn ein früherer Haftbefehl aufgehoben worden ist oder sich das Verfahren wegen einer allgemeinen Straftat erledigt hat und nur noch eine Steuerstraftat betrifft (Kohlmann/*Hilgers-Klautzsch* 154, aM wohl HHSp-*Rüping* 81 zu § 386). In diesen Fällen ist kein Zuständigkeitswechsel nach § 386 IV 1 oder 2 AO erfolgt, denn mangels tatbestandlicher Voraussetzungen des § 386 II AO, bzw. Eingreifens des § 386 III AO, ist die grundsätzlich unselbstständige Ermittlungskompetenz der FinB (Rn. 21) nicht erweitert worden (bzw. erloschen) und die StA 60 originär zuständig. Nur bei einem Zuständigkeitswechsel aufgrund eigener Entschließung nach § 386 IV 1 oder 2 AO ist aber § 386 IV 3 AO anwendbar (so denn auch HHSp-*Rüping* 65, 82 zu § 386). Hat die FinB der Rückgabe zugestimmt, wird ein abermaliger Zuständigkeitswechsel nach § 386 IV 1 oder 2 AO nur in Betracht kommen, wenn er durch neue Umstände begründet ist.

61 **d) Mitteilung an den Beschuldigten.** Eine Mitteilung an den Beschuldigten über eine fakultative Änderung der Zuständigkeit aufgrund einer der Bestimmungen des § 386 IV AO ist weder durch Gesetz noch – soweit ersichtlich – durch Verwaltungserlass vorgeschrieben. Wenn auch förmliche Rechtsmittel gegen die Ausübung der Befugnis nach § 386 IV 1, 2 oder 3 AO nicht gegeben sind (Rn. 45), so erscheint es jedenfalls als ein Gebot der Zweckmäßigkeit, den Beschuldigten und ggf. seinen Verteidiger über den Wechsel der Zuständigkeit zu unterrichten, sofern ihm bereits die Einleitung des Strafverfahrens bekanntgegeben worden war (Rn. 123 ff. zu § 397).

62 **e) Steuergeheimnis. Das Verhältnis zwischen § 386 IV und § 30 AO ist umstritten** (vgl. *Hardtke/Westphal* wistra 1996, 91). Eine Minderansicht sieht bereits in dem Institut der *Abgabe* eine durch Gesetz (§ 30 IV Nr. 2 AO) für zulässig erklärte Offenbarung (*Scheu* wistra 1983, 138) oder leitet die Zulässigkeit einer Offenbarung generell aus § 30 IV Nr. 1 AO ab (HHSp-*Rüping* 73 zu § 386; *Blesinger* wistra 1991, 295). Nach zutreffender Ansicht kann die FinB ihre nach § 30 II AO erlangten Kenntnisse über nichtsteuerliche Straftaten – insbesondere die sog. Zufallsfunde – jedoch *nur* unter den Voraussetzungen des § 30 IV, V AO (Wortlaut s. Rn. 94 zu § 393) an die StA weitergeben (*Koch/Scholtz/Scheurmann-Kettner* 25; Kohlmann/*Hilgers-Klautzsch* 165 u. *Kühn/Hofmann* 6a; so jetzt auch: RK-*Kemper* 117 zu § 386; *Suhr/Naumann/Bilsdorfer* Rz. 588; *Rüster* 1989, S. 75; *Müller* DStR 1986, 670; *Gramich* wistra 1988, 254; *Weyand* wistra 1994, 90). Keine Probleme treten auf, wenn es sich um ein *reines* Steuerstrafverfahren handelt, das sich zB nicht für ein Strafbefehlsverfahren eignet oder schwierige Rechtsprobleme aufweist, oder bei einem Steuerstrafverfahren, welches tateinheitlich mit einer nichtsteuerlichen Straftat zusammenfällt. Die Abgabe an die StA dient in beiden Fällen der Verfolgung der Steuerstraftat und ist daher nach § 30 Abs. 4 Nr. 1 AO zulässig (*Hardtke/Westphal* wistra 1996, 95). Schwierigkeiten ergeben sich aber, wenn die FinB Erkenntnisse über andere nichtsteuerliche Straftaten erlangt hat, die tatmehrheitlich zu der Steuerstraftat begangen wurden, und es sich hierbei auch nicht um eine Tat iSd § 264 StPO handelt.

63 Entscheidend für die Frage, ob die FinB der StA zur Durchführung eines einheitlichen Ermittlungsverfahrens über solche Erkenntnisse Mitteilung machen darf, ist die *Art der Verfahrens,* in dem die FinB diese Erkenntnisse erlangt hat und damit der *Zeitpunkt* ihrer Gewinnung. Grundsätzlich genießen im Besteuerungsverfahren gewonnene Erkenntnisse über allgemeine Straftaten den Schutz des Steuergeheimnisses. Dies ergibt sich schon aus § 40 AO, wonach auch gesetz- oder sittenwidrige Geschäfte der Besteuerung unterliegen. Wer aber solche Geschäfte der FinB pflichtgemäß offenbart, der ist in seinem Vertrauen darauf geschützt, dass die FinB diese Erkenntnisse nicht weitergibt. Das Bedürfnis, solche Kenntnisse zu schützen, besteht jedoch nicht, wenn diese erst in einem Steuerstraf- oder Bußgeldverfahren erlangt worden sind. In diesem Fall sind die Offenbarungspflichten des Steuerpflichtigen *entfallen.* Eine Weitergabe der Erkenntnisse ist nach § 30 IV Nr. 4a AO zulässig (*Hardtke/Westphal* wistra 1996, 95; s. auch Rn. 3 ff. zu § 393). Die *„bei Gelegenheit"* der Ermittlung einer Steuerstraftat erlangten Erkenntnisse dem Steuergeheimnis zu unterwerfen, würde eine ungerechtfertigte Privilegierung des Täters allein durch die besondere Ermittlungskompetenz der FinB bedeuten. Dies widerspräche dem kriminalpolitischen Ziel des § 386 IV 2 AO, nämlich der effizienten Bekämpfung der Wirtschaftskriminalität in Zusammenhangsfällen (BT-Drs. V/1812, 30) und dem Legalitätsprinzip, an das auch die FinB nach §§ 385 I, 386 II AO, 152 II StPO *umfassend* und nicht nur bei Steuerstraftaten (so aber *Burmeister* DDZ 1985, F 5) gebunden ist (OLG Stuttgart 4.2.1991, wistra 1991, 190; LR-*Erb* 12 zu § 160; *Hellmann* 1995, 186, 304). Tatsachen, die der FinB in ihrer Funktion als

steuerstrafrechtlicher Ermittlungsbehörde bekannt geworden sind, unterliegen deshalb nicht dem Steuergeheimnis (OLG Celle 20.11.1989, NJW 1990, 1802). Der eigentliche Zweck der besonderen Ermittlungskompetenz der FinB (vgl. Rn. 10) würde konterkariert, denn ohne diese hätte die StA von vornherein die Ermittlungen geführt und dabei auch auf Nichtsteuerstraftaten hinweisende andere Umstände *verwertbar* in Erfahrung gebracht (*Hardtke/Westphal* wistra 1996, 96; enger Kohlmann/*Hilgers-Klautzsch* 168 zu § 386).

Diese Erwägungen greifen aber nicht, sofern die Erkenntnisse schon im **Besteuerungsverfahren** gewonnen wurden. Weder unterliegt die FinB in diesem Verfahren dem Legalitätsprinzip, noch hätte die StA diese Erkenntnisse originär erzielen können. Es wäre Sache des Gesetzgebers gewesen, dem verständlichen Wunsch der Strafrechtspraktiker nachzukommen, auch bei der Verfolgung von Straftaten, welche die Voraussetzungen des § 30 IV, V AO nicht erfüllen, von dem Hindernis des Steuergeheimnisses befreit zu werden. Dies hat er aber gerade nicht getan und könnte dies aus verfassungsrechtlichen Gründen (vgl. Rn. 7 ff. zu § 393) auch nur in Grenzen tun. Unrichtig ist die Meinung, § 386 IV AO enthalte eine solche Ausnahmevorschrift gegenüber § 30 AO (*Scheu* wistra 1983, 138). § 30 IV Nr. 2 AO verlangt nicht ohne Grund, dass eine Offenbarung durch Gesetz *ausdrücklich* zugelassen ist. Eine solche Vorschrift, für die es in anderen Gesetzen hinreichend viele Vorbilder gibt (vgl. Klein/*Rüsken* AO § 30 Rn. 110 ff.; *Koch/Scholtz/Koch* 19 zu § 30), enthält § 386 AO gerade nicht (zutr. *Müller* DStR 1986, 700 und insoweit auch HHSp-*Rüping* 73 zu § 386). 64

f) Informationspflicht der Finanzbehörde. An die Offenbarungsbefugnis knüpft eine Verpflichtung der FinB an, die StA über bekanntgewordene nichtsteuerliche Straftaten zu informieren, sofern das Steuergeheimnis und das Verwertungsverbot des § 393 AO nicht entgegenstehen; also unabhängig davon, ob es sich um eine oder mehrere Taten im prozessualen Sinne des § 264 StPO handelt (glA *Hellmann* S. 186; aM *Rüster* 1989, S. 85). Diese Informationspflicht ist im Gesetz nicht expressis verbis geregelt, ergibt sich aber *zwingend* aus dem Legalitätsprinzip und den der FinB mit den Regelungen der §§ 385, 386 AO übertragenen Rechten und *Pflichten* (*Hardtke/Westphal* wistra 1996, 96). Sie ist damit unabhängig von der Frage, ob mit der Offenbarungsbefugnis des § 30 IV AO der FinB ein Ermessen eingeräumt wird (TK-*Drüen* 59, HHSp-*Alber* 139 zu § 30 AO) oder ob es sich lediglich um einen keine weiteren Regelungen treffenden Rechtfertigungsgrund für eine Mitteilung handelt (*Rüster* 1989, S. 85). Geht man von einem Ermessen der FinB aus, so ist dieses auf Null reduziert (aM Kohlmann/*Hilgers-Klautzsch* 170 zu § 386). Es wäre ermessensfehlerhaft, aufgedeckte Nichtsteuerstraftaten der StA nicht mitzuteilen, denn dadurch würde ein Straftäter ungerechtfertigt vor Verfolgung geschützt werden. Bei Annahme eines reinen Rechtfertigungstatbestandes ergibt sich eine Offenbarungsverpflichtung allein schon aus dem dann in jedem Fall Berücksichtigung findenden Legalitätsprinzip (glA *Weyand* DStR 1990, 413, *Gramich* wistra 1988, 253). Wird die FinB im Strafverfahren tätig, so richten sich ihre Rechte, *aber auch ihre Pflichten,* ausschließlich nach den Vorschriften der StPO (vgl. Rn. 7). Von der Pflicht aus § 152 II StPO, das Legalitätsprinzip zu wahren, wird die FinB weder durch eine gesetzliche Vorschrift entbunden, noch wird diese Pflicht auf Steuerstraftaten beschränkt (*Hardtke/Westphal* wistra 1996, 96; aM *Burmeister* DDZ 1985, F 5). Dies ist auch nicht möglich, da der Verfolgungszwang notwendiges Korrelat zum Verfolgungsmonopol ist, welches der FinB unter latenter Einschränkung dieses originär der StA zustehenden Rechts zur selbstständigen Wahrnehmung übertragen worden ist. Nicht erforderlich ist deshalb eine ausdrückliche gesetzliche Normierung einer unbedingten Anzeigepflicht in den Fällen, in denen § 30 AO eine Offenbarung zulässt (so aber *Rüster* 1989, S. 86). Soweit *Hilgers-Klautzsch* (Kohlmann/*Hilgers-Klautzsch* 170 zu § 386) hiergegen Bedenken erhebt, übersieht sie, dass es bei realkonkurrierenden Allgemeindelikten immer nur um Fälle geht, in denen auch eine Offenbarungs*befugnis* besteht, also um solche von einigem Gewicht (vgl. § 30 IV Nr. 5a, b AO). 65

§ 387 Sachlich zuständige Finanzbehörde

(1) Sachlich zuständig ist die Finanzbehörde, welche die betroffene Steuer verwaltet.

(2) [1]Die Zuständigkeit nach Absatz 1 kann durch Rechtsverordnung einer Finanzbehörde für den Bereich mehrerer Finanzbehörden übertragen werden, soweit dies mit Rücksicht auf die Wirtschafts- oder Verkehrsverhältnisse, den Aufbau der Verwaltungsbehörden oder andere örtliche Bedürfnisse zweckmäßig erscheint. [2]Die Rechtsverordnung erlässt, soweit die Finanzbehörde eine Landesbehörde ist, die Landesregierung, im Übrigen das Bundesministerium der Finanzen. [3]Die Rechtsverordnung des Bundesministeriums der Finanzen bedarf nicht der Zustimmung des Bundesrates. [4]Die Landesregierung kann die Ermächtigung auf die für die Finanzverwaltung zuständige oberste Landesbehörde übertragen.

Vgl. § 36 OWiG.

Schrifttum: *Blencke,* Sachliche und örtliche Zuständigkeit im Steuerrecht, NWB Fach 2, 3875 (Stand: 1981); *Weyand,* Zur Beantragung richterlicher Untersuchungshandlungen durch die Finanzbehörde, DStZ 1988, 191; *Schmidt,* Die Ermittlungskompetenz der Hauptzollämter bei der Verfolgung von Abgabenstraftaten im Bereich der EG-Agrarmarktordnung, ZfZ 1990, 104; *Rolletschke,* Die finanzbehördlichen Strafverfolgungsorgane, Stbg 2006, 379

Übersicht

1. Entstehungsgeschichte

1 **§ 387 AO 1977** entspricht mit geringfügigen Änderungen **§ 422 RAO** idF des Art. 1 Nr. 1 AOStrafÄndG v. 10.8.1967 (BGBl. I 877). Bei der Formulierung der gegenwärtigen Fassung des Gesetzes wurden die Worte *„das Finanzamt"* durch *„die Finanzbehörde"* und *„Verwaltung"* durch *„Verwaltungsbehörde"* ersetzt; weggelassen wurden in Absatz 1 die Worte *„oder das bei ihrer Verwaltung durch die Oberfinanzdirektion Hilfe leistet"* und in Absatz 2 S. 3 die Worte *„nach Satz 2"* (in Begr. nicht erwähnt, s. BT-Drs. VI/1982, 198). Durch Art. 26 Nr. 43 StMBG v. 21.12.1993 (BGBl. I 2310) wurden die Worte *„der Bundesminister"* und *„Bundesministers"* durch *„das Bundesministerium"* und *„Bundesministerium"* ersetzt (zur Anwendung vgl. Art. 97 § 1 IV AOEG).

§ 422 I RAO 1967 geht seinerseits zurück auf **§ 424 I RAO 1931** und **§ 389 I RAO 1919,** die wie folgt lauteten: *„Sachlich zuständig zur Untersuchung und Entscheidung ist das Finanzamt, dem die Verwaltung der beeinträchtigten oder gefährdeten Steuer übertragen ist". Die Worte „oder das bei ihrer Verwaltung durch die Oberfinanzdirektion Hilfe leistet"* waren erst durch Art. 1 Nr. 1 AOStrafÄndG (s. o.) eingefügt worden, weil die Verwaltung der USt und BefSt aufgrund Art. 108 I 1 GG aF dem Bund zustand und gem. § 9 FVG v. 6.9.1950 (BGBl. 448) durch die OFD (als Bundesbehörde) wahrgenommen wurde, die ihrerseits die Hilfe der Finanzämter (als Landesbehörden) in Anspruch nehmen musste; nach der Änderung des Art. 108 GG durch das FinanzreformG v. 12.5.1969 (BGBl. I 359) und der Neufassung des FVG durch Art. 5 FinAnpG v. 30.8.1971 (BGBl. I 1427) war die Regelung gegenstandslos geworden. § 422 II RAO 1967 war ohne Vorbild durch Art. 1 Nr. 1 AOStrafÄndG (s. o.) eingefügt worden (Begr. BT-Drs. V/1812 S. 30); Satz 3 ging auf eine Initiative des BTages zurück (Schriftl. Ber. zu BT-Drs. V/1941, 2).

2. Zweck und Anwendungsbereich

§ 387 AO bestimmt, **welche Finanzbehörde der Art nach** die in den §§ 386, 399 ff. AO allgemein *„der Finanzbehörde"* für das Strafverfahren zugewiesenen Rechte und Pflichten im Einzelfall wahrzunehmen hat. Der Art nach sind zu unterscheiden die *Hauptzollämter* und *Zollfahndungsämter* als örtliche Bundesfinanzbehörden iS des § 1 Nr. 4 FVG von den *Finanzämtern* als örtlichen Landesfinanzbehörden iS des § 2 I Nr. 3 FVG; unter diesen sind wiederum FÄ, die für *alle* Besitz- und Verkehrsteuern zuständig sind, von anderen FÄn zu unterscheiden, deren Kompetenzen auf bestimmte Steuerarten *beschränkt* (oder erweitert) sind. Aufgrund der Verweisung des § 409 AO regelt § 387 AO auch, welche FinB der Art nach die Rechte und Pflichten wahrzunehmen hat, die das OWiG allgemein *„der Verwaltungsbehörde"* und § 410 AO *„der Finanzbehörde"* im Bußgeldverfahren wegen Steuerordnungswidrigkeiten zugewiesen haben. 2

§ 387 AO bewirkt, dass nicht *jede* FinB für *jede* Steuerstraf- oder -bußgeldsache kompetent ist. Vielmehr hängt die Kompetenz davon ab, ob eine FinB auch diejenige Steuerart verwaltet, die von der jeweiligen Zuwiderhandlung betroffen wird. *„Betroffen"* ist diejenige Steuer, die verkürzt worden ist bzw. verkürzt werden sollte (allgM, HHSp-*Rüping* 10, Kohlmann/*Hilgers-Klautzsch* 22 zu § 387; *Hellmann* 1995, 74). Die Anknüpfung der straf- und bußgeldrechtlichen Befugnisse an die abgabenrechtliche Zuständigkeit entspricht dem Grundgedanken der Vorschriften des 3. und 4. Abschnitts des 8. Teils der AO, die besonderen abgabenrechtlichen Kenntnisse und Erfahrungen der FinBn für die zielsichere Verfolgung von Zuwiderhandlungen gegen Abgabengesetze nutzbar zu machen (vgl. Rn. 11 zu § 386). Folgerichtig berücksichtigt § 387 AO, dass einerseits den HZÄn und ZFÄn besondere Kenntnisse und Erfahrungen auf dem Gebiet der Besitz- und Verkehrsteuern fehlen und andererseits die FÄ der Länder keine besonderen Kenntnisse von Zöllen und Verbrauchsteuern haben. 3

Die Fassung des § 387 I AO *(„Finanzbehörde, welche die betroffene Steuer verwaltet")* ist nicht abgestimmt mit § 388 I Nr. 2 AO *(„Finanzbehörde, die für die Abgabenangelegenheiten zuständig ist");* ein sachlicher Unterschied soll damit nicht zum Ausdruck gebracht werden. Der Wortlaut des Gesetzes berücksichtigt nicht die Steuerstraftaten, von denen nicht zwangsläufig auch eine Steuer betroffen sein muss. Hierbei handelt es sich um den *Bannbruch,* die *Steuerhehlerei* als Nachtat eines Bannbruchs, die Begünstigung eines Täters, der eine der in § 369 I Nr. 1–3 AO genannten Straftaten begangen hat, Vorspiegelungstaten iSd § 385 II AO (vgl. Rn. 25 zu § 386) sowie Prämien- und Zulagenstraftaten. In sinngemäßer Anwendung des § 387 I AO ist für *Bannbruch* und *Steuerhehlerei* das HZA sachlich zuständig, weil es für die Überwachung des Warenverkehrs über die Grenze zuständig ist. Bei *Begünstigung* ist diejeni-ge FinB sachlich zuständig, in deren steuerverwaltendem Bereich der Verdacht der Vortat aufgekommen war (so zutr. HHSp-*Rüping* 11, Kohlmann/*Hilgers-Klautzsch* 30, RK-*Kemper* 8 zu § 387; *Suhr/Naumann/Bilsdorfer* Rz. 613; *Hellmann* 1995, 75; jetzt auch Schwarz/Pahlke/*Dumke* 7 zu § 387). Bei Steuerzeichenfälschung ist die Steuer betroffen, die unter Verwendung echter Steuerzeichen hätte entrichtet werden müssen (Kohlmann/*Hilgers-Klautzsch* 22 zu § 387). Bei *Vorspiegelungstaten* (vgl. Rn. 25 zu § 386) ist diejenige FinB zuständig, die für die Verwaltung der Steuer zuständig wäre, die zu erheben wäre, wenn der vorgespiegelte Sachverhalt der Wirklichkeit entspräche (HHSp-*Rüping* 12 zu § 387). 4

Die **Zuständigkeit einer bestimmten Besteuerungsbehörde** wird durch § 387 I AO nicht bezweckt, sondern lediglich festgelegt, welche FinB *der Art nach* zuständig sein soll. Allein nach dem Wortlaut könnte man das Finanz- oder Hauptzollamt als zuständig ansehen, welches zur Durchführung des konkreten Besteuerungsverfahrens zuständig ist. Dann würde § 387 I AO aber nicht nur die sachliche, sondern auch die örtliche Zuständigkeit festlegen, die bereits in § 388 AO eine gesonderte Regelung erfährt. Dies ist jedoch nicht der Zweck des § 387 AO, der vielmehr die Regelungen über die funktionelle Zuständigkeit des § 386 AO ergänzen und lediglich die Zuständigkeit eines bestimmten 5

Zweiges der Finanzverwaltung begründen soll (zutr. *Hellmann* 1995, 75, 142 f.; Klein/*Jäger* AO § 387 Rn. 4).

3. Übertragung der Zuständigkeit

6 **Zwei Möglichkeiten der Übertragung der sachlichen Zuständigkeit** sind zu unterscheiden, deren Zielsetzungen, eine Rationalisierung und Effizienzsteigerung der Verwaltung zu erreichen, zwar gleich, deren Voraussetzungen, Inhalte und Wirkungen aber unterschiedlich sind (HHSp-*Rüping* 14, 27 f., Kohlmann/*Hilgers-Klautzsch* 34 zu § 387).

Die Kompetenz zu steuerstrafrechtlichen Ermittlungen kann einerseits unmittelbar nach § 387 II AO übertragen werden, andererseits aber auch mittelbar durch Anknüpfung an die Verwaltung der Steuer. Einer Beschränkung oder Übertragung von Aufgaben der Steuerverwaltung nach § 12 III, § 17 II 3 FVG folgt nach dem Grundsatz des § 387 I AO als Annex auch die strafrechtliche Ermittlungszuständigkeit für Steuerstraftaten, die eine der verwalteten Steuern betreffen (HHSp-*Rüping* 25 zu § 387 AO).

Eine Zuständigkeitskonzentration ist in den meisten Ländern zugleich nach § 387 II AO und § 17 II FVG erfolgt:

Berlin aufgrund § 1 Nr. 2 der VO v. 16.4.1992 (GVBl. 117) nach § 2 S. 1 iVm. Nr. 16 der Anlage FÄZustVO v. 14.1.2014 (GVBl. 3);

Brandenburg aufgrund § 1 Nr. 4 der VO v. 23.8.1991 (GVBl. II, Nr. 25) idF. v. 30.9.2011 (GVBl. II Nr. 60) nach § 1 Abs. 2 iVm. Anlage 2 FAZustV v. 25.11.2014 (GVBl. II Nr. 87);

Bremen aufgrund § 1 I Nr. 1 u. 2 der VO v. 16.6.2003 (BremGbl. 279) nach § 1 iVm. Nr. 4 der Anlage FÄZuV v. 31.7.2004 (Brem.GBl. 446) idF. v. 4.2.2014 (Brem.GBl. 123);

Hamburg nach XIII der Anordnung v. 28.10.1997 (Amtl. Anz. 2609) idF v. 15.4.2013 (Amtl. Anz. 642);

Hessen aufgrund § 6 Nr. 3, § 8 DelegVO v. 12.12.2007 (GVBl. I 859) idF. v. 7.12.2012 (GVBl. 562) nach § 13 FAZuVO v. 8.6.2014 (GVBl. 139);

Mecklenburg-Vorpommern aufgrund § 1 Nr. 2 der VO v. 6.7.2011 (GVOBl. M-V 853) nach § 7 FAZustVO v. 8.5.2012 (GVOBl. M-V 122) idF v. 17.10.2014 (GVOBl. M-V 543);

Niedersachsen aufgrund § 2 Nr. 1 u. 4 SubdelegVO v. 9.12.2011 (Nds. GVBl. 487) nach § 4 iVm. Anlage 3 ZustVO-FinB v. 14.12.2005 (GVBl. 411) idF v. 6.12.2014 (Nds. GVBl. 469);

Nordrhein-Westfalen aufgrund § 1 Nr. 1 u. 5 DelegVO v. 23.4.2013 (GV NRW 198) nach § 24 der VO v. 1.7.2013 (GV NRW 350) idF v. 5.6.2014 (GV NRW 325);

Rheinland-Pfalz aufgrund § 1 Nr. 2, 4 VO v. 3.5.1994 (GVBl. 250) idF. v. 2.11.1999 (GVBl. 391) nach § 13 FAZVO v. 6.12.2002 (GVBl. 501) idF v. 3.11.2014 (GVBl 244);

Saarland aufgrund § 1 der VO v. 22.10.1985 (ABl. 1057) nach § 2 FinÄZVO v. 16.9.2005 (ABl. 1538) idF v. 16.1.2015 (ABl. I 163);

Sachsen aufgrund § 1 der VO v. 17.12.1993 (SächsGVBl. 1281) idF. v. 8.3.2005 (SächsGVBl. 42) nach § 1 II iVm Nr. 10 der Anlage FAZustVO v. 18.7.2000 (SächsGVBl. 375) idF v. 30.5.2014 (SächsGVBl. 334);

Schleswig-Holstein (verordnet direkt durch die Landesregierung) nach § 1 IV iVm Anlage 1 FÄZustVO v. 28.11.1996 (GVOBl. Schl.-H. 709) idF v. 4.11.2014 (GVOBl. Schl.-H. 337);

Thüringen aufgrund § 1 Nr. 1 u. 2 der VO v. 8.6.1994 (GVBl 641) nach § 10 FAZustVO v. 2.7.199815.11.2011 (GVBl. 255) idF v. 15.11.2011 (GVBl. 474);

Eine getrennte Zuständigkeitsübertragung erfolgte in:

Baden-Württemberg aufgrund der VO v. 4.2.1991 (GBl. 86) zu § 17 FVG und aufgrund der VO v. 15.7.1985 (GBl. 229) idF. v. 25.1.2012 (GBl. 65) zu § 387 AO nach § 1 der StrVerfFinZustV v. 29.11.2004 (GBl. 864) idF v. 25.1.2012 (GBl. 65);

Eine Übertragung allein nach § 17 II FVG erfolgt in:

Bayern aufgrund § 3 Nr. 2 DelV (die ZustVSt verweist fehlerhafterweise auf § 4 Nr. 2 DelV) v. 28.1.2014 (GVBl. 22) idF v. 22.9.2014 (GVBl. 410) nach § 5 Abs. 1 Nr. 2 iVm Anlage 3 ZustVSt v. 1.12.2005 (GVBl. 596) idF v. 27.11.2014 (GVBl. 566);

Sachsen-Anhalt aufgrund § 1 Nr. 1 der VO v. 26.3.1991 (GVBl. LSA 20) nach § 2 iVm. Nr. 2 der Anlage FAZustV v. 17.2.2014 (GVBl. LSA 82);

Das Bundesministerium der Finanzen hat die Zuständigkeit für die Ermittlung von Steuerstraftaten und die Verfolgung und Ahndung von Steuerordnungswidrigkeiten aufgrund § 12 III FVG und zugleich § 387 II 1, 2 AO durch die HZAZustV v. 16.2.2007 (BGBl. I 202) idF v. 21.12.2008 (BGBl. I 2933) übertragen dem

- HZA Berlin für das HZA Potsdam;
- HZA Hamburg-Stadt für das HZA Hamburg-Hafen;
- HZA Itzehoe für das HZA Kiel;
- HZA Neubrandenburg für das HZA Stralsund;
- HZA Braunschweig für die HZÄ Hannover und Magdeburg;
- HZA Bremen für die HZÄ Oldenburg und Osnabrück;
- HZA Karlsruhe für die HZÄ Lörrach und Singen;
- HZA Ulm für die HZÄ Heilbronn und Stuttgart;
- HZA Darmstadt für die HZÄ Frankfurt am Main-Flughafen und Gießen;
- HZA Saarbrücken für das HZA Koblenz;
- HZA Aachen für das HZA Köln;
- HZA Krefeld für die HZÄ Duisburg und Düsseldorf;
- HZA Münster für die HZÄ Bielefeld und Dortmund;
- HZA Augsburg für die HZÄ Landshut, München und Rosenheim;
- HZA Schweinfurt für die HZÄ Nürnberg und Regensburg.

a) Anknüpfung an die Verwaltung der Steuer. Nach § 12 II FVG sind die Hauptzollämter für die Verwaltung der Zölle, der **bundesgesetzlich geregelten Verbrauchsteuern** einschließlich der Einfuhrumsatzsteuer und der Biersteuer, **der Abgaben im Rahmen der EG,** für die zollamtliche Überwachung des Warenverkehrs über die Grenze, für die Grenzaufsicht und für die ihnen sonst übertragenen Aufgaben sachlich zuständig; vgl. dazu in Bezug auf die Ein- und Ausfuhr, Herstellung, Verwendung oder Behandlung von Marktordnungswaren die §§ 37f. MOG und *Schmidt* ZfZ 1990, 104. Nach § 12 III kann das BMF Zuständigkeiten nach § 12 II FVG *einem* HZA für den Bereich *mehrerer* HZÄ übertragen; dies hat zur Folge, dass das betroffene HZA für die ihm entzogene Verwaltung einer Abgabe sachlich nicht mehr zuständig ist und insoweit nach § 387 I AO auch keine straf- oder bußgeldrechtlichen Kompetenzen mehr hat – abgesehen von den in § 399 II AO angeführten Befugnissen der Hilfsbeamten der StA und der *Notzuständigkeit* in entsprechender Anwendung des § 143 II GVG (Rn. 39 zu § 388 sowie *Kissel/Mayer* 5, LR-*Boll* 6 zu § 143 GVG; *Meyer-Goßner* GVG § 143 Rn. 2). 7

Die abgabenrechtliche Zuständigkeit der Zollfahndungsämter, die in § 1 Nr. 4 FVG neben den Hauptzollämtern als örtliche Bundesfinanzbehörden aufgeführt werden, bezieht sich auf dieselben Abgaben, für deren Verwaltung nach § 12 II FVG die HZÄ zuständig sind (Rn. 6). Ihre steuerstrafrechtliche Zuständigkeit kann aber nicht unmittelbar aus § 387 AO hergeleitet werden (allgM, HHSp-*Rüping* 8, Kohlmann/*Hilgers-Klautzsch* 14, Koch/Scholtz/*Scheurmann-Kettner* 3 zu § 387). Die Verwaltung dieser Abgaben obliegt ihnen nur im Rahmen und zu dem Zweck der von § 208 AO umschriebenen Aufgaben, insbes. zur Erforschung von Steuerstraftaten und Steuerordnungswidrigkeiten einschl. der Besteuerungsgrundlagen, auf deren Ermittlung es dabei ankommt (§ 208 I Nr. 1 u. 2 AO). Insoweit treten die ZFÄ in Konkurrenz zu den HZÄn, können diesen jedoch nur zuarbeiten, da den ZFÄn die Befugnisse fehlen, Abgaben festzusetzen (arg. § 208 AO) und Ermittlungsverfahren selbstständig zu führen (arg. § 386 I 2 AO). § 14 FVG, aufgrund dessen dem **Freihafenamt Hamburg** Aufgaben der HZÄ übertragen wurden, ist durch das Ver- 8 brauchsteuer-Binnenmarktgesetz v. 21.12.1992 (BGBl. I 2150, 2208) zur Anpassung an das Gemeinschaftsrecht der EG aufgehoben worden (vgl. 3. Aufl. Rn. 7 zu § 387).

9 **Die Finanzämter** sind als örtliche Landesfinanzbehörden iS des § 2 I Nr. 3 FVG nach § 17 II 1 FVG für die Verwaltung der Steuern mit Ausnahme der Zölle und der bundesgesetzlich geregelten Verbrauchssteuern zuständig, soweit die Verwaltung nicht aufgrund des Art. 108 IV 1 GG den Bundesfinanzbehörden oder aufgrund des Art. 108 IV 2 GG den Gemeinden oder Gemeindeverbänden übertragen worden ist. Die FÄ sind danach hauptsächlich für die *Besitz- und Verkehrsteuern* zuständig. Zu den Verbrauchsteuern iS des § 17 FVG gehören nicht die *örtlichen Verbrauch- und Aufwandsteuern* iS der Art. 105 II a, 108 VI GG (HHSp-*Schmieszek* 18 Einf. FVG).

10 **Das Bundeszentralamt für Steuern** ist nach § 5 I Nr. 2 u. 3 FVG sachlich zuständig für die Entlastung von deutschen Abzugsteuern aufgrund eines DBA sowie für die Entlastung von deutschen Besitz- und Verkehrsteuern gegenüber internationalen Organisationen, amtlichen zwischenstaatlichen Einrichtungen, ausländischen Missionen usw. Führt das Bundeszentralamt für Steuern gem. § 19 III FVG im Auftrag des zuständigen FA eine Außenprüfung durch, bleibt das FA für die Strafverfolgung zuständig (RK-*Kemper* 8 zu § 386); denn die bloße Mitwirkung bei der Verwaltung einer Steuer verändert die sachliche Zuständigkeit für die Verwaltung nicht (HHSp-*Rüping* 8 zu § 387). Das gilt auch, wenn vorgesetzte Behörden bei der Verwaltung einer Steuer dadurch mitwirken, dass sie sich für Billigkeitsmaßnahmen bestimmten Umfangs die Zustimmung oder Entscheidung vorbehalten haben; vgl. Finanzminister (-senatoren) der Länder v. 2.8.1982 (BStBl. I 688).

11 **Bei den Realsteuern** setzt das FA in den meisten Bundesländern nur den Steuermessbetrag (§ 14 GewStG, § 13 GrStG) fest (§ 184 AO) und teilt ihn derjenigen Gemeinde oder – nach Zerlegung gem. §§ 28 ff. GewStG bzw. §§ 22 ff. GrStG iVm §§ 185 ff. AO – denjenigen mehreren Gemeinden mit, denen aufgrund Art. 108 IV 2 GG die Festsetzung und Erhebung der Steuer obliegt (§ 184 III AO). Nur in den Stadtstaaten Berlin, Bremen und Hamburg obliegt auch die Festsetzung und Erhebung der Steuer den FÄn. In den Flächenstaaten kann sich die Frage ergeben, welche Behörde für eine Zuwiderhandlung sachlich zuständig ist, die nicht zunächst zu einer unrichtigen oder unterbliebenen Festsetzung oder Zerlegung des Steuermessbetrags führt, sondern die sich allein und unmittelbar in einer unrichtigen oder unterbliebenen Steuerfestsetzung oder in einer unterbliebenen oder verzögerten Steuererhebung auswirkt, wie zB das Vortäuschen von Billigkeitsgründen zum Zwecke und mit der Folge einer Stundung (§ 222 AO) oder eines Erlasses (§ 227 AO). Ist die Verwaltung der Realsteuern den Gemeinden übertragen, so schreibt § 1 II Nr. 7 AO die entsprechende Geltung der Vorschriften des Achten Teils vor, also auch des § 387 AO. Dies bedeutet aber nicht, dass zwingend die FÄ sachlich zuständig sind (so aber Kohlmann/*Hilgers-Klautzsch* 24, unklar HHSp-*Rüping* 13 zu § 387 AO). Vielmehr könnte *entsprechende* Anwendung des § 387 AO auch bedeuten, dass die sachliche Zuständigkeit bei der Gemeinde liegt, mit der Folge, dass diese in die strafverfahrensrechtliche Stellung der FinB einrücken würde.

12 **Für die Verwaltung der Kraftfahrzeugsteuer** sind die Finanzämter sachlich zuständig, jedoch wirken aufgrund § 18 S. 1 FVG die Zollstellen (§ 17 II ZollVG) gem. §§ 2, 11 ff. KraftStDV (i. d. Neufassung v. 26.9.2002, BGBl. I 3856) bei der Verwaltung mit; gem. § 5 KraftStDV sind ferner die Zulassungsbehörden an der Durchführung des KraftStG beteiligt. Indessen leisten die zur Mitwirkung verpflichteten Behörden nur Zuarbeit für dasjenige FA, das *sachlich und örtlich zuständig* ist (s. auch Rn. 10). § 18 S. 2 FVG spricht zwar nur von einem Handeln für das *örtlich* zuständige FA, setzt jedoch dabei voraus, dass eine örtliche Zuständigkeit nur im Rahmen einer *sachlichen* Zuständigkeit begründet sein kann. Gleiches gilt für die Mitwirkung der Zollstellen bei der Verwaltung der USt.

13 **Für die Verwaltung der Kirchensteuern** sind die FÄ nicht unmittelbar sachlich zuständig (*Maunz/Dürig* GG Art. 108 Rn. 9), sondern nur soweit, als ihnen diese Aufgabe aufgrund § 17 II 2 FVG von den KiSt-Gesetzen der Länder übertragen worden ist. Ausgeschlossen ist jedoch nach denselben Gesetzen – außer in Niedersachsen – die Anwendung

der materiellen Straf- und Bußgeldvorschriften der §§ 369–384 AO auf die KiSt (Rn. 30 zu § 386 mwN). Deshalb bewirkt § 387 I AO für Zuwiderhandlungen gegen KiSt-Gesetze nur die sachliche Zuständigkeit niedersächsischer Finanzämter.

Den Finanzämtern sonst übertragene Aufgaben iS des § 17 II 2 FVG sind – außer der Verwaltung der KiSt (Rn. 13) – namentlich die Verwaltung der *Wohnungsbauprämien* (vgl. §§ 4, 5 WoPG), und der *vermögenswirksamen Leistungen* (vgl. § 14 I 1 des 5. VermBG) sowie die Verwaltung von *Investitionszulagen* (vgl. §§ 3 ff. InvZulG 2005, § 6 II, III InvZulVO). 14

Durch Rechtsverordnung können die Landesregierungen gem § 17 II 3 FVG Zuständigkeiten nach § 17 II 1 u. 2 FVG einem Finanzamt für den Bereich mehrerer Finanzämter übertragen. Die Ermächtigung zum Erlass einer RechtsV kann die jeweilige Landesregierung gem. § 17 II 4 FVG wiederum durch RechtsV auf die für die Finanzverwaltung zuständige oberste Landesbehörde übertragen. Dies entspricht der Möglichkeit des BMF, in seinem Bereich durch RechtsV nach § 12 III FVG ohne Zustimmung des Bundesrats einem Hauptzollamt Zuständigkeiten für den Bereich mehrerer Hauptzollämter zu übertragen. Hiervon hat das BMF mit der HZAZustV v. 16.2.2007(BGBl. I 202) idF v. 21.12.2008 (BGBl. I 2933) Gebrauch gemacht (vgl. Rn. 6). Anders als in § 387 II AO ist sachliche Voraussetzung für eine Zuständigkeitskonzentration bei einem Finanzamt oder einem Hauptzollamt nach §§ 12 III, 17 II 3 FVG nur, dass *„... der Vollzug der Aufgaben verbessert oder erleichtert wird ...“*. Damit wird die Übertragung aller Zuständigkeiten ermöglicht; neben der Zollverwaltung und Grenzaufsicht beim Hauptzollamt und neben der Steuerverwaltung beim Finanzamt also auch die nach §§ 12 II, 17 II 2 FVG *„sonst übertragenen Aufgaben“* (zutr. HHSp-*Rüping* 23 zu § 387). 15

Verbessert oder erleichtert wird die Steuerverwaltung durch Konzentration der Aufgaben bei den *schwierigen* Steuern, zB der KSt, bei den *einmaligen* Steuern, zB der ErbSt oder GrESt, und bei den *seltenen* Steuern, zB der FeuerschSt, VersSt, RennwSt oder LottSt; ferner bei besonders schwierigen *Verwaltungsaufgaben,* zB bei Betriebsprüfungen, bei der Durchführung des Außensteuergesetzes oder der Verwaltung der USt ausländischer Unternehmer, wie auch bei *massenhaft* vorkommenden Verwaltungsvorgängen, zB den Kassengeschäften. Nach *persönlichen* Merkmalen zusammengefasst werden zB in Bayern die Veranlagungen der Klöster, Orden und religiösen Stiftungen und in bestimmten Großstädten die Besteuerung der Artisten, Bühnenschaffenden und Musiker, der Straßenhändler oder der ausländischen Arbeitnehmer. Für die Kraftfahrzeugsteuer ist die sachliche Zuständigkeit abw. von § 1 I Nr. 1 KraftStDV in einigen Ländern konzentriert aufgrund § 15 II 1 KraftStG, in anderen aufgrund der allgemeinen Vorschrift des § 17 II 3 FVG. 16

Keine Restkompetenz zur Strafverfolgung behalten im Gegensatz zu § 387 II AO die Finanz- oder Hauptzollämter, deren Steuerverwaltungs- oder Strafverfolgungsaufgaben nach §§ 12 III, 17 II 3 FVG auf andere Finanz- oder Hauptzollämter übertragen worden sind. Mit der Steuerverwaltung verlieren sie für diesen Aufgabenkreis gleichzeitig auch die Rechte und Pflichten des **ersten Zugriffs** bei dem Verdacht einer Steuerstraftat. Eine Regelung nach § 399 II 2 AO oder § 402 II AO ist für keinen Fall einer Zuständigkeitsübertragung nach §§ 12, 17 FVG getroffen worden (vgl. Rn. 20). In den meisten Ländern erfolgte eine Zuständigkeitskonzentration deshalb zugleich nach § 387 II AO und § 17 II FVG; auch das BMF hat die steuerstrafrechtliche Ermittlungszuständigkeit ausdrücklich nach § 387 II AO und nach § 12 III FVG jeweils iVm. der HZAZustV auf einzelne Haupzollämter übertragen (vgl. Rn. 6). 17

b) Abweichende Regelungen der Strafsachenzuständigkeit nach § 387 AO. Unabhängig von der sachlichen Zuständigkeit für die betroffene Steuer (Rn. 6 ff.) kann die sachliche Zuständigkeit für die Ermittlung von Steuerstraftaten, die Verfolgung und Ahndung von Steuerordnungswidrigkeiten und für die Erhebung und Vollstreckung von Geldbußen wegen Steuerordnungswidrigkeiten aufgrund § 387 II AO *einer* Finanzbehörde für den Bereich *mehrerer* Finanzbehörden übertragen werden. Wegen ihrer Außen- 18 wirkung bedarf die Übertragung in formeller Hinsicht einer Rechtsverordnung iS des Art. 80 I GG. Für deren Erlass ist die Landesregierung zuständig, soweit die FinB eine Landesbehörde ist; für die Bundesfinanzverwaltung erlässt sie das BMF (§ 387 II 2 AO), das dazu nicht der Zustimmung des Bundesrates bedarf (§ 387 II 3 AO). Anders als das BMF kann die Landesregierung die Ermächtigung auf die für die Finanzverwaltung zuständige oberste Landesbehörde übertragen (§ 387 II 4 AO), dies wiederum aber nur durch eine Rechtsverordnung (Art. 80 I 4 GG). Die in § 387 II AO genannten Gründe der Zweckmäßigkeit unterscheiden sich im Wortlaut von § 58 I 1, § 74c III 1 u. § 78a II 2 GVG *(„sachdienliche Förderung oder schnellere Erledigung der Verfahren“)*, aber nicht in der Zielrichtung. Vielmehr konkretisieren sie die für eine pflichtgemäße Ermessensausübung erforderlichen Zweckmäßigkeitserwägungen durch eine besondere Rücksichtnahme auf die Wirtschafts- oder Verkehrsverhältnisse, den Aufbau der Verwaltungsbehörden oder andere örtliche Bedürfnisse.

19 Inhaltlich kann eine bereits nach § 387 I AO zuständige FinB durch eine Übertragung eine zusätzliche strafrechtliche Ermittlungszuständigkeit erhalten (so zB Rheinland-Pfalz, § 13 FAZustVO; vgl. Rn. 6), in gleicher Weise aber auch eine FinB zuständig gemacht werden, die selbst keine Steuern verwaltet (zB Niedersachsen, § 4 VO; vgl. Rn. 6). Beide Alternativen sind vom Wortlaut des § 387 II AO gedeckt (ebenso HHSp-*Rüping* 20 zu § 387).

20 **Jede Zuständigkeitsübertragung aufgrund § 387 II AO hat zur Folge,** dass anstelle der für die Verwaltung der betroffenen Steuer zuständigen FinB eine andere FinB diejenigen Aufgaben wahrzunehmen und diejenigen Befugnisse auszuüben hat, welche die §§ 385 ff. AO für das Steuerstrafverfahren bzw. § 409 iVm § 387 I AO für das Bußgeldverfahren wegen Steuerordnungswidrigkeiten den Finanzbehörden vermitteln (vgl. auch § 58 I GVG sowie § 36 II OWiG). Die FinB, die vor Inkrafttreten der jeweiligen RechtsV zuständig war, verliert die sachliche Zuständigkeit (glA HHSp-*Rüping* 14, 21 u. Kohlmann/*Hilgers-Klautzsch* 40 zu § 387); ihr verbleiben jedoch nach § 399 II 1 AO das Recht und die Pflicht, bei dem Verdacht einer Steuerstraftat alle erforderlichen Maßnahmen im Rahmen des **ersten Zugriffs** zu treffen, wobei sie sich nach § 399 II 2 AO der einzeln aufgeführten Rechte von Ermittlungspersonen der StA bedienen darf (vgl. ASB 21), wie sie der FinB allgemein im Verfahren der StA nach § 402 I AO zustehen (*Weyand* DStZ 1988, 191 f.). Diese Restkompetenz der früher sachlich zuständigen FinB bedeutet jedoch weder eine Kompetenzbeschränkung für die FinB, der die Zuständigkeit übertragen worden ist (so wohl missverständlich *Lammerding/Hackenbroch/Sudau* S. 109), noch kann man von einer Konkurrenz sprechen (so aber HHSp-*Rüping* 21 zu § 387), da die Befugnisse beider FinB nicht in einem Wettbewerbsverhältnis stehen, sondern einer Optimierung steuerstrafrechtlicher Ermittlungsmaßnahmen dienen.

21 Die vereinzelt vertretene Auffassung, es handele sich bei § 387 II AO um ein Problem der *örtlichen,* nicht der *sachlichen* Zuständigkeit (*Scheuffele* BB 1967, 953, 954: *„redaktioneller Irrläufer“; Stobbe* ZfZ 1968, 267), trifft nicht zu (zust. HHSp-*Rüping* in Fn. 5, 14 zu § 387), weil die infolge einer Übertragung aufgrund § 387 II AO nicht (mehr) zuständige FinB die verfahrensrechtlichen Aufgaben und die Befugnisse verliert, die gem. §§ 385 ff. AO grundsätzlich allen Finanzbehörden zustehen (Rn. 20). Allerdings wird durch eine Konzentration der sachlichen Zuständigkeit auf wenige Behörden zugleich die Zahl der örtlich zuständigen Behörden vermindert, da bei der Frage nach der örtlich zuständigen Behörde die sachlich unzuständigen Behörden von vornherein ausscheiden.

4. Gemeinsame Strafsachenstellen

22 **Durch die Errichtung Gemeinsamer Strafsachenstellen,** wie sie seit 1955 durch Organisationsakt jeweils für den Bereich mehrerer FÄ eingeführt worden waren, wurde die gesetzlich geregelte Zuständigkeit der FÄ nicht geändert. Gemeinsame Strafsachenstellen waren keine selbstständigen Behörden, namentlich keine besonderen Finanzämter für

Strafsachen; sie bildeten nur personelle und räumliche Zusammenfassungen der Strafsachenstellen mehrerer FÄ, waren also unselbstständige Untergliederungen derjenigen einzelnen FÄ, in deren jeweiligen Namen und Auftrag sie Befugnisse im Steuerstraf- und -bußgeldverfahren ausübten. Das für den Einzelfall sachlich und örtlich zuständige FA blieb *„Herr des Straf- oder Bußgeldverfahrens"* (*Suhr* 1. Aufl. S. 153 u. 192; ausf. *Frenkel* DStZ 1962, 26). Aus dem Blickwinkel dieser Vorgeschichte sind die Bemerkungen in der älteren Literatur missverständlich, § 387 II AO ermögliche die Bildung gemeinsamer Strafsachenstellen, *„wie sie jedoch bereits vor Inkrafttreten dieser Bestimmung ... bestanden haben"* (*Klein/Orlopp,* 5. Aufl., Rn. 27 zu § 399), und *„die Ermittlungskompetenz wird ... für die beteiligten FÄ von den gemeinsamen Strafsachenstellen ausgeübt"* (*Klein/Orlopp,* 5. Aufl., Rn. 2 zu § 387 AO); denn bei einer Zuständigkeitsübertragung durch RechtsV aufgrund § 387 II AO erhalten die so geschaffenen Einheiten die strafrechtlichen Befugnisse für den gesamten ihnen zugeordneten Bereich und treten insoweit an die Stelle der sonst zuständigen Finanzämter (*Weyand* DStZ 1988, 192). Diese verlieren die Befugnisse zu selbstständigen strafrechtlichen Ermittlungen und behalten nur noch die in § 399 II AO angeführten Befugnisse der Ermittlungspersonen der StA, die für den ersten Zugriff erforderlich sind (Rn. 20 f.). Da die Bezeichnung „Gemeinsame Strafsachenstelle" im ursprünglichen Sinne nicht mehr der Rechtslage entspricht, wird sie länderweise ersetzt durch „Bußgeld- und Strafsachenstelle" oder durch „Straf- und Bußgeldsachenstelle".

5. Mangel der sachlichen Zuständigkeit

Im Steuerstrafverfahren hat der Mangel der sachlichen Zuständigkeit einer FinB nur geringe Folgen, da die FinB hier – wie die StA – nur vorbereitende Maßnahmen trifft und keine rechtskraftfähigen Entscheidungen erlässt. Bedeutsame Maßnahmen einer FinB bedürfen im Strafverfahren entweder einer richterlichen Bestätigung, zB die Beschlagnahme nach § 98 II 2 StPO, oder sie bereiten nur eine richterliche Entscheidung vor, wie zB der Antrag auf Erlass eines Strafbefehls nach § 400 AO. Auch über Anträge einer unzuständigen FinB muss der Strafrichter *entscheiden;* er kann sie nicht etwa als unwirksam übergehen (Kühn/v. Wedelstädt/*Blesinger* 5 zu § 387 AO), da kein FA und kein HZA für die Ausübung der Befugnisse einer FinB nach den §§ 385 ff. AO *absolut* unzuständig ist, anders zB die Bundesvermögensämter und die Bundesforstämter (§ 16 FVG). 23

Hat ein FA oder HZA seine sachliche Zuständigkeit irrig angenommen, was bei der Beteiligung beider Behörden an der Verwaltung einer Steuer, zB EUSt oder KfzSt, nicht völlig ausgeschlossen erscheint, und erkennt die FinB ihren Irrtum noch während des Ermittlungsverfahrens, so gibt sie die Sache an die zuständige FinB oder in Zweifelsfällen an die StA ab. Bleibt sie im Irrtum und beantragt sie einen Strafbefehl, muss der Strafrichter den Antrag mangels Sachbefugnis als unzulässig verwerfen, falls die unzuständige FinB den Antrag nicht auf einen entsprechenden Hinweis zurücknimmt (einhM, vgl. HHSp-*Rüping* 29, Kohlmann/*Hilgers-Klautzsch* 64 u. Schwarz/Pahlke/*Dumke* 10 f. zu § 387 AO); denn die sachliche Zuständigkeit der Antragsbehörde ist als Prozessvoraussetzung von Amts wegen zu prüfen (BGH 10.4.1963, BGHSt 18, 326; *Suhr/Naumann/Bilsdorfer* Rz. 615; *Rüping,* Kohlmann/*Hilgers-Klautzsch* u. *Dumke* aaO). 24

Erkennt der Richter den Mangel der sachlichen Zuständigkeit der FinB nicht, wird seine Entscheidung – sofern er selbst sachlich zuständig ist – von dem Mangel der sachlichen Zuständigkeit der FinB *nicht berührt* (vgl. Rn. 43 zu § 388). 25

§ 387 AO gilt gem. § 409 AO auch für das **Bußgeldverfahren wegen Steuerordnungswidrigkeiten.** Erlässt eine sachlich unzuständige FinB einen Bußgeldbescheid, kann der Mangel nur durch Einspruch gem. §§ 67 ff. OWiG geltend gemacht werden. Der Mangel der sachlichen Zuständigkeit der FinB hat die Nichtigkeit des Bußgeldbescheides nur dann zur Folge, wenn die FinB *absolut* unzuständig war (Rn. 22 aE; *Göhler* OWiG § 36 Rn. 15; *Lemke/Mosbacher* 17 zu § 36 OWiG; Klein/*Jäger* AO § 387 Rn. 6). Dagegen wird der Bußgeldbescheid eines HZA bei unterlassenem oder verspätetem Einspruch zB auch 26 dann rechtskräftig, wenn er eine Steuerordnungswidrigkeit zum Gegenstand hat, von der Besitz- oder Verkehrsteuern betroffen sind. Bei rechtzeitigem Einspruch verliert der Bußgeldbescheid dagegen in jedem Falle seine Wirkung, und der Richter entscheidet erneut über die Beschuldigung, ohne dass er an den Ausspruch gebunden ist, den der Bußgeldbescheid enthält (§ 410 I AO iVm § 71 OWiG u. § 411 IV StPO).

§ 388 Örtlich zuständige Finanzbehörde

(1) **Örtlich zuständig ist die Finanzbehörde,**

1. in deren Bezirk die Steuerstraftat begangen oder entdeckt worden ist,

2. die zur Zeit der Einleitung des Strafverfahrens für die Abgabenangelegenheiten zuständig ist oder

3. in deren Bezirk der Beschuldigte zur Zeit der Einleitung des Strafverfahrens seinen Wohnsitz hat.

(2) [1]**Ändert sich der Wohnsitz des Beschuldigten nach Einleitung des Strafverfahrens, so ist auch die Finanzbehörde örtlich zuständig, in deren Bezirk der neue Wohnsitz liegt.** [2]**Entsprechendes gilt, wenn sich die Zuständigkeit der Finanzbehörde für die Abgabenangelegenheit ändert.**

(3) **Hat der Beschuldigte im räumlichen Geltungsbereich dieses Gesetzes keinen Wohnsitz, so wird die Zuständigkeit auch durch den gewöhnlichen Aufenthaltsort bestimmt.**

Vgl. § 37 OWiG; §§ 7 ff. StPO.

Schrifttum: s. vor Rn. 12, 17 u. 35.

Übersicht

1. Entstehungsgeschichte

§ 388 AO 1977 entspricht **§ 423 RAO** idF des Art. 1 Nr. 1 AOStrafÄndG v. 10.8.1967 (BGBl. I 877) mit dem Unterschied, dass der Ausdruck *„Finanzamt"* durch *„Finanzbehörde"* ersetzt worden ist. Der Ausdruck *„Steuerstraftat"* war anstelle von *„Steuervergehen"* bereits durch Art. 161 Nr. 14 EGStGB v. 2.3.1974 (BGBl. I 469, 583) eingeführt worden. 1

§ 423 I Nr. 1 u. 2 RAO 1967 geht auf **§ 428 I RAO 1931,** dieser geht auf **§ 393 I RAO 1919** zurück. Die Vorschriften des § 423 I Nr. 3, II u. III RAO 1967 hatten in früheren Fassungen des Gesetzes kein Vorbild (Begr. BT-Drs. V/1812, 30).

2. Zweck, Bedeutung und Anwendungsbereich

§ 388 AO regelt die örtliche Zuständigkeit. Die Vorschrift ergänzt § 386 AO über die funktionelle Zuständigkeit bestimmter Finanzbehörden (HZA, FA und Bundeszentralamt für Steuern) im Strafverfahren wegen Steuerstraftaten und § 387 AO über die sachliche Zuständigkeit einer solchen FinB in räumlicher Hinsicht durch Bestimmungen darüber, *welche* von mehreren sachlich zuständigen FinBn *für den Einzelfall* zuständig ist. § 388 AO wird seinerseits durch die §§ 389, 390 AO ergänzt. Diese Regelung ist in sich geschlossen. Es ist weder erforderlich (s. dazu Rn. 39) noch zulässig, darüber hinaus Vorschriften der StPO und des GVG entsprechend anzuwenden (glA Klein/*Jäger* AO § 388 Rn. 1; Erbs/ 2

Kohlhaas/*Hadamitzky/Senge* AO § 388 Rn. 1 u. Kohlmann/*Hilgers-Klautzsch* 10 ff. zu § 388 AO, *Hellmann* S. 76, *Suhr/Naumann/Bilsdorfer* Rz. 616; abw. HHSp-*Rüping* 10 zu § 388 in Bezug auf § 10 StPO und § 47 IV OWiG für Taten auf Schiffen und in Luftfahrzeugen).

3 **Die Bedeutung der Regelung** ist nach dem Wegfall der Strafbefugnis der FinBn durch das Urt. des BVerfG v. 6.6.1967 (BGBl. I 626) darauf beschränkt, die innerhalb der Finanzverwaltung örtlich zuständige Behörde zu bestimmen. Auf die örtliche Zuständigkeit der StA und des Gerichts hat § 388 AO keinen Einfluss; anders früher § 446 II 1 u. 2 RAO 1931.

4 **Der Anwendungsbereich des § 388 AO** erstreckt sich unmittelbar auf die Ermittlung von Steuerstraftaten iS des § 369 I AO sowie darüber hinaus gem. § 385 II AO auf die Ermittlung nichtsteuerlicher Vermögensstraftaten, die dadurch begangen werden, dass einer Behörde ein steuerlich erheblicher Sachverhalt vorgespiegelt wird (vgl. Rn. 4 f., 33 f. zu § 385, Rn. 24 zu § 386). Ferner gilt § 388 AO aufgrund § 410 I Nr. 1 AO für die Ermittlung und Ahndung von Steuerordnungswidrigkeiten iS des § 377 I AO sowie auf Grund § 164 S. 2 StBerG bei Ordnungswidrigkeiten nach den §§ 160 ff. StBerG. Weitere Bereiche werden durch die Verweisungen der §§ 128 BranntwMonG und 24 BierStG iVm 12 II FVG für die HZÄ sowie durch § 8 II WoPG, § 14 III des 5. VermBG, § 15 II EigZulG und §§ 20, 29a II BerlinFG für die FÄ erfasst.

5 Aus der systematischen Stellung der Vorschrift ergibt sich, dass § 388 AO die örtliche Zuständigkeit der FinBn **für alle Abschnitte eines Strafverfahrens** wegen bestimmter Straftaten (Rn. 4) regelt. Unerheblich ist, ob die FinB das Ermittlungsverfahren wegen Steuerstraftaten aufgrund des § 386 II oder IV 3 AO *selbstständig durchführt* oder in einem Ermittlungsverfahren der StA auf die Befugnisse nach den §§ 402, 403 AO oder im gerichtlichen Strafverfahren auf die Befugnisse nach § 407 AO *beschrankt ist.* Entsprechendes gilt für Bußgeldverfahren wegen Steuer- oder Monopolordnungswidrigkeiten.

3. Verhältnis zu den allgemeinen Vorschriften

6 **a) Strafverfahren.** Die §§ 7–11 StPO regeln die **örtliche Zuständigkeit der Gerichte** im ersten Rechtszug des Strafverfahrens *(Gerichtsstand),* nach der sich wiederum die Zuständigkeit der Rechtsmittelgerichte und gem. § 143 GVG die **örtliche Zuständigkeit der StA** richtet. Diese Vorschriften gelten gem. § 42 JGG auch im Jugendgerichtsverfahren und gem. § 385 AO im Steuerstrafverfahren. § 388 AO hat auf die allgemeinen Vorschriften über den Gerichtsstand und die örtliche Zuständigkeit der StA keinen Einfluss (Rn. 3). Daher kann auch zwischen der örtlichen Zuständigkeit einer FinB nach § 388 AO und dem grundrechtsgleichen Recht eines Beschuldigten auf seinen gesetzlichen Richter nach Art. 101 I 2 GG keine Beziehung bestehen.

7 **Ein Vergleich mit den §§ 7–11 StPO** erweist, dass § 388 AO eine *selbstständige* Regelung enthält, die auf die besonderen Verhältnisse bei der Verfolgung von Steuerstraftaten zugeschnitten ist. In der Anknüpfung der Zuständigkeit an den Ort, an dem die Straftat *begangen* worden ist, stimmen § 7 I StPO und die 1. Alternative des § 388 I Nr. 1 AO überein. Anstelle der Anknüpfung des § 9 StPO an den Ort, an dem der Beschuldigte *ergriffen* worden ist, knüpft die 2. Alternative des § 388 I Nr. 1 AO an denjenigen Ort an, an dem die Tat *entdeckt* worden ist; denn einerseits werden Steuerstraftaten meistens von den FinBn selbst entdeckt und andererseits ist ein körperliches Ergreifen des Beschuldigten bei der Hinterziehung von Einfuhr- oder Ausfuhrabgaben nur selten und bei der Hinterziehung von Besitz- oder Verkehrsteuern kaum jemals erforderlich. Mit Rücksicht auf den engen Zusammenhang zwischen dem jeweiligen Besteuerungsverfahren und dem Steuerstrafverfahren bestimmt § 388 I Nr. 2 AO zusätzlich die strafverfahrensrechtliche Zuständigkeit derjenigen FinB, die für die *Abgabenangelegenheit* zuständig ist. In Bezug auf den *Wohnsitz* oder *gewöhnlichen Aufenthaltsort* entspricht § 388 I Nr. 3 AO grundsätzlich dem § 8 I StPO und § 388 III AO dem § 8 II StPO. Die Sondervorschriften

des § 8 II aE StPO über die ersatzweise Anknüpfung an den *letzten* Wohnsitz, des § 10 StPO über die Zuständigkeit bei Straftaten auf *Schiffen und Luftfahrzeugen* (vgl. auch § 37 IV OWiG) und des § 11 StPO über die Zuständigkeit bei Straftaten *exterritorialer* Deutscher und deutscher *Beamten im Ausland* sind im Hinblick auf § 388 I Nr. 2 AO und die allgemeine abgabenrechtliche Ersatzzuständigkeit nach § 24 AO bewusst nicht übernommen worden und daher auch nicht entsprechend anzuwenden (Rn. 2).

b) Bußgeldverfahren. Ohne § 410 I Nr. 1 AO wäre die allgemeine Regelung des § 37 OWiG über die örtliche Zuständigkeit der Verwaltungsbehörde im Bußgeldverfahren auch auf die FinBn bei der Verfolgung von Steuer- oder Monopolordnungswidrigkeiten anzuwenden. Mit Ausnahme des wichtigen § 388 I Nr. 2 AO (Rn. 7) stimmt § 37 OWiG nahezu wörtlich mit § 388 AO überein, da jene Vorschrift dem § 425 RAO idF des AO-StPO-ÄG-Entwurfs (BT-Drs. IV/2476) nachgebildet ist. Die uneingeschränkte Verweisung des § 410 I Nr. 1 auf § 388 AO berücksichtigt, dass in bezug auf die besonderen organisatorischen Belange der FinBn zwischen einem Strafverfahren und einem Bußgeldverfahren wegen steuerlicher Verfehlungen kein Unterschied besteht. 8

4. Zuständigkeit nach dem Tatort

Begangen ist eine Steuerstraftat an *jedem Ort, an dem der Täter gehandelt hat oder im Falle des Unterlassens hätte handeln müssen oder an dem der zum Tatbestand gehörende Erfolg,* zB bei § 370 oder § 378 AO die Steuerverkürzung, *eingetreten ist oder nach der Vorstellung des Täters eintreten sollte* (§ 9 I StGB sowie § 7 I OWiG). Bei Steuerhinterziehung durch Abgabe einer unrichtigen oder unvollständigen Steuererklärung ist Tatort nicht (schon) da, wo der Stpfl die Erklärung durch unrichtige Buchungen vorbereitet, sie ausfüllt und unterschreibt (aM Schwarz/Pahlke/*Dumke* 7 zu § 388 AO), sondern (erst) dort, wo er sie dem FA übermittelt (zust. Kohlmann/*Hilgers-Klautzsch* 19 zu § 388). Bei *Übermittlung durch die Post* ist Tatort sowohl da, wo die Erklärung zur Post gegeben wird, als auch dort, wo das für die angestrebte unrichtige Veranlagung zuständige FA seinen Sitz hat. Bei unterlassener Abgabe einer Steuererklärung ist Tatort der Sitz des FA, bei dem die Erklärung hätte abgegeben werden müssen. Einfuhr- bzw. Ausfuhrabgaben werden dort hinterzogen, wo die Zollbehörde getäuscht oder das Schmuggelgut unter Umgehung der Zollstelle über die Grenze geschafft wird. Bei *Transitdelikten,* bei denen das Schmuggelgut durch die Bezirke mehrerer FinBn befördert wird, ist jede FinB örtlich zuständig, deren Bezirk von der Tatausführung berührt wird (BGH 14.10.1969, zit. bei *Herlan* GA 1971, 33). 9

Die Teilnahme an einer Steuerstraftat *ist sowohl an dem Ort begangen, an dem die Tat begangen ist, als auch an jedem Ort, an dem der Teilnehmer gehandelt hat oder im Falle des Unterlassens hätte handeln müssen oder an dem nach seiner Vorstellung die Tat begangen werden sollte* (§ 9 II 1 StGB; ähnl. § 7 II OWiG). Die **Begünstigung** des Täters einer Steuerstraftat (vgl. § 369 I Nr. 4 AO iVm § 257 StGB) oder **Steuerhehlerei** (§ 374 AO) werden dagegen nur am Ort der begünstigenden oder hehlerischen Tathandlung begangen, nicht auch dort, wo der Vortäter gehandelt hat (RG 9.12.1909, RGSt 43, 84, 85); indessen besteht hier ein sachlicher Zusammenhang iS des § 3 StPO, der nach § 389 AO eine einheitliche Zuständigkeit begründet. 10

Ist eine Steuerstraftat **außerhalb des räumlichen Geltungsbereichs der AO** begangen worden, kann die örtliche Zuständigkeit der FinB nur an andere Merkmale anknüpfen, namentlich an den Ort der Entdeckung der Tat (§ 388 I Nr. 1 1. Alternative AO) oder an den Sitz der für die Abgabenangelegenheit zuständigen FinB (§ 388 I Nr. 2 AO). Denkbar ist dieser Fall wegen § 9 StGB nur im Hinblick § 370 VI, VII AO. 11

5. Zuständigkeit nach dem Entdeckungsort

Schrifttum: *Franzen,* Zum Begriff der Entdeckung der Tat im Steuerstrafrecht (§ 410 AO), NJW 1964, 1061; *Arzt,* Die fortgesetzte Handlung geht – die Probleme bleiben, JZ 1994, 1000; *Bilsdorfer,* Das Ende der fortgesetzten Handlung – Konsequenzen für das Steuerstrafrecht, StBp 1995, 64.

12 **Entdeckt ist eine Steuerstraftat,** wenn der Amtsträger einer Behörde mindestens einen Teil des wirklichen Tatgeschehens oder der Tatfolgen unmittelbar selbst wahrgenommen oder von einer anderen Behörde oder von einem Gericht (§ 116 AO) erfahren hat; der Täter oder sonst Beteiligte braucht noch nicht bekannt zu sein (einhM, vgl. HHSp-*Rüping* 19, RK-*Kemper* 18, Kohlmann/*Hilgers-Klautzsch* 39 zu § 388 mwN). Trotz unterschiedlicher Funktion der Vorschriften ist der Begriff der Entdeckung in § 388 AO genauso auszulegen wie in § 371 II Nr. 2 (aM HHSp-*Rüping* 17 u. Kohlmann/*Hilgers-Klautzsch* 35 f. zu § 388; vgl. demgegenüber Rn. 301 ff. zu § 371). Denn auch bei der Selbstanzeige reicht es nicht aus, wenn außer dem Täter oder Teilnehmer irgendeine weitere (Privat-)Person Kenntnis von der Tat erlangt hat (so aber missverständlich Kohlmann/*Hilgers-Klautzsch* aaO). Vielmehr kommt es darauf an, ob dieser Dritte seine Kenntnis unverzüglich an die zuständige Behörde weiterleitet (BGH 13.5.1987, wistra 1987, 293 m. Anm. *Franzen* 341; BGH 24.10.1985, wistra 1985, 74; BGH 5.4.2000, wistra 2000, 219; vgl. HHSp-*Rüping* 17 zu § 388) und deshalb mit einer amtlichen Kenntnisnahme sicher zu rechnen ist (so auch iE Klein/*Jäger* AO § 371 Rn. 66; Koch/Scholtz/*Scheurmann-Kettner* 34/1 zu § 371; Erbs/Kohlhaas/*Hadamitzky/Senge* AO § 371 Rn. 36; *Suhr/Naumann/Bilsdorfer* Rz. 464).

13 In ihrem vollen objektiven und subjektiven **Ausmaß** braucht die Tat noch nicht erkannt zu sein; so ist zB eine Steuerhinterziehung nach § 370 AO auch dann entdeckt, wenn zunächst nur Anhaltspunkte für eine leichtfertige Steuerverkürzung vorliegen und sich Anhaltspunkte für ein vorsätzliches Verhalten des Stpfl erst im Verlauf der weiteren Ermittlungen ergeben (aA Beermann/Gosch/*Hoyer* 75 zu § 371). Taterfolg und Schuldvorwurf können regelmäßig erst nach Abschluss der Ermittlungen, die durch die Entdeckung der Tat ausgelöst worden sind, umfassend und zutreffend beurteilt werden (zust. Kohlmann/*Hilgers-Klautzsch* 38 zu § 388).

Der BGH (NStZ 2010, 642, 644) vertritt in diesem Zusammenhang die Auffassung, dass eine Tat nicht nur dann entdeckt sei, wenn die FinB bei einem Abgleich mit den Steuererklärung feststellt, dass eine Steuerquelle nicht oder nur unvollständig angegeben wurde, sondern schon dann, wenn „unter Berücksichtigung der zur Steuerquelle oder zum Auffinden der Steuerquelle bekannte weitere Umstände nach allgemeiner kriminalistischer Erfahrung eine Steuerstraftat oder -ordnungswidrigkeit nahe liegt." (krit. dazu HHSp-*Rüping* 183 zu § 371). Allein die bloße Kenntnis von der Steuerquelle genüge hingegen nicht. Dies haben verschiedene FinB zum Anlass genommen, den Zeitpunkt der Tatentdeckung weit nach vorne zu verlagern, mit der Begründung, dass bestimmte Gestaltungsarten typisch für Steuerstraftaten bzw. -ordnungswidrigkeiten seien (vgl. etwa zu „Lebensversicherungsverträgen", OFD Karlsruhe Verf. v. 18.7.2012, S 20702/4 – St 413; zu „Liechtensteiner Stiftungen" SteuFa Wuppertal).

14 Infolge der **Abschaffung der Rechtsfigur des Fortsetzungszusammenhanges** (BGHGrS 3.5.1994, NJW 1994, 1663; vgl. dazu *Arzt* JZ 1994, 1000; *Bilsdorfer* StBp 1995, 64 sowie Rn. 725 zu § 370) begründet die Entdeckung einer nunmehr selbstständigen Tat (die früher als Teilakt einer fortgesetzten Handlung verstanden wurde) nicht mehr die örtliche Zuständigkeit zur Verfolgung auch der anderen, in Tatmehrheit (§ 53 StGB) begangenen Steuerstraftaten, wenn diese an verschiedenen Orten begangen worden sind. Damit können sich für die Einzeltaten zunächst zwar unterschiedliche Zuständigkeiten ergeben, eine Konzentration der Ermittlungen bei einer FinB ist jedoch durch den in aller Regel gegebenen Sachzusammenhang über § 389 AO oder auch wegen Sachdienlichkeit über § 390 AO sichergestellt (vgl. Rn. 9 ff. zu § 389 und 13 ff. zu § 390).

15 **Sogar bei Tatmehrheit** kann die Steuerstraftat iS eines Tatgeschehens entdeckt sein, so zB bei Verdacht der Steuerhinterziehung durch Abgabe einer unrichtigen USt-Erklärung in bezug auf die Abgabe entsprechend unrichtiger ESt- und GewSt-Erklärungen. Wer hiervon abweichend *die Steuerstraftat* als eine rechtlich selbstständige Straftat versteht, gelangt zu einer einheitlichen örtlichen Zuständigkeit aufgrund § 389 AO iVm § 3 StPO.

16 **Die Entdeckung einer Steuerstraftat durch Privatpersonen** ist als solche keine Entdeckung iS des § 388 AO. Erforderlich ist, dass die maßgebenden Wahrnehmungen

(Rn. 12) zur Kenntnis von Amtsträgern oder Richtern gelangen, die entweder zur Strafverfolgung verpflichtet sind (vgl. § 397 AO: *„die Finanzbehörde, die Polizei, die StA, eine ihrer Ermittlungspersonen oder der Strafrichter“)* oder die aufgrund § 116 I AO jedenfalls verpflichtet sind, *„Tatsachen, die sie dienstlich erfahren und die den Verdacht einer Steuerstraftat begründen, dem FA mitzuteilen“* (glA HHSp-*Hübner* 5 zu § 423 RAO 1967; HHSp-*Rüping* 17, Kohlmann/*Hilgers-Klautzsch* 36 f. zu § 388; *Suhr/Naumann/Bilsdorfer* Rz. 618); zu eng ist die abw. Auffassung von *Enno Becker* (1 zu § 393 RAO 1919), dass die Tat zur Kenntnis eines zur Verfolgung zuständigen Beamten gekommen sein müsse.

6. Zuständigkeit nach der abgabenrechtlichen Zuständigkeit

Schrifttum: *Hermann,* Zur Unterscheidung zwischen verbandsmäßiger und örtlicher Zuständigkeit im Besteuerungsverfahren, StW 1964, 771; *Schwochert,* Hat der Steuerpflichtige ein Recht auf Besteuerung durch das für ihn örtlich zuständige FA? DStR 1966, 27; *W. Göhler,* Der Wohnsitz in der Sicht steuerlicher Rechtsprechung, StWa 1967, 1; *Stier,* Die örtliche Zuständigkeit bei den freien Berufen, StWa 1967, 133; *v. Wallis,* Die örtliche Zuständigkeit im Steuerrecht, DStZ 1971, 33; *Hartmann,* Der gewöhnliche Aufenthalt im Steuerrecht; DB 1974, 2427; *Lohmeyer,* Wohnsitz und gewöhnlicher Aufenthalt im Steuerrecht, DVR 1975, 21; *Dziadkowski,* Die Neuregelungen der Zuständigkeit im Besteuerungsverfahren nach der AO 1977, BB 1976, 1458; *Runge,* Steuerliche Auswirkungen der Entsendung von Arbeitskräften ins Ausland, BB 1977, 182; *Kramer,* Örtliche Zuständigkeit für die Umsatzbesteuerung von Grundstücksvermietungen BB 1977, 1144; *Feuerbaum,* Der Betriebstättenbegriff bei Bauausführungen, Montagen und ähnlichen Tätigkeiten, DB 1977, 2401; *Giloy,* Örtliche Zuständigkeit der Finanzämter im Lohnsteuerverfahren, BB 1978, 549; *Lohmeyer,* Wohnsitz und gewöhnlicher Aufenthalt im Steuerrecht, BlStA 1979, 61; *Birkholz,* Der Wohnsitz, seine Begründung, seine Aufgabe und deren Bedeutung im Rahmen des Steuerrechts, DStZ 1979, 247; *Blencke,* Sachliche und örtliche Zuständigkeit im Steuerrecht, NWB Fach 2, 3875 (Stand: 1981); *Deppe,* Zur Vorhersehbarkeit von Entscheidungen zum „Gewöhnlichen Aufenthalt“, StW 1982, 332; *Christoffel,* Wohnungsbegriff iS des § 10e EStG, DB 1987, 1915; *Wenzler,* Zur Zuständigkeit des Hauptzollamts nach § 23 Abs. 3 AO, AO-StB 2008, 222.

Abgabenangelegenheiten sind nach § 347 II AO *„alle mit der Verwaltung der Abgaben oder sonst mit der Anwendung der abgabenrechtlichen Vorschriften durch die Finanzbehörden zusammenhängenden Angelegenheiten einschließlich der Maßnahmen der Bundesfinanzbehörden zur Beachtung der Verbote und Beschränkungen für den Warenverkehr über die Grenze; den Abgabenangelegenheiten stehen die Angelegenheiten der Verwaltung der Finanzmonopole gleich“.* In diesem weiten Sinne ist der Begriff auch im Rahmen des § 388 AO zu verstehen (insoweit glA Kohlmann/*Hilgers-Klautzsch* 40 zu § 388). In Verbindung mit dem Hinweis auf die Verbote und Beschränkungen des grenzüberschreitenden Warenverkehrs in § 347 II AO regelt § 388 AO auch die örtliche Zuständigkeit für Bannbruch iS des § 372 AO (HHSp-*Rüping* 21 u. Kohlmann/*Hilgers-Klautzsch* 41 zu § 388). 17

Für die Abgabenangelegenheit zuständig ist nur diejenige FinB, die nach den abgabenrechtlichen Vorschriften sachlich und örtlich zuständig ist. Unter sachlicher Zuständigkeit versteht man die Begrenzung nach dem Aufgabenbereich der FinB. Die örtliche Zuständigkeit begrenzt die Zuständigkeit einer Behörde nach räumlichen Gesichtspunkten gegenüber anderen FinBn mit demselben Aufgabenbereich. 18

Die sachliche Zuständigkeit für die Abgabenangelegenheit richtet sich entsprechend dem Hinweis des § 16 AO grundsätzlich nach dem FVG, s. ausf. Rn. 4 ff. zu § 387. 19

Die örtliche Zuständigkeit für die Abgabenangelegenheit richtet sich entsprechend § 17 AO bei den hauptsächlichen Steuerarten nach den §§ 18–29 AO (Rn. 21 ff.), bei der Lohnsteuer nach § 39a IV a EStG (Rn. 23) und bei der ErbSt und den Verkehrsteuern nach Vorschriften in den jeweiligen einzelnen Steuergesetzen (Rn. 24). 20

Für Einfuhr- und Ausfuhrabgaben und Verbrauchsteuern bestimmt: 21

§ 23 AO Einfuhr- und Ausfuhrabgaben und Verbrauchsteuern

(1) Für die Einfuhr- und Ausfuhrabgaben *im Sinne des Artikels 4 Nr. 10 und 11 des Zollkodexes* [ab ***1.5.2016:*** nach Artikel 5 Nummer 20 und 21 des Zollkodex der Union] und Verbrauchsteuern ist das Hauptzollamt örtlich zuständig, in dessen Bezirk der Tatbestand verwirklicht wird, an den das Gesetz die Steuer knüpft.

(2) [1] Örtlich zuständig ist ferner das Hauptzollamt, von dessen Bezirk aus der Steuerpflichtige sein Unternehmen betreibt. [2] Wird das Unternehmen von einem nicht zum Geltungsbereich des Gesetzes

gehörenden Ort aus betrieben, so ist das Hauptzollamt zuständig, in dessen Bezirk der Unternehmer seine Umsätze im Geltungsbereich des Gesetzes ganz oder vorwiegend bewirkt.

(3) Werden Einfuhr- und Ausfuhrabgaben *im Sinne des Artikels 4 Nr. 10 und 11 des Zollkodexes* [ab ***1.5.2016:*** nach Artikel 5 Nummer 20 und 21 des Zollkodex der Union] und Verbrauchsteuern im Zusammenhang mit einer Steuerstraftat oder einer Steuerordnungswidrigkeit geschuldet, so ist auch das Hauptzollamt örtlich zuständig, das für die Strafsache oder die Bußgeldsache zuständig ist.

§ 23 AO gilt für die **EUSt** (§ 21 I UStG) und für die **Abschöpfungen** (§ 2 AbschG). Seitdem durch Art. 8 StÄndG 2001 v. 20.12.2001 (BGBl. I 3794) der Begriff „Zölle" durch „Einfuhr- und Ausfuhrabgaben im Sinne des Artikels 4 Nr. 10 und 11 des Zollkodexes" ersetzt wurde, erfasst § 23 AO alle im grenzüberschreitenden Warenverkehr erhobenen Abgaben. § 23 III AO ermöglicht, *„dass bei zentralisierter Straf- und Bußgeldsachenbearbeitung das mit der Straf- oder Bußgeldsache befaßte HZA den einzelnen Fall zugleich auch in steuerlicher Hinsicht erledigen kann"* (BT-Drs. VI/1982, 107). Treffen die Voraussetzungen der Absätze 1 und 3 zusammen, entscheidet gem. § 25 AO dasjenige HZA, das zuerst mit der Sache befasst worden ist. Wird Versandgut der zollamtlichen Überwachung entzogen oder unzulässig verändert, so ist, wenn die Abfertigungsstelle im Inland liegt, für den Erlass eines Zollbescheids idR die *Abfertigungs*zollstelle örtlich zuständig, die *Bestimmungs*zollstelle ist nur zuständig, wenn das Versandgut in ihren Verfügungsbereich gelangt ist (BFHE 144, 311; FG Münster 19.3.1981, ZfZ 1982, 51).

22 **Für gesonderte Feststellungen** nach § 180 AO sowie für die **Steuern vom Einkommen und Vermögen** knüpfen die §§ 18–22 AO an die Belegenheit von Objekten, an den Sitz der Geschäftsleitung oder eines Unternehmens oder einer (ggf. der wertvollsten) Betriebstätte, an den Ort der (vorwiegenden) Berufsausübung oder der (Verwertung einer) Tätigkeit oder an den Wohnsitz, gewöhnlichen oder vorwiegenden Aufenthalt einer natürlichen Person an. Anders als bei § 388 I Nr. 3 (Rn. 27 ff.) gelten hier §§ 8, 9 AO. Danach kommt es im Unterschied zum Wohnsitzbegriff des BGB nicht auf den rechtsgeschäftlichen Willen, sondern auf die tatsächliche Gestaltung der Verhältnisse an (stRspr vgl. BFH 14.11.1969, BStBl. II 1970, 153; BFH 26.2.1986, BFH/NV 1987, 301; BFH 23.11.1988, BStBl. II 1989, 182). Unter Umständen kann ein Geschäftsunfähiger oder beschränkt Geschäftsfähiger ohne den Willen seines gesetzlichen Vertreters einen Wohnsitz begründen oder aufheben (RFH 16.11.1939, RStBl. 1209). **Wohnung** iS des materiellen Steuerrechts ist ein Raum oder eine Zusammenfassung von Räumen mit einer Küche oder Kochgelegenheit, die das Führen eines selbstständigen Haushalts ermöglicht (stRspr, zB BFH 30.4.1982, BStBl. II 671; BFH 24.11.1978, BStBl. II 1979, 255, *Christoffel* DB 1987, 1915). Im Sinne des § 8 AO kann Wohnung auch ein möbliertes Zimmer sein (BFH 14.11.1969, BStBl. II 1970, 153, *Lohmeyer* DVR 1975, 21), auch ein Hotelzimmer, das dauernd bewohnt wird, insbes. bei alleinstehenden Personen, die am Ort des gemieteten Zimmers arbeiten (BFH 4.8.1967, BStBl. II 727). Als Wohnung kommt ferner in Betracht ein massives Holzhaus in einer Laubenkolonie (FG Berlin 11.6.1976, EFG 1977, 13), uU sogar ein Wohnwagen auf einem Campingplatz (FG Hamburg 9.10.1973, EFG 1974, 66; aM BFH 21.2.1975 – VI R 203/73, nv). **Gewöhnlicher Aufenthalt erfordert** einen *längeren,* jedoch nicht einen *ständigen* Aufenthalt (BFH 27.7.1962, BStBl. II 430); auf kurzfristige Unterbrechungen kommt es nicht an (§ 9 S. 2 Halbs. 2 AO). Entscheidend sind im Einzelfall die familiären, beruflichen und gesellschaftlichen Beziehungen und Bindungen einer Person an einen Ort. Diese können zB auch bestehen bleiben, wenn jemand längere Auslandsreisen unternimmt. § 9 S. 2 Halbs. 1 AO kann nicht mit der Wirkung umgekehrt werden, dass eine Abwesenheit von mehr als 6 Monaten den gewöhnlichen Aufenthalt im Inland beendet (BFH aaO). Bei Grenzgängern kommt es auf die Intensität des Verweilens im Inland und im Ausland an (ausf. *Deppe* StW 1982, 343). Keinen gewöhnlichen Aufenthalt im Inland hat ein Unternehmer, der nach Geschäftsschluss regelmäßig von seinem Betrieb in der Bundesrepublik zu seiner Familienwohnung im Ausland zurückkehrt (BFH 6.2.1985, DB 1985, 1572; vgl. auch BFH 19.3.1997, BStBl. II 447; FG Baden-Württemberg 27.3.1998, EFG 1998, 629).

Für die **Umsatzsteuer** ist nach § 21 AO maßgebend, von wo aus der Unternehmer das Unternehmen betreibt oder wo seine Umsätze im Geltungsbereich des Gesetzes (vorwiegend) bewirkt werden. Für die **Realsteuern** gilt § 22 AO, der zwischen der örtlichen Zuständigkeit für die Festsetzung der Steuermessbeträge und der Zuständigkeit für die Festsetzung, Erhebung und Beitreibung der Steuer unterscheidet. Definiert werden die Begriffe *Wohnsitz, gewöhnlicher Aufenthalt, Geschäftsleitung, Sitz* und *Betriebstätte* in den §§ 8–12 AO. 23

Die Lohnsteuer ist zwar nur eine Erhebungsform der ESt; dennoch gilt für sie nicht § 19 AO, sondern zwei einzelne Vorschriften des EStG. Danach ist für die *Anmeldung und Abführung* der LSt gem. § 41a I EStG das Betriebstätten-FA des Arbeitgebers und für die *Eintragung eines Freibetrags* auf der LSt-Karte gem. § 39a IV a EStG das FA zuständig, in dessen Bezirk der Arbeitnehmer im Zeitpunkt der Antragstellung eine Wohnung hat, von der aus er seiner Beschäftigung regelmäßig nachgeht. 24

Für die Erbschaftsteuer und die Verkehrsteuern ist die örtliche Zuständigkeit außerhalb der AO geregelt, nämlich in § 35 ErbStG, § 17 I–III GrEStG, § 1 KraftStDV, §§ 2 u. 20 KVStDV, § 7a VersStG, § 10 FeuerschStG sowie in den §§ 15 u. 30 RennwLottGABest. 25

Als Auffangvorschrift bestimmt § 24 AO die Zuständigkeit derjenigen FinB, in deren Bezirk sich der Anlass für eine Amtshandlung ergibt. Bei *mehrfacher Zuständigkeit* reduziert sich die Zuständigkeit gem. § 25 AO auf diejenige FinB, die zuerst mit der Sache befasst worden ist. § 26 AO regelt den *Zuständigkeitswechsel,* falls sich die zuständigkeitsbegründenden Umstände ändern. § 27 AO ermöglicht *Zuständigkeitsvereinbarungen.* § 28 AO bestimmt die Zuständigkeit für die Entscheidung bei positivem oder negativem *Zuständigkeitsstreit* oder in *Zweifelsfällen.* Schließlich begründet § 29 AO eine *Notzuständigkeit* bei Gefahr im Verzuge, die vor allem bei unaufschiebbaren Vollstreckungsmaßnahmen eintreten kann. 26

7. Zuständigkeit nach dem Wohnsitz

Nach dem Vorbild des § 8 I StPO bestimmt § 388 I Nr. 3 AO *allgemein* die örtliche Zuständigkeit derjenigen FinB, in deren Bezirk der Beschuldigte seinen Wohnsitz hat. Systematisch hätte diese Vorschrift ihren Platz besser vor der Regelung des § 388 I Nr. 2 AO gefunden. Abw. von § 8 I StPO ist nach § 388 I Nr. 3 AO nicht der Zeitpunkt der Erhebung der Klage maßgebend, sondern der frühere Zeitpunkt der Einleitung des Strafverfahrens (§ 397 AO), da die Vorschrift namentlich für das Ermittlungsverfahren bedeutsam ist. 27

Der Begriff des Wohnsitzes ist auch für § 388 I Nr. 3 AO – wie für § 8 StPO – aus den §§ 7–9, 11 BGB abzuleiten und nicht aus § 8 AO (glA HHSp-*Rüping* 27 f., Kohlmann/*Hilgers-Klautzsch* 59, RK-*Kemper* 26 u. Schwarz/Pahlke/*Dumke* 15f, Kühn/v. Wedelstädt/*Blesinger* 4 zu § 388 AO; Erbs/Kohlhaas/*Hadamitzky/Senge* AO § 388 Rn. 5 sowie *Suhr/Naumann/Bilsdorfer* Rz. 620; aM *Bender/Möller/Retemeyer* D II Rn. 67; Koch/Scholtz/*Scheurmann-Kettner* 4 zu § 388, *Lohmeyer* DVR 1975, 21). §§ 8 und 9 AO gelten hier nicht, da die allgemeinen Vorschriften des Strafverfahrensrechts insofern Vorrang haben und diese Vorschriften erkennbar auf die Frage zugeschnitten sind, ob jemand in der Bundesrepublik unbeschränkt oder nur beschränkt steuerpflichtig ist (vgl. § 1 EStG). 28

Danach kommt es im Unterschied zum Wohnsitzbegriff der Abgabenordnung nicht auf die tatsächliche Gestaltung der Verhältnisse an, sondern auf den rechtsgeschäftlichen Willen zur Begründung des Wohnsitzes. Insofern können der Wohnsitz nach Steuerrecht (und damit die Zuständigkeit für die Abgabenangelegenheit) und der Wohnsitz im Steuerstrafrecht auseinanderfallen (Kohlmann/ *Hilgers-Klautzsch* 62 zu § 388).

Bei doppeltem oder mehrfachem Wohnsitz ist jede Wohnsitzfinanzbehörde zuständig; der Vorzug gebührt nach § 390 I derjenigen Behörde, die wegen der Tat zuerst ein Strafverfahren eingeleitet hat. (HHSp-*Rüping* 29, Kohlmann/*Hilgers-Klautzsch* 63 zu § 388). 29

30 Der Annahme eines Wohnsitzes steht nicht entgegen, dass der Täter längere Zeit abwesend ist oder in einem Hotel wohnt (KK-StPO/*Fischer* StPO § 8 Rn. 1). Entscheidend ist allein, dass er sich an dem Ort niedergelassen hat (LG Frankfurt a. M. 8.2.1988, StV 1988, 381).

8. Änderung des Wohnsitzes oder der abgabenrechtlichen Zuständigkeit

31 § 388 II AO trifft Bestimmungen für den Fall, dass sich nach Einleitung des Strafverfahrens (§ 397 AO) die Zuständigkeitsmerkmale nach § 388 I Nr. 2 oder 3 AO ändern. **Neben der ursprünglich zuständigen Finanzbehörde** ist dann *wahlweise* auch diejenige FinB örtlich zuständig, in deren Bezirk der neue Wohnsitz des Beschuldigten liegt (Satz 1) oder auf welche die Abgabenangelegenheit übergegangen ist (Satz 2). Eine starre Regelung, wie sie § 8 I StPO für den Gerichtsstand des Wohnsitzes zz. der Erhebung der Klage vorsieht, ist für das Ermittlungsverfahren nicht zweckmäßig (allgA, vgl. HHSp-*Rüping* 26, 31 und Kohlmann/*Hilgers-Klautzsch* 66 zu § 388). § 388 II AO gestattet es, dass die ursprünglich zuständige FinB je nach den Umständen des Einzelfalles die Ermittlungen fortführt und zB bei dem für den neuen Wohnsitz zuständigen Amtsgericht einen Strafbefehl beantragt (LG Augsburg 8.7.1982, ZfZ 1982, 315) oder dass sie die später zuständig gewordene FinB gem. § 390 II 1 AO ersucht, die Strafsache zu übernehmen.

32 Bei einem Streit zwischen mehreren zuständigen FinB darüber, welche das **weitere Ermittlungsverfahren durchzuführen** hat, gilt zunächst das Prioritätsprinzip des § 390 I AO. Der Vorrang gebührt der FinB, die wegen der Tat zuerst ein Strafverfahren eingeleitet hat (vgl. Rn. 8 ff. zu § 390). Ein Wechsel der Zuständigkeit ist in § 390 II AO nur für den Fall vorgesehen, dass die Übernahme der Strafsache durch eine andere zuständige FinB für die Ermittlungen sachdienlich erscheint. Die Entscheidung, ob ein Wohnsitzwechsel des Beschuldigten oder ein Wechsel der abgabenrechtlichen Zuständigkeit auch einen Wechsel der die Ermittlungen durchführenden FinB zur Folge hat, steht in erster Linie **im pflichtgemäßen Ermessen** der ursprünglich (allein) zuständigen FinB. Diese hat dabei abzuwägen, durch welche der beiden nun zuständigen Behörden die Ermittlungen unter Berücksichtigung der Belange des Beschuldigten am ehesten abgeschlossen werden können (Rn. 13 f., 16 zu § 390). Es kommt jeweils auf den Einzelfall an; entscheidend ist auch, wo wichtige Zeugen ansässig sind und welches FA für das Besteuerungsverfahren zuständig ist oder wird (*Pfaff* StBp 1986, 137). Bei Sachdienlichkeit ist die zuständig gewordene FinB zur Übernahme des Ermittlungsverfahrens verpflichtet. In Zweifelsfällen entscheidet nach § 390 II 2 AO die Behörde, der die um Übernahme ersuchte FinB untersteht (Rn. 18 f. zu § 390).

33 **Der Wohnsitz ändert sich,** wenn der Beschuldigte seine bisherige Wohnung aufgibt und an einen anderen Ort umzieht.

34 **Die abgabenrechtliche Zuständigkeit ändert sich** unter den Voraussetzungen des § 26 AO; dabei wird der Zeitpunkt nicht von den objektiven Umständen bestimmt, sondern von der Kenntnis der beteiligten FinBn. Ferner kann sich die abgabenrechtliche Zuständigkeit dadurch ändern, dass im Einzelfall eine Zuständigkeitsvereinbarung nach § 27 AO getroffen wird oder dass die Bezirksgrenzen der FinBn geändert werden (vgl. BFH BStBl. II 1978, 310).

9. Zuständigkeit nach dem gewöhnlichen Aufenthaltsort

Schrifttum: *Egly,* Wohnsitz und gewöhnlicher Aufenthalt im Steuerrecht, DStZ 1940, 627; *Michaelis,* Zur Frage des „gewöhnlichen Aufenthalts" in Ehesachen, NJW 1949, 573; *Entholt,* Zum Begriff des „gewöhnlichen Aufenthalts im Inland" iS des § 606 ZPO, NJW 1952, 292; weitere Aufsätze s. vor Rn. 17.

35 **Hat der Beschuldigte in der Bundesrepublik keinen Wohnsitz,** ist anstelle einer nach § 388 1 Nr. 3 AO zuständigen Behörde *ersatzweise* auch diejenige FinB örtlich zuständig, in deren Bezirk er seinen gewöhnlichen Aufenthaltsort hat (vgl. auch § 8 II StPO u. § 37 III OWiG). Fehlt es an einem Wohnsitz im Inland, hat die durch den gewöhnlichen

Aufenthaltsort begründete Zuständigkeit trotz ihres subsidiären Charakters denselben Rang wie die anderen örtlichen Zuständigkeiten (glA HHSp-*Rüping* 32 zu § 388).

Der gewöhnliche Aufenthaltsort iS des § 388 III AO wird durch den gewöhnlichen Aufenthalt bestimmt. Der gewöhnliche Aufenthalt richtet sich nach § 8 Abs. 2 StPO und tritt an die Stelle des Gerichtsstandes des Wohnsitzes (HHSp-*Rüping* 33, Kohlmann/*Hilgers-Klautzsch* 69, Schwarz/Pahlke/*Dumke* 20 zu § 388 AO; *Suhr/Naumann/Bilsdorfer* 623; *Erbs/Kohlhaas/Hadamitzky/Senge* AO § 388 Rn. 6; jetzt auch Kühn/v. Wedelstädt/*Blesinger* 4; aM Koch/Scholtz/*Scheurmann-Kettner* 6 zu § 388, vgl. iÜ zur gleichen Streitfrage auch Rn. 28). 36

Anders als beim Wohnsitz (Rn. 29) kann eine Person zur selben Zeit nur *einen* gewöhnlichen Aufenthalt haben. Ein mehrfacher gewöhnlicher Aufenthalt ist begrifflich ausgeschlossen (LR-*Erb* 6 zu § 8 StPO; KK-StPO/*Fischer* StPO § 8 Rn. 2). 37

Gewöhnlicher Aufenthalt ist der Ort, an dem sich jemand freiwillig ständig oder für längere Zeit, wenn auch nicht ununterbrochen, aufhält, ohne dort seinen Wohnsitz zu begründen (KK-StPO/*Fischer* StPO § 8 Rn. 2). **Ob ein Aufenthaltsort „gewöhnlich" ist,** richtet sich nicht allein nach der Verweildauer. Ein Zwangsaufenthalt in einem Krankenhaus oder einer Strafvollzugsanstalt ist kein gewöhnlicher, sondern ein außergewöhnlicher Aufenthalt (BGH 30.6.1959, BGHSt 13, 209). 38

10. Notzuständigkeit

Bei Gefahr im Verzuge ist *jede* FinB für die in ihrem Bezirk vorzunehmenden einzelnen Amtshandlungen örtlich zuständig. Dies folgt aus § 29 AO (HHSp-*Sunder-Plassmann* 2, Koch/Scholtz/*Scholtz* 2 u. TK-*Kruse* 1 zu § 29 AO für Fahndungs- und Vollstreckungsmaßnahmen). Nach Schwarz/Pahlke/*Schwarz* (zu § 29 AO) ist die Vorschrift nur auf die Verwaltung der Steuern anzuwenden; diese Auffassung führt zu einer Notzuständigkeit für Steuerstrafsachen aufgrund § 143 II GVG iVm §§ 385, 399 AO. Gefahr ist im Verzuge, wenn eine Amtshandlung nicht so lange aufgeschoben werden kann, bis die sonst zuständige FinB sie selbst vornehmen kann. Als unaufschiebbare Amtshandlungen zur Ermittlung einer Steuerstraftat kommen namentlich in Betracht die Anordnung einer *körperlichen Untersuchung* (§§ 81a II, 81c V StPO) einer *Beschlagnahme* (§ 98 I StPO), einer *Durchsuchung* (§ 105 I StPO), und einer *Notveräußerung* (§ 111 III StPO), sofern die grundsätzlich unselbstständige Ermittlungskompetenz der FinB durch § 386 II AO erweitert und diese zur selbstständigen Führung der Ermittlungen mit den Rechten und Pflichten der StA nach § 399 I AO ermächtigt ist (vgl. Rn. 7 zu § 386). 39

11. Mangel der örtlichen Zuständigkeit

Ein Mangel der örtlichen Zuständigkeit liegt vor, wenn eine sachlich zuständige FinB (§ 387 AO) Ermittlungen zur Aufklärung einer Steuerstraftat vornimmt, sich an Ermittlungen der StA oder der Polizei beteiligt (§ 403 AO), einen Strafbefehl beantragt (§ 400 AO) oder am gerichtlichen Strafverfahren teilnimmt (§ 407 AO), ohne dass eines der zuständigkeitsbegründenden Merkmale nach § 388 AO erfüllt ist oder die Voraussetzungen der Notzuständigkeit (Rn. 38) vorliegen; ein Mangel der örtlichen Zuständigkeit ist nicht gegeben, wenn eine FinB aufgrund des *Amtshilfeersuchens* einer örtlich zuständigen FinB tätig geworden ist. In welcher Weise sich ein Mangel der örtlichen Zuständigkeit auswirkt und gerügt werden kann, richtet sich nach dem Stand des Strafverfahrens und der Art der Amtshandlung. 40

Ist das Strafverfahren noch nicht bei Gericht anhängig, kann allein aus der örtlichen Unzuständigkeit der FinB die Unwirksamkeit der getroffenen Maßnahme(n) ebenso wenig hergeleitet werden wie im Besteuerungsverfahren (§ 125 III Nr. 1 AO) oder wie bei richterlichen Untersuchungshandlungen (§ 20 StPO). Die von einer sachlich zuständigen, aber örtlich unzuständigen FinB getroffene Maßnahme ist zwar fehlerhaft, aber 41 wirksam (einhM, vgl. HHSp-*Rüping* 40 u. Kohlmann/*Hilgers-Klautzsch* 74 zu § 388 AO mwN). Dies bedeutet: Der Mangel der örtlichen Zuständigkeit kann gerügt werden, solange er fortbesteht, also bis zum Erlass eines Strafbefehls oder bis zur Abgabe der Strafsache an die StA (HHSp-*Rüping* 41 u. Koch/Scholtz/*Scheurmann-Kettner* 7 zu § 388). Auf der anderen Seite können die Ergebnisse der Ermittlungsmaßnahmen, vor allem die von einer örtlich unzuständigen FinB (oder StA) beschafften Beweismittel, im weiteren Verlauf des Verfahrens von der örtlich zuständigen FinB oder StA oder vom Gericht verwertet werden (einschränkend *Kissel/Mayer* 6 zu § 143 GVG: nur in bezug auf Maßnahmen innerhalb der Notzuständigkeit der StA), weil im Verhältnis zum Beschuldigten alle sachlich zuständigen Behörden als gleichwertig anzusehen sind und die Regelung ihrer örtlichen Zuständigkeit nur der Zweckmäßigkeit dienen soll.

42 **Beantragt eine örtlich unzuständige Finanzbehörde** die richterliche Anordnung einer Beschlagnahme oder Durchsuchung und erkennt der Richter den Mangel der Zuständigkeit, so weist er den Antrag zurück; erkennt er den Mangel nicht, so wird die Wirksamkeit seiner Anordnung nicht beeinträchtigt. **Beteiligt sich** eine örtlich unzuständige FinB an Ermittlungen der StA oder der Polizei, so kann der Beschuldigte widersprechen; denn nur die sachlich *und* örtlich zuständige Behörde hat die Befugnis zur Beteiligung nach § 403 AO.

43 **Im gerichtlichen Strafverfahren** sind Prozesserklärungen einer örtlich unzuständigen FinB ebenso unwirksam wie Erklärungen eines Verteidigers ohne Vollmacht (s. dazu Rn. 49 f. zu § 392). Den Antrag einer örtlich unzuständigen FinB auf Erlass eines Strafbefehls (§ 400 AO) muss der Strafrichter zurückweisen; § 408 II 1 StPO ist nicht anzuwenden. Wird der Strafbefehl gleichwohl erlassen, weil der Strafrichter den Mangel der örtlichen Zuständigkeit der FinB übersieht, erlangt er die Wirkung eines rechtskräftigen Urteils, wenn nicht der Beschuldigte rechtzeitig Einspruch erhebt (§ 410 StPO). Erhebt der Beschuldigte rechtzeitig Einspruch, wird zur Hauptverhandlung geschritten, falls nicht die StA bis zum Beginn der Hauptverhandlung die Klage fallen lässt (§ 411 I StPO). Lässt die StA die Klage nicht fallen und wird der Mangel der örtlichen Zuständigkeit der FinB erst in der Hauptverhandlung oder im Rechtsmittelverfahren erkannt, hat dies auf den Fortgang des Verfahrens keinen Einfluss mehr. Eine Rüge der örtlichen Zuständigkeit der FinB müsste innerhalb aller Abschnitte des gerichtlichen Strafverfahrens zurückgewiesen werden (glA *Bender/Möller/Retemeyer* D II Rn. 69; HHSp-*Rüping* 41 u. Kohlmann/*Hilgers-Klautzsch* 78 zu § 388).

44 **Unabhängig von den Folgen der Amtshandlung(en) einer örtlich unzuständigen Finanzbehörde** ist die Frage zu beurteilen, ob der Amtsträger einer nach § 388 AO zuständigen Behörde im Bezirk einer anderen FinB tätig werden darf. Die Frage ist zu bejahen. Die für die Strafverfolgung in einer bestimmten Sache örtlich zuständige FinB kann – wie die StA – Ermittlungen nicht nur in ihrem Bezirk durchführen, sondern im gesamten Geltungsbereich des Gesetzes Amtshandlungen vornehmen, die ihr zur Verfolgung notwendig erscheinen (einhM, vgl. *Kissel/Mayer* 4, LR-*Boll* 5 zu § 143 GVG; KK-StPO/*Schmid/Schoreit* GVG § 143 Rn. 2; *Meyer-Goßner* GVG § 143 Rn. 1; Kohlmann/*Hilgers-Klautzsch* 79 zu § 388, ausf. *Loh* MDR 1970, 812). Dies gilt auch bei der Einschaltung von Gerichten in die Ermittlungen, wie zB bei Beschlagnahme, Durchsuchung oder Haftbefehl. Die StA ist in diesem Rahmen auch rechtsmittelberechtigt. Erst mit Eröffnung des Hauptverfahrens ist nur noch die StA bei dem Gericht handlungsberechtigt, bei dem eröffnet wurde (*Kissel/Mayer* 4 zu § 143 GVG mwN).

§ 389 Zusammenhängende Strafsachen

[1] Für zusammenhängende Strafsachen, die einzeln nach § 388 zur Zuständigkeit verschiedener Finanzbehörden gehören würden, ist jede dieser Finanzbehörden zuständig. [2] § 3 der Strafprozessordnung gilt entsprechend.

Vgl. § 38 OWiG; § 13 StPO.

Übersicht

1. Entstehungsgeschichte

§ 389 AO 1977 entspricht **§ 424 RAO** idF des Art. 1 Nr. 1 AOStrafÄndG v. 10.8.1967 (BGBl. I 877) mit dem Unterschied, dass der Begriff *„Finanzämter“* durch *„Finanzbehörden“* ersetzt worden ist (Begr. BT-Drs. V/1812 S. 30 f.). § 424 RAO 1967 geht auf **§ 428 III 1 RAO 1931,** dieser auf **§ 393 III 1 RAO 1919** zurück. 1

2. Zweck und Anwendungsbereich

§ 389 AO erweitert die örtliche Zuständigkeit einer FinB für die Steuerstrafsache eines Beschuldigten auf eine oder mehrere persönlich oder sachlich damit zusammenhängende Steuerstrafsachen, für die nach § 388 AO eine andere FinB örtlich zuständig wäre. Die Vorschrift dient der Prozessökonomie; sie ermöglicht die Konzentration der Ermittlungen mehrerer Steuerstraftaten *eines* Beschuldigten wegen eines sog. *persönlichen* Zusammenhangs (Rn. 7 f.) oder der Ermittlungen gegen *alle* an einer Steuerstraftat Beteiligten wegen eines sog. *sachlichen* Zusammenhangs (Rn. 9 ff.) oder auch dann, wenn mehrere Personen oder mehrere Zuwiderhandlungen in einem persönlichen und sachlichen Zusammenhang stehen, sog. *kombinierter* Zusammenhang (Rn. 12). In solchen Fällen würde das nebeneinander Tätigwerden mehrerer FinBn die Ermittlungen erheblich erschweren, aber auch die Gefahr divergierender Entscheidungen hervorrufen, etwa in bezug auf Einstellungen des Strafverfahrens oder infolge unterschiedlicher Strafbefehlsanträge. 2

Der Anwendungsbereich des § 389 AO umfasst außer zusammenhängenden Steuerstraftaten und nichtsteuerlichen Vermögensstraftaten iS des § 385 II AO gem. § 410 I Nr. 1 AO auch Steuerordnungswidrigkeiten, und zwar nicht nur im Verhältnis untereinander, sondern auch bei einem gemischten Zusammenhang mit Steuerstraftaten. Darüber hinaus bewirkt die Verweisung in § 128 BranntwMonG und die Regelung des § 12 II FVG, dass auch die mit einer Steuerstraftat oder Steuerordnungswidrigkeit zusammenhängenden Monopolstraftaten und Monopolordnungswidrigkeiten sowie Ordnungswidrigkeiten nach § 24 BierStG in die örtliche Zuständigkeit eines HZA fallen, das für Zuwiderhandlungen gegen Zoll- und Verbrauchsteuergesetze örtlich zuständig ist. Für die FÄ wird der Anwendungsbereich namentlich durch die in Rn. 4 zu § 388 angeführten Verweisungsvorschriften erweitert. 3

Die Anwendung des § 389 AO setzt voraus, dass die beteiligten FinBn für *sämtliche* zusammenhängenden Zuwiderhandlungen *sachlich* zuständig sind (§ 387). Diese Voraussetzung verhindert, dass ein für Besitz- und Verkehrsteuern zuständiges FA (vgl. §§ 2, 17 II 4

FVG) auch für Zoll- und Verbrauchsteuerstraftaten eines Beschuldigten zuständig ist oder umgekehrt ein HZA (vgl. §§ 1, 12 II FVG) die mit einer Schmuggeltat zusammenhängende ESt-Hinterziehung eines Beschuldigten verfolgen kann. Nur die StA kann, wenn sie das Ermittlungsverfahren übernimmt, solche Fälle gem. § 2 oder § 13 StPO verbinden (*Bender/Möller/Retemeyer* D II Rn. 71; HHSp-*Rüping* 8 u. Kohlmann/*Hilgers-Klautzsch* 11 zu § 389); vgl. ferner § 4 StPO.

5 **Im Vergleich zu § 3 StPO** ist die Wirkung des § 389 AO beschränkt auf die Konzentration der Befugnisse, welche den FinBn im Straf- oder Bußgeldverfahren wegen Zuwiderhandlungen gegen Abgabengesetze zustehen. Auf den *Gerichtsstand* und die gem. § 143 I GVG hiervon abgeleitete *örtliche Zuständigkeit der StA* hat § 389 AO keinen Einfluss; hierfür gilt allein § 3 StPO. Eine dem § 389 AO wörtlich entsprechende Vorschrift enthält **§ 38 OWiG** für die Verfolgung zusammenhängender nichtsteuerlicher Ordnungswidrigkeiten durch eine sachlich zuständige Verwaltungsbehörde.

3. Begriff des Zusammenhangs

6 Der Begriff des Zusammenhangs richtet sich gem. § 389 S. 2 AO nach:

§ 3 StPO [Begriff des Zusammenhangs]

Ein Zusammenhang ist vorhanden, wenn eine Person mehrerer Straftaten beschuldigt wird oder wenn bei einer Tat mehrere Personen als Täter, Teilnehmer oder der Begünstigung, Strafvereitelung oder Hehlerei beschuldigt werden.

Für den Begriff (und damit für die zuständigkeitserweiternde Wirkung) eines Zusammenhangs ist unerheblich, welches Gewicht der Teilakt hat, der die Einzelzuständigkeit begründet (HHSp-*Rüping* 20, Kohlmann/*Hilgers-Klautzsch* 26, Schwarz/Pahlke/*Dumke* 8 zu § 389 AO).

7 **a) Persönlicher Zusammenhang.** Ein persönlicher Zusammenhang besteht, wenn eine Person mehrerer Steuerstraftaten (§ 369 I, § 385 II AO) und/oder Steuerordnungswidrigkeiten (§ 377 I AO) beschuldigt wird. Die jeweiligen Zuwiderhandlungen brauchen keine sachlichen Berührungspunkte zu haben, wie zB Beihilfe zur Hinterziehung von betrieblichen Steuern am Beschäftigungsort und eigene Hinterziehung von GrESt am Wohnort. Es kommt auch hier auf den prozessualen Tatbegriff an, also den Vorwurf mehrerer prozessual selbstständiger Steuerstraftaten (vgl. Rn. 13 zu § 386). Bei mehreren zwar materiell selbstständigen Taten, die aber prozessual eine Einheit bilden, folgt die Zuständigkeit bereits aus § 388 AO, ohne dass es einer Verbindung nach § 389 AO bedarf (HHSp-*Rüping* 14, Kohlmann/*Hilgers-Klautzsch* 16 zu § 389; *Suhr/Naumann/Bilsdorfer* Rz. 624).

8 Für die gemeinschaftliche Beurteilung mehrerer Taten, die jemand **teils als Jugendlicher** (oder Heranwachsender) und **teils als Erwachsener** begangen hat, sind die Jugendgerichte zuständig (BGH 15.12.1955, BGHSt 8, 349, 351 ff.). Aus diesem Grunde ist die nach § 389 AO für die Ermittlung beider Taten zuständige FinB mit Rücksicht auf § 79 I JGG nicht in der Lage, gem § 400 AO einen Strafbefehl wegen derjenigen Steuerstraftat zu beantragen, die der Beschuldigte als Erwachsener begangen hat (ebenso HHSp-*Rüping* 15 zu § 389).

9 **b) Sachlicher Zusammenhang.** Ein sachlicher Zusammenhang besteht, wenn bei einer Straftat mehrere Personen als Täter, Teilnehmer (Anstifter oder Gehilfen) oder wegen Begünstigung oder Hehlerei beschuldigt werden. Dabei ist die *Tat* nicht iS des sachlichen Strafrechts zu verstehen (aM BGH 10.1.1958, BGHSt 11, 130, 132 ff.; *Eb. Schmidt* II 5 zu § 3 StPO aF; *Behrendt* ZStW 94, 888, 909 ff.), sondern ebenso wie in § 264 StPO als verfahrensrechtlicher Begriff (ausf. LR-*Erb* 4, zu § 3 StPO nF; KK-StPO/*Fischer* StPO § 3 Rn. 2 f.; *Meyer-Goßner* StPO § 3 Rn. 3; *Kleinknecht* MDR 1958, 357 zu § 3 StPOaF, HHSp-*Rüping* 16, Kohlmann/*Hilgers-Klautzsch* 16 zu § 389 AO sowie Göhler/*Gürtler* OWiG § 38 Rn. 5 iVm Göhler/*Seitz* OWiG vor § 59 Rn. 50 ff.). Hiernach kommt es also nicht darauf an, ob mehrere Personen an einer oder mehreren *rechtlich selbstständigen*

Straftaten iS des § 53 StGB beteiligt sind, sondern darauf, ob ihr Verhalten (vgl. BGH 25.8.1987, NStZ 1987, 569) *denselben geschichtlichen Vorgang* betrifft. Dabei bedeutet dieses Erfordernis nicht mehr als die Mitverantwortlichkeit für die den anderen Beteiligten vorgeworfenen oder nachgewiesenen rechtlichen Erfolge, wenn auch nicht notwendig in demselben Umfang und unter denselben rechtlichen Gesichtspunkten (RG 16.10.1930, RGSt 64, 377, 379; BGH 25.8.1987, NStZ 1987, 569). Dieses Ergebnis folgt aus der verfahrensrechtlichen Funktion und aus der Systematik des Gesetzes; denn sowohl beim persönlichen (Rn. 7) als auch beim sachlichen Zusammenhang zwischen einer Straftat und einer anschließend begangenen Begünstigung oder Hehlerei liegen *stets* mehrere rechtlich selbstständige Straftaten vor. Zu beachten ist hierbei, dass eine Verbindung nach § 389 AO von Sachhehlerei (§ 259 StGB) oder Strafvereitelung (§ 258 StGB) als keine Steuerstraftaten (vgl. Rn. 12 zu § 369) ausgeschlossen ist. Dies zum einen wegen der nur entsprechenden Anwendung des § 3 StPO im Steuerstrafverfahrensrecht (HHSp-*Rüping,* 18, Schwarz/Pahlke/*Dumke* 9 zu § 389 AO) und zum anderen, weil es sich bei diesen Delikten nicht um solche handelt, die bereits der Zuständigkeit einer FinB unterfallen (RK-*Kemper* 9 zu § 389 AO). In Betracht kommen nur Steuerhehlerei (§ 374 AO) und die Begünstigung von Steuerstraftaten, Bannbruch und Steuerzeichenfälschung (§ 369 I Nr. 4 AO).

Mehrere Täter brauchen nicht Mittäter iS des § 25 II StGB zu sein; Nebentäterschaft **10**
genügt (RG 4.2.1910, RGSt 43, 293, 296). Nebentäter sind Täter, die denselben Erfolg anstreben oder erreichen, ohne dass sie bewusst zusammenwirken, zB zwei Prokuristen, die unabhängig voneinander – jeder auf seinem Arbeitsgebiet – dieselbe Steuer zum Vorteil desselben Unternehmers verkürzen. Sachlicher Zusammenhang erfordert jedoch, dass mehrere Personen zu der *nämlichen* Tat beigetragen haben; eine bloße Gleichartigkeit der Handlungen oder die Identität des verletzten Rechtsgutes genügen nicht (RGSt 42, 133 f. für den Fall der Beleidigung derselben Person durch verschiedene Zeitungen). Daher besteht kein Zusammenhang, wenn innerhalb desselben Unternehmens der Prokurist A die USt bis 1998 und der Prokurist B die USt ab 1999 verkürzt hat.

Teilnehmer iS des § 3 StPO ist jeder, der in strafbarer Weise bei dem geschichtlichen **11**
Vorgang der Tat (Rn. 9) *in derselben Richtung* wie der Täter mitgewirkt hat (RG 3.6.1937, RGSt 71, 251, 252). Bei **Begünstigung** oder **Strafvereitelung** ergibt sich ein sachlicher Zusammenhang auch dann noch, wenn die jeweilige Straftat erst während des Strafverfahrens gegen den Täter begangen wird, zB durch Meineid (BGHSt 18, 238; *Meyer-Goßner* StPO § 3 Rn. 3).

c) Kombinierter Zusammenhang. Der kombinierte Zusammenhang, den das Gesetz **12**
nicht erwähnt, genügt ebenfalls für eine einheitliche Zuständigkeit (HHSp-*Rüping* 19, Kohlmann/*Hilgers-Klautzsch* 25 zu § 389; *Meyer-Goßner* StPO § 3 Rn. 4). Hat zB der Unternehmer A USt hinterzogen, der Prokurist B hierzu Begünstigung geleistet und unabhängig davon in eigener Sache ESt verkürzt, so ist gem. § 389 AO iVm § 3 StPO das für das Strafverfahren gegen A und B wegen sachlichen Zusammenhangs zuständige FA wegen des unmittelbaren persönlichen Zusammenhangs auch für das Strafverfahren gegen B wegen ESt-Hinterziehung örtlich zuständig.

4. Auflösung des Zusammenhangs

Für das Ermittlungsverfahren erlischt die Zuständigkeit, wenn der zuständigkeits- **13**
begründende Zusammenhang, zB durch Wohnsitzwechsel eines Mitbeschuldigten, wegfällt (BGH 20.12.1961, BGHSt 16, 391, 393; zust. HHSp-*Rüping* 21 u. Kohlmann/*Hilgers-Klautzsch* 28 zu § 389; LR-*Erb* 9 zu § 13 StPO u. KK-StPO/*Fischer* StPO § 13 Rn. 1).

Die Zuständigkeit des Gerichts bleibt bestehen, wenn sich der Zusammenhang **14**
auflöst, nachdem die Sache durch einen Strafbefehlsantrag oder einen Antrag auf Eröffnung des Hauptverfahrens bei Gericht anhängig geworden ist (HHSp-*Rüping* 21, Kohlmann/*Hilgers-Klautzsch* 29, Schwarz/Pahlke/*Dumke* 4 zu § 389 AO; vgl. BGH aaO [Rn. 13] sowie OLG München 21.6.1968, NJW 1969, 148); für den Fall, dass derjenige Mitange-

klagte, dessen Wohnsitz die Zuständigkeit kraft Zusammenhangs begründet hat, vor Eröffnung des Hauptverfahrens stirbt und zutreffend auf die Befassung des Gerichts abstellend BGH aaO (Rn. 13) sowie OLG Zweibrücken 24.11.1978, NJW 1979, 827.

5. Mängel der Zuständigkeit

15 Verfahrensverstöße berühren auch bei der Zusammenfassung mehrerer Taten nur das Verfahren, in dem sie stattfanden (BGH 4.12.1985, NJW 1986, 1999, 2000). Bei Verstößen gegen eine nach § 389 AO begründete Zuständigkeit gilt daher dasselbe wie bei Verstößen gegen § 388 AO (vgl. insoweit Rn. 40 ff. zu § 388).

§ 390 Mehrfache Zuständigkeit

(1) Sind nach den §§ 387 bis 389 mehrere Finanzbehörden zuständig, so gebührt der Vorzug der Finanzbehörde, die wegen der Tat zuerst ein Strafverfahren eingeleitet hat.

(2) [1] Auf Ersuchen dieser Finanzbehörde hat eine andere zuständige Finanzbehörde die Strafsache zu übernehmen, wenn dies für die Ermittlungen sachdienlich erscheint. [2] In Zweifelsfällen entscheidet die Behörde, der die ersuchte Finanzbehörde untersteht.

Vgl. § 12 StPO, § 39 OWiG; § 3 II 1 VwVfG.

Übersicht

1. Entstehungsgeschichte

Der Wortlaut des **§ 390 AO 1977** unterscheidet sich von **§ 425 RAO 1967** (Begr. BT-Drs. V/1812 S. 31) nur durch den Wechsel der Ausdrücke *„Finanzbehörde"* statt *„Finanzamt"* und *„Behörde"* statt *„Oberfinanzdirektion"* (in Begr. nicht erwähnt, s. BT-Drs. VI/1982 S. 198). Die vorher geltenden Vorschriften des **§ 428 II, III 2 RAO 1931 = § 393 II, III 2 RAO 1919** hatten im Wesentlichen denselben Inhalt, jedoch konnte die *„gemeinschaftlich vorgesetzte obere Behörde"* über die Zuständigkeit entscheiden, wenn mehrere FÄ *örtlich* zuständig waren. 1

2. Zweck und Anwendungsbereich

§ 390 AO regelt, welche von mehreren *sachlich* zuständigen oder mehreren *örtlich* zuständigen Finanzbehörden im Einzelfall die Aufgaben wahrnehmen und die Befugnisse ausüben soll, die das Gesetz in den §§ 386, 395, 399–403, 406 u. 407 AO für das Steuerstrafverfahren der *„Finanzbehörde"* übertragen hat. Die Regelung zielt darauf ab, dass faktisch nur noch *eine* FinB zuständig sein soll, sobald das Nebeneinander laufender Ermittlungsverfahren mehrerer konkurrierender FinBn erkannt worden ist (glA Kohlmann/*Hilgers-Klautzsch* 3, Schwarz/Pahlke/*Dumke* 5 zu § 390 AO). Die Regelung des § 390 AO hat zur Folge, dass die sonst gleichermaßen zuständigen FinBn aus ihrer Zuständigkeit konkret verdrängt werden, diese aber nur ruht und nicht erloschen ist, also latent bestehen bleibt, da sie nach § 390 II AO wiederaufleben kann (HHSp-*Rüping* 3 zu § 390; Erbs/Kohlhaas/*Hadamitzky/Senge* AO § 390 Rn. 1; *Suhr/Naumann/Bilsdorfer* Rn. 626). 2

Ausgedehnt wird der Anwendungsbereich des § 390 AO aufgrund § 410 I Nr. 1 AO auf Fälle der sachlichen oder örtlichen Zuständigkeit mehrerer FinBn in Bußgeldverfahren wegen Steuerordnungswidrigkeiten sowie durch die Verweisung des § 128 BranntwMonG u. des § 164 S. 2 StBerG sowie die Regelung in § 12 II FVG; vgl. darüber hinaus die in Rn. 4 zu § 388 angeführten Verweisungsvorschriften. 3

3. Zuständigkeit mehrerer Finanzbehörden

Im Verhältnis zwischen Bundes- und Landesfinanzbehörden kann eine mehrfache sachliche Zuständigkeit kaum auftreten, da § 387 AO an die Zuständigkeit für die betroffe- 4 ne Steuer anknüpft und die Verwaltungshoheit für die verschiedenen Steuerarten klar gegeneinander abgegrenzt ist (Art. 108 I, II GG; §§ 5, 12, 17 FVG); dies gilt auch für besonders geregelte Fälle der Mitwirkung von Bundesfinanzbehörden an der Tätigkeit der Landesfinanzbehörden (§§ 18, 19 FVG). Denkbar ist eine mehrfache sachliche Zuständigkeit eines FA und eines HZA, wenn dieselbe Person unbefugte Hilfeleistung sowohl in Besitz- und Verkehrsteuersachen wie in Zoll- und Verbrauchsteuersachen begangen hat (vgl. §§ 160, 164 S. 2 StBerG).

5 **Im Verhältnis der Bundesfinanzbehörden untereinander** können Konkurrenzsituationen zwischen allen Hauptzollämtern auftreten, die nach § 387 I AO zuständig sind oder auf die Steuerstraf- und -bußgeldsachen nach § 387 II AO iVm HZAZustV v. 16.2.2007 (BGBl. I 202) idF v. 21.12.2008 (BGBl. I 2933) konzentriert sind. Dasselbe gilt im **Verhältnis der Landesfinanzbehörden untereinander** in bezug auf die zuständigen FÄ (Rn. 5 zu § 387 AO). Unter mehreren sachlich zuständigen FinBn richtet sich die Zuständigkeit im Einzelfall zunächst nach den Vorschriften der §§ 388, 389 AO über die örtliche Zuständigkeit.

6 **Im Verhältnis zwischen einem Hauptzollamt und einem Zollfahndungsamt** bzw. zwischen einem **Finanzamt** und der mit der **Steuerfahndung** betrauten Dienststelle einer (anderen) Landesfinanzbehörde treffen die Zuständigkeiten mehrerer FinBn für dieselbe Sache regelmäßig zusammen, solange nach dem Stand des Straf- oder Bußgeldverfahrens die Ausübung der Befugnisse nach § 404 AO infrage steht. Diese Konkurrenzverhältnisse müssen gem. § 390 AO zugunsten der einen oder der anderen Behörde gelöst werden.

7 **Eine mehrfache örtliche Zuständigkeit** kann im Rahmen derselben sachlichen Zuständigkeit nach § 388 AO begründet sein, wenn der Tatort, der Entdeckungsort, der Sitz der für die Abgabenangelegenheit zuständigen FinB oder der Wohnsitz oder gewöhnliche Aufenthalt des Täters in den Bezirken verschiedener FinBn liegen, von denen jede sachlich zuständig ist, aber auch bei mehreren gleichartigen Taten, die infolge des Wegfalls der Rechtsfigur des Fortsetzungszusammenhanges (BGHGrS 3.5.1994, NJW 1994, 1663) nicht mehr als eine fortgesetzte Handlung, sondern als mehrere in Tatmehrheit (§ 53 StGB) zueinander stehende Steuerstraftaten zu behandeln sind (vgl. Rn. 14 zu § 388). Darüber hinaus erweitert § 389 AO die örtliche Zuständigkeit einer FinB für eine Steuerstraf- oder -bußgeldsache auf andere Steuerstraf- oder -bußgeldsachen bei einem persönlichen oder sachlichen Zusammenhang (Rn. 7 ff. zu § 389).

4. Grundsatz der Priorität

8 **Nach dem Vorbild des § 121 StPO** bestimmt § 390 I AO, dass unter mehreren zuständigen FinBn *derjenigen Finanzbehörde der Vorzug gebührt,* die wegen der Tat *zuerst ein Strafverfahren eingeleitet hat.* Nach der Begriffsbestimmung des § 397 I AO, die für das ganze Steuerstrafverfahren gilt, ist das Strafverfahren eingeleitet, sobald die FinB, die Polizei, die StA, einer ihrer Ermittlungspersonen oder der Strafrichter eine Maßnahme trifft, die erkennbar darauf abzielt, gegen jemanden wegen einer Steuerstraftat strafrechtlich vorzugehen. Die Einleitung des Strafverfahrens ist weder iS des § 397 AO noch iS des § 390 AO davon abhängig, dass bereits eine bestimmte Person in Verdacht steht (glA HHSp-*Rüping* 11, Kohlmann/*Hilgers-Klautzsch* 19 zu § 390; Erbs/Kohlhaas/*Hadamitzky*/*Senge* AO § 390 Rn. 1; ausf. s. Rn. 44 zu § 397).

9 Haben mehrere zuständige FinBn unabhängig voneinander wegen derselben Tat mehrere Strafverfahren zu verschiedenen Zeitpunkten eingeleitet, lässt sich die Vorzugszuständigkeit anhand der Akten leicht feststellen, weil jede FinB nach § 397 II AO verpflichtet ist, die jeweilige Maßnahme, durch die das Strafverfahren eingeleitet ist, unter Angabe des Zeitpunktes unverzüglich zu vermerken. Über die theoretische Möglichkeit, den Inhalt des Vermerks zu widerlegen, und das weitere Verfahren ausf. Kohlmann/*Hilgers-Klautzsch* 13 zu § 390.

10 **Zweifel an der Priorität** können sich ergeben, wenn eines der bei mehreren FinBn wegen derselben Tat anhängigen Strafverfahren *von einer anderen Stelle* (Polizei, StA, Straf-

richter) *eingeleitet* worden ist. Nach dem Wortlaut des § 390 AO kommt es nicht darauf an, wann eine FinB von einer anderen verfahrenseinleitenden Stelle die Akten erhalten hat und dadurch mit der Sache befasst worden ist; maßgebend ist vielmehr, wann die FinB den ersten Schritt unternommen hat, um selbst gegen den Beschuldigten strafrechtlich vorzugehen (zust. Kohlmann/*Hilgers-Klautzsch* 14 zu § 390). Hat zB das für die Abgabenangelegenheit zuständige Finanzamt A am 31. Mai von sich aus das Strafverfahren eingeleitet und das Wohnsitz-Finanzamt B am 3. Juni die Akten über ein von der Kripo am Tatort C bereits am 28. Mai eingeleitetes Strafverfahren erhalten, so gebührt der Vorzug dem Finanzamt A, weil die Behörde in B am 31. Mai noch nicht tätig geworden war. Diese wörtliche Auslegung des § 390 I AO ist auch sachgerecht; Zweckmäßigkeitserwägungen können gem. § 390 II AO berücksichtigt werden.

Anstelle der Einleitung des Strafverfahrens ist bei entsprechender Anwendung des § 390 AO gem. § 410 I Nr. 1 AO die **Einleitung des Bußgeldverfahrens** maßgebend, derentwegen § 410 I Nr. 6 AO wiederum auf § 397 AO verweist. Die Regelung der Vorzugszuständigkeit unterscheidet also nicht, ob wegen einer Steuerstraftat das Strafverfahren oder wegen einer Steuerordnungswidrigkeit das Bußgeldverfahren eingeleitet worden ist (aM HHSp-*Rüping* 9 zu § 390; Koch/Scholtz/*Scheurmann-Kettner* 2, Kohlmann/*Hilgers/Klautzsch* 15 zu § 390; Erbs/Kohlhaas/*Hadamitzky/Senge* AO § 390 Rn. 1; *Suhr/Naumann/Bilsdorfer* Rn. 626, die alle auf den Zeitpunkt der Überleitung des Bußgeld- ins Strafverfahren abstellen wollen). Vielmehr ist entgegen der im Schrifttum bisher vertretenen Meinung für die Priorität entscheidend, zu welchem Zeitpunkt die konkurrierenden FinBn *wegen der Tat* iS eines geschichtlichen Vorgangs ein *Straf- oder ein Bußgeldverfahren* eingeleitet haben. Auf die rechtliche Würdigung der Tat, die zu Beginn der Ermittlungen besonders in subjektiver Hinsicht noch unsicher ist, kann es nicht ankommen. Hat zB das für die Abgabenangelegenheit zuständige Finanzamt A am 31. Mai das Strafverfahren wegen einer Tat eingeleitet, die den Verdacht einer Steuerhinterziehung iS des § 370 AO hervorgerufen hatte, das Wohnsitz-Finanzamt B jedoch wegen derselben Tat bereits am 30. April das Bußgeldverfahren eingeleitet, weil es den Verdacht einer leichtfertigen Steuerverkürzung iS des § 378 AO hatte, so gebührt der Vorzug dem Finanzamt B. Würde man das Wort *„Strafverfahren"* in § 390 I AO nicht von vornherein mit Rücksicht auf § 410 I Nr. 1 u. 6 AO als *„Straf- oder Bußgeldverfahren"* verstehen, so fehlte eine Vorschrift über die Vorzugszuständigkeit bei unterschiedlicher rechtlicher Würdigung derselben Tat durch verschiedene FinBn; diese Gesetzeslücke müsste dann mit demselben Ergebnis durch analoge Anwendung des § 390 I AO geschlossen werden. 11

Die Bedeutung des § 390 AO tritt deutlich zu Tage, wenn eine Tat an der Grenze zwischen Steuerhinterziehung – Straftat nach § 370 AO – und leichtfertiger Steuerverkürzung – Ordnungswidrigkeit nach § 378 AO – liegt. Bei mehrfacher Zuständigkeit obliegt die rechtliche Würdigung des ermittelten Sachverhalts derjenigen FinB, der nach § 390 AO der Vorzug gebührt. Erachtet *diese* FinB nur eine leichtfertige Steuerverkürzung für gegeben oder beweisbar, ahndet sie die Tat gem. § 410 I AO iVm §§ 65, 66 OWiG durch Bußgeldbescheid. Würdigt sie die Tat dagegen als Steuerhinterziehung, kann sie gem. § 400 AO unmittelbar beim Amtsgericht den Erlass eines Strafbefehls beantragen oder die Strafsache an die StA abgeben. Ähnlich bedeutsame Entscheidungen trifft die FinB, der nach § 390 AO der Vorzug gebührt, wenn bei einer Steuerstraftat eine Einstellung des Strafverfahrens nach § 398 AO oder nach § 399 I AO iVm § 153 II StPO oder bei einer Steuerordnungswidrigkeit eine Einstellung des Bußgeldverfahrens nach § 410 I AO iVm § 471 OWiG in Frage steht. 12

5. Übernahme durch eine andere Finanzbehörde

Ein Abweichen vom Prinzip der Priorität ermöglicht § 390 II 1 AO. Wenn es für die Ermittlungen sachdienlich erscheint, hat anstelle der FinB, die wegen der Tat zuerst ein Strafverfahren eingeleitet hat, eine andere zuständige FinB die Strafsache zu übernehmen 13 (vgl. auch § 12 II StPO u. § 39 II OWiG). Ein starres Festhalten am Prioritätsprinzip wäre nicht immer zweckmäßig, namentlich dann nicht, wenn der „erste Zugriff" *zufällig* durch eine FinB erfolgt, die der Tat oder dem Täter *fernliegt.* Hat zB das FA Leverkusen bei einer Außenprüfung der Firma A Belege beschlagnahmt, die eine Steuerhinterziehung der Firma B in Nürnberg beweisen, wäre es unzweckmäßig, wenn die weiteren Ermittlungen gegen die Firma B von Leverkusen aus geführt werden müssten.

14 **Voraussetzung eines Übernahmeersuchens** an eine andere zuständige FinB ist, dass die Übertragung der Zuständigkeit für die Ermittlungen *sachdienlich erscheint.* Ob eine Übernahme durch die andere FinB wirklich sachdienlich *ist,* kann mit Gewissheit erst nach Abschluss der Ermittlungen beurteilt werden. Für ein Übernahmeersuchen nach § 390 II 1 AO genügt, dass bestimmte Umstände die Annahme begründen, dass die ersuchte FinB das Ziel des Ermittlungsverfahrens (Bestätigung oder Beseitigung des Tatverdachts) schneller oder mit einem geringeren Aufwand erreichen kann; dabei sind auch die Belange des Beschuldigten angemessen zu berücksichtigen.

15 **Aus der Stellung des § 390 AO** im 1. Unterabschnitt *(„Allgemeine Vorschriften")* des 3. Abschnitts *(„Strafverfahren")* folgt, dass ein Übernahmeersuchen nicht ausgeschlossen ist, wenn das *Strafverfahren bereits von der StA geführt wird oder bei Gericht anhängig* ist, falls sich noch weitere Ermittlungen als erforderlich erweisen. Je weiter jedoch das Strafverfahren vorangeschritten ist, umso weniger wird es sachdienlich erscheinen, die Zuständigkeit wegen ergänzender Ermittlungen auf eine FinB zu übertragen, die sich erst in die Strafsache einarbeiten muss. Ein Übernahmeersuchen lediglich zu dem Zweck, einer anderen FinB die Vertretung in der Hauptverhandlung gem. § 407 AO zu übertragen, wäre nicht zulässig.

16 **Die ersuchte Finanzbehörde ist zur Übernahme der Strafsache verpflichtet,** wenn die Voraussetzungen des Übernahmeersuchens (Rn. 14 f.) vorliegen; arg.: *„hat zu übernehmen".* Die Übernahmeverpflichtung besteht jedoch nur gegenüber der ersuchenden FinB, nicht auch gegenüber dem Beschuldigten. Zwar dient eine möglichst schnelle und sachgerechte Klärung des Tatverdachts auch den Belangen des Beschuldigten. Insofern entfaltet § 390 II 1 AO aber nur eine Reflexwirkung. Das Gesetz gewährt dem Beschuldigten keinen Anspruch darauf, dass die nach § 390 I AO zuständige FinB eine andere FinB um Übernahme der Strafsache ersucht oder dass die ersuchte Behörde dem Ersuchen entspricht, so sehr auch der Beschuldigte daran interessiert sein mag, dass eine bestimmte FinB die Strafsache abgibt oder übernimmt (Rn. 12). Rechtlich ist der Beschuldigte auf Anregungen an die beteiligten Behörden beschränkt; ferner kann er – wie stets – ein aus seiner Sicht zweckwidriges Verhalten einer Behörde mit der Dienstaufsichtsbeschwerde rügen. Ein förmlicher Rechtsbehelf ist nicht gegeben (glA Klein/*Jäger* AO § 390 Rn. 4; Kohlmann/*Hilgers*-Klautzsch 32 zu § 390).

17 **Übernimmt die ersuchte FinB die Strafsache,** geht die Zuständigkeit auf sie über. Die (Vorrang-)Zuständigkeit der ersuchenden FinB erlischt. Die ersuchte FinB ist von der Übernahme an allein zuständig; sie kann nicht etwa ihrerseits eine andere FinB um die Übernahme ersuchen oder die Sache an die ursprünglich zuständige FinB wieder zurückgeben. Das Gesetz beschränkt den möglichen Zuständigkeitswechsel auf den Fall des Vorrangverzichts (HHSp-*Rüping* 15, Kohlmann/*Hilgers-Klautzsch* 24, RK-*Kemper* 15, Erbs/Kohlhaas/*Hadamitzky*/*Senge* 2, aM Schwarz/Pahlke/*Dumke* 11 zu § 390 AO bei primärer Zuständigkeit der ersuchten Behörde). Indessen ist die ersuchte FinB nicht gehindert, die Strafsache nach § 386 IV 1 AO an die StA abzugeben (*Rüping* aaO; Kohlmann/*Hilgers-Klautzsch* aaO).

6. Verfahren bei Zuständigkeitsstreit

18 **Das Verfahren bei einem negativen Kompetenzkonflikt** regelt § 390 II 2 AO. Im Sinne dieser Vorschrift liegt ein *Zweifelsfall* immer dann vor, wenn eine nach § 390 II 1 AO ersuchte FinB die Übernahme der Strafsache ablehnt und die ersuchende FinB auf der Übernahme beharrt. Die Vorschrift erfordert nicht, dass die Voraussetzungen einer Über-

nahme *objektiv* zweifelhaft sind; es genügt, dass die beteiligten Behörden sich nicht einigen können, sei es aus sachlichen oder unsachlichen, triftigen oder vorgeschützten Beweggründen.

Zuständig für die Entscheidung von Zweifelsfällen (Rn. 18) ist nach § 390 II 2 AO die *Behörde, der die ersuchte Finanzbehörde untersteht.* Die frühere Bestimmung der *„gemeinschaftlich vorgesetzten oberen Behörde"* (vgl. § 428 II 2, III 2 RAO 1931) war wegen der föderativen Finanzverfassung (vgl. Art. 108 GG) für eine allgemeine Regelung nicht mehr brauchbar, und eine nur noch partiell innerhalb einer Landesfinanzverwaltung anzuwendende Regelung erschien nicht zweckmäßig; denn je weiter zwei zuständige FinBn voneinander entfernt sind, umso dringender ist das Bedürfnis für eine Stichentscheidung. Auch eine gerichtliche Entscheidung (vgl. § 13 II 2 StPO sowie § 39 III Nr. 2 u. 3 OWiG) wäre dem Prinzip der Prozessökonomie, dem § 390 II AO dienen soll, zuwidergelaufen, und zwar ohne zwingenden Grund, da die Zuständigkeit der einen oder der anderen FinB im Steuerstrafverfahren die Zuständigkeit des gesetzlichen Richters (Art. 101 1 2 GG) nicht präjudiziert. Die gesetzliche Übertragung der Stichentscheidung auf diejenige Behörde, der die *ersuchte* FinB untersteht, gewährleistet, dass keine FinB durch die Entscheidung einer „landesfremden" Behörde zur Übernahme einer Strafsache gezwungen werden kann. 19

Regelmäßig untersteht die ersuchte Finanzbehörde, sei sie Hauptzollamt oder Finanzamt, einer *Oberfinanzdirektion* (vgl. § 1 Nr. 3, § 2 I Nr. 2 FVG); nur das Bundeszentralamt für Steuern untersteht allein dem *Bundesministerium für Finanzen* (§ 1 Nr. 1 u. 2 iVm § 4 III u. § 5 FVG). § 390 II 2 AO schließt nicht aus, dass die zuständige OFD auf Weisung ihres vorgesetzten Finanzministers(-senators) entscheidet; solche Weisungen können sich auf bestimmte Gruppen von Fällen oder auf besonders gelagerte Einzelfälle beziehen. 20

Die Entscheidung der vorgesetzten Behörde ist unanfechtbar. Dies gilt für die beteiligten Behörden wie den Beschuldigten gleichermaßen (Kohlmann/*Hilgers-Klautzsch* 31 f. zu § 390). 21

§ 391 Zuständiges Gericht

(1) [1]Ist das Amtsgericht sachlich zuständig, so ist örtlich zuständig das Amtsgericht, in dessen Bezirk das Landgericht seinen Sitz hat. [2]Im vorbereitenden Verfahren gilt dies, unbeschadet einer weitergehenden Regelung nach § 58 Abs. 1 des Gerichtsverfassungsgesetzes, nur für die Zustimmung des Gerichts nach § 153 Abs. 1 und § 153a Abs. 1 der Strafprozessordnung.

(2) [1]Die Landesregierung kann durch Rechtsverordnung die Zuständigkeit abweichend von Absatz 1 Satz 1 regeln, soweit dies mit Rücksicht auf die Wirtschafts- oder Verkehrsverhältnisse, den Aufbau der Verwaltungsbehörden oder andere örtliche Bedürfnisse zweckmäßig erscheint. [2]Die Landesregierung kann diese Ermächtigung auf die Landesjustizverwaltung übertragen.

(3) Strafsachen wegen Steuerstraftaten sollen beim Amtsgericht einer bestimmten Abteilung zugewiesen werden.

(4) Die Absätze 1 bis 3 gelten auch, wenn das Verfahren nicht nur Steuerstraftaten zum Gegenstand hat; sie gelten jedoch nicht, wenn dieselbe Handlung eine Straftat nach dem Betäubungsmittelgesetz darstellt, und nicht für Steuerstraftaten, welche die Kraftfahrzeugsteuer betreffen.

Vgl. § 42 JGG, § 43 I AWG; ferner zu § 391 II AO: § 387 II AO, § 34 I MOG, § 58 I, § 74c III u. IV GVG, § 33 I JGG; zu § 391 III AO: § 4 II 2 FGO.

Schrifttum: *Meyer-Goßner,* Die Prüfung der funktionellen Zuständigkeit im Strafverfahren, insbesondere beim Landgericht, JR 1977, 353; *Rieß,* Das Strafverfahrensänderungsgesetz 1979, NJW 1978, 2265; *Katholnigg,* Die gerichtsverfassungsrechtlichen Änderungen durch das Strafverfahrensänderungsgesetz 1977, NJW 1978, 2375; *Brause,* Zur Zuständigkeit der allgemeinen und besonderen Strafkammern, NJW 1979, 802 mit Erwiderung von *Rieß* NJW 1979, 1536; *Henneberg,* Die Auswirkungen des Strafverfahrensänderungsgesetzes 1979 auf die Verfolgung von Steuerstrafsachen, BB 1979, 585. *Meyer-Goßner,* Die Behandlung von Zuständigkeitsstreitigkeiten zwischen allgemeinen und Spezialkammern beim Landgericht, NStZ 1981, 168; *Katholnigg,* Neue Verfahrensmaßnahmen in Betäubungsmittelstrafsachen, NStZ 1981, 417; *Kubsch,* Mitwirkung von Schöffen in Wirtschaftsstrafsachen, DRiZ 1984, 190; *Löffeler,* Zuständigkeit einer Wirtschaftsstrafkammer, JA 1987, 214; *Firgau,* Das Zusammentreffen von Wirtschafts- und Nichtwirtschaftsstraftaten gem. § 74c GVG, wistra 1988, 140; *Salditt,* Liechtenstein: Fragen und Argumente, PStR 2008, 84; *Bach,* Die LGT-Falle: Sitzt der gesetzliche Richter wirklich in Bochum?, PStR 2009, 70; *Römer,* Zur örtlichen Zuständigkeit der Wirtschaftsstrafkammer, StraFo 2009, 194; *Heerspink,* Die Ermittlungen zur Liechtenstein-Affäre, AO-StB 2009, 25.

Übersicht

1. Entstehungsgeschichte

1 **Vorläufer des § 391 AO 1977 war § 476a RAO,** eingefügt durch Art. I Nr. 8 G v. 11.5.1956 (BGBl. I 418; Begr. BT-Drs. II/1593, 5) und neu gefasst mit einer Überschrift

versehen und bezeichnet als § 426 durch Art. 1 Nr. 1 AOStrafÄndG v. 10.8.1967 (BGBl. I 877), § 426 I 1, II u. III RAO 1967 entsprach dem § 476a RAO 1956, die Vorschriften des § 426 I 2 u. 3 sowie IV RAO waren neu (Begr. BT-Drs. V/1812, 31). In § 426 I 2 RAO wurde das Zitat *„§ 153 Abs. 2"* StPO gem. Art. 161 Nr. 15 EGStGB v. 2.3.1974 (BGBl. I 469, 583) durch *„§ 153 Abs. 1 und § 153a Abs. 1"* StPO und in den Absätzen 3 u. 4 jeweils das Wort *„Steuerstraftat"* durch *„Steuervergehen"* ersetzt. § 426 II 1 RAO war mit dem GG vereinbar (BVerfG v. 12.1.1971, BGBl. I 257).

In die AO 1977 wurde die Vorschrift mit unverändertem Wortlaut übernommen. Durch Art. 5 **StVÄG 1979** v. 5.10.1978 (BGBl. I 1645) wurden in § 391 III AO die Worte *„beim Landgericht einer bestimmten Strafkammer"* gestrichen, weil fortan der neue § 74c I Nr. 3 GVG die Konzentration der Steuerstrafsachen bei den Kammern für Wirtschaftsstrafsachen regelte (Begr. BT-Drs. 8/976, 70); damit war § 476a RAO 1956 nach 20-jähriger Bewährung zum Vorbild für eine allgemeine Regelung geworden. Schließlich wurden durch Art. 5 **G zur Neuordnung des Betäubungsmittelrechts** v. 28.7.1981 (BGBl. I 681, 702) in § 391 IV Halbs. 2 AO nach den Worten *„sie gelten jedoch nicht"* die Worte eingefügt: *„wenn dieselbe Handlung eine Straftat nach dem Betäubungsmittelgesetz darstellt"*. In den Fällen des Zusammentreffens einer Steuerstraftat mit einer Straftat nach dem BtMG sollte eine Konzentration nach § 391 I 1 AO unterbleiben oder jedenfalls der Regelungskompetenz jedes einzelnen Landes nach § 391 II AO überlassen bleiben, um die *„Kenntnis der örtlichen Verhältnisse, insbesondere der örtlichen Drogenszene"* zu nutzen (Begr. BR-Drs. 546/79, 39, BT-Drs. 8/3551, 48, 54). 2

2. Zweck der Vorschrift

§ 391 AO soll die Rechtspflege verbessern durch Konzentration der Steuerstraf- und -bußgeldsachen bei bestimmten Gerichten; für die Bußgeldsachen verweist § 410 I Nr. 2 AO auf § 391 AO zurück. Die Tatbestände des Steuerstrafrechts, namentlich die *Blankett*tatbestände, erfordern eine besondere Sach- und Rechtskunde des Strafrichters. Zu optimistisch meinte *Hartung* (HHSp 1 zu § 476a RAO 1956), dass das materielle Steuerrecht *„bei der Fülle des Schrifttums ... meist verhältnismäßig schnell zu übersehen"* sei. In Wahrheit verlangt das Steuerrecht, das vielfach an Merkmale wie *„Umsatz"*, *„Gewinn"*, *„Gewerbeertrag"*, *„Gewerbekapital"* usw. anknüpft, außer der Kenntnis der steuerrechtlichen Vorschriften und ihres Sprachgebrauchs auch betriebswirtschaftliche Kenntnisse und Fähigkeiten, vor allem in bezug auf die kaufmännische Gewinnermittlung. Solange die §§ 420 ff. RAO 1931 über das Verwaltungsstrafverfahren angewendet wurden, hatten die Gerichte nur 3 vH aller Steuerstraftaten, die Besitz- und Verkehrsteuern betrafen, entschieden. In diesen Fällen wuchsen sich Hauptverhandlungen häufig zu Monsterprozessen aus, weil die Gerichte nur mit Mühe (und manchmal gar nicht) in der Lage waren, den betriebswirtschaftlichen, buchungstechnischen oder steuerrechtlichen Einwendungen der Angeklagten und ihrer Verteidiger oder den Darlegungen des Vertreters der Finanzverwaltung oder eines Sachverständigen zu folgen und die Verhandlungen zielstrebig zu steuern; nur zu oft blieb die Entscheidung dann dem Sachverständigen überlassen (s. auch *Brezing* NJW 1984, 1598). Dieser Übelstand konnte nur dadurch behoben werden, dass nicht *jeder* Amtsrichter und nicht *jede* Strafkammer für Steuerstrafsachen zuständig blieb, sondern die Rechtsprechung auf wenige Richter konzentriert wurde (vgl. Schwarz/Pahlke/*Dumke* 2 zu § 391 AO). Die Erfahrung lehrt, dass Richter, die ihre gesamte Arbeitskraft einem besonderen Sachgebiet zuwenden und dort spezielle Erfahrungen sammeln können, aufgrund ihrer besonderen Sachkunde rationeller und schneller arbeiten und die Materie tiefer durchdringen (BVerfG 1.10.1968, BVerfGE 24, 155, 168 zu § 58 GVG u. § 33 JGG; HHSp-*Rüping* 6f zu § 391). 3

3. Systematik

Den Zweck der Konzentration von Steuerstrafsachen (Rn. 3) erreicht § 391 I 1 AO in der Weise, dass bei gegebener sachlicher Zuständigkeit des Amtsgerichts im Einzelfall nur 4 dasjenige AG örtlich zuständig ist, in dessen Bezirk das Landgericht seinen Sitz hat; darüber hinaus sollen nach § 391 III AO, der eine Weisung an die Präsidien der AGe enthält, Strafsachen wegen Steuerstraftaten nach dem Geschäftsverteilungsplan beim AG einer bestimmten Abteilung zugewiesen werden (Rn. 24 ff.).

5 Die unter den Strafkammern des Landgerichts erforderliche Konzentration wird seit 1.1.1979 nach § 74c I Nr. 3 GVG bei der Kammer für Wirtschaftsstrafsachen herbeigeführt. Für den Fall, dass sich die Zuständigkeiten spezieller Spruchkörper auf der Ebene des LG überschneiden, bestimmt § 74e GVG den Vorrang des Schwurgerichts und den Nachrang der Staatsschutzkammer (§ 74a GVG). Die Zuständigkeit des Jugendgerichts geht in Strafverfahren **gegen Jugendliche und Heranwachsende** vor (§§ 41 I Nr. 1, 108 I, 102 JGG). Etwas anderes gilt nur, wenn Strafsachen gegen Jugendliche/Heranwachsende und Erwachsene nach § 103 I JGG verbunden werden und die Strafsache gegen den Erwachsenen ihrer Art nach vor die Wirtschaftsstrafkammer nach § 74c GVG gehört. Diese ist dann gem. § 103 II 2 JGG auch für das Verfahren gegen den Jugendlichen/Heranwachsenden zuständig (vgl. Rn. 13; BT-Drs. VIII/976, 70; KK-StPO/*Diemer* GVG § 74e Rn. 2, *Meyer-Goßner* GVG § 74e Rn. 2; Kohlmann/*Hilgers-Klautzsch* 61 zu § 391; ausf. HHSp-*Rüping* 41 ff. zu § 391.

6 Aus regionalen Zweckmäßigkeitsgründen können die Länder von den allgemeinen Vorschriften abweichende Verordnungen erlassen, und zwar in bezug auf die Zuständigkeit der Amtsgerichte aufgrund § 391 II AO (Rn. 19 ff.) und in bezug auf die Zuständigkeit der Landgerichte und der bei ihnen gebildeten Strafkammern aufgrund § 74c III GVG (Rn. 21 f.).

Die Ermächtigung zur Konzentration bei den Landgerichten betrifft nicht nur Strafverfahren erster Instanz, sondern auch Berufungsverfahren gegen Urteile der Schöffengerichte (Kohlmann/*Hilgers-Klautzsch* 75 zu § 391).

7 **Die sachliche Zuständigkeit der Amtsgerichte und der Landgerichte** richtet sich in Strafsachen hauptsächlich nach den §§ 24, 25 u. 28 GVG bzw. §§ 73, 74, 74c u. 74e GVG. Da Steuerstrafsachen ausschließlich Vergehen iS des § 12 II StGB zum Gegenstand haben, muss die StA die Klage nach § 24 I Nr. 2 GVG regelmäßig beim Amtsgericht erheben, wenn sie nicht wegen der besonderen Bedeutung des Falles Anklage beim Landgericht erhebt (vgl. BVerfG 19.3.1959, BVerfGE 9, 223, 227 ff. sowie RiStBV 113). Der Strafrichter beim AG ist nach § 25 Abs. 2 GVG zuständig, wenn keine höhere Strafe als Freiheitsstrafe von zwei Jahren *zu erwarten* ist. Ist eine höhere Strafe zu erwarten, ohne dass die StA gem. § 74c I Nr. 3 GVG Anklage bei der Wirtschaftsstrafkammer des LG (Rn. 21 ff.) erhebt, entscheidet nach § 28 GVG das beim zuständigen AG gebildete Schöffengericht, das auf Freiheitsstrafe bis zu 4 Jahren erkennen kann (§ 24 II GVG); auf Antrag der StA kann nach § 29 II GVG die Zuziehung eines zweiten Richters beschlossen werden (sog. *erweitertes* Schöffengericht), wenn dessen Mitwirkung nach dem Umfang der Sache notwendig erscheint. Für den Erlass eines Strafbefehls und die sich ggf. unmittelbar an den Strafbefehlsantrag oder an einen Einspruch des Angeklagten anschließende Hauptverhandlung ist nach § 27 GVG iVm § 407 I StPO nur der Strafrichter sachlich zuständig. Eine Zuständigkeit des Schöffengerichtes kann es nach Änderung des § 25 GVG durch das RpflEntlG v. 11.1.1993 (BGBl. I 50) nicht mehr geben, da der Strafrichter immer zuständig ist, wenn eine höhere Freiheitsstrafe als 2 Jahre nicht zu erwarten ist, durch Strafbefehl aber höchstens Freiheitsstrafe von 1 Jahr verhängt werden darf, § 407 II S. 2 StPO (vgl. Rn. 7 f. zu § 386). Lediglich im Fall des § 408a StPO kann das Schöffengericht noch einen Strafbefehl erlassen.

8 **§ 391 I 1 AO trifft eine zwingende Regelung** über den Gerichtsstand, falls die sachliche Zuständigkeit des Amtsgericht (Rn. 7) begründet ist. Bevor die Vorschrift angewendet wird, ist zunächst festzustellen, welches AG für die Steuerstrafsache nach den *allgemeinen* Vorschriften des § 7 I StPO (Tatort), § 8 StPO (Wohnsitz, gewöhnlicher Aufenthaltsort oder letzter Wohnsitz) oder § 9 StPO (Ergreifungsort) örtlich zuständig wäre; vgl. ferner §§ 10, 11 StPO. Sind *mehrere* Amtsgerichte örtlich zuständig, so gebührt der

Vorzug nach § 12 I StPO demjenigen AG, das die Untersuchung zuerst eröffnet hat. Ist das hiernach ermittelte AG zugleich dasjenige AG, in dessen Bezirk das LG seinen Sitz hat, so ist § 391 I 1 AO für diesen Fall ohne Bedeutung. Ist es dagegen ein anderes AG, schreibt § 391 I 1 AO vor, dass anstelle des nach den §§ 7–12 StPO örtlich zuständigen AG *allein* dasjenige AG zuständig ist, in dessen Bezirk das LG seinen Sitz hat – vorausgesetzt, dass keine abweichende Regelung durch RechtsV getroffen worden ist (Rn. 15 ff.).

Die Bestimmung desjenigen Amtsgerichts, in dessen Bezirk das Landgericht seinen Sitz hat, weicht von § 476a RAO 1956 ab; sie berücksichtigt, dass in einigen Großstädten am Sitz des LG mehrere AGe bestehen. Haben umgekehrt in einer Großstadt *mehrere* LGe im Bezirk *eines* AG ihren Sitz, wie zB in München, ist nach § 391 I 1 AO das *eine* AG für sämtliche Steuerstrafsachen aus dem Bezirk *beider* LGe örtlich zuständig, sofern nicht durch RechtsV eine abweichende Regelung getroffen worden ist. 9

Einschränkungen des § 391 I 1 AO gelten nach § 391 I 2 AO für die vom Gericht *im vorbereitenden Verfahren* wegen einer Steuerstraftat zu treffenden Entscheidungen (Rn. 14). **Ausgeschlossen** ist § 391 I 1 AO nach § 42 I JGG bei Steuerstrafverfahren gegen *Jugendliche* und nach § 391 IV Halbs. 2 AO für *Rauschgiftdelikte* und für *KfzSt-Straftaten* (Rn. 32 f.). Eine von § 391 I 1 abweichende Regelung ist durch RechtsV nach § 391 II AO möglich (Rn. 16 ff.). 10

Eine Verletzung des § 391 I 1 AO (oder einer aufgrund § 391 II AO erlassenen abweichenden Zuständigkeitsvorschrift) haben die Gerichte erster Instanz *von Amts wegen* gem. § 16 S. 1 StPO nur bis zur Eröffnung des Hauptverfahrens (§ 199 StPO) zu prüfen; danach darf das Gericht seine Unzuständigkeit gem. § 16 S. 2 StPO nur *auf Einwand des Angeklagten* aussprechen. Dieser Einwand ist gem. § 16 S. 3 StPO nur solange zulässig, bis in der Hauptverhandlung die Vernehmung des Angeklagten zur Sache beginnt. Ist der Einwand rechtzeitig erhoben, aber zu Unrecht zurückgewiesen worden, liegt ein absoluter Revisionsgrund gem. § 338 Nr. 4 StPO vor. 11

4. Beschränkungen der Konzentration

a) Beschränkungen auf Strafverfahren wegen Steuerstraftaten. Abweichend von dem früheren Recht (§ 476 RVO 1956: *„in Strafsachen wegen Steuer- oder Monopol-Vergehen"*) sagt § 391 I AO nicht mehr ausdrücklich, dass die Vorschrift nur im Steuerstrafverfahren gilt. Die Beschränkung auf die Ermittlung von Steuerstraftaten iS des § 369 I AO folgt jedoch bereits aus der Stellung des § 391 AO im 3. Abschnitt des 8. Teils der AO. Sie folgt insbes. durch Umkehrschluss aus § 391 IV AO; denn diese Vorschrift bringt zum Ausdruck, dass die übrigen Absätze des § 391 AO auch gelten, wenn das Verfahren nicht nur Steuerstraftaten zum Gegenstand hat (Rn. 29), und dass von den Steuerstraftaten nur solche ausgenommen sind, welche die KfzSt betreffen (Rn. 33) oder die auch Betäubungsmittelstraftaten darstellen (Rn. 32). Eine Ausdehnung auf Bußgeldverfahren wegen Steuerordnungswidrigkeiten (außer solchen, die KfzSt betreffen) wird durch § 410 I Nr. 2 AO, eine erweiterte Ausdehnung auf Monopolstraftaten und -ordnungswidrigkeiten durch § 128 BranntwMonG bewirkt; vgl. ferner § 24 BierStG iVm § 12 II FVG, § 8 II 2 WoPG, § 14 III des 5. VermBG, 15 II EigZulG, § 15 InvZulG 2010, §§ 20, 29a II BerlinFG u. § 164 S. 2 StBerG hierzu bereits Rn. 11 zu § 386. 12

b) Beschränkung auf Strafverfahren gegen Erwachsene. § 42 I JGG idF des Art. 47 EGOWiG hat geklärt, dass bei einem Strafverfahren gegen einen Jugendlichen oder Heranwachsenden iS des § 1 II JGG die besonderen, aus dem Gesichtspunkt der Erziehungsbedürftigkeit begründeten Gerichtsstände der §§ 42, 108 JGG den Vorrang haben gegenüber dem Gesichtspunkt einer möglichst sachgerechten Bestrafung durch denjenigen Strafrichter, der nach § 391 I 1 AO (oder einer hiervon abw. RechtsV) für Steuerstrafsachen zuständig ist und auf *diesem* Gebiet besondere Erfahrung hat (anders BGH 6.6.1957, BGHSt 10, 324 zu der zweifelhaften Fassung des § 476a RAO 1956). Gegen die 13

Rspr des BGH waren Bedenken erhoben worden (vgl. *Grethlein* NJW 1957, 1370), denen sich der Gesetzgeber angeschlossen hat (Schriftl. Ber. zu BT-Drs. V/2601, 27).

14 **c) Beschränkung auf das Erkenntnisverfahren. § 391 I 2 AO klärt die Frage,** ob die Regelung der Konzentration der örtlichen Zuständigkeit erst eingreift, wenn die öffentliche Klage erhoben wird, oder ob sie bereits für Entscheidungen gilt, für die der Richter im vorbereitenden Verfahren sachlich zuständig ist. Das Gesetz bietet eine vermittelnde Lösung, nach der § 391 I 1 AO grundsätzlich erst im Erkenntnisverfahren anzuwenden ist. Eine ausdehnende Anwendung auf das vorbereitende Verfahren bestimmt § 391 I 2 AO für die Zustimmung des Gerichts bei Einstellungen des Strafverfahrens wegen Geringfügigkeit, sei es ohne Auflagen und Weisungen (§ 153 I StPO) oder mit Auflagen und Weisungen (§ 153a I StPO); denn nur der für die Entscheidung in Steuerstrafsachen zuständige Richter kann aufgrund seiner Erfahrung zutreffend beurteilen, bei welchen Steuerstraftaten die Schuld des Täters gering wäre oder gering ist (so bereits früher BayObLG 29.1.1959, NJW 1959, 781). Im Übrigen verbleibt es im Vorverfahren bei der allgemeinen Zuständigkeitsregelung, so zB für Beschlagnahmen (§ 98 StPO), Durchsuchungen (§ 105 StPO), Notveräußerungen (§ 111 I StPO), Haft- oder Unterbringungsbefehle (§§ 112 ff. StPO) und richterliche Untersuchungshandlungen nach § 162 StPO, sofern nicht eine abweichende Zuständigkeitsregelung durch RechtsV aufgrund § 58 I GVG (Rn. 15) getroffen ist. Diese Zuständigkeit des allgemeinen Strafrichters ist in Einzelfällen problematisch, wenn – etwa bei der Anordnung von Durchsuchung und Haft – schwierige materielle Fragen des Steuer(straf)rechts im Raum stehen. Hier dominiert die FinB den Strafrichter (vgl. auch *Joecks* FA-FS, 661 ff.).

5. Abweichende Regelungen

15 **a) Durch Rechtsverordnung aufgrund § 58 I GVG.** § 58 I GVG, in seiner ursprünglichen Fassung als § 57a durch G v. 11.3.1921 (RGBl. 229) eingeführt, ist im Vergleich zu § 391 II AO und den Vorläufern dieser Vorschrift (Rn. 1) *älter* und *weiter* gefasst, sofern er auf der Ebene der Amtsgerichte die Konzentration von Strafsachen aller Art und in jedem Stadium des Verfahrens ermöglicht:

§ 58 GVG [Gemeinsames Amtsgericht]

(1) [1]Die Landesregierungen werden ermächtigt, durch Rechtsverordnung einem Amtsgericht für die Bezirke mehrerer Amtsgerichte die Strafsachen ganz oder teilweise, Entscheidungen bestimmter Art in Strafsachen sowie Rechtshilfeersuchen in strafrechtlichen Angelegenheiten von Stellen außerhalb des räumlichen Geltungsbereichs dieses Gesetzes zuzuweisen, sofern die Zusammenfassung für eine sachdienliche Förderung oder schnellere Erledigung der Verfahren zweckmäßig ist. [2]Die Landesregierungen können die Ermächtigung durch Rechtsverordnung auf die Landesjustizverwaltungen übertragen.

(2), (3) …

Nach Einführung des § 376a II RAO 1956 und seiner Entwicklung zu § 391 II AO 1977 (Rn. 1 f.) ist fraglich geworden, in welchem Verhältnis die beiden Ermächtigungsnormen des GVG und der AO zueinander stehen. Die ausdrückliche Erwähnung des § 58 I GVG in § 391 I 2 AO und das Fehlen eines entsprechenden Hinweises in § 391 II AO begründet den Schluss, dass § 58 I GVG weitergehende Regelungen *nur* für das vorbereitende Verfahren zulässt (Rn. 14), indessen für das *weitere* Steuerstrafverfahren durch die besondere Ermächtigungsnorm des § 391 II AO verdrängt wird (so grundsätzlich auch HHSp-*Rüping* 38 ff., Kohlmann/*Hilgers-Klautzsch* 58 zu § 391). Dies wird beim Erlass einer neuen RechtsV zu beachten sein, ist jedoch für den Fortbestand einer früher erlassenen RechtsV jedenfalls dann unerheblich, wenn deren Zielrichtung keinen Widerspruch zu § 391 II AO erkennen lässt, wie zB die aufgrund § 58 I GVG in *Berlin* erlassene Zweite VO über die Konzentration amtsgerichtlicher Zuständigkeiten vom 4.12.1972 (GVBl. 2301), nach der *sämtliche* Straf-, Jugendgerichts- und Bußgeldsachen – also auch die *Steuer*straf- und -bußgeldsachen – aus dem LG-Bezirk Berlin dem AG Tiergarten zugewiesen worden sind.

b) Aufgrund § 391 II AO. § 391 II 1 AO ermächtigt die Landesregierungen, durch RechtsV eine von § 391 I 1 AO abweichende Regelung zu treffen, um regionalen Bedürfnissen gerecht zu werden. Dabei sind Inhalt, Zweck und Ausmaß (Art. 80 I GG) weiträumig bemessen. Rücksicht auf die *„Wirtschafts- oder Verkehrsverhältnisse"* gestattet es, ein anderes AG als zuständig zu bestimmen als dasjenige, in dessen Bezirk das übergeordnete LG seinen Sitz hat, oder bestimmte Gruppen von Steuerstrafsachen, etwa Zollstrafsachen, einem grenznahen AG zuzuweisen, dagegen die Strafsachen, die Besitz- und Verkehrsteuern betreffen, bei dem nach § 391 I 1 AO zuständigen AG zu belassen. Rücksicht auf den *„Aufbau der Verwaltungsbehörden"* kann es auch zweckmäßig erscheinen lassen, die örtliche Zuständigkeit für Straftaten, die bestimmte Steuerarten betreffen, dem AG am Sitz desjenigen Finanzamts zu übertragen, dem die Landesregierung oder der Finanzminister(-senator) die steuerrechtliche Zuständigkeit für den Bezirk mehrerer Finanzämter zugewiesen hat (Rn. 5 zu § 387). In solchen Fällen ist es auch zulässig, dass in *einem* LG-Bezirk – zB nach Zöllen und Verbrauchsteuern hier und Besitz- und Verkehrsteuern dort – *mehrere* Amtsgerichte als zuständig bestimmt werden. In einem weiträumigen LG-Bezirk mit langen Außengrenzen und ungünstigen Verkehrsverbindungen erscheint es sogar zulässig, *zwei* Amtsgerichte mit gleichartigen Steuerstrafsachen zu beauftragen (vgl. HHSp-*Rüping* 34 zu § 391). Indessen würde der Verordnungsgeber die Grenzen der gesetzlichen Ermächtigung überschreiten, sobald eine vielfach geteilte Zuständigkeitsregelung dem Grundgedanken der Konzentration (Rn. 3) nicht mehr gerecht wird. 16

Ob die Grenzen der LG-Bezirke bei einer Regelung aufgrund § 391 II 1 AO 1977 (vorher § 426 II 1 RAO 1967) gewahrt bleiben müssen, war umstritten (ausf. LR-*Schäfer,* 21. Aufl., 2a zu § 58 GVG), bis die Rspr die Frage für den Fall der Zuständigkeit *eines* Amtsgerichts für *mehrere* LG-Bezirke innerhalb *eines* Landes verneinend beurteilt hat (OLG Zweibrücken 10.7.1969, DStZ/B 1969, 336, BVerfG 12.1.1971, BVerfGE 30, 103, 105 ff.), und zwar mit Rücksicht auf den Grundgedanken der Ermächtigungsnorm (Rn. 3) und die Tatsache, dass sich *„Wirtschaftsverhältnisse unabhängig von überkommenen LG-Bezirken entwickeln"* (BVerfG aaO). 17

Die Möglichkeit, die Ermächtigung nach § 391 II 2 AO 1977 (vorher § 426 II 2 AO 1967) auf die **Landesjustizverwaltung** weiterzuübertragen, wurde genutzt 18

in *Baden-Württemberg* durch § 1 I iVm § 3 II der VO zur Übertragung von Ermächtigungen im Bereich der Rechtspflege (SubdelegationsVO-Justiz) v. 7.9.1998 (GBl. 561), zul. geänd. durch VO v. 14.1.2014 (GBl. 49, 52),

in *Bayern* durch § 3 Nr. 2 der VO über die Zuständigkeit,zum Erlass von Rechtsverordnungen (Delegationsverordnung, DelV) v. 15.6.2004 (GVBl. 239), zul. geänd. durch VO v. 22.9.2014 (GVBl. 410),

in *Brandenburg* durch § 1 Nr. 1 der VO zur Übertragung von Zuständigkeiten zum Erlass von RechtsVen auf das für Justiz zuständige Mitglied der Landesregierung (JuZÜV) v. 9.4.2014 (GVBl. II Nr. 23),

in *Hamburg* durch Nr. 10 der VO zur Weiterübertragung von Verordnungsermächtigungen im Bereich des Wirtschaftsrechts v. 20.8.2002, zul. geänd. durch VO v. 20.9.2011 (GVBl. 413),

in *Mecklenburg-Vorpommern* durch § 1 Nr. 2 der VO zur Übertragung von Ermächtigungen zum Erlass von Rechtsverordnungen im Bereich der Justiz (ErmÜLVOJu) v. 11.10.2006 (GVOBl. 755), zul. geänd. durch 25.2.2013 (GVOBl. 175),

in *Niedersachsen* durch § 1 Nr. 10 VO zur Übertragung von Ermächtigungen auf den Gebieten der Rechtspflege und der Justizverwaltung (SubdelegationsVO-Justiz) v. 6.7.2007 (GVBl. 244), zul. geänd. durch VO v. 6.3.2014 (Nds.GVBl. 71),

in *Rheinland-Pfalz* durch § 1 Nr. 10 VO zur Übertragung von Ermächtigungen auf dem Gebiet der Rechtspflege v. 15.12.1982 (GVBl. 460), zul. geänd. durch VO v. 6.5.2011 (GVBl. 119),

in *Sachsen* durch § 1 Nr. 1 der VO über die Übertragung von Zuständigkeiten im Bereich der Rechtspflege (ZustÜVOJu) v. 25.3.2013 (SächsGvBl. 209) und in *Sachsen-Anhalt* durch § 1 Nr. 57 der VO zur Übertragung von Verordnungsermächtigungen im Bereich der Justiz v. 28.3.2008 (GVBl. 137), zul. geänd. durch VO v. 15.7.2010 sowie

in *Schleswig-Holstein* durch § 1 I Nr. 1 der VO zur Übertragung von Ermächtigungen zum Erlass von Rechtsverordnungen im Bereich der Rechtspflege (JErmÜVO) v. 4.12.1996 (GVOBl. 720), zul. geänd. durch VO v. 18.8.2014 (GVOBl. 219) und

in *Thüringen* durch § 1 Nr. 1 der VO zur Übertragung von Ermächtigungen zum Erlass von RechtsVen im Bereich der Rechtspflege (ThürErmÜVJ) v. 25.10.2004 (GVBl. 846), zul. geänd. durch VO v. 1.7.2010 (GVBl 255).

19 **Aufgrund des § 426 II RAO wurde erlassen:**

in *Bremen* die VO über die örtliche Zuständigkeit des AG Bremerhaven in Steuer- und Monopolstrafsachen und Steuer- und Monopolordnungswidrigkeiten v. 24.6.1969 (GBl. 85), nach der das AG Bremerhaven für die in der Stadtgemeinde Bremerhaven und in dem stadtbremischen Überseehafengebiet Bremerhaven entstehenden Strafsachen wegen Steuer- und Monopolvergehen örtlich zuständig ist.

20 **Aufgrund des § 391 II AO 1977 wurden erlassen:**

in *Baden-Württemberg* die VO über Zuständigkeiten in der Justiz (ZuVOJu) v. 20.11.1998 (GBl. 680), zul. geänd. durch VO v. 9.12.2014 (GBl. 793), nach deren § 26 das AG Lörrach auf dem Gebiet der Steuer-, Zoll- und Monopolvergehen und -ordnungswidrigkeiten für seinen Bezirk örtlich zuständig ist, soweit das Amtsgericht sachlich zuständig ist;

in *Bayern* die „gerichtliche ZuständigkeitsVO Justiz – GZVJu" v. 11.6.2012 (GVBl. 295), zul. Geänd. durch VO v. 10.12.2014 (GVBl. 575), nach deren § 56 ist jeweils über den gleichnamigen LG-Bezirk hinaus zuständig das AG Augsburg für die LG-Bezirke Kempten (Allgäu) und Memmingen, das AG Hof die für die LG-Bezirke Bamberg, Bayreuth und Coburg, das AG Landshut für die LG-Bezirke Deggendorf und Passau, das AG München für die LG-Bezirk München I und II, das AG Nürnberg für den LG-Bezirk Ansbach, das AG Regensburg für die LG-Bezirke Amberg und Weiden i. d. OPf., das AG Rosenheim für den LG-Bezirk Traunstein sowie das AG Würzburg für die LG-Bezirke Aschaffenburg und Schweinfurt;

in *Hessen* die Justizzuständigkeitsverordnung (JuZuV) v. 3.6.2013 (GVBl. 386), zul. geänd. durch VO v. 3.11.2014 (GVBl. 266), nach deren § 52 das AG Wetzlar in Strafsachen wegen Steuerstraftaten neben dem eigenen für den AG-Bezirk Dillenburg örtlich zuständig ist;

in *Niedersachsen* die VO zur Regelung von Zuständigkeiten in der Gerichtsbarkeit und der Justizverwaltung (ZustVO-Justiz) v. 18.12.2009 (GVBl. 506), zul. geänd. durch VO v. 16.12.2014 (GVBl. 436), nach deren § 20 I in Zoll- und Verbrauchsteuervergehen einschließlich Monopolvergehen das AG-Cuxhaven für die AG-Bezirke Cuxhaven und Otterndorf, das AG Emden für den LG-Bezirk Aurich und den AG-Bezirk Papenburg sowie das AG Nordhorn für die AG-Bezirke Nordhorn, Lingen (Ems) und Meppen örtlich zuständig ist;

in *Rheinland-Pfalz* die LandesVO über die gerichtliche Zuständigkeit in Strafsachen und Bußgeldverfahren v. 19.11.1985 (GVBl. 265), geänd. durch VO v. 13.10.2005 (GVBl. 480), nach dessen § 3 IV Nr. 2 zuständig sind das AG Koblenz für den LG Bezirk Koblenz, das AG Mainz für die LG-Bezirke Bad Kreuznach u. Mainz, das AG Trier für den LG-Bezirk Trier, das AG Kaiserslautern für die LG-Bezirke Kaiserslautern u. Zweibrücken sowie das AG Ludwigshafen für die LG-Bezirke Frankenthal u. Landau. Hiervon teilweise abweichend sind in Wein- und Lebensmittelstrafsachen die AGe Bad Kreuznach, Koblenz, Mainz, Trier, Kaiserslautern u. Landau jeweils für den gleichnamigen LG-Bezirk sowie das AG Neustadt für den LG-Bezirk Frankenthal zuständig. Wein- und Lebensmittelstrafsachen sind nach der VO auch *„Verstöße … gegen Strafbestimmungen der Steuer- und Zollgesetze, sofern diese Straftaten im Zusammenhang mit einer Straftat nach dem Weingesetz oder dem Lebensmittelrecht stehen"*;

in *Sachsen* die VO über die Organisation der Justiz (SächsJOrgVO) gerichtliche Zuständigkeiten v. 14.12.2007 (GVBl. 600), zul. geänd. durch VO v. 12.11.2014 (SächsGVBl. 600), nach deren § 23 das AG Chemnitz für die LG-Bezirke Chemnitz und Zwickau zuständig ist sowie die AGe Dresden, Görlitz und Leipzig jeweils für die gleichnamigen LG-Bezirke zuständig sind

c) Aufgrund § 74c GVG. Für bestimmte Wirtschaftsstraftaten, die in § 74c I Nr. 1–6 GVG aufgezählt sind, ist eine große Strafkammer als *Wirtschaftsstrafkammer* zuständig, soweit das Landgericht nach § 74 I GVG als Gericht des ersten Rechtszuges oder nach § 74 III GVG für die Berufung gegen Urteile des Schöffengerichts zuständig ist. Anstelle einer einzigen können bei Bedarf auch mehrere Wirtschaftsstrafkammern gebildet werden, wenn jede in überwiegendem Maße mit Wirtschaftsstrafsachen ausgelastet wird (BGH 22.1.1983, BGHSt 31, 326; vgl. auch HHSp-*Rüping* 17 zu § 391). Nach § 74c I Nr. 3 GVG gehören zur Zuständigkeit der Wirtschaftsstrafkammer u. a. Straftaten *„nach dem … Außenwirtschaftsgesetz, … dem Finanzmonopol-, Steuer- und Zollrecht, auch soweit dessen Strafvorschriften nach anderen Gesetzen anwendbar sind; dies gilt nicht, wenn dieselbe Handlung eine Straftat nach dem BtMG darstellt, und nicht für Steuerstraftaten, welche die KfzSt betreffen.“* In der zitierten Fassung nach dem StVÄG 1979 (Rn. 2) trat § 74c GVG in bezug auf die Zusammenfassung von Steuerstrafsachen bei den Landgerichten an die Stelle der ursprünglichen Fassung des § 391 III AO 1977, in welcher die Worte gestrichen wurden, nach denen Steuerstrafsachen *„beim Landgericht einer bestimmten Strafkammer“* zugewiesen werden sollten (vgl. zur Geschäftsverteilung bei den Amtsgerichten Rn. 25 ff., insbes. Rn. 27 aE). 21

Beim **Zusammentreffen von Wirtschafts- und Nichtwirtschaftsstraftaten** ist die Wirtschaftsstrafkammer auch dann zuständig, wenn für die Wirtschaftsstraftat allein die Strafgewalt des AG an sich ausreichen würde. Sind neben einer Katalogtat weitere selbstständige Straftaten angeklagt, so ist die Rechtsfolgenerwartung insgesamt maßgeblich (OLG Karlsruhe 23.7.1985, NStZ 1985, 517; *Meyer-Goßner* GVG § 74c Rn. 2; zur Zuständigkeit einer Wirtschaftsstrafkammer vgl. iÜ *Löffeler* JA 1987, 214; *Firgau* wistra 1988, 140). 22

Bei einem Zuständigkeitsstreit zwischen der Wirtschaftsstrafkammer und der allgemeinen Strafkammer steht die Kompetenz-Kompetenz analog §§ 209a, 225a IV u. § 270 I 2 StPO aus systematischen und prozessökonomischen Gründen der Wirtschaftsstrafkammer zu (OLG Düsseldorf 2.11.1981, JR 1982, 514 m. zust. Anm. *Rieß;* ebenso KK-StPO/*Gmel* StPO § 225a Rn. 4, *Kissel/Mayer* 10 zu § 74c GVG; *Meyer-Goßner* GVG § 74c Rn. 6 sowie *Meyer-Goßner* NStZ 1981, 169). Nach der Gegenmeinung (OLG München 6.6.1979, JR 1980, 77 m. abl. Anm. *Rieß)* muss analog §§ 14, 19 StPO das OLG als das gemeinschaftliche obere Gericht über die Zuständigkeit entscheiden. Nur wenn anstelle der Wirtschaftsstrafkammer die allgemeine Strafkammer entschieden hat, kann der Angeklagte mit der Rüge der Unzuständigkeit gem. § 338 Nr. 4 StPO die Revision begründen (KK-StPO/*Kuckstein* StPO § 338 Rn. 68). Hierbei ist entscheidend, welches Gericht *bei Erlass* des angefochtenen Urteils zuständig war. Darauf, ob die Strafsache wegen mitangeklagter Steuerdelikte ursprünglich vor eine Wirtschaftsstrafkammer gehört hätte, kommt es nicht an, selbst wenn die mitangeklagten Steuerdelikte erst im Laufe der Hauptverhandlung gemäß § 154 II StPO eingestellt wurden (BGH 28.10.1986, StV 1987, 139). 23

§ 74c III GVG ermächtigt die Landesregierungen, u. a. Steuerstrafsachen *„zur sachdienlichen Förderung oder schnelleren Erledigung der Verfahren“* (vgl. § 58 I GVG, Rn. 15) durch RechtsV *einem* Landgericht für die Bezirke *mehrerer* Landgerichte ganz oder teilweise zuzuweisen. Die Ermächtigung zur Konzentration ist der LReg erteilt, die sie ihrerseits gem. § 74c III S. 2 GVG auf die LJustizVerw weiterübertragen kann. Dies ist zB geschehen in *Baden-Württemberg* durch die SubdelegationsVO-Justiz v. 7.9.1998 (GBl. 561), zul. geänd. mit VO v. 14.1.2014 (GBl. 49, 52), in *Bayern* durch die DelV v. 15.6.2004 (GVBl. 239), zul. geänd. mit VO v. 22.9.2014 (GVBl. 410), in *Brandenburg* die JuZÜV v. 9.4.2014 (GVBl. II Nr. 23), in *Mecklenburg-Vorpommern* die ErmÜLVOJu v. 11.10.2006 (GVOBl. 755), zul. geänd. durch VO v. 25.2.2013 (GVOBl. 175), in *Niedersachsen* durch die SubdelegationsVO-Justiz v. 6.7.2007 (GVBl. 244), zul. geänd. durch VO v. 6.3.2014 (Nds.GVBl. 71), in *Rheinland-Pfalz* durch VO v. 15.12.1982 (GVBl. 460), zul. geänd. durch VO v.6.5.2011 (GVBl. 119), in *Sachsen* durch die ZustÜVO v. 25.3.2013 (SächsGVBl. 209), in *Sachsen-* 24

Anhalt durch die VO v. 28.3.2008 (GVBl. 137), zul. geänd. durch VO v. 15.7.2010 (GVBl. 457) und in *Schleswig-Holstein* durch die JErmÜVO v. 4.12.1996 (GVOBl. 720), zul. geänd. durch VO v. 18.8.2014 (GVOBl. 219) sowie in *Thüringen* durch die ErmÜVJ v. 25.10.2004 (GVBl. 846), zul. geänd. durch VO v. 1.7.2010 (GVBl. 255).

25 **Aufgrund § 74c III GVG wurden erlassen**

in *Baden-Württemberg* die VO v. 20.11.1998 (GBl. 680), zul. geänd. durch v. 26.6.2012 (GBl. 492), nach deren § 17 das LG Mannheim für den OLG-Bezirk Karlsruhe u. das LG Stuttgart für den OLG-Bezirk Stuttgart zuständig ist;

in *Bayern* der § 55 GZVJu v. 11.6.2012 (GVBl. 295), zul. geänd. durch VO v. 10.12.2014 (GVBl. 575) Rn.danach ist zuständig das LG Augsburg auch für die LG-Bezirke Kempten (Allgäu) u. Memmingen, das LG Hof auch für die LG-Bezirke Bamberg, Bayreuth u. Coburg, das LG Landshut auch für die LG-Bezirke Deggendorf u. Passau, das LG München II auch für die LG-Bezirke Ingolstadt und Traunstein, das LG Nürnberg-Fürth auch für den LG-Bezirk Ansbach, das LG Regensburg auch für die LG-Bezirke Amberg u. Weiden i. d. OPf. sowie das LG Würzburg auch für die LG-Bezirke Aschaffenburg u. Schweinfurt;

in *Bremen* nach § 2 StrafKVO v. 3.12.1974 (Brem.GBl. 337), zul. geänd. durch VO v. 25.5.2010 (Brem.GBl. 349) nach der Wirtschaftsstrafsachen dem LG Bremen zugewiesen werden, auch soweit sie in Bremerhaven anfallen;

in *Niedersachsen* die ZustVO-Justiz v. 18.12.2009 (Nds.GVBl. 506), zul. geänd. durch VO v. 7.4.2014 (Nds.GVBl. 95), nach deren § 18 das LG Hildesheim auch für die LG-Bezirke Bückeburg u. Hannover sowie das LG Stade auch für den LG-Bezirk Lüneburg zuständig ist;

in *Rheinland-Pfalz* die VO v. 19.12.1985 (GVBl. 265), zul. geänd. durch VO v.13.10.2005 (GVBl. 480), nach deren § IV Nr. 1 das LG Koblenz für den OLG-Bezirk Koblenz und das LG Kaiserslautern für den OLG-Bezirk Zweibrücken zuständig ist;

in *Sachsen* die VO v. 14.12.2007 (SächsGVBl. 600), zul. geänd. durch VO v. 12.11.2014 (SächsGVBl. 678), nach deren § 23 II das LG Chemnitz auch für den LG-Bezirk Zwickau zuständig ist;

in *Sachsen-Anhalt* die VO v. 17.5.2011 (GVBl. 578), nach deren § 1 das LG Magdeburg auch für den LG-Bezirk Stendal und das LG Halle auch für den LG-Bezirk Dessau-Roßlau zuständig ist;

in *Schleswig-Holstein* die VO v. 21.6.2005 (GVOBl. 279), nach der das LG Kiel auch für den LG-Bezirk Flensburg und das LG Lübeck auch für den LG-Bezirk Itzehoe zuständig ist sowie

in *Thüringen* das ThürAGGVG v. 12.10.1993 (GVBl. 612), zul. geänd. durch G v. 8.8.2014 (GVBl. 527), nach deren § 14 II dem LG Mühlhausen (sämtliche) Wirtschaftsstrafsachen gemäß § 74c I GVG zugewiesen werden.

26 **d) Aufgrund des Einigungsvertrages. In den neuen Bundesländern** gilt die durch den EV (Anl. 1 Kap. III Sachgebiet A Abschnitt III Nr. 1n) der LReg erteilte Ermächtigung, einem Gericht für die Bezirke mehrere Gerichte Sachen aller Art ganz oder teilweise durch RechtsVO zuzuweisen, fort.

Von dieser Ermächtigung hat Gebrauch gemacht und Wirtschaftsstraftaten nach § 74c I GVG, für die das LG als Gericht des ersten Rechtszugs sachlich zuständig ist, örtlich konzentriert:

Mecklenburg-Vorpommern mit § 8 KonzVO v. 28.3.1994 (KonzentrationsVO, GVOBl. M-V 514), zul. geänd. durch VO v. 15.1.2014 (GVOBl. M-V 29), wonach das LG Rostock auch für den LG-Bezirk Stralsund und das LG Schwerin auch für den LG-Bezirk Neubrandenburg zuständig ist.

6. Konzentration bei der Geschäftsverteilung

27 **Zum Zwecke einer weitergehenden Konzentration** sollen Steuerstrafsachen im Wege der Geschäftsverteilung bei dem Amtsgericht, das nach § 391 I 1 AO oder nach einer

aufgrund § 391 II 1 AO erlassenen RechtsV (Rn. 19 ff.) zuständig ist, einer bestimmten Abteilung, dh einem bestimmten Richter, zugewiesen werden. Die Vorschrift enthält eine gesetzliche Weisung an die Präsidien der zuständigen Amtsgerichte (Kohlmann/*Hilgers-Klautzsch* 80 zu § 391). Der Begriff *„Abteilung"* (vgl. § 22c I 3 GVG) bezieht sich auf die Funktion der beim Amtsgericht durch die einzelnen Strafrichter verkörperten verschiedenen Spruchstellen und entspricht dem durch die Geschäftsverteilung festgelegten Dezernat des einzelnen Strafrichters (OLG Koblenz 20.6.1968, NJW 1968, 2398).

§ 391 III AO schließt nicht aus, dass die Steuerstrafsachen bei größeren Amtsgerichten 28
auf *mehrere* Abteilungen aufgeteilt werden, wenn der Anfall an Steuerstrafsachen so groß ist, dass ein Strafrichter allein nicht in der Lage ist, alle Sachen zu erledigen (Begr. BT-Drs. V/1812, 31).

Von der gesetzlichen Anweisung, die Steuerstrafsachen bei einer oder mehreren 29
Abteilungen des zuständigen Amtsgerichts zusammenzufassen, darf nur abgewichen werden, wenn besondere Gründe dies rechtfertigen. Mit *Göhler* (Beil. zum BAnz 152/1957 S. 8) ist zu bezweifeln, ob solche besonderen Gründe denkbar sind. § 391 III AO hat daher praktisch den Charakter einer zwingenden Vorschrift. Die Formulierung als *Soll*vorschrift bezweckt, dass Verletzungen des § 391 III AO – im Gegensatz zu Verletzungen der anderen Bestimmungen des § 391 AO – im Rechtsmittelverfahren nicht gerügt werden können (vgl. Kohlmann/*Hilgers-Klautzsch* 81, RK-*Kemper* 34 zu § 391 u. Erbs/Kohlhaas/*Hadamitzky/Senge* AO § 391 Rn. 5). Mit *Rüping* (HHSp 24 zu § 391) wird man jedoch im Hinblick auf § 338 Nr. 1 StPO von einer Revisibilität ausgehen können (ebenso Klein/*Jäger* AO § 391 Rn. 22).

Bei der Zurückverweisung einer Strafsache *„an eine andere Abteilung … des Gerichts,* 30
dessen Urteil aufgehoben wird, oder an ein zu demselben Land gehörendes anderes Gericht gleicher Ordnung" gem. § 354 II 1 StPO ist das für den neuen Rechtszug zuständige Gericht nicht näher bestimmt. Namentlich ist nicht vorgeschrieben, dass das Revisionsgericht eine Steuerstrafsache nur an einen nach § 391 AO zuständigen Richter zurückverweisen darf. Es entspricht jedoch dem Grundgedanken dieser Vorschrift (Rn. 3), eine Steuerstrafsache eher an ein anderes für Steuerstrafsachen zuständiges Amtsgericht zu verweisen als an einen Richter, der mit Steuerstrafsachen sonst nicht befasst ist.

7. Zusammentreffen von Steuerstraftaten mit anderen Straftaten

a) § 391 IV Halbs. 1 AO. Die Vorschriften des § 391 I–III AO über die Zusammenfas- 31
sung von Steuerstrafsachen gelten nach § 391 IV Halbs. 1 AO auch, wenn ein Strafverfahren außer Steuerstraftaten noch andere Straftaten zum Gegenstand hat. Dabei ist unerheblich, welche Straftat den Schwerpunkt des Verfahrens bildet (glA KK-StPO/*Diemer* GVG § 74c Rn. 2, HHSp-*Rüping* 44 u. Kohlmann/*Hilgers-Klautzsch* 83 zu § 391). Eine solche Unterscheidung war bei den Vorberatungen des AOStrafÄndG zwar erwogen worden, wurde aber verworfen, da die Frage, wo das Schwergewicht liegt, oft schwierig zu beantworten ist und sich das Schwergewicht im Verlauf des Verfahrens auch verlagern kann. Die Lösung, *allgemein* (Ausnahmen s. Rn. 32 f.) die Zuständigkeit des *Steuer*strafrichters zu bestimmen, beruht auf der Erwägung, dass *jeder* Steuerstrafrichter das *ganze* Strafrecht beherrscht, dass jedoch den meisten übrigen Strafrichtern die besonderen Kenntnisse und Erfahrungen fehlen, die für die Beurteilung von Zuwiderhandlungen gegen Steuergesetze erforderlich sind.

Ein Verfahren hat nicht nur Steuerstraftaten zum Gegenstand, wenn entweder 32
derselbe Beschuldigte in Tateinheit (§ 52 StGB) oder in Tatmehrheit (§ 53 StGB) mit einer Steuerstraftat ein anderes Strafgesetz verletzt hat oder wenn das Verfahren wegen eines sachlichen Zusammenhangs (Rn. 9 ff. zu § 389) gegen mehrere Beschuldigte geführt wird, von denen einem nur *Steuer*straftaten, einem anderen dagegen (auch oder nur) *andere* Straftaten vorgeworfen werden. Unerheblich ist, auf welche Weise eine Steuerstrafsache mit einer anderen Strafsache verbunden ist (glA HHSp-*Rüping* 44, Kohlmann/*Hilgers-Klautzsch* 84 zu § 391).

33 **Der Steuerstrafrichter bleibt zuständig,** auch wenn er nach Einreichung der Anklageschrift die Strafverfolgung gem. § 154a II StPO mit Zustimmung der StA auf nichtsteuerliche Straftaten beschränkt hat.

34 **b) § 391 IV Halbs. 2 AO. Beim tateinheitlichen Zusammentreffen einer Steuerstraftat mit einer Straftat nach dem BtMG** sind die Konzentrationsvorschriften des § 391 I–III AO nach dem Inkrafttreten des G zur Neuordnung des Betäubungsmittelrechts v. 28.7.1981 (BGBl. I 681) ab 1.1.1982 nicht mehr anzuwenden, weil der Gesetzgeber in solchen Fällen die *„Kenntnis der örtlichen Verhältnisse, insbesondere der örtlichen Drogenszene"* (Rn. 2 aE) für wichtiger angesehen hat als die besondere Sach- und Steuerrechtskunde des für Steuerstrafsachen zuständigen Strafrichters (vgl. BR-Drs. 546/79, 39; BT-Drs. VIII/3551, 48 ff.). Dabei mag auch der Gedanke einer Güterabwägung mitgespielt haben, dem aber kaum allein die Vermeidung einer „prozessualen Schieflage" zugrunde lag, sondern vielmehr die Entlastung zentral zuständiger Steuergerichte von solchen Delikten, die allein ihrer Art nach fast immer auch ein Steuer- oder Zollvergehen darstellen und dem Sinn und Zweck der Zuständigkeitskonzentration in § 391 AO deshalb nicht entsprechen (ebenso wie bei den wortgleichen Regelungen in §§ 74a I Nr. 4 und 74c I Nr. 3 GVG).

35 **Wegen des ausdrücklichen Wortlautes des § 391 IV Halbs. 2 AO,** „wenn *dieselbe Handlung* eine Straftat nach dem BtMG darstellt", ist die Anwendung des § 391 I–III AO nur in den Fällen ausgeschlossen, in denen die Steuerstraftat in Tateinheit (§ 52 StGB) mit einem Btm-Delikt steht (aM HHSp-*Rüping* 48, Kohlmann/*Hilgers-Klautzsch* 87 zu § 391; Erbs/Kohlhaas/*Hadamitzky/Senge* AO § 391 Rn. 7 und wohl auch Klein/*Jäger* AO § 391 Rn. 25). Wenn es zunächst auch sinnvoll erscheinen mag, eine Zuständigkeitskonzentration auch bei Tatmehrheit (so *Hilgers-Klautzsch* aaO) und lediglich prozessual einheitlichen Taten iSd § 264 StPO (so Kohlmann u. *Hadamitzky/Senge* aaO) auszuschließen, so steht dem doch nicht nur der eindeutig auf den Begriff der Tateinheit abzielende Gesetzeswortlaut entgegen. Der Ausschluss einer Zuständigkeitskonzentration allein in Fällen der Tateinheit ist auch sachgerecht, widerspricht nicht der ratio der Regelung und steht im Einklang mit der gesetzgeberischen Entscheidung und der vergleichbaren Situation im allgemeinen Strafverfahrensrecht. Die besondere Sach- und Steuerrechtskunde des Steuergerichts soll nur hinsichtlich der Steuerstraftaten in den Hintergrund treten, die bei der Begehung eines Btm-Deliktes *zwangsläufig* verwirklicht werden. In diesen Fällen sind steuerrechtliche Fragen in der Regel unproblematisch und ohne vertiefte Kenntnisse des Steuerrechts zu lösen und ergeben sich auch bei der Strafzumessung durch das nach § 52 II StGB zu beachtende Absorptions- bzw. Kombinationsprinzip (vgl. hierzu Schönke/Schröder/*Stree* 32 ff., *Lackner/Kühl* StGB § 52 Rn. 8) keine besonderen Schwierigkeiten, da eine Einzelstrafe für das Steuerdelikt nicht ausgeworfen werden muss. Dies verhält sich aber völlig anders bei einer unabhängig von einem Btm-Delikt begangenen Steuerstraftat, bzw. einer lediglich prozessual einheitlichen Tat. In diesen Fällen ist der steuerliche Hintergrund einer Steuerstraftat gleichermaßen schwierig zu beurteilen und erfordert steuerliche Kenntnisse, wie sich dies bei anderen – ausschließlichen – Steuerstraftaten verhält. Es wäre verfehlt, wenn eine komplizierte Steuerhinterziehung nur deshalb von einem allgemein zuständigen Gericht beurteilt werden müsste, weil der Täter völlig unabhängig von dieser Tat gelegentlich Kokain verkauft hat. Man stelle sich eine Steuerhinterziehung unter Verstoß gegen das Außensteuergesetz vor und den Umstand, dass der Täter irgendwann bei Gelegenheit eines Aufenthaltes am Sitz seiner ausländischen Gesellschaft Rauschgift gekauft und dieses nach Deutschland geschmuggelt hat. Sachgerecht ist in einem solchen Fall allein die Zuständigkeit eines spezialisierten Steuergerichts.

36 Ein Blick auf die **wortgleichen Regelungen in §§ 74a I Nr. 4 Halbs. 2 und 74c I Nr. 3 Halbs. 2 GVG** bestätigt diese Ansicht. Nach hM ist die Zuständigkeit der Wirtschaftsstrafkammer eines LG dann ausgeschlossen, wenn eines der in dieser Vorschrift genannten Spezialdelikte mit einer Straftat nach dem BtMG *tateinheitlich* zusammenfällt (*Kissel/Mayer* 3; *Meyer-Goßner* 4 zu § 74c GVG). Entsprechendes gilt bei § 74a I Nr. 4

Halbs. 2 GVG, der gleichzeitig mit § 391 IV Halbs. 2 AO durch G v. 28.7.1982 (BGBl. I 681, 702) eingefügt wurde und sicherstellen soll, dass kriminelle Vereinigungen *zur* Begehung von Btm-Straftaten nicht von einer auf Staatsschutzdelikte spezialisierten Staatsschutzkammer abgeurteilt werden (*Katholnigg* NStZ 1981, 420; LG Frankfurt 25.10.1989, StV 1990, 490). Ausdrücklich genanntes Vorbild für die Einführung beider Regelungen war der Wortlaut des seinerzeit schon bestehenden § 74c I Nr. 3 Halbs. 2 GVG. Deshalb hielt die BReg es für erforderlich, abweichend vom Entwurf (BT-Drs. 8/3551, 48, der die wortgleiche Einfügung noch in § 391 I Satz 1 AO vorsah) Btm-Delikte auch vom Zuweisungsgebot des § 391 III AO auszunehmen und die Einschränkung deshalb in § 391 IV AO zu regeln (BT-Drs. 8/3551, 54). In der Begründung zur Einfügung des als Vorbild dienenden § 74c I Nr. 3 Halbs. 2 GVG heißt es nun aber wiederum ausdrücklich, dass *„die Zuständigkeit der Wirtschaftsstrafkammer für solche Handlungen ausgeschlossen ist, die* **zugleich** *eine Straftat nach dem BtMG darstellen"* und verhindert werden soll, *„dass die Wirtschaftsstrafkammern durch Btm-Delikte, die fast stets mit Steuer- und Zolldelikten* **tateinheitlich zusammentreffen,** *überlastet werden"*, gleichzeitig aber auch sichergestellt werden soll, *„dass bei Aburteilung derartiger Taten die* **tateinheitlich zusammentreffenden** *Steuerdelikte gebührend berücksichtigt werden"* (BT-Drs. 8/976, 67). Diese bei Einfügung des § 391 IV Halbs. 2 AO bekannte Begründung lässt keine andere Annahme zu, als dass alle in die Fälle eines tateinheitlichen Zusammentreffens von Steuer- und Btm-Straftaten dem Konzentrationsausschluss unterworfen sein sollen.

Für Steuerstraftaten, welche die Kraftfahrzeugsteuer betreffen, gelten die Vorschriften des § 391 I–III AO ebenso wenig wie vorher § 426 RAO 1967 (s. dazu Begr. BT-Drs. V/1812, 31; krit. HHSp-*Rüping* 47 zu § 391), weil vorsätzliche und leichtfertige Verkürzungen der KfzSt (§ 370 bzw. § 378 AO) meist im Zusammenhang mit nichtsteuerlichen Straftaten begangen werden, bei denen regelmäßig das Schwergewicht der Tat liegt, wie zB bei Kfz-Diebstahl (§ 242 StGB) oder Gebrauchsentwendung (§ 248b StGB). Auch bei „reinen" Steuerstraftaten oder Steuerordnungswidrigkeiten, die lediglich KfzSt betreffen, ist eine Konzentration nicht erforderlich, weil bei dieser Steuerart die rechtliche Beurteilung der Besteuerungsgrundlagen keine besonderen Schwierigkeiten bereitet). Indessen hat die mangelnde Geltung des § 391 III AO lediglich zur Folge, dass das Präsidium des jeweils zuständigen Amtsgerichts bei der Geschäftsverteilung ungebunden darüber entscheiden kann, ob KfzSt-Strafsachen bei einer Abteilung konzentriert werden oder nicht (glA HHSp-*Rüping* 50 u. Kohlmann/*Hilgers-Klautzsch* 90 zu § 391), jedoch kann kein Präsidium diese Strafsachen einem anderen Amtsgericht zuweisen (glA Kohlmann aaO). **37**

Fällt eine KfzSt-Straftat aber mit einer anderen (der Zuständigkeitsregelung des § 391 I–III AO unterliegenden) Steuerstraftat zusammen, so ist das zentrale AG über die Verbindungsklausel des § 391 IV Halbs. 1 AO auch für diese KfzSt-Straftat zuständig. Auf das materiellrechtliche Konkurrenzverhältnis, Tateinheit oder Tatmehrheit, kommt es nicht an. Der Konzentrationsausschluss in § 391 IV Halbs. 2 AO betrifft nur alleinige KfzSt-Straftaten (HHsp-*Rüping* 47, Kohlmann/*Hilgers-Klautzsch* 91 zu § 391). Gleiches gilt auf der LG-Ebene für die Regelung des § 74c I Nr. 3 Halbs. 2 GVG, was aber nur von nachrangiger Bedeutung ist, da kaum vorstellbar ist, dass jemals allein wegen einer KfzSt-Hinterziehung eine die Strafgewalt des AG überschreitende Strafe droht (§ 74 GVG). So ist auch der unterschiedliche Wortlaut zur Ausnahme bei Btm-Straftaten zu verstehen (Rn. 32 ff.). Während für den Geltungsausschluss des § 391 I–III AO bei KfzSt-Straftaten auf deren *ausschließliches* „Vorliegen" abgestellt wird, sind andere Steuerstraftaten dagegen vom Ausschluss nur dann erfasst, wenn sie mit einer Btm-Straftat in tateinheitlichem Zusammenhang stehen. **38**

§ 392 Verteidigung

(1) **Abweichend von § 138 Abs. 1 der Strafprozessordnung können auch Steuerberater, Steuerbevollmächtigte, Wirtschaftsprüfer und vereidigte Buchprüfer zu Verteidigern gewählt werden, soweit die Finanzbehörde das Strafverfahren selbständig durchführt; im Übrigen können sie die Verteidigung nur in Gemeinschaft mit einem Rechtsanwalt oder einem Rechtslehrer an einer deutschen Hochschule im Sinne des Hochschulrahmengesetzes mit Befähigung zum Richteramt führen.**

(2) **§ 138 Abs. 2 der Strafprozessordnung bleibt unberührt.**

Vgl. § 90 WDO.

Schrifttum: Zu den §§ 137 ff. StPO: *Dahs,* Handbuch des Strafverteidigers, 8. Aufl. 2015; *Burhoff,* Handbuch für das strafrechtliche Ermittlungsverfahrens, 5. Aufl. 2010; *Strzyz,* Die Abgrenzung von Strafverteidigung und Strafvereitelung, Diss. Kiel 1983; *Ackermann,* Die Verteidigung des schuldigen Angeklagten, NJW 1954, 1385; *Schorn,* Prozeßhandlungen des Verteidigers und des Angeklagten, JR 1965, 375; *ders.,* Verteidigung und Vertretung im Strafverfahren, JR 1966, 7; *EbSchmidt,* Rechte und Pflichten, Funktionen und Konflikte des Strafverteidigers, JZ 1969, 316; *Welp,* Die Geheimsphäre des Verteidigers in ihren strafprozessualen Funktionen, Gallas-Festschr. 1973, 391; *Sieg,* Zur Anwesenheit des Verteidigers bei Vernehmungen des Beschuldigten im Ermittlungsverfahren, NJW 1975, 1009; *v. Stackelberg,* Zur Problematik der Wirtschaftskriminalität aus der Sicht des Verteidigers, BB 1975, 208; *Ostendorf,* Strafvereitelung durch Strafverteidigung, NJW 1978, 1345; *Krüger,* Probleme der anwaltlichen Interessenvertretung im Ordnungswidrigkeiten-Verfahren, NJW 1981, 1642; *Lüderssen,* Wie abhängig ist der Strafverteidiger von seinem Auftraggeber? Wie unabhängig kann und soll er sein? *Dünnebier*-Festschr. 1982, 263; *Krause,* Einzelfragen zum Anwesenheitsrecht des Verteidigers im Strafverfahren, StrVert 1984, 169; *Pfeiffer,* Zulässiges und unzulässiges Verteidigerhandeln, DRiZ 1984, 341; *Bottke,* Wahrheitspflicht des Verteidigers, ZStW 96 [1984] 726; *Welp,* Die Rechtsstellung des Strafverteidigers, ZStW 90, 804; *Kleine-Cosack,* Neuordnung des Berufsrechts, NJW 1994, 2249; *Eylmann,* Die Interessenkollision im Strafverfahren, AnwBl. 1998, 359; *Hartung,* Anwaltliche Selbstverwaltung im Wandel, AnwBl. 2000, 9; *Kramer,* Der Syndikusanwalt im Strafverfahren, AnwBl. 2001, 140; *Salditt,* Grauzonen anwaltlicher Freiheit, kasuistisch betrachtet, BRAK-Mitt. 2001, 150; *Birkenstock,* Zur psychologischen Dialektik und zur Zulässigkeit der Strafverteidigung eines Beschuldigten durch seinen ständigen Berater in Wirtschafts- und Steuerstrafverfahren, wistra 2002, 47; *Müller/Schmidt,* Aus der Rechtsprechung zum Recht der Strafverteidigung NStZ 2011, 503; *dies.,* Aus der Rechtsprechung zum Recht der Strafverteidigung, NStZ 2012, 308; *Lehmann,* Nichtjuristen als Verteidiger?, Zur Auslegung des § 138 Abs. 2 StPO, JR 2012, 287; *Müller/Schmidt,* Aus der Rechtsprechung zum Recht der Strafverteidigung, NStZ 2013, 328.

Zu § 392 AO: *Blumers/Göggerle,* Handbuch des Verteidigers und Beraters im Steuerstrafverfahren, 2. Aufl. 1989; *Quedenfeld/Füllsack,* Verteidigung in Steuerstrafsachen, 2. Aufl. 2000; *Streck/Spatschek,* Die Steuerfahndung, 4. Aufl. 2006; *Wabnitz/Janovsky,* Handbuch des Wirtschafts- und Steuerstrafrechts, 3. Aufl. 2007; *Maas,* Probleme bei der gemeinschaftlichen Verteidigung durch Rechtsanwälte und Angehörige der steuerberatenden Berufe, Diss. Köln 1983; *Franzen,* Zur Verteidigung und zur Akteneinsicht des Verteidigers im Steuerstrafverfahren, DStZ 1964, 310; *Gehre,* Gemeinsame Verteidigung durch Rechtsanwälte und Steuerbevollmächtigte im Steuerstrafverfahren, DStR 1968, 8; *Gehre,* Zur Wirksamkeit eines von einem Steuerberater gegen einen Strafbefehl eingelegten Einspruchs, DStR 1976, 601; *Lohmeyer,* Die rechtliche Stellung des Steuerberaters in der Außenprüfung und im Verfahren wegen Steuerzuwiderhandlungen, DStR 1979, 584; *Glashoff/Rohls,* Der steuerliche Berater im Steuerstrafverfahren oder Bußgeldverfahren gegen seine Mandanten, StB 1980, 75; *Henneberg,* Anmerkungen zur Verteidigung bei Lohnsteuerverkürzungen, DStR 1980, 63; *Kohlmann,* Steuerstrafrecht in der Bewährung, wistra 1982, 2, 6; *Behrendt,* Der Steuerberater: Kein richtiger Verteidiger? StKRep 1982, 245; *Blumers,* Steuerberater und Strafverteidigung, DStJG 6, 307; *Bornheim,* Rechtliche und praktische Aspekte bei der Steuerstrafverteidigung in Gemeinschaft von Rechtsanwalt und Steuerberater, wistra 1997, 212 257; *Hild,* Verteidigung in Steuerstrafverfahren, BB 1999, 343; *Birkenstock,* Zusammenarbeit mit Strafverteidiger, PStR 1999, 67; *Müller,* Aus der Rechtsprechung zum Recht der Strafverteidigung, NStZ-RR 1999, 97; ders., Aus der Rechtsprechung zum Recht der Strafverteidigung, NStZ-RR 2000, 97; *Schiffer,* Übernahme und Einleitung des Mandats, PStR 2000, 82; *Hetzer,* Geldwäsche und Strafverteidigung, wistra 2000, 281; *Sauer,* Zur Leichtfertigkeit i. S. v. § 261 V StGB bei der Annahme von Mandantengeldern durch Strafverteidiger, wistra 2004, 89; *Rolletschke,* Verteidigung im Steuerstrafrecht, Stbg 2005, 404; *Ebner,* Der Steuerberater in der Strafverteidigung (§ 392 AO), Steuer und Studium 2008, 577; *Rüping,* Steuerberater als Wahlverteidiger, DStR 2010, 1592.

Weiteres Schrifttum s. vor Rn. 21, 38, 56, 63, 69, 78.

Übersicht

1. Entstehungsgeschichte

Der Vorläufer des § 392 AO, § 427 RAO, wurde durch Art. 1 Nr. 1 AOStrafÄndG v. 10.8.1967 (BGBl. I 877) ohne Vorbild in die RAO eingefügt (Begr. BT-Drs. V/1812, 31 f.). § 444 AO 1931 (= § 409 AO 1919) regelte nur die Vertretung (nicht die Verteidigung) des Beschuldigten im Verwaltungsstrafverfahren (*Franzen* DStZ 1964, 310). Die Vorschrift des § 427 RAO trug Züge einer Kompromisslösung, die darauf schließen lassen, dass die Frage einer gesetzlichen Beteiligung von Angehörigen der steuerberatenden Berufsgruppen an den besonderen strafprozessualen Befugnissen des Verteidigers aus rechts- und standespolitischen Gründen umstritten war (s. auch Schriftl. Bericht zu BT-Drs. V/1941, 2). Für die Konzeption des RegE war die Vorstellung maßgebend, dass der Beschuldigte die Möglichkeit haben sollte, sich gegenüber dem strafrechtskundigen StA und der steuerrechtskundigen FinB als Nebenkläger durch entsprechend sachkundige Beistände gemeinschaftlich verteidigen zu lassen. Obwohl der BTag die im RegE vorgesehene Nebenklagebefugnis der FinB ablehnte (Schriftl. Bericht aaO), wurde der RegE des § 427 RAO unverändert verabschiedet. Die AO übernahm die Vorschrift als § 392. Die Worte „wegen Steuervergehen auf Grund des § 421 Abs. 2 in den Grenzen des § 433 Abs. 1 und der §§ 435, 346" wurden ersatzlos gestrichen. Eine inhaltliche Änderung wurde dadurch nicht bewirkt (BT-Drs. VI/1982, 198). 1

2. Allgemeines

Die Vorschriften der StPO über die Bestellung eines Verteidigers und dessen Mitwirkung im Strafverfahren sind Konkretisierungen des **Rechtsstaatsprinzips** auch in seiner Ausgestaltung als Gebot fairer Verfahrensführung (BVerfG 18.10.1983, NJW 1984, 113). Im Rechtsstaat darf der Beschuldigte nicht nur Objekt des Verfahrens sein; vielmehr muss ihm die Möglichkeit gegeben werden, zur Wahrung seiner Rechte auf den Gang und das Ergebnis des Strafverfahrens Einfluss zu nehmen (BVerfG 12.4.1983, NJW 1983, 1599). Nach § 137 I StPO kann sich der Beschuldigte „des Beistandes eines Verteidigers" bedienen (ebenso Art. 6 III c MRK). Hierüber ist der Beschuldigte gem. § 136 I 2 StPO zu belehren. Die Belehrung ist nach § 168b III StPO zu dokumentieren. Die Zahl der gewählten Verteidiger darf drei nicht überschreiten (§ 137 I 2 StPO). Diese Vorschrift soll Prozessverschleppungen vermeiden (*Dünnebier* NJW 1976, 1). Die Beschränkung ist zwar nicht unumstritten (vgl. KK-StPO/*Laufhütte* StPO § 137 Rn. 2), aber verfassungsgemäß (BVerfG 11.3.1975, BVerfGE 39, 156). Die Wahl von mehr als drei Verteidigern ist auch dann unzulässig, wenn es sich um Angehörige derselben Sozietät handelt (BGH 16.2.1977, NJW 1977, 910). Allerdings rechtfertigt die Vorlage einer Vollmachtsurkunde, in der mehr als drei Sozien aufgeführt und keiner von ihnen gestrichen worden ist, für sich allein noch nicht die Annahme, alle Sozien hätten den Auftrag auch angenommen (BVerfG 28.10.1979, BVerfGE 43, 79, 94). Eventuelle Pflichtverteidiger werden auf die Zahl der Wahlverteidiger nicht angerechnet (KK-*Laufhütte* 6 zu § 137 StPO mwN); wohl aber Verteidiger, die nur 2 mit Genehmigung des Gerichts (§ 138 II StPO) tätig werden dürfen (BGH 14.11.1979, MDR 1980, 273). Sukzessive Mehrfachverteidigung ist möglich. Hat der Beschuldigte einen gesetzlichen Vertreter, so kann auch dieser selbstständig einen Verteidiger wählen (§ 137 II StPO). Dieses Recht auf einen Verteidiger steht dem Beschuldigten *„in jeder Lage des Verfahrens"* (§ 137 I StPO) zu, also auch im staatsanwaltlichen bzw. finanzbehördlichen Ermittlungsverfahren (§§ 397 ff. AO, §§ 158 ff. StPO). Allerdings sind die Befugnisse des Verteidigers in den einzelnen Verfahrensabschnitten unterschiedlich (Rn. 69 ff.). In bestimmten Fällen ist die Mitwirkung eines Verteidigers im Strafverfahren zwingend vorgeschrieben (Rn. 38 ff.).

3 Der **Verteidiger** tritt **als Beistand selbstständig** neben dem Beschuldigten auf (§ 137 I StPO). Infolgedessen handelt er aus eigenem Recht und im eigenen Namen, nicht als Vertreter des Beschuldigten in dessen Namen (BGH 30.1.1959, BGHSt 12, 367, 369; s. aber Rn. 72). Dementsprechend gewährt das Gesetz dem Angeklagten und dem Verteidiger zahlreiche Rechte nebeneinander (zB Fragerecht nach § 240 II StPO; Ladungen gem. §§ 216, 218 StPO) oder unabhängig voneinander (zB Akteneinsicht des Verteidigers gem. § 147 StPO; mit Einschränkung: Rücknahme von Rechtsmitteln gem. § 302 StPO). Ohne entsprechende Vollmacht ist der Verteidiger nicht zugleich steuerlicher Vertreter iS des § 80 AO.

4 Die strafprozessualen Rechte **gesetzlicher Vertreter** ergeben sich aus § 137 II StPO, §§ 149 II, 298, 330, 374 III StPO, § 67 JGG. Die Erklärungen des Beschuldigten sind jedoch im Strafverfahren ohne Genehmigung des gesetzlichen Vertreters wirksam. Die Befugnisse beider stehen selbstständig nebeneinander (RG 38, 16 v. 31.5.1905). Auch der Geschäftsunfähige hat gem. § 137 I StPO das Recht, einen Verteidiger zu wählen, sogar gegen den Willen des gesetzlichen Vertreters (OLG Schleswig 9.9.1980, NJW 1981, 1681).

5 Verfahrensrechte von **Angehörigen** des Angeklagten folgen aus § 286 StPO und § 361 StPO (Tod des Angeklagten). Über Ehegatten als Beistand vgl. § 149 I StPO.

6 Für die **Verteidigung im Bußgeldverfahren** gilt § 392 AO entsprechend (§ 410 I Nr. 3 AO).

3. Rechtsstellung des Verteidigers

7 Der Verteidiger ist ein mit besonderen Befugnissen ausgestattetes, unabhängiges **Organ der Rechtspflege** (BGH 15.2.1956, BGHSt 9, 20, 22; BGH 30.1.1959, BGHSt 12, 367, 369; BGH 24.11.1999, NStZ 2000, 212; *Habscheid* NJW 1962, 1985; *Henssler/Prütting* 10 ff. vor § 1 BRAO). Die besondere Aufgabe des Verteidigers im Strafprozess ist es, dem Schutz des Beschuldigten zu dienen und dadurch zur Findung eines gerechten Urteils beizutragen. Diese Aufgabe hat er unter eigener Verantwortung und unabhängig von dem Angeklagten zu erfüllen (BGH 30.10.1959, BGHSt 13, 337, 343; BGH 24.11.1999, NStZ 2000, 212). Während die StA berufen ist, den Richter in seinem Ringen um die Erforschung des wirklichen Sachverhalts und um die richtige Rechtsanwendung zu unterstützen, ist der Verteidiger nicht zur Objektivität, sondern im Gegenteil zur Einseitigkeit verpflichtet (BGH 15.2.1956, BGHSt 9, 20, 22; *Dahs* NJW 1959, 1158; *Henneberg* DStR 1968, 265). Der Verteidiger hat einseitig die Justizförmigkeit der Wahrheitsfindung zu überwachen und auf die Einhaltung der Verfahrensvorschriften zu achten (*Dahs* Handbuch Rz. 5, 7). Er selbst darf nach § 43a III BRAO keine unwahren Tatsachenbehauptungen aufstellen (*Pfeiffer* DRiZ 1984, 341).

8 Der Verteidiger darf die **Wahrheitsermittlung** nicht behindern (BGH 15.2.1956, BGHSt 9, 20, 22). Dabei kann er v. a. dann in einen Konflikt geraten, wenn er die Schuld des Angeklagten durch dessen geheimes Geständnis kennt oder infolge nur ihm bekannt gewordener Beweise davon überzeugt ist.

9 Macht ein Verteidiger im Rahmen einer tatsächlichen Verständigung unvollständige Angaben über vorhandenes Kapitalvermögen eines Mandanten, obwohl ihm das übrige Vermögen bekannt ist, macht er sich selbst einer Steuerhinterziehung nach § 370 AO

strafbar, wenn infolge der unvollständigen Angaben Steuern verkürzt werden (BGH 26.10.1998, wistra 1999, 103). Bemerkenswert ist in diesem Zusammenhang, dass durch die tatsächliche Verständigung eine neue Steuerstraftat bewirkt wird, die von der früheren (Haupt-)Steuerhinterziehung durch den Mandanten unabhängig zu betrachten ist. Eine neuerliche, noch verfolgbare Steuerhinterziehung durch den Berater liegt daher selbst dann vor, wenn die frühere, durch den Mandanten begangene erste Steuerhinterziehung bereits verjährt ist (*Randt,* Der Steuerfahndungsfall, Kap. A Rn. 113ff).

Gem. § 257 StGB macht sich der **Begünstigung** schuldig, wer einem anderen, der eine rechtswidrige Tat begangen hat, in der Absicht Hilfe leistet, ihm die Vorteile der Tat zu sichern. Die Begünstigung einer Steuerstraftat ist ein Steuerdelikt (ausf. Rn. 182 ff. zu § 369). In diesem Kontext kann der Transfer von unversteuerten Geldern in die Schweiz über Rechtsanwaltsanderkonten und Domizilgesellschaften eine Strafbarkeit des Verteidigers nach § 257 StGB begründen (BGH 26.10.1998, wistra 1999, 103; dazu ausführlich *Spatschek/Mantas* PStR 1999, 174, 176). 10

Fernerhin ist die Begehung einer **Geldwäsche** durch einen Verteidiger durch die Annahme von Honoraren (§ 261 Abs. 2 Nr. 1 StGB), die aus einer hinterzogenen („bemakelten") Geldquelle herrühren, angesichts der Neuregelung des § 261 Abs. 1 Nr. 4b) StGB, die zeitgleich mit der Streichung des § 370a AO einherging (G. v. 21.12.2007, BGBl. I 3198), seit dem 1.1.2008 nicht mehr ausgeschlossen. Während vor der Änderung des Geldwäschetatbestands, deren Vortat allein § 370a AO sein konnte, aufgrund der faktischen Ignoranz des § 370a AO (*Weyand* StuB 2008, 260, 261) angesichts erheblicher verfassungsrechtlicher Bedenken im steuerlichen Kontext (BGH 22.7.2004, wistra 2004, 393) keine Rolle spielte, dürfte dies nun anders zu beurteilen sein. Nach § 261 Abs. 2 Nr. 4b) StGB kann Vortat einer Geldwäsche nunmehr auch eine Steuerhinterziehung nach § 370 sein, die gewerbsmäßig oder von einem Mitglied einer Bande, die sich zur fortgesetzten Begehung solcher Taten verbunden hat, begangen worden ist. Insbesondere im Falle von bandenmäßiger Umsatz- und Verbrauchsteuerhinterziehung (*Rüping/Ende* DStR 2008, 13, 15) als Vortat ist eine Geldwäsche durch die Annahme des Verteidigerhonorars nunmehr nicht mehr ausgeschlossen. Erforderlich ist jedoch, dass der Verteidiger davon Kenntnis hat, dass der Gegenstand aus der Vortat herrührt (BVerfG 30.3.2004, wistra 2004, 217: Der Berater muss sicher wissen, dass das Geld aus einer Katalogtat stammt). 11

Eine **Strafvereitelung** gem. § 258 StGB (früher sog. persönliche Begünstigung) begeht, wer absichtlich oder wissentlich vereitelt, dass ein anderer gesetzmäßig bestraft wird. Strafvereitelung ist kein Steuerdelikt. Die FinB sind daher nicht zur Ahndung zuständig. 12

Konfliktsituationen können im allgemeinen Kontext in Fällen entstehen, in denen verschiedene Standespflichten (Rn. 14) miteinander kollidieren (*Dahs* Handbuch Rn. 45 ff.). Soweit ein Strafverteidiger prozessual zulässig handelt, ist sein Verhalten nach der Rechtsprechung des BGH nicht tatbestandsmäßig (BGH 9.5.2000, wistra 2000, 301). Es steht dem Verteidiger frei, jede sachliche Kritik an der rechtlichen Würdigung des festgestellten Sachverhalts zu üben (*Cüppers* NJW 1952, 895). In tatsächlicher Hinsicht darf er zwar die unzulängliche Beweisführung kritisieren (*Ackermann* NJW 1954, 1385), jedoch nicht „eine Beweisquelle trüben" (RG 23.4.1917, RGSt 50, 364, 366: Veranlassung eines Zeugen, seine wahre Aussage zu widerrufen). Ebenso kann er sich der Begünstigung (Strafvereitelung) schuldig machen, wenn er das Gericht unter Vorspiegelung falscher Tatsachen bewusst irreführt (RG 20.2.1902, RGSt 35, 128, 129 zu einem auf wissentlich falsche Angaben gestützten Gnadengesuch) oder den Sachverhalt zugunsten des Angeklagten bewusst verdunkelt (RG 1.7.1932, RGSt 66, 316, 326), zB dadurch, dass er einen Zeugen oder Mitbeschuldigten veranlasst, zugunsten des Mandanten falsch auszusagen (BGH 16.5.1983, JR 1984, 299 mit zust. Anm. *Bottke;* KG 19.12.1983, JR 1984, 250). Auch der Rat, auf bestimmte Fragen bestimmte unwahre Antworten zu geben, oder zB der Rat, Buchführungsunterlagen zu vernichten, kann den Vorwurf der Strafvereitelung begründen (*Weyand* INF 1991, 123). Ein Verteidiger, der den Mandanten über bevorstehende, wegen Gefährdung des Untersuchungszwecks geheimgehaltene Maßnahmen der Strafverfolgungs- 13 behörde informiert, handelt tatbestandslos (aA KG 5.7.1982, NStZ 1983, 556; *Weyand* INF 1991, 123). Sollen geplante Untersuchungshandlungen nicht bekannt werden, kann die Akteneinsicht versagt oder beschränkt werden (§ 147 II StPO, Nr. 35 I AStBV; *Tondorf* StV 1983, 257). Der Verteidiger darf aber einen Zeugen über ein Aussageverweigerungsrecht sowie den Angeklagten darüber belehren, dass er vor Gericht nicht zur Wahrheit verpflichtet ist oder dass er ein Geständnis widerrufen kann (*Ostendorf* NJW 1978, 1345). Der Verteidiger darf eine rechtskräftige Verurteilung verzögern, freilich nur durch prozessadäquate Mittel, zB durch Stellen von Beweisanträgen oder durch Einlegung eines Rechtsmittels trotz völliger Aussichtslosigkeit (Schönke/Schröder/*Stree/Hecker* StGB § 258 Rn. 20, ebenso HHSp-*Rüping* 57 zu § 392 AO). Zusammengefasst *„darf ein Strafverteidiger, ohne sich dem Vorwurf einer Begünstigung auszusetzen, selbst dann noch einen Freispruch anstreben, wenn er dessen Schuld kennt, solange er sich jeder bewußten Verdunkelung des Sachverhalts und jeder Erschwerung der Strafverfolgung enthält und sich bei seinem Vorgehen auf verfahrensmäßig erlaubte Mittel beschränkt"* (BGH 20.5.1952, BGHSt 2, 375, 377; *Ackermann* aaO mwN).

14 Der Verteidiger darf grundsätzlich alles tun, was in gesetzlich nicht zu beanstandender Weise seinem Mandanten nützt (BGH 9.5.2000, wistra 2000, 301). Fehlt es nach Meinung des Verteidigers an der zweifelsfreien Überführung des „schuldigen" Angeklagten, braucht er sich nicht auf die Geltendmachung mildernder Umstände zu beschränken, sondern kann Freispruch beantragen (RG 1.7.1932, RGSt 66, 316, 325; *Dahs* NJW 1959, 1158). Der Anwalt darf den Mandanten auch darüber belehren, dass ein Beschuldigter bzw. Angeklagter für eine unwahre Aussage nicht zur Verantwortung gezogen wird (*Kindshofer* in *Wannemacher* Rn. 2060 zu § 257 StGB). Ob das taktisch klug ist, ist freilich eine andere Frage. Bei Wirtschaftsprüfern, Steuerberatern, Steuerbevollmächtigten und vereidigten Buchprüfern (Rn. 22 f.) ist die Gefahr, sich im Steuerstrafverfahren einer Strafvereitelung oder Begünstigung schuldig zu machen, weitaus größer als bei Anwälten (*v. Witten* NJW 1964, 2051; Kohlmann/*Hilgers-Klautzsch* 38 zu § 392). Die Angehörigen dieser Berufsgruppen wirken im Gegensatz zu Anwälten regelmäßig bereits bei der Umsatz- und Gewinnermittlung sowie der Abgabe der Steuererklärung mit. Sie werden daher bezüglich der Übernahme des Mandats aus straf- und standesrechtlichen Gründen (Rn. 14) besondere Vorsicht walten lassen müssen. Über die Entziehung der Verteidigungsbefugnis s. Rn. 56 ff.

15 Der **Verteidigung des „schuldigen Angeklagten"** waren früher auch **standesrechtliche Grenzen** gesetzt. Die Standesrichtlinien (RichtlA) – erlassen gem. § 177 II Nr. 2 BRAO aF – wurden jahrzehntelang als verfassungskonformes (BVerfG 28.11.1973, BVerfGE 36, 212, 219) Hilfsmittel zur Auslegung und Konkretisierung anwaltlicher Berufspflichten herangezogen. In späteren Entscheidungen hat das BVerfG daran nicht mehr festgehalten (BVerfG 14.7.1987, BVerfGE 76, 171 u. 196). Seit der durch das BVerfG veranlassten Reform des Berufsrechts sind für die Berufsausübung des Anwalts und Strafverteidigers die allgemeinen Gesetze maßgebend, vor allem §§ 43, 43a BRAO (*Dahs* Handbuch Rn. 38). Die Bundesrechtsanwaltsordnung sowie die Berufsordnung enthalten weitergehende Konkretisierungen der allgemeinen Standespflichten. Spezielle Verhaltensregeln für den Strafverteidiger enthält diese Berufsordnung nicht. Gleiches gilt für die Berufsregeln der Rechtsanwälte der Europäischen Union (CCBE-Berufsregeln). Über die Grundpflichten des Anwalts bestimmt die BRAO in § 43a:

§ 43a BRAO Grundpflichten des Rechtsanwalts

(1) …

(2) [1] Der Rechtsanwalt ist zur Verschwiegenheit verpflichtet. [2] Diese Pflicht bezieht sich auf alles, was ihm in Ausübung seines Berufes bekanntgeworden ist. [3] Dies gilt nicht für Tatsachen, die offenkundig sind oder ihrer Bedeutung nach keiner Geheimhaltung bedürfen.

(3) [1] Der Rechtsanwalt darf sich bei seiner Berufsausübung nicht unsachlich verhalten. [2] Unsachlich ist insbesondere ein Verhalten, bei dem es sich um die bewußte Verbreitung von Unwahrheiten oder solche herabsetzenden Äußerungen handelt, zu denen andere Beteiligte oder der Verfahrensverlauf keinen Anlaß gegeben haben.

(4) Der Rechtsanwalt darf keine widerstreitenden Interessen vertreten.

(5) [1]Der Rechtsanwalt ist bei der Behandlung der ihm anvertrauten Vermögenswerte zu der erforderlichen Sorgfalt verpflichtet. [2]Fremde Gelder sind unverzüglich an den Empfangsberechtigten weiterzuleiten oder auf ein Anderkonto einzuzahlen.

(6) …

einstweilen frei **16–20**

4. Zur Verteidigung Berechtigte

Schrifttum: *Mösbauer,* Der Steuerberater als Strafverteidiger, INF 1988, 169; *ders.,* Ausschließung des Steuerberaters von der Strafverteidigung, INF 1988, 313; *Hammerstein,* Zum Umfang der Befugnisse des mitverteidigenden Steuerberaters im Strafverfahren, JR 1988, 391; *Weyand,* Steuerberater im Steuerstrafverfahren, INF 1988, 487; *Bornheim,* Rechtliche und praktische Aspekte bei der Steuerstrafverteidigung in Gemeinschaft von Rechtsanwalt und Steuerberater, wistra 1997, 212, 257; *Stolz,* Der Steuerberater als Strafverteidiger, PStR 1998, 212; *D. Hild/C. Hild,* Verteidigung im Steuerstrafverfahren, BB 1999, 343; *Birkenstock,* Zur psychologischen Dialektik und zur Zulässigkeit der Strafverteidigung eines Beschuldigten durch seinen ständigen Berater in Wirtschafts- und Steuerstrafverfahren, wistra 2002, 47; *Rolletschke,* Verteidigung im Steuerstrafrecht, Stbg 2005, 404; *Lehmann,* Nichtjuristen als Verteidiger?, Zur Auslegung des § 138 Abs. 2 StPO, JR 2012, 287.

Zu Verteidigern können gem. § 138 I StPO die bei einem deutschen Gericht zugelassenen **Rechtsanwälte sowie** die **Rechtslehrer** (vgl. KK-StPO/*Laufhütte* StPO § 138 Rn. 5) an deutschen Hochschulen gewählt werden. Sie brauchen nicht Mitglieder einer juristischen Fakultät zu sein (KK-StPO/*Laufhütte* StPO § 138 Rn. 5; zweifelnd mit Rücksicht auf den Normzweck *Julius* in HK-StPO 5 zu § 138 StPO). Ihre Wahl bedarf keiner Genehmigung oder Zulassung durch das Gericht (s. auch § 3 BRAO). Auch **Fachhochschullehrer** zählen zu den „Rechtslehrern an deutschen Hochschulen" und können als Verteidiger im Strafverfahren auftreten. Voraussetzung ist allerdings die Befähigung zum Richteramt (§ 392 I AO idF des G v. 24.8.2004, BGBl. I 2198; ebenso bereits BGH 28.8.2003, NJW 2003, 3573; betr. ausländische Hochschullehrer vgl. OLG Koblenz 11.2.1981, NStZ 1981, 403; hinsichtlich des Syndikusanwalts vgl. § 46 BRAO und *Kramer* AnwBl. 2001, 140 ff.). Die bei dem BGH zugelassenen Rechtsanwälte dürfen allerdings nur dort sowie bei den übrigen Obersten Gerichtshöfen des Bundes und dem BVerfG auftreten (§ 172 I BRAO). Nur natürliche Personen können Verteidiger sein (vgl. *Rolletschke* Stbg 2005, 404). Dies gilt auch für Sozietäten: Verteidiger ist stets nur jedes einzelne Sozietätsmitglied (BVerfG 28.10.1976, BVerfGE 43, 79; kritisch *Eylmann* AnwBl. 1998, 359). Beauftragt der Beschuldigte eine Rechtsanwalts-GmbH, so wird nur der konkret für die GmbH gegenüber dem Gericht handelnde Anwalt persönlich Verteidiger des Beschuldigten (LG Bonn 27.12.2000, AnwBl. 2001, 300). **21**

Europäische Rechtsanwälte dürfen sich nach dem Gesetz über die Tätigkeit europäischer Rechtsanwälte in Deutschland (EuRAG) v. 9.3.2000 (BGBl. I 182) niederlassen und tätig werden. Im gerichtlichen Verfahren dürfen sie nur im Einvernehmen mit einem deutschen Rechtsanwalt (Einvernehmensanwalt) handeln (§ 28 I EuRAG; vgl. auch CCBE-Berufsregeln, Rn. 14). **22**

Im Interesse der Steuerstrafrechtspflege ist die Regelung des § 138 I StPO mit gewissen Einschränkungen durch § 392 I auf die **Angehörigen der steuerberatenden Berufe** erweitert worden was deren wirksame und fortbestehende Bestellung voraussetzt. Die Bestimmung schafft einen gewissen Ausgleich, da den speziellen Steuerrechtskenntnissen der Ermittlungsbehörden die besondere Sachkunde der Angehörigen der steuerberatenden Berufe gegenübergestellt wird. Die Vertretung durch den steuerlich Bevollmächtigten bietet für den Beschuldigten insbesondere den Vorteil, dass es für den Verteidiger keiner großen Einarbeitung bedarf und er das Verfahren daher kostengünstiger betreiben kann. Nach § 1 II Nr. 1 StBerG gehört zum Berufsbild der Steuerberater und Steuerbevollmächtigten „auch die Hilfeleistung in Steuerstrafsachen und in Bußgeldsachen wegen einer Steuerordnungswidrigkeit". Demgemäß können nach § 392 I auch Steuerberater, Steuerbevoll- **23** mächtigte, Wirtschaftsprüfer und vereidigte Buchprüfer die Befugnisse eines Strafverteidigers innerhalb bestimmter Grenzen kraft Gesetzes ausüben (BT-Drs. V/1812, 32, vgl. *Birkenstock* PStR 1999, 67 ff.; *Ebner,* Steuer und Studium 2008, 577 ff.). Angehörige der steuerberatenden Berufe werden allerdings als Strafverteidiger eines Mandanten, den sie bereits steuerlich beraten haben, regelmäßig ausscheiden (*Franzen* DStR 1967, 533; *Birkenstock* wistra 2002, 47; enger *Henneberg* DStR 1968, 265), weil die Gefahr der Teilnahme oder Begünstigung (Rn. 9) besteht oder weil sie als Tatzeuge in Betracht kommen (BGH 15.11.1955, BGHSt 8, 194, 196; vgl. auch LG Hildesheim 18.2.2010, DStRE 2010, 1153; über den Ausschluss von Verteidigern im Allgemeinen s. Rn. 56 ff.). Als Tatzeuge kann der ständige steuerliche Berater seinem Mandanten bei der Widerlegung eines ungerechtfertigten strafrechtlichen Vorwurfs besser beistehen als in der Rolle eines Verteidigers. Die Funktion des steuerlichen Beraters als möglicher Hauptentlastungszeuge ist nicht zu unterschätzen. Das zuvor beschriebene Kostenargument kann hier nicht gelten (*Bornheim* wistra 1997, 212, 214; aM *Stolz* PStR 1998, 212).

24 Zu **alleinigen Verteidigern können Angehörige der steuerberatenden Berufe** gewählt oder bestellt werden, soweit die FinB das Strafverfahren selbstständig durchführt, also im Ermittlungsverfahren bis zum Erlaß eines Strafbefehls. Auch der Einspruch gegen einen von der FinB beantragten Strafbefehl gehört noch in das Verfahrensstadium, in dem die FinB das Strafverfahren selbstständig durchführt, er kann folglich von einem Angehörigen der steuerberatenden Berufe selbstständig eingelegt werden (glA *Gehre* DStR 1976, 601; *Glashof/Rohls* StB 1980, 75; *Mösbauer* INF 1988, 169; Kohlmann/*Hilgers-Klautzsch* 85 u. 120 zu § 392; *Blumers/Glöggerle* Rn. 63; aM KK-StPO/*Fischer* StPO § 407 Rn. 31; HHSp-*Rüping* 73 zu § 392; *Rolletschke,* Stbg 2005, 404, 405; Klein/*Jäger* AO § 392 Rn. 2; AG München PStR 2008, 206). Für die Praxis empfiehlt *Bornheim,* bereits vor Einlegung eines Einspruchs ein Verteidigerteam zu bilden (wistra 1997, 212, 215). Die Regelung des § 392 I berücksichtigt, dass der Schwerpunkt der Verteidigung im Ermittlungsverfahren der FinB auf steuerrechtlichem Gebiet, nämlich auf der Feststellung der objektiven und subjektiven Ursachen einer Steuerverkürzung sowie der Höhe der verkürzten Beträge liegt. Insoweit ist nach den Erfahrungen der FinBn eine sachgerechte Verteidigung auch durch die auf steuerrechtlichem Gebiet besonders sachkundigen Angehörigen der steuerberatenden Berufe gewährleistet (BT-Drs. V/1812, 32).

25 Die **Befugnis zur Alleinverteidigung** durch Angehörige der steuerberatenden Berufe erstreckt sich neben Steuerstraftaten auf die über § 386 II Nr. 2 erfassten Begleittaten. Die insoweit bestehende Verteidigerstellung **endet,** wenn oder sobald die StA nach § 386 II, III durch Abgabe des Falls durch die Finanzbehörden oder staatsanwaltliche Evokation bzw. das Gericht mit der Strafsache befasst ist (*Rolletschke* Stbg 2005, 404). Von diesem Augenblick an können sie die Verteidigung nur in Gemeinschaft mit einem Rechtsanwalt oder einem Rechtslehrer (über Ausnahmen durch Einzelgenehmigung s. Rn. 30 f.) übernehmen. Wird nämlich das Ermittlungsverfahren, zB wegen Tateinheit zwischen einer Steuerstraftat und einem anderen Delikt oder wegen eines Haftbefehls, von der StA geführt, gewinnen die Fragen des allgemeinen Strafrechts und der Strafprozessordnung an Bedeutung, also ein Rechtsgebiet, das allenfalls am Rande zum Berufsbild der Angehörigen der steuerberatenden Berufe gehört. Eine effiziente Verteidigung bedingt sowohl strafrechtliche als auch steuerrechtliche Expertise (Kohlmann/*Hilgers-Klautzsch* 40 zu § 392).

26 Auch bei der Betreuung von **Selbstanzeigen** durch Steuerberater kann sich ein Problem hinsichtlich der Alleinvertretungsbefugnis ergeben. Die Veranlagungsfinanzämter reichen die Selbstanzeige an die Straf- und Bußgeldstelle zur rechtlichen Prüfung weiter. Diese haben ihrerseits die Zuständigkeit zu prüfen und über eine Abgabe an die Staatsanwaltschaft zu entscheiden. Die Pflicht zur Beteiligung der Staatsanwaltschaft gilt bei solchen Fallgestaltungen auch und gerade dann, wenn zu entscheiden ist, ob eine wirksame Selbstanzeige iSv § 371 AO gegeben ist, BGH 20.5.2010, wistra 2010, 304. Nach der Neuregelung zur Selbstanzeige im Rahmen des Gesetzes zur Änderung der Abgabenordnung

mit Inkrafttreten zum 1.1.2015 dürfte mit einer verstärkten Einbeziehung der Staatsanwaltschaften zu rechnen sein, weil die Strafbefreiung oder ein Absehen von Strafverfolgung nach § 398a AO an eine Vielzahl von Voraussetzungen geknüpft ist. In bedeutsameren Selbstanzeigefällen, deren Wirksamkeit in Frage steht, wird eine notwendige Verteidigung iSv § 140 StPO erforderlich sein.

Die Wahl eines Steuerberaters als Mitverteidiger bedarf (abw. von § 138 II StPO, 27
Rn. 28 f.) keiner gerichtlichen Genehmigung (glA *Lohmeyer* MDR 1974, 199; *Glashof/Rohls* StB 1980, 75; vgl. auch KK-StPO/*Laufhütte* StPO § 138 Rn. 6). Mit Genehmigung des Gerichts können Steuerberater auch als Alleinverteidiger auftreten (vgl. *Mösbauer* INF 1988, 169 sowie Rn. 28). Zu einem Erstarken der Alleinvertretungsbefugnis kommt es ferner in den Fällen, in denen die StA die Sache an die Finanzbehörde zurücküberträgt (§ 386 IV). Wer kraft Gesetzes nur in Gemeinschaft mit einem Anwalt zugelassen ist, kann nur bestimmte einzelne Verteidigerbefugnisse selbstständig wahrnehmen, so zB die Rechte auf Akteneinsicht (§ 147 StPO), auf Verkehr mit dem Beschuldigten (§ 148 StPO), auf Anwesenheit bei Vernehmungen (§ 163a III 2, § 168c I StPO). Prozesserklärungen (zB Rechtsmitteleinlegung) können die Angehörigen der steuerberatenden Berufe nach überwiegender Auffassung nur gemeinschaftlich mit einem zur Verteidigung bestimmten Rechtsanwalt oder Rechtslehrer abgeben (KG 16.1.1974, NJW 1974, 916; OLG Hamburg 21.1.1981, BB 1981, 658; *Franzen* DStR 1967, 533; *Gehre* DStR 1968, 8; *Mösbauer* INF 1988, 169; *Kohlmann* StKRep 1976, 290; Meyer-Goßner/Schmitt/*Schmitt* StPO § 138 Rn. 20; HHSp-*Rüping* 73, 86 zu § 392; aM *Koch* StKRep 1968, 226 sowie *Luthmann* DStR 1969, 557). Diese Beschränkung der Befugnisse steuerberatender Berufe mag zwar in gewissen Fällen misslich sein (dazu ausf. Kohlmann/*Hilgers-Klautzsch* 35 zu § 392), sie entspricht aber dem Zweck des Gesetzes (BT-Drs. V/1812, 32) und dient dem Schutz des Beschuldigten, der im staatsanwaltschaftlichen und gerichtlichen Steuerstrafverfahren einen Verteidiger benötigt, der nicht nur steuerrechtliche Sachkunde hat, sondern v. a. über ausreichende Kenntnisse und forensische Erfahrungen auf straf- und strafverfahrensrechtlichem Gebiet verfügt. Unterschiedliche Auffassungen von Anwalt und Steuerberater und damit auch divergierende (Prozess-)Erklärungen gegenüber dem Gericht sind zwar theoretisch denkbar. Im Interesse einer sachgerechten Verteidigung sollten sie jedoch vermeidbar sein. Ob es erforderlich oder auch nur sinnvoll ist, für eine derartige Konfliktklärung den Gesetzgeber zu bemühen (so die Anregung von *Bornheim* wistra 1997, 212, 217), erscheint zumindest zweifelhaft. Aus Gründen der Verfahrensklarheit muss der Rechtsanwalt oder Rechtslehrer die Rechtsmittelerklärung des Angehörigen der steuerberatenden Berufe mit unterzeichnen (*Gehre* DStR 1968, 8) oder innerhalb der Rechtsmittelfrist gegenüber dem Gericht eine Einverständniserklärung abgeben (KG aaO; *Blumers/Glöggerle* Rn. 80 wollen es genügen lassen, wenn der Rechtsanwalt stillschweigend zustimmt; ferner Rn. 24).

§ 392 II AO stellt klar, dass die allgemeine Vorschrift des § 138 II StPO von der 28
besonderen Regelung des § 392 I AO unberührt bleibt, was bedeutet, dass auch Steuerberater, Steuerbevollmächtigte, Wirtschaftsprüfer sowie vereidigte Buchprüfer aufgrund eines besonderen Antrags als Alleinverteidiger von Seiten des Gerichts zugelassen werden können, soweit kein Fall der notwendigen Verteidigung nach Maßgabe von § 140 StPO vorliegt.

§ 138 StPO [Wahlverteidiger]

(1) …

(2) [1] Andere Personen können nur mit Genehmigung des Gerichts gewählt werden. [2] Gehört die gewählte Person im Fall der notwendigen Verteidigung nicht zu den Personen, die zu Verteidigern bestellt werden dürfen, kann sie zudem nur in Gemeinschaft mit einer solchen als Wahlverteidiger zugelassen werden.

(3) …

Die allgemeine Befugnis zur Hilfeleistung in Steuerstrafsachen und in Bußgeldsachen 29
wegen einer Steuerordnungswidrigkeit gem. § 1 II Nr. 1 iVm §§ 2, 3 StBerG umfasst nicht

die Wahrnehmung der alleinigen Verteidigerfunktion vor Gericht. Die Angehörigen der steuerberatenden Berufe können daher nur mit Genehmigung des Gerichts zu alleinigen Verteidigern gewählt werden (vgl. auch *Mösbauer* INF 1988, 169). Zu den *„anderen Personen"* gehören auch ausländische Rechtsanwälte (*Brangsch* NJW 1981, 1180; betr. EU-Bürger vgl. Rn. 22), ferner Rechtsbeistände, und zwar ohne Rücksicht darauf, bei welchem Gericht sie zugelassen sind (vgl. dazu BVerfG 25.2.1976, NJW 1976, 1349). Wenn ein ausländischer Rechtsanwalt aber lediglich als Aufklärungsgehilfe mit Teilbereichen der Sachaufklärung im Ausland betraut werden soll, ist eine Zulassung als Verteidiger gem. § 138 II StPO neben weiteren Pflichtverteidigern nicht geboten (OLG Stuttgart 9.1.2009, NStZ-RR 2009, 113). Steuerberatungs-, Wirtschafts- und Buchprüfungsgesellschaften dürfen zwar gem. §§ 1, 3 StBerG Hilfe in Steuerstrafsachen leisten, jedoch können juristische Personen nicht Strafverteidiger sein (Rn. 21).

30 Die **Wahl „anderer Personen" iS des § 138 II StPO** (ausführlich *Lehmann* JR 2012, 287 ff. u. *Rüping* DStR 2010, 1592 ff.) bedarf der Genehmigung durch das Gericht. Voraussetzung für die Entstehung eines wirksamen Verteidigungsverhältnisses ist daher die prozessuale Zulassung im Einzelfall. Die Genehmigung setzt einen Antrag voraus, der konkludent gestellt werden kann (KK-StPO/*Laufhütte* StPO § 138 Rn. 9). Die Genehmigung erfordert besondere Gründe, die das Interesse des Beschuldigten an der Verteidigung gerade durch die gewählte Person rechtfertigen. Ein solcher Grund ist zB nicht allein, dass der Beschuldigte zu einer bestimmten Person besonderes Vertrauen gefasst hat. Vielmehr müssen die Gerichte in jedem Einzelfall bei ihrer Ermessensentscheidung die Interessen des Beschuldigten und die Bedürfnisse einer geordneten Rechtspflege abwägen (BayObLG 13.6.1956, MDR 1956, 567; OLG Oldenburg 26.10.1957, NJW 1958, 33; OLG Koblenz 29.11.2007, NStZ-RR 2008, 179; Meyer-Goßner/Schmitt/*Schmitt* StPO § 138 Rn. 13). § 138 StPO iVm § 392 behandelt nicht die Konstellation, in der einem Angeschuldigten in einem Strafverfahren sowohl Steuerstraftaten als auch andere Straftaten zur Last gelegt werden (vgl. LG Hildesheim 18.2.2010, DStRE 2010, 1153). Wenn die Steuerstraftaten im Verhältnis zu den anderen Straftaten materiell- und verfahrensrechtlich selbstständige Taten darstellen, erstreckt sich die aus § 392 I ergebende Verteidigungsberechtigung des Steuerberaters nicht auf die anderen Straftaten. Demnach muss auf § 392 II AO iVm § 138 II StPO zurückgegriffen werden. Dem Antrag des Steuerberaters, ihn gem. § 138 II StPO als Wahlverteidiger zusammen mit dem Rechtsanwalt zuzulassen, ist nach Ansicht des LG Hildesheim zu entsprechen. Stehen die zugleich angeklagten anderen Straftaten (im Streitfall: Vorenthaltung von Arbeitsentgelt) in einem engen Zusammenhang zu den Steuerstraftaten, ist der Steuerberater auch im Übrigen als Verteidiger zuzulassen (LG Hildesheim 18.2.2010, DStRE 2010, 1153; *Rüping* DStR 2010, 1592. Das gilt auch dann, wenn der Steuerberater im Ermittlungsverfahren bereits als Zeuge vernommen wurde (LG Hildesheim 18.2.2010, DStRE 2010, 1153).

31 Die Genehmigung kann stillschweigend und auch nachträglich erteilt werden (BGH 28.3.1984, NJW 1984, 2480; RG 7.1.1921, RGSt 55, 213 f.; KK-StPO/*Laufhütte* StPO § 138 Rn. 8). Die Entscheidung über den Genehmigungsantrag trifft das Gericht nach pflichtgemäßem Ermessen (OLG Koblenz 29.11.2007, NStZ-RR 2008, 179). Eine Ablehnung der Zulassung kann mit der Beschwerde nach § 304 StPO angefochten werden (OLG Düsseldorf 9.11.1987, NStZ 1988, 97). Durch die Nichtgenehmigung wird eine Prozesserklärung der „anderen Person" unzulässig (RG 12.7.1928, RGSt 62, 250 f.). Zuständig für die Genehmigung ist das Gericht, also nicht der Vorsitzende eines Kollegialgerichts allein; im Übrigen gilt § 141 IV StPO entsprechend (Meyer-Goßner/Schmitt/*Schmitt* StPO § 138 Rn. 16). Ist ein Rechtsmittel eingelegt, so ist der judex a quo (§§ 314 I, 341 I StPO) so lange zuständig, bis die Akten dem Rechtsmittelgericht vorliegen (RG 12.7.1928, RGSt 62, 250; OLG Hamm 31.5.1951, MDR 1951, 503). Über Ausschließung s. Rn. 56 ff., über den Nachweis der Vollmacht s. Rn. 69.

32–37 *einstweilen frei*

5. Notwendige Verteidigung

Schrifttum: *Molketin,* Die Schutzfunktion des § 140 Abs. 2 StPO zugunsten des Beschuldigten im Strafverfahren, Diss. Köln 1985; *Hammerstein,* Verteidigung ohne Verteidiger, JR 1985, 140 f., *Molketin,* Zur Anwendung des § 140 Abs. 2 StPO in Steuerstrafsachen, wistra 1986, 97; *ders.*, Die Rechtsprechung zu § 140 Abs. 2 StPO in den Jahren 1996/97, AnwBl. 2001, 208; *ders.*, Die Rechtsprechung zu § 140 Abs. 2 S. 1 StPO in den Jahren 1998 – 2003, StraFo 2005, 52; *ders.*, Die Rechtsprechung zu § 140 Abs. 2 S. 1 StPO in den Jahren 2004 – 2007, StraFo 2008, 365; *Müller/Schmidt,* Aus der Rechtsprechung zum Recht der Strafverteidigung NStZ 2011, 503; *dies.*, Aus der Rechtsprechung zum Recht der Strafverteidigung, NStZ 2012, 308; *dies.*, Aus der Rechtsprechung zum Recht der Strafverteidigung, NStZ 2013, 328.

In bestimmten Fällen ist die Mitwirkung eines Verteidigers kraft Gesetzes „notwendig" 38

§ 140 StPO [Notwendige Verteidigung]

(1) Die Mitwirkung eines Verteidigers ist notwendig, wenn

1. die Hauptverhandlung im ersten Rechtszug vor dem Oberlandesgericht oder dem Landgericht stattfindet;
2. dem Beschuldigten ein Verbrechen zur Last gelegt wird;
3. das Verfahren zu einem Berufsverbot führen kann;
4. gegen einen Beschuldigten Untersuchungshaft nach den §§ 112, 112a oder einstweilige Unterbringung nach § 126a oder § 275a Absatz 6 vollstreckt wird;
5. der Beschuldigte sich mindestens drei Monate auf Grund richterlicher Anordnung oder mit richterlicher Genehmigung in einer Anstalt befunden hat und nicht mindestens zwei Wochen vor Beginn der Hauptverhandlung entlassen wird;
6. …
7. …
8. der bisherige Verteidiger durch eine Entscheidung von der Mitwirkung in dem Verfahren ausgeschlossen ist;
9. …

(2) [1] In anderen Fällen bestellt der Vorsitzende auf Antrag oder von Amts wegen einen Verteidiger, wenn wegen der Schwere der Tat oder wegen der Schwierigkeit der Sach- oder Rechtslage die Mitwirkung eines Verteidigers geboten erscheint oder wenn ersichtlich ist, daß sich der Beschuldigte nicht selbst verteidigen kann. [2] Dem Antrag eines hör- oder sprachbehinderten Beschuldigten ist zu entsprechen.

(3) …

Darüber hinaus kennt das Gesetz Fälle, in denen eine Verteidigung beschränkt, dh für bestimmte Verfahrensabschnitte und -handlungen notwendig ist (§ 118a II 3, 4 StPO: Haftprüfungstermin; § 350 II StPO: Revisionsverhandlung). Aus verfassungsrechtlichen Gründen (Art. 2 I, Art. 20 III GG) ist die Bestellung eines Verteidigers „stets dann erforderlich", wenn die Ablehnung der Beiordnung den Angeklagten – aus Gründen, die in § 140 StPO nicht genannt sind – in seinem Anspruch auf ein faires Verfahren verletzen würde (BVerfG 19.10.1977, BVerfGE 46, 202).

In Steuerstrafsachen ist die Mitwirkung eines Verteidigers notwendig, wenn der 39
Vorwurf eines besonders schweren Falles der Steuerhinterziehung nach § 370 Abs. 3 AO im Raum steht. Das gilt für die im Einzelnen benannten oder auch unbenannten Fälle des Regelbeispiels. Es darf davon ausgegangen werden, dass in diesen Fällen stets wegen der Schwierigkeit der Sach- und Rechtslage die Mitwirkung eines Verteidigers geboten ist. Gleiches gilt, wenn die Wirksamkeit der Selbstanzeige im Rahmen einer Hauptverhandlung klärungsbedürftig ist.

Die **Anordnung eines Berufsverbots** setzt voraus, dass eine rechtswidrige Tat unter 40
grober Verletzung der mit dem Beruf oder Gewerbe verbundenen Pflichten begangen worden ist (§ 70 StGB). Ein äußerer Zusammenhang mit dem Beruf (zB Einkommensteuerhinterziehung allgemein) genügt nicht (BGH 20.4.1983, NJW 1983, 2099); die strafbare Handlung muss vielmehr Ausfluss der beruflichen oder gewerblichen Tätigkeit sein (*Fischer* StGB § 70 Rn. 4). Eine solche berufstypische Verbindung kann bei einer Steuerhinterzie-

hung großen Umfangs gegeben sein, wenn sie über einen längeren Zeitraum Kalkulationsfaktor wird (zB Schwarzarbeit, insbesondere bei Einschaltung von Subunternehmern) oder bei Hinterziehung betrieblicher Steuern in Verbindung mit schwerwiegenden Verletzungen der Buchführungs- und Aufzeichnungspflichten (BGH 12.9.1994, wistra 1995, 22). Einen inneren Zusammenhang mit Berufspflichten (§ 89 I StBerG) bejaht der BGH bei einem Steuerberater, der seine Pflichten in eigener Sache und als ArbG verletzt (BGH 27.8.1979, BGHSt 29, 97).

41 **§ 140 I Nr. 4 StPO** wurde zum 1.1.2011 eingeführt und normiert, dass die Mitwirkung eines Verteidigers auch dann notwendig ist, wenn gegen den Beschuldigten Untersuchungshaft nach §§ 112, 112a StPO oder eine einstweilige Unterbringung nach § 126a StPO oder § 275a VI StPO vollstreckt wird. Gem. § 140 I Nr. 4 StPO ist die Beiordnung eines Pflichtverteidigers auch dann erforderlich, wenn die U-Haft in einem Parallelverfahren vollzogen wird (OLG Frankfurt a. M. 22.4.2010, NStZ-RR 2011, 19; LG Stade v. 30.3.2011, StV 2011, 663; LG Nürnberg 29.5.2012, StV 2012, 658; aA LG Bonn 28.9.2011, NJW-Spezial 2011, 730; vgl. auch *Müller/Schmidt* NStZ 2013, 328, 331). Die Vorschrift des § 142 I 1 StPO, wonach dem Beschuldigten vor Bestellung eines Pflichtverteidigers Gelegenheit gegeben werden soll, innerhalb angemessener Frist einen Verteidiger seiner Wahl zu bezeichnen, gilt auch in diesem Fall (LG Krefeld 13.7.2010, NStZ 2010, 591).

42 **§ 140 I Nr. 5 StPO** regelt die Notwendigkeit der Verteidiger zugunsten desjenigen, der ebenfalls in seiner persönlichen Freiheit und damit auch in seiner Verteidigung beschränkt ist. § 140 I Nr. 5 StPO ist im Wesentlichen auf die Fälle beschränkt, in denen sich ein Beschuldigter in Straf- oder Abschiebehaft befindet (BT-Drs. 16/13097, 19). Die Bestimmung gilt auch im Falle eines im Ausland Inhaftierten (OLG Koblenz 30.5.1984, MDR 1984, 868). Die Freiheitsentziehung aufgrund richterlicher Anordnung oder mit entsprechender Genehmigung muss vor der Hauptverhandlung ununterbrochen drei Monate gedauert haben (str., vgl. Meyer-Goßner/Schmitt/*Schmitt* StPO § 140 Rn. 15).

43 Ob es sich um einen **schwerwiegenden Fall** iS von § 140 II StPO (vgl. dazu *Molketin,* StraFo 2005, 52; *ders.*, StraFo 2008, 365 jeweils mwN) handelt, ist maßgeblich aus der Interessenlage des Beschuldigten zu beurteilen (BVerfG 19.10.1977, BVerfGE 46, 202). Die Mitwirkung eines Verteidigers in der Revisionshauptverhandlung wegen eines schwerwiegenden Falles wird regelmäßig erforderlich sein, wenn eine längere als einjährige Freiheitsstrafe in Rede steht (*Dahs* NJW 1978, 140). Bei der Pflichtverteidigerbestellung ist dem Angeklagten ein Vorschlagsrecht einzuräumen (OLG Celle v. 30.12.1981, StV 1982, 360; ähnlich OLG Karlsruhe 6.3.1978, NJW 1978, 1064; vgl. auch *Molketin* AnwBl. 2001, 208). Die Beiordnung eines Pflichtverteidigers in der Tatsacheninstanz erstreckt sich zwar auch auf die Einlegung und Begründung der Revision (§ 345 StPO), jedoch nicht auf die Revisionsverhandlung (BGH 3.3.1964, BGHSt 19, 258). Eine verfassungskonforme Auslegung des § 140 II StPO gebietet die Beiordnung eines Verteidigers immer dann, wenn nur so dem Anspruch auf ein faires Verfahren genügt werden kann (OLG Brandenburg 21.4.1998, StV 2000, 69; Art. 6 MRK).

44 **Eine Tat ist schwer,** wenn eine zu erwartende Rechtsfolge einschneidend ist (KK-StPO/*Laufhütte* StPO § 140 Rn. 21 mwN), zB wenn die berufliche Existenz auf dem Spiel steht (OLG Bremen 17.3.1961 – Ss 19/61 n. v. zit. nach *Molketin* wistra 1986, 97). Das wird regelmäßig angenommen bei einer Straferwartung ab einem Jahr Freiheitsstrafe, und zwar auch dann, wenn die Strafe zur Bewährung ausgesetzt wird (KK-StPO/*Laufhütte* StPO § 140 Rn. 21; Meyer-Goßner/Schmitt/*Schmitt* StPO § 140 Rn. 23; einschränkend: LG Koblenz 13.5.2008, StV 2009, 237; OLG Hamm 14.11.2000, NStZ-RR 2001, 107) oder wenn darüber hinaus der Widerruf der Aussetzung der Vollstreckung mehrerer (Rest-)Freiheitsstrafen zu erwarten ist (OLG Düsseldorf 18.6.1998, wistra 1999, 38). Die Grenze soll jedoch nicht starr gehandhabt werden (OLG Zweibrücken 14.2.1985, StV 1985, 447; OLG Hamm 30.1.1986, StV 1986, 306; *Molketin* AnwBl. 1998, 175 mwN; LG Frankfurt a. M. 22.2.2011, NStZ 2011, 183), so dass im Einzelfall die Bestellung eines Verteidigers

bei einer Straferwartung von mehr als einem Jahr entbehrlich sein kann (Meyer-Goßner/Schmitt/*Schmitt* StPO § 140 Rn. 23). Andererseits können die Persönlichkeit des Angeklagten und die Umstände des Falles die Bestellung eines Verteidigers auch bei einer Straferwartung von weniger als einem Jahr erforderlich machen (OLG Düsseldorf 6.7.1994, wistra 1994, 16). Findet die Hauptverhandlung im ersten Rechtszug vor dem OLG oder dem LG statt, so ist die Verteidigung auch dann notwendig (§ 140 I Nr. 1 StPO), wenn ein AG sachlich zuständig ist (Meyer-Goßner/Schmitt/*Schmitt* StPO § 140 Rn. 11). Aber auch die Verhandlung vor dem erweiterten Schöffengericht (§ 29 II GVG) ist ein zwingender Beiordnungsgrund (OLG Bremen 8.6.1955, NJW 1955, 1529; *Molketin* wistra 1986, 97).

Die **Schwierigkeit der Sachlage** iS des § 140 II StPO kann sich aus dem besonderen Umfang des Prozessstoffes ergeben (OLG Bremen 8.6.1955, NJW 1955, 1529). Das ist zB der Fall, wenn die Feststellungen zur Täterschaft oder Schuld eine umfangreiche und langwierige Beweisaufnahme erfordern, das Tatgeschehen eines früheren Verfahrens inzident geprüft werden muss (LG Essen 9.5.2011, StV 2011, 663) oder wenn die Verteidigung nicht ohne Akteneinsicht, zu der regelmäßig (Rn. 79) nur der Verteidiger berechtigt ist (§ 147 StPO), sachgerecht vorbereitet und durchgeführt werden kann (KK-StPO/*Laufhütte* StPO § 140 Rn. 22 mwN; LG Lübeck 11.11.2010, StV 2011, 664 hinsichtlich polizeilicher Observationsmaßnahmen). Dies giltinsbesondere, wenn mehrere Mitangeklagte anwaltlichen Beistand haben und die Möglichkeit gegeben ist, dass sich die Angeklagten gegenseitig belasten (LG Kiel 10.10.2008, StV 2009, 236; OLG Köln 20.6.2012, NStZ-RR 2012, 351) oder die Würdigung sich widersprechender Zeugenaussagen geboten ist (OLG Hamm 5.11.1984, StV 1985, 447; OLG Celle 16.10.2008, NStZ 2009, 175; OLG Frankfurt 31.3.2009, NStZ-RR 2009, 207). 45

Die **Rechtslage ist schwierig,** wenn die Subsumtion Schwierigkeiten bereitet oder wenn es zB auf noch nicht ausdiskutierte Rechtsfragen ankommt (BayObLG StV 1991, 294). Subsumtionsschwierigkeiten dürften im Steuerrecht nicht die Ausnahme, sondern die Regel sein, denn es handelt sich um eine „für einen Laien schwer durchschaubare Materie" (OLG Celle 20.12.1985, wistra 1986, 233), die so „unklar und verworren ausgestaltet ist", dass sogar zunehmend Zweifel an der erforderlichen Bestimmtheit (Art. 103 II GG) der blankettausfüllenden Tatbestände des materiellen Steuerrechts geäußert werden (vgl. *Seer* StuW 1995, 184 , 187; vgl. auch BVerfG 10.11.1998, DStRE 1999, 97; StRK EStG 1975 Allg. R. 150). In Ausnahmefällen kann auch die Bestellung eines zweiten Pflichtverteidigers erforderlich sein (KG 2.5.1994, wistra 1994, 281). 46

Die **Unfähigkeit zur Selbstverteidigung** liegt vor, wenn nicht gewährleistet ist, dass der Beschuldigte dem Gang der Verhandlung zu folgen und seine Interessen zu wahren vermag. Das ist insbesondere bei Ausländern der Fall, die die deutsche Sprache nicht hinreichend beherrschen (OLG Frankfurt 10.1.2008, StraFo 2008, 205). Die Hinzuziehung eines Dolmetschers genügt im Falle widersprüchlicher Aussagen oder der Vernehmung mehrerer Zeugen nicht (KK-StPO/*Laufhütte* StPO § 140 Rn. 24). 47

Die Regelung des § 142 I 1 StPO aF, wonach der zu bestellende Verteidiger durch den Vorsitzenden des Gerichts möglichst aus der Zahl der in dem Gerichtsbezirk niedergelassenen Rechtsanwälte ausgewählt wird, ist zum 1.10.2009 außer Kraft getreten. Nach Auffassung des OLG Köln soll dies jedoch nicht bedeuten, dass das Kriterium der Ortsnähe abgeschafft wurde. Das Kriterium der Entfernung zwischen Kanzleisitz und Gericht ist als Auswahlkriterium neben anderen Gesichtspunkten bei der erforderlichen Gesamtabwägung weiterhin zu berücksichtigen (KG Berlin 8.7.2013, OLGSt § 142 StPO Nr. 9). Die Beiordnung eines ortsfernen Verteidigers setzt ein besonderes Vertrauensverhältnis voraus (OLG Köln 21.9.2010, NStZ-RR 2011, 49). Durch eine dauerhafte Zusammenarbeit zwischen Mandant und Verteidiger lässt sich auf ein solches besonderes Vertrauensverhältnis schließen (OLG Naumburg 5.11.2009, StraFo 2010, 84). Spezialkenntnisse eines Rechtsanwalts rechtfertigen nur in Ausnahmefällen dessen Bestellung (OLG Koblenz 23.3.1983, OLGSt § 142 StPO Nr. 1). 48

49 Der Beschuldigte hat ein Recht, einen **Anwalt seines Vertrauens** zu benennen, jedoch keinen Anspruch auf Beiordnung des von ihm Benannten (BVerfG 8.4.1975, BVerfGE 39, 238). Auswahl und Bestellung des Verteidigers erfolgen durch den Vorsitzenden. Das Auswahlermessen des Vorsitzenden ist allerdings insofern stark eingeschränkt (vgl. auch Meyer-Goßner/Schmitt/*Schmitt* StPO § 142 Rn. 3), als der vom Beschuldigten benannte Verteidiger zu bestellen ist, wenn nicht wichtige Gründe entgegenstehen, zB Fehlverhalten in anderen Verfahren (KK-StPO/*Laufhütte* StPO § 142 Rn. 7). Werden zwei Angeklagte der Begehung ein und derselben Tat als Mittäter beschuldigt und liegen Anhaltspunkte dafür vor, dass die Verteidigungsstrategie des Einen den Anderen belasten könnte, kommt eine Pflichtverteidigung durch Sozien nicht in Betracht (OLG Frankfurt a. M. 2.7.1999, NStZ-RR 1999, 333).

50 Die **Verletzung der Vorschriften über die notwendige Verteidigung** schafft einen unbedingten (absoluten) Revisionsgrund (§ 338 Nr. 5 StPO; KK-StPO/*Laufhütte* StPO § 140 Rn. 27 mwN), ebenso die Nichtbescheidung eines Antrags auf Bestellung eines Verteidigers gem. § 140 II StPO (KG 16.9.1953, NJW 1954, 124). Gleiches gilt, wenn im Falle notwendiger Verteidigung die Verhandlung in Abwesenheit des Verteidigers auf einen Verfahrensteil erstreckt worden ist, den ein nach § 231c StPO ergangener Beschluss nicht bezeichnet hat (BGH 21.2.1985, wistra 1985, 155). Wenn in einem Fall, in dem die Verteidigung notwendig ist, der gewählte oder vom Gericht bestellte Verteidiger in der Hauptverhandlung ausbleibt, sich entfernt oder sich weigert, die Verteidigung zu führen, muss das Gericht einen anderen Verteidiger bestellen (§ 145 I 1 StPO; BGH 24.1.1961, NJW 1961, 741). Das Gericht kann auch eine Aussetzung der Verhandlung beschließen (§ 145 I 2 StPO; zu den Voraussetzungen der Aussetzung ausf. OLG Düsseldorf 26.9.1978, JMBl NW 1979, 19).

51–55 *einstweilen frei*

6. Ausschließung eines Verteidigers

Schrifttum: *Ulsenheimer,* Zur Regelung des Verteidigerausschlusses in §§ 138, 146 nF StPO, GA 1975, 103; *Lisken,* Anwaltsüberwachung und Richteramt, AnwBl. 1975, 380; *Winterberg,* Verteidigerausschluß und Steuerstrafverfahren, DB 1975, 1534; *Dünnebier,* Ausschließung von Verteidigern und Beschränkung der Verteidigung, NJW 1976, 1; *Ostendorf,* Strafvereitelung durch Strafverteidigung, NJW 1978, 1345; *Seelmann,* Die Ausschließung des Verteidigers, NJW 1979, 1128; *Rieß,* Der Ausschluß des Verteidigers in der Rechtswirklichkeit, NStZ 1981, 328; *Mösbauer,* Zur Ausschließung des Steuerberaters von der Strafverteidigung, INF 1988, 313; *Frye,* Die Ausschließung des Verteidigers, wistra 2005, 86; *Burhoff,* Der Ausschluss des Verteidigers im Strafverfahren (§§ 138a ff. StPO), StRR 2012, 404.

56 **Jahrzehntelang war heftig umstritten, ob der Richter einen bereits aufgetretenen Verteidiger seines Amtes entheben konnte;** eine gesetzliche Regelung bestand nicht. Während die überwiegende Auffassung eine gewohnheitsrechtliche Ausschließungsbefugnis bejahte (zuletzt BGH 25.8.1972, NJW 1972, 2140 mwN), verneinte das BVerfG ein Gewohnheitsrecht, weil es an einer Billigung oder widerspruchslosen Hinnahme der vom BGH und RG zeitweise befolgten Spruchpraxis fehle (BVerfG 14.2.1973, BVerfGE 34, 293). Die Aufforderung an den Gesetzgeber, die Voraussetzungen des Verteidigerausschlusses zu regeln, fand ihren Niederschlag in den §§ 138a–d StPO (vgl. *Burhoff* StRR 2012, 404 ff.; *Frye* wistra 2005, 86 ff.). **Die Ausschließung eines Rechtsanwalts als Zeugenbeistand** verstößt gegen die Berufsfreiheit (Art. 12 I GG). Das Grundrecht der freien Advokatur bedarf von Verfassungs wegen einer unzweideutigen, verlässlichen und sicheren gesetzlichen Grundlage. Derartige Regelungen existieren nicht (BVerfG 17.4.2000, StB 2000, 262). Die StA (FinB) ist nicht befugt, einen Zeugenbeistand nach pflichtgemäßem Ermessen auszuschließen. Daher darf zB ein Anwalt, der in den sog. Bankenverfahren Banken und eventuell zugleich Bankmitarbeiter vertritt, zugleich als Zeugenbeistand eines Bankmitarbeiters auftreten (ebenso *Ditges* StB 2000, 264).

Im **Steuerstrafverfahren** dürften allenfalls **Ausschließungsgründe** gem. § 138a I Nr. 1 u. 3 StPO in Betracht kommen (vgl. dazu *Frye* wistra 2005, 86, 87). Nach diesen Vorschriften ist ein Verteidiger von der Mitwirkung in einem Verfahren auszuschließen, wenn er dringend oder in einem die Eröffnung des Hauptverfahrens rechtfertigenden Grade verdächtig ist, an der Tat, die den Gegenstand der Untersuchung bildet, beteiligt zu sein. Gleiches gilt, wenn entsprechender Verdacht besteht, dass der Verteidiger eine Handlung begangen hat, die für den Fall der Verurteilung des Beschuldigten Begünstigung, Strafvereitelung oder Hehlerei wäre. Der Verteidiger kann auch dann ausgeschlossen werden, wenn das ihm zur Last gelegte Verhalten mangels Strafantrags nicht strafgerichtlich, sondern nur im berufsgerichtlichen Verfahren geahndet werden kann (BGH 20.3.2000, wistra 2000, 311). Prozesshandlungen des ausgeschlossenen Verteidigers sind unwirksam (KK-StPO/*Laufhütte* StPO § 140 Rn. 5). Die Regelung der strafprozessualen Ausschließungsgründe ist abschließend (BT-Drs. 7/2526, 11, 20 = AnwBl. 1974, 214, 216) und verfassungskonform (BVerfG 4.7.1975, NJW 1975, 2341). 57

Anwendbar sind die Vorschriften der §§ 138a – d StPO auf „Verteidiger". Sie erfassen daher schon vom Wortlaut her nicht nur Wahl-, sondern auch Pflichtverteidiger (glA BGH 20.3.1996 BGHSt 42, 94; *Rieß* JR 1979, 37, KK-StPO/*Laufhütte* StPO § 138a Rn. 2, KMR-*Müller* 1 zu § 138a StPO, sowie nun auch Meyer-Goßner/Schmitt/*Schmitt* StPO § 138a Rn. 3 zu; aM OLG Koblenz 6.6.1978, JR 1979, 37). Allerdings kommt für Pflichtverteidiger zusätzlich eine Rücknahme der Bestellung gem. § 143 StPO sowie für „andere Personen" eine Rücknahme der Genehmigung nach § 138 II StPO in Betracht. Die Ausschlussvorschriften gelten auch für einen gewählten oder bestellten Angehörigen der steuerberatenden Berufe (OLG Karlsruhe 14.3.1975, JR 1976, 205; einschränkend *Mösbauer* INF 1988, 313). 58

Zuständig für Entscheidungen nach § 138a StPO ist das Oberlandesgericht (vgl. dazu *Frye* wistra 2005, 86, 88; § 138c I 1 StPO). Das OLG entscheidet auf Vorlage des mit der Strafsache befassten Gerichts oder auf Antrag der StA (§ 138c II 1 StPO) bzw. der FinB, soweit sie das Ermittlungsverfahren selbstständig führt. Der Vorlagebeschluss muss mindestens die Tatsachen enthalten, aus denen sich im Falle ihres Nachweises das den Ausschluss des Verteidigers rechtfertigende Verhalten iS des § 138a I StPO ergibt. Auch Beweismittel sind anzugeben (OLG Hamm 19.10.1998, wistra 1999, 117). Soll einem Rechtsanwalt die Verteidigungsbefugnis entzogen werden, so ist vorher der Vorstand der zuständigen Rechtsanwaltskammer einzuschalten (§ 138c II 3 StPO). 59

Der **Antrag auf Ausschließung** des Verteidigers muss seinem Inhalt nach bestimmten Mindestanforderungen genügen. Neben den Beweismitteln müssen Tatsachen angegeben werden, aus denen sich im Falle ihres Nachweises das den Ausschluss rechtfertigende Verhalten ergeben soll (OLG Bamberg 1.8.2011, StraFo 2012, 187; OLG Karlsruhe 14.3.1975, JR 1976, 205). Der Ausschließungsantrag muss die dem betroffenen Verteidiger zur Last gelegte Pflichtverletzung unter Angabe aller objektiven und subjektiven Tatsachen darlegen (OLG Bamberg 1.8.2011, StraFo 2012, 187). Dringender Tatverdacht besteht, wenn nach dem gegenwärtigen Stand der Ermittlungen die Wahrscheinlichkeit für den Ausschließungstatbestand groß ist (Meyer-Goßner/Schmitt/*Schmitt* StPO § 138a Rn. 13). Es genügt aber auch der minderschwere Grad des hinreichenden Tatverdachts (§ 203 StPO, vgl. OLG Jena 15.1.2009, NStZ 2009, 526). Jedenfalls muss der Verdacht einen Grad erreichen, nach dem nicht nur die Einleitung, sondern auch die Durchführung eines Ermittlungsverfahrens wenigstens wahrscheinlich ist (BGH 3.3.1989, BGHSt 36, 133; KG 8.6.1978, NJW 1978, 1538). Ein einfacher Verdacht reicht nicht aus (anders in § 138a II StPO). Die Behauptung des Beschuldigten, er sei von seinem Steuerberater nicht genügend aufgeklärt worden, begründet zB keinen hinreichenden Tatverdacht gegen diesen (*Mösbauer* INF 1988, 313), bildet also keinen Ausschlussgrund. Ob der Steuerberater schon zwecks Vermeidung von Interessenkonflikten nicht besser daran täte, die Verteidigung in Fällen, in denen er selbst beraten hat, abzulehnen, ist eine andere Frage. In diesem Zusammenhang sollte auch bedacht werden, dass der Steuerberater seinem Mandanten zB als Zeuge wirkungsvoller beistehen kann (Rn. 23). 60

61 **Beteiligung an der Tat** (§ 264 StPO) kommt in allen strafrechtlichen Formen der Täterschaft oder Teilnahme (§§ 25–27 StGB) in Betracht. Die Beteiligung kann auch fortdauern (OLG Stuttgart 22.4.1975, AnwBl. 1975, 213).

62 Der **hinreichende oder dringende Verdacht** einer Begünstigung, Strafvereitelung oder Hehlerei rechtfertigt den Verteidigerausschluss, wenn die bei diesen Tatbeständen vorausgesetzte Vortat die Tat ist, deretwegen der Verteidiger den Beschuldigten verteidigt (*Frye* wistra 2005, 86, 87; *Birkenstock* wistra 2002, 47, 49; KK-StPO/*Laufhütte* StPO § 138a Rn. 12). Der Ausschlussgrund des § 138a I Nr. 3 StPO knüpft an die Verpflichtung des Verteidigers an, nur zulässige Verteidigungsmittel einzusetzen (vgl. ferner Rn. 10 f.).

7. Verbot der Mehrfachverteidigung

Schrifttum: *Streck,* Probleme der gemeinschaftlichen Verteidigung (§ 146 StPO) in Steuerstrafsachen, MDR 1978, 893; *Heinecke,* Das Gemeinsame beim „gemeinschaftlichen Verteidiger" nach § 146 StPO NJW 1978, 1497; *Rebmann,* Das Verbot der Mehrfachverteidigung nach § 146 StPO, NStZ 1981, 41; *Krekeler,* Das Verbot der Mehrfachverteidigung gemäß § 146 StPO und seine extensive Auslegung durch die Rechtsprechung, AnwBl. 1981, 5; *Beulke,* Verbot der gemeinschaftlichen Verteidigung nur bei konkreter Interessenkollision? NStZ 1986, 198; *Eylmann,* Die Interessenkollision im Strafverfahren, StraFo 1998, 145.

63 Die **Verteidigung mehrerer Beschuldigter durch einen gemeinschaftlichen Verteidiger** ist unzulässig (§ 146 StPO), und zwar in jeder Lage des Verfahrens, also bereits im Ermittlungsverfahren (OLG Düsseldorf 6.4.1984, JMBl. NW 1984, 234). Das verfassungskonforme (BVerfG 11.3.1975, BVerfGE 39, 156) Verbot der Mehrfachverteidigung soll Interessenkollisionen, die bei der Verteidigung mehrerer Beschuldigter durch einen gemeinschaftlichen Verteidiger naheliegen, von vornherein ausschließen (BT-Drs. 7/2526, 25). Das Verbot der Doppelvertretung unterliegt grundsätzlich nicht der Verfügungsmacht der Parteien, weil es nicht nur ihrem Schutze, sondern daneben auch dem Vertrauen in die Anwaltschaft und in die Funktion der Rechtspflege dient (BGH 23.10.1984, wistra 1985, 71). Gem. § 3 I BORA darf ein Anwalt nicht tätig werden, wenn er eine andere Partei in derselben Rechtssache im widerstreitenden Interesse bereits beraten oder vertreten hat. Berufliche Zusammenschlüsse aller Art werden insoweit als Einheit behandelt (§ 3 II BORA). Die Vorschrift gilt allerdings nur für die standesrechtliche Würdigung des anwaltlichen Handelns und berührt nicht dessen strafrechtliche Relevanz (*Eylmann* AnwBl. 1998, 359). § 146 StPO steht der Vertretung mehrerer Stpfl bei der Abgabe einer Selbstanzeige nicht entgegen; hier liegt noch keine „Verteidigung" vor, solange die FinB nicht die Wirksamkeit der Selbstanzeige in Frage stellt. Die Vorschrift, die von der Rspr extensiv ausgelegt wird, greift immer dann ein, wenn wegen eines einheitlichen Tatkomplexes (§ 264 StPO) gegen mehrere Beschuldigte ermittelt wird. Dabei ist es gleichgültig, ob es sich um getrennte Verfahren handelt (BGH 27.2.1976, BGHSt 26, 291; OLG Frankfurt 31.8.1979, NJW 1980, 898) oder ob gegen mehrere Beschuldigte ein einheitliches Verfahren betrieben wird. Auch bei einer Verfahrensverbindung nach § 237 StPO ist die Verteidigung mehrerer Angeklagter durch einen Verteidiger aufgrund von § 146 StPO nicht zulässig, wenn ein Interessenkonflikt nicht ausgeschlossen werden kann (OLG Celle 16.9.2010, NStZ 2011, 236).

64 Verbotene Mehrfachverteidigung liegt schon vor, wenn ein beauftragter Verteidiger für einen Mitbeschuldigten einen anderen Verteidiger auswählt, ihn über das Verfahren unterrichtet und ihm als Vertreter des Mitbeschuldigten Vollmacht erteilt (OLG München 29.4.1983, NJW 1983, 1688). Dem Verteidiger ist es auch untersagt, einen Beschuldigten zu verteidigen, dem eine Tat angelastet wird, die mit der Tat eines früher von ihm verteidigten Mandanten zwar nicht identisch ist, aber in einem engen Sachzusammenhang steht, der einen Interessenkonflikt nahelegt (BVerfG 3.5.1982, NJW 1982, 1803). Der Verteidiger darf aber nacheinander mehrere Personen verteidigen, die derselben Tat beschuldigt sind oder gegen die gemeinsam ein Verfahren durchgeführt wird.

65 § 146 StPO untersagt nur die **gleichzeitige Verteidigung** von mehr als einem Beschuldigten (OLG Düsseldorf 8.8.1985, AnwBl. 1986, 155). Nicht mehr gleichzeitig ist die

Verteidigung dann, wenn der Verteidiger rechtlich nicht mehr in der Lage ist, für seinen früheren Mandanten eine Verteidigertätigkeit zu entfalten (OLG Karlsruhe 26.8.1988, AnwBl. 1989, 54). Die sog. sukzessive Mehrfachverteidigung ist damit zulässig. Der Verteidiger darf also zB für den mitbeschuldigten zweiten Geschäftsführer einer GmbH tätig werden, wenn das Verfahren gegen den ursprünglich von ihm verteidigten ersten Geschäftsführer abgeschlossen ist. Auch eine Beendigung des Mandats – sei es durch Niederlegung, sei es durch Entzug – ermöglicht die zulässige Verteidigung des Mitbeschuldigten (KK-StPO/*Laufhütte* StPO § 146 Rn. 5 mwN).

Im Steuerstrafverfahren kann sich das **Verbot der Mehrfachverteidigung** – nicht 66 zuletzt aus Kostengründen – **nachteilig** auswirken (*Streck* MDR 1978, 893), etwa dann, wenn Eheleute der gemeinschaftlichen Steuerhinterziehung verdächtigt werden (*Kohlmann* wistra 1982, 2) oder wenn zwei Angehörigen einer freiberuflichen Sozietät eine praxisbedingte Steuerverkürzung zur Last gelegt wird. Andererseits werden sich Interessengegensätze zwischen Stpfl. und Steuerberater regelmäßig nicht von vornherein ausschließen lassen.

Eine **Anwaltssozietät** darf mehrere Beschuldigte verteidigen (BVerfG 28.10.1976, 67 BGHSt 43, 79); Voraussetzung ist aber eine klare Trennung der Mandate (BGH 21.1.1983, NStZ 1983, 228). Ob darin ein Verstoß gegen § 43a IV BRAO iVm § 3 I, II BORA liegt, ist noch nicht geklärt (vgl. Meyer-Goßner/Schmitt/*Schmitt* StPO § 146 Rn. 8). Solange die FinB das Ermittlungsverfahren selbstständig durchführt (Rn. 24), kann die Verteidigung eines Mitbeschuldigten durch einen (federführenden) Anwalt genügen, während die Verteidigung des anderen Beschuldigten von dem steuerlichen Berater allein übernommen wird.

Ein **Verteidiger,** der gegen das Verbot des § 146 StPO verstößt, ist **zurückzuweisen** 68 (§ 146a StPO). Über die Zurückweisung entscheidet das Gericht, bei dem das Verfahren anhängig ist oder das für das Hauptverfahren zuständig wäre (§ 146a I 3 StPO). Prozesshandlungen (zB Einlegung eines Rechtsmittels), die der Verteidiger vor der Zurückweisung vorgenommen hat, bleiben wirksam (§ 146a II StPO).

8. Rechte und Pflichten des Verteidigers

Schrifttum: *Weiß,* Die „Verteidigervollmacht" – ein tückischer Sprachgebrauch, NJW 1983, 89; *Ebert,* Der Nachweis von Vollmachten im Straf- und Bußgeldverfahren, DRiZ 1984, 237.

a) Nachweis und Umfang der Vollmacht. Der Verteidiger bedarf einer Vollmacht. 69 Die allgemeine Vollmacht eines Angehörigen der steuerberatenden Berufe zur Vertretung in Steuersachen (§ 80 AO) erstreckt sich inhaltlich nicht auf die Verteidigungsbefugnis (Klein/*Jäger* AO § 392 Rn. 1). Eine **bestimmte Form** ist nicht vorgeschrieben. Der Verteidiger hat bei Zweifel an seiner Bevollmächtigung auf Verlangen eine schriftliche Vollmacht vorzulegen, AStBV (St) 2014, Nr. 33.

Auch ist die Wirksamkeit der Verteidigerbestellung nicht von der Vorlage einer Voll- 70 machtsurkunde als Nachweismittel abhängig (LG Bremen 22.4.1982, StV 1982, 515). Die Vermutung spricht grundsätzlich für die Bevollmächtigung (KK-StPO/*Laufhütte* StPO vor § 137 Rn. 3; LG Hagen 10.11.1982, StV 1983, 145). Für den Nachweis der Vollmacht genügt die Anzeige des Beschuldigten oder sein Auftreten mit dem Verteidiger in der Hauptverhandlung (OLG Karlsruhe 24.9.1982, NJW 1983, 895). Die Vollmacht, Zustellungen für den Beschuldigten in Empfang zu nehmen (§ 145a StPO), hat der gewählte Verteidiger nur, wenn seine Bestellung aktenkundig ist. Es genügt, wenn sich aus einem Protokoll ergibt, dass dem Verteidiger mündlich Vollmacht erteilt worden ist (KK-StPO/*Laufhütte* StPO vor § 137 Rn. 3 mwN). Eine schriftliche Vollmacht verlangt das Gesetz lediglich in den Fällen, in denen der Verteidiger nicht nur Beistand (§ 137 I StPO), sondern zugleich Vertreter des Beschuldigten ist (§ 234 StPO iVm § 385 AO: Verfahren gegen Abwesende; § 350 II StPO: Revisionsverhandlung; § 411 II StPO: Hauptverhandlung nach Einspruch gegen einen Strafbefehl). Eine solche zur Vertretung ermächtigende Vollmacht wird im Interesse des Angeklagten gefordert, da er damit wichtige Verfahrensrechte – Anwesenheit, rechtliches Gehör – in die Hände des Vertreters legt, der an seine Stelle tritt und mit Wirkung für ihn Erklärungen abgeben und entgegennehmen kann (*Ebert* DRiZ 1984, 237 mwN). Vertretungsvollmacht genügt aber; der Zusatz „in Abwesenheit" ist nicht nötig (BGH 20.9.1956, BGHSt 9, 356, 357).

71 Die **Vollmacht muss rechtzeitig,** zB vor Ablauf einer Rechtsmittelfrist, **erteilt sein,** kann aber später nachgewiesen werden (RG 24.10.1890, RGSt 21, 125, 127; RG 17.12.1896, RGSt 29, 257). Sie dauert, vorbehaltlich eines Widerrufs, bis zur Beendigung des Verfahrens (KK-StPO/*Laufhütte* StPO § 138 Rn. 14), kann aber auf bestimmte Verfahrensabschnitte beschränkt oder inhaltlich für bestimmte Handlungen ausdrücklich oder durch konkludente Handlung widerrufen werden (vgl. BGH 21.3.1967, NJW 1967, 1047; OLG Düsseldorf 20.12.1989, wistra 1990, 168). Die Vollmacht erlischt nicht automatisch mit dem Tod des Beschuldigten und kann jedenfalls dann als fortbestehend angesehen werden, wenn der Verteidiger zur Empfangnahme d von zu erstattenden Auslagen ermächtigt worden ist (OLG Celle 28.5.2002, NJW 2002, 3720; OLG Frankfurt 17.4.2002, NStZ-RR 2002, 246).

72 Die Befugnisse eines Verteidigers, dem **keine umfassende Vertretungsvollmacht** erteilt wurde, sind im Gesetz kasuistisch geregelt (vgl. *Spendel* JZ 1959, 737). Selbstständige und weitergehende Rechte als dem Beschuldigten werden ihm durch § 147 StPO (Akteneinsicht, Rn. 78 ff.), und § 239 StPO (Kreuzverhör) eingeräumt. Bestimmte Befugnisse stehen dem Verteidiger neben dem Beschuldigten zu (§ 240 II StPO: Fragerecht; § 251 I Nr. 1, II Nr. 3 StPO: Einverständniserklärung hinsichtlich der Protokollverlesung). Für eine Rücknahme oder einen Verzicht auf Rechtsmittel braucht er eine ausdrückliche Ermächtigung (§ 302 II StPO; zur Wirksamkeit des Widerrufs vgl. BGH 3.5.1957, BGHSt 10, 245). Rechtsmittel einlegen darf der Verteidiger, jedoch nicht gegen den „ausdrücklichen Willen" des Beschuldigten (§ 297 StPO). Vielfach spricht das Gesetz nur von Antragsrechten des Angeklagten, obwohl dem Verteidiger kraft seiner Stellung als Beistand neben dem Angeklagten die gleichen Befugnisse zustehen wie auch der StA (BGH 30.1.1959, BGHSt 12, 367, 371 zu § 255 StPO; über Beweisanträge gem. §§ 219, 245 StPO vgl. *Spendel* aaO). Die Verteidigungsvollmacht berechtigt den Verteidiger jedoch nicht, Prozesshandlungen vorzunehmen, die kraft ihrer inneren Bedeutung (zB rechtliches Gehör) dem Angeklagten persönlich vorbehalten sind (BGH 30.1.1959, BGHSt 12, 367 zu § 233 StPO).

73–77 *einstweilen frei*

b) Akteneinsicht

Schrifttum: *Schulz,* Die geschichtliche Entwicklung des Akteneinsichtsrechts im Strafprozeß, Diss. 1971; *Hegelau,* Das Recht auf Akteneinsicht im Steuer- und Steuerstrafverfahren, Institut Finanzen und Steuern, 1987; *Kümmel,* Das Akteneinsichtsrecht des Verletzten nach § 406e StPO und das Steuergeheimnis nach § 30 AO – ein in Korruptionsverfahren unauflösliches Spannungsverhältnis?, wistra 2014, 124; *Schreiber,* Die Beschlagnahme von Unterlagen beim Steuerberater, Diss. Köln 1992; *Lüttger,* Das Recht des Verteidigers auf Akteneinsicht, NJW 1951, 744; *Ackermann,* Das Akteneinsichtsrecht des Verteidigers im Verwaltungsstrafverfahren, NJW 1957, 241; *Franzen,* Zur Verteidigung und zur Akteneinsicht des Verteidigers im Steuerstrafverfahren, DStZ 1964, 310; *Klussmann,* Das Akteneinsichtsrecht des Verteidigers in eigener Sache, NJW 1973, 1965; *Lohmeyer,* Das Recht auf Akteneinsicht im Besteuerungs-, Steuerstraf- und Bußgeldverfahren, ZfZ 1974, 43; *Wasserburg,* Das Einsichtsrecht des Anwalts in die kriminalpolizeilichen Spurenakten, NJW 1980, 2440; *H. Schäfer,* Die Grenzen des Rechts auf Akteneinsicht durch den Verteidiger, NStZ 1984, 203; *Meyer-Goßner,* Die Behandlung kriminalpolizeilicher Spurenakten, NStZ 1984, 353; *Schäfer,* Die Einsicht in Strafakten durch Verfahrensbeteiligte und Dritte, NStZ 1986, 198; *Schmitz,* Das Recht auf Akteneinsicht bei Anordnung von Untersuchungshaft, wistra 1993, 319; *Hellmann,* Der Rechtsweg gegen die Versagung der Akteneinsicht durch die Finanzbehörde nach Abschluß des steuerstrafrechtlichen Ermittlungsverfahrens, DStZ 1994, 371; *Streck/Olbing,* Der beim Finanzamt angezeigte Steuerbürger: Auskunftsanspruch contra Steuergeheimnis, BB 1994, 1267; *Schumann,* Zur Akteneinsicht im Steuerstrafverfahren, wistra 1995, 181; *Burkhard,* Zum Recht des Strafverteidigers auf Akteneinsicht im strafrechtlichen Ermittlungsverfahren, wistra 1996, 171; *Dißars,* Das Recht auf Akteneinsicht der Beteiligten im Steuerrecht, NJW 1997, 481; *Burkhard,* Akteneinsichtsrecht des Strafverteidigers in Steuerstrafverfahren, StV 2000, 526; *ders.,* Akteneinsichtsrecht des Strafverteidigers in Steuerstrafverfahren, DStZ 2000, 850; *ders.,* Die Ablehnungspraxis der Finanzämter bei Akteneinsichtsgesuchen im Steuerstrafverfahren, INF 2001, 168; *Heerspink,* Schützt das Steuergeheimnis den

Denunzianten?, AO-StB 2002, 29; *Burkhard,* Probleme mit dem Akteneinsichtsrecht in Steuerstrafverfahren, DStR 2002, 1794; *Gehm,* Akteneinsichtsrecht im Steuer- und Steuerstrafverfahren nebst Bußgeldverfahren, BuW 2003, 105; *Viertelhausen,* Akteneinsicht in das Fallheft im Besteuerungs- und Steuerstrafverfahren, wistra 2003, 409; *Donath/Mehle,* Akteneinsichtsrecht und Unterrichtung des Mandanten durch den Verteidiger, NJW 2009, 1399; *Wohlers/Schlegel,* Zum Umfang des Rechts der Verteidigung auf Akteneinsicht gemäß § 147 I StPO – Zugleich Besprechung von BGH – Urteil vom 18.6.2009 – 3 StR 89/09, NStZ 2010, 486; *Müller/Schmidt,* Aus der Rechtsprechung zum Recht der Strafverteidigung NStZ 2011, 503; *dies.*, Aus der Rechtsprechung zum Recht der Strafverteidigung, NStZ 2012, 308; *dies.*, Aus der Rechtsprechung zum Recht der Strafverteidigung, NStZ 2013, 328.

Das **Recht** des Strafverteidigers **auf Akteneinsicht** und Besichtigung der amtlich ver- **78**
wahrten Beweisstücke (§ 147 I StPO, vgl. *Müller/Schmidt* NStZ 2012, 308) ist Grundvoraussetzung für eine wirksame Verteidigung. Die Vorschrift ist die gesetzliche Ausprägung des verfassungsrechtlich gebotenen Grundsatzes einer fairen Verhandlungsführung (BVerfG 29.11.1989, BVerfGE 63, 45). Rechtzeitig vor der Hauptverhandlung (vgl. BGH 16.10.1984, wistra 1985, 105) ist dem Verteidiger Gelegenheit zur Einsichtnahme zu geben. Die Vorlage einer schriftlichen Vollmacht ist nicht erforderlich (LG Oldenburg 18.10.1989, StV 1990, 59; BVerfG 14.9.2011, NJW 2012, 141 sowie Rn. 69).

§ 147 StPO [Akteneinsicht des Verteidigers]

(1) Der Verteidiger ist befugt, die Akten, die dem Gericht vorliegen oder diesem im Falle der Erhebung der Anklage vorzulegen wären, einzusehen sowie amtlich verwahrte Beweisstücke zu besichtigen.

(2) [1] Ist der Abschluss der Ermittlungen noch nicht in den Akten vermerkt, kann dem Verteidiger die Einsicht in die Akten oder einzelne Aktenteile sowie die Besichtigung von amtlich verwahrten Beweisgegenständen versagt werden, soweit dies den Untersuchungszweck gefährden kann. [2] Liegen die Voraussetzungen von Satz 1 vor und befindet sich der Beschuldigte in Untersuchungshaft oder ist diese im Fall der vorläufigen Festnahme beantragt, sind dem Verteidiger die für die Beurteilung der Rechtmäßigkeit der Freiheitsentziehung wesentlichen Informationen in geeigneter Weise zugänglich zu machen; in der Regel ist insoweit Akteneinsicht zu gewähren.

(3) Die Einsicht in die Niederschriften über die Vernehmung des Beschuldigten und über solche richterlichen Untersuchungshandlungen, bei denen dem Verteidiger die Anwesenheit gestattet worden ist oder hätte gestattet werden müssen, sowie in die Gutachten von Sachverständigen darf dem Verteidiger in keiner Lage des Verfahrens versagt werden.

(4) [1] Auf Antrag sollen dem Verteidiger, soweit nicht wichtige Gründe entgegenstehen, die Akten mit Ausnahme der Beweisstücke zur Einsichtnahme in seine Geschäftsräume oder in seine Wohnung mitgegeben werden. [2] Die Entscheidung ist nicht anfechtbar.

(5) [1] Über die Gewährung der Akteneinsicht entscheidet im vorbereitenden Verfahren und nach rechtskräftigem Abschluss des Verfahrens die Staatsanwaltschaft, im Übrigen der Vorsitzende des mit der Sache befassten Gerichts. [2] Versagt die Staatsanwaltschaft die Akteneinsicht, nachdem sie den Abschluss der Ermittlungen in den Akten vermerkt hat, versagt sie die Einsicht nach Absatz 3 oder befindet sich der Beschuldigte nicht auf freiem Fuß, so kann gerichtliche Entscheidung durch das nach § 162 zuständige Gericht beantragt werden. [3] Die §§ 297 bis 300, 302, 306 bis 309, 311a und 473a gelten entsprechend. [4] Diese Entscheidungen werden nicht mit Gründen versehen, soweit durch deren Offenlegung der Untersuchungszweck gefährdet werden könnte.

(6) [1] Ist der Grund für die Versagung der Akteneinsicht nicht vorher entfallen, so hebt die Staatsanwaltschaft die Anordnung spätestens mit dem Abschluß der Ermittlungen auf. [2] Dem Verteidiger ist Mitteilung zu machen, sobald das Recht zur Akteneinsicht wieder uneingeschränkt besteht.

(7) [1] Dem Beschuldigten, der keinen Verteidiger hat, sind auf seinen Antrag Auskünfte und Abschriften aus den Akten zu erteilen, soweit dies zu einer angemessenen Verteidigung erforderlich ist, der Untersuchungszweck, auch in einem anderen Strafverfahren, nicht gefährdet werden kann und nicht überwiegende schutzwürdige Interessen Dritter entgegenstehen. [2] Absatz 2 Satz 2 erster Halbsatz, Absatz 5 und § 477 Abs. 5 gelten entsprechend.

Ergänzend sind RiStBV 160, 182–189 sowie AStBV 35 heranzuziehen.

Dem **Beschuldigten,** der keinen Verteidiger gewählt hat und dem auch keiner bei- **79**
geordnet zu werden braucht (Rn. 38 ff.), sind gem. § 147 VII StPO Auskünfte und Abschriften aus den Akten (s. zu den Bestandteilen der Akte Rn. 46) zu erteilen, soweit dies zu einer angemessenen Verteidigung erforderlich ist, der Untersuchungszweck, auch in

einem anderen Strafverfahren, nicht gefährdet werden kann und nicht überwiegende schutzwürdige Interessen Dritter entgegenstehen (vgl. auch Nr. 35 VII AStBV).Nach der Neufassung des Abs. 7 steht die Erteilung von Auskünften und Abschriften nicht mehr im Ermessen („sind" statt „können"). Über einen entsprechenden Antrag haben der Staatsanwalt oder der Vorsitzende zu entscheiden (§ 147 V StPO). Einem Verteidiger kann die Akteneinsicht nicht mit der Begründung versagt werden, er sei in der Anklage als Zeuge benannt und werde voraussichtlich als Zeuge geladen werden; einem Zeugen stehe aber kein Recht auf Akteneinsicht zu (OLG Celle 21.5.1959, NdsRpfl 1960, 259). Über das Akteneinsichtsrecht der FinB vgl. § 395 AO u. § 49 OWiG. Im Falle der gemeinschaftlichen Verteidigung durch einen Anwalt und einen Angehörigen der steuerberatenden Berufe hat jeder von ihnen ein selbstständiges Recht auf Akteneinsicht (Rn. 23, 24). Die dem Verteidiger gem. § 147 StPO übersandten Akten befinden sich in dienstlicher Verwahrung. Wenn der Verteidiger die Akten nach der Einsicht nicht zurückreicht, kommt die Verwirklichung eines Verwahrungsbruchs gem. § 133 I Alt. 2 StGB in Betracht (vgl. BGH 15.7.2010, NStZ-RR 2011, 276).

80 Ein **Verletzter** kann über seinen Rechtsanwalt, soweit er hierfür ein berechtigtes Interesse darlegt, Akteneinsicht im Rahmen des § 406e StPO erhalten. Dabei ist der Wahrung des Steuergeheimnisses aber Rechnung zu tragen.

81 **Dritte (= Nichtverfahrensbeteiligte)** haben nach § 147 StPO kein Akteneinsichtsrecht, ggf. aber nach §§ 474 ff. StPO (Meyer-Goßner/Schmitt/*Schmitt* StPO § 147 Rn. 5). Der Verteidiger kann juristische Mitarbeiter mit der Wahrnehmung der Akteneinsicht beauftragen (Brandenburgisches OLG 20.9.1995, StV 1996, 7; *Pfeiffer* StPO § 147 Rn. 2).

82 Ob ein Denunzierter Anspruch auf Akteneinsicht bzw. Benennung des Anzeigeerstatters hat, ist streitig. Nach überwiegender Ansicht wird der Name eines Informanten, Hinweisgebers bzw. Anzeigeerstatters durch das Steuergeheimnis gem. § 30 II AO geschützt (BFH 8.2.1994, BStBl. II 1994, 552; BFH 7.12.2006, BStBl. II 2007, 275; BFH 9.1.2007, BFH/NV 2007, 1141; LG Mühlhausen 26.1.2005, wistra 2005, 357). Dies ergebe sich aus dem Wortlaut des auf die „Verhältnisse eines anderen" Bezug nehmenden § 30 II AO. Dagegen spricht, dass sich den Gesetzesmaterialien entnehmen lässt, dass lediglich auskunftspflichtige Dritte geschützt werden sollten (*Heerspink* AO-StB 2002, 29, 30), so dass der Denunziant nicht durch das Steuergeheimnis geschützt ist. In jedem Fall gewährt das Steuergeheimnis dem Denunzianten keinen umfassenden Schutz. Es muss durch Abwägung zwischen dem allgemeinen Persönlichkeitsrecht des Steuerpflichtigen und dem Zweck des Steuergeheimnisses eine sachgerechte Ermessensentscheidung herbeigeführt werden. Bei im Wesentlich zutreffend mitgeteilten Angaben überwiegt der Informantenschutz das allgemeine Persönlichkeitsrecht des Steuerpflichtigen (BFH 7.12.2006, BStBl. II 2007, 275). Nicht geschützt ist der Denunziant gem. § 30 IV Nr. 1 AO, wenn die Offenbarung der Personalien oder der genaue Inhalt der Angaben zur Durchführung des Steuerstrafverfahrens unentbehrlich ist (LG Mühlhausen, aaO), oder gem. § 30 V AO, wenn der Denunziant vorsätzlich falsche Angaben abgegeben hat. Die Offenbarung des Namens kann gem. § 30 IV Nr. 4 lit. b AO gegenüber den Strafverfolgungsbehörden geschehen, wenn der Denunziant die Anzeige ohne steuerliche Verpflichtung abgegeben wurde und dies der Durchführung eines Strafverfahrens wegen einer Nichtsteuerstraftat dient. Dazu ist ein Ermittlungsverfahren wegen falscher Verdächtigung (§ 164 StGB), Beleidigung (§ 185 StGB) oder übler Nachrede (§ 186 StGB) nötig.

83 Bei gleichzeitiger Durchführung eines steuerstrafrechtlichen Ermittlungsverfahrens ist nach § 23 EGGVG das OLG zuständig (FG Nds. 8.10.1996, EFG 1997, 23). Wird die Akteneinsicht nach Einstellung des Strafverfahrens beantragt, so ist hinsichtlich von Akten, die auch für die Besteuerung als Grundlage in Betracht kommen, der Rechtsweg zum Finanzgericht eröffnet (BFH 6.5.1997, DStR 1997, 1243, 1244).

84 **Zu den Akten** gehören **alle Unterlagen** einschließlich der Beiakten und der als Beweismittel (zB Buchführung) verwahrten Gegenstände. Das Einsichtsrecht umfasst nicht nur Akten, die dem Gericht vorgelegt worden sind bzw. vorzulegen wären (§ 199 II 2 StPO;

Burkhard wistra 1996, 171 u. StV 2000, 526), sondern ebenso alle sonstigen verfahrensbezogenen Unterlagen, die zu den Akten genommen worden sind, einschl. sämtlicher Beiakten (BVerfG 7.12.1982, NStZ 1983, 131, 132; LG Nürnberg-Fürth 12.1.2011, StraFo 2011, 225). Soweit keine Sperrerklärung nach § 96 StPO abgegeben wird, sind behördliche Vertraulichkeitsbitten unbeachtlich (BGH 7.3.1996, NStZ 1997, 43). Die Strafverfolgungsbehörde darf kein be- und entlastendes Material zurückbehalten (*Burkhard* wistra 1996, 171). Dazu gehören auch **Steuerakten** der FinB (glA OLG Celle 8.8.1977, NdsRpfl 1977, 252; LR-*Lüderssen* 61 zu § 147 StPO; aM *Schäfer* NStZ 1984, 203, 206); ferner Auszüge aus dem Bundeszentralregister (BVerfG aaO).

Computerausdrucke sind Bestandteil der Akten (Meyer-Goßner/Schmitt/*Schmitt* 85
StPO § 147 Rn. 18a). Ob Dateien, die von der StA (FinB) erstellt werden (§§ 483 ff. StPO), der Einsicht unterliegen, ist höchstrichterlich noch nicht geklärt. Der Zweck des § 147 StPO (Rn. 78) dürfte dafür sprechen, dem Verteidiger auch die hergestellten Dateien und Programme zur Verfügung zu stellen (*Meier/Böhm* wistra 1992, 166, 170 mwN). Andererseits ist nicht zu verkennen, dass Dateien und Programme ohne Erläuterungen des jeweiligen Dezernenten möglicherweise nicht verständlich sind, eine sich daraus ergebende Mitwirkungs- und Beratungspflicht daher das Akteneinsichtsrecht sprengen würde (vgl. auch *Schäfer* wistra 1989, 8 ff.). Dass die Steuerfahndung belastendes Material nicht zurückbehält, liegt in der Natur der Sache. Der Verteidiger muss daher sein besonderes Augenmerk darauf legen, dass auch *entlastendes* Material dem Gericht vorgelegt und damit der Verteidigung zugänglich gemacht wird. Die Frage, welche Vorgänge für die dem Beschuldigten zur Last gelegten Taten bedeutsam sein können, kann sich im Laufe des Verfahrens anders stellen. Das Gericht ist aus rechtsstaatlichen Gründen verpflichtet, in jeder Lage des Verfahrens zu prüfen, ob begründeter Anlass zu Zweifeln daran besteht, dass ihm alle zur Beurteilung des Falles bedeutsamen Akten vorliegen (KK-StPO/*Pfeiffer/Hannich* Einl. 72).

Spurenakten sind vorzulegen, wenn ihr Inhalt für die Feststellung der dem Beschuldig- 86
ten vorgeworfenen Tat und für etwaige gegen ihn zu verhängende Rechtsfolgen von irgendeiner Bedeutung sein kann (BVerfG aaO; BGH 26.5.1981, BGHSt 30, 131, 138 ff.). Das trifft auf Akten der Steuerfahndung regelmäßig zu (vgl. auch FG Rpf 16.9.1991, EFG 1992, 175; *Dißars* NJW 1997, 481, 485). Nimmt die Strafsachenstelle die be- oder entlastenden Vorgänge nicht vollständig in die Ermittlungsakte auf, so müssen dem Verteidiger diejenigen Steuerakten zugänglich gemacht werden, in denen sie zu finden sind (OLG Celle 8.8.1977, NdsRpfl 1977, 252). Das Steuergeheimnis (§ 30 AO) steht der Akteneinsicht selbst insoweit nicht entgegen, als **Steuerakten dritter Personen** beigezogen worden sind. Soweit für die Beurteilung der Tat des Beschuldigten die Kenntnis der Verhältnisse Dritter erforderlich ist, ist auch die Einsicht in diese Unterlagen ohne die Einwilligung der Betroffenen durch den Zweck des Strafverfahrens gerechtfertigt und geboten (OLG Hamburg 27.6.1995, NStZ 1996, 43; *Franzen* DStR 1964, 310, 313; vgl. auch *Schäfer* NStZ 1984, 203, 208; aM *Paulick* DStR 1963, 554). Zur Einsicht in die Steuer- und Ermittlungsakten der FinB bedarf es nicht deren Zustimmung; denn die FinB ist wegen ihrer besonderen Stellung im Steuerstrafverfahren keine Behörde „einer anderen Verwaltung" iS von Nr. 186 III 2 RiStBV. **Handakten** sowie „andere innerdienstliche Vorgänge (zB verwaltungsinterne Vermerke)", die dem Gericht nicht vorgelegt werden, sollen von der Akteneinsicht ausgeschlossen sein (Nr. 35 III AStBV; Nr. 186 III 1 RiStBV). Handakten enthalten Auszüge aus der Ermittlungsakte. Insoweit erscheint es verständlich, dass sie der Einsicht nicht unterliegen, und zwar auch dann nicht, wenn sie zB mit persönlichen Randbemerkungen des Bearbeiters versehen sind. Einsehbar sind sie jedoch, wenn sie irgendwelche Vorgänge enthalten, die für die Beurteilung des Falles erheblich sein könnten. Das gilt auch für „verwaltungsinterne Vermerke" iS der Nr. 35 III AStBV. Entscheidend ist nicht, welche Vorgänge dem Gericht vorgelegt werden, sondern welche Vorgänge vorzulegen sind.

Zusammenfassende Inhaltsangaben und Kurzübersetzungen abgehörter Telefongespräche 87
sind keine internen Hilfs- und Arbeitsmittel der Polizei, sondern dem Gericht gem. § 199

II 2 StPO vorzulegende Akten, die daher auch Gegenstand des Akteneinsichtsrechts nach § 147 I StPO sind (BGH 18.6.2009, StraFo 2009, 338, vgl. dazu *Wohlers/Schlegel* NStZ 2010, 486). Die Zurückhaltung von Vorgängen, deren Bedeutung auch nur möglich ist, bedeutet eine unzulässige Beschränkung der Verteidigung und damit einen absoluten Revisionsgrund (§ 338 Nr. 8 StPO). Es ist unzulässig, Schriftstücke oder Gegenstände den Akten fernzuhalten, um sie dadurch der Einsicht zu entziehen (Meyer-Goßner/Schmitt/*Schmitt* StPO § 147 Rn. 14). Der Einsicht darf keine aktenkundige Tatsache entzogen werden, die für eine Entscheidung gegen den Beschuldigten verwertet werden soll (BVerfG 9.3.1965, BVerfGE 18, 405, *Eisenberg* NJW 1991, 1257, 1259). Daher gehören in bestimmten Fällen auch Arbeitsunterlagen (das Fallheft) von Außenprüfern zu den der Einsicht unterliegenden Akten (*Burkhard* StV 2000, 526; aA *Viertelhausen* wistra 2003, 409). Bestehen insoweit Zweifel, müssen auch diese Akten dem Gericht vorgelegt werden (BVerfG 12.1.1983, BVerfGE 63, 45). Rot- oder Grünbogen (Vermerke des Prüfers über straf- oder bußgeldrechtliche Feststellungen) sind Bestandteil der Ermittlungsakte (ebenso *Blumers/Glöggerle* Rn. 775; *Simon/Vogelberg* S. 307; *Burkhard* StV 2000, 526). Umgekehrt darf kein Tatsachenstoff gegen den Beschuldigten verwandt werden, der seinem Verteidiger nicht zugänglich gemacht worden ist (RG 15.7.1938, RGSt 72, 268).

88 Die Vollständigkeit der einsehbaren Akten kann anhand der Paginierung und Fehlblättern überprüft werden. Zudem kann die Aufforderung zu einer Negativerklärung, dh einem Hinweis, dass die Strafsachenstelle keine weiteren Akten als die genannten führt, zu weitreichenden Konsequenzen wie einem Verwertungsverbot für die Ermittlungsorgane führen (dazu ausführlich, *Randt* Der Steuerfahndungsfall, Kap. E Rn. 93 ff.).

89 Das Recht zur Akteneinsicht umfasst auch die Befugnis, sich **Abschriften** anzufertigen. Dagegen hat der Verteidiger keinen Anspruch auf Erteilung von Aktenauszügen durch das Gericht (OLG Hamburg 4.1.1963, NJW 1963, 1024). Er kann jedoch Kopien selbst anfertigen oder auf eigene Kosten anfertigen lassen (BGH 29.5.1963, BGHSt 18, 369; ferner Rn. 94).

Zur **Weitergabe** der durch die Akteneinsicht erlangten **Kenntnisse** ist der Verteidiger regelmäßig berechtigt, mE sogar verpflichtet, denn eine sachgerechte Verteidigung setzt voraus, dass der Beschuldigte weiß, worauf sich der gegen ihn gerichtete Vorwurf stützt (BGH 3.10.1979, BGHSt 29, 99). Das gilt jedenfalls in Wirtschaftsstrafsachen. Im gleichen Umfang, wie der Verteidiger dem Beschuldigten den Akteninhalt mitteilen darf, ist er auch befugt, ihm Kopien auszuhändigen (*Krekeler* wistra 1983, 43, 46; KK-StPO/*Laufhütte* StPO § 147 Rn. 14).

90 Eine **Beschränkung oder Versagung der Akteneinsicht** *kann* während des Ermittlungsverfahrens und der gerichtlichen Voruntersuchung angeordnet werden, wenn der Abschluss der Ermittlungen noch nicht in den Akten vermerkt ist und wenn die Einsicht „den Untersuchungszweck gefährden kann" (§ 147 II StPO). Eine Gefährdung des Untersuchungszwecks kann auch dann angenommen werden, wenn durch die beantragte Akteneinsicht der Untersuchungszweck in einem anderen Strafverfahren gefährdet würde (BGH 26.1.2011, NStZ-RR 2012, 16). Erforderlich sind objektive, sich aus dem Fall selbst ergebende Gründe. Streitig ist, ob eine abstrakte Gefährdung des Untersuchungszwecks genügt (bejahend Meyer-Goßner/Schmitt/*Schmitt* 25 zu § 147 StPO mwN) oder ob eine konkrete Gefahr gegeben sein muss (*Burkhard* wistra 1996, 171). Der Untersuchungszweck kann zB gefährdet sein, wenn erkennbar bestimmte Untersuchungshandlungen vorbereitet werden, deren Erfolg vom Überraschungseffekt abhängig ist. Dies ist bei einer bevorstehenden Durchsuchung nicht der Fall. Der Beschuldigte selbst ist bereits durch die Einleitung des Strafverfahrens informiert (wäre er nicht informiert, bestünde keine Notwendigkeit, einen Antrag auf Akteneinsicht zu stellen) und hatte somit bereits Gelegenheit zur Beweismittelunterdrückung (*Burkhard* DStR 2002, 1794, 1796). Auch ein Durchsuchungsbeschluss nach § 103 StPO gegen die Bank des Beschuldigten kann den Untersuchungszweck nicht gefährden, da diese unabhängig von dem Verhalten des Beschuldigten dem Auskunftsverlangen der Ermittlungsbehörden nachkommen wird (*Burkhard* aaO; aM wohl KK-StPO/

Laufhütte StPO § 147 Rn. 14). Taktische Überlegungen der StA (FinB) rechtfertigen die Verweigerung nicht, zB nicht die Absicht, dem Beschuldigten oder Zeugen neue Ermittlungsergebnisse in einer bevorstehenden Vernehmung vorzuhalten. Jedenfalls ist die Beschränkung oder Versagung der Akteneinsicht wie jede andere Ermessensentscheidung auch zu begründen. Der in der Praxis nicht selten zu lesende Satz: „Ihrem Antrag vermag ich derzeit aus den in § 147 II StPO genannten Gründen nicht zu entsprechen", genügt ebenso wenig wie die Wiederholung des Tatbestands des § 147 II StPO (glA *Burkhard* wistra 1996, 171).

Die Beschränkung muss aufgehoben werden, wenn ihr Grund wegfällt, spätestens mit 91 Abschluss der Ermittlungen (§ 170 I StPO iVm § 147 VI StPO). Wenn es um die Anordnung von Untersuchungshaft geht, so muss im laufenden Ermittlungsverfahren Akteneinsicht gewährt werden, wenn nur so eine effektive Verteidigung möglich ist (BVerfG 11.7.1994, wistra 1994, 342; EGMR 13.2.2001, NJW 2002, 2013). Die Akteneinsicht kann auch auf einzelne Teile beschränkt werden. Auf die anderen Teile kann die Haftentscheidung nicht gestützt werden. Die Versagung der Akteneinsicht ist möglich, wenn der Haftbefehl nicht vollzogen ist.

Einsicht in **Protokolle über Vernehmungen** des Beschuldigten darf in keinem Stadium 92 des Verfahrens verweigert werden. Das Gleiche gilt gem. § 147 III StPO für Sachverständigengutachten sowie für richterliche Untersuchungshandlungen, bei denen dem Verteidiger die Anwesenheit gestattet worden ist oder hätte gestattet werden müssen. Zu den „Niederschriften" gehören auch Vermerke über Aussagen des Beschuldigten sowie dessen eigene schriftliche Äußerungen (§ 136 I 4 Alt. 1 StPO iVm § 163a I 3 StPO). Das Einsichtsrecht erstreckt sich aber nicht auf „Nebenprotokollbände", bei denen es sich lediglich um Mitschriften zur Unterstützung des Gerichts handelt (OLG Karlsruhe 15.9.1981, NStZ 1982, 299).

Sobald der **Abschluss der Ermittlungen** in den Akten vermerkt ist, darf die Akten- 93 einsicht nicht mehr beschränkt werden (§ 147 II StPO). Die Verpflichtung der StA (FinB), den Abschluss der Ermittlungen in den Akten zu vermerken, folgt aus § 169a StPO. Der Abschlussvermerk hat auch Bedeutung für die Verteidigerbestellung auf Antrag der StA (§ 141 III 3 StPO).

Auf Antrag des Verteidigers „sollen" ihm die Akten in seine Geschäfts- oder 94 **Wohnräume mitgegeben werden,** falls nicht wichtige Gründe entgegenstehen (§ 147 IV StPO). Das gilt mangels einer entsprechenden Unterscheidung in § 147 IV StPO sowohl im Ermittlungs- als auch im Hauptverfahren. Dieses Recht auf ungestörte Akteneinsicht dient zugleich der Rechtspflege, in deren Interesse eine gute Vorbereitung durch den Bevollmächtigten liegt. Bei der Beschränkung der Akteneinsicht auf den Ort „Gericht" handelt es sich daher um eine Ausnahmeregelung (BVerfG 12.2.1998, NVwZ 1998, 836, 837). Als „wichtiger Grund" dürfte im Steuerstrafverfahren höchstens in Betracht kommen, dass die Akten in Ausnahmefällen wegen dringender Ermittlungsmaßnahmen nicht, auch nicht kurzfristig, entbehrt werden können. Eine **Aktenversendung,** zB an auswärtige Verteidiger, ist durch den Wortlaut des § 147 IV StPO nicht gedeckt. Wird die Aktenüberlassung in die Geschäftsräume oder in die Wohnung des Verteidigers abgelehnt, kann er Kopien gegen Kostenerstattung beantragen (*Donath/Mehle* NJW 2009, 1399; KK-StPO/*Laufhütte* StPO § 147 Rn. 10). Die Entscheidung über die Mitgabe der Akten ist nicht anfechtbar (§ 147 IV 2 StPO); sie braucht daher nicht begründet zu werden (LR-*Dünnebier* 25 zu § 147 StPO). In Betracht kommen aber Gegenvorstellung (vgl. auch BVerfG 8.1.1959, BVerfGE 9, 89) oder Dienstaufsichtsbeschwerde. Die Versendung der Akten kann von der Zahlung einer Pauschale nach § 28 II GKG abhängig gemacht werden (LG Göttingen 8.11.1995, StV 1996, 166).

Für die **Akteneinsicht** muss eine **angemessene Zeitspanne** zur Verfügung stehen. 95 Allgemeine Grenzen lassen sich insoweit nicht aufstellen. Welche Zeitspanne angemessen ist, wird weitgehend von dem Stadium des Verfahrens abhängen. Jedenfalls dürfte die Praxis mancher Strafsachenstellen, die Ermittlungsakte für „3 x 24 Stunden" zu verschicken, schon deshalb eine nicht gerechtfertigte Beschneidung der Verteidigerrechte bedeuten, weil bei einem Posteingang zB am Nachmittag, Nachtarbeit verlangt würde.

96 **Nach Einstellung des Verfahrens** ist dem Verteidiger in entsprechender Anwendung des § 147 StPO Akteneinsicht zu gewähren (LG Oldenburg 11.3.1992, NStZ 1992, 555; LG Frankfurt 29.6.2005, StraFo 2005, 379). Gleiches gilt nach rechtskräftigem Verfahrensabschluss (§ 147 V StPO; KK-StPO/*Laufhütte* StPO § 147 Rn. 22). **Akteneinsicht nach Beendigung eines Steuerstrafverfahrens** – gleichgültig ob durch Einstellung oder Verurteilung – kann bedeutsam sein, falls das Strafverfahren ohne Rücksicht auf die Bestandskraft der zugrunde liegenden Steuerbescheide beendet worden ist. Wenn die Steuerbescheide auf Ermittlungen der Steuerfahndung beruhen, kann der Steuerpflichtige seine Rechte im Rechtsmittelverfahren gegen die Steuerbescheide nur dann wahrnehmen, wenn ihm die Ermittlungsakte zugänglich gemacht wird. Das gilt auch, wenn und soweit im Besteuerungsverfahren „nur" um die Voraussetzungen der verlängerten Festsetzungsfrist (§ 169 II 2 AO) gestritten wird (über Rechtsbehelfe vgl. Rn. 98 f.).

97 **Über die Zulässigkeit einer Beschränkung nach § 147 II StPO** oder eine Entscheidung nach § 147 IV StPO vgl. neben § 147 V StPO auch Nr. 182 ff. RiStBV.

98 Die Verweigerung der Akteneinsicht durch Entscheidung der StA ist gem. § 147 V 2 StPO anfechtbar (vgl. dazu *Schlothauer* StV 2001, 192 ff.), wenn der Abschluss der Ermittlungen in den Akten vermerkt ist (1), wenn Akteneinsicht in nach Abs. 3 immer einsehbare Aktenteile verwehrt wird (2) oder wenn der Beschuldigte in Haft genommen wurde (3). Der Rechtsbehelf des Beschuldigten gem. § 147 V 2 Alt. 3 StPO greift nur dann ein, wenn er in dem Verfahren inhaftiert wurde, in dem er die Akteneinsicht begehrt (BGH 26.1.2011, NStZ-RR 2012, 16). Über den Antrag entscheidet aufgrund der Verweisung des § 147 V 2 StPO grundsätzlich § das Amtsgericht, in dessen Bezirk die StA ihren Sitz hat (§ 162 StPO). Die Verweigerung der Akteneinsicht soll grundsätzlich nicht nach §§ 23 ff. EGGVG gerichtlich überprüft werden können (OLG Frankfurt 19.8.2005, NStZ-RR 2005, 376; OLG Hamm 8.4.2003, wistra 2003, 317, 318), dies sei verfassungsrechtlich unbedenklich (BVerfG 28.12.1984, NJW 1985, 1019). Nur zur Erzwingung der Einsicht in die den Ermittlungsakten nicht beigefügten Spurenakten – zB Unterlagen der Steuerfahndung – (BVerfG 12.1.1983, BVerfGE 63, 45; Meyer-Goßner/Schmitt/*Schmitt* StPO § 147 Rn. 40) sei der Rechtsweg nach §§ 23 ff. EGGVG gegeben. Ansonsten bleibe nur die Möglichkeit einer Dienstaufsichtsbeschwerde (Meyer-Goßner/Schmitt/*Schmitt* StPO § 147 Rn. 40).

99 Diese Ansicht verkennt jedoch, dass das Akteneinsichtsrecht einen elementaren Bestandteil zur Herstellung von Waffengleichheit darstellt. Eine zeitnahe gerichtliche Überprüfung ist daher nötig. Zwar gewährt Art. 19 IV GG keinen sofortigen Rechtsschutz, sondern nur innerhalb angemessener Zeit (OLG Frankfurt 22.3.1993, StV 1993, 297, 298), doch besteht im Ermittlungsverfahren bei Steuerstrafverfahren, das häufig mehrere Jahre dauert, ohne Akteneinsicht keine Möglichkeit zur Verkürzung des Verfahrens. Eine Verteidigung ist nur bei Kenntnis des Vorgeworfenen möglich. Dass nach Abschluss der Ermittlungen die Akteneinsicht möglich ist, ist zu einer wirksamen Verteidigung nicht ausreichend. Beweisanträge können nach einem mehrjährigen Ermittlungsverfahren ins Leere gehen, da nach dieser Zeit mit dem Verlust von Beweismitteln zu rechnen ist. Verteidigung beginnt in Steuerstrafverfahren entgegen der historischen Konzeption des Gesetzgebers bereits vor der Hauptverhandlung. Der Rechtsweg nach §§ 23 ff. EGGVG ist daher eröffnet (*Burkhard* DStR 2002, 1794, 1797).

Nach Abschluss des Steuerstrafverfahrens ist der Finanzrechtsweg nach § 33 FGO gegeben (BFH 7.5.1985, BStBl. II 571; NdsFG 17.3.2005, EFG 2005, 1068; *Heerspink* AO-StB 2002, 29, 32).

100 **c) Anwesenheits- und Erklärungsrechte.** Im richterlichen Verfahren hat der Verteidiger das Recht, bei allen **Vernehmungen des Beschuldigten** (§ 163a III 2, § 168c I StPO) und von Zeugen oder Sachverständigen (§ 168c II StPO) sowie bei richterlichen

Inaugenscheinnahmen gem. § 168d I 1 StPO zugegen zu sein. Es ist ein Gebot rechtsstaatlicher, fairer Verfahrensführung, die Verhandlung nicht in Abwesenheit des Verteidigers durchzuführen (BVerfG v. 18.10.1983, NJW 1984, 113). Bei Vernehmungen des Beschuldigten durch die StA (FinB) steht dem Verteidiger ebenfalls ein Anwesenheitsrecht zu (§ 163a III 1 u. 2 StPO). Eine Vernehmung, die unter Verletzung des § 168c V StPO zustande gekommen ist, darf ohne Einwilligung des Angeklagten und des Verteidigers nicht verwertet werden (ausf. *Krause* StV 1984, 169 mwN; *Stoffers* NJW 2013, 1495). Ob das Anwesenheitsrecht auch bei Vernehmungen durch Beamte der Steuerfahndung besteht, ist umstritten (ausf. Kohlmann/*Hilgers-Klautzsch* 303 u. 312 zu § 392 mwN; krit. *Wannemacher/Walischewski* Rz. 4400 ff.); jedenfalls kann die Steuerfahndung die Anwesenheit des Verteidigers gestatten (*Schaefer* MDR 1977, 980; Nr. 34 II 2 AStBV). Ob der Verteidiger einen Rechtsanspruch auf Anwesenheit hat, erscheint unerheblich; denn er kann seine Anwesenheit praktisch dadurch erzwingen, dass der Mandant sich nur auf eine Vernehmung durch den Richter oder die StA (FinB) einlässt (Kohlmann/*Hilgers-Klautzsch* 305 u. 307 zu § 392). Wird dem Beschuldigten nach Belehrung über sein Recht, einen Verteidiger zu konsultieren, die Rücksprache mit seinem Verteidiger verweigert, dürfen seine Aussagen zur Sache nicht verwertet werden (BGH 29.10.1992, wistra 1993, 69).

Bei **Zeugenvernehmungen** durch die StA (FinB) hat der Verteidiger nach hM kein **101** Anwesenheitsrecht (*Kohlmann* StKRep 1976, 308; Kohlmann/*Hilgers-Klautzsch* 312 zu § 392; *Simon/Vogelberg* S. 309 mwN). Der Verteidiger ist, soweit ihm ein Anwesenheitsrecht zusteht, von den Terminen grundsätzlich zu benachrichtigen (§ 168c V 1 StPO). Liegen keine Anhaltspunkte für eine Ausnahme vor (§ 168c V 2 StPO), so begründet die Verletzung der Benachrichtigungspflicht ein strafprozessuales Verwertungsverbot (Meyer-Goßner/Schmitt/*Schmitt* StPO § 168c Rn. 6). Der Schutzbereich des § 168c V StPO hinsichtlich des Verwertungsverbots erstreckt sich nicht auf den Mitbeschuldigten (BGH 17.2.2009, NStZ 2009, 345). Als **Zeugenbeistand,** zB bei der Vernehmung von Bankmitarbeitern als Zeuge, hat der Anwalt ein Anwesenheitsrecht, und zwar auch dann, wenn er die Bank vertritt (BVerfG 17.4.2000, StB 2000, 262).

Die Befugnis zur Teilnahme an richterlichen und staatsanwaltschaftlichen Vernehmungen **102** umfasst auch ein **Frage- und Hinweisrecht** (*Blumers/Glöggerle* Rn. 808). Für die Hauptverhandlung folgt dieses Recht aus §§ 239 I, 240 II StPO. Eine Beschneidung des Fragerechts ist absoluter Revisionsgrund (*ter Veen* StV 1983, 167). In gewissen Fällen kann sich der Angeklagte in der Hauptverhandlung durch einen Verteidiger „vertreten" lassen (§§ 234, 286, 411 II StPO).

einstweilen frei **103–109**

d) Sonstiges. Sind die **Erfolgsaussichten** eines Einspruchs gegen einen Strafbefehl **zu prüfen,** so ist § 411 IV StPO zu beachten. Nach dieser Vorschrift ist das Gericht bei der Urteilsfällung an den im Strafbefehl enthaltenen Ausspruch nicht gebunden. Ist nach Lage der Dinge nicht mit einem Freispruch oder mit einer Herabsetzung der Strafe in der Hauptverhandlung zu rechnen, so muss der Anwalt – zwecks Vermeidung von Schadenersatzansprüchen – von einem Einspruch abraten bzw. dessen Rücknahme empfehlen (OLG Düsseldorf 26.9.1985, StV 1986, 211). **110**

Zur Hauptverhandlung ist der bestellte Verteidiger stets, der gewählte Verteidiger **111** dann zu **laden,** wenn die Wahl dem Gericht angezeigt worden ist (§ 218 1 StPO). Die Ladungsfrist beträgt eine Woche (§ 218 2, § 217 I StPO). Ein Verstoß gegen § 218 StPO begründet bei entsprechender Verfahrensrüge (§ 344 II 1 StPO) die Revision gem. § 337 StPO (Meyer-Goßner/Schmitt/*Schmitt* StPO § 218 Rn. 15), und zwar auch dann, wenn der Angeklagte vom Erscheinen in der Hauptverhandlung entbunden ist (OLG Köln 17.11.1959, NJW 1960, 736). Auf die Ladungsfrist kann verzichtet werden. Ist der nicht rechtzeitig geladene Verteidiger zur Hauptverhandlung erschienen, so steht ihm selbst, nicht dem Angeklagten, die Entscheidung darüber zu, ob er Aussetzung der Verhandlung (§ 217 II StPO) verlangen will (BGH 2.7.1963, NJW 1963, 1787). Die Ladungsfrist entfällt, wenn der Verteidiger erst innerhalb der Frist bestellt oder dem Gericht als gewählt gemeldet worden ist (BGH 12.3.1963, NJW 1963, 1114). Mehrere Verteidiger sind selbstständig zu laden, sofern es sich nicht um Rechtsanwälte einer Sozietät oder einer Bürogemeinschaft handelt (BGH 30.1.2007, NStZ 2007, 348; KK-StPO/*Laufhütte* StPO § 218 Rn. 4). Zur „Benachrichtigung" über die Revisionsverhandlung vgl. § 350 StPO.

112 **Zustellungen** darf der Verteidiger grundsätzlich mit Wirkung für den Beschuldigten in Empfang nehmen. Einzelheiten regelt § 145a StPO.

113 Verteidiger haben ein **Zeugnisverweigerungsrecht** (§ 53 I Nr. 2 StPO). Dieses Recht beschränkt sich auf das, was den Berufsgeheimnisträgern in dieser Eigenschaft anvertraut oder bekannt geworden ist. Darüber hinaus berechtigt § 53 I Nr. 3 StPO Rechtsanwälte und Angehörige steuerberatender Berufe auch, Aussagen über diejenigen Tatsachen zu verweigern, die ihnen im Rahmen der allgemeinen Berufsausübung, also auch außerhalb ihrer Tätigkeit als Verteidiger, bekannt geworden sind. Das Zeugnisverweigerungsrecht entfällt, wenn der Geheimnisträger von seiner Verschwiegenheitspflicht entbunden worden ist (§ 53 II StPO). Daneben ist § 203 I Nr. 3 StGB (strafbare Verletzung von Berufsgeheimnissen) zu beachten.

114 Gem. § 97 I Nr. 1 StPO unterliegen der **Beschlagnahme** nicht schriftliche Mitteilungen zwischen dem Beschuldigten und den Personen, die nach §§ 52, 53 I 1 Nr. 1–3b StPO das Zeugnis verweigern dürfen (Rn. 44 ff. zu § 399 AO). Das Gleiche gilt für Aufzeichnungen, die diese Personen über die ihnen vom Beschuldigten anvertrauten Mitteilungen oder über andere Umstände gemacht haben, auf die sich das Zeugnisverweigerungsrecht erstreckt (§ 97 I Nr. 2 StPO), also für die gesamten Handakten des Verteidigers und Beraters. Andere Gegenstände (§ 97 I Nr. 3 StPO), die der Zeugnisverweigerungsberechtigte in Gewahrsam hat, zB Geschäftsbücher, Aufzeichnungen, Belege, unterliegen grundsätzlich ebenfalls nicht der Beschlagnahme, soweit die durch sie zu beweisenden Tatsachen von dem Zeugnisverweigerungsrecht umfasst werden; anders, wenn die Gegenstände nur übergeben wurden, um sie vor den Strafverfolgungsbehörden zu verstecken (KK-StPO/*Laufhütte* StPO § 97 Rn. 20; *Haffke* NJW 1975, 808, 810). Kein Beschlagnahmeverbot besteht nach Auffassung des LG Hamburg (v. 15.10.2010, NJW 2011, 942) für Ergebnisse unternehmensinterner Ermittlungen durch eine Sozietät, die im Auftrag des Unternehmens tätig geworden ist. Ferner unterliegen der Beschlagnahme Verteidigerunterlagen aus anderen Verfahren (BVerfG 13.10.2009, NJW 2010 1740). Soweit der Steuerberater Buchhaltungsunterlagen allein zum Zwecke der Buchhaltung erhalten hat, unterliegen sie nicht dem Beschlagnahmeverbot (Meyer-Goßner/Schmitt/*Schmitt* StPO § 97 Rn. 40; KK-StPO/*Greven* StPO § 97 Rn. 15). Die dem Steuerberater zur Durchführung einer Außenprüfung in dessen Praxis ausgehändigten Unterlagen können ebenfalls beschlagnahmt werden (LG Essen 12.8.2009, wistra 2010, 78).

115 Das Beschlagnahmeverbot greift regelmäßig nur ein, wenn sich die Gegenstände im Gewahrsam des Zeugnisverweigerungsberechtigten befinden, (§ 97 II 1 StPO); bei Verteidigerpost, die sich in der Hand des Beschuldigten befindet, macht die Rechtsprechung allerdings eine Ausnahme (BGH 13.8.1973, NJW 1973, 2035). Das Beschlagnahmeverbot entfällt, wenn gewichtige Anhaltspunkte dafür bestehen, dass der Verteidiger sich an der Tat beteiligt hat (BGH 13.8.1973, JZ 1974, 421). Die Schriftstücke dürfen aber nicht durchgelesen werden, um festzustellen, ob der Geheimnisträger der Teilnahme verdächtig ist, um also durch die Einsicht festzustellen, ob das Beschlagnahmeverbot entfällt (vgl. dazu LG Köln 27.5.1960, NJW 1960, 1874). Die Beschlagnahmefreiheit entfällt ferner mit der Entbindung von der Verschwiegenheitspflicht. Der Verteidiger muss also sehr sorgfältig abwägen, ob er dem Mandanten dazu rät, ihn von dem Zeugnisverweigerungsrecht zu befreien. Über die Befugnis des Erben und des Konkursverwalters zur Befreiung von der Schweigepflicht vgl. *Blumers/Göggerle* Rn. 651 ff. Widerruft der Beschuldigte die Entbindungserklärung, so entsteht ex nunc ein neues Beschlagnahmeverbot (OLG Nürnberg 17.8.1956, NJW 1958, 272, 274).

9. Kosten

Die dem Angeschuldigten für einen Verteidiger erwachsenen Auslagen werden unter bestimmten Voraussetzungen von der Staatskasse erstattet (§§ 464a, 467 StPO). Näheres s. zu § 408 AO. Stellt die StA (FinB) das Ermittlungsverfahren vor Anklageerhebung nach § 170 II StPO ein, so sind die Kosten, die der ehemalige Angeschuldigte für die Konsultation eines Verteidigers aufzubringen hat, nur im Verfahren nach § 9 StrEG ersetzungsfähig. Kosten der anwaltlichen Vertretung im Ermittlungsverfahren stellen einen Vermögensschaden iS des § 7 StrEG dar (BGH 18.9.1975, BGHZ 65, 170). Voraussetzung ist jedoch das Vorliegen einer erstattungsfähigen Strafverfolgungsmaßnahme iS des § 2 StrEG. Erfolgt die Einstellung nach Anklageerhebung, richtet sich die Erstattung der notwendigen Auslagen nach § 467a StPO als lex specialis (BGH 18.9.1975, BGHZ 65, 170). 116

§ 393 Verhältnis des Strafverfahrens zum Besteuerungsverfahren

(1) [1]Die Rechte und Pflichten der Steuerpflichtigen und der Finanzbehörde im Besteuerungsverfahren und im Strafverfahren richten sich nach den für das jeweilige Verfahren geltenden Vorschriften. [2]Im Besteuerungsverfahren sind jedoch Zwangsmittel (§ 328) gegen den Steuerpflichtigen unzulässig, wenn er dadurch gezwungen würde, sich selbst wegen einer von ihm begangenen Steuerstraftat oder Steuerordnungswidrigkeit zu belasten. [3]Dies gilt stets, soweit gegen ihn wegen einer solchen Tat das Strafverfahren eingeleitet worden ist. [4]Der Steuerpflichtige ist hierüber zu belehren, soweit dazu Anlass besteht.

(2) [1]Soweit der Staatsanwaltschaft oder dem Gericht in einem Strafverfahren aus den Steuerakten Tatsachen oder Beweismittel bekannt werden, die der Steuerpflichtige der Finanzbehörde vor Einleitung des Strafverfahrens oder in Unkenntnis der Einleitung des Strafverfahrens in Erfüllung steuerrechtlicher Pflichten offenbart hat, dürfen diese Kenntnisse gegen ihn nicht für die Verfolgung einer Tat verwendet werden, die keine Steuerstraftat ist. [2]Dies gilt nicht für Straftaten, an deren Verfolgung ein zwingendes öffentliches Interesse (§ 30 Abs. 4 Nr. 5) besteht.

(3) [1]Erkenntnisse, die die Finanzbehörde oder die Staatsanwaltschaft rechtmäßig im Rahmen strafrechtlicher Ermittlungen gewonnen hat, dürfen im Besteuerungsverfahren verwendet werden. [2]Dies gilt auch für Erkenntnisse, die dem Brief-, Post- und Fernmeldegeheimnis unterliegen, soweit die Finanzbehörde diese rechtmäßig im Rahmen eigener strafrechtlicher Ermittlungen gewonnen hat oder soweit nach den Vorschriften der Strafprozessordnung Auskunft an die Finanzbehörden erteilt werden darf.

Schrifttum:

Monographien: *Dencker,* Verwertungsverbote im Strafprozeß, 1977; *Reuß,* Grenzen steuerlicher Mitwirkungspflichten, 1979; *Rogall,* Der Beschuldigte als Beweismittel gegen sich selbst, 1977; *Rüping,* Steuerfahndungsergebnisse und ihre Verwertbarkeit, 1981; *Sidow,* Die Vereinbarkeit der steuerlichen Mitwirkungspflichten mit dem Grundgesetz, jur. Diss. Hamburg 1968; *Reiß,* Besteuerungsverfahren und Strafverfahren, 1987; *Teske,* Die Abgrenzung der Zuständigkeiten und der Beweisverfahren im Besteuerungsverfahren und im Steuerstrafverfahren unter besonderer Berücksichtigung des § 393 AO de lege lata und de lege ferenda, Diss. Köln 1987; *Rüster,* Der Steuerpflichtige im Grenzbereich zwischen Besteuerungsverfahren und Strafverfahren, 1989; *Buchholz,* Der Betroffene im parlamentarischen Untersuchungsausschuß, 1990; *Berthold,* Der Zwang zur Selbstbezichtigung aus § 370 Abs. 1 AO und der Grundsatz des nemo tenetur, 1993; *Hellmann,* Das Neben-Strafverfahrensrecht der Abgabenordnung, 1995; *Wolff,* Selbstbelastung und Verfahrenstrennung, 1997; *Kraft,* Das Nemo-tenetur-Prinzip und die sich daraus ergebenden Rechte des Beschuldigten in der polizeilichen Vernehmung, 2002; *Sahan,* Keine Steuererklärungspflicht bei Gefahr strafrechtlicher Selbstbelastung, 2006; *Wirtz,* Das Al Capone-Prinzip – Risiken und Chancen einer „Gewinnabschöpfung durch Besteuerung" nach dem Steuerverkürzungsbekämpfungsgesetz, 2006; *Stetter,* Die Lösung der Fälle mittelbarer Selbstbelastung wegen einer Steuerstraftat durch Erfüllung steuerrechtlicher Erklärungspflichten, 2007.

Aufsätze: *Barske,* Steuererklärungspflicht ohne Auskunftsverweigerungsrecht, DStZ 1958, 25; *Ehlers,* Steuerermittlungs-, Steueraufsichts- und Steuerstrafverfahren in ihrer gegenseitigen Abgrenzung StbJb 1959/60, 523; *Grünwald,* Beweisverbote und Verwertungsverbote im Strafverfahren, JZ 1966, 489; *Eb. Schmidt,* Sinn und Tragweite des Hinweises auf die Aussagefreiheit des Beschuldigten, NJW 1968, 1209; *Jakob,* Rechtsfragen der Organisation und Funktion des Steuerfahndungsdienstes, StW 1971, 297; *Ulsenheimer,* Zumutbarkeit normgemäßen Verhaltens bei Gefahr eigener Strafverfolgung, GA 1972, 1; *Rüping,* Zur Mitwirkungspflicht des Beschuldigten und Angeklagten, JR 1974, 135; *Dencker,* Belehrung des Angeklagten über sein Schweigerecht und Vernehmung zur Person, MDR 1975, 359; *Rogall,* Die Mißachtung des Verbots der Selbstbelastung im geltenden und kommenden Abgabenrecht, ZRP 1975, 278; *Reiß,* Zwang zur Selbstbelastung nach der neuen Abgabenordnung, NJW 1977, 1436; *Knauth,* Beweisverwertungsverbot als Folge einer verfassungswidrigen Beschlagnahmeanordnung, JuS 1979, 339; *Lohmeyer,* Die straf- und bußgeldrechtlichen Vorschriften der neuen Betriebsprüfungsordnung (Steuer), DStR 1979, 131; *Möllinger,* Das Verhältnis Besteuerungsverfahren ./. Strafverfahren im Bereich der Außenprüfung, StBp 1979, 193; *Wenzig,* Die Belehrung des Steuerpflichtigen über seine Rechte und Pflichten bei einer Betriebsprüfung, DB 1979, 1763; *Mein,* Fragen der Zusammenarbeit zwischen Steuerfahndung und Polizei nach der AO 1977, StBp 1980, 131; *Seebode,* Über die Freiheit, die eigene Strafverfolgung zu unterstützen, JA 1980, 493; *Streck,* Betriebsprüfung und Steuerstrafverfahren, BB 1980, 1537; *Ehlers,* Verwertungsverbot mit und ohne praktische Folgen, StBp 1981, 97; *Gössel,* Kritische Bemerkungen zum gegenwärtigen Stand der Lehre von den Beweisverboten im Strafverfahren,

NJW 1981, 649; *ders.*, Überlegungen zu einer neuen Beweisverbotslehre, NJW 1981, 2217; *Streck*, Der Beschluß des Bundesverfassungsgerichts zum strafrechtlichen Verwertungsverbot bei Aussagen des Gemeinschuldners und seine Auswirkungen im Steuerstrafrecht, StV 1981, 362; *Stürner*, Strafrechtliche Selbstbelastung und verfahrensförmige Wahrheitsermittlung, NJW 1981, 1757; *Hildebrandt*, Verwertungsverbote für Tatsachen oder Beweismittel im Steuerstrafverfahren und im Besteuerungsverfahren, DStR 1982, 20; *ders.*, Betriebsprüfung und Steuerstrafverfahren, StBp 1982, 267; *Reiß*, Gesetzliche Auskunftsverweigerungsrechte bei Gefahr der Strafverfolgung in öffentlich-rechtlichen Verfahren, NJW 1982, 2540; *Karl Schäfer*, Einige Bemerkungen zu dem Satz „nemo tenetur se ipsum accusare", Peters-FS 1982, 11; *Kretzschmar*, Welche Aktenvermerke hat der Betriebs(Außen-)Prüfer nach der Einleitung des Steuerstraf(-bußgeld-)verfahrens zu fertigen?, StBp 1983, 265; *ders.*, Verhalten des Betriebs(Außen-)Prüfers beim Verdacht von Straftaten/Ordnungswidrigkeiten, die nicht innerhalb der Ermittlungskompetenz der Finanzbehörde liegen, StBp 1983, 241; *Lohmeyer*, Verbindliche Auskünfte und Zusagen im Besteuerungsverfahren, insbesondere im Anschluß an eine Außenprüfung, StB 1983, 101; *Otto*, Beweisverbote aus steuerrechtlicher Mitwirkungspflicht?, wistra 1983, 233; *Streck*, Das Recht des Verhältnisses von Steuer- und Strafverfahren, Grundfragen 1983, 217; *ter Veen*, Die Zulässigkeit der informatorischen Befragung, StV 1983, 293; *Dingeldey*, Das Prinzip der Aussagefreiheit im Strafprozeßrecht, JA 1984, 407; *Gössel*, Verfassungsrechtliche Verwertungsverbote im Strafverfahren, JZ 1984, 361; *Streck*, Über Betriebsprüfung und Steuerstrafverfahren im Widersinn, BB 1984, 199 mit Erwiderung von *Hildebrandt*, BB 1984, 1226; *Wenzig*, Die Grenzen des Verwertungsverbots, DStZ 1984, 172; *Meine*, Reichweite des Verwertungsverbots nach § 393 II AO, wistra 1985, 186; *Rengier*, Aushöhlung der Schweigebefugnis des auch steuerlich belangten Beschuldigten durch „nachteilige" Schätzung der Besteuerungsgrundlagen?, BB 1985, 720; *Müller*, Steuergeheimnis und Verwertungsverbot bei nichtsteuerlichen Straftaten, DStR 1986, 699; *Rüping*, „In dubio pro fisco" im Steuerstrafverfahren?, NStZ 1986, 545; *Pump*, Anzeige von Steuerstraftaten durch Gerichte und Behörden, wistra 1987, 322; *Henneberg*, Der Steuerpflichtige im Spannungsfeld zwischen Besteuerungsverfahren und Steuerstrafverfahren, BB 1988, 2181; *Lohmeyer*, Auskunfts- und Vorlageverweigerungsrechte im Besteuerungs- und im Strafverfahren, Inf. 1988, 348; *Klos/Weyand*, Praktische Probleme des Einsatzes von Außenprüfungen zu steuerstrafrechtlichen Ermittlungen, StBp 1989, 157; *Merkt*, Auswertung von Unterlagen im steuerlichen Verwaltungsverfahren und Herausgabepflicht im Strafverfahren, DStR 1990, 476; *Weyand*, Arzt- und Steuergeheimnis als Hindernis für Strafverfolgung?, wistra 1990, 4; *Blesinger*, Das Verhältnis zwischen Besteuerungs- und Steuerstrafverfahren, wistra 1991, 243; *Gössel*, Die Beweisverbote im Strafverfahrensrecht der Bundesrepublik Deutschland, GA 1991, 483; *Mössner*, Internationale Menschenrechte und Steuerrecht, StuW 1991, 224; *Seer*, Die Verwertbarkeit strafrechtlicher Ermittlungsergebnisse für das Besteuerungsverfahren – Umfang und Grenzen einer Amtshilfe, StuW 1991, 165; *Dencker*, Über Heimlichkeit, Offenheit und Täuschung bei der Beweisgewinnung im Strafverfahren, StV 1994, 667; *Geppert*, Zur Verwertung selbstbelastender Angaben eines Versicherungsnehmers und späteren Beschuldigten im nachfolgenden Strafverfahren, Jura 1995, 439; *Lesch*, Der Beschuldigte im Strafverfahren, JA 1995, 157; *Frommel/Füger*, Das Auskunftsverweigerungsrecht im Steuerverfahren und die Rechtsprechung des Europäischen Gerichtshofs für Menschenrechte, StuW 1995, 58; *Stürner*, Strafprozessuale Verwertungsverbote in verschiedenen Konstellationen, Jura 1994, 621; *Kohlmann*, Strafprozessuale Verwertungsverbote als Schranken für steuerliche und steuerstrafrechtliche Ermittlungen der Fahndungsbehörden, Tipke-FS 1995, 487; *Grezesch*, Steuererklärungspflichten im Strafverfahren, DStR 1997, 1273; *Spriegel*, Steuergeheimnis und nichtsteuerliche Straftat, wistra 1997, 321; *v. Briel*, Steuerrechtliche Erklärungspflichten und das nemo-tenetur-Prinzip, StraFo 1998, 336; *Pütz*, Fahndungsermittlungen in den Bank-Verfahren nach dem Meistbegünstigungsprinzip?, wistra 1998, 54; *Streck/Spatscheck*, Steuerliche Mitwirkungspflicht trotz Strafverfahrens?, wistra 1998, 334; *Böse*, Das nemo-tenetur-Prinzip als Gebot zur Aussetzung des Zivilprozesses nach § 149 ZPO?, wistra 1999, 451; *Dörn*, Praxisfragen im Grenzbereich von Besteuerungs- und Steuerstrafverfahren, DStZ 1999, 245; *Marx*, Nemo tenetur se ipsum accusare?, FA-FS 1999, 673; *Jäger*, Erklärungspflicht trotz Strafverfahrens?, PStR 2002, 49; *Böse*, Die Strafbarkeit wegen Steuerhinterziehung und der Nemo-tenetur-Grundsatz, wistra 2003, 47; *Joecks*, Der nemo-tenetur-Grundsatz und das Steuerstrafrecht, Kohlmann-FS 2003, 451; *Rogall*, Das Verwendungsverbot des § 393 II AO, Kohlmann-FS 2003, 465; *Rolletschke*, Die Abgabe einer unrichtigen Umsatzsteuererklärung und das nemo-tenetur-Prinzip, wistra 2004, 246; *Salditt*, Menschenwürde und Steuerpflicht, StuW 2005, 367; *Eidam*, Neuere Entwicklungen um den Grundsatz der Selbstbelastungsfreiheit und das Rechtsinstitut der Selbstanzeige im Steuerstrafverfahren, wistra 2006, 11; *Geuenich*, Steuerliches Verwertungsverbot analog § 136a StPO bei Zusammentreffen von Außenprüfung und steuerstrafrechtlichen Ermittlungen?, DStZ 2006, 295; *Graf/Bisle*, Steuererklärungspflichten im Steuerstrafverfahren, InfStW 2006, 144; *Harms*, Der verbotene Zwang zur Selbstbelastung im Steuerstrafrecht, in: *Leitner* (Hrsg.), Finanzstrafrecht 2005 – Grundrechtsfragen im Finanzstrafrecht, 2006, S. 75; *Wulf*, Steuererklärungspflichten und „Nemo-tenetur", wistra 2006, 89; *Wüstenhagen*, Die Selbstbelastungsfreiheit im Steuerrecht, StStud 2006, 511; *Heerspink*, Korruption: Fiktionen von Steuerrecht und Strafrecht, AO-StB 2007, 304; *Kemper*, Der Anfangsverdacht in der Außenprüfung, StBp 2007, 263; *Wulf*, Telefonüberwachung und Geldwäsche im Steuerstrafrecht, wistra 2008, 321; *Buse/Bohnert*, Steuerstrafrechtliche Änderungen zur Bekämpfung des Umsatz- und Verbrauchsteuerbetrugs, NJW 2008, 618; *Spatscheck*, Wird Gauner, wer mit Gaunern dealt?, Volk-FS 2009, 771; *Schützeberg*, Die Schätzung im Besteuerungs- und im Steuerstrafverfahren, StBp 2009, 33; *Salditt*, Herausforderung – Aktuelle politische und andere Erwartungen an das Steuerstrafrecht, Schaumburg-FS 2009, 1269; Wegner, Checkliste: Zum Verdacht einer Steuerstraftat oder -ordnungswidrigkeit im Sinne des § 10 BpO, PStR 2009, 86; *Joecks*, Klimawandel, Schaumburg-FS 2009, 1225; *Bülte*, Die neuere Rechtsprechung des BGH zur Strafbewährung von § 153 AO, BB 2010, 607; *Höll*, Die Mitteilungspflichten bei Korruptionssachverhalten im Regelungsgefüge des Steuergeheimnisses, ZIS 2010, 309; *Wulf/Ruske,* Steine statt Brot – Die Feststellung der Verfassungswidrigkeit von § 393 Absatz 2 Satz 2 AO ist aufgeschoben, Stbg 2010, 443; *Alvermann/Talaska,* Anzeige- und Berichtigungspflicht bei zuvor bedingt vorsätzlich abgegeben unrichtiger Steuererklärung, HRRS 2010, 166; *Kopf/Szalai,* Der „Nemo-tenetur-Grundsatz" im Steuerrecht, NJ 2010, 363; *Schwedhelm,* Praxiserfahrung in der Steuerstrafverteidigung, BB 2010, 731; *Schützeberg,* Besteuerungsverfahren: Einfluss von strafrechtlichen Verwertungsverboten, PStR 2010, 22; *Pflaum,* Voraussetzungen der Durchbrechung des Steuergeheimnisses zur Durchführung von Disziplinarverfahren, wistra 2011, 55; *Kindler,* Zu den Folgen eines Prüferfehlverhaltens nach § 10 BpO für das Steuerstrafverfahren, PStR 2011, 44; *Rolletschke,* Neuere Entwicklungen im Steuerstrafrecht, Stbg 2011, 404; *Wulf,* Das neue „Verzögerungsgeld" als Sanktion für Unbotmäßigkeiten des Steuerpflichtigen in der steuerlichen Außenprüfung, AG 2011, 819; *Buse,* Der steuerstrafrechtliche Verdacht des Außenprüfers, DB 2011, 1942; *Tormöhlen,* Steuerstrafrechtliche Verwertungsverbote, AO-StB 2012, 344; *Beckemper,* Nemo-tenetur-Grundsatz im Steuerstrafrecht, ZIS 2012, 221; *Jesse,* Das Nebeneinander von Besteuerungs- und Steuerstrafverfahren, DB 2013, 1803; *Kasiske,* Tatbegriff und Zwangsmittelverbot bei wiederholter Steuerhinterziehung, HRRS 2013, 225; *ders.,* Die Selbstbelastungsfreiheit bei verdeckten Befragungen des Beschuldigten, StV 2014, 423; *Madauß,* Außenprüfung und Steuerstrafverfahren, NZWiSt 2014, 296; *Mellinghoff,* Grundsätze und Grenzen im Besteuerungs- und Steuerstrafverfahren, Stbg 2014, 97; *Reichling,* Das Verwendungsverbot aus § 393 Abs. 2 S. 1 AO, HRRS 2014, 473; siehe auch die Nachweise vor Rn. 70 u. 118.

Übersicht

I. Allgemeines

1. Entstehungsgeschichte

1 **§ 393 AO 1977** hat seinen Vorgänger in § 428 RAO 1967. § 428 I RAO enthielt jedoch keine Belehrungspflicht; er lautete: *„Die Befugnisse des Finanzamts im Besteuerungs-*

verfahren werden durch ein Strafverfahren nicht berührt; jedoch sind Zwangsmittel (§ 202) unzulässig, soweit gegen den Steuerpflichtigen wegen der Abgabenangelegenheit ein Strafverfahren eingeleitet worden ist“. **§ 428 RAO 1967** (= § 418 EAOStrafÄndG, BT-Drs. V/1812, 7) wurde durch Art. 1 Nr. 1 AOStrafÄndG v. 10.8.1967 (BGBl. I 877) in die AO eingefügt. Die Einfügung sollte die Befugnisse des Finanzamts klarstellen und (§ 428 II) dem Schutz des Steuergeheimnisses im Strafverfahren dienen (BT-Drs. V/1812, 32). Die Ersetzung des § 428 II 2, 3 RAO durch die Verweisung auf § 30 IV Nr. 5 AO ist Folge der Einfügung des § 30 IV AO 1977 (BT-Drs. 7/4292, 46). § 428 II 1 RAO entsprach inhaltlich dem § 393 II 1 AO 1977, jedoch war die Variante „in Unkenntnis der Einleitung“ nicht enthalten. Die dem § 393 II 2 AO entsprechende Regelung lautete: *„Dies gilt nicht für Verbrechen und Vergehen, an deren Verfolgung ein zwingendes öffentliches Interesse besteht. Ein zwingendes öffentliches Interesse an der Verfolgung ist namentlich gegeben bei Verbrechen und vorsätzlichen Vergehen gegen Leib und Leben sowie bei Verbrechen und schwerwiegenden Vergehen gegen den Staat und seine Einrichtungen.“*

Die RAO 1931 enthielt nur vereinzelt Vorschriften über die Abgrenzung der Befugnisse des Finanzamts im Besteuerungsverfahren und im Strafverfahren, etwa in § 438 RAO 1931 (= 403 RAO 1919), der die Nachschau regelte: *„Das Recht des Finanzamts, in Räumen, die ihm zur Ausübung der Steueraufsicht zugänglich sind, Nachschau zu halten und die dort zu seiner Einsicht bestimmten Bücher und Aufzeichnungen einzusehen, bleibt unberührt; Zwangsmittel (§ 202) gegen die Person des Beschuldigten sind jedoch unstatthaft, sofern es sich darum handelt, Spuren einer Steuerzuwiderhandlung zu verfolgen“.* Vgl. zur Entstehungsgeschichte noch umfassend *Reiß* 1987, 25 ff. 2

2. Zweck, Bedeutung und Problematik der Vorschrift

a) Zweck des § 393 AO. § 393 I AO soll die Befugnisse der FinB im Besteuerungsverfahren und im Strafverfahren voneinander abgrenzen, weil Besteuerungsverfahren und Strafverfahren, vor allem hinsichtlich der Offenbarungspflichten des Betroffenen, von verschiedenen Prinzipien ausgehen (BT-Drs. V/1812, 32; BT-Drs. 7/4292, 46). **§ 393 II AO** soll das Steuergeheimnis auch insoweit gewährleisten, als der Stpfl im Vertrauen auf das Steuergeheimnis pflichtgemäß (§ 40 AO) eigene Straftaten offenbart (BT-Drs. V/1812, 32). § 393 II 2 AO will jedoch eine Durchbrechung des Steuergeheimnisses ermöglichen, soweit an der Strafverfolgung ein zwingendes öffentliches Interesse besteht. 3

Die Regelung geht von der Erkenntnis aus, dass Besteuerungsverfahren und Steuerstrafverfahren *zeitlich parallel* verlaufen (Kohlmann/*Hilgers-Klautzsch* 15 u. RK-*Roth* 5 zu § 393; *Streck* Grundfragen S. 248; *Wendeborn* 1989, 164) und die jeweils ermittelnden Amtsträger personengleich sein können (§ 208 I; s. Rn. 22 zu § 404). Die Rechte und Pflichten einer Person sind aber im Besteuerungs- und im Strafverfahren völlig unterschiedlich. Während der Beschuldigte im Strafprozess ein Schweigerecht hat (§ 136 StPO) und die Herausgabe von in seinem Besitz befindlichen Gegenständen nicht erzwungen werden kann (Rn. 40 zu § 399; Erbs/Kohlhaas/*Hadamitzky*/*Senge* AO § 393 Rn. 2), muss er als Stpfl im Besteuerungsverfahren die für die Besteuerung erheblichen Tatsachen wahrheitsgemäß offenbaren (§ 90 I). Die Erfüllung dieser und weiterer Pflichten, etwa zur Vorlegung von Urkunden (§ 97), ist nach den §§ 328 f. AO mit Zwangsmitteln durchsetzbar. Sonstigen Personen steht nach § 103 AO ein Auskunftsverweigerungsrecht zu, sofern sie sich bei Beantwortung bestimmter Fragen einer Gefahr strafgerichtlicher Verfolgung aussetzen würden. Für den Stpfl besteht eine solche, dem § 55 StPO entsprechende Regelung im Besteuerungsverfahren nicht. Er wäre an sich gehalten, zur Vermeidung von Zwangsmitteln der FinB Tatsachen zu offenbaren, die angesichts der Durchlässigkeit zum Steuerstrafverfahren (und über § 393 II 2 AO auch zum sonstigen Strafverfahren) zu seiner Verurteilung beitragen könnten. 4

Zur Lösung dieses Konflikts bestehen mehrere verfassungsrechtlich zulässige (Rn. 7 ff.) Möglichkeiten (vgl. *Wolff* 1997, 135 ff.; *Rogall* Kohlmann-FS 2003, S. 471; *Stetter* 5

2007, 41; *Reichling* HRRS 2014, 473,474). Denkbar ist, die Mitwirkungspflichten des Stpfl gänzlich außer Kraft zu setzen, soweit ein Ermittlungsverfahren wegen einer Steuerstraftat gegen ihn eingeleitet worden ist oder er sich bei Erfüllung seiner Pflichten einer Straftat bezichtigen müsste (vgl. *Berthold* 1993, 71; *Hellmann* 1995, 103). Auch ist es möglich, diese Mitwirkungspflichten zwar bestehen zu lassen, jedoch auf die Anwendung von Zwangsmitteln in diesem Zusammenhang zu verzichten (*Rogall* Kohlmann-FS 2003, S. 471). Schließlich kann man an der Erzwingbarkeit der Mitwirkungspflichten festhalten und die (strafrechtliche) Unverwertbarkeit/Unverwendbarkeit der dabei gewonnenen Erkenntnisse festschreiben. Das Gesetz kombiniert die zweite und dritte Möglichkeit. Nach § 393 I AO bleiben Rechte und Pflichten des Stpfl sowie der FinB im Besteuerungsverfahren und im Strafverfahren formal getrennt voneinander bestehen. Der Stpfl bleibt also trotz des Ermittlungsverfahrens wegen einer Steuerstraftat auskunftspflichtig; jedoch können Zwangsmittel nicht eingesetzt werden, wenn dies zu einer Selbstbelastung des Stpfl führen würde (§ 393 I 2). Soweit der Stpfl in Erfüllung seiner Mitwirkungspflichten den Behörden Kenntnisse verschafft, die auf die Begehung anderer Straftaten hindeuten, dürfen diese Kenntnisse gegen ihn nicht für die Verfolgung einer sonstigen Nichtsteuerstraftat verwendet werden, es sei denn, es handelt sich um eine besonders gravierende Straftat (§ 393 II). Dass der Beschuldigte nicht völlig von seinen Mitwirkungspflichten freigestellt ist, wird – abgesehen vom Hinweis auf § 40 AO (Besteuerung gesetzeswidriger Geschäfte) – allgemein mit der Erwägung begründet, dass ihn eine völlige Befreiung von der Erfüllung steuerlicher Pflichten wesentlich besser stellen würde als den redlichen Stpfl; der Täter einer Steuerhinterziehung dürfe aber nicht besser stehen als der Steuerehrliche (vgl. Koch/Scholtz/*Scheurmann-Kettner* 2 zu § 393; Erbs/Kohlhaas/*Hadamitzky/Senge* AO § 393 Rn. 2 u. Schwarz/Pahlke/*Dumke* 13 zu § 393 AO; *Benkendorff* ZfZ 1977, 107).

6 Tatsächlich wird das Besteuerungsverfahren **von der Durchführung des Steuerstrafverfahrens** ganz erheblich beeinflusst (FT-*Webel* 16 u. RK-*Roth* 4 f. zu § 393). Im Ergebnis bedeutet die Regelung des § 393 I AO, dass es materiell Mitwirkungspflichten des Stpfl nicht gibt (Schwarz/Pahlke/*Dumke* 14, Erbs/Kohlhaas/*Hadamitzky/Senge* AO § 393 Rn. 4; *Schmitz/Tillmann* S. 52; *Reiß* 1987, 263; *Rengier* BB 1985, 721; *Rüster* 1989, 53; *dies.* wistra 1988, 51; *Hellmann* 1995, 99 f.) und er im Ergebnis – soweit es um Steuerstraftaten geht – ein Auskunftsverweigerungsrecht hat (*Lohmeyer* S. 87; Klein/*Jäger* AO § 393 Rn. 1, Kohlmann/*Hilgers-Klautzsch* 46f zu § 393). Das formale Festhalten an Mitwirkungspflichten unter Verzicht auf Zwangsmittel ermöglicht jedoch die Schätzung nach § 162 AO (RK-*Roth* 30 zu § 393). Ein solches Ergebnis wäre aber auch ohne die Anordnung eines Nebeneinanders von Besteuerungs- und Steuerstrafverfahren (s. die beispielhaften Zitate bei *Ehlers* StbJb 1959/60, 526 f.) schon durch eine entsprechende Ausgestaltung des § 162 AO möglich gewesen (*Reiß* 1987, 265; *Hellmann* 1995, 112). Vergleichbares hat der Gesetzgeber in anderem Zusammenhang getan: Mit dem Unternehmensteuerreformgesetz (vom 17.8.2007, BGBl. I 1912) wurde im Hinblick auf die Einführung einer Abgeltungssteuer für Kapitalerträge § 93 VII AO geändert. Jetzt ist u. a. die Zulässigkeit der Kontenabfrage für den Fall vorgesehen, dass der Steuerpflichtige zustimmt (§ 93 VII Nr. 5). Verweigert er die Zustimmung und bestehen tatsächliche Anhaltspunkte für die Unrichtigkeit oder Unvollständigkeit seiner Angaben, ist nach § 162 II nF AO die Möglichkeit der Schätzung eröffnet (vgl. auch § 162 III AO zu Auslandsbeziehungen). Dies wäre auch im Fall des § 393 I AO die angemessenere Regelung gewesen. Das Festhalten an einer Mitwirkungspflicht des Beschuldigten schafft demgegenüber erhebliche Gefahren und Missbrauchsmöglichkeiten.

7 **b) § 393 AO und das Nemo-tenetur-Prinzip.** Wenn das Gesetz in bestimmten Fällen den **Einsatz von Zwangsmitteln** verbietet (§ 393 I) und die Verwertbarkeit von Auskünften des Stpfl nicht unerheblich beschränkt (§ 393 II), könnte dies den Eindruck erwecken, es handele sich um eine gesetzgeberische Großzügigkeit, bei § 393 II AO gar um eine übertriebene Beachtung des Steuergeheimnisses (*Zybon* ZRP 1971, 231; *Göhler*

NJW 1974, 829 Fußn. 63; s. auch Rn. 91), die man im Wege der Auslegung zurücknehmen dürfe.

8 **Die in § 393 AO getroffene Regelung ist jedoch zT von Verfassungs wegen geboten.** Ein Staat, der von seinen Bürgern nicht nur die Offenbarung der persönlichen Verhältnisse, sondern sogar die Versteuerung auch gesetzwidriger Einkünfte verlangt (§ 40), *muss* dafür sorgen, dass die Erfüllung der steuerlichen Pflichten dem Betroffenen nicht zum (strafrechtlichen) Nachteil gereicht. Im Strafprozessrecht ist seit geraumer Zeit unstreitig, dass ein staatlicher Zwang zur Selbstbelastung schlechthin unzulässig ist. Die in §§ 136, 136a StPO getroffene Regelung ist nur Ausdruck des Grundsatzes *„nemo tenetur se ipsum accusare (prodere)"*, der Verfassungsrang hat (BVerfG 13.1.1981, BVerfGE 56, 37, 49: *„Unzumutbar und mit der Würde des Menschen unvereinbar wäre ein Zwang, durch eigene Aussagen die Voraussetzung für eine strafgerichtliche Verurteilung liefern zu müssen"*). Der Grundsatz ergibt sich aus Art. 2 I iVm Art. 1 GG (BVerfG 13.1.1981, BVerfGE 56, 37, 49; KK-StPO/*Boujong* StPO § 136 Rn. 10; *Reuß* 1979, S. 111; *Rogall* Kohlmann-FS 2003, 468 f.; *Rüping* JR 1974, 137; *Sidow* 1988 S. 152; *Stürner* NJW 1981, 1758; s. auch BVerfG 17.7.1984, BVerfGE 66, 1; BGH 17.3.1983, BGHSt 31, 304; OVG Koblenz 12.11.1981, NJW 1982, 1414; OLG Celle 16.2.1982, wistra 1982, 120; OLG Hamburg 7.5.1996, wistra 1996, 239; LG Göttingen 11.12.2007, wistra 2008, 231; *Ehlers* StbJb 1959/60, 564 ff.; *Reiß* NJW 1982, 2540; *Schäfer* Dünnebier-FS. 1982 18; *Störmer* Jura 1994, 622). Teilweise wird zusätzlich auf Art. 20 III GG und die mit dem nemo-tenetur-Prinzip gewährleistete Sicherung eines rechtsstaatlichen Verfahrens hingewiesen, in dem der Beschuldigte im Gegensatz zum Inquisitionsprozess nicht zu seiner Überführung beitragen muss (*Buchholz* 1990, 80; *Berthold* 1993, 13). Das Verbot eines Zwanges zur Selbstbelastung ergibt sich zudem aus Art. 14 III g des Internationalen Pakts über staatsbürgerliche und politische Rechte v. 16.12.1966, ratifiziert durch G v. 17.12.1973 (BGBl. II 1533): Der Angeklagte *„darf nicht gezwungen werden, gegen sich selbst als Zeuge auszusagen oder sich schuldig zu bekennen"* (*Rogall* 1977, S. 116 ff.). Überdies ist Art 6 I MRK einschlägig (*Frommel/Füger* StuW 1995, 58ff; zur potenziellen Rolle des EGMR siehe *Rogall* Kohlmann-FS 2003, 469f). Eine dem § 393 I 2 AO entsprechende Regelung ist dem Gesetzgeber also durch GG und EMRK vorgegeben (*Rogall* Kohlmann-FS 2003, 471; vgl. auch KG v. 7.7.1994, NStZ 1995, 146; *Geppert* Jura 1995, 441).

9 **Freilich ist der Gesetzgeber uU befugt,** statt des Schweigerechts eine Aussagepflicht zu statuieren, die mit einem Verwertungs- oder Verwendungsverbot gekoppelt ist (BVerfG 13.1.1981, BVerfGE 56, 37, 42; *Stürner* NJW 1981, 1761; vgl. § 97 InsO); hier ist ihm ein Spielraum eingeräumt, den er mit § 393 II 1 AO genutzt hat. In der Regel hat jedoch ein Aussageverweigerungsrecht den Vorrang (*Stürner* NJW 1981, 1761).

10 **c) Verfassungsrechtliche Problematik des § 393 II AO. Bei Tatsachen, die Nicht-Steuerstraftaten betreffen,** lässt § 393 AO den Einsatz von Zwangsmitteln zu. Zugleich verbietet § 393 II 1 AO den Strafverfolgungsbehörden, auf die vom Betroffenen in Erfüllung steuerlicher Pflichten offenbarten Tatsachen zurückzugreifen. Dieses Verwertungsverbot ist von Verfassungs wegen durch den *nemo-tenetur*-Grundsatz geboten (Rn. 7 ff.). Hier wird nicht etwa dem Steuergeheimnis der Vorrang vor dem Legalitätsprinzip eingeräumt (so aber *Lohmeyer* S. 88), weil angesichts des Stellenwertes des Grundsatzes nichts einzuräumen ist. Die Durchbrechung dieses Verwertungsverbotes in § 393 II 2 AO ist daher in manchen Fällen *verfassungsrechtlich sehr bedenklich,* da hier die Erzwingbarkeit der Offenbarung mit einer Verwertbarkeit im Strafverfahren verknüpft ist. Entweder ist der *Zwangsmitteleinsatz* in diesen Fällen verfassungswidrig, dh § 393 I 2 AO verfassungskonform extensiv zu interpretieren und dem Beschuldigten auch insoweit ein Schweigerecht einzuräumen (*Stürner* NJW 1981, 1761), oder aber § 393 II 2 AO ist *wegen Verstoßes gegen Art. 2 I iVm Art. 1 GG verfassungswidrig* und vom Strafrichter ggf. nach Art. 100 GG dem BVerfG vorzulegen (*Reiß* NJW 1977, 1432; *Rogall* ZRP 1975, 280; *Suhr* StBp 1978, 104; s. auch Rn. 103 ff.). Letzteres ist mittlerweile – erfolglos – durch das LG Göttingen in einem Beschluss vom 11.12.2007 (wistra 2008, 231) erfolgt (Rn. 104).

11 Die nämlichen Bedenken bestehen gegen weitere Bestimmungen, die über § 30 IV AO hinaus die Durchbrechung des Steuergeheimnisses gestatten oder gar gebieten, so zB § 4 V 1 Nr. 10 2 EStG (Verdacht der Korruption; vgl. Rn. 75), § 31a AO (Bekämpfung des Leistungsmissbrauchs) und § 31b AO (Verdacht der Geldwäsche). Auch wenn man zB § 4 V 1 Nr. 10 EStG als eine gesetzlich ausdrücklich vorgesehene Offenbarungsbefugnis iS des § 30 IV Nr. 2 AO ansieht, kann dies die generelle strafprozessuale Verwertung dieser Informationen zur Verfolgung der Korruptionsdelikte nicht legitimieren; die Verweisungsnorm selbst muss vielmehr dem nemo-tenetur-Grundsatz entsprechen (vgl. auch Kohlmann/*Hilgers-Klautzsch* 248 zu § 393). Dabei ist ggf. danach zu differenzieren, ob dem Stpfl die Offenbarung der entsprechenden Tatsachen *bei Strafe geboten* war oder es nur um die *Vermeidung anderweitiger Nachteile* ging. So ist die Offenbarung gesetzwidriger Einkünfte bei Strafe geboten, die Angabe gesetzwidriger Betriebsausgaben jedoch nicht (vgl. Rn. 102).

II. Verhältnis von Besteuerungs- und Strafverfahren

1. Rechte und Pflichten der Beteiligten

12 Nach § 393 I AO lässt der Umstand, dass gegen den Stpfl ein Steuerstrafverfahren läuft, die Rechte und Pflichten der FinB *und des Stpfl* im Besteuerungsverfahren unberührt. Hiervon sollen Befugnisse, Rechte und Pflichten im Strafverfahren getrennt werden.

13 **a) Rechte und Pflichten der Finanzbehörde. Im Strafverfahren** wird die FinB entweder selbstständig (§ 386 II iVm § 399 I) oder für die StA tätig. Für sie gelten hier die Regeln der StPO bzw. §§ 385 ff. AO (Rn. 8 zu § 399; Rn. 7 zu § 402; Rn. 47 ff. zu § 404). So ist der Beschuldigte zum Erscheinen zu einer Vernehmung verpflichtet, wenn die FinB das Verfahren selbstständig führt (§ 163a StPO iVm § 386 II u. § 399 I). Der FinB steht das Spektrum der prozessualen Zwangsmaßnahmen, etwa Durchsuchung und Beschlagnahme (Rn. 15 ff. zu § 399), zur Verfügung. Die FinB ist zugleich an die allgemeinen Grundsätze, insbes. an das Legalitätsprinzip (Rn. 11 zu § 385) gebunden.

14 **Im Besteuerungsverfahren** gelten demgegenüber die allgemeinen Bestimmungen der AO über die Steuerermittlung, insbes. also die §§ 85 ff., 193 ff., 208 AO. Mit diesen Rechten der FinB korrespondieren – ohne Berücksichtigung des § 393 I 2 – entsprechende Pflichten des Stpfl. So muss dieser auf Ladung vor der FinB auch in den Fällen des § 402 I AO erscheinen und kann von der Fahndung zu Angaben aufgefordert werden (Rn. 37 ff. zu § 404). Die FinB hat ein Recht zur Nachschau (§ 210). Der Stpfl ist gehalten, ihr bei einer Außenprüfung einen Arbeitsplatz zur Verfügung zu stellen (§ 200 II 2). Zeugen sind verpflichtet, auf Ladung auch vor der Fahndung zu erscheinen und nach Maßgabe der §§ 101 ff. AO auszusagen (§ 93 I, V). Gegen den Stpfl und Dritte, die Auskunfts- und Mitwirkungspflichten verletzen, sind Zwangsmittel zulässig (TK-*Kruse* 1 ff. zu § 328 AO).

15 **b) Rechte und Pflichten des Steuerpflichtigen. Im Steuerstrafverfahren** steht der beschuldigte Stpfl jedem anderen Beschuldigten im Strafprozess gleich. Er ist zur Duldung gewisser Maßnahmen (Durchsuchung, Gegenüberstellung, Untersuchung nach § 81a StPO) verpflichtet und muss ggf. vor Gericht oder StA erscheinen (*Meyer-Goßner/Schmitt* Einl Rn. 80). Zur aktiven Mitwirkung an seiner eigenen Strafverfolgung ist er nicht verpflichtet und darf jegliche Angabe zur Sache verweigern (§ 136 I 2 StPO).

16 **Im Besteuerungsverfahren** unterliegt der Beschuldigte nach § 393 I 1 AO grundsätzlich weiterhin den allgemeinen steuerlichen Mitwirkungspflichten, etwa nach § 90 I und § 200 I 1 AO. Nach § 93 I 1 und § 200 I 2 AO hat er Auskünfte zu erteilen und muss ggf. nach den §§ 97, 100 I, § 200 II AO der FinB Gegenstände und Unterlagen vorlegen, eine (wahrheitsgemäße) Steuererklärung abgeben (zur Mitwirkung in der Außenprüfung *Suhr* StBp 1978, 97; vgl. auch Kohlmann/*Hilgers-Klautzsch* 31 zu § 393). Im Besteuerungsverfahren gibt es Weigerungsrechte im Grundsatz nicht. Diese Betrachtung ist jedoch

formal. Wegen des Verbots von Zwangsmitteln (§ 393 I 2) sind diese Pflichten des Stpfl nicht erzwingbar, existieren mithin materiell betrachtet nicht (Rn. 6). Zwar ermöglicht eine solche *„Verletzung"* von Mitwirkungspflichten eine Schätzung; wie bei § 136 I 2 StPO ist der Beschuldigte jedoch nicht gezwungen, Material für die eigene Verurteilung zu liefern; dies ergibt sich schon aus dem Nemo-tenetur-Prinzip (Rn. 8).

c) Auswirkungen des Strafverfahrens auf das Besteuerungsverfahren. Der Vergleich der Rechte und Pflichten eines Steuerbürgers vor und während des Steuerstrafverfahrens zeigt deutlich, dass das Steuerstrafverfahren erhebliche Auswirkungen hat, soweit es um die Inanspruchnahme des Stpfl geht. Vor Einleitung des Verfahrens entspricht seine Stellung materiell der des gefährdeten Zeugen nach § 55 StPO, nach Einleitung hat er ein Schweigerecht wie jeder Beschuldigte (Rn. 8). 17

Einen Vorrang der einen oder der anderen Verfahrensart gibt es nicht (vgl. *Hamacher* DStZ 1983, 495; *Hellmann* 1995, 91 ff.; *Wendeborn* 1989, 170 mwN). Das Besteuerungsverfahren darf aber parallel zum Steuerstrafverfahren *„nur unbeschadet der Rechtsstellung des Beschuldigten im Strafverfahren (fort-)geführt werden"* (HHSp-*Hübner* 22 zu § 428 RAO 1967). Dies bedeutet nicht, dass von dem Einsatz von Zwangsmitteln *gegen Dritte* schon immer dann abzusehen ist, wenn die strafprozessualen Auskunfts- und Vorlageverweigerungsrechte weitergehen als die Rechte nach der AO (vgl. aber Koch/Scholtz/*Scheurmann-Kettner* 12 zu § 393). Entscheidend ist, ob der Schutz des Beschuldigten eine Beschränkung der Befugnisse nach der AO gebietet, ob also die entsprechenden Regelungen des Strafverfahrensrechts seinem Schutz zu dienen bestimmt sind und seinen Rechtskreis berühren (ähnl. *Jakob* StW 1971, 307; *Hamacher* DStZ 1983, 495, 496). Auf die von der entsprechenden Behörde oder Dienststelle verfolgten Zwecke abzustellen, ist angesichts der Durchlässigkeit von Besteuerungs- und Steuerstrafverfahren wenig hilfreich (*Hamacher* DStZ 1983, 494). 18

Ein Prinzip der Meistbegünstigung gilt für die Ermittlungsbehörden nicht (*Hamacher* DStZ 1983, 496; *Streck* Grundfragen, 247; abl. *Wendeborn* 1989, 171). Die das Ermittlungsverfahren selbstständig führende FinB (§ 399 I AO) nimmt die Rechte der StA wahr und greift auf die strafverfahrensrechtlichen Befugnisse zurück. Das veranlagende Finanzamt wird im Zweifel im Besteuerungsverfahren tätig (s. aber § 399 II). Die Steuerfahndung wird nach Einleitung des Ermittlungsverfahrens strafverfahrensrechtliche Befugnisse in Anspruch nehmen. Bei Ermittlungen nach § 208 I Nr. 3 AO stehen ihr hingegen die Befugnisse nach der AO (und nur diese) zu Gebote (Rn. 28, 80 ff. zu § 404). 19

2. Unzulässigkeit von Zwangsmitteln

Trotz formaler Trennung des Strafverfahrens und Besteuerungsverfahrens und der Möglichkeit, das Strafverfahren bis zu einer Entscheidung im Besteuerungsverfahren auszusetzen (§ 396), hat das Strafverfahren unmittelbaren Einfluss auf das Besteuerungsverfahren (Rn. 6). Ist ein Strafverfahren bereits eingeleitet (§ 393 I 3) oder droht dem Stpfl bei Erfüllung der Mitwirkungspflichten ein solches Strafverfahren, kann seine Mitwirkung nicht mehr durch Zwangsmittel erzwungen werden (§ 393 I 2). 20

a) Selbstbelastung mit einer Steuerstraftat oder Steuerordnungswidrigkeit. Die Gefahr einer Selbstbelastung ist dann gegeben, wenn eine Erfüllung der Mitwirkungspflicht einen Anfangsverdacht für die Verfolgung der Straftat begründen könnte (*Meyer-Goßner/Schmitt* StPO § 55 Rn. 7). 21

Die Gefahr der Verfolgung muss sich auf eine Steuerstraftat (§ 369 I) oder Steuerordnungswidrigkeit (§ 377 I) beziehen. Hierzu gehören nach § 385 II AO auch die sog. Vorspiegelungstaten (Rn. 27 zu § 385) und einige Straftaten, die Sondergesetze betreffen und für welche die Anwendbarkeit des Steuerstrafverfahrensrechts ausdrücklich angeordnet ist (Rn. 30 zu § 385); hier gilt § 393 II AO nicht. Soweit diese oder sonstige Straftatbestände mit einer wahrheitsgemäßen Erklärung, zu der der Stpfl steuerlich verpflichtet ist, offenbart werden, ist der Steuerpflichtige aber über § 393 II AO geschützt (Rn. 70 ff.). 22

23 Die Steuerstraftat oder -ordnungswidrigkeit muss **vor der Aufforderung,** steuerliche Mitwirkungspflichten zu erfüllen, bereits *begangen* worden sein. Begangen ist die Straftat oder Ordnungswidrigkeit dann, wenn sie bereits den Bereich der Strafbarkeit oder der möglichen Ahndung erreicht hat. Gleichgültig ist, ob der Stpfl Täter oder Teilnehmer ist (Kohlmann/*Hilgers-Klautzsch* 88 u. Schwarz/Pahlke/*Dumke* 19 zu § 393 AO). Der Versuch einer Straftat genügt nur dann, wenn er strafbar ist und die Erfüllung der Mitwirkungspflicht nicht als strafbefreiender Rücktritt iS des § 24 StGB (Rn. 64 zu § 369) zu werten wäre (zust. HHSp-*Hellmann* 86 zu § 393). Ebenso wird man die Möglichkeit und Zumutbarkeit einer Selbstanzeige zu berücksichtigen haben. Kann der Steuerpflichtige die Gefahr der Strafverfolgung dadurch beseitigen, dass er für betroffene andere Zeiträume nunmehr Berichtigungen iS des § 371 I AO vornimmt, und ist er zur Nachzahlung der verkürzten Steuern (§ 371 III) in der Lage, besteht die Gefahr einer Verfolgung nicht mehr (vgl. auch *Störmer* Jura 1994, 623 und Schwarz/Pahlke/*Dumke* 21b zu § 393 AO). Auf dieser Linie liegt auch die Entscheidung des BFH vom 1.2.2012 (wistra 2012, 278), der das Erzwingungsverbot des § 393 I 2 AO verneint, wenn dem Steuerpflichtigen die Möglichkeit der strafbefreienden Selbstanzeige offensteht und keiner der die Straffreiheit ausschließenden Fälle des § 371 II AO vorliegt. Damit statuiert der BFH nicht etwa eine Pflicht zur Selbstanzeige (so aber *Lübbersmann* PStR 2012, 135; s. auch *Rolletschke* NZWiSt 2012, 279), sondern zeigt nur auf, dass der zu lösende Konflikt anderweitig aufgelöst werden kann.

24 Nach dem ausdrücklichen Wortlaut des § 393 I 2 AO muss es sich um Straftaten eines Stpfl (Rn. 38) handeln.

25 **Die Anwendung von Zwangsmitteln** soll möglich bleiben, soweit es um Betriebsbesichtigungen (§ 200 III AO), um Nachschau (§ 210 AO) und den Zutritt zu Geschäftsräumen (§ 200 AO) geht. Hier könne sich der Stpfl nicht im Hinblick auf eine Straftat belasten (so Klein/*Jäger* AO § 393 Rn. 7; *Schmitz/Tillmann* S. 32). Tatsächlich sind durchaus Fälle denkbar, in denen schon die aktive Ermöglichung des Zutritts eine Belastung bewirkt (*Schmitz/Tillmann* S. 32; *Suhr* StBp 1978, 105; GJW/*Bülte* AO § 393 Rn. 24; differenzierend HHSp-*Hellmann* 72 zu § 393). Auch die Gestattung der Einsichtnahme in Unterlagen, aus denen belastende Schlüsse gezogen werden können, ist Selbstbelastung (zust. GJW/*Bülte* AO § 393 Rn. 24). Betriebsbesichtigungen, Nachschau und Zutritt zu Geschäftsräumen erschöpfen sich – anders als die Hinnahme einer Durchsuchung – eben nicht darin, dem entsprechenden Beamten lediglich den Zugang zu gestatten; namentlich bei Betriebsbesichtigungen ist der Betriebsinhaber oder sein Beauftragter hinzuzuziehen (§ 200 III 2). Er soll Gelegenheit haben, dem Prüfer im Interesse der Sachaufklärung an Ort und Stelle Information zu geben (vgl. TK-*Seer* 23 zu § 200, AO). Möglich ist allein, die Räumlichkeit unter Anwendung unmittelbaren Zwangs gewaltsam zu öffnen, um sich Zugang zu verschaffen (HHSp-*Hellmann* 72 zu § 393). Ob die Anordnung der Abgabe einer eidesstattlichen Versicherung Anwendung von Zwangsmitteln ist, ist zweifelhaft (dagegen BFH 16.7.2001, wistra 2002, 191; BGH 21.8.2012, wistra 2012, 482; FT-*Webel* 26 zu § 393; Klein/*Jäger* AO § 393 Rn. 33). Immerhin ist anerkannt, dass entsprechende Angaben nicht in einem Strafverfahren verwendet werden dürften (u. Rn. 34 und GJW/*Bülte* AO § 393 Rn. 21).

26 **b) Glaubhaftmachung. Verweigert der Stpfl die gesetzlich vorgeschriebene Mitwirkung,** dann wird der Finanzbeamte idR auf Zwangsmittel (§ 328) zurückgreifen, da er zunächst einmal davon ausgehen muss, dass die Verweigerung der Mitwirkung unberechtigt ist. Die Umstände, die zu einer Selbstbelastung des Stpfl führen würden, sind ihm nicht bekannt. Eine abschließende Beurteilung des Rechts des Stpfl, seine Mitwirkung zu verweigern, ist letztlich erst dann möglich, wenn dieser konkrete Tatsachen offenlegt, die sein Recht iS des § 393 I 2 AO begründen, aber gerade damit würde dieses Recht leerlaufen.

27 Das Gesetz schafft hier eine Erleichterung insofern, als **nach Einleitung des Steuerstrafverfahrens** Zwangsmittel schlechthin ausgeschlossen sind (§ 393 I 3). Es muss sich jedoch um das Besteuerungsverfahren handeln, das auch Gegenstand der Steuerstraftat ist

(Schwarz/Pahlke/*Dumke* 25 zu § 393 AO; s. Rn. 33). Die Einleitung eines Verfahrens wegen einer Steuerordnungswidrigkeit hat nach dem insoweit klaren Wortlaut des § 393 I 3 AO diese Wirkung nicht.

Ist das Steuerstrafverfahren noch nicht eingeleitet, wird der Finanzbeamte auf den Einsatz von Zwangsmitteln nicht deshalb verzichten, weil der Stpfl seine Mitwirkung unter Hinweis auf § 393 I 2 AO verweigert. Dies gilt jedenfalls dann, wenn nicht schon gewisse Tatsachen auf eine Steuerstraftat des Stpfl hindeuten. In dieser Situation ist es Sache des Stpfl, die Unzulässigkeit von Zwangsmitteln glaubhaft zu machen (Erbs/Kohlhaas/*Hadamitzky/Senge* AO § 393 Rn. 5). Wie bei der Aussageverweigerung nach § 55 StPO sind jedoch an eine solche Glaubhaftmachung geringe Anforderungen zu stellen; wäre der Stpfl gehalten, konkrete Tatsachen anzuführen, würde der Schutz des § 393 I 2 AO praktisch entfallen (ähnl. HHSp-*Hellmann* 100, Kohlmann/*Hilgers-Klautzsch* 93, Schwarz/Pahlke/*Dumke* 29 zu § 393 AO; vgl. auch BGH 7.5.1987, StV 1987, 328; *Meyer-Goßner/Schmitt* StPO § 56 Rn. 2). 28

Soweit die Steuerfahndung nach § 208 I Nr. 3 AO bei bekannten Stpfl ermittelt, ergibt schon dieser Umstand idR die Gefahr einer Selbstbelastung, es sei denn, eine Strafbarkeit des Stpfl kommt ernsthaft nicht in Betracht (Rn. 31 ff. zu 404). 29

Inwiefern Zwangsmittel auch **für andere Zeiträume** verboten sein können, ist zweifelhaft. Dies betrifft zum einen Veranlagungszeiträume, die strafrechtlich bereits verjährt sind, aber noch nicht der Festsetzungsverjährung unterfallen, zum anderen neue, nicht strafbefangene Zeiträume. Hier stellt sich das Problem, weil mit wahrheitsgemäßen Angaben für Altjahre das Anfangsvermögen, bei Angaben für Folgejahre das Endvermögen für den strafbefangenen Zeitraum ermittelt werden kann. Insofern steht eine mittelbare Selbstbelastung des Steuerpflichtigen im Raum (*Joecks* 1998, 108). Für Neujahre hilft ein Verwendungsverbot, wie es der 5. Strafsenat für den Fall der Abgabe einer wahrheitsgemäßen Erklärung für Folgejahre angenommen hat (BGH 12.2.2005, wistra 2005, 148; unten Rn. 40). Für den Zwangsmitteleinsatz für Altjahre kann nichts anderes gelten: Die gemachten Angaben unterliegen ebenfalls einem Verwendungsverbot. 30

Allerdings stellt sich die Frage, was der BGH mit einem „strafrechtlichen Verwendungsverbot" meint. Ins Gerede ist dieses Problem nicht zuletzt deshalb gekommen, weil zB das OLG München in einem Beschluss vom 21.8.2006 (wistra 2006, 472, siehe auch *Allgayer* NStZ 2006, 603) eine für die Betroffenen wenig erfreuliche Auffassung zu dieser Problematik vertreten hat. Dort ging es um Erkenntnisse aus einer rechtmäßig angeordneten Telefonüberwachung, aus der sich Schlüsse für die Nichtkatalogtat eines Dritten ergaben. Im Prinzip ist die Strafprozessordnung hier deutlich: Nach § 100b V StPO aF, § 477 II 2 StPO nF dürfen die durch die Maßnahmen erlangten personenbezogenen Informationen in anderen Strafverfahren zu Beweiszwecken nur verwendet werden, soweit sich bei Gelegenheit der Auswertung Erkenntnisse ergeben, „die zur Aufklärung einer der in § 100a bezeichneten Straftaten benötigt werden". Das OLG München war der Auffassung, dass eine Verwendung zu Beweiszwecken nur vorliege, wenn sie zur Beurteilung der Schuld- oder Straffrage und nicht nur als Spur oder Ermittlungsansatz herangezogen werden. Ein Durchsuchungsbeschluss dürfe daher mit solchen Zufallserkenntnissen begründet werden. Damit stellt sich die Frage, ob das Verwertungsverbot auf das Hauptverfahren beschränkt ist oder auch schon im Ermittlungsverfahren gilt (vgl. *Rogall* Kohlmann-FS 2003, 465, 484). 31

In der Insolvenzordnung wird in § 97 InsO explizit von einem Verwendungsverbot gesprochen. Im Entwurf der Insolvenzordnung war noch für Angaben des Gemeinschuldners im Insolvenzverfahren ein Verwertungsverbot vorgesehen worden (BT-Drs. 12/2443 vom 15.4.1992). Im Rechtsausschuss war dann aber ein Verwendungsverbot vorgesehen worden (Beschlussempfehlung und Bericht des Rechtsausschusses, BT-Drs. 12/7302 vom 19.4.1994). Damit wollte man zum Ausdruck bringen, „dass eine Auskunft des Schuldners ohne dessen Zustimmung auch nicht als Ansatz für weitere Ermittlungen dienen darf". Insofern besteht für den Bereich des § 97 I InsO im Wesentlichen Einigkeit, dass Auskünfte des Gemeinschuldners im Ermittlungs- und Strafverfahren auch nicht dazu genutzt werden 32 dürfen, weitere Erkenntnisquellen zu erschließen, also zB selbstständige Beweismittel zu erheben (*Bittmann/Rudolph* wistra 2001, 81, 84; *Hefendehl* wistra 2003, 1, 6 f.; *Richter* wistra 2000, 1, 2). Insbesondere darf der Verdacht, auf dem strafprozessuale Maßnahmen (Durchsuchungs-, Beschlagnahmebeschluss und Haftbefehle) basieren, regelmäßig nur auf Beweisindizien außerhalb der (unverwertbaren) Aussage des Gemeinschuldners gestützt werden (vgl. *Rogall* Kohlmann-FS 2003, 465, 484).

33 Dabei muss man bedenken, dass sich das OLG München immerhin noch auf die Formulierung in § 100b V StPO aF berufen kann, wonach es um ein Verwendungsverbot *„zu Beweiszwecken"* geht. Bei dem vom BGH für die Erklärungspflicht für Folgejahre statuierten Verwendungsverbot ist aber die Situation ungleich näher an der Wertung des § 97 I 3 InsO: Der Steuerpflichtige ist – wie der Gemeinschuldner – aus Interessen des Gemeinwohls heraus verpflichtet, sich zu offenbaren. Dies ist nur zu rechtfertigen, wenn seine Angaben noch nicht einmal als Ermittlungsansatz geschweige denn als „Beweismittel" für strafprozessuale Zwangsmaßnahmen genutzt werden dürfen. Sonst besteht die konkrete Gefahr, dass etwa Angaben zu Bankverbindungen genutzt werden, um entsprechende Durchsuchungsbeschlüsse gegen die Banken zu erwirken und auf diese Art und Weise Informationen für strafbefangene Jahre zu erhalten.

34 Solange diese Frage nicht geklärt ist, ist es nicht zumutbar, die umfängliche Anlage KAP oder SO detailliert auszufüllen oder sonstige über betragsmäßige Angaben hinausgehende Erklärungen zu verlangen oder gar zu erzwingen, wenn für einen Teil der Jahre bereits ein Strafverfahren anhängig ist (ähnl. *Wulf* wistra 2006, 95). Der BGH (v. 21.8.2012, wistra 2012, 482) hat im Übrigen klargestellt, dass die im Rahmen einer eidesstattlichen Versicherung gemachten wahrheitsgemäßen Angaben über die Vermögenssituation nicht in dem das Festsetzungsverfahren betreffenden Steuerstrafverfahren verwertet werden dürfen. Damit bestätigt er seine Linie, dass Zwang im Hinblick auf nicht betroffene Steuerarten und Jahre zulässig ist, die gemachten Angaben aber für das laufende Strafverfahren keine Verwendung finden dürfen (vgl. BGH 26.4.2001, BGHSt 47, 8, 12 ff. sowie BGH 10.1.2002, wistra 2002, 149). Auch der BGH sieht, dass gegebenenfalls eine Auflösung des Konflikts durch eine Selbstanzeige nach § 371 AO möglich wäre (BGH 17.3.2009 – 1 StR 479/08, wistra 2009, 315; BGH 27.5.2009, wistra 2009, 465).

35 **c) Zwangsmittel und Schätzung. Zwangsmittel** iS des § 393 I 2 AO sind solche nach §§ 328 ff. AO, also Zwangsgeld, Ersatzvornahme und unmittelbarer Zwang (zust. *Berthold* 1993, 55). Nicht erst ihre Verhängung, sondern schon ihre Androhung ist untersagt (HHSp-*Hellmann* 72, Kohlmann/*Hilgers-Klautzsch* 64 zu § 393 u. Erbs/Kohlhaas/*Hadamitzky/Senge* AO § 393 Rn. 3).

36 § 393 I 2 AO verbietet nicht, bei **Verweigerung der Mitwirkung** die Besteuerungsgrundlagen zu schätzen (*Hildebrandt* StBp 1982, 269; Erbs/Kohlhaas/*Hadamitzky/Senge* AO § 393 Rn.4). Unzulässig ist es jedoch, eine besonders nachteilige Schätzung nur deshalb vorzunehmen, weil der Stpfl die Mitwirkung verweigert (Kohlmann/*Hilgers-Klautzsch* 67 f., Schwarz/Pahlke/*Dumke* 16c zu § 393 AO; *Streck* BB 1984, 202; ähnl. HHSp-*Hellmann* 76 zu § 393; *Wendeborn* 1989, 165 f.). Geboten erscheint es, den Stpfl so zu behandeln wie jeden, der unverschuldet seinen Mitwirkungspflichten nicht nachkommen kann (*Hellmann* 1995, 117; vgl. auch *Teske* 1987, 424; *dies.* wistra 1988, 216: Mittelwert der einschlägigen Richtsatzsammlungen als Obergrenze).

37 Für die **Schätzung im Hinblick auf Altjahre** und Folgejahre gilt nämliches. Entgegen *Spriegel* (*Wannemacher/Spriegel* Rn. 3153) sind Schätzungen grundsätzlich zulässig (Klein/*Jäger* AO § 393 Rn. 21). Ist die Schätzung überhöht, um den Steuerpflichtigen unter Druck zu setzen, wären Äußerungen zur Rechtsverteidigung im Besteuerungsverfahren im Strafprozess unverwertbar (HHSp-*Hellmann* 76 zu § 393). Dabei sind die Grenzen zwischen noch rechtmäßiger und schon rechtswidriger (Straf-)Schätzung sicherlich fließend. Der Finanzbehörde muss aber eine Schätzung schon im Hinblick auf die Festsetzungsfrist möglich sein, wenngleich in den meisten Fällen eine Ablaufhemmung nach § 171 V AO eintreten wird. Den Interessen des Steuerpflichtigen kann dadurch Rechnung getragen werden, dass im Hinblick auf „zweifelhafte" Beträge, deren Rechtswidrigkeit der Steuerpflichtige angesichts seiner Zwangslage nicht entkräften kann, eine Aussetzung der Vollziehung nach § 361 II 2, 2. Alt. AO erfolgt (*Joecks* 1998, 109). Eine unbillige Härte liegt in diesem Fall darin, dass der Steuerbescheid vollzogen wird, ohne dass der Betreffende letztlich eine Möglichkeit hat, sich ohne Gefährdung weiterer Interessen sachgerecht zu verteidigen. Aus dem Vorstehenden ergibt sich auch, dass die Setzung einer Ausschlussfrist im Rechtsbehelfsverfahren nach § 364b AO unzulässig ist (aM FT-*Webel* 27, Klein/*Jäger* AO § 393 Rn. 11). Ob es sich hier bereits um die Ausübung unzulässigen Zwangs im Sinne des § 393 I AO handelt, mag zweifelhaft sein (dafür *Streck/Spatscheck* wistra 1998, 339). Jedenfalls wäre eine solche Präklusion für das Finanzgericht unbeachtlich (vgl. auch Klein/*Brockmeyer* AO § 364b Rn. 7 ff.).

Nur gegen den Stpfl sind Zwangsmittel unzulässig. Anders als § 428 RAO 1967 38 schließt § 393 I AO den Einsatz von Zwangsmitteln gegen andere Personen nicht schlechthin aus. *Steuerpflichtiger* ist nach § 33 AO, wer eine Steuer schuldet, für sie haftet, eine Steuererklärung abzugeben hat usw. Erfasst wird nach § 34 AO auch, wer für einen Beteiligten (§ 78 AO) Auskünfte zu geben hat (*Höllig* DB 1978, 911). § 393 I 2 meint denjenigen, der nach § 103 AO keine Auskunftsverweigerungsrechte hat, schließt mithin die in § 103 AO verbleibende Lücke. Dementsprechend gilt das Zwangsmittelverbot auch für solche Personen, die sich durch ihre Mitwirkung im Besteuerungsverfahren der Gefahr einer Verfolgung wegen einer Steuerstraftat (oder -ordnungswidrigkeit) *aussetzen* würden (vgl. HHSp-*Hellmann* 77 zu § 393; *Reiß* 1987, 262; *Teske* 1987, 418; *dies.* wistra 1988, 215; *Hellmann* 1995, 103; s. auch unten Rn. 72).

Ob das Zwangsmittelverbot auf Angehörige zu erweitern ist, ist zweifelhaft (dafür 39 GJW/*Bülte* AO § 393 Rn. 87; HHSp-*Hellmann* 81 f. zu § 393; *Teske* 1987, 362 f.; *dies.*, wistra 1988, 207, 212). Dabei geht es um zwei Konstellationen: Möglich ist, dass der Steuerpflichtige in Erfüllung steuerlicher Pflichten einen Angehörigen belasten würde, denkbar ist aber auch, dass der Angehörige den Steuerpflichtigen belastet. *Teske* geht es offenbar um die zweite Konstellation. Da Angehörige nach § 101 AO ein Auskunftsverweigerungsrecht haben, über das sie zu belehren sind, können sich Probleme nicht häufig ergeben. *Hellmann* denkt offenbar an Konstellationen, in denen dem Angehörigen das Recht nach § 101 AO nicht zur Seite steht, weil er selbst Beteiligter des Verfahrens ist. Insoweit sind dann jedoch die Angaben zum Nachteil des Angehörigen nicht verwertbar und dürfen auch nicht Ermittlungsanlass sein (HHSp-*Hellmann* 81 zu § 393).

Wer „Angehöriger" ist, erscheint fraglich. *Hellmann* (HHSp-*Hellmann* 82 zu § 393) 40 wendet sich gegen eine unbesehene Übernahme der Kataloge aus § 15 AO und § 52 StPO und will ggf. auf die konkreten Beziehungen zwischen entfernteren Angehörigen abstellen. Konsequent ist dies nicht, da die Rechtsordnung auch sonst nicht eine Ermittlung der Qualität der Beziehungen verlangt.

Ein Einsatz von Zwangsmitteln zur Erlangung von Beweismitteln ist auch dann 41 verboten, wenn kein Zweifel besteht, dass der Beschuldigte sie im Besitz hat. Eine solche Durchbrechung des § 393 I, II AO würde § 95 StPO überspielen, der ein Herausgabeverlangen gegen den Beschuldigten gerade nicht zulässt (Rn. 40 zu § 399).

Soweit wegen der Straftat ein Strafverfahren eingeleitet ist, ist der Zwangsmittel- 42 einsatz unzulässig. Ob damit der Einsatz von Zwangsmitteln schlechthin gegen diesen Stpfl, für diese betreffende Steuerart oder auch nur diesen Veranlagungszeitraum unzulässig wird, ist zweifelhaft (vgl. Koch/Scholtz/*Scheurmann-Kettner* 8 zu § 393); *Suhr* (StBp 1978, 105) will auf den Veranlagungszeitraum abstellen. Andere halten Zwangsmittel für unzulässig, soweit sie den Sachverhalt ermitteln sollen, der Gegenstand des Ermittlungsverfahrens ist (vgl. Kohlmann/*Hilgers-Klautzsch* 96 zu § 393). Gemeint ist damit der strafprozessuale Tatbegriff (ebenso HHSp-*Hellmann* 89 zu § 393). Zwar wäre denkbar, das Zwangsmittelverbot auf einzelne Bereiche der Steuererklärung zu beschränken. Dann wären Angaben zu Einkünften aus Kapitalvermögen im Grundsatz erzwingbar, wenn Gegenstand des Ermittlungsverfahrens lediglich das Verschweigen von Einnahmen aus freiberuflicher Tätigkeit ist. Diese Differenzierung widerspricht aber den Interessen des Beschuldigten, weil aus diesen Angaben idR Schlüsse auf die Hinterziehung (Vermögenszuwachsrechnung) möglich sind (ähnl. Kohlmann/*Hilgers-Klautzsch* 96 zu § 393). Das Zwangsmittelverbot ist also umfassend und erfasst (jedenfalls) die Tat im strafprozessualen Sinn (HHSp-*Hellmann* 89, Kohlmann/*Hilgers-Klautzsch* 96 zu § 393).

43 Daneben bleibt es bei dem Recht des Stpfl, hinsichtlich anderer Steuern oder Veranlagungszeiträume entsprechend den oben Rn. 28 ff. aufgestellten Grundsätzen die Mitwirkung zu verweigern, weil er sich sonst selbst belasten würde.

44 **Nach Abschluss des Steuerstrafverfahrens** ist die Erfüllung der Mitwirkungspflichten im Grundsatz wieder erzwingbar, soweit der Stpfl strafgerichtliche Verfolgung nicht mehr zu besorgen hat (ebenso HHSp-*Hellmann* 93 ff., Kohlmann/*Hilgers-Klautzsch* 100 zu § 393). Dies ist bei gerichtlicher Verurteilung, Einstellung nach § 153a StPO (Rn. 36 zu § 398), Verjährung, Amnestie oder sonst der Fall, wenn strafgerichtliche Verfolgung unzulässig ist. Der Freispruch schützt vor einer Wiederaufnahme des Verfahrens ebensowenig wie die Einstellung nach § 398 AO (Rn. 35 zu § 398; HHSp-*Hellmann* 96 zu § 393). Ist der Stpfl wegen der Tat rechtskräftig verurteilt, ist eine Wiederaufnahme nach § 362 Nr. 1, 2 StPO nicht möglich, da § 363 I StPO eine Wiederaufnahme mit dem Ziel einer schärferen Bestrafung aus demselben Strafgesetz verbietet. Dies gilt auch, wenn sich aus der nunmehrigen Mitwirkung des Stpfl. der Verdacht eines besonders schweren Falles nach § 370 III AO ergibt (HHSp-*Hellmann* 94 zu § 393).

45 **d) Auswirkungen des § 393 I 2 AO auf das materielle Steuerstrafrecht. Wahrheitswidrige Äußerungen des Steuerpflichtigen** im Steuerstrafverfahren, die die Veranlagungszeiträume bzw. Steuern betreffen, die dessen Gegenstand sind, erfüllen den Tatbestand des § 370 AO nicht. Dies ergibt sich aus dem Nemo-tenetur-Prinzip (Rn. 8). Zwar besteht *„das natürliche Recht auf Selbstschutz … nicht, wenn zur Verdeckung eigener Straftaten durch neues Unrecht in die strafrechtlich geschützte Rechtsordnung eingegriffen wird“* (BGH 11.10.1951, BGHSt 3, 18, 19; *Rogall* 1977, 158). Hier sollen jedoch lediglich erlangte Vorteile gesichert werden. Wenn das StGB in den §§ 153 ff. StGB die falsche Einlassung des Angeklagten nicht unter Strafe stellt und auch die Strafvereitelung zum eigenen Vorteil straflos ist (§ 258 I, V StGB), darf nicht über § 370 AO für den Beschuldigten ein Wahrheitsgebot geschaffen werden. Erst recht ist der Beschuldigte nicht verpflichtet, nunmehr eine richtige Erklärung für die betreffende Steuer abzugeben. Ist wegen der Abgabe unrichtiger Umsatzsteuervoranmeldungen ein Strafverfahren anhängig, entfällt daher während der Dauer des Strafverfahrens die Strafbarkeit hinsichtlich der Nichtabgabe der Umatzsteuerjahreserklärung (vgl. BGH 26.4.2001, BGHSt 47, 8 m. Anm. *Salditt* PStR 2001, 141). Gleiches gilt für die Pflicht zur Abgabe einer Einkommensteuerjahreserklärung, wenn für den Veranlagungszeitraum bereits ein Strafverfahren wegen versuchter Steuerhinterziehung eingeleitet ist (BGH 23.1.2002, wistra 2002, 150). Auch wenn zum Zeitpunkt der erstinstanzlichen Entscheidung die Veranlagungsarbeiten abgeschlossen sind (§ 370 Rn. 52 ff.; § 376 Rn. 41 ff.), kann also nicht wegen eines vollendeten Delikts verurteilt werden. Der Nemo-tenetur-Grundsatz erlaubt auch keine unrichtigen Angaben im Beitreibungsverfahren, selbst wenn es um die Abwehr der Vollstreckung von Steuerforderungen geht, derentwegen bereits ein Steuerstrafverfahren anhängig war, das mit einer rechtskräftigen Verurteilung endete (BGH 21.8.2012, wistra 2012, 482).

46 **Unrichtige Erklärungen für neue Veranlagungszeiträume abzugeben,** erlaubt § 393 I 2 AO ebenfalls nicht (BGH 10.1.2012, wistra 2002, 149). Die zur Verdeckung der Steuerhinterziehung 2010 bis 2012 begangene Falscherklärung für 2014 würde neues Unrecht darstellen. Das hinter dem § 393 I 2 AO stehende Verbot des Zwangs zur Selbstbelastung geht zurück auf ein Recht zur Passivität, erlaubt jedoch an sich nicht die *neuerliche* Vornahme verbotener Handlungen (ähnl. *Rogall* 1977, 158; BGH 13.10.1992, wistra 1993, 65, 67; BGH 10.1.2002, wistra 2002, 149). Andererseits kann der Stpfl nicht gezwungen

werden, sich selbst zu belasten. Ein (uneingeschränktes) Recht zur Passivität würde aber bedeuten, dass keine Erklärung abgegeben werden müsste.

Wie dieser Konflikt aufzulösen ist, ist zweifelhaft. Wer wegen nicht erklärter Einkünfte aus Kapitalvermögen von 2009–2013 verfolgt wird und in der ESt Erklärung für das Jahr 2014 einen fünfstelligen Betrag angibt, liefert immerhin Material für die Steuerpflicht und damit für die Steuerhinterziehung von 2009–2013. Andererseits stünde der Steuerhinterzieher besser als andere Steuerpflichtige, wenn man ihm im Hinblick auf das anhängige Strafverfahren das Recht zubilligen würde, keine Steuererklärung einzureichen (so aber OLG Hamburg 7.5.1996, wistra 1996, 239). 47

Diese Probleme vermeidet die Lösung von *Böse* (wistra 2003, 51), der eine unbeschränkte Pflicht zur Abgabe einer korrekten Steuererklärung mit dem Argument annimmt, dass hier die **Grundsätze der omissio libera in causa** Anwendung fänden. Der nemo-tenetur-Grundsatz gelte auch für die der ursprünglichen Steuerhinterziehung nachfolgenden Zeiträume; die Annahme eines Verwertungsverbotes könne auf keinerlei rechtliche Grundlage gestützt werden. Anders als im Gemeinschuldnerbeschluss des Bundesverfassungsgerichts (Rn. 8) sei auch eine verfassungskonforme Ergänzung der gesetzlichen Regelung ausgeschlossen, da es sich bei § 393 AO um ein nachkonstitutionelles Gesetz handele (*Böse* wistra 2003, 48 f.). Der Steuerpflichtige habe es sich aber durch die Abgabe unrichtiger Steuererklärungen für die Zukunft selbst unzumutbar gemacht, in den Folgejahren eine richtige und vollständige Steuererklärung abzugeben. Dementsprechend könne die Strafbarkeit auf die Grundsätze der „omissio libera in causa" gestützt werden. 48

Daran ist richtig, dass diese Rechtsfigur in Rechtsprechung und Literatur als solche anerkannt ist und die **Steuerhinterziehung als Erfolgsdelikt** durchaus in den Anwendungsbereich des Prinzips fallen kann. Der Steuerpflichtige müsste aber dann bereits bei Abgabe der ersten unrichtigen und zur Strafbarkeit führenden Erklärung auch den Vorsatz gehabt haben, für die Zukunft es sich unmöglich zu machen, eine korrekte Steuererklärung einzureichen. Wer aber nicht weiß, dass es im Hinblick auf die abgegebene unrichtige Steuererklärung zu einem Strafverfahren kommt und damit eine Selbstanzeige für Altjahre unmöglich wird, kennt diese Zwangslage schon nicht, die der von *Böse* bemühten Figur zugrunde liegen würde. Gleiches gilt für den, der einen Bestechungslohn vereinnahmt, ohne an die steuerlichen Konsequenzen zu denken. Insofern kann dieses Modell allenfalls dazu führen, dass der leichtfertig das spätere Eintreten der Sperrwirkung Verkennende nach § 378 AO eine Ordnungswidrigkeit begeht. Er hat aber bezogen auf den Zeitraum, in dem es zu einer Steuerverkürzung kommt, gar nicht im Rechtssinne – jeweils nach dem Modell *Böses* – vorwerfbare „Angaben" gemacht. Insofern kann diese Lösung insgesamt nicht überzeugen. 49

Denkbar wäre, eine teilweise richtige Erklärung der Nichterklärung vorzuziehen und nicht uneingeschränkt auf den Gesichtspunkt der Zumutbarkeit (vgl. *Ulsenheimer* GA 1972, 1; *Brenner* BB 1978, 910; *Rogall* 1977, S. 159; LG Duisburg 16.1.1969, NJW 1969, 1261; überzogen *Barske* DStZ 1958, 27) zu verweisen (s. auch *Seebode* JA 1980, 497). Zum anderen könnte man entsprechend § 393 II 1 AO die strafbewehrte Erklärungspflicht bejahen, die mit der Erfüllung der Erklärungspflichten gelieferten Tatsachen aber für unverwertbar halten (vgl. HHSp-*Hellmann* 30 zu § 393). Dies hätte zwar uU die Folge, dass eine Selbstanzeige auch ohne Nachzahlung der hinterzogenen Steuer wirksam ist, dürfte aber eher dem auch sonst fiskalisch ausgerichteten Gesetz entsprechen. *Reiß* (1987, 243) favorisiert die 3. Lösung: *„Solange der Gesetzgeber nicht entweder die Gefahr der Strafverfolgung wegen der außersteuerlichen Straftat bei Offenbarung beseitigt oder ein Auskunftsverweigerungsrecht einräumt, darf an die Verletzung der verfassungswidrigen Mitwirkungspflichten auch dann keine Strafsanktion geknüpft werden, wenn der gesetzlich Verpflichtete die verfassungswidrige Mitwirkungspflicht stillschweigend missachtet"*. Ein ähnlicher Ansatz findet sich bei *Berthold* (1993, 70 ff.; vgl. auch *Marx* FA-FS 675 ff.). *Berthold* erwägt, das Merkmal der Pflichtwidrigkeit in § 370 I Nr. 2 AO für die Fälle einer drohenden Selbstbezichtigung zu reduzieren (1993, 91 ff.), weist aber zugleich darauf hin, dass damit ungerechtfertigte Strafbarkeitslücken bei der 50

Behandlung von Teilnehmern entstehen. Er schlägt deshalb de lege ferenda die Schaffung eines persönlichen Strafausschließungsgrundes in § 370 AO für solche Konfliktslagen vor (1993, 106). *Hellmann* (HHSp-*Hellmann* 30 f. zu § 393) will die Lösung in einem strafrechtlichen Verwertungsverbot finden (vgl. auch *v. Briel* StraFo 1998, 336).

51 Der Bundesgerichtshof hatte sich zunächst mit Aussagen zurückgehalten, wenn es um die Verwertbarkeit korrekter Angaben des Steuerpflichtigen in einer Folgeerklärung geht (BGH 10.1.2002, wistra 2002, 149). In dem konkreten Fall hatte der Täter, gegen den wegen anderer Jahre ein Strafverfahren anhängig war, falsche Steuererklärungen eingereicht. Der BGH bejahte eine Strafbarkeit der Einreichung unrichtiger Steuererklärungen mit dem Argument, dass schon die Nichtabgabe von Steuererklärungen strafbar wäre und deshalb erst recht die Abgabe unrichtiger Steuererklärungen dem § 370 I Nr. 1 AO unterfiele. Später deutete der BGH an, dass dem Konflikt dadurch Rechnung getragen werden könnte, dass an eine Konkretisierung der gebotenen steuerlichen Erklärungen möglicherweise niedrigere Anforderungen zu stellen seien als sonst nach § 90 AO geboten (BGH 5.5.2004, wistra 2004, 391). Dieser Fall betraf die Nichterklärung von Einkünften aus Bestechungsdelikten. Für den Bereich der Steuerhinterziehung selbst hat der BGH dann in einem Beschluss vom 12.1.2005 (wistra 2005, 148) Klarheit geschaffen. Es komme zu einem strafrechtlichen Verwendungsverbot. Ob damit die Bedenken gegen eine Pflicht zur Abgabe wahrheitsgemäßer Steuererklärungen beseitigt sind, hängt davon ab, wie man den Begriff des Verwendungsverbotes interpretieren will (Rn. 31 ff.). Klar ist im Übrigen, dass der BGH einer *steuerlichen* Verwendung der wahrheitsgemäßen Erklärung für Altjahre keine Bedenken entgegenbringt (vgl. auch BGH 21.8.2012, wistra 2012, 482).

52 Unterlässt also der Täter eine vollständige Unterrichtung der Finanzbehörden, indem er etwa Einkommensarten oder Einkommensteile aus der Erklärung herauslässt, lässt er das Finanzamt pflichtwidrig in Unkenntnis. Diese Pflicht zu erfüllen ist freilich nur *zumutbar,* wenn es ihm entweder gleichzeitig möglich ist, mittels einer Selbstanzeige Straffreiheit für Altjahre zu erlangen (siehe Rn. 53, 76), oder aber aus dem jetzt pflichtgemäßen Verhalten keine für ihn nachteiligen Schlüsse für Altjahre gezogen werden dürfen.

53 **Zumutbar** ist die Abgabe wahrheitsgemäßer Erklärungen jedenfalls in den Fällen, in denen der Stpfl für das betreffende Jahr bzw. vergangene Jahre mit einer wahrheitsgemäßen Erklärung Straflosigkeit erlangen kann. Dies ist nicht der Fall, wenn er nicht in der Lage ist, die hinterzogenen Beträge ggf. nachzuentrichten (§ 371 III) bzw. wenn eine Sperrwirkung iS des § 371 II AO bereits eingetreten ist. Wenn man aber die entsprechenden Angaben für unverwertbar hält (Rn. 34), ist die Abgabe von Erklärungen zuzumuten. Solange jedoch nicht geklärt ist, inwiefern dies auch die Auffassung der Rechtsprechung ist und diese auch eine Fernwirkung akzeptiert, kann das Unterlassen nicht bestraft werden. Es bietet sich freilich an, hier nicht schon die Erklärungspflicht entfallen zu lassen, sondern eine Entschuldigung gem. § 35 StGB anzunehmen, wenn man nicht die Unzumutbarkeit normgemäßen Verhaltens als Entschuldigungsgrund einordnen will (krit. *Marx* FA-FS 673, 678). Diese Lösung vermeidet Strafbarkeitslücken bei der Teilnahme. Für Teilnehmer und Mittäter (vgl. *Berthold* 1993, 97 ff.) bedeutete sie, dass ihrerseits eine Strafbarkeit gegeben ist, wenn nicht in ihrer Person ebenfalls diese Voraussetzungen gegeben sind.

3. Belehrung des Steuerpflichtigen (§ 393 I 4 AO)

54 **a) Anlass zur Belehrung. Ein Anlass zur Belehrung** des Stpfl besteht jedenfalls dann, wenn der Finanzbeamte konkrete Anhaltspunkte dafür hat, dass sich der Stpfl mit der Beantwortung einer Frage bzw. mit der sonstigen, gebotenen Mitwirkung selbst belasten wird. Eine Belehrung hat zudem dann zu erfolgen, wenn das Strafverfahren wegen einer Steuerstraftat eingeleitet wird und damit Zwangsmittel nach § 393 I 3 AO schlechthin unzulässig werden (*Kretzschmar* DStZ 1983, 435). In der Praxis erfolgt bei Beginn einer Außenprüfung eine Belehrung durch Aushändigung eines Merkblatts (BStBl. I 2013, 1264; vgl. Kohlmann/*Hilgers-Klautzsch* 133 und RK-*Roth* 101 zu § 393; krit. zum Merkblatt

Wenzig DB 1979, 1763, der auf einen Hinweis iS des § 393 I 4 AO gänzlich verzichten will). Diese Aushändigung genügt freilich dem § 393 I 4 AO allenfalls dann, wenn die konkrete belastende Situation zeitnah später eintritt. Ansonsten muss eine **Belehrung in der konkreten Situation** erfolgen (FT-*Webel* 61, Kohlmann/*Hilgers-Klautzsch* 134, ähnl. HHSp-*Hellmann* 110 zu § 393).

Einzelheiten zur Belehrung im Rahmen der Außenprüfung ergeben sich aus: 55

§ 10 BpO Verdacht einer Steuerstraftat oder –ordnungswidrigkeit

(1) [1] Ergeben sich während einer Außenprüfung zureichende tatsächliche Anhaltspunkte für eine Straftat (§ 152 Abs. 2 StPO), deren Ermittlung der Finanzbehörde obliegt, so ist die für die Bearbeitung dieser Straftat zuständige Stelle unverzüglich zu unterrichten. [2] Dies gilt auch, wenn lediglich die Möglichkeit besteht, dass ein Strafverfahren durchgeführt werden muss. [3] Richtet sich der Verdacht gegen den Steuerpflichtigen, dürfen hinsichtlich des Sachverhalts, auf den sich der Verdacht bezieht, die Ermittlungen (§ 194 AO) bei ihm erst fortgesetzt werden, wenn ihm die Einleitung des Strafverfahrens mitgeteilt worden ist. [4] Der Steuerpflichtige ist dabei, soweit die Feststellungen auch für Zwecke des Strafverfahrens verwendet werden können, darüber zu belehren, dass seine Mitwirkung im Besteuerungsverfahren nicht mehr erzwungen werden kann (§ 393 Abs. 1 AO). [5] Die Belehrung ist unter Angabe von Datum und Uhrzeit aktenkundig zu machen und auf Verlangen schriftlich zu bestätigen (§ 397 Abs. 2 AO).

(2) Absatz 1 gilt beim Verdacht einer Ordnungswidrigkeit sinngemäß.

Es gelten mithin dieselben Grundsätze wie bei § 397 AO (Rn. 123 ff. zu § 397). Die Belehrung muss unverzüglich erfolgen; keinesfalls darf weiterhin steuerlich ermittelt werden, um etwa den Verdacht noch zu erhärten (*Zwank* StBp 1978, 151; s. zum Interessenkonflikt des Betriebsprüfers *Streck* BB 1980, 1538; vgl. auch *Mester* StBp 1999, 113). Die Belehrung ist unter Angabe von Datum und Uhrzeit aktenkundig zu machen. 56

b) Verstoß gegen § 393 I 4 AO. Die Folgen eines Verstoßes gegen die Belehrungspflicht des § 393 I 4 AO sind umstritten. Überwiegend wurde davon ausgegangen, dass das Fehlen der Belehrung nicht zur Unverwertbarkeit der entsprechenden Bekundungen des Steuerpflichtigen/Beschuldigten führt (BFH 23.1.2002, wistra 2002, 270 mit Anm. *Bilsdorfer* PStR 2002, 120; zweifelnd FG Mecklenburg-Vorpommern 21.8.2002, wistra 2003, 473, 478; Klein/*Jäger* AO § 393 Rn. 41, Kühn/v. Wedelstädt/*Blesinger* 4 zu § 393). Demgegenüber wollen *Rüping* (S. 54; Grundfragen S. 280) und *Streck* (BB 1980, 1539) unter Anwendung des § 136a StPO (verbotene Vernehmungsmethoden) ein Verwertungsverbot bejahen (zust. *Carlé* AO-StB 2003, 346, 348; ähnl. *Ehlers* StBp 1981, 102), weil bei pflichtwidriger Nichteinleitung eine Täuschung iS des § 136a StPO (durch Unterlassen) vorliege (vgl. auch Rn. 129 zu § 397). 57

Bei einem Verstoß gegen die Belehrungspflicht nach § 136 I 2 StPO sollte nach früher hM kein Verwertungsverbot bestehen (BGH 31.5.1968, BGHSt 22, 170; BGH 7.6.1983, NJW 1983, 2205 m. abl. Anm. *Fezer* JR 1984, 341; zu § 243 StPO: BGH 14.5.1974, BGHSt 25, 325; s. auch *Eb Schmidt* NJW 1968, 1209; *Dingeldey* JA 1984, 414; BGH 30.4.1968, NJW 1968, 1388; anders AG Tiergarten 15.12.1982, StV 1983, 278). Auch ein Verstoß gegen die Hinweispflicht nach § 55 II StPO sollte die Aussage nicht unverwertbar machen (BGH 13.4.1962, BGHSt 17, 245; BGH 7.6.1983, NJW 1983, 2205; s. aber BayObLG NJW 1984, 1246). Anders sollte es bei einem Verstoß gegen die Belehrungspflicht nach § 52 III StPO sein (Rn. 87). 58

Der BGH (BGH 27.2.1992, BGHSt 38, 214; dazu *Fezer* JR 1992, 385; *Roxin* JZ 1992, 923; *Bohlander* NStZ 1992, 504; *Kiehl* NJW 1993, 501; *Hauf* MDR 1993, 195) hat eine Wende in der Behandlung dieser Frage eingeleitet. Nach dieser Entscheidung löst der Verstoß gegen die Pflicht zur Belehrung des Beschuldigten über seine Aussagefreiheit grundsätzlich ein Verwertungsverbot hinsichtlich der daraufhin gemachten Angaben aus. Der BGH macht dabei zwei Ausnahmen. Zum einen soll ein Verwertungsverbot dann nicht eingreifen, wenn der Beschuldigte bei Beginn der Vernehmung auch ohne Belehrung sein Schweigerecht gekannt und trotz dieses Wissens freiwillig ausgesagt hat. Ein solcher Be- 59 schuldigter sei nicht im gleichen Maße schutzwürdig wie derjenige, der sein Schweigerecht nicht kenne (BGH 27.2.1992, BGHSt 38, 214). Zum anderen soll die Verwertung einer in Unkenntnis des Schweigerechts gemachten Aussage dann zulässig sein, wenn der (verteidigte) Beschuldigte später ausdrücklich oder durch stillschweigend-schlüssiges Verhalten einer Verwertung nicht widersprochen hat (BGH 27.2.1992, BGHSt 38, 214, 225; vgl. auch BGH 22.3.1995, wistra 1995, 271; BGH 21.7.1994, BGHSt 40, 211; BGH 21.7.1998, wistra 1998, 310; BGH 27.6.2013, BGHSt 58, 301).

60 **Der Steuerpflichtige** befindet sich vor Einleitung des Steuerstrafverfahrens in einer dem § 55 StPO vergleichbaren Situation: Zur Auskunft bzw. Mitwirkung ist er verpflichtet, darf aber belastende Angaben verschweigen. Eine dem § 136a StPO ähnliche Situation liegt bei bloßem Unterlassen der Belehrung nicht vor (*Suhr* StBp 1973, 83; *Möllinger* StBp 1979, 193; *Hildebrandt* StBp 1982, 268; s. auch *Rogall* 1977, S. 186 ff. sowie Rn. 129 zu § 397). Das Besteuerungsverfahren ist aber auf die (latente) Mitwirkungspflicht des Stpfl gegründet. Ob im Sinne der Einschränkung von BGHSt 38, 214 bereits die Aushändigung des Merkblattes dem Stpfl hinreichend Kenntnis von seinem Recht, die Auskunft zu verweigern, vermittelt, erscheint zweifelhaft. Vor dem Hintergrund des § 10 BpO kann der Stpfl davon ausgehen, dass seine Befragung immer eine solche im Besteuerungsverfahren ist, so dass erst die konkrete Belehrung in einer bestimmten Situation ihm Kenntnis von seinen Rechten im Steuerstrafverfahren vermittelt. Ob der steuerlich versierte Stpfl sein Schweigerecht aus der Lage heraus fordern wird (so 3. Aufl. Rn. 44 zu § 393), erscheint ebenfalls nicht gesichert. Insbesondere vor dem Hintergrund der unsicheren Behandlung „vertretbarer Rechtsauffassungen" (vgl. Rn. 160 ff. zu § 370) wird er in der Regel darauf vertrauen können, sich im Besteuerungsverfahren zu bewegen, so dass ein Verwertungsverbot naheliegt (ebenso HHSp-*Hellmann* 119 ff. zu § 393; Klein/*Jäger* AO § 393 Rn. 41; Erbs/Kohlhaas/*Hadamitzky*/*Senge* AO § 393 Rn. 6; vgl. auch BayObLG 10.1.1984, NJW 1984, 1264; BVerfG 25.8.2014, StraFo 2014, 415).

61 **Verstöße gegen § 136a StPO** sind im Rahmen des § 393 I 4 AO aber denkbar. Ein solcher liegt vor, wenn in einer Vernehmung iS der §§ 136, 163a StPO der Vernehmungsbeamte bewusst über eine Verpflichtung zur Aussage täuscht (*Meyer-Goßner*/*Schmitt* StPO § 136a Rn. 14). Das gleiche gilt, wenn der Finanzbeamte im Besteuerungsverfahren dem Stpfl vortäuscht, er müsse selbst dann an der Aufklärung des Steuerfalles mitwirken, wenn dies zu seiner Belastung wegen einer Steuerstraftat führe, oder die Einleitung des Steuerstrafverfahrens *bewusst* unterlässt (Rn. 129 zu § 397). Dass bloß fahrlässiges Unterlassen nicht „Täuschung" iS des § 136a StPO sein kann, ergibt sich schon aus dem Begriff, der bewusste Irreführung voraussetzt (ähnlich HHSp-*Hellmann* 120 zu § 393; *Hildebrandt* DStR 1982, 21; anders *Rüping,* Steuerfahndungsergebnisse und ihre Verwertbarkeit, 1981, S. 41). Dabei kann dahinstehen, ob sich das Verwertungsverbot aus § 136a StPO oder unmittelbar aus der Verfassung ergibt (vgl. HHSp-*Hellmann* 114 zu § 393).

62 Eine Unverwertbarkeit wegen des Einsatzes unzulässigen Zwangs iS des § 136a StPO liegt im Übrigen dann vor, wenn Zwangsmittel gezielt angewendet werden und der Beschuldigte damit genötigt wird, sich selbst wegen einer Steuerstraftat zu belasten.

63 Stimmt der Stpfl der Verwertung zu, entfällt das Verwertungsverbot, da ein Verzicht auf das Steuergeheimnis nach § 30 IV Nr. 3 AO möglich ist (HHSp-*Hellmann* 147, Kohlmann/*Hilgers-Klautzsch* 257 zu § 393). Diese Möglichkeit der Zustimmung gibt es freilich nicht in den Fällen des § 136a III StPO.

64 **c) Fernwirkung des Verwertungsverbots.** Die Fernwirkung eines Verwertungsverbots ist mindestens ebenso zweifelhaft wie das Vorhandensein eines Verwertungsverbots selbst (vgl. *Grünwald* JZ 1966, 500; *Gössel* NJW 1981, 2221; umfassend *Dencker* 1977 S. 76 ff.). Einig ist man sich nur, dass das Verbot, ein durch Zwang oder Misshandlung erreichtes Geständnis zu verwerten, nicht immer dazu führen muss, dass sonstige, aufgrund dieses Geständnisses aufgefundene Beweismittel für das Strafverfahren nicht benutzt werden dürfen (*Meyer-Goßner*/*Schmitt* StPO § 136a Rn. 31 u. KK-StPO/*Boujong* StPO § 136a

Rn. 42). Die hM will jegliche Fernwirkung des Beweisverwertungsverbotes auf die selbstständigen Beweismittel, die mit Hilfe der als Beweismittel ausscheidenden Aussage aufgefunden werden, ausschließen (vgl. *Meyer-Goßner/Schmitt* StPO § 136a Rn. 31), im Ausnahmefall unter Berufung auf den Grundsatz der Rechtsstaatlichkeit und rechtsethische Prinzipien jedoch zulassen (BGH 18.4.1980, BGHSt 29, 244; vgl. auch BGH 28.4.1987, BGHSt 34, 362). Von einigen wird eine Fernwirkung jedenfalls dann anerkannt, wenn zum Nachteil des Beschuldigten in grober Weise gegen Recht und Gesetz verstoßen wurde, etwa wichtige Verfassungsgrundsätze missachtet wurden, oder wenn die Aufklärung und Verfolgung von leichten Straftaten in Frage steht (zB *Maiwald* JuS 1978, 379 ff.; HHSp-*Hellmann* 126 zu § 393; LR-*Hanack* 67 zu § 136a StPO; s. auch *Peters* S. 315; KK-StPO/*Boujong* StPO § 136a Rn. 42; *Beulke* ZStW 103 [1991], 669).

Soweit man beim Unterlassen der Belehrung einen Verstoß gegen § 136a StPO bejahen kann, schafft erst eine Fernwirkung einen angemessenen Schutz des Betroffenen (*Maiwald* JuS 1978, 379, 384). Jedenfalls in massiven Fällen der Täuschung sollte von einer Fernwirkung ausgegangen werden (ähnlich HHSp-*Hellmann* 125 zu § 393; weitergehend *Rüping* aaO [Rn. 61] S. 44; s. auch *Dencker* 1977 S. 8; *Streck* Nr. 912 sowie unten Rn. 69). 65

Die Auswirkung strafrechtlicher Verwertungsverbote auf das Besteuerungsverfahren lässt sich nicht allgemein beantworten. Es kommt darauf an, ob das entsprechende Verwertungsverbot einen typisch strafprozessualen Charakter hat oder einem allgemeinen Rechtsgedanken entspricht (*Rüping* Grundfragen S. 282; *Streck* Nr. 899; HHSp-*Söhn* 309 zu § 88; zu eng *Hildebrandt* DStR 1982, 24; vgl. auch *Seer* StuW 1991, 165; BFH 23.1.2002, NJW 2002, 2198; FG Mecklenburg-Vorpommern 21.8.2002, wistra 2002, 473). Nur im zweiten Fall wirkt sich das Verwertungsverbot auch im Besteuerungsverfahren aus (Rn. 125 zu § 404; allgemein zu *steuerlichen* Verwertungsverboten *Wenzig* DStZ 1984, 172). Hiergegen hat *Hellmann* (1995, 114 Fn. 15) eingewandt, es könne nicht darauf ankommen, ob das Beweismittel im Besteuerungsverfahren rechtmäßig hätte erlangt werden können, denn es handele sich nun einmal um strafprozessuale Erkenntnisse. Dass es sich um Erkenntnisse im Rahmen eines Strafverfahrens handelt, wird nicht bestritten. Dennoch gilt im deutschen Verfahrensrecht allgemein, dass wiederholbare Erkenntnisse durchaus einer Verwertung zugänglich sind. Dies ist mittlerweile in § 477 II 2 StPO ausdrücklich geregelt. Die „hypothetische Wiederholbarkeit" einer Maßnahme erlaubt auch die Verwertung von Zufallserkenntnissen, die nur mit qualifizierten Ermittlungsmaßnahmen erlangt werden konnten. Da der beschuldigte Stpfl nicht besser stehen soll, als der redliche, würde ein Verwertungsverbot hinsichtlich solcher Erkenntnisse, die auch im Rahmen des üblichen Besteuerungsverfahrens hätten gewonnen werden können, diesem Prinzip nicht gerecht. 66

Besteht ein **strafrechtliches Verwertungsverbot,** weil der Beamte den Beschuldigten über seine Mitwirkungspflicht getäuscht hat (Rn. 61), beschränkt sich die Unverwertbarkeit zunächst auf das Strafverfahren (vgl. auch *Rogall* Kohlmann-FS 2003, 498). § 136a StPO greift hier ein, weil man den Stpfl zu lange mitwirken ließ. § 136a StPO will aber nicht eine Mitwirkung im Besteuerungsverfahren verbieten, sondern Täuschungen, die zur strafrechtlichen Selbstbelastung führen. Demgegenüber will *Hellmann* (HHSp-*Hellmann* 123 zu § 393) für die Informationen ein Verwertungsverbot annehmen, *„weil sie unter Verstoß gegen ein steuerrechtliches Verbot der Informationsgewinnung gewonnen wurden und § 393 Abs. 1 Satz 4 den Schutz des Stpfl bezweckt."* Dies mag zwar richtig sein, der Zweck ist aber in einem Kontext zu sehen: Der Beschuldigte eines Steuerstrafverfahrens soll nicht schlechter stehen als der eines allgemeinen Strafverfahrens, weil er zugleich Stpfl ist. Andererseits soll der Steuerstraftäter nicht besser stehen als andere Stpfl, weil er Straftäter ist. Das von *Hellmann* bemühte Verbot der Informationsgewinnung dient dem Schutz des Straftäters, nicht des Stpfl, so dass ein Fall des § 136a StPO nicht vorliegt. Eine andere Frage ist, ob das Steuerrecht § 136a StPO auf diesen Fall analog anwenden will (HHSp-*Söhn* 294 zu § 88; *Streck* Nr. 901 ff.; *Rüping* aaO [Rn. 61] S. 36). Der BFH verneint im Übrigen bei einem Verstoß gegen § 393 I 4 oder die Belehrungspflicht nach § 10 I 3 BpO zu Recht ein Verwertungsverbot (BFH 8.1.2014, BFH/NV 2014, 487). 67

68 Zweifelhaft ist, ob der neu eingefügte § 393 III AO gegen die hier angenommene Verwertbarkeit von Erkenntnissen spricht. Immerhin stellt die neue Vorschrift darauf ab, ob es sich um Erkenntnisse handelt, die *„rechtmäßig im Rahmen strafrechtlicher Ermittlungen gewonnen"* wurden. Betrachtet man den Sinn der Regelung, spricht manches dafür, weiterhin solche Erkenntnisse steuerlich für verwertbar zu halten, die strafrechtlich wegen einer Verletzung des § 136 StPO unverwertbar sind (unten Rn. 119).

69 Ist die Mitwirkung des Beschuldigten durch **physische Einwirkung** erreicht worden (Misshandlung, Ermüdung, körperlicher Eingriff, Verabreichung von Mitteln, Quälerei, Hypnose), kommt auch im Besteuerungsverfahren eine Verwertung nicht in Betracht (HHSp-*Söhn* 294 zu § 88).

III. Verwertbarkeit der Angaben des Steuerpflichtigen (§ 393 II AO)

Schrifttum: *Heuer,* Der Staat als Hehler?, FR 1963, 22; Erdsieck, Grenzen des Steuergeheimnisses, NJW 1963, 2311; *Höppner,* Zur verfassungsrechtlichen Gewährleistung des Steuergeheimnisses, DVBl 1969, 723; *Kruse,* Um das Steuergeheimnis, StW 1968, 265; *Seltmann,* Das Steuergeheimnis, seine Grenzen und die Rechtfertigung seiner Durchbrechung aus öffentlichem Interesse, NJW 1968, 868; *Lohmeyer,* Die Wahrung des Steuergeheimnisses im Steuerstrafverfahren, SchlHA 1974, 32; *Wassermann,* Spezialisierung nutzt der Justiz, ZRP 1970, 5; *Zybon,* Kritik am Steuergeheimnis, ZRP 1971, 231; *Kurt Maaßen,* Steuerfahndung mit „Durchbrechung" des Steuergeheimnisses?, FR 1972, 383; *Wolfgang Maassen,* Strafrechtliche und verwaltungsrechtliche Aspekte bei § 22 AO, DStR 1973, 717; *Brenner,* Das Steuergeheimnis (§ 22 AO) gilt nicht im Steuerstrafverfahren, DRiZ 1973, 127; *Bäckermann,* Der Schutz des Steuergeheimnisses (§ 30 AO, § 355 StGB), ZfZ 1977, 134; *Brenner,* Zoll- und Steuerfahnder müssen Betrug, Konkursdelikte usw. der Staatsanwaltschaft mitteilen, DRiZ 1978, 52; *Felix,* Kollision zwischen Presse-Informationsrecht und Steuergeheimnis, NJW 1978, 2134; *Goll,* Steuergeheimnis und abgabenrechtliche Offenbarungsbefugnis, NJW 1979, 90; *Schomberg,* Das Steuergeheimnis im Steuerstrafverfahren, NJW 1979, 526; *Lohmeyer,* Die strafrechtlichen Folgen der Verletzung des Steuergeheimnisses, BlStA 1981, 126; *Ostendorf,* Die Informationsrechte der Strafverfolgungsbehörden gegenüber anderen staatlichen Behörden im Widerstreit mit deren strafrechtlichen Geheimhaltungspflichten, DRiZ 1981, 4; *Schuhmann,* Das Steuergeheimnis unter besonderer Berücksichtigung der Außenprüfung, StBp 1981, 1; *Schäfer,* Einige Bemerkungen zu dem Satz „nemo tenetur se ipsum accusare", Dünnebier-FS 1982 S. 11; *Pfaff,* Aktuelle Fragen aus dem Steuerstraf- und Ordnungswidrigkeitenrecht, StBp 1983, 114; *Benda,* Steuergeheimnis: Kann der Bürger noch darauf vertrauen?, DStR 1984, 351; *Rüping/Arloth,* Steuergeheimnis und Strafverfahren, DB 1984, 1795; *Hetzer,* Denunziantenschutz durch Steuergeheimnis?, NJW 1985, 2991; *Eilers,* Schutz des Steuergeheimnisses zugunsten von Informanten der Finanzverwaltung, DB 1986, 19; *Ehlers,* Die neue Problematik des Steuergeheimnisses, StBp 1986, 265; *Eilers,* Das Steuergeheimnis als Grenze des internationalen Auskunftsverkehrs, 1987; *Nieuwenhuis,* Strafanzeige und Steuergeheimnis, NJW 1989, 280; *Schuhmann,* Zum Begriff des Offenbarens iSd § 30 AO, DStZ 1989, 618; *Weyand,* Offenbarungsbefugnis nach § 30 Abs. 4 Nr. 4a AO als Offenbarungsverpflichtung?, DStZ 1990, 411; *Blesinger,* Das Steuergeheimnis im Strafverfahren, wistra 1991, 239, 294; *Bock,* Die Mitteilungspflicht der Gerichte nach § 116 AO, NJW 1992, 101; *Stark,* Spontanauskünfte durch die Finanzverwaltung, DB 1994, 1321; *Kohlmann,* Strafprozessuale Verwertungsverbote als Schranken für steuerliche und steuerstrafrechtliche Ermittlungen der Fahndungsbehörden, Tipke-FS 1995, 487; *Dörn,* Steuerstrafrechtliche und bußgeldrechtliche Aspekte in der Betriebsprüfung, DStZ 1996, 142; *Grezesch,* Steuererklärungspflichten im Strafverfahren, DStR 1997, 1273; *Jarke,* Das Verwertungsverbot des § 393 Abs. 2 S. 1 AO, wistra 1997, 325; *Joecks,* Abzugsverbot für Bestechungs- und Schmiergelder – Korruptionsbekämpfung durch Steuerrecht?, DStR 1997, 1025; *Maier,* Reichweite des Verwertungsverbotes nach § 393 Abs. 2 Satz 1 AO, wistra 1997, 53; *Spriegel,* Steuergeheimnis und nichtsteuerliche Straftat, wistra 1997, 321; *v. Briel,* Steuerrechtliche Erklärungspflichten und das nemo-tenetur-Prinzip, StraFo 1998, 336; *Joecks,* Urkundenfälschung „in Erfüllung steuerrechtlicher Pflichten" (§ 393 Abs. 2 Satz 1 AO)?, wistra 1998, 86; *Pütz,* Fahndungsermittlungen in den Bank-Verfahren nach dem Meistbegünstigungsprinzip?, wistra 1998, 54; *Spriegel,* Das Verwertungsverbot in der Rechtsprechung des Bayerischen Obersten Landesgerichts, StraFo 1998, 156; *Streck/Spatscheck,* Steuerliche Mitwirkungspflicht trotz Strafverfahrens?, wistra 1998, 334; *Bornheim,* Vom Wert des Schweigens, PStR 1999, 111; *Böse,* Das nemo-tenetur-Prinzip als Gebot zur Aussetzung des Zivilprozesses nach § 149 ZPO?, wistra 1999, 451; *Dörn,* Praxisfragen im Grenzbereich von Besteuerungs- und Steuerstrafverfahren, DStZ 1999, 245; *Krekeler,* Verwertungsverbot bei unterlassener oder verspäteter Belehrung durch Betriebsprüfer, PStR 1999, 230; *Marx,* Nemo tenetur se ipsum accusare? – Der Steuerpflichtige in der Klemme von Besteuerungs- und Strafverfahren, in: FA-FS 1999, 673; *Vogelberg,* Das Beweisverwertungsverbot des § 393 Abs. 2 AO, PStR 1999, 59; *Küster,* Steuergeheimnis und Allgemeindelikt, PStR 2000, 108; *Heerspink,* Zum Konflikt zwischen der steuerlichen Mitteilungspflicht des § 4 Abs. 5 Nr. 10 EStG und dem nemo-tenetur-Prinzip, wistra 2001, 441; *Krieg,* Das Beweisverwertungsverbot nach § 393 Abs. 2 S. 1 AO 1977 bei Tateinheit gemäß § 52 StGB zwischen Allgemeindelikt und Steuerstraftat, 2001; *Joecks,* Der nemo-tenetur-Grundsatz und das Steuerstrafrecht, Kohlmann-FS 2003, 451; *Rogall,* Das Verwendungsverbot des § 393 II AO, Kohlmann-FS 2003, 465;

Talaska, Mitwirkungspflichten des Steuerpflichtigen im Spannungsfeld von Besteuerungs- und Steuerstrafverfahren, 2006; *Wirtz,* Das Al Capone-Prinzip – Risiken und Chancen einer „Gewinnabschöpfung durch Besteuerung" nach dem Steuerverkürzungsbekämpfungsgesetz, 2006; *Wulf,* Steuererklärungspflichten und nemo tenetur, wistra 2006, 89; *Rolletschke,* Neuere Entwicklungen im Steuerstrafrecht, Stbg 2008, 407; *Höll,* Die Mitteilungspflichten bei Korruptionssachverhalten im Regelungsgefüge des Steuergeheimnisses, ZIS 2010, 309; *Wulf/Ruske,* Steine statt Brot – die Feststellung der Verfassungswidrigkeit von § 393 Abs. 2 Satz 2 AO ist aufgeschoben, Stbg 2010, 443; *Pflaum,* Voraussetzungen der Durchbrechung des Steuergeheimnisses zur Durchführung von Disziplinarverfahren, wistra 2011, 55; *Reichling,* Das Verwendungsverbot aus § 393 Abs. 2 S. 1 AO, HRRS 2014, 473.

Die Verwertbarkeit der Angaben des Stpfl ist nicht nur bei den von ihm begangenen Steuerstraftaten (vgl. § 393 I 2) ein Problem. Da der Beschuldigte wegen § 40 AO im Hinblick auf solche Tatsachen unbeschränkt auskunftspflichtig ist, die ihn wegen einer Nicht-Steuerstraftat belasten und die Mitteilung solcher Tatsachen auch erzwungen werden kann, stellt sich die Frage, inwiefern diese Tatsachen Grundlage eines Strafverfahrens wegen der Nicht-Steuerstraftat werden können. § 393 II 1 AO ordnet an, dass entsprechende Informationen des Beschuldigten im Grundsatz nicht verwertbar sind, es sei denn, sie beträfen besonders gravierende Straftaten oder wären nicht in Erfüllung steuerlicher Pflichten mitgeteilt worden. Ähnlich dem § 97 I InsO liegt dem ein Verwendungsverbot zu Grunde, mit dem auch dem Grundrecht auf informationelle Selbstbestimmung Rechnung getragen wird (*Rogall* Kohlmann-FS 2003, 478). Dabei wirft § 393 II AO mehrere Probleme auf. Da ist zum einen die Frage, was unter einem „Verwendungsverbot" (§ 393 II 1 AO) zu verstehen ist, zum anderen die nach einer Durchbrechung des Steuergeheimnisses, wenn die Voraussetzungen des § 30 IV Nr. 5 AO erfüllt sind (§ 393 II 2 AO). 70

1. Verwertbarkeit bei Nicht-Steuerstraftaten

a) Offenbarung in Erfüllung steuerlicher Pflichten. Nur was **der Stpfl** in Erfüllung seiner steuerlichen Pflichten offenbart hat, unterliegt dem Verwertungsverbot des § 393 II 1 AO. *In Erfüllung steuerlicher Pflichten* sind solche Angaben gemacht, die auf Aufforderung oder entsprechende Veranlassung durch die FinB dieser gegenüber gemacht wurden (Schwarz/Pahlke/*Dumke* 48 zu § 393 AO). Dabei meint § 393 II AO *erzwingbare steuerliche Pflichten* (BGH 5.5.2004, wistra 2004, 309). Es genügt, wenn der Stpfl Unterlagen zur Verfügung stellt oder auf andere Weise der FinB die Erkenntnisse ermöglicht, zB durch Benennung einer Auskunftsperson (HHSp-*Hellmann* 133 zu § 393; Klein/*Jäger* AO § 393 Rn. 49). In der Regel ist davon auszugehen, dass *alle* in den Steuerakten enthaltene Angaben des Stpfl in Erfüllung dieser steuerlichen Pflichten gemacht worden sind (Schwarz/Pahlke/*Dumke* aaO). Allerdings will die Rechtsprechung die bloße Vorlage von gesetzlich vorgeschriebenen Unterlagen nicht ausreichen lassen. Gesetzliche Aufzeichnungs- und Vorlagepflichten beträfen den Kernbereich der grundgesetzlichen Selbstbelastungsfreiheit auch dann nicht, wenn die zu erstellenden oder vorzulegenden Unterlagen auch zur Ahndung von Straftaten oder Ordnungswidrigkeiten verwendet werden dürften. Vielmehr könnten solche anderweitigen Mitwirkungspflichten nach der Rechtsprechung des Bundesverfassungsgerichts namentlich zum Schutz von Gemeinwohlbelangen verfassungsrechtlich gerechtfertigt sein (BVerfG 27.4.2010, wistra 2010, 341, 344; BGH 16.4.2014, NJW 2014, 1975; krit. *Reichling* HRRS 2014, 473, 480). Anträge auf bloße Steuererstattung oder -vergütung genügen nicht (HHSp-*Hellmann* 139 zu § 393; Klein/*Jäger* AO § 393 Rn. 49). Ob auch freiwillige zusätzliche Informationen, die steuerrechtlich nicht entscheidungserheblich sind, dem Schutzzweck des § 393 II AO unterfallen (so Schwarz/*Dumke* aaO), ist zweifelhaft; überwiegend wird dies abgelehnt (vgl. HHSp-*Hellmann* 139 zu § 393). 71

Mitteilungen Dritter unterfallen dem § 393 II AO im Grundsatz nicht. *Hellmann* kritisiert dies im Hinblick auf die Regelungslücken, die § 393 II AO nach seiner Auffassung aufweist (HHSp-*Hellmann* 134 zu § 393). Tatsächlich gibt es diese Lücken nach der hier vertretenen Auffassung nicht: Wer auskunfts- oder mitwirkungspflichtig ist, hat zwar kein Mitwirkungsverweigerungsrecht nach den §§ 103, 104 AO, ist aber selbst Stpfl im Sinne 72 des Abs. 1. Seine Mitwirkung kann nicht erzwungen werden, soweit er sich selbst einer (Beteiligung an) einer Steuerhinterziehung bezichtigen würde (Rn. 38). Will man der Wertung des § 55 StPO gerecht werden, sind seine Angaben auch in einem gegen ihn gerichteten Strafverfahren wegen eines Nichtsteuerdelikts nicht verwertbar. Insofern ist *Hellmann* (aaO) zuzustimmen.

73 Belastet der Dritte, der kein Zeugnisverweigerungsrecht hat oder auf dieses verzichtet, den Stpfl, sind seine Angaben verwertbar. Hat der Stpfl die Auskunftsperson benannt, kann § 393 II AO eingreifen (Rn. 71).

74 Eine **Urkundenfälschung in Erfüllung steuerlicher Pflichten** gibt es nicht. Wer bei dem Versuch, das Finanzamt über steuerlich erhebliche Tatsachen zu täuschen, von einer unechten Urkunde Gebrauch macht, wird im Hinblick auf die Urkundenfälschung (§ 267 I, 3. Alt. StGB) nicht durch das Steuergeheimnis und § 393 II AO geschützt (BGH 11.9.2003, wistra 2003, 429; BGH 5.5.2004, wistra 2004, 309; *Jarke* wistra 1997, 325; *Maier* wistra 1997, 53; *Joecks* wistra 1998, 86; HHSp-*Hellmann* 138, 160 ff., Klein/*Jäger* AO § 393 Rn. 49 zu § 393; *Rogall* Kohlmann-FS 2003, 491 f.). Die gegenteilige Auffassung (*Spriegel* wistra 1997, 323; BayObLG 6.8.1996, wistra 1996, 353; v. 18.11.1997, wistra 1998, 117) hätte die absurde Konsequenz, dass eine Steuerhinterziehung unter Verwendung verfälschter Belege zwar einen besonders schweren Fall darstellt, die Urkundenfälschung selbst aber nur unter den Voraussetzungen des § 393 II 2 in Verbindung mit § 30 IV Nr. 5 AO verfolgt werden könnte (ebenso Klein/*Jäger* AO § 393 Rn. 49). § 393 II 1 AO schützt nur denjenigen, der bei wahrheitsgemäßer Erfüllung steuerlicher Pflichten sich einer Nichtsteuerstraftat bezichtigt, nicht jedoch denjenigen, der mittels einer unechten Urkunde die Finanzbehörde täuschen will. Im Übrigen ist das verbleibende Restrisiko einer Strafverfolgung wegen der begangenen Steuerhinterziehung von dem Betroffenen hinzunehmen (*Rogall* Kohlmann-FS 2003, 492 m. Fußn. 190).

75 Auch **Angaben zu Betriebsausgaben** können „in Erfüllung steuerrechtlicher Pflichten" gemacht werden. Problematisch ist insbesondere der Fall, dass Betriebsausgaben geltend gemacht werden, deren Aufwendung Straftatbestände erfüllte, wie dies etwa bei Bestechungslöhnen der Fall ist. § 4 V 1 Nr. 10 S. 2 EStG statuiert für solche Konstellationen die Pflicht der Finanzbehörde, die Staatsanwaltschaft über einen Verdacht zu unterrichten. Ob eine solche Durchbrechung des nemo-tenetur-Grundsatzes möglich ist, ist zweifelhaft. Dabei ist zu differenzieren. Führt das strafbare Vorverhalten des Steuerpflichtigen zu einem Abzugsverbot nach § 4 V 1 Nr. 10 EStG, erfüllt die für die Finanzbehörde nicht erkennbare Geltendmachung der Aufwendungen bereits den Tatbestand der Steuerhinterziehung, so dass die Durchbrechung des Steuergeheimnisses schon nach § 30 IV Nr. 1, II Nr. 1b AO möglich ist. Ist das strafbare Verhalten aber nicht geeignet, die Abzugsfähigkeit der Betriebsausgabe zu beseitigen, erfolgt deren Geltendmachung in Erfüllung steuerlicher Pflichten und unterliegt damit grundsätzlich dem Schutz des § 393 AO (aM GJW/*Bülte* AO § 393 Rn. 72). Eine andere Frage ist, ob man in diesen Fällen mit der Durchbrechung des Steuergeheimnisses nach § 393 II 2 AO großzügiger sein kann (Rn. 102). Vgl. auch *Heerspink* wistra 2001, 443; *Dörn* DStZ 2001, 736.

76 **Eine Selbstanzeige iS des § 371 AO** kann in Erfüllung steuerlicher Pflichten erfolgen (zust. *v. Briel/Ehlscheid* 4/272; HHSp-*Hellmann* 140 zu § 393; Klein/*Jäger* AO § 393 Rn. 50; Kohlmann/*Hilgers-Klautzsch* 200, Schwarz/Pahlke/*Dumke* 50 zu § 393 AO; unentschlossen Koch/Scholtz/*Scheurmann-Kettner* 22 zu § 393; abl. FT-*Nikolaus* 91 zu § 393, Erbs/Kohlhaas/*Hadamitzky*/*Senge* AO § 393 Rn. 8). Die Pflicht zur Abgabe einer wahrheitsgemäßen Steuererklärung wird durch die Nichtabgabe bzw. Abgabe einer falschen Erklärung nicht erfüllt. Hieran ändert es auch nichts, dass in diesen Fällen die Berichtigungspflicht nach § 153 AO nicht eingreift (vgl. auch HHSp-*Hellmann* 140 zu § 393). Der Stpfl handelt namentlich aber auch dann *in Erfüllung steuerlicher Pflichten,* wenn er etwa – um zur Normtreue zurückzukehren – mit der korrekten Steuererklärung für das Jahr 2014 zugleich eine Korrektur iS des § 371 AO für strafrechtlich noch nicht verjährte Vorjahre vornimmt. § 393 II AO soll es dem Steuerpflichtigen ermöglichen, auch bema-

kelte Einkünfte anzugeben, ohne deswegen eine Strafverfolgung befürchten zu müssen. Auch ein Steuerstraftäter, der im Rahmen einer Selbstanzeige ein mit der Steuerhinterziehung gleichzeitig begangenes Allgemeindelikt aufdeckt, ist schutzwürdig, wenn es darum geht, ihm für die Zukunft die Rückkehr zu ehrlichem Verhalten zu ermöglichen. Erst die Möglichkeit, mit der Selbstanzeige für Altjahre sanktionslos zur Normtreue zurückzukehren, macht es vor dem Hintergrund des nemo-tenetur-Prinzips verfassungsrechtlich unbedenklich, dass man eine entsprechende Pflicht zur wahrheitsgemäßen Erklärung annimmt (vgl. BVerfG 21.4.1988, wistra 1988, 302; BGH 13.10.1992, wistra 1993, 65, 67). Nur ein Verwendungsverbot für die im Rahmen der Selbstanzeige mitgeteilten Tatsachen kann diesem Anliegen gerecht werden. Dies hat u. a. zur Konsequenz, dass eine im Rahmen der Selbstanzeige offenbarte Urkundenfälschung selbst dann nicht mitgeteilt werden könnte, wenn sie an sich dem § 30 IV Nr. 5 AO unterfiele. Etwas anderes gilt, wenn der Täter unmittelbar vor Beginn einer Umsatzsteuersonderprüfung einen Einzelsachverhalt korrigiert, weil dieser nicht in der von § 393 II AO zugrunde gelegten Zwangslage steckte (BGH 5.5.2004, wistra 2004, 309).

Dabei stellt sich die Konfliktlage vor Beginn der Außenprüfung durch die Neuregelung 77
der Sperrwirkung in § 371 II Nr. 1a AO (Sperre durch Bekanntgabe der Anordnung der Außenprüfung) in Facetten anders dar. Im Übrigen ist durch die Rechtsprechung des BGH zur Berichtigungspflicht nach § 153 I AO (BGH 17.3.2009, BGHSt 53, 210) auch von dieser Seite aus anerkannt, dass die Selbstanzeige in Erfüllung steuerlicher Pflichten erfolgen kann. Wenn jemand, der bedingt vorsätzlich verkürzt hat, nach einem Erkennen (Wissen) verpflichtet ist, eine entsprechende Berichtigung vorzunehmen, ist dies nur in den Grenzen des § 393 möglich. An seinen Angaben hängt denn entweder ein Verwendungsverbot oder aber es kommt zu einer strafbefreienden Selbstanzeige, mit der er seine steuerliche Pflicht aus § 153 I AO erfüllt (vgl. BGHSt 53, 210 Rn. 27). Soweit *Jäger* (Klein/*Jäger* AO § 393 Rn. 50) der Auffassung ist, Abs. 2 bezöge sich nur auf solche Angaben, hinsichtlich derer die in Absatz 1 genannten Zwangsmaßnahmen möglich gewesen wäre, ergibt sich dies aus dem Gesetzeswortlaut nicht. *Jäger* meint offenbar, dass im Hinblick auf das Begangensein einer bedingt vorsätzlichen Steuerhinterziehung ein Zwangsmitteleinsatz gänzlich unmöglich gewesen wäre und daher die Selbstanzeige nicht mehr in Erfüllung steuerlicher Pflichten erfolgen könne. Absatz 2 ist aber losgelöst von Absatz 1 zu sehen, § 393 II 1 AO ist nicht etwa eine unmittelbare Fortsetzung der Sätze in Absatz 1. Im Übrigen ergibt sich ein Verwendungsverbot schon von Verfassungs wegen aus dem Nemo-tenetur-Grundsatz: Das Gesetz darf den Betroffenen nicht einerseits bei Strafe verpflichten, eine entsprechende Berichtigung vorzunehmen und dann andererseits die gemachten Angaben zum Gegenstand eines Strafverfahrens machen.

Ob Spontanäußerungen bei Durchsuchungen in Erfüllung steuerlicher Pflichten 78
erfolgen, ist eine Frage des Einzelfalls. Wer als Zeuge einer Durchsuchung nach § 103 StPO beiwohnt und in diesem Zusammenhang sachverhaltsklärende Angaben macht, kann in Erfüllung steuerlicher Pflichten handeln (vgl. auch BGH 5.5.2004, wistra 2004, 309). Wenn § 393 II AO es dem Steuerpflichtigen ermöglichen soll, auch bemakelte Einkünfte anzugeben, ohne deswegen eine Strafverfolgung befürchten zu müssen, ist entscheidend, ob erst die Selbstanzeige die Möglichkeit schafft, zur Steuerehrlichkeit zurückzukehren. Wenn jedoch der Täter einen angeblichen Steuererstattungsanspruch geltend gemacht und dazu gefälschte Urkunden vorlegt hat, erfolgt die Selbstanzeige als solche nicht in Erfüllung steuerlicher Pflichten. In einer Situation, in der der Steuerpflichtige aufgrund seiner vorherigen Steuerstraftat nicht mehr mit Zwangsmitteln zur Erfüllung seiner steuerrechtlichen Pflichten veranlasst werden kann (§ 393 Abs. 1) und er als Beschuldigter in einem Strafverfahren keine Angaben machen müsste, bedarf er auch nicht des Schutzes des Beweisverwendungsverbots nach § 393 II AO.

§ 393 gilt auch zugunsten des Beschuldigten in einem Disziplinarverfahren (BGH 79
10.8.2001 – RiSt [R] 1/00 unter II. 1a; FT-*Nikolaus* 68 zu § 393; vgl. auch *Dörn* wistra 2002, 173; *Hardtke* AO-StB 2003, 98).

80 **b) Vor oder in Unkenntnis der Einleitung des Steuerstrafverfahrens. Unverwertbar** sind Angaben des Stpfl, die *vor Einleitung des Strafverfahrens* oder *in Unkenntnis der Einleitung des Strafverfahrens* gemacht wurden. Ob eine Angabe *vor* Einleitung des Steuerstrafverfahrens gemacht wurde, richtet sich zunächst nach § 397 AO. *In Unkenntnis der Einleitung* offenbart der Stpfl, solange ihm diese nicht positiv bekannt geworden ist, insbes. durch eine Mitteilung nach § 397 III AO (ähnl. HHSp-*Hellmann* 144 zu § 393).

81 **Eine Tatsache oder ein Beweismittel sind offenbart,** wenn sie in den Geschäftsbereich der FinB kommen. Hat etwa der Stpfl den Brief vor Bekanntgabe der Einleitung abgesandt, ist dieser aber erst danach beim Finanzamt eingegangen, liegt eine Offenbarung *in Unkenntnis der Einleitung* des Steuerstrafverfahrens vor.

82 **Nimmt der Stpfl irrig an,** die strafrechtlich bedeutsame Tatsache für steuerliche Zwecke offenbaren zu müssen, genügt dies für § 393 II 1 AO nicht (ebenso HHSp-*Hellmann* 141, aM Kohlmann/*Hilgers-Klautzsch* 193 zu § 393). Ist dieser Irrtum vom Finanzbeamten bewusst hervorgerufen oder ausgenutzt worden, kann jedoch ein Verstoß gegen § 136a StPO (Rn. 61) vorliegen (ähnl. HHSp-*Hellmann* 122 zu § 393).

83 **c) Kenntnis aus den Steuerakten.** Nur soweit StA oder Gericht **aus den Steuerakten** Tatsachen oder Beweismittel erfahren, kommt ein Verwertungsverbot in Betracht. Nach hM sind Steuerakten iS des § 393 II AO nur die Akten der FinB über das Besteuerungsverfahren (einschließlich des Rechtsbehelfsverfahrens) und die Akten der Finanzgerichte (RK-*Roth* 144 zu § 393 und Erbs/Kohlhaas/*Hadamitzky/Senge* AO § 393 Rn. 8; *Brenner* StBp 1975, 277). Ausgeschlossen sollen insbes. die Steuerstrafakten sein, die von der FinB in ihrer Eigenschaft als Verfolgungsbehörde zu führen sind (*Brenner* StBp 1975, 277). Angesichts des Zwecks des § 393 II AO erscheint ein solches Festhalten an dem Begriff der „Steuerakte" jedoch unangemessen. Sind etwa – ggf. verbotenerweise – Teile der Steuerakte als Ablichtung in die Steuerstrafakte gelangt, kann die Anwendbarkeit des § 393 II 1 AO schlecht davon abhängen, ob die StA aus der Steuerakte oder der Steuerstrafakte von dieser Nicht-Steuerstraftat erfährt (ebenso jetzt Kohlmann/*Hilgers-Klautzsch* 214 zu § 393). Entscheidend kann nur sein, dass es sich um Tatsachen handelt, die in der Steuerakte festgehalten worden sind und dass diese Perpetuierung in der Steuerakte die Kenntnis der StA praktisch „verursacht" hat (ähnl. HHSp-*Hellmann* 156 zu § 393), die Steuerakte also „Quelle der Erkenntnis" war (Schwarz/Pahlke/*Dumke* 55 zu § 393 AO; iE wohl auch Klein/*Jäger* AO § 393 Rn. 53). Daher ist auch die Vernehmung eines Beamten über den Inhalt der Akte unzulässig (Schwarz/Pahlke/*Dumke* 55 zu § 393 AO; *Reichling* HRRS 2014, 473, 476).

84 Darüber hinaus wird man angesichts der Schutzrichtung des § 393 II AO und der Problematik des Zwangs zur Selbstbelastung (Rn. 7 ff.) auch solche aus der Steuerakte herrührenden Tatsachen und Beweismittel dem Verwertungsverbot des § 393 II 1 AO zuordnen müssen, die der StA oder dem Gericht auf sonstige Weise unter Verletzung des Steuergeheimnisses von der FinB oder einem ihrer Amtsträger mitgeteilt werden (HHSp-*Hellmann* 155 zu § 393; Kühn/v.Wedelstädt/*Blesinger* 7 zu § 393; *Müller* DStR 1986, 702; *Rogall* Kohlmann-FS 2003, 488). *Rogall* (Kohlmann-FS 2003, 489) weist in diesem Zusammenhang zutreffend darauf hin, dass es sich hier nicht etwa um ein Regelungsdefizit handelt, dass im Wege einer erweiternden Auslegung zu schließen ist, sondern um die Konsequenz aus dem Umstand, dass hier Informationen in rechtswidriger Weise weitergegeben wurden. Es ist nicht denkbar, eine Verwertung rechtswidrig erlangter Informationen zuzulassen, wenn ihre Verwendung im Falle rechtmäßiger Erlangung unzulässig wäre. Insofern folgt das Verwertungsverbot dem Verwendungsverbot (*Rogall* Kohlmann-FS 2003, 489).

85 Dagegen sollen solche Tatsachen und Beweismittel verwendbar sein, die der StA oder dem Gericht zwar aus den Steuerakten bekannt geworden sind, von denen sie aber auch auf anderem Wege Kenntnis erlangt hätten, wären sie ihnen nicht schon aus den Steuerakten bekannt gewesen (*Lohmeyer* DStZ 1972, 323; *Brenner* StBp 1975, 277). Bei der Anwendung des „Prinzips der Wiederholbarkeit" (Rn. 66) ist jedoch Vorsicht geboten. Richtig ist, dass

Inhalte einer Steuerakte, die aus anderen Gründen schon Bestandteil der Strafakte sind, nicht einem Verwendungsverbot unterliegen. Ist aber erst die Existenz der Information in der Steuerakte Anlass, sich diese auf andere Weise zu beschaffen, die Steuerakte also konkret ursächlich für die Eröffnung der Möglichkeit anderweitiger Beschaffung war, wird man am Verwendungsverbot festhalten müssen (zust. HHSp-*Hellmann* 152 zu § 393).

d) Folgen des § 393 II 1 AO. Für eine Straftat, die nicht Steuerstraftat ist, dürfen die vom Beschuldigten offenbarten Tatsachen und Beweismittel nicht verwendet werden (*Rogall* Kohlmann-FS 2003, 478ff). Das Gesetz knüpft damit an die Beschreibung der Mitwirkungspflichten in § 90 AO an. *Tatsachen* sind Geschehnisse der Außenwelt (*äußere* Tatsachen) und Vorgänge des Seelenlebens (*innere* Tatsachen), die in diesem Fall den Tatbestand eines Steuerrechtssatzes betreffen (HHSp-*Söhn* 49 zu § 90). *Beweismittel* ist jedes Erkenntnismittel, das nach dem Grundsatz der Logik, nach allgemeiner Erfahrung oder wissenschaftlichen Erkenntnissen geeignet ist oder geeignet sein kann, das Vorliegen oder Nichtvorliegen von Tatsachen zu beweisen (HHSp-*Söhn* 62 zu § 90). In Betracht kommen namentlich Urkunden (HHSp-*Hellmann* 132 zu § 393; Kohlmann/*Hilgers-Klautzsch* 189 zu § 393). 86

Das Verwendungsverbot des § 393 II 1 AO bezieht sich nur auf Straftaten des Stpfl. Wenn daraus geschlossen würde, die Verwertbarkeit im Verfahren gegen Dritte sei *unbeschränkt* zulässig, wäre dies so nicht richtig. Sofern es um Straftaten solcher Personen geht, hinsichtlich derer dem Stpfl ein Auskunfts- oder Zeugnisverweigerungsrecht zustehen würde (§§ 101 ff. AO, §§ 52ff. StPO), kommt eine Verwertung der Angaben nicht in Betracht, wenn der Stpfl ihr widerspricht. Dies ergibt sich aus § 101 I AO, § 52 III StPO. Eine Zeugenaussage ohne den Hinweis auf das Recht zur Zeugnisverweigerung wäre unverwertbar (*Meyer-Goßner/Schmitt* StPO § 52 Rn. 32). Erst recht muss dies für quasi „erzwungene" Angaben gelten (ähnl. HHSp-*Hellmann* 171 zu § 393). 87

Keinem Verwendungs- bzw. Verwertungsverbot unterliegen solche Teile der Steuerakte, die sich auf Tatsachen oder Beweismittel beziehen, die von Dritten (ohne Zutun des Stpfl; Rn. 72) in das Besteuerungsverfahren eingeführt wurden. Hier greift der dem § 393 II 1 AO zugrunde liegende Gedanke der Selbstbelastung nicht ein (Schwarz/Pahlke/*Dumke* 42a und Kühn/v. Wedelstädt/*Blesinger* 7 zu § 393 AO). 88

Das Verwertungsverbot des § 393 II 1 AO ist **von Amts wegen** zu beachten (*Ranft* DStR 1969, 367; HHSp-*Hellmann* 172, Schwarz/Pahlke/*Dumke* 59 zu § 393 AO). Im Revisionsverfahren ist eine Rüge in der Form des § 344 II StPO nötig (Erbs/Kohlhaas/*Hadamitzky/Senge* AO § 393 Rn. 11; *Rogall* Kohlmann-FS 2003, 497). 89

Eine Fernwirkung des Verwertungsverbots des § 393 II 1 AO wird überwiegend verneint (HHSp-*Hellmann* 178 zu § 393, Erbs/Kohlhaas/*Hadamitzky/Senge* AO § 393 Rn. 9). Dahinter steht offenbar die Überlegung, man könne in diesem Fall nicht anders entscheiden als bei § 136a StPO (Rn. 61). Abgesehen davon, dass die Richtigkeit dieser „herrschenden Meinung" zu § 136a StPO bezweifelt werden kann, ist die Situation hier nicht vergleichbar (vgl. auch GJW/*Bülte* AO § 393 Rn. 83). Bei § 136a StPO geht es um die Folgen eines einzelnen Verstoßes gegen gesetzliche Regelungen. Mit § 393 II 1 AO wird demgegenüber durch das Gesetz der einzelne Bürger angehalten, im fiskalischen Interesse des Staates strafrechtlich relevante Tatsachen mitzuteilen. Hierzu kann er sogar durch den Einsatz von Zwangsmitteln gezwungen werden (vgl. auch BVerfG 15.4.1996, wistra 1996, 227). Verfassungsrechtlich ist dies allenfalls akzeptabel, wenn dabei sichergestellt wird, dass die wegen dieser Zwangssituation gemachten Angaben nicht Grundlage für eine strafgerichtliche Verfolgung werden. Das Verbot, ein *„Geständnis"* des Beschuldigten zu verwerten, nützt wenig, wenn es der StA freisteht, auf der Basis der vom Beschuldigten mitgeteilten Tatsachen eine Durchsuchung durchzuführen, bei der dann ggf. die inkriminierte Quittung gefunden wird. Richtig ist, dass das *„Denkvermögen der Verfolgungsbehörde … vom Gesetz nicht blockiert, die Denkarbeit ihr nicht untersagt"* wird (HHSp-*Hübner* 36 zu § 428 RAO 1967). Damit ist aber noch nicht gesagt, dass die StA hieraus Konsequenzen ziehen darf. 90

91 Im sog. **„Gemeinschuldnerbeschluss"** des BVerfG (BVerfG 13.1.1981, BVerfGE 56, 37, 51) heisst es: *„Das strafprozessuale Schweigerecht wäre illusorisch, wenn eine außerhalb des Strafverfahrens erzwungene Selbstbezichtigung gegen seinen Willen (des Beschuldigten) strafrechtlich gegen ihn verwendet werden dürfte. Der bloße Umstand, dass dem Gemeinschuldner im Interesse seiner Gläubiger eine uneingeschränkte Auskunftspflicht zuzumuten ist, rechtfertigt es nicht, dass er zugleich zu seiner Verurteilung beitragen muß und dass die staatlichen Strafverfolgungsbehörden weitergehende Möglichkeiten erlangen als in anderen Fällen der Strafverfolgung."*

92 **Der Beschuldigte soll mithin nicht schlechter gestellt werden,** weil er auch Stpfl ist. Dies würde er aber, wenn er einerseits gezwungen wäre, einen Bestechungslohn zu versteuern, andererseits die StA nunmehr ohne Schwierigkeiten auf Sachbeweise zurückgreifen könnte. Eine Fernwirkung ist daher jedenfalls insoweit anzunehmen, als die entsprechenden Beweise ohne die Angaben des Stpfl nicht gefunden worden wären. Die Schwierigkeiten, hier ggf. abzugrenzen, rechtfertigen die Ablehnung einer Fernwirkung nicht (so aber *Hildebrand* DStR 1982, 24, der zudem kriminalpolitisch unerträgliche Ergebnisse befürchtet). Zweifel müssen zu Lasten des Staates gehen (ähnl. *Streck* Nr. 912; Kohlmann/*Hilgers-Klautzsch* 234 zu § 393; s. auch KK-StPO/*Boujong* StPO § 136 a Rn. 42; *Rogall* 1977, S. 174; *Beulke* ZStW 103 [1991], 669). Insofern enthält die Vorschrift praktisch ein Ermittlungsverbot (FT-*Nikolaus* 121 zu § 393).

2. Ausnahmen vom Verwertungsverbot (§ 393 II 2 AO)

93 **a) Verfassungswidrigkeit des § 393 II 2 AO. Das Verwertungsverbot des § 393 II 2 AO** soll nicht eingreifen, wenn an der Verfolgung der Straftat, die der Beschuldigte in Erfüllung steuerrechtlicher Pflichten offenbart hat, ein zwingendes öffentliches Interesse besteht. Das Gesetz knüpft dabei an die allgemeine Regelung über Durchbrechungen des Steuergeheimnisses in § 30 IV Nr. 5 AO an.

94 Inwiefern diese Konstellation praktische Bedeutung hat, ist zweifelhaft. So meint *Jäger* (Klein/*Jäger* AO § 393 Rn. 58) in Anknüpfung an *Rüster* (wistra 1988, 51), dass der Fall, dass sich ein Stpfl in Erfüllung gesetzlicher Pflichten eines Deliktes der Schwerkriminalität bezichtigt, eher selten vorkommt. Dass solche Fälle nicht bekannt werden, mag zutreffen, spricht aber nicht gegen ihre Existenz. Es geht auch nicht um Steuererklärungen einer Killer-GbR oder Rauschgift-GmbH, sondern um Unternehmen, deren Gewinne durch kriminelle Vorgehensweisen – etwa Submissionsabsprachen und Bestechung – positiv beeinflusst wurden (vgl. Rn. 109 ff.). Namentlich im Bereich der Exportindustrie geht der Gesetzgeber immer mehr dazu über, bestimmte Verhaltensweisen zu kriminalisieren (vgl. Rn. 317 ff. zu § 370). Offenbar übersieht oder verdrängt die Außenprüfung die Probleme; vor dem Hintergrund der Regelung des § 4 V 1 Nr. 10 EStG hat sich hier aber mittlerweile eine gewisse Sensibilisierung ergeben. Zudem wird die Regelung in § 393 II 2 AO von weiteren Vorschriften überspielt, die eine unbedingte Unterrichtungspflicht etwa bei Schwarzarbeit (§ 31a AO) und Geldwäsche (§ 31b AO; vgl. OFD Frankfurt/Main DStR 2004, 506) vorsehen. Zu Mitteilungen im gewerberechtlichen Untersagungsverfahren siehe FT-*Webel* 107 und BFHE 10.2.1987, BFHE 149, 387, 393.

§ 30 AO Steuergeheimnis

(1) Amtsträger haben das Steuergeheimnis zu wahren.

(2) Ein Amtsträger verletzt das Steuergeheimnis, wenn er

1. Verhältnisse eines anderen, die ihm
   a) in einem Verwaltungsverfahren, einem Rechnungsprüfungsverfahren oder einem gerichtlichen Verfahren in Steuersachen,
   b) in einem Strafverfahren wegen einer Steuerstraftat oder einem Bußgeldverfahren wegen einer Steuerordnungswidrigkeit,
   c) aus anderem Anlass durch Mitteilung einer Finanzbehörde oder durch die gesetzlich vorgeschriebene Vorlage eines Steuerbescheids oder einer Bescheinigung über die bei der Besteuerung getroffenen Feststellungen

   bekannt geworden sind, oder

2. ein fremdes Betriebs- oder Geschäftsgeheimnis, das ihm in einem der in Nummer 1 genannten Verfahren bekannt geworden ist,

unbefugt offenbart oder verwertet oder

3. nach Nummer 1 oder Nummer 2 geschützte Daten im automatisierten Verfahren unbefugt abruft, wenn sie für eines der in Nummer 1 genannten Verfahren in einer Datei gespeichert sind.

(3) ...

(4) Die Offenbarung der nach Absatz 2 erlangten Kenntnisse ist zulässig, soweit

1. sie der Durchführung eines Verfahrens im Sinne des Absatzes 2 Nr. 1 Buchstaben a und b dient,
2. sie durch Gesetz ausdrücklich zugelassen ist,
3. der Betroffene zustimmt,
4. sie der Durchführung eines Strafverfahrens wegen einer Tat dient, die keine Steuerstraftat ist, und die Kenntnisse
   a) in einem Verfahren wegen einer Steuerstraftat oder Steuerordnungswidrigkeit erlangt worden sind; dies gilt jedoch nicht für solche Tatsachen, die der Steuerpflichtige in Unkenntnis der Einleitung des Strafverfahrens oder des Bußgeldverfahrens offenbart hat oder die bereits vor Einleitung des Strafverfahrens oder des Bußgeldverfahrens im Besteuerungsverfahren bekannt geworden sind, oder
   b) ohne Bestehen einer steuerlichen Verpflichtung oder unter Verzicht auf ein Auskunftsverweigerungsrecht erlangt worden sind,
5. für sie ein zwingendes öffentliches Interesse besteht; ein zwingendes öffentliches Interesse ist namentlich gegeben, wenn
   a) Verbrechen und vorsätzliche schwere Vergehen gegen Leib und Leben oder gegen den Staat und seine Einrichtungen verfolgt werden oder verfolgt werden sollen,
   b) Wirtschaftsstraftaten verfolgt werden oder verfolgt werden sollen, die nach ihrer Begehungsweise oder wegen des Umfangs des durch sie verursachten Schadens geeignet sind, die wirtschaftliche Ordnung erheblich zu stören oder das Vertrauen der Allgemeinheit auf die Redlichkeit des geschäftlichen Verkehrs oder auf die ordnungsgemäße Arbeit der Behörden und der öffentlichen Einrichtungen erheblich zu erschüttern, oder
   c) die Offenbarung erforderlich ist zur Richtigstellung in der Öffentlichkeit verbreiteter unwahrer Tatsachen, die geeignet sind, das Vertrauen in die Verwaltung erheblich zu erschüttern; die Entscheidung trifft die zuständige oberste Finanzbehörde im Einvernehmen mit dem Bundesministerium der Finanzen; vor der Richtigstellung soll der Steuerpflichtige gehört werden.

(5) Vorsätzlich falsche Angaben des Betroffenen dürfen den Strafverfolgungsbehörden gegenüber offenbart werden.

(6), (7) ...

§ 30 AO enthält das Gegenstück zu den Offenbarungs- und Mitwirkungspflichten des Bürgers (TK-*Drüen* 8 u. Schwarz/Pahlke/*Schwarz* 4 zu § 30 AO; *Benda* DStR 1984, 352). Der Staat, der von seinen Bürgern sogar die Offenbarung strafbarer oder gegen die guten Sitten verstoßender Handlungen verlangt (§ 40 AO), muss auch die Geheimhaltung des Offenbarten gewährleisten (BVerwG v. 29.4.1968, BStBl. 1969 II, 304). Das Steuergeheimnis als solches mag zwar keinen Verfassungsrang haben (BVerfG 17.7.1984, BVerfGE 66, 1; *Kruse* StW 1968, 266; TK-*Drüen* 7 zu § 30 AO; *Höppner* DVBl. 1969, 723) und in Teilbereichen, etwa bei der Geheimhaltung eines Anzeigeerstatters (*Pfaff* StBp 1983, 117), auch allzu rigide gehandhabt werden (*Göhler* NJW 1974, 829 Fußn. 63; *Zybon* ZRP 1971, 231). Verfassungsrechtliche Dimensionen erlangt das Steuergeheimnis jedoch durch Art. 2 I iVm 1 I, 14, 19 III GG (BVerfG 17.7.1984, BVerfGE 66, 1; s. auch BVerfG 15.12.1983, BVerfGE 65, 1, 43) und insbes. insoweit, als es um die Geheimhaltung von Tatsachen geht, die mitzuteilen der Stpfl *gezwungen* wurde (Rn. 8). 95

§ 30 IV Nr. 5 AO erlaubt die Weitergabe der in einem Besteuerungsverfahren erlangten Kenntnisse, wenn dies ein zwingendes öffentliches Interesse gebietet. Dieses soll ua *(„namentlich")* gegeben sein, wenn es um die Verfolgung schwerer Wirtschaftsstraftaten oder Verbrechen geht oder aber die Offenbarung zur Richtigstellung von Tatsachen erforderlich ist. § 393 II 2 AO ordnet mit seiner Verweisung auf den in seinem Anwendungsbereich extrem unklaren (Rn. 105 ff.) § 30 IV Nr. 5 AO eine Durchbrechung des Verwertungsverbots des § 393 II 1 AO an: Es soll sogar die Verwertung solcher Tatsachen 96 und Beweismittel im Strafverfahren möglich sein, die der Beschuldigte *„in Erfüllung steuerlicher Pflichten"*, ja sogar *unter Anwendung von Zwangsmitteln,* offenbart hat. Der BGH will dies sogar für einen unbenannten Fall des § 30 IV Nr. 5 AO im Rahmen eines Disziplinarverfahrens annehmen (BGH 10.8.2001 – RiSt (R) 1/00, insoweit in NJW 2002, 834 nicht mit abgedruckt).

97 **Diese Anordnung der Verwertbarkeit der Auskünfte des Stpfl ist verfassungswidrig.** Sie verstößt gegen den Grundsatz *„nemo tenetur se ipsum accusare"*, der verfassungsrechtlich abgesichert ist (glA HHSp-*Hellmann* 180 ff. zu § 393; *Reiß* NJW 1977, 1437; *Rogall* 1977, S. 173 sowie in ZRP 1975, 280; *Sidow* 1988 S. 155 ff.; ähnl. TK-*Seer* 5 f. zu § 103; *Dencker* 1977 S. 126; s. auch Erbs/Kohlhaas/*Hadamitzky*/*Senge* AO § 393 Rn. 10 u. *Schäfer* Dünnebier-Festschr. 1982 S. 51; Koch/Scholtz/*Scheurmann-Kettner* 10, Kühn/v. Wedelstädt/*Blesinger* 9 zu § 393, die Zwangsmittel in diesem Zusammenhang für unzulässig halten, ebenso *Suhr* StBp 1978, 104; *Kretzschmar* StBp 1983, 242; *Wendeborn* 1989, 167 f.; *Reichling* HRRS 2014, 473, 478; zweifelnd RK-*Roth* 157 zu § 393). Auch in der Rspr ist dieses Verbot des Zwanges zur Selbstbelastung anerkannt (BGH 14.6.1960, BGHSt 14, 364; BVerfG 13.1.1981, BVerfGE 56, 37; OLG Celle 16.2.1982, wistra 1982, 120; OLG Hamburg 7.5.1996, wistra 1996, 239; s. Rn. 7 ff. sowie zur Rechtsprechung des EGMR *Frommel*/*Füger* StuW 1995, 58 ff.).

98 Es ist verfassungsrechtlich unzulässig, in einem Strafverfahren solche Tatsachen und Beweismittel zu verwerten, die der Beschuldigte unter Androhung oder Anwendung staatlichen Zwanges offenbart hat (vgl. auch BVerfG 21.4.1988, wistra 1988, 302). Damit ist es also ebenso untersagt, denjenigen der Staatsanwaltschaft gem. § 31b AO oder § 30 IV Nr. 5 AO mitzuteilen, der sich als Arbeitnehmer des Mafia-Bosses der Geldwäsche nach § 261 StGB schuldig gemacht hat, wie die Übermittlung der Einnahmen, die ein Betrüger im Rahmen der zutreffenden Steuererklärung angegeben hat. Der Staat kann nicht einerseits die Verletzung der Erklärungspflicht mit Strafe bedrohen und andererseits die erfüllte Pflicht zum Nachteil des Erklärenden nutzen.

99 Die **für die Verfassungsmäßigkeit** einer dem § 393 II 2 AO entsprechenden Regelung angeführten Argumente tragen demgegenüber nicht. Richtig ist, worauf *Barske* (DStZ 1958, 27) hinweist, dass das BVerfG einen die Selbstbegünstigung verbietenden Straftatbestand, die Verkehrsunfallflucht (§ 142 StGB), für verfassungsmäßig erklärt hat (BVerfG 29.5.1963, BVerfGE 16, 191). Wenn es dort heißt, der Staatsbürger werde *„nicht entwürdigt, wenn die Rechtsordnung von ihm verlangt, dass er für die Folgen seines menschlichen Versagens einsteht …"*, dann ist damit lediglich ein Verbot für zulässig erklärt, sich durch Flucht zu entziehen (*Sidow* 1988 S. 158; s. auch *Denzlinger* ZRP 1982, 178) und neues Unrecht zu begehen (Rn. 46). Das *Verbot* der Aktivität ist jedoch mit einem *Gebot* der Aktivität nicht gleichzusetzen.

100 Dass hier **„ausnahmsweise"** ein Vorrang am Interesse an Strafverfolgung vor dem Schutz des Steuergeheimnisses angenommen wird (BT-Drs. V/1812, 32), könnte nur beachtlich sein, wenn das Verwendungsverbot des § 393 II 1 AO eine Wohltat des Gesetzgebers wäre (*Dencker* 1977 S. 126). Einer Anwendung des Verhältnismäßigkeitsgrundsatzes ist das verfassungsrechtlich abgesicherte Nemo-tenetur-Prinzip jedoch nicht zugänglich (ebenso HHSp-*Hellmann* 182 zu § 393). *„Es ist auch sonst kein Grundsatz der StPO, dass die Wahrheit um jeden Preis erforscht werden müßte"* (BGH 14.6.1960, BGHSt 14, 364). Gerade deshalb verbietet § 136a StPO, die Freiheit der Willensentschließung und Willensbetätigung des Beschuldigten oder Zeugen durch bestimmte Maßnahmen zu beeinträchtigen. Auch das überstrapazierte (*Streck* Grundfragen S. 242; vgl. auch Kohlmann/*Hilgers-Klautzsch* 69 zu § 393; OLG Stuttgart 16.4.1986, wistra 1986, 191; OLG Hamburg 17.7.1985, JR 1986, 167 m. Anm. *Meyer* JR 1986, 170) Argument, der Steuersünder könne nicht bessergestellt sein als der ehrliche Steuerbürger, ist beim Problem des § 393 II 2 AO nur bedeutsam, wenn man aus dem Nemo-tenetur-Prinzip Folgerungen für § 393 I 2 AO zieht (Rn. 102). Im Übrigen ist es der Staat, der ausdrücklich die steuerliche Erheblichkeit auch kraft gesetzwidrigen Verhaltens erzielter Einkünfte anordnet und damit eine Konfliktsituati-

on schafft (*Heuer* FR 1963, 22). Insofern hilft die Aussage, dass es *„ja noch schöner"* wäre, wenn *„derartige Leute auch noch Steuerfreiheit genössen"* (*Kühn,* 4. Aufl. 1956, 2 zu § 5 StAnpG; zust. *Barske* DStZ 1958, 26), nicht weiter.

Die Konsequenzen dieser verfassungsrechtlichen Problematik sind zweifelhaft. Das nemo-tenetur-Prinzip verbietet nicht schon jemanden zum Eingeständnis von Straftaten zu zwingen (BVerfG 13.1.1981, BVerfGE 56, 37, 42); erst die Verwertung dieser Erkenntnis im Strafverfahren ist unzulässig. Dementsprechend wäre es möglich, eine allgemeine Offenbarungspflicht auch hinsichtlich einer dem § 30 IV Nr. 5 AO unterfallenden Tat anzuordnen, ja sogar, den § 393 I 2 AO zu streichen. Nötig ist nur immer die Unverwertbarkeit mitgeteilter Tatsachen. Dem nemo-tenetur-Prinzip wird man entweder dadurch gerecht, dass man die Regelung in § 393 II 2 AO schlicht verwirft oder indem man das Verbot des Einsatzes von Zwangsmitteln des § 393 I 2 AO über die dort genannten Steuerstraftaten hinaus auch auf Taten iS des § 393 II 2 AO anwendet (ähnl. *Stürner* NJW 1981, 1761). 101

Gegen eine solche Erweiterung des § 393 I 2 spricht schon die Existenz des § 40 AO. Auch sonst neigt das Gesetz zu einer fiskalischen Interessen dienenden Lösung. Bedeutsam dürfte zudem sein, dass ein extensiv interpretierter § 393 I 2 AO dem Stpfl wenig Orientierung bietet (ähnl. HHSp-*Hellmann* 182 zu § 393). Ob eine Steuerstraftat in Rede steht, lässt sich noch verhältnismäßig einfach feststellen. Wie soll jedoch der Steuerbürger anhand des § 30 IV Nr. 5 AO feststellen, ob die Verfolgung des von ihm begangenen vorsätzlichen Vergehens im öffentlichen Interesse liegt oder ob eine *schwere* Wirtschaftsstraftat vorliegt? Schon die FinB hat mit der Feststellung der Voraussetzungen des § 30 IV Nr. 5 AO ihre Probleme. All dies spricht dafür, die verfassungsrechtliche Problematik nicht durch eine extensive Interpretation des § 393 I 2 AO aufzulösen, sondern § 393 II 2 AO als verfassungswidrig anzusehen (ähnl. *Dencker* 1977 S. 126 Fußn. 92; vgl. auch OLG Stuttgart 16.4.1986, wistra 1986, 191). Dabei bezieht sich dieses Verdikt freilich nur auf Fälle, in denen tatsächlich Zwangsmittel angedroht oder gar angewandt wurden oder die Offenbarung zur Vermeidung eines zB nach § 370 AO strafbaren (weiteren) Verhaltens nötig war. In den Fällen, in denen zB eine Spontanäußerung (Rn. 78) ohne den (künftigen) Strafbarkeitsdruck im Raum steht, mag man nach § 393 II 2 AO verfahren. 102

Wenn im Folgenden die Voraussetzungen erläutert werden, unter denen § 393 II 2 AO eine Weitergabe von Erkenntnissen an die Strafverfolgungsbehörden auch für den Fall gestattet, dass der Betreffende zur Offenbarung bei Strafe gezwungen war, dann deshalb, weil es sich bei dieser Regelung um nachkonstitutionelles Recht handelt, das von der FinB angewendet werden muss. Zudem setzt auch ein konkretes Normenkontrollverfahren nach Art. 100 GG voraus, dass die Entscheidung einer Rechtsfrage von der Wirksamkeit der betreffenden *Norm* abhängt; der vorlegende Richter muss also feststellen, dass an sich die Voraussetzungen des § 393 II 2 iVm § 30 IV Nr. 5 AO gegeben sind. Dies hatte das LG Göttingen (v. 11.12.2007, wistra 2008, 231) getan. Es ging um Straftaten namentlich nach §§ 263, 266a StGB. Die Kammer ging von einer Unvereinbarkeit des § 393 Abs. 2 Satz 2 AO mit dem Nemo-tenetur-Grundsatz aus (s. auch Rn. 112). 103

Leider hat sich die Hoffnung, es würde mehr als 30 Jahre nach Inkrafttreten der Vorschrift und mehr als 28 Jahre nach dem Gemeinschuldnerbeschluss (BVerfG 13.1.1981, BVerfGE 65, 1) zu einer Entscheidung über die Vereinbarkeit der Bestimmung mit dem Grundgesetz kommen, nicht erfüllt. Das BVerfG (v. 27.4.2010, wistra 2010, 341) hat die Richtervorlage für unzulässig gehalten. Allerdings verweist das BVerfG (Rn. 58) darauf, dass auch der EGMR bei der Frage, ob die Selbstbelastungsfreiheit in ihrem Wesensgehalt angetastet worden ist, maßgeblich darauf abstellt, welche Art und welchen Grad der angewendete Zwang hatte. Offenbar tendiert auch das BVerfG dazu, in Fällen, in denen Zwangsmittel nach § 393 I 2 AO suspendiert sind, § 393 II nicht anzuwenden (vgl. Rn. 71). 104

105 **b) Voraussetzungen einer Verwertung.** Allgemein setzt die **Weitergabe von Tatsachen oder Beweismitteln,** die der Beschuldigte iS des § 393 I AO offenbart hat, voraus, dass hierfür ein *zwingendes öffentliches Interesse* besteht. Eine präzise Beschreibung dieses Begriffs ist nicht möglich. Das Gesetz erwähnt beispielhaft, jedoch nicht abschließend, drei große Gruppen: Verbrechen und vorsätzliche schwere Vergehen (Nr. 5a), gravierende Wirtschaftsstraftaten (Nr. 5b) und die Notwendigkeit einer Offenbarung zur Richtigstellung unwahrer Tatsachen (Nr. 5c).

106 **aa) Verbrechen und vorsätzliche schwere Vergehen. Verbrechen** sind nach § 12 I StGB Straftaten, die im Mindestmaß mit einer Freiheitsstrafe von einem Jahr bedroht sind. Vergehen sind solche Straftaten, die eine solche Mindeststrafdrohung nicht kennen (§ 12 II StGB). Vorausgesetzt sind dabei *schwere* Vergehen gegen Leib und Leben oder gegen den Staat und seine Einrichtungen. Gegen Leib und Leben sind etwa die Tötung auf Verlangen und die Körperverletzung gerichtet. Dass es sich hierbei um vorsätzliche *schwere* Straftaten handelt, ohne dass zugleich ein Verbrechen iS des § 12 I StGB vorliegt, ist nicht sehr wahrscheinlich (aM anscheinend *Goll* NJW 1979, 94, der auch die gefährliche Körperverletzung nach § 224 [§ 223a aF] StGB einbeziehen will).

107 **Gegen den Staat und seine Einrichtungen** sind Vergehen insbesondere dann gerichtet, wenn sie in den ersten Abschnitten des Besonderen Teils des StGB geregelt sind. Nötig ist jeweils, dass der einschlägige Tatbestand staatliche Rechtsgüter schützt, so dass ein schwerer Betrug zu Lasten einer Gebietskörperschaft dem § 30 IV Nr. 5a AO nicht unterfällt (MüKoStGB/*Schmitz* StGB § 355 Rn 77; Schönke/Schröder/*Perron* StGB § 355 Rn. 28; *Goll* NJW 1979, 94; aM Schwarz/Pahlke/*Schwarz* 48 zu § 30 AO).

108 Angesichts des klaren Wortlauts von § 30 IV Nr. 5a AO ist es nicht möglich, den Anwendungsbereich auf solche Delikte zu beschränken, die *nach § 138 StGB anzeigepflichtig* sind (*Goll* aaO; s. aber TK-*Drüen* 123 zu § 30 AO; vgl. auch *Berthold* 1993, 51). Die Schwierigkeiten, die Voraussetzungen des § 30 IV Nr. 5a AO präzise zu beschreiben, rechtfertigen noch nicht eine solche Beschränkung der Durchbrechung des Steuergeheimnisses (glA Schwarz/Pahlke/*Schwarz* 48 zu § 30 AO).

109 **bb) Gravierende Wirtschaftsstraftaten (§ 30 IV Nr. 5b AO). Wirtschaftsstraftaten** sind solche Delikte, die unter Ausnutzung der Verhältnisse des Wirtschaftsverkehrs begangen wurden und sich gegen das Vermögen oder aber die gesamtwirtschaftliche Ordnung richten. Dabei ist der Begriff der Wirtschaftsstraftat ebenso wenig präzise wie der der Wirtschaftskriminalität (TK-*Drüen* 124 zu § 30 AO; s. etwa *Schuhmann* StBp 1981, 1). Einen Anhaltspunkt liefert

§ 74c GVG [Zuständigkeit der Wirtschaftsstrafkammer]

(1) [1] Für Straftaten

1. nach dem Patentgesetz, dem Gebrauchsmustergesetz, dem Halbleiterschutzgesetz, dem Sortenschutzgesetz, dem Markengesetz, dem Designgesetz, dem Urheberrechtsgesetz, dem Gesetz gegen den unlauteren Wettbewerb, der Insolvenzordnung, dem Aktiengesetz, dem Gesetz über die Rechnungslegung von bestimmten Unternehmen und Konzernen, dem Gesetz betreffend die Gesellschaften mit beschränkter Haftung, dem Handelsgesetzbuch, dem SE-Ausführungsgesetz, dem Gesetz zur Ausführung der EWG-Verordnung über die Europäische wirtschaftliche Interessenvereinigung, dem Genossenschaftsgesetz, dem SCE-Ausführungsgesetz und dem Umwandlungsgesetz,
2. nach den Gesetzen über das Bank-, Depot-, Börsen- und Kreditwesen sowie nach dem Versicherungsaufsichtsgesetz, dem Zahlungsdiensteaufsichtsgesetz und dem Wertpapierhandelsgesetz,
3. nach dem Wirtschaftsstrafgesetz 1954, dem Außenwirtschaftsgesetz, den Devisenbewirtschaftungsgesetzen sowie dem Finanzmonopol-, Steuer- und Zollrecht, auch soweit dessen Strafvorschriften nach anderen Gesetzen anwendbar sind; dies gilt nicht, wenn dieselbe Handlung eine Straftat nach dem Betäubungsmittelgesetz darstellt, und nicht für Steuerstraftaten, welche die Kraftfahrzeugsteuer betreffen,
4. nach dem Weingesetz und dem Lebensmittelrecht,
5. des Subventionsbetruges, des Kapitalanlagebetruges, des Kreditbetruges, des Bankrotts, der Verletzung der Buchführungspflicht, der Gläubigerbegünstigung und der Schuldnerbegünstigung,

5a. der wettbewerbsbeschränkenden Absprachen bei Ausschreibungen sowie der Bestechlichkeit und Bestechung im geschäftlichen Verkehr,

6. a) des Betruges, des Computerbetruges, der Untreue, des Vorenthaltens und Veruntreuens von Arbeitsentgelt, des Wuchers, der Vorteilsannahme, der Bestechlichkeit, der Vorteilsgewährung und der Bestechung,

b) nach dem Arbeitnehmerüberlassungsgesetz und dem Schwarzarbeitsbekämpfungsgesetz,

soweit zur Beurteilung des Falles besondere Kenntnisse des Wirtschaftslebens erforderlich sind,

ist, soweit nach § 74 Abs. 1 als Gericht des ersten Rechtszuges und nach § 74 Abs. 3 für die Verhandlung und Entscheidung über das Rechtsmittel der Berufung gegen die Urteile des Schöffengerichts das Landgericht zuständig ist, eine Strafkammer als Wirtschaftsstrafkammer zuständig. [2]Die §§ 120 und 120b bleiben unberührt.

(2) – (4) …

110 **Der Finanzausschuss** wollte jedoch nicht, dass *alle* diese Straftaten zu einer Offenbarung berechtigen (BT-Drs. 7/4292, 6; HHSp-*Alber* 194, TK-*Drüen* 124 zu § 30 AO). Es gilt also, Kriterien zur Einschränkung des § 30 IV Nr. 5b AO zu finden.

111 **Wirtschaftsstraftaten dürfen nur offenbart werden,** wenn sie geeignet sind, die wirtschaftliche Ordnung erheblich zu stören. Dies ist der Fall, wenn die Tat Auswirkungen auf das gesamtwirtschaftliche Zusammenspiel hat (Klein/*Rüsken* AO § 30 Rn. 185; TK-*Drüen* 127 zu § 30 AO; HHSp-*Hellmann* 191 zu § 393). In Betracht kommen nur Fälle großen Ausmaßes, etwa wenn ein erheblicher Schadensumfang bei einer Vielzahl von Geschädigten gegeben ist oder die Tat erhebliche Auswirkungen auf eine Mehrzahl von Anlegern oder Zulieferbetrieben hat (*Beermann/Gosch* 143 zu § 30; Koenig/*Intemann* AO § 30 Rn. 238 u. *Drüen* aaO). Die bloße Subventionserschleichung stört die wirtschaftliche Ordnung noch nicht (ebenso *Drüen* aaO). Nach Ansicht des BGHZ (v. 12.2.1981, NJW 1982, 1648) sind die Voraussetzungen des § 30 IV Nr. 5b AO bei Korruption im Rahmen von Beschaffungen für die Bundeswehr erfüllt. Demgegenüber liegt bei einer Tat gem. § 82 I GmbHG ein Durchbrechungsgrund idR nicht vor (OLG Stuttgart 16.4.1986, wistra 1986, 191). Wenn demgegenüber die Finanzverwaltung in AEAO zu § 30 Tz. 8.11 die Auffassung vertritt, bei Erkenntnissen zu Insolvenzstraftaten sei das Steuergeheimnis durchweg zu vernachlässigen, widerspricht dies dem Wortlaut des Gesetzes und ist rechtswidrig (MüKoStGB/*Schmitz* StGB § 355 Rn 79).

112 Ein Problem des Vorlagebeschlusses des LG Göttingen (v. 11.12.2007, wistra 2007, 231; oben Rn. 104) lag insofern schon darin, dass es um eine Vielzahl von Einzeltaten ging, da die entsprechenden Beitragsnachweisungen monatlich abgegeben wurden. Man hätte also die Bedeutung für das Wirtschaftsleben im Sinne des § 30 IV Nr. 5b AO auch dadurch verneinen können, dass man in verfassungskonformer Auslegung die entsprechenden Voraussetzungen einer Durchbrechung des Steuergeheimnisses verneint hätte.

113 **Das Vertrauen der Allgemeinheit auf die Redlichkeit des geschäftlichen Verkehrs** oder auf die ordnungsgemäße Arbeit der Behörden und der öffentlichen Einrichtungen kann erschüttert werden, wenn das Bekanntwerden der Tat die Allgemeinheit im geschäftlichen Verkehr verunsichern wird, nachdem sie bis zu dieser Tat ein entsprechendes Vertrauen gehabt hat (*Ehlers* BB 1977, 1366; Schwarz/Pahlke/*Schwarz* 49 zu § 30 AO).

114 **Der Umfang des durch die Wirtschaftsstraftat verursachten Schadens** ist nach den üblichen Kriterien zu ermitteln. Zu Recht weist *Drüen* (TK-*Drüen* 130 zu § 30 AO) darauf hin, dass es immer nur um die Schäden gehen kann, die durch eine konkrete Person, deren Verhältnisse *hier* offenbart werden sollen, verursacht wurden. Jedenfalls *nicht* angängig ist es, pauschal bei einem Betrag von 50 000 EUR eine Durchbrechung des Steuergeheimnisses zuzulassen. Näher liegt es, einen siebenstelligen Betrag vorauszusetzen.

115 **c) Richtigstellung in der Öffentlichkeit (§ 30 IV Nr. 5c AO).** Erfasst werden allein solche Fälle, bei denen eine Unterrichtung der Öffentlichkeit unumgänglich ist (Schwarz/Pahlke/*Schwarz* 50 zu § 30 AO). Eine Offenbarung ist nur zulässig, wenn sie geeignet ist, das Vertrauen in die Verwaltung wiederherzustellen und wenn sie zugleich das mildeste Mittel darstellt, das hierfür zur Verfügung steht. Wie sich aus der Entscheidungsbefugnis der

obersten FinB ergibt, handelt es sich bei der Verwaltung iS des § 30 IV Nr. 5c AO nur um die *Finanz*verwaltung (ebenso TK-*Drüen* 132, Schwarz/Pahlke/*Schwarz* 50 zu § 30 AO). Diese Variante der Durchbrechung des Steuergeheimnisses hat im Hinblick auf § 393 II 2 AO auch dann keine Bedeutung, wenn man die Norm für verfassungsmäßig hält, da hier der Bezug zur *Strafverfolgung* fehlt.

116 **d) Sonstige Fälle des zwingenden öffentlichen Interesses.** Die Möglichkeit *sonstiger Fälle* zwingenden öffentlichen Interesses bleibt durch die Formulierung des § 30 IV Nr. 5 AO unberührt, da die in Buchst. a bis c geregelten Fälle nur Beispiele *(„namentlich")* geben. Denkbar bleibt eine Durchbrechung des Steuergeheimnisses in anderen Fällen, bei denen die Interessenlage der ausdrücklich gesetzlich geregelten Lage entspricht. Diskutiert werden hier etwa die Möglichkeit der Untersagung einer Gewerbeausübung (BVerwG 2.2.1982, DVBl 1982, 697; dazu Rn. 671 ff. zu § 370) oder der Rücknahme einer Gaststättenkonzession (Schwarz/Pahlke/*Schwarz* 54 zu § 30 AO). Ein zwingendes öffentliches Interesse soll auch daran bestehen, dass nicht genehmigte Nebentätigkeiten von Beamten dem Dienstherrn oder besonders grobe Berufspflichtverletzungen der zuständigen Berufskammer mitgeteilt werden, zB bei Steuerberatern (s. § 10 StBerG). Nach OLG Hamm (Urt. v. 14.7.1980, DStZ 475, mit abl. Anm. *v. Wallis*) soll auch an der Offenlegung von Steuermanipulationen großen Umfangs zur Finanzierung politischer Parteien ein zwingendes öffentliches Interesse bestehen (abl. Schwarz/Pahlke/*Schwarz* aaO; s. auch *Felix* NJW 1978, 2134; *Schomberg* NJW 1979, 526).

117 Abgesehen von der Fragwürdigkeit einer solchen Durchbrechung des Steuergeheimnisses handelt es sich hier um Konstellationen, auf die § 393 II 2 AO nicht abzielt; denn es geht auch hier nicht *per se* um die Verfolgung von *Straftaten.* Zum Disziplinarverfahren siehe Rn. 79 sowie Rn. 388 ff. zu § 371.

IV. Verwertung strafprozessualer Erkenntnisse im Besteuerungsverfahren (Abs. 3)

Schrifttum: *Buse/Bohnert,* Steuerstrafrechtliche Änderungen zur Bekämpfung des Umsatz- und Verbrauchssteuerbetrugs, NJW 2008, 618; *Merker,* Überblick über das Jahressteuergesetz 2008, StStud 2008, 60; 2007, 896; *von Wedelstädt,* Die Änderungen der Abgabenordnung durch das Jahressteuergesetz 2008, DB 2007, 2558; *Wulf,* Telefonüberwachung und Geldwäsche im Steuerstrafrecht, wistra 2008, 321, *Geuenich,* Gleichlauf von strafrechtlicher und steuerlicher Datenverwendung, BB 2013, 3048; *Meyer-Mews,* Die Verwendung im Strafverfahren erlangter Erkenntnisse aus der Telekommunikationsüberwachung im Besteuerungsverfahren, DStR 2015, 204.

118 Absatz 3 wurde mit dem JStG 2008 (v. 20.12.2007, BGBl. I 3150) neu eingefügt. Die Regelung war bereits im Regierungsentwurf enthalten (BT-Drs. v. 26.7.2007, S. 40). Nach der Begründung des Regierungsentwurfs soll Satz 1 klarstellen, dass Erkenntnisse, die die Finanzbehörde oder die Staatsanwaltschaft im Rahmen strafrechtlicher Ermittlungen gewonnen hat, von der Finanzbehörde auch im Besteuerungsverfahren verwendet werden dürfen. Satz 2 soll in Verbindung mit § 413 AO (Einschränkung von Grundrechten) bestimmen, dass dieser Grundsatz nach Satz 1 auch dann gilt, wenn die Erkenntnisse dem Brief-, Post- oder Fernmeldegeheimnisses des Art. 10 GG unterliegen.

119 Satz 1 stellt letztlich nur klar, was bislang schon legale Praxis war: Die Erkenntnisse rechtmäßig erlangter Erkenntnisse aus strafrechtlichen Ermittlungen dürfen in das Besteuerungsverfahren einfließen (RK-*Roth* 178 u. Schwarz/Pahlke/*Dumke* 64 zu § 393 AO). Ob damit zugleich gesagt ist, dass Erkenntnisse, die strafprozessual unverwertbar sind, definitiv nicht im Besteuerungsverfahren Verwendung finden dürfen, ist zweifelhaft (vgl. auch *Meyer-Mews* DStR 2015, 204). Immerhin sind Konstellationen denkbar, in denen aus guten Gründen ein strafprozessuales Verwertungsverbot greift, andererseits aber aus steuerlicher Sicht keine Schutzbedürftigkeit besteht. Wird etwa der Steuerpflichtige nicht über sein Recht, die Mitwirkung in bestimmten Fällen zu verweigern, belehrt, mag dieser Verstoß

gegen § 136 I 2 StPO zur Unverwertbarkeit seiner Angaben im Strafverfahren führen; eigentlich besteht aber kein Anlass, auch steuerlich auf die Verwertung der Angaben zu verzichten (zust. Klein/*Jäger* AO § 393 Rn. 62, FT-*Webel* 129). Da der Gesetzgeber letztlich nur „klarstellen" wollte, was bislang schon Praxis war, spricht manches dafür, dass sich auch insofern nichts ändern sollte.

Die Regelung in Satz 2 diente letztlich der „Nachbesserung" einer Entscheidung des BFH (ebenso RK-*Roth* 184 zu § 393). Dieser hatte mit Beschluss vom 26.2.2001 (BFHE 194, 40 = BStBl. II 2001, 464 = wistra 2002, 31) entschieden, dass Aufzeichnungen, die unmittelbar aus einer Telefonüberwachung in einem Strafverfahren resultierten, im Besteuerungsverfahren einem Verwertungsverbot unterlägen. Grund für diese Entscheidung war, dass die AO selbst weder eine Befugnisnorm für eine Beschränkung des Fernmeldegeheimnisses noch eine Vorschrift enthielt, die die Verwertung von Aufzeichnungen zuließ, die auf der Grundlage des § 100a StPO gewonnen wurden. Mit Satz 2 wird klargestellt, dass dies (für alle noch offenen Fälle) anders sein soll. 120

Nach dem Bericht des Finanzausschusses (BT-Drs. 16/7036, 35) soll Satz 2 auch klarstellen, dass solche Erkenntnisse von den Finanzbehörden nicht nur in den Fällen verwendet werden dürfen, in denen nach den Vorschriften der StPO Auskunft erteilt werden darf, sondern auch in solchen, in denen die Finanzbehörden dieser Erkenntnisse selbst rechtmäßig im Rahmen ihrer strafrechtlichen Ermittlungen gewonnen haben. Ferner wurde wegen der Einheitlichkeit der Begriff Finanzbehörde statt der im Regierungsentwurf enthaltenen „Steuerbehörde" verwendet. 121

Mit der Ergänzung des Satzes 2 wurde klargestellt, dass auch eigene Erkenntnisse einer Finanzbehörde aus einer Überwachung der Telekommunikation usw. Eingang in das Besteuerungsverfahren finden können. Andererseits dürfen aus einer im Rahmen strafrechtlicher Ermittlungen angeordneten Telefonüberwachung gewonnene Erkenntnisse, die sich auf einen nicht in § 100a StPO aufgeführten Straftatbestand beziehen, von den Finanzbehörden im Besteuerungsverfahren nicht verwendet werden (BFHE 24.4.2013, BFHE 242, 289; vgl. *Rolletschke* ZWH 2014, 127). 122

Inwiefern die Finanzbehörde Informationen von der Strafjustiz erhält, richtet sich nach § 406e und §§ 474 ff. StPO. § 406e StPO sieht ein Akteneinsichtsrecht für den „Verletzten" vor. Allerdings würde es nach dem Wortlaut der Vorschrift dann der Einschaltung eines Rechtsanwaltes bedürfen. 123

Nach § 474 StPO können Gerichte, Staatsanwaltschaften und andere Justizbehörden Akteneinsicht erhalten, wenn dies für Zwecke der Rechtspflege erforderlich ist. Da es um Steuerfestsetzung geht, greift § 474 I StPO nicht ein (vgl. FT-*Webel* 134, RK-*Roth* 194 zu § 393). Nach § 474 II Nr. 2 StPO ist aber die Erteilung von Auskünften an öffentliche Stellen auch zulässig, soweit „diesen Stellen in sonstigen Fällen aufgrund einer besonderen Vorschrift von Amts wegen personenbezogene Informationen aus Strafverfahren ermittelt werden dürfen oder soweit nach einer Ermittlung von Amts wegen die Übermittlung weiterer personenbezogener Informationen zur Aufgabenerfüllung erforderlich ist". Nach § 475 I StPO kann ein Rechtsanwalt Auskünfte aus Akten erhalten, „soweit er hierfür ein berechtigtes Interesse darlegt". Damit scheint es gar keine Vorschrift zu geben, die die Übermittlung an die Finanzbehörde für Zwecke des Besteuerungsverfahrens rechtfertigen könnte. 124

Aus den Motiven ergibt sich nicht, welche Rechtsgrundlagen dem Gesetzgeber vor Augen gestanden haben. Dort wird lediglich das Auskunftsrecht des Verletzten angesprochen (BT-Drs. 16/6290, 82). In der Stellungnahme des Bundesrates (BT-Drs. 16/6739) wird angeregt, in die Gesetzesbegründung zu § 393 III 1 AO zusätzlich einen Hinweis auf die Mitteilungspflicht nach § 116 AO in der Neufassung aufzunehmen (S. 26). In der Gegenäußerung der Bundesregierung (BT-Drs. 16/6739, 35) stimmt die Bundesregierung dem Vorschlag zu. Aus dem Bericht des Finanzausschusses vom 8.11.2007 (BT-Drs. 16/7036, 35) ergibt sich auch nichts Erhellendes. Insofern mag die Neuregelung rechtlich ins Leere laufen. 125

126 Allerdings haben *Webel* (FT-*Webel*) und *Roth* (RK-*Roth* 195 zu 393) zu Recht darauf hingewiesen, dass der Gesetzgeber davon ausging, dass dem Fiskus als Verletztem im Sinne der strafprozessualen Vorschrift ein Auskunftsrecht zustehe (vgl. BT-Drs. 16/6290, 82). Anders will *Bülte* (GJW/*Bülte* AO § 393 Rn. 113) davon ausgehen, dass die §§ 474 ff. StPO als abschließende Sonderregelungen einer Anwendung des § 406e StPO entgegenstünden. Demgegenüber hat der BFH (BFH 24.4.2013, BFHE 242, 289) allein auf die §§ 474, 477 II 2 StPO abgestellt. § 406e StPO wurde vollständig unerwähnt gelassen (RK-*Roth* 197 zu § 393). Letztlich ist der Gesetzgeber aufgerufen, für eine entsprechende Klarstellung zu sorgen (RK-*Roth* 197 zu § 393).

§ 394 Übergang des Eigentums

[1]Hat ein Unbekannter, der bei einer Steuerstraftat auf frischer Tat betroffen wurde, aber entkommen ist, Sachen zurückgelassen und sind diese Sachen beschlagnahmt oder sonst sichergestellt worden, weil sie eingezogen werden können, so gehen sie nach Ablauf eines Jahres in das Eigentum des Staates über, wenn der Eigentümer der Sachen unbekannt ist und die Finanzbehörde durch eine öffentliche Bekanntmachung auf den drohenden Verlust des Eigentums hingewiesen hat. [2]§ 10 Abs. 2 Satz 1 des Verwaltungszustellungsgesetzes ist mit der Maßgabe anzuwenden, dass anstelle einer Benachrichtigung der Hinweis nach Satz 1 bekannt gemacht oder veröffentlicht wird. [3]Die Frist beginnt mit dem Aushang der Bekanntmachung.

Schrifttum: *Hübner,* Reform des Steuerstrafrechts, Neuerungen – Atavismen, JR 1977, 68; *Hellmann,* Zum Verfahren bei der Einziehung von zurückgelassenem Schmuggelgut, ZfZ 2000, 2; *Thode,* Die außergerichtliche Einziehung von Gegenständen im Strafprozess, NStZ 2000, 62.

Übersicht

1. Entstehungsgeschichte

1 **§ 394 AO 1977** entspricht dem § 430 RAO. Im EAO 1974 war noch der Wortlaut des § 430 RAO 1967 vorgesehen (BT-Drs. VI/1982, § 379 EAO). Geändert wurde dann die Überschrift (*„Übergang des Eigentums"* statt *„Verfall"*); weiterhin wurde jeweils der Begriff *„Verfall"* in *„Übergang"* bzw. *„Verlust des Eigentums"* geändert (BT-Drs. 7/4292, 47).

§ 430 RAO wurde durch Art. 1 Nr. 1 AOStrafÄndG v. 10.8.1967 (BGBl. I 877) eingefügt. Inhaltlich entsprechende Vorgänger waren § 434 RAO 1931 und § 399 RAO 1919; ausf. zur Entstehungsgeschichte HHSp-*Hellmann* 1 ff. zu § 394.

2. Zweck und Bedeutung der Vorschrift

2 **§ 394 AO soll der Vereinfachung dienen.** Während eine Einziehung im Regelfall als Nebenstrafe erfolgt oder aber im objektiven Verfahren nach § 401 AO iVm § 440 StPO durchgeführt wird, will § 394 AO einen Übergang des Eigentums auf die steuerberechtigte Körperschaft, idR den Bund, ohne Beteiligung des Gerichts ermöglichen. Die praktische Bedeutung der Vorschrift ist sehr gering (vgl. zu den Nachteilen des Verfahrens *Hellmann* ZfZ 2000, 2 ff.).

3. Verfassungsmäßigkeit der Vorschrift

3 § 394 AO enthält, wie sich aus dem Wortlaut ergibt, eine Sonderreglung für die Einziehung. Da Einziehung (Neben-)Strafe ist (BGH 26.4.1983, wistra 1983, 188), stellt sich die Frage, ob die Regelung des § 394 AO nicht gegen den Grundsatz verstößt, dass (Kriminal-)Strafen nur durch den Richter verhängt werden dürfen (BVerfG 6.6.1967, BVerfGE 22, 49) und daher verfassungswidrig ist (so *Hübner* JR 1977, 62; HHSp-*Hellmann* 5 zu § 394 und Erbs/Kohlhaas/*Hadamitzky/Senge* AO § 394 Rn. 1; *Hellmann* ZfZ 2000, 2, 4). Dies ist jedoch nicht der Fall. Es fehlt der *„Einziehung"* nach § 394 AO das die Strafe kennzeichnende personale Unwerturteil, auf das auch das BVerfG in seinem Urteil zum Unterwerfungsverfahren (BVerfG 6.6.1967, BVerfGE 22, 79) entscheidend abgestellt hat (so zu Recht Kohlmann/*Hilgers-Klautzsch* 5 ff. zu § 394).

4 Auch andere verfassungsrechtliche Bedenken bestehen nicht. § 394 AO setzt nicht weniger als die Einziehung sonst voraus. Auch die FinB hat den Verhältnismäßigkeitsgrundsatz zu beachten, so dass die Position des Betroffenen nicht entscheidend verschlechtert wird (so zu Recht Kohlmann/*Hilgers-Klautzsch* 7 zu § 394; ähnl. Schwarz/Pahlke/*Dumke* 3a zu § 394 AO; aM *Hellmann* 1995, 73).

4. Sachliche Voraussetzungen des Eigentumsübergangs

5 **Auf frischer Tat betroffen** ist, wer während oder unmittelbar nach dem Versuch oder der vollendeten Tat bemerkt wird (Koch/Scholtz/*Scheurmann-Kettner* 3 zu § 394). Die Ausführung muss einem Beobachter als rechtswidrige Tat oder als strafbarer Versuch einer solchen erkennbar sein (Erbs/Kohlhaas/*Hadamitzky/Senge* AO § 394 Rn. 2). Nötig ist auch der Verdacht, dass der Täter vorsätzlich gehandelt hat (ebenso HHSp-*Hellmann* 17, Kohlmann/*Hilgers-Klautzsch* 16 zu § 394), da § 394 AO sich an § 74 StGB anlehnt und die Einziehung nicht durch Verzicht auf subjektive Elemente erleichtern will.

6 **Steuerstraftaten** sind alle Taten iS des § 369 I AO. Ernsthaft in Betracht kommt lediglich der Schmuggel von Waren über die grüne oder nasse Grenze, also Vorgehen nach den §§ 370, 372 und 373 AO. Denkbar sind aber auch Taten im Binnenland, wenn der Täter beim Weitertransport der Gegenstände oder einer Weitergabe iS des § 374 I AO betroffen wird (HHSp-*Hellmann* 18 zu § 394).

7 **Wer den Täter „betrifft"**, ist gleichgültig. Es genügt auch, dass die Tat von einer *Privatperson* bemerkt wird (Erbs/Kohlhaas/*Hadamitzky/Senge* AO § 394 Rn. 3, Schwarz/Pahlke/*Dumke* 7, Koch/Scholtz/*Scheurmann-Kettner* 3 zu § 394 AO). Nicht nötig ist, dass ein zur Verfolgung von Steuerstraftaten *zuständiger Beamter* den Täter beobachtet (ebenso HHSp-*Hellmann* 21 zu § 394; Klein/*Jäger* AO § 394 Rn. 6). Die Sicherstellung der vom unbekannten Täter hinterlassenen Sachen muss *zum Zwecke der Einziehung* erfolgen. Eine Sicherstellung zu Beweiszwecken nach §§ 94, 98 StPO genügt nicht (ebenso HHSp-*Hellmann* 23 zu § 394; Erbs/Kohlhaas/*Hadamitzky/Senge* AO § 394 Rn. 4, aM Kohlmann/*Hilgers-Klautzsch* 23, Schwarz/Pahlke/*Dumke* 6 zu § 394 AO; allerdings kann sich der Zweck der Sicherstellung später ändern. Zu §§ 111b ff. StPO s. Rn. 92 ff. zu § 399, zur Einziehung Rn. 28 ff., 42 ff. zu § 375 sowie Rn. 3 zu § 401).

8 **Der Eigentümer der Sache muss unbekannt sein.** Zwar ist die Einziehung nicht dem Täter gehörender Gegenstände bei einem bekannten Eigentümer nach § 74 II 2, § 74a StGB, § 375 II AO möglich. Dann kommt aber allein das Verfahren nach § 401 AO iVm § 440 StPO in Betracht (HHSp-*Hellmann* 33 zu § 394; Rn. 10 f. zu § 401).

9 **Durch eine öffentliche Bekanntmachung** weist die FinB auf den drohenden Verlust des Eigentums hin. Nach § 10 II 1 VwZG wird eine entsprechende Bekanntmachung an der Stelle ausgehängt, die von der FinB allgemein für die öffentliche Zustellung bestimmt ist. Hierbei sind die sichergestellten Sachen und die Umstände der Sicherstellung so zu bezeichnen, dass die Identifizierung für den Eigentümer möglich ist (HHSp-*Hellmann* 35, Schwarz/Pahlke/*Dumke* 9 zu § 394 AO).

10 **Melden sich Täter oder Eigentümer** innerhalb eines Jahres ab Aushang der Bekanntmachung, ist für eine Anwendung des § 394 AO kein Raum mehr (HHSp-*Hellmann* 32, Schwarz/Pahlke/*Dumke* 11 zu § 394 AO). Dann ist die Einziehung nur noch im Rahmen des objektiven oder subjektiven Verfahrens möglich (Rn. 3 ff. zu § 401).

11 Unberührt bleibt die Möglichkeit der FinB, eine **Notveräußerung** nach § 111l II StPO iVm § 399 I AO (Rn. 95 zu § 399) anzuordnen (Kühn/v.Wedelstädt/*Blesinger* 3 und Erbs/Kohlhaas/*Hadamitzky/Senge* AO § 394 Rn. 8). Voraussetzung hierfür ist jedoch die Einleitung des förmlichen Ermittlungsverfahrens; eine *Einziehung des Erlöses* darf nur im Verfahren nach § 440 StPO stattfinden (Erbs/Kohlhaas/*Hadamitzky/Senge* AO § 394 Rn. 8). Zur Geltendmachung von Ansprüchen im Nachverfahren vgl. HHSp-*Hellmann* 37 ff. zu § 394.

§ 395 Akteneinsicht der Finanzbehörde

[1]Die Finanzbehörde ist befugt, die Akten, die dem Gericht vorliegen oder im Falle der Erhebung der Anklage vorzulegen wären, einzusehen sowie beschlagnahmte oder sonst sichergestellte Gegenstände zu besichtigen. [2]Die Akten werden der Finanzbehörde auf Antrag zur Einsichtnahme übersandt.

Vgl. § 49a II OWiG; ferner § 147 I, IV StPO u. RiStBV 160, 185–189 u. Nr. 34 AStBV (St) 2008 über Akteneinsicht des Verteidigers; § 78 FGO, § 100 VwGO, § 120 SGG über Akteneinsicht der Beteiligten im finanz-, verwaltungs- und sozialgerichtlichen Verfahren sowie § 299, § 299a ZPO über Akteneinsicht der Parteien im Zivilprozeß; § 108 StBerG, § 82b WiPrO, § 117b BRAO, § 70 BDO, § 3 WDO über Akteneinsicht der Betroffenen im Disziplinarverfahren.

Übersicht

1. Entstehungsgeschichte

Vorläufer des § 395 AO 1977 war **§ 431 RAO 1967,** der gem. Art. 1 Nr. 1 AOStraf- 1
ÄndG v. 10.8.1967 (BGBl. I 877) in die AO eingefügt wurde (Begr. BT-Drs. V/1812, 33 f.). Eine entsprechende Vorschrift war als § 434 bereits in Art. 1 Nr. 1 des AO-StPO-ÄG-Entwurfs (BT-Drs. IV/2476) vorgesehen und gab das Vorbild für § 49 OWiG nF (BT-Drs. V/1269, 81). Bei der Formulierung der gegenwärtigen Fassung des Gesetzes wurden die Worte *„das Finanzamt"* durch *„Finanzbehörde"* ersetzt; außerdem wurden die Worte *„sichergestellte und beschlagnahmte"* durch *„beschlagnahmte oder sonst sichergestellte"* präzisiert (BT-Drs. 7/4292, 47).

2. Zweck und Anwendungsbereich

§ 395 AO dient zugleich straf- und steuerrechtlichen Zwecken. Im Strafverfahren 2
soll die FinB auch bei Verfahrensherrschaft der StA oder des Gerichts die Möglichkeit haben, sich durch Einsicht in die Akten jederzeit über den Stand des Verfahrens und über die ermittelten Tatsachen zu unterrichten, damit sie ihre Befugnisse nach § 407 AO sachgerecht wahrnehmen und auf die Umstände hinweisen kann, die von ihrem Standpunkt aus für die Beurteilung der Sache von Bedeutung sind. Unabhängig davon kann der Inhalt der Strafakten auch für die Besteuerung bedeutsam sein, z. B. in Bezug auf Grund und Umfang der Steuerpflicht, für die Dauer der Festsetzungsfrist für hinterzogene Steuerbeträge (§ 169 I 2 AO), die Ablaufhemmung (§ 177 VII AO), die Aufhebung oder Änderung von Steuerbescheiden (§ 173 II AO), die Festsetzung von Hinterziehungszinsen (§ 235 AO), die Haftung des Steuerhinterziehers oder Steuerhehlers (§ 71 AO), die Entscheidung über Erlassanträge (§ 227 AO) im Hinblick auf die „Erlasswürdigkeit" des Antragstellers (BFH 29.4.1981, BStBl. II 1981, 726, sowie TK-*Loose* 103 ff. zu § 227 AO), die Entscheidung über die Aussetzung der Vollziehung (§ 361 AO; § 69 FGO) oder die Aussetzung der Entscheidung über einen steuerrechtlichen Rechtsbehelf (§ 363 AO; § 74 FGO).

Die Befugnis der FinB zur Besichtigung sichergestellter oder beschlagnahmter 3
Sachen berücksichtigt, dass die FinB auch am Verfahren bei der Einziehung dieser Sachen mitwirken kann (§§ 399, 402 sowie § 401 AO). Im Besteuerungsverfahren ist zu beachten,

dass zoll- und verbrauchsteuerpflichtige Waren gem. § 76 I AO *„für die darauf ruhenden Steuern"* haften.

4 **§ 395 AO gilt nur im Strafverfahren wegen Steuerstraftaten,** ferner gem. § 128 BranntwMonG im Strafverfahren wegen Monopolvergehen. Im Bußgeldverfahren wegen einer Steuerordnungswidrigkeit gilt – da in § 410 I AO eine Verweisung auf § 395 AO fehlt – die mit § 395 AO inhaltlich übereinstimmende Vorschrift des § 49 OWiG.

5 Der Anspruch der FinB nach § 395 AO besteht – wie sich aus dem Zweck (Rn. 2) und der Stellung der Vorschrift ergibt – ohne das Erfordernis einer Begründung des Antrags in allen Abschnitten des Strafverfahrens und darüber hinaus auch nach rechtskräftigem Abschluss des Verfahrens (glA HHSp-*Hellmann* 17 zu § 395; aA Kohlmann/*Kohlmann* 11 zu § 395: Ende mit Abschluss des Steuerstrafverfahrens), sofern die FinB dann noch ein dem Zweck des § 395 AO entsprechendes rechtliches Interesse geltend machen kann, zB wegen Festsetzung von Hinterziehungszinsen gem. § 235 AO.

6 **Für Ermessensentscheidungen** der StA oder des Gerichts, ob der FinB Akteneinsicht zu gewähren ist, **bietet § 395 AO keinen Raum.** Auch kann der FinB – abw. von § 147 II StPO – vor dem Abschluss der Ermittlungen nicht entgegengehalten werden, dass die Akteneinsicht oder die Besichtigung sichergestellter oder beschlagnahmter Gegenstände den Untersuchungszweck gefährde. Natürliche Grenzen der Befugnisse nach § 395 AO bestehen aber in Bezug auf den *Zeitpunkt* und die *Dauer* der Akteneinsicht. In zeitlicher Hinsicht wird der Anspruch durch die Erfordernisse eines zügigen Fortgangs des Verfahrens begrenzt. Bei aller gebotenen Rücksicht auf die Beschleunigung des Strafverfahrens müssen jedoch die Akten der FinB nicht nur rechtzeitig, sondern auch für einen solchen Zeitraum zur Verfügung gestellt werden, der dem Zweck des Anspruchs angemessen ist. Ggfs. müssen Doppelakten angelegt werden (so GJW/*Weyand* AO § 395 Rn. 7). Während der Hauptverhandlung kann Akteneinsicht nicht gewährt werden, wenn dies mit deren ununterbrochener Durchführung unverträglich ist (KMR-*Müller* 19 zu § 147 StPO; GJW/*Weyand* StPO § 147 Rn. 7). Eine Ausnahme kann aber dann gegeben sein, wenn während der Hauptverhandlung weitere verfahrensbezogene Ermittlungen angestellt wurden (OLG Hamm 10.10.2003, NJW 2004, 381). Die Akteneinsicht kann *wiederholt* werden (LR-*Lüderssen* 99 zu § 147 StPO); insbesondere dann, wenn der sachliche Inhalt der Akten zwischenzeitlich zugenommen hat (OLG Hamm 6.12.1974, MDR 1975, 422).

3. Gegenstand der Einsicht oder Besichtigung

7 **a) Akten.** Zu den Akten, die dem Gericht vorliegen oder im Falle der Erhebung der Anklage vorzulegen wären (vgl. § 199 II 2 StPO), gehören die gesamten **Ermittlungsakten** der StA einschl. der bei der Polizei entstandenen Vorgänge sowie die beim Gericht selbst entstandenen Akten einschl. etwa *beigezogener Akten* über Vorstrafen. Hinsichtlich des Gegenstandes der Akteneinsicht besteht zwischen dem Anspruch des Verteidigers nach § 147 StPO und dem Anspruch der FinB nach § 395 AO grundsätzlich kein Unterschied (vgl. daher Rn. 78 ff. zu § 392), jedoch ist eine vorübergehende Beschränkung gem. § 147 II StPO im Rahmen des § 395 AO nicht möglich (Rn. 6).

8 **Handakten der StA** (oder der Polizei) sowie gerichtsinterne Aufzeichnungen, zB des Berichterstatters, unterliegen nicht der Akteneinsicht (KMR-*Müller* 3 zu § 147 StPO; GJW/*Weyand* AO § 395 Rn. 4). Die Handakten bestehen vornehmlich aus den Durchschriften der Vorgänge, deren Originale in die Ermittlungsakten eingehen; sie können ferner Notizen enthalten, die für eine übersichtliche Zusammenstellung der Ermittlungsergebnisse verwertet worden sind. Schriftstücke, die für die Beweisführung von Bedeutung sein können, dürfen – auch nicht vorübergehend – zu den Handakten genommen und damit womöglich der Kenntnis des Gerichts und dem Anspruch der FinB auf Akteneinsicht entzogen werden.

Die Befugnis, Auszüge, Abschriften oder Fotokopien anzufertigen, ist ebenfalls durch den Anspruch auf Akteneinsicht gedeckt. Wegen des Anspruchs auf Übersendung der Akten s. Rn. 13. 9

b) Andere Gegenstände. Sichergestellte Gegenstände iS des § 395 AO sind Sachen (§ 90 BGB), die als Beweismittel für die Untersuchung von Bedeutung sein können oder der Einziehung unterliegen und deshalb nach § 94 I StPO in Verwahrung genommen oder in anderer Weise sichergestellt worden sind. Im Steuerstrafverfahren kommen namentlich *verbrauchsteuerpflichtige Erzeugnisse* oder *zollpflichtige Waren* sowie *Schriftstücke,* insbes. Bestandteile der Buchführung und Korrespondenz, als Beweismittel in Betracht; eine mittelbare Eignung zum Beweis, wie zB Schriftproben zum Schriftvergleich, genügt. Bei Sachen, die der Einziehung unterliegen, macht es im Rahmen des § 94 I StPO keinen Unterschied, ob die Einziehung zwingend vorgeschrieben ist, wie zB bei gefälschten Steuerzeichen gem. § 148 I Nr. 1, § 150 StGB, § 369 I Nr. 3 AO, oder ob sie nur zulässig ist. 10

Beschlagnahmte Gegenstände sind Sachen, auf welche die Merkmale des § 94 I StPO (Rn. 10) zutreffen, die aber von dem Gewahrsamsinhaber nicht freiwillig herausgegeben worden sind und deshalb gem. § 94 II, §§ 97 ff. StPO beschlagnahmt werden mussten. 11

Ausgeübt wird die Besichtigung am Ort der Aufbewahrung; eine Versendung findet nicht statt (Erbs/Kohlhaas/*Senge* AO § 395 Rn. 3), es sei denn, die beschlagnahmten oder sonst sichergestellten Gegenstände befinden sich bei den Akten. Der Anspruch auf Besichtigung sichergestellter oder beschlagnahmter Gegenstände umfasst – über den Wortlaut des G hinaus – auch die Befugnis, von zoll- oder verbrauchsteuerpflichtigen Sachen *Proben* zu entnehmen und zu untersuchen (GJW/*Weyand* AO § 395 Rn. 5). Der Anspruch auf Besichtigung gesicherter, zB versiegelter Räume schließt auch das Recht ein, diese Räume zu betreten. Ebenso wie die Akteneinsicht (Rn. 6) ist auch die Besichtigung wiederholbar, wenn berechtigte Belange der FinB dies erfordern (glA HHSp-*Hellmann* 29 zu § 395, Kohlmann/*Kohlmann* 19 zu § 395). 12

4. Übersendung der Akten nach § 395 S. 2 AO

§ 395 S. 2 AO gewährleistet, dass die FinB nicht darauf beschränkt werden darf, den Anspruch auf Akteneinsicht an Amtsstelle auf der Geschäftsstelle der StA oder des Gerichts auszuüben. Die Vorschrift geht über § 147 IV StPO insofern hinaus, als ein Antrag auf Übersendung der Akten an die FinB auch aus wichtigen Gründen nicht abgelehnt werden darf. Der Anspruch auf Versendung bezieht sich indes nur auf „Akten", nicht dagegen auf die sich nicht bei den Akten befindlichen Asservate. 13

5. Verfahren

Zuständig zur Entscheidung über einen Antrag auf Akteneinsicht ist während des vorbereitenden Verfahrens die StA, im Zwischen- und Hauptverfahren der Vorsitzende des mit der Sache befassten Gerichts, später die Strafvollstreckungsbehörde. Im Strafbefehlsverfahren beginnt die Zuständigkeit des Gerichts, sobald der Antrag auf Erlass eines Strafbefehls (§ 407 StPO) beim Gericht eingegangen ist. 14

Als Rechtsbehelf gegen die Ablehnung eines Akteneinsichts- oder Besichtigungsantrags durch die StA ist Dienstsaufsichtsbeschwerde zulässig (HHSp-*Hellmann* 32 zu § 395; vgl. ferner Rn. 98 zu § 392). Eine Entscheidung des Vorsitzenden ist mit der Beschwerde anfechtbar (§ 304 StPO); § 305 StPO steht dem nicht entgegen (KMR-*Müller* 13, 26 zu § 147 StPO; LR-*Lüderssen* 167 zu § 147 StPO). Der Beschuldigte braucht über den Antrag der FinB auf Akteneinsicht nicht informiert zu werden. Ein Rechtsmittel steht ihm nicht zu (Beermann/Gosch *Wannemacher/Seipl* 14 zu § 395). 15

§ 396 Aussetzung des Verfahrens

(1) **Hängt die Beurteilung der Tat als Steuerhinterziehung davon ab, ob ein Steueranspruch besteht, ob Steuern verkürzt oder ob nicht gerechtfertigte Steuervorteile erlangt sind, so kann das Strafverfahren ausgesetzt werden, bis das Besteuerungsverfahren rechtskräftig abgeschlossen ist.**

(2) **Über die Aussetzung entscheidet im Ermittlungsverfahren die Staatsanwaltschaft, im Verfahren nach Erhebung der öffentlichen Klage das Gericht, das mit der Sache befasst ist.**

(3) **Während der Aussetzung des Verfahrens ruht die Verjährung.**

Vgl. §§ 154d, 262 StPO; § 363 I AO; §§ 148, 152 ff. ZPO; § 74 FGO; § 94 VwGO, § 114 SGG; §§ 118, 118a BRAO; § 109 StBerG; §§ 83, 83a WprO; § 22 BDG.

Schrifttum: *Brenner,* Zur Verfahrensaussetzung nach § 396 der Abgabenordnung, BB 1980, 1321; *Blumers,* Aussetzung des Strafverfahrens nach § 396 AO am Beispiel Spenden, DB 1983, 1571; *Gast-deHaan,* Steuerverfehlungen als Grundlage von steuerlichen und anderen Verwaltungseingriffen, DStJG 6, 187; *dieselbe,* Ermessensschranken bei der Aussetzung des Besteuerungsverfahrens, DStZ 1983, 254; *Stuhldreier,* Entscheidungen im Steuerstrafverfahren als vorgreifliches Rechtsverhältnis i. S. des § 363 Abs. 1 AO?, DStZ 1983, 390; *Kohlmann,* Aussetzung des Steuerstrafverfahrens gemäß § 396 AO und prozessuale Fürsorgepflicht, Klug-Festschr. 1983, Bd. II S. 507; *Brezing,* Der Bundesgerichtshof und das Steuerrecht, NJW 1984, 1598; *Carlé,* Anmerkung zum Beschluss des Bundesverfassungsgerichts vom 4. April 1985, DStZ 1985, 284; *Felix,* Das „Spenden-Urteil" des BFH VIII R 324/82 und die Aussetzung des Steuerstrafverfahrens, FR 1985; *Heuer,* Die Rechtspflicht zur Aussetzung des Steuerstrafverfahrens bei divergenzgeneigten Vorfragen – § 396 AO im System der Rechtsordnung, DStZ 1985, 291; *Isensee,* Aussetzung des Steuerstrafverfahrens – Rechtsstaatliche Ermessensdirektiven, NJW 1985, 1007; *Kirchhof,* Der bestandskräftige Steuerbescheid im Steuerverfahren und im Steuerstrafverfahren, NJW 1985, 2977; *Schlüchter,* Verfahrensaussetzung nach § 396 AO als Funktion des Prozeßzwecks, JR 1985, 360; *Reiß,* Widersprechende Entscheidungen von Straf- und Finanzgerichten in derselben Rechtssache, StuW 1986, 68; *Rößler,* Der bestandskräftige Steuerbescheid im Steuerverfahren und im Steuerstrafverfahren, NJW 1986, 972; *Weidemann,* Die strafrechtliche Vorfragenkompetenz des Finanzgerichts: Zum Bardamenfall des FG Köln, DStZ 1987, 64; *ders.,* Tatbestandswirkung und Rechtskraftbindung im Steuerstrafverfahren?, GA 1987, 205; *Wisser,* Die Aussetzung des Steuerstrafverfahrens gem. § 396 AO und die Bindung des Strafrichters, Pfaffenweiler 1992; *Bilsdorfer,* Die Aussetzung des Steuerstrafverfahrens, RWP 1988 SG 2.5; *Schuhmann,* Zur Aussetzung des Verfahrens nach § 396 AO, wistra 1992, 172; *Odersky,* Voranfrage zwischen obersten Bundesgerichten?, Festschrift für Franz Klein, 1994, S. 1013 ff.; *Hellmann,* Nebenstrafverfahrensrecht der Abgabenordnung, Köln 1995; *Bernsmann,* Die Aussetzung des Strafverfahrens nach § 396 AO – missverstanden oder überflüssig: eine Skizze, Kohlmann-Festschr. 2003, S. 377; *Wenzel,* Das Verhältnis von Steuerstraf- und Besteuerungsverfahren, Herbolzheim, 2003, S. 262 ff.; *Bender,* Steueranspruch im Straf- und im Besteuerungsverfahren, AW-Prax 2004, 140; *Faiß,* Parallelität von Steuerstrafverfahren und Besteuerungsverfahren, PStR 2007, 68; *Weyand,* Wiederaufnahme rechtskräftig abgeschlossener Steuerstrafverfahren, PStR 2007, 189; *Harms/Heine,* Causa finita? Steuerrecht im Spannungsfeld der Gerichtsbarkeiten, FS Spindler, 2011, S 429, 433; *Meyberg,* Aussetzung nach § 396 AO kann Schadensersatz begründen, PStR 2011, 107; *Gehm,* Die Aussetzung des Steuerstrafverfahrens gemäß § 396 AO, NZWiSt 2012, 244; *Jesse,* Das Nebeneinander von Besteuerungs- und Steuerstrafverfahren, DB 2013, 1803; *Roth,* Anmerkung zum Urteil des AG Köln v. 10.1.2013 – 585 Ds 124/12, ZWH 2013, 373; *Weidemann,* Anmerkung zum Beschluss des LG Bremen v. 29.7.2010 – 31 Qs 245/10, StV 2013, 379; *Mellinghoff,* Grundsätze und Grenzen im Besteuerungs- und Steuerstrafverfahren, Stbg 2014, 97; *Sontheimer,* Steuerhinterziehung bei steuerrechtlichen Streit- und Zweifelsfragen, DStR 2014, 357; *Rolletschke,* Anmerkung zum Beschluss des LG Halle v. 7.5.2014 – 2 Qs 3/14, NZWiSt 2014, 386; *Tormöhlen,* Anmerkung zum Beschluss des LG Halle v. 7.5.2014 – 2 Qs 3/14, AO-StB 2014, 370.

Übersicht

1. Entstehungsgeschichte

Die Vorschrift hat ihren Ursprung in **§ 433 RAO 1919.** Danach war das Strafgericht 1 verpflichtet, das Strafverfahren bis zur Entscheidung der Finanzgerichtsbarkeit auszusetzen, wenn die Verurteilung wegen Steuerhinterziehung oder -gefährdung davon abhing, ob ein Steueranspruch bestand oder ob und in welcher Höhe ein Steueranspruch verkürzt oder ein Steuervorteil zu Unrecht gewährt worden war. Erging keine Entscheidung des RFH, so hatte das Gericht, wenn es von der rechtskräftigen Entscheidung des FA abweichen wollte, die Entscheidung des RFH einzuholen. Das Strafgericht war an die Entscheidung des RFH gebunden. § 433 RAO 1919 wurde inhaltlich unverändert als § 468 RAO 1931 übernommen (über die verschiedenen Entwürfe vgl. HHSp-*Hellmann* 2 ff. zu § 396). In der Praxis hatte § 468 RAO 1931 zu zahlreichen Streitfragen geführt (*Hartung* NJW 1966, 484); auch hatte die Vorschrift in bezug auf die Höhe des verkürzten Steueranspruchs durch die zwischenzeitliche Abschaffung der Multiplarstrafen (G v. 4.7.1939, RGBl. I 1181) an Bedeutung verloren.

Die **Neufassung des § 468 RAO durch § 162 Nr. 52 FGO** v. 6.10.1965 2 (BGBl. I 1477) beseitigte die Verpflichtung des Strafrichters, eine Entscheidung der Finanzgerichtsbarkeit einzuholen, hielt jedoch die Bindung des Strafrichters an ergangene Entscheidungen des BFH aufrecht. Der Strafrichter war also nicht mehr verpflichtet, eine Entscheidung im Besteuerungsverfahren abzuwarten; vielmehr war er nur noch ermächtigt, das Strafverfahren auszusetzen, bis im Besteuerungsverfahren rechtskräftig entschieden war. Diese Befugnis bestand jedoch nicht mehr bei Zweifeln über die Höhe des verkürzten Steueranspruchs (vgl. auch *Wisser* [1992] aaO S. 153).

Das **AOStrafÄndG** v. 10.8.1967 (BGBl. I 877) übernahm § 468 RAO 1931 als § 442 3 RAO, stellte aber den Strafrichter von jeder Bindung an die im Besteuerungsverfahren ergangenen Entscheidungen, auch die des BFH, frei. Damit wurde die Vorschrift dem in der StPO verankerten Grundsatz der *uneingeschränkten Vorfragenkompetenz des Strafrichters* angepasst. Der Neuregelung, welche dem Strafrichter lediglich eine *fakultative Aussetzungsbefugnis* einräumte, lag die Erwägung zugrunde, dass der Strafrichter die Autorität des höchsten deutschen Steuergerichts von selbst achten und sich dessen Entscheidung bei seiner Urteilsfindung zu eigen machen werde (*Wisser* [1992] aaO S. 56 f. mwN; insoweit zw. *Reiß* StUW 1986, 68). Durch Art. 1 Nr. 26 des 2. AOStrafÄndG v. 12.8.1968 (BGBl. I 953) wurden die Worte „oder leichtfertiger Steuerverkürzung" gestrichen, was jedoch den Anwendungsbereich der Vorschrift wegen der gleichzeitig angeordneten Anwendbarkeit des § 42 RAO im Bußgeldverfahren (§ 447 I Nr. 9 RAO) nicht eingeschränkt hat (s. auch Rn. 13).

§ 396 AO 1977 ermächtigt zur Aussetzung des Strafverfahrens bereits im Ermittlungs- 4 verfahren (anders § 262 II StPO). Durch diese bewusste Abweichung von § 442 RAO 1967 soll verhindert werden, dass das Strafverfahren „auch bei einer unklaren Beurteilung der ihm zugrunde liegenden Besteuerungsgrundlagen fortgesetzt wird und diese erst im strafgerichtlichen Verfahren geklärt werden" (BT-Drs. VI/1982, 199). Zudem wurden die Worte „Verurteilung wegen" durch „Beurteilung der Tat als Steuerhinterziehung" ersetzt.

Eine sachliche Änderung war hiermit nicht verbunden, weil die Rspr unter dem Tatbestandsmerkmal „Verurteilung" jede vom Strafrichter zu treffende Entscheidung verstanden hatte, also auch den Freispruch (HHSp-*Hellmann* 7 zu § 396 mwN).

2. Zweck und Bedeutung

5 Die **Strafgerichte** sind **unabhängig** und **nur dem Gesetz unterworfen** (Art. 20 III, Art. 97 I GG iVm § 1 GVG). Daraus folgt, dass der Strafrichter grundsätzlich selbst nach den für das Verfahren und den Beweis in Strafsachen geltenden Vorschriften über Vorfragen aus allen anderen Rechtsgebieten entscheidet. Auch Präjudizien entbinden ihn nicht von der Verpflichtung (über Ausnahmen bei rechtsgestaltenden Urteilen und Verwaltungsakten s. KK-StPO/*Kuckein* StPO § 262 Rn. 4 ff.), eine eigene Entscheidung zu treffen. Nach Wegfall der Bindung des Strafrichters an Urteile des obersten Steuergerichts (Rn. 3) besteht auch im Steuerstrafrecht die *uneingeschränkte Vorfragenkompetenz*. Es ist deshalb nicht ausgeschlossen, dass ein Stpfl wegen vollendeter Steuerhinterziehung rechtskräftig verurteilt wird, während der BFH einen Steueranspruch verneint oder in einem Parallelfall die abstrakte Steuerrechtslage anders beurteilt als die Strafjustiz (Beispiele bei *Brezing* NJW 1984, 1598). Auch das Gegenteil ist denkbar. So entschied zB das FG Köln, die FinB sei durch § 173 II AO nicht gehindert gewesen, USt-Bescheide trotz vorhergehender Außenprüfung zum Nachteil des Stpfl zu ändern, weil dem Stpfl zumindest leichtfertige Steuerverkürzung vorzuwerfen sei (FG Köln 30.1.1985, EFG 1985, 524). Dem zuvor erfolgten Freispruch durch das höchste deutsche Strafgericht (BGH 20.5.1981, NJW 1981, 2071) maß das FG keine Bedeutung bei. Derart einander widersprechende Entscheidungen verschiedener Gerichte sind misslich und geeignet, das Vertrauen in die Rspr zu beeinträchtigen. Im Bereich höchstrichterlicher Rspr sind offene Divergenzen allerdings selten. Denn nach § 2 des Gesetzes zur Wahrung der Einheitlichkeit der Rechtsprechung der obersten Gerichtshöfe des Bundes vom 19.6.1968 – Rechtsprechungseinheitsgesetz – (BGBl. I 661) entscheidet der Gemeinsame Senat der obersten Gerichtshöfe, wenn ein oberster Gerichtshof in einer Rechtsfrage von der Entscheidung eines anderen obersten Gerichtshofs oder des Gemeinsamen Senats abweichen will. Da die Möglichkeit einer Voranfrage zwischen obersten Bundesgerichten nicht vorgesehen ist, entstehen hier Schwierigkeiten lediglich dann, wenn der BGH vor dem BFH mit einer steuerrechtlichen Frage befasst wird (vgl. dazu *Odersky* in FS Klein [1994], S. 1013 ff.).

6 **Zweck des § 396 AO** ist es, im Interesse der Einheitlichkeit der Rspr und der Rechtssicherheit **divergierende Entscheidungen im Straf- und Besteuerungsverfahren möglichst zu vermeiden** (hM; vgl. statt aller HHSp-*Hellmann* 9 zu § 396 sowie OLG Karlsruhe 14. 12 1984, wistra 1985, 168, 169; zw. Kohlmann/*Schauf* 13 ff. zu § 396). Eine Bindung an im Besteuerungsverfahren ergangene Entscheidungen besteht gleichwohl nicht; der Strafrichter ist selbst nach einer erfolgten Aussetzung nicht gehindert, von der steuerrechtlichen Auffassung der FinB oder der Finanzgerichtsbarkeit abzuweichen (Rn. 42). Der Gesetzgeber vertraut aber – mit Recht – auf den Respekt des Strafrichters vor der besseren steuerrechtlichen Sachkunde des Finanzrichters (Rn. 3).

7 Die **Verfolgung anderer Ziele** als tragender Grund für eine Verfahrensaussetzung nach § 396 AO ist **unzulässig** (vgl. Schwarz/Pahlke/*Dumke* 1a; aA *Reiß* StuW 1986, 68). Solche Ziele sind in der Regel mit dem Gebot zügiger Verfahrenserledigung (Rn. 8) nicht zu vereinbaren. Zudem steht Art. 103 II GG einer erweiternden Auslegung des § 396 AO entgegen (Rn. 9). Eine Aussetzung nach § 396 AO kommt daher weder wegen Beweisschwierigkeiten noch wegen Arbeitsüberlastung des Strafgerichts noch aus allgemeinen Zweckmäßigkeitserwägungen in Betracht (glA Schwarz/Pahlke/*Dumke* 11 und HHSp-*Hellmann* 58 zu § 396). Auch verbietet die gesetzgeberische Zielsetzung, das Strafverfahren in jedem Fall auszusetzen, sofern nur ein Besteuerungsverfahren anhängig ist, um allein aus prozessökonomischen Gründen den Ausgang dieses Besteuerungsverfahrens abzuwarten (glA *Baumann* BB 1976, 753).

Die Verfahrensaussetzung gemäß § 396 AO steht in einem erheblichen **Spannungsverhältnis mit dem Gebot zügiger Verfahrensdurchführung,** dem sog. Beschleunigungsgebot (vgl. hierzu Meyer-Goßner/Schmitt/*Meyer-Goßner* StPO Einl 160; BGHGrS 18.1.2008, wistra 2008, 137). Der in Art. 6 I 1 MRK verankerte Anspruch des Beschuldigten auf Entscheidung in angemessener Frist setzt der Zulässigkeit einer Verfahrensaussetzung enge Grenzen. Ihm gebührt, jedenfalls wenn eine längere Aussetzung erforderlich wäre, regelmäßig der Vorrang vor dem Interesse an einer einheitlichen Rechtsanwendung (glA Schwarz/Pahlke/*Dumke* 17a zu § 396 AO). 8

Auch eine **über die Wortlautgrenze des § 396 AO hinaus**gehende Anwendung des § 396 AO ist **nicht zulässig.** Gesetzliche Folge der Aussetzung des Verfahrens ist das Ruhen der Verjährung (§ 396 III AO). Diese für den Täter nachteilige Folge kann im Hinblick auf Art. 103 II GG nur unter den im Gesetz genannten Voraussetzungen, nicht aber durch die extensive Anwendung des Rechtsinstituts der Aussetzung gem. § 396 AO von den Ermittlungsbehörden oder Strafgerichten herbeigeführt werden (Schwarz/Pahlke/*Dumke* 4 zu § 396 AO). Ob der Beschuldigte mit der Aussetzung einverstanden ist oder sie sogar beantragt, ist ohne Bedeutung. 9

In der Praxis wird von der Vorschrift des § 396 AO **wenig Gebrauch** gemacht (vgl. *Thomas* NJW 1991, 2333, 2335 sowie *Dörn* BuW 1998, 339 in einer Anmerkung zu einer Entscheidung des BFH 22.7.1997, BStBl. I 755, mit der sechs Jahre nach Beginn der Ermittlungen die bis dahin heftig umstrittene Steuerbarkeit von Gutschriften des Schneeballsystems bejaht wurde). Der Grund dürfte darin liegen, dass der Abschluss des Besteuerungsverfahrens bzw. des finanzgerichtlichen Verfahrens für die Strafverfolgungsbehörden und Strafgerichte häufig nicht absehbar ist und diese deshalb im Rahmen der Ermessensentscheidung dem Gebot zügiger Verfahrenserledigung den Vorrang vor dem Interesse an einer einheitlichen Rechtsanwendung geben. So ist es keine Seltenheit, dass im Strafverfahren bereits das Revisionsgericht mit der Sache befasst ist, während im Besteuerungsverfahren noch nicht einmal eine Einspruchsentscheidung ergangen ist. 10

3. Anwendungsbereich

§ 396 AO ist nach seinem Wortlaut anwendbar, wenn die **Beurteilung der Tat als Steuerhinterziehung** in Frage steht. Hiervon erfasst werden alle Tatbestandsvarianten des § 370 AO sowie der Schmuggel gem. § 373 AO (ebenso HHSp-*Hellmann* 38 u. Kohlmann/*Schauf* 23 zu § 396) als selbständiger Qualifikationstatbestand der Steuerhinterziehung (Rn. 5 zu § 373). Auch auf die versuchte Steuerhinterziehung ist § 396 AO anwendbar (RG 6.2.1934, RGSt 68, 51; Kohlmann/*Schauf* 23 u. zw. RK-*Rolletschke* 10 zu § 396). 11

Die **Aussetzung ist unzulässig,** wenn dem Beschuldigten (Angeklagten) eine andere Steuerstraftat iS des § 369 I AO, zB Steuerhehlerei (§ 374 AO) oder Begünstigung (§ 257 StGB) zur Last liegt (glA RK-*Rolletschke* 12 zu § 396; GJW/*Weyand* AO § 396 Rn. 6); denn dann kommt es nicht auf die Beurteilung der Tat als Steuerhinterziehung an (vgl. RG 15.6.1931, RGSt 65, 311). Dasselbe gilt für den Straftatbestand der Schädigung des Umsatzsteueraufkommens iS des § 26c UStG. Da die Anwendung des § 396 AO keine Identität der Verfahrensbeteiligten voraussetzt (Rn. 15), ist sie auch auf Strafverfahren gegen Teilnehmer anwendbar, unabhängig davon, ob diese im Besteuerungsverfahren selbst Steuerschuldner sind (HHSp-*Hellmann* 38, Kohlmann/*Schauf* 23 u. RK-*Rolletschke* 8 zu § 396). Zu den Rechtsfolgen einer **fehlerhaft angeordneten Aussetzung** vgl. Rn. 58. 12

Die **entsprechende Anwendung des § 396 AO** ist vorgesehen für das Bußgeldverfahren wegen leichtfertiger Steuerverkürzung (§ 410 I Nr. 5 AO), bei dem Verdacht einer allgemeinen Straftat, die unter Vorspiegelung eines steuerlich erheblichen Sachverhalts gegenüber der FinB oder einer anderen Behörde auf die Erlangung von Vermögensvorteilen gerichtet ist und kein Steuerstrafgesetz verletzt (§ 385 II AO), in bestimmten Fällen des Betruges oder Subventionsbetruges gem. §§ 263, 264 StGB (§ 7 InvZulG 2005, § 14 InvZulG 2007), im Straf- und Bußgeldverfahren wegen Verkürzung der Arbeitnehmerspar- 13 zulage, der Bergmannsprämie, der Wohnungsbauprämie sowie der Begünstigung einer Person, die eine solche Tat begangen hat (§ 14 III des 5. VermBG, § 5a II BergPG, § 8 II WoPG). § 128 BranntwMonG schreibt die entsprechende Anwendbarkeit des § 396 AO für Straftaten vor, die unter Vorspiegelung monopolrechtlich erheblicher Tatsachen auf die Erlangung von Vermögensvorteilen gerichtet sind und kein Steuerstrafgesetz verletzen.

14 Die Aussetzung des Strafverfahrens gem. § 396 AO setzt ein **anhängiges Strafverfahren** voraus; sie kommt grundsätzlich in jedem Verfahrensstadium in Betracht, also auch schon im finanzbehördlichen bzw. staatsanwaltschaftlichen Ermittlungsverfahren oder erst im Rechtsmittelverfahren (s. HHSp-*Hellmann* 21; Schwarz/Pahlke/*Dumke* 5 zu § 396 AO).

15 Die Anwendung des § 396 AO setzt nach der zutreffenden hM **keine Personenidentität der Verfahrensbeteiligten** im Besteuerungs- und im Strafverfahren, also des Beschuldigten (Angeklagten) und des Steuerschuldners, voraus (glA HHSp-*Hellmann* 48, Kohlmann/*Schauf* 27 u. Schwarz/Pahlke/*Dumke* 8a zu § 396 AO; *Schuhmann* wistra 1992, 171; aM *Baumann* BB 1976, 753; *Schlüchter* JR 1985, 360; *Wannemacher/Seipl* in Beermann/Gosch 21 f.). Die Rspr hatte zu der ursprünglichen Fassung der Norm (Rn. 1 f.) die Ansicht vertreten, die Vorschrift solle verhindern, dass im Steuerfestsetzungs- und im Strafverfahren gegen dieselbe Person voneinander abweichende Entscheidungen ergehen (RG 28.3.1923, RGSt 57, 212; RG 7.12.1923, RGSt 58, 41; RG 23.6.1932, RGSt 66, 298; RG 29.11.1935, RGSt 70, 35; RG 3.7.1942, RGSt 76, 195; BGH 6.11.1959, NJW 1960, 542 u. BGH 20.7.1965, DStR 1966, 150). Danach war eine Aussetzung immer dann ausgeschlossen, wenn sich Besteuerungs- und Strafverfahren gegen unterschiedliche Personen (zB Teilnehmer, Haftende, Vertreter) richteten. Diese restriktive Interpretation der Vorläufervorschriften des § 396 AO wurzelte in dem Bestreben der Rspr, die – im Strafprozess ungewöhnliche – Beschneidung der Vorfragenkompetenz des Strafrichters in Grenzen zu halten. Dieses Bestreben ist mit dem Fortfall jeglicher Bindung an Entscheidungen der Finanzgerichtsbarkeit (Rn. 3) gegenstandslos geworden. Eine gesetzliche Beschränkung des Anwendungsbereichs des § 396 AO besteht allerdings noch insoweit, als die Aussetzung gem. § 396 I AO nur angeordnet werden kann, bis *„das Besteuerungsverfahren"* rechtskräftig abgeschlossen ist. Eine Aussetzung setzt folglich lediglich die Anhängigkeit eines Besteuerungsverfahrens voraus, in dem zu klären ist, „ob ein Steueranspruch besteht". Die Auslegung, um welches Besteuerungsverfahren es sich hierbei handeln muss, hat sich vorrangig am Zweck des § 396 AO auszurichten. Danach sollen einander widersprechende Entscheidungen möglichst vermieden werden (Rn. 6). Die Gefahr divergierender Gesetzesauslegung besteht aber auch dann, wenn nicht der Steuerschuldner Beschuldigter des Steuerstrafverfahrens ist, sondern der Mittäter, Anstifter, Gehilfe oder das vertretungsberechtigte Organ einer juristischen Person (vgl. HHSp-*Hellmann* 48 zu § 396). Auch in Haftungsfällen (§§ 69, 71 AO) kann die Beurteilung der Tat (§ 264 StPO) des Haftenden als Steuerhinterziehung davon abhängen, ob ein Steueranspruch gegen den Stpfl besteht, also gegen eine andere Person. Maßgebend ist somit nicht die Personenidentität der Verfahrensbeteiligten, sondern die Anhängigkeit eines an denselben Lebenssachverhalt anknüpfenden Besteuerungsverfahrens (Rn. 22).

4. Verhältnis zu anderen Aussetzungsvorschriften

16 **a) §§ 154d, 262 StPO.** Gem. **§ 262 II StPO** ist das Gericht befugt, die Untersuchung auszusetzen, wenn die Strafbarkeit einer Handlung von der *Beurteilung eines bürgerlichen Rechtsverhältnisses* abhängt. Das Gericht kann einem der Beteiligten zur Erhebung der Zivilklage eine Frist bestimmen oder das Urteil des Zivilgerichts abwarten. Es ist aber weder an die Aussetzung noch an die Frist gebunden, sondern in jedem Fall verpflichtet, die Wahrheit selbst aufzuklären (zu Ausnahmen s. KK-StPO/*Kuckein* StPO § 262 Rn. 4 ff. u. Meyer-Goßner/Schmitt/*Meyer-Goßner* StPO § 262 Rn. 3 ff.). Die Vorschrift, die für Vorfragen aus anderen Rechtsgebieten entsprechend gilt (Meyer-Goßner/Schmitt/*Meyer-Goßner* StPO § 262 Rn. 10), soll verhindern, dass das Strafverfahren zur Vorbereitung oder gar

Durchsetzung privat-, arbeits-, verwaltungs- oder sozialrechtlicher Ansprüche missbraucht wird. Die mögliche Vermeidung einander widersprechender Entscheidungen ist hier nur willkommene Begleiterscheinung (*Kohlmann* in Klug-Festschr. S. 509). Im Gegensatz zu einer Aussetzung nach § 396 AO (Rn. 56) bewirkt die Aussetzung nach § 262 II StPO kein Ruhen der Verjährung. Erst die Vorlage nach Art. 100 I GG an das BVerfG nach Aussetzung des Verfahrens beeinflusst den Ablauf der Verjährungsfrist (BGH 4.11.1970, BGHSt 24, 6; *Fischer* StGB § 78b Rn. 4a).

Nach **§ 154d StPO** kann die StA, wenn die Erhebung der öffentlichen Klage wegen 17 eines Vergehens von der Beurteilung einer Frage abhängt, die nach bürgerlichem Recht oder nach Verwaltungsrecht zu beurteilen ist, zur Austragung der Frage im bürgerlichen Streitverfahren oder im Verwaltungsstreitverfahren eine Frist bestimmen. Nach fruchtlosem Ablauf der Frist kann die StA, anders als das Gericht in Fällen des § 262 II StPO (Rn. 16), das Verfahren einstellen (§ 154d S. 3 StPO). Die StA kann also durch Fristbestimmung, die der vorläufigen Einstellung gleichkommt, vermeiden, über komplizierte Vorgänge (zB Urheberrechtsverletzungen), die in erster Linie zivil- oder verwaltungsrechtliche Bedeutung haben, umfangreiche Beweiserhebungen durchzuführen, wenn es dem Anzeigenden darauf ankommt, das Strafverfahren als Druckmittel auf einen Gegner oder zur Vorbereitung eines anderen Verfahrens zu benutzen (Meyer-Goßner/Schmitt/*Schmitt* 1 zu § 154d StPO). Rechtliche Schwierigkeiten reichen für die Anwendung des § 154d StPO nicht aus (vgl. *Groß* GA 1996, 152; *Haas* MDR 1990, 684). Eine Fristsetzung nach § 154d StPO hat keinen Einfluss auf die Verjährung (vgl. auch Rn. 16).

Die Vorschriften des § 262 II StPO und des § 154d StPO sind auch im Steuer- 18 **strafverfahren anwendbar** (§ 385 I AO). Deren Anwendung ist jedoch durch die Vorschrift des § 396 AO stark eingeschränkt, die in ihrem Geltungsbereich als speziellere Vorschrift vorgeht (glA HHSp-*Hellmann* 29 zu § 396). Soweit die Beurteilung der Tat als Steuerhinterziehung davon abhängt, ob ein Steueranspruch besteht, ob Steuern verkürzt oder nicht gerechtfertigte Steuervorteile erlangt worden sind, ist für eine Aussetzung nach den Vorschriften des allgemeinen Strafverfahrensrechts kein Raum (§ 385 I AO). Die Rechtswirkungen des § 396 III AO (Rn. 56) können nicht vermieden werden. Eine Aussetzung des Verfahrens nach den §§ 154d, 262 StPO kommt somit nur in Betracht, wenn die Voraussetzungen des § 396 I AO nicht gegeben sind. Dies ist etwa der Fall, wenn zwar der Eintritt des Verkürzungserfolges feststeht, aber die Höhe des verkürzten Steueranspruchs zu klären ist (Rn. 28).

b) § 363 AO, § 74 FGO. Nach § 363 I AO kann die zur Entscheidung berufene 19 **FinB die Entscheidung über einen Einspruch aussetzen,** wenn ein sog. vorgreifliches Rechtsverhältnis besteht, das den Gegenstand eines anhängigen Rechtsstreits bildet oder von einem Gericht oder einer Verwaltungsbehörde festzustellen ist. Entsprechendes gilt nach § 74 FGO im gerichtlichen Rechtsmittelverfahren. Da auch die Entscheidung über das Vorliegen einer Steuerhinterziehung bei einem weiten Verständnis ein „Rechtsverhältnis" iS des § 363 AO betrifft (vgl. BFH 7.7.1995, BFH/NV 1996, 149; HHSp-*Birkenfeld* 100 zu § 363; Gräber/*Koch* FGO § 74 Rn. 3; krit. *Gast-deHaan* DStJG 6, S. 196), ergibt sich an sich eine **wechselseitige Aussetzungskompetenz** im Besteuerungs- und im Strafverfahren. Dies hat aber weder zur Folge, dass beide Verfahren gleichzeitig ausgesetzt werden können, noch dass der zeitlich früheren Aussetzungsentscheidung der Vorrang gebührt (so aber *Rößler* DStZ 1993, 507). Vielmehr ist für die Aussetzung eines Strafverfahrens nach § 396 AO stets dann kein Raum mehr, wenn die FinB erklärt hat, dass sie das Besteuerungsverfahren bis zur rechtskräftigen Erledigung des Strafverfahrens aussetzen werde (KG 24.3.1958, NJW 1958, 959; BGH 1.8.1962, NJW 1962, 2070 u. BGH 6.6.1973, NJW 1973, 1562, 1565). Dasselbe gilt für die Aussetzung durch das FG nach § 74 FGO. Denn Voraussetzung einer Aussetzung des Strafverfahrens nach § 396 AO ist, dass im Besteuerungsverfahren überhaupt eine Entscheidung zu erwarten ist (glA Schwarz/Pahlke/

Dumke 9, HHSp-*Hellmann* 34 zu § 396). Die Entscheidung über den zeitlichen Vorrang des einen oder anderen Verfahrens hängt damit erheblich vom Verhalten der FinB ab.

Die Aussetzung nach § 363 AO dient der Klärung im Finanzrechtsstreit bedeutsamer Fragen durch fachlich kompetentere Stellen. Sie kann im Hinblick auf ein Strafverfahren jedenfalls dann zweckmäßig sein, wenn so doppelte Ermittlungen vermieden werden können (FG Rheinland-Pfalz 1.7.1991, EFG 1991, 741; FG Bremen 24.8.1992, EFG 1993, 204). Dabei ist auch zu berücksichtigen, dass das FG – im Gegensatz zum Grundsatz der Unmittelbarkeit im Strafverfahren – auf strafgerichtliche Feststellungen zurückgreifen kann (BFH 10.1.1978, BStBl. II 311). Regelmäßig wird es jedoch für die Anwendbarkeit der §§ 363 AO, 74 FGO an der erforderlichen Vorgreiflichkeit des Steuerstrafverfahrens fehlen (ebenso im Ergebnis BFH 17.12.1992, DStZ 1993, 506; BFH 12.4.1994, BFH/NV 1995, 40; BFH 4.4.2003, BFH/NV 2003, 1081). Zumeist hängt nämlich die Entscheidung im Besteuerungsverfahren nicht von der Frage ab, ob eine Steuerstraftat vorliegt. Vielmehr sind oft lediglich Umstände, die im Strafverfahren von Bedeutung sind und deshalb mit strafprozessualen Mitteln festgestellt werden müssen, auch für das Besteuerungsverfahren rechtlich bedeutsam. Solches führt aber nicht zur Vorgreiflichkeit der strafgerichtlichen Feststellung einer Steuerstraftat, sondern vereinfacht wegen der Möglichkeit des Rückgriffs auf strafgerichtliche Feststellungen lediglich die Beweisaufnahme im finanzgerichtlichen Verfahren. Für eine Ermessensausübung gem. §§ 363 AO, § 74 FGO ist jedoch kein Raum, wenn allein steuerliche Fragen zu klären sind, die – wie zumeist – keine Steuerstraftat voraussetzen. Eine Vorgreiflichkeit der Feststellung einer Steuerstraftat besteht allerdings in den Fällen der §§ 70, 71, § 169 II 2, § 173 II, § 235 AO (vgl. *Reiß* StuW 1986, 68; BFH 4.4.2003, BFH/NV 2003, 1081 betr. verlängerte Festsetzungsfrist). Ohne Bedeutung für die Frage einer Verfahrensaussetzung ist, ob die StA die Ermittlungen leitet oder die FinB das Ermittlungsverfahren selbstständig durchführt (§ 386 II AO). Auch wenn die FinB oder das FG das Besteuerungs- oder finanzgerichtliche Verfahren gem. § 363 AO bzw. § 74 FGG im Hinblick auf das anhängige Strafverfahren ausgesetzt hat, obwohl wegen mangelnder Vorgreiflichkeit der Feststellung einer Steuerstraftat die Voraussetzungen dieser Aussetzung nicht gegeben waren, besteht im Strafverfahren die Möglichkeit einer Aussetzung gem. § 396 AO solange nicht, wie das ausgesetzte Verfahren nicht wieder fortgeführt wird. Hierauf können die am Strafverfahren beteiligten Behörden und Gerichte freilich hinwirken.

20 **c) Art. 267 AEUV.** Art. 267 AEUV spricht dem EuGH im Verhältnis zu den Gerichten der Mitgliedstaaten die abschließende **Entscheidungsbefugnis über Gültigkeit und Auslegung des Unionsrechts** zu. Die nach Maßgabe des Art. 267 AEUV ergangenen Urteile des EuGH sind für alle mit demselben Ausgangsverfahren befassten Gerichte der Mitgliedstaaten bindend (BVerfG 8.4.1987, BVerfGE 75, 223 mwN). Allerdings ist die Anwendung des Unionsrechts und die Auslegung nationaler Steuernormen anhand der diesen zugrundeliegenden Rechtsakte der EU originäre Aufgabe der nationalen Strafgerichte. Lediglich die jeweils letzte Instanz ist nach Art. 267 Abs. 3 AEUV verpflichtet, bei entscheidungserheblichen Auslegungsfragen des Unionsrechts, deren Beantwortung nicht eindeutig ist, ein Vorabentscheidungsersuchen an den Gerichtshof der Europäischen Union zu richten. Eine Vorlagepflicht des letztinstanzlich entscheidenden Gerichts besteht nur dann nicht, wenn bereits einschlägige Rspr des EuGH vorliegt oder wenn die Anwendung des Unionsrechts derart offenkundig ist, „dass für einen vernünftigen Zweifel keinerlei Raum bleibt“ (EuGH 6.10.1982, NJW 1983, 1257 – CILFIT u. a.; BGH 25.10.10, BGHSt 56, 11, 16; vgl. zum Umfang der Vorlagepflicht auch EuGH 15.9.2005, Slg. 2005, I-8151 – Intermodal Transports; sowie *Harms/Heine,* in: Festschrift für Günter Hirsch, 2008, S. 85, 94 ff.). Wird die Vorlagepflicht missachtet, kann der verfassungsrechtliche Anspruch auf den gesetzlichen Richter im Sinne von Art. 101 Abs. 1 Satz 2 GG verletzt sein (vgl. BVerfG 12.6.1990, BVerfGE 82, 159, 193 ff.; BVerfG 6.5.2008, BVerfGK 13, 506; *Harms/Heine* aaO S. 96). Die übrigen Verfahrensbeteiligten können eine Vorlage durch das Gericht nur

anregen, nicht aber erzwingen. Auch die StA ist im Ermittlungsverfahren weder verpflichtet noch berechtigt, dem EuGH eine Rechtsfrage vorzulegen. Sie kann allerdings das Strafverfahren unter den Voraussetzungen des § 396 AO aussetzen, wenn das FG oder der BFH gem. Art. 267 AEUV dem EuGH eine auch im Strafverfahren entscheidungserhebliche Rechtsfrage des Unionsrechts vorlegt (vgl. HHSp-*Hellmann* 37 zu § 396; *Thomas* NJW 1991, 2233, 2235). Denn in diesem Fall ist das Vorabentscheidungsverfahren iS des § 396 AO dem rechtskräftigen Abschluss des Besteuerungsverfahrens vorgelagert.

5. Aussetzung des Verfahrens

a) Begriff. Aussetzung ist die Entscheidung, das Strafverfahren einstweilen ruhen zu lassen. Im Ermittlungsverfahren bedeutet dies die einstweilige Einstellung der Ermittlungshandlungen, nach erhobener Anklage ein Hinausschieben der Entscheidung über die Eröffnung des Hauptverfahrens, in der Hauptverhandlung den Abbruch der Verhandlung und in der Rechtsmittelinstanz das Unterlassen weiterer verfahrensfördernder Handlungen. Das ausgesetzte Verfahren kann jederzeit wieder fortgeführt werden, auch wenn das Besteuerungsverfahren noch nicht rechtskräftig abgeschlossen ist. Eine bereits begonnene Hauptverhandlung kann nach einer Aussetzung nicht fortgesetzt werden; es muss eine neue selbständige Verhandlung stattfinden (vgl. Meyer-Goßner/Schmitt/*Meyer-Goßner* StPO § 228 Rn. 3). 21

b) Anhängigkeit eines Besteuerungsverfahrens. Die Entscheidung über die Aussetzung des Strafverfahrens ist möglich, **„bis das Besteuerungsverfahren rechtskräftig abgeschlossen ist"** (§ 396 I AO). Eine Aussetzung kommt dabei nur im Hinblick auf ein Besteuerungsverfahren in Betracht, dem dasselbe geschichtliche Ereignis (§ 264 StPO) wie dem Strafverfahren zugrunde liegt (glA *Schuhmann* wistra 1992, 172). Die Aussetzung wegen eines Musterprozesses, in dem ein ähnlich gelagerter Sachverhalt oder dieselbe Rechtsfrage zur Entscheidung ansteht, wäre daher durch § 396 AO nicht gedeckt (glA Kohlmann/*Schauf* 40 zu § 396; aA RK-*Rolletschke* 22 zu § 396). Eine Identität der Verfahrensbeteiligten ist jedoch nicht erforderlich (Rn. 15). 22

Die Aussetzung eines Strafverfahrens ist nach zutreffender hM nur dann zulässig, wenn ein **Besteuerungsverfahren bereits eingeleitet** ist (glA HHSp-*Hellmann* 50 u. Kohlmann/*Schauf* 39 zu § 396; *Schuhmann* wistra 1992, 172, 175; aA Schwarz/Pahlke/*Dumke* 8 zu § 396 AO). Dies legt bereits der Wortlaut des Gesetzes nahe, der auf „das Besteuerungsverfahren" Bezug nimmt und die bloße Möglichkeit der Einleitung eines solchen Verfahrens nicht erwähnt. Jedenfalls aber im Hinblick auf die Rechtsfolge der Aussetzung – das Ruhen der Verfolgungsverjährung (§ 396 III AO) – ließe sich eine Auslegung, das Strafverfahren könne bereits im Hinblick auf ein beabsichtigtes Besteuerungsverfahren ausgesetzt werden, nicht mehr rechtfertigen. Die Aussetzung des Strafverfahrens hätte dann nämlich die für den Beschuldigten belastende Folge, dass der Lauf der Verjährung gehemmt wäre, obwohl weder ein Strafverfahren noch ein Besteuerungsverfahren betrieben wird. Eine Aussetzung des Strafverfahrens in einer solchen Situation ließe sich auch kaum mit dem in Art. 6 I 1 MRK verankerten Anspruch des Beschuldigten auf eine zügige Verfahrenserledigung vereinbaren (Rn. 8), so dass die Aussetzung jedenfalls ermessensfehlerhaft wäre. Denn die Untätigkeit im Strafverfahren ist angesichts dieses Anspruchs nur dann hinzunehmen, wenn ein Besteuerungsverfahren betrieben wird, dessen Ergebnisse im Strafverfahren wieder Verwendung finden können. Dem lässt sich auch nicht entgegenhalten, dass die stärksten Zweifel an dem Bestehen eines Steueranspruchs dann gegeben seien, wenn die FinB trotz des Legalitätsprinzips (§§ 85, 88 AO) noch keinen Steueranspruch geltend gemacht habe (so noch *Gast-deHaan* in der 6. Aufl. Rn. 15). Denn auch das aufgrund einer Aussetzung „schwebende" Strafverfahren belastet den Angeklagten, zumal die Auffassung der FinB zu steuerlichen Fragen weder die Strafverfolgungsbehörden noch die Strafgerichte bindet. 23

24 **Nach rechtskräftigem Abschluss des Besteuerungsverfahrens** ist die Aussetzung nicht mehr zulässig; sie kommt also auch nach Ablauf der Rechtsbehelfsfristen oder nach einem wirksamen Verzicht auf Einspruch (§ 354 AO) oder Klage (§ 50 FGO) nicht in Betracht, wohl aber während der Frist für eine Beschwerde gegen die Nichtzulassung der Revision (LG Berlin 26.11.1991, wistra 1992, 155). Die widerspruchslose Hinnahme eines Bp-Mehrergebnisses in der Schlussbesprechung steht einem rechtskräftigen Abschluss des Besteuerungsverfahrens nicht gleich (zust. *Schuhmann* wistra 1992, 172).

25 Im Hinblick auf ein **Verfassungsbeschwerdeverfahren,** das sich dem finanzgerichtlichen Verfahren anschließt, kann das Strafverfahren nicht gem. § 396 AO ausgesetzt werden, weil das *Besteuerungsverfahren rechtskräftig abgeschlossen* ist (zust. HHSp-*Hellmann* 75 zu § 396; aA Kohlmann/*Schauf* 41 zu § 396). Sofern nicht das Strafgericht selbst eine entscheidungserhebliche (Steuer-)Norm für verfassungswidrig hält und deswegen gem. Art. 100 I GG die Entscheidung des BVerfG einholt, ist das Strafverfahren fortzusetzen. Im Falle einer strafgerichtlichen Verurteilung bleibt dem Verurteilten dann auch insoweit die Verfassungsbeschwerde. Anders verhält es sich, wenn das FG oder der BFH das finanzgerichtliche Verfahren gem. Art. 100 I GG ausgesetzt und die Sache dem BVerfG vorgelegt hat, weil das vorlegende Gericht eine Steuernorm für verfassungswidrig hält; in diesem Fall ist das *Besteuerungsverfahren noch nicht rechtskräftig* abgeschlossen (vgl. LG Augsburg 26.4.2007, wistra 2007, 272).

26 **c) Entscheidungserhebliche Vorfragen.** Die strafrechtliche **Beurteilung der Tat als Steuerhinterziehung** muss davon abhängen, ob ein Steueranspruch besteht, ob Steuern verkürzt oder ob nicht gerechtfertigte Steuervorteile erlangt sind. Relevant sind daher ausschließlich *steuerrechtliche Vorfragen* (glA LG Halle 7.5.2014, NZWiSt 2014, 385; Kohlmann/*Schauf* 42 u. RK-*Rolletschke* 23 zu § 396; Klein/*Jäger* AO § 396 Rn. 3; aA *Gast-deHaan* 17 in der 6. Aufl.: auch Sachfragen). Die Aufklärung des Sachverhalts einschl. der inneren Tatseite bleibt dagegen uneingeschränkt Aufgabe der Strafverfolgungsorgane und Strafgerichte. Eine Aussetzung kommt zudem erst dann in Betracht, wenn feststeht, dass es für die abschließende Entscheidung allein auf die steuerrechtlichen Vorfragen ankommt (glA HHSp-*Hellmann* 59 u. Kohlmann/*Schauf* 42 zu § 396). Scheitert die Strafbarkeit schon aus anderen Gründen oder ist sie unabhängig von den steuerrechtlichen Vorfragen, so scheidet eine Aussetzung nach § 396 AO aus. Steuerrechtliche Fragen, von denen die Beurteilung der Tat als Steuerhinterziehung abhängen kann, können zB gegeben sein, wenn mehrere Finanzgerichte dieselbe Norm unterschiedlich auslegen, wenn die Finanzverwaltung ihre Rechtsauffassung geändert hat oder sie nicht bereit ist, eine Entscheidung des BFH über den entschiedenen Einzelfall hinaus anzuwenden (sog. Nichtanwendungserlass). Unterschiedliche Literaturmeinungen sind dagegen regelmäßig kein zwingender Anlass für die Aussetzung des Strafverfahrens (vgl. BVerfG 15.10.1990, NStZ 1991, 88; glA RK-*Rolletschke* 25 zu § 396).

27 Eine Aussetzung des Strafverfahrens zum Zwecke der Vermeidung von **Beweisschwierigkeiten** ist unzulässig (glA *Tormöhlen,* AO-StB 2014, 370). Die Beweisaufnahme und die Würdigung der Beweise dürfen nicht dem finanzgerichtlichen Verfahren überlassen werden (glA Kohlmann/*Schauf* 48 u. Schwarz/Pahlke/*Dumke* 11 zu § 396 AO; *Brenner* BB 1980, 1321). Angesichts der unterschiedlichen Verfahrens- und Beweisgrundsätze lassen sich Abweichungen in den Tatsachenfeststellungen ohnehin nicht immer vermeiden. Zudem lässt die StPO eine bloße Übernahme von Feststellungen aus dem finanzgerichtlichen Verfahren ohne eigenständige Würdigung der Beweise durch das Strafgericht nicht zu. Ebensowenig können **prozessökonomische Überlegungen** oder Zweckmäßigkeitserwägungen die Aussetzung rechtfertigen, wenn die Abhängigkeit der Entscheidung von einer steuerrechtlichen Vorfrage fehlt (Rn. 7).

28 **Eine steuerrechtliche Vorfrage ist nicht entscheidungserheblich,** wenn die Beurteilung der Tat nicht als Steuerhinterziehung oder Schmuggel, sondern als Steuerhehlerei oder als Begünstigung in Frage steht (s. auch Rn. 11). Auch Zweifel lediglich über die

Höhe der Steuerverkürzung oder eines zu Unrecht erlangten Steuervorteils rechtfertigen die Aussetzung nach § 396 AO nicht (HHSp-*Hellmann* 53 u. Kohlmann/*Schauf* 51 f. zu § 396; *Schuhmann* wistra 1992, 175; *Rolletschke* NZWiSt 2014, 386, 387; vgl. auch BGH 6.6.1973, NJW 1973, 1562). Denn die Beurteilung der Tat „als Steuerhinterziehung" (§ 396 I AO) ist nicht vom Umfang der verkürzten Steuern abhängig; dieser wirkt sich nur noch auf den Strafausspruch aus (BGH 24.5.2007, wistra 2007, 345; zur Aussetzung nach den §§ 154d, 262 StPO s. Rn. 16).

An der **Abhängigkeit von einer steuerrechtlichen Vorfrage fehlt** es auch dann, wenn die Beurteilung der Tat als Steuerhinterziehung ausschl. von *strafrechtlichen Gesichtspunkten* abhängt, zB 29

– wenn ein Freispruch schon deshalb geboten ist, weil es an einer tauglichen Tathandlung fehlt (vgl. *Hartung* NJW 1966, 484);
– wenn die Tat zwar an sich nachweisbar wäre, aber unter die Wirkungen eines Straffreiheitsgesetzes fällt (RG 8.9.1936, JW 1936, 3467);
– wenn die nachgewiesene Tathandlung für die Steuerverkürzung nicht ursächlich ist oder der Angeklagte den ungerechtfertigten Steuervorteil nicht durch sie erlangt hat (HHSp-*Hellmann* 56 zu § 396);
– wenn der subjektive Tatbestand fehlt oder nicht nachweisbar ist (vgl. BGH 11.12.1952, BGHSt 3, 377; RG 6.2.1934, RGSt 68, 45).

Liegt dem Beschuldigten zur Last, mehrere Steuerhinterziehungen in **Tateinheit** (§ 52 StGB) begangen zu haben, ist eine steuerrechtliche Vorfrage auch dann nicht für die Beurteilung der Tat „als Steuerhinterziehung" entscheidungserheblich, wenn sie sich nicht für alle der betroffenen Steuern stellt; denn die Verwirklichung einer weiteren Steuerhinterziehung kann allenfalls für die Strafzumessung von Bedeutung sein (glA Kohlmann/*Schauf* 47 und HHSp-*Hellmann* 57 zu § 396). 30

Bei **Tatmehrheit** kommt eine Aussetzung für selbständige Taten in Betracht (glA Kohlmann/*Schauf* 47 zu § 396). 31

d) Ermessensentscheidung. Das Strafverfahren „kann" ausgesetzt werden, wenn die Voraussetzungen des § 396 I vorliegen; eine Aussetzungspflicht besteht jedoch nicht. Die Aussetzung liegt damit – anders als in den Fällen des Art. 100 I GG – im *pflichtgemäßen Ermessen* der Ermittlungsbehörden bzw. des Strafgerichts (BVerfG v. 4.4.1985, NStZ 1985, 126 u. BVerfG 15.10.1990, wistra 1991, 175). Selbst wenn die entscheidungserheblichen steuerlichen Vorfragen schwierig sind, besteht kein Anspruch auf Aussetzung (BGH 13.1.1988, wistra 1988, 196; Kohlmann/*Schauf* 64 zu § 396). Auf der Grundlage der in § 393 I AO vorausgesetzten Gleichrangigkeit von Besteuerungs- und Steuerstrafverfahren stellt diese „Ermessenslösung" die einzig denkbare Regelung dar, die zum einen eine einheitliche Auslegung von Steuerrechtsfragen in beiden Verfahren ermöglicht und zum anderen mit den Grundsätzen des Strafverfahrensrechts vereinbar und zugleich praktikabel ist (zutr. HHSp-*Hellmann* 15 zu § 396). 32

Gegenstand der Ermessensentscheidung ist nicht nur die Frage, *ob* das Strafverfahren ausgesetzt werden soll, sondern gegebenenfalls auch, zu welchem *Zeitpunkt* und für welche *Dauer* dies geschehen soll. 33

Im Rahmen der Ermessensausübung sind **alle Umstände,** die im konkreten Fall für und gegen eine Aussetzung des Steuerstrafverfahrens sprechen, **gegeneinander abzuwägen.** In die Abwägung fließen dabei insbes. das öffentliche Interesse an der Erhaltung der Rechtssicherheit durch Vermeidung widersprüchlicher Entscheidungen in derselben Rechtssache (Rn. 6) sowie verschiedene verfassungsrechtliche Grundentscheidungen ein. 34

Ein wichtiger Abwägungsfaktor ist die **Bedeutung des Falles für den Beschuldigten,** also das Gewicht des Tatvorwurfs und die Höhe der zu erwartenden Rechtsfolgen. Je schwerer der Vorwurf wiegt und je höher die Straferwartung ist, desto größer kann das Interesse des Beschuldigten sein, dass die Rechtsauffassungen der FinB und des FG im Strafverfahren Berücksichtigung finden (zutr. HHSp-*Hellmann* 73). 35

36 Für eine Aussetzung spricht auch, wenn eine steuerrechtliche Vorfrage nicht nur im konkreten Fall, sondern in einer **Vielzahl ähnlich gelagerter Strafverfahren** entscheidungserheblich ist. Dies kann etwa der Fall sein, wenn die Nichtigkeit einer Steuernorm geltend gemacht wird (zu § 23 I EStG bei Spekulationsgewinnen vgl. BGH 9.10.2007, wistra 2008, 21).

37 Zentrale Bedeutung im Rahmen der Abwägung kommt dem aus Art. 2 I iVm Art. 20 III GG und Art. 6 I 1 MRK folgenden **Anspruch** des Beschuldigten **auf zügige Durchführung** des gegen ihn gerichteten Strafverfahrens (Rn. 8) zu (vgl. BVerfG 24.11.1983, NJW 1984, 967; BGHGrS 17.1.2008, wistra 2008, 137). Zwar mag manchem Beschuldigten die Aussetzung des Strafverfahrens und dessen urteilsverzögernde Wirkung vorteilhaft erscheinen. Die weit verbreitete Auffassung, für den Beschuldigten sei es regelmäßig von Vorteil, wenn das Strafverfahren „auf die lange Bank geschoben wird" (vgl. *Brenner* BB 1980, 1321), trifft in dieser Allgemeinheit jedoch nicht zu. Bereits von einem anhängigen Ermittlungsverfahren können erhebliche nervliche und wirtschaftliche Belastungen ausgehen, die bei einer späteren Verurteilung strafmildernd berücksichtigt werden müssen. Die auch von einem ausgesetzten Strafverfahren für den Angeklagten ausgehenden Belastungen sind daher ebenfalls in die Abwägung einzubeziehen. Dasselbe gilt, wenn mit zunehmender zeitlicher Distanz zwischen der Tat und der abschließenden Entscheidung die Qualität der Beweismittel abnehmen kann, zB weil die Erinnerung der Zeugen an das Geschehen verblasst. Der Anspruch des Beschuldigten auf zügige Durchführung des Strafverfahrens ist selbst dann zu beachten, wenn der Beschuldigte die Aussetzung nach § 396 selbst beantragt und an einer zügigen Fortsetzung des Strafverfahrens erkennbar kein Interesse hat (EGMR 21.12.2010 – 974/07, Rs. W gegen Deutschland, m. Anm. *Meyberg* PStR 2011, 107). In der gerichtlichen Praxis wird die Bedeutung des Beschleunigungsgrundsatzes gem Art 6 I 1 MRK häufig übersehen (vgl LG Bremen StV 2011, 616).

38 Zu berücksichtigen ist ebenfalls, dass die strafmildernde Wirkung des Zeitfaktors dem ebenfalls verfassungsrechtlich verankerten **Ziel effektiver Strafverfolgung** widerstreitet. Würde eine länger dauernde Aussetzung dazu führen, dass im Falle einer Verurteilung eine schuldangemessene Bestrafung nicht mehr erfolgen könnte (vgl. BGH 8.8.2006, wistra 2006, 428, 429), dürfte dies der Aussetzung regelmäßig entgegenstehen. Auch in Haftsachen dürfte eine Aussetzung des Strafverfahrens mit der zwangsläufigen Folge der Aufhebung des Haftbefehls regelmäßig nicht in Betracht kommen.

39 Der **Grundsatz der Verhältnismäßigkeit** gilt ebenso wie die prozessuale Fürsorgepflicht des Gerichts für die gesamte Verfahrensgestaltung (vgl. LG Augsburg 26.4.2007, wistra 2007, 272 sowie KK-StPO/*Fischer* Einl. 161 ff.). Er verlangt, dass eine Maßnahme unter Würdigung aller persönlichen und tatsächlichen Umstände des Einzelfalls zur Erreichung des angestrebten Zwecks geeignet und erforderlich ist und dass der mit ihr verbundene Eingriff nicht außer Verhältnis zur Bedeutung der Sache und zur Stärke des bestehenden Tatverdachts steht (BVerfG 24.5.1977, BVerfGE 44, 353). Ein grundsätzlicher Vorrang des finanzgerichtlichen Verfahrens vor dem Strafverfahren lässt sich hieraus gleichwohl nicht ableiten, zumal die im Besteuerungsverfahren getroffenen Feststellungen im Strafverfahren keine Bindungswirkung entfalten und deshalb eine strafgerichtliche Beweisaufnahme und -würdigung nicht entbehrlich machen. Allerdings steht das schützenswerte Interesse des Beschuldigten an der *Geheimhaltung seiner steuerlichen Verhältnisse* (§ 30 AO) in einem Spannungsverhältnis mit dem Öffentlichkeitsgrundsatz im Strafverfahren (dazu *Weyand* wistra 1993, 132). Während im Finanzgerichtsprozess die Öffentlichkeit auszuschließen ist, wenn ein Beteiligter, der nicht FinB ist, es beantragt (§ 52 II FGO), ist die strafgerichtliche Hauptverhandlung grundsätzlich öffentlich (§ 169 GVG). Auch das Strafgericht kann jedoch nach pflichtgemäßem Ermessen die Öffentlichkeit bei Erörterung *wichtiger Steuer- oder Geschäftsgeheimnisse* für die Verhandlung ausschließen (§ 172 Nr. 2 GVG).

40 Auch bei schwierigen, ungeklärten steuerrechtlichen Vorfragen ergibt sich keine **Ermessensreduzierung auf Null** iS einer Rechtspflicht zur Aussetzung (glA HHSp-*Hellmann* 13 ff. iErg. auch RK-*Rolletschke* 40 zu § 396; differenzierend Kohlmann/*Schauf* 64 zu § 396;

aA *Isensee* NJW 1985, 1007; *Schlüchter* JR 1985, 360; vgl. auch BGH 19.12.1990, BGHSt 37, 266, 269). Dies ergibt sich bereits aus der zwingenden Berücksichtigung des Gebots zur zügigen Durchführung des Strafverfahrens. Besonders deutlich wird dies in Haftsachen. Die Annahme einer Aussetzungspflicht ohne Bindung an die im Besteuerungsverfahren ergangene Entscheidung würde zudem im Ergebnis bedeuten, dass die Strafverfolgungsbehörde bzw. der Strafrichter zur Einholung eines Rechtsgutachtens verpflichtet wäre. Solches wäre mit den elementaren Prinzipien des Strafprozesses („iura novit curia") nicht zu vereinbaren. Ebensowenig zwingt allein der Umstand, dass die FinB gem. § 361 II 2 AO oder § 69 II 2 FGO die Vollziehung des Steuerbescheides ausgesetzt hat, zur Aussetzung des Strafverfahrens (glA HHSp-*Hellmann* 13 u. Kohlmann/*Schauf* 64 zu § 396; aA *Blumers* DB 1983, 1571). Denn die Aussetzung der Vollziehung gem. § 361 II 2 AO kommt schon dann in Betracht, wenn eine summarische Prüfung der FinB ergibt, dass neben den für die Rechtmäßigkeit sprechenden Umständen gewichtige gegen die Rechtmäßigkeit sprechende Gründe zutage treten (vgl. Klein/*Brockmeyer* AO § 361 Rn. 13). Damit ist aber lediglich klar, dass überhaupt eine Ermessensentscheidung zu treffen ist. Sind nämlich die Rechtsfragen geklärt, ist der Anwendungsbereich des § 396 AO gar nicht eröffnet. Es lässt sich aber angesichts der uneingeschränkten Vorfragenkompetenz der Strafgerichte nicht rechtfertigen, dass bloße Zweifel einer FinB den Strafrichter verpflichten sollen, seine eigene Entscheidung solange zurückzustellen, bis die FinB zu einer Überzeugung gelangt ist.

Angesichts des **Gewichts des Grundsatzes zügiger Durchführung** des Strafverfahrens 41 wird das Ergebnis der Ermessensentscheidung häufig davon abhängen, wann mit einer Klärung der steuerrechtlichen Vorfrage im finanzgerichtlichen Verfahren zu rechnen ist. Je näher das Steuerverfahren vor der höchstrichterlichen Klärung steht, desto eher wird eine Aussetzung in Betracht kommen (ebenso HHSp-*Hellmann* 75 u. Kohlmann/*Schauf* 66 zu § 396). Von zentraler Bedeutung für die Ermessensentscheidung ist daher, dass sich die zuständige Stelle (StA oder Strafrichter) vor der Entscheidung über eine Verfahrensaussetzung nach § 396 AO über den Stand des Besteuerungsverfahrens und die voraussichtliche zeitliche Dimension des weiteren Verfahrens Klarheit verschafft. Fehlen ihr diese Erkenntnisse, ist eine pflichtgemäße Ermessensausübung nahezu ausgeschlossen. Wichtig ist auch, dass die FinB bzw. das FG von einer Verfahrensaussetzung im Strafverfahren Kenntnis erhält, damit dort die Bedeutung einer zügigen Durchführung des Besteuerungsverfahrens für das Strafverfahren bekannt wird.

Der **Strafrichter ist an die Entscheidung der Finanzgerichtsbarkeit nicht gebunden.** 42 Er darf angesichts seiner uneingeschränkten Vorfragenkompetenz (OLG Zweibrücken 14.9.2009, wistra 2009, 488; Klein/*Jäger* AO § 396 Rn. 8) von der Beurteilung durch die Finanzgerichtsbarkeit auch dann abweichen, wenn er das Strafverfahren ausgesetzt hatte, um die Entscheidung des FG oder BFH abzuwarten (vgl. auch *Odersky* [1994] S. 1013).

6. Entscheidung über die Aussetzung

a) Zuständigkeit. Über die Aussetzung entscheidet im Ermittlungsverfahren die 43 StA (§ 396 II AO). Führt die FinB das Ermittlungsverfahren selbstständig durch (§ 386 II AO), trifft diese die Entscheidung über die Aussetzung. Nach Erhebung der öffentlichen Klage ist das mit der Sache befasste Gericht zuständig. Die Aussetzung ist auch noch im Rechtsmittelverfahren möglich. Sie ist nicht von einem Antrag abhängig, jedoch hat der Beschuldigte in jeder Lage des Verfahrens die Möglichkeit, einen entsprechenden Antrag zu stellen.

b) Form. StA und FinB entscheiden durch **Verfügung** (vgl. §§ 167, 171 StPO); das 44 Gericht befindet durch Beschluss, der entweder in der Hauptverhandlung durch Verkündung bekanntgemacht oder schriftlich zugestellt wird (§ 35 StPO).

Eine **Begründung** ist für die Entscheidung der Ermittlungsbehörde nicht vorgeschrie- 45 ben; sie ist aber zweckmäßig, um deutlich zu machen, auf welche steuerrechtliche Vorfrage es im Strafverfahren ankommt (glA HHSp-*Hellmann* 67 u. Kohlmann/*Schauf* 71 zu § 396).

Ob ein gerichtlicher Aussetzungsbeschluss zu begründen ist, hängt von der Auslegung des § 34 StPO einerseits und von der Beurteilung der Anfechtbarkeit eines Aussetzungsbeschlusses (Rn. 48 ff.) andererseits ab. Gem. § 34 StPO sind die durch ein Rechtsmittel anfechtbaren Entscheidungen sowie die, durch welche ein Antrag abgelehnt wird, mit Gründen zu versehen. Die Bedeutung der zweiten Alternative des § 34 StPO ist umstritten. Streng genommen ist die Begründung entbehrlich bei Entscheidungen, die – wie der Aussetzungsbeschluss (Rn. 43) – keinen Antrag voraussetzen. Eine besondere Begründung ist deshalb nach § 34 StPO an sich auch dann nicht erforderlich, wenn zu einer solchen Entscheidung ein entgegengesetzter Antrag gestellt worden ist (BGH 13.12.1960, BGHSt 15, 253 u. Meyer-Goßner/Schmitt/*Schmitt* StPO § 34 Rn. 3; aA KK-StPO/*Maul* StPO § 34 Rn. 4; Kohlmann/*Schauf* 71 zu § 396). Die hM verlangt aber unter dem Gesichtspunkt des rechtlichen Gehörs und der dem Gericht obliegenden Fürsorgepflicht auch in diesen Fällen eine Begründung, vor allem, wenn ein Prozessbeteiligter dem Antrag eines anderen widersprochen hat (vgl. Meyer-Goßner/Schmitt/*Schmitt* StPO § 34 Rn. 3).

46 **c) Dauer.** Die Dauer der Aussetzung des Strafverfahrens bestimmt die StA bzw. das Strafgericht **nach pflichtgemäßem Ermessen.** Die äußerste Grenze für eine Aussetzung bildet der rechtskräftige Abschluss des Besteuerungsverfahrens (§ 396 I AO). Rechtskräftig abgeschlossen ist das Besteuerungsverfahren, wenn der Steuerbescheid formell bestandskräftig geworden ist, weil alle Rechtsbehelfs- und Rechtsmittelfristen (§ 355 AO; §§ 47, 120 FGO) abgelaufen sind oder weil ein weiteres Rechtsmittel nicht mehr gegeben ist. Bei unterbliebener oder unrichtiger Rechtsbehelfsbelehrung in einem Steuerbescheid ist die Jahresfrist des § 356 AO maßgeblich. Auf etwa noch bestehende Aufhebungs- oder Änderungsmöglichkeiten nach den Vorschriften der §§ 172 ff. AO kommt es hingegen nicht an.

47 Häufig ist es sachgerecht, das Strafverfahren **bis zum rechtskräftigen Abschluss des Besteuerungsverfahrens** auszusetzen; denn erst dann besteht Gewissheit über das Ergebnis des Besteuerungsverfahrens, die erforderlich ist, um einander widersprechende Entscheidungen zu vermeiden. Aus sachlichen Gründen ist eine *zeitliche Befristung jedoch ebenso zulässig* (und im Hinblick auf Art. 6 I 1 MRK uU sogar geboten) wie eine jederzeit mögliche Fortführung des Strafverfahrens (glA HHSp-*Hellmann* 69 f., Kohlmann/*Schauf* 72 ff. u. RK-*Rolletschke* 51 zu § 396). Ein Anlass zur Fortführung des Strafverfahrens vor bestandskräftiger Steuerfestsetzung kann etwa gegeben sein,

- wenn der BFH oder das BVerfG in einer abstrakten Rechtsfrage eine Entscheidung trifft, welche die entscheidungserhebliche steuerrechtliche Vorfrage klärt;
- wenn im Besteuerungsverfahren eine Entscheidung ergeht und die gegen sie gerichteten Rechtsbehelfe aussichtslos erscheinen (glA Kohlmann/*Schauf* 74 zu § 396);
- wenn – zB wegen neuer Erkenntnisse zum Sachverhalt – die Abhängigkeit des Strafverfahrens von der Vorfrage und damit der Aussetzungsgrund entfällt;
- wenn sich das Besteuerungsverfahren wider Erwarten und auf nicht absehbare Zeit in die Länge zieht oder
- wenn gar gem. § 363 I AO (bzw. 74 FGO) das Besteuerungsverfahren im Hinblick auf das Strafverfahren ausgesetzt wird (Rn. 19).

Es empfiehlt sich daher, den Verlauf des Besteuerungsverfahrens während der Aussetzung des Strafverfahrens zu beobachten.

48 **d) Anfechtung.** Bewilligende oder ablehnende **Aussetzungsentscheidungen der Ermittlungsbehörden** sind nach allgemeiner Ansicht nicht anfechtbar (Erbs/Kohlhaas/*Hadamitzky/Senge* AO § 396 Rn. 11; HHSp-*Hellmann* 76, Kohlmann/*Schauf* 76 u. *Blesinger* in Kühn/v. Wedelstädt 6 zu § 396; KG 28.4.1958, JR 1959, 29); statthaft ist nur die Dienstaufsichtsbeschwerde (vgl. zur Fristsetzung nach § 154d StPO: OLG Köln 16.10.1951, NJW 1951, 932; OLG Hamm 23.10.1958, NJW 1959, 161; KMR-*Plöd* 6, Meyer-Goßner/Schmitt/*Schmitt* 4 zu § 154d StPO). Setzt die ermittelnde FinB das Strafverfahren aus oder lehnt sie einen Aussetzungsantrag des Beschuldigten ab, so hat dieser zusätzlich die Möglich-

keit, bei der StA anzuregen, das Verfahren gem. § 386 IV 2 AO an sich zu ziehen (*Brenner* BB 1980, 1322).

Die **Ablehnung eines Antrags auf Aussetzung durch gerichtlichen Beschluss** ist nicht mit der Beschwerde (§ 304 StPO), sondern erst zusammen mit dem Urteil im Wege der Berufung oder Revision anfechtbar. Denn die Ablehnung der Aussetzung ist eine der Urteilsfindung vorausgehende Entscheidung iS des § 305 S. 1 StPO (vgl. OLG Hamm 17.8.1977, NJW 1978, 283; OLG Karlsruhe 14.12.1984, wistra 1985, 168; Erbs/Kohlhaas/*Hadamitzky/Senge* AO § 396 Rn. 11; Klein/*Jäger* AO § 396 Rn. 16; HHSp-*Hellmann* 78, Kohlmann/*Schauf* 80, RK-*Rolletschke* 55 u. Schwarz/Pahlke/*Dumke* 22 zu § 396 AO; aM *Bernsmann* Kohlmann-FS S. 377, 385; *Schuhmann* wistra 1992, 172, 176; *Gast-deHaan* 28 zu § 396 AO in der 6. Aufl sowie *Weidemann* wistra 2004, 195, 197 und StV 2013, 379, 380 mit dem Argument, dass die Aussetzungsablehnung keine „beruhensgeeignete“ Vorentscheidung iS von § 336 S. 1 StPO sei). Zwar beschränkt sich der Ausschluss der Beschwerde nach seinem gesetzgeberischen Zweck auf Entscheidungen, die im inneren Zusammenhang mit der Urteilsfällung stehen, nur der Urteilsvorbereitung dienen und keine weiteren Rechtswirkungen äußern (vgl. KMR-*Plöd* 9 zu § 305 StPO). Diese Voraussetzungen liegen indes vor. Die Ablehnung der Aussetzung steht in einem inneren Zusammenhang mit der nachfolgenden Urteilsfällung, die hierdurch ermöglicht werden soll. Allein in den von der Durchführung einer Hauptverhandlung ausgehenden Belastungen für den Angeklagten können „weitere“ Rechtswirkungen nicht gesehen werden; dies belegt bereits die gesetzgeberische Wertung in § 210 I StPO (glA HHSp-*Hellmann* 78 zu § 396; aA *Gast-deHaan* 28 aaO; *Schuhmann* wistra 1992, 172). 49

Die Ablehnung eines Antrags auf Aussetzung gem. § 396 AO kann **mit dem gegen das Urteil zulässigen Rechtsmittel gerügt** werden (vgl. OLG Hamm 17.8.1977, NJW 1978, 283; zu den insoweit bestehenden Anforderungen an eine zulässige Verfahrensrüge s. BGH 19.12.1990, BGHSt 37, 266). Allein der Umstand, dass der Tatrichter die steuerrechtliche Vorfrage selbst entschieden hat, obwohl er sich der Aussetzungsmöglichkeit bewusst war, begründet regelmäßig keinen Verfahrensfehler; denn die Ermessensausübung ist nur in engen Grenzen überprüfbar (vgl. BGH 28.1.1987, BGHSt 34, 272). Ist die steuerrechtliche Vorfrage unrichtig entschieden, ist das Urteil bereits auf die Sachrüge hin aufzuheben. Eine Beschränkung der Verteidigung iS des § 338 Nr. 8 StPO durch Ablehnung der Aussetzung des Strafverfahrens kommt allenfalls in Ausnahmefällen in Betracht (vgl. HHSp-*Hellmann* 79 u. Kohlmann/*Schauf* 80 zu § 396; aA OLG Hamburg 4.4.1967; MDR 1967, 608; *Bernsmann* Kohlmann-FS S. 385). 50

Ob ein **Beschluss, durch den das Steuerstrafverfahren ausgesetzt wird,** mit der Beschwerde (§ 304 StPO, § 385 I AO) anfechtbar ist, ist umstritten. ZT wird die Zulässigkeit der Beschwerde generell verneint (Schwarz/Pahlke/*Dumke* 23 zu § 396 AO; KK-StPO/*Kuckein* StPO § 262 Rn. 9 unter Hinweis auf OLG Frankfurt a. M. 25.11.2004, NStZ-RR 2005, 47), zT mit eingeschränktem Überprüfungsumfang bejaht (OLG Frankfurt a. M. 24.1.1966, NJW 1966, 992; LG Bremen 29.7.2010, NStZ-RR 2012, 14; HHSp-*Hellmann* 77 zu § 396 AO) oder stets für zulässig gehalten (*Weidemann* StV 2013, 379). Nach der zutreffenden hM ist die Beschwerde gegen einen Aussetzungsbeschluss zwar grundsätzlich unzulässig, weil auch er der Urteilsfällung vorausgeht (§ 305 S. 1 StPO). Die Beschwerde ist aber dann ausnahmsweise zulässig, *wenn der Aussetzungsbeschluss nicht der Sachaufklärung dient und deshalb in keinem inneren Zusammenhang mit der Urteilsfällung steht* (glA Kohlmann/*Schauf* 78 zu § 396; Klein/*Jäger* AO § 396 Rn. 16; Meyer-Goßner/Schmitt/*Meyer-Goßner* StPO § 262 Rn. 16; *Brenner* BB 1980, 1321; vgl. auch OLG Stuttgart 17.7.1973, NJW 1973, 2309). Dies ist dann der Fall, wenn die tatbestandlichen Voraussetzungen des § 396 I AO nicht vorliegen und die Aussetzung daher nur verfahrensverzögernd wirkt (LG Halle 7.5.2014, NZWiSt 2014, 385; LG Bremen 29.7.2010, NStZ-RR 2012, 14). Eine solche Situation ist etwa gegeben, wenn die Steuerrechtslage nicht zweifelhaft ist (vgl. LG Halle aaO; *Tormöhlen* AO-StB 2014, 370), wenn die Entscheidungserheblichkeit der steuerrechtlichen Vorfrage in Wahrheit nicht besteht (dazu *Schäfer* wistra 1983, 51

168 ff., 170) oder wenn die FinB ihrerseits erklärt hat, den Ausgang des Strafverfahrens abzuwarten (vgl. OLG Karlsruhe v. 14.12.1984, NStZ 1985, 227). Nach Auffassung des LG Halle (aaO) soll es für die Anfechtbarkeit des Aussetzungsbeschlusses auch genügen, dass der Beschluss entgegen § 34 Alt. 1 StPO nicht mit Gründen versehen ist. Die Ermessensentscheidung, ob die Aussetzung zweckmäßig ist, kann hingegen durch das Beschwerdegericht nicht nachgeprüft werden (glA LG Halle 7.5.2014, NZWiSt 2014, 385; LG Bremen 29.7.2010, NStZ-RR 2012, 14; Erbs/Kohlhaas/*Hadamitzky*/*Senge* AO § 396 Rn. 11).

7. Wiederaufnahme des Verfahrens

52 Die fehlende Verpflichtung zur Aussetzung eines Strafverfahrens sowie die mangelnde Bindung der Strafgerichte an finanzgerichtliche Entscheidungen haben zur Folge, dass **einander widersprechende finanz- und strafgerichtliche Entscheidungen nicht ausgeschlossen** sind. In Fällen, in denen das finanzgerichtliche Verfahren zu für den Stpfl günstigeren Feststellungen führt, stellt sich daher regelmäßig die Frage nach der Wiederaufnahme eines bereits abgeschlossenen Strafverfahrens. Die StPO bietet in den §§ 359 ff. StPO sehr eingeschränkte Möglichkeiten, rechtskräftig abgeschlossene Strafverfahren wieder aufzunehmen. Zugunsten des Verurteilten kommen in solchen Fällen zumeist nur die in § 359 Nr. 4 und 5 StPO sowie § 79 I BVerfGG geregelten Wiederaufnahmegründe in Betracht.

53 Nach **§ 359 Nr. 4 StPO** ist die Wiederaufnahme eines durch rechtskräftiges Urteil abgeschlossenen Verfahrens zugunsten des Verurteilten zulässig, wenn ein zivilgerichtliches Urteil, auf welches das Strafurteil gegründet ist, durch ein anderes rechtskräftig gewordenes Urteil aufgehoben wird. Zwar werden finanzgerichtliche Entscheidungen den zivilgerichtlichen Urteilen gleichgestellt (Meyer-Goßner/Schmitt/*Meyer-Goßner* StPO § 359 Rn. 17 mwN), jedoch ist das Strafurteil mangels Gestaltungswirkung der finanzgerichtlichen Entscheidung nicht auf diese gegründet (*Weidemann* GA 1987, 222; *Wisser* [1992] S. 259; *Weyand* PStR 2007, 189, 190), so dass eine Wiederaufnahme nach § 359 Nr. 4 StPO ausscheidet (aA *Isensee* NJW 1985, 1007, 1010: analoge Anwendung des § 359 Nr. 4 StPO).

54 Nach **§ 359 Nr. 5 StPO** kann ein abgeschlossenes Strafverfahren dann wieder aufgenommen werden, wenn neue entlastende Tatsachen oder Beweismittel beigebracht werden, die zu einer milderen Beurteilung der Tat oder gar zu einer Freisprechung des früheren Angeklagten führen können. Kommt das FG nach Rechtskraft des Strafurteils zu anderen tatsächlichen Feststellungen, etwa zu anderen Umsätzen, Gewinnen oder den Umständen von Betriebsausgaben, kann das einen Wiederaufnahmegrund iS von § 359 Nr. 5 StPO darstellen. Die Wiederaufnahme ist allerdings allein auf „Angriffe" beschränkt, die sich gegen das Tatsachenfundament eines Urteils richten (glA *Weyand* PStR 2007, 189, 190). Die abweichende Anwendung oder Auslegung steuerlicher Normen ist keine Tatsache in diesem Sinne. Fragen der zutreffenden Rechtsanwendung – auch der blankettausfüllenden Normen des Steuerrechts – bleiben daher ausschl. dem strafprozessualen Revisionsverfahren vorbehalten. Auch abweichende Feststellungen, die zu veränderten Besteuerungsgrundlagen führen, können neue Tatsachen iS von § 359 Nr. 5 StPO sein. Sie sind aber nur dann „neu", wenn sie dem Tatrichter nicht bekannt waren, nicht aber wenn er sie aufgrund einer abweichenden Rechtsauffassung anders bewertet hat (glA Kohlmann/*Schauf* 83 zu § 396; *Weyand* aaO; aA *Hellmann* aaO S. 128; HHSp-*Hellmann* 20 zu § 396). Die rechtskräftige Verneinung eines Steueranspruchs durch das FG nach einer strafgerichtlichen Verurteilung des Stpfl wegen Steuerhinterziehung zeigt idR nur eine unterschiedliche Bewertung bekannter Tatsachen auf und führt entgegen *Reiß* (StuW 1986, 71) und *Weidemann* (GA 1987, 205) nicht zur „neuen Tatsache" des Fehlens der Tathandlung bzw. der fehlenden Kausalität zwischen Tathandlung und Taterfolg (glA *Wisser* [1992] S. 261).

§ 79 I BVerfGG enthält einen selbstständigen Wiederaufnahmegrund, der zu den in § 359 StPO aufgeführten Gründen hinzutritt (KK-StPO/*Schmidt* StPO Vor § 359 Rn. 16 f. mwN). Nach dieser Vorschrift ist die Wiederaufnahme des Verfahrens gegen ein rechtskräftiges Strafurteil, das auf einer mit dem GG für unvereinbar oder nach § 78 BVerfGG für nichtig erklärten Norm oder auf der Auslegung einer Norm beruht, die vom BVerfG für unvereinbar mit dem GG erklärt worden ist, nach den Vorschriften der StPO zulässig. Eine Wiederaufnahme kommt danach zB in Betracht nach rechtskräftiger Verurteilung wegen Hinterziehung der ESt auf Wertpapier-Spekulationsgewinne in den Veranlagungszeiträumen 1997 und 1998 (vgl. BVerfG 8.11.2006, wistra 2007, 60, 62), da das BVerfG die Vorschrift des § 23 I 1 Nr. 1 Buchst. b EStG aF für nichtig erklärt hat (BVerfG 9.3.2004, BVerfGE 110, 94). Dies gilt wegen des Wegfalls des zunächst bestehenden strukturellen Vollzugsdefizits (vgl. BFH 29.11.2005, BFHE 211, 330) nicht für spätere Veranlagungszeiträume (vgl. für das Jahr 2002 BGH 9.10.2007, wistra 2008, 21). Eine Wiederaufnahme kommt auch für Veranlagungszeiträume nicht in Betracht, für die das BVerfG die befristete Weitergeltung einer verfassungswidrigen Steuernorm angeordnet hat (vgl. BGH 7.11.2001, BGHSt 47, 138 zur Vermögensteuer). 55

8. Ruhen der Verjährung

Schrifttum: *Maier,* Aussetzung des Steuerstrafverfahrens nach § 396 AO und „absolute" Strafverfolgungsverjährung bei Steuerstraftaten, DStR 1988, 25; *Meine,* Absolute Verfolgungsverjährung und Aussetzung nach § 396 AO, wistra 1986, 58; *Grezesch,* Hindert die Aussetzung nach § 396 AO den Eintritt der absoluten Verjährung?, wistra 1990, 289.

a) Wirkung. Während der Aussetzung des Strafverfahrens **ruht die Verfolgungsverjährung** (§ 396 III AO). Diese von den allgemeinen Aussetzungsregelungen der §§ 154d, 262 I StPO, die den Lauf der Verjährungsfrist unberührt lassen, abweichende Vorschrift trägt dem Umstand Rechnung, dass Steuervergehen oft erst zu einem Zeitpunkt entdeckt werden, zu dem bereits ein nicht unerheblicher Teil der Verjährungsfrist verstrichen ist (vgl. HHSp-*Hellmann* 80 zu § 396). 56

Das in § 396 III AO angeordnete Ruhen der Verjährung **hemmt auch den Lauf der „absoluten" (doppelten) Verjährungsfrist** iS des § 78c III 2 StPO (nahezu einhellige hM; vgl. BayObLG 22.2.1990, wistra 1990, 203; OLG Karlsruhe 8.3.1990, wistra 1990, 205; *Meine* wistra 1986, 59; *Wisser* [1992] S. 256; Erbs/Kohlhaas/*Hadamitzky/Senge* AO § 396 Rn. 10; Klein/*Jäger* AO § 396 Rn. 18; HHSp-*Hellmann* 82, Kohlmann/*Schauf* 87 ff. u. *Blesinger* in Kühn/v. Wedelstädt 7 zu § 396; aA *Grezesch* wistra 1990, 289). Aus dem Umstand, dass die lediglich deklaratorische Verweisung in § 78c III 3 StGB die Vorschrift des § 396 AO nicht ausdrücklich nennt, ergibt sich nichts anderes (zutr. HHSp-*Hellmann* aaO; vgl. aber zur Bedeutung des Zeitpunkts der absoluten Verjährung im Rahmen der Ermessensausübung BGH 19.10.1987, wistra 1988, 263). 57

Die verjährungshemmende Wirkung der Aussetzung (§ 396 III AO) entfällt lediglich dann, wenn die tatbestandlichen Voraussetzungen des § 396 I AO für eine Ermessensentscheidung nicht vorliegen. Die Ausübung des Ermessens ist – abgesehen von Ermessensmissbrauch und Ermessensüberschreitung – gerichtlich nicht nachprüfbar (glA Schwarz/Pahlke/*Dumke* 27a zu § 396 AO; vgl. auch LG Cottbus, Beschluss v. 14.6.2010 – 22 Wi Qs 16/10, Grenze: Willkür; aM AG Münster v. 12.6.2003, wistra 2003, 398 u. *Simon/Vogelberg* S. 117: keine Hemmung der Verjährung bei (grob) ermessensfehlerhafter Aussetzung; dagegen *Weidemann* wistra 2004, 195, nach dessen Ansicht nur eine nichtige Aussetzungsanordnung für § 393 III AO keine „Tatbestandswirkung" entfaltet; vgl. zur Verjährungsunterbrechung BGH 5.4.2000, wistra 2000, 219). 58

Das Ruhen der Verjährung **erstreckt sich auf die gesamte Tat im verfahrensrechtlichen Sinn** des § 264 StPO, insbes. auch auf allgemeine Straftaten, die mit der Steuerstraftat in Tateinheit (§ 52 StGB) stehen (glA Erbs/Kohlhaas/*Hadamitzky/Senge* AO § 396 Rn. 10; Klein/*Jäger* AO § 396 Rn. 19; HHSp-*Hellmann* 86, Kohlmann/*Schauf* 95 u. RK- 59

Rolletschke 61 zu § 396; *Schuhmann* wistra 1992, 172, 177; aM *Baumann* BB 1976, 755; *Harbusch* ddz 1978 F 25; *Brenner* BB 1980, 1321). Dem kann weder entgegengehalten werden, dass § 262 StPO kein Ruhen der Verjährung bewirkt, noch, dass sich bei Idealkonkurrenz die Verjährungsfrist für jedes der verletzten Strafgesetze nach dessen Grundsätzen richtet (Schönke/Schröder/*Sternberg-Lieben/Bosch* StGB § 78 Rn. 8 mwN). Denn der Wortlaut des § 396 AO beschränkt weder die Aussetzungsbefugnis noch die Wirkungen der Aussetzung auf den Straftatbestand der Steuerhinterziehung, sondern bezieht sich auf das gesamte „Verfahren". Der Gesetzeszweck des § 396 AO spricht ebenfalls für ein Ruhen der Verjährung auch der mit der Steuerhinterziehung konkurrierenden Nichtsteuerdelikte. Andernfalls müssten in vielen Fällen, sofern keine Verfahrensbeschränkung nach § 154a StPO vorgenommen wird, zu steuerrechtlichen Fragen divergierende Entscheidungen allein deshalb in Kauf genommen werden, weil eine Fortführung des Strafverfahrens erforderlich ist, um die Verjährung der Nichtsteuerdelikte zu vermeiden. Schließlich besteht kein Anlass, das Ruhen der Verjährung anders zu beurteilen als die Verjährungsunterbrechung, die nach hM das ganze Tatgeschehen im verfahrensrechtlichen Sinn (§ 264 StPO) ergreift (Schönke/Schröder/*Sternberg-Lieben/Bosch* StGB § 78c Rn. 23 mwN).

60 **b) Beginn und Ende.** Das **Ruhen der Verjährung beginnt** an dem Tag, an dem die Aussetzungsentscheidung erlassen bzw. aktenkundig gemacht wird. Die Bekanntgabe der Entscheidung ist für den Eintritt der Rechtswirkungen nicht erforderlich (glA Kohlmann/*Schauf* 91, RK-*Rolletschke* 59 u. Schwarz/Pahlke/*Dumke* 28 zu § 396; aM *Wannemacher/Seipl* in Beermann/Gosch 37 u. *Gast-deHaan* 34 in der 6. Aufl. zu § 396, wonach die Entscheidung den Innenbereich der Ermittlungsbehörde oder des Gerichts verlassen haben muss).

61 Die **verjährungshemmende Wirkung endet** mit dem Eintritt des in der Aussetzungsentscheidung bezeichneten Ereignisses, andernfalls mit der Fortsetzung des Verfahrens durch Widerruf der Aussetzung, spätestens aber mit dem (rechtskräftigen) Abschluss des Besteuerungsverfahrens. Auf eine Mitteilung von der Beendigung des Besteuerungsverfahrens an Ermittlungsbehörde oder Gericht kommt es nach dem eindeutigen Gesetzeswortlaut nicht an (glA Erbs/Kohlhaas/*Hadamitzky/Senge* AO § 396 Rn. 10; HHSp-*Hellmann* 84, Kohlmann/*Schauf* 92 u. RK-*Rolletschke* zu § 396; *Harbusch* ddz 1978 F 27). Maßnahmen, die der Beweissicherung dienen (zB Sicherstellung von Gegenständen, Veranlassung von Zeugenvernehmungen), sind auch zulässig, während das Verfahren ruht.

2. Unterabschnitt. Ermittlungsverfahren

I. Allgemeines

§ 397 Einleitung des Strafverfahrens

(1) **Das Strafverfahren ist eingeleitet, sobald die Finanzbehörde, die Polizei, die Staatsanwaltschaft, eine ihrer Ermittlungspersonen oder der Strafrichter eine Maßnahme trifft, die erkennbar darauf abzielt, gegen jemanden wegen einer Steuerstraftat strafrechtlich vorzugehen.**

(2) **Die Maßnahme ist unter Angabe des Zeitpunktes unverzüglich in den Akten zu vermerken.**

(3) **Die Einleitung des Strafverfahrens ist dem Beschuldigten spätestens mitzuteilen, wenn er dazu aufgefordert wird, Tatsachen darzulegen oder Unterlagen vorzulegen, die im Zusammenhang mit der Straftat stehen, derer er verdächtig ist.**

Vgl. § 78c I Nr. 1 StGB, § 33 I Nr. 1 OWiG; § 17 I BDG, § 93 WDO, § 3 V u. § 6 I Nr. 1 BÄO, § 4 V u. § 8 I Nr. 1 BApO, § 4 V u. § 8 I Nr. 1 BTierärzteO; vgl. ferner § 10 BpO (St) und Nr. 26 bis 31 AStBV (St) 2014 (BStBl. I 2013, 395).

Schrifttum:

Zu § 410 IV, § 441 RAO 1951: *Leise,* Die Einleitung der Untersuchung im Verwaltungs-Steuerstrafverfahren, Düsseldorf 1962; *Zinn,* Keine Straffreiheit bei Eröffnung der Einleitung der steuerstrafrechtlichen Untersuchung gegenüber dem Vertreter des Täters?, Stbg. 1963, 209; *Lohmeyer,* Weiterleitung von Betriebsprüfungsberichten an die Gemeinsame Strafsachenstelle, StBp 1963, 324; *Lohmeyer,* Einleitung der steuerstrafrechtlichen Untersuchung durch den Betriebsprüfer, StBp 1964, 182; *v. Witten,* Der „strafrechtliche Vorbehalt" bei Betriebsprüfungen, DStZ 1964, 198; *Stötter,* Zum Begriff der Einleitung der steuerstrafrechtlichen Untersuchung, BB 1965, 1342; *Richter,* Der Verdacht strafbarer Handlungen bei der Betriebsprüfung, DB 1967, 697; *Henneberg,* Der Umfang des Aussageverweigerungsrechts und der Belehrung des Steuerpflichtigen auf Grund des § 1 BpO (Steuer), WPg 1967, 598.

Zu § 395 II, § 432 RAO 1967/68: *Salch,* Selbstanzeige und Betriebsprüfung, StBp 1970, 11; *Henneberg,* Übergang vom Besteuerungsverfahren zum Strafverfahren, BB 1970, 1128; *v. Malchus,* Einleitung des Steuerstraf- bzw. Bußgeldverfahrens durch den Betriebsprüfer, DStR 1970, 451 mit Erwiderung von *Saß* DStR 1971, 81 und Schlusswort von *v. Malchus* DStR 1971, 82; *Suhr,* Besteuerungs-Strafverfahren bei Betriebsprüfungen; hier: Einleitung des Steuerstrafverfahrens erst bei hinreichendem Tatverdacht?, StBp 1971, 121; *Kopacek,* Die Nichteinleitung des Steuerstrafverfahrens durch den Betriebsprüfer, BB 1971, 1049; *Depiereux,* Ist die heutige Praxis des Steuerstrafverfahrens sinnvoll?, BB 1971, 1456; *Henneberg,* Löst der Verstoß gegen die Pflicht zur Bekanntgabe der Einleitung des strafrechtlichen Ermittlungsverfahrens nach § 432 Abs. 3 AO, § 13 BpO (St) ein Verwertungsverbot im Strafprozess aus?, DB 1971, 2435; *Wolter,* Die Strafverfolgungsaufgaben der Finanzverwaltung bei Steuervergehen und der „strafrechtliche Hinweis" nach § 14 Abs. 4 BpO (St), StBp 1972, 224; *Henneberg,* Zur Beachtung der Grundsätze des Strafverfahrensrechts (StPO) durch die Finanzverwaltung in Steuerstrafsachen, INF 1974, 361; *Lohmeyer,* Einleitung des Straf- bzw. Bußgeldverfahrens beim Verdacht von Steuerzuwiderhandlungen, INF 1974, 469.

Zu § 371 II, § 397 AO 1977: *Pfaff,* Einleitung des Steuerstraf- oder Bußgeldverfahrens nach neuem Recht, DStZ 1976, 402; *Brenner,* Aktuelle Fragen aus der Praxis der Betriebsprüfung, StBp 1976, 279; *Ehlers,* Außenprüfung und Selbstanzeige nach der AO 1977, StBp 1977, 49; *Pfaff,* Bekanntgabe der Einleitung des Straf- oder Bußgeldverfahrens wegen der Tat an den Täter oder seinen Vertreter nach § 371 Abs. 2 Nr. 1b AO, DStZ 1977, 445; *Zwank,* Die neue Betriebsprüfungsordnung (Steuer), StBp 1978, 145 mit Erwiderung von *Pfaff,* StBp 1978, 209 und Schlusswort von *Zwank* StBp 1978, 287; *Wenzig,* Die Prüfungshandlungen, StBp 1982, 49 (56); *Pütz,* Die Anfangsphase des Steuerstrafverfahrens, StKRep 1982, 231; *Marx,* Einleitung des Steuerstrafverfahrens durch hektographierte Schreiben?, wistra 1987, 207; *Weyand,* Nochmals – Einleitung des Steuerstrafverfahrens durch hektographierte Schreiben?, wistra 1987, 283; *Sdrenka,* Rechtsschutz gegen die Einleitung des Steuerstrafverfahrens, StB 1988, 352; *Schuhmann,* Zur Bekanntgabe der Einleitung eines Straf- oder Bußgeldverfahrens nach der Abgabenordnung, wistra 1992, 293; *Blesinger,* Die Einleitung des Steuerstrafverfahrens, wistra 1994, 48; *Burkhard/Adler,* Unbestimmte Einleitungsverfügung entfaltet keine Sperrwirkung, DStZ 2000, 592; *Mösbauer,* Die „Einleitung des Strafverfahrens" als Tatbestandsmerkmal für den Ausschluss der Selbstanzeige nach § 371 AO, DB 2001, 836; *Harms,* Die Stellung des Finanzbeamten im Steuerstrafverfahren, GedS für Ellen Schlüchter, 2002, S. 451 ff.; *Lange,* Staatsanwaltschaftliche Vorermittlungen – ohne rechtliche Grundlage?, DRiZ 2002, 264; *Burkhard,* Vermerk über Straf- und bußgeldrechtliche Feststellungen, PStR

2003, 61; *Mack,* Ist kein Strafverfahren immer besser als ein Strafverfahren?, AO-StB 2003, 135; *Müller,* Die „heimliche" Einleitung des Steuerstrafverfahrens und ihre Folgen, AO-StB 2004, 289; *Weyand,* Belehrungspflichten und Selbstanzeige beim Zusammentreffen von Steuerstrafverfahren und Betriebsprüfung, INF 2005, 717; *Griesel/Mertes,* Rechte und Pflichten: Wenn der Betriebsprüfer ein Strafverfahren einleitet, PStR 2006, 85; *Rolletschke,* Einleitung des Steuerstrafverfahrens, Stbg 2006, 221; *Buse,* Zuständigkeit der Finanzkontrolle Schwarzarbeit zur Verfolgung von Steuerstraftaten, AO-StB 2007, 80, *Kindler,* Zu den Folgen eines Prüferfehlverhaltens nach § 10 BpO für das Steuerstrafverfahren, PStR 2011, 44; *Durst,* Zum Verhalten bei Einleitung eines Steuerstrafverfahrens, PStR 2012, 274.

Weiteres Schrifttum s. vor Rn. 38 u. 123.

Übersicht

1. Entstehungsgeschichte

1 Vorläufer des § 397 I AO 1977 waren § 1 der 1. DV zum 2. Gesetz über die vorläufige Neuordnung von Steuern v. 2.6.1949 (WiGBl. 94) u. § 410 IV 1 RAO idF des Art. I Nr. 1 G. v. 7.12.1951 (BGBl. I 941), der wie folgt lautete: *„Einleitung der steuerstrafrechtlichen Untersuchung im Sinne von Absatz 1 ist jede Maßnahme des Finanzamts einschließlich seiner Hilfsstellen, der Oberfinanzdirektion, der Staatsanwaltschaft, der Gerichte oder der mit der Sache befassten Beamten dieser Behörden, durch die der Entschluss, steuerstrafrechtlich gegen den Beschuldigten einzuschreiten, äußerlich erkennbar betätigt worden ist"* (Begr. BT-Drs. I/2395).

Durch Art. 1 Nr. 1 AOStrafÄndG v. 10.8.1967 (BGBl. I 877) wurde die Begriffsbestimmung neu gefasst, als § 432 I RAO in den Abschnitt über das Strafverfahren übernommen und damit die Systematik des Gesetzes verbessert (Begr. BT-Drs. V/1812, 34). Zugleich wurde ein einheitlicher Sprachgebrauch eingeführt, nachdem das Gesetz vorher ohne Rücksicht auf § 410 IV RAO 1951 in § 419 II, § 423 S. 2, § 441 II u. § 477 II RAO 1931 von der *„Einleitung der Untersuchung"* und in § 477 I RAO 1931 von der *„Einleitung eines Verwaltungsstrafverfahrens"* gesprochen hatte. Sachlich war § 432 I RAO 1967 durch die Worte *„Maßnahme, die erkennbar darauf abzielt"* stärker objektiviert als der von dem *„Entschluss, … einzuschreiten"* ausgehende § 410 IV 1 RAO 1951. In der Aufzählung der Stellen, die Maßnahmen mit verfahrenseinleitender Wirkung ergreifen können, fehlten in § 432 I RAO 1967 die *„Hilfsstellen eines Finanzamts"* (Begr. zu Art. 6 Nr. 1 bis 4 des AOStrafÄndG, BT-Drs. V/1812, 40 f.), die *„Oberfinanzdirektion"* (Rn. 19 ff.) und die *„Beamten dieser Behör-*

den"; neu eingefügt wurden die *„Hilfsbeamten der StA"* (Rn. 27 ff.). § 397 I AO 1977 unterscheidet sich von § 432 I RAO 1967 nur durch die Worte *„die Finanzbehörde"* statt *„das Finanzamt"* und *„einer Steuerstraftat"* statt *„eines Steuervergehens"*, die gem. Art. 161 Nr. 21 EGStGB v. 2.3.1974 (BGBl. I 469, 583) eingeführt worden waren. § 397 II AO 1977 entspricht § 432 II RAO 1967 (Begr. BT-Drs. V/1812, 34) mit dem Unterschied, dass die Wendung *„soll ... vermerkt werden"* durch *„ist ... zu vermerken"* ersetzt worden ist (Begr. BT-Drs. VI/1982, 199). § 441 II RAO 1931 u. § 406 II RAO 1919 lauteten: *„Die Einleitung der Untersuchung ist aktenkundig zu machen"*. § 397 III AO 1977 entspricht nahezu wörtlich dem § 432 III RAO 1967. Diese Vorschrift war ohne gesetzliches Vorbild vom BT in das AOStrafÄndG eingefügt worden (Schriftl. Ber. BT-Drs. zu V/1941, 3). Mit dem 1. Justizmodernisierungsgesetz v. 24.8.2004 (BGBl. I 2198) wurde der Begriff des „Hilfsbeamten" durch den der „Ermittlungsperson" ersetzt.

2. Zweck, Anwendungsbereich und Bedeutung des § 397 AO

Der Begriff der **Einleitung des Strafverfahrens** bezeichnet die Wirkung aller Maßnahmen, durch die eine zur Ermittlung von Steuerstraftaten allgemein zuständige Behörde (Rn. 12 ff.) und deren Beamte (Rn. 15 ff.) oder ein Strafrichter (Rn. 32 ff.) den ersten Schritt zur Aufklärung eines steuerstrafrechtlichen Verdachts vollzieht. Die Begriffsbestimmung des § 397 I AO bildet den Maßstab für die Beurteilung der Frage, durch welchen Vorgang und zu welchem Zeitpunkt ein Strafverfahren wegen einer Steuerstraftat iS des § 369 I AO (oder nach § 410 I Nr. 6 AO ein Bußgeldverfahren wegen einer Steuerordnungswidrigkeit iS des § 377 I AO) begonnen hat. 2

Mit den Worten **„wegen einer Steuerstraftat"** bezeichnet § 397 I AO scheinbar nur die Einleitung eines Steuerstrafverfahrens. In Wirklichkeit beginnt damit auch das Ermittlungsverfahren iS des § 78c I Nr. 1 StGB, wenn dieselbe Tat – entgegen dem ersten Anschein oder von vornherein – kein Steuerstrafgesetz verletzt, sondern zB § 263 StGB. Die Verfahrenseinleitung erstreckt sich auf die gesamte Tat im prozessualen Sinn (vgl. hierzu Meyer-Goßner/Schmitt/*Meyer-Goßner* 1 ff. zu § 264 StPO). Eine entsprechende Anwendung des § 397 AO im Bußgeldverfahren wegen einer **Steuerordnungswidrigkeit** schreibt § 410 I Nr. 6 AO vor. Ferner wird § 397 AO in Bezug genommen von § 128 BranntwMonG für Strafverfahren wegen Monopolstraftaten und Bußgeldverfahren wegen Monopolordnungswidrigkeiten sowie von § 164 S. 2 StBerG für Bußgeldverfahren wegen Ordnungswidrigkeiten nach den §§ 160 ff. StBerG; vgl. darüber hinaus Nr. 26 ff. AStBV. 3

Um das Straf- oder Bußgeldverfahren vom Besteuerungsverfahren abzugrenzen, ist es für die Verfolgung von Zuwiderhandlungen gegen Steuergesetze erforderlich, den **Beginn des Straf- oder Bußgeldverfahrens** zu bestimmen. Im Anwendungsbereich des § 397 AO (Rn. 3) entwickeln sich die meisten Straf- und Bußgeldverfahren aus einem Besteuerungsverfahren, da Zuwiderhandlungen gegen Steuergesetze, auch soweit sie außersteuerliche Gebote oder Verbote betreffen, vorwiegend durch Finanzbeamte bei Amtshandlungen entdeckt werden, die nicht von vornherein darauf gerichtet waren, Zuwiderhandlungen aufzuspüren und aufzuklären, sondern der Ermittlung der Besteuerungsgrundlagen zum Zwecke der Steuerfestsetzung, der Steueraufsicht oder der Steuererhebung dienen sollten. Sobald jedoch im Besteuerungsverfahren bis zum Vollstreckungsverfahren der Verdacht einer Steuerstraftat oder Steuerordnungswidrigkeit aufkommt und die weitere Ermittlungstätigkeit auch darauf abzielt, diesen Verdacht aufzuklären, tritt der Stpfl in die Rechtsstellung eines Beschuldigten ein, der nicht mehr verpflichtet ist, sich selbst zu belasten, und der deshalb auch nicht mehr mit steuerrechtlichen Zwangsmitteln zu seiner Überführung angehalten werden darf (Rn. 139 ff.). Zugleich ist es erforderlich, die strafbefreiende Selbstanzeige eines Stpfl abzugrenzen von dem Geständnis eines Beschuldigten, das nur strafmildernd berücksichtigt werden kann (Rn. 145). Schließlich wird durch die Bekanntgabe der Einleitung des Strafverfahrens gem. § 78c I Nr. 1 StGB iVm § 369 II AO oder § 376 AO die Verfolgungsverjährung unterbrochen (Rn. 146). 4

5 **Naturgemäß ist in jedem Strafverfahren eine Maßnahme festzustellen,** mit der die Ermittlungen der Polizei oder StA ihren Anfang genommen haben. Trotzdem fehlt in der StPO eine mit § 397 I AO vergleichbare Vorschrift, obwohl § 78c I Nr. 1 StGB und § 33 I 1 Nr. 1 OWiG bestimmen, dass die Verjährung u. a. durch die (Anordnung der) Bekanntgabe der Einleitung des Ermittlungsverfahrens unterbrochen wird. Die Rspr wendet deshalb den Rechtsgedanken des § 397 I AO auf alle Strafverfahren entsprechend an (vgl. BGH 28.2.1997, NJW 1997, 1591 und BGH 24.7.2003, NJW 2003, 3142). Das Fehlen einer allgemeinen Vorschrift beruht insbes. darauf, dass die Tätigkeit der allgemeinen Strafverfolgungsbehörden von vornherein strafrechtlichen Zwecken dient; sie erwächst nicht aus einem vorausgehenden Verwaltungsverfahren, das zu einem bestimmten Zeitpunkt vom Strafverfahren abgegrenzt werden muss. Auch die oben im Anschluss an den Wortlaut des § 397 AO zitierten Vorschriften der Berufsordnungen setzen eine „Einleitung des Strafverfahrens" voraus.

6 **Unter dem Blickwinkel der verschiedenartigen Rechtsfolgen,** die das Steuerstrafrecht an die Einleitung des Strafverfahrens knüpft, wird deutlich, dass § 397 AO hauptsächlich dem **Schutz des Verdächtigen** davor dienen soll, zu strafrechtlichen Zwecken mit steuerlichen Mitteln ausgeforscht zu werden; dies gilt unmittelbar für § 397 III AO, aber auch für § 397 I AO im Zusammenwirken mit § 393 I AO. Die weit verbreitete Annahme, die Einleitung des Strafverfahrens sei „eine den *Beschuldigten (Betroffenen) persönlich besonders stark berührende Maßnahme*" (Nds. FinMin v. 10.2.1977, StEK AO 1977 § 397 Nr. 1) erweist sich bei näherer Betrachtung als zweischneidig. Für sich allein betrachtet hat die Einleitung des Strafverfahrens für den Betroffenen überhaupt keine spürbaren Wirkungen. Der Ausschluss einer strafbefreienden Selbstanzeige nach § 371 II Nr. 1b AO und die Unterbrechung der Verfolgungsverjährung nach § 376 II AO sind davon abhängig, ob und wann dem Stpfl die Einleitung des Strafverfahrens bekannt gegeben wird. Erst mit der Bekanntgabe kann eine psychische Belastung des Stpfl eintreten. Aber gerade die Bekanntgabe der Einleitung des Verfahrens ermöglicht dem Stpfl, der einer Steuerstraftat oder -ordnungswidrigkeit beschuldigt wird, eine sachdienliche Verteidigung und bewahrt ihn vor dem Irrtum, die FinB sei arglos, und er sei weiterhin verpflichtet, Auskünfte zu erteilen und Unterlagen vorzulegen. Allerdings ist diese „Schutzfunktion" der Einleitungsbekanntgabe dem Stpfl erfahrungsgemäß schwer zu vermitteln.

3. Rechtsnatur der Einleitung des Strafverfahrens

7 Die Einleitung des Strafverfahrens iS des § 397 I AO ist gleichbedeutend mit dem **Beginn straf- (oder bußgeld-)rechtlicher Ermittlungen** gegen eine (oder mehrere) bestimmte, bereits bekannte oder noch unbekannte Person(en) aufgrund eines bestimmten Sachverhalts, der den Verdacht (Rn. 38 ff.) einer Steuerstraftat (oder Steuerordnungswidrigkeit) hervorgerufen hat. Durch die erste verdachtsaufklärende Maßnahme einer im Gesetz genannten Stelle wird die Einleitung des Straf- (oder Bußgeld-)verfahrens kraft Gesetzes, also ohne weitere Entschließungen und Formalitäten, vollzogen. Die Einleitung löst dann ihrerseits in der folgenden logischen Sekunde die im Gesetz an anderen Stellen bestimmten verschiedenartigen Rechtsfolgen aus. Im Wehrdisziplinarrecht wird die Einleitung dagegen erst mit der Zustellung einer Einleitungsverfügung an den Soldaten wirksam (§ 93 I 3 WDO). Da die Einleitung des Verfahrens die gesetzliche Folge einer Ermittlungsmaßnahme, nicht etwa deren Voraussetzung ist, kann sie selbst keine verfahrensrechtliche Maßnahme sein; sie ist unabhängig von dem gem. § 397 II AO vorgeschriebenen Aktenvermerk (Rn. 116 ff.) und von der gem. § 397 III AO vorgeschriebenen Bekanntgabe an den Beschuldigten (Rn. 123 ff.), kann ihrer Natur nach nicht rückgängig gemacht werden und ist daher auch nicht anfechtbar (BFH 29.4.2008, BStBl. II 2008, 844). Das ist verfassungsrechtlich nicht zu beanstanden (BVerfG 8.11.1983, NStZ 1984, 228). Auch gegen das bloße Betreiben eines Ermittlungsverfahrens ist Rechtsschutz nicht gegeben, es sei denn, es steht objektiv willkürliches Handeln der Ermittlungsbehörden zum Nachteil des Beschuldigten

in Rede (BVerfG 2.10.2003, NStZ 2004, 447). Allenfalls kann diejenige Maßnahme angefochten werden, welche die Einleitung des Verfahrens bewirkt hat (Rn. 85 ff.). Indessen kann eine nachträglich erwiesene Unzulässigkeit der verfahrenseinleitenden Maßnahme nicht zur Folge haben, dass ein einmal eingeleitetes Verfahren als nicht eingeleitet gilt (Rn. 104).

Die **Maßnahme der Strafverfolgung,** mit der das Steuerstrafverfahren eingeleitet wird, 8
ist zwar ein tatsächlicher Vorgang. Sie beruht jedoch auf einem Willensentschluss des zuständigen Strafverfolgungsorgans und ist damit **Prozesshandlung.**

Mit namensverwandten Erscheinungen des allgemeinen Strafverfahrens kann die 9
Einleitung des Strafverfahrens iS des § 397 I AO weder von den Voraussetzungen her noch nach den Wirkungen gleichgesetzt werden. Die Einleitung des Steuerstrafverfahrens ist keine förmliche Prozesshandlung, die bereits auf dem Ergebnis vorausgegangener strafrechtlicher Ermittlungen beruht. Nicht einmal steuerrechtliche Ermittlungen sind erforderlich, wenn zB das Zollfahndungsamt aufgrund einer Strafanzeige einschreitet, um die mitgeteilten Angaben, die den Verdacht einer Steuerstraftat hervorgerufen haben, an Ort und Stelle zu überprüfen, oder wenn eine des Schmuggels verdächtige Person aufgrund § 127 StPO vorläufig festgenommen wird. Irreführend wäre daher insbes. ein Vergleich der Einleitung des Strafverfahrens iS des § 397 I AO mit der Erhebung der öffentlichen Klage iS des § 152 I StPO, da diese nach § 170 I StPO voraussetzt, dass die durchgeführten Ermittlungen einen hinreichenden Tatverdacht ergeben haben (Rn. 45).

4. Einleitung des Strafverfahrens und Legalitätsprinzip

§ 397 I AO ist kein Ausdruck der Pflicht zur Verfolgung von Steuerstraftaten. 10
Das **Legalitätsprinzip,** dessen ungerechtfertigte Vernachlässigung den Vorwurf der Strafvereitelung im Amt (§§ 258, 258a StGB) begründet, ergibt sich für die StA aus § 152 II StPO, für die Polizei aus § 163 I StPO und für die FinB – je nach ihrer Kompetenz gem. § 386 AO – entweder aus § 399 AO iVm § 152 II StPO oder aus § 402 AO iVm § 163 I StPO; vgl. auch Nr. 10 u. 26 AStBV. § 163 I StPO gilt auch für die Ermittlungspersonen der StA (vgl. § 404 AO). Der Strafrichter unterliegt der Verfolgungspflicht wie ein StA, wenn er als Notstaatsanwalt (§ 165 StPO) tätig wird oder wenn er als Ermittlungsrichter (§ 162 StPO) die Ermittlungen gegen eine bisher unverdächtige Person aufnehmen muss. Als Haftrichter, Eröffnungsrichter und erkennender Richter wird der Strafrichter nur mit Sachen befasst, denen bereits verfahrenseinleitende Ermittlungen einer FinB, der Polizei oder der StA vorausgegangen sind. Durch das in der StPO verankerte Legalitätsprinzip besteht eine Verpflichtung, wegen verfolgbarer Straftaten bei zureichenden Anhaltspunkten einzuschreiten (§ 152 II StPO; ferner Rn. 38). Die zur Aufklärung des Verdachts ergriffenen Maßnahmen haben dann ihrerseits gem. § 397 I AO die Einleitung des Strafverfahrens zur Folge.

Die Begriffsmerkmale des § 397 I AO sind tatsächlicher Natur. Ob das strafrecht- 11
liche Vorgehen einer Behörde in Erfüllung einer Rechtspflicht zur Strafverfolgung geschieht, ist für die Rechtsfolge der Einleitung des Strafverfahrens unerheblich. Dies wird bestätigt durch die von § 410 I Nr. 6 AO vorgeschriebene Geltung des § 397 AO im Bußgeldverfahren wegen einer Steuerordnungswidrigkeit (Rn. 3), in dem die Verfolgung und Ahndung einer Zuwiderhandlung nach dem Opportunitätsprinzip des § 47 I 1 OWiG im Ermessen der Behörde steht (Rn. 7 zu § 410). Hat eine Strafverfolgungsbehörde ein nach dem Legalitätsprinzip gebotenes Einschreiten pflichtwidrig unterlassen, ist das Strafverfahren nicht eingeleitet. Hat sie umgekehrt eine **Ermittlungsmaßnahme zu Unrecht** getroffen, zB Buchführungsunterlagen entgegen § 98 I StPO ohne richterliche Anordnung und ohne Gefahr im Verzug beschlagnahmt, ist das Strafverfahren gem. § 397 I AO gleichwohl eingeleitet. Auch in einem solchen Fall tritt also die Folge ein, dass der betroffene Stpfl als Beschuldigter die Aussage verweigern kann und nicht mehr mit steuerlichen

Mitteln zu einer Überführung angehalten oder gezwungen werden darf (*Blesinger* wistra 1994, 48, 52; ferner Rn. 139 ff.).

5. Zur Einleitung berufene Stellen

12 **Der gesetzlichen Aufzählung der Stellen,** deren Maßnahmen nach § 397 I AO die Einleitung des Strafverfahrens bewirken können, liegt rechtlich **keine Rangfolge** zugrunde, insbes. begründet die Nennung der FinB an erster Stelle keinen Vorrang gegenüber den anderen Stellen und Personen. Nur aus tatsächlichen Gründen ist in erster Linie die FinB zu einer verfahrenseinleitenden Maßnahme berufen, weil sie durch ihre Tätigkeit im Besteuerungsverfahren häufiger und eher als andere Stellen Anhaltspunkte für einen Verdacht einer Zuwiderhandlung gegen Steuergesetze entdeckt. Aus demselben Grunde ist der Strafrichter an letzter Stelle angeführt, weil seiner Tätigkeit regelmäßig bereits die verfahrenseinleitende Maßnahme einer anderen Stelle vorausgegangen ist.

13 **Welche Finanzbehörde, Polizeibehörde, StA, welche Ermittlungsperson oder welcher Strafrichter** im Einzelfall **die erste Maßnahme strafrechtlicher Art** gegen einen Verdächtigen getroffen hat, ist für die Rechtsfolge der Einleitung des Strafverfahrens unerheblich. Die Meinung des RG, ein Steuerstrafverfahren sei eingeleitet, „sobald eine zur Strafverfolgung in abstracto zuständige Behörde zum Zwecke der Strafverfolgung amtlich eingeschritten ist" (RG 17.6.1890, RGSt 21, 9), trifft heute noch zu. Die Begriffsbestimmung des § 397 I AO unterscheidet nicht danach, ob die zuerst tätig gewordene Stelle für die Ermittlungen auch sachlich oder örtlich zuständig ist. Eine entsprechende Einengung würde dem Schutzzweck des Gesetzes (Rn. 6) zuwiderlaufen und außer Acht lassen, dass die Einleitung des Strafverfahrens keine prozessuale Willenshandlung ist (Rn. 7 ff.). Diese Folgerung wird bestätigt durch die Nennung der „Polizei" und der „Ermittlungspersonen der StA", die in keinem Fall strafverfahrensrechtliche Entscheidungen treffen können. Da das Gesetz sie dennoch anführt, ist zweifelsfrei erkennbar, dass die Rechtsfolge der Einleitung des Strafverfahrens nur davon abhängt, ob **irgendeine der im Gesetz genannten Stellen** den ersten Schritt zur Aufklärung eines Tatverdachts vollzogen hat. Eine über Zuständigkeitsgrenzen hinausgreifende Maßnahme kann insbes. dann erforderlich werden, wenn bei der Prüfung einer bestimmten Steuer oder bei der Überprüfung einer Person Anhaltspunkte für die Hinterziehung einer Steuer entdeckt werden, für welche die prüfende FinB sachlich nicht zuständig ist, zB wenn Ertragsteuerverkürzungen in einem Betrieb entdeckt werden, der verbrauchsteuerpflichtige Erzeugnisse herstellt. Nichts anderes kann gelten, wenn die für die Verfolgung von Schwarzarbeit zuständige Finanzkontrolle Schwarzarbeit (FKS; §§ 12ff Schwarzarbeitsbekämpfungsgesetz [SchwarzArbG]), eine Dienststelle des Hauptzollamtes, ein Ermittlungsverfahren wegen des Verdachts der Hinterziehung von Ertragsteuern einleitet (aA *Buse* AO-StB 2007, 80).

14 **a) Finanzbehörde.** Der **Begriff** der Finanzbehörde umfasst nach § 386 I 2 AO die Hauptzollämter einschl. ihrer Dienststellen, den Zollämtern (§ 1 Nr. 4, § 12 FVG), die Finanzämter (§ 2 I Nr. 4, § 17 FVG) und das Bundeszentralamt für Steuern (§ 1 Nr. 2, § 5 FVG) sowie die Familienkassen. Keine Finanzbehörden sind dagegen die Arbeitsämter, selbst wenn sie durch ihre Bekämpfungsstelle gegen illegale Beschäftigung tätig werden (glA *Rolletschke* Stbg 2006, 221). Die Zollfahndungsämter, die Bundesfinanzdirektionen und das Zollkriminalamt sind zwar Bundesfinanzbehörden iS der Begriffsbestimmung in § 1 Nr. 3 und 4 FVG; sie sind jedoch nach der besonderen Vorschrift des § 386 I 2 AO keine Finanzbehörden iS des 3. Abschnitts des 8. Teils der AO. Die Zollfahndungsämter und die mit der Steuerfahndung betrauten Dienststellen der Landesfinanzbehörden sowie ihre Beamten können allerdings verfahrenseinleitende Maßnahmen nach näherer Bestimmung des § 404 AO vornehmen. Das Zollkriminalamt hat als Zentralstelle der Zollverwaltung vielfältige Aufgaben (§ 3 Zollfahndungsdienstgesetz – ZFdG); u. a. unterstützt es die Zollfahndungsämter und andere ermittlungsführende Behörden der Zollverwaltung (§ 3 VIII ZFdG). In Fällen von besonderer Bedeutung kann es auch selbstständig ermitteln (§ 4 I

ZFdG). Dem Zollkriminalamt und seinen Beamten stehen die Befugnisse der Zollfahndungsämter einschl. der Möglichkeit zu, verfahrenseinleitende Maßnahmen zu treffen (§ 16 ZFdG; § 404 AO). Im Übrigen kann es den Zollfahndungsämtern fachliche Weisungen erteilen (§ 6 ZFdG).

Welcher **Amtsträger** die Befugnisse der FinB zur Aufklärung von Steuerstraftaten im Einzelfall auszuüben hat, ist eine Frage der innerdienstlichen Behördenorganisation. Auch wenn § 397 I AO im Gegensatz zu § 404 S. 1 AO nur die Behörden und nicht deren Beamte nennt, ist nicht nur die Behörde, vertreten durch ihren Vorsteher, sondern grundsätzlich jeder Amtsträger der FinB in der Lage, eine Maßnahme zu treffen, welche die Rechtsfolge der Einleitung des Straf- (oder Bußgeld-)verfahrens auslöst (glA Klein/*Jäger* AO § 397 Rn. 9; Koch/Scholtz/*Scheurmann-Kettner* 10, Kohlmann/*Peters* 15.1, RK-*Rolletscke* 19 u. Schwarz/Pahlke/*Dumke* 21 zu § 397 AO; aM *Zwank* StBp 1978, 151). Auch die Einleitung eines Straf- oder Bußgeldverfahrens durch den Außenprüfer ist rechtswirksam (glA TK-*Tipke* 29 vor § 193 AO; Erbs/Kohlhaas/*Hadamitzky*/*Senge* AO § 397 Rn. 6). Hätten Maßnahmen von Sachbearbeitern und Außenprüfern keine verfahrenseinleitende Wirkung, wäre der Schutz, den § 397 I AO dem Stpfl gewähren will, weniger wirksam (*Pütz* StKRep 1982, 235 f.; vgl. auch Rn. 68). Auch der Zollgrenzbeamte, der eine schmuggelverdächtige Person gem. § 127 StPO vorläufig festnimmt, trifft eine Maßnahme, die darauf abzielt, gegen den Verdächtigen strafrechtlich vorzugehen. Sie versetzt diesen in den Stand eines Beschuldigten, der nicht auszusagen braucht (§ 136 I 2 StPO). Die Einleitung des Straf- oder Bußgeldverfahrens als tatsächlicher Vorgang (Rn. 7 f.) ist rechtswirksam ohne Rücksicht auf die Befugnis des Amtsträgers im Innenverhältnis. 15

Unerheblich ist es nach den vorstehenden Ausführungen für die Einleitung des Straf- oder Bußgeldverfahrens,

– ob der Amtsträger der FinB, der eine auf Strafverfolgung abzielende Maßnahme trifft, Beamter im staatsrechtlichen Sinne ist oder ob er als Angestellter mit einer hoheitlichen Aufgabe, zB einer Betriebsprüfung, betraut ist, 16
– ob der Amtsträger der Zollfahndung, der Steuerfahndung, der Strafsachenstelle, der Familienkasse oder aber einer Stelle angehört, deren dienstliche Obliegenheiten nach der innerdienstlichen Organisation und Geschäftsverteilung der FinB im Allgemeinen nicht die Verfolgung von Zuwiderhandlungen gegen Steuergesetze umfasst (vgl. RG 12.2.1940, RStBl. 314, in Bezug auf einen Veranlagungsbeamten), 17
– ob der Amtsträger nach dem ersten Zugriff auch für das weitere Verfahren zuständig ist oder ob die weiteren Ermittlungsmaßnahmen und die nach Abschluss der Ermittlungen erforderliche Entscheidung innerdienstlich einer anderen Stelle derselben FinB oder nach der gesetzlichen Zuständigkeitsverteilung gem. §§ 386 ff. AO einer anderen FinB oder der StA obliegen (Rn. 13). 18

b) Mangelnde Zuständigkeit vorgesetzter Finanzbehörden. Den **Oberfinanzdirektionen** und den obersten Finanzbehörden des Bundes und der Länder fehlt die Kompetenz, bei Zuwiderhandlungen gegen Steuergesetze im Einzelfall einzuschreiten. Nach § 386 I 2 AO stehen ihnen die besonderen Rechte und Pflichten der örtlichen Finanzbehörden im Straf- und Bußgeldverfahren nicht zu. Insbesondere ist der Oberfinanzpräsident (§ 9a FVG) oder der Finanzminister (-senator) – im Gegensatz zum GenStA als vorgesetzter Behörde der StA nach § 145 GVG – nicht in der Lage, eine einzelne Steuerstraf- oder -bußgeldsache an sich zu ziehen (glA Kohlmann/*Hilgers-Klautzsch* 36 zu § 386). Die Oberfinanzdirektionen können allerdings im Wege der Dienstaufsicht Weisungen erteilen (glA Kohlmann/*Hilgers-Klautzsch* 36 zu § 386). 19

Im Unterschied zur früheren Organisationsform (vgl. hierzu die 6. Aufl.) sind **Konzernprüfer und Großbetriebsprüfer** nicht mehr Bedienstete der OFD, sondern von (Sonder-) Betriebsprüfungsstellen, die entweder Festsetzungsfinanzämtern angegliedert sind oder eigene Betriebsprüfungsfinanzämter bilden (vgl. *Burkhard/Adler,* Betriebsprüfung und Steuerfahndungsprüfung, § 193 Rn. 16). Auch diese Finanzämter sind Finanzbehörden iS von 20

§ 386 I 2 AO (glA RK-*Rolletschke* 21 zu § 397). Für **Steuerfahndungsprüfer** (vgl. § 404 AO) gilt das Gesagte entsprechend. **Bundesbetriebsprüfer** sind Bedienstete des BZSt (§ 5 FVG), ebenfalls einer FinB iS des § 386 I 2 AO (Rn. 14). Nach § 10 BpO (St) hat der Steuerprüfer seine Prüfung zu unterbrechen und unverzüglich die BuStra oder die Steuerfahndungsstelle zu unterrichten, wenn sich während einer Außenprüfung zureichende Anhaltspunkte für eine Steuerstraftat ergeben.

21 **Soweit für Stundung und Erlass von Steuern** (§§ 222, 227 AO) sowie für den Verzicht auf Zinsen (§ 234 II, § 237 IV AO) die Entscheidung nach bestimmten Größenmerkmalen von den Finanzämtern auf vorgesetzte Behörden verlagert worden ist (gleichlautender Ländererlass v. 15.4.2008, BStBl. I 2008, 534), bleibt die steuerstrafrechtliche Zuständigkeit des für die Verwaltung der jeweiligen Steuer im Ganzen sachlich zuständigen FA unberührt (Rn. 9 zu § 387). Auch wenn der Verdacht einer Steuerstraftat bei der Bearbeitung eines Stundungs- oder Erlassantrags durch die OFD aufkommt, haben deren sachdienliche Maßnahmen oder Weisungen (Rn. 22) keine verfahrenseinleitende Wirkung; hierfür bleibt maßgebend, wann eine(r) der in § 397 I AO genannten Behörden, Beamten oder Richter den Verdacht aufzuklären beginnt.

22 Auf Grund der ausdrücklichen Regelungen im 8. Teil der AO kann auf oberste Finanzbehörden nur die Ermächtigung zum Erlass einer ZuständigkeitsVO nach § 387 II AO übertragen werden. Die Oberfinanzdirektionen haben auf Grund des § 390 II 2 AO in Zweifelsfällen darüber zu entscheiden, ob eine Strafsache von einer ihr unterstellten örtlichen FinB übernommen wird. Darüber hinaus sind die vorgesetzten FinB im Wege der Dienstaufsicht auch **im Straf- oder Bußgeldverfahren** zu sachlichen **Weisungen** befugt (hM, vgl. Kohlmann/*Hilgers-Klautzsch* 36 zu § 386 mwN). Erlasse der Finanzminister (-senatoren) und Verfügungen einer OFD können sich auf bestimmte Fallgruppen, aber auch auf das Verfahren einer örtlichen FinB in einer einzelnen Strafsache beziehen. Aber selbst dann, wenn eine Weisung den Inhalt hat, gegen eine bestimmte Person wegen eines konkreten Sachverhalts straf- oder bußgeldrechtlich vorzugehen, ist die Rechtsfolge der Einleitung des Verfahrens allein davon abhängig, ob und wann die örtliche FinB (weisungsgemäß) tätig wird.

23 **c) Polizei.** Der **Begriff** der Polizei iS des § 397 I AO umfasst alle Beamten des Polizeidienstes, ohne zwischen den verschiedenen Polizeiverwaltungen und -behörden des Bundes und der Länder zu unterscheiden. Auf die sachliche oder örtliche Zuständigkeit kommt es bei einem ersten Zugriff der Polizei (§ 163 StPO) ebenso wenig an wie bei den FinB (Rn. 13, 18). Auch besondere Zweige der Polizei werden von § 397 I AO nicht ausgenommen, wie zB die Bundespolizei, der neben allgemeinen Aufgaben zur Verhütung und Verfolgung von Straftaten (§§ 1, 12 BPolBG) der Grenzschutz (§ 2 BPolBG) und bahnpolizeiliche Aufgaben (§ 3 BPolBG) obliegen. Die Beamten im Polizeivollzugsdienst der Bundespolizei, die mindestens vier Jahre dem Polizeivollzugsdienst angehören, sind Ermittlungspersonen der StA (§ 152 GVG) und haben die Rechte und Pflichten der Polizeibeamten nach der StPO (§ 12 V BPolBG).

24 **Verfahrenseinleitende Maßnahmen** der Polizei kommen bei Zuwiderhandlungen gegen Steuergesetze selten vor, weil planmäßige Ermittlungen hauptsächlich durch die Zoll- oder Steuerfahndung der Finanzverwaltung durchgeführt werden. Bei Zuwiderhandlungen, die Einfuhr- und Ausfuhrabgaben (vgl. § 3 III AO) betreffen, erfordern die Umstände einen ersten Zugriff der Polizei namentlich dann, wenn Beamte der Bundespolizei Schmugglern oder Hehlern von Schmuggelgut auf frischer Tat begegnen. Aber auch Zuwiderhandlungen gegen Besitz- und Verkehrsteuergesetze werden gelegentlich von Polizeibeamten entdeckt, hauptsächlich im Zusammenhang mit polizeilichen Ermittlungen wegen anderer Straftaten.

25 **d) Staatsanwaltschaft.** Der **Begriff der StA** umschreibt in § 397 I AO dieselbe Funktion wie in § 142 GVG, umfasst also grundsätzlich auch die Tätigkeit der Bundesanwälte beim BGH und der Amtsanwälte bei den Amtsgerichten. Zur Organisation der Staatsanwaltschaf-

ten vgl. die Anordnungen der Landesjustizverwaltungen über die Organisation und den Dienstbetrieb der Staatsanwaltschaften (zB das sächsische Organisationsstatut der Staatsanwaltschaften – VwVOrgStA – vom 12.1.1998, Sächs. JMBl. 18, zuletzt geänd. am 11.6.2012, Sächs. ABl. 82). Auf Amtsanwälte sollten Steuerstrafsachen nicht übertragen werden.

Eigenen Maßnahmen der StA gehen regelmäßig Ermittlungsmaßnahmen der (Kriminal-)Polizei oder der FinB voraus, die bereits die Einleitung des Strafverfahrens bewirkt haben. Bedeutung gewinnt die Nennung der StA in § 397 I AO, wenn Strafanzeigen unmittelbar bei der StA eingegangen sind oder wenn die StA aufgrund eigener oder polizeilicher Ermittlungen Anhaltspunkte für Zuwiderhandlungen gegen Steuergesetze oder für die Teilnahme einer bisher unverdächtigen Person erlangt hat und daraufhin verdachtsaufklärende Maßnahmen selbst trifft oder entsprechende Ermittlungsaufträge an die Polizei oder an die Zoll- oder Steuerfahndung richtet (Rn. 97 ff. zu § 404). 26

e) Ermittlungspersonen der Staatsanwaltschaft. Ermittlungspersonen der StA sind bestimmte Landes- oder Bundesbeamte, in Bußgeldsachen auch Angestellte, die der StA nicht angehören, aber aufgrund ihrer Eigenschaft als Ermittlungspersonen berechtigt oder verpflichtet sind, bei der Verfolgung von Straftaten oder Ordnungswidrigkeiten mit bestimmten gesetzlichen Befugnissen (vgl. zB § 81a II, § 98 I, § 105 I 1 StPO) zur Sicherung der Person des Täters und der Beweismittel mitzuwirken. Ermittlungspersonen der StA bleiben in ihre Behörde eingegliedert, sind aber bei der Durchführung eines Ermittlungsverfahrens verpflichtet, die Anordnungen der StA ihres Bezirks zu befolgen (vgl. § 152 I GVG, ggf. iVm § 46 I OWiG; s. auch Rn. 97 zu § 404). Mit dem 1. Justizmodernisierungsgesetz v. 24.8.2004 (BGBl. I 2198) wurde der frühere Begriff des „Hilfsbeamten" durch den der „Ermittlungsperson" ersetzt. Der Bundesgesetzgeber wollte durch die Verwendung eines zeitgemäßen Begriffs der Ermittlungswirklichkeit Rechnung tragen. Die Sachleitungsbefugnis liegt weiterhin bei der StA. 27

Ermittlungspersonen kraft Gesetzes sind aufgrund § 404 S. 2 Halbs. 2 AO die Beamten der Zollfahndungsämter und der Steuerfahndung, ferner aufgrund § 12 V BPolG die Polizeivollzugsbeamten der Bundespolizei und die Beamten des Bundeskriminalamts gem. § 4 BKAG. Soweit andere Gesetze bestimmte Beamte für einen sachlich begrenzten Bereich unmittelbar zu Ermittlungspersonen der StA erklären, zB § 25 II BJagdG die bestätigten Jagdaufseher *„in Angelegenheiten des Jagdschutzes"*, fehlt solchen Ermittlungspersonen kraft Gesetzes die allgemeine Zuständigkeit für die Verfolgung von Straftaten; sie werden daher von § 397 I AO nicht erfasst (Rn. 13). Demgemäß können ihre Maßnahmen auch nicht die Einleitung des Verfahrens wegen einer Steuerstraftat oder einer Steuerordnungswidrigkeit zur Folge haben. In den neuen Bundesländern können auch Angestellte zu Ermittlungspersonen der StA bestellt werden (EV Anl. I Kap. III Sachgebiet A Abschn. III Nr. I Buchst. o II). 28

Die meisten Ermittlungspersonen der StA besitzen diese Eigenschaft nicht unmittelbar kraft Gesetzes, sondern gem. einer aufgrund § 152 II GVG (ggf. iVm § 46 I OWiG) erlassenen RechtsV. Nahezu gleichlautende **Verordnungen der Landesregierungen oder Landesjustizverwaltungen** bestehen in Baden-Württemberg v. 12.2.1996 (GVBl. 184), Bayern v. 21.12.1995 (GVBl. 1996, 4), Berlin v. 25.10.2005 (GVBl. 758), Brandenburg v. 28.12.1995 (GVBl. 1996, 62), Bremen v. 29.10.1996 (GBl. 327), Hamburg v. 2.4.1996 (GVBl. 44), geänd. am 4.3.1997 (GVBl. 47), Hessen v. 15.3.1996 (GVBl. I 114), Mecklenburg-Vorpommern v. 8.7.1996 (GVOBl. 311), Niedersachsen v. 2.10.1997 (GVBl. 423), ber. am 20.4.1998 (GVBl. 485), Nordrhein-Westfalen v. 30.4.1996 (GVNW 180), Rheinland-Pfalz v. 5.12.1995 (GVBl. 509), im Saarland v. 11.7.1996 (ABl. 784), geänd. am 4.11.2004 (ABl. 2342), in Sachsen v. 5.4.2005 (GVBl. 72), Sachsen-Anhalt v. 9.8.2001 (GVBl. 334), Schleswig-Holstein v. 23.11.1995 (GVOBl. 391) und in Thüringen v. 12.6.1996 (GVBl. 110). 29

Nach den vorstehenden Verordnungen der Länder werden außer bestimmten Beamtengruppen im Bereich des Forstdienstes, der (Kriminal-, Schutz-, Wasserschutz-, Bereit- 30 schafts-, Gewerbe-)Polizei, der Forst- und Fischereiverwaltung und der Bergverwaltung im **Bereich der Bundesfinanzverwaltung** u. a. die Angehörigen folgender Beamtengruppen summarisch zu Ermittlungspersonen der StA bestellt: im Außenprüfungs- und Steueraufsichtsdienst: Regierungsräte, Zolloberamtsräte, Zollamtsräte, Zollamtmänner, Zolloberinspektoren, Zollinspektoren, Zollbetriebsinspektoren, Zollhauptsekretäre, Zollobersekretäre, Zollsekretäre; im Grenzaufsichtsdienst und Grenzabfertigungsdienst: Regierungsräte, Zolloberamtsräte, Zollamtsräte, Zollamtmänner, Zolloberinspektoren, Zollinspektoren, Zollbetriebsinspektoren, Zollschiffsbetriebsinspektoren, Zollhauptsekretäre, Zollschiffshauptsekretäre, Zollobersekretäre, Zollschiffsobersekretäre, Zollsekretäre, Zollschiffssekretäre. Angestellte mit entsprechenden Aufgaben sind nach den Verordnungen zum Teil ebenfalls Ermittlungspersonen der StA. In allen Fällen müssen Ermittlungspersonen der StA mindestens 21 Jahre alt sein (§ 152 II GVG).

31 Die **Bestellung der Angehörigen verschiedener Verwaltungen** durch RechtsV aufgrund § 152 II GVG (ggf. iVm § 46 I OWiG) ist nicht auf bestimmte Angelegenheiten beschränkt; anders zB nach § 404 S. 2 Halbs. 2 AO und § 25 II BJagdG (Rn. 28). Demgemäß haben alle durch RechtsV bestellten Ermittlungspersonen der StA die mit dieser Eigenschaft verbundenen Befugnisse (Rn. 27) auch für die Verfolgung von Steuerstraftaten, wenngleich es selten vorkommen wird, dass etwa ein Beamter der Forst-, Fischerei- oder Bergverwaltung eine Maßnahme trifft, die zur Einleitung eines Strafverfahrens iS des § 397 AO führt.

32 **f) Strafrichter.** Nur Maßnahmen eines Strafrichters können nach § 397 I AO verfahrenseinleitende Wirkung haben. Maßnahmen anderer Richter können, auch wenn sie auf die Verfolgung einer Steuerstraftat abzielen (vgl. § 149 ZPO iVm § 155 FGO, § 173 VwGO oder § 202 SGG), nur die Vorstufe der verfahrenseinleitenden Maßnahme einer der in § 397 I AO aufgeführten, für die Strafverfolgung allgemein zuständigen Stelle bilden.

33 Mit dem **Begriff „Strafrichter"** ist jeder in Strafsachen tätige Richter gemeint, nicht nur der Einzelrichter als erkennender Richter des Amtsgerichts iS des § 25 GVG, vielmehr in erster Linie der Ermittlungsrichter iS des § 162 StPO, der für die Vornahme richterlicher Untersuchungshandlungen im Ermittlungsstadium eines Strafverfahrens zuständig ist, sowie der Richter als Notstaatsanwalt iS des § 165 StPO. Der Begriff „Strafrichter" wurde gewählt, um auszuschließen, dass schon in der Abgabe von Akten durch den Zivilrichter an die StA wegen des Verdachts einer Steuerstraftat die Einleitung des Strafverfahrens gefunden werden kann (BT-Rechtsausschuss am 22.6.1967, Prot. Nr. 47 S. 15 f.).

34 **In welcher Funktion und auf welcher Stufe eines Straf- (oder Bußgeld-)verfahrens der Strafrichter tätig wird,** ist für die Wirkung einer verdachtsaufklärenden Maßnahme nach § 397 I AO unerheblich. Naturgemäß scheiden für die Einleitung des Verfahrens iS des § 397 I AO alle strafrichterlichen Handlungen aus, die ihrerseits eine verfahrenseinleitende Maßnahme der StA oder der FinB voraussetzen, zB einen Antrag auf Anordnung einer Beschlagnahme oder auf Erlass eines Strafbefehls; denn wegen derselben Tat kann ein Straf- (oder Bußgeld-)verfahren gegen eine bestimmte Person nur einmal eingeleitet werden (Rn. 114).

35 Ein **Hinweis des Strafrichters in der Hauptverhandlung,** dass der Angeklagte auch aufgrund eines anderen als des in der gerichtlich zugelassenen Anklage angeführten Strafgesetzes verurteilt werden könne (§ 265 I StPO), hat keine verfahrenseinleitende Wirkung, weil sich die Einleitung des Strafverfahrens iS des § 397 I AO auf einen bestimmten Sachverhalt, auf eine Tat im strafprozessualen Sinn, bezieht, deren rechtliche Würdigung der abschließenden Entscheidung vorbehalten bleibt (Rn. 71). Dasselbe gilt erst recht für einen Hinweis auf Umstände, welche die Strafbarkeit erhöhen oder die Anordnung einer Maßregel der Besserung und Sicherung rechtfertigen (§ 265 II StPO).

36 **Verfahrenseinleitende Wirkung** kann eine strafrichterliche Maßnahme nur entfalten, wenn der Strafrichter bei Vernehmungen im Ermittlungs- oder Hauptverfahren auf den Verdacht einer Straftat stößt, die noch nicht Gegenstand des Ermittlungs- oder Haupt-

verfahrens ist, oder wenn sich der Verdacht der Täterschaft oder Teilnahme auf eine bisher unverdächtige Person erstreckt und der Strafrichter daraufhin eine verdachtsaufklärende Maßnahme veranlasst.

g) Maßnahmen anderer Stellen. Andere als die in § 397 I AO aufgeführten Stellen können zwar Maßnahmen ergreifen, die im Ergebnis ebenfalls auf die Verfolgung einer Zuwiderhandlung gegen Steuergesetze hinauslaufen. Das Gesetz versagt solchen Maßnahmen jedoch die verfahrenseinleitende Wirkung mit den daran geknüpften Rechtsfolgen (Rn. 139 ff.). Dies gilt namentlich für Mitteilungen über Steuerstraftaten, die andere Behörden in Erfüllung ihrer Rechtspflicht aus § 116 AO der FinB zuleiten, zB Gemeindebehörden, Ausländerbehörden, Träger der Sozialversicherung (vgl. § 93a AO iVm MV v. 7.9.1993, BGBl. I 1554, zuletzt geänd. am 23.12.2003, BGBl. I 2848), sowie für entsprechende Mitteilungen der Zivil-, Finanz-, Verwaltungs-, Arbeits- oder Sozialgerichte (Rn. 32), schließlich für Weisungen vorgesetzter FinB an die örtliche FinB, gegen bestimmte Personen wegen eines bestimmten verdachtsbegründenden Sachverhalts straf- oder bußgeldrechtlich vorzugehen (Rn. 22). 37

6. Verdacht als Voraussetzung der Einleitung des Strafverfahrens

Schrifttum: *Lüttger,* Der „genügende Anlass" zur Erhebung der öffentlichen Klage, GA 1957, 193; *Willms,* Offenkundigkeit und Legalitätsprinzip, JZ 1957, 465; *Geerds,* Strafrechtspflege und Prozessuale Gerechtigkeit, SchlHA 1964, 57; *Geerds,* Der Tatverdacht, GA 1965, 321; *Sarstedt,* Gebundene Staatsanwaltschaft?, NJW 1964, 1752; *Kaiser,* Tatverdacht und Verantwortung des Staatsanwalts, NJW 1965, 2380; *Richter,* Der Verdacht strafbarer Handlungen bei der Betriebsprüfung, DB 1967, 697; *Steffen,* Haftung für Amtspflichtverletzungen des Staatsanwalts, DRiZ 1972, 154; *Sailer,* Anklageerhebung und Gleichheitsprinzip, NJW 1977, 1438; *Geerds,* Kenntnisnahme vom Tatverdacht und Verfolgungspflicht, Schröder-Gedächtnisschr. 1978, 379; *Kühne,* Die Definition des Verdachts als Voraussetzung strafprozessualer Zwangsmaßnahmen, NJW 1979, 617; *Bottke,* Zur Anklagepflicht der Staatsanwaltschaft, GA 1980, 298; *Arndt,* Vorfeldermittlungen, Gruppenverdacht und Sammelauskunftsersuchen, Felix-Festgabe 1989, 1; *Carl/Klos,* Schwarzgeldtransfer nach Luxemburg: Zur Rechtmäßigkeit der Durchsuchung von Kreditinstituten durch die Steuerfahndung, wistra 1994, 211; *Hellmann,* Das Neben-Strafverfahrensrecht der Abgabenordnung, 1995; *Papier/Dengler,* Verfassungsrechtliche Fragen im Zusammenhang mit Steuerfahndungsmaßnahmen bei Banken, BB 1996, 2541, 2593; *Wenzel,* Das Verhältnis von Steuerstraf- und Besteuerungsverfahren, Herbolzheim, 2003, S. 105 ff.; *Weigell,* Dokumentationspflichten bei der Ermittlung von Verrechnungspreisen: Einzug des Steuerstrafrechts in das internationale Steuerrecht!, IStR 2005, 182; *Burkhard,* Beihilfe zur Steuerhinterziehung durch Belegverkäufe über eBay, PStR 2004, 164; *Schulenburg,* Legalitäts- und Opportunitätsprinzip im Strafverfahren, JuS 2004, 765; *Kemper;* Der Anfangsverdacht in der Außenprüfung, StBp 2007, 263; *Matthes,* Rasterfahndung im Steuerstrafverfahren, Hamburg, 2006; *Rolletschke,* Verfahrenseinleitung auf Grund einer Selbstanzeige, wistra 2007, 89; *Vogelberg,* Anlass für Vorfeldermittlungen, PStR 2007, 244; *Wegner,* Checkliste: Zum Verdacht einer Steuerstraftat oder -ordnungswidrigkeit i. S. des § 10 BpO, PStR 2009, 86; *Buse,* Der steuerstrafrechtliche Verdacht des Außenprüfers, DB 2011, 1942; *Madauß,* Außenprüfung und Steuerstrafverfahren – Anmerkung aus der Praxis, NZWiSt 2014, 296; *Webel/Wähnert,* Der Verdacht einer Steuerstraftat während der Außenprüfung, NWB 2014, 3324.

Nach dem **Legalitätsprinzip** müssen die in § 397 I AO genannten Stellen wegen aller verfolgbaren Steuerstraftaten einschreiten, sofern zureichende tatsächliche Anhaltspunkte vorliegen (§ 152 II StPO), und zur Aufklärung des Verdachts den Sachverhalt erforschen (§ 160 I StPO). Das Legalitätsprinzip erfordert sogar ein unverzügliches Tätigwerden, damit der Schwebezustand zwischen Verdacht und Gewissheit über die Berechtigung des Schuldvorwurfs möglichst bald beendet wird (vgl. Art. 6 I 1 MRK, Nr. 5 RiStBV u. Nr. 6 AStBV). Andererseits sind strafrechtliche Ermittlungsmaßnahmen noch nicht zulässig, solange die tatsächlichen Anhaltspunkte noch nicht ausreichen, um einen Tatverdacht zu begründen (*Hellmann* aaO S. 250). Zwischen den Geboten des unverzüglichen Zugriffs und der Zurückhaltung mit voreiligen Maßnahmen bildet das Vorhandensein eines Verdachts eine allgemeine Voraussetzung für die erste strafrechtliche Maßnahme, der § 397 I AO verfahrenseinleitende Wirkung zuspricht. 38

Wann ein Verdacht vorliegt, lässt sich allgemein kaum definieren. Nach § 152 II StPO ist die StA, soweit nicht gesetzlich ein anderes bestimmt ist, verpflichtet, wegen aller verfolgbaren Straftaten einzuschreiten, sofern **„zureichende tatsächliche Anhaltspunk-** 39

te" vorliegen. Das soll der Fall sein, wenn *„nach kriminalistischer Erfahrung die Möglichkeit besteht"*, dass eine verfolgbare Straftat vorliegt (BGH 21.4.1988, NJW 1989, 96). Diese Möglichkeit besteht bereits dann, wenn auch nur entfernte Indizien vorliegen (OLG Frankfurt 20.12.1995, NStZ 1996, 196). Kriminalistische Erfahrungen, die einen Anfangsverdacht begründen, können uU auch aus Selbstanzeigen in vergleichbaren Fällen gewonnen werden (FG Münster 7.12.1999, wistra 2000, 196). Bloße Vermutungen rechtfertigen es dagegen nicht, jemandem eine Tat zur Last zu legen (Meyer-Goßner/Schmitt/*Schmitt* StPO § 152 Rn. 4 mwN; *Schulenburg* JuS 2004, 765). Auch nach der Definition des Verdachts durch Nr. 26 II AStBV reicht die „bloße Möglichkeit" einer schuldhaften Steuerverkürzung nicht aus, einen Verdacht zu begründen (vgl. aber Nr. 130 III AStBV), wohl aber, um Ermittlungen nach § 208 I Nr. 3 AO vorzunehmen (Rn. 47 zu § 404). Aus „tatsächlichen Anhaltspunkten" muss also nicht nur die Möglichkeit, sondern eine gewisse, wenn auch zweifelhafte Wahrscheinlichkeit einer begangenen Straftat zu folgern sein (Kohlmann/*Peters* 5 zu § 397 AO). Unklar bleibt allerdings, wie *Hellmann* zu Recht bemerkt (aaO S. 251), wie die Möglichkeit von der gewissen Wahrscheinlichkeit abzugrenzen ist. Jedenfalls steht der StA und den sonstigen zur Einleitung eines Strafverfahrens berufenen Stellen (Rn. 12 ff.) bei der Prüfung zureichender tatsächlicher Anhaltspunkte für einen Verdacht ein **Beurteilungsspielraum** zu (BVerfG 8.11.1983, NJW 1984, 1451 u. BVerfG 23.3.1994, wistra 1994, 221; BGH 21.4.1988, NJW 1989, 96). Unter dem Gesichtspunkt der Amtshaftung ist dieser Beurteilungsspielraum erst dann überschritten, wenn die Entscheidung nicht mehr vertretbar ist. Die Vertretbarkeit ist zu verneinen, wenn bei voller Würdigung auch der Belange einer funktionstüchtigen Strafrechtspflege (dazu BVerfG 20.10.1977, NJW 1977, 2355) die Einleitung der Ermittlungen gegen den Beschuldigten nicht mehr vertretbar ist (BGH 21.4.1988, NJW 1989, 96). Das dürfte mit Rücksicht auf die Schutzfunktion des § 397 AO (Rn. 6) nur selten der Fall sein, zB aber dann, wenn eine Maßnahme mit der Behauptung begründet würde, alle Prostituierten seien der Steuerhinterziehung verdächtig. Kontrollmitteilungen als solche begründen regelmäßig noch keinen Anfangsverdacht (aA *Blesinger* wistra 1994, 48, 52; vgl. ferner Rn. 40).

40 Schon der Anfangsverdacht muss sich aus **konkreten Tatsachen** ergeben (KK-StPO/*Diemer* StPO § 152 Rn. 7 sowie Meyer-Goßner/Schmitt/*Schmitt* StPO § 152 Rn. 4; *Blesinger* wistra 1994, 48; *Geerds* SchlHA 1964, 60 u. GA 1965, 327; *Lüttger* GA 1957, 193; *Walder* ZStW 95, 867 ff.). Eine allgemeine Erfahrungstatsache wie etwa die, dass die Heuer deutscher Seeleute auf Schiffen, die unter „billigen Flaggen" wie Panama oder Liberia fahren, häufig nicht versteuert wird, genügt für sich allein nicht, um von vornherein den Verdacht einer Steuerhinterziehung dieser Seeleute anzunehmen und mit strafrechtlichen Maßnahmen vorzugehen. Die Tatsache, dass ein Rechtsanwalt ein Sonderhonorar nicht versteuert hat, kann für sich allein nicht den Verdacht begründen, der Zahlungsempfänger habe auch in anderen Zeiträumen Sonderhonorare erhalten und nicht versteuert (LG Köln 25.4.1983, StV 1983, 275); ohne weiteren Anhaltspunkt kann hier nur eine Vermutung vorliegen. Das Anbieten von Barzahlungs-Tankquittungen über eBay, aus denen der Bezahlende nicht hervorgeht, kann genügen für einen Anfangsverdacht der Beihilfe zur Steuerhinterziehung (glA *Burkhard* PStR 2004, 167 f.) sowie einer Ordnungswidrigkeit nach § 379 I 1 Nr. 2 AO.

41 Ein sog. **Betriebsverdacht** begründet keinen Anfangsverdacht (BVerfG 24.5.1977, NJW 1977, 1489 u. BVerfG 13.12.1994, NJW 1995, 2839 betr. Suchtberatungsstellen sowie BVerfG 30.4.1997, wistra 1997, 219 betr. einen Verstoß gegen das FAG). Die bloße Möglichkeit, dass ein gesetzlich zulässiger Betrieb von Straftätern missbraucht wird, reicht nicht aus; es müssen vielmehr Verdachtsmomente für einen konkreten Missbrauch vorliegen (BVerfG 13.12.1994, NJW 1995, 2839). Dies gilt auch für die Einschaltung ausländischer Abrechnungsgesellschaften durch freie Mitarbeiter („Freelancer"; zum „Honorarsplittung" durch freiberuflich tätige IT-Ingenieure vgl. auch BGH 21.8.2014, NStZ-RR 2014, 316). Ebenso wenig begründet die Inhaberschaft von Tafelpapieren für sich allein einen Anfangsverdacht (BFH 25.7.2000, NJW 2000, 3157).

Anders verhält es sich jedoch, wenn konkrete Hinweise auf eine gezielte Anonymisierung vorliegen. So kann die Abwicklung von **Tafelgeschäften** mittels Barein- und -auszahlungen den Anfangsverdacht einer Steuerstraftat begründen, wenn der Bankkunde solche Geschäfte bei einem Kreditinstitut tätigt, bei dem er auch seine Konten und/oder Depots führt (BFH 15.6.2001, NJW 2001, 2997, bestätigt durch BVerfG 1.3.2002, NStZ 2002, 371; LG Itzehoe 9.6.1999, wistra 1999, 432; LG Detmold 11.8.1999, wistra 1999, 434; vgl. auch Nr. 3 AEAO zu § 154 AO). Dasselbe gilt, wenn ein Depot auf den Geburtsnamen geführt wird, für steuerliche Zwecke aber der Ehename verwendet wird (BVerfG 20.4.2004, wistra 2005, 21). Auf der Grundlage einer Gesamtwürdigung der Umstände kann sich ein Anfangsverdacht auch daraus ergeben, dass Tafelgeschäfte in bar und ohne Bezug zu einer Hausbank abgewickelt und die Tafelpapiere nicht in eine Depotverwahrung gegeben werden (BFH 19. 1 2006, BFH/NV 2006, 709). Ein hinreichend konkreter Verdacht dürfte auch gegeben sein, wenn fingierte oder gefälschte Belege aufgefunden werden, wenn Vermögenszuwächse mit Spielgewinnen erklärt werden (ferner HHSp-*Schick* 169 zu § 208) oder wenn der Stpfl keine Steuererklärung abgegeben hat, ohne dass Anhaltspunkte für die Aufgabe seiner steuerpflichtigen Tätigkeit vorliegen (*Blesinger* wistra 1994, 48, 52). Zureichende tatsächliche Anhaltspunkte für eine Steuerstraftat können zB auch sein verschwiegene Bankkonten, nicht gebuchte Wareneingänge sowie Scheingeschäfte oder Scheinverträge. Anonymisierte Einzahlungsbelege (Identifizierungsbögen) rechtfertigen einen Anfangsverdacht bezüglich Steuerhinterziehung und Geldwäsche (LG Lübeck 19.4.1999, wistra 2000, 196). In jedem Fall bedarf es aber der zusätzlichen Feststellung von Anhaltspunkten für die subjektive Tatseite. Es müssen greifbare Anhaltspunkte für die Annahme vorliegen, dass der objektive und subjektive Tatbestand einer Straftat erfüllt ist und die Tat auch verfolgt werden kann (vgl. RG 25.11.1935, RStBl. 1935, 1506 f.), zB weil der Stpfl die in der Kontrollmitteilung bescheinigten Beträge in seiner bereits vorliegenden Steuererklärung nicht erfasst hat. Zum Anfangsverdacht bei *Missbrauch rechtlicher Gestaltungsmöglichkeiten* (§ 42 AO) vgl. *Wenzel* aaO S. 112 ff. 42

Ein **steuerliches Mehrergebnis,** das auf einer von der Steuererklärung abweichenden Veranlagung oder auf einer Änderung der Steuerbescheide aufgrund von Feststellungen der Betriebsprüfung beruht, begründet für sich allein noch keinen Verdacht (dazu *Assmann* StBp 1993, 53; *Wenzel* aaO S. 107). Ein Mehrergebnis ist in jedem Falle straf- oder bußgeldrechtlich insoweit irrelevant, als es nicht aus unrichtigen, unvollständigen oder fehlenden Tatsachenangaben des Stpfl erwachsen ist, sondern aus einer abweichenden rechtlichen Würdigung der richtig, vollständig und rechtzeitig erklärten Besteuerungsgrundlagen durch das FA. Hinsichtlich der Mehrbeträge, die auf unzutreffende Angaben des Stpfl zurückgehen, müssen tatsächliche Anhaltspunkte für ein vorsätzliches oder leichtfertiges Verhalten des Stpfl oder eines an der Gewinnermittlung oder an den Steuererklärungen mitwirkenden Dritten vorliegen. Solche Anhaltspunkte können bereits gegeben sein, wenn der Stpfl Sachverhaltselemente, deren rechtliche Relevanz objektiv zweifelhaft ist, deswegen nicht angegeben hat, weil er eine von Rspr, Richtlinien der Finanzverwaltung oder der regelmäßigen Veranlagungspraxis abweichende Rechtsansicht vertritt (vgl. BGH 10.11.1999, wistra 2000, 137 sowie Rn. 179 ff. zu § 370). Die subjektiven Erfordernisse einer gem. § 370 AO mit Strafe oder gem. § 378 AO mit Geldbuße bedrohten Steuerverkürzung sind zB regelmäßig nicht erfüllt, wenn der Stpfl den Bilanzwert von Wirtschaftsgütern des Anlagevermögens oder das Ausfallrisiko bei ausstehenden Forderungen schätzen muss und sich nachträglich erweist, dass die tatsächliche Nutzungsdauer länger oder der tatsächliche Forderungsausfall geringer gewesen ist. Das Gleiche gilt für die Bildung von Rückstellungen für Bürgschaften, Gewährleistungsverpflichtungen usw. Andererseits ist der Verdacht einer schuldhaften Steuerverkürzung nicht schon deshalb ausgeschlossen, weil die Veranlagung oder Betriebsprüfung zu keinem Mehrergebnis geführt hat, da sich Erhöhungen und Minderungen der Besteuerungsgrundlagen zwar steuerlich, regelmäßig aber nicht strafrechtlich ausgleichen können (§ 370 IV 3 AO). 43

44 **Im Hinblick auf die Person des Verdächtigen** erfordert ein konkreter Verdacht nicht, dass die tatsächlichen Anhaltspunkte für eine Steuerstraftat bereits einen (oder mehrere) bestimmte(n), der Strafverfolgungsbehörde bekannte(n) Täter erkennen lassen (glA LR-*Beulke* 23 zu § 152 StPO). Es genügt, dass anstelle einer unbestimmten Vielzahl eine begrenzte Mehrzahl möglicher Täter in Betracht kommt und die **Ermittlungen „gegen Unbekannt"** nicht ins Blaue greifen. Wenn auch bei Besitz- und Verkehrsteuerstraftaten der Täter – anders als bei Schmuggel und bei nichtsteuerlichen Straftaten – nur beim Stpfl und in dem Kreis der Personen ermittelt zu werden braucht, die an der Buchführung, Gewinnermittlung und Steuererklärung mitgewirkt haben, kann bei Beginn strafrechtlicher Ermittlungen, namentlich bei Großbetrieben, durchaus noch undurchsichtig sein, bei wem die Täterschaft liegt, zumal erfahrungsgemäß der Stpfl bestrebt ist, die Verantwortung von sich auf Angestellte und steuerliche Berater abzuwälzen.

45 Für den **Verdacht,** der ein Einschreiten mit strafrechtlichen Mitteln erfordert, *„genügt eine gewisse, wenn auch noch so geringe Wahrscheinlichkeit, bei der der Zweifel an der Richtigkeit des Verdachts noch überwiegen darf"* (LR-*Beulke* 23 zu § 152 StPO; ferner Rn. 39). Sie muss über die allgemeine theoretische Möglichkeit des Vorliegens von Straftaten hinausgehen (LR-*Beulke* 23 zu § 152 StPO). In keinem Fall braucht der Verdacht aber *„dringend"* (vgl. § 111a I, § 112 I StPO) oder *„hinreichend"* (vgl. § 203 StPO) zu sein (KMR-*Plöd* 18 zu § 152 StPO sowie KK-StPO/*Diemer* StPO § 152 Rn. 7; Kohlmann/*Peters* 5 und RK-*Rolletschke* 44 zu § 397; *Richter* DB 1967, 697; *Henneberg* BB 1970, 1128; *Möllinger* StBp 1979, 193; *Brenner* StBp 1977, 280 und *Pfaff* DStZ 1977, 445). Hinreichender Tatverdacht liegt erst dann vor, *„wenn bei vorläufiger Tatbewertung (BGHSt 23, 304, 306) auf der Grundlage des Ermittlungsergebnisses die Verurteilung in einer Hauptverhandlung mit vollgültigen Beweismitteln wahrscheinlich ist"* (BGH 22.4.2003, BGHR StPO 210 II Prüfungsmaßstab 2; BGH 18.6.1970, NJW 1970, 1543).

46 Ein über den einfachen Verdacht hinausreichender **höherer Grad von Wahrscheinlichkeit,** dass eine Straftat begangen ist, muss vorliegen, wenn das Ermittlungsverfahren mit einer besonders einschneidenden Maßnahme begonnen werden soll. UHaft darf nach § 112 I 1 StPO gegen den Beschuldigten nur angeordnet werden, *„wenn er der Tat dringend verdächtig ist"*. Darüber hinaus verlangt der **Grundsatz der Verhältnismäßigkeit** einen nach dem Gewicht der Maßnahme abgestuften, stärker konkretisierten Verdacht, wenn als erste Ermittlungsmaßnahme eine Beschlagnahme (§ 94 StPO; BGH 7.9.1956, BGHSt 9, 351, 355), eine Durchsuchung (§ 105 StPO), insbes. bei anderen Personen (§ 103 StPO) oder zur Nachtzeit (§ 104 StPO), oder sogar eine Postbeschlagnahme (§ 99 StPO) oder eine körperliche Untersuchung (§ 81a StPO) angeordnet werden soll. Die für solche Maßnahmen erhöhten Anforderungen an die Konkretisierung des Verdachts betreffen jedoch nicht den Entschluss, ob überhaupt Ermittlungen gegen einen Verdächtigen aufgenommen werden müssen, sondern welches Mittel zur Aufklärung des Verdachts und zur Sicherung der Beweise gewählt werden kann und darf (Rn. 103).

47 **Auf welche Weise** die zur Strafverfolgung berufenen Stellen **Kenntnis erlangen** von den tatsächlichen Anhaltspunkten für eine Straftat, ist grundsätzlich gleichgültig. In Betracht kommen vor allem **Anzeigen** (Rn. 49 f.) einschl. Selbstanzeigen (Rn. 51) und eigene **dienstliche Wahrnehmungen.** Die im Hinblick auf die Strafdrohung des § 258a StGB bedeutsame Frage, ob **außerdienstliche Kenntnis** einen StA oder anderen Strafverfolgungsbeamten zum Einschreiten verpflichtet oder nur berechtigt, ist umstritten. Nach älterer Rspr soll bei privater Kenntniserlangung ein Einschreiten in eigener Zuständigkeit oder eine Mitteilung an die zuständige Stelle immer dann geboten sein, wenn sich der Verdacht auf Straftaten bezieht, die nach Art und Umfang *„die Belange der Öffentlichkeit und der Volksgesundheit in besonderem Maße berühren"* (so grundsätzlich RG 19.6.1936, RGSt 70, 251 f.; zust. BGH 15.12.1953, BGHSt 5, 225, 229; BGH 16.12.1958, BGHSt 12, 277, 281; OLG Köln 18.3.1981, NJW 1981, 1794; zust. Kohlmann/*Peters* 12.7 zu § 397 AO; einschränkend unter Verneinung einer Strafbarkeit wegen Strafvereitelung im Amt *Krause* GA 1964, 110 und JZ 1984, 548; gänzlich abl. *Anterist,* Anzeigepflicht und Privatsphäre des

Staatsanwalts, 1968, 63 ff.; *Geerds* Schröder-Gedächtnisschr., 389 ff.; für eine Verfolgungspflicht nur bei Verbrechen *Artkämper* Kriminalistik 2001, 433). Nach der neueren höchstrichterlichen Rspr (BGH 29.10.1992, BGHSt 38, 388, 392 u. BGH 3.11.1999, NStZ 2000, 147) kommt bei außerdienstlich erlangtem Wissen eine Garantenstellung in Betracht, wenn der Strafverfolgungsbeamte von schweren Straftaten Kenntnis erlangt, die während seiner Dienstausübung fortwirken. Dabei bedarf es der Abwägung im Einzelfall, ob durch die Straftaten Rechtsgüter der Allgemeinheit oder des Einzelnen betroffen sind, denen jeweils ein besonderes Gewicht zukommt. Dies kann auch außerhalb des Kataloges des § 138 StGB bei schweren Straftaten (zB schwere Drogendelikte, organisierte Kriminalität), auch bei Vermögensstraftaten mit hohem wirtschaftlichem Schaden oder besonderem Unrechtsgehalt, der Fall sein (BGH 29.10.1992, BGHSt 38, 388, 392 u. BGH 3.11.1999, NStZ 2000, 147). Diese Auslegung des § 13 I StGB durch die Rspr verstößt nicht gegen den Bestimmtheitsgrundsatz des Art. 103 II GG (BVerfG 22.11.2002, NJW 2003, 103; aA Meyer-Goßner/Schmitt/*Schmitt* StPO § 160 Rn. 10; *Seebode* JZ 2004, 305). Zwar ist durch das von der Rspr entwickelte Abgrenzungskriterium einer „schweren Straftat" ein Wertungsraum eröffnet. Dies ist aber verfassungsrechtlich nicht zu beanstanden, wenn und solange der konkrete Normadressat anhand einer gefestigten Rechtsprechung das Risiko einer möglichen Bestrafung hinreichend sicher voraussehen kann (BVerfG 22.11.2002, NJW 2003, 103). Unstreitig ist, dass bei außerdienstlich erlangtem Wissen von schweren Straftaten jedenfalls wegen der beamtenrechtlichen Treuepflicht eine Anzeigepflicht (mit disziplinarrechtlichen Folgen bei ihrer Verletzung) besteht (ebenso KK-StPO/*Griesbaum* StPO § 158 Rn. 29 u. KMR-*Plöd* 15 zu § 158 sowie Meyer-Goßner/Schmitt/*Schmitt* StPO § 160 Rn. 10).

Auch im Ausland **durch Privatpersonen rechtswidrig erlangte Steuerdaten** dürfen 48
zur Einleitung eines Ermittlungsverfahrens herangezogen werden (BVerfG 9.11.2010, NStZ 2011, 103). Selbst die Unzulässigkeit oder Rechtswidrigkeit einer Beweiserhebung führt nicht ohne Weiteres zu einem Beweisverwertungsverbot (BVerfG 9.11.2010, NStZ 2011, 103, 105).

Ob eine **Strafanzeige** ohne Weiteres den Verdacht einer Straftat vermittelt, hängt vom 49
Inhalt der Anzeige und von der Person des Anzeigeerstatters ab. Ein Verdacht ist umso eher begründet, je genauer die tatsächlichen Angaben sind. Andererseits kann eine Anzeige uU sofort weggelegt werden, wenn sie einen verworrenen Inhalt hat oder der Anzeigeerstatter der Behörde bereits aus anderen Anlässen als unglaubwürdig oder geistesgestört bekannt ist und ein Ermittlungsverfahren gegen ihn wegen falscher Verdächtigung nach § 164 StGB nicht in Betracht kommt. Haltlose Angaben eines Querulanten sind keine zureichenden Anhaltspunkte (KK-StPO/*Griesbaum* StPO § 158 Rn. 7, 13 u. KMR-*Plöd* 8 zu § 158 StPO; LR-*Beulke* 24 zu § 152 StPO; *Kaiser* NJW 1965, 2380; *Franzheim* GA 1978, 142).

Bei **anonymen Anzeigen** ist Vorsicht geboten, da der Anzeigeerstatter sich durch das 50
Verheimlichen seiner Identität der Verantwortung nach § 164 StGB entzieht. Andererseits ist es weder zulässig noch gerechtfertigt, anonyme Anzeigen grundsätzlich unbeachtet zu lassen (ebenso *Blesinger* wistra 1994, 48). Oft enthalten sie besonders detaillierte Angaben, die nur Insider kennen können, und gelegentlich sind sie sogar aus einer gewissen Zwangslage diktiert, zB wenn der Anzeigende als Arbeitnehmer des Angezeigten zur Mitwirkung an Steuerstraftaten angehalten wird, oder bei einem unlauteren Wettbewerbsverhalten des Angezeigten. Andererseits lehrt die Praxis, dass anonyme Anzeigen auf Rachegelüsten, verletzter Eitelkeit oder vermeintlicher Ungleichbehandlung beruhen können. Ein Ermittlungsverfahren sollte daher erst eingeleitet werden, wenn der durch die anonyme Anzeige ausgelöste Anfangsverdacht durch weitere Nachforschungen eine gewisse Bestätigung gefunden hat (KK-StPO/*Griesbaum* StPO § 158 Rn. 6; vgl. auch Nr. 8 RiStBV).

Eine **Selbstanzeige** (§§ 371, 378 III AO) begründet stets den Verdacht, dass die ange- 51
zeigte Tat wirklich begangen worden ist (glA BFH 29.4.2008, BStBl. II 2008, 844; LG Hamburg 4.3.1987, wistra 1988, 317; *Rolletschke* wistra 2007, 89). Er entfällt nicht deswegen, weil die Selbstanzeige wirksam sein könnte. Häufig bleibt fraglich, ob die angezeigten

Tatsachen vollständig sind oder ob nicht eine sog. dolose Teilselbstanzeige vorliegt (Rn. 382 f. zu § 371). Nicht selten muss auch wegen der unterschiedlichen Anforderungen des § 371 II AO und des § 378 III AO aufgeklärt werden, ob die selbst angezeigte Steuerverkürzung in subjektiver Hinsicht die Merkmale einer Steuerstraftat nach § 370 AO oder einer Steuerordnungswidrigkeit nach § 378 I AO erfüllt. In den Fällen der Sperrgründe des § 371 II Nr. 3 und 4 AO, in denen das Verfahren nach § 398a AO eröffnet ist, bedarf es zudem noch der Bestimmung des zusätzlich an die Staatskasse zu bezahlenden Betrages durch die Strafverfolgungsbehörden. Schließlich kann es erforderlich sein, beweissichernde Maßnahmen für den Fall zu ergreifen, dass der Anzeigeerstatter die vorsätzlich oder leichtfertig verkürzten Steuern nicht fristgerecht nachzahlt (§ 371 III, § 378 III 2 AO). Denn durch die Selbstanzeige hat der Täter bis zur Nachzahlung lediglich eine *Anwartschaft auf Straffreiheit* erworben (Rn. 140 zu § 371; vgl. BGH 3.6.1954, BGHSt 7, 336, 341). Eine Selbstanzeige macht daher Ermittlungsmaßnahmen nicht von vornherein entbehrlich (s. auch Rn. 151). Erscheinen sie erforderlich und werden sie veranlasst, so bewirken sie nach § 397 I AO auch die Einleitung des Strafverfahrens (aM Koch/Scholtz/*Scheuermann-Kettner* 7 u. Kohlmann/*Peters* 31 zu § 397 AO unter Berufung auf OLG Celle 19.12.1963, NJW 1964, 989); denn das strafrechtliche Vorgehen steht stets unter dem Vorbehalt, dass sich der Verdacht wieder auflöst oder dass die Voraussetzungen des Strafaufhebungsgrundes vollständig festgestellt werden (ebenso *Blesinger* wistra 1994, 48, 52; vgl. auch BayObLG 3.11.1989, wistra 1990, 159).

52 Der Inhalt einer **strafbefreienden Erklärung,** die nach dem StraBEG zeitlich befristet möglich war, unterliegt nach § 13 I 1 StraBEG einem Verwendungsverbot. Die strafbefreiende Erklärung darf daher nicht zum Anlass genommen werden, einen Anfangsverdacht zu schöpfen und ein Strafverfahren einzuleiten (s. 6. Aufl. Rn. 11 zu § 13 StraBEG). Nach Ansicht des BMF (Schreiben des BMF 20.7.2004, DStR 2004, 1387) soll dies aber nicht für Angaben gelten, die nicht mehr als Bestandteil der Spezifizierung des Lebenssachverhaltes für die im Vordruck der strafbefreienden Erklärung als Bemessungsgrundlage erklärten Einnahmen angesehen werden können. Der Wortlaut des § 13 I 1 StraBEG spricht jedoch dafür, das Verwendungsverbot auf alle Angaben anzuwenden, die *unter Berufung auf das StraBEG* übermittelt werden. Zur Frage, ob auch eine unwirksame strafbefreiende Erklärung dem Verwendungsverbot unterliegt, s. 6. Aufl. Rn. 5 ff. zu § 13 StraBEG.

53 Ob Beweismittel, die unter Verstoß gegen ein **Beweisverwertungsverbot** erlangt worden sind, als Grundlage für die Annahme eines Anfangsverdachts herangezogen werden dürfen, ist str. (vgl. hierzu LR-*Beulke* 26 zu § 152 StPO). Diese Frage stellt sich im Steuerstrafrecht etwa dann, wenn der FinB auf rechtswidrige Weise erlangte Beweismittel für steuerlich erhebliche Tatsachen (zB gestohlene Firmenunterlagen) zugespielt werden, die dann mit den Angaben in den Steuererklärungen verglichen werden. Teilweise wird angenommen, solche Erkenntnisse dürften im Rahmen der Verdachtsprüfung überhaupt nicht berücksichtigt werden (RK-*Rolletschke* 41 zu § 397 AO), zT wird den durch ein Verwertungsverbot gesperrten Beweismitteln die uneingeschränkte Tauglichkeit als Ermittlungsansatz zugesprochen (*Salditt* PStR 2008, 84, 86). Ein differenzierender Ansatz will die Verwendbarkeit solcher Beweismittel als Ermittlungsansatz vom Ergebnis einer im Einzelfall durchzuführenden Abwägung zwischen dem Gewicht des Verfahrensverstoßes und der Schwere der aufzuklärenden Straftat abhängig machen (Meyer-Goßner/Schmitt/*Schmitt* StPO § 152 Rn. 4b). Zwar lässt sich eine allgemeingültige Regel, wann ein Verwertungsverbot über das unmittelbare Beweisergebnis hinausreicht und wo seine Grenzen zu ziehen sind, nicht aufstellen, vielmehr richten sich die Grenzen jeweils nach der Sachlage und der Art des Verbots (BGH 18.4.1980, BGHSt 29, 244, 249; vgl. BVerfG 30.6.2005, NStZ 2006, 46). Ausgehend von der Rspr des Bundesgerichtshofs zur Fernwirkung von Verwertungsverboten (BGH 28.4.1987, BGHSt 34, 362, 364; BGH 24.8.1983, BGHSt 32, 68, 71; BGH 22.2.1978, BGHSt 27, 355) ist jedoch davon auszugehen, dass auch Erkenntnisse, die auf unzulässige Weise erlangt worden sind, bei der Verdachtsprüfung grundsätzlich berücksichtigt werden dürfen (vgl. KK-StPO/*Bruns* StPO § 100a Rn. 69), zumal sich im Nach-

hinein kaum feststellen lässt, ob sich der Verdacht nicht auch noch aus anderen tatsächlichen Anhaltspunkten ergeben hätte (vgl. BGHSt 34, 362, 364).

Insoweit ist zwischen den (bloßen) Verwertungsverboten und den Verwendungsverboten (vgl. hierzu Meyer-Goßner/Schmitt/*Meyer-Goßner* Einl 57d; zum Steuerstrafrecht vgl. auch BGH 12.1.2005, wistra 2005, 148) zu unterscheiden. Es gilt der Grundsatz, dass Verfahrensfehler, die ein Verwertungsverbot für ein bestimmtes Beweismittel nach sich ziehen, im Hinblick auf die Belange einer wirksamen Strafverfolgung nicht ohne weiteres dazu führen dürfen, dass das gesamte Strafverfahren lahm gelegt wird (BGHSt 32, 68, 71; BGHSt 27, 355, 358; KK-StPO/*Senge* StPO Vor § 48 Rn. 45 ff.). Der Beschuldigte ist regelmäßig hinreichend dadurch geschützt, dass die Beweisführung nicht durch die unverwertbaren Erkenntnisse beeinflusst werden darf; dies gilt schon im Ermittlungsverfahren (Meyer-Goßner/Schmitt/*Schmitt* StPO § 152 Rn. 4b). Beweismittel, die einem Verwertungsverbot unterliegen, dürfen weder vorgehalten werden, noch darauf die Anwendung strafprozessualer Maßnahmen gestützt werden (BGH 22.2.1978, BGHSt 27, 355; Meyer-Goßner/Schmitt/*Schmitt* StPO § 152 Rn. 4b). 54

Zur **Frage der** strafrechtlichen **Verwertbarkeit** des von staatlichen Stellen angekauften **„gestohlenen" Datenmaterials** Liechtensteiner und Schweizer Banken, das anschließend von den Finanzbehörden zum Datenabgleich und zur Einleitung von Steuerstrafverfahren verwendet wurde vgl. LG Bochum NStZ 2010, 351; LG Düsseldorf wistra 2011, 37; *Kölbel* NStZ 2008, 241; *Kaspar* GA 2013, 206, 219ff; *Coen* NStZ 2011, 433 aus völkerrechtlicher Sicht *(bejahend); Junker* StRR 2008, 129; *Kelnhafer/Krug* StV 2008, 660; *Salditt* PStR 2008, 84; *Schünemann* NStZ 2008, 305, 309; *Sieber* NJW 2008, 881; *Trüg* StV 2011, 111; *Trüg/Habetha* NJW 2008, 887 *(verneinend); Pawlik* JZ 2010, 693 *(differenzierend);* zur herrschenden *Abwägungslehre* s. BGH 27.2.1992, BGHSt 38, 214, 219/220 u. KK-StPO/*Greven* Vor § 94 Rn. 10. 55

einstweilen frei 56–65

7. Systematik und Grenzen einer Vorprüfung

Eine „Vorprüfung", bei welcher der Sachverhalt durch die FinB unter strafrechtlichen Gesichtspunkten mit steuerrechtlichen Mitteln weiter aufgehellt wird, ist nicht vorgesehen, nicht erforderlich und nicht zulässig (glA schon *Frenkel* DStZ 1962, 26 u. *Pfaff* StW 1970, 402). Eine Grauzone zwischen Besteuerungsverfahren und Strafverfahren will das Gesetz gerade vermeiden. **Vorfeldermittlungen** der Steuerfahndung (§ 208 I Nr. 3 AO; vgl. Nr. 12, 122 AStBV; ferner Rn. 41 ff. zu § 404) sind geboten, wenn noch keine konkreten Anhaltspunkte für eine Steuerstraftat oder -ordnungswidrigkeit gegeben sind, jedoch die Möglichkeit einer Steuerverkürzung in Betracht kommt. Es handelt sich nicht um Verfolgungsmaßnahmen, sondern um Ermittlungen im Besteuerungsverfahren (Erbs/Kohlhaas/*Hadamitzky/Senge* AO § 397 Rn. 2; Koch/Scholtz/*Scheurmann-Kettner* 7 u. Kohlmann/*Peters* 32 zu § 397 AO). Ein hinreichender Anlass für Vorfeldermittlungen der Steuerfahndung liegt vor, wenn auf Grund besonderer Anhaltspunkte oder allgemeiner Erfahrung die Möglichkeit einer Steuerverkürzung in Betracht kommt; Ermittlungen „ins Blaue hinein", steuerliche Rasterfahndungen, Ausforschungsdurchsuchungen oder ähnliche Ermittlungsmaßnahmen sind unzulässig (BFH 25.7.2000, NJW 2000, 3157). Deshalb dürfen auch sog *Flankenschutzfahnder,* die zulässig an Außenprüfungen teilnehmen, den Stpfl nicht zielgerichtet danach ausforschen, ob ein Anfangsverdacht besteht; erst recht dürfen sie bei bestehendem Anfangsverdacht nicht ohne Belehrung (§ 397 III AO) des Stpfl als Beschuldigten Beweismittel für eine Steuerstraftat sammeln (Klein/*Jäger* AO § 397 Rn. 17; Meyer-Goßner/Schmitt/*Schmitt* StPO § 152 Rn. 3). Ist ein hinreichender Anlass für Ermittlungsmaßnahmen der Steuerfahndung gegeben, liegt selbst dann keine unzulässige Rasterfahndung oder Ermittlung ins Blaue vor, wenn gegen eine große Zahl von Personen ermittelt wird (BFH 21.3.2002, wistra 2002, 308). 66

67 Liegen Anhaltspunkte für eine Steuerstraftat oder Steuerordnungswidrigkeit vor, reichen die Erkenntnisse jedoch nicht aus, um beurteilen zu können, ob ein Anfangsverdacht gegeben ist, sind im Hinblick auf das Legalitätsprinzip (§ 152 II StPO) **Vorermittlungen** durchzuführen (vgl. hierzu *Lange* DRiZ 2002, 264). Es handelt sich um informatorische Maßnahmen zur Gewinnung von Erkenntnissen, ob ein Verdacht gegeben und ein Ermittlungsverfahren durchzuführen ist (vgl. Nr. 121 I AStBV); auch sie stellen noch keine Einleitung eines Ermittlungsverfahrens dar. Maßnahmen mit Zwangs- oder Eingriffscharakter dürfen bei Vorermittlungen nicht vorgenommen werden (*Lange* DRiZ 2002, 264, 273). Am Anfang steht eine *materiellrechtliche Prüfung* (*Peters* Welzel-Festschr. S. 423) mit strafrechtlicher Blickrichtung, die bei der Frage beginnt, ob der Sachverhalt, soweit er bereits bekannt ist, strafrechtlich überhaupt relevant ist (BGH 8.3.1956, BGHZ 20, 180; *Steffen* DRiZ 1972, 154). Ergeben sich dabei Umstände, nach denen sich die Handlung eindeutig als rechtmäßig oder der Täter als schuldunfähig oder schuldlos erweist (Rn. 72), kommt die Einleitung eines Ermittlungsverfahrens nicht mehr in Betracht (*Geerds* SchlHA 1964, 60; *Lange* DRiZ 2002, 264, 270). Die Prüfung, ob ein Anfangsverdacht gegeben ist, muss auch bereits die subjektive Tatseite in den Blick nehmen (*Wenzel* aaO S. 108 ff.). Zu prüfen ist auch, ob die fragliche Tat verfolgbar ist (*Geerds* SchlHA 1964, 60; *Kaiser* NJW 1965, 2380; KMR-*Plöd* 22 zu § 152 StPO), und zwar zuerst im Hinblick auf dauerhafte Hindernisse, wie zB die Verfolgungsverjährung (Rn. 74). Behebbare Verfahrenshindernisse, zB Immunität, wird die StA zu beseitigen versuchen. Aus dem Rechtsstaatsprinzip sind regelmäßig keine Verfahrenshindernisse herzuleiten (BVerfG 3.6.1986, NJW 1986, 3021). Am Ende der Vorermittlungen ist die Rechtsfrage zu klären, ob die tatsächlichen Anhaltspunkte für den Verdacht einer verfolgbaren Steuerstraftat ausreichen und deswegen ein Ermittlungsverfahren einzuleiten ist (Rn. 83; *Matthes* aaO S. 41). Ist dies der Fall, besteht Ermessen, welche Ermittlungsmaßnahme nach Lage der Umstände des Einzelfalles zweckmäßig ist. Die Prüfung, ob ein Anfangsverdacht vorliegt, ist hingegen keine Ermessensentscheidung (KMR-*Plöd* 21 zu § 152 StPO mwN).

68 Die Annahme eines strafrechtlichen **Verdachts durch Betriebsprüfer** bildet den neuralgischen Punkt des Steuerstrafverfahrens (vgl. hierzu *Wenzel* aaO S. 119 ff.). Der Prüfer kann kaum vorhersehen, zu welchem Zeitpunkt die fortgesetzte Befragung des Stpfl diesen im Verlauf der Prüfung in die Gefahr bringt, sich mit einer wahrheitsgemäßen Antwort selbst einer Zuwiderhandlung gegen Steuergesetze zu bezichtigen. Zudem wird die Annahme eines strafrechtlichen Verdachts auch von dem Temperament und der Erfahrung des jeweiligen Beamten beeinflusst. Wann immer der Prüfer aufgrund des objektiven Tatsachenbefundes nach seiner persönlichen Einstellung einen Verdacht annimmt: stets wird er – je nach dem Ergebnis der weiteren Aufklärung – entweder den Vorwurf hören, er habe voreilig gehandelt und den Stpfl ohne zureichende Anhaltspunkte diskriminiert, oder aber den gegenteiligen Vorwurf, er habe den Stpfl in gesetzwidriger Weise mit steuerlichen Mitteln zu strafrechtlichen Zwecken ausgeforscht. Eine Lösung, die gleichermaßen dem Schutz des Stpfl vor unzulässiger Ausforschung wie dem Schutz des Prüfers vor unvermeidbaren Vorwürfen dient, kann nur darin gefunden werden, dass der Prüfer den Stpfl bereits im Vorstadium des Verdachts, bevor die Pflicht zur Offenbarung des Verdachts nach § 397 III AO entstanden ist, in geeigneter Weise darauf aufmerksam macht, dass er keine Tatsachen anzugeben und keine Unterlagen vorzulegen braucht, durch die er sich der Gefahr aussetzen würde, wegen einer Zuwiderhandlung gegen Steuergesetze verfolgt zu werden; im Ergebnis ebenso bereits *Paulick* (in Spitaler-Festschr. S. 55, 65 ff., 93 ff.), *Geiger* (StBp 1965, 8), *Richter* (DB 1967, 699 f.) und *Tipke* (Steuerliche Betriebsprüfung im Rechtsstaat, 1968, S. 108 f.). Darin liegt keine Bevorzugung des Steuerunehrlichen gegenüber dem Steuerehrlichen; denn der aus demselben Rechtsgedanken wie § 136 I StPO erwachsende Schutz vor Selbstbezichtigung ist keine Besserstellung. Auch wird durch einen derartigen Hinweis das weitere Besteuerungsverfahren nicht unmöglich gemacht. Die Praxis beweist, dass die Besteuerung sogar möglich bleibt, wenn der Stpfl verstirbt, und dass die Beachtung des § 136 I StPO nach Einleitung des Steuerstrafverfahrens die Verwirklichung des Straf-

anspruchs und des Steueranspruchs nicht ernstlich beeinträchtigt. Wer sich zu Unrecht verdächtigt fühlt, wird regelmäßig aussagen, um seine Unschuld darzulegen. Wer sich zu Recht verdächtigt fühlt, wird ebenfalls aussagen, um den Verdacht zu verdunkeln, jedenfalls aber nicht zu verstärken.

Die hier vorgeschlagene vorsorgliche Belehrung des Stpfl macht die Mitteilung über eine später vollzogene Einleitung des Straf- (oder Bußgeld-)verfahrens an den Beschuldigten nicht entbehrlich, sobald die Voraussetzungen des § 397 III AO vorliegen. Nach § 10 I 1, 2 BpO (St) hat zudem der Außenprüfer, wenn sich ein Anfangsverdacht für eine Steuerstraftat ergibt oder auch nur die Möglichkeit erkennbar wird, dass ein Strafverfahren durchgeführt werden muss, die Bußgeld- und Strafsachenstelle des FA zu unterrichten. Hinsichtlich des Sachverhalts, auf den sich der Verdacht bezieht, dürfen die steuerlichen Ermittlungen im Rahmen der Außenprüfung bei dem Stpfl erst fortgesetzt werden, wenn ihm die Einleitung des Strafverfahrens mitgeteilt worden ist (§ 10 I 3 BpO (St)). Besteht nur der Verdacht einer Ordnungswidrigkeit bei einem steuerlichen Mehrergebnis von insgesamt unter 5 000 EUR, kann – im Hinblick auf § 47 I OWiG – nach Nr. 130 II 2 AStBV idR die Unterrichtung der Bußgeld- und Strafsachenstelle unterbleiben, wenn nicht besondere Umstände bzgl. des vorwerfbaren Verhaltens für die Durchführung des Verfahrens sprechen. Die Belehrungspflicht (§ 393 I 4 AO) bleibt unberührt. 69

Bevor eine verfahrenseinleitende Maßnahme getroffen wird, ist in jedem Falle zu prüfen, ob die bekannt gewordenen Tatsachen – abgesehen von Lücken, die erst durch strafrechtliche Ermittlungen geschlossen werden können – überhaupt unter einen Straf- (oder Bußgeld-)tatbestand fallen und ob die jeweilige Straftat oder Ordnungswidrigkeit im Hinblick auf Verfahrenshindernisse **verfolgbar** ist (KK-StPO/*Diemer* StPO § 152 Rn. 13). Diese Pflicht zur Vorprüfung obliegt den zur Verfolgung berufenen Stellen auch gegenüber dem Verdächtigen (vgl. § 160 II StPO). Nach § 2 StrEG können wegen bestimmter Strafverfolgungsmaßnahmen, darunter nach Absatz 2 Nr. 4 wegen Beschlagnahme und Durchsuchung, Entschädigungsansprüche begründet werden, soweit der Beschuldigte später freigesprochen oder das Verfahren gegen ihn eingestellt wird oder soweit das Gericht die Eröffnung des Hauptverfahrens gegen ihn ablehnt. Unabhängig davon können Schadenersatzansprüche aus **Amtshaftung** aufgrund Art. 34 GG iVm § 839 BGB gegeben sein (vgl. BGH 8.3.1956, BGHZ 20, 178; BGH 21.4.1988, NJW 1989, 96; BGH 27.9.1990, BGHR BGB § 839 I 1 Staatsanwalt 3 u. 4; BGH 28.3.1996, NJW 1996, 2373 u. BGH 23.10.2003, NJW 2003, 3693); dies gilt auch für Bußgeldverfahren (vgl. BGH 24.2.1994, NJW 1994, 3162). Im Amtshaftungsprozess ist die Entscheidung der StA nach § 152 II StPO nicht auf ihre Richtigkeit, sondern allein darauf zu überprüfen, ob sie vertretbar ist. Unvertretbar ist sie nur dann, wenn bei voller Würdigung auch der Belange einer funktionstüchtigen Strafrechtspflege die Verfahrenseinleitung nicht verständlich ist (BGH 21.4.1988, NJW 1989, 96). 70

Den Schluss auf einen bestimmten Straf- (oder Bußgeld-)tatbestand brauchen die bei Einleitung des Verfahrens bekannten Tatsachen noch nicht zu ermöglichen. Für einen **Verdacht** genügt die begründete Annahme, dass **einer von mehreren bestimmten Tatbeständen** in Betracht kommt. Im Steuerstrafrecht kann die Frage, ob eine festgestellte Steuerverkürzung auf Steuerhinterziehung (§ 370 AO) oder auf leichtfertige Steuerverkürzung (§ 378 AO) schließen lässt, zunächst dahingestellt bleiben. Der Zweck eines Ermittlungsverfahrens ist gerade darauf gerichtet, den Sachverhalt in Bezug auf die Unterscheidungsmerkmale verschiedener in Betracht kommender Zuwiderhandlungen aufzuklären. Eine abschließende Würdigung durch die Ermittlungsbehörde ist erst nach Abschluss der Ermittlungen möglich und für die Entschließung über die weitere Sachbehandlung erforderlich. Für den Entschluss zum Einschreiten ist der Unterschied zwischen Straftat und Ordnungswidrigkeit nicht bedeutsam (arg. § 410 I Nr. 6 AO), wohl aber für die Wahl des Mittels, die bei Ordnungswidrigkeiten durch § 46 III bis V OWiG und durch den allgemeinen Grundsatz der Verhältnismäßigkeit beschränkt ist (Rn. 103 f.). 71

Eine verfahrenseinleitende Maßnahme ist unzulässig

72 – bei **Schuldunfähigkeit** eines Kindes unter 14 Jahren (§ 19 StGB) oder bei Schuldunfähigkeit wegen seelischer Störungen (§ 20 StGB), wenn die Voraussetzungen dafür von vornherein bekannt sind und der Verdacht ausscheidet, dass das Kind oder der Geisteskranke als Werkzeug eines mittelbaren Täters (vgl. § 25 I StGB u. Rn. 76 zu § 369) oder sonst zusammen mit schuldfähigen Personen gehandelt hat;

73 – wenn von vornherein feststeht, dass der Verdächtigte wegen schwerer Erkrankung **dauernd vernehmungsunfähig** bleiben wird und dass er sich in einfachen Sachen auch nicht schriftlich äußern kann. Die Vernehmung des Beschuldigten im Ermittlungsverfahren ist gem. § 163a I StPO zwingend vorgeschrieben. Strafrechtliche Ermittlungsmaßnahmen gegen eine Person, die im Sterben liegt oder nach der Tat geisteskrank geworden ist, müssen unterbleiben. Sind die Voraussetzungen dauernder Vernehmungs- und Verhandlungsunfähigkeit weniger eindeutig und erscheint deshalb ein ärztliches Gutachten erforderlich, so wird das Strafverfahren gem. § 397 I AO bereits durch die Anforderung des Gutachtens eingeleitet;

74 – wenn von vornherein feststeht, dass die **Verfolgung der Tat verjährt** ist (Rn. 6 zu § 376; BFH 29.4.2008, BStBl. II 2008, 844; KMR-*Plöd* 3 zu § 160 StPO). Kann eine Tat wegen der teilweise unterschiedlichen Verjährungsfristen für Steuerstraftaten (§ 78 II Nr. 4 StGB iVm § 369 II AO) und für Steuerordnungswidrigkeiten (§ 384 AO bzw. § 31 II OWiG iVm § 377 II AO) nur noch als Straftat verfolgt werden, muss mit strafrechtlichen Mitteln aufgeklärt werden, ob der Straftatbestand erfüllt ist. Der Grundsatz in dubio pro reo gilt nicht schon bei der Entschließung, ob die bekannt gewordenen Tatsachen eine verfahrenseinleitende Maßnahme erfordern (glA *Kopacek* BB 1962, 675; *Richter* DB 1976, 697); denn deren Voraussetzung ist Verdacht, nicht Gewissheit (Rn. 38 ff.);

75 – bei **Verbrauch der Strafklage** (Art. 103 III GG), insbes. durch rechtskräftiges Strafurteil oder rechtskräftigen Strafbefehl (BVerfG 7.12.1983, BGHSt 65, 377; Rn. 34 zu § 400 AO). Dies gilt auch für den transnationalen Strafklageverbrauch (vgl. Art. 54 SDÜ) bei der Hinterziehung von Einfuhr- oder Ausfuhrabgaben (vgl. § 370 VI, VII; §§ 373, 374 AO; Rn. 114 zu § 373) aufgrund einer Verurteilung oder national strafklageverbrauchenden Verfahrenseinstellung in einem anderen Mitgliedstaat der Europäischen Union (vgl. EuGH 11.2.2003, NJW 2003, 1173; BGH 9.6.2008, BGHSt 52, 275). Maßgebendes Kriterium für die Anwendung des Art. 54 SDÜ ist das der Identität der materiellen Tat, verstanden als das Vorhandensein eines Komplexes unlösbar miteinander verbundener Tatsachen, unabhängig von der rechtlichen Qualifikation dieser Tatsachen oder von dem rechtlich geschützten Interesse (EuGH 18.7.2007, C-288/05, NJW 2007, 3412 mwN). Durch ein Absehen von der Strafverfolgung wegen Geringfügigkeit gem. § 398 AO oder § 153 I StPO wird die Strafklage nicht verbraucht; anders bei einem gerichtlichen Einstellungsbeschluss aufgrund § 153 II StPO, der zu einem beschränkten Strafklageverbrauch führt (BGH 26.8.2003, NJW 2004, 375). In diesem Fall ist nach hM eine Wiederaufnahme aufgrund neuer Tatsachen oder Beweismittel nur möglich, wenn dann eine Verurteilung wegen eines Verbrechens in Betracht kommt (BGH 26.8.2003, NJW 2004, 375; KMR-*Plöd* 37 zu § 153 StPO) oder wenn sich die Tat nachträglich als Teilakt einer Dauerstraftat oder als Teil einer Bewertungseinheit herausstellt (Meyer-Goßner/Schmitt/*Schmitt* StPO § 153 Rn. 38). In der Literatur wird demgegenüber zT die Auffassung vertreten, die Wiederaufnahme sei immer auch schon dann gerechtfertigt, wenn neue Tatsachen oder Beweismittel eine andere (schärfere) rechtliche Beurteilung ermöglichen (vgl. Meyer-Goßner/Schmitt/*Schmitt* StPO § 153 Rn. 38). Die endgültige Einstellung nach § 153a StPO bewirkt ebenfalls einen beschränkten Strafklageverbrauch (§ 153a I 5 StPO), wenn und soweit der Beschuldigte die Auflagen vollständig erfüllt hat (Meyer-Goßner/Schmitt/*Schmitt* StPO § 153a Rn. 45). Das Verfahrenshindernis ergreift die gesamte prozessuale Tat iS des § 264 StPO, auch die davon umfassten Ordnungswidrigkeiten (OLG Frankfurt 21.3.1985, NJW 1985, 1850);

– bei **Exterritorialität** des Verdächtigen gem. den §§ 18 bis 20 GVG (vgl. Nr. 193 bis 199 RiStBV sowie das Rundschreiben des BMI v. 17.8.1993 betr. „Diplomaten und andere bevorrechtigte Personen", GMBl. 591 ff.; s. bei Meyer-Goßner/Schmitt/*Meyer-Goßner* GVG § 18 Rn. 11). 76

Die **Selbstanzeige** nach § 371 AO bildet nur dann einen Grund, von strafrechtlichen Ermittlungsmaßnahmen abzusehen (Rn. 51), wenn an ihrer Wirksamkeit keine Zweifel bestehen (*Seithel* DStR 1980, 156; Beermann/Gosch/*Wannemacher/Seipl* 15.1 zu § 397 AO) *und* die verkürzten Steuern bereits nachentrichtet worden sind (glA *Rolletschke* wistra 2007, 89 u. RK-*Rolletschke* 39a zu § 397 AO; vgl. auch LG Hamburg 4.3.1987, wistra 1988, 317). Wird nach einer Selbstanzeige (§ 371 AO) gemäß § 398a I AO von der Verfolgung einer Steuerhinterziehung abgesehen, löst dies keinen Strafklageverbrauch aus; das Strafverfahren kann wieder aufgenommen werden, wenn die FinBeh erkennt, dass die Angaben im Rahmen einer Selbstanzeige unvollständig oder unrichtig waren (§ 398a III AO). 77

Die **Immunität eines Abgeordneten** gilt nur für strafverfahrensrechtliche, nicht auch für bußgeldrechtliche Maßnahmen (Art. 46 II, III GG; § 152a StPO). Aber auch bei dem Verdacht einer (Steuer-)Straftat bildet die Immunität – abgesehen von ihrer regelmäßig auf die Dauer des Mandats befristeten Wirkung – kein Hindernis, strafverfahrensrechtliche Maßnahmen gegen einen Abgeordneten zu veranlassen, wenn und soweit der BT bzw. der Landtag die Strafverfolgung allgemein oder auf Antrag genehmigt hat oder wenn der Abgeordnete „bei Begehung der Tat oder spätestens im Laufe des folgenden Tages festgenommen wird" (Nr. 191 ff. RiStBV). Zu den unterschiedlichen landesgesetzlichen Vorschriften s. KK-StPO/*Diemer* StPO § 152a Rn. 5 ff. Die **Mitglieder des Europäischen Parlaments** genießen ebenfalls Immunität. Die Aufhebung muss im Einzelfall beantragt werden. Eine allgemeine Genehmigung zur Durchführung von Ermittlungsmaßnahmen hat das Europäische Parlament nicht erteilt (Nr. 192b II RiStBV). 78

Die begründete Annahme, dass die **Schuld des Täters gering** ist (§ 398 AO, § 153 StPO), bildet nur dann einen Grund, von strafrechtlichen Ermittlungsmaßnahmen abzusehen, wenn bei Zoll- und Verbrauchsteuerstraftaten im Reiseverkehr die Voraussetzungen des § 32 ZollVG klar zutage liegen (Rn. 81). Besteht in Besitz- und Verkehrsteuersachen der Verdacht einer Straftat, muss regelmäßig eingeschritten werden, weil man hier – außer bei einer KfzSt-Verkürzung – ohne nähere Prüfung kaum übersehen kann, ob es der Verdächtige bei der Verfehlung hat bewenden lassen, auf die sich der Anfangsverdacht bezieht. Dasselbe gilt sinngemäß für den Verdacht einer leichtfertigen Steuerverkürzung nach § 378 AO. Bezieht sich der Verdacht auf andere Steuerordnungswidrigkeiten, kann im Hinblick auf § 47 I 1 OWiG nach pflichtgemäßem Ermessen von einer verfahrenseinleitenden Maßnahme abgesehen werden, wenn sich von vornherein überblicken lässt, dass eine Ahndung der Tat nicht geboten ist. Nach Nr. 104 III 1 AStBV kann von der Verfolgung einer Steuerordnungswidrigkeit in der Regel abgesehen werden, wenn der verkürzte Betrag oder der gefährdete Betrag (§§ 380 AO und 26b UStG) insgesamt weniger als 5 000 EUR beträgt, sofern nicht ein besonders vorwerfbares Verhalten für die Durchführung eines Bußgeldverfahrens spricht. Das Gleiche gilt, wenn in den Fällen der §§ 380 AO und 26b UStG der insgesamt gefährdete Betrag unter 10 000 EUR liegt und der gefährdete Zeitraum drei Monate nicht übersteigt (Nr. 104 III 2 AStBV). 79

Nach **§ 154 StPO** kann die Strafverfolgungsbehörde von der Erhebung der öffentlichen Klage absehen, wenn die Strafe, zu der die Verfolgung führen kann, neben einer Strafe, die gegen den Beschuldigten wegen einer anderen Tat rechtskräftig verhängt worden ist oder die er wegen einer anderen Tat zu erwarten hat, nicht beträchtlich ins Gewicht fällt, wie zB die Strafe wegen der Steuerhinterziehung eines Mörders. Das Gleiche gilt nach § 154a I StPO für einzelne abtrennbare Teile einer Tat oder für einzelne von mehreren Gesetzesverletzungen, die durch dieselbe Tat begangen worden sind. § 154 I und § 154a I StPO setzen regelmäßig voraus, dass die Ermittlungen auch wegen der nebensächlichen Taten, Tatteile oder Gesetzesverletzungen aufgenommen und durchgeführt worden sind, bis ein 80

Überblick gewonnen ist und Ausnahmen vom Verfolgungszwang beurteilt werden können. Kann die FinB oder die StA die Voraussetzungen von Anfang an überblicken, muss sie von vornherein von Ermittlungsmaßnahmen absehen, die auf die Aufklärung einer nebensächlichen Steuerstraftat abzielen; denn das verfassungs- und konventionsrechtliche Gebot zügiger Verfahrenserledigung, das sog. *Beschleunigungsgebot* (Art. 6 I 1 MRK, Art. 2 I iVm Art. 20 III GG; s. BVerfG 24.11.1983, NStZ 1984, 128; KK-StPO/*Fischer* Einl. 33 ff. mwN) gebietet im Interesse des Beschuldigten wie im öffentlichen Interesse (BGH 22.10.1975, BGHSt 26, 228, 232), das Strafverfahren möglichst abzukürzen und zu vereinfachen (vgl. auch Nr. 6 u. 7 AStBV und Nr. 5 RiStBV).

81 Liegen die Voraussetzungen des **§ 32 ZollVG** vor (s. Anh), besteht ein **Verfahrenshindernis** (stRspr zum früheren § 80 ZollG, zB BayObLG 23.6.1981, ZfZ 1981, 312). Anstelle einer Strafe kommt dann gem. § 32 III ZollVG nur ein Zollzuschlag bis höchstens 130 EUR in Betracht. Rückfragen, ob der Reisende den Tatbestand einer Zollstraftat innerhalb von sechs Monaten zum wiederholten Male verwirklicht hat (§ 32 II Nr. 2 ZollVG), haben verfahrenseinleitende Wirkung.

82 Durch **Treu und Glauben** wird das Legalitätsprinzip nicht eingeschränkt. Daher darf von einer verfahrenseinleitenden Maßnahme nicht deshalb abgesehen werden, weil etwa ein Finanzbeamter bei einem Stpfl den Eindruck hervorgerufen hat, er werde aufgrund eines bestimmten Sachverhalts strafrechtlich nicht verfolgt (zutr. *Suhr* StBp 1962, 205; aM *Ehlers* StBp 1962, 288). Ein Verfolgungshindernis besteht nicht einmal dann, wenn ein Strafverfahren gem. § 153 I StPO mit richterlicher Zustimmung eingestellt worden ist und später wieder aufgenommen werden soll. Erst recht besteht kein Hindernis, wenn ein nach § 201 II AO vorgeschriebener Hinweis unterblieben ist oder wenn ein Amtsträger der zuständigen FinB dem Stpfl in irgendeiner Form angedeutet oder zugesichert hat, dass ein Strafverfahren nicht durchgeführt werde; denn kein Amtsträger kann sich über das Legalitätsprinzip hinwegsetzen und außerhalb des Gesetzes über den Strafanspruch verfügen. Er liefe zudem Gefahr, sich wegen Strafvereitelung im Amt nach § 258a StGB selbst strafbar zu machen. Hat der Stpfl im Vertrauen auf eine gesetzwidrige Zusicherung Tatsachen zugegeben, die er sonst bestritten hätte, kann steuerrechtlich ein bereits ausgesprochener Rechtsbehelfsverzicht unwirksam sein (*Maaßen* FR 1958, 29) und strafrechtlich das „Geständnis“ nach dem Grundsatz des § 136a III 2 StPO gegen ihn ebenso wenig verwertet werden, wie wenn es innerhalb des Strafverfahrens durch unzulässige Mittel herbeigeführt worden wäre.

83 Ob nach dem Ergebnis der Vorprüfung **der Verdacht** einer verfolgbaren Straftat vorliegt, **ist eine Rechtsfrage,** nicht etwa Gegenstand einer Ermessensentscheidung (BFH 29.4.2008, BStBl. II 2008, 844; BGH 18.6.1970, NJW 1970, 1543; BVerfG 9.3.1994, StV 1994, 295, 301), aber es besteht ein Beurteilungsspielraum (Meyer-Goßner/Schmitt/*Schmitt* StPO § 152 Rn. 4; *Rolletschke* wistra 2002, 18; *Steffen* DRiZ 1972, 153; *Sailer* NJW 1977, 1138) bei der Anwendung unbestimmter Rechtsbegriffe wie zB „geringe Schuld“, „fehlendes öffentliches Interesse“ usw.

84 **Die bei der Prüfung des Tatverdachts auftretenden Rechtsfragen** müssen – je nach der Zuständigkeit gem. § 386 AO – von der FinB oder StA eigenständig beurteilt und entschieden werden (*Lüttger* GA 1957, 211; *Kaiser* NJW 1965, 2380). Eine Verpflichtung, einer gefestigten höchstrichterlichen Rspr zugunsten oder zuungunsten des Verdächtigen zu folgen, besteht nicht (str.; glA KMR-*Plöd* 5 zu § 170 StPO; KK-StPO/*Diemer* StPO § 152 Rn. 13; *EbSchmidt* MDR 1961, 269; aM BGH 23.9.1960, BGHSt 15, 155 zu § 170 StPO). Allerdings kann eine feste höchstrichterliche Rspr den gegenteiligen Rechtsstandpunkt aussichtslos erscheinen lassen. Gleichwohl hat sie keine formelle Bindungswirkung (*Pfeiffer* StPO 2 zu § 152 StPO u. KK-StPO/*Diemer* StPO § 152 Rn. 13). Hält die StA entgegen der höchstrichterlichen Rspr einen Sachverhalt für straflos, muss sie durch Anklageerhebung versuchen, eine Änderung dieser Rechtsprechung herbeizuführen, weil die Einheitlichkeit der Rechtsanwendung und die Gleichheit vor dem Gesetz (Art. 3 I GG) die Strafverfolgung gebieten (KMR-*Plöd* 5 zu § 170 StPO und Meyer-Goßner/Schmitt/*Meyer-Goßner* GVG

Vor § 141 Rn. 11). In solchen Fällen besteht eine hinreichende Wahrscheinlichkeit der Verurteilung, bei der für die StA genügender Anlass zur Erhebung der öffentlichen Klage iS des § 170 I StPO besteht (HK-StPO-*Gercke* 14 zu § 152 StPO).

8. Verfahrenseinleitende Maßnahmen

Als **Maßnahme, die erkennbar darauf abzielt, gegen jemanden wegen einer Steuerstraftat strafrechtlich vorzugehen,** kommt **jede Willensbetätigung** einer zur Verfolgung von Zuwiderhandlungen gegen Steuergesetze allgemein zuständigen Stelle (Rn. 13) in Betracht, deren strafrechtliche Zielsetzung objektiv erkennbar ist. Ob und wann der Verdächtige von der Maßnahme etwas erfährt, ist für die verfahrenseinleitende Wirkung unerheblich (arg. § 397 III AO). Die Einleitung des Strafverfahrens muss sich stets gegen eine bestimmte natürliche Person richten, mag ihr Name auch unbekannt sein. Auch das Verfahren gegen unbekannt wird zur Ermittlung des Täters und damit „gegen jemanden" geführt (Beermann/Gosch/*Wannemacher/Seipl* 51 zu § 397 AO). 85

Regelmäßig bedarf es einer Maßnahme, die aus dem Bereich der Behörde **nach außen wirkt** (Kühn/v. Wedelstädt/*Blesinger* 3 zu § 397 AO). Denkbar sind aber auch innerdienstliche Vorgänge, wie etwa die Weisung des zuständigen Behördenleiters, in einer bestimmten Sache eine strafrechtliche Ermittlungsmaßnahme vorzunehmen. *„Erkennbare"* Maßnahme bedeutet nicht, dass die Strafverfolgung für den Täter erkennbar sein muss (BFH 13.12.1995, BFH/NV 1996, 451). Die Übersendung der Akten von der Betriebsprüfungsstelle an die Bußgeld- und Strafsachenstelle zu dem Zweck einer strafrechtlichen Prüfung bestimmter Sachverhalte stellt allerdings nur eine Vorbereitungshandlung dar, die noch nicht erkennen lässt, ob wirklich strafrechtliche Maßnahmen ergriffen werden oder auch nur ergriffen werden sollen (glA Schwarz/Pahlke/*Dumke* 35a zu § 397 AO; aM Kohlmann/*Peters* 27.1 zu § 397; HHSp-*Schick* 175 zu § 208). Bricht dagegen der Betriebsprüfer nach § 10 I 1 BpO die Außenprüfung ab, weil er den Verdacht einer Steuerhinterziehung für begründet hält (vgl. Nr. 26, 130 I 1 AStBV), und gibt er deswegen die Akten an die Strafsachenstelle ab, so ist das Verfahren damit eingeleitet (glA Klein/*Jäger* AO § 397 Rn. 9; Koch/Scholtz/*Scheuermann-Kettner* 6 u. RK-*Rolletschke* 55 zu § 397). 86

Maßnahme iS des § 397 I AO kann nur eine Handlung sein, die geeignet ist, dem Ziel der Bestrafung des Verdächtigen oder der Beseitigung des Verdachts näherzukommen (vgl. BFH 29.4.2008, BStBl. II 2008, 844; RG 2.3.1925, RGSt 59, 12). Verfahrenseinleitende Wirkung hat daher eine Ermittlungsverfügung, mit der bestimmte Ermittlungsmaßnahmen angeordnet werden, nicht aber eine bloße Büroverfügung etwa nach folgendem Muster: „1. Strafakte gegen A anlegen. 2. Wv. 1 Woche." oder ein bloßer Aktenvermerk etwa folgenden Inhalts: „1. Das Strafverfahren gegen B wegen ESt-Hinterziehung wird eingeleitet, weil der Verdacht besteht, dass … 2. Wv. nach Rechtskraft der berichtigten ESt-Bescheide für 2008 bis 2011, spätestens 1.2.2016."; denn ein solcher Vermerk zielt nicht auf strafrechtliches Vorgehen ab, wie es § 397 I AO verlangt. Er bekundet vielmehr die Absicht der Behörde, strafrechtliche Maßnahmen einstweilen zu unterlassen und das Ergebnis des Besteuerungsverfahrens abzuwarten. Selbst wenn diese Absicht nicht ausdrücklich hervorgehoben wird, kann ein Aktenvermerk das Erfordernis eines tatsächlichen Vorgehens nicht ersetzen (RG 2.3.1934, RStBl. 1934, 452; Schwarz/Pahlke/*Dumke* 35 u. HHSp-*Hellmann* 55 zu § 397; aM Kohlmann/*Peters* 28 zu § 397 AO). Die förmliche Verfügung der Einleitung eines Strafverfahrens durch die StA ist eine Maßnahme iS des § 397 I AO, und zwar unabhängig davon, ob die Geschäftsstelle der StA diese Verfügung vor oder nach Eingang einer Selbstanzeige bearbeitet (BFH 13.12.1995, BFH/NV 1996, 451). 87

Die strafrechtliche Zielsetzung ist ohne weiteres erkennbar:

bei Maßnahmen der Polizei (Rn. 23 f.), der StA (Rn. 25 f.), derjenigen Ermittlungspersonen der StA, die der Finanzverwaltung nicht angehören (Rn. 27 ff.) oder des Strafrichters (Rn. 32 ff.), da diese Stellen im Besteuerungsverfahren nicht tätig werden; 88

89 bei solchen Maßnahmen einer FinB oder eines einzelnen Finanzbeamten, die nur für straf- (oder bußgeld-)rechtliche, nicht auch für steuerliche Zwecke zulässig sind. Dabei handelt es sich hauptsächlich um

90 – die vorläufige Festnahme, insbes. einer schmuggelverdächtigen Person, gem. § 127 I oder II StPO iVm § 399 I, § 402 I oder § 404 S. 1 AO;

91 – die körperliche Untersuchung eines Verdächtigen gem. § 81a StPO, zB auf verschlucktes oder in Körperhöhlen verborgenes Schmuggelgut;

92 – die Beschlagnahme von Sachen, die als Beweismittel dienen sollen oder eingezogen werden können, gem. §§ 94 ff. StPO, die Postbeschlagnahme gem. §§ 99 StPO und die Durchsuchung gem. §§ 102 ff. StPO;

93 – die Telekommunikationsüberwachung gem. § 100a StPO bei schweren Straftaten (s. § 100a II Nr. 1d u. Nr. 2 StPO) sowie die Rasterfahndung gem. § 98a I Nr. 5, 6 StPO in Fällen bandenmäßig begangener Steuerhinterziehung iS des § 370 III 2 Nr. 5 AO (vgl. *Matthes* aaO S. 43, 79 f.).

94 In den Fällen, in denen ein **richterlicher Beschluss erforderlich** ist, besteht die verfahrenseinleitende Maßnahme bereits in der Antragstellung (BFH 23.12.1980, BStBl. II 1981, 349; *Brenner* StBp 1977, 280).

95 Bei **Gefährdung des Untersuchungserfolges** durch Verzögerung (§ 81a II StPO) oder bei Gefahr im Verzug (§ 98 I, § 98b I, § 100 I, § 100b I, § 105 I StPO) können die vorstehenden Maßnahmen auch durch die StA, zT auch durch Ermittlungspersonen der StA und damit aufgrund § 399 I oder § 402 I AO durch die FinB oder aufgrund § 404 AO durch die Zoll- oder Steuerfahndung getroffen werden.

96 Eine **Notveräußerung** aufgrund § 111l StPO kommt als verfahrenseinleitende Maßnahme nicht in Betracht, da sie voraussetzt, dass eine Sache, die zu verderben droht, bereits vorher sichergestellt oder beschlagnahmt wurde.

97 Die **Abgabe der Steuerstrafsache an die StA** gem. § 386 IV 1 AO ist zur Einleitung des Strafverfahrens iS des § 397 I AO geeignet, falls sie unmittelbar aufgrund des ersten Verdachts vorgenommen wird. Regelmäßig ist es zweckmäßig, dass die FinB die Anhaltspunkte des Verdachts, mindestens in Bezug auf die steuerlichen Gesichtspunkte, zunächst soweit erhellt, dass sie der StA ein steuerlich vorgeklärtes Bild von der Tat und ihren Folgen vermitteln kann (Rn. 44 zu § 386). Entsprechende Ermittlungsmaßnahmen mit erkennbar strafrechtlicher Zielsetzung haben dann die Einleitung des Strafverfahrens bereits bewirkt (Rn. 88 ff.).

98 Die Anforderung einer (unbeschränkten) **Auskunft aus dem Bundeszentralregister** durch die FinB ist nur für strafrechtliche Zwecke zulässig (§ 41 I Nr. 4, IV BZRG). Sie hat verfahrensfördernde und daher auch verfahrenseinleitende Wirkung (Rn. 87), weil der Registerauszug stets der Aufklärung dient, ob der Verdächtige durch frühere einschlägige Verurteilungen über seine steuerrechtlichen Pflichten oder über das Verbotensein eines bestimmten Verhaltens schon einmal nachdrücklich belehrt wurde.

99 **Andere Maßnahmen einer Finanzbehörde** lassen wegen der ihr im steuerlichen Interesse obliegenden Pflicht zur Ermittlung der Besteuerungsgrundlagen nicht ohne weiteres erkennen, ob sie (auch) strafrechtlichen oder (nur) steuerlichen Zwecken dienen sollen. Dies gilt insbesondere für **Befragungen des Stpfl,** solange sie nicht in eine Vernehmung übergehen und der Stpfl nicht nach § 136 I StPO belehrt wird, ferner für die Einholung von Auskünften dritter Personen (§ 93 AO) oder von Sachverständigengutachten (§ 96 AO), sofern diese nicht eine kriminalistische Fragestellung zum Gegenstand haben. Schließlich spricht die **Sicherstellung von Beweismitteln,** die der Stpfl bereitwillig herausgibt, nicht von selbst für eine Auswertung zu strafrechtlichen Zwecken, da es auch im Besteuerungsverfahren vorkommt, dass die zur Einsicht erbetenen Bücher, Aufzeichnungen, Geschäftspapiere oder andere Urkunden (§ 97 AO) an Amtsstelle ausgehändigt oder von einem Außenprüfer mitgenommen werden (§ 200 AO). Solche (vermeintlich) neutralen Ermittlungsmaßnahmen bewirken die Einleitung eines Straf- (oder Bußgeld-)

verfahrens nach § 397 I AO nur dann, wenn zusätzliche äußere Anhaltspunkte die straf- (oder bußgeld-)rechtliche Zielsetzung erkennen lassen. Derartige Anhaltspunkte werden von der FinB gesetzt,

- wenn sie den Stpfl ausdrücklich darauf hinweist, dass gegen ihn der Verdacht einer Zuwiderhandlung gegen Steuergesetze besteht und die verlangte Auskunft oder Unterlage (auch) der Aufklärung dieses Verdachts zu dienen bestimmt ist (§ 397 III AO),
- wenn eine Belehrung nach § 136 I StPO erfolgt,
- wenn die Herausgabe von Beweismitteln mit dem Hinweis erwirkt wird, dass die Sache bei einer Weigerung des Stpfl beschlagnahmt werden müsse oder
- wenn der straf- (oder bußgeld-)rechtliche Zweck, namentlich bei schriftlichen Auskunfts- oder Ermittlungsersuchen, aktenkundig gemacht wird (§ 397 II AO).

Ein strafrechtlicher **Vorbehalt in der Schlussbesprechung** einer Außenprüfung gem. **100** § 201 II AO ist keine Maßnahme, durch die das Strafverfahren eingeleitet wird (glA *Mösbauer* DB 2001, 838; Klein/*Jäger* AO § 397 Rn. 23; TK-*Tipke* 9 zu § 201 AO; *Schuhmann* wistra 1992, 293, 295). Der Vorbehalt setzt voraus, dass noch in der Schlussbesprechung Zweifel bestehen, ob ein Straf- oder Bußgeldverfahren durchgeführt werden muss. Ein solcher Zweifel dürfte sich bei gesetzmäßigem Verhalten des Prüfers nur noch auf die subjektiven Merkmale einer vorsätzlichen oder leichtfertigen Steuerverkürzung (§ 370 oder § 378 AO) beziehen. Die objektiven Merkmale einer Steuerverkürzung müssten nach Sinn und Zweck einer Schlussbesprechung bereits während der Prüfung aufgeklärt worden sein. Ergibt sich im Rahmen der Schlussbesprechung ein Anfangsverdacht, ist der Stpfl über die vorzunehmende Einleitung des Strafverfahrens zu belehren (vgl. Nr. 131 II 3 AStBV); damit ist das Verfahren eingeleitet.

Bleibt die steuerrechtliche Würdigung der festgestellten Tatsachen strittig, besteht aus **101** subjektiven Gründen regelmäßig kein straf- (oder bußgeld-)rechtlicher Verdacht, es sei denn, dass die Rechtsauffassung des Stpfl abwegig ist und in Wahrheit nur verfochten wird, um dem Verdacht einer Zuwiderhandlung entgegenzuwirken. In einem solchen Fall hätte vor der Schlussbesprechung zumindest das Bußgeldverfahren wegen einer Steuerordnungswidrigkeit nach § 378 AO eingeleitet werden müssen, da das Verschweigen steuererheblicher Tatsachen, die nur von einem abwegigen Rechtsstandpunkt aus unerheblich erscheinen, mindestens den Verdacht einer leichtfertigen Handlungsweise begründet. Allerdings ist eine Rechtsauffassung nicht schon dann abwegig, wenn sie von dem Rechtsstandpunkt der FinB abweicht. Ergibt sich schon während der Prüfung der Verdacht einer Steuerstraftat oder -ordnungswidrigkeit, muss bereits zu diesem Zeitpunkt das Straf- oder Bußgeldverfahren eingeleitet werden (TK-*Tipke* 16 zu § 201 AO). Auch wenn lediglich die Möglichkeit erkennbar wird, dass ein solches Verfahren geführt werden muss, ist die Außenprüfung zu unterbrechen und die Bußgeld- und Strafsachenstelle zu informieren (§ 10 I 2, II BpO (St)); die Schlussbesprechung darf nicht abgewartet werden. Wird von der Einleitung eines Straf- oder Bußgeldverfahrens abgesehen, ist dies dem Betroffenen mitzuteilen.

Im **Bereich der Zollverwaltung** bedeutet das Anhalten einer Person im grenznahen **102** Raum zu Kontrollzwecken (§ 10 ZollVG) noch keine Einleitung des Straf- (oder Bußgeld-)verfahrens, wohl aber das Festhalten einer schmuggelverdächtigen Person, die sich der Kontrolle entziehen oder nach Entdeckung der Tat flüchten will; hier kann bereits der Zuruf „Karo, fass!" an den Zollhund die Einleitung des Verfahrens bewirken. Bei den Maßnahmen der Steueraufsicht nach den §§ 209 ff. AO ergeben sich die gleichen Abgrenzungsschwierigkeiten wie bei der steuerlichen Betriebsprüfung (Rn. 99 f.; vgl. BGH 27 1. 2015 – 1 StR 142/14 [Urteil]).

Welche von mehreren möglichen Maßnahmen die Behörde zuerst trifft, um den **103** **Verdacht aufzuklären,** ist für die verfahrenseinleitende Wirkung unerheblich. Die **Wahl des Mittels** steht aber nicht im unbeschränkten Belieben der Behörde. Abgesehen von besonderen gesetzlichen Voraussetzungen einzelner Maßnahmen, zB „Gefahr im Verzug" (vgl. § 98 I, § 100 I, § 105 I StPO usw.), muss nach dem allgemeinen Rechtsgrundsatz der

Verhältnismäßigkeit auch im Strafverfahren stets abgewogen werden, ob der beabsichtigte Eingriff dem Gewicht der Straftat angemessen ist und ob nicht andere, weniger einschneidende Mittel zur Verfügung stehen (BVerfG 10.6.1963, BVerfGE 16, 194, 202; BVerfG 25.7.1963, BVerfGE 17, 108, 117; BVerfGE 47, 239, 249 zu *§ 81a StPO;* BVerfG 8.3.1972, BVerfGE 32, 373, 379; BVerfG 24.5.1977, BVerfGE 44, 353, 372 u. BVerfG 13.12.1994, wistra 1995, 139 zu *Beschlagnahmen* sowie BVerfG 5.8.1966, BVerfGE 20, 162, 187 u. BVerfG 10.11.1981, BVerfGE 59, 95, 97 sowie BVerfG 15.12.2005, StV 2006, 565 u. BVerfG 3.7.2006, wistra 2006, 377 zu *Durchsuchungen*). Zum Teil enthalten die gesetzlichen Vorschriften für die Ermittlungsmaßnahmen qualifizierte Subsidiaritätsklauseln (vgl. § 98a I, § 100a I, § 100c I, § 110a I 3 StPO). Verneint wurden Grundrechtsverletzungen durch Einsicht in Geschäftspapiere für ein Bußgeldverfahren (BVerfG 22.10.1980, BVerfGE 55, 144, 151).

104 Der **Grundsatz der Verhältnismäßigkeit** verlangt, dass eine Maßnahme unter Würdigung aller persönlichen und tatsächlichen Umstände des Einzelfalles zur Erreichung des angestrebten Zwecks geeignet und erforderlich ist. Das ist nicht der Fall, wenn ein milderes Mittel ausreicht (BVerfG 23.3.1994, wistra 1994, 221). Selbst wenn eine Maßnahme nachträglich als unzulässig beurteilt wird, kann der durch sie bewirkte Beginn des Strafverfahrens nicht als ungeschehen angesehen werden (Rn. 7). In Betracht kommen aber uU Entschädigungsansprüche gem. § 2 I, II Nr. 4 StrEG, zB wenn einem Kaufmann durch Beschlagnahme der gesamten Buchführung der Überblick über seine Debitoren entzogen und der Einzug fälliger Forderungen unmöglich gemacht wird.

105–111 *einstweilen frei*

9. Zeitpunkt der Einleitung

112 **Der Wortlaut des § 397 I AO:** „… ist eingeleitet, sobald" sagt eindeutig, dass die Rechtsfolge der Einleitung des Verfahrens in demselben Zeitpunkt eintritt, in dem eine funktionell zuständige Stelle (Rn. 12 ff.) gegen jemanden straf- (oder bußgeld-)rechtlich vorgeht. Unerheblich ist, wie lange die Behörde eine verfahrenseinleitende Maßnahme erwogen hat und wie viel Zeit verstrichen ist, bevor sie ihren Entschluss zum Einschreiten in die Tat umgesetzt hat. Andererseits wird die Rechtsfolge der Einleitung nicht dadurch hinausgeschoben, dass die verfahrenseinleitende Maßnahme entgegen § 397 II AO nicht unverzüglich aktenkundig gemacht wird (*Schuhmann* wistra 1992, 293, 294; Kohlmann/*Peters* 37.2 zu § 397; vgl. bereits die stRspr des RG zu § 410 IV, § 441 II RAO 1931: RG 2.3.1934, RGSt 68, 105; RG 25.11.1935, RStBl. 1935, 15 u. RG 12.2.1940, RStBl. 1940, 314). Ist eine Ermittlungshandlung darauf gerichtet, eine Person einer Straftat zu überführen, kommt es nicht darauf an, wie der Ermittlungsbeamte sein Verhalten rechtlich bewertet. Denn auch ohne förmliche Verfahrenseröffnung ist die konkludente Zuweisung der Rolle als Beschuldigter möglich. Dies richtet sich danach, wie sich das Verhalten des ermittelnden Beamten bei seinen Aufklärungsmaßnahmen nach außen darstellt (BGH 30.12.14, NStZ 2015, 291 mwN).

113 **Da ein strafrechtliches Vorgehen regelmäßig aus mehreren Schritten besteht,** falls sich der Verdacht nicht bereits nach der ersten Maßnahme wieder auflöst, muss aus dem Zweck des § 397 AO (Rn. 2 ff.) abgeleitet werden, dass **nur der erste Schritt,** die erste strafrechtliche Untersuchungshandlung, die Einleitung bewirkt. Jede weitere Ermittlungsmaßnahme kann in derselben Sache verfahrenseinleitende Wirkung nur noch entfalten, wenn sie die erste Maßnahme gegen eine bisher unverdächtige Person ist. Erstreckt sich der Anfangsverdacht im Verlauf der Ermittlungen von der zunächst verdächtigen Person auf eine andere oder auf weitere Personen, kann in derselben Sache das Straf- (oder Bußgeld-) verfahren gegen jeden von mehreren Beschuldigten zu einem anderen Zeitpunkt eingeleitet worden sein.

114 **Gegen jeden einzelnen Verdächtigen** kann das Straf- (oder Bußgeld-) verfahren wegen derselben Tat nur einmal eingeleitet werden. Veranlasst das HZA A gegen den

Verdächtigen V eine verfahrenseinleitende Maßnahme am 1. Februar und unabhängig davon das HZA B gegen V wegen desselben Sachverhalts am 1. März, so ist das Verfahren gegen V (nur) am 1. Februar eingeleitet. Die spätere Maßnahme des HZA B ist als solche wirksam, konnte aber keine verfahrenseinleitende Wirkung mehr entfalten. Missverständlich ist der Wortlaut des § 390 I AO, soweit die Vorschrift davon spricht, dass eine FinB wegen der Tat „zuerst ein Strafverfahren eingeleitet hat".

Ist ein Strafverfahren eingestellt worden, ohne dass dadurch – wie im Falle des § 153 I StPO – die Strafklage verbraucht ist, kann es wegen derselben Tat nur durch eine **neue Maßnahme** iS des § 397 I AO wieder in Gang gesetzt werden. Dies gilt sowohl nach Einstellungen der jeweiligen Strafverfolgungsbehörde mangels Tatverdachts gem. § 170 II StPO, wegen Geringfügigkeit gem. § 153 I StPO oder § 398 AO als auch wegen Nebensächlichkeit der Steuerstraftat oder der Gesetzesverletzung gem. § 154 I oder § 154a I StPO wie auch bei einem Absehen von der Strafverfolgung nach einer Selbstanzeige (§ 398a III AO) oder wegen Nötigung oder Erpressung gem. § 154c StPO sowie nach Gerichtsbeschlüssen in den Fällen des § 154 II, § 154a II, § 199 I, § 205 S. 1, § 206a I und des § 207 II StPO. 115

10. Aktenvermerk nach § 397 II AO

Aus der Trennung der Definition in § 397 I AO von der Vorschrift in § 397 II AO, dass die Einleitung aktenkundig gemacht werden muss, ergibt sich, dass der **Aktenvermerk kein Merkmal der Einleitung** des Straf- (oder Bußgeld-)verfahrens ist. Der Vermerk hat keine konstitutive Wirkung, sondern nur deklaratorische Bedeutung (Klein/*Jäger* AO § 397 Rn. 28; HHSp-*Hellmann* 55, Koch/Scholtz/*Scheurmann-Kettner* 16, Kohlmann/*Peters* 37.2, Kühn/v. Wedelstädt/*Blesinger* 5, RK-*Rolletschke* 60 u. Schwarz/Pahlke/*Dumke* 4, 41 zu § 397 AO; *Blesinger* wistra 1994, 48, 51; *Schuhmann* wistra 1992, 293, 294). Dies gilt auch in Fällen, in denen die verfahrenseinleitende Maßnahme äußerlich indifferent erscheint, denn auch hier ist die Rechtsfolge der Einleitung bereits zum Zeitpunkt der ersten Ermittlungsmaßnahme eingetreten (Rn. 113). Allerdings kann der Vermerk die strafrechtliche Zielrichtung offenlegen. 116

Die **rechtsklärende Funktion des Aktenvermerks** ist bedeutsam bei den scheinbar indifferenten Maßnahmen, die ihrer Art nach auch bei der Ermittlung der Besteuerungsgrundlagen allein für steuerliche Zwecke dienen können und nicht den Stempel der strafrechtlichen Zielsetzung tragen (Rn. 99 u. 102). Der Aktenvermerk sichert die Abgrenzung und Beweisführung in Bezug auf den verdachtsbefangenen Sachverhalt, die Person des Verdächtigen und den Zeitpunkt der verfahrenseinleitenden Maßnahme im Hinblick auf § 397 III iVm § 393 I AO sowie bezüglich § 371 II Nr. 2 (Tatentdeckung) und § 376 AO. 117

Die **Beweissicherung ist nur gewährleistet,** wenn die verfahrenseinleitende Maßnahme unter Angabe des Zeitpunktes „unverzüglich" vermerkt wird. Unverzüglich heißt auch hier „ohne schuldhaftes Zögern" (vgl. § 121 I 1 BGB). Schuldhaftes Zögern liegt nicht vor, wenn der Beamte, der eine verfahrenseinleitende Maßnahme im Außendienst getroffen hat, den Vermerk erst fertigt, wenn er zu seiner Behörde zurückgekehrt ist; es ist jedoch gegeben, wenn ein Betriebsprüfer eine während der Prüfung getroffene Maßnahme mit strafrechtlicher Zielsetzung erst nach Tagen, Wochen oder Monaten in einer Anlage zum Prüfungsbericht erwähnt, da die in der Zwischenzeit mögliche Unklarheit über den (nur) steuerlichen oder (auch) strafrechtlichen Zweck der Maßnahme durch § 397 II AO gerade vermieden werden soll. 118

Ein **Verstoß gegen § 397 II AO** hat keine verfahrensrechtlichen Folgen. Trotz der zwingenden Form der Gesetzesfassung handelt es sich in Wahrheit um eine Sollvorschrift, deren Bedeutung nur der Wichtigkeit der Folgen wegen, die an die Einleitung des Straf- (oder Bußgeld-)verfahrens anknüpfen, stärker als üblich betont worden ist. 119

Der **Inhalt des Aktenvermerks** ist durch Rechtsvorschriften nicht geregelt. Der rechtsklärende Zweck des § 397 II AO (Rn. 117) verlangt, in dem Vermerk die Richtung und 120 den Umfang der Untersuchung so genau zu kennzeichnen, wie es am Anfang der Ermittlungen nach dem Entstehen des Verdachts möglich ist (RG 12.2.1940, RStBl. 1940, 314). Vor allem ist der geschichtliche Vorgang, der den Anschein einer mit Strafe oder Geldbuße bedrohten Zuwiderhandlung hervorgerufen hat, kurz darzustellen. Damit die Rechtswirkungen der Einleitung (Rn. 139 ff.) abgegrenzt werden können, sollten dabei, soweit möglich, für jede Tat die Tatverdächtigen, gegen die sich die Ermittlungen richten, die verkürzte Steuerart, das betroffene Steuerjahr, die Tathandlung und der Tatzeitpunkt angegeben werden (vgl. Nr. 30 AStBV). Nicht erforderlich ist es, in dem Vermerk die Tat rechtlich genau zu qualifizieren oder bereits das verletzte Gesetz zu bezeichnen (Kohlmann/*Peters* 37 zu § 397 AO; *Schuhmann* wistra 1992, 293, 295). Der formelhafte Satz: „Gegen A wird das Strafverfahren wegen Steuerhinterziehung, strafbar nach § 370 AO, eingeleitet" erfüllt weder die Merkmale des § 397 I AO (Rn. 87) noch die Anforderungen des § 397 II AO (vgl. BayObLG 26.10.1987, wistra 1988, 81).

121 Ein **Nachtragsvermerk** ist erforderlich, wenn die Ermittlungen im Verlauf des Verfahrens auf weitere Verdächtige oder auf weitere Taten desselben Beschuldigten ausgedehnt werden (s. auch Rn. 113 f.).

122 Die **Form des Aktenvermerks** ist ebenfalls nicht näher geregelt. Den Zweck des § 397 II AO (Rn. 117) erfüllt jeder Vermerk eines Beamten, der die verfahrenseinleitende Maßnahme bewirkt hat oder an ihrer Durchführung beteiligt war (glA *Kretzschmar* StBp 1983, 266). Der Vermerk braucht nicht vom Behörden-Vorsteher oder seinem Vertreter unterzeichnet zu werden, da er keine Willenserklärung zum Gegenstand hat, sondern nur Tatsachen bekundet. Demgemäß ist es auch unerheblich, ob der Beamte den Vermerk mit vollem Namen oder nur mit seiner Paraphe zeichnet (RG 13.2.1940, RStBl. 1940, 40). Andererseits ist eine Maßnahme aber nur und erst dann in den Akten vermerkt, wenn der Vermerk den Akten der Behörde beigefügt ist (HHSp-*Hellmann* 56 zu § 397, ein Vermerk in den Handakten eines Außenprüfers, über die der Prüfer nach Belieben verfügen kann, genügt nicht.

11. Bekanntgabe an den Beschuldigten nach § 397 III AO

Schrifttum: *Teske,* Die Bekanntgabe der Einleitung eines Straf- und Bußgeldverfahrens (§ 371 Abs. 2 Nr. 1b AO) durch Durchsuchungsbeschlüsse, wistra 1988, 287; *Schuhmann,* Zur Bekanntgabe der Einleitung eines Straf- und Bußgeldverfahrens nach der Abgabenordnung, wistra 1992, 293; *Burkhard/Adler,* Unbestimmte Einleitungsverfügung entfaltet keine Sperrwirkung, DStZ 2000, 592; *Törmöhlen,* Strafprozessuales und steuerliches Verwertungsverbot bei unterlassener oder verzögerter Belehrung durch den Betriebsprüfer über das Zwangsmittelverbot?, DStZ 2001, 850; *Braun,* Die Bekanntgabe der Einleitung eines Steuerstrafverfahrens als Sperrgrund, PStR 2002, 86.

123 Die **Pflicht,** die Einleitung des Strafverfahrens dem Beschuldigten **mitzuteilen,** dient seinem Schutz vor einer Selbstbezichtigung (Rn. 6) anlässlich einer Ermittlungsmaßnahme, die äußerlich indifferent ist (Rn. 99 u. 102) oder die zwar eindeutig strafrechtlicher Natur ist (Rn. 7 ff.), aber den Gegenstand und die Grenzen des Verdachts nicht erkennen lässt. Wer von der FinB aufgefordert wird, Tatsachen darzulegen oder Unterlagen vorzulegen, darf nicht im Unklaren darüber gelassen werden, dass er als Beschuldigter im Strafverfahren und nicht als Stpfl im Besteuerungsverfahren angesprochen wird. Zu diesem Zweck ergänzt § 397 III einerseits § 393 I 4 AO, andererseits die §§ 136, 136a StPO. Überflüssig ist die Vorschrift schon deshalb nicht, weil sie auch in einem parallel laufenden Besteuerungsverfahren gilt (Koch/Scholtz/*Scheurmann-Kettner* 17 zu § 397); überdies schafft sie Klarheit für den Ausschluss einer strafbefreienden Selbstanzeige nach § 371 II Nr. 1b AO (Rn. 145).

124 **Zur Mitteilung verpflichtet** ist diejenige Stelle, die den Beschuldigten zu Offenbarungen auffordert – unabhängig davon, ob sie selbst oder eine andere Stelle das Strafverfahren eingeleitet hat. Falls die verfahrenseinleitende Stelle, zB die Polizei oder die StA, den Beschuldigten bereits über den gegen ihn bestehenden Verdacht unterrichtet hat, ist eine nochmalige Mitteilung durch die FinB, die den Beschuldigten zur Darlegung von Tatsachen oder zur Vorlage von Unterlagen auffordert, nicht erforderlich.

Zu **Form und Inhalt der Mitteilung** nach § 397 III AO s. auch die Erläuterungen in Rn. 261 ff. zu § 371 II Nr. 1b AO. Mitzuteilen ist die Tatsache der Einleitung des Straf- (oder Bußgeld-)verfahrens mit einer Beschreibung der Taten. Diese müssen sachlich so genau bezeichnet werden, wie dies nach dem Stand der Kenntnisse der Behörde (des Amtsträgers) möglich ist (RG 12.2.1940, RStBl. 1940, 314), und zwar möglichst durch Angabe der dem Beschuldigten zur Last gelegten Handlungen oder Handlungsweisen, der dadurch verkürzten Steuerarten und der betroffenen Steuerjahre (s. Rn. 275 ff. zu § 371), damit Abgrenzungsschwierigkeiten im Hinblick auf die Folgen der Einleitung (s. Rn. 139 ff.) möglichst vermieden werden. Die Rechtswirkungen der Bekanntgabe der Einleitung können nur dann eintreten, wenn der Beschuldigte durch den Inhalt der Bekanntgabe über die Tat, deren er verdächtigt wird, *„ins Bild gesetzt wird“* (BGH 6.10.1981, BGHSt 30, 215; OLG Hamburg 24.3.1987, wistra 1987, 189; *Marx* wistra 1987, 207). Ein für mehrfache Verwendung vorformulierter Text, in dem lediglich pauschale und zeitlich nicht präzisierte Vorwürfe gemacht werden, genügt diesen Anforderungen zumeist nicht (vgl. OLG Hamburg 24.3.1987, wistra 1987, 189; BayObLG 26.10.1987, wistra 1988, 81; aA *Weyand* wistra 1987, 283). 125

Jedenfalls seit Aufgabe der Rechtsfigur der fortgesetzten Handlung (Rn. 116 zu § 369) bedarf es der Angabe, welche Steuer in welchem Veranlagungszeitraum durch welche Handlung hinterzogen worden sein soll (ebenso *Schuhmann* wistra 1992, 293, 295). Die Angabe der Steuern und Steuerabschnitte in der Einleitungsverfügung ist auch bedeutsam für die Frage, ob und ggf. in welchem Umfang noch eine Selbstanzeige möglich ist (Rn. 145). Nicht mitgeteilt zu werden braucht die verfahrenseinleitende Maßnahme (Schwarz/Pahlke/*Dumke* 48 zu § 397 AO). Da § 397 III AO keine Schriftform vorschreibt, kann für die Bekanntgabe auch eine bloß mündliche Erklärung eines Amtsträgers ausreichen (Rn. 266 zu § 371; Schwarz/Pahlke/*Dumke* 50 zu § 397 AO; aM *Schuhmann* wistra 1992, 293, 295); zur Vermeidung von Beweisschwierigkeiten sollte hiervon aber nur zurückhaltend Gebrauch gemacht werden. Die Bekanntgabe kann auch durch eine eindeutige Amtshandlung erfolgen, die unzweifelhaft als strafverfahrensrechtliche Maßnahme zur Ermittlung einer Steuerstraftat erkennbar ist, wie etwa durch die Verhaftung (§§ 114 ff. StPO), vorläufige Festnahme (§ 127 StPO) oder erste Vernehmung (§ 136 StPO) des Beschuldigten, aber auch durch eine Beschlagnahme von Geschäftspapieren (§§ 94, 98 StPO) oder durch eine Durchsuchung nach § 102 StPO (Rn. 268 zu § 371; *Schuhmann* wistra 1992, 263, 265). 126

Adressat einer Mitteilung nach § 397 III AO ist nur der Beschuldigte selbst, nicht etwa – wie im Falle des § 371 II Nr. 1b AO – ein Vertreter des Beschuldigten. Ist der Beschuldigte nicht erreichbar oder nicht ansprechbar, kann er auch nicht Adressat einer Aufforderung sein, durch deren Erfüllung er sich selbst belasten könnte. 127

§ 397 III AO bestimmt den Zeitpunkt, zu dem die Einleitung des Verfahrens dem Beschuldigten **spätestens** bekannt gegeben werden muss. Ob die Verfahrenseinleitung vorher mitgeteilt wird, entscheidet die Strafverfolgungsbehörde nach pflichtgemäßem Ermessen (Koch/Scholtz/*Scheurmann-Kettner* 18 zu § 397 u. Klein/*Jäger* AO § 397 Rn. 30). Die Einleitung des Verfahrens zunächst nicht bekanntzugeben, kann sinnvoll sein, wenn die sofortige Bekanntgabe den Untersuchungszweck gefährden würde. Eine unverzügliche Mitteilung ist weder im allgemeinen Strafverfahren noch im Steuerstrafverfahren vorgeschrieben. Sie läge auch nicht im Interesse des Beschuldigten, da sich der Verdacht einer Zuwiderhandlung gegen Steuergesetze bereits nach der ersten Ermittlungsmaßnahme ohne seine Mitwirkung wieder auflösen kann. In einem solchen Fall kann dem Beschuldigten die mit einer Bekanntgabe der Einleitung eines Strafverfahrens verbundene psychische Belastung erspart werden (Koch/Scholtz/*Scheurmann-Kettner* 18 u. Kohlmann/*Peters* 40.4 zu § 397; vgl. auch Nr. 28 I 2 AStBV). Andererseits darf die Zurückhaltung nicht dazu führen, dass sich der Betroffene in Unkenntnis der strafrechtlichen Vorwürfe selbst belastet (Rn. 6; Kohlmann/*Peters* 40.3 zu § 397). Spätestens wenn der Stpfl zur Mitwirkung an der Aufklärung aufgefordert wird, ist wegen des Verbots staatlichen 128

Zwangs zur Selbstbelastung („*nemo tenetur se ipsum accusare*"; Rn. 7 ff. zu § 393) die Verfahrenseinleitung mitzuteilen.

129 **Ein Verstoß der Finanzbehörde gegen die Mitteilungspflicht nach § 397 III AO** kann hinsichtlich der Tatsachen und Unterlagen, die der Beschuldigte nach Aufforderung dar- bzw. vorgelegt hat, im Strafverfahren ein **Verwertungsverbot** begründen, wenn dem Beschuldigten zu diesem Zeitpunkt noch nicht bekannt war, dass gegen ihn wegen einer Steuerstraftat ermittelt wird (Erbs/Kohlhaas/*Hadamitzky*/*Senge* AO § 397 Rn. 13). Es gelten die vom BGH zur unterbliebenen Belehrung eines Beschuldigten bei seiner polizeilichen Vernehmung entwickelten Grundsätze (vgl. BGH 27.2.1992, BGHSt 38, 214) entsprechend (ebenso Erbs/Kohlhaas/*Hadamitzky*/*Senge* AO § 397 Rn. 13 u. Kohlmann/*Peters* 41.1 zu § 397). Die Verwertung der Erkenntnisse steht zur Disposition des Beschuldigten. Ein Verwertungsverbot besteht daher grundsätzlich nur, wenn der Beschuldigte der Verwertung bis zu dem in § 257 StPO genannten Zeitpunkt widerspricht; danach kann der Verstoß nicht mehr gerügt werden (vgl. BGH 27.2.1992, BGHSt 38, 214, 225 f.; Erbs/Kohlhaas/*Hadamitzky*/*Senge* AO § 397 Rn. 13). Im Besteuerungsverfahren führt eine Verletzung der Belehrungspflicht gem. § 393 I 4 AO grundsätzlich zu keinem Verwertungsverbot (BFH 23.1.2002, BStBl. II 2002, 328; zur Verwertbarkeit einer mit den Mitteln des § 136a StPO herbeigeführten Aussage vgl. FG Mecklenburg-Vorp. 21.8.2002, wistra 2003, 473; zu den Folgen eines Verstoßes gegen § 393 I 4 s. Rn. 57 ff. zu § 393).

130–138 *einstweilen frei*

12. Rechtsfolgen der Einleitung

139 **a) Änderung der Rechtsstellung des Verdächtigen. Im Zeitpunkt der Einleitung des Strafverfahrens** (Rn. 112 ff.) **ändert sich die Rechtsstellung des Verdächtigen:** Er bleibt zwar Steuerpflichtiger iS des § 33 AO, wird aber auch Beschuldigter iS der StPO (vgl. BGH 30.12.2014, NStZ 2015, 291) und der Vorschriften des 8. Teils der AO. Die Rechte und Pflichten des Stpfl und der Finanzverwaltung richten sich dann nach den für das jeweilige Verfahren geltenden Vorschriften (§ 393 I 1 AO). Im Besteuerungsverfahren bestehen die Pflichten des Stpfl zur Abgabe richtiger Steuererklärungen §§ 149 ff. AO und zur Mitwirkung gem. §§ 93 ff. AO grundsätzlich fort, wenn gegen ihn ein Steuerstrafverfahren eingeleitet worden ist (s. auch Nr. 16 II AStBV). Wegen des verfassungsrechtlichen Gebots, dass niemand gezwungen werden darf, sich in einem Strafverfahren selbst zu belasten („*nemo tenetur se ipsum accusare*", Rn. 7 ff. zu § 393) steht es dem Beschuldigten frei, sich „zu der Beschuldigung zu äußern oder nicht zur Sache auszusagen" (§ 136 I 2 StPO). Die FinB darf ihn zwar auffordern, „*Tatsachen darzulegen oder Unterlagen vorzulegen, die im Zusammenhang mit der Straftat stehen, deren er verdächtigt ist*" (arg. § 397 III AO), muss ihm jedoch spätestens gleichzeitig die Einleitung des Straf- (oder Bußgeld-)verfahrens mitteilen (Rn. 128) und ihn gem. § 163a III, IV iVm § 136 I 2, 3 StPO belehren. Die Einleitung ist maßgebend für den Beginn der Festsetzungsfrist von Hinterziehungszinsen gem. § 239 I 2 Nr. 3 AO (BFH 13.12.1995, BFH/NV 1996, 451). Sie hemmt den Anlauf der Frist zur Festsetzung von Hinterziehungszinsen nur dann nicht, wenn sie sich zum Zeitpunkt der Einleitung ohne weiteres als greifbar rechtswidrig darstellt (BFH 29.4.2008, BStBl. II 2008, 844).

140 **Steuerrechtliche Zwangsmittel** (§§ 328 ff. AO) sind **unzulässig,** soweit der Tatverdacht (Rn. 38 ff.) reicht und deshalb ein Straf- oder Bußgeldverfahren einzuleiten ist (vgl. § 393 I 2 bis 4 AO). Ist deswegen die Abgabe von Steuererklärungen nicht mehr durchsetzbar und verweigert der Stpfl seine Mitwirkung, bleibt es der FinB unbenommen, die Besteuerungsgrundlagen nach § 162 AO zu schätzen. Auf diese Möglichkeit ist der Stpfl hinzuweisen (vgl. Nr. 29 AStBV). Die Einleitung des Strafverfahrens hindert weitere Ermittlungen durch die Außenprüfung nicht (BFH 19.8.1998, BStBl. II 1999, 7). Für das Kreditgewerbe sieht Nr. 136 I Nr. 3 AStBV Mitteilungspflichten des FA an die Bundesanstalt für Finanzdienstleistungsaufsicht (BaFin) vor, sobald dem Beschuldigten die Einleitung des Verfahrens nach § 397 III AO eröffnet worden ist.

Bestehen hinsichtlich derselben Steuer und desselben Besteuerungszeitraums, für den ein Ermittlungsverfahren eingeleitet wurde, **weitere Erklärungspflichten,** ist insoweit wegen des *„Nemo-tenetur-Grundsatzes"* (Rn. 139) die **Strafbewehrung** einer Hinterziehung durch Unterlassen **suspendiert** (BGH 26.4.2001, BGHSt 47, 8; BGH 12.1.2005, wistra 2005, 148; vgl. auch *Jäger* NStZ 2005, 552, 556 mwN). Die Nichtabgabe einer solchen Steuererklärung ist straflos, weil der Stpfl sonst gezwungen wäre, sich durch nun richtige Angaben selbst zu belasten. Ist zB gegen den Stpfl wegen der Abgabe falscher USt-Voranmeldungen ein Strafverfahren anhängig, ist die Strafbewehrung für die Nichtabgabe der zugehörigen USt-Jahreserklärung suspendiert (BGH 26.4.2001, BGHSt 47, 8; BGH 12.1.2005, wistra 2005, 148). Wird einem Stpfl vor Tatvollendung die Einleitung eines Ermittlungsverfahrens wegen versuchter Steuerhinterziehung durch Unterlassen bekanntgegeben (§ 370 I Nr. 2 AO), kommt eine Bestrafung wegen vollendeter Steuerhinterziehung auch dann nicht in Betracht, wenn er für die betreffende Steuer weiterhin keine Steuererklärung abgibt; andernfalls wäre er gezwungen, mit einer inhaltlich richtigen Steuererklärung den mit der versuchten Steuerhinterziehung erstrebten Hinterziehungsumfang selbst aufzudecken (BGH 23.1.2002, wistra 2002, 150). 141

Voraussetzung für die Suspendierung der Strafbewehrung ist stets ein **unauflöslicher Konflikt** zwischen steuerlichen Erklärungspflichten und einer damit verbundenen Selbstbelastung, aus dem sich der Stpfl auf legalem Wege durch strafbefreiende Selbstanzeige (§ 371, § 378 III AO) oder Rücktritt vom Versuch (§ 24 StGB) nicht mehr befreien kann. Sobald die Tat entdeckt oder ein Ermittlungsverfahren eingeleitet ist, scheiden die beiden Möglichkeiten zumeist aus (vgl. § 371 II AO, § 24 StGB; *Jäger* wistra 2000, 227, 228). 142

Für **andere** als die von einem Straf- oder Bußgeldverfahren erfassten **Steuern und Besteuerungszeiträume** besteht die Strafbewehrung des Verstoßes gegen steuerliche Erklärungspflichten unverändert fort (BGH 12.1.2005, wistra 2005, 148). Das Zwangsmittelverbot berechtigt nicht zur Begehung neuen Unrechts, auch nicht in Form der bloßen Nichtabgabe von Steuererklärungen (BGH 10.1.2002, wistra 2002, 149; vgl. auch Nr. 16 II AStBV). Zwar wurde gefordert, dass in Fällen, in denen bestimmte Einkunftsquellen über mehrere Jahre verschwiegen wurden, wegen des gleichen Lebenssachverhaltes und der „willkürlichen" Abschnittsbesteuerung auch für die nicht von Strafverfahren erfassten Jahre keine Offenbarungen mehr verlangt werden dürften (vgl. *Salditt* NStZ 2001, 544). Dem ist der BGH aber nicht gefolgt. In Fällen, in denen ein enger tatsächlicher Zusammenhang zwischen dem von einem Strafverfahren erfassten Lebenssachverhalt und gleichartigem Geschehen in den Folgejahren besteht, unterliegen nach der Rspr des BGH vielmehr zutreffende Angaben, die mittelbar zu einer Selbstbelastung des Beschuldigten führen können, in einem Straf- oder Bußgeldverfahren hinsichtlich der Folgejahre einem strafrechtlichen Verwendungsverbot. Das Verbot des Zwangs zur Selbstbelastung führt in einem solchen Fall dazu, dass die Erklärungen eines Beschuldigten, die er in Erfüllung seiner weiter bestehenden steuerrechtlichen Pflichten für nicht vom Strafverfahren erfasste Besteuerungszeiträume und Steuerarten gegenüber den Finanzbehörden macht, allein im Besteuerungsverfahren verwendet werden dürfen. Für das laufende Strafverfahren dürfen diese Informationen, soweit sie unmittelbar oder auch mittelbar zum Nachweis einer Steuerhinterziehung für die zurückliegenden Steuerjahre führen können, nicht herangezogen werden (BGH 12.1.2005, wistra 2005, 148; vgl. auch *Jäger* PStR 2002, 49; HHSp-*Hellmann* 30 zu § 393 AO). Ein solcher Fall könnte gegeben sein, wenn ein Stpfl über mehrere Jahre hinweg Kapitalerträge aus einem Depot nicht erklärt hat. In keinem Fall berechtigt der *„Nemo-tenetur-Grundsatz"* zur Abgabe inhaltlich falscher Steuererklärungen (vgl. BGH 10.1.2002, wistra 2002, 149; *Harms/Jäger* NStZ 2002, 244, 246). 143

Bei der **Abgrenzung der Reichweite des Verdachts** (Rn. 38 ff.) und einer dementsprechenden Einleitung des Straf- (oder Bußgeld-)verfahrens ist von derjenigen Handlung oder Unterlassung auszugehen, auf die sich die verdachtsbegründenden Anhaltspunkte beziehen. Bei laufenden Steuern (zB ESt, KSt, GewSt, USt) kann der Verdacht weit zurück reichen, wenn sich bei Einleitung des Verfahrens nicht übersehen lässt, dass der Beschuldigte 144 die entdeckte Hinterziehungsmethode erst von einem bestimmten Steuerabschnitt an angewendet hat oder angewendet haben kann.

145 **b) Ausschluss der Selbstanzeige. Die strafbefreiende Wirkung einer Selbstanzeige** wird gem. § 371 II Nr. 1b AO nicht ohne weiteres schon im Zeitpunkt der Einleitung des Straf- (oder Bußgeld-)verfahrens ausgeschlossen, sondern erst dann, wenn dem an der Tat Beteiligten oder seinem Vertreter die Einleitung bekannt gegeben worden ist. Auch zwischen der Entdeckung der Tat durch die FinB, einer daraufhin vollzogenen Einleitung des Verfahrens und dem Ausschluss der Straffreiheit gem. § 371 II Nr. 2 AO besteht kein unmittelbarer zeitlicher Zusammenhang, weil diese Sperrvorschrift nicht an die Entdeckung anknüpft, sondern darauf abstellt, ob der Täter im Zeitpunkt seiner Selbstanzeige etwas von der Entdeckung wusste oder damit rechnen musste, dass die Tat bereits entdeckt war. Freilich können die Einleitung des Verfahrens und ihre Bekanntgabe mit dem Wissen des Täters von der Entdeckung seiner Tat zusammenfallen, zB bei der vorläufigen Festnahme eines Schmugglers. Ob die strafbefreiende Wirkung einer Selbstanzeige nach § 371 II AO ausgeschlossen ist, muss bei mehreren Taten für jede Tat gesondert geprüft werden (BGH 6.6.1990, wistra 1990, 308). Die Tat im Sinne des § 371 II Nr. 2 AO bestimmt sich nach Steuerart, Besteuerungszeitraum und Steuerpflichtigem (BGH 5.4.2000, wistra 2000, 219 m. Anm. *Jäger* wistra 2000, 227; vgl. auch BGH 20.5.2010, BGHSt 55, 180). Allerdings ist zu beachten, dass die Sperrgründe gemäß § 371 II Nr. 1 und 2 AO alle unverjährten Taten der jeweiligen Steuerart erfassen. Eine nach der Bekanntgabe der Einleitung des Verfahrens oder in Kenntnis der Entdeckung der Tat erstattete Selbstanzeige wirkt wie ein Geständnis, das nur noch strafmildernd berücksichtigt werden kann.

146 **c) Unterbrechung der Verfolgungsverjährung.** Durch die Bekanntgabe der Einleitung des Ermittlungsverfahrens (Rn. 263 ff. zu § 371 u. Rn. 75 zu § 376) wird gem. § 78c I Nr. 1 StGB iVm § 369 II AO die Verjährung der Verfolgung einer Steuerstraftat und gem. § 33 I Nr. 1 OWiG iVm § 377 II AO die Verjährung der Verfolgung einer Steuerordnungswidrigkeit unterbrochen (Rn. 21 zu § 384). Darüber hinaus bestimmt § 376 AO, dass die Verjährung der Verfolgung einer Steuerstraftat auch dadurch unterbrochen wird, dass dem Beschuldigten die Einleitung des Bußgeldverfahrens bekanntgegeben wird oder diese Bekanntgabe angeordnet wird. Das Gesetz sieht keine Form für die Bekanntgabe der Einleitung vor. Sie kann daher grundsätzlich auch mündlich erfolgen (Rn. 125; aA *Schuhmann* wistra 1992, 293, 295), wenngleich sich die Schriftform im Interesse der Rechtssicherheit empfiehlt (*Schäfer,* Dünnebier-FS 541 ff., 554). Nach der Rspr ist es nicht erforderlich, dass die Bekanntgabeerklärung dem Beschuldigten zugeht (BGH 24.8.1972, BGHSt 25, 6; krit. SK-*Rudolphi* 15 zu § 78c StGB). Für diese Auffassung spricht, dass auch die Anordnung der Bekanntgabe eines Ermittlungsverfahrens die Verjährung unterbricht (§ 78c Abs. 1 Nr. 1 StGB). Das Gesetz schreibt für diese Anordnung keine Schriftform vor. Aus Gründen der Rechtssicherheit ist sie aber empfehlenswert. Eine schlüssige Bekanntgabe hat nur dann verjährungsunterbrechende Wirkung, wenn der Beschuldigte erkennen kann, welche Tat ihm vorgeworfen wird (OLG Hamburg 24.3.1987, wistra 1987, 189; *Marx* wistra 1987, 207; aA *Weyand* wistra 1987, 283), und das Wesen der Handlung als Bekanntgabe ohne weiteres verständlich ist (BayObLG 12.1.1990, wistra 1990, 243). Auch die Anordnung der Bekanntgabe muss bereits auf eine Bekanntgabe mit diesem Inhalt gerichtet sein (BayObLG 26.10.1987, wistra 1988, 81). Wird das Ermittlungsverfahren mit einer Durchsuchung eingeleitet (Rn. 92), kann diese nur dann wirksam die Verjährung unterbrechen, wenn die Durchsuchungsanordnung die an sie zu stellenden verfassungsrechtlichen Mindestanforderungen erfüllt (BGH 5.4.2000, wistra 2000, 219 m. Anm. *Jäger* wistra 2000, 227; BGH 27.5.2003, wistra 2003, 382).

147 **d) Einleitung und Zuständigkeit der Finanzbehörde.** Durch den Zeitpunkt der Einleitung (Rn. 112 ff.) wird die **örtliche Zuständigkeit der FinB** für das strafrechtliche Ermittlungsverfahren insoweit festgelegt, als § 388 I Nr. 2 AO an die Zuständigkeit für die Abgabenangelegenheit, § 388 I Nr. 3 AO an den Wohnsitz des Beschuldigten und § 388 III

AO ersatzweise an den gewöhnlichen Aufenthaltsort des Beschuldigten anknüpft. Dasselbe gilt gem. § 410 I Nr. 1 AO für die örtliche Zuständigkeit der FinB im Bußgeldverfahren.

Welche Finanzbehörde zu welchem Zeitpunkt das Straf- oder Bußgeldverfahren eingeleitet hat, ist nach § 390 I AO grundsätzlich maßgebend für den Vorrang der Zuständigkeit einer Behörde, wenn nach den §§ 387 ff. AO an sich mehrere FinB sachlich oder örtlich zuständig sind (Rn. 8 ff. zu § 390). 148

e) Förmlicher Abschluss des Strafverfahrens. Jede Einleitung eines Strafverfahrens iS des § 397 I erfordert einen **förmlichen Verfahrensabschluss.** Dies gilt auch, wenn keine Sachentscheidung mehr möglich ist, weil der Beschuldigte verstorben ist (BGH 8.6.1999, BGHSt 45, 108 u. BGH 5.8.1999, wistra 1999, 426) oder für tot erklärt worden ist (OLG Hamm 16.6.1977, NJW 1978, 177); die Einstellung des Ermittlungsverfahrens beendet dann mit konstitutiver Wirkung die fortbestehende Anhängigkeit des zuvor förmlich eingeleiteten Verfahrens. Die das Legalitätsprinzip begrenzenden Vorschriften des **Opportunitätsprinzips** (§§ 153 ff. StPO, § 398 AO) ermöglichen in bestimmten Fällen die Einstellung des Verfahrens trotz bestehenden Tatverdachts (s. hierzu Nr. 82 f. AStBV). Mit der Neufassung des § 153a StPO durch das Rechtspflegeentlastungsgesetz vom 11.1.1993 (BGBl. I 50) sind die Einstellungsmöglichkeiten unter Auflagen und mit Weisungen erheblich in den Bereich der mittleren Kriminalität ausgeweitet worden. Gerade diese weite Fassung des § 153a StPO hat auch den Boden bereitet für den Einzug sog. verfahrensbeendender Absprachen in das Strafverfahren (vgl. *Schulenburg* JuS 2004, 768). Sie haben in Ermittlungsverfahren wegen Steuerhinterziehung erhebliche Bedeutung erlangt. Auch bei den Vorschriften, die nicht erst das Absehen von der Erhebung der öffentlichen Klage (§§ 153a, 153b StPO), sondern bereits das Absehen von der weiteren Strafverfolgung ermöglichen (§§ 153, 154 StPO), ist der Sachverhalt aber jedenfalls soweit aufzuklären, dass beurteilt werden kann, ob die jeweiligen sachlichen Voraussetzungen der Einstellungsvorschrift vorliegen (glA *Schulenburg* JuS 2004, 768, 769). 149

Der Beschuldigte ist von der Einstellung zu unterrichten, wenn ihm die Einleitung des Strafverfahrens gem. § 397 III mitgeteilt worden ist (Nr. 80 II 1 AStBV). Vorgeschrieben ist die Mitteilung insbes. wenn der Beschuldigte als solcher vernommen worden ist oder ein Haftbefehl gegen ihn erlassen war (vgl. § 170 II 2 StPO). Hat sich herausgestellt, dass gegen ihn kein begründeter Verdacht besteht, so ist dies in der Mitteilung auszusprechen (Nr. 80 II 2 AStBV; Nr. 88 S. 2 RiStBV). Im Übrigen sind die Einstellungsgründe nur auf Antrag und nur insoweit mitzuteilen, als keine schutzwürdigen Interessen (zB staatliche oder private Geheimnisse, weitere Ermittlungen gegen andere Personen) entgegenstehen (Nr. 80 II 3 AStBV; Nr. 88 S. 1 RiStBV). 150

Eine **Unterrichtung des Dienstherrn** über Erkenntnisse aus dem Steuerstrafverfahren zur Sicherstellung dienstrechtlicher Maßnahmen gegen einen Beamten (vgl. § 125c BRRG) ist nach der Rechtsprechung des BFH regelmäßig selbst dann zulässig, wenn die Einleitung des Ermittlungsverfahrens rechtswidrig war oder das Verfahren wegen Verfolgungsverjährung oder einer strafbefreienden Selbstanzeige eingestellt worden ist (BFH 15.1.2008, DStRE 2008, 383). 151

Förmlich abgeschlossen wird ein Steuerstrafverfahren zB 152

- durch **Einstellung mangels Tatverdachts** gem. § 170 II 1 StPO von der FinB oder StA ohne Zustimmung des Gerichts;
- durch **Einstellung wegen Geringfügigkeit** unter den Voraussetzungen des § 153 I StPO durch die FinB oder StA mit Zustimmung des Gerichts;
- durch **Einstellung wegen Geringfügigkeit** unter den Voraussetzungen des § 398 AO (vgl. auch Rn. 2 ff. zu § 398) oder bei „geringen Folgen“ gem. § 153 I 2 StPO durch die FinB oder StA ohne Zustimmung des Gerichts;
- durch **Einstellung unter Auflagen und** mit **Weisungen** der FinB oder StA gem. § 153a I StPO mit Zustimmung des Gerichts (bei *„geringen Folgen“* ohne Zustimmung des Gerichts gem. § 153a I 7 StPO);

- durch **Absehen von der Verfolgung von Auslandstaten** durch die FinB oder StA gem. § 153c I StPO ohne Zustimmung des Gerichts;
- durch **Absehen von der Verfolgung einer nebensächlichen Steuerstraftat** gem. § 154 I StPO durch die FinB oder StA ohne Zustimmung des Gerichts;
- durch **Beschränkung der Strafverfolgung** auf andere Teile einer Tat oder andere Gesetzesverletzungen gem. § 154a I StPO durch die FinB oder StA ohne Zustimmung des Gerichts;
- durch **Absehen von der Verfolgung** einer Steuerhinterziehung nach einer Selbstanzeige in den Fällen des § 371 II Nr. 3 und 4 AO nach Zahlung der in § 398a I AO genannten Beträge an die Staatskasse
- durch **Absehen von der Verfolgung** einer Straftat durch die FinB oder StA ohne Zustimmung des Gerichts gem. § 154c StPO **wegen Nötigung** (§ 240 StGB) **oder Erpressung** (§ 253 StGB);
- durch **Beschluss des Gerichts, das Hauptverfahren** wegen einer Steuerstraftat aus tatsächlichen oder rechtlichen Gründen (§ 204 I StPO) oder mit Rücksicht auf andere Taten oder Gesetzesverletzungen (§ 207 II StPO) oder wegen längerer Abwesenheit des Angeschuldigten oder eines anderen in seiner Person liegenden Hindernisses (§ 205 S. 1 StPO) **nicht zu eröffnen;**
- durch **Beschluss des Gerichts, das Hauptverfahren** wegen Geringfügigkeit (§ 153 II, § 153a II StPO) oder wegen Nebensächlichkeit auf Antrag der StA (§ 154 II StPO) oder bei Beschränkung der Strafverfolgung mit Zustimmung der StA (§ 154a II StPO) oder wegen eines Verfahrenshindernisses (§ 206a I StPO) **einzustellen;**
- durch rechtskräftiges **Urteil** des Gerichts (§ 260 I, III StPO);
- durch **Strafbefehl** des Gerichts (§ 410 III StPO), gegen den ein form- und fristgerechter Einspruch nicht eingelegt wird. Hat der Richter Bedenken, den Strafbefehl zu erlassen, muss er Hauptverhandlung anberaumen, wenn die StA auf ihrem Antrag oder dem Antrag der FinB (§ 400 AO) beharrt (§ 408 III 2 StPO).

153 **f) Wechselwirkung zwischen der Einleitung eines Straf- und eines Bußgeldverfahrens.** Da sich am Anfang der Ermittlungen wegen des Verdachts einer Zuwiderhandlung gegen Steuergesetze oft noch nicht übersehen lässt, ob die Tat nach Abschluss der Ermittlungen als Steuerstraftat oder als Steuerordnungswidrigkeit zu beurteilen sein wird (Rn. 70), geht das Gesetz davon aus, dass sich die Wirkungen der Einleitung des Verfahrens auf die Tat im verfahrensrechtlichen Sinne beziehen, nicht etwa auch auf ihre jeweilige, womöglich mehrfach wechselnde rechtliche Einordnung als Straftat oder Ordnungswidrigkeit. Dies folgt nicht schon aus § 410 I Nr. 6 AO, aber aus § 371 II Nr. 1b AO und aus § 378 III AO, die ausdrücklich von der Einleitung des *„Straf- oder Bußgeldverfahrens"* sprechen. Insbes. wäre die Bekanntgabe der Einleitung des Bußgeldverfahrens in § 371 II Nr. 1b AO – da § 371 AO nur die Selbstanzeige einer Straftat nach § 370 AO regelt – nicht erwähnt worden, wenn nicht bereits die Bekanntgabe der Einleitung des Bußgeldverfahrens wegen einer Zuwiderhandlung nach § 378 AO, die sich erst später als Steuerhinterziehung erweist, die strafbefreiende Wirkung einer Selbstanzeige ausschließen sollte. Ebenso wird umgekehrt durch die Einleitung des Strafverfahrens wegen einer Tat, die anfangs als Straftat nach § 370 AO angesehen wurde, die Verjährung der Verfolgung als Steuerordnungswidrigkeit auch unterbrochen, wenn sich im weiteren Verlauf des Verfahrens herausstellt, dass sie nur als leichtfertige Steuerverkürzung nach § 378 AO geahndet werden kann.

154 Ergibt sich **nachträglich der Verdacht einer Steuerstraftat,** so wird ein zunächst wegen des Verdachts einer Steuerordnungswidrigkeit eingeleitetes Verfahren (§ 410 I Nr. 6, § 397 I AO) in ein Steuerstrafverfahren übergeleitet. Das geschieht mit der ersten auf strafrechtliche Verfolgung zielenden Maßnahme (glA Koch/Scholtz/*Scheurmann-Kettner* 4 f. zu § 397).

155 Die Rechtsnatur des Verfahrens bestimmt die **Wahl der Ermittlungsmaßnahme.** Ist die Maßnahme im Strafverfahren und im Bußgeldverfahren zulässig, wird der Erkennt-

nisstand der einleitenden Stelle hinsichtlich der subjektiven Tatseite im Hinblick auf die Steuerverkürzung im Aktenvermerk nach § 397 II AO festgehalten. In Zweifelsfällen muss eine Festlegung noch nicht vorgenommen werden, weil die wesentlichen Folgen der Einleitung (vgl. § 371 II Nr. 1b AO u. § 393 I AO, ggf. iVm § 410 I Nr. 4 AO) in beiden Verfahrensarten dieselben sind.

§ 398 Einstellung wegen Geringfügigkeit

[1] Die Staatsanwaltschaft kann von der Verfolgung einer Steuerhinterziehung, bei der nur eine geringwertige Steuerverkürzung eingetreten ist oder nur geringwertige Steuervorteile erlangt sind, auch ohne Zustimmung des für die Eröffnung des Hauptverfahrens zuständigen Gerichts absehen, wenn die Schuld des Täters als gering anzusehen wäre und kein öffentliches Interesse an der Verfolgung besteht. [2] Dies gilt für das Verfahren wegen einer Steuerhehlerei nach § 374 und einer Begünstigung einer Person, die eine der in § 375 Abs. 1 Nr. 1 bis 3 genannten Taten begangen hat, entsprechend.

Vgl. §§ 153, 153a StPO; § 47 OWiG; §§ 45–47 JGG.

Schrifttum: *Mattern,* Legalitätsprinzip und Verfolgung von Steuervergehen, DStZ 1956, 92; *Fuchs,* § 153 Abs. 2 und 3 StPO im Verwaltungs-Steuerstrafverfahren, NJW 1957, 213; *Meyer-Goldau,* Der Begriff der „geringen Schuld“ im § 153 der StPO, jur. Diss. Kiel 1972; *Eckl,* Neue Verfahrensweisen zur Behandlung der Kleinkriminalität, JR 1975, 99; *Boxdorfer,* Das öffentliche Interesse an der Strafverfolgung trotz geringer Schuld des Täters, NJW 1976, 317; *Kaiser,* Möglichkeiten der Bekämpfung von Bagatellkriminalität in der Bundesrepublik Deutschland, ZStW 90 (1978) 877; *Bloy,* Zur Systematik der Einstellungsgründe im Strafverfahren, GA 1980, 162; *Harbusch,* Die Einstellung von Ermittlungsverfahren durch das Hauptzollamt, ddz 1980, F 39; *Kunz,* Die Einstellung wegen Geringfügigkeit durch die Staatsanwaltschaft, 1980; *Geppert,* Das Legalitätsprinzip, Jura 1982, 139; *Schmidt-Hieber,* Vereinbarungen im Strafverfahren, NJW 1982, 1017; *Weiland,* Die Abschlußverfügung der Staatsanwaltschaft, JuS 1983, 120; *Kaiser/Meinberg,* „Tuschelverfahren“ und „Millionärschutzparagraph“?, NStZ 1984, 343; *Keller/Schmid,* Möglichkeiten einer Verfahrensbeschleunigung in Wirtschaftsstrafsachen, wistra 1984, 201; *Kühl,* Unschuldsvermutung und Einstellung des Strafverfahrens, NJW 1984, 1264; *Weyand,* Zur Einstellung von Steuerstrafverfahren gegen Geldauflage, Inf 1988, 49; *Teske,* Die Bedeutung der Unschuldsvermutung bei Einstellung gem. §§ 153, 153a StPO, wistra 1989, 131; *Weyand,* Legalitätsprinzip und Praxis des Steuerstrafverfahren, DStZ 1990, 166; *Michel,* Die vorläufige Einstellung des Strafverfahrens nach neuem Recht; *Siegismund/Wickern,* Das Gesetz zur Entlastung der Rechtspflege – Ein Überblick über die Änderungen der Strafprozeßordnung, des Gerichtsverfassungsgesetzes, des Jugendgerichtsgesetzes und des Strafgesetzbuches, wistra 1993, 81, 136; *Hellmann,* Das Neben-Strafverfahrensrecht der Abgabenordnung, 1995; *Malms,* Einstellung nach § 153 und § 153a StPO durch die Finanzbehörden, wistra 1994, 337; *Weber-Blank,* Einstellung von Steuerstrafverfahren durch die Strafsachenstellen der Finanzbehörden nach §§ 153 und 153a StPO ohne Zustimmung des Gerichtes, wistra 1995, 134; *Dahs,* § 153a StPO – ein „Allheilmittel“ der Strafrechtspflege, NJW 1996, 1192; *Joecks,* Erledigung von Steuerstrafverfahren, StraFo 1997, 2; *V. Schmidt,* Verständigungen in Steuerstrafverfahren, StuW 1998, 278; *St. Cramer,* Einstellung nach Einstellung, wistra 1999, 290; *Maurer,* Möglichkeiten der Verfahrenseinstellung und Überblick über die Strafhöhe im Steuerstrafverfahren, StuB 2000, 506; *Kaligin,* Ursachen der Einstellung von Steuerstrafverfahren, DStZ 2003, 452; *Eich,* Praxishinweise zur außergerichtlichen Erledigung von Steuerstrafverfahren, KÖSDI 2004, 14141; *Hütt,* Die Einstellung eines Steuerstrafverfahrens, AO-StB 2004, 448; *I. M. Meyer,* Erledigung von Steuerstrafverfahren außerhalb einer Hauptverhandlung, DStR 2005, 1477; *Rolletschke,* Die finanzbehördlichen Strafverfolgungsorgane, Stbg 2006, 379; *Rose,* Der Rechtschutz des Beschuldigten gegen die Einstellung des Strafverfahrens nach den Opportunitätsvorschriften der Strafprozessordnung, 2006; *Heger,* Die Rolle des Opfers im Strafverfahren, JA 2007, 244; *Huber,* Das Zweite Gesetz zur Modernisierung der Justiz, JuS 2007, 236; *Thode,* Die Einstellungsbeschwerde im Strafverfahren, DRiZ 2007, 57; *Marsch,* Grundregeln bei Absprachen und Strafverfahren, ZRP 2007, 220; *Pommer,* Das Legalitätsprinzip im Strafprozess, Jura 2007, 662; *Brete/Thomson,* Anspruch auf Beendigung des steuerstrafrechtlichen Ermittlungsverfahrens, wistra 2008, 367; *Kaligin,* § 153a StPO – eine Universalnorm zur Beendigung von Steuerstrafverfahren?, Stbg 2010, 500; *Hein,* Die Einstellung des Strafverfahrens aus Opportunitätsgründen, JuS 2013, 899; *Ostendorf,* Der Wandel vom klassischen zum ökonomischen Strafprozess, ZIS 2013, 172.

Übersicht

1. Entstehungsgeschichte

1 **§ 398 AO 1977** entspricht im Wesentlichen dem § 432a RAO, jedoch lautete dessen Satz 2: *„Dies gilt für das Verfahren wegen einer Begünstigung und Steuerhehlerei nach den §§ 394, 398 entsprechend“.* § 432a RAO war durch Art. 161 EGStGB v. 2.3.1974 (BGBl. I 469, 593) eingefügt worden. In der RAO 1919 und RAO 1931 waren entsprechende Regelungen nicht vorhanden. Zulässig war jedoch eine Niederschlagung des Verfahrens durch das Finanzamt, *„wenn eine Hinterziehung nicht in Frage kommt und das Verschulden des Täters geringfügig ist“* (§ 433 II RAO 1919, § 477 II RAO 1931; vgl. *Mattern* DStZ 1956, 93; *Lohmeyer* NJW 1960, 783).

2. Zweck und Bedeutung der Vorschrift

2 Im Regelfall wird die Tätigkeit der StA durch das **Legalitätsprinzip** bestimmt: Sie ist zur Verfolgung von Straftaten verpflichtet (§ 152 II StPO; Rn. 8 zu § 399). Verschiedene gesetzliche Regelungen geben ihr aber das Recht, aus Gründen der Zweckmäßigkeit die Strafverfolgung nach ihrem Ermessen zu unterlassen (Opportunitätsprinzip). So ist bei geringfügigen Straftaten eine Einstellung des Ermittlungsverfahrens mit Zustimmung des Gerichts möglich (§ 153 I StPO). Bei Straftaten mit geringen Folgen ist die Zustimmung des Gerichts entbehrlich (§ 153 I 2 StPO).

3 **§ 398 AO ordnet an,** dass die Einstellung bei geringfügigen Steuerhinterziehungen ebenfalls ohne Zustimmung des Gerichts erfolgen kann, so wie es § 153 I 2 StPO aF vor der Änderung durch das Rechtspflegeentlastungsgesetz (RPflEntlG) für geringfügige Vermögensstraftaten vorsah. Wegen der Betrugsähnlichkeit der Steuerhinterziehung hielt der Gesetzgeber eine dem § 153 I 2 StPO aF entsprechende Regelung auch in der AO für geboten (vgl. BT-Drs. 7/1261, Art. 144a Nr. 18b, 19a und 20, sowie BT-Drs. 7/4292, 47; HHSp-*Hellmann* 3 zu § 398).

4 **Die Bedeutung dieser Regelung** ist zweifelhaft. Bereits vor Änderung des § 153 StPO (Einstellung wegen Geringfügigkeit) durch das RPflEntlG galt die Regelung gem. § 385 AO auch für das Steuerstrafverfahren. Dementsprechend war eine Einstellung mit Zustimmung des Gerichts nach § 153 I 1 StPO – gem. § 399 Abs. 1 AO ggf. auf Antrag der Finanzbehörde – auch im Steuerstrafverfahren möglich. Eine Einstellung ohne Zustimmung des Gerichts ließ § 153 I 2 StPO jedoch nur bei Straftaten zu, *die gegen fremdes Vermögen* gerichtet sind. Wegen dieser Übereinstimmung mit § 398 AO hatte diese Regelung eine über eine Klarstellung hinausgehende Funktion nur, sofern die dort erwähnten Straftaten nicht sämtlich Vermögensstraftaten iSd § 153 I 2 StPO waren (vgl. 3. Aufl. Rn. 4 zu § 398). Nach der zwischenzeitlichen Änderung des § 153 I 2 StPO ist § 398 AO daher praktisch überholt: Die Neuregelung stellt nicht mehr darauf ab, ob es sich um ein geringwertiges Vermögensdelikt handelt. Es genügt, dass es sich um ein *Vergehen* handelt, *„das nicht mit einer im Mindestmaß erhöhten Strafe bedroht ist und bei dem die durch die Tat verursachten Folgen gering sind“.*

5 Für die alte Rechtslage ging man überwiegend davon aus, dass erst § 398 AO eine Einstellung ohne Zustimmung des Gerichts ermögliche (RK-*Rolletschke* 4 zu § 398; LR-*Beulke* 49 zu § 153 StPO). Daraus wurde in der 3. Auflage darauf geschlossen, dass eine unmittelbare Anwendung des § 153 I 2 StPO bei Steuerstraftaten nicht möglich sein solle (Rn. 4 zu § 398; vgl. HHSp-*Hellmann* 6 zu § 398; LR-*Beulke* 49 zu § 153 StPO). Da die Anwendbarkeit des § 398 AO bei einzelnen Straftaten, die Sondergesetze betreffen, ausdrücklich angeordnet sei, entfalte die Vorschrift eine Sperrwirkung für die Anwendung des § 153 I 2 StPO auch bei einigen Taten, die eindeutig Vermögensdelikte in diesem Sinne seien. Nach der Neuregelung des § 153 I 2 StPO kann dies nicht mehr gelten. Zwar mag

es erstaunen, dass der Gesetzgeber es im Rahmen des RPflEntlG versäumt hat, mit der Änderung des § 153 StPO auch eine solche des § 398 AO vorzunehmen. Insbesondere ergibt sich aus der gesetzlichen Begründung (BT-Drs. 12/1217, 34 zu Nr. 3) nicht, dass der Gesetzgeber hier eine bewusste Entscheidung dahingehend treffen wollte, dass bei geringfügigem Steuerdelikten eine Einstellung nach § 153 I 2 StPO nicht möglich sein sollte (krit. *Malms* wistra 1994, 337 f.). Tatsächlich ist mit der Änderung im Rahmen des RPflEntlG bewirkt worden, dass nunmehr auch die Einstellung unter Auflagen (§ 153a StPO) ohne Zustimmung des Gerichts möglich ist (vgl. *Siegismund/Wickern* wistra 1993, 84; *Meyer-Goßner/Schmitt* StPO § 153 Rn. 16 und unten Rn. 7).

6 Die Bedeutung des § 398 AO reduziert sich damit auf solche Fälle, bei denen eine Steuerstraftat im Raum steht, die im Mindestmaß mit einer erhöhten Strafe bedroht ist – diesen Fall erfasst § 153 I 2 StPO nicht. Praktisch ist die Regelung dennoch nicht, weil es in diesen Fällen in der Regel eine Anwendung des § 398 AO nicht geben wird, weil die Voraussetzungen der geringen Schuld und des mangelnden öffentlichen Interesses nicht erfüllt sind (Rn. 21 ff.). Insofern sollte die Regelung gestrichen werden (*Hellmann* 1995, 64).

3. Verhältnis zu anderen Vorschriften

7 § 398 AO lässt die Möglichkeit einer **Einstellung nach den §§ 153 ff. StPO** unberührt. § 153 I StPO entspricht inhaltlich dem § 398 AO. Nach § 153 II StPO kann das Verfahren noch nach Anklageerhebung mit Zustimmung des Angeklagten und der StA durch das Gericht eingestellt werden. Anwendbar bleibt auch § 153a StPO. Danach kann bei geringer Schuld des Täters, aber öffentlichem Interesse an der Strafverfolgung eine Einstellung unter Auflagen, insbes. bei Zahlung einer Geldbuße, erfolgen. Die zu zahlenden Beträge sind oftmals Gegenstand von Verhandlungen zwischen Verteidigung, StA und Gericht (*Schmidt-Hieber* NJW 1982, 1017; s. auch *Kaiser/Meinberg* NStZ 1984, 343; *Dahs* NJW 1996, 1192; Rn. 97 ff. zu § 404). Die §§ 153 f. StPO bleiben insbes. für die in § 398 AO nicht erwähnten Straftaten des Bannbruchs und der Wertzeichenfälschung, für die § 398 AO nicht gilt (RK-*Rolletschke* 7 und HHSp-*Hellmann* 7 zu § 398), anwendbar. So kann nach § 153 I 2 StPO eine Steuerstraftat mit „geringen Folgen“ ohne Zustimmung des Gerichts eingestellt werden. Nach § 153 I 2 StPO kann das Verfahren noch nach *Anklageerhebung* mit Zustimmung des Angeklagten und des StA durch das Gericht eingestellt werden. Anwendbar bleibt auch § 153a StPO. Nachdem im Rahmen des RPflEntlG in § 153 I 2 StPO die Voraussetzung eines geringwertigen Vermögensschadens durch „geringe Folgen“ ersetzt worden ist, ist nach § 153a I 6 iVm § 153 I 2 StPO auch bei Steuerhinterziehung eine Einstellung gegen (Geld-)Auflage ohne Zustimmung des Gerichts möglich. Eine Erweiterung hat sich weiterhin insofern ergeben, als dass das Erfordernis der „geringen Schuld“ des Beschuldigten entfallen ist. Ausreichend ist mit der Gesetzesänderung, dass die Auflagenerfüllung geeignet ist, das öffentliche Interesse an einer Strafverfolgung zu beseitigen und die Schwere der Schuld einer Einstellung nicht entgegensteht.

8 **§ 32 ZollVG,** der die Nichtverfolgbarkeit reiner Zollvergehen im Reiseverkehr anordnet, errichtet – anders als § 398 AO – ein Verfahrenshindernis (Rn. 2 zu § 32 ZollVG). Bei Vorliegen der gesetzlichen Voraussetzungen ist für eine Ermessensentscheidung der Strafverfolgungsbehörden kein Raum. § 398 AO bleibt anwendbar, sofern § 32 ZollVG wegen seiner Ausschließungsgründe nicht zur Geltung kommt (Rn. 48 zu § 32 ZollVG; vgl. *Bender/Möller/Retemeyer* C 1244).

9 **§ 46a StGB** in der seit 1.12.1994 geltenden Fassung sieht die Möglichkeit eines Absehens von Strafen u. a. dann vor, wenn der Täter den Schaden wiedergutgemacht hat (Rn. 240 zu § 371). Hierbei handelt es sich zwar nicht um eine Einstellungsregelung, jedoch liegt in diesen Fällen eine Einstellung nach § 398 AO besonders nahe (Rn. 29).

10 Unberührt bleiben weiterhin die Möglichkeiten einer Verfahrensbeendigung nach den §§ 45, 47 JGG (vgl. *Bohnert* NJW 1980, 1929).

4. Objektive Voraussetzungen der Einstellung

a) Einbezogene Straftaten. Eine Einstellung nach § 398 AO kommt nur in Betracht, sofern der Täter eine Steuerhinterziehung, eine Steuerhehlerei oder eine Begünstigung einer Person begangen hat, die ihrerseits einer Steuerhinterziehung, eines Bannbruchs nach § 372 II, § 373 AO oder einer Steuerhehlerei schuldig ist. Auch der gewerbsmäßige Schmuggel (§ 373) gehört angesichts seiner engen Verwandtschaft zu § 370 AO hierher (BGH 28.9.1983, wistra 1984, 27; GJW/*Allgayer* AO § 398 Rn. 10). Eine entsprechende Anwendung auf den Bannbruch, die Steuerzeichenfälschung oder die Strafvereitelung (Erbs/Kohlhaas/*Hadamitzky/Senge* AO § 398 Rn. 3) ist angesichts der Verweisung auf § 375 I Nr. 1–3 AO nicht möglich (Schwarz/Pahlke/*Dumke* 19, Kohlmann/*Peters* 25 zu § 398 AO); hier gilt allein § 153 I 1 StPO (Rn. 7). 11

Die Anwendbarkeit des § 398 AO ist zudem in einigen anderen Regelungen ausdrücklich angeordnet. So gilt die Vorschrift auch für „andere Straftaten" iS des § 385 II AO, wenn sie hier auch regelmäßig nur eine klarstellende Funktion hat. Ferner gilt § 398 AO für eine Reihe weiterer Straftaten, die in den Arbeitsbereich der Finanzämter fallen, etwa Straftaten im Zusammenhang mit dem WoPG oder InvZulG (Rn. 30 f. zu § 385). 12

Gleichgültig ist, ob der Beschuldigte die Straftat, deren Verfolgung in Frage steht, als Täter, Anstifter oder Gehilfe verwirklicht hat (HHSp-*Hellmann* 17 zu § 398). Auch der (strafbare) Versuch der entsprechenden Straftaten genügt (HHSp-*Hellmann* 17 zu § 398). 13

Ob Straftaten das Regelbeispiel eines besonders schweren Falles erfüllen oder schärfer zu bestrafende Qualifikationen darstellen, ist für die (grundsätzliche) Anwendbarkeit des § 398 AO unerheblich (Schwarz/Pahlke/*Dumke* 20 zu § 398 AO). Anders als bei § 153 I 2 StPO ist die Anwendbarkeit des § 398 AO durch die Androhung einer im Mindestmaß erhöhten Freiheitsstrafe nicht ausgeschlossen. So kann die geringfügige Hinterziehung von Einfuhr- oder Ausfuhrabgaben unter Mitführen einer Schusswaffe (§ 373 II Nr. 1 AO) dem § 398 AO unterfallen. Selbst gewerbsmäßiges Handeln (§ 373 I) schließt die Anwendung des § 398 AO nicht von vornherein aus (krit. Kohlmann/*Peters* 23 und HHSp-*Hellmann* 7 zu § 398). Erst recht bleibt § 398 AO in den Fällen des § 370 III AO grundsätzlich anwendbar, da die „besonders schweren Fälle" schon bei § 153 I 2 StPO nicht schaden (LR-*Beulke* 50 zu § 153 StPO, *Meyer-Goßner/Schmitt* StPO § 153 Rn. 15). Eine andere Frage ist, inwiefern mit dem Regelbeispiel zusammenhängende Gründe den § 398 AO praktisch unanwendbar machen: Die bloße Geringwertigkeit des erlangten Steuervorteils usw. genügt noch nicht für die Anwendung des § 398 AO. Hinzukommen muss eine geringe Schuld des Täters und ein Mangel an öffentlichem Interesse an der Verfolgung der Straftat. Bei der Erfüllung von Qualifikationen iS des § 373 II AO oder bei der Erfüllung von Regelbeispielen nach § 370 III Nr. 2–5 AO wird eine geringe Täterschuld sehr selten sein bzw. regelmäßig ein öffentliches Interesse an der Verfolgung der Straftat bestehen (vgl. *Hellmann* 1995, 85 f. und Kohlmann/*Peters* 23 zu § 398). Bei § 370 III Nr. 1 AO steht schon das Erfordernis der „Verkürzung großen Ausmaßes" im Widerspruch zur Geringfügigkeit in § 398 AO (ähnl. HHSp-*Hellmann* 18). Anders mag es sein, wo das Kompensationsverbot die Höhe der Verkürzung bestimmt und tatsächlich nur ein geringer Zinsschaden vorliegt. 14

Es muss der bestimmte Verdacht einer Straftat iS des § 398 AO bestehen. Hinreichender Tatverdacht iS des § 203 StPO ist nicht nötig; es genügt, dass eine „Wahrscheinlichkeit" für die Verurteilung spricht (vgl. *Meyer-Goßner/Schmitt* StPO § 153 Rn. 3; BVerfG 29.5.1990, BVerfGE 82, 106). Ist selbst dies nicht der Fall, kommt nur eine Einstellung nach § 170 II StPO in Betracht. 15

b) Geringwertigkeit der Steuerverkürzung oder des Steuervorteils. Wie bei § 153 I 2 StPO setzt die Einstellung nach § 398 AO eine Geringwertigkeit der eingetretenen Steuerverkürzung oder des erlangten Steuervorteils voraus. Der Begriff der Geringwertigkeit wird in verschiedenen Strafbestimmungen des StGB verwendet, § 153 I 2 StPO spricht 16 von „geringen" Folgen. Für Vermögensdelikte des StGB ist man sich einig, dass der Wert jedenfalls nicht von der Wertschätzung durch das Opfer abhängt; Gleiches gilt für § 153 I 2 StPO (BGH 26.3.1954, BGHSt 6, 43; Kohlmann/*Peters* 28 f. zu § 398; *Meyer-Goßner/Schmitt* StPO § 153 Rn. 17; LR-*Beulke* 52 zu § 153 StPO). Andererseits ist bei § 398 AO umstritten, inwieweit die gesamte Situation des Täters zu berücksichtigen ist, ob etwa bei einer Steuerschuld von 100 000 EUR ein Betrag von 2 000 EUR noch (relativ) geringwertig ist (so *Kühn/Kutter* 14. Aufl. 1983, 2 zu § 398; dagegen zu Recht *Suhr/Naumann/Bilsdorfer* Tz. 638). Tatsächlich kann es allein auf den Verkürzungsbetrag ankommen. Eine Relativierung im Verhältnis zur sonstigen Steuerschuld oder zu den wirtschaftlichen Verhältnissen des Täters ist unzulässig (ebenso Erbs/Kohlhaas/*Hadamitzky/Senge* AO § 398 Rn. 4 und Schwarz/Pahlke/*Dumke* 23 zu § 398 AO). Zudem würde sie die Mentalität fördern, die Steuerhinterziehung sei Kavaliersdelikt. Eine Einstellung nach § 153 I StPO ist mit Zustimmung des Gerichts auch in diesen Fällen möglich. Im Übrigen bedarf es in Fällen, in denen die verkürzte Steuer im Verhältnis zur festgesetzten Steuerschuld gering ist, besonders sorgfältiger Prüfung, ob überhaupt eine *vorsätzliche* Verkürzung vorliegt oder aber eine Steuerordnungswidrigkeit gegeben ist.

17 **Als absolut anzusetzender Betrag** wurde über lange Zeit teilweise ein solcher von 50 DM für angemessen gehalten (*Eckl* JR 1975, 100; *Harbusch* ddz 1980, F 40), wobei die für die Geringwertigkeit bei § 248a StGB entwickelten Gesichtspunkte nicht ohne weiteres übertragbar sind (RK-*Rolletschke* 12 zu § 398). Vor dem Hintergrund steigender Einkommen und Lebenshaltungskosten scheint es heute jedoch selbst bei § 248a StGB gerechtfertigt, einen Betrag von 50 EUR zugrunde zu legen (so OLG Zweibrücken 18.1.2000, NStZ 2000, 536; OLG Hamm 28.7.2003, NJW 2003, 3145; MüKoStGB/*Hohmann* StGB § 248a Rn. 6). Da feste Beträge in diesem Kontext ohnehin bedenklich sind (HHSp-*Hellmann* 22 zu § 398), dürfte iSd § 398 AO heute ein Betrag von 200–300 EUR allemal „geringwertig" sein (vgl. auch KK-StPO/*Diemer* StPO § 153 Rn. 22: 50 EUR; FT-*Quedenfeld* 3, RK-*Rolletschke* 12 zu § 398: 1 500 EUR entsprechen der Praxis). Die Anweisungen für das Straf- und Bußgeldverfahren (Steuer) (AStBV [St] 2014) vom 1.11.2013 (BStBl. I 2013, 1395) wollen für die Bestimmung des Tatbestandsmerkmals der geringen Tatfolge insbesondere von der Summe der verkürzten Steuern ausgehen (Nr. 76 I). Anders als eine ältere Vorläufervorschrift (AStBV [St] 2006; BStBl. I 2006, 634; dazu Schwarz/Pahlke/*Dumke* 24 zu § 398 AO) enthalten die Anweisungen nicht mehr einen Absatz, wonach eine Einstellung bei der Verhängung einer Geldstrafe von 10 bis 20 Tagessätzen und damit bei Steuerverkürzungen bis zu 2 500 EUR vorgesehen war. Bundesweit wird offenbar dennoch eine Geringfügigkeitsgrenze von bis zu 2 500 EUR angewandt (Schwarz/Pahlke/*Dumke* 23 ff. zu § 398 AO). *Allgayer* (GJW/*Allgayer* AO § 398 Rn. 20) hält jedenfalls einen Verkürzungsbetrag von 1 500 EUR für zu hoch, wie er in der Praxis üblich ist. Bei der Bestimmung des Grenzwertes sollten das gesamte Sanktionssystem und in diesem Zusammenhang die Rechtsprechungsgrundsätze zur Strafzumessung im Bereich des Steuerstrafrechts im Blick behalten werden (vgl. auch *Rolletschke/Jope* wistra 2009, 219). Dies spreche für eine engere Orientierung an den Wertgrenzen im Bereich der Eigentums- und Vermögensdelikte. Zugleich weist er darauf hin, dass Einstellungen ohne Auflagen weiterhin möglich seien, jedoch § 153 I 1 StPO der Zustimmung des Gerichts erforderten. Diese Einwände sind grundsätzlich berechtigt. Andererseits führt eine Orientierung an den Werten, wie sie etwa bei § 248a StGB zugrunde gelegt werden, zu einem absoluten Leerlaufen der Vorschrift, da Einleitungsverfügungen bei Verkürzungen bis 50 EUR allenfalls im Bereich des Zoll- und Verbrauchsteuerstrafrechts vorkommen. Angemessener scheint es, jedenfalls Beträge im unteren dreistelligen Bereich noch für geringwertig zu halten.

18 Dies bedeutet allerdings nicht, dass jede darüber hinaus gehende Steuerverkürzung oder ein darüber hinaus gehender Steuervorteil von vornherein aus dem Anwendungsbereich des § 398 AO herausfallen muss. In engen Grenzen mag auch die Gesamtsituation der Tat oder des Täters berücksichtigt werden können (Kohlmann/*Peters* 31 zu § 398). Wenig überzeugend ist es jedoch, wenn für den Bereich der Besitz- und Verkehrsteuern oder generell

(Koch/Scholtz/*Scheurmann-Kettner* 4 zu § 398) Steuerverkürzungen bis zu 500 EUR (so *Schmitz/Tillmann* S. 96 f.; vgl. auch Erbs/Kohlhaas/*Hadamitzky/Senge* AO § 398 Rn. 4: 250 EUR) oder gar 2 500 EUR (AStBV [St] 2006 Nr. 77 III, BStBl. I 2006, 634) noch als geringwertig angesehen werden. Der entsprechende Absatz ist in der Neufassung der AStBV (BStBl. I 2007, 831) zu Recht gestrichen worden. Selbst wenn es bei Verbrauchsteuern eine dahingehende Praxis der Gerichte geben sollte, rechtfertigt diese noch nicht ein Abweichen von dem im (Steuer-)Strafrecht sonst üblichen Rahmen (zur Praxis der Strabustellen *Weyand* DStZ 1990, 166). Es bleibt immerhin der Weg nach § 153 I 1, § 153a StPO. Richtig ist allerdings, dass angesichts der Verschiedenartigkeit der Straftaten, auf deren Verfolgung § 398 AO angewendet werden kann (Rn. 11), eine differenzierende Betrachtung geboten ist (zust. Klein/*Jäger* AO § 398 Rn. 4; Kohlmann/*Peters* 32 zu § 398).

Der Umfang der Steuerverkürzung oder des Steuervorteils ist nach allgemeinen 19 Grundsätzen zu bestimmen (Rn. 70 ff. zu § 370). Insofern mag es bei einer auf Zeit geplanten Tat auf den Zinsschaden ankommen. Bei der Geringfügigkeit einer Hehlerei nach § 259 StGB kommt es im Grundsatz auf den Wert der Sache an (SK-*Hoyer* 49 zu § 259 StGB). Angesichts des Wortlauts des § 398 AO wird man aber für die Steuerhehlerei entscheidend auf die Höhe der hinterzogenen Verbrauchsteuern oder des hinterzogenen Zolls abstellen müssen (zust. GJW/*Allgayer* AO § 398 Rn. 19). Bei der Begünstigung gilt Gleiches: Soweit sie sich auf einen Bannbruch bezieht, kommt es auf den Wert der eingeführten Sache an, im Übrigen darauf, dass geringfügige Vorteile gesichert werden sollen.

Ist die Tat nur versucht worden, so sind mehr als geringwertige Steuerverkürzungen 20 nicht eingetreten (aM Kohlmann/*Peters* 34 zu § 398). Hier auf den vom Täter ins Auge gefassten Verkürzungserfolg abzustellen, erscheint in Anbetracht des klaren Wortlauts des § 398 AO nicht möglich. Ging der Vorsatz jedoch auf eine mehr als geringwertige Verkürzung, wird regelmäßig keine „geringe Schuld" (Rn. 28) gegeben sein und zudem ein öffentliches Interesse an der Strafverfolgung (Rn. 21) bestehen (iE ebenso Kohlmann/*Peters* 34 zu § 398).

c) Mangelndes öffentliches Interesse an der Strafverfolgung. Nur wenn kein 21 **öffentliches Interesse an der Strafverfolgung besteht,** kommt eine Einstellung in Betracht. Es handelt sich nicht um einen unbestimmten Rechtsbegriff, sondern um einen Ermessensbegriff (*Kunz* 1980, 38). Die Hinweise, die RiStBV 86 II für die öffentliche Verfolgung von Privatklagesachen gibt (... *„wenn der Rechtsfrieden über den Lebenskreis des Verletzten hinaus gestört und die Strafverfolgung ein gegenwärtiges Anliegen der Allgemeinheit ist* ... "), helfen nicht weiter. Bestimmend müssen general- und spezialpräventive Erwägungen sein (*Boxdorfer* NJW 1976, 317; *Wagner* GA 1972, 43). In Betracht kommen namentlich die Abschreckung potentieller Täter (*Harbusch* ddz 1980, F 40), Wiederholungstaten (RK-*Rolletschke* 16 zu § 398), die Unerlässlichkeit einer Einwirkung auf den Beschuldigten oder das Erfordernis der Verteidigung der Rechtsordnung (vgl. § 56 III StGB). So besteht ein öffentliches Interesse regelmäßig dann, wenn qualifizierende Umstände (§ 373) oder Regelbeispiele (§ 370 III) gegeben sind (Rn. 13). Die Höhe einer zu erwartenden Geldstrafe vermag das öffentliche Interesse an der Strafverfolgung nicht zu begründen. Auch das Interesse an der gerichtlichen Klärung einer umstrittenen Rechtsfrage genügt in der Regel nicht (KMR-*Plöd* 13 zu § 153 StPO).

Ein öffentliches Interesse kann insbesondere dann fehlen, wenn die Tat geraume 22 Zeit zurückliegt (Erbs/Kohlhaas/*Hadamitzky/Senge* AO § 398 Rn. 6), das Ermittlungsverfahren besonders viel Zeit in Anspruch genommen hat (LG Flensburg 25.7.1978, MDR 1979, 76) oder noch in Anspruch nehmen würde (vgl. BVerfG 24.11.1983, NJW 1984, 967; BGH 3.11.1989, wistra 1990, 65; Kohlmann/*Peters* 44 zu § 398; vgl. auch BGH 19.9.1989, wistra 1990, 20). Auch in Fällen rechtsstaatswidriger Verfahrensverzögerungen liegt eine Einstellung nahe (*Joecks* StraFo 1997, 2, 5; BGH 3.11.1989, wistra 1990, 65; BGH 16.2.1999, wistra 1999, 190). Dies gilt auch nach der Entscheidung des Großen Senats (BGH 17.1.2008, wistra 2008, 137) zu dieser Problematik. Zwar ist nunmehr anstelle der bisher gewährten Strafmilderung in der Urteilsformel auszusprechen, dass zur Entschädigung für die überlange Verfahrensdauer ein bezifferter Teil der verhängten Strafe als vollstreckt gilt. Es mag aber auch durch die fiktive Anrechnung eines Teils der Strafe eine Menge an Sanktion übrig bleiben, an deren Verfolgung kein öffentliches Interesse (mehr) besteht.

23 Soweit ein öffentliches Interesse an der Strafverfolgung besteht, kommt nur noch eine Einstellung nach § 153a StPO in Betracht (Kühn/v. Wedelstädt/*Blesinger* 4 zu § 398), für die bei Steuerstraftaten nach der Änderung der Vorschrift die Zustimmung des Gerichts nicht mehr in jedem Fall nötig ist (Rn. 4).

5. Geringe Schuld des Täters

24 Weiterhin setzt eine Einstellung eine **geringe Schuld des Täters** voraus. Die Schuld soll gering sein, wenn sie bei Vergleich mit Vergehen gleicher Art nicht unerheblich unter dem Durchschnitt liegt (*Meyer-Goßner/Schmitt* StPO § 153 Rn. 4; Kohlmann/*Peters* 40 zu § 398, Erbs/Kohlhaas/*Hadamitzky/Senge* AO § 398 Rn. 5; vgl. auch LR-*Beulke* 24 zu § 153 StPO). Dies nötigt dazu, ähnlich wie bei der Strafzumessung, schulderhöhende und schuldmindernde Gesichtspunkte zu betrachten und mit dem gedachten „Durchschnitt" zu vergleichen (ähnl. *Boxdorfer* NJW 1976, 318; Kohlmann/*Peters* 40 zu § 398). Die Aussage, im Vergleich müsse die Schuld des Täters gering sein, ist aber wenig hilfreich. Da die Schuld auch vom Schaden geprägt wird, können bei geringfügigen Verkürzungen regelmäßig nur solche Täter gemeint sein, die wenig Schuld aufweisen; eine Vergleichsgröße ist daher oft nicht zu ermitteln.

25 **Schuldmindernd** wirken etwa die Hinterziehung nur auf Zeit, Handeln aus Not, im vermeidbaren Verbotsirrtum sowie der Umstand, dass die Tat im Versuchsstadium steckengeblieben ist (s. auch Rn. 26). **Schulderhöhend** kommen zB in Betracht: Einschlägige Vorstrafen, raffinierte Tatausführung (*Harbusch* ddz 1980, F 40) oder das Maß der Pflichtwidrigkeit (Kohlmann/*Peters* 41 zu § 398, Erbs/Kohlhaas/*Hadamitzky/Senge* AO § 398 Rn. 5).

26 **Regelmäßig geht es um Fälle,** in denen – vom Schuldgehalt her – eine Geldstrafe von höchstens 10 bis 20 Tagessätzen in Betracht käme (vgl. GJW/*Allgayer* AO § 398 Rn. 21, HHSp-*Hellmann* 28 zu § 398; ähnl. *Kaiser* ZStW 90 [1978], 901; *Boxdorfer* NJW 1976, 319; Schwarz/Pahlke/*Dumke* 25a zu § 398 AO). Auf die Höhe des einzelnen Tagessatzes kommt es in diesem Zusammenhang nicht an; nur die Zahl der Tagessätze, nicht ihre Höhe hat etwas mit der Schuld des Täters zu tun (HHSp-*Hellmann* 28 zu § 398; SK-*Horn* 4 zu § 40 StGB); das Maß der Schuld steigt nicht mit der Höhe des Einkommens und damit des Tagessatzes (zust. Schwarz/Pahlke/*Dumke* 25a zu § 398 AO).

27 **Ist die Tat im Versuchsstadium steckengeblieben,** wird die Schuld oftmals nicht als gering einzuschätzen sein, wenn der Täter erhebliche Steuervorteile erreichen oder erhebliche Steuerverkürzungen bewirken wollte (vgl. auch Rn. 21).

28 **Die Ermittlung der zu beurteilenden Schuld** bis zur Anklagereife ist nicht nötig (KK-StPO/*Diemer* StPO § 153 Rn. 11). Es genügt die Prognose, dass die Schuld – bei abschließenden Ermittlungen – „als gering anzusehen wäre". Ist diese Prognose nicht möglich, muss nach § 170 II StPO das Verfahren mangels Tatverdachts eingestellt werden (Kohlmann/*Peters* 39 zu § 398). Im Übrigen ist die Einstellung in jedem Stadium der Ermittlungen denkbar (*Lohmeyer* S. 94). Kommt jedoch nach dem bisherigen Stand der Ermittlungen eine Unschuld des Beschuldigten ernsthaft in Betracht, so ist ggf. weiter zu ermitteln; dies gebietet die prozessuale Fürsorgepflicht (*Vogler* ZStW 89 [1977], 784 f.; zT anders *Meyer-Goßner/Schmitt* StPO § 153 Rn. 3). Dies gilt jedenfalls dann, wenn der Beschuldigte ein berechtigtes Interesse daran hat. Die Wahrscheinlichkeit der Schuld ist nicht nötig; dies würde die Voraussetzungen der Einstellung denen der Anklageerhebung (§ 170 I StPO) angleichen und dem Zweck des § 398 AO zuwiderlaufen (HHSp-*Hellmann* 20 zu § 398).

6. Einstellung und Absehen von Strafe

Schrifttum: Siehe vor Rn. 240 zu § 371 AO.

Gemäß § 46a StGB idF des Art. 1 Nr. 1 Verbrechensbekämpfungsgesetz kann das Gericht von Strafe absehen, wenn der Täter 29

„1. in dem Bemühen einen Ausgleich mit dem Verletzten zu erreichen (Täter-Opfer-Ausgleich), seine Tat ganz oder zum überwiegenden Teil wiedergutgemacht oder deren Wiedergutmachung ernsthaft erstrebt

oder

2. in einem Fall, in welchem die Schadenswiedergutmachung von ihm erhebliche persönliche Leistungen oder persönlichen Verzicht erfordert hat, das Opfer ganz oder zum überwiegenden Teil entschädigt,“ und *„keine höhere Strafe als Freiheitsstrafe bis zu einem Jahr oder Geldstrafe bis zu 360 Tagessätzen verwirkt ist.“*

Unter diesen Voraussetzungen kann die Staatsanwaltschaft – im selbstständigen Verfahren auch die FinB – gem. § 153b StPO *mit Zustimmung des Gerichts* von der Erhebung der öffentlichen Klage absehen (vgl. Rn. 240 zu § 371 und *Fischer* StGB § 46a Rn. 6). Soweit diese Voraussetzungen zwar nicht vollständig erfüllt sind, vor dem Hintergrund der Wertung des § 398 AO jedoch ein Sanktionsbedürfnis nicht besteht, kann ebenfalls nach § 398 AO eingestellt werden. Dies kommt namentlich in solchen Fällen in Betracht, in denen die Voraussetzungen des § 46a StGB „fast“ erfüllt sind und insbes. das öffentliche Interesse an der Strafverfolgung nach Zahlung der Steuerschuld entfällt. Dass § 46a StGB im Rahmen der Nachzahlung hinterzogener Steuern nicht unbedingt einschlägig sein mag (vgl. BGH 25.10.2000, wistra 2001, 22), ändert an dieser Aussage nichts.

Ein Vorgehen nach § 398 AO kommt auch in Betracht, wenn eine missglückte Selbstanzeige vorliegt, die verkürzten Steuern bezahlt wurden und die in Rede stehenden Beträge nicht signifikant mehr als geringwertig sind (vgl. Kohlmann/*Peters* 41 zu § 398). 30

7. Zeitliche Grenzen

§ 398 AO gilt nur im **Ermittlungsverfahren.** Ist bereits Anklage erhoben oder ein Strafbefehl beantragt worden, kann das Verfahren nur noch nach § 153 II StPO mit Zustimmung des Gerichts eingestellt werden (Rn. 7 f. zu § 406). 31

8. Zuständigkeit und Verfahren

Zuständig für die Entscheidung über die Einstellung des Verfahrens ist die StA. Soweit die FinB gem. § 386 II AO die Ermittlungen selbstständig durchführt, steht auch ihr das Recht zur Einstellung zu (vgl. *Bender/Möller/Retemeyer* D 459; HHSp-*Hellmann* 38, Kohlmann/*Peters* 21, Kühn/v.Wedelstädt/*Blesinger* 2, Schwarz/Pahlke/*Dumke* 21 zu § 398 AO; Erbs/Kohlhaas/*Hadamitzky/Senge* AO § 398 Rn. 2; KK-StPO/*Diemer* StPO § 153 Rn. 20). In den anderen Fällen ist die FinB vor einer Einstellung des Verfahrens zu hören (§ 403 IV). Zollfahndungsämter und Dienststellen der Steuerfahndung sind zur Einstellung nicht befugt (RK-*Rolletschke* 18 zu § 398; s. auch Rn. 89 zu § 404). 32

Bei Vorliegen der Voraussetzungen des § 398 AO *kann* die StA oder FinB einstellen. Dies bedeutet nicht, dass die Verfolgungsbehörde frei über die Fortführung der Ermittlungen entscheiden könnte; sie muss einstellen. *„Kann“* bezieht sich auf die Ausnahme vom Legalitätsprinzip (HHSp-*Hellmann* 39 zu § 398; s. auch *Mattern* DStZ 1956, 92; HK-*Krehl* 12 zu § 153 StPO). 33

Einer Zustimmung des Beschuldigten bedarf es nicht (HHSp-*Hellmann* 40 zu § 398); er soll jedoch von der Einstellung in Kenntnis gesetzt werden (*Harbusch* ddz 1980, F 40). Rechtsmittel sind weder gegen die Ablehnung noch gegen die Durchführung der Einstellung statthaft; möglich sind allein Gegenvorstellung oder Dienstaufsichtsbeschwerde. 34

9. Wirkungen der Einstellung

35 Soweit und sobald das Verfahren nach § 398 AO eingestellt ist, finden weitere Ermittlungen nicht statt. Die Ermittlungsbehörde kann jedoch das Verfahren – falls die Tat nicht inzwischen verjährt ist – wieder aufnehmen, ohne dass neue Gesichtspunkte für die Beurteilung der Tat vorliegen müssten (so auch Schwarz/Pahlke/*Dumke* 18 zu § 398 AO). Auch auf eine Zustimmung des Gerichts kommt es insoweit nicht an. Anders ist dies nur bei einer Einstellung nach Anklageerhebung gem. § 153 II StPO mit Zustimmung der StA durch das Gericht. Hier erwächst der Beschluss in (beschränkte) Rechtskraft (vgl. Kohlmann/*Peters* 50 zu § 398). Hingegen hat eine Einstellung nach § 153 I StPO oder § 398 AO keine solche Wirkung.

36 Auch Einstellungsbeschlüsse nach § 153a StPO entfalten Rechtskraft (§ 153a I 4 StPO; LR-*Beulke* 91 zu § 153a StPO). Aus Gründen des Vertrauensschutzes entsteht bei einer vorläufigen Verfahrenseinstellung durch die FinB gemäß § 153a I StPO auch dann ein bedingtes Verfahrenshindernis, wenn die FinB die erforderliche Zustimmung des Gerichts nicht einholt. Das bedingte Verfahrenshindernis wird nicht dadurch beseitigt, dass die FinB das Ermittlungsverfahren vor Ablauf der dem Beschuldigten zur Erfüllung der Auflagen bzw. Weisungen gesetzten Frist fortsetzt. Setzt der Beschuldigte die Erfüllung zunächst im Hinblick auf das rechtswidrige Vorgehen der FinB aus, kann er auch noch nach Ablauf der ursprünglichen Frist das endgültige Verfahrenshindernis herbeiführen (vgl. OLG Stuttgart NStZ 2007, 540; *Joecks* StPO § 153a Rn. 8a).

37 Unberührt bleibt die Möglichkeit, die Tat bei Vorliegen der entsprechenden Voraussetzungen als Ordnungswidrigkeit, etwa nach § 378 AO, zu ahnden (vgl. aber OLG Frankfurt 4.5.1995, wistra 1995, 279, zur Einstellung nach § 154 I Nr. 1 StPO sowie BGH 19.12.1995, wistra 1996, 180).

§ 398a Absehen von Verfolgung in besonderen Fällen

(1) **In Fällen, in denen Straffreiheit nur wegen § 371 Absatz 2 Satz 1 Nummer 3 oder 4 nicht eintritt, wird von der Verfolgung einer Steuerstraftat abgesehen, wenn der an der Tat Beteiligte innerhalb einer ihm bestimmten angemessenen Frist**

1. die aus der Tat zu seinen Gunsten hinterzogenen Steuern, die Hinterziehungszinsen nach § 235 und die Zinsen nach § 233a, soweit sie auf die Hinterziehungszinsen nach § 235 Absatz 4 angerechnet werden, entrichtet und

2. einen Geldbetrag in folgender Höhe zugunsten der Staatskasse zahlt:

a) 10 Prozent der hinterzogenen Steuer, wenn der Hinterziehungsbetrag 100 000 Euro nicht übersteigt,

b) 15 Prozent der hinterzogenen Steuer, wenn der Hinterziehungsbetrag 100 000 Euro übersteigt und 1 000 000 Euro nicht übersteigt,

c) 20 Prozent der hinterzogenen Steuer, wenn der Hinterziehungsbetrag 1 000 000 Euro übersteigt.

(2) **Die Bemessung des Hinterziehungsbetrags richtet sich nach den Grundsätzen in § 370 Absatz 4.**

(3) **Die Wiederaufnahme eines nach Absatz 1 abgeschlossenen Verfahrens ist zulässig, wenn die Finanzbehörde erkennt, dass die Angaben im Rahmen einer Selbstanzeige unvollständig oder unrichtig waren.**

(4) [1]**Der nach Absatz 1 Nummer 2 gezahlte Geldbetrag wird nicht erstattet, wenn die Rechtsfolge des Absatzes 1 nicht eintritt.** [2]**Das Gericht kann diesen Betrag jedoch auf eine wegen Steuerhinterziehung verhängte Geldstrafe anrechnen.**

Schrifttum: *Adick,* Zur Neuregelung der Selbstanzeige (§ 371 AO) im Jahr 2011, HRRS 2011, 197; *Beckemper/Schmitz/Wegner/Wulf,* Zehn Anmerkungen zur Neuregelung der strafbefreienden Selbstanzeige durch das „Schwarzgeldbekämpfungsgesetz", wistra 2011, 281; *Beyer,* Auswirkungen der Neuregelung der Selbstanzeige anhand von Beispielen, AO-StB 2011, 150; *Erb/Schmitt,* Ausschluss der Selbstanzeige bei Hinterziehungsbeträgen über 50 000 EUR, PStR 2011, 144; *Füllsack/Bürger,* Die Neuregelung der Selbstanzeige, BB 2011, 1239; *Groß,* Die Verschärfungen der Selbstanzeige, StuB 2011, 498; *Habammer,* Die Neuregelung der Selbstanzeige nach dem Schwarzgeldbekämpfungsgesetz, StBW 2011, 310; *Hechtner,* Die strafbefreiende Selbstanzeige nach den Änderungen durch das Schwarzgeldbekämpfungsgesetz, DStZ 2011, 265; *Hunsmann,* Das Absehen von Strafverfolgung nach § 398a AO in der Verfahrenspraxis, BB 2011, 2519; *ders.*, Die Novellierung der Selbstanzeige durch das Schwarzgeldbekämpfungsgesetz, NJW 2011, 1482; *ders.*, Praxishinweise zur Einstellung nach § 398a AO, PStR 2011, 227; *Mintas,* Die Novellierung der strafbefreienden Selbstanzeige, DB 2011, 2344; *Obenhaus,* Die Verschärfung der Selbstanzeige, Stbg 2011, 166; *Pegel,* Neue Haftungsfalle für Steuerberater durch Änderungen bei der strafbefreienden Selbstanzeige, Stbg 2011, 348; *Prowatke/Felten,* Die „neue" Selbstanzeige, DStR 2011, 899; *Ransiek/Hinghaus,* Die taktische Selbstanzeige nach der Neuregelung des § 371 AO, BB 2011, 2271; *Roth,* Steuerliche Absetzbarkeit des Strafzuschlags im Sinne des § 398a Nr. 2 AO?, DStR 2011, 1410; *Spatscheck/Höll,* Die Neuregelung der Selbstanzeige bei der Steuerhinterziehung und leichtfertiger Steuerverkürzung, AG 2011, 331; *dies.*, Die Verschärfung der Selbstanzeige durch das Schwarzgeldbekämpfungsgesetz, GmbHR 2011, R 129; *Wagner,* Umgang mit der strafbefreienden Selbstanzeige „2. Klasse", DStZ 2011, 875; *Wollmann,* Straffreiheit gemäß §§ 371, 398a AO zum Nulltarif?, ZInsO 2011, 1521; *Zanzinger,* Die Einschränkungen der Selbstanzeige durch das Schwarzgeldbekämpfungsgesetz, DStR 2011, 1397; *Belcke/Westermann,* Praxisrelevante Hinweise zu Zweifelsfragen bei der Besteuerung öffentlicher Unternehmen, BB 2012, 2473; *Bruschke,* Reform der Selbstanzeige durch das Schwarzgeldbekämpfungsgesetz, StB 2012, 39; *Burkhard,* Selbstanzeigen bei Steuerhinterziehungen großen Ausmaßes, StC 2012, 24; *Hunsmann,* Rechtsschutz im Rahmen des Absehens von Strafverfolgung gemäß § 398a AO, NZWiSt 2012, 102; *Joecks,* Einstellung nach Selbstanzeige (§ 398a AO), SAM 2012, 128; *Pflaum,* Keine „Neujustierung der Steuerhinterziehung großen Ausmaßes", wistra 2012, 376; *Roth,* Der persönliche Anwendungsbereich des § 398a AO bei Selbstanzeige des Teilnehmers, NZWiSt 2012, 23; *Külz/Maurer,* Die Unwägbarkeiten des § 398a AO und deren Auswirkungen in der Praxis, PStR 2013, 150; *Bülte,* § 398a AO im Lichte des europäischen Grundsatzes „ne bis in idem", NZWiSt 2014, 321; *Madauß,* Selbstanzeige und Berechnung des Zuschlags nach § 398a Nr. 2 AO, NZWiSt 2014, 21; *Hunsmann,* Zur Bestimmung des Geldbetrages der hinterzogenen Steuer und des Hinterziehungsbetrages in § 389a Absatz 1 Nr. 2 AO, NZWiSt 2015, 130; *Wulf,* Reform der Selbstanzeige – Neue Klippen auf dem Weg zur Strafbefreiung, wistra 2015, 161.

Übersicht

1. Inhalt und Ziel der Regelung

1 Die Vorschrift ist Teil der Neuregelung des Rechts der Selbstanzeige, die am 3.5.2011 in Kraft getreten ist (Einl Rn. 106; Rn. 12 f. zu § 371). Sie sieht eine verpflichtende Einstellung vor, wenn eine an sich wirksame Selbstanzeige (nur) daran scheitert, dass der verkürzte Betrag über 50 000 EUR (ab 1.1.2015: 25 000 EUR) liegt (§ 371 II Nr. 3; dort Rn. 341 ff.). Mit Gesetz vom 19.12.2014 (BGBl. I 888) wurde die Regelung weiter verschärft. Sie sieht nunmehr einen gestaffelten Zuschlag vor und ordnet die Geltung des § 370 IV bei der Bemessung des Zuschlags nach Abs. 1 Nr. 2 an (dazu *Joecks* DStR 2014, 2265; *Wulf* wistra 2015, 161).

2 Gesetzestechnisch muss die Vorschrift – nicht erst nach der Änderung – als Missgriff gewertet werden (vgl. MüKoStGB/*Kohler* AO § 398a Rn. 3). Das betrifft die Fixierung auf eine absolut bestimmte Summe der hinterzogenen Steuern, aber auch weitere Einzelvoraussetzungen und andererseits eine fehlende Regelung zum Rechtsschutz gegen die Festsetzung des Zuschlags (HHSp-*Rüping* 3 zu § 398a). Ob die Regelung gar verfassungswidrig ist (so *Wulf* wistra 2015, 161), kann dahingestellt bleiben, da sich das BVerfG mangels eines Beschwerdeführers kaum je mit der Problematik beschäftigen wird.

2. Entstehungsgeschichte

3 Der gesetzlichen Regelung waren Diskussionen um die Abschaffung oder Einschränkung der strafbefreienden Selbstanzeige vorausgegangen (vgl. *Joecks* SAM 2010, 144). Erstmals in den Empfehlungen des Bundesrates zum Entwurf eines JStG 2010 im Juni 2010 (BR-Drs. 318/1/7) war von einem Zuschlag die Rede. Insbesondere von Vertretern des Bundesrates war der Wunsch geäußert worden, die Straffreiheit nach § 371 AO durch eine Änderung des Abs. 3 allgemein von der Zahlung eines fünfprozentigen Zuschlags auf die hinterzogenen Steuern abhängig zu machen (vgl. BT-Drs. 17/4802, Anl. 3 S. 1 f.; BR-Drs. 851/1/10, 1; RK-*Rolletschke* 2 zu § 398a).

4 Der Zuschlag sollte pauschal in allen Fällen der Selbstanzeige erfolgen und als steuerliche Nebenleistung in § 3 IV AO aufgeführt werden. Der Zuschlag solle generalpräventiv zur Abgabe richtiger und vollständiger Steuererklärungen bewegen. Er stelle aber auch ein Entgelt für den durch die Steuerhinterziehung und ihre spätere Anzeige veranlassten Zusatzaufwand der Verwaltung dar. Noch in der Sitzung des Bundesrates vom 11. Februar 2011 ordnete der baden-württembergische Finanzminister Reinhart den Zuschlag als einen solchen ohne Strafcharakter ein. Der Zuschlag sei typisierendes Äquivalent des Mehraufwandes der Verwaltung. Er werde als steuerliche Nebenleistung ausgestaltet und im Besteuerungsverfahren erhoben. Die Behandlung des Zuschlags als Gebühr für Mehraufwand und seine Einordnung als steuerliche Nebenleistung hätte dazu geführt, dass der Bundesrat dem Gesetz hätte zustimmen müssen. Nach dem BGBl. sind aber lediglich die „Rechte des Bundesrates … gewahrt“, die Novelle wurde als Einspruchsgesetz behandelt. Also wird man den Zuschlag kaum in eine steuerrechtliche Kategorie einordnen können (*Joecks* SAM 2012, 128).

Mit der Ausgestaltung des Zuschlags als steuerliche Nebenleistung wäre aber das Gesetzgebungsvorhaben von einer Zustimmung des Bundesrates abhängig gewesen, die nicht zu erwarten war. Daher erfolgte schließlich eine Ausgestaltung in Anlehnung an § 153a StPO (vgl. BT-Drs. 17/5067 [neu], 20; RK-*Rolletschke* 1 zu § 398a). Schließlich wurde ein Kompromiss geschlossen dergestalt, dass der Zuschlag lediglich für Hinterziehungen großen Ausmaßes Anwendung finden sollte und es im Übrigen mit der Festsetzung von Hinterziehungszinsen sein Bewenden haben sollte. 5

In der Anhörung im Februar 2011 wurde sehr deutlich, dass der Finanzausschuss insbesondere solche Steuerhinterzieher vor Augen hatten, die seit Jahren die im Ausland erzielten Kapitalerträge nicht ordnungsgemäß versteuert hatten und nach den Regeln über Hinterziehungszinsen besser wegkamen als diejenigen, die Säumniszuschläge zu entrichten hatten. Einwände der Sachverständigen, es gäbe immerhin bei der Umsatzsteuer einen sehr frühen Vollendungszeitpunkt, wurden nicht gehört. Zwischenzeitlich hatte die Verwaltung mit einem koordinierten Ländererlass bzw. einer Änderung der AStBV (St) reagiert. Hintergrund war wohl, dass es in Nordrhein-Westfalen fast zu einem Zusammenbruch der Arbeit der Bußgeld- und Strafsachenstellen kam, weil diese sich mit hunderttausenden verspätet eingereichten Umsatzsteuer-Voranmeldungen beschäftigen sollten. Mit einer Neuregelung in Abs. 2a wird die Praxis bei Selbstanzeigen bezüglich Voranmeldungen nunmehr gesetzlich geregelt (vgl. *Habammer/Pflaum* DStR 2014, 2269; *Joecks* DStR 2014, 2264). 6

3. Einordnung und Probleme der Norm

Die **Einordnung des Zuschlags** in das System staatlicher Reaktion ist unklar; von ihr hängt aber die Auslegung der Vorschrift ab. Es soll sich um eine besondere nicht strafrechtliche Sanktion handeln (HHSp-*Rüping.* 13 zu § 398a), zum Teil wird ein Vergleich mit anderen Zuschlägen, wie denen nach §§ 152, 162 IV AO, § 32 III ZollVG bemüht (RK-*Rolletschke* 4 zu § 398a). Letzteres überzeugt nicht (FT-*Quedenfeld* 11 zu § 398a). *Jäger* (Klein/*Jäger* AO § 398a Rn. 27) begreift die Regelung offenbar als eine Vorschrift neben der Einstellungsregelungen in Fällen geringer Schuld gegen Auflage (§ 153a StPO; ähnlich MüKoStGB/*Kohler* AO § 398a Rn. 5). Das Gesetz enthalte eine Einstellungsregelung, bei deren Bemessung der quasi-Auflage an die (strafbestimmende) Höhe der Verkürzung angeknüpft würde. Die damit erfolgte Pauschalierung könne der Betreffende vermeiden, indem er sich dem Verfahren stelle. Im Rahmen einer Einstellung nach § 153a StPO könnten weitere für die Strafzumessung erhebliche Umstände vorgetragen und berücksichtigt werden, etwa die Verkürzung für kurze Zeit. Eine solche Verortung der Regelung mag erklären, warum *Jäger* – der auch § 371 eher einschränkend auslegen will (Klein/*Jäger* AO § 371 Rn. 2) – nicht eben dazu tendiert, die Vorschrift restriktiv und damit zu Gunsten der Betroffenen auszulegen. 7

Die **Auslegung der Vorschrift** ist gleich mehrfach erschwert. Sie hinterlässt Fragen nach den Zuschlagspflichtigen namentlich, weil ihre Einordnung in das System steuerlicher Nebenleistungen und staatlicher Sanktionen fraglich ist. Andererseits ist eine Regelung über eine strafbefreiende Selbstanzeige von Verfassungs wegen nicht zwingend. Insofern könnte man die Auffassung vertreten, ein Gesetzgeber, der die Selbstanzeige streichen oder zumindest für Hinterziehungen großen Ausmaßes abschaffen könnte, könnte auch eine Einstellung bei Hinterziehung großen Ausmaßes an (unsinnige) Bedingungen knüpfen. Dies ist offenbar die Einschätzung von *Jäger* (Klein/*Jäger* AO § 398a Rn. 27). *Jäger* sieht offenbar kein Problem darin, dass ein Zuschlag im Übermaß entstehen kann, weil allein auf den (bestimmenden) Strafzumessungsgrund des Umfangs der Steuerhinterziehung abgestellt sei. In einem Strafverfahren könnte man alle einschlägigen Strafzumessungserwägungen im Sinne des § 46 II StGB ins Spiel bringen. 8

4. Voraussetzungen der Einstellung

a) An sich wirksame Selbstanzeige. Die Voraussetzungen einer strafbefreienden Selbstanzeige müssen im Grunde erfüllt sein. Es müssen also für alle nicht verjährten Taten 9 einer Steuerart vollständige Berichtigungen erfolgen (Klein/*Jäger* AO § 371 Rn. 10; MüKoStGB/*Kohler* AO § 398a Rn. 8). Lediglich die Sperrwirkung nach § 371 II Nr. 3 oder (ab 1.1.2015:) Nr. 4 darf der Wirksamkeit der Selbstanzeige entgegenstehen (vgl. Rn. 341 ff. zu § 371). Die Nachzahlungspflicht für die Steuern, die der Täter zu seinen Gunsten hinterzogen hat, ergibt sich aus § 398a I Nr. 1 AO.

10 **b) Ermittlung des Verkürzungsbetrages.** Wie bei § 371 II Nr. 3 ist zweifelhaft, wie die entsprechenden Verkürzungsbeträge zu ermitteln sind. Gesichert ist, dass es nur um solche gehen kann, die auch vom Vorsatz des Täters umfasst waren. Unklar ist, ob bei gleichzeitiger Abgabe mehrerer unrichtiger Steuererklärungen eine Addition der Einzelbeträge erfolgen soll (vgl. Rn. 345 zu § 371 und Joecks SAM 2012, 128 ff.) und welche Rolle das Kompensationsverbot spielt.

11 Für die **Nachzahlungspflicht nach Nr. 1** besteht Einvernehmen, dass es um die wirklich zu zahlende Steuer geht, das Kompensationsverbot also nicht anwendbar ist (Kohlmann/*Schauf* 5, FT-*Quedenfeld* 36, HHSp-*Rüping* 8, Schwarz/Pahlke/*Webel* 10 zu § 398a AO; *Pegel* Stbg 2011, 349). Auch *Jäger* (Klein/*Jäger* AO § 398a Rn. 20) will bei Anwendung von § 398a Nr. 1 – ebenso wie bei der Nachzahlungspflicht nach § 371 III – das Kompensationsverbot nicht anwenden, stellt also auf den tatsächlich zu zahlenden Betrag ab. Dass eine Anwendung des Kompensationsverbots hier unsinnige Konsequenzen hat, liegt auf der Hand: Wer bei einer Umsatzsteuer-Zahllast von 1.000 Umsätze von 100.100 und Vorsteuern von 100.000 hat, müsste dann zunächst einmal einen nicht geschuldeten Betrag von 100.100 an das Finanzamt zahlen, den er im Rahmen eines Erstattungsschuldverhältnisses zurückbekäme, überdies einen Zuschlag von fünf Prozent (ab 1.1.2015: 15 Prozent; HHSp-*Rüping* 8 zu § 398a).

12 Ob der **Zuschlag nach § 398 Nr. 2** vor der Änderung zum 1.1.2015 an die wirkliche Steuerlast oder eine Steuerverkürzung iS des § 370 IV 3 anknüpft, ist hingegen umstritten. Teilweise wird die Auffassung vertreten, bei einer Verkürzung auf Zeit könne es nur um Zinsverluste gehen, das Kompensationsverbot finde keine Anwendung. Demgegenüber will *Jäger* bei § 398a Nr. 2 auf den „verkürzten Betrag" auch iS des § 370 IV 3 abstellen (Klein/*Jäger* AO § 398a Rn. 26). *Schauf* will im Hinblick auf den Schwellenbetrag nach § 371 II Nr. 3 zwar das Kompensationsverbot anwenden (Kohlmann/*Schauf* 249.5 zu § 371), hingegen wohl bei der Bemessungsgrundlage für den Zuschlag differenzieren (Kohlmann/*Schauf* 5, 7 zu § 398a).

13 *Quedenfeld* (FT-*Quedenfeld* 29 zu § 398a) meint, die Problematik löse sich durch die Formulierung „zu seinen Gunsten" auf. Es komme nicht auf den strafrechtlichen Nominalbetrag an, alle steuerlichen Ermäßigungsgründe seien bei der Berechnung der zu zahlenden Steuer zu berücksichtigen. Dies deckt sich mit der hier vertretenen Auffassung zum Umfang der Nachzahlung in Fällen der „normalen" Selbstanzeige (Rn. 149 zu 371). Damit ist aber noch nichts über die Höhe des Zuschlags gesagt. *Quedenfeld* (FT-*Quedenfeld* 36 zu 398a) meint, der Zuschlag sei nur zu zahlen, wenn und soweit jemand Steuern zu seinen Gunsten hinterzogen habe, denn dieser Zuschlag sei untrennbar mit der Nachzahlungspflicht der Nr. 1 verbunden. *Jäger* (Klein/*Jäger* AO § 398a Rn. 12) hält dem entgegen, eine solche Restriktion finde weder im Gesetzeswortlaut noch in den Gesetzesmaterialien eine Stütze.

14 Jedenfalls **bis zur Einfügung des Abs. 2** zum 1.1.2015 bleibt festzuhalten, dass das Gesetz in beiden Nummern wortgleich von „verkürzten Steuern" spricht und nicht ersichtlich ist, warum die Bemessungsgrundlage in der Nr. 2 von der in Nr. 1 abweichen soll. *Jäger* mag einwenden, dass die Nr. 2 an § 153a StPO angelehnt ist und auch dort die im Lichte des § 370 IV 3 ermittelte Steuer Ausgangspunkt etwa für eine Geldauflage wäre. Im Rahmen des § 153a StPO würde aber bedacht werden, ob der Täter lediglich eine Verkürzung auf Zeit wollte oder erst und nur das Kompensationsverbot überhaupt zu einer Verkürzung führte. Will man der Regelung ernsthaft einen Anwendungsbereich belassen, kann sich der Zuschlag nur auf die Zahllast im Sinne der Nr. 1 beziehen. Dort würde man

aber – entgegen Quedenfeld (FT-*Quedenfeld* 36 zu 398a) – auch nicht nur einen Zinsschaden berücksichtigen, wohl aber das Kompensationsverbot ausblenden. Eine andere Lösung führt letztlich dazu, dass die Regelung im Bereich der Umsatzsteuerjahreserklärungen faktisch unanwendbar ist. Dann mag man so pragmatisch vorgehen wie das AG Stuttgart mit einem Fall, in dem sich zwei Angeklagte schlicht weigerten, für eine verspätet abgegebene Umsatzsteuererklärung einen verhältnismäßig hohen Zuschlag zu zahlen (AG Stuttgart 10.7.2013, wistra 2013, 488). Das Gericht griff auf § 59 StGB (Verwarnung mit Strafvorbehalt) zurück und verhängte quasi eine „Geldstrafe auf Bewährung".

Unklar ist bei Selbstanzeigen seit dem 1.1.2015, für die eine Erstreckung der Selbstanzeige auf zehn Jahre zwingend ist, der Zuschlag nur auf die noch strafrechtlich unverjährten Jahre bezieht oder aber strafrechtlich bereits verjährte Taten umfasst (vgl. *Schuster* NZWiSt 2015, 41, 49; *Buse* DB 2015, 89; s. auch *Hunsmann* NJW 2015, 113). Hätte der Gesetzgeber eine Erstreckung des Zuschlags auch auf strafrechtlich verjährte Taten gewollt, hätte er dies in der Vorschrift deutlich zum Ausdruck bringen müssen. Da dies nicht der Fall ist, bezieht sich der Zuschlag nur auf strafrechtlich unverjährte Taten. **15**

Wird der Tatbestand der Steuerhinterziehung mehrfach tateinheitlich verwirklicht, will *Jäger* die Verkürzungsbeträge addieren (Klein/*Jäger* AO § 398a Rn. 14 gegen RK-*Rolletschke* 7 zu § 398a). Dem ist der BGH gefolgt und will bei tateinheitlicher Begehung die entsprechenden Verkürzungsbeträge addieren (BGH 15.12.2011, wistra 2012, 191). Dies ist insofern bemerkenswert, als dies in der Beschlussempfehlung des Finanzausschusses (BT-Drs. 17/5067 S. 21) explizit abgelehnt worden war. **16**

Wie bei der **Erschleichung von Steuervorteilen** die Bemessung des Zuschlags erfolgen soll, liegt im Dunkeln. Dies gilt jedenfalls in solchen Fällen, in denen etwa ein Feststellungsbescheid vom BGH als steuerlicher Vorteil begriffen wird (Rn. 64 zu § 370). Wenn der BGH (BGH, 22.11.2012, BGHSt 58, 50) eine genaue Quantifizierung für entbehrlich hält, stößt er doch im Hinblick auf § 376 I, § 371 II Nr. 3 und § 398a I Nr. 2 deutlich an Grenzen (*Joecks* SAM 2014, 78). Man könnte sich mit der Erkenntnis behelfen, wo es keine Nachzahlungspflicht gibt, könne es auch keine Zuschläge geben. Nach dem von *Jäger* und dem 1. Strafsenat bevorzugten Modell, das die Ähnlichkeit mit § 153a StPO betont, wäre aber eine Quantifizierung der Bemessungsgrundlage für den Zuschlag geboten. Auch dies lässt daran zweifeln, dass die Linie des BGH richtig ist. **17**

c) Persönliche Reichweite. Jedenfalls **Täter sind zuschlagspflichtig.** Der Gesetzeswortlaut erwähnt andere Beteiligte wie Anstifter und Gehilfen in der bis 1.1.2015 geltenden Fassung nicht. Inwiefern damit auch Anstifter und Gehilfen, erfasst waren, ist angesichts des Verweises des § 369 II auf die §§ 25 ff. StGB zweifelhaft (HHSp-*Rüping* 11, Kohlmann/*Schauf* 3 zu § 398a). Schließt man aber Anstifter und Gehilfen aus dem Anwendungsbereich des § 398a aus, hat dies die merkwürdige Konsequenz, dass diese einerseits keine wirksame Selbstanzeige erstatten können, weil dem § 371 II Nr. 3 AO entgegensteht, andererseits aber auch nicht in den Genuss einer Einstellung kommen können, weil sie den entsprechenden Zuschlag nicht bezahlt haben. Eine Lösung könnte darin bestehen, jedenfalls in solchen Fällen auf den Zuschlag zu verzichten, in denen ohnehin eine Nachzahlungspflicht mangels Hinterziehung zu eigenen Gunsten nicht besteht (vgl. HHSp-*Rüping* 12 zu § 398a unter Verweis auf *Zanzinger* DStR 2011, 1402; *Füllsack/Bürger* BB 2011, 1241; GJW/*Rolletschke* AO § 398a Rn. 14; Erlass des Finanzministeriums NRW v. 5.5.2011 – S 0702-8-V A 1, unter 4.). Demgegenüber will *Jäger* die Vorschrift auch auf Teilnehmer anwenden (Klein/*Jäger* AO § 398a Rn. 50). *Jäger* geht von einem verfahrensrechtlichen Täterbegriff aus, der die „Tat" des Gehilfen oder Anstifters ebenfalls erfasst (Klein/*Jäger* AO § 398a Rn. 53). Da es sich bei § 398a um eine besondere Einstellungsvorschrift handelt, mag man dem folgen, da dort die strikte Wortlautbindung des Art. 103 II GG – anders als bei § 371 II – nicht gilt. **18**

Ob **bei mehreren Tatbeteiligten** jeden von ihnen die Pflicht trifft, den Zuschlag zu entrichten, oder ob hier nach den Regeln über die Gesamtschuld insgesamt ein einmaliger **19**

Zuschlag in Höhe von 5 vH fällig ist, ist zweifelhaft (*Joecks* SAM 2012, 128, 131). Die Entscheidung hängt davon ab, wo man den Zuschlag verortet. Ist er Kompensation für nicht hinreichende Hinterziehungszinsen, kann der Betrag nur einmal angefordert werden. Geht es um eine Sanktion, mit der der Verzicht auf ein förmliches Strafverfahren „erkauft" werden kann, mag der Zuschlag auch mehrfach anfallen (vgl. Klein/*Jäger* AO § 398a Rn. 58, Kohlmann/*Schauf* 4 zu § 398a; MüKoStGB/*Kohler* AO § 398a Rn. 26; LG Aachen 27.8.2014, wistra 2014, 486 m. Anm. *Reichling*). Sind mehrere Täter oder Teilnehmer nebeneinander vorhanden, kann jeder einzelne von Ihnen für sich die Rechtsfolge des § 398a nur dadurch herbeiführen, dass er selbst den Geldbetrag in Höhe von fünf Prozent der verkürzten Steuern an die Staatskasse abführt (Rn. 58 zu § 398a). Es sei rechtlich nicht bedenklich, wenn der Staat bei mehreren Tatbeteiligten auch ein Mehrfaches der fünf bis 20 Prozent der verkürzten Steuer zusätzlich zu den verkürzten Steuern erhalte. Ähnlich sei es bei der Regelung des § 153a StPO, wo ebenfalls keine niedrigere Geldauflage festzusetzen sei, weil mehrere Tatbeteiligte vorhanden seien.

20 Zweifelhaft ist, inwiefern analog den Regeln über die **Aufteilung einer Gesamtschuld** (§§ 267 ff. AO) z. B. bei Ehegatten eine Aufteilung der Verkürzungsbeträge dergestalt erfolgen kann, dass sich die Bemessungsgrundlage für den Zuschlag reduziert. Zumindest für die Nachzahlungspflicht nach § 398a Nr. 1 ist eine Aufteilung denkbar, da der Betroffene jeweils nur die „zu seinen Gunsten" hinterzogene Steuer nachzuentrichten hat. Haben also die Eheleute gemeinschaftlich eine Steuerhinterziehung begangen, von der er mit 100 000 EUR, sie mit 1 000 EUR profitierte, kann sie durch einen entsprechenden Antrag erreichen, dass sie lediglich 1 000 EUR schuldet (und für den restlichen Betrag nach § 71 AO haftet). Ob man dies auch für den Zuschlag nach § 398a Nr. 2 akzeptieren will, hängt davon ab, ob man die Vorschrift in ihrer unsinnigen Rigidität für richtig hält oder aber versucht, ihr einen vernünftigen Anwendungsbereich zu belassen.

5. Rechtsschutz

21 Ein Rechtsschutz gegen die Anforderung des Zuschlags ist vom Gesetz nicht vorgesehen. Diese Lücke ist mit Rücksicht auf die verfassungsrechtliche Garantie eines effizienten Rechtsschutzes (Art. 19 IV GG) zu schließen (HHSp-*Rüping* 16 zu § 398a). Wenn teilweise darauf verwiesen wird, der Betroffene könne immerhin in einem gerichtlichen Strafverfahren eine Überprüfung des Zuschlags erreichen, spräche dies den verfassungsrechtlichen Anforderungen an den Rechtsschutz Hohn (HHSp-*Rüping* 16 zu § 398a). Der Rechtsschutz erfolgt über § 98 II 2 StPO (LG Aachen 27.8.2014, wistra 2014, 486 m. Anm. *Reichling).*

22 **Zuständig** für die Verhängung des Zuschlags ist nicht die Finanzbehörde, sondern die Staatsanwaltschaft und in geeigneten Fällen die Strafsachenstellen der Finanzverwaltung. Da diese aber bei Fällen großen Ausmaßes regelmäßig die Sache an die StA abgeben wird (Klein/*Jäger* AO § 398a Rn. 60 unter Hinweis auch auf BGH 20.5.2010, BGHSt 55, 180 Rn. 38), wird letztlich die Anforderung durch die Staatsanwaltschaft erfolgen. Auch aus diesem Grund liegt es nahe, § 98 II 2 StPO in diesem Fall anzuwenden (vgl. HHSp-*Rüping* 16 zu § 398a; *Beckemper/Schmitz/Wegner/Wulf* wistra 2011, 281, 288; *Joecks* SAM 2012, 128, 132).

6. Wiederaufnahme des Strafverfahrens (Absatz 3)

23 Einen Strafklageverbrauch bewirkt die Einstellung nach § 398a AO nicht (HHSp-*Rüping* 18 zu § 398a; *Rolletschke/Roth* Stbg 2011, 207; *Wagner* DStZ 2011, 876, 878; *Wollmann* ZinsO 2011, 1525). Sollte sich später herausstellen, dass die Selbstanzeige nicht vollständig war, bewirkt dies ebenso keine Grenzen für die Verfolgung wie bei einer sonst später als unvollständig erkannte Selbstanzeige. Eine dem § 153a Abs. 1 Satz 5 StPO enthaltene Regelung fehlt, so dass diese Einstellung ebenso wenig die weitere Strafverfolgung hindert wie eine solche nach § 398 AO, § 153 StPO. Die in Absatz 3 geregelte Möglichkeit der Wiederaufnahme ist mithin überflüssig (ähnl. MüKoStGB/*Kohler* AO § 398a Rn. 19).

7. Anrechnung bei Wiederaufnahme (Absatz 4)

Stellt sich erst später heraus, dass die Selbstanzeige den Schwellenbetrag von über 50 000 EU überstiegen hat, stellt sich die Frage, ob bereits geleistete Geldbeträge angerechnet werden können. *Jäger* erwog insofern eine Anrechnung entsprechend § 56f III 3 StGB (Klein/*Jäger* AO § 398a Rn. 38). Nunmehr ist dies in Abs. 4 explizit geregelt. 24

Der in Satz 1 vorgesehene Verfall von Leistungen ist jedenfalls in solchen Fällen bedenklich, in denen die Selbstanzeige unbewusst unvollständig war. Die nach Satz 2 vorgesehene Anrechnung auf eine Geldstrafe ist dem § 153a I 7 StPO nachempfunden und bedenklich. Dies nicht deshalb, weil es offenbar eine Ermessensentscheidung des Gerichts ist, sondern weil sich die Anrechnungsmöglichkeit auf eine Geldstrafe beschränkt. Nicht bedacht ist der Fall, dass das Gericht eine Freiheitsstrafe verhängt, diese zur Bewährung aussetzt und eine Bewährungsauflage anordnet. Der Wortlaut des Abs. 4 Satz 2 lässt es nicht zu, die entsprechenden Beträge auf eine Bewährungsauflage anzurechnen. Hierin könnte ein Verstoß gegen Art. 3 I GG liegen, wenn man sich nicht mit der Erkenntnis behilft, dass das Gericht die „verfallene" Zahlung des Zuschlags bei der Bemessung der Bewährungsauflage berücksichtigen kann. Es bleibt aber ein Problem, wenn das Gericht (nur) eine Freiheitsstrafe von mehr als zwei Jahren verhängt, insbesondere dann, wenn die unwirksame Selbstanzeige nur aus Nachlässigkeit nicht vollständig war (*Joecks* DStR 2014, 2266). 25

8. Steuerliche Abzugsfähigkeit des Zuschlags

Die steuerliche Abzugsfähigkeit der Zuschlagszahlung ist bislang ungeklärt. Da es sich bei dieser „freiwilligen" Zahlung weder um eine Strafe noch um eine Auflage oder Geldbuße handelt (s. § 12 Nr. 4, § 4 V Nr. 8 EStG) wäre ein Abzug als z. B. Betriebsausgabe bei Zuschlägen zu betrieblichen Steuern denkbar. Zu § 153a StPO ist entschieden, dass eine Auflage nicht abziehbar ist, wenn sie nicht lediglich der Wiedergutmachung des durch die Tat verursachten Schadens dient (BFH 22.7.2008, BFHE 222, 448 = wistra 2009, 122). Aus den Motiven ergibt sich aber, dass den Abgeordneten des Finanzausschusses insbesondere ein Steuerpflichtiger vor Augen stand, der über Jahre hinweg Kapitaleinkünfte nicht ordnungsgemäß erklärt hatte. Der Zuschlag sollte u. a. den Umstand kompensieren, dass Säumniszuschläge nach § 240 AO deutlich höher sind als Hinterziehungszinsen nach § 233 AO. Zur steuerlichen Behandlung liegt es daher nahe, wie bei der Auflage § 153a StPO die Abzugsfähigkeit zu verneinen (FT-*Quedenfeld* 59 zu § 398a; Klein/*Jäger* AO § 398a Rn. 40). 26

II. Verfahren der Finanzbehörde bei Steuerstraftaten

§ 399 Rechte und Pflichten der Finanzbehörde

(1) **Führt die Finanzbehörde das Ermittlungsverfahren auf Grund des § 386 Abs. 2 selbständig durch, so nimmt sie die Rechte und Pflichten wahr, die der Staatsanwaltschaft im Ermittlungsverfahren zustehen.**

(2) [1]**Ist einer Finanzbehörde nach § 387 Abs. 2 die Zuständigkeit für den Bereich mehrerer Finanzbehörden übertragen, so bleiben das Recht und die Pflicht dieser Finanzbehörden unberührt, bei dem Verdacht einer Steuerstraftat den Sachverhalt zu erforschen und alle unaufschiebbaren Anordnungen zu treffen, um die Verdunkelung der Sache zu verhüten.** [2]**Sie können Beschlagnahmen, Notveräußerungen, Durchsuchungen, Untersuchungen und sonstige Maßnahmen nach den für Ermittlungspersonen der Staatsanwaltschaft geltenden Vorschriften der Strafprozessordnung anordnen.**

Schrifttum: *Irmer,* Die Auskunftspflicht der Banken im Besteuerungs- und Steuerstrafverfahren, Inf 1970, 35; *Henneberg,* Weisungsrecht, Übernahmerecht und Substitutionsrecht der vorgesetzten Beamten der Staatsanwaltschaften und der Finanzbehörden im steuerstrafrechtlichen Ermittlungsverfahren und die Grenzen dieser Rechte, BB 1973, 82; *Achenbach,* Verfahrenssichernde und vollstreckungssichernde Beschlagnahme im Strafprozeß, NJW 1976, 1068; *Prost,* Bankgeheimnis und neues Strafprozeßrecht, NJW 1976, 214; *Rank,* Zum Festnahmerecht der staatlichen Organe nach § 127 Abs. 2 StPO, ZfZ 1977, 205; *Ungnade,* Das Bankgeheimnis gegenüber Hilfsbeamten der Staatsanwaltschaft, ZKredW 1978, 1030; *Gössel,* Über die Rechtmäßigkeit befugnisloser strafprozessualer rechtsgutsbeeinträchtigender Maßnahmen, JuS 1979, 162; *Schneider,* Bankauskünfte gegenüber Finanzbehörden, DB 1979, 36; *Arendt,* Richterliche Anordnung bei Durchsuchung von Wohnungen nach § 287 AO, ZfZ 1980, 267; *Glashoff,* Der steuerliche Berater im Steuerstrafverfahren oder Bußgeldverfahren gegen seine Mandanten, StB 1980, 75; *Rieß,* Die Vernehmung des Beschuldigten im Strafprozeß, JA 1980, 293; *Ungnade/Kruck,* Auskunftspflichten der Kreditinstitute gegenüber Finanzbehörden, WM 1980, 258; *Wegemer,* Vernehmungspraxis der Hilfsbeamten der Staatsanwaltschaft im Rahmen der Steuer- und Zollfahndung, NStZ 1981, 247; *Feuerborn,* Bankgeheimnis und Bankauskunft, Sparkasse 1982, 87; *Krekeler,* Der Haftgrund der Verdunkelungsgefahr, insbesondere bei Wirtschaftsdelikten, wistra 1982, 8; *Bilsdorfer,* Das Bankgeheimnis, DStR 1984, 498; *ders.,* Steuerfahndungsermittlung bei Banken, DStZ 1984, 415; *Schroeder,* Eine funktionelle Analyse der strafprozessualen Zwangsmittel, JZ 1985, 1028; *Hassemer,* Das Zeugnisverweigerungsrecht des Sydikus-Anwalts, wistra 1986, 1; *Hamacher,* Neue Rechtsprechung zu den Voraussetzungen von Ermittlungsmaßnahmen der Finanzbehörden, DStZ 1987, 224; *Hildebrandt,* Die Behandlung vertraulicher Anzeigen im Steuerstrafverfahren, wistra 1988, 300; *Klos/Weyand,* Probleme der Ermittlungszuständigkeit und Beteiligungsrechte im Steuerstrafverfahren, DStZ 1988, 615; *Krekeler,* Probleme der Verteidigung in Wirtschaftsstrafsachen, wistra 1988, 43; *Bittmann,* Das Beiziehen von Kontounterlagen im staatsanwaltlichen Ermittlungsverfahren, wistra 1990, 325; *Küpper,* Tagebücher, Tonbänder, Telefonate, JZ 1990, 416; *Bilsdorfer,* Auswertung von CpD-Konten, StBp 1991, 12; *Klinger,* Die Zuständigkeit der StA für Maßnahmen nach § 95 StPO, wistra 1991, 17; *Nelles,* Strafprozessuale Eingriffe in das Hausrecht von Angehörigen, StV 1991, 488; *Otto,* Das Zeugnisverweigerungsrecht des Angehörigen im Verfahren gegen mehrere Beschuldigte, NStZ 1991, 220; *Ranft,* Bemerkungen zu den Beweisverboten im Strafprozeß, Spendel-FS 1992, 719; *Roxin,* Das Zeugnisverweigerungsrecht des Syndikus-Anwalts, NJW 1992, 1129; *Schmidt,* Die strafprozessuale Verwertbarkeit von Tagebuchaufzeichnungen, Jura 1993, 591; *Bär,* Die Überwachung des Fernmeldeverkehrs, CR 1993, 578; *Joerden,* Verbotene Vernehmungsmethoden – Grundfragen des § 136a StPO, JuS 1993, 927; *Blau,* Beweisverbote als rechtsstaatliche Begrenzung der Aufklärungspflicht im Strafprozeß, Jura 1993, 513; 1267; *Herzog/Britting,* Telefax-Aufzeichnung – ein Fall der Überwachung des Fernmeldeverkehrs gemäß § 100a StPO?, wistra 1994, 86; *Klos,* Gerichts- und Behördenakten als Informationsquelle für die Finanzbehörden, DStZ 1996, 32; *Papier/Dengler,* Verfassungsrechtliche Fragen im Zusammenhang mit Steuerfahndungsmaßnahmen bei Banken, BB 1996, 2541, 2593; *Burhoff,* Anordnung einer Telefonüberwachung allein wegen Steuerstraftat zulässig?, PStR 1999, 151; *Joecks,* Die Stellung der Kreditwirtschaft im Strafverfahren gegen Kunden, Beilage 1 zu WM IV 1998; *ders.,* Iura novit Curia? Iudex non calculat?, Der Finanzbeamte als Zeuge in der Hauptverhandlung, in: Der Fachanwalt für Steuerrecht im Rechtswesen 1999, 661; *Maurer,* Vernehmung, Durchsuchung und Beschlagnahme im Steuerstrafverfahren, StuB 1999, 701; *Dörn,* Vorfeldermittlungen der Steuerfahndung gemäß § 208 Abs. 1 Nr. 3 AO während Durchsuchungsmaßnahmen bei Kreditinstituten, DStR 2002, 574; *Rüping,* Ermittlungen der Steuerfahndung und ihre Schranken, DStR 2002, 2020; *Ossenbühl,* Staatliche Finanzgewalt und Strafgewalt, in: Staat, Wirtschaft, Finanzververfassung, 2004, 859; *Vogelberg,* Zuständigkeit und Befugnisse der Finanzverwaltung, PStR 2005, 20; *Rolletschke,* Die finanzbehördlichen Strafverfolgungsorgane, Stbg 2006, 379; *Buse/Bohnert,* Steuerstrafrechtliche Änderungen zur Bekämpfung des Umsatz- und Verbrauchsteuerbetrugs, NJW 2008, 618; Mahlstedt, Die verdeckte Befragung des Beschuldigten im Auftrag der Polizei: informelle Informationserhebung und Selbstbelastungsfreiheit, 2011; *Dose,* Übermittlung und verfahrensübergreifende Verwertung von Zufallserkenntnissen, 2013; weiteres Schrifttum s. vor Rn. 15, 125 u. 182.

Übersicht

I. Allgemeines

1. Entstehungsgeschichte

1 **§ 399 AO 1977** entspricht § 433 RAO, jedoch wurden die Begriffe *„Finanzamt"*, *„Finanzämter"* jeweils in *„Finanzbehörde/n"* geändert. § 399 II 2 AO 1977 unterscheidet sich von § 433 II 2 RAO dadurch, dass die FinB auch die Befugnis zu *„sonstigen Maßnahmen"* hat.

2 **§ 433 RAO 1967** wurde durch Art. 1 Nr. 1 AOStrafÄndG v. 10.8.1967 (BGBl. I 877) eingefügt. Vorläufer waren § 406 RAO 1919 und § 441 RAO 1931. Die Rechtslage vor dem AOStrafÄndG war gekennzeichnet durch das Recht der FinB, bei allen Steuervergehen (Geld-)Strafen festzusetzen. Nach § 445 RAO 1931 konnte das Finanzamt seine Strafbefugnis im Wege der Unterwerfung durchsetzen, nach § 447 I RAO 1931 Strafbescheide erlassen. Nachdem das BVerfG diese Regelung durch Urteil v. 6.6.1967 (BVerf-

GE 22, 49) unter Hinweis auf Art. 92 Halbs. 1 GG für verfassungswidrig erklärt hatte, wurde die mit § 433 RAO getroffene Regelung notwendig (ausf. Einl 76 ff.). Mit dem 1. JuMoG vom 24.8.2004 (BGBl. 2004 I 2198, 2208) wurde in § 399 Abs. 2 das Wort „Hilfsbeamte" durch „Ermittlungspersonen" ersetzt (vgl. Einl. Rn. 109).

2. Zweck und Bedeutung der Vorschrift

3 **§ 399 AO ergänzt § 386 II AO** und präzisiert die Rechte und Pflichten, die die FinB bei selbstständiger Bearbeitung der Strafsache hat. Der FinB stehen nach § 399 I AO die Kompetenzen der StA zu. Es handelt sich hier um ein abgeleitetes, nicht etwa ein originäres Recht (FT-*Webel* 5, Kohlmann/*Matthes* 10 zu § 399), wenn auch die FinB an Weisungen der StA nicht gebunden ist. Indessen kann die StA das Verfahren jederzeit an sich ziehen (§ 386 IV 2 AO). § 399 I AO wird ergänzt durch die §§ 398, 400, 401, 407 AO.

4 **Ist einer FinB die Zuständigkeit mehrerer FinBn** aufgrund § 387 II AO übertragen worden, so haben diese im Grundsatz ihre Ermittlungsbefugnisse verloren. § 399 II AO ordnet an, dass trotz der Konzentration auf eine Gemeinsame Strafsachenstelle die an sich zuständige FinB das Recht des ersten Zugriffs behält und Maßnahmen nach den für Hilfsbeamte (Ermittlungspersonen, Einl. 109) der StA geltenden Vorschriften der StPO ergreifen darf. Ihre Position entspricht damit derjenigen der Gemeinsamen Strafsachenstelle in den Fällen des § 385 II, des § 386 III und des § 402 AO.

II. Die Finanzbehörde als Ermittlungsbehörde

1. Allgemeines

5 **Kompetenzen der StA** stehen der FinB nur zu, sofern sie nach § 386 II AO die Ermittlungen selbstständig führt (Rn. 21 ff. zu § 386). Zuständig für die Ermittlungen anstelle der StA sind die in § 386 I 2 AO genannten Behörden, dh das Hauptzollamt, das Finanzamt, das Bundeszentralamt für Steuern und die Familienkasse (Rn. 3 zu § 386).

6 **Die Oberfinanzdirektionen und die obersten FinBn des Bundes und der Länder** sind nicht zuständig (Rn. 19 zu § 397). Ob Weisungen durch sie denkbar sind (Rn. 22 zu § 397; *Henneberg* BB 1973, 85; HHSp-*Rüping* 12 zu § 386; Erbs/Kohlhaas/*Hadamitzky*/*Senge* AO § 386 Rn. 2), ist zweifelhaft. Ungeklärt ist weiterhin, inwiefern eine Einflussnahme mittels sog. *„Anweisungen für das Straf- und Bußgeldverfahren"* erfolgen darf (vgl. Kohlmann/*Hilgers-Klautzsch* 4 ff. vor § 385; Rn. 15 ff. zu § 385).

7 Den *Beamten der Steuerfahndung* steht kein selbstständiges Ermittlungsrecht nach § 399 AO zu; sie sind nach § 404 S. 2 AO Ermittlungspersonen (Einl. Rn. 109) der StA (Erbs/Kohlhaas/*Hadamitzky*/*Senge* AO § 399 Rn. 2; s. auch Rn. 27 zu § 397).

8 **Die FinB hat gem. § 160 I StPO den Sachverhalt zu ermitteln,** dh die Tatsachen, die Schlüsse auf Schuld oder Unschuld des Täters zulassen oder für die Bestimmung der Rechtsfolgen der Tat (§ 160 III 1 StPO) bedeutsam sind. Dabei unterliegt sie dem Legalitätsprinzip (Rn. 26 zu § 385; RK-*Kemper* 9, Schwarz/Pahlke/*Dumke* 5 zu § 399 AO; Erbs/Kohlhaas/*Hadamitzky*/*Senge* AO § 399 Rn. 3 ; kritisch *Weyand* DStZ 1990, 166), das die Einleitung eines Strafverfahrens gebieten kann (Rn. 11 zu § 397). Dies gilt auch in den Fällen der Selbstanzeige, wenn nicht zugleich der verkürzte Betrag nachentrichtet ist (GJW/*Lipsky* AO § 399 Rn. 5). Die FinB ist zur Objektivität verpflichtet und muss belastende und entlastende Umstände ermitteln (*Meyer-Goßner*/*Schmitt* StPO § 160 Rn. 14 und KK-StPO/*Griesbaum* StPO § 160 Rn. 22). Die Pflicht bezieht sich auf Fälle dienstlicher Kenntniserlangung. Private Erkenntnisse lösen Ermittlungspflichten in Fällen von Steuerhinterziehung idR nicht aus (Klein/*Jäger* AO § 399 Rn. 4; vgl. auch BGH 3.11.1999, wistra 2000, 92 m. Anm. *Wollweber* wistra 2000, 340).

9 **Die FinB kann den Sachverhalt selbstständig ermitteln;** sie kann sich auch der Hilfe der Polizei, insbes. aber der Steuerfahndung (Kühn/v. Wedelstädt/*Blesinger* 5 zu § 399),

bedienen (§ 161 StPO; RK-*Kemper* 19 zu § 399). Zudem kann sie von *öffentlichen Behörden* Auskunft verlangen (LR-*Erb* 9 f. zu § 161 StPO). Die Behörde ist zu Auskünften jedoch nicht verpflichtet, wenn eine Auskunftserteilung nach einer Erklärung der obersten Dienstbehörde (§ 96 StPO) nicht in Frage kommen soll; s. auch Rn. 61.

Der FinB stehen die Befugnisse zu, die die StA im Ermittlungsverfahren hat 10 (Rn. 11 ff.). Insbes. kann sie – anders als die Steuerfahndung (Rn. 79 zu § 404) – richterliche Untersuchungshandlungen (§ 162 StPO; RK-*Kemper* 26 zu § 399), namentlich Durchsuchungs- und Beschlagnahmebeschlüsse, beantragen. Dabei haben sich die Ermittlungsmöglichkeiten in den letzten Jahren aus Sicht der Finanzbehörde verbessert. So wurde mit dem TKÜG die Möglichkeit geschaffen, in einigen Fällen der Steuerhinterziehung eine Überwachung der Telekommunikation durchzuführen (Rn. 105). Auch andere Ermittlungsmöglichkeiten stehen in Steuerstrafsachen teilweise zur Verfügung. Überdies ist mit dem Kontenabrufverfahren (auch über die Grenze) eine neue Ermittlungsmöglichkeit gegeben (Rn. 118).

2. Vernehmungen

Nach § 399 I AO iVm § 161a I StPO sind Zeugen und Sachverständige *zum Erscheinen und zur Aussage* vor der als StA tätigen FinB *verpflichtet.* Bei unberechtigtem Ausbleiben ist eine zwangsweise Vorführung zulässig (§ 161a II, § 51 I StPO), die im Wege der Amtshilfe durch die Polizei erfolgt (Koch/Scholtz/*Scheurmann-Kettner* 17 zu § 399). Auch kann ein Ordnungsgeld verhängt werden (§ 161a II StPO), das auf Verlangen des Betroffenen vom Gericht überprüft wird (§ 161a III StPO). Diese Pflicht zum Erscheinen vor der FinB besteht – strafverfahrensrechtlich – nur im Rahmen des § 399 I AO, gilt also nicht für das Erscheinen vor Beamten der Steuerfahndung (Rn. 79 zu § 404). Vgl. auch Rn. 83 zu § 404. 11

Die Pflicht zur Aussage unterliegt den Vorschriften der §§ 52 ff. StPO. Angehörige 12 sind zur Verweigerung des Zeugnisses berechtigt (§ 52 StPO). Nach § 53 StPO sind Rechtsanwälte, Steuerberater und andere Berufsgeheimnisträger zur Aussage über die ihnen anvertrauten Umstände (Rn. 45 ff.) nur verpflichtet, wenn der Anvertrauende sie von der Verpflichtung zur Verschwiegenheit entbunden hat.

Dem Zeugen ist Gelegenheit zu geben, nach den Angaben zur Person (§ 68 StPO) 13 einen zusammenhängenden Bericht über seine Erinnerung an den Aussagegegenstand zu geben, ehe konkrete Fragen gestellt werden (ähnl. *Wegemer* NStZ 1981, 248).

Auch der Beschuldigte muss auf Ladung vor der FinB erscheinen (§ 163a III 1 14 StPO), ist zur Aussage jedoch nicht verpflichtet und entsprechend zu belehren (§ 136 StPO; zu den Rechtsfolgen der unterlassenen Belehrung siehe Rn. 57 ff. zu § 393). Der Verteidiger hat ein Recht zur Anwesenheit bei der Vernehmung (RK-*Kemper* 145 zu § 399). Über die Rechtmäßigkeit der Vorführung des Beschuldigten entscheidet auf seinen Antrag das Gericht (§ 163a III 3 StPO).

3. Durchsuchung und Beschlagnahme

Schrifttum: *Warda,* Die Durchsuchung bei Verdächtigen und anderen Personen nach den §§ 102, 103 StPO, Diss. Köln 1986; *Ronsdorf,* Die Beschlagnahme von Zufallsfunden bei Durchsuchungen, 1993; *Schreiber,* Die Beschlagnahme von Unterlagen beim Steuerberater, 1993; *Lemcke,* Die Sicherstellung gem. § 94 StPO und deren Förderung durch die Inpflichtnahme Dritter als Mittel des Zugriffs auf elektronisch gespeicherte Daten, 1995; *Dibbert,* Durchsuchungen in Großunternehmen, 1999; *Matzky,* Zugriff auf EDV im Strafprozeß, 1999; *Görtz-Leible,* Die Beschlagnahmeverbote des § 97 Abs. 1 StPO im Lichte der Zeugnisverweigerungsrechte, 2000; *Park,* Handbuch Durchsuchung und Beschlagnahme, 2002; *Benfer,* Rechtseingriffe von Polizei und Staatsanwaltschaft, 2005; *Röwer,* Erscheinungsformen und Zulässigkeit heimlicher Ermittlungen, 2007: *Weiss,* Online-Durchsuchungen im Strafverfahren, 2009.

Aufsätze: *Leise,* Zur Frage der Unterrichtung der Staatsanwaltschaft über Zufallsfunde anläßlich von Durchsuchungen durch den Steuerfahndungsdienst, Inf 1973, 67; *Endriss,* Zur Frage des Verwertungsverbots beschlagnahmter Unterlagen im Besteuerungs- und Steuerstrafverfahren, DB 1976, 2087; *Freund,* Wirtschaftskriminalität und Beschlagnahmeprivileg, NJW 1976, 2002; *Gehre,* Wirtschaftskriminalität und Beschlagnahmeprivileg, NJW 1977, 710; *Krekeler,* Beeinträchtigungen der Rechte des Mandanten durch Strafverfolgungsmaßnahmen gegen den Rechtsanwalt, NJW 1977, 1417; *Litzig,* Sicherstellung. Beschlagnahme, Notveräußerung und Erlegung des Wertes, ZfZ 1977, 139; *Misch,* Die richterliche Beschlagnahmeanordnung gem. § 98 Abs. 1 StPO im Steuerstrafverfahren, DB 1977, 1970; *Ehlers,* Durchsuchung – Beschlagnahme – Bankgeheimnis, BB 1978, 1513 mit Erwiderung von *Schaefgen,* BB 1979, 1498; *Winklbauer,* Der Rechtsschutz gegen die Durchsuchung einer Steuerberaterkanzlei, DStR 1978, 693; *Heilmaier,* Die Beschlagnahme von Buchführungsunterlagen des Mandanten bei seinem Steuerberater, Wirtschaftsprüfer oder Rechtsanwalt, DStR 1980, 519; *Birmanns,* Die Beschlagnahme von Buchführungsunterlagen bei dem Steuerberater, MDR 1981, 102 mit Erwiderung von *Höser,* MDR 1982, 535; *Gülzow,* Beschlagnahme von Unterlagen der Mandanten bei deren Rechtsanwälten, Wirtschaftsprüfern oder Steuerberatern, NJW 1981, 265; *Rengier,* Praktische Fragen bei Durchsuchungen, insbesondere in Wirtschaftsstrafsachen, NStZ 1981, 372; *Geerds,* Durchsuchungen von Personen, Räumen und Sachen, Dünnebier-FS. 1982 S. 171; *Stypmann,* Rechtliche und tatsächliche Probleme bei staatsanwaltschaftlichen Durchsuchungs- und Beschlagnahmehandlungen, wistra 1982, 11; *Weinmann,* Die Beschlagnahme von Geschäftsunterlagen des Beschuldigten bei Zeugnisverweigerungsberechtigten, Dünnebier-FS. 1982, 199; *Baur,* Mangelnde Bestimmtheit von Durchsuchungsbeschlüssen, wistra 1983, 99; *Koch,* Die Beschlagnahme von Geschäftsunterlagen im Wirtschaftsstrafverfahren und der Grundsatz der Verhältnismäßigkeit, wistra 1983, 63; *Rüping,* Durchsuchung, Zufallsfunde und Verwertungsverbote im Steuerstrafverfahren, Grundfragen, 1983, 267; *Amelung,* Grenzen der Beschlagnahme notarieller Unterlagen, DNotZ 1984, 195; *Käbisch,* Zum Vorgehen der Steuerfahndung gem. §§ 73 ff. StGB, § 111b StPO, wistra 1984, 10; *Kramer,* Die Beschlagnahmefähigkeit von Behördenakten im Strafprozeß, NJW 1984, 1502; *Mayer-Wegelin,* Der Rechtsschutz im Ermittlungsverfahren wegen Steuerhinterziehung, DStZ 1984, 244; *Sieg,* Aushändigung von Kopien beschlagnahmter Unterlagen, wistra 1984, 172; *Bauwens,* Beschlagnahme von Buchführungsunterlagen beim Steuerberater, wistra 1985, 179; *Klos,* Grenzen des Beschlagnahmeschutzes bei Angehörigen steuerberatender Berufe, Inf. 1985, 552; *Koch,* Die Beschlagnahme von Geschäftsunterlagen im Wirtschaftsstrafverfahren und der Grundsatz der Verhältnismäßigkeit, wistra 1985, 63; *Schäfer,* Die Beschlagnahme von Handelsbüchern beim Steuerberater, wistra 1985, 12; *Streck,* Das Beschlagnahmeprivileg für Steuerberater und Rechtsbeistände, Stbg 1985, 7; *Schäfer.,* Ordnungs- und Zwangsmittel statt Beschlagnahme, wistra 1985, 102; *Krey/Pföhler,* Zur Weisungsgebundenheit des Staatsanwalts, NStZ 1985, 145; *Göggerle,* Durchsuchungen und Beschlagnahme bei den Angehörigen der rechts- und steuerberatenden Berufe, BB 1986, 41; *Pestke,* Die Beschlagnahme von Buchhaltungsunterlagen beim Steuerberater, Stbg. 1986, 39; *Krekeler,* Zufallsfunde bei Berufsgeheimnisträgern und ihre Verwertbarkeit, NStZ 1987, 199; *Bauwens,* Schutz der Mandantenakten bei Durchsuchungen in der Kanzlei des Steuerberaters, wistra 1988, 100; *Gilgan,* Beschlagnahme von Mandantenunterlagen beim Steuerberater, Stbg. 1988, 167; *Quermann,* Durchsuchung und Beschlagnahme beim steuerlichen Berater, wistra 1988, 254; *Krekeler,* Durchsuchung und Beschlagnahme in Anwaltsbüros, Koch-FS 1989, 165; *R. Schmidt,* Die Ausnahme vom Beschlagnahmeverbot gem. § 97 II, 3, 1. Hs. StPO, 1989; *K. Volk,* Durchsuchung und Beschlagnahme von Geschäftsunterlagen beim Steuerberater, DStR 1989, 338; *Dahs,* Die Beschlagnahme von Verteidigungsmaterial und die Ausforschung der Verteidigung, Meyer-GedS 1990, 61; *Dörn,* Sicherstellung von Geld durch die Finanzbehörde im Steuerstrafverfahren, wistra 1990, 18; *Stahl,* Beschlagnahme der Anderkonten von Berufsgeheimnisträgern bei Kreditinstituten, wistra 1990, 94; *Anton,* Wohnungsdurchsuchungen im Rahmen von Überholungen, ZfZ 1991, 370; *R. Schmidt,* Die Beschlagnahme von (Geschäfts-)Unterlagen beim Zeugnisverweigerungsberechtigten, wistra 1991, 245; *Bandisch,* Formulare und Formeln in der Praxis der Durchsuchung, AnwBl 1992, 355; *Meier/Böhm,* Strafprozessuale Probleme der Computerkriminalität, wistra 1992, 166; *Krekeler,* Verwertungsverbot bei der Durchsuchung, AnwBl 1992, 356; *Müller,* Die Durchsuchungspraxis – Unterwanderung eines Grundrechts, AnwBl 1992, 349; *Schroth/Schneider,* Probleme der Sichtung von Datenträgern vor Ort, CR 1992, 173; *Sommermeyer,* Die materiellen und formellen Voraussetzungen der strafprozessualen Hausdurchsuchung, Jura 1992, 449; *Krekeler,* Beweisverwertungsverbote bei fehlerhaften Durchsuchungen, NStZ 1993, 263; *Schmidt,* Die strafprozessuale Verwertbarkeit von Tagebuchaufzeichnungen, Jura 1993, 591; *Schuhmann,* Durchsuchung und Beschlagnahme im Steuerstrafverfahren, wistra 1993, 93; *Bilsdorfer,* Steuerliche Ermittlungen bei Kreditinstituten, InfStW 1994, 545; *Carl/Klos,* Schwarzgeldtransfer nach Luxemburg – Zur Rechtmäßigkeit der Durchsuchung von Kreditinstituten durch die Steuerfahndung, wistra 1994, 211; *Leisner,* Ausforschungsdurchsuchung?, BB 1994, 1941; *Trzaskalik,* Die Strafrechtspflege und das Steuerrecht, DB 1994, 550; *Bär,* Durchsuchungen im EDV-Bereich, CR 1995, 158, 227; *ders.,* Polizeilicher Zugriff auf kriminelle Mailboxen, CR 1995, 489; *Leisner,* Ausforschungsbeschlagnahme?, BB 1995, 525; *Schuhmann,* Zur Beschlagnahme von Mandantenunterlagen bei den Angehörigen der rechts- und steuerberatenden Berufe, wistra 1995, 50; *Krekeler/Schütz,* Die Durchsuchung von beziehungsweise in Unternehmen, wistra 1995, 296; *Flore,* Risiken der Entdeckung der Steuerhinterziehung, StraFo 1996, 162; *Messner,* Durchsuchungen und Beschlagnahmen bei Kreditinstituten – Materiell-rechtliche Folgen und Handlungsmöglichkeiten für unmittelbar und mittelbar Betroffene, DB 1996, 2196; *Joecks,* Die Stellung der Kreditwirtschaft im Strafverfahren gegen Kunden, Beilage 1 zu WM IV 1998; *Salditt,* Ersuchen statt durchsuchen? Neues von der Suche nach Kapitalvermögen in Luxemburg und in der Schweiz, PStR 1998, 63; *K. Volk,* Der Tatbegriff und die Bestimmtheit von Durchsuchungsbeschlüssen im Steuerstrafrecht, wistra 1998, 281; *Burhoff,* Durchsuchung bei Banken und Strafbarkeit von Bankmitarbeitern, PStR 1999, 148; *Dörn,* Vernichtung beschlagnahmter Unterlagen bei fehlender Rückgabemöglichkeit?, wistra 1999, 175; *Kruis/Wehowsky,* Verfassungsgerichtliche Leitlinien zur Wohnungsdurchsuchung, NJW 1999, 682; *Rolletschke,* Die Hinzuziehung eines Betriebsprüfers bei einer

Durchsuchungsmaßnahme der Steuerfahndung, DStZ 1999, 444; *Cremers,* Nur Vernichtung oder auch Hinterlegung beschlagnahmter Beweisunterlagen bei fehlender Rückgabemöglichkeit?, wistra 2000, 130; *Flore/Schwedtmann,* Beschlagnahmefreiheit von E-Mails, PStR 2000, 87; *Kunz,* Durchsuchung und Beschlagnahme in Steuerstrafverfahren, StB 2000, 13; *Park,* Der Anwendungsbereich des § 110 StPO bei Durchsuchungen in Wirtschafts- und Steuerstrafsachen, wistra 2000, 453; *Spatscheck/Spatscheck,* Beschlagnahme und Auswertung von verschlüsselten Computerdaten, PStR 2000, 188; *Amelung,* Die Entscheidung des BVerfG zur „Gefahr im Verzug" i. S. des Art 13 II GG, NStZ 2001, 337; *Bittmann,* Gefahr im Verzug, wistra 2001, 451; *Burkhard,* Beschlagnahmeprivileg von Steuerberater-Handakten, Stbg 2001, 449; *Einmahl,* Gefahr im Verzug und Erreichbarkeit des Ermittlungsrichters, NJW 2001, 1393; *Amelung/Wirth,* Die Rechtsprechung des Bundesverfassungsgerichts seit 1990 zum Schutz der materiellen Grundrechte im Strafverfahren, StV 2002, 161; *Dörn,* Vorfeldermittlungen der Steuerfahndung gemäß § 208 Abs. 1 Nr. 3 AO während Durchsuchungsmaßnahmen bei Kreditinstituten, DStR 2002, 574; *Ransiek,* Durchsuchung, Beschlagnahme und Verwertungsverbot, StV 2002, 565; *Rüping,* Ermittlungen der Steuerfahndung und ihre Schranken, DStR 2002, 2020; *Schroer,* Beschlagnahme von Unterlagen des Steuerberaters, Information StW 2002, 757; *Beichel/Kieninger,* „Gefahr im Verzug" auf Grund Selbstausschaltung des erreichbaren, jedoch „unwilligen" Bereitschaftsrichters?, NStZ 2003, 10; *Hofmann,* Der „unwillige" Bereitschaftsrichter und Durchsuchungsanordnungen wegen Gefahr im Verzug, NStZ 2003, 230; *Höfling,* Fernmündliche Durchsuchungsanordnungen durch den Richter gem. § 102ff StPO, JR 2003, 408; *Krehl,* Richtervorgehalt und Durchsuchungen außerhalb gewöhnlicher Dienstzeiten, NStZ 2003, 461; *Kropp,* Der Durchsuchungs- und Beschlagnahmebeschluss, JA 2003, 688; *Oellerich,* Auskunftsersuchen, Beschlagnahme und Durchsuchung bei unbeteiligten Unternehmen zur Beweisgewinnung im Besteuerungs- und Steuerstrafverfahren, InfStW 2003, 63, 99; *S. Harms,* Kann ein richterlicher Durchsuchungsbeschluss auch mündlich erlassen werden?, DRiZ 2004, 25; *Mildeberger/Riveiro,* Zur Duchsicht von Papieren gemäß § 110 StPO, StraFo 2004, 43; *Schmechel,* Zufallsfunde bei Durchsuchungen im Steuerstrafverfahren, 2004; *Kutzner,* Die Beschlagnahme von Daten beim Berufsgeheimnisträger; NJW 2005, 2652; *Wulf,* Dinglicher Arrest: Tatbestandsvoraussetzungen und Verteidigungsmöglichkeiten, PStR 2006, 10; *Bittmann,* Grundrechtsschutz durch vermehrte Eingriffe und überbordende Bürokratie?, DRiZ 2007, 115; *Eich,* Durchsuchung und Beschlagnahme durch die Steuerfahndung, KÖSDI 2007, 15524; *Jahn,*Strafprozessuale Eingriffsmaßnahmen im Lichte der aktuellen Rechtsprechung des BVerfG, NStZ 2007, 255; *Kemper,* Die Voraussetzungen einer Wohnungsdurchsuchung in Steuerstrafsachen, wistra 2007, 249; *Rux,* Ausforschung privater Rechner durch die Polizei- und Sicherheitsbehörden, JZ 2007, 285; *Baldus,* Der Kernbereich privater Lebensgestaltung – absolut geschützt, aber abwägungsoffen, JZ 2008, 218; *Graulich,* Telekommunikationsgesetz und Vorratsdatenspeicherung, NVwZ 2008, 485; *Schlegel,* Online-Durchsuchung light – Die Änderung des § 110 StPO durch das Gesetz zur Neuregelung der Telekommunikationsüberwachung, HRRS 2008, 23. *Joecks,* Die Verwertung „illegal" beschaffter Daten, SAM 2011, 21, *Priebe,* Die Entbindung des Wirtschaftsprüfers und des Steuerberaters von der Schweigepflicht durch den Insolvenzverwalter, ZIP 2011, 312; *Bittmann,* Zur Befreiung eines für eine juristische Person tätigen Berufsgeheimnisträgers von der Schweigepflicht, wistra 2012, 173; *Peters/Klingberg,* Die Entbindung von der Schweigepflicht bei Wirtschaftsprüfern und gemischten Sozietäten durch juristische Personen, ZWH 2012, 11; *Höring,* Die Verwertung einer angekauften Steuerdaten-CD im strafrechtlichen Ermittlungsverfahren, DStZ 2015, 341.

Der FinB steht wie der StA das Recht zur **Anordnung und Durchführung von Durchsuchung und Beschlagnahme** bei Gefahr im Verzuge zu (§§ 94 ff. StPO). Gegenstände der Sicherstellung oder Beschlagnahme sind solche, die für das Verfahren als Beweismittel bedeutsam sein können (§ 94 I StPO) oder die dem Verfall oder der Einziehung unterliegen (§ 111b StPO). Der Zweck ist unterschiedlich; zum einen geht es um die Verhinderung eines Beweisverlustes, zum anderen um die Sicherung der staatlichen Ansprüche auf Verfall und Einziehung. 15

Die entsprechenden Bestimmungen waren seit ihrer Verkündung im Jahre 1877 im Wesentlichen unverändert geblieben. Weder das Grundgesetz noch die Entscheidung des BVerfG zur informationellen Selbstbestimmung (BVerfG 15.12.1983, BVerfGE 65, 1) hatten zu Änderungen geführt, mit denen man den Normen mehr Bestimmtheit vermittelt hätte. Während neue Eingriffsbestimmungen (vgl. §§ 100a, 100c StPO) regelmäßig Vorschriften über die Grenzen der Verwertung usw. enthalten, schwiegen sich die §§ 94 ff., 102 ff. StPO praktisch aus. Dass Beweismittel zum Teil nur noch als Daten existieren, hatte das Gesetz insoweit nicht zur Kenntnis genommen. Dass diese Rechtslage noch verfassungsgemäß war, ist zu bezweifeln (vgl. *Papier/Dengler* BB 1996, 2541, 2545 f.; *Papier* BB 1999, 2541, 2547; *Matzky* 1999, 207 ff.; vgl. auch Wabnitz/Janovsky/*Bär* Kap. 25 Rn. 5). Insbes. im Hinblick auf die Weitergabe personenbezogener Daten war die Rechtslage nicht mehr haltbar (vgl. auch BVerfG 3.3.2004, BVerfGE 110, 33). 16

Mittlerweile hat das BVerfG immerhin anerkannt, dass § 94 StPO die Sicherstellung und Beschlagnahme von Datenträgern und hierauf gespeicherten Daten als Beweisgegenstände 17 im Strafverfahren erlaubt (BVerfG 12.4.2005, BVerfGE 113, 29; BVerfG 2.3.2006, BVerfGE 115, 166). Überdies gestattet der durch das TKÜG eingefügte § 110 III StPO ausdrücklich den Zugriff auf die in einem Computernetzwerk vorhandenen Ressourcen (unten Rn. 67).

18 **a) Sicherstellung und Beschlagnahme von Beweismitteln. Sichergestellt** werden können Gegenstände, die als Beweismittel in Betracht kommen können (§ 94 I StPO). Daneben ist Sicherstellung zur Zurückgewinnungshilfe denkbar (Kohlmann/*Hilgers-Klautzsch* 256 zu § 385). Zu den Gegenständen gehören auch Grundstücke oder Grundstücksteile sowie Computer-Bänder und EDV-Anlagen (*Meyer-Goßner/Schmitt* StPO § 94 Rn. 4). *Sicherstellung* ist die Herstellung staatlicher Gewalt über den als Beweismittel in Betracht kommenden Gegenstand (LR-*Schäfer* 4 zu § 94 StPO). Sicherheit hinsichtlich der Beweisbedeutung ist nicht nötig (OLG München 5.2.1977, NJW 1978, 601). Eine Sicherstellung kann schon dann erfolgen, wenn hinsichtlich der Straftat ein bloßer Anfangsverdacht gegeben ist (*Meyer-Goßner/Schmitt* StPO § 94 Rn. 6 und LR-*Schäfer* 20 zu § 94 StPO; s. aber LG Köln 31.8.1982, StV 1983, 56; LG Köln 25.4.1983, StV 1983, 275; *Mayer-Wegelin* DStZ 1984, 244).

19 **Wird der Gegenstand nicht freiwillig herausgegeben** (*Misch* DB 1977, 1970), bedarf es der Beschlagnahme (§ 94 II StPO). *Beschlagnahme* ist die amtliche Verwahrung oder sonstige Sicherstellung eines Gegenstandes auf Grund ausdrücklicher Anordnung (Kohlmann/*Hilgers-Klautzsch* 268 zu § 385; LR-*Schäfer* 4 zu § 94 StPO). Anordnung und Vollstreckung können zusammentreffen. Regelmäßig erfolgt das dienstliche Inbeschlagnehmen durch Überführung in amtlichen Gewahrsam (*Meyer-Goßner/Schmitt* StPO § 94 Rn. 15).

20 **Eine Beschlagnahme erfolgt in der Regel auf Anordnung des Richters** (§ 98 I StPO), der ein Antrag der FinB zugrunde liegt (Rn. 10). Die Steuerfahndung darf einen Beschlagnahmebeschluss nicht beantragen (Rn. 10). Zuständig für die richterliche Anordnung der Beschlagnahme in Verfahren nach § 399 I AO ist der Ermittlungsrichter (§ 162 StPO). Jedoch kann die FinB – oder die Steuerfahndung, § 404 AO – bei Gefahr im Verzuge die Beschlagnahme selbstständig anordnen (§ 98 I 1 Hs. 2 StPO). Ggf. ist dann der Richter zu informieren (§ 98 II 1 StPO). Zu den inhaltlichen Anforderungen an einen Antrag vgl. LG Chemnitz 15.1.1999, wistra 1999, 154, zu denen eines Durchsuchungsbeschlusses vgl. Rn. 88.

21 **Gefahr ist im Verzuge,** wenn die richterliche Anordnung nicht eingeholt werden kann, ohne dass der Zweck der Maßnahme gefährdet wird (FT-*Webel* 23 zu § 399; KMR-*Müller* 4 und LR-*Schäfer* 35 zu § 98 StPO; RH-*Ladiges* 14 zu § 105 StPO). Ob bei Einholung der richterlichen Anordnung eine Gefährdung der Maßnahme entstehen würde, sollte nach bisherigem Verständnis der Beamte nach pflichtgemäßem Ermessen entscheiden (OLG Stuttgart 11.12.1968, NJW 1969, 760). Ein tatsächlicher oder rechtlicher Irrtum über das Vorliegen dieser Gefahr sollte die Anordnung noch nicht unwirksam machen (BGH 13.10.1963, JZ 1964, 72; siehe auch *Meyer-Goßner/Schmitt* StPO § 98 Rn. 7). Grenze sollte erst ein Ermessensmissbrauch iS eines willkürlichen Handels ohne sachliche oder aus sachfremden Erwägungen in bewusster Überschreitung gesetzlicher Schranken sein (OLG Stuttgart 11.12.1968, NJW 1969, 760; BGH 25.2.1985, NStZ 1985; 262; BVerfG 29.6.1976, BVerfGE 42, 237).

22 Auslegung und Anwendung des Begriffs „Gefahr im Verzug" unterliegen jedoch einer unbeschränkten gerichtlichen Kontrolle (BVerfG 20.2.2001, BVerfGE 103, 142). Nach Ansicht des BVerfG ist der Begriff in Art. 13 II GG eng auszulegen; die richterliche Anordnung einer Durchsuchung sei die Regel, die nichtrichterliche die Ausnahme. Sollte die Einschaltung eines Richters nicht möglich sein, müsse die „Gefahr im Verzuge" mit Tatsachen begründet werden, die auf den Einzelfall bezogen seien. Reine Spekulationen, hypothetische Erwägungen oder lediglich auf kriminalistische Alltagserfahrung gestützte, fallunabhängige Vermutungen reichten nicht aus. Die entsprechenden Erwägungen müssten dokumentiert werden. Eine wirksame gerichtliche Nachprüfung der Annahme von „Gefahr im Verzug" setze voraus, dass sowohl das Ergebnis als auch die Grundlagen der Entscheidung in unmittelbarem zeitlichen Zusammenhang mit der Durchsuchungsmaßnahme in den Ermittlungsakten dargelegt werden.

Vor diesem Hintergrund ist die Strafjustiz gehalten, „im Rahmen des Möglichen tatsächliche und rechtliche Vorkehrungen zu treffen, damit die in der Verfassung vorgesehene Regelzuständigkeit des Richters auch in der Masse der Alltagsfälle gewahrt bleibt." Der damit einzurichtende Bereitschaftsdienst ist zwar für die Justiz eine erhebliche Belastung, aber von Verfassungs wegen geboten. Da allerdings eingeteilte Familienrichter usw. nur begrenzt Zugang zu den zu beurteilenden Rechtsfragen haben, ist die Wirkung des Richtervorbehalts begrenzt. 23

Ob Gefahr im Verzug bereits deshalb vorliegt, weil der Richter „unwillig" ist (so *Hofmann* NStZ 2003, 230, dagegen *Beichel/Kieninger* NStZ 2003, 10), oder weil die Zeit fehlt, einen *schriftlichen* Durchsuchungsbeschluss zu erwirken (so *S. Harms* DRiZ 2004, 25), ist zweifelhaft. „Unwillig" in diesem Sinne ist ein Richter, der sich etwa zur Abend- oder Nachtzeit weigert, sich mit einem Durchsuchungsantrag der FinB zu befassen, weil er ohne Akten und Schreibkraft keinen Durchsuchungsbeschluss erlassen könne (vgl. *Hofmann* NStZ 2003, 230), also nicht schon dann, wenn er anderer Meinung ist als der Antragsteller. Für die Behandlung dieser Fälle ist zunächst einmal von Bedeutung, ob auch mündliche richterliche Durchsuchungsbeschlüsse statthaft sind (Rn. 34). Sofern man diese Frage bejaht und der Richter sich dennoch weigert, ist offenbar kein Richter erreichbar (ähnl. FT-*Webel* 23 zu § 399). Vor diesem Hintergrund verbleibt es aber bei der Verpflichtung der StraBu-Stelle bzw. der Staatsanwaltschaft, unverzüglich alle Maßnahmen zu ergreifen, die zur Aufklärung einer Straftat erforderlich sind (vgl. § 152 II StPO). Insofern gibt es keinen Unterschied zwischen dem „unwilligen" Richter und dem, der aus Sicherheitsgründen den Hörer neben das Telefon legt, um schon nicht erreicht werden zu können. Die Gefahr kann aber nicht schon deshalb im Verzuge sein, weil der Richter „unwillig" ist. Diese Gefahr muss unabhängig davon gegeben sein. 24

Wird von der StA willkürlich eine Gefahr im Verzug bejaht, kann dies zu einem Verwertungsverbot führen (vgl. *Roxin* NStZ 2007, 616; BGH 18.4.2007, BGHSt 51, 285). Vorausgesetzt ist eine bewusste Missachtung oder gleichgewichtige grobe Verkennung der Voraussetzungen des für Wohnungsdurchsuchungen bestehenden Richtervorbehalts. 25

Die Durchsicht von Papieren steht der FinB gemäß § 110 StPO auch ohne Zustimmung des Berechtigten zu. Nach § 404 S. 2 AO haben auch die Beamten der Steuerfahndung – abw. von § 110 II StPO – dieses Recht. Zur Durchsicht bei EDV-Anlagen s. Rn. 62 ff. 26

b) Durchsuchung nach Beweismitteln. Zum Zwecke des Auffindens beschlagnahmefähiger Beweismittel dürfen beim Verdächtigen und – in engeren Grenzen – bei Dritten Durchsuchungen durchgeführt werden. Voraussetzung ist der Verdacht einer (Steuer-)Straftat. § 152 II StPO verpflichtet die Staatsanwaltschaft, *„wegen aller verfolgbaren Straftaten einzuschreiten, sofern zureichende tatsächliche Anhaltspunkte vorliegen"*. Für ein Einschreiten sollen zureichende tatsächliche Anhaltspunkte vorliegen, wenn ein gewisser Anfangsverdacht gegeben ist (KK-StPO/*Diemer* StPO § 152 Rn. 7; BVerfG 18.1.1994, NJW 1994, 783, 784). Dabei genügt die Möglichkeit, dass – nach kriminalistischer Erfahrung – eine verfolgbare Straftat vorliegt. Der Staatsanwaltschaft soll dabei ein Beurteilungsspielraum zustehen (KK-StPO/*Diemer* StPO § 152 Rn. 7; BGH v. 21.4.1988, NStZ 1988, 510, 511). Nach der gegenwärtigen Rechtslage ist es dieser Verdacht, der einerseits die Ermittlungspflicht auslöst, andererseits zugleich zu massiven Eingriffen in Grundrechte ermächtigt (*Joecks* WM 1998, Beil. 1, 5, 18). Wie fließend die Grenzen zwischen „Vermutung" und „Verdacht" sind, zeigt eindrucksvoll die Judikatur zur Frage, inwiefern sich aus dem Erwerb bzw. Besitz von Tafelpapieren der Anfangsverdacht einer Steuerhinterziehung ableiten lässt (vgl. Rn. 141 ff. zu § 404). 27

Bei einem Verdächtigen darf eine Durchsuchung seiner Person, seiner Wohn- und Geschäftsräume und seiner Sachen sowohl zum Zwecke der Ergreifung als auch des Auffindens von Beweismitteln durchgeführt werden (§ 102 StPO). Die Ermittlungsdurchsuchung muss aufgrund von Schlussfolgerungen aus den Umständen des konkreten Falles 28 oder kriminalistischen Erfahrungen nötig erscheinen; ein gefühlsmäßig bestimmtes Vorgehen wäre nicht zulässig (*Meyer-Goßner/Schmitt* StPO § 102 Rn. 2 und KK-StPO/*Bruns* StPO § 102 Rn. 3). Das BVerfG (v. 3.7.2006, wistra 2006, 377 m. Anm. *Wiese* wistra 2006, 417 und *Kemper* wistra 2007, 249) hatte insbes. für die Wohnungsdurchsuchung angemahnt, dass Verdachtsgründe vorhanden sein müssen, die über vage Anhaltspunkte und bloße Vermutungen hinausreichen. Dabei ist auch zu beachten, dass für bestimmte Berufsgruppen an den subjektiven Tatbestand erhöhte Anforderungen zu stellen sind. Wird etwa ein Steuerberater der Beihilfe zur Steuerhinterziehung verdächtigt, sind die subjektiven Voraussetzungen erst erfüllt, wenn er um die Unrichtigkeit der Vorgaben des Mandanten weiß oder deren Unrichtigkeit für möglich hält und sich dabei die Förderung eines erkennbar *tatgeneigten* Täters angelegen sein ließ (§ 370 Rn. 515, 518; s. auch Rn. 72 und BVerfG 5.5.2008, wistra 2008, 301).

29 **Verdächtig ist eine Person,** wenn der Schluss auf die Begehung einer Straftat gerechtfertigt ist und Anhaltspunkte vorliegen, die eine Strafbarkeit des Betroffenen als möglich erscheinen lassen (*Meyer-Goßner/Schmitt* StPO § 163b Rn. 4). Hieran fehlt es bei Kindern oder bei nicht behebbaren Verfahrenshindernissen (LR-*Schäfer* 8 zu § 102 StPO; s. auch Rn. 72 ff. zu § 397).

30 **Bei einem unverdächtigen Dritten** ist eine Durchsuchung nur zulässig, wenn das Auffinden von Beweismitteln nicht nur zu vermuten ist, sondern aufgrund *bestimmter bewiesener Tatsachen* die Annahme gerechtfertigt ist, dass eine Durchsuchung zum Auffinden *bestimmter Spuren oder Beweismittel* führen wird (§ 103 StPO; OLG Düsseldorf 26.2.2008, wistra 2008, 318). Eine Durchsuchung bei Dritten ist nur möglich, wenn das konkrete Beweismittel (LR-*Schäfer* 10 zu § 103 StPO), das gesucht werden soll, auch der Beschlagnahme unterliegt und nicht nach § 97 StPO beschlagnahmefrei ist (Kohlmann/*Hilgers-Klautzsch* 211 zu § 385; LR-*Schäfer* 12 zu § 103 StPO; Rn. 45 ff.). Erleichtert ist die Durchsuchung von Räumen, die der Beschuldigte während seiner Verfolgung betreten hat (§ 103 II StPO).

31 Abgrenzungsprobleme gibt es hier namentlich bei **Durchsuchungen in Unternehmen** (vgl. *Krekeler/Schütz* wistra 1995, 296; *Leisner* BB 1984, 1941). Besteht ein Tatverdacht nur gegen einen einzelnen Mitarbeiter des Unternehmens, kann auf § 102 StPO nur die Durchsuchung solcher Räumlichkeiten gestützt werden, an denen dieser Beschuldigte Gewahrsam hat (*Krekeler/Schütz* wistra 1995, 297; Klein/*Jäger* AO § 399 Rn. 61; *Dibbert* 1999, 23, 122 ff.; aM *Warda* 1986, 262 ff.). Alle anderen Räumlichkeiten könnten nur iSd § 103 StPO durchsucht werden. Die Praxis versucht sich damit zu behelfen, dass sie im Regelfall bei einem konkreten Tatverdacht gegen einen einzelnen Mitarbeiter zugleich davon ausgeht, die Organe des Unternehmens hätten von diesem strafbaren Verhalten Kenntnis und seien insofern an der Tat beteiligt (vgl. auch BGH 22.8.1996, wistra 1997, 107). Demnach stützt man ggf. die Durchsuchung auch anderer Unternehmensteile, an denen der einzelne Mitarbeiter unstreitig keinen Gewahrsam hat, auf § 102 StPO (vgl. *Leisner* BB 1994, 1941). In diesen Fällen liegen jedoch oftmals Ermittlungen „ins Blaue" vor, die rechtlich unzulässig sind. Denkbar erscheint allein, dass bei der Durchsuchung des konkret verdächtigen Mitarbeiters gem. § 102 StPO Anhaltspunkte dafür gefunden werden, dass Vorgesetzte die Straftat mitgetragen hatten. Insofern wird sich die Möglichkeit der Durchsuchung nach § 102 StPO in mehreren Teilen ergeben, wenn die vorhergehende Durchsuchung Anhaltspunkte für die Verantwortlichkeit weiterer Mitarbeiter bzw. Organe ergeben hat (*Joecks* 1998, 122). Jedenfalls gibt es keinen Erfahrungssatz des Inhalts, dass ein einzelner Mitarbeiter Straftaten zugunsten des Unternehmens oder von Kunden nur mit Kenntnis oder gar Billigung seiner Vorgesetzten begeht.

32 **Die Durchsuchung öffentlicher Gebäude** ist, wie sich aus § 105 III 3 StPO ergibt, im Grundsatz zulässig, jedoch darf die Durchsuchung nicht auf das Auffinden solcher Gegenstände gerichtet sein, die beschlagnahmefrei sind.

33 **Ein Anwesenheitsrecht** hat der Beschuldigte nicht, als Inhaber der Räumlichkeiten wohnt er der Durchsuchung aber oftmals bei (*Rengier* NStZ 1981, 375). Das Recht, seinen Verteidiger (telefonisch) von der Ermittlungshandlung zu unterrichten, darf ihm nur be-

schnitten werden, soweit der Verteidiger der Beteiligung an der Straftat verdächtig ist (s. Rn. 51 und § 138a StPO) oder *konkrete* Anhaltspunkte bestehen, dass die Benachrichtigung zu einer Störung der Durchsuchung führen würde. Nur unter diesen Voraussetzungen kann dem Verteidiger die Anwesenheit in den Räumlichkeiten des Beschuldigten während der Durchsuchung verwehrt werden (ähnl. *Rengier* NStZ 1981, 375).

Durchsuchungen dürfen nur **durch den Richter,** bei Gefahr im Verzug (Rn. 21) durch die FinB oder die Steuerfahndung, angeordnet werden (§ 105 I StPO). Dabei ist gleichgültig, ob beim Beschuldigten oder bei einem unverdächtigen Dritten durchsucht werden soll. Umstritten ist allerdings, ob ein richterlicher Durchsuchungsbeschluss **auch mündlich** erlassen werden kann (vgl. RK-*Kemper* 50 zu § 399; dagegen *S. Harms* DRiZ 2004, 25; dafür *Einmahl* NJW 2001, 1393; *Beichel/Kieninger* NStZ 2003, 10; *Hofmann* NStZ 2003, 231). Tatsächlich ist auch ein mündlicher Beschluss zulässig. Entgegen der Annahme von *S. Harms* (DRiZ 2004, 25) ist er auch nicht ohne Sinn. Zwar fehlt ohne schriftliche Durchsuchungsanordnung eine für den Betroffenen bedeutsame Informationsgrundlage, die auch für die Unterbrechung der Verfolgungsverjährung und die Sperrwirkung bei der Selbstanzeige bedeutsam sein mag. Entscheidend für die Beteiligung des Richters ist aber, dass sonst jede präventive Kontrolle durch eine unabhängige und neutrale Instanz wegfällt (vgl. BVerfG 20.2.2001, BVerfGE 103, 142, 151; RH-*Ladiges* 6 zu § 105 StPO).Während im Fall der richterlichen Anordnung einer Durchsuchung idR zunächst die Steufa, die die Durchführung der Durchsuchung bei der StraBu anregt, dann die StraBu, die nach § 162 Abs. 1 Satz 1 StPO ihre Anordnung beim Amtsgericht beantragt, und schließlich der Ermittlungsrichter prüft, ob die Voraussetzungen für die Maßnahme vorliegen, beschränkt sich die Kontrolle bei der Annahme von Gefahr im Verzug auf eine Prüfung durch die Steufa, allenfalls zusätzlich durch die StraBu. Von diesen Institutionen kann aber – im Hinblick auf ihre Aufgabe, beim Verdacht von Straftaten den Sachverhalt zu erforschen (§§ 160 Abs. 1, 2, 163 Abs. 1 StPO) – nicht, wie vom Richter, strikte Neutralität erwartet werden. Dass eine mündliche Anordnung zulässig ist, wird im Übrigen auch vom BVerfG anerkannt (BVerfG 5.8.1966, BVerfGE 20, 162, 227; BVerfG 20.2.2001, BVerfGE 103, 142, 154 = NJW 2001, 1122 f.). **34**

In der Regel werden im Steuerstrafverfahren Durchsuchungen ohnehin durch den Richter angeordnet, ohne dass diese immer *sofort* oder wenigstens *unverzüglich* durchgeführt werden. Die Wirksamkeit des Durchsuchungsbeschlusses wird von einem **Abwarten der FinB** im Grundsatz nicht beeinträchtigt, soweit sich der dem Beschluss zugrundeliegende Sachverhalt nicht ändert (ähnl. *Streck* StV 1984, 350). Freilich hat der 2. Senat des BVerfG (Beschl. v. 27.5.1997, wistra 1997, 223 ff.) entschieden, dass eine richterliche Durchsuchungsanordnung nach 6 Monaten außer Kraft tritt, wenn sie nicht nochmals richterlich bestätigt worden ist (ebenso Schwarz/Pahlke/*Rottpeter* 24 zu § 404 AO; *Joecks* 1998, 128; vgl. auch *Cassardt* NJW 1996, 554; *Dauster* StraFo 1998, 408). Zum notwendigen Inhalt von Durchsuchungsbeschlüssen s. Rn. 88. **35**

Ein schriftlicher Durchsuchungsbeschluss ist dem Betroffenen nach § 35 StPO grundsätzlich durch **Aushändigung einer Ausfertigung** mit vollständiger Begründung bekanntzumachen (BGH 7.11.2002, wistra 2003, 69; RH-*Ladiges* 6 zu § 105 StPO). In Ausnahmefällen darf zur Vermeidung der Gefährdung des Untersuchungszwecks die Bekanntmachung der Gründe zurückgestellt werden. In diesen Fällen muss der Betroffene allerdings aus Gründen eines effektiven Rechtsschutzes darauf hingewiesen werden, dass die Gründe (vollständig bzw. teilweise) weggelassen wurden (BGH 7.11.2002, wistra 2003). **36**

Ob **Dauerdurchsuchungsbeschlüsse** zulässig sind, ist zweifelhaft (vgl. LG Hamburg 5.5.2003 m. Anm. *Webel* wistra 2004, 36). Will die Strafsachenstelle zur Aufklärung zurückliegender Straftaten im gewerblichen Bereich eine Durchsuchung durchführen mit dem Ziel, die aktuellen Kassenbestände bzw. Umsätze der Gegenwart zu ermitteln, ist dies grundsätzlich zulässig, weil aus der Relation zwischen Wareneinsatz und Umsatz der Gegenwart auch Schlüsse für vergangene Zeiträume möglich sind (*Webel* wistra 2004, 37). **37**

Die von einigen Landgerichten für zulässig erachtete Anordnung einer Dauerdurchsuchungsmaßnahme (vgl. die Nachweise bei *Webel* wistra 2004, 36) ist aber in der StPO nicht vorgesehen und entspricht auch nicht den verfassungsrechtlichen Vorgaben. Der Eingriff in das Grundrecht aus Art. 13 GG ist so intensiv, dass es nicht gerechtfertigt ist, der Strafverfolgungsbehörde im vorhinein eine Wiederholung von Maßnahmen zu gestatten, ohne jeweils richterlich zu überprüfen, ob solche Maßnahmen überhaupt noch nötig sind.

38 **Die Nachschau** (§ 210 AO, § 48 BranntwMonG) ist neben der Durchsuchung denkbar, da sie zur *Steueraufsicht* gehört. Gegen den Beschuldigten dürfen jedoch Zwangsmittel zur Durchführung der Nachschau nicht eingesetzt werden (§ 393 I 2 AO; Rn. 18, 24 zu § 393).

39 **c) Herausgabepflichten.** Nach § 95 StPO sind Gegenstände, die als Beweismittel von Bedeutung sein können, auf Anforderung herauszugeben. Bedeutsamster Fall ist die Herausgabe von Geschäftsunterlagen, etwa durch Banken (*Irmer* Inf 1970, 35). Das Bankgeheimnis steht einer solchen Herausgabepflicht nicht entgegen (LG Bremen 13.1.1978, NJW 1978, 958; *Meyer-Goßner/Schmitt* StPO § 94 Rn. 20; Rn. 79). Bei einer Weigerung können Ordnungs- und Zwangsmittel festgesetzt werden (§ 95 II StPO). Das Herausgabeverlangen kann mit einem Durchsuchungs- und Beschlagnahmebeschluss verbunden sein (LG München I 15.3.1968, DStZ/B 264).

40 **Herausgabepflichtig** ist der Gewahrsamsinhaber (LR-*Schäfer* 7 zu § 95 StPO). Da § 95 StPO an die Zeugenpflicht anknüpft, ist der Beschuldigte auch dann nicht zur Herausgabe verpflichtet, wenn er den Alleingewahrsam an dem Gegenstand hat (vgl. LR-*Schäfer* 14 zu § 95 StPO; Kohlmann/*Hilgers-Klautzsch* 265 zu § 385). Soweit ein Gegenstand nach § 97 StPO beschlagnahmefrei ist (Rn. 45 ff.), kann die Herausgabe nicht erzwungen werden (KMR-*Müller* 4 und LR-*Schäfer* 15 zu § 95 StPO).

41 **Das Herausgabeverlangen** kann jedenfalls stellen, wer im konkreten Fall auch zur Anordnung der Beschlagnahme befugt ist (LR-*Schäfer* 20 zu § 95 StPO; *Schäfer* wistra 1983, 102). Bei Gefahr im Verzuge sind dies neben dem Richter auch die StA, die FinB und die Steuerfahndung (§ 98 I iVm § 95 StPO). Ist keine Gefahr im Verzuge, wird teilweise der StA/FinB das Recht auf ein Herausgabeverlangen abgesprochen (LG Düsseldorf 8.1.1993, wistra 199; LG Bonn 11.1.1982, NStZ 1983, 326 m. abl. Anm. *Kurth* aaO und abl. Anm. *Schäfer* wistra 1983, 102; *Reiß* StV 1988, 35; *Braczyk* wistra 1993, 57; Kohlmann/*Hilgers-Klautzsch* 264 zu § 385 mwN).

42 § 95 StPO knüpft, wie dessen Absatz 2 zeigt, an die Zeugenpflicht an (KK-StPO/*Greven* StPO § 95 Rn. 2). Dieser steht die Herausgabepflicht, die ebenfalls eine aktive Mitwirkung fordert, näher als der Durchsuchung und Beschlagnahme nach §§ 94, 98 StPO. Zeugen müssen jedoch nach § 161a I StPO vor der StA/FinB erscheinen und aussagen. Dies spricht dafür, der StA/FinB das Recht nach § 95 StPO zuzugestehen. Eine Verschlechterung der Position des Betroffenen ist damit nicht verbunden, da eine richterliche Überprüfung des Herausgabeverlangens stattfindet, bevor mit einem Zwangsgeld in seine Rechte eingegriffen wird. Eine prozessuale Überholung ist – anders als bei Durchsuchung und Beschlagnahme – nicht denkbar (*Kurth* NStZ 1983, 327). Die FinB kann daher das Herausgabeverlangen nach § 95 StPO wirksam stellen (Göhler/*Seitz* OWiG vor § 59 Rn. 77; *Meyer-Goßner/Schmitt* StPO § 95 Rn. 2, *Rudolphi* 7 zu § 95 StPO; *Kurth* aaO S. 328; *Schäfer* wistra 1983, 102; *Bittmann* wistra 1990, 327; *Klinger* wistra 1991, 17).

43 **Wird zu Unrecht ein Zwangsmittel gegen eine Person eingesetzt,** die das Recht zur Zeugnisverweigerung (§§ 52 ff. StPO) hat, dann darf das nach § 97 StPO nicht der Beschlagnahme unterliegende Beweismittel nicht verwertet werden (einhM, vgl. LR-*Schäfer* 34 zu § 95 StPO, KK-StPO/*Greven* StPO § 95 Rn. 7 und *Meyer-Goßner/Schmitt* StPO § 95 Rn. 11; KMR-*Müller* 22 vor § 94 StPO; s. auch Rn. 57 ff. zu § 393 und jetzt § 160a I 2 StPO).

44 **d) Grenzen der Beschlagnahme.** In einigen Fällen unterliegen Durchsuchung und Beschlagnahme engeren Grenzen. Dies gilt insbesondere für beschlagnahmefreie Gegenstände iS des § 97 StPO.

aa) Beschlagnahmefreie Gegenstände. Nach § 97 StPO unterliegen bestimmte Gegenstände nicht der Beschlagnahme. Das Beschlagnahmeverbot knüpft dabei an die Zeugnisverweigerungsrechte nach den §§ 52, 53 StPO an. Gegenstand des Beschlagnahmeverbots sind der Schriftverkehr zwischen dem Beschuldigten und den nach §§ 52, 53 StPO Zeugnisverweigerungsberechtigten sowie Aufzeichnungen oder Erkenntnisse der in § 53 StPO genannten Personen. Der Begriff „Beschuldigter" ist dabei weit iSv „Verdächtiger" zu verstehen (*Görtz-Leible* 2000, 224). 45

Neben dem Beschuldigten müssen von etwaigen Beschlagnahmemaßnahmen solche Personen betroffen sein, denen Zeugnisverweigerungsrechte zustehen (vgl. *Görtz-Leible* 2000, 140 ff.). In Betracht kommt zunächst das Zeugnisverweigerungsrecht des Angehörigen nach § 52 StPO. Bedeutsamer sind im Steuerstrafverfahren die Zeugnisverweigerungsrechte bestimmter Berufsgruppen nach § 53 I Nr. 1–3a StPO. Hierzu gehören namentlich der Verteidiger des Beschuldigten (Rn. 69 zu § 392; vgl. auch LG Frankfurt 17.12.1992, StV 1993, 351; Schwarz/*Rottpeter* 29 zu § 404), Rechtsanwälte, Notare (*Amelung* DNotZ 1984, 195), Wirtschaftsprüfer, vereidigte Buchprüfer, Steuerberater und Steuerbevollmächtigte (§ 53 I Nr. 2, 3 StPO). 46

Beschlagnahmefrei sind schriftliche Mitteilungen zwischen den Beschuldigten und den in Rn. 46 genannten Personen. Zu den schriftlichen Mitteilungen gehören namentlich Briefe, und zwar nicht nur die Originale, sondern auch Fotokopien (*Meyer-Goßner/Schmitt* StPO § 97 Rn. 28), Durchschriften und Abschriften. Weiterhin sind beschlagnahmefrei die Aufzeichnungen der in § 53 I Nr. 1–3a StPO Genannten, insbes. des Verteidigers oder des Steuerberaters, soweit sich diese Aufzeichnungen auf vom Beschuldigten anvertraute Mitteilungen beziehen oder aber auf Umstände, auf die sich ihr Zeugnisverweigerungsrecht erstreckt (§ 97 I Nr. 2 StPO). Gemeint sind solche Vermerke usw., die sich auf Umstände beziehen, die dem Berufsträger entweder anvertraut worden oder auch nur zufällig im Rahmen seiner Berufstätigkeit bekannt geworden sind (*Meyer-Goßner/Schmitt* StPO § 53 Rn. 7). Hieran fehlt es etwa bei Kenntnissen, die der Rechtsanwalt oder Steuerberater in seiner Eigenschaft als Aufsichtsratsmitglied einer Firma erlangt (OLG Celle 13.12.1982, NdsRpfl 1983, 124). 47

Weiterhin sind beschlagnahmefrei *„andere Gegenstände"*, auf die sich das **Zeugnisverweigerungsrecht** iS des § 53 StPO erstreckt (§ 97 I Nr. 3 StPO; s. Rn. 49 ff.). Gemeint sind nicht nur solche Gegenstände, die erst im Rahmen des Vertrauensverhältnisses entstanden sind, sondern auch solche, die der Mandant dem Zeugnisverweigerungsberechtigten übergeben hat (Klein/*Jäger* AO § 399 Rn. 53; *Meyer-Goßner/Schmitt* StPO § 53 Rn. 8; KK-StPO/*Greven* StPO § 97 Rn. 16; *Schreiber* 1993, 53; vgl. auch LG Fulda v. 12.10.1999, wistra 2000, 155). Etwas anderes gilt nur dann, wenn die Unterlagen dem Berufsgeheimnisträger nicht im Rahmen eines Beratungsverhältnisses übergeben wurden, sondern praktisch zur „Aufbewahrung" (Klein/*Jäger* AO § 399 Rn. 53; KK-StPO/*Greven* StPO § 97 Rn. 20). Entscheidend ist also der Sinn der Informations*übermittlung* (*Görtz-Leible* 2000, 247). 48

Nur Gegenstände im Gewahrsam des Zeugnisverweigerungsberechtigten unterliegen nicht der Beschlagnahme (§ 97 II StPO). Ein Alleingewahrsam des Zeugnisverweigerungsberechtigten ist nicht nötig (*Höser* MDR 1982, 535; *Meyer-Goßner/Schmitt* StPO § 97 Rn. 12; LR-*Schäfer* 278 zu § 97 StPO). Bei einem Gewahrsam oder Mitgewahrsam des Beschuldigten gilt § 97 I StPO nicht (*Höser* MDR 1982, 535; KMR-*Hadamitzky* 4 zu § 97 StPO; *Meyer-Goßner/Schmitt* StPO § 97 Rn. 12), selbst dann nicht, wenn sich eine Fotokopie oder gar das Original der entsprechenden Mitteilung usw. im Alleingewahrsam des Verteidigers oder Steuerberaters befindet. Anderes gilt nur für Verteidigerpost; sie darf auch bei dem Beschuldigten nicht beschlagnahmt werden (BGH 24.3.1982, NJW 1982, 2508; KMR-*Hadamitzky* 31 zu § 97 StPO; KK-StPO/*Greven* StPO § 99 Rn. 12; Kohlmann/*Hilgers-Klautzsch* 295 zu § 385; vgl. auch AG Hanau 24.2.1989, NJW 1989, 1493). Endet der Gewahrsam des Zeugnisverweigerungsberechtigten, besteht das Beschlagnahmeverbot nicht mehr. Dies soll auch bei unfreiwilligem 49

Verlust des Gewahrsams gelten (*Meyer-Goßner/Schmitt* StPO § 97 Rn. 13 mwN; aM *Beulke* 210). Es ist aber wenig überzeugend, dass ein gestohlenes Schriftstück, das beim Dieb beschlagnahmt wird, verwertbar ist, während es bei einer Aufbewahrung bei dem Opfer – dem Rechtsanwalt – beschlagnahmefrei war.

50 Werden bei einer Durchsuchung Unterlagen sichergestellt, bei denen streitig ist, ob sie nach § 97 StPO beschlagnahmefrei sind, soll der Betroffene während der Durchsuchung keinen Anspruch auf Durchsicht der Papiere durch den Ermittlungsrichter haben (LG Oldenburg 7.2.2002, PStR 2002, 95). Andererseits ist es ein *nobile officium* der durchsuchenden Beamten, bei fundierten Einwänden gegen die Beschlagnahmefähigkeit etwa von anwaltlichen Unterlagen diese zu versiegeln und den Richter entscheiden zu lassen, bevor eine entsprechende Durchsicht erfolgt, wenn nicht ausnahmsweise wegen Gefahr im Verzuge eine unverzügliche Auswertung geboten scheint.

51 **Trotz des Gewahrsams** ist eine Beschlagnahme möglich, wenn der Berufsträger der Teilnahme oder der Begünstigung, Strafvereitelung oder Hehlerei verdächtig ist oder wenn es sich um Gegenstände handelt, die durch eine Straftat hervorgebracht sind oder um solche, die zur Begehung einer Straftat gebraucht oder bestimmt sind oder die aus einer Straftat herrühren (§ 97 II StPO). Dass eine Strafvereitelung des Berufsträgers die Rechte des Angeklagten berühren soll, ist angesichts der Schutzrichtung des § 97 II StPO nicht ohne weiteres nachvollziehbar. Zu rechtfertigen ist dies nur, wenn der Angeklagte dahingehend mit dem Berufsträger (kollusiv) zusammenwirkt. Überdies ist der Grundsatz der Verhältnismäßigkeit von erheblicher Bedeutung (BVerfG 5.5.2008, wistra 2008, 301; siehe auch § 160a II 1 StPO).

52 Angesichts der Beeinträchtigung der Rechte des Beschuldigten durch Durchsuchungen bei seinem Verteidiger oder Steuerberater (vgl. auch *Schreiber* 1993, 50) sind zudem an die Voraussetzungen des Verdachts der Teilnahme äußerst strenge Maßstäbe anzulegen (vgl. § 160a I StPO; *Krekeler* NJW 1977, 1426). Es erscheint erforderlich, hier – wie bei § 103 StPO – einen Teilnahmeverdacht aufgrund *bestimmter Tatsachen* vorauszusetzen (*Krekeler* NJW 1977, 1426; ähnl. Kohlmann/*Hilgers-Klautzsch* 294 zu § 385; *Meyer-Goßner/Schmitt* StPO § 97 Rn. 20; *Schreiber* 1993, 161 ff.; jetzt auch § 160a IV 1 StPO; aM *Görtz-Leible* 2000, 283 ff.). Der Verdacht einer Strafvereitelung soll freilich nach der Rspr selbst dann genügen, wenn wahrscheinlich die Voraussetzungen der Straflosigkeit nach § 258 V, VI StGB vorliegen (BGH 28.3.1968, BGHSt 25, 168). Diese Judikate sind durch die Rechtsprechung namentlich des Bundesverfassungsgerichts, aber auch durch die in § 160a StPO zum Ausdruck kommende gesetzgeberische Wertung überholt. Zum einen ist sowohl das Ausmaß der Beeinträchtigung der beruflichen Tätigkeit als auch der Schutz der Vertrauensbeziehung (vgl. BVerfG 12.4.2005, BVerfGE 113, 29, 48 ff.) bei der Angemessenheitsprüfung zu berücksichtigen (vgl. BVerfG NJW 2009, 2518; NJW 2008, 1937; GJW/*Lipsky* AO § 399 Rn. 24). Zum anderen hat das Bundesverfassungsgericht im Zusammenhang mit der Strafbarkeit von Strafverteidigern wegen Geldwäsche klargestellt, dass gesteigerte Anforderungen an die subjektive Tatseite auch schon im Zusammenhang mit dem Anfangsverdacht und prozessualen Maßnahmen zu berücksichtigen sind (BVerfG 30.3.2004, BVerfGE 110, 226 zu BGH 4.7.2001, BGHSt 47, 68, 71 ff.). Ergibt sich der Verdacht aus der Einlassung des (mitbeschuldigten) Mandanten, wird dies regelmäßig nicht genügen; dem Mandanten steht es frei, über eine Entbindung von der Verschwiegenheitspflicht (Rn. 53) den Zugriff auf die Unterlagen zu ermöglichen.

53 **Das Verbot des § 97 StPO ist hinfällig,** wenn der Gewahrsamsinhaber die Gegenstände freiwillig herausgibt oder nicht mehr zur Verweigerung des Zeugnisses berechtigt ist (KMR-*Hadamitzky* 12 zu § 97 StPO). Dies ist dann der Fall, wenn er von der Verpflichtung durch den Berechtigten entbunden worden ist. Eine Ausnahme besteht nur für Geistliche (§ 53 II StPO). Die Entbindung muss durch denjenigen erfolgen, zu dessen Gunsten die Schweigepflicht gesetzlich begründet ist. Dies ist bei einer GmbH der Geschäftsführer. Der Insolvenzverwalter allein kann nach überwiegender Auffassung auch dann nicht entbinden, wenn Straftaten zum Nachteil der Gesellschaft von deren Geschäftsführern begangen worden sind (OLG Schleswig 27.5.1980, NJW 1981, 294; LG Saarbrücken 26.5.1995, wistra 1995, 239 m. Anm. *Weyand* wistra 1995, 240; *Gülzow* NJW 1981, 265; krit. *Haas* wistra 1983, 183). Demgegenüber will das OLG Nürnberg (18.6.2009, NJW 2010, 690) differenzieren. Der Insolvenzverwalter könne den Wirtschaftsprüfer wirksam von seiner Schweigepflicht entbinden, die gegenüber diesem Unternehmen bestünde. Lediglich vertrauliche Informationen, die ihm zur Erfüllung seiner Aufgaben von dem mit ihm in Vertragsbeziehung stehenden Unternehmen bekannt geworden sind, seien von der Verschwiegenheitspflicht erfasst. Dementsprechend unterliegen schriftliche Unterlagen des Wirtschaftsprüfers dann nicht mehr einem Beschlagnahmeverbot (dazu *Dierlamm* StV 2011, 144; *Priebe* ZIP 2011, 312). Die Frage ist nur, wie man dann vertrauliche von nicht vertraulichen Informationen trennen will.

Die **Beschlagnahmefähigkeit von Buchführungsunterlagen** ist umstritten. Diese sind idR *„andere Gegenstände"* iS des § 97 I Nr. 3 StPO und damit im Grundsatz beschlagnahmefrei (LG Köln v. 27.5.1960, NJW 1960, 1874; LG Stuttgart 7.11.1975, NJW 1976, 2030; LG Aachen 1.10.1979, MDR 1981, 160; LG München 14.12.1983, NJW 1984, 1191; *Glashoff* StB 1980, 80; *Heilmaier* DStR 1980, 519; *Gülzow* NJW 1981, 265; *Lohmeyer* WPg 1982, 616; Klein/*Jäger* AO § 399 Rn. 54 u. RK-*Kemper* 106 zu § 399; aM LG Berlin 10.11.1976, NJW 1977, 725; LG Braunschweig 23.6.1978, NJW 1978, 2108; LG Aachen 16.3.1981, MDR 1981, 603; LG Saarbrücken 6.4.1984, wistra 1984, 200; LG Stuttgart 5.8.1983, wistra 1985, 41; LG München I 3.8.1984, wistra 1985, 41; LG Stuttgart 14.9.1987, wistra 1988, 40; LG Darmstadt 18.3.1988, NStZ 1988, 286; *Freund* NJW 1976, 2004; *Birmanns* MDR 1981, 102; *Stypmann* wistra 1982, 13; *Brenner* BB 1984, 138; s. auch Kohlmann/*Hilgers-Klautzsch* 300 ff. zu § 385; *Görtz-Leible* 2000, 270 ff.). 54

Beschlagnahmefähig sind Buchführungsunterlagen, soweit sie Tatwerkzeuge *(instrumenta sceleris)* sind (§ 97 II 3 StPO). Dies ist nicht schon dann der Fall, wenn sie nach dem Täterplan bei der Tatausführung *„in breitestem Sinne"* (*Freund* NJW 1976, 2004) Verwendung gefunden haben, etwa Grundlage für die unrichtige Steuererklärung waren. Tatwerkzeuge sind sie nur, soweit sie inhaltlich falsch bzw. manipuliert sind (LG Stuttgart 7.11.1975, NJW 1976, 2030; OLG Hamburg 8.1.1981, MDR 1981, 603; s. auch Koch/Scholtz/*Scheurmann-Kettner* 33 zu § 399; *Stypmann* wistra 1982, 13; *Schmitz/Tillmann* 70). Nicht nötig ist, dass es sich um gefälschte Urkunden im Sinne des § 267 StGB handelt (aM offenbar *Wannemacher/Seipl* Rn. 2682). Auch inhaltlich unrichtige Unterlagen können genügen. Freilich müssen sie bei der Tat Verwendung gefunden haben (vgl. auch *Meyer-Goßner/Schmitt* StPO § 97 Rn. 22; *Bauwens* wistra 1985, 182). 55

Ist der Steuerberater der Teilnahme verdächtig, ergibt sich die Beschlagnahmefähigkeit der Unterlagen aus § 97 II 3 StPO (Rn. 51; zu weit *Gehre* NJW 1977, 710, der den Anfangsverdacht schon bei objektiv unrichtiger Bilanz bejahen will; dagegen zu Recht *Stypmann* wistra 1982, 13 Fußn. 16; vgl. auch LG Berlin 14.7.1992, NStZ 1993, 146). Auch hier muss sich der Verdacht auf wissentliche Mitwirkung beziehen oder darauf, dass der bedingt vorsätzlich handelnde Berater sich die Förderung eines erkennbar tatgeneigten Täters angelegen sein ließ (Rn. 52; Rn. 518 zu § 370). 56

Im Übrigen ist eine Beschlagnahmefähigkeit dieser Unterlagen dann (und nur dann) gegeben, wenn sie der Steuerberater **lediglich aufbewahrt** bzw. Aufgaben übernommen hat, die nicht steuerliche Beratungstätigkeit darstellen (vgl. Rn. 58). Dienen die Unterlagen noch der Anfertigung der Jahresabschlüsse bzw. Steuererklärungen, sind sie beschlagnahmefrei (LG Berlin 10.11.1976, NJW 1977, 725; LG Hildesheim 21.4.1988, wistra 1988, 327; LG Hamburg 4.7.2005, wistra 2005, 394; LG Dresden 22.1.2007, NJW 2007, 2709; Kühn/v.Wedelstädt/*Blesinger* 12 zu § 399, Kohlmann/*Hilgers-Klautzsch* 305 ff. zu § 385; *Meyer-Goßner/Schmitt* StPO § 97 Rn. 40). Soweit in der Literatur hiergegen eingewandt wird, die Buchhaltungsunterlagen stünden nicht im Alleingewahrsam des steuerlichen Beraters (*Biermanns* MDR 1981, 102) ist dies eine bloße Behauptung (zutr. Kohlmann/*Hilgers-Klautzsch* 311 zu § 385; *Höser* MDR 1982, 536). Ebenso unzutreffend ist ein Rückgriff auf die Dispositionsbefugnis des Mandanten (*Schmidt* wistra 1991, 245), denn mit 57 diesem Argument liefe § 97 Abs. 1 Nr. 3 StPO gänzlich – und nicht nur in Fällen der Buchhaltungsunterlagen – leer (vgl. Kohlmann/*Hilgers-Klautzsch* 311 zu § 385).

58 Nach Erstellung des Abschlusses bzw. der Erklärung verkümmert der Steuerberater zum reinen Verwahrer (zust. GJW/*Lipsky* AO § 399 Rn. 37, Klein/*Jäger* AO § 399 Rn. 54), so dass insofern eine Beschlagnahme statthaft ist.

59 **bb) Beschlagnahme von Behördenakten. Behördenakten** gehören zu den beschlagnahmefähigen Gegenständen iS der §§ 94, 103 StPO (LG Darmstadt 20.10.1977, NJW 1978, 901; LG Bremen 8.7.1980, NJW 1981, 592; LG Koblenz 22.7.1982, wistra 1983, 166; KG v. 22.6.1989, NStZ 1989, 541; BGH 18.3.1992, BGHSt 38, 237; *Kramer* NJW 1984, 1502; *Walter* NJW 1978, 871; Kohlmann/*Hilgers-Klautzsch* 286 zu § 385; KK-StPO/*Greven* StPO § 96 Rn. 1; Göhler/*Seitz* OWiG Vor § 59 Rn. 79 mwN; aM LG Wuppertal 14.10.1977, NJW 1978, 902; LR-*Schäfer* 5 zu § 96 StPO). Dies gilt sogar für Pflegschaftsakten, wobei der Schutz der Persönlichkeitssphäre aus Art. 2 I iVm 1 I GG zu beachten ist (LG Kassel 19.11.1998, wistra 1999, 315).

60 **Akten der FinB** sind ebenfalls beschlagnahmefähig (so nunmehr auch RK-*Kemper* 99b zu § 399). Eine andere Frage ist, inwieweit der Akteninhalt zur Grundlage strafgerichtlicher Entscheidungen gemacht werden darf (Rn. 56, 80 zu § 393). Zudem hat der Grundsatz der Verhältnismäßigkeit hier besondere Bedeutung (LG Bremen 8.7.1980, NJW 1981, 592).

61 **Soweit eine Sperrerklärung** von der obersten Dienstbehörde (§ 96 StPO) abgegeben wurde, ist eine (Aufrechterhaltung der) Beschlagnahme unzulässig (ähnl. Göhler/*Seitz* OWiG Vor § 59 Rn. 79; *Kramer* NJW 1984, 1506; Kohlmann/*Hilgers-Klautzsch* 286 zu § 385; BGH 18.3.1992, BGHSt 38, 237; zum Rechtsweg vgl. BGH 24.6.1998, wistra 1998, 349). Eine Auswertung der Akte ist erst zulässig, wenn die oberste Dienstbehörde Gelegenheit hatte, eine Sperrerklärung abzugeben (glA *Kramer* NJW 1984, 1506). Die Anordnung der Beschlagnahme ist bei Behördenakten dem Richter vorbehalten, da eine Gefahr im Verzuge kaum gegeben sein wird (Göhler/*Seitz* OWiG Vor § 59 Rn. 79). Eine Beschlagnahme soll trotz Sperrerklärung zulässig sein, wenn diese offenbar missbräuchlich ist (KG 22.6.1989, NStZ 1989, 541; Kohlmann/*Hilgers-Klautzsch* 286 zu § 385).

62 **cc) Besonderheiten bei Durchsuchung und Beschlagnahme im EDV-Bereich. Computerhard- und Software** ist „Gegenstand" iSd § 94 StPO und gehört damit zu den beschlagnahmefähigen Gegenständen. So ist der PC des Beschuldigten, der sich im häuslichen Arbeitszimmer befindet, beschlagnahmefähig. Vorausgesetzt ist aber immer, dass es sich auch um einen Gegenstand handelt, der als Beweismittel von Bedeutung ist. Gesucht wird aber letztlich nicht der PC (Zentraleinheit, Ein- und Ausgabeinstrumente; *Matzky* 1999, 144, 146), sondern der Datenbestand, der wiederum selbst nicht unmittelbar wahrnehmbar ist (*Matzky* 1999, 217). Inwiefern diese Daten iSd §§ 94 ff. StPO „Gegenstand" sind, mag zweifelhaft sein, ist aber zu bejahen (*Matzky* 1999, 218 ff.; FT-*Webel* 33 zu § 399; aA *Spatscheck/Spatscheck* PStR 2000, 188; RK-*Kemper* 74d zu § 399). Klarheit hatte insofern das BVerfG geschaffen (BVerfG 12.4.2005, BVerfGE 113, 29; BVerfG 2.3.2006, BVerfGE 115, 166). Auch § 110 III StPO nF geht von der Zulässigkeit des Zugriffs auf Daten aus. Dennoch verbleiben verfassungsrechtliche Fragen, da in vielen Fällen auf Datenträgern noch Informationen über Dritte vorhanden sind. Insofern kommt das Grundrecht auf informationelle Selbstbestimmung ins Spiel. Auch das BVerfG hebt hervor, dass zumindest bei schwerwiegenden, bewussten oder willkürlichen Verfahrensverstößen ein Beweisverwertungsverbot eingreifen kann (BVerfG 12.4.2005, wistra 2005, 295, 302; siehe auch *Matzky* 1999; *Kemper* NStZ 2005, 538). Hinzu kommen idR unzureichende Kenntnisse der Rechtsanwender von den technischen Rahmenbedingungen der EDV (insoweit hilfreich *Matzky* 1999, 252 ff.).

63 Hat der Beschuldigte **Alleingewahrsam** an der Hard- oder Software, ist die Durchsuchung gem. § 102 StPO bzw. die Beschlagnahme nach § 94 StPO ohne weiteres möglich (*Bär* CR 1995, 228). Daten werden durch das Reproduzieren in sonstiger Weise sichergestellt (*Matzky* 1999, 161). Im Rahmen des Verhältnismäßigkeitsgrundsatzes kann es geboten sein, dem Beschuldigten nach einer Datenträgerreproduktion den Rechner zurückzugeben bzw. zu belassen, wenn er denn überhaupt selbst als Beweismittel in Betracht kommt. Zu beachten ist, dass Standard-Hardware und -Software idR selbst keine Beweisbedeutung hat. Dass die FinB insoweit über eine unzureichende Ausstattung verfügen mag, ermöglicht nicht schon die Beschlagnahme eines Standard-Laptops (vgl. *Matzky* 1999, 113 ff.; Wabnitz/Janovsky/*Bär* Kap. 25 Rn. 41; s. auch Rn. 62).

Steht der Rechner im **Gewahrsam Dritter,** ist eine Durchsuchung nur nach Maßgabe des § 103 StPO zulässig (vgl. KK-StPO/*Greven* StPO § 94 Rn. 4). Dementsprechend darf nur gesucht werden, wenn das Ziel der Durchsuchung hinreichend individualisiert ist, also wenigstens der Gattung nach näher bestimmt werden kann (*Bär* CR 1995, 168). In diesem Zusammenhang ist insbes. der Grundsatz der Verhältnismäßigkeit zu beachten (*Bär* CR 1995, 229). Dies gilt namentlich im Hinblick auf drittbezogene Daten (vgl. *Joecks* WM 1998 Beil. 1, 20). Die in der Praxis übliche Reproduktion des gesamten Datenstandes ist rechtswidrig (*Joecks* WM 1998 Beil. 1, 20, 25; *Wannemacher/Seipl* Rn. 2610). Soweit sie mit der Erwägung begründet wird, die Datensicherung könne anders nicht erfolgen, überzeugt dies nicht, denn eine Sicherung des Gesamtbestandes ist denkbar, ohne dass die Daten systematisch ausgewertet würden (*Joecks* 1998, 125; s. auch KK-StPO/*Greven* StPO § 94 Rn. 4). Der Wunsch der Strafverfolgungsorgane nach „umfassender" Aufklärung kann natürlich leichter befriedigt werden, wenn es sich um Dateien handelt, weil dann EDV-Programme zur gezielten Suche (nach Zufallsfunden?) eingesetzt werden können, etwa das Programm „Bingo" (Rn. 140 zu § 404). Die Menge an Beweisbedeutung steigt offenbar mit der technischen Erleichterung einer Verifizierung (vgl. auch *Matzky* 1999, 106). 64

Zu Recht hat das BVerfG (BVerfG 17.7.2002, BVerfGE 105, 365) nach der Beschlagnahme des Servers einer Anwaltskanzlei eine einstweilige Anordnung erlassen und die Verwendung der Dateien untersagt, soweit es sich um nicht beschuldigte Berufsgeheimnisträger oder um Mandate handelt, die von dem Ermittlungsverfahren gegen den Beschwerdeführer und die Mitbeschuldigten nicht betroffen waren (vgl. auch RK-*Kemper* 76b zu § 399). In seiner Entscheidung zur Hauptsache (BVerfG 12.4.2005, BVerfGE 113, 29) hat der 2. Senat festgestellt, dass die Strafprozessordnung die Sicherstellung und Beschlagnahme von Datenträgern und hierauf gespeicherten Daten als Beweisgegenstände im Strafverfahren erlaubt. Zugleich wurde aber klargestellt, dass bei Durchsuchung, Sicherstellung und Beschlagnahme von Datenträgern und darauf vorhandenen Daten der Zugriff auf für das Verfahren bedeutungslose Informationen im Rahmen des Vertretbaren vermieden werden muss (siehe hierzu *Seer* Raupach-FS 2006, 107 ff.; *Kutzner* NJW 2005, 2652). 65

Inwiefern es zulässig ist, statt einer Durchsuchung vor Ort **Online-Recherchen** vorzunehmen und etwa auf diese Art und Weise Datenbestände zu überspielen (vgl. *Bär* CR 1995, 228 f.; Wabnitz/Janovsky/*Bär* Kap. 25 Rn. 19) ist zweifelhaft. Dass es eine Online-Durchsuchung nicht gibt, ist für den Strafprozess klar (Kohlmann/*Hilgers-Klautzsch* 413 zu § 385; BGH 31.1.2007, wistra 2007, 155); die verfassungsrechtlichen Grenzen würden eine Ausdehnung entsprechender Ermächtigungen auf das Steuerstrafrecht überdies regelmäßig nicht erlauben (vgl. BVerfG 27.2.2008, BVerfGE 120, 274). Trotz der Anerkennung eines IT-Grundrechts durch das BVerfG (BVerfG 27.2.2008, BVerfGE 120, 274) ist es aber ohne weiteres möglich, eine sog. reine Internet-Aufklärung (FT-*Webel* 207 zu § 399) zu betreiben. Ein Online-Zugriff auf allgemein zugängliche Datenbestände ist also ohne besondere Ermächtigungsgrundlage zulässig (BVerfG 27.2.2008, BVerfGE 120, 274; BVerfG 10.3.2008, BVerfGE 120, 351; *Meyer-Goßner/Schmitt* StPO § 100a Rn. 7). Dies gilt auch für soziale Netzwerke wie Facebook und offene Cloud-Inhalte (vgl. *Meyer-Goßner/Schmitt* StPO § 94 Rn. 16b, § 110 Rn. 7a; *Dalby* CR 2013, 367), 66

Überdies gibt § 110 III StPO nF jetzt den Strafverfolgungsorganen die Möglichkeit, von einem Endgerät aus auf Netzwerkressourcen zuzugreifen. Danach darf die Durchsicht eines elektronischen Speichermediums bei dem von der Durchsuchung Betroffenen auch auf hiervon räumlich getrennte Speichermedien erstreckt werden, „wenn anderenfalls der Verlust der gesuchten Daten zu besorgen ist". Denkbar ist dies insbesondere dann, wenn zu 67 erwarten ist, dass vor einer physischen Sicherstellung des externen Datenträgers die auf diesem befindlichen Daten gelöscht werden könnten (SK-*Wohlers* 9 zu § 110 StPO).

68 § 110 III 2 StPO erlaubt die Sicherung auf einem Datenträger der Strafverfolgungsorgane. Innerhalb von drei Werktagen muss eine gerichtliche Bestätigung eingeholt werden, so dass der Inhaber des externen Speichermediums von der Maßnahme Kenntnis erlangt (BT-Drs. 16/6979, 66). Wird die Bestätigung nicht erteilt, sind gespeicherte Daten zu löschen (*Joecks* 11 zu § 110 StPO). § 110 III StPO schafft damit zwar keine Rechtsgrundlage für eine verdeckte Online-Durchsuchung, wohl aber den – nachträglich offen zu legenden – Online-Zugriff auf Daten (SK-*Wohlers* 9 zu § 110 StPO; *Störing* MMR 2008, 187).

69 **Die Inpflichtnahme Dritter** ist denkbar. So kann ein Sachverständiger als Ermittlungsgehilfe eingesetzt werden, wenn es gilt, an den Inhalt des Computers heranzukommen bzw. die dort enthaltenen Daten lesbar zu machen (*Lemcke* 1995, 203 ff.). Des Weiteren kann ein Zeuge zu der Frage vernommen werden, wie der Zugang zum Rechner möglich wird, etwa nach dem entsprechenden Codewort (*Lemcke* 1995, 195 ff.; Wabnitz/Janovsky/*Bär* Kap. 25 Rn. 53). Nichtverbales Tätigwerden ist von der Zeugenpflicht jedoch nicht umfasst (*Lemcke* 1995, 189 ff.). Möglich sein soll es auch, bei dem Vertreiber von EDV die Einzelplatzversion eines Computerprogramms sowie eine Freischaltdiskette nebst Nutzerhandbuch zu beschlagnahmen, wenn im Rahmen eines Ermittlungsverfahrens sichergestellte Daten nicht ausgewertet werden können, weil die von einem der Beschuldigten verwendete Software nur serverunterstützt funktioniert (LG Trier 16.10.2003, NJW 2004, 869). Allerdings stellt sich hier auch die Frage, inwiefern die Ermittlungsbehörden nicht eine entsprechende Lizenz käuflich erwerben müssten, ob also das Vorgehen mittels Beschlagnahme überhaupt geboten ist.

70 **dd) Email-Verkehr. Der Zugriff auf Mailboxen** (zur Funktionsweise *Bär* CR 1995, 94; *Matzky* 1999, 325 f.) ist im Rahmen eines Strafverfahrens nur unter erschwerten Voraussetzungen zulässig (vgl. *Lührs* wistra 1995, 20; *Meier/Böhm* wistra 1992, 166, 169). Die StPO kennt eine explizite Ermächtigungsgrundlage nicht, die §§ 102, 103 StPO greifen nicht ein (*Bär* CR 1995, 494). § 163 StPO enthält eine reine Aufgabenzuweisung (*Bär* CR 1995, 494). Das E-Mail-System fällt in den Bereich des Fernmeldeverkehrs und unterliegt daher dem durch Art. 10 GG geschützten Bereich des Fernmeldegeheimnisses, eine Durchsuchung am Ort der Mailbox ist insofern nur im Rahmen des § 100a StPO, in Fällen der Steuerhinterziehung also regelmäßig (Rn. 106) *nicht* möglich (LG Hanau 23.9.1999, NJW 1999, 3647; LG Mannheim 30.11.2001, StV 2002, 242 m. Anm. *Jäger* StV 2002, 243; LG Hamburg 8.1.2008, wistra 2008, 116; *Bär* CR 1995, 499; *Matzky* 1999, 242, *Flore/Schwedtmann* PStR 2000, 87; TK-*Seer* 87 zu § 208 AO).

71 Der 2. Senat des BVerfG (BVerfG 2.3.2006, BVerfGE 115, 166, wistra 2006, 217) hat in seiner Entscheidung zum Zugriff auf Telekommunikations-Verbindungsdaten klargestellt, dass nach Abschluss des Übertragungsvorgangs im Bereich des Kommunikationsteilnehmers gespeicherte Verbindungsdaten nicht durch Art. 10 I GG, sondern durch das Recht auf informationelle Selbstbestimmung und ggf. durch Art. 13 I GG geschützt werden. Wenn aber der Schutz des Fernmeldegeheimnisses in dem Moment endet, indem die Nachricht bei dem Empfänger angekommen und der Übertragungsvorgang beendet ist (BVerfG 2.3.2006, BVerfGE 115, 166 = wistra 2006, 220), kann jedenfalls auf Emails zugegriffen werden, die auf dem PC des zu Durchsuchenden gespeichert sind. Andererseits unterliegt der zugangsgeschützte Kommunikationsinhalt in einem E-Mail-Postfach dem Schutzbereich des Fernmeldegeheimnisses (BVerfG 16.6.2009, NJW 2009, 2431). Die Phase des Verfassens der Email ist ebenso wie die Abspeicherung im Posteingang kein Fall der Überwachung der Telekommunikation, so dass die grundsätzlichen Vorschriften über die Beschlagnahme (§§ 94 ff. StPO) anwendbar sind (BVerfG 16.6.2009, NJW 2009, 2431; BVerfG 2.3.2006, NJW 2006, 976; FT-*Webel* 202 zu § 399; *Klein* NJW 2009, 2996). In der Phase zwischen Versendung, Ablage auf dem Server und Abruf handelt es sich hingegen noch um einen

Kommunikationsvorgang. Folglich sind die §§ 100a, 100b StPO anwendbar (vgl. FT-*Webel* 203 zu § 399).

Daher unterliegen die Datenbestände, die sich auf der Festplatte des Rechners in Gewahrsam des Beschuldigten befinden, den Grenzen des Art. 10 GG nicht (RK-*Kemper* 78f zu § 399 AO; *Lührs* wistra 1995, 20). 72

Auf die **Durchsicht der Daten** findet § 110 StPO Anwendung (BGH 23.11.1987, StV 1988, 90; *Wannemacher/Seipl* Rn. 2605; *Matzky* 1999, 232: analog). Dies ergibt sich nunmehr explizit aus § 110 III StPO nF. Die Durchsicht iSd § 110 StPO ist bei der Beschlagnahme von elektronisch gespeicherten Daten erst dann abgeschlossen, wenn sämtliche Datenbestände zumindest auf der Ebene der Inhaltsverzeichnisse („directories") gesichtet worden sind (*Bär* CR 1995, 231, mwN). Dies gilt jedenfalls für solche, die mit Hilfe eines Rechners visuell wahrnehmbar gemacht werden können (BGH 3.8.1995, wistra 1995, 348). Demgegenüber geht das LG Köln (11.8.1994, NStZ 1995, 54) davon aus, dass die Durchsuchung bereits dann beendet sei, wenn der Staatsanwalt festgestellt habe, dass sich in dem Datenbestand jedenfalls auch Daten befänden, die als Beweismittel in Betracht kämen. Ein auf behördliche Datenträger kopierter Datenbestand sei im Ganzen Beweismittel, gleichgültig, ob sich neben den letztlich beweiserheblichen auch noch andere Daten auf ihm befänden. *Klaas* (NStZ 1995, 55) begründet dies mit der Erwägung, eine vollständige Überspielung sei nötig, um den Vorwurf zu vermeiden, dass bei der Auswertung, Übertragung oder dem Ausdruck von Daten manipuliert worden sei (vgl. aber KK-StPO/*Greven* StPO § 94 Rn. 4). Ungeachtet der Tragweite dieses Arguments: Selbst wenn eine solche umfassende Datensicherung nötig sein sollte, erschöpft sich ein solches „Beweismittel" darin, dass es die Vollständigkeit eines Datenbestandes beweist. Nichts gesagt ist über die Frage, welche Datensätze tatsächlich für das Verfahren relevant sind, so dass die Durchsicht iS des § 110 StPO (frühestens) abgeschlossen ist, wenn zumindest die Inhaltsverzeichnisse überprüft wurden. 73

Demgegenüber bleibt es für das Absenden der Nachricht bis zum Ankommen im Speicher des Mailbox-Betreibers und das Abrufen der Nachricht durch den Empfänger bei der Anwendung des § 100a StPO, so dass im Regelfall für Steuerstrafsachen der Emailverkehr nicht überwacht werden kann (vgl. auch Kohlmann/*Hilgers-Klautzsch* 407 zu § 385). Im Übrigen ist dieses Problem für den Rechtsschutz des Betroffenen mittlerweile von sekundärer Bedeutung (Rn. 182 ff.). Zur Grundproblematik bei drittbezogenen Daten s. oben Rn. 65. 74

dd) Sonstiges. Nach der Beendigung der Durchsuchung müssen dem Betroffenen auf sein Verlangen eine schriftliche Bestätigung und ein Verzeichnis der sichergestellten Gegenstände überlassen werden (§§ 107, 168b StPO; Kohlmann/*Hilgers-Klautzsch* 245 zu § 385). Dies gilt auch bei der Beschlagnahme von EDV-Unterlagen. Die Bezeichnung muss dabei möglichst genau erfolgen. Die gängige Praxis, die beschlagnahmten Unterlagen sehr pauschal zu bezeichnen („1 Karton mit losen Unterlagen"), ist rechtswidrig. Zum Rechtsweg bei einer Weigerung der FinB vgl. LG Gießen 12.8.1999, wistra 2000, 76. 75

Notarielle Urkunden können regelmäßig beschlagnahmt werden, da sie nicht geheimhaltungsbedürftig, sondern zur Kenntnisnahme im Geschäftsverkehr bestimmt sind (LG Darmstadt 12.12.1986, wistra 1987, 232; LG Stuttgart 21.4.1988, wistra 1988, 245; LG Freiburg 22.9.1997, wistra 1998, 35; LG Kiel 6.8.1999, wistra 2000, 194; Kohlmann/*Hilgers-Klautzsch* 326 zu § 385; enger Klein/*Jäger* AO § 399 Rn. 57). Entwürfe von Verträgen sind, soweit sie sich bei dem betreffenden Notar befinden, beschlagnahmefrei nach § 97 I Nr. 2 StPO (Kohlmann/*Hilgers-Klautzsch* 326 zu § 385). 76

Anderkonten eines Rechtsanwalts unterfallen dem Zeugnisverweigerungsrecht nach § 53 I Nr. 3 StPO und sind grundsätzlich beschlagnahmefrei (Kohlmann/*Hilgers-Klautzsch* 324 zu § 385; AG Münster 8.8.1997, wistra 1998, 237). Möglich ist hingegen eine Beschlagnahme der das Anderkonto betreffenden Unterlagen bei dem kontoführenden Kreditinstitut (BVerfG 9.10.1989, wistra 1990, 97; LG Würzburg 20.9.1989, wistra 1990, 77

118; abl. Kohlmann/*Hilgers-Klautzsch* 324 zu § 385). Zu Testamenten vgl. Kohlmann/*Hilgers-Klautzsch* 327 zu § 385; Klein/*Jäger* AO § 399 Rn. 59; LG Arnsberg 23.10.1992, wistra 1993, 199; LG Freiburg 22.9.1997, wistra 1998, 35; *Ost* wistra 1993, 177).

78 **Tagebücher bzw. tagebuchartige Aufzeichnungen** unterliegen dem Kernbereich privater Lebensgestaltung (BVerfG 14.9.1989, NJW 1990, 563). Sie sind deshalb dem staatlichen Zugriff in der Regel entzogen, was die Möglichkeit, eine Sichtung insoweit vorzunehmen, unberührt lässt (vgl. *Blau* Jura 1993, 520; *Ranft* Spendel-FS 1992, 719, 730; *Baldus* JZ 2008, 218). Die Entscheidung des BVerfG vom 14.9.1989 (NJW 1990, 563), die wegen Stimmengleichheit die Verfassungswidrigkeit der Entscheidung des BGH 9.7.1987 (NJW 1988, 1037) verneinte, stellt jedenfalls klar, dass im Hinblick auf die Verwertung abzuwägen ist, ob dem Erfordernis einer wirksamen Rechtspflege der Vorrang vor dem Grundrecht auf freie Entfaltung der Persönlichkeit einzuräumen ist. Dies wird regelmäßig nur bei erheblichen Straftaten der Fall sein, bei denen nach der Art der Tat auch nicht ausgeschlossen werden kann, dass es zu einer Wiederholung mit gravierenden Folgen für Individuen kommt (vgl. *Meyer-Goßner/Schmitt* StPO Einl 56a; OLG Schleswig 11.10.1999, StV 2000, 11). Im Zusammenhang mit Steuerstraftaten wird regelmäßig dem allgemeinen Persönlichkeitsrecht des Beschuldigten Vorrang einzuräumen sein, so dass Tagebücher und tagebuchähnliche Aufzeichnungen unverwertbar sind (vgl. *Hofmann* JuS 1992, 592; *Schmidt* Jura 1993, 594; *Küpper* JZ 1990, 416 ff.). Fotoalben dürften diesem Kernbereich idR nicht unterfallen.

79 **Ein Bankgeheimnis** kennen Steuerstrafverfahren und StPO nicht (LG Hamburg 10.1.1978, NJW 1978, 958; *Meyer-Goßner/Schmitt* StPO § 53 Rn. 3, LR-*Ignor-Bertheau* 4, KK-StPO/*Hadamitzky/Senge* StPO § 53 Rn. 2; FT-Webel 144, RK-*Kemper* 112 zu § 399; Kohlmann/*Hilgers-Klautzsch* 163 ff. zu § 385; *Stypmann* wistra 1982, 13). Dementsprechend unterliegt die Durchsuchung und Beschlagnahme bei Banken nicht den Grenzen des § 97 StPO (vgl. auch Rn. 140 ff. zu § 404).

80 **Das BundesstatistikG** steht einer Beschlagnahme von Ausfuhrerklärungen nach § 9 I Nr. 1, 2 AWV nicht entgegen (LG Koblenz 22.7.1982, wistra 1983, 166; s. auch Rn. 55).

81 **e) Anfertigung von Fotokopien.** Durchsuchung und Beschlagnahme unterliegen wie alle strafprozessualen Zwangsmaßnahmen dem **Grundsatz der Verhältnismäßigkeit** (Rn. 19 zu § 385; s. auch LG Hildesheim v. 29.7.1983 und BVerfG v. 19.8.1983, NdsRpfl 1984, 46). Dieser kann im Einzelfall die Anfertigung von Fotokopien unter Verzicht auf die Beschlagnahme von Unterlagen gebieten, und zwar besonders dann, wenn es *allein* auf den Aussagegehalt der Unterlagen ankommt und die Echtheit der Unterlagen nicht bezweifelt wird (BGH Beschl. 3.6.1983 u. v. 18.11.1983, bei *Schmidt* MDR 1984, 186; *Koch* wistra 1983, 64). Werden die Originale noch benötigt, sind dem Betroffenen Ablichtungen zur Verfügung zu stellen (BGH aaO; *Krekeler* wistra 1983, 45; aM *Sieg* wistra 1984, 172). Dies gilt jedenfalls dann, wenn die längere Zeit dauernde Wegnahme von Geschäftsunterlagen zu einem erheblichen Handicap für den Betrieb werden kann (*Koch* wistra 1983, 64; RK-*Kemper* 95 zu § 399; zur Beschlagnahme bei EDV vgl. Rn. 63).

82 **f) Grenzen der Verwertbarkeit. Zufallsfunde,** dh Gegenstände, die zwar keinen unmittelbaren Bezug zur Untersuchung haben, aber auf die Verübung einer anderen Straftat hindeuten, sind nach § 108 StPO in Beschlag zu nehmen. Von der Beschlagnahme ist die StA in Kenntnis zu setzen (§ 108 S. 2 StPO). Inwieweit solche Zufallsfunde bei einer Durchsuchung *durch die FinB* sicherzustellen oder zu verwerten sind, ist zweifelhaft (*Leise* Inf 1973, 67; *Brenner* DStZ 1974, 12). Nach *Meyer-Goßner/Schmitt* (Rn. 4 zu § 108 StPO; ähnl. *Ehlers* BB 1978, 1513) hat das Steuergeheimnis den Vorrang, außer bei zwingendem öffentlichem Interesse an der Strafverfolgung (§ 30 IV Nr. 5; s. Rn. 105 zu § 393); eine Beschlagnahme soll daher nicht möglich sein. Überwiegend hält man jedoch den § 108 StPO für unbeschränkt anwendbar; aus § 393 II AO ergebe sich, dass einer Weitergabe an die StA das Steuergeheimnis nicht entgegenstehe (*Buschmann/Luthmann* S. 145; *Jobski* ZfZ 1980, 302).

Die Kenntnis vom Vorhandensein von Gegenständen iS des § 108 StPO ist bei selbstständiger Ermittlungstätigkeit der FinB *„in einem Strafverfahren wegen einer Steuerstraftat"* (§ 30 II Nr. 1b) erlangt und unterfällt damit im Grundsatz dem Steuergeheimnis. Nach § 30 IV Nr. 1 und 4a AO darf die FinB ihre Erkenntnisse jedoch an die StA weitergeben, auch wenn kein zwingendes öffentliches Interesse iS des § 30 IV Nr. 5 AO (Rn. 105 zu § 393) besteht. In demselben Umfang ist die Beschlagnahme von Zufallsfunden an sich möglich (*Brenner* DStZ 1974, 12; *Schaefgen* BB 1979, 1499). 83

Das Problem ist, ob die FinB eine Beschlagnahme auch von solchen Zufallsfunden anordnen darf, die ausschließlich Nicht-Steuerstraftaten betreffen. Hier dürfte sie weder selbstständig (§ 399 I) noch unselbstständig (§ 402) ermitteln. Insofern ist die Beschlagnahme nach § 108 StPO grundsätzlich unzulässig (ähnl. *Rüping* Grundfragen S. 282, aM KK-StPO/*Bruns* StPO § 108 Rn. 2). Wie in den Fällen des § 97 StPO besteht ein Verwertungsverbot, das allerdings nur eine sehr begrenzte Reichweite hat, da eine neuerliche Beschlagnahme durch die StA nach Aufhebung der Beschlagnahme der FinB durch das Gericht durchaus möglich ist (vgl. auch Kohlmann/*Hilgers-Klautzsch* 243 zu § 385). Überdies mag man eine Pflicht zur Sicherstellung annehmen, wenn das Steuergeheimnis einer Weitergabe der Erkenntnisse gemäß § 30 IV Nr. 5 AO nicht entgegensteht (vgl. *Schmechel* 2004, 113; Rn. 12 zu § 402). Gegen eine solche Lösung mag eingewandt werden, es könne doch dem Betroffenen nicht zugutekommen, dass nicht die Kripo, sondern die Steuerfahndung eine entsprechende Durchsuchung durchführt. Tragend ist dies Argument jedoch nicht, weil die Steuerfahndung dem Steuergeheimnis unterliegt und dieses die Grenzen vorgibt, nicht etwa irgendeine Praktikabilität. 84

Ein Gegenstand deutet auf eine noch nicht bekannte Straftat hin, *„wenn sich aus dem Fund selbst oder der Art seines Auffindens tatsächliche Anhaltspunkte für eine Straftat ergeben"* (*Benfer* 2005 Rn. 460). Teilweise wird von einer geringen Verdachtsschwelle ausgegangen, die schon überschritten sein soll, wenn ein ungewisser Verdacht einer Straftat oder der mutmaßliche Zusammenhang mit einer bereits bekannten Tat besteht (vgl. HK-StPO-*Lemke* 2, LR-*Schäfer* 8 zu § 108 StPO). Demgegenüber wird man vor dem Hintergrund des Grundgesetzes geringere Voraussetzungen als beim Anfangsverdacht nicht genügen lassen können (*Ronsdorf* 1993, 94; SK-*Wohlers* 4 zu § 108 StPO; vgl. auch KK-StPO/*Bruns* StPO § 108 Rn. 5). Ungewisser Verdacht oder mutmaßliche Zusammenhänge genügen nicht (*Benfer* 2005 Rn. 461). Es müssen dementsprechend zureichende tatsächliche Anhaltspunkte für das Vorliegen einer Straftat bestehen, denn nur dann lässt § 152 III StPO überhaupt Ermittlungen zu, die zu einer regulären Beschlagnahme führen könnten (*Ronsdorf* 1993, 94). 85

Insbesondere in Fällen einer Durchsuchung bei Dritten ist Zurückhaltung geboten, wenn es um Gegenstände geht, die nicht unschwer als *instrumentum* oder *productum sceleris* zu erkennen sind (vgl. auch *Dibbert* 1999, 34). § 108 StPO ist nicht etwa Ausdruck einer gewissen Verfahrensökonomie. Verdachtsschwellen haben nicht die Funktion, den Aufgabenbereich der Justiz zu beschränken, sondern schützen den Bürger. Insofern kann man nicht etwa die Auffassung vertreten, die Schwelle für die Beschlagnahme eines Zufallsfundes könne deshalb geringer sein, „weil die Beamten ja schon einmal da sind". Immer muss ein Verdacht vorhanden sein, der auch eine Durchsuchung iS der §§ 102, 103 StPO legitimierte (*Joecks* WM 1998 Beil. 1, 26). 86

Wird die Durchsuchung so angelegt und ausgeführt, dass die im richterlichen Durchsuchungsbeschluss ausdrücklich festgelegte Beschränkung des Durchsuchungszwecks unbeachtet bleibt, sind die *„zufällig"* erlangten Beweismittel keine Zufallsfunde iS des § 108 StPO (LG Bonn 1.7.1980, NJW 1981, 292; LG Baden-Baden 16.5.1989, wistra 1990, 118; FT-*Webel* 134, Kohlmann/*Hilgers-Klautzsch* 168 zu § 385; Klein/*Jäger* AO § 404 Rn. 50, 68 und Schwarz/Pahlke/*Rottpeter* 35 zu § 404 AO). Gleiches gilt, wenn bei einer Durchsuchung wegen des Verdachts einer Nicht-Steuerstraftat ein Beamter der Steuerfahndung hinzugezogen wird, ohne dass auch nur der Anfangsverdacht einer Steuerstraftat bestünde, und der Beamte systematisch Geschäftsunterlagen durchsieht (LG Bremen 13.7.1984, wistra 1984, 241; zur unbegründeten Berufung auf „Gefahr im Verzuge" vgl. LG Darmstadt 87

12.8.1993, StV 1993, 573). Dass man die Beamten dann zu „Sachverständigen für Buchführungsfragen" macht (so LG Stuttgart 10.6.1997, wistra 1997, 279; vgl. auch OLG Bremen 23.10.1998, wistra 1999, 74 zur Hinzuziehung eines Betriebsprüfers), ändert an der Rechtswidrigkeit des Vorgehens nichts (vgl. *Rolletschke* DStZ 1999, 447).

88 **Wird die mit dem richterlichen Durchsuchungsbeschluss eingeräumte Befugnis bewusst überschritten,** können erlangte Beweismittel unverwertbar sein (LG Bonn 1.7.1980, NJW 1981, 292; LG Bremen 13.7.1984, wistra 1984, 241; LG Baden-Baden 16.5.1989, wistra 1990, 118). Unverwertbar sind zudem Durchsuchungsergebnisse, wenn der Durchsuchungs- und Beschlagnahmebeschluss unvollständig ist, zB keine Einzelangaben zu dem strafrechtlichen Vorwurf enthält, der Grund der Durchsuchung und Beschlagnahme ist (BVerfG 26.5.1976, BVerfGE 42, 212; BVerfG 3.9.1991, wistra 1992, 60; LG Karlsruhe 27.11.1968, ZfZ 1972, 215; LG Köln 25.4.1983, StV 1983, 277; *Endriss* DB 1976, 2087; *Misch* DB 1977, 1971; *Baur* wistra 1983, 99; *Bandisch* AnwBl 1992, 355; *Rüping* FR 2000, 193, 194; vgl. die Zahlen in AnwBl 1992, 356). Insbes. reicht eine bloß formelhafte Wiedergabe der Strafvorschriften nicht aus (Kohlmann/*Hilgers-Klautzsch* 222 zu § 385).

89 Das BVerfG hat klargestellt, dass es Aufgabe des Richters ist, mit dem Durchsuchungsbeschluss von vornherein für eine angemessene **Begrenzung der Zwangsmaßnahme** Sorge zu tragen (BVerfG 6.3.2002, NJW 2002, 1941; BVerfG 5.5.2000, StV 2000, 465; BVerfG 22.3.1999, wistra 1999, 257; vgl. auch BGH 15.10.1999, wistra 2000, 29; BGH 5.4.2000, wistra 2000, 222; LG Bielefeld 14.1.1999, wistra 1999, 155; LG Freiburg 7.9.1999, wistra 2000, 159). Dies gilt namentlich für Wohnungsdurchsuchungen (vgl. *Kruis/Wehowsky* NJW 1999, 682). Ein Durchsuchungsbefehl, der keinerlei tatsächliche Angaben über den Inhalt des Tatvorwurfes enthält, wird diesen Anforderungen jedenfalls dann nicht gerecht, wenn solche Angaben nach dem Ergebnis der Ermittlungen ohne weiteres möglich und den Zwecken der Strafverfolgung nicht abträglich sind (BVerfG 6.3.2002, NJW 2002, 1941).

90 Inwiefern das **Steuergeheimnis** bei der Durchsuchung nach § 103 StPO einer Begründung des Beschlusses entgegensteht, ist zweifelhaft. So meint *Seipl* (*Wannemacher/Seipl* Rn. 2566), wegen § 30 AO sei der Beschluss knapp zu formulieren und habe im Zweifel keine Angaben zum Sachverhalt zu enthalten. In die gleiche Richtung geht eine Entscheidung des LG Konstanz 17.12.1998 (wistra 2000, 118 m. abl. Anm. *Burkhard* wistra 2000, 118, offen gelassen in BVerfG 6.3.2002, NJW 2002, 1941). Diese Auffassung ist jedoch unzutreffend. Auch der Dritte hat einen Anspruch darauf, zu erfahren, warum in seine Grundrechte eingegriffen wird. Insbesondere muss er dem Beschluss entnehmen können, dass auch tatsächlich der Verdacht einer Steuerhinterziehung besteht und warum gerade bei ihm welche Unterlagen gesucht werden (*Burkhard* wistra 2000, 118 ff.).

91 **Die Rechtswidrigkeit der Durchsuchung** führt nicht ohne weiteres auch zu einer Rechtswidrigkeit der darauf beruhenden Beschlagnahme (Kohlmann/*Hilgers-Klautzsch* 599 zu § 385). Immerhin wäre es denkbar, den beschlagnahmten Gegenstand einerseits zurückzugeben und andererseits eine sofortige (rechtmäßige) Beschlagnahme zu verfügen. Insofern wird sich ein Verwertungsverbot für beschlagnahmte Gegenstände nur ergeben, wenn iR der Durchsuchung besonders schwerwiegende Mängel aufgetreten sind (Kohlmann/*Hilgers-Klautzsch* 599 zu § 385), die Durchsuchung zB objektiv willkürlich war (LG Saarbrücken 28.4.2003, wistra 2004, 34; OLG Hamm 19.10.2007, wistra 2008, 75). Daher ist es wenig überzeugend, wenn das LG Mannheim (v. 30.11.2001, StV 2002, 242 m. abl. Anm. *Jäger* StV 2002, 243) beim Fehlen der erforderlichen richterlichen Anordnung ein Verwertungsverbot hinsichtlich der durch einen Zugriff auf die in einer Mailbox gespeicherten Daten gewonnenen Erkenntnisse verneint.

4. Sicherstellung von Verfallsgegenständen

92 Zur Sicherung des staatlichen Anspruchs auf Einziehung und Verfall (§§ 73, 74 StGB) können Gegenstände und Vermögensvorteile ebenfalls sichergestellt werden (§ 111b StPO). Nötig ist, dass Gründe für die Annahme vorhanden sind, dass die Voraussetzungen

für Einziehung und Verfall vorliegen. Erforderlich ist damit eine Prognose, die dem einfachen Tatverdacht entspricht (KK-StPO/*Spillecke* StPO § 111b Rn. 9). Liegen dringende Gründe nicht vor, ist die Maßnahme spätestens nach insgesamt zwölf Monaten aufzuheben (§ 111b III 3).

Dringende Gründe für die Annahme der Voraussetzungen für Verfall und Einziehung sind gegeben, wenn bestimmte Tatsachen mit großer Wahrscheinlichkeit erwarten lassen, dass das Gericht in einem Urteil die materiellrechtlichen objektiven und subjektiven Voraussetzungen für die Anordnung des Verfalls oder der Einziehung bejahen und die Anordnung treffen wird (*Meyer-Goßner/Schmitt* StPO § 111b Rn. 8 f.; Rn. 6 zu § 401). Ob sachlichrechtlich die Voraussetzungen für Einziehung oder Verfall gegeben sind, ist nach den §§ 73, 74 StGB, § 375 AO zu beurteilen (Rn. 3 zu § 401; s. auch *Käbisch* wistra 1984, 10). 93

In Steuerstrafsachen ist zu bedenken, dass wegen § 73 I 2 StGB einerseits regelmäßig eine Anordnung des Verfalls unterbleiben muss, andererseits aber nach § 111b V StPO eine Rückgewinnungshilfe zugunsten des Verletzten erfolgen kann. Damit tritt der strafprozessuale Arrest neben den steuerlichen **Arrest nach § 324 AO.** Zutreffend geht die jüngere Rspr davon aus, dass es ggf. Sache der Finanzbehörde ist, für einen solchen steuerlichen Arrest zu sorgen. Dementsprechend nimmt man ein fehlendes Sicherungsbedürfnis an, wenn etwa nach 15 oder mehr Monaten das Finanzamt nicht seinerseits einen dinglichen Arrest ausgebracht hat (vgl. OLG Oldenburg 26.11.2007, wistra 2008, 119; LG Bochum 5.12.2007, wistra 2008, 237 m. Anm. *Alvermann/Talaska* wistra 2008, 239; LG Saarbrücken 19.3.2008, wistra 2008, 240). Offenbar hat man in der FinVerw. Angst vor der mit dem steuerlichen Arrest verbundenen Gefährdungshaftung. 94

Bei drohendem Verderb oder Wertverlust dürfen die Gegenstände nach den Vorschriften der ZPO über die Verwertung gepfändeter Sachen veräußert werden. Der Erlös tritt bei Einziehung und Verfall dann an die Stelle des Gegenstandes (§ 111l I StPO). 95

5. Festnahme, Haftbefehl, Identitätsfeststellung

Nach § 127 I StPO hat jedermann das Recht, einen anderen vorläufig festzunehmen, der auf frischer Tat betroffen oder verfolgt wird usw. Darüber hinaus dürfen die StA und die Beamten des Polizeidienstes bei Gefahr im Verzug (Rn. 21) auch dann eine vorläufige Festnahme durchführen, wenn die Voraussetzungen eines Haftbefehls oder eines Unterbringungsbefehls vorliegen (*Rank* ZfZ 1977, 205). Im Steuerstrafverfahren steht dieses Recht auch der FinB zu (RK-*Kemper* 162 zu § 399). 96

Die Voraussetzungen eines Haft- oder Unterbringungsbefehls bestimmen sich nach den §§ 112 ff., 126a StPO. Nötig ist zunächst der dringende Verdacht einer (Steuer-) Straftat. Dieser ist gegeben, wenn nach dem gegenwärtigen Stand der Ermittlungen die Wahrscheinlichkeit einer Strafbarkeit des Beschuldigten groß ist (Kohlmann/*Hilgers-Klautzsch* 417 zu § 385; *Meyer-Goßner/Schmitt* StPO § 112 Rn. 5). Hinzukommen muss einer der in § 112 II StPO benannten Haftgründe, namentlich Flucht bzw. Flucht- oder Verdunkelungsgefahr. 97

Fluchtgefahr besteht, wenn aufgrund bestimmter Tatsachen zu besorgen ist, der Beschuldigte werde sich dem Strafverfahren entziehen. Eine hohe Straferwartung kann, muss aber nicht Fluchtgefahr begründen (*Meyer-Goßner/Schmitt* StPO § 112 Rn. 17). Indizien für Fluchtgefahr sind zB außergewöhnliche, hohe Abhebungen von Konten (ähnl. Kohlmann/*Hilgers-Klautzsch* 418 zu § 385; Schwarz/Pahlke/*Rottpeter* 38 zu § 404 AO); *gegen* Fluchtgefahr sprechen starke familiäre oder berufliche Bindungen (vgl. auch OLG Naumburg 1.10.1996, wistra 1997, 80); zu einem ausländischen Wohnsitz vgl. KG 21.8.2014, wistra 2015, 36. 98

Verdunkelungsgefahr besteht, wenn aufgrund bestimmter Tatsachen sehr wahrscheinlich ist, dass der Beschuldigte auf Beweismittel einwirken wird (OLG Hamm 6.2.2002, wistra 2002, 236; *Meyer-Goßner/Schmitt* StPO § 112 Rn. 26; *Krekeler* wistra 1982, 8), und 99 damit die Gefahr droht, dass die Ermittlungen erschwert werden. Besonders bedeutsam ist die Einwirkung auf Zeugen (*Burhoff* PStR 2002, 76). Aus der Eigenart des vorgeworfenen Delikts kann eine Verdunkelungsgefahr nicht schon abgeleitet werden (OLG Hamm 6.2.2002, wistra 2002, 236).

100 **Ein Haftbefehl wird grundsätzlich auf Antrag der StA erlassen** (vgl. § 126 I, § 128 II 2 StPO) und kann nach § 116 StPO außer Vollzug gesetzt werden. Soweit die FinB das Ermittlungsverfahren selbstständig durchführt, kann auch sie den Erlass eines Haftbefehls beantragen. § 386 III AO steht dem nicht entgegen, da er den *Erlass* des entsprechenden Haft- oder Unterbringungsbefehls voraussetzt (ähnl. Kohlmann/*Hilgers-Klautzsch* 421 zu § 385). Jedoch wird die FinB den Antrag auf Erlass eines Haftbefehls mit der zuständigen StA abstimmen, da diese nach § 386 III AO vom Erlass des Haftbefehls an die Ermittlungen weiterführt. Überdies mag sie das Verfahren an die StA mit der Anregung abgeben, einen Haftbefehl zu beantragen (Kohlmann/*Hilgers-Klautzsch* 421 zu § 385).

101 Die Anordnung der Untersuchungshaft darf nicht **außer Verhältnis** zur Bedeutung der Tat und der zu erwartenden Strafe oder Maßregel stehen. Vorausgesetzt ist, dass die vollständige Aufklärung der Tat und die schnelle Bestrafung des Täters nicht anders gewährleistet werden kann (BVerfG 27.7.1966, BVerfGE 20, 144; BVerfG 13.10.1971, BVerfGE 32, 93). Bei geringer Straferwartung wird eine Anordnung nur in besonderen Ausnahmefällen in Betracht kommen (vgl. Kohlmann/*Hilgers-Klautzsch* 420 zu § 385, Schwarz/Pahlke/*Rottpeter* 39 zu § 404 AO; *Rüping* wistra 2000, 11). Schematisches Vorgehen – etwa die Anknüpfung an die Höhe der zu erwartenden Mehrsteuern – ist unzulässig (vgl. *Rüping* wistra 2000, 12).

102 Darüber hinaus hat die FinB nach § 163b StPO das Recht zur Feststellung der Identität von verdächtigen und unverdächtigen Personen (*Brenner* ZfZ 1984, 34).

6. Postbeschlagnahme

103 **Die Postbeschlagnahme** nach § 99 StPO ist grundsätzlich nur durch den Richter, bei Gefahr im Verzuge (Rn. 21) auch durch die StA möglich (§ 100 I StPO). Sofern die FinB die Ermittlungen nach § 399 I AO selbstständig führt, kann auch sie eine Postbeschlagnahme anordnen. Sie muss jedoch binnen drei Tagen eine Bestätigung des Richters herbeiführen (§ 100 II StPO). Eine Öffnung der ausgelieferten Gegenstände steht dem Richter zu. Dieser kann jedoch die Befugnis der StA oder der FinB übertragen (§ 100 III StPO). Die **Verteidigerpost** ist wegen § 148 StPO von der Beschlagnahme ausgenommen, wenn nicht gegen den Verteidiger ein Verdacht der Tatbeteiligung besteht (KK-StPO/*Greven* StPO § 99 Rn. 12). Dieser Verdacht muss sich freilich auf bestimmte Tatsachen stützen (Rn. 52; *Meyer-Goßner/Schmitt* StPO § 97 Rn. 29).

7. Überwachung der Telekommunikation

104 Telekommunikation ist der technische Vorgang des Aussendens, Übermittelns und Empfangens von Nachrichten jeglicher Art in Form von Zeichen, Sprache, Bildern oder Tönen mittels technischer Einrichtung oder Systemen, die als Nachrichten identifizierbare, elektromagnetische oder optische Signale senden, übertragen, vermitteln, empfangen, steuern oder kontrollieren können (vgl. FT-*Webel* 192 zu § 399). Die Überwachung bezieht sich mithin u. a. auf das Abhören von Festnetz- und Mobilfunkanschlüssen, aber auch auf die reinen Standortdaten eines Mobiltelefons, bestimmte Stadien des Email-Verkehrs und Internet-Telefonie (FT-*Webel* 192 zu § 399).

105 **Eine Überwachung des Fernmeldeverkehrs** (§ 100a StPO) war auch in einem Verfahren wegen Steuerhinterziehung bislang nicht völlig ausgeschlossen (offengelassen in BFH 26.2.2001, wistra 2002, 31). Denkbar war sie jedoch nur, wenn Steuerstraftaten im Rahmen einer kriminellen Vereinigung (§ 129 StGB) begangen wurden (ebenso Schwarz/Pahlke/*Rottpeter* 33 zu § 404 AO). In diesen Fällen ist jedoch nach § 386 II AO keine selbstständige

Ermittlungsbefugnis der FinB mehr gegeben. Die FinB kann daher lediglich bei der StA den Antrag auf Anordnung einer solchen Überwachung bzw. (bei Gefahr im Verzug) deren Anordnung anregen (vgl. § 100b StPO).

Mit dem TKÜG ist für **einige Fälle der Steuerhinterziehung** nunmehr die Möglichkeit der Telefonüberwachung geschaffen worden. Seit 1.1.2008 kann nach § 100a II Nr. 2a StPO eine entsprechende Abhörmaßnahme auch bei einer Steuerhinterziehung „unter den in § 370 III 2 Nr. 5 AO genannten Voraussetzungen" erfolgen. Gleiches gilt für gewerbsmäßigen Schmuggel nach § 373 AO und Steuerhehlerei im Fall des § 374 II AO. Insbes. in Fällen des Bandenschmuggels aber auch der Umsatzsteuerbetrügereien ist damit die Möglichkeit zur Überwachung der Telekommunikation eröffnet. Überdies mag man im Einzelfall auch auf den Verdacht der Geldwäsche (§ 261 StGB) zurückgreifen (§ 100a II Nr. 1m StPO). Denkbar ist dies insofern, als durch eine Erweiterung des § 261 StGB in allen Fällen der gewerbsmäßigen oder bandenmäßigen Steuerhinterziehung dieselbe geeignete Geldwäschevortat ist. Zwar kann dann die Telefonüberwachung gegen einen Verdächtigen nicht auf den Geldwäscheverdacht gestützt werden, wenn dieser wegen Geldwäsche angesichts einer Beteiligung an der Vortat nicht strafbar ist (BGH 26.2.2003, BGHSt 48, 240). Wenn aber jemand das Geld „aus der Steuerhinterziehung" für einen anderen verwahrt, ohne an der Vortat beteiligt gewesen zu sein, ist die Überwachung der Telekommunikation erlaubt, wenn auch die weiteren Voraussetzungen erfüllt sind. **106**

Die **Verwertbarkeit der Erkenntnisse** aus einer Überwachung der Telekommunikation wirft schwierige Rechtsprobleme auf. § 477 II 2 StPO löst diese nur begrenzt. Die Vorschrift ersetzt § 100b V StPO aF und regelt nunmehr allgemein die Verwertbarkeit von Zufallserkenntnissen aus Maßnahmen, die nur unter engeren Voraussetzungen als etwa Durchsuchung und Beschlagnahme zulässig sind. **107**

Das **Prinzip der Wiederholbarkeit** bzw. des hypothetischen Ersatzeingriffs liegt der Regelung in § 477 II 2 StPO zugrunde (*Meyer-Goßner/Schmitt* StPO § 477 Rn. 5). Ist eine Maßnahme wie die Überwachung der Telekommunikation nur beim Verdacht bestimmter Straftaten zulässig, dürfen ohne Einwilligung des von der Maßnahme Betroffenen die aufgrund einer solchen Maßnahme erlangten personenbezogenen Daten zu Beweiszwecken in anderen Strafverfahren nur zur Aufklärung solcher Straftaten verwendet werden, zu deren Aufklärung eine solche Maßnahme hätte angeordnet werden dürfen. Die Regelung wird durch § 100d V StPO, § 100i II 2 StPO und § 108 II, III 3 StPO überlagert; diese Vorschriften bleiben unberührt. **108**

War die Anordnung der Telefonüberwachung rechtmäßig, sind die daraus gewonnenen Erkenntnisse jedenfalls verwertbar, wenn sie den Verdacht der Straftat bestätigen, deretwegen die Überwachung angeordnet worden war. Dann kann der gesamte Inhalt der Aufzeichnung genutzt werden, einschließlich der Hintergrundgeräusche und -gespräche (BGH 24.4.2008, wistra 2008, 268). Bestätigt sich also der Verdacht der bandenmäßigen Erschleichung von Steuervorteilen (§ 370 III 2 Nr. 5), können die Erkenntnisse im Strafprozess verwertet werden. Angesichts der bisherigen Rechtsprechung ist davon auszugehen, dass dies auch dann der Fall ist, wenn sich zwar der Verdacht der bandenmäßigen Begehung nicht bestätigt hat, aber immerhin entsprechende Steuervorteile erschlichen wurden (vgl. BGHSt 28, 122; BGHR 20.6.1990, § 100a StPO, Verwertungsverbot 4; *Meyer-Goßner/Schmitt* 32 zu § 100a StPO). Inwiefern dies dann auch für eine mit der Katalogtat in Tateinheit stehende Tat gilt, ist zweifelhaft (dafür *Welp* Jura 1981, 477; *Meyer-Goßner/Schmitt* 6 zu § 477 StPO). **109**

Betreffen die Zufallserkenntnisse Dritte und ist die zufällig erkannte Straftat eine Katalogtat im Sinne des § 100a II StPO, dürfen Zufallserkenntnisse uneingeschränkt verwertet werden (§ 477 II 2 StPO). Dabei kommt es nicht darauf an, ob die Strafverfolgung den Beschuldigten betrifft oder einen beliebigen Dritten (BGH 30.8.1978, BGHSt 28, 122, 129; BGH 16.6.1983, BGHSt 32, 10, 15; BGH 11.12.1990, wistra 1991, 146). **110**

Für **Erkenntnisse über eine Nicht-Katalogtat eines Dritten** oder einer solchen des Beschuldigten, die keinen hinreichenden Bezug zur Anordnungstat aufweist (s. o. Rn. 108) **111** verbleibt es bei einem Verwertungsverbot. Die Erkenntnisse dürfen nicht unmittelbar zum Beweis (BGH 22.2.1978, BGHSt 27, 355; BGH 30.8.1978, BGHSt 28, 122, 127; OLG Düsseldorf 5.2.2001, NStZ 2001, 657) und auch nicht zu Vorhalten (BGH 22.2.1978, BGHSt 27, 355) benutzt werden.

112 Davon zu trennen ist die Frage, inwiefern solche Zufallserkenntnisse **Anlass für Folgeermittlungen** sein können. Grundsätzlich entfaltet das Verwertungsverbot nach § 100b V StPO aF, § 477 II 2 StPO keine Fernwirkung. Daher dürfen nach Auffassung von *Rottpeter* (Schwarz/Pahlke/*Rottpeter* 33 zu § 404 AO) entsprechende Erkenntnisse durch die Steuerfahndung ausgewertet werden, entdeckte Bankkonten untersucht und weitere Ermittlungen vorgenommen werden. Die so beschafften Beweismittel könnten ohne weitere Restriktion in eine Hauptverhandlung eingeführt werden (ähnl. *Meyer-Goßner/Schmitt* StPO § 477 Rn. 7; KK-StPO/*Hadamitzky/Senge* StPO Vor § 48 Rn. 44; aM SK-StPO-*Rudolphi* 32 zu 100a StPO mwN; siehe auch *Allgayer/Klein* wistra 2010, 130). Nach Auffassung des OLG München (21.8.2006, wistra 2006, 472) werden Informationen „zu Beweiszwecken" nur verwendet, wenn sie zur **Beurteilung der Schuld- oder Straffrage** und nicht nur als Spur oder Ermittlungsansatz herangezogen werden. Die Erkenntnisse könnten jedoch Anlass zu weiteren Ermittlungen zur Gewinnung neuer Beweismittel sein. Zu den weiteren Ermittlungen gehörten auch Zwangsmaßnahmen, beispielsweise Durchsuchungsbeschlüsse. Daher sei ein Durchsuchungsbeschluss zulässig. In den zitierten Entscheidungen des BGH findet sich aber nichts dazu, dass solche Erkenntnisse als solche bereits hinreichende Bedingung für Zwangsmaßnahmen wären. Es ist nicht überzeugend, wenn man die Begrifflichkeiten auf die Beurteilung der Schuld- oder Straffrage reduziert. Vieles spricht dafür, dass verdachtsbegründende Tatsachen, die als solche im Prozess unverwertbar bleiben, den Grundrechtseingriff einer Durchsuchung nicht legitimieren können (s. auch OLG Karlsruhe v. 3.6.2004, NStZ 643).

113 Man wird daher jedenfalls solche Beweismittel ausschließen müssen, die ausschließlich und unmittelbar auf Grund der Telefonüberwachung, deren Ergebnisse unverwertbar sind, erlangt wurden (KK-StPO/*Bruns* StPO § 100a Rn. 51 ff. zu § 100a StPO).

114 **Das Stellen einer sog. Hörfalle** ist keine Telefonüberwachung (Schwarz/Pahlke/*Rottpeter* 34 zu § 404 AO; BGH GS 23.7.1996, wistra 1996, 309 mwN). Initiiert der Fahndungsbeamte den Anruf eines Dritten bei dem Beschuldigten, um über einen Zweithörer mitzuhören, liegt kein Einsatz unzulässiger Vernehmungsmethoden iS des § 136a StPO vor (KK-StPO/*Diemer* StPO § 136a Rn. 6). Der BGH hat aber zugleich entschieden, dass die Verwertung solcher Erkenntnisse im Wege der Zeugenvernehmung idR nur bei Straftaten erheblicher Bedeutung in Frage käme und verweist insoweit auf die Kataloge in §§ 98a, 100a, 110a StPO, die freilich nicht abschließend seien (BGH GS 23.7.1996, wistra 1996, 309, 313 f.). Überdies müssen die Ermittlungen ohne eine solche Maßnahme weniger erfolgreich aufgeklärt werden können. Insoweit wird eine Verwertung solcher Erkenntnisse nur in Fällen besonders gravierender Steuerstraftaten in Betracht kommen (ebenso Schwarz/Pahlke/*Rottpeter* 34 zu § 404 AO).

8. Weitere heimliche Ermittlungsmaßnahmen

115 Weitere (heimliche) Ermittlungsmaßnahmen, die iS des § 477 II 2 StPO nur bei dem Verdacht „bestimmter Straftaten" zulässig sind, stehen in Grenzen auch der Finanzbehörde zur Verfügung. Schlechthin ausgeschlossen ist die Anordnung der Überwachung von Wohnräumen im Sinne des § 100c StPO, da dort keine Variante der §§ 370 ff. AO erwähnt ist. Akustische Überwachungen außerhalb von Wohnräumen (§ 100f StPO) dürfen hingegen bei dem Verdacht einer Tat im Sinne des § 100a II StPO erfolgen, also in solchen Fällen, in denen die Steuerhinterziehung eine Qualität erreicht, bei der auch eine Anordnung der Überwachung der Telekommunikation zulässig wäre. Insbesondere ist eine Überwachung auch in Kraftfahrzeugen möglich. Dabei ist das in einem Kraftfahrzeug mittels akustischer Überwachung aufgezeichnete Selbstgespräch eines sich unbeobachtet

fühlenden Beschuldigten im Strafverfahren – auch gegen Mitbeschuldigte – unverwertbar, da es dem durch Art. 2 I GG iVm. Art. 1 I 1 GG absolut geschützten Kernbereich der Persönlichkeit zuzurechnen ist (BGH 22.12.2011, BGHSt 57, 71; s. auch *Mosbacher* JuS 2012, 705). Die Anordnung unterliegt im Übrigen der üblichen Subsidiaritätsklausel (§ 100f Abs. 1 StPO aE).

Unter vergleichbaren Voraussetzungen ist die Erhebung von Verkehrsdaten (§ 100g 116 StPO) zulässig, wobei zu beachten ist, dass das BVerfG im Rahmen einer einstweiligen Anordnung Grenzen gezogen hat (BVerfG 11.3.2008, NStZ 2008, 290). Bildaufnahmen sind in der Regel zulässig (§ 100h Abs. 1 Nr. 1 StPO), der Einsatz besonderer für Observationszwecke bestimmter technischer Mittel hingegen nur, wenn es um eine Straftat von erheblicher Bedeutung geht (§ 100h I 2 StPO). Der Einsatz des *IMSI* bzw. *IMEI-Catchers* ist ebenfalls zulässig, wenn es um eine im Einzelfall schwerwiegende, etwa in § 100a II StPO bezeichnete Straftat, zB nach § 370 III 2 Nr. 5 AO, geht.

9. Sonstige Maßnahmen und Erkenntnisse

Die FinB kann die **Entnahme von Blutproben,** die **Aufnahme von Lichtbildern** 117 **und Fingerabdrücken** sowie die **körperliche Untersuchung des Beschuldigten** (und dritter Personen) anordnen (§§ 81a–c StPO). Im Steuerstrafverfahren kommen solche Maßnahmen namentlich beim Schmuggel in Betracht (vgl. *Bender/Möller/Retemeyer* D 336). Untersuchungen nach den §§ 81a, 81c StPO darf die FinB nur bei Gefahr im Verzuge (Rn. 21) anordnen (§ 81a II, § 81c V StPO), sonst ist der Richter zuständig. Von geringerer Bedeutung ist das Recht der FinB, eine Suchnachricht im Bundeszentralregister zu hinterlegen (§ 25 BZRG). Der Erlass eines Steckbriefs (§ 131 II 2 StPO) kommt im Rahmen des § 399 AO nicht in Betracht; s. auch Rn. 80 zu § 404.

Außerhalb des klassischen Ermittlungsschemas steht die Möglichkeit der Finanzbehörde, 118 einen Kontenabruf etwa nach § 93 VII, VIII, § 93b AO iV mit § 24c KWG durchzuführen. Der Zugriff bestand für Zwecke des Strafverfahrens bereits mit der Einführung des § 24c KWG durch Gesetz vom 21.6.2002 (BGBl. I 2010). Mit dem 1.4.2005 wurde diese Möglichkeit für sämtliche Finanzbehörden geschaffen und die Verfassungsmäßigkeit der Vorschrift im Ergebnis vom BVerfG bejaht (BVerfG 13.6.2007, BVerfGE 118, 168; vgl. Kohlmann/*Hilgers-Klautzsch* 175 zu § 385). Diese Möglichkeit ist mittlerweile auf EU-Ebene aufgrund des am 2.2.2006 in Kraft getretenen sog. Protokollgesetzes (BGBl. II 2005, 661) auf weite Teile der Europäischen Union erweitert worden (Rn. 133).

Inwiefern Erkenntnisse verwertet werden dürfen, die durch **andere – nicht strafpro-** 119 **zessuale – hoheitliche Maßnahmen** erlangt wurden, ergibt sich aus § 161 II StPO. Die Regelung wurde mit dem TKÜG mit Wirkung vom 1.1.2008 in die StPO eingefügt. Leitbild ist dabei das Prinzip der Wiederholbarkeit bzw. das des so genannten „hypothetischen Ersatzeingriffs". Die Parallelvorschrift für Erkenntnisse aus Strafverfahren findet sich im neuen § 477 II 2 StPO. Entfällt ein hypothetischer Ersatzeingriff, weil die entsprechenden Maßnahmen nach der StPO nicht durchgeführt werden durften, können die Erkenntnisse „zu Beweiszwecken im Strafverfahren" nicht verwendet werden. In Anknüpfung an Rechtsprechung des BVerfG (BVerfG 29.6.2005, NJW 2005, 2766) geht der Regierungsentwurf davon aus, dass die entsprechenden Erkenntnisse immerhin Anlass zu weiteren Ermittlungen zur Gewinnung neuer Beweismittel sein können (BT-Drs. 16/5846, 64; siehe *Joecks* 3 ff. zu § 477 StPO).

Werden Beweismittel nur durch eine Privatperson und ohne Veranlassung oder Mitwir- 120 kung der FinB rechtswidrig bzw. in strafbarer Weise erlangt, besteht hinsichtlich des der Finanzverwaltung zugespielten Beweismittels kein Verwertungsverbot (BVerfG 9.11.2010, wistra 2011, 61; VerfGHRhPf 24.2.2014, wistra 2014, 240; aM *Rüping,* Beweisverbote, 1981, S. 37 ff.). „Im Hinblick auf den Ankauf von Steuerdaten CDs ist es jedoch denkbar, dass zukünftig gleichsam mosaikartig eine Situation entstehen könnte, die es als gerechtfertigt erscheinen lässt, das Handeln eines privaten Informanten, der in rechtswidriger oder strafbarer

Weise ausländische Bankdaten deutscher Steuerpflichtiger übermittelt, der staatlichen Sphäre zuzurechnen. Die Verwertbarkeit für das Besteuerungsverfahren führt nicht automatisch zu einer Verwertbarkeit im Strafverfahren" (VerfGHRhPf 24.2.2014, wistra 2014, 240).

121 In der gegenwärtigen Situation besteht nach Erwerb des in strafbarer Weise erlangten Beweismittels gegen Bezahlung ein Verwertungsverbot jedoch nur, wenn *der Ankauf* den Tatbestand eines Strafgesetzes erfüllt. Denn was der Staat im Wege der Beschlagnahme erlangen darf, darf er nicht unbedingt auf anderen Wegen erlangen (vgl. *Sieber* NJW 2008, 881, 884). Die insofern bemühte Beihilfe zu einer Straftat nach § 17 II UWG hilft aber nicht wirklich weiter. Aus der den Unternehmensinhaber vor einer Verletzung seiner Geschäfts- und Betriebsgeheimnisse schützenden Vorschrift des § 17 Abs. 2 Nr. 2 UWG folgt kein unmittelbares oder mittelbares Verwertungsverbot (FG Münster 30.1.2014, EFG 2014, 885).

122 Sollte der Ankauf im Einzelfall einen Straftatbestand erfüllen, entfällt ein Verwertungsverbot nur dann, wenn entsprechende Amtsrechte dieses Vorgehen erlauben (vgl. §§ 8, 9 BVerfSchG, § 3 BNDG; dazu *Dose,* Übermittlung und verfahrensübergreifende Verwertung von Zufallserkenntnissen, 2013, S. 155 ff.). Dann stellt sich aber die Frage, ob der „Beifang" eines Nachrichtendienstes an die FinB übermittelt werden darf. Der im Zusammenhang mit dem Erwerb einer CD mit Liechtensteiner Kontendaten bemühte § 116 AO dürfte entsprechende Sonderregelungen für die Nachrichtendienste nicht überspielen können. Auch von Amtshilfe kann hier nicht die Rede sein, denn bei der Amtshilfe richten sich die Befugnisse nach denen der ersuchenden Behörde (§ 114). Die FinB hat aber nicht das Recht, in strafbarer Weise Beweismittel zu erwerben (vgl. auch *Tipke* BB 1998, 241, 245; *Joecks* SAM 2011, 21).

10. Abschluss des Ermittlungsverfahrens

123 **Fehlt nach Durchführung der Ermittlungen** aus rechtlichen oder tatsächlichen Gründen der genügende Anlass zur Erhebung der öffentlichen Klage, stellt die FinB das Verfahren ein (§ 170 II StPO). Der Beschuldigte ist, wenn er verantwortlich vernommen worden ist oder einen Bescheid erbeten hat, zu unterrichten (§ 170 II 2 StPO). Eine Einstellung kann auch **wegen Geringfügigkeit** (§ 398) bzw. gegen Auflagen erfolgen (Rn. 5 f. zu § 398). Eine vorläufige Einstellung nach § 205 StPO ist möglich (Erbs/Kohlhaas/*Hadamitzky/Senge* AO § 399 Rn. 8); auch kann die Strafverfolgung nach den §§ 154, 154a StPO beschränkt werden.

124 **Besteht Anlass zur Anklageerhebung,** vermerkt die FinB dies in der Akte (§ 169a StPO) und prüft, ob eine Erledigung durch Strafbefehl in Betracht kommt. Ist dies der Fall, stellt sie einen entsprechenden Antrag (§ 400). Ist die Erledigung durch Strafbefehl nicht möglich, übersendet die FinB die Akten an die StA.

III. Ermittlungen im Ausland

Schrifttum: *Habenicht,* Rechtshilfeverkehr mit der Schweiz und Liechtenstein auch in sogenannten Fiskalsachen?, wistra 1982, 173; *Streck,* Sachverhaltsermittlung im nationalen und internationalen Steuerrecht sowie Steuerstrafrecht, JbFfSt 1982/83, 99; *Blumers/v. Siebenthal,* Steuerstrafrechtliche Ermittlungen deutscher Behörden in der Schweiz, DB 1984, 261; *dies.,* Einschränkung der steuerstrafrechtlichen Ermittlungen in der Schweiz, DB 1984, 2219; *Hurst,* Die Auswirkungen des neuen schweizerischen Rechtshilfegesetzes auf den deutsch-schweizerischen Rechtshilfeverkehr in Fiskalsachen, ZfZ 1984, 354; 1985, 2; *Eilers,* Das Steuergeheimnis als Grenze des internationalen Auskunftsverkehrs, 1987; *Fischer,* Internationale Steuerauskunft und deutsches Verfassungsrecht, RIW 1987, 722 f.; *Dreßler,* Rechtshilfe in Steuerstrafsachen durch die Schweiz, wistra 1989, 161; *von Bubnoff,* Auslieferung, Verfolgungsübernahme, Vollstreckungshilfe, 1989; *Dannecker,* Der Schutz der Beteiligten beim internationalen Auskunftsverfahren in Steuerstrafsachen, StV 1990, 124; *Carl/Klos,* Das Luxemburger Bankgeheimnis aus der Sicht des EG-Bürgers, DStZ 1991, 577; *dies.,* Das Schweizer Bankgeheimnis, DStR 1991, 1285; *Carl/Klos,* Rechtsschutzprobleme bei steuerlichen Spontanauskünften an ausländische Finanzbehörden, DStR 1992, 528; *Kerwat,* Das EG-Amtshilfegesetz und der Europäische Binnenmarkt, DStZ 1992, 729; *Schomburg/Lagodny,* Neuere Entwicklungen der internationalen

Rechtshilfe in Strafsachen, NStZ 1992, 353; *Carl,* Internationale Rechtshilfe in Steuerstrafsachen, Inf 1993, 653; *Kurz/Leitner,* Das österreichische Bankgeheimnis im Steuerstrafverfahren, IStR 1994, 506; *Schomburg/Lagodny,* Neuere Entwicklungen im Recht der internationalen Rechtshilfe in Strafsachen, StV 1994, 393; *Carl/Klos,* Bankenermittlungen in Österreich im Rahmen der Amts- und Rechtshilfegewährleistung in Steuersachen, wistra 1995, 95; *dies.,* Internationale Kontrollmitteilungen zwischen Steuerbehörden, CR 1995, 235; *Pieper,* Rechts- und Amtshilfe in Steuerangelegenheiten durch die Schweiz, insbesondere im Hinblick auf das schweizerische Bankgeheimnis, 1995; *Klinkhammer,* Amts- und Rechtshilfe im Bereich der Steuerhinterziehung und des Subventionsbetrugs, ZfZ 1996, 37; *Klos,* Aktuelle Probleme der europäischen Amts- und Rechtshilfe in Steuersachen unter besonderer Berücksichtigung des deutsch-österreichischen Rechtshilfeverkehrs, Aktuelles 1996, 29; *ders.,* Neues zur Schweizer Rechtshilfe in Fällen des Abgabenbetrugs, wistra 1998, 96; *Seelmann,* Die schweizerische Rechtshilfe in Strafsachen und der Abgabenbetrug, NJW 1998, 732; *Lanser,* Österreichische Rechtshilfe in Strafsachen, insbesondere im Zusammenhang mit dem Bankgeheimnis, wistra 1999, 213; *Schomburg,* Internationale vertragliche Rechtshilfe in Strafsachen, NJW 1999, 550; 2000, 340; *Binder,* Rechtshilfe durch die Schweiz bei Steuerhinterziehung mittels einer falschen Einnahmenüberschußrechnung, wistra 2000, 254; *de Werth,* Zur Zulässigkeit von Spontanauskünften in der Europäischen Union, IStR 2000, 462; *Gleß,* Zur Verwertung von Erkenntnissen aus verdeckten Ermittlungen im Ausland in inländischen Strafverfahren, NStZ 2000, 57; *Spriegel/Wiese,* Theorie und Praxis der Rechtshilfegewährung durch die Schweiz bei Fiskaldelikten, wistra 2000, 409; *Spatscheck/Alvermann,* Steuerfahndung ohne Grenzen?, IStR 2001, 33; *Rose,* Auslandszeugen im Strafprozess: Aktuelle Gesetzeslage und jüngere Rechtsprechung, wistra 2001, 290; *Esskandari,* Luxemburg: Amts- und Rechtshilfe in Steuer- und Steuerstrafsachen, wistra 2002, 87; *Holenstein,* Schweizerische Bankauskünfte an den ausländischen Fiskus, AJP 2003, 1045; *Blumers/Kinzl,* Kapitaltransfer über die Grenze und Vermutung der Steuerhinterziehung, DB 2004, 401; *Holenstein,* Amts- und Rechtshilfe mit Drittstaaten, insbesondere der Schweiz – oder: das schweizerische Bankgeheimnis zwischen Mythos und Wirklichkeit, in: Leitner (Hrsg.), Finanzstrafrecht 2006, 123; *Hamdan/Hamdan,* Das französische Steuerstrafrecht und Steuerverwaltungsstrafrecht, IStR 2007, 390; *Seer,* Steuerverfahrensrechtliche Bewältigung grenzüberschreitender Sachverhalte, Schaumburg-FS 2009, 151; *Weigell,* Vom Misstrauen im Steuerrecht – Die steuerliche Informationsquellen im Überblick, Volk-FS 2009, 847; *Czakert,* Der internationale Informationsaustausch bei der Festsetzung und Beitreibung von Steuern, IStR 2010, 567; *Eich,* Grenzüberschreitende Amtshilfe in Steuersachen, KÖSDI 2010, 17041; *Eimermann,* Steueroasen, IStR 2010, 561; *Hecht/Lampert/Schulz,* Das Auskunftsabkommen zwischen der Bundesrepublik Deutschland und dem Fürstentum Liechtenstein, BB 2010, 2727; *Schwörer,* Der Datenaustausch mit Liechtenstein und Jersey nach den TIEA, DStZ 2010, 236; *Seer/Gabert,* Der internationale Auskunftsverkehr in Steuersachen, StuW 2010, 3; *Burki,* Informationswege und -quellen der Finanzverwaltung bei Schweizer Bankkonten, JbFSt 2010/2011, 618; *Gabert,* Die neue EU-Amtshilferichtlinie, IWB 2011, 250; *Geuenich/Lang,* Verbesserte Amtshilfemöglichkeiten im Deutsch-Österreichischen Verhältnis, IWB 2011, 210; *Holenstein,* Verfahrensbestimmung zur Amtshilfe der Schweiz nach OECD-Standard, IWB 2011, 12; *Jacob,* Änderungsprotokoll zum DBA-Schweiz: Mehr als nur Amtshilfe, SAM 2011, 170; *Schwartz/Tippelhofer,* Informationsaustausch in Steuersachen mit der Schweiz, IStR 2011, 249; *Wagner/Plüss,* Neue Entwicklungen im schweizerischen Wirtschafts- und Steuerrecht, RIW 2011, 191; *Wichmann,* Anmerkungen zur deutschen Abkommenspolitik, FR 2011, 1082; *Beier/Schulte,* Die zwischenstaatlichen Musterabkommen zur FATCA-Implementierungen, die Änderungen des Artikel 26 OECD-MA und die Position der Artikel 29-Gruppe, RIW 2012, 683; *Holenstein,* Das Steuerabkommen mit der Schweiz: Ein Meilenstein oder roter Teppich für Steuersünder – Oder beides?, DStR 2012, 153; *ders.* Identifikation durch Schilderung eines Verhaltensmusters?, IWB 2012, 17; *ders.,* Nachbesserung des Steuerabkommens Deutschland-Schweiz, PStR 2012, 126; *ders.,* Schweiz: Sukzessive Öffnung auch bei der Auslieferung in Steuerstrafsachen, PStR 2012, 151; *Hosp/Langer,* Die Steuerabkommen der Schweiz: Wer erhielt den besten Deal?, RIW 2012, 347; *Jacob,* Highlights des neuen Doppelbesteuerungsabkommens Deutschland – Luxemburg 2012, SAM 2012, 167; *Obenhaus,* Die Novelle der gegenseitigen Amtshilfe in Steuersachen zwischen den EU-Mitgliedsstaaten durch das JStG 2013, Stbg 2012, 391; *Steichen/Böing,* Neuerungen zum Informationsaustausch in Steuersachen zwischen Deutschland und Luxemburg auf der Grundlage von Artikel 23 des deutsch-luxemburgischen DBA, IStR 2012, 104; *Biesgen/Noel,* Die aktuelle Entwicklung im grenzüberschreitenden Informationsaustausch, SAM 2014, 5.

Ermittlungen deutscher Strafverfolgungsbehörden im Ausland stellen idR einen Eingriff in die Souveränität des ausländischen Staates dar. Ermittlungsmöglichkeiten deutscher Behörden enden an der Staatsgrenze (BVerfG 22.3.1983, BVerfGE 63, 343; RK-*Kemper* 188 zu § 399). Weder die Staatsanwaltschaft noch die Finanzbehörde dürfen selbstständig im Ausland ermitteln; umgekehrt dürfen ausländische Behörden keine Ermittlungen im Inland anstellen. Abgesehen von steuerrechtlichen Regelungen, die gegebenenfalls der Finanzbehörde hilfreich zur Seite stehen (zB § 90 Abs. 2, § 160) und den Ermittlungsmöglichkeiten der Informationszentrale Ausland beim Bundeszentralamt für Steuern (dazu BVerfG 10.3.2008, wistra 2008, 255) kann die Aufklärung von Auslandssachverhalten nur mit Unterstützung des ausländischen Staates erfolgen. Soweit es um die strafrechtliche Seite 125 des Verhaltens des Steuerpflichtigen geht, kann sich die Staatsanwaltschaft bzw. Finanzbehörde des Mittels der Rechtshilfe bedienen. Im Hinblick auf steuerrechtliche Fragen besteht die Möglichkeit der Gewährung von Amtshilfe durch ausländische Staaten. Die damit gewonnenen Erkenntnisse sind regelmäßig – vorbehaltlich der Grenzen des strafprozessualen Beweisverfahrens – auch im Strafverfahren verwertbar.

126 Die **Kooperation der Staaten in Fiskalangelegenheiten** nimmt ständig zu. Diese Tendenz hat sich sich vor dem Hintergrund der schrecklichen Ereignisse am 11.9.2001 in den USA noch verstärkt, da die Bekämpfung des Terrorismus für alle Staaten Pflichtaufgabe ist und die Finanzverwaltungen sich im Windschatten dieser Entwicklung bemühen, Auskunftsmöglichkeiten zu verbessern. Wie sehr die Entwicklung im Flusse ist, wird auch durch eine Vielzahl von Aufsätzen dokumentiert, die seit 2010 erschienen sind und in immer kürzeren Abständen über die Entwicklungen auch zu solchen Staaten berichten, die bislang als wenig kooperativ galten. Zwar ist das deutsch-schweizerische Steuerabkommen mit den relativ umfassenden Möglichkeiten der Auskunftserteilung gescheitert (siehe schon *Joecks* wistra 2011, 441), dennoch hat sich auch im Verhältnis zur Schweiz, aber auch zu Liechtenstein und Luxemburg in den letzten Jahren erhebliches getan. Vor dem Hintergrund der zT auf zehn Jahre verlängerten Verfolgungsverjährungsfrist (§ 376 I) kann sich heute niemand mehr darauf verlassen, dass bis zum Jahr 2025 die Rechtslage so bleibt, wie sie nach heutigem Verständnis ist.

127 **Amtshilfe** bei der Ermittlung bzw. Abgrenzung von Einkünften wird der Bundesrepublik Deutschland auf der Grundlage bilateraler oder multilateraler Verträge gewährt (vgl. BMF 25.5.2012, BStBl I 2012, 599). Beispiele für Amtshilfe sind etwa Auskunftserteilung, Übersendung von Akten, die Erstattung von Gutachten, die Vernehmung eines Zeugen oder die Anhörung eines Beteiligten sowie die Vollstreckungshilfe (Klein/*Rätke* AO § 111 Rn. 9). Am weitesten reicht die Zusammenarbeit auf EU-Ebene. Hier werden sich weitere Erkenntnismöglichkeiten aus der Umsetzung der EU-Zinsrichtlinie ergeben (Rn. 142). Es kommt hinzu, dass die Staatengemeinschaft in Gestalt der G20 offenbar entschlossen ist, Gewinnverlagerungen international operierender Konzerne entgegen zu wirken. Gegen „base erosion and profit shifting" (BEPS) soll eine EU-Richtlinie helfen (Vorschlag für eine Richtlinie des Rates zur Änderung der RL 2011/96/EU über das gemeinsame Steuersystem der Mutter- und Tochtergesellschaften verschiedener Mitgliedstaaten v. 23.11.2013; vgl. *Biesgen/Noel* SAM 2014, 5). All dies wird zu mehr Transparenz über die Grenze führen. Überdies ist zumindest für Kapitalerträge ein relativ umfassender Auskunftsaustausch praktisch auf den Weg gebracht. Der Trend geht deutlich in Richtung des Abschlusses von Informationsaustauschabkommen (Tax Information Exchange Agreement, **TIEA**), von denen in den letzten fünf Jahren knapp 20 abgeschlossen wurden, namentlich mit so genannten Steueroasen (vgl. BMF 22.1.2014, BStBl. I 2014, 171 Anlage S. 3). Weitere zehn Abkommen werden verhandelt oder sind bereits paraphiert, sie sehen aber idR. keine Rückwirkung in Altjahre hinein vor.

128 **Rechtshilfe** ist als „große" in Form der Aus- oder Durchlieferung bzw. der Vollstreckungshilfe möglich, die „kleine" umfasst Ermittlungsmaßnahmen – auch mit Hilfe prozessualer Zwangsmaßnahmen – im ersuchten Staat (siehe BMF 16.11.2006, BStBl. I 2006, 698). Die traditionelle Herausnahme fiskalisch strafbarer Handlungen von der Verpflichtung zur Leistung der „kleinen" Rechtshilfe ist hier zumindest innerhalb der Europäischen Union weitgehend zurückgedrängt worden (GJW/*Heine* AO § 369 Rn. 87; vgl. auch *Joecks* Schaumburg-FS 2009, S. 1225). Schließlich haben die hohen Schadenssummen bei der Hinterziehung der Umsatzsteuer und die damit tangierten Interessen der EU zu einer verstärkten Rechtshilfe bei den indirekten Steuern geführt, in die auch Staaten wie Luxemburg und die Schweiz intensiv eingebunden sind und in der sie Hinterziehungen von USt ab einer bestimmten Größenordnung wie einen „normalen" Betrug behandeln, also etwa ausliefern (vgl. auch Rn. 148). Das Bankgeheimnis, das bei vielen ersuchten Staaten einer Amts- oder Rechtshilfe entgegenstand, ist deutlich auf dem Rückzug (*Biesgen/Noel* SAM 2014, 5).

Ob geleistete Amtshilfe (in Steuersachen) im Strafprozess verwertet werden darf, also zur Rechtshilfe wird, ist im Verhältnis zu den amtshilfeleistenden Ländern unterschiedlich. Das in Berlin im Oktober 2014 verabschiedete OECD-Abkommen über eine automatische Mitteilung von Kapitalerträgen will sich auf die Besteuerung beschränken. Die Daten dürfen allein für die Steuererhebung genutzt werden. Sogar zur Verfolgung von Geldwäsche oder Korruption dürfen die Daten nur dann verwendet werden, wenn die Behörden des Landes, in dem das Geld auf der Bank liegt, dies erlauben. Auch hier lässt sich aber als Trend feststellen, dass alte Grenzen fallen. Die Intensität der Amts- und Rechtshilfe differiert ohnehin je nach Steuerart und betroffenem ausländischen Staat. Am weitesten gediehen sind Amts- und Rechtshilfe auf der **Ebene der Europäischen Union** und dort wiederum bei den Zöllen und Verbrauchsteuern sowie bei der Umsatzsteuer. Nach wie vor defizitär ist – jedenfalls für vergangene Veranlagungszeiträume – die Amts- und Rechtshilfe durch einige ausländische Staaten, wie etwa Liechtenstein, während die Schweiz, aber auch Luxemburg in jüngerer Vergangenheit deutlich kooperativer geworden sind (Rn. 135). 129

Rechtsgrundlagen für die Amts- und Rechtshilfe finden sich in Unionsrechtlichen Rechtsakten, multilateralen Abkommen und bilateralen Abkommen Deutschlands mit ausländischen Staaten, die starke Unterschiede aufweisen (vgl. *Biesgen/Noel* SAM 2014, 5). Dabei ist eine Zusammenstellung der jeweils aktuellen Amts- und Rechtshilfepraxis der einzelnen Staaten müßig, weil dieser Bereich einem permanenten Wandel unterworfen ist. Immerhin können die Strukturen dargestellt und für einige Länder(Gruppen) zumindest die Tendenzen festgehalten werden. 130

1. Besitz- und Verkehrsteuern

a) Rechtshilfe. Die Rechtshilfe durch die Bundesrepublik Deutschland richtet sich unter anderem nach dem IRG, die **Rechtshilfe für die Bundesrepublik** Deutschland richtet sich nach dem europäischen Übereinkommen über die Rechtshilfe in Strafsachen (EuRhÜbK) und über die Auslieferung (EuAuslÜbk), nach diversen bilateralen und multilateralen Verträgen bzw. nationalen gesetzlichen Regelungen sowie dem Übereinkommen über die Rechtshilfe zwischen den Mitgliedstaaten der Europäischen Union vom 29.5.2000 (EU-RhÜbK, ABl. EG 2000 C-197/01; Rn. 133). Die anderen Staaten leisten dabei entweder „große" oder „kleine" Rechtshilfe. Die *kleine Rechtshilfe* umfasst die Befragung von Zeugen, die Sicherstellung von Unterlagen und Akten, auch im Wege der Durchsuchung, Gegenüberstellungen und Zustellungen (vgl. auch Wabnitz/Janovsky/*Veh* Kap. 22 Rn. 140 ff.). Die *große Rechtshilfe* umfasst neben der kleinen Rechtshilfe auch die Aus- und Durchlieferung sowie die Vollstreckungshilfe. Als sonstige Rechtshilfe gilt jede Unterstützung in einer strafrechtlichen Angelegenheit, die die deutsche Rechtshoheit einer nichtdeutschen Rechtshoheit leistet (BGH 24.4.1952, BGHSt 2, 290, 294; *Vogler/Wilkitzki* 16 zu § 59 IRG). Inwiefern Prozessbeteiligte bei den Ermittlungshandlungen im ersuchten Staat ein Anwesenheitsrecht haben, richtet sich nach dem Recht des ersuchenden Staates (BGH 19.3.1996, wistra 1996, 315). 131

Der **Verkehr mit den ausländischen Behörden** richtet sich nach den Richtlinien über den Verkehr mit dem Ausland in strafrechtlichen Angelegenheiten (RiVASt), die in einem „Länderteil" die vorhandenen wesentlichen Erkenntnisse über die Rechtshilfepraxis ausländischer Staaten relativ zeitnah dokumentieren. Die RiVASt sind am 5.12.2012 neugefasst worden (BAnz v. 19.12.2012). Der jeweilige Stand kann auf den Internetseiten des Bundesjustizministeriums eingesehen werden (http://www.bmj.de/DE/Service/StatistikenFachinformationenPublikationen/Fachinformationen/RiVASt/_node.html). Auch Finanzbehörden dürfen im Rahmen ihrer Zuständigkeit Rechtshilfeersuchen erledigen und stellen sowie kriminaltechnische Gutachten erstatten (RiVASt Nr. 127). 132

aa) EU-RhÜbk. Die Mitgliedstaaten der Europäischen Gemeinschaft leisten einander Rechtshilfe nach dem neue **Übereinkommen über die Rechtshilfe** vom 133

29.5.2000 – EU-RhÜbK (ABl. EG 2000 C-197/01), das am 2.2.2006 in Kraft getreten ist und nicht mit dem EuRhÜbk (Rn. 131) verwechselt werden darf. Mit einem bereits verabschiedeten Zusatzprotokoll zum EU-RhÜbK vom 16.10.2001 (ABl. EG R 326 C vom 21.11.2001, 2) sind die Ermittlungsmöglichkeiten bei Banken erweitert worden. Damit kann nun detailliert festgestellt werden, welche Bankverbindungen in anderen Staaten bestehen oder bestanden haben. Eingeführt wird hierzu eine Auskunftspflicht über Bankkonten (Art. 1) und Bankgeschäfte (Art. 2). Die Auskünfte müssen auch für „fiskalisch strafbare Handlungen" erteilt werden (Art. 8). Grenze ist allein, dass die Mitgliedstaaten die Auskünfte von denselben Bedingungen abhängig machen können, „die für Ersuchen um Durchsuchung und Beschlagnahme gelten" (Art. 1 Abs. 5, Art. 2 Abs. 4). Dementsprechend gibt es noch Grenzen insbes. für Luxemburg (vgl. Rn. 147). Eine Besonderheit des EU-RhÜbk ist, dass sich Vernehmungen nach dem Recht des ersuchenden Staates richten (BGH 15.3.2007, NStZ 2007, 417). Dies ist namentlich für Anwesenheitsrechte des Verteidigers von Bedeutung.

134 **bb) SDÜ.** Ergänzt wird das Abkommen durch das SDÜ. Dieses sieht in Artikel 50, 63 eine Auslieferungsverpflichtung bei einer Umsatzsteuerhinterziehung von mehr als 25 000 EUR vor (Wabnitz/Janovsky/*Veh* Kap. 22 Rn. 140). Diese Grenze gilt auch für Zölle und Verbrauchsteuern; gegebenenfalls kommt es nicht auf den verkürzten Betrag, sondern auf den Warenwert (mindestens 100 000 EUR) an (GJW/*Heine* AO § 369 Rn. 88). Durch entsprechende Abkommen ist auch die Schweiz künftig zur Auslieferung in solchen Fällen verpflichtet (Botschaft Bilaterale II, 6099; unten Rn. 155).

135 **cc) EuRhÜbK.** Die **Mitgliedstaaten des EuRhÜbK** gewähren einander die „sonstige Rechtshilfe" iS von sämtlichen zwischenstaatlich unterstützenden Maßnahmen. Art. 1 des Übereinkommens ermöglicht die Rechtshilfe in Strafsachen, Art. 2a) sieht die Möglichkeit vor, Rechtshilfe im Rahmen von fiskalisch strafbaren Handlungen zu verweigern. Durch ein Zusatzprotokoll zu diesem Übereinkommen üben die Vertragsparteien dieses Recht *„zur Verweigerung der Rechtshilfe nicht allein aus dem Grund aus, dass das Ersuchen eine strafbare Handlung betrifft, welche die ersuchte Vertragspartei als eine fiskalische strafbare Handlung ansieht"* (Art. 1). Rechtshilfe wird dann durchgeführt, *„wenn die Handlung nach dem Recht der ersuchenden Vertragspartei strafbar ist und einer strafbaren Handlung derselben Art nach dem Recht der ersuchten Vertragspartei entspricht"* (Art. 2 I). Das Abkommen ist in einer Vielzahl europäischer Staaten in Kraft. Das Zusatzprotokoll vom 17.3.1978, mit dem die Gewährung von Rechtshilfe bei fiskalischen strafbaren Handlungen nicht mehr in das Ermessen des ersuchten Staates gestellt ist, ist ebenfalls fast europaweit in Kraft. Der aktuelle Stand ergibt sich jeweils aus dem Länderteil der RiVASt (Rn. 132). Zutreffend weist das Bundesjustizministerium insoweit darauf hin, dass aktuelle politische Veränderungen die Praxis der Rechtshilfe ggf. massiv verändern können (Vorwort zu den RiVASt).

136 Rechtshilfe in Fiskalangelegenheiten gewähren auch weitere europäische und außereuropäische Staaten. Der aktuelle Stand ergibt sich jeweils aus dem Länderteil der RiVASt (Rn. 132). Im Verhältnis zu den ehemaligen britischen Kolonien ist ein Rechtshilfeverkehr in Anlehnung an deutsch-britische Vereinbarungen teilweise möglich. Rechtshilfe durch eine große Zahl weiterer Staaten ist „nicht ausgeschlossen". Zudem ändern sich die Verhältnisse praktisch jährlich und gelegentlich führt ein Interesse des anderen Staates an Kooperation in anderen Fragen zu einer unerwarteten Konzilianz.

137 Ein Gesetz zur **Umsetzung des „Protokolls vom 16.10.2001"** zu dem Übereinkommen über die Rechtshilfe in Strafsachen zwischen den Mitgliedstaaten der Europäischen Union (in Kraft getreten am 2.2.2006; dazu *Apitz* StBp 2006, 333; *Kutzner* DStR 2006, 639) ermöglicht den Verfolgungsbehörden – auch den Steuerfahndungsstellen –, das Bestehen von Bankkonten inklusive Kontenbewegungen und Empfängerkonten im europäischen Ausland zu erfragen. Art. 1 Abs. 1 des Protokolls verpflichtet die Vertragsstaaten, „auf Antrag in konkreten Fällen in ihrem Gebiet bestehende Bankkonten ausfindig zu machen;

damit sind sie indirekt verpflichtet, einen Mechanismus einzurichten, über den sie die beantragten Informationen zur Verfügung stellen können" (Erläuternder Bericht zum Protokoll ABl. C 257 v. 24.10.2002, 1).

Außer Deutschland haben 14 weitere Länder das Protokoll umgesetzt, darunter Österreich, Spanien und Ungarn. Die Ausforschung verläuft in drei Stufen. Auf der ersten Ebene werden die Bankkonten im EU-Ausland gesucht (Art. 1). Ist das Konto bekannt, wird auf der zweiten Ebene das Bankkonto durchsucht (Art. 2). Geliefert werden dann auch Informationen zu Empfängerkonten im Ausland, so dass grundsätzlich die Möglichkeit besteht, über Ersuchen nach Art. 1 und 2 des Protokolls auch Konten in Drittstaaten zu entdecken. Auch die Prüfung von Konten unverdächtiger Dritter ist möglich. Auf der dritten Ebene werden die Konten einer weitergehenden Überwachung unterworfen (Art. 3). 138

Konten „des Beschuldigten" sind solche, die dem Beschuldigten unmittelbar oder mittelbar zuzurechnen sind, aber auch solche, für die er nur eine Verfügungsbefugnis besitzt, soweit das Gesuch darauf Bezug nimmt. Ob auch aufgelöste Bankkonten in den Anwendungsbereich des Protokolls fallen, ist zweifelhaft (vgl. *Kutzner* DStR 2006, 639, 641). Die Straftat muss im ersuchenden Staat mit einer Höchststrafe von mindestens vier Jahren und im ersuchten Staat mit einer Höchststrafe von mindestens zwei Jahren Freiheitsstrafe bedroht sein. Hinzu treten Straftaten nach Art. 2 des Europol-Übereinkommens und solche, die durch Rechtsakte abgedeckt sind, die sich auf den Schutz der finanziellen Interessen der Europäischen Gemeinschaften beziehen. Im Verhältnis zu Österreich gilt dies z. B. auch für die „einfache" Steuerhinterziehung (vgl. *Kutzner* DStR 2006, 639, 644). 139

dd) Schweiz. Die schweizerische Eidgenossenschaft gewährte Rechtshilfe vor dem Inkrafttreten des IRSG am 1.1.1983 lediglich zur Entlastung des Beschuldigten (vgl. *Habenicht* wistra 1982, 173 ff.). Seit dem Inkrafttreten des Gesetzes gewährt sie Rechtshilfe auch dann, wenn es sich bei dem Fiskaldelikt um einen Bannbruch handelt, der nach schweizerischem Recht keine Steuerstraftat darstellt, oder um eine Steuerhinterziehung, die nach schweizerischem Strafrecht als „Abgabebetrug" einzuordnen ist. Das schweizerische Steuerstrafrecht unterscheidet zwischen der (einfachen) Steuerhinterziehung, die vorsätzlich oder fahrlässig begangen werden kann, und dem Abgabe- bzw. Steuerbetrug, der vorsätzliches Handeln voraussetzt. Die einfache Steuerhinterziehung ist die Herbeiführung einer Steuerverkürzung durch inhaltlich unwahre Angaben, etwa durch das Verschweigen (schweizerischer) Kapitaleinkünfte in der Steuererklärung (vgl. SchwBG 14.2.1997, wistra 1998, 78; SchwBG 14.4.1999, wistra 1999, 438; *Binder* wistra 2000, 254 ff.). 140

Ein Abgabebetrug setzt die Täuschung der Steuerbehörden mit betrügerischen Mitteln voraus. Qualifikationsmerkmale (zusammenfassend *Dreßler* wistra 1989, 161 ff.; *Pieper* 1995, 67 ff.; *Binder* wistra 2000, 254 ff.) sind die Fälschung von Urkunden oder der Gebrauch von gefälschten oder verfälschten Urkunden oder von Urkunden, die erhebliche Tatsachen unrichtig oder unvollständig wiedergeben oder die Anstiftung von Dritten zur Abgabe von falschen Bestätigungen oder Aussagen (arglistiges Verhalten; vgl. auch Klein/*Jäger* AO § 385 Rn. 50). Dabei stellen nach schweizerischem Recht die Buchführung und ihre Bestandteile Urkunden dar. Die mangelnde Übereinstimmung tatsächlicher Geschäftsvorfälle mit den Buchungseintragungen, wie zB die Nichtbuchung von Einnahmen oder Ausgaben, fiktive Transaktionen usw. ist nach schweizerischem Recht daher stets als strafrechtlich relevante Urkundenfälschung (Herstellung einer inhaltlich unwahren Urkunde) zu qualifizieren. Die Verwendung einer solchen Buchführung im Veranlagungsverfahren ist Abgabebetrug, der zur Rechtshilfe durch die Schweiz führt (zusammenfassend *Dreßler* wistra 1989, 161 ff.). Die Konsequenz wäre letztlich, dass jede erhebliche Steuerhinterziehung, die mittels einer unrichtigen Steuererklärung und unter Beifügung inhaltlich unrichtiger Unterlagen begangen wird, die Rechtshilfe auslöst (*Binder* wistra 2000, 255). Dem ist das SchwBG insoweit entgegengetreten, als die Beifügung einer inhaltlich unrichtigen Einnahmenüberschussrechnung nicht für einen Abgabebetrug iS des Art. 24 I IRS V, Art. 14 II VStR ausreichen 141 soll (SchwBG 14.4.1999, wistra 1999, 438). Freilich wird die Rechtslage bei umsatzsteuerpflichtigen Unternehmern und testierten Einnahmenüberschussrechnungen anders zu beurteilen sein (*Binder* wistra 2000, 255 f.).

142 Inwiefern die **EU-Zinsrichtlinie** bzw. die Bemühung um die Bekämpfung der Geldwäsche zur Folge haben werden, dass die Schweiz in stärkerem Umfang als bisher Rechtshilfe leistet, ist zweifelhaft (vgl. *Holenstein* AJP 2003, 1045). Sicher erscheint, dass sich Veränderungen bei der Praxis der Amts- und Rechtshilfe ergeben werden. Im Augenblick spricht mehr dafür, dass die Schweiz in größerem Umfang Amtshilfe leisten wird. Für die Steuerstrafverfahren hat dies keine negativen Konsequenzen, da die entsprechenden Erkenntnisse auch im Strafverfahren Verwendung finden dürfen und sich überdies die Problematik des Spezialitätsvorbehaltes (Rn. 151) nicht stellt (Rn. 162).

143 **Mit dem Betrugsbekämpfungsabkommen** vom 26.10.2004 hat sich die schweizerische Eidgenossenschaft gegenüber der Europäischen Gemeinschaft zur Zusammenarbeit verpflichtet. Mit einem Schengener Assoziierungsabkommen vom 26.10.2004 ist die Assoziierung bei der Umsetzung, Anwendung und Entwicklung des Schengen-Besitzstandes vereinbart worden. Konsequenz wird sein, dass auch die Schweiz bei einer Umsatzsteuerhinterziehung von mindestens 25 000 EUR ausliefert. Das Abkommen wird auch auf Delikte vor seinem Inkrafttreten Anwendung finden, diese Rückwirkung ist jedoch auf Straftaten begrenzt, die am oder nach dem 26.4.2005 begangen wurden. Weiterhin ist das für Auslieferungen entscheidende zuständige Bundesamt für Justiz der Schweiz mit dem Segen des schweizerischen Bundesgerichtes dazu übergegangen, Steuerdelikte in einen auslieferungsfähigen Betrug nach Art. 146 StGB umzudeuten. Insbes. bei der organisierten Vorsteuererschleichung besteht schon deshalb die Möglichkeit der Auslieferung (SchwBG 22.2.2002 – 1A. 189/2001/mde „Europäisches Handykarussell"; SchwBG 28.10.2002 – 1A 189/2002, www.bcgr.ch; vgl. auch Wabnitz/Janovsky/*Veh* Kap. 22 Rn. 164; *Holenstein* PStR 2012, 151) Schon bald nach dem Inkrafttreten des IRSG zeigte sich die Tendenz, Fiskaldelikte auf Konstellationen zu beschränken, in denen der Staat dem Bürger fordernd gegenüber steht, und Fälle, in denen Leistungen durch den Bürger (dolos) abgefordert werden, nach gemeinrechtlichen Grundsätzen zu behandeln (vgl. SchwBG 18.1.1984, BGE 112 Ib 55 ff. zum Subventionsbetrug).

144 Die **Auslieferung durch die Schweiz** erfolgt nach Maßgabe des Art. 63 iVm. Art. 50 I SDÜ auch wegen fiskalischer Straftaten sowie in Verfahren wegen fiskalischer Ordnungswidrigkeiten nach Maßgabe des Art. 50 V SDÜ. Hinzu tritt in Verfahren wegen der Hinterziehung indirekter Steuern die Rechtshilfe (nach Maßgabe des Artikel 2 I des Abkommens über die Zusammenarbeit zwischen der Europäischen Gemeinschaft und ihren Mitgliedstaaten einerseits und der schweizerischen Eidgenossenschaft andererseits) zur Bekämpfung von Betrug und sonstigen rechtswidrigen Handlungen, die die finanziellen Interessen beeinträchtigen (Stand: Juli 2012).

145 **ee) Österreich.** Die **Rechtshilfe durch Österreich** wurde über lange Zeit durch die dortigen Bestimmungen über das Bankgeheimnis erschwert. Nach einer entsprechenden Änderung der Rechtsprechung (vgl. OGH 16.12.1993, wistra 1995, 38 und *Lanser* wistra 1999, 213, 218) steht dieses mittlerweile der Leistung von Rechtshilfe nicht mehr entgegen. Parallel erfolgte eine Einschränkung der Möglichkeit einer anonymen Kontoführung (*Kurz/Leitner* IStR 1994, 510; *Klos* Aktuelles 1996, 64). Zwischenzeitlich ist auf Druck der OECD mWv 1.11.2000 das anonyme Sparbuch abgeschafft worden (vgl. *Heinrich* IStR 2000, Länderbericht 13 S. 1 f., auch zu Übergangsfristen). Zu verfahrensrechtlichen Fragen vgl. *Lanser* wistra 1999, 213, 218 ff.

146 Österreich differenziert zwischen der Rechtshilfe im verwaltungsbehördlichen Finanzstrafverfahren und dem gerichtlichen Finanzstrafverfahren. Eine **Verpflichtung zur Rechtshilfeleistung** besteht auch gem. Art. 50 I SDÜ für indirekte Steuern und Zölle. Mit dem EU-Rechtshilfeübereinkommen stehen Möglichkeiten der Kontoauskunft, Kontoeröffnung und Kontoüberwachung zur Verfügung. Im Verhältnis zu Österreich ist eine

Auslieferung wegen fiskalischer Straftaten möglich. Rechtshilfe wird in fiskalischen Strafsachen sowie in Verfahren wegen fiskalischer Ordnungswidrigkeiten nach Maßgabe des Art. 50 V SDÜ geleistet. In Österreich ist überdies der europäische Haftbefehl umgesetzt worden. Ab 1.1.2009 müssen auch von Österreich eigene Staatsangehörige grundsätzlich einem anderen Mitgliedstaat ausgeliefert/übergeben werden.

ff) Luxemburg. Die **Rechtshilfe durch Luxemburg** ähnelt derjenigen der Schweiz. Zwar ermöglicht das innerstaatliche Recht, zB auf Bankunterlagen zuzugreifen. Im Wege der Rechtshilfe erfolgt dies aber nur, wenn sich das Verhalten des Beschuldigten auch nach Luxemburger Recht als Straftat darstellt (vgl. *Esskandari* wistra 2002, 93). Da die „einfache" Steuerhinterziehung nach Luxemburger Recht aber nicht Straftat ist, erfolgt in solchen Fällen eine Rechtshilfe nicht (vgl. *Spatscheck* AO-StB 2003, 245). Nötig ist – ähnlich der schweizer Rechtslage – ein Steuerbetrug als qualifizierter Fall der Steuerhinterziehung, also eine Tat mit besonderem Ausmaß, und unter systematischer Begehung, etwa unter Verwendung von „Abdeckrechnungen" oder unter Einsatz von Domizilgesellschaften (*Spatscheck* AO-StB 2003, 245). Die Hinterziehung muss 25 vH der Jahressteuer oder mindestens 125 000 EUR betragen (GJW/*Heine* AO § 399 Rn. 91, RK-*Kemper* 197a/1 zu § 399). Demgegenüber ist die Rechtshilfe bei indirekten Steuern, also auch der Umsatzsteuer, ohne größere Schwierigkeiten möglich (*Spatscheck* AO-StB 2003, 244). Insofern wird auch ausgeliefert (RK-*Kemper* 197a/1 zu § 399). 147

Eine **Auslieferung durch Luxemburg** wegen fiskalischer Straftaten ist hinsichtlich der USt möglich. Diese Auslieferung richtet sich nach Maßgabe des Art 63 iVm Art. 50 I SDÜ. Nach Maßgabe des Art. 50 V SDÜ wird Rechtshilfe auch in fiskalischen Strafsachen sowie in Verfahren wegen fiskalischer Ordnungswidrigkeiten geleistet. 148

gg) Liechtenstein. Die **Rechtshilfe durch Liechtenstein** dokumentiert anschaulich die Veränderungen der letzten Jahre. Sie richtete sich über lange Zeit nach dem sehr restriktiven Rechtshilfegesetz aus dem Jahr 1992. Nachdem auch im Hinblick auf Geldwäscheproblematiken von ausländischen Staaten massiv Druck ausgeübt wurde, kam es zum Gesetz über die internationale Rechtshilfe in Strafsachen vom 15.9.2000 (LR 351). Voraussetzung der Rechtshilfe war danach, dass beidseitige Strafbarkeit besteht. Überdies durfte es sich nicht um politische, militärische oder fiskalische Handlungen handeln. Die Rechtshilfe war unzulässig, wenn die nach der Liechtenstein'schen Strafprozessordnung erforderlichen Voraussetzungen für bestimmte Untersuchungshandlungen – insbes. bei der Beschlagnahme und Öffnung von Briefen sowie der Überwachung des Fernmeldeverkehrs – nicht vorliegen, oder eine nach Liechtenstein'schem Recht zu wahrende Geheimhaltungspflicht verletzt würde. Allerdings war im Mai 2007 (LGBl. 2007 Nr. 189 v. 23.5.2007) § 51 RHG um einen Abs. 1a erweitert worden, wonach bei Bannbruch nach Art. 120 des schweizerischen Zollgesetzes und Steuerbetrug nach Art. 76 des Mehrwertsteuergesetzes bei Vorteilen von über 75 000 Schweizer Franken Rechtshilfe ermöglicht wurde. Im Ergebnis leistet Liechtenstein im Bereich der indirekten Steuern in demselben Umfang Rechtshilfe wie die Schweiz und liefert auch aus (GJW/*Heine* AO § 399 Rn. 100). 149

Für Veranlagungszeiträume oder Steuerjahre ab dem 1.1.2010 ist Liechtenstein gemäß dem am 2.9.2009 abgeschlossenen Abkommen zwischen der Bundesrepublik Deutschland und der Regierung des Fürstentums Liechtenstein über die Zusammenarbeit und den Informationsaustausch in Steuersachen (BGBl. II 2010, 950, 951; II 2011, 326) bilateral zu umfassender Auskunftserteilung auch im Steuerstrafverfahren verpflichtet, wenn es um vorsätzliche Straftaten geht (GJW/*Heine* AO § 369 Rn. 101). 150

hh) Spezialitätsvorbehalt. Die Rechtshilfe wird nicht nur von der Schweiz von einem **Spezialitätsvorbehalt** (*Dreßler* wistra 1989, 165; zu Österreich *Lanser* wistra 1999, 213, 219 f.; zu Luxemburg *Spatscheck* AO-StB 2003, 245) abhängig gemacht, an den ein Verwertungsgebot gekoppelt ist. Die im Rechtshilfeverfahren erlangten Beweise dürfen nur in dem Strafverfahren verwendet werden, das im Rechtshilfeersuchen genannt ist. Kommt es 151 im Strafverfahren zu einem Schuldspruch, können insoweit auch die Ergebnisse der Rechtshilfe im Veranlagungsverfahren berücksichtigt werden. Erfolgt ein Freispruch oder wird das Strafverfahren eingestellt, ist eine Verwendung der übermittelten Auskünfte im Veranlagungsverfahren unzulässig (Klein/*Jäger* AO § 385 Rn. 42). *Strafprozessual* besteht ein Verwertungsverbot, wenn der ausländische Staat der Verwertung von „auf dem kleinen Dienstweg" überlassenen Unterlagen widerspricht und berechtigterweise die Rechtshilfe verweigert (BGH 8.4.1987, wistra 259).

152 Die **verfahrenstechnische Abwicklung** der Rechtshilfe mit den genannten Staaten ist völlig unterschiedlich (vgl. RiVASt).

153 Die große Rechtshilfe in Form der Aus- oder Durchlieferung bzw. der Vollstreckungshilfe richtet sich nach dem EuAuslÜbk und dem europäischen Vollstreckungsübereinkommen. Hinzu tritt das SDÜ (Rn. 134, 147).

154 Das EuAuslÜbk ist in den meisten europäischen Staaten in Kraft, aber auch in der Türkei. Nach Art. 5 des Abkommens wird in Abgaben-, Steuer-, Zoll- und Devisenstrafsachen die Auslieferung nur bewilligt, wenn dies zwischen den Vertragsparteien für einzelne oder Gruppen von strafbaren Handlungen dieser Art vereinbart worden ist. Im zweiten Zusatzprotokoll zum EuAuslÜbk (Art. 2) ist geregelt, dass auch bei Delikten die Auslieferung bewilligt wird „wegen Handlungen, … die nach dem Recht der ersuchten Vertragspartei einer strafbaren Handlung derselben Art entsprechen". Auf der Grundlage bilateraler Verträge oder vertragsloser Grundlage erfolgt eine Auslieferung bzw. ist möglich durch eine Vielzahl weiterer Staaten. Den jeweils (fast) aktuellen Stand dokumentieren die RIVASt (Rn. 132).

155 **Keine Auslieferung** in Fiskalangelegenheiten erfolgt derzeit unter anderem durch Belgien, soweit nicht Art. 50 V SDÜ (oben Rn. 134) eingreift. Liechtenstein liefert nicht aus, Luxemburg (lt. RIVASt Stand Juli 2012) beschränkt die Auslieferung offenbar nicht mehr auf die Fälle des Art. 50 V SDÜ. Bei mehreren Ländern, bei denen nach der Zusammenstellung in der Anlage zu den RiVASt noch vor einigen Jahren keinerlei Auslieferung stattfand (zB Kanada, Griechenland und Spanien), hat sich die tatsächliche Praxis oder die Rechtslage geändert (vgl. *Schomburg/Lagodny* StV 1994, 393). Auch sonst ist eine solche Zusammenstellung mit Vorsicht zu betrachten, da selbst bei einer einschlägigen Praxis des ausländischen Staates im Einzelfall die Interessenlage eine andere sein kann, weil zB dieser Staat selbst eine Person aus der Bundesrepublik Deutschland eingeliefert bekommen möchte. Zudem ändern sich politische Verhältnisse und selbst im Verhältnis zu Liechtenstein, Luxemburg und Schweiz kann vor dem Hintergrund europäischer Integrationsbestrebungen keine definitive Aussage für eine Zeit getroffen werden, in der eine Verjährung der Steuerhinterziehung (vgl. § 376 I AO nF und § 78b IV StGB) erfolgt.

156 Einen **Rechtsschutz gegen Rechtshilfeersuchen** der Bundesrepublik Deutschland gibt es – weil es sich um schlichte Ermittlungshandlungen handelt – regelmäßig nicht. Rechtsschutz kann nur vor Ort, im ersuchten Staat, stattfinden. Zur Bedeutung des Steuergeheimnisses vgl. *Eilers,* Das Steuergeheimnis als Grenze des internationalen Auskunftsverkehrs 1987; zu Spontanauskünften vgl. *Carl/Klos* DStR 1992, 528.

157 **b) Amtshilfe in Fiskalangelegenheiten. Amtshilfe in Fiskalangelegenheiten** wird der Bundesrepublik Deutschland auf der Grundlage bilateraler oder multilateraler Verträge gewährt (vgl. die Zusammenstellung in BMF 22.1.2014, BStBl I 2014, 171). Beispiele für Amtshilfe sind etwa Auskunftserteilung, Übersendung von Akten, die Erstattung von Gutachten, die Vernehmung eines Zeugen oder die Anhörung eines Beteiligten sowie die Vollstreckungshilfe (Klein/*Rätke* AO § 111 Rn. 9). Am weitesten reicht die Zusammenarbeit auf EU-Ebene. Die Finanzbehörden der EU-Mitgliedstaaten leisten sich gegenseitig Amtshilfe durch Auskunftsaustausch nach Maßgabe der EG-Amtshilfe-Richtlinie, die 2011 geändert und mit dem neuen EUAHIG vom 26.6.2013 (BGBl. I 1809) umgesetzt worden ist (vgl. *Biesgen/Noel* SAM 2014, 5). Die Amtshilfe erstreckt sich auf direkte Steuern und Versicherungsprämien. Im Übrigen gründet sich die Amtshilfe durch ausländische Staaten

auf Doppelbesteuerungsabkommen, die für den Auskunftsaustausch eine kleine oder große Auskunftsklausel vorsehen.

Nach der sog. **kleinen Auskunftsklausel** werden Auskünfte erteilt, die zur Durchführung des Doppelbesteuerungsabkommens selbst notwendig sind. Hierzu gehören Informationen, die für eine zutreffende Abgrenzung der Besteuerungsrechte der beiden Vertragsstaaten erforderlich sind bzw. solche, die eine dem Abkommen widersprechende Vermeidung einer Doppelbesteuerung oder einer doppelten Steuerbefreiung der von dem Doppelbesteuerungsabkommen erfassten Einkommen dienen. Nach der **großen Auskunftsklausel** können alle Informationen übermittelt werden, die für die zutreffende Steuerfestsetzung im anderen Staat erheblich sein können. Namentlich mit Hilfe der großen Auskunftsklausel kann von Seiten der Finanzbehörde eine Vielzahl von Informationen auf steuerlicher Grundlage gewonnen werden, etwa durch Auskünfte ausländischer Finanzbehörden oder aber durch steuerliche Ermittlungen in dem Betrieb des ausländischen Geschäftspartners. 158

Die **große Auskunftsklausel** liegt mittelbar der EG-Richtlinie über die gegenseitige Amtshilfe zwischen den Mitgliedstaaten aus dem Jahr 1979 zugrunde und ist im EG-Amtshilfegesetz umgesetzt worden. Im Rahmen der großen Auskunftsklausel werden auch Auskünfte erteilt, die nicht der Durchführung des Abkommens dienen, sondern der Durchführung des innerstaatlichen Steueranspruchs der Vertragsstaaten. Überdies ist ein Informationsaustausch für Steuern jeder Art und Bezeichnung und nicht mehr allein für unter das Abkommen fallende Steuern vorgesehen (HHSp-*Söhn* 50j zu § 117). Es findet ein umfänglicher Auskunftsaustausch – auch in Form von Spontanauskünften – im Verhältnis zu einer großen Zahl von Staaten statt. Der Auskunftsaustausch erstreckt sich primär auf den Bereich der Einkommen-, Körperschaft-, Gewerbe- und Vermögensteuer. Hinzu tritt in vielen Fällen die Möglichkeit von Gruppenanfragen (vgl. HHSp-*Söhn* 51 ff. zu § 117 und unten Rn. 164). 159

Die **kleine Auskunftsklausel** ist hingegen ein „Auslaufmodell" (vgl. auch *Biesgen/Noel* SAM 2014, 5). Insbesondere bei den ehemaligen Staatshandelsländern ist nach den gesellschaftlichen Umbrüchen damit zu rechnen, dass im Rahmen der Neuverhandlung von Doppelbesteuerungsabkommen auch hier die große Auskunftsklausel Eingang finden wird. So gibt es solche neuen Abkommen mit den baltischen Staaten. Polen geht selbstständig über die kleine Auskunftsklausel hinaus. Zudem nimmt die Zahl der Staaten zu, mit denen entsprechende Abkommen abgeschlossen wurden (vgl. BMF 25.5.2012, BStBl. I 2012, 599). 160

Auf die ErbSt bezogen gibt es Abkommen insoweit lediglich mit Dänemark, Frankreich, Griechenland, Schweden, Schweiz und den USA (Österreich hat das Abkommen gekündigt; s. auch Rn. 145). Auch hier sind weitere Abkommen in der Verhandlungsphase (vgl. HHSp-*Söhn* 39 zu § 117: Finnland und Italien). 161

Die EU-Zinsrichtlinie (v. 3.6.2003, RL 2003/48 EG) und die darauf beruhende Zinsinformationsverordnung (ZIV v. 26.1.2004, BGBl. I 128) wird mittelfristig eine zwischenstaatliche automatische Auskunftserteilung bei Zinseinkünften ermöglichen (vgl. BK-*Mack* S. 153). Der entsprechende Auskunftsaustausch erstreckt sich allerdings nicht auf die EU-Länder Luxemburg, Österreich und Belgien, die stattdessen Quellensteuern erheben werden (BK-*Mack* S. 155), solange nicht die Schweiz, das Fürstentum Liechtenstein, die Republik San Marino, das Fürstentum Monaco und das Fürstentum Andorra bereit sind, Amtshilfe zu leisten. Auch die Schweiz wird künftig eine Quellensteuer einbehalten. Damit einher geht eine Erleichterung der Amtshilfe für nach dem 31.12.2003 begangene Betrugsdelikte (BK-*Mack* S. 156). Dabei ist die Umsetzung in das nationale schweizer Recht noch nicht gesichert (vgl. *Vater* DB 2003, 2144; *Holenstein* AJP 2003, 1045). 162

Soweit die steuerliche vertragliche Regelung enger ist als die über die strafrechtliche Rechtshilfe wird letztere nicht durch das Vorhandensein entsprechender Abkommen über die Amtshilfe eingeengt (vgl. *Vogler/Wilkitzki* 11 vor § 59 IRG). 163

Am 17.6.2012 hat der OECD-Rat sog. Gruppenanfragen zugelassen (HHSp-*Söhn* 50 zu § 117; *Biesgen/Noel* SAM 2014, 5). Bei Gruppenersuchen müssen die betroffenen Personen 164 mit Hilfe spezifischer Suchkriterien identifiziert werden können. Auskunftsersuchen ohne konkrete Anhaltspunkte (sog. Fishing-Expeditions) sind unzulässig (HHSp-*Söhn* 51 zu § 117; s. auch *Holenstein* 2012, 88). Dabei geht es in der Regel um bloße Mutmaßungen, auf denen die Anfragen basieren, ohne mit konkreten Tatsachen belegt zu sein (*Biesgen/Noel* SAM 2014, 5).

165 Auch im Verhältnis zur Schweiz (vgl. *Schwartz/Tippelhofer* IStR 2011, 249) zeigt sich die Dynamik der Entwicklung. Erste Gruppenanfragen sind zeitnah zu erwarten, nachdem der Schweizer Bundesrat im Februar 2014 grünes Licht gegeben hat. Mit einem neuen Doppelbesteuerungsabkommen wird die große Auskunftsklausel entsprechend Art. 26 des OECD-Musterabkommens eingeführt. In einem zweiten Schritt sollen die dort erzielten Lösungen in die Rechtshilfe übernommen werden (GJW/*Heine* AO § 369 Rn. 99). Soweit mit einer großen Auskunftsklausel nach dem neuen Doppelbesteuerungsabkommen umfängliche Informationen gewonnen werden können, beziehen sich diese nur in Grenzen auf vergangene Veranlagungszeiträume. Da spätestens seit 2009 in der Tagespresse von massiven Verlagerungen von Kapital nach Singapur berichtet wurde, dürfte die neue Vereinbarung nur denjenigen „schaden", deren Vermögen nicht groß genug war, um eine Verlagerung nach Singapur finanziell attraktiv zu machen.

166 Im Verhältnis zu Luxemburg hat sich seit 2009 ein deutlicher Wandel ergeben. Das DBA zwischen Luxemburg und Deutschland, das seit dem Veranlagungszeitraum 1959 in Kraft war, ist durch ein neues Abkommen ersetzt worden, das einen neuen Art. 23 enthält und das ab dem Veranlagungszeitraum 2010 anwendbar ist (vgl. *Steichen/Böing* IStR 2012, 104). Der Informationsaustausch ist auf Anfragen beschränkt; Spontanauskünfte und die automatische Übermittlung von Informationen sind nicht vorgesehen (*Steichen/Böing* IStR 2012, 104). Anders als in der Vereinbarung zwischen Deutschland und der Schweiz gibt es kein Kontingent für deutsche Anfragen, in denen der Name des Informationsinhabers „nicht zwingend" enthalten sein muss. Für Veranlagungszeiträume vor 2010 bleibt der alte Art. 23 DBA-Lux anwendbar (*Steichen/Böing* IStR 2012, 106). Stützen die deutschen Behörden die Anfrage auf Daten, die zuvor unter Verletzung des luxemburgischen Bankgeheimnisses entwendet und dann an die deutschen Steuerbehörden übermittelt wurden, liegt aus luxemburgischer Sicht eine Verletzung des Bankgeheimnisses vor, die zu einer Verweigerung der Auskunft berechtigt (*Steichen/Böing* IStR 2012, 108).

167 **c) Amtshilfe-VO. Nach Einführung des innergemeinschaftlichen Warenverkehrs** und Abschaffung steuerlicher Grenzkontrollen an den Binnengrenzen der EG-Mitgliedstaaten zum 1.1.1993 ist zur Sicherstellung der ordnungsgemäßen Besteuerung an die Stelle der Grenzkontrollen ein EDV-gestütztes Informationssystem zwischen den Mitgliedstaaten getreten. Grundlage dieses „Kontrollverfahrens" ist die „Richtlinie des Rates vom 16.12.1991 zur Ergänzung des gemeinsamen Mehrwert-Steuersystems und zur Änderung der Richtlinie 77/388/EWG im Hinblick auf die Beseitigung der Steuergrenzen – 91/680/EWG" und zum anderen die „Verordnung (EWG) Nr. 218/92 des Rates vom 27.1.1992 über die Zusammenarbeit der Verwaltungsbehörden auf dem Gebiet der indirekten Besteuerung (MwSt)" – Amtshilfeverordnung. Neben der Amtshilfe-VO, die als unmittelbar geltendes Recht keiner Umsetzung in das nationale Recht bedarf, bilden die neu eingefügten §§ 18a bis 18e und § 27a UStG die Rechtsgrundlagen für den EDV-gestützten Informationsaustausch (vgl. *Bilsdorfer* 1999, 119 ff.).

168 Die **Mitgliedstaaten** sind nach Art. 4 der Amtshilfe-VO (Zusammenarbeits-VO) verpflichtet, die Informationen, die sie mit den zusammenfassenden Meldungen von ihren Unternehmern erheben, innerhalb von drei Monaten nach Ablauf des jeweiligen Kalendervierteljahres in elektronische Datenbanken zu speichern und mindestens fünf Jahre vorzuhalten. Diese Informationen werden zwischen den Mitgliedstaaten per Datenfernübertragung ausgetauscht (Mehrwertsteuer-Informations-Austausch-System, MIAS; HHSp-*Söhn* 327 zu § 117).

In einer ersten Stufe kann jeder Mitgliedstaat allen anderen Mitgliedstaaten die in zusammenfassenden Meldungen (ZM) angegebenen Umsatzsteuer-Identifikationsnummern und aus jedem Mitgliedstaat für den entsprechenden Erwerber die Summe aller Beträge, die in diesem Mitgliedstaat unter der entsprechenden Nummer gemeldet wurden, also jeweils den Gesamtbetrag aller innergemeinschaftlichen Erwerber eines Erwerbers aus einem Mitgliedstaat abfragen. In dieser Phase werden die Umsatzsteuer-Identifikationsnummern nicht ausgetauscht (Art. 4 II der Amtshilfe-VO). 169

In einer zweiten Stufe können die Mitgliedstaaten weitere Informationen erhalten, wenn sie diese für die Kontrolle des innergemeinschaftlichen Erwerbs benötigen (vgl. Art. 4 III der Amtshilfe-VO). So können sie unverzüglich erhalten oder aus Datenbanken abrufen: die Umsatzsteuer-Identifikationsnummer aller Unternehmer eines Mitgliedstaates, die in ihren zusammenfassenden Meldungen innergemeinschaftliche Lieferungen an Erwerber aus dem anfragenden Mitgliedstaat gemeldet haben und die jeweils von den Einzelunternehmern für die einzelnen Geschäftsbeziehungen mit Erwerbern aus den anfragenden Mitgliedstaaten gemeldeten Beträge (je Kalendervierteljahr). Daneben kann gem. Art. 5 Amtshilfe-VO, § 18d UStG die Bundesrepublik in Einzelfällen ein Antrag auf Erteilung weiterer Auskünfte stellen. Dabei werden die Geschäftsunterlagen vor Ort bei dem Unternehmer eingesehen. Die Abfrage solcher Einzelauskünfte erfolgt von der Finanzbehörde über das Bundeszentralamt für Steuern (HHSp-*Söhn* 351 zu § 117). Zu Spontanauskünften vgl. EuGH 13.4.2000, IStR 2000, 334. 170

Die Bemühungen um einen Auskunftsaustausch bei der Bekämpfung des Umsatzsteuerbetruges werden sich noch verstärken, nachdem der Bundesrechnungshof in seinem Bericht vom 3.9.2003 (BT-Drs. 15/1495) gefordert hat, „die Zusammenarbeit zwischen der Steuerverwaltung und den Behörden der Arbeits- und Zollverwaltung auf allen Ebenen zu verbessern und zu intensivieren" (S. 13) und „die technischen, organisatorischen und rechtlichen Möglichkeiten, vorhandene Datenbanken der Steuerverwaltung effektiver zu nutzen, auf Datenbanken anderer Verwaltung zurückzugreifen und die verschiedenen Datenbanken miteinander zu vernetzen" besser auszuschöpfen (aaO). 171

2. Zölle und Verbrauchsteuern

Die Rechtshilfe für Zölle und Verbrauchsteuern entsprach über lange Zeit der bei Besitz- und Verkehrsteuern (vgl. *Klinkhammer* ZfZ 1996, 37 ff.). Als Besonderheit war zu beachten, dass nach schweizerischem Recht der Bannbruch kein Fiskaldelikt darstellt, so dass insofern eine Auslieferung denkbar wäre. 172

Deutschland unterhält mit praktisch allen wichtigen Handelspartnern (außer der Schweiz) ein dichtes Netz multilateraler oder bilateraler Abkommen über die Zusammenarbeit bei der Verfolgung von Zollzuwiderhandlungen (*Bender/Möller/Retemeyer* D 146 ff.; HHSp-*Söhn* 394 ff. zu § 117), die sich auf den kleinen Rechtshilfeverkehr (oben Rn. 131) beschränken; vgl. auch die Zusammenstellung in RiVASt Anlage I zu Anhang II, Stand Sept. 2011. Zunehmend gewinnt dabei der Einfluss von Rat und Kommission an Bedeutung (*Bender/Möller/Retemeyer* D 150). 173

Auf EG-Ebene richtet sich die Amtshilfe der Zollverwaltung nach der Unterstützungs-VO der EG (Verordnung (EWG) Nr. 1468/81 des Rates vom 19. Mai 1981). Daneben existiert eine Vielzahl weiterer Vorschriften (vgl. *Bail/Schädel/Hutter* Zollrecht, F X 1 Nr. 10; s. zu Neapel II noch *Bender/Möller/Retemeyer* D 152, 163). Regelmäßig steht das Steuergeheimnis der Amtshilfe hier nicht entgegen. Allerdings dürfen die erhaltenen Auskünfte nur für die Zwecke des Übereinkommens verwendet werden. Nach einem Zusatzprotokoll (VSF Z 4617 Nr. 3) sind die Zollbehörden nicht zur Weitergabe von Auskünften verpflichtet, die sie von Banken oder gleichgestellten Instituten erhalten haben. 174

Das **Gesetz über die Zusammenarbeit der Zollverwaltungen** – in Umsetzung eines Übereinkommens vom 18.12.1997 – ist am 11.6.2002 in Kraft getreten (BGBl. II 1387). Das Übereinkommen sieht Spontanauskünfte vor (Art. 17; vgl. auch BFH 16.11.1999, 175

BFH/NV 2000, 531). Die Verwendung außerhalb von Zollsachen richtet sich nach dem innerstaatlichen Recht des Anwendungsstaates (Art. 18), so dass über § 30 AO auch die für die Besitz- und Verkehrsteuern zuständigen Finanzämter von Erkenntnissen profitieren können. Hinzukommen wird der Einsatz eines EU-weiten Zollinformationssystems (vgl. BT-Drs. 15/1969).

176 Des Weiteren unterhält die Bundesrepublik **zweiseitige Abkommen** über die wechselseitige Unterstützung der Zollverwaltungen mit einer großen Zahl von Staaten (vgl. *Bender/Möller/Retemeyer* D 172). Soweit es um die Bekämpfung von Zollzuwiderhandlungen geht, entsprechen diese bilateralen Abkommen inhaltlich im Wesentlichen dem EG-Übereinkommen einschließlich der ergänzenden Entschließung über die Bekämpfung des Rauschgiftschmuggels und des Schmuggels mit Wasserfahrzeugen (vgl. *Bender/Möller/Retemeyer* D. 172 ff.). Neue Fragen wirft dabei die Gerichtsverwertbarkeit bei verdeckten Ermittlungen auf (vgl. *Gleß* NStZ 2000, 57). Unterschiedlich geregelt ist die Zusammenarbeit auf dem Gebiet des Besteuerungsverfahrens sowie der Vollstreckung.

177 Auch bei vertragslosem Zustand findet eine Kooperation der Zollverwaltungen (entsprechend § 117) statt. Überdies ist zu bedenken, dass die EU mit mehreren Drittländern Abkommen geschlossen hat, die zumindest teilweise Amtshilfe (einschließlich Spontanauskünften) erlauben. Hierzu gehört auch die Schweiz (VSF Z 4680; vgl. *Bender/Möller/Retemeyer* D 178; *Hurst* ZfZ 1985, 3).

IV. Rechte anderer Finanzbehörden (§ 399 II AO)

1. Recht des ersten Zugriffs

178 **Die Zuständigkeitskonzentration nach § 387 II AO** lässt das Recht und die Pflicht anderer FinBn unberührt, bei einem entsprechenden Verdacht den Sachverhalt zu erforschen und alle unaufschiebbaren Anordnungen zu treffen, um die Verdunkelung der Sache zu verhüten (vgl. auch Rn. 17 zu § 387). Die damit beschriebene Aufgabe der FinB entspricht fast wörtlich derjenigen, die § 163 I StPO für die Polizei aufstellt. Die Erforschungspflicht beginnt, sobald die FinB Kenntnis von dem Verdacht hat (*Meyer-Goßner/Schmitt* StPO § 163 Rn. 20 und KK-StPO/*Griesbaum* StPO § 163 Rn. 8). Befugnisse für (schwerwiegende) Grundrechtseingriffe gibt § 399 II 1 AO der FinB jedoch nicht (ähnl. *Meyer-Goßner/Schmitt* StPO § 163 Rn. 1).

2. Einzelne Befugnisse der anderen Finanzbehörden

179 Nach § 399 II 2 AO haben die anderen FinB Befugnisse nach den für Ermittlungspersonen (Einl 95c) der StA geltenden Vorschriften der StPO. Gleichgültig ist, ob die StA oder aber die Gemeinsame Strafsachenstelle das Ermittlungsverfahren führt (HHSp-*Hellmann* 13 zu § 399). Durchsuchung und Beschlagnahme darf die FinB anordnen, soweit Gefahr im Verzuge ist (Rn. 21). Richterliche Untersuchungshandlungen kann sie jedoch nicht beantragen. Die Kompetenzen der Gemeinsamen Strafsachenstelle werden durch diese „Notkompetenz" (*Blumers/Kullen* S. 137) nicht berührt (HHSp-*Hellmann* 13 zu § 399).

180 **Notveräußerungen** darf die Finanzbehörde anordnen, „wenn ihr Verderb oder eine wesentliche Minderung ihres Wertes droht" (§ 111l I 1 StPO). Der Begriff der ‚Vermögenswerte' ersetzt den früher auch in § 111 I StPO enthaltenen Begriff des ‚Gegenstandes', um etwa die Veräußerung von Aktiendepots zu ermöglichen (KK-StPO/*Spillecke* StPO § 111l Rn. 1). Führt die Finanzbehörde das Verfahren nicht selbstständig, ist sie als Ermittlungsperson iSd § 111l II 2 nur befugt, wenn der „Gegenstand" zu verderben droht, bevor die Entscheidung der Staatsanwaltschaft herbeigeführt werden kann." Gegenstände in diesem Sinne waren bislang nur Sachen (KK-StPO/*Spillecke* § 111 Rn. 1). Ob man diesen Wortlaut im Hinblick auf Abs. 1 überschreiten kann, ist zweifelhaft.

Zu den Untersuchungen und sonstigen Maßnahmen gehören insbes. die **körperliche Untersuchung** des Beschuldigten (§ 81a StPO) sowie die **erkennungsdienstliche Behandlung** (§ 81b StPO). Bei Gefahr im Verzuge kann die FinB auch eine vorläufige Festnahme nach § 127 II StPO durchführen (Kohlmann/*Hilgers-Klautzsch* 436 zu § 385; RK-*Kemper* 162, jetzt auch Schwarz/Pahlke/*Dumke* 12 zu § 399 AO). 181

V. Rechtsschutz gegen Maßnahmen im Ermittlungsverfahren

Schrifttum: *Fezer,* Rechtsschutz gegen erledigte strafprozessuale Zwangsmaßnahmen, Jura 1982, 18, 126; *Dörr,* Rechtsschutz gegen vollzogene Durchsuchungen und Beschlagnahmen im Strafermittlungsverfahren, NJW 1984, 2258; *Streck,* Erfahrungen bei der Anfechtung von Durchsuchungs- und Beschlagnahmebeschlüssen in Steuerstrafsachen, StV 1984, 348; *Kreutziger,* Rechtsschutz gegen Maßnahmen der Steuerfahndung, DStZ 1987, 346; *Benfer,* Grundrechtseingriffe im Ermittlungsverfahren, 2. Aufl. 1990; *Jorzik/Kunze,* Rechtsschutz gegen Maßnahmen der Ermittlungsbehörden, Jura 1990, 294; *Rüping,* Rechtsprobleme der Durchsuchung, insbesondere in Steuerstrafsachen, StVj 1991, 322; *Wohlers,* Das berechtigte Interesse der Feststellung der Rechtswidrigkeit eines erledigten strafprozessualen Zwangsmitteleinsatzes, GA 1992, 214; *Bachmann,* Probleme des Rechtsschutzes gegen Grundrechtseingriffe im strafrechtlichen Ermittlungsverfahren, 1994; Streck, Der Rechtsschutz in Steuerstrafsachen, in: Der Rechtsschutz in Steuersachen, 1995, 173; *Burhoff,* Rechtsschutz nach Durchsuchung beim Beschuldigten im Steuerstrafverfahren, PStR 1998, 114; *Kruis/Wehowsky,* Verfassungsgerichtliche Leitlinien zur Wohnungsdurchsuchung, NJW 1999, 682; *Achenbach,* Anfechtbarkeit der erledigten richterlichen Anordnung einer Durchsuchung bei Presse und Rundfunk – BVerfG, NJW 1998, 2131, JuS 2000, 27; *Amelung,* Die Entscheidung des BVerfG zur „Gefahr im Verzug" i. S. des Art 13 II GG, NStZ 2001, 337; *Krach,* Rechtsschutz gegen strafprozessuale Zwangsmaßnahmen Jura 2001, 737; *Laser,* Das Rechtsschutzsystem gegen strafprozessuale Zwangsmaßnahmen, NStZ 2001, 120; *Krach,* Einheitlicher Rechtsschutz gegen die erkennungsdienstliche Behandlung des Beschuldigten, JR 2003, 140; *Biernat,* Rechtsschutz gegen Zwangsmaßnahmen im Ermittlungsverfahren, JuS 2004, 401; *Benfer,* Rechtseingriffe durch Polizei und Staatsanwaltschaft, 3. Aufl. 2005; *Jahn,* Strafprozessuale Eingriffsmaßnahmen im Lichte der aktuellen Rechtsprechung des BVerfG, NStZ 2007, 255; *Kruse,* Rechtsschutz im Haftverfahren aus anwaltlicher Sicht, JA 2008, 219, *Singelnstein,* Rechtsschutz gegen heimliche Ermittlungsmaßnahmen nach Einführung des § 101 Abs. 7 Satz 2 – 4 StPO, NStZ 2009, 481; *Burghardt,* Der Rechtsschutz gegen Zwangsmittel im Ermittlungsverfahren, JuS 2010, 605; *Engländer,* Die Rechtsbehelfe gegen strafprozessuale Zwangsmaßnahmen, Jura 2010, 414; *Schenke,* Rechtsschutz gegen doppelfunktionale Maßnahmen der Polizei, NJW 2011, 2838; *Schoch,* Doppelfunktionale Maßnahmen der Polizei, Jura 2013, 1115; *Waszczynski,* Rechtsschutzmöglichkeiten gegen erkennungsdienstliche Maßnahmen unter besonderer Berücksichtigung der Rechtsnatur des § 81b Alt. 2 StPO, JA 2013, 60.

Maßnahmen der FinB im Ermittlungsverfahren unterliegen ebenso wie solche der StA einer (beschränkten) gerichtlichen Kontrolle. Die Rechtsbehelfe der AO stehen dem Beschuldigten nicht zu (§ 347 II 2; BFH/NV 1991, 142 v. 21.8.1990; FG Saarland 23.5.1990, EFG 1990, 641). Möglich bleiben – neben der Anrufung des Gerichts nach § 98 II 2 StPO – die Beschwerde nach § 304 StPO und der Antrag auf gerichtliche Entscheidung nach § 23 EGGVG (*Amelung* NJW 1979, 1687 ff.). Die Effizienz dieser Kontrolle war über lange Zeit gering. Dies beruht zT darauf, dass dem überprüfenden Gericht die Kenntnisse fehlen, die zur Beurteilung steuerrechtlicher Vorfragen nötig sind (*Bilsdorfer* DStR 1982, 78; *Mayer-Wegelin* DStZ 1984, 247; *Rüping* StVj 1991, 329), teilweise lag es an prozessualen Hürden (*Streck* StV 1984, 348; *Joecks* 1998, 140 ff.), die mittlerweile deutlich niedriger geworden sind (s. Rn. 185 ff.). 182

Eine Beschwerde nach § 304 StPO ist möglich gegen richterliche Entscheidungen, *„soweit das Gesetz sie nicht ausdrücklich einer Anfechtung entzieht"*. Insofern besteht die Beschwerdemöglichkeit insbes. gegen Haftbefehle sowie Durchsuchungs- und Beschlagnahmebeschlüsse. Werden bestimmte Ermittlungsmaßnahmen wegen Gefahr im Verzuge nicht durch den Richter, sondern durch Ermittlungspersonen (Einl 103) der Staatsanwaltschaft oder durch den Staatsanwalt angeordnet, sieht § 98 II 2 StPO für Fälle der Beschlagnahme einen Antrag auf richterliche Entscheidung vor, gegen die dann die Beschwerde statthaft ist (BGH 7.2.1980, GA 1981, 223; *Schroth* StV 1999, 1; *Rüping* Grundfragen S. 278 mwN). Gleiches gilt für Maßnahmen der FinB nach den §§ 51, 70, 77 StPO (§ 161a III 1 StPO). Diese Beschwerde ist nicht fristgebunden und von dem einzulegen, der von der Maßnahme 183 betroffen ist, sei er Beschuldigter, Zeuge oder von der Durchsuchung und Beschlagnahme Betroffener (*Winklbauer* DStR 1978, 694; *Glashoff/Rohls* StB 1980, 84).

184 **Zulässig ist das Rechtsmittel,** soweit der Betroffene noch *beschwert* ist. Die Beschwer kann fehlen, wenn der sie ausmachende Mangel aus tatsächlichen oder rechtlichen Gründen nicht mehr ungeschehen gemacht werden kann (prozessuale Überholung; BVerfG 11.10.1978, BVerfGE 49, 329; BGH 13.8.1973, NJW 1973, 2035; BGH 3.8.1995, wistra 1995, 348; *Meyer-Goßner/Schmitt* StPO Vor § 296 Rn. 17). Die Durchsuchung *dauert noch an,* soweit Unterlagen durchgesehen werden müssen. Dies ist auch dann der Fall, wenn die Durchsicht der Unterlagen nicht in den Wohn- oder Geschäftsräumen des Betroffenen, sondern an Amtsstelle erfolgt (OLG Karlsruhe 6.7.1979, NJW 1979, 2527; Kohlmann/*Hilgers-Klautzsch* 342 zu § 385). Beschwerdeberechtigt ist, wer durch die Maßnahme in seinen Rechten verletzt sein kann (vgl. Klein/*Jäger* AO § 399 Rn. 78; OLG Hamm 26.8.1997, wistra 1998, 38).

185 Eine Beschwerde gegen einen Durchsuchungsbeschluss **nach Abschluss der Durchsuchung** wurde über lange Zeit von der Rechtsprechung zumeist als unzulässig angesehen; dies sollte verfassungsrechtlich unbedenklich sein (BVerfG 11.10.1978, BVerfGE 49, 329). Eine rigide Handhabung des Prinzips der prozessualen Überholung läuft jedoch den Wertungen zuwider, die etwa dem Fortsetzungsfeststellungsantrag analog § 113 I 4 VwGO bzw. nach § 28 I 4 EGGVG zugrunde liegen (s. auch *Winklbauer* DStR 1978, 696). Es ist durchaus möglich, dass der Betroffene ein berechtigtes Interesse an einer Überprüfung erledigter strafprozessualer Zwangsmaßnahmen hat (*Amelung* NJW 1979, 1691; *Rieß* ZRP 1981, 101; *Dellmanns* ZRP 1981, 176; *Dörr* NJW 1984, 2260; *Wohlers* GA 1992, 214). Diese mag im Einzelfall sogar im Interesse der StA, der FinB oder der Steuerfahndung liegen, wie etwa dann, wenn bestimmte umstrittene Praktiken einer abschließenden rechtlichen Beurteilung zugeführt werden sollen.

186 Das BVerfG hat diese Auffassung zu Recht aufgegeben (BVerfG 30.4.1997, wistra 1997, 219). Nach Auffassung des BVerfG gewährleistet Art. 19 IV GG die Effektivität des Rechtsschutzes im Sinne eines Anspruchs auf eine wirksame gerichtliche Kontrolle, wenn das Prozessrecht eine weitere Instanz eröffnet. Dieses Erfordernis eines effektiven Rechtsschutzes gebe dem Betroffenen das Recht, *„in Fällen tiefgreifender, tatsächlich jedoch nicht mehr fortwirkender Grundrechtseingriffe auch dann die Berechtigung des Eingriffs gerichtlich klären zu lassen, wenn die direkte Belastung durch den angegriffenen Hoheitsakt sich nach dem typischen Verfahrensablauf auf eine Zeitspanne beschränke, in welcher der Betroffene die gerichtliche Entscheidung in der von der Prozessordnung gegebenen Instanz kaum erlangen kann."* Das Bundesverfassungsgericht weicht damit explizit von den Grundsätzen ab, die es zuvor in der Entscheidung BVerfGE 49, 329 ff. (BVerfG 11.10.1978) entwickelt hatte. Den Gründen des Beschlusses ist zu entnehmen, dass „tiefgreifende Grundrechtseingriffe" insbesondere in solchen Fällen in Betracht kommen, die das Grundgesetz vorbeugend dem Richter vorbehalten hat. Schon wegen des Gewichts von Eingriffen in das Grundrecht des Art. 13 GG sei ein solches Interesse bei Wohnungsdurchsuchungen regelmäßig zu bejahen (vgl. auch BVerfG 12.4.2005, BVerfGE 113, 29; BVerfG 24.3.1998, wistra 1998, 221; BGH 5.8.1998, wistra 1998, 355; Schwarz/Pahlke/*Rottpeter* 63 zu § 404 AO).

187 Gegen richterliche Durchsuchungs- und Beschlagnahmebeschlüsse ist die Beschwerde (§ 304 StPO) nach den gleichen Grundsätzen zulässig.

188 Im Übrigen ist die richterliche Entscheidung nach § 98 II 2 StPO zulässig, wenn die Maßnahme ohne richterlichen Beschluss (wegen Gefahr im Verzuge) vollzogen worden ist und wenn *„wegen der erheblichen Folgen eines Eingriffs oder wegen der Gefahr einer Wiederholung ein nachwirkendes Bedürfnis für eine richterliche Überprüfung besteht"* (BGH 13.6.1978, NJW 1978, 1815 und BGH 16.12.1977, NJW 1978, 1013 m. zust. Anm. *Amelung;* LG Koblenz 29.7.1996, wistra 1997, 33; *Winkelbauer* DStR 1978, 694; RK-*Kemper* 84b zu § 399; KK-StPO/*Greven* StPO § 98 Rn. 23). Diese Regelung gilt u. a. für körperliche Durchsuchungen und Untersuchungen (*Amelung* NJW 1978, 1013). Auch sonst ist eine Beschwer anzunehmen, wenn das Interesse des Betroffenen an der Feststellung der Rechtswidrigkeit

der Maßnahme fortbesteht (vgl. BVerfG 12.12.1980, BVerfGE 49, 337), namentlich wenn er ein Rehabilitationsinteresse hat (*Amelung* NJW 1979, 1691; *Fezer* Jura 1982, 135 f.; *Wohlers* GA 1992, 227).

Richtet sich das Rechtsmittel gegen **Art und Weise der Durchführung** von Beschlagnahme und Durchsuchung, war nach Erledigung nach früherem Verständnis der Rechtsweg nach den §§ 23 ff. EGGVG zum OLG eröffnet, da die FinB hier als Justizbehörde tätig ist (OLG Stuttgart 7.6.1972, NJW 1972, 2146; BGH 21.11.1978, NJW 1979, 882; OLG Hamm 23.12.1982, NStZ 1983, 232; RK-*Kemper* 84b zu § 399; s. auch *Dörr* NJW 1984, 2261). Mittlerweile hat sich aber zu Recht die Auffassung durchgesetzt, es sei sachgerechter, auch in diesen Fällen § 98 II 2 StPO singemäß anzuwenden (BGH 7.12.1998, BGHSt 44, 265; Kohlmann/*Hilgers-Klautzsch* 352 zu § 385; *Schroth* StV 1999, 119 mwN). Dies gilt zunächst für Fälle, in denen die Durchsuchung wegen Gefahr im Verzug von der Fahndung angeordnet worden war und es zu Kritik an „Art und Weise" der Durchsuchung kam, dem Betroffenen etwa der Anruf bei seinem Anwalt verwehrt wurde. Der BGH wendet die Bestimmung aber mittlerweile auch bei richterlich angeordneten Maßnahmen an, „wenn die beanstandete Art und Weise des Vollzugs nicht ausdrücklicher und evidenter Bestandteil der richterlichen Anordnung war" (BGH 25.8.1999, BGHSt 45, 183; BGH 13.10.1999, wistra 2000, 26). 189

Damit hat sich eine deutliche Verschiebung vom OLG zu den Amtsgerichten ergeben. Dies mag prozessökonomisch sein, wird aber die Qualität der Entscheidungen kaum fördern. Insbesondere besteht die Gefahr, dass in diesem Bereich noch mehr Land(gerichts)recht entsteht. § 23 EGGVG bleibt anwendbar, soweit etwa die Verweigerung der Akteneinsicht zu überprüfen ist. 190

Wird auf den Rechtsbehelf (§ 98 II 2 StPO) bzw. auf die Beschwerde die Unzulässigkeit der Durchsuchung oder Beschlagnahme festgestellt, ist zu unterscheiden. Sofern die Angelegenheit „erledigt" ist, bleibt es bei dieser Feststellung. Sofern die Wirkungen der Maßnahme noch andauern (Durchsicht der Papiere, Beschlagnahmeanordnung), sind weitere Maßnahmen nicht mehr möglich bzw. bereits durchgeführte Maßnahmen im Grundsatz rückgängig zu machen. Davon unberührt bleibt jedoch die Möglichkeit, eine neue Beschlagnahme durchzuführen, die den Makel der angefochtenen Beschlagnahme nicht trägt. Zum Akteneinsichtsrecht zur Begründung des Rechtsbehelfs vgl. LG Saarbrücken 12.11.1998, wistra 1999, 116. 191

Für heimliche Ermittlungsmaßnahmen (§§ 98a, 99, 100a, 100c–100i, 110a, 163d – 163f) sieht § 101 StPO nunmehr explizit die nachträgliche Überprüfung der Rechtmäßigkeit der Maßnahme sowie der Art und Weise ihres Vollzugs vor (§ 101 VII 2 StPO). 192

Nach Verfahrensabschluss ist die FinB nicht mehr Justizbehörde iS des § 23 I EGGVG. Gegen Maßnahmen, etwa eine Versagung der Akteneinsicht, ist daher der Rechtsweg nach § 33 I FGO eröffnet (OLG Karlsruhe 6.3.1978, NJW 1978, 1339; BFH 2.12.1976, NJW 1978, 78; Erbs/Kohlhaas/*Hadamitzky*/*Senge* AO § 399 Rn. 11; TK-*Seer* 66 zu § 33 FGO). Zum Rechtsschutz bei Versagung der Akteneinsicht vgl. OLG Frankfurt a. M. 22.3.1993, StV 1993, 297; OLG Hamm 21.11.1991, StV 1993, 299. 193

§ 400 Antrag auf Erlass eines Strafbefehls

Bieten die Ermittlungen genügenden Anlass zur Erhebung der öffentlichen Klage, so beantragt die Finanzbehörde beim Richter den Erlass eines Strafbefehls, wenn die Strafsache zur Behandlung im Strafbefehlsverfahren geeignet erscheint; ist dies nicht der Fall, so legt die Finanzbehörde die Akten der Staatsanwaltschaft vor.

Schrifttum: *Lohmeyer,* Das Strafbefehlsverfahren bei Steuervergehen, StB 1973, 193; *ders.,* Das Strafbefehlsverfahren bei Zoll- und Verbrauchsteuervergehen, ZfZ 1974, 9; *Rieß,* Der Hauptinhalt des Ersten Gesetzes zur Reform des Strafverfahrensrechts, NJW 1975, 81; *Gehre,* Zur Wirksamkeit eines von einem Steuerberater gegen einen Strafbefehl eingelegten Einspruchs, DStR 1976, 601; *Achenbach,* Neue Impulse bei der Rechtskraft des Strafbefehls, ZRP 1977, 86; *Benkendorff,* Das Strafbefehlsverfahren bei Zoll- und Verbrauchsteuervergehen nach der neuen AO, ddz 1977, F 65; *Sailer,* Anklageerhebung und Gleichbehandlung, NJW 1977, 1138; *Groth,* Die Rechtskraft des Strafbefehls, NJW 1978, 197; *Achenbach,* Der BGH zur Rechtskraft des Strafbefehls – causa finita? NJW 1979, 2021; *Vent,* Zur Frage der Korrektur eines rechtswidrigen, aber rechtskräftigen Strafbefehls, JR 1980, 400; *Schmidt-Hieber,* Vereinbarungen im Strafverfahren, NJW 1982, 1017; *App,* Rechtskraftwirkung von Strafbefehlen bei Steuerhinterziehung, DStR 1984, 651; *Keller/Schmid,* Möglichkeiten einer Verfahrensbeschleunigung in Wirtschaftsstrafsachen, wistra 1984, 201; Heller/*Schmied,* Strafbefehlsverfahren und „Vereinbarungen" im Strafverfahren, wistra 1984, 207; *Groth,* Ein Dogma fällt – Das BVerfG zur Rechtskraft des Strafbefehls, MDR 1985, 716; *App,* Rechtskraftwirkung von Strafbefehlen bei Steuerhinterziehung, DStR 1986, 651; 133; *Kirch,* Das Strafbefehlsverfahren nach dem StVÄG 1987, Diss. Köln 1987; *Meurer,* Der Strafbefehl, JuS 1987, 882; *Meyer-Goßner,* Das Strafverfahrensänderungsgesetz 1987, NJW 1987, 1161; *Rieß/Hilger,* Das neue Strafverfahrensrecht, NStZ 1987, 145 ff., 204 ff.; *Rieß,* Zweifelsfragen zum neuen Strafbefehlsverfahren, JR 1988; *App,* Fehlende Kompetenz der Finanzbehörde zur Einstellung eines Steuerstrafverfahrens mangels Tatverdachts?, wistra 1990, 261; *Schaal,* Hinreichender Tatverdacht oder richterliche Überzeugungsbildung für den Strafbefehlserlaß?, Meyer–GedS 1990, 427; *Greßmann,* Strafbefehlsverfahren mit Auslandsberührung, NStZ 1991, 216; *K.J. Müller,* Das Strafbefehlsverfahren (§§ 407 ff. StPO), 1993; *Siegismund/Wickern,* Das Gesetz zur Entlastung der Rechtspflege, wistra 1993, 81, 136; *Hohendorf,* Zuständigkeit des Schöffengerichts zum Erlaß eines Strafbefehls, wistra 1994, 294; *Fuhse,* Ist das Schöffengericht durch § 25 Nr. 2 GVG gehindert, Strafbefehle zu erlassen, Erledigungen im beschleunigten Verfahren vorzunehmen, kann es bei Straferwartung unter 2 Jahren Freiheitsstrafe angerufen werden?, NStZ 1995, 165; *Burkhardt,* Der Strafbefehl in Steuerstrafsachen, 1997; *Dißars,* Der Antrag auf Erlaß eines Strafbefehls als Abschluß eines Steuerstrafverfahrens, wistra 1997, 331; *Joecks,* Erledigung von Steuerstrafverfahren, StraFo 1997, 2; *Burhoff,* Der Strafbefehl im Steuerstrafverfahren, PStR 1999, 52; *Ranft,* Grundzüge des Strafbefehlsverfahrens, JuS 2000, 633; *Fleig,* Der Strafbefehl im Beamtenrecht und im Disziplinarrecht, ZBR 2000, 121; *Wölfl,* Aus der Praxis – Der Strafbefehl gegen den Heranwachsenden, JuS 2002, 75; *Weßlau,* Absprachen im Strafverfahren, ZStW 116 (2004), 150; *Fleindl,* Das Erste Justizmodernisierungsgesetz – Änderungen der StPO, JA 2005, 371; *I. M. Meyer,* Erledigung von Steuerstrafverfahren außerhalb einer Hauptverhandlung – Praxishinweise; DStR 2005, 1477; *Neuhaus,* Die Änderungen der StPO durch das Erste Justizmodernisierungsgesetz vom 24.8.2004, StV 2005, 47; *Rolletschke,* Verteidigung im Steuerstrafrecht, Stbg 2005, 404; *Vogelberg,* Zuständigkeit und Befugnisse der Finanzverwaltung, PStR 2005, 20; *Hentschel,* Staatsanwalt und Polizist in Personalunion?, NJW 2006, 2300; *Loos,* Probleme des neuen Adhäsionsverfahrens, GA 2006, 195; *Kropp,* Erweiterung des schriftlichen Einspruchsverfahrens bei Strafbefehlen, ZRP 2007, 46, *Mitsch,* Der Strafklageverbrauch des rechtskräftigen Strafbefehls, NZV 2013, 63.

Übersicht

1. Entstehungsgeschichte

1 **§ 400 AO 1977** geht zurück auf § 435 RAO; mit der AO 1977 wurden lediglich die Begriffe „Finanzamt" in „Finanzbehörde" und „Amtsgericht" in „Richter" geändert. **§ 435**

RAO wurde durch Art. 1 Nr. 1 AOStrafÄndG v. 10.8.1967 (BGBl. I 877) eingefügt. Vorläufer waren die Regelungen der RAO über die Strafbefugnisse der Finanzämter (§§ 410, 412 I RAO 1919; §§ 445, 447 I RAO 1931), die das BVerfG mit Urteil v. 6.6.1967 (BVerfGE 22, 49) für verfassungswidrig erklärt hat (ausf. Einl 70 ff.).

2. Zweck und Bedeutung der Vorschrift

§ 400 AO ergänzt die **Regelungen über die selbstständige Ermittlungsbefugnis der FinB** (§ 386 II, § 399 AO). Nach Durchführung der Ermittlungen kann die FinB das Verfahren mangels Tatverdachts (§ 170 II 1 StPO) oder wegen Geringfügigkeit, ggf. mit Zustimmung des Gerichts (§ 398; §§ 153, 153a StPO) einstellen. Besteht genügender Anlass zur Erhebung der Anklage, muss die FinB die Sache an die StA abgeben. § 400 AO gibt jedoch der FinB zum Zwecke der Verfahrensbeschleunigung und zur Entlastung der StA das Recht, das Ermittlungsverfahren ggf. selbstständig mit dem Strafbefehlsantrag abzuschließen. Ergänzt wird § 400 AO durch § 406 I AO (Rn. 3 ff. zu § 406). 2

Ebenso wie die **Einstellung nach § 153a StPO** (Rn. 7 zu § 398) hat das Strafbefehlsverfahren zT die Funktion des früheren Unterwerfungsverfahrens (Rn. 2 zu § 399) übernommen (vgl. Kohlmann/*Hilgers-Klautzsch* 7 f. zu § 400). Zwar muss der Beschuldigte nicht vor Beantragung des Strafbefehls zu dessen Inhalt gehört werden (§ 407 III StPO; KMR-*Metzger* 37 zu § 407 StPO). Indessen sind Strafbefehle mit höheren Strafen oftmals das Ergebnis von „Verhandlungen" zwischen StA, FinB und Gericht einerseits, Beschuldigtem und Verteidiger andererseits (ebenso HHSp-*Hellmann* 6 zu § 400). Diese Tendenz wird durch die erweiterte Einstellungsbefugnis der FinB (Rn. 4 ff. zu § 398) ebenso verstärkt, wie durch die erweiterten Bestrafungsmöglichkeiten, die mit dem Rechtspflegeentlastungsgesetz geschaffen wurden (Rn. 10; zur tatsächlichen Verständigung vgl. Rn. 150 ff. zu § 404). 3

3. Genügender Anlass zur Erhebung der öffentlichen Klage

Ein genügender Anlass zur Erhebung der öffentlichen Klage besteht, wenn der Beschuldigte der betreffenden Steuerstraftat (Rn. 5 zu § 399) hinreichend verdächtig ist (LR-*Gössel* 47 zu § 407 StPO). Es handelt sich um eine Prognose: Nach dem gesamten Akteninhalt muss bei vorläufiger Tatbewertung (BGH 22.7.1970, BGHSt 23, 304, 306) die Verurteilung des Beschuldigten wahrscheinlich sein (Erbs/Kohlhaas/*Hadamitzky/Senge* AO § 400 Rn. 3, Schwarz/Pahlke/*Klaproth* 11 zu § 400 AO; vgl. auch *Sailer* NJW 1977, 1138). 4

Bei der Beurteilung der Wahrscheinlichkeit ist zwar der Grundsatz in dubio pro reo nicht unmittelbar anwendbar; zu berücksichtigen ist aber, ob die Beweismittel für eine Verurteilung in der Hauptverhandlung ausreichen werden (*Meyer-Goßner/Schmitt* StPO § 203 Rn. 2; Klein/*Jäger* AO § 400 Rn. 3; s. auch AStBV 84; *Dißars* wistra 1997, 331, 332 f.). 5

Fehlt die Wahrscheinlichkeit einer Verurteilung, ist das Verfahren gem. § 170 II 1 StPO einzustellen. Diese Befugnis steht der Finanzbehörde zu (vgl. aber *App* wistra 1990, 261). Kein genügender Anlass besteht auch, wenn Verfahrenshindernisse der Verurteilung entgegenstehen (Verjährung, Eingreifen des § 32 ZollVG) oder eine Einstellung nach § 398 AO, §§ 153, 153a StPO geboten ist (ähnl. HHSp-*Hellmann* 17 zu § 400). 6

4. Antrag auf Erlass eines Strafbefehls

Kommt nach Abschluss der Ermittlungen eine Einstellung des Verfahrens nicht in Betracht, besteht also genügender Anlass zur Erhebung der öffentlichen Klage, dann muss die FinB (nicht die Zoll- oder Steuerfahndung; s. Rn. 124 zu § 399 sowie Rn. 89 zu § 404) die Akten der StA zur weiteren Erledigung übersenden (§ 400 Halbs. 2). Anders ist dies, *„wenn die Sache zur Behandlung im Strafbefehlsverfahren geeignet erscheint";* dann beantragt die FinB den Erlass eines Strafbefehls. Geboten erscheint, dass der Antrag von einem 7

Beamten unterzeichnet wird, der die Befähigung zum Richteramt (AG Braunschweig v. 8.11.1994, wistra 1995, 34; vgl. auch wistra 1992, 243 und BVerfG 5.5.1994, wistra 1994, 263), oder aber eine dem Amtsanwalt (dazu *Grohmann* ZRP 1986, 166, 167) vergleichbare rechtliche Ausbildung hat (vgl. BVerfG 14.3.1996, wistra 1996, 225; HHSp-*Hellmann* 7 zu § 400).

8 **a) Eignung zur Erledigung. Eine Erledigung im Strafbefehlsverfahren** setzt voraus, dass Gegenstand des Verfahrens ein Vergehen iS des § 12 I StGB ist (§ 407 I StPO). Bei den § 399 AO unterliegenden Taten ist dies immer der Fall; auch die Steuerhinterziehung in einem besonders schweren Fall (§ 370 III) ist Vergehen (§ 12 III StGB).

9 Zudem muss nach Ansicht der FinB für die Ahndung dieser Steuerstraftat eine (oder mehrere) der in § 407 II StPO vorgesehenen Rechtsfolgen in Betracht kommen, die im Strafbefehlsantrag aufgeführt werden müssen (§ 408 I 1 StPO).

10 **Nach der Änderung des § 407 II 2 StPO** durch das Rechtspflegeentlastungsgesetz steht dabei neben der Geldstrafe auch die Sanktion der Freiheitsstrafe auf Bewährung zur Verfügung (Rn. 14). Die von der Finanzbehörde im Strafbefehlsantrag vorzuschlagende Sanktion ist nach Maßgabe der §§ 46, 47, 56 ff. StGB zu bestimmen. Hält die Finanzbehörde die Verhängung einer Geldstrafe für ausreichend und erforderlich, ist diese nach § 40 StGB zu bemessen: Zunächst ist entsprechend den Grundsätzen der Strafzumessung (§ 46 StGB) die Anzahl der Tagessätze (mindestens 5, höchstens 360) festzulegen. Danach ist anhand der Einkommensverhältnisse des Beschuldigten die Höhe des einzelnen Tagessatzes (1 bis 5 000 EUR, seit 4.7.2009: 30 000 EUR) zu ermitteln. Die Spannbreite der zu beantragenden Geldstrafe liegt also zwischen 5 Tagessätzen je 1 EUR und 360 Tagessätzen je 30 000 EUR (Rn. 127 zu § 369). Tatsächlich wird bei einer sehr geringen Tagessatzzahl oftmals eine Einstellung nach § 398 AO oder § 153a StPO in Betracht kommen (Rn. 22 zu § 398). Bei einer sehr hohen Tagessatzzahl wird die Sache zur Erledigung im Strafbefehlsverfahren vielfach nur geeignet sein, wenn eine „Unterwerfung" des Beschuldigten zu erwarten ist, weil das Strafmaß praktisch „ausgehandelt" wurde (Rn. 3; Rn. 150 ff. zu § 404).

11 **Hat der Beschuldigte mehrere Steuerstraftaten begangen,** die in Tatmehrheit (§ 53 StGB) zueinander stehen, so ist die Sanktion für jede Tat gesondert festzulegen und danach eine Gesamtstrafe zu bilden (§ 54 StGB). Hier ist dann eine Gesamtgeldstrafe von bis zu 720 Tagessätzen möglich (§ 54 II 2 StGB).

12 Da bei **Uneinbringlichkeit der Geldstrafe** an deren Stelle eine Ersatzfreiheitsstrafe tritt, bei der ein Tagessatz einem Tag Freiheitsstrafe entspricht (§ 43 StGB), hat die FinB mittelbar die Möglichkeit, Strafen von bis zu einem Jahr, in den Fällen der Rn. 11 bis zu zwei Jahren, zu erwirken.

13 Beim **Antrag auf Verhängung einer Geldstrafe** hat die FinB die Möglichkeit einer Gewährung von Zahlungserleichterungen zu prüfen (§ 42 StGB); diese sind namentlich bei hohen Tagessatzzahlen geboten.

14 Nach der Änderung des § 407 II StPO durch das Rechtspflegeentlastungsgesetz besteht nunmehr auch die Möglichkeit, im Strafbefehlswege **Freiheitsstrafen bis zu einem Jahr** festzusetzen, wenn deren Vollstreckung zur Bewährung ausgesetzt wird (§ 407 II 2 StPO) und der Beschuldigte einen Verteidiger hat. Da Freiheitsstrafen bis zu sechs Monaten nur in Ausnahmefällen in Betracht kommen (§ 47 StGB), wird der Antrag auf Verhängung einer Freiheitsstrafe im Wege des Strafbefehls regelmäßig (nur) in Betracht kommen, wenn der Verhängung einer hohen Geldstrafe etwa einschlägige Vorstrafen des Täters entgegenstehen. Hat der Beschuldigte keinen Verteidiger, muss ihm ein Pflichtverteidiger bestellt werden (Klein/*Jäger* AO § 400 Rn. 6).

15 **Geldstrafe neben Freiheitsstrafe** ist nach § 41 StGB zulässig. Da mehrere der im Strafbefehlsverfahren zulässigen Sanktionen nebeneinander verhängt werden können und *„auch"* (§ 407 II 2 StPO) Freiheitsstrafe verhängt werden kann, kann im Strafbefehlswege auch neben der Freiheitsstrafe eine Geldstrafe verhängt werden. Damit besteht die Möglichkeit, Sanktionen von mehr als einem Jahr Freiheitsstrafe bzw. den entsprechenden Tages-

sätzen im Strafbefehlswege zu verhängen, wenn etwa ein Fall tatmehrheitlicher Tatbegehung vorliegt und der Täter sich – was im Steuerstrafrecht regelmäßig der Fall ist – durch die Tat bereichert hat (vgl. § 41 StGB). Dass die damit mögliche Menge an Sanktion regelmäßig nur dann nicht auf den Widerstand des Betroffenen stoßen wird, wenn die Rechtsfolgen mit ihm zuvor besprochen sind, liegt auf der Hand. Die damit geschaffene Möglichkeit der *„diskreten"* Erledigung mittlerer Kriminalität ohne jegliche Transparenz ist nicht unproblematisch.

Nach RiStBV 175 II soll der Erlass eines Strafbefehls nur beantragt werden, wenn der Aufenthalt des Beschuldigten bekannt ist, so dass in der regelmäßigen Form zugestellt werden kann. Nr. 84 III AStBV [St] 2014 (BStBl. I 2013, 1395; zur Wirksamkeit Rn. 14 zu § 385) verzichtet auf dieses Erfordernis.. Daraus wird man jedoch nicht schließen können, dass in Steuerstrafsachen Strafbefehlsanträge auch dann erfolgen sollen, wenn der Aufenthalt des Beschuldigten unbekannt ist. Im Übrigen bleibt es bei der Grundregel (AStBV [St] 84 III 3 und 4, RiStBV 175 III), dass von dem Antrag auf Erlass eines Strafbefehls nur abgesehen werden soll, wenn die vollständige Aufklärung aller für die Rechtsfolgenbestimmung wesentlichen Umstände oder Gründe der Spezial- oder Generalprävention die Durchführung einer Hauptverhandlung geboten scheinen lassen. Dass ein Einspruch zu erwarten ist, soll den Strafbefehlsantrag nicht hindern (RiStBV 175 III 4). 16

Im Strafbefehlsverfahren wegen einer Steuerstraftat können weiterhin angeordnet werden: 17

- *die Verwarnung mit Strafvorbehalt* (§ 59 StGB); gegen den Täter, gegen den eine Geldstrafe von bis zu 180 Tagessätzen zu verhängen wäre, wird die Verurteilung zu einer entsprechenden Strafe vorbehalten, also praktisch zu einer Geldstrafe auf Bewährung verurteilt (Kohlmann/*Hilgers-Klautzsch* 76 zu § 400);
- das Absehen von Strafe (§ 60 StGB);
- *das Fahrverbot* (§ 44 StGB) *und die Entziehung der Fahrerlaubnis* (§§ 69–69b StGB). Diese Nebenstrafe bzw. Maßregel der Besserung und Sicherung wird für die FinB allenfalls bei Schmuggel in Betracht kommen (Kohlmann/*Hilgers-Klautzsch* 77 zu § 400);
- die Einziehung und der Verfall (Rn. 3 f. zu § 401);
- Vernichtung, Unbrauchbarmachung und deren Bekanntmachung;
- *die Geldbuße gegen eine juristische Person oder Personenvereinigung* (Rn. 19 zu § 401) bzw. Geldbußen wegen sonstiger, mit der Steuerstraftat eine Tat (§ 264 StPO) bildende Ordnungswidrigkeiten (Kohlmann/*Hilgers-Klautzsch* 81 zu § 400; siehe Rn. 43 ff. zu § 377).

Allein oder nebeneinander können die Rechtsfolgen festgesetzt werden. Entscheidend sind dabei die Regelungen des materiellen Rechts (HHSp-*Hellmann* 32 zu § 400). So darf ein Fahrverbot oder die Entziehung der Fahrerlaubnis nicht neben der Verwarnung mit Strafvorbehalt, sondern nur neben einer Geldstrafe angeordnet werden (§ 59 III StGB; Kohlmann/*Hilgers-Klautzsch* 96 zu § 400; aM *Schöch* JR 1978, 75). Die isolierte Anordnung von Einziehung und Verfall muss im objektiven Verfahren nach § 401 AO iVm § 440 StPO erfolgen (Rn. 3 ff. zu § 401). 18

Anders als § 407 StPO (*„kann bei Vergehen die Strafe durch schriftlichen Strafbefehl … festgesetzt werden"*) spricht § 400 AO davon, dass die FinB den Erlass eines Strafbefehls beantragt, wenn die Sache zur Behandlung im Strafbefehlsverfahren geeignet erscheint. Bei § 407 StPO besteht also (für das Gericht) ein Ermessen. § 400 AO gibt dieses Ermessen nicht (arg. „beantragt"). Die FinB hat jedoch hinsichtlich der Eignung zur Erledigung einen Beurteilungsspielraum (zust. HHSp-*Hellmann* 34, Kohlmann/*Hilgers-Klautzsch* 56 zu § 400). Einen Anspruch auf Erledigung im Strafbefehlsverfahren hat der Beschuldigte nicht (Kohlmann/*Hilgers-Klautzsch* 56 zu § 400). 19

Gegen Jugendliche darf ein Strafbefehl nicht beantragt oder erlassen werden (§ 79 I JGG). Gegen einen Heranwachsenden ist ein Strafbefehl ausnahmsweise zulässig, wenn er in seiner Entwicklung einem Erwachsenen gleichsteht (§ 105 iVm § 109 II 1 JGG). Regel- 20 mäßig ist das Strafbefehlsverfahren hier aber unangemessen (ähnl. HHSp-*Hellmann* 22 zu § 400 und Erbs/Kohlhaas/*Hadamitzky/Senge* AO § 400 Rn. 5). Gegen einen sprachunkundigen Ausländer ist ein Strafbefehl zwar zulässig, diesem ist er jedoch mit einer Übersetzung in einer ihm verständlichen Sprache bekanntzugeben (RiStBV 181; RK-*Schützeberg* 13 zu § 400). Dies muss die Rechtsbehelfsbelehrung umfassen (BVerfG 10.6.1975, BVerfGE 40, 95; RK-*Schützeberg* 13 zu § 400).

b) Antragsinhalt

§ 409 StPO [Inhalt des Strafbefehls]

(1) [1] Der Strafbefehl enthält

1. die Angaben zur Person des Angeklagten und etwaiger Nebenbeteiligter,
2. den Namen des Verteidigers,
3. die Bezeichnung der Tat, die dem Angeklagten zur Last gelegt wird, Zeit und Ort ihrer Begehung und die Bezeichnung der gesetzlichen Merkmale der Straftat,
4. die angewendeten Vorschriften nach Paragraph, Absatz, Nummer, Buchstabe und mit der Bezeichnung des Gesetzes,
5. die Beweismittel,
6. die Festsetzung der Rechtsfolgen,
7. die Belehrung über die Möglichkeit des Einspruchs und die dafür vorgeschriebene Frist und Form sowie den Hinweis, daß der Strafbefehl rechtskräftig und vollstreckbar wird, soweit gegen ihn kein Einspruch nach § 410 eingelegt wird.

[2] Wird gegen den Angeklagten eine Freiheitsstrafe verhängt, wird er mit Strafvorbehalt verwarnt oder wird gegen ihn ein Fahrverbot angeordnet, so ist er zugleich nach § 268a Abs. 3 oder § 268c Satz 1 zu belehren. [3] § 111i Abs. 2 sowie 267 Abs. 6 Satz 2 gelten entsprechend.

(2) …

21 **Der Inhalt des Antrags** auf Erlass eines Strafbefehls (dazu umfassend *Burkhard* 1997) entspricht auch bei der Verfolgung von Steuerstraftaten dem Üblichen. In der Praxis werden Vordrucke benutzt, die alle in § 409 I StPO geforderten Angaben enthalten (Beispiel bei *Schmitz/Tillmann* S. 322). Die Verweisung auf § 268a III, § 268c S. 1 StPO für die Fälle der Verwarnung mit Strafvorbehalt oder der Anordnung eines Fahrverbots bedeutet, dass der Täter über Einzelheiten der Bewährungszeit bzw. über den Beginn des Fahrverbots zu belehren ist. Der Verweis auf § 267 VI 2 StPO (in § 409 S. 3 StPO) bedeutet, dass das Absehen von der Fahrerlaubnisentziehung nach § 69 StGB oder von der Verhängung einer isolierten Sperre nach § 69a I 3 StGB zu begründen ist, weil die Verwaltungsbehörde nach § 4 III 1 StVG an die Entscheidung im Strafverfahren gebunden ist. Eine formelhafte Begründung soll ausreichen (*Meyer-Goßner/Schmitt* StPO § 409 Rn. 11). Der Verweis auf § 111i II StPO stellt klar, dass auch im Strafbefehlsverfahren Feststellungen zum Auffangrechtserwerb des Staates zulässig sind (vgl. *Meyer-Goßner/Schmitt* StPO § 409 Rn. 11).

22 Der Strafbefehlsantrag wird regelmäßig in der Form gestellt, dass die Strafsachenstelle bzw. der Staatsanwalt einen Strafbefehlsentwurf einreicht und beantragt, einen Strafbefehl diesen Inhalts zu erlassen. Dem Entwurf ist die zur Zustellung des Strafbefehls und die für etwa vorgeschriebene Mitteilungen nötige Zahl von Durchschlägen beizufügen (RiStBV 176; HHSp-*Hellmann* 53 zu § 400).

23 **Der Antrag** hat den bzw. die Beschuldigten, die ihm/ihnen zu Last gelegte Tat, Zeit und Ort ihrer Begehung, die gesetzlichen Merkmale der Straftat und die anzuwendenden Strafvorschriften zu bezeichnen (§ 200 I 2 StPO), ferner die Beweismittel und ggf. den Verteidiger anzugeben (§ 200 I 2 StPO). Die Bezeichnung der Tat erfordert eine Konkretisierung des Tatvorwurfs. *Tat* ist das Tatgeschehen als historischer Vorgang, in dem die strafbare Handlung gesehen wird. Dieses ist durch Angabe bestimmter Tatumstände so genau zu bezeichnen, dass keine Unklarheit darüber möglich ist, welche Handlungen dem Beschuldigten zur Last gelegt werden (HHSp-*Hellmann* 42, Schwarz/Pahlke/*Klaproth* 19 zu § 400 AO). Bei einem Strafbefehl wegen Steuerhinterziehung erfordert dies die – wenn auch kurze – Darstellung der tatsächlichen Grundlagen des materiellen Steueranspruchs über

dessen Verkürzung entschieden werden soll, die Angabe, durch welches Täterverhalten und welchen in Frage kommenden Steuerabschnitt/Veranlagungszeitraum die Erklärungs- und/oder Anmeldepflichten verletzt wurden und den Vergleich der gesetzlich geschuldeten Steuer (Sollsteuer) mit derjenigen, die aufgrund der unrichtigen oder unvollständigen Angaben des Täters gegenüber der Behörde nicht, nicht in voller Höhe oder nicht rechtzeitig angemeldet oder festgesetzt wurden (Iststeuer) (OLG Düsseldorf 26.5.1988, wistra 1988, 365; OLG Düsseldorf 30.10.1990, wistra 1991, 32; Kohlmann/*Hilgers-Klautzsch* 105, RK-*Schützeberg* 17 zu § 400; *Bilsdorfer* StBp 1989, 23; vgl. auch OLG Düsseldorf 26.4.1994, wistra 1994,318). Zweifelhaft ist dabei, inwiefern ein Strafbefehl bzw. Anklage und Eröffnungsbeschluss unwirksam sind, wenn nur die Höhe der durch die jeweilige Hinterziehungshandlung verkürzten Steuer, nicht aber deren Berechnung durch den Vergleich der gesetzlich geschuldeten Steuer mit der tatsächlich festgesetzten mitgeteilt ist (so OLG Düsseldorf aaO; aM BayObLG 24.3.1992, wistra 1992, 238; s. auch OLG Karlsruhe 17.2.1994, wistra 1994,319; BGH 22.2.1995, wistra 1995, 265; BGH 9.2.2012, BGHSt 57, 138; zum Bußgeldbescheid OLG Düsseldorf 3.8.2007, NStZ-RR 2008, 51).

Gegen mehrere Beschuldigte ist ein einziger Strafbefehl(santrag) zulässig (HHSp-*Hellmann* 41, Kohlmann/*Hilgers-Klautzsch* 115 zu § 400). Das Gericht kann dann entscheiden, ob die beantragten Rechtsfolgen entweder in einem Strafbefehl gegen die mehreren Beschuldigten zusammengefasst festgesetzt werden oder das Verfahren trennen und gesonderte Strafbefehle erlassen (HHSp-*Hellmann* 41, Kohlmann/*Hilgers-Klautzsch* 115 zu § 400). 24

c) Zuständigkeit. Sachlich zuständig ist das Amtsgericht (§ 407 I StPO). Gegebenenfalls ist dies das AG iS des § 391 II, 3 AO, da hier das Erkenntnisverfahren beginnt (Rn. 12 zu § 391 AO). Angesichts der Strafgewalt des Amtsrichters von zwei Jahren ist regelmäßig dieser zuständig (vgl. §§ 24, 25 GVG), bei Heranwachsenden (Rn. 20) der Jugendrichter. Eine Zuständigkeit des Schöffengerichts besteht nicht mehr (*Burkhard* 1997, 88; *Fischer* NJW 1996, 1044; aM *Hohendorf* wistra 1994, 294; *ders.* NJW 1995, 1454; *Fuhse* NStZ 1995, 166; Schwarz/Pahlke/*Klaproth* 25 zu § 400 AO) bzw. nur noch nach § 408a StPO (vgl. auch *Ranft* JuS 2000, 633, 636). Die örtliche Zuständigkeit richtet sich nach § 391 AO. Die StA hat bei mehreren örtlich zuständigen Gerichten ein praktisch nicht überprüfbares Wahlrecht (OLG Frankfurt a. M. 23.1.2014, NZWiSt 2014, 109). 25

d) Verfahren. Der zuständige Richter prüft den Antrag. Hat er keine Bedenken, wird der Strafbefehl antragsgemäß erlassen und dem Angeschuldigten zugestellt (§ 409 StPO iVm § 36 I StPO). Eine vorherige Anhörung ist nicht geboten (§ 407 III StPO), aber durchaus möglich (so zu Recht HHSp-*Hellmann* 63 zu § 400). Soll Freiheitsstrafe verhängt werden, ist dem Angeschuldigten ein Verteidiger zu bestellen (§ 408b StPO). Legt der Angeschuldigte keinen Einspruch (Rn. 29) ein, wird der Strafbefehl rechtskräftig (§ 410 StPO). Ist Einspruch eingelegt, wird ein Termin zur Hauptverhandlung anberaumt (§ 411 StPO). Damit endet die alleinige Sachbefugnis der FinB (§ 406 I AO; Rn. 3 ff. zu § 406). 26

Will der Richter den Strafbefehl nicht antragsgemäß erlassen, so wird er seine abweichende Beurteilung, etwa hinsichtlich des Strafmaßes, der FinB mitteilen (vgl. § 408 II StPO und *Lohmeyer* S. 102). Die FinB kann dann unter Umständen den Antrag zurücknehmen (vgl. HHSp-*Hellmann* 55 zu § 400). Der Richter kann aber auch, weil ihm die Sache zur Behandlung im Strafbefehlsverfahren ungeeignet erscheint, sofort einen Termin zur Hauptverhandlung anberaumen. Damit ist die selbstständige Ermittlungsbefugnis der FinB, die insoweit auch kein Beschwerderecht hat, beendet (HHSp-*Hellmann* 71 zu § 400) und die FinB auf ihre Mitwirkungsrechte nach § 407 AO beschränkt (Rn. 5 ff. zu § 407). 27

Lehnt das AG den Erlass des Strafbefehls ab, steht der FinB hiergegen die sofortige Beschwerde entsprechend § 210 II StPO zu (HHSp-*Hellmann* 65 und Kohlmann/*Hilgers-Klautzsch* 145 zu § 400; Rn. 6 zu § 406). 28

e) Rechtsbehelfe des Angeklagten. Rechtsbehelf gegen den Strafbefehl ist der Einspruch, der schriftlich oder zu Protokoll der Geschäftsstelle innerhalb von zwei Wochen ab 29

Zustellung einzulegen ist (§ 409 I Nr. 7, § 410 I StPO; zum Strafbefehl mit Auslandsberührung s. *Greßmann* NStZ 1991, 216). Zweifel hinsichtlich des Zeitpunktes der Zustellung wirken zu Gunsten des Beschuldigten (BayObLG 9.12.1965, NJW 1966, 947).

30 **Die Beschränkung des Einspruchs** auf bestimmte Beschwerdepunkte ist bis zur Verkündung des Urteils im ersten Rechtszug in gleichem Maße möglich wie die Beschränkung einer Berufung oder Revision. Diese Beschränkung kann noch in der Hauptverhandlung erklärt werden (*Meyer-Goßner/Schmitt* StPO § 410 Rn. 4). Die Beschränkung auf den Rechtsfolgenausspruch ist unwirksam, wenn die Feststellungen zum Schuldspruch so knapp und unzulänglich sind, dass sie keine ausreichende Grundlage für die Prüfung des Rechtsfolgenausspruchs bieten (*Rieß/Hilger* NStZ 1987, 205).

31 **Der Einspruch kann bis zur Verkündung des Urteils im ersten Rechtszug zurückgenommen werden** (§ 411 III StPO). Nach § 303 StPO ist hierzu die Zustimmung der StA nötig, sobald die Hauptverhandlung begonnen hat. Auch die StA kann nach Beginn der Verhandlung den Strafbefehlsantrag nur noch mit Zustimmung des Angeklagten zurücknehmen. Bei Anträgen gem. § 408a StPO ist die Rücknahme gänzlich ausgeschlossen (§ 411 III 2 StPO). Bei unentschuldigtem Ausbleiben des Angeklagten in der Verhandlung über seinen Einspruch kann der Einspruch verworfen und der Strafbefehl damit rechtskräftig werden (§ 412 StPO). Zu den Beteiligungsrechten der FinB s. Rn. 5 ff. zu § 407.

32 **Das Verbot der** *reformatio in peius* gilt für das Strafbefehlsverfahren nicht (§ 411 IV StPO). Der Richter ist auch nicht gezwungen, auf die Absicht hinzuweisen, die Strafe gegenüber dem Strafbefehl zu schärfen (OLG Hamm 6.12.1979, NJW 1980, 1587; *Meyer-Goßner/Schmitt* StPO § 411 Rn. 11).

33 **Ist nach Verhandlung über den Einspruch ein Urteil ergangen,** steht dieses anderen erstinstanzlichen Urteilen des AG gleich. Als Rechtsmittel stehen mithin grundsätzlich Berufung (§ 312 StPO) und (Sprung-)Revision (§ 335 StPO) zur Verfügung. Anders als beim objektiven Verfahren nach § 401 AO iVm § 440 StPO ist gegen das Berufungsurteil des LG noch Revision möglich.

34 **f) Rechtskraft. Nach § 410 StPO** erlangt ein Strafbefehl, gegen den nicht rechtzeitig Einspruch eingelegt worden ist, die Wirkung eines rechtskräftigen Urteils. Er ist Grundlage der Strafvollstreckung. Die Eintragung im Bundeszentralregister unterliegt den gleichen Regeln wie bei Urteilen. (Erstmalige) Verurteilungen zu einer Geldstrafe von nicht mehr als neunzig Tagessätzen oder die Verwarnung mit Strafvorbehalt werden nicht in ein allgemeines Führungszeugnis aufgenommen (§ 32 II BZRG; vgl. auch *Pfeiffer* NStZ 2000, 402). Die Rechtskraftwirkung des Strafbefehls sollte nach hM jedoch beschränkt sein, weil die Entscheidung in einem Verfahren ohne Hauptverhandlung zustande gekommen ist (BGH 11.7.1978, BGHSt 28, 29).

35 Nachdem das BVerfG (BVerfG 7.12.1983, BVerfGE 65, 377 m. krit. Anm. *Kühne* JZ 1984, 374) bereits entschieden hatte, dass eine Verschärfung einer Strafe nicht möglich ist, wenn der die Strafschärfung ermöglichende Umstand erst nach Rechtskraft des Strafbefehls eingetreten ist, ist mit dem Inkrafttreten des StVÄG 1987 durch die Neufassung des § 410 III StPO eine völlige Gleichstellung des rechtskräftigen Strafbefehls mit einem rechtskräftigen Urteil normiert worden (s. aber § 373a StPO). Damit wird die unsinnige Situation beseitigt, dass bei einer Einstellung gegen Auflagen nach § 153a StPO eine Verfolgung der Tat als Vergehen nicht mehr möglich war, während nach hM ein Wiederaufgreifen der Sache nach Rechtskraft eines Strafbefehls etwa dann in Betracht kam, wenn sich nach rechtskräftigem Abschluss des Strafbefehlsverfahrens herausstellte, dass der Täter die Steuerhinterziehung unter den erschwerenden Umständen des § 370 Abs. 3 AO begangen hatte (vgl. HHSp-*Hellmann* 72 zu § 400; vgl. auch § 393 Rn. 44). Denkbar ist eine Wiederaufnahme nach § 362 bzw. § 373a StPO, wenn die Steuerhinterziehung mit einem Verbrechen außerhalb des Steuerstrafrechts eine (prozessuale) Tat bildet (HHSp/*Hellmann* 72 zu § 400; Klein/*Jäger* AO § 400 Rn. 15).

Keine Rechtskraft entfaltet ein Strafbefehl, der keine Rechtsfolge enthält (OLG Düsseldorf 30.3.1984, wistra 1984, 200; Kohlmann/*Hilgers-Klautzsch* 189 zu § 400; s. auch *Vent* JR 1980, 400). **36**

Die berufsrechtlichen Konsequenzen einer Ahndung der Tat durch Strafbefehl unterscheiden sich von einer Verurteilung durch ein Strafurteil (Klein/*Jäger* AO § 400 Rn. 17). Anders als Urteile sind Strafbefehle für die Berufsgerichtsbarkeit nicht bindend (vgl. § 118 III BRAO, § 109 III StBerG, § 83 II WPO). Auch der Verlust der Beamtenstellung nach Verurteilung zu einer Freiheitsstrafe von mindestens einem Jahr (§ 41 BBG) greift nicht bei einer Verurteilung durch Strafbefehl (BVerwG 8.6.2000, NJW 2000, 3297). **37**

§ 401 Antrag auf Anordnung von Nebenfolgen im selbständigen Verfahren

Die Finanzbehörde kann den Antrag stellen, die Einziehung oder den Verfall selbständig anzuordnen oder eine Geldbuße gegen eine juristische Person oder eine Personenvereinigung selbständig festzusetzen (§§ 440, 442 Abs. 1, § 444 Abs. 3 der Strafprozessordnung).

Vgl. § 88 II OWiG.

Schrifttum: s. die Angaben zu §§ 375, 377 AO.

Übersicht

1. Entstehungsgeschichte

1 **§ 401 AO 1977** geht zurück auf § 436 RAO, der die Befugnisse des Finanzamts auf *„die Einziehung einer Sache oder des Wertersatzes"* beschränkt hatte. Die Möglichkeit der selbstständigen Festsetzung einer Geldbuße gegen eine juristische Person oder eine Personenvereinigung ist erst mit der AO 1977 eröffnet worden.

§ 436 RAO wurde durch Art. 1 Nr. 1 AOStrafÄndG v. 10.8.1967 (BGBl. I 877) in die AO eingefügt. Im RegE (BT-Drs. V/1812) war eine solche Regelung noch nicht vorgesehen. Regelungen über die Einziehung enthielten zuvor § 386 II, III, § 408 II, § 412 IV RAO 1919 und § 421 II, III, § 443 III, § 447 III RAO 1931. Eine Erweiterung des § 436 RAO 1967 auf die Geldbuße war erstmals im EAO 1974 vorgesehen (§ 385 EAO 1974; BT-Drs. VI/1982, 200).

2. Zweck und Bedeutung der Vorschrift

2 **§ 401 AO erweitert** – ebenso wie § 400 AO – die Befugnisse, die § 386 II und § 399 AO der FinB gewähren. Ebenso wie die FinB nach Abschluss der Ermittlungen einen Strafbefehl beantragen darf, kann sie nach § 401 AO die selbstständige Anordnung der Einziehung und des Verfalls (1. Alt.) bzw. die Festsetzung einer Geldbuße gegen eine juristische Person oder eine Personenvereinigung (2. Alt.) beantragen. Diese Befugnis soll der Beschleunigung des Verfahrens und der Entlastung der StA dienen (zust. Klein/*Jäger* AO § 401 Rn. 1; zT anders HHSp-*Hellmann* 5 zu § 401). Ergänzt wird § 401 AO durch § 406 II AO (Rn. 9f. zu § 406); im Vorfeld sind die §§ 111b, 111c StPO (Rn. 92f. zu § 399) zu beachten. Größere praktische Bedeutung hat die Vorschrift nicht, zumal ein Teil der Fälle von § 394 AO erfasst wird (Schwarz/Pahlke/*Klaproth* 1 zu § 401 AO).

3. Selbstständige Anordnung von Einziehung oder Verfall

§ 440 StPO [Selbständiges Einziehungsverfahren]

(1) Die Staatsanwaltschaft und der Privatkläger können den Antrag stellen, die Einziehung selbständig anzuordnen, wenn dies gesetzlich zulässig und die Anordnung nach dem Ergebnis der Ermittlungen zu erwarten ist.

(2) [1] In dem Antrag ist der Gegenstand zu bezeichnen. [2] Ferner ist anzugeben, welche Tatsachen die Zulässigkeit der selbständigen Einziehung begründen. [3] Im übrigen gilt § 200 entsprechend.

(3) …

§ 442 StPO [Der Einziehung gleichstehende Rechtsfolgen]

(1) Verfall, Vernichtung, Unbrauchbarmachung und Beseitigung eines gesetzwidrigen Zustandes stehen im Sinne der §§ 430 bis 441 der Einziehung gleich.

(2) …

Die sachlichen Voraussetzungen der Einziehung oder des Verfalls im selbstständigen Verfahren sind nicht in § 401 AO, sondern in anderen Vorschriften geregelt. So ergibt sich bei Steuerstraftaten die Möglichkeit der Einziehung aus § 375 II AO (Rn. 33 ff. zu § 375 AO). Weiterhin ist die Einziehung in §§ 74 ff. StGB (Rn. 47 ff. zu § 375) geregelt. Bei der Fälschung von Steuerzeichen ist gem. § 150 StGB die Einziehung der Tatwerkzeuge und -erzeugnisse vorgeschrieben. 3

Die sachlichen Voraussetzungen des Verfalls ergeben sich aus §§ 73–73d StGB. Danach kann dem Täter der Vermögensvorteil entzogen werden, den er durch eine Straftat erlangt hat (umfassend *Güntert* 1983). Dies gilt nicht, wenn hierdurch dem Verletzten die Durchsetzung seiner Ansprüche unmöglich gemacht oder erschwert würde (§ 73 I 2 StGB). Bei Steuerstraftaten wird der erlangte Vermögensvorteil idR durch nachträgliche Festsetzung und Erhebung der hinterzogenen Steuern wieder beseitigt (Kohlmann/*Hilgers-Klautzsch* 13 zu § 401), so dass der Anwendungsbereich für die Verfallsbestimmungen bei Steuerstraftaten gering ist. Dabei kommt es nicht darauf an, ob in diesen Fällen der Staat „Verletzter" iS des § 73 I 2 StGB ist (so: BGH 28.11.2000, wistra 2001, 96 m. Anm. *Jäger* PStR 2001, 6; LG Aachen v. 7.12.1977, NJW 1978, 385; *Bäckermann* ZfZ 1976, 368; SK-*Wolters/Horn* 14 zu § 73 StGB; aM *Herold* ZfZ 1975, 302; *Bender* ZfZ 1978, 268), da das Gericht bei Nachentrichtung der hinterzogenen Steuern gem. § 73c I 2 StGB jedenfalls von der Anordnung des Verfalls abzusehen hat (BGHSt 47, 260 v. 21.3.2002; ähnl. *Bender* aaO S. 269; *Heerspink* AO-Stb 2003, 173). Bedeutung behält § 73 StGB für die Fälle, in denen eine Abschöpfung durch die FinB nicht (Belohnung durch Dritte) oder nicht vollständig (die Zinsvorteile des Täters waren höher als die Hinterziehungszinsen nach §§ 235, 238 I AO; Kohlmann/*Hilgers-Klautzsch* 13 zu § 401) erfolgt ist (ähnlich HHSp-*Hellmann* 29 zu § 401; aM wohl Schwarz/Pahlke/*Klaproth* 4 zu § 401 AO). 4

Die Anordnung des Verfalls gegen einen Drittbegünstigten richtet sich nach § 73 III StGB. Wird dem Dritten ein Geldbetrag zugewendet, den der Täter aus einer Steuerhinterziehung (Erschleichung von Vorsteuern) erlangt hat, kann ihm dieser Vorteil ggf. wieder entzogen werden. Dabei ist jedoch zwischen verschiedenen Konstellationen zu unterscheiden (BGH 19.10.1999, wistra 2000, 55). Hat der Dritte die Tatbeute (oder deren Wertersatz) aufgrund eines mit dem Täter oder Teilnehmer geschlossenen entgeltlichen Rechtsgeschäfts erlangt, kommt der Verfall nur in Betracht, wenn dieses Rechtsgeschäft für sich oder im Zusammenhang mit der rechtswidrigen Tat bemakelt ist (BGH 19.10.1999, wistra 2000, 55). 5

Zulässig ist die selbstständige Anordnung von Einziehung und Verfall, soweit § 76a StGB dies ausdrücklich gestattet. Sie kommt in Betracht, wenn wegen der Tat aus *tatsächlichen Gründen* keine bestimmte Person verfolgt oder verurteilt werden kann, wenn das Gericht von Strafe absieht oder wenn das Verfahren nach einer Vorschrift eingestellt wird, die dies nach dem Ermessen der StA oder des Gerichts oder im Einvernehmen beider zulässt (§ 76a I, III StGB; Rn. 82 ff. zu § 375). 6

Neben die allgemeine Zulässigkeit der selbstständigen Anordnung von Verfall und Einziehung muss die *Erwartung* treten, dass eine entsprechende Anordnung durch den Richter erfolgen wird (§ 440 I, § 442 I StPO). Die Anordnung ist nach dem Ergebnis der Ermittlungen zu erwarten, wenn sie bei vorläufiger Bewertung wahrscheinlich ist (Kohlmann/*Hilgers-Klautzsch* 27 zu § 401; KMR-*Metzger* 19 und LR-*Gössel* 18 zu § 440 StPO; Rn. 4 ff. zu § 400). 7

Die FinB **kann** bei Vorliegen der Voraussetzungen den Antrag stellen; es gilt das Opportunitätsprinzip (*Meyer-Goßner/Schmitt* StPO § 440 Rn. 3; HHSp-*Hellmann* 16 u. Kohlmann/*Hilgers-Klautzsch* 27 zu § 401). Unterbleiben kann die Durchführung des Ver- 8 fahrens insbes. dann, wenn es um geringwertige Gegenstände oder Vermögensvorteile geht, so dass ein Verfahren unverhältnismäßig aufwendig wäre (Kohlmann/*Hilgers-Klautzsch* aaO). Eine Rücknahme des Antrags ist analog § 156 StPO möglich, solange keine Hauptverhandlung anberaumt ist (KK-StPO/*Schmidt* StPO § 440 Rn. 6; Kohlmann/*Hilgers-Klautzsch* 28 zu § 401 AO; aM LR-*Gössel* 29f zu § 440 StPO; s. auch *Meyer-Goßner/Schmitt* StPO § 440 Rn. 5). Zum Ermessen der FinB vgl. HHSp-*Hellmann* 17 f. zu § 401.

9 **Im Antrag** muss der Gegenstand der Einziehung oder des Verfalls so genau bezeichnet werden, dass die Vollstreckung ohne weiteres möglich ist (*Meyer-Goßner/Schmitt* StPO § 440 Rn. 10, § 260 Rn. 39). Weiterhin ist anzugeben, warum eine Anordnung im subjektiven Verfahren nicht möglich ist, dh die Voraussetzungen des § 76a StGB vorliegen (Kohlmann/*Hilgers-Klautzsch* 29 zu § 401 und Erbs/Kohlhaas/*Hadamitzky/Senge* AO § 401 Rn. 2; LR-*Gössel* 40 zu § 440 StPO). Im Übrigen richtet sich der Antrag nach § 200 StPO; wie bei einer Anklageschrift sind also bestimmte, die Tat und die Beteiligten kennzeichnende Angaben zu machen, Beweismittel anzugeben usw. (HHSp-*Hellmann* 12 zu § 401; OLG Karlsruhe 19.10.1973, NJW 1974, 711; Rn. 19f. zu § 400). Bei einem Antrag zum Strafrichter muss das wesentliche Ergebnis der Ermittlungen nicht dargestellt werden.

10 **Zuständig** für die Entscheidung über die selbstständige Anordnung ist das Gericht, in dessen Bezirk der Gegenstand sichergestellt worden ist (§ 441 I 2 StPO) oder das im Falle der Strafverfolgung einer bestimmten Person zuständig wäre (§ 441 I 1 StPO); § 391 II AO ist zu beachten.

11 Sachlich zuständig ist nicht notwendig das **„Steuer-Amtsgericht"** (so jetzt auch RK-*Schützeberg* 14 zu § 401). Würde der (aus tatsächlichen Gründen) nicht verfolgbare Täter vor dem LG angeklagt werden, weil eine Strafe von mehr als vier Jahren zu erwarten wäre oder die Sache von besonderer Bedeutung ist (§ 24 I GVG), ist das LG auch für die Anordnung iS des § 401 AO zuständig (HHSp-*Hellmann* 52 zu § 401; Kohlmann/*Hilgers-Klautzsch* 29 und Schwarz/Pahlke/*Klaproth* 18 zu § 401 AO; KMR-*Metzger* 2 und LR-*Gössel* 3 zu § 441 StPO; s. auch *Meyer-Goßner/Schmitt* StPO § 441 Rn. 2). Die FinB ist auch befugt, den Antrag an das LG zu richten (Kohlmann/*Hilgers-Klautzsch* aaO); § 401 AO sieht eine Beschränkung der Antragsbefugnis der FinB nicht vor. Aus dem Umstand, dass § 401 AO den § 400 AO ergänzt, kann eine Begrenzung auf Anträge zum AG ebenfalls nicht hergeleitet werden (aM *Hübner* aaO). Im Übrigen steht es der FinB frei, unter mehreren, für die sachliche Zuständigkeit erheblichen Gesichtspunkten denjenigen zu wählen, der die Zuständigkeit des Gerichts niederer Ordnung begründet (OLG Celle 17.3.1966, NJW 1966, 1135; *Meyer-Goßner/Schmitt* StPO § 441 Rn. 2).

12 **Stattgeben** wird der Richter dem Antrag, wenn nach seiner Auffassung die Voraussetzungen des objektiven Verfahrens gegeben sind. Die Entscheidung erfolgt durch Beschluss (§ 441 II StPO), gegen den die sofortige Beschwerde statthaft ist (§ 441 II StPO).

13 **Eine mündliche Verhandlung** findet auf Antrag der FinB oder eines anderen Beteiligten oder auf Anordnung des Gerichts statt. Dann erfolgt die Entscheidung durch Urteil (§ 441 III 1 StPO). Gegen dieses Urteil ist entweder Berufung oder Revision möglich. Wer zulässig Berufung eingelegt hat, kann gegen das Berufungsurteil nicht mehr Revision einlegen (§ 441 III 2 StPO).

14 **Zu beteiligen** sind am Verfahren diejenigen Personen, die von dem Verfall oder der Einziehung ggf. betroffen werden (§ 440 III iVm §§ 431 ff. StPO). Ihnen wird die Antragsschrift zur Äußerung zugestellt (§ 433 I 1 iVm § 201 I StPO) bzw. Nachricht von der mündlichen Verhandlung gegeben (*Meyer-Goßner/Schmitt* StPO § 440 Rn. 13; OLG Karlsruhe 19.10.1973, NJW 1974, 709).

15 **Die selbstständige Kompetenz der FinB endet,** wenn eine mündliche Verhandlung anberaumt ist oder aber gegen den stattgebenden Beschluss nach § 441 II StPO sofortige Beschwerde eingelegt worden ist (§ 406 II; Rn. 10 zu § 406).

16 **Wird die ablehnende oder anordnende Entscheidung des Gerichts nicht angefochten,** so wird sie wie jedes andere Urteil bzw. jeder andere Beschluss rechtskräftig. Ein

Strafklageverbrauch ist mit der Sachentscheidung im objektiven Verfahren nicht verbunden (*Meyer-Goßner/Schmitt* StPO § 440 Rn. 18).

Im Falle einer ablehnenden Entscheidung des Gerichts sind bei Entscheidung durch Beschluss die sofortige Beschwerde (auch der FinB; HHSp-*Hellmann* 55 zu § 401) und bei Entscheidung durch Urteil entweder die Berufung oder die Revision gegeben. Die FinB kann gegen das Urteil kein Rechtsmittel einlegen, da nach § 406 II AO ihre selbstständigen Befugnisse mit der Anberaumung der mündlichen Verhandlung erloschen sind. Ebenso wie bei § 400 AO (Rn. 25 zu § 400; vgl. *Meyer-Goßner/Schmitt* StPO § 210 Rn. 2) steht ihr aber die sofortige Beschwerde gegen eine Entscheidung durch Beschluss zu (Rn. 6 zu § 406). 17

In einem Nachverfahren nach rechtskräftigem Abschluss des Verfahrens kann ein Betroffener geltend machen, dass ihm gegenüber die Einziehung nicht gerechtfertigt sei (§ 439 StPO). Voraussetzung ist, dass der Antragsteller ein die Einziehung usw. hinderndes Recht hatte und seine Rechte ohne Verschulden im Verfahren nicht geltend machen konnte (§ 439 I StPO; ausf. *Meyer-Goßner/Schmitt* StPO § 439 Rn. 3 ff.). 18

4. Geldbuße gegen eine juristische Person oder eine Personenvereinigung

§ 444 StPO [Verfahren bei Festsetzung von Geldbußen gegen juristische Personen]

(1) [1] Ist im Strafverfahren über die Festsetzung einer Geldbuße gegen eine juristische Person oder eine Personenvereinigung zu entscheiden (§ 30 des Gesetzes über Ordnungswidrigkeiten), so ordnet das Gericht deren Beteiligung an dem Verfahren an, soweit es die Tat betrifft. [2] § 431 Abs. 4, 5 gilt entsprechend.

(2) [1] Die juristische Person oder die Personenvereinigung wird zur Hauptverhandlung geladen; bleibt ihr Vertreter ohne genügende Entschuldigung aus, so kann ohne sie verhandelt werden. [2] Für ihre Verfahrensbeteiligung gelten im übrigen die §§ 432 bis 434, 435 Abs. 2 und 3 Nr. 1, § 436 Abs. 2 und 4, § 437 Abs. 1 bis 3, § 438 Abs. 1 und, soweit nur über ihren Einspruch zu entscheiden ist, § 441 Abs. 2 und 3 sinngemäß.

(3) [1] Für das selbständige Verfahren gelten die §§ 440 und 441 Abs. 1 bis 3 sinngemäß. [2] Örtlich zuständig ist auch das Gericht, in dessen Bezirk die juristische Person oder die Personenvereinigung ihren Sitz oder eine Zweigniederlassung hat.

Die sachlichen Voraussetzungen der selbstständigen Anordnung der Geldbuße gegen eine juristische Person oder eine Personenvereinigung (Personenhandelsgesellschaft, nicht rechtsfähiger Verein) ergeben sich aus § 30 OWiG (s. vor Rn. 44 zu § 377). Nötig ist zunächst, dass die juristische Person oder die Personenvereinigung nach § 30 I OWiG ein Bußgeld trifft, weil eines ihrer Organe eine Straftat oder Ordnungswidrigkeit begangen hat, durch die Pflichten der juristischen Person oder der Personenvereinigung verletzt wurden oder aber die juristische Person oder die Personenvereinigung bereichert worden ist oder bereichert werden sollte. 19

Die selbstständige Anordnung einer Geldbuße setzt darüber hinaus – ebenso wie die selbstständige Anordnung von Einziehung und Verfall (Rn. 5) – voraus, dass eine bestimmte Person aus tatsächlichen Gründen nicht verfolgt werden konnte oder das Verfahren gegen sie eingestellt wurde (§ 30 IV OWiG). 20

Für das Verfahren gelten nach § 444 III StPO die §§ 440, 441 I–III StPO sinngemäß. Der Inhalt des Antrags entspricht dem bei der selbstständigen Anordnung von Einziehung und Verfall (Rn. 9); Art und Weise der Entscheidung sowie die Rechtsmittel sind gleich (Rn. 3 ff. zu § 406). Ein Unterschied zu Einziehung und Verfall besteht nur insoweit, als nach § 444 III 2 StPO örtlich zuständig auch das Gericht ist, in dessen Bezirk die juristische Person oder die Personenvereinigung ihren Sitz oder eine Zweigniederlassung hat. Damit wird die Regelung in § 441 I StPO ergänzt (s. auch Rn. 41 ff. zu § 377). 21

III. Stellung der Finanzbehörde im Verfahren der Staatsanwaltschaft

§ 402 Allgemeine Rechte und Pflichten der Finanzbehörde

(1) **Führt die Staatsanwaltschaft das Ermittlungsverfahren durch, so hat die sonst zuständige Finanzbehörde dieselben Rechte und Pflichten wie die Behörden des Polizeidienstes nach der Strafprozessordnung sowie die Befugnisse nach § 399 Abs. 2 Satz 2.**

(2) **Ist einer Finanzbehörde nach § 387 Abs. 2 die Zuständigkeit für den Bereich mehrerer Finanzbehörden übertragen, so gilt Absatz 1 für jede dieser Finanzbehörden.**

Vgl. § 63 I OWiG.

Übersicht

1. Entstehungsgeschichte

1 **§ 402 AO 1977** entspricht dem § 437 RAO; mit der Neuregelung wurde lediglich der Begriff *„Finanzamt"* in *„Finanzbehörde"* geändert.

§ 437 RAO wurde durch Art. 1 Nr. 1 AOStrafÄndG v. 10.8.1967 (BGBl. I 877) in die AO eingefügt (Begr. BT-Drs. V/1812 S. 36).

Nach § 405 RAO 1919 hatten die Beamten der Finanzämter *„Steuerzuwiderhandlungen zu erforschen und innerhalb ihrer Zuständigkeit alle keinen Aufschub gestattenden Anordnungen zu treffen, um die Verdunkelung der Sache zu verhüten"*. Nach § 406 III RAO 1919 durften die Finanzämter *„Ermittlungen jeder Art selbst anstellen oder durch ihre Hilfsstellen oder Beamten vornehmen lassen"*. Die RAO 1931 enthielt in den §§ 440, 441 III entsprechende Regelungen (Rn. 2 zu § 399).

2. Zweck und Bedeutung der Vorschrift

2 **§ 402 AO** regelt die Stellung der FinB für den Fall, dass die StA das Ermittlungsverfahren im Rahmen des § 386 III, IV AO führt (Rn. 10 ff. zu § 386 AO). Die FinB soll hier den Behörden und Beamten des Polizeidienstes gleichstehen und insbes. die Befugnisse des § 399 II AO behalten, die auch der Steuerfahndung regelmäßig zustehen (§ 404 S. 2; BT-Drs. V/1812 S. 36).

3 **§ 402 II AO stellt klar,** dass trotz einer Zuständigkeitskonzentration nach § 387 II AO (Rn. 16 ff. zu § 387) jede einzelne, zu dem Bezirk gehörende FinB die Rechte und Pflichten nach § 402 I AO hat; diese FinBn behalten insoweit die in § 399 II 1 AO eingeräumte Rechtsstellung auch im Ermittlungsverfahren der StA (Kühn/v. Wedelstädt/*Blesinger* 2 zu § 402).

4 **§ 402 wird ergänzt durch § 403 AO.** Während § 402 AO die allgemeinen *Rechte und Pflichten* der FinB im Ermittlungsverfahren der StA regelt, behandelt § 403 AO deren *Beteiligung* am Verfahren.

3. Ermittlungsverfahren der Staatsanwaltschaft

5 **Die FinB ist Ermittlungsorgan der StA,** wenn diese das Ermittlungsverfahren führt. Ermittlungen der StA (und nicht der FinB, § 386 II) finden statt, wenn es nicht allein um

eine Steuerstraftat geht, gegen einen Beschuldigten ein Haft- oder Unterbringungsbefehl erlassen worden ist (§ 386 III), die FinB die Sache an die StA abgegeben (§ 386 IV 1) oder aber die StA die Sache an sich gezogen hat (§ 386 IV 2; s. Rn. 10 ff. zu § 386).

4. Rechte und Pflichten der Finanzbehörde

Sonst zuständige FinB ist im Grundsatz diejenige FinB, die (sachlich und örtlich) zuständig wäre, wenn nicht die StA das Ermittlungsverfahren nach § 386 III, IV AO führen würde (Erbs/Kohlhaas/*Hadamitzky*/*Senge* AO § 403 Rn. 2; Göhler/*Seitz* OWiG § 63 Rn. 3). Einzelheiten ergeben sich aus den §§ 387 ff. AO. *„Sonst zuständig"* ist die FinB nicht nur dann, wenn die Voraussetzungen des § 386 IV AO vorliegen. Die Beteiligungsrechte bestehen auch, wenn die StA das Ermittlungsverfahren durchführt, weil gegen einen Beschuldigten wegen einer Tat ein Haftbefehl oder ein Unterbringungsbefehl erlassen worden ist (§ 386 III; ebenso HHSp-*Hellmann* 8 zu § 402; aM *Bilsdorfer* BB 1983, 2113). Nach § 402 II AO sind auch andere FinBn als das FA, zu dem die Gemeinsame Strafsachenstelle gehört, eine *„zuständige FinB"* (s. aber Rn. 4 zu § 403). 6

Die Behörden des Polizeidienstes haben nach § 163 I StPO *„Straftaten zu erforschen und alle keinen Aufschub gestattenden Anordnungen zu treffen, um die Verdunkelung der Sache zu verhüten"* (Rn. 7, 178 zu § 399). Für die FinB beinhaltet dies u. a. die Befugnis zur Durchführung von Vernehmungen. Eine *Pflicht zum Erscheinen* besteht jedoch, anders als in den Fällen des § 399 I AO (Rn. 10 zu § 399), nicht. Da die StA Herrin des Verfahrens ist, sind solche Maßnahmen auf das notwendigste zu beschränken (*Schmitz/Tillmann* S. 50). Dieses „Recht des ersten Zugriffs" korrespondiert mit der Pflicht der FinB, Erkenntnisse unverzüglich der StA mitzuteilen (§ 163 II StPO; s. aber Rn. 67 ff. zu § 393). 7

Die FinB hat Weisungen der StA zu befolgen (§§ 160, 161, 163 StPO iVm § 402 AO). Ihre Beamten sind Ermittlungspersonen (vgl. Einl 103) der Staatsanwaltschaft. Auf deren Ersuchen hat sie Ermittlungen wegen der Steuerstraftat vorzunehmen (*Meyer-Goßner/Schmitt* StPO § 160 Rn. 13) und erforderlichenfalls auch *einzelne* Maßnahmen durchzuführen (Kohlmann/*Hilgers-Klautzsch* 5 und RK-*Schützeberg* 7 zu § 402). Auch insoweit entspricht die Position der FinB derjenigen der Steuerfahndung im Allgemeinen (Rn. 47 ff. zu § 404). 8

Die Verweisung des § 402 I AO auf § 399 II 2 AO bewirkt, dass die Gemeinsame Strafsachenstelle im Ermittlungsverfahren der StA die Rechte hat, die bei selbstständiger Ermittlungstätigkeit der FinB sonst die im Bezirk einer Gemeinsamen Strafsachenstelle befindlichen Finanzämter behalten (Rn. 178 zu § 399). 9

Da die FinB die Rechte einer Ermittlungsperson (Einl 109) der StA hat, darf sie bei Gefahr im Verzuge bzw. auf richterliche Anordnung Durchsuchungen und Beschlagnahmen durchführen, soweit es um Gegenstände geht, die als Beweismittel von Bedeutung sein können oder möglicherweise dem Verfall oder der Einziehung unterliegen (§§ 94, 98, 111b, 111c, 111d StPO); gem. § 399 II 2 AO darf sie die Notveräußerung beschlagnahmter Verfall- und Einziehungsgegenstände durchführen usw. (Rn. 179 zu § 399). Richterliche Untersuchungshandlungen darf sie nicht beantragen. Ein Recht zur Durchsicht der Papiere ohne Zustimmung des Betroffenen (§ 110 I StPO) hat sie, anders als die Steuerfahndung, nicht. 10

5. Inhalt des § 402 II AO

Soweit einer Gemeinsamen Strafsachenstelle (§ 387 II) die selbstständige Durchführung des Ermittlungsverfahrens (§ 399 I) übertragen worden ist, behalten die angeschlossenen Finanzämter das Recht und die Pflicht, beim Verdacht einer Steuerstraftat unaufschiebbare Anordnungen zu treffen (*Klein/Jäger* AO § 402 Rn. 5 und Erbs/Kohlhaas/*Hadamitzky/Senge* AO § 402 Rn. 2; krit. *Hellmann* 1995, 356). Insbesondere dürfen sie Beschlagnahmen, Notveräußerungen usw. nach den für Ermittlungspersonen (Einl 109) der 11

StA geltenden Vorschriften der StPO anordnen (§ 399 II 2). § 402 II AO stellt klar, dass die Zuständigkeitskonzentration nach § 387 II AO das Recht *und* die Pflicht der einzelnen FinB unberührt lässt, als Hilfsorgan auch für die StA tätig zu werden (BT-Drs. V/1812, 36). So kann etwa die FinB, welche die Steuer verwaltet, von der StA ersucht werden, die verkürzte Steuer zu ermitteln.

6. Grenzen der Mitwirkung der Finanzbehörde

12 **Eine Verpflichtung zur Mitwirkung** im Ermittlungsverfahren der StA trifft die FinB nur, soweit es um Steuerstraftaten oder diesen nach § 385 II AO gleichgestellte Taten geht oder falls die Anwendbarkeit des § 402 AO ausdrücklich angeordnet ist (Rn. 26 zu § 385). Treffen diese Taten mit allgemeinen Straftaten tateinheitlich (§ 52 StGB) oder tatmehrheitlich (§ 53 StGB) zusammen, beschränkt sich die Mitwirkungspflicht der FinB auf die *Steuer*straftat (Kohlmann/*Hilgers-Klautzsch* 7, Schwarz/Pahlke/*Klaproth* 12 zu § 402 AO), kann sich aber auf tateinheitlich begangene Allgemeindelikte erstrecken, soweit dies für das Steuerdelikt geboten erscheint (Rn. 8 zu § 386; *Meyer-Goßner/Schmitt* StPO § 160 Rn. 13). Demgegenüber will *Hellmann* (HHSp-*Hellmann* 12 zu § 402) eine Verfolgungspflicht sogar in den Fällen annehmen, in denen die Nichtsteuerstraftat eine andere Tat iS des § 264 StPO darstellt. Voraussetzung sei weiterhin, dass das Steuergeheimnis die Verwendung dieser Information zulasse. Dem mag man im Grundsatz zustimmen. *Hellmann* verkennt aber, dass das Steuergeheimnis sich nicht auf solche Erkenntnisse beschränkt, die der Stpfl vor Kenntnis der Einleitung des Steuerstrafverfahrens offenbart hat oder sonst im Besteuerungsverfahren bekannt geworden sind. § 30 II Nr. 1b) AO erfasst auch sonstige Erkenntnisse gelegentlich des Steuerstrafverfahrens, so dass erst unter den Voraussetzungen des § 30 IV Nr. 5a, b AO eine Durchbrechung des Steuergeheimnisses möglich ist. Auch der von ihm angestellte Vergleich zwischen § 399 II 1 AO und § 402 I AO kann den klaren Wortlaut des § 30 II AO nicht überspielen (vgl. auch Rn. 84 zu § 399).

13 Das Ermittlungsverfahren endet mit der Erhebung der öffentlichen Klage oder aber der Einstellung des Verfahrens (§ 170 StPO). Hält das Gericht vor der Entscheidung über die Eröffnung des Hauptverfahrens weitere Ermittlungen für geboten (§ 202 StPO) und werden diese auf seine Bitte durch die StA durchgeführt, so ist die FinB zu einer Mitwirkung nicht verpflichtet (glA Schwarz/Pahlke/*Klaproth* 12 zu § 402 AO; ähnl. *Meyer-Goßner/Schmitt* StPO § 202 Rn. 3).

§ 403 Beteiligung der Finanzbehörde

(1) [1] Führt die Staatsanwaltschaft oder die Polizei Ermittlungen durch, die Steuerstraftaten betreffen, so ist die sonst zuständige Finanzbehörde befugt, daran teilzunehmen. [2] Ort und Zeit der Ermittlungshandlungen sollen ihr rechtzeitig mitgeteilt werden. [3] Dem Vertreter der Finanzbehörde ist zu gestatten, Fragen an Beschuldigte, Zeugen und Sachverständige zu stellen.

(2) Absatz 1 gilt sinngemäß für solche richterlichen Verhandlungen, bei denen auch der Staatsanwaltschaft die Anwesenheit gestattet ist.

(3) Der sonst zuständigen Finanzbehörde sind die Anklageschrift und der Antrag auf Erlass eines Strafbefehls mitzuteilen.

(4) Erwägt die Staatsanwaltschaft, das Verfahren einzustellen, so hat sie die sonst zuständige Finanzbehörde zu hören.

Vgl. § 63 II, III OWiG.

Schrifttum: *Franzen,* Das Steuerstrafverfahren nach dem AOStrafÄndG, DStR 1967, 564; *Henneberg,* Die Neuregelung des Steuerstrafrechts, BB 1968, 906; *Harbusch,* Die Abgabe des Ermittlungsverfahrens an die StA, ddz 1980, F 121; *Klos/Weyand,* Ermittlungszuständigkeit und Beteiligungsrechte der Finanzbehörde im Steuerstrafverfahren, DStZ 1988, 615; *Weyand,* Die neue „Anordnung über Mitteilungen in Strafsachen", InfStW 1998, 458.

Übersicht

1. Entstehungsgeschichte

Vorläufer des § 403 AO 1977 war § 438 RAO 1967, dessen Absatz 1 inhaltlich dem § 403 I 1 und 2 AO entsprach. Mit der AO 1977 neu eingefügt wurde § 403 I 3 AO. § 438 II RAO hatte dem FA ein Beteiligungsrecht nur für das Schlussgehör nach § 169b StPO aF eingeräumt, während § 403 II AO dieses Recht auf sämtliche richterliche Handlungen erstreckt, bei denen auch der StA die Anwesenheit gestattet ist. § 403 III, IV AO entsprechen inhaltlich § 438 III, IV RAO. **§ 438 I, II RAO 1967** (= § 428 EAOStrafÄndG, Begr. BT-Drs. V/1812 S. 8) wurde durch Art. 1 Nr. 1 AOStrafÄndG v. 12.8.1967 (BGBl. I 877) neu geschaffen, Abs. 2 jedoch mit der Abschaffung des Schlussgehörs durch das 1. StrVRG v. 9.12.1974 (BGBl. I 3393, 3533) wieder gestrichen. Die Absätze 3 und 4 wurden durch Art. 1 Nr. 1 des 2. AOStrafÄndG v. 12.8.1968 (BGBl. I 953) eingefügt und rückten infolge der Streichung des ursprünglichen Abs. 2 auf. Eine Beschränkung der FinB auf Informationsrechte sah schon § 441 RAO 1967 vor. Die weitergehende Stellung eines Nebenklägers (§§ 467, 472 RAO 1931), die noch im RegE des AOStrafÄndG vorgesehen war (BT-Drs. V/1812, 37), wurde nach lebhaften Erörterungen im Verlauf des Gesetzgebungsverfahrens gem. Art. 1 Nr. 1 AOStrafÄndG v. 10.8.1967 (BGBl. I 877) abgeschafft. Auch das Klageerzwingungsverfahren steht der FinB zur Durchsetzung ihrer von der der StA abweichenden Auffassung nicht zu Gebote (Rn. 18). Zur **RAO 1919** und **RAO 1939** s. auch Rn. 1 zu § 402. 1

2. Zweck und Bedeutung der Vorschrift

2 **§ 403 AO regelt** iVm § 402 AO die Stellung der FinB, wenn das Ermittlungsverfahren von der StA geführt wird. Während § 402 AO die Ermittlungspersoneigenschaft der FinB anordnet, gibt § 403 AO der FinB gewisse Beteiligungsrechte. Ziel ist es zum einen, die besondere Sachkunde der FinB im Ermittlungsverfahren zu nutzen (*Lohmeyer* S. 105; Schwarz/Pahlke/*Klaproth* 2, Kohlmann/*Hilgers-Klautzsch* 5 und HHSp-*Hellmann* 6 zu § 403 AO; BT-Drs. V/1812, 36). Dem dient etwa das Gebot, die FinB vor Einstellung des Verfahrens zu hören (§ 403 IV). Zum anderen soll durch die Beteiligung der FinB gesichert werden, dass verkürzte Steuerbeträge möglichst bald festgesetzt und nacherhoben werden können (Begr. aaO). Zwar gehört *„die Durchsetzung konkreter Steueransprüche … nicht zu den Aufgaben des Steuerstrafrechts"* (so Kohlmann/*Hilgers-Klautzsch* 8 zu § 403; ähnl. HHSp-*Hellmann* 8 zu § 403), dem Gesetzgeber steht es jedoch frei, die Ergebnisse des strafrechtlichen Ermittlungsverfahrens (in gewissen Grenzen; Rn. 73 ff. zu § 404) für das Besteuerungsverfahren nutzbar zu machen (zust. Schwarz/Pahlke/*Klaproth* 3 zu § 403 AO). Mit § 393 III nF hat er dies hinreichend deutlich getan (Rn. 118 ff. zu § 393). § 403 AO wird ergänzt durch § 407 AO, der die Rechte der FinB im gerichtlichen Verfahren regelt (Rn. 5 ff. zu § 407).

3. Befugnisse der Finanzbehörde

3 **a) Allgemeine Voraussetzungen. Bei Ermittlungen der StA oder der Polizei** hat die FinB Teilnahme-, Informations- und Anhörungsrechte. § 403 AO ergänzt insoweit den § 402 AO. Eigene Ermittlungstätigkeiten des StA sind nicht nötig; auch Ermittlungshandlungen der Polizei im Rahmen des § 163 I StPO sind ausdrücklich erfasst. Darüber hinaus wird man die in § 403 AO enthaltenen Rechte der FinB schon dann bejahen müssen, wenn eine Ermittlungsperson (vgl. Einl 103) iS des § 152 GVG für die StA ermittelnd tätig wird (ähnl. Schwarz/Pahlke/*Klaproth* 5 zu § 403 AO).

Da § 403 AO, anders als § 402 AO, nicht von „Ermittlungs*verfahren*", sondern von *„Ermittlungen"* spricht, bestehen die Rechte der FinB auch dann, wenn die StA auf Ersuchen des Gerichts im Zwischenverfahren einzelne Nachermittlungen durchführt (s. aber Rn. 12 zu § 402).

4 **„Sonst zuständige Finanzbehörde"** ist jeweils diejenige FinB, die (sachlich und örtlich) zuständig wäre, wenn nicht die StA nach Maßgabe des § 386 III, IV die Ermittlungen selbst durchführen würde (Rn. 6 zu § 402). Dies richtet sich nach den §§ 387 ff. AO. Besteht nach § 387 II AO eine Gemeinsame Strafsachenstelle, so ist nur diese *„zuständige FinB"* iS des § 403 AO, da eine dem § 402 II AO entsprechende Regelung in § 403 AO fehlt (ebenso HHSp-*Hellmann* 22 zu § 403).

5 **Die Ermittlungen müssen Steuerstraftaten betreffen.** Hierzu gehören alle Taten iS des § 369 I AO. Kraft ausdrücklicher gesetzlicher Anordnung gilt § 403 AO aber auch für Ermittlungen bei sog. Vorspiegelungstaten (§ 385 II) und bei Straftaten, die Sondergesetze betreffen und für welche die Anwendbarkeit des § 403 AO ausdrücklich angeordnet ist (Rn. 26 zu § 385).

Trifft eine solche Straftat mit einer allgemeinen Straftat zusammen, so beschränken sich die Befugnisse und Rechte der FinB auf die Steuerstraftat (ebenso HHSp-*Hellmann* 21 zu § 403).

6 **Die Steuerfahndung** ist nicht FinB iS des § 403 AO (glA Schwarz/Pahlke/*Klaproth* 4 zu § 403 AO). Die §§ 402 f. AO regeln ausdrücklich die Stellung der FinB und trennen davon die im § 404 AO geregelte Steuer- und Zollfahndung. Zollfahndungsämter und Steuerfahndung sind auf die in § 404 AO eingeräumten Befugnisse beschränkt (Rn. 72 ff. zu § 404).

7 **b) Teilnahmerechte. An Ermittlungshandlungen der StA oder der Polizei** darf die sonst zuständige FinB teilnehmen (§ 403 I 1). Zur Sicherung dieses Rechts ist die ermittelnde Behörde gehalten, der FinB Ort und Zeit der Ermittlungen rechtzeitig mit-

zuteilen (vgl. Kühn/v.Wedelstädt/*Blesinger* 2 zu § 403). *Rechtzeitig* ist die Mitteilung, wenn es der zuständigen FinB möglich bleibt, sich auf die Teilnahme an der Ermittlungshandlung einzurichten.

Die Unterrichtung **soll** erfolgen. Sie kann unterbleiben, wenn sie sinnlos ist, weil die entsprechende Ermittlungshandlung zur Vermeidung einer Gefährdung des Untersuchungserfolges (vgl. § 168c V 2 StPO) so schnell erfolgen muss, dass eine Teilnahme von Vertretern der FinB nicht mehr möglich ist (vgl. KK-StPO/*Griesbaum* StPO § 168c Rn. 17 und *Meyer-Goßner/Schmitt* StPO § 168c Rn. 5; HHSp-*Hellmann* 29, Kohlmann/*Hilgers-Klautzsch* 16 und Schwarz/Pahlke/*Klaproth* 8 zu § 403 AO). 8

Auch bei einigen richterlichen Untersuchungshandlungen ist die FinB zu informieren (§ 403 II). Das Gesetz spricht von *„richterlichen Verhandlungen, bei denen auch der StA die Anwesenheit gestattet ist"*. Gemeint sind damit insbes. der richterliche Augenschein (§ 168d I StPO) sowie die Vernehmung von Beschuldigten, Zeugen und Sachverständigen (§ 168c I, II StPO; s. HHSp-*Hellmann* 19, Kühn/v. Wedelstädt/*Blesinger* 3 zu § 403). 9

Ein Anwesenheitsrecht hat die FinB auch dann, wenn ihr Ort und Zeit der Ermittlungshandlungen entgegen § 403 I 2 APO nicht rechtzeitig mitgeteilt worden ist, sie aber dennoch von dem Termin erfahren hat. 10

Das Fragerecht nach § 403 I 3, das auch für richterliche Untersuchungshandlungen iS des § 403 II gilt (*Schmitz/Tillmann* S. 50), ergänzt das Teilnahmerecht der FinB. Dem von der FinB entsandten Amtsträger ist die Befragung von Beschuldigten, Zeugen und Sachverständigen zu gestatten, jedoch können ungeeignete oder nicht zur Sache gehörende Fragen entsprechend § 241 II StPO zurückgewiesen werden (ähnl. *Meyer-Goßner/Schmitt* StPO § 168c Rn. 1 und KK-StPO/*Griesbaum* StPO § 168c Rn. 15). Nicht zur Sache gehören auch solche Fragen, die sich nicht auf Steuerstraftaten im oben (Rn. 5) beschriebenen Sinne beziehen. 11

Der Vertreter der FinB kann die Beteiligten unmittelbar befragen. Seine Fragen sind nicht etwa *durch* den ermittelnden StA oder Polizeibeamten zu stellen (zust. Schwarz/Pahlke/*Klaproth* 5 zu § 403 AO). Dies ist nur nötig, soweit es sich um einen Zeugen unter 16 Jahren handelt (§ 241a StPO). Ein unmittelbares Fragerecht war zum alten Recht umstritten, da § 438 RAO lediglich von einem Anwesenheitsrecht sprach (HHSp-*Hübner* 15 zu § 441 RAO 1967). Nunmehr ordnet § 403 I 3 AO ein Fragerecht des Vertreters der FinB ausdrücklich an. Dieses – anders als bei anderen Verfahrensbeteiligten – auf ein nur mittelbares Fragerecht zu beschränken, besteht kein Anlass (s. auch BT-Drs. VI/1982, 200; Rn. 14 zu § 407). 12

c) Informationsrechte. Anklageschrift und Antrag auf Erlass eines Strafbefehls sind der sonst zuständigen FinB mitzuteilen (§ 403 III). Diese Unterrichtungspflicht dient zum einen dazu, der FinB eine rechtzeitige (Vorbereitung auf ihre) Mitwirkung im gerichtlichen Verfahren (§ 407 I) zu ermöglichen (ähnl. HHSp-*Hellmann* 27 zu § 403). So kann die FinB etwa vor Erlass des Strafbefehls dem Gericht Gesichtspunkte aufzeigen, *„die von ihrem Standpunkt für die Entscheidung von Bedeutung sind"* (§ 407 I). Zum anderen wird die FinB vom Abschluss der Ermittlungen in Kenntnis gesetzt, um ggf. auf das Ergebnis der Ermittlungen im Rahmen ihres Akteneinsichtsrechts nach § 395 AO zur Festsetzung der verkürzten Steuer zurückgreifen zu können (Rn. 2). Eine Anhörung der FinB vor Einreichung der Anklage oder vor Beantragung eines Strafbefehls ist, wie sich mittelbar aus § 403 IV AO ergibt, nicht geboten. 13

Die Informationspflicht des § 403 III AO besteht auch dann, wenn die FinB die von ihr ermittelte Strafsache anklagereif nach § 400 AO an die StA abgegeben hat. 14

d) Anhörungsrechte. Erwägt die StA eine Einstellung des Verfahrens, ist die sonst zuständige FinB anzuhören. Der Begriff der Einstellung umfasst neben der nach § 398 AO auch eine solche wegen fehlenden Tatverdachts (§ 170 II StPO), wegen Geringfügigkeit nach §§ 153, 153a StPO, bei Teilverzicht auf eine Strafverfolgung (§§ 154, 154a StPO) und andere (HHSp-*Hellmann* 36, Kohlmann/*Hilgers-Klautzsch* 31 und RK-*Schützeberg* 12 f. zu 15

§ 403; BT-Drs. VI/1982, 200). Kommt es zu Gesprächen über einen Verfahrensabschluss nach § 257c StPO, ist die Finanzbehörde auch daran zu beteiligen (*Bender/Möller/Retemeyer* D 539). Das Anhörungsrecht dient der Kontrolle der StA und soll der FinB ermöglichen, etwaige Bedenken gegen die von der StA geplante Maßnahme zu äußern (ähnl. Göhler/*Seitz* OWiG § 63 Rn. 10; *Schmitz/Tillmann* S. 51). Eine Verletzung des Anhörungsrechts macht die Entscheidung der StA aber nicht anfechtbar (Erbs/Kohlhaas/*Hadamitzky/Senge* AO § 403 Rn. 6). Die StA hat die FinB über die Einstellung des Verfahrens zu unterrichten (Kohlmann/*Hilgers-Klautzsch* 36 zu § 403).

4. Verstöße gegen § 403 AO

16 **Eine Beeinträchtigung der Beteiligungsrechte der FinB** berührt die Verwertbarkeit der Ermittlungen oder die Wirksamkeit der das Verfahren abschließenden Handlung (§ 403 III, IV) regelmäßig nicht. Zwar ist eine Zeugenaussage vor dem Ermittlungsrichter nur beschränkt verwertbar, wenn der Beschuldigte entgegen § 168c V StPO nicht benachrichtigt wurde (BGH 11.5.1976, NJW 1976, 1546; BayObLG 14.3.1977, NJW 1977, 2037; *Meyer-Goßner/Schmitt* StPO § 168c Rn. 6 und KK-StPO/*Griesbaum* StPO § 168c Rn. 22). Kennzeichnend dafür ist, dass eine Beeinträchtigung der Rechte des Beschuldigten nicht ausgeschlossen werden kann. Eine solche liegt bei der Verletzung der Beteiligungsrechte der FinB aber relativ fern (s. jedoch Rn. 20 zu § 407).

17 Gegen die Beeinträchtigung ihrer Beteiligungsrechte kann die FinB **Gegenvorstellung oder Dienstaufsichtsbeschwerde** erheben (HHSp-*Hellmann* 41, RK-*Schützeberg* 15 und Schwarz/Pahlke/*Klaproth* 13 zu § 403 AO).

5. Klageerzwingungsverfahren durch die Finanzbehörde

18 Bei einer ihrer Meinung nach unrichtigen Sachbehandlung kann die FinB nicht mit dem Mittel des Klageerzwingungsverfahrens (§ 172 StPO) intervenieren (ebenso Klein/*Jäger* AO § 403 Rn. 7; Koch/Scholtz/*Scheurmann-Kettner* 8, Kohlmann/*Hilgers-Klautzsch* 39, Schwarz/Pahlke/*Klaproth* 13 zu § 403 AO). Ein Klageerzwingungsverfahren setzt voraus, dass jemand einen *„Antrag auf Erhebung der öffentlichen Klage"* (§ 171 StPO) gestellt hat und zugleich durch die Straftat *verletzt* worden ist (§ 172 I StPO). Nun mag man in der Abgabe an die StA nach § 400 AO einen Antrag iS des § 171 StPO sehen können, jedoch ist die FinB nicht *„Verletzte"* iS des § 172 I StPO. Zwar ist dieser Begriff weit auszulegen (*Meyer-Goßner/Schmitt* StPO § 172 Rn. 10), das die Steuern erhebende FA unterfällt diesem Begriff aber ebenso wenig wie die Naturschutzbehörde bei einer Straftat gegen ein Naturschutzgesetz (OLG Celle 30.12.1966, MDR 1967, 515), die Ärztekammer bei unerlaubter Ausübung des ärztlichen Berufs (OLG Stuttgart 14.11.1968, NJW 1969, 569) oder ein Tierschutzverein bei Tierquälerei (OLG Hamm 18.12.1969, MDR 1970, 946). Eine (Finanz-)Behörde, die selbst zur Wahrung des Legalitätsprinzips verpflichtet ist (§ 399) und zT selbstständig die Ermittlungen geführt hat, kann nicht auf diese Weise die Wahrung des Legalitätsprinzips durch andere (Strafverfolgungs-)Behörden überprüfen lassen (*Franzen* DStR 1967, 565; HHSp-*Hellmann* 43 ff. und Schwarz/Pahlke/*Klaproth* 13, Koch/Scholtz/*Scheurmann-Kettner* 8 zu § 403 AO; ebenso Kohlmann/*Hilgers-Klautzsch* 39 zu § 403 und 23 zu § 407; vgl. auch LR-*Rieß* 60 u. KMR-*Plöd* 22 ff. zu § 172 StPO; Abg. *Genscher,* Sten. Ber. der 116. Sitzung des BTages in der V. Wahlperiode S. 5783 D).

IV. Steuer- und Zollfahndung

§ 404 Steuer- und Zollfahndung

[1]Die Zollfahndungsämter und die mit der Steuerfahndung betrauten Dienststellen der Landesfinanzbehörden sowie ihre Beamten haben im Strafverfahren wegen Steuerstraftaten dieselben Rechte und Pflichten wie die Behörden und Beamten des Polizeidienstes nach den Vorschriften der Strafprozessordnung. [2]Die in Satz 1 bezeichneten Stellen haben die Befugnisse nach § 399 Abs. 2 Satz 2 sowie die Befugnisse zur Durchsicht der Papiere des von der Durchsuchung Betroffenen (§ 110 Abs. 1 der Strafprozessordnung); ihre Beamten sind Ermittlungspersonen der Staatsanwaltschaft.

AStBV (St) 2014, Nr. 122 – 127.

Schrifttum:

Monographien: *Rüping,* Steuerfahndungsergebnisse und ihre Verwertbarkeit, 1981; *Blumers/Kullen,* Praktiken der Steuerfahndung, 2. Aufl. 1982; *Lohmeyer,* Praxis der Steuerfahndung, 1985; *Wendeborn,* Das Recht der Steuerfahndung gemäß §§ 208, 404 AO, 1989; *Müller-Brühl,* Ermittlungen bei Kreditinstituten in Steuerverfahren ihrer Kunden, 1990; *Hellmann,* Das Nebenstrafverfahrensrecht der Abgabenordnung, 1995; *Schmidt-Troje,* Steuerfahndung, 2. Aufl. 1997; *Miebach,* Das Bankgeheimnis, 1999; *Streck,* Die Steuerfahndung, 4. Aufl. 2006.

Aufsätze: *Herold,* Die Stellung der Zollfahndungsstellen im Ermittlungsverfahren wegen Steuervergehen und Steuerordnungswidrigkeiten, ZPr 1969, 221; *Jakob,* Rechtsfragen der Organisation und Funktion des Steuerfahndungsdienstes, StW 1971, 297; *ders.,* Zuständigkeitsprobleme im Steuerfahndungsrecht, StW 1972, 115; *Seltmann,* Zum Umfang von Aufgaben und Befugnissen des Steuerfahndungsdienstes, DStZ 1974, 123; *Henneberg,* Zur Reform des Strafverfahrensrechts, BB 1975, 429; *Herold,* Für den Zollfahndungsdienst wesentliche Änderungen des Steuerstraf- und Ordnungswidrigkeitenrechts durch das EGStGB, ZfZ 1975, 299; *Felix,* Bankinsolvenz und Steuerfahndung, FR 1976, 350; *Henneberg,* Steuerstraf- und Bußgeldrecht nach der AO 1977, BB 1976, 1554; *Hurst,* Die Reform des allgemeinen Abgabenrechts aus der Sicht der Zollverwaltung, ZfZ 1976, 354; *Benkendorff,* Die Aufgaben und Befugnisse der Zollfahndung nach der neuen AO, ZfZ 1977, 106; *Rank,* Die strafprozessuale Durchsuchung im Bereich des Grenzzolldienstes, ddz 1977 F 67; *Küffner,* Doppelfunktion der Steuerfahndung, DStR 1979, 243; *Lauer,* Die neue Abgabenordnung und der Bankenerlaß von 1949, BB 1979, 41; *Jobski,* Zu den Rechten der Zollfahndung bei Durchsuchungen, ZfZ 1980, 300; *Küster,* Die Befugnisse der Steuerfahndung im Steuerstrafverfahren, BB 1980, 1371; *Mein,* Fragen der Zusammenarbeit zwischen Steuerfahndung und Polizei nach der AO 1977, StBp 1980, 131; *Rüping,* Steuerfahndung im Rechtsstaat, DStZ 1980, 179; *Spitz,* Die Neufassung des Bankenerlasses, DStR 1980, 95; *Streck,* Betriebsprüfung und Steuerstrafverfahren, BB 1980, 1537; *Henneberg,* Die Steuerfahndung, „Finanzstaatsanwaltschaft" oder Hilfsbeamter der Staatsanwaltschaft?, DStR 1981, 215; *Spitz,* Auskunftspflichten – Bankgeheimnis – Beschlagnahme – Durchsuchung – Zeugenvernehmung im Steuerstrafverfahren, DStR 1981, 428; *Wegemer,* Vernehmungspraxis der Hilfsbeamten der Staatsanwaltschaft im Rahmen der Steuer- und Zollfahndung, NStZ 1981, 247; *Wolter,* Die Befugnisse der Steuerfahndung im Steuerstrafverfahren, BB 1981, 236; *Pfaff,* Aktuelle Fragen aus der Praxis der Außenprüfung, StBp 1982, 249; *Schick,* Steuerfahndung im Rechtsstaat, JZ 1982, 125; *Lohmeyer,* Schutz gegen Maßnahmen der Steuerfahndung, Stbg 1983, 130; *Hamacher,* Aufgaben und Befugnisse der Steuerfahndung bei Ermittlungen nach § 208 Abs. 1 Satz 1 Nr. 1 und Nr. 2 AO, DStZ 1983, 493; *Küster,* Das Steuerstrafrecht aus der Sicht der Steuerfahndung, Grundfragen 1983, 253; *Streck,* Das Recht des Verhältnisses von Steuer und Strafverfahren, Grundfragen 1983, 217; *Benkendorff,* Die Zollfahndung (Organisation, Aufgaben und Befugnisse), ddz 1984 F 37, 54; *Bilsdorfer,* Steuerfahndungsermittlung bei Banken, DStZ 1984, 415; *ders.,* Das Bankgeheimnis, DStR 1984, 498; *Blumers/v. Siebenthal,* Steuerstrafrechtliche Ermittlungen deutscher Behörden in der Schweiz, DB 1984, 261, 2219; *Brenner,* Zur Identitätsfestnahme nach der StPO, dem ZG, dem BGSG und dem OWiG durch Zollbeamte, ZfZ 1984, 34; *Laule,* Steuerfahndung bei Dritten, DStZ 1984, 599; *Ricke,* Ermittlungszuständigkeit des Zollfahndungsdienstes beim Verdacht der unerlaubten Einfuhr, Ausfuhr und Durchfuhr von Betäubungsmitteln, ZfZ 1984, 296; *Streck,* Über Betriebsprüfung und Steuerstrafverfahren im Widersinn, BB 1984, 199 mit Erwiderung von *Hildebrandt,* BB 1984, 1226; *Wenzig,* Die Grenzen des Verwertungsverbots, DStZ 1984, 172; *Sauer,* Zulässigkeit der Außenprüfung zur Feststellung von Steuerhinterziehung oder leichtfertiger Steuerverkürzung, StBp 1985, 7; *Henneberg,* Die formellen Voraussetzungen für die Prüfung des Steuerfahndungsdienstes nach § 208 Abs. 1 Ziff. 3 AO, BB 1986, 921; *Mösbauer,* Steuerfahndung im Rechtsstaat, DStZ 1986, 339; *Schleifer,* Zum Verhältnis von Besteuerungs- und Steuerstrafverfahren, wistra 1986, 250; *Breuer,* Konflikte zwischen Verwaltung und Strafverfolgung, DÖV 1987, 169; *Dänzer-Vanotti,* Die Übertragung der Aufgabe der Steuerfahndung auf die Oberfinanzdirektion ist zulässig, DStZ 1987, 345; *Hamacher,* Neue Rechtsprechung zu den Voraussetzungen von Ermittlungsmaßnahmen der Finanzbehörden, DStZ 1987, 224; *Hetzer,* Schleppnetzfahndung – Fischzüge im Trüben?, ZfZ 1987, 66; *Klos,* Rechtsschutzprobleme bei Steuerfahndungsmaßnahmen, JuS 1987, 482; *ders.,* Die Beschlagnahme von Geld durch die Steuerfahndung, wistra 1987, 121; *Kreutziger,* Rechtsschutz gegen Maßnahmen der Steuerfahndung, DStZ 1987, 436; *Ricke,* Hinweis- und Belehrungspflichten bei Vernehmungen durch die Zollfahndung im Strafverfahren, ZfZ 1987, 2; *Spriegel,* Schutz im Steuerstrafverfahren, wistra 1987, 48; *Frick,* Auskunftsersuchen der Steuerfahndung gemäß § 208 I Nr. 3 AO, BB 1988, 109; *Hamacher,* Der hinreichende Anlaß für Ermittlungen, DStZ 1988, 217; *Henneberg,* Der Steuerpflichtige im Spannungsfeld zwischen Besteuerungsverfahren und Steuerstrafverfahren, BB 1988, 2181; *Klos,* Die Vorfeldermittlungen der Steuerfahndung im Spiegel der Rechtsprechung, wistra 1988, 92; *Klos/Weyand,* Probleme der Ermittlungszuständigkeit und Beteiligungsrechte der Finanzbehörde im Steuerstrafverfahren, DStZ 1988, 615; *Reiche,* Verjährungsunterbrechende Wirkung finanzbehördlicher oder fahndungsdienstlicher Maßnahmen hinsichtlich allgemeiner Strafdelikte, wistra 1988, 329; *Rüster,* Rechtsstaatliche Probleme im Grenzbereich zwischen Besteuerungsverfahren und Strafverfahren, wistra 1988, 49; *Sauer,* Außenprüfung und Steuerfahndung, DStZ 1988, 339; *Teske,* Das Verhältnis von Besteuerungs- und Strafverfahren unter besonderer Berücksichtigung des Zwangsmittelverbotes, wistra 1988, 207; *Weyand,* Zur Beantragung richterlicher Untersuchungshandlungen durch die Finanzbehörde, DStZ 1988, 191; *Zacharias/Rinnewitz/Wiesbaum,* Anordnung der Außenprüfung und Einschaltung der Steuerfahndung als gleichrangige Instrumente zur Ermittlung von Steuerstraftaten und Steuerordnungswidrigkeiten?, DStZ 1988, 609; *Arndt,* Vorfeldermittlungen, Gruppenverdacht und Sammelauskunftsersuchen – zu den Grenzen der Ermittlungsaufgabe gemäß § 208 Abs. 1 Nr. 3 AO, Felix-Festgabe 1989, 1 ff.; *Fehn,* Sammelauskunftsersuchen bei Banken im Hinblick auf nicht banklübliche Geschäfte, ZfZ 1989, 381; *Klos/Weyand,* Praktische Probleme des Einsatzes von Außenprüfungen zu steuerstrafrechtlichen Ermittlungen, StBp 1989, 157; *Lüders/Meyer-Kessel,* Sammelauskunftsersuchen und § 30a AO, DB 1989, 2509; *Nolte,* Zur Praxis der Steuerfahndung, DB 1989, 1798; *Pütz,* Steuer- und Zollfahnder als Hilfsbeamte der Staatsanwaltschaft, wistra 1990, 213; *Reiche,* Die strafrechtliche Ermittlungskompetenz der Zollfahndung, wistra 1990, 90; *Weyand,* Rechtschutzmöglichkeiten gegen die Auswertung von CpD-Konten durch die Steuerfahndung, wistra 1990, 294; *Müller-Brühl,* Eine Aufsichtsbehörde für die Steuerfahndung muß geschaffen werden, DStZ 1991, 712; *Rüping,* Rechtsprobleme der Durchsuchung, insbes. in Steuerstrafsachen, StVj 1991, 322; *Dörn,* Übermacht der Steuerfahndung?, BB 1992, 2407; *ders.,* Betriebsprüfung – Strafverfahren – Steuerfahndung, Stbg 1993, 257; *ders.,* Befugnisse der Steuerfahndung, StB 1993, 444; *Mewes,* Rechtliche Erfassung von Vollzugstätigkeit allgemeinpolizeilicher Art durch Beamte des Zolldienstes, ZfZ 1993, 130; *Tormöhlen,* Befugnisse der Steuerfahndung bei Sachverhalten, bei denen Strafverfolgungsverjährung, aber noch keine Festsetzungsverjährung nach § 169 AO eingetreten ist, wistra 1993, 174; *Gosch,* Durchführung von Steufa-Maßnahmen bei einem Handlungsunfähigen, StBp 1994, 241; *Streck,* Die Auswirkungen des Wegfalls des strafrechtlichen Fortsetzungszusammenhangs auf Besteuerungs- und Prüfungssituationen, DStR 1994, 1723; *Wamers,* Marktbeobachtung – Aufgabe des Zollfahndungsdienstes, ZfZ 1993, 70 m. Erw. *Ringling,* ZfZ 1994, 109; *Rößler,* Recht auf Einsicht in Akten eines abgeschlossenen Verfahrens wegen Steuerhinterziehung?, DStZ 1994, 192; *Dörn,* Feststellungen von Steuerverkürzungen durch die Außenprüfung, DStR 1995, 558; *Jäger,* Vorfeldermittlungen – Reizwort und Streitgegenstand, Kriminalistik 1995, 189; *Messner,* Strafrechtliche und steuerliche Bedeutung des Abschied vom Fortsetzungszusammenhang im Steuerstrafrecht, DB 1995, 1735; *Streck/Mack,* Banken und Bankkunden im Steuerfahndungsverfahren, BB 1995, 2137; *Gilgan,* Die „Handakte" des Steuerberaters, Stbg 1995, 208; *Scheja,* Bekämpfung der grenzüberschreitenden Produktpiraterie durch die Zollbehörden, CR 1995, 714; *Papier/Dengler,* Verfassungsrechtliche Fragen im Zusammenhang mit Steuerfahndungsmaßnahmen bei Banken, BB 1996, 2541, 2593; *Tönsgerlemann,* Informationsgewinnung im Zollfahndungsdienst – Das Rad neu erfinden?, ddz 1996, F 45; *Stahl,* Beschlagnahme von Unterlagen für strafrechtlich verjährte Zeiträume, wistra 1997, 238; *Burkhard,* Die Strategie der Staatsanwaltschaft bei der Vernehmung von Bankkunden, PStR 1998, 154; *Dücker/Keune,* Zuständigkeit der Steuerfahndung nach Ablauf der Strafverfolgungsverjährung, DStR 1998, 14; *Heine,* Die Arbeit der Steuerfahndung – Neue Entwicklungen und gegenwärtige Schwerpunkte, Harzburger Steuerprotokoll 1998, 303; *ders.,* Zur aktuellen Situation der Prüfungsdienste der Finanzverwaltung, Stbg 1998, 241; *Kahlen,* „Friedensangebote" der Steuerfahndung, PStR 1998, 180; *Kottke,* Schleppnetzfahndung nach nicht deklarierten Inlandszinsen als Folge der Steuerfahndungen bei Banken?, Information StW 1998, 648; *Peulen,* Bekämpfung Organisierter Kriminalität durch den Zollfahndungsdienst, ddz 1998, F 71; *Joecks,* Die Stellung der Kreditwirtschaft im steuerstrafrechtlichen Ermittlungsverfahren gegen Kunden, WM 1998, Beil. 1; *Rolletschke,* Die Hinzuziehung eines Betriebsprüfers bei einer Durchsuchungsmaßnahme der Steuerfahndung, DStZ 1999, 444; *Marx,* Das Geldwäschegesetz als „Einfallstor" der Steuerfahndung, PStR 1999, 16; *Moritz,* Rechtssicherheit – quo vadis? PStR 2001, 122; *Mösbauer,* Steuerfahndung – ein besonderer Prüfdienst der Finanzverwaltung zur Bekämpfung der Steuerkriminalität, StB 2003, 214; *Schmitz,* Grenzüberschreitender Bargeldtransfer – Kritische Betrachtung der aktuellen Rechtsprechung zu § 12a ZollVG und § 12a a. F. FVG, DStZ 2003, 606; *Vogelberg,* Finanzverwaltung – Zuständigkeiten und Befugnisse, PStR 2005, 20; *Rolletschke,* Die finanzbehördlichen Strafverfolgungsorgane, Stbg 2006, 379; *Hentschel,* Staatsanwalt und Polizist in Personalunion? Zur Abschaffung fundamentaler Prinzipien des Strafverfahrensrechts bei der Verfolgung von Steuerstrafsachen, NJW 2006, 2300; *Webel,* Staatsanwalt und Polizist in Personalunion, AO-StB 2007, 137; *Beyer,* Die Dauer der Durchsicht gemäß § 110 StPO – So lässt sich eine unzumutbar lange Durchsicht vermeiden!, AO-StB 2009, 147; *Kaligin,* Rechtswidrige Strukturen im finanzbehördlichen Steuerstrafverfahren, Stbg 2010, 126; *Anders,* Kontrollbesuche durch den „Flankenschutzfahnder", DStR 2012, 1779; *Dusch,* Vermischung von Steufa und Bustra als rechtswidrige Konstruktion? – Zur behaupteten Rechtswidrigkeit von Mischsachgebieten in der Finanzverwaltung –, wistra 2013, 129; s. auch die Nachweise vor Rn. 150 und das Schrifttum zu § 399 AO.

Übersicht

1. Entstehungsgeschichte

§ 404 AO 1977 geht zurück auf § 439 RAO. Mit der AO 1977 wurden lediglich die Begriffe *„Zollfahndungsstelle"* in *„Zollfahndungsämter"* und *„Steuervergehen"* in *„Steuerstraftaten"* geändert. 1

§ 439 S. 2 RAO lautete zuletzt: *„Die in Satz 1 bezeichneten Stellen haben die Befugnisse nach § 433 Abs. 2 Satz 2 sowie die Befugnis zur Durchsicht der nach Gesetz aufzubewahrenden Geschäftspapiere (§ 110 der Strafprozessordnung), wenn der Richter die Durchsuchung angeordnet hat; ihre Beamten sind Hilfsbeamte der Staatsanwaltschaft."* Das Recht zur Durchsicht der Papiere war erst durch Art. 8 I Nr. 2 des 1. StVRG v. 9.12.1974 (BGBl. I 3393, 3413) in die AO eingefügt worden.

§ 439 RAO selbst wurde – ohne das Recht auf Durchsicht der Geschäftspapiere – durch Art. 1 Nr. 1 AOStrafÄndG v. 10.8.1967 (BGBl. I 877) eingefügt. Vorschriften über die Zollfahndungsstellen und die Beamten des Steuerfahndungsdienstes waren zuvor nur in den §§ 1, 19, 22 S. 2, 3 FVG aF enthalten; die Einfügung sollte der besseren Übersicht dienen, musste aber die unterschiedliche Organisation der Steuer- und Zollfahndung berücksichtigen (BT-Drs. V/1812 S. 36; s. ferner Rn. 22 f.).

Die Zollfahndung hat ihre Ursprünge im Zoll- und Steueraufsichtsdienst (HHSp-*Hübner* 1 zu § 404). Durch Art. 1 Nr. 2 G v. 4.7.1939 (RGBl. I 1181) wurden dann in einem neuen § 17 IV RAO den Oberfinanzpräsidenten *Zollfahndungsdienststellen* unterstellt. Sie sollten im Steuerstrafverfahren bei der Untersuchung mitwirken und hatten insoweit die gleichen Befugnisse wie die Hauptzollämter. § 1 I Nr. 2 FVG v. 6.9.1950 (BGBl. 448) führte dann *Zollfahndungsstellen* als örtliche Bundesbehörden ein. Die Aufgaben und steuerlichen Befugnisse der Zollfahndung waren in § 15 I FVG aF geregelt, der durch § 208 AO 1977 abgelöst wurde (Rn. 24). 2

Die Steuerfahndung wird amtlich zuerst in dem RdF-Erlass v. 25.7.1934 über die *„Rechtsstellung von Strafverfolgungsbeamten der Reichsfinanzverwaltung"* (RStBl. 868) erwähnt. Gesetzlich wurde die Bezeichnung „Steuerfahndung" erstmals verwendet in § 22 FVG aF (Rn. 1), der später durch § 439 RAO 1967 ersetzt wurde. Weitere Befugnisse der Steuerfahndung enthielt § 17 II FVG aF, der durch § 208 AO 1977 abgelöst wurde (Rn. 22). 3

2. Zweck und Bedeutung der Vorschrift

4 **Nach § 208 I Nr. 1 AO** ist es eine der Aufgaben der Steuer- und Zollfahndung, Steuerstraftaten zu erforschen. § 404 AO stellt klar, welche Kompetenzen die Steuer- und Zollfahndung zu diesem Zweck innehat. Dabei werden Steuer- und Zollfahndung den Behörden und Beamten des Polizeidienstes gleichgestellt. Nach § 404 S. 2 AO stehen ihr zudem die Rechte des § 399 II 2 AO zu. Ferner dürfen – über § 110 II StPO hinaus – die Papiere des von der Durchsuchung Betroffenen ohne dessen Zustimmung durchgesehen werden (§ 404 S. 2 AO iVm § 110 I StPO).

5 Tatsächlich beschreibt § 404 AO die **Kompetenzen der Steuer- und Zollfahndung** nur äußerst unvollkommen. Zu erfassen sind sie nur, wenn man die §§ 208, 393 AO in die Betrachtung einbezieht (ähnl. Kohlmann/*Matthes* 10 zu § 404). Die Fahndung hat im Zusammenhang mit der Erforschung von Steuerstraftaten auch die Besteuerungsgrundlagen zu ermitteln (§ 208 I Nr. 2 AO) und nach § 208 I Nr. 3 AO *„unbekannte Steuerfälle"* aufzudecken und zu ermitteln; ihr sind über die Befugnisse nach § 404 AO hinaus in § 208 I 2 AO die Kompetenzen der FinB im Besteuerungsverfahren eingeräumt, zT sind diese sogar noch erweitert (§ 208 I 3 AO). § 393 AO klärt – ebenfalls unzureichend – die Frage, wie die Steuerfahndung mit ihren im Besteuerungsverfahren gewonnenen Erkenntnissen zu verfahren hat und in welchem Verhältnis steuerliche und strafverfahrensrechtliche Befugnisse zueinander stehen.

6 **§ 404 AO als Teil des Steuerstrafverfahrensrechts** beschreibt Rechte und Pflichten der Steuer- und Zollfahndung als Kriminalpolizei in Steuer- und Zollsachen. Abgesehen von der Erweiterung einiger Kompetenzen gegenüber der Kriminalpolizei ist dies nichts Ungewöhnliches. Die eigentliche Crux der Fahndung liegt im Nebeneinander von Finanz*polizei und* Finanz*behörde* (ähnl. *Benkendorff,* ddz 1984, F 38). Weder die Tätigkeit der Fahndung im Besteuerungsverfahren noch ihr Einsatz im strafprozessualen Bereich sind an sich problematisch; erst das von § 208 AO zugelassene Nebeneinander der Ermittlungen im Besteuerungs- und Strafverfahren oder der Auftrag zu sog. Vorfeldermittlungen in § 208 I Nr. 3 AO lässt Bedenken entstehen (ähnl. *Schick* JZ 1982, 130 und HHSp-*Schick* 2 zu § 208), da es nicht fernliegt, dass fiskalische Interessen zu stark wahrgenommen werden (vgl. *Streck* Rn. 3). Der Bürger läuft dadurch Gefahr, sich mit seiner steuerlichen Mitwirkung selbst zu belasten (vgl. Rn. 49 u. Rn. 6 zu § 393).

3. Organisation der Steuer- und Zollfahndung

7 **a) Zollfahndung. Die Zollfahndungsämter** treten nach § 1 Nr. 4 FVG als örtliche Behörden neben die Hauptzollämter. Auch in § 6 II Nr. 5 AO sind die Zollfahndungsämter neben den Hauptzollämtern genannt. Das Zollfahndungsamt ist selbstständige Behörde mit einer eigenen Organisation; seit dem 24.8.2002 stehen die Zollfahndungsämter nicht mehr unter der Leitung der OFD, sondern unter der Leitung des Zollkriminalamtes (vgl. § 1 ZollfahndungsdienstG; TK-*Seer* 2 zu § 208 AO; zu den Hauptzollämtern s. auch Rn. 17 zu § 387); FinB iSd § 386 I 2 ist sie jedoch nicht (vgl. Kohlmann/*Hilgers-Klautzsch* 95 zu § 385).

8 Die Regelungen über die Zollfahndung finden sich im Zollfahndungsdienstgesetz (ZFdG), das durch das Zollfahndungsneuregelungsgesetz (ZFnrG) v. 16.8.2002 (BGBl. I 3202) geschaffen wurde. Behörden des Zollfahndungsdienstes sind das Zollkriminalamt als Mittelbehörde und die ihm unterstehenden Zollfahndungsämter als örtliche Behörden im Geschäftsbereich des BMF (§ 1 I ZFdG).

9 In Ausfüllung des § 12 Abs. 1 FVG hatte der BdF mit Erlass vom 8.8.1992 (VSF 03 610–5 Abs. 4) Bezirke und Sitze der Zollfahndungsämter neu bestimmt und denen der zZ 21 Oberfinanzdirektionen angeglichen. Im Rahmen der Konzentration der Bundesaufgaben durch den BdF in 1998 wurde die Zahl der Bundesabteilungen der Oberfinanzdirektionen auf insgesamt acht verringert. Dementsprechend bestehen nunmehr Zollfahn-

dungsämter in *Berlin-Brandenburg, Dresden, Essen mit Dienstsitz Düsseldorf, Frankfurt a. M., Hamburg, Hannover, München* und *Stuttgart.* Daneben existiert das Zollkriminalamt in Köln mit dem Status einer Mittelbehörde (zu den einzelnen Befugnissen des ZKA vgl. §§ 6 ff. ZFdG u. Schwarz/*Rottpeter* 4 zu § 404; *Wannemacher/Maurer* 3390).

Die Zuweisung bestimmter Bezirke für einzelne Zollfahndungsämter lässt die Möglichkeit, notwendige Amtshandlungen auch außerhalb des eigenen Bezirks vornehmen zu können, unberührt (Rn. 102). 10

b) Steuerfahndung. Nach § 17 II 3 FVG ist es möglich, einer besonderen Landesfinanzbehörde oder einem besonderen Finanzamt bestimmte Zuständigkeiten für den Bereich mehrerer Finanzämter zu übertragen. Bislang wurde jedoch kaum von der Möglichkeit Gebrauch gemacht, etwa ein Sonderfinanzamt für Fahndungsdienste zu bilden; in Berlin und Niedersachsen (VO v. 20.10.1981, BStBl. I 1982, 224) wurden *„Finanzämter für Fahndung und Strafsachen"* eingerichtet, in Nordrhein-Westfalen *„Finanzämter für Steuerstrafsachen und Steuerfahndung"* (VO v. 16.12.1987, GVNW 1987, 450; zur Problematik HHSp-*Hübner* 19 f. zu § 404); seit dem 1.7.2005 gibt es in Hamburg das *„Finanzamt für Prüfungsdienste und Strafsachen"* (vgl. XIII Abs. 1 FAZustAnO HA v. 28.10.1997 idF v. 1.3.2008; *Rolletschke* Stbg 2006, 379). Im Übrigen geht die AO offenbar nicht von einer eigenständigen Funktion der Steuerfahndung aus; sie spricht in § 208 I 2, II und § 404 S. 1 von *„mit der Steuerfahndung betrauten Dienststellen"*. Dementsprechend sind die Steuerfahndungsstellen nicht per se selbstständige Behörden (TK-*Seer* 4 zu § 208; *Streck* Grundfragen S. 223; RK-*Roth* 25, Schwarz/*Rottpeter* 5 zu § 404; *Wannemacher/Maurer* 3349; aM HHSp-*Schick* 27 ff. zu § 208). 11

Die Organisation der *„mit der Steuerfahndung betrauten Dienststellen"* ist in den einzelnen Bundesländern unterschiedlich ausgeprägt (s. HHSp-*Schick* 20, Koch/Scholtz/*Scheurmann-Kettner* 7 u. TK-*Seer* 5 ff.zu § 208; RK/*Roth* 27 ff. zu § 404). Die Steuerfahndung ist 12

– *unselbstständige Dienststelle eines Finanzamts* in Baden-Württemberg, Bayern, Brandenburg, Bremen, Hessen, Mecklenburg-Vorpommern, Rheinland-Pfalz, Saarland, Sachsen, Schleswig-Holstein, Thüringen und in Sachsen-Anhalt (HHSp-*Schick* 20 zu § 208; Schwarz/Pahlke/*Rottpeter* 6, 70 zu § 404 AO);
– *Teil des Finanzamts für Fahndung und Strafsachen* in Niedersachsen, Berlin, Nordrhein-Westfalen und seit 1.7.2005 in Hamburg (dazu TK-*Seer* 7 zu § 208 AO).

Die Zulässigkeit der Zusammenfassung von Steuerfahndungsstelle und Strafsachenstelle in sog. Einheitssachgebieten ist auf Grund der Vereinigung von polizeilichen und staatsanwaltlichen Befugnissen umstritten, vgl. dazu *Dusch* wistra 2013, 129; *Webel,* AO-StB 2007, 137, ablehnend *Hentschel* NJW 2006, 2300 und *Kaligin,* Stbg 2010, 126, die einen Verstoß gegen die gesetzlichen Vorgaben der §§ 386 ff. AO und damit gegen den aus dem Rechtsstaatsprinzip abgeleiteten Grundsatz des Vorrangs des Gesetzes gem. Art. 20 III GG annehmen. 13

Die örtliche Zuständigkeit der in den einzelnen Ländern unterschiedlich geregelten Steuerfahndungsdienststellen ist Gegenstand mehrerer Landesgesetze, auch zT unveröffentlichter Ländererlasse (Kohlmann/*Matthes* 24 u. 36 zu § 404; HHSp-*Schick* 20 zu § 208). Da die Steuerfahndungsdienststellen jeweils in dem gesamten Bundesland ermitteln dürfen, zu dem sie gehören, kommt es auf die konkrete Zuordnung nicht entscheidend an (Rn. 103). 14

Eine **Informationszentrale für den Steuerfahndungsdienst** wurde 1976/1977 durch Vereinbarung der Bundesländer beim FA Wiesbaden II geschaffen (ausf. Einl 114). Zweck der Zentrale ist die Abstimmung der Ermittlungstätigkeit in Fällen überregionaler Bedeutung (HHSp-*Hübner* 28 u. RK-*Roth* 35. zu § 404; Koch/Scholtz/*Scheurmann-Kettner* 10 zu § 208). Die Informationszentrale hat keine eigenen Ermittlungsbefugnisse oder Weisungsrechte (HHSp-*Schick* 22 zu § 208). Darüber hinaus wurde beim Bundeszentralamt für Steuern eine **Informationszentrale Ausland (IZA)** eingerichtet. Deren Aufgabe ist es, bei Auslandssachverhalten Informationen zu beschaffen und die Außenprüfungs- und Steuerfahndungsdienste zu unterstützen. 15

einstweilen frei 16–20

4. Aufgaben der Steuer- und Zollfahndung

21 **a) Allgemeines.** Nach § 85 AO haben die Finanzbehörden die Steuern *gleichmäßig* festzusetzen und zu erheben. Dabei müssen sie sicherstellen, dass Steuern nicht verkürzt oder Steuererstattungen und Steuervergütungen nicht zu Unrecht gewährt werden. Die Aufgabe der Steuer- und Zollfahndung (nachfolgend: Steuerfahndung) in diesem Zusammenhang ergibt sich aus § 208 AO, der mit der AO 1977 eingefügt worden ist und die Regelungen in § 15 I, § 17 II FVG aF abgelöst hat (Begr. BT-Drs. 7/4292, 36).

§ 208 AO Steuerfahndung (Zollfahndung)

(1) [1] Aufgabe der Steuerfahndung (Zollfahndung) ist

1. die Erforschung von Steuerstraftaten und Steuerordnungswidrigkeiten,
2. die Ermittlung der Besteuerungsgrundlagen in den in Nummer 1 bezeichneten Fällen,
3. die Aufdeckung und Ermittlung unbekannter Steuerfälle.

[2] Die mit der Steuerfahndung betrauten Dienststellen der Landesfinanzbehörden und die Zollfahndungsämter haben außer den Befugnissen nach § 404 Satz 2 erster Halbsatz auch die Ermittlungsbefugnisse, die den Finanzämtern (Hauptzollämtern) zustehen. [3] In den Fällen der Nummern 2 und 3 gelten die Einschränkungen des § 93 Abs. 1 Satz 3, Abs. 2 Satz 2 und des § 97 Abs. 2 nicht; § 200 Abs. 1 Satz 1 und 2, Abs. 2, Abs. 3 Satz 1 und 2 gilt sinngemäß, § 393 Abs. 1 bleibt unberührt.

(2) Unabhängig von Absatz 1 sind die mit der Steuerfahndung betrauten Dienststellen der Landesfinanzbehörden und die Zollfahndungsämter zuständig

1. für steuerliche Ermittlungen einschließlich der Außenprüfung auf Ersuchen der zuständigen Finanzbehörde,
2. für die ihnen sonst im Rahmen der Zuständigkeit der Finanzbehörden übertragenen Aufgaben.

(3) Die Aufgaben und Befugnisse der Finanzämter (Hauptzollämter) bleiben unberührt.

22 **Die Steuerfahndung** hat im Steuerstrafverfahren sowie im Besteuerungsverfahren mehrere Aufgabenbereiche: Hinsichtlich der Besteuerung hat sie unbekannte Steuerfälle aufzudecken und zu ermitteln (§ 208 I Nr. 3 AO; s. aber Rn. 49 f.). Zugleich hat sie die Besteuerungsgrundlagen in den Fällen zu ermitteln, in denen eine Steuerstraftat oder Steuerordnungswidrigkeit begangen worden ist (§ 208 I Nr. 2 AO). Neu hinzugekommen ist die Auswertung von Informationen über Geldbewegungen im Rahmen der §§ 10, 11 GwG (vgl. *Wannemacher/Vogelberg* 2308).

23 Strafverfahrensrechtlich hat sie Steuerstraftaten und Steuerordnungswidrigkeiten zu erforschen (§ 208 I Nr. 1 AO). Diese Aufgabe ergibt sich schon aus § 163 StPO iVm § 404 S. 1 AO (bei Straftaten) bzw. (bei Ordnungswidrigkeiten) aus § 53 I OWiG iVm §§ 410 I Nr. 9 404 S. 1 AO (Koch/Scholtz/*Scheurmann-Kettner* 16 zu § 208), die Regelung hat daher nur eine klarstellende Wirkung (*Hellmann* 1995, S. 19); bei Steuerstraftaten besteht eine Bindung an das *Legalitätsprinzip* (BGH 21.10.1971, BB 1972, 1394).

24 **Das Zollfahndungsamt** hat die Aufgabe, Straftaten und Besteuerungsgrundlagen im Bereich der Zölle und Verbrauchsteuern zu ermitteln (§ 1 I–III ZollVG, § 24 ZFdG). Hinzu kommt die Erforschung von Straftaten auf anderen Gebieten, v. a. bei der Bekämpfung der grenzüberschreitenden Geldwäsche (§ 1 IIIc ZollVG) oder im Außenwirtschaftsrecht (§ 37 AWG); vgl. TK-*Seer* 124 ff. zu § 208 AO. Die Steuerfahndung ist für Besitz- und Verkehrsteuern zuständig (HHSp-*Hübner* 32 ff. zu § 404). Nicht zulässig ist es, die Zollfahndung zu Ermittlungen nur bei der Hinterziehung solcher Steuern einzusetzen, welche die Länder verwalten; ebenso darf die Steuerfahndung nicht zur Aufklärung von Sachverhalten eingesetzt werden, bei denen es ausschl. um Zölle und Verbrauchsteuern geht (ähnl. HHSp-*Hübner* 41 ff. zu § 404).

25 Die Aufgaben nach § 208 I Nr. 1, 2 AO sind miteinander verzahnt; so erscheint es nur konsequent, wenn die die Steuerstraftat aufklärende Stelle der FinB zugleich die – für die Feststellung des Verkürzungserfolges ohnehin nötigen – Besteuerungsgrundlagen ermittelt. Tatsächlich liegt hierin aber unter dem Aspekt der Rechtsstaatlichkeit ein erhebliches

Problem, da Verfahren mit unterschiedlicher Stellung des Betroffenen miteinander vermischt werden (s. Rn. 120 ff. u. HHSp-*Schick* 61 zu § 208).

Zur Erfüllung der Aufgaben gibt das Gesetz der Fahndung Kompetenzen, die der FinB im Allgemeinen nicht zustehen, oder befreit sie von bestimmten Beschränkungen (Rn. 64 ff.). **26**

b) Steuerstrafrechtliche Ermittlungen (§ 208 I Nr. 1 AO). Steuerstraftaten sind solche iS des § 369 I AO (Rn. 5 ff. zu § 369). Andere Straftaten gehören hierzu auch dann nicht, wenn sie einen steuerlichen Bezug haben (HHSp-*Schick* 80 zu § 208 mwN). Eine Erweiterung der Ermittlungskompetenz ergibt sich für nichtsteuerliche Delikte jedoch aus §§ 385 II, 386 II Nr. 2 AO (Rn. 27 zu § 386) und soweit sie mit Allgemeindelikten tateinheitlich zusammentreffen (vgl. BGH 24.10.1989, wistra 1990, 59; BGH 28.11.1990, NJW 1991, 1764; Erbs/Kohlhaas/*Hadamitzky/Senge* AO § 404 Rn. 8; *Pütz* wistra 1990, 212, 216) bzw. Teil derselben Tat iS des § 264 StPO sind (*Hellmann* 1995, S. 305; aM Kohlmann/*Hilgers-Klautzsch* 102 ff. zu § 385 u. Kohlmann/*Matthes* 62 zu § 404). *Steuerordnungswidrigkeiten* sind nur solche iS des § 377 I AO (Rn. 3 ff. zu § 377). **27**

Die Erforschungspflicht beinhaltet sämtliche Ermittlungen, die zur Entscheidung der Frage, ob Anklage erhoben werden soll, nötig sind. § 208 I Nr. 1 AO knüpft an einen entsprechenden Begriff in §§ 160 I, 163 I StPO an (s. Rn. 8 zu § 399 sowie unten Rn. 81). Die Erforschungspflicht setzt einen sog. *Anfangsverdacht* (Rn. 38 ff. zu § 397) voraus; ggf. sind Vorermittlungen anzustellen (Koch/Scholtz/*Scheurmann-Kettner* 18 zu § 208; *Wannemacher/Maurer* Rn. 3366), bei denen es jedoch niemals darum gehen darf, unter Verwendung *steuerrechtlicher Mittel* den Beschuldigten zur Lieferung von Tatsachen zu zwingen, die ihn belasten (Rn. 41 u. Rn. 66 zu § 397). **28**

c) Ermittlung der Besteuerungsgrundlagen (§ 208 I Nr. 2 AO). Die Ermittlung der Besteuerungsgrundlagen (§ 208 I Nr. 2 AO) steht im Zusammenhang mit der Aufgabe nach § 208 I Nr. 1 AO (Erforschung von Steuerstraftaten und Steuerordnungswidrigkeiten). Da eine abschließende Beurteilung des Vorliegens einer Steuerstraftat oder -ordnungswidrigkeit oftmals die Feststellung eines Verkürzungserfolges voraussetzt (Rn. 34 zu § 370), schien es dem Gesetzgeber geboten, der Steuerfahndung in diesem Zusammenhang auch die Ermittlung der Besteuerungsgrundlagen zuzuweisen (BT-Drs. 7/4292 S. 36; Koch/Scholtz/*Scheurmann-Kettner* 22, TK-*Seer* 22 zu § 208; krit. Kohlmann/*Matthes* 52 ff. zu § 404; zur *sachlichen Zuständigkeit* der Steuer- und Zollfahndung s. Rn. 24). **29**

Es geht auch um Ermittlungen **für das Besteuerungsverfahren;** die Ermittlung der *Besteuerungsgrundlagen* erschöpft sich nicht in dem für das Straf- bzw. Bußgeldverfahren Nötigen (Schwarz/Pahlke/*Dumke* 20, TK-*Seer* 24 zu § 208 AO u. Klein/*Rüsken* AO § 208 Rn. 30; *Schleifer* wistra 1986, 250; *Spitz* DStR 1981, 428, 434; *Teske* wistra 1988, 207 f.; *Wolter* BB 1981, 236; *Wendeborn* 1989, S. 54; krit. *Benkendorff* ddz 1984, F 37, 40). Bezieht sich der strafrechtliche Anfangsverdacht nur auf einen bestimmten Sachverhalt, so ist die Steuerfahndung nach § 208 I 1 Nr. 2 AO in ihren Ermittlungen nicht darauf beschränkt, den verdächtigen Sachverhalt aufzuklären. Vielmehr ist sie auch berechtigt und ggf. sogar verpflichtet, alle für die Feststellung der in Betracht kommenden Straftat oder Ordnungswidrigkeit erforderlichen Besteuerungsgrundlagen zu ermitteln (BFH 9.3.2010, BFH/NV 2010, 1777; Klein/*Rüsken* AO § 208 Rn. 30). **30**

Demgegenüber will *Schick* (HHSp 95 ff. zu § 208 AO; ähnl. *Benkendorff* ddz 1984, F 54; vgl. auch Kohlmann/*Matthes* 70 zu § 404) § 208 I Nr. 2 AO auf die Ermittlung solcher Besteuerungsgrundlagen beschränken, die notwendige Bedingung für die Erfüllung der Aufgaben nach § 208 I Nr. 1 AO sind: Nr. 2 gehe nicht über die Aussage von Nr. 1 hinaus (HHSp-*Schick* 95 zu § 208). Diese Interpretation beruht auf einem Vorverständnis der Regelungen über die Steuerfahndung (*Schick* JZ 1982, 125), das mit der eindeutigen gesetzlichen Regelung nicht vereinbar ist (ähnl. *Hamacher* DStZ 1983, 495; *Streck* Grundfragen S. 246). Sie verfolgt das berechtigte Anliegen, das Spannungsfeld zwischen der Tätigkeit der Fahndung im Straf- und Besteuerungsverfahren zu reduzieren oder gar zu beseiti- **31** gen, schießt dabei jedoch über das Ziel hinaus; entscheidend ist nicht der Umstand, dass auch die (vollständigen) Besteuerungsgrundlagen ermittelt werden, sondern *welche Befugnisse* die Fahndung in diesem Zusammenhang hat (Rn. 120) bzw. welches Verhältnis zwischen Steuerstraf- und Besteuerungsverfahren allgemein besteht.

32 **Unzulässig ist der Rückgriff** auf § 208 I Nr. 2 AO, wenn ein Strafverfahren nicht (mehr) anhängig ist (ähnl. *Dücker/Keune* DStR 1999, 14, 16; Kohlmann/*Matthes* 70 zu § 404; aM BFH 16.12.1997, wistra 1998, 230; Klein/*Rüsken* 30 zu § 208). Dies betrifft vielfach Fälle, in denen zwar die verlängerte Festsetzungsfrist gem. § 169 II 2 AO noch nicht abgelaufen, strafrechtlich aber bereits Verfolgungsverjährung (vgl. Rn. 10 zu § 376) eingetreten ist. Probleme dieser Art waren in der Vergangenheit kaum aufgetreten, weil angesichts der Rechtsprechung des BGH zum Fortsetzungszusammenhang oftmals auch strafrechtlich Verjährung noch nicht eingetreten war oder zumindest der Anfangsverdacht bestand, auch strafrechtlich wären für lange zurückliegende Zeiträume noch nicht verjährte Tatteile zu ermitteln. Mit der Aufgabe des Instituts der fortgesetzten Handlung durch den Großen Senat (BGHGrS 3.5.1994, NJW 1994, 1663) bzw. für den Bereich der Steuerhinterziehung durch den 5. Senat (BGH 20.6.1994, NJW 1994, 2368) besteht ein solcher Verdacht aber nicht mehr. Hinzu kommt, dass steuerliche und strafrechtliche Verjährung, insbes. in Fällen der Hinterziehung von Festsetzungssteuern durch Unterlassen, stark differieren (vgl. § 170 II AO sowie Rn. 40 ff. zu § 376). Zur steuerlichen Seite vgl. BFH 22.6.1995, DStR 1995, 1269 m. Anm. *Ditges/Graß* DStR 1995, 1270.

33 Welche Konsequenzen sich daraus für die **Befugnisse der Steuerfahndung** ergeben, ist zweifelhaft. *Tormöhlen* (wistra 1993, 174) hat bereits vor dem Hintergrund der sich abzeichnenden Veränderung der Rspr die Auffassung vertreten, dass zwar für solche Zeiträume keine *strafprozessualen* Mittel mehr zur Verfügung stünden, die Fahndung aber nach *steuerverfahrensrechtlichen* Grundsätzen ermitteln dürfe (vgl. auch Kohlmann/*Matthes* 71 ff. zu § 404; LG Köln 21.4.1997, wistra 1997, 237). Aufgabennorm sei § 208 I Nr. 2 AO, die Befugnis ergebe sich aus § 208 I 2 AO (*Tormöhlen* wistra 1993, 174, 175 ff.). Auch *Rüsken* (Klein/*Rüsken* AO § 208 Rn. 35) scheint der Auffassung zu sein, dass die Zuständigkeit der Steuerfahndung im Zusammenhang mit der Ermittlung der Besteuerungsgrundlagen nicht davon abhänge, dass gleichzeitig auch ein Steuerstrafverfahren durchgeführt werde (ähnl. *Wendeborn* 1989, 59 ff.; vgl. auch *Streck* DStR 1994, 1723 ff.). Der BFH hält Ermittlungen nach § 208 I Nr. 2 AO auch dann für zulässig, wenn die Tat wegen Verjährung nicht mehr verfolgt werden kann. Diese Aufgabenzuweisung wäre sonst überflüssig, wenn sie nur die Ermittlung der Besteuerungsgrundlagen im Zusammenhang mit strafrechtlichen Ermittlungen nach Nr. 1 erlauben sollte. Zudem bestehe im Interesse der Steuergerechtigkeit ein erhebliches praktisches Bedürfnis, dass die Steuerfahndung bei strafrechtlichen Ermittlungen *„am Ball bleibt"* und auch in steuerlicher Hinsicht ermittelt (BFH 16.12.1997, wistra 1998, 230). Das FG Hessen (v. 8.11.1996, wistra 1997, 118) will hier § 208 I Nr. 3 AO mit dem Argument anwenden, ein unbekannter Steuerfall liege erst recht vor, soweit der Verdacht einer Steuerstraftat oder Steuerordnungswidrigkeit besteht. Demgegenüber vertritt *Hellmann* (1995, S. 198 ff.) die Auffassung, § 208 I Nr. 2 AO habe keinen eigenständigen Aufgabenbereich, sondern könne nur im Zusammenhang mit Ermittlungen gem. § 208 I Nr. 1 AO gesehen werden.

34 **Nur im Zusammenhang mit Ermittlungen iSd § 208 I Nr. 1 AO** hat die Steuerfahndung die Möglichkeit, steuerverfahrensrechtliche Ermittlungen iS des § 208 I Nr. 2 AO durchzuführen (ebenso *Dücker/Keune* DStR 1999, 14, 16). Zweckmäßigkeitserwägungen konzedieren der Steuerfahndung die Befugnis, die strafbefangene Erklärung auch insoweit zu verifizieren und um weitere Erkenntnisse zu ergänzen, als ein Verdacht konkret nicht besteht; immerhin sind auch andere Umstände, etwa entlastende, im Rahmen der Strafzumessung von Bedeutung. Aus den Motiven (BT-Drs. 7/4292, 36) ergibt sich deutlich, dass auch der Gesetzgeber nur in einem konkreten Fall des Zusammenhangs die Befugnisse gewähren wollte: *„Da die Frage, ob und inwieweit eine Steuerstraftat oder Steuerordnungswidrigkeit vorliegt, regelmäßig mit der Feststellung steuerlicher Nachforderungen einhergeht,*

wird als weitere Aufgabe in Nr. 2 die Ermittlung der Besteuerungsgrundlagen im Zusammenhang mit der Erforschung von Steuerstraftaten und Steuerordnungswidrigkeiten genannt." In diesen Fällen besteht ein solcher Zusammenhang aber gerade nicht. Dies betrifft nicht nur den Fall, dass ein Strafverfahren gar nicht mehr eingeleitet werden kann, weil sämtliche denkbaren Zeiträume bereits strafrechtlich verjährt wären, sondern auch den Fall, dass die Steuerfahndung strafprozessual in einem strafrechtlich (vermutlich) noch nicht verjährten Zeitraum ermittelt und sich Anhaltspunkte dafür ergeben, dass auch in den Vorjahren, dh noch nicht festsetzungsverjährter Zeit, ähnliche Verstöße erfolgt sind. Auch in diesen Fällen gibt es nicht etwa eine *„Annexkompetenz"* der Steuerfahndung. Die Ermittlungen solcher strafrechtlich verjährter Zeiträume ist nur im Rahmen des formalen Außenprüfungsverfahrens möglich. Hierfür mag (§ 208 II Nr. 1 AO) auch eine Beauftragung durch die Steuerfahndung erfolgen (vgl. AStBV Nr. 122 II). Aber auch insoweit gelten die Voraussetzungen der §§ 193 ff. AO, insbes. das Erfordernis der schriftlichen Prüfungsanordnung (§ 196 AO). Zur Anwendbarkeit des § 208 I Nr. 3 s. Rn. 41 ff.

Nach **Tod des Beschuldigten oder Selbstanzeige** sind Ermittlungen gem. § 208 I AO jedoch nicht schlechthin ausgeschlossen. So mag sich aus der Selbstanzeige der Verdacht einer Steuerstraftat Dritter ergeben, für die nicht schon im Rahmen der Erklärung gem. § 371 I AO eine Anwartschaft auf Straffreiheit erlangt wurde. Zudem mögen Anhaltspunkte dafür existieren, dass auch andere als der Verstorbene an der Tat beteiligt waren. Dann kann ein Strafverfahren iS des § 397 AO eingeleitet und im Zusammenhang mit der Erforschung der Steuerstraftat (§ 208 I Nr. 1 AO) auch eine Ermittlung der damit im Zusammenhang stehenden Besteuerungsgrundlagen (§ 208 I Nr. 2 AO) erfolgen (vgl. Klein/*Rüsken* AO § 208 Rn. 35; aA Kohlmann/*Matthes* 76 zu § 404), soweit verfolgbare Beschuldigte existieren. 35

einstweilen frei 36–40

d) Aufdeckung und Ermittlung unbekannter Steuerfälle (§ 208 I Nr. 3 AO). Im Vorfeld des Steuerstrafverfahrens und der Einleitung eines solchen nach § 397 AO liegt der Aufgabenbereich der Steuerfahndung nach § 208 I Nr. 3 AO (TK-*Seer* 27 zu § 208 AO; *Wendeborn* 1989, 69; vgl. auch *Eilers* CR 1989, 828). Nach Verfahrenseinstellung gem. § 170 II StPO abgeschlossene strafverfahrensrechtliche Ermittlungen gemäß § 208 I 1 Nr. 1 und Nr. 2 AO hindern die Steuerfahndung nicht an weitergehenden Tätigkeiten nach § 208 I 1 Nr. 3 AO (FG Köln 15.12.2009, EFG 2010, 551). Zwar gibt es ein (Steuer-) Strafverfahren gegen Unbekannt, nicht jedoch ein Besteuerungsverfahren gegen Unbekannt. Nun sind Fälle denkbar, in denen die Begehung einer Steuerstraftat oder -ordnungswidrigkeit nicht fernliegt, der für eine Einleitung des Strafverfahrens nötige Anfangsverdacht (Rn. 38 ff. zu § 397) jedoch noch nicht gegeben ist. Es sind also Anhaltspunkte gegeben, die schon über einen reinen Ausforschungseingriff (fishing expeditions) hinausgehen, aber eine weitergehende strafrechtliche Qualität (noch nicht) aufweisen. 41

Dem Wesen nach ist daher diese Aufgabe dem Strafrecht näher als dem Steuerrecht. In strafrechtlichen Kategorien gesprochen, handelt es sich hier um den gesetzlich legitimierten Fall von Vorermittlungen. Unmittelbare Auswirkungen hat diese Einordnung zB für Belehrungspflichten. Ist § 208 I Nr. 3 AO dem Strafrecht zuzuordnen, muss mit dem Auskunftsersuchen eine Belehrung erfolgen. Die Beteiligten und andere Personen haben gem. § 93 I 1 AO der Finanzbehörde die zur Feststellung eines für die Besteuerung erheblichen Sachverhalts erforderlichen Auskünfte zu erteilen. Dies gilt nach § 93 I 2 AO auch für nicht rechtsfähige Vereinigungen, Vermögensmassen, Behörden und Betriebe gewerblicher Art der Körperschaften des öffentlichen Rechts. Die Finanzbehörde kann eine Auskunft nach § 93 AO aber nur verlangen, wenn sie geeignet und notwendig ist, um den Sachverhalt aufzuklären, die Pflichterfüllung für den Betroffenen möglich und seine Inanspruchnahme erforderlich, verhältnismäßig und zumutbar ist (Nieders. FG 23.2.2012, DStRE 2013,177; BFH 4.12.2012, NJW 2013, 1119; FG Hamburg 18.4.2013, EFG 2013, 1195). Andere Personen als die Beteiligten sollen gemäß § 93 I 3 AO erst dann zur Auskunft angehalten 42 werden, wenn die Sachverhaltsaufklärung durch die Beteiligten nicht zum Ziel führt oder keinen Erfolg verspricht. Ein von der Steuerfahndung im steuerlichen Ermittlungsverfahren gestelltes Auskunftsersuchen ist dann rechtswidrig, wenn es den Eindruck erweckt, dass trotz der Einstellung des Strafermittlungsverfahrens weiter wegen des Verdachts der Steuerhinterziehung ermittelt werde, hierdurch das Ansehen des Steuerpflichtigen erheblich gefährdet wird und mit einem Auskunftsersuchen durch die Veranlagungsstelle ein milderes Mittel zur Verfügung gestanden hätte (BFH 4.12.2012, NJW 2013, 1119; vgl. dazu *Gehm* StBW 2013, 466).

43 Die Beteiligten und andere Personen haben zudem gem. § 97 I 1 AO der Finanzbehörde auf Verlangen Bücher, Aufzeichnungen, Geschäftspapiere und andere Urkunden zur Einsicht und Prüfung vorzulegen. Im Vorlageverlangen ist nach § 97 I 2 AO anzugeben, ob die Urkunden für die Besteuerung des zur Vorlage Aufgeforderten oder für die Besteuerung anderer Personen benötigt werden. Auch hinsichtlich der Vorlage von Urkunden hat § 93 I 2, 3 AO Geltung. Die Finanzbehörde kann gemäß § 97 II AO die Vorlage der in § 97 I AO genannten Urkunden an Amtsstelle verlangen oder sie bei dem Vorlagepflichtigen einsehen, wenn dieser einverstanden ist oder die Urkunden für eine Vorlage an Amtsstelle ungeeignet sind. Das Vorlageverlangen des § 97 II AO ist subsidiär gegenüber dem Auskunftsersuchen nach § 93 I AO (BFH 24.2.2010, NJW 2010, 1997). Zur Rechtslage aufgrund von § 208 I 3 AO vgl. Rn. 64 f.

44 Wird die Eingriffsbefugnis des Staates erweitert, muss auch der strafrechtliche Schutz vor Selbstbelastungen ebenso vorverlagert werden. Eine Missachtung der Belehrung kann zu Verwertungsproblemen führen. Auch ein rechtswidriger Durchsuchungsbeschluss kann zu einem Beweisverwertungsverbot führen, wenn die zur Fehlerhaftigkeit der Ermittlungsmaßnahme führenden Verfahrensverstöße schwerwiegend waren oder bewusst oder willkurlich begangen wurden (BFH 4.12.2012, NJW 2013, 1119; vgl. dazu *Gehm* StBW 2013, 466).

45 **Die Ermittlungen** richten sich auf die Feststellung *unbekannter Steuerpflichtiger* (FG Hamburg 18.4.2013, EFG 2013, 1195; Koch/Scholtz/*Scheurmann-Kettner* 23 u. Schwarz/Pahlke/*Dumke* 24 zu § 208 AO). Daneben kann die Erforschung *unbekannter Sachverhalte* treten, die für die Besteuerung bei bekannten Steuerpflichtigen bedeutsam sein könnten (FG Hamburg 18.4.2013, EFG 2013, 1195; BFH 25.7.2000, BStBl. II 643; Koch/Scholtz/*Scheurmann-Kettner* u. Schwarz/Pahlke/*Dumke* aaO; Kohlmann/*Matthes* 82 u. RK-*Roth* 84 zu § 404; *Lauer* BB 1979, 41, 43; s. auch TK-*Seer* 27 zu § 208). Diese Ermittlungen dürfen aber nicht dazu führen, dass der Stpfl zu einer Selbstbelastung gezwungen wird (Rn. 48).

46 **Unbekannt ist ein Steuerfall,** wenn die FinB vom steuerlichen Sachverhalt und/oder vom Stpfl keine Kenntnis hat (BT-Drs. 7/4292, 36; RK-*Roth* Rn. 87 zu § 404; TK-*Seer* 29 zu § 208 AO). Der Steuerfall ist *nicht unbekannt,* wenn die Fahndung aufgrund einer Kontrollmitteilung von einem steuerlich erheblichen Sachverhalt und von dem Stpfl bereits etwas erfahren hat (*Kühnel* DStZ 1981, 97). Gleiches gilt für Ermittlungen in den sog. CD-Fällen, die Ermittlungen sind hinreichend konkret.

47 Nur wenn objektiv die **Möglichkeit einer Steuerverkürzung** besteht, darf die Fahndung nach § 208 I Nr. 3 AO tätig werden (BFH 13.2.1968, BStBl. II 365, 369). Anhaltspunkt können etwa Chiffreanzeigen sein (HHSp-*Schick* 135 zu § 208; s. auch die Beispiele bei TK-*Seer* 29 zu § 208 AO). Ein hinreichender Anlass ist dann gegeben, wenn aufgrund konkreter Anhaltspunkte oder allgemeiner Erfahrung die Möglichkeit einer Steuerverkürzung in Betracht kommt und daher eine Anordnung bestimmter Art angezeigt ist (BFH 16.5.2013, BFHE 241, 211; FG Hamburg 18.4.2013, EFG 2013, 1195; ausf. dazu *Steinberg* DStR 2008, 1720; bezüglich des sog. Flankenschutzfahnders vgl. *Anders* DStR 2012, 1781 u. *Roth* StBW 2013, 320). Die allgemeine, nach der Lebenserfahrung gerechtfertigte Vermutung, dass Steuern nicht selten verkürzt und steuerpflichtige Einnahmen nicht erklärt werden, genügt hingegen nicht (BFH 16.1.2009, NJW 2009, 1998). Hierfür bedarf es vielmehr der Darlegung einer über die bloße allgemeine Lebenserfahrung hinausgehenden, erhöhten Wahrscheinlichkeit, unbekannte Steuerfälle zu entdecken (BFH 16.1.2009, NJW

2009, 1998). Für ein berechtigtes Auskunftsverlangen sei ausreichend, dass die Steuerfahndung im Rahmen einer Prognoseentscheidung im Wege vorweggenommener Beweiswürdigung nach pflichtgemäßem Ermessen zu dem Ergebnis gelangt, dass die Auskunft zu steuererheblichen Tatsachen zu führen vermag (BFH 16.5.2013, BFHE 241, 211; BFH 5.10.2006, BFHE 215, 40).

Ein Verdacht, wie ihn § 397 AO (Einleitung des Steuerstrafverfahrens) voraussetzt, ist **48** nicht nötig (TK-*Seer* aaO); auch das Rechtsstaatsprinzip gebietet nicht, für § 208 I Nr. 3 AO einen *„begründeten Verdacht"* zu verlangen (so aber *Rüping* 1981, S. 21 und DStZ 1980, 181). Ermittlungen *„ins Blaue hinein"* sind jedoch unzulässig (HHSp-*Schick* 169 u. Koch/Scholtz/*Scheurmann-Kettner* 24 zu § 208; *Kühnel* DStZ 1981, 95, 97; BFH 24.3.1987, BStBl. II 484; s. auch *Rüping* DStZ 1980, 179, 181 sowie BFH 18.2.1997, BStBl. II 499; BFH 21.3.2002, BStBl. II 495; BFH 16.1.2009, NJW 2009, 1998; FG Hamburg 18.4.2013, EFG 2013, 1195). Zu Sammelauskunftsersuchen an Kreditinstitute s. Rn. 146.

Die Aufgabe nach § 208 I Nr. 3 AO hat eine Doppelfunktion. Sie ist zT *steuerrechtlicher* **49** Natur (RK-*Roth* 85 zu § 404; vgl. auch *Hellmann* 1995, S. 247; aM HHSp-*Schick* 132 zu § 208 AO), es geht um allgemeine Steueraufsicht (BT-Drs. 7/4292, 36). Insofern bestimmen sich auch die Befugnisse der Steuerfahndung in diesem Zusammenhang nach dem Steuerrecht (Rn. 61 ff.). Zugleich handelt es sich um Ermittlungen im Vorfeld des Steuerstrafverfahrens. Das mit einer „Steueraufsicht im Vorfeld des Strafverfahrens" angesprochene Spannungsfeld zwischen Besteuerungs- und Steuerstrafverfahren ist nach den Regeln des § 393 AO zu lösen (Rn. 10 zu § 393). § 208 I Nr. 3 AO darf nicht dazu führen, dass der Sachverhalt durch die FinB unter strafrechtlichen Gesichtspunkten mit steuerrechtlichen Mitteln weiter aufgehellt wird (Rn. 49 zu § 397). Dementsprechend wird man in den Fällen der Ermittlung bei bekannten Steuerpflichtigen generell von mangelnder Erzwingbarkeit der Mitwirkungspflichten ausgehen müssen (*Küffner* DStR 1979, 243, 244; *Pfaff* StBp 1982, 249, 250; *Benkendorff* ddz 1984, F 54, 57). Ferner ist eine strafrechtliche Belehrung vorzunehmen (FG Mecklenburg-Vorpommern 21.8.2002, wistra 2003, 473). Überdies setzt der *konkrete* Verdacht einer Steuerstraftat Grenzen für ein Vorgehen nach § 208 I Nr. 3 AO (zust. *Henneberg* BB 1986, 921, 923). Konkretisieren sich die „Vermutungen", ist ein Steuerstrafverfahren einzuleiten und die Prüfung nach § 208 I *Nr. 1 und 2* AO fortzusetzen (Koch/Scholtz/*Scheurmann-Kettner* 24 zu § 208 AO; s. Rn. 128 f. zu § 397 AO).

Demgegenüber will *Hellmann* (1995, S. 248 ff.) die Norm – weitergehend als die hier **50** vertretende Auffassung – als Zuschreibung einer rein steuerstraf-verfahrensrechtlichen Aufgabe der Steuer- und Zollfahndung verstehen. Er hält die Regelung für „an sich" überflüssig, da bereits § 208 I Nr. 1 AO der Steuerfahndung die Erforschung von Steuerstraftaten und -ordnungswidrigkeiten übertrage. Der Steuerfahndung stünde auch im Rahmen der Ermittlungen nach § 208 I Nr. 3 AO allein das strafprozessuale Befugnisinstrumentarium zur Verfügung (*Hellmann* 1995, S. 271 ff.), so dass § 208 I 2 AO keine Anwendung findet.

Hellmanns Lösung beruht nicht zuletzt auf der These, Vorfeldermittlungen iS des § 208 I **51** Nr. 3 AO stellten bereits eine verfahrenseinleitende bzw. strafprozessuale Maßnahme dar. Diese Annahme ist jedoch zu weitgehend, da die Verfahrenseinleitung einen Anfangsverdacht voraussetzt und dieser schon in konkreten Tatsachen bestehen muss (*Meyer-Goßner/Schmitt* StPO § 152 Rn. 4). Es gibt also ein Vorfeld, in dem ggf. Vermutungen verifiziert werden müssen, um konkrete Anhaltspunkte für einen Verdacht zu erlangen, der wiederum Anlass für die Einleitung des Strafverfahrens ist. In dieser Phase der Ermittlungstätigkeit der Steuerfahndung gibt es noch keine strafprozessualen, sondern allein die nach § 208 I 2 AO gewährten steuerverfahrensrechtlichen Befugnisse. *Hellmann* ist freilich zuzugeben, dass in vielen Fällen oftmals die Intensität dieser „Vorfeldermittlungen" so erheblich ist, dass es sich tatsächlich um eine Maßnahme handelt, die erkennbar darauf abzielt, gegen jemanden wegen einer Steuerstraftat strafrechtlich vorzugehen (vgl. Rn. 85 zu § 397). Ist dies aber der Fall, stehen der Finanzverwaltung die Befugnisse nach § 208 I Nr. 1 *und* 2 AO zu Gebote.

52 **Verstirbt der Stpfl/Beschuldigte,** ist auch das Ermittlungsverfahren gegen ihn beendet. Der Steuerfahndung steht es dann nicht frei, wieder auf Ermittlungen nach Nr. 3 zurückzugreifen. Überdies ist ein Vorgehen nach § 208 I Nr. 3 AO unzulässig, wenn strafrechtlich eindeutig Verfolgungsverjährung eingetreten ist (s. oben Rn. 32 ff.).

53 **Verhältnis zu § 371.** Solange die Ermittlungsbehörde ihre Nachforschungen auf § 208 I Nr. 3 stützt, ist eine Selbstanzeige nach § 371 (noch) möglich. Eine Sperre nach § 371 II Nr. 2 setzt voraus, dass die Tat entdeckt ist. Eine Tatentdeckung setzt zwar nicht voraus, dass eine qualifizierte Verdachtslage iSv § 203 StPO anzunehmen ist, es muss aber bei vorläufiger Tatbewertung die Wahrscheinlichkeit eines verurteilenden Erkenntnisses gegeben sein. Dies kann der Fall sein, wenn die Tat, aber noch nicht der Täter entdeckt oder unklar ist, ob vorsätzliches Handeln anzunehmen ist, BGH 20.5.2010 – 1 StR 577/09. Eine derart entdeckte Tat ist aber gerade kein „unbekannter" Steuerfall mehr. Ermittlungen nach § 208 I Nr. 3 schließen daher eine Tatentdeckung gerade aus. Sofern die Behörde zur Mitwirkung nach § 208 I Nr. 3 ohne Belehrung auffordert, sich dann aber auf den Standpunkt stellt, diese könne nicht mehr strafbefreiend berücksichtigt werden, unterliegen die vom Steuerpflichtigen gemachten Angaben einem umfassenden Verwertungsverbot.

54 **e) Sonstige Aufgaben der Steuerfahndung (§ 208 II AO). Auf Ersuchen der zuständigen FinB** haben Steuer- und Zollfahndung sonstige steuerliche Ermittlungen einschließlich (Koch/Scholtz/*Scheurmann-Kettner* 37 zu § 208: nur in Ausnahmefällen) der Außenprüfung zu übernehmen (§ 208 II Nr. 1). Für diese Aufgabe gelten die §§ 193 ff. AO (TK-*Seer* 37 zu § 208 AO).

55 **Sonst im Rahmen der Zuständigkeit der FinB übertragene Aufgaben** (§ 208 II Nr. 2 AO) sind solche, die Gegenstand einer Rechtsverordnung nach § 17 II 3 FVG iVm Art. 108 GG sind. Praktisch hat die Norm keine Bedeutung (HHSp-*Schick* 160 zu § 208; *Rolletschke* Stbg 2006, 380). Jedenfalls können der Steuerfahndung nur solche Aufgaben übertragen werden, die ohnehin in den Zuständigkeitsbereich der Finanzverwaltung fallen (BT-Drs. 7/4292, 36).

56–60 *einstweilen frei*

5. Befugnisse der Fahndung im Besteuerungsverfahren

61 Soweit die Fahndung im Besteuerungsverfahren tätig ist (§ 208 I Nr. 2, 3; II Nr. 2 AO), stehen ihr die üblichen Befugnisse der FinB zu. Diese allgemeinen Befugnisse sind jedoch gem. § 208 I 2, 3 AO (Wortlaut vor Rn. 22) modifiziert.

62 **Die Erweiterungen des § 208 I Nr. 2, 3 AO** gelten nicht für die Aufgabenbereiche der Fahndung nach § 208 II Nr. 1, 2 AO (Rn. 54 f.). Zudem werden die steuerlichen Ermittlungsbefugnisse teilweise durch Regelungen des Strafverfahrensrechts beschränkt (Rn. 121).

63 **Steuer- und Zollfahndung** haben die gleichen Ermittlungsbefugnisse, die den zuständigen Finanzämtern/Hauptzollämtern zustehen. Es gelten vor allem:

die allgemeinen Besteuerungsgrundsätze (§§ 85 ff. AO) zu denen der Untersuchungsgrundsatz (§ 88 AO), die Mitwirkungspflicht der Beteiligten (§ 90 AO) und die Regelungen über die Anhörung Beteiligter (§ 91 AO) sowie die Beweismittel (§ 92 AO)gehören;

die Regelungen über den Beweis durch Auskünfte und Sachverständigengutachten (§§ 93 ff. AO), insbes. die Auskunftspflicht der Beteiligten und anderer Personen (§ 93 AO), die Pflicht zur Vorlage von Urkunden (§ 97 AO), die Regelung über das Betreten von Grundstücken und Räumen (§ 99 AO).

64 **§ 208 I 3 AO erweitert die Kompetenzen** der allgemeinen FinB, weil *„andernfalls im Hinblick auf den möglichen straf- oder bußgeldrechtlichen Bezug der Erfolg der Ermittlungen gefährdet werden könnte"* (so *Hurst* ZfZ 1976, 354, 360). Aufgrund von § 208 I 3 AO gelten die §§ 93 I 3, II 2, 97 II AO nicht. Während idR andere Personen als der Beteiligte zu Auskünften (§ 93 I 3 AO, vgl. dazu Rn. 41) oder zur Vorlage von Urkunden (§ 97 I 3 AO) erst

angehalten werden sollen, wenn eine Aufklärung beim Beteiligten aussichtslos ist oder so erscheint, die Aufklärung also nicht zum Ziel führt oder keinen Erfolg verspricht, kann die Steuerfahndung sich ohne weiteres an diese Dritten wenden, selbst wenn der Stpfl noch unbekannt ist. Die Aushändigung von Büchern usw. (§ 97 II AO) kann verlangt werden, ohne dass zuvor eine entsprechende Auskunft des Beteiligten angefordert werden muss.

Auskunftsersuchen müssen auch bei einem entsprechenden Verlangen des Auskunfts- 65
pflichtigen (vgl. § 93 II 2 AO u. § 208 I 3 AO) nicht schriftlich ergehen. Die Einsichtnahme in Bücher, Aufzeichnungen, Geschäftspapiere und andere Urkunden (§ 97 II AO u. § 208 I 3 AO) soll auch dann beim Vorlagepflichtigen möglich sein, wenn dieser damit nicht einverstanden ist.

Die Vorschriften über die Außenprüfung, die im 4. Abschnitt des 4. Teils der AO 66
geregelt sind, gelten für die Steuerfahndung grundsätzlich nicht. Indessen ordnet § 208 I 3, 2. Halbs. AO die *„sinngemäße"* Geltung einiger Regelungen über die Außenprüfung an. So hat der Stpfl bei der Sachverhaltsfeststellung mitzuwirken (§ 200 I 1 AO), insbes. Auskünfte zu erteilen, Unterlagen vorzulegen und Erläuterungen zu geben (§ 200 I 2 AO). Er muss diese Unterlagen der Steuerfahndung vorlegen und ihr einen *„zur Außenprüfung geeigneten Raum oder Arbeitsplatz … unentgeltlich"* zur Verfügung stellen (§ 200 II AO). Die Beamten der Steuerfahndung und Zollfahndung sind nach § 200 III 2 AO berechtigt, Grundstücke und Betriebsräume zu betreten und zu besichtigen. Schließlich ordnet § 200 III 1 AO an, dass auch die Ermittlungen der Steuer- oder Zollfahndung während der üblichen Geschäfts- oder Arbeitszeit stattfinden.

Demgegenüber hat nach Ansicht des 7. Senats des BFH (28.10.1997, wistra 1998, 110; 67
ebenso *Klos* WiB 1997, 815) die Steuerfahndung auf Grund der Verweisung in § 208 I 2 AO die Befugnisse, welche den Finanzämtern bei der Außenprüfung (§§ 193 ff. AO) zustehen, jedenfalls dann, wenn die Fahndung funktional Tätigkeiten der Außenprüfung wahrnimmt. Damit soll der Doppelfunktion der Steuerfahndung Rechnung getragen und ihr ermöglicht werden, während strafrechtlicher Ermittlungen ohne das „umständliche Verfahren" nach § 208 II Nr. 1 AO ad hoc ins Besteuerungsverfahren zu wechseln und dort Prüfungshandlungen, die sachlich zur Außenprüfung gehören (v. a. Kontrollmitteilungen nach § 194 III AO), vornehmen zu können. Wenn § 208 I 3, 2. Halbs. AO lediglich einzelne Bestimmungen der Außenprüfung erwähnt, soll sich dies dadurch erklären, dass davon ausschl. Mitwirkungspflichten des Stpfl betroffen sind und damit in Ergänzung des § 208 I 3, 1. Halbs. AO gerade die Parallelität von Fahndungs- und Außenprüfung betont wird. Praktisch relevant wird der Streit um die Auslegung der Kompetenznorm besonders bei der Frage, welche mit den Befugnissen einhergehenden Schranken die Fahndung in den Bankenfällen zu beachten hat. § 30a III AO (hervorgegangen aus dem früheren Bankenerlass) erlegt den Außenprüfern Zurückhaltung bei der Fertigung von Kontrollmitteilungen auf (dazu und zur abw. Ansicht des 1. Senat des BFH 4.9.2000, BStBl. II 648 u. Rn. 144), dies wäre von der Steuerfahndung aber nur nach Meinung des 7. Senats zu beachten. Das BVerfG (9.3.2004, NJW 2004, 1022) kritisiert daraufhin auch die mit den Differenzen in der Rspr der BFH-Senate verbundenen Rechtsunsicherheiten, da die Zulässigkeit von Fahndungsmaßnahmen im Bankenbereich sich im Vorfeld nur unzureichend beurteilen lässt. Zu einer Anrufung des Großen Senats ist es (noch) nicht gekommen, da der 7. Senat bislang lediglich in Verfahren des einstweiligen Rechtsschutzes entscheiden musste.

Mit dem sog. Bankenerlass v. 31.8.1979 (BStBl. I 590) war bei Ermittlungen gegen- 68
über Kreditinstituten eine Einschränkung der Rechte der Finanzverwaltung festgeschrieben worden (Text vgl. 3. Aufl. Rn. 38 zu § 404 AO). Eine solche Restriktion durch eine Verwaltungsvorschrift, die als ein *„strukturelles Vollzugshindernis"* (BVerfG 27.6.1991, BStBl. II 654) wirkte, war jedoch überaus problematisch. Zwischenzeitlich hat der Gesetzgeber versucht, wirtschaftlichen Interessen durch die Einfügung des § 30a AO (Steuerreformgesetz 1990 v. 25.7.1988, BGBl. I 1093) Rechnung zu tragen. Damit soll dem besonderen Vertrauensverhältnis zwischen den Kreditinstituten und ihren Kunden ein gewisser Schutz zukommen. Ein „Bankgeheimnis", dass über die zivilrechtliche Verschwie-

genheitspflicht der Banken hinausgehend die Geschäftsverbindung auch gegenüber staatlichen Stellen abschirmt, wird damit allerdings nicht statuiert (*Miebach* 1999, S. 24 ff.).

§ 30a AO Schutz von Bankkunden

(1), (2) …

(3) [1] Die Guthabenkonten oder Depots, bei deren Errichtung eine Legitimationsprüfung nach § 154 Abs. 2 vorgenommen worden ist, dürfen anlässlich der Außenprüfung bei einem Kreditinstitut nicht zwecks Nachprüfung der ordnungsmäßigen Versteuerung festgestellt oder abgeschrieben werden. [2] Die Ausschreibung von Kontrollmitteilungen soll insoweit unterbleiben.

(4) …

(5) [1] Für Auskunftsersuchen an Kreditinstitute gilt § 93. [2] Ist die Person des Steuerpflichtigen bekannt und gegen ihn kein Verfahren wegen einer Steuerstraftat oder einer Steuerordnungswidrigkeit eingeleitet, soll auch im Verfahren nach § 208 Abs. 1 Satz 1 ein Kreditinstitut erst um Auskunft und Vorlage von Urkunden gebeten werden, wenn ein Auskunftsersuchen an den Steuerpflichtigen nicht zum Ziele führt oder keinen Erfolg verspricht.

69 Eine **Beschränkung der Ermittlungspflicht** der Steuerfahndung liegt in dieser Regelung nicht (*Hellmann* 1995, S. 283; HHSp-*Hellwig* 3 zu § 30a; LG Hamburg 10.1.1978, NJW 958). Insbesondere ist es der Steuerfahndung nicht untersagt, bei Kreditinstituten zu ermitteln, wenn das Verfahren gegen eine Vielzahl unbekannter Steuerpflichtiger gerichtet ist (BFH 21.3.2002, DStR 2002, 993; *Hellmann* 1995, S. 284; aM *Jennemann* StWa 1990, 80; TK-*Tipke* Rn. 13 zu § 30a AO). Im Übrigen ist die Regelung nicht weniger erstaunlich als der damit abgelöste Bankenerlass. Eine generelle Einschränkung der Ermittlungsbefugnisse im Bereich strafprozessualer Ermittlung wird man hieraus nicht ableiten können; die Regelung wird sich auf die Fälle beschränken, in denen nach § 208 I Nr. 3 AO wegen eines unbekannten Stpfl ermittelt wird. Ansonsten bleibt die Regelung des § 93 I 3 AO anwendbar, wie § 30a V AO klarstellt (vgl. HHSp-*Hellwig* 30 u. TK-*Tipke* 25 zu § 30a AO; *Lauer* BB 1979, 43; *Söhn* NJW 1980, 1434). Zur Reduktion des § 30a durch den 8. Senat des BFH vgl. Rn. 144.

70 Auch der Steuerfahndung stehen **Zwangsmittel** (§§ 328 ff. AO) zur Verfügung, jedoch dürfen diese nicht eingesetzt werden, sofern der Stpfl oder sonst Betroffene dadurch gezwungen würde, sich selbst wegen einer von ihm begangenen Steuerstraftat oder Steuerordnungswidrigkeit zu belasten (§ 208 I 3 aE iVm § 393 I 2 AO). Der entsprechende Hinweis in § 208 I 3 AO kann angesichts des aus dem Rechtsstaatsprinzip abzuleitenden Grundsatzes *„nemo tenetur se ipsum accusare"* nur klarstellende Funktionen haben, da § 208 AO keinen Zwang zur Selbstbelastung – ohne Anordnung eines entsprechenden Verwertungsverbotes – aufstellen könnte (Rn. 8 zu § 393 und unten Rn. 126).

71 **Die Verweisung auf § 393 I AO** bezieht sich nach seiner Stellung scheinbar nur auf § 208 I 3 Halbs. 2 AO, dh auf die Anordnung der Anwendbarkeit eines Teils des § 200 AO (Rn. 66). Da der Steuerfahndung nach § 208 I 2 AO aber auch die allgemeinen Befugnisse der Finanzämter/Hauptzollämter zustehen und damit die Auskunftspflicht nach § 93 AO oder die Vorlage nach § 97 AO mit Zwangsmitteln nach § 328 AO durchsetzbar wäre, muss die Verweisung auf § 393 I AO für die gesamte Tätigkeit der Steuerfahndung gelten. Zur allgemeinen Problematik des § 208 I AO s. Rn. 4 ff., zum Verhältnis von Besteuerungs- und Steuerstrafverfahren s. Rn. 126 ff.

6. Kompetenzen der Fahndung im Steuerstrafverfahren

72 **a) Allgemeines. Neben die Kompetenzen** der Fahndung im Besteuerungsverfahren nach § 208 I AO treten Befugnisse nach § 404 AO, soweit sie in einem Strafverfahren wegen Steuerstraftaten (Rn. 6 ff., 31 ff. zu § 385) tätig wird. Steuer- und Zollfahndung haben im Steuerstrafverfahren die Befugnisse und die Pflichten, welche die StPO den Beamten des Polizeidienstes aufgibt (§ 404 S. 1; für die Zollfahndung zudem § 26 I 1 ZFdG); ihre Beamten (zum Begriff HHSp-*Hübner* 23 zu § 404) sind Ermittlungspersonen (vgl. Einl 109) der StA (§ 404 S. 2 Halbs. 2; § 26 I 2 ZFdG).

Daneben stehen der Steuerfahndung die Befugnisse zu, die der FinB nach § 399 II 2 AO auch dann verbleiben, wenn die Zuständigkeit für die Verfolgung von Steuerstraftaten nach § 387 II AO bei einer anderen FinB konzentriert ist (§ 404 S. 2, 1. Alternative AO). Anders als sonstige Ermittlungspersonen der StA hat die Steuerfahndung zudem das Recht, selbstständig die Papiere des von der Durchsuchung Betroffenen durchzusehen. 73

§ 404 AO trennt zwischen Befugnissen des ZFA und der Steuerfahndungsdienststelle einerseits und denen ihrer Beamten; nur diese sind Ermittlungspersonen der StA. Da Ämter und Dienststellen durch ihre Beamten handeln, ist diese Differenzierung – insbes. wegen der Verweisung auf § 399 II 2 AO – vorwiegend theoretischer Natur (ähnl. Klein/*Jäger* AO § 404 Rn. 12). 74

Die in § 404 AO beschriebenen Befugnisse hat die Steuerfahndung unabhängig davon, ob die FinB das Ermittlungsverfahren selbstständig führt (§ 399 I AO) oder aber das Verfahren in der Hand der StA liegt (§ 402 I AO; ebenso *Wannemacher/Maurer* 3396). Zur Weitergeltung von Befugnissen der Steuerfahndung im Besteuerungsverfahren s. Rn. 120 ff. 75

b) Geltung der Strafprozessordnung. Zollfahndungsämter und Steuerfahndung haben die Befugnisse und unterliegen den Pflichten, welche die StPO sonst für die Behörden und Beamten des Polizeidienstes aufstellt (§ 404 S. 1 AO); ihre Beamten sind Ermittlungspersonen (vgl. Einl 109) der StA. Für die Zollfandung gilt Entsprechendes auch, wenn sie im Geldwäschebereich ermittelt (§ 12b ZollVG). Dies deckt sich mit den Rechten und Pflichten, die das Gesetz der FinB einräumt, wenn die StA das Ermittlungsverfahren selbstständig führt (§ 402 I AO), und entspricht sachlich im Wesentlichen den Befugnissen und Pflichten, die die FinB bei selbstständiger Durchführung des Ermittlungsverfahrens hat (§ 399 I AO). Unterschiede zu den Rechten nach § 399 I AO bestehen nur insoweit, als die StPO bestimmte Rechte teilweise der StA vorbehält oder ihren Ermittlungspersonen nur einräumt, sofern Gefahr im Verzuge gegeben ist (Rn. 21 ff. zu § 399). 76

Demgegenüber meinte *Küster* (BB 1980, 1371; Grundfragen S. 262 ff.; ebenso *Jennemann* StWa 1990, 79), die Steuerfahndung nehme im selbstständigen Verfahren (§ 399 I), soweit es um Ermittlungen geht, die Rechte und Pflichten wahr, die dem Finanzamt nach § 399 I zustehen. Im Verfahren der StA habe die Fahndung bei Ermittlungshandlungen der StA oder der Polizei die Beteiligungsrechte nach § 403 AO (Grundfragen S. 264). *Küster* begründete seine These namentlich mit der Existenz des § 208 I 2 AO (s. vor Rn. 22). Der Hinweis auf die Ermittlungsbefugnisse der Finanzämter ergebe nach Wortlaut, Sinn und Stellung in der Gesamtregelung nichts für eine Beschränkung dieser Kompetenzen auf die Fälle des § 208 I Nr. 2 und 3 AO. Entscheidende Konsequenz ist für *Küster* das Recht der Steuerfahndung, richterliche Beschlagnahme und Durchsuchungsbeschlüsse zu beantragen. Daneben wird diese Auffassung u. a. mit den Grundsätzen der Zweckmäßigkeit und der Sparsamkeit begründet. Überwiegend wird diese Auffassung jedoch abgelehnt (*Benkendorff* ddz 1984 F 57, 58; HHSp-*Hübner* 18, Koch/Scholtz/*Scheurmann-Kettner* 19, Kohlmann/*Matthes* 95 ff. u RK-*Roth* 146 zu § 404; *Schmitz/Tillmann* S. 52; *Streck* Rn. 19; *Henneberg* DStR 1981, 215, 217; *Pfaff* StBp 1982, 249, 251; *Wolter* BB 1981, 237). 77

Bei isolierter Betrachtung gibt § 208 I 2 AO der Steuerfahndung nicht nur die Ermittlungsbefugnisse, die den FinBn *im Besteuerungsverfahren* zustehen, sondern erfasst auch den Aufgabenbereich nach § 208 I Nr. 1 AO (Erforschen von Steuerstraftaten und Steuerordnungswidrigkeiten). Für ein solches Verständnis des § 208 AO spricht auch der Umstand, dass erst in Satz 3 eine Einschränkung von Kompetenzen auf die Fälle *„der Nummern 2 und 3"* erfolgt. Insoweit lässt der Wortlaut des § 208 AO durchaus die Interpretation zu, die *Küster* ihm gibt. *Küster* verkennt jedoch die Bedeutung, die § 404 AO in diesem Zusammenhang beigemessen werden muss. § 208 AO regelt die *allgemeine* Aufgabe der Steuerfahndung, § 404 – als spezielleres Gesetz – *ihre Rechte und Pflichten im Steuerstrafverfahren.* Welchen Sinn sollte die Regelung in § 404 S. 1 haben, wenn doch § 208 I 2 der Steuerfahndung schon die Ermittlungsbefugnis der Finanzämter/Hauptzollämter zugesteht? 78

Das Gleiche gilt für den Hinweis auf § 404 S. 2 Halbs. 1in § 208 I 2; denn dieses Ergebnis müsste sich nach *Küster* schon aus § 399 II AO und § 402 I ergeben (vgl. auch *Wendeborn* 1989, S. 126). Überhaupt nicht erklärbar ist bei dem Modell *Küsters* die Existenz des § 404 S. 2 Halbs. 2: Danach sind die Beamten der Steuerfahndung Ermittlungspersonen der StA; wie sollte eine selbstständige Ermittlungsbefugnis, die nur der Grenze des § 386 IV 2 AO unterliegt, mit diesem Status vereinbar sein (Rn. 3 zu § 399)? Im Ergebnis kann also die im 4. Teil der AO *(„Durchführung der Besteuerung")* getroffene Regelung über die Steuerfahndung, die primär eine *Aufgabenzuweisung* enthält, die Regelung des § 404 AO, welche die *Befugnisse* der Fahndung im Steuerstrafverfahren regeln soll, nicht überspielen (ebenso *Wendeborn* 1989, S. 126 mwN; vgl. auch *Hellmann* 1995, S. 149). Allerdings ist es im Hinblick auf § 393 AO sehr problematisch, wenn das Gesetz den Eindruck erweckt, steuerliche Ermittlungsbefugnisse bestünden auch im Hinblick auf die Aufgabe der Steuerfahndung nach § 208 I Nr. 1 AO. Konsequenz dieser Problematik kann jedoch nicht sein, der Steuerfahndung nunmehr weitergehende Befugnisse im Steuerstrafverfahren zuzugestehen, so verständlich dieser Wunsch aus der Sicht der Steuerfahndung auch sein mag; vielmehr müssen die steuerrechtlichen Ermittlungsbefugnisse der Steuerfahndung in diesem Zusammenhang reduziert werden (Rn. 120 ff.; zust. Kohlmann/*Matthes* 95 zu § 404).

79 Da die Beamten der Steuerfahndung nach alledem auf den **Status einer Ermittlungsperson** (vgl. Einl 109) beschränkt sind, haben sie entgegen *Küster* (Rn. 77) kein Recht zur Anordnung der Postbeschlagnahme (§ 100 I StPO). Der Beschuldigte ist ebenso wenig wie ein Zeuge verpflichtet, auf Ladung vor der Steuerfahndung zu erscheinen. Auch das Recht zur Beantragung eines Durchsuchungs- und Beschlagnahmebeschlusses steht der Steuerfahndung nicht zu (LG Hildesheim 10.11.1980, BB 1981, 356; LG Freiburg 16.7.1986, BB 1987, 118; Kohlmann/*Matthes* 96, HHSp-*Hübner* 21, Koch/Scholtz/*Scheurmann-Kettner* 20, RK-*Roth* 146, Schwarz/Pahlke/*Rottpeter* 21 zu § 404 AO und Erbs/Kohlhaas/*Hadamitzky/Senge* AO § 404 Rn. 4; *Henneberg* DStR 1981, 215, 217; *Rüping* StVj 1991, 322, 324; *Weyand* DStZ 1988, 191, 194; aM AG Kempten 24.3.1986, wistra 271; *Cratz* wistra 1986, 272). § 404 S. 1 AO gibt der Steuerfahndung nicht mehr Befugnisse, als die, welche eine FinB nach § 402 I Halbs. 1 AO in den Fällen hat, in denen die StA das Ermittlungsverfahren führt. Zu ändern ist dies allenfalls, indem man – wie in Niedersachsen, Berlin, Nordrhein-Westfalen und Hamburg (Rn. 12 mwN.) – Finanzämter für Fahndung und Strafsachen einrichtet und so die Bereiche der §§ 399, 404 AO miteinander verknüpft (*Küster* Grundfragen S. 266; krit. HHSp-*Hübner* 19 f. zu § 404; s. Rn. 12). Unzulässig ist es, die Kompetenzen der Steuerfahndung im Erlasswege zu erweitern, wie es offenbar in Hessen durch § 2 der VO v. 24.9.1982 (GVBl. 234), geänd. durch VO v. 20.5.1983 (GVBl. 75), beabsichtigt wurde (glA HHSp-*Hübner* 20 zu § 404).

80 Im Übrigen hängen die entsprechenden Handlungsbefugnisse entscheidend von der **behördeninternen Organisation** des Finanzamts ab (*Bender* Tz. 105, 6). Ist der Vorsteher eines Finanzamts für Strafsachen und Fahndung einerseits Leiter eines Steuerfahndungssachgebietes, andererseits Vertreter des Leiters der Strafsachenstelle, kann er bei dessen Verhinderung in seiner Funktion als (stellvertretender) Sachgebietsleiter der Strafsachen- und Bußgeldstelle entsprechende Anträge stellen (LG Stuttgart 25.6.1987, wistra 1988, 328). Dennoch wird im Einzelfall vom Amtsrichter darauf zu achten sein, ob tatsächlich ein nach der Geschäftsordnung Vertretungsbefugter den entsprechenden Antrag unterzeichnet hat.

81 **In ihrer gegenüber § 399 I AO eingeschränkten Funktion** nehmen Steuer- und Zollfahndung Strafanzeigen entgegen, erforschen den Sachverhalt und treffen alle keinen Aufschub duldenden Anordnungen, um die Verdunkelung der Sache zu verhüten (§ 163 StPO); die Ergebnisse sind der StA, in den Fällen des § 399 I AO der FinB zu übersenden.

82 **Die Vernehmung von Beschuldigten, Zeugen und Sachverständigen** (Rn. 10 zu § 399 AO) ist der Fahndung möglich. Freilich besteht keine Pflicht, vor der Fahndung zu erscheinen; Zeugen sind zur Aussage nicht verpflichtet (HHSp-*Hübner* 48 zu § 404; *Schmitz/Tillmann* S. 52). Sagt der Beschuldigte aus, so soll sein Verteidiger kein Recht zur

Anwesenheit haben; sie kann ihm aber gestattet werden (KMR-*Müller* 21 zu § 163a StPO). In der Praxis wird die Aussagebereitschaft jeweils auch von einer Erlaubnis der Anwesenheit des Verteidigers abhängen (Rn. 100 zu § 392); gleiches gilt für „gefährdete" Zeugen. Zur Vernehmungspraxis s. *Wegemer* NStZ 1981, 247.

Wird der Zeuge (oder Beschuldigte) von der FinB oder StA geladen, findet er dann aber lediglich Beamte der Steuerfahndung als Vernehmungsbeamte vor, ist er zur Anwesenheit bzw. (als Zeuge) nicht zur Aussage verpflichtet. Überlässt der StA dem Fahndungsbeamten die Befragung, liegt ein Missbrauch vor, der die entsprechende Aussagepflicht entfallen lässt. Zeugen können sich des beratenden Beistands eines Anwalts gem. § 68b StPO in jeder Phase des Strafverfahrens bedienen. Der **Zeugenbeistand** hat grundsätzlich ein Recht auf Anwesenheit bei der Vernehmung gemäß § 68b I 2 StPO, wenn nicht ausnahmsweise Ausschlussgründe gemäß § 68b I 3, 4 StPO vorliegen, jedoch kein Recht auf Akteneinsicht (BGH 4.3.2010, NStZ-RR 2010, 246). 83

Durchsuchung und Beschlagnahme dürfen angeordnet werden, soweit Gefahr im Verzuge ist (Rn. 21 ff. zu § 399; zur Beschlagnahme von Geld vgl. *Klos* wistra 1987, 121). Die Beamten der Fahndung haben jedoch kein Recht, richterliche Durchsuchungs- und Beschlagnahmebeschlüsse zu beantragen (Rn. 79); zur Durchsuchung bei Überwachung des grenzüberschreitenden Bargeldverkehrs durch Zollbeamte (§ 10 ZollVG) s. *Schmitz* DStZ 2003, 606. 84

Ein Herausgabeverlangen nach § 95 StPO darf die Fahndung zwar stellen, auf eine Verweigerung kann aber nicht nach § 95 II StPO mit einem Ordnungsgeld reagiert werden. Die Regelung in § 95 StPO knüpft an die Zeugenpflicht an (Rn. 39 ff. zu § 399). Da Zeugen vor der Fahndung strafverfahrensrechtlich nicht erscheinen müssen und diese auch keinen Antrag auf richterliche Untersuchungshandlungen stellen kann (Rn. 79), ist auch ein Herausgabeverlangen nicht erzwingbar. 85

Die Fahndung hat das Recht zur vorläufigen Festnahme (§ 127 StPO; Rn. 96 zu § 399) und darf eine *erkennungsdienstliche Behandlung* des Beschuldigten (§ 81b StPO) durchführen. 86

Nach § 132 StPO darf sie bei Gefahr im Verzuge eine *Sicherheitsleistung* für Verfahrenskosten und zu erwartende Geldstrafe fordern (HHSp-*Hübner* 52 zu § 404). Zur *Durchsicht der Papiere* s. Rn. 92 ff., zur *Telefonüberwachung* s. Rn. 104 zu § 399. 87

Ob die Steuerfahndung einen **Suchvermerk im Bundeszentralregister** gem. §§ 27 ff. BZRG niederlegen (RK-*Roth* 149 u. HHSp-*Hübner* 56 zu § 404) und eine unbeschränkte Auskunft aus dem Zentralregister erhalten kann (§ 41 I Nr. 4 BZRG), ist umstritten. Unproblematisch ist dies für das Zollfahndungsamt; denn dieses ist Behörde iS von § 27 BZRG (so jetzt auch RK-*Roth* 149 zu § 404). Gleiches gilt für die Steuerfahndung in Niedersachsen, Nordrhein-Westfalen, Berlin und Hamburg (Rn. 12; s. aber Rn. 79). Zweifelhaft ist jedoch, ob die Steuerfahndung in den anderen Bundesländern Behörde in diesem Sinne ist. *Hübner* (HHSp-*Hübner* 56 u. ihm folgend Kohlmann/*Matthes* 135 zu § 404) lehnt dies für den Suchvermerk ab und verweist darauf, dass § 404 S. 1 lediglich Befugnisse „nach den Vorschriften der *StPO*" einräumt. Im Zweifel sollte sich die Fahndung hier der Hilfe der FinB iS des § 399 I iVm § 402 bedienen. 88

Einen Antrag auf Erlass eines Strafbefehls (§ 400) darf die Steuerfahndung nicht stellen, auch eine Einstellung eines Steuerstrafverfahrens nach § 398 AO fällt unstreitig nicht in ihren Kompetenzbereich (HHSp-*Hübner* 22 u. RK-*Roth* 146 zu § 404; TK-*Seer* 104 zu § 208 AO; *Mösbauer,* StB 2003, 216; OFD Frankfurt v. 15.12.1976, S 1266 A). Generell darf sie verfahrensabschließende Verfügungen nicht vornehmen, auch dürften Beamte der Fahndung nicht über die Abgabe der Sache an die StA entscheiden (*Bender* Tz. 106/2c; HHSp-*Hübner* 20 zu § 404). 89

c) Geltung des § 399 II 2 AO. Da die Beamten der Steuerfahndung Ermittlungspersonen (Einl 109) der StA sind (§ 404 S. 2, letzter Halbs. AO), hat die Verweisung auf § 399 II 2 überwiegend klarstellende Wirkung. Darüber hinaus bewirkt sie aber auch, dass die 90

Zollfahndungsämter und Steuerfahndungsdienststellen den FinBn iS des § 399 II 2 gleichgestellt werden.

91 Der Steuerfahndung stehen in diesem Zusammenhang das Recht auf Beschlagnahme, Notveräußerung, Durchsuchung, Untersuchung und sonstige Maßnahmen nach Maßgabe der StPO zu Gebote (Rn. 15 ff. zu § 399).

92 **d) Durchsicht der Papiere.** Führt die FinB die Ermittlungen im Steuerstrafverfahren selbstständig, so hat sie nach § 110 I StPO das Recht auf **Durchsicht der Papiere** des von der Durchsuchung Betroffenen (vgl. OVG Hamburg 3.7.2012, NVwZ-RR 2012, 845; *Beyer* AO-StB 2009, 147 sowie Rn. 27 u. 72 ff. zu § 399). § 404 S. 2 erstreckt diese Kompetenz auf die Zollfahndungsämter und die Dienststellen der Steuerfahndung; dabei ist gleichgültig, ob die FinB oder die StA die Ermittlungen führt. Die Steuerfahndung hat damit mehr Rechte als die FinB im Verfahren der StA nach § 402 (Rn. 10 zu § 402).

93 Ein Durchsichtsrecht der StA **über Geschäftspapiere hinaus** ist der Steuerfahndung erst durch das 1. StVRG eingeräumt worden (Rn. 1). Gegenstand der Durchsicht sind neben Buchführungsunterlagen und Bilanzen Aufzeichnungen, Briefe, aber auch Fotos, Tonträger, Magnetbänder u. ä. (HHSp-*Hübner* 59 zu § 404; LR-*Schäfer* 4 zu § 110 StPO; *Jobski* ZfZ 1980, 301; *Schmitz/Tillmann* S. 63). Nach Abs. 3 wird die Durchsicht auf vernetzte – aber räumlich getrennte Speichermedien erweitert. Dies aber nur dann, wenn auf sie von dem Speichermedium aus zugegriffen werden kann und andernfalls der Verlust der gesuchten Datei zu besorgen ist. Privatpapiere aber nur, wenn anzunehmen ist, dass sie über die Steuerstraftat Aufschluss geben (Erbs/Kohlhaas/*Hadamitzky/Senge* AO § 404 Rn. 7). Ziel der *„Durchsicht"* ist die Feststellung, *ob* das Papier für das Strafverfahren bedeutsam und daher zu beschlagnahmen ist. Unzulässig ist daher die *„vorsorgliche"* Beschlagnahme zum Zwecke der Durchsicht (glA *Hübner* aaO); zur vergleichbaren Problematik der Beschlagnahme von EDV-Anlagen vgl. Rn. 62 ff. zu § 399.

94 Die **Erweiterung** des Rechts nach § 110 I StPO auf die Fahndungsdienststellen hält *Rüping* (Grundfragen S. 277; StVj 1991, 327) für verfassungswidrig; nach seiner Meinung verletzt *„die Regelung den Grundsatz der Waffengleichheit, widerspricht dem dahinter stehenden Prinzip eines fairen Verfahrens"*. *Hübner* (HHSp-*Hübner* 62 zu § 404) hat Zweifel, ob diese Teilregelung nicht wegen Verstoßes gegen den Grundsatz der Verhältnismäßigkeit verfassungswidrig ist (ebenso *Rüping* StVj 1991, 327). Diese Einwände vermögen jedoch nicht zu überzeugen. Der Grundsatz der Waffengleichheit wird bei einer Durchsicht durch Beamte der Steuerfahndung nicht stärker berührt als bei einer Durchsicht durch die StA. Dass die bei der Steuerfahndungsdienststelle durchsehende Person nicht die Befähigung zum Richteramt hat und auch keine Beamteneigenschaft aufweisen muss – was *Hübner* (aaO) anscheinend für überaus bedenklich hält –, kann für die Verhältnismäßigkeit der Maßnahme nicht bedeutsam sein. Die Feststellung der Beweisbedeutung eines bestimmten Gegenstandes setzt nicht die Befähigung zum Richteramt voraus; auch die Beamteneigenschaft, die im Übrigen nicht notwendige Bedingung für eine Bestrafung wegen Verletzung des Steuergeheimnisses ist (vgl. § 355 II Nr. 1 StGB iVm § 11 I Nr. 4 StGB), garantiert nicht, dass die Intimsphäre des Betroffenen gewahrt wird. Allerdings erscheint es nicht überzeugend, wenn der Steuerfahndung hier Befugnisse zur Verfügung gestellt werden, die zT nicht einmal die FinB hat (so zu Recht *Hübner* aaO).

95 Im Übrigen bedarf insbesondere die **Durchsicht persönlicher Unterlagen,** wie etwa von Briefen und Tagebüchern, besonderer Zurückhaltung, da diese in Fällen der Wirtschaftskriminalität oftmals nicht verwertet werden dürfen (vgl. BVerfG 14.9.1989, BVerfGE 80, 367 ff.; *Störmer* NStZ 1990, 397; BGH 9.7.1987, NStZ 1987, 569; vgl. *Plagemann* NStZ 1987, 570; Rn. 78 ff. zu § 399).

96 **Das Recht zur Durchsicht der Papiere** steht allein den Zollfahndungsämtern und den Steuerfahndungsdienststellen zu. Der einzelne Fahndungsbeamte hat dieses Recht nicht. Jedoch kann der einzelne Fahndungsbeamte im Auftrag seiner Dienststelle für diese tätig werden (HHSp-*Hübner* 66, Kohlmann/*Matthes* 147 u. RK-*Roth* 154 zu § 404).

e) Weisungsbefugnisse der Staatsanwaltschaft (§ 404 S. 2 Halbs. 2 AO). Als Ermittlungspersonen (vgl. Einl 109) der StA unterliegen die Beamten der Zollfahndungsämter und Steuerfahndungsdienststellen im Steuerstrafverfahren den Weisungen der StA (Koch/Scholtz/*Scheurmann-Kettner* 15, RK-*Roth* 150, Erbs/Kohlhaas/*Hadamitzky*/*Senge* AO § 404 Rn. 10 u. Schwarz/Pahlke/*Rottpeter* 17 zu § 404); denn die Beamten – nicht die Zollfahndungsämter und Steuerfahndungsdienststellen selbst (*Cratz* aaO) – sind Ermittlungspersonen der StA. Dies ist eindeutig, wenn die StA die Ermittlungen übernommen hat. 97

Ermittelt das Finanzamt den Sachverhalt selbstständig (§ 386 II AO), behalten die Beamten der Fahndung die Rechte einer Ermittlungsperson der StA (HHSp-*Hübner* 70, Klein/*Jäger* AO § 404 Rn. 11 zu § 404). Ihre Befugnisse auf die Fälle zu beschränken, in denen die StA selbstständig ermittelt, besteht kein Anlass. Auch sind sie in den Fällen des §§ 386 II, 399 I AO nicht Hilfsbeamte der FinB: sie bleiben Ermittlungspersonen der StA, nur nimmt die FinB in diesem Fall deren Funktion wahr (vgl. Rn. 22 zu § 386). Hierzu gehört auch das Weisungsrecht (HHSp-*Hübner* 70 ff. u. Koch/Scholtz/*Scheurmann-Kettner* 17 zu § 404). 98

Die StA – die FinB in den Fällen des § 399 I AO – richtet ihren Auftrag grundsätzlich an das Zollfahndungsamt oder an die Steuerfahndungsdienststelle (*Meyer-Goßner*/*Schmitt* GVG § 152 Rn. 4) Bei Eilbedürftigkeit oder einem anderen wichtigen Grund ist auch ein spezieller Auftrag an einen bestimmten Beamten möglich (*Meyer-Goßner*/*Schmitt* GVG § 152 Rn. 3; Koch/Scholtz/*Scheurmann-Kettner* 15 zu § 404). 99

Eine Weisungsbefugnis besteht nur, soweit die Steuerfahndung sachlich zuständig ist. Soweit Steuerstraftaten mit anderen Straftaten zusammentreffen, bezieht sich die Weisungsbefugnis nicht auf die anderen Taten; anders nur, wenn sie kraft ausdrücklicher gesetzlicher Anordnung (Rn. 38 zu § 385) in die Ermittlungskompetenz der Fahndung fallen (*Bender* Tz. 108, 2; HHSp-*Hübner* 32 f., Koch/Scholtz/*Scheurmann-Kettner* 16 u. Kohlmann/*Matthes* 126 zu § 404) oder deren Ermittlung notwendige Voraussetzung für die Prüfung der Steuerstraftat ist. 100

Bei Weisungskonflikten zwischen StA und FinB ist zugunsten der StA zu entscheiden, wenn diese die Ermittlungen führt (TK-*Seer* 102 zu § 208 AO; RK-*Roth* 150 zu § 404; *Kreutziger* DStZ 1987, 346). Demgegenüber hat die StA bei *selbstständiger* Ermittlungstätigkeit der FinB nach §§ 386 II, 399 I kein Weisungsrecht, sondern lediglich die Möglichkeit, das *gesamte* Verfahren nach § 386 IV 2 an sich zu ziehen. 101

f) Örtliche Zuständigkeit der Fahndung. Die örtliche Zuständigkeit der Zollfahndungsämter hat der BdF in Ausfüllung der Ermächtigung des § 12 I FVG mit Erlass v. 3.5.1976 (VSF-03 610, 45) geregelt. Unberührt bleibt dabei die Möglichkeit eines ZFA, Amtshandlungen auch außerhalb seines Bezirks vornehmen zu können. Nach Absatz 4 des BdF-Erlasses ist die *„Zuweisung eines Bezirks an die Zollfahndungsämter … ohne Einfluss darauf, dass ihre Beamten auch außerhalb des Bezirks Amtshandlungen vornehmen können, soweit es die Durchführung ihrer Aufgaben erfordert."* 102

Ermittlungen im gesamten Bundesgebiet darf das ZFA vornehmen, da es eine Bundesbehörde ist (Schwarz/Pahlke/*Rottpeter* 9 zu § 404 AO).

Die örtliche Zuständigkeit der Steuerfahndungsdienststellen in den einzelnen Bundesländern ist Gegenstand verschiedener Landesgesetze bzw. Ländererlasse (Rn. 14). Unstreitig darf die Steuerfahndung innerhalb des Bundeslandes, dem sie angehört, ermitteln (*Streck* Rn. 21 f.; HHSp-*Hübner* 78 zu § 404 u. TK-*Seer* 41 zu § 208 AO). 103

Ermittlungen der Steuerfahndung im gesamten Bundesgebiet finden statt, sind jedoch nicht zulässig (glA HHSp-*Hübner* 79 zu § 404, anders die wohl noch hM; s. TK-*Seer* 41 zu § 208 AO). Fahndungsbeamte dürfen lediglich solche Steueransprüche auch durch Amtshandlungen in anderen Bundesländern realisieren, für die das Finanzamt, zu dem sie gehören, die verbandsmäßige und örtliche Zuständigkeit besitzt (*Jakob* StuW 1972, 115, 121, 126; *Bopp* DStR 1975, 488, 494; aA *Seer* aaO; s. auch *Meyer-Goßner*/*Schmitt* GVG § 152 Rn. 5). Durchsuchungen, Beschlagnahmen und Vernehmungen in einem anderen Bundes- 104 land dürfen, außer bei Gefahr im Verzug, nur im Benehmen mit der örtlich zuständigen Steuerfahndungsstelle vorgenommen werden (vgl. Nr. 124 AStBV). Die Regelungen über die grenzüberschreitende Zuständigkeit der Polizei der Bundesländer bei der Strafverfolgung beziehen sich nicht auf die Steuerfahndungsdienststellen; hier könnte erst eine ausdrückliche gesetzliche Regelung iS des § 17 IV FVG eine Änderung schaffen (*HHSp*–Hübner 78 zu § 404; *Wannemacher/Maurer* Rn. 3357; Klein/*Rüsken* AO § 208 Rn. 63; Kohlmann/*Matthes* 40 zu § 404; aM *Seer* aaO; Schwarz/Pahlke/*Rottpeter* 10 zu § 404 AO).

105 **Auch bei Tätigwerden im Auftrage des StA** richtet sich die örtliche Zuständigkeit der Steuerfahndungsdienststellen allein nach der FinB, der sie angehören (HHSp-*Hübner* 89 zu § 404; *Meyer-Goßner/Schmitt* GVG § 152 Rn. 5; aM *Pütz* wistra 1990, 212, 215, der auf den Zuständigkeitsbereich der StA abstellen will).

106 **Ermittlungen im Ausland** sind nur mit Zustimmung des entsprechenden Staates und unter Beachtung der strafrechtlichen Rechtshilfeabkommen zulässig (*Meyer-Goßner/Schmitt* Einl. 210; HHSp-*Hübner* 79 zu § 404; s. zu Ermittlungen in der Schweiz auch *Blumers/v. Siebenthal* DB 1984, 261 sowie Rn. 125 zu § 399). Das Gebot der Verfahrenstrennung (§ 393 I AO) muss auch bei Auslandsberührungen beachtet werden. Ermittelt die Fahndung wegen einer Steuerstraftat, sind die Möglichkeiten des steuerrechtlichen Auskunftsaustausches nach DBA oder Amtshilfeabkommen gesperrt (BMF 3.2.1999, BStBl. I 228, 230). Eine Missachtung muss ebenso wie die verspätete Verfahrenseinleitung (Rn. 60 zu § 393) ein **Verwertungsverbot** nach sich ziehen. Verstöße der ausländischen Bediensteten bei zulässigen Durchsuchungen etc. gegen die Verfahrensregeln im Ausland können ein Beweisverwertungsverbot im Inland begründen (BGH 8.4.1987, NJW 1987, 2168, 2171), sofern im Ausland gegen die Ermittlungen rechtlich vorgegangen wird.

107–119 *einstweilen frei*

7. Verhältnis von Besteuerungs- und Steuerstrafverfahren

120 **Die Durchführung des Steuerstrafverfahrens** soll nach § 393 I 1 AO die Befugnisse der FinB zur Ermittlung der Besteuerungsgrundlagen nicht berühren. Nach Abs. 3 dürfen die von der Finanzbehörde oder Staatsanwaltschaft rechtmäßig gewonnenen Erkenntnisse auch im Besteuerungsverfahren verwendet werden. Tatsächlich bewirkt die Einleitung und Durchführung des Steuerstrafverfahrens, dass die Mitwirkungspflichten des Beschuldigten faktisch entfallen (Rn. 6 zu § 393). Es gibt zwar keinen Vorrang des Strafverfahrens vor dem Besteuerungsverfahren (HHSp-*Hübner* 5 zu § 428 RAO 1967; *Streck* Grundfragen S. 250). Die Einforderung der steuerlichen Mitwirkung darf jedoch nicht dazu führen, dass die zum Schutz des Beschuldigten geschaffenen Regelungen des Strafverfahrensrechts überspielt werden (Rn. 18 zu § 393). Nicht zulässig ist es, dass sich die Fahndung nach dem Prinzip der Meistbegünstigung jeweils die Ermächtigungsgrundlage aussucht, die aussichtsreicher ist (aM Klein/*Jäger* AO § 208 Rn. 25, der aber andererseits auch dann nicht den Finanzrechtsweg eröffnen will, wenn es um steuerverfahrensrechtliche Befugnisse geht = Klein/*Jäger* AO § 208 Rn. 73). Dabei geht es nicht darum, den steuerunehrlichen Beschuldigten besser zu stellen als den Steuerehrlichen, wie immer wieder befürchtet wird (Rn. 5 zu § 393). Ziel muss sein zu verhindern, dass der Beschuldigte wegen der steuerrechtlichen Regelungen schlechter gestellt wird als andere Beschuldigte und wegen der strafprozessualen Regelungen schlechter gestellt wird als andere Stpfl (vgl. auch Kohlmann/*Matthes* 53 ff. zu § 404). Im Zweifel ist davon auszugehen, dass die Steuerfahndung im strafprozessualen Ermittlungsverfahren tätig ist. Ein Rückgriff auf die Befugnisse nach der AO ist deutlich zu machen.

121 **Die Fahndung darf** dementsprechend steuerliche Befugnisse in Anspruch nehmen, soweit damit Rechte des Beschuldigten im Strafprozess nicht unterlaufen werden (Rn. 18 zu § 393). So steht es ihr frei, Zeugen nach der AO zu laden, so dass diese zum Erscheinen verpflichtet sind und nach Maßgabe der §§ 101 ff. AO aussagen müssen. Der Rechtskreis des Beschuldigten wird hierdurch nicht berührt; dass die Fahndung insoweit Befugnisse hat,

die ihr im strafrechtlichen Ermittlungsverfahren *nicht* zustehen, ist vom Gesetz beabsichtigt. Auch der Umstand, dass die Ergebnisse der steuerlichen Ermittlungen mittelbar Eingang in das Strafverfahren finden, bewirkt nicht, dass die Ermittlungsbefugnisse der AO insoweit entfallen müssen (vgl. aber *Rüping* 1981 S. 18).

Der im Besteuerungsverfahren ermittelte Sachverhalt kann im Strafverfahren nach Maßgabe des § 393 AO verwertet werden (*Streck* Rn. 1148; TK-*Seer* 132 zu § 208 AO; vgl. auch BVerfG 21.4.1988, wistra 1988, 302); dies muss jedoch in der strafverfahrensrechtlich vorgeschriebenen Form geschehen. Lässt die Steuerfahndung nach §§ 93 V, 94 AO einen Zeugen in Abwesenheit des Beschuldigten vernehmen, so kann eine Verlesung des Protokolls (§§ 249 ff. StPO) in der Hauptverhandlung nur erfolgen, wenn auch bei einer strafprozessualen Vernehmung eine Benachrichtigung des Beschuldigten hätte unterbleiben dürfen. Unter dem Deckmantel des Besteuerungsverfahrens vor Einleitung des Strafverfahrens erzielte Erkenntnisse sind unverwertbar, soweit die Nichteinleitung eines Strafverfahrens missbräuchlich war (Rn. 60 zu § 393). Dies gilt auch für Aussagen von Zeugen im Besteuerungsverfahren, die von ihrem Weigerungsrecht nach § 52 I, III StPO Gebrauch gemacht hätten, wenn ein Strafverfahren eingeleitet worden wäre. Umgekehrt ist eine Zeugenaussage im Ermittlungsverfahren, über die der Beschuldigte nicht unterrichtet worden war, im steuerlichen Rechtsbehelfsverfahren wegen § 365 II AO nicht verwertbar. 122

Steuerliche Verwertungsverbote, etwa wegen der Rechtswidrigkeit der Außenprüfung (BFH 24.6.1982, wistra 1983, 36; *Ehlers* StBp 1981, 97; *Huxol* FR 1981, 212; s. auch BFH 5.4.1984, ZfZ 1974, 304), führen zu einer strafrechtlichen Unverwertbarkeit nur, soweit der Grund des Verwertungsverbots ein allgemeiner, auch im Strafprozessrecht geltender ist (§ 136a StPO; *Kalmes* DStZ 1981, 427, 429; *Rüping* Grundfragen S. 282), zB bei Verstoß gegen Belehrungsvorschriften nach § 52 III StPO, § 101 I AO; s. Rn. 67 ff. zu § 393. 123

Umgekehrt lehnt es der BFH (23.1.2002, BStBl. II 328; BFH 4.10.2006,NJW 2007, 2281) ab, das bei einem Verstoß gegen die Pflicht zur **Belehrung über das Schweigerecht** (§ 136 StPO, § 393 I 4 AO) bestehende Verwertungsverbot für das Strafverfahren (BGH 38, 214 v. 27.2.1992, dazu Rn. 59 zu § 393 AO) auch im Besteuerungsverfahren anzuerkennen, da infolge der Verfahrenstrennung die steuerlichen Mitwirkungspflichten gerade fortbestehen (§ 393 I 1, 2 AO). Bei Anwendung verbotener Vernehmungsmethoden (§ 136a StPO) muss dagegen über die ausdrückliche Regelung des § 136a III 2 StPO hinaus auch ein steuerliches Verwertungsverbot angenommen werden, da auch im Besteuerungsverfahren Zwangsmittel verboten sind, sobald gegen den Betroffenen strafrechtlich ermittelt wird (ebenso Kohlmann/*Matthes* 54 zu § 404). Der BFH hat diese Frage bislang ausdrücklich offen gelassen. 124

Andererseits können Erkenntnisse steuerlich nicht verwertet werden, wenn sie zwar nach den Regeln der StPO rechtmäßig erlangt wurden, die AO jedoch keine entsprechende Befugnis kennt (für die Telefonüberwachung nach § 100a StPO BFH 26.2.2001, wistra 2002, 31). 125

Bei Ermittlungen nach § 208 I Nr. 3 AO gegen einen bekannten Stpfl besteht die konkrete Gefahr, dass der Betroffene sich mit einer Erfüllung seiner steuerlichen Pflichten selbst belasten würde (Rn. 70). Aus diesem Grund ist eine Belehrung erforderlich. Steuerrechtliche Zwangsmittel gegen den Stpfl sind ausgeschlossen. Dabei ist insbesondere darauf zu achten, ob die Ermittlungen der Steuerfahndung nicht schon eine Intensität erreicht haben, die sich als Einleitung iSd §§ 397, 393 I AO darstellen (Rn. 51). 126

Wird die FinB formal noch im Besteuerungsverfahren tätig, kann dieses mit den weit reichenden Auskunfts- und Mitwirkungspflichten zur **„Ausforschung"** der steuerlichen Verhältnisse der Betroffenen missbraucht werden. Es widerspricht dem Gebot der Verfahrenstrennung, wenn anschließend die Erkenntnisse strafrechtlich verwertet werden, obwohl sie im Strafverfahren nach der StPO so nicht hätten erlangt werden können. Diese Gefahr besteht aber auch in umgekehrter Richtung, wenn die Steuerfahndung bei der Gelegenheit einer Durchsuchung alle dabei zu sichtenden Unterlagen ohne Differenzierun- 127 gen auch im Hinblick auf die steuerliche Relevanz für unbeteiligte Personen auswertet. Fehlen jegliche Anhaltspunkte für steuerliche Ermittlungen gegen Dritte, wird der Anlass der Durchsuchung ignoriert und eine im Besteuerungsverfahren unzulässige Rasterfahndung geführt (BFH 25.7.2000, BStBl. II 643; ähnlich für Ermittlungen des Betriebsprüfers in Bezug auf Dritte ohne sachlichen Zusammenhang zur Außenprüfung BFH 4.11.2003, DStR 2004, 452).

128 Soweit ein Strafverfahren anhängig ist, ist der Beschuldigte nicht verpflichtet, Steuererklärungen für denselben Besteuerungszeitraum und dieselbe Steuerart, wegen derer ermittelt wird, abzugeben; die **Erklärungspflicht ist bis zum Verfahrensabschluss suspendiert** (BGH 26.4.2001, wistra 2001, 341; BGH 23.1.2002, wistra 2002, 150). Die Besteuerungsgrundlagen können gleichwohl geschätzt werden (BFH 19.9.2001, BStBl. II 2002, 4); ggf. ist Aussetzung der Vollziehung wegen unbilliger Härte zu gewähren (Rn. 37 zu § 393). Auf diese Weise wird der Gefahr begegnet, dass sich der Steuerpflichtige durch wahrheitsgemäße Angaben, die Indizwirkung haben, strafrechtlich selbst belastet. Die gleiche Problematik einer (mittelbaren) Selbstbelastung stellt sich auch, wenn es darum geht, Steuererklärungen für Folgejahre oder Altjahre einzureichen (vgl. Rn. 239 ff. zu § 370; 28a, 45 ff. zu § 393), aus denen sich auf die Einkünfte der strafbefangenen Jahre schließen lässt. Dennoch soll der Stpfl nach Ansicht des BGH (10.1.2002, wistra 2002, 149) zur Abgabe einer Steuererklärung verpflichtet sein, ansonsten verwirklicht er neues Hinterziehungsunrecht (durch Unterlassen), wozu das Selbstbelastungsverbot nicht berechtigt. Um das Recht zur reinen Passivität im Strafverfahren dennoch zu wahren, müsste (nach Maßgabe des Gemeinschuldnerbeschlusses des BVerfG 13.1.1981, BVerfGE 56, 37, 41 ff.) zumindest ein strafrechtliches Verwertungsverbot angenommen werden.

129–134 *einstweilen frei*

8. Rechtsschutz gegen Maßnahmen der Steuerfahndung

Schrifttum: Siehe vor Rn. 182 zu § 399 AO.

135 **Die Möglichkeiten des Rechtsschutzes** gegen strafprozessuale Maßnahmen der Steuerfahndung entsprechen im Wesentlichen denen gegen Maßnahmen der FinB (Rn. 182 ff. zu § 399; s. auch *Rüping* DStZ 1980, 182; *Kreutziger* DStZ 1987, 346). Eine Beschwerde nach § 304 StPO ist insbes. gegen die Anordnung der Beschlagnahme möglich, zuvor ist jedoch die richterliche Entscheidung (§ 98 II 2 StPO) zu beantragen (Rn. 183 zu § 399). Wendet sich der Betroffene gegen die Art und Weise erledigter Ermittlungshandlungen, ist ebenfalls § 98 II 2 StPO einschlägig. Die frühere Auffassung der Rechtsprechung, es sei der Rechtsweg nach § 23 EGGVG zum OLG eröffnet, da die Steuerfahndung als Justizbehörde tätig werde, ist überholt (Rn. 182 ff. zu § 399). Wie bei Rechtsmitteln gegen Maßnahmen der FinB ist eine Beschwer nötig, die bei prozessualer Überholung zwar fehlen kann, angesichts der neueren Rechtsprechung des BVerfG aber idR vorliegen wird (vgl. auch Kohlmann/*Matthes* 198 f. zu § 404).

136 Welcher Rechtsweg bei **Auskunftsersuchen der Steuerfahndung** gegeben ist, entscheidet sich danach, welchen Zweck die Ermittlungen verfolgen. Gegen steuerliche Vorfeldermittlungen (§ 208 I Nr. 3 AO) ist der Einspruch nach §§ 347 ff. AO und der Finanzrechtsweg gem. § 33 I Nr. 1 FGO gegeben (BFH 29.10.1986, BStBl. II 1988, 359; HHSp-*Schick* 194; TK-*Seer* 121 zu § 208 AO). Geht es um die Aufklärung der Straftat, ist der ordentliche Rechtsweg, nicht der Weg zum FG eröffnet (BFH 20.4.1983, BStBl. II 482; FG Schleswig-Holstein 3.11.1981, EFG 1982, 284), da es sich um einen Justizverwaltungsakt handelt (RK-*Kemper* 247 zu § 399; krit. *Streck* Rn. 944 ff.).

137 Diese Abgrenzung ist auch beim Rechtsschutz gegen die Verwertung von Unterlagen, die anlässlich einer Durchsuchung sichergestellt wurden, vorzunehmen. Sollen darauf gestützt Kontrollmitteilungen bzgl. bislang Unverdächtiger gefertigt werden, kann sich der Betroffene gegen diese Maßnahmen iSd § 208 I Nr. 3 AO vor dem Finanzgericht wehren (BFH 6.2.2001, BStBl. II 306). Gleiches gilt, wenn die Erkenntnisse auf Grund eingetretener Strafverfolgungsverjährung nur noch steuerlich relevant sind (BFH 15.6.2001, BStBl. II 624).

Der Rechtsweg zum Finanzgericht ist eröffnet, soweit das Strafverfahren abgeschlossen ist. Die Steuerfahndung wird dann nicht mehr als Justizbehörde tätig, so dass bei Versagung der Akteneinsicht das Verfahren nach § 23 EGGVG nicht in Betracht kommt (Rn. 193 zu § 399; vgl. auch FG Greifswald 23.6.1994, EFG 1995, 50). Auch für Angriffe gegen ein Auskunftsersuchen, das der BdF *im Besteuerungsverfahren* in das europäische Ausland weiterleiten will, ist der Finanzrechtsweg eröffnet (BFH 29.10.1986, BStBl. II 1987, 440). 138

Dienstaufsichtsbeschwerden gegen Beamte der Steuerfahndung werden von der Dienstaufsichtsbehörde beschieden; zur Problematik von Dienstaufsichtsbeschwerden s. Schwarz/Pahlke/*Rottpeter* 68 zu § 404 AO u. *Streck* Rn. 951 f. 139

9. Besonderheiten bei Ermittlungen gegen Banken

Schrifttum: *Messner,* Durchsuchungen und Beschlagnahmen bei Kreditinstituten – Materiell-rechtliche Folgen und Handlungsmöglichkeiten für unmittelbar und mittelbar Betroffene, DB 1996, 2196; *Papier/Dengler,* Verfassungsrechtliche Fragen im Zusammenhang mit Steuerfahndungsmaßnahmen bei Banken, BB 1996, 2541, 2593; *Locklair,* Verhalten von Bankmitarbeitern bei Durchsuchungen durch die Steufa; PStR 1998, 109; *Salditt,* Ersuchen statt durchsuchen?, Neues von der Suche nach Kapitalvermögen in Luxemburg und in der Schweiz, PStR 1998, 63; *Burkhard,* Die Strategie der Staatsanwaltschaft bei der Vernehmung von Bankkunden, PStR 1998, 154; *Kottke,* Schleppnetzfahndung nach nicht deklarierten Inlandszinsen als Folge der Steuerfahndungen bei Banken?, Information StW 1998, 648; *Joecks,* Die Stellung der Kreditwirtschaft im steuerstrafrechtlichen Ermittlungsverfahren gegen Kunden, WM 1998, Beil. 1; *Pütz,* Fahndungsermittlungen in den Bank-Verfahren nach dem Meistbegünstigungsprinzip?, wistra 1998, 55; *Marx,* Das Geldwäschegesetz als „Einfallstor" der Steuerfahndung, PStR 1999, 16; *Vogt/Kramer,* Verfassungsmäßigkeit der Zinsbesteuerung und „Bankgeheimnis", DStZ 1999, 491; *Tipke,* Kann das Steuerstrafrecht das Steuerrecht verbessern?, PStR 2000, 143; *Löwe-Krahl,* Banken und Rasterfahndung?, PStR 2000, 251; *Teubner/Wattenberg,* Auskunftsersuchen der Steuerfahndungsämter gegenüber Kreditinstituten bei Spekulationsgewinnen im Wertpapierbereich, BB 2003, 444; *Leisner,* Auskunftspflicht der Banken über treuhänderisch verwaltete ausländische Wertpapierdepots?, DB 2002, 2015; *Weinreich,* Die Verwertbarkeit von Ermittlungsergebnissen des Steuerstrafverfahrens für Besteuerungsverfahren der Bankkunden, DStR 2002, 1925; *Sahan/Ruhmannseder,* Steuerstrafrechtliche Risiken für Banken und ihre Mitarbeiter bei Kapitaltransfers in die Schweiz, IStR 2009, 715; s. auch die Nachweise vor Rn. 511 zu § 370 AO; vor Rn. 116 zu § 371 AO.

Die Vielzahl von Ermittlungsverfahren und Ermittlungsmaßnahmen im Zusammenhang mit der Verlagerung von Kapitalvermögen in das benachbarte Ausland („Bankenfälle") unterliegt an sich den üblichen rechtlichen Kriterien und weist relativ wenig Besonderheiten auf. Die Verfahren zeigen aber anschaulich die Schwachstellen des Systems und die Möglichkeit der Ermittlungsbehörden, auf der Klaviatur der Ermittlungsmöglichkeiten mit hoher Effizienz zu spielen. Personalverstärkungen und sächliche Ausstattung der Fahndung sind kein Problem; ein spezielles EDV-Suchprogramm trägt den aussagekräftigen Namen „Bingo" (*Haack* NWB F 13, 929). Der vom BZSt eingesetzte sog. Web-Crawler Xpider wird nach eigenen Angaben „zur Erschließung von Steuerquellen" genutzt (www.bzst.de Steuern International, USt Betrugsbekämpfung, Stand: 2014), indem er automatisiert Internetseiten identifiziert, die auf eine unternehmerische Tätigkeit schließen lassen. Da hilft es wenig, wenn *Seer* – zutreffend – bemerkt: *„Der Zweck heiligt keineswegs die Mittel! Strafprozessuale Finesse vermag die von der Legislative zu verantwortenden eklatanten Ungerechtigkeiten bei der Besteuerung von Kapitaleinkünften und -vermögen sicher nicht zu kompensieren"* (TK-*Seer* 73 zu § 208 AO; vgl. auch *Papier* Stbg 1999, 49, 56; *Tipke* PStR 2000, 143, 145). Immerhin hat der zT unbeschwerte Zugriff auf Unterlagen zu einer Sensibilisierung insofern geführt, als Fragen nach der Verfassungsmäßigkeit der Durchsuchungs- und Beschlagnahmeregelungen und ihrer Umsetzung immer lauter werden (vgl. etwa *Papier/Dengler* BB 1996, 2541, 2593; *Matzky* 1999, S. 215; *Joecks* WM 1998, Beil. 1, 18 ff. und Rn. 15 ff. zu § 399). 140

Ermittlungsmaßnahmen in diesem Kontext setzen zunächst den **Verdacht einer Straftat des Kunden** voraus. Wie schwammig der Verdachtsbegriff ist, zeigen unterschiedliche Entscheidungen zum Anfangsverdacht (Rn. 27 zu § 399; vgl. auch *Wannemacher/Maurer* 141

3362). Den Ermittlungsbehörden ist zunächst bekannt, dass jemand Einkünfte in das Ausland verlagert hat. Angesichts der Freizügigkeit des Kapitalverkehrs (Art. 63 ff. AEUV) sind in banküblicher Weise, dh über legitimationsgeprüfte Konten (§ 154 II AO) abgewickelte **Geldanlagen im Ausland** nicht verdächtig (BFH 6.2.2001, BStBl. II 306) und kann hieraus nicht schon der Schluss gezogen werden, wer so etwas tue, wolle auch hinterziehen. Neben der Tatsache des Auslandstransfers müssen weitere Aspekte, die für eine heimliche Geldanlage sprechen, etwa die anonyme Abwicklung über bankinterne Verrechnungskonten, hinzukommen (LG Bielefeld 14.1.1999, NStZ 1999, 581; LG Itzehoe 9.6.1999, wistra 1999, 432). Allein der Erwerb von **Tafelpapieren,** der für sich genommen legal ist, begründet ebenfalls keinen Anfangsverdacht (BFH 25.7.2000, BStBl. II 643, dazu *Löwe-Krahl* PStR 2000, 251; abw. LG Detmold 11.8.1999, wistra 1999, 434 m. abl. Anm. *Stahl/Carlé* wistra 2000, 77; LG Detmold 12.8.1999, wistra 1999, 435). Anders wiederum, wenn weitere Umstände vorliegen, z. B. die Tafelpapiere bar bezahlt wurden, obwohl der Kunde über ein Konto bei der die Papiere ausgebenden Bank verfügte (BFH 15.6.2001, BStBl. II 624; BVerfG 1.3.2002, NJW 2002, 1940). Kommt es zu einer massiven Einlösung der Zinscoupons im Ausland, ist auch dies ein deutliches Indiz für den Hinterziehungsvorsatz. Zwar mag jemand, dessen steuerpflichtige Kapitaleinkünfte unter dem Freibetrag liegen, einen guten Grund haben, nicht das Erstattungsverfahren abwarten zu wollen. Angesichts der hohen im Ausland zu entrichtenden Gebühren lohnt sich ein solches Vorgehen aber in der Regel nicht; nur wer auch noch den sonst mit dem Zinsabschlag erhobenen Steuerbetrag verkürzen will, wird diesen Weg der Einlösung der Zinscoupons wählen (LG Freiburg 26.4.2000, wistra 2000, 356; vgl. auch LG Waldshut-Tiengen 8.3.2000, wistra 2000, 354).

142 Besteht der Verdacht einer Steuerstraftat gegen den Kunden, kann bei ihm nach Maßgabe des § 102 StPO durchsucht werden, auch die anderen Ermittlungsmöglichkeiten gegen Beschuldigte stehen der Fahndung zur Verfügung. Da die Fahndung jedoch regelmäßig die Kunden nicht kennt, sondern lediglich die betroffenen Kreditinstitute (vgl. Schwarz/Pahlke/*Rottpeter* 47 zu § 404 AO), können „unbekannte Kunden" nur über **Durchsuchungen** bei Kreditinstituten ermittelt werden. Um die engen Grenzen des § 103 StPO (Durchsuchung bei Dritten) zu vermeiden, ermittelt man gegen „unbekannte Mitarbeiter" der Kreditinstitute und meint, auf diese Art und Weise bestünde die Möglichkeit, die Bank selbst nach § 102 StPO zu durchsuchen (vgl. Rn. 27 ff. zu § 399). Vorausgesetzt hierfür ist zunächst der Teilnahmeverdacht gegen Bankmitarbeiter. Wo in diesen Fällen die Grenze zwischen strafloser weil sozialadäquater Mitwirkung und strafbarer Teilnahme verläuft, ist zweifelhaft (vgl. Rn. 525 zu § 370 und BGH 1.8.2000, wistra 2000, 340). Liegt angesichts der Geschäftspraxis ein Teilnahmeverdacht vor, mag nach § 102 StPO durchsucht werden, was sich „im Gewahrsam" des beschuldigten Mitarbeiters befindet. Ein Zugriff auf die Gesamtdatenmenge des Kreditinstitutes ist jedoch nicht möglich. Die Durchsuchungen von juristischen Personen erfolgt regelmäßig nach § 103 StPO, ein Vorgehen nach § 102 StPO ist nur möglich, wenn der Verdacht besteht, ein Organ der Gesellschaft habe Taten zu Gunsten derselben begangen (vgl. BGH 22.8.1996, wistra 1997, 107; Rn. 31 zu § 399). In der Praxis werden die Beschlüsse regelmäßig auf die „§§ 102, 103 StPO" gestützt. Da die landgerichtliche Rechtsprechung solch ein Vorgehen toleriert (und im Übrigen auch vielfach nicht ernsthaft die Maßstäbe für die Begründung von Durchsuchungsbeschlüssen anlegt, die das BVerfG aufgestellt hat; neuerdings ist es aber zu einer Sensibilisierung gekommen: LG Freiburg 7.9.1999, wistra 2000, 159; LG Darmstadt 8.12.1999, wistra 2000, 238), hat in diesen Fällen in der Tat der Zweck die Mittel geheiligt.

143 Der Zugriff auf EDV-Anlagen richtet sich nach den üblichen Grundsätzen. Insbesondere ist es nicht zulässig, die gesamte Anlage mit dem Argument zu beschlagnahmen, der Finanzverwaltung stünde vergleichbare Hardware nicht zur Verfügung (Rn. 62 zu § 399).

144 Soweit es bei den Durchsuchungsmaßnahmen zu **Zufallsfunden** kommt, sind diese nach § 108 StPO sicher zu stellen. Auch dies richtet sich nach den üblichen Kriterien (vgl. auch LG Freiburg 4.3.1999, StV 2000, 15). Wird der Durchsuchungsbeschluss ausdrücklich auf die Beschlagnahme bestimmter im einzelnen aufgeführten Unterlagen beschränkt, ist § 108 StPO auf Unterlagen, die vom Beschluss nicht erfasst sind, nicht anwendbar (LG Freiburg v. 4.3.1999, StV 2000, 15). Zweifelhaft ist, ob die Steuerfahndung daneben von Unterlagen, für die ein Verdacht der Hinterziehung (noch) nicht besteht, ggf. Kopien fertigen oder Notizen erstellen darf. Das FG Baden-Württemberg (25.11.1996, wistra 1997, 158) hat gebilligt, dass Fahnder im Rahmen einer Durchsuchungsmaßnahme in ca. 70 Fällen schriftliche Notizen über nichtverfahrensbeteiligte Kunden machten mit dem Ziel, den Wohnsitzfinanzämtern die entsprechenden Aufzeichnungen als Kontrollmitteilungen zwecks Nachprüfung der Besteuerung zuzuleiten. Der 7. Senat des BFH (28.10.1997, wistra 1998, 110) hat für diesen Fall einstweiligen Rechtsschutz gewährt (vgl. auch *Pütz* wistra 1998, 55). Führt die Steuerfahndung parallel zur Durchsuchung Vorfeldermittlungen, muss sie sich dabei an die steuerlichen Befugnisse und Schranken halten. Kontrollmitteilungen dürften gefertigt werden, doch nur in den Grenzen des entgegen der Vorinstanz anwendbaren § 30a Abs. 3 AO, wonach Kontrollmitteilungen bei Bankenprüfungen unterbleiben sollen. Dem gegenüber hält der 1. Senat das BFH (4.9.2000, BStBl. II 648) das Kontrollmitteilungsverbot nur bei klassischen Außenprüfungen iS des §§ 193 ff. AO für anwendbar, nicht bei Fahndungsprüfungen. Andererseits hat der 8. Senat (BFH 18.2.1997, BStBl. II 499; krit. dazu *Vogt/Kramer* DStZ 1999, 491; *Weinreich* DStR 2002, 1925) die Auffassung vertreten, bei verfassungskonformer Auslegung finde § 30a überhaupt nur im begrenzten Umfang Anwendung. Kontrollmitteilungen dürften gefertigt werden, wenn hierfür „ein hinreichender Anlass" bestehe (vgl. *Hamacher* WM 1997, 2149, 2150 f.). Dieser liege vor, wenn ein Finanzbeamter im Rahmen einer aufgrund allgemeiner Erfahrung getroffenen Prognoseentscheidung im Wege vorweggenommener Beweiswürdigung zu dem Ergebnis komme, *„dass eine Kontrollmitteilung zur Aufdeckung steuererheblicher Tatsachen zu führen vermag"*.

Ungeachtet der Frage, ob diese Auffassung des 8. Senats wirklich zutreffend ist (vgl. auch FG Köln 8.12.1999, EFG 2000, 598; FG Schleswig-Holstein 25.11.1999, EFG 2000, 470), ist zu bedenken, dass es nicht um irgendwelche Kontrollmitteilungen geht, die im Rahmen von normalen Prüfungshandlungen erstellt werden, sondern um die Fixierung von Erkenntnissen, die (nur) im Rahmen einer Durchsuchungsmaßnahme gewonnen werden (konnten). § 108 StPO enthält aber eine abschließende Regelung über die Frage, in welchem Umfang bei Durchsuchungen auf Unterlagen zurückgegriffen werden darf, die keinen Bezug zum Ermittlungsanlass aufweisen. Unterhalb der Grenze des Verdachts erlaubt die StPO auch keine mittelbare Sicherstellung durch Aufzeichnungen vom Inhalt einer Urkunde (*Joecks* WM 1998, Beil. 1 S. 28 ff.; vgl. auch *Rüping* FR 2000, 193, 197). **145**

Ermittelt die Steuerfahndung im Bankenbereich, darf sie gem. §§ 208 I Nr. 3, 93 AO **146** auch **Sammelauskunftsersuchen an Kreditinstitute** richten. Ein hinreichender Anlass für ein auf § 208 I 1 Nr. 3 AO gestütztes Sammelauskunftsersuchen an eine depotführende Bank ist dann gegeben, wenn die Finanzbehörde Kenntnis von Anzahl und Wert der von der Bank bei der ausgebenden Aktiengesellschaft angeforderten Bonusaktien hat. Zudem muss die Möglichkeit einer Steuerverkürzung naheliegen, weil der Finanzbehörde aufgrund von Ermittlungen gegen einzelne Bankkunden bekannt ist, dass die Bank den Wert der von ihren Kunden erhaltenen Bonusaktien trotz Steuerpflicht nicht in die Erträgnisaufstellungen aufgenommen hat (FG Baden-Württemberg 8.5.2007, DStRE 2008, 835). Die Erkenntnis, dass viele Anleger Ende der 90er Jahre Aktien erworben und in der Folge Spekulationsgewinne erzielt haben, zusammen mit der allgemeinen Erfahrung, dass derartige Einkünfte nicht immer ordnungsgemäß in den Steuererklärungen angegeben werden, nicht aus, um einen hinreichenden Anlass für Vorfeldermittlungen annehmen zu können (BFH 16.1.2009, BFHE 224, 201).Hierfür bedarf es nach Ansicht des BFH (21.3.2002, BStBl. II 495) zusätzlich bankinterner Informationen, dass gerade Kunden des von den Ermittlungen betroffenen Instituts mit Gewinn Aktien veräußert haben. Die große Zahl der von dem Auskunftsersuchen betroffenen Kunden einer Bank bewirkt nicht die Qualifizierung als Rasterfahndung bzw. als „Ermittlung ins Blaue hinein", wenn die Finanzbehörde hinreichende Anhaltspunkte dafür hat, dass die betroffenen Kunden ihre steuerlichen Erklärungspflichten nicht vollständig erfüllen (FG Baden-Württemberg 8.5.2007, DStRE 2008, 835; die Anforderungen an ein Sammelauskunftsersuchen gem. § 93 I 1 AO sowie hinsichtlich der Ermittlungen der Steuerfahndung nach § 208 I 1 Nr. 3 AO sind identisch). Ein Auskunftsersuchen an einen inländischen Vermögensverwalter, die in § 33 Abs. 1 ErbStG aufgeführten Vermögensgegenstände bekanntzugeben, ist auch dann rechtmäßig, wenn diese von einer Zweigniederlassung im Ausland verwahrt werden (BFH 31.5.2006, BB 2007, 27). Nachdem das BVerfG (v. 9.3.2004, NJW 2004, 1022) die **Besteuerung der Spekulationsgewinne aus Aktiengeschäften** in 1997 und 1998 für verfassungswidrig erklärt hat, sind Ermittlungen in diesem Bereich ohnehin unzulässig. Die Entscheidung bezieht sich jedoch ausdrücklich nicht auf Besteuerungszeiträume danach, so dass die Fragen zu den Ermittlungsbefugnissen insoweit noch weiter bestehen bleiben. Zu Sammelauskunftsersuchen der Steuerfahndung an den Dienstleister einer Internethandelsplattform zu Daten ihrer Nutzer vgl. BFH 16.5.2013, BFHE 241, 211.

147–149 *einstweilen frei*

10. Tatsächliche Verständigung

Schrifttum: *Widmaier,* Der strafprozessuale Vergleich, StV 1986, 357; *Baumann,* Von der Grauzone zu rechtsstaatlichen Regelung, NStZ 1987, 157; *Hanack,* Vereinbarungen im Strafprozeß, Ein besseres Mittel zur Bewältigung von Großverfahren?, StV 1987, 500; *Dahs,* Absprachen im Strafprozeß, NStZ 1988, 153; *Seier,* Der strafprozessuale Vergleich im Lichte des § 136a StPO, JZ 1988, 683; *Schünemann,* Die Verständigung im Strafprozeß – Wunderwaffe oder Bankrotterklärung der Verteidigung?, NJW 1989, 1895; *Weigend,* Abgesprochene Gerechtigkeit, JZ 1990, 774; *Rönnau,* Die Absprache im Strafprozeß, 1990; *Bilsdorfer,* Die tatsächliche Verständigung – Ein Mittel zur Streitvermeidung, InfStW 1991, 195; *Geimer,* Zuständige Amtsträger für eine tatsächliche Verständigung, DStZ 1991, 279; *Mack,* Die bindende Verständigung über den Sachverhalt – Ein Weg mit Gefahren, DStR 1991, 272; *v. Wedelstädt,* Tatsächliche Verständigung Rechtslage, Voraussetzungen, Inhalt, Folgen, DB 1991, 515; *Eich,* Die tatsächliche Verständigung im Steuerverfahren und Steuerstrafverfahren, 1992; *Gerlach,* Absprachen im Strafverfahren, 1992; *Carl/Klos,* Tatsächliche Verständigung zwischen Finanzverwaltung und Steuerpflichtigem, AnwBl 1995, 338; *Schuhmann,* Die tatsächliche Verständigung im Steuerverfahren, DStZ 1995, 34; *Seer,* Verständigung im Steuerverfahren, 1996; *Joecks,* Erledigung von Steuerstrafverfahren, StraFo 1997, 2; *St. Schmidt,* Tatsächliche Verständigungen im Steuerverfahren und ihre Auswirkungen auf das Steuerstrafverfahren, DStR 1998, 1733; *V. Schmidt,* Verständigungen in Steuerstrafverfahren, StuW 1998, 278; *Schwedhelm,* Deal und Verständigung, Der Eingriff der Steuerfahndung 1998, 129; *Vernekohl,* Tatsächliche Verständigung im Steuerstrafverfahren, PStR 1998, 51; *Bornheim,* Tatsächliche Verständigung – Möglichkeiten und Grenzen im Lichte der Rechtsprechung, PStR 1999, 219; *Kaetzler,* Absprachen im Strafverfahren und Bewährungsauflagen, wistra 1999, 253; *Spatscheck/Mantas,* Tatsächliche Verständigung als Steuerhinterziehung?, PStR 1999, 198; *Mösbauer,* Die tatsächliche Verständigung – ein vages Beweismittel-Surrogat im Besteuerungsverfahren, BB 2003, 1037; *Jahn/Müller,* Das Gesetz zur Regelung der Verständigung im Strafverfahren – Legitimation und Reglementierung der Absprachenpraxis, NJW 2009, 2625; *Geuenich/Höwer,* Die neue gesetzliche Normierung strafrechtlicher Verständigungen – Berührungspunkte und Parallelen zu steuerlichen Absprachen, DStR 2009, 2320; *Wegner,* Die Tatsächliche Verständigung – Ein Überblick, SteuK 2011, 31; *Buse,* Auswirkungen der Regelungen des Gesetzes zur Verständigung im Strafverfahren auf das steuerstrafrechtliche Ermittlungsverfahren, Stbg 2011, 414; *Höll,* Die Entscheidung des BVerfG zum „Deal" im Strafprozess aus Sicht des Steuerstrafverteidigers – Ein Appell zur Rückbesinnung auf strafprozessuale Ziele, NZWiSt 2013, 134; *Moosbacher,* Praktische Auswirkungen der Entscheidung des BVerfG zur Verständigung, Zugleich Anmerkung zu BVerfG, Urt. v. 19.3.2013 – 2 BvR 2628/10 u. a., NZWiSt 2013, 201; *Kudlich,* Grenzen der Verfassungsgerichtsbarkeit – die Entscheidung des BVerfG zur strafprozessualen Verständigung, NStZ 2013, 379; *Knauer,* Die Entscheidung des BVerfG zur strafprozessualen Verständigung (Urteil vom 19.3.2013 – 2 BvR 2628/10 – 2 BvR 2883/10, 2 BvR 2155/11, NStZ 2013, 295) – Paukenschlag oder Papiertiger?, NStZ 2013, 433.

150 **Schwierigkeiten der Sachaufklärung,** zT aber auch der Rechtslage, führen zu vielfältigen Absprachen zwischen Steuerfahndung und dem beschuldigten Steuerpflichtigen. Diese betreffen zum einen die Verständigung über die Besteuerungsgrundlagen im Rahmen der Steuerfahndungsprüfung, zum anderen die Einigung über den gleichzeitigen Abschluss des Strafverfahrens.

151 **a) Tatsächliche Verständigung im Besteuerungsverfahren.** Die Erledigung einer Betriebs- oder Steuerfahndungsprüfung ist in vielfältiger Form Gegenstand von **Absprachen zwischen Steuerpflichtigen und Finanzverwaltung** (vgl. *Eich* 1992, S. 5 ff.;

Kohlmann/*Matthes* 183 ff. zu § 404). Mittlerweile hat das BMF eine Vorgabe erarbeitet, die die Einzelheiten einer tatsächlichen Verständigung näher umschreibt (BMF v. 30.7.2008, IV A 3-S 0223/07/10 002). Dass dies steuerrechtlich zulässig ist, hat der BFH bereits mit einem Urteil vom 11.12.1984 (BStBl. II 1985, 354) entschieden und zugleich deren Bindungswirkung begründet (vgl. BFH 31.7.1996, BStBl. II 625: bindend mit Abschluss der Verständigung, nicht erst mit Erlass der Steuerbescheide; BFH 17.10.1996, BFH/NV 1997, 525; BFH 30.7.1997, BFH/NV 1998, 188). Die dogmatischen Grundlagen einer solchen Verständigung und Bindungswirkung liegen vor dem Hintergrund der Unzulässigkeit eines verwaltungsrechtlichen Vertrages im Steuerrecht im Dunkeln (dazu umfassend *Seer* 1996, S. 47 ff.).

Die Zulässigkeit einer Verständigung bzw. deren Bindungswirkung setzt eine er- 152
schwerte Sachverhaltsermittlung voraus (vgl. dazu *Wegner* SteuK 2011, 31, 32 f.). Grundsätzlich bleibt das Prinzip der Amtsermittlung unberührt. Daher kann eine bindende Vereinbarung nur erfolgen, wenn einzelne Sachverhalte nicht oder nur mit großem bzw. unzumutbarem Aufwand, dh unter überdurchschnittlichem Arbeits- oder Zeitaufwand zu ermitteln sind. Die Unsicherheiten bei steuerlich relevanten Tatsachen werden anhand von Wahrscheinlichkeitserwägungen überbrückt (*Mösbauer* BB 2003, 1037, 1039).

Für das Strafverfahren stellt eine tatsächliche Verständigung über den steuerlichen Sach- 153
verhalt **kein Geständnis** dar. In beiden Verfahren gelten unterschiedliche Beweislastregeln (vgl. Rn. 73 ff. zu § 370; Rn. 22 zu § 385). Das Strafgericht muss stets selbstständig die hinterzogenen Steuern berechnen und darf nicht einfach die Feststellungen der FinB übernehmen (BGH 26.4.2001, wistra 2001, 266; BGH 25.10.2000, wistra 2001, 22). Die Verständigung legt weder einen Vorsatz noch das Hinterziehungsvolumen dar.

Es gibt **keine Verständigung über Rechtsfragen** (vgl. dazu *Buse* Stbg 2011, 414). 154
Verständigungen, die allein die rechtlichen Folgen des festgestellten Sachverhalts betreffen, also zur Klärung zweifelhafter Rechtsfragen, über den Eintritt bestimmter Rechtsfolgen oder über die Anwendung bestimmter Rechtsvorschriften, sind nicht wirksam (BFH 1.2.2001, BStBl. II 520; BFH 31.7.1996, BStBl. II 625; *Wegner* SteuK 2011, 31). Möglich bleibt dennoch die Verständigung über eine rechtliche Beurteilung, zB die Angemessenheit der Ausstattung eines Geschäftsführers (BFH 13.8.1997, BFH/NV 1998, 498).

Das vereinbarte Ergebnis darf kein **offensichtlich unzutreffendes** sein (*Wegner* SteuK 155
2011, 31). Ihre Herbeiführung etwa dadurch, dass Tatsachen verfälscht oder verschleiert werden, um den Sachverhalt als schwer aufklärbar darzustellen, kann dagegen sogar den Tatbestand der Steuerhinterziehung oder der Beihilfe dazu erfüllen (BGH 26.10.1998, wistra 1999, 103, 106; *Buse* Stbg 2011, 414, 416; zur Beihilfe vgl. Rn. 515 zu § 370).

Der Anwendungsbereich einer tatsächlichen Verständigung ist insbesondere dann eröff- 156
net, wenn es darum geht, einen

- Schätzungs-,
- Bewertungs-,
- Beurteilungs- oder
- Beweiswürdigungsspielraum

auszufüllen.

Sie dient ebenfalls dazu, in Fällen nicht einfach zu behebender Sachverhaltsunklarheit, den für die Besteuerung maßgeblichen Besteuerungssachverhalt einvernehmlich festzulegen (BFH 1.9.2009, HFR 2010, 562).

Die tatsächliche Verständigung bezieht sich ausschließlich auf abgeschlossene Sachverhal- 157
te. Wirkt sie sich allerdings auch auf die Zukunft aus und soll sie sich hierauf erstrecken, tritt insoweit ebenfalls eine Bindung ein.

Hingegen ist die tatsächliche Verständigung dann unwirksam, wenn sie unter Ausübung 158
unzulässigen Drucks auf den Steuerpflichtigen oder durch dessen unzulässige Beeinflussung zu Stande gekommen ist (BMF 30.7.2008, BStBl. I 831). Nach Auffassung des BMF soll eine Willenserklärung des Steuerpflichtigen, die zu einer tatsächlichen Verständigung mit

dem Finanzamt geführt hat, nicht deshalb angefochten werden – auch wenn die Anfechtungsvorschriften der §§ 119, 123 BGB auf tatsächliche Verständigungen im Steuerstrafverfahren grundsätzlich anwendbar sind (BFH 1.9.2009, HFR 2010, 562) -, weil die Erklärung nur aus Sorge vor weiteren lästigen Ermittlungen und unter dem Druck eines laufenden Steuerstrafverfahrens abgegeben worden ist. Für letzteres trifft das aber dann nicht zu, wenn der Abschluss einer tatsächlichen Verständigung zur Bedingung gemacht wird, um ein Strafverfahren zur Einstellung zu bringen (insbesondere nach § 153a StPO). Wird das laufende Strafverfahren daher für den Abschluss einer Verständigung instrumentalisiert, ist diese unwirksam.

159 Bei der tatsächlichen Verständigung muss die für die Steuerfestsetzung **zuständige Behörde** durch seinen Vorsteher oder den Sachgebietsleiter des betreffenden Veranlagungsbezirks, der Betriebsprüfungs- oder Rechtsbehelfsstelle vertreten sein (BFH 5.10.1990, BStBl. II 1991, 45; BFH 25.11.1997, BFH/NV 1998, 580). Soweit die Steuerfahndungsprüfung neben der persönlichen Veranlagung des Steuerpflichtigen auch dessen Unternehmen bzw. eine Personengesellschaft betrifft, für die das Ergebnis gesondert und einheitlich festzustellen ist, müssen gegebenenfalls mehrere Finanzämter beteiligt werden. Eine mit einem Steuerfahnder oder Betriebsprüfer und ohne Beiziehung der zuständigen Veranlagungsfinanzämter getroffene *„Vereinbarung"* ist nicht bindend, sollte aber als schwebend unwirksam anzusehen sein. Die tatsächliche Umsetzung der in dem Steuerfahndungs- bzw. Betriebsprüfungsbericht festgestellten Besteuerungssachverhalte durch den Erlass entsprechender Steuerbescheide führt daher zur Genehmigung (FG Hamburg 4.12.1991, EFG 1992, 379; FG Baden-Württemberg 26.3.1992, EFG 1992, 706; *Seer* 1996, S. 328; offen gelassen durch BFH 28.7.1993, BFH/NV 1994, 290; BFH 25.11.1997, BFH/NV 1998, 580). Zur Personengesellschaft vgl. BFH 12.7.1989, BFH/NV 1990, 366; vgl. auch FG Münster v. 29.1.1996, EFG 464.

Ein einseitiger Widerruf der eigenen Verständigungserklärung ist nicht möglich; die tatsächliche Verständigung kann aber von den Beteiligten einvernehmlich aufgehoben oder abgeändert werden (BFH 1.9.2009,HFR 2010, 562).

160 Aus dem Erfordernis der Beteiligung des Veranlagungsbezirks ergibt sich, dass Zusagen – auch schriftlicher Form – **durch vorgesetzte Behörden** (OFD, FinMin) nicht bindend sind (vgl. FG Baden-Württemberg 21.2.1990, EFG 1990, 454; FG Düsseldorf 23.11.1983, EFG 1984, 409). Eine andere Frage ist, ob man gegebenenfalls die Zusage eines Finanzministeriums oder einer Oberfinanzdirektion als Weisung an das zuständige Finanzamt ansehen kann und dieses nach Treu und Glauben an die Auskunft bzw. an die Zusage der Oberbehörde gebunden ist (vgl. *Hauber* DB 1991, 1640). Die Auskunft der Oberbehörde als vorweggenommene Weisung zum rechtswidrigen Verhalten anzusehen und hieraus eine Bindungswirkung zu konstruieren, ist jedoch überaus problematisch.

161 **b) Absprachen im Steuerstrafverfahren.** Eine tatsächliche Verständigung im Strafverfahren ist als Absprache v. a. über das Strafmaß insbesondere in **Wirtschaftsstrafsachen** nicht ungewöhnlich. Um langwierige Beweisaufnahmen zu vermeiden und den Prozessstoff überschaubar zu halten, wird dem Angeklagten für seine Mitwirkung ein Strafnachlass in Aussicht gestellt. Der „Deal" fand spätestens mit der Einführung des § 153a StPO im Jahre 1975 Eingang in die Verfahrenswirklichkeit. Dass der „Handel mit Gerechtigkeit" darüber hinaus in vielfältiger Form praktiziert wird (vgl. *Kintzi* DRiZ 1992, 245 ff.; *Weigend* JZ 1990, 774 ff.), ist der Strafjustiz erst in der jüngeren Vergangenheit als Problem bewusst geworden.

162 Trotz der praktischen Bedürfnisse für ein Institut der Verständigung müssen stets die rechtsstaatlichen Grundsätze des Strafprozesses gewahrt bleiben (BVerfG 27.1.1987, NJW 1987, 2662). Die „Gegenleistung" des Betroffenen muss eine gewisse Konnexität zum anhängigen Verfahren aufweisen; er darf sich nicht einfach mit irgendeinem anzuerkennenden und strafmildernd wirkenden Verhalten „freikaufen" (BGH 19.2.2004, NJW 2004, 1396 zur Zahlung von aus einer Vortat stammenden rückständigen Steuern). Bewährungsauflagen können Gegenstand eines Deals sein (dazu OLG Köln 16.1.1998, wistra 1998, 272 m. Anm. *Kaetzler* wistra 1999, 253).

Für die Staatsanwaltschaft wurden auf der Arbeitstagung des Generalbundesanwalts und der Generalstaatsanwälte in Karlsruhe am 24./25.11.1992 „Hinweise an die Staatsanwälte für die Verständigung im Strafverfahren“ verabschiedet (StV 1993, 280). Die Staatsanwaltschaft kann den Stand des Verfahrens nunmehr nach § 160b StPO nF mit den Verfahrensbeteiligten erörtern, soweit dies geeignet erscheint, das Verfahren zu fördern (vgl. neben § 160b StPO nF auch §§ 202a, 212 StPO nF). Der wesentliche Inhalt dieser Erörterung ist aktenkundig zu machen. **163**

Der BGH hatte zunächst eine **deutliche Zurückhaltung** signalisiert (vgl. etwa BGH 4.7.1990, wistra 1990, 358; BGH 23.1.1991, NStZ 1991, 346; BGH 19.10.1993, NJW 1994, 1293; BGH 25.10.1995, wistra 1996, 68). Immerhin wurde anerkannt, dass eine Verständigung des Strafrichters mit einzelnen Angeklagten die Besorgnis der Befangenheit der anderen begründen könne (BGH 23.1.1991, wistra 1991, 183) und eine Bindungswirkung vor dem Hintergrund der prozessualen Fürsorgepflicht insofern besteht, als ein Strafrichter vor einer Abweichung von der gemachten Zusage den Angeklagten darauf hinweisen muss, dass er seine Auffassung geändert hat oder sich mit seiner Meinung im Spruchkörper nicht durchsetzen konnte. Dann hatte der Angeklagte Gelegenheit, ggf. ergänzende Beweisanträge zu stellen, die seiner Entlastung dienen können bzw. sich sonst auf die veränderte Verfahrenssituation einzustellen. **164**

In der Folge hatte der BGH das Institut der Höchststrafenabrede als solches anerkannt und mit seiner Entscheidung (BGH 28.8.1997, wistra 1997, 341) praktisch eine „Verfahrensordnung“ (vgl. *Weigend* NStZ 1999, 57) für **Absprachen im Strafprozess** aufgestellt (vgl. auch BGH 20.6.1997, wistra 1997, 311; BGH 12.1.1999, wistra 1999, 227; BGH 20.4.1999, wistra 1999, 300, 303; BGH 21.4.1999, wistra 1999, 306, 308). **165**

Nach der Rechtsprechung waren damals die folgenden Voraussetzungen bezüglich Absprachen im Strafprozess erforderlich: Soweit es eine Absprache in der Hauptverhandlung betrifft, muss diese Verständigung unter Mitwirkung aller Verfahrensbeteiligten (Gericht, Staatsanwaltschaft, Verteidiger, Angeklagter) in öffentlicher Hauptverhandlung stattfinden und ins Protokoll aufgenommen werden. Dies schließt Vorgespräche außerhalb der Hauptverhandlung nicht aus. Das Gericht darf vor der Urteilsberatung keine bestimmte Strafe zusagen, kann jedoch für den Fall eines Geständnisses eine Strafobergrenze angeben, die es nicht überschreiten werde. An eine solche Zusage ist das Gericht gebunden, wenn die weitere Beweisaufnahme nicht neue, den Angeklagten belastende Umstände zu Tage fördert. Das Gericht muss dann auf die Abweichung von der Absprache hinweisen (BGH 21.1.2003, wistra 2003, 234). Bei der Zusage der Strafobergrenze sind die allgemeinen Strafzumessungsgesichtspunkte zu beachten. Ein Geständnis, das auf seine Glaubhaftigkeit hin zu überprüfen ist, darf dabei auch dann strafmildernd berücksichtigt werden, wenn es im Rahmen einer Absprache abgelegt worden ist. Unzulässig ist es, dass der Angeklagte vor der – auf der Absprache basierenden – Urteilsverkündung auf Rechtsmittel verzichtet (BGH 19.10.1999, StV 2000, 4; BGH 24.7.2003, NJW 2003, 3426). In jedem Fall muss der Angeklagte nach einer Absprache „qualifiziert belehrt“ werden. Es muss mitgeteilt werden, dass trotz der Absprache, Rechtsmittel eingelegt werden können. Dies gilt auch, wenn ein Rechtsmittelverzicht nicht Gegenstand der Absprache war (vgl. dazu auch GrS des BGH für Strafsachen v. 3.3.2005, NJW 2005, 1440). Unterbleibt eine solche Belehrung ist ein dennoch erklärter Verzicht unwirksam (BGHGrS NJW 2005, 1440). **166**

Die Absprache über den strafrechtlichen Verfahrensabschluss kann auf Seiten der Finanzverwaltung nur die **Straf- und Bußgeldsachenstelle,** wenn sie das Verfahren selbstständig führt, treffen, nicht die Steuerfahndung. **167**

Werden **unzulässige Vereinbarungen** in einem rechtskräftigen Urteil bzw. Strafbefehl oder einer rechtskräftigen Einstellungsverfügung umgesetzt, entsteht die gewünschte Bindungswirkung bis zur Grenze der Rechtsbeugung. Problematisch ist jedoch, inwiefern eine tatsächliche Verständigung Bindungswirkungen in der Form entfaltet, dass ein Strafrichter **168** an die Zusage etwa einer Strafaussetzung zur Bewährung gebunden ist. Mit der Anerkennung einer „stabilen Absichtserklärung" (*Rönnau* wistra 1998, 49, 52) hat der BGH einen Weg gefunden, die für den geständigen Angeklagten missliche Situation abzumildern.

169 Problematisch waren die Folgen einer **gescheiterten Absprache.** Tritt der Betroffene in Vorleistung und legt ein Geständnis ab, obwohl die Absprache nicht bindend ist, etwa weil die Staatsanwaltschaft nicht beteiligt wurde, sollte die Einlassung als Beweismittel dennoch verwertbar sein (BGH 7.5.2003, StV 2003, 481 m. damals schon krit. Anm. *Schlothauer*). Andererseits steht die Befürchtung im Raum, bei der Weigerung des Angeklagten, auf das Angebot des Gerichts „Strafmilderung gegen Geständnis" einzugehen, werde die Strafe eher höher ausfallen (die Gefahr einer dann fehlerhaften Strafzumessung zwar grundsätzlich verneinend, zust. aber für den Fall, dass dem Angeklagten ein Verhalten angetragen wird, das nicht Teil einer Absprache sein darf, BGH 19.2.2004, NJW 2004, 1396).

170 Inwiefern diese Grundsätze auf **Absprachen im Ermittlungsverfahren** übertragbar sind, war zweifelhaft (vgl. *Buse* Stbg 2011, 414 f.; *Joecks* 1998, S. 195) und ist nun teilweise durch § 160b StPO geregelt. Relevant wird die Frage nur, wenn die Zusage nicht eingehalten wird, weil etwa ein anderer Staatsanwalt oder Richter zuständig geworden ist, weil ansonsten die Vereinbarungen zeitnah „abgearbeitet" werden. Betrachtet man die Rechtsprechung des Bundesfinanzhofs zur tatsächlichen Verständigung (oben Rn. 151 ff.), setzen bindende Zusagen jedenfalls voraus, dass die zuständigen Amtsträger sämtlich involviert waren. Dazu gehört bei einer zugesagten Einstellung gegen Auflage mit Zustimmung des Gerichts, dass auch der zuständige Richter beteiligt war. Insbesondere sind Zusagen der Steuerfahndung in diesem Zusammenhang nicht bindend, wenn nicht zugleich die Strafsachenstelle bzw. die Staatsanwaltschaft entsprechend involviert ist bzw. selbst eine solche Zusage gibt (vgl. auch Schwarz/Pahlke/*Rottpeter* 50 zu § 404 AO).

171 Durch Gesetz vom 29.7.2009 (Gesetz zur Regelung der Verständigung im Strafverfahren, BGBl. I 2353) mWv 4.8.2009 wurde die strafprozessuale Grauzone des „Handels mit der Gerechtigkeit" (so *Geuenich/Höwer* DStR 2009, 2324) in § 257c StPO gesetzlich normiert (vgl. dazu BVerfG 19.3.2013, NStZ 2013, 295 ff.; *Höll* NZWiSt 2013, 134). Die gesetzliche Regelung der Verständigung ist abschließend; informelle Absprachen außerhalb des gesetzlichen Regelungskonzepts sind nicht zulässig (BVerfG 19.3.2013, NStZ 2013, 295, 297). Das Gericht kann sich gemäß § 257c I 1 StPO in geeigneten Fällen mit den Verfahrensbeteiligten über den weiteren Fortgang und das Ergebnis des Verfahrens verständigen.

172 Das BVerfG gibt aber einschränkend zu bedenken, dass das im Grundgesetz verankerte Schuldprinzip und die Pflicht zur Erforschung der materiellen Wahrheit sowie der Grundsatz des fairen, rechtsstaatlichen Verfahrens, die Unschuldsvermutung und die Neutralitätspflicht des Gerichts es ausschließen, die Handhabung der Wahrheitserforschung, die rechtliche Subsumtion und die Grundsätze der Strafzumessung zur freien Disposition der Verfahrensbeteiligten und des Gerichts zu stellen (BVerfG 19.3.2013, NStZ 2013, 295; vgl. dazu *Mosbacher* NZWiSt 2013, 201 ff.). Das Verständigungsgesetz – trotz des zum Teil defizitären Vollzugs – entspricht nach Auffassung des BVerfG „noch" den verfassungsrechtlichen Vorgaben (BVerfG 19.3.2013, NStZ 2013, 295, 298; zust. *Höll* NZWiSt 2013, 134).

173 Die Aufklärungspflicht des § 244 II StPO bleibt unberührt (vgl. § 257c I 2 StPO). Das Gericht hat also zur Erforschung der Wahrheit weiterhin die Beweisaufnahme von Amts wegen auf alle Tatsachen und Beweismittel zu erstrecken, die für die Entscheidung von Bedeutung sind. Das BVerfG (19.3.2013, NStZ 1993, 295, 296; vgl. auch die Anm. *König/Harrendorf* AnwBl 2013, 321 ff.; *Höll* NZWiSt 2013, 134; krit. *Kudlich* NStZ 2013, 379, 380; vgl. auch *Knauer* NStZ 2013, 433, 434) hat dies aktuell bestätigt. Somit kann eine Verständigung als solche keine alleinige Urteilsgrundlage darstellen. Die Zulässigkeit des Inhalts solcher Verständigungen regeln die Absätze 2 und 3 des § 257c StPO. Das Gericht gibt bekannt, welchen Inhalt die Verständigung haben könnte; die Verfahrensbeteiligten erhalten Gelegenheit zur Stellungnahme.

174 Maßgeblicher Bestandteil eines sog. Deals soll dabei das Geständnis sein (vgl. 257c II 2 StPO). Inhaltlich darf die Verständigung nach § 257c II 1 StPO die Rechtsfolgen enthalten, die Inhalt des Urteils und der dazugehörigen Beschlüsse sein können sowie sonstige verfahrensbezogene Maßnahmen im zugrundeliegenden Erkenntnisverfahren und das Prozessverhalten der Verfahrensbeteiligten (vgl. dazu *Geuenich/Höwer* DStR 2009, 2320, 2321 f.). Das Gericht kann unter freier Würdigung aller Umstände des Falles sowie der allgemeinen Strafzumessungserwägungen auch eine Ober- und Untergrenze der Strafe angeben (vgl. § 257c III 2 StPO).

Der Schuldspruch sowie Maßregeln der Besserung und Sicherung dürfen gemäß § 257c **175** II 3 StPO nicht Gegenstand der Verständigung sein. Eine Strafrahmenverschiebung (krit. *Kudlich* NStZ 2013, 379, 380 unter Hinweis darauf, dass eine Strafrahmenverschiebung systematisch zum Bereich der Rechtsfolgen und nicht zum Schuldspruch gehört) ebenso wie Zusagen der Staatsanwaltschaft, andere Ermittlungsverfahren einzustellen, können ebenfalls nicht in einer Verständigung geregelt werden (BVerfG 19.3.2013, NStZ 2013, 295, 296 f.; krit. *Knauer* NStZ 2013, 433, 435).

Die Verständigung kommt zustande, wenn Angeklagter und Staatsanwaltschaft dem Vor- **176** schlag des Gerichtes zustimmen (vgl. § 257c III 4 StPO).

Die Bindung des Gerichtes an eine Verständigung entfällt nach § 257c IV 1 StPO, wenn **177** rechtlich oder tatsächlich bedeutsame Umstände übersehen worden sind oder sich neu ergeben haben und das Gericht deswegen zu der Überzeugung gelangt, dass der in Aussicht gestellte Strafrahmen nicht mehr tat- oder schuldangemessen ist. Die Bindungswirkung entfällt ebenso nach § 257c IV 2 StPO, wenn das weitere Prozessverhalten des Angeklagten nicht dem Verhalten entspricht, das der Prognose des Gerichtes zugrunde gelegt worden ist (vgl. *Geuenich/Höwer* DStR 2009, 2320, 2323). Wenn die Bindungswirkung entfällt, darf das Geständnis des Angeklagten nicht verwertet werden; das Gericht hat eine Abweichung unverzüglich mitzuteilen (vgl. § 257c IV 3, 4 StPO).

Der Angeklagte ist gemäß § 257c V StPO über die Voraussetzungen und Folgen einer **178** Abweichung des Gerichtes von dem in Aussicht gestellten Ergebnis nach § 257c IV StPO zu belehren.

Verstöße gegen die gesetzlichen Transparenz- und Dokumentationspflichten führen zur **179** Rechtswidrigkeit der Verständigung (BVerfG 19.3.2013, NStZ 2013, 295, 298).

Die Auswirkungen auf Rechtsmittel sind nicht in § 257c StPO, sondern in §§ 302, 35a **180** StPO normiert. Nach § 302 I 2 StPO ist ein Rechtsmittelverzicht ausgeschlossen, wenn dem Urteil eine Verständigung vorausgegangen ist. Ist einem Urteil eine Verständigung vorausgegangen, ist der Betroffene auch gemäß § 35a S. 3 StPO qualifiziert darüber zu belehren, dass er in jedem Fall frei in seiner Entscheidung ist, ein Rechtsmittel einzulegen.

Wird das Verfahren von der Staatsanwaltschaft geführt, ist fraglich, inwiefern eine Ver- **181** letzung der Beteiligungsrechte der Finanzbehörde die Wirksamkeit der Zusage berührt. Zwar können Verstöße gegen § 407 AO idR nicht mit der Revision gerügt werden (Rn. 20 zu § 407), man wird einer Zusage aber die Wirksamkeit absprechen müssen, wenn der Strafsachenstelle nicht zumindest rechtliches Gehör gewährt worden ist.

V. Entschädigung der Zeugen und der Sachverständigen

§ 405 Entschädigung der Zeugen und der Sachverständigen

[1] Werden Zeugen und Sachverständige von der Finanzbehörde zu Beweiszwecken herangezogen, so erhalten sie eine Entschädigung oder Vergütung nach dem Justizvergütungs- und -entschädigungsgesetz. [2] Dies gilt auch in den Fällen des § 404.

Schrifttum: *Höver,* Zu einigen Streitfragen über die Entschädigung von Zeugen und Sachverständigen, Rpfleger 1973, 419; *Berthold,* Zur Erstattungsfähigkeit von Kosten der Kreditinstitute bei der Beschlagnahme von Kontounterlagen im Steuerstrafverfahren, ZfZ 1976, 173; *Egon Schneider,* Die Entwicklung des Gerichtskostenrechts im Jahre 1978, NJW 1979, 846; *Ernst Schneider,* Die Kostenerstattungspflicht gegenüber Kreditinstituten, DB Beil. 17/1979; *Roman Schneider,* Bankauskünfte gegenüber Finanzbehörden, DB 1979, 36; *Lauer,* Kostenerstattung und Vollständigkeit bei Bankauskünften, ZKredW 1980, 224; *Ungnade/Kruck,* Auskunftspflichten der Kreditinstitute gegenüber Finanzbehörden, WM 1980, 258; *Börner,* Zur Entschädigung für Banken bei Beschlagnahme und Mitwirkung in hoheitlichen Verfahren gegen Dritte, insbesondere Steuerverfahren, DB 1981, 1655; *Hakenbeck,* Die Kostenerstattungspflicht des Finanzamts als Rechtsfolge der Inanspruchnahme von Banken im Rahmen steuerlicher oder strafrechtlicher Ermittlungen gegen Dritte, BB 1981, 1636; *Spitz,* Die Kostenerstattungspflicht gegenüber auskunftspflichtigen Dritten im Falle finanzbehördlicher Auskunftsersuchen; die Entschädigung von Zeugen im Steuerstrafverfahren sowie die Kostenerstattung im Falle gerichtlicher und behördlicher Beschlagnahme, DStR 1981, 617, 644, 674; *Masthoff,* Entschädigung von Geldinstituten für Auslagen bei Beschlagnahmeanordnungen oder Auskunftsersuchen, wistra 1982, 100; *Bilsdorfer,* Steuerfahndungsermittlung bei Banken, DStZ 1984, 415; *Sannwald,* Entschädigungsansprüche von Kreditinstituten gegenüber auskunftsersuchenden Ermittlungsbehörden, NJW 1984, 2495; *Hirsch,* Auskünfte durch Kreditinstitute im straf- und steuerstrafrechtlichen Ermittlungsverfahren, 1991; *Müller-Brühl,* Rechtsmittel gegen die Festsetzung einer Entschädigung nach dem Gesetz zur Entschädigung von Zeugen und Sachverständigen, DStZ 1993, 289; *Bleutge,* Der Aufwendungsersatz für Hilfskräfte nach dem ZuSEG, JurBüro 1998, 340; *Schroer,* Rechte und Pflichten des Steuerberaters als Zeuge, InfStW 2001, 213, 245; *Bleutge,* Eckpunkte für eine Novellierung des ZSEG, WiVerw 2002, 44; *Hansens,* Kostenmodernisierungsgesetz – Änderungen im GKG und das neue JVEG, AnwBl 2004, 142; *Hartung,* Das neue Rechtsanwaltsvergütungsgesetz, NJW 2004, 1409; *Bruschke,* Die Entschädigung der Auskunftspflichtigen und Sachverständigen im steuerlichen Verfahren, ZSteu 2005, 324; *Bund,* Der Übergang vom ZSEG und EhrRiEG zum JVEG, RPfleger 2005, 132; *Binz/Dörndorfer/Petzold/Zimmermann,* Gerichtskostengesetz, Justizvergütungs- und -entschädigungsgesetz, Kommentar, 2. Aufl. 2009; *Hommerich/Reiß,* Justizvergütungs- und Entschädigungsgesetz, 2010; *Weglage,* Die Vergütung des Sachverständigen, 2. Aufl. 2010; *Bach,* Die Vergütung und Entschädigung von Sachverständigen, Zeugen, Dritten sowie von ehrenamtlichen Richtern nach dem JVEG, Kommentar, 25. Aufl. 2011; *Bittmann,* Rechtsfragen um den Einsatz des Wirtschaftsreferenten, wistra 2011, 47; *Hartmann,* Kostengesetze, 42. Aufl. 2012; *Meyer,* Zum Anfall der Dokumentenpauschale für die Überlassung großer Mengen elektronisch gespeicherte Daten, JurBüro 2013, 9.

Übersicht

1. Entstehungsgeschichte und Bedeutung der Vorschrift

1 **§ 405 AO** ist mit der AO 1977 neu eingefügt worden (Begr. BT-Drs. 7/4292, 47); eine entsprechende Regelung war in der RAO nicht vorhanden.

2 Wird innerhalb des Strafverfahrens ein Zeuge oder ein Sachverständiger vom Gericht oder von der StA zu Beweiszwecken herangezogen, wurde er bislang nach dem Gesetz über die Entschädigung von Zeugen und Sachverständigen (ZSEG) idF v. 1.10.1969 (BGBl. I 1756) entschädigt. Mit dem 1.7.2004 wurde das ZSEG durch das Justizvergütungs- und Entschädigungsgesetz (JVEG; vgl. BGBl. I 718) abgelöst. Gleiches gilt gem. § 107 S. 1 AO, sofern die FinB *„Auskunftspflichtige und Sachverständige"* im Besteuerungsverfahren zu Be-

weiszwecken heranzieht (vgl. Koch/Scholtz/*Scheurmann-Kettner* 2 zu § 405; BFH 24.3.1987, BStBl. II 1988, 163).

§ 405 S. 1 AO ordnet nunmehr ausdrücklich an, dass das JVEG auch dann Anwendung findet, wen ein Zeuge oder Sachverständiger durch die FinB in Anspruch genommen wird. Dabei ist es gleichgültig, ob die FinB selbständig ermittelt (§ 386 II, § 399 I) oder im Ermittlungsverfahren der StA (§ 402 I) tätig wird (Schwarz/*Dumke* 1a zu § 405). Aufgrund § 405 S. 2 AO gilt das JVEG auch bei einer Inanspruchnahme von Zeugen und Sachverständigen durch die *Steuer- und Zollfahndung.* 3

2. Voraussetzungen des Anspruchs

Zeuge ist eine Person, die in einem gegen einen anderen gerichteten Prozess eine persönliche Wahrnehmung über einen in der Vergangenheit – dh vor seiner Vernehmung – liegenden Vorgang etwas bekundet (*Meyer-Goßner/Schmitt* StPO vor § 48 Rn. 1). Soweit sich der Zeuge bei seiner Vernehmung eines Beistands bedient, sind die dadurch entstehenden Kosten *nicht* nach dem JVEG erstattungsfähig (Schwarz/Pahlke/*Dumke* 3 zu § 405 AO). **Sachverständiger** ist eine Person, die aufgrund ihrer besonderen Sachkunde berufen ist, im Strafverfahren über Erfahrungssätze einer Wissenschaft oder eines Lebenssachverhalts auszusagen und idR aus ihnen Schlussfolgerungen auf konkrete Tatsachen zu ziehen (Schwarz/Pahlke/*Dumke* 4 zu § 405 AO). Anders als ein Zeuge ist der Sachverständige grundsätzlich auswechselbar (*Meyer-Goßner/Schmitt* StPO § 74 Rn. 1). Treffen fehlende Auswechselbarkeit und Sachkunde zusammen, so handelt es sich um einen sachverständigen Zeugen, der nach § 85 StPO Zeuge ist und auch als Zeuge nach dem JVEG entschädigt wird. **Dolmetscher** und **Übersetzer** werden wie Sachverständige entschädigt (§ 8 JVEG); zur Entschädigung von Kreditinstituten und anderen Unternehmen für Auskunftsersuchen s. Rn. 12 ff. 4

Zu Beweiszwecken wird herangezogen, wer nach den Vorschriften der StPO (§§ 161a, 163 iVm §§ 48 ff. bzw. §§ 72 ff. StPO) in Anspruch genommen wird. Dies ist nicht der Fall, wenn jemand *auf Veranlassung des Beschuldigten* ein Gutachten erstattet oder eine Auskunft erteilt (Schwarz/Pahlke/*Dumke* 7a zu § 405 AO). Gleichgültig ist, ob die Zeugenaussage oder das Sachverständigengutachten von der FinB verwertet oder gar zur Grundlage der Entscheidung gemacht wird (HHSp-*Rüping* 11 zu § 405). Soweit die Steuerfahndung nach § 208 I Nr. 2 AO die Besteuerungsgrundlagen ermittelt, liegt eine Inanspruchnahme zu *strafprozessualen* Beweiszwecken vor; § 107 AO ist nicht anwendbar. Unterschiede ergeben sich nicht, da aus beiden Vorschriften auf das JVEG verwiesen wird (TK-*Seer* 9 zu § 107 AO). 5

Zu Beweiszwecken herangezogen ist auch ein Zeuge, der nach §§ 52, 53, 53a StPO die Aussage verweigert. Entscheidend ist, dass der Zeuge durch die FinB geladen worden ist und dieser Ladung Folge geleistet hat (Schwarz/Pahlke/*Dumke* 8 zu § 405 AO). 6

3. Geltendmachung des Anspruchs

Die Entschädigung setzt einen **Antrag des Zeugen oder Sachverständigen** voraus (§ 2 I JVEG). Der Zeuge muss diesen Antrag binnen 3 Monaten nach Beendigung der Zuziehung stellen (§ 2 I 1JVEG); diese Frist gilt nunmehr auch für Sachverständige (vgl. noch § 15 III ZSEG und OLG Celle 8.6.2012, IBR 2012, 550). 7

4. Umfang der Entschädigung

Der Zeuge erhält nach § 22 JVEG Verdienstausfall, Erstattung der Fahrtkosten (§§ 19, 5 JVEG), Entschädigung für Aufwand (§ 10; §§ 19, 6 JVEG) und den Ersatz sonstiger Aufwendungen, zB der Kosten für eine notwendige Vertretung oder eine notwendige Begleitperson §§ 19, 7 JVEG). Dabei ist die Verdienstausfallentschädigung auf höchstens 17 EUR/Stunde (§ 22 JVEG) und auf 10 Stunden pro Tag (§ 19 II JVEG) begrenzt. 8

9 **Der Sachverständige erhält** eine Leistungsentschädigung zwischen 50 und 85 EUR (§ 9 JVEG) für die *erforderliche* Zeit (§ 8 II JVEG). *Erforderlich* ist nur die Zeit, die ein Sachverständiger mit durchschnittlichen Kenntnissen und Fähigkeiten für das Gutachten benötigt (OLG Hamm 31.2.2000, wistra 2001, 40; Schwarz/Pahlke/*Dumke* 11c zu § 405 AO). Eine besondere Vergütung ist denkbar (§ 13 JVEG; vgl. auch Anlage 2 zu § 10 JVEG). Daneben erhält auch er – wie ein Zeuge – Fahrtkosten usw. erstattet. Darüber hinaus werden ihm bestimmte Aufwendungen ersetzt (§§ 7, 8, 12 JVEG).

10 **Verlieren** kann der Sachverständige seinen Entschädigungsanspruch, wenn er durch grobe Fahrlässigkeit die Unverwertbarkeit seines Gutachtens herbeiführt, nicht jedoch schon dann, wenn seine Ablehnung und damit die Unverwertbarkeit des Gutachtens auf leichter Fahrlässigkeit beruht (BGHZ 15.12.1975 NJW 1976, 1154 mwN).

5. Festsetzung der Entschädigung

11 **Festgesetzt wird die Entschädigung** durch diejenige FinB, die den Zeugen oder Sachverständigen herangezogen hat (Klein/*Jäger* AO § 405 Rn. 7). Auf Antrag wird die Entschädigung nach § 4 JVEG durch Gerichtsbeschluss festgesetzt (Klein/*Jäger* AO § 405 Rn. 7); ein Einspruch nach § 347 AO ist nur in den Fällen des § 107 AO statthaft (BFH BStBl. II 1981, 349; TK-*Seer* 15 zu § 107 AO). Daher ist im Einzelfall die Feststellung wichtig, ob die FinB im Besteuerungs- oder Strafverfahren tätig geworden ist (s. Rn. 5 und *Bilsdorfer* DStZ 1984, 422). Zuständig ist das Gericht, bei dem die StA errichtet ist, die zuständig wäre, führte nicht die FinB das Verfahren selbstständig, also das Landgericht (HHSp-*Rüping* 47 und Kohlmann/*Hilgers-Klautzsch* 25 zu § 405). Gegen die gerichtliche Entscheidung ist Beschwerde durch die Beweisperson und die Staatskasse (HHSp-*Rüping* 49 zu § 405, Erbs/Kohlhaas/*Hadamitzky/Senge* AO § 405 Rn. 3) zulässig, wenn der Wert der Beschwer 200 EUR übersteigt (§ 4 III JVEG).

6. Entschädigung von Dritten, insbesondere von Kreditinstituten

12 **Werden Angestellte von Unternehmen** formal als Zeugen oder Sachverständige vernommen, steht ihnen unstreitig ein Anspruch auf Entschädigung nach dem ZSEG zu (*Spitz* DStR 1981, 645). Umstritten war jedoch das Entstehen von Entschädigungsansprüchen, wenn zB ein Kreditinstitut zur Abwendung einer Beschlagnahmeanordnung (§ 94 StPO) oder in Erfüllung eines Auskunftsersuchens (§ 95 StPO) Kopien von Unterlagen fertigte (vgl. 3. Aufl. 11f zu § 405). Der Streit um die Erstattungsmöglichkeiten in diesen Fällen hatte sich durch eine gesetzliche Neuregelung in § 17a ZSEG erledigt. Nämliches ergibt sich nun aus § 23 II iVm § 8 II JVEG.

§ 23 JVEG Entschädigung Dritter

(1) Soweit von denjenigen, die Telekommunikationsdienste erbringen oder daran mitwirken (Telekommunikationsunternehmen), Anordnungen zur Überwachung der Telekommunikation umgesetzt oder Auskünfte erteilt werden, für die in der Anlage 3 zu diesem Gesetz besondere Entschädigungen bestimmt sind, bemisst sich die Entschädigung ausschließlich nach dieser Anlage.

(2) [1] Dritte, … die aufgrund eines Beweiszwecken dienenden Ersuchens der Strafverfolgungsbehörde

1. Gegenstände herausgeben (§ 95 Abs. 1, § 98a der Strafprozessordnung) oder die Pflicht zur Herausgabe entsprechend einer Anheimgabe der Strafverfolgungsbehörde abwenden oder
2. in anderen als den in Absatz 1 genannten Fällen Auskunft erteilen,

werden wie Zeugen entschädigt. [2] Bedient sich der Dritte eines Arbeitnehmers oder einer anderen Person, werden ihm die Aufwendungen dafür (§ 7) im Rahmen des § 22 ersetzt; § 19 Abs. 2 und 3 gilt entsprechend.

(3), (4) …

13 Werden Kreditinstitute von der Finanzbehörde im Rahmen von Verfolgungsmaßnahmen in Anspruch genommen, ist es unbeachtlich, ob dem Ersuchen eine gerichtliche Beschlagnahmeanordnung zugrunde liegt oder nicht (OLG Schleswig SchlHA 1991, 170). Zu

entschädigen sind neben der Herausgabe körperlicher Gegenstände (zB Geschäfts- oder Kontounterlagen) auch die Fertigung von Kopien oder Abdrucken der Unterlagen oder die Ausdrucke von gespeicherten Daten (vgl. § 7 II JVEG). Für die Überlassung elektronisch gespeicherter Daten anstelle von Ausdrucken oder Ablichtungen wird eine Dokumentenpauschale gewährt (vgl. *Meyer* JurBüro 2013, 9; *Binz/Dörndorfer/Petzold/Zimmermann* 8 zu § 7 JVEG).

Bedient sich der in Anspruch genommene Dritte bei der Bearbeitung des Ersuchens eines 14
Arbeitnehmers oder einer anderen Person, so werden ihm die Aufwendungen dafür ersetzt. Dabei gilt der Höchstbetrag nach § 22 JVEG, mehr als 17 EUR bei höchstens zehn Stunden pro Tag (§ 19 II JVEG) werden nicht erstattet.

Die Fertigung von Ablichtungen von Mikrofilmen (§ 47a HGB) ist im Rahmen des § 7 15
II JVEG ebenfalls entschädigungsfähig. Auch hat der Dritte die Mehrkosten nicht selbst zu tragen, die dadurch entstanden sind, dass er die Unterlagen statt im Original auf Mikrofilm archiviert hat (HHSp-*Rüping* 31 f. zu § 405; aM OLG Schleswig, Beschl. 14.2.1990 – 1 Ws 23/90; LG Berlin 30.9.1997, wistra 1998, 40).

Werden die Fotokopien nicht auf Ersuchen der Strafverfolgungsbehörde, sondern im 16
Interesse sonst von einer Beschlagnahme Betroffener erstellt, findet § 7 II JVEG keine unmittelbare Anwendung. Insofern hat sich an der Rechtslage nichts geändert (vgl. OLG Bamberg 19.3.1979, JurBüro 1686 m. zust. Anm. *Mümmler;* OLG München 29.5.1979, Rpfl 358; LG Bochum 6.8.1979, DB 1979, 2080; OLG Braunschweig 3.2.1982, ZIP 1982, 830; OLG Nürnberg 12.5.1980, NJW 1980, 1861). Zu prüfen bleibt dann aber, ob nicht das Verhältnismäßigkeitsprinzip im Einzelfall gebietet, sich mit der Sicherstellung von Fotokopien zu begnügen, weil die Wegnahme der Unterlagen die Funktionsfähigkeit des Kreditinstituts gefährden würde (ähnl. *Koch* wistra 1983, 66; s. auch Rn. 81 zu § 399). In diesen Fällen würde das Beharren der Finanzbehörde auf einer Beschlagnahme der Originalunterlagen missbräuchlich sein, so dass § 7 II JVEG Anwendung fänden.

Das ZSEG ist weiter anzuwenden, wenn der Auftrag an den Sachverständigen, Dolmet- 17
scher oder Übersetzer vor dem 1.7.2004 erteilt oder der Berechtigte vor diesem Zeitpunkt herangezogen worden ist. Satz 1 gilt für Heranziehungen vor dem 1.7.2004 auch dann, wenn der Berechtigte in derselben Rechtssache auch nach dem 1.7.2004 herangezogen wurde (§ 25 JVEG; vgl. dazu die Erläuterungen in der 6. Auflage).

3. Unterabschnitt: Gerichtliches Verfahren

§ 406 Mitwirkung der Finanzbehörde im Strafbefehlsverfahren und im selbständigen Verfahren

(1) **Hat die Finanzbehörde den Erlass eines Strafbefehls beantragt, so nimmt sie die Rechte und Pflichten der Staatsanwaltschaft wahr, solange nicht nach § 408 Abs. 3 Satz 2 der Strafprozessordnung Hauptverhandlung anberaumt oder Einspruch gegen den Strafbefehl erhoben wird.**

(2) **Hat die Finanzbehörde den Antrag gestellt, die Einziehung oder den Verfall selbständig anzuordnen oder eine Geldbuße gegen eine juristische Person oder eine Personenvereinigung selbständig festzusetzen (§ 401), so nimmt sie die Rechte und Pflichten der Staatsanwaltschaft wahr, solange nicht mündliche Verhandlung beantragt oder vom Gericht angeordnet wird.**

Übersicht

1. Entstehungsgeschichte

1 **§ 406 I AO 1977** entspricht inhaltlich dem § 440 RAO. § 406 II AO wurde erst mit der AO 1977 eingeführt.

§ 440 RAO wurde durch Art. 1 Nr. 1 AOStrafÄndG v. 10.8.1967 (BGBl. I 877) gemeinsam mit den §§ 435, 436 RAO (§§ 400, 401 AO 1977) in die RAO aufgenommen. Eine dem § 406 II AO entsprechende Regelung war schon in § 389 II EAO 1974 vorgesehen, um § 401 AO (§ 436 RAO) zu ergänzen (BT-Drs. VI/1982, 201). Eine redaktionelle Anpassung an die Änderung des § 408 StPO erfolgte mit Gesetz v. 27.1.1987 (BGBl. I 475).

2. Zweck und Bedeutung der Vorschrift

2 **§ 406 AO ergänzt die §§ 399–401 AO.** § 399 AO gibt der FinB Rechte nur für das Ermittlungsverfahren, das mit dem Antrag auf Erlass eines Strafbefehls (§ 400) oder dem Antrag auf Anordnung von Nebenfolgen im selbstständigen Verfahren (§ 401) beendet ist. § 406 AO überträgt der FinB weitere Rechte und Pflichten, bis ggf. das summarische Strafbefehls- oder Anordnungsverfahren in das ordentliche Verfahren übergeht. In dieser Phase soll die FinB, die den gesamten Vorgang bearbeitet hat, nicht schon auf die Beteiligungsrechte des § 407 AO beschränkt sein, sondern unmittelbarer Gesprächspartner des Gerichts bleiben. § 406 I AO ergänzt insoweit den § 400 AO und § 406 II AO den § 401 AO (HHSp-*Rüping* 5, Schwarz/Pahlke/*Dumke* 1b zu § 406 AO).

3. Mitwirkung im Strafbefehlsverfahren

3 Die FinB hat nach Maßgabe des § 400 AO das Recht, einen Strafbefehl zu beantragen. Will der Richter den Strafbefehl nicht antragsgemäß erlassen, weil er eine Hauptverhandlung für nötig hält, eine andere Rechtsfolge als die von der FinB beantragte festsetzen will (§ 408 II StPO) oder Bedenken rechtlicher oder tatsächlicher Art hat (§ 408 I 2 StPO), weist er die FinB darauf hin (RK-*Kemper* 6 zu § 406). Die FinB kann auf die Bedenken des Strafrichters eingehen und den Strafbefehlsantrag, etwa hinsichtlich der Rechtsfolgen,

ändern (RK-*Kemper* 9 zu § 406 und Erbs/Kohlhaas/*Hadamitzky/Senge* AO § 406 Rn. 1); sie kann auch den Antrag zurücknehmen (§ 411 III StPO).

Teilt die Finanzbehörde die Bedenken des Strafrichters nicht, so wird sie die Akten mit unverändertem Strafbefehlsentwurf an den Strafrichter zurücksenden. Dieser kann nunmehr seine Bedenken zurückstellen und den beantragten Strafbefehl erlassen; er kann aber auch Termin zur Hauptverhandlung anberaumen (§ 408 II StPO) oder bei der StA anregen, die Sache nach § 386 IV 2 AO zu übernehmen (RK-*Kemper* 7 zu § 406). Bei Anberaumung eines Termins zur Hauptverhandlung übernimmt der Strafbefehlsantrag die Funktion der Anklageschrift (BVerfG 23.2.1972, DStZ 1972, 187); er wird dem Angeschuldigten ohne die beantragte Rechtsfolge mit der Ladung zugestellt (§ 35 II, § 215 StPO; *Meyer-Goßner/Schmitt* StPO § 408 Rn. 14). 4

Sind die **Bedenken des Richters hinsichtlich der Zulässigkeit** (etwa bei Vorliegen der Voraussetzungen des § 32 ZVG) **oder der Begründetheit** (etwa im Hinblick auf den hinreichenden Tatverdacht) des Strafbefehlsantrags nicht ausgeräumt worden, wird er entsprechend § 204 I StPO den Erlass eines Strafbefehls ablehnen und auch keinen Termin zur Hauptverhandlung anberaumen (*Meyer-Goßner/Schmitt* StPO § 408 Rn. 12). Meint der Richter, das Verhalten des Angeschuldigten erfülle nicht den Straftatbestand des § 370 AO, sondern es stelle sich als Ordnungswidrigkeit nach § 378 AO dar, muss er, wenn die FinB auf ihrer Auffassung beharrt, die Hauptverhandlung anberaumen (Göhler/*Seitz* OWiG § 82 Rn. 6; KK-StPO/*Maur* StPO § 408 Rn. 20, *Meyer-Goßner/Schmitt* StPO § 408 Rn. 13 und LR-*Gössel* 19 zu § 408 StPO). 5

Bei Zurückweisung des Strafbefehlsantrags durch den Strafrichter hat die FinB entsprechend § 210 II StPO das Recht zur sofortigen Beschwerde (Erbs/Kohlhaas/*Hadamitzky/Senge* AO § 406 Rn. 1, Kohlmann/*Hilgers-Klautzsch* 4 zu § 406; KK-StPO/*Maur* StPO § 408 Rn. 13). Diese muss gem. § 311 II StPO binnen einer Woche ab Bekanntmachung der Entscheidung (§ 35 StPO) beim AG eingelegt werden. Eine Einlegung beim LG als Beschwerdegericht genügt jedoch zur Fristwahrung (§ 311 II 2 StPO). Das Beschwerdegericht kann selbst keinen Strafbefehl erlassen, wohl aber eine Hauptverhandlung durch das AG anordnen (RK-*Kemper* 11 zu § 406). Weicht der Richter vom Strafbefehlsantrag der Staatsanwaltschaft bzw. Finanzbehörde ab, ist der Strafbefehl gleichwohl wirksam (vgl. BayObLGSt 1958, 130; *Meyer-Goßner/Schmitt* StPO § 408 Rn. 11; *Rieß* JR 1989, 438). Freilich wird der Finanzbehörde ein Beschwerderecht iSd § 210 II StPO zustehen. 6

Eine Einstellung des Verfahrens nach § 153 II StPO kann das AG auch in dieser Phase des Verfahrens vornehmen, jedoch ist die Zustimmung der FinB nötig (§ 153 II, § 153a II StPO iVm § 399 I AO; Kohlmann/*Hilgers-Klautzsch* 4 und RK-*Kemper* 10 zu § 406). 7

Die Mitwirkungsbefugnis der FinB endet, wenn der Strafrichter einen Termin zur Hauptverhandlung anberaumt oder Einspruch (Rn. 26 ff. zu § 400) gegen den Strafbefehl eingelegt wird (HHSp-*Rüping* 10, Schwarz/Pahlke/*Dumke* 2f zu § 406 AO); dann stehen ihr nur noch die Rechte nach § 407 AO zu. Insbesondere kommt es, wie § 407 I 2 AO zeigt, bei einer Einstellung *in der Hauptverhandlung* nicht auf die Zustimmung der FinB an (ähnl. HHSp-*Rüping* 10 zu § 406). 8

4. Mitwirkung im selbstständigen Verfahren (§ 406 II AO)

Hat die FinB nach § 401 AO den Antrag auf **Anordnung von Nebenfolgen im selbstständigen Verfahren** gestellt, so soll sie – wie im Strafbefehlsverfahren – in engen Grenzen weiterhin gestaltend am Verfahren mitwirken. Ihre Stellung entspricht der im Strafbefehlsverfahren. Die FinB ist Gesprächspartner des Gerichts, sofern es im Beschlusswege (§ 441 II StPO) entscheidet. 9

Die Mitwirkungsbefugnis der FinB endet, wenn sie selbst oder ein Beteiligter eine mündliche Verhandlung beantragt oder das Gericht diese anordnet (Schwarz/Pahlke/*Dumke* 3 zu § 406 AO). Dann verbleiben der FinB lediglich die Beteiligungsrechte nach § 407 AO (Rn. 5 ff. zu § 407). 10

§ 407 Beteiligung der Finanzbehörde in sonstigen Fällen

(1) [1]**Das Gericht gibt der Finanzbehörde Gelegenheit, die Gesichtspunkte vorzubringen, die von ihrem Standpunkt für die Entscheidung von Bedeutung sind.** [2]**Dies gilt auch, wenn das Gericht erwägt, das Verfahren einzustellen.** [3]**Der Termin zur Hauptverhandlung und der Termin zur Vernehmung durch einen beauftragten oder ersuchten Richter (§§ 223, 233 der Strafprozessordnung) werden der Finanzbehörde mitgeteilt.** [4]**Ihr Vertreter erhält in der Hauptverhandlung auf Verlangen das Wort.** [5]**Ihm ist zu gestatten, Fragen an Angeklagte, Zeugen und Sachverständige zu richten.**

(2) **Das Urteil und andere das Verfahren abschließende Entscheidungen sind der Finanzbehörde mitzuteilen.**

Vgl. § 76 OWiG.

Schrifttum: *Loose,* Reform des Steuerstrafrechts, DStZ 1968, 265; *Stobbe,* Das neue Strafverfahrensrecht, ZfZ 1968, 264; *Kröner,* Die Beteiligung des Finanzamts/Hauptzollamts im gerichtlichen Steuerstrafverfahren, ZfZ 1970, 170; *Klos/Weyand,* Problem der Ermittlungszuständigkeit und Beteiligungsrechte der Finanzbehörde im Steuerstrafverfahren, DStZ 1988, 615; *Rüping,* Der Mißbrauchsgedanke im Strafprozeß und sein Mißbrauch, JZ 1997, 865; *Joecks,* Iura novit Curia? Iudex non calculat?, Der Finanzbeamte als Zeuge in der Hauptverhandlung, FA-FS 1999, 661; *Werner,* Der Finanzbeamte als Vertreter und Zeuge in der Hauptverhandlung, PStR 2000, 36; *Krekeler,* Der Sachverständige im Steuerstrafverfahren, PStR 2001, 146; *Harms,* Die Stellung des Finanzbeamten im Steuerstrafverfahren, Schlüchter-GS 2002, 451.

Übersicht

1. Entstehungsgeschichte

1 **§ 407 AO 1977** entspricht inhaltlich im Wesentlichen dem § 441 RAO 1967, jedoch fehlte diesem eine dem § 407 I 4 AO (Fragerecht) entsprechende Regelung. Eine solche war erstmals in § 390 I 4 EAO 1974 vorgesehen (BT-Drs. VI/1982). Im Übrigen wurde mit § 407 AO 1977 jeweils der Begriff *„Finanzamt"* in *„Finanzbehörde"* geändert.

§ 441 RAO 1967 war durch Art. 1 Nr. 1 AOStrafÄndG v. 10.8.1967 (BGBl. I 877) eingefügt worden. Zuvor hatte die FinB nach den §§ 432, 437 RAO 1919, §§ 467, 472 RAO 1931 die Stellung einer Nebenklägerin (Einl 26, 83; HHSp-*Rüping* 1 zu § 407).

2. Zweck und Bedeutung der Vorschrift

2 **§ 407 AO gibt der FinB Anhörungs- und Mitwirkungsrechte** auch im gerichtlichen Verfahren, um ihre Sachkunde nutzbar zu machen (HHSp-*Rüping* 4 zu § 407). Diese Rechte sind jedoch sehr beschränkt. Während vor Einführung des § 441 RAO 1967, des Vorläufers von § 407 AO, die FinB als Nebenklägerin auftreten konnte (§ 472 I RAO 1931) und damit eine starke Position hatte, sind ihre Rechte nunmehr *im gerichtlichen Verfahren* nicht stärker als bei Ermittlungshandlungen der StA oder der Polizei iS des § 403 AO (Rn. 3 ff. zu § 403).

3 Im Entwurf des AOStrafÄndG war das **Nebenklagerecht** des Finanzamts noch vorgesehen (§ 431 EAO, BT-Drs. V/1812, 37). Nachdem Bedenken hiergegen im Rechtsausschuss erhoben worden waren, die Länder aber das Nebenklagerecht beibehalten wissen wollten,

kam es zu einer Abstimmung im Bundestag, bei der das Nebenklagerecht des Finanzamts abgelehnt wurde (Sten. Ber. der 116. Sitzung des BTages in der 5. Wahlperiode, S. 5783).

Die Beteiligung der FinB steht – anders als im allgemeinen Bußgeldverfahren (§ 76 II OWiG) – *nicht im Ermessen des Gerichts* (Kohlmann/*Hilgers-Klautzsch* 3, Schwarz/Pahlke/*Dumke* 3 zu § 407 AO). Im Übrigen stellt § 407 AO nicht allein eine Fortsetzung der Rechte der FinB aus § 403 AO dar; die Regelung bildet zugleich eine Ergänzung zu § 406 AO. 4

3. Teilnahmerechte der Finanzbehörde (§ 407 I AO)

a) Anwesenheits- und Anhörungsrechte. Von Amts wegen muss das Gericht der FinB Gelegenheit geben vorzutragen, was sie bei der Entscheidung für bedeutsam hält (§ 407 I 1). *Entscheidung* ist nicht nur die das Verfahren abschließende Entscheidung, sondern *jede* Entscheidung, bei deren Erlass die Sachkunde der FinB Bedeutung erlangen kann (Göhler/*Seitz* OWiG § 76 Rn. 3; HHSp-*Rüping* 25 f., Kohlmann/*Hilgers-Klautzsch* 10, RK-*Kemper* 5 zu § 407; Erbs/Kohlhaas/*Hadamitzky/Senge* AO § 407 Rn. 2; aM *Kröner* ZfZ 1970, 172: nur prozesserledigende Entscheidungen). Die FinB ist aber nicht etwa vor *jeder* richterlichen Entscheidung zu hören (Koch/Scholtz/*Scheurmann-Kettner* 3 zu § 407). Auszuscheiden sind namentlich rein prozessuale Zwischenfragen ohne Bezug zur Sachentscheidung (Kohlmann/*Hilgers-Klautzsch* 10, HHSp-*Rüping* 26 zu § 407). 5

Eine Anhörung muss auch erfolgen, wenn das Gericht die *Einstellung des Verfahrens* erwägt. Insoweit ergänzt § 407 I 2 AO den § 403 IV AO. Abgesehen von der Einstellung nach § 170 II StPO kommen die Einstellungsmöglichkeiten in Betracht, die auch der StA zur Verfügung stehen (Rn. 15 zu § 403). Auch kann das Gericht nach § 205 StPO (vorläufige Einstellung), nach § 206a StPO (Einstellung bei Verfahrenshindernissen) und nach § 206b StPO (Einstellung wegen Gesetzesänderung) einstellen (Kohlmann/*Hilgers-Klautzsch* 14 f., Erbs/Kohlhaas/*Hadamitzky/Senge* AO § 407 Rn. 2). 6

Die Anhörung der FinB kann schriftlich oder mündlich erfolgen und ist auch bei Entscheidungen außerhalb der Hauptverhandlung nötig (Koch/Scholtz/*Scheurmann-Kettner* 3 zu § 407). In der Hauptverhandlung erfolgt die Anhörung zweckmäßigerweise mündlich, jedoch besteht kein Formzwang (Erbs/Kohlhaas/*Hadamitzky/Senge* AO § 407 Rn. 2 und RK-*Kemper* 13 zu § 407). Allerdings kann der Vertreter der FinB nach § 407 I 3 AO in der Hauptverhandlung verlangen, dass ihm das Wort erteilt wird (Rn. 9). 7

Auch das Revisionsgericht ist Gericht iS des § 407 I AO, nicht nur das Tatgericht (ebenso BGH 17.12.2014, wistra 2015, 192 Rn. 36; *Kröner* ZfZ 1970, 172; HHSp-*Rüping* 21, Kohlmann/*Hilgers-Klautzsch* 11, Schwarz/Pahlke/*Dumke* 4 zu § 407 AO; *Bender/Möller/Retemeyer* D 538; ähnl. Göhler/*Seitz* OWiG vor § 79 Rn. 8; aM Erbs/Kohlhaas/*Hadamitzky/Senge* AO § 407 Rn. 2). 8

Die FinB hat das **Recht auf Anwesenheit** in der Hauptverhandlung. Ihr Vertreter, der nicht eine behördenfremde Person sein darf (Göhler/*Seitz* OWiG § 76 Rn. 16), kann Erklärungen abgeben (§ 407 I 3). Ihm muss hierzu auch dann Gelegenheit gegeben werden, wenn das Gericht dies für überflüssig hält (Koch/Scholtz/*Scheurmann-Kettner* 6 und Kohlmann/*Hilgers-Klautzsch* 17 zu § 407). Die FinB ist nicht berechtigt, irgendwelche Anträge, etwa Beweisanträge, zu stellen (Kohlmann/*Hilgers-Klautzsch* 19, Kühn/v. Wedelstädt/*Blesinger* 2 zu § 407 u. Erbs/Kohlhaas/*Hadamitzky/Senge* AO § 407 Rn. 3). Zur Wahrnehmung des Rechts aus § 407 I AO ist die FinB nicht verpflichtet (Schwarz/Pahlke/*Dumke* 2c zu § 407 AO; ähnl. Göhler/*Seitz* OWiG § 76 Rn. 9). 9

Hauptverhandlung iS des § 407 I AO ist die (öffentliche) Hauptverhandlung. Erfasst wird aber, wie sich aus § 407 I 3 AO ergibt, auch die Vernehmung durch einen beauftragten oder ersuchten Richter. 10

Zur Sicherung des Anwesenheits- und Anhörungsrechts ist das Gericht gehalten, der FinB den Termin der Hauptverhandlung oder der Vernehmung durch einen beauftragten oder ersuchten Richter mitzuteilen (§ 407 I 3). Anders als § 403 I AO lässt § 407 I 11

AO keine Ausnahme von dieser Benachrichtigungspflicht zu. Kommt es zu Gesprächen über einen Verfahrensabschluss nach § 257c StPO, ist die Finanzbehörde auch daran zu beteiligen (*Bender/Möller/Retemeyer* D 539).

12 **b) Fragerecht der Finanzbehörde. Der Vertreter der FinB** darf Fragen an Angeklagte, Zeugen und Sachverständige richten (§ 407 I 5). Unerheblich ist, ob das Gericht die Fragen für sachdienlich hält (Koch/Scholtz/*Scheurmann-Kettner* 6 zu § 407; Erbs/Kohlhaas/*Hadamitzky/Senge* AO § 407 Rn. 3). Jedoch können ungeeignete oder nicht zur Sache gehörende Fragen nach § 241 II StPO zurückgewiesen werden (Rn. 11 zu § 403).

13 **Auch bei der Vernehmung durch einen beauftragten oder ersuchten Richter** (§§ 223, 233 II StPO) hat der Vertreter der FinB ein Fragerecht (glA HHSp-*Rüping* 33, Kohlmann/*Hilgers-Klautzsch* 20, Schwarz/Pahlke/*Dumke* 18 f. zu § 407 AO). Dieses Recht auf die Hauptverhandlung zu beschränken, besteht kein Anlass. Zum einen handelt es sich bei diesen Vernehmungen um vorgezogene Teile der Hauptverhandlung (ebenso Kohlmann/*Hilgers-Klautzsch* u. Schwarz/Pahlke/*Dumke* 18 f. zu § 407 AO). Zum anderen wäre es widersinnig, der FinB ein solches Fragerecht im Ermittlungsverfahren (§ 403 I 2) und in der Hauptverhandlung einzuräumen, sie jedoch in den Fällen der §§ 223, 233 II StPO auf das bloße Anwesenheitsrecht zu beschränken.

14 **§ 407 I 5 AO gestattet die unmittelbare Befragung** des Angeklagten, der Zeugen und der Sachverständigen (HHSp-*Rüping* 34, RK-*Kemper* 17 zu § 407; Göhler/*Seitz* OWiG § 76 Rn. 18; Rn. 12 zu § 403). Nicht nötig ist, dass die Fragen über den Vorsitzenden gestellt werden oder dieser dem Vertreter der FinB die Befragung im Rahmen seiner Sachleitungsbefugnis gestattet (aM Kühn/v.Wedelstädt/*Blesinger* 2 zu § 407; *Lohmeyer* S. 107; Göhler/*Seitz* OWiG § 76 Rn. 18; zu § 441 RAO 1967 s. auch OLG Celle 13.2.1969, MDR 780). Unberührt bleibt das Recht des Vorsitzenden, den Zeitpunkt oder die Reihenfolge von Befragungen festzulegen (HHSp-*Rüping* 34 zu § 407).

15 **c) Zeugenvernehmung des Vertreters der Finanzbehörde. Der Vertreter der FinB kann als Zeuge vernommen werden** (*Meyer-Goßner/Schmitt* StPO vor § 48 Rn. 23; Erbs/Kohlhaas/*Hadamitzky/Senge* AO § 407 Rn. 4; Göhler/*Seitz* OWiG § 76 Rn. 11; aM *Peters* S. 322), wobei es einer Aussagegenehmigung (§ 54 StPO) bedarf (Göhler/*Seitz* OWiG § 76 Rn. 11). Wenn das Gericht die ständige Anwesenheit des zum Zeugen gewordenen Vertreters der FinB für untunlich hält, muss es diesem die Gelegenheit geben, ggf. bei der FinB die Entsendung eines anderen Vertreters zu erwirken, da die FinB einen Anspruch auf ständige Anwesenheit in der Hauptverhandlung hat (ebenso HHSp-*Rüping* 13 zu § 407). Weitergehend hält *Werner* (PStR 2000, 36) einen Verzicht auf die Anwesenheit vor der Vernehmung insbesondere dann für geboten, wenn der Vertreter der Finanzbehörde nicht nur zu allgemeinen Tatsachen als (sachverständiger?) Zeuge gehört, sondern zu einzelnen konkreten Umständen der angeklagten Tat angehört werden soll.

16 Wird der Vertreter der Finanzbehörde als **Sachverständiger** vernommen, kann er entsprechend § 74 StPO abgelehnt werden, wenn er selbst an den Ermittlungen teilgenommen hat (HHSp-*Rüping* 14 zu § 407; *Krekeler* PStR 2001, 146). Ebenso ist eine Verlesung seiner Stellungnahme nach § 256 I 1 StPO nicht möglich, wenn er als Strafverfolgungsorgan tätig geworden ist.

17 Welche Rolle **sonstige Finanzbeamte** spielen, die in der Hauptverhandlung vernommen werden, ist zweifelhaft. Dass eine Vernehmung von Beamten der Steuerfahndung, die die Ermittlungen betrieben haben, zulässig ist, ist nicht zweifelhaft (HHSp-*Rüping* 12 f. zu § 407). Freilich ist die Beurteilung der Rechtslage Sache des Gerichts. Das Urteil muss erkennen lassen, ob der Tatrichter die Steuerverkürzung und den Schuldumfang aufgrund eigener Feststellungen ermittelt hat (BGH 15.5.1997, wistra 1997, 302; Klein/*Jäger* AO § 407 Rn. 6). Insoweit genügt weder die Bezugnahme auf den Fahndungsbericht noch auf die Aussage eines Finanzbeamten in der Hauptverhandlung (BGH 15.3.2005, wistra 2005, 307; BGH 13.10.2005, wistra 2006, 66; BGH 19.4.2007, wistra 2007, 346; OLG Rostock11.7.2005, StV 2006, 528; OLG Düsseldorf 14.2.1984, wistra 1984, 154). Soweit

Finanzbeamte zur Steuerrechtslage angehört werden, handelt es sich nicht um eine Zeugenaussage. Auch die Vernehmung als sachverständiger Zeuge kommt nicht in Betracht, da die Kenntnis des inländischen Rechts Sache des Gerichts ist (*„Iura novit Curia“*). Die Beamten können daher nur zu den *Tatsachen* befragt werden, die sie während des Verfahrens zur Kenntnis erfahren haben. Im Einzelfall kann sich die Besorgnis der Befangenheit ergeben, wenn sich das Gericht einerseits weigert, einen als Sachverständigen benannten Steuerberater zur Steuerrechtslage anzuhören, andererseits aber den Fahndungsbeamten intensiv zur Rechtslage befragt (Klein/*Jäger* AO § 407 Rn. 6 und umfassend *Joecks* FA-FS 1999, 661 ff.; *Harms* Schlüchter-GS 2002, 451 ff.).

4. Informationsrechte (§ 407 II AO)

Die das gerichtliche Verfahren abschließenden Entscheidungen, insbesondere das Urteil, sind der FinB mitzuteilen (§ 407 II AO). Diese Mitteilungspflicht besteht auch, wenn die FinB in der Hauptverhandlung vertreten war (Kohlmann/*Hilgers-Klautzsch* 21 zu § 407, Erbs/Kohlhaas/*Hadamitzky/Senge* AO § 407 Rn. 5). Nach MiStra 6 VII wird die Verpflichtung des § 407 II AO durch Übersendung einer Ausfertigung oder Abschrift der Entscheidung erfüllt. 18

Die Unterrichtung über die abschließende Entscheidung des Gerichts soll – ebenso wie die Information nach § 403 III AO (Rn. 13 zu § 403) – Maßnahmen im Besteuerungsverfahren ermöglichen. Weiterhin kann die FinB aus der Beurteilung dieses Falles Schlüsse für die künftige Behandlung vergleichbarer Taten ziehen. Soweit darüber hinaus die Ansicht vertreten wird, der FinB soll die Möglichkeit gegeben werden, bei der StA die Einlegung eines Rechtsmittels anzuregen (so Kohlmann/*Hilgers-Klautzsch* 21, ähnl. Schwarz/Pahlke/*Dumke* 9 zu § 407 AO), ist dies nicht überzeugend. Die Rechtsmittelfrist ist idR bereits verstrichen, wenn das Urteil abgesetzt und der FinB zugegangen ist (ähnl. HHSp-*Rüping* 19 zu § 407). 19

5. Verstöße gegen § 407 AO

Verstöße gegen § 407 AO kann die FinB nur mit **Gegenvorstellung oder Dienstaufsichtsbeschwerde** rügen. Richter unterliegen der Dienstaufsicht nicht (*Meyer-Goßner/Schmitt* StPO vor § 296 Rn. 22). In Ausnahmefällen können Angeklagter oder StA im Rahmen der Aufklärungsrüge nach § 344 II StPO entsprechende Verstöße mit der Revision geltend machen (Kohlmann/*Hilgers-Klautzsch* 23, RK-Kemper 23, Koch/Scholtz/*Scheurmann-Kettner* 7, Erbs/Kohlhaas/*Hadamitzky/Senge* AO § 407 Rn. 6, Schwarz/Pahlke/*Dumke* 6 zu § 407 AO). Dies gilt jedoch lediglich für § 407 I AO. Verstöße gegen § 407 II AO können mit der Dienstaufsichtsbeschwerde gerügt werden (*Klos/Weyand* DStZ 1988, 620). Eine Revision ist hier ausgeschlossen, da das Urteil nicht auf einem Verstoß gegen § 407 II AO beruhen kann. 20

4. Unterabschnitt. Kosten des Verfahrens

§ 408 Kosten des Verfahrens

[1]Notwendige Auslagen eines Beteiligten im Sinne des § 464a Abs. 2 Nr. 2 der Strafprozessordnung sind im Strafverfahren wegen einer Steuerstraftat auch die gesetzlichen Gebühren und Auslagen eines Steuerberaters, Steuerbevollmächtigten, Wirtschaftsprüfers oder vereidigten Buchprüfers. [2]Sind Gebühren und Auslagen gesetzlich nicht geregelt, so können sie bis zur Höhe der gesetzlichen Gebühren und Auslagen eines Rechtsanwalts erstattet werden.

Schrifttum (Auswahl): *Feuerborn,* Zur Kostenerstattung bei Inanspruchnahme von Kreditinstituten im Rahmen strafrechtlicher Ermittlungen gegen Kunden, Sparkasse 1982, 353; *Pannicke,* Über die Notwendigkeit von Auslagen für Rechtsanwalt und Steuerberater bei gemeinschaftlicher Verteidigung im gerichtlichen Steuerstraf- und Steuerordnungswidrigkeitenverfahren, StB 1982, 132; *Masthoff,* Entschädigung von Geldinstituten für Auslagen bei Beschlagnahmeanordnungen oder Auskunftsersuchen, wistra 1982, 100; *Maas,* Probleme bei der gemeinschaftlichen Verteidigung durch Rechtsanwälte und Angehörige der steuerberatenden Berufe, Diss. Köln 1983; *Gilgan,* Notwendige Auslagen bei gemeinschaftlicher Verteidigung von Rechtsanwalt und Steuerberater im Steuerstrafverfahren, Stbg 1989, 189; *Sommermeyer,* Die Erstattbarkeit von Reisekosten des auswärtigen Verteidigers, NStZ 1990, 267; *Bornheim,* Rechtliche und praktische Aspekte bei der Steuerstrafverteidigung in Gemeinschaft von Rechtsanwalt und Steuerberater, wistra 1997, 212; *Hütt,* Die Kosten der Steuerfahndung, AO-StB 2003, 320; *Madert,* Anwaltsgebühren in Straf- und Bußgeldsachen, Heidelberg 5. Aufl. 2004; *ders.,* Rechtsanwaltsvergütung in Bußgeldsachen nach dem RVG i. V. m. dem VV, AGS 2004, 375; *Otto,* Die angemessene Rahmengebühr nach dem RVG, NJW 2006, 1472.

Übersicht

1. Entstehungsgeschichte

1 Die Vorschrift geht zurück auf **§ 444 RAO,** eingefügt durch das 2. AOStrafÄndG v. 10.8.1967 (BGBl. I 877), redaktionell geänd. durch Art. 161 Nr. 29 EGStGB v. 2.3.1974 (BGBl. I 469), der seinerseits die kostenrechtlichen Konsequenzen aus § 427 RAO (Rn. 1 zu § 392) gezogen hatte. Die **AO 1977** übernahm die Vorschrift mit unverändertem Wortlaut.

2. Zweck und Anwendungsbereich

2 **§ 408 AO ist eine kostenrechtliche Sondervorschrift** für das Strafverfahren wegen einer Steuerstraftat. Sie ergänzt (§ 385 I AO) die allgemeinen Regelungen der §§ 464 ff. StPO, §§ 74, 104 I Nr. 13, § 109 II JGG und trägt der Besonderheit Rechnung, dass anstelle oder neben einer anwaltlichen Beratung hier eine steuerliche Beratung notwendig sein kann (GJW/*Sahan* AO § 408 Rn. 1).

3 § 410 I Nr. 12 AO schreibt **die Anwendung des § 408 AO im Bußgeldverfahren** vor. Die Gebühren und Auslagen der Verwaltungsbehörde im Bußgeldverfahren regelt § 107 III OWiG: Eine Gebühr wird – abgesehen von § 107 II OWiG – aber nur erhoben, wenn das Verfahren durch rechtskräftigen Bußgeldbescheid abgeschlossen wurde (Göhler/*König* OWiG § 107 Rn. 3).

3. Kostenentscheidung

Jedes Urteil, jeder Strafbefehl und jede eine Untersuchung einstellende Entscheidung muss darüber befinden, wer die Kosten des Verfahrens und die verfahrensbedingten notwendigen Auslagen eines Verfahrensbeteiligten zu tragen hat (§ 464 I u. II StPO). Das gilt allerdings nur für die das *gerichtliche* Verfahren abschließenden Entscheidungen. Dazu gehören zB die Ablehnung der Eröffnung des Hauptverfahrens (§ 204 StPO), die Einstellung wegen eines Verfahrenshindernisses (§§ 206a, 260 III StPO), Einstellungsbeschlüsse nach § 153 II, § 153b II StPO sowie die endgültige Einstellung nach § 153a II StPO. Ob und unter welchen Voraussetzungen bei vorläufigen Einstellungen nach § 154 StPO sowie bei Beschränkungsbeschlüssen nach § 154a StPO eine Kosten- und Auslagenentscheidung getroffen werden muss, ist streitig (KK-StPO/*Franke* StPO § 464 Rn. 2). Keine die Untersuchung einstellende Entscheidung ist zB die Aussetzung der Hauptverhandlung (BGH 16.11.1967, BGHSt 21, 373). 4

Eine ausdrückliche Kostenentscheidung ist auch dann erforderlich, wenn sich die Kostenfolge einer gerichtlichen Maßnahme unmittelbar aus dem Gesetz ergibt (KK-StPO/*Franke* StPO § 464 Rn. 4); denn der gerichtliche Ausspruch als solcher ist Titel und Grundlage der Kostenfestsetzung (§ 464b S. 3 StPO, § 103 I ZPO). Die Kostenentscheidung ist zu begründen (§ 34 StPO) und mit einer Rechtsmittelbelehrung zu versehen (§§ 35a, 44 S. 2 StPO). Gegen die Entscheidung über die Kosten und die notwendigen Auslagen ist sofortige Beschwerde zulässig (§ 464 III 1 StPO). 5

Eine fehlende Kostenentscheidung kann nicht – auch nicht im Wege der „Berichtigung" – nachgeholt werden, sobald die Verkündung beendet und die Verhandlung geschlossen ist (OLG Frankfurt a. M. 8.1.1970, NJW 1970, 1432); Abhilfe kann nur im Wege des zulässigen Rechtsmittels herbeigeführt werden (OLG Hamm 3.9.1973, NJW 1974, 71; OLG Karlsruhe 17.2.1976, NJW 1976, 1549). Enthält eine rechtskräftige verfahrensbeendende Entscheidung keinen Kostenausspruch, fallen die Verfahrenskosten der Staatskasse zur Last, und der Beschuldigte trägt seine notwendigen Auslagen selbst (KK-StPO/*Gieg* StPO § 464 Rn. 4, KMR-*Stöckel* 2 zu § 464 StPO). 6

Inhaltlich bezieht sich die Kostenentscheidung nur auf die Verpflichtung zur Kostentragung dem Grunde nach. Die ziffernmäßige Festlegung der zu tragenden Kosten und der zu erstattenden notwendigen Auslagen erfolgt erst im Kostenfestsetzungsverfahren (§ 464b StPO). 7

4. Kosten des Strafverfahrens

Kosten des Verfahrens sind im gerichtlichen Strafverfahren entstandene Gebühren und Auslagen der Staatskasse (§ 464a I 1 StPO) einschließlich der Vergütung des Pflichtverteidigers (§ 45 RVG). Grundlage der Gebührenbemessung ist die rechtskräftig erkannte Strafe (§ 40 GKG iVm Nr. 3110 ff. KVGKG). Entsprechendes gilt für das Bußgeldverfahren (§ 410 Nr. 12 AO; §§ 46, 105, 107 OWiG). 8

Auslagen, die im Ermittlungsverfahren entstanden sind, gehören ebenfalls zu den Verfahrenskosten (§ 464a I 2 StPO, § 107 OWiG). Auslagen von Außenprüfern fallen nicht unter den Begriff der Kosten des Strafverfahrens. Die Außenprüfung ist Teil des Besteuerungsverfahrens (BFH 2.12.1976, BStBl. II 1977, 318). Sie wird nicht dadurch zum Strafverfahren, dass festgestellte Mehrergebnisse strafrechtlich ausgewertet werden (glA HHSp-*Rüping* 23 f.; Kohlmann/*Hilgers-Klautzsch* 9 zu § 408). Daher kommt auch eine (schätzungsweise) Aufteilung entsprechender Kosten im Falle einer Verurteilung nicht in Betracht (aA *Henneberg* INF 1970, 471). Entscheidend sollte sein, in welchem Verfahren die Kosten entstanden sind (ebenso HHSp-*Rüping* 24 zu § 408). Die Auslagen der Steuerfahndung zählen daher auch dann zu den Strafverfahrenskosten, wenn die Feststellungen der Steuerfahndung der Besteuerung zugrunde gelegt werden. Das gilt – unabhängig von etwaigen Verwertungsverboten (s. Rn. 57 ff. zu § 393) – auch dann, wenn ein Außenprüfer im 9

Rahmen des § 208 I Nr. 2 AO für die Steuerfahndung tätig wird. Eine andere Beurteilung kann dann geboten sein, wenn die Steuerfahndung gem. § 208 I Nr. 3 AO Besteuerungsgrundlagen für Zeiträume ermittelt, für die nur die strafrechtliche Verfolgung, nicht aber die steuerliche Festsetzung verjährt ist.

5. Notwendige Auslagen

10 **a) Erstattungsberechtigte. Notwendige Auslagen** werden dem Angeklagten (Angeschuldigten) grundsätzlich ersetzt, wenn er freigesprochen, wenn die Eröffnung des Hauptverfahrens abgelehnt oder das Verfahren gegen ihn durch das Gericht eingestellt wird (§ 467 I StPO). Die Erstattungsfähigkeit wird nicht dadurch ausgeschlossen, dass der Beteiligte einen Dritten, zB eine Rechtschutzversicherung, einen Berufsverband oder eine Gewerkschaft in Anspruch nehmen kann (KK-StPO/*Gieg* StPO § 464a Rn. 6 mwN). Besondere Auslagen aus Untersuchungen, die zugunsten des Angeklagten geendet haben, sind trotz Verurteilung der Staatskasse aufzuerlegen, wenn es unbillig wäre, den Angeklagten damit zu belasten (§ 465 II StPO). Nimmt die StA die öffentliche Klage (oder die FinB den Antrag auf Erlass eines Strafbefehls) zurück und stellt sie das Verfahren ein, so hat das Gericht, bei dem die öffentliche Klage erhoben war, die dem Angeschuldigten erwachsenen notwendigen Auslagen auf Antrag der Staatskasse aufzuerlegen (§ 467a I StPO). § 467 II–V StPO normiert Ausnahmen, in denen die notwendigen Auslagen trotz Freispruchs oder Verfahrenseinstellung nicht erstattet werden. § 467a StPO enthält eine abschließende Regelung (BGH 9.6.1981, BGHSt 30, 152, 157). Eine **Auslagenerstattung bei Einstellung** des Ermittlungsverfahrens vor Erhebung der öffentlichen Klage kommt daher nicht in Betracht. Es gibt kein allgemein gültiges Prinzip, nach dem einem nicht verurteilten Beschuldigten sämtliche Auslagen erstattet werden müssten (BVerfG 6.11.1984, NJW 1985, 727). In einigen Fällen mag es indes unbefriedigend erscheinen, die notwendigen Auslagen nicht zu erstatten, wenn sich die Haltlosigkeit eines strafrechtlichen Vorwurfs in einem früheren Stadium erweist. Gerade in steuerstrafrechtlichen Ermittlungsverfahren, die sich oftmals über sehr lange Zeiträume erstrecken und nicht selten mit erheblichem Verteidigungsaufwand verbunden sind, kann die möglichst frühe Einschaltung eines Verteidigers auch im öffentlichen Interesse sinnvoll sein. *Rüping* (in HHSp 12 zu § 408) bezeichnet die geltende Gesetzeslage daher als *„völlig unbefriedigend und dringend reformbedürftig"* (ähnlich *Simon/Vogelberg* aaO S. 349). *Hilgers-Klautzsch* (Kohlmann/*Hilgers-Klautzsch* 14 zu § 408) fordert daher, die Verteidigerkosten auch bei frühzeitiger Verfahrenseinstellung der Staatskasse aufzuerlegen. Dies widerspricht indes der geltenden Rechtslage, die der Gesetzgeber in Kenntnis der Kritik bisher nicht geändert hat. Stellt das Gericht das Verfahren nach einer Vorschrift ein, die dies nach seinem Ermessen zulässt (zB § 47 OWiG), so liegt es auch im *Ermessen* des Gerichts, die notwendigen Auslagen des Angeschuldigten (Betroffenen) der Staatskasse aufzuerlegen (§ 467 IV StPO). Bei der Ermessensausübung ist auf das Maß der Gewissheit oder Wahrscheinlichkeit der Schuld, also darauf abzustellen, ob der Beschuldigte nach dem zz. der Einstellung gegebenen Sachstand mit an Sicherheit grenzender Wahrscheinlichkeit als überführt anzusehen ist oder ob seine Schuld nur mehr oder weniger wahrscheinlich ist (LR-*Hilger* 67 zu § 467 StPO). § 467 StPO ist mit dem Grundgesetz vereinbar (BVerfG 15.4.1969, NJW 1969, 1163).

11 Die Auslagenerstattungspflicht beschränkt sich nicht auf die Auslagen des Angeschuldigten selbst, sondern erstreckt sich auch auf Aufwendungen solcher Personen, die kraft eigenen Rechts der Verurteilung entgegenzutreten befugt sind (§ 361 II StPO; § 67 JGG). **Dritte** (zB Kreditinstitute) werden für ihren Arbeitsaufwand und Personaleinsatz nach § 23 JVEG entschädigt (vgl. auch OLG Düsseldorf 10.4.1984, wistra 1985, 123).

12 **b) Umfang der Erstattung.** Der Begriff der notwendigen Auslagen ist gesetzlich nicht definiert. § 464a II StPO führt nur Beispiele auf. In Anlehnung an § 91 I 1 ZPO werden unter notwendigen Auslagen auch im Strafverfahren diejenigen Aufwendungen verstanden, die zur zweckentsprechenden Rechtsverfolgung oder Rechtsverteidigung des Angeschul-

digten oder eines anderen Beteiligten notwendig waren (KK-StPO/*Gieg* StPO § 464a Rn. 6 mwN).

Zu den **eigenen erstattungsfähigen Aufwendungen** des Angeklagten zählen Entschädigungen für notwendige Zeitversäumnis nach den Vorschriften, die für die Entschädigung von Zeugen gelten (§ 464a II Nr. 1 StPO), Kosten von Informationsreisen des Angeklagten zu seinem Verteidiger (KK-StPO/*Gieg* StPO § 464a Rn. 7), Kosten der Reise des Angeklagten zur Hauptverhandlung (auch dann, wenn er von der Verpflichtung zum Erscheinen entbunden ist, LG Augsburg 8.2.1979, AnwBl. 1979, 162), Kosten der Teilnahme des Angeklagten an der Hauptverhandlung vor dem Revisionsgericht dagegen nur dann, wenn es sich um ein Verfahren von herausgehobener und existentieller Bedeutung handelt und er davon ausgehen konnte, dass auch er aufgrund eigener Sach- und Rechtskenntnisse sachdienlich zur Hauptverhandlung würde beitragen können (OLG Celle 12.6.1995, Rpfleger 1996, 170). Kosten für **Rechtsgutachten** sind regelmäßig nicht erstattungsfähig (*Meyer-Goßner/Schmitt* StPO § 464a Rn. 16 mwN). Aufwendungen für private Ermittlungen, also auch für die Kosten eines Privatgutachtens, sind regelmäßig nicht notwendig (KK-StPO/*Gieg* StPO § 464a Rn. 7 mwN). Die Kosten für ein von der Verteidigung privat in Auftrag gegebenes **Sachverständigengutachten** können aber dann erstattungsfähig sein, wenn nachvollziehbar dargetan ist, dass es aus der Sicht des Angeklagten notwendig war (OLG Köln 16.11.1991, NJW 1992, 586; OLG Koblenz 27.4.1995, JurBüro 1996, 90). Diese Möglichkeit erscheint insbesondere in Steuerstrafsachen denkbar (zB betr. Bilanzierungsfragen), zumal die Staatsanwaltschaft ihrerseits gelegentlich Aufträge an Private (zB Wirtschaftsprüfungsgesellschaften) vergibt, deren Gutachten dann nicht selten besonderes Gewicht beigemessen wird. Erstattungsfähigkeit ist auch dann zu bejahen, wenn sich der Verteidiger als Rechtsanwalt über den steuerstrafrechtlich erheblichen Sachverhalt ein Gutachten durch einen Angehörigen der steuerberatenden Berufe erstellen lässt. Das folgt aus der vom Gesetz eingeräumten Möglichkeit der Doppelverteidigung (vgl. auch Rn. 15). 13

Gebühren und Auslagen des Rechtsanwalts, die der Angeklagte/Betroffene für Beratung, Verteidigung oder Vertretung aufgewendet hat, gehören insoweit zu den notwendigen Auslagen (§ 464a II Nr. 2 StPO iVm § 91 II ZPO), als sie auf Gesetz beruhen (RVG Anlage 1 Teil 4 bis 6). Sind die dort bestimmten Gebühren wegen des besonderen Umfangs oder der besonderen Schwierigkeit nicht zumutbar, so können der Wahl- und gerichtlich bestellte oder beigeordnete Rechtsanwalt für das ganze Verfahren oder einzelne Verfahrensabschnitte die Feststellung einer Pauschgebühr beantragen (§§ 42, 51 RVG; vgl. auch BGH 3.4.2007, JurBüro 2007, 531; OLG Stuttgart 24.4.2008 – 2 ARs 21/08; Thür. OLG 10.3.2008 – 1 AR (S) 14/07). Vergütungsvereinbarungen (§§ 3a, 4 RVG) bleiben außer Betracht; dh den über die gesetzlichen Gebühren hinausgehenden Betrag muss der Mandant selber tragen. In besonders gelagerten Einzelfällen kann der Dienstherr verpflichtet sein, einem freigesprochenen Beamten Verteidiger-Mehrkosten aus dem Gesichtspunkt der Fürsorgepflicht zu erstatten (BVerwG 9.7.1984, NJW 1985, 1041). Auf die Vergütung des Steuerberaters im Straf- und Bußgeldverfahren sind gem. § 45 StBGebV die Vorschriften des RVG sinngemäß anwendbar (vgl. OLG Düsseldorf 10.6.2003, DStRE 2003, 1419). Wirtschaftsprüfer und vereidigte Buchprüfer sind gem. § 3 Nr. 2 iVm § 1 II Nr. 1 StBerG ebenfalls zur geschäftsmäßigen Hilfeleistung in Steuerstrafsachen und Bußgeldsachen befugt. Mangels einer gesetzlichen Regelung ihrer Gebühren und Auslagen ist deren Erstattungsfähigkeit gem. § 408 S. 2 AO begrenzt, und zwar bis zur Höhe der gesetzlichen Gebühren und Auslagen eines Rechtsanwalts. Auf die als Verteidiger gewählten Hochschullehrer (vgl. Rn. 12 zu § 392) ist § 408 AO nicht anwendbar; sie können jedoch für ihre Tätigkeit die Vergütung beanspruchen, die sich aus der sinngemäßen Anwendung des RVG ergibt (OLG Düsseldorf 27.9.1994, wistra 1995, 78, noch zur Geltung der BRAGO). Die **Umsatzsteuer** ist keine zu erstattende Kostenposition, wenn der Erstattungsgläubiger sie als Vorsteuer abziehen kann (§ 104 II 3 ZPO). Im Kostenfestsetzungsverfahren genügt zur Berücksichtigung von Umsatzsteuerbeträgen die Erklärung des Antragstellers, dass er die 14

Beträge nicht abziehen kann. **Kosten für die Anfertigung von Ablichtungen und Ausdrucken aus Behörden- und Gerichtsakten** sind erstattungsfähig, soweit deren Herstellung zur sachgemäßen Verteidigung geboten war (RVG Anlage 1 Teil 7). In Steuerstrafsachen, denen zumeist komplexe Sachverhalte zugrunde liegen, dürfte dies regelmäßig der Fall sein (vgl. auch *Warburg* NJW 1970, 2198). **In eigener Sache** werden dem Rechtsanwalt keine Gebühren und Auslagen erstattet. Die gegenteilige Regelung des § 91 II 3 ZPO ist im Strafverfahren nicht anwendbar (BVerfG 26.2.1980, NJW 1980, 1677; BVerfG 1.4.1993, NJW 1994, 242; *Meyer-Goßner/Schmitt* StPO § 464a Rn. 14). Höhe und Umfang erstattungsfähiger **Reisekosten** sind in Nr. 7003 ff. Anlage 1 RVG geregelt. Sie umfassen Fahrtkosten, Tage- und Abwesenheitsgelder sowie Übernachtungskosten. Ob Reisekosten eines **auswärtigen Verteidigers** zu erstatten sind (§§ 464a, 467 StPO) hängt davon ab, ob sie zur zweckentsprechenden Rechtsverfolgung bzw. -verteidigung notwendig waren. In Fällen, in denen eine sachgerechte Verteidigung bestimmte Spezialkenntnisse erfordert, wird das regelmäßig der Fall sein. Auch spricht das verfassungsrechtlich geschützte Recht auf freie Wahl eines Verteidigers dafür, Mehrkosten eines auswärtigen Verteidigers zu tolerieren (*Sommermeyer* NStZ 1990, 267, der jedenfalls 30 % Mehrkosten hinnehmen will).

15 Kosten für **mehrere Verteidiger** sind nach der allgemeinen Vorschrift des § 464a II Nr. 2 StPO iVm § 91 II 2 ZPO nur insoweit notwendig und daher zu erstatten, als sie die Kosten eines Rechtsanwalts nicht übersteigen oder als in der Person des Rechtsanwalts ein Wechsel eintreten musste. Die gleiche Einschränkung greift ein, wenn mehrere Angehörige der steuerberatenden Berufe tätig geworden sind (ebenso Klein/*Jäger* AO § 408 Rn. 3). Zur Verfassungsmäßigkeit dieser Einschränkung vgl. BVerfG 30.7.2004, NJW 2004, 3319. Der durch zwei Wahlverteidiger vertretene Freigesprochene kann ausnahmsweise neben der Erstattung der Kosten für einen Wahlverteidiger die hypothetisch festzusetzende Vergütung für einen Pflichtverteidiger verlangen, wenn die Mitwirkung von zwei Verteidigern aus Gründen der gerichtlichen Fürsorge oder zur Sicherung des Verfahrensfortgangs notwendig war (KG 2.5.1994, NStZ 1994, 451). Streitig ist, ob dieser Grundsatz auch bei gemeinschaftlicher Verteidigung nach § 392 I Hs. 2 AO gilt (für eine generelle Beschränkung auf die Kosten des Rechtsanwalts: LG Münster 31.8.1988, Stbg 1989, 189; *Bock* DB 1968, 1330; RK-*Kemper* 3 zu 408 AO; Göhler/*König* OWiG § 105 Rn. 44; aA HHSp-*Rüping* 27 zu § 408 AO; Klein/*Jäger* AO § 408 Rn. 3; *Meyer-Goßner/Schmitt* StPO § 464a Rn. 13; *Gilgan* Stbg 1989, 189; KG v. 16.10.1981, NStZ 1982, 207). Zuzugeben ist, dass § 408 AO auf § 464a II Nr. 2 StPO und damit auch auf die Einschränkung des § 91 II 2 ZPO verweist. Daraus ist aber nicht herzuleiten, dass die Beschränkung der Erstattungsfähigkeit auch in den Fällen der gemeinschaftlichen Verteidigung nach § 392 AO gelten soll (*Maas* aaO S. 177). Einerseits sieht nämlich § 408 AO ausdrücklich die zusätzliche Erstattung (arg. *„auch"*) der Gebühren und Auslagen eines Steuerberaters vor; andererseits wäre die Erstattung der Kosten für nur einen Verteidiger mit dem Zweck des § 392 AO nicht zu vereinbaren. Der Regelung der gemeinschaftlichen Verteidigung liegt der Gedanke zugrunde, dem Beschuldigten die Möglichkeit zu geben, sich gegenüber dem strafrechtskundigen StA und der steuerrechtskundigen FinB durch entsprechend kundige Beistände sachgerecht vertreten zu lassen (Rn. 1 zu § 392). Dieses Prinzip wäre ausgehöhlt, würde man nur die Kosten des Rechtsanwalts oder des Angehörigen der steuerberatenden Berufe für *„notwendig"* halten. Der vom Gesetzgeber angestrebten Waffengleichheit wird vielmehr nur Genüge getan, wenn die für eine gemeinschaftliche Verteidigung nach § 392 I Halbs. 2 AO aufgewendeten Kosten stets als notwendige Auslagen iS des § 464a II Nr. 2 StPO qualifiziert werden (ebenso Kohlmann/*Hilgers-Klautzsch* 24 zu § 408; Klein/*Jäger* AO § 408 Rn. 3; Schwarz/Pahlke/*Dumke* 13 zu § 408 AO, Erbs/Kohlhaas/*Senge* AO § 408 Rn. 2; aM KG 16.10.1981, NStZ 1982, 207; *Maas* aaO S. 180). Ist der Verteidiger zugleich Steuerberater, ist nur eine Gebühr *„notwendig"* und damit erstattungsfähig (HHSp-*Rüping* 29 zu § 408; ebenso zu § 139 FGO FG Saarl. 29.7.1994, EFG 1995, 396). Das gilt jedoch nicht, wenn Anwalt und Steuerberater Sozien sind und der Mandant von beiden in ihrer jeweiligen Funktion betreut wird (ebenso HHSp-*Rüping* 30 zu § 408 AO). Soweit der

Steuerberater nur in Gemeinschaft mit einem Rechtsanwalt oder Hochschullehrer verteidigen kann (Rn. 25 zu § 392), sind die Kosten für zwei Verteidiger kraft Gesetzes zur zweckentsprechenden Rechtsverfolgung notwendig. Es bedarf keiner Prüfung, ob die Zuziehung eines Angehörigen der steuerberatenden Berufe wegen der besonderen Schwierigkeiten dieser Steuerstrafsache erforderlich war. Das gilt nicht, wenn und solange dem Steuerberater die Befugnis zur Alleinverteidigung zusteht (Rn. 24 zu § 392).

Vierter Abschnitt. Bußgeldverfahren

§ 409 Zuständige Verwaltungsbehörde

[1]Bei Steuerordnungswidrigkeiten ist zuständige Verwaltungsbehörde im Sinne des § 36 Abs. 1 Nr. 1 des Gesetzes über Ordnungswidrigkeiten die nach § 387 Abs. 1 sachlich zuständige Finanzbehörde. [2]§ 387 Abs. 2 gilt entsprechend.

Vgl. § 164 S. 1 StBerG; § 410 I AO iVm § 130 III OWiG.

Übersicht

1. Entstehungsgeschichte

1 **§ 409 AO 1977** entspricht – abgesehen von dem Begriff *„Finanzbehörde"* anstelle von *„Finanzamt"* – wörtlich dem § 446 RAO, der zusammen mit der Einführung von Steuerordnungswidrigkeiten durch Art. 1 Nr. 1 des 2. AOStrafÄndG v. 12.8.1968 (BGBl. I 953) in das Gesetz aufgenommen worden war.

2. Zweck der Vorschrift

2 **§ 409 S. 1 AO dient dem Zweck,** die für die Verfolgung von Steuerordnungswidrigkeiten (§ 377 AO) **sachlich zuständige Verwaltungsbehörde** gem. § 36 I Nr. 1 OWiG zu bestimmen. Dies geschieht auf dem Wege einer Verweisung auf diejenige FinB, die nach § 387 I AO für die Ermittlung von Steuerstrafsachen (§ 369 AO) zuständig ist (s. dazu ausf. Rn. 2 ff. zu § 387 AO); zuständige Verwaltungsbehörde für Ordnungswidrigkeiten, die *Marktordnungswaren* betreffen, ist das Hauptzollamt (§ 38 III 1 MOG). Für Bußgeldverfahren gegen Angehörige der steuerberatenden Berufe nach dem Geldwäschegesetz ist das Finanzamt zuständige Verwaltungsbehörde (§ 17 IV 2 GwG). Die Übertragung der Ahndungsbefugnis auf Verwaltungsbehörden ist verfassungsrechtlich unbedenklich. Der Rechtsschutzgarantie des Art. 19 IV GG ist hinreichend dadurch Rechnung getragen, dass der Betroffene gegen den Bußgeldbescheid Einspruch einlegen kann und dass dann das Gericht – frei in der Feststellung und rechtlichen Würdigung – entscheidet und dabei auch nach eigenem Ermessen über die Unrechtsfolgen befindet (BVerfG 16.7.1969, NJW 1969, 1619).

3 **§ 409 S. 2 AO dient dem Zweck,** durch eine zusätzliche Verweisung auf § 387 II AO die Voraussetzung dafür zu schaffen, dass die sachliche Zuständigkeit für die Verfolgung von Steuerordnungswidrigkeiten durch RechtsVO auf derselben Ermächtigungsgrundlage und nach denselben Zweckmäßigkeitsgesichtspunkten auf eine andere als die nach § 387 I AO zuständige FinB übertragen werden kann. Auf diese Weise werden Regelungen ermöglicht, die innerhalb der Finanzverwaltung (zur StA s. Rn. 6) eine unterschiedliche Behördenzuständigkeit für die Beurteilung desselben (steuerstraf- oder -bußgeldrechtlich relevanten) Sachverhalts vermeiden. Das ist bei steuerlichen Verfehlungen besonders bedeutsam, weil sich der Straftatbestand der Steuerhinterziehung (§ 370 AO) von dem Bußgeldtatbestand der leichtfertigen Steuerverkürzung (§ 378 AO) nur in subjektiver Hinsicht unterscheidet und sich gerade die Beurteilung des subjektiven Tatbestandes im Verlauf eines Verfahrens

verhältnismäßig leicht ändern kann (so auch GJW/*Sahan* AO § 409 Rn. 2; Kohlmann/*Hilgers-Klautzsch* 2 zu § 409).

3. Inhalt der Regelung

§ 409 S. 1 und 2 AO bewirken (Satz 1) oder ermöglichen (Satz 2), dass die sachliche Zuständigkeit einer bestimmten FinB im Ergebnis nicht davon abhängt, ob ein konkreter Sachverhalt gegen eine Person den Verdacht und den Vorwurf einer Steuerstraftat oder einer Steuerordnungswidrigkeit begründet. 4

Ein Auseinanderfallen der sachlichen Zuständigkeit wird indessen durch die gesetzliche Regelung nicht ausgeschlossen. Beispielsweise ist es denkbar und wäre es zulässig, 5

- dass Steuerstrafsachen auf Grund § 387 II AO bei einer bestimmten FinB konzentriert werden, Bußgeldsachen wegen Steuerordnungswidrigkeiten hingegen bei den nach § 409 S. 1 iVm § 387 I AO zuständigen einzelnen FinBn verbleiben oder
- dass nach einer RechtsV auf Grund § 409 S. 2 iVm § 387 II AO nur Bußgeldsachen wegen leichtfertiger Steuerverkürzung nach § 378 AO derjenigen FinB übertragen werden, die nach einer RechtsV auf Grund § 387 II AO für Steuerstrafsachen zuständig ist (vgl. auch Beermann/*Wannemacher/Seipl* 10 zu § 409).

4. Zuständigkeit der Staatsanwaltschaft

Ermittelt die StA wegen einer Straftat, ist sie nach § 40 OWiG für die Verfolgung der Tat auch unter dem rechtlichen Gesichtspunkt einer (Steuer-)Ordnungswidrigkeit zuständig (vgl. auch RiStBV 273). Stellt die StA das Verfahren wegen der Straftat ein, gibt sie die Sache nach § 43 I OWiG an die FinB ab, wenn Anhaltspunkte dafür vorliegen, dass die Tat als Steuerordnungswidrigkeit verfolgt werden kann (vgl. ferner die Möglichkeit einer Abgabe nach § 43 II OWiG). Umgekehrt kann die StA unter den Voraussetzungen des § 42 OWiG die Verfolgung einer Steuerordnungswidrigkeit übernehmen, wenn sie eine damit zusammenhängende Straftat verfolgt; die Straftat und die Steuerordnungswidrigkeit können dann einheitlich verfolgt werden (*Krüger* NJW 1969, 1337; vgl. auch Nr. 102 AStBV). Das Zusammenspiel der Vorschriften erhellt den Grundsatz des § 35 I OWiG, nach dem die sachliche Zuständigkeit einer FinB für die Verfolgung einer Steuerordnungswidrigkeit von bestimmten gesetzlichen Vorbehalten sowie von Entschließungen der StA abhängt. 6

§ 410 Ergänzende Vorschriften für das Bußgeldverfahren

(1) **Für das Bußgeldverfahren gelten außer den verfahrensrechtlichen Vorschriften des Gesetzes über Ordnungswidrigkeiten entsprechend:**

1. die §§ 388 bis 390 über die Zuständigkeit der Finanzbehörde,
2. § 391 über die Zuständigkeit des Gerichts,
3. § 392 über die Verteidigung,
4. § 393 über das Verhältnis des Strafverfahrens zum Besteuerungsverfahren,
5. § 396 über die Aussetzung des Verfahrens,
6. § 397 über die Einleitung des Strafverfahrens,
7. § 399 Abs. 2 über die Rechte und Pflichten der Finanzbehörde,
8. die §§ 402, 403 Abs. 1, 3 und 4 über die Stellung der Finanzbehörde im Verfahren der Staatsanwaltschaft,
9. § 404 Satz 1 und Satz 2 erster Halbsatz über die Steuer- und Zollfahndung,
10. § 405 über die Entschädigung der Zeugen und der Sachverständigen,
11. § 407 über die Beteiligung der Finanzbehörde und
12. § 408 über die Kosten des Verfahrens.

(2) **Verfolgt die Finanzbehörde eine Steuerstraftat, die mit einer Steuerordnungswidrigkeit zusammenhängt (§ 42 Abs. 1 Satz 2 des Gesetzes über Ordnungswidrigkeiten), so kann sie in den Fällen des § 400 beantragen, den Strafbefehl auf die Steuerordnungswidrigkeit zu erstrecken.**

Schrifttum: *Lohmeyer,* Die Vernehmung des Beschuldigten im Steuerstraf- und Bußgeldverfahren, Stbg 1989, 355; *ders.,* Die Anfechtung des Bußgeldbescheides, StB 1990, 365; *Göhler,* Zur Rechtskraftwirkung von Bußgeldentscheidungen, wistra 1991, 91; *Bauer,* Kann der Einspruch gegen den Bußgeldbescheid auf materiell-rechtlich selbständige Taten beschränkt werden? wistra 1993, 329; *Göhler,* Zur Beschränkung des Einspruchs gegen einen Bußgeldbescheid, wistra 1994, 54; *Weyand,* Auswirkungen der Neuregelungen im Ordnungswidrigkeitenrecht auf das steuerliche Bußgeldrecht, INF 1998, 359; *ders.,* Straf- und Bußgeldverfahren bei Steuerdelikten, LSW Gruppe 22, 147, *ders.,* Auskünfte des Finanzamtes an Gewerbebehörden, INF StW 2005, 317; *Joecks,* Iura novit Curia? Iudex non calculat? – Der Finanzbeamte als Zeuge in der Hauptverhandlung, FA-FS 1999, 661; *Mösbauer,* Verdacht einer Steuerordnungswidrigkeit während einer steuerlichen Außenprüfung, StBp 2004, 229; *Wessing,* Steuerordnungswidrigkeiten – Gefahr und Chance für die Verteidigung, SAM 2007, 9.

Übersicht

Vgl. auch die Nachweise vor § 377.

1. Entstehungsgeschichte

1 **§ 410 AO 1977 entspricht sachlich der Vorschrift des § 447 RAO** idF des 2. AOStrafÄndG v. 12.8.1968 (BGBl. I 953). Neu ist, dass auch § 399 II AO im Bußgeldverfahren sinngemäß anwendbar ist. Damit sollte ein Redaktionsversehen der vorhergehenden Vorschrift beseitigt werden (Begr. BT-Drs. VI/1982). Ferner wurde die Nr. 10 in den Verweisungskatalog aufgenommen um klarzustellen, dass die neu eingefügte Regelung über die Entschädigung von Zeugen und Sachverständigen nach § 405 AO auch für das Bußgeldverfahren gilt (BT-Drs. 7/4292).

2. Zweck und Anwendungsbereich

Durch § 410 I AO wird **klargestellt,** dass die verfahrensrechtlichen Vorschriften des OWiG und damit die allgemeinen Gesetze über das Strafverfahren – insbesondere StPO, GVG und JGG – (§ 46 OWiG) für das Verfahren wegen einer Steuerordnungswidrigkeit entsprechend gelten. Diese allgemeinen Vorschriften treten jedoch zurück, wenn und soweit § 410 I AO auch für das Bußgeldverfahren die sinngemäße Anwendung des speziellen Steuerstrafverfahrensrechts anordnet. Durch die Verweisungen im Katalog des § 410 I AO wird sichergestellt, dass die auf die Besonderheiten des Steuerrechts zugeschnittenen Verfahrensvorschriften der AO sinngemäß auch bei der Verfolgung von Steuerordnungswidrigkeiten gelten. Die Anwendung des § 395 AO ist in § 410 I AO nicht vorgeschrieben; das Akteneinsichtsrecht der FinB folgt jedoch aus § 49 OWiG; vgl. auch § 395 Rn. 4. 2

§ 410 AO ist anwendbar auf das Verfahren wegen Steuerordnungswidrigkeiten, also auf Zuwiderhandlungen, die nach den Steuergesetzen mit Geldbuße geahndet werden können (§ 377 I AO). Dazu zählen neben den §§ 378–383, § 50e, § 96 VII EStG, §§ 26a und b UStG, einige Verbrauchsteuerzuwiderhandlungen (zB § 36 TabStG, § 30 BierStG), Monopolordnungswidrigkeiten (§ 128 II BranntwMonG), Ordnungswidrigkeiten nach den Prämien- und Zulagengesetzen (zB § 8 II WoPG, § 14 III 5. VermBG, § 6 InvZulG), Ordnungswidrigkeiten von Steuerberatern und Lohnsteuerhilfevereinen gem. §§ 160 ff. StBerG sowie einige Ordnungswidrigkeiten nach dem Geldwäschegesetz (§ 17 GwG). Das Verfahren betrifft auch dann Steuerordnungswidrigkeiten, wenn der Sachverhalt (Tat iS des § 264 StPO) bei *rechtlich zutreffender* Würdigung als Steuerordnungswidrigkeit zu qualifizieren wäre (RG 17.12.1936, RGSt 70, 396). „Tat" ist ein bestimmter Lebensvorgang (ein geschichtliches Ereignis), innerhalb dessen der Betroffene einen Bußgeldtatbestand verwirklicht hat oder verwirklicht haben soll (Göhler/*Seitz* OWiG vor § 59 Rn. 50 ff. mwN). 3

§ 410 II AO betrifft Steuerordnungswidrigkeiten (§ 377 AO), die mit einer Steuerstraftat (§ 369 AO) zusammenhängen. Das ist der Fall, wenn jemand sowohl einer Straftat als auch einer Ordnungswidrigkeit oder wenn hinsichtlich derselben Tat eine Person einer Straftat und eine andere einer Ordnungswidrigkeit beschuldigt wird (§ 42 I 2 OWiG; Rn. 7 ff. zu § 389). 4

3. Geltung des allgemeinen Verfahrensrechts

a) StPO und Nebengesetze. Nur eine sinngemäße Anwendung der allgemeinen Strafverfahrensgesetze ist durch § 46 I OWiG iVm § 410 I AO vorgeschrieben. Dadurch wird dem unterschiedlichen Gewicht des Straf- und des Bußgeldanspruchs Rechnung getragen. Maßnahmen, die im Strafverfahren erlaubt sind, müssen im Bußgeldverfahren nicht gerechtfertigt sein. Andererseits kann es der Grundsatz der Verhältnismäßigkeit (Rn. 18 zu § 385) gebieten, Vorschriften, die dem besonderen Schutz des Angeklagten im Strafverfahren dienen, im Bußgeldverfahren weniger streng zu handhaben (Göhler/*Seitz* OWiG § 46 Rn. 10). Art. 6 III MRK ist im Bußgeldverfahren der Verwaltungsbehörde nicht anwendbar (EGMR 21.2.1984, NStZ 1984, 269; Göhler/*Seitz* OWiG § 46 Rn. 10a). 5

Neben den in § 46 I OWiG besonders aufgeführten Gesetzen gelten für das Strafverfahren und mithin sinngemäß für das Bußgeldverfahren verschiedene andere gesetzliche Regelungen (Rn. 15 ff. zu § 385). Hinzu kommen, soweit nicht durch spezielle Vorschriften ausgenommen (Rn. 10 f.), verschiedene allgemeine Verfahrensgrundsätze (Rn. 11 ff. zu § 385). 6

b) OWiG. Für die Verfolgung von Ordnungswidrigkeiten gilt der **Opportunitätsgrundsatz** (§ 47 OWiG). Geldbuße ist eine Unrechtsfolge für eine tatbestandsmäßige, rechtswidrige und vorwerfbare Handlung. Sie ist jedoch keine (Kriminal-)Strafe. Das Buß- 7 geldverfahren dient nicht der Ahndung kriminellen Unrechts, sondern der verwaltungsrechtlichen Pflichtenmahnung (BVerfG 21.6.1977, BVerfGE 45, 272; BGH 19.8.1993, NJW 1993, 3081). Zweck des Verfahrens ist es, Wiederholungen zu verhindern und die vom Gesetz verlangte Ordnung durchzusetzen, nicht dagegen, Taten des Betroffenen zu sühnen (Göhler/*König* OWiG vor § 1 Rn. 9 mwN). Daher ist die Verfolgungsbehörde, anders als im Strafverfahren (Rn. 18 zu § 385), nicht in jedem Fall verpflichtet, ein Bußgeldverfahren einzuleiten und durchzuführen; sie entscheidet darüber nach pflichtgemäßem *Ermessen.* Der sachliche Grund für den Opportunitätsgrundsatz liegt darin, dass Ordnungswidrigkeiten die Rechtsordnung weniger stark gefährden und einen geringeren Unrechtsgehalt aufweisen als Straftaten. Die Ermessensentscheidung ist unter Berücksichtigung aller Umstände des Einzelfalles nach sachlichen Gesichtspunkten zu treffen. Dabei sind der Gleichheitsgrundsatz, der Grundsatz der Verhältnismäßigkeit (Rn. 18 f. zu § 385), das Übermaßverbot, Bedeutung und Auswirkung der Tat, der Grad der Vorwerfbarkeit, die Wiederholungsgefahr (zB bei Abweichung des Stpfl von bestimmten Hinweisen in Prüfungsberichten) zu berücksichtigen. Auch bei Verdacht einer Ordnungswidrigkeit kann aus Opportunitätsgründen von deren Verfolgung abgesehen werden (Nr. 97 I 2 AStBV). Der Gleichheitsgrundsatz gebietet es aber nicht, ein ordnungswidriges Verhalten zu dulden, weil in vergleichbaren oder schwereren Fällen nicht eingeschritten worden ist (OLG Hamburg 7.7.1988, NJW 1988, 2630). Auch die unterschiedliche Verfolgungs- und Ahndungspraxis verschiedener Behörden soll grundsätzlich nicht gleichheitssatzwidrig sein (BVerfG 13.6.1952, NJW 1952, 1129, Göhler/*Seitz* OWiG § 47 Rn. 9 mwN; HHSp-*Rüping* 52 zu §§ 409, 410). Im Steuerrecht sollen die gleichlautenden Erlasse (AStBV) der einheitlichen Handhabung der Gesetze dienen und die reibungslose Zusammenarbeit der Verfolgungsbehörden gewährleisten (krit. HHSp-*Rüping* 47 zu §§ 309, 410). Nach Nr. 97 III AStBV kann von der Verfolgung abgesehen werden, wenn der verkürzte oder gefährdete Betrag (§§ 380 AO, 26b UStG) insgesamt weniger als 5 000 EUR beträgt, sofern nicht *ein besonders vorwerfbares Verhalten* für die Durchführung des Bußgeldverfahrens spricht. Gleiches gilt, wenn der insgesamt gefährdete Betrag unter 10 000 EUR liegt und der gefährdete Zeitraum 3 Monate nicht übersteigt. Im **Lohnsteuerrecht** sollte bei den Ermessenserwägungen nach § 47 OWiG auch nicht außer Acht gelassen werden, dass dem Arbeitgeber hier vom Gesetzgeber zahlreiche, noch dazu unentgeltlich auszuübende Pflichten bezüglich fremder Steuerschulden auferlegt worden sind, deren Einhaltung gerade in kleinen Betrieben nicht selten die Grenze der Zumutbarkeit überschreiten kann (vgl. *Trzaskalik* DStJG 2012, 157; *Winter* Der Arbeitgeber im Lohnsteuerrecht, 1998 S. 170 ff.). Die Einstellung des Bußgeldverfahrens darf gem. § 47 III OWiG – abweichend von § 153a StPO – nicht von der Zahlung eines Geldbetrages abhängig gemacht oder damit in Zusammenhang gebracht werden. Daher ist es unzulässig, die Einstellung des Verfahrens von der Erfüllung etwaiger Steuerschulden abhängig zu machen. Die FinB, also regelmäßig die Bußgeld- und Strafsachenstelle, hat im Bußgeldverfahren dieselben Rechte und Pflichten wie die Staatsanwaltschaft im Strafverfahren (§ 46 II OWiG). Die Beamten der Steuer- und Zollfahndung sind jedoch im Bußgeldverfahren nicht Ermittlungspersonen (vgl. Einl Rn. 95c) der Staatsanwaltschaft, denn § 410 I Nr. 9 AO verweist nur auf § 404 S. 2 erster Halbsatz.

8 **Unzulässig** sind Verhaftung, vorläufige Festnahme, Postbeschlagnahme sowie Auskunftsersuchen über Umstände, die dem Post- und Fernmeldegeheimnis iS des Art. 10 GG unterliegen (§ 46 III OWiG). Kommen der Betroffene oder Zeugen einer Ladung der FinB nicht nach, kann ihre Vorführung nur vom Richter angeordnet werden (§ 46 V OWiG).

9 **Dem Betroffenen ist Gelegenheit zur Äußerung zu geben** (§ 55 I OWiG). Im Gegensatz zum Strafverfahren ist eine *Vernehmung* im Bußgeldverfahren nicht vorgeschrieben.

4. Besonderheiten des Verfahrens wegen Steuerordnungswidrigkeiten

10 **a) Zuständigkeiten. Sachlich zuständig für die Verfolgung** von Steuerordnungswidrigkeiten ist – abweichend von § 36 OWiG – die **FinB** (§ 409 AO). Über die

Zuständigkeitskonzentrationen s. Rn. 6 zu § 387 AO; über *mehrfache Zuständigkeit* s. Rn. 2 ff. zu § 390. Die Zuständigkeit zur Verfolgung umfasst neben der Mitwirkung an gerichtlichen Entscheidungen (Rn. 16) die selbstständige und eigenverantwortliche Ermittlungstätigkeit (Göhler/*König* OWiG § 35 Rn. 4). Die **StA** ist für die Verfolgung der Tat im Strafverfahren auch unter dem rechtlichen Gesichtspunkt einer Ordnungswidrigkeit zuständig (§ 40 OWiG). Abweichend von dem allgemeinen Bußgeldverfahren (§ 41 OWiG) ist die FinB wegen ihrer Ermittlungskompetenz gem. § 386 II AO jedoch nicht zur Abgabe der Sache an die StA verpflichtet (glA Kohlmann/*Hilgers-Klautzsch;* RK-*Kemper* 14 zu § 410). Bei Meinungsverschiedenheiten über die Beurteilung einer Tat als Straftat oder als Ordnungswidrigkeit ist die FinB an die Entschließung der StA gebunden (§ 44 OWiG).

Die FinB ist sachlich zuständig für die Ahndung, soweit hierzu nicht das Gericht berufen ist (§ 35 II OWiG). Der Mangel der sachlichen Zuständigkeit hat nur in Ausnahmefällen die Nichtigkeit des Bußgeldbescheides zur Folge (Rn. 25 zu § 387). Unter Ahndung versteht man die Befugnis, die dem Betroffenen zur Last gelegte Handlung zu beurteilen und die für diese Ordnungswidrigkeit angedrohte Rechtsfolge festzusetzen (Göhler/*König* OWiG § 35 Rn. 10). 11

Das Gericht ist für die Ahndung zuständig, wenn der Betroffene Einspruch eingelegt hat (§§ 70 ff. OWiG), wenn die StA die Verfolgung übernommen hat (§ 45 OWiG), wenn die FinB einen Antrag nach § 410 II AO gestellt hat, im Wiederaufnahmeverfahren (§ 85 IV 1 OWiG), im Nachverfahren (§ 87 IV 2 OWiG) sowie im Strafverfahren, soweit das Gericht die Tat zugleich unter dem rechtlichen Gesichtspunkt einer Ordnungswidrigkeit beurteilt (§ 82 OWiG). 12

Die örtliche Zuständigkeit der *FinB* folgt aus den §§ 388–390 AO (§ 410 I Nr. 1 AO; Rn. 8 zu § 388). Die örtliche Zuständigkeit des *Gerichts* folgt aus § 391 AO (§ 410 I Nr. 2 AO). Danach ist – abweichend von § 68 OWiG – das AG zuständig, in dessen Bezirk das LG seinen Sitz hat (BGH 5.8.1983, ZfZ 1984, 54; Rn. 4 ff. zu § 391 AO). Im gerichtlichen Verfahren entscheiden beim AG gem. § 46 VII OWiG Abteilungen für Bußgeldsachen (zu der Sollvorschrift des § 391 III AO s. Rn. 27 ff. zu § 391). 13

b) Verteidigung. Die Vorschrift des § 392 AO über die Verteidigung gilt auch für das Bußgeldverfahren (§ 410 I Nr. 3 AO). Dementsprechend können mit bestimmten Einschränkungen (Rn. 23 ff. zu § 392) auch die Angehörigen der steuerberatenden Berufe tätig werden. Diese können jedoch nicht gem. § 60 OWiG zum Pflichtverteidiger bestellt werden, denn § 392 iVm § 410 I Nr. 3 AO ergänzt nur § 138 I StPO, nicht aber § 142 StPO (*Rebmann/Roth/Herrmann* 17b; Göhler/*Seitz* OWiG § 60 Rn. 31). Im gerichtlichen Bußgeldverfahren über Steuerordnungswidrigkeiten können Angehörige steuerberatender Berufe die Verteidigung nur in Gemeinschaft mit einem Rechtsanwalt oder einem Rechtslehrer führen. Rechtsmittelerklärungen können sie – anders als im Bußgeldverfahren der FinB – allein nicht wirksam abgeben (OLG Hamburg 21.1.1981, NJW 1981, 934). Unter den Voraussetzungen des § 60 OWiG hat die FinB einen Pflichtverteidiger zu bestellen. Hat die StA das Strafverfahren wegen einer Steuerstraftat eingestellt und die Sache gem. § 43 I OWiG zur Verfolgung einer Steuerordnungswidrigkeit an die FinB abgegeben, so handelt es sich nach § 17 Nr. 10 Buchst. b RVG um verschiedene Angelegenheiten. 14

Abweichend vom Strafverfahren braucht der Betroffene auf sein Recht, auch schon vor seiner Vernehmung einen Verteidiger zu befragen, nicht hingewiesen zu werden (§ 55 II OWiG). Hat der Betroffene einen Verteidiger gewählt, so muss das Gericht in den Fällen des § 72 OWiG auch ihn auf die Möglichkeit einer schriftlichen Entscheidung und des Widerspruchs gegen sie aufmerksam machen. Das gilt selbst dann, wenn die Bestellungsanzeige des Verteidigers beim AG bereits eingereicht wurde, als das Verfahren dort noch nicht anhängig war und sie auch nicht nachträglich zu den Akten genommen wurde (BayObLG 20.7.1970, BayObLGSt 1970, 150). 15

c) Beteiligung der Finanzbehörde. Die Mitwirkungs- und Beteiligungsrechte der FinB folgen aus § 407 AO (§ 410 I Nr. 11 AO). Die Stellung der FinB im Bußgeld- 16 verfahren wegen einer Steuerordnungswidrigkeit ist damit wesentlich stärker als die der anderen Verwaltungsbehörden (§ 35 OWiG) im allgemeinen Verfahrensrecht. Abweichend von § 76 II OWiG ist das Gericht nicht befugt, von einer Beteiligung der FinB an der Hauptverhandlung oder an Vernehmungsterminen abzusehen. Ist die StA Verfolgungsbehörde, so hat die FinB ein unbegrenztes Recht auf Akteneinsicht (§ 410 I AO, § 49 OWiG) – anders die Verteidigung gem. § 410 I AO, § 46 I OWiG, § 147 II StPO (§ 56 OWiG). In Zollordnungswidrigkeiten sollen Verwarnungsgelder grundsätzlich nur zur Durchsetzung einfacher Ordnungswidrigkeiten an Ort und Stelle gegen natürliche Personen erhoben werden. Dabei soll stets geprüft werden, ob nicht eine mündliche oder schriftliche Belehrung des Betroffenen oder eine Verwarnung ohne Verwarnungsgeld ausreicht (Abschn. I Abs. 6 Allg. Leitlinien für das Bußgeldverfahren der Zollverwaltung).

5. Ablauf des Bußgeldverfahrens

17 **Das Ermittlungsverfahren (Vorverfahren)** beginnt mit der Einleitung (§ 410 I Nr. 6 AO, § 397 AO). Erweist sich der Verdacht als unbegründet oder zeigt sich ein endgültiges Verfahrenshindernis, wird das Verfahren eingestellt (§ 170 II StPO, § 46 I OWiG). Hält die FinB nach Abschluss der Ermittlungen die Ordnungswidrigkeit für erwiesen und die Ahndung mit einer Geldbuße für geboten (Rn. 7), vermerkt sie den Abschluss der Ermittlungen in den Akten (§ 61 OWiG) und erlässt einen Bußgeldbescheid (§§ 65, 66 OWiG). Bei geringfügigen Ordnungswidrigkeiten (s. auch Rn. 16 ff. zu § 398) kann sie den Betroffenen verwarnen und ein Verwarnungsgeld von 5–55 EUR erheben (§ 56 I OWiG).

18 **Zum wesentlichen Inhalt des Bußgeldbescheids** (§ 66 OWiG) gehören die Bezeichnung der Person, gegen die Rechtsfolgen angeordnet werden sollen, die Kennzeichnung der Tat, die dem Betroffenen zur Last gelegt wird, die Beweismittel sowie die angeordneten Rechtsfolgen. Ferner enthält der Bescheid Hinweise auf Rechtsbehelfe und Vollstreckbarkeit sowie eine Kostenentscheidung (§ 464 I StPO, § 105 OWiG). Die Gründe für die Zumessung der Geldbuße brauchen im Bußgeldbescheid nicht dargelegt zu werden, anders in der gerichtlichen Entscheidung (vgl. Göhler/*König* OWiG § 17 Rn. 35 mwN). Die **Geldbuße** soll den *wirtschaftlichen Vorteil,* den der Täter aus der Ordnungswidrigkeit gezogen hat, übersteigen (§ 17 IV OWiG). Im Hinblick auf die auf den wirtschaftlichen Vorteil entfallenen Ertragsteuern gilt dabei jedoch, dass der Betroffene nicht doppelt belastet werden darf (Göhler/*König* OWiG § 17 Rn. 43). Der allgemeine Gleichheitssatz verlangt, dass entweder die Geldbuße mit dem Abschöpfungsbetrag bei der Einkommensbesteuerung abgesetzt werden kann oder ihrer Bemessung nur der um die abziehbare Einkommensteuer verminderte Betrag zugrunde gelegt wird (BVerfGE 23.1.1990, BVerfGE 81, 228). Mit dem StÄndG 1992 (BGBl. I 297) zog der Gesetzgeber aus dieser Entscheidung Konsequenzen: gem. § 4 V 1 Nr. 8 S. 4 EStG gilt das Abzugsverbot für Geldbußen nicht, soweit der wirtschaftliche Vorteil, der durch den Gesetzesverstoß erlangt wurde, abgeschöpft worden ist, wenn die Steuern vom Einkommen und Ertrag, die auf den wirtschaftlichen Vorteil entfallen, nicht abgezogen worden sind (vgl. auch Rn. 33 zu § 377). Für die FinB empfiehlt es sich, aktenkundig zu machen, in welchem Umfang nachzuzahlende Steuern vorteilsmindernd berücksichtigt worden sind (Göhler/*König* OWiG § 17 Rn. 43).

19 **Gegen den Bußgeldbescheid kann der Betroffene Einspruch einlegen (Zwischenverfahren)** (§ 67 OWiG). Der Einspruch kann auf bestimmte Beschwerdepunkte beschränkt werden (§ 67 II OWiG), zB auf die Höhe der Geldbuße. Ein Begründungszwang besteht nicht. Aufgrund des Einspruchs hat die FinB den Bescheid zu überprüfen. Sie kann den Bescheid zurücknehmen (§ 69 I 2 OWiG), einen neuen – anders als im gerichtlichen Verfahren (§ 72 III 2 OWiG) –, auch verbösernden Bußgeldbescheid erlassen (Göhler/*Seitz* OWiG vor § 67 Rn. 5) oder die Sache an die StA abgeben (§ 69 I 1 OWiG). Gegen einen verbösernden Bußgeldbescheid kann der Betroffene wiederum Einspruch einlegen. Daher ist die Abgabe an die StA dem Erlass eines solchen Bescheides vorzuziehen,

wenn – was regelmäßig der Fall sein dürfte – der Betroffene die erschwerenden Umstände bestreitet.

Im Hauptverfahren trifft das Gericht eine Entscheidung durch *Beschluss,* wenn es den Einspruch für unzulässig (§ 70 I OWiG) oder – im Einvernehmen mit der StA und dem Betroffenen – eine Hauptverhandlung nicht für erforderlich hält (§ 72 OWiG). Gegen den Beschluss nach § 72 OWiG ist Rechtsbeschwerde zulässig (§ 79 OWiG; Rn. 22). Für die Hauptverhandlung gelten im Wesentlichen die Vorschriften der StPO (§§ 71, 46 I OWiG). Der Betroffene ist – abweichend von § 230 StPO – nicht verpflichtet, in der Hauptverhandlung zu erscheinen (§ 73 I OWiG); er kann sich, falls das Gericht sein persönliches Erscheinen nicht angeordnet hat, durch einen schriftlich bevollmächtigten Verteidiger vertreten lassen (§ 73 IV OWiG). Das Gericht darf, auch *zuungunsten* des Betroffenen, von dem Bußgeldbescheid abweichen (§ 71 OWiG, § 411 IV StPO). Das Gericht ist an die Beurteilung der Tat als Ordnungswidrigkeit nicht gebunden, jedoch darf es auf Grund eines Strafgesetzes nur entscheiden, wenn der Betroffene zuvor auf die Veränderung des rechtlichen Gesichtspunktes hingewiesen und ihm Gelegenheit zur Verteidigung gegeben worden ist (§ 81 I OWiG). 20

Der Bußgeldbescheid wird rechtskräftig, wenn kein Einspruch eingelegt, wenn der Einspruch zurückgenommen oder verworfen wird oder wenn das Gericht letztinstanzlich über die Tat als Ordnungswidrigkeit oder als Straftat rechtskräftig entschieden hat (§ 84 I OWiG). In diesen Fällen kann die Tat nicht mehr als Ordnungswidrigkeit verfolgt werden (§ 84 I OWiG), und der Bescheid ist vollstreckbar (§ 89 OWiG, § 412 II AO). Grundsätzlich kann die Tat, wegen der ein Bußgeldbescheid der Verwaltungsbehörde ergangen ist, durch die Staatsanwaltschaft als Straftat verfolgt werden, denn nur ein rechtskräftiges Urteil über die Tat als Ordnungswidrigkeit steht auch ihrer Verfolgung als Straftat entgegen (§ 84 II OWiG). Das gilt aber nicht, wenn die FinB das Verfahren selbstständig betrieben und mit einem Bußgeldbescheid abgeschlossen hat (glA *Brenner* ZfZ 1978, 270; HHSp-*Rüping* 35 zu §§ 409, 410; Kohlmann/*Hilgers-Klautzsch* 134.1 zu § 410; RK-*Kemper* 300 zu § 410; aA Klein/*Jäger* AO § 410 Rn. 46). Dies folgt aus der besonderen Rolle der FinB, die eigenständige staatsanwaltliche Befugnisse hat und den Sachverhalt unter straf- und bußgeldrechtlichen Gesichtspunkten zu würdigen hat. Andernfalls wäre auch die Regelung des § 410 II AO unverständlich. 21

Im Rechtsmittelverfahren kann lediglich fehlerhafte Rechtsanwendung gerügt werden. Das gerichtliche Bußgeldverfahren ist auf eine Tatsacheninstanz beschränkt. Die Rechtsbeschwerde an das OLG (Göhler/*Seitz* OWiG § 79 Rn. 35) ist unter den Voraussetzungen des § 79 OWiG oder nach Zulassung durch das Beschwerdegericht (§ 80 OWiG) innerhalb einer Woche nach Zustellung des Urteils oder des Beschlusses (§ 79 IV OWiG) statthaft. Das Beschwerdegericht entscheidet durch Beschluss; es kann aber auch, falls sich die Rechtsbeschwerde gegen ein Urteil richtet, auf Grund einer Hauptverhandlung durch Urteil entscheiden (§ 79 V OWiG). Hebt das Beschwerdegericht die angefochtene Entscheidung auf, so kann es selbst eine Sachentscheidung treffen oder die Sache an dasselbe oder an ein anderes AG desselben Landes zurückverweisen (§ 79 VI OWiG). 22

Bußgeldbescheide wegen Steuerordnungswidrigkeiten werden im Gewerbezentralregister eingetragen. Voraussetzung ist allerdings, dass die Ordnungswidrigkeit im Zusammenhang mit einem Gewerbe begangen wurde und dass die festgesetzte Geldbuße mehr als 200 EUR beträgt (§ 149 II Nr. 3 GewO). Eintragungen im Bundeszentralregister erfolgen nicht. 23

§ 411 Bußgeldverfahren gegen Rechtsanwälte, Steuerberater, Steuerbevollmächtigte, Wirtschaftsprüfer oder vereidigte Buchprüfer

Bevor gegen einen Rechtsanwalt, Steuerberater, Steuerbevollmächtigten, Wirtschaftsprüfer oder vereidigten Buchprüfer wegen einer Steuerordnungswidrigkeit, die er in Ausübung seines Berufs bei der Beratung in Steuersachen begangen hat, ein Bußgeldbescheid erlassen wird, gibt die Finanzbehörde der zuständigen Berufskammer Gelegenheit, die Gesichtspunkte vorzubringen, die von ihrem Standpunkt für die Entscheidung von Bedeutung sind.

Schrifttum: Zu 448 RAO 1968: *Lohmeyer,* Das Bußgeldverfahren gegen Angehörige der rechts- und steuerberatenden Berufe, DStR 1974, 681.

Zu § 411 AO 1977: *Gräfe/Lenzen/Schmeer,* Steuerberaterhaftung, 3. Aufl. 1998; *Bilsdorfer,* § 411 AO – Eine „Muß"-, eine „Soll"- oder eine „Kann"-Vorschrift? DStR 1983, 26; *ders.*, die steuerstraf- und bußgeldrechtliche Verantwortung des steuerlichen Beraters, NWB Fach 13, 1055 (36/2004), *Lohmeyer,* Verfahrensrechtliche Besonderheiten vor Erlaß eines Bußgeldbescheides gegen einen Angehörigen der rechts- und steuerberatenden Berufe, RWP AO SG 2.5, 45; *Weyand,* Anhörungs- und Mitteilungspflichten der Finanzbehörde bei berufswidrigem Verhalten steuerlicher Berater, INF StW 1990, 241; *Carl/Klos,* Neue Zuständigkeiten der Bußgeld- und Strafsachenstellen zur Verfolgung von Ordnungswidrigkeiten nach dem Geldwäschegesetz, StWa. 1995, 66; *Kutzner,* Strafrechtliche Relevanz steuerberatender Tätigkeit, NWB Fach 30, 1543 (8/2005); *Podewils/Hellinger,* Strafrechtliche Risiken für steuerliche Berater, DStZ 2013, 662.

Übersicht

1. Entstehungsgeschichte

1 **Die Vorschrift geht zurück auf § 423 RAO 1931,** aufgehoben durch das AOStrafÄndG v. 10.8.1967 (BGBl. I 877), **und § 448 RAO,** eingefügt durch das 2. AOStrafÄndG v. 12.8.1968 (BGBl. I 953). Während § 423 RAO 1931 die Einleitung eines Steuerstrafverfahrens gegen Rechtsanwälte an eine ehrengerichtlich festgestellte Berufspflichtverletzung knüpfte, machte § 448 RAO den Erlass eines Bußgeldbescheides wegen einer Steuerordnungswidrigkeit gegen einen Rechtsanwalt, Steuerberater, Steuerbevollmächtigten, Wirtschaftsprüfer oder vereidigten Buchprüfer davon abhängig, dass gegen ihn zuvor eine ehren- oder berufsgerichtliche Maßnahme verhängt oder ihm durch den Vorstand der Berufskammer eine Rüge erteilt worden war. Durch diese Vorschrift, die bereits im Gesetzgebungsverfahren heftig umstritten war, sollte der Anschein vermieden werden, die Tätigkeit der Angehörigen der steuerberatenden Berufe unterliege einer Aufsicht durch die FinB (BT-Drs. V/2928, 4). Die Kritik verstummte auch nach Inkrafttreten des § 448 RAO nicht. Die Regelung, für die es in der Rechtsordnung keine Parallele gab, wurde vor allem deshalb kritisiert, weil sie den Ehren- und Berufsgerichten letztlich die Entscheidung darüber übertrug, ob der auch dem Bußgeldrecht zugrunde liegende staatliche Strafanspruch verwirklicht werden konnte (*Bock* DB 1968, 1332; *Henneberg* BB 1968, 911; *Lohmeyer* DStR 1974, 681).

2 **§ 411 AO 1977** hat die Kritik gegen § 448 RAO 1968 insofern berücksichtigt, als der Erlass eines Bußgeldbescheides wegen einer Steuerordnungswidrigkeit gegen einen Angehörigen der steuerberatenden Berufe verfahrensrechtlich nur noch voraussetzt, dass der zuständigen Berufskammer Gelegenheit gegeben wird, die Gesichtspunkte vorzutragen, die von ihrem Standpunkt aus bedeutsam sind. Die Vorschrift entspricht damit einer Tendenz in der Gesetzgebung (vgl. § 115b BRAO; § 92 StBerG; § 83a WiPrO), den staatlichen Sanktionen den Vorrang vor berufsrechtlichen Maßnahmen einzuräumen. Inhaltlich ist die

Vorschrift nach wie vor bedenklich (vgl. *Bilsdorfer* DStR 1983, 26; HHSp-*Rüping* 4 zu § 411; sowie Rn. 10).

2. Zweck und Anwendungsbereich

Zweck der Vorschrift ist es, den Sachverstand der Berufskammern für das Bußgeldverfahren nutzbar zu machen (BT-Drs. 7/4292). Angehörige der steuerberatenden Berufe müssen ständig zwischen den Interessen ihres Mandanten einerseits und ihren öffentlich-rechtlichen Berufspflichten andererseits abwägen, so dass die Grenze zwischen (bedingt) vorsätzlicher und leichtfertiger Steuerverkürzung oft nur schwer erkennbar ist. Ein bestimmtes Verhalten kann aus der Sicht der die Standesaufsicht ausübenden Berufskammer anders zu werten sein als aus der Sicht der FinB (s. aber auch Rn. 10). 3

Der persönliche Anwendungsbereich des § 411 AO beschränkt sich auf Rechtsanwälte, Steuerberater, Steuerbevollmächtigte, Wirtschaftsprüfer und vereidigte Buchprüfer (vgl. § 3 StBerG). Die Aufzählung ist abschließend. Personen, die gem. § 4 StBerG lediglich zur beschränkten Hilfeleistung in Steuersachen befugt sind, werden von dem eindeutigen Wortlaut nicht erfasst (Kohlmann/*Hilgers-Klautzsch* 8 zu § 411; GJW/*Sahan* AO § 411 Rn. 5). Dazu zählen insbesondere Notare. Warum allerdings das Verhalten eines Rechtsanwalts, zB bezüglich eines grunderwerbsteuerbaren Rechtsvorgangs, verfahrensrechtlich anders zu beurteilen sein soll als das entsprechende Verhalten eines (Nur-)Notars, erscheint nicht verständlich, und zwar umso weniger, als sich die Verpflichtung der FinB, den Berufskammern Tatsachen mitzuteilen, die den Verdacht einer Berufspflichtverletzung begründen, ausdrücklich auch auf die in § 4 Nr. 1 u. 2 StBerG genannten Personen erstreckt (§ 10 StBerG). 4

Im gerichtlichen Bußgeld- bzw. Strafverfahren (§§ 45, 82 OWiG) ist § 411 AO nicht anwendbar (glA HHSp-*Rüping* 9, Kohlmann/*Hilgers-Klautzsch* 3, RK-*Kemper* 2 zu § 411; GJW/*Sahan* AO § 411 Rn. 9). Gleiches gilt, wenn das Verfahren von der FinB eingestellt oder ein Strafbefehl beantragt wird. 5

3. Voraussetzungen für die Einschaltung der Berufskammer

In Ausübung seines Berufes handelt nicht nur, wer entsprechend den Vorschriften des einschlägigen Berufsrechts tätig wird, sondern jeder, der durch wiederholte Übernahme bestimmter Aufgaben zu erkennen gibt, dass die Erfüllung solcher Aufgaben Inhalt seines Beschäftigungsbereichs ist (RG 12.4.1943, RGSt 77, 15). Private Gefälligkeiten gehören nicht dazu. Unentgeltlichkeit genügt für sich allein nicht, um die Beistandsleistung als außerberuflich zu kennzeichnen (BGH 6.10.1964, BGHSt 20, 10), dürfte aber regelmäßig als Indiz für eine außerberufliche Gefälligkeit zu werten sein. 6

Der Begriff Steuersachen folgt aus § 1 StBerG. Er umfasst zB auch Monopolsachen sowie Steuern und Vergütungen, die durch das Recht der Europäischen Gemeinschaften geregelt sind, ferner das Steuerstraf- und -ordnungswidrigkeitenrecht sowie Buchführungsangelegenheiten, soweit die Aufzeichnungen für die Besteuerung bedeutsam sind. 7

Beratung in Steuersachen setzt eine Leistung für einen Dritten voraus. Steuerordnungswidrigkeiten in eigener Sache werden folglich durch § 411 AO nicht erfasst, obwohl sie zugleich Berufspflichtverletzungen sein können (§ 43 BRAO, § 57 StBerG). Das Tatbestandsmerkmal *Beratung* ist weit auszulegen (HHSp-*Rüping* 11 zu § 411). 8

Ob ein Auftrag für eine konkrete Beratung vorliegt, ist unerheblich. Es genügen zB steuerliche Hinweise anlässlich der auftragsgemäßen Überprüfung von Verträgen unter gesellschaftsrechtlichen Aspekten oder eine Beratung im Zusammenhang mit einem Strafverfahren (HHSp-*Rüping* 11 zu § 411). 9

Die FinB gibt der zuständigen Berufskammer Gelegenheit zur Stellungnahme. 10
Ob auf die Anhörung der zuständigen Kammer verzichtet werden kann, wenn der Betroffene dies beantragt (verneinend Klein/*Jäger* AO § 411 Rn. 1; HHSp-*Rüping* 14 zu § 411,

Nr. 104 III AStBV; bejahend Kohlmann/*Hilgers-Klautzsch* 8 zu § 411; ebenso *Wannemacher/Gotzens* Rn. 3039; krit. auch *Blumers/Glöggerle* Rn. 1135), lässt sich dem Wortlaut des § 411 AO nicht eindeutig entnehmen. Hätte der Gesetzgeber der FinB einen Ermessensspielraum zubilligen wollen, so hätte es nahegelegen, das Wort *„kann"* zu verwenden (*Bilsdorfer* DStR 1983, 26). Der Zweck der Vorschrift, den Sachverstand der Berufskammern zu nutzen (Rn. 3), dürfte für eine Vorlagepflicht sprechen; denn gerade in Bezug auf die Beurteilung einer etwaigen Leichtfertigkeit sollte die FinB – auch wenn sie selbst keine Zweifel hat – diejenigen Gesichtspunkte, welche die Berufskammer für erheblich hält, zumindest hören müssen. Selbst wenn man die Anhörungspflicht bejaht, erscheint es aber sinnvoll, dem Betroffenen – mit bindender Wirkung für die FinB – das Recht zuzubilligen, auf die Einschaltung der Berufskammer zu verzichten (so wohl auch *Bilsdorfer* DStR 1983, 26, der eine alternative Neufassung der Vorschrift empfiehlt). Betrachtet man nämlich § 411 AO auch als Schutzvorschrift zugunsten der Berufsangehörigen, so ist nicht einzusehen, warum der Betroffene nicht auf diesen Schutz verzichten kann. Die schutzwürdigen Interessen der Berufskammern als Aufsichtsorgane sind in jedem Fall gewahrt; denn ein Verzicht des Beraters auf Anhörung der Kammer im Rahmen des § 411 AO entbindet die FinB nicht von ihrer Mitteilungspflicht gem. § 10 StBerG. Eine Bindung der FinB an die Ansicht der Kammer besteht ohnehin nicht. Die Kammer ist schließlich auch nicht zu einer Stellungnahme verpflichtet.

11 **Vor Erlass des Bußgeldbescheides** erhält die zuständige Berufskammer Gelegenheit, sich zu äußern. Die Einleitung des Verfahrens ist daher ebenso wenig von einer Anhörung der Kammer abhängig wie eine Beendigung des Verfahrens durch Einstellung.

12 **Unterlässt die FinB die Anhörung** oder wird die Entscheidung der Kammer nicht abgewartet, so berührt das die Wirksamkeit des Bußgeldbescheides nicht (§ 125 Abs. 3 Nr. 4 AO, § 44 Abs. 2 Nr. 4 VwVfG analog). Die Anhörung kann nachgeholt werden (§ 126 Abs. 1 Nr. 5 AO, § 45 Abs. 1 Nr. 5 VwVfG; vgl. HHSp-*Rüping* 22 zu § 411).

4. Steuergeheimnis

13 Die zuständige Berufskammer kann die **Bußgeldakten des Beraters** einsehen. Das gilt auch für die Teile der Akte, die den Stpfl oder einen sonst Beteiligten betreffen, wenn sie für die Beurteilung des Falles von Bedeutung sind (glA Klein/*Jäger* AO § 411 Rn. 1; RK-*Kemper* 1 zu § 411). Die Offenbarung ist durch § 30 IV Nr. 1 u. 2 iVm § 411 AO gedeckt.

§ 412 Zustellung, Vollstreckung, Kosten

(1) [1] Für das Zustellungsverfahren gelten abweichend von § 51 Abs. 1 Satz 1 des Gesetzes über Ordnungswidrigkeiten die Vorschriften des Verwaltungszustellungsgesetzes auch dann, wenn eine Landesfinanzbehörde den Bescheid erlassen hat. [2] § 51 Abs. 1 Satz 2 und Absatz 2 bis 5 des Gesetzes über Ordnungswidrigkeiten bleibt unberührt.

(2) [1] Für die Vollstreckung von Bescheiden der Finanzbehörden in Bußgeldverfahren gelten abweichend von § 90 Abs. 1 und 4, § 108 Abs. 2 des Gesetzes über Ordnungswidrigkeiten die Vorschriften des Sechsten Teils dieses Gesetzes. [2] Die übrigen Vorschriften des Neunten Abschnitts des Zweiten Teils des Gesetzes über Ordnungswidrigkeiten bleiben unberührt.

(3) Für die Kosten des Bußgeldverfahrens gilt § 107 Absatz 4 des Gesetzes über Ordnungswidrigkeiten auch dann, wenn eine Landesfinanzbehörde den Bußgeldbescheid erlassen hat; an Stelle des § 19 des Verwaltungskostengesetzes in der bis zum 14. August 2013 geltenden Fassung gelten § 227 und § 261 dieses Gesetzes.

Schrifttum: *Bock,* Die Reform des Steuerstrafrechts, DB 1968, 1326; *Günther,* Wer vollstreckt das Bußgeld? NJW 1969, 2273 mit Erwiderung von *Baldauf* NJW 1970, 460; *Pfaff,* Das Zustellungsverfahren im Steuerstraf- und Bußgeldrecht, DStZ 1970, 377; *ders.,* Kosten im Steuerstraf- bzw. Bußgeldverfahren, DStZ 1970, 119; *Buschmann,* Steuerstrafen und Steuerbußen, BlStA 1972, 91; *Körner,* Die Kosten des Steuerstrafverfahrens und des Bußgeldverfahrens wegen Steuerordnungswidrigkeiten, ZfZ 1972, 234; *Lohmeyer,* Die Vollstreckung von Bußgeldentscheidungen, DStR 1974, 489; *Kretzschmar,* Finanzbehördliche Kosten im Steuerstraf- und Steuerordnungswidrigkeitenverfahren, NWB Fach 13, 635 (Stand: 1984); *Dörn,* Anordnung der Erzwingungshaft, wistra 1995, 93; Seltmann, Zustellung durch die privatisierte Post, AnwBl 1996, 403; *Viefhues,* Das Gesetz über die Verwendung elektronischer Kommunikationsformen in der Justiz, NJW 2005, 1009; *Wieser,* Erzwingungshaft wegen Geldbußen während Insolvenz- und Restschuldbefreiungsverfahren, DZWiR 2007, 72; *App,* Anordnung der bußgeldrechtlichen Erzwingungshaft nach Eröffnung des Insolvenzverfahrens über das Vermögen des Schuldners?, ZVI 2008, 197; *Klapproth,* Ausgewählte Auswirkungen der Insolvenz des Beschuldigten auf ein Steuerstrafverfahren, wistra 2008, 174; s. auch das Schrifttum zu § 408 AO.

Übersicht

1. Entstehungsgeschichte

§ 412 AO 1977 entspricht inhaltlich weitgehend § 449 RAO. **§ 449 I, II RAO** wurde mit dem 2. AOStrafÄndG v. 12.8.1968 (BGBl. I 953) eingeführt (vgl. § 437 EAO, BT-Drs. V/1812, 10). Die Regelung war Teil einer Reform der AO (Einführung von Steuerordnungswidrigkeiten), die insoweit durch das OWiG ausgelöst worden war (ausf. Einl 70 ff.). § 449 III RAO (= § 412 III AO 1977) wurde durch § 24 VwKostG v. 23.6.1970 (BGBl. I 821) eingefügt. 1

2. Zweck und Bedeutung der Vorschrift

Die verfahrensrechtlichen Vorschriften des OWiG (§§ 35–110 OWiG) gelten nach § 410 I AO für das Bußgeldverfahren wegen einer Steuerordnungswidrigkeit entsprechend. Darüber hinaus sind einige Regelungen des Steuerstrafverfahrensrechts heranzuziehen (§ 410 I Nr. 1–12 AO). § 412 AO modifiziert einen Teil der allgemein geltenden Vorschriften. Absatz 1 ändert das Zustellungsverfahren, Absatz 2 die Regelung über die Vollstreckung von Bußgeldbescheiden. Absatz 3 trifft eine Sonderregelung für die Kosten des Bußgeldverfahrens. 2

3 **Die durch § 412 I, III AO verdrängten Vorschriften** ordnen an, dass bei Bußgeldbescheiden von Landesbehörden *landes*rechtliche Regelungen anzuwenden sind. § 412 I u. III AO bewirken, dass auch die *Landes*finanzbehörden das VwZG und das VwKostG zu beachten haben. Für HZA und Bundeszentralamt für Steuern gilt dies ohnehin, da sie *Bundes*behörden sind. § 412 I und III AO vereinheitlicht insoweit das Verfahren bei Steuerordnungswidrigkeiten.

3. Zustellung von Bußgeldbescheiden

4 **Bei Zustellungen durch das HZA** oder das Bundeszentralamt für Steuern ist nach § 51 I 1 OWiG das VwZG anzuwenden. Nach § 412 AO gilt dies – entgegen § 51 I 1 Hs. 2 OWiG – auch, soweit eine Landesfinanzbehörde den Bußgeldbescheid erlassen hat (Klein/*Jäger* AO § 412 Rn. 2).

5 **Die FinB hat die Auswahl unter den verschiedenen Zustellungsarten** (Göhler/*Seitz* OWiG § 51 Rn. 7; RK-*Kemper* 6 zu § 412). Zulässig ist die Zustellung durch die Post mit Zustellungsurkunde (§ 3 VwZG) oder mittels eingeschriebenen Briefes (§ 4 VwZG). Weiterhin kann der Bußgeldbescheid dem Betroffenen gegen Empfangsbekenntnis ausgehändigt werden (§ 5 VwZG). Unter bestimmten Umständen (s. Göhler/*Seitz* OWiG § 51 Rn. 31) kann auch durch öffentliche Bekanntmachung zugestellt werden (§ 15 VwZG; vgl. auch HHSp-*Rüping* 14 zu § 412).

6 **Zustellungen im Ausland** erfolgen durch Ersuchen der zuständigen ausländischen Behörde (§ 14 I VwZG), soweit entsprechende Rechts- und Amtshilfeverträge bestehen oder dies – meistens aus Anlass eines Einzelfalles – durch Notenwechsel vereinbart ist (Göhler/*Seitz* OWiG § 51 Rn. 28 f.; Koch/Scholtz/*Scheurmann-Kettner* 5/1 zu § 412). Die Zustellung an Ausländer in Zollangelegenheiten ist Gegenstand einer Reihe von Verträgen (vgl. Göhler/*Seitz* OWiG vor § 59 Rn. 28) oder erfolgt – in engen Grenzen – nach dem Europäischen Übereinkommen über die Amtshilfe in Verwaltungssachen im Ausland (Göhler/*Seitz* OWiG vor § 59 Rn. 28a). Notfalls muss eine öffentliche Zustellung bewirkt werden (Göhler/*Seitz* OWiG § 51 Rn. 31).

7 **Zustellungsempfänger** ist der Betroffene, ggf. auch sein Verteidiger (§ 51 III OWiG, Schwarz/Pahlke/*Webel* 4 zu § 412 AO). Bei Zustellung an den Verteidiger ist der Betroffene formlos zu unterrichten (§ 51 III 2 OWiG). Die Regelung in § 412 I 2 AO entspricht im Übrigen dem letzten Halbsatz in § 51 I 1 OWiG; bei Steuerordnungswidrigkeiten werden mithin die Regelungen des VwZG teilweise für das Bußgeldverfahren modifiziert. Auch bei Bußgeldbescheiden wegen Steuerordnungswidrigkeiten genügt es nach § 51 I 2 OWiG, wenn der Bußgeldbescheid keine Unterschrift trägt. Wird die Ausfertigung mittels automatischer Einrichtungen hergestellt, kann der Bescheid sogar ohne Dienstsiegel zugestellt werden (HHSp-*Rüping* 18 zu § 412).

8 **Mit der Zustellung** wird gem. § 67 OWiG die Rechtsmittelfrist in Lauf gesetzt. Sofern an mehrere Empfangsberechtigte zugestellt wird, etwa an den Betroffenen *und* seinen Verteidiger, beginnt die Frist erst mit der *zuletzt* bewirkten Zustellung (§ 51 IV OWiG; Kohlmann/*Hilgers-Klautzsch* 5 zu § 412). Zum Rechtsmittelverfahren s. Rn. 20 zu § 410.

4. Vollstreckung von Bußgeldbescheiden

9 **Die Vollstreckung von Bußgeldbescheiden,** Ordnungsgeldern und Kosten des Bußgeldverfahrens richtet sich bei Bundesbehörden gem. § 90 I OWiG idR nach dem VwVG. Bei Landesfinanzbehörden würden nach § 90 I OWiG an sich die jeweiligen landesrechtlichen Regelungen gelten. § 412 II 1 AO ordnet an, dass die Vollstreckung bei Steuerordnungswidrigkeiten *in jedem Falle* nach den §§ 249–346 AO zu erfolgen hat (Klein/*Jäger* AO § 412 Rn. 6). Die sonstigen Regelungen im 9. Abschnitt des 2. Teils des OWiG (§§ 89–104 OWiG) sollen davon unberührt bleiben (§ 412 II 2 AO).

Vollstreckungsbehörde ist diejenige FinB, die den Bußgeldbescheid erlassen hat (§ 92 OWiG, §§ 409, 387 AO; RK-*Kemper* 16 zu § 412). Liegt eine gerichtliche Entscheidung über den Bußgeldbescheid vor, erfolgt die Vollstreckung durch StA oder Gericht (§ 91 OWiG; Göhler/*Seitz* OWiG § 91 Rn. 2f.; Kohlmann/*Hilgers-Klautzsch* 9 zu § 412), für die allein das VwVG gilt, nicht die §§ 249–346 AO. Keine „gerichtliche Entscheidung" in diesem Sinne ist die Verwerfung eines Einspruchs als unzulässig (Göhler/*Seitz* OWiG vor § 89 Rn. 4; Kohlmann/*Hilgers-Klautzsch* 9; RK-*Kemper* 17 zu § 412). 10

Der Vollstreckungsbehörde obliegt auch die Entscheidung über Zahlungserleichterungen, die Verrechnung von Teilbeträgen oder die (vorläufige) Einstellung der Vollstreckung (Kohlmann/*Hilgers-Klautzsch* 10 f. u. RK-*Kemper* 21 zu § 412). 11

Die Vollstreckung setzt die Rechtskraft des Bußgeldbescheides bzw. der zu vollstreckenden sonstigen Entscheidung voraus (§ 89 OWiG). Rechtskräftig ist die Entscheidung, wenn sie mit einem Rechtsbehelf nicht mehr angefochten werden kann, also *formell* rechtskräftig ist (ausf. Göhler/*Seitz* OWiG § 89 Rn. 2). Zur Vollstreckungsverjährung vgl. § 34 OWiG. 12

Die Beitreibung beginnt frühestens nach Ablauf einer Schonfrist von zwei Wochen ab Rechtskraft der Bußgeldentscheidung (§ 95 I OWiG; vgl. auch HHSp-*Rüping* 39 zu § 412). Eine sofortige Beitreibung ist jedoch zulässig, soweit aufgrund bestimmter Tatsachen erkennbar ist, dass sich der Betroffene der Zahlung entziehen will (§ 95 I OWiG, letzter Halbsatz). Die Beitreibung richtet sich nach den Regeln, welche die AO für die Vollstreckung von Verwaltungsakten, die eine Geldleistung fordern, aufstellt. Zur Vollstreckung einer Geldbuße ist zudem die Anordnung von Erzwingungshaft möglich (§ 96 I OWiG), die allein das Gericht anordnen kann (ausf. Göhler/*Seitz* OWiG § 96 Rn. 16). Die Erzwingungshaft zielt darauf ab, einen Betroffenen, der nicht zahlungsunfähig ist (§ 96 I Nr. 4 OWiG), zur Bezahlung der Geldbuße zu zwingen (vgl. *Klapproth* wistra 2008, 174, 177; LG Berlin 3.7.2006, NJW 2006, 1541). Der Staat ist nicht gehalten, die Buße wie ein gewöhnlicher Gläubiger beizutreiben (Göhler/*Seitz* OWiG § 96 Rn. 2). Ein (erfolgloser) Beitreibungsversuch muss nicht vorausgegangen sein (*Lohmeyer* DStR 1974, 489; RK-*Kemper* 25 zu § 412), jedoch dürfte die Erzwingungshaft gegen einen zahlungsunwilligen Schuldner, dessen Zahlungsfähigkeit sicher feststeht, nur ausnahmsweise in Betracht kommen (glA Kühn/v.Wedelstädt/*Blesinger* 2 zu § 412). Der Betroffene kann die Vollstreckung der Erzwingungshaft jederzeit durch die Bezahlung der Geldbuße abwenden. 13

5. Kosten des Bußgeldverfahrens

Die Kosten des Bußgeldverfahrens sind in § 410 I Nr. 12 iVm § 408 AO und in § 410 AO iVm §§ 105ff. OWiG geregelt. Die zu zahlenden Gebühren und Auslagen ergeben sich aus § 107 II, III OWiG; ausf. *Kretzschmar* NWB 13, 635. Zur Zuständigkeit für die Kostenentscheidung s. LG Limburg 18.5.1984, MDR 1984, 778. 14

Stundung, Erlass und Niederschlagung richten sich für HZA und Bundeszentralamt für Steuern gem. § 410 AO, § 107 IV OWiG nach § 14 II, §§ 19–21 VwKostG v. 23.6.1970 (BGBl. I 821). Nach § 412 III AO sind diese Regelungen auch dann anzuwenden, wenn der Bußgeldbescheid von einer Landesfinanzbehörde erlassen worden ist; insoweit ähnelt die Regelung der in Absatz 1. Abweichend von § 107 IV OWiG ordnet der letzte Halbsatz in § 412 III AO an, dass die *Voraussetzungen* von Stundung, Niederschlagung und Erlass sich nicht aus § 19 VwKostG iVm § 59 BHO, sondern aus § 227 I, § 261 AO ergeben (HHSp-*Rüping* 82, Erbs/Kohlhaas/*Hadamitzky*/*Senge* AO § 412 Rn. 3). Die Geldbuße wird also ebenso behandelt wie Ansprüche aus dem Steuerschuldverhältnis. Die Stundung (§ 222) ist nicht erwähnt, weil gem. § 93 I OWiG die Vollstreckungsbehörde über Zahlungserleichterungen entscheidet (Klein/*Jäger* AO § 412 Rn. 8). 15

Anhang: § 32 ZollVG

§ 32 ZollVG Nichtverfolgung von Steuerstraftaten und Steuerordnungswidrigkeiten; Erhebung eines Zuschlags

(1) **Steuerstraftaten und Steuerordnungswidrigkeiten (§§ 369, 377 der Abgabenordnung), die im grenzüberschreitenden Reiseverkehr begangen werden, werden als solche nicht verfolgt, wenn sich die Tat auf Waren bezieht, die weder zum Handel noch zur gewerblichen Verwendung bestimmt sind und der verkürzte Einfuhrabgabenbetrag oder der Einfuhrabgabenbetrag, dessen Verkürzung versucht wurde, 130 Euro nicht übersteigt.**

(2) **Absatz 1 gilt nicht, wenn der Täter**

1. die Waren durch besonders angebrachte Vorrichtungen verheimlicht oder an schwer zugänglichen Stellen versteckt hält oder

2. durch die Tat den Tatbestand einer Steuerstraftat innerhalb von sechs Monaten zum wiederholten Male verwirklicht.

(3) **Liegt eine im grenzüberschreitenden Reiseverkehr begangene Steuerstraftat oder Steuerordnungswidrigkeit vor, kann in den Fällen einer Nichtverfolgung nach Absatz 1 oder einer Einstellung nach § 398 der Abgabenordnung ein Zuschlag bis zur Höhe der Einfuhrabgaben, höchstens jedoch bis zu 130 Euro erhoben werden.**

(4) **Die Absätze 1 bis 3 gelten auch bei der Einreise aus einer Freizone.**

Schrifttum: *Schübel,* Strafverfolgung von kleinen Zollvergehen, ZfZ 1961, 289; *Rümelin,* Zollzuschlag und Nichtverfolgung kleiner Zollvergehen im Reiseverkehr, ddz 1961 F 116; *Schwarz,* Der Zollzuschlag im Reiseverkehr, ZfZ 1963, 267; *Leyser,* § 80 ZG 1961 im Spiegel der Rechtsprechung, ZfZ 1964, 36; *Stobbe,* Die Ausnahmen vom Strafverfolgungszwang, ddz 1964 F 112; *Bender,* Wann ist eine Ware an „schwer zugänglichen Stellen versteckt" (§ 80 Abs. 2 Nr. 1 ZG), ZfZ 1972, 69; *Harbusch,* Der Wert der Ware im Sinne von § 80 Zollgesetz, ddz 1984 F 49; *Bender,* Schmuggelprivileg und Zollzuschlag bei Einfuhren über unbesetzte Zollämter, ddz 1988 F 129; *Anton,* Zum Begriff des Entziehens aus der zollamtlichen Überwachung, ZfZ 1995, 2; *Bender,* Schmuggelprivileg und Zuschlag 97, ZfZ 1997, 110; *Bilsdorfer,* Steuerstrafrecht, NJW 1997, 928; *Janovsky,* Die Strafbarkeit des illegalen grenzüberschreitenden Warenverkehrs, NStZ 1998, 117; *Bender,* Neuigkeiten im Steuerstrafrecht 2002 für die Zollverwaltung, ZfZ 2002, 146; *Görtz,* Zollrechtliche Behandlung vorausgesandter oder nachgesandter persönlicher Gebrauchsgegenstände, ddz 2003, F 65; *Alexander,* Zollzuschlag im grünen Ausgang, ddz 2007, F 55; *Witte,* Benutzung des „grünen Ausgangs", AW-Prax 2007, 420; Dorsch/*Zimmermann,* Zollrecht A 2 § 32 ZollVG.

Übersicht

1. Entstehungsgeschichte

1 Als Vorläufer des § 32 ZollVG wurde mit **§ 80 ZollG 1961** v. 14.6.1961 (BGBl. I 737) eine Vorschrift für das Strafverfahren wegen Zollvergehen eingeführt, die weder in der RAO noch im ZollG 1939 ein Vorbild hatte (Begr. BT-Drs. III/2201 S. 76; krit. zum Standort *Sellnick* ZfZ 1961, 226 mit Erwiderung von *Bail* ZfZ 1961, 356 Fußn. 3).

Durch Art. 10 des 2. AOStrafÄndG v. 12.8.1968 (BGBl. I 953, 962) wurde der Anwendungsbereich auf Bußgeldverfahren wegen Zollordnungswidrigkeiten ausgedehnt.

Die ursprüngliche, für Waren geltende Wertgrenze von 200 DM wurde durch Art. 1 Nr. 13 des 9. ÄndGZG v. 13.12.1967 (BGBl. I 1205) auf 240 DM erhöht (Begr. BT-Drs. V/1749 S. 6), und zwar entsprechend der Erhöhung der Wertgrenze nach § 79 I ZollG iVm § 148 I AZO für die Anwendung pauschalierter Abgabensätze gemäß § 1 Nr. 20 der 5. ÄndVAZO v. 21.5.1965 (BGBl. I 435). Durch Art. 33 Nr. 18 EGAO v. 14.12.1976 (BGBl. 1976 I 3341, 3364) wurde der Begriff der *„Zollvergehen"* durch den der *„Zollstraftaten"* ersetzt und die Klammerhinweise an die Paragraphenfolge der AO 1977 angepasst. Mit der Neufassung in Gestalt des § 32 ZollVG durch das Gesetz vom 21.12.1992 (BGBl. I 2125) wurde die Wertgrenze mit Wirkung vom 1.1.1994 auf 600 DM angehoben. Eine weitere Neufassung erhielt die Vorschrift durch das Gesetz vom 2.12.1996 (BGBl. I 230). Die Begriffe *„Zollstraftaten und Zollordnungswidrigkeiten"* wurden durch die Begriffe *„Steuerstraftaten und Steuerordnungswidrigkeiten"* ersetzt, um damit auch Verstöße im Zusammenhang mit Verbrauchsteuern zu erfassen (zur Gesetzgebung vgl. *Möhrenschlager,* wistra 1997, Heft 2 S. V). An die Stelle des Warenwerts von 600 DM trat die Steuerverkürzung. Die Befugnis zur Erhebung eines Zuschlags wurde auf die Fälle der Einstellung nach § 398 AO erweitert. Durch das 12. Euro-Einführungsgesetz wurden die in den Absätzen 1 und 3 angeführten DM-Beträge auf jeweils 130 EUR umgestellt (BGBl. I 2001, 2081).

2. Vorbemerkung: Verfahren im Reiseverkehr

2 Auch der Reiseverkehr unterliegt dem **EU-Zollrecht.** Hierzu gehören insbes. der Zollkodex (ZK = VO Nr. 2913/92/EWG des Rates zur Festlegung des Zollkodex der Gemeinschaften vom 12.10.1992, ABl. EG Nr. L 302/1, zuletzt geändert durch Art. 286 Abs. 2 und 4 ÄndVO [EU] 952/2013 vom 9.10.2013, ABl. Nr. L 269/1, ber. ABl. Nr. L 287/90) und die Zollkodex-DurchführungsVO (ZKDVO = Verordnung Nr. 2454/93/EWG der Kommission mit Durchführungsvorschriften zur VO Nr. 2913/92/EWG vom 2.7.1993, ABl. EG Nr. L 253/1; zuletzt geändert durch Art. 1 ÄndDVO [EU] 1272/2014 v. 28.11.2014, ABl. [EU] Nr. L 344/1). Am 4.6.2008 wurde im Amtsblatt der Europäischen Union ein Modernisierter Zollkodex veröffentlicht (MZK = VO des Europäischen Parlaments und des Rates zur Festlegung des Zollkodex der Gemeinschaft – Modernisierter Zollkodex – vom 23.4.2008, ABl. EU Nr. L 145/1), der den bisherigen Zollkodex ablösen sollte. Die meisten Regelungen des Modernisierten Zollkodexes waren jedoch bis zum Erlass des Unionszollkodexes vom 9.10.2013 (Verordnung (EU) Nr. 952/2013 des Europäischen Parlaments und des Rates vom 9. Oktober 2013 zur Festlegung des Zollkodex der Union, ABl. [EU] Nr. L 269/1, ber. Nr. L 287/90) noch nicht in Kraft getreten. Der **Unionszollkodex** (UZK), der an die Stelle von Zollkodex und Modernisiertem Zollkodex tritt, wird in weiten Teilen erst am 1.5.2016 in Kraft treten (vgl. dazu Art. 288 II UZK sowie zusf. *Klötzer-Assion* wistra 2014, 92, auch zum Verhältnis zu dem damit obsolet gewordenen Modernisierten Zollkodex – MZK),

Im **Reiseverkehr** zwischen der EU und Drittstaaten sind die Zollformalitäten entsprechend der Grundtendenz des New-Yorker-Touristenabkommens (BGBl. II 1956, 1888) auf ein Minimum beschränkt. Waren zu nichtkommerziellen Zwecken im persönlichen *Gepäck von Reisenden* (Art. 41 ZollbefrVO) und persönliche Gebrauchsgegenstände von Reisenden (Art. 563 ZKDVO) sind von der Beförderungspflicht nach Art. 38 I ZK (Verkehr über die Zollstraßen und Zollstellen zu deren Öffnungszeiten = Art. 135 I UZK) befreit (§ 5 I Nr. 1 Buchst. a und b ZollV). Für im Reisegepäck befindliche abgabenfreie Waren (einschließlich Reisemitbringsel: § 2 EF-VO) genügt es, wenn der Reisende (Begriff: Art. 236 ZKDVO; der Anlass der Reise – beruflich oder privat – ist unerheblich) den *grünen Ausgang* „anmeldefreie Waren" ohne weitere Erklärung benutzt (Art. 233 ZKDVO) oder mit dem Pkw die Grenze überfährt. Hierdurch gilt die Ware als gestellt und die Zollanmeldung als abgegeben und angenommen; die Waren gelten als zum freien Verkehr überlassen (Art. 234 Abs. 1 ZKDVO). Abgabenpflichtige Waren sind wie andere außerhalb des Reiseverkehrs eingeführte Waren zu gestellen und anzumelden. Nicht angemeldete Waren, die die *Freimengen* übersteigen, gelten als vorschriftswidrig in das Zollgebiet mit der Folge der Zollschuldentstehung verbracht (Art. 234 II ZKDVO). Entsprechende Regelungen gelten für die *Sportgeräte von Reisenden* (Art. 563 ZKDVO) und für *Beförderungsmittel* (Art. 556–561 ZKDVO), dh für Waren, die nur vorübergehend im Zollgebiet verwendet werden sollen, wie insbes. Pkws oder Segelboote. Auch insoweit sind eine Gestellung, eine Zollanmeldung, die Annahme der Anmeldung, die Bewilligung zur vorübergehenden Verwendung und die Überlassung entbehrlich (Art. 232 iVm Art. 234 I ZKDVO). Mit dem Passieren der Zollstelle gelten alle Bedingungen für die vorübergehende Verwendung der Waren im Zollgebiet ohne Abgabenerhebung als erfüllt (Art. 234 I ZKDVO). Im privaten **Reiseverkehr zwischen den Mitgliedstaaten** fallen für die mitgeführten Waren einschließlich des Reisegepäcks und der Beförderungsmittel weder Zölle noch Verbrauchsteuern an. Eine Ausnahme gilt für neue Fahrzeuge (§ 1b UStG).

3. Rechtsnatur, Zweck und Bedeutung

3 Das sog. **Schmuggelprivileg des § 32 ZollVG** errichtet wie die Vorgängervorschrift des § 80 ZollG ein **Verfahrenshindernis** (BayObLG 22.8.2000, wistra 2001, 113 und BayObLG 23.6.1981, ZfZ 1981, 312, mwN). Die Vorschrift typisiert Bagatellverfehlungen, für die im Strafverfahren eine Ausnahme vom Legalitätsprinzip (§ 152 II, § 163 I StPO) und im Bußgeldverfahren eine Ausnutzung des Opportunitätsprinzips (§ 47 OWiG) zugunsten der Täter geringfügiger Schmuggeltaten angeordnet wird. Sind die gesetzlichen Voraussetzungen erfüllt, bleibt für eine Ermessensentscheidung der zuständigen Behörden und Gerichte kein Raum.

Unionsrechtlich ist die Nichtverfolgung unbedenklich. Zwar sind die Mitgliedstaaten gemäß Art. 4 III EUV, Art. 291 AEUV grundsätzlich verpflichtet, strafrechtliche, strafrechtsähnliche oder verwaltungsrechtliche Sanktionen zu verhängen, soweit dies erforderlich ist, um die volle Wirksamkeit des Unionsrechts in den Mitgliedstaaten zu gewährleisten (vgl. EuGH – Rs. 50/76, Slg. 1977, 137 – „Amsterdam Bulb"; EuGH Rs. 68/88, Slg. 1989, 2985 Rn. 23 – „Kommission/Griechenland"; EuGH Rs. C-36/94, Slg. 1995, I-3573 – „Siesse"; EuGH Rs. C-354/99, Slg. 2001, I-7657 – Kommission/Irland; EuGH Rs. C-91/02, ZfZ 2004, 54 – „Hannl + Hofstetter") und um die finanziellen Interessen der EU zu schützen (EuGH Rs. C-186/98, Slg. 1999, I-4883 –"Nunes u. de Matos"). Angesichts der Geringfügigkeit der von der Regelung des § 32 ZollVG betroffenen Abgaben im nichtkommerziellen Reiseverkehr stellt jedoch die Nichtverfolgung der vom „Schmuggelprivileg" erfassten Steuerstraftaten und Steuerordnungswidrigkeiten noch keine Verletzung von Art. 291 AEUV dar (vgl. auch BFH 29.7.1981, NJW 1982, 2280).

4 **Die gesetzgeberischen Motive für § 80 ZollG,** der Vorgängervorschrift des § 32 ZollVG, wurden in der Gesetzesbegründung (BT-Drs. III/2201, 76) wie folgt dargelegt:

„Der Täter gerät mehr oder weniger ungewollt, vor allem aber außerhalb seiner normalen Lebens- und Berufsverhältnisse in die Rolle des Steuerpflichtigen, den besondere Pflichten treffen … Tatmotiv ist nicht so sehr der Wunsch, Geld zu ersparen. Dieser Vorteil wird zwar durchaus erstrebt, wichtiger für den Täter ist aber oft der Wunsch, ohne große Scherereien seine Reise fortzusetzen, noch öfter der bekannte Reiz, ‚dem Zoll ein Schnippchen zu schlagen', und sich damit womöglich später zu brüsten. …
Ohne eine drastische Personalvermehrung ist es nicht möglich, die hier in Betracht kommenden Straftaten in angemessenem Umfang aufzudecken oder – wenn sie schon aufgedeckt werden – beim Aufgriff so zu verfahren, wie es gesetzlich vorgeschrieben ist… . Jeder einzelne Aufgriff erfordert beträchtlichen Arbeitsaufwand und entzieht für diese Zeit das Abfertigungspersonal seiner eigentlichen Tätigkeit. Bei Zollstellen mit großem Reiseverkehr führt dies zu so großen Belastungen und sogar Stauungen, dass sich die Beamten gedrängt sehen, kleinere Verstöße einfach zu ‚übersehen'. Damit setzen sie sich aber der Gefahr aus, selbst wegen Begünstigung im Amt (§ 346 Strafgesetzbuch) bestraft zu werden. Ihren Vorgesetzten, die ein solches Verhalten dulden, droht u. U. eine Bestrafung nach § 357 des Strafgesetzbuchs. In einem Rechtsstaat kann ein solcher Zustand nicht geduldet werden. …"

Mit § 32 ZollVG wird somit das Ziel verfolgt, „massenhaft vorkommende Fälle der Kleinkriminalität aus dem Bereich des Strafrechts herauszunehmen und einem System vergleichsweise unauffälliger, schnell realisierbarer außerstrafrechtlicher Sanktionen zu unterstellen" (*Bender* wistra 2001, 114, 115).

Die Bedeutung des § 32 ZollVG ist nicht zu unterschätzen. Ein großer Anwendungsbereich dieser Vorschrift ist die Einfuhr abgabenpflichtiger Waren im Reisegepäck durch Flugreisende, die am Flughafen den „grünen Ausgang" für anmeldefreie Waren (Art. 233 Ia ZKDVO) benutzen (vgl. BFH 16.3.2007, wistra 2007, 319; FG München 6.9.2012 – 14 K 1265/11, BeckRS 2013, 94232). 5

4. Anwendungsbereich: Steuerstraftaten und Steuerordnungswidrigkeiten

§ 32 ZollVG erfasst Steuerstraftaten iS des § 369 I AO und Steuerordnungswidrigkeiten gemäß § 377 I AO, die im Reiseverkehr über die Grenze (Rn. 18) begangen werden und sich auf Einfuhrabgaben beziehen. Betroffen sind folgende Tatbestände: 6

a) Steuerhinterziehung (§ 370 AO). Erfasst werden zunächst Fälle der versuchten oder vollendeten Steuerhinterziehung (§ 370 I, II AO), welche die **Verkürzung von Einfuhrabgaben** zum Gegenstand haben. Bei diesen Abgaben handelt es sich um die für die Einfuhr zu entrichtenden Abgaben (Art. 5 Nr. 20 UZK; etwas abweichend Art. 4 Nr. 10 ZK: Bei der Einfuhr erhobene Zölle, Abgaben gleicher Wirkung und Abgaben im Rahmen der gemeinsamen Agrarpolitik und aufgrund landwirtschaftlicher Sonderregelungen). Gemäß § 3 III AO sind Einfuhr- und Ausfuhrabgaben nach Art. 4 Nr. 10 und 11 ZK Steuern iS der Abgabenordnung. Die Einfuhrabgaben bestehen idR aus den *Zöllen,* der *EUSt* sowie ggf. weiteren bei der Einfuhr in das Zollgebiet der EU erhobenen *Verbrauchsteuern* (s. Rn. 445 zu § 370; Rn. 10 ff. zu § 373). 7

Die Entstehung und Erhebung der **Zölle** bestimmt sich EU-einheitlich nach dem (Unions-)Zollkodex. *Abschöpfungen,* auf die früher ebenfalls die Vorschriften über Zölle anzuwenden waren (§ 2 I AbschG), werden seit dem 1.7.1995 nicht mehr erhoben (vgl. Rn. 11 zu § 373). 8

Für die **Einfuhrumsatzsteuer** (§ 21 II UStG) und die bei der Einfuhr aus Drittländern zu erhebenden besonderen **Verbrauchsteuern** gelten die Vorschriften für Zölle in wesentlichen Teilen entsprechend. Allerdings enthalten die Verbrauchsteuergesetze für die Einfuhr von verbrauchsteuerpflichtigen Waren aus Drittländern keine generellen Verweisungen auf die zollrechtlichen Vorschriften; vielmehr bestimmen sie einheitlich, dass die Steuer mit der Überführung in den steuerrechtlich freien Verkehr entsteht, und damit auch bei einer Einfuhr, wenn sich kein Steueraussetzungsverfahren anschließt. Für das Steuerverfahren – 9 und damit auch für die steuerlichen Erklärungs- bzw. Anmeldepflichten – gelten jedoch jeweils die Vorschriften für Zölle sinngemäß (§ 21 III TabStG, § 18 III BierStG, § 147 III BranntwMonG, § 18 III SchaumwZwStG, § 19b III EnergieStG und § 15 III KaffeeStG). Unionsrechtliche Grundlage der im Jahr 2009 durch G v. 15. Juli 2009 (BGBl. I 1870) umfassend neu gestalteten Verbrauchsteuergesetze ist die Richtlinie 2008/118/EG des Rates vom 16. Dezember 2008 über das allgemeine Verbrauchsteuersystem und zur Aufhebung der Richtlinie 92/12/EWG – *Verbrauchsteuersystemrichtlinie* (ABl. EU 2009 Nr. L 9/12, zuletzt geändert durch Art. 2 ÄndRL 2013/61/EU vom 17.12.2013, ABl. EU Nr. L 353/5).

10 Von § 32 ZollVG **nicht erfasst** werden Taten, die im **Warenverkehr zwischen den Mitgliedstaaten** begangen worden sind; denn die Vorschrift des § 32 ZollVG bezieht sich nur auf die Zollgrenze und nicht die Binnengrenzen der EU (Rn. 18; aA *Weidemann,* wistra 2012, 5: analoge Anwendung des § 32 ZollVG). Im Übrigen ist das Verbringen von verbrauchsteuerpflichtigen Waren aus dem freien Verkehr anderer Mitgliedstaaten der EU durch Privatpersonen für ihren Eigenbedarf (private Zwecke) – abgesehen von einzelnen Ausnahmen (zB § 16 I 2 EnergieStG) – abgabenfrei (§ 22 TabStG, § 19 I BierStG, § 148 I BranntwMonG, § 19 I SchaumwZwStG, §§ 16 I EnergieStG, § 16 I KaffeeStG). Das Verbringen von Waren aus dem freien Verkehr anderer Mitgliedstaaten in das deutsche Erhebungsgebiet durch Privatpersonen ist auch kein Entstehungstatbestand der USt. Insoweit gilt das Ursprungslandprinzip (vgl. dazu Dauses/*Voß,* Handbuch des EU-Wirtschaftsrechts, Abschnitt J Rn. 241). USt als Erwerbssteuer ist von Unternehmern erst im Inland anzumelden und zu entrichten (§ 1 I Nr. 5 UStG), beim Erwerb neuer Fahrzeuge auch von Privatpersonen (§ 1 III Nr. 7 iVm § 1b I UStG).

11 Werden Verbrauchsteuern nicht im grenzüberschreitenden Reiseverkehr, sondern **erst im Erhebungsgebiet verkürzt,** etwa wegen Unregelmäßigkeiten im Verkehr unter Steueraussetzung (zB § 13, 14 BierStG), ist § 32 ZollVG ebenfalls nicht anwendbar.

12 **b) Schmuggel (§ 373 AO).** Fälle des Schmuggels gemäß § 373 AO werden als Steuerstraftat (§ 369 Abs. 1 Nr. 1 AO) von § 32 ZollVG erfasst, sofern keiner der dort abschließend geregelten Ausschließungsgründe eingreift. Eine Differenzierung nach dem Gewicht der Erschwerungsgründe kommt angesichts des eindeutigen Gesetzeswortlauts selbst bei gewaltsamem Schmuggel (§ 373 II Nr. 2, 3 AO) nicht in Betracht (glA *Bender/Möller/Retemeyer* Rn. C 1231; Kohlmann/*Hilgers-Klautzsch* 157 zu § 373 AO; zur Verfolgung der Tat unter dem rechtlichen Gesichtspunkt tateinheitlich verwirklichter Nichtsteuerdelikte s. Rn. 17). Bei Schmuggel bezieht sich die Tat zumeist auf die Verkürzung von Einfuhrabgaben von mehr als 130 EUR, so dass die Anwendung des § 32 ZollVG schon deshalb ausscheidet und ein Steuerstrafverfahren einzuleiten ist (§ 397 I AO). Ein Ausnahmefall kann aber zB bei Begehung eines gewerbsmäßigen Schmuggels von Tabakwaren, Spirituosen oder Treibstoff für den eigenen Bedarf vorliegen. Beim Schwarzhandel mit Zigaretten für den eigenen Bedarf bis 1000 Stück schließt bereits der Ordnungwidrigkeitentatbestand des § 37 I TabStG die Anwendung der §§ 369–374 AO aus.

13 **c) Steuerordnungswidrigkeiten.** Auch auf die Steuerordnungswidrigkeit der **leichtfertigen Steuerverkürzung** (§ 378 AO) ist § 32 ZollVG anwendbar, wenn sich die Tat auf Einfuhrabgaben iS von § 1 I 3 ZollVG bezieht. Eine leichtfertige Steuerverkürzung kann bereits darin liegen, dass ein Reisender mit Waren aus einem Drittland bei der Einreise nach Deutschland am Flughafen den „grünen Ausgang“ benutzt. Wer mit Waren einreist, bei denen er zumindest für möglich hält, dass sie angemeldet werden müssen und dass für sie Einfuhrabgaben zu entrichten sind, muss sich über die Bedeutung des „roten“ und des „grünen Ausgangs“ Kenntnis verschaffen, wenn er diese Kenntnis nicht bereits besitzt. Tut er dies nicht und benutzt er gleichwohl den „grünen Ausgang“, begeht er im Allgemeinen zumindest eine leichtfertige Steuerverkürzung (BFH 16.3.2007, wistra 2007, 319).

14 Von den **Gefährdungstatbeständen** der §§ 379 ff. AO kommen als Steuerordnungswidrigkeiten iS des § 32 ZollVG nur diejenigen Tatbestände in Betracht, die im Zusammenhang mit dem Reiseverkehr über die Grenze erfüllt werden können und sich auf

Einfuhrabgaben beziehen, z. B. § 382 I Nr 1 iVm § 30 IV ZollV bei Benutzung des Ausgangs für „anmeldefreie Waren" am Flughafen bei zumindest fahrlässiger Verkennung der Anmeldepflicht (vgl. FG München 6.9.2012 – 14 K 1265/11, BeckRS 2013, 94232).

d) Bannbruch (§ 372 AO). Auf Bannbruch im Reiseverkehr ist das Schmuggelprivileg des § 32 ZollVG nicht anwendbar (str.; glA Dienstanweisung zum Zollschuldrecht VSF Z 09 01 idF v. 2.5.2007, Abs. 76; aA Kohlmann/*Hilgers-Klautzsch* 115 zu § 372; *Bender/Möller/Retemeyer* Rn. C 1229; HHSp-*Hübner* 33 vor § 372 zu § 80 ZollG). Zwar handelt es sich kraft ausdrücklicher gesetzlicher Definition (§ 369 I Nr. 2 AO) auch beim Straftatbestand des Bannbruchs um eine Steuerstraftat iS des § 32 I ZollVG. Indem der Gesetzgeber die Begriffe der Zollstraftaten und Zollordnungswidrigkeiten durch G vom 2.12.1996 (BGBl. I 230) durch diejenigen der Steuerstraftaten und -ordnungswidrigkeiten ersetzt hat, sollte lediglich der Anwendungsbereich von den Zöllen auf alle Einfuhrabgaben iS des § 1 I 3 ZollVG erweitert werden. Eine Ausdehnung des „Schmuggelprivilegs" auf andere Straftatbestände, die weder die Verkürzung noch die Gefährdung von Einfuhrabgaben zum Gegenstand haben, war vom Gesetzgeber aber erkennbar nicht gewollt. Dies hat auch im Gesetzeswortlaut des § 32 I ZollVG Niederschlag gefunden, der die Beschränkung des Anwendungsbereichs des „Schmuggelprivilegs" auf Tatbestände, die sich auf Einfuhrabgaben beziehen, klar zum Ausdruck bringt; er macht die Nichtverfolgung der Tat davon abhängig, dass „der verkürzte Einfuhrabgabenbetrag oder der Einfuhrabgabenbetrag, dessen Verkürzung versucht wurde, 130 Euro nicht übersteigt." Demgegenüber hängt der Unrechtsgehalt der Verletzung der durch den Bannbruchtatbestand geschützten Einfuhrverbote nicht von der Höhe der möglicherweise verkürzten Einfuhrabgaben, sondern von der Verletzung andersartiger Rechtsgüter ab, deren Gefährdung sich allein nach der Art, Beschaffenheit und Verbreitung der Bannware bemisst (Rn. 2 zu § 372). Ein Zuschlag gemäß § 32 III ZollVG würde insoweit keine angemessene Sanktion für die Tat darstellen, die einen Ausgleich für die Verletzung eines Einfuhrverbots darstellen könnte. Der Grund für die Gleichstellung des Bannbruchs mit den Steuerstraftaten besteht allein darin, dass die Zollbehörden, die zugleich über die Einhaltung der steuerlichen Vorschriften und der Verbote und Gebote des grenzüberschreitenden Warenverkehrs zu wachen haben, für beiderlei Zuwiderhandlungen dieselben strafverfahrensrechtlichen Befugnisse haben (Rn. 9 zu § 369). 15

Der Frage, ob der Bannbruch als solcher vom „Schmuggelprivileg" erfasst wird, kommt allerdings – abgesehen von der Ermittlungszuständigkeit – **keine große praktische Bedeutung** zu, da § 32 ZollVG die Verfolgung des Verstoßes gegen das Einfuhrverbot unter einem anderen rechtlichen Gesichtspunkt nicht hindert. So steht § 32 ZollVG etwa bei der unerlaubten Einfuhr von Betäubungsmitteln oder Waffen einer Bestrafung nach den Straftatbeständen des BtMG oder des WaffG nicht entgegen (s. Rn. 17). 16

e) Andere Straftaten oder Ordnungswidrigkeiten. Kein Hindernis bildet § 32 ZollVG für die Verfolgung anderer Straftaten oder Ordnungswidrigkeiten, die mit einer Steuerstraftat oder Steuerordnungswidrigkeit *tateinheitlich* (§ 52 StGB) *zusammentreffen* (glA Dorsch/*Zimmermann* 4 zu § 32 ZollVG). Die Vorschrift des § 32 ZollVG verbietet lediglich die Verfolgung einer Steuerstraftat oder Steuerordnungswidrigkeit „als solcher". Allerdings darf bei Tateinheit mit einem Allgemeindelikt, etwa beim Zusammentreffen einer Steuerhinterziehung im Reiseverkehr mit dem Gebrauchmachen von einer falschen Urkunde, *nur* das andere Delikt (hier: Vergehen nach § 267 StGB) verfolgt werden. Denn dem Wortlaut des Gesetzes lässt sich nicht entnehmen, dass § 32 ZollVG insgesamt nicht zur Anwendung gelangen soll, wenn die Steuerstraftat oder Steuerordnungswidrigkeit tateinheitlich mit einer anderen Straftat zusammentrifft. 17

5. Tatbezogene Anwendungsvoraussetzungen

a) Grenzüberschreitender Reiseverkehr. Grenze iS des § 32 ZollVG ist seit der Verwirklichung der Zollunion in der EU durch den Zollkodex der deutsche Teil der 18

Zollgrenze der Union, mithin die **Grenze gegenüber Drittstaaten** (*Bender/Möller/Retemeyer* Rn. C 1233; Kohlmann/*Matthes* 61 zu § 382). Der Reiseverkehr zwischen den Mitgliedstaaten der EU ist damit kein grenzüberschreitender Reiseverkehr iS des § 32 ZollVG. Dies versteht sich seit der Ersetzung der Begriffe der Zollstraftaten und -ordnungswidrigkeiten durch diejenigen der Steuerstraftaten und -ordnungswidrigkeiten im Jahr 1996 (s. Rn. 1) allerdings nicht mehr von selbst. Vielmehr nennt § 1 II ZollVG als Aufgabe der Zollverwaltung auch die zollamtliche Überwachung des Verkehrs über die Grenze des deutschen Verbrauchsteuererhebungsgebietes. Eine solche Grenze besteht auch zwischen den Mitgliedstaaten der EU. Jedoch wird man aus der ausdrücklichen Nennung der Einfuhrabgaben in § 32 ZollVG schließen müssen, dass der Gesetzgeber den Anwendungsbereich dieser Vorschrift auf Tatbestände beschränken wollte, die die Gefährdung oder Verkürzung von Einfuhrabgaben zum Gegenstand haben (aA *Weidemann* wistra 2012, 1, 5: analoge Anwendung des § 32 ZollVG). Einfuhrabgaben werden beim Verbringen von Waren aus dem freien Verkehr eines Mitgliedstaates in einen anderen indes nicht erhoben (vgl. BGH 1.2.2007, wistra 2007, 224). Jedenfalls verbliebe für die Anwendung des § 32 ZollVG beim Reiseverkehr zwischen Mitgliedstaaten der EU allenfalls ein sehr geringer Anwendungsbereich, weil das Verbringen verbrauchsteuerpflichtiger Waren über die Binnengrenzen der EU zu privaten Zwecken grundsätzlich abgabenfrei ist (Rn. 10). Ein Anwendungsbereich verbliebe aber etwa beim Verbringen von Tabakwaren zu gewerblichen Zwecken (§ 23 I 1 TabStG). Bei mehr als 800 Zigaretten wird widerleglich vermutet, dass die Tabakwaren zu gewerblichen Zwecken in das Steuergebiet befördert werden (§ 22 IV TabStG iVm § 39 TabStV); beim privaten Verbringen von Zigaretten aus bestimmten Mitgliedstaaten sind bis zum 31.12.2017 sogar nur 300 Stück steuerfrei (§ 22 III TabStG).

19 Die **Zollgrenze** umschließt das deutsche Hoheitsgebiet einschließlich der Freizonen (Art. 166 ZK; Art. 243 UZK). Daher wird auch bei der Einreise aus einem Drittstaat in eine Freizone die Zollgrenze iS des § 32 ZollVG überschritten. Ausgenommen vom Zollgebiet sind die Insel Helgoland und das Gebiet von Büsingen (Art. 3 I ZK). Grenzüberschreitender Reiseverkehr liegt auch vor, wenn die Zollbehandlung nicht unmittelbar an der Grenze stattfindet, sondern zB auf einem im Innern des Zollgebietes gelegenen Bahnhof oder Flugplatz (Dorsch/*Zimmermann* aaO Rn. 10). Dagegen liegt kein grenzüberschreitender Reiseverkehr vor, wenn die Grenzen der Freizonen (Freihäfen) zum übrigen Zollgebiet der EU überschritten werden. Allerdings ordnet Abs. 4 die entsprechende Anwendung der Abs. 1 bis 3 bei der Einreise aus einer Freizone an. Auf Steuervergehen *in* Freizonen ist § 32 ZollVG nicht anwendbar.

20 Die **Beschränkung auf den deutschen Teil der Zollgrenze der EU** ergibt sich daraus, dass § 32 ZollVG nur auf im Inland begangene Taten anwendbar ist, weil das ZollVG keine dem § 370 VII AO entsprechende Regelung enthält. Damit werden Steuerstraftaten, die sich zwar auf Einfuhrabgaben beziehen, aber nicht in Deutschland begangen worden sind, selbst dann nicht von § 32 ZollVG erfasst, wenn sie in Deutschland verfolgbar sind (vgl. § 370 VI 1, VII, § 373 IV, § 374 IV AO).

21 Der Begriff **Reiseverkehr** ist weder im ZollVG noch im Unionsrecht gesetzlich definiert. Das Unionsrecht enthält lediglich in Art. 236 ZKDVO eine Definition des „Reisenden" (s. auch Rn. 2). Ausgehend hiervon ist der Begriff des Reisenden weit auszulegen (so auch Kohlmann/*Matthes* 62 zu § 382). Erfasst wird nicht nur der gelegentliche Grenzverkehr aus Anlass einer Geschäfts- oder Ferienreise, sondern *jeder* Personenverkehr über die Grenze, also auch der Berufsverkehr. Hierzu gehört zB der Weg der Hafenarbeiter zwischen Wohnung und Arbeitsstätte, soweit hierbei die Grenze überschritten wird (vgl. BGH 1.8.1962, BGHSt 18, 40 sowie OLG Bremen 5.8.1964, ZfZ 1964, 380f für das frühere Recht). Mehrmaliges Hin- und Herlaufen über die Grenze, um dadurch sukzessive eine größere Warenmenge einführen zu können, begründet allerdings keine entsprechende Anzahl von Reisen (*Bender/Möller/Retemeyer* Rn. C 1199). Nicht unter den grenzüberschreitenden Reiseverkehr fällt auch die unzulässige Veräußerung eines im Rahmen der vorübergehenden Verwendung abgabenfrei eingeführten Pkws oder Segelboots (Art. 137–144, 204 I a ZK; Art. 250 ff. UZK) im Inland.

Für die Frage, ob Waren im Reiseverkehr eingeführt werden, bleiben die der Durchführung der Reise zugrundeliegenden **Motive des Einführers außer Betracht;** denn Art. 236 ZK-DVO unterscheidet bei der Begriffsdefinition des Reisenden nicht nach dem Zweck des Grenzübertritts (BayObLG 16.6.2003, ZfZ 2003, 281). Auch reine *Einkaufsfahrten* über die Grenze können daher Reiseverkehr sein (BayObLG 16.6.2003, ZfZ 2003, 281; aA LG Dresden 12.12.1997, NStZ-RR 1999, 371; *Bender/Möller/Retemeyer* Rn. C 1199). Reiseverkehr liegt dann nicht vor, wenn die mitgeführten Waren *nicht mehr in den Rahmen des auf Reisen üblicherweise Mitgeführten* fallen. Je nach Reisezweck können allerdings selbst ausgefallene Gegenstände üblich sein, sofern die Personenbewegung im Vordergrund steht. Üblich kann daher auch sein die Mitnahme einer Schlange durch einen Schlangenbeschwörer sowie eines auf der Reise benutzten Gebetsteppichs (BayObLG 6.7.1973, DStZ/B 1973, 2559), im Einzelfall auch die Mitnahme einer Pistole mit Munition (BayObLG 9.4.1970, BayObLGSt 1970, 78 f., 81 f.), nicht aber von Kriegswaffen. Die Grenze des Üblichen dürfte jedenfalls dann überschritten sein, wenn die mitgeführten Waren durch ihre Beschaffenheit oder Menge zu der Besorgnis Anlass geben, dass die Einfuhr aus geschäftlichen Gründen erfolgt (vgl. § 2 V Nr. 1 der Einreise-Freimengen-Verordnung (EF-VO) vom 24.11.2008 (BGBl. I 2235). Auch im *Herkunftsland als Reisegepäck aufgegebene Waren,* die erst nach dem Grenzübertritt des Reisenden der Zollstelle gestellt werden, werden von der Vorschrift des § 32 ZollVG erfasst (vgl. die Regelung in Art. 45 II Buchst. a ZollbefrVO, ABl. EG 1983 Nr. L 105/1 idF der VO vom 3.5.1988, ABl. EG Nr. L 123/2). 22

b) Einreise aus einer Freizone. § 32 ZollVG findet auch bei der Einreise aus einer **Freizone** Anwendung. Dies wird in Abs. 4 des § 32 ZollVG ausdrücklich bestimmt. 23

c) Entbehrlichkeit der Zollbehandlung. § 32 ZollVG erfasst auch Steuerstraftaten und Steuerordnungswidrigkeiten, die **auf dem Weg über die grüne Grenze,** dh durch Überschreiten der Zollgrenze außerhalb der Zollstraße oder eines zugelassenen Grenzübergangs, begangen werden (vgl. BayObLG 16.6.2003, ZfZ 2003, 281). Die frühere Anwendungsvoraussetzung eines „Zusammenhangs mit der Zollbehandlung" hat der Gesetzgeber gestrichen. 24

d) Waren: weder zum Handel noch zur gewerblichen Verwendung bestimmt. Bezieht sich eine im grenzüberschreitenden Reiseverkehr begangene Steuerstraftat oder -ordnungswidrigkeit auf Waren, die zum Handel oder zur gewerblichen Verwendung bestimmt sind, ergibt sich aus § 32 I ZollVG kein Verfolgungshindernis. Dabei genügt es, dass diese Merkmale bei einem Teil der von der Tat erfassten Waren erfüllt sind. 25

Zum Handel bestimmt ist eine Ware, wenn der Täter in der Absicht handelt, sie gegen Entgelt zu veräußern; nicht erforderlich ist, dass er mit Waren der eingeführten Art ständig Handel treibt (glA *Bender/Möller/Retemeyer* Rn. C 1234). Entscheidend ist die *Absicht zur Tatzeit.* Unerheblich ist es daher, wenn der Täter die zunächst bestehende Verkaufsabsicht nach der Tat wieder aufgibt oder er sich entgegen der ursprünglichen Absicht erst nach Einfuhr der Ware zur Weiterveräußerung entschließt (*Bender/Möller/Retemeyer* aaO). Ein *Verkauf zu Selbstkosten* (Mitbringen für einen anderen) ist kein Handel iS des § 32 I ZollVG (OLG Karlsruhe 4.3.1975, ZfZ 1975, 210, 212 zu § 80 ZollG). 26

Zur gewerblichen Verwendung ist Ware bestimmt, wenn der Täter in der Absicht handelt, sie bei einer von ihm ständig ausgeübten gewerblichen Tätigkeit (vgl. § 15 EStG, § 2 GewStG) zu verwenden. Dies ist zB bei Musterware eines Geschäftsmannes oder bei Treibstoff in einem betrieblich genutzten Kraftfahrzeug der Fall. Auch hier entscheidet die *Absicht zur Tatzeit* (Rn. 26). Nicht zur gewerblichen Verwendung bestimmt sind Waren, die der Täter zum persönlichen Gebrauch oder Verbrauch in seinem Haushalt vorgesehen hat. 27

28 **e) Betragsgrenze für verkürzte Einfuhrabgaben.** Zur Abgrenzung der von § 32 ZollVG erfassten Bagatelltaten von verfolgungsbedürftigen Steuerstraftaten oder Steuerordnungswidrigkeiten hat der Gesetzgeber anstelle der früheren Wertgrenze für die eingeschmuggelten Waren einen **Betragsgrenze** für verkürzte Einfuhrabgaben **von 130 EUR** festgelegt. Überschreiten die tatsächlich verkürzten Einfuhrabgaben diese Grenze oder hat der Täter versucht, einen höheren Abgabenbetrag zu hinterziehen, scheidet die Anwendung des § 32 ZollVG aus. Bei der Berechnung des Verkürzungsbetrages bleiben *Freimengen* nach Art. 41 ZollbefrVO iV mit § 2 EF-VO außer Ansatz (vgl. BayObLG 22.8.2000, wistra 2000, 113 u. BayObLG 16.6.2003, ZfZ 2003, 281).

29 **Handeln mehrere Reisende gemeinschaftlich,** wird der gesamte Verkürzungsbetrag der geschmuggelten Waren nach den Grundsätzen der Mittäterschaft allen Tätern zugerechnet (*Bender/Möller/Retemeyer* Rn. C 1236). Liegt der Gesamtverkürzungsbetrag über 130 EUR, ist § 32 ZollVG nicht anwendbar. Haben mehrere Personen Schmuggelware bei sich, ist allerdings sorgfältig zu prüfen, ob tatsächlich Mittäterschaft vorliegt oder ob die Personen jeweils für sich selbst gehandelt haben. Im letzteren Fall ist für jeden Täter gesondert die von diesem bewirkte Abgabenverkürzung an der Betragsgrenze von 130 EUR zu messen.

6. Ausschließungsgründe nach § 32 II ZollVG

30 **a) Verheimlichen oder Verstecken (§ 32 II Nr. 1 ZollVG). Das Verfolgungshindernis besteht nicht,** wenn der Täter die Waren durch besonders angebrachte Vorrichtungen **verheimlicht** (1. Alternative) oder an schwer zugänglichen Stellen **versteckt** (2. Alternative). Das Verfolgungsbedürfnis ergibt sich hier daraus, dass der Täter *„besondere Mittel verwendet und sich damit besondere Mühe gibt, die Staatsorgane zu täuschen"* (Begr. BT-Drs. III/2201, 76). Ausschlussgrund ist damit *„die besondere Starke des rechtsfeindlichen Willens"* (BayObLG 9.11.1961, ZfZ 1962, 47 im Anschluss an *Rümelin* ddz 1961 F 116).

31 **Besonders angebrachte Vorrichtungen** sind Verstecke, die für die Einfuhr von Schmuggelgut durch Veränderung der technischen Beschaffenheit von Beförderungsmitteln oder von Verpackungen besonders hergestellt sind. Beispiele bilden der Einbau doppelter Böden oder das Verschließen von konstruktionsbedingten Hohlräumen in Fahrzeugen oder Behältern, das Anbringen von Halterungen oder der Einbau von Tanks für flüssiges oder pulverförmiges Schmuggelgut. Besonders angebrachte Vorrichtungen können auch Schmuggelwesten oder andere Hilfsmittel sein, die in oder an Kleidungsstücken oder unmittelbar am Körper das Mitführen von Schmuggelgut ermöglichen oder erleichtern. Eine bereits *vorhandene,* zum Schmuggeln lediglich zweckentfremdete Vorrichtung stellt demgegenüber keine besonders angebrachte Vorrichtung dar. Ihre Nutzung kann aber dazu führen, dass die Ware an einer schwer zugänglichen Stelle versteckt ist, zB Branntwein im Kunststoffbehälter der Scheibenwaschanlage eines PKW (*Bender* ZfZ 1972, 70).

32 **Verheimlichen** liegt dann vor, wenn eine derartige Vorrichtung benutzt wird, um die Ware sicher und unauffällig über die Grenze zu bringen.

33 Ob *Tarnpackungen* die Voraussetzungen der 1. Alternative des § 32 II Nr. 1 ZollVG erfüllen, hängt von den Umständen des Einzelfalles ab. Zu bejahen ist die Frage bei zollpflichtiger Ware in einer Dose, die als Gemüsekonserve aufgemacht ist; dasselbe gilt für Branntwein in einem zugelöteten Olivenölkanister, der den Anschein einer fabrikmäßigen Originalpackung erweckt, wohl aber nicht für klaren Branntwein, der lediglich in eine Mineralwasserflasche umgefüllt worden ist (zw. auch *Bender/Möller/Retemeyer* Rn. C 1237).

34 **Versteckthalten** liegt vor, wenn der Täter bereits vorhandene „natürliche" Verstecke an schwer zugänglichen Stellen zur Tatbegehung nutzt.

35 **Versteckt** ist eine Ware, wenn sie sich an einer Stelle befindet, an der sie *„nach der Vorstellung des Reisenden Aussicht hat, bei einer der üblichen, nicht allzu gründlichen Kontrollen von Zollbeamten nicht entdeckt zu werden"* (BayObLG 9.11.1961, ZfZ 1962, 47). Nicht erforderlich ist, dass der Zollbeamte die Ware an der vom Reisenden gewählten Stelle nicht vermuten kann. Es genügt, dass die Ware im Hinblick auf eine ungewöhnliche Art der

Aufbewahrung nicht entdeckt werden soll (so das BayObLG 30.9.1971, ZfZ 1971, 366 zur Beförderung von Trinkbranntwein im Motorraum eines PKW; zust. *Bender* ZfZ 1972, 69). Dies ist zB der Fall, wenn die Ware in nicht üblicher Weise, etwa im Mantelfutter, am Körper getragen wird.

Nicht versteckt sind Waren dann, wenn sie für den kontrollierenden Zollbeamten – offen oder verpackt – ohne nennenswerte Mühe erkennbar sind, zB in der Gepäckablage eines Eisenbahnwagens, im Kofferraum eines PKW oder auf dem freien Sitz neben oder hinter dem Fahrer eines Kraftfahrzeugs. Dasselbe gilt, wenn die Waren in üblichen Transportmitteln wie Koffern oder Handtaschen, oder im Kofferraum oder Handschuhfach befinden, sofern sie dort nicht derart untergebracht sind, dass sie Aussicht haben, bei einer Kontrolle unentdeckt zu bleiben (BayObLG 9.11.1961, ZfZ 1962, 47), wie zB die Goldmünze in der Puderdose (*Rümelin* ddz 1961 F 116). 36

An einer schwer zugänglichen Stelle sind Waren versteckt, wenn dem Zugriff der Zollbeamten Hindernisse im Wege stehen, die nur mit Schwierigkeiten überwunden werden können, namentlich wenn es eines *außergewöhnlichen Aufwandes an Kraft, Zeit oder Unannehmlichkeit oder der Anwendung von Werkzeugen oder anderer Hilfsmittel,* zB eines Spürhundes, bedarf, um das Versteck zu entdecken oder Zugang zu den versteckten Sachen zu gewinnen. Im Einzelnen 37

– *bejahend* BayObLG (v. 24.8.1961, ZfZ 1961, 380) für Flaschen in einem Hohlraum unter dem Kofferraumboden, dessen Verkleidung nur mit einem Schraubenzieher entfernt werden konnte, sowie OLG Hamm 13.10.1961 (NJW 1962, 829) für Zigaretten zwischen den Spiralen der hinteren Sitze eines PKW;
– *verneinend* BayObLG (v. 9.11.1961, ZfZ 1962, 47) für den Raum zwischen Sitzfläche und Bodenblech eines Kraftwagens, wenn der Zollbeamte sich nur wenig bücken musste, um die Sache zu entdecken, jedoch *zu Unrecht bejahend,* wenn erst die Sitze zurückgeschlagen oder Kissen entfernt werden mussten oder wenn Waren in schmutziger Wäsche eingewickelt waren (abl. auch *Bender/Möller/Retemeyer* Rn. C 1237);
– *verneinend* BGH (v. 1.8.1962, zit. bei *Leyser* ZfZ 1964, 40 f.) für Schmuggelgut, das im Kofferraum eines PKW nur mit einer Wolldecke zugedeckt wurde; *verneinend* in dem zu beurteilenden Sachverhalt, in dem der Täter einen Bildwerfer (Projektor) mit einem Firmenauto befördert, in einem Eimer untergebracht, mit einem Handtuch umwickelt und mit Nägeln und Werkzeug bedeckt hatte;
– *verneinend* BayObLG (v. 30.9.1971, ZfZ 1971, 366) für ein Paket mit Schmuggelgut (Flaschen in einer Wolldecke) im Motorraum eines PKW, das der Zollbeamte nach dem Öffnen der Motorhaube ohne Weiteres sehen und, ohne sich der Gefahr einer Beschmutzung auszusetzen, erreichen konnte (aM *Bender* ZfZ 1972, 69);
– *bejahend* BGH (v. 20.7.1971, BGHSt 24, 178 f.) für Rauschgift zwischen der Innendecke eines Omnibusses und dem Schutzdach, das nur mittels einer hydraulischen Vorrichtung geöffnet werden konnte, sowie BGH (v. 28.11.1973, NJW 1974, 429) für Rauschgift in den Hohlräumen beiderseits der Scheinwerfer eines PKW (krit. *Hübner* NJW 1974, 913);
– *verneinend* OLG Bremen (v. 30.3.1976, ZfZ 1976, 212) für Flaschen in einem erkennbar konstruktiv bedingten Hohlraum unter einer herausziehbaren Schublade unter der Koje auf einem Fischkutter;
– *verneinend* BayObLG (v. 22.8.2000, wistra 2001, 113) für Zigarettenstangen unter der abknöpfbaren Dämmmatte einer Fahrzeugmotorhaube (krit. *Bender* wistra 2001, 114 f. im Hinblick auf die *psychischen Hemmnisse* bei der Überholung des Fahrzeugs).

Ein außergewöhnlicher Aufwand an Zeit oder Findigkeit genügt, wenn ausgeklügelte Verstecke nur bei einer systematischen und gründlichen Suche oder durch Zufall entdeckt werden können. Zu einem Versteck von Rauschgift in der Dachverkleidung eines PKW, das für den Täter dennoch (gewusst *wo* und *wie!*) leicht erreichbar war, hat der BGH (v. 20.3.1980, MDR 1980, 630) ausgeführt, dass eine schwer zugängliche Stelle auch dann vorliegen kann, *„wenn ein Gegenstand in einer so unüblichen Weise verborgen ist, dass mit seiner* 38

Entdeckung nur auf Grund einer systematischen und zeitraubenden Suche gerechnet werden kann, wobei die Zufälligkeit, ob der kontrollierende Beamte im konkreten Einzelfall schon zu Beginn oder erst nach längerem Verlauf der Suchaktion auf das tatsächliche Versteck stößt, außer Betracht zu bleiben hat". Die Zugangsschwierigkeit kann also allein in dem Erfordernis eines außergewöhnlichen Zeitaufwandes liegen. Dabei kommt es nicht auf die Zugangsmöglichkeit des Täters, sondern derjenigen Personen an, vor denen der Gegenstand versteckt worden ist (BGH 20.7.1971, BGHSt 24, 178 f.).

39 **Für das Verstecken von Sachen in oder unter der Kleidung** gelten die vorstehenden Erläuterungen (Rn. 35 ff.) entsprechend. Danach ist eine Sache nicht oder nicht an einer schwer zugänglichen Stelle versteckt, wenn der Schmuggler sie in den normalen Außen- oder Innentaschen seiner Oberbekleidung mitführt (glA *Bender* ZfZ 1972, 69), wohl aber dann, wenn sie zwischen Stoff und Futter eingenäht ist, wenn er sie in der Socke am Fuß trägt (aM OLG Hamburg 17.1.1975, ZfZ 1975, 147, 149; OLG Oldenburg 18.5.1976, MDR 1976, 866) oder unterhalb des Geschlechtsteils in der Badehose mitführt (OLG Koblenz 3.6.1982, NStZ 1983, 82). Dasselbe gilt wenn der Schmuggler Tabletten auf die Haut unterhalb des Nabels geklebt (vgl. OLG Oldenburg 11.12.1973, MDR 1974, 329) oder eine Goldmünze in den Mund gesteckt hat.

40 **Im Einzelfall** kann die mehr oder minder schwierige Zugänglichkeit nur unter Berücksichtigung der jeweiligen Größe und Beschaffenheit des verborgenen Gegenstandes beurteilt werden (BGH 20.3.1980, MDR 1980, 630).

41 **Ob es Aufgabe der Zollbeamten oder der Zollbeteiligten ist,** verschlossene Ablagefächer und schwer zugängliche Hohlräume unter Zuhilfenahme von Werkzeug zu öffnen, verborgene Waren hervorzuholen, auszupacken und sich dabei zu beschmutzen oder beim Wühlen in schmutziger Wäsche einen inneren Widerstand zu überwinden, ist für die Anwendung des § 32 ZollVG unerheblich (grundsätzlich aM *Bender* ZfZ 1972, 69 f. m. Kritik an BayObLG 9.11.1961, ZfZ 1962, 47 und BayObLG 30.9.1971, ZfZ 1971, 366). Nach dem Gesetz kommt es nur darauf an, ob die Sache an einer schwer zugänglichen Stelle versteckt ist, nicht etwa darauf, wer auf wessen Kosten und auf Grund welcher Vorschriften sie ans Tageslicht zu fördern verpflichtet ist (vgl. § 10 III a ZollVG). Darüber hinaus ist unerheblich, ob der Zollbeteiligte mehr oder weniger bereitwillig an der Überholung (Art. 13 ZK; Art. 46 I UZK; § 10 IIIa ZollVG) oder Zollbeschau (Art. 68 Buchst. b ZK; Art. 188 Buchst. c UZK; vgl. Witte/*Henke* ZK Art. 68 Rn. 7–14) mitgewirkt hat. Der Zollbeteiligte ist nicht verpflichtet, an seiner eigenen strafrechtlichen Überführung mitzuwirken.

42 **b) Wiederholte Steuerstraftat (§ 32 II Nr. 2 ZollVG). Das Verfolgungshindernis besteht nicht,** wenn der Täter innerhalb von sechs Monaten vor der Tat **schon einmal** den Tatbestand einer **Steuerstraftat** verwirklicht hat. Wiederholt begangene Steuerordnungswidrigkeiten schließen das Verfolgungshindernis des § 32 ZollVG nicht aus.

43 **Steuerstraftat iS des § 32 II Nr. 2 ZollVG** ist jede Steuerstraftat (§ 369 I AO), die Einfuhrabgaben (Zölle, Einfuhrumsatzsteuer, besondere Verbrauchsteuern) bei der Einfuhr betrifft (Rn. 6 ff.), namentlich Steuerhinterziehung (§ 370 AO), Schmuggel (§ 373 AO) oder Steuerhehlerei (§ 374 AO). Nur dann liegt eine Wiederholung vor. Entgegen der Auffassung von *Bender/Möller/Retemeyer* (Rn. C 1241) kommt allerdings als Vortat iS des § 32 II Nr. 2 ZollVG *nicht nur eine Steuerstraftat* im Reiseverkehr in Betracht, *die gemäß § 32 ZollVG nicht verfolgt worden ist.* Eine derartige einschränkende Auslegung des Merkmals „eine Steuerstraftat" rechtfertigt sich weder aus der Gesetzesbegründung noch aus dem Gesetzeszweck. Nach dem erkennbaren Willen des Gesetzgebers sollen Wiederholungstäter mit hoher Rückfallgeschwindigkeit nicht in den Genuss des Verfahrenshindernisses des § 32 ZollVG kommen. Dies gilt erst recht für Personen, die zuvor eine schwerer wiegende Steuerstraftat begangen haben.

44 **Verwirklicht wird der Tatbestand einer Steuerstraftat,** wenn der Täter alle objektiven und subjektiven Tatbestandsmerkmale erfüllt hat; allein die objektiven Merkmale

reichen nicht aus (*Bender/Möller/Retemeyer* Rn. C 1241). Dagegen ist es nicht erforderlich, dass wegen der Vortat ein Strafverfahren eingeleitet oder gar mit einer Verurteilung des Täters abgeschlossen worden ist. Dies folgt zwingend aus der Erwägung, dass sonst eine gemäß § 32 ZollVG nicht geahndete Tat auch nicht die Verfolgbarkeit der Wiederholungstat begründen könnte, so dass sich eine nicht verfolgbare Tat an die andere reihen könnte (vgl. BGH 1.8.1962, BGHSt 18, 40 = ZfZ 1962, 336; OLG Bremen 11.2.1963, ZfZ 1963, 281).

Nur die der Tat vorausgehenden sechs Monate sind maßgebend für die Frage, ob der Täter den Tatbestand einer Steuerstraftat zum wiederholten Male verwirklicht hat; auf sein Verhalten *nach* der Tat kommt es nicht an. Der durch § 32 II Nr. 2 ZollVG angeordnete Verzicht auf die Strafverfolgung ist endgültig. Der Anspruch auf Strafverfolgung kann durch eine neue, etwa vor Ablauf von weiteren sechs Monaten begangene Steuerstraftat nicht wiederaufleben (BGH 1.8.1962, BGHSt 18, 40). 45

Wie ein Wiederholungsfall festgestellt werden soll, ist eine Frage, die der Gesetzgeber bewusst vernachlässigt hat. Die Begründung lautet: *„Die Zollbediensteten sind nicht gehalten, in jedem Fall Ermittlungen darüber anzustellen, ob die Voraussetzungen des Absatzes 2 Nr. 2 vorliegen. Derartige Ermittlungen sind wegen des Ausnahmecharakters dieser Vorschrift gegenüber Absatz 1 vielmehr nur dann durchzuführen, wenn konkrete Anhaltspunkte in dieser Hinsicht gegeben sind. Frühere Verstöße solcher Täter sind in den in Betracht kommenden Fällen den Beamten regelmäßig bekannt"* (BT-Drs. III/2201, 76). Zwar besteht die Möglichkeit, an den Zollstellen Aufzeichnungen zu führen (vgl. die frühere Dienstanweisung des BdF zu § 80 ZollG, VSF – 2710). Mangels einer zentralen Erfassung ist ein Wiederholungsfall aber dann nicht feststellbar, wenn der Täter nach einem Aufgriff auf andere Zollstellen ausweicht. 46

7. Keine Teilanwendung des § 32 ZollVG

Ist nur ein **Teil des Schmuggelgutes** iS von § 32 Abs. 2 Nr. 1 ZollVG verheimlicht oder versteckt, ist die Tat im gesamten Umfang zu verfolgen (BayObLG aaO u. BayObLG 24.8.1961, ZfZ 1961, 380 u. BayObLG 9.11.1961, ZfZ 1962, 47 f.). Abgesehen von § 154a StPO kann die Tat nur *einheitlich* verfolgt oder nicht verfolgt werden. Entsprechendes gilt, wenn der Täter einen Teil der Schmuggelware veräußern (Rn. 26) und den anderen Teil selbst verbrauchen wollte. 47

8. Wirkung des § 32 ZollVG im Hinblick auf Mittäter und Teilnehmer

Auf **Anstifter und Gehilfen** ist § 32 ZollVG ebenfalls anwendbar. Sie werden nicht verfolgt, wenn der oder die Täter im Reiseverkehr Waren schmuggeln, für die Einfuhrabgaben von nicht mehr als 130 EUR zu erheben sind und die nicht zum Handel oder zur gewerblichen Verwendung bestimmt sind. Das Verfahrenshindernis wirkt sogar gegenüber Teilnehmern, die nicht wissen, dass für die geschmuggelten Waren nur Einfuhrabgaben von weniger als 130 EUR zu erheben sind. Andererseits ist auch der *Irrtum* über die Anwendungsvoraussetzungen des § 32 ZollVG *unbeachtlich.* Im umgekehrten Fall werden daher auch diejenigen Mittäter und Teilnehmer verfolgt, die irrtümlich angenommen hatten, dass nur ein Kleinschmuggel für den eigenen Bedarf durchgeführt werden sollte. 48

Die tatbezogenen Ausschließungsgründe für die Anwendung des § 32 ZollVG *wirken gegen alle Mittäter und Teilnehmer.* Hierzu gehören namentlich das Überschreiten der Grenze des Einfuhrabgabenbetrages iS des § 32 I ZollVG (Rn. 28 f.), das Verheimlichen oder Verstecken iS des § 32 II Nr. 1 ZollVG (Rn. 30 ff.) und die Verwendungsbestimmung der Waren bei der Tatbegehung iS des § 32 I ZollVG (Rn. 25 ff.) 49

Der personenbezogene Ausschließungsgrund der wiederholten Begehung einer Steuerstraftat (§ 32 II Nr. 2 ZollVG; Rn. 42 ff.) wirkt nur gegenüber dem Täter oder Teilnehmer, bei dem er vorliegt. 50

9. Zuschlag nach § 32 III ZollVG

51 **Die Regelung des § 32 III ZollVG ergänzt § 32 I u. II ZollVG.** § 32 III ZollVG ermöglicht in den Fällen der Nichtverfolgung nach Absatz 1 die *Erhebung eines Zuschlags* bis zur Höhe der Einfuhrabgaben, höchstens jedoch bis zu 130 EUR. Ein Zuschlag kann ferner erhoben werden, wenn die Staatsanwaltschaft gemäß § 398 AO wegen Geringfügigkeit von der Verfolgung der Tat abgesehen hat. In jedem Fall setzt der Zuschlag aber voraus, dass eine Steuerstraftat oder Steuerordnungswidrigkeit iS von § 32 ZollVG festgestellt worden ist; die fahrlässige Gefährdung von Einfuhrabgaben (§ 382 AO) reicht aus.

52 **Der Zuschlag ist weder Strafe noch Geldbuße,** weil er erhoben wird, obwohl das Fehlverhalten nach § 32 I ZollVG gerade nicht als Straftat oder Ordnungswidrigkeit verfolgt werden kann (BFH 29.7.1981, ZfZ 1982, 176). Er ist auch *kein Zoll,* weil er nicht nach Maßgabe des Zolltarifs erhoben wird (vgl. *Schwarz* ZfZ 1963, 267; aM *Rümelin* ddz 1961 F 116 unter Berufung auf die Begr. BT-Drs. III/2201, 65). Auch eine Abgabe zollgleicher Wirkung iS der Art. 28 I und 30 AEUV ist er nicht. Denn der Zuschlag wird wegen eines Fehlverhaltens und nicht, wie es der Begriff der Abgabe zollgleicher Wirkung voraussetzt, wegen des Grenzübergangs als einseitig auferlegte finanzielle Belastung erhoben (zur Abgabe zollgleicher Wirkung vgl. EuGH 10.9.1995 – C-485/93, Slg. 1995 I-2655 – „Simitzi/Kos"). Am engsten sind die Beziehungen zu sonstigen abgabenrechtlichen Sanktions- und Druckmitteln, zB den Verspätungszuschlägen nach § 152 AO. Jedenfalls handelt es sich um ein *abgabenrechtliches Mittel, den Reisenden zur Erfüllung seiner Pflichten im Zusammenhang mit der Grenzüberschreitung anzuhalten,* auch wenn das Fehlverhalten nicht als Straftat oder Ordnungswidrigkeit verfolgt werden kann (BFH 29.7.1981, ZfZ 1982, 176). Ist ein Straf- oder Bußgeldverfahren eingeleitet worden, wird erst nach der Einstellung über die Erhebung des Zollzuschlags entschieden (*Schwarz* ZfZ 1963, 267).

53 Die Frage der Rechtsnatur des Zuschlags ist relevant im Hinblick auf dessen **Vereinbarkeit** mit dem **europäischen Unionsrecht.** Bedenken bestehen indes insoweit nicht (vgl. auch EuGH 16.10.2003 – C-91/02, ZfZ 2004, 54 – „Hannl + Hofstetter" betr. nationale Säumniszinsen). Die Mitgliedstaaten sind berechtigt und gemäß Art. 4 III EUV, Art. 291 AEUV sogar verpflichtet, Maßnahmen zur Durchsetzung des Gemeinschaftsrechts zu treffen, soweit das Unionsrecht keine eigenständigen Vorschriften enthält. Zu diesen den Mitgliedstaaten vorbehaltenen Aufgaben gehören insbesondere die Bestimmung von Strafen und anderen Sanktionen, die die Durchsetzung des Unionsrechts unterstützen. Die Sanktionen müssen wirksam, verhältnismäßig und abschreckend sein (EuGH 16.10.2003 – C-91/02, ZfZ 2004, 54 – „Hannl + Hofstetter").

54 **Die Festsetzung des Zuschlags** liegt dem Grunde und im gesetzlichen Rahmen der Höhe nach im **Ermessen der Zollbehörde.** Bei der Ermessensausübung ist auch auf subjektive Umstände des Fehlverhaltens Rücksicht zu nehmen. Die **Dienstanweisung des BdF** zu § 32 III ZollVG (VSF – Z 0901 idF v. 2.5.2007) besagt:

> *„(75) Der Zuschlag wird im Regelfall in voller Höhe erhoben. Bei geringfügigen Verstößen kann von der Erhebung des Zuschlags abgesehen werden oder ein niedriger Zuschlag festgesetzt werden."*

Dies ist nicht zu beanstanden. Nach der Rspr des BFH ergibt sich ein Ermessensfehler bei der Erhebung des Zuschlags nicht schon daraus, dass der BdF die Flughafenzollstellen angewiesen hat, von Reisenden, die mit zollpflichtigen Waren den grünmarkierten Ausgang eines Flughafens benutzen, im Regelfall einen Zuschlag in voller Höhe der Einfuhrabgaben zu erheben (BFH 29.7.1981, NJW 1982, 2280 zu § 80 ZollG).

10. Verfahrensrechtliche Fragen

55 **Verfahrensrechtlich** ist das Verfahrenshindernis des § 32 ZollVG – wie die Verfolgungsverjährung – in jeder Lage des Verfahrens zu beachten. Steht von vornherein fest, dass die

Voraussetzungen des § 32 I ZollVG vorliegen und die Merkmale des § 32 II ZollVG fehlen, muss eine verfahrenseinleitende Maßnahme unterbleiben (Rn. 70 u. 81 zu § 397). Ergibt sich diese Erkenntnis erst nach der Einleitung des Straf- oder Bußgeldverfahrens, ist das Verfahren einzustellen; auch im Urteil ist auf Einstellung (§ 260 III StPO), nicht auf Freispruch zu erkennen. Bei einer zulässig eingelegten Revision hat das Revisionsgericht die Voraussetzungen des § 32 ZollVG *von Amts wegen* zu prüfen; es ist dabei an die Feststellungen des Tatrichters nicht gebunden, sondern hat alle ihm zu Gebote stehenden Erkenntnisquellen im Wege des Freibeweises zu nutzen (BayObLG 23.6.1981, ZfZ 1981, 312, zu § 80 ZollG; BGH 3.2.1960, BGHSt 14, 137, 139; BGH 28.6.1961, BGHSt 16, 164, 166 f. mwN).

Ein Verbrauch der Strafklage tritt nicht ein, wenn die Strafverfolgungsbehörde gemäß § 32 ZollVG von der Strafverfolgung von vornherein abgesehen oder das Strafverfahren eingestellt hat. Stellt sich erst nachträglich heraus, dass entgegen der ursprünglichen Annahme ein Wiederholungsfall iS des § 32 II Nr. 2 ZollVG vorliegt, kann das Strafverfahren eingeleitet bzw. fortgeführt werden. **56**

Die allgemeinen Vorschriften der StPO und des OWiG über die Einstellung des Verfahrens werden nicht durch § 32 ZollVG verdrängt. Auch wenn ein Verfahrenshindernis nach § 32 ZollVG nicht gegeben ist, kann eine Verfahrenseinstellung nach § 398 AO (vgl. § 32 III ZollVG), nach §§ 153, 153a, 154 StPO oder eine Verfahrensbeschränkung nach § 154 StPO in Betracht kommen (Rn. 149 zu § 397). **57**

Auch die Steuerstraftat eines Jugendlichen darf nicht verfolgt werden, wenn die Voraussetzungen des § 32 I ZollVG vorliegen und keine Ausschlussgründe vorliegen; einer Anwendung des § 45 JGG bedarf es insoweit nicht. **58**

Auf die **Festsetzung des Zuschlages** sind die Vorschriften der Abgabenordnung anwendbar. Denn es handelt sich um die Erhöhung der Einfuhrabgaben iSv § 3 III AO. Unerheblich ist, dass der Zuschlag in erster Linie ein Sanktionsmittel ist, weil er – als Nebenzweck (vgl. § 3 I AO) – auch der Erzielung von Einnahmen dient. Gegen die Festsetzung des Zuschlags ist der Einspruch (§ 347 I Nr. 1 AO) gegeben; gegen die Einspruchsentscheidung kann Klage beim Finanzgericht erhoben werden. Da es sich um eine nationale Abgabe handelt, ist Art. 243 ZK (Art. 44 UZK) nicht einschlägig. **59**

Sachverzeichnis

Die halbfetten Zahlen verweisen auf die Einleitung bzw. die Paragraphen der AO, die mageren auf die Nummern am Rande des Textes.